本书出版获得中国社会科学院大学中央高校基本科研业务费的资助

方克立论著集

第七卷　书信·附录

方克立　著

中国社会科学出版社

整理说明

本卷收录了方克立先生写给师友和学生的部分书信，以及陆信礼编写的《方克立先生论著目录初编》。有关情况说明如下。

一，关于书信。

书信按照收信人姓氏笔画进行排列，笔画少的在前，笔画多的在后；笔画数相同的，按照起笔笔形，即横、竖、撇、点、折排序。同一人的多封信件，则以写信时间早晚为序。

书信同时写给多人的，编在第一收信人之下。署名和日期一仍其旧，不作统一改动，但是缺年份者考证后统一添加。

为方便读者阅读，我们对一些书信所谈内容进行了必要的注解。

方克立先生书信的搜集、整理工作由韩国茹和卢兴完成，其间得到了师门以及学界的广泛支持和帮助，在此表示诚挚的感谢！由于时间等原因，先生仍有大量书信没有搜集、整理进来，只能留待以后。

二，关于《方克立先生论著目录初编》。

《方克立先生论著目录初编》由陆信礼撰写，尽量全面地收录了方克立先生生前的专著、主编的著作、论文、会议发言、学术讲座以及学界的评价等，方便学界检索阅读，作为《方克立论著集》的附录收在本卷。

由于整理者的水平有限，错误和疏漏的责任在整理者，望各位专家学者批评指正。

韩国茹　卢　兴

2022 年 11 月

目录

contents

书信

书 信

致卜宪群等五通

一

宪群、任钊同志：[①]

思想通史的资料长编怎么搞，大家都没有经验。封建社会编的秦汉卷先行先试，经过几次讨论，拿出了一个思路和体例，使各编各卷有了依循和参照。思想史研究涉及诸多方面（学科），大体上有两个板块：一是关于那个时期社会存在的思想，如政治思想、经济思想、军事思想、法律思想、社会思想、民族思想等；一是关于那个时期社会意识的思想，如哲学思想、宗教思想、伦理思想、文学思想、史学思想，以及介于二者之间的教育思想、科技思想等。这样资料长编就有丰富内容而又有条不紊、逻辑清晰，也体现了主编"以政治思想为中心，以哲学思想为统领"的精神。

封建社会编是大头，各位担子很重，很辛苦，希望齐心合力抓紧完成今年的任务。

方克立

2015年12月15日

---

① 2014年12月5日，"中华思想通史"项目决定聘请方克立先生担任《中华思想通史》编委会编委、封建社会编顾问。任钊是指郑任钊先生。

二

宪群同志：

看到了张掖会议纪要[1]，你作出梳理、提炼各个时段、各个门类的核心观念的部署非常及时、非常重要。一方面对已完成的资料长编是一个检查、一个总结，看在逻辑与历史的统一上是否顺畅，是否到位，发现问题及时调整，补上重要的短缺；一方面为下一步编写思想史写作提纲理清了思路，明确了重点，也对自己承担的这部分写作任务在整个中华思想通史中的地位有了一个比较清晰的认识。七卷分别把各个时段、各个门类的核心观念梳理、提炼出来后，再做纵贯性的比较，看其发展演变，总结规律性的东西。

封建社会编在规范资料长编的内容方面先行先试起了引领作用，希望在提炼核心观念、明确中华思想史的主线和基调方面也起到关键性的作用。

方克立

2016 年 11 月 5 日

三

宪群同志：

复函收到，谢谢！

学术界对中国传统文化的认识分歧，主要是在对两千年中国封建

---

① 2016 年 10 月 7—9 日，中华思想通史封建社会编在甘肃省张掖市河西学院召开了“中国思想史中的核心观念”学术研讨会暨封建社会编第三次全编会议，信中所提纪要即此次会议纪要。

社会思想文化的不同认识和评价上。因此，写好中国封建社会思想史，对于整个中华思想通史，具有基础、核心和关键的意义。

我们说中国特色社会主义文化与中华优秀传统文化一脉相承，当然也包括两千年封建社会中的优秀传统文化。这就需要用马克思主义观点和方法对封建社会的思想文化作科学分析，分清精华与糟粕，我们只能继承和弘扬其中的精华部分即“优秀传统文化”的部分。不能笼统地说“中国特色社会主义文化与中国封建社会（封建主义）文化一脉相承”，也不能说“中国特色社会主义文化与中国封建社会的主流意识形态（统治阶级思想）一脉相承”。不能抹杀中国特色社会主义文化与中国封建主义文化、封建社会主流意识形态的本质区别。

你讲到了这一点非常好：我们在总结十大门类的核心观念时要抓住“占统治地位的主流意识形态”这样一个主线，但并不是完全认同历史上的主流意识形态的一些思想观念，而是要以唯物史观的基本观点来分析。

中国封建社会思想史时间长，内容丰富，涉及学科门类和方面众多，研究难度较大；而且精糟并存，辨析清楚不易。越是在这种复杂困难的情况下，越要坚持唯物史观，坚持阶级分析，坚持一分为二、扬精弃糟，坚持批判继承（而不是抽象继承），坚持创造性转换、创新性发展。

方克立
2016 年 11 月 8 日

四

宪群同志：

认为中国古代只有统治思想而无治理思想的看法是站不住脚的，我同意你的基本观点。这两个概念有交叉而又不能完全等同。统治思想无疑是统治阶级的思想，治理思想的对象、范围要大得多，治理主体也不一定是统治阶级。比如治水、治土、治沙，改造自然生态环境，虽有少数有识之士主其事，治理主体其实主要是广大劳动人民。就治国理政来说，如你所说也有许多遵循规律、坚持正道、达到善治效果的治理思想值得后人学习和借鉴。

大作①用丰富资料对“治”“理”“治理”“治道”等字义和词义作了深入分析，揭示了其丰富内涵，很有说服力。如能再用简约文字，对治理思想、治理能力与统治思想的联系和区别加以概括地说明，就更能彰显文章之主旨了。

方克立

2017 年 1 月 2 日

五

宪群、启发②同志：

看了封建社会编的正本写作提纲，感觉到这是典型的中华思想通史、全史的写法，每一卷都有政治思想、哲学思想、经济思想、法律思想、军事思想、社会思想、民族思想、史学思想、教育思想、科技思想十个部分，遗憾的是没有把宗教思想、文艺思想也整合进来，使这部思想通史显得不那么完整了。10 + 2 的结构是课题整体设计的问题，不是封建社会编自己所能解决的。

封建社会思想史的这 12 个方面，在先秦都有其源头活水，有的甚至在原始社会就有其萌芽；它们在近代（半殖民地半封建社会）都有其发展和转型，在社会主义社会都有“马魂中体西用”的新形态。

---

① 指卜宪群《中国古代“治理”探义》，后刊载于《政治学研究》2018 年第 3 期。

② 指王启发先生。

也就是说，这12个方面的思想史都是可以古今贯通的。

目前的写法，在从奴隶社会向封建社会过渡的春秋战国时期，以及近代半殖民地半封建社会时期，都没有全部展开这12个方面的内容，而是以思潮和学派为主要线索来写。其实在封建社会各卷，也是有思潮和学派之争的，都有列宁讲的两种文化，统治阶级思想与多少反映被统治人民利益的思想，以及地主阶级内部不同阶层和集团思想之间的分歧和斗争。整部思想史，都存在着一个如何处理好各个方面的思想与思潮学派之争的关系问题。

除了宗教和文艺思想外，历史所同志承担的任务很重，实际上要写十个方面的封建社会思想通史，这是整部中华思想通史的主干部分。由于是分卷收集整理资料，其优点是提纲中涉及的人物、著作、思想学说还比较全面，缺点是**思想的继承和发展关系前后照应不够，某些人物在整个思想史中的地位没有充分体现出来**。比如隋唐有一节写王通的《中说》和《续六经》，但显示不出他在中国儒学思想发展史上的特殊重要地位，即所谓“天人感应论和谶纬迷信的终结者、‘三教可一’思想的提出者、文以载道思想的先行者、新儒学即理学的开创者”地位。又如中国古代最重要的唯物主义思想家王夫之，在清代哲学思想中只有一目的地位（第一章第二节第二目），而在法律思想、史学思想、教育思想中都写了一节；另一位唯物主义思想家戴震，在清代哲学思想中是写了一章（第五章）的。这样安排显然**轻重有些失当**。提纲反映封建社会思想史的内容相当全面，但**也有遗阙**的情况。比如深受宋明理学的影响，特别强调“明医理”的明代重要医学家张景岳（介宾），在明代科技思想中连名字都没有出现。这类局部问题的存在是难免的，多请一些专家看看，提纲还可以继续改进和完善。

方克立

2018年12月29日

致干春松五通

一

春松：

吕伟的论文今天刚给你送去，给你增添负担，很抱歉。这篇论文还只是一个粗线条，但我认为它在熊十力哲学研究和现代新儒学研究中有一定的突破性意义，至少也是非常值得重视的一家之言。

过去的熊十力哲学研究（包括国内外），由于受港台新儒学的影响太大，大都把熊前期的《新唯识论》当作其哲学的完成形态，并以此给他在中国现代哲学史和现代新儒学发展史上定位，而不太重视其后期哲学思想，或者视为前期思想的简单延续，或者视为前期思想的歧出或转向，都认为并不具有重要意义。有的港台学者出于政治偏见还对熊十力后期的思想和人格全盘否定。

吕伟的论文第一次把熊十力前后期哲学思想当作一个不断发展、完善的统一整体来研究，认为《新唯识论》并不是其体用哲学的完成形态，按照《新唯识论》的心本体论思路，他写不出《量论》来、不能完成知识论的建构是必然的。在吕伟看来，《明心篇》才是熊的体用哲学的完成形态，关键就是提出了“两端说”，不是把良知看作是纯粹的道德主体，而是同时肯定了良知具有通过假设、求证通向现代科学的知识论进路。这是比牟宗三的“良知自我坎陷”说更为积极的一条现代新儒学进路。可惜港台新儒家都不重视也没有人致力于开发这条进路，后来成中英整合知识与价值、理性与德性的努力庶几近之，林安梧在反思牟宗三时也提出了“回到熊十力”的问题。

吕伟读熊十力开始也受到前人研究思路的束缚，在用心研读《明心篇》时才豁然有新的体悟，已经写了几章的论文推倒重来，所以在时间上才会那么紧张。他本科和硕士都是在吉大哲学系读的，基本的哲学素养不错，平时喜读中国古书，文字也典雅清丽。今年29岁，还是有培养前途的。他毕业后去黑大哲学系做博士后（他是黑龙江人）。

方克立

2010年5月12日

二

春松：

我62年人大毕业，至今整整50年。50年来所做的工作，与中国哲学发展有点关系的，大概有以下几方面：

一，60年代初参与了关于《周易》研究方法论和思想的“普遍性形式”问题的讨论。

二，80年代初参与了中国哲学范畴的研究和讨论。

三，80年代中后期倡导和组织了大陆地区的现代新儒学研究。

四，90年代以来旗帜鲜明地支持张岱年先生的“综合创新”文化观，并将其发展为“马魂、中体、西用”论。

相对而言，后二者影响要大一些。我一生做的工作，围绕一个中心，就是力图推动马克思主义与中国哲学和文化精华相结合。“马魂、中体、西用”论得到认同的程度虽然不高，但自以为较好地体现了上述宗旨，因为它不仅肯定了马克思主义的指导思想地位，而且用“生命主体”“运作主体”“创造主体”“接受主体”四个概念，确立了中国文化的主体地位。在理论上区分主导性之“体”与主体性之“体”，是形成“魂、体、用”三元模式的关键。

2002年你做的访谈，2007年张利民的访谈，加上2010年《马克思主义研究》杂志的访谈，[①] 涉及了有关主要内容。作为《文集》[②]代序的曹娟文章（原载《高校理论战线》2003年第5期），也对我的学术思想做了一个梳理。

方克立

2012年8月14日

三

春松：

你为人和治学的特点是比较具有包容性，与各方面人士都能打交道、交朋友，对各派思想都持宽容和肯定其正面价值的态度。这种多元开放的态度，与张申府、张岱年先生倡导的中、西、马“三流合一”、综合创新文化观在思想气质上颇有相通之处。你在去年6月的一封信中说：“我坚信，无论是价值还是制度，都要走‘综合创新’的路。而这个综合中，儒家的作用长期是被轻视甚至否定的。而它在未来，应得到更多的肯定。”这个看法我完全赞成。以儒学为研究对象与接受儒家的价值立场和世界观还不是一回事，所以我不希望看到你被贴上“新儒家代表人物”的标签。

2003年我在一个会议发言中曾说：

---

① 指《深化对“综合创新”文化观的研究》，《哲学动态》2002年第4期，收入本书第四卷；张利民：《为人治学崇平实》，载《学问有道——学部委员访谈录》，方志出版社2007年版，收入本书第五卷；《探索中、西、马三“学”的综合创新之道》，《马克思主义研究》2010年第12期，收入本书第四卷。

② 指《方克立文集》，上海辞书出版社2005年版。

有两篇我指导的博士论文，今年都正式出版了。一本是林存光的《儒教中国的形成——早期儒学与中国政治文化的演进》（齐鲁书社2003年10月出版），一本是干春松的《制度化儒家及其解体》（中国人民大学出版社2003年3月出版）。这两本书都不是纯粹观念史的儒学研究，而是对儒学在历史上如何被意识形态化，成为为封建经济、政治服务的制度化儒家；以后又怎样随着社会历史的变迁，制度化儒家必然走向解体的过程，以唯物史观为指导去进行具体的分析和阐释。这同大陆新儒家就完全是两个研究路数。（《中国文化的综合创新之路》第417页）

儒学作为一种社会文化现象，研究它的基本理论和方法应该还是社会存在决定社会意识的唯物史观，当然不是简单化的运用。

6月我在纪念张申府先生120周年诞辰学术研讨会上的发言，[①]附去一阅。

方克立

2013年9月20日

四

春松：

发来书稿已阅[②]，感觉言之成理，持之有故，提出了儒学分期、

① 即《从曲高和寡到主流话语》，后刊载于《河北师范大学学报》（哲学社会科学版）2013年第5期；收入本书第四卷。

② 指干春松《康有为与儒学的“新世”：从儒学分期看儒学的未来发展路径》一书的初稿，后由华东师范大学出版社于2015年出版。

特别是现代儒学之起点的新看法，将会在学界产生一定影响。

你从“儒学三期”论的观点出发，认为儒学一期、二期都经过了几百年，甚至上千年，那么儒学三期也可以从更长的时段来考虑，完全可以打破以鸦片战争到五四运动为“近代”、五四以后为“现代”的界限，把1840年以后的历史都看成是“中国现代史”，主要活跃于前五四时期的康有为自然也可以视为现代儒学的起点。但儒学三期论不过是沈有鼎、牟宗三、杜维明等人主观设定的，李泽厚就提出了与之不同的儒学四期论，别人从不同视角出发，也可以将儒学发展史分为五期、六期，比如以先秦儒学为一期，汉代新儒学为二期，宋明新儒学为三期、近代康有为的新儒学为四期，“五四”后在三大思潮对立互动中的现代新儒学为五期。康有为在近代古今中西之争中是向西方寻求真理的“先进的中国人”的一个代表，他提倡公羊三世说有反对封建君主专制主义的意义；现代新儒家在“五四”后三大思潮对立互动格局中是文化保守主义的代表，既反对全盘西化也反对马克思主义，反对共产党人“走俄国人的路”。二者所处的地位是不一样的。近现代人物的地位发展变化很快，“五四”时期的康有为早已不是“先进的中国人”，所以在思想史研究者看来已不足道也；解放后梁、熊、冯、贺都有不同程度的转变，拥护社会主义，冯友兰用马克思主义观点重写中国哲学史，贺麟加入了中国共产党，此时他们都已不是典型的现代新儒家代表人物。

关于康有为与现代新儒学的关系，我曾经说过这样一段话：“有的研究者把现代新儒学的发端追溯到上世纪末康有为的儒学改良运动，则似乎忽略了一些重要的时代和思想特征的差异。康有为是企图用资产阶级思想来‘改造’儒学，他站在今文经学家立场上对旧儒学所作的批判，适足构成了反传统主义的一个逻辑环节。现代新儒家是在儒学遭到空前‘厄运’的情况下力图‘重建’和‘复兴’儒学，使之在现代生活和世界文化对话中仍保持一定的地位。康有为企图通过‘托古改制’把孔子近代化、资产阶级化，现代新儒家则力图保持孔子和儒家学说的真精神（‘返本’）来接引现代科学民主（‘开新’）。前者的努力可以说是彻底失败了，而后者却取得了一定程度的发展势头。”（《现代新儒学与中国现代化》第93页）这段话比你引的那段话更能反映我当时对康有为与现代新儒家的关系的看法。

大作认为我把现代新儒学定性、定位于启蒙思潮，恐怕是一种误读。我在近30年前提出“要重视对现代新儒家的研究”，首先是把现代新儒学定性、定位为文化保守主义，是对“五四”新文化运动的一种保守的回应，也是对当时已在中国颇为流行的科学主义思潮的一种反抗（同上书，第36页）。“它在世界性的对于现代化的保守反应中，提供了中国现代文化保守主义的一个样板。”（同上书，第114页）现代新儒家以接续儒家“道统”为己任，以复兴儒学为职志，我对它的正面评价是肯定它坚持了民族本位立场，维护了民族文化的主体性，“对民族文化传统怀抱着生命根处的深情，把维护和延续中国文化之慧命看作是自己神圣的历史责任”（同上书，第72页）。其次，现代新儒学除了有维护传统的保守的一面外，还有适应现代西方新潮的开放的一面，但强调必须以儒家思想为主体为本位，来吸收、消化西方的科学和民主思想，要在“返本”的基础上“开新”。也就是说，它始终是采取“中体西用”的态度。“这说明现代新儒家的开放性是有限度的，怎样‘开放’也不能脱离和超越儒学这个本体”（同上书，第44页），它怎样“开放”也不可能把自己变成一种西式的启蒙思潮。第三，现代新儒学在以儒学为本位来吸收西方科学民主思想时，对作为意识形态的科学主义和过分膨胀的工具理性始终保持着警惕，力图用儒家的人文主义和价值理性来消解它、平衡它。比如牟宗三就批评过“科学一层论”；梁漱溟“鉴于资本主义社会中科学技术至上主义和拜金主义所带来的人的精神苍白、孤独、虚无等社会弊病”，提出要以“伦理本位”的社会模式来应对（同上书，第304页）；刘述先从哲学和文化的角度，把现代社会的弊病概括为：（1）意义失落的感受，（2）非人性化的倾向，（3）戡天役物的措施，（4）普遍商业化的风气，（5）集团人主宰的趋势，根本地说就是人失去了生命的意义和价值（同上书，第 147 页）；成中英创立本体诠释学，整合知识与价值，“其基本的理论意图也正是要用以儒家为代表的中国哲学的人文精神和价值理性，来……对治因为科学理性或工具理性过分膨胀而带来的世界性的时代病”（同上书，第 392 页）；在杜维明那里，“启蒙反思”更成为他的一个重要论域，有大量这方面的议论。明确肯定现代新儒学为“遏制科学主义片面发展‘工具理性’所造成的种种现代弊病，可以起到一定的积极作用”（同上书，第 190 页），怎么能把它简单地归结为一种启蒙思潮呢？第四，我讲“五四”后的三大思潮是“在许多共同观念的同一架构里运作”（史华慈）的，是讲它们产生的时代背景和问题意识有许多共同之处，但三派是站在不同的立场来对这些问题进行回答的，因而思想分歧和对立紧张不可避免。但又正是它们之间的分歧和对立，共同推动了现代中国的历史进程，它们从不同角度都对中国的现代化做出了一定的贡献，所以说它们“共同构成了‘五四’时期文化启蒙的真实内容”。马克思主义无疑是一种现代性的思想，西化自由主义更是以自由、民主、科学、理性相标榜，但是也不能把持文化保守主义立场的现代新儒学看成是一种“同中国现代化完全逆向的精神力量”（同上书，第 67—68 页）。对文化启蒙和社会进步要做广义的理解。我不赞成“救亡压倒启蒙”的说法，应该说革命、救亡也是一种重要的启蒙手段，反思启蒙、解启蒙之蔽也是一种启蒙。把站在文化保守主义立场被动接受、容纳某些启蒙思想（科学、民主），而又警惕地反思启蒙的现代新儒学定性、定位为启蒙思潮，恐怕很难为人们所接受。

关于现代新儒学，我没有写过大部头论著，文字总量也不多，大都是 20 多年前在有关学术会议上的发言，观点基本一致，也有表述不完全一致、提法不够谨严的地方。有批评我马克思主义观点太鲜明、对现代新儒学同情了解不够的，还没有抓住我引证史华慈的那句话，认为我把三派等量齐观、把现代新儒学抬举为启蒙思潮的，这样概括也不符合我关于现代新儒学的整体观点。

方克立
2014 年 8 月 30 日

五

春松：

今晨得悉汤老师驾鹤仙逝，虽然早知他近来身体不好，但仍感到十分突然。

我从青年时代起就得到汤老师的帮助和指引。上个世纪 60 年代以“司马文”（汤一介、孙长江、庄印、方克立）的共同笔名写的那些文章，把我引进了中国哲学史这个领域，也使我对马克思主义哲学史观和方法论有了初步的体会。

80 年代初我们一起开展中国哲学范畴研究。1981 年 10 月，在杭州召开的全国宋明理学讨论会上，部分学者开了一个小会，主题是讨论汤老师的《论中国传统哲学范畴体系的诸问题》一文，会议报道是我写的（署名“岳华”），发表于《中国社会科学》1982 年第 1 期。1983 年我们又一起推动了在西安召开的中国哲学范畴讨论会。

80 年代后期和 90 年代，我们一起参与了国际中国哲学会和中华炎黄文化研究会的许多活动。有一个时期，我们两人被任命为国际中国哲学会中国大陆区域代表，汤老师年岁大些，许多具体事情都是我做的。1993 年在北大召开的第八届国际中国哲学大会，也是我们一起筹备的。我们都是中华炎黄文化研究会的副会长，为阐扬费孝通的“和而不同”、文化自觉理论，不但一起组织会议，而且自己也写了文章。

汤老师有深厚的家学渊源，他对中国哲学和文化有一种生命根处的深情，有强烈的事业心和责任感，有关活动他总是积极参加。他待人谦和，从来不以师长自居，所以很好合作共事。“文革”的特殊经历使他后期有远离政治的倾向，但作为“国学大师”，他在政治上的方向感还是很清楚的，比如说“不要把儒家意识形态化”，就是对于这个时代的一种很清醒的认识。

老友方立天刚走不久，汤老师又走了，我们这些一起走过来的老人，在怀旧之同时，难免会感到有点孤独和悲哀。

请你转达我对汤老师的深切悼念之情。若见到乐老师，也请转达我对她的亲切问候和敬意。

方克立

2014 年 9 月 10 日

致于惠玲二通

一

小于：

看了你的《新脉络》[①] 一书提纲，觉得颇有新意。第六章可以考虑写四节：

一，综创学派第三代：一个人数众多的学术群体

二，洪晓楠及其文化哲学研究

三，杜运辉与二张研究中心

四，科大创学团队

第一节是概述该学派发展与深化的一般情况和特点。总的来说是马克思主义综合创新文化观得到学术界普遍认同，成为当代中国的一种主流文化观点，众多学者自觉站在这种文化立场上进行创造性的研究工作。代表人物除了第二、三、四节重点介绍的几位之外，还可以提到程钢（清华大学历史系）、迟成勇（他的《张岱年伦理与文化思想研究》一书即将出版）、陆信礼、谢青松（他编了《马魂中体西用：中国文化发展的现实道路》一书，第二本《马魂中体西用：当代中国文化的理论自觉》也即将出版）等人。你们对学术界这方面情况

① 即在于惠玲博士论文《综合创新文化观的历史考察》的基础上修改完善的书稿。

了解较多，还可以多提一些有影响的人物和著作。

方克立
2018 年 11 月 23 日

二

小于：

在杜运辉写的这篇访谈[①]中，我提到了你的博士论文，也就是说，15 年前你就非常认同和自觉坚持、积极阐扬综合创新文化观。你发表的几篇有关文章我也注意到了。

方克立
2018 年 12 月 2 日

① 即《从“三大思潮对立互动”说到“马魂中体西用”论——访中国社会科学院学部委员方克立教授》，《马克思主义文化研究》2018 年第 1 期；收入本书第四卷。

致王小丁一通

小丁同志：

来函及大作收到[1]，因近日忙于一点别的事情，迟复为歉。

你学哲学出身，主动选择到中医药大学工作，已在周围初步形成一个学术团队，在中医哲学和文化研究方面大有可为。希望你今年申报的国家社科基金项目能够成功，一步一个脚印地往前走。由于中医哲学是一个新兴学科，又具有交叉学科的性质，你们今后也可以从医学和自然科学的角度申报，有广阔的发展空间。

方克立

2017 年 1 月 12 日

---

① 指王小丁《从吕留良与黄宗羲的〈高旦中墓志铭〉之争透视清初江南儒者习医》，后刊载于《中医药文化》2020 年第 4 期。

致王立新三通

一

立新：

我这里有两份湘大的湘学座谈会纪要。其中一份注明是 2001 年 10 月 19 日在湘大留学生楼会议室召开的，我和陈卫平参加了那次座谈会。另一次邀请了省里朱有志、王兴国、梁绍辉、朱汉民、陈谷嘉等学者参加的研讨会，没注明时间、地点，大概是前次会后不久召开的。当时你在主抓湘大的湘学研究工作，记得准确的开会时间、地点吗？有办法核实吗？

方克立

2013 年 2 月 22 日

二

立新：

2013 年湖南省湘学研究院成立之时，你是明确支持我反对把“湘学”概念泛化的学者之一。我的发言在当时颇显得有些“另类”。

上个月底，抽空写了一篇怀念韦先生的小文章[①]，除了回忆几次交谈外，就是想表达一个意思：不能简单地将韦先生定位为“自由主义思想家”，我更倾向于把他看作是当代中国的一位独立思想家。很高兴你的看法与我相近。文章发给你了，你可以自由处置，只要原原本本。

方克立
2018 年 9 月 6 日

三

立新：

几处文字大体上按照你的意思改了，唯“毛泽东与文革”是那天韦先生讲的研究计划的一部分，不宜改动或不提。我也做了一点处理，把三个书名改为带引号的谈话内容，把实际书名《一阵风雷惊世界》用括号放在“毛泽东与文革”后面。“毛泽东与文革”是一个不可回避的历史课题，党的十一届六中全会决议就是对此做出回答，我想一般地提到应该没有问题。

祝晓风同志[②]我早就认识，他是一个很专业也很开明的编辑，对我这个人的理论立场也很了解，我想他会很自如地处理这个问题。给小文加一个题目《书与会的缘分》也很好。

方克立
2018 年 10 月 4 日

---

① 即《书与会的缘分——怀念韦政通先生》，后刊载于《读书》2018 年第 12 期；收入本书第五卷。第三封信中所言也是关于此文。

② 祝晓风时任《读书》杂志执行主编。

致王兴国三通

一

兴国：

序文[1]写好已经有一些日子了，一直犹豫要不要发给你？印出来后对你的书会不会有什么负面影响？我能不能不这样写？后来想：我写的是自己的真实看法，不论是否作为序文印到你的书里，都应该寄给你，至少可以交流思想。

上次通电话时我有免写这篇《序》的意思，没有这篇《序》并不影响你的书的出版。因为当时我脑子里已经有了它的轮廓，已经考虑到怕产生负面影响的问题。通话后我还是按你的要求把它写了出来。此事最后由你夺定，不作为序文印到书里去也没有关系，就作为我们之间的一次书面交流。你觉得哪些话还需要改一下，也可以提出来，我再进一步斟酌。

不知这个信箱是否畅通，你收到后回一个话。

方克立

2006 年 12 月 16 日

---

① 即给王兴国《牟宗三哲学思想研究——从逻辑思辨到哲学架构》一书写的序，人民出版社 2007 年版；收入本书第六卷。

二

兴国：

半个月前李广良来北京，说到你是很高明的茶艺和茶道专家。近日收到一个朋友发来的一组题为《茶韵》的图片，转发给你供欣赏。

一九九一年我曾代表南开大学去日本考察茶道，回国后授予了里千家家元千宗室博士学位，其论文《〈茶经〉与日本茶道的历史意义》由南开大学出版社出版。日本茶道讲“和、清、敬、静”，与中国文化渊源很深，但我在这方面的实践体验太少了。

国庆节愉快！

方克立

2010 年 9 月 27 日

三

兴国：

谢谢你的新年祝福。特别感谢你写了三万四千字的长文[①]，来阐述和解读我对现（当）代新儒学的研究。我一直是从三大思潮对立互动的角度，来给现（当）代新儒学及其各派定性和定位的，而如何处理儒马关系是一个重要的原则问题。从守土有责的角度，我对崇儒反马的一派批评较多，认为其儒学宗教化、政治化、意识形态化的方向，在当代中国政治和文化发展中没有起好作用，也很难参与良性互

① 指王兴国《方克立与当代新儒学思潮研究》，后刊载于《方克立学术思想研讨选辑》，人民出版社 2022 年版。

动。现在大家都讲儒学，而儒学研究队伍的情况非常复杂，我们还需要多观察、研究和客观辩证地分梳。

顺贺年禧！

方克立

2018 年 2 月 16 日

致王向清三通

一

向清：

张岱年先生在上个世纪三四十年代试图创立一个“天人新论”——“新唯物论”的哲学体系，可以说是马克思主义哲学中国化的体系建构的一次重要尝试，可惜没有完成，解放后在特殊条件下就只能“存而不论”了。因此还可以说冯契先生的智慧说是“专业哲学家建构的第一个中国化马克思主义哲学的逻辑体系”。张、冯二位努力的方向是完全一致的，都是坚持马克思主义哲学的基本原理，注意吸收中国传统哲学的精华，亦重视吸收西方哲学与科学的成果，表现出了综合创新与民族化的特点。现在要对专业哲学家在马克思主义哲学中国化方面所做的工作多做一些研究，多做一些肯定，这既是符合实际的，也展现了中国现代哲学的丰富性和创造性。

方克立

2007 年 1 月 4 日

二

向清同志：

最近两函均已收到，迟复为歉！

《冯契对20世纪中国哲学的贡献》这个题目，似应包括他在哲学和哲学史两个方面的贡献，以及他对二者关系的精辟论述；目前的写法宜改为《冯契“智慧”说（或“转识为智”说）的哲学贡献》，才比较切题。

我认为文章写得不错，主要是你对冯契同志的思想有比较全面深入的研究，有真切的理解和体会，文章改好了争取在《中国社会科学》发表也是可以的，这样会对自己提出更高的要求。需要的话我也可以向编辑部推荐。

方克立
2009年3月14日

三

向清：

你学习哲学和从事中国哲学教学研究工作已有36年，学术成果丰硕，早已是教授、博导，而且是一个重要高校的哲学系主任，应该早就是中哲史学会的资深会员和骨干会员，为什么还要填表重新申请入会？

作为一个比较松散的群众性专业学术团体，中哲史学会过去从来没有办过严格的入会手续。这次如此认真地抓组织建设，有什么来头，我一点也不知道。不需要重新申请入会的老会员资格怎样认定？由谁来认定？这次新会员入会要填表、审批，今天开了一个头，以后就要形成制度，一以贯之执行下去，不能虎头蛇尾或中途而废。

学会过去隔一段时间会搞一次会员重新登记，为的是摸清楚变化了的全国专业队伍情况，从总体上把握和推动中国哲学学科的发展。我认为这种做法还是比较有效和可行的。

方克立

2016年6月10日

致王启发五通

一

启发：

杜运辉做的侯外老学谱，经张岂之、姜广辉、陈寒鸣等同志帮助，充实了许多内容，不久就要交给出版社。他准备四月中旬来京补充查找一些资料，请尽可能地多多给予帮助。

方克立

2012 年 3 月 31 日

二

启发：

配合《中华思想通史》的写作，成立中国社会科学院中国思想史研究中心的想法很好。这个平台建立起来，必然要打“侯外庐学派”的旗帜，中国思想史研究的当代中国学派，只能是“侯外庐学派”的继承和发展。

我在第十次工作会议发言的记录整理稿，附上一阅。

方克立
2015 年 6 月 10 日

三

启发同志：

什么是思想史？思想史研究的对象和范围是什么？思想史与社会史是什么关系？思想史与哲学史是什么关系？什么是思想史资料？什么不是思想史资料？——这些最基本的问题，中华思想通史写作班子应该取得基本共识，这件事情才做得下去，写出来才是一个统一整体。现在看来并非如此，认识差异很大。我就当代部分谈过一点意见，就涉及对上述基本问题的不同看法。

全书绪论应该对上述基本问题、基本概念有清晰的准确的界定，成为全书各编各卷遵循的规范。你是这个编写班子中最正宗的思想史专家，希望你帮助大家把上述基本问题、基本概念搞清楚。

方克立
2016 年 5 月 4 日

四

启发同志：

看了大作目录①，有几个问题不太明白，请你稍作点拨。

---

① 指王启发《中国古代思想与礼学研究》书稿的目录，方克立先生为书稿申请资助写了推荐意见。后来书稿的部分内容以《中国礼学思想发展史研究——从中古到近世》为题，由中国社会科学出版社 2021 年出版。

一，你花了那么大的力气，为什么没有写成一部中国礼学思想通史，只写到黄道周，而没有写后面王夫之等人的礼学思想，也没有写近现代对礼学的研究和批判？

二，书名是《中国古代思想与礼学研究》，中国古代思想内容丰富，为什么写这些内容，与礼学思想有什么内在联系？

三，为什么以《从社会史到思想史：侯外庐思想史研究的视野与特色》为代序，涉及侯外老的礼学研究吗？

四，作为一部有系统章节安排的书稿，后面为什么没有一篇结论性的文字？

你方便的话，还是把书稿电子版发给我，我浏览一下。

方克立

2018 年 9 月 13 日

五

启发同志：

收到了你新发表的 4 万字长文①，非常高兴。文章写得很扎实。要建立思想史研究的当代中国马克思主义学派，首先要认真研究和总结先辈马克思主义学者在这方面所做出的贡献，而现在很少有人这么做。

封建社会编的有关资料，你们交给我有两条途径。一是直接寄；一是请通史办公室刘宇同志带来，他只要交给继续教育学院楼前台工作人员就行了。

方克立

2018 年 11 月 10 日

---

① 指王启发《郭沫若在思想史研究上的成就和贡献》，《晋阳学刊》2018 年第 5 期。

致王琦三通

一

王老师：

3 月 27 日来函及大作已收到[1]，谢谢！

我对中医学界研究和讨论的情况很不了解，您提出的问题，只能凭直觉谈点肤浅看法。从本体论的角度来说，作为中医学研究对象的人的生命现象，确实是“形”“气”“神”的有机统一，哪个方面出了问题人都要生病。因此医生必须综合考虑这几个方面及其内外条件，并找准主要矛盾，才能进行辨证施治。但从认识论的角度来说，“象”思维是绝对不可少的，不仅从现象深入到本质是一般认识的方法和途径，而且通过取象、比类、求故、明理来认知世界正是中华民族传统思维方式的特点。中医望、闻、切、问都在于取得“象”的信息，是其整体思维模式不可或缺的一个重要组成部分。

我在读文稿过程中也产生一些问题：（一）既然“象—形—气”是中医学的原创思维模式，有着深厚的文化背景和哲学基础，它应该不是今天才发现和提出来的“假说”，而是早已得到中医学界认同的共识，在几千年中医学发展史中，这方面的思想资料应该非常丰富。

---

① 指王琦关于“关于中医原创思维模式的研究”的一篇长文。

我建议多引据一些权威性的历史资料（包括大家、名家的论述）来证成“象为信息，形为载体，气为本原”的论断。（二）从思维模式的角度怎样把“象为信息”“形为载体”“气为本原”三个命题有机地整合起来，讲清楚它们之间的相互关系，包括认识渐次深化的递进关系，使这一完整学说的理论内容更加丰富起来，我觉得还有一些工作需要做，也就是说，在核心理论建设方面还要多下一些功夫。

大作是一篇纲领性的文章，所以我们都对它寄以极大的期望。上述浅见，仅供参考，讲得不当之处，请批评指正。

方克立

2010 年 4 月 1 日

二

王老师：

拜读了大作第二稿，注意到提法有一些变化，内容充实了许多，也吸收了不同意见中的一些合理因素，但“象—形—气”的基本框架没有改变。文章显示作者具有中医学、哲学、科学和中国文化方面的丰富学识，富有创新精神和人文情怀，读之令人鼓舞。我对中医思维模式没有研究，自从拜读了大作前一稿后，几个月来，它已成为我头脑中挥之不去的一个问题，总想通过学习和思考得到一个较为清晰的认识。我这方面的知识很少，难以判断“原创”不原创，只想搞清楚“中医思维模式”是什么这个问题。

中医的理论基础是气一元论和阴阳五行学说。文章对气一元论的理论特质和与之相应的思维方式“象思维”的论述非常精彩，道理讲得比较透彻、到位。列宁说，应该“使我们的认识从现象的外在性深入到实体”，在这个意义上把“象”和“气”分别看作是认识过程的起始阶段和最后归本阶段是可以的。相对来说，大作对“形”为什么是这个认识过程中最重要的一个中间环节，通过什么思维工具、手段来把握它，说明论证比较薄弱。论证“形为载体”的资料，主要说明了形是“神”的载体，“形为气之聚”“形为气之舍”都不是体用关系，“象”与“形”是反映与被反映、表现与被表现的关系，形象连用组成一个概念（如“形象思维”），更说明了二者本质上的同一性。

大作指出，“象思维”是中国古代最有特色的一种思维方式，也是形成中医知识体系最重要的原创思维模式。它由象数思维、具象思维、形象思维、意象思维、应象思维、取象比类等复杂多样的思维方式所组成，并没有严格的感性与理性之分。“直觉思维、形象思维、灵感思维体现了中医原创思维的本质特征。”（第 19 页）我想这些论断在中医学界可能比较容易取得共识。但也存在一个问题，象思维与逻辑思维是什么关系？中医原创思维能否完全排斥求故明理的逻辑思维，完全排斥理性主义？被哲学家和逻辑学家们十分看重的“类”“故”“理”等逻辑范畴，是中国古代科学方法论的典型范式，在中医科学体系建立过程中是否也得到了运用，发挥了一定的作用？一些学者的研究表明，中医学正是将这种科学范式运用得最成功的学科领域之一。所以，求故明理的逻辑思维在中医原创思维中的作用和地位问题，恐怕不能回避，我们又很难把它涵括到“象思维”中去。

任何科学研究都以“明理”、“穷理”、“原其理”（沈括）即揭示事物发展的规律性为重要内容和目标，中医学也不例外。古今医家都力图通过种种认识手段，掌握人的生理、病理规律，精通“医理”，为人类健康、预防和治疗疾病的事业服务。如果把“明理”也作为一个必要认识环节考虑进去，那么就要重新审视“象—形—气”这个思维模型了。人们自然会提出问题：认识内在规律之“理”与认识外在形体、形状、形器之“形”，哪一个在中医认知思维过程中地位更重要、更关键？通过取象运数的象数思维，实际上已经完成了把握“形”的多方面规定性（定性和定量）的任务，做到了知其然；只有通过求故明理的逻辑思维，才能进一步知其所以然，知其“必然”和“当然”。

在大作的启发和带动下，经过几个月学习和思考，我目前所了解的中医思维模式，是在中国传统气学（气一元论）的框架下，以象数思维为基础和主要特征，同时运用求故明理的逻辑思维方法，达到对人的生理、病理机制的某种规律性认识，并用以指导协调阴阳五行之气的医疗实践。这一思维模式，用简单几句话表达就是："取象运数，天人比类；求故明理，阴阳一气。"将其概括为一个更简明的公式，就是"象数—理—气"。

在中国古代系统整体思维中，象与数是分不开的（王夫之有"象数相倚"，"象数相因"之说），定性与定量相结合。对此大作多有论述。现在学界对象思维比较重视，而对数思维重视不够，所以一起提出。特别是在中国古代各门科学的发展中，数思维的贡献不可忽略。20年前，我指导张铁勇写的博士论文《沈括自然哲学研究》（天津人民出版社1994年9月出版），就主要论述了"气""数""理"三个范畴。

大作认为，中医原创思维是"古代医家基于自身知识构架，对人体生命现象不断探索、不断思考、不断求故明理而逐渐形成的思维模式"，其核心内涵"散在浩瀚的文化典籍当中"（第5页），"古人在认识的过程中形成了'象—形—气'中医原创思维模式"（第17页）。这需要用中医学史上的大量文献资料来说明和论证。同样，要说明"穷理""明理"是中医思维模式和认知过程中的一个重要环节，也需要得到历史文献的支持。宋代以后援理入医的情况比较普遍，认为医理与天地万物之理、治国用兵之理等等是相通的，归根到底就是要掌握阴阳消长的对立统一规律。比如张介宾说："医者，理也，理透心明，斯至矣。夫扁鹊之目洞垣者，亦窥窍于理耳。故欲希扁鹊之神，必须明理。"在他看来，"使能明医理之纲目，则治平之道，如斯而已。能明医理之得失，则兴亡之机，如斯而已。能明医理之缓急，则战守之法，如斯而已。能明医理之趋舍，则出处之义，如斯而已。洞理气于胸中，则变化可以指计；运阴阳于掌上，则隔垣可以目窥。……身心人己，理通于一。"这类文献资料可能还很多。

中华医道博大精深，其治病救人的实践效果非常显著，但是有些道理我们现在还讲不清楚。从思维模式的角度去认识中医理论的独特性、科学性、现实性及其局限性，可能是一条比较可行的道路。我的想法是要全面考虑经验直观、内心体悟和逻辑理性的地位与作用。

以上想法，很不成熟。王老师以诚相待，我也坦陈一己之见，正如黄宗羲所谓："学问之道，以各人自用得着者为真，……有一偏之见，有相反之论，学者于其不同处，正宜着眼理会，所谓一本而万殊也。以水济水，岂是学问?"（《明儒学案·发凡》）

我因肾功能不好，一般不在外面吃饭。下个月在香山召开的研讨会，9 日上午我去一下。由于上述看法还不成熟，只是与王老师个别交换意见，不在会上发言，请谅。

方克立

2011 年 9 月 28 日

冯契先生对"类""故""理"的逻辑范畴和科学方法有深入研究，摘抄两段他的研究结论供参考：

> 不论是人类的认识发展（哲学史、科学史等），还是个体的智力发展，都要经过察类、求故、明理这些认识环节。"察类"就是知其然，"求故"在于知其所以然，"明理"则是知其"必然"与"当然"。由知其然到知其所以然，再到认识必然与当然，是一个认识的深化和扩展的过程。（《论中国古代的科学方法和逻辑范畴》，载《中国哲学范畴集》，第 18 页，人民出版社 1985 年 8 月版）
>
> 历史上哲学家们通过"类"、"故"、"理"这些逻辑范畴来揭示"性"与"天道"，经历了由自发到自觉、由较少自觉到更多自觉的发展过程。在先秦，随着"名实"之辩的展开，比较突

> 出地展开了对“类”的争论，“故”和“理”也被提了出来，并且已经形成墨家的形式逻辑体系和荀子、《易传》的辩证逻辑比较法。到汉代，墨学衰微，而辩证逻辑的比较方法，不论是侧重于“取象”还是侧重于“运数”，在具体科学中都发挥了作用。……自汉至唐，哲学家们考察了许多关于“故”的范畴：“目的因”、“质料因”与“形式因”，“体”与“用”，“自因”与普遍联系等。……虽然“理”范畴也早已提出，但宋明时期哲学家对“理”作了更深入、更多方面的探讨，对理与气、道与器（理与事）、理与势、必然、当然与自由、一般规律与特殊规律等关系展开了争论，随之对“两”与“一”、“分”与“合”的考察也深化了。……王夫之在作全面的批判总结时，差不多考察了前人提出来的所有的逻辑范畴，把它们融会贯通，成为“汇象成易，举易皆象”的体系。……正是通过这些范畴作为环节、运用它们作为方法，人们对“天道”和“人道”的认识越来越深入了。（《中国古代哲学的逻辑发展》下册，第 1094—1096 页，上海人民出版社 1985 年 4 月版）

他的学生李志林写的《气论与传统思维方式》（学林出版社 1990 年 9 月版）一书，从逻辑与历史统一的角度，用大量资料进一步具体论述了先秦时期的科学方法是以“察类”为主，汉唐时期是以“求故”为主，宋元明清时期是以“明理”为主。这是一个认识逐渐深化的过程。

三

王老师：

收到“医书十八种”，非常感谢！粗粗浏览，获益良多。您是当今中国中医学界难得的经史功底深厚、实践经验丰富、重视理论创构、热心教书育人的岐黄大家，半个世纪以来为中医学的传承和创新发展做出了重要贡献。您总结的“学与创”“本与新”“魂与体”“博与约”“知与行”“传与承”“文与理”七个方面治学经验，对后学极富启迪，是培养中医学高端人才的现实可行之路。

两年多来，由于参与了您主持的973项目的部分学习、研讨活动，使我在一个外行的领域学到了不少新知识，也促使我思考了一些问题。我目前的认识是：中医原创思维是一种以象、数、理为思维的逻辑形式（认识工具、科学方法），以形、气、神为思维的基本内容（认识对象），力求三者有机统一的朴素系统整体辩证思维。在中国古代，思维主体认识、把握客体（对象）的形式、方法、工具、手段是多种多样的，包括取象、运数、比类、求故、明理、直觉、意会、顿悟等等，“象”“数”“理”是其中三个最重要的范畴，反映了中国传统科学方法的特点和精髓（蕴）。中国古代之所以能做出不逊于西方人的科技贡献，就是由于我们有一套朴素辩证的科学方法。中医学就是（把）这套朴素辩证的科学方法运用得最成功的学科领域（之一），即善于将上述（多种）思维形式、方法、工具、手段综合运用，在哲学上，可以说是经验主义、理性主义和神秘主义（神秘主义的意涵，参见冯友兰《中国哲学中之神秘主义》一文）的结合或统一。

方克立

2012年9月9日

致方为民四通

一

方为民先生：

先父方壮猷先生生前曾任武汉大学教授、湖北省文化局局长，辞世已四十多年。最近我们兄妹四人（均已七八十岁）为他和先母合编了一本纪念文集《高风楚天阔》，已给您寄去一本，不知收到没有？

先父留下了几种未完成的方氏家谱稿本，如《怀安堂方氏家乘》《湘潭日新堂方氏家乘》等。若能让其发挥一定积极作用，我们自然应该配合。你们在这方面做了许多工作，有丰富知识和经验，盼能给予指点。

方克立

2012 年 6 月 28 日

二

为民先生：

6 月 30 日、7 月 3 日两函均收到，谢谢。

我没有见到过《中华方氏全族统谱》，不知道湘潭方氏归统情况如何。先父留下一个《湘潭方氏家乘》稿本（又称《湘潭方氏日新堂家史稿》），毛笔书写草纸本，老式装订。初稿可能完成于解放前，以后不断修改和增补。1957 年总结道："自明初（洪武元年即一三六八年）迄一九五七年历五百九十年，传二十二代，平均每代为二十七年。"但此后又增补了第二十三代即他的孙辈，1962 年以前出生的三个孙子都有记载，此后出生的孙子、孙女则无记载，由此可知他最后一次增补时间可能是 1962 年。

稿本反映他随时代发展认识变化的过程，比如有的人上方批语是"有祠堂，有祭田，可能是地主"，这是他解放后运用阶级分析方法，根据土地占有情况和其他记载作出的判断。也有他读到其他方氏宗谱发现有重名者（如方鹏），将有关资料抄录下来，以备比勘。

近日我将稿本拆开，试着扫描了一部分，打算发给你供参考，效果尚可。我先把这一部分发给你，其余部分要待完成手头一件紧要事情，然后慢慢扫描，大约二十天后再补发过去。

方克立
2012 年 7 月 4 日

三

为民先生：

收到了寄来的资料，谢谢！

我不认识浙江籍在京企业家方克钧先生，从来没有交往，也没有收到过他寄来的《统谱》。

先父编的《湘潭方氏家谱》近日扫描出来了，分两次发给您。但愿它对补充完善统谱能起到一定的积极作用。

我的曾祖父名方荣黻，祖父名方华崧，父亲原名方彰修，按字辈下来，我应该属"显"字辈。我从小就知道"荣华彰显达"的字辈排序，但孩子们已经没有这些观念了。

方克立
2012 年 7 月 20 日

四

为民先生：

《统谱》、《手册》、光碟已收到，谢谢。通过邮局寄出了一点工本费，请查收。

来函告知湘潭方氏的字辈排序是：**“恭日名盛化，正大启崇光，荣华彰显达，富贵必绵延，继述思为善，作求世德传，才开隆佐治，猷建广新田，常映南峰秀，永涵楚泽源，修齐徵兆瑞，慈孝耀高曾。”**与先父编的家谱稿本对照，自第九代方恭尧起，除了“正大启崇光”的“光”字可能是“先”字之误外，其他都若合符节。可见方超磐宗亲提供的信息是基本可信的。

石家庄方雪岐已与我联系。湘潭方氏的大宗和主流无疑是在原籍，即今湘潭县青山桥区分水乡环山一带。与原籍宗亲取得联系，找到合适的人来完成归统工作，主要还得依靠他们。

还有一个问题：湘潭方氏始祖方秩原籍茶陵，据方超磐宗亲提供的资料，茶陵方氏是宋淳熙十二年（1185 年）由江西金溪县迁徙到湖南茶陵县十都营坡的。《统谱》中也缺这一支的资料，而且在“珍藏版”的新归统建档计划中，也没有提到已有 800 多年传衍历史的茶陵方氏，请注意补上这一重要遗漏。

方克立
2012 年 7 月 30 日

致方作敏三通

一

作敏同志：

收到大函，得知湘潭中湘方氏宗亲会正在续修家谱，非常高兴。雪岐同志也有好几年没联系了，对于你们正在进行的工作，我完全不知道。盼能告知老家的一些基本情况。如果需要我做点什么，当尽力为之。

方克立

2019 年 9 月 10 日

二

作敏秘书长：

收到您发来的两个文件，得知宗亲会已启动六修族谱的工作，很高兴。

在《中湘方氏五修族谱》中，卷十九第六十九页有我的曾祖父兰轩（荣绂）[1] 公的记载，卷二十二第四十八页有我的祖父瑞清（华松）[2] 公的记载，卷二十四第二十二页有我的父亲壮猷（原名彰修，记为彰猷）公的记载。渊源清楚，我会把先父之后三代人的资料整理出来交给你们。信息采集所需基本内容盼能详细告知。编修族谱需要筹集经费，我也会尽自己的一份责任。

请把您的地址、邮编告诉我。

方克立
2019 年 9 月 10 日

三

作敏秘书长：

我小时候在湘潭老家生活过八年，主要由祖父母抚养，在栗山公祠小学堂发蒙读书，是抗战时期的农村留守儿童。但长大后没有为家乡、为湘潭方氏做过什么贡献，出任宗亲会名誉会长不合适。宗亲会的工作我一定支持，您们交待的填写信息表等任务一定认真完成。

我推荐湘潭大学方显承教授担任名誉会长。他的祖上鹤卿公是《中湘方氏五修族谱》的序作者，也是我父亲的恩师。他在老家还有房子，与家乡人士多有联系，本人记忆力极好，记得许多人和事。请他出山会对六修族谱作出较大贡献的。

方克立
2019 年 11 月 5 日

① 原信如此，与《致方为民》第三封信不同。
② 原信如此，与《致方为民》第三封信不同。

致方显承六通

一

显承：

我原来的想法是，在老家如有声望较高、文化水平也较高的代表人物，我打算寄一本《高风楚天阔》给他，也向他请教一些湘潭方氏家族的历史情况和目前的情况。上个世纪 80 年代，有一位湖南省立第三师范学校退休教师方云程先生曾经与我通过信，但他了解的情况也不多，后来就没有联系了。你与家乡联系较密切较方便，或许可以提供这方面的帮助。

顺祝双节愉快！

方克立

2012 年 9 月 29 日

二

显承：

在网上看到一篇文章，介绍旭芝先生的事迹。按辈分推算，旭芝先生应该是你的叔曾祖。作者方彰德的文史功底不错。他和方彰文解放前夕 20 来岁，如果健在，现在都是 80 多岁的老人了。

我 1944—1946 年在栗山公祠上小学一、二年级，可能就是这所“方氏全峰小学”。但现在已搞不清楚位置在哪里。

方云程先生解放前与王公平办民兴中学，我的叔父方季平（方克成的父亲）在那里任生物课教师。解放后他去衡阳省立第三师范，我的叔父去常宁县一中。老先生 80 年代给我写的信，对其子女（多在外地）的状况和自己在家乡的生活都挺满意的，不知后来有何变化。

方克立

2012 年 10 月 1 日

三

显承：

得知我们是小学校友，都在栗山公（祠）读过书，非常高兴。

我出生于抗日战争时期。先父时任武大历史系教授，并被指定为西迁四川的迁校委员之一。武汉失守前，先将家属（母亲和两个哥哥）送回湖南老家。祖父母和叔父等当时住在刘家老屋，增加好几口人住不下，于是母亲带孩子借住在武大同乡赵家寰家的祖屋思古堂（在梅家冲）。1938 年 6 月，我就出生在那里。赵家寰之父是当地名宿赵启霖，此时已去世三年。启霖先生与令高祖鹤卿先生交往甚密，都是当地最有学问的知识分子。

1940 年 5 月，在我不到两岁的时候，母亲和两个哥哥由小姑父唐远景先生（在湘乡教小学）护送去四川。当时只能走长江水路，随时有日机轰炸之险，故将幼年的我留在湖南乡下由祖父母抚养，做了抗战时期的“留守儿童”。1942 年，刘家老屋塌了几间房子，祖父母、叔婶等一家搬到环山乡寺冲（又叫干冲子）几间小屋。我上小学大概就是从这里走去的。

1946 年 5 月，父母将我接到从四川迁回武昌珞珈山的武汉大学。暑期入读武大附小时，父母怕乡下教育质量差，让我重读二年级，我坚决不干，非要报考三年级。结果发榜时三年级第一名竟是我的名字，这使大家都很吃惊。一个从湖南乡下来的孩子，在与主要是从四川迁回的武大教工子弟的竞争中，居然毫不逊色，这说明湖南农村的教育质量也不差。当时在栗山小学教书的是哪些老师，我已经完全不记得了，真是十分感谢他们！

方克立
2012 年 10 月 4 日

四

显承：

前几天我去南开参加哲学院（系）建院 50 周年活动，回来才看到你的信。如果没有湘大的相会，我们兄弟大概还没有相见相识的缘分。我们虽然一见如故，但彼此的经历过去都没有交流过。

我在 2001 年见到你母亲时，就觉得是一个非常慈祥而又很明事理的老人，得知寡母千辛万苦把你抚养成人的故事，我对老人家更加肃然起敬，也对你刻苦攻读不负母恩、一再脱颖而出的经历十分赞佩。如果不是你来信讲起，我还以为你作为鹤卿先生的嫡传后裔，成长条件可能会比较优越，没想到世事迁变中也有诸多不确定的因素。

你信中对栗山公的描述，勾起了我的许多回忆，感到特别亲切。你如果有机会见到如今健在的当年老师，一定要转达我这个远方学生的敬意。

方克立
2012 年 10 月 8 日

五

显承：

转发石家庄方雪岐发来的《中湘方氏五修族谱》。该谱由你的祖上、先父之恩师鹤卿公作序（民国十三年），记载到了我们的父辈。我们两支分别为第十八代语贤、语贯之后裔也基本上清楚了。

其中卷十八第五十七页有关于鹤卿（先伟）公的记载，卷二十一第六十七、六十八页有你的曾祖楚翘（荣枚）公、叔曾祖旭芝（荣杲）公的记载，卷二十三第四十九页有你的祖父植圃（华平）公的记载，卷二十四第四十九页有你的父亲绥之（彰海）公的记载。

卷十九第六十九页有我的曾祖兰轩（荣绂）公[①]的记载，卷二十二第四十八页有我的祖父瑞清（华松）公[②]的记载，卷二十四第二十二页有我的父亲壮猷（原名彰修，记为彰猷）公的记载。

卷五第二十四页有训义之长子语贤和次子语贯之记载。

该谱到我辈（“显”字辈）为第三十二代。它是以宋代自浙江严州府淳安县迁江西抚州府金谿县的可盛公为第一代。而先父编的《湘潭方氏家谱》，则是以元末明初自湖南茶陵迁湘潭的方秩为第一代，至我辈为第二十二代。在《中湘方氏五修族谱》中，方秩排在第十二代。两谱记载**湘潭方氏**的传承情况略有差异，大体相符。

方雪岐的父亲方显雄 1962 年从湘潭石坝到河北省石家庄高邑县，以后在那里落户。

方克立

2013 年 1 月 13 日

---

① 原信如此，与《致方为民》第三封信不同。

② 原信如此，与《致方为民》第三封信不同。

六

显承：

谢谢你的节日祝福。国庆长假你会回长沙吗？也祝你全家快乐！

徐红教授已经通过电话。她曾经在武大历史系学习，她的同学留在武大图书馆工作，给她提供了先父《元史讲义》的稿本，说“方先生是湘潭人，你在湘潭工作”，这是那篇文章写作的缘起。她主攻宋史，对元史也有一定了解，至少不外行。这也可以说是缘分。

方克立

2013 年 9 月 30 日

致方雪岐三通

一

雪岐同志：

湘潭方氏始祖方秩，原籍茶陵，元末参加抗元农民起义军，明洪武初以军功授潭州卫千户所世袭百户职，遂由茶陵迁居湘潭县十四都环山乡。他的后人在这里生息繁衍，已传承20余代。自第9代方恭尧起，基本上按“恭日名盛化，正大启崇先，荣华彰显达，富贵必绵延”的字辈排序。从您介绍的情况来看，方成德应是第18代，属“先”字辈；方虎臣是第19代，属“荣”字辈；方新林是第20代，属“华”字辈；方仲凡（彰泽）是第21代，属“彰”字辈；您的父亲是第22代，属“显”字辈（与我同辈）；您是第23代，属“达”字辈。现代人的宗族观念淡薄了，给小孩子取名字多不考虑字辈，当然这也有破除传统字辈中的封建观念的意义。人的名字只是一个符号，传统字辈使之有一定的规律可循，它也给我们带来了寻根和慎终追远的方便。

湘潭方氏传衍六百多年，有许多支脉，有的人（如你我等）已离开原籍，但大宗和主流仍在那里，主要聚居于今环山、分水一带。我因很小就离开了湘潭，直系与近亲（父亲、叔父、堂叔及其后人）都不在原籍，所以与家乡的宗亲早已失去联系。希望您通过方显揖等家乡亲属，了解一下湘潭方氏今日的分布和组织情况。解放前有祠堂、祭田、学谷管理机构，有族长。60多年后情况变化很大，不知现在有无宗亲联谊组织，有无保存、研究和续写家史、家谱的人员，否则做统谱工作十分困难。

向您的父亲，并通过您们向家乡的宗亲致以亲切问候。

方克立
2012年7月25日

二

雪岐同志：

收到《中湘方氏五修族谱》，谢谢！民国十三年（1924）为该谱作序的方宗钠（先伟），正是我的父亲读振铎高小时的恩师、校长方鹤卿（1851—1930）先生（参见《高风楚天阔》第129—131页，第144页，第149—151页）。

该谱资料丰富翔实，记载到了你的祖父辈和我的父辈，你我两家的传承世系源流都很清楚了。

你去年7月22日来函介绍的直系五代人中：方成德的记载见卷十八第二十六页：先见，崇憋次子，字之明，号成德，行寅五，例授奉直大夫。方虎臣的记载见卷二十一第三十七页：荣思，先见四子，字钦明，号虎丞，行悳九从九，职加八品衔。方新林的记载见卷二十三第二十八页：华瀓，荣思次子，字策春，号新霖，行书三。方仲凡的记载见卷二十四第四十三页：彰泽，华瀓次子，字克顺，号仲藩，行见六。

该谱卷十九第六十九页有我的曾祖方彩成（荣绂）[①] 的记载，卷

① 原信如此，与《致方为民》第三封信不同。

二十二第四十八页有我的祖父方瑞清（华松）[1] 的记载，卷二十四第二十二页有我的父亲方壮猷（原名彰修，记为彰猷）的记载。

从该谱也可以得知，我们两家分别为第十八代语贤、语贯之后裔。卷五第二十四页有训义之长子语贤和次子语贯之记载。

先父已辞世四十三年，在他留下的遗物中，有一个《湘潭方氏家谱（乘）》稿本，毛笔书写草纸本，老式装订。初稿可能完成于解放前，以后不断修改和增补。1957 年总结道："自明初（洪武元年即一三六八年）迄一九五七年历五百九十年，传二十二代，平均每代为二十七年。"但此后又增补了第二十三代即他的孙辈，1962 年以前出生的三个孙子都有记载，此后出生的孙子、孙女则无记载，由此可知他最后一次增补时间可能是 1962 年。

稿本反映他随时代发展认识变化的过程，如有的人上方批语是"有祠堂，有祭田，可能是地主"，这是他解放后运用阶级分析方法，根据土地占有情况和其他记载作出的判断。也有他读到其他方氏宗谱发现有重名者（如方鹏），将有关资料抄录下来，以备比勘。

这显然是一个未完成的稿本，放在附件中供你参考。

《中湘方氏五修族谱》是以宋代自浙江严州府淳安县迁江西抚州府金谿县的方可盛为第一代，先父编的《湘潭方氏家谱》则是以元末明初自湖南茶陵迁湘潭的方秩为第一代。在前谱中方秩已排在第十二代。两谱记载湘潭方氏的传承情况略有差异，大体相符。

你是通过什么途径找到《中湘方氏五修族谱》的？望告。

春节临近，顺贺年禧！

方克立

2013 年 1 月 14 日

---

① 原信如此，与《致方为民》第三封信不同。

三

雪岐同志：

近日收到湘潭方氏宗亲会秘书长方作敏来函，说在您的大力推动下，中湘方氏六修族谱的工作已经启动。近百年来续修谱，真是功莫大焉。工作量也不小，需要一批有志之士齐心合力以竟其功。您回湘所做工作起了关键的推动作用，向您表示感谢和问候！我这个八十老头也当尽自己的一份力量。

方克立

2019 年 9 月 16 日

致方红姣七通

一

红姣：

《“湘学”概念的历史考察》文稿已阅，写得很好。

湘学概念是什么人在什么年代提出来的，或最先使用的，其本来涵义是什么，我也并不确切知道，只大略地估计是在上个世纪之交。你明确地以1897年创刊的《湘学报》为湘学概念使用之始，是一重要的研究结论。从前人对湘学概念的使用来看，一般都把它与“理学”“实学”“湖湘学派”“船山学”“湖南人固有精神”联系在一起，与我们的理解相近，但都没有明确的时空界定。《湘学（新）报》的“例言”亦语焉不详。

文章末尾需要加一段话，阐述本文“考察”的结论，提出如何解决目前认识分歧的看法，以推动湘学研究健康深入地开展。

祝春节愉快，马年吉祥！

方克立

2014年1月24日

二

红姣：

你的书序①，最近才抽空写出来。你提供的文稿对我帮助很大。

你对“船山学”概念来源的考证，弥补了我的不足。最后提到这个概念的双重涵义，不讲一下好像也交待不过去。

序稿有何不足或不妥之处，你提出来，还可以修改。

方克立

2015 年 4 月 16 日

三

红姣：

谢谢你！很高兴过几天就能在石家庄见面。

祝贺《湘学》第七辑付梓出版。只要锲而不舍地做，总会见成效的。不求速成，久久为功。我最近没有写湘学方面的文章，只能缺席了。

我给现代湖湘学者刘鄂培先生的文集写过一篇“序”，② 其中提到曾请他给《湘学》辑刊写文章之事。这也是有关辑刊作者的一个历史资料。

方克立

2017 年 6 月 19 日

---

① 指为方红姣《现代新儒学与船山学》写的“序”，中国社会科学出版社 2015 年版；收入本书第六卷。

② 指《〈刘鄂培文集〉序》，收入本书第六卷。

四

红姣：

你在使用马工程《中国哲学史》教材的过程中，课堂上讲了哪些内容，哪些内容因学时限制来不及讲，是布置学生自学的，开一张单子给我好吗？简单的做法是只开列没有讲、安排学生自学的，比如第×章，或第×章第×节。

中宣部要求对这本教材进行修订，精简内容以适合教学需要是一个问题，你在一线教学，可以给我直接的帮助。

方克立

2017 年 10 月 22 日

五

红姣：

陪小孩去韶山表演当然更重要。黄老师说发一张小小提琴家表演的照片过来，供老头老太欣赏。

我给石家庄会议写了一个发言提纲。[①] 由于是在总书记讲话之前写的，没有看齐、对号，不当之处请批评指正。

我最近看了几篇文章，都是讲船山精神的。有的着重讲船山的哲学精神（崇实、重行、主动等），有的着重讲船山的人格精神（爱国情怀、民族气节、人格操守等），有的着重讲船山的治学精神（“六经责我开生面”“推故而别致其新”等）。你对这个问题有兴趣吗？

---

① 指《五四百年的思想史意义》，原载杜运辉编《张申府张岱年研究集刊》第 5 辑，河北人民出版社 2020 年版；收入本书第四卷。

能否下点功夫研究一下，写一篇较有份量的文章？

方克立
2019 年 5 月 9 日

六

红姣：

你的乖儿子、小帅哥在韶山表演的照片，黄老师赞不绝口。我的 8 岁孙子也在学校表演过弹吉他，5 岁孙女在美国幼儿园表演过弹钢琴。想起 8 岁前我在湖南农村，还只会在后山和田梗上乱跑哩！

在石家庄，《船山学刊》主编楚玲约我写文章，我说这段时间正忙于马工程教材定稿，抽不出时间。她说与你很熟悉，可请你帮忙，而且当天就与你通了电话。前函正好与你谈到船山精神问题。要关注学界谈到的各个方面，每个方面都掌握充足的典型的原始资料，然后全面梳理并形成自己的观点。先准确把握船山精神是什么，然后弄清楚船山精神与中华民族精神的关系（或可以此为题）。我总觉得，我们讲中华民族精神，总有一些典型的人化代表，如屈原、岳飞、鲁迅等人，船山也应该算是一个。你为此多下些功夫吧！

方克立
2019 年 5 月 17 日

七

红姣：

我因去年 9 月心脏病复发，现在很少去办公室（在三楼，有一次就是上楼梯时发病的）了。以后电话打到家里，一般是黄老师接电话，你要她叫我。

“船山精神与中华民族精神”这个题目，要用大量船山的言（学术思想）和行，来诠释中华民族精神中最可宝贵的那些东西。他的思想深度大大超过了前人，但隐没了200年，近代重新被发掘出来，倒是起了意想不到的激励民族精神的作用。这大概也是历史的辩证法，有价值的精神财富总会发挥其应有的积极作用的。

方克立

2019年5月21日

致卢兴九通

一

卢兴同志：

杨俊峰毕业后，我可能就很少去南开了。但我还会继续关心南开中哲学科的建设和发展，心中割不断那份牵挂。

你是李翔海（1994 年留校）之后南开中哲学科留下来的唯一的年轻人，本专业自己培养的博士，传承和发展该学科的未来希望也将历史地落在你的肩上。我想你会很清楚地意识到这一点，也有能力、有信心、有决心担负起这一重任。最近几年可能是南开中哲学科比较困难的一个时期，希望你配合严正、吴学国老师一起渡过难关，主要通过选留品学兼优的青年博士，也可引进个别学有所成的中年学者，把该学科尽快地重新振兴起来。

南开中哲学科从 1982 年开始招收培养硕士研究生，到明年就 30 周年了。我想请你帮忙整理一个材料，检阅一下该学科培养人才的情况。做法也很简单，就是列两张表，分别将历年招收培养的博士生和硕士生的基本情况填进去，基本内容包括**招生年份、姓名、出生年月、籍贯、博（硕）士论文题目、指导教师、现在工作单位、电话、电子信箱**等（硕士生表格中可在“现在工作单位”前加一项“**读博学校**”）。表格请你设计，还需增加什么内容也由你决定。做这件事情可能需要查阅系里的教学档案资料，请白雪老师给予帮助。你也可以安排一两个研究生来具体操作。

常在报刊上读到你发表的文章，非常高兴。你和吴倩的博士论文要抓紧修改出版，争取早日解决副教授职称问题。

方克立
2011 年 5 月 31 日

二

卢兴同志：

昨晚陈晏清老师来电话，说为了筹备 50 周年院庆，想让你和严老师[①]来京同我谈一下南开中哲学科的建设和发展问题，我说“欢迎”。你们确定日期后，事先打个招呼。对我比较合适的时间是上午 9—11 时、下午 3—5 时，地点在我的办公室。谈完后我请你们吃饭。

去年请你编了两个很有价值的资料，经老师和同学们增补充实后，可以争取在 50 周年院庆前印出来发给大家。南开中哲学科 1982 年开始招硕士生，今年正好 30 周年。30 年培养博士、硕士研究生超过 200 人，这是一个不小的成绩。有了这张“联络图”，大家可以加强联系，对该学科今后的发展亦能起到鼓舞和促进作用。50 周年院庆时，尽可能多地邀请毕业同学回来参加庆祝和联谊活动。

就我知道的情况对两个资料略作补充。建议把 2010、2011 年入学同学的资料也补充上去。

方克立
2012 年 5 月 2 日

① 指严正先生。

三

卢兴同志：

收到九期院庆简报，谢谢你。通过简报得知苏驼、赵文芳、王兴华、陈晏清、车铭洲、童坦等老朋友的近况，感到十分高兴、十分亲切。被寻访的哲学系毕业校友，有的在校时与我也是很熟的，看到他们的成长和对社会的贡献，自然也很高兴。

学生如果整理访谈记录，我希望不是根据录音一字一句地照录，而是有所选择和系统化，把我对南开中哲学科建设和研究生教育的一些基本思想体现出来。附件中的两个材料[①]，虽然是在社科院讲的，其中也包括我在南开的一些做法和想法，附去供参考。

方克立

2012 年 6 月 8 日

四

小卢：

收到来函和增补的通讯录，谢谢！

南开中哲目前有一些暂时困难，相信总是有办法解决的。你和严正、乔清举、吴学国几位正当年富力强之时，教学任务重一些，也能锻炼人。要说起来，比上个世纪 80 年代我面临的情况要好得多，我那时也是与严、乔、吴几位相近的年龄。南开中哲学科的未来振兴，

---

① 指张利民《为人治学崇平实》（原载《学问有道——学部委员访谈录》，方志出版社 2007 年版）和《与研究生谈读书、治学和做人》（原载《学问人生——中国社会科学院名家谈》下，高等教育出版社 2007 年版）。均收入本书第五卷。

我对你寄予很大的希望。当然，这件事情要学校和哲学院领导高度重视，才有可能出现转机。

春节期间徐晨带去《中国文化的综合创新之路》一书，我开的名单中有你一本，书拿到了吗？

附去北大中西马对话资料和李老师[①]发来的几张照片。

方克立

2013 年 9 月 12 日

五

小卢：

谢谢你的教师节问候，并发来南开哲学院新楼的照片。

新楼太壮观、漂亮了，让人羡慕。上个世纪 80 年代，我们中国哲学研究室在主楼三层能够有一间小房子，摆上用自己经费买的一些书，教师和研究生们可以一起在那里讨论问题，已经是特殊待遇了，别的教研室都没有。你们今天有这么好的条件，教学科研一定会更上层楼，“日新月异”。

中哲教研室今年又新进一位博士的消息也很好。保持这个势头，再进一两位，就能组成一支以新生力量为主的学术队伍，全面开展各个层次的教学工作，在科研方面也逐渐形成特点，显示出实力，重铸南开中哲的新辉煌。我们接触虽然不多，但感觉你各方面素质都很好，并且有责任感（这点特别难能可贵），我期待你能成为南开中哲第三代人的领军人物。

方克立

2015 年 9 月 13 日

---

① 指李翔海先生。

六

小卢：

关于南开马克思主义文丛[①]，我的初步想法是：从本世纪（2000年后）关于马克思主义与中国哲学、文化关系问题的文章中，选出30篇左右。不选纯粹中国哲学史研究的文章，也不选访谈录之类。另在“附录”中选两篇文章，概略地反映我在上个世纪所做的工作，以及在南开大学工作的情况。一篇是《无言的风景》中的《以马克思主义为生命的学问》，实即发表于《高校理论战线》2003年第5期的曹娟的《方克立教授学术思想述要》一文。一篇是南开哲学院50周年院庆时，两个学生（林红、李卓）写的《三十八载勤耕耘　桃李芬芳满园春》一文。大部分文章有电子文本，少数没有。其中附录的第一篇就没有，你能帮助我将其转换成word文本吗？我的电脑水平很低，这些操作都不会。

方克立

2018年12月7日

七

小卢：

收到南开马院的邀请函后，我有一个想法，这套丛书能不能不叫“马克思主义名家文库”，而改为“马克思主义研究文库”。这样更平实些，也更加符合“允公允能，日新月异”的南开校训精神。

---

① 指《南开大学马克思主义研究文库》（第一辑）中方克立先生的《新世纪的文化思考》，南开大学出版社2019年版。

马克思主义学者从来都是坚持信仰、为真理而奋斗的，“砍头不要紧，只要主义真”，为了坚持信仰连身家性命都不顾，更不把“名”当作一回事。

这个意见你能不能个别地向新生转达一下。

我还想知道这套丛书收进了哪些南开马克思主义学者的著作，你能否要一个名单发给我？我很关心是否把建国前30年南开早期马克思主义学者也收进去了，这套丛书如何体现“百年南开”？

“后记”过几天就发给你。

方克立

2019年1月10日

八

小卢：

12月11日发给你的文集，基本上不动了。近日补写了一个《后记》，主要讲了一下中国哲学在南开马克思主义学科体系中的地位。其中将丛书名称改为“南开大学马克思主义研究文库”，这个意见如果没有被接受，你再帮着改过来。

前函是从马克思主义这个学科的性质讲，似不宜打“名家”牌。再从收入文库的学者个人来说，不见得都愿意戴这顶帽子，有点不能承受之重。全国优秀的马克思主义研究学者多得很，南开学者要客观估量自己的地位，即使排名靠前，也不宜自称“名家”。要说知名度，南开的艾跃进可能是最高的了，不知文库收了他的集子没有？

习总书记17日到访南开大学，给百年校庆送了一个大礼包。我在电视上看到了王新生、朱光磊等人，为南开哲学系人才辈出而感到高兴。

你帮我要一个收入文库的南开学者名单。

方克立
2019年1月20日

九

小卢：

在你的论文写作过程中，以及专家评阅、答辩过程中，有没有人提出过这样的问题：起源于西方的现代性，突出地表现为理性、自由、进步等特征，这些都是资本主义现代化的必备条件。而在多元现代性中，不仅有时代性与民族性的紧张，而且还有资本主义与社会主义的区别。社会主义无疑也是一种现代性思潮，而且比资本主义更具有历史的进步性，“多元现代性”当然也要把它包括于其中。

讲到“中国现代性”，自由主义主张走西方现代化的老路，现代新儒家认为“现代化不等于西化”，而是要求走一条中国特色（儒家）资本主义现代化的发展道路；中国的马克思主义者、共产党人则是主张走中国特色社会主义现代化的道路。三大思潮对“中国现代性”的理解是不同的，所以百年中国思想界的情况也非常复杂。

牟宗三在理论上对中国特色资本主义现代化（性）的哲学建构贡献很大，但他是坚决反对和抵制中国特色社会主义现代化的，这方面的局限性也很明显。1988年12月，我在香港唐君毅思想国际会议上亲耳听到牟先生大骂邓小平，30年过去，历史实践证明，他建立在道德理想主义基础上的中国特色（儒家）资本主义现代性，虽然讲了一套良知呈现、坎陷和返回自身的理论，但是远不如邓小平建立在工业、农业、国防、科技四个现代化基础上的中国特色社会主义具有现实性，所以今天习近平才大讲中国特色社会主义的道路自信、理论自信、制度自信和文化自信。

我后来转向关注张岱年、冯契等马克思主义学者是怎样解决古今中西问题的，从“综合创新”和“马魂中体西用”中看到了出路，当然自由派和新儒家的贡献也应该重视并且“综合”进去。

方克立

2019年2月28日

致左玉河一通

玉河同志：

粗读了你执笔的第二章书稿①，感觉到下了很大功夫，写得很认真，努力贯彻编书组提出的指导思想和基本原则，力图把一些基本道理讲深讲透，总体上是成功的，写到这个程度不容易。

有两点个人想法，提出来供参考：

一，“以主流意识形态为主线”和“把思想的历史还给人民”都是重要的编写原则，二者如何有机统一起来而不形成悖论，需要做一些理论上的说明。统治阶级实际上也支配着精神的生产，思想史不以统治阶级思想为主线来写是不可能的。过去的思想史都是站在统治阶级立场来为历史上统治思想的合理性作论证，思想史研究的马克思主义学派就要倒过来，站在人民的立场来把以统治阶级思想为主线的思想史写成“人民的思想史”。侯外庐先生在《宋明理学史·序》中说：“研究者如果以理学思想作为指导，以理学写理学，那是不能揭示历史发展的真实面貌的。”现在有人还在提倡“以儒解儒”，认为只有站在儒家立场才能体认儒学真精神，写出真正的儒学史来。它与唯物史观指导下写出来的“人民的思想史”就完全不在一个路子上了。

---

① 指王伟光主编《中华思想通史绪论》的第二章，中国社会科学出版社、南开大学出版社2020年版。

二，在中国思想史研究中，天命史观、圣贤史观、文化史观、道德史观、儒家道统论、历史倒退论、历史循环论等等都有非常典型的表现，可以说唯心史观充斥于某些思想文化研究领域。以至还有今人鼓吹："圣贤是文化之本，文化由历代圣贤创造。中国的圣贤，除尧舜禹汤文武周公等古代圣王贤相外，孔子以后中国历代公认的大圣大贤不过颜子、曾子、子思子、孟子、荀子、董子、文中子、周子、二程子、张子、朱子、陆子、阳明子 14 人而已。"适当点出某些唯心史观猖獗的现象，应能有助于说明坚持唯物史观的必要性和迫切性。

另外，关于逻辑的与历史的一致方法，着重讲了具体问题具体分析，把问题放到一定的历史范围内来考察，这是对的，但与黑格尔、恩格斯讲的这个原理的本义（思想发展的逻辑与其实际历史进程具有一致性）还有一定距离，你再斟酌一下。

顺祝春节愉快！

方克立

2018 年 2 月 2 日

致平章起二通

一

章起：

近日在《深圳大学学报》上读到你与李元旭合写的《马克思主义和中华传统文化关系的三种主要阐释范式》一文，其中对“马魂中体西用”亦有所评论，我很高兴，愿意就这个问题与你们交流讨论。

由于传统体用范畴的多义性和使用上的灵活性，在近代以来的中西体用之争中曾经造成一些认识混乱。比如张之洞的“中体西用”论是在“道体器用”的意义上讲的，李泽厚的“西体中用”论是在“器体道用”的意义上讲的，二者不是在同一个层面上讨论问题，因此形式上对立的两个命题，实际上风马牛不相及。这种复杂情况的出现，就使一些人将体用之辩视为畏途，有称为“体用难题”的，有称为“体用困境”的，还有称为“体用陷阱”的，避之唯恐不及。我们在学界也经常听到“体用之辩应该终结”“应该彻底抛弃体用思维方式”之类的声音。

但是，对于在中华民族理论思维发展史上起过重要积极作用的体用思维，采取简单“抛弃”或宣布“终结”的办法大概是不行的。30 多年前我在南开工作时写过一篇文章，题目叫做《论中国哲学中的体用范畴》（发表于《中国社会科学》1984 年第 5 期），对体用范畴的两重主要涵义及其相互关系做了详细分析和说明，对体用之辩中所包含的朴素辩证思想做了高度评价，认为用马克思主义观点和方法批判继承其中的真理性成分，把它熔铸到唯物辩证法的科学体系中去是可能的。

对于近代以来张之洞、严复、梁启超、李大钊、熊十力、冯友兰、贺麟、张岱年、李泽厚等大家都曾十分关注的文化体用问题，我们采取视而不见、听而不闻、不予理睬的态度大概也是不行的，而是要从他们的探索中认真总结理论思维的经验教训，厘清体用范畴的多重涵义，对传统体用思维进行创造性转换和创新性发展，使之能够解决、回答我们今天面临的文化问题。

面对“五四”后中、西、马三种文化资源并存的格局，中国现当代文化如何处理，怎样往前走？此时传统体用二元模式确实有顾此失彼、捉襟见肘，失去解释效力的问题，而“魂、体、用”三元模式正是适应了解决时代问题的需要，在此时应运而生的。它以传统体用思维为基础而又揭示和变通地解决了其内在矛盾，将主导性之“体”与主体性之“体”、“道体器用”之“体”与“器体道用”之“体”区分开来，又在新的形式下将体用范畴的两种涵义结合起来，形成“魂、体、用”三元模式，能够较为准确地界定中、西、马三者的地位和相互关系。“马魂、中体、西用”论之所以能够得到广泛认同，不仅在于其学理上的相对合理与圆融，而且它已被近百年来中国文化发展的历史实践所证明，它与我们党一贯的文化建设指导方针也是非常契合的。由此可见，它与传统体用思维既有连续性和继承性，又对其有所突破和超越，即有变革性和创新性，所以我主张“要慎言体用但不必讳言体用”。可以说，“魂、体、用”三元模式就是对传统体用思维的创造性转换和创新性发展。

大作将“马魂中体西用”与“中体西用”、“西体中用”并列（中间用一个“或”字）称为“体用范式”，只注意到了继承性和连续性的一面，而忽略了变革性和创造性转换、创新性发展的一面。其实在处理马克思主义与中国传统文化的关系问题上，“魂、体、用”三元模式与你们讲的三种主要阐释范式都是根本不同的。在意识形态范式中，马克思主义与中国传统文化是不同时代、不同阶级的两种对立的阶级意识；在文明范式中，马克思主义与中国传统文化被视为不同性质的东西两大文明；在近代以来的中西体用之争中，马克思主义要么根本不在其视野之内，要么被简单地归结为一种“西学”。只有在“魂、体、用”三元模式中，马克思主义与中国传统文化才被看成是“魂体相依”的关系、相需关系，而不是体用关系、主从关系。从这个意义上讲，“魂、体、用”三元模式是一种根本不同于传统体用范式的新的思维范式，在处理马克思主义与中国传统文化的关系（或中、西、马文化关系）问题上，尤其能够显示出其独有的优越性，不能把它简单归结为体用范式而一起否定。

在如何处理马克思主义与中国传统文化的关系问题上，大作对三种主要阐释范式都采取了基本否定的态度，而提出要在三种范式之外，“寻找更具阐释力和适应性，能够积极促进文化交流、形成广泛共识的阐释范式，以推动当今中国文化建设实践的不断发展”。这是非常值得期待的，我们当然都乐观其成。不知道你们是否已形成一个新的阐释范式的大致思路，或者能指出如何创造这个新的阐释范式的方向，还是只一般地对学界提出这么一个希望。如果是后者，我建议你们在这个更具阐释力和适应性、能够形成广泛共识的新的阐释范式创造出来之前，最好不要把现有关于处理马克思主义与中国传统文化关系的所有努力都全部否定，比如不要把“魂、体、用”三元模式简单地等同于传统体用范式而一起否定。应该看到“马魂中体西用”论的基本理论方向是正确的，对中、西、马关系的处理，包括对马克思主义与中国传统文化关系的处理，是符合今天中国实际的，也是符合先进文化前进方向的，与意识形态范式、文明范式、体用范式都根本不同。

我的这些看法，不一定对，愿意与你们讨论，也欢迎你们批评。

章起，我一直记得2004年在安贞医院做心脏手术那一天，你与李毅、东生[①]、克峰[②]一起从天津专程赶来关心看望，这种高情厚谊我终生难忘。你现在减轻了党政工作负担，希望在学术研究和教书育人方面做出更大的成绩。

方克立

2016年8月16日

二

章起：

《深圳大学学报》每期送给我一本，所以有缘读到你们的文章。请你将《实践为体、文化为用》一文的电子文本发给我，我根本看不到《理论与现代化》杂志。

文化的根源在于社会存在、社会实践，“实践为体、文化为用”是一种“器体道用”的唯物主义文化体用观。20年前我在《评大陆新儒家推出的两本书》（《晋阳学刊》1996年第3期）中说过一段话：“如果说，体用范畴已为中国人所习用，一定要把中国社会主义新文化建设方针套进一个体用模式的话，我认为首先应对‘体’、‘用’概念明确界定，从文化发展的源泉、动力和创造主体的角度来确立‘体’的优先地位，那么或许可以说是‘以中国社会主义现代化建设实践为体，而以古今中外的优秀文化为用’。”这就对贺麟先生“以精神或理性为体，而以古今中外的文化为用”的唯心主义文化体用观做了唯物主义的改造。我想这个观点与你们的看法可能比较接近。

但是，传统文化体用观主要是在“明道存心以为体，经世宰物以

① 指武东生先生。

② 指吴克峰先生。

为用”即“道体器用”的意义上讲的，与前者观察问题的角度不同，体用范畴的涵义也不同，所以很难讲到一起去。为了解决“五四”后中、西、马关系这个时代课题，传统体用二元思维模式的突破或超越乃势在必行，从传统体用思维创造性地转换、变通、发展出一种三元模式，可能是一条比较顺势、自然的途径。

当代中国文化保守主义盛行，势力不可小视，而情况又十分复杂。崇儒反马的大陆新儒家是其极右翼，已经从文化保守主义发展到政治保守主义，守土有责的马克思主义者必须旗帜鲜明地反对这派观点。还有一些“识时务”的文化保守主义者，他们是“崇儒不反马”的，甚至自觉与前者保持一定距离，但其基本理论立场是“儒体马用”，力图对现行政策作儒学解释，使马克思主义儒学化；其中一些人在现行体制中还很受器重。站在马克思主义理论立场大力弘扬中华优秀传统文化不是文化保守主义，而是发展中国特色社会主义新文化的需要。分清各色人等的基本理论立场非常重要。

李元旭选择这个现实性极强的论文题目①，需要有**理论勇气**，需要有**分析的头脑和眼光**，还要十分**讲究政策与策略**。相信你们已经有深入的研究和讨论，我期待他写出一篇高水平的马克思主义博士论文。

关于“马魂中体西用”，去年 12 月人民出版社出了一本谢青松编的论文集，李毅、东生、清杰②、克峰手里都有。

方克立

2016 年 8 月 25 日

---

① 李元旭当时为平章起的博士生，论文选题定为“当代中国文化保守主义研究”。

② 指寇清杰先生。

致宁新昌四通

一

新昌：

前天李锦全老师在电话中告知，你接替黄明同当选为广东省岭南心学研究会的新一任会长，非常高兴，特表祝贺。

现在贵州、浙江等地有所谓“心学热”，大讲王阳明的六个“伟大”（伟大的哲学家、伟大的思想家、伟大的政治家、伟大的军事家、伟大的教育家、伟大的文学家），而不讲他镇压农民起义、“破山中贼易，破心中贼难”都是为维护明王朝的封建统治服务的局限性，也不讲心学的唯心主义实质，学界颇有议论。

我建议你们就扎扎实实地研究陈献章、湛若水等人的岭南心学思想，实事求是地全面评价，不要太跟风了。

方克立

2018 年 5 月 21 日

二

新昌：

这次教材修订主要是贯彻十九大精神[①]，在内容上不是做加法而是做减法，因为普遍反映教材内容过深过繁，不太适合教学需要，学生很少有在一学年内认真读完上下两册的。

按照去年十二月讨论的修订计划，删去了庄子的美学思想、《论六家要旨》、《黄帝内经》、佛教三论宗、沈括、徐光启、章学诚等章节，王阳明章保留了第一节心学的产生背景，而删掉了第五节心学的特色和影响。原来这一节也没有提到陈、湛二人。

我会考虑你们提出的问题，但要增加一节估计很困难。将来如果编更大规模的多卷本中国哲学史，陈、湛无疑应设重要章节。

方克立

2018 年 5 月 22 日

三

新昌：

这次内部印刷征求意见的送审本已经定型了，没有改动。我是有这个考虑：在最后修订的教材中，讲阳明心学的产生背景时，在元代吴澄之后加一段话："在完成明代儒学由理学向心学的转向过程中，陈献章及其弟子湛若水起了重要作用。湛若水认为'在心为性，在事为学；尊德性为行，道问学为知。知行并进，心事合一，而修德之功

---

① 指马工程教材《中国哲学史》的修订。修订本已由人民出版社、高等教育出版社 2021 年出版。

尽矣’（湛若水《进德业》二，《圣学格物通》卷二十七），就表现出了和会朱陆的倾向，不过与王阳明‘一见定交’的湛若水已经是在心学的基础上来试图统一朱陆了。”这个想法不知最后能否实现？

方克立
2018 年 6 月 8 日

四

新昌：

谢谢黄明同老师那么认真地提出了书稿的修改意见。教材修订本内部稿本正在广泛征求各方面的意见，意见集中后还要开会讨论具体的修改方案，并分工执行。我会把黄老师的意见带到会上，交给具体负责修改宋明理学部分的同志。

这本教材秋季开学（9 月）就要用，所以时间已经相当紧张了。最后修改意见和整个工作安排，都得听中宣部的。

方克立
2018 年 6 月 24 日

致乐爱国二通

一

乐老师：

今天刚得知汪澍白老师逝世的消息。贵系同仁中我只有您的电子邮址，麻烦您将这封唁函转交给系里。

> 厦门大学哲学系：
>
> 惊悉汪澍白教授不幸辞世，深感哀痛！汪教授是我国著名的毛泽东哲学思想研究专家，他的《毛泽东早期哲学思想探源》、《毛泽东思想与中国文化传统》、《毛泽东思想的中国基因》等代表作，在我国学术界有广泛影响。尤其是他不唯书、不唯上，坚持独立思考、实事求是的马克思主义学风，给学界同仁留下了深刻印象。我与汪澍白教授不仅有同乡之谊，而且十分敬佩他的学问和为人。
>
> 汪教授的仙逝是贵系和中国哲学界的一大损失。请照顾好张慎恒老师，望她节哀。

方克立

2013 年 12 月 12 日

二

乐老师：

来函早已收到，迟复为歉。在此期间我到上海去参加了冯契先生百岁诞辰的纪念活动。

虽然只看到目录，但感觉您的研究细致深入，非常期待早日读到大著。有几点很表面的想法，仅供参考：

一，书名为《现代朱子学研究的兴盛》，研究对象除了现代新儒家之外，还应涉及其他现代学派的朱子学研究，自由主义西化派可能不措意于此，中国马克思主义学派还是有一些朱子学研究成果的。方红姣的《现代新儒学与船山学》一书，除了评述三代现代新儒家的船山学研究之外，还将其与马克思主义的船山学做了比较，就显得内容丰满得多。

二，您集中评述了冯友兰、唐君毅、牟宗三、钱穆四人的朱熹哲学研究成果，就现代新儒家学派来说，第三代的刘述先，以至海外的陈荣捷的相关成果，也值得重视。

当然，这些情况，你可以在大著的“自序”中适当加以说明。

近年来我给一本朱子学研究著作写过书评①，给另一本朱子学研究著作写过“序”②，都对一种把朱子哲学心学化的倾向保持着一定的警惕。两篇东西附上请指正。

① 指《守自己的庄稼　流自己的汗——读丁为祥〈学术性格与思想谱系——朱子的哲学视野及其历史影响的发生学考察〉》（与宁新昌合著），《人文杂志》2014 年第 2 期；收入本书第六卷。

② 指为杨俊峰《心理之间：朱子心性论研究》所做的“序”，中国社会科学出版社 2014 年版。收入本书第六卷。

盼能介绍一下“百年朱子学研究精华集成”[①] 的研究计划和成果形式。

方克立

2015 年 11 月 10 日

---

① 即乐爱国的教育部哲学社会科学研究重大课题攻关项目。

致冯春风五通

一

小冯：

不知你们节后上班没有？今天把春节期间写的《自序》发给你。

选文内容做了一点调整，[1] 删掉编号40的《正确对待孔夫子、孙中山、毛泽东三位历史人物》一文，将编号21的《关于和谐文化研究的几点看法》一文挪到后面，照这次发的“目录”排序。长短文章共计47篇。

节前电话中提到两点：（一）排小四号字，（二）文末注改为页下注。你说“没有问题”，我就放心了。下面的事情都拜托你了，谢谢！

方克立

2012年2月3日

---

① 指为《中国文化的综合创新之路》选文，该书已由中国社会科学出版社2012年出版。

二

小冯：

刚开完社科院工作会议。在2012年工作要点（第12页）和王伟光工作报告（第32页）中，都提到今年要“**出版学部委员专题论文集**”，不断扩大学部的学术和社会影响。我的《中国文化的综合创新之路》一书，如能列入这个出版计划，可以争取到一笔出版资助，减轻贵社的经济负担。赵剑英同志参加了院工作会议，他对这项出版计划可能会了解得更多一些。

方克立

2012年2月24日

三

春风：

前两天在北大开纪念张岱年先生诞辰105周年学术研讨会，陈鼓应跟我说：“你主编的那本《中国哲学大辞典》太好了，我叫人印了几十本给台湾的学生。已经20年了，为什么不重印呢?”我说：“出版社是想重印，但我没有时间精力做修订工作。”他说：“不必修订，原版重印就很好。”

三年前，北大哲学系教授杨学功（社科院毕业的马哲博士）也讲到过这本辞书，认为今天仍为市场所需要，希望“出版社重印，以应急需”。

鉴于上述情况，请你与社领导商量一下：该书初版于1994年5月，整20年后，能否适应市场需要原版重印一次？其基本观点和理论立场没有问题，缺点是没有吸收近20年来新的学术成果。保持历史的原貌也有好处，读者自会客观地评价它。

方克立
2014 年 5 月 28 日

四

春风：

我昨天已经写了几句话，再发一份给你。[①] 不过我手抖写不成字，就用印刷体吧！

当代中国哲学社会科学必须坚持以马克思主义为指导，这是它区别于其他哲学社会科学的根本标志。四十年来，与改革开放同步的中国社会科学出版社为发展繁荣当代中国哲学社会科学作出了突出贡献。在马克思主义中国化的百年探索中，它的那些重要出版物都会载入当代中国思想史册，将永远为人们铭记。

方克立
2018 年 5 月 28 日

五

春风：

我的题辞首先引据习总书记的话，区别两种哲学社会科学："当代中国哲学社会科学"和"其他哲学社会科学"。区别的根本标志就是是否坚持以马克思主义为指导。中国社会科学出版社是党领导的坚

① 指为中国社会科学出版社 40 周年写的题辞。

持以马克思主义为指导的重要出版阵地，所以我说它四十年来为发展繁荣“当代中国哲学社会科学”作出了突出贡献（“重要贡献”还是“突出贡献”，我想还是评价高一点好，希望它今后继续坚持正确方向）。作为一家哲学社会科学专业出版社，“其他哲学社会科学”的东西，也可以出一点，主要是中外经典的翻译、注释和解读，正如习总书记所说的，也要体现马克思主义的批判精神，这样就能将其转化为当代中国哲学社会科学的资源和有机组成部分。对于“其他哲学社会科学”中的资产阶级自由化思潮、崇儒反马的大陆新儒学思潮等现实危害性较大的东西，则要有所警惕。

社科出版社成立四十周年，我与出版社也已有三十多年的交谊。《中国哲学大辞典》《现代新儒家学案》《现代新儒学研究论集》《中国文化的综合创新之路》等著作，还有我指导的一些博士论文，都是在社科出版社出的。出版社的前任领导，有多位是我的老同学、老同事，现任领导则是青出于蓝而胜于蓝的学生；编辑中既有南开的学生，社科院研究生院的毕业生则更多。所以出版社 40 大庆，我应该表示诚挚祝贺。

方克立

2018 年 6 月 4 日

致李广良二通

一

广良：

我的父母“文革”中于同年相继辞世，于今四十周年矣。我们编印了一个纪念册①，其中有我为先父编的一个“年谱”，发给你一阅，可以了解一个前辈知识分子的奋斗历程和时代际遇，也有助于了解我们这代人是在什么环境下成长的和怎样走过来的。

方克立

2010 年 11 月 16 日

二

广良：

陈寒鸣是一个自学成才的优秀青年学者，他在中国思想史研究方面受侯外庐学派的影响较深，在天津与我、刘泽华等也有较多接触。他的学术成果很多，早达到了教授水平，但在天津市工会干部管理学

---

① 指方克立等《高风楚天阔》，2011 年自印本。

院处境不好，现在还是副教授。最近他有丧女之痛，想提前退休找个地方教点书（中国思想史、文化史、儒学史），换个环境调整一下心情。据说云南理工大学的刘伟求你帮忙，承你美意答应他在云南师范大学兼一点课。善哉，善哉！一方面是帮他一个忙，另一方面也确能发挥其学术专长，发现是个有用之才。

他的要求不高，一是为夫妇俩提供住处，二是给点讲课费，解决基本生活之需。希望尽量给予照顾！可以试用一段，相互有较深了解后，再说以后的事情。

附件中是我与陆信礼给他写的一篇书评。①

方克立

2011 年 1 月 21 日

① 指《“侯外庐学派”的最新代表作——读〈中国儒学发展史〉》，《中国社会科学院研究生学报》2010 年第 2 期；收入本书第六卷。

致李光虎二通

一

李光虎教授：

谢谢您付出辛劳将拙作《中国哲学史上的知行观》翻译成韩文。1997 年本是根据 1986 年本重印的，没有重大修改。时隔 14 年，这本书现在已很难买到。请李教授将详细地址告诉我，我可以给您寄去一本。

欢迎李教授来北京访问，事先请将行程安排告诉我。

方克立

2011 年 12 月 10 日

二

李光虎教授：

去年 10 月，庆北大学教师石元镐博士告诉我：《中国哲学史上的知行观》韩文译本因佛教部分翻译碰到困难，出版的事情就搁置下来了。他说你正在与胡静联系，打算合作将这一部分翻译出来，推进该书的出版。又过去半年了，不知这项工作进展如何？希望听到有好消息。

2012 年写的韩文本序[1]，我又加了一段贺麟的话，重发一遍。

顺颂

康祺

方克立

2016 年 5 月 24 日

① 此序文收入本书第六卷。

致李佑新等四通

一

佑新：

见今日《光明日报》载，你的《毛泽东“实事求是”思想的湘学渊源》一文荣获第二届马克思主义中国化研究优秀成果二等奖，非常高兴，特表示祝贺！

方克立

2011 年 12 月 21 日

二

佑新、向清、代湘、红姣：

6 月 4 日，湖南省社科院隆重召开湘学研究院成立大会，周强、王伟光、路建平等领导同志出席。朱有志说成立省湘学研究院，旨在更好地整合省内外高等院校、有关党政部门、文化企业的研究力量和资源，促进湘学研究深入和发展。不知你们被邀参加这个大会没有？

湘大湘学研究所是全国最早成立的湘学研究机构，已编辑出版《湘学》辑刊 5 册，《湘学史》2 卷，还有编辑出版《湘学志》、“湘学研究丛书”等计划，应该说是国内、省内湘学研究的先行者。

我在《湘学研究的对象、范围和意义》等文章中，是把湘学严格界定在作为中国传统学术（“国学”）一部分的“千年湘学”、“传统湘学”（包括古代湘学和近代湘学）的范围内，将其下限确定在清末民初之际。由于涉及毛泽东这样一个重要历史人物，因而不敢轻易提出“现代湘学”的概念。在我看来，“千年湘学大体上是指从两宋至清末这一段时间，在湖南地区产生和发展的一种将儒家的心性哲学与经世之学相结合，主张体用合一、内圣与外王并重的学术传统”，“它是中国传统学术即‘国学’的一部分，是中国儒学、宋明理学中的一个学派”。我们也注意到，不能把湘学研究仅局限于纯粹的学术思想史研究，“开展湘学研究的根本目的还是要为中国的现代建设事业服务，让传统精神资源产生积极的现实影响和作用”。佑新为此还专门提出了湘学研究之“论”的维度和现代性问题，我有一封信也是专门讨论这个问题的。我们之所以已经接触到了而没有正式提出“现代湘学”这个概念，是考虑到毛泽东对湖湘学统的批判继承和现代转换，已不是传统湘学的简单延续，而是对传统湘学的根本改造和超越，因而不能把马克思主义中国化重要成果之一的毛泽东思想简单地归属于“湘学”范畴。

王伟光同志在《研究湖湘，宏大湘学》的讲话中，提出了要“创新湘学”“宏大湘学”“拓展现代湘学研究的对象、范围、内容”的问题。他认为“湘学要研究古往今来的历史和人物”，“既要研究历史上的湘人湘事，也要研究当今时代的湘人湘事”。这就把“湘学”泛化成了一门研究古往今来的湘人湘事的学问，与我们过去所理解、界定的湘学概念有较大差别。对于这个问题，不知道你们怎么看？湖南学界有些什么反响？省湘学研究院在布署科研工作时将怎样具体操作和落实？

湘大湘学研究所成立之时，科研力量有限，是不可能给自己提出“研究古往今来的湘人湘事”这样宏大的历史任务的。形势发展很快，在高层的关怀、指导下，省湘学研究院成立标志着湘大开创的湘学研究事业已进入一个新阶段。（我把岳麓书院朱汉明同志出版《湘学原道录》一书看作是对湘大开展湘学研究最早的积极回应，今天省湘学研究院成立可以说是对我们开展湘学研究的最重要、最有力、最大的积极回应。）我们乐观其成，关注新的研究思路、动向和成果，但自己的研究工作还宜坚持既定方针，扎扎实实地完成原计划中的各项研究任务，可以参加讨论，但不盲目跟进。

这是我近日读报后的想法，愿意听到你们几位的高见。

方克立

2012 年 6 月 19 日

三

佑新、向清、代湘、红姣：

十天前给你们发一函，陆续收到代湘、佑新、红姣的复函，大家的认识比较接近，我很高兴。

湖南省高调成立湘学研究院，总的说是一件好事情，说明湘学研究的影响迅速扩大，如代湘所说它的含金量越来越高，成了一个“香饽饽”，以至学界趋之如鹜。这种突如其来的好形势要求我们把湘学研究推进到一个更高的、健康发展的新阶段，做出更加扎实、有价值、有份量的研究成果来。

我初步形成这样几点看法：

一，坚持严谨论证、科学界定的学术史意义上的“湘学”概念，就像濂、洛、关、闽诸学不能随便给它们附加上各种内容和涵义一样。

二，提出“现代湘学”“新湘学”之类概念要慎重，尤其要谨慎处理毛泽东思想与湘学的关系，决不能简单化。

三，对“湘学是研究古往今来的湘人湘事的学问”这样过分泛化的湘学概念持保留态度。

在湘学所的具体工作上，我提出几点建议：

一，立即着手组织文章编辑出版《湘学》第六辑，可以把十多年前的两个会议纪要原原本本地发表（“湘学研讨会”的时间要落实），还历史以本来面目。还可以组织一两篇对“湘学”概念进行历史考察的文章。

二，与湘大出版社签订编辑出版“湘学研究丛书”的协议，收入对专题、专人、专书进行深入研究的著作，邓辉、方红姣的博士论文均可考虑入选。

三，创办“湘学研究”网，从原中哲学科点网生长出来或二者合而为一都可以。可参考河北师范大学的张申府张岱年研究网（http://zhangxueyanjiu.hebtu.edu.cn/）。

方克立

2012 年 6 月 29 日

四

佑新、向清、代湘、红姣：

湖南省湘学研究院 1 月 16 日在京召开座谈会，事先多次来函和打电话要我参加。我在会上有一个发言①，录音整理稿发去供参考。

春节在即，顺贺年禧！

方克立

2013 年 1 月 31 日

---

① 即《湘学研究什么》，2013 年 1 月 16 日在湖南省湘学研究院专家顾问北京座谈会上的发言；收入本书第二卷。

致李宗桂三通

一

宗桂：

90年度国家基金评审会已在上周开过，你的《董仲舒与中国文化》项目已在哲学组通过，拿到资助不成问题，但钱数多少要由基金办公室决定。

国家社会科学基金会可能要由社会科学院主管改变为中宣部主管。在分完90年的基金后，制定“八五”规划前，有可能剩余一些钱考虑追加给某些项目，黄浩涛（基金办公室管哲学学科的干部）说我们的新儒学课题当在首先考虑之列。这是一种可能性，我们自然要尽力争取。过去多次反映情况给他们留下了比较深刻的印象，还是没有白说。当然，关键还是我们过去的工作成绩不错。

十二月的会将给你增加许多负担，在此深致谢意和敬意。 顺颂

研祺

方克立

1990年11月5日

二

宗桂：

《国内哲学动态》中哲史编辑田德文（接替潘家森）写信给家栋，希望参加我们课题组下月的会。这个刊物在哲学界有一定地位，争取到他们的支持也是很重要的，田参加会议可以请他写一篇报导，以后多予关照。如可能，请速给他发一邀请信。现在到底会有多少人参加会议，我心里也无底数。

专此　顺颂

近祺

方克立

1990 年 11 月 16 日

三

宗桂：

大作[①]已经拜读，最近忙一点别的事情，迟复为歉。

大作总的来说还比较客观，但我觉得缺少一点具体分析。比如说以“儒家”“大陆新儒家”“文化保守主义者”自认、自命的人越来越多，其共性是在考虑中国社会和文化的前途问题时，不但以儒学为主要资源，而且以儒学为主导思想，并且都有强烈的续统意识，都是自觉充当儒家道统的现代传人，在中国当代三大思潮中自觉站在保守主义一边。其中又有左、中、右之分：其右翼公开举起了崇儒反马、

① 指李宗桂《儒学发展态势和前景展望——以 2004 年以来为范围》，《孔子研究》2018 年第 4 期。

复古更化、儒化中国的旗帜，其中、左翼则崇儒而不反马，至少是不公开反马，有人还提出了“儒马二元并立”论。前者政治保守主义的色彩更浓厚一些，后者主要是文化保守主义。我在《甲申之年的文化反思》《当代中国大陆新儒学思潮评析》等文章中所批评的，主要是指向其右翼，对中、左翼则有所保留，很少置评。《甲申之年的文化反思》并不是对《甲申文化宣言》的反思，而是对甲申年大陆新儒家集体亮相的贵阳儒学会讲的反思，这一点你很清楚，但表述却容易叫人误会，也是由于缺少具体分析造成的。

我还是主张以三大思潮对立互动的观点来分析当前儒学研究的形势和儒学研究队伍的状况。凡是坚持马克思主义的主导意识形态地位、以马克思主义为指导来研究儒学和新儒学的，无论对其作用、地位、价值、意义评价有多高，都不会自称“儒家”和“新儒家”，都属于儒学研究中的马克思主义派。你讲的以习近平为代表的官方对儒学正面价值的高度评价，就是目前马克思主义派的正宗观点。因为它还是强调要用历史唯物主义的观点和方法，对儒学“有鉴别的对待、有扬弃的继承”，进行“创造性转换、创新性发展”。国际儒联、中国孔子基金会团结的学者，高校、社科院的多数学者，基本上都属于这一派。其中“守土有责”意识强的，才会站出来公开批评崇儒反马的大陆新儒学。马克思主义队伍中也有一些人还是坚持用阶级分析方法来评论孔子和儒学，李尔重的《孔子评析》（2006）就是一个代表。不过这种声音现在已经很少听到了。

在你讲的儒学正面价值受到官方、学术界和民间越来越多肯定的情况下，自由派对儒学激烈批评的声音也少了，但并不是没有。一个值得注意的现象是，崇儒反马的大陆新儒家大都有自由主义的底色，有的还是从激进自由派转化而来的。

当前儒学研究的大好形势，主要是官方对儒学的认识有重大转变造成的，即从“文革”时期的“批孔（儒）”，转变为你所说的“用孔（儒）”。“用孔（儒）”就是“古为今用”，我用的概念是“支援意识”。儒学和西方文化都是当今中国的“主导意识”马克思主义主动选择来为自己服务的“支援意识”。全国上下，官方、学界、民间，似乎都在大捧儒学，头脑清醒者其实是在“用儒”。

大好形势并不表现为以“儒家”“大陆新儒家”“文化保守主义者”自认、自命的人越来越多。这些人多数本来就不是马克思主义者，“弃马归儒”的是少数。“弃马归儒”是一种历史的倒退，其中的中共党员，实际上已经背叛“初心”，属于大江东去泥沙俱下之流。大好形势下出现的一些负面现象，这些自称“儒家”“新儒家”的人要负很大的责任。

大作之读后感，想到什么就坦率言之，不当之处请批评。

方克立

2018 年 8 月 11 日

致李维武等二十三通

一

李维武同志：

为了推动中国哲学走向世界、增进海峡两岸以及全世界中国哲学研究学者之间的相互了解、联系、交流与合作，国际中国哲学会正在组织编纂一本国际性的《中国哲学人名录》。我受该会今任会长、美国康州美田大学哲学系唐力权教授之委托，负责中国大陆学者资料的收集和整理工作。经与中国哲学史学会以及其他有关同志协商确定，您已被列入《中国哲学人名录》的提名名单。请您按照说明书要求，认真填写履历表格，中、英文各一份，于5月10日前寄天津市南开大学哲学系黄昭仪同志收。英译如有困难，请务必将中文资料先行寄出，并复印留底。英文履历寄出时间不要晚于6月1日。

谢谢您的合作。

顺颂

春祺

《中国哲学人名录》编辑委员会委员

方克立

1988年4月14日

二

李维武同志：

为了给编纂《中国哲学人名录》和《国际中国哲学通鉴》提供准确的资料，请您帮助把贵校中国哲学史专业研究生（包括在校学习和已毕业的）的基本情况填入调查表，于5月10日前寄天津市南开大学哲学系黄昭仪同志收。谢谢。

顺颂

教祺

方克立

1988年4月18日

请注意：

1. 学位分别在“在读”或“已获”栏下填“博”或“硕”。相当于硕士程度而未正式获得学位者填“硕”。

2. 已发表论著数指在国家正式登记报刊上发表的中国哲学研究论文篇数，分别在“二篇（含二篇）以上”或“二篇以下”栏下画“√”。

3. 调查对象包括1978年以后入学的全部中国哲学史专业研究生，请注意兼顾贵校历史系招收的专攻中国思想史方向的研究生（如中国人民大学历史系毕业的吴光）。

三

李维武同志：

我们打算以《现代新儒家学案》课题组的名义，向一个外国支持我国改革、开放事业的基金会申请一笔资助。资助可能采取两种形式，一是拨款，二是提供一部分我们所需要的图书资料，包括外文和台港版图书。现在急需您和其他同仁分别提供一份详细书目，我们汇总后向基金会提出申请，这份书目包括：

一、您所分撰学案案主的全部著作，不包括发表在报刊上的单篇论文，但包括集印成册、正式出版发行的论文集。请注明出版社、出版年月、书价（人民币、台币、港币、美元等分别注明）。同一本书的不同版本都列上，如有的解放前出版的著作，50 年代以后台港有新的版本，一起写上（因为旧书难买，得到这些新版本的可能性还更大一些）。

二、案主论文发表较集中的刊物，如有可能买到合订本，也可以列上。请注明大约从哪一年到哪一年。

三、有关案主的传记、年谱、纪念文集，研究案主的各种图书资料，那怕是只收有一篇研究案主思想的文章的论文集，都可以列上。

四、其它和新儒家研究有关的书。

请同志们在开书目时，尽可能全，已有的图书资料不怕重复，当然重点是要我们没有的书。要估计到人家提供给我们的书是不可能“全”的，大陆、台港以至海外图书市场上没有的书就很难提供。

还请各位注意开列必须的外文图书，有中译本的也争取把外文原本买来。如张君劢、方东美都有一些重要的英文著作，外国也出版了一些研究新儒家的书。

请您务必在 10 月 15 日以前把整理出来的书目寄给我。要求是“尽可能全”，如果暂时还不可能开全，明知有遗漏也没有关系，我们以后还可以陆续补充。10 月 15 日这个时限请您放在心上。

谢谢您的支持与合作。

专此　即颂

研祺

方克立

1988 年 9 月 22 日

《学案》编撰工作进度也望来信告知。

四

维武兄：

各位寄来的新儒学书目，综合整理成一个材料。今寄上一份，请就明显的错误和重要的遗漏加以改正和补充。

你提出的建立“现代新儒学研究资料中心”的意见很好。如果有可能，将来设在中山大学，因为我们的经费请他们代管，广州进口港台版图书也较方便。

《现代新儒学研究译丛》的建议也很好，关键是出版问题，还要和有关方面协商后才能决定。

谢谢。顺颂

近祺

方克立

1988.11.20

五

维武：

寄来论文收到，家栋已把你的信转给我。

谢谢你前阶段在学案上花大力气，完成了大部分的工作。我们计划十个学案同时完成，统一审阅，一次交出版社。去年十月我同社科出版社的负责同志商定，《论集》（二）和《学案》上、中、下册均列入今年的发稿计划。希望你抓紧时间，一鼓作气完成剩下的并不太多的工作，争取在三月底能交稿。

资料选编中剪贴的复印件部分，请附纸说明竖排改横排，繁体字改简体字，标点符号亦相应改排。

徐[1]文中政治上的反共言论，整篇或整段学术价值不大的不选；必须选的，同意你的处理办法，在不损文意的情况下作适当删节。

请将有关情况转告文军[2]，特别是三月底这个时间。

《论集》（一）的稿费已寄出，请注意查收。

专此　顺祝

新春愉快

方克立

1990 年 1 月 9 日

六

李维武同志：

四月中旬，中国社会科学出版社哲学编辑室李树琦、边金魁同志专程来津，表示在“八五”计划期间将继续支持我课题组研究成果的出版，除了已陆续推出的《现代新儒学研究论集》和即将交稿的《现代新儒家学案》之外，“八五”期间将重点出版《现代新儒学研究丛书》。出版社要求将“丛书”中每本论著的内容提要、约计字数、大体交稿时间统一提交给他们，以便作出版安排，列进分年度的计划中去；同时他们还想搞一个宣传材料（包括各书内容简介），为的是扩大影响，有利推销。

您在 1987 年制定课题组规划时曾计划撰写《徐复观新儒学思想研究》一书，编入“丛书”出版。盼能按出版社的要求，写一个简单的文字材料给我，包括该书内容提要、约计字数、交稿时间，如能

---

① 指徐复观先生。

② 指田文军先生。

提出该书的纲目则更好。望在5月中旬能寄来。

专此 顺颂

著祺

方克立

1990年5月2日

（原定选题和写作计划有什么变化也请告我。）

七

维武同志：

寄来《徐复观学案》稿和《徐复观思想研究》提要均收到了，谢谢。个别错字已照来信所示改正。

又揽了一宗事，关于徐复观部分，还想请你帮忙。好在编完“学案”后，接着编“论著辑要”是比较顺手的事，所选内容可以更多更完整一些。出版社给的报酬也将比较的优惠。

第二，三代港台新儒家的东西，大陆读者接触较少，我们想争取早些推出，所以还希望你抓紧些，争取年底能交稿。

具体与你联系的是南京审计学院的徐少锦教授（马列教学部主任）。他是中国广播电视出版社总编辑的中学同学，也是我的大学同学，是推动这件事成功的牵线人，顺告。

即请

教安

方克立

1990年5月28日

八

李维武同志：

为了弘扬民族文化和推动现代新儒学研究，中国广播电视出版社决定编辑出版一套《现代新儒学辑要》丛书，并邀我主其事。5 月 25—26 日，编委会在北京召开了第一次会议。初步决定，全套丛书共十四册，梁漱溟、熊十力、马一浮、张君劢、冯友兰、贺麟、钱穆、方东美、唐君毅、牟宗三、徐复观、余英时、杜维明、刘述先各一册。主要选编他们的新儒学代表作，内容着重反映现代新儒学的文化观和哲学思想，充分表现其民族本位的文化立场、中体西用的基本态度、道德形上的哲学追求、推重直觉的思维方式等特征。选编论著要相对完整，论文可整篇选入，著作可节选主要章节。每册字数 30—40 万字。除了丛书“总序”之外，每册编者要写一篇 2 万字左右的“编序”，内容主要介绍所选新儒家代表人物的生平、著作和思想，特别是对其新儒学的文化观和哲学思想进行初步评析，说明本书的选编原则。第一批七册（至今仍活跃在港台、海外的新儒家代表人物为主）于 1990 年 10 月底以前交稿，1991 年出书；第二批七册 1991 年 6 月底前交稿，1992 年出齐。经编委会协商讨论，打算邀请您担任《徐复观新儒学论著辑要》一册的编者，责任编委是南京审计学院的徐少锦同志。您如惠予应允承担，请近日内复我一信，将陆续寄出第一次编委会讨论辑要和编辑细则，责任编委将与您具体联系。

专此　即颂

近祺

方克立

1990 年 5 月 28 日

九

维武同志：

火车票挂号寄回，请查收。

在武大数日，谢谢你热情招待和多方面的照顾、帮助，几天过得很愉快。

向你的父母致意问候，并问小何好。

顺颂

教祺

方克立

1990年9月12日

十

维武：

收到贺年卡，谢谢。

这次广州的会，你要上课，没有去。会议情况郭、田二位大概都转告了。

“辑要”的前七本，基本上都如期完成交出版社。出版社明年三月要发征订广告（《光明日报》），包括全部十四本书的书名、编者，所以请你将“徐复观新儒学论著辑要”一书的书名（正题）先拟定告我。后七本书稿要求六月完成，如能提前，责编发稿时可以更宽松些，亦可提前。

齐勇、文军负责的两本，也请你促其抓紧完成。我在北京、广州都与他们谈过，请您再帮我催一下，请他们二位也把拟定的书名（正题）最近写信给我。

向小何问好！

给令严、令慈大人拜年！

祝全家

新年愉快

方克立

1990.12.29

十一

维武同志：

“学案”修改稿收到，谢谢。我忘记过去是否告诉过你，“学案”需有徐先生的四张照片，一张标准正面照，二张工作照、生活照或与家人、友人之合影，一张墨迹。这事不难，从“纪念文集”等资料中选择四张就行。请你选定后翻拍出来寄我。

“辑要”书稿也要有一张照片，选一张最有代表性的单人照就可。

小郭的“熊十力学案”这一切都齐备。小田的“冯友兰学案”也缺照片，请你转告他，也按同样要求尽快办好寄我。

“七五”期间我课题组经费又追加2万元，也请转告郭、田二位。

向令尊、令慈大人致以问候，给他们拜年！

并问小何好　祝

新春愉快

方克立

1991年1月17日

十二

维武同志：

现代新儒学辑要丛书，暑假前已发稿六本；九月初我到北京又审定六本，一齐交给广播电视出版社了。其中包括郭齐勇、田文军的两本，见到他们时请顺告。

您承担的“徐复观新儒学论著辑要”一稿，不知是否已经完成，完成后请及早寄给责任编委徐少锦同志。

暑假和肖老师同赴德国开会，最近评社科基金又见到了陶德麟同志，武大方面的情况知道一些。对你和田文军的职称未能解决，甚感遗憾。中哲史教研室处在一个比较困难的时期，望团结奋斗，渡过难关，开创一个新的发展繁荣的局面。这个新局面可能要更多地发挥你们这一批优秀的青年同志的作用。

得知小何晋升职称，这次又得到了国家社科基金资助，向她表示祝贺。

专此　即请

秋安

方克立

91. 10. 5

十三

李维武先生：

您好！

应南开大学出版社之约，拟组织编辑《新儒家人物与著作》一书。该书包括两部分内容：

一、生平大略

限2000字左右，介绍主要生平（×年×月一律使用阿拉伯数字）、思想发展的大致轨迹及在新儒家阵营中的地位、影响。

二、主要著作

每部著作独立成篇（书目附后），每篇限3000字以内，介绍主要版本、写作缘起（背景）、理论构架、基本内容及在新儒学思潮形成和发展过程中的影响。

知先生此方面深有研究，特请您为本书撰写徐复观部分。请于5月底前把您的想法告之南开大学哲学系方克立教授。

十分感谢您的合作！文稿请于9月底前寄往南开大学哲学系郑家栋处（邮政编码：300071）。

顺颂

研祺！

方克立　郑家栋启

1992年4月5日

十四

维武：

大著收到[1]，谢谢。郑家栋4月15日去日本东京大学访问二个半月，6月底返回。请他帮忙写序暂时做不到。我请一位研究生在读书，看能否有点心得体会？

上周在京开会期间，得了感冒，至今十余天未瘉，引起心脏亦不正常。我自己这段时间只能以休息为主。

顺告：北京会上，现代新儒学课题再次通过为“八五”国家重

① 指李维武《二十世纪中国哲学本体论问题》，湖南教育出版社1991年版。

点，只等有关部门核批下来。

《新儒家人物与著作》，同意增加徐氏三书。《续编》可考虑与《中国思想史论集》合为一条，下分正、续二编。

《徐复观的中国文化观》一文用在《论集》（三）没有问题。山东牟宗三思想研讨会大约在十月，届时会发邀请信。

《徐复观论著辑要》不知是否已完成？是交给徐少锦同志了呢，还是在你那里？书名正题因已有用“重建”一辞的，最好避免。

匆匆　顺祝

夏安

方克立

1992.5.22

十五

维武：

我请南开研究生解见伟写了一篇关于大著的读书札记，兼有书评性质。已寄《哲学动态》编辑部，复印件寄你一阅。

《徐复观新儒学论著辑要》一书编辑情况为何，是否已交徐少锦同志，盼告。这套书有六册下月能见书，另六册已交稿，二册在我这里审读，只有你这一册情况不明。我希望今年内全部能交出去。

郑家栋去日本东京大学访问二个半月，今日才回，书评未能请他写，望谅。

向令尊大人请安。顺颂

夏祺

方克立

1992年7月2日

十六

维武：

收到贺卡，谢谢。

据章绍武同志来信，解见伟给你写的书评已在《动态》今年12期刊出，请注意查阅刊出后的杂志。

知《徐复观辑要》已编好，你的工作做得很仔细，在此表示感谢。看校样之事我会给出版社提出。

《徐复观思想研究》一书亦盼抓紧时间写，此书完成在你来说即对徐氏思想研究做了一个总结。郭齐勇的《熊十力思想研究》一书已发稿付排，大约明年上半年能出书。见到田文军同志，亦请转告一声，要他把《冯友兰思想研究》一书的写作进度计划告诉我，以便给出版社作发稿时间安排。

专此　顺贺

年禧

方克立

1992. 12. 18

何萍同志同此问候。

十七

李维武同志：

今日接中国社会科学出版社长途电话，说《现代新儒家学案》校样今日就能排印出来，因为是排繁体字，年轻的校对有的文化水平不高，怕不能胜任，编辑部希望原编著者帮助校对。他们可能于本月或下月初将您编撰的《徐复观学案》校样寄给您，请按出版社提出的要求，保证质量按时校完寄回出版社。我因近日要去法国两个月，六月返回，不能和大家共同辛劳，甚感歉疚。

有什么问题，可以同李锦全老师联系，也可直接同中国社会科学出版社哲学编辑室主任李树琦同志联系（邮编 100700，北京鼓楼西大街甲 158 号）。

专此　顺颂

近祺

方克立

1993 年 4 月 10 日

十八

维武同志：

您承担的《徐复观思想研究》一书，能否在明年春节前后交稿？这套书已出四册，出版社赔了不少钱，如能抓紧往前赶，出一本算一本，我怕拖久了会出变故。辽大出版社出了八本后，已表示后几本不想出了，也是因为赔钱的缘故。

为准备徐复观会议，您下了很大功夫。会开完后，望能抓紧时间先把书赶出来。

专此　顺颂

教祺

方克立

1995 年 11 月 13 日

请转告田文军同志，《冯友兰新儒学思想研究》一书，也希望他抓紧动笔写。

十九

李维武同志：

现代新儒学研究课题自1986年开始启动，至今已超过十年。由于我后期抓得不紧，以至有些项目至今没有完成。《现代新儒学研究丛书·专题研究系列》由辽宁大学出版社出版，该出版社在出版了八册后申报得了“第九届中国图书奖”，以后四册即以超过了签约规定时间（1994年底）不予出版，实际上主要还是经济原因。《现代新儒学研究丛书·专人研究系列》已由天津人民出版社出版熊十力、唐君毅、梁漱溟、张君劢、贺麟五册，该出版社态度比较友好，虽然经济上也要赔钱，但没有以超过交稿时间停止出版相威胁。他们希望这套书至少在本世纪内出齐，这个要求应该说是宽容的也是合理的。10月份他们要定明年出书计划，未出版的六本书（马一浮、冯友兰、方东美、钱穆、牟宗三、徐复观），最好作统一安排，明后年各出三本。该出版社还打算在十一本全部交稿后精装重印一套，向社会再次推出，我们也应不辜负出版社的这番美意。请您将《徐复观思想研究》一书进展情况和交稿时间，于近期写信告诉我，并尽可能地抓紧时间提前完成。

专此　顺颂

著祺

方克立

1997年9月28日

二十

维武同志：

8 日下午的发言[①]，依据我在小本子上准备的内容，整理出了两个稿子。由于怕时间不够，第二个稿子中有几段话，没在会上念，结果时间正好。现在按原先准备的整理出来。

如果要公开发表，我意可发表《与会观感》。第二个稿子所涉及的内容更敏感，可暂不发表，整理出来作为备案，也寄给你一份。要不要给别人看，请您掌握。

谢谢你对我的邀请和关照。

专此　顺颂

教祺

方克立

2003 年 12 月 14 日

二一

维武同志：

我因去年以来健康状况不佳，暑期澳洲的会议没有去，这次武汉的新儒学会议也不打算参加了。齐勇要我写一封贺信，[②] 我在此信中

---

① 指方克立先生 2003 年 12 月 8 日在武汉大学召开的“徐复观与 20 世纪儒学发展”海峡两岸学术研讨会闭幕式上的发言，后以《世纪之交儒学研究的若干观察与感受》为题刊载于张世保编《大陆新儒学评论》，线装书局 2007 年版；收入本书第三卷。

② 指方克立先生给第七届当代新儒学国际学术会议写的贺信，后作为《甲申之年的文化反思——评大陆新儒学“浮出水面”和保守主义“儒化”论》的一部分，载《中山大学学报》（社会科学版）2005 年第 6 期；收入本书第三卷。

同时谈了一点对新儒学研究的看法，不知会引起什么反响？现寄上一份请指示。

向何萍同志问好！

方克立

2005 年 9 月 1 日

二二

维武同志：

石家庄会议后，与会的南开大学博士生李元旭把他的博士论文发给我，我读后写了一个东西，旨在对所谓“为大陆新儒学（家）正名”发点议论。这个问题非常敏感，但是对搅乱思想阵线的如此荒唐的想法和做法，没有人出来说话也不行，推崇现代新儒学的“大陆新儒家”还真以为自己就是当代中国思想界的“主流”了，而把马克思主义派学者不放在眼里。

我知道不少人都对此有看法，但是多不愿意站出来说话，怕得罪人。没有办法，这个“恶人”只好由我这个 80 岁的老头来做了。要发言也要尽可能讲得周全些，所以我希望你帮助细加斟酌，提法不当之处都直率指出来。

方克立

2017 年 7 月 17 日

二三

维武、何萍同志：

谢谢你们的新年祝福。也祝你们新年健康、愉快、诸事吉祥！

我去年9月冠心病复发，医生说年岁太大，肾功能又不好，不给做冠脉造影和介入手术了，只好吃药保守治疗。我出院后这几个月过得非常小心，一个人不敢出门，都是黄老师陪着，所幸没有再发生心绞痛现象。

明年春夏之际是先父母辞世50周年，我希望届时能回武汉一趟，到九峰山公墓去扫一次墓。届时会去武大看望你们和陶老师。

去年发了两篇访谈，附去一阅，请指正。

方克立

2019年2月5日

致李翔海四通

一

诸位教授：

谢谢你们以不同方式发来的春节问候，我也在这里给你们以及你们的家人拜年！

1 月 29 日，中国哲学史学会中医哲学专业委员会在京召开成立大会，任继愈先生和中哲史界、中医学界近百人出席。我在会上有一个发言，已整理出录音记录稿。今年是社科院成立 30 周年，院里要出一本百名资深学者论读书、治学和做人的书，要我也写一篇。两篇文稿发给你们，旨在交流思想，也希望你们关注有关问题。

你们都是教师，有多年教书育人的经验。每个人都会碰到读书、治学和做人的问题，也要以你们的经验和体会教育学生。所以我觉得这是一个今后可以多交流讨论的问题。

在我带的研究生中，只有格日乐的硕士论文是做《黄帝内经》的哲学思想，张铁勇的博士论文是做沈括的自然哲学。另外还曾请天津中医学院教授给日本进修生小林理惠讲过半年《黄帝内经》。总的说对这一块重视不够。你们以后可以适当地招一点有中医基础的学生，多培养几个中医哲学方面的专门人才。

方克立

2007 年 2 月 17 日

二

翔海：

今天收到陈老师寄来的《陈晏清文集》，很高兴，请你替我向他表示感谢。

陈老师扎根南开 45 年，对哲学系的发展特别是马哲学科建设作出了巨大贡献，这次南开马哲学科被评为全国重点学科，可以说是实至名归，应该祝贺。在全国范围内，陈老师也是同代人中最优秀的马克思主义哲学家之一，这是南开大学哲学系的骄傲！陈老师有很高水平的哲学思辨头脑，又十分注重对现实问题的研究，不做书斋里的哲学，这种对哲学的现实关怀应该成为南开哲学系的学风和传统。

严正来函谈到 11 月会议的准备情况，我有一复函，附去一阅。

上午与李毅通话，告知我打算 10 月 9 日或 10 日（周二或周三）去天津，继续吃张大宁开的药。

方克立

2007 年 9 月 28 日

三

翔海：

发来的文章我看了[1]，在理论阐释的深度上超过了已有的讨论文章。特别是引出了刘文英认为文明的主体性是过去研究中的薄弱环

---

① 指李翔海《"马魂中体西用"论的文化意义》，后刊载于《高校理论战线》2008 年第 6 期。

节的话很好。“中体西用”的观念本有明显的问题，但总是批而不倒，仍有一定市场，就是因为所有的替代观念都没有很好地解决文化的民族主体性问题。文英的观察是深刻的，找到了问题的症结所在。

如何把马克思主义的指导地位与中国文化的主体地位二者统一起来，也是我一直想解决的问题。《略论现代新儒家之得失》一文中有这样一段话：

> 马克思主义的传入不是中国文化的危机，而是给伟大中华文明的复兴带来了生机。马克思主义只是提供一种新的世界观和方法论，为人类文明发展指出一条通向大同的道路，它并不否定也不能代替民族文化的主体性。马克思主义作为一种外来文化，要在中国生根发展，不能没有中国文化这个接受主体。在肯定民族文化主体性这一点上，马克思主义和现代新儒家并没有根本的分歧。(《文集》第211页)

20年前我就提出了“接受主体”这个概念，它不仅是对“西用”来说的，也是对“马魂”来说的。马魂、中体、西用“三流合一”就“合”（统一）在“中体”上，“三流合一”又推动了“中体”（作为生命主体）的不断创新发展。马克思主义如果不能与中国实际相结合，不能成为中国化的马克思主义，那么它也有变成对我们没有任何意义、魂不附体的“游魂”的可能。

你的文章可以发表，对深入讨论这个问题有推进意义。

方克立

2008年1月3日

四

翔海：

文章已阅①，写得很好。从批评两种割断中国文化生命整体的观点来肯定此说的价值，至少在逻辑上是能够成立的。越来越多的学者意识到，“马魂、中体、西用”论较有新意和深意之处，主要是在对“中学为体”的阐释和论证上，对民族文化主体性的肯认，决不比新儒家差，甚至有过之而无不及。

方克立

2014 年 2 月 19 日

① 指李翔海《从“整理国故”到“活的生命整体”——略论近年来中国文化研究的新进展》，后刊载于《湖南大学学报》（社会科学版）2014 年第 5 期。

致李锦全等三通[①]

一

锦全同志：

本月8—11日，全国哲学社会科学规划组兼基金委员会哲学评审组在北京召开会议，主要审议87年新增国家重点项目和基金资助项目，同时对上一批重点项目工作进展情况进行交流。我在会上汇报了“现代新儒家思潮研究”课题的前段工作情况，并着重提出了经费太少的问题，得到与会诸公的一致同情，认为应适予增补。但社科院科研局的同志说，这次会议没有这项议程，希望我们先按原来拨下来的经费抓紧工作，最好能拿出阶段性成果来，再打报告要求增补。个别重点项目，经费确实太少，适予增补不是不可能的。

根据这个情况，我有如下想法：

一、抓紧把《现代新儒家研究论集》第一辑编出来，并且尽可能地把质量搞得好一些。我和社科出版社副总编郑文林同志已商定，这本书不超过30万字，列入明年的发稿计划。第一辑的责任编辑已确定为武大郭齐勇、李维武二同志，待他们编成后，明春适当时候我们

① 第一封信由李维武先生保存，扫描后惠赐；第二、三封信由李宗桂先生保存，拍照后惠赐。三封信均经李锦全先生审阅。

两人去武汉几天（可用课题组经费），共同定稿，完成后由我带去北京。

二、原计划明年拨给的一万元，我们要求社科院科研局开春后及早拨下，连同今年剩下的钱一起使用。宣城会上议定分给各单位的钱，不知拨发和使用情况如何？明年暑假前，可采取适当方法做一次调整，然后根据实际情况再增拨一部分。

三、明年基金组会议以前，我们写出要求增补经费的报告。此时《论集》已付印一册，可算阶段性成果；费用已使用过半，列出分给各单位经费的清单；进一步说明此课题的重要性和工作的艰巨性。

四、明春我们两人去武汉时，会同郭齐勇同志一起研究一下工作进展情况和下步工作计划。我想《现代新儒家学案》应该上马了，先编制出总体设计和统一体例，然后落实具体分工。（我原来同社科商量时提出的是：上 10 个人，总计 100 万字，分上下两册出版。）

以上想法是否切合实际，是否可行，请酌定。请李宗桂同志把宣城分配经费的清单抄一份给我。

专此　颂顺

大安

克立

1987 年 11 月 14 日

二

锦全、宗桂同志：

本月 13 日，中国社会科学出版社哲学编辑室李树琦、边金魁二同志受总编辑郑文林之委托，专程来天津找我商谈现代新儒学研究成果的出版问题。他们说，当初约稿订合同时社里的经济情况还较好，现在形势严峻，经济上面临诸多困难。又说《论集》（一）[①] 出版赔了钱，现在库里还积压了不少书。他们希望课题组能给些出版补贴，否则《论集》（二）很难出版。

郑家栋在3月底已将《论集》（二）的全部稿子编好送去北京，他们大概是为此而来的。

我对他们说明：①课题组是在国家社会科学基金支持下成立起来的，基金给的很少，而且已经用完，支付出版补贴没有可能，参加人员各单位也不可能给钱；②现在各大城市书店都买不到《论集》（一），许多朋友来信要书，台港海外朋友对《论集》（一）的反映也很不错。他们说，需要此书的，可直接同中国社科出版社读者服务部联系。

后来他们提出另一方案，要求我们协助做一部分推销发行工作。《论集》（一）征订数不到2000册，印3000册，要赔几千元。《论集》（二）如能印5000册，则能大体上不赔不赚。他们希望我们能推销发行2000册，可以由社里印一个征订单，我们来写宣传介绍文字。这个方案我接受了。征订单印好后，想请课题组诸位同仁一起来做这个工作。

在目前情况下，印论文集是极困难的。他们提出这套论集最多出四册，我也答应了。我同他们初步议定，第二集争取尽快发稿，第三集以牟宗三思想研究文章为主（不少于一半），第四集以第三代新儒家研究为主。一般性文章和过去研究较多的（如梁漱溟、熊十力、冯友兰）就不再组织稿件了。

《学案》[②] 编撰工作今年能够完成，我重点同他们讨论了这套书

---

① 指方克立、李锦全主编《现代新儒学研究论集》（一），中国社会科学出版社1989年版。

② 指方克立、李锦全主编《现代新儒家学案》（上中下），由中国社会科学出版社1995年出版。

的出版问题。他们说把意见带回社里去商量。他们要求把“现代新儒学研究丛书”各册的基本内容、大致交稿时间告诉他们，搞一个整体的规划，出版社好作安排。他们一再表示，从出版社方面来说，这套书他们还是愿意出版的。

今年是“七五”计划最后一年。回顾过去几年工作，我们还是交待得过去的。“七五”期间完成全套《学案》，出版两本《论集》，课题组成员发表新儒学研究文章近100篇（约占国内这方面文章总数之半）。“八五”期间除了再出两本《论集》外，重点是要抓那套“研究丛书”了。根据出版社的要求，也是为了定“八五”计划的需要，最近我打算同原承担丛书写作任务的各位同志分别联系一下，要一本一本落实下来。我意报“八五”项目的课题组成员作些调整，过去基本上没有从事这方面研究，又不承担“八五”研究任务的人就不再组织到新的课题组中去了。

“七五”追加经费的可能已经没有，现余万元左右。我想除了买些最必要的新儒家的著作外，这笔钱只能控制得紧些了。过去两次向下拨款还是起了一定的作用，看来也就仅此两次了。12月广州的会议主要是课题组的会议，我意可以花这笔钱。课题组外除了邀请赴澳门开会的几位老先生外，可考虑请近几年在现代新儒学研究方面成果较多的景海峰、郑大华（北师大）、王宗昱（北大）、赵德志（辽大）、黄克剑等位，课题组内也请这几年干实事的人。总人数不超过30。

向教委争取经费我可以打个报告试一试，但不一定能成功。同学校科研处的同志谈过，他们说会不在南开开，以学校名义打报告不好，只能以我个人名义写。

最好在放暑假前把会议通知给各位发出去。

“八五”争取课题经费事，我正在考虑。关键是要把我们在“七五”期间做的工作总结好。

《论集》（一）的稿费处理事，我考虑有所不周。出版社给了郭齐勇、李维武责编费 360 元，没有给主编费。现在是以给的稿费总数除以总页数（353），每页 14 元分发下去，许多同志反映给的稿费标准不低。怎样补救，请宗桂同志帮助考虑。家栋说，第二集我们就要注意克服这个缺点。

第二集收到文稿较多，约有半数未上，原想接着编第三集，现在又要重新考虑了。李老师和陈少明同志的文章上了，周炽成同志的没上。宗桂的文章寄来晚了，家栋已把稿子送去北京，甚感遗憾！是等第三集，还是先送刊物发表，请你告诉我一个意见。其他未上的文章，多数质量也差一点。第二集总体水平明显地超过第一集。

台湾的会，我给学校打了一个报告，一个多月了，没有回答。罗义俊得到答复是：在台湾举行的国际性会议，大陆学者一律不参加，因为台湾不是“国”。据说是上面下来的精神。这个理由很荒唐。北京、天津、广州、台湾都不是一“国”，照此说法，在北京召开的国际会议，天津、广州的学者都不能出席啰！

同意将成果目录和藏书目录分寄课题组各位。

《鹅湖》杂志去年发表的蒋庆长文，专讲中国大陆复兴儒学问题，据说此人在深圳行政学院工作，你们有所了解吗？

顺颂

春祺

方克立

1990 年 4 月 20 日

三

锦全、宗桂同志：

郭齐勇昨天送论文来，下月初我和锦全同志在武大见面大概不成问题。学案稿已交 9 个（除钱穆、马浮外），加在一起份量不轻，不过我总能一起带去武汉的。

我从香港回来后，又去北京参加了一个由台湾商务和北京商务联合召开的座谈会。会上初步达成协议：台湾商务同时出版“学案”繁体字本，有些具体问题还要同社科出版社等三方商量。此事我们在武汉也要研究一下。

北大王守常表示想参加12月在广州召开的课题组会议，请宗桂给他发一邀请函。守常原在中国改革开放基金会（索罗斯基金会）任执行委员，曾打算给我们课题组一笔钱，后因去年政治风波而未果。他本人也是研究熊十力的。

匆此　即请

暑安

方克立

1990年8月17日

致吕伟十七通

一

小吕：

博士论文首先要求是创造性的学术成果，当然也要符合学术规范，在形式上达到博士学位论文的基本要求。文科硕士论文一般要求写三万字，博士论文十万字。事实上许多已出版的论文都超过了这个字数，如康中乾的论文就有 40 多万字，王兴国的论文写了 60 多万字，答辩时只拿出一部分（现在出了两本书：《牟宗三哲学思想研究——从逻辑思辨到哲学架构》，人民出版社；《契接中西哲学之主流——牟宗三哲学思想渊源探要》，光明日报出版社）。不过这是特例。虽然一篇精粹的博士论文写十万字就可以了，但多数中国哲学论文都在 20 万字左右：一是讲清楚一个问题需要一定的篇幅；二是博士论文除了要有原创性思想外，还要体现出作者掌握了本专业坚实宽广的基础理论和系统深入的专门知识；三是不少人还考虑到了日后出书的预设目标。

总的说是内容决定形式，原创性思想是博士论文的灵魂，是论文是否成功、水平高低的主要标志。形式规范性要有助于强化而不是弱化内容的原创性。

关于博士生阶段的学习问题，我在社科院有一个谈话，转去一阅。

方克立
2007 年 9 月 16 日

二

小吕：

由于我不在天津，给你们的学习带来许多不便，很对不起！周末两天我都在家里，你哪一天来都可以。博士生培养计划表也带来。

下周你就去买一台电脑（找个懂行的朋友帮助去挑，买最好的），发票上写我的名字，可以在我的科研经费中报销。

方克立
2007 年 9 月 21 日

三

小吕：

来函阅悉。学习、研究中国哲学要有一个大的目标，但在读博阶段只能做有限的工作，切入一个问题为实现这个目标而充分发挥你的知识积累和创造潜能。可以把博士论文当作你从事中国哲学研究的一个起点，不要指望它能解决许多问题或十分重大的主题，但问题意识要明确，切入点要选择好。如果博士论文选题一时还定不下来，不要着急，继续读书、思考，也可以把自己较有心得、早就想写的几篇文章先写出来，我想从这里也可以看出你思考的连续性。

你对林安梧、吴学国的问题都看得很准确，能否试写一篇文章，解剖一下林安梧（与林安梧对话，“林安梧哲学思想述评”），与他共同探讨如何走出一条从牟宗三回到熊十力、从熊十力回到张王之学的具体路子来。这里面一个关键的问题就是如何超越海德格尔，借助于马克思的辩证的实践唯物论能否达此目的？——这算是我给你出的一道即兴回答的作业题，10 天左右交卷如何？

方克立
2007 年 10 月 31 日

四

小吕：

作业写得很认真，思路清晰，结论谨慎，可以提交给本月的学术会议。

在港台新儒家中，林安梧是一个很特殊的个案，但是这个个案的出现和存在却很有意义。它是在开放的国际环境（留学美国）、海峡两岸交流对话（林数十次来大陆）成为可能的情况下才会出现的。林无疑是从熊十力、牟宗三走过来的，但是他看到牟把心学已发展到极端，新儒学沿着这条路走下去已没有前途，因此才产生了超越牟宗三、回归原始儒学、回归王船山的想法。其“后新儒学”究竟应该如何定位？是定位在不同于“新理学”和“新心学”的“新气学”，还是定位在“儒家型马克思主义”或“儒家型存在主义”，或者把更多的东西综合（糅合）在一起？他似乎并没有一个十分成熟、成型的想法，因此也难以沿着一个明确方向拿出更多的建设性的东西来。从中国现代哲学的发展来说，不能否认他提出“后新儒学”的可能向度问题是很有意义的。

你对这个问题的思考和研究还可以继续深入下去。

方克立
2007 年 11 月 19 日

五

小吕：

来函阅悉。

你上次发来的提纲我看了，这个题目当然是可以做的，[1] 对时间性问题的把握是一个可以深入阐释的重要创新点。做这个题目可借鉴的先前资料也比较多，关键还是要对前人有所突破。我本来还想看看你对熊十力一题的基本思路，主要创新点、突破点何在，有何理论意义和现实意义，二题比较后再商量选择做哪一个。当然，我也想了解一下你打算写的几篇文章的基本内容。

随时欢迎你来北京谈谈，不过下星期一（28 日）、二（29 日）都已安排别的活动，要避开。你也可以先回家过年，春节后返校时再来也可以。

向你的父母和家人问候、拜年！

方克立

2008 年 1 月 26 日

六

小吕：

来函阅悉。

报销出了点问题，责任在我不知道南开的财务规矩。你根据学习需要，这笔钱还可以继续用，报销手续按哲学系王会计的指示去办（以后不必我和李老师签字了，直接找王会计办就行）。电脑毕业后也

---

① 即“熊十力与中国现代哲学”。

不必交给我，你留着自己用。

论文选题确定后，主要精力要放在这上面。当然，我也很愿意读到你关于“中”的论文。

方克立
2008 年 3 月 14 日

七

小吕：

现在的论文选题是可以做的。关于熊十力哲学思想的研究成果相对较多，一定要十分熟悉这方面的情况（先做一篇作业“熊十力哲学研究综述”），明确自己的创新点之所在，以及它对把握熊十力哲学整体精神的意义。这个题目的另一可拓展之点是**熊十力对中国现代哲学的影响**，包括已经发生的影响和可能发生的影响，对新儒学的影响和对其他学派思想的影响，从而对熊十力在中国现代哲学中的地位有更全面准确的认识。对熊先生的著作你还是读得熟的，要有做好论文的信心。

暑期天热，也要适当休息。

方克立
2008 年 7 月 27 日

八

小吕：

来函阅悉。你做熊十力研究的两个想法都很好，达到了这两个目标就能有所创新，对中国现代哲学研究有所推进。

我提出“第四代新儒家”和“大陆新儒学”的问题，一开始就认为它是没有前途的，因为它走的是一条儒学政治化、宗教化即企图再制度化和意识形态化的路子，在现代条件下是注定要失败的。第四代新儒学的出现即意味着整个现代新儒学已走向绝路。因为“新理学”一系从冯友兰、金岳霖转变成为马克思主义者就已经终结了，冯友兰晚年有一定程度的“回归”，但他并没有从“理在事中”退回到“理在事先”说去。“新心学”一系至牟宗三已发展到极端，林安梧已看出它太向内心发展，过于脱离现实生活世界和历史社会总体的根本缺陷，所以才提出了“从牟宗三回到熊十力，再回到王船山”，建立“走向生活世界的儒学”的口号。**“后新儒学”概念的提出象征意义要大于林安梧这个个案的实际意义，意味着在今天儒学要发展必须另寻新路**。你写好《“后新儒学”的学术动向》这篇文章的意义很大。

杜运辉约你参加《张岱年研究续编》的编辑工作是好意，参不参加完全由你自己决定，决定于你对这件工作意义的理解，是否有兴趣和时间精力。

今年录取的博士生杨俊峰比你还大两岁，他大学读中文，硕士阶段在山东大学读外国哲学，对现象学比较感兴趣，有意借鉴现象学方法来研究中国传统哲学。你们作为同学可以多讨论，互相启发，互相帮助。

方克立

2008 年 7 月 31 日

九

小吕：

按照系里的安排，你们要在六月份做开题报告，不知你准备好了没有？

开题报告一般包括选题意义、国内外研究状况及得失评价、本文的预期目标和主要创新点、研究思路和方法、存在问题和困难、主要参考文献等内容，系里会有非常具体的要求，尽可能照办。

你可将写好的开题报告通过电子邮件先发给我看一下。开题前同李翔海老师谈一次，征得他的具体指导。

我会来天津参加韩国茹的博士论文答辩会，大约在5月21—22日。

方克立

2008年4月29日

十

小吕：

同意你做现在这个题目。[①] 把选题范围缩小一些，有利于讲清楚熊十力哲学思想的特点和它在中国传统哲学的现代转换中的作用与地位。原来的题目（"熊十力与中国现代哲学"）涉及的方面太多，难以在有限篇幅内方方面面都关照到，可以作为下一步扩展研究的课题。

开题前，你把完整的开题报告发过来我看一下。

方克立

2008年6月5日

十一

小吕：

在熊十力那里，宇宙论、本体论、心性论确实是联系在一起的，

---

① 即"熊十力本体—宇宙论哲学研究"。

不能截然分开。关键不在于名称，而在于就这个问题能否写出新意，提出比先前的研究成果更深刻的思想来。你考虑到了熊十力哲学的客观性面向问题，这是对它在中国传统哲学的近现代转型中的作用与地位进行重新评价的一个重要视角，包括它对西方近代科技成果的吸收和回应，对宋明理学三派的融合倾向，去道德化的努力等等。你可以按照自己的思路写下去，如你所说“尽量做得圆融一些”，题目或可改为《熊十力心性宇宙论研究》。

为应付明年春天的资格审查，你要提前考虑发表文章问题，马上就要行动起来。在这方面要向杜运辉学习。

方克立

2008 年 6 月 18 日

十二

小吕：

近日两函均已阅悉。

熊十力哲学的心学性质无人怀疑，说其中亦包涵着客观性面向，并且是从宇宙—本体论的角度来谈，一些人觉得难以理解。这更证明你研究的问题是有意义的，要在深入、细致、严谨论证上下功夫。熊的思想是发展变化的，你论证的问题自然要较多地涉及《体用论》《明心篇》《乾坤衍》等后期著作，但若专论熊氏“后期”哲学思想，牵涉的面就广了，包括他政治立场的变化等。你的论文还是从宏观、学理的层面立论和展开为好，按照已经想清楚了的思路先写出来再说。

我对你的哲学悟性一直是有信心的，几首诗也从一个侧面予以证明。有人说哲学家注定要做孤独寂寞的人，这是指他在思想时，可能“高处不胜寒”，但在行动上也完全可以做一个热情奔放的人，这需要有积极健全的人生态度。

方克立
2008年11月3日

十三

小吕：

读了你的元旦感言，特别是读到“现在，我可以清楚地知道自己的一生将做哪些事，我的思想将如何展开”时，十分欣慰。

“三十而立”立什么？是立身，还是立心？你已经做出了正确的回答，就是要“先立乎其大者”，即通常所说的树立正确的世界观、人生观、价值观，也就是你所说的“立心”。这是一个人真正成熟的标志，然后以“咬定青山不放松”的精神，去做自己认定的事情。当然，人到三十，也该成家立业了，所以这一年顺利完成博士学业、走上工作岗位也很重要。人不可能生活在哲学的真空中，也要生活在现实生活中，哲学不能脱离生活，因为“生活之树常青”。

春节前后能完成论文初稿吗？念念。

方克立
2010年1月3日

十四

小吕：

来函阅悉。思路理清了就全力以赴，抓紧把论文调整好，争取按时答辩。

揭示“良知假设”的知识论进路是你读熊著的重要收获，体现了心学转型的一个更加积极的方向，远胜于牟宗三的“良知坎陷”说。深入的研究和阐释可以待答辩完以后再做。

方克立
2010年3月5日

十五

小吕：

从熊十力晚期著作中读出良知具有仁、智两重涵义，指出良知（智、一点明几）通过假设、求证通向现代科学的知识论进路是心学现代转型的一个更加积极的方向，是你研究的一大创获。可惜熊的台港弟子们皆偏执于“道德形上学”之一途，无人继承和发扬他的这一十分重要的思想方向。他们不满意熊的“后期转向”，恐怕是由于思想不能与时俱进和哲学取向受到政治立场制约所决定的，此时师承已退居次要地位了。

作为良知之知识论进路的一个必要环节、作为求证之前提的“假设”（“解决重大问题时必先之以假设。作假设时，却只靠内心天然之明几。”），与冯、熊“假定”与“呈现”之辨的涵义是不一样的，后者讨论的是良知是否真实存在的问题，显示出了理学与心学的区别。只要厘清涵义，我以为“良知假设”这个提法不变也是可以的。

如果怕有所混淆，也可以将良知的知识论进路表述为“良知推扩”（“吾人于所本有之智必尽力推动与扩大之”）或“良知发用”（“良知必发用于事物，而开展为知识”，“一切知识莫非良知之发用”），假设乃良知推扩或发用之一环节也。在熊十力那里，良知本身就有“智”（“一点明几”）的涵义，所以可以直接推扩或开展发用为知识；而在牟宗三那里，良知只有道德义，道德主体必须经过“转折”“坎陷”才能过渡到知性主体、政治主体、审美主体等等。“良知推扩”与“良知坎陷”是显然有别的两种知识论进路。

论文取哪一种说法都可以，不要为此花费太多时间，抓紧完成全文，有更理想的概括答辩完后再调整也可以。

方克立

2010 年 3 月 12 日

十六

小吕：

“推扩”“发用”表达的正是“致良知”之“致”的意义。

熊十力说：“余最喜阳明为求智者指示用力之要在一‘致’字。致者，推扩之谓。”“必推动、扩大吾本心之明，用于外在的一切物，穷究事物之规律与其本质，而变化裁成之，以尽物性而利于用。”

作为“一点明儿”“本有之智”的良知，要拓展、开发出关于事物的本质和规律的知识，必须“深入乎物、了别乎物”，下一番“致”的功夫，即通过假设、逻辑分析和归纳、实测检验和证明等科学研究的环节，才能达到目的。

“推扩”一词可能比“发用”更好一些。因为后者容易被误解为自然发用流行，不须用力；推动、扩大则体现了良知自主的能动性。

方克立

2010 年 3 月 13 日

十七

小吕：

吴学国老师参加你的论文答辩，他的学问很好，你答辩前与他交流一下，请他指教。

收到各位专家的评阅意见后，你多复印一份，答辩前给我。需要我填的各种表格都准备好。

方克立

2010 年 5 月 25 日

致刘东超十一通

一

东超：

收到评蒋庆文，[1] 也注意到已在“儒学联合论坛”和“国际儒联”网上刊出。

文章题目很好，重点抓“三重合法性”和“重建儒教”问题也很好。这两部分可考虑调到前面去，逻辑和表述问题放在后面。其实主要还不是逻辑和表述问题，而是政治立场和文化心态问题。

文字上可以再下点功夫，使自己的观点表述得更清晰明白一些。文中还有个别错字，注意改正。

方克立

2006年2月14日

---

① 指刘东超《蒋庆政治儒学批判》，后刊载于《国际儒学研究》第十五辑，九州出版社2007年版。

二

东超：

《思想理论教育导刊》马克思主义与儒学系列的第三篇《社会主义核心价值体系不是向儒学价值观回归》（李元峰、陆信礼）已发稿，下面希望上你的一篇，主题是马克思主义中国化不等于“儒家化”，具体题目由你酌定。你能否在一个月左右时间完成，9 月初将文稿发给我？

汤一介先生最近又一次讲中国文化与马克思主义的源流关系问题。看来他对儒马关系问题很重视，但其全面观点是什么还看不清楚，值得关注。因为他现在就是这方面资格最老的人了，而且代表北大，其影响不可小视。

方克立

2010 年 8 月 5 日

三

东超：

文章收到[①]，写得很有特点。前两部分实际上是针对两种情况提出批评和讨论。自由派把马克思主义中国化曲解为儒家化，对“儒家化”是持批评态度；保守派把马克思主义中国化曲解为儒家化，对“儒家化”是持赞同、褒赏的态度。第三部分在从方法论上厘清两点之前，需要加一段文字，从正面说明马克思主义与儒学有本质的不

---

① 指刘东超《马克思主义中国化是儒家化吗——兼与金观涛、郭齐勇、汤一介三位先生商榷》，后刊载于《学术研究》2011 年第 7 期。

同，当代中国马克思主义可以吸取儒学中的某些思想精华为我所用（作为“古为今用”的支援意识），但决不可能“儒家化”。马克思主义如果“儒家化”了，那么实质上就是封建化、道德化、唯心化甚至宗教化了，体现马克思主义本质的阶级性和实践性完全被阉割了，也丧失了其革命的批判的精神。

你们这个年龄，各方面负担都很重，这些日子让你赶文章辛苦了，谢谢你！

方克立

2010 年 9 月 6 日

四

东超：

《思想理论教育导刊》编辑蒋旭东来函转去一阅。其中提到的“刘老师”是指该刊常务副主编、清华大学的刘书林教授，“任老师”是指资深编委、人民大学的任大奎教授。他们的一个基本想法是不点名，也不针对某个人、某篇文章的观点逐点批，而以正面论述为主。你的文章按照这样要求修改有一定难度，可能要重新考虑一个思路。你先想一想，我也再思考一下，我们交换意见后再动笔好吗？

方克立

2010 年 10 月 28 日

五

东超：

《儒学与当代我国主流意识形态建设》这个题目很好。儒学的正面功能在我看来就是“古为今用”的支援意识功能。写这个题目时还是要强调儒学不能冲击甚至企图取代马克思主义的主导意识形态地位。

另外，做这个题目时能否把原来的题意也包括进去，说明发挥儒学的正面功能也不是“马克思主义儒学化”。“马克思主义儒学化”是混淆两种意识形态界限（本质区别）的一种错误提法。

若打算将原来文稿在其他刊物上发表出来，还需在文字上再下点功夫。问题存在，迟早会引起讨论。行文注意语气平和一些。

方克立
2010 年 10 月 29 日

六

东超：

这篇文章让你费了许多思考，有些思路已经梳理得比较清晰了，但第二部分“双向互化”尚需斟酌，我建议题目改为“双向互动”。

马克思主义与儒学发生相互作用，互相影响甚至互相渗透的情况是确实存在的，金观涛揭露的是儒学对马克思主义的消极影响，今天的儒学复兴论者则企图用儒学的积极作用和影响来说明“儒家化”。但从二者的本质规定性来说，“互化”（“马克思主义儒学化”和“儒学马克思主义化”）是根本不可能的。“化”者，彻头彻尾、彻里彻外之谓也。马克思主义如果“儒学化”了，那么它就失去了其本真面目；同理，让儒学既保持其本质规定性，又实现所谓“马克思主义化”，也是根本不可能的。“双（向互）化”或“同化”说有混淆和抹煞二者的本质界线之嫌。

蒋庆等人公开反对马克思主义，宣称要“以儒学取代马克思主义”，其实并不那么可怕，因为广大群众都能看得清楚；在今天最值得警惕的是“儒化马克思主义”的思潮，企图用儒学来“消化”“融化”“同化”马克思主义，阉割其革命批判精神，将其中庸化、唯心化、封建化，使之变成封建士大夫和资产阶级庸人都能接受的东西。而这一切都是在“马克思主义中国化”的名义下进行的，一般群众不一定能看清其颜色革命的实质。

上述意见仅供参考。

方克立
2011 年 3 月 30 日

七

东超：

这一稿可能比较接近编辑部的要求。字数不是问题。

文章还是保留了对“互化”的探讨。我赞成“互动”说，也肯定有“互渗”（互相渗透）的情况存在，但认为在学说体系、学理性质上，“互化”（互相转化）是不可能的，被“化”掉了就是失真、变质了。当然，个别人思想发生转化的情况是有的，革命前辈中有的人就是从儒学信徒转变成为共产主义者、马克思主义者的；相反的例子也有，比如蒋庆从中共党员蜕变成为反马克思主义的“政治儒家”、“复古更化”的儒学原教旨主义者。

读文过程中，我随手做了个别文字调整，加了几句评论“儒化马克思主义”思潮的文字，大的架构没动。你再读一遍，认为不妥的文字可以删掉。文章最后由你定稿。

方克立
2011 年 9 月 24 日

八

东超：

这篇文章[①]在逻辑上是严整的，先讲一般学派现象和学派关系，次论当代中国学派关系的特点，三是对两个个案进行剖析，指出二者都有模糊甚至取消本质不同的两大学派之间的原则界限的错误倾向。

“学派”这个概念有宽有窄，可以指同一时代的不同思潮、意识形态、思想体系，如现当代中国的马克思主义、自由主义、保守主义三大思潮对立互动；也可以指同一思潮中表现出不同学科特征、地域特征、思想形式特征的多个学术群体，如在思想史研究领域有著名的侯外庐学派，也有关注刘泽华学派的。中国古代不仅有儒、墨、道、法、名、阴阳和佛家之异，《宋元学案》《明儒学案》中记述的就是一个个以案主为中心的大小学派。你的文章实际上更主要的是讲当代中国几大思潮之间的复杂关系。

方克立

2013 年 1 月 8 日

九

东超：

5 月 14 日在上海讲了一次冯契[②]，5 月 25 日在北大张岱年纪念会

---

① 指刘东超《如何理解当代中国学派关系——兼评“援马入儒”和“援儒入马”两种说法》，后刊载于《学术研究》2014 年第 6 期。

② 指《冯契研究与冯契学派》，系方克立先生 2014 年 5 月 14 日在华东师范大学哲学系做的学术讲座，刊载于《哲学分析》2014 年第 6 期；收入本书第四卷。

上也有一个发言[①]。两篇文稿附去一阅。

20 世纪中国哲学家中，我比较看重张、冯二位。二位都是真诚的马克思主义者，都精通中国哲学，都力图将二者结合起来创造中国化马克思主义哲学体系，是值得尊敬的先行者。后辈学人中不乏著作等身者，但还未见在思想高度上超过他们的。

方克立

2014 年 8 月 23 日

十

东超：

文章收到。[②] 批评政治儒学是“伪儒学”“坏儒学”“陈腐儒学”的基本观点，没有问题，应该说还是很给力的。

关于“儒学的本质”，我过去同新儒家有过一场争论。我认为应该用社会存在决定社会意识的唯物史观和经济分析、阶级分析、利益分析方法，将儒学的“本质”“实质”界定为封建意识形态，即为封建的经济、政治、社会制度作辩护的意识形态，为套在农民头上的“四大绳索”作辩护的一整套思想观念体系。或者如马克思所说的：“统治阶级的思想在每一时代都是占统治地位的思想”，在中国封建社会中长期占统治地位的儒学，是封建地主阶级的意识形态，是其世界观、历史观、人生观、价值观的集中体现，“其不变的核心始终是纲

---

① 指《青年张岱年的睿识》，系方克立先生 2014 年 5 月 25 日在“古代中国哲学的通见、睿智和精义——纪念张岱年先生诞辰 150 周年”学术研讨会上的发言，刊载于《中国社会科学院研究生院学报》2014 年第 6 期；收入本书第四卷。

② 指刘东超《从儒学的核心精神看“政治儒学”》，后刊载于《中国社会科学报》2016 年 4 月 19 日。

常名教”。我不同意新儒家仅仅根据某些思想现象，将儒学的本质界定为抽象的“仁学”“哲学的人学”“内圣之学”“成德之教”“神圣天道的体证”等等。

在将儒学的本质界定为封建意识形态之同时，我也肯定儒学作为中华文化的重要载体，其中包含着许多中国人民认识自然、社会、人生的积极思想成果，即肯定其中有值得后来者珍惜的思想精华，也从这个角度肯定了儒学的历史价值和现代意义。我提到过儒家人文主义、“贵和”（“和而不同”）思想、重视道德修养和伦理教化、民本和经世济民取向、朴素辩证法思想传统等等，后来还专门写过一篇《关于儒学的精华》。

看到你文章中用了“儒学的本质”一词，使我想起了20多年前同新儒家的那场争论。建议你对有关概念仔细辨析，将“儒学的本质”与“儒学的精华”“儒学中有价值的思想资源”适当区别开来。

杜维明曾经说过，在“五四”后的中国思想界，人们心目中的儒学，“糟粕何其多，精华何其少”！今天好像反过来了，一提起儒学，只能讲“精华”（可以罗列一大堆），而讳言“糟粕”，变成了“精华何其多，糟粕何其少”。如你所言，其中不乏化腐朽为神奇、把糟粕当作精华的作伪者。一个很大的问题是不但讳言糟粕，而且讳言儒学的本质是封建意识形态。

林存光去年发表在《海岱学刊》上的一篇文章①，以及他参加一次活动的报导，附去一阅。

顺贺年禧！

方克立

2016年2月5日

① 指林存光《一个中国马克思主义者的儒学观与文化主张——方克立先生学术思想述评》，《海岱学刊》2015年第2期。

十一

东超：

在今天中国，冒出来了许多自称“儒家”和“新儒家”的人，政治儒学派是其最右翼。他们毫不掩盖自己的政治目的是要改旗易帜、改弦更辙，要用儒学取代马克思主义，用他们设计的“三院制”取代人民代表大会制度，用“儒士共同体专政”取代人民民主专政（无产阶级专政），在中国实行“和平演变”即“颜色革命”。这些主张，都可以在我们的网络和媒体上公开发表，真是不可思议！

去年 11 月在香港注册成立的“中华孔圣会”是一个值得重视的最新动向，它标志着崇儒反马的政治儒学派已作为一种有组织的政治力量登上历史舞台，有人把它看作是以蒋庆为党魁的中国儒教党的雏形。中华孔圣会的组织者、法人代表是蒋庆的忠实信徒，他强调该会会员对儒学必须是绝对的信仰，不能把它作为客观对象来进行理性研究，不能对它进行“精华”“糟粕”之类的取舍。他明言下一步目标就是要“让儒教成为合法的宗教”。我也很难想象一些标榜独立思考的学者，也会自愿加入到这个信仰主义队伍中去。

出资支持孔圣会的，是中国新生的资本势力；在道义上支持它的，也有个别共产党的官员。这种复杂的政治、经济、社会和思想文化现象，还需要长期冷静观察和研究。

方克立

2016 年 2 月 6 日

致刘伟一通

刘伟同志：

收读来信，才知道你已到安徽工程大学工作。在同龄人中，你的国学根底较好，又在蒋老师[①]指导下深造有得，学业大进。希望你在完成本职工作之同时，多发表研究成果，为中国哲学的现代转换和创新发展多做贡献。

我赞成大作[②]的基本理论立场，一是强调在意识形态领域，“马克思主义必须保持绝对的优势地位”，在当代中国新文化建设中发挥主导作用；二是强调“必须牢固树立民族文化的主体地位”，把儒学看作是“文化综合创新的重要材料”，努力推进“马克思主义中国化和中国哲学马克思主义化的双向互动”。

在马克思主义与儒学关系问题上，近年来我提出了主导意识与支援意识关系说；在中、西、马关系问题上，提出了“马魂、中体、西用”论。区分主导性之“体”与主体性之“体”的目的，也是一方面强调马克思主义的指导思想地位，另一方面强调民族文化的主体地

---

① 指蒋国保先生。

② 指刘伟《儒学传统与文化综合创新》，中国社会科学出版社2013年版。

位，力图把二者有机地统一起来。几篇文章附去供参考。

你的《心性与传统》一书，将在哪里出版？

方克立

2012 年 7 月 20 日

致刘连朋四通

一

连朋：

11 月 28 日来函阅悉。

这次天津开会，为了照顾我的身体，我被过分地“保护”起来，与大家见面交谈的机会太少了，不能不说是一个遗憾。本来很想问问你回吉大后的工作情况，博士论文整理出版情况，陈庆坤老师的近况，还想谈谈吕伟的学习问题，都没有机会。

最近几年我的身体不好，做的事情也很少。一是就大陆新儒学问题讲了几句话，实在也是不讲不行了。2004 年以来他们掀起一股来势不小的文化保守主义思潮，并以“儒学热”“国学热”的主导者自居。我们不得不指出这是一股崇儒反马、复古倒退的有害思潮，让当局也让学者们清醒地看到这一点，它就起不到那么大的欺骗作用了。

二是就中、西、马关系问题提出了“马魂、中体、西用”论。这是因为新儒家老是说中国文化在马列派那里没有“体”的地位，所以想着重解决以马克思主义为指导与挺立民族文化主体性相结合、统一的问题。这里涉及对传统体用观的继承和改造（变通）、超越，“魂、体、用”模式能否成立等尚需进一步讨论的问题，我并没有想得十分清楚，但已经说出去了，就听任大家评论吧！

三是今年就和谐文化讲了几句话，得罪了“和合学”，但赞成的人也很多。

四是在中医哲学专门委员会成立大会上有一个讲话，涉猎了一个我并不太熟悉的领域，但现在作为一个病号，对它也很有兴趣。

不知道我是不是有你所说的“传统士人的性情”？但生活在这样一个时代，我和庆坤兄[①]等可能都太“迂”了，过去被批为“右”，现在又被视为“左”。已是70岁的老人了，大概也改不了啦！

方克立
2007年12月24日

二

连朋：

看了你在香港的访谈稿[②]，显示了你的学术根底、学术眼光和治学态度，境内外学界对你是寄予很大期望的。在学问最成熟的年龄，要以更加积极的姿态多奉献社会不负众望。

七月吉大会议工作量很大，好在有孙正聿支持。人员不能太多太杂，唐力权的名单已经不小了。外国人来得多不一定会议水平就高，有的人起不了多大作用要价还很高，有的甚至要求提供国际旅费，这个口子一定不能开。在外地召开的会议我一般不能去，几天吃饭就是一个问题，也不可能一个人去。在北京我最多只参加半天会（9—11点），中午一定回家吃饭。

方克立
2010年4月16日

---

① 指陈庆坤先生。

② 指林汉标整理《专访刘连朋教授》，《道场》创刊期，2009年10月。

三

连朋：

唐力权是一个做事很认真的人，与他合作在诚信上没有问题，主要看你对他的学理认同的程度了。

目前国内讲“新道学”的主要是胡孚琛，他的《道学通论》（2009 年修订版）中有四篇专论新道学的文章。但他认为新道学是 21 世纪人类唯一可行的文化战略，讲得有点太绝对了。胡的几篇文章是有水平的，值得一读。上个世纪 90 年代董光璧出版了《当代新道家》一书，他主要是通过汤川秀树、李约瑟、卡拉普等人的研究来阐述道家思想中所包含的科学理性。近年来一些学者受现代新儒学的启发，提出了建立现代新道学（家）的可能性问题，可参看《杭州师范学院学报》2004 年第 6 期孔令宏的《现代新道家的建立及其文化观》、《哲学动态》2006 年第 6 期陈静的《建立新道家的努力》、《安徽大学学报》2008 年第 4 期陆建华、商原李刚、谢阳举的《当代新道家探讨》等文章。这个问题现在是受到普遍关注的，希望你拿出自己新的又是切实可行的研究视角来。

邵汉明在吉大兼职带中国哲学博士生，是对这个学科的加强。你要争取早点解决教授职称问题，其实副教授也是可以带博士生的，有些学校早已这样做了。

方克立

2011 年 4 月 4 日

四

连朋：

“新道家”这个概念早就有人提出来了，有的是指秦汉新道家，有的是指魏晋玄学。1991 年董光璧出版《当代新道家》一书，他所谓“当代新道家”是指受到道家思想启发在现代社会倡导自由主义和新科学观的一批中外学者，严复、李约瑟、汤川秀树、卡普拉等人被认为是其先驱者。与当代新儒家主要传承的是孔子“仁学”和内圣外王的思想传统不同，当代新道家则是老子“道论”和自然无为思想的继承者和发扬光大者；前者的政治伦理取向使之趋近于维护现存秩序的保守主义和权威主义，后者的天道自然取向则更接近于比较开放的自由主义和不干涉主义。

二十年来，倡导“现代新道学”、自称“现代新道家”的学者很多，我觉得最值得重视的是胡孚琛。他在《21 世纪的新道学文化战略》《新道学文化的八大支柱》等文章中，以其深厚的道家、道教、内丹学养为根基，吸收了张岱年的“综合创新”思想，构筑了一个适应现代社会需要的新道学文化体系。“道”是中国哲学的最高范畴，把道家、道教提升到“道学”的层面，把道学看作是一个既包括究天人之际的自然学说，也包括察古今之变的历史学说和穷性命之源的生命学说的“执一统众”的思想体系，认为它的创新发展给人类文明带来了殊途同归（回归大道）的希望。这种认识境界是超越一般学者的。

唐力权先生在比较和融会中西哲学的基础上，倡导以非实体主义为特征的场有哲学，在中国哲学的现代创新中别开生面。你将它定位于“现代新道学”，推动唐先生从传统道学中去挖掘场有哲学的思想资源，使他意识到“中国的存在论就是‘道论’”，注意探讨“道论”在场有哲学中的核心涵义，把场有哲学当作一个阐释和重建传统道学的思想平台，应该说贡献是不小的。上个世纪 90 年代以来，有不少大陆学者跟着唐先生做场有哲学，开了多次会议，出了几本论集，但能把场有哲学上升到“现代新道学”的高度，努力推动场有哲学与道家哲学互相诠释、相资为用的，只有你做到了，所以你实际上也参与了场有哲学和现代新道学的思想创造。有没有这种理论自觉情况大不一样，希望你在探讨宇宙人生之大本大源的学问上不断有新的进境。

方克立

2012 年 7 月 18 日

致刘岳兵十通

一

岳兵：

昨天你还是把毛巾、牙具忘记带走了。那么远甚不方便，你就另准备一套吧。

会议报道稿[①]又改了几个字，主要是会议名称，我觉得这样更顺口一些。

《东方》杂志的事定下来后写信告诉我，并寄一些刊有你的文章的杂志（报纸）。祝

诸事顺遂

克立

1996 年 5 月 20 日

---

① 指刘岳兵《京都“中国哲学研究的现状及对 21 世纪的展望”研讨会综述》，后刊载于《哲学研究》1996 年第 9 期。

二

岳兵：

你寄来的日本学者关于20世纪中国哲学研究的论文目录已经收到，可以看出花了很大功夫，收集资料范围很广，内容编排亦较合理，该书完全有翻译出版的价值。我将目录给中国社科出版社总编辑王俊义同志一份，他也认为很有出版价值。但提出了出版经费的问题。我想确需要找一笔经费，一是邀约译者需要，二是出版社要。我想适当时机同日本国际交流基金方面商量一下（它每年资助研究生院几个学生去日本），你也注意一下日本方面有什么基金可以利用。

关西大学吾妻重二教授曾经给我一个目录，寄上供参考。有启发的是，日本学者某些著作中有关中国现代哲学史的个别章节亦可作为单篇文章收入（如日原利国编《中国思想史》下册中关于冯友兰、毛泽东的专章）；收集资料对象还可以扩大到一些个人或集体的文集。

李继东下月初去日本读博士后，导师是筑波大学的中村俊也教授。我把你现在的地址给了他，可能会同你联系。

专此　顺颂

近祺

方克立

1997年9月28日

三

岳兵：

78老人感谢你的新年祝福。

你交出的成绩单相当漂亮。关于中国日本研究学术史的研究（包括“编年”），非常有意义，在这方面你可以做出开拓性的工作。

有一本书要寄给你，地址、邮编怎么写？日本研究院也搬到新校区去了吗？

今天是元旦，给你全家拜年！

方克立
2016 年 1 月 1 日

四

岳兵：

四川师范大学蔡方鹿教授来函转去一阅。寄书给他是因为他把我的一封贺信当作了一本会议论文集的“代序”（259 页）[①]，没想到给《长路奉献给远方》写的一篇短序，在 23 年后还引起了一个老铁道兵如此的感动！

方克立
2016 年 11 月 15 日

五

岳兵：

从《参考消息》上看到，洛夫前天（3 月 19 日）在台湾逝世，享寿 91 岁。你是不是可以写点纪念文章？

方克立
2018 年 3 月 21 日

① 指《方克立序跋集》（当代中国出版社 2016 年版）的页码，“代序”收入其中。

六

岳兵：

你没有辜负洛夫“十年后必有大成”的预言，但不一定是他期望的“融中西哲学美学于一炉”的方向。按照自己在学术实践探索中走出来的路，坚定不移地走下去吧！

方克立

2018 年 3 月 21 日

七

岳兵：

发去一篇许全兴的文章，将在《马克思主义研究》杂志上发表，可能会引起一些争论。关于阳明学与日本明治维新的关系，与武士道精神的关系，你准备一些材料，需要时可以写点文章。

方克立

2018 年 11 月 24 日

八

岳兵：

你为南开百年校庆编辑出版了日本研究大型文库，真是大手笔！南开日本研究院这个平台还是不错的，借此可以大有作为。

我 2004 年做了心脏搭桥手术，近来冠心病又复发了，出现不稳定性心绞痛。这两个月常跑安贞医院和望京医院，还住过几天院。因考虑到我还有糖尿病和慢性肾衰，所以这次没有做冠脉造影和介入（支架）手术，主要是采取服药保守治疗的办法。但心理负担也较重，就像揣着一颗定时炸弹，不知道什么时候会爆炸，所以日子过得非常小心，一个人不敢出门，都是黄老师陪着。研究生院40周年校庆活动也没有参加。

你们年轻，也要十分注重保养身体，不要干得太猛了。据黄老师讲：有一次同你和翔海一起聊天，她夸奖你们的孩子都高大壮实，远比父辈身体好。你们中一人说："我在上大学前就没有吃过饱饭。"另一位接着说："我也是。"正在长身体的年龄，连饭都吃不饱，这样的身体底子怎能与你们儿辈的生活条件相比？这个情节不知道你还记不记得？黄老师讲的是否准确？

方克立

2018年11月26日

九

岳兵：

你主编的南开日本研究文库，在校庆前就闪亮登场了，为南开，也为日本研究院，大大地争了一把光。这件事情干得很漂亮！

我也知道你参加了衡阳的船山会，但过去一直不知道老同学王全志是船山的九世孙。他在贵州，在长沙的另一老同学王兴国可能也会参加这个会的。

你去关西大学答辩时，代我向吾妻重二教授问好。

方克立

2020年元月6日

十

岳兵：

1949 年吴廷璆先生到南开只是开始了日本研究的一个新阶段，此后 70 年薪火不绝。你大概算是第四代领导人，把视野扩大到百年南开日本研究，是你的一大贡献。你编的《南开日本研究（1919—1945)》（我还没有见到此书；有一篇介绍文章说是 36 年，算错了，实为 26 年）是整套丛书的灵魂，它不是拾遗补阙之作，而是把南开日本研究所体现的“南开精神”真正彰显出来了。张伯苓先生是著名的爱国主义教育家，他深知日本军国主义“亡我之心不死”，所以要全面过细地研究日本，包括政治、经济、军事、外交、社会、文化等诸方面，大概是“知己知彼”的意思吧！以至到抗日战争时期，他还感叹：中国对日本的认知“何至于到现在还如此朦胧呢”？日本侵略中国，他说“**责任在中国人这边**”，恨铁不成钢呀！中日两国是离不开的，日本方面可能的资助他还是尽量去争取。

你把中国的日本研究概括为“克敌制胜”（“知己知彼”）、“他山之石”、“美美与共”三种境界，是有利于今后发展日本研究与中日合作的。你作为这套丛书的主编，此时到关西大学去拿一个文化交涉学论文博士学位，也颇具象征意义。日本学者第一个在南开大学拿论文博士学位的是千宗室先生，那是 1991 年。系统整理这些资料，或许还可以编一个南开日本研究百年大事记。

如果把南开日本研究培养的人才如王金林等都算进去，这个队伍不是更壮观吗？

方克立

2020 年 2 月 2 日

致刘绪义四通

一

绪义：

研究提纲看到了。[1] 大的思路可以，具体谈几点想法：

一、就儒学与马克思主义的关系这个问题本身来说，我认为“十年回顾”和“百年论争”分别梳理的办法是可行的。

二、关于儒学的分期，先要对新儒家（牟宗三、杜维明）的“三期”论和李泽厚的“四期”论有所介绍和评价，然后讲自己的观点和根据。

经世实学是从儒学中产生的对空谈心性的宋明理学有批判意义的一种思潮，能否独立作为一期，还需考虑，因为直到清末还是理学占据统治地位。王船山称张横渠的学问为“正学”，张王之“正学”可以作为经世实学的代表。但经世实学（张王正学）实际上并不是中国儒学的正统，正统儒学是宋明理学。现代新儒学是接着宋明理学讲的，特别是接着陆王心学讲，实已走到尽头，所以林安梧提出要“从牟宗三回到熊十力，从熊十力回到王船山”，即回归张王之学。张岱

---

① 指刘绪义博士后期间选题“儒学与马克思主义”的提纲。第二封信“课题申请书”、第四封信“出站报告”均指此。

年的新唯物论所承接的最重要的传统资源就是张王之学，当然除了传统哲学中的唯物论和辩证法思想之外，他还注意吸收中国传统道德和人生哲学思想。《中国哲学与辩证唯物主义》一书指出，中国化马克思主义哲学的创立，对于传统哲学中的唯物论和辩证法思想，既有所继承，又有革命变革的意义（第216—218页）。实际上，对马克思主义与儒学如何衔接、衔接点在哪里等问题，前人已经做过一些探索，可以看出，把经世实学（张王正学）的位置摆好特别重要。

三、第六章“马克思主义在中国的曲折历程”也可以采取历史的写法，包括十七大报告中讲的马克思主义中国化的最新成果——中国特色社会主义理论体系，也是题中应有之义。当然此前毛泽东的“两论”和“新民主主义论”，也是马克思主义中国化的重要成果。

四、对“马魂、中体、西用”的探索和发挥，可能会成为此项研究的一个亮点，但难度也较大，希望多发挥你的创造性才能。有一点需注意，我讲的“中体”并不是指儒学，至少不限于儒学。

方克立

2007年11月10日

二

绪义：

课题申请书已阅，作了个别文字调整。

做好这个课题要有鲜明的马克思主义理论立场，因为马克思主义是当代中国先进文化的灵魂。儒学作为不可或缺的本土文化资源，虽然已不具有往昔的统治思想地位，但其部分内容在今天仍可发挥“古为今用”的支援意识的作用，这样才有二者结合或融合的问题。马克思主义与儒学的融合，实质上就是用马克思主义观点来分析、批判、清洗、重释（创造性诠释）、转化（现代转换）儒学，使儒学中能够与当代社会相适应、与现代文明相协调的那部分内容，经过清洗、重释、转化后成为社会主义新文化的组成部分。这就是融合，有机的融合。不能把融合理解为二者中好东西的简单相加：二者中都有好东西，也各有局限性，去掉局限性，把有价值的好东西加在一起。这样理解就过于简单化了。在这个课题中不宜一般地讲本原的马克思主义的“局限”问题，也不是要用儒学来补充或克服马克思主义的局限性。与儒学以及一切剥削阶级的意识形态不同，马克思主义是争取解放全人类、实现人的全面自由的发展的学说，它的阶级性恰恰不是局限性，因为只有解放全人类无产阶级才能获得自身的解放。马克思主义是按照世界的本来面目去认识和改造世界的科学世界观和方法论，可以说它是最高的人文主义与最彻底的科学主义的统一。我们要分析批判的是教条的、不与时俱进的、不与中国实际相结合的马克思主义的“局限性”。

申请书中讲到了马克思主义与儒学的异同问题，但在研究提纲中并没有完全落实。在讲二者相容相通之前首先要讲清楚二者之“异”，包括时代之异、产生地域和文化传统之异、阶级基础之异等等，正因为是两种不同的意识形态，我们才研究二者为什么能融合和怎样融合的问题。关于这个问题，张允熠在《中国文化与马克思主义》第一章中有所论述。

还有一个问题，对“马魂、中体、西用”中的“中学（中国文化）为体”不能作狭隘理解，不是仅指儒学，而是指古往今来包括众多思想流派、生生不息的中国文化生命整体。新儒家讲儒学只重视孔孟程朱陆王的正统派儒学，其实儒学中包括许多流派，可以与马克思主义相容相通的一些有价值的内容往往是在非正统派儒学（“异端”）中，过于强调道统论就会失去许多宝贵的思想资源。

课题组不一定要搞得很大，表中填的几个人就可以，他们都对这个问题有一定研究，至少都非常关心这个问题，你要多同他们沟通。

返京途中可以请张世保引见拜访一下陶德麟教授，送他一份申请书，就这个问题向他请教。

顺颂春祺！

方克立

2008 年 2 月 24 日

三

绪义：

儒学与马克思主义关系研究中很有代表性的一种观点，即主张二者平起平坐、二元并行。其学理根据是“现代社会基本价值体系二元化”的理论。这种理论在十六届六中全会（2006 年 10 月，提出了“建设社会主义核心价值体系”问题）之后提出意味着什么？我们是用社会主义核心价值体系来引领多样化的社会思潮（包括“国学热”“儒学热”），还是用这种二元化理论来为“复兴儒学”“重建儒教（华教）”的思潮提供理论支持？当然，“二元并行”论与明确主张“以儒学取代马克思主义”的大陆新儒学还是有区别的。

你的课题不能回避这个问题，盼能作些思考和研究。《哲学动态》2007 年第 10 期发表了刘东超的一篇文章，可以参考。

方克立

2008 年 5 月 11 日

四

绪义：

出站报告大体上是一个完整的东西，基本框架也不能动了。你再认真读一遍，尽可能地减少错字，符号、格式也尽量统一。

你的题目是讲马克思主义与儒学的关系，重点讲哲学，但不限于哲学，实际上是讲两种思想体系、两种意识形态的关系。论述中有些提法严格讲不对称，如内容提要一开头就说“儒学传统与马克思主义**哲学传统**并存于中国，已历100余年矣”。这类问题，怕改不过来了，思想上要明确，以后在论述中要准确地定位。

张岱年部分，“哲学上一个‘不合时宜’的新唯物论”提法容易误解为贬义，可改为“一个未被重视的新唯物论体系”。

结论部分，我觉得缺少一层意思。上部终结于1949年，中国人民革命的胜利，人民共和国的建立，这一伟大历史事件本身就给“问题与主义之思”做了结论：只有社会主义才能救中国，只有马克思主义才能正确回答中国问题。在理论上对中国问题做出马克思主义回答的，除了毛泽东的《实践论》《矛盾论》、张岱年的“天人新论”等哲学著作外，毛的《新民主主义论》给出的回答更加直接，更加切近中国问题本身。如有可能，把这个意思加进去。

“致谢”的话可去掉。

方克立

2010年8月24日

致杜运辉四十四通

一

运辉：

来函阅悉。

你愿意在张岱年研究方面多做一些工作的情况，我已电话告诉刘鄂培先生，他非常高兴，欢迎你下月来京参加中哲史学会张岱年研究专业委员会[①]的工作会议，并将他的一些研究计划与你交流、沟通。你要很好地利用这个学习和锻炼的机会。

你可将已发表的关于张岱年思想研究的文章（或拟发表的文稿）寄去请他指正。

方克立

2007 年 3 月 11 日

二

运辉：

星期五（4 月 13 日）在清华大学召开的张岱年学术思想研究会

① 全称是“中国哲学史学会张岱年学术研究专业委员会”，亦称“张岱年学术思想研究会”，或“张岱年学会”等。

成立座谈会，刘鄂培老师希望你能够参加，有关情况他会直接同你沟通。

你在刘老师的指导下，可以开始做《张岱年先生年谱》［或《张氏兄弟（崧年、岱年）合谱》］的资料搜集和整理工作，体例可参照蔡仲德编的《冯友兰先生年谱初编》，将张先生全集中和其他能见到的有关资料分别系在相应的年、月、日下，逐渐积累完善。这项工作在电脑上操作是很方便有效的。有关学术思想的部分详细展开一些，就具有了“学谱”的价值和意义。做资料工作与学术研究（如写博士论文）完全可以并行不悖。

方克立

2007 年 4 月 9 日

三

运辉：

收到张岱年先生年谱草稿，很高兴。你在一个半月内就写出了近 30 万字初稿，说明时间抓得很紧，不怕辛苦。做学问就是要有一点这种拼搏精神，特别是在青年时代。

这只是一个初稿，以后还须在此基础上不断补充、修订、完善。你目前能做的主要还是通过已出版和发表的文献来补充资料，尽可能地收集齐全，尽可能地充分利用。有些更深入、内在的和活的资料你不具备优势，只能通过张先生的亲人、学生和学界朋友逐渐收集补充（《不息集》已提供的资料要充分利用，文章没有注明写作时间的即以该书出版年月为准）。你把前一方面工作做好贡献就很大了。

另外，在做这一工作的同时要考虑一下你的博士论文选题问题，尽可能结合起来，通过做论文深化这一研究。

我最近因忙于别的一些事情，还不能认真看你写的年谱初稿，粗粗浏览，须补充、改进的地方还很多，过一段时间再给你详细回复。

方克立
2007 年 5 月 26 日

四

运辉：

二稿补充了许多文献资料，包括未收入《全集》和《文集》[①] 的张先生的文章，别人的访谈和研究他的文章等，字数也增加了三分之一。张先生的学术活动，以至生活起居和亲属、师友、师生交往等内容，也增加了一些，但线索有限，还需要同他有接触的人多提供情况。总的说，年谱（学谱）已初具规模，你这几个月工作的成效是显著的。

学谱不同于一般年谱，主要是对谱主的学术思想有准确的介绍和评述，这也是全书最见水平的地方。你在尽可能完全地收集有关文献资料的同时，还要在仔细阅读、体会张先生的论著上多下工夫，介绍文字要尽可能准确，抓住要害，指出新思想和新贡献之所在。张先生的文章前后内容重复的也很多，介绍文字可以有详有略，不必每篇都详细介绍。经过反复修改后，我建议篇幅、字数还可以压缩一些。

方克立
2007 年 7 月 29 日

---

① 指《张岱年全集》（第 1—8 卷，河北人民出版社 1996 年版）和《张岱年文集》（第 1—6 卷，刘鄂培主编，清华大学出版社 1989—1995 年出版）。

五

运辉：

来函阅悉。

《张岱年“天人新论”研究》是一个很重要的题目，不过要高屋建瓴、吃透了张先生的哲学思想才能做。博士论文可以先做《张岱年人生哲学研究》。

方克立

2007 年 8 月 9 日

六

运辉：

这次天津开会，我没有机会与你和同学们直接交流，身不由己，十分遗憾。你提交会议的论文我看了，充分显示出了认真研读张先生著作的功底，虽然没有在会上宣读，但对会议是有影响的。可以看出《光明日报》12 月 4 日发表的关于此次会议的报道，实际上主要是以你的文章为依据的。这篇文章你可以争取发表。如有电子文本，发一份给我。

综合创新论的第一阶段，还是用张先生原来的表述“创造的综合”论（不是“平庸的调和”）较好。“综合创造”与“综合创新”意义太接近，《中国文化与文化论争》（1990 年出版）最后一节的题目仍用“我们的文化主张——综合创造论”，可见张先生当时对这两个概念并不是严格区分的。

方克立

2007 年 12 月 6 日

七

运辉：

发来三篇文章都已拜读。近来事情较多，迟复为歉！

去年8月，在讨论你的博士论文选题时，我曾说过："《张岱年'天人新论'研究》是一个很重要的题目，不过要高屋建瓴、吃透了张先生的哲学思想才能做。博士论文可以先做《张岱年人生哲学研究》。"实际上，要深刻理解张先生的人生哲学，也必须对他三四十年代的哲学思想即"天人新论"的哲学体系有全面的认识。看来你正在做这方面的工作，对一些基本概念、问题做细致深入的辨析和逻辑梳理，几篇文章都写得很有内容，问题意识明确，也有一定新意和深度。

关于张岱年哲学的名称，他自己用过"新唯物论""新综合哲学""天人新论"等称谓。我在《张岱年与二十世纪中国哲学》一文中以"'解析的辩证唯物论'学派的主要理论代表"为第三节的小标题，主要是想表明这种哲学是马克思主义哲学（辩证唯物论）的一个流派，是不同于从苏联传入中国的正统派马克思主义的一个可以容纳现代西方哲学成果（主要是逻辑分析方法）的、更具开放性的马克思主义哲学流派，当时在中国虽然还不是主流（甚至只是"昙花一现"），但却有可能成为中国新哲学发展的未来方向。"解析的辩证唯物论"是张申府本人提出的名称，是他理想的"世界哲学"的归属，而这一派哲学在中国的理论建构者却是张岱年。"解析的辩证唯物论"这一称谓后来得到了孙道昇、陈来等哲学史家的认同，缺点是没有把张岱年哲学的"中国特色"显示出来。"天人新论"是中国传统天人之学的继承、变革和创造性发展，但又未能明确标示出其马克思主义哲学的性质。这两个名称各有优点也各有不足之处。把张先生的哲学称为"兼和哲学"或"综合创新哲学"（王东）也可以，主要是显示出了它在方法论上的本质特征。你概括为"兼和本至论"也是一家之言，“兼和”是中国式的辩证法，张氏“本至论”的唯物主义性质也很明确，“兼和本至论”就是中国式的辩证唯物论。

“兼和”一文注释中的《张先生全集》都应改为《张岱年全集》，这是学术规范的基本要求。

方克立
2008 年 11 月 14 日

八

运辉：

你做事情有一种说干就干、只争朝夕的精神，我很赞成，年轻人应该葆有这种朝气。这次请你帮忙整理张先生马克思主义儒学观的资料，才过两天，已初见成效。谢谢你！

你已经注意到了 10 月 19 日我在中央党校“马克思主义与儒学高层论坛”的发言。由于规定大会发言每人 20 分钟，所以只能讲基本观点，不能发挥和论证。

马克思主义与儒学既有相异相斥的一面，也有相容相通的一面。作为维护不同时代经济基础和上层建筑的意识形态，二者有时代性和阶级性的根本差异，也有产生地域不同、文化背景不同的差异，这是不容讳言的，是基本的历史事实。如果二者没有发生关系，任何比较都只是外在的。问题是一百年前马克思主义已经传入中国，并且对中国近现代历史进程产生了根本性的影响，它就不能不与中国的传统思想文化，特别是与在历史上曾经长期居于统治思想地位而近现代趋于衰微的儒学发生这样或那样的关系，马克思主义与儒学的关系就成了中国现代思想史中不可回避的课题，也是今后相当长时期里仍然必须面对的现实课题。在今天的思想界，把二者绝对对立起来的两种偏颇显然都不符合时代潮流，大家重点是讲二者之“同”即相容相通的一面，但讲法很不一样。“儒体马用”论（实为新儒家及其同盟军所主张）和二元论固然不对，不分主次、笼统地讲“结合”“同化”的也有很大问题，“主导意识与支援意识关系”说就是在这种背景下提出来的。“支援意识”概念来自博兰尼，但仅为借用，与其本来涵义并不完全相同。把马克思主义与儒学的关系看成是主导意识与古为今用的支援意识的关系，是为了说明二者为什么能够相容相通和它们是怎样相容相通的，当然这一概括，并不否定二者还有相异相斥一面的基本事实。

张先生肯定儒学的精义和价值，都是从今天的思想文化建设出发的，肯定它有“古为今用”（支援意识）的价值。我认为这也是马克思主义儒学观的一个基本点。

方克立

2008 年 12 月 30 日

九

运辉：

开题报告写得很好，资料翔实，思路清晰，比较全面地展现了张先生人生哲学的理论内容。有几点想法，供你在写作论文时参考：

一、要重视他早年写的《辩证唯物论的人生哲学》一文，这篇文章规定了其马克思主义人生哲学的基本方向。有人认为辩证唯物论中本来欠缺人生哲学，张先生用中国古代重道德、重精神理想的人生哲学弥补了这一欠缺。这样说是不准确的。张先生在这篇文章中阐述了马克思主义人生哲学的基本观点，也是他用以评判、扬弃、改造中国古代人生哲学的基本标准，比如“以兼和易中庸”就是用辩证唯物论来改造传统人生哲学的一个范例。

二、张先生早年创立了“天人新论”的哲学体系，人生哲学在其中处于中心地位，这个论断是可以成立的。他继承了中国古代“天人之学”以人为中心的传统，在早期和晚期都一贯重视人生哲学、价值论和道德论问题。照目前按问题分析的写法，其思想发展的阶段性不明显，特别是在思想更加成熟的晚期，他在人生哲学方面有些什么新创获，表现出什么新的特点，难以整体地反映出来。实际上后期张先生在人生哲学上也是有新进境的，突出地表现在他对社会主义核心价值体系的坚持（这虽然是近年来出现的概念，但张先生坚持了其实质内容），大力弘扬和提升中国传统美德，比如将“自强不息”“厚德载物”概括为中国文化的基本精神，就是从人生哲学的角度来讲文化精神的。

你在开题报告中把“体验”当作一种研究方法是很好的，表明要在研究张先生人生哲学的过程中学习他的人格风范，提高自己的德性修养和人生境界。就张先生本人来说，早期他比较注重包括人生哲学在内的“天人新论”哲学体系的建构，提出了一系列内含辩证唯物论精神而又具有民族形式的重要命题（基本原理），而晚期他在经过时代的变迁和人生的磨难后，更主要的是把中国化马克思主义理论（包括人生哲学）内化为世界观和方法论，转化为内在的德性，在他的人生实践中体现出了积极、进取的革命人生观与宽容、大度、“兼和”的君子人格的高度统一。也就是说，重点从“知”的层面转进到了“德（得）”和“行”的层面。

三、天人关系论（人在宇宙中的位置）、人性论（人的本质）、价值论（人生的意义和价值）都是人生哲学的基础理论问题，而如何培养、成就理想人格即所谓“成人之道”问题又是中国传统人生哲学的核心，此外还有各种人生问题、范畴、德目和修养方法（工夫论）等内容。张先生十分重视中国哲学中的理想主义，把它当作新综合哲学所要整合进来的重要思想资源之一，并将其改造成为革命的理想主义。希望你在论文中加强这部分内容。

四、适当增加与其他人生哲学，特别是中国现代各派人生哲学的比较研究。陈独秀、李大钊、瞿秋白、毛泽东、刘少奇、艾思奇、胡绳、冯契等同时代的中国马克思主义哲学家在人生哲学方面都有所建树，他们的知识背景和处境不同，考虑问题的角度不同，相互之间可能也有争鸣，张先生甚至还受到过艾思奇的批评，除了要明辨是非之外，或许也能发现他们之间有互补之效，使中国现代马克思主义人生哲学的整体内容更丰富了。

方克立

2009 年 5 月 2 日

十

运辉：

祝贺你抓紧时间在春节前完成了论文初稿。我初步浏览的印象是：视野开阔，思路清晰，论析深入，结论正确，是一篇史论结合、内容扎实的优秀博士论文。答辩通过应该不成问题，当然下一步还要争取“评优”。

此课题研究的意义主要在于实事求是地评估张岱年对建立中国现代马克思主义人生哲学的贡献，确立其应有之地位。对此他是有高度的理论自觉和承当精神的，因为他在青年时代就肯定“马克思主义人生哲学”（“辩证唯物论的人生哲学”“社会主义的人生哲学”）是“最正确的”、“伟大的人生哲学”，他的目标就是要把这种当代最先进的人生哲学与中国传统人生哲学中的理想主义结合起来，并且使它获得现代性即直接为当代中国的革命、建设实践服务的品格。张先生青年时代对马克思主义人生哲学基本原理的了解，可能来自 30 年代苏联出版的共产主义道德概论之类的书籍，但他一开始就力图把它与中国传统人生哲学的问题结合起来，最典型的表现就是提出了“生活理想之四原则”，明言这是“唯物对理法在人生哲学上之应用”，是中国现在所需要的“新的人生理想”。

张先生的新人生哲学是其“天人新论”哲学体系（新综合哲学）的重要组成部分，也是他从中国传统哲学中批判继承、汲取营养最多的一个部分。对它的贡献和地位的评估要与中国现代人生哲学建构的整个过程联系起来，要在前后左右的多维度比较中才能准确地定位。

这个题目，你可以向南开大学马克思主义理论教育学院的武东生教授请教，请周老师同他先打个招呼，也可以请他做博士论文评阅专家。

方克立

2010 年 1 月 17 日

十一

运辉：

工作单位已经确定，就要安好家，适应工作、生活环境，开始新的起步。

我在你原拟去河北大学面试时建议成立张岱年研究中心，你记住了这个话，到河北师范大学立即付诸行动，向张院长建议并得到他的支持。这种说干就干的精神十分可贵。张岱年是河北人，在河北省会城市成立研究他的专门机构当然是有意义的，不仅十分需要，而且能形成河北省人文社科研究的一个特色名牌。

成立张岱年研究中心，首先要联络同道，设立机构。分几个层次：一、在本校联络三五个对张岱年研究有兴趣的朋友，先把中心成立起来，把牌子挂出来。请张继良院长当主任，你当副主任，多做具体工作。二、联络石家庄市有志研究张岱年学术思想的同道，如河北省社科院、省图书馆、河北人民出版社、《河北学刊》杂志社等单位都可能有这样的人。三、与张岱年故乡献县地方政府和党委建立联系，推动他们把张氏兄弟作为地方名人重视起来，同时深入了解他们的家世和少年时代的生活环境。四、与北京张岱年学会保持密切联系，也可聘请刘鄂培先生为中心名誉主任、李存山等为顾问。

其次要打通出版渠道。《张岱年全集》是河北人民出版社 14 年前出版的，要推动他们立项计划出新的更加完整的全集。你的博士论文也可以争取在河北人民出版社出版，甚至可以“张岱年研究中心”名义与出版社签订协议，在该社陆续出版《张岱年研究丛书》，你的博士论文可作为丛书的第一本。

有了机构、有了人就要一起商量怎样做事情，制定长远的和近期的研究计划。张岱年研究不能封闭起来做，一定是开放的，要得到多方面的合作与帮助，这样才能出高水平的研究成果，产生较大的学术影响和社会影响。

方克立

2010 年 5 月 21 日

十二

运辉：

祝贺你顺利地走上了新的工作岗位，并能幸运地同时做博士后。

到西北大学做博士后，除了把侯外老的学谱做出来外，还要与导师及西大同仁们好好研究侯外庐学派的特点、传承及其在中国现代思想史上的地位。现在有人对侯外庐学派贬得很厉害，从一个侧面反映了思想领域的尖锐斗争。

不要提“张岱年—方克立”模式。有位知我的朋友说：“方克立治学有一个特点，就是尊重前辈，‘接着讲’而不只是‘照着讲’。对张岱年的‘综合创新’文化观是一个例子，对费孝通的‘美美四句’也是一个例子。在‘接着讲’的过程中有自己的创造和发展。”认真梳理一下“马魂、中体、西用”论的由来，还真离不开张先生对文化体用问题的思考，以及他对民族主体性问题的思考。我在三封信中讲到张先生已有此论之“雏形”，只是还没有形成“魂、体、用”三元模式。所以，可以考虑写一篇文章：《“马魂、中体、西用”：接着张岱年先生讲》，既讲清楚在今天提出此论的理论意义和现实意义，又讲清楚二人思想的继承和发展关系。

方克立

2010 年 7 月 18 日

十三

运辉：

张岱年先生在讲中国文化发展的方向、道路问题时，既大力强调马克思主义的指导地位，又十分重视文化的民族主体性问题，但却无法将二者的关系放到他的文化体用论中去。他对文化体用问题的论述，在不同的含义上，二者分别具有“体”的地位。体用二元模式无法解决二者并列、并重的问题，把哪一个放在“用”的地位都不合适。

文章[①]可以分别梳理一下张先生对上述两个问题的论述，特别要注意他对二者关系的论述，是“体用”关系，“结合”关系，“并列”关系，“一般与特殊”的关系，还是别的什么关系？把它们放到中、西、马三者关系的格局中，又会是一种什么情况，二者各处于什么地位？还有你梳理出来的四个问题，张先生都是怎样回答的？

你对张先生的资料比较熟悉，弄清楚上述情况，就会发现在理论上需要解决什么问题，“马魂、中体、西用”论确实不是凭空提出来的，而是解决中国文化发展的现实道路问题的迫切需要。张先生事实

---

① 即前信所提《“马魂、中体、西用”：接着张岱年先生讲》，后刊载于《马克思主义研究》2010 年第 11 期。

上已接触到这个问题，比如他在《试谈文化的体用问题》一文中说：“中华民族是建设社会主义中国新文化的**主体**，而社会主义是中国新文化的**指导原则**。科学技术等等都是为这个民族主体**服务**的，也都是为社会主义**服务**的。”可以说在这段话中已有“马魂、中体、西用”论的雏形。

弄清楚张先生对上述问题的看法非常重要，因为问题是从“被接着讲”的一方提出来的，有了明确的问题意识才有“接着讲”的可能性与现实性。我思考这个问题的过程，在2006年的三封信和今年3月在北大的讲话中已有清晰的线索，比较容易把握。

方克立

2010年7月24日

十四

运辉：

你在人生的重要转换时期，在家事繁忙，需要熟悉、适应新工作环境的情况下，还抓紧时间写出了文章初稿，这种定力和好学精神难能可贵，谢谢你！

文章总的来说写得不错，特别是概括出张岱年先生处理马克思主义与中国文化关系的几种模式，非认真研读其论著者所不能也。其中“体用”关系最难讲清楚，要全面准确反映张先生的观点，还需要下一点儿功夫。

初稿的第三部分较弱，这个部分带有总结性，要提出作者自己的看法，体现文章的思想高度和深度。要着重讲清楚提出“马魂、中体、西用”论的理论意义和现实意义（在中国文化的现实发展中必须解决中、西、马三者的关系问题，体用二元模式有其局限性，需要探索新的理论模式；在体用二元模式的基础上提出“魂、体、用”三元模式，关键是要处理好不同含义下的两个“体”的关系问题，在中国文化的现实发展中就是要处理好以马克思主义为指导与挺立民族文化主体性的关系问题；世界上的事物、现象、关系具有多样性，“体、用”二元模式和“魂、体、用”三元模式，都有存在的根据和理由，而又各有其适用范围），也可以就发展完善此论需要探讨解决的问题提出自己的看法。

文章的第二部分，“中学为体”要阐明的问题较多：A.“体”的涵义，不是胡瑗等人讲的文化体用论之“体”，而是主体论之“体”；B.“体”是指“中学”“中国文化”，不是张先生讲的“民族是文化的主体”，“民族的存在是体”；C. 提出“接受主体”“创造主体”“生命主体”“运作主体”四个概念。就与外来文化的关系而言，“接受主体”这个概念的提出（1988 年），对于确立民族文化的主体性非常重要；D. 与晚清“中体西用”论的区别，等等。

关于“西学为用”，要注意这个提法：“‘西学为用’既是对于作为指导原则的马克思主义来说的，也是对于作为接受主体的中国文化来说的；对于指导原则来说它是‘应事之方术’即原则的具体应用，对于接受主体来说它是为我所用的‘他山之石’。”（《致陆信礼（二）》）这里讲了两个意义的“用”。张先生说“科学技术等等都是为这个民族主体服务的，也都是为社会主义服务的”，也是讲两个“服务”。

方克立
2010 年 8 月 15 日

十五

运辉：

看了第二稿，觉得有几个问题还可以说得更清楚一些。

一、张先生的文化体用观，是否可以梳理出这样三个层次：①分别以体用范畴的两种涵义来考察文化问题，其中的两个“体”，一个体现了主导性（指导原则），一个体现了主体性。②提出“今中为体，古洋为用”的命题，有把两个“体”（主导性和主体性）结合起来的意思，但还是在体用二元模式的框架中，并没有提出一个“三元模式”。③“中华民族是建设社会主义中国新文化的**主体**，而社会主义是中国新文化的**指导原则**。科学技术等等都是为这个民族主体**服务**的，也都是为社会主义**服务**的”的提法，已有“魂”（指导原则）、“体”（主体）、“用”（服务）三元模式之雏形，但还没有明确提出三元模式。他已经把主导性与主体性区分开来、并列起来，但还不知道该如何恰当处理二者的关系。也就是说，按照张先生思想的逻辑发展，下一步提出“马魂、中体、西用”三流合一的理论模式是具有必然性的。

二、“马魂、中体、西用”论产生的基础和前提，一是学习、体会、总结张先生的文化体用观，把其中蕴含的问题和可能得出的逻辑结论揭示出来；二是本人对文化体用问题的长期关注、思考和研究，力图把马克思主义的主导性（指导思想地位）与中国文化的主体性结合起来，其中提出“接受主体”“创造主体”等概念有重要意义；三是直接受到经济学家杨承训先生的启发。后一点必须提到，不能掠人之美，虽然二人解释不同，论述问题的范围、视野不同，“马魂、中体、西用”论的发明权应该属于杨先生。

三、第三部分做概括、总结时，开头可以专门讲一下“接着讲”的问题（第二部分开头涉及一点，可移到此处来），这是学术思想前后承接和创新发展的必然途径。问题意识是从前贤那里来的，后人要洞察问题（矛盾）的关键之所在并找到解决的方案，就需要有一点“批判地超越”的精神和眼光。第三部分的主体还是讲“马魂、中体、西用”论的理论意义和现实意义。

方克立

2010 年 8 月 20 日

十六

运辉：

年末忙于各种事情，迟复为歉！

谢谢你为“访谈”① 和“年谱”② 所做的细致的校订工作。

韩愈说：“师者，所以传道、授业、解惑也。”即使是没有师生名分之人，他们之间如果有实质的“传道、授业、解惑”关系，那也是师生关系。何况你是南开中哲专业的学生，我也算是南开中哲专业的老师；更何况你的硕士、博士导师周德丰也是我的学生，以师生相称应该是没有问题的，师生之间也要互相尊重。2007 年以来，我一直是把你当作亲炙弟子对待的，推荐你协助刘鄂培先生编撰《张岱年学谱》等，当然也考虑到你是有能力做好这些工作的。在我看来你有两大优点：一是勤奋，做事情有“只争朝夕”的精神，肯下扎实的功夫，敢于打硬仗；二是比一般同学在政治上要成熟，能够自觉坚持马克思主义，在事业（理论）上有责任感。当然也是有弱点的，一是学业基础还不够坚实宽阔，这与过去的经历有关；二是多少有点急功近利，这就属于主观修养方面的问题了。人非圣贤，孰能无过？我自己是以“勤能补拙”自勉的，所以也相信以你的勤奋好学，肯下苦功夫，加上善于总结反思，一定能克服自己的弱点，在事业上有所作为，有所成就。

方克立

2010 年 12 月 23 日

---

① 指《探索中、西、马三“学”的综合创新之道——访中国社会科学院学部委员方克立》，《马克思主义研究》2010 年第 12 期。

② 指方克立先生等编著的《方壮猷先生年谱》。

十七

运辉：

《中国社会科学报》上的报道已看到，见扫描件。

编印一本会议纪实的文字资料，其意义不仅是作为历史记录存档，主要是用来宣传中心的宗旨，宣传开展“张学”研究的意义，宣传中心一成立就有很高的人气。可以广泛寄送给热心二张思想研究的学界朋友，寻觅知音、同道与合作者。寄资料时附一封热情洋溢的信，除了表示合作意愿外，还诚恳征求二张先生的亲笔信函（原件或复印件）、照片（合影等）和他们亲笔签名赠送的书籍，征求已出版（发表）的研究二张思想的著作、论文（复印件或电子文本）和访谈录，约写研究二张思想与生平的新作（为中心将要编辑出版的《张申府张岱年研究》辑刊约稿）。这个资料还可以寄送给省、市、县领导和有关理论宣传部门、新闻出版单位，引起他们对二张研究的重视。考虑到这个资料有如此重要意义，数量可以多印一点，质量印得好一点，印制技术无问题的话，还可以附上一张或几张会议照片。

方克立

2011 年 5 月 3 日

十八

运辉：

收读来信，很高兴。（一）这说明学校主要领导已经认识到二张研究是提高学校地位和声誉的一个重要切入点，将中心从学院行为提升到学校行为是好事，在人力、物力、财力等方面将会得到更切实的保证。（二）由法政学院哲学学科重点研究张岱年、历史文化学院重点研究张申府的分工很好，张申府研究涉及中国近现代史上的许多重要事件和人物，不纯粹是思想研究，有人专门做比你们都承担起来要好。（三）李书记直接任命王长华副校长做学科带头人非常好，这就是下了军令状，这件事情有人切实负责，承担起只能做好、不能做坏的责任。把我们这些人当作外缘条件要更切合实际一些。

通过成立大会，李书记意识到二张研究对于河北师大来说，乃是“天赐良机”，明确表态“一定要抓住机遇，长期研究下去”，充实、调整了中心的研究力量，我认为是好事，是大好事！这个同志思想敏锐，做事有点魄力，你要多支持他的工作。

方克立

2011 年 5 月 11 日

十九

运辉：

祝贺你申报的国家社科基金课题获准立项，这一课题立项为你的张岱年研究又增加了新的动力。认真做课题论证、有较多前期研究成果是立项成功的关键，希望你沿着这条道路一步一个脚印地踏实走下去。

经过你的不懈努力，研究通讯（第一期）已办成一个全面反映成立大会实况、有效宣示中心宗旨的文本资料，不仅完整地保存了历史真实，而且也能达到很好的宣传效果。

方克立

2011 年 5 月 25 日

二十

运辉：

关于20世纪中国文化哲学，以及张岱年的马克思主义文化哲学，你可能受洪晓楠的启发较大，而这个问题，正在成为一个新的热点，衣俊卿、邹广文、李鹏程、许苏民、何萍、邹诗鹏等许多学者都各有自己的研究视角，涉及的问题非常广泛。一下子要消化他们的理论成果，提出具有普遍意义的理论范式，恐非易事。你先做调查研究工作，在把问题梳理清楚、形成自己明确的观点之前，不要急于写文章。

方克立

2011年7月17日

二一

运辉：

从“体、用”二元模式发展到“魂、体、用”三元模式，关键在于区分开主导性之“体”（魂）与主体性之“体”，而这一区分本身又是从体用范畴的两重涵义引申出来的。“魂、体、用”三元模式的普遍适用性、有效性问题还需要深入研究，你已经注意到张先生的“性、形、能”范畴和庞朴的“一分为三”，实际思路都有相近或相通之处。如果把眼界再放宽一些，比如十七届六中全会《决定》中所论述的当代中国文化之“魂、体、用”问题，也是可以探究的。

方克立

2011年11月17日

二二

运辉：

蒋国保的文章[①]写得很好，内容翔实，而且写得很有感情。这样的文章在网上刊出后，不但对后学有所教益，而且可以启发别的亲历者写出各具特色的回忆文章来。

方克立
2012 年 3 月 19 日

二三

运辉：

见一下卢钟锋先生很好。他是“文革”前侯外老带的唯一研究生，比较纯正地继承了外老的马克思主义学术传统，现为社科院荣誉学部委员，可惜身体不太好。他在外老身边的时间很长，了解许多情况，对你写好学谱会大有帮助。

方克立
2012 年 4 月 11 日

二四

运辉：

你有幸面谈过一次的卢钟锋先生是侯门的忠实传人，唯物史观的

① 指蒋国保《张岱年先生对我的教诲》，《张申府张岱年研究集刊》第 1 辑，河北人民出版社 2013 年版。

坚定信仰者、宣传者和践行者。他的去世是中国史学界的一大损失。我已请王启发同志传达哀悼之情。

二张研究中心提高了贵校和法政学院的知名度，创造了不少同外界进行学术交流的机会。有眼光的领导者不应视为负担，而应该善于利用这些宝贵的学术资源，来促进本单位的教学和研究工作。

钱耕森先生是哲学界的前辈学长，学问根底很好。不说别的，他将金岳霖 1943 年写的《中国哲学》从英文翻译成规范准确的中文，发表于《哲学研究》杂志，就可见其功力。

方克立

2012 年 9 月 4 日

二五

运辉：

11 月 30 日《中国社会科学报》用两个整版篇幅报道了河南省社科院召开《儒学的现代命运》出版暨崔大华学术思想座谈会的情况，在“专家贺信摘登”中摘刊了我的贺信中的 1200 字。

我应高秀昌之邀所写贺信之原件亦附去一阅。秀昌后来告诉我，河南省社科院喻新安院长会前看了我的贺信，很受启发，没想到本院默默无闻的资深研究员崔大华在学术界受到那么高的评价，遂决定提高规格开好座谈会，会后加大宣传力度，表示院里可以出钱争取在大报上深度报导。

昨天收到《中州学刊》2012 年第 6 期，没想到安继民在《崔学成立的特点、条件和意义》一文中提出了“方学”的概念，并且认为崔大华的儒家新理学、蒙培元的新心学和方克立的马克思主义与传统对接的综合创新派形成为三角鼎立结构和功能互补关系，崔、蒙、方分别承续的是冯、牟、侯三学。这个观点很新鲜。说我是马克思主义综合创新派问题不大，但我完全没有与崔学、蒙学“鼎足”的意思。说我承继的是侯学（以及张【岱年】学）也大体符合实际，但冯友兰的学生（蒙）继承的却是牟学，侯外庐的学生（崔）继承的却是冯学，叫人觉得有点儿不好理解。

同辈人中，我对刘文英、崔大华、方立天三位都非常佩服，分别写过表彰文字。他们的学问都做得比我好。

我想做一条规定：我的学生一律不得用“方学”这个概念。因为我并没有做出可以称得上是“学”的学问来。

方克立

2012 年 12 月 10 日

二六

运辉：

祝贺你顺利评上副教授。

《张申府张岱年研究集刊》的组稿、编辑、出版工作，基本上由你一人独力完成，其中的艰辛非亲历者很难体会得到。但创造了一个适应学术发展需要，能够体现自己思想、能力（包括与学界、与校院领导、与出版社打交道的能力）和价值的张学研究平台，也是一件值得欣慰之事。

2014 年 4 月张岱年先生逝世十周年之时，有无可能在贵校开一个学术研讨会，如果有此设想，过年后就要开始运筹了。首先要得到学校和学院领导的支持，列入计划；然后还要得到学界的大力支持，提供高质量论文。《集刊》第 2 辑组稿可与征集会议论文结合起来。

“代序”文末有无必要加括号说明：“本文是作者 2011 年 4 月 26

日在河北师范大学‘张申府张岱年研究中心’成立大会暨‘张申府张岱年与马克思主义中国化’学术研讨会上的发言”?

方克立
2012 年 12 月 16 日

二七

运辉:

我不赞成“方学”“张方学派”这些提法。可以说“综合创新学派”“张岱年学派”,我也可以算是这个学派中的一员,但不宜把我特别标示出来。我们还需要在张先生这面旗帜下,多做一些实实在在的工作,不断扩大其影响力。

方克立
2012 年 12 月 21 日

二八

运辉:

你在侯外老纪念会上的发言,把他的文化观归结为马克思主义综合创新学派,在道理上是讲得通的,所引据资料也是有说服力的。重视中、西、马三个方面的文化资源,还要坚持以马克思主义为主导,为统率,为灵魂,为世界观和方法论的基础,才属于马克思主义综合创新派。解放前宣扬“新理学”的冯友兰,显然不属于这一派。张申府把冯的《新理学》说成是中、西、马三流合一的“有代表性的杰作”,当然是不对的。杜国庠是反对抬捧冯友兰的“新理学”,并不一定反对中、西、马“三流合一”的思想,他不会反对中国化马克思主义要批判地吸收、撷取中西文化之精华。

你的发言提出了要注意研究中国马克思主义内部不同学派“理一分殊”“和而不同”的问题，并以地域政治环境不同为依据，分为“延安学派”“重庆学派”和“北平学派”，这是一个角度，也有事实根据，对推动中国马克思主义思想史研究的深入是有积极意义的。过去也有人从不同角度提出要研究中国马克思主义的不同学派，如有的区分为“政治意识形态的马克思主义”和“学术上的马克思主义”；有的从对待中国传统正宗思想的不同态度，将中国马克思主义者中的“尊孔崇儒”派与“批孔儒、崇异端”派区分开来；中国马克思主义者对待从西方引进的逻辑分析方法和辩证法，也有不同的观点，也可以说有不同学派。怎样更加本质地、准确地把握这个问题，还需要多下一些功夫。

《侯外庐学谱》上半年能出版吗？

方克立

2013 年 4 月 21 日

二九

运辉：

1932 年 9 月到 1934 年 12 月，张申府在任清华大学教授期间，曾主编天津《大公报 · 世界思潮》周刊，历时两年零四个月，出了 88 期。《张岱年文集》第一卷中有 26 篇文章是在该周刊发表的。查《张申府文集》，只有第二卷的《鸡蛋与鸡》《事、理或事实》《客观与唯物》，第三卷的《编零》，第四卷的两篇译文《概然与概率》《有的人为什么让人喜欢》，共计六篇文章，发表于这个时期的《大公报》。而他在《所忆》中说：“我曾借这个机会尽力显扬或介绍了不少新思想、新理论、新哲学、新科学、新人物、新事、新物、新书、新期刊”（第 554 页），**“其中用本名或不署名的文字都是我写的”**（第 606 页）。看来《张申府文集》对该周刊上的文章收得不全，包括没有署名的“编者按”等。张岱年引据的关于“三流合一”的一段文字，就称“本刊编者曾云”“本刊编者又曾云”“本刊编者又云”，一下子引据了三段编者按。要弄清楚“三流合一”的准确出处，还需查 1932—1934 年的天津《大公报 · 世界思潮》周刊。

方克立
2013 年 5 月 27 日

三十

运辉：

中国马克思主义与现代新儒家文化哲学之比较，最重要、最根本的分歧和对立是文化本体（本质）论上的唯物与唯心之争。马克思主义认为作为观念形态的文化是一定社会的政治和经济的反映，又反作用于政治与经济，这是唯物史观的基本观点。现代新儒家主流的观点是文化决定论、精神决定论。梁漱溟说“文化之所以不同，由于意欲之所向不同”。张君劢认为文化产生于精神，“文化为物，发之于内，由精神上要求，见之于制度文章”。熊十力、贺麟、钱穆等人的文化观基本都是精神本体论。《现代新儒学与中国现代化》第 222 页讲到“这两派争论的焦点有三”，一是“哲学世界观上的唯物与唯心之争”，这里讲的“世界观”，也包括历史观和文化观。

方克立
2013 年 9 月 10 日

三一

运辉：

粗粗浏览博士后出站报告，感觉基本框架已经具备，离成熟的精品还有一定距离。内容详略不一，有的部分是提纲式的，如第一章第二节，看来还待补充展开详细论述。

第二章题目建议改为“兼和哲学：张岱年文化哲学的理论基础”。第二节和第三节次序调换一下，方法放在后面。

第四章三节分论对待马学、中学、西学的态度，前面应有一节总论张岱年先生对中、西、马三“学”关系的看法。他是张申府“三流合一”思想最早的支持者，30 年代就提出“将唯物、理想、解析，综合于一”的观点；他在80 年代提出“文化综合创新论”，也是为了正确解决中、西、马三“学”关系这个中国现当代文化发展的根本问题。

在问题论述和资料使用上，尽量避免前后重复。

可以先通过出站报告，听取多方面意见后再统一修改，然后出书。

方克立

2013 年9 月29 日

三二

运辉：

张申府“三流合一”思想的重要意义和价值，在今天的思想文化氛围下，人们很容易理解。但在上个世纪 30 年代，讲“逻辑解析”与“辩证唯物”“合于一”的观点，中国马克思主义的主流派就是不赞成的，不但不能接受其赞赏罗素的观点和态度，而且把形式逻辑视为“形而上学”加以批判的观点还相当流行。讲辩证唯物与孔子思想“合一”，也会有极大的阻力。李一氓同志有一段名言：“马克思主义和孔子教义，无论如何是两个对立的体系，而不是可以调和的体系（折衷主义），或者并行不悖的体系（二元论）。我们无法把马克思主义的地位轻易地让给孔子，因为我们的世界观无法接受一个唯心主义的哲学体系。”（《给蔡尚思教授的一封信》，《文汇报》1990 年 12 月 26 日）讲清楚马克思主义与孔子儒学既有本质的对立，又有相融相通之处也不容易，张申府主要是着眼于后者。

方克立

2013 年 11 月 7 日

三三

运辉：

5 月 25 日在张岱年会议上的报告论文[①]，近日抽时间整理出来，以不影响《集刊》第 3 辑的编辑出版。

抗战前夕的 1936 年，是青年张岱年思想上成熟和学术上标新立异的重要一年。这一年《中国哲学大纲》已经完成，他在学术上有了底气，并且有很强的理论自信，《哲学上一个可能的综合》《生活理想之四原则》等重要文章就是这一年写出来的。如果不是爆发抗日战争，他可能会一鼓作气就自己的新哲学构想写一部大书，创建一个中国化马克思主义的哲学体系。尽管可能会有一些不足之处，但一定会对 20 世纪中国哲学发展的进程产生重要影响。历史的发展打破了这个设想，我们还是可以从其发展趋势看到一个青年的巨大

① 指《青年张岱年的哲学睿识》，《中国社会科学院研究生院学报》2014 年第 6 期；收入本书第四卷。

创造潜力。

方克立
2014 年 8 月 19 日

三四

运辉：

你提出了儒学转型的两种模式问题，认为张岱年先生是儒学转型的中国化马克思主义模式的最重要代表之一。这是一个新提法，需要对“儒学转型的中国化马克思主义模式”这个概念作准确界定，指出它的实质是什么，还要明确这种模式是对哪一类思想史现象的概括。

儒学转型的现代新儒学模式，实质上是把作为封建意识形态的传统儒学，改造、转型为作为资产阶级意识形态的现代新儒学。这两种剥削阶级意识形态之间有区别，也有共性。而在中国化马克思主义这里，作为封建意识形态的儒学是不可能整体上转型为某种“新儒学”的。但在我们看来，作为中华文化载体的儒学又是可以析分、解构为多个要素的，比如区分“民主性精华”与“封建性糟粕”，区分“深层义蕴”与“浅层思想”等，因而也可以采取扬精弃糟的态度对它进行重构，把其中的某些要素整合到综合创新的新文化中去。要把这种马克思主义儒学观作为一种“传统儒学转型模式”讲清楚，还是需要费些口舌的。

方克立
2015 年 9 月 11 日

三五

运辉：

关于儒学的转型问题，张岱年先生明确反对“复兴儒学”的提法，认为在今天，传统儒学不可能整体上转型为某种“新孔学”“新儒学”。他强调要建立中国文化的“新统”，这个“新统”是以中国化马克思主义为主导思想，经过扬精弃糟、批判继承的儒学，也可以在其中发挥“支流思想”或“支援意识”的作用。

方克立
2015 年 9 月 12 日

三六

运辉：

请转告余三定同志，同意将《马魂中体西用：中国文化发展的现实道路》一书的《序言》和《编后记》发表于《云梦学刊》。

《刘鄂培文集》能在年内出版，是献给他九十大寿最好的礼物。我对他的出身、经历和学术工作了解不多，因为对研究、阐扬张岱年先生思想有共同志趣而逐渐有所接触，有所交往，但见面次数也不多。你能够提供一些比较详细的他的生平资料吗？我特别敬重的是：他与张岱年先生一样，被打成“右派”而对马克思主义仍有坚定信仰，特别想了解他那段时间（1957—1979）的心路历程。如能了解得更多一些，在所感悟，才能考虑写序。

你去过广州吗？李宗桂信中讲到的 4 月 20 日的会，你有兴趣去吗？如果想去，我可以推荐。

方克立
2016 年 4 月 5 日

三七

运辉：

你这篇文章，有几个亮点：一是概括出了大陆新儒学的四个基本特征，让人们一目了然地看清了这种思潮的实质。二是借用季苏的话，指出在反马、反社会主义这一点上，保守主义儒化派和自由主义西化派是完全一致的，它们是同盟军。三是辨析清楚了马克思主义“文化综合创新”论与新儒家讲的“综合创新”之根本区别。

方克立
2017 年 1 月 20 日

三八

运辉：

衷尔钜先生辞世的消息，我一点也不知道。同在北京，同在社科院，消息竟然这么（如此）闭塞。

通过衷爽，尽可能地把衷尔钜先生的生平著述，与张岱年先生、综合创新学派的关系搞清楚，尽可能地掌握有关资料。

请向家属转达我对衷尔钜先生去世的悼念。

方克立
2017 年 2 月 8 日

三九

运辉：

用中国话语讲马克思主义哲学，必须真懂马克思主义哲学，也真懂中国哲学和语文（古代汉语和现代汉语），不是中西哲学名词概念互译互释那么简单的事情。简约的中文名言有多义性的特点，必须在具体语境中准确界定其涵义，否则很容易产生歧解。马克思主义哲学中国化包括话语体系的中国化，已经走过了百年历程，毛泽东、张岱年、冯契等前辈已经做了大量工作，总结他们在这个方面的贡献和经验是非常必要的。但是不能把“中国话语”简单地理解为一定要用中国传统哲学语言来表达。许多马哲和西哲概念用现代汉语表达，涵义准确，约定俗成人们都能理解，并不一定都要转换成古代哲学名言才算是“中国话语”。

方克立

2017 年 12 月 10 日

四十

运辉：

3 月 7 日的追悼会①，我就不过去了。请你代我送一个花圈，落款就写我的名字。

回想十一年前推荐你给刘老师当助手，你们精诚合作，不仅顺利完成了《张岱年学谱》的编写和出版工作，而且此后把二张研究整个

① 刘鄂培先生于 2018 年 3 月 4 日在北京逝世，3 月 7 日上午八点在清华大学校医院殡仪馆举行追悼会。

儿地推向了一个新阶段。过去七年，刘老师一直担任贵校二张研究中心主任，他就是一面旗帜，挂名也是对这一事业非常实际的支持。在他生病期间，你到北京来看望他的次数最多，与其家属联系最为密切，也得到他们的最大信任。特别是在他自己已神志不清的情况下，你筹资并帮助他编辑出版了《刘鄂培文集》，对于一个学者来说，这是完成他最大的心愿。

方克立

2018 年 3 月 5 日

四一

运辉：

祝贺你就任副院长。

六个阶段的思路，你考虑了很长时间，想已形成比较成熟的看法，写起来会较为顺手。我确实有点担心资料堆砌太多，文章写得太长，所以主张发言时只勾勒粗线条，有些阶段的内容（比如曲折发展）可以一笔带过。概述六个阶段后，再得出中国马克思主义文化研究主流学派的结论。

你亲自吃过这个梨子后，品尝到了它的滋味，根据实战（发言）需要，决定不去铺陈六个发展阶段的具体情况，更加注重总结理论贡献、历史的经验教训和现实意义，这对你来说是驾轻就熟，会前拿出一个发言稿来没有问题。先发言，听到反映后文章发表前还可以再修改。

方克立

2018 年 3 月 14 日

四二

运辉：

李维武对三者关系的解读很好[1]，重点讲了古今关系，这也是一些人不明白或者故意想搞混淆的问题。在某种意义上说，他是在“社会主义先进文化”与“中国特色社会主义文化”之间画等号。实际上前者是指已然，即新中国成立 70 年在社会主义革命、建设、改革中创造的文化，后者是正在进行式和将来式，是发展目标、方向。应该说二者实质上是一致的，“中国特色社会主义文化”当然也是社会主义先进文化。

方克立

2019 年 9 月 20 日

四三

运辉：

冯友兰的两卷本《中国哲学史》和新理学哲学体系，都是以他在美国接受的新实在论为“魂”，为根本哲学原则；而以中国正统哲学（程朱理学）为“体”，二者实现了一种实质的结合，即所谓“魂体相依”。他也曾受到唯物史观的影响，但在他那里不过是一种“用”而已。张先生青年时代对冯先生的唯物史观认同度高，而对其哲学的新实在论实质则相对忽略；到写《事理论》的时候，他就

---

① 指李维武《传统文化的创造性转化与创新性发展》，《武汉大学学报》（哲学社会科学版）2018 年第 5 期。该文第五部分为“处理好中华优秀传统文化、革命文化、社会主义先进文化三者关系”。

看得很清楚了，意识到自己“不舍事物而谈理道，不离现象而诠实在”的哲学，与冯先生的“共相”说和“理在事先”论，实“如冰炭之相异矣”。

张与冯有姻亲关系，研究二人哲学之异同和相互关系，是一个很有意思的课题。张先生对我的《全面评价冯友兰》一文持完全支持的态度，体现了他鲜明的马克思主义理论立场。

方克立
2019 年 10 月 15 日

四四

运辉：

课件做得很好，生动而丰富。连缀原理与例证之间的话，既要有学理性，又要有可读性。这就是你的教材解读文字，最好在备课教案中写出来。这门课教几遍，不断充实完善，即可形成有自己特色的教材。[①]

方克立
2020 年 2 月 12 日

① 即杜运辉《马克思主义世界观略稿》，河北人民出版社 2021 年版。

致杨庆中 三通

一

庆中：

几个扫描件先发给你。

甚盼有人能编一个翔实的《石峻先生年谱》。《张岱年先生学谱》已经出版（2010，昆仑出版社），李申等正在组织编任先生年谱，人大也应该考虑做这件事情。

方克立

2011 年 8 月 6 日

二

庆中：

今天把文稿又读了一遍，[①] 做了个别文字调整。先发给你看一下，看还要不要修改，如需修改及时反馈给我。

---

① 指方克立《缅怀恩师石峻先生》，后载《石峻文脉》，华夏出版社 2012 年版，第 163—179 页；收入本书第五卷。

可以写的内容很多，只能舍弃掉一些。比如1990年曾以天津市中哲史学会的名义，请石先生和唐明邦、张立文三位去南开参加“《周易》理论与应用”研讨会，就没有写进去。

方克立
2011年8月7日

三

庆中：

石先生的那个发言，是1981年10月在广西桂林召开的全国中外哲学史比较学讨论会上的发言。开会时间是10月27—31日，石先生是大会发言，可能是在第一天即27日。

我删改后的缅怀石先生文稿，也放在附件中。

方克立
2011年8月24日

致杨学功七通

一

学功：

没想到你能如此知我，作过誉之评价，我实在不敢当。其实我的人生道路并不平坦，57 年差点成为“右派”，受到团内警告处分，二十多年后才平反改正。到有条件做点学问了，已人届中年，教学、科研、社会工作和家庭等各方面的负担很重，90 年代受命做了十年研究生教育管理工作，主要精力没有用在学问上。退下来后身体又不行了，心有余而力不足。一生勤奋，但没有做出像样的学问来，所以我把自己主要定位为一名教师，而不是一个很成功的学者。

你的观察有一点是符合实际的：我在青年时代就接受了马克思主义哲学世界观和方法论的教育，在学理上深为服膺，久而久之，它已成为我观察、研究、处理问题的基本立场、观点和方法，用冯契先生的话来说，就是“化理论为方法，化理论为德性”，“凝道成德”，它已成为我的安身立命之学，或谓“生命的学问”。中国哲学、儒学和现代新儒学是我的研究对象，而不是信仰对象。这点在我的思想中始终是明确的。

任继愈先生在《熊十力先生的为人与治学》一文中说：

> 我过去一直是儒家的信奉者。新旧中国相比较，逐渐对儒家的格致诚正之学，修齐治平之道，发生了怀疑。对马列主义的认识，逐渐明确。在一九五六年，我与熊先生写信说明，我已放弃儒学，相信马列主义学说是真理。“所信虽有所不同，师生之谊长在”，“今后我将一如既往，愿为老师尽力”。（《回忆熊十力》，湖北人民出版社 1989 年版，第 48 页）

任先生在完成了世界观、人生观和价值观的根本转变后，用马克思主义观点继续研究儒学，既充分肯定儒学中的精华与合理内容，也能用“儒教”说深刻揭露正统儒学的封建神学唯心主义、僧侣主义和禁欲主义的本质。有些过去革命立场非常鲜明的学者，“文革”中甚至是批林批孔的先锋，在他们身上似乎正在发生着一种与任先生相反的变化，即回归儒学，认为“五四”以来对儒学和旧思想、旧文化的批判是“精神的迷失”，他们需要的“精神家园”即安身立命之学已不是马克思主义，而是儒学。当然，他们也不会公开反对马克思主义，而是以“亦儒亦马、儒马调和（和合）”的姿态出现。在他们的影响下，年轻学人盲目厌马趋儒的就更多了。你在学校，接触的人和事更多，有没有这种现象？

我公开发表的谈话和文章，可以发给你的学生，也愿意听到他们的批评。

方克立

2011 年 2 月 16 日

二

学功：

编译局读书会是一难得的重读、深读、活读经典的组织形式，今天的理论工作者，下过这样功夫的人太少了。只有准确把握马恩经典产生的时代条件和本来意涵，才能破除对它的各种教条主义理解和修正主义的歪曲，才能认识它的鲜活生命，科学地阐发其当代意义。你们承担了好几套丛书的写作任务，把读书和研究、写作结合起来，必会有新收获、新体会。

教育部主管的《思想理论教育导刊》，从去年四月起，陆续发表了一组关于马克思主义与儒学关系的文章，作者多数是我的学生，也有个别是我的朋友。现将已刊出的六篇附上，请批评指正。

研究生院搬到良乡去了，在培训中心楼里给我留了一间办公室，我每天上午都去。

方克立

2011 年 3 月 28 日

三

学功：

岳兵的教授职称最近才得到解决，盼你也能顺利晋升。人的机遇是不一样的，翔海比岳兵只高一班，他就要幸运得多，教授任职已 13 年。你和岳兵的水平是得到同行公认的，难得的是有不过分计较得失的心态，但迟到的职称还是解决为好，以便往后更轻松地前行。

我看到《学问有道》中对张泽咸先生的访谈是邬文玲写的。张先生告诉我：他在武大历史系上学时，系里曾派他到中南图书馆去接先父回武大上课。先父母已在“文革”辞世，去年是 40 周年，晚辈们编了一本纪念册①，其中有我为先父写的一个“年谱”，从中可以看到一个前辈知识分子的奋斗历程和时代际遇，也有助于了解我们这代

① 指方克立等《高风楚天阔》，2011 年自印本。

人是在什么环境下成长的和怎样走过来的。这个材料附去一阅。文玲是搞史学史的，可能会了解其中的一些情况。

干春松、孙熙国、丁耘组织了一个“儒家与社会主义”研讨会，今天在香山大觉寺召开。与会人员思想差别很大，甚盼持马克思主义理论立场的学者能有出色的表现。

方克立

2011 年 4 月 9 日

四

学功：

发来两批照片均收到，谢谢。[①]

看了你新近发来的文章，以及科研成果目录、十年科研计划，我觉得颇有发展成为马哲学科领域里新的领军人物的气象，坚持马克思主义的理论方向而又有自己鲜明的学术个性，对马克思主义哲学理论体系（包括其历史和现状）、中国现代化道路、当前意识形态格局和未来综合创新的可能方向有系统的思考，在你这个年龄的学者中是十分难得的，说明已进入学术上的成熟期、思想喷发期，其发展势头大概许多人都看到了的。你对人真诚直率是优点，但在复杂的现实社会生活中，也可能无意中给自己设置了一些障碍。所以含蓄、低调、隐而不露也是做人的另一方面优点，所以才有政治家的韬光养晦。

当不当教授对你来说其实已不那么重要，你要有成为马哲学科新一代领军人物的气概和自觉意识，亮出鲜明的学术旗帜，团结志同道合的朋友，组织自己的学术队伍，在一些重要的理论和现实问题上发

① 指 2003 年郛文玲与方克立先生的合影，以及 2011 年 10 月 6 日杨学功、郛文玲与方克立先生的合影。

出自己的声音。

方克立
2011 年 9 月 7 日

五

学功：

见今日《光明日报》载，你的《超越哲学同质性神话》一书荣获第二届马克思主义中国化研究优秀成果奖二等奖，特表示祝贺。

你与学生的互动做得非常好，这样要付出较多精力，但是也能培养一批优秀人才。

顺祝新年愉快！

方克立
2011 年 12 月 21 日

六

学功：

发来资料提供了许多新信息，帮助我扩大了眼界，谢谢！

你一向关心当代中国的意识形态建设，参与编译局的课题可以在共同研讨中更全面准确地把握“现状”，提出建设性的意见，我以为是有好处的。我从上个世纪 80 年代以来，一直是在三大思潮的框架内来观察现当代中国的思想走向，目前情况比过去任何时期都复杂，马克思主义、自由主义、保守主义中都有左、中、右之分野，利用开放的网络平台，错综复杂地交集在一起。意识形态论争的中心始终是“中国向何处去”的问题，我和你一样，希望成功地走出一条“中国特色社会主义”现代化的道路来。

方克立
2012 年 2 月 8 日

七

学功：

你 3 月去美国开会，不知是否已经成行？回国没有？

关于当代中国社会思潮，我没有做过专门研究，不过觉得三大思潮的框架在今天并没有过时，而自由主义、保守主义、马克思主义三派中都有复杂情况，也就是说，其中都有左、中、右之分野。

我在一篇文章中曾经提到：“自由主义西化派在 90 年代后期也很活跃，大家都知道有所谓自由主义与‘新左派’之争。我读到一篇台湾学者写的评论，他认为大陆的自由主义与‘新左派’之争实际上是自由主义的右翼与左翼之争。”（《世纪之交儒学研究的若干观察与感受》）被称为“新左派”的人士情况复杂，但我基本上赞成这种看法：其代表人物思想的底色是自由主义，而不是马克思主义。他们中也有人自称“自由左派”。

在学理上认同自由主义，但不主张用推翻共产党政权的办法，而是采取在体制内推行经济私有化、政治民主化、思想自由化“改革”的办法，使中国像俄罗斯和东欧国家一样和平纳入“世界文明轨道”。这是缓和一点的自由主义的中翼，应该说实质也是一样的，所以也称为“颜色革命”派。

马克思主义队伍的左、中、右分化亦十分明显。一般认为，以毛泽东旗帜网为代表的老左派是其左翼，民主社会主义是其右翼，持中的是今天居于主导地位的中国特色社会主义理论和发展道路。

对于保守主义，许多人都不太重视。2008 年中宣部舆情局提出值得注意的五种社会思潮：新自由主义、民主社会主义、历史虚无主义、新左翼思潮、反思改革思潮（老左派）。其眼界中就根本没有保守主义。事实上，上个世纪90年代以来，保守主义思潮一直呈上升之势，而且有程度不同的表现形态。以蒋庆等为代表的崇儒反马的大陆新儒家是其右翼，他们已不仅是文化保守主义，而且已经走到政治保守主义和复古主义。崇儒并不反马，而且在一定程度上主张儒马结合的文化保守主义者始终与其保持着一定的距离，他们是保守主义的左翼。在左右两翼之间的中间形态也不少，但不一定再归结为一种类型。

此外民族主义、历史虚无主义等思潮也是确实存在的，它们往往与上述某种或多种思潮结合在一起。比如历史虚无主义必然是自由主义的一种表现形式，而新、老左派和极端保守主义都喜欢打民族主义的旗帜。

你的六大思潮说，马立诚的八大思潮说，程恩富的七大思潮说（新自由主义、民主社会主义、新左派、复古主义、传统马克思主义、创新马克思主义、折中马克思主义），观察角度不尽相同，取舍有交叉之处，对我都有启发。我没有对当今中国社会思潮做过专门研究，不过就你提出的问题，从三大思潮及其分化的角度作一粗略分梳，尚未形成系统的看法。

方克立

2012年3月20日

致杨俊峰九通

一

俊峰：

我因年老有病，平时不在南开，给你们的学习带来许多不便，十分抱歉！

南开中哲的老师们是一个群体，除听课外，平时多向他们请教。周德丰教授是合作导师，日常管理他多负点责任。南开中哲专业的博士生有20多人，同学们之间互相学习交流也很重要，共同营造一个踏实读书而又思想活跃的学习环境。在你之前入学的韩国茹、吕伟两位同学也在我的名下，你可以同他们多交流。

你在4月份来信中提到："如果能被录取为中国哲学的博士生，我将以儒家和道家思想作为重点研究对象，借鉴现象学的方法深入挖掘其精神内涵，进而探讨儒家思想的现代意义。至于博士选题，我想以中国传统哲学思想在当代条件下的重构为中心。"这个想法还要具体化，经过一段时间读书思考，及早提出博士论文选题的初步意向，以论文选题为中心制定一个学习计划。

方克立

2008年9月15日

二

俊峰：

来函阅悉。对你的想法了解得比较具体了，也可以看出这段时间你认真读书、思考的新收获。三个题目中，还是要由你全面比较、斟酌，确定一个作为博士论文选题，最好能在本学期定下来。有些课题就只能放到以后的研究计划中去了。三年攻博时间不宽松，必须集中精力做好一件事情。

方克立

2008 年 12 月 9 日

三

俊峰：

同意你做这个选题。[①] 下个学期要完成开题报告，其中一项基础性工作是前人关于朱陆异同研究的资料综述，这项工作你现在就可以着手做，在检视前人的有关研究成果时更加明确自己的问题意识，选准主攻方向和创新点。

通过一个学期的阅读和研究，确定了博士论文选题，这就是收获，也符合攻博阶段的一般规律。明确了选题后，就要将全部精力集中于此，在时间上要抓紧，研究进度赶前不赶后，希望你做出有新意、有哲理深度、对西方哲学有所借鉴参照的高水平论文来。

方克立

2008 年 12 月 27 日

---

① 指“朱子心性论研究”。

四

俊峰：

来函与作业已收到。

你从现象学的视角出发，对朱陆之辨有了一些新的认识和理解，可以作为论文的一个创新点。论文的结论还是要上升到马克思主义认识论和辩证法的高度，才能对双方的理论得失做出比较确当的评价。朱陆之辨距今近千年，原始资料是有限的，但分析工具可以是多样的，认识和评价也会不断发展变化。通过研究朱陆之辨，要善于总结理论思维的经验教训，肯定前人有价值的思维成果，同时也提醒后人不再重犯他们那样的错误（特别是指出在哪些关节点上）。

作业结合中国哲学“合法性”讨论，亦有所见。近代意义的中国哲学学科是“以西释中”的产物，它存在严重弊端是显而易见的，但一些学者完全无视时代性而过分强调民族性，要求通过“以中释中”“自己讲，讲自己”“回归中国哲学原生态”的办法来找回中国哲学的主体性，完全排斥“以西释中”的方法，排斥马克思主义哲学史观和方法论的基本原则，其结果并不能真正达到揭示中国哲学原貌及其规律性的目的。你提出探索和发展诠释模式的多样性（也不排除中国传统经典诠释模式）是一个正确方向。

方克立

2009 年 3 月 31 日

五

俊峰：

在论文选题过程中，随着读书和思考的深入，对原来选题作某些修改和调整的情况是很正常的。你现在需要就新选题做一资料梳理和综述，对前人做了什么工作、存在什么问题要心中有数，问题意识明确，特别是要找准创新点在哪里，逐渐形成自己的研究思路。

方克立
2009 年 5 月 2 日

六

俊峰：

开题报告已阅，总的印象不错，说明你两年来学习研究收获很大。**一，对心性论在朱子哲学中的核心地位，以及如此关键性的问题为何前哲没有充分重视的原因，分析得比较清楚，这样就突显了此课题研究的重要意义。二，对朱子心性论中的哲学问题、基本概念及其相互关系，梳理得比较细致、准确，了解学界各家的观点，这样就能对它有一前后贯通的整体把握，并找准自己的创新点。三，借鉴了现象学的方法，在中国哲学研究中增加了一个新的诠释维度，对推动这个学科的综合创新也是一个贡献。**

我只提示一点：在哲学史研究中，我们还需认真考虑自己的基本理论立足点问题，即通常所说的哲学史观和方法论问题。侯外庐先生在《宋明理学史》的“序”中说：

> 我认为，要符合历史实际地将理学产生和演变的历史写出来，研究者如果以理学思想作为指导，以理学写理学，那是不能揭示历史发展的真实面貌的，而且还会歪曲这个历史过程。如果只是停留在封建社会里进步学者的水平，象黄宗羲、全祖望那样，充其量只能编纂出象《宋元学案》这样的思想史著作；这在清代是了不起的事，但在今天来看，它只是历史编纂学，还远远不是

科学的思想史，不是科学的理学史。如果我们采用资产阶级史学观点和方法，写出象梁启超的《中国近三百年学术史》那样的著作，同样不能算是一部科学的理学史。我们的研究必须严格地置于马克思主义理论的指导之下。马克思主义是科学的世界观和方法论。从五四运动迄今六十多年的中国历史证明：只有以马克思主义、毛泽东思想作为指导，历史研究才能成为科学。只有以马克思主义、毛泽东思想作为指导，进行宋明理学史的研究，才能还它以本来面目，使我们了解它在中国思想史上的地位和作用。

这里讲到了四种思想史观和方法论原则，在侯外老看来，“我们的研究必须严格地置于马克思主义理论的指导之下”，哲学史研究才能成为科学。在今天强调创新意识是对的，但要明确，需要突破的是对于马克思主义理论和方法的肤浅理解和不正确的应用，而不是马克思主义理论和方法本身。无论是借鉴西方哲学的逻辑分析方法、解释学方法和现象学方法，还是借鉴中国传统的经典诠释方法，都是为了更好地、更加“严格地”贯彻社会存在决定社会意识、逻辑的与历史的统一、具体问题具体分析等马克思主义哲学史观和方法论原则。我在《综合创新之路的探索与前瞻》一文中曾讲到：“挺立中国哲学的民族主体性，与贯彻马克思主义哲学史观和方法论的基本原则，借鉴西方哲学的认识成果，这三者并不是绝对不相容的，而是有可能辩证地综合在一起，有机地统一起来。”（《哲学动态》2008 年第3 期）即肯定中国哲学学科的发展也要走综合创新之路。你认为这个看法可以成立吗?

你们将来都有可能成为专业的哲学史工作者，这个问题是需要经常考虑的。所谓“先立乎其大者”，就是要先解决基本的理论立足点问题，包括哲学史观和方法论问题。

方克立

2010 年5 月26 日

七

俊峰：

昨天时间匆忙，几张表都填得很简略，执笔手有点抖，字迹也不规整。但估计通过程序审查没有问题。

我在发言中讲到，你的论文观点鲜明，不赞成心学派对朱子“析心与理为二”的批评，为其“心与理统一于性”论作了有力辩护，出版后可能会在学界引起强烈反响。一方面，会有一些学者赞成你的观点（参加评阅和答辩的老师基本上均执这种态度，对你应是一个鼓舞）；另一方面，新儒家中好斗的心学派也可能会作出回应，进行批驳和辩难。如果出现这种情况，应该说是好事情，也是我们期待出现的最佳效果。所以，你现在就要开始抓紧修改、完善论文，进一步明确和确立朱子心性论是一个“心为现实主体，理为价值本体，二者统一于性，本体与工夫相洽一贯”的完整严密的哲学理论体系的观点，积极做付梓出版的准备。对朱子心性论作同情的理解，并不是完全站在为朱子辩护的立场上，而是持客观分析和评价的态度，也要指出其历史局限性和不足之处。我在现代新儒学研究中讲过三句话：“同情地了解，客观地评价，批判地超越”（《现代新儒学与中国现代化》第207—209页），这种立场和态度在哲学史、思想史研究中可能具有一定的普遍适用性。我希望你在朱子心性论研究中站得更高一些，强调马克思主义哲学史观和方法论的指导作用就是这个意思。

方克立

2011年5月31日

八

俊峰：

“中国向何处去”“中国文化向何处去”的时代问题，近代以来一直有古今中西之争，到“五四”后转换成中、西、马的关系问题。张申府、张岱年的“三流合一”“综合创新”论是为了回答这个时代的问题，“马魂、中体、西用”论也是为了回答这个时代的问题。

在中、西、马的关系中，其核心又是马克思主义与中国文化的关系问题。事实上这也是我思考这个问题的起点，以及一直着力阐论的重心。

1988 年在《略论现代新儒家之得失》一文中，为了回应新儒家关于马克思主义与中国传统文化不相容的观点，首次提出“接受主体”这个概念，强调马克思主义必须被中国文化所接受，才能在中国生根发展。其中实已蕴涵着“魂体相依”的思想。

1996 年在《评大陆新儒家推出的两本书》一文中，为了回应新儒家“中国文化在马克思主义派那儿是没有体的层位的，其体是马列”的观点，指出各家各派对体用范畴的涵义有不同的理解，以马克思主义为精神指导原则之“体”，并不否定民族文化的主体性，不否定中国文化作为“创造主体”和“接受主体”的地位。这里实际上讲到了，可以从两种意义上来肯定“体”的优先地位，即后来明确区分开的“主导性”与“主体性”二义，指出二者不是绝对不相容的。

2006 年在《关于文化的体用问题》一文中，通过对体用范畴两重涵义的辨析，形成了“魂、体、用”三元模式，用“魂”这个概念来指称主导性之“体”，而与主体性之“体”在概念上区别开来。

2008 年在《综合创新之路的探索与前瞻》一文中，明确说“马魂、中体、西用”论的“实质问题或核心问题”，就是“要把坚持以马克思主义为指导与挺立民族文化的主体性二者结合起来”。

2010 年 3 月在《“马魂、中体、西用”：中国文化的现实发展道路》一文中，也讲到中、西、马的关系“其核心是马克思主义与中国文化的关系问题”（第二段），又指出不能把二者套进一个固定不变的体用模式。

同年6月在《“马魂、中体、西用”论的由来、涵义及理论意义》的讲座中，为了让人家听明白，有些道理是掰碎了讲的，其中有一节讲到“马魂”与“中体”是“精神指导原则与文化载体的关系”，指出二者是“魂体相依”的关系。

同年12月在《探索中、西、马三“学”的综合创新之道》的访谈中，认为“马克思主义与中国文化之间主要是一种相需关系，而不是体用关系”。

2012年在《当代中国文化的“魂”、“体”、“用”关系》一文中，有关“魂体相依”的论述，也完全可以用来说明“马魂”与“中体”的关系。

我还多次引述和肯定张岱年先生的话：“文化综合创新的核心是马克思主义与中国文化优秀传统的综合。”

今天对“马魂、中体、西用”论的质疑者和反对者，实际上都是不认可“马学为魂”。西化派要以他们讲的“普世价值”为“魂”，新儒家坚持“华夷之辨”“儒马不相容”的立场，所以在今天，讲清楚“马魂”与“中体”相需相依、相辅相成、不可或缺的关系非常重要。

方克立

2015年12月14日

九

俊峰：

“中国传统道德”与“传统美德”不是一个概念，现有的各种概括，大都偏重于传统美德即中华优秀传统文化方面，那么讲扬弃就主要是“扬”了，而对传统道德的消极负面影响批评不够。

客观介绍中国传统道德可以考虑分别介绍儒、墨、道、法、佛教和劳动人民的主要道德规范。当然以儒家为主，其影响最大，历代家训文化宣传的也主要是儒家的道德思想。儒家道德以“三纲五常”为代表，现在一般是批“三纲”而褒“五常”，认为“三纲一个也不能要，五常一个也不能少”。按照刘泽华的“阴阳组合结构”说，二者正好是互补的。刚性的“三纲”是不可移易的主导方面，柔性的“五常”正好可以缘饰、调节、补充、软化“三纲”，各有其作用，两个方面都不能少，这对培养主奴综合人格恰到好处。当然，这样也就好讲扬精弃糟了。

儒家道德除了“仁、义、礼、智、信”五常之外，“忠”“孝”和“恕”作为仁的内容，也可以补充进去；“智、仁、勇”三达德之“勇”，“知耻近乎勇”之“耻”，表扬清官之“廉”等，都可以补充进去。墨、道、法、佛等各家的主要道德范畴，也分别做一个归纳和陈述，突出其最有特色、影响最大的道德规范。最后还关注一下中国劳动人民的道德传统，如勤劳、勇敢（敢于进行反抗剥削、压迫的斗争）、诚朴、节俭等。

对中国传统道德做客观的历史的陈述，才便于有扬有弃的评价和选择，或者说“创造性转换、创新性发展”。

张岱年先生十分关心中国新道德建设问题。1948 年他在《天人简论》中曾提出“六达德”（公忠、任恤、信诚、谦让、廉立、勇毅）和“六基德”（孝亲、慈幼、勤劳、节俭、爱护公物、知耻）之说。1992 年在《试论新时代的道德规范建设》一文中又提出公忠、仁爱（任恤）、信诚、廉耻、礼让、孝慈、勤俭、勇敢、刚直“九德”说；1993 年在《建设新道德与弘扬美德》一文中将“九德”调整为“（1）忠（区别忠君之忠，可以称之为公忠），（2）信（诚实），（3）慈（泛爱），（4）孝（爱敬父母），（5）廉（亦可称为廉耻)，(6) 礼(礼节)，(7) 勤(勤劳)，(8) 俭(节俭)，(9) 勇(勇毅)”。可以看出，这些道德规范既有对传统美德的继承，又有对传统道德的改造与更新。

各家持说不一，你在自己研究的基础上，完全可以做出自己的新概括。

方克立

2019 年 2 月 17 日

致杨翰卿二通

一

翰卿：

秀昌曾将你的大作①发给我一阅，今天上午又来电话问我的看法。我说揭出“心契认同——阐扬深化——超越升华”三境界之义是一新视角，也符合认识发展的规律。这篇文章在听取意见作些修改后可以单独发表，不一定放到秀昌组织的那组笔谈（有一定字数限制）中。在河南或四川的刊物上发表都可以。

杜运辉最近发表的一篇文章附去供参考。

方克立

2013 年 5 月 21 日

二

翰卿：

你的“三境界”一文修改定稿没有？打算在哪里发表？

---

① 指杨翰卿《方克立先生文化综合创新三境界》，后刊载于《中州学刊》2014 年第 7 期。

河北师范大学二张研究中心正在编辑《张申府张岱年研究集刊》第2辑，你这篇文章的内容适合他们的要求，能否交给该刊?《集刊》采用不影响文章在其他刊物上发表，你还可以按原计划做。

我上个月在张申府学术会议上的发言,[①] 附上一阅。

方克立
2013年7月15日

① 指《从曲高和寡到主流话语——张申府“三流合一”思想的历史命运》,《河北师范大学学报》(哲学社会科学版) 2013年第5期；收入本书第四卷。

致严正 十通

一

小严：

任继愈先生去年 90 大寿，前年我就向他请示：想以中哲史学会的名义开一个阐扬他的学术思想并祝寿的会议，老人家坚决拒绝了。与他的弟子李申商量，李说不好办，他们要给任先生过 80 大寿就挨了一顿骂。后来（去年 8 月）由社科院宗教所、国际儒联、上海师大（李申、方广锠等均已调去）在京联合召开了一个“儒学、儒教与宗教学”学术研讨会，当然会上也肯定了任先生对中国马克思主义宗教学的贡献，回顾了他提出“儒教说”所引发的争论。老一辈学者的范例很有教育意义，作为后辈学生，再欣然同意给自己“祝寿”就显得很可笑了。

我充分理解你们的真情美意，也不认为在南开召开一次中哲学术会议、借此机会师兄弟们团聚一下有什么“错误”。既然通知已经发出去了，我希望**认真开好这次学术会议，其中一定不要有祝寿的内容**，这样我就可以参加。你们编印“同学录”的计划还可以接着做，做点这方面的资料积累也很有意义。同时要在会议的学术准备上多下一些功夫，组织一批有较高质量的文章。我最高兴的也是读到你们写的高水平文章，听到你们有真知灼见的发言。包括会后的学术报道，都要有扎实的内容，显示出南开中哲学科应有的水平。

方克立
2007 年 9 月 26 日

二

小严：

收到复函，很高兴。你胸中有大局，考虑问题较全面，一定能把南开中哲这支队伍带好、建设好，很快走过低谷时期。你的学术功底很好，正处于最佳年龄段，还需在出科研成果方面抓紧一些。世俗的评价标准有很大的片面性，甚至叫人反感，但也不能完全不顾及。

方克立
2010 年 6 月 3 日

三

小严：

上次电话中谈到×××、×××近来都有调动的意向，我首先考虑到南开中哲学科建设，不仅需要补充青年博士，也需要引进一两位中年骨干（教授），一来就具备开几门课和带研究生的条件。这样的人并不好找，已在大都市、重点高校工作的人很难有来南开的意向，对在地方高校和社科院工作的人员，我们又有一定的水平要求。×××、××都出生于 60 年代，年龄合适；学术水平不成问题，对母校有深厚感情，而且不想做官，只想踏踏实实做点学问；他们的为人大家都很了解，不难相处的。

近来一大批高校取得了哲学一级学科博士学位授予权，事实上许多二级学科不具备招生条件，都在外面物色教授。比如原来只有一个“科技哲学”或“逻辑学”博士点的，拿到一级学科授予权后，都意识到需要加强中、西、马基础学科建设。××、××都是人家物色的对象，都有学校在给他们做工作、谈条件。他们在征求我的意见时，我要他们首先考虑南开中哲学科建设的需要，他们也表示很愿意为母校作贡献。

随函附上××、××的基本情况，供你们研究参考。以后你就直接与他们本人联系。

至于在南开方面怎样做工作，怎样争取得到哲学院和学校领导的理解和支持，就要请你多费心了。此事在有点眉目前不要对外人讲，以免产生意外的枝节。

方克立

2011年6月30日

四

小严：

看了你来信介绍的情况，有不少令人欣慰的好消息，也有令人忧虑的事情，开课老师不足、进人不畅就是一个大问题。这事还得大声疾呼，引起学校和哲学院领导高度重视才有希望解决。

你的《经学概论》课，教它几遍，把自编讲义不断完善，过几年争取出一本有自己特色的教材。

16日等你们来京面谈。

方克立

2012年5月8日

五

小严：

赵中国一年多来勤奋著述，成绩斐然，有三本书将陆续交付出版。他拿到了一个北京市科研资助项目，出书经费也没有问题。待他评上副教授后，你们争取把他调回南开任教。

在南开中哲目前教师较少的情况下，能否聘请在津工作的×××做兼职教授，请他开一两门课，合作得顺手后也可以请他带研究生。我们过去有请吕希晨兼职的经验，也有请伍雄武兼职的经验，能否根据现在工作需要把这个经验接续和发展一下。以×××的学术水平是完全可以胜任的。

方克立

2014 年 2 月 6 日

六

小严：

78 老人感谢你的新春祝福！还要谢谢你在来函中介绍了许多南开和哲学院的近况，特别是你的两个小孩顺利成长的信息，叫我感到很高兴。

搬到新校区后，工作、生活环境和人员情况都有较大变化，教学工作等你可以放手让青年教师去做，自己就多年来思考和积累的一些学术问题，有计划地写点东西，不求数量多，力求精深、能解决学科发展中的一些关键性问题，有自己的独见特识。你现在是做学问最好的年龄，主客观条件都很优越，抓住十年宝贵时间，把潜在的学术硬实力充分发挥出来。你有什么想法（计划、课题思路、理论上和现实中困惑的问题），都可以面谈或在电子邮件中商量，我会全力以赴支持你。

赵中国这几年干得不错，他说你有一些大的研究计划，他经常从你那里受到启发。如果你们思路比较一致，也可以进行合作研究，学术上有个好的助手或同道是很难得的。

方克立

2016 年 2 月 7 日

七

小严：

中宣部请来评审书稿的几位，都是长期从事中哲史教学和研究的专家，意见提得越具体越好。李存山、杨信礼、丁为祥、吴根友都是原书稿的作者。

我原来与此书完全无关，后来让我介入，也不可能完全改变原来的思路和格局。我比较重视教材须适合教学需要，2012 年本还是偏难偏繁，这次删减了一些章节，有些部分还是写得不太好懂。

对毛泽东部分的意见，是对具体写法有意见，还是认为根本不必写？这涉及中国近代哲学史的分期问题。2012 年本是写到 1923—1924 年的科玄论战，既不是“从孔夫子到孙中山”，也不是“从孔夫子到毛泽东”，更加显得不伦不类。现在中国近代史一般是从 1840 年鸦片战争写到 1949 年中华人民共和国成立，近代哲学史也力图与之相应。

方克立

2018 年 9 月 4 日

八

小严：

你多年主持南开中哲史的教学工作，效果很好，你连年被评为“最有魅力的教师”。我听卢兴说，南开的中哲史课程，分通史、原著选读、选修课三部分，有自己的系统和特点，教材有刘文英主编的本子。这方面的经验可以好好总结一下。

中宣部请各位来京评审书稿，意见提得越多越具体越好，对下一步修改帮助会越大。我怕你一个人待在宾馆太寂寞，告诉了赵中国，这也是一个与在京学生见面的好机会。

方克立

2018 年 9 月 5 日

九

小严：

谢谢你花了一周时间在京审读教材，并提出了许多中肯的意见。

确实是，教材很难做到十全十美。我在通读时也不可能看得那么细，字字句句都认真推敲。有大家帮助，减少一点错误就不错了，关键是不能犯原则性的错误，也要尽量少犯常识性的错误。下面根据专家评审意见，教材修订组还要开会讨论一次，分段进行修改，最后我还得通读一遍。

翻了一下刘文英主编的教材，也是写到毛泽东。南开一直在用这个本子吗？学生手里有一本教材，实际上老师讲课自由度是很大的。

方克立

2018 年 9 月 9 日

十

小严：

马工程教材要求本月内全部交稿，年内出版作为明年春季学期用书。目前还有个别章节修订稿没有交到我手里，时间已经相当紧张了，所以这次南开百年校庆活动我就不去了。6 月去南开正好赶上你出差，只能怪命运捉弄我们两次都见不了面。

6 月我也去了一次津南校区，同中哲的老师们都见了面，同你带的研究生们也见了面，包括郭明。你为南开中哲继往开来立了大功，看到现在的基本稳定局面和向好的发展趋势，我心里也踏实了。

方克立

2019 年 10 月 8 日

致吴元梁六通

一

梁兄：

去年我参加了 56 级的聚会，没有写文章；今年的活动我一定参加，也不打算写文章了。我病休一年后带着团内警告处分来到这个班，同学们接纳了我并且一起度过了大学的后两年，我已经心存感激而使以后的人生道路平坦了许多。在人大呆了十六七年，尝到的酸甜苦辣反而不知道应该写点什么。

方克立

2007 年 8 月 18 日

二

梁兄：

我请求不做这样处理。[1] 第一，这篇文稿的著作权人是张利民，

---

① 指张利民的访谈《为人治学崇平实》（原载《学问有道——学部委员访谈录》，方志出版社 2007 年版，第 4—14 页；收入本书第五卷），吴元梁先生建议摘录并作为方克立先生的聚会投稿文章。

不是我，把它改成我的文章，是对著作权人的不尊重，不合适。第二，去年我进人大50周年，也是人大哲学系系庆50周年，《光明日报》设有专栏，系里多次要我写文章，我都推辞了。今年是51周年，我同样没有写文章的心情。第三，访谈是跟着人家的提问走。张利民是南开学生，对我比较了解，所以还能引出一些话题来。有些话题不问我是不会讲的，当时也没有总结50年的自觉意识。

我也想过50年的问题。前20多年是被教育、被改造者，79年人大撤销处分，83年我才入党。这个时期需要解决自强、不沉沦、正确对待逆境的问题，有过许多思想斗争，走的方向还是正确的。后20多年身份转变为教育者、学生的“导师”，又痛感我们这代人过去浪费的时间太多，知识准备不足，随时提醒自己要努力，要谨慎、低调，在学术上和工作上都只能尽力而为。

我们这代人的优点是通过学习、实践和改造主观世界，真诚地接受了马克思主义。现在思想界这么混乱，左右分歧、对立尤其严重，都是“摸着石头过河”，这对我们是否真正掌握了马克思主义立场、观点、方法又是非常严峻的考验。所以到了古稀之年，思想上一点也不感到轻松，反而时常忧心忡忡。个人过得怎样则更不足道矣！

梁兄，你已经答应我“不写也没有关系”，这篇文章就免了吧！我的心态可能有点消极，希望以后多交流，争取得到大家的帮助。

方克立

2007年8月21日

三

梁兄：

收到来函。谢谢你超越“体用”范畴来看这个问题，认识比较全面，也能抓住要害。我对这个问题的研究，由于是“接着讲”，不能不受到“体用”范畴传统涵义的限制，因此难免顾此失彼。这也反映了用传统“体用”范畴来说明近现代文化问题确有其局限性。这种局限性在“中体西用”与“西体中用”之争中就突出地反映出来了，现在提出“马魂、中体、西用”，也只是在如何处理中、西、马三“学”（三种文化资源）的关系问题上提出一种看法，正如你所指出的，又没有照顾到“从中国特色社会主义实践出发”的问题。总之，用一个简单的口号、理论模型来说明复杂的现实问题总是有困难的。你的不同视角对我很有启发，谢谢你！

早知道吾兄主编的大著《马克思主义哲学形态的演变》已在“马克思主义学术文丛”中出版，但还没有见到书，以后有机会再学习请教。

方克立

2010 年 8 月 26 日

四

元梁兄：

谢谢你转发过来与×××的近日通信，其中的一些信息我很感兴趣，比如说：“据可靠消息，中央已经委托北大等好几个单位研究儒学与马克思主义的关系，致力于创建儒家马克思主义或马克思主义儒家。”这简直叫人难以置信！但汤一介主持的北大儒学院确实在做一个关于马克思主义与儒学关系的重点课题。关于这个问题，2008 年我发表过一点意见，旧文发去请批评指正。

可惜你没有把×××的博客文章一起转发过来，我也不知道他对天安门孔子像等事件是怎样评论的。关于这个问题，附上几篇网文供你参考。××说得对："老师出国后，国内意识形态斗争趋于激化。"

方克立
2011年2月11日

五

元梁兄：

关于主导意识与支援意识关系说，最早是2007年11月，我在天津的一次会议上提出：

> 在处理"一元主导"与"多元兼容"的关系问题上……马克思主义综合创新派是非常明确地以马克思主义为"一元主导"的，但是它并不排斥科学、民主、法治、现代化，以及自由主义和儒学中的某些思想资源，它们都可以作为"支援意识"而被兼容，或者说辩证地综合进来。（《综合创新之路的探索与前瞻》，《哲学动态》2008年第3期）

关于天安门孔子像风波，再转发几篇网文供你参考。

方克立
2011年2月13日

六

梁兄：

收到近百万字大著，[①] 真是高兴！我们这一代人，生活道路并不平坦，但是都忠于党的事业，忠于马克思主义理论，持守做人的基本

① 指《吴元梁哲学文集》，中国社会科学出版社2012年版。

原则，不为一时之荣辱毁誉所动。你的厚重的研究成果是我们这一代理论工作者的光荣，老同学都为你感到骄傲。

方克立

2012 年 6 月 9 日

致吴克峰五通

一

克峰：

程雅君著《中医哲学史》第一卷（先秦两汉时期）近日由四川巴蜀书社出版。难辞作者一再诚邀，也为了支持年轻人，支持中医哲学研究事业，我冒昧地给该书写了一个“序”。序文送上一阅，不当之处请指正。

方克立

2009 年 4 月 15 日

二

克峰：

你推荐的“中医原创思维方法论研究”课题，理论价值可能更大一些，做好了对中医哲学学科会有很大的推进。前些年王琦先生做的 973 课题，实际上已涉及这个问题，开展过一些讨论。

方克立

2017 年 8 月 24 日

三

克峰：

李约瑟说："当希腊人和印度人很早就仔细地考虑形式逻辑的时候，中国人则一直倾向于发展辩证逻辑。"

我建议你根据这个思想，写一篇大文章，题为"要重视研究中医原创思维中的辩证逻辑"（或"辩证逻辑在中医原创思维中的作用和地位"，或"中医原创思维中的辩证逻辑研究"）。也可与翟锦程、张晓芒等南开逻辑学同仁商量一下，这个题怎么做好。关于辩证逻辑中的"类""故""理"范畴，可参考冯契的《逻辑思维的辩证法》一书。

方克立
2017 年 12 月 19 日

四

克峰：

我觉得你这个课题论证的弱点，还是没有拿出一个"中医药传承发展的哲学体系"的思路、框架和纲目来。研究内容还是以历史考察为主，看不到作为"哲学体系"的"论"的逻辑展开，当然，要能体现逻辑的与历史的统一最好。

去年 12 月未发出的一封复函，附去一阅。

方克立
2018 年 3 月 21 日

五

克峰：

收到。两篇文章争取先发表出来。① 然后你们再设计一批题目，帮助上面推动一个大的研究计划，包括哲学和人文社会科学方面的研究，中西医结合的研究，中医国际化的研究等。② 目前时机很好，你们可以大有作为。

方克立

2020 年 4 月 7 日

---

① 这两篇文章节略后，以《大疫中医药》（供稿），发表于《半月谈内部版》2020 年第 5 期。

② 可参考张超中、吴克峰《发挥中医理论优势　构建全球疫情预报体系》，《中国中医药报》2020 年 9 月 3 日第 3 版。

致辛智慧五通

一

智慧同志：

谢谢你承担了整理出版先父方壮猷先生文集的任务，也谢谢陈来、刘东同志对这一工作的关心和支持。

我找到了部分先父资料的电子文本，将陆续发给你。

方克立

2017 年 1 月 15 日

二

智慧同志：

多年前编的文存目录显然不全，比如曾经给你复印件的《中国文艺的起源》（载《清华十五周年纪念增刊》，1926 年 3 月）一文，就不在其中。按发表时间先后排列，这篇文章还应该放在前面。

方克立

2017 年 1 月 15 日

三

智慧同志：

你已去山东大学报到、大体上安排好了吧？但愿一切顺利。

吾妹克明前些日子外出旅游，回家后看了你写的先父生平和学术简介，在来函中谈了一点感想，有关部分转去一阅，仅供参考。子女对父辈的看法难免有主观感情因素，你作为研究者还是要完全科学理性地对待。

方克立

2018 年 10 月 7 日

四

智慧同志：

没想到在我保存的先父资料复印件中，找到了发表于《黄埔季刊》第 4 卷第 1 期上的《中国古代商业的发展及抑商政策的实施》一文之续篇。现将其附上。

上个月在《中华读书报》上，看到了你荣获第七届士恒青年学者支持计划奖励的消息，非常高兴。

我出院后，过得非常小心，这两个月没有出现什么不好的症状。谢谢你的关心！

方克立

2019 年 1 月 10 日

五

智慧同志：

去年一月后，有一年多没有联系。知您已入职山大儒学高等研究院，也拜读过大作《梁廷灿与梁启超》，想您在新单位一切都好。

今年是先父母辞世 50 周年，我本来计划清明节带子孙去武昌扫墓。不巧赶上今年新型冠状病疫肆虐，武汉又是重灾区，看来这个计划已很难实现了。我现在比较关心的是，先父文存一书不知今年能否出版？该书出版也算是对先辈的一个纪念。

方克立

2020 年 3 月 3 日

致张三萍三通

一

三萍同志：

你先后申报成功了两个课题：一方面研究现代新儒学的马克思主义观，一方面研究中国马克思主义的儒学观，说明你已清楚地意识到马克思主义与儒学的关系是当今中国意识形态建设中最重要、最关键的问题之一。从双方互相批判、互相否定可以看出它们是产生于不同时代、代表不同阶级利益的两个本质上相异的思想体系；同时它们也有相容相通、互动互补的一面，这突出地表现在中国马克思主义对儒学中民主性精华和道德理想主义的批判吸收上，也表现在杜维明、林安梧等新儒家对马克思主义的资本批判与社会正义学说一定程度的肯定上。在儒马关系问题上，当今中国学术界众说纷纭，立场、观点差别很大，有些明显地根本对立，有的表面上也讲儒马结合，“合则两利，离则两伤”，但实质上是要用儒学消融、解构、“吃掉”马克思主义，所谓“儒化马克思主义”思潮，实质上就是要将马克思主义封建化、唯心化、中庸化。我很赞成你先从历史上认真梳理这两条线索，博士论文主要做现代新儒学的马克思主义观，争取早日做完结项，然后集中精力做中国马克思主义的儒学观这个更复杂、更有理论价值，也更具有现实意义的题目。做这两个题目都需要有鲜明的马克思主义理论立场，在这方面陶老师是最好的导师。

《思想理论教育导刊》去年发了一组关于马克思主义与儒学关系的文章，还有几篇即将发表。已发表的几篇附去供你参考。

方克立
2011 年 6 月 23 日

二

三萍同志：

来函及大作已收读。①

这篇文章立意很好，观点我赞成。党的十七届四中全会提出要自觉划清四个重大界限，第一个就是要划清马克思主义同反马克思主义（以及非马克思主义）的界限。你的文章就是在做这个工作，所以很有意义。

四个方面的分析，可以考虑将第一、二两点调换一下位置，先讲两家对儒学的本质认识不同，然后再讲研究的态度和方法不同、区分精华与糟粕的标准不同等。

我在《现代新儒学研究的自我回省》一文中讲过三句话："同情地了解，客观地评价，批判地超越。"这三句话不仅对研究现代新儒学适用，对于研究儒学和中国传统文化，应该说有普遍的方法论意义。这种研究态度和方法，明显地不同于新儒家只讲"同情与敬意"。

不要把台湾学者韦政通简单地归入新儒家阵营，因为他同时也深受到自由主义思想家殷海光的影响。

---

① 指张三萍、关心《"综合创新"与"返本开新"——儒学现代化的两条不同路径》，后刊载于《学术论坛》2013 年第 11 期。

《马克思主义研究》去年第12期刊有我的一个访谈，电子文本附上供你参考。

方克立
2011年7月7日

三

三萍同志：

把中国马克思主义的文化方针概括为“综合创新”比“批判继承”又前进了一步，蕴涵更加丰富，体现出了前瞻性。新儒家的“返本”，是眼睛向后看，倒退回去，在传统的基础（立场）上融会一点资产阶级的新知，如民主、科学之类，本质上是“中体西用”论。中国马克思主义者对待传统的态度是批判继承，有扬有弃，在先进文化的指导下清理干净地基，保存有价值的东西，汲取古今中外文化之精华，熔为一炉而锻造出适合当今中国需要的新文化。这两种文化方针当然是不同的，在哲学上表现为两种文化观、历史观的区别和对立。

文章大小标题重不重合不是大问题，根据需要来确定，能不重复当然好，但不（必）刻意求之。

方克立
2011年8月2日

致张小平等七通

一

小平：

这个题目很好，[1] 以其丰富内涵写一本理论与实践相结合的论著完全没有问题。

几点具体建议：（一）第一章阐明马克思主义文化观的基本观点后，加一章（第二章）中国共产党始终代表先进文化的前进方向，主要写从党成立到十六大之前80年对文化工作一贯重视，从新民主主义文化到社会主义文化建设，有许多内容可写，而且可以与十六大衔接起来。（二）专题中讲到“先进文化与科学发展观”“先进文化与和谐社会”“先进文化与社会主义市场经济”等内容，似乎还应专设一章讲社会主义核心价值体系与先进文化的关系，强调社会主义核心价值体系在先进文化建设中的重要地位，“根本任务”“主体工程”这些提法的份量都是很重的。（三）十七届六中全会《决定》中关于文化事业与文化产业“二分”和两手抓的思想，是我们党对文化问题认识的一个重要突破，对近十年文化体制改革实践有重要指导意义，也应该重点论述，当然这个内容也可以放在“先进文化与社会主义市

---

① 指计划研究的选题“文化领域重大理论与实践问题”。

场经济”一章中来讲。

方克立
2011 年 12 月 14 日

二

小平、存光、东超、世保：

中国社科报要组织几个整版对当代中国几种重要的社会思潮进行评论，余新华把评论大陆新儒学思潮的任务交给了我。我想请你们几位一起来做这件事情，以座谈的形式发表我们的看法。由余新华出面组织，清明节后开一次座谈会，先随便谈，然后商量怎么写，用什么表现形式，逻辑上怎么展开，在内容上如何分工。两个材料附去供参考。

方克立
2014 年 4 月 2 日

三

小平：

5 月 14 日在上海讲了一次冯契，[①] 5 月 25 日在北大张岱年纪念会上也有一个发言[②]。两篇文稿附去一阅。

---

① 指《冯契研究与冯契学派》，系方克立先生 2014 年 5 月 14 日在华东师范大学哲学系做的学术讲座，刊载于《哲学分析》2014 年第 6 期；收入本书第四卷。

② 指《青年张岱年的睿识》，系方克立先生 2014 年 5 月 25 日在“古代中国哲学的通见、睿智和精义——纪念张岱年先生诞辰 150 周年”学术研讨会上的发言，刊载于《中国社会科学院研究生院学报》2014 年第 6 期；收入本书第四卷。

20世纪中国哲学家中，我比较看重张、冯二位。二位都是真诚的马克思主义者，都精通中国哲学，都力图将二者结合起来创造中国化马克思主义哲学体系，是值得尊敬的先行者。后辈学人中不乏著作等身者，但还未见在思想高度上超过他们的。

方克立
2014年8月23日

四

小平：

你上午电话的内容，黄老师跟我讲了。我同意你的意见，争取今年开一个从“马魂中体西用”的角度深入研究和宣传当代中国马克思主义文化观的学术研讨会。

“十月革命一声炮响，给中国送来了马克思列宁主义。”

今年正好是十月革命100周年。百年中国文化发展道路离不开马克思主义的指导和引领。习近平同志说：“坚持以马克思主义为指导，是当代中国哲学社会科学区别于其他哲学社会科学的根本标志。”“不坚持以马克思主义为指导，哲学社会科学就会失去灵魂、迷失方向。”明确指出了马克思主义对于当代中国哲学社会科学和文化发展的“灵魂”地位。

我建议，这个学术研讨会就以“‘马魂中体西用’与百年中国文化发展道路”为主题，着重回顾和总结“五四”以来中国马克思主义文化观形成和发展的历程、经验和规律性，以及在今天复杂的国际、国内思想斗争形势下，坚持马克思主义文化观的重要意义。

会议怎么开，请你拿出一个具体设想或计划，包括时间、地点、会议规模、主办（协办、承办）单位、会议主题（及参考题）、拟邀请人员名单、向上报批的主管单位、经费预算等等。办会你有经验，我没有想到的你都设计进去。具体内容还可以再商量。

方克立
2017 年 1 月 3 日

五

小平：

纪念十月革命 100 周年暨**“‘马魂中体西用’与百年中国文化发展道路”**学术研讨会，建议于 2017 年 11 月 3—5 日（星期五报到，星期六、日开会）在北京召开，请邓纯东院长和荆惠民同志出席指导。

我出了 12 个题目，供与会学者写文章参考：

1. 俄国十月革命对中国近代思想史的重要转折意义
2. 如何处理中、西、马的关系是百年中国文化论争的中心问题
3. 中国现代三大思潮对立互动研究
4. 中、西、马“三流合一、综合创新”思想的源起流变研究
5. “马魂中体西用”论是对综合创新文化观的发展和深化
6. “马魂中体西用”与中国共产党的文化建设指导方针
（中共领导人和重要文献中的“马魂中体西用”思想研究）
7. “马魂中体西用”论的范式创新
（“魂、体、用”三元模式是对传统体用思维的创造性转换和创新性发展）
8. 坚持以马克思主义为指导是当代中国先进文化的根本特征
9. 马克思主义与中国文化是“魂体相依”的关系
10. “中学为体”是主体与载体的统一

11. “马魂中体西用”是当代中国哲学社会科学的主导学术范式——以××学科为例

12. 中国现当代学者走“马魂中体西用”学术道路的典型个案研究

如能在《马克思主义研究》杂志发会议消息和征文启事，非常好。

方克立
2017年1月6日

六

小平：

“中国传统文化扬弃研究”作为院级重大项目，已经过去了三年零三个月，还剩下一年零九个月时间。我最关心的是这个项目的结项成果会写成一个什么样子，能否达到院里对我们要求的高水平。非常希望该书的基本内容、总体框架，以至全书章、节、目的题目都能早些拟定出来，参与写作的人员早作分工，动员大家多下些功夫，把研究做得深入一些，有些专题可以形成系列研究成果，甚至写出专书，最后将其精华浓缩到结项成果的有关章节中来。剩下的时间我想还是要以做好承担的这个院级重大项目为主，有余力再做一些别的研究。

看了你初拟的《文化与意识形态领域前沿问题研究》提纲，觉得这是一个很大的课题，与扬弃课题有一定关系，但还不能说是扬弃课题的子课题，因为这个课题本身比扬弃课题要大得多。

文化意识形态领域最前沿的问题是文化领导权问题。去年十九大和今年两会把习近平中国特色社会主义思想写进党章和宪法，就是加强和巩固马克思主义在意识形态领域的指导思想地位。自由派的《零八宪章》，大陆新儒家的《中国必须再儒化》（以及蒋庆要恢复儒学往日的“王官学”地位，余樟法讲的“宪法地位”，康晓光的《阵地战》），以至基督教组织的牛津会讲（2013，各派共识），都是在同马克思主义争夺文化领导权，争夺主导意识形态地位。

十月革命和五四运动以来，围绕着“中国向何处去”“中国文化向何处去”问题的争论，集中表现为如何处理中、西、马的关系问题。有“全盘西化”“复兴儒学”“中体西用”“西体中用”和“马魂中体西用”等各派观点的分歧和长期较量。三大思潮对立互动的格局一百年来没有发生根本变化，不过各派内部都有左、中、右的分化，文化意识形态领域斗争的形势更加错综复杂了，这方面的前沿问题也更多样化和复杂化了。改革开放以来出现的多种社会思潮，包括新自由主义、历史虚无主义、民主社会主义、大陆新儒学、新康有为主义、基督教在中国大陆的迅速发展、共产党干部“不信马列信鬼神”等等，都是值得研究的文化意识形态领域的前沿问题。你列举的只是若干方面，还不能把文化意识形态领域前沿问题研究课题总的精神充分体现出来。

我的想法是，你作为扬弃课题最后两年的首席专家，还是要把主要精力放在课题结项成果的研究、设计和总抓上，这个担子是很重的，要拿出一个高水平的成果来不容易。文化意识形态领域前沿问题研究是你作为研究室主任常年要抓的课题，扬弃课题完成后还可以继续做。

我的想法仅供参考。你与课题组成员多商量。还要征求和听取马研院领导的意见，请他们多指导。

方克立

2018 年 3 月 31 日

七

小平：

你发来的这篇文章[①]，我认为理论立场和基本观点都没有问题，有充足的资料根据。而且是说理的，也适当肯定新儒家的文化民族主义在抗战时期有一定的积极意义。抗战时期的新儒学，将封建正统儒学与各种西方唯心主义哲学相结合，号称“新程朱”“新陆王”，总的来说是站在蒋介石国民党一边来与共产党的理论唱对台戏的，所以年轻的马克思主义者要奋起把这些“大学者”的气焰压下去。事实上新儒学的唯心主义特别是唯心史观在理论上也是不堪一击的。

方克立

2019 年 9 月 12 日

① 指《马克思主义研究》编辑请方克立先生评审的张三萍、孔维《抗战时期中国马克思主义对现代新儒学的批判与借鉴》，后刊载于《马克思主义研究》2019 年第 11 期。

致张允熠十三通

一

允熠同志：

来信收悉。复信晚了一点的原因，是因为我最近面临着一次工作调动。春节后就要开始办手续，调中国社会科学院研究生院工作。我今后仍在南开兼职，招博士生。

您如果打算今年报考，可报考南开，不过竞争可能比较激烈，已联系考生中有副高职称者即有四位。南开目前只招本校的在职博士生，校外的一般要脱产学习，但也有个别例外。首先要符合报考条件，过入学考试一关，取得入学资格后再争取某些方面的灵活和融通。

在职人员申请学位的章程早已公布，但实际上很难行得通，条件太苛刻。至今我在南开只给一位日本学者（日本茶道领袖千宗室先生）授过论文博士学位，国内学者还没有行通者。

到社科院研究生院后，我将作些探索，争取给在现岗位上身负重任的优秀青年学者有深造和取得最高学位的机会，争取试招一点在职或代培博士生。不过我人刚去，今年是不可能了。

您今年如报南开中国现当代哲学专业，中国近现代哲学史一科可主要参考冯契主编的《中国近代哲学史》上、下册，上海人民出版社

1989 年出版；马克思主义哲学史观和方法论一科需要熟悉马恩列毛关于哲学史的论述和建国后历次哲学史方法论讨论的情况。南开的外语考试一般包括专业外语（50%）、基础外语（30%）、听力（20%）三部分，“听力”单独有一及格线，为 9 分。

专此 顺颂

春节愉快

诸事顺吉

方克立

1994 年 2 月 12 日

二

允熠同志：

你的论文提纲我看了，感觉思路开阔，涉及的问题很多，很全面，但是要解决的主要问题不十分明确，特别是应怎样回答历史实践提出的问题，给中国今后的思想文化建设指出一个正确的方向，从论文提纲中还不怎么把握得住。在学术层面上，也要集中解决一个问题，真正深入下去，不宜把问题的方面铺得太宽太广。

现在的题目，是讲马克思主义和儒家哲学的关系，不是十分对应。要么讲儒学和马克思主义这两种意识形态、思想体系的关系，要么讲儒家哲学和马克思主义哲学的关系。我以为后者较受局限，前者则可包括后者的内容。事实上我们所要探讨的根本实质性问题，是要讲清楚儒学和马克思主义这两种思想体系的关系，才能回答当今人们思想上的各种疑问，有明显的现实意义。

首先要疏理一下国内国外、大陆港台、各界各派关于儒学和马克思主义关系的各种代表性观点，西方自由派的、新儒家的、金观涛的、窦宗仪的，……等等。认为二者根本对立的观点，一方面是极左，彻底否定传统文化，否定儒学，如“文革”；另一方面是极右，如新儒家，认为马克思主义和中国文化根本不相应，不共戴天（牟宗三），要用儒学取代马克思主义。也有抹煞二者区别的错误观点，如过去有人认为马克思主义的许多原理在《周易》哲学中都可以找到，什么都是“古已有之”。既有认同马克思主义的学者到中国传统中去找相似的内容，以证明马克思主义正确的；也有企图以此抬高儒学和中国文化的价值和地位的，动机各不一样。当然也有一些学者对二者的关系作了比较科学的说明，或者是方向正确的说明，对这些论点更要认真研究、总结，可以从中吸取许多合理的内容。

要讲清楚儒学和马克思主义的关系，自然应对两种思想体系的性质、特点、功能等有科学的阐释和说明，并进行“同”和“异”的比较研究。实际上就是要用马克思主义观点说明儒学的本质、时代和阶级特点、意识形态功能，其中所包含的人类普遍性文化内容，特别是它的人文主义哲学的价值，它对形成中国文化独特形态所起的重要作用等等；另一方面则要说明马克思主义的科学内容，它和儒学一样也是一个多层面（以人文社会为主）的思想体系，但二者有不同的时代和阶级内容，是两种根本不同的意识形态，同时马克思主义又是人类一切合理思想的批判继承和集大成，包括儒学的合理内容，都和它有相通处。这是从一般学理上对儒学和马克思主义的关系进行探讨、比较和说明。

儒学和马克思主义的关系这个课题之所以具有特别重要的研究价值和意义，主要是因为马克思主义在中国这样一个文化传统特别深厚的国家取得了巨大的成功，这样一个历史事实到底应该怎样去说明，去解释？除了马克思主义的社会革命学说适应了深受三座大山压迫的中国人民革命的需要之外，还要进行内在的文化学上的解释。站在各种不同立场上的人提出了各种各样的观点，新儒家说是“五四”反传统的结果，使马克思主义乘虚而入；相反的观点则认为儒学和中国传统文化中本来就有不少和马克思主义相近相通的因素，所以中国比较容易接受马克思主义；还有的认为是中国传统文化“同化”了马克思主义，“吃掉”了马克思主义，马克思主义“失真”了，如此等等。对于各种有代表性的观点，都要深入研究、分析整理一下，论文要从学理上对这个问题作出正确的回答。

马克思主义为什么能在中国取得胜利，这是一个巨大的课题，这一课题即内在地包涵了儒学和马克思主义的关系问题。马克思主义是怎样在中国取得胜利的，则可以通过中国现代思想史的研究来回答，主要应总结中国共产党人对待儒学和中国传统文化的认识和态度上的正、反两个方面的经验和教训。论文提纲的第三、五两部分内容有些重复，要围绕中心主题，不要一般地摆思想史上的问题和资料。

具体讲两种思想体系的相通或结合点，可以对若干最有代表性的观念、范畴、原理进行比较研究（如提纲第四部分内容），相似相近是“同”，特别要讲清楚同中之“异”，不要抹煞区别和界线。

儒学和马克思主义的关系问题，在中国社会主义现代化建设新时期又有了新的重要的现实意义，特别是苏东巨变后，马克思主义在中国的前途如何？它能指导中国革命取得胜利，在新时期能否指导中国的现代化建设继续取得胜利？在和平建设时期它怎样发挥普通真理的作用，和中国的国情（包括传统文化）具体地相结合？当今关于儒学和马克思主义关系问题的各派观点，包括新儒家“复兴儒学”的观点，都可以进行评述。把新儒家单独作为一个问题（提纲第七部分）一般地加以讨论就没有必要了。

问题最后要有明确的结论，是正面的对这个问题的马克思主义的回答，也可以放在回答今天应该怎样正确处理儒学和马克思主义的关系这一部分。

我考虑的这些问题，仅供参考。

《高校理论战线》今年第 2 期发表了我去年 5 月的一个讲话稿，谈 90 年代的文化保守主义思潮。最近我还想针对大陆新儒家的观点写两篇文章。你整理的访谈记录，我打算包括进这些新的内容，补充修改后内容充实一些，新意也多一些。迟迟不能交卷，叫你无法对人交待，甚觉抱歉。不过迟早是要完成交出去的，这点你可放心。

请转告存光、新昌、寒松，你们在这学期末要完成论文的开题报告，各位要抓紧做这一工作。我要到五月才回国，开题报告安排在六月中下旬。各位关于论文的想法可分别给我写信，我的通讯处是：

610－11

日本国京都市西京区御陵大枝山町3丁目2番地

国际日本文化研究中心

顺颂

春祺

方克立

1996年3月28日

三

允熠：

手头一则资料，复印件寄上供参考。

论文进展情况如何？知难而进，我相信是能够写出好文章来的。

安徽社科院几次来信想联合办学，但行动迟缓，可能认识不尽一致，故比较犹疑。我院培训中心现在已经负担过重，故也不十分热心。至少已有十多个省社科院和他们挂上了钩，安徽已有别的单位居先合作办班，最近安徽大学也找上门来。我们认为还是要同真正热心研究生教育事业、肯花力量做好管理工作的单位合作，成效才会好一些。

我院刘吉副院长在安徽社科院有一次讲话，不知有无录音记录稿，如有请帮我找一份，以便学习参考。

顺问
全家好

方克立
1996 年 8 月 28 日

四

允熠同志：

来信收到。

去年九月，李岚清副总理找了几位同志去谈了一下政治课教学改革问题，他布署编一本书，书名为《中国哲学与辩证唯物主义》。教委正在组织人做这件事，出来了一个初拟的编写提纲。有的刊物如《教学与研究》（人大）1996 年第 6 期已发表一组文章配合造舆论。这些资料可能对你修改论文有一定帮助，寄上供参考。

顺祝
新年好

方克立
97 年 1 月 8 日

五

允熠同志：

告诉你一个好消息：昨天下午四时，李岚清同志接见《中国哲学与辩证唯物主义》一书部分作者（赵光武、周桂钿、杨耕和我，教育部副部长周远清、社科司司长奚广庆在座），提到他最近读到一篇文章，有大量材料论证中国哲学对马克思主义哲学产生的深刻影响，接着让秘书找来这篇文章的复印件。这篇文章就是你写的《试论马克思主义哲学的中国学脉继承》一文。

事情是这样的，国家教委专职委员兼国家语委党组书记朱新均同志从《新华文摘》上读到了你的文章，他将复印件附一短信推荐给了李岚清副总理。岚清同志批示要搞一个2000字的摘要，送给政治局各位一阅。昨天他讲的就是这件事。

学报发表的原文我已给朱新均同志和教委社科司。

此事你知道就行了，不宜向外声张、扩散。

收到书评稿，做了个别文字改动。如已发排，至少第99页的两个错字（“掀”错成“抛”，“犄”错成“猗”）得改一下。

顺颂

教祺！

方克立

1998年6月10日

六

允熠：

朱新均同志寄来了你的文章摘要，并附有他给李岚清同志的推荐函及岚清同志的批示文字，一并寄给你。

朱新均同志是教育部党组成员、国家语委党组书记。

顺颂

暑祺

方克立

1998年7月30日

七

允熠：

收到寄来汪石满同志的文章[①]，写得很好，很有水平。这不是一篇一般的书评，而是一篇研究中国马克思主义的很有份量的文章。

在《江淮论坛》上持续地开展关于“中国文化与马克思主义”的研究和讨论的创意也很好，安徽理论界可以在这方面带个头。正如张岱年先生所说的，这是“21 世纪中国哲学的一个主要任务”。

可约请写文章的学者，除你提到的外，中青年学者中还可考虑中国社会科学杂志社李存山、华东师大哲学系陈卫平、中央党校哲学部乔清举、社科院哲学所张利民、山东大学哲学系何中华、武汉大学哲学系李维武、何萍夫妇。

专此　顺颂

春祺

方克立

1999 年 3 月 6 日

八

允熠：

天津师大的刘仲林教授是南开哲学系毕业的硕士生，从事科技哲学、中国文化问题的跨学科研究，学术成果丰硕。他表示愿意到科技

---

① 指汪石满《新领域、新视角、新视点——读张允熠博士的〈中国文化与马克思主义〉》，《江淮论坛》1999 年第 1 期。汪石满：时任安徽省委宣传部部长兼安徽省社会科学院院长。

大工作，我认为是一件好事，在学科建设上确是一个人才。[1]

现将他的材料寄去一阅。

我上月底到浙江大学参加一个人文学科建设高级专家咨询会，差不多把文、史、哲学科的国务院学位委员会评议组成员都请去了，金庸、张浚先主其事。看来人家在这方面决心很大，下的力气也大。

科大方面还不见动静。我在南开大学 80 周年校庆大会上与朱清时校长见过一面，以后同余翔林同志也通过一次电话。[2] 清华、北大等校动作都很大，现在形势逼人啊！

专此 顺颂

教祺

方克立

1999. 9. 11

九

允熠：

我正在考虑你的书序问题。[3]

1998 年你发表在研究生院学报上的文章，[4] 被《新华文摘》转载

---

① 1999 年，中国科学院决定成立中国科技大学人文与社会科学学院，特聘方克立先生担任院长。张允熠时任中科大哲学社会科学部主任（后为人文与社会科学学院首任执行院长），方先生此信特向张允熠教授推荐刘仲林教授。刘仲林教授被引进中科大后，被学院安排牵头设立了科技哲学博士点，这是中科大第一个人文学科的博士点。

② 朱清时：中国科学院院士，时任中科大校长；余翔林：原中科大党委书记，时任中国科学院教育人事局局长。二人于 1999 年夏季专程到方先生家请他出任中科大人文学院院长，张允熠主其事。

③ 指为张允熠《中国文化与马克思主义》再版时写的序，人民出版社 2015 年版；收入本书第六卷。

④ 指张允熠《试论马克思主义哲学的中国学脉继承》，《中国社会科学院研究生院学报》1998 年第 1 期。

后，引起中央领导的重视，政治局常委批示要求摘要二千字，印发给各位政治局委员一阅。你把详细情况再跟我讲一下，我有这个印象，但已经记忆不清楚了，真得承认自己是老糊涂了。

方克立
2015 年 5 月 17 日

十

允熠：

第二个要点[①]中说：“关于马克思主义来源的问题，国内外不少马克思主义研究者都表达过看法”，是些什么看法，你能否提供一点具体材料，或有关线索？我平时对此问题关注不够，你看到的东西可能会多一些。

方克立
2015 年 5 月 23 日

十一

允熠：

谢青松寄给你的《马魂中体西用》一书收到了吧！其中的《“马魂、中体、西用”的由来、涵义及理论意义》一文，是 2010 年 6 月 29 日在上海师大哲学院做的学术讲座，由于想让大家听明白，有些

① 指为张允熠《中国文化与马克思主义》再版作序时针对张允熠书中的观点，特向他询问这方面的具体资料。

道理是掰开来讲的，所以文字较长，有两万字。你曾代表贵校学报找我要文章，我提到过这个讲稿，你说文章太长，要压缩。我以存真为目的，不想改动，故作罢。书出来后，有人认为这是对“马魂、中体、西用”论的道理讲得最清楚、最透彻的一篇，也许是讲课比较自由，不受时间、文字限制的缘故吧！那次讲座是崔宜明主持的，我也给他寄了一本书，你替我向他表示感谢。

林存光2013年写的一篇文章，有4万字，去年才在《海岱学刊》上发出来。[①] 附去一阅。

方克立

2016 年 1 月 22 日

十二

允熠：

祝贺你中标国家社科基金重大课题“马克思主义与中国文化关系的资料整理与研究”。从博士论文起，你就瞄准这个尖端课题，下了20多年功夫，这次中标可谓功到自然成。盼能在你身体很好、学术达到巅峰之时，就这一课题推出一集大成之成果来。

你把课题论证的申报书附来一阅。

方克立

2019 年 11 月 28 日

---

① 指林存光《一个中国马克思主义者的儒学观与文化主张——方克立先生学术思想述评》，《海岱学刊》2015 年第 2 期。

十三

允熠：

我理解你的心情，有强烈的使命感、责任感，但要组织一个团队顺利地完成课题任务，难度也很大。

我一直重视这个问题，20 多年前跟你说是“尖端课题”。与之密切相关的马克思主义与儒学关系问题，我在《中国文化的综合创新之路》一书“自序”中称其为“当代儒学研究的‘第一课题’”。2011 年山东大学由许嘉璐牵头拿到了这个国家社科基金重大项目，2010 年北大儒学院也将其列为首要课题。

“马魂中体西用”论把马克思主义与中国文化看成是相需关系、魂体相依关系；我还直言马克思主义与儒学在今天是主导意识与（古为今用的）支援意识的关系。说这些话针对性都很强，但只是大的论断，具体分析起来可不那么简单。寄望于你就中标课题把该说的话说透。

方克立

2019 年 12 月 3 日

致张世保等十一通

一

世保：

《大陆新儒学评论》第二辑已收到。这一辑编得不错，内容比较充实，也显示出比第一辑有较大的学术进展。缺点是字体小了一点，如同上一辑用 5 号字就好了。

你 1 月 4 日来函说想从第三辑开始搞一个“学术委员会”或“编辑部”，我看不必。汇集了一定数量和质量的文章，就出一辑，这样灵活一些。出版社能相对稳定下来当然很好。

方克立

2009 年 4 月 13 日

二

世保：

崇儒反马的大陆新儒学思潮，是当代中国经济、政治发展和复杂的意识形态格局的必然产物。经济结构、利益格局、阶级阶层关系的多元化，加上国门开放后境外各种思潮纷至沓来，在我国思想文化领域里必然会出现多种思潮蜂起争鸣和错综复杂的交流与交锋局面。

我们过去讲20世纪三大思潮对立互动，主要是指五四以来自由主义西化派、文化保守主义和马克思主义“三分”的思想格局。这种基本格局不仅延续到了20世纪末，而且至少要延续到本世纪中叶甚至更长时期，在中国建成社会主义之前，这种“三分”的格局可能都不会改变。我国今天复杂的意识形态格局，我认为还是可以用自由主义、保守主义、马克思主义三大思潮的框架去说明。

今天中国的自由主义思潮，可分为左、中、右翼。右翼是备受关注的新自由主义、民主社会主义和历史虚无主义，近年来报刊上有许多文章进行分析批判。分别来说：（一）政治自由主义与经济上的新自由主义思潮相结合，可以“零八宪章”为代表，它提出了用资产阶级民主宪政来取代共产党“一党专政”，以及经济上全面私有化的纲领。（二）民主社会主义思潮，也影响到了党内，即所谓“党内民主派”。（三）历史虚无主义思潮，主要是贬低、抹黑、否定中国近现代人民革命，主张“告别革命”。自由主义的中翼是指一些学者，他们的思想体系是自由主义的，主要是从西方贩来的，但并不公开反对马克思主义和社会主义，虽不认同，但不去碰它，避而不谈。自由主义的左翼在肯定自由的价值的同时，还反对社会不公，同情下层人民，在经济上赞成社会主义的原则。有的人把中国的新左派称为“自由左派”。但被称为“新左派”的人，情况比较复杂，有的实际上是主张吸收自由主义中的合理因素的马克思主义者。

今天中国的保守主义思潮，也可以分为左、中、右三翼。右翼就是大陆新儒家，公开主张要用儒学来取代马克思主义，“儒化共产党”，“儒化中国”。这一派不仅是文化保守主义，而且已经发展到政治保守主义了。中翼是一批主张“复兴儒学”和“中体西用”、具有明显的文化保守主义倾向的学者，他们不讲马克思主义和社会主义核心价值体系，但也不公开反对马克思主义；并以超意识形态的姿态，对港台、海外新儒学评价很高，认同他们的一些基本观点，也不赞成批评大陆新儒家（认为批评大陆新儒家是“意识形态之争”）。左翼在肯定儒学和传统文化价值的基础上，不但不反马克思主义，而且能在一定程度上接纳马克思主义和社会主义，提出了“儒家社会主义”，“马克思主义与儒学二元并存”，“马克思主义儒学化和儒学马克思主义化是同一个过程”等主张。

马克思主义是当代中国的主流意识形态，实际上也有左、中、右三翼。左翼坚持毛泽东的无产阶级革命路线，认为 30 年改革走上了削弱社会主义公有制、发展资本主义的错误方向。中翼即持中的观点是体现在党中央推行的路线、方针、政策中的当代中国马克思主义，以及与党中央保持一致的学术理论界、文化艺术界、新闻出版界的主流观点。打着马克思主义旗号的右翼，其典型表现就是“打左灯，往右走”。那些积极推行“国退民进”、搞垮社会主义公有制经济的官员，挂着共产党员招牌侵吞人民财产搞剥削的新生资本家，以及共产党内的贪污腐败分子，都是人民痛恶的“蛀虫”，即党内右派。吉林通钢事件就是此类现实矛盾激化的一个典型事例。

以上是对当代中国意识形态格局的粗线条描述。除了自由主义、保守主义、马克思主义三大思潮外，还有一些别的思潮没有都概括进去。比如民族主义思潮，它通常是与文化保守主义联系在一起的，但在反对中国资本主义化的新老左派中也有突出表现，《中国可以说不》一类著作出现就是明证。各种思潮之间有着错综复杂的相互关系，比如自由主义和保守主义中的左翼有可能成为马克思主义的同盟军，但也有一些人与自由主义的右翼是相通的。另外，在中国也有人十分欣赏丹尼尔·贝尔的话，宣称自己“在政治上是自由主义者，在经济上是社会主义者，在文化上是保守主义者”，而其真实的思想倾向与作用如何，还要看他们的具体言行。

在上述意识形态格局中，大陆新儒学有着非常确定的位置，在这个棋盘中是并非偶然存在的一个棋子。它是保守主义的右翼，与自由主义的右翼一起从两个方向对主流意识形态公开叫板，发起挑战和进攻，企图取而代之自己来当“王官学”，从而根本改变中国的现实发展道路。中国的马克思主义者从“守土有责”的责任意识出发，起而回应并揭露右翼势力的政治意识形态企图，捍卫中国特色社会主义发展道路，不但是完全正当的，而且有着历史的必然性，不是这些学者就会有另外一些学者出来完成这个历史赋予的任务。

对大陆新儒学这种错误思潮进行批评，到底是扩大了它的影响，还是削弱、缩小了它的影响呢？这要看基本的历史事实。

想当年“南蒋北陈”在贵阳搞儒学会讲时媒体是如何热烈地追捧，他们也打出了“中国文化保守主义峰会”的旗号，乐观地宣称文化保守主义已从“边缘”走到中国思想文化舞台的“中心”；《原道》召开创刊十周年纪念座谈会时，有多少学者出席或发表贺辞热情捧场；高等教育出版社出版蒋庆编的《中华文化经典基础教育诵本》（12 册）时，又有多少知名专家签名表示支持。在这种势头下，青年人更加难以看清事情的本质，出现盲目跟风的现象是不可避免的。人们把 2004 年叫做“文化保守主义年”，就概括地说明了当时中国思想文化战线的形势和特点。

文化保守主义大约风行了一年多以后，一些头脑清醒的学者开始冷静思考：这到底是一种什么政治文化现象？用马克思主义观点分析，它代表的是一种什么思潮？在今天中国思想界起的是什么作用？其实，大陆新儒家的崇儒反马立场是表现得十分露骨的，只要用摆事实、讲道理的方法把他们的典型言论揭诸于众，有起码的思想觉悟和分辨能力的学者都不会跟着他们走下去，即使是文化保守主义倾向十分浓厚的学者，也不会乐意在政治上与他们完全捆在一起。这些年来，正是由于有一批坚持马克思主义理论立场的学者对大陆新儒学进行了有理有据的分析和批评，帮助学术界和广大青年认清了它“复古更化”、崇儒反马的思想本质，以及它在当代中国意识形态格局中所处的地位，所扮演的角色，才大大削弱和缩小了它的影响，再也不可能有当年那样的风光和发展势头，在他们掌控的那几个网站上再怎么造势也不会有多大号召力了。

这是基本的历史事实，怎么视而不见，反而颠倒黑白地说批评大陆新儒学是扩大了其影响呢？按照这种逻辑，对新自由主义和民主社会主义思潮也不能批判，一批判就扩大了它们的影响；马克思批判蒲鲁东、恩格斯批判杜林都是做了蠢事，批判不但抬举了他们而且扩大了其影响。如果没有《反杜林论》，现在谁会知道杜林这个理论庸人，能指责恩格斯扩大了其影响吗？看不到恩格斯在这部伟大著作中阐明了马克思主义哲学、经济学和科学社会主义的一系列基本原理，批驳了杜林搞乱人们思想的诸多荒谬观点，澄清了理论是非，提高了德国工人阶级的觉悟，而去指责恩格斯提高了杜林的知名度、扩大了其影响，这不是颠倒黑白又是什么？

我粗略地翻阅了一下你的结项成果，觉得有些部分（如与自由主义的关系、儒教观等）的研究有所深入。一般来说，这个课题研究应包括以下内容：

一，大陆新儒学源起流变的历史考察。

把大陆新儒家称为“第四代现代新儒家”，它就应具有现代新儒家的共性，要从对现代新儒学、现代新儒家的界定讲起，考察这一思潮的发展历程，重点是考察第三代（港台海外新儒学）如何发展、转进到第四代。上个世纪 80 年代中期大陆学界开始对现代新儒学进行研究，早期大陆新儒家代表人物大约同时接触到港台海外新儒家的著作，耽读浸润久之由欣赏而认同而崇奉并成为其自觉的追随者，逐渐形成具有大陆特色的现代新儒学思想，早在 1989 年蒋庆就拿出了崇儒反马的系统纲领。90 年代出现了形形色色的“大陆新儒家”，到 2004 年以“南蒋北陈”为核心整合为大陆新儒家学派。要具体考察蒋庆在 1989—2004 年、陈明在 1994—2004 年，以及康晓光和盛洪此前的思想发展演变过程，看他们结合在一起的思想基础（共性）是什么，反映了本世纪初中国经济、政治和思想文化发展的什么特点。

二，大陆新儒学的政治、经济、文化、教育、哲学（唯心史观）、宗教、社会学说。

前者是史（纵）的描述，这里是论（横）的展开。你在第一章第二节中讲到了大陆新儒家的基本立场。要是先展开讲清楚大陆新儒家（学）有些什么基本学说和理论主张，然后再概括其“基本立场”或“基本特点”，似乎在逻辑上更顺一些。

三，大陆新儒学与港台新儒学、自由主义、马克思主义的关系。

与港台新儒学的联系和区别、承接和超越：①从“心性儒学”到“政治儒学”；②从“复兴儒学”到“重建儒教”（包括大陆新儒家的儒教观与港台新儒家关于“超越内在”的儒学宗教性思想的联系和区别）；③从“儒家资本主义”到“儒家社会主义”。蒋庆对牟宗三有所批评，港台新儒家中的牟门弟子对蒋庆也有反批评。与马克思主义的关系，既要讲大陆新儒家怎样反马克思主义，也要讲马克思主义派学者对他们的揭露和有理有据的批评。

四，总结和评价，包括前景展望。

以上只是做这个课题的一般思路，并无定式，给你提供一个参照。

以上想法，仅供参考。

方克立

2009 年 12 月 7 日

三

世保：

李明辉文章又提出一个“大陆新儒家”概念。我们当初把“大陆新儒学”“大陆新儒家”严格限定在**崇儒反马**的意义上，他讲的这几位都属于我前信所说的文化保守主义的**中翼**，李再要给他们冠名就只能是“某种意义”上的了。

方克立
2010 年 1 月 6 日

四

世保：

收到浙江省杭州市电力局一位普通机关工作人员寄来的文章，转你一阅。从这篇文章可以看出，你编的《大陆新儒学评论》（他可能只看到第一辑）影响还是很大的。通过我们的工作，对大陆新儒学的错误实质和危害性有所认识的人越来越多了，也屡见报刊上发表的有关批评文章。在条件足够成熟时，你可以考虑把这个辑刊连续出下去。

方克立
2010 年 11 月 4 日

五

世保：

大陆新儒学进入新阶段的标志：“儒家中国”网站开通，《儒生》文集、文丛出版。特点：①更加有组织、有计划，通过争夺一个一个文化阵地来争夺“文化领导权”的目标更加明确。②与自由主义合流，鼓吹“儒家宪政主义”。

方克立
2014 年 2 月 12 日

六

世保、存光、小平、东超：

各位写的发言稿，[①] 初步整理成一个座谈会纪要，要求容纳在一个版面6000字内（现在已超过500字）。文字都有较大压缩，内容也有一些调整。东超那段没有把13学者点出来，避免有不同看法。请你们重点就自己发言内容进行文字校订，引据资料力求准确；对全文也提出修改意见。余新华看过初稿，总的评价不错。

可直接在电子文本上修改，改动处最好用红色标示出来。一周内返回给我。

方克立

2014年6月25日

七

世保：

大陆新儒家的势力越来越大，其崇儒反马、复古更化、儒化中国的目的也愈益明确。这些年评论大陆新儒学的文章也有一些，但站在马克思主义理论立场上写的有战斗力的批评文章不多；有些文章是站在自由主义立场写的，也有港台新儒家的评论和大陆崇儒不反马派学者的评论。

现在看来，你编的两辑《大陆新儒学评论》，在当今中国的意识

---

① 指应《中国社会科学报》邀请，方克立先生组织安排四位学生撰写的《大陆新儒学思潮平议》，后刊载于《中国社会科学报》2014年7月30日；收入本书第三卷。相关内容还可参考《致张小平》第二封信。

形态斗争中，至今还是坚持马克思主义理论立场“守土有责”的最有价值的历史性文献。为了扩大它的影响，我建议你接着编辑出版第三辑。第一辑出版于2007年3月，第二辑出版于2009年3月。明年3月，也就是辑刊创刊十周年之际，争取把第三辑推出来。

第三辑隔了七八年，情况有较大变化。就评论对象来说，要以大陆新儒家领袖人物为主，他们都是典型的崇儒反马派。就收入文章的性质来说，要以马克思主义派学者写的评论文章为主，自由派和儒家中左派写的有水平、有力度的评论文章，也可少量酌情收入。

方克立

2016年8月14日

八

世保、青松：

陈先达老师昨天发表在《光明日报》上的文章[①]，转去一阅。他对今天中国思想斗争的形势讲得很清楚：所谓中国道路之争，主要就是“三化”之争，即“西化”派、“儒化”派与“马克思主义中国化”派之间的争论。“西化”派和“儒化”派都是“改旗易帜”派。

过去七八年关于大陆新儒学评论的文章，要尽量搜集得全一点，以便从中择优。我又补充了两篇发表在《马克思主义研究》上的文章。

方克立

2016年9月8日

---

① 指陈先达《历史唯物主义与中国道路》，《光明日报》2016年9月7日。

九

世保、青松：

陈先达的《历史唯物主义与中国道路》、梅荣政的《对当前几种错误观点的评析》二文，虽然不是专批大陆新儒学的，但反映中国理论界已对这种错误思潮的危害性有所关注，有高度警惕。我建议都收入第三辑。

方克立
2016 年 9 月 10 日

十

世保、青松：

除了补充张颐、林存光批秋风的文章外，我在第三组又补充了一篇梅荣政的文章。陈先达批大陆新儒学，只是指出“儒化”与“西化”一样，都是同“马克思主义中国化”唱对台戏的，都行不通。梅荣政把“以儒代马”“以儒化马”当作今日的一种反马思潮，在这篇文章中进行了重点批判。

请你们两位最后定稿。

方克立
2017 年 9 月 15 日

十一

世保：

《大陆新儒学评论》第三辑书稿已交给出版社，这件事情就算基本上落实了。我们还要继续关注这个研究对象，不过它已有一些新变化：一是主张“回到康有为”的第二梯队已经登场，二是有人力图搅混“大陆新儒学（家）”这个概念。我们还是坚持原来的宗旨，从“守土有责”的角度，主要批评崇儒反马的大陆新儒学（家）。

《中国必须再儒化》是这一派的标志性代表作。所以这本书还要认真研究一下。

方克立

2017 年 10 月 10 日

致张利民十二通

一

小张：

收到第六届理事名单。我将历届理事名单（缺第一届）汇集在一起，可以看到近 30 年来变化情况。对各地各单位新一届理事人数，我有一初步设想，仅供你参考。哲学所名下列了 4 人，是考虑到整个社科院减少太多（第二届有 10 人）。

第一届理事名单衷尔钜那里可能会有，可设法要来补上。

方克立

2008 年 5 月 7 日

二

小张：

考虑到周勤勤对做学会工作还有积极性，也可以请他继续当副秘书长，请陈来在北大再物色一位副秘书长。这样社科院可增加到 6 人。

方立天没有收到 11 月广州会议的通知，请告知中大补发。

除第六届理事外，还可邀请下列学者出席会议：

刘笑敢　香港中文大学哲学系教授

郑宗义　同上

朱汉明　湖南大学岳麓书院院长（该校已有中国哲学博士点）

陈代湘　湘潭大学哲学与历史文化学院副院长

樊志辉　黑龙江大学哲学与公共管理学院院长

李广良　云南师范大学哲学系主任（云南上届没有理事）

最好上届没有理事的广西、贵州、青海、新疆再各物色一位。

方克立

2008 年 5 月 11 日

三

小张：

收到你整理的新一届理事名单，有几个问题还不太清楚，似需略作调整。分述如下：

一、记得曾给社科杂志社一个名额，提名是魏长宝。

二、天津历来有三个名额，刘文英去世后应增补一个，与李翔海等商量后拟补陈寒鸣。

三、徐仪明已调到湖南师大，可以算是湖南省的理事。

四、云南上届无理事，这届可增补李广良，他是云南师大经法学院院长、哲学系系主任。

五、广西、贵州、青海、新疆上届无理事，这届最好各增补一名。

方克立

2008 年 10 月 4 日

四

小张：

昨天在中央党校召开的马克思主义与儒学研讨会上见到陈卫平，他也讲到郭齐勇、陈来提出的问题。我没有什么意见，主要是需要有个原则，不然个别人提出谁都是很难拒绝的。

贵州有人推荐省社科院哲学所所长王路平当理事，他写过《贵州佛教史》《大乘佛学与终极关怀》以及研究王阳明哲学的著作。

方克立

2008 年 10 月 20 日

五

小张：

得知新一届班子的工作会议开得不错，很高兴。只要领导班子团结，会风正，学会是能做许多实事的。

将去年我在广州换届会议上的工作小结发给你，作为学会工作的一个历史文件保存下来。这个发言稿是根据你提供的资料写成的。

方克立

2009 年 2 月 23 日

六

小张：

程雅君著《中医哲学史》第一卷（先秦两汉时期）近日由四川

巴蜀书社出版。难辞作者一再诚邀，也为了支持年轻人，支持中医哲学研究事业，我冒昧地给该书写了一个“序”。序文送上一阅，不当之处请指正。

方克立
2009 年 4 月 16 日

七

小张：

5 月 30 日在纪念张岱年先生百岁诞辰的会上见到了李存山等人，你好像没有去。应刘鄂培之约，我为此写了一篇纪念文章，在会上也作了简短发言。[①] 文稿附上一阅，不当之处请指正。

方克立
2009 年 6 月 5 日

八

小张：

我曾多次建议，把你写的杂文短论，编辑出版一本书，或按写作时间排序，或按文章内容分类，以体现你选择的研究路径的独特意义和价值，具有引导学术环境优化和向上的力量。当然，人们通常认可的那种“学术成果”，你也不是不能做，完全可以两条腿走路，就自己熟悉的领域，感兴趣的课题，写出论文和专著来。

---

① 指《学习张贷年先生的“兼和”思想与品格》，后刊载于《北京日报》2009 年 6 月 15 日；收入本书第四卷。

附件中是我上午电话中提到的那篇小文章。

方克立
2013 年 4 月 26 日

九

利民：

文稿收到，[1] 非常高兴。建议每篇文章后面注明发表时间和报刊，前面写一个“自序”。我会尽力推动其出版。

方克立
2014 年 11 月 21 日

十

利民：

周绍强十年前曾经与我有联系，我还为他的大著《广义地缘政治学》出版问题找过社会科学文献出版社。当时的总编辑是原研究生院副院长邹东涛，他找了一位有经验的老编辑审读，很遗憾没有通过。天津人民出版社的盛家林（南开哲学系七七级）也很欣赏这本书稿，很愿意帮忙，但最后也没有成功。不知这本书最后出版没有？如今出版的著作是不是这一本，还是另有新作？

我的邮编是 100102，地址完全正确。

---

① 指第八封信中所提到的杂文短论的合集，后以《规矩草》为名，由知识产权出版社 2017 年出版。发表时署名为张天行。

我原来有周绍强的邮址，不知变化没有？

方克立
2017 年 7 月 16 日

十一

利民：

李连江、程雅君、李振刚的书评写得都很好，不是虚应故事，奉命捧场，而是认真读了，有真切的感受，有心灵的共鸣，成为作者难得的知音。这本书要是能为更多的当今中国知识分子读到就好了。

方克立
2018 年 4 月 19 日

十二

利民：

谢谢你们一家端午节来看望我和黄老师。昨天给了你一本《高风楚天阔》，几年前我和黄老师还到浙江上虞去过一次，回来后写了一篇散文，附件中也发去一阅。

你能找到蒙登进、张智彦二位的电子邮箱和电话号码并发给我吗？多年没联系了，现在有点事情想找他们。

方克立
2018 年 6 月 17 日

致张加才二通

一

加才：

粗略地翻阅十本书稿①，感觉选材详略得当，大家做得很认真，对基层干部乃至大学生学习中国哲学都有所帮助，希望它成为一套受广大干部和青年欢迎的经典辅导读物。

“序”中的基本道理讲得也很好，我觉得对出这套书的宗旨、主要读者对象、希望达到什么目的，编著者为读者着想而采取的编写方法，以至读者应该怎样读这套书等也要有所说明，虚实结合，才能更好地起到引导作用。你在和出版社打交道时已有明确的指导思想，因而在组稿时也落实得比较好。加进这些内容可使现实感更强一些。

方克立

2009 年 7 月 30 日

---

① 该通书信讨论编辑出版《中国古典哲学名著品评丛书》一事。方克立先生兼该丛书学术顾问。丛书包括：《大道之源：〈易经〉》《修己安人：〈论语〉》《圣王之道：〈孟子〉》《止于至善：〈大学·中庸〉》《道法自然：〈老子〉》《乘物游心：〈庄子〉》《兵家圣典：〈孙子兵法〉》《大爱无疆：〈墨子〉》《礼法之间：〈荀子〉》《倚法治世：〈韩非子〉》十部。

二

加才：

编辑出版《刘文英文集》非常有价值，是对中国现代学术史的重要贡献。我看了一下文集目录，想到有两篇可以补充进去：

五册《中国哲学史论文索引》评介，《中国哲学史》1999 年第 1 期。

在第十二届国际中国哲学大会闭幕式上的总结发言，载《中国哲学的国际盛会》，当代中国出版社 2003 年 4 月出版。

找到与刘老师有关的几张照片，随函附去。

我手里还有一些刘老师亲笔信函之原件，有机会也给你拿去。

方克立

2013 年 2 月 17 日

致张其成三通

一

其成同志：

王琦老师论“象—形—气”原创思维模式的文章，前后两稿都给我学习过。我4月份对一稿提出过一些问题，主要是两点：（一）“形”“气”“神”是本体论范畴，从主体对客体的反映即思维认知过程来说，“象”“数”“类”“故”“理”等才是同一序列的范畴。“象—形—气”的思维模式有把这两个序列的范畴混淆之嫌。（二）“象—形—气”既然是中医原创思维模式，应该得到古今医家的广泛认同，应能从中医学史上找到大量资料来证明这一点。文章在这方面也比较薄弱。

我对中医是外行，之所以对这个问题感兴趣，一方面是王老师文章的推动，一方面是由于准确把握中医思维模式，对于深入了解中国哲学思维方式极有帮助。中医是受中国传统哲学影响最深的一门具体科学，其优点和缺点都在中医理论和思维模式中得到了淋漓尽致的表现。所以我主张中国哲学研究者应该重视中医哲学，关注中医思维模式的研究。

国庆节前我就王老师文章二稿回复一函，坦言读后想法，但心中无底，不了解目前学界关于这个问题的讨论状况，王老师的看法得到认同的程度有多大，有些什么不同意见。您是国内中医哲学研究的领军人物，也是王老师课题组的首席专家之一，所以很希望您能多介绍一些情况，听到您关于这个问题的意见。

方克立
2011 年 10 月 2 日

二

其成同志：

对于中医哲学和中医思维模式，您是真正的专家，所介绍情况对我很有帮助，谢谢。

中国传统思维方式极富民族特色，它是中国哲学研究的重要内容。要了解中国哲学思维方式，我认为最有效的途径之一就是深入研究中医思维模式。中国哲学中的经验主义、神秘主义和理性主义，在中医思维模式中都有非常典型的表现。这里所谓神秘主义，不是指一般的宗教迷思和冥想，而是指一种超越主客、人我、内外之分的“天人合一”“万物一体”的境界（参见冯友兰《中国哲学中的神秘主义》一文）。中医思维不能没有悟性，那种只能意会、不可言传的东西，也可以说是“神秘主义”。宋代以后理学对中医学的渗透十分明显，所以影响中医思维模式的不仅有经验主义和神秘主义，也有理性主义。中国哲学中的理性主义有科学理性和逻辑理性（冯契先生比较注意这方面的研究），但发展得更充分的是儒家的道德理性主义，而**过分强调道德理性，对中医的“明理”（探索人的生理、病理规律）实际上也有负面影响**。从中国哲学与中医的互动关系来说，我觉得讲清楚这个问题并不容易。甚盼能读到您专论中医思维模式的文章。

方克立
2011 年 10 月 4 日

三

其成同志：

祝贺你申报的《中医药文化助推中华优秀传统文化复兴研究》课题被批准为国家社科基金重大项目。7 月 9 日，我可以去贵校参加半天会。请你把课题论证、课题初步设计、课题组成员情况等发给我，让我有基本的了解，才能有效参与会议。

方克立

2017 年 7 月 5 日

致张春林二通

一

春林：

谢谢你的节日祝福！

祝贺你论文出版。[1]

儒学与自由主义的关系是一个值得认真研究的题目。现代新儒学（包括大陆新儒学）与自由主义都是现代思潮，它们之间的关系比较复杂，既有互相排斥的方面，也有互相渗透、互相支持甚至互相结合的情况，对个案要作具体分析。现代新儒家在政治上多为自由主义者，差异往往表现在文化理念上。有些自由主义者对待传统的态度也在变化，前辈如殷海光，近人如甘阳。希望你在这方面多做一些研究。

最近看到林存光申报教育部招标课题的材料，课题组实力雄厚，你也在其中。祝你们好运，争取成功！

方克立

2008 年 9 月 11 日

---

① 指张春林博士论文《殷海光政治哲学研究》，由知识产权出版社 2008 年出版。

二

春林：

知你已在美国开始访学生活，很高兴。熟悉美国的学术环境、教育制度和教学方法，对你开阔视野、回国后改进教学工作很有好处。你注意到文化差异问题，这也是一个方面的收获，吴疆和移居美国多年的华人在这方面感受会更深，你可以多听听他们的意见。利用在美访学的机会，还要争取多出去走走，多参加一些学术活动，多交一些朋友，为今后扩大交流创造条件。

顺祝新年愉快！

方克立

2011 年元旦

致张娇五通

一

张娇同学：

得知你关于张岱年与毛泽东哲学思想比较研究的两篇文章①都已发表出来，十分高兴。下个月北大的会议，我也会去，届时与你和周老师、运辉等都能见面。

“解析的辩证唯物论”作为上个世纪三四十年代很有特色而未能充分发展的一个哲学学派，如果不是其中、西、马“三流合一”、综合创新的学术方向重新得到人们的认可，实际上早已被遗忘，最多是“昙花一现”。但在20世纪中国哲学史上给它一定地位是非常必要的，一是在旧哲学（学院派）阵营中一枝独秀（倡导新唯物论），二是没有新哲学（革命派）阵营中的教条主义、宗派主义、关门主义弊病，对中国传统哲学和西方哲学都采取开放的态度。至于它已经取得了多大成就，解放后为什么只能“存而不论”，在今天有什么现实意义，都只能根据不同的历史条件进行客观分析和评价。

① 指张娇、周德丰：《“矛盾”与“兼和”——毛泽东与张岱年唯物辩证法思想之比较研究》，《云梦学刊》2014年第3期；张娇《“实践论”与“致知论”——毛泽东与张岱年认识论思想之比较研究》，《太原师范学院学报》（社会科学版）2014年第3期。

发去一个中西马对话资料供参考。

方克立
2014 年 4 月 19 日

首先要明确界定研究对象“解析的辩证唯物论”是什么，它所呈现出来的、能够被人们认识和把握的主要表现形态是什么，主要代表人物和著作有哪些，它的时空范围，它的定性和定位，然后才讲它的基本内容、特点、思想来源，评价它的地位、影响、价值和意义，有什么局限性等。许多人对这个研究对象并不了解，或者说了解很少、很模糊。因为它在历史上只存在了很短时间，“昙花一现”，也只有很少人注意到，如果不是其中、西、马“三流合一”、综合创新的学术方向重新得到人们的认可，它早已被人们遗忘。所以，不先把这个研究对象讲清楚，人们也不了解做这个课题有什么意义。

“解析的辩证唯物论”是张申府、张岱年先生在上个世纪三四十年代提倡的一种“将唯物、理想、解析综合于一”，中、西、马“三流合一”的哲学。主词“辩证唯物论”是定性之词，说明这种哲学的性质是辩证唯物论，它是辩证唯物论哲学的一种形态，或者说一个流派。“解析的”是定语，是讲这种哲学的特点，解析是一种方法，主要讲它方法论上的特点。更全面一点讲，这种哲学的特点是中、西、马“三流合一”，“将唯物、理想、解析综合于一”。

二

张娇同学：

论文提纲收到[①]，因去昌平参加社科院的一个重要会议，回复晚

① 指张娇博士论文《张申府张岱年先生“解析的辩证唯物论”哲学研究》的提纲。

了几天，表示抱歉。

今天粗略看了一下写作思路和提纲，感到最大问题是没有把张岱年40年代创造的“天人新论”哲学体系写进去，应该说它是“解析的辩证唯物论”哲学理论体系建构的一个最初尝试，十分重要，不能不写。建议就这个内容增写一章，放在与同时代哲学比较的前面。

方克立
2014年6月12日

三

张娇同学：

你研究解析的辩证唯物论哲学，要重视张岱年的《中国哲学大纲》和“天人新论”的理论建构。拙文《青年张岱年的哲学睿识》附去供参考。

你发表在《云梦学刊》和《太原师范学院学报》上的文章，请将定稿的电子文本发给我。

方克立
2014年9月4日

四

张娇同志：

已到5月中旬，你们快要论文答辩了吧！

你3月发来的论文初稿，尚缺绪论部分。我在电话中跟周老师说，绪论非常重要，体现作者对研究对象的把握和论文所要达到的目标。你可以把最后完成的论文全文再给我发一次。

近日给张燕妮编的张申府文集《我相信中国》写了一个“序”，附去供参考。

方克立
2015 年 5 月 11 日

五

张娇同志：

祝贺你顺利通过博士论文答辩，获得哲学博士学位，即将走上教师工作岗位。

你的博士论文，在修改出版时，“引言”（绪论）部分需要加强，首先要把研究对象“解析的辩证唯物论”界定清楚，准确定性和定位，即明确它的哲学性质，以及在 20 世纪中国哲学史上应有的地位。

要特别重视孙道昇在《现代中国哲学界之解剖》（1935）中讲的一段话。他把移植于中国的新唯物论分为两派，“一派是想把解析法输入于新唯物论中去，……可称为解析法的新唯物论，此派具有批判的，分析的精神，其作品在新唯物论中，可谓最值得注意的，最有发展的。张申府、张季同、吴惠人等先生可为代表”。他对两派之评论是有明显的褒贬态度的，“具有批判的，分析的精神”，“最值得注意的，最有发展的”这些评价都寓有深意。他批评沿袭俄国、日本讲马克思学说的另一派“多趋于武断”，遗憾的是以叶青等人为代表，他写这篇文章时还没有毛泽东的“两论”。在一般情况下，两派之分以“实践派”（主要致力于克思主义基本原理与中国革命实践相结合，系主流派）与“学院派”（主要致力于从学理上引进马克思主义并与中国文化传统相结合，系非主流派）较为普遍，也较为合理。二张显然属于后者。

“解析的辩证唯物论”是张申府自己的概念（见《现代哲学的主潮》），这就是我们对这一派哲学正式命名的由来。它与孙道昇用的“解析法的新唯物论”概念是完全同义的。

方克立

2015 年 6 月 12 日

致张尊超、刘黄一通

尊超、刘黄同志：

令尊大人离开我们已经十年了，学术界于2004年（清华）、2009年、2011年（河北师大）、2014年开过多次纪念性的学术研讨会，许多老中青学者深情缅怀老人家的为人和治学风范，对其学术思想之精义与贡献的把握也日益准确和深刻。岱老思想经历的独特之处，是通过自己的学习、思考、比较研究和自主选择，在青年时代就确立了辩证唯物论是“当代最伟大的哲学”的理论信仰。从此他的学问就有了主心骨、定盘针，无论外界环境如何变化，都不会随风转，或东倒西歪。这个基本的理论信仰终生不变，“化理论为方法，化理论为德性”，真正成为他“生命的学问”。对于马克思主义，他也不是盲目信仰，而是持坚持与发展相结合的科学理性态度，对中西哲学与文化精华皆取批判吸收态度，与申府先生一起倡导中、西、马“三流合一”、综合创新文化观。这正是“五四”后近百年来中国文化发展的正确方向和道路，与党的文化建设指导方针高度一致，所以能够成为我们时代的一面文化旗帜。老人家留下来的思想遗产非常丰富，后人各取所需是可以理解的，但是不能否定或有意遮蔽其最主要的思想成果，最有现实意义和历史价值的思想成果。

刊载于会议论文集首篇的尊超同志的文章写得很好，实事求是，真实感人，从中又看到了我们熟悉的那个张先生。今天看到社科网上记者写的一篇小文章，就引据了尊超文章所提供的资料。

我那天发言时只有一个提纲，待整理出正式文稿，再发过去请你们指正。

方克立

2014 年 5 月 27 日

致迟成勇六通

一

迟老师：

我早就注意到您很重视对张岱老思想的研究，用力颇勤。出文集纪念张先生 110 周年诞辰的想法很好，我一定支持，但没有读过您的全部有关研究成果，请把编好的文集电子文本发给我，我要读过才写得出序来。

我可以寄一本《文集》[①] 给您，请将详细邮寄地址、邮编、手机号码等告诉我。

方克立

2018 年 6 月 14 日

二

迟老师：

我最近因忙于马工程教材修订本的最后定稿工作，暂时还抽不出

---

① 指《方克立文集》，上海辞书出版社 2005 年版。

时间来拜读大作电子文本和写序。您如果已联系好出版社，可以叫他们先排版，告诉我一个把“序”补进去的最后时间，我争取在要求的时间之前完成。

马工程《中国哲学史》教材出版于6年前。去年十九大后，中宣部要求按照习近平新时代中国特色社会主义思想修订33本重点教材，《中国哲学史》（上、下册）是其中的一本。秋季学期开学就要用，现在正处在最紧张阶段。但愿我的时间安排不会影响大著之出版。

您到北京办事期间，欢迎来谈谈。

方克立
2018年6月29日

三

迟老师：

马工程修订本书稿正在送审，我抽这个空档，先对您提出的几个问题做了一个简要回答，没想到也写了一万多字。[①] 书序还要另外安排时间，因为首先需要熟悉书的内容。

我觉得《张岱年道德哲学与文化哲学思想研究》这个书名太长，简化为《张岱年伦理与文化思想研究》如何？

方克立
2018年8月9日

---

① 后来修改整理成《“马魂、中体、西用”论的现实意义与时代价值——访中国社会科学院学部委员方克立教授》，发表于《东方论坛》2018年第6期。

四

成勇同志：

“老师”是对教师的通称，教师之间相互也叫“老师”，不必考虑辈分的。如果您觉得叫“同志”更亲切些，我也愿意这样称呼您。

书名叫《张岱年伦理与文化思想研究》，章的题目大部分可以不改，尤其第三、四、五章的题目不必改。要改最多改第一章题目，与其第一节题目相应，伦理道德并提。书中的文章都先后发表过，章节题目大改只会给自己带来被动。

关于中华民族精神的大著早收到了，我昨天发函时忘记表示感谢，对不起！

代我向郭广银教授问好。

方克立

2018 年 8 月 10 日

五

成勇同志：

谢谢您把我们 7 月 16 日谈话整理成文，[①] 实际上还参考了许多其他资料，付出了很大辛劳。那天谈话比较随意，并没有集中的主题和系统性，你梳理出几个问题组织成一篇文章还真不容易。但其中问题也较多，包括有些表述不准确，一些道理没讲透，以及与其他文章重复等问题。我最近没有时间来修改这篇文章，建议先放一放，或者以后有机会我们再就相关主题深入谈一谈。您出的题目“学问人生、文

① 指《学问人生 文化情怀——中国社会科学院学部委员方克立教授谈话录》。

化情怀”非常好，80 岁的人了，就这个题目还真是有许多话可以讲一讲。我有一个想法，8 月 9 日发给您的回答四个问题的《“马魂、中体、西用”论的现实意义与时代价值》一文，除了收入您的大著作为附录外，倒是可以先在杂志上发表。

方克立
2018 年 9 月 19 日

六

成勇同志：

“马魂、中体、西用”论是中国马克思主义学者提出的一种旗帜性、方向性的理论观点和文化主张。其最初的提出者并不是我，而是经济学家杨承训先生。我不过是把它与二张（申府、岱年）先生的“三流合一”“综合创新”思想结合起来，形成为一种比较完整的当代中国马克思主义文化理论。从《马魂中体西用：中国文化发展的现实道路》（人民出版社，2015）一书可以看出，它得到了许多马克思主义派文化学者的认同，根本原因就在于它科学地总结了百年中国文化发展的历史道路和经验，正确回答了中、西、马的关系这个时代的中心问题，与我们党一贯的文化建设指导方针高度一致，与习近平新时代中国特色社会主义文化思想亦完全契合。后者为这种理论的真理性和现实性提供了许多新的生动范例，也大大提高了这种理论的影响力。

就我个人来说，党的十八大后，也特别重视习近平同志的文化思想，认为它是对我们党一贯的文化建设指导方针的继承、发展和丰富，也是对“马魂、中体、西用”最有力、最深刻的诠释。教育部主办的《思想教育理论导刊》2015 年第 8 期发表了我的《“马魂、中体、西用”是习近平文化思想的宗纲》一文，《理论与现代化》2017

年第3期也发表了我的《铸马学之魂　立中学之体　明西学之用——学习习近平在哲学社会科学工作座谈会上讲话的体会》一文。在《中国社会科学报》2014年5月5日发表的题为《“马魂、中体、西用”是我们的文化旗帜》的访谈中，我讲过这样一段话：

习近平同志近年来关于文化问题的一系列讲话所传达的信息非常重要。他在强调巩固马克思主义的指导思想地位、号召全党学好历史唯物主义基本原理和方法的同时，对民族文化的主体性、根源性问题给予了特别的关注，指出中华文化积淀着中华民族最深沉的精神追求，是中华民族生生不息、发展壮大的丰厚滋养；中华优秀传统文化是中华民族的突出优势，是我们在世界文化激荡中能够站稳脚跟的根基；中国特色社会主义植根于中华文化沃土，中华民族的伟大复兴要以中华文化的发展繁荣为条件。他最近在联合国教科文组织总部的演讲，是不同文明互相尊重、互相欣赏、互相鉴取、互相包容的典范，表现了海纳百川的开放文化心态。这些论述，我认为是对“马魂、中体、西用”最好的诠释。

在《马克思主义研究》2017年第5期发表的长篇访谈《“马魂中体西用”与文化体用问题纵横谈》中，我也明确地说：

我们党对当代中国文化中的中、西、马关系的重视，在习近平同志的系列重要讲话，特别是2013年在全国宣传思想工作会议上的讲话（即“八·一九”讲话）和去年在哲学社会科学工作座谈会上的讲话（即“五·一七”讲话）中表现得更为突出。在“五·一七”讲话中，他说“坚持以马克思主义为指导，是当代中国哲学社会科学区别于其他哲学社会科学的根本标志”，“不坚持以马克思主义为指导，哲学社会科学就会失去灵魂、迷

> 失方向”，就是对“马学为魂”思想的明确表达。这个讲话还指出当代中国哲学社会科学有三大特点：一是体现继承性、民族性，二是体现原创性、时代性，三是体现系统性、专业性。我体会三大特点集中到一点，就是体现主体性。……另外，他也强调要坚持对外开放，博采众长、为我所用的方针，提倡不同文明交流互鉴，构建人类命运共同体；同时指出对国外哲学社会科学的成果，必须采取分析的态度，既不能不加分析地一概排斥，也不能不加分析地一概拿来，照搬照套。可以说，习近平同志的这些重要论述，从理论与实践的结合上为“铸马学之魂”、“立中学之体”、“明西学之用”做出了重要贡献。

由此可见，“马魂、中体、西用”论虽然是在习近平同志担任党和国家主要领导人之前（2006 年）提出来的，由于它体现了我们党的宗旨和初心，与我们党一贯的文化建设指导方针完全一致，与百年中国文化发展的正确方向和道路完全一致，所以“不忘初心、永远前进”的中国共产党人，只会沿着这条道路继续前进，不断开拓新境界和创造新辉煌。

我不知道你把访谈稿给了《理论与现代化》杂志。该杂志负责人对我的政治理论立场和文化思想是了解的。该刊不但发表过我的《铸马学之魂　立中学之体　明西学之用》（2017 年第 3 期）一文，而且发表过陈寒鸣、刘伟的《“马魂中体西用”的时代价值》（2016 年第 3 期）、何中华的《“马魂、中体、西用”：方克立先生对中国文化发展方向的展望和沉思》（2017 年第 2 期）等文章。当然，请专家外审是杂志用稿的必要程序，我们应该理解和尊重。对于外审专家的意见，可以简复如下：一方面，百年中国文发展道路和党的文化方针，为“马魂、中体、西用”论提供了历史事实根据和思想理论基础；另一方面，“马魂、中体、西用”论又为百年中国文化道路和党的文化方针提供了学理性的阐释和论证。也就是说，学术不离历史和现实政治，它又是为现实政治服务的。访谈稿既然给了该杂志，用不用就由他们去综合考虑和判断吧！我暂时还没有对访谈稿做文字修改和调整的考虑。

方克立
2018 年 11 月 4 日

致陆信礼二十四通

一

小陆：

来函已悉。

我同意你的看法，应该用历史的眼光来研究冯友兰先生的思想。他的哲学观、历史观和哲学史观，他的哲学史方法论和哲学史研究范式，都受到中西学术的多方面影响，在解放后也受到马克思主义哲学史观和方法论的深刻影响。把它完全说成是一种“西化”的理路，肯定是不恰当的。在中国哲学史学的发展历程中，冯友兰之所以为冯友兰，正在于他的思想有如此的丰富性和复杂性。

得知你的论文进展顺利，很高兴。望抓紧时间，争取本学期完成初稿，并努力提高论文质量。

方克立

2004 年 11 月 21 日

二

小陆：

来函阅悉。

刚参加工作，一定要认真完成学校交给的任务。从你个人学术发展来说，教几遍马克思主义哲学、打好这方面的基本功也很重要。

关于胡适在近代意义的中国哲学史学科建立中的地位问题。他作为一个标志性的人物，借鉴西洋人治哲学史的方法和经验，来形成中国哲学史的学科体系（正如蔡元培所说：“我们要编成系统，古人的著作没有可依傍的，不能不依傍西洋人的哲学史。”），无疑是他的一大贡献。至于他本人治中国哲学史的方法，当然也不是完全照搬西方，而是也要结合中国学术发展的实际，正是在这里表现出了他作为该学科开拓者的创造性。只要具体研究胡适的中国哲学史方法论，就可以说明刘老师[①]的看法是对的。

方克立

2005 年 8 月 24 日

三

小陆：

谢谢你对长沙会议情况的介绍。我很高兴能引起讨论。[②]

张先生写过几篇谈文化体用问题的文章，这个问题我也思考了 20 多年。现在以领会张先生思想精神的方式谈了我现在的一些看法，主要是想把传统的文化体用观与关于民族主体性的思想结合起来。日本有与“中体西用”类似的“和魂洋才”的主张，“魂”其实就是指精神指导原则，与“体”的意义是一样的。当然我对“中体”作了与

① 即刘文英先生。

② 指 2006 年 4 月下旬在长沙召开的纪念张岱年先生逝世二周年，“中西文化交汇下的中国哲学重建”学术研讨会。方克立先生应刘鄂培先生之约，给会议写了一封贺信，正式提出“马魂、中体、西用”论。详见本书第四卷所收《关于文化的体用问题》。

张之洞以及所有的人不同的解释。

方克立
2006 年 5 月 1 日

四

小陆：

杜国庠在讲“玄虚不是中国哲学的精神”时，曾明确地说：“我们认为中国哲学的精神，不是‘经虚涉旷’，而是‘实事求是’；认为我们为学做人的需要，也是‘实事求是’的精神。”优秀的（真正的）中国共产党人应该是“实事求是”的中国哲学精神的继承者和发扬光大者。你把中国哲学精神概括为“平实”二字也很好。我经常讲的一句话是：做人要平实，做学问要平实，写文章也要平实。但只是对学生讲自己的体验，并没有上升到“中国哲学精神”的高度，可谓卑之无甚高论。平实不是为人、治学、著文的刻意追求，而是自然而然、贵在自得的一种化境（“化理论为方法，化理论为德性”）。能做到这样，离中国哲学精神大概也不远了。

方克立
2008 年 6 月 10 日

五

小陆：

张岱年先生为人、治学、撰文的风格，最适合用“平实”二字来概括。

黄老师常说：德丰最像一个当老师的了。他不仅有识人之慧眼，而且有甘为人梯的精神，有得当的教育方法。南开中国哲学学科早期毕业的研究生，硕士阶段许多都是跟他读的，包括樊志辉、刘岳兵等人，都受到了为人治学方面的很好熏陶。你和杜运辉也有幸得到他的引路和栽培，希望你们能发扬光大他的学问和品格。周老师实为南开中国哲学学科的一大功臣。

方克立
2008 年 6 月 11 日

六

小陆：

我在《冯友兰与中国哲学现代化》一文中论述过冯先生多年来阐发的一个主要观点："新理学"是接着程朱理学讲的，马克思主义哲学是接着德国古典哲学讲的，"毛泽东的哲学实际上也是接着中国古典哲学讲的"（《实践论》是接着中国传统哲学知行问题讲的），见《文集》第 370、377—378 页。"接着讲"作为哲学创作的原则是不能否定的，它体现了创新与继承的统一。

方克立
2008 年 7 月 5 日

七

小陆：

我在理解"会通"之义时确实是把"学行一致"包括在内的，如上月在《创建适应时代需要的新国学》的发言中讲到："以做人为中心的传统学术的会通精神，需要在基础教育阶段（包括大学的通识教育）培养涵育，比如加强国文、国史等课程学习，加强成人之道的教育，提出学行一致的要求等。”

方克立
2008 年 8 月 1 日

八

小陆：

把知行问题研究与我的教育思想联系起来应该说是你的洞见。事实上《知行观》一书是 1982 年出版的，我给第一届研究生开始讲“学行并重，德业双修”也是 1982 年。

方克立
2008 年 8 月 3 日

九

小陆：

我认为你对马克思主义精神实质（“神”）的理解是对的。一个是人民大众的立场（无产阶级没有自己的特殊利益，它是以争取最大多数人民群众的福祉、利益为自己的奋斗目标），一个是唯物辩证的思想方法（实事求是，两点论，即观察的客观性和全面性）。学哲学的人都明白，唯物辩证法本身就是世界观和方法论的统一。不认同或者反对马克思主义的人，往往是自觉不自觉地站在个人或少数利益集团的立场上，其思想方法也不能不受到其立场和眼界的限制。认真思考过这个问题，会进一步增强你把马克思主义当作“生命的学问”的自觉性，在做学问时更加注重“神似”而不是“形似”。

方克立
2008 年 8 月 21 日

十

小陆：

冯契先生对我有知遇之恩。

在与冯先生接触的过程中，我觉得他是一个十分真诚的马克思主义学者，但决不是一个教条主义者。他强调马克思主义者必须保持独立的人格，自由的心灵，要对马克思主义做出创造性的研究成果。不论现实处境如何，他始终以“每个人的自由发展是一切人自由发展的条件”，“人道主义与社会主义统一、个性解放与大同团结统一”为追求的目标。看了你发来的冯先生的两封信，不但感到非常真实、非常亲切，而且使我再一次缅怀前贤，深受教益，所以在此还要谢谢你。

方克立

2008 年 12 月 20 日

十一

小陆：

附件中是关于中医哲学的两篇文章。本是外行，中哲史学会下面成立“中医哲学专业委员会”，我作为“会长”也不能不去表示支持。为《中医哲学史》写序也是支持这一新的研究方向，特别是作者对“马魂、中体、西用”表示认同，使我对这一模式的普遍适用性增强了信心。

方克立

2009 年 4 月 3 日

十二

小陆：

本月 23 日是张岱年先生百岁诞辰，应刘鄂培先生（张岱年研究会会长）之约，近日我写了一篇纪念文章，附件中发去一阅。[①] 联系到你正在写的中国古代辩证法思想的文章，第四个题目“‘执两用中’、‘尚和去同’的中庸与和谐思想”，请注意张先生对这个问题的看法。《中国文化概论》把“贵和尚中”看作是中国文化基本精神的主体内容之一（李宗桂执笔），《中国哲学与辩证唯物主义》也有一节专门讲“和而不同，执两用中”（郭齐勇执笔），都对“中庸”思想作了很高评价，我都要求同时写上它的局限性（前书第 393 页，后书第 103 页）。两书你可以参考。

方克立
2008 年 5 月 19 日

十三

小陆：

1983 年，侯外庐先生在《宋明理学史》一书的“序”中说：

> 我认为，要符合历史实际地将理学产生和演变的历史写出来，研究者如果以理学思想作为指导，以理学写理学，那是不能揭示历史发展的真实面貌的，而且还会歪曲这个历史过程。如果

① 指《学习张岱年先生的“兼和”思想与品格》，后刊载于《北京日报》2009 年 6 月 15 日；收入本书第四卷。

只是停留在封建社会里进步学者的水平，象黄宗羲、全祖望那样，充其量只能编纂出象《宋元学案》这样的思想史著作；这在清代是了不起的事，但在今天来看，它只是历史编纂学，还远远不是科学的思想史，不是科学的理学史。如果我们采用资产阶级史学观点和方法，写出象梁启超的《中国近三百年学术史》那样的著作，同样不能算是一部科学的理学史。我们的研究必须严格地置于马克思主义理论的指导之下。马克思主义是科学的世界观和方法论。从五四运动迄今六十多年的中国历史证明：只有以马克思主义、毛泽东思想作为指导，历史研究才能成为科学。只有以马克思主义、毛泽东思想作为指导，进行宋明理学史的研究，才能还它以本来面目，使我们了解它在中国思想史上的地位和作用。

中国儒学史要怎样写才能符合历史的本来面目，才能成为科学，侯外老在这里讲得很清楚。在当前的“儒学热”中，一些人自称儒家，“以儒学写儒学”，完全脱离开儒学产生的经济基础和社会制度根源，正如侯外老所指出的，这只能是一种“头足倒置”的观念史。

侯外庐学派是中国思想史研究中的马克思主义学派，或者说唯物史观派，在此时推出《中国儒学发展史》一书，具有导正儒学研究航向的作用。

方克立

2009 年 11 月 30 日

十四

小陆：

昨函引述的侯外老的那段话，对包括当前儒学研究和国学研究在内的整个中国思想史研究，都有重要的指导意义。侯外老指出，不但

“以理学写理学”写不出科学的理学史，而且用历史编纂学的方法写出黄宗羲的《宋元学案》那样的著作，用资产阶级史学观点和方法写出梁启超的《中国近三百年学术史》那样的著作，都不是科学的思想史。只有把我们的研究“严格地置于马克思主义理论的指导下”，即以唯物史观为指导，才能使中国思想史研究真正成为科学。

侯外老当年也很推崇王国维的近代研究方法，但是并没有停留在他那里，而是提升到了马克思主义的水平，他自己说，一个重要原因就是接受了马克思《资本论》方法的熏陶。我们今天也不能停留在以资产阶级世界观和方法论为指导来研究国学的梁启超、王国维阶段，而是要像侯外老指出的那样，把这种研究“严格地置于马克思主义理论的指导下”。

方克立
2009 年 12 月 1 日

十五

小陆：[1]

教育部主管、高等教育出版社主办的《思想理论教育导刊》杂志，为了配合回答六个“为什么”、划清几条重要的思想界限，打算在“社会思潮研究”栏内组织一组文章，专门讲马克思主义与儒学的关系问题，帮助高校政治理论课教师提高思想水平，为他们提供教学参考。可以考虑的选题有：

一、马克思主义与儒学的本质之异和异中之同。

二、怎样用马克思主义观点对儒学进行一分为二的分析评价？

---

① 此信还同时发给过刘东超、寇清杰、刘绪义等人。具体可参见《思想理论教育导刊》上的系列文章。

三、儒学中有哪些可以“与当代社会相适应，与现代文明相协调”，因而能够为中国化马克思主义批判吸收、古为今用的思想内容？

四、马克思主义与儒学“相结合”诸说评析。（“合则两利，离则两伤”说、“儒马同化”论、“儒体马用”论、“主导意识与支援意识关系”说等等）

五、马克思主义中国化不等于“马克思主义儒学（家）化”。

六、儒学价值观是社会主义核心价值体系之“源”吗？

七、评崇儒反马的大陆新儒学思潮。（可以总论，也可以分论，如评“儒马不两立”论、“华夷之辨”论、“鹊巢鸠占”说、“儒化中国”说等）

八、评“儒家社会主义”的各种论说。

九、中国前辈马克思主义者对待儒学的科学、辩证态度。（也可以做个案，如张岱年）

十、新中国主流意识形态建设中对待儒学有何经验教训？

你如果有兴趣，可以任选一个题目，在此范围内，做大做小都可以（一般5000至8000字）。题目视角不同，但每个题目相对独立，内容稍有重复也没有关系。题目如何表述由你自己确定。也请你推荐其他合适的作者。

方克立

2010年2月2日

十六

小陆：

我在史料学方面没有系统的研究成果，但是十分重视史料学的教学与研究，在史料的搜集整理方面做了一些具体工作。一是给南开中哲硕士生系统地开过两遍中国哲学史史料学课程，现在留有一份教学大纲，可以反映这门课程的一些特点；二是重视中国哲学史学科的资料建设，如编《中国哲学名著选读》教材、《中国哲学史论文索引》、《中国哲学大辞典》等；三是强调现代新儒学研究要“从搜集、整理资料的基础工作做起”（《现代新儒学与中国现代化》第28页），如编《现代新儒家学案》《现代新儒学辑要丛书》等；四是试图把现代新儒学研究扩大到对整个20世纪中国哲学和文化的研究，亦主张要从个案研究和第一手资料出发（见《20世纪中国哲学与文化研究丛书》总序），与聊城大学王其水等合编《二十世纪中国哲学》资料书（已出版《人物志》《论著述评》两部分）；五是在湘学研究中抓学术资料建设。

方克立

2011年1月22日

十七

小陆：

哲学史方法论讨论中的分歧，往往是由于哲学史观不同所造成的，所以我过去开的这门课程，定名为“马克思主义哲学史观与方法论”。张岱年先生有《中国哲学史方法论发凡》一书，他实际上也是从哲学观、哲学史观讲起，然后讲到对于哲学思想的阶级分析方法、理论分析方法、逻辑与历史一致的方法、批判继承的方法等等。至于研究中国哲学史，还有更具体的训诂、校勘等整理史料的方法，张先生书中也有两章，而石峻先生是在讲史料学时首先介绍这些历史文献学的基本知识。

方克立

2011年2月8日

十八

小陆：

你的观察是对的，《从孔夫子到孙中山》的“引言”是我写的。四个部分执笔者分工如下：先秦——韩强，汉晋隋唐——殷陆君，宋元明清——周德丰，近代——盛家林。我通改了全稿。

《中国哲学大辞典》《二十世纪中国哲学》《现代新儒家学案》几部书，你都不要买了，我都给你准备一套，什么时候来京时带回去。

方克立
2011 年 2 月 18 日

十九

小陆：

将南开大学哲学系 1990 年 6 月印的一个“中国哲学史史料学”课程教学大纲的扫描件发给你。这门课的开法，受石峻先生的影响较大。

方克立
2011 年 7 月 27 日

二十

小陆：

中国古典文献学、中国哲学史史料学、中国哲学史学史本来是三门课，中国哲学专业研究生都应该学习、掌握的。但在教学计划中不可能安排那么多课程，所以只能浓缩在史料学一门课中来讲。一般来说，这是硕士生课程，给博士生更不可能开这样的课，而事实上许多博士生连这些基础性的知识都不懂，过去没有学过。

方克立

2011 年 8 月 14 日

二一

小陆：

我在现代新儒学研究中讲“同情地了解”，主要还是讲我们与现代新儒家在热爱中华文化这一点上有共同性，因此在认知上能够找到共识，在情感上能够产生共鸣，比较容易做到同情了解、“入乎其内”。扩大到对国学、中国传统文化和整个中国历史文化的研究，也是需要而且可以做到“同情地了解”的；特别是把“同情地了解”“客观地评价”“批判地超越”三句话联系在一起，就是一个完整的思想史研究的方针。在这里，“同情地了解”是指我们对本民族的历史文化，有一种发自生命根处的依赖感、根源感和认同感，离开了它我们就觉得自己是无根的，彷徨无所归依。我在讲新国学的那篇文章中说：“中国人永远需要到它那里去寻找自己的文化根源和民族身份认同，到它那里去汲取智慧和力量。”讲的就是这个意思。

我们对古代先哲思想的研究，必须知人论世，设身处地（即陈寅恪所说的“与立说之古人，处于同一境界”），不以今人的标准去要求古人，不用现代的思想去改铸古代的思想，力图还思想史以历史的本来面目，即从当时的社会存在中去找到古人思想产生的根源。这种“坚持严格的历史性”的态度，也是“同情地了解”所需要的，非如此就不能“入乎其内”、窥其堂奥，也就谈不上下两步“客观地评价”和“批判地超越”了。

方克立
2011年8月23日

二二

小陆：

四年前，我们在电子邮件中曾讨论“知行合一”与我的教育思想之间的关系。我说把二者联系起来是你的“洞见”，事实上，对研究生提出“学行并重，德业双修”的要求正是《知行观》出版那一年（1982）。你坦言“亦为偶然所得，这一偶然领悟也恰契合先生思想创作之旨”。

从一般意义来讲，“学行并重，德业双修”是强调学识、学业与德行、品德两个方面都要重视，兼修并进，不宜偏废。但对作为“为己之学”的中国哲学来说，“学”与“行”的统一还突出地表现为“知行合一”的要求，即孔子所说的“贤贤易色，事父母能竭其力，事君能致其身，与朋友交言而有信，虽曰未学，吾必谓之学矣”。可以说，知行观的研究为“学行并重，德业双修”的教育思想提供了学理的根据。

上述思想，在后来的教育工作实践中又有所发展和深化，主要是对“行”的重要性、优先性和“学至于行之而止矣”（《荀子》）的最高权威性有了进一步的认识。这表现在两个方面：一是在学识与德行的关系问题上，提出了“三分学问，七分做人”的明显向“行”倾斜的看法；二是在“由行得知，因知进行，以行验知，知行并进”的知行关系诸环节中，格外突出了“以行验知”的重要性，强调知与不知，知行是否“合一”，都要靠“行”来检验。知与行是人类特有的两种能动性，我们的任务不只是要认识、解释世界，“而问题在于改变世界”。

你很明白，我的认识之所以发生这种变化，是与在教育实践中受到某些受教育者的“教育”分不开的。个别在学业上曾被看好的人，后来发现其品行很恶劣，做的是儒家的学问，却完全没有儒家“诚信”的品德。“平时可以放言高论‘为天地立心，为生民立命，为往圣继绝学，为万世开太平’，大讲‘内在超越’和‘天地境界’，而在实际生活中的表现却说明他还没有脱离功利境界，连做人的起码道德准则都不遵守，那么怎能叫人相信他真的是以这种学问为自己的‘安身立命之学’呢?”（《与研究生谈读书、治学和做人》）古今的伪儒、“假道学”都是以言行不一、知行脱节为特征的。正是“知行合一，以行验知”的原则，帮助我们认清了他们的真面目。

中国教育思想与哲学思想的密切联系，最重要的榫接点就是知行观。这种密切联系在陶行知先生身上体现得最为典型。他将名字从“陶知行”改为“陶行知”，将王阳明的“知是行之始，行是知之成”改为“行是知之始，知是行之成”，就说明已完成从重“知”的知行合一说向重“行”的知行合一说的转变。在中国教育史上，陶行知先生是一个了不起的人物。当然，教育思想与知行观直接相关联的例子还很多，朱熹、王阳明等皆是。

方克立
2012 年 10 月 16 日

二三

小陆：

黄老师去年冬天以来身体一直不好，与北京地区的雾霾天气很有关系。有朋友安排她到浙江上虞去休息了十天，我也陪她一起去。目前情况有所好转，但老年病不是一时能根除的，这次发病引起了我们认真考虑今后的生活方式问题。

这次在上虞参观了春晖中学，回来后应东道主之约写了一篇小文章。文章从参观夏丏尊先生的故居“平屋”讲起，一个意思是表彰他的平民人格，而更重要的主题是宣传他的“爱的教育”思想，及其对先父母的影响。你可以看得出来，“爱的教育”对我的教育思想与实践事实上也有很深的潜移默化的影响，可能是今后需要注意的一个维度。

方克立
2013 年 4 月 25 日

二四

小陆：

你对我的思想了解得比较深入，注意到了前后思想的发展变化。比如，1990 年在与杜维明、李明辉等人讨论“儒学的本质”时，将其界定为封建意识形态，即在封建社会笼罩着社会生活的方方面面、控制着中国人民精神生活的一整套思想体系；同时又指出，这个思想体系包含着复杂的思想内容，既有对以往风俗习惯和道德传统的继承，也有人们在封建时代对宇宙、社会、人生的诸多积极认识成果。也就是说，对封建意识形态也不能全盘否定。2005 年在给李宗桂、杨海文的信中，又把“作为封建意识形态的儒学”和“作为中华文化载体的儒学”作了区分，讲一分为二就主要是针对后者了。当然，两种说法总的精神都是强调对儒学要作一分为二的分析评价，要扬精弃糟。

我同意你以“主导意识与支援意识”说为中心来梳理我各个时期儒学研究的基本观点。强调对儒学要作一分为二的分析评价和全面认识，也是为了区分精华和糟粕，更好地继承其中能够“与当代社会相适应、与现代文明相协调”的那部分思想内容，充分发挥其支援意识的积极作用。而只有深刻揭露儒学为封建经济、政治、社会制度服务的意识形态功能和本质，指出它在整体上已经过时了，才能用心去把其中所包含的合理思想内容解放出来，使其在现时代获得新生。

从现代新儒学研究到“马魂、中体、西用”论，从批评崇儒反马的大陆新儒学到确定马克思主义与儒学是“主导意识”与“支援意识”的关系，我的思想确实有一些发展变化，但基本理论立场还是一贯的。

方克立

2013 年 11 月 13 日

致陈卫平七通

一

卫平同志：

谢谢你组织编发了这组文章。[1] 我本以为大家写成什么样子就是那个样子了，没想到为提高学术水准又让你费了那么大的功夫！大家对“马魂、中体、西用”说的基本肯定和多方面诠释，多能与张岱年思想联系起来，这也完全符合我提出这个问题的初衷。

评于丹《论语》心得一文写得很好，客观、公正、全面而且比较深刻，应能产生十分积极的影响。文章打算发表于何处？可不可以转发在国际儒联的网页上？如同意我叫刘东超（编辑）发出去。

方克立

2007 年 9 月 5 日

① 指李毅、寇清杰、张允熠、刘仲林、陈卫平《综合创新论与“马魂、中体、西用”——关于当代中国文化建设的探讨》，《上海师范大学学报》（哲学社会科学版）2007 年第 6 期。

二

卫平：

太湖文化论坛（永久坛址设在苏州市太湖国家旅游度假区，类似经济方面的“博鳌论坛”）首届年会将于今年 11 月 28 日—12 月 1 日召开，主题为“文明的对话与建设和谐世界”，届时将有中外各 115 名学者与会。分组会议分为经济社会、国际关系、文化艺术、哲学历史、民族宗教五个组，拟邀请与会的国内学者近期将陆续在北京召开预备会议。哲学历史组的预备会议可能于四月中旬召开，初定邀请名单请见附件。请你考虑一下围绕会议主题可以提交一篇什么论文，对论坛会议有什么建议也可以在预备会议上提出。

你下个月在上海师大还要组织别的会议，时间安排上会比较紧张。我和黄老师的时间比较灵活，希望不会给你添太大麻烦。到上海后，我可以给贵校中国哲学专业的博士生和硕士生上一次课，题目“中国哲学的五大问题”，讲 2 个小时，安排在上午。

方克立

2009 年 3 月 26 日

三

卫平：

你正在做当代哲学史课题，57 年哲学史座谈会是一重要事件，以此为题召开研讨会很有意义。赵修义同志可能是亲历者之一。我 56 年刚到人大，住在城里海运仓，一年级学生还没有资格去北大开会。我的老师石峻、杨宪邦、孙长江、李志逵、王方名、杨正典等都参加了座谈会。1956 年 11 月 16 日，冯友兰先生在人大海运仓小礼堂作题为《中国哲学史中思想的继承性问题》的演讲，系主任何思敬主持，我们都去听了。这个演讲后来收入了科学出版社出的《中国哲学史问题讨论专辑》。当时我们还少不更事，没想到这个问题后来成为学术讨论和思想论争的焦点。55 年后，亲历者年岁都很大了，去年我们给杨宪邦老师贺 90 大寿，他还讲到了许多往事。你可安排年轻人去采访这些老先生，或许还能记录和保存下来一些鲜活的、很有价值的历史资料。

方克立

2012 年 4 月 28 日

四

卫平：

张世保昨天电话告知，他参加了上海关于大陆新儒学问题的座谈会，要我与你联系，“上海方面最好请陈卫平老师来把关”。

今年 1 月，有人问我大陆新儒学的新近发展态势，我给了他一个有关出版物鸟瞰的资料，介绍点情况发点感慨而已。这个资料可能引起了有关主管部门的注意。

去年 11 月 28 日，北大儒学院和高等人文研究院联合召开“儒学与马克思主义”课题研讨会，杜维明邀我参加，我写了一个发言提纲。那天上午我正好有别的事情，李翔海代我宣读了发言提纲。童世骏出席了那天的会议，据翔海说，他的发言最有水平。

方克立

2014 年 3 月 18 日

五

卫平：

十九大后，中宣部将组织修订马工程教材，贯彻十八大以来习近平系列讲话精神，同时也听取教材使用五年来师生们的意见。中哲史教材还是请孙熙国、刘成有、苗润田和您分别负责四大段，不过近代部分打算延长到1949年，全书内容为“从孔夫子到毛泽东”。请您考虑一下，近代部分除了要修订外，还要补写两章，需不需要增补一两位参加修订工作，人员也由您推荐，可在全国范围内考虑。中宣部马工程办希望在十九大闭幕前提交人员推荐名单。

方克立

2017年10月17日

六

卫平：

谢谢你抓紧时间完成了书稿修改任务[1]，第一个把修改稿发给段海宝。我正要他与各位联系一下，以保证下一步工作进度。

《中州儒学文化》杂志2018年第1期刊登了九篇国际儒联拜访顾问纪实，其中第一篇陈先达讲了这么一段话：

> 现在有些学者倡导性本体、仁本体，这是一种学术主张，属于学术自由。不过从马克思主义的观点看，以性和仁作为人的本体不一定科学。性和仁都是儒学重要范畴，我们应该充分研究，

① 指马工程《中国哲学史》教材的书稿修改任务。

但不能说它是人的本体。马克思说人的本性在其现实性上是社会关系的总和，人在什么样的环境下就会有什么样的社会本性。仁是一种如何对待人的道德要求，是处理人和人关系的一种道德规范，也是变化的，很难说是人的本性。在私有社会人而不仁的人并不少，这取决于各人在社会关系中的地位。“资本家肯定要追求利润，工人肯定希望增加工资。”这与人性无关，而是各自的地位决定的。

方克立

2019 年 2 月 11 日

七

卫平：

曾经主持国际儒联工作十年的滕文生同志，11 月 30 日在中国红色文化研究会第二届理事会上讲了这么一段话：

> 现在有的人打着复兴中华优秀传统文化的幌子，骨子里却是要用儒学或者新儒学来取代马克思主义的指导地位。我们必须警惕这种倾向，同这种错误倾向进行坚决斗争。不管是儒家也好，法家也好，道家也好，兵家、墨家、诸子百家也好，都不能照抄照搬，都必须根据实践的需要，以马克思主义为指导，进行批判地吸收，实行创造性转化、创新性发展。

对于儒学研究队伍的复杂情况，看来他还是了解的。

我赞成李君如、徐光春的建议，按照总书记的提法（2014 年国际儒联讲话也是先讲“道法自然，天人合一”），把老子放到孔子前面。关于孔子哲学思想，也宜先讲“天”和“命”（天道观），再讲

“仁”和“礼”（人道观）。

近代至1949年，写到毛泽东建国前的哲学思想，这个已经定下来了。第40章如何修改？请你多考虑一下。我觉得文字上还可以简洁一些，事实上许多高校都不会讲这一章的。

咨询委员会开会前，送上去一个段海宝代表课题组起草的报告，还有9月28日我写的一封信。此信附上一阅。

方克立

2019年12月12日

致陈代湘等八通

一

代湘：

新拟《湘学简史》提纲有很大改进，主线和阶段性更突出了，也照顾到了湘学内容的丰富性。提几点小的修改意见：

一，在“上篇”加一节写湘学产生的历史背景，包括宋代的政治、经济形势，中国文化重心南移，儒学地域化的形成，书院的兴起和发达等等。在“下篇”也加一节写近代湘学兴盛的政治、文化背景，说明在近代中国，湖南何以总是成为各派思想激烈搏杀的战场，同时也“人才辈出”的原因。

二，在第四章加一节专门介绍胡寅的思想。

三，与“导论”相对应，全书最后有一“结语”。内容上要有所分工：“导论”主要讲清楚湘学史研究的对象、范围，研究方法等；“结语”要概括湘学的主要特点，湘学精神的本质特征及其现代意义，还要总结性地说明湘学史在中国学术思想史、中国儒学史、地域文化史中的地位。

可以按这个提纲抓紧做分工、落实各章节撰写人员的工作，尽可能地把湘大的研究力量先调动起来，然后也需借助于部分长沙的学术力量。

方克立
2006 年 6 月 19 日

二

代湘：

粗略地翻阅了一下湘学史稿，总的印象是：大家齐心合力在这么短时间内写出 60 余万字书稿，真不容易，说明你的组织工作做得很有成效。大部分作者对所承担章节都有一定的研究基础，内容写得比较扎实。但现在还只是把各部分组装在一起，前后连结贯通的工作做得不够，作为一本成熟的湘学史著作来要求还有一定的差距。建议一面送出版社进行审阅，一面自己精细加工提高书稿质量，一面请佑新抓紧将第十六章赶写出来。

初读中感觉到有以下具体问题：

一，各章（节）都写一个湘学代表人物，从生平、著作到各个方面的思想，而对他们最能体现湘学精神的思想，对后世湘学发展影响最大的思想，他们在湘学史中应有之地位，多数没有专门论述，或讲到而没有作为重点突出出来。把这些章节放到其他中国哲学史、思想史著作中也可以，而看不出是专门为湘学史写的一章（节）。这是一个较普遍的问题，许多作者在写自己承担的一章时湘学史的整体观念并不强。这就需要在通稿时适当作些调整，加些画龙点睛之笔，以突出本书的重点和主题。

二，我在 6 月 19 日就编写提纲给你复信中提议："在'上篇'加一节写湘学产生的历史背景，包括宋代的政治、经济形势，中国文化重心南移，儒学地域化的形成，书院的兴起和发达等等。在'下篇'也加一节写近代湘学兴盛的政治、文化背景，说明在近代中国，湖南何以总是成为各派思想激烈搏杀的战场，同时也‘人才辈出’的原因。”现在王向清写的第九章有一节写“近代湘学兴盛的历史背景”，第二章在介绍周敦颐的生平、著作、思想之前也宜加一节写湘学在宋代产生的历史背景。第一章第二节“湖湘流寓学者”在写屈、贾、柳、刘之前，也需要有一段文字，说明非湘籍学者在被贬黜、流放湖南期间所作出的贡献，对湘学发展亦有重要影响，不是孤立地写这几个人。

三，有些作者可能是把他们原有的科研成果搬进本书，行文中常有“笔者认为”“本文以为”“参见拙文”之类的提法，通稿时要注意都改成“本书以为”“我们认为”，全书作者应显示为一个统一的整体。

四，全书引文注释也要统一。现在多数是采取页下注，但也有个别章节是随文夹注（如王船山），还有在一节之后统一列出参考文献的（如左宗棠），宜统一改成页下注。页下注也有详略不同，有的引同一本书每个注都重复列出作者、书名、出版社、出版时间、页码的，有的则只在第一个注中详细列出各项，同一本书引文重复出现者就只注页码。这些最好都统一起来。

五，粗读中也发现有评价过高、提法欠准确的。来不及细看。这方面的问题一定要把握好，一定不要在思想观点上出问题。

六，书稿中还是有些错字。我的那篇代序，重读一遍，至少发现6个错字。有两个是《湘学》刊出时就错了的（“士习”错成“士录”，“压伏”错成“压服”），有几个是新输入时弄错的，如“三闾”（屈原）错成“三间”，“王闿运”错成“王闽运”。这一篇的校对稿随函发给你（用红字标出）。

辛苦你了！但成绩明显。还需再接再厉，精心打磨，拿出精品，贡献学界和社会。

顺贺年禧！

方克立

2006年12月27日

三

代湘：

来函阅悉。

《文化冲突视野中的湘学史研究》课题颇有新意，特别是对解决当今文化冲突问题的启发，要总结出几点，在课题论证时讲得具体一些，叫人感到历史对现实确有启发。要考虑到评审者可能对湘学史并不了解，所以在课题申报表中还需作一点必要的说明。

《湘学的内涵与范围》一文也看了，有两点请你再斟酌一下：

一，湘学是宋明理学中的一个学派，从这个意义上可以说湘学“主要就是指湖湘哲学”。濂溪学、湖湘（南）学、船山学都主要是义理之学。但湘学也很重视经世致用之实学（包括政治、经济、军事、文化教育诸方面），近代湘学学者中亦不乏经学、史学和文献考据学方面的大家，所以在将其界定为“湖湘哲学”时不要说得太绝对了。我在《湘学》第二辑、第三辑的文章中都把湘学看作是传统“国学”的一部分，“国学”的概念比较宽泛，包括经、史、子、集之学，这样讲当然并不排斥它是以探究宇宙大本大源问题的哲学思想为核心的。

二，文章第6页提到湘学概念的范围包括“现代湘学”。“现代湘学”何所指？包括哪些主要代表人物和学说？需要明确界定。按照湘学属于传统“国学”一部分的理解，我把湘学的下限确定在清末民初，以杨毓麟、杨度、章士钊、杨昌济等人为湘学之殿军，认为作为中国化马克思主义的毛泽东思想已不属于湘学，而是对湘学传统的根本改造和超越。同样，李达、金岳霖等人可能都在一定程度上受到过湖湘学统的影响，但他们的思想学说均不属于湘学的范畴。这些看法在《湘学》第三辑致李佑新的信中讲得很清楚。如果这样理解，湘学史稿中原拟的第十六章（湘学与马克思主义中国化）暂时不上也说得过去，不过要作适当说明。

以上只是我个人的意见，仅供你参考。

方克立

2007 年 1 月 12 日

四

代湘：

课题论证已看到，想到几点小的修改意见：

一，建议课题组成员中把赵载光教授加进去。

二，南宋湖湘学派的发展背景，要把当时尖锐的民族斗争形势考虑进去，不只是与朱、陆等其他地方理学学派的冲突和交流。胡氏父子和张南轩所要解决的文化矛盾，在当时是与“尊王攘夷”“雪靖康之耻”等紧密联系在一起的。

三，最后谈“基础和保证”的第五点，讲到湘大中国哲学学科，是湖南省级重点学科，没有提到有博士学位授予权。这一点很重要，应该补充上去。

王兴国同志的读《湘学史》札记已收到。他提的意见非常中肯，是真正的专家之见，我们应该感谢他。在修改时要充分考虑到他提出的那些问题，尽可能地改进，提高书稿质量。在付印前他还要审读一遍，有这样高水平、负责任的审读专家，确实是非常难得的。

明天就过年了，祝全家在新的一年里万事如意！

方克立

2007 年 2 月 16 日

五

代湘：

《湘学》第四辑出版于2007年3月，我们要争取两年左右出一本，现在就要开始组织第五辑的稿子了。关于《湘学史》的评论，我只见到过徐荪铭的一篇文章，不知湖南的刊物还登过别的文章没有？第五辑可刊发一组书评，最好也有不同意见的文章。

附件中刘岳兵的《近代湘学与日本：以杨昌济为例》一文，可在《湘学》第五辑刊用。

你今年拿到了以“湘学”为主题的国家社科基金课题，这对湘学所的工作是一个有力的推动。编辑和出版“湘学研究丛书”的计划也可以适时地提上日程了。这套丛书在哪家出版社出版合适，你考虑一下，从联系方便考虑也可以给湘大出版社。书稿也要开始组织，方红姣的博士论文可以放进去。

方克立

2008年8月19日

六

代湘：

“湘学研究”网正式推出（开通），是一件大事，它标志着国内（也是全世界）第一个湘学研究专业网站的诞生。在此之前，发表湘学研究成果的主要阵地是《湘学》辑刊，今后要把主要力量放在经营好网站这个更重要的平台上。当然，成果积累到一定程度时，还可以接着出不定期的辑刊。

网站内容由少到多，逐渐充实完善。第一步，把你和佑新、向清、启良、载光、邓辉、丽梅、红姣等本所同仁已有的湘学研究成果，凡有电子文本的，都挂上去，该网的内容一下子就充实起来了，既体现“以我为主”，也体现本所至少已有十年以上研究历史。完成这一步后，你再分别给王兴国、朱汉民、王立新等国内湘学研究学者发信，诚邀他们把有关湘学的主要成果（凡有电子文本的）发来，在网上给他们设专栏。与此同时，还可以把《湘学》辑刊前五辑的重要文章，转化为电子文本在网上发表。

“湘学研究”网起步时挂在校园网上，便于操作。接着要争取尽早把独立域名申请下来，发挥网络容量大、更新快、传播广的优势，迅速扩大其影响。

随函附上我三篇文章的电子文本。

方克立
2012 年 10 月 8 日

七

代湘：

我注意到，你们的“湘学研究”网是去年 7 月开通的，比“中国湘学网”（http://www.xiangxuecn.com）早三个月。但这个网的内容一直没有充实和更新，让人家后来居上了。北京座谈会上大家都意识到，首先必须搞清楚“湘学”这个概念，明确研究对象、范围、内涵、外延等，才能有效地开展湘学研究，推进学术发展，更好地为现实服务。湘大的湘学研究已领先十多年，希望你们在目前的“湘学热”中也积极发表意见。你们能否组织一篇文章：《湘学概念的历史考察》？

方克立
2013 年 2 月 27 日

八

代湘、红姣：

收到红姣寄来的三册《湖湘学案》，非常高兴。湘学研究所又做了一件实实在在的事情。当年请赵载光老师初步设计并拟目的《湘学人物志》，终于以“学案”的形式面世了。我觉得《湖湘学案》这个书名取得好，因为李达、金岳霖等现代学术大家，都很难将其界定为“湘学人物”。“湘学”是一个学理、学说、学术形态的概念，“湖湘”是地域性概念，把湖南籍学者都可以包括进去。叫做《湖湘学案》，以后把蔡仪、周扬、杨荣国、张舜徽、程千帆、黎澍、刘大年、陈旭麓、龚育之、肖焜焘等湘籍学者，以至最近去世的汪澍白先生都续写进去，就是自然而然的事情了。学案没有写毛泽东，我想你们是费了一番斟酌的，这样可能比较主动些。

《湖湘学案》出版后，不知道王继平主持的《湘学志》怎么写？

方克立

2014 年 1 月 4 日

致陈原二通

一

陈原同志：

发去一篇学习习近平讲话精神的文章[①]，与同类文章视角有点不同。我们认为“马魂中体西用”论是有充分学理根据的，但不能过多发挥，只能围绕着习总书记讲话来阐述。合作者谢青松是《马魂中体西用：中国文化的现实发展道路》一书的编者，云南省社科院哲学所所长，研究员，夏伟东的博士生。

近日发表的学习体会文章中，已有上升到“马魂中体西用”思想格局者，见附件中洪晓楠文。

董学文教授是“马魂中体西用”论最早的支持者之一。他在《文学理论的指导思想问题》一文中说：“哲学界近来提出‘马魂、中体、西用’的理论模式，力促文化体系中三种资源‘综合创新’地发展到新的形态。这对我们文学理论建设是有指导作用和启迪意义的。”（《高校理论战线》2008 年第 3 期）

麻烦您将此文转交给理论部负责同志。

---

① 指方克立先生与谢青松合作的《发展哲学社会科学要坚持“马魂中体西用”的方针》，后载“中国社会科学网”2016 年 6 月 6 日；收入本书第四卷。

我多年没有上过照相馆了，从有关活动照片中挑出几张，都不十分理想。

方克立
2016 年 5 月 29 日

二

陈原同志：

我提出“马魂、中体、西用”论，在有关论著中阐述自己对中国哲学和文化的看法（包括在主编的《中国文化概论》、《中国哲学与辩证唯物主义》和马工程教材《中国哲学史》中），对儒学和新儒学（包括“现代新儒学”和“大陆新儒学”）的看法，对马克思主义与中国传统文化（包括儒学）关系的看法，表达“以马克思主义与中华文化精华相结合为终身职志”（《马克思主义研究》记者访谈文章的第三个小标题）的心声，可以说都是非常自觉地**“为党和人民述学立论”**，这一辈子辛苦工作意义尽在于此，我受人攻击不满也由于此。

发去最近发表的一篇评我的儒学观的文章，和几年前的一次学术对话。

方克立
2016 年 6 月 4 日

致陈寒鸣十六通

一

寒鸣同志：

几封来信和寄来《中国文化史纲》的目录和几篇大作均收到，谢谢。

《中国文化史纲》一书已联系交中国青年出版社出版。这家出版社是全国性的，在广大青年读者中影响大，一般出书质量也较好，发行量较大。具体联系人是中国青年出版社编译组的李志刚同志，他原为南开大学哲学系七七级毕业生，曾在社科编辑室工作多年，最近被指派负责新成立的编译组工作。我把你写的“目录”和“几点说明”寄给了他。待事情完全定下来后，他会来信的，我再转告你。

现代新儒学研究课题组中分工研究张君劢的，正好是天津市委党校的吕希晨教授和天津师大的陈莹副教授。他们想买张君劢《新儒家思想史》（中文本）而一直未找到。你替学校买的那一本，望能借出给他们看一下。烦你哪天顺路带到我家里或那天我们谈话的主楼410房间（陈莹周一、二、三、四在那里办公）都可以。

专此　顺颂

著祺！

方克立

1987年11月7日

二

寒鸣同志：

我刚从香港出席唐君毅思想国际会议回来。

在广州，和中山大学李宗桂同志议论了大著的出版问题。他的《中国文化概论》最近由中山大学出版社出版，反映很好，已经重印。我说你的书可与其配套，从史的角度进一步深化对中国文化的认识。他表示愿与中大出版社商量一下，他的夫人就在该出版社工作。

宗桂还表示，他和广州的广东教育出版社、重庆出版社等关系都很密切，愿意帮助联系。他还谈到这样一个意见，在同出版社交涉时，讲条件资助二万元，其中一部分实际上是付给作者本人的稿费；如果资助少，也不能给稿费了。

本月 14—16 日，现代新儒家研究课题组在天大招待所召开“现代新儒家学案”编辑工作会议。您如果有兴趣可列席参加［同陈莹同志联系］。有关书的出版事宜也可面谈。

匆此。即祝

新春愉快

方克立

1988 年元月 10 日

三

寒鸣：

先寄去《文集》[①]。《现代新儒学与中国现代化》一书因是十年前

---

① 指《方克立文集》，上海辞书出版社 2005 年版。

出版的，手头已无存书。长春出版社打算重印，等拿到书时再送给你。

我们这辈人走过的道路也很曲折，过去没有机会同你深入交流。在十分复杂的环境中，学术道路的选择既是每个人自己的事，也不能没有一点使命感，否则所做的工作有何意义呢？人总是要“先立乎其大者”，即确立人生意义和所从事工作的基本立足点，也就是通常所说的立场、观点、方法问题。我在“以阶级斗争为纲”的年代处境并不好，但在那时所作出的人生和学术道路的选择，可以说基本上没有改变过。你作为观察者，没有“身在此山中”之弊，应能提出一些很中肯的评论意见。

方克立

2006 年 12 月 10 日

四

寒鸣：

来函阅悉。

我知道你为这部书[①]付出了巨量的心血和精力，能出版已经很不容易。凭着对先师的敬爱与承诺，对侯外庐学派学术立场的自觉坚持，以及一个马克思主义学者的历史责任，你虽然多年来处境不顺，但还是以坚强意志，不辞劳苦，默默耕耘，终于完成了这部巨著，实在功莫大焉！我对小陆说，看到书后，也觉得有一些不足之处，离学术精品还有一定距离，但必须把它提到“侯外庐学派的最新代表作”的高度来评价，特别是**在当前的“国学热”中，马克思主义被边缘化**

① 指黄宣民、陈寒鸣主编《中国儒学发展史》，中国文史出版社 2009 年版。方克立先生与陆信礼合作为其写了书评——《“侯外庐学派”的最新代表作——读〈中国儒学发展史〉》，后刊载于《中国社会科学院研究生院学报》2012 年第 2 期；收入本书第六卷。

的情况下，该书实有导正儒学研究航向的作用。

顺问全家好！

方克立

2009 年 12 月 2 日

五

寒鸣同志：

来函及两篇大作均收到，谢谢！

张分田的书我没有读过，通过书评对其内容的介绍，我认为它的一些基本观点是对的：①“民本”不是民主。②“民本”是“君本”的补充。③“民本”思想不是儒家独有的。应该高度重视和充分利用我国传统文化中的“民本”思想资源，但不宜过分片面地美化儒家的“民本”思想。所谓“‘君为政本——民为国本’的结构性基础框架”，就是刘泽华讲的“阴阳组合结构”。揭示中国传统政治思维的这一特点，是刘门的一大学术贡献，也就是说，把“探阴阳之赜”延伸到了社会政治领域。“民本”与“君本”有机结合、双向强化即是有中国特色的政治智慧（政治辩证法）。大作写得很好，但给研究生院学报有困难，小陆为你写的书评最早排在第二期，再给他们就要拖很久了。

表彰邱汉生先生的文章也很好，你提供了许多第一手材料。**在目前思想界比较混乱的情况下，很有必要加强对“侯外庐学派”的研究，要有意识地树侯外庐、张岱年这些正面旗帜。**

你能去中国计量学院很好，一是摆脱目前这种沉闷的压抑人的处境，二是杭州的自然和人文环境都令人向往。

方克立

2010 年 1 月 3 日

六

寒鸣：

关心当代中国工人阶级的现实命运，同时也注意研究历史上平民阶层的思想学说，是你治学的一大特点，在眼下学界许多人纷纷成为资本的附庸，或充当封建辩护士之时，尤其显得难能可贵。编辑出版《明代“草根儒学”》一书的意义是无可置疑的，但要我作序却有点勉为其难，因为不但时间精力不允许，更主要的是我对此没有做过研究。这个“序”只有你亲自动笔来写，才能讲到肯綮处。

方克立
2010 年 4 月 10 日

七

寒鸣：

在网上已看到你代发的《关于儒学的精华》一文，谢谢！它将发表于上海师大编的《哲学与宗教》辑刊下一辑，但现在还没有印出来。

《关于马克思主义与儒学关系的三点看法》一文，最早发表于《高校理论战线》2008 年第 11 期，更加接近原稿。《红旗文稿》2009 年第 1 期发表的是编辑未经我过目的删节稿，把人名都删去了，而且时间在后。我看到你转发的是后一个文本，现在把前者也给你一份。

“马魂、中体、西用”论的原始出处是 2006 年的三封信，发表在《社会科学战线》2006 年第 4 期，这个文本也给你一份。与“中体西用”和“西体中用”相比，我觉得这个概括有明显的优越性，现在认同的人已经比较多了。

方克立
2012 年 7 月 1 日

八

寒鸣：

我有一个看法：唯物史观的科学性、真理性是颠扑不破的，它在中国史学界的主导地位不可能轻易被否定、被取代，“侯外庐学派”的旗帜永远不会倒！侯门后人中总有一些头脑清醒者，如王启发等；西北大学的方光华、谢扬举等人也会珍惜侯外庐、张岂之的传统，继续举这面旗帜；还有如陆信礼、杜运辉、刘伟等一批青年马克思主义者在不断加入到这个队伍中来。所以不必悲观，关键是要把这些力量团结起来，在坚持真理的斗争中发出声音，显示侯派的坚强存在。

10 月 14 日，河南省社科院召开《儒学的现代命运》出版暨崔大华学术思想座谈会，我应邀发去了贺信。11 月 30 日《中国社会科学报》用两个整版篇幅报道了座谈会的情况，《中州学刊》2012 年第 6 期也发表了一组文章。没想到安继民在《崔学成立的特点、条件和意义》一文中说：崔大华的儒家新理学、蒙培元的新心学和方克立的马克思主义与传统对接的综合创新派形成为三角鼎立结构和功能互补关系，崔、蒙、方分别承续的是冯、牟、侯三学。说我是马克思主义综合创新派、承继的是侯学问题不大，但是说冯友兰的学生蒙培元继承的是牟学，侯外庐的学生崔大华继承的是冯学，不知道他们本人能否认同？崔大华是我的同学，我认为他的基本立场还是马克思主义的。

我不赞成提“方学”“张方学派”之类概念，因为我并没有做出可以称之为“学”的学问来。但愿在“综合创新”的旗帜下，为马克思主义与中华文化精华的深度融合做一点有意义的工作。

方克立
2012 年 12 月 23 日

九

寒鸣：

收到贺岁函，谢谢！在此也给你和白老师拜年！

蒋国保儒学“世俗化”的理念，与他对宋明理学和现代新儒学“贵族化”路径的批评是联系在一起的。这同你关于“平民儒学”的思路比较接近，宜乎其弟子刘伟成了你的年轻合作者。

有人问我大陆新儒学的新近发展态势，我给了他这么一个资料，介绍点情况发点感慨而已。在这个资料中我有意把刘伟同他们区分开来。

方克立
2014 年 1 月 30 日

十

寒鸣：

景尧的《川上的日子》进了《2014 年中小学图书馆（室）推荐书目》，将会在亿万中小学生和他们的老师、家长中产生巨大深远影响，这件事情的意义非同平常，可喜可贺！

刘伟的书评收到了。等待着你们关于现代平民儒学的大著出版，为现代儒学发展增添一个新的有现实生命力的方向（维度）。

方克立

2014 年 5 月 29

十一

寒鸣：

习近平说："团结统一的中华民族是海内外中华儿女共同的根，博大精深的中华文化是海内外中华儿女共同的魂，实现中华民族伟大复兴是海内外中华儿女共同的梦。"（2014 年 6 月 6 日会见第七届世界华侨华人社团联谊大会代表时讲话）

刘奇葆说："中华文化是中华民族的'根'和'魂'。"（2014 年 10 月 29 日出席"汉学与当代中国"座谈会发言）

姜广辉说："经学是中国文化的'根'和'魂'。"

鲁迅说："惟有民魂是值得宝贵的，惟有他发扬起来，中国才有真进步。"以笔代戈、战斗一生的鲁迅被誉为"民族魂"。

十七届六中全会决定说："社会主义核心价值体系是兴国之魂，是社会主义先进文化的精髓。"

"五四"后近百年来中国文化发展道路选择的关键是如何处理中、西、马的关系问题，我们提出了"马魂、中体、西用"三者有机统一的思路。

——以上这些论断中都有"魂"这个概念，其实是针对不同的问题，在不同的意义、不同的时空范围或不同层次上讲的，大概不能用一个提法来否定另一个提法。

方克立

2015 年 3 月 19 日

十二

寒鸣：

去年在香港崛起了一个新墨家学派，他们以“非儒”——批评大陆新儒家的姿态出现，今年 3 月就要出版一本新书，很受思想界的关注。我前年 12 月在红色文化研究会座谈会上的发言，不久就成为他们谈论的一个话题。这一派也是不认同马克思主义的，认为“后毛”时代百家争鸣的到来，正是“中国主流意识形态逐渐崩盘”的结果。了解当今中国思想领域的多色光谱，对于我们保持清醒的头脑很有好处。

周群发表在《云南师范大学学报》上的文章，也附去一阅。

方克立

2016 年 2 月 24 日

十三

寒鸣：

崔大华是我上大学时的老同学，是我辈中学问做得最好的之一。2012 年河南社科院召开他的学术思想研讨会，我曾发去一封贺函。

关于儒学对马克思主义中国化的正面积极意义，我主要从文化土壤和支援意识两个方面去把握和论述。不过在有关发言中都讲得比较简略，以后有空要多搜集一些资料详细加以阐发。

方克立

2017 年 5 月 28 日

十四

寒鸣：

你一直在踏踏实实地做事情，编学谱和文献汇集都很有意义，有重要学术价值。同时你们也在做一些前沿性的思想辨析工作，这些工作都有很强的现实感和方向感。我最关注的是你们对“平民儒学”的理论建构、历史考察和与以人民为中心的当代中国马克思主义如何接轨。你们早就打出了“平民儒学”这面旗帜，就要抓紧把最有代表性的成果推出来，在当代中国儒学研究的百家争鸣中产生重要影响，占有鲜明的一席之地。你们在这方面已做和正在做的工作，以及今后的打算，我了解得不太具体和系统，愿知其详。

方克立
2018 年 3 月 13 日

十五

寒鸣：

“化士学为民学”是一种立场的转换，阶级基础的转换，既是对为治人者服务的传统儒学的一种扬弃，又是对它的一种更新。对传统儒学中有价值的历史资源要充分利用，用它来为人民服务，为中国特色社会主义的新时代服务。我觉得这个命题、口号提得好，与你们倡导的“平民儒学”方向是一致的。我希望在当代中国儒学研究的百家争鸣中，这一种声音、这一派力量逐渐成长起来，强大起来，改变崇儒反马、复古更化的政治儒学充当领袖（比如说，号称“当代中国大陆新儒家思想平台”的儒家网就是由他们掌控着的）的情况。

方克立
2018 年 4 月 18 日

十六

寒鸣：

据我所知，林存阳、李文昌编了一个《刘泽华学谱简编》，有十多万字，已收入林存光主编的《刘泽华与刘泽华学派》一书，即将由天津人民出版社出版。

我们这代人生活在历史转折、政治动荡时期，每个人的人生境遇不同，但都难免经历过一些曲折和磨难，在学术思想上也会以不同方式表现出来。就大端而言，我认为还是不外乎自由主义、文化保守主义和马克思主义三大思潮对立互动。你提到的三个人，基本上都是站在马克思主义理论立场，但回应时代的方式和学术观念又有差异。这是很正常的。你曾近距离地观察和体认这一代学人的思想经历，有较多同情的了解，这可能也是一笔财富。上述三大思潮对立互动的格局，贯穿于“五四”以来的一百年，这也是今天许多思想乱象产生的根源。

方克立
2020 年元月 25 日

致陈静二通

一

陈静同志：

收到了出席“儒学第三期的三十年：回顾与展望”讨论会的通知，谢谢！我最多能去半天（不吃中饭），届时能不能去再向你报告。关于这次讨论会，我有一点想法，在这里先给你说一说。

把中国改革开放三十年来的儒学，完全纳入新儒家的儒学三期论，称为“儒学第三期的三十年”（邀请名单那一页又称为“新儒家三期三十年”），我认为是不合适的。第一，以心性之学为中心来审视儒学发展的儒学三期论并没有得到普遍的认同。李泽厚指出，大讲“天人”“阴阳”而不讲“心性”的汉代儒学就被抹杀了，显然不符合思想史的事实。儒学在汉代开始取得意识形态的“独尊”地位，这在儒学史上也是具有阶段性意义的，不应该忽视。大陆学界除个别人外，很少有跟着新儒家讲“儒学第三期发展”的。第二，开展现代新儒学研究和与港台海外新儒家的直接交流，是改革开放后重新认识儒学的一部分，对这个时期儒学的发展有一定的推进作用，但新儒学并不是这三十年中国儒学发展的主流，用新儒学（“儒学第三期”或“新儒家三期”）来概括这个时期中国的儒学，至少是以偏概全，不能真实地反映历史的本来面貌。

十一届三中全会前后儒学命运的转变，从“文革”反孔批儒到党和政府大力提倡和支持儒学研究[1]，各种儒学团体、儒学学术会议、儒学研究论著大量涌现，以至到近年来出现的“儒学热”，客观地考察其原因，应该说主要不是港台海外新儒学传播的结果，也不是杜维明所说的“知识分子群体的、批判的自我意识”形成的结果，而是执政党思想路线转变的结果。十一届三中全会否定了“以阶级斗争为纲”的错误理论和实践，把党和国家工作的中心转移到经济建设上来，以建设富强民主文明和谐的社会主义现代化国家、实现中华民族的伟大复兴为目标，就必须调动一切积极因素和有用的思想资源，包括全面认识儒学和中国传统文化，利用它有利于发扬民族精神、能够与现代文明相协调的一面来为中国特色社会主义事业服务，这样才有最近三十年来儒学研究空前繁荣的局面。如果没有改革开放，在大陆开展现代新儒学研究也是不可能的。新儒家大力提倡复兴儒学，与我们重视儒学研究在方向上似乎是一致的，但实有原则的区别。区别就在于他们是主张以儒学为主体、为本位、为“文法”，即以儒学为主导意识形态来解决中国社会和中国文化的发展前途问题；而在我们看来，在中国特色社会主义思想文化建设中，只能以马克思主义和社会主义的思想体系为主导意识，儒学虽然不是主导意识，但可以提供“批判继承，古为今用”的支援意识。因此，尽管有些新儒家学者最近三十年来十分活跃，但他们并不能成为当代中国儒学的主要代言人。要问这个时期中国儒学的主要代言人是谁？在我的心目中，是匡亚明、张岱年等先生和中国孔子基金会、中华孔子学会、国际儒联所团结的一批优秀的儒学研究专家。当有人把张岱年称为新儒家时，张先生大声说：“我不是新儒家！”“我们是用马克思主义观点方法来研

① 党和国家领导人多次出席重要儒学会议或接见与会代表，政府拨款资助孔子基金会和国际儒联等儒学团体，都是显著事例。（原注）

究儒家思想。”①

这次讨论会从问题意识的角度来总结30年，展望未来，希望明确主要课题和任务，形成共识和新的论域。我觉得在当代中国儒学研究中有一个基本问题并没有得到很好的解决，不但未能形成共识，甚至成为思想分歧的焦点，这就是儒学与马克思主义的关系问题。其实大家都知道这是一个不可回避的问题，在当代中国意识形态建设中关系重大，决定着儒学研究能否坚持正确方向，但很少有人从正面切入这个问题作深入的研究和讨论，在学理上说清楚二者的异同及相容相通的可能性与具体途径，由于理论研究的滞后，因而难以充分发挥儒学作为支援意识的功能，为促进马克思主义中国化作出更大的贡献。从梳理问题意识的角度来说，我认为这个问题宜明朗化并引起更多的关注。

以上看法是否确当，愿意听到你和各位同仁的批评意见。

顺颂

近祺

方克立

2007年10月22日

二

陈静同志：

昨晚通电话后，我知道了29日会议的一个重要背景是杜维明将从哈佛—燕京学社社长的位置上退下来，这次会议带有对他的工作进行表彰和纪念的意义，参加会议的也主要是被他邀请去哈佛访学过的

① 陈来编：《不息集——回忆张岱年先生》，北京大学出版社2005年版，第324—325页。（原注）

国内学者。此前我不知道这一背景，仅根据会议通知中的讨论题目和内容提示，谈了自己对改革开放三十年来中国儒学的一些看法，与新儒家的视角可能很不一样。考虑到这次会议主要不是讨论学术而是表彰杜先生的贡献，我那封信提出的问题就不要在会上讲了，以免与会议的气氛不协调。我的看法以后还可以与杜先生及学界朋友坦诚交流。

杜先生 1978 年以一个美国海洋学代表团历史顾问的身份首次访问中国大陆（那一年我与王玉哲、杨志玖先生一起在南开接待过他），至今已有三十个年头。他始终以极大的热情奔走于国内和世界各地，为复兴儒学和弘扬中华文化而不懈陈辞，其爱国之心和与国内学界的真诚交流令人感动。他主持哈佛—燕京学社以来，确实做了不少好事，不仅大力推动中国文化研究和中外学术交流，而且资助了许多中国学生、学者去哈佛大学深造或访问，也包括社科院研究生院的一些学生。我们特别要感谢他对《中国哲学史》杂志的慷慨资助，使这份处境困难的高水准学术期刊能够坚持办下来。

最近三十年来，杜维明是港台海外新儒家的主要代言人之一，他是其中心态最开放、热心与大陆学界交流互动，甚至也能够肯定张岱年、冯契等马克思主义学者的贡献的新儒家学者。杜先生个人的努力对扩大儒学和新儒学的影响确实起了一定作用，但我认为还是应该把“杜维明的三十年”与“现代新儒学的三十年”（“儒学第三期的三十年”）以及“中国儒学的三十年”区别开来，所以才给你写了那封信。今天我又重读一遍，并作了个别文字调整，估计关于“支援意识”等提法还会引起一些讨论，但希望有助于对今日中国儒学的准确定位。

方克立

2007 年 10 月 25 日

致林存光二十通

一

存光：

崇儒反马、复古更化、狂妄狭隘的儒学就是“坏儒学”，睁眼看世界、开放包容、与时俱进的儒学就是“好儒学”。有这个分辨是非常必要的。

我已经知道了你获奖的事情[①]，很不容易的，应该说评得还比较客观。

刘老师的访谈[②]发出来，是对九卷本通史最大的宣传。

方克立

2015 年 1 月 8 日

---

① 指林存光《“民惟邦本”：政治的民本含义——“民本/民主”问题与古典儒家民本理念再反思与再检讨》，获“纳通国际儒学奖”二等奖。

② 指《洞察中国古代历史的王权主义本质——访南开大学荣誉教授刘泽华》，《中国社会科学报》2015 年 1 月 7 日。

二

存光：

你的仁学实践论开辟了一个重要的研究方向，完全可以与中华优秀传统文化研究、中国近现代革命文化研究、以爱国主义为核心的民族精神研究结合起来。历史上的道德典型和现实生活中的道德模范，都可以作为仁学实践论的范例。

不仅要对儒家仁学思想进行理论梳理、阐释和历史考察，尤其要结合新的时代特点，致力于对其进行创造性转换和创新性发展的工作。仁学实践论要变得笃实可行，从家庭之孝亲开始，可以发展出几个主要的实践方向，如社会生活中的尊老慈幼之仁，政治上的惠民、安民、富民之仁，协和万邦之仁，教育上的诲人不倦之仁，经济生活中的诚信之仁，对待自然生态的天地万物一体之仁等；同时批判“为富不仁”，人殉和贞节牌坊之不仁，“以理杀人”之不仁，文字狱之不仁，套在农民头上的“四大绳索”之不仁等，批判各种各样的假仁假义。仁学实践论必然要触及阶级性问题，必然导引出用革命人道主义批判一切剥削压迫制度的共产革命之合理性的结论。所以这个问题的提出有重要意义，以后完全有可能发展出一门理论、历史、现实相结合的大学问。

方克立

2015 年 7 月 17 日

三

存光：

看了你的五年工作计划，感到提出的项目太多，给自己压的担子太重，留有余地不够。五年任职期间，主要立足于个人研究，做一两件大事情。你一生最重要的学术成果，应该出在主客观条件都非常好的这五年。当然，也可以同时带领学术团队做点项目，主要在政治哲学和政治文化方面。

有些大家都在做的一般性题目，还要不要做，你再考虑一下。

方克立
2015 年 8 月 18 日

四

存光：

建议突出一个重点课题《儒家仁学思想史——基于仁学实践论的考察》，在全面历史考察的基础上，提出你对儒学如何创造性转换和创新性发展的系统看法。

方克立
2015 年 8 月 19 日

五

存光：

从政治哲学的角度，“马魂”与“中体”的结合点，是否还要加一个“大同理想”？它与“天下情怀”有联系，但还不是一回事。

方克立
2015 年 11 月 10 日

六

存光：

这篇文章[①]写得很好，要言不繁，而又抓住了马克思主义与中华文化精华相契合的几个关节点。最后一个注的出处，建议改为：《现代新儒学与中国现代化》，天津：天津人民出版社，1997 年，48 页。

月初我到上海去参加了冯契百年纪念学术会议，提交发言提纲附上一阅。[②]

2013—2014 年到社科院来做“西部之光”访问学者的谢青松，编了一本关于“马魂、中体、西用”的论文集，即将由人民出版社出版。电子版亦附去一阅。你的学生中如有合适的人，可让他先披阅写篇书评。

方克立

2015 年 11 月 9 日

七

存光：

《海岱学刊》上发表的文章[③]，你把最后定稿的电子文本发给我。另外，给我一个几百字的关于你的简介，著作分“独著”“与人合

---

① 指林存光《为了人民的安乐和福祉——试论“马魂”与“中体”的共同使命》，曾经作为《马魂中体西用：当代中国文化的理论自觉》（人民出版社 2019 年版）的代序。

② 指《冯契对马克思主义哲学中国化的历史性贡献》，系方克立先生提交 2015 年 11 月在上海召开的“世界性百家争鸣与中国哲学自信——纪念冯契百年诞辰国际学术研讨会”的论文提纲；收入本书第四卷。

③ 指林存光《一个中国马克思主义者的儒学观与文化主张——方克立先生学术思想述评》，《海岱学刊》2015 年第 2 期。

著”“主编”三种情况，胪列得全一点。

方克立
2016 年 1 月 14 日

八

存光：

去年在香港崛起了一个新墨家学派，他们以“非儒”——批评大陆新儒家的姿态出现，今年 3 月就要出版一本新书，很受思想界的关注。我前年 12 月在红色文化研究会座谈会上的发言，不久就成为他们谈论的一个话题。这一派也是不认同马克思主义的，认为“后毛”时代百家争鸣的到来，正是“中国主流意识形态逐渐崩盘”的结果。了解当今中国思想领域的多色光谱，对于我们保持清醒的头脑很有好处。

周群发表在《云南师大学报》上的文章，也附去一阅。

方克立
2016 年 2 月 24 日

九

存光：

孔子研究院的科研发展规划很好，不过还要看执行得怎样，效果如何？有那么多儒学大家、泰山学者、尼山学者要讲自己的研究成果和心得，我不急着去赶这个热闹。过些时候，到了淡季，或者明后年，我可以考虑去讲一次。首先还是想讲马克思主义与儒学的关系问题，这也是他们研究计划的重点课题之一。

代我向杨朝明和学界同仁问好。

方克立
2016 年 3 月 20 日

十

存光：

用一本小书通俗易懂地、清楚明白地宣讲中国古代治国理政智慧非常有意义，也符合习近平讲话精神。

我建议书名就叫《中国古代治国理政智慧》[①]，大气一些，也更平实一些。淡化圣贤史观色彩，书名还减少两个字。行文中“古圣先贤”之类提法尽管用。

上个月写了一篇学习习近平“5·17”讲话的文章，[②] 附去一阅。

方克立
2016 年 7 月 23 日

十一

存光：

丛书计划很好。[③] 第一辑先作十本设计，进一步完善和落实后，

① 即林存光主编《中国人的政治智慧》，中国社会科学出版社 2023 年版。该书为中国社会科学出版社“理解中国丛书”之一种，方克立先生为其作序。

② 指《铸马学之魂 立中学之体 明西学之用——学习习近平在哲学社会科学工作座谈会上讲话的体会》，后刊载于《理论与现代化》2017 年第 3 期；收入本书第四卷。

③ 即林存光主编的“儒家政治哲学与政治文化论丛”，由学习出版社 2017 年以来陆续出版。

可以整体上申请国家社科基金后期资助或其他渠道的资助。

总序对丛书的性质讲得很清楚，现实针对性很强，可以强调一下我们坚持的就是习近平讲的历史唯物主义的观点和方法。

方克立
2016 年 10 月 8 日

十二

存光：

我与刘老师[1]对儒学作为封建意识形态的本质的认识是一致的，但是在思想倾向上也有差异。我的马克思主义理论立场可能比较鲜明和坚定一些，认为“马魂、中体、西用”是当代中国学术发展的正道和必由之路。刘老师更强调民主和公民意识的成长，尖锐地批评中国古代和现代的专制主义，所以陈明等人把他归为自由派。我认为“权力支配社会”“思想与社会互动”“儒学为王权专制服务”“阴阳组合结构”等理论是符合唯物史观和历史辩证法的，所以把“刘泽华学派”还是视为一个重要的马克思主义史学派别，但是不赞成刘老师对毛泽东的公开批判。在“马魂、中体、西用”的思想框架中，我对包括儒学在内的“中学”、“国学”、传统文化同情地理解的一面可能也要多一些。刘老师是有独立思想的学术大家，从不轻易改变自己的观点，这种精神和风骨我是很钦佩的。在南开时我们的个人关系一直很好。

方克立
2016 年 10 月 9 日

① 指刘泽华先生。

十三

存光：

我是希望你通过组织读书与座谈活动，把孔子研究院内一批思想理论倾向好、有科研能力和潜力的同志团结起来，大家一起做点事。就像在那里又带了一批研究生，交了一批朋友。泰山学者不要高高在上，蜻蜓点水，走马观花，而要像长征时的红军，是宣传队、播种机，用正确的政治方向、科学的世界观方法论来引领和影响所到单位学术的发展；在你十分熟悉的故乡，再度生根发芽，开花结果。

你的评析文章写得很好。[①] 张世保、谢青松正在编《大陆新儒学评论》第三辑，可以设置一个题目收进去吗？

方克立
2017 年 2 月 3 日

十四

存光：

蒋庆说“回到康有为”是政治成熟的表现，必须追问一句：是哪个阶级的政治？

最近上报材料中也有几个论断：“回到康有为”——全盘否定革命，回归孔孟道统（后两句都是座谈记录中的原话）；“回到康有为”是对 20 世纪中国革命的反动；“回到康有为”是历史虚无主义

① 指林存光《试评“回到康有为”之谬说》，后收入张世保、谢青松编《大陆新儒学评论·2017 卷》，中国社会科学出版社 2018 年版。

的最新表现。

方克立
2017 年 2 月 5 日

十五

存光：

谢青松编的第二本书《马魂中体西用：当代中国文化的理论自觉》即将交给人民出版社，我建议以你的《为了人民的安乐和福祉》一文为“代序”。你再斟酌一下文字，字数不要增加太多。

方克立
2018 年 1 月 13 日

十六

存光：

《中州儒学文化》2018 年第 1 期刊登了一组国际儒联顾问访谈纪实，共九篇，其中有我的一篇。头一篇是陈先达的访谈，其中有一段话：

> 现在有些学者倡导性本体、仁本体，这是一种学术主张，属于学术自由。不过从马克思主义的观点看，以性和仁作为人的本体不一定科学。性和仁都是儒学重要范畴，我们应该充分研究，但不能说它是人的本体。马克思说人的本性在其现实性上是社会关系的总和，人在什么样的环境下就会有什么样的社会本性。仁是一种如何对待人的道德要求，是处理人和人关系的一种道德规范，也是变化的，很难说是人的本性。在私有社会人而不仁的人

并不少，这取决于各人在社会关系中的地位。“资本家肯定要追求利润，工人肯定希望增加工资。”这与人性无关，而是各自的地位决定的。

在学术上这是一个敏感问题，但又是一个原则问题，像陈老师这样挑明了讲的人还不多。三年前我就支持你做“仁学实践论”课题，说明你对这个问题的性质是看得清楚的，不知研究进展如何？

方克立
2018 年 8 月 20 日

十七

存光：

谢谢你提出了自己的看法，并帮助改正了个别错字。我根据你的意见，又作了个别文字调整，把文稿[①]发给了李宪堂、侯林莉。你跟他们电话沟通一下，看收到没有。若没有收到，你就把这次的附件再发给他们，以这个文本为准。

刘老师是一个敢讲真话的人。我不赞成《矛盾论》抄袭之说，也是我的真实看法。讲真话就不怕挨骂。

2014 年 10 月 17 日的那张照片，是学生在会场上用手机拍的，不太清晰。南开保存的资料中可能有更清晰的。

方克立
2018 年 3 月 15 日

① 指《怀念老友泽华兄》，载阎钱铮、刘琰、刘珞主编《中国政治思想的反思者——刘泽华先生纪念文集》（追忆卷），南开大学出版社 2022 年版；收入本书第五卷。

十八

存光：

写《儒家仁学思想简史》的想法很好，要将其具体的历史的内容揭示出来，体现仁学实践论的宗旨，不走抽象化和本体论化之路。这本简史在多卷本之前写出来是可以做得到的。

你把 2016 年发表的《仁学实践论浅说》一文的电子文本发给我。

南开历史系大家名家很多，但能以“学派”鸣世的，目前还只有“刘泽华学派”。希望你们传承和发展好这个颇有特色的学派。我在讲冯契学派时，曾经提到过“学派自觉”和“学统自信”两个概念，也许对刘泽华学派的发展亦有现实意义。

方克立

2019 年 8 月 31 日

十九

存光：

同意你编《刘泽华与刘泽华学派》一书的设想，[①] 可以放到你的“儒家政治哲学与政治文化论丛”中出版，使这套丛书的学派属性与特征亦更加鲜明。

方克立

2019 年 10 月 3 日

---

① 该书已经由天津人民出版社 2021 年出版。第二十封信说的也是该书的相关情况。

二十

存光：

我的那篇文章[1]不过是敲敲边鼓，放在第一篇不合适。还是把李振宏的一组文章放在最前面吧。“王权主义学派”问题是他正式提出来的，也论述得比较充分。我记得读过一篇他与刘泽华的对话，讲得很坦率，也较深入，可以考虑收进他的那一组文章。刘老师的其他访谈文章就不必全收了。

2014 年新书发布会上的发言，还有其他可以考虑收入的吗？

方克立

2019 年 10 月 22 日

① 指收入《刘泽华与刘泽华学派》一书中的方克立先生的文章《为“刘泽华学派”赞一个——在〈中国政治思想通史〉新书发布会上的发言》，《天津社会科学》2015 年第 2 期；收入本书第二卷。

致周可真五通

一

可真：

看到了你在博客上发表的纪念任继愈先生的文章。

去年3月29日晚，任先生给我打电话，开始是说高秀昌把关于冯友兰哲学史观的博士论文寄给了他，他对论文评价不错，认为文字也很好。接着又谈到了我的几个学生。谈到你时，他说：“王船山、黄宗羲、傅山的全集都出来了，江苏的经济条件比湖南要好得多，要周可真多下点力气，推动江苏把编辑出版《顾炎武全集》早日提上日程。”我记得去年把这个意思跟你说过。任先生走了，你要努力争取实现他的这个遗愿。

网上读到一篇文章，讲毛主席十分赞赏顾炎武这样的知识分子，你也可以以此为题做点文章。

方克立

2009年7月31日

二

可真：

收到新作，谢谢！你是对我的学术、教育思想与实践、言教与身教体察较深入的学者之一，这篇文章着重讲“史论结合，尤重于论”的治学思想。从你硕士毕业后25年走过的学术道路来看，你是身体力行了这一指导思想的，并形成了自己独特的学术风格。对此我感到很欣慰！

哲学史是一门历史科学，必须重视史料，以掌握尽可能全面、可靠的历史资料为基础和前提。它同时又是一门哲学理论科学，是在科学的（应该是“一定的”）哲学史观与方法论指导下，从思想的历史发展中提炼、升华出来的逻辑学。对于哲学史这门科学的性质，我从黑格尔的“哲学史讲演录”得到很大的启发，并进而领会马克思主义经典作家的有关科学论述，结合自己的工作实践，逐渐形成了“史论结合，尤重理论”的治学路数。有人指出，重视马克思主义哲学理论、哲学史观和方法论原则是方克立治学的一个特点，这是知我之言；同时我也做过许多资料工作，比如在现代新儒学研究中编《现代新儒家学案》和《现代新儒学辑要丛书》，在南开大学上《中国哲学史史料学》课程，编《中国哲学名著选读》教材，甚至编《中国哲学史论文索引》（五册）等资料书。

附件中几篇东西，也多少涉及上述主题。

方克立

2010年7月23日

三

可真：

根据我提供的资料，你可以把文章再修改一遍，深化“史论结合，尤重理论”的主题，既讲我的看法（重要的话可以引到文章中去），也讲你的体会和自觉实践，如何形成自己独特的学术风格和路数。希望这篇文章能给后学以治学方法论的启发，引导他们中的一些人自觉地沿着这条道路走下去。

文章说西安范畴会议的主要组织者是我的说法不确切，说“主要组织者之一”是可以的。因为筹备召开这次会议，做工作最多的还是陈俊民先生。

方克立
2010 年 7 月 24 日

四

可真：

拜读了你“天马行空”式地解读“马魂中体西用”的文章,[①] 很佩服你思想之开阔、活跃和奔放，但还是不能完全适应这种脱离文本的解读方式。我的观感不详细讲了，只提出几个问题，请你再斟酌一下：

（一）能否不用“方氏综合创新论”这个提法？“马魂中体西用”论确实是接着张岱年先生的“综合创新”论讲的，也可以说是其发展

① 指周可真《中国文化思维方式如何向马克思主义思维方式转化？——基于对方克立先生“马魂中体西用”论的理解》，《中国社会科学院研究生院学报》2017 年第 4 期。

和深化。但二者都是中国马克思主义综合创新派在百年探索中所取得的阶段性成果，其产生具有必然性，不必把“方氏”特别提出来。张三萍将“综合创新”文化观的形成和发展分为四个阶段：①李大钊的“第三文明”论。②毛泽东的“古今中外”论。③张岱年的“综合创新”论。④方克立的“马魂中体西用”论。1990 年，我在一次谈话中把“五四”后的中国三大文化思潮，归纳为自由主义的“全盘西化”派、保守主义的“儒学复兴”派和马克思主义的“综合创新”派，就是将中国共产党人和中国马克思主义派学者的文化主张，都归结为“综合创新”论，“马魂中体西用”也是它的一种表现形态。

（二）大作说：“如果说张岱年先生‘综合创新论’的‘中哲特色’是体现在渊源于中国传统哲学‘和实生物’观念的‘兼赅众异而得其平衡’的‘兼和’思维的话，那末，‘方氏综合创新论’的‘中哲特色’则是体现在渊源于中国传统哲学‘内体外用’观念的‘体用’思维。”其实，“马魂中体西用”论的特点正在于超越了传统体用二元的思维模式，不光讲“中体西用”“内体外用”，而且还讲“马魂”，讲马克思主义与中国文化的“魂体相依”关系。“魂、体、用”三元模式正是一种“兼赅众异而得其平衡”的多元兼和模式。我非常重视张岱年的“兼和”思想，在《学习张岱年先生的“兼和”思想与品格》一文中，曾把张岱年的“兼和”论与毛泽东的《矛盾论》看作是 20 世纪三四十年代中国马克思主义辩证法的“双璧”。（见《中国文化的综合创新之路》，第 291 页）

（三）大作指出“马魂中体西用”论需要解决而尚未解决的一个重大问题，就是“中国文化的思维方式如何向马克思主义的思维方式转化的条件问题”。文中对“马克思主义的思维方式”有明确界定，而对什么是“中国文化的思维方式”，或“中国文化创新主体本有的思维方式”，则语焉不详，没有明确界定。后文讲到的“以重视研究‘大前提’本身何以确立的根据和主张通过心灵的涵养来确立其‘大前提’为本质特征的心性演绎逻辑”，可能是其内涵之一；前文讲到的“体用”思维和“兼和”思维，也应是其题中应有之义。“中国文化的思维方式”之内容应该是丰富而复杂多样的。中国文化的思维方式“向马克思主义的思维方式转化”，应该是一个系统工程，需要有扬有弃，实现创造性转换和创新性发展，同时也是马克思主义思维方式中国化的过程。这是整个中国哲学至今也没有完成的任务。要求“马魂中体西用”论去完成这个任务，实在有些苛求。在我看来，如能把“马魂”“中体”“西用”的概念界定清楚，理顺三者的关系，用百年中国文化发展的历史经验予以证实，阐明它的理论意义和现实意义，该论基本上就可以成立了，很难要求更多。

可真，对于你的“同情之理解”，我可能理解得不准确、不到位。几点想法仅供你参考。我们之间什么话都可以坦诚直言。

方克立
2017 年 3 月 9 日

五

可真：

你坚持认为“马魂中体西用”之文化理想实现的条件，是要用马克思主义的科学思维方式取代以心性演绎逻辑为特征的中国文化思维方式。这与我提出此论的初衷有一定距离。我 3 月 9 日信中已说明，“马魂中体西用”论是试图用“兼赅众异而得其平衡”的“兼和”思维，来正确处理中、西、马三种文化资源并存的当代中国文化现实格局，各给予恰当定位，充分发挥其正能量，并不是强调谁改造谁，谁取代谁。“马魂”与“中体”是相互依存关系，即魂体相依的关系。“马魂”离开“中体”就成了“游魂”，毫无意义；“中体”没有“马魂”的指导和引领，也不可能成为当代先进文化的载体。

中国文化思维方式的内容非常丰富，其中既有你讲的唯心主义的心性演绎逻辑，也有实事求是、经世致用的思维传统，“一阴一阳之谓道”的朴素辩证思维，“和而不同”、多样性统一的“兼和”思维，重视比类、求故、明理的辩证逻辑思维（参见冯契），等等。“马魂”的引入可以激活中国传统思维方式中的那些朴素辩证唯物的内容或基因，并帮助它在中国革命、建设、改革实践中获得现代科学形态，当然这个过程中也有批判和清理唯心主义心性演绎逻辑的问题。“马魂中体西用”论的任务不是强调要用马克思主义思维方式对中国文化思维方式进行改造和转化，而是要实现中、西、马三种文化资源的“兼和”即有机结合、辩证统一。

感谢你坦言并坚持自己的看法，这个问题我们还可以继续讨论。

方克立

2017 年 5 月 16 日

致周群等十通

一

周群、李葳同志：

收到第9次工作会议纪要①，其中介绍我与耿云志同志就经学的地位问题还有过一场讨论，感到很吃惊。我有耳聋（中度）的毛病，由于与耿云志同志坐的距离较远，他的发言我根本没有听清楚，也没有针对他的发言做过什么解释。

我的发言首先介绍姜广辉去年出了一本书——《中国文化的“根”与“魂”》，学术界就这本书召开了一次座谈会。姜广辉批评胡适写中国哲学史从老子、孔子讲起是“截断众流”，因为他把作为先秦诸子共同思想资源的“六经”给忽略了。我们这部思想通史要注意这个问题，建议在春秋时期老孔之前专设章节论述“六经”的形成及其在中国思想文化史上的地位。中国的经学在主流意识形态形成和巩固过程中起了特殊重要作用，在整个封建社会思想史中都要重视经学的发展和演变。

---

① 指“中华思想通史”项目的第9项工作工议。方克立先生时为该项目封建社会编的顾问。

我现在还是这个看法。

方克立
2015 年 5 月 22 日

二

周群同志：

你给杜运辉的几个材料中，有第 10 次工作会议的速记稿。我把关于我发言的内容，做了一点文字校订，补上了一些漏记的具体内容，比如唯心史观的多种表现形式，比如对五千年一贯之道的多种概括等。

方克立
2015 年 6 月 6 日

三

周群同志：

23—25 日的高峰论坛，我建议给云南省社科院哲学所副所长谢青松研究员发一个邀请函，请他作为当地学者参与交流。2013—2014 年，谢青松曾以“西部之光”访问学者身份来我院访学一年，主要研究课题是《群书治要》的政治伦理思想，同时对我提倡的“马魂、中体、西用”论感兴趣，写了几篇文章，汇编了一本文集，即将由人民出版社出版。他在人大读博士的专业是伦理学—中国伦理学史，导师是现任全国精神文明办专职副主任兼中宣部理论局局长夏伟东。我给××、×××都推荐过这个人，感觉是一个有用之材，你们在昆明会上先接触一下。

方克立
2015 年 10 月 9 日

四

周群同志：

收到大作[1]，拜读一过，很高兴。你有自己的专门研究领域，在协助院领导抓《中华思想通史》的工作中，就思想史学科的理论、方法、历史和发展趋势进行了比较深入的学习、思考和研究，发表的意见很有价值，不但对《通史》编撰工作，而且对思想史学科今后的发展，都有启发意义。《通史》班子一百多人，能够关心和思考这些总体性问题的人太少了。

社科院侯外庐学派的衰落，是一件很遗憾的事情，希望通过《通史》编撰工作，不但振兴起来，而且有新的更高的进境。构建能够继承和超越侯外庐学派的当代中国马克思主义思想史学派，关键是青年后继人才，特别是领军人才，希望你今后把中国思想史始终当作自己的一个重要研究方向。

去年的《海岱学刊》发表了一篇评述我的学术思想的长文[2]，作者林存光是林存阳的哥哥，刘泽华学派的重要成员，中国政法大学教授，去年评上的五个泰山学者之一。该文附去一阅。

方克立

2016 年 2 月 22 日

---

① 指周群《百年中国思想史的当代省思》，《云南师范大学学报》（哲学社会科学版）2016 年第 1 期。

② 指林存光《一个中国马克思主义者的儒学观与文化主张——方克立先生学术思想述评》，《海岱学刊》2015 年第 2 期。

五

周群同志：

你把百年中国思想史研究分为四个时期的观点，颇有新意，是重要的一家之言。先前的研究者往往把十一届三中全会以来的30多年笼统地归为一个阶段，但从发展趋势看，在拨乱反正和社会思潮多元化所造成的迷茫之后，必然有一个重新定位和新的自觉自主发展的时期，其最重要的成果应该是《中华思想通史》的编撰和出版。你把2004年中共中央发布《关于进一步繁荣发展哲学社会科学的意见》作为第三、四阶段分界的标志，也有一定道理，因为马克思主义理论研究和建设工程的实施，将马克思主义设立为一级学科，社科院马研院和各高校马克思主义教育学院的成立，都是落实这个文件精神的具体措施。思想史学科发展的分期不一定都能找到一个重大历史事件作为显性标志。

建议你把对百年中国思想史研究的考察进一步深化和细化，用按年、月系事的方法编一个大事记，把这个学科百年来的主要进展和成果都展示出来，尽可能地给予恰当定位。可以找一两位同道帮着一起做，这个成果是很有用的。《中华思想通史》的一个重要任务是集成，如果对已有的思想史研究成果都不熟悉，不了解，怎么“集成”？要是尚未形成明确的问题意识，怎么“超越”？这件事情本来是编《通史》前期就应该做的工作之一，现在做也不迟，可以使以后的编撰工作增加自觉和自主意识。

方克立

2016年2月28日

六

周群同志：

上个月我在当代所会议上的发言[①]，又讲了一下当代部分需作思路调整的问题，并涉及对思想史研究对象和范围的理解，以及思想史资料的分类问题。会后有同志表示同意我的看法，但也不见得大家都同意。他们主要是感到6月底要基本完成资料长编有压力，可能会做一些修修补补，补上最明显的短板［比如我在复李文函中曾说："李文同志：我记得《二十世纪中国学术论辩丛书》（江西百花洲文艺出版社）哲学卷有两本与你主持的那个时段关系较为密切，好像是胡海涛著的《建国初期对唯心主义的四次批判》，谢龙著的《建国初期唯物史观的论辩》。你们找来看一看，或许能提供一些资料线索。方克立　4月1日］。"总体研究思路调整不容易。所以我还是把上述情况汇报给编委会办公室，希望主编和编委会多关心当代部分的编写工作。

方克立

2016年4月18日

七

周群同志：

第1集[②]从思想史观和方法论的角度阐述我们这部《中华思想通

① 指《要从国史、党史的思路调整到思想史的思路上来》，收入本书第二卷。

② 指《中华思想史研究集刊》第1集，后由中国社会科学出版社2016年12月出版。

史》的宗旨与特点的文章应该多一点，但情况不太理想。建议把王伟光同志在第一次论坛会议上的讲话收进去。

有些个案研究文章写得很扎实，引据资料丰富，但这类文章也不能上得太多。

方克立
2016 年 10 月 6 日

八

周群、四伍[①]同志：

因老伴身体不好，我不能离京出远门，这次福州会议也不能去。

在资料长编基本完成、各编各卷都进入拟写作提纲的阶段，我觉得有一个问题必须解决，就是王伟光同志两年前提出的五千年一脉相承、一以贯之的中国精神或主流价值观到底是什么？它是全书写作的一根红线，不明确各编各卷写出来就很难成为一个统一整体。我们这部空前规模的中华思想通史，是接受某一个现成的结论呢，还是经过我们的全面系统研究，参考已有的各种研究成果，拿出一个更加符合历史实际、考虑得更周全也更有说服力的研究结论来？我赞成卜宪群同志要求封建社会编各卷都要梳理、提炼各个时段、各个门类的核心观念的部署，就是希望通过各编各卷全面深入的具体研究，最后概括总结出来的结论能够经得住历史的检验。

前年 5 月 28 日，我在第十次工作会议上的发言中讲过一段话：

> 还有一个问题，我第一次参会时就讲到了。我最早知道这个项目是看到《中国社会科学报》上发表的伟光同志的一次谈话，

① 指吴四伍先生。

其中最后一个小标题是："集中体现中华民族一脉相承、一以贯之的主流精神"，强调它是贯穿全书的灵魂。那么，我们在《绪论》中要不要对这个问题拿出一个看法来？这个一脉相承、一以贯之的主流精神、主流价值观到底是什么？伟光谈话提出了这个问题，就要认真研究，拿出我们的看法来。难道说这么一部大书写出来答案自然就有了？如果我们现在不研究，拿出一个看法来，把它作为全书的灵魂贯穿到各章节的写作中去，那么全书写出来，可能最后也没有回答这个"一脉相承、一以贯之"的问题。伟光提出的这个问题非常重要，但是要得出一个明确答案来也不容易。因为许多人都试图对这个问题做出回答，答案五花八门，各种说法都有。五千年中华文化的一以贯之之"道"是什么？有的人说是"敬天法祖、仁民爱物"，有的人说是"实事求是、经世致用"。韩愈的《原道》说是仁义道德，"仁与义为定名，道与德为虚位"。冯友兰的《新原道》说是"极高明而道中庸"的内圣外王之道。杜国庠就批他这个说法，认为中国哲学的精神不是"经虚涉旷"，而是实事求是。张申府把中国哲学的精神概括为"实""活""中"三个字，"实"是唯物，"活"是辩证，"中"是中道。张岱年以《易传》中的两句话——"天行健，君子以自强不息；地势坤，君子以厚德载物"来概括中国文化的基本精神。反正有各种概括、各种观点。习近平同志在十二届人大一次会议闭幕会上的讲话中，也讲到了"中国精神"，他说"这就是以爱国主义为核心的民族精神，以改革创新为核心的时代精神"。有人又提出问题：哪个国家不讲爱国主义？哪个民族不与时俱进，它就要落后，甚至被淘汰。所以中华民族五千年一以贯之、一脉相承的主流精神、主流价值观到底是什么，怎样概括合适，对于我们课题组还是一个很尖锐的问题，我觉得应该在《绪论》里面拿出我们的看法来。

对于这个问题，我十分注意习近平等中央领导同志的概括，也注意到了张岂之、陈来等学者的概括，但我还是希望通史写作班子能够拿出一个更精辟、更加符合历史实际、在学理上更能站得住脚的研究结论来。一些更具体的思考，以后有机会交流的。

方克立
2016 年 12 月 4 日

九

周群、兆锐[①]同志：

好文章很多，不可能都上。还要考虑各部分的比例，有些好文章只能割爱。

×××的文章题目很好，关系到中华思想通史的研究主题和方向，但是没有深入具体地论析清楚。比如王伟光同志在《与五千年中华思想史对话》（2014－10－17，《中国社会科学报》）的访谈中说："马克思有一句名言，统治阶级的思想在每一时代都是占统治地位的思想。主流意识形态和主流价值观是思想史的主要脉搏，《通史》项目要特别突出主流思想和主流价值观。"以各个时代的统治阶级思想为主线来写，怎样体现"把思想的历史还给人民"的精神，怎样体现人民思想史的写作方针，就是应该着重讲清楚的问题。建议作者充实该文，修改好了还可以在第 3 集发表。

方克立
2017 年 11 月 21 日

---

① 指窦兆锐先生。

十

周群同志：

我最近忙于马工程重点教材《中国哲学史》的通稿定稿工作，12—13 日的栗林山庄会议，就请假不参加了。不过我对通史绪论卷的写作十分关心，会上发的《绪论》纸质文本，你们还是寄一份给我。我会抽时间认真阅读并仔细斟酌其内容和文句，提出自己的看法。

绪论卷完成后，将全面开展和推进各编的写作。我建议按照习近平总书记最近指示精神：“要从历史逻辑、实践逻辑、理论逻辑相结合的高度，从五四运动以来中国的政治史、思想史、文化史、社会史等各领域开展研究，讲清楚为什么马克思主义能够成为中国革命、建设和改革事业的指导思想，讲清楚为什么社会主义能够在中国落地生根并不断完善发展”，贯彻厚今薄古原则，把五四以来百年思想史作为重点来抓，有关各卷争取两年内写出初稿，向建党一百周年献礼。

我 5 月 11 日在一个会议上的发言①，烦请转交伟光同志，并请他指正。

方克立

2019 年 7 月 7 日

① 指《五四百年的思想史意义》，系方克立先生 2019 年 5 月 11 日在石家庄召开的“百年中国哲学和文化发展的回顾、总结和前瞻”学术研讨会上的发言，后载杜运辉编《张申府张岱年研究集刊》第 5 辑，河北人民出版社 2020 年版；收入本书第四卷。

致郭齐勇等十六通[1]

一

齐勇同志：

大著《熊十力及其哲学》和由中华寄来的《新唯识论》均已收到，十分感谢。

大著已浏览一遍，我对贤弟能在三两年时间内，遍读熊氏学术论著和有关资料，理清他的思想脉络，拿出有相当份量的初步研究成果来，非常钦佩，亦感由衷的高兴。从大著可以看出吾弟知识渊博，基础扎实，思想敏捷，才华出众，今后在学术思想界将大有可为也。

你和肖、汤[2]二师一起编熊十力论著集，是一个很好的学习机会。希望你今后在研究熊十力哲学方面进一步下功夫，不断拿出新的研究成果来。

我以为，以梁漱溟、熊十力、冯友兰、唐君毅、牟宗三等人为代表的现代新儒家，以至到今天仍活跃在思想文化界的杜维明、刘述先等人，作为在本世纪颇有影响的一种哲学思潮，是很值得我们认真去

---

① 方克立先生写给郭齐勇先生的信中，第2—7、9、10、13、15、16封共11封信，由李维武先生保存。整理者根据李维武先生扫描、编码的信件整理，并经郭齐勇先生审阅。

② 指萧萐父先生（20世纪80年代常写作肖箑父或肖萐父，为保留信件原貌，均不作改动）和汤一介先生。

研究的。三十多年来，这里是把它当作一堆资产阶级的垃圾简单地抛弃和否定了事，而在台港和国外，现代新儒家不但没有绝种，而且不断地繁衍出了它的第二代、第三代……近年来随着开放和对外学术交流的发展，这种思潮也渗入和反映到我们（大陆）的学术思想界来，今天人们讲得很多的天人合一、道德理性、个体人格、儒家人文精神等等，正是三十年来台港和海外现代新儒家学者一再论述的主题，不仅在唐君毅、牟宗三等人的著作中俯拾皆是，就是现在还是中年的刘述先也说："我个人是传承了'新儒家'的信念：它相信'生生的天道观'，也同时深信'以人为本'的人道观。其实，人与天道是相通的，这就是所谓'天人合一'的思想。"刘的父亲刘静窗同熊十力有交往，刘述先由此找到了他的思想传承的"学术根茎"。

近年来，在国内思想界中，一方面有完全否定传统文化价值的"全盘西化"的主张，另一方面，在主张有所批判亦有所继承的观点中，现代新儒家的理论似乎有相当势力，杜维明鼓吹的"儒学第三期发展"在国内亦有一定市场。所有这些，我觉得都是值得思考的。

熊十力是本世纪现代新儒家的一个重要代表人物，过去三十年，他在大陆基本上是湮没无闻，但在台港和海外，却影响很大，学嗣不绝，作为祖师，他自然是被抬得很高的。今天，我们用马克思主义观点实事求是、恰如其分地去评析熊氏哲学及其贡献，意义十分重大。我们要把熊氏哲学放到"现代新儒家"这一带有国际性的学术思潮中去研究，并且在当代国际文化思潮斗争的大背景下，来树立我们的马克思主义的鲜明旗帜。

以上断想，随笔写来，仅供吾弟参考。我对熊氏论著虽有兴趣，但阅读很少，83 年在一篇论体用的文章中稍有涉及，而不敢更多地妄言也。

春节前寄出一挂号信，想请吾弟为《中国哲学辞典》[①] 撰写部分

① 指方克立主编的《中国哲学大辞典》，中国社会科学出版社 1994 年版。

条目。王夫之已另约其他同志撰稿，关于熊十力的辞条数量不多，拟目中仅列出20余条。吾弟驾轻就熟，不过举手之劳也。望能惠允是盼。

熊十力学术讨论会的其它论文和文字材料，也很愿意看到，不知能否给我弄一套？

专此　即颂

春祺

方克立

1986年3月20日

二

齐勇、维武同志：

小李来信收到。

北京87年基金评审会（你们陶老师[①]参加了）后，我给李老师有一信[②]，谈了情况和设想，复印件寄上，话就不重复说了。

我同社科出版社副总编兼哲编室主任郑文林同志已商定：

1.《现代新儒家研究论集》第一辑列入1988年发稿计划。

2. 字数不超过30万字。

3. 论集基本上不收已发表于其他刊物上的文章，但各报刊已发表的关于现代新儒家研究的重要文章可以摘要介绍。

4. 论集由课题组编辑交稿，出版社方面只作技术性处理。

其他具体问题，在编辑出版过程中再协商解决。

我们原定十一月底结稿，不知现在来稿情况如何？实际工作进程可能拖后一点，但希望不拖过明春。

---

① 指陶德麟先生。

② 即李锦全先生，该信即本卷所收《致李锦全》第一封信。

小郭将副教授名额让给汉明一事，在学术界传为美谈。我很赞赏和支持你的这一行动，但同时认为现在评职称制度弊病太多，有的地方人才受压抑，更多地方是评得太滥。今年我在南开也做了一件颇为一些人非议的事情，就是积极促成36岁的吴忠（比较科学史博士，现南开社会学系系主任）上正教授，事实证明这样做的效果还是较好的。

问肖、李、唐诸师好。顺颂

著祺

方克立

1987年11月15日

三

齐勇、维武同志：

收到了你们发出的通知，写得很好，规定很明确，要求很具体，谢谢你们。

关于字数要求，一般要求万字以内是恰当的，但在具体掌握时，如果文章真正内容充实、精彩，少数超过万字，甚至两、三万字都是可以的。我们的论集不一定照顾人人都上，还是质量第一；每辑篇数不一定上30篇，如果只上20篇，每篇可以平均15000字，如果上25篇，就可以允许有10篇超过10000字。我们不要求绝对平衡，重点文章、高质量文章可以在字数上给予照顾，这是我个人意见，仅供你们编辑工作参考。

近年来报刊上已发表的关于现代新儒家研究的文章，可以编个目录索引，重要文章还可以摘要介绍。就我所知，最近一年来关于这方面研究概论性的文章，有李泽厚的《略论现代新儒家》（《文化：中国与世界》第3期），刘述先的《当代新儒家的探索》（台湾《传习录》第5期，86年10月，又见大陆出版的港台文章复印资料），景海峰的《当代儒学思潮简论》(《深圳大学学报》1987 年第1 期)、何新的《评海外新儒学》(辽宁《社会科学辑刊》1987 年第2 期)、李书有的《新儒学思潮与我们的儒家伦理研究》(《南京大学学报》1987 年第1 期)等。个别人物研究的文章也有不少，如《中国哲学史研究》杂志 1987 年第4 期刊登的李世家等的《方东美在学术上的开放态度和开拓精神》一文，就具体论述了方东美作为现代新儒家代表人物之一的主要特征。编制目录索引和重点文章摘要介绍的工作是否可行，也请你们考虑一下。

本月底在中央党校召开中国现代哲学史学术讨论会，李振霞同志一定要我发个言，也可能把发言内容整理成文,[①] 在三月 15 日前寄给你们。

李世家同志说他正在写一篇关于唐君毅的文章，愿意给我们。他的工作单位是重庆市四川省委第二党校哲学教研室。

专此　顺颂

著祺

方克立

1987 年 12 月 3 日

四

齐勇、维武同志：

我在中国现代哲学史讨论会上的发言稿整理出来，今寄上，请查收。

不知稿件收到了多少，《论集》编辑工作进展如何？你们估量什么时候工作能够结束，即可安排我和李老师去汉定稿。最好事先能打个招呼，我们也好安排手头的工作。我和李老师在汉几天的住宿等，

① 即《关于现代新儒家研究的几个问题》，后刊载于《现代新儒学研究论集》(一)，中国社会科学出版社 1989 年版；收入本书第三卷。

也要麻烦你们事先早作安排。谢谢。

顺贺

年禧

方克立

1988 年 2 月 6 日

五

齐勇、维武同志：

先后二信均收到。谢谢您们为编辑《论集》所付出的辛勤劳动。

昨天同事收到河南来信，二程会议是 22 日报到，23—27 日开会。那么李老师就要在 21 日从武汉动身。我想，这次去汉要审阅 20 多万字稿子，还要商讨《学案》的编写计划和体例，4、5 天时间不算宽裕。所以计划 16 日从天津动身，17 日到汉，到 21 日还有四整天时间。我刚才把这个计划写信告诉了李老师。

河南的会，我本来准备不去了。但崔大华、卢连章同志一再来信要我还是去一下，加上有李老师同路，我现决定还是去几天。接着已约好要同傅伟勋在北京见一面，最好也能把稿子交到中国社科出版社（如果全部完成，没留下什么尾巴的话）。以参加河南会议名义，这趟路费也可由那里报销，节省我们课题组本来就不充足的经费。所以，我也要麻烦您们代买 21 日晚发车去洛阳的车票，和李老师一道，最好是软卧。

其他见面再谈。顺颂

著祺

方克立

1988 年 3 月 29 日

六

齐勇、维武同志：

和肖老师一起办去新加坡的签证，得知齐勇将上任副主任，特此祝贺。但我想，最近一年你还不能过问太多，还得讲点条件，要用主要力量完成博士论文（拿出代表自己水平和实力的成果来）；毕业后当然可以多干点。

中国社科出版社已把《现代新儒学研究论集》排出清样，上月下旬托人带到天津，要求校完后急速退他们，我怕寄武汉来回耽误时间太多，就在天津找几个人校了一遍；但有相当部分校稿质量不行，我不得不全部重新校阅一遍，现已送回出版社。

出版社方面这次合作态度不错，交稿后仅两个月就排出了清样，他们是作为重点书稿处理的。

书的封底“责任编辑”栏内署上了你们两位的大名。

明年夏天郑家栋想在镜泊湖搞一个中国现代哲学史方面的学术会议，现代新儒学将作为讨论重点之一。我要他多邀请我们课题组的同志参加，争取会后编出第二本“论集”。你们认识的朋友，对这方面研究有兴趣的，可预先同他们联络和约稿。

你们在现代新儒学研究中和学案编纂中所缺的重要资料（国内难找见），如能寄给我一个书目，我这次可能到新加坡去找一找。因为东西哲学研究所图书馆部主任李金生先生曾表示愿与我们在资料交流方面合作。

专此　即请

暑安

方克立

1988. 8. 3

于北京

七

郭齐勇、田文军、李维武同志：

《现代新儒学辑要》丛书第一批七本除一本没有按时完成外，其他六本已于春节前交中国广播电视出版社。编辑部在审稿过程中，发现尚存在以下问题：

一、有的选文字数过多，超多35万（35万，加编序，排印出来就近40万），需删减若干选文。

二、有的未按要求将难以辨认的繁体字改为简体字。

三、个别编者对选文中明显反共的问题也未加删节。（张总编对此说得很重："四川出了一本《杜月笙传》，总编辑判了七年，我还要吃饭哩！"我们要特别加以注意。）

四、有的"编序"缺少马克思主义的分析批判，对新儒家学者只有赞扬之辞，并带有较重的感情色彩。

现在未能按原计划发稿，有的稿子不得不退回加工修改。到5月上旬只发稿两本。这套书已列入国家出版局批准的"八五"期间重点出书计划，书是一定要出的，请各位编者、编委注意上述问题，按要求高质量地完成任务。第二批书稿已送来几种，原计划六月份交齐，请尚未交稿的同志抓紧完成。谢谢大家的合作与支持。

方克立

1991年5月25日

八

齐勇同志：

来信、贺卡均收到，迟复为歉。

《熊十力思想研究》一书，原计划作为《现代新儒学研究丛书·专人研究系列》之一种，交由中国社会科学出版社出版。由于社科出版社重头书太多，去年发了我们的“辞典”，今年将发“学案”（因罗义俊拖了时间，去年底才交稿），他们要到明年才能开始发“丛书”稿。哲学编辑室任务特重，包括任继愈先生主编的佛教典籍选刊（3000万字）等，集中发稿有相当困难。加之该出版社出书周期太长［《现代新儒学研究论集》（一）1988年5月交稿，1989年4月出书；《论集》（二）1990年6月交稿，1991年12月出书。不久就会将书和稿费寄给你，顺及］，我们有意将这套书转给天津人民出版社，几方面正在协商中。天津人民出版社历来印刷装帧质量好，出书也能快些，社领导对这套书很重视，很想“抢”过去。社科领导人熟，估计也能说通。

张祥浩的《唐君毅思想研究》已交稿，如定下给天津人民，马上就能审读发排。

我希望从总体上听听你的意见：这套书给天津人民行不行？（社科计划93—96，四年出齐；天津人民92—94，三年出齐），也想请你就近听听李维武、田文军二位同志的意见，并促他们抓紧写作。我不希望把这件事拖得旷日持久。

另外，我还想作交给天津人民的具体安排，请你抓紧在今年上半年把熊十力稿完成，争取作为第二本在年内出书。

《现代新儒学研究丛书·专题研究系列》共十二本，去年底已交辽宁大学出版社三本（陈少明《儒学的现代转折》，郑家栋《本体与方法——从熊十力到牟宗三》，韩强《现代新儒家心性理论述评》），他们今春就会出书。

来信所谈心境，我完全理解。发愤读书做事，做出实绩来，历史总会做出公正评价。你的处境和去向，我自然是很关心的，也不会随便跟外人说。年轻人都传我有“北陈南郭”的说法，有人还不服气，其实我是多年前和肖公等议论时说的，并未有贬低别人的意思。说心里话，对你确实寄存厚望，希望你们成长得比我们更顺利些，干得更好些。我过去在政治上也屡受挫折，57 年到了右派的边缘，80 年代才入党。你们要汲取我等的教训（包括肖老师，也多所磨难），更坚强地迎受生活的考验，做出更大的成就来。

教委原决定要我留在学校工作，后来又变了，要我去北京。现在基本上妥了，要等中组部批复后才能办手续。变动大概会在今年之内。去北京是我的愿望，新的工作适应就干下去，不适应还可再作选择，到北京选择余地就太多了。

南开最近在评职称，××的副教授职称能解决，原想破格晋级正的，学校领导的思想不解放，没有答应。

专此　顺祝

新春万福

方克立

1992 年 1 月 19 日

又及：请转告田文军同志，冯友兰学案要几张照片，正面照一张，生活照（包括与亲人、朋友、学生合照）二张，墨迹一张。请他及早备齐给我。

九

齐勇、维武、文军同志：

为申报“八五”重点，我给基金办写了一个材料，今寄上各一份，请审阅、补充、订正。研究成果部分，仅据我手头掌握的材料，肯定有不少遗漏之处，凡你们知道的，请详细函告我。

齐勇的书上半年能交稿，甚善甚善。文军、维武所承担的冯友兰、徐复观思想研究，大约什么时间能完成，请给我一个底数，以便安排出版计划。我希望你们抓紧，出版现在较有保证。

文军还须为学案补充几张冯先生的照片，前已托齐勇转告，盼及早寄来。

专此　顺颂

著祺

方克立

1992. 2. 13

十

齐勇兄：

来函收到。谢谢几位的支持，我们已在南开报了“现代新儒学的整体理论分析”项目（不同于教委的拟题，不是对这项“研究”进行研究，在现阶段甚需对现代新儒学研究中提出的诸多理论、历史和现实问题，进行整体的分析和评述，论史结合，以论为主），课题组成员写的武大三位和南开郑家栋、武东生、曹跃明三位（都是博士）。待审批有了结果，再报告你们。请几位对将于最后完成之论著的总体思路和框架结构多作研究和讨论，提出设想，集思广益。

天津人民出版社要求作者提供一张二吋照片（黑白）和数百字的简历，印在大著封面折里，请速寄给我或直接寄给天津人民出版社理论编辑室盛家林同志（南开哲学系 77 级学生），邮编 300041。

武大的开户银行和账号、收款人名称等亦请速寄来，课题组打算最近拨一次款。此事维武知道。

台湾已寄来入台旅行证复印件，但未寄来在台日程安排，还无法上报。我已发电传过去催寄。顺颂

近祺

方克立
1992 年 10 月 31 日

十一

齐勇：

前寄一信，请你将熊十力一书所需照片和小传赶快寄天津人民出版社盛家林（或寄给我），你或维武、文军赶快将开户银行和账号给我，以便汇去课题费。这两件事都请抓紧办。

教委社科司委托张岱老和我主持编写一本高等学校通用教材《中国文化概论》，供全国各类高等学校开这门课程选用。规模 30—40 万字间，一年完成。打算约请国内文史哲方面最优秀的中青年学者 12—15 人参加撰稿（每人一章，2—3 万字），我想请你参加。初步计划明年元月上旬在北京召开第一次编写工作会议，讨论编写大纲和确定分工，半年完成初稿，分别打印 30 份；7 月在东北某地（未定）开集体审稿会（除全体作者外，另请部分专家帮助提意见，审稿会兼有休假性质），九—十月集中少数同志统稿，年内定稿交出版社。经费、出版等全部由教委负责。

请你在一周内给我复信。①你本人是否同意参加这项工作。②你对这本教材有些什么好的设想，或者说，你心目中这方面的一本好教材应具有怎样的面貌，它应包括哪些基本内容，最好能提出一个章节安排的粗略纲要。③你认为国内哪些学者适于参加这项工作，给我提供一个参考名单（特别注意提出几个搞文学和史学的优秀青年学者）。教委希望这批人都能成为世纪之交的学科领头人；最近在筹划海峡两岸高校有组织的文史哲学科学术交流，也要把这批人作为骨干考虑在内。

请抓紧这几天翻一些书，及早给我复信。信寄到天津。

专此　即请

教安

方克立

1992 年 11 月 25 日于北京

请小肖带去一套《辑要》，因太重了，另两套邮局寄出，请注意查收。

十二

齐勇同志：

杨志坚从武汉来电话，谈到《中国文化概论》编写工作中的一些问题。他从我这里要去了你的电话号码，可能已与你通过电话。

“中国传统哲学”一章的纲目已看过，我认为三节的安排很好。第一节开头就可以谈一下中国哲学在中国文化中的地位问题，因为张岱老十分强调这一点，要把此章放在整个中编的前头。我们在次序上不一定这样排，但在道理上要强调其文化核心地位。

请基本上按您初拟的纲目撰写初稿，在最近两个月完成，七月前打印好提交审稿会议。

在杭州给你看过的资料，回校后大部分还未装订。为避免浪费，我已重新作了一种处理，把“编序”去掉，加了一篇文章，前面再加一简短说明，印装出来。我将寄一本给你，看有无大问题，如果问题不大，再分送部分同志。

我非常感谢您和滕复等同志在杭州帮助我决策和分析问题，在南开有人帮我编印校对此书反而无人给我提相反的意见，这是很值得我自己反省的。××陷入个人名利场中不能自拔，在南开已失去人们信任，最近正在联系调北京工作。系里党政联席会议做出决议同意调离，我力主挽留，不知学校最后会做出何种抉择。

请转告维武，《徐复观辑要》已审完递交中国广播电视出版社。

我4月12日—6月9日去法国两个月，在此期间有关《中国文化概论》一书的问题，请与杨志坚同志联系。又中国社会科学出版社可能会将《现代新儒家学案》的稿子分别寄给各案编者校对清样，因为是排繁体字，怕青年校对人员有不认得的，所以请编著者直接校。此事你也给维武、文军打个招呼。

专此　谨颂

著祺

方克立

1993年4月2日

十三

齐勇、维武：

我于6月10日从法国返回天津，完成曹跃明、李毅二人的博士论文答辩后，15日又动身去台湾，于7月2日回到天津。

在台北见到了乐炳南先生，初步洽谈了明年在武汉召开“徐复观学术思想研讨会”事宜。他设法在台湾筹集10万元人民币作为会议经费，有三个渠道：一是徐氏弟子捐赠，二是找东海大学，三是找某个基金会。希望武大和浠水方面也筹集一点，算是合办。

会议时间以9月中下旬为宜，那时台湾的大学还没有开学。初步意向是9月16—19日，三天开会，一天去浠水参观。

出席会议人数以50人左右为宜，大陆30人，港台海外20人。徐氏弟子和家属有多人想参加。大陆与会人员名单请你们确定；港台、海外与会人员名单由乐先生等推荐（乐炳南、曹永洋等有一个徐氏全集编辑小组），你们最后确定。

此事需正式提上日程，有许多工作需要我们去做，主要要辛苦你们二位了。我想到的有：

——和有关方面打招呼，提出申请举办这样一次学术会议；

——要得到武大和哲学系领导的支持；

——拟邀国内学者出席会议的，预先要打招呼，首先我们要有一批高质量的学术论文（我已给陈来说过）；

——你们要到浠水走一趟，和有关方面联系，并对徐氏故里作一番考察；

——请你们总体上作一个计划，从现在开始，用一年多时间筹备一个中小型学术会议，还是做得到的。

《学案》今年能够出版，《徐复观新儒学论著辑要》争取明年会前出版，请维武加紧写《徐复观思想研究》一书。

请维武给我一个武大已有的徐复观著作目录，以及尚缺书目。南开也搞一份。乐炳南先生答应帮助两校把徐先生的著作配齐。

其他事情，以后再谈。顺颂

暑安

方克立

1993 年 7 月 12 日

十四

齐勇：

在齐齐哈尔会上，大家一致肯定中国传统哲学一章初稿写得有水平，视界高，综合概括得好。有的同志提出讲“天人之际”、“性命之原”，亦应讲“通古今之变”即历史观问题。既要照顾历史，又要照顾逻辑，事实上不可能什么都论及。我意修改稿不在于内容上的扩充以求全面，而要更多地考虑我们的教学对象能否较顺利地接受和把握的问题。哲学是文化中的最高层次，学生觉得难一些是自然的，但要让他们基本上能读懂。

修改稿请在10月中旬前寄给教委高教司文科处杨志坚同志。

我和小杨一致意见，想请您参加通稿。冯天瑜同志已答应参加。通稿地点选在武汉，你们就方便些；选择别的地方，没有学校和家庭其他事情的干扰，时间精力可能更集中些。您的意见如何？

打算请您通改中编的稿子，量大一些。考虑到您年富力强，所以给压重单子。天瑜负责上编，我负责下编。这样分工合适吗？

收到乐炳南先生电报，说您给他去过信，问台湾参加徐复观会议学者名单。他们要求先确定开会时间。我在台湾和他初步商定在9月中旬，15—17三天会议（或16—18）。这个时间台湾各大学还未开学，而武汉也不是最热的时间了。会议筹备工作烦您和维武多费心。

专此　顺颂

教祺

方克立

1993年9月6日

十五

齐勇：

我因外出太多，手头的事情干不完，所以武大的评审会不去了。关系到你的导师问题，我思想上也很矛盾；不过估计问题不大，只等着陈老师回来听好消息。

这次宗桂、国荣都未能解决；永海解决了，也为南京大学保住了中国哲学博士点。

上海《学术月刊》翁美琪同志来信，说大作文字过多，不好安排。她还说也会给你写信。第二次寄来的简体字本已收到，我又交给了《天津师大学报》熟悉的编辑同志，他还要拿回去研究一下，要发最早也是明年第一期（今年第六期已发稿）。如发表可加印 200 份，可以寄台、港、海外，以扩大影响。

你从陈来那里借去的翟志成《当代新儒学史论》一书，我想请你交陈晏清老师带来给我用一下。翟志成攻击熊先生的文章，你批驳他的文章的资料，还有龚鹏程在台湾花莲会议上攻击梁漱溟的文章等，我想印成第二辑“现代新儒学研究参考资料”（内部资料），供课题组同志和国内思想文化界同仁参考。

翟的文章我手头没有，需要复印一下。你先后寄的两份文稿，我分别给《学术月刊》和《天津师大学报》了，所以最好还请陈晏清老师带两份来（一份印内部资料用，一份编《论集》用；后者时间会拖得很长，前者较快）。

为印一册内部资料，你驳翟志成的资料（二）（三）……最好一齐刊出。

你给乐炳南先生复信时，可说我们一致同意会议延期至 1995 年开。具体时间请你和维武议定，我们全力配合。

见到维武、文军同志，代我催一下他们分别承担的《徐复观思想研究》和《冯友兰思想研究》二书，要他们给我来信说明进度和预计交稿时间。维武的书如能赶在后年徐复观会前出版最好。

专此　顺颂

教祺

方克立

1993 年 10 月 15 日

十六

齐勇、维武同志：

现代新儒学辑要丛书因中国广播电视出版社被整顿而停了几年，

现在允许重新出书了，而出版社变得十分小心谨慎，这套丛书一定要有“委托授权书”才能开印（胶片早印好了），怕出现版权纠纷。

请您们两位抓紧把这件事情办一下。徐复观家属能否请维武寄信征求徐武军的意见。熊十力家属则请齐勇酌请合适人选。只要有家属（任何一人）签字出版社就答应出版。

文军编的一本，我直接找宗璞签字，就不麻烦文军了。

专此　顺颂

著祺

方克立

95. 3. 30

（授权书要签字二份）

致胡静三通

一

胡静同学：

首先请你替我向李光虎教授表示感谢。他的劳作应该得到尊重，我对拙作《中国哲学史上的知行观》能出版韩文本感到高兴。该书写于30年前，人民出版社初版于1982年，重印于1986年，1997年作为《哲学史家文库》的一种第3次印刷。不知李教授翻译时用的是哪一个版本？

我在1995年3月访问过延世大学，李康洙、黄熙景教授还陪我参观过昌德宫。请你替我向李、黄二位教授表示问候。

请复函介绍一下李光虎教授的基本情况。

方克立

2011年12月5日

二

胡静同学：

请转告李光虎教授，我可以为《中国哲学史上的知行观》韩文本写一短序。不过最近忙于别的事情，时间要延后一点。请告知最晚交稿时限。

方克立
2011 年 12 月 16 日

三

胡静同学：

前年 12 月，你来函告知延世大学李光虎教授已将拙著《中国哲学史上的知行观》译成韩文，要我写一个韩文本序。序文已于去年 2 月寄去，不知该书出版发行没有？

我去年出了一本新的文集《中国文化的综合创新之路》，打算寄给李光虎教授一本。请将李教授的确切地址和邮编告诉我，谢谢！

方克立
2013 年 7 月 8 日

致徐必珍、高秀昌一通

必珍、秀昌同志：[1]

寄上汪先全同志等的《“天人合一”——冯友兰一以贯之的思想》一文，盼能在贵刊刊用。

汪先全同志是我的研究生，已获硕士学位。这篇文章认为，冯友兰以“天人之际”问题作为哲学的主要对象，“天人合一”的天人观是他解放前后各个时期哲学思想中一以贯之的东西，只不过各个时期表现形式不同，所抓问题的重点不同，解放前后还有哲学基本立场的不同。从这一角度去把握冯的哲学思想，确能抓住他作为一个“新儒家”的思想特征；而且过去的研究者似乎还没有这样提出问题的，没有看到过专门论述冯友兰天人观的文章。因其有新意，故推荐给贵刊发表。

专此　顺颂

秋安

方克立

1992 年 10 月 4 日

---

① 此信由高秀昌提供。徐必珍、高秀昌当时任职于《中州学刊》编辑部。

致高秀昌三通

一

河南省社会科学院哲学与中原文化研究所
高秀昌同志：

欣悉贵所要举办“《儒学的现代命运》出版暨崔大华先生学术思想研讨会”，非常高兴。我因健康原因不能前往赴会，请你转达我对大华兄的诚挚祝贺。

在从事哲学史工作的老同学中，我最佩服两个人：一个是已故的刘文英教授，一个就是大华兄。他们都有重视理论和方法这个人大学派的共同特点，同时又在哲学史料的搜集、整理、训释、考辨方面下了扎实的功夫，每项研究都有明确的问题意识，都注意用事实材料说话，都有创新的思想或亮点，改革开放以来贡献出了多部精品力作，得到学术界的高度评价。他们是我辈中最优秀的哲学史家。

大华兄师从侯外老读研究生时的处女作《南宋陆学》，就以准确的思想辨析见长，纠正了学界一些似是而非的评论，得到前辈学者张岱年先生的肯定评价。80 年代他集中精力于庄子研究，推出了《庄子歧解》和《庄学研究》两部大著。前者显示了他在文献学方面的深厚功力，兼取义解、考据之长而避其短，在前人注《庄》的基础上活用歧解法，有助于揭示《庄子》思想的深邃意境和确切涵义。后者不仅在考论其人其书的基础上梳理了庄子思想的丰富内容、内在联系和逻辑结构，而且揭示了它在中国传统思想形成和发展中的重要地位和影响，指出它是中国哲学和文化某些基本特征和内容的最早的观念渊源。该书是20世纪最有新意和理论深度的一部道家思想研究专著。

90年代以后，大华兄的研究重点转向中国传统思想文化之主流的儒学，面对这样一个背景复杂、时间漫长、形态和层面众多的研究对象，他下的功夫更大，《儒学引论》和《儒学的现代命运》就是他前后两个十年交出的厚重答卷。前者通过历史分析、结构分析和比较分析，较完整地揭示了儒学的历史面貌、理论规模和思想特质，指出儒学是一个以伦理道德思想为核心的多层面的观念体系，它在历史上曾具有国家意识形态的性质，同时又是中华民族特有的一种文化类型和生活方式。后者着眼于中国现代化进程中儒学的生存境遇、理论反思、价值定位和创造性回应，认为作为中华文化主体形态和精神特征的儒学，在今天仍然具有能够与现代社会生活和人类思想理念接榫的不竭的文化生命力，它能为中国的现代化提供动力因素、秩序因素和适应能力，也能为我们国家正在进行的精神文明建设、公民道德建设、培育和弘扬民族精神提供学术理论的支持。正是基于对中华文明能够自立于未来世界民族文化之林的自信和理论自觉，他才决心要对儒学的现代命运这个前沿学术课题进行深入探讨，其研究成果也非一般简单肤浅的议论所可比拟。

大华兄之所以能取得如此巨大的成就，与他视学术事业为生命、对复兴民族文化有高度的责任感是分不开的。我们这代人生活在一个特殊的历史年代，“文革”耽误了宝贵的青春年华，他40岁才得到读研究生的机会，所以在学业和事业上都有一种紧迫感。他原籍安徽，大学和读研在北京，1982年毕业分配到河南后，即以河南为家，埋头苦干三十年，无怨无悔。他甘于寂寞，淡泊名利，为人低调，做事认真，特别在学术上有很高的追求和勇攀高峰的精神。在老同学、老朋友看来，他的成功乃意料中之事，因为他的学术功底和为人风范摆在那里，是功到自然成，是实至名归。当然，他的成功也得益于思想解放、改革创新的时代。大华兄曾多次获得国家社科基金的资助，河南省社科院为他提供了做学问的优越条件，有关出版社亦慧眼识珠大力推介其学术成果，这些都是学术大家能够脱颖而出的助缘条件。

在《儒学的现代命运》一书出版之际，认真总结和大力宣传崔大华同志的治学精神和为人风范，对于教育启示青年学者、推动哲学社会科学发展很有意义。祝研讨会取得圆满成功！

方克立

2012 年 10 月 12 日

二

秀昌：

谢谢你的中秋祝福。

到西南大学后，学科建设是一重要任务，不仅自己要做研究，而且要带好一支队伍，建设好中国哲学学科。有点挑战的事情干起来也更能激发人的热情。

5 月 14 日，我在上海讲了一次冯契[①]；5 月 25 日，在张岱年先生纪念会上也有一个发言[②]，你在场听见了的。两篇文稿附去一阅。20 世纪中国哲学家中，我比较看重张、冯二位。二位都是真诚的马克思主义者，都精通中国哲学，都力图将二者结合起来创造中国化马克思

---

① 指《冯契研究与冯契学派》，系方克立先生 2014 年 5 月 14 日在华东师范大学哲学系做的学术讲座，刊载于《哲学分析》2014 年第 6 期；收入本书第四卷。

② 指《青年张岱年的睿识》，系方克立先生 2014 年 5 月 25 日在“古代中国哲学的通见、睿智和精义——纪念张岱年先生诞辰 150 周年”学术研讨会上的发言，刊载于《中国社会科学院研究生院学报》2014 年第 6 期；收入本书第四卷。

主义哲学体系，是值得尊敬的先行者。

方克立
2014 年 9 月 8 日

三

秀昌：

来函收到，《哲学与文化》上的文章也已看到。这些年来，你一直关注哲学史观和方法论问题，研究成果已形成系列，也形成了自己的学术特色，这个方向应该坚持下去。我最近读冯契的书，他自觉贯彻“哲学是哲学史的总结，哲学史是哲学的展开”的原则，其哲学史著作很有特点，也有较大影响，值得做些研究。他受黑格尔和列宁关于逻辑的与历史的一致思想影响较深，对中国哲学中三个“圆圈”的论述受到一些诟病，但也确有所见。

谢青松将我和学术界论“马魂、中体、西用”的文章汇集起来，编了一本书，即将由人民出版社出版，其中也收进了你的一篇文章。现将他编就的书稿发过去，如有感兴趣的合适的人，可以组织一点评论文章。

方克立
2015 年 10 月 6 日

致钱逊一通

钱逊同志:[①]

中国广播电视出版社出版的《现代新儒学辑要丛书》，令尊大人的一本由罗义俊选编，“编序”也是他写的。因该出版社前段被“整顿”，这套丛书的出版中断了几年。现在允许重新出书了，但要求各书都有“委托授权书”，已故学者则请家属代签。

我们在丛书的“总序”中已说明是采取广义的“现代新儒家”概念，把钱先生包括其中当不会引起异议。“委托授权书”则请您帮忙。出版社非常了解您的情况，也十分希望您帮这个忙，专门托我给您写信。授权书（二份）签字后请寄还给我。

专此　顺颂

春祺

方克立

1999 年 3 月 30 日

---

① 该信由程鹏源提供。

致唐力权六通

一

力权兄：

三月三十日来信收到。关于《国际中国哲学人名录》的入选标准，经吾兄说明，弟就心中有数了。中国哲学史学会的登记会员，约近千人，除了一部分研究生和业余爱好者没有专门的论著外，公开发表二篇以上关于中国哲学研究论著者，估计不会少于五六百人。把他们的资料都收集起来，自然有相当的难度，但我会竭力把这件事做好，请吾兄放心。

上周我同汤一介兄商讨了建立华北资讯中心事宜，初步决定：（一）推荐孙尚扬（北京大学哲学系哲学史博士生班研究生）、武东生（南开大学哲学系中国哲学史专业研究生）二人为通讯会员；（二）除了梁漱溟、冯友兰、张岱年、任继愈、李泽厚已被提名为国际中国哲学会资讯委员会顾问之外，另推荐石峻（中国人民大学哲学系教授）、庞朴（中国社会科学院研究员）二位为学术顾问。

协助我做《中国哲学人名录》资料收集、整理工作的，主要是黄昭仪（南开大学哲学系讲师）、武东生二位。

关于建立华东资讯中心事宜，我已遵嘱写信给丁祯彦、沈善洪二位先生。

大陆学者已经寄到美国的旧表格，可以一并寄我这里，我再敦请他们补填。

我完全赞成《人名录》出版以后，进一步编纂《国际中国哲学通鉴》的计划。这些学术基本建设，将大有助于中国哲学走向世界和传统哲学的创造性转化。

顺颂

著祺

方克立

1988 年 4 月 12 日

二

力权兄：

收到四月五日来信和国际中国哲学会国际顾问团的聘书，十分感谢。本人愿为推动中国哲学走向世界、实现国际中国哲学会的目标尽绵薄之力。承蒙吾兄错爱，推荐弟与汤一介兄为国际中国哲学会驻中国大陆的区域代表，弟一定尽力而为，争取把学会托付的各项工作尽量做得好一些。

我已将《人名录》履历表复制寄给国内（大陆）中国哲学教学、研究、著述的各位学者，部分已经收回，估计到本月底成中英教授回国访问时，大约能回收资料 500 份以上，或可请中英兄将这批资料先行带去美国（我会复印留底）。我还不太明确，是将原始资料（各位学者填的履历表格）直接交给学会秘书处呢，还是需要我先整理一遍，按照一定规则编排和统一文字风格，甚至印出一个系统的资料？关于电脑储存，很遗憾，我个人目前还不能做到，但也可以想办法去做。去年我很想在美国买一台能输入中文的电脑，可惜没有实现。我的儿子（本校社会学系学生）熟悉电脑操作技术，他可以帮助我做有关资料输入电脑存储的工作。本校计算机系有这方面的设备，我打算请他们帮忙，不过付一些钱而已。我想，各种困难都能克服的，这件工作一定要做好。

昨天在北京见了第三次回大陆访问的傅伟勋教授，没有想到他和华嘉珊女士已美妙地结合在一起。他还给我们带来了许多别的消息，彼此交谈甚洽。我热切盼望吾兄能安排时间回故国探亲、讲学、访问，并希望来南开大学作学术讲演和座谈。

专此　即颂

著祺

方克立

1988 年 5 月 1 日

三

力权兄：

寄上中国大陆除北京地区以外的 469 名中国哲学研究学者的资料，请查收。

这项工作拖延的时间太长，做得也不十分理想，请原谅。去年暑假，小儿方彤借用某单位的计算机，输入了大部分学者的资料，但因这台机器使用人员太杂，不小心被洗掉了一部分。这个寒假，他又租用了另一台计算机，把全部资料重打一遍。不过这台机器的功能不太齐全，如无顿号（、），即以圆点（·）代替，标题中的书名号以（［……］）代替。他用的计算机是 IBM compatiblc，软件是中文 data BASE－3.1.0A，和港台方面的资料沟通大概不成问题。这 469 份资料，他已复制成三份（每份二张软片），将交给您和霍韬晦先生各一份。是采取什么办法送到你们手里呢？是找机会托人带还是寄更方便呢？

北京部分的资料，看来问题较大。一是不全（52 份大概仅占总数的1/3）；二是多数不合规格，代表作按要求注明卷（期）数、出版机构及日期（年）的不到1/4；三是约有 1/3 未填英文表格。不知港台冯树勋先生输入电脑后的效果如何？吾兄以为下一步该用什么办法来补救？

关于中国哲学通讯的资讯工作，我们抓得很不得力，心里实在感到愧疚。一个具体问题是，中国大陆的学术中心是北京，许多全国性的会议和活动都是由北京组织的，我在天津也了解得不太全面。而且，以华北地区的名义，来写全国性的通讯报道，也有些不相应。我总感到，中国哲学研究的大本营是在中国大陆，不仅从事这方面研究的学者人数最多，而且它本来就是中国哲学的故乡。国际中国哲学会在中国大陆应该有一个统一的强大的分会，它的中心在北京，统辖全国各地会员，包括资讯工作。国际中国哲学会中国大陆分会理事会或委员会的组成可如原先安排，包括吾兄和李绍昆先生，包括外地的理事或委员，但在北京要有一个实质性的办事机构（可附设在北京大学或中国文化书院），统一抓内部管理（包括发展会员、收缴会费等）、外部学术交流和资讯工作，在汤先生手下要有几个得力的助手，要有秘书或办事人员的班子。现在，各地通讯会员可以写一些地区性的报道，而中国大陆的一些全国性重要活动不能全面反映出来，那对学会办的“通讯”将是一个损失。组成国际中国哲学会中国大陆分会，有一个同已经存在的中国哲学史学会的合作和协调的问题；关于资讯工作，也有同《中国哲学史研究》编辑部、《中国哲学年鉴》编辑组（他们往往掌握着比较全面的全国各地的信息和资料）的相互合作与协调的问题，我们也可以吸收他们中最能干的人参加。

目前大陆学者以个人名义正式加入国际中国哲学会、缴纳会费的会员大概不到 30 人。这次征集《人名录》资料过程中，许多学者提出要求参加学会，询问要办些什么手续，索要申请表格。根据汤一介先生和成中英先生商量的精神，会员发展要慎重稳妥，每年只发展

2—3 人。这与形势发展似乎也有些不相应了。特别是《人名录》印出后，国内学者要求参加国际学术交流的愿望更加迫切，许多终身以中国哲学研究为职业的学者，我们没有理由把他们拒绝于“国际中国哲学会”之外。这个问题，也希望学会负责人慎重考虑。

我已从校方获悉，同意我出席今年七月在夏威夷举行的会议，届时将能与吾兄见面畅谈。

专此　顺颂

春祺

方克立

1989 年 2 月 19 日

四

力权兄：

三月三十日寄出的会长快讯已收到。我在二月十九日曾寄去一信，三月份又将北京地区以外的 469 名学者的资料航邮寄出，不知吾兄是否都收到了。

目前出席在北京召开的纪念“五四”学术讨论会，见到了香港的霍韬晦先生，我已将 506 位北京以外中国哲学研究学者的打印资料连同磁盘二张（在原 469 人资料基础上又增加 37 人）交给他。为兄准备的另一套磁盘（二张），未能找到合适的人托带。成中英兄说要出席这次会议，但到散会那天早晨也未见他来，早餐后我就提前离开会议了。有关资料大概要到七月在夏威夷见面时才能交到吾兄手里。

关于北京地区 150 名学者的资料，这次已与汤一介兄协商议定：因他身体不太好，由我来继续完成。大约要新发一百张表，原已收回 52 份资料因多数不合要求，将三分之二以上寄回补充或重填。工作如果进展得顺利，争取七月份完成带到夏威夷去。

四月二十七至二十九日在北京昌平爱智山庄召开了中国哲学史学会第四届理事会。张岱年、石峻、王明三位前正副会长因年事已高光荣退休，新选出的学会领导成员是：会长任继愈，副会长汤一介（北大）、方立天（人大）、蒙登进（中国社科院哲学所）、方克立（天津）、冯契（上海）、肖箑父（武汉）[①]。蒙登进兼任秘书长，刘宏章（中央党校）、周桂钿（北师大）、李曦（哲学所）任副秘书长。学会下设的四个组织机构——秘书处、学刊《中国哲学史研究》编委会和编辑部、学术交流委员会、基金开发委员会，都作了相应的人事安排。

中国哲学史学会是国内研究中国哲学的学者的群众性学术团体，拥有约千名会员，自 1979 年成立以来，已按学会章程更换过四届理事会。学会除了编辑出版《中国哲学史研究》杂志外，还先后举办过四次大型学术年会（太原——1979，杭州——1981，广州——1985，呼和浩特——1988），在国内外有一定影响。我想国际中国哲学会和中国哲学史学会的联系、交流、合作问题对于两个学会来说都是最重要的对外关系。吾兄曾设想成立国际中国哲学会的公共关系委员会，专门负责与其他学术团体（尤其是海峡两岸与中国哲学有关的学术团体）的联络事宜。这与中国哲学史学会成立学术交流委员会（负责国内和国际学术交流）的宗趣是完全一致的。我在这次理事会上曾专题发言介绍国际中国哲学会的性质、宗旨、成立和发展过程，历次国际中国哲学讨论会的主题、召开时间、地点、主办人和学术成就，大陆学者参加该学会组织和历届会议的情况，学会现在的领导成员和机构，引起到会理事的强烈兴趣，一致要求学会加强同国际中国哲学会的联系和交流，并希望立即有实际的步骤。我和汤一介兄都是国际中国哲学会的成员，又都是中国哲学史学会的副会长，自然应当充当联系桥梁的角色。我想这次在夏威夷，和吾兄以及其他国际中国哲学会

① 即萧萐父先生，信中乃 20 世纪 80 年代的通用写法。

的领导成员，就两个学会的联系和合作问题，初步交换意见，达成一些原则性的共识，并商量一些实际可行的联系和交流的具体措施或步骤。不知吾兄是否同意这样做。

今天是“五四”，中国的知识分子正在为推进民主和现代化进程而进行艰难的韧性的战斗。我们在这里也能亲切地感受到大洋彼岸的中国心之脉动。

专此　顺颂

近祺

方克立

1989 年 5 月 4 日晚

五

力权兄：

四月三日，国家教委负责人召集北大、人大、清华、南开四校主管校长和有关中国哲学研究专家开会，专门研究了将于明年七月在北京召开的第八届国际中国哲学大会的问题。已明确这次会议由北京大学和国际中国哲学会联合主办，人大、清华、南开参与协办。由张岱年教授担任大会中方主席，汤一介、楼宇烈、陈来（北大）、方立天（人大）、羊涤生（清华）、方克立（南开）参与会议筹备工作。会议主题初步确定为“中国传统哲学的现代价值”。另有几项基本上同意成中英教授提出的建议：开会时间为 1993 年 7 月 19 日至 23 日；中国大陆与会代表 80—100 人，海外学者 50—70 人；会议使用语言为汉语和英语。

为了及早给各位学者发出第一次邀请信，有几件事尚需同您和成中英教授商量：（一）海外学者的注册费初步确定为 100 美元，全部交给主办单位北京大学，用来支付会议的各项费用，包括与会学者从北京机场到会议住地的免费交通服务（在国外开会是没有这项服务的）等。这一点与成中英教授的建议不尽相同，故事先征求一下意见。（二）请您和成中英教授提供一个拟邀请与会的海外和港台学者的建议名单，可多于70人，因为发出邀请后不见得每位学者都能出席会议。这个名单越早交给我们越好。

我这里没有成中英教授的传真号码，请您将上述情况转告他，并请速将您们和国际中国哲学会的意见用传真告诉我。事情定下来后，这里争取本月或下月给各国学者发出第一次邀请信。

专此，盼覆。　顺颂

教祺

方克立

1992年4月6日

六

唐力权教授惠鉴：

收到了您以国际中国哲学会执行长名义寄来的选举结果报告，谢谢。

为了全面开展将于明年七月在北京召开的第十二届国际中国哲学大会的准备工作，请您将国际中国哲学会的有关资料，包括最新登记的会员名单等寄给我，并告知除筹备这次大会外，我作为新一任会长还应做些什么工作。在这方面特别需要得到执行长和诸位前任会长的指点和帮助。

专此　顺贺

千禧龙年大吉

方克立

2000年2月20日

致黄华德四通

一

华德同志：

我的发言提纲是在总书记讲话之前写的，[①] 大会发言基本上是阐明提纲中的观点，加了两处总书记的话。是否适合《马克思主义研究》刊用，没有把握。中国社科网的报道倒是刊出了我的下列观点：**“五四运动是救亡、启蒙与社会主义的三重变奏。爱国、进步、民主、科学和社会主义，构成了五四精神的完整内涵，决定了中国的未来走向。”**

方克立

2019 年 5 月 14 日

二

华德同志：

这位外审专家的水平很高。他注意到了并且正面肯定了文章对五

---

① 指《五四百年的思想史意义》，系方克立先生 2019 年 5 月 11 日在石家庄召开的“百年中国哲学和文化发展的回顾、总结和前瞻”学术研讨会上的发言，后载杜运辉编《张申府张岱年研究集刊》第 5 辑，河北人民出版社 2020 年版；收入本书第四卷。

四精神“有新的拓展”、“创新发展”，不是用看齐对号的思维方式简单加以否定。他说在中、西、马关系等方面，“作者有进一步阐发的优势”，看来是对我有一定了解的同志。他提的意见很对，有些内容还可以进一步充实。由于是会议发言，时间有限，我提出的几个问题，都只能粗略回答，点到为止。

现在有一个问题，最近我要集中精力做马工程重点教材《中国哲学史》的定稿工作，不能分心来修订增补这篇文章。再往后拖几个月行吗？

方克立
2019 年 6 月 19 日

三

华德同志：

很对不起，让您花好大功夫把这篇发言稿改写成访谈录。我原来是想待手头的紧要工作完成后，再按照评审专家的建议，在内容上好好充实一下，加强说理性，也回答一些别人可能提出的问题，给《马研》[①] 杂志提供一篇较有深度的访谈稿。目前的发言稿，河北师大要出论文集，已经要去，而且已经在“张申府张岱年研究中心”网上发出来了。社科网原来发过会议报道，昨天也把这篇文稿发出来了。

我是很看重你们这个杂志的，2010 年发表的访谈《探索中、西、马三“学”的综合创新之道》有 16000 多字，2017 年发表的张小平、杨俊峰的访谈《“马魂中体西用”与文化体用问题纵横谈》有 20000 多字。这次本来是估计外审可能通不过的，没想到外审专家那么宽容和开明，就要不负他提出的宝贵意见，在提高文章质量上再下点功

① 即《马克思主义研究》。

夫。今年是五四百年，我还是会实现承诺，在发言稿的基础上，今年内与您合作写出一篇较高质量的访谈录来。

看了你改写的访谈稿，其中有一句：“一般认为五四运动是‘爱国救亡与思想启蒙’的运动，我称之为双重变奏。”“救亡与启蒙双重变奏”论是李泽厚提出来的，影响很大，不是“我称之为双重变奏”。

方克立

2019 年 6 月 25 日

四

华德同志：

这篇文章不在贵刊发表也好。

社科网发表后听听反应再说。其实我觉得五四百年这个题目挺有意思的，很愿意再作进一步的深入思考。

五四运动是中国历史的一个重大转折点。正是由于帝国主义对中国的欺负，中国人民才认清了其自私和侵略的本质，被迫选择了十月革命所启示的社会主义发展道路，从此中国才发生了从“站起来”到“富起来”到“强起来”的百年巨变。这就叫做“否极泰来”，完全符合历史辩证法。

五四运动也使中国各类人士（特别是知识分子）的本性充分暴露出来。胡适等迷信西方的自由派认为中国“百事不如人”，主张“全盘西化”，他的后继者甚至认为中国“要当三百年殖民地”才有出路。保守派不承认中国已经落后的事实，盲目自大，认为中国的孔孟之道、纲常名教（实即毛主席讲的“四大绳索”）要高明于西方的自由民主制度，主张复古倒退或“中体西用”。只有以中国共产党人为代表的中国先进分子，才看清了世界历史发展大势，选择了马克思主义和社会主义，带领中国人民坚定不移地走上了今天这条发展道路。

五四以来三大思潮对立互动的格局，不但是基本事实，而且其形成和发展都是具有必然性的。

今天也是一样，美国一些人同中国打贸易战，极限施压，充分反映了国际资本主义和帝国主义自私、贪婪、霸权的本性。我们也是被迫采取“不愿打，也不怕打”的态度。而且中国早已今非昔比，较量结果如何还很难说哩！想必也会有“否极泰来”之一日。

这次开会认识您很高兴。您的认真负责的工作态度，给我留下了深刻印象。以后多联系。

方克立

2019 年 6 月 26 日

致曹乐天九通

一

乐天同志：

综合创新文化观是一个基础理论问题，现实意义也非常强，做一些这方面的研究和探索是很有意义的。我在张申府、张岱年先生的中、西、马“三流合一”、综合创新思想基础上，提出了“马魂、中体、西用”论，得到一些学者的认同，报刊也肯发表，但尚未得到官方表态支持。

今年5月14日，我在上海讲了一次冯契和冯契学派①；5月25日，在北大张岱年先生纪念会上，又有一个关于他早期思想的发言②。张、冯二位都是真诚的马克思主义者，又都是精通中国哲学的大家，在20世纪中国哲学史上，他们的突出地位是不容轻忽的。

---

① 指《冯契研究与冯契学派》，系方克立先生2014年5月14日在华东师范大学哲学系做的学术讲座，刊载于《哲学分析》2014年第6期；收入本书第四卷。

② 指《青年张岱年的睿识》，系方克立先生2014年5月25日在“古代中国哲学的通见、睿智和精义——纪念张岱年先生诞辰150周年”学术研讨会上的发言，刊载于《中国社会科学院研究生院学报》2014年第6期；收入本书第四卷。

附件中几篇文章，供参考。

方克立
2014 年 10 月 24 日

二

乐天同志：

拜读大作[①]，很有见地。自由派和保守派都对“马魂”不满，对此提出质疑，这是由于他们“反马”的理论立场所决定的。已有朋友指出，其实“马魂、中体、西用”论最大的新意所在是在“中体”。马克思主义是当今中国的主流意识形态，宪法确立了马克思主义的指导思想地位，讲“马学为魂”有什么特别的新意？在中国，讲“西学为用”“洋为中用”有什么新意？而我们在讲“中体”时，首先明确界定了它是主体性之“体”而不是主导性之“体”，是“器体道用”之“体”而不是“道体器用”之“体”，这就与张之洞等人讲的“中学为体”明确地区别开来了；进而提出“运作主体”“生命主体”“创造主体”“接受主体”四个概念，深入阐明和论证中国文化（“中学”）作为主体、实体、载体的地位，这确实是前所未有的。

你对“主体”与“载体”辩证关系的论述，亦颇富新意。

学界对“马魂、中体、西用”的评论文章，我接触到一些（已知的附于信后），但有些也不了解，比如大作中提到的评论：

> 有人说，你这个“中体”，已经不是原有“中体西用”的“中体”（“中学为体”）。当前，“中学”之不存，你这个“中体”岂不是“魂不附体”？还有人说，你讲“马魂、中体、西

① 指曹乐天《论“马魂、中体、西用”的“中体”的实质与内涵》一文初稿。

用”，“魂”和“用”，都被人拎走了，这个“中体”，不等于“什么都没说”？

我就没有见到过，请把原文出处告诉我。有些是骂骂咧咧的，毫无理论意义，当然可以不去理它。

方克立
2015 年 1 月 29 日

陆信礼：从学理探究到理论建构
——方克立先生文化体用观述评
《天津社会科学》2006 年第 5 期
李毅、寇清杰：马魂、中体、西用：对当代中国文化建设的新思考
《上海师范大学学报》2007 年第 6 期
张允熠：马魂、中体、西用：传统话语转换中的新拓展
《上海师范大学学报》2007 年第 6 期
刘仲林：马、中、西互动与中国哲学创新的要素
《上海师范大学学报》2007 年第 6 期
陈卫平：“对理法”与马魂、中体、西用
《上海师范大学学报》2007 年第 6 期
杜运辉、周德丰：从张岱年的“创造的综合”论到方克立的“马魂、中体、西用”论
《现代哲学》2008 年第 2 期
李翔海：“马魂中体西用”论的文化意义
《高校理论战线》2008 年第 6 期
张世保：“综合创新”与中国文化发展的路径选择
《现代哲学》2008 年第 4 期

杜运辉：“马魂、中体、西用”：接着张岱年先生讲

《马克思主义研究》2010 年第 11 期

洪晓楠：马克思主义“综合创新”派的文化体用观

《哲学研究》2012 年第 8 期

杨庆中：开放而不迷失方向的文化观

——方克立《中国文化的综合创新之路》读后

《中国社会科学报》2013 年 1 月 28 日

刘东超：从“综合创新”说到“马魂、中体、西用”

《中华读书报》2013 年 1 月 30 日

杜运辉：“马魂、中体、西用”论的理论价值和现实意义

《中国社会科学院研究生院学报》2013 年第 3 期

谢青松：“马魂、中体、西用”说开创学术研究新范式

《中国社会科学报》2014 年 2 月 17 日

谢青松：“马魂、中体、西用”说研究综述

《云南行政学院学报》2014 年第 3 期

谢青松：“马魂、中体、西用”说与当代中国学者的文化自觉

《学术探索》2014 年第 6 期

杨翰卿：方克立先生文化综合创新三境界

《中州学刊》2014 年第 4 期

谢青松：“马魂、中体、西用”与当代中国学术范式之建立

《马克思主义研究》2014 年第 9 期

李翔海：从“整理国故”到“活的生命整体”

——略论近年来中国文化研究的新进展

《湖南大学学报》2014 年第 5 期

靳昆萍、谢青松：坚定不移地走中国特色社会主义文化发展道路

——学习习近平总书记关于文化发展道路的重要论述

《云南日报》2014 年 12 月 8 日第 7 版

三

乐天同志：

你指出主体性之“体”与“器体道用”之“体”意义还不尽相同，有一定道理。传统体用范畴由于其多义性和使用的灵活性而给现代人造成一些麻烦，我们通过辨析、整合体用范畴的两种主要涵义，变通、发展出了“魂、体、用”三元模式，用来说明相当普遍地存在着的“一分为三”、以中和之道来包容两极的情况。“五四”后中、西、马三“学”对立互动的关系就属于这种情况，于是才有“马魂、中体、西用”论。其中的“中体”，有主体、实体、载体的意义，它的作用、功能、属性是“用”，为其所用的资源、辅助、援用是“用”，作为“扶其体”之妙用的“道”、“理”（崔憬）也是“用”。主体、实体、载体显然应归于“器体”，与“道体”（主导性之“体”）有本质的区别。我们只能将“体”大致地分为这两大类，也不可能分得太细。

大作有独到见解，但发表并不容易。你有别的途径吗？能否考虑在网上发表？

春节临近，顺贺年禧！

方克立

2015 年 2 月 12 日

四

乐天同志：

附件中的两篇文章，与你把“中体”诠释为“中国特色社会主义文化”不同，强调它是“自古及今”（“亘古亘今，亦新亦旧”）、既包括中国古代文化（前天）又包括中国近代文化（昨天）和现代文化（今天）的统一的“活的生命整体”，而不是指“某一阶段、某种形态、某个流派的中国文化”。你再好好体会一下这段话：

> 我说的“中学为体”，“体”的涵义已不是指精神指导原则，而是指文化的民族主体性，即在一种文化中，它的运作主体、生命主体、创造主体和接受主体到底是什么；“中学”已不是清末“中体西用”论者所讲的“中国之伦常名教”或“尧舜禹汤文武周孔之道”，也不是现代经济学家所讲的“中国化的发展着的马克思主义”，而是指有着数千年历史传承的，经过近现代变革和转型的，走向未来、走向世界的活的中国文化生命整体。只有中国文化生命整体才能够作为自强不息、变化日新的“创造主体”和厚德载物、有容乃大的“接受主体”，某一阶段、某种形态、某个流派的中国文化都不足以担当此任。（《致陆信礼一》）

文章没有匆忙发表出来，也有好处，可以考虑得更圆熟一些，处理得更妥善一些。我的学生正在编一本关于“马魂、中体、西用”问题的论文集，你抓紧修改这篇文章，改好后争取收进论文集发表。

你的文章最有新意之处是论证了“中体”是主体与载体的统一。“接受主体”这个概念的提出，为说明“中体”是“马魂”和“西用”的共同载体，提供了理论前提。

文章开头一段话，改个写法，不说“马学为魂”和“西学为用”没有创见，没有突破，而是说众所周知，大家都能理解，没有疑义。事实上，“马魂、中体、西用”论提出后，质疑最多的是针对“马魂”，因为在自由派和保守派的心目中，都“魂”寄他处，所以不能认同“马学为魂”。而在主流意识形态看来，马克思主义的指导思想地位是毫无疑义的，不可动摇的。

方克立
2015 年 3 月 2 日

五

乐天同志：

“中体”创见性一文[①]，第一部分太弱，要解决什么问题不明确。建议这一部分主要讲清楚“马魂、中体、西用”之“中体”与张之洞等人的“中学为体”的区别，需要引据一些材料，做一些理论分析，讲得深入一些。

第二部分接着讲提出“运作主体”“创造主体”“生命主体”“接受主体”四个概念来挺立民族文化的主体性，深化了对其内涵、本质和地位的认识，这确实是前所未有的。前三个概念揭示了主体的自主性、能动性、创造性，也包括你讲的文化意志，它本身就是自强不息的有生命的存在；“接受主体”进而说明它能成为接受和承载“马魂”与“西用”的载体，当然，接受什么和不接受什么也是它自主选择的结果。

下面再讲主体与载体的关系及二者的统一。

现在**文章偏重于概念分析**，这个面貌也要适当改观一下。

方克立
2015 年 3 月 14 日

---

① 即第六封信中的《论“马魂、中体、西用”的“中体”的理论突破与创见性》一文。

六

乐天同志：

曾来我院做“西部之光”访问学者的云南省社科院研究员谢青松汇编了一本关于“马魂、中体、西用”的文集，我曾把你写的两篇文章推荐给他，很遗憾没有采用。因为出版社要求的收文标准比较高，基本上要已发表过的，对个别未发表过的文稿掌握特别严。

这本书预计下个月由人民出版社出版。有关报刊待该书出版后，将会发表一点书评和讨论文章。建议你把《论“马魂、中体、西用”的“中体”的理论突破与创见性》一文，改写成一篇1500字的短文，题目也简短一些，就叫《“中学为体”是主体与载体的统一》。用很平实的文字，讲清楚基本道理，文章中不要出现表格。

你在本职工作之余，阅读广泛，有钻研理论的浓厚兴趣，这点叫我很钦佩。从你过去写的文章来看，概念辨析比较清楚，注重逻辑推理，但从抽象上升到具体，有血有肉的内容展开有些不够，因此也影响理论深度。有长有短是正常现象，只要善于学习和积累，总是会走出一条自己的路来的。

方克立

2015 年 10 月 14 日

七

乐天同志：

用张岱年先生讲的独立性、自觉性、主动性来论证“主体性”很好。“接受主体”这个概念，包涵对外来文化自主的选择能力，即你讲的“取舍性”，这也是主体性（主动性）之一义。所以我认为在讲“主体性”的时候，要把四大主体都包括在内，不要只讲三个。

“接受主体”概念同时更突出地显示出了其载体义，它是自主选择“马魂”和“西用”之主体，同时又是承载“马魂”和“西用”之载体。

在讲载体义时，注意到王夫之讲的连接、统一“形上”与“形下”之“形”（即“物之体”），也很好。

这篇文章中两个主要概念的涵义，梳理得越来越清楚了。

方克立

2015 年 11 月 14 日

八

乐天同志：

“内在关系”一文的思考更深入了。“魂、体、用”三元模式的提出，首先是文化体用论的范式创新，突破了过去那种中西对立、体用二元的僵固思维模式，肯定“魂、体、用”三元模式和其他多元“兼和”模式存在的可能性。对“魂、体、用”内在关系的阐明非常重要，在“马魂、中体、西用”论式中，主要有魂体相依关系、体用（实体与作用、主体与援用）关系、魂用（内在精神与外在应用）关系，三者整体关系等方面。

关于“中学为体”一文，我想还要讲一层意思：“中学为体”之“体”，不是“道体器用”之“体”，而是“器体道用”之“体”；不是主导性之“体”，而是主体性之“体”。首先与清末张之洞等人的“中体西用”论本质地区别开来，然后接着讲主体性的涵义。有人将主体性的涵义归纳为三点：①独立自在；②自动、自主、自为；③有承载、容纳、吸收、吞吐功能。张先生的说法（独立性、自觉性、主动性）和我的说法（四大主体），都不外乎此三义。

这些想法供你参考。

方克立

2015 年 12 月 3 日

九

乐天同志：

许多前辈都开过中国哲学史学习书目，不外乎几大类：①中国哲学原典，最基础的是先秦哲学原典；②近百年中国哲学史研究的代表性著作，胡适、冯友兰、张岱年、侯外庐、任继愈、冯契等；③读一点西方哲学史，如黑格尔的《哲学史讲演录》等；④马恩列毛的哲学著作。我建议你先从你的同乡冯契先生的《中国古代哲学的逻辑发展》和《中国近代哲学的革命进程》读起。

方克立

2017 年 8 月 3 日

致曹欣一通

曹欣博士：

战争伦理不仅在我国是一个薄弱环节，而且具有极其重要的现实意义。这个课题应该能够申报成功。

昨天是“9·11”十周年，全球的人都在关注和讨论什么是恐怖主义和反恐战争的合法性问题。站在不同立场的人有完全不同的看法，这就是所谓屁股决定脑袋、立场决定世界观和价值观。比如美国发动伊拉克战争的合法性根据是萨达姆拥有大规模杀伤性武器，事实证明这个理由根本不存在，但它以此为借口已用强力推翻了萨达姆政权，把萨送上了断头台，其“战争正义”何在？美国和西方国家发动伊拉克战争、利比亚战争的真实目的都是争夺那里的石油，但它们会编造出种种战争合法性（“战争正义”）的根据和理由，因此这项研究就必须用社会存在决定社会意识的观点和经济利益与阶级分析方法，才能透过现象看到本质。

你的课题论证写得很好。首先要对“战争伦理”作一明确界定，明确这门学科研究的对象、范围、基本内容、与相关学科的关系（联系和区别），在我国建设和发展这门学科的重要意义。中国古代关于“义战”即战争伦理的思想很丰富，你把这门学科引进中国，一定要与中国实际和历史文化相结合，使其富有中国特色。这方面可从你的爸爸、妈妈那里得到许多帮助。

昨天在网上读到一篇文章，顺手放在附件中。

方克立

2011 年 9 月 12 日

致曹跃明等五通

一

跃明：

上周去南开参加博士论文答辩，本来以为能见到你，不料没有见到。

知道你已回南开工作。以你原来的学业基础，在教学、科研方面恢复原来状态不至于太困难的。现在需要确定一个课题，拿出有点份量的学术成果来，争取三年解决教授、博导问题，那么退休时间亦可推后若干年。这个想法不一定对人说，但可以默默地去做，努力争取。

殷陆君去年不幸辞世，他在天津的弟弟给我打过一个电话，说要来北京见面谈一谈，后来也没有来。你与他弟弟有联系吗？如有其电话号码告诉我。

问晓辰好！

方克立

2010年6月4日

二

跃明、晓辰：

跃明理财的成功归因于学哲学是有道理的，殷陆君也跟我谈过同样的体会。辩证思维要求观察的客观性和全面性，善于洞察事物发展的规律和走势，走一步棋看到了下面的两三步。哲学是实践的智慧学，所以跃明并非“出轨”和“另类成功”，而是哲学指导实践（理财、资本运作）的成功。当然，就通常意义的教学与科研来说，他也能做得很好的。

看到新居的照片，很高兴。谢谢你们的邀请，适当时候我们会去的。

方克立

2010 年 6 月 7 日

三

跃明、晓辰：

曹欣上班刚三个月，就有那么优异的表现，加上自己喜欢这项工作，南开的地缘、人缘条件都较好，一步一个脚印地走下去，将来一定前程无量。你们多年的心血也得到了理想的回报。

南开中哲学科现在形势堪忧，李翔海走了，乔清举也要走。你们要鼓励、扶助严正把重振中哲学科的担子挑起来，要注意引进像曹欣这样优秀的青年博士。气可鼓而不可泄，目光放长远一些，培养人才的单位应该是不愁后继乏人的。最近卢兴给我一个材料，得知南开中哲学科 30 年培养博士、硕士研究生总计已超过 200 人，应该说贡献很大、基础相当不错的。大家都以事业为重，就没有克服不了的困难。

方克立

2012 年 1 月 2 日

四

跃明、晓辰、曹钦：

谢谢你们的新年祝福。

去年10月我的冠心病复发，住了几天医院。医生说年岁太大、肾功能又不好，不给做冠脉造影和放支架之类的介入手术了，建议吃药保守治疗。这三个多月过得非常小心，一个人不敢出门，都是黄老师陪着，没有再发生心绞痛现象。

今年南开百年校庆，马院组织编一套纪念文库，要我也提供一本。[①] 我争取10月回去一趟，很想见到你们。

我还想起一件事：这次习近平去天津，参观了梁启超饮冰室故居。当年还是我们和殷陆君一起去实地考察，建议天津市委市政府作为文物保护单位修复的。跃明能为此写点回忆文字吗？也算是纪念殷陆君。

顺贺年禧！

方克立

2019年2月4日

五

跃明：

我在一个小本子里发现夹着三封介绍信，一封是在哲学系开的，两封是当地派出所民警给调查对象开的。说明我们去调查的时间是1980年12月25日，饮冰室所在地是河东区民族路40号。

有关档案记载梁启超一家入住的时间是1914年10月2日，同住

---

① 即《新世纪的文化思考》，南开大学出版社2019年版。

的有妻梁王氏（生于1884年12月24日），子梁思达（生于1912年12月15日，南开大学经济系毕业，1935年任济临农本局技士，1945年任长沙中国银行襄理），梁思礼（生于1924年8月24日，美国电机学博士，1949年12月回国），孙女梁忆冰（生于1941年9月14日）、梁任又（生于1943年10月11日），孙子梁任堪（生于1947年1月11日）。这栋小楼共有24个房间，我们去时住着许多户人家，有的住户还保留着饮冰室当年做在墙上的书柜。

赵郁文老人告诉我们这条路抗战前叫西马路，日本侵华时期叫河东七路，抗战胜利后叫民主道（饮冰室是民主道31号），解放后叫民族路（饮冰室是民族路40号）。这条路历史上还曾叫做金汤二马路。饮冰室那栋房子解放后做过同生祥货栈，以后变成了普通居民楼。

被访问者还告诉我们这栋房子后来曾经的一些住户姓名及其身份，后来搬迁去处等。曹锟的七姨太也曾住在附近。

这些零星信息保存在我的小本子里。后来向天津市领导建议把饮冰室作为历史文化遗存保护和开发出来，初稿是殷陆君写的，我修改后寄出。以后就没有信息，也不知道后来变成纪念馆与我们的建议有没有关系？

你若有空开车到饮冰室去一趟，一方面参观一下新建的纪念馆，一方面找有关负责人了解一下纪念馆开发的来龙去脉，看与我们近40年前做的那件事有没有关系？做那件事最先是殷陆君建议的，反映了他思想的开阔和敏锐。梁启超是我父亲在清华研究院的老师，所以我也十分乐于做这件事，一拍即合。

张利民告诉我78级同学去年在南开聚会过。你与北京的哪些老同学联系较多？

方克立

2019年2月11日

致萧萐父等十三通

一

箑父同志：[①]

李庆、王兴华同志从武汉回来，带来了您们的亲切问候，非常高兴，也非常感谢。

珞珈山是我少年时代生活的地方，自然十分怀念，很希望有机会重游故地，和朋友们团聚。这次因为我爱人去人大读研究生，身边留下一个孩子，也把我的手脚缚住了。我想以后还会有机会去武汉的。

我们教学组经过研究，已初步决定让李庆、王兴华二同志参加编书工作。[②] 李庆同志是南开中文系59年毕业生，62年后一直搞中国哲学史，长于近代。王兴华同志四川大学中文系55年毕业生，又在人大哲学研究班学习三年，到南开后搞马列经典著作多年，去年转过来搞中国哲学史，打算通过文论、画论等攻中国古代的美学思想。他们的教学经验都比我丰富，古文基础好，哲学史料也较熟悉，当能很好地承担这一工作。

---

① 20世纪80年代，萧萐父先生的名字通常写作肖箑父或肖萐父，书信仍保留原貌，而排序则按照现在规范"萧萐父"写法。除第八封信外，全部由萧先生女儿萧萌提供。

② 指肖萐父、李锦全主编的《中国哲学史》，人民出版社1983年出版。

这次没有把任务分配给我，是因为：（一）我手头的工作（知行观问题）还没有完成，因学力浅，深感困难重重；（二）明春以后七六级的中国哲学史课将由我来承担。前几年讲授内容较少，现在要逐步向正规化过渡，这次课堂讲授时间将不少于100学时。一个人从头到尾讲下来，对于我也是不轻松的。

南开哲学系正式参加了编书组的工作，是一个向你们学习的好机会。我也一定以主人翁的姿态关心编书工作，并做力所能及的事情。

从前途看，我有调回人大的可能，目前人大困难较多，二炮不退还房子，外地人员都回不去。南开不愿意放，将来两边组织上会有一番交涉。我个人的愿望是回北京，回人大，那里的工作环境和学术氛围都要好一些。人大中哲史教研室还有十来个人，都是我的老师，在那里我有更多的学习的机会。

问唐明邦同志好！

李德永同志我不熟悉，拜读过他的著作和文章，将来有机会向他亲面求教，也请代为问候。

专颂

教祺

方克立

1978年11月12日

二

篁父同志：

寄上《中国社会科学》抽印本二册。

第一期杂志只寄来三册。向杂志社索取和在京津二地访购均不得，所以这次不能一并寄上，希谅。我和一介同志将继续设法购买。

文中有何不当之处，[①] 请指正。

顺颂

教祺

方克立

1982 年 2 月 17 日

三

箑父同志：

五位研究生的论文，已先后收到四篇。有一问题我还不太明确：您在五月廿三日来函中也提到要我写肖文的评审意见，而在六月二十五日寄来的评阅书则是刘春建的，八月四日来函亦要重点评审刘的《船山学行编年》。现在我收到的独缺这一篇。这个问题希望再次明确一下，以免造成差错。

我校即将开学，新招中哲史研究生四名亦将入校。这段时间我已经有点手忙脚乱，但一定保证下月二十日前按时到汉参加你们的论文答辩。

明邦、德永同志不另。

顺颂

教祺

方克立

1982 年 8 月 29 日

① 指《关于研究中国传统哲学范畴问题的讨论》，署名“岳华”，载《中国社会科学》1992 年第 1 期；收入本书第二卷。

四

箑父同志：

遵嘱寄上拙文《王夫之道器论试析》打印稿一份，请斧正。

可以说，这篇文章是在您二十年前研究成果的启发下写出来的，其中吸取了您的许多宝贵思想，但是否作了正确的发挥，却很没有把握。我觉得对王夫之的许多思想的范畴都可以从认识史的总结的意义上去研究，当然他只能在他的时代所许可的思维水平上去总结，但正因为如此，我们才清楚地认识到他确实是那个时代的思想巨人。

十一月湖南的船山学术会议是否能如期召开？我看报上近日仍不断刊登各地举行学术会议的消息。以纪念船山逝世 290 周年名义召开的会议无论如何总不会延至明年。

顺颂

教祺

方克立

1982 年 10 月 25 日

五

箑父同志：

俊民同志来信，寄上一阅。会议名称我觉得不错，没有异议。[①]会议组织的具体步骤也积极稳妥。我只怕现在知道此事，要求与会的人多，控制人数会有困难，相应地在经费、食宿等方面给会议组织者

① 应指 1983 年 11 月 5—10 日在西安由陕西省哲学学会和陕西师范大学主办的“中国哲学范畴讨论会”。

造成一些麻烦。

上月石峻先生来南开讲《肇论》，提到《中哲史研究》编辑部六月二十日也要在承德避暑山庄开范畴问题讨论会，不知邀请了一些什么人，反正我未得到通知。金春峰同志来信亦证实了有此一举，他估计那个会的学术质量将大大不如西安会议。昨接庞朴同志信，提到他是准备参加西安会议的。

我曾把这一情况转告俊民同志。我们不怕唱对台戏，抢先开会也没有什么关系。这倒促使我们更要把准备工作做得充分扎实一些，把会议的学术质量搞得更高一些。我们可以一切照原计划有步骤地做去。

张铁勇复试回津后，谈到您和李、唐二师的热情关怀和指导，表示十分感激。他对武大的学习条件十分满意，特别觉得那里学风很好，既思想活跃，又扎扎实实。他的录取结果已成定局，请来信时附提一笔。

暑天已届，武汉酷热，望保重身体。

专颂

教祺

方克立

1983 年 6 月 10 日

六

箑父同志：

南开哲学系研究生苏学增的毕业论文选题写王夫之易学中的哲学思想，他非常想得到您的指导，打算于下学期初专门去武汉拜访您，望能于百忙中抽空接见并惠予赐教。这个题目，还想请明邦和汉明同志也同他谈谈。

老汤从昆明回京后已筹建起中国文化书院，关于哲学史博士生研究班，他也起草了一个报告，已递交北大党委。这方面工作做得卓有成效，但看来他也忙得不可开交。

寄来大作《王夫之辩证法思想引论》二册已收到，谢谢。对比之下，湖南出书何其慢也！

专颂

康祺

方克立

1985 年 1 月 31 日

七

篷父同志：

今天收到张军夫同志来信，说他收到国际中国哲学会的邀请信，请他明年出席圣地亚哥的第五届年会，而他们学校明确表态不能出钱。上周在北京，我和方立天、张立文也议论过同一问题。估计第一批参加该学会的国内会员，同时都收到了邀请信，而大家共同碰到的第一个问题就是经费问题。

您和一介、俊民、春峰兄去年率先出席第四届年会，已有这方面的经验，希望给予具体介绍和指点。明年的会估计您也是要去的，怎样解决经费问题，以至行程、路线，国内同仁是否组织一起行动等等，希望您和一介同志能领个头，虽然是个别接受邀请，而出去实际上形成“中国学术代表团”，在会上扩大我们的影响。

殷陆君六月回国省亲，并搜集博士论文（题为《冯友兰与中国哲学》）的资料。两个月来经过紧张工作，收获甚丰，已于前几天返美。他极力鼓动我下决心出席明年圣地亚哥的会议，语言障碍由他帮助解决。所以，开学后我也打算向学校正式提出来，首先是经费问题，能否解决尚未可知。

陆君说，一介同志和他约好八月份在旧金山见面，在他那里住几天，然后回国。估计不久就会回来了。俊民上半年在新加坡，听陕西师大的同志说，他还未回来。您那里有他们二人的最近消息吗？

张铁勇回天津，已见面。他到天津师大工作，各方面还顺心。

专此　即请

暑安

方克立

1986 年 8 月 14 日

八

肖老师：[①]

得知您的海南之旅已经成行，甚慰。到南方身体是要适应些吗？喘症今冬没有复发吧？

唐力权先生上月到港台，曾多次来信，对完善国际中国哲学会之组织机构十分热心。他提出西北、东北、西南要单独成立资讯中心，西北资讯中心早已委托赵吉惠同志主持成立，西南拟由贾顺先同志主持，原作为华中资讯中心的通讯会员谢幼田、费小石转过去。中南大区仍保持华中、华南两个资讯中心，地区分配大致是：华中——河南、湖北、湖南三省，华南——广东、广西、海南、福建（从华东区分过去）四省。原华中资讯中心的学术顾问和通讯会员大部分不变动（除谢幼田、费小石二人外），河南省没有人参与。我个人提议是否能增加冯憬远、崔大华二人为学术顾问，王中江（张岱年先生带的博士，分配到河南省社会科学院哲学所工作）为通讯会员。专写此信同您商量。肖老师如同意，或者还有其他建议和调整，请速复我一短

---

① 此信由李维武先生提供。

信。唐力权先生等着要印调整后的全部组织名单。

顺颂

康祺

方克立

1991 年 1 月 17 日

九

肖老师：

烟台会议，我去了两天，和任公、方立天、蒙登进等同志商量了后年第八届国际中国哲学会议有关事宜，唐明邦同志代表您参加了那次讨论，情况他都知道。

讨论时，蒙登进、李曦同志说如由中国哲学史学会主办，需经社科院上报，困难较大，而且肯定社科院不会出经费。大家意见还是和老汤商量，争取由北大来办，向教委上报，事情可能简单些。中国文化书院上面的主管单位是海淀区成人教育办公室，上报审批过程可能就更复杂了。

此事由方立天同志回京同老汤商量。他一去加拿大半年，此事就无人管了，真叫人心忧。本月 24 日我将去北京参加社科基金评审，打算再同任公、方立天同志电话商量一下，另外也想听听您的意见，大家拿出个方案，再同成中英先生联系。

汤一介同志 9 月 3 日来信寄去一阅。

顺颂

康祺

克立

1991 年 9 月 20 日

十

肖老师：

20 日写好的信，夹在书本文件中，忘记发出了，北京开会回来才发现，十分抱歉。

你同日写的信函，我也是昨天看到的。

在京开会期间，见到了任公、方立天、陈来等同志，也同王守常通过电话。①大家希望，还是争取北大办。[①] 校（吴树青）、系（朱德生）领导原则上支持，具体工作陈来、守常等多做点。②陈来提出，如北大不行，请人大主办（仍在北京），或外地学校主办。③大家推举我将此事向教委汇报、协商，争取经费。在无人具体经管的情况下，我也只能勉为其难，待有些事落实下来之后就有人办了。

听说成中英十月要来曲阜参加孔子基金会办的海峡两岸学者讨论会，也可能会到北京，陈来、方立天等将与其面商。

专此　即颂

康祺

方克立

1991 年 9 月 30 日

十一

肖老师：

10 月 22 日大函和照片均收到，谢谢。

第八届国际中国哲学会议之事，大家都感到为难。九月底在京开

---

① 指第八届国际中国哲学会议。

社科基金评审会时，方立天、陈来、王守常等都要我出面向教委反映一下，争取教委的支持和具体指示。我回津后给教委写了一封信，也同社科司副司长杨瑞森谈过，但至今没有明确回答，到底是什么结果尚不知道。

至于我的工作去留问题，几个月来多所变化，现在结果仍不十分确定。

给教委的信，复印件寄上一份，您看还有什么问题没讲清楚吗？

专此　顺颂

教祺

方克立

1991 年 10 月 27 日

前曾寄去汤一介来信复印件并说明烟台讨论情况，不知收到否？

国家教委社科司、国际合作司　并转

何东昌、滕藤同志：

今年七月，我们一行十五人赴德国慕尼黑大学出席了第七届国际中国哲学学术会议，有关情况在由牵头单位武汉大学肖箑父教授签署的汇报材料中有详细说明（见附件）。在这次会上，国际中国哲学会作出决议：第八届国际中国哲学学术会议将于 1993 年 7 月在北京召开。这是我们争取的结果。台湾和南朝鲜学者也提出要主办这次会议，后来经过协商，原则上达成协议：第八届在北京，第九届（1995）在台湾，第十届（1997）在汉城。国际中国哲学会的前七届学术会议都在美国、加拿大和欧洲召开，今后要逐渐转移到亚洲中国文化圈内国家。我们这里是中国哲学的故乡，自然要首先承担起主办的责任，而不能让台湾、南朝鲜等地区和国家先承办。

国际中国哲学会（International Society For Chinese Philosophy）是 1975 年在美国夏威夷正式注册成立的一个非营利的、免税的国际性学术组织，其宗旨在于联络、团结世界各国、各地区从事中国哲学研究的专业和非专业人士，努力推动中国哲学的现代化和世界化。英文《中国哲学季刊》（*Journal Of Chinese Philosophy*）是该学会编辑出版的国际性学术刊物，已出版近二十年。该学会最重要的一项活动就是每两年举办一次国际性的中国哲学学术会议，一般是与某所大学合作。前七次国际会议的主题、举办国和我国学者出席会议的情况，简单介绍如下：

第一次国际会议于1978年5月30日至6月4日在美国康州美田大学举行，该校的唐力权教授任主席，会议主题是“中西哲学中的有与无”。出席会议约60人，中国大陆无人参加。

第二次国际会议于1980年6月9日至14日在美国南卡罗莱那州的查理斯顿学院举行，该校的张仲羽教授任主席，会议主题是“中西哲学中的睿见、视野与真理”。中国大陆学者、华中师范学院的詹剑峰教授提交了论文，但本人没有出席会议，而由别人代读。

第三次国际会议于1983年8月15日至19日在加拿大多伦多大学维多利亚学院举行，该校的秦家懿教授和夏威夷大学的安乐哲（Roger T. Ames）教授共同担任主席，会议主题是“价值与人的存在”。中国大陆学者汤一介（北大）、庞朴（社科院）、唐逸（社科院宗教所）出席了这次会议。

第四次国际会议于1985年7月15日至18日在美国纽约州立大学石溪分校举行，该校的华特·华生（Walter Waston）和大卫·迪沃（David Dilworth）两位教授共同负责，会议主题是“自然、人性与文化”。中国大陆学者汤一介（北大）、肖箑父（武大）、陈俊民（陕西师大）、金春峰（人民出版社）出席了会议。

第五次国际会议于1987年7月12日至17日在美国加州大学圣地牙哥分校举行，该校的华珊嘉教授（Sandra A. Wawrytko）任主席，会议主题是“中国哲学的重振与重构”。150位学者出席了这次盛会，中国大陆共去10人，他们是汤一介（北大）、何兆武（清华）、方立天（人大）、方克立（南开）、刘大钧（山东大学）、袁伟时（中山）、李德永（武大）、冯天瑜（湖北大学）、陈正夫（江西大学）和王凤贤（浙江社科院）。

第六次国际会议于1989年7月24日至29日在美国夏威夷大学西洛分校举行，该校的郑学礼教授任主席，会议主题是“中西哲学中的心、性与理”。中国大陆学者汤一介、陈来（北大）、乌恩溥（吉大）、方克立（南开）、刘大钧（山东大学）、李书有（南京大学）、胡啸（复旦）、吴熙钊（中山）、陈俊民（浙大）、谢庆绵（福建经济学院）出席了会议。

第七次国际会议于1991年7月22日至26日在德国慕尼黑大学举行，该校的鲍尔教授（Wolfgang Bauel）任主席，会议主题是“中国哲学与欧洲哲学”。中国大陆学者15人出席了此次会议（名单及有关情况见附件）。

国际中国哲学会已由初创办时的35名会员发展到包括中、美、加、英、法、德、苏、日、朝、菲、新、澳等30多个国家和地区的500多名会员（1990年），它所出版的刊物和举办的国际会议，在推动中国哲学研究的国际化，特别是促使中国哲学和西方哲学在相互交流、对话中融合与更新发展方面起了十分积极的作用。由于该学会采取超政治的纯学术立场，近年来它还起了促进海峡两岸中国哲学家之间的学术交流的作用，中国大陆学者在该学会及其所主办的历次国际学术会议中所扮演的角色越来越重要。

鉴于该学会已有相当长的历史和相当广泛的影响，我国学者在其中已有较高的学术地位和较好的工作基础，我认为我们应该积极承诺和主办好将于1993年召开的第八届国际中国哲学学术会议。由于一般是国际中国哲学会同一所大学合作，所以特别希望得到国家教委的支持。

出席第七届国际中国哲学学术会议的中国哲学家代表团回国后，根据各方面的意见（包括国际中国哲学会主要负责人的意见），曾建议由北京大学来主办第八届国际中国哲学学术会议，汤一介教授任主席。后与汤一介教授商量，他坚决不同意北大主办，而提议由中国哲学史学会和中国文化书院联合主办。中国哲学史学会负责人任继愈、方立天、蒙登进、方克立等曾于八月底在烟台开会商量，认为中国哲学史学会与国际中国哲学会没有组织上的关系（不是其团体会员），主办第八届国际中国哲学会议不合适；而且中国哲学史学会是一群众性学术团体，挂靠于中国社会科学院，具体办会人员和经费等都不落实，因此建议还是由北京大学来主办，请求国家教委给予支持。汤一介教授仍不同意。他已于上个月去加拿大讲学，此去半年，明年二、三月才回北京。第八届国际中国哲学会议的主办单位至今不能落实，如果意见不一致，一直拖下去，势必贻误准备工作，这次重要国际学术会议如果开不成或开不好，受损害的是我们国家的形象，因此大家都很着急。

我受肖箑父（武大）、方立天（人大）、陈来、王守常（北大）等中国哲学史界许多朋友的委托，把上述情况向你们作一汇报。希望国家教委支持第八届国际中国哲学学术会议在北京召开，明确指定北京大学为主办单位，汤一介教授为牵头人，人大、清华、武大、南开等校或可亦参与协办，教委作为重要任务向有关学校下达。主办这样大型的国际学术会议（预计国外学者到会50—70人，国内学者80—100人），需要有一定的经费支持，希望教委能够提供15万元（人民币），主办单位再筹集一部分，当能把会议开成开好。

以上意见当否，请批示。盼抓紧研究，尽快落实下达。还需要我提供一些什么情况和材料，亦请明示。

专此　顺致

敬礼

南开大学　方克立

1991年10月12日

十二

肖老师、卢老师：

在德国照的几张照片，寄给您们。还有冯尔康先生交给我两张给陈宣良的照片，因我手头没有他的地址（只有电话号码），也请转交。

我6月10日回到天津，完成两位博士生的论文答辩后，又于15日动身去台湾，6月30日返回天津。在台湾听说王船山会议您没有去成，唐老师去时会已开完了。不过现在口子已经打开，今后去台的机会不少。台湾的经济很发达，学术界的朋友们非常热情，但我对台北的交通、卫生等很不满意，乱糟糟的，和大陆有些城市差不多。

在台和徐复观的弟子乐炳南先生洽谈了明年在武汉开“徐复观学术思想研讨会”之事，他们准备给予一定的经济资助。此事我将给齐勇、维武写信具体商谈，请肖老师给予大力支持。

专此　即请

暑祺

克立

1993年7月12日

十三

肖老师：

中国哲学“合法性”问题从1999年提出以来，已经争论了六年，“重写中国哲学史”成为一个很响亮的口号。在我看来，争论的实质是以什么样的哲学观、哲学史观和方法论为指导来研究和写作中国哲学史的问题。6 月在西安会议上有一个发言,① 现寄上请指正。

去年我做了心脏搭桥手术，此后身体一直不太好，冠心病、糖尿病、慢性肾功能衰竭三病交加，已很少外出活动了。这次武汉的新儒学会议,② 本来是一次去看望肖老师的机会，也因健康状况不佳而不能如愿。

衷心祝愿肖老师、卢老师健康长寿!

方克立

2005 年 8 月 29 日

---

① 指《回应中国哲学“合法性”质疑的三个问难》，系方克立先生 2005 年 6 月 4 日在西安召开的中国哲学史学会 2005 年年会暨“中国哲学的现代化与世界化”学术研讨会上的发言，后载《人文杂志》2005 年第 4 期；收入本书第二卷。

② 指 2005 年 9 月 10—12 日于武汉召开的主题为“儒学、当代新儒学与当代世界”的第七届当代新儒学国际学术会议。

致韩国茹十一通

一

小韩：

昨天（20日）上午我已到天津中医院看过病，中午在南开午餐和休息，下午返回北京。哲学系和马列学院的几位老师都见到了，研究生有课故未通知。

这次因化验结果不太好，张大宁大夫又让我改回来吃汤药，虽麻烦一点，但也只能这样做。

你的博士论文选题初步确定后，可以先读杜维明、刘述先二人来了解儒学的宗教性问题。杜的主要著作集中在武汉出版社出的《杜维明文集》五卷本（2002）中，重点读《现代精神与儒家传统》（第二卷）、《论儒学的宗教性——对“中庸”的现代诠释》（第三卷）、《宗教向度》（第四卷）等篇章。刘述先也写过《儒家宗教哲学的现代意义》《“两行之理”与安身立命》《论宗教的超越与内在》《由当代西方宗教思想如何面对现代化问题的角度论儒家传统的宗教意涵》等文章，散见于他的多种著作中。

国内学者关于儒学是不是宗教的讨论也要有所了解，可以读任继愈先生主编的《儒教问题争鸣集》（宗教文化出版社2000年11月版）。李申的《中国儒教史》（上、下卷，上海人民出版社1999年12

月、2000 年 2 月版）当然也是要读的。

此外还要关注当前关于儒教问题的研究和讨论，如社科院儒教研究中心编的《中国儒教研究通讯》第 1、2、3 期。

方克立
2006 年 9 月 21 日

二

小韩：

来函阅悉，谢谢你的节日问候！

除上课外，有计划地系统读书，做有自己风格的、对自己有用的提示性笔记。读书和思考结合起来，不断地积累，就会对问题形成一定的认识，并逐渐形成系统的观点。

方克立
2006 年 10 月 30 日

三

小韩：

来函阅悉。

多听听各位老师的意见，多向他们请教是必要的。从你自己来说，先要搞清楚儒学宗教性问题涉及的诸方面（全面了解问题域），找准自己对儒学、宗教、宗教性、儒学宗教性的定位（形成自己的观点），然后再确定论文的具体选题方向，这时就要充分考虑老师们的提示，一篇论文不要涉及的问题太多太广，以至自己都把握不住。

问题敏感无非是说现实性强，有人极力鼓吹“复兴儒教”，此时你做这个题目是什么意思？只要是从学术着眼，从理论上讲清楚一些问题，对于澄清糊涂认识可能还有好处。学术研究不是跟风，就不在乎敏感不敏感。

我曾要你先读杜维明、刘述先二位的有关论述，不知读后有何体会？

方克立
2006 年 12 月 8 日

四

小韩：

在论文选题过程中，随着读书和思考的深入，认识不断有所变化，有所调整，是很正常的。你的论文如果着重做内在超越问题，理论创新的要求就要高一些，难度也较大。你还是要做成一篇史论结合的文章，如果仅做第三代，也要以杜维明、刘述先的思想为中心来展开，有丰富的思想史资料作铺垫，不是纯理论推演和思想辨析；如果扩大到前两代，就可以增加一些思想比较和发展过程的历史论述，内容会显得更丰满些，但必须有如何在理论上解决这个问题的思路和关于发展趋向的判断。

你提到有些书还没有读，抓紧找来读（有些只需浏览，涉及相关内容才重点读），了解得更全面后思想也会更明晰一些。

方克立
2007 年 3 月 25 日

五

小韩：

两篇作业都看了，写得很认真，问题意识明确，逻辑思路清晰，在理论分析的深度和文字表述之顺畅上还有提高的余地。我在阅读时也作了一些文字调整。

思维方式一文之第三点“道德理性与科学理性双彰”，还可以分析得更具体深入一些。我和李翔海合写过一篇文章《现代新儒学发展的逻辑与趋向》（原载《中国社会科学院研究生院学报》1995 年第 3 期，又见《现代新儒学与中国现代化》一书第 210—222 页），曾指出新儒家中的“尊德性”一系坚持德性优先的立场，并未给知识理性以独立地位，“道问学”一系才真正是德性与理性双彰。这篇文章你可以找来看一下。

该文第四点怎样表述恰当，也要再斟酌一下。新儒家基本上是持文化多元论而不赞成线性进化观的，杜维明对启蒙理性的反思和超越就很具有代表性。

存在主义一文可以先投出去争取发表。

方克立

2007 年 10 月 30 日

六

小韩：

通过深入研读文献资料，缩小论文题目范围是常有的也是很正常的现象。你按照“牟宗三儒学宗教性思想研究”的思路再拟一个详细提纲，看能否写得更顺手些，也有博士论文的规模？题目改动后，杜维明、刘述先的儒学宗教性思想可以不写，也可以单列一章作为牟宗三思想的影响来写。了解他们的相关思想是你如今这样选题的重要背景。

方克立
2007 年 12 月 12 日

七

小韩：

绪论部分写牟宗三儒学宗教性思想的背景，思路宽一点可以，但不能放开来写，字数控制在一定范围内，线索清楚，简明扼要。这部分内容还不能代替开题报告，开题报告除了牟宗三宗教性思想的研究综述外，还要有整个论文的思路和主要观点、结论。

安乐哲一文写一个名字就可以了，适当地方说明他的一些著作是与郝大维合写的。因为还引据了安的其他一些文章，比较完整地反映了他的思想。

方克立
2008 年 3 月 4 日

八

小韩：

开题报告会的情况我大体知道了，各位老师提的意见都要认真考虑，可以帮助完善思路。李翔海老师希望你注意邓晓芒、杨泽波、倪梁康等国内学者对牟宗三的批评（主要是关于内在超越和儒学宗教性问题)，你在提纲第七章中已加了一节，加强了对这个问题（讨论）

前沿的研究。

李老师还要你把写好的几篇文章发给他，一方面求得他的指导，另外他接触的学术刊物编辑较多，适当时机可以帮你推荐。

方克立
2008 年 6 月 26 日

九

小韩：

很高兴你已顺利通过资格审查。论文在正式付印前，自己要多读几遍，把文字修改得尽量顺畅一些，还有一些**错字必须改正**。你的思路是清晰的，但文字不太顺畅，可能是读牟宗三的书多了，受他的文风影响，有些话讲得过于思辨。要学习冯友兰先生，善于用最通俗易懂的话把最深奥的哲学道理讲清楚。

论文肯定了牟示三在儒学宗教性问题上的开创性贡献，对其即超越即内在的思想（特别是区分“即”的两层含义）讲得比较清楚，在答辩时还要注意站在马克思主义宗教观的高度来进行全面评价。牟氏证成了儒学的宗教性，应该说有助于对儒学本质的认识，即它在中国古代社会确实起到了麻痹人民、维护封建统治的作用，任继愈先生当年提出“儒教是教”说正是着眼于这个方面。对于宗教的社会功能，在今天应有全面认识，但也不可忽略这一个重要方面。

在北京找工作的任务也很艰巨，不可放松，你要兼顾好。

方克立
2009 年 4 月 8 日

十

小韩：

小魏签约落定了工作单位，你进首都师大博士后流动站也大局已定，只待批复，这就朝着在北京安家落户、各人致力于自己事业的方向迈出了关键的一步，这也是我们希望看到的结果。祝贺你们！

程老师[①]要你上一门课，这是一件好事情。你要认真备课，掌握和不断提高讲课技巧，加强与听课对象的互动，做一个受学生欢迎的好老师。从“走上讲台”到“站稳讲台”到“站活讲台”有一个过程，但这是在高校工作必须过的一关，你要认真对待。

南开的毕业典礼和学位授予仪式我就不去了，对你来说有点遗憾，只能表示抱歉。你穿着博士学位服多照几张照片吧！可以同本系本专业的其他老师合照。你个人穿学位服的照片寄（发）一张给我。

方克立

2009 年 6 月 25 日

十一

小韩：

你现在的疑惑说明你在儒学宗教性问题研究上有所深入。博士后工作时间有限（已经过去好几个月），可以往你要找的第三种阐释模式的方向努力，力图有所突破，但不急于在一两年内对这个问题彻底解决。在对以牟宗三为代表的超越内在的阐释模式做了初步的研究后，你可以下功夫对以日常生活为中心来证成儒学宗教性的这一维度

① 指程恭让先生，韩国茹在首都师范大学的博士后合作导师。

做些研究，我的意见还是先对有关思想资源做客观性的考察，包括以芬格莱特和安乐哲为代表的以“礼”为中心的阐释理路，也包括李申、邹昌林等国内学者的儒学、儒教研究理路，当然程老师提到的荀子、《礼记》（还可以扩大到“三礼”）等资源都值得重视。所谓“客观性考察”还是一种哲学史、思想史的研究，心中有你的第三种阐释模式但不急于做出理论上的概括，甚至隐而不露。博士后出站报告可以只拿出阶段性的研究报告。

进站三个月感觉还好吗？讲课情况如何？注意保重身体。

方克立

2009 年 12 月 1 日

致韩振江四通

一

韩老师：

我对文论研究和教学情况不了解，大作[①]给了我很大鼓舞。在西方文论掌握着话语权、马克思主义文论指导地位削弱、中国古典文论难以现代转化的情况下，“马魂中体西用”综合创新的学术范式对于建构当代中国文论确实有现实意义，并且具有迫切性。

大作注意阐明指导性的本体（本质）论与在历史实践中运作的主体（载体）论之间的差别和统一关系，道理讲得比较透彻，建议在贵校学报或其他文艺理论刊物上发表，以推动文艺理论学科的建设和发展。

但愿贵校[②]高等人文研究院的筹建工作顺利！

方克立

2019 年 9 月 15 日

---

① 指韩振江《中、西、马三种文化资源融合与中国文论的话语体系建构》一文的初稿。

② 指大连理工大学。

二

韩老师：

5 月我在石家庄讲“五四百年的思想史意义”，就是期盼有人按照三大思潮对立互动的思路，写出“百年中国思想文化论争史”来，增强对“马魂中体西用”综合创新的中国特色社会主义文化的自觉和自信。

现在有的人讲文化自信，主要是回望过去，“我们曾经阔过”，源远流长、博大精深的传统文化无所不包，甚至说英语也是中国人发明的，还是“西学中源”“中体西用”的思路。我们是面向未来，对“马魂中体西用”的中国新文化应该更加充满自信，当然其中也包括“中学为体”即坚守中华文化立场，对民族文化主体性的高度肯认。我们的文化自信如果只看到过去而不能与时俱进，那么它就不能成为未来中国新政治、新经济的反映而失去创生活力。

方克立

2019 年 9 月 24 日

三

韩老师：

贵校成立高等人文研究院，可考虑设两个重点研究方向，或重点课题：

（一）科技哲学与科技文化前沿问题研究。主要用新中国七十年经济建设和科技发展的巨大成就说明，社会主义为什么能够集中力量办大事，能够激发人的聪明才智和不懈的奋斗精神，创造一个又一个人间奇迹。

（二）百年中国思想文化论争史研究。可以在三大思潮对立互动的框架中说明，为什么“马魂、中体、西用”综合创新的文化道路是中国特色社会主义文化发展的必由之路，西化派的自由主义和儒化派的复古主义都是改旗易帜的邪路，都是行不通的。

方克立
2019 年 9 月 26 日

四

韩老师：

头一个问题，是考虑到贵校的学科性质和特点，文科中科技哲学的力量也比较强。要在全校倡导科学精神和发展科技文化，把人文精神贯注进去成为发展科技的助力。

第二个问题是支持您的倡议。洪晓楠也在这方面做过一些工作，他与杜运辉多年合作，周围团结了一批骨干力量。只要与晓楠合作，寒松书记支持，这批力量都能为大连理工所用。召开小型高端会议的计划也不难实现。

方克立
2019 年 9 月 27 日

致韩强等二通

一

韩强、德丰、翔海、严正同志：

这次研讨会[①]开得很成功，学术内容充实，组织严谨有序，我听到的反映都不错，黄老师也说比她预想的情况要好。谢谢你们几位的筹划与辛劳！

我数了一下，合影中共有76人，好像李瑞英、聂北茵、李道湘、李毅、李继东、汪先全、韩国茹等人（这些同志我都见到了）还不在其中，也就是说实际到会的有80多人。主力军当然是你们的师兄弟，外请客人中也有几位当今中国哲学界的中坚人物。我知道南开中国哲学学科能开成这样一次学术会议也很不容易，是大家共同努力的结果。

我翻阅了会议论文集，感觉总体上质量不差，有的写得很认真，包括你们几位的大作，也包括一些研究生的文章。将参会论文归纳为“综合创新与中国现代哲学研究”和“中国哲学的精神特质”两大主题也比较合适。杨庆中、张利民、樊志辉、李军的论文我都没有看到，如有文本给我一份；还有几位只见提纲，我也很想拜读全文，如

---

① 指2007年11月23—25日于天津召开的“综合创新与中国哲学的现代走向”学术研讨会。

林存光的文章。

23 日晚大家一起来看我和 25 日下午那么许多师生来送行两个场面使我非常感动。我在 1957 年（那年 19 岁）“反右”中落难，到 1979 年（41 岁）“平反”改正，在最宝贵的青春年华里（22 年）做不了什么事情，更不敢想象以后会有什么光明前景。1969—1972 年去江西“五七”干校，我们是做好了被分配到江西县市做插队干部、在基层干一辈子的思想准备的。没想到以后还能在教学、科研岗位上做一点工作。由于水平、能力和时间精力的限制，自知在学问上难有大的作为，但看到学生们都能“青出于蓝而胜于蓝”，真是感到无比欣慰！看到南开中国哲学学科有那么许多朝气蓬勃的硕士生和博士生，也把 20 多年前创建这个硕士点和博士点的意义充分彰显出来了。

那天大会发言我没有写出成型的文稿，所讲十个问题的题目是：

一、综合创新文化观产生的历史必然性；

二、综合创新是文化发展的规律；

三、关于综合创新论的基本理论内容；

四、怎样综合创新？——综合创新的具体方法、机制与可操作程序研究；

五、在哲学和文化上走中、西、马“三流合一”、综合创新之路的典型个案研究；

六、综合创新论的深化——“马魂、中体、西用”论；

七、综合创新与中国哲学的“合法性”问题；

八、综合创新中的“一元主导”与“多元兼容”问题；

九、中国特色社会主义理论体系中的文化综合创新问题；

十、综合创新与科学发展。

我会抽时间把发言稿整理出来，但只能慢慢做。

方克立

2007 年 11 月 26 日

二

韩强、严正、跃明：

欢迎你们9日来，中午我们共进午餐。昨天杨庆中、余新华、李道湘、林存光、干春松、刘东超、崔玉军到我这里，餐后近三点才离开（我先回家休息）。

张分田的《民本思想与中国古代统治思想》是一本史论结合的写得很扎实的著作。我认为几个基本观点是对的：①“民本”不是民主。②“民本”是“君本”的补充。③“民本”思想不是儒家独有的。应该高度重视和充分利用我国传统文化中的“民本”思想资源，但不宜过分片面地美化儒家的“民本”思想。你们正在研究中国政治哲学，建议组织研究生阅读、讨论一下这本书，也可以写点评论文章。

方克立

2010年1月2日

致蒋旭东六通

一

旭东：

梅荣政教授的文章写得很好[①]，与马克思主义与儒学关系组文内容不重复，而且可以互相支持，同意发表。客观地说，以大陆新儒家露骨的崇儒反马观点为批评对象的文章比较好写；而一些文化保守派人士并不公开反对马克思主义，却有意模糊、混淆两种意识形态的界限，抬高儒学的地位，曲解、贬低甚至消解马克思主义，针对这种情况的辨析文章比较难写。导刊让我组织这组文章，就旨在划清马克思主义与非马克思主义的界限，划清社会主义思想与封建主义思想的界限，每篇文章针对一个错误观点或一种错误倾向，争取剖析得深入一些。

已把导刊编辑部的意见转告刘东超，他同意改写，但也感到一般地正面讲马克思主义与儒学关系的道理难出新意，怕主要针对的错误

① 指杨军、梅荣政《全面认识儒学及儒家文化》，后载于《思想理论教育导刊》2010年第12期。当时方克立先生受该刊委托，为了配合回答六个“为什么”、划清几条重要的思想界限，为“社会思潮研究”栏目织织一组讲马克思主义与儒学关系的文章，可参看本卷《致刘东超》《致陆信礼》等。

观点批不透。

方克立
2010 年 10 月 30 日

二

旭东：

在马克思主义与儒学关系的这组文章中，除了批评各种错误观点和糊涂认识外，也组织了几篇正面论述的文章，关于张岱年先生的马克思主义儒学观就是其中的一篇。第 12 期可以先发这一篇。刘东超改写后的文章还没有发给我。

方克立
2010 年 11 月 16 日

三

旭东：

杜运辉的文章建议用正副标题：《中国新文化“必不采新孔学的形态”——简论张岱年的马克思主义儒学观》。正题中引用的是张先生的原话，见《张岱年全集》第 1 卷第 199 页。这篇文章希望能在明年第一期刊出，后续文章正在修改中。

把梅荣政同志的文章放在“马克思主义与儒学关系”组文中，在今年第 12 期发表很好。

方克立
2010 年 12 月 23 日

四

旭东
并转大奎同志：

刘东超的文章又写了一稿，先发给你们看一看，有什么修改意见，可直接告诉他本人，也可以通过我转告。

在当前思想界诸乱象中，一种“儒化马克思主义”的思潮很厉害，它表面上也讲儒马结合，“合则两利，离则两伤”，而实质上是要用“儒化”来阉割马克思主义的革命批判精神，将其封建化、伦理化、唯心化、中庸化，把它变成封建士大夫和资产阶级庸人都能接受的东西。这种思潮不像公开“崇儒反马”“儒体马用”那样露骨，而是以“亦儒亦马，儒马调合（和合）”的姿态出现，所以更能迷惑人。批评“儒化马克思主义”思潮应该成为“划清界限”的重点，但在矛盾性质上又很容易混淆，因为持这类论说的人有些还是思想糊涂，属于人民内部矛盾性质，写文章分寸不好掌握。

方克立
2011 年 7 月 23 日

五

旭东：

刘东超是一个很有个性的学者，在复兴儒学的文化保守主义思潮盛行之时，他敢于发表自己的不同意见，学术倾向总的来说是很不错的。他有自己的独立思想，文字也有独特风格，所以他的文章我没改（前面有些文章我是动手改过的），原文发给了你们。

把我的观点概括为“马主儒辅”说，大方向没错，但是不够确切。确切的表述是："以马克思主义为主导意识，以儒学为古为今用的支援意识"。这是从我论述"一元主导"与"多元兼容"关系的思想贯通下来的。在《综合创新之路的探索与前瞻》一文中，我讲过这样几句话："马克思主义综合创新派是非常明确地以马克思主义为'一元主导'的，但是它并不排斥科学、民主、法治、现代化，以及自由主义和儒学中的某些思想资源，它们都可以作为'支援意识'而被兼容，或者说辩证地综合进来。另外两派呢，只不过是主导意识不同，西化派是以自由主义为'一元主导'，新儒家是以儒学为'一元主导'，比如杜维明就强调儒学是'文法'而不是'词汇'，有的人则强调儒学是'体'而不是'用'，主张'儒体西用'、'儒体马用'。在'指导思想一元化'的问题上，三派都旗帜鲜明，毫不含糊，所以才有对立和紧张。"（《哲学动态》2008 年第 3 期）

刘东超的文章对"儒化马克思主义"的思潮有所批评，但对这种思潮的一些最新表现还没有涉及，这个问题还要继续研究，继续组织人写文章。但是现在有人能就这个问题发言就很不错了，不能指望一篇文章把问题讲透，驳倒一种人们还没有足够警惕的错误思潮。

我建议编辑部提出具体明确的指导性修改意见，直接与刘东超沟通，请他再作一次修改，争取文章尽量接近你们的要求。

刘东超文章第一稿已发表于广东《学术研究》2011 年第 7 期，我上次说错了，说成是上海《学术月刊》2011 年第 7 期，请谅。

方克立

2011 年 10 月 16 日

六

小蒋：

上个世纪 90 年代兴起的文化保守主义思潮，延续至今已有二十多年，势力和影响不断扩大。你的上一稿偏重论述 90 年代这种思潮初起时的情况，这一稿分析批评的重心转到崇儒反马的大陆新儒学来了。要在适当地方讲清楚，“当代中国文化保守主义”和“大陆新儒学”还不是一个概念。作为一种社会思潮，以“向后看”为特征的文化保守主义有多种形式和程度不同的表现，包括在“国学热”“儒学热”中出现的一些文化回归现象，大量的还是人民内部的认识问题，虽然不能代表先进文化的前进方向，但是并不直接反对主流意识形态。崇儒反马的大陆新儒学是这种思潮的极右翼，它提出的政治、文化主张和所作出的理论论证，集中暴露了文化保守主义思潮的错误实质和严重危害性，所以有必要对其进行分析批判。这也从反面说明了对国学、儒学和传统文化采取分析的、开放的、前瞻的态度的必要性和重要性。

方克立

2012 年 7 月 10 日

致程恩富四通

一

恩富同志：

关于中国文化发展的现实道路问题，我在2006年提出了“马魂、中体、西用”的思路，当时颇受您和杨承训教授的启发。今年3月，在北大中国文化发展研究中心成立大会上，我又讲了一下这个问题。“马魂、中体、西用”与您讲的“马学为体、西学为用、国学为根”在大方向上是一致的，都强调了马克思主义的指导地位，中国文化的主体地位或根源性地位，同时坚持对外开放的方针。而在中国文化研究领域，崇儒反马派势力不可小视，他们正是把攻击的矛头对准了“马魂”或“马体”。

附上两篇拙文请指正。

方克立

2010年7月27日

二

恩富同志：

收到七大思潮速记稿，谢谢！

我赞成把复古主义列为主要错误思潮之一。其实也不是到近年来的“国学热”才有，过去一直以文化保守主义或文化民族主义的形式存在着，到新世纪一些人就公开打出了复古主义的旗号。前些年主要批新自由主义、民主社会主义、历史虚无主义三种错误思潮，而忽略了以“半是挽歌，半是谤文”为特征的复古主义，其实历史虚无主义只是自由主义思潮的一种表现形式。

上个世纪80年代中期以来，我一直认为自由主义、保守主义（更多地表现为文化保守主义）和马克思主义是“五四”以来中国现当代三大思潮，直到今天也是这样。不过每一派中又有左、中、右之分，相互之间形成错综复杂的对立互动关系。我曾在一篇文章中把“新左派”看作是自由主义的左翼（“90年代我国学术界的环境总的来说比较宽松，不但出现了形形色色的‘大陆新儒家’，自由主义西化派在90年代后期也很活跃，大家都知道有所谓自由主义与‘新左派’之争。我读到一篇台湾学者写的评论，他认为大陆的自由主义与‘新左派’之争实际上是自由主义的右翼与左翼之争。”见张世保编：《大陆新儒学评论》，线装书局2007年3月版，第340页）。在当前的文化保守主义思潮中，由于对儒学与马克思主义的关系看法不同，也明显地有左、中、右之分。在马克思主义思想阵营内部，如你讲的传统马克思主义就偏“左”，折中马克思主义就偏右。现在有一个问题，就是**七大思潮没有给当今中国的主流意识形态——党中央倡导的当代中国马克思主义、中国特色社会主义理论、社会主义核心价值体系——定位，没有说明它是不是创新马克思主义，能否等同于创新马克思主义**。如果七大思潮不包括主流意识形态，那么这种概括的完备性就难免会遭到质疑，一些马克思主义学者也不在乎是否你讲的三种马克思主义之一了。他们会说，我们信从的是党中央倡导的与时俱进的中国化马克思主义。

粗读印象，仅供参考。

方克立

2011年11月22日

三

恩富同志：

得知您领导的社科院经济社会发展研究中心，与山东大学威海校区马列部合作，将创办《马克思主义文化研究》辑刊，填补国内至今没有马克思主义文化研究专业刊物的空白，十分高兴。

大约20年前，我和一些学者曾建议在学科专业目录中增设“文化学”，加强对马克思主义文化理论和中外文化理论、历史和现实的研究，为中国特色社会主义文化发展繁荣提供学理支持，并且有计划地培养这方面的专业人才。有关主管部门也曾表示很重视，但后来就没有下文了。

事实上文化研究和文化讨论一直是学术界关注的热点，意识形态领域斗争的焦点，值得引起高度重视。继80年代反传统的西化思潮盛行之后，90年代又兴起一股文化保守主义思潮，自由派则借北大百年校庆鼓吹“自由主义是最好的最具普遍性的价值”。马克思主义综合创新派文化学者不得不与这两种偏颇的文化主张进行思想论战。在国际文化关系方面，美国学者亨廷顿提出“文明冲突论”，中国学者费孝通提出“和而不同”的文化自觉理论，表现了不同的思维方式和文化价值观，思想论争也相当激烈。

正如毛泽东所指出的，一定的文化是一定社会的政治和经济在观念形态上的反映，它又影响和反作用于一定社会的政治和经济。“文化是反映政治斗争和经济斗争的，但它同时又能指导政治斗争和经济斗争。”不同文化道路选择和争论的实质，反映的正是不同政治经济利益之间的冲突，它关系到国家的前途命运，因此文化研究和文化讨论决非小事。就从以“文”化人、化物、化事的角度来说，它也关系到我们事业的方方面面。

对于文化的本质、作用和地位，文化的历史生成和演化规律，文化发展中的传承与变革，文化交流中的碰撞、选择与融合，文化的民族性、时代性和阶级性的关系等问题，历来众说纷纭、莫衷一是。只有在唯物史观的基础上，善用辩证思维，才能给予真正科学的说明。这就是我们要着力阐明和坚持的马克思主义文化观。辑刊提出的两个办刊原则非常好，一是要坚持马克思主义的理论立场和方向，二是在学术上要坚持高标准，文章要有学理性，鼓励学术创新，尤其要支持紧密结合中国实际的马克思主义文化创新理论。

一百年来，马克思主义中国化的文化成果十分丰硕，不仅马克思主义文化观的一般基本原理在中国革命、建设、改革实践中得到了证实，而且通过中国共产党人的理论和实践创造，为其增添了许多鲜活的内容。毛泽东的新民主主义文化理论和发展繁荣社会主义文化的“双百”方针，从邓小平到习近平的中国特色社会主义文化理论，以及郭沫若、侯外庐、张岱年、冯契等马克思主义学者的文化理论创造，都需要好好研究和总结，更不用说对大量现实文化问题进行马克思主义的分析和思想引领了。所以，即将创办的这本辑刊的研究对象和内容是非常丰富的，在理论、历史、现实等维度上都有很大发展空间。只要坚持上述办刊原则，有效团结国内的马克思主义文化学者，不断巩固和扩大核心作者群，这个辑刊是能够办好并且办出较高水平和鲜明特色来的。它虽然来得晚了一点，但确实反映了文化事业和文化理论发展有此迫切需要。我相信若干年后，它就会成为国内最有代表性的马克思主义文化研究专刊，并在与国外同类刊物的交流中产生世界性的影响。

很遗憾不能参加 24—25 日在威海召开的学术会议，在此略为表达我对即将问世的《马克思主义文化研究》辑刊的一点期盼。

方克立

2018 年 3 月 10 日

四

恩富同志：

在文化领域是有许多重要的理论和实践问题，迫切需要用马克思主义观点来回答和解决，也有一些学者是有能力做好这个工作的。我们要多团结这样一些有水平的学者，把集刊办好。比如我跟您提到过的陈先达、黄力之等人，包括中央党校的许全兴，都可以给他们送杂志（集刊），请他们写文章。

方克立

2018 年 9 月 26 日

致程雅君十四通

一

雅君：

我很赞成你以“三年不窥园”的精神，专心致志地把《中医哲学史》写出来。这是学科建设的一项基础工程，而目前能做这件事情的学人十分难得。你兼有中医与中哲的专业基础和优势，特别是有把中医哲学当作自己的“生命的学问”的担当精神，我相信经过努力一定会交出满意的答卷。

不仅如罗希文讲的中国哲学有儒、释、道、医四大家，而且儒、释、道的天人之学中也有不少“医”即辩证认识人体的内容。中医哲学实为中国古代各家各派所重视，不过关注的重点不同，解释原则和方法不同而已（当然他们之间也有许多共同的东西）。中国哲学对“人”的认识，除了人群（社会）、人生（性情、人生理想、道德修养、成人之道）、人心（精神、思维、认识、心理）之外，还十分注重研究人体（人的生理和生命现象），而且这是与天人关系联系最紧密、最直接的一部分。从整体看，中国哲学可以说是一种“生命哲学”。所以，中医哲学不仅是中国哲学的重要组成部分，而且可以说，不懂得中医哲学就很难了解和把握中国哲学之神髓。

先秦、两汉是中医哲学的奠基时期，《黄帝内经》是中医哲学形成的标志性成果。从思想渊源来说，它可能与黄老道家的关系更密切些（即你所说的“以道家为体”），儒家则以“医乃仁术”的伦理思想强化了它的人文性内容。中医哲学对于各家自然哲学和辩证思维方式都有所吸收，从而形成了极具中国特色的医道（理论）和医术（实践）相结合的科学体系。《黄帝内经》实际上是对此前科学与哲学的有关认识成果的一次总结提升，一次理论上的综合创新。从纲目看，你对这个时期中医哲学的内容把握得已相当全面，希望能按计划高质量地完成第一卷并出版发行。

你发表于《哲学研究》的《道医与术医》一文也看到了。《中医哲学史》第一卷出版后，作为博士后出站报告通过应无问题。考虑到中医哲学学科建设的迫切需要，你应有留在北京工作的思想准备。

方克立

2008 年 5 月 31 日

二

雅君：

19 日来函对“数”在中医思维模式中的意义和地位有很好的阐述，其实在中国古代科学认知中，“象”与“数”是分不开的，对事物的认识总是定性与定量相结合，所以王船山有“象数相倚”“象数相生（因）”等论述。来函对“炁（气）”的重要性的认识也很中肯，传统中医思维模式不可能摆脱气学的框架，所谓中医辨证施治最后还是归结为调节阴阳五行之气。不过我认为，从宇宙生成的角度说，本原的东西应该放在前面；从认识论的角度看，透过现象才能认识本质，所以还是把“气”放在后面较为合理。“气”论不应该是一个先验的认识框架。

问题是，从“象数”到认识“气”本原，中医思维还有没有一些逻辑的中间环节呢？我认为冯契先生深入阐发的“比类”“求故”“明理”等逻辑环节非常值得重视（论文《论中国古代的科学方法和逻辑范畴》，三卷本著作《中国古代哲学的逻辑发展》），它们既是中国古代科学与哲学思维的一般方法、工具、手段，也是中医思维和认知过程中所不可缺少的逻辑环节。“类”“故”“理”三个范畴中最重要的是“理”。任何科学研究都不能缺少“明理”、“穷理”、“原其理”（沈括）即把握事物发展的规律性这个环节，没有对事物规律性的认识就不能叫做科学。中医的科学性也在于它能正确认识人的生理机制和病理规律。

现在不说“原创”不“原创”，是什么人“原创”（古人还是今人），一般意义上的中医思维模式必需包括哪些环节？我认为**“取象”“运数”“比类”“求故”“明理”“归本”**都是不可或缺的；如果把“比类”“求故”当作“明理”过程中的从属环节，那么剩下来**“象”“数”“理”“气”**四个范畴都很重要。一定要拿出一个三元思维模式的话，则可以把“象数”归为一类。

近日拜读王琦先生大作，与你书信讨论，形成这么一些粗浅看法，请批评指正。

方克立
2011 年 9 月 23 日

三

雅君：

“数”与“理”的关系，就像你所说的“象”与“数”的关系一样，是**“可并存却难兼并”**。“数”中有规律、道理、天命等涵义，但不能等同或取代“理”范畴。因为它还有反映事物量的规定性这层特殊涵义（也是更能反映其特殊本质的涵义）；而且当它表现为规律、必然性的时候，往往带有命定论的色彩，如“气数”“命数”等。这显然是有片面性的。所以，中国古代文献中反映规律性的范畴，主要还是“道”和“理”。

中医思维方式整个来说是在气学（阴阳五行学说）的框架下，主要运用经验直观的象数思维，这是无疑义的。现在提出来的问题是：在这个学说框架和思维模式中，是否绝对排斥逻辑思维，绝对排斥理性主义？或者问：它能否同时兼容一点逻辑思维，兼容一点理性主义？中国古代“比类”“求故”“明理”的科学方法，是否曾为中医学所采用，它对中医学的发展有无贡献？根据哲学家和逻辑学家们的研究，中国古代“比类”“求故”“明理”的逻辑方法，运用得最成功的领域之一就有中医学。正是由于把“明理”“穷理”“原其理”即探索人的生理、病理规律当作重要内容和目标，中医学才大大提高了其科学性。所以我认为在全面认识中医思维模式的时候，要同样重视“象”“数”“理”三个范畴。

“穷理”“明理”的问题古代就有，如你所说是在宋明理学的影响下，才在中医学的发展中起重要作用，这体现了科学思想和思维方式的进步。现在全面研究中医思维模式，就要把中医学当作一个逻辑与历史统一的整体来研究，不能因为“理”在“数”之后而不予重视。

我很注意冯契先生对哲学、逻辑学与科学方法的研究，下面引述两段他的研究结论，供你参考：

> 不论是人类的认识发展（哲学史、科学史等），还是个体的智力发展，都要经过察类、求故、明理这些认识环节。“察类”就是知其然，“求故”在于知其所以然，“明理”则是知其“必然”与“当然”。由知其然到知其所以然，再到认识必然与当然，是一个认识的深化和扩展的过程。（《中国哲学范畴集》，人民出版社 1985 年 8 月版，第 18 页）

历史上哲学家们通过“类”、“故”、“理”这些逻辑范畴来揭示“性”与“天道”，经历了由自发到自觉、由较少自觉到更多自觉的发展过程。在先秦，随着“名实”之辩的展开，比较突出地展开了对“类”的争论，“故”和“理”也被提了出来，并且已经形成墨家的形式逻辑体系和荀子、《易传》的辩证逻辑比较法。到汉代，墨学衰微，而辩证逻辑的比较方法，不论是侧重于“取象”还是侧重于“运数”，在具体科学中都发挥了作用。……自汉至唐，哲学家们考察了许多关于“故”的范畴：“目的因”、“质料因”与“形式因”，“体”与“用”，“自因”与普遍联系等。……虽然“理”范畴也早已提出，但宋明时期哲学家对“理”作了更深入、更多方面的探讨，对理与气、道与器（理与事）、理与势、必然、当然与自由、一般规律与特殊规律等关系展开了争论，随之对“两”与“一”、“分”与“合”的考察也深化了。……王夫之在作全面的批判总结时，差不多考察了前人提出来的所有的逻辑范畴，把它们融会贯通，成为“汇象成易，举易皆象”的体系。……正是通过这些范畴作为环节、运用它们作为方法，人们对“天道”和“人道”的认识越来越深入了。（《中国古代哲学的逻辑发展》，第1094—1096页）

在中医思维模式中，我认为“明理”比认识形质、形器重要得多，对“形”的多种规定性的认识，实际上在“象”“数”阶段就已经完成了。所以我主张用“理”范畴代替王琦先生提出的“形”范畴。

方克立

2011年9月24日

四

雅君：

提供的资料很有价值，谢谢你。

作为一个外行，我目前理解的中医思维模式，是在阴阳五行的气学（气一元论）框架下，以经验直观的象数思维为基础，兼用（取）求故明理的逻辑思维，而达到对人的生理、病理机制的某种规律性认识，并用以指导协调阴阳五行之气的医疗实践。这一思维模式，用简略的几句话表达就是："取象运数，天人比类；求故明理，阴阳一气。"将其概括为一个更简明的公式，就是"象数—理—气"。你看这样认识靠不靠谱？

方克立

2011 年 9 月 26 日

五

雅君：

我对中医是外行，之所以对中医思维模式感兴趣，是因为它对深入了解中国哲学思维方式极有帮助。中医学是受中国传统哲学影响最深的一门具体科学，其优点和缺点都在中医理论和思维模式中得到了淋漓尽致的表现。比如中国哲学中的经验主义、神秘主义、理性主义都深刻地影响着中医学的发展，成为中医思维模式的基本内容。这里所说的神秘主义，不是一般地指宗教迷信，而是专指一种没有主客、人我、内外之分的"天人合一"的哲学境界（参见冯友兰《中国哲学中的神秘主义》一文）。中国哲学中的理性主义也不都是科学理性、逻辑理性，在儒家那里，过分强调道德理性对中医学的发展也有消极

（负面）影响。

方克立
2011 年 10 月 1 日

六

雅君：

来函已阅，各情尽悉。从两次电话中也知道了你的一些想法。我认为你现在需要做的：第一，养好伤病，争取彻底康复。第二，把作为你安身立命之本的《中医哲学史》后两卷高质量地写出来，争取顺利出版。如果与巴蜀书社关系很好，不必换出版社。不要把评奖太当回事，不在乎川大报不报，你就没有思想负担了。书摆在那里，让社会来评价，让历史来评价。第三，经营好你的中药园，争取打开销路，取得良好的经济效益。

7 月 29 日参加了一次王琦先生课题的中期总结会。我现在的认识是：**中医原创思维是一种以象、数、理为思维的逻辑形式（认识工具、科学方法），以形、神、气为思维的基本内容，力求三者有机统一的朴素系统整体辩证思维。**这样表述你以为如何？

方克立
2012 年 8 月 30 日

七

雅君：

“中医原创思维是经验主义、理性主义和神秘主义的统一”命题可以成立，希望你用中医学史上大量典型资料来证成这一科学结论。

“神秘主义”概念要参考冯友兰先生的文章准确界定。

方克立
2012 年 9 月 8 日

八

雅君：

我最近忙于一点别的事情，文章粗读一遍，[①] 先谈点感觉。过些天再同你详细讨论。

中医原创思维是一种复杂思维，是一种系统整体辩证思维，是由多种思维形式、方法、手段、要素组成的，而不是单一的象思维，更不是简单的形式逻辑思维，否则就难以说明复杂的人的生命现象和在实践中成功地治疗各种疾病。你的文章在前面首先要讲清楚这个道理，讲清楚研究中医原创思维的意义和价值，然后再分别论述三个“主义”。

中医学史上和古代中医典籍中运用三种“主义”的典型资料，下功夫再多发掘一些，以加强说服力。

方克立
2012 年 9 月 15 日

九

雅君：

三个“主义”一文几稿的变化，体现了研究不断深化的过程。主

---

① 指《论中医原创思维》，后以《中医原创思维的哲学意蕴》为题，刊载于《哲学研究》2014 年第 1 期。第八、九、十、十一四封信所言皆为此文。

要表现在两个方面：一是思路越来越清晰，二是典型资料发掘越来越多。我以为还有改进的余地。先不考虑字数，也不考虑在何处发表，待瓜熟蒂落之时，自然会有发表的地方。

前面写一个“引言”是有必要的。引言主要讲问题的缘起，内容包括：（一）研究中医原创思维的重要意义。不同于西方还原论的思维方式，中医原创思维是一种整体思维，是一种朴素的系统整体辩证思维。（二）象思维是中医原创思维的重要内容和特征，但有的研究者把中医原创思维仅仅归结为象思维，而忽略了数思维，特别是比类、求故、明理的逻辑思维的重要意义；有的研究者又过分夸大了象思维中的神秘主义内涵。（三）我们的观点是：中医原创思维是经验主义、理性主义、神秘主义的互补、结合和统一。

作为文章核心部分的三节，除了一般的理论阐述外，着重讲三个“主义”在中医理论和实践中的表现，内容越丰富、越切题（切合三个“主义”的本质内涵）越好。

在三节文章之后，还有必要写一节专门论述三个“主义”的关系。它们是互相渗透、互相补充，相互结合成为一个系统整体辩证思维的关系。象数思维也不完全是经验主义，“取象比类”“以象悟类”中就包含有类比推理的逻辑思维，“天人比类”（以“天人相应”为前提）中实际上也包含着某些神秘主义的因素。数思维中的符号运演和推算已进入逻辑思维的领域，发展到“数本论”，实际上已是一种唯心主义和神秘主义的世界观。西方的毕达哥拉斯学派和中国以邵雍为代表的象数学派，在哲学上都是属于唯心主义的派别。三个“主义”都不是绝对的、界限分明的，要注意到它们之间交叉互渗、相互结合的复杂关系。只有三个“主义”的互补、结合和统一，才能形成一有生命的系统整体辩证思维。

在最后一节，还要讲一下这种系统整体辩证思维的局限性。局限性就在于其素朴性，它是生动直观的、未经近代科学分析方法洗礼和严格论证的，这种整体性有笼统、模糊的缺点，而且难免用某些幻想的联系去代替事物真实的联系。也就是说，中国古代传统科学方法还处在朴素辩证法的阶段，中医原创思维也不能超越这一时代的局限性。

方克立
2012 年 9 月 19 日

十

雅君：

把你的《论中医原创思维》一文又读了一遍，有两点修改意见：

一，在“类与察类思维”一节中，关于“类”“故”“理”在中国逻辑学中的地位和意义讲得较多，而对这种思维方式在中医学中的具体运用讲得较少。“天人比类”是中医学的一大特点，在《黄帝内经》等文献中比比皆是，建议补充一些这方面的典型资料。“天人比类”其实也反映了这种思维方式的局限性，即难免比附的缺点。

二，在第八节中讲三个“主义”，“分别表现为‘取象’、‘运数’、‘察类’、‘求故’、‘明理’、‘意会’、‘心悟’八种思维方式”，你列举出来的只有七种。而且在第七节中，也没有将“意会”和“心悟”明确地区分为两种不同的思维方式，讲出二者之质的区别所在。这些论述都需要更深入、严密一些。

方克立
2012 年 11 月 26 日

十一

雅君：

把“意会”“心悟”“神会”说成是三种思维方式不合适，把它们看作是神秘主义思维的三个发展阶段也有问题，因为讲不清楚它们之间的区别和联系，也难以讲清楚各自的阶段性特征和发展顺序。应该说是用三个不同的概念来描述同一种神秘主义思维方式，同时还可以用“直觉”“顿悟”“灵感”等多个概念来描述这同一种思维方式。神秘主义是在积累了众多经验主义和理性主义思维成果的基础上，到了某个能够引起认识飞跃的关节点，思维（心、意、神）一旦豁然贯通，大彻大悟，直透本源，达到无人我内外之分的“天人合一”“万物一体”的境界，也就是直接把握了事物的本质和规律，达到“众物之表里精粗无不到”“吾心之全体大用无不明”的境界。这种神秘主义思维是只可意会（心领神会）不可言传的，所以人们用多个不同的概念来描绘它而难以准确地界定，试图把这些描述性的概念加以清晰的分类，并作出高低、前后的区分是非常困难的，不如笼统地把神秘主义当作一种思维方式，选一个最贴切的概念来代表它，比如说“医者意也”之“意”即“意会”。“心悟”“神会”“直觉”等与“意会”是同一种思维方式，不过切入的角度略有不同而已。

方克立

2012 年 12 月 27 日

十二

雅君：

看了你的再构想，我明白了你先写简史暂不写第四卷[①]的原因。近现代的中医存废之争无疑是第四卷的主体内容，但也要注意那些吸收了西医的理论和方法，推动中医走向科学化与现代化的一些人物的

① 指《中医哲学史》第四卷。前三卷已由四川出版集团、巴蜀书社分别于 2009 年、2010 年、2015 年出版。方克立先生为之作序，收入本书第六卷。

正面贡献，如清代王清任对人体解剖的重视等。中西医的交流、交融、交锋是一个历史过程，第四卷要展现这个过程的丰富内容。中西医结合毕竟是历史的方向，不过在“结合”过程中又出现了“西体中用”、“存药（中药）废医（中医）”等偏差，使这个过程充满了矛盾斗争而呈现出曲折和复杂性。

我希望你的中医哲学史简编本要能够作为高等中医院校的教材使用，而不是以个人原创为主要选材标准，个人原创可以作为内在标准，但作为教材要更多地考虑内容的科学性和系统性，体现逻辑与历史的统一，使学生能够学到符合客观历史实际的规范化、系统化的知识。当然能把两者结合起来更好。

我 12 月 3 日在中医哲学专业委员会成立十周年座谈会上的发言，[①] 主要是讲钱学森的中医哲学思想，高度评价其“马魂、中体、西用”的思路和方向，但也对他提出的“唯象中医学”这个概念有所异议。

方克立
2016 年 12 月 20 日

十三

雅君：

人们可能提出的一个问题是：唯物辩证法的三大规律、五大范畴、三个基本观点，用实例在中医哲学中都有充分的体现，但能否用本民族话语，特别是中医特色的概念、范畴、命题准确表达出来？个

---

① 指《要重视研究钱学森的中医哲学思想》，系方克立先生 2016 年 12 月 3 日在中国哲学史学会中医哲学专业委员会成立十周年座谈会暨 2016 年学术年会上的发言，后载《中国哲学史》2018 年第一期；收入本书第二卷。

别概念似乎还能对应，但要形成一套中国特色中医辩证法概念范畴体系确实很困难。

中医辩证法“已经高于（至少部分高于）‘朴素’的辩证法了”的论断值得斟酌。这不能只看实践检验、临床疗效。辩证法发展到了什么阶段，这是由那个时代的整个科学发展水平决定的。钱学森说“中医这个东西不是现代科学意义上的所谓科学”，它“是在早年现代科学还没有形成的时候，所谓的自然哲学”，就说明它还具有直观的、素朴的、思辨的性质，由于没有现代解剖学等实证科学的根据，甚至还包含着某些猜测、臆想的成分。所以，“一般常以朴素的唯物辩证法来说中医，这样的表述未必精确”的质疑，最好不要提出来。

对“形式逻辑”和“辩证逻辑”概念的把握还需要深入和更准确一些。西方的亚里士多德逻辑、印度的因明学、中国的名学或名辩学，都属于形式逻辑的范畴。中医诊断无疑也要遵守同一律、排中律等形式逻辑的基本规律，不过其高明之处在于它还有较多的辩证思维。对李约瑟的那段话也有一个深刻、准确把握的问题。

方克立

2018 年 7 月 14 日

十四

雅君：

从本月 19 日起，我的邮箱因验证密码对不上号而被锁住了，直到 25 日才解锁。打开邮箱一看，有你近日发来的 13 封邮件，可以看出你为写好这篇文章[①]，确实是“句句呕心，字字沥血”，作了殚精

---

① 指《中医辩证法的返本与开新》，后以《论中医辨证思维的特点及在新时代的守正开新》为题，刊载于《哲学研究》2021 年第 5 期。

竭虑的努力。

从原则出发改变为从中医辩证法的特点出发，是改写后文章的最大进步，人们读后的观感就完全不一样了。下一步努力方向是要思考得更深入一些，表述更准确一些，尤其是第一部分。比如“天人合一”的世界观：中国哲学中的“天人合一”思想非常丰富、非常复杂，有天人一性、天人一道（理）、天人一心、天人一气、天人感应、天人合德等等，其中有大量唯心主义、神秘主义、泛道德主义的东西。作为中医辩证法的世界观基础的是其中的“道法自然”“天人一气”的朴素唯物主义，它主要是从人的生理、病理的角度来研究人，首先把人看作是自然界（“天”）的一部分，因此要遵循自然界的普遍规律，中医辩证法本身也是自然辩证法的一部分。“天人比类”是“道法自然”“天人一气”思想的体现，但是其中也有许多牵强附会的东西，表现了形而上学的思维方式。

将中医的认识论概括为实践论是可以的，反复实践（实验）、注重疗效、总结经验、形成经方是中医认识论的特点。直到屠呦呦的青蒿素也是这样，她的团队是经过了190多次试验失败才最后取得成功的。中医认识论中包含着大量辩证思维，列宁讲的辩证法、认识论、逻辑学三者一致的原理，在中医哲学中也有显著的体现，他讲的“逻辑学”当然是指辩证逻辑。另外你注意一下，中国传统哲学中讨论的知行问题，中医哲学是否关注和有所讨论，因为中国哲学家主要关注的是道德的知与行。

你已意识到《中国社会科学》的文章有一个长期打磨的过程，有这个思想准备很好，精益求精总是好事。

方克立

2018年7月27日

致谢青松等三十一通

一

青松：

我曾通过电子邮件给你一个回复，赞成你去人大读博，并告知夏伟东是一位很好的老师，你没有收到吗？

我的一些学术观点，是长期形成的，并非得到普遍的认同，有些看法甚至争议很大。最近发表在《高校理论战线》2007 年第 5 期上的《关于和谐文化研究的几点看法》和发表在《马克思主义研究》2007 年第 5 期上的一个对我的访谈你可以看一下，它们反映了我近日关注的一些问题，也希望得到你的批评指正。

方克立

2007 年 6 月 8 日

二

青松：

2006 年我在张岱年“综合创新”文化观的基础上提出了“马

魂、中体、西用”论，近年来又有所发挥，在学理上主要涉及对“体用”范畴的理解和运用问题。几篇东西发给你，愿意听到你的看法。

方克立
2012 年 4 月 30 日

三

青松：

收到来函，谢谢！

特别高兴知道你已破格晋升为研究员。这是荣誉也是责任，说明所在单位对你寄予厚望，意味着今后在事业上要挑更重的担子 。在学术上除了完成眼前的任务外，还要有一个长远的规划，对自己有一个设计。当今中国青年伦理学者中，樊和平（樊浩）是一个比较成功的人物，过去在思辨理论建构方面颇具特色，近年来又在中国伦理生活的社会调查方面做得有声有色，值得更年轻的学者学习借鉴。

方克立
2012 年 9 月 11 日

四

青松：

“五四”以后近百年来，如何处理中、西、马的关系一直是中国文化道路选择之争的关键问题。我对这个问题的看法，受张申府、张岱年两位前辈的影响甚大，故将他们的著作列入参考书目中。今年 6

月在纪念张申府诞辰120周年学术研讨会上的发言，[①] 附上一阅。

方克立
2013年10月21日

五

青松：

文章写得很好。[②] 从学术范式的角度来阐明“马魂、中体、西用”论的理论价值和创新意义，是其他评论文章尚未有达到的认识高度。去年我在《方立天文集》出版座谈会上的发言，讲到了“马魂、中体、西用”是一个具有普遍意义的中国马克思主义学术范式的意思。从几代学者走过的学术道路来看，确实如此。把它作为学术范式总结出来，有助于学者的理论自觉。

方克立
2013年11月19日

六

青松：

综述[③]收集的资料很全，有的文章我还没有看到过。做了个别文字调整，见附件。

---

① 指《从曲高和寡到主流话语》，系方克立先生在石家庄召开的“张申府先生诞辰120周年纪念暨学术研讨会”上的发言，后载《河北师范大学学报》（哲学社会科学版）2013年第5期；收入本书第四卷。

② 指谢青松《“马魂、中体、西用”与当代中国学术范式之建立》，后刊载于《马克思主义研究》2014年第9期。

③ 指谢青松《“马魂、中体、西用”说研究综述》，后刊载于《云南行政学院学报》2014年第3期。

关于学术渊源，主要提到张岱年。记得上个月曾发给你一篇6月份我在张申府纪念会上的发言，“三流合一”思想和话语都与他有关系，可适当提一笔。

方克立
2013年11月23日

七

青松：

社科报记者钟义见写了一篇与我“对话”的文章，[1] 尚未发表，附去一阅。在这个谈话中，我说开创学术研究新范式是一个青年学者提出来的，就是指你。“马魂、中体、西用”内涵的拓展与深化，意义的彰显，不是我一个人的功劳，而是一个学术群体共同思考、探索的结果。

习近平总书记近年来关于文化问题的一系列讲话，确实与“马魂、中体、西用”的精神非常契合，但写文章还得先正面论述习近平总书记的文化思想，然后谈到学界也有这么一种观点，在方向上与其完全一致，说明有共同的文化立场，反映了中国特色社会主义文化发展的规律。要以前者为主，后者为宾。

方克立
2014年4月9日

八

青松：

《充分发挥儒学对马克思主义中国化的支援意识》一文可以放在

---

① 指《“马魂、中体、西用”是我们的文化旗帜》，后刊载于《中国社会科学报》2014年5月5日；收入本书第四卷。

甲编《我们的文化旗帜》一文前面。《返本开新重戡中医哲学》一文可以放在乙编《马克思主义综合创新派的文化体用观》一文前面。《马魂中体西用的时代价值》一文（大约写于2013年夏季）放在乙编的适当位置，因未正式发表过，可以靠后一点。[①]

方克立
2015年4月14日

九

青松：

甲篇还想增加一篇短文[②]，放在访谈“我们的文化旗帜”前面。

陆续读到几篇论及“马魂、中体、西用”的文章，好像是“综述”未提到的，一并放在附件中。[③]

方克立
2015年4月21日

① 均指编撰《马魂中体西用：当代中国文化的现实道路》（人民出版社2015年版）一书中的排序。

② 方克立：《人间正道是沧桑——马克思主义新文化观的确立》，原载《中国社会科学报》2014年4月25日，后收入《马魂中体西用：当代中国文化的理论自觉》，人民出版社2019年版；收入本书第四卷。

③ 伍义林：《价值观的更新是一种文化自觉——兼析社会转型期价值更新的基本态势》，《中国特色社会主义研究》2008年第2期；田嵩燕：《五四运动的未竟之业》，《学习时报》2010年5月11日；迟成勇：《儒家伦理价值观与社会主义核心价值体系建构》，《南通大学学报》2011年第4期；赵四学、刘仲林：《论中国文化理论建设的历史演进与时代创新》，《求索》2012年第9期；张三萍、关心：《“综合创新”与“返本开新”——儒学现代化的两条不同路径》，《学术论坛》2013年第11期。

十

青松：

我在你的最新文本的基础上做了个别文字调整，主要是将“‘马魂、中体、西用’说”改为“论”了。本来“说”“论”同义，可以并存。今天我翻了一下第一篇文章《关于文化的体用问题》，发现其中9处表述都是“‘马魂、中体、西用’论”（《中国文化的综合创新之路》244页倒数6—5行；246页倒数6行；248页第10行；253页3—4行；254页3—4行；同页末行；257页第6行；同页倒数2行；258页第6行），书的介绍就用这个提法吧！

方克立

2015年9月22日

十一

青松：

“‘马魂、中体、西用’是习近平文化思想的宗纲”是一个非常准确的科学论断，也是这篇文章（发言）的画龙点睛之笔。思想理论界、学术界是非常认同这个论断的，教育部主管的《思想理论教育导刊》2015年第5期已经一字不改地发表了这篇文章，而且题目上了杂志封面。如果人家坚持要换题目，我考虑了一个备用题目——《准确把握习近平文化思想的精义》，不过文末要说明：本文是作者2014年12月29日在中国红色文化研究会召开的“继承发扬中华优秀传统文化”座谈会上的发言，发表于《思想理论教育导刊》2015年第5期，原题为《“马魂、中体、西用”是习近平文化思想的宗纲》。

方克立
2015 年 10 月 9 日

十二

青松：

社科院专门用《“马魂、中体、西用”是习近平文化思想的宗纲》这个题目向上送了一期简报，把它当作哲学社会科学话语体系建设的一个亮点。人大报刊复印资料也转载了《思想理论教育导刊》去年第 5 期上的文章。这个题目，或者说这个论断、这个命题，其影响早就传播、散发出去了。

方克立
2016 年 1 月 11 日

十三

青松：

简洁明了，谈吐自如，写得不错。[①]“传统儒家包括港台新儒家”的提法不合适。传统儒学是封建意识形态，现代新儒学（包括港台新儒学和大陆新儒学）实质上是资产阶级意识形态。

大陆新儒家已经建立全国性的准宗教—政治组织，正在一步一步地朝着他们的政治目标前进。

---

① 指的是学术访谈：谢青松等：《大陆新儒家的变异与虚幻》，《中国社会科学报》2016 年 6 月 21 日。

2003 年我在研究生院的一次讲课整理稿，[1] 附去供参考。

方克立
2016 年 4 月 24 日

十四

青松：

习近平总书记在“5·17”讲话中明确说：“坚持以马克思主义为指导，是当代中国哲学社会科学区别于其他哲学社会科学的根本标志”，“不坚持以马克思主义为指导，哲学社会科学就会失去灵魂、迷失方向，最终也不能发挥应有作用”。刘云山 19 日在宣传文化系统学习贯彻习近平讲话精神专题会议上说，重要的是“要牢牢把握以马克思主义为指导这个灵魂”。

可以写一篇学习体会的文章《发展哲学社会科学要坚持“马魂中体西用”的方针》。

方克立
2016 年 5 月 20 日

十五

青松：

从三个自信到四个自信，前三个是对中国特色社会主义道路、中国特色社会主义理论体系和中国特色社会主义制度的自信，第四个也

① 指《当代中国大陆新儒学思潮评析》，载张世保、谢青松编《大陆新儒学评论·2017 卷》，中国社会科学出版社 2018 年版；收入本书第三卷。

应该是对“中国特色社会主义文化”的自信，实际上就是对“马魂、中体、西用”的当代中国文化的自信。有人把文化自信主要解读为对五千年灿烂辉煌的中华文化的自信，固然不错，但有片面性。一百多年前，在马克思主义传入中国前，我们也有五千年灿烂辉煌的中华文化，但近代中国一直处于积贫积弱、落后挨打的地位，中国人也不可能有真正的文化自信，最多有阿Q式的“我曾经阔过”。只有马克思主义传入中国，指明了人类历史前进的方向以及中国之前途何在，才激活了中华文化中的优质思想资源和真正有生命力的东西，中国人才重新树立起了文化自信。

从三个自信到四个自信，说明习近平总书记对文化问题的特别重视，把中国特色社会主义文化从中国特色社会主义理论体系中拿出来，与之并列地加了一个“文化自信”，而且是“更基础、更广泛、更深厚的自信”，“更基本、更深沉、更持久的力量”。这就要求理论界要加强对中国特色社会主义文化的研究，势必也要加强对一般文化理论的研究，包括对文化体用问题这样富有中国特色的文化理论的研究。由于传统体用概念的多义性，近代以来在文化体用问题上曾经造成过一些认识混乱，使一些人将其视为畏途，甚至称其为“体用陷阱”。事实上运用唯物辩证法是能够把文化体用问题上的认识混乱澄清的，对传统体用概念进行“创造性转换、创新性发展”是可能的。“魂、体、用”三元模式的提出和在马、中、西文化关系问题上的成功运用，就是明证。近代以来，张之洞、梁启超、李大钊、熊十力、冯友兰、贺麟、张岱年、李泽厚等学术大家都曾关注过文化体用问题，当代中国马克思主义者也不能视而不见、听而不闻，而是应该拿出自己的明确主张来。

方克立

2016年7月4日

十六

青松、世保：

大陆新儒家的第二梯队已登上中国的思想舞台。他们的观点很鲜明：全盘否定20世纪的中国革命，认为孙中山领导的辛亥革命、中国共产党领导的新民主主义革命和社会主义革命都不具有合法性，同时全盘否定马克思主义理论，要求回到康有为的改良主义，回归儒家道统。《评论》第三辑[①]先不涉及他们，今后不可避免要交手的。

《异内外》一文，世保所在的民委研究室要好好研究一下。

没想到把我的讲课稿放在第一篇。今天我又重读一遍，又做了个别文字调整，还要麻烦青松把这个最新文本换上去。

《中国历代家训丛书》总序的电子文本没有找到。我当初是交的复印件，出版社帮助排印的。我再想办法找出版社要排印文本。

方克立

2016年12月14日

十七

青松：

转去一篇文章，供参考。[②] 我的想法是希望有这么一篇文章，题为

① 指张世保、谢青松编《大陆新儒学评论·2017卷》，中国社会科学出版社2018年版。

② 指陈泽环、谢伏华《论中国特色伦理学话语体系的构建》，《伦理学研究》2017年第1期。

《创建“马魂中体西用”的当代中国伦理学——罗国杰教授的贡献》。

从宣传和确立这种主导学术范式来说，我是希望能够组织一组以《创建“马魂中体西用”的当代中国××学》为题的文章，可以就这个学科总体情况来做，也可以做个案，加副标题“以×××为例”“以×××为中心”或“×××的贡献”。目前特别需要组织法学、社会学、军事学、教育学、新闻学等学科的文章。

方克立

2017年6月14日

十八

青松：

在纵横谈中[①]，我有一段话是回应侯惠勤的：

> 至于个别马克思主义派学者对“马学为魂”的质疑，不难看出也有一些学术上的盲点。一是对中国近代以来的思想史不熟悉，对“中体西用”论的基本评价不恰当，误以为“马魂中体西用”论只是在“中体西用”前面简单地加上一个“马魂”，而看不到其中所发生的结构性变化，看不到“中体”已从主导性之“体”转变为主体性之“体”了。二是不了解在当代中国文化的中、西、马关系中，马克思主义指导思想与体现民族主体性的中国文化是一种“魂体相依”的关系，想用“谁决定谁”的思维方式去说明显然是不对路的。而且质疑文章也是在“中学”与中国传统文化、“国学”概念之间画等号，所以才特别强调“谁决

① 指张小平、杨俊峰《“马魂中体西用”与文化体用问题纵横谈——访中国社会科学院学部委员方克立教授》，《马克思主义研究》2017年第5期；收入本书第四卷。

定谁”的问题。三是把不同“问题域”中的问题混淆起来了。马克思主义在中、西、马的关系中处于“魂”即指导思想的地位，同时它自己也是一个独立的文化体系，正如严复所说的“中学有中学之体用，西学的西学之体用”，马学也有马学之体用。不仅如此，也完全可以在“马学”中讲出魂、体、用的关系来。那么，把根基、内核、核心话语、基本学术范式等等都统统归之于“魂”的概念，当然是不合适的。习近平同志“五·一七”讲话中已经明确表达过“马学为魂”的思想，刘云山同志去年5月19日在宣传文化系统学习贯彻习近平总书记讲话精神专题会议上也强调指出：“要牢牢把握以马克思主义为指导这个灵魂”。在其它中央文件和领导同志讲话中，也多次肯定了马克思主义的“灵魂”地位，我想“马学为魂”这个提法还是不能轻易否定的。

侯惠勤文章见附件。

方克立
2017年6月16日

十九

青松：

六篇文章收到，[1] 谢谢！

《马魂中体用：理论价值和方法论意义》（暂名）[2] 的大致规模已

---

① 指的是补充收入文集《马魂中体西用：当代中国文化的理论自觉》（人民出版社2019年版）的6篇文章。

② 即《马魂中体西用：当代中国文化的理论自觉》。

经出来。甲篇收入了我早期关于体用问题的几篇文章，大部分是近年发表的，包括去年与你合作的一篇。乙篇之一收入 10 篇文章，按发表时间先后排列。乙篇之二的 11 篇文章，都已收入杜运辉编的《张申府张岱年研究集刊》第四辑。乙篇之三的几篇文章，是本书首次发表的新作。附录一篇在北大举行的中西马对话。

方克立
2017 年 12 月 26 日

二十

青松：

王海东的文章[①]，从文艺评论的角度写，肯定“马魂中体西用”有现实指导意义。过去董学文也从这个角度做了肯定，但没有展开。希望有更多学科学者形成共识，其作为学术范式的方法论意义就能进一步彰显出来。

方克立
2018 年 1 月 9 日

二一

青松：

理论自觉，一个是对当代中国文化发展道路的理论自觉，一个是对当代中国主导学术范式的理论自觉。对你考虑的书名略作变动：

① 指王海东《“马魂、中体、西用”是当代中国文艺评论之道》，收入《马魂中体西用：当代中国文化的理论自觉》（人民出版社 2019 年版）。

《马魂中体西用：当代中国文化的理论自觉》，如何？

方克立
2018 年 1 月 10 日

二二

青松：

大功告成，总体很好。

甲篇的《发展哲学社会科学要坚持“马魂中体西用”的方针》一文，要加上你的名字，如实反映发表时的情况。“后记”改为“编后记”，与前一本一致。个别文字调整见红字。现在注释是全书统一编号，正式出版时要改为每一页下的简单编号。

方克立
2018 年 1 月 18 日

二三

青松：

张升的文章简洁明晰，可以收入文集。[1] 尤其是从修身立命、睦亲齐家、社会建构、国家治理几个方面来概括传统家风的内容，使中学之体“立”得更加坚实和丰厚。

方克立
2018 年 2 月 25 日

① 张升：《“马魂中体西用”与当代中国家风文化建设》，已收入《马魂中体西用：当代中国文化的理论自觉》（人民出版社 2019 年版）一书。

二四

青松：

翻阅了一下发出去的书稿，有两处需要调整一下。一是甲篇的《发展哲学社会科学要坚持“马魂中体西用”的方针》一文，还是要加上你的名字，如实反映发表时的情况。二是张升的文章应挪前放在“乙篇”，现在放在“附录”之后了。

代向洪琼问好。

方克立

2018 年 2 月 27 日

二五

青松：

陈寒鸣、刘伟的《“马魂中体西用”的时代价值》一文，是上一册中唯一没有发表过的文章。他们作了一些修改后又发表于天津《理论与现代化》2016 年第 3 期。其中提出了“张方学派”的概念，我说不要这么提，最好的提法是“中国马克思主义综合创新学派”，也没有把他们修改后重新发表的文章收入第二册。最近他们又在《燕山大学学报》2018 年第 1 期发表了《“二张文集”：深化研究张方学派的重要文献》一文，再次用了这个概念并且讲了一些理由，我也无可奈何。此文附上一阅。

方克立

2018 年 3 月 15 日

二六

青松：

关于道家思想的文章，我还是提供一篇书序吧。[1] 董京泉是原中宣部社科基金办主任，退休后热心于做学术工作，2008 年出了一部《老子道德经新编》（社科出版社），他让我写了一个“序”。序文曾以《老子研究的一部创新之作》发表于《文史哲》2008 年第 5 期。你们的文集收入的话，可以沿用这个题目，也可以改为《“尊道贵德”之学的一种新解读——〈老子道德经新编〉序》。

方克立

2018 年 7 月 15 日

二七

青松：

清样看得很清楚，你不必打印纸质文本了。有几处要做一点改动：

104 页　出处后面加一句：“原载《中国哲学史》2018 年第 1 期”。

325 页　李广良文，出处后面说明：“收入本文集时又做了一些文字改动”。

372 页　宁新昌文，出处后面加一句：“又载《佛山科学技术学院学报》（社科版）2017 年第 6 期”。

404 页　周可真文，出处后面加一句：“又载《中国社会科学院

---

① 谢青松主编《中国传统道家经典的现代阐释》，中国社会科学出版社 2018 年版，收入方克立先生的文章《“尊道贵德”之学的一种新解读——〈老子道德经新编〉序》（序文见本书第六卷）。

研究生院学报》2017 年第 4 期，文字略有删减”。

419 页　邵然文，后面加出处：“原载《学术探索》2018 年第 4 期”。

435 页　杜运辉文，后面加出处：“原载中国社会科学网 2018 年 3 月 1 日”。原注明作者单位可以删掉。

既然是“姊妹篇”，希望印刷时在版式、开本、装帧、纸质上都与上一本保持一致。

方克立

2018 年 9 月 22 日

二八

青松：

今天我校读了书稿清样中的一篇文章《评大陆新儒家推出的两本书》，竟发现有 19 处错误，胪列于下：

40 页第 7 行“作为‘学派’的存在性”，“性”字应为“意义”二字。

41 页小标题“特征之一”后第 1 行《弃言》应为《弁言》。

42 页第 14 行“一种很本不能”，“很”字应为“根”字。

42 页第 15 行“他们沟派别个性”，“沟”字应为“的”字。

42 页倒数第 10 行“全幅度投入”，“度”为衍字，应删掉。

42 页倒数第 3 行“现代新儒家”，“家”字应为“学”字。

43 页第 11 行“批判续承”，“续”字应为“继”字。

43 页第 12 行“面向世界”后面掉了一个“的”字，应为“面向世界的”。

43 页第 15 行“他所说理性”，“说”字后面掉了一个“的”字，应为“他所说的理性”。

44 页倒数第 5 行“用新实在论观点诊说中国哲学”，“诊”字应为“诠”字。

45 页第 3 行《弃言》应为《弁言》。

45 页第 11 行“……相比肩”，后面应加一个逗号（,）。

45 页倒数第 11 行“思辨之填密”，“填”字应为“缜”字。

45 页倒数第 9 行“所取得最重要……”，“取得”后面掉了一个“的”字，应加上。

46 页第 13 行“骂得太不象话”，“象”字应为“像”字。

46 页第 17 行同上，“骂得太不象话”，“象”字应为“像”字。

47 页第 16 行“不共戴夭之势”，“夭”字应为“天”字。

49 页倒数第 6 行“这一派、‘大陆新儒学’”，“这一派”后面的顿号是多余的，应删掉。

49 页倒数第 2 行“大陆新儒家”，“家”字应为“学”字。

我查了一下原先送出去的书稿，发现问题可能主要出在我自己，比如送去的稿子上这篇文章就有两处将《弁言》错排成《弃言》了。错在从网上下载的文章当时未作认真校对。发现这个问题促使我下决心把清样甲编和附录的全部文字都认真校读一遍，尽量减少错误。大家都辛苦一点，乙编就交给你了。

方克立

2018 年 9 月 23 日

二九

青松：

习近平总书记 2017 年在哲学社会科学座谈会上讲话中强调**“要善于提炼标识性概念”**，“马魂中体西用”就是准确反映百年中国文化发展道路和党的文化建设指导方针的“标识性概念”，非常典型，非常重要。学界有些人已看到这一点，政界似乎还无人关注。

前天大连理工大学人文学院韩振江教授（人大2008年文学博士，出过三本关于齐泽克的书）专程来访，他买了和读了你编的两本“马魂中体西用”论集，非常认同我们的观点，认为习总书记实际上就是这个思路，不过没有用“魂、体、用”。

两本书（特别是第二本）出来后，学界和社会上有些什么反映？我听到的还不多，你有一些什么信息可以告诉我的？

方克立

2019年3月25日

三十

青松：

发去几篇最近读到的文章。① 韩振江文说明“马魂中体西用”作为哲学社会科学各学科学术体系建设的主导学术范式，确实具有迫切性。从王红艳文看出，这方面存在的问题还不少。要多组织一些各学科的学者关心这个问题，包括法律、经济、历史、文学、新闻、教育等学科。

方克立

2019年9月17日

① 张允熠：《“综合创新”论与“马魂中体西用”论述评》，载《山东省社会主义学院学报》2019年第2、3期；迟成勇：《“马魂中体西用”论的文化自觉与文化自信》，载《青岛大学学报》（社会科学版）2019年第4期；韩振江：《“马魂中体西用”创新观与文论体系建构》（电子版，未发表）；高一品：《方克立“马魂、中体、西用”论之评析》，载《知与行》2018年第3期；王红艳：《马克思主义在某些哲学社会科学教材中缺失的表现、原因和应对》，《思想理论教育导刊》2019年第7期。

三一

青松：

2013 年你来社科院做“西部之光”访问学者，真是一种缘分。你做的题目是《群书治要》，但敏锐地意识到“马魂中体西用”论的重要理论价值和现实意义，指出它开创了学术研究新范式，有力地推动了哲学社会科学各学科的建设和发展。一年内你写了六篇文章，两本论集的编辑出版更是对扩大此论的影响起了重要作用。我在《马魂中体西用：中国文化发展的现实道路》“序”中，以及《五四百年的思想史意义》中，都专门提到了你对“马魂中体西用”论的贡献。就此而言，我是非常感谢你的。

你的政治和业务素质，已达到的学术水平和成就，在这个年龄段中，是很突出的。我希望你能发挥更大作用，如有适当机会，还是要争取调到北京来工作。

方克立

2020 年 4 月 13 日

致蔡方鹿四通

一

方鹿同志：

大作《中国哲学从业者所应具备的素质刍议》写得很好，提出的问题值得引起学界高度重视，特别是要引导青年走上正途，树立良好学风。若干年前，我给新入学的博士生有一次谈话，从学位课程、博士论文讲到如何做人，其中也包括反面教材的作用。[①] 传去一阅，请提意见。

方克立

2010 年 3 月 8 日

二

方鹿同志：

78 老人感谢您的新春祝福。

---

① 指《与研究生谈读书、治学和做人》，原载《学问人生——中国社会科学院名家谈》（下），高等教育出版社 2007 年版；收入本书第五卷。

“马魂、中体、西用”是对“五四”后近百年来中国文化发展道路的总结和概括。历史实践证明，“全盘西化”“复兴儒学”“中体西用”“西体中用”等文化道路选择都行不通，中国共产党人才探索出了一条“马魂、中体、西用”三流合一、综合创新的文化发展道路。在理论上，我是以“中学为体”为重点和中心来进行思考和论证的，既与张之洞等人的“中体西用”论区别开来，又强调和突出了民族文化的主体性，使“马魂”和“西用”有了落脚处。这个思考还只能说大方向正确，从理论、历史和现实诸方面拓展的空间还很大，也难免有重大疏漏之处，希望得到您的批评指正。

方克立

2016 年 2 月 9 日

三

方鹿同志：

我过去不知道你有铁道兵的生活经历。对于人文社科学者来说，这种经历十分难得，非常宝贵。只有了解我们民族走过的艰难历程，对未来的道路才能看得更清楚，他的研究和思考才能更接地气。

《长路奉献给远方》一书是我任南开大学研究生院副院长期间，组织研究生们开展的一次社会实践活动，回校后所写采访报告和心得体会的结集。这次活动得到了铁道部十八局党委的大力支持，而受益最大的则是年轻的研究生们。

收到你复函后，我又翻阅了一下这本书，其中许多作者现在都已成为学术界的中坚。就以几位中国哲学研究生来说，刘岳兵现在是南开大学日本研究院副院长，李道湘是中央社会主义学院中国文化研究所所长，樊志辉刚调到上海师范大学，今年暑假前是黑龙江大学研究生院院长，吴疆是美国亚利桑那大学东亚系中国哲学和宗教学教授。他们当年不仅参加了这次社会实践活动，在书中都有文章，而且是协助我编这本书的得力助手。

方克立
2016 年 11 月 17 日

四

方鹿同志：

谢谢回复。你作为一个铁道兵老战士，今天的中国哲学教授，连续九年带领研究生们重走成昆线，让他们在社会实践中深受教育和锻炼。这可能是当代中国教育史上的一个创举，至少也是教书育人的一个成功范例。我不仅高兴地等待着看中央台播出的节目，而且建议把历年的有关报导和研究生们（包括美国老师和学生）写的社会实践体会文章，再加上一篇你关于这个活动的缘起、做法、收获、经验、意义的总结性文章，出一本书，可以教育、感染、带动更多的人。

方克立
2017 年 7 月 31 日

致樊和平二通

一

和平：

收到了你的两本厚重的调查报告。① 这个工作非常有意义，提供了当代中国大众意识形态和思想道德方面的许多真实情况，既坚持了正确的思想导向，也不回避存在的问题及其严重性，为有关课题的学术研究提供了重要参考资料，也为思想宣传工作部门制定方针政策提供了现实依据。从最后成果可以看出，你为课题设计、组织队伍、调查研究、写出报告和修改出版付出了巨大心血和精力，力图做成精品，反映了你历来做事一丝不苟、要做就做得最好的作风。

问卷调查是目前常用并且行之有效的一种调查方式，在网络信息时代，有无可能利用这一新的更加便捷的调查手段呢？还有，思想意识形态领域深层次的问题，反映各种社会思潮的分歧对立和交融互动，可能需要一些更加复杂的调查手段才能充分反映出来。你们已经建立了常备数据库，希望你们不断进行新的探索，取得新的

① 指《中国伦理道德报告》和《中国大众意识形态报告》，均由中国社会科学出版社2012年出版。

进境和新成果。

方克立
2012 年 3 月 22 日

二

和平：

太湖文化论坛是一个有高层官方背景的民间组织，成立之初就有与博鳌经济论坛比肩的意思。它的第二次论坛会议将于今年五月在杭州举行，主题是讨论生态文明问题。你长期关注生态伦理问题，颇有研究心得，我已向论坛组委会推荐你参加。在时间安排得开的情况下，请你届时与会发表高见。

春节在即，顺贺年禧！

方克立
2013 年 2 月 8 日

致魏长宝三通

一

小魏：①

按照你原来的电子信箱发出的这封信，不知道你收不收得到，若收到了给我一个回话。

我想请你帮忙在哈佛燕京学社图书馆复印一篇先父的文章，题为《室韦考》，作者方壮猷，刊于《辅仁学志》2 卷 2 期，1930 年出版（北平大北印书局）。崔玉军帮我查到了该杂志馆藏的情况，包括哈佛燕京学社图书馆有藏。

下列大学图书馆收藏《辅仁学报》（第 1 卷第 1 期（民国 17 年 12 月）– 第 15 卷第 1 第 2 合期（民国 36 年 12 月）.

UNIV OF HONG KONG（香港大学）

WASEDA UNIV（早稻田大学）

UNIV OF CALIFORNIA, BERKELEY（加州大学伯克利分校）

YALE UNIV LIBR（耶鲁大学）

① 魏长宝于 2007 年 12 月至 2009 年 2 月在美国哈佛大学访学，方克立先生拜托他查找、复印、扫描其父方壮猷先生的文章。第一、二封信与此相关。

HARVARD UNIV, YENCHING LIBR HMY（哈佛燕京学社图书馆）

CORNELL UNIV（康奈尔大学）

UNIV OF PENNSYLVANIA（宾州大学）

UNIV OF WASHINGTON（华盛顿大学）

UNIV OF PITTSBURGH（匹兹堡大学）

复印或拍照如需付费请你先垫付，回国后还你。如能开发票抬头写“中国社会科学院”。

祝你学习研究顺利！

方克立

2008 年 8 月 16 日

二

长宝：

收到《室韦考》一文扫描件，非常高兴，非常感谢！

还有几篇文章，崔玉军查出北大图书馆有藏，但奥运期间不开门，还没有去复制。你如果方便的话，在哈佛燕京图书馆也帮忙查一下，如果有藏就各复制一份。说不定你那里比跑北大图书馆还方便。

7 月 4 日社科院举办首届“国学研究论坛”，院外请了袁行霈、纪宝成二位发言，院内指定卢钟锋和我发言。我的发言稿附去一阅，不妥之处请指正。

待复制的几篇文章目录附后。

方克立

2008 年 9 月 16 日

1. 契丹民族考（《女师大学术季刊》第1卷第2、3期，1930年6月）

题名与责任者：女师大学术季刊　国立北平大学女子师范学院图书出版委员会

连续出版物卷期编号：V. 1，no. 1（民国19年1月［1930］）–v. 2，no. 2（民国20年？月［1931］）

出版发行项：北京 该会 1930–31

载体形态：2v. 有图 26cm

2. 匈奴语言考（《北京大学国学季刊》第2卷第4期，1930年12月）

题名与责任者：国学季刊（国立）北京大学国学季刊编辑部

连续出版物卷期编号：创刊号（民国12年1月［1923］）–v. 7，no. 3（1952，12）

出版发行项：北京 国立北京大学 1923–52

3. 三种古西域语之发见及其考释（《女师大学术季刊》第1卷第4期，1930年12月）

4. 近三十年中国学问上之新发见（王国维讲，方壮猷记注，《女师大学术季刊》第1卷第4期，1930年12月）

5. 鞑靼起源考（《北京大学国学季刊》第3卷第2期，1932年6月）

三

长宝：

审读意见已转给文章作者，谢谢你认真对待，意见提得很中肯。

关于任继愈先生的访谈，[①] 本想你在长篇报道中只会提几句，没想到在电话里讲了不到十分钟，你却单独整理出了一篇东西。早知如此应该讲得更深入一些，任先生三个阶段对国家的贡献，他的治学特点和为人风格，确实还是有些内容可讲的。不过从这次对两位先生去世的报道，说明你还是很快就适应了新闻报道反应快的要求的。

方克立

2010 年 8 月 6 日

---

① 任继愈先生去世后，魏长宝对方克立先生的电话访谈，见魏长宝、方克立《任先生是马克思主义中国哲学史学奠基人之一》，《中国社会科学报》2009 年 7 月 14 日；收入本书第五卷。

第十五届国际中国哲学大会贺信

郭齐勇主席并转

大会组委会：

第十五届国际中国哲学大会在武汉大学召开是将载入中国哲学史册的一件大事。这是国际中国哲学会成立32年来在中国本土召开的第四次国际学术会议，它表明这一国际学术组织在中国哲学的故乡根扎得越来越深了，也为国内学者积极参与国际交流提供了一个重要的平台。已经成立28年的中国哲学史学会也把推动中国哲学走向世界当作自己的一项重要任务，过去在这方面一直与国际中国哲学会、哈佛—燕京学社以及其他国际学术组织密切合作，通过双边或多边交流扩大中国哲学的影响，推进这一领域的学术研究。今后一个可能的发展前景是加强与遍布世界各地的孔子学院及当地汉学界的合作，不仅在海外召开中国哲学国际会议更容易得到组织的保证，而且可以将中国哲学的精粹思想更多地融入到他们的教学内容中去。

这次大会有200多位海内外学者参加，实在是一次学习交流的好机会。我因健康原因不能躬逢其盛，感到十分遗憾！祝大会圆满成功，取得丰硕的学术成果！祝中国哲学走向世界的事业有无限光明的前景！

方克立

2007年6月20日

祝贺老子道学文化研究会成立

1985年在湘潭召开的老子学术思想讨论会上，我曾经提出一个看法，就是认为儒、道两家思想共同构成了中国民族文化传统的主干。当时主要是回应“儒家主干”说与“道家主干”说之争，不赞成对中国的文化传统作过于偏狭的理解。记得在会上持相近观点的还有赵吉惠、张智彦等同志。

这是23年前的事情，今天我们就看得更能清楚了：“和而不同”、综合创新是学术文化发展的规律，老子“道学”文化和孔子“仁学”文化是中华文化的两大源头，儒道互补对于中国传统文化的深层结构、民族性格和社会心理的形成，因而对于构筑中华民族共同的精神家园，起了无可替代的重要作用，因此我们要高度重视对作为中国传统文化之核心的儒、道两家思想的研究，要像重视儒学、儒家、儒教研究一样重视对道学、道家和道教文化的研究。从现实情况来看，中国孔子基金会（1984）、中华孔子学会（1985）等全国性的儒学研究团体在20多年前就成立了，以后还成立了国际儒学联合会（1994），在推动儒学研究和普及传播方面做了大量工作；而全国性的道学、道家、道教研究的学术团体，今天成立的是第一个，虽然晚了一点，但是意义十分重大，在研究和弘扬道学文化方面大家都寄予厚望。近年来有所谓“国学热”，创建儒家书院、开办“国学大讲堂”、推动“儿童读经”之类的活动在全国各地此呼彼应，这一方面反映了人民群众民族主体意识的觉醒，但鱼龙混杂，有的牟利的动机过于明显，有的指导思想很成问题。比如蒋庆编的一套《中华文化经典基础教育诵本》，从“四书五经”到朱熹、王阳明，选了近20种著作，全部都是儒家经典，连《老子》这样充满哲理和人生智慧、读起来朗朗上口、好读好记好背诵的传世经典都没有，这样显然不能让我们的后代全面了解中国的传统文化。有人还提出了“儒化共产党”“儒化中国”等错误口号，可见弘扬民族文化的工作也有一个把握正确方向的问题。我注意到胡孚琛同志在其倡导“新道学”的大著中，就明确提出了“以道学等中国传统思想精华来丰富和发展马克思主义哲学”、推动中国文化的综合创新的指导思想，这是符合时代精神的。我相信以他为首任会长的老子道学文化研究会，一定会自觉地坚持以马克思主义为指导、用社会主义核心价值体系引领道学、道家、道教文化研究的正确方向，团结道学界同仁和广大道学文化爱好者，扎实工作，为我国社会主义文化的大发展大繁荣做出积极的贡献。

老子道学文化研究会是民政部正式批准成立的与中国哲学史学会平行的全国性一级学会，道学、道家、道教哲学研究也是中国哲学史研究的重要内容，两个学会在研究队伍、人员上多有交叉重合，我们又都挂靠在社科院的哲学所，在业务上与该所的中国哲学研究室关系密切，我希望两个学会今后加强交流与合作，互相支持，大力推进我们共同的学术事业。在这里我也代表中国哲学史学会对老子道学文化研究会的成立表示热烈的、诚挚的祝贺！

（本文是作者2008年3月28日在老子道学文化研究会成立大会上的发言）

“经学与中国哲学国际学术研讨会”贺辞

中国哲学史学会与四川师范大学等单位联合主办的“经学与中国哲学国际学术研讨会”即将召开，我因身体原因不能出席，在此请假并对大会的顺利举办表示祝贺！

经学是中国传统学术文化的核心和正宗，在古代社会不仅承载着意识形态的功能，而且也是中华文明传承和创新的一种重要形式，一条重要途径。作为其基础的那些文化原典，提供了中国人认识宇宙、历史、人生的最初的意义和价值之源，对中国社会和文化发展产生了深远影响；其中具有普世意义的和体现中华民族精神的内容，在今天仍有积极正面的价值。不论是古文经学的实事求是传统，还是今文经学的经世致用传统，都与中国哲学发展有密切关系，经学思维方式的缺陷也在中国哲学的近现代转换中充分表现出来。希望这些内容在会上都能得到深入研讨，推动经学和中国哲学研究迈上新台阶。

当代中国新文化建设要以马克思主义为指导，又要挺立民族文化的主体性，怎样把二者有机地结合起来，我很赞成张岱年先生的思路，就是把它们放到“马魂、中体、西用”三流合一的模式中去，以社会主义价值观来综合中西文化之所长而创新中国文化。马克思主义与中国文化优秀传统相结合应是中国文化发展的主要方向。在这个前提下来开展经学研究，探讨经学与中国哲学的关系，比较中西经典诠释学之异同，就能发掘出传统经学中有价值的合理成分，清除其糟粕，为中国新文化建设提供古为今用的历史资源，让这份宝贵的文化遗产在综合创新中焕发出新生命。

祝大会圆满成功，取得丰硕的学术成果！

方克立

2008 年 9 月 4 日

武昌实验中学90周年校庆贺信

校庆筹备办公室：

收到九十周年校庆请柬，谢谢。我因健康原因不能回汉参加庆典活动，十分遗憾。遥祝载誉荆楚大地、影响及于全国的母校，在继承传统的基础上不断开拓进取，再创辉煌。

1950—1956年，我在实验中学住校读了六年，在这里受到了良好的基础知识教育和人格养成教育。当时的条件还比较艰苦，我记得一个月的伙食费是6.5元。学校的声誉主要在于师资水平高，管理比较严格，注重德、智、体、美全面发展，实践证明成才率也是比较高的。我们在学校党团组织领导下，积极参加了50年代初的参军参干（抗美援朝）运动、“三反”和社会主义改造运动、1954年武汉市的防汛斗争和1955年的农业合作化运动，除了课堂学习之外，也在社会实践中受到教育和锻炼。学校组织的各种学科竞赛、文艺演出和体育运动也十分活跃，同学们特别看重班集体的荣誉，充满了青春活力与团结向上的精神。半个多世纪过去了，回首人生奠基时期的实中六年，给我留下了许多难忘的记忆，特别是严谨求实的校风，对其学子是惠及终生的。衷心感谢母校的培育之恩！

56届高三四班学生　方克立

2010年9月30日

中华文化大学堂贺信

中国科技大学领导、师生及各位来宾：

值此中华文化大学堂开学之日，作为顾问，我表示热烈祝贺！

中华文化大学堂开学典礼在水上报告厅举行，我仿佛又回到了中国科技大学校园。我在中国科大曾有一段担任人文学院院长的经历，记得我曾在水上报告厅做过一次关于20世纪中国文化思潮的学术报告，其中介绍了张岱年先生的“综合创新”论，认为它代表了当代中国文化发展的正确方向。在最后半小时互动环节，学生提问十分踊跃，也问得有一定水平。后来科大网上还就此问题继续讨论，有同学提出：“到底怎样综合创新？”希望提供可操作的方法与思路。这促使我从理论、历史、方法等层面进一步思考如何深化对“综合创新”文化观研究的问题，还就此问题回答过一次记者访谈，发表在《哲学动态》上。这件事情也说明，科大是一个思想活跃、能够通过交流对话激发创造性思维的地方。

著名科学家钱学森兼任中国科技大学力学系系主任长达20年之久。他曾多次表示希望把科大办成美国加州理工学院那样的创新型大学。但从钱老晚年说“我回国这么多年，感到中国还没有一所这样的学校”的话来看，现实与理想之间还有一定的差距。差距在哪里？其中一个主要问题就在于人文精神的缺失或不足。事实上钱老也看到并指出了这一点。2008年他在复函祝贺科大50年办学成就的同时，还提出殷切期望：“我想，过去科大所走的‘理工结合’的道路是正确的。今后还要进一步发展，走理工文相结合的道路，在理工科大学做到科学与艺术的结合。我相信在未来，科技大学一定能为我国培养出‘世界一流科学家和科技领军人才’。”如何在办学指导思想上深刻领会钱老的教导，真正实现从“理工结合”向“理工文相结合”的转型，站在时代的高度来认识文化软实力与科技、经济硬实力之间的相互促进关系，是科大今后能否实现跨越式发展的关键之一。

在这个时候欣闻中华文化大学堂成立，不仅在学校师生中，而且和安徽省图书馆等单位合作，面向普通大众广泛传播中华文化的精神和思想，这是一个创举，我确实感到非常高兴。我希望你们所走的这条科技与人文相结合的道路能够越走越宽广，参与中华文化研习的师生及大众越来越多，让张岱年、钱学森等老一辈中国哲学家和科学家的遗愿早日变成现实。祝中华文化大学堂与时俱进，越办越兴旺！

方克立

2010 年 11 月 21 日于北京

王通会议贺信

协理、天荣同志并请转大会筹备组：

幸闻中共山西运城市委宣传部、三晋文化研究会、山西大学、山西省社会科学院发起主办“纪念王通逝世1400周年暨王通思想文化学术研讨会”。承蒙盛情邀请与会，我因已年届八十，身体状况欠佳，不能出席会议，深感遗憾。

王通（580—617年）是中国儒学史上的一个重要人物。他是在中国封建社会由农奴制向自由租佃的地主制转变的关键时期，适应新时代的要求，抛弃了原来作为统治思想的天人感应论和谶纬迷信，提出了以“道”和“理”为核心的新思想、新哲学，为创建新儒学即宋明理学做出了重要贡献的一位先驱思想家。但长期以来，学术界对王通其人其学的研究不够，以至“河汾道统”在中国儒学史上的重要地位得不到正确评价和充分彰显。我希望通过这次会议能够改变这种状况，有更多的学者关注王通，深化对他的儒学创新思想的研究，尽可能地还历史以本来面貌。

衷心祝贺这次盛会圆满成功，期待会议取得丰硕的学术成果。

方克立

2017年5月16日于北京

关学研究院成立的贺信

陕西师范大学关学研究院：

欣闻贵校成立关学研究院，我表示衷心的祝贺！

关学是陕西的地方学派，也是宋明理学的重要源头之一。上个世纪八十年代，陈俊民先生率先研究张载哲学思想，取得了丰厚的学术成果。由此之后，关学研究，代有其人，并屡屡获批国家社会科学重大项目，显然已经成为中国哲学研究的一支生力军。在我所指导的博士生中，就有不少的关学弟子；从他们的言行中，我也能感受到一种浓浓的“关学气象”。

贵校成立关学研究院，是对以往关学研究力量的再凝聚，也是对以往研究水平的再提升。希望你们能够立足于高起点、高水准和高规格的发展思路，充分整合各方资源，加强省内外高校以及研究机构的联系与合作，努力提升关学研究的国际化水平，为中华民族的崛起与文化的复兴作出更大的贡献！

感谢你们的邀请，我因工作繁忙，无法出席你们的揭牌仪式，只能写此短短的贺信来表达我的祝贺之情：

愿你们的关学研究再上新台阶！

中国社会科学院学部委员

中国哲学史名誉会长

方克立

2019年12月1日

《张其成全解国学经典》题辞

《张其成全解国学经典》丛书共五种六册，分别对儒、释、道、医四大“藏”的元典和作为“群经之首、大道之源”的《周易》作了深入浅出的解读。作者张其成教授出身于中医世家，又曾师从著名易学哲学家朱伯崑先生攻读博士学位，其治学特点是医易并进、儒释道兼修，是新生代学者中的国学翘楚。这套丛书是他普及国学的代表作，善于把民族文化的根脉与时代精神连接起来、贯通起来，希望它能成为广大青年读者的良师益友。

中国社会科学院学部委员

中国哲学史学会名誉会长　方克立

2017 年 8 月 12 日

《舜文化研究与交流》题辞

天下明德皆自虞帝始，舜德文化是中国道德文化的源头。加强舜文化研究与交流，挖掘传承中华优秀传统文化，大力弘扬舜德文化，这是培根铸魂、用明德引领风尚的工作，意义重大，使命光荣。

题赠

《舜文化研究与交流》杂志

方克立

2019 年 4 月 1 日

附　录

方克立先生论著目录初编

著作类

《中国哲学史上的知行观》，人民出版社1982年3月第1版（1986年9月重印，1997年10月收入“哲学史家文库”第三次印刷）。

《从孔夫子到孙中山——中国哲学小史》，中国青年出版社1984年7月北京第1版（台湾木铎出版社1986年10月出繁体字本）。（主编）

《中国哲学史论文索引1900—1949》（第一册），中华书局1986年4月第1版。（与杨守义、肖文德合编）

《中国哲学史论文索引1950—1966》（第二册），中华书局1988年10月第1版。（与杨守义、肖文德合编）

《中国哲学史论文索引1967—1976》（第三册），中华书局1988年10月第1版。（与杨守义、肖文德合编）

《现代新儒学研究论集》（一），中国社会科学出版社1989年4月第1版。（与李锦全合编）

《中华文化集粹丛书·哲人篇》（上下两册），中国青年出版社1991年10月北京第1版。（与李兰芝合著）

《中国哲学史论文索引1977—1984》（第四册），中华书局1991年11月第1版。（与杨守义、肖文德合编）

《现代新儒学研究论集》（二），中国社会科学出版社1991年12月第1版。（与李锦全合编）

《现代新儒学辑要丛书》（三辑十四册），中国广播电视出版社1992—1996年出版。（与张品兴合编）

《现代新儒学研究丛书》（专题研究系列），辽宁大学出版社1992—1994年出版。（与李锦全合编）

《现代新儒学研究丛书》（专人研究系列），天津人民出版社1993—2004年出版。（与李锦全合编）

《中国哲学大辞典》，中国社会科学出版社1994年5月第1版。（主编）

《中国文化概论》，北京师范大学出版社1994年5月第1版（北京师范大学出版社2004年1月第2版，即修订版）。（与张岱年共同主编）

《中国哲学史论文索引1950—1980台港部分》（第五册），中华书局1994年7月第1版。（与杨守义、肖文德合编）

《二十世纪中国哲学》（第二卷．人物志）（上、下），华夏出版社1994年8月第1版。（与王其水共同主编）

《现代新儒家人物与著作》，南开大学出版社1995年2月第1版。（与郑家栋共同主编）

《现代新儒家学案》（上中下），中国社会科学出版社1995年9月第1版。（与李锦全共同主编）

《中国哲学名著选读》，南开大学出版社1996年10月第1版。（与李兰芝合作编著）

《二十世纪中国哲学》（第三卷．论著述评）（上、下），华夏出版社1996年12月第1版。（与王其水共同主编）

《现代新儒学与中国现代化》，天津人民出版社1997年11月第1版（长春出版社2008年1月第1版）。

《严谨治学　高尚做人——中国社会科学院研究生院的学风与传统》，编者署名“岳华”，中国经济出版社1998年7月出版。

《中国哲学与辩证唯物主义》，高等教育出版社1998年8月第1版。（主编）

《走向二十一世纪的中国文化》，山西教育出版社1999年1月第1

版。（主编）

《20世纪中国哲学与文化研究丛书》（共九种），华东师范大学出版社2000—2004年出版。（主编）

《中华文化与二十一世纪》（上下），中国社会科学出版社2000年3月第1版。（与郭少棠、王俊义共同主编）

《湘学》第二辑，湖南人民出版社2002年10月第1版。（主编）

《中国哲学的国际盛会：第十二届国际中国哲学大会纪实》，当代中国出版社2003年4月第1版。（主编，署名岳华）

《21世纪中国哲学走向——第12届国际中国哲学大会论文集之一》，商务印书馆2003年4月第1版。（主编）

《中国传统哲学的现代诠释——第12届国际中国哲学大会论文集之二》，商务印书馆2003年6月第1版。（主编）

《中西会通与中国哲学的近现代转换——第12届国际中国哲学大会论文集之三》，商务印书馆2003年6月第1版。（主编）

《中国哲学和21世纪文明走向——第12届国际中国哲学大会论文集之四》，商务印书馆2003年6月第1版。（主编）

《二十世纪中国学术论辩书系·哲学卷》，百花洲文艺出版社2004—2012年出版。（与邢贲思、黄楠森共同主编）

《湘学》第三辑，湖南人民出版社2004年10月第1版。（主编）

《方克立文集》，上海辞书出版社2005年5月第1版。

《湘学》第四辑，湖南人民出版社2007年3月第1版。（主编）

《湖湘文库．湘学史》（一、二册），陈代湘执行主编，湖南人民出版社2008年6月第1版。（主编）

《湘学》第五辑，湘潭大学出版社2010年6月第1版。（与陈代湘合编）

《高风楚天阔》，2011年自印本。（与方克强、方克定、方克明合编）

《中国文化的综合创新之路》，中国社会科学出版社2012年9月第 1 版。

《马魂中体西用——中国文化发展的现实道路》，谢青松编，人民出版社 2015 年 12 月第 1 版。（合著）

《方克立序跋集》，当代中国出版社 2016 年 10 月第 1 版。

《马魂中体西用——当代中国文化的理论自觉》，谢青松编，人民出版社 2019 年 1 月第 1 版。（合著）

《新世纪的文化思考》，南开大学出版社 2019 年 7 月第 1 版。

文章类

《研究〈周易〉不能援〈传〉于〈经〉》，《光明日报》1962年3月16日“哲学”第333期，署名“方蠡”。

《坚持哲学史研究中的严格的历史性》，《哲学研究》1963年第3期，署名“方蠡”。

《关于孔子“仁”的研究的一个方法论问题——与冯友兰先生商榷》，《哲学研究》1963年第4期。

《实质的分歧是什么？——答冯友兰先生》，《哲学研究》1963年第6期。

《无产阶级思想也具有“普遍性形式”吗?》，《哲学研究》1964年第1期。

《一场大规模的反革命舆论准备——评“四人帮”的“评法批儒”》，《南开学报》1976年第6期，署名“田凯”，即“天津南开”简称的谐音。（与刘泽华、陈晏清合作）

《颠覆无产阶级专政的反革命策略——评“四人帮”的“清君侧”》，《南开学报》（哲学社会科学版）1977年第2期；同年6月15日发表于《光明日报》，题为“评‘四人帮’的‘清君侧’”，署名“田凯”。（与刘泽华、王连生合作）

《撰写〈中国哲学史上的知行观〉一书的设想》，国家出版事业管理局编《出版工作》1978年第7期。

《“知之非艰，行之惟艰”——古代朴素的知行观》，《中国哲学》

第 1 期，生活 · 读书 · 新知三联书店 1979 年 8 月出版。

《谭嗣同的唯心主义认识论》，《中国哲学史研究》1980 年第 1 期。

《论程颐的知行学说》，《中国哲学》第 5 期，生活 · 读书 · 新知三联书店 1981 年 1 月版。

《关于研究中国传统哲学范畴问题的讨论》，《中国社会科学》1982 年第 1 期，署名“岳华”。

《方壮猷传略》，《史学史研究》1982 年第 1 期，署名“岳华”。

《〈实践论〉——中国哲学史上知行问题的科学总结》，为《中国哲学史上的知行观》一书的“结束语”。该书 1982 年 3 月由人民出版社出版。后收入作者的论文集《方克立文集》（上海辞书出版社 2005 年 5 月出版）。

《“理”与“气”》，《中国哲学史研究》1982 年第 4 期。

《开展中国哲学史范畴研究》，《人民日报》1982 年 9 月 3 日第 5 版。

《船山学的回顾与展望》，摘自韩强《天津举行王船山学术报告会》一文，《国内哲学动态》1982 年第 7 期。

《关于建立和发展船山学问题》，是作者 1982 年 11 月 10 日在衡阳召开的王船山学术思想讨论会上的发言摘要。原载《王船山学术思想讨论会简报》第 4 期。

《中国哲学范畴研究的现实意义》，“笔谈中国哲学史中范畴研究”（二）文章之一，《求索》1984 年第 2 期。

《〈从孔夫子到孙中山〉引言》，原载作者主编的《从孔夫子到孙中山》，中国青年出版社 1984 年 7 月出版。

《论中国哲学中的体用范畴》，《中国社会科学》1984 年第 5 期。

《教师在培养优异生方面应该做些什么工作》，写于 1984 年 12 月，是作者 1985 年 1 月 18 日在南开大学教学研讨会上的发言，题为《我是怎样做培养优异生工作的》。原载南开大学教务处编的《南开教学经验材料选编》，1985 年 4 月印行；后刊于《南开教育论丛》1986 年第 1 期，改为本题。

《努力创造使拔尖人才脱颖而出的环境》，《南开周报》1985 年 4 月 15 日第二版。

"The Categories Ti and Yong in Chinese Philosophy", *Social Sciences in China*, the Second issue of 1985.

《王船山道器论浅析》，是作者 1982 年 11 月在衡阳召开的"王船山学术思想讨论会"的论文。原载《王船山学术思想讨论集》，湖南人民出版社 1985 年 3 月出版，收入讨论集时编者作了若干删节；后全文刊载于作者的论文集《方克立文集》，上海辞书出版社 2005 年 5 月出版。

《儒、道两家思想构成了中国传统文化的主干（笔谈老子研究之一则）》，《求索》1986 年第 1 期。

《〈中国哲学史上的知行观〉重印前言》，写于 1984 年 12 月。原载作者的专著《中国哲学史上的知行观》1986 年重印本。

《要重视对现代新儒家的研究》，是作者 1986 年 3 月 27 日在国家教委召开的"七五"科研规划咨询会上的发言。《天津社会科学》1986 年第 5 期。

《评"中体西用"和"西体中用"》，写于 1986 年 12 月，改定于 1987 年 4 月，是作者出席 1987 年 7 月在美国圣地亚哥市召开的第五届国际中国哲学大会的报告论文。《哲学研究》1987 年第 9 期。

《先秦哲学》，原载《中国大百科全书》第 1 版《哲学 Ⅱ》，中国大百科全书出版社 1987 年 10 月出版。

《秦汉哲学》，原载《中国大百科全书》第 1 版《哲学 Ⅱ》，中国大百科全书出版社 1987 年 10 月出版。

《魏晋南北朝哲学》，原载《中国大百科全书》第 1 版《哲学 Ⅱ》，中国大百科全书出版社 1987 年 10 月出版。

《隋唐五代哲学》，原载《中国大百科全书》第 1 版《哲学 Ⅱ》，中国大百科全书出版社 1987 年 10 月出版。

《体用》，原载《中国大百科全书》第 1 版《哲学Ⅱ》，中国大百科全书出版社 1987 年 10 月出版。

《本末》，原载《中国大百科全书》第 1 版《哲学Ⅱ》，中国大百科全书出版社 1987 年 10 月出版。

《理与气》，原载《中国大百科全书》第 1 版《哲学Ⅱ》，中国大百科全书出版社 1987 年 10 月出版。

《践履》，原载《中国大百科全书》第 1 版《哲学Ⅰ》，中国大百科全书出版社 1987 年 10 月出版。

《知行》，原载《中国大百科全书》第 1 版《哲学Ⅱ》，中国大百科全书出版社 1987 年 10 月出版。

《知先行后》，原载《中国大百科全书》第 1 版《哲学Ⅱ》，中国大百科全书出版社 1987 年 10 月出版。

《行先知后》，原载《中国大百科全书》第 1 版《哲学Ⅱ》，中国大百科全书出版社 1987 年 10 月出版。

《知难行易》，原载《中国大百科全书》第 1 版《哲学Ⅱ》，中国大百科全书出版社 1987 年 10 月出版。

《知行合一》，原载《中国大百科全书》第 1 版《哲学Ⅱ》，中国大百科全书出版社 1987 年 10 月出版。

《梁漱溟非理性主义哲学思想述评》，与曹耀明合作，台湾《中国论坛》第 26 卷第 7～8 期，1988 年 7 月。

《关于现代新儒家研究的几个问题》，是作者 1987 年 12 月 28 日在北京召开的中国现代哲学史首届全国学术讨论会上的发言。《天津社会科学》1988 年第 4 期。

《“援西学入儒”的现代新儒学》，写于 1988 年 5 月。《文史知识》1988 年第 6 期；后以《现代新儒学的产生、发展及其基本特征》为题刊于《实事求是》1998 年第 6 期。

《评〈中国文化概论〉》（《中国文化概论》，李宗桂著，中山大学

出版社 1988 年 10 月出版），《哲学研究》1989 年第 1 期。（与曹耀明合作）

《〈现代新儒学研究论集〉出版说明》，写于 1988 年 5 月。原载作者与李锦全合作主编的《现代新儒学研究论集》（一），中国社会科学出版社 1989 年 4 月出版。

《中国哲学范畴研究的宏篇巨制——唐君毅〈中国哲学原论〉评介》，是作者 1988 年 12 月 15 日在香港"唐君毅思想国际会议"上的报告论文。原载《唐君毅思想国际会议论文集》（三），香港法住出版社 1991 年 2 月出版；主要内容又曾刊载于《中国哲学史研究》1989 年第 3 期；后收入作者的论文集《现代新儒学与中国现代化》（天津人民出版社 1997 年 11 月出版）、《方克立文集》（上海辞书出版社 2005 年 5 月出版）。

《第三代新儒家掠影》，《文史哲》1989 年第 3 期。

《现代新儒学与中国现代化》，是作者提交 1989 年 4 月在北京召开的全国高校纪念"五四"运动 70 周年"中国新文化运动的回顾与前瞻"学术讨论会的论文。《南开学报》1989 年第 4 期。

《严师出高徒——在南开大学研究生教育经验交流会上的讲话》，是作者 1990 年 12 月 12 日在南开大学研究生教育经验交流会上的发言。原载南开大学研究生院编的《严师出高徒——南开大学研究生教育经验论文选集》，1990 年 12 月印行。

《〈中国哲学史史料学〉教学大纲》，原载《南开大学哲学系硕士研究生教学方案与课程大纲汇编》上册，1990 年 6 月印行。

《现代新儒学的发展历程》，完成于 1989 年 10—12 月访问新加坡期间，曾主讲于新加坡东亚哲学研究所主办的学术报告会。《南开学报》1990 年第 4、5、6 期，发表时作了若干删节；后全文刊载于作者的论文集《现代新儒学与中国现代化》，天津人民出版社 1997 年 11 月出版。本文亦为《现代新儒家学案》（上中下）（与李锦全合作主编，中国社会科学出版社 1995 年 9 月第 1 版）一书的"代序"。

《论现代新儒学对传统儒学的继承、开新及其理论困限》，《社会科学战线》1990 年第 4 期。（与郑家栋合作）

《展望儒学的未来前景必须正视的两个问题》，是作者提交 1990 年 12 月 17—21 在澳门召开的“儒学国际学术研讨会”的报告论文。《天津社会科学》1991 年第 1 期。

《马克思主义与中国传统文化的关系问题——〈中国马克思主义哲学七十年〉序》，写于 1991 年 2 月 20 日。原载赵德志、王本浩合著的《中国马克思主义七十年》，辽宁大学出版社 1991 年 2 月出版。

《〈周易与怀特海之间——场有哲学序论〉序》，原载唐力权著的《周易与怀特海之间——场有哲学序论》，辽宁大学出版社 1991 年 3 月出版。

《〈中华文化集粹丛书·哲人篇〉序说》，写于 1991 年 5 月 10 日。原载作者与李兰芝合作编著的《中华文化集粹丛书·哲人篇》，中国青年出版社 1991 年 10 月出版。

《〈道家、方士与王朝政治〉序》，写于 1991 年 8 月 20 日。原载吕锡琛著的《道家、方士与王朝政治》，湖南出版社 1991 年 12 月出版。

《大力宣传我们的文化主张——“综合创新”论——〈中国文化与文化论争〉读后》，写于 1991 年 12 月。曾节要刊载于 1992 年 1 月 27 日《光明日报》；全文刊载于作者的论文集《现代新儒学与中国现代化》，天津人民出版社 1997 年 11 月出版。

《杜维明新儒家思想述评》，《东岳论丛》1992 年第 1 期，系《儒学传统的现代转化——杜维明新儒学论著辑要》“编序”，中国广播电视出版社 1992 年 5 月出版。（署名“岳华”，与关东合作）

《〈中国宋代哲学〉序》，写于 1992 年 4 月 10 日。原载石训、姚瀛艇、刘象彬、李书增、李之鉴、卢连章、肖新生、李保林著《中国宋代哲学》，河南人民出版社 1992 年 12 月出版。

《〈现代新儒学辑要丛书〉总序》，写于 1990 年 11 月 8 日。原载作者和张品兴合作主编的《现代新儒学辑要丛书》，三辑十四册，中国广播电视出版社1992—1996年出版。

《〈现代新儒学研究丛书〉主编的话》，写于1991年12月10日。原载作者与李锦全合作主编的《现代新儒学研究丛书》：专题研究系列，辽宁大学出版社1992—1994年出版；专人研究系列，天津人民出版社1993—2004年出版。

《成中英新儒学思想述评》，《学术月刊》1993年2月号。（与李翔海合作）

《现代新儒学研究的自我回省——敬答诸位批评者》，是作者1992年10月18日在山东济南"牟宗三与当代新儒家"学术研讨会闭幕式上的发言。《南开学报》1993年第2期。

《学有根柢而无常师——纪念杨柳桥先生》，是作者在天津中哲史学会与天津社科院哲学所联合召开的杨柳桥先生纪念会上的发言。《光明日报》1993年4月19日。

《现代新儒学研究的自我问答（摘录）——敬答诸位批评者》，原载《中国党政干部论坛》1993年第8期。

《"文化中国"概念小议》，是作者1992年2月19日在厦门召开的闽台文化学术讨论会上的发言。原载《同祖同根，源远流长——闽台文化纵横谈》，海峡文艺出版社1993年10月出版。

《〈长路奉献给远方〉序》，写于1993年7月20日。原载南开大学研究生院、铁道部十八局党委编的《长路奉献给远方》，南开大学出版社1993年11月出版。

《现代新儒家》，原载张岱年主编的《孔子大辞典》，上海辞书出版社1993年12月出版。

《儒学第三期发展》，原载张岱年主编的《孔子大辞典》，上海辞书出版社1993年12月出版。

《儒家资本主义》，原载张岱年主编的《孔子大辞典》，上海辞书出版社1993年12月出版。

《〈中国哲学大辞典〉前言》，写于1991年4月。原载作者主编的《中国哲学大辞典》，中国社会科学出版社1994年5月出版。

《千宗室博士学位论文答辩委员会决议》，写于1991年5月5日。原载［日］千宗室著，萧艳华译，修刚校《〈茶经〉与日本茶道的历史意义》，南开大学出版社1992年12月出版。

《冯友兰与中国哲学现代化》，是作者提交1993年6月在台湾花莲召开的“中国哲学在中国历史的回顾与发展”研讨会的论文。《中国文化研究》1994年夏之卷。

《二十世纪中国哲学的宏观审视》，是作者1993年8月12日在北京召开的第八届国际中国哲学大会上的发言。《中国社会科学院研究生院学报》1994年第4期。

《〈二十世纪中国哲学·人物志〉跋》，写于1994年1月28日。原载作者与王其水合作主编的《二十世纪中国哲学·人物志》，华夏出版社1994年8月出版。

《寻演轨迹　把住命脉——读〈中国文化史纲〉》（《中国文化史纲》，陈寒鸣著，江苏人民出版社1993年6月出版），《理论与现代化》1994年第9期。（与刘岳兵合作）

《〈现代新儒家人物与著作〉前言》，原载作者与郑家栋合作主编的《现代新儒家人物与著作》，南开大学出版社1995年2月出版。

《〈中国历代家训丛书〉总序》，写于1994年6月26日。原载夏家善主编《中国历代家训丛书》，共十二册，天津古籍出版社1995年7月—1997年12月出版。

《批判继承　综合创新》，是作者提交1994年9月6日在北京召开的“东方文化与社会发展”国际研讨会的论文。《传统文化与现代化》1995年第3期（《新华文摘》1995年第11期转载；英译文载《中国社会科学》英文版1997年第2期）。

《评〈文化忧思录——中国文化的历史走向〉》（《文化忧思录——中国文化的历史走向》，李振纲著，河北大学出版社1994年12月出版)，《中国图书评论》1995 年第 7 期。

《〈中国社会科学院研究生院教材〉总序》，写于 1995 年 6 月 15 日。原载《中国社会科学院研究生院教材》，湖南出版社、经济科学出版社 1995 年 8 月起陆续出版。

《走提高质量的内涵发展道路——在一九九五届毕业典礼上的讲话》，是作者 1995 年 7 月 12 日上午在 1995 届毕业典礼上的讲话。讲话稿曾摘要载于《中国社会科学院研究生院简报》1995 年第 6 期；全文载于作者编的《严谨治学　高尚做人——中国社会科学院研究生院的学风与传统》，中国经济出版社 1998 年 7 月出版。

《〈现代新儒家学案〉前言》，原载《现代新儒家学案》（上中下），中国社会科学出版社 1995 年 9 月出版。(与李锦全合作)

《评第二次文化热的"话语转换"》，是作者给友人的一封信，写于 1995 年 2 月 21 日。《高校理论战线》1995 年第 5 期。

《追求真、善、美的统一》，是作者提交 1995 年 8 月 6 日在美国波士顿大学召开的第九届国际中国哲学大会的论文。《哲学研究》1995 年第 11 期。

《现代新儒学发展的逻辑与趋向》，《中国社会科学院研究生院学报》1995 年第 3 期；又载《中国哲学史》1995 年第 6 期。(与李翔海合作)

《要注意研究 90 年代出现的文化保守主义思潮》，是作者 1995 年 5 月 11 日在中国社会科学院召开的一个文化研讨会上的发言。《高校理论战线》1996 年 2 期。

《评大陆新儒家推出的两本书——〈理性与生命〉〔1〕、〔2〕》，写于 1995 年 11 月，改定于 1996 年 3 月。《晋阳学刊》1996 年第 3 期。

《"综合创新"实已内涵有"辩证发展"的精神》，《文史哲》1996 年第 4 期。

《20 世纪中国哲学史研究的回顾和展望》，是作者 1996 年 5 月 17 日在日本京都"中国哲学研究的现状及对 21 世纪的展望"研讨会上的发言。《中国社会科学院研究生院学报》1996 年第 5 期。

《〈中国哲学名著选读〉序》，写于 1996 年 6 月 28 日。原载作者与李兰芝合作编著的《中国哲学名著选读》，南开大学出版社 1996 年 10 月出版。

《〈二十世纪中国哲学·论著述评〉后记》，写于 1995 年 7 月 10 日。原载作者与王其水合作主编的《二十世纪中国哲学·论著述评》，华夏出版社 1996 年 12 月出版。

“Critically Receiving and Combining to Create a New Culture”, *Social Sciences in China*, the Second issue of 1997.

《坚持正确方向　提高办刊质量》，《中国社会科学院研究生院学报》1997 年第 4 期。

《〈儒学本体论研究〉序》，写于 1997 年 2 月 28 日。原载严正《儒学本体论研究》，天津人民出版社 1997 年 10 月出版。

《评大陆新儒家“复兴儒学”的纲领》，写于 1996 年 4 月，改定于 1996 年 11 月。《晋阳学刊》1997 年第 4 期。

《要加强德育教育》，《中国文化报》1997 年 6 月 7 日（星期六）第 3 版（文史）。

《在国际中国哲学会第五届大会的发言提纲》，写于 1987 年 7 月。原载作者的论文集《现代新儒学与中国现代化》，天津人民出版社 1997 年 11 月出版。

《略论现代新儒家之得失》，是作者提交 1988 年底 9 月初在新加坡召开的“儒学发展的问题及前景”国际学术讨论会的论文提纲。原载作者的论文集《现代新儒学与中国现代化》，天津人民出版社 1997 年 11 月出版。

《现代新儒学的意识形态特征》，写于 1993 年 2 月 7 日，系“现代新儒学研究参考资料”第 2 辑《现代新儒学的意识形态特征》的“编序”。原载作者的论文集《现代新儒学与中国现代化》，天津人民出版社 1997 年 11 月出版。

《现代新儒学研究在中国》，是作者1996年5月16日在日本京都“中国哲学研究的现状及对21世纪的展望”研讨会上的发言。原载作者的论文集《现代新儒学与中国现代化》，天津人民出版社1997年11月出版。

《〈现代新儒学与中国现代化〉自序》，1996年12月28日写于望京医院。原载作者的论文集《现代新儒学与中国现代化》，天津人民出版社1997年11月出版。

《精心培育　严格管理　培养一流的社科人才——在1997年开学典礼暨教师节庆祝大会上的讲话》，是作者1997年9月10日在1997年开学典礼暨教师节庆祝大会上的讲话。《中国社会科学院研究生院学报》1997年第6期。

《二十一世纪与东西方文化》，是作者1995年3月3日在韩国启明大学国际学大学院成立大会上的演讲。《中国文化研究》1997年冬之卷。

《中韩学术教育交流的回顾与展望》，是作者1997年11月6日在第六次中韩论坛的发言。《当代韩国》1997年第4期。

《〈当代文化冲突与青年文化思潮〉序》，写于1997年11月12日。原载王寒松《当代文化冲突与青年文化思潮》，中国青年出版社1997年12月出版。

《全面评价冯友兰》，是作者1995年12月19日在北京“中西哲学与文化的融合与创新——纪念冯友兰先生诞辰一百周年国际学术讨论会”闭幕式上的发言。《哲学研究》1997年第12期。

《应该重视李约瑟的真知灼见》，《传统文化与现代化》1998年第1期。

《〈博士生谈自己〉序》，写于1998年2月20日。原载栾贵川主编《博士生谈自己（博士成功之路系列）》，黑龙江人民出版社1998年4月出版。

《〈现代新儒学与宋明理学〉序》，写于1997年7月30日。原载李道湘著《现代新儒学与宋明理学》，辽宁大学出版社 1998 年 5 月出版。

《〈寻求德性与理性的统一〉序》，写于 1996 年 9 月 16 日。原载李翔海著《寻求德性与理性的统一——成中英本体诠释学研究》，台湾文史哲出版社 1998 年 5 月出版。

《〈从这里走向辉煌〉序》，写于 1998 年 3 月 12 日。原载廖世伦、翁杰明主编《从这里走向辉煌——中国社会科学院研究生院部分优秀毕业生事迹汇编》，社会科学文献出版社 1998 年 6 月出版。

《努力培养更多的人文社会科学优秀人才——〈与改革开放同步〉代序》，写于 1998 年 2 月。原载《与改革开放同步——中国社会科学院研究生院二十年（1978—1998）》，中国经济出版社 1998 年 7 月出版。（与廖世伦合作）

《〈严谨治学　高尚做人〉前言》，写于 1998 年 3 月 28 日。原载作者编《严谨治学　高尚做人——中国社会科学院研究生院的学风与传统》，中国经济出版社 1998 年 7 月出版。（署名“岳华”）

《中国哲学的革命变革》，节录自《中国哲学与辩证唯物主义》一书，高等教育出版社 1998 年 8 月出版，收入作者的论文集《方克立文集》（上海辞书出版社 2005 年 5 月出版）。

《走向 21 世纪的中国马克思主义哲学》，节录自《中国哲学与辩证唯物主义》一书，高等教育出版社 1998 年 8 月出版，收入作者的论文集《方克立文集》（上海辞书出版社 2005 年 5 月出版）。

《〈名师荟萃〉序》，写于 1998 年 7 月 20 日。原载《名师荟萃——中国社会科学院研究生院博士生导师简介》，中国经济出版社 1998 年 9 月出版。

《为把我院办成一流的人文社会科学人才培养基地而努力奋斗——在中国社会科学院建院二十周年庆典上的讲话》，《中国社会科学院研究生院学报》1998 年第 6 期。

《中国哲学史研究 50 年》，《人民日报》1999 年 2 月 27 日第

6 版。

《二十一世纪，能否淡化东化与西化之争?》，是作者 1998 年 12 月 15 日在香港召开的“中华文化与二十一世纪”国际学术研讨会上的大会发言。《中国社会科学院研究生院学报》1999 年第 2 期。

《〈本体与境界——论新儒学的精神〉序》，写于 1998 年 6 月 30 日。原载宁新昌著《本体与境界——论新儒学的精神》，陕西人民出版社 1999 年 5 月出版。

《〈中国文化的外在超越之路——论台湾新士林哲学〉序》，写于 1999 年 8 月 15 日。原载耿开君著《中国文化的外在超越之路——论台湾新士林哲学》，1999 年 9 月当代中国出版社出版。

《在 99 级江西金融学在职研究生课程进修班开学上的讲话》，是作者 1999 年 10 月 10 日在 99 级江西金融学在职研究生课程进修班开学上的讲话。讲话稿曾摘要刊载于 1999 年 10 月 15 日《江西社科院》第 66 期第一版、第三版。

《〈二十世纪中国易学史〉序》，写于 1999 年 12 月 20 日。原载杨庆中著《二十世纪中国易学史》，人民出版社 2000 年 2 月出版。

《〈20 世纪中国哲学与文化研究丛书〉总序》，写于 2000 年 3 月 5 日。原载作者主编《20 世纪中国哲学与文化研究丛书》，共九种，华东师范大学出版社 2000—2004 年出版。

《愧对全体导师——2000 年新春感言》，《中国社会科学院研究生院简报》2000 年第 19 期，总 210 期。

《坚持改革开放　博采众长》，《光明日报》2000 年 11 月 14 日。

《〈台湾新士林哲学研究〉序》，写于 1999 年 12 月 5 日。原载樊志辉著《台湾新士林哲学研究》，黑龙江人民出版社 2001 年 1 月出版。

《经济全球化情势下的中华文化走向》，是作者 2000 年 10 月 26 日在中华炎黄文化研究会、中国人民大学和中国艺术研究院联合主办的“经济全球化与中国文化走向”国际学术研讨会上的报告论文。《中国社会科学院研究生院学报》2001 年第 1 期。

《〈中国人生智慧源流〉序》，写于1999年3月9日。原载武东生著《中国人生智慧源流》，南开大学出版社2001年4月出版。

《〈中国人生哲学的重建〉序》，写于2000年4月28日。原载刘长林著《中国人生哲学的重建》，华东师范大学出版社2001年5月出版。

《第十二届国际中国哲学大会开幕辞》，是作者2001年7月21日在北京召开的第十二届国际中国哲学大会上的开幕辞。《中国社会科学院研究生院学报》2001年第5期。

《儒家文化与未来世界——兼评亨廷顿的“文明冲突论”》，是作者提交1997年6月17日在新加坡召开的“儒学与世界文明”国际学术会议上的发言。《炎黄文化研究》第8期，2001年9月出版。

《温济泽同志与研究生院》，写于1999年夏。原载《永远的怀念：温济泽纪念文集》，方实、杨兆麟主编，中国国际广播出版社2002年10月出版。

《〈生命的层级——冯友兰人生境界说研究〉序》，写于2002年8月10日。原载刘东超著《生命的层级——冯友兰人生境界说研究》，巴蜀书社2002年10月出版。

《湘学研究的对象、范围和意义》，《湘学》第二辑，湖南人民出版社2002年10月版。

《〈现代新儒学与朱子学〉序》，写于2002年10月5日。原载陈代湘著《现代新儒学与朱子学》，湖南人民出版社2003年1月出版。

《在“儒学与世界文明”国际学术会议上的总结发言》，是作者1997年6月19日在新加坡召开的“儒学与世界文明”国际学术会议上的总结发言。原载陈荣照主编《儒学与世界文明》上册，新加坡国立大学中文系、八大文化企业公司2003年1月联合出版。

《王船山：从古代湘学过渡到近代湘学的关键人物》，是作者提交2002年11月在衡阳召开的“纪念王船山逝世310周年国际学术研讨会”的论文。原载《船山学刊》2003年第1期；又载《湘潭大学学报》2003 年第 1 期。

《“和而不同”：作为一种文化观的意义和价值》，是作者提交 2002 年 12 月在香港召开的“二十一世纪中华文化世界论坛”第二次会议——“文化自觉与社会发展”国际学术研讨会的论文。《中国社会科学院研究生院学报》2003 年第 1 期。

《中国哲学的综合创新之路》，节要发表于《光明日报》2003 年 2 月 11 日。全文刊载于刘鄂培、衷尔钜编《张岱年研究》，清华大学出版社 2004 年 5 月出版。

《〈制度化儒家及其解体〉序》，写于 2002 年 10 月 12 日。原载干春松著《制度化儒家及其解体》，中国人民大学出版社 2003 年 3 月出版。曾发表于《中国图书评论》2003 年第 8 期。

《千年湘学的历史意义与现代价值》，是作者 2002 年 11 月 11 日在湖南卫视《千年论坛》节目中的主题演讲。录音删节稿曾刊于杨晖、彭国梁、江堤主编《文化至尊》一书，湖南大学出版社 2003 年 4 月出版。原载《湘学》第四辑，湖南人民出版社 2007 年 3 月出版。

《20 世纪中国文化思潮》，是作者 2001 年 9 月 9 日在华中科技大学演讲的记录整理稿（当时一同演讲者还有台湾学者林安梧，该文曾得到作者本人审阅，整理者为陈文平）。原载《中国大学人文启思录》第 6 卷，华中科学技术大学出版社 2003 年 4 月出版。

《〈有无之辨——魏晋玄学本体思想再解读〉序》，写于 2002 年 12 月 15 日。原载康中乾著《有无之辨——魏晋玄学本体思想再解读》，2003 年 5 月出版。

《〈日本近代儒学研究〉序》，原载刘岳兵著《日本近代儒学研究》，商务印书馆 2003 年 6 月出版。

《〈第十二届国际中国哲学大会论文集〉序》，写于 2002 年 7 月 20 日，原载作者主编的《第十二届国际中国哲学大会论文集》，共四册：中文三册，分别为《中国传统哲学的现代诠释》《中西会通与中国哲学的近现代转换》《21 世纪中国哲学走向》，英文一册，书名为

《中国哲学与21世纪文明走向》，商务印书馆2003年6月出版。

《“天人合一”与中国古代的生态智慧》，是作者2003年8月19日在瑞典召开的第十三届国际中国哲学大会上的报告论文。《社会科学战线》2003年第4期。

《青海开发与生态文明建设》，是作者2003年9月6日在西宁召开的“江河源文化与西部开发”学术研讨会上的发言。原载《江河源文化研究》2003年第1期。

《方克立荐书》，是作者应中国社会科学院“三思工作室”问卷调查之约所撰写的推荐书目及说明，原载三思工作室编《博导书榜——影响中国社会科学院博导的五种书》，中国社会科学出版社2004年1月出版。

《〈现代性问题与湘学研究之“论”的维度〉读后》，是作者给湘潭大学李佑新教授的一封信，写于2003年11月22日。原载作者主编的《湘学》第三辑，湖南人民出版社2004年10月出版。

《“湘学精神”与“湖南人精神”》，《文史哲》2005年第1期。

《张岱年在20世纪中国哲学史中应有之地位》，原载《中国社会科学院学术委员会辑刊》第一辑（2004），社会科学文献出版社2005年3月出版，第83—94页。

《张岱年与二十世纪中国哲学》，原载《中国社会科学》2005年第2期，发表时作了若干删节，全文刊于作者的论文集《方克立文集》，上海辞书出版社2005年5月出版。

《永远的师长——深切怀念张岱年先生》，原载陈来教授主编《不息集——回忆张岱年先生》，北京大学出版社2005年4月出版。

《哭文英》，《南开大学报》2005年5月20日。

《回应中国哲学“合法性”质疑的三个问难》，是作者2005年6月4日在西安召开的中国哲学史学会2005年年会暨“中国哲学的现代化与世界化”学术研讨会上的发言。《人文杂志》2005年第4期。

《〈唯物辩证法论战研究〉序》，写于2005年7月10日。原载耿彦君著《唯物辩证法论战研究》，社会科学文献出版社 2005 年 9 月出版。

《真、善、美统一的哲学思想》，系郁振华教授从作者的《追求真、善、美的统一》一文中节录，收入座谈系列文章《冯契：一个'唐玄奘式'的爱智者》，节录后的题目为《真、善、美统一的哲学理想》，发表于《社会科学报》2005 年 10 月 27 日。

《甲申之年的文化反思——评大陆新儒学"浮出水面"和保守主义"儒化"论》，是作者 2005 年 9 月 20 日给中山大学文化研究所李宗桂、杨海文两位教授的一封信的主要内容。原载《中山大学学报》2005 年第 6 期。

《甲申之年的文化反思——关于当前文化问题的三封信》，原载《中国社会科学院咨询委员会辑刊》第 2 辑（2005），社会科学文献出版社 2006 年 2 月出版。原题为《关于当前文化问题的三封信》。后收入张世保编《大陆新儒学评论》，线装书局 2007 年 3 月出版，加前言并改为现题。其中作者写的第三封信即 9 月 20 日给中山大学文化研究所李宗桂、杨海文两位教授的一封信的主要内容曾以《甲申之年的文化反思——评大陆新儒学"浮出水面"和保守主义"儒化"论》为题发表于《中山大学学报》2005 年第 6 期。

《关于文化（的）体用问题》，《社会科学战线》2006 年第 6 期。

《费孝通与"和而不同"文化观》，是作者 2005 年 10 月 29 日在纪念费孝通教授诞辰 95 周年"费孝通文化思想座谈会"上的发言。《中国社会科学院研究生院学报》2006 年第 6 期。

《〈牟宗三哲学思想研究——从逻辑思辨到哲学架构〉序言》，写于 2006 年 11 月 28 日。原载王兴国著《牟宗三哲学思想研究——从逻辑思辨到哲学架构》，人民出版社 2007 年 2 月出版。

《世纪之交儒学研究的若干观察与感受》，是作者 2003 年 12 月 8 日在武汉大学召开的"徐复观与 20 世纪儒学发展"海峡两岸学术研讨会闭幕式上的发言。原载张世保编《大陆新儒学评论》，线装书局

2007年3月出版。

《中医哲学研究的时代使命》，是作者2007年1月29日在中国哲学史学会中医哲学专业委员会成立大会上的讲话。原载2007年3月27日《中国社会科学院报》，又载2007年4月26日《中国中医药报》。

《读书、治学和做人》，是作者在中国社会科学院新入学研究生做的一次讲话。原载中国社会科学院老专家协会编《学问人生——中国社会科学院名家谈》（下），高等教育出版社2007年5月出版，原题为《与博士生一夕谈》。

《提倡和谐文化就是向传统文化回归吗?》，《北京日报》2007年6月11日；《呼和浩特日报》（汉）2007年6月14日。

《关于和谐文化研究的几点看法》，是作者2007年4月28日在中华炎黄文化研究会学术委员会召开的"建设和谐文化与文化创新"学术座谈会上的发言。原载《高校理论战线》2007年第5期；另载2007年7月31日《光明日报》、《民主》2007年第8期、《资料通讯》2007年第11期。

《〈陈序经政治哲学研究〉序》，写于2007年2月8日。原载张世保著《陈序经政治哲学研究》，人民出版社2007年8月出版。

《〈老子道德经新编〉序》，写于2007年6月10日。原载董京泉著《老子道德经新编》，中国社会科学出版社2008年10月出版。

《关于马克思主义与儒学关系的三点看法》，是作者2008年10月19日在中共中央党校哲学部与中国孔子基金会联合主办的"2008马克思主义与儒学高层论坛"的发言。原载《高校理论战线》2008年第11期；另载《红旗文稿》2009年第1期。

《〈中医哲学史〉序》，写于2008年12月24日。原载程雅君著《中医哲学史》第一卷，四川出版集团巴蜀书社2009年3月出版；该书第二卷于2010年12月出版，第三卷于2015年9月出版，每卷前面都刊有这篇序文。

《〈河汾道统——河东学派考论〉序》，写于2008年1月10日。

原载常裕著《河汾道统——河东学派考论》，人民出版社 2009 年 4 月出版。

《何为国学》，《人民日报》2008 年 8 月 26 日第 7 版。

《〈天人视界：先秦诸子发生学研究〉序》，写于 2008 年 11 月 28 日。原载刘绪义著《天人视界：先秦诸子发生学研究》，人民出版社 2009 年 4 月出版。

《贺辞——〈经学与中国哲学〉代序》，写于 2008 年 9 月 4 日。原载蔡方鹿主编《经学与中国哲学》，华东师范大学出版社 2009 年 6 月出版。

《学习张岱年先生的“兼合”思想与品格》，是作者 2009 年 5 月 30 日在纪念张岱年先生百岁诞辰学术研讨会上的发言。《北京日报》2009 年 6 月 15 日。

《〈亲证中国哲学大智慧〉序》，写于 2009 年 11 月 21 日。原载刘仲林主编《亲证中国哲学大智慧》，中国科学技术大学出版社 2009 年 12 月出版；序文曾以《钱学森之问与创新人才培养》为题发表于《天津师范大学学报》2010 年第 4 期。

《〈中国古典哲学名著品评丛书〉总序》，写于 2009 年 8 月 9 日。原载张加才主编《中国古典哲学名著品评丛书》，共十种，中国民主法制出版社 2010 年 1 月出版。

《“侯外庐学派”的最新代表作——读〈中国儒学发展史〉》，《中国社会科学院研究生院学报》2010 年第 2 期。（与陆信礼合作）

《我所认识的任继愈先生》，写于 2009 年 9 月。原载《我们心中的任继愈》，中华书局 2010 年 4 月出版。

《“马魂、中体、西用”：中国文化发展的现实道路》，是作者 2010 年 3 月 26 日在“马克思主义与中国文化发展”学术研讨会暨北京大学中国文化发展研究中心成立庆典大会上的发言。《北京大学学报》（哲学社会科学版）2010 年第 4 期。

《全球化时代中华文化走向》，《新湘评论》2010 年第 11 期。

《关于儒学的精华》，作者生应一位朋友的要求于2009年9月写的，正式发表前于2010年4月20日写了两段“作者附记”，原载《哲学与宗教》第五辑，上海人民出版社2011年1月出版；又载《国际儒学研究》【第十八辑】（下册），九州出版社2011年3月出版。

《开创二张研究新局面》，是作者2011年4月26日在河北师范大学“张申府张岱年研究中心”成立大会暨“张申府张岱年与马克思主义中国化”学术研讨会上的发言。《河北师范大学学报》（哲学社会科学版）2011年第4期。

《中国共产党的文化自觉是中华民族之福》，《马克思主义研究》2011年第12期。

《方壮猷先生年谱》，一九八一年初稿，二〇〇九年修订，原载方克强、方克定、方克立、方克明编《高风楚天阔》，2011年自印本。

《当代中国文化的“魂”、“体”、“用”关系》，《中国社会科学院研究生院学报》2012年第1期。

《“文明以止”：中华民族理性的文明发展观》（上），《中国社会科学报》2012年6月4日。（与林存光合作）

《“文明以止”：中华民族理性的文明发展观》（下），《中国社会科学报》2012年6月11日。（与林存光合作）

《“文明以止”：中华文化的精华与精神》，与林存光合作，是两位作者提交2011年5月在苏州召开的太湖文化论坛首届年会“加强文明对话与合作，促进世界和谐与发展”研讨会的论文。原载《中国文化的综合创新之路》，中国社会科学出版社2012年9月出版。

《〈中国文化的综合创新之路〉自序》，写于2012年1月30日。载作者著《中国文化的综合创新之路》，中国社会科学出版社2012年9月出版。

《〈中华医藏〉编纂工程应适时提上日程》，是作者2009年12月26日在“弘扬中华文化与推进中医药理论发展研讨会暨中医影响世界论坛第二次会议”上的发言。原载作者的论文集《中国文化的综合创新之路》，中国社会科学出版社 2012 年 9 月出版。

《关于中医思维模式研究之我见》，是作者 2011 年 10 月 9 日在“第十七次中国科协论坛——中医原创思维理论内涵与科学价值”会议上的发言。原载作者的论文集《中国文化的综合创新之路》，中国社会科学出版社 2012 年 9 月出版。

《默默耕耘成大家》，是作者 2012 年 10 月 12 日致高秀昌的一封书信，主要内容曾刊载于《中国社会科学报》2012 年 11 月 30 日 B－04 版

《我们时代能不能出学术大家?》，是作者 2012 年 12 月 1 日在中国人民大学《方立天文集》出版座谈会上的发言。2012 年 12 月 3 日发表于“张申府张岱年研究中心”网。

《缅怀恩师石峻先生》，原载中国人民大学哲学院中国哲学教研室编《石峻文脉》，华夏出版社 2012 年 1 月出版。

《马克思主义与中国文化：陈先达、方克立、赵敦华先生中西马高端对话》，原载《北大中国文化研究》第 2 辑，社会科学文献出版社 2012 年 12 月出版。后收入作者等著，谢青松编《马魂　中体　西用——当代中国文化的理论自觉》，人民出版社 2019 年 1 月出版。

《参观平屋感念父母的恩师》，写于 2013 年 4 月 20 日。原载《春晖报》【浙江上虞春晖中学主办】第 155 期，2013 年 5 月出版；《中国教育报》2013 年 6 月 5 日以《夏丏尊先生和“妈妈的教育”——参观平屋感念父母的恩师》为题节要刊出。

《崇实重行　宏大湘学——专家学者热议湘学及其当代价值》，是《光明日报》组织的关于湘学的一次讨论，参与讨论的有：中国社会科学院院长王伟光，中共中央文献研究室常务副主任、全国政协常委杨胜群，中国社会科学院副院长、当代中国研究所所长李捷，新华通讯社副社长路建平，西北大学名誉校长、清华大学博士生导师张岂之，中国哲学史学会名誉会长、中国社会科学院学部委员方克立，中国史学会会长、中国社会科学院学部委员张海鹏，美国哈佛大学教

授、毛泽东研究专家罗斯·特里尔几位专家，讨论文稿刊载于《光明日报》2013 年 5 月 30 日第 011 版。

《从曲高和寡到主流话语——张申府“三流合一”思想的历史命运》，是作者 2013 年 6 月 15 日在石家庄召开的“张申府先生诞辰 120 周年纪念暨学术研讨会”上的发言。《河北师范大学学报》（哲学社会科学版）2013 年第 5 期。

《实至名归》，《云南文史》2014 年第 1 期。

《守自己的庄稼　流自己的汗——读丁为祥〈学术性格与思想谱系——朱子的哲学视野及其历史影响的发生学考察〉》，原载丁为祥著《学术性格与思想谱系——朱子的哲学视野及其历史影响的发生学考察》，人民出版社 2012 年 6 月出版；另载《人文杂志》2014 年第 2 期。（与宁新昌合作）

《人间正道是沧桑——马克思主义新文化观的确立》，《中国社会科学报》2014 年 4 月 25 日。

《冯契研究与冯契学派——兼论当代中国的学术学派》，是作者 2014 年 5 月 14 日在华东师范大学哲学系学术演讲的录音记录整理稿。原载《哲学分析》2014 年第 6 期。

《青年张岱年的哲学睿识》，是作者 2014 年 5 月 25 日在“古典中国哲学的通见、睿智和精义——纪念张岱年先生诞辰 105 周年”学术研讨会上的报告论文。《中国社会科学院研究生院学报》2014 年第 6 期。

《大陆新儒学思潮平议》，是作者与张世保、林存光、张小平、刘东超的对谈。《中国社会科学报》2014 年 7 月 30 日。

《〈心理之间：朱子心性论研究〉序》，原载杨俊峰著《心理之间：朱子心性论研究》，“中国社会科学博士文库”之一种，中国社会科学出版社 2014 年 12 月出版。

《〈现代新儒学与船山学〉序》，写于 2015 年 1 月 15 日。原载方红姣著《现代新儒学与船山学》，中国社会科学出版社 2015 年 2 月出版；序文曾以《船山学研究的最新前沿成果》为题发表于《船山学刊》2015 年第 4 期。

《为“刘泽华学派”赞一个——在〈中国政治思想通史〉新书发布会上的发言》，是作者 2014 年 10 月 17 日在南开大学《中国政治思想通史》新书发布会暨学术研讨会上的发言。《天津社会科学》2015 年第 2 期。

《“马魂、中体、西用”是习近平文化思想的宗纲》，是作者 2014 年 12 月 29 日在中国红色文化研究会召开的“继承发扬中华优秀传统文化”座谈会上的发言。《思想理论教育导刊》2015 年第 5 期。

《〈中国文化与马克思主义〉序》，写于 2015 年 5 月 30 日。原载张允熠著《中国文化与马克思主义》，人民出版社 2015 年 9 月出版。

《“马魂、中体、西用”论的由来、涵义及理论意义》，是作者 2010 年 6 月 29 日在上海师范大学哲学院举办的学术讲座之讲演记录整理稿。原载谢青松编《马魂　中体　西用——中国文化发展的现实道路》，人民出版社 2015 年 12 月出版。

《充分发挥儒学对马克思主义中国化的支援意识作用》，是作者 2013 年 11 月 28 日在北京大学“儒学与马克思主义”课题研讨会上的发言提纲。原载谢青松编《马魂　中体　西用——中国文化发展的现实道路》，人民出版社 2015 年 12 月出版。

《〈马魂　中体　西用——中国文化的现实发展道路〉序》，写于 2015 年 5 月 24 日。原载作者等著，谢青松编《马魂　中体　西用——中国文化发展的现实道路》，人民出版社 2015 年 12 月出版。

《儒学给人智慧》，《人民日报》2016 年 9 月 2 日第 7 版（理论版）。

《〈我相信中国〉序》，写于 2015 年 5 月 10 日。原载张申府著，张燕妮选编《我相信中国》，广西师范大学出版社 2017 年 8 月出版。

《〈刘鹗培文集〉序》，写于 2016 年 5 月 6 日。原载刘鹗培著，杜运辉编《刘鹗培文集》，长春出版社 2016 年 11 月出版。

《〈中国哲学史上的知行观〉韩文本序》，写于 2012 年 2 月 25 日。

原载作者的论文集《方克立序跋集》当代中国出版社 2016 年 10 月出版（作者在该书中的“附记”中说：四年前，本文应韩国延世大学李光虎教授之邀而写。《中国哲学史上的知行观》韩文译本因故至今尚未出版。序文反映了作者 30 年后对该书的一些认识，把它作为一个历史存在保留在本书中）。

《〈方克立序跋集〉编后》，写于 2016 年 7 月 20 日。原载作者著《方克立序跋集》，当代中国出版社 2016 年 10 月出版。

《铸马学之魂　立中学之体　明西学之用——学习习近平在哲学社会科学工作座谈会上讲话的体会》，完稿于 2016 年 6 月 15 日。《理论与现代化》2017 年第 3 期。

《当代中国大陆新儒学思潮评析》，是作者 2013 年 10 月 30 日在中国社会科学院研究生院马克思主义理论课堂上的讲课记录整理稿。原载张世保、谢青松编《大陆新儒学评论 · 2017 卷》，中国社会科学出版社 2018 年 1 月出版。

《要重视研究钱学森的中医哲学思想》，是作者 2016 年 12 月 3 日在中国哲学史学会中医哲学专业委员会成立十周年座谈会暨 2016 年学术年会上的发言。《中国哲学史》2018 年第 1 期。

《擎旗引领综合创新路——纪念张岱年先生〈综合，创新，建立社会主义新文化〉一文发表 30 周年》，是作者 2017 年 6 月 24 日在石家庄召开的“综合创新与马克思主义中国化”学术研讨会上的主题发言。原载《张申府张岱年研究集刊》第 4 辑，河北人民出版社 2018 年 6 月出版。

《探赜索隐　慧眼独具——读〈王通评传〉》，原载尹协理、刘海兰著《王通评传》，北岳文艺出版社 2016 年 8 月出版；另载《理论与现代化》2018 年第 2 期、《衡水学院学报》2018 年第 4 期。（与陈寒鸣合作）

《方克立主任致函程恩富主编》，《马克思主义文化研究》2018 年第 1 期。

《〈张岱年伦理与文化思想研究〉序》，写于2018年10月5日。原载迟成勇《张岱年伦理与文化思想研究》，合肥工业大学出版社2018年12月出版；另载《衡水学院学报》2019年第5期。

《书与会的缘分——怀念韦政通先生》，《读书》2018年第12期。

《冯契对马克思主义哲学中国化的历史性贡献》，是作者提交2015年11月在上海召开的“世界性百家争鸣与中国哲学自信——纪念冯契百年诞辰国际学术研讨会”的发言提纲。原载作者等著，谢青松编《马魂　中体　西用——当代中国文化的理论自觉》，人民出版社2019年1月出版。

《发展哲学社会科学要坚持“马魂中体西用”的方针》，初发表于《中国社会科学网》2016年6月6日。原载作者等著，谢青松编《马魂　中体　西用——当代中国文化的理论自觉》，人民出版社2019年1月出版。（与谢青松合作）

《〈新世纪的文化思考〉后记》，写于2019年1月20日。原载作者著《新世纪的文化思考》，南开大学出版社2019年7月出版。

《五四百年的思想史意义》，是作者2019年5月11日上午在石家庄召开的纪念五四运动100周年暨张岱年先生诞辰110周年“百年中国哲学和文化发展的回顾、总结与前瞻”学术研讨会上的主题发言，发言录音记录经整理后由作者审定。原载杜运辉编《张申府张岱年研究集刊》第5辑，河北人民出版社2020年11月版。

《怀念老友泽华兄》，写于2018年5月9日。原载阎铁铮、刘琰、刘珞编《中国政治思想的反思者：刘泽华先生纪念文集》（追忆卷），南开大学出版社2022年6月出版。

《〈中国人的政治智慧〉序》，写于2016年8月2日。原载林存光主编《中国人的政治智慧》，中国社会科学出版社2023年1月出版。

未刊文稿

《提高业务水平，适应时代发展的需要——在94级在职硕士研究生课程班开学典礼上的讲话》，1994年3月20日。

《在当代中国研究所座谈会上的发言》，1995年1月18日在当代中国研究所座谈会上的发言。

《在启明大学国际大学院成立大会上的发言》，1995年3月3日。

《在中国社会科学院研究生院1995年开学典礼的讲话》，1995年9月6日。

《在中国社会科学院经济学博士发展研究中心成立大会上的讲话》，1995年10月22日。

《在中国社会科学院研究生院1996年毕业典礼的讲话》，1996年7月8日。

《在94级在职硕士研究生课程班湖南班毕业典礼的讲话》，大约在1996年10月前。

《在九六级硕士研究生课程班毕业典礼上（的）致词》，1998年3月29日。

《强化教育功能，把社科院从一个中心变成两个中心——1998年4月17日在社科院所局长、党委书记会上的发言》，1998年4月17日。

《以院庆作为推动改革与发展的契机——在一九九八届研究生毕业典礼上的讲话》，1998年7月9日。

《努力培养知识经济时代需要的人文社会科学创新人才——在人

文社会科学研究生教学与教材研讨会上的讲话》，1998 年 7 月 13 日。

《在新闻系博士生导师研讨班的讲话》，1998 年 8 月 22 日。

《再接再厉　勇攀高峰》，时间在 1998 年 9 月之后。

《风雨二十年》，写于 1998 年。

《在在职研究生课程班（天津班）毕业典礼上的讲话》，1998 年暑假前后。

《加强全面素质教育 培养一流社科人才——在一九九九届毕业典礼上的讲话》，1999 年 7 月。

《励精图治，培育一流人文社科英才——在 1999—2000 学年开学典礼暨教师节庆祝大会上的讲话》，1999 年 9 月 10 日。

《在 2000 年毕业典礼上的讲话》，时间在 2000 年 7 月。

《总结经验　加强管理　提高质量 力争研究生课程进修班工作再上新台阶》，写于 2000 年 8 月 2 日，是作者在全国研究生课程进修班工作会议上的发言。

《欢送方克立同志离职座谈会纪要》，2000 年 9 月 8 日。

《普遍认同不易　真正落实更难》，写于 2002 年 5 月 15 日。

《在全国少数民族哲学会议上的致辞》，是作者 2003 年 5 月在昆明召开的“西部大开发与中国少数民族哲学及社会思想史研讨会”暨“中国少数民族哲学及社会思想史学会年会”上的发言。

《致国际儒联的信》，写于 2007 年 4 月 4 日，对意识形态领域中的“崇儒反马”思潮进行了评论，同时也推介了张世保主编的《大陆新儒学评论》。

《悼萧萐父老师》，是作者 2008 年 9 月 19 日就萧萐父先生辞世发给武汉大学哲学学院的唁函。

《中国哲学的五大问题》，是作者 2009 年 4 月在上海师范大学所做讲座的录音整理稿。

《正确对待孔夫子、孙中山、毛泽东三位历史人物》，是作者 2011 年 5 月 16 日在上海师范大学召开的“辛亥革命与中国传统思想”国际学术研讨会上的发言。

《潜心治学而有大成的典范》，是作者 2011 年 9 月 17 日在中国人民大学“方立天教授执教 50 周年庆祝大会”上的发言。

《贺韩树英教授九十华诞》，是作者 2012 年 12 月 22 日在中央党校召开的“开创马克思主义哲学教学与研究新局面——庆贺韩树英教授 90 华诞暨从事哲学研究与教学 70 周年”理论研讨会上的发言。

《湘学研究什么》，是作者 2013 年 1 月 16 日在湖南省湘学研究院专家顾问北京座谈会上的发言。

《怀念可亲可敬的温老》，是作者 2014 年 4 月 18 日在温济泽百年诞辰纪念会暨“温济泽同志新闻与教育思想研讨会”上的发言。

《用实学的精神和学风做实学的学问》，是作者 2014 年 6 月 28 日在中国人民大学“葛荣晋教授从教五十五周年庆祝大会暨哲学创新论坛”的发言。

《“中华思想通史”项目座谈会上的发言》，2014 年 12 月 5 日，“中华思想通史”项目决定聘请方克立先生担任《中华思想通史》编委会编委、封建社会编顾问，作者于 2014 年 12 月至 2020 年 4 月共参加了 17 次会议。

《中医哲学研究任重而道远》，是作者 2015 年 11 月 20 日在中国哲学史学会中医哲学专业委员会 2015 年学术年会上的发言。

《发展哲学社会科学要坚持“马魂中体西用”的方针》，中国社会科学网 2016 年 6 月 6 日。（与谢青松合作）

《腾霄同志改变了我的命运》，是作者 2017 年 3 月 7 日在中国人民大学“张腾霄同志追思会”上的发言。

访谈类

本刊记者：《为了祖国学术文化的繁荣——访天津市哲学社会科学优秀成果（专著）一等奖获得者、哲学系副教授方克立》，《南开大学》（周报）1984 年 10 月 26 日。

卢盘卿：《为有源头活水来——访南开大学中国哲学研究室主任方克立教授》，原载中国人民大学校刊编辑部编的《人民共和国的建设者——中国人民大学校友专访录》，1987 年 9 月出版。

关东：《现代新儒学研究的回顾与展望——访方克立教授》，《哲学研究》1990 年第 3 期。

汪先全、崔海教：《现代新儒学研究与文化讨论——访方克立教授》（1991 年 4 月 24 日访问，1991 年 4 月 28 日整理），南开大学《研究生论坛》1991 年春季号。

王伟华：《批判继承　综合创新——访南开大学方克立教授》，《天津日报》1991 年 12 月 5 日。

邵汉明：《现代新儒学研究十年回顾——方克立先生访谈录》，《社会科学战线》1997 年第 2 期。

《方克立　中国哲学学者》，是中央电视台“东方之子”栏目组对作者的采访。主持人邵滨鸿，编辑徐斌、张文华。播出日期是 1997 年 5 月 28 日。采访稿收录于时间、张光途主编的《精神的田园——东方之子访谈录·文化学人卷》，华夏出版社 2000 年 1 月出版。

苏娟：《肩负重任　综合创新——访中国社会科学院研究生院院

长、著名学者方克立》，《中国新闻报》1998年7月2日第一、二版。

李红艳：《科研单位办学，出路何在？——访中国社会科学院研究生院院长方克立》，《人民政协报》1998年7月22日。

曹苏红：《做好面向21世纪的研究生培养与教育工作——访研究生院院长方克立》，《中国社会科学院通讯》1998年8月10日。

曹建海、赵福贵：《名师荟萃　人才辈出——访中国社会科学院研究生院院长方克立教授》，《干部党员人才》1999年第7期（总第120期）。

姚黎君：《全球化时代中国文化走向——方克立教授访谈录》，《党政干部学刊》2001年第4期。

本刊记者：《深化对“综合创新”文化观的研究——访方克立教授》，《哲学动态》2002年第4期。

张天行：《为人治学崇平实》，是中国社会科学院青年学者张利民2007年3月28日上午对作者的访谈稿。原载《学问有道——学部委员访谈录》，方志出版社2007年8月出版。

本刊记者：《大陆新儒学的马克思主义分析——访中国社会科学院马克思主义研究院特聘研究员方克立》，是作者回答《马克思主义研究》编辑部记者提问时的访谈记录稿。原载《马克思主义研究》2007年第5期，责任编辑吴波。

文学国、刘强：《坚持正确办学方向，培养一流社科人才——访中国社会科学院学部委员、研究生院前院长方克立》，原载中国社会科学院研究生院编：《春风第一枝：中国社会科学院研究生院建校30周年》（下卷），社会科学文献出版社2008年10月出版。

魏长宝：《方克立：任先生是马克思主义中国哲学史学奠基人之一》，是作者2009年7月12日上午接受《中国社会科学报》记者魏长宝采访的文稿，发表于《中国社会科学报》2009年7月14日第9版。

本刊记者：《探索中、西、马三“学”的综合创新之道——访中国社会科学院学部委员方克立》，是作者回答《马克思主义研究》编辑部记者提问时的访谈记录稿。《马克思主义研究》2010 年第 12 期。责任编辑翟胜明。

《文化自觉是我们党的鲜明特征和显著优势——访中国社会科学院学部委员方克立教授》，是作者接受《思想理论教育导刊》记者蒋旭东的采访稿。《思想理论教育导刊》2012 年第 8 期。

钟义见：《“马魂、中体、西用”是我们的文化旗帜——访中国社会科学院学部委员方克立教授》，《中国社会科学报》2014 年 5 月 5 日第 591 期。

张小平、杨俊峰：《“马魂中体西用”与文化体用问题纵横谈——访中国社会科学院学部委员方克立教授》，《马克思主义研究》2017 年第 5 期。

杜运辉：《从“三大思潮对立互动”说到“马魂中体西用”论——访中国社会科学院学部委员方克立教授》，《马克思主义文化研究》2018 年第 1 期。

迟成勇：《“马魂、中体、西用”论的现实意义与时代价值——访中国社会科学院学部委员方克立教授》，原载《东方论坛》2018 年第 6 期，又载迟成勇《张岱年伦理与文化思想研究》一书附录，合肥工业大学出版社 2018 年版，第 275—288 页。

关于方克立先生论著的评论

冯友兰:《方克立同志和我的分歧》,《哲学研究》1963 年第 5 期。

任边:《中国哲学史上的知行观》(该文是介绍《中国哲学史上的知行观》一书的),《光明日报》1982 年 12 月 29 日,第 12084 期,03 版“哲学·书林”。

习文:《一叶知秋》(该文是评述《中国哲学史上的知行观》一书的),《中国社会科学》1983 年第 5 期。

施平:《泛海之扁舟　引渡之津梁——〈从孔夫子到孙中山〉一书评介》,《学友》1985 年第 1 期。

晓理:《从孔夫子到孙中山》(该文是介绍《从孔夫子到孙中山》一书的),《光明日报》1985 年 3 月 11 日,第 12887 期,03 版“哲学·书讯”。

李绍崑:《封闭社会的中国哲学研究——评方克立著〈中国哲学史上的知行观〉》,《中国论坛》(台湾)1988 年第 2 期。

林庆彰:《评〈中国哲学史论文索引〉》,《鹅湖学志》(台湾)1992 年第 9 期。

林平:《简评“现代新儒学辑要”丛书》,《光明日报》1992 年 10 月 5 日。

《国内首部系统性、权威性、实用性〈中国哲学大辞典〉出版》,《中国图书评论》1993 年第 3 期。

哲理：《〈中国哲学大辞典〉简介》，《哲学研究》1993 年第4 期。

杨志坚：《一部弘扬优秀文化传统的好教材——评〈中国文化概论〉》，《高校理论参考》1994 年第4 期。

来新夏：《坐收利便于几席之间——介绍〈中国哲学史论文索引〉》，《中华读书报》1995 年5 月24 日。

刘文英：《精心辑纂完备实用——〈中国哲学史论文索引〉评介》，《中国图书评论》1996 年第2 期。

光伟：《一部具有重大学术价值的巨著——〈二十世纪中国哲学〉简评》，《求是学刊》1996 年第2 期。

《云集一流作者　奉献精品教材——介绍新编教材〈中国哲学与辩证唯物主义〉》，《高校社会科学研究和理论教学》1997 年第7 期。

马景焘：《组织专家阵容 奉献精品教材——介绍高教版〈中国哲学与辩证唯物主义〉》，高等教育出版社出版《高教书讯》（97）第8 期，总第44 期，第一版。

谷方：《展示现代新儒学研究风貌和历程的重要成果——读方克立著〈现代新儒学与中国现代化〉》，《高校理论战线》1998 年第5 期。

金科：《世纪之交的儒学研究——读方克立先生的〈现代新儒学与中国现代化〉》，《学术界》1998 年第3 期。

曹智频：《同情地了解 批判地超越——读〈现代新儒学与中国现代化〉》，《学术研究》1998 年第9 期。

李翔海：《现代新儒学研究的回省与展望——写在〈现代新儒学与中国现代化〉出版之际》，《南开学报》1998 年第5 期。

李宗桂、惠吉兴：《同情的了解与批判的超越——评〈现代新儒学与中国现代化〉》，《中山大学学报》1998 年第5 期。

耿亮之：《现代新儒学研究的里程碑——方克立著〈现代新儒学与中国现代化〉述评》，《中国哲学史》1998 年第4 期。

蔡仲德：《关于冯友兰思想历程的几个问题——答方克立先生》，《哲学研究》1998 年第10 期。

柴文华：《方克立与现代新儒学研究——兼评〈现代新儒学与中国现代化〉》，《学习与探索》1998年第6期。

童浩：《马克思主义哲学包括中国哲学智慧——〈中国哲学与辩证唯物主义〉出版》，《中国社会科学院通讯》1998年10月27日。

周飞：《古今智慧和交融——〈中国哲学与辩证唯物主义〉出版》，《中国教育报》1998年11月22日。

张小平：《新世纪中国哲学的发展方向——读〈中国哲学与辩证唯物主义〉》，《高校理论战线》1998年第12期。

惠琴：《运用马克思主义研究中国哲学史的典范——读〈现代新儒学与中国现代化〉》，《唯实》1998年Z1期。

洪晓楠：《中国文化哲学研究的重要成果》，《中国社会科学》1999年第1期"图书评介"栏目介绍《现代新儒学与中国现代化》。

姜国柱：《展现中国哲学思想精华的力作——读〈中国哲学与辩证唯物主义〉》，《中国社会科学院研究生院学报》1999年第1期。

刘文英：《五册本〈中国哲学史论文索引〉评介》，《中国哲学史》1999年第1期。

樊浩：《论"新儒学理性"与"新儒学情结"》（作者在该文中对《现代新儒学与中国现代化》进行了评述），《中国社会科学》1999年第2期。

耿亮之：《新儒学研究的里程碑——〈现代新儒学与中国现代化〉述评》，《学术月刊》1999年第5期。

《第七届"五个一工程""一本好书"入选作品内容简介》，《光明日报》1999年9月17日，第18182期，11版"书评周刊·专版"，介绍《中国哲学与辩证唯物主义》。

郑开、李鸣：《马克思主义中国化的可贵尝试——读〈中国哲学与辩证唯物主义〉》，《思想理论教育导刊》1999第9期。

刘绪贻：《现代新儒学评介——〈现代新儒学与中国现代化〉等读后》，《学术界》2002年第6期。

杨庆中：《方法、信念与时代精神——〈方克立文集〉读后》，《高校理论战线》2005年第12期。

刘绪义：《立乎其大，超乎其上——读〈方克立文集〉有感》，《出版广角》2008年第3期。

《主打教材推荐》，《中华读书报》2009年4月1日，介绍由张岱年、方克立共同主编并由北京师范大学出版社出版的《中国文化概论（修订版）》。

杨庆中：《开放而不迷失方向的文化观——方克立〈中国文化的综合创新之路〉读后》，《中国社会科学报》2013年1月28日B01版。

刘东超：《从“综合创新”说到“马魂、中体、西用”》，《中华读书报》2013年1月30日。

《方克立〈中国文化的综合创新之路〉出版》，《深圳大学学报》2014年第2期。

杨俊峰：《魂体相依　综合创新——兼评〈马魂中体西用：中国文化发展的现实道路〉》，《中国社会科学报》2016年2月2日。

字振华：《马魂中体西用与当代中国文化发展的道路自觉——读〈马魂中体西用：中国文化发展的现实道路〉》，《邓小平理论研究》2016年第3期。

本书出版获得中国社会科学院大学中央高校基本科研业务费的资助

方克立论著集

第四卷　马魂中体西用论

方克立　著

中国社会科学出版社

整理说明

方克立先生的“马魂中体西用”论是对张岱年先生“三流合一、综合创新”论的继承和发展。本卷收入方克立先生文化观的相关著作。我们在整理过程中所做的工作如下：

一，为了尽量全面、完整、准确地反映方克立先生文化观的全貌，按照正式发表、出版的作品汇编其相关论著，包括专题论文、部分对话录摘选及八篇访谈。为避免重复，相关删节文章不再收入。

二，尽量校对所征引的古籍文献和今人文献；对原来没有注明出处的少数引文皆补充出处；少数尚未查到原始出处的引文仍保留原貌；今人文献均改为页下注释。

三，全部著作一般按写作时间排列，无写作时间者则按发表或出版时间排列。

四，文稿尽量保持正式发表时的原貌。根据目前的编辑规范及统一体例的要求，对一些标点符号及个别用字作了处理。

杜运辉　郁有学

2022 年 8 月

目录

contents

附 录

评“中体西用”和“西体中用”

在中国，当今有所谓“中体西用”和“西体中用”之争，“中体西用”是“中学为体，西学为用”的节略语，流行于上世纪末、本世纪初，张之洞被认为是“最乐道之”的著名代表人物。这种观念一百多年流行不绝，至今仍支配着海峡两岸不少中国人的思想。“西体中用”的积极主张者是李泽厚。他提出此论的目的，据说是为了同“中体西用”论和“全盘西化”论刺激性地相对立。

这一争论涉及两对最基本的范畴，一是“中”与“西”，一是“体”与“用”。“中”与“西”的涵义本来是明确的，即是指“中学”与“西学”，或者说“中国文化”与“西方文化”。自从李泽厚引进了所谓“人类学本体论”的概念后，其涵义就变得模糊和混淆不清了。因为他所讲的“西体”，不仅是指“西学”或西方文化，如马克思主义、现代科技思想等，而且首先是指“以西方为先驱的大工业生产的社会存在”①，也就是说，已经超出了“学”或文化的范围。所以他只讲“西体中用”而不讲“西学为体，中学为用”。他讲的“西体中用”实际上并不是“中学为体，西学为用”的反对命题。

“体”与“用”是中国传统哲学中的一对重要范畴，其基本涵义有二：一是指本体（实体）及其作用、功能、属性的关系；一是指本

---

① 李泽厚：《论西体中用》，《团结报》1986年9月27日。

体（本质）和现象的关系。[①] 在中国古代，体用范畴的运用极其广泛，它也曾被运用到文化领域。早在东汉时期，魏伯阳在《周易参同契》中就有“内体”和“外用”对举的提法。以后即尝以“体”为内学，以“用”为外学；以“体”治心，以“用”治事。二者结合就是中国传统的所谓“内圣外王之道”。到了宋代，胡瑗提出“明体达用”之学。他说：“君臣父子，仁义礼乐，历世不可变者，其体也；……举而措之天下，能润泽斯民，归于皇极者，其用也。”（《宋元学案·安定学案》）在这里，“体”是指不变的根本原则，“用”是指把原则运用于具体实践；前者为“经义”之学，后者为“治事”之学；二者统一在中国封建经济政治体制的基础之上。清初的李颙进一步发挥了胡瑗的思想，他的学问叫作“明体适用之学”。有人问：“何谓明体适用？”他回答说：“穷理致知，反之于内，则识心悟性；实修实证，达之于外，则开物成务，康济群生。夫是之谓明体适用。”（《二曲集》卷十四《盩厔答问》）他在《答顾宁人先生》中又说：“明道存心以为体，经世宰物以为用，则体为真体，用为实用……苟内不足以明道存心，外不足以经世宰物，则体为虚体，用为无用。”（《二曲集》卷十六）由胡瑗、李颙所阐明的传统文化体用观，有以下两个显著特点：（一）以体用区分“明道存心”的内学和“经世宰物”的外学，以“体”为精神之主导，以“用”为应事之方术。这同哲学上以本体（本质）和现象言体用的观点是一脉相承的。（二）他们都十分强调体用、内外之学的统一。一方面，由体达用，在根本原则的指导下举而措之天下，经世宰物，利济群生；另一方面，用不能离开体，一切具体措施都不能离开“经义”所规定的根本原则。故李颙曰：“明体而不适用，失之腐；适用而不明体，失之霸。腐与霸，非所以言学也。”（《体用全学序》）他们所说的“体用合一”或“体用不二”，实际上就是中国封建文化内部的理论和实践一致的原则。贺

① 参见拙文《中国哲学中的体用范畴》，《中国社会科学》1984 年第 5 期。

麟先生在解放前写过一篇专讲文化上的体用问题的文章，指出“体是本质，用是表现；体是规范，用是材料”，强调体用不可颠倒，亦不可分离，“没有无用之体，亦没有无体之用”①，应该说是抓住了传统文化体用观之精神实质的。

到了近代，传统文化体用观衍变为“中体西用”论，从一种文化内部区分体用、内外之学，发展到在两种（中西）文化之间讲体用关系，情况就发生了很大的变化。首先，中体西用论者继承了以体用区分“经义”和“治事”、内在的精神原则和外在的应事方术的传统观点，主张“中学为内学，西学为外学；中学治身心，西学应世事”（张之洞《劝学篇》）。他们误以为西方文化仅以具体的科学技艺见长，属于“经世宰物”一类的物质文明，而精神文明则远不及中国，于是搞了一个折衷主义，企图“以中国之伦常名教为原本，辅以诸国富强之术”（冯桂芬《校邠庐抗议·采西学议》），建立一种中西合璧而以中国传统文化为本位为主体的“新”文化。在他们那里，体用的涵义已经变成一种常识所谓的本末或主辅关系了。例如，郑观应说：“中学其本也，西学其末也。主以中学，辅以西学。知其缓急，审其变通，操纵刚柔，洞达政体，教学之效，其在兹乎！”（《盛世危言·西学》）孙家鼐也说：“应以中学为主，西学为辅；中学为体，西学为用。中学有未备者，以西学补之；中学有失传者，以西学还之。以中学包罗西学，不能以西学凌驾中学。”（《议复开办京师大学堂折》）显然，本末、主辅的涵义是对传统文化体用观的新的延伸，同时也是对其本质和现象的涵义的偏离。其次，中体西用论对传统文化体用观的最大偏离和背弃是割裂了体和用的统一。严复等人对它的批评是正确的。在“中体西用”的公式中，似乎中学是有体而无用，西学则有用而无体，而事实上“中学有中学之体用，西学有西学之体用”（严复《与外交报主人论教育书》），“夫西人立国，具有本末。……育才于学

① 贺麟：《文化的体与用》，《文化与人生》，商务印书馆1947年版，第33页。

堂，论政于议院，君民一体，上下同心，务实而戒虚，谋定而后动，此其体也；轮船、火炮、洋枪、水雷、铁路、电线，此其用也”，我们中国人是“遗其体而求其用”（郑观应《盛世危言》自序引），“不揣其本而末是求”（郑观应《盛世危言》附邓华熙奏折），这样学西方当然是学不好的。严复批评中西折衷的“中体西用”论就如同“牛体马用”一样可笑，是对这种形而上学观点的辛辣讽刺。

李泽厚提出的“西体中用”论，在思维结构上和“中体西用”论并无二致，都没有超出中西对立、体用二元的思维模式。不过他在体用概念的涵义上提出了一种新的见解，那就是他一反传统文化体用观以“治心”的内学为体、以“治事”的外学为用，或谓以精神文明为体、以物质文明为用的观点，而提出“体”首先应该是社会存在的本体，人类存在的本体，应以物质文明为基础。他说：“我认为，体是社会存在的本体，即生产方式、生活方式。”但是，他所讲的“体”，除了社会存在的本体之外，还包括本体意识，如科技思想、意识形态（包括马克思主义），即被称之为“学”或“文化”的那些东西。这里又把社会存在和社会意识混淆在一起。他说：“中体西用的最大错误就在于认为科技是用而不是体，其实科技恰恰是体，因为科技理论是与社会存在，与生产力、生产方式联系在一起的。”[①] 在用词上，这里同样有把“科技”（作为客观存在的生产力）和“科技理论”（他所谓的“本体意识”）混淆在一起的问题。我们注意到，40多年前，冯友兰先生在《新事论》中早已提出过与李泽厚类似的观点。他说：“从学术底观点说，纯粹科学等是体，实用科学、技艺等是用。但自社会改革之观点说，则用机器、兴实业等是体，社会之别方面底改革是用。”[②] 40年后，冯先生在《三松堂自序》中为《新事论》作了一个重要的辩护，就是强调指出：“我认为，在一个社会类

① 李泽厚：《论西体中用》，《团结报》1986年9月27日。

② 冯友兰：《新事论》，商务印书馆1942年版，第50—51页。

型中，生产力等经济基础是体，政治、文化等上层建筑是用。”① 他只讲“用机器、兴实业”是体，而不认为“科技思想”“科技理论”也是体，明确指出政治、文化等上层建筑和意识形态的东西只能是用。这种“唯物史观”看来比李泽厚要彻底和明晰得多。冯友兰和李泽厚的这种体用观，正是曾经被贺麟批评为“陷于唯物论”的“体用颠倒说”②，即以形而下之器为体，以形而上之道为用，它可以说是对哲学史上崔憬、王夫之、谭嗣同等人的“器体道用”说的复归。但是，这种体用观不是就文化自身的内部关系而言，而是讲的文化及其存在的基础，或文化及其所反映的社会存在的关系。

以上，我们就“中体西用”和“西体中用”之争中的“中”“西”和“体”“用”这两对范畴的涵义作了一番考察。概念、范畴的涵义不同，我们就很难在这些形式上对立的学说之间进行比较。然而重要的并不是简单的优劣对比，而是需要对这些不同学说产生的背景及其理论实质有清楚的认识。

人们通常把“中体西用”归于张之洞的名下，认为它是旨在对抗资产阶级改良主义运动的洋务派的理论。这种看法虽有一定道理，但是很不全面。张之洞在1898年写成《劝学篇》，“外篇言采西学，内篇言宗经典”，在论证和宣传中体西用思想方面确实有较大影响。但是，全书没有一处揭出“中学为体，西学为用”八个大字，而只有旨同辞异的“旧学为体，新学为用”之类的提法。其实，中体西用的思想，并不是张之洞最先提出来的；最早总结、概括出“中学为体，西学为用”这个完整观念的人，也不是张之洞。这种思想早在鸦片战争时期就已有萌芽，林则徐、魏源等人“师夷制夷”的目的显然是保卫中国封建制度之“体”。1861年，冯桂芬在《校邠庐抗议》中提出“以中国之伦常名教为原本，辅以诸国富强之术”的主张，可以说是

① 冯友兰：《三松堂自序》，生活·读书·新知三联书店1984年版，第261页。
② 贺麟：《文化的体与用》，《文化与人生》，商务印书馆1947年版，第34页。

最早明确表述的中体西用思想。此后，早期改良派的代表人物王韬、薛福成、郑观应等人都相继提出了类似的思想主张。例如，王韬说："形而上者中国也，以道胜；形而下者西人也，以器胜。"（《弢园尺牍》卷四）"器则取诸西国，道则备自当躬。盖万世不变者，孔子之道也。"（《弢园文录外编》卷十一）薛福成说："今诚取西人器数之学，以卫吾尧舜禹汤文武周孔之道。"（《筹洋刍议·变法》）郑观应也说："道为本，器为末；器可变，道不可变。庶知所变者，富强之权术而非孔孟之常经也。"（《危言新编·凡例》）他们的这种思想，特别是器可变而孔子之道不可变的思想，很快被洋务派接过去，成为他们推行洋务运动的指导思想和理论纲领，李鸿章、曾国藩、张之洞等洋务派的代表人物，无一例外都是中体西用论者。而"中学为体，西学为用"这一后来成为"流行语"的较成熟的表述形式，是在 90 年代中期才见诸有关文献的。1896 年 4 月，沈寿康在《万国公报》上发表的《匡时策》中说："夫中西学问，本自互有得失，为华人计，宜以中学为体，西学为用。"同年 8 月，孙家鼐也有相同的提法（见《议复开办京师大学堂折》）。这是在张之洞的《劝学篇》问世之前两年的事情。

"中体西用"作为整个 19 世纪后半期的时代思潮，不只是洋务派，当时的各派知识分子，凡是讲西学、谈时务的人，差不多都赞成此论或受到它的影响。资产阶级改良派中除了严复、谭嗣同等少数人有明确批判"中体西用"的言论之外，大多数亦曾附和此论。例如，康有为就曾主张"以孔学佛学宋明理学为体，以史学西学为用"（《梁启超传》）；梁启超在他参与起草的《京师大学堂章程》中，也明明白白地写着："夫中学体也，西学用也，二者相需，缺一不可。"这些资产阶级改良派的头面人物亦不能脱出"中体西用"思想之窠臼，"举国以为至言"——当时的情况确实如此。

那么，怎样评价"中体西用"论的实质和它所起的历史作用呢？应该看到，19 世纪下半叶是中国被迫打破闭关锁国的局面而开始走向世界的重要时期，也是中国从古代（中世纪）走向近代的重要历史转折时期，在古今、中西文化的激烈冲突中，“中体西用”作为一个防御性的口号，它从总体上说是保守的，是阻碍中国走向世界、走向近代这一历史进程的。在民族危机深重的情势下，它在心理上反而表现出过分夸张的民族优越感，其所要固守的“中体”，就是力图保持中国几千年来的“纲纪法度”“伦常名教”于不变；而它所采取的折衷主义的形式，不过是为了以新卫旧、以西补中，实际上是以消极的态度来适应世界历史变化的潮流。所以，“中体西用”可以说是一个典型的文化保守主义的口号。但是，作为半个多世纪里各派知识分子普遍接受的口号，我们对它被赋予的不同内容，所强调和侧重的不同方面，以及实际上起的不同历史作用，又必须作具体分析。

一般说来，在封建主义旧文化弥漫着整个中国、民族意识在愚昧落后和妄自尊大的恶性循环中自我沉醉之时，早期改良派提出要以西学来补充中学，要求引进和容纳若干资本主义的新文化，这无疑是给“大一统”的僵化的封建文化打开一个缺口，为西学在中国的传播和发展争得了一定的合法地位，在当时确实起了“开风气”的进步的社会作用。正是在这个意义上，可以说，“中体西用”是中国近代向西方学习的第一种可能的形式，或者说第一个阶段，也是中西文化交流融合的第一种形式或第一个阶段。因为在当时离开“中学为体”的前提来讲引进西学是根本不可设想的。然而，中体西用论的历史进步作用毕竟是有限的。随着历史的发展，特别是随着西学东渐的步伐加快、人们对西学的认识加深，“中体西用”的保守性质和它自身的矛盾就日益鲜明地暴露出来了。“中体”越来越成为发展“西用”的障碍，而且人们通过“西用”逐渐窥知“西体”，提出了伸民权、设议院、实行“君民共主”等要求，对“中体”构成了严重的威胁。洋务派企图引进西方的“船坚炮利”来加固中国封建制度之“体”，而资产阶级改良派的维新变法主张就是要触动这个“体”，资产阶级革命派更要彻底推翻这个“体”。此时以张之洞为代表的洋务派抱住

“中体西用”论不放，大肆宣传和重新解释、论证，其矛头显然是针对改良派和以后的革命派了。在张之洞看来，“使民权之说倡，愚民必喜，乱民必作，纲纪不行，大乱四起”（张之洞《劝学篇》）。他的《劝学篇》始终以“尊朝廷卫社稷”为第一义，以“保名教”“杜危言”为己任，强调讲西学必须“先以中学固其根底”，否则“其祸更烈于不通西学者矣”。张之洞的“中体西用”论完全成了镇压资产阶级政治改革思想的反革命舆论工具。想当初“中体西用”论刚出台之时，只是在保卫“中体”的前提下要求延纳一点“西用”，封建顽固派就攻击它是“用夷变夏”，是“变我祖法，乱我圣道”的祸根；而在数十年后，当张之洞抛出大肆宣传中体西用论的《劝学篇》时，以慈禧为头子的清朝统治者竟下令广为刊布，颁发各省督抚、学政人手一册，顽固势力的代言人苏舆还把它选进了专以“明教正学”为宗旨的《翼教丛编》，这一事实也能说明半个世纪中“中体西用”论所起历史作用的重大变化。

进入 20 世纪以后，“中体西用”论的保守和反动的本质曾一再受到人们的尖锐批评，但是，中体西用作为在中西文化矛盾冲突中的一种重要的回应方式，又不断有人提倡或改头换面地加以翻新，直到今天也没有断绝薪火。在中国近现代，对待中西文化矛盾冲突的态度，不外乎有以下几种：一是绝对排拒西学的顽固守旧派；一是彻底否定传统的全盘西化派；在这两极中间，则有各种形式的中西折衷、调和、交流、会通派。这里面的情况又非常复杂，有辩证的综合论者，也有形而上学的折衷调和论者。“中体西用”论就是属于后者。它代表了在中西文化冲突中力图保持中国传统文化的本体或主导地位，并以此为基础来会通西学、折衷中西的一种努力，既能满足某些中国人的“爱国的自大”心理，又可免于固陋迂腐、不识时务之讥。这种貌似全面、公正的面孔，显然比绝对排拒西学的封建顽固派具有更大的迷惑作用，所以它能成为足以与西化派抗衡的一个重要流派。本世纪的中体西用派有以下著名代表：（一）“五四”后以梁漱溟为代表的东方文化派。梁漱溟的“三路向”的文化观就是一种新的中体西用论；此外，在“科玄论战”中以“玄学鬼”著称的张君劢等人也表现出了同样的思想倾向。(二) 1935 年，王新命、陶希圣等十教授发表了《中国本位的文化建设宣言》。本位文化论的理论基础就是中体西用论，“说话是全变了，精神还是那位《劝学篇》作者的精神”(胡适语)。(三) 抗日战争时期的新儒家理论，包括冯友兰的“新理学”、贺麟的“新心学”、熊十力的“新唯识论”等。贺麟在《儒家思想的新开展》一文中明确提出“以儒家精神为体，以西洋文化为用”[①] 的口号，集中代表了新儒家的精神方向。(四) 50 年代以后港台现代新儒家学者的理论。他们所谓“返本开新”，所谓“承续儒家内圣之教，开出当代外王之学”就是突出儒家心性之学的本体或本原地位，必须从这一活水源头出发，然后去融会西方新潮，开出科学和民主的“外王”事业来。他们毫不隐讳这是一种中体西用论。上述理论的共同特点是皆依托于民族性，特别是强调必须继承和发扬儒家的伦理主义、道德上修身养性的学说，以此为基础来对世界进步的潮流作出回应。它虽然也有有选择地借鉴西方文化的一面，但其主导方面是保守的，不能积极地促进中国的现代化进程。

“五四”以后，在中西文化关系问题上，还出现了以胡适为代表的彻底否定传统、崇洋媚外的“全盘西化”论，这种理论主要是反对马克思主义，反对中国共产党的领导，反对中国走社会主义道路，而主张完全照搬西方资本主义国家的经济政治制度、科学技术、道德文化，幻想把中国引上资本主义的发展道路。历史早已证明，这条路是走不通的，因为它不适合中国的国情。中国人民选择了历史发展所可能提供的最好的道路，在中国共产党的领导下，取得了新民主主义革命的胜利，接着又建成为一个伟大的社会主义国家。在经过 30 多年的胜利发展亦历经曲折之后，今天有人重新提出，“全盘西化”的主

---

① 贺麟:《儒家思想的新开展》,《文化与人生》，商务印书馆 1947 年版，第 3 页。

张，这是更加错误的和不现实的，无怪乎它受到了绝大多数中国人民的坚决抵制和批评。

80年代“西体中用”论的提出，与“中体西用”论相对立亦区别于“全盘西化”论。坚持此论的李泽厚同志很清楚地意识到他提出的是一种设计中国未来发展道路的理论，其完整的表述是认为“未来的道路应是社会存在的本体（生产方式、上层建筑和日常现实生活）和本体意识（科技思想、意识形态）的现代化（它源自西方，如马克思主义）和中国的实际（包括儒家作为中国文化心理的客观存在这个实际）相结合”[①]。他把这个命题概括为“西体中用”。如前所述，其中“体”“用”的涵义已和传统的用法不同，有点类似“内容和形式”的关系，即内容是西方的、现代化的，而形式是中国的、民族化的。作者提出上述命题，似乎是为了补充和修正“马克思主义的普遍真理和中国革命的具体实际相结合”的提法，因为他讲的“西体”包括马克思主义而不归结为马克思主义。他还这样说过：“有人说以马列为体，这也不对，马列主义是学而不是体。”[②] 这显然与他把“本体意识”也包括在“体”中的一贯提法自相矛盾。在设计未来的发展道路时，“体”的问题当然至关重要，具有根本的决定的意义。笼统地主张以西方的生产方式、生活方式、上层建筑、科技思想、意识形态等等为“体”，而不区别是社会主义的生产方式、上层建筑和意识形态，还是资本主义的生产方式、上层建筑和意识形态；有时讲“西体”包括作为“本体意识”的马克思主义，有时又否定马克思主义是“体”，这种理论至少是混乱的，缺少概念的明确性和前后逻辑一贯性的。中国要建成以近代大工业和现代科技为基础的现代化社会，这是不可逆转的历史发展的必然趋势，问题是“中国化的现代化道路”到底是走社会主义还是走资本主义的发展道路，这才是今日争

---

① 李泽厚：《关于儒学与现代新儒学》，《文汇报》1986年1月28日。

② 李泽厚：《论西体中用》，《团结报》1986年9月27日。

论的焦点。李泽厚没有正面回答这个问题。他讲的源自西方并以“个人竞争，优胜劣败”等特征区别于前后现代化社会的现代化，叫人很容易理解为资本主义的现代化。但是，他也曾作出过这样的概括：“西体者，社会主义现代化是也。而所谓‘中用’，就是怎样结合实际运用于中国，这也就是马克思主义的中国化。”[①] 由此可见，这种理论虽有若干混乱和不明晰之处，但同明确主张走资本主义道路的“全盘西化”论毕竟还是有所区别的。

延续了一百多年的中西文化体用之争，到20世纪80年代不仅是余波未平，而且又掀起了一个新的论战高潮。我们认为，无论“中体西用”还是“西体中用”，都不能正确解决古今、中西文化的关系问题，都不能作为中国社会主义新文化建设的指导方针。许多论者对其作出了各种各样的批评，有的也提出了不少新的建设性的意见。经过讨论，多数人的认识大概可以统一到这样一种看法上来，即在今天，必须抛弃中西对立、体用二元的僵固思维模式，排除盲目的华夏优越感和崇洋媚外等狭隘感情因素，以开放的胸襟，从中国社会主义现代化建设的实际需要出发，批判地借鉴和吸取古今中外一切有价值的文化成果，经过辩证的综合和扬弃，努力创造出一种“以马克思主义为指导的，批判继承历史传统而又充分体现时代精神的，立足本国而又面向世界的”（《中共中央关于社会主义精神文明建设指导方针的决议》）高度发达的社会主义新文化。这就是我们的古今中西文化观。“中体西用”论和“西体中用”论之所以不足取，首先是因为无论“中学”或“西学”都不是一个浑然的整体，其中都包含着复杂的成分和时代、阶级、民族、宗教等方面的极为殊异甚至互相对立的内容，“西学”中既有马克思主义也有与之对立的各种资产阶级的思想学说，而且一般地说，在每一个民族中“都有两种民族文化”[②]。到

---

① 李泽厚：《中国思想史杂谈》，《复旦学报》1985年第5期。

② 《列宁全集》第20卷，人民出版社1958年版，第15页。

底以什么为“体”呢？笼统地说总是说不清楚的。对于任何民族的文化，我们必然是有所吸收亦有所排斥，力图取其精华，弃其糟粕，而绝不可能全盘接收、全盘“拿来”。因此，笼统地讲“中学为体”或“西学为体”都是不科学的。其次，对于“中学”或“西学”，都不能把它们的“体”和“用”割裂开来。“遗其体而求其用”或“取其体而舍其用”都不是文化继承的正确态度，因为“世无无体之用，亦无无用之体，有用而无体，其用只是诈伪；有体而无用，其体必多缺陷”（吴廷栋语）。如果不是将中西文化辩证地融合在一起，无论是把“西用”嫁接在“中体”上，还是把“西体”移植到“中用”上，都很难避免使之变形，搞出一种“不中不西、即中即西”，矛盾混杂、“支绌灭裂”的怪胎来。这种体用二元的思维方式不但比传统体用观还要落后，尤其不适用于今天开放的时代。

我们不赞成笼统地说以“中学”为体或以“西学”为体，但是文化建设事实上还是有一个精神主导或指导思想的问题，批判地继承民族文化遗产和吸取外来文化，也有一个区分精华和糟粕的标准问题。贺麟先生在解放前有过一个提法：“以精神或理性为体，而以古今中外的文化为用。”① 他所说的一般“精神”或“理性”是不存在的，但这里似乎也提出了文化建设要有一个精神主导的问题。中国是一个社会主义国家，中国的社会主义新文化建设只能以马克思主义为指导。因为马克思主义是迄今为止能够对自然界、人类社会和思维发展的一般规律作出正确说明的唯一科学的世界观，它是在近代大工业基础上产生出来的革命理论和建设理论，也是中国革命取得胜利和保证今后建设的社会主义方向的思想指南。能不能说以马克思主义为指导就是以“西学”为体呢？不能。因为第一，“马克思主义”和“西学”不是同一个概念，“西学”中除了马克思主义之外，还包括许多非马克思主义以至反马克思主义的思想、学说、理论和流派。第二，

---

① 贺麟：《文化的体与用》，《文化与人生》，商务印书馆1947年版，第36页。

马克思主义虽然来源于西方，在一定意义上可以说是“西学”，但它不是某种狭隘的宗派，而是人类文明史上一切优秀成果的继承者；它不是封闭的体系，而是不断发展的科学。中国共产党也以马克思主义和中国革命实践相结合的毛泽东思想，丰富和发展了马克思主义，也可以把毛泽东思想包括到马克思主义的科学内容中去。因此，我们又不能把马克思主义简单地说成就是“西学”。马克思主义是属于全世界的，是人类共同的精神财富。

我们注意到，在我国学术界热烈讨论中西文化体用问题的时候，海外华裔学者傅伟勋先生也提出了“中国本位的中西互为体用论”这一富有创见性的构想。显然，傅先生亦否弃中西对立、体用二元的僵化思维模式，而主张中西文化积极地交流会通，互为体用，经过辩证扬弃而达到现代化的融合。他的“中西互为体用论”的精神主导是“为了批判地继承并创造地发展中国思想与文化着想”的“中国本位”立场。傅先生不赞成马列主义，但作为海外学者，能以为中国思想与文化继往开来着想的爱国主义作为精神主导，来解决中西文化交流会通的时代课题，我认为是值得称道和赞赏的。

（本文写于1986年12月，改定于1987年4月，是作者提交1987年7月在美国圣地亚哥召开的国际中国哲学会第五届年会的报告论文。原载《哲学研究》1987年第9期）

在国际中国哲学会第五届大会的发言提纲

去年秋天，我向本届大会主持者提出的报告论文题目是《评“中体西用”论》。因为，回顾一个半世纪以来中国走向近代和现代化的过程，大家都痛感它是那样地步履维艰，我认为其中有一个起了很坏作用的心理包袱，那就是“中体西用”。我们应该下大力量来破除它。在批判“中体西用”思想的过程中，有人又提出了“西体中用”论。现在人们对它议论甚多。我讲这个题目，似乎已不能置后者于不顾，所以索性将论文题目改为《评“中体西用”和“西体中用”》。这是首先要交代的一点。

关于“中体西用”，我提出下述观点：

一、人们通常把“中体西用”归于张之洞的名下，其实他并不是张之洞最先提出来的，也不是张之洞的独家思想，而是19世纪下半叶各派知识分子的共同主张，在当时是带有时代特征的一种普遍的社会思潮。不过各派讲中体西用的内容不尽相同，所强调和侧重的方面不同，因而所起的历史作用也大不一样。早期改良派提倡“中体西用”，起了为引进西学开辟道路的作用；而在洋务派代表人物张之洞那里，中体西用完全变成一种反对资产阶级政治改革的反动理论。

二、“中体西用”是一个典型的文化保守主义的口号。在外国侵略者用鸦片和大炮敲开中国的大门，中国被迫从闭关锁国走向开放的世界、从中世纪走向近代的重要历史转折时期，在古今、中西文化的激烈冲突中，“中体西用”作为一个防御性的口号，从总体上说是保守的，是不利于中国走向世界、走向近代这一历史进程的，因为它主要表现为对过去、对封建传统文化的一种肯定和留恋。在民族危机深重的情势下，它反而表现出过分夸张的民族优越感，这也不是一种积极的健康的心态。

三、“中体西用”作为在中西文化矛盾冲突中的一种重要的回应方式，它的存在具有必然性和普遍性。“中体西用”论在本世纪曾不断受到尖锐批评，但又不断有人提倡和翻新。我认为，现代新儒家就是本世纪“中体西用”论的主要代表。从20年代梁漱溟“三路向”的文化观，到40年代贺麟明确提出“以儒家精神为体，以西洋文化为用”① 的口号，到60年代港台现代新儒家学者所谓的“由内圣（儒家心性之学）开出新外王（民主、科学）”，以至到80年代的“儒学第三期发展”，其基本精神都是“中体西用”。现代新儒家学者中有不少大学问家、大思想家，我们应充分肯定其学术建树，但不赞成他们“中体西用”的基本态度。

四、“中体西用”思想也是中国今日改革、开放之大敌，批判“中体西用”有重要的现实意义。

关于“西体中用”论，我有以下几点看法：

一、在思维结构上，它和“中体西用”论并无二致，都没有超出中西对立、体用二元的思维模式。这种思维模式，严复曾讥之为“牛体马用”，它的特点是割裂了中学、西学之体和用的统一。

二、它对体用范畴作了重新解释，与过去是在文化自身中区分体用、内外之学的传统观点不同，李泽厚提出的所谓“人类学本体论”，其实是讲的文化及其存在的基础，或文化及其所反映的社会存在的关系。过去讲的体用内外之学，是同哲学上以体为本质、以用为现象的观点相联系的；李泽厚的体用观，则是同传统哲学中唯物主义的“器体道用”说相联系。你讲你的，我讲我的，体用的涵义不同，形式上

---

① 贺麟：《儒家思想的新开展》，《文化与人生》，商务印书馆1947年版，第3页。

对立的两个命题并没有实质内容上的针对性。这种状况是由于中国哲学范畴多义性的特点造成的。

三、李泽厚讲的“体”，既包括社会存在的本体，又包括所谓本体意识，把社会存在和社会意识都收在这个大口袋中，意义很不明确。他有时说马列主义属于本体意识，包括在“西体”中，有时又说马列主义是学而不是体。这显然是自相矛盾的。他的理论缺乏概念的明确性和前后逻辑的一致性。

四、“西体中用”论总的精神是要破除“中国文化本位论”、“中学核心”论，主张从社会存在到社会意识，要全面了解、介绍、输入、引进“西学”，在这个意义上可以说是属于西化派。但它又强调，现代化“西学”必须和中国实际相结合，创造性地运用于中国，这和“全盘西化”论又是有区别的。

中西体用之争所要回答的是中国社会和中国文化的出路问题，意义十分重大。本人认为，无论“中体西用”还是“西体中用”，都不能正确解决古今、中西文化关系问题，都不能作为今天中国社会主义新文化建设的指导方针。必须抛弃中西对立、体用二元的僵固思维模式，排除盲目的华夏优越感和崇洋媚外等狭隘感情因素，以开放的胸襟，从中国社会主义现代化建设的实际需要出发，批判地借鉴和吸收古今中外一切有价值的文化成果，经过辩证的综合和扬弃，努力创造出一种“以马克思主义为指导的，批判继承历史传统而又充分体现时代精神的，立足本国而又面向世界的”高度发达的社会主义新文化。

1987 年 7 月

（原载方克立《现代新儒学与中国现代化》，天津人民出版社 1997 年版，第 478—481 页）

大力宣传我们的文化主张——“综合创新”论

——《中国文化与文化论争》读后

读完张岱年先生和已故中年学者程宜山同志合著的《中国文化与文化论争》（中国人民大学出版社1990年版）一书，掩卷细思，深感在80年代文化论争的各种观点中，自己最能心契和赞同的还是两位作者所着力阐述的“综合创造”或“综合创新”之义。尽管前些年有的论者只看到“新启蒙”“彻底重建”“西体中用”“儒学复兴”等说热闹一时，而对“综合创新”论视而不见或毫无热情，但事实上这派观点在文化讨论中是始终占主导地位的，也是最有群众基础的。因为它既坚持了马克思主义的文化观，又最符合中国的国情，适应了建设有中国特色的社会主义文化的需要。在文化讨论中，国内的多数论者实际上都是站在“古为今用，洋为中用，批判继承，综合创新”[①] 的马克思主义文化旗帜下，在不同程度上抵制和批评了各种错误的或偏颇的文化思潮，形成为当代中国文化发展的主流派。张岱年先生可以说是这派观点的一个代表。

张先生在文化讨论中发表了许多文章和讲话，其中部分已结集为《文化与哲学》（教育科学出版社1988年版）一书出版。由他指导程宜山同志执笔写成的《中国文化与文化论争》一书，更加系统而详细

---

① 关东：《现代新儒学研究的回顾与展望——访方克立教授》，《哲学研究》1990年第3期。

地论述了张先生关于文化问题的一些基本观点。两书可视为姊妹篇。如果联系张先生在20世纪30年代发表的《世界文化与中国文化》等文章，我们就会发现，张先生关于文化问题的一些基本观点是一贯的，他早年就运用唯物辩证法来分析文化问题，80年代更加自觉地坚持马克思主义的文化观，努力地探索着中国社会主义新文化发展的道路。这种终身信奉马列、老而弥坚的精神，是很值得我们后辈学者学习的。

在《文化与哲学》一书的“自序”中，张先生说：“我对于文化问题深感兴趣。三十年代曾经参加当时关于文化问题的讨论。我反对东方文化优越论，也反对全盘西化论，主张兼取中西文化之长而创造新的中国文化。我这种主张可以称为‘综合创新论’。”[①] 半个世纪后，经过对中国传统文化的更加深入而具体的分析，以及对中国近现代文化论争特别是本世纪两次大的文化论争的用心总结和反思，他更加坚定地认为：无论是国粹主义还是“全盘西化”，也无论是“中体西用”还是“西体中用”，在中国都行不通，只有辩证的综合创新，才是伟大中华文明复兴的必由之路。张先生在20世纪80年代发表的许多文章，都一再阐述了这个基本观点，《中国文化与文化论争》更可以说是一部系统地阐明“综合创新”论的文化学论著。

该书共12章。其中用八章篇幅具体分析了中国文化的基本精神，中西文化的基本差异，中国传统文化的体系结构，中国传统哲学、科学、艺术所取得的重要成就，以及中国传统文化的消极因素和严重缺陷；又用三章篇幅评述了16世纪以来的历次文化论争及其各种最具代表性的观点，最后提出了自己的文化主张——综合创新论。作为中国新文化建设的指导方针，这一理论的内容是十分丰富的，其要点是：必须抛弃中西对立、体用二元的僵固思维模式，排除盲目的华夏中心论和欧洲中心论的干扰，在马克思主义普遍真理的指导下和社会

① 张岱年：《文化与哲学》，教育科学出版社1988年版，“自序”第1页。

主义原则的基础上，以开放的胸襟、兼容的态度，对古今中外的文化系统的组成因素和结构形式进行科学的分析和审慎的筛选，根据中国社会主义现代化建设的需要，发扬民族的主体意识，经过辩证的综合，创造出一种既有民族特色又充分体现时代精神的高度发达的社会主义新中国文化。这些论述和江泽民同志今年“七一”讲话中对“有中国特色的社会主义的文化”的精辟概括，在内容和精神上是完全一致的。

在对待古今中西文化问题上，综合创新论之所以比各种偏颇或折衷的文化理论高明，是由于它始终贯彻了唯物辩证法的方法论原则。综观16世纪以来的各种文化主张，大体不出四种类型：一是国粹主义；二是全盘西化；三是在这两个极端之间折衷调和；四是主张发扬民族主体精神，综合中西文化之长，创造新的中国文化。这四种类型的主张中，前三种在方法论上都是形而上学的，固执中西对立、体用二元的思维模式，各走极端，或者折衷调和；唯有第四种辩证的综合论是正确的。作者遗憾地指出：“历来的论者，往往只注意前三种，而无视第四种，甚而至于把第四种与第三种混为一谈。”[①]这种情况确实存在，在总结80年代的文化论争时也存在着只见前三种类型的文化主张而漠视“综合创新”论的情况。应该说这是很不正常的。事实上，从明末开始中西文化交流以来，就有人主张以开放的胸襟，走会通中西即综合中西文化之长的道路，如徐光启等人提出的“会通以求超胜”论。20世纪30、40年代，中国共产党人和党外的马克思主义者（如鲁迅等人）提出“民族的科学的大众的文化”[②]的主张，也包含着发扬民族主体精神，“大量吸收外国的进步文化”，批判地继承古

① 张岱年、程宜山：《中国文化与文化论争》，中国人民大学出版社1990年版，第306页。

② 毛泽东：《新民主主义论》，《毛泽东选集》第2卷，人民出版社1991年版，第706页。

代文化，“剔除其封建性的糟粕，吸收其民主性的精华”[①] 等内容。综合创新论正是在总结正反两方面历史经验的基础上，继承和发展了上述方向正确的文化理论，特别是其中所体现的辩证法精神，在社会主义现代化建设的新时期指出了一条中国文化发展的道路。

该书深刻地指出，辩证的综合创新之所以可能，其根据有二：一是文化系统的可解析性和可重构性，二是文化要素之间的可离性和可相容性。文化系统的新陈代谢，固然要靠文化要素的增减损益，但根本的改造途径在于旧系统结构的解构和新系统结构的重构。一个文化系统所包含的诸文化因素，有些是不能脱离原系统而独立存在的，有些则可以离异，经过改造而容纳到别的文化系统中去。同一文化系统或不同文化系统所包含的文化要素之间，有些是不相容的，有些则是可以相容的，就可以互相吸收、互相融摄，也有可能综合成为一个新的文化系统。在今天，中国传统文化的旧系统结构已经解体，融合了多种文化要素的、以“科学、民主、社会主义”为特征的中国新文化已略具雏形，在这种条件下，经过慎重考虑、认真挑选的古今中外不同的文化系统所包含的多种有价值的文化要素，按照现代化建设的需要，综合成为一个社会主义现代化的新中国文化系统，是完全可能的。该书还阐述了综合与创造、继往与创新之间的辩证关系，指出文化的发展离不开创新，但创新必须以前人已经取得的成果为基础。综合前人的文化成果，本身就有所创造，有所创新。创造性的综合和综合中的创造、创新是分不开的。在马克思主义普遍原理指导下、在社会主义原则基础上实现古今中外多项有价值的文化要素的辩证综合，本身就是一项伟大的创造性工作，这一新的综合的成果——具有中国特色的社会主义现代文化，也是一个前无古人的伟大创举。这些论述都包含着辩证法的智慧，在理论上不是武断和简单化的，它使人们从

① 毛泽东：《新民主主义论》，《毛泽东选集》第2卷，人民出版社1991年版，第706、707页。

综合创新中确实看到了中华民族文化复兴和“超胜”的光明前途。

在现今出版的诸多文化学论著中，我很看重这本书，故写此短文向读者推荐。我认为它的价值主要在于正确地阐明和大力宣传了马克思主义的文化“综合创新”论。

（本文写于1991年12月，曾节要刊载于《光明日报》1992年1月27日，这里是原稿）

“文化中国”概念小议

我们今天来研究探讨闽台文化，显然具有促进海峡两岸文化交流的现实意义。海峡两岸的文化交流，不仅是闽台文化、地域文化研究的问题，而是涉及整个中华文化，即我们讲的炎黄文化的过去、现在和未来发展的重大历史课题。闽台文化作为中华文化的一个组成部分，在海峡两岸的文化交流和祖国统一大业中起着一种特殊的作用，它可以为此作出重要的贡献。从这个角度看，闽台文化研究显然不只是一种地域文化研究，而是有着更加重要的历史意义和现实政治意义。

本文仅就“文化中国”这个概念作一探讨。

“文化中国”这个概念，首先是由一些热爱中国文化、关心祖国统一的海外华裔知识分子提出来的，近年来在台湾学术文化界得到了比较热烈的响应和认同，在主张中国统一的那些知识分子中，还以此作为他们同“台独”势力斗争的一个重要口号。可是，它在大陆学术界却没有引起多大反响。这可能是由于中国大陆的传播媒介还没怎么提到这个概念的缘故。我想，凡是有利于民族团结、祖国统一的思想、学说、口号，不管是大陆学者提出来的，还是港台、海外学者提出来的，我们都应该支持，大力宣传，使之深入人心。海峡两岸的文化认同是促进两岸政治统一的重要条件，我们应该为此多做实际工作，为祖国统一大造舆论。

我没有考证过“文化中国”这个概念到底是谁最先提出来的。80

年代初，马来西亚一群华侨青年创办《青年中国》杂志，曾经出过一期“文化中国”专号。这是较早地使用这个概念，但不知他们是否还另有所据？1987 年，台湾《文星》杂志也出过“文化中国”专号，不过此时这个概念已在港台报刊上经常出现了。我所接触的学者中，美国天普大学教授傅伟勋对此宣传、鼓吹最力，他在台湾出版了一本书，书名就叫《“文化中国”与中国文化》（东大图书公司1988 年版），力图用“文化中国”的理念来推动海峡两岸的学术文化交流。这个愿望应该说是很好的。

“文化中国”是与政治中国相对而言的。提出这个概念的背景，乃是针对中国目前在政治领域上还是分裂的这个现实，强调海峡两岸以至全世界各地区的中国人，在文化根源上是共同的。不论走到哪里，中国人之所以为中国人，不在于他们的黑头发、黑眼睛和黄皮肤，而在于他们都有着长期积淀形成的共同的文化心态，或谓民族文化心理结构。在世界现代化的过程中，一方面发展了“全球意识”，另一方面又出现了所谓“寻根热”。全世界各地区的华人寻根，都寻到古老的中华文化这个“根”上来。从文化的意义来说，中国不是分裂的，而是统一的，因为中华文化是统一的。从历史的眼光来看，中国在政治领域上的分裂只能是暂时的，而统一的中华文化是在历史中长久存在的，因此，“文化中国”这个概念也具有长久的甚至永恒的意义。历史事实也确实是这样的，中国历史上有过多次政治领域上分裂的时期，但是中国在文化上始终是统一的，这种文化上的统一是促成中国政治统一的一个重要因素。这种历史的经验，对于今天中国的现实至少是具有启迪和借鉴意义的。

提出“文化中国”这个概念，力图通过海峡两岸以至全世界华人文化上的交流和认同，来增强民族凝聚力，促进祖国和平统一的大业，这个动机和愿望是很好的，应该予以充分肯定。我个人是很赞成、很欣赏“文化中国”这个提法的。虽然是海外学者提出来的，响应者也可能赋予它种种不同的意涵，但是我们只要把握住它最基本的精神是强调中国文化始终是统一的，并力图用统一的中华文化来促进中国在政治领域上的统一，那么我们就没有理由不接受甚至排斥、反对这个提法。就像“民主”“自由”“人权”等等口号并不只是某些人的专利一样，我们完全可以接受“文化中国”的提法，把它作为在文化上搞广泛的统一战线的一个口号，而不必附加给它别的理论和政治意义。例如有人提出，讲“文化中国”是不是否定了文化的阶级性，违背了列宁关于“两种文化”的理论呀；又有人提出，“文化中国”是不是人家搞文化渗透、文化上搞和平演变的一个口号呀！随意引申、附加给它这样或那样的政治意义，我觉得是不必要的，我们不要做这种拒人于千里之外的蠢事。我们一讲文化上的统一战线，台湾方面可能又很敏感，因为他们最反感中共搞“统战”。这些都是在名词上做文章，而不是首先把握它的精神实质。给它附加上这样或那样的意义，往往就违背了提出者的初衷，一个本来很好的意思、口号，又可能被视为畏途，它原本希望达到的促进海峡两岸文化交流、促进全世界华人文化认同、促进祖国统一的目的，就可能根本不能达到。我们的心量要宽阔一些，欢迎一切有利于祖国统一、有利于增强中华民族凝聚力的思想和口号，求大同存小异，用实际步骤推动两岸的交流和统一。

在今天的世界上，存在着几个华人社会，中国大陆是最大的华人社会，也可以说是华人社会的母体。台湾是中国的一个省，政治制度和大陆不同，但也是一个典型的华人社会。香港近百年来处于殖民统治下，体制、法规、文化观念游离中国传统文化最远，但它的主体是由华人组成的，在民众的心理积淀的潜层与中华文化也是分隔不开的。此外，在世界各大洲，各国各地区，都多少数量不等地存在着华人社会。人口比例最大的像新加坡，三分之二的居民是华人，东南亚各国华人的数量都不少。远在欧美、澳洲、非洲、拉丁美洲，都有华人，不少世界名城都有“唐人街”。现在美国和其他发达国家的高等学府里，都有不少华人留学生，分别来自中国大陆、台湾、香港以及新加坡、马来西亚等地。在街上打招呼的，普通话、上海话、广东话都有，你处处可以感觉到华人社会的存在。

以上所说的几个华人社会，人口、地幅、政治体制、社会经济发展程度存在着很大差异，有许多不可比的因素，但它们有一点是共同的，就是都是由华人组成的社会，他们有共同的语言、文化、道德、习俗、传统信仰，以至共同的或相近的思维方式和价值观念。也就是说，他们有共同的文化心理结构。这是比社会政治制度更深层的东西。这种文化上的认同感是华人社会的一种极大的凝聚力。不论走到哪里，只要是炎黄子孙，都有这颗“中国心”。我们从这个意义来了解“文化中国”概念，就确实感到它不是一个虚构的概念，不是一种抽象的统一性，而是有一个非常真实具体的文化共同体，存在于海峡两岸和世界各国各地区的华人中间。它在观念形态上的反映，就是“文化中国”。今天讲“统一中国”有什么理据？海峡两岸的中国人共同创造并拥有同一个文化传统就是最重要的理据。

相对于中国现实政治上分裂的局面而言，“文化中国”又是属于理想层面的东西。理想要变为现实（实现中国统一），需要人们付出艰巨的努力，道路可能是相当漫长曲折的。海峡两岸分割 40 多年，各方面的差距越来越大。“三通”的愿望至今未能实现。两岸人民的交往，首先从开放探亲、旅游开始，学术文化上的交流虽然不是对等地完全无限制地进行，但是两岸学者今天终于可以坐在一起来讨论问题了，这在几年前还是不可想象的事情。我们希望两岸今后能进一步地开放，解除学术出版物之禁令，允许学者互访、讲学和出席学术会议，文艺、体育交流更能加强两岸人民思想感情之沟通。这些实际步骤可以借助于“文化中国”的理念，对于未来中国的统一来说，它们所发生的效应将是不可估量的。

文化交流和文化认同对于促进中国政治统一可以起到重要作用，大概谁也不会否认，另一方面我们也不能过分夸大这种作用，因为文化归根到底还是政治经济的反映，后者才是对中国统一最终起决定作用的东西。“文化”概念的外延很宽泛，它的深层以至沉淀于潜层的东西，相对来说比较不易改变，对华人社会来说也有较大的稳定性和普遍性。然而，政治制度和意识形态的差异和分歧，往往更直接地作用于现实，讲统一中国首先就碰到了以什么思想原则为指导来统一的问题。台湾国民党一直讲“三民主义统一中国”，在今天显然不具有现实性；我们没有提“社会主义统一中国”，而是讲“一国两制”，这就比较现实，也符合历史发展的辩证过程。台湾有人还提出“用中国文化统一中国”的口号，根本回避了三民主义和马列主义、资本主义和社会主义的问题。这个口号显得过于空泛，因为“中国文化”所指涉的范围甚广，既包括古代传统文化，也包括近现代文化，以至把三民主义和中国化的马克思主义（毛泽东思想）都包括在内。这样空泛的提法怎能把政治领域上分裂的中国统一起来？提出这个口号的人，旨在强调中国传统文化对海峡两岸中国人的凝聚作用，有人还借此宣传“复兴儒学”的主张，所谓“用中国文化统一中国”就变成了直接鼓吹用儒家思想来统一中国，你三民主义、马列主义都不要讲了，大家统一到孔夫子那里去。本世纪初先进的中国人提出“打倒孔家店”的口号，到世纪末人们又重新拜倒在孔夫子的膝下，历史可能会走这样的带有讽刺意味的行程吗？显然是不可能的。用儒家思想统一中国根本是不现实的。未来中国文化的发展，也不可能是什么儒学复兴，而是要立足于现代，放眼世界，批判地继承古今中外一切优秀的文化成果，进行综合创新，创造适应于世界现代历史进程的中华新文化。这里面当然也包含了儒家思想的合理内容，要给儒学以一定的历史地位，但它绝不可能再有中国历史上那样的独尊地位和新儒家所期望的主导地位。

“儒家思想统一中国”是不现实的，“用中国文化统一中国”的口号又过于空泛。“文化中国”的理念可以在祖国统一的大业中起到一定的促进作用，但是也不能过分夸大这种作用。中国统一不能回避政治经济制度问题，在目前“一国两制”的构想应该说是最现实的，也是最有远见的，是考虑到全民族的根本利益和长远利益的最佳选择，我们希望它能够早日实现。

“一国两制”和“文化中国”两个提法是相容的，而不是互相冲突、不相容的。因为“文化中国”这个概念比较宽泛，包括世界上所有的华人社会。当今世界上主要有两种社会制度，一个是资本主义，一个是社会主义，在“文化中国”概念中，是都可以涵括进去的，“文化中国”概念就包含着承认“一国两制”的意思。“一国两制”的“一国”是指领土、版图上统一的中国，“文化中国”概念实际上范围更大，它还包括中国以外的华人社会，这些华人社会所在国家的社会制度也是多种多样的，但并不妨碍那里的华人都认同中华文化。

“文化中国”概念反映了海峡两岸和全世界华人盼望祖国统一、振兴中华的强烈愿望，我们应予以肯定，并给它以科学的界定，发挥文化认同对于祖国统一的积极促进作用。这次闽台文化研讨会就是一个很好的开端。希望这样的学术会议今后在两岸多召开。

（本文是作者1992年2月19日在厦门召开的闽台文化学术讨论会上的发言。原载福建省炎黄文化研究会编《同祖同根 源远流长——闽台文化纵横论》，海峡文艺出版社1993年版，第431—436页）

批判继承　综合创新

中国近现代文化论争的主题，一直是古今中西问题，也就是传统文化和现代化的关系，以及中国文化（或东方文化）和西方文化的关系问题。古今问题和中西问题是有区别的，但是也有密切联系，在近现代文化讨论中二者难以截然分开。有一种“中西之分即古今之异”的观点，又把二者的密切联系视为等同，混淆了文化的民族性和时代性，显然也是不恰当的。

近代以来，对待古今中西文化的关系问题，各派观点纷纭繁杂，但大体上可以归纳为几种类型。有两种比较极端的观点：一是国粹主义，固执华夏文化优越论，对西方文化采取排斥态度，有明显的保守、复古倾向；二是全盘西化论，全盘否定中国传统文化，“尽弃自家无尽藏”，表现为民族虚无主义、文化投降主义。在这两个极端之间，有各种各样的折衷调和派，折衷派的思维方式是形而上学的，就是他们都固执中西对立、体用二元思维方式，不是中体西用就是西体中用，最后不是归于保守派，就是倒向西化派。完全排斥西学的国粹派的主张很难被现代中国人所接受，因此中体西用就成为中国现代文化保守主义的主要理论表现形态。西体中用的主张，虽然有别于全盘西化论，但其实质是主张从生产方式、生活方式到上层建筑、意识形态，要全方位地西方化，只不过还要保留一点中国的民族形式而已。这是一种比较温和的、带有折衷色彩的西化派观点。

与上述几种文化主张不同，近代以来，或者更远地可以追溯到16

世纪末叶开始有中西文化的直接交流以来，就有一些具有很强的民族主体意识，眼界又比较开阔，或者说具有一定的世界眼光的中国人，主张在发扬民族主体精神的基础上，综合中西文化之长，创造出新的中国文化。这种会通中西、综合创新的主张，在方法上不是折衷调和，而是在对古今中西文化进行科学分析、自主选择的基础上进行辩证的综合，创造出一种更高形态的新文化。历史已经证明，这种综合创新的文化主张，明显地优于极端的西化派和国粹派，也优于折衷主义的中体西用派和西体中用派，因为它不仅已经超越华夏中心论和欧洲中心论的偏见，而且也在一定程度上超越了中西对立、体用二元的形而上学思维方式，是中国近代以来最正确的一种文化主张，也表现出了最健全的文化心态。可是很遗憾，我们对这种文化主张总结、研究、宣传得很不够。在 20 世纪 80 年代的文化讨论中，一提到“全盘西化”“彻底重建”“儒学复兴”“西体中用”等论，可以说是尽人皆知，名声大得很；而很少人知道和称扬综合创新派，一说到“批判继承”，甚至被一些人看作是老生常谈，没有新意，“套语”而已。我认为这种情况是不正常的。其实中国的老中青学者，多数都是赞成批判继承、综合创新的文化观点的；有的海外华裔学者提出了“批判的继承”“创造的发展”“创造的转化”等文化主张，实际上都是受到中国学术界的影响，是在一定意义上认同这种正确的文化观点。外来的和尚好念经，我们自己的原版经典反而不受重视，这就是不正常。我认为有必要对综合创新派的文化理论进行比较深入的总结和研究，大力加以宣传，让这种正确的文化观深入人心，有力地推动中国的新文化建设。

在这方面，我们尊敬的前辈学者张岱年先生做了许多工作。他不仅在 20 世纪 30 年代就提出了“创造的综合”的主张，既反对东方文化优越论，也反对全盘西化论，主张兼取中西文化之长而创造新的中国文化，而且在 80 年代的文化讨论中，结合新的时代特点和需要，发表了许多文章、讲话和论著，大力阐扬综合创新之义，积极宣传这种正确的文化主张。张岱年先生是本世纪力主综合创新论的一个重要代表人物。综合创新论是经过现代人总结和概括地表述出来的。我们可以用“古为今用，洋为中用，批判继承，综合创新”[①] 四句话简要地表述这种文化观的基本内容，这就是我们对古今中西问题的比较全面的完整的回答。显然，它与国粹派、全盘西化派、中体西用派、西体中用派的观点都不同，与这些偏颇的文化观点鲜明地对立了起来。但是，这种文化主张和文化态度并不是今天才有的，而是一部分先进的中国知识分子，早已自觉不自觉地意识到，曾用不同的语言方式表达出来，并且积极地探索实践着的一个正确的文化方向。它已在历史的实践中产生了一定的积极效果，在理论上不断发展深化，发展到今天，理应能够达到一个比较成熟的认识形态。

下面我们来简单地回顾一下历史：

早在16世纪末叶，徐光启就向明崇祯皇帝提出了“欲求超胜，必须会通”（《历书总目表》）的主张。20世纪初，孙中山、蔡元培等人都是中西文化兼收并容论者，王国维还提出了中西二学“化合”之说，他们都具有开放的文化视野和比较健康的文化心态。经过“五四”新文化运动的洗礼，中国早期马克思主义者也提出了中西文化沟通互补的思想。毛泽东提出一种对待文化问题的“全面的历史的方法”，叫作“古今中外法”。古今中外法“就是弄清楚所研究的问题发生的一定的时间和一定的空间，把问题当作一定历史条件下的历史过程去研究”[②]，这是文化研究中的一种辩证方法。毛泽东的老师、老教育家徐特立曾经通俗地讲解毛泽东的这一辩证法的文化观，他说：“毛泽东同志提出的古今中外法，就是说我们古代的也要，现代的也要，外国的也要，中国的也要。把古代的变为自己的，和现代的

① 关东：《现代新儒学研究的回顾与展望——访方克立教授》，《哲学研究》1990年第3期。

② 《毛泽东文集》第2卷，人民出版社1993年版，第400页。

结合起来；把外国的变为自己的，和中国的结合起来。”“古今中外法，把古今结合，中外结合，变为我的。象吃牛肉也好，吃狗肉也好，吃下去了，把它变为我的肉，这就对了，绝不是说吃了狗肉，我就变成了狗肉。”[①] 这一解释，形象生动地揭示了古今中外法的辩证综合的本质。

我们在制定自己的文化方针时，一贯强调对古今中外人类文明的一切优秀成果，要采取批判继承、综合创新的态度。比如，1986 年制定的《中共中央关于社会主义精神文明建设指导方针的决议》，就强调我们所要建设的社会主义精神文明，是“以马克思主义为指导的，批判继承历史传统而又充分体现时代精神的、立足本国而又面向世界的，这样一种高度发达的社会主义精神文明”[②]。

中国现当代文化学者，也多次论述过这种辩证综合的文化观。我在这里要提到 20 世纪 30 年代后期提倡“新启蒙运动”的一批学者，其中有我党的著名马克思主义理论家胡绳同志，还有一位张申府（崧年）先生，他就是张岱年先生的长兄。半个世纪后，以张岱年为代表的一批马克思主义学者，再次举起综合创新的文化旗帜，更加自觉地把它和中国的社会主义文化建设方针联系起来，批评历史新时期的各种偏颇的文化主张，在 80 年代的文化讨论中代表了一种最正确的文化方向。在张先生这个时期发表的大量论著中，有一本和他的学生程宜山合著的《中国文化与文化论争》（中国人民大学出版社 1990 年版），可以说是一本全面系统地论述综合创新的文化学专著。

该书提到两点：一是文化系统的可解析性和可重构性，二是文化要素之间的可离性和可相容性。这两点都强调要对具体问题进行具体分析，而不只是提出某种可供套用的抽象公式。这些理论观点能不能

---

① 《徐特立教育文集》，人民教育出版社 1986 年版，第 122、123 页。

② 《中共中央关于社会主义精神文明建设指导方针的决议》，中共中央文献研究室编：《十二大以来重要文献选编》（下），人民出版社 1988 年版，第 1178 页。

成立，根据是不是充分，都还可以讨论，但是这些探索确实从理论上深化了对综合创新论的研究，对我们很有启发。这样的文化学理论专著，在我国不是太多了，而是太少了，难能的是它既坚持了马克思主义的文化观，又结合中国国情，在理论上有所创造，确有新意。最后，我再简单地概括一下综合创新的文化主张，它大致包含以下几个要点：

一、古今中外人类文明一切有价值的成果，我们都要学习、借鉴、继承、吸收，这就是古代的也要，现代的也要，外国的也要，中国的也要。就学习、继承的对象来说，不是像全盘西化论者那样，只要西方的，不要中国的；也不是像国粹派、儒学复兴论那样，只要中国古代的，只要儒学，固执华夏中心主义。我们学习、借鉴古今中外的文化成果，在时间和空间上都是全方位开放的，是全面的历史主义的态度。

二、继承中国传统文化和学习借鉴西方文化，都是立足于中国今天的现实，都是为了推动中国文化和整个中国社会的现代化。这就是以我为主，为我所用，确立民族文化的主体性原则。继承选择的目的和标准，是为了满足主体的需要。对中国今天的现代化建设有用、有利的就继承，无用、有害的就不继承。

三、学习、借鉴、继承、选择中国古代文化和外域文化的方法，是辩证法的批判继承法，而不是形而上学的抽象继承法。不是原封不动地拿过来，吃了狗肉就变成了狗肉，而是要经过咀嚼、消化，经过由此及彼、由表及里、去粗取精、去伪存真的具体分析过程，吸收有益的营养，排泄无用的糟粕。在继承中有肯定，同时也包含批判、否定于其中。把握黑格尔所说的“扬弃”这个概念，就能了解“批判继承”的实质。

四、分析与综合相结合，综合与创新相结合。中国的也要，外国的也要，古代的也要，现代的也要，必须经过辩证的综合。辩证的分析与综合是统一的，把各种不同成分的东西吃进去，经过咀嚼、消化，都变成我的营养，这是一个既有分析又有综合的过程。文化系统的解构与重构，也是既有分析、分解又有综合。各种不同成分、要素的重新组合。有机合成，就创造出一个新东西。所以综合本身就是创造，就是创新。主体按照自身的需要，吸收各种不同的文化要素，就可以改变自己，创造一个新的文化形态。例如中国的原始儒学，在吸收了外来的佛教和本土的道教、道家思想之后，就改变了自己的形态，创造出了宋明的新儒学。可见，综合创新也是文化发展的规律。

建设有中国特色的社会主义新文化，是伟大的中华文明的复兴，同时也是一项伟大的创造性的工作，是辩证综合古今中外优秀文化的创造性成果。所以，我认为，我们在今天应该高举“古为今用，洋为中用，批判继承，综合创新”[①] 的文化旗帜，让它在中国的社会主义新文化建设中发挥更大的作用。

（本文是作者 1994 年 9 月 6 日在北京“东方文化与社会发展”国际研讨会上的报告论文。原载《传统文化与现代化》1995 年第 3 期，并曾作为方克立主编《走向二十一世纪的中国文化》之代序；英译文载《中国社会科学》英文版 1997 年第 2 期）

① 关东：《现代新儒学研究的回顾与展望——访方克立教授》，《哲学研究》1990 年第 3 期。

二十世纪中国哲学的宏观审视

刚才冯契教授从“通古今之变”的角度，对20世纪的中国哲学作了总结和回顾，他期望在世纪之交能够出现一个批判总结的时代，这个意见我非常赞成，这也是当今许多哲学家的共同期望。我讲的角度和他有点不同，但也有密切联系。我主要想从中西哲学交融、会通的角度来认识20世纪中国哲学的特点，这当然与传统和现代化的关系即“通古今之变”问题也是相互关联的，在20世纪，中西问题和古今问题是分不开的。

半个世纪前，贺麟先生写了一本《当代中国哲学》，前些年再版时书名改为《五十年的中国哲学》。那本书是对20世纪前半个世纪的中国哲学作总结和回顾。中国的历史进程又向前走了半个世纪，现在已经进入了本世纪的最后十年，新的世纪即将来临。我认为，处在世纪之交的哲学家们，有责任对一百年来中国哲学发展的现实历程和丰富内容作出更加深刻的总结和反思，通过批判的总结和反思，为中国哲学的未来发展探索一条积极的现实的道路。在今天，贺麟先生的工作应该有人接着来做，我们应该写出“一百年的中国哲学”或“二十世纪的中国哲学”来。

20世纪在中国历史上是一个风云激荡、具有重要历史转折意义的世纪。辛亥革命结束了两千年的封建帝制。五四运动是中国资产阶级旧民主主义革命到新民主主义革命的转折点。1949年，中国结束了半殖民地半封建社会的历史，使国家走上了民族独立、自强发展的道路。80 年代末，苏联东欧发生剧变，社会主义的中国仍巍然屹立。回过头来看一百年前的中国，八国联军侵华，签订不平等条约……那时我们处在什么样的地位？今天确实不一样了，中国确实有了巨大的进步。可以说，20 世纪改变了整个中国的面貌，不论政治、经济、文化等各方面，都发生了巨大的变化。这个变化有着非常丰富的历史内涵，中国哲学也是一样。可以说，20 世纪的中国哲学是整个中国哲学史中最重要、最精彩的篇章，无论哲学形态之丰富多样，哲学斗争之尖锐复杂，思想内涵之广泛深刻，都是过去任何时代所不可比拟的。

我认为 20 世纪中国哲学最重要的特点就是中国走向世界，同时世界也走向中国，出现了这样一种双向交流的运动，中西哲学交流、融合、会通成为时代的潮流和趋势。20 世纪的中国哲学，不论哪一家哪一派，要在现代中国哲学中占有一席之地，并且发生较大影响，都不能不走中西哲学交融、会通的道路。它在态度上或积极主动，或消极被动；在内容上或以继承中国传统哲学为主，而吸纳、融摄某些西方哲学的因素，或以引进西方哲学为主，而在中国传统哲学中找到某些结合点；在方法上或折衷调和，或辩证综合，总之，都必须适应、符合而不能背离中西哲学交融、会通的时代精神和历史趋势。完全固守传统，抱残守缺，或者完全照搬西方，不同中国传统相结合的哲学流派，都是没有生命力的，也不可能在中国现代哲学史上占有重要地位。

马克思主义哲学中国化是 20 世纪中西哲学交融、会通最伟大的成果。由马克思、恩格斯创立的辩证唯物主义和历史唯物主义哲学，本来是从西方哲学传统中产生的，但是它也吸收了人类其他文明的优秀成果，成为反映世界（包括人类社会历史）发展普遍规律的科学。马克思主义哲学传播到中国来还不到一个世纪，它所取得的成功是任何其他西方哲学流派所无法望其项背的，因为它不仅极大地改变了中国人民的精神面貌，而且极大地改变了整个中国社会的面貌，深刻地影响了中国近现代社会历史的进程。马克思主义哲学之所以具有如此巨大的威力，不仅在于它的普遍真理性，更主要的在于它能够同中国革命和建设的具体实际相结合，同中国哲学和文化的优良传统相结合。几代中国马克思主义哲学家都十分注意在这两个“结合”上下功夫，努力推进马克思主义哲学的中国化，使之在中国生根、发芽、开花、结果，使之成为中国近现代哲学传统中的一个重要组成部分。20世纪中国的马克思主义哲学运动，在两个“结合”上有许多宝贵的经验教训，是最值得认真总结、认真研究的一个课题。

一百年来，从西方引进的其他各种哲学流派和哲学思潮，有的在中国影响大一些，有的影响小一些，关键在于是否适合中国的需要，能否与中国的国情、中国的传统思想文化相结合，至少要有相互沟通、交流、对话的可能性。胡适把实用主义哲学介绍到中国来，他也要在中国传统哲学中找结合点，他找到了颜元、戴震，还专门写了一本《戴东原的哲学》。冯友兰、金岳霖把新实在论介绍到中国来，贺麟把新黑格尔主义介绍到中国来，都力图与中国传统哲学相结合，他们所创造的中西融合的哲学体系，还打出了“新程朱”“新陆王”等旗号。凡是介绍到中国来的西方哲学流派，要想在现代中国哲学中占有一席之地，都有一个中国化的问题，都必须与中国传统思想文化相结合。不能结合的，只是纯粹介绍西方某一流派的思想，原原本本，忠实译介，虽然也有知识价值，对中国哲学的发展也有一定贡献，但不能说这些西方哲学流派本身就是中国哲学。正如隋唐之佛学，天台、华严、禅宗可说是中国哲学，是中国化的佛学，而忠实介绍印度佛教的法相唯识学就在中国哲学中不占重要地位。

今天在台湾很有影响的天主教哲学，或称新士林哲学，本来是传播西方的新托马斯主义，它要在中国社会存在和发展，也提出了一个“本土化”的问题。在台湾，除新儒家和“中华文化复兴运动”之外，这一派是比较注意研究中国传统哲学的，可以说它开辟了中西哲学融合、会通的一个新的方向。罗光主教写了九大本《中国哲学思想史》，还写了一些论述儒家生命哲学的书，他认为儒家哲学的生命智慧和西方宗教传统中的超越智慧是可以相通的。今年6月在台湾召开两岸学术研讨会，辅大校长李震教授发表论文，专门讨论儒家之“道”（“天”）的超越性问题，对新儒家以心性说天道的“内在超越”理论提出了批评。这一派对儒学中“外在超越”思想资源的发掘，显然是为天主教哲学与中国传统儒学的会通寻找共同基础或结合点。会上还有学者力图调解儒家性善论和天主教原罪说的矛盾，如台大傅佩荣教授所着力阐释的“人性向善论”，即与新儒家的“人性本善论”大异其趣。

本世纪从西方引进的各种哲学，不论在大陆，还是在台湾，要在中国生根、发展，对中国社会发生影响，都有一个中国化、本土化的问题，马克思主义哲学是这样，天主教哲学也是这样，其他哲学流派都是这样。

另一方面，本世纪以继承和弘扬中国传统哲学为主的各种哲学流派，又都有一个吸收西方哲学的观念和方法，以实现其现代转化的问题。其基本模式是“中体西用”。现代新儒学是最典型的代表。贺麟先生40年代说过一句话：“以儒家精神为体，以西洋文化为用”①，这就是“中体西用”的模式。“援西学入儒”是现代新儒学的一个重要特征，正是这一特征使其与传统儒学区别开来。

20世纪不仅有现代新儒家，而且还有现代新道家、现代新佛家、现代新墨家、现代新法家。这些传统思想学说的现代化，一个基本特点就是吸收西方的科学、民主思想，走中西融合、会通的道路。董光璧所说的“现代新道家”，把李约瑟、汤川秀树等外国科学家都包括了进去，陈鼓应先生也在现代社会提倡道家思想，我认为，除了现代新儒家、现代新道家之外，20世纪的现代新佛家也值得认真研究。从欧阳竟无以来，可以说已经形成了一个传统，在佛教现代化方面做

① 贺麟：《儒家思想的新开展》，《文化与人生》，商务印书馆1947年版，第3页。

了许多工作，一直到今天香港法住学会的霍韬晦先生，还在继续做这方面的工作。前辈学者梁漱溟、熊十力等人都是亦儒亦佛，作为唐君毅先生弟子的霍韬晦也既是新儒家，又是新佛家。

20 世纪有影响的中国哲学流派，有成就的中国哲学家，无一不是走中西哲学融合、会通的道路。包括在海外的一些华裔哲学家，也利用他们熟悉西方哲学的有利条件，自觉地做中西哲学融合、会通的工作，如成中英、傅伟勋等人都力图用现代西方哲学的理论和方法，来创造性地诠释中国哲学，各有创获和建树，他们的贡献亦应载入 20 世纪之中国哲学史册。

关于 20 世纪中国哲学发展的历史分期和基本的学派分野，学者们可能有不同的看法，我认为基本线索还是清晰可见的。

哲学有自己的发展规律，但是它不可能与本世纪中国政治历史的变迁完全分割开来，不可能与时代的中心课题完全无关。因此，20 世纪中国历史的几个重大关节点，也大体成为本世纪中国哲学发展阶段性的基本标志。从世纪初到 20 年代末的五四运动是一个阶段；从“五四”到中华人民共和国建立，这 30 年是第二阶段；后半个世纪是第三阶段。第三阶段的中国当代哲学又有大陆和台港两条线，前 30 年基本上是彼此隔绝的，80 年代开始有所交流，互相交叉、渗透，到今天海峡两岸学术界已有相当密切的联系，各派哲学之间既有对立斗争也有联结互动。

在第一阶段，资产阶级革命派和改良派的哲学论战是一重要内容。这个时期中国哲学的最高成果是孙中山的三民主义哲学。它以后成为国民党的官方哲学，发展到今天，已有近一个世纪的历史。蒋介石的力行哲学、陈立夫的唯生论等都是三民主义哲学发展中的不同形态，还有一些人对三民主义哲学作过各种解释和发挥，如戴季陶的《三民主义的哲学基础》等。50 年代以后台湾也出版了许多这方面的著作。大陆学术界过去除孙中山外，对三民主义哲学的后来发展很少关注和研究，但是不能否认这派哲学也有自己的发展历史，是 20 世纪中国哲学史不可缺少的一个环节。

第二阶段是我们通常所说的“中国现代哲学史”（1919—1949）的研究范围，研究成果相对多一些，大陆出了几本书，有的高等学校开了这门课。我们说“五四”时期中国思想界开始出现了三分的格局，即马克思主义、自由主义的西化派和以现代新儒家为代表的文化保守主义，这是就一般思想史说的。从哲学上说，新儒家代表现代中国的人文主义哲学思潮，而西化派则偏向于科学主义和实证主义。现代西方哲学中科学主义和人文主义两大思潮的对立，在中国现代哲学史中也有所反映，最突出的例子就是科玄论战。马克思主义哲学在中国传播与发展过程中，经过问题与主义论战、科玄论战、中国社会性质论战和中国社会史论战，特别是经过唯物辩证法论战，逐渐成为中国现代哲学的主潮。它在 30 年代即已表现出强劲的生命力，这种生命力在当时不是靠政权而是靠理论自身的力量，因为只有这种哲学才能科学地回答中国革命实践中提出的各种问题。早期中国马克思主义哲学受科学主义思潮的影响较大，强调它是一种正确认识自然、社会和人类思维发展普遍规律的科学世界观和方法论。同时，马克思主义的本性决定了它又是一种具有极高人文价值的思想，因为它是以解放全人类、实现人的全面自由的发展为奋斗目标的。所以应该说，正确理解的马克思主义，健全发展的马克思主义，应该是科学主义和人文主义的有机结合或统一。这种哲学在三大思潮中有着明显的合理性。

第三阶段即后半个世纪的中国当代哲学史。在大陆，马克思主义哲学占据绝对统治地位，依靠政权的力量得以大力推行。它在 40 多年的发展中取得了多方面的成就，包括在哲学各分支学科都有许多重要成果，比如在马克思主义哲学史观和方法论指导下，中国哲学史领域取得的大量研究成果，就是过去任何时代所不可比拟的。在座诸位对此都比较熟悉。当然，以辩证唯物主义世界观为指导，在革命建设、科学技术、精神文明等方面所取得的大量丰硕的成果，都是马克思主义哲学的巨大力量的表现。马克思主义已经成为中国现代文化传统中不可或缺的一个重要组成部分，包括哲学体系、价值观念、思维方式、人格追求，等等，对塑造现代中国人起到了难以估量的作用。在文化交融过程中，马克思主义代表一种先进的文化，对中国传统文化的现代转化起了积极的推动作用，它所指出的中国文化发展的方向和道路也是最现实可行的。不能否认，在后半个世纪，中国历史发展中也有曲折和痛苦，我们的工作中也有一些失误，这个责任应不应该由马克思主义哲学来负？实践证明，出现失误和曲折的原因往往正是由于背离了马克思主义哲学的基本原则，背离唯物主义搞唯意志论，背离辩证法搞形而上学，才造成了历史的遗憾，所以每次纠正失误时都格外强调学习马克思主义哲学的重要性。在真理标准讨论中，坚持马克思主义真理观对于纠正“文革”以来的错误思想路线起了巨大的作用。后半个世纪中国大陆哲学发展的主要教训是没有严格分清学术和政治的界线，对非马克思主义哲学往往采取简单批判、否定的态度，对人类哲学思想的优秀成果继承、吸收、借鉴、利用不够，因此也限制了马克思主义哲学自身的创新和发展。

在后半个世纪，台港哲学则呈现出多元发展的态势，与世界各国哲学联系比较密切，较少封闭性。除了官方的三民主义哲学之外，天主教的新士林哲学、当代新儒家哲学、西方逻辑实证主义和分析哲学，都有一定的势力和影响。这些哲学派别基本上都是反对马克思主义的，但是新马克思主义近年来在台湾也很流行，反对马克思主义的各派哲学之间相互也有批评和斗争，情况十分复杂。

我认为，本世纪中国哲学各个派别所提出的所有有价值的思想成果，我们都应该加以研究和总结，特别是那些表现出通古今之变、融中西之长的“融通”精神，对中国传统哲学的现代变革起了推动作用的哲学思想成果，更值得格外加以重视。我们要有开阔的心胸，开放的视野，兼容百家的气量；同时又要有批判精神，尤其需要有自我批判的精神。站在世纪之交的高度，来总结和回顾一百年来中国哲学发展的历程，弄清基本的学派分野，弄清它们之间复杂的对立统一关系，联系时代的中心课题加以评价；把反映新时代的新思想、新学说、新概念、新命题梳理出来，在中国哲学史上加以定位，无论是经验还是教训，经过认真的批判和总结，都可以成为人类思想史上的宝贵财富，成为下个世纪中国哲学发展的有益借鉴。从现在起，到本世纪末不过六七年时间，我们应该抓紧做这一世纪性的批判总结工作，包括对有关思想资料的系统收集整理，编大事记、人物志、论著述评、研究和论争概述等资料长编，通论、通史研究和断代、专题研究相结合，拿出扎实的成果来。当然，这需要通盘计划，分工合作，我们还是要充分发挥中国大陆学术界特有的集体优势。

进入 90 年代以后，总结 20 世纪中国哲学历程和经验，事实上已成为各派哲学研究和讨论的一个热点。对本世纪中国哲学史上的一些重要人物和著作，重大事件和论争，各派哲学家都从自己的哲学立场出发，重新加以反思、总结和评价，重新定位，实际上都在重写哲学史。其间思想分歧和对立紧张是难以避免的。谁如果不意识到这一点，就会在这场以总结和反思 20 世纪中国哲学为主要内容和特点的思想斗争中处于被动地位。

我在这里只是想说明这样一个事实：在世纪之交，各派思想家们都十分自觉地从自己的哲学立场出发，对 20 世纪中国哲学进行系统的清理、总结和回顾，得出各自的结论，并为本派哲学在下个世纪的存在和发展寻找合理的根据，描绘“美好”的前景。作为 20 世纪中国哲学之主潮的马克思主义哲学，自然也不应该放弃自己的责任，而应主动地承担起总结自己的发展道路以及本世纪整个中国哲学发展历程和规律的任务，回应各种挑战，科学地总结历史经验和展望未来。我认为各派哲学家们用不同观点、从不同角度来进行总结和反思并不是坏事，这里面不可避免地会有思想斗争，同时也有交流互动，甚至也能起到某种互补的作用。在世纪之交出现这样一个批判总结的高潮，必将推进中国哲学的繁荣和在下个世纪新的发展。

春秋战国“百家争鸣”之后，各派思想家都从自己的哲学立场出发总结这场思想斗争，因而出现了《庄子·天下》、《荀子·非十二子》、司马谈《论六家要旨》等一批重要的总结性论著。20世纪是一个古今中西哲学与文化交流融汇、多元发展的时代，虽然主要是马克思主义、自由主义和保守主义三派对立互动，但就具体的思想学说之纷繁复杂来说，远甚于春秋战国“百家争鸣”的时代。这个时代一定会出现批判总结的高水平论著，不过这要靠我们的共同努力和扎实的工作，更需要有宏阔的眼光、集大成的智慧和超越自己的批判精神。世纪之交的哲学家们切莫错过这一难得的历史机遇。

（本文是作者1993年8月12日在北京召开的国际中国哲学会第八届大会上的发言。原载《中国社会科学院研究生院学报》1994年第4期。曾作为赵剑英主编《世纪之交的中国文化》之“代序”，广西人民出版社1994年12月出版）

二十一世纪与东西方文化

20 世纪只剩下最后几个年头，21 世纪即将来临。我们常听到这样的说法："21 世纪是太平洋世纪"，"21 世纪是东方文化的世纪"。以大西洋为中心的世界舞台正在向着太平洋方向转移，世界文化中心也在由西方向东方转移。"三十年河西，三十年河东"，现在已经到了一个转折时期。

作为一个东方人，听到这种议论，自然感到十分欣慰，受到相当的鼓舞。长期在西方文化中心论压抑下的心灵，似乎得到了一种伸展与解放。但我们不是狭隘的民族主义者，真正发扬东方文化特别是中国文化的精神，我们应该是天下主义、普世主义、全球主义者。我们的先哲主张："大道之行也，天下为公。"（《礼记·礼运篇》）"四海之内，皆兄弟也。"（《论语·颜渊》）孔夫子的哲学是："己所不欲，勿施于人。"（《论语·颜渊》）"己欲立而立人，己欲达而达人。"（《论语·雍也》）不必一定是东风压倒西风，或者西风压倒东风。所以，我赞成这样的看法：21 世纪是东方文化复兴的世纪；同时认为，21 世纪是东西方文化进一步交流融合的世纪。

西方文明在过去几个世纪中，是一种强势文明，特别是在科技文明、工业文明、商业文明等方面，明显地优于、高于东方文明。我们所说的东方文明，主要是指亚洲地区的哲学和文化。它包括三大文化圈：东亚儒家文化圈（或称汉字文化圈）、南亚印度文化圈、中亚西亚伊斯兰文化圈。过去几百年这些地区基本上处于殖民地半殖民地的地位，它的文化不仅被西方人轻蔑，而且连本土人也没有信心，所以才有“全盘西化”“脱亚入欧”等主张。今天发展中国家的现代化运动，就其内容来说实际上主要也是西方化。在科技文明高度发达的今天，西方文化大有席卷全球之势。

但是，西方文明并非尽善尽美。就是作为一种强势文明，它也不是一切方面都强。西方文明决不是永恒的绝对的文明，也不是人类社会最高级的文明。

本世纪以来，爆发了两次世界大战，西方文明的弊端日益暴露出来，不少西方学者把目光转向东方，希图从东方文化中寻求补救之道。更重要的是，第二次世界大战后，随着殖民主义体系的瓦解，亚洲地区国家和人民相继获得了政治上的独立，有的实现了经济上的腾飞，同时也开始了文化上的反思和自觉。他们改变了过去那种对东方文化妄自菲薄、丧失自信的心理，并以新的视野和方法来重新审视、研究东方文化，充分肯定其历史价值和现实意义，增强了文化认同感，也增强了民族自信心。在今天，伊斯兰文化影响着中东、南亚、东南亚广大地区，它在中国西北地区多民族中也有着深刻影响。汉字文化圈和印度文化圈，主要是儒、释、道三个文化传统，也深刻地影响着东北亚、东南亚各国的历史和现实。今天人们都在思索和探讨：现代化虽然主要是西方化，东亚国家的现代化和西方现代化模式除了“同”之外，还有些什么“异”？儒、释、道思想在东亚国家现代化中到底起什么作用？现代科学的最新成果往往和古老的东方智慧有着某种契合，儒、释、道哲学中的一些基本理论和方法，到底对现代数学和物理学的新进展有何影响和启发？也就是说，在今天，人们已经不能不用现代意识来重新认识东方哲学和文化了。

当今的世界已进入一个全球化的时代。市场经济全球化，信息传播全球化，环境污染、核扩散威胁、恶性病传染、贩毒和犯罪活动等等都变成了全球问题。世界已经缩小成为一个“地球村”。今日世界文化只能在全球意识下的多元化方向发展。虽然西方文化至今仍是一种强势文化，但是西方文化中心论或欧洲中心论已经是注定地破产了。

文化发展的最大推动力是经济。对21世纪的哲学和文化发展走向，我们必须在一个全球的经济—文化视野下来加以考察。从今天亚洲地区经济发展的势头来看，可以预见到下个世纪，亚太地区将成为带动世界经济发展的一个中心地带。随着经济的振兴，东方文化的复兴和繁荣也是必然之势。

东方文化的复兴不是传统儒、释、道文化和伊斯兰文化的简单恢复和延伸，而是在一个全球化的时代，加速发掘各个文化传统中那些最本质的，也必然是与其他文化传统相通的即“人心之所同然”的共同的价值观念，加速本民族文化和其他民族文化的交流融合，使各民族文化的特殊性逐步融入全人类文化的普遍性之中。所以说，东方文化的复兴也是一个加速东西方文化交流融合，加速全球文化整合的过程。

和我们在展望21世纪时对东西方文化进一步交流融合的趋势采取乐观态度不同，美国哈佛大学教授亨廷顿（Samuel P. Huntington）四年前在一篇文章中提出了世界文明冲突理论。他认为，在苏联东欧巨变之后，21世纪的世界格局，已不再是政治制度和意识形态之间的冲突，而是文化集团之间的冲突。他站在西方文化中心论的立场，为了维护美国和西方国家的经济利益，预先提出警告：在21世纪，西方将失去主控地位，基督教文化将受到儒家文化和伊斯兰文化的强劲挑战。未来世界将进入一个文化集团之间对抗和冲突的时代，具体说就是东亚儒家文化圈各国和伊斯兰世界结成联盟，共同与西方世界对抗的时代。

我不敢苟同亨廷顿教授的高论。我认为，除了利益蒙蔽了他的眼睛，使他只看见文化冲突的浅近表面现象，而看不见文化融合的主流和长远历史趋势之外，西方人那种重分不重合、只见对立不见统一的思维方式，也是使他不能全面地认识未来世界文明进程的一个重要原因。

文明的整合是世界历史发展的必然趋势。亨廷顿教授所讲的几大文化集团：基督教文化、儒家文化和伊斯兰文化，都是经过长期历史发展整合而成的几个大的文化群体。在同一群体中，也包含着许多文化派别，如基督教文化集团中，就至少有天主教、新教、东正教三大派，新教之中又有许多教派。在历史上，天主教和新教之间的冲突，其惨烈程度不下于基督教与回教之间的斗争。然而，不同文化集团之间是否就只有冲突斗争，而没有互相交流、影响、渗透以至同化、融合呢？美国是一个多民族、多文化的国家，它们可以由一部宪法结合起来，逐渐整合为有相当一致的经济利益、多样统一的文化群体。中国历史上也有过夷夏之争、晋楚之争、南北对峙等等，但文化的交流融合乃是大趋势，不仅中国境内多民族文化融合为华夏文明，而且从南亚传入的佛教文化也逐渐融入中国文化之中。16 世纪中西文化接触以来的历史也说明，除了文化冲突之外，中西文化之间同时也有一个接触、交流、调节、适应和融合的过程。要问现代中国文化的特征是什么，我认为传统与现代相结合、中西文化结合就是最主要的特征。从物质文化、制度文化到精神文化都是如此。我们今天讲的“有中国特色的社会主义”，也是中西文化融合的产物，或者说是中西文化融合的一种象征。如果不是看一时的文化现象，而是从长远的历史过程来看，就不会把文化冲突而是把文化融合看作是文明进程中的更本质的东西。

文化就是人化，是人的文明化。文明并不必然包含冲突，只有用野蛮的手段去强行推销某种文明时，才显出文明仿佛是在冲突。不能用平等的态度对待其他民族的文化是引起文化冲突以至民族战争的根本原因。和西方哲学过分强调分别与对抗不同，东方哲学更重视和谐与统一。在处理人与自然、人与人的关系（包括民族关系、不同文化的关系）时，东方哲人多主张和谐、和平、和合，“协和万邦”（《尚书·尧典》），“厚德载物”（《易传·坤卦·象传》）。它所表现出来的人文精神，对西方高度发达的科技文明是一种必要的补充。我认为，未来的世界文化必将是科学主义和人文主义、工具理性和价值理性的有机结合或统一，也就是东西方文化精神的结合、融合或整合。21 世纪将在东西方文化整合的过程中向前大大迈进一步。在整合过程中难免有龃龉和冲突，但只是一时的、局部的，从长远和全局来看，全球文化整合是必然的趋势和结果。我们大可不必对文明的冲突持悲观态度，而是乐观世界文化整合的大好前景，并努力为推进东西方文化交流融合尽我们的一份力量。

（本文是作者 1995 年 3 月 3 日在韩国启明大学国际学大学院成立大会上的演讲。原载《中国文化研究》1997 年第 4 期）

“综合创新”实已内涵有“辩证发展”的精神

《文史哲》1996年第1期蔡尚思先生的《今后新文化应当是“辩证发展”》（又载《新华文摘》1996年第4期）一文，其中对拙文《批判继承 综合创新》（《传统文化与现代化》1995年第3期，又载《新华文摘》1995年第11期）有所肯定亦有所指教，十分感谢。我很赞成蔡先生关于中国新文化应是“辩证发展”的观点，它和“综合创新”论的精神是完全一致的。拙文论述综合创新的文化观，主要就是指出它在方法论上坚持了全面的发展的辩证观点，而与极端的西化派和国粹派，以及折衷主义的中体西用派和西体中用派区别开来，后者在方法上都是形而上学的。不仅全盘否定中国传统文化的西化派和固执华夏文化优越论的国粹派是一种极端片面的形而上学观点，而且折衷派的思维方式也是形而上学的，就是“他们都固执中西对立、体用二元的思维方式”。会通中西、综合创新的文化主张之所以优于以上各派，就是因为它“在方法上不是折衷调和，而是在对古今中西文化进行科学分析、自主选择的基础上进行辩证的综合，创造出一种更高形态的新文化”，“它不仅已经超越华夏中心论和欧洲中心论的偏见，而且也在一定程度上超越了中西对立、体用二元的形而上学思维方式”。

拙文中提到，毛泽东的“古今中外法”继承和发展了辩证的综合创新的文化观，这是一种对待文化问题的“全面的历史的方法”，

"就是弄清楚所研究的问题发生的一定的时间和一定的空间，把问题当作一定历史条件下的历史过程去研究"。它所体现的正是具体问题具体分析和辩证发展的精神。

拙文最后还对综合创新的文化观作了四点概括：1. 我们学习、借鉴、继承、吸取古今中外的文化成果，在时间上和空间上都是全方位开放的，是全面的历史主义的态度。2. 继承中国传统文化和学习借鉴西方文化，都是立足于中国今天的现实，都是为了推动中国文化和整个中国社会的现代化。也就是说，继承、选择的目的和标准，是为了满足主体的需要。3. 学习、借鉴、继承、选择中国古代文化和外域文化的方法，是辩证法的批判继承法，而不是形而上学的抽象继承法。把握黑格尔所说的"扬弃"这个概念，就能了解"批判继承"的实质。4. 分析与综合相结合，综合与创新相结合。文化系统的解构与重构是一个既有分析又有综合的辩证过程。综合本身就是创造，就是创新，就是发展。所以，综合创新也是文化发展的规律。我想，细心的读者是不难看出这些论述中所贯穿的"辩证发展"的观点和精神的。

"辩证发展"作为自然、社会和思维发展的一般规律，也是文化发展的一般规律。中国今后的新文化建设，应该自觉地按照"辩证发展"的规律去做。因此"今后新文化应当是'辩证发展'"的提法绝对没有错，而且提倡"辩证发展"的观点也有反对种种极端片面的或折衷主义的形而上学文化主张的意义。但是，具体联系到一个半世纪以来的中国近现代文化论争，如何正确地回答古今中西问题（也就是传统文化和现代化的关系、中国文化和西方文化的关系问题）这一时代课题，我认为，经过几代人探索实践而在理论上不断发展深化的"综合创新"的文化观是富有生命力的。"我们可以用'古为今用，洋为中用，批判继承，综合创新'四句话简要地表述这种文化观的基本内容，这就是我们对古今中西问题的比较全面的完整的回答”[①]，这四句话比“辩证发展”四个字能更具体地揭示这种文化观的实质和内容，它也是中国今后新文化建设的正确方针。

在80年代的文化热中，主张“全盘西化”“西体中用”和彻底反传统的文化观点曾经颇有市场；到了90年代，有些人又提倡文化保守主义，欣赏和认同新儒家的观点，想通过回归传统来走到“后现代”。由此可见，大力宣传“综合创新”的辩证法的文化观，在今天尤其有着重要的理论意义和现实意义。

（原载《文史哲》1996年第4期）

① 方克立：《批判继承　综合创新》，《传统文化与现代化》1995年第3期。

儒家文化与未来世界

——兼评亨廷顿的“文明冲突论”

四年前，美国哈佛大学教授塞缪尔·亨廷顿发表了著名的“文明冲突论”，引起了世界各国学者特别是非西方国家学者的强烈反应。这几年陆续拜读了亨廷顿教授此后发表的其他一些文章和言论，在我脑子里产生了一个强烈的印象，即亨氏的“文明冲突论”不但学理根据十分薄弱，而且连他自己也未必真正相信。这一理论带有很大的虚伪性和欺骗性，它不过是为了掩盖美国和其他国家之间所可能发生的经济和军事利益冲突，竭力维护美国的霸权主义地位的一个幌子而已。例如，今年5月7日，他在哈佛大学费正清东亚研究中心“新英格兰中国讨论会”上发言说：“中共与美国之间的基本冲突，不在于台湾、西藏或是人权问题，而是在霸权地位的矛盾。中共不愿看到美国在全球高居领导地位，美国也不喜欢中共在东亚的地区霸权。”很明显，在他看来，中美之间未来可能发生的冲突，并不在于儒家文化和基督教文化的矛盾，而是实际利益的矛盾，他认为主要是霸权地位的矛盾。美国一些人把中国的强大看作是对它的霸权地位的一种威胁，特别是对它在东亚地区的霸权地位的一种威胁。不管中国领导人怎样宣布“不称霸”，霸权主义者总是以小人之心度君子之腹，总是想“我喜欢霸权，你肯定也想谋取霸权”，而不相信深受儒家传统（它在两千年前就反对以力服人的“霸道”政治）影响的中国领导人“不称霸”的信诺是真诚的。按照霸权主义者的“只许州官放火，不许百姓点灯”的逻辑，中国的经济发展和国力加强本身就是大逆不道，就构成了对美国霸权地位的威胁。于是他们制造“中国威胁论”，企图遏制中国的发展。“文明冲突论”也好，“中国威胁论”也好，都是美国一些人的霸权主义心态的露骨表现。其实他们心目中的“中国威胁”，决不是指儒家文化的威胁。儒家文化对美国的霸权地位并不构成威胁，对西方的基督教文化也不构成威胁。他们真正感到威胁的，是害怕中国经济发展和军事国防力量强大起来以后，会影响甚至危及美国在东亚地区和全世界的霸权地位，使美国不能为所欲为地掠夺这些国家的资源，剥削这些国家的人民，控制这些国家的经济、军事、政治和推行其“自由价值观”。在亨廷顿的心目中，美国的国家利益至上，未来世界的冲突仍然是实际利益的冲突，特别是经济和军事利益的冲突，“文明冲突论”只是一块遮羞布。前几年在美国国际政治学界开展的一场关于“为何要国际领先”的讨论中，亨廷顿是本民族利益至上主义的“鹰派”的代表，他强调美国今后必须在经济、军事上保持世界第一强国的地位，这样“全球稳定、繁荣和自由价值观才有保证”。亨廷顿在发表“文明冲突论”以后四年中所发表的大量言论，都在给他的文明冲突论作注解，明白无误地揭露了这一理论的虚伪性及其霸权主义的实质。

亨廷顿的“文明冲突论”虽然是美国霸权主义的一块遮羞布，但是这一理论的发表却促进了各国学者对世界文明理论的研究。这也可以说是一个贡献。什么是文明？文化和文明是什么关系？世界几大文明是怎样形成和发展的？它们在历史上的相互关系是怎样的？不同文明之间是否必然发生冲突？文化冲突与文化融合是什么关系？从世界文明史来看，不同文明的冲突还是它们之间的互相交流融合是主要趋势？这些问题都值得认真研究。另外还要研究：文化、文明和社会经济、政治发展是什么关系？到底文化、文明是社会矛盾冲突的根源，还是经济、军事、政治利益才是社会矛盾冲突的根源？或者说，是文化决定论还是社会存在决定社会意识的历史唯物论更能说明问题的实质？亨廷顿文明冲突论的提出，也促进了对世界几大文明，特别是对儒家文明、伊斯兰文明和基督教文明的历史发展、本质特征及其未来前途命运的研究。我们这次会议的主题“儒学与世界文明”，在一定意义上也可说是对亨廷顿“文明冲突论”的一种回应。我们应该深入研究：儒家文明有些什么特征？它对世界其他文明一贯采取什么态度，处在一种怎样的相互关系中？儒家文明过去对世界文明发展作出过一些什么贡献？它将在未来世界文明中处于什么地位，起到一种什么样的作用？儒家文明会不会和伊斯兰文明结成联盟，对西方基督教文明构成威胁？儒家文明是一种好战、好斗的文明，还是一种爱好和平的文明？儒家文明可能给未来世界文明的主要贡献将是什么？这次会议发表的论文，将从各个不同角度对这些问题作出回答。我想参加这次会议的学者，多数都是不赞成亨廷顿的文明冲突论的，在这一点上会有高度的共识。但是，我们除了在政治上揭露它的霸权主义的实质之外，主要还是要从学理上揭露、说明文明冲突论为什么是错误的，我们的目标是要为人类文明的未来发展找到一条化解矛盾冲突、促进不同文明多元共存、互相交流融合的道路，而不是悲观地去论证文明冲突不可避免。我认为在这方面，儒家文化可以作出非常有价值的贡献，这是由于儒家文化本身“贵和”的特点，它的道德主义、和平主义的性质所决定的。

亨廷顿认为未来世界文明的冲突将主要发生在西方文明和非西方文明之间，具体说就是将发生于西方基督教文明与东方的儒家文明和伊斯兰文明的联合阵线之间。这里显然是以伊斯兰文明为西亚文明的代表，而以儒家文明为东亚文明的代表。实际上，东亚文明除了儒家文化之外，还有佛教、道教、印度教、兴都教、北方少数民族地区的萨满教等，但儒家文化在东亚地区影响最大，把它作为东亚文明的代表也是有一定道理的。按照日本学者岛田虔次的观点，11 世纪以后，儒学不仅是中国文化的主流，而且成为东亚文明的体现。杜维明先生曾经多次重复这个观点。从现实情况来说，今天东亚国家和地区实现现代化的模式，和西方国家现代化的道路和模式有着明显的区别，有人把它概括为“儒家资本主义”的发展道路和模式。所以，不论从历史上来说，还是从现实情况来看，把儒家文化作为东亚文明的代表，把东亚国家和地区称为“儒家文化圈”，都是有一定的根据和道理的。它不仅具有象征意义，而且具有实质内容的意义。

我个人认为，亨廷顿教授在考察世界文明发展的历史及其未来前景时，过分夸大了东西文明的差异和矛盾冲突的一面，而忽略了不同文明之间的交流互动、互相学习借鉴、互相渗透融合、促进人类文明共同发展进步的这一面。也就是说，他把文明的冲突看成是绝对的，而把不同文明的和谐共处、交流融合看成是相对的。这种观点是值得商榷的。其实从世界历史的长远发展过程来看，文化冲突只是浅近的表面现象，文化冲突的背后都有实际利益的冲突在起作用，文化交流融合、整合才是主流和必然的历史发展趋势。东西方文明之间从来都是互相学习借鉴、从不同文明中吸取营养来丰富发展自己的，许多西方学者也看到了这一点。例如英国哲学家罗素说：“不同文化的交流过去已经多次证明是人类文明发展的里程碑。希腊学习埃及，罗马借鉴希腊，阿拉伯参照罗马帝国，中世纪的欧洲人又模仿阿拉伯，而文艺复兴时期的欧洲则仿效拜占庭帝国。”欧洲文化学习借鉴各种民族文化，不但没有丧失自己的文化传统，而且大大丰富了自己的文化内涵。中国文化也是这样。不仅华夏文明是由中国境内多民族文化长期交流融合而形成的，而且从南亚传入的佛教文化也逐渐融入中国文化传统之中；16 世纪以来又有中西文化的交流融合，这个过程规模越来越大，内容越来越深刻，以至我们今天的衣食住行，从物质文化、制度文化到精神文化，可以说无不是中西文化交流融合的结果，许多都表现为中西合璧的复合型文化。我们如果不是看一时的表面的现象，而是从长远的历史过程来看，就不会把文化冲突而是把文化的交流融合看作是文明进程中更本质的东西。亨廷顿看不到这一点，除了利益蒙蔽了他的眼睛之外，我想西方人那种重分不重合、只见对立不见统一的思维方式，可能也是使他得出文明冲突论的重要原因。

在怎样看待不同事物之间的矛盾冲突与和谐统一的问题上，东西方人的思维方式确实有很大的差别。注重分别和对抗是西方人的思维传统。西方辩证法的奠基人赫拉克利特曾经说过："战争是万物之父，也是万物之王。它使一些人成为神，使一些人成为人，使一些人成为奴隶，使一些人成为自由人。"又说："战争是普遍的，正义就是战争，一切都是通过斗争和必然性而产生的。"① 西方文明崇尚浮士德精神，就是一种不断向外索取的斗争精神。在近代西方文化中长期占统治地位的思维方式是在绝对不相容的对立中思维的形而上学思维方式。亨廷顿教授把文明的冲突绝对化，正是这种西方传统思维方式的典型表现。它同中国重和谐统一、动态平衡的思维方式，同"和为贵"（《论语·学而》）、"和而不同"（《论语·子路》）的中国哲学传统可以说是大相径庭。

中国哲学承认事物的差别、矛盾、对立的普遍存在，但是更重视它们之间的和谐、平衡、统一，认为"和"是世界的普遍原则。儒家经典《论语》中说："礼之用，和为贵，先王之道斯为美。"（《学而》）重礼贵和正是文明的特征，也是孔子和儒家的价值追求，是他们推重的"先王之道"的主要内容。《中庸》进一步强调："和也者，天下之达道也。"即认为"和"是宇宙普遍通行的准则，世界的普遍规律。什么是"和"？早在公元前800年的西周时期，郑国的史伯就指出："以他平他谓之和。"（《国语·郑语》）不同的事物和矛盾方面取得一种平衡就是"和"，也就是事物的多样性的统一。史伯提出了"和实生物，同则不继"的重要哲学命题。他已经认识到，只有把不同的事物配合、联结在一起，才能达到"和"即平衡统一；"和"才能产生新事物。如果只是把相同的事物加在一起，"以同裨同"，那就

① 北京大学哲学系外国哲学史教研室编译：《西方哲学原著选读》上卷，商务印书馆1981年版，第27页。

只有量的增加而不会发生质的变化，就不可能产生新事物，事物的发展也就停止了（“尽乃弃矣”）。春秋末年齐国的晏婴继承和发挥了史伯关于“和”与“同”异的思想（《左传·昭公二十年》），他以厨师做菜和乐师奏乐等日常生活事例以及政治生活中的君臣上下关系为例，进一步阐明了对立事物相成相济的辩证法道理，说明“和羹之美，在于合异，上下之益，在能相济”（陈寿《三国志·夏侯玄传》）。后来孔子也继承了这种贵和去同思想，明确提出了“君子和而不同”（《论语·子路》）的原则，批评“小人同而不和”即追求绝对同一的形而上学思维方式。以后“和而不同”一直是中国文化的优良传统，体现了中国古代辩证法的精华。这就是对立统一的思想。后来《周易》中提出了“太和”的概念，宋代哲学家张载解释说：“太和所谓道，中涵浮沉、升降、动静相感之性，是生细缊、相荡、胜负、屈伸之始。”（《正蒙·太和》）所谓“太和”是包含着对立事物和力量之间的复杂矛盾运动的，但是矛盾的对立斗争最后都要归于和解统一，所以张载说：“有象斯有对，对必反其为；有反斯有仇，仇必和而解。”（《正蒙·太和》）中国古代辩证法对对立统一规律的认识有过分夸大矛盾的和解、统一的缺陷，但是对西方辩证法过分夸大对立、斗争也是一种纠正。这两个方面也要辩证地统一起来才好，避免两个方面的片面性。我们说中国古代辩证法有“贵和”的特点，这是一个基本事实。“和”是“天下之达道”即宇宙间的普遍规律，也是最重要的一种思维方式。“和而不同”形成为华夏民族几千年的思维传统，中国人总是用这种“贵和”的思维方式去处理一切问题，协调各种关系，化解各种矛盾，包括处理人和自然的关系，人和人的社会关系，不同国家、民族之间的关系，不同文化的关系，以及人的身心、内外关系等，都力求做到和谐、平衡，达到“和”的最佳状态。以下我们从几个层面来进一步说明中国人的“贵和”思想。

第一，中国人认为整个宇宙是一个和谐统一的整体，人是自然界的一部分，人和天地万物都是兄弟和朋友，因此，人不能把自然界看作可以无休止地征服、利用、控制、剥夺的对象，而是只能“财成天地之道，辅相天地之宜”（《周易· 泰卦·象传》），和自然界建立起一种协调与和谐的关系。这就是中国古代关于“天人合一”的思想。儒家主张人的活动要“与天地同和”“和故百物不失”（《礼记·乐记》）。人“参天地”“赞化育”的活动都是为了促进、帮助整个宇宙的和谐，而不是破坏这种和谐。这种思想在环境污染、生态危机严重威胁人类生存的当今世界显得特别富有智慧，中国古代的“天人合一”思想已经越来越引起世界各国科学家的重视。

第二，中国古代“贵和”的思想更主要的是运用来处理人与人之间的关系，主张社会人际关系的和谐、和睦。孟子说：“天时不如地利，地利不如人和。”（《孟子·公孙丑下》）“人和”包括家庭“和亲”、邻里“和顺”、上下“和敬”等内容，“内睦者家道昌，外睦者人事济”（宋·李邦献《省心杂言》）。总之，只有“政通人和”，才能“百废俱兴”。我们知道，在现代工业社会和后工业社会，物质文明高度发达，金钱主宰着一切，人际关系变得疏远和冷漠，家庭解体，老少失养，社会问题日趋严重。儒家“和亲”“和顺”“和敬”的“人和”思想对于矫治这些社会病症有着不可忽视的积极作用。

第三，把人与人之间的关系扩大到国与国之间、不同民族之间的关系，儒家“贵和”的思想就体现为崇仁义、贵王道，尚文不尚武，主张通过道德教化来“讲信修睦”（《礼记·礼运》）、“协和万邦”（《尚书·尧典》），实现国家、民族之间的和平共处。《论语》中说：“四海之内，皆兄弟也。”（《论语·颜渊》）这种胸怀是很博大的。

儒家提倡以德行仁的“王道”政治，反对以力服人的“霸道”政治，认为“春秋无义战”，主张“善战者服上刑”。儒家早在两千年前就反对霸权主义，主张通过行仁政“来远人”“王天下”，以达到“兵革不试，五刑不用，百姓无患”（《礼记·乐记》）的目的。

儒家文化的这种道德主义、和平主义性质，许多中外思想家都作了清楚的阐述。雷海宗先生在《中国文化与中国的兵》一书中说，中国自东汉以降为无兵的文化。梁漱溟先生进而认为中国历史上为“无兵之国”，他说这是中国文化的一大特征。[①] 中国历代诗歌中都有反战、厌战的作品，古诗十九首、杜甫的《兵车行》等都是代表作。还有一些诗歌是歌颂反侵略战争的，别人侵略你，起来防御自卫是正义的。“万里长城”是自卫防御工事，而不是对外侵略的象征。许多西方思想家也看到了这一点。明朝万历年间来华的意大利传教士利玛窦指出，明朝的军队是他所见到过的装备最精良的军队，但他发现这支军队完全是防御性的，中国人没有想到过要用这支军队去侵略别的国家。美国学者费正清说：“中国历史上没有可与英国伊丽莎白时代的或者日本的海上冒险和海盗制度相比拟的时期，致使中央政权靠海上掠夺而富强。”[②] 他发现中国的武力问题基本上是维持国内秩序的“警察问题”。日本学者池田大作也说：中国投入的战争都属于自卫战争，只“要不首先侵犯中国，中国是从不先发制人的”[③]。对中国文化有精深了解的英国科学史家李约瑟曾指出：中国长期形成了一种“尚文不尚武”的传统。马克斯·韦伯也明确地说：“儒教的理性本质上具有和平主义的性质。”[④] 只要不带偏见，尊重基本的历史事实，中外学者得出这些结论都是自然而然的。亨廷顿把儒家文化看成是未来世界冲突的根源之一，与实际情况实在是相差太远。中国儒家的这种“贵和”的文化传统，用来处理现代国际关系，实有重要的指导意义。早在1955年，中国总理周恩来首先在万隆会议上倡导“和平共

---

① 梁漱溟：《中国文化要义》，《梁漱溟全集》第3卷，山东人民出版社1992年版，第28页。

② ［美］费正清：《美国与中国》，孙瑞芹、陈泽宪译，商务印书馆1971年版，第51页。

③ ［英］A. J. 汤因比、［日］池田大作：《展望二十一世纪——汤因比与池田大作对话录》，荀春生等译，国际文化出版公司1985年版，第290页。

④ ［德］马克斯·韦伯：《儒教与道教》，洪天富译，江苏人民出版社1995年版，第195页。

处”五项原则，对世界和平作出了重要贡献，它对今后建立国际关系新秩序也将继续发挥积极的作用。

第四，用“贵和”的思想、“和而不同”的原则来处理不同文化、文明之间的关系，就表现为对异质文化的一种宽和兼容的态度。人们都肯定中华民族文化博大精深，这个博大精深是怎么来的？正确的回答是“有容乃大”。“和而不同”的传统使中国文化有开阔的胸襟，海纳百川的气概，对不同民族文化均采取兼容并包的态度。因为它在指导思想上就鼓励多元文化并存，肯定多样性的统一，主张各种不同的文化互相尊重理解，互相学习借鉴，互相渗透吸收，这样整个人类文明水平才能不断进步提高。在中国历史上，儒道互补，儒法结合，儒佛相融，援阴阳五行入儒，儒道佛三教合一，以至对外来的基督教、伊斯兰教也能容忍和吸收，这已是尽人皆知的事实。在这种“和而不同”的文化观指导下，明中叶以后对西方文化也采取了越来越开放的态度，充分证明了中国文化具有开放性、包容性的特点。《易传》提出“天下同归而殊涂，一致而百虑”（《系辞传下》），就已指出了人类文明必然趋同的大势。这种“和而不同”的文化观显然比亨廷顿的“文明冲突论”更符合历史的实际。

第五，“贵和”的思想还可以运用于处理人的身心、内外关系，特别是用来调节人的精神生活和心灵境界，使人的心情安宁平和，心灵愉悦和乐。《乐记》说：“心中斯须不和不乐，而鄙诈之心入之矣。”为了使人“心气平和”，就要“致乐以治心”。音乐、艺术就有陶冶人的心情，使人快乐、平和的作用。宋儒所谓“寻孔颜乐处”，也是寻找精神之乐。以至人们从终极关怀的角度，寻找安身立命之地，包括达到某些宗教感受的境界，也都是为了求得心理之安、精神之乐。所以人类的精神文明建设问题非常重要，不能只是物质丰富，精神空虚。儒家历来重视礼乐教化，重视培养人的高尚情操。发扬儒家的这种“致乐以治心”的乐感文化精神，对于矫治现代社会中人的精神空虚、孤独、焦虑、烦恼等心理疾病，无疑也有积极的价值。

以上从五个方面，即人与自然的关系，人与人的关系，不同国家、民族之间的关系，不同文化的关系，人的身心、内外关系，阐述了儒家“贵和”思想的意义和价值，特别是肯定这种思想对于解决当今世界面临的各种问题、矛盾和冲突，有着不可忽视的现实意义。从以上简略的论述，可以清楚地看到，儒家文化对美国和世界上其他国家民族都不构成什么威胁，对基督教文明和世界上其他文明也不构成什么威胁，因为儒家文明具有明显的道德主义、和平主义性质，把它看作是未来世界文明冲突的根源之一是根本没有道理的。相反，儒家“贵和”的文化精神对于建立未来的国际关系新秩序，对于世界文明的整合，倒是提供了有益的指导原则，这就是“和平共处”“和而不同”的原则。

（本文是作者 1997 年 6 月 17 日在新加坡召开的“儒学与世界文明”国际学术会议上的发言。原载《炎黄文化研究》第 8 期，2001 年 9 月出版）

在“儒学与世界文明”国际学术会议上的总结发言

近十年来，在新加坡举行了三次重要的儒学和汉学国际会议。第一次是 1988 年由新加坡东亚哲学研究所主办的“儒学发展的问题及前景”学术讨论会，第二次是 1991 年由新加坡国立大学中文系主办的“汉学研究的回顾与前瞻”国际学术研讨会，第三次就是这次由新加坡国立大学中文系主办、国际儒联协办的“儒学与世界文明”国际学术会议。这三次会议的召开，标志着新加坡已经成为当今世界上汉学及儒学研究的中心之一。新加坡国立大学中文系成立至今只有十七年的历史，王康武教授领导的东亚哲学研究所及其前身加起来也只有十余年的历史，它们在推动世界儒学研究方面为什么能起到这样重要的作用？新加坡政府的大力提倡和支持，几次会议主办者的眼力和出色的工作等等，固然都是重要原因，但我想最根本的原因还是今天新加坡的经济和社会发展水平已经走到了世界前列，它不仅不排斥传统儒学价值观，而且力图充分利用这一传统精神资源，使之和经济、社会发展互相配合、并行不悖，为传统儒学资源的现代开发和转换提供了一个成功的范例。在这样的时空条件下来讲儒学的现代意义，来讲发展现代儒学的必要性，探索它的现实可能的途径，就不显得空泛，而是具有较强的说服力。当然，在新加坡已经发生的事情，也需要我们去作出正确的理论说明，这正是发展当代儒学的一个契机。

我有幸出席了在新加坡召开的这三次会议。我个人的感受是，几次会议的学术层次较高，讨论的问题富于时代气息，主办者的态度民主开放，几次会议都收到了比较好的效果，产生了较大影响。尤其是1988年的那次会议，规模虽然不大，但在推动当代国际儒学研究方面确实具有里程碑的意义，近十年来一些新的研究方向和重要的问题讨论都是从那次会议引发出来的。我想这次“儒学与世界文明”会议的意义和价值，到下个世纪也会越来越清楚地显示出来。

这次“儒学与世界文明”国际学术会议是在这样的背景下召开的：冷战后的世界格局发生了重要变化，和平与发展是当今世界的主题，现代化碰到的问题许多都是全人类的问题，这就要求我们从全人类的整体利益和长远利益出发来考虑世界文明的未来格局和前景。四年前，美国政治学家亨廷顿教授从本民族利益至上主义出发，提出了所谓“文明冲突论”，把具有明显的道德主义、和平主义性质的儒家文化看作是未来世界冲突的主要根源之一。这一惊世骇俗之论引起了众多学者对“儒学与世界文明”这一主题的关注。在过去的一个世纪里，儒学的命运可以说是相当不幸，以至它在今天是否还有存在的价值、它是否具有现代意义都成了问题，儒学与现代化的关系一直是本世纪文化讨论的焦点之一。今天倒是处在强势文明地位的西方文明的代言人，首先十分肯定地断言了儒学在下个世纪的必然兴起，并认为它将构成对西方文明的一大威胁。这一断言对我们的震撼可能比对西方人的震撼还要大些。它促使我们认真地去思考和研究：儒家文明的本质是什么？它有些什么主要特征？它和世界其他文明是处在一种怎样的相互关系之中？它对世界文明的发展有何意义？今后所可能贡献于世界文明的主要的将是什么？今天，世界各国学者聚集于新加坡，共同研讨这一关系人类文明未来发展的重大课题，它的意义是不言而喻的。

各国学者提交这次会议的论文共有一百多篇。我听了几个大会主题报告，参加了部分分组研讨会，并在会下急速地翻阅学者们的论文，感到内容极其丰富，可以说是“美不胜收”。这几天还来不及认真地学习和消化，只形成了一些粗略的印象，在这里说一说。

这次会议提交的论文，大都能围绕“儒学与世界文明”这一主题，展开多方面的论述，有的研究角度新颖，有的论析相当深入，提出了不少有价值的学术见解。

首先，有相当一部分论文，对亨廷顿的“文明冲突论”作出了直接的回应，除了揭露其霸权主义的心态和维护西方文化中心论的实质之外，还从学理上指出他夸大文明的冲突，忽视文明的共存互动、交流融合的历史大趋势，不仅在思想方法上相当片面，而且也不符合历史事实。有几位学者着重论述了儒家文化“贵和”的特点，特别强调“人和”的重要意义。在处理国与国之间关系问题上，儒家崇仁义，贵王道，尚文不尚武，主张通过道德教化来“讲信修睦”“协和万邦”，以实现不同国家、民族之间的和平共处。这是许多不带偏见的东西方学者都明确地指出来的。对待不同民族的文化，中国有“和而不同”的传统，具有“万物并育而不相害，道并行而不相悖”（《礼记·中庸》）的兼容并包的气概，儒家文化并不对其他民族文化构成什么威胁，这也是一个基本的事实。学者们指出“文明冲突论”的学理根据和事实根据都是很薄弱的，但是它的危害性极大，今后对文明冲突论的讨论和批评还要深入下去，要多摆事实，讲道理，用真理和事实克服偏见。我们知道，要改变西方人那种重分不重合、只见对立斗争不见和谐统一的思维方式，特别是要改变一些人从利益出发从而带着很深偏见的“冷战”思维方式，并不是一件容易的事情，所以我们还要多做工作。

其次，学者们提交会议的论文，内容相对集中于这样两个方面：一是多方面、多角度、多层次地揭示儒学的现代价值，它对人类文明已经作出的贡献和今后所可能作出的新贡献。许多学者都注意分疏开作为封建意识形态的儒学思想体系和作为民族文化传统的儒学思想资源，区分开“国家儒学”和“个人的、社会的儒学”（王赓武）、“儒教中国”和“儒学精神传统”（杜维明），在论及“儒学的本质是什么”的问题时持谨慎态度，而着重去揭示儒学中蕴涵的那些具有普遍价值的思想观念。只有肯定这些普遍观念的存在，才能够谈得上儒学的现代意义。约近半数的论文分别对儒家人文主义、重德的伦理价值观、“天人合一”哲学、普遍的和谐观念、儒学的宗教意涵、儒学的经世精神、儒学的经济思想和利民价值观、儒家的教育思想和教学方法等等，作了较为深入具体的研究，注意从文本出发作出科学的阐释，尤其重视从建设性的角度去揭示儒家思想在现代社会所可能作出的贡献，即揭示其普遍意义和现代性。这种研究和过去的儒学研究有什么不同？正如宫达非先生所说的，用现代意识和世界意识来研究儒学，我们对儒学的精神内涵的理解就可以上升到一个新的境界和高度。

提交这次会议的论文，另一个重点是大力提倡和具体实行儒学与世界其他文明的交流对话。提倡文明对话是抵制和批判文明冲突论的一个有效步骤。学者们报告的论文，有的是进行回儒沟通，有的是进行耶儒对话；有的通过考察东学西渐的历史，着重说明儒学和中国文化对法国启蒙学者、德国古典哲学的影响；有的通过考察西学东渐的历史，着重说明中国近现代对西方文化的大力学习和吸收；还有一些学者的文章分别论述了儒学对韩国、越南、新加坡、马来西亚、印尼等东亚、东南亚国家的深刻影响，嵇辽拉先生的文章则提供了儒学对今日俄国朝野人士影响的一些新的信息。上述论文除了历史和现状的考察之外，也有一些学理上的深入对话和诠释方法上的有益沟通。与会学者高度认同儒家“和而不同”的文化观，就是要多提倡文明的对话和沟通，促进不同文明的交流融合，使亨廷顿预言的大规模的“文明的冲突”在下个世纪不致出现而且永不出现。我们的目的是要用文明对话和沟通来消解文明的冲突，那将是儒家文化和在座学者的一大贡献。

这次会议报告的论文，内容十分丰富，会议组织者按“儒家思想”“儒家学者”“儒学与世界文明”“儒学与文学”等不同专题，组织了40场分组报告和讨论会，但也只能是大致地把学者们的研究成果涵盖进去。包括一些很有特色的个案研究，专人、专书、专题研究论文，多富有新意，颇见功力。这些个案研究也注意掘发其现代价值、世界意义，还是扣住了会议主题的。所以我认为这次会议的学术成果非常丰硕，它的特点是在世纪之末冷静地总结儒学的资源和问题，理性地对待历史和现状，把它放到世界文明的视野下来考察，为儒家文明的现代重建指出了正确的方向，增强了人们的信心，明确和加深了对儒家文明在未来世界文明中的地位和作用的认识。这次会议的影响可能还要经过一些时日，到下个世纪才能充分显示出来。

这次会议能够开得如此成功，与新加坡政府的大力支持，与国际儒联的大力支持，与新加坡国立大学中文系同仁的出色的组织工作和周到的服务是分不开的，我代表与会各国学者对他们表示衷心的感谢！

（本文是作者1997年6月19日在新加坡召开的“儒学与世界文明”国际学术会议上的总结发言。原载陈荣照主编《儒学与世界文明》上册，新加坡国立大学中文系、八方文化企业公司2003年1月联合出版）

二十一世纪，能否淡化东化与西化之争？

再过一年零十几天，人类就要进入二十一世纪。在新的世纪即将到来之际，中华文化在二十一世纪的发展前景早已成为学者们热烈讨论的一个重要话题。我们注意到，中国近代以来已经争论了一百多年的“东化”还是“西化”的问题，本世纪末又在展望未来前景的话题下，以相当尖锐的形式重开论战。这场争论在二十一世纪是否还要继续下去，再争论一个世纪？这样争论下去，中国的现代化要到哪一天才能实现？我产生了这样的忧虑。这也可能是“杞人忧天”，中国现代化的实际进程并不取决于学者们的“东化”与“西化”之争。但思想的力量也不可轻忽，“没有革命的理论，就不会有革命的运动”[①]。有不同意见是正常现象，百家争鸣是好事，然主流思想是否正确却对实际运动的成败关系极大。

我有一个愿望，就是希望在二十一世纪能够淡化“东化”与“西化”之争。有什么办法呢？我的想法很简单：一是用比较平实的东西文化交流会通、综合创新的观点来消解“东化”与“西化”的尖锐对立；二是力图在“东化”论与“西化”论之间找到某些共同点，求同存异，并试图把它们之间的尖锐对立弱化为“中体西用”与“西体中用”之异。最根本的，我们已经作出了有中国特色社会主义这样一种实践的选择，“东化”与“西化”都不具有现实性，继续争

---

① 《列宁选集》第1卷，人民出版社1960年版，第241页。

论下去已没有多大实际意义。我认为文化研究还是要与现实紧密结合，在东西文化关系问题上，希望在各种意见的比较中显示出“中和”辩证法具有更大的优越性，用“亦此亦彼”“共存”范畴来解决多元化与一体化、世界性与民族性的关系问题。果能如此，则“东化”与“西化”之争或许可以有平息之一日。

先来看对立双方的观点：

“二十一世纪是东方文化的世纪。”这个观点至少已经流行了十年。我们也可以直截了当地把它称为“东化论”或“东方文化救世论”。

持这种观点的学者认为，自从人类有历史以来，共形成了四个文化体系：一，中国文化；二，印度文化；三，从古希伯来起到今天伊斯兰国家的闪族文化；四，从古希腊、罗马到近代欧美的西方文化。这四个文化体系，又可以划分为东方文化（包括前三者）和西方文化两大体系。这两大文化体系的关系是“三十年河东，三十年河西”。我们这个世界无非是这样的：东方不亮西方亮。要是西方不行了呢，就看东方，由东方文化来主导世界。他们认为，东方文化曾在人类历史上占过上风，起过导向作用，这就是“三十年河东”。后来由于种种原因，时移势迁，沧海桑田，西方文化取而代之，风靡世界几百年，这就是“三十年河西”。但是，如同世界上“每一个文明都不可能万岁”一样，西方文化也不可能永世长存。几百年来，西方人在分析思维模式的指导下，一味贯彻征服自然的方针，已经造成了生态环境遭到破坏、大气污染、酸雨横行、淡水资源匮乏、一些生物灭种等严重后果，直接威胁着整个人类的生存。这些灾害如果不能得到克制，则用不到一百年，人类势将无法生存下去。在这危急存亡的时候，有没有挽救的办法呢？他们认为是有的，那就是只有乞灵于东方“天人合一”的哲学，来正确处理人与自然的关系，让人类和大自然在“和为贵”的原则指导下和睦相处，共同生存，共同发展。因此他们预言：到二十一世纪，“三十年河西”的西方文化将让位于“三十年河东”的东方文化，二十一世纪将是东方文化占主导地位的世纪。

他们“大声疾呼：只有东方的伦理道德，只有东方的哲学思想能够拯救人类!”

持这种观点的学者认为，东方文化与西方文化是迥然不同的，甚至可以说是根本对立的。两大文化体系的根本区别和对立来源于思维模式的不同。西方的思维模式是分析的，所以其主导思想是征服自然；东方的思维模式是综合的，所以主张人与自然万物浑为一体。也可以说，西方是“一分为二”，而东方则是“合二而一”。在他们看来，目前西方的分析已经走得够远了，虽然不能说已经走到了尽头，但已是强弩之末，照目前这样子再不断地分析下去，总有一天会走到尽头。于是得出结论：只有东方的综合思维模式才能济西方的分析思维模式之穷。

除了从“三十年河东，三十年河西”这个所谓“人类社会进化的规律”和两种思想模式的不同来论证之外，“东化”之论也是有激而发的。持这种观点的学者坦言，他们是不满于崇洋媚外和民族虚无主义的“西化”言论盈天下之学界的现实情况，才针锋相对地提出：“既然能搞‘西化’，为什么就不能搞‘东化’呢?”并明确主张：“我看到了二十一世纪，我们应该提倡‘东化’。”

上述观点问世后，在学界受到了不少非议和批评。其中既有自由主义西化派的批评，也有主张兼取东西文化之长的马克思主义“综合创新”派的批评。客气一点的指其为“一厢情愿”“不切实际”，更加尖锐的批评则认为这是一种“极其粗鄙的民族主义”，表现了当代中国人“不知天高地厚的狂妄”，是一种“虚骄之气”，甚至“横霸之气”。担心这种思潮会成为中国现代化的一个大障碍。有的批评者把目前在中国和世界上流行的多元文化主义看成是一种民族主义情绪化的表现，认为所谓“东方主义”“多元文化主义”都是与全人类的主流文化（市场经济、民主、法治等）故意唱反调，是完全违背全球化的趋势和精神的。

“东化”论者直言：“既然能搞‘西化’，为什么就不能搞‘东化’呢？”可见他们确有同西化论唱反调的意思，有激而发的言论也难免带有一定的情绪性。然而，今天出来与“东化”论对阵的，却似乎不是西化论，而是全球化论。全球化论与西化论是什么关系？有的论者明确地说：“我把陈序经和胡适的‘全盘西化’的口号改为‘全球化’。”“‘充分世界化’应当进一步发展为‘全球化’。因为在提‘充分世界化’的时候，人们心目中的世界实际上仍然是西方的强势文化统治的世界，所谓‘彻底世界化’还是逃不了向所谓‘先进的西方’学习的实质。”这对二者关系的交待是清楚的。

有的学者还提出了重评“全盘西化”论的要求。他们认为中国现代化之所以不成功或行进维艰，就是由于没有选择和实行“全盘西化”的战略；而邻邦日本采取福泽谕吉的“脱亚入欧”“全盘西化”路线，就取得了公认的成功和日新月异的飞速发展。他们非常欣赏胡适的这一段话：“文化自有一种‘惰性’，全盘西化的结果自然会有一种折衷的倾向。……此时没有别的路可走，只有努力全盘接受这个新世界的新文明。全盘接受了，旧文化的‘惰性’自然会使他成为一个折衷调和的中国本位新文化。古人说：‘取法乎上，仅得其中；取法乎中，风斯下矣。’这是最可玩味的真理。我们不妨拼命走极端，文化的惰性自然会把我们拖向折衷调和上去的。”[①] 论者意在指出，胡适并非对中国文化不了解，而对传统文化采取一切骂倒的偏激态度，承认我们自己“百事不如人”，用心只是为了救国、爱国。今天有的学者可能正是学习胡适的这种“拼命走极端”的战略，才似开玩笑地提出：“如果中国当时执行一条‘孙子’战略（自注：不是《孙子兵法》的孙子，而是爷爷孙子的孙子），随便搭上哪一条顺风船，或许现在的中国会强得多。比如追随美国，可能今天我们就是日本。”有的人甚至说中国“要当三百年殖民地”，才有可能走上现代化的道路。这一类“拼命走极端”、以至在人格上自贬的言论，显然也是非

① 适之：《编辑后记》，《独立评论》1935 年 3 月 17 日第 142 号。

常情绪化的。由于它严重地伤害了中国人民的民族感情，所以西化论在中国也不可能有广泛的群众基础。

从西化论发展而来的全球化论，是在本世纪九十年代世界格局新变化的形势下提出来的。1989 年柏林墙的坍塌和 1991 年苏联的解体，被看作最重要的标志性的事件，此后中国也走上了市场经济的道路，这些被看作是社会主义的失败和全球趋同于资本主义。西方文化的价值不仅仍然居于强势的地位，而且被看作是具有普遍意义的全球性的价值，如市场经济、民主、法治、人权、自由主义、个人主义等等。全球化实质上就是让世界各国各民族都接受西方的政治、经济制度和价值观念。市场经济或经济自由化是推动全球化最重要的力量，另外还有科学技术和信息传播的全球化，以及与工业文明伴生的环境污染、移民问题、核武器威胁、恶性传染病、毒品买卖和犯罪活动的全球化等等，标志着人类已经进入全球化的时代。在他们看来，全球化就是现代化，也可以说现代化与全球化是同义词。自从 1492 年哥伦布发现新大陆以来，全球化的过程就开始了。五百年来，西方文化事实上主宰或主导着世界，西方中心论不是靠义愤填膺的批判可以批倒的。在全球化已经成为大趋势的情况下，中国可供选择的现代化道路就不可能是另起炉灶，而是理解全球化的进程，参与全球化的进程，也就是说，不应该拒绝西方化。事实上，在这个全球化与信息化的世界上，只要路子走得大致差不多，现代化也并没有那么困难。“现代化不是西方化，这已成为第三世界的咒语。”他们是甚不以为然的，认为这种言论是狭隘民族主义的表现，是阻碍现代化甚至反现代化的言论。中国要实现现代化，就无可回避地只能选择市场经济、民主、法治、自由主义的西方化的道路。有的学者对作为一种政治学说和社会思潮的自由主义推崇备至，认为“自由主义是最好的、最普遍的价值”。他们不认同“只有社会主义才能救中国”，而是宣传“自由主义是中国唯一的出路”，其西方化的政治目标是非常明确的。

在“中国向何处去”“中国文化向何处去”的问题上，“东化”还是“西化”，近代以来关心国是的人们一直争论不休。本世纪二十年代初，梁漱溟先生在《东西文化及其哲学》一书中就探讨过“如何是东方化，如何是西方化”的问题，当时就有所谓东西文化之争。从二十年代至八十年代，这一争论时起高潮，但并无太多新意。九十年代在展望二十一世纪文化发展前景的话题下展开的新一轮“东化”与“西化”之争，眼界已不仅局限于中国，而是有着更为广阔的全球性的背景。一是西方现代化在带来高度发达的物质文明的同时，也带来了空前广泛而严重的环境问题，直接威胁着人类的生存。此时可以拯救人类的，是只有东方“天人合一”的哲学呢，还是同时要靠更先进的现代科学技术，对环境和资源进行综合规划、开发、利用、保护和改造，以实现人类的可持续发展？二是苏东剧变后，世界政治、经济格局发生了新变化，一方面经济、科技、信息全球化的趋势越来越明显，另一方面又很难说已经出现了政治、文化上的趋同和全球一体化的现实趋势，在以和平与发展为主题的多极化时代，我们应该怎样来处理多元化和一体化、全球化和本土化（世界性和民族性）的关系呢？在展望中国文化的未来前景时，“东化”论和“西化”论都力图站在世界历史的高度，来分别对这些全球性的问题作出自己的回答。双方虽各有所偏，亦各有所见。似乎谁也不能说服对方，也不可能被对方所说服，并且互相批评对方为“民族虚无主义”或“狭隘民族主义”。“东化”和“西化”，似乎只能非此即彼，而不能亦此亦彼。世纪末的这一场“东化”与“西化”之争，形成为本世纪学术史上的最后一道文化风景线。

众所周知，自从有东西文化论争以来，还有一派既不赞成东方文化优越论，又反对“全盘西化”论，而是主张兼取东西文化之长，努力促进东西文化交流、对话、融合、会通的观点。它在文化心态上既不自卑，也不自大，其所提出的文化主张，既符合世界的潮流，也符合中国的国情，而且比较具有可操作性。所以这种观点在学术界和人民群众中得到了广泛的认同和支持，逐渐成为文化研究和文化讨论中占主导地位的观点。“古为今用，洋为中用，批判继承，综合创新”[①]就是这种文化观点的最简要的表述。

不必追溯过于久远的历史，本世纪以来，孙中山、蔡元培、李大钊、瞿秋白、鲁迅、毛泽东、邓小平等著名历史人物都是主张东西文化融合论的。例如，李大钊就说过：“平情论之，东西文明，互有长短，不宜妄为轩轾于其间。”他认为东西文明只有互相以对方之所长补自己之所短，“世界新文明始有焕扬光采、发育完成之一日”。[②] 蔡元培“兼容并包”的胸怀更是与他的东西文化互相吸收消化、互相发明、互相调和的文化观分不开的。鲁迅的“拿来主义”，毛泽东的“古今中外法”，张岱年的“综合创新论”，都是这种文化观的继承和发展。到了世纪之末，持这种观点的学者也对中华文化在二十一世纪的发展前景进行了展望，其结论既不是“东化”，也不是“西化”，更不是“文明的冲突”，而是看到了东西文明交流融合、创造世界新型文明的美好前景。

年届九十的张岱年先生，去年发表一篇文章，乐观地展望二十一世纪，中华文明将做出“十大创新”，以实现其现代复兴并为创造新型世界文明作出自己特殊的贡献。这十大创新就是：（一）创造一个富强、民主、文明的社会主义现代化新中国；（二）创造物质文明与精神文明高度统一的有中国特色的社会主义新型文明；（三）开创一体两翼式的有中国特色社会主义新型体制：新型市场经济——新型民主政治——新型科学文化；（四）开创“体制改革——经济起飞——国家统一——文化复兴”四大潮流有机统一的跨世纪中国主潮；（五）开创有中国特色社会主义现代化的新道路和新模式；（六）创造现代革新的中华民族精神；（七）创造有中国特色社会主义新型价

① 关东：《现代新儒学研究的回顾与展望——访方克立教授》，《哲学研究》1990年第3期。

② 李大钊：《东西文明根本之异点》，《言治》季刊1918年第3册。

值观；（八）创造富有时代精神与东方神韵的新方法论体系——大成智慧学；（九）创造大器晚成、现代复兴的中华文明新型态；（十）创造现代新型主体性，以熔铸二十一世纪新型世界文明。① 在他看来，到二十一世纪，时代主潮既不是西方压倒东方的西方化，也不是东方压倒西方的东方化。在未来发展过程中，固然少不了风云激荡的对立冲突和竞争，但世界新型文明的主要潮流，却是东西文明的交流对话、综合创新，从而创造多元化与一体化并存、世界性与民族性共荣的世界新型文明。

这种把中华文明的现代复兴和东西文明的交流会通、综合创新紧密联系在一起的主张，在国内学者中占有明显的优势，可以说是多数派或主流派的观点。这种文化观成为主导观点，首先，有利于有中国特色社会主义现代化建设的实践，包括物质文明和精神文明建设，保证了建设中华文明新形态的正确方向；其次，有利于化解“东化”论与“西化”论的尖锐对立，在承认差异、矛盾的基础上，鼓励多元文化并存与它们之间的和谐统一。这种综合创新的文化观，继承和发扬了我国古代“和而不同”“有容乃大”的传统，以本民族文化发展为主体目标，对其他民族文化均采取学习借鉴、吸收消化、辩证扬弃的态度，表现出极大的开放性、包容性和创造更新能力。东方文化和西方文化中有价值的东西都要学习吸收，但是以我为主，为我所用，不存在“东化”或“西化”（“‘化’者，彻头彻尾彻里彻外之谓也”②）的问题。

有些“拼命走极端”的西化论者，曾把一切主张东西文化交流融合的观点都称之为“折衷派”。他们故意抹煞辩证的“综合创新”论与折衷主义的“中体西用”“西体中用”论之间的原则区别，同时也

---

① 张岱年、王东：《中华文明的现代复兴和综合创新》，《教学与研究》1997年第5期。

② 《毛泽东选集》第3卷，人民出版社1991年版，第841页。

想掩盖自己“取法乎上，仅得其中”的策略的折衷主义性质。事实上，在东西文化交流已有数千年历史，二者早已是“你中有我”“我中有你”，谁也不可能“全盘西化”或“全盘东化”的今天，已不可能有绝对排斥“东化”的“西化”论和绝对排斥“西化”的“东化”论，“中体西用”和“西体中用”往往成为它们通常的表现形式。在九十年代的“东化”与“西化”之争中，我们看到的也是这种情况。

实际上，大声疾呼“只有东方的哲学思想能够拯救人类”“我们应该提倡东化”的学者，也不否认西方文化在过去几千年，特别是最近几百年取得了伟大的成就，对人类文明发展作出了巨大贡献，并且态度诚恳地告诫人们：“我们必须向西方学习，今天要学习，明天仍然要学习，这是决不能改变的；如果我们固步自封，回到老祖宗走过的道路上去，那将是非常危险的。”他们虽然预言东方文化将代西方文化而兴，但原则上肯定东西两大文化体系之间的关系是互相学习的关系，强调文化交流的必要性和重要作用，认为文化交流促进了人类文明的发展，推动了社会前进。他们声明：今天提倡“东化”，并不是要消灭或铲除西方文化，而是要在西方文化已经达到的基础上，更上一层楼，把人类文化提高到一个前所未有的新高度。他们对东西文化高下优劣的比较，虽然显得过于生硬并有历史循环论之嫌，但并不存在绝对排斥西方文化的问题。

同样，今天的西化论或全球化论者，也不否认中国文化有其优长之处，中国传统思想资源中有许多可以融入全人类文化的普遍性中去的精华。例如，中国哲学历来以“天人合一”为最高境界，追求人与自然的和谐，并且通过人与自然的和谐，实现生活中人与人之间的和谐，这对建立全人类的道德秩序是有重要积极价值的。这种看法可以说与“东化”论的提倡者颇有共识。他们认为在全球化时代，各民族文化应互相学习，互相吸收，互相包容，促进东西文化的融合，以求得共同的超越。从某种意义上说，全球化论也是一种东西文化融合论。他们提出了“以全球化的普遍规律为体，以中国特色为用”的口号，叫人很容易理解为另一种形式的“西体中用”论，仍然带有中西折衷调和的味道。

九十年代“东化”论和全球化论的提倡者都是当今国内知名的学者，兼通东西文化的饱学之士。他们的文化理论虽然针锋相对，互相批评十分尖锐，但从他们的文章中仍然可以发现不少共识。我认为最重要的一点就是双方都肯定东西文化各有优长，东西文化应互相学习、交流融合。有此共识，我们就可以求同存异，保留不同意见，继续等待实践检验。而各方面都达到的共识却非常重要，它使我们有理由对二十一世纪中国和世界文化的前景建立起信心：不是“文明的冲突”把人类引向新的灾难，而是东西文化的进一步交流融合将为人类创造一个更加美好的未来。

东西文化关系在二十一世纪将是一个备受关注的问题。亨廷顿教授预言文明的冲突（主要是指东西两大文明的冲突）将取代政治意识形态的冲突而成为今后世界上最主要的冲突形式。大多数学者都不同意这种意见，认为和平与发展是下个世纪的时代主题，不同民族国家之间的局部冲突也有可能发生，但文化或文明的差异不会是引起冲突的主要原因，政治、经济利益的冲突才是真正的祸根。不同文化之间加强交流、沟通和相互了解，倒是对于消解利益的冲突可以起到重要的作用。这一点，似乎连亨廷顿教授也不否认。他曾说过：“在可见的将来，不会有普世的文明，有的只是一个包含不同文明的世界，而其中的每一个文明都得学习与其他文明共存。”① 不同文明的共存是与相互交流、沟通、对话、合作、互补、会通、融合等等分不开的，也就是说，冲突并非必不可免。

东西文化关系也是中国在实现现代化的过程中必须处理好的一个重要问题。在关于这个问题的学术讨论中，“东化”论和“西化”论

① 亨廷顿：《文明的冲突》，美国《外交事务》（*Foreign Affairs*）1993 年夏季号，中译文见香港《二十一世纪》1993 年 10 月号。

各树一帜，尽领风骚，但由于各走极端，其所提出的文化主张，不符合东西文化交流融合、共存发展的世界潮流，也不符合中国现代化的实际，所以都未能获得广泛的认同，始终不过是少数学者的意见。多数学者还是赞同比较平实的东西文化交流会通、综合创新的观点。它在过去是主流观点，在世纪末的这场“东化”与“西化”之争中，情况也是这样。在中国现代化道路、模式的选择问题上，现实的选择既不是“东化”，也不是“西化”，而是有中国特色社会主义现代化的道路和模式。它既要遵循现代化的普遍规律，又要坚持社会主义的方向，还要体现出中国特色来。就有中国特色社会主义文化来说，它的指导方针是要建设“以马克思主义为指导的，批判继承历史传统而又充分体现时代精神的，立足本国而又面向世界的”① 这样一种高度发达的社会主义精神文明。古今结合、中外（东西）结合是其基本特征。有中国特色社会主义是前无古人的伟大事业，它要靠我们吸取全人类的文明智慧去进行创造和实践，可以说它就是中西结合、综合创新的产物。在这种现实的选择面前，“东化”与“西化”之争似乎已没有多大意义。如果说也有一定的现实意义的话，那就只能理解为：学者们的警告可以帮助我们在现代化过程中避免东倒西歪的各种片面性，譬如不要盲目追随西方，只求经济发展、发财致富而任意破坏我们的环境和资源，崇尚西方价值观而可以不要我们的人格；另一方面，也不要因为中国最近几年经济发展速度较快而盲目乐观自信，认为东方价值观可以领导世界潮流，忘记下个世纪我们的任务仍然是赶超。从作为中国现代化的指导思想来说，“东化”论和“西化”论显然都不具有现实性。所以我的想法是，到二十一世纪，“东化”与“西化”虽不可能完全停息，但却不宜再进一步提倡和强化了，还是要把文化发展方向同有中国特色社会主义现代化建设的实践紧密联系

① 《中共中央关于社会主义精神文明建设指导方针的决议》，中共中央文献研究室编：《十二大以来重要文献选编》（下），人民出版社 1988 年版，第 1178 页。

起来。少数论者难免还会提出“东化”或“西化”的要求，我们要坚定不移地走有中国特色社会主义现代化的道路，用成功的实践证明这条道路的正确性。有中国特色社会主义现代化成功之时，或许就是“东化”与“西化”平息之日。

从思维方法来说，“东化”论与“西化”论有一个共同特点，就是都执着于非此即彼，都喜欢“走极端”，而不愿意主动地接受亦此亦彼的“兼容”“共存”概念，最后却在事实上可以接受一个折衷调和的结果。“西化”论者认为，中国人的“惰性”太大，你拼命鼓吹“全盘西化”，结果自然就是一个折衷调和的“中国本位新文化”。在“东化”论者看来，中国从清末到现在，从物质到精神文化，不说“全盘西化”，也已经“西化”得差不多了，崇洋媚外的趋时之风已很难扭转。你拼命鼓吹“东化”，拼命提倡“保存国粹”，结果也只不过是情况稍好一点而已。他们“拼命走极端”的主张都包含着策略的考虑在内，其苦衷有令人同情之处。但我们认为，方法的选择应从事物的本性出发，事物的发展本来是矛盾诸方面对立统一的辩证运动过程，我们就应尊重事物的辩证法，用辩证的思维方法去认识和处理这些现实的矛盾。像东方文化与西方文化这一类“不同”的事物，当然也可以说是一对矛盾，但它们之间的关系并不是你存我亡、水火不容的绝对对立的关系。对于这一类矛盾的认识和处理，就不宜只强调其“不同”，采取“非此即彼”的绝对互相排斥的方法，而是应该按照“和而不同”的原则，正确地发挥“和”即辩证同一性的作用，通过二者的“并存”“结合”“合作”来达到相反相济、良性互动的效果。中国传统哲学的“中和”辩证法，在处理这一类矛盾事物时是可以发挥其重要的指导作用的。其实马克思主义哲学也很重视“共存”“融合”概念，马克思就说过：“两个相互矛盾方面的共存、斗争以及融合成一个新范畴，就是辩证运动的实质。”[①] 这是就一般事

① 《马克思恩格斯选集》第1卷，人民出版社1976年版，第111页。

物矛盾关系来讲的，对于并非根本对抗的那一类矛盾事物，则更不能只是一味地强调“斗争”和相互排斥。在目前关于东西文化的讨论中涉及一系列矛盾关系，如一体化与多元化、全球化与本土化、世界性与民族性、现代性与根源性、科技与人文、工具理性与价值理性等等，恐怕都不能采取“非此即彼”的方法简单处理，而是要善于运用亦此亦彼、相反相济、互动互补、共存共荣的“中和”辩证法。

在邓小平理论的指导下，我们国家提出了“三步走”的发展战略，到下个世纪中叶，要争取达到中等发达国家的水平。从本世纪中叶新中国成立时起，社会主义初级阶段至少要一百年。也就是说，在二十一世纪的前半个世纪，我们国家还处于以实现工业化和经济的社会化、市场化、现代化为主要任务的社会主义初级阶段。到下半个世纪，已经达到中等发达国家水平的中国，还有追赶先进的西方发达国家的任务。巩固和发展社会主义制度则需要更长的时间。在这样的历史任务面前，我们对二十一世纪文化前景的展望，一定不能脱离中国和世界政治、经济、社会发展的实际。有中国特色社会主义新型文明体系的最终建成还需要经过若干代人的艰苦努力。它不仅意味着伟大中华文明的现代复兴，而且也是中国人真正有资格说我们已经为新型世界文明作出了较大贡献的时候。中华文化曾经被认为是一种“早熟”的文化，对于它的现代复兴和未来辉煌，我还是赞成张岱年先生的这样一种认识和评论：“大器晚成。”这种“晚成”的文化，是指已经超越了世界资本主义文化的有中国特色的社会主义新文化。我们如果只是陶醉于传统文化的辉煌，或者只会亦步亦趋地跟在西方文化后面跑，那是永远也成不了“大器”的。

（本文是作者1998年12月15日在香港“中华文化与二十一世纪”国际学术研讨会上的大会发言。原载《中国社会科学院研究生院学报》1999年第2期）

经济全球化情势下的中华文化走向

经济全球化的实质及其前景

在世纪之交和千年之交，经济全球化成为人们普遍关注的一个热门话题。在对这个问题的有关讨论中，我们明显地感觉到有两种经济全球化：现实的经济全球化和多数人所追求的理想的经济全球化。在对现实的经济全球化的认识中，有的人只揭示其表面现象，有的人则要求揭露其实质；有的人把它说成是永恒的世界秩序，有的人则把它看作是生产力和生产关系矛盾运动的一个阶段，是过渡到理想的经济全球化的历史阶梯。

一般来说，经济全球化是指资本、商品、技术、劳动力等生产要素跨越国界，在全球范围内自由流动和配置，世界各国各地区的经济日益相互依赖，日益紧密地联系成为一个整体的历史过程。这一过程从资本主义世界市场形成之日就开始了。正如马克思和恩格斯在《共产党宣言》中所说的："资产阶级，由于开拓了世界市场，使一切国家的生产和消费都成为世界性的了。……过去那种地方的和民族的自给自足和闭关自守状态，被各民族的各方面的互相往来和各方面的互相依赖所代替了。"①

---

① 《马克思恩格斯选集》第 1 卷，人民出版社 1976 年版，第 255 页。

随着社会生产力和资本主义生产关系的发展，经济全球化作为一个历史过程，它也经历了不同的发展阶段。19世纪70年代以前是自由资本主义的商品贸易全球化阶段，以英国为代表的欧洲资本主义国家对世界市场的拓展，是与其向美洲和亚非国家的殖民活动联系在一起的。此后进入了列宁所说的垄断资本主义即帝国主义时代，它在经济上表现为产业资本的全球化。这个阶段大约经过了100年，其间曾因生产过剩而爆发经济危机，帝国主义之间为争夺世界市场而发生过两次世界大战。第二世界大战后，美国取代英国成为世界经济政治的中心，经济全球化进程也明显地加快了。本世纪70年代以来，特别是到了90年代，由于信息技术革命为全球经济网络的形成创造了十分便捷的条件，特别是由于冷战结束拆除了原来的贸易壁垒，推动了市场经济的全球化和国际信贷的自由化，这就使得脱离实体经济的虚拟资本在全球自由流动和统治成为可能。人们可以看到，今天“在全球经济中占主导地位的已经不再是汽车、钢铁和小麦的贸易，而是股票、债券和货币的交易”。金融资本特别是投机资本的全球流动，造成了90年代世界各地此起彼伏的金融危机，而美国则在这些金融危机中大发横财。

如果仅从生产力的角度来看经济全球化，我们看到的就只是商品、货币、技术、服务等经济要素在全球范围内的交换和流通，以及全球经济的表面繁荣。如要进一步深入揭露其实质，那就必须同时从生产关系的角度，从生产力和生产关系矛盾运动的角度来认识经济全球化。如是我们不难看出，在世界资本主义体系中形成和发展的经济全球化，实质上是资本追求利润最大化而向全球扩张，即把自己普遍化和国际化的过程，是资本主义生产方式及其内在矛盾的全球化。全球化并没有改变资本主义的本性，它的逻辑仍然是：资本企图通过自身矛盾普遍化的方式来克服矛盾，以向国外转嫁危机的办法来解决危机。

在全球经济繁荣的表象背后，还有13亿人（超过全世界人口的

1/5）在饥饿和贫困线上挣扎。现实的由美国和其他西方发达国家推动和主导的经济全球化决不像某些人所描绘的那么美妙，它所反映的是一种极不公正、极不合理的国际经济关系。当今世界，由于美国等西方发达国家在经济实力和科技水平上占有绝对优势，他们的跨国公司控制着全球主要产品的生产和销售，因此可以用低廉的价格去购买发展中国家的原料和劳动力，而以高价出售自己的产品，从中牟取暴利。去年10月，秘鲁《商报》上一篇文章指出："发达国家是技术的主人，他们降低了发展中国家出产的原料的价格，在很多情况下，构成某种产品的价格是90%的技术和10%的原料。"美国等西方发达国家还控制着世界银行、国际货币基金组织、世界贸易组织等国际经济组织，他们是国际经济交往"游戏规则"的制定者和操纵者，制定这些规则的原则当然是首先要对他们有利。同时他们还依恃自己的强权，一方面要求发展中国家大幅度地开放市场，另一方面又以各种借口在本国实行贸易保护主义，阻挠发展中国家劳动密集型产品的进口。总之，现实的经济全球化所造成的国际经济关系是非常不平等的。马来西亚学者M. 科尔指出，这种不平等主要表现在"建立世界经济和国际贸易体系的方式是不平等的，贸易条件、金融、投资和技术转移是不平等的，全球化带来的利益和损失的分配也是不平等的。一句话，强国受益最多，其他国家则受益不多或根本得不到什么好处"。这种不平等的国际竞争的结果，是造成了国际范围内更加严重的贫富两极分化和南北对立，国际经济关系更加严重的不平衡。

联合国开发计划署发表的《1999年人类发展报告》表明：生活在富国的人口虽然只占全世界的1/5，但他们却占有了全世界86%的国民生产总值，82%的出口市场份额，68%的外国直接投资，74%的电话线路。而生活在最贫穷国家的1/5人口，在上述各项中都只占1%。上述两类人口的收入差距，在1960年为30：1，到1997年已扩大为74：1。美国成衣业、工业和纺织工人工会主席杰伊·梅热指出："世界上200个最富有的人的资产超过了处于经济阶梯另一端的20亿人的财产的总和。”由此可见这个世界的不平等已经到了何种程度！

除了加剧全球的贫富分化、两极对立之外，现实的由美国等西方发达国家主导的经济全球化还带来了生态破坏、环境污染、毒品走私猖獗、恶性疾病蔓延等一系列严重的问题，而造成这些全球性问题的罪魁祸首又没有解决问题的责任心，因此理所当然地要引起全世界人民特别是受害国人民的强烈不满。包括发达国家中正直的知识分子和一些联合国官员在内的各方面人士都愤起对这种给人类带来苦难和危机的经济全球化进行揭露、谴责和批判。第三世界国家由于科技水平落后，发展资金匮乏，债务负担沉重，贸易条件恶化，在国际经济竞争中处于极为不利的地位，它们是经济全球化的最大受害者，也是抵制、揭露、批判现实的不公正的经济全球化的主力军。今年一月在哈瓦那召开的“第二次全球化与发展大会”，有 53 个国家的 1000 多名代表参加，会议集中反映了发展中国家人民的声音，一个揭批强国垄断的经济全球化和新自由主义全球化观的浪潮正在兴起。这说明世界各国人民正在觉醒起来，美国等西方发达国家主导的经济全球化受到了强有力的挑战，要求用新的公正、合理的国际经济新秩序来取而代之的呼声已经成为时代的最强音。

什么是新的公正、合理的国际经济新秩序？虽然人们的提法各不相同，希望达到的目的也不一样，但有一点是共同的，就是希望改变现实的不公正、不合理的国际经济关系，使经济全球化朝着符合全人类共同利益的方向发展。联合国开发计划署在《1999 年人类发展报告》中说：“全球化不能一味追逐利润，它应当造福于全人类，因此有必要重新制定全球化的运行规则。”这种“造福于全人类”的经济全球化，联合国秘书长安南把它叫作“符合人性和道德的”全球化，古巴革命委员会主席卡斯特罗把它叫作“互助的”全球化，还有的学者把它叫作“和平与发展”的全球化、“可持续发展”的全球化，等等。这种“造福于全人类”的经济全球化，其基本目标是要解决国际经济关系不平等和社会贫富分配不均的问题，而要彻底解决这些问题，就要解决生产社会化和资本主义私人占有制之间的矛盾，所以其必然归趋只能是社会主义和共产主义。所谓用理想的经济全球化取代现实的经济全球化，实际上就是要用社会主义的经济全球化来取代资本主义的经济全球化。国外有的学者已经看到了这一历史趋势，明确指出："正是全球化推动劳动阶级作为世界革命的主体而崛起，历史将会证明：全球化是21世纪世界社会主义的助产婆。"

社会主义的全球化虽然在今天还只是一种理想，但却不是毫无根据的空想。因为现实的经济全球化既然是资本主义社会的基本矛盾即生产社会化和私人占有制之间的矛盾在全球范围内发展的必然产物，那么这一现实矛盾的进一步发展必然要有一个解决的办法，进一步社会化和高度发展的生产力必然要求有一种新的更加合理的生产关系来与它相适应，因此用社会主义的全球化来取代资本主义的全球化就具有历史的必然性。当然，这一过程还会是相当长期的，是一个还会遇到各种复杂情况的曲折而艰难的过程，对此我们要有充分的思想准备。但是，全世界的进步力量一定会找到一条从现实的经济全球化过渡到理想的经济全球化的道路。

面对着现实的资本主义经济全球化的汹涌潮流，中国等社会主义国家和其他发展中国家别无选择，只有坚持对外开放的方针，以积极的姿态走向世界，充分利用经济全球化给我们提供的历史机遇，引进外资和先进技术，加快本国经济的发展，提高整个国民经济的竞争实力，争取立于不败之地并逐渐变被动为主动。害怕经济全球化的冲击及其消极后果而置身事外不但于事无补，而且只能把自己隔离在世界文明之外，等于自己开除自己的"球籍"。正确的态度是积极主动地融入，清醒地面对挑战，及时调整产业结构和有关经济政策，提高防范和抵御风险的能力，因时顺势，趋利避害。各国在发展自己经济的同时，还要加强团结合作，积极参与国际经济规则的制定和修改，维护发展中国家的共同利益，争取逐步建立真正公平、合理的国际经济新秩序。

马克思说："资本主义生产是在矛盾中运动的，这些矛盾不断地被克服，但又不断地产生出来。不仅如此，资本不可遏止地追求的普遍性，在资本本身的性质上遇到了界限，这些界限在资本发展到一定阶段时，会使人们认识到资本本身就是这种趋势的最大限制，因而驱使人们利用资本本身来消灭资本。"① 经济全球化并没有改变而是进一步证实了马克思所揭示的资本矛盾运动的逻辑。资本主义为克服自身的危机所作的每一次努力，都为更具破坏性的危机的到来准备了条件，在它发展到一定阶段时，人们将会认识到"资本本身就是这种趋势的最大限制"，那时利用它所创造的巨大财富，去消灭资本主义占有制的社会变革就是不可避免的了。这就是经济全球化给我们展示的前景。

文化全球化的力量及其限制

今日的全球化运动，不仅表现在经济领域，而且表现在政治、文化、意识形态等广泛的社会生活领域。对于后者来说，经济无疑是最强大的推动力量。借助于交通运输的便利和信息传播手段的现代化，经济全球化的大潮对全人类的生活方式、思维习惯和价值观念都产生了无比深刻的影响，也可以说它在悄然地改变着人类的生活和全球的面貌。

经济全球化的一个直接后果，就是美国等西方发达国家的文化产品，在赚取商业利润的动机驱使下，迅速地占领和垄断了全球的文化市场。今日世界各地，不论是在汉城、新德里、华沙、里约热内卢，还是在非洲的大城市里，我们都可以看到有不少青年人穿着牛仔裤，抽着万宝路香烟，出入于卡拉 OK 歌厅，喜欢看《星球大战》和《泰坦尼克号》等美国影片。英国学者安东尼·吉登斯在非洲一个小村庄

① 《马克思恩格斯全集》第 46 卷（上），人民出版社 1979 年版，第 393—394 页。

里惊奇地发现，当地人正在观看盗版磁带播放的好莱坞大片，而那部片子当时在伦敦还没有上演。全球各地的儿童，都喜欢吃麦当劳，都熟悉迪斯尼乐园里的米老鼠和唐老鸭，所以有的学者把这种文化全球化的现象戏称为“麦当劳化”。

在当今世界，这种文化的全球化，主要是美国凭借着它的经济和科技优势，将其以好莱坞、迪斯尼、麦当劳、CNN 为代表的大众文化，以工业方式大批量地生产和复制，迅速地传播到世界各国各地区，使其成为大多数人，特别是青年人文化消费的重要内容，成为超越国界的全球文化。有人指出，美国的文化产业自 1983 年以来一直保持着连续增长的势头，1994 年，其视听产品就已成为仅次于飞机出口的第二大出口商品，占据了国际市场的40%。目前传播于世界各地的新闻，90%以上被美国和其他西方发达国家所垄断，美国控制了全球75%的电视节目的生产和制作。不仅许多第三世界国家的大部分电视节目来自美国，而且在加拿大这样的国家，其95%的电影市场，93%的电视剧，35%的英语节目，80%的书刊市场都被美国所占领。其他发达国家也不同程度地存在着类似情况。美国通过对新闻广播、电视电影、音乐磁带、商业广告、图书报刊等大众传媒的垄断，在潜移默化中无形地控制了世界各国人民的精神生活。这种文化渗透使各民族原有的特色文化越来越被从中心挤到边缘，某些民族的文化面临着逐渐弱化甚至消失的危险。这就是近年来各国学者经常讨论的文化认同危机问题。

因特网不受时空限制把世界联系成为一个整体，成为今日文化传播和文化交流最重要的手段之一。美国凭借其经济和科技优势，在电脑网络和信息技术方面也明显地领先于世界。他们控制着世界上的大部分电脑网络资源和网上的信息发布权，使英语成为通行的网络语言，利用互联网的全球化，将自己的意识形态、价值观念和生活方式“合法地”推销到全世界。正如《权力的转移》一书的作者阿尔温·托夫勒所说的：“未来世界政治的魔方将控制在拥有信息强权的人手里，他们会使用手中掌握的网络控制权和信息发布权，利用英语这种强大的文化语言优势，达到暴力和金钱所达不到的目的。”

目前世界上电脑网络和信息技术资源分布不均的情况可从以下数字显示出来：88% 的因特网用户在发达国家，而这些国家的总人口（并不是人人都上网）只占全世界的 17%；网上信息语言 90% 都是用英文，而世界上讲英语的人还不到 10%。这不但把世界上的人划分成上因特网的人和不上网的人，而且对不讲英语的国家的语言文化也形成了冲击。譬如德国的公司为了商业利益不得不用英语作为工作语言，这就势必会对本民族语言的生命活力造成某些消极的影响。对于那些弱势民族来说，它们的语言文化在西方国家的话语霸权面前更濒临绝灭的威胁。已有语言学家发出警告：目前世界上每星期就有一种语言从地球上消失。这种文化传播不平衡的现象，不仅呈现出从富国一边倒地传向穷国的情况，而且美国的文化强权对其他发达国家都产生了巨大的压力。美国学者罗伯特 · 贝克坦言：“美国的经济、美国的政治影响和美国的文化，都单向地对于欧洲乃至整个世界产生巨大的压力，使其更像我们，更加美国化。”

这种文化全球化并且在很大程度上是“美国化”的现象，叫人不难看出其实质就是全球文化的资本主义化或资本主义文化的全球化。美国恃其文化强权对世界各国各地区进行文化输出，其目的主要是推行一整套资本主义的意识形态、价值观念和生活方式，来控制全世界人民的精神和灵魂。譬如他们通过无远弗届、无孔不入的大众文化传播媒介，竭力推销一种消费主义的意识形态，使发展中国家人民在不知不觉中接受了以追求物欲满足为目标的资本主义生活方式，其直接后果就是导致了相当一部分人的精神空虚，理想、信念和主体意识丧失，以及腐化、堕落和种种社会犯罪行为的频繁发生。推行消费主义的意识形态还是他们对社会主义国家进行“和平演变”的一种最重要的战略武器。以美国为首的西方国家之所以能够在“冷战”中不战而胜，成功地演变了苏联和东欧社会主义国家，就是因为他们采取了杜勒斯当年提出的战略:“要同我们的对手展开一场意识形态的战争”,“在苏联播下混乱的种子”,“让他们演出一场自我灭亡的悲剧”。今天美国中央情报局又把这一套搬到对付社会主义中国的《十条诫命》中来,其中包括:“尽量用物质来引诱和败坏他们的青年,鼓励他们藐视、鄙视,进一步公开反对他们原来所受的思想教育”;“一定要尽一切可能,做好宣传工作,包括电影、书籍、电视、无线电波……和新式的宗教传布。只要他们向往我们的衣、食、住、行、娱乐和教育的方式,就是成功的一半”,等等。美国的这种文化渗透与文化侵略,已经引起全世界人民的强烈不满,不仅发展中国家和社会主义国家的人民日益觉醒起来,某些发达国家的进步学者也看清了它的侵略本质,纷纷撰文著书对其进行揭露和批判。美国哥伦比亚大学教授爱德华·萨伊德写的《文化与帝国主义》和英国学者汤林森写的《文化帝国主义》,就是其中比较有代表性的著作,很值得关心文化全球化问题的人们一读。

马克思和恩格斯指出:“统治阶级的思想在每一时代都是占统治地位的思想。这就是说,一个阶级是社会上占统治地位的**物质**力量,同时也是社会上占统治地位的**精神**力量。”[①] 这在一个国家是如此,在全球化时代的世界也是如此。美国以其强大的经济、政治、科技和军事实力而成为全球占统治地位的物质力量,它同时也是在精神文化领域统治着全球的主导力量。马恩还指出,统治阶级“为了达到自己的目的就不得不把自己的利益说成是社会全体成员的共同利益,抽象地讲,就是赋予自己的思想以普遍性的形式,把它们描绘成唯一合理的、有普遍意义的思想”[②]。我们看到,美国为了把自己的文化推销到全世界,也经常打出“普遍人权”“全人类的共同利益”“全人类的价值观”等旗号,来掩盖自己的特殊利益,欺骗全世界人民。现实

---

① 《马克思恩格斯选集》第 1 卷,人民出版社 1976 年版,第 52 页。

② 《马克思恩格斯选集》第 1 卷,人民出版社 1976 年版,第 53 页。

的以美国的文化霸权为特征的文化全球化，与马克思、恩格斯在《共产党宣言》中最初表述的文化全球化思想可以说是南其辕而北其辙。

马恩在指出世界市场的形成，打破了过去那种地方的和民族的自给自足和闭关自守状态，而代之以各民族的各方面的互相往来和互相依赖的关系之后，又接着指出："物质的生产是如此，精神的产品也是如此。各民族的精神产品成了公共的财产。民族的片面性和局限性日益成为不可能，于是由许多民族的和地方的文学形成了一种世界的文学。"《马克思恩格斯选集》的编者在这段话下面加了一个注："这句话中的'文学'（Literatur）一词是指科学、艺术、哲学等等方面的书面著作。"[①] 我们也可以把它理解为广义的精神产品或精神文化。

首先，马恩所说的"世界文学"或"世界文化"，是指克服了"民族的片面性和局限性"的人类文化的"公共财产"，而今日美国向全世界推销的文化产品，许多都反映了极其片面的美国的国家利益，充满了资本主义的文化偏见，根本不能成为代表人类文明进步成果的"公共财产"。其次，马恩所说的"世界文学"或"世界文化"，是不排斥民族性和多元性的，它本身就是由"许多民族的和地方的文学""各民族的精神产品"所形成的，可以说，民族文化的多元性即包含于"世界文化"的一元性之中。而今日美国所推行的文化全球化，却企图摧毁其他民族，特别是弱小民族的文化认同，建立自己一家独大的文化霸权，用全球化来排斥多元化。由此可见，现实的主要由美国推动和主导的文化全球化，并不能代表人类文化全球化的正确方向。

关于文化全球化和民族文化的关系，多数学者都认为二者是统一的而不是互相对立的，文化全球化并不能完全消解文化的民族性和多元性。一般来说，在经济全球化的强烈冲击下，与大众生活方式密切相关的表层文化最容易发生"趋同"现象；一定社会的政治上层建筑

---

① 《马克思恩格斯选集》第1卷，人民出版社1976年版，第255页。

和意识形态也迟早会随着经济基础的发展变化而变化；而表现在一个民族的语言、艺术、伦理、宗教、哲学中的文化“深层结构”，包括这个民族的思维方式、价值取向、宗教信仰、审美情趣等，则有较强的相对稳定性，我们不能轻言“同化”或“全球一体化”。美国的价值观要征服世界各民族，决不像它推销麦当劳那样轻而易举，必然会有一个长期的文化冲突和融合的过程，而且它的价值观也不一定能取得全面的胜利。譬如东亚各国在最近20年的经济增长中，就提出一个“亚洲价值观”来与西方价值观相抗衡，并力图补其所短。这种价值观是与部分东亚国家赶超西方发达国家的实践联系在一起的，至今仍有很强的生命力。新加坡内阁资政李光耀指出：“东亚人（日本人、韩国人、台湾人、香港人和新加坡人）的带有更强群体意识的价值观和实践，在赶超进程中表明是明显宝贵的东西。东亚文化所持的价值观，如集体利益高于个人利益，支持了团体的努力，而这对于发展是必要的。”事实证明东西价值观的共存互补明显地优于西方个人主义价值观的一统天下，这种看法在今天已经得到了越来越多的人的认同，美国企图用自己的价值观来征服全世界的目的永远也不可能达到。美国所推行的文化全球化虽然在某些方面表现出有势不可挡的力量，但是它也有明显的限制，至少在具有悠久传统的那些民族的精神文化领域，其核心价值观是不那么容易被“同化”的，要说“同化”也只能是外来文化的本土化。

根据马恩的提示，有益于人类进步的文化全球化，是利用经济和科技发展为文化传播与文化交流所创造的有利条件，各民族文化超越民族的和地方的局限性，与世界上其他民族的文化进行交流和对话，其中不可避免地会有冲突与融合，这就是所谓“文化整合”的过程；通过文化整合，既吸收其他民族文化的长处，又保持本民族文化的特色，各民族文化在互相交流、互相学习、多元互补、“和而不同”的关系中共存共荣，共同发展，全球文化也因此而不断地提高到新的水平。这种理想的文化全球化，在资本主义文化霸权时代是不可能实现的，但却是全世界人民坚定不移的奋斗目标。它的完全实现是与社会主义的经济、政治和文化联系在一起的，我们在为理想的经济全球化而奋斗的同时，也就为实现这种多元共存、“和而不同”的文化全球化创造了基本条件。

全球化时代的中华文化走向

世纪之交的中国人都已经明显地感觉到：我们正处在一个全球化的时代。这与我们的先辈在100年前，甚至20年前的感受都大不一样。中国加入世界贸易组织的谈判已接近尾声。“入世”后，中国将全方位地融入世界经济贸易体系，进一步开放市场，降低关税，给予进入中国的外国商品和企业以“国民待遇”。本民族的工业、农业和第三产业将面临着严峻的挑战和考验，同时也获得了大量吸收外资、调整产业结构，加强竞争能力、在国际国内两个市场大显身手的机会。据权威研究机构分析测算，我国入世六年后国内生产总值将增加15个百分点，有的专家估计则更为乐观。

入世谈判结果表明，在我们“全面开放的领域”中，包括金融、保险、通讯、会计、咨询、法律、旅游、商品零售和批发在内的第三产业是一个重要方面，其中也包括外国视听技术产品（影视、音像等）的合法进口和允许外国公司投资中国的互联网。可以预见，我国的文化市场将进一步被外国的文化资本和文化产品所占领，其所造成的深远影响，恐怕还不在于娱乐形式，而在于文化价值观的冲击。

前面已经指出，现实的由美国等西方发达国家推动和主导的经济全球化和文化全球化，实质上是资本主义生产方式的全球化和资本主义文化的全球化，他们的目标是要实现资本对全球的统治和用资产阶级的意识形态与价值观念征服全世界。而我国的发展目标是要建设有中国特色的社会主义经济、政治和文化，二者的价值目标是根本不同的，甚至是互相对立的。那么中国为什么还要积极主动地融入全球化的潮流中去呢？苏联解体和东欧剧变后，世界社会主义运动正处于低潮时期，在美国和西方霸权面前明显地处于弱势地位，中国主动融入它们主导的全球化，会不会出现“人为刀俎，我为鱼肉”的情况呢？中国难道就不怕像苏联、东欧那样被人家“化”掉吗？回答这个问题必须要有“世界历史”的眼光，要有对我们的民族文化和中国共产党领导的社会主义事业的自信。这里仅就全球化时代的中国文化如何挺立民族主体性而不被西方强势文化“化”掉，并为新世纪的文明对话和多元共存作出我们自己的独特贡献，谈几点粗浅的看法。

一，坚持对外开放、面向世界的方针，学习世界各国先进的科学技术、管理经验和思想文化，把我国的经济、社会、文化发展水平提高到一个新阶段。

中国文化和世界文明发展的历史经验都说明，异质文化的交流、碰撞与融合是文化更新发展的重要契机，文化封闭则只能导致僵化、停滞和落后。中国历史上曾经有过两次中外文化大交流。一次是汉唐时期印度佛教的传入，使中国文化曾一度出现“坐集千古之智”（方以智《通雅·音义杂论》）、“人耕我获”[①] 的佳境；另一次是从16世纪末叶开始，至今还在继续进行中的中西文化大交流，它使中国文化遇到深刻危机而转型为近现代文化，这个过程是相当艰难曲折的，但在各方面所取得的巨大进步也是有目共睹、不可否认的。封闭就要落后的典型事例就发生在400年中西文化交流的历史过程中。18世纪20年代以后，清朝政府长期奉行一条闭关自守，拒绝学习外国先进文明，也拒绝改变自己的政策，结果导致政治腐败，科技落后，经济凋敝，国势衰微，在外国侵略者面前投降称臣，割地赔款，丧权辱国，使曾经是世界上先进国家的中国落伍到后发展中国家的行列。新中国成立后，以美国为首的西方国家对中国长期封锁禁运，中国人民被迫自力更生、艰苦奋斗，造成了再一次实际上的闭关自守，结果是

① 《译书难易辨》，《大陆》1903年第5期。

拉大了中国和西方发达国家的差距。正反历史经验教训都告诉我们，中国要发展，中华民族要自立于世界民族之林，就不能把自己同世界隔离开来，再也不能走“封闭—落后—挨打”的不堪回首路。

一些发展中国家通过主动融入经济全球化而得到较快发展的事实，也给我们提供了可资借鉴的经验。一个有说服力的例子是：新加坡在建国初期，一般第三世界国家都认为跨国企业是居心不良的剥削者，而不敢接受他们的投资；新加坡却采取了欢迎他们来投资的态度，结果取得了成功。李光耀把这种成功归结为具有超越狭隘国家主义的国际观。而那些没有这种长远的国际眼光的国家，就失去了借跨国公司投资来发展自己的良机。

我们已经认识到只有发展才是硬道理，就必须实行对外开放，睁开眼睛看世界，学习世界各国先进的科学技术、管理经验和思想文化，博采各国文化之长，借“他山之石”来发展自己。在今日世界，美国和西方发达国家在政治、经济、军事、科技、文化等方面都居于领先和主导地位，西方文化是强势文化，学习外国先进文化当然首先要向西方学习。我们明知西方资本主义文化并非尽真、尽善、尽美，其中也包含一些假、丑、恶的东西，明知在全球化过程中确实存在着资本主义文化渗透和文化侵略的问题，明知美国等西方国家一天也没有放弃“西化”“分化”社会主义中国的图谋，但是为了知己知彼，我们必须学习；为了得到人有我无的东西，我们必须学习；为了吸取异质文化的滋养，来提高本民族文化的自我反省和更新能力，我们也必须学习。西方文化中有精华也有糟粕，问题是看你有没有鉴别和选择的能力，有没有“以我为主，为我所用”的主体意识。科学技术是全人类智慧的共同财富，先进的管理经验反映了生产和经济运行中的客观规律，它们即使是“资本主义的文明成果”，社会主义国家也可以学习和利用。我们要像马克思教导的那样，善于以人道的方式吸取资本主义的一切肯定的成果[①]，“利用旧世界本身内的一切强大手段来变革旧世界”[②]。在这“一切肯定的成果”“一切强大手段”中，除了现代科学技术和管理经验之外，还包括西方人文社会科学中的那些符合人类文明前进方向的普遍价值，如理性、科学、民主、法治、人权等，以及反映时代进步的一些新的文化观念，如主体性观念、可持续发展观念、知识经济观念、社会均衡观念等，这些都是我们在建设社会主义现代化国家中可以批判地吸取的精神资源。正如国际著名的马克思主义研究家戴维·麦克莱伦所说的：“社会主义只有站在资本主义的肩膀上，才能真正超越资本主义。”

二，加强社会主义精神文明建设，抵制封建主义和资本主义的腐朽文化，坚定不移地走建设有中国特色社会主义文化的道路。

全面对外开放后的中国文化确实面临着非常复杂的情况，对于社会主义主流文化来说，甚至可以说面临着严峻的考验。

首先，有着巨大发展潜力的中国文化市场由谁来占领，这个问题已经尖锐地摆在我们面前，它不仅涉及直接的商业利益问题，而且背后还有价值导向和意识形态争夺问题。我国的文化产业从 80 年代刚刚起步，规模小，效益低，优秀的民族文化产品少，远远不能满足人民群众日益增长的文化消费需要，因此才给大量盗版音像制品和非法出版物以可乘之隙。“入世”后，对中国文化市场觊觎已久的大型跨国公司垄断的国际传媒娱乐业更是“志在必得”。面对这样的挑战，我们一方面要大力发展自己的文化产业，多创作和生产弘扬社会主义主旋律的、积极健康而又为人民群众喜闻乐见的文化产品，以科学的理论武装人，以正确的舆论引导人，以高尚的情操塑造人，以优秀的作品鼓舞人，形成有利于社会主义现代化建设的共同理想、伦理观念

① “吸取资本主义制度所取得的一切肯定成果”，见《马克思恩格斯全集》第 19 卷，人民出版社 1963 年版，第 451 页。

② 《马克思恩格斯选集》第 1 卷，人民出版社 1976 年版，第 611 页。

和道德规范，立足于以我们民族自己的文化创造能力来改变文化市场中民族产品短缺的状况；另一方面要加强对文化市场的引导、规范、调控和监管力度，建立和健全管理文化市场的社会主义法律法规体系，对西方国家向外倾销文化垃圾要有高度的警惕，并且有一定的防范措施，对于“黄、赌、毒”和封建迷信产品的生产和流通则要坚决予以打击和取缔。随着科学技术和社会生产力的发展，随着人民群众物质和文化生活水平的提高，文化产业在国民经济中所占的比重必然会越来越大，将会成为在社会生产活动中占支配地位的产业之一。我们要立足于建设和发展，高扬主旋律，提倡多样化，为每个人的全面自由的发展提供丰富的精神资粮。

其次，在所谓“精英文化”，包括意识形态性较强的那些学术文化领域里，对外开放即意味着通过翻译出版西方学术著作和在互联网上直接获得西方学术信息，现代西方的各种政治、经济、文化思潮将会更直接更大量地传入中国，势必对我国的思想文化界产生冲击和影响。譬如近年来在我国学术界流行的市场经济思潮、生态文化思潮、人本主义思潮、科学主义思潮、西方马克思主义思潮、新自由主义思潮、民主社会主义思潮、“第三条道路”思潮、后现代主义思潮等等，都是从西方引进来的。其中所包含的合理因素，推动了人们的观念更新，促进了中国的现代化进程，有利于建设有中国特色的社会主义文化；其中的消极因素，如宣传私有化、人权高于主权，以及拜金主义、享乐主义、极端个人主义等，在我国思想界也造成了不少混乱和干扰。我们要以对人民群众负责的态度，加强用马克思主义观点对西方学术文化思潮的研究和评介，区分精华和糟粕、积极因素和消极因素，博采众长，抵制和批判错误的东西。在意识形态领域里反对各种错误思潮的斗争将是一项长期的任务。另外，走向世界的中国人文社会科学工作者还担负着在国际范围内进行意识形态斗争的责任，例如美国学者亨廷顿抛出“文明冲突论”后，许多中国学者对其进行了有说服力的批判，就产生了积极的作用和影响。

在全球化时代十分复杂的文化环境里，我们一定要头脑清醒，始终把握住建设有中国特色社会主义文化这个大方向，不随波逐流，不盲目追求所谓与国际“接轨”“趋同”。要去掉殖民文化心态，维护社会主义主流文化，这样才能真正树立起中国文化应有的国际形象。

三，大力弘扬中华民族优秀传统文化和近现代革命文化，利用现代传播手段，向世界展示中华文化之博大精美，为世界文明提供一个可久可大的文化范例。

融入全球化潮流的中国文化，获得了与世界各民族文化平等地进行交流、对话的机会。这种交流不是单向的，而是双向的，一方面以西方文化为主流的世界各民族文化通过各种渠道大量传入中国，另一方面中国文化也可以利用各种现代传媒手段传向全世界。历史上的中西文化交流就是双向的，有“西学东渐”，也有“东学西渐”，今天同样应该是中西文化双向交流。但直到目前为止，这种双向交流是很不平衡的。一百多年来，中国人一直在向西方学习，不论是通过“走出去”还是“请进来”的方式，中国人学习西方文化的态度是很认真的，学习成绩也是很不错的，以至今天中国的物质文化、制度文化和精神文化，在很大程度上都已经“西化”了。相对于西方文化的输入来说，中国文化向世界传播的情况却差得很远，影响十分微弱，除了少数汉学专家之外，大多数西方人由于语言文字的隔阂，对中国文化的了解相当肤浅，甚至还有许多误解。全球化给中国文化走向世界提供了难得的历史机遇，包括互联网在内的各种现代传媒手段，都可以为我所用，作为对外传播中国文化的渠道。目前中文网站在国际互联网上只占1%，而中国人口却占全球的1/5，比例极不相称。今后我国要大力发展信息产业，扩大中文网站，让中文成为世界上最重要的网络语言之一；同时也要利用英语等国际网络语言来宣传中国文化。目前我国在世界各地举办了许多“中国文物展”、“中国画精品展”、“中国电影周”、中国艺术团体的友谊演出等对外交流活动，都扩大了中国文化的世界影响。我们还要主要通过中国学者自己的努力，把中国文化精品翻译介绍给外国读者，让东方文化智慧为全人类所共享。

中国文化有五千年悠久历史，而且从来没有中断过，其博大精深、源远流长为世界文化史上所仅见。中国文化有一个很好的传统，就是在国内多民族文化融合和中外文化交汇中，善于吸收其他民族文化的长处来不断地充实、调整、更新自己，所以才能够历久不竭、“有容乃大”。近代以来中国虚心向西方学习，其最大收获就是学到了西方文化中最优秀的成果马克思主义，把它与中国革命和建设实际相结合在实践层面上取得了很大的成功；作为一种社会主义新型文明它也有一个民族化或本土化的问题，其“中国特色”主要表现在与民族文化传统的结合上。中国近现代革命文化继承和发扬了传统文化中所包含的优秀民族精神，如自强不息的奋斗精神，厚德载物的凝聚精神，关心社稷的爱国精神，追求崇高的人格精神等，并与实现理想文明社会的目标联系起来，因此又提升到了更高的境界。中国文化是在长期历史积淀中形成的，其中包含着许多中国人特有的智慧，有些对解决全球化时代人类面临的共同问题有重要的参考价值。一些有眼光的西方学者已经认识到：中国哲学中“天人合一”“万物并育而不相害”的智慧，为解决人与自然环境的协调和可持续发展提供了正确的指导思想；孔子提倡的“己所不欲，勿施于人”（《论语·颜渊》），应该成为处理人与人之间关系的基本准则；在处理不同民族国家和不同文化的关系时，现实的最佳选择就是中国人讲的“和平共处”“和而不同”，如此等等。应该说这些认识基本上是符合实际的。但是，在中国以外的世界，有这种认识的毕竟还只限于少数学者，远不是大多数人的共识。中国文化要真正走向世界，让世界上大多数人都能够认识到它的宏富和精美，还需要我们作长期艰苦的努力。

四，在“百花齐放，百家争鸣”“批判继承，综合创新”中发展和繁荣有中国特色的社会主义文化，为全球化时代的人类文明作出一个伟大民族应有的贡献。

加入世贸组织表明中国融入经济全球化的步伐坚定不移、不可逆转。在全球化时代，中国文化应该如何定位？我们要明确肯定：（一）它是一个有着悠久历史传统的伟大民族的文化；（二）它是能够吸收世界各民族文化精华的博大开放、“有容乃大”的文化；（三）它是扬弃了资本主义文化的社会主义初级阶段的文化。一句话，只能把它定位在有中国特色社会主义文化上。

这种文化是在“百花齐放，百家争鸣”中发展的，中国融入全球化潮流后，有中国特色的社会主义文化还要在世界范围内的“百花齐放，百家争鸣”中经受考验，在斗争中求得生存和发展。

这种文化是在“批判继承，综合创新”中发展的，它不能脱离自己的历史传统，也不能脱离世界文明的宽广大道，而是只能走吸收古今中西文化之长，创造适应时代需要的新文化的道路。

中国文化曾经长期领先于世界，只是在世界进入资本主义时代后，由于封建统治者抱残守缺和封闭自守，才落后于快速发展的西方科技文明，从一种强势文化转变为弱势文化。中国在融入全球化潮流后，由于有原来深厚的文化根底，有12亿人民奋起直追的共同意志和行动，有先进的社会主义制度作为保证，我们相信在不久的将来，中国文化一定能够重新崛起，再次成为世界上的强势文化之一，与今日领先的西方文化并驾齐驱。不过它永远不会称霸，永远不会改变自己的和平主义的性质。在未来世界各民族文化多元共存、“和而不同”的格局中，中西文化互补将成为最重要的内容和特色。

中华炎黄文化研究会会长费孝通先生近年来多次讲到“文化自觉”问题。我体会所谓文化自觉，就是一方面要有忧患意识，一方面还要有文化自信。对于全球化时代的中国文化来说，就是一方面要看到美国等西方国家主导的经济全球化和文化全球化布下的“陷阱”对我们形成的严峻挑战，另一方面又要看到中华民族文化本身所具有的强大生命力在对外开放环境中发展自己的有利条件，端正自己的心态，勇敢地面对挑战，采取积极慎重的政策和措施，调动12亿人民的积极性，经过踏实的工作和长期的共同奋斗，有中国特色的社会主义文化就不仅能自立于全球化时代的世界民族文化之林，而且还将逐渐显示出其作为一种社会主义新型文明的优越性，鼓舞和支持全世界人民为争取实现人类理想的文明社会而奋斗。

（本文是作者2000年10月26日在中华炎黄文化研究会、中国人民大学和中国艺术研究院联合主办的“经济全球化与中华文化走向”国际学术研讨会上的报告论文。原载《中国社会科学院研究生院学报》2001年第1期）

第十二届国际中国哲学大会开幕辞

各位学者、各位朋友：

两年前，在台湾召开的第十一届国际中国哲学大会上，我接受了国际中国哲学会和各位学者的重托，答应承办将于新世纪第一年在北京召开的第十二届国际中国哲学大会。这是一个艰巨而光荣的任务。两年来，在三个主办单位——中国社会科学院研究生院、国际中国哲学会、中国哲学史学会和社会各界人士的大力支持下，在各位学者的热情鼓励和积极参与下，这次国际中国哲学盛会终于如期顺利召开了。出席这次大会的代表共有250多人，其中台港、海外学者和中国大陆学者大约各占一半，超过了以往历届国际中国哲学大会的规模，学术内容也具有更大的涵盖面。无疑地，这次大会将成为中国哲学走向世界、走进新世纪的一个重要里程碑，它的前瞻意义和历史地位都是不容忽视的。在这里，我首先要对三个主办单位及其杰出的领导人，对出席会议的全体学者，以及在筹办会议过程中付出了辛勤劳动的全体工作人员，表示衷心的感谢！

国际中国哲学会自1975年成立以来，过去已在美国、加拿大、德国、韩国、中国大陆和台湾先后举办过十一届国际中国哲学研讨会，通过这种两年一届、已形成制度的系列的学术会议，团结了世界各国各地区热爱中国哲学、热心于中国哲学研究的广大学者，有力地推动了中国哲学的现代化和世界化，扩大了中国哲学的世界影响。今天，我们站在新世纪、新千年的起点上，还有责任把中国哲学进一步推向现代化，推向世界，推向未来，使它能够为人类精神文明的发展作出更大的贡献。这是我们中国哲学研究学者义不容辞的历史使命。探讨中国哲学与21世纪文明走向的关系，阐明它可能为解决新世纪人类面临的诸多问题作出一些什么贡献，正是我们这次大会的主题。

从各位学者提交的论文来看，我们瞻望中国哲学在21世纪的发展前景，对“中国哲学”这个概念通常是作两种意义的理解。一是特指或专指中国传统哲学，包括儒、道、佛、墨、易等传统思想资源，它们包含着一些什么具有全人类普遍意义的哲学智慧，又怎样表现出了鲜明的中华民族特色？在新世纪如何充分发挥其积极价值，为人类文明作出应有的贡献？与会学者多数都是这方面的专家，在提交论文中对此作了多方面的深刻阐述和论证发挥，这次大会也因此而显得学术内容十分丰满而厚重。从另一种意义理解的“中国哲学”，则是指经过近现代转型的中国哲学，即经过西学东渐和马克思主义传入后初步形成了中、西、马互动格局的当代中国哲学。在经济全球化和科技进步日新月异的今天，它面临着一些什么新情况、新问题，在21世纪可能会有怎样的发展趋势？如何正确处理中、西、马三者的关系，新世纪的中国哲学将会表现出一些什么新的特点？学者们在这方面也提出了许多富有启发性的见解，表现了对人类命运和中国哲学前途的深切关心。这两个方面的探讨都将促进我们把对大会主题的理解引向深入。

中国传统哲学是指前近代的中国哲学，即奴隶社会和封建社会时期的中国哲学。由于中华文明起源甚早，封建社会延续两千多年，而我们的历史文化又从来没有中断过，所以在世界哲学史中，建立在农业文明基础上的中国古典哲学发展得最完备、最充分、最典型，其中包含着丰富的辩证智慧和中国人对宇宙、人生的朴素的真理性认识，当然也有其明显的时代和阶级的局限性。中国传统哲学更加注重自然、整体、和谐、生生、“仁心”的思维取向，与西方哲学强调主客二分、对立斗争、科学理性的路向大异其趣，但二者在某种意义上也可以互相补充。对于沿着西方哲学路向发展到过度“戡天役物”的现代社会来说，中国传统哲学智慧越来越显示出具有某种补偏救弊的启发意义，因此，对中国哲学有学习和研究兴趣的西方学者也越来越多。这种情况在上个世纪已经出现，新世纪必将有进一步发展之势。对于中国传统哲学在今后一百年的走向，我们不可能作出十分准确的预测，但从这次会议提交的论文，可以看出世纪之初的学者们已经关注到了以下一些重要问题：

一，中国哲学的问题、对象和范围，与西方哲学的问题、对象和范围有什么“同”和“异”？上个世纪主要以西方哲学为标准建立起来的“中国哲学”和“中国哲学史”学科体系，在新世纪怎样更加符合实际地进行科学定位？也就是说，要重新全面准确地界定“什么是哲学”，然后把“中国哲学”和“西方哲学”同样作为它的一个特殊形态或“殊相”来看待。

二，怎样准确把握中国传统哲学的特点，在新世纪充分发挥它的积极价值，克服其消极作用和影响？包括我们经常讲到的处理人与自然关系的“天人合一”智慧；处理人际关系、不同文化关系的“和而不同”原则；丰富的辩证思维和有机整体观念；在对立统一中更加重视“和”与“中”即矛盾同一性的趋向；实事求是和经世致用的传统；重视人的现世生活而宗教观念比较淡薄；重视道德修养而相对忽视对自然知识的探求；重直觉体验而不重逻辑的分析与论证等等，都应该进行科学的分析和说明。

三，对于儒家、道家、佛教、墨家、兵家、易学等中国传统哲学思想学说，在新世纪如何进行全面深入的研究，着重发掘其原创性的贡献，以丰富人类哲学思想的宝库，并充分发挥其在现代社会的积极作用和价值？适应现代社会需要的新儒学、新道学、新佛学、新墨学有无存在和发展的现实可能性？怎样评价其得失？

四，在经济全球化、政治多极化和文化多元并存的今天，人类面临着许多共同的生存和发展问题，各国人民普遍希望建立“世界伦理”以规范人们的行为，使全人类生活得更加美好。中国传统哲学中有着丰富的伦理思想资源，包括儒家伦理、道家伦理、佛教伦理、墨家伦理等等，它们对建构“世界伦理”可能作出一些什么贡献？

五，参照西方的哲学解释学，总结中国传统经典诠释学的理论体系和规则范式，建构以汉语言文字为特征的当代中国经典诠释学是否可能？诠释的对象、诠释的目标、诠释行为和诠释的方法、模式等如何确定？这个学科的建立对于新世纪中国哲学史的研究有何重要意义？

六，怎样发挥中国作为文明古国的优势，充分利用不断出土的简帛等大量古文献资料，补充中国哲学史的某些薄弱环节，甚至部分地改写中国哲学史，使这个学科的体系更加科学而完备？目前这方面的国际交流与合作已经起步，这也是中国哲学走向世界的一个重要方面。

七，在新世纪，怎样把中（东）西哲学比较和相互理解、融合会通引向深入？不仅要加强对文明交往和沟通理论的研究，而且要开展多种形式的哲学、宗教对话和东西文化交流活动。21 世纪虽然不一定就能产生如某些先哲所预期的“世界哲学”，但却可以指望出现一些把中（东）西哲学结合得较好的思想学说或体系。

八，怎样解决中国哲学传播中的语言沟通和思想交流问题？包括做好对中国传统哲学智慧的通俗宣传和普及工作，做好将中国古典哲学文献翻译成现代汉语和外国语言文字的工作，让中国哲学真正面向大众，走向世界。

世纪之初的学者们提出的这些问题，虽然不能说即代表了中国传统哲学的未来走向，但是已经提出了中国哲学史这门学科在新世纪的一些可能的生长点，指出了它的建设发展方向，因而具有重要的启发意义。

中国传统哲学作为前近代的中国哲学，自然也有其不适应近现代社会的需要，甚至阻碍历史前进的僵化、落后的一面，其封建唯心主义和形而上学曾经受到了先进的中国人的尖锐的和反复的批判，至今也不能说其流毒已完全肃清。反对封建主义仍然是我们今后必须继续完成的一项重要任务。一个半世纪以来，西学和马克思主义的引进给中国带来了思想解放的新风，近现代中国哲学已经发生了深刻的转型。不能否认，经过50多年的研究、宣传和普及，中国化的马克思主义哲学已经成为今日中国大陆的主导哲学形态。它在21世纪的新发展，除了要结合时代的特点，善于吸收现代西方科学和哲学的最新成果之外，很重要的一点，就是要与中国传统思想文化包括传统哲学精华相结合，创造从内容到形式都具有鲜明的中国特色的马克思主义哲学新形态。上个世纪，毛泽东开辟了马克思主义哲学中国化的道路，他的《实践论》《矛盾论》是把马克思主义哲学与中国传统哲学精华相结合的典范。60多年来，他的后继者们虽然力图把这一事业推向前进，但是成绩不甚理想，表现在我们的哲学教学和研究中，马克思主义哲学与中国哲学两张皮的情况依然严重地存在着，将马克思主义哲学成功地本土化的论著尚不多见。这就给21世纪的中国哲学工作者留下了艰巨的任务。同样，在中国哲学与西方哲学之间，在现代西方哲学与马克思主义哲学之间，也不应该形成学科壁垒，互不沟通，而是应该加强相互交流、相互借鉴和相互融通，真正形成中、西、马三者良性互动、在马克思主义原则指导下综合创新的格局。未来的中国哲学，应该具有广阔的天下情怀和世界眼光，同时又有鲜明的民族特色和实践品格。

总之，展望21世纪，中国将建成伟大的社会主义现代化国家，人类文明将朝着多元共存、东西互补的方向发展，中国哲学可以为祖国的进步繁荣与人类文明的发展作出重要贡献。不过这要靠我们大家共同努力，在座诸位学者任重而道远！

这次国际中国哲学大会，除了要研讨我们共同关心的主题之外，还要在国际中国哲学会的组织建设上进行创会以来最重要的一次改革，并相应地修改学会章程。这是由于我们在新世纪面临的任务需要有更加富有活力的组织机构来推动这一事业的现实情况所决定的。希望广大会员大力支持，把这一次机构改革搞好。

各位学者，各位朋友，在北京申奥成功的喜庆日子里，这次大会正好在全世界所瞩目的北京召开，时间上虽然是巧合，但却意味深长。它不但象征着中国在21世纪开局良好，前程光明，而且也意味着中国哲学在21世纪将阔步走向世界，为人类文明作出更大的贡献。让我们一起祝贺北京好运！预祝大会圆满成功！

（原载《中国社会科学院研究生院学报》2001年第5期）

20世纪中国文化思潮

很高兴来到华中科技大学。早就听说这是一所人文氛围很浓的学校，今天亲身感受到了。我和林安梧教授今天讲的内容涉及20世纪中国的文化思潮。现在大家正在学习江总书记关于“三个代表”的重要思想，我想这个题目可能与“先进文化的前进方向”有点关系。要说明中国共产党始终代表着中国先进文化的前进方向，要说明它的文化方针、方向是正确的，就必须总结、回顾20世纪中国文化发展的整个历程，通过与其他文化思潮、文化方针的比较才能做出这个结论。所以我今天就想粗略地谈一下对20世纪中国文化发展以及各种文化思潮的看法。

先讲20世纪中国思想文化的基本格局。

我们知道，欧洲在法国大革命后，形成了三大思想派别：自由主义、保守主义和激进主义。中国到“五四”时期，也形成了大致类似的三种思潮。以胡适、吴稚晖为代表的自由主义西化派，接受了西方资产阶级的一套政治、文化观念，他们激烈地批判中国传统，主张中国要走西方资本主义国家走过的道路。保守主义则是指固守中国传统、反对或者抵制西化的思想派别。保守主义通常又分为社会政治的保守主义和文化的保守主义。前者竭力维护社会政治现状，反对社会革命；后者不见得反对革命，有的在政治上还很进步，主张革命，甚至亲身参加革命，如章太炎、熊十力。熊十力先生当年在武昌参加了辛亥革命，后来又参加护法运动。就是说，他们在中国的资产阶级民主革命中都起过一定的进步作用。但是在对待民族文化传统问题上，他们却显得很谨慎，很保守，主张立足传统文化，有选择地学习西方，走一条“中体西用”的道路。20世纪中国的文化保守主义思想派别，有国粹派、学衡派、“本位文化”派等，最典型的代表就是所谓“现代新儒家”。这个学派从“五四”时期梁漱溟先生到北大去讲“东西文化及其哲学”开始，至今已有三代人薪火相传，在今天，它在港台地区仍然是一个很有影响的思想派别。我们知道，“五四”时期另一个重要的思想派别就是马克思主义。由于马克思主义主张社会革命，要埋葬资本主义制度，西方资产阶级对它非常仇视，所以把它称为“激进主义”。十月革命后，马克思主义在中国得到了广泛传播。首先是李大钊、陈独秀等人从革命民主主义转变到马克思主义，成立了中国共产党。正是由于马克思主义的正确指导，中国人民革命才取得了伟大胜利。

在“五四”时期有一场著名的东西文化论战，辩论到底是东方文化优越还是西方文化优越。当时胡适、陈序经等人主张全盘西化，梁漱溟、杜亚泉等人持东方精神文明优越论。在这两派争论时，马克思主义者李大钊就企图超越偏于“肉”（物质）的西方文明和偏于“灵”（精神）的东方文明，表示了对“第三新文明”[①] 的向往，他认为这种理想的文明是一种“灵肉一致之文明”[②]。瞿秋白同志到苏联考察后，也是既超越东方文化派，又超越全盘西化派，指出社会主义的新文明是一种“艺术文明”，认为它是自由、正义和真善美的统一。

中国在“五四”时期形成的这种“三分”的思想格局，将近一个世纪并没有发生太大的变化，可以说一直到今天，我们分析今天的各种思潮，仍然是马克思主义、自由主义和保守主义三派并峙。它们之间既有对立紧张，又互相影响、互相渗透，甚至互动和互补，是一

① 李大钊：《东西文明根本之异点》，《言治》季刊1918年第3册。

② 守常：《“第三”》，《晨钟报》1916年8月17日。

种对立统一的关系。“五四”以来，中国发生过多次思想文化论战，这些论战基本上都是在这三派之间展开的。比较早的“问题与主义”论战，是在马克思主义者李大钊和自由主义者胡适之间展开的；“科学与人生观”论战，是在文化保守主义者与自由主义者之间展开的，当时的马克思主义者也介入了这场论战；我刚才提到过的东西文化论战，也是在这三派之间展开的。40 年代，新儒学在抗战时期有较大的发展，冯友兰先生提出了“新理学”，贺麟先生提出了“新心学”，当时的马克思主义学者写了一些与他们进行讨论的文章，包括我们社科院刚去世的老院长胡绳同志，还有杜国庠、陈家康等先生。到了50 年代，中国内地批判梁漱溟和胡适，也可以说是马克思主义同文化保守主义和自由主义的思想论战。60 年代，在台湾也发生过一场中西文化论战，站在自由主义方面的是很有名的柏杨、李敖，他们批评的对象主要是传统派胡秋原和新儒家徐复观。就是说，80 年代以前，不论在大陆，还是在台湾，思想文化论战都基本上是在这三派之间展开的。80 年代以后，文化讨论把大陆和台港学界已连成一个整体。1988 年我们到新加坡去参加“儒学发展的问题及前景”学术研讨会，与会的 40 位学者都是华裔，分别来自美国、加拿大、新加坡和中国内地、台湾、香港。当时我们的一些学者还是初次出国，大家还在想，海峡两岸学者长期隔离，难免会有思想观念上的对峙和紧张。而实际情况却是大陆的自由派学者和台港、海外的自由主义者站在一条阵线，同新儒家，也与大陆的马列派学者发生了激烈的辩论和思想交锋。

为什么这种“三分”的思想文化格局在近一个世纪里没有发生太大的变化？我想，从根本上说，这三派思潮正是代表了当今世界上三种现代化模式的不同选择和冲突。文化问题不是孤立的，而是和社会发展道路和模式的选择联系在一起的。也就是说，中国的现代化道路或模式不外乎三种选择：一种是“全盘西化”，一种是所谓“儒家资本主义”，还有一种就是我们讲的“有中国特色的社会主义”。我想，在中国的现代化问题还没有彻底解决之前，三大思潮对立互动的格局大概还会延续相当长一段时间，我们不能无视和回避这一现实。文化问题不可能完全摆脱意识形态的纠缠，企图摆脱或超越意识形态，结果总会自觉或不自觉地掉到某一种意识形态的陷阱中去。

以上是从总体上讲一下20世纪中国思想文化的基本格局。下面再分别对三大文化思潮在20世纪的发展，特别是通过它们在80年代、90年代的一些最新表现，来看它们之间的对立互动关系。

首先看自由主义在当今中国的发展和表现。

自由主义在西方有深厚的传统，是西方资产阶级意识形态的典型表现。它的代表人物有洛克、亚当·斯密、斯宾塞、穆勒、杜威，还有当代的海耶克、波普尔、罗尔斯等人。近代中国的自由主义思潮，从严复起，经过胡适、丁文江等人，到40年代主张走中间道路的“民主个人主义者”，再到台湾的柏杨、李敖，也形成了一个传统。这个传统就是呼唤人的个性解放，鼓吹人权，崇尚理性，追求西方模式的民主和自由。这一派在近代中国没有得到充分的发展，李泽厚说“自由主义在中国始终未能创造出自己真正独立的哲学”，应该说这是事实。自由主义是一种社会政治理念，但它也有文化意义，有其哲学基础。按照自由主义理念提出的政治理想和社会改革方案，在中国总是和“西化”联系在一起的，实质上就是要求实行西方那样的民主政治制度。在这方面，胡适先生可以说是一个典型。他一生的学术道路和政治实践，都可以为自由主义的理念做一个诠释。1949年以后，自由主义在台湾除了胡适之外，还有殷海光等代表人物，这一思潮直到今天仍有很大影响。许多台港知识分子在政治上都是信奉自由主义的，包括新儒家中的一些人，在文化上持保守主义立场，但在政治上信奉自由主义。比如徐复观先生，他去世后有人写文章纪念他，题目叫作《以传统主义卫道，以自由主义论政》，就是说在他身上体现了政治上的自由主义和文化上的保守主义二者的结合。

1949年以后，自由主义在大陆不可能成为主流的意识形态，但也有一股潜流。1957 年的反右斗争扩大化了，但其中有些代表人物就是从 40 年代的民主个人主义者演变而来的。80 年代后期在中国泛滥的资产阶级自由化思潮，它所继承的就是自由主义的思想传统。有些人的思维方式和“五四”时期的自由主义西化派是非常相似的，他们打出的口号也是“彻底反传统”，宣称“反传统是永远不悔的旗帜”；有人还再次提出了“全盘西化”的口号，要“让先进的西方文明全面冲击中国”。自由主义在当今中国是一股不可忽视的思潮，有了一定的气候就要表现出来。大家注意到，在上个世纪的最后三年，自由主义在中国又有一次兴起，其标志就是 1998 年的北大百年校庆。当时大家热烈讨论的一个问题是：什么是北大传统？有的说是科学和民主，有的说是蔡元培的“兼容并包”，有的说是爱国主义，有的说是与时俱进。还有一种观点认为这些都不是，真正的北大传统是自由主义。他们编了一本书，书名叫作《北大传统与近代中国》，副标题是“自由主义的先声”。一位知名学者为它作序，认为“自由主义是最好的、最具普遍性的价值”，呼唤“发轫于北大的自由主义传统在今天的复兴”。在这之后，中国思想界出了一批宣扬自由主义的论著，当然也有不赞成这种观点的人，在世纪末展开了一场新的思想论战，其影响至今犹存。为什么在世纪之交会出现这么一场思想论战，恐怕与今天中国社会经济、政治的变化直接相关。我只是把问题提出来，希望大家认真思考和深入研究。

其次，再来看现代中国的文化保守主义思潮。

文化保守主义是在传统和现代化的对立紧张中，代表维护传统的一种力量，主张认同和回归传统文化。它在形式上是反现代化的，实际上并不是完全排拒现代的普遍价值，而是主张在传统的基础上渐进的改良。它不承认突变和飞跃，反对断裂传统。所谓维护传统就是维护历史上形成的、代表着连续性和稳定性的事物。在保守主义者看来，长期连续成长的、历史积淀下来的人类理性和智慧，要远胜于个人瞬间的偶然创造。所以，他们不相信没有经过试验的改革或革新，更反对革命性的变革。

我们说自由主义是从西方传进来的，那么文化保守主义也不是中国的特产，它也是一种国际文化现象。在西方，文化保守主义是伴随着西方的现代化运动而出现的。它的代表人物有德国的哈曼、谢林、赫尔德，英国的柏克、卡莱尔等人。随着西方资本主义向非西方地区的扩展，这种文化保守主义思潮也在非西方地区活跃起来。非西方地区的文化保守主义往往与民族主义结合在一起，带有浓厚的民族主义色彩。典型代表有印度文学家泰戈尔、日本学者西田几多郎等人。在中国近现代史上也出现了文化保守主义思潮，主要有以章太炎、刘师培为代表的国粹派，再早一点儿的有以康有为为代表的孔教派；还有上个世纪 20 年代的学衡派，以章士钊等人为代表的东方文化派，30 年代的“本位文化”派等。而作为 20 世纪中国文化保守主义主流派的则是至今仍有一定影响的现代新儒家学派，因时间关系这里不能作详细介绍。

中国最近的一次文化保守主义思潮的兴起，是在 20 世纪 90 年代的中期。它表现为主张回归传统，批判激进主义，有的学者还公开提出了“告别革命”的口号。有本《原道》辑刊，在“编后”中公开声明其办刊宗旨就是“保守主义”。该刊第一辑有一篇文章，题目叫作《无本者竭，有本者昌》，副标题是“湘军、太平军与文化传统”。它的基本观点是：曾国藩指挥的湘军认同儒家文化，代表中国文化传统，所以它能够取得这场战争的胜利；而洪秀全领导的太平军是以“拜上帝会”，也就是以基督教为旗帜来动员群众，背离了中国文化传统，“为渊驱鱼，为丛驱雀”，所以必然失败。它把曾国藩讲的“无本者竭，有本者昌”说成是文化发展的一般规律，用来说明、剪裁历史，完全不考虑这场战争的国际、国内环境和政治、经济、军事等条件，仅以文化上是否“有本”来说明其“必胜”或“必败”的原因。这是一种典型的文化决定论的唯心史观。

不要小看 90 年代文化保守主义思潮所造成的社会影响。我给大家念一段描述 1993 年的中国社会文化氛围的文字：

> 在文学界，《白鹿原》和《废都》成为 1993 年度最重要的文学现象……前者创造了一个现代的儒教圣人朱先生，以及他的俗家弟子白嘉轩，拜倒在传统文化脚下，期冀着在理想化了的儒家学说中栖息疲惫而脆弱的心灵；后者则是在历史转折、文化失范之际，放荡形骸，纵情女色，逃避现实，精神自戕，却也仍然是对中国传统文化的支脉，从魏晋的放诞名士到明清的无行文人的有意识地效仿。在更广泛的社会生活中，复古主义和传统文化的回潮，更是全方位和多元化的。从大众传媒中的评书艺人说“杨家将”、“岳家军”、“三侠五义”、“小八义”，电视台连篇累牍地播放“唐明皇”、“杨贵妃”、“康熙”、“雍正”、“乾隆”、“慈禧”等宫廷戏，到著名影星刘晓庆、巩俐等纷纷出演“武则天”，到久盛不衰的“易经”热，蜂拥而上的白话今译经、史、子、集，到蔡志忠的连环画经典系列，从大量的仿古建筑，以“皇家花园”、“行宫”等命名住宅区，到所谓宫廷秘传的占卜术、生男生女术……以整理古籍为名出版的明清艳情小说……称本世纪以来，怀旧和复古思潮，于今为烈，大约不是妄断。从世纪初的热血沸腾，呐喊奋进，到世纪末的沮丧失落，浪子回头，从对传统文化的叛逆和决裂，到对传统文化的认同和回归，岂不令人感慨系之！①

这段放大了的描述，难免有些夸张，但它所揭示的 20 世纪末的文化回归现象，确实值得深思，值得引起我们注意。

最后来看代表 20 世纪中国先进文化前进方向的马克思主义文化思潮。

---

① 沉风、志忠：《跨世纪之交：文学的困惑与选择》，《文学评论》1994 年第 6 期。

前面讲了自由主义和文化保守主义，一个主张全盘西化，一个主张回归传统，他们都说是为了救中国，我们也不怀疑其中一些人的感情、动机是真挚的，不否定在这些思想学说中也包含着一些合理因素。我们对现代新儒学和中国自由主义思潮的研究都应该采取一分为二的分析态度，有些从文化价值观的角度要有所肯定。但也必须指出，在处理古今中西文化关系问题上，这两派确实都有所偏颇，在事实上也行不通，因此都不具有现实性。正确的文化心态是既不崇洋媚外，也不是盲目的华夏优越感，而是应该从中国现代化建设的实际需要出发，吸取古今中西文化之长，为我所用。从 16 世纪末叶开始有中西文化交流以来，一些先进的中国人都有这种比较健康的文化心态，提出过不少有价值的文化观点和文化主张，中国的马克思主义者继承了这些思想遗产，总结提升为系统的“古为今用，洋为中用，批判继承，综合创新”[①] 的文化观。我们要准确把握和深刻理解中国马克思主义的文化理论，当然首先要学习、研究毛泽东的新民主主义文化理论，邓小平、江泽民关于有中国特色社会主义文化的论述，还有 1986 年、1996 年的两个精神文明建设决议等重要文献。此外，一些主要从事学术文化工作的马克思主义学者在这方面所作出的贡献也是值得重视的。我在这里想着重介绍一下张岱年先生提出的“综合创新”文化观。

张岱年先生是北京大学的教授，今年 92 岁了。他在 20 世纪 30 年代就提出了综合创新文化观的雏形，当时的提法是“创造的综合”，又叫作“文化创造主义”。80 年代，他在《文化与哲学》一书的“自序”中说：“30 年代曾参加当时关于文化问题的讨论，我反对东方文化优越论，也反对全盘西化论，主张兼取中西文化之长而创造新的中

① 关东：《现代新儒学研究的回顾与展望——访方克立教授》，《哲学研究》1990 年第 3 期。

国文化，我这种主张可以称为‘综合创新论’。”① 在 80 年代的文化讨论中，张先生发表大量文章和讲话，重申和进一步阐明了这种文化观点。特别是和他的学生程宜山合著的《中国文化与文化论争》一书，系统地论述了综合创新文化观的实质内容和形成过程，是一本重要的文化学专著。同学们如果对中国现代文化问题有兴趣，可以把这本书找来看一看。

综合创新文化观虽然是由现代学者张岱年提出的，但它并不是某一个人的发明创造，而是中国人在走向现代化的过程中，经过了许多前辈的艰辛探索，总结了历史的经验和教训，才逐渐形成并概括地表述出来的，今后它在理论和方法上还要不断完善，不断发展深化。

我们来简单地回顾一下历史。早在 16 世纪末，自有中西文化交流以来，徐光启就向崇祯皇帝提出一个主张：“欲求超胜，必须会通。”（《历书总目表》）他认为要胜过西方文化，就一定要学习、了解西方文化。近代以来中国的有识之士不断有人提出“会通以求超胜”的主张，既不抱残守缺，绝对排拒西学，也不盲目崇拜西方学说，应该说这在当时是一种比较健康的文化心态。“五四”时期，在东西文化论战中，李大钊、瞿秋白等人都已经看到了社会主义新文明是一种既超越全盘西化，又超越东方精神文明优越论的“灵肉一致”的文明，或所谓“艺术文明”。另外还有一些人，如蔡元培先生，毛泽东的老师杨昌济先生，他们都在一定程度上既超越了欧洲中心论，也超越了华夏中心主义，主张中西文化辩证地融合，要“合东西洋文明为一炉而冶之”。我们知道，30 年代鲁迅曾提出“民族革命战争的大众文学”的口号，后来毛泽东在《新民主主义论》中进一步提出，新民主主义文化应该是“民族的科学的大众的文化”。毛泽东曾经提出过一种对待文化问题的“全面的历史的方法”，叫作“古今中外法”。他说，所谓“古今”就是历史的发展，所谓“中外”就是己方

---

① 张岱年：《文化与哲学》，教育科学出版社 1988 年版，“自序”第 1 页。

和彼方。“古今中外法”就是要弄清楚所研究的问题发生的一定时间和一定空间，把问题当作一定历史条件下的历史过程去研究。这是文化研究中的一种辩证方法。毛泽东的老师徐特立曾经非常通俗地解释过这种方法。他说，毛泽东提出的“古今中外法”，就是说我们古代的也要，现代的也要，外国的也要，中国的也要；把古代的变成自己的，和现代的结合起来，把外国的变成自己的，和中国的结合起来。“古今中外法”就是古今结合，中外结合，把它们都变成我的有机血肉。徐老还打比方说：就像吃肉，吃牛肉也好，吃狗肉也好，吃下去了，都变成我的肉这就对了，绝不是说吃了狗肉就变成狗肉。这一解释形象生动地揭示了“古今中外法”的辩证综合的本质。我刚才讲综合创新文化观并不是哪一个人的发明，许多思想文化心态比较健康的人实际上都趋向于这样一种观点，因此他们提出的文化主张都与此相接近。比如在30年代，有一派提倡“新启蒙运动”的学者，包括胡绳、张申府等人，都提出过类似的文化主张。他们认为，新启蒙运动在文化上是主张综合创造的，它所创造的文化，不应该只是毁弃中国传统文化而接受外来西洋文化，也不应该只是固守中国文化而拒斥西洋文化，而应该是各种现有文化的辩证综合或有机结合。在这段话中，综合创新的思路已经相当清晰了。由此可见综合创新文化观的产生确实有其历史的必然性。

张岱年先生倡导的“综合创新”论在今天已成为在国内占主导地位的一种文化观点。它在30年代就已有雏形，以后不断完善和发展。张先生在80年代又有许多新的重要论述，他特别强调建设社会主义新文化必须以马克思主义为指导，指出“文化的综合创新的核心是马克思主义与中国文化的优秀传统的结合”①。其他学者也为研究和宣传这种文化观做了许多工作。综合创新文化观既坚持了马克思主义的

① 张岱年：《我与中国20世纪》，《张岱年全集》第8卷，河北人民出版社1996年版，第526页。

基本原理，又符合中国的国情，而且还有重要的理论创新和方法创新，值得认真研究，大力宣传。

由于时间的关系，我不可能对 20 世纪中国文化思潮作详细介绍，只能描绘一个轮廓。中间讲得不对或不恰当的地方，请大家提出批评。我也希望得到林安梧先生的指正。

（本文是作者 2001 年 9 月 9 日在华中科技大学演讲的记录整理稿。原载《中国大学人文启思录》第 6 卷，华中科技大学出版社 2003 年版，第 307—316 页）

“和而不同”：作为一种文化观的意义和价值

“文化自觉”的涵义

在世纪之交，费孝通先生多次讲“文化自觉”问题。由于他是站在时代的高度，从中华文化的前途，从整个人类文明发展的宏阔视野来思考、探讨这个问题的，所以很快在学界引起了广泛的共鸣，并形成了相互切磋、深入研讨的可喜局面。在今天，“文化自觉”已不是一个孤立的理念，而是已经形成为一种文化观，一种有深刻意涵的文化理论。

费老对“文化自觉”的涵义做过明确的界定，他是从两个方面来阐述这个问题的：

一是对自己的文化要有“自知之明”。他说：“文化自觉，意思是生活在既定文化中的人对其文化有‘自知之明’，明白它的来历、形成的过程、所具有的特色和它发展的趋向。自知之明是为了加强对文化转型的自主能力，取得决定适应新环境、新时代文化选择的自主地位。”[1] 费老最初是在对鄂伦春等少数民族的实地考察中，注意到生存环境的变化，使其面临着“保存文化还是保存人”的严峻选择，

---

① 费孝通：《中华文化在新世纪面临的挑战》，载方克立等主编《中华文化与二十一世纪》上卷，中国社会科学出版社2000年版，第2页。

指出他们只有通过文化转型来求生路。他因此而由小见大，联想到经济全球化的时代，整个中华民族、中国文化都面临着一个如何生存、发展的问题，认识到"文化转型是当前人类共同的问题"，"我们都是生存在文化转型过程中的人物"，于是心头冒出了"文化自觉"四个字，提出了一个具有普遍意义的文化问题。他提出这个名词是在1997年。近五年来，他经常思考文化自觉与文化认同问题，反复说明不是要"回归""复旧"，而是为了加强对文化转型的自主能力，建设和发展有中国特色的社会主义新文化，表现了一个世纪老人对自己的祖国、对民族文化的深沉的爱。我在一篇文章中曾经谈到自己学习费老这一思想的体会，认为"所谓文化自觉，就是一方面要有忧患意识，一方面还要有文化自信"[①]，就是从对自己的文化要有"自知之明"这个意义来理解的。

二是正确处理自己的文化与其他民族文化之间的关系。费老指出每个人都是生活在一定的文化中，各种文化在多元文化的世界里都有一定的位置，人类社会的健康发展将取决于多元文化的和平共处、对话沟通、取长补短、共存共荣。他用"各美其美，美人之美，美美与共，天下大同"四句话高度地概括了文化自觉的本质内涵，并解释说："各美其美"就是不同文化中的不同人群对自己传统的欣赏；"美人之美"就是要求我们了解别人文化的优势和美感；"美美与共"就是在"天下大同"的世界里，不同人群在人文价值上取得共识以促使不同的人文类型和平共处。[②] 特别是在讲到如何对待"异文化"时，他强调要以容忍的态度来尊重别人与自己不同的价值观点，不仅要容忍别人，而且要理解别人，欣赏别人，使不同的价值观点在相互

① 方克立：《经济全球化情势下的中华文化走向》，《中国社会科学院研究生院学报》2001年第1期。

② 费孝通：《人文价值再思考》，《费孝通文集》第14卷，群言出版社1999年版，第196页。

理解、容忍中共同存在、不相排斥，进而互相接近、互补与融合。这里表现了费老博大的天下情怀，他以一种毫无偏执的理智心态，来拥抱人类创造的各种类型的人文价值，力图克服文化隔阂与文明冲突所可能给人类带来的灾难。

费老在他80岁生日时提出的“美美”四句，早已成为关心中华文化和人类文明发展前途的人们的美谈，成为他们为世界和平与发展而共同奋斗的思想指导原则。我在中华炎黄文化研究会召开的一次座谈会上曾提出一个看法：如果将“美美”四句中的最后一句“天下大同”改为“和而不同”，不伤费老提出“文化自觉”的本意，而且意义可能更加明确，也更具有现实性。因为不同文化价值观念互相尊重、互相欣赏的“美美与共”，虽然只有在“天下大同”的世界里才能真正、完全地实现，但它也是我们在争取实现“天下大同”的过程中，正确处理多元文化关系的唯一现实的选择。它是奋斗目标，是结果；同时也是过程，是手段。“美美与共”的意涵正好可以用“和而不同”来准确地加以诠释。

我认为将“美美”四句表述为“各美其美，美人之美，美美与共，和而不同”，完全符合费老提出“文化自觉”理念之初衷。因为费老早就意识到了：“文化自觉是当今世界共同的时代要求，并不是哪一个人的主观空想。”① 它是一个非常现实的时代的问题，实际上，在一定时空条件下，每个人、每个文化主体都面临着如何认识自己的文化、如何理解和对待所接触到的多种文化的问题。对自己的文化在世界多元文化中所处的位置有“自知之明”，然后经过自主的适应，和其他文化一起，多元互动，取长补短，共同建立一套多种文化兼容并蓄、和平共处的基本原则和秩序，这是人类的共同愿望，但也是一个相当艰巨的长期的过程。费老乐观地认为：在今天，“实现和平和

---

① 费孝通：《人文价值再思考》，《费孝通文集》第14卷，群言出版社1999年版，第195页。

公平的世界的早期愿望已走上逐步成为事实的路子”[1]，“人类的文化现在正处在世界文化统一体形成的前夕”[2]。他相信在全人类的共同努力下，“天下大同”的理想终究会成为现实。历史上中华文化就具有很强的包容性，它在促进人类文明多元互补、实现“天下大同”的过程中将起到重要的作用。费老明确指出：“中华文化的包容性和中国古代先哲提倡‘和而不同’的文化观有密切的关系。‘和而不同’就是‘多元互补’。在中华文化的发展过程中，多元的文化形态在相互接触中相互影响、相互吸收、相互融合，共同形成中华民族‘和而不同’的传统文化。”[3] 由此可见，只有坚持“和而不同”的文化观，才能做到各种文化的“多元互补”“美美与共”。

我们注意到，费老近年来特别强调“和而不同”文化观的价值和意义，他在本论坛上次会议的报告论文中谈到“美美”四句时说：“实际上，这也是中国的传统经验里面一直强调的‘和而不同’的思想所主张的倾向。”又说：“文化自觉就是在全球范围内提倡‘和而不同’的文化观的一种具体表现。”[4] 我们不难看出，费老提出文化自觉理论和“美美”四句的一个重要意图就是要大力阐扬“和而不同”的文化观，让这种中国的传统智慧为人类文明的健康发展作出更大的贡献。正是根据他的这些阐释，我才斗胆将“和而不同”直接引入“美美”四句，力图更准确地理解费老提出的“文化自觉”思想。

---

① 费孝通：《完成“文化自觉”使命，创造现代中华文化》，《费孝通文集》第14卷，群言出版社1999年版，第339页。

② 费孝通：《从反思到文化自觉和交流》，《费孝通文集》第14卷，群言出版社1999年版，第377页。

③ 费孝通：《中华文化在新世纪面临的挑战》，载方克立等主编《中华文化与二十一世纪》上卷，中国社会科学出版社2000年版，第5—6页。

④ 费孝通：《经济全球化和中国“三级两跳”中的文化思考》，《中国文化研究》2001年春之卷，第7、8页。

“和而不同”：中国的智慧

“和而不同”的观念在中国古代早就产生了，它可以说是典型的中国哲学智慧。

大家都知道，孔夫子有一句名言：“君子和而不同，小人同而不和。”（《论语·子路》）——意思是君子善于听取别人的不同意见，又能够用自己的正确意见去纠正别人的错误意见，与人家搞好团结，而不是盲目认同、随声附和；小人只是盲目附和、人云亦云，而不肯坦诚地说出自己的真实看法，也不能从别人的不同意见中获取教益，同人家真正搞好团结。在这里，“和”与“同”是两种不同的处理人际关系的态度，也表现为两种不同的思想道德境界。真正的团结不是没有意见分歧、思想交锋的一团和气，而是通过不同意见的交流、对话、切磋、讨论，从而达到互相理解，互相容忍，协调统一，和谐互动。这就是所谓“以斗争求团结则团结存，以退让（取消矛盾）求团结则团结亡”。

从现有的文献资料来看，“和”与“同”作为一对区别“同一性”的两种不同涵义的哲学范畴，是由西周末年的史伯最早提出来的。他认为“百物”都是“先王以土与金、木、水、火杂”而生成的，自然界和人类社会中的一切事物，都是由于不同的“他”物相互作用、和合演化而来的，所以“和”是事物产生、发展的根本法则，“和实生物，同则不继”（《国语·郑语》）。他对“和”与“同”的涵义作了明确的阐析：“以他平他谓之和，故能丰长而物归之。若以同裨同，尽乃弃矣。”（《国语·郑语》）这就是说，“和”是指众多不同事物之间的和谐，矛盾诸方面的平衡，亦即事物多样性的统一。只有以“他”来平服、和合“他的他”，即两个以上不同性质的事物聚集、组合在一起，才能产生新事物。相反，“同”则是指无差别的同一。“以同裨同”是把相同的事物加在一起，简单地重复，只有量的增加而没有质的变化，那么就不可能产生新事物，世界也就“尽乃弃矣”。这就是所谓“声一无听，物（色）一无文，味一无果，物一不讲”（《国语·郑语》）。五声和谐才能成为好听的音乐，单调的一种声音就不好听；同样道理，一种颜色就没有文采，一种味道势必倒人的胃口，只有一种东西就无从比较好坏。没有多样性的绝对同一只能使这个世界“不继”即停止了发展的生机。

“和实生物，同则不继”是一个朴素的但也是相当深刻的哲学命题。它反映了事物生成发展的根本规律，即宇宙万物都是由相反的事物组成的，不是简单的同一，而是多样性的统一才构成了这个不断发展着的丰富、生动的世界。同时，它也以相当简洁、准确的语言，揭示了两种根本对立的同一观，指出“和”是包含着差异、矛盾与多样性，强调相反相成、对立统一的辩证同一性，而“同”则是形而上学的无差别同一，简单重复，绝对等同。史伯还用“和同”与“专同”两个名词来进一步揭示这两种同一性的不同含义，并且明确地表示了反对“去和而取同”（《国语·郑语》）的态度。我国在约三千年前就有如此明晰的“和同之辨”，说明中华民族有着深厚的辩证思维传统。

春秋时期齐国的晏婴继承和发展了史伯关于“和与同异”的思想。他以“和羹”“和声”为例生动地说明了相反相济、相反相成的道理：“和如羹焉：水，火，醯，醢，盐，梅，以烹鱼肉，燀之以薪，宰夫和之，齐之以味，济其不及，以泄其过。君子食之，以平其心。……声亦如味，一气，二体，三类，四物，五声，六律，七音，八风，九歌，以相成也；清浊，小大，短长，疾徐，哀乐，刚柔，迟速，高下，出入，周疏，以相济也。君子听之，以平其心。心平，德和。”（《左传·昭公二十年》）厨师将鱼肉放在盛满水的锅里，加上各种调料，用火烹煮，就能做出美味的羹汤；乐师用各种乐器把不同的音调配合起来，就能奏出和谐的乐曲。只有通过“济其不及，以泄其过”的综合平衡，才能收到多样性统一的“和羹”“和声”的功效。“若以水济水，谁能食之？若琴瑟之专一，谁能听之？”没有差异的绝对同一，就如同“以水济水”，做不出可口的羹汤，或如“琴瑟之专一”，奏不出动听的乐章一样，所以说“同之不可也如是”（《左传·昭公二十年》）。

晏婴还用这种“尚和去同”思想来说明君臣上下的关系。他认为在君臣之间也应该建立起一种相反相济的“和而不同”的关系，也就是要求做到：“君所谓可，而有否焉，臣献其否，以成其可；君所谓否，而有可焉，臣献其可，以去其否。”这样才能“政平而不干，民无争心”（《左传·昭公二十年》）。君主认为是正确的，其中可能也有错误的成分，做臣子的要指出其错误以成全其正确；君主认为是错误的，其中可能也有正确的成分，做臣子的要肯定其正确所在而清除其错误。这可以说是对“和而不同”的君臣关系之本质涵义的相当典型的诠释。晏婴还指出：“所谓和者，君甘则臣酸，君淡则臣咸。”（《晏子春秋·内篇谏上》）君主不要害怕听到臣下的不同意见，其实那些敢于发表与君主不同意见的才是真正的忠臣、贤臣。这就是晏婴所理解的君臣之“和”。当齐景公问他随时紧跟自己的梁丘据是不是“和”时，晏婴回答说这不是“和”，而是“同”。因为梁丘据只会对齐景公亦步亦趋、随声附和，而从来不发表不同的意见，“君所谓可，据亦曰可；君所谓否，据亦曰否”（《左传·昭公二十年》）。这就不是“和而不同”，而是典型的“同而不和”了。在此之前，史伯也曾批评周幽王疏远那些敢于发表不同意见的“高明昭显”之士，而亲近那些与自己意味相投的“谗愚暗昧”之人，是一种“去和而取同”（《国语·郑语》）的错误态度，指出这正是周王朝必然走向衰败的原因。

世界上的一切事物都是包含着差异、矛盾、多样性的对立统一物，不同事物、相反方面的存在及其细缊激荡、和合演化才构成了无限丰富多样、永恒发展着的世界。因此可以说，“和而不同”就是世界的本来面貌与状态。中国的先哲首先从观察阴阳交合、五行生克产生万物与“和声”“和羹”等自然现象中认识到了“和实生物，同则不继”的道理，形成了重“和”的辩证宇宙观。他们不仅重视自然界的和谐，人与自然的和谐，而且尤其重视人与人之间的和谐，认识到“天时不如地利，地利不如人和”（《孟子·公孙丑上》）。

“和而不同”的原则在处理各种人际关系时显得尤为重要。“人和”包括家庭“和睦”、邻里“和顺”、上下“和敬”等内容，也包括在不同国家、民族之间，要“协和万邦”，和平相处。人际关系的和谐是国家兴旺、社会进步的决定性因素。孔子正是在总结前人有关认识的基础上，并结合自己在生活实践中的体会，才把“君子和而不同，小人同而不和”作为一个普遍原则提了出来。这种“尚和去同”的价值取向对中国文化的发展产生了深远影响。

“和而不同”：文化发展的必由之路

在中国古代，“和而不同”也是处理不同学术思想派别、不同文化之间关系的重要原则，是学术文化发展的动力、途径和基本规律。

春秋战国时期，中国出现了儒、墨、道、法、名、阴阳等诸子蜂起、百家争鸣的局面。在一些有宏阔眼光的学术史家看来，“此务为治者也，直所从言之异路，有省不省耳”（《史记·太史公自序》）。即认为各家的理论目标是一致的，都是为了治理好国家，只是所采取的方法和理论根据不同而已。这恰恰说明了“天下同归而殊涂，一致而百虑”（《周易·系辞传下》）、“道并行而不相悖”（《礼记·中庸》）的道理。汉代史学家班固更加明确地指出，各家“其言虽殊，辟犹水火，相灭亦相生也；仁之与义，敬之与和，相反皆相成也”（《汉书·艺文志·诸子略》）。在他看来，各家的观点虽有差别和对立，但又是互相启发、互相借鉴、互相促成的。“若能修六艺之术，而观此九家之言，舍短取长，则可以通万方之略矣。”（《汉书·艺文志·诸子略》）只有以博大的胸怀兼容百家，取长补短，和而不同，才能收到“通万方之略”、治理好国家的实效。

我国古代的许多学者，都从历史经验和自己的实践中得出了与班固大致相同的认识，肯定“相反相成”“相灭相生”是学术发展的规律。他们认为，不仅要看到各种不同的文化、学派、理论、观点之间的分歧和殊异，同时也要看到它们之间的联系与一致、共同之处，因此互相交流、对话、讨论不仅是必要的，而且只有通过不同思想观点的互相诘难、互相启发、互相补充、互相吸收，学术理论才能得到发展。如果将自己封闭起来，采取孔子所批评的“意、必、固、我”的态度，就只能窒息学术的生命。东汉学者仲长统指出：“同于我者，何必可爱；异于我者，何必可憎。”（《意林·昌言》引）因此，党同伐异是不可取的。北宋的张载也说：“乐己之同，恶己之异，便是有固、必、意、我。”（《经学理窟·义理》）与他大致同时代的苏轼曾经对王安石提出尖锐批评，认为：“王氏之文，未必不善也，而患在于好使人同己。自孔子不能使人同，颜渊之仁，子路之勇，不能以相移，而王氏欲以其学同天下。地之美者，同于生物，不同于所生。惟荒瘠斥卤之地，弥望皆黄茅白苇，此则王氏之同也。”（《答张文潜县丞书》）苏轼与王安石在政治态度和学术思想方面都有严重分歧，他对王安石的批评是否客观公允暂且不论，但他认为在学术文化上不能搞“专同”，不能搞思想“一统”的话却是讲得很有道理的。容不得对立的思想学派存在，企图用一种学说来“同天下”，那么就如同在盐碱地上只长着一片黄茅白苇一样单调，学术文化发展的生机也就被扼杀了。应该说，用这种观点来批判历史上的文化专制主义还是很中肯的，秦始皇“焚书坑儒”，汉武帝“罢黜百家、独尊儒术”，都是为了达到“禁私学”“绝异道”“持一统”“定一尊”的目的，即皆“欲以其学同天下”，搞“同而不和”，结果中断了先秦诸子百家争鸣的繁荣局面，阻滞了中国文化的发展。

明清之际的思想家黄宗羲在总结中国学术发展的历程时，对“和而不同”的文化发展规律有深刻的理解，提出了“一本万殊”的学术史观。他说：“古之君子，宁凿五丁之间道，不假邯郸之野马，故其途亦不得不殊。奈何今之君子，必欲出于一途，使美厥灵根者化为焦芽绝港？”（《明儒学案·自序》）又说：“学问之道，以各人自用得著者为真。凡依门傍户、依样葫芦者，非流俗之士，则经生之业也。此编所列，有一偏之见，有相反之论，学者于其不同处，正宜著眼理会，所谓一本而万殊也。以水济水，岂是学问？”（《明儒学案·发凡》）在黄宗羲看来，学术思想上的各种观点，包括“相反之论”“一偏之见”，都有其存在的价值，都可以启发思想，促进认识的发展，学者就是要善于从“不同”处发现“同”，认识到真理的绝对性与相对性、“一本”与“万殊”其实是统一的。如果不能正视差异、矛盾（“相反之论”）的存在，一定要使认识“出于一途”，那么智慧的“灵根”就会衰萎枯竭。“以水济水，岂是学问”的质问直接承继了先秦“尚和去同”的思想，有力地批判了“依门傍户、依样葫芦”的教条主义和传统经学思维方式。

以上所引资料，说明从司马谈、班固到黄宗羲，中国古代的许多学者都对“和而不同”的学术文化发展规律已有相当深刻的认识，作过不少精辟的论述。简单地说，“和而不同”就是“相反相济”“相反相成”“相灭相生”“一本万殊”，在学术思想上要允许不同意见、“相反之论”存在，通过“以他平他”的交流与交锋，互相启发，取长补短，从而达到“和”即对立面的统一，或多样性的统一。当然，“乐己之同，恶己之异”，必欲使天下学问“出于一途”，追求学术思想上的“专同”“一统”的现象也在中国历史上屡见不鲜，这就是为封建统治者所支持的“同而不和”的文化观。“和而不同”的辩证文化观正是在与这种追求绝对同一的形而上学文化观作斗争的过程中产生和发展起来的。历史实践证明，正是由于“和而不同”符合学术思想发展的客观规律，也符合在中国古代早已形成的“尚和去同”的价值取向，所以才能够为广大群众和知识分子所接受，形成为中国文化的优良传统，起着推动学术发展的积极作用。

“和而不同”不仅是处理不同学术思想派别之间关系的基本原则，

而且也是处理国内不同地域文化、各个民族文化之间的关系，以及中华文化与外来文化之间关系的基本原则。在我国多民族文化交融汇合的过程中，虽然也有过摩擦、碰撞和冲突，但主导方面是和平相处、互相学习、取长补短、共同发展，从而形成了“多元一体”“和而不同”的中华民族文化。中华文化还以开放的胸襟，善于吸收、消化域外文化精华来使自己获得新的发展生机，汉唐时期佛教的传入及其中国化，16 世纪以来的中西文化大交汇，都是异质文化交流融合、双向互动的典型范例。中华文化之所以能够在国内多民族文化融合与中外文化交汇中不断丰富发展，“有容乃大”，“历久常新”，是与“和而不同”的文化观在中国早已深入人心分不开的；相反，搞文化封闭和文化专制主义则不得人心，因为它只能使富有生命活力的学术文化走向“焦芽绝港”，日益殆弊。

“和而不同”：化解文明冲突的良方

“和而不同”的文化观使中华文化具有开放的性格和对“异文化”的宽容精神，它在与其他民族文化相处中自然就容易走向交融、合作与共同发展。正如费孝通先生所指出的：“中国人从本民族文化的历史发展中深切地体会到，文化形态是多种多样的，丰富多采的，不同的文化之间是可以相互沟通、相互交融的。推而广之，世界各国的不同文化也应该相互尊重、相互沟通，这对各个不同文化的进一步发展也是有利的。”①

在经济全球化时代，世界各民族文化的相互联系日益密切，文化全球化与多元化的关系，不同文明、不同民族文化之间的关系问题日益紧迫地摆在全人类面前，“文化自觉”比过去任何一个时代都显得

① 费孝通：《中华文化在新世纪面临的挑战》，载方克立等编《中华文化与二十一世纪》上卷，中国社会科学出版社 2000 年版，第 6 页。

更加迫切，更加重要。信息时代科技文明与社会生产力得到了长足发展，它对人类是祸还是福？未来的世界文明格局是从总体上趋向于对抗、冲突，还是趋向于交融合作、多元共存？各国学者之间有着非常不同的看法。我个人认为，在以和平与发展为时代主题的当今世界，“文明冲突论”显然不符合时代精神，中国传统智慧中的“和而不同”的思想资源，在今天有着特别重要的现实价值和世界意义，它应该成为处理不同文明、不同民族文化之间关系的基本准则。在今天，“和而不同”是消解文明冲突的一个良方，一剂对症良药，我们应该加强对它的研究和宣传。

20 世纪 90 年代，美国学者塞缪尔·亨廷顿提出了文明冲突理论。他认为冷战后世界冲突的主要根源，已经不再是经济和意识形态，而是在文明之间的差异与断层线上。今日世界分裂为西方、儒家（中国）、日本、伊斯兰、印度、斯拉夫—东正教、拉丁美洲，也许还要加上非洲，共七八种主要文明，他断言：“在可见的将来，冲突的焦点将发生在西方与几个伊斯兰—儒家国家之间”，也就是西方世界与非西方世界的冲突。亨廷顿站在维护西方文化霸权的立场上，为美国所设计的国家战略是：促进西方文明内部的团结与合作，将文化与之接近的东欧和拉丁美洲融入西方，加强同俄罗斯和日本的合作关系；抑制伊斯兰和儒家国家的军事扩张，制造儒家与伊斯兰国家之间的差异和冲突，如此等等。总之，这一切都要以符合西方利益为准绳。①

亨廷顿作为一个资深的国际战略问题专家，他意识到冷战后的世界并非西方的一统天下，指望“西方价值观成为世界唯一的意识形态”是不现实的，现代化并不等同于西方化，也未能使非西方社会西方化。在全球政治已经成为多极的和多文明的今天，非西方文明已不再是西方殖民主义下的历史客体，而同西方文明一样成为推动、塑造

---

① 亨廷顿：《文明的冲突》，美国《外交事务》（*Foreign Affairs*）1993 年夏季号，中译文见香港《二十一世纪》1993 年 10 月号。

历史的力量，并且日益从配角变成游戏的主角。因此，“在可见的将来，不会有普世的文明，有的只是一个包含不同文明的世界”①。这些认识都是非常清醒的，是符合客观实际的。但是，他显然不甘心于西方文明绝对强势地位的失落，在为西方建立新的世界秩序出谋划策时，不是把基点放在不同文明之间的平等对话与交流合作上，而是放在所谓“文明冲突”的预设上，企图通过打击、遏制异类文明来达到维持西方文化霸权的目的。这就不但在理论上站不住脚，而且在实践中违逆了和平与发展的当今世界潮流，难免要受到来自多方面的批评。

众所周知，不同文明之间的关系，不是只有对抗和冲突，而且也有相互接触、交流、协调、互动、融合与共生。从世界文明的总体发展趋势来说，不同文明之间的交流互动、彼此借鉴融合始终是主流，文明对抗、冲突只不过是暂时的、局部的现象。不同文明是在既冲突又融合、既对立又统一的关系中发展共进的。亨廷顿显然夸大了文明冲突在历史发展中的地位和作用，而对文化交流融合这一面视而不见，更不理解“和而不同”的文化发展规律，因此得出了文明冲突不可避免的错误结论。这可能是与西方人的那种重分不重合、只见对立不见统一的思维方式分不开的。从表面现象看，文明冲突论者是只见对立不见统一，仍然坚持“不是东风压倒西风，就是西风压倒东风”的非此即彼的思维方式。但它其实并不是不要统一，不重视同一性，它所追求的统一恰恰是“同而不和”的“一统”“专同”，而且这种统一只能通过一方吃掉另一方的尖锐对抗、斗争的方式来实现。今天有人还是企图用一种价值观来统一天下，鼓吹要“千方百计吸引其他国家的人民采取西方有关民主和人权的概念”，“使美国的价值观和兴趣成为一种国际共识和普遍接受的标准”，就是现代文化霸权主义的典型表现。由此可见，“和而不同”与“同而不和”作为两种对立的

---

① 亨廷顿：《文明的冲突》，美国《外交事务》（*Foreign Affairs*）1993 年夏季号，中译文见香港《二十一世纪》1993 年 10 月号。

文化观，不仅在古代中国存在，在现今世界依然存在；而且依凭经济、科技和信息资源优势，现代文化霸权主义比古代文化专制主义更霸道，更专制，危害更大。

“文明冲突论”给人类文明所展示的前景是不能令人乐观的，甚至是非常可怕的、灾难性的，也是违背全世界人民的意愿、违背文化发展规律的，很有可能要造成惨烈的历史悲剧。去年发生的“9·11”事件、阿富汗事件和至今仍在延续中的巴以冲突，就是有着深刻利益背景的“文明冲突”所造成的现实灾难，全世界人民都感到痛心疾首，谁也不希望它成为今后普遍的国际秩序和状态。在今天，人类完全可以也应当按照另一种思路来处理不同文明之间的关系问题，即如联合国根据伊朗总统哈塔米的提议，确定2001年为“不同文明对话年”那样，提倡各国都以宽阔的胸怀和宽容的心态来善待不同文明的成果，以交流代替歧视，以兼容代替排斥，以对话代替对抗，以共处代替冲突，增进各种文明之间的相互了解与沟通，那么就会给人类文明展示完全不同的另一种前景。去年在联合国第56届大会上通过的关于“不同文明对话年”的决议，由中国等75个国家共同提出，以协商一致的方式通过，就说明它是符合世界上绝大多数国家和人民愿望的，实际上是对“文明冲突论”的一个有力的回应。开展不同文明之间的对话活动，就是尊重不同民族、不同宗教和不同文化的多样性，推动各种文明的互相交流、互相借鉴，以求共同发展、共同进步。这正是全世界人民所期望的“美美与共”“和而不同”的文明格局。所以在今天，大力宣传“和而不同”的文化观，促进不同文明之间的对话，还有消解文明冲突、维护世界和平的重要意义。“文明冲突”论与“和而不同”论作为当今世界上两种最有影响的文明关系理论，全世界人民已经对其作出了明确的价值选择，现在关键是要落实到具体行动中去，用对话代替冲突，取“和”而去“同”，争取人类文明朝着符合全世界人民的意愿、符合文化发展规律的方向发展。

所有文明都要“自觉”，都要有“自知之明”

前面已经提到，费老关于“文化自觉”的理论，是适应时代的需要而提出来的，是一种具有普遍意义的文化理论。在全球化时代，中国和世界都在发生着急速的变化，文化的兴衰、存亡与转型问题对于每个民族来说都不是不相干的，都是非常现实地存在着的大问题。鄂伦春人的狩猎文化因森林遭到破坏而有一个存亡的问题；中国传统文化因近代西方文化的传入而受到巨大的冲击，面临着一个转型和浴火重生的问题；西方文化霸权把许多第三世界国家的民族文化从中心挤到了边缘，有的甚至濒临绝灭之险境。这些处于弱势地位的民族文化，一般都有较强的忧患意识，对于根源性的认同和对文化转型能力的自信对于它们来说也极其重要，如果没有这种“文化自觉”，这些民族文化的前途将是不堪设想的。那么，处于强势地位的民族文化难道就不需要文化自觉了吗？人类文明史中的大量事实说明，世界上没有哪一种文化永远是强势文化、先进文化，强与弱、先进与落后的地位是可以转化的。如果不善于向其他民族文化学习，以强势文化自居，固闭自守，不思进取，甚至将自己的文化强加于其他民族，称霸天下，其结果没有不失败的，而且强势文化也有可能失去自己的优势，转化为弱势文化。这种转化正是没有“自知之明”、没有“文化自觉”所造成的结果。曾以“天朝上国”自居的清王朝就给中国文化提供了这种由强变弱的深刻的历史教训。在世界文明史上，善于学习、吸收其他民族的先进文化，使自己由弱变强的情况也不鲜见，日本在近代的崛起就是一个显著的例子。世界文明史是一本最好的“文化自觉”教科书。所有民族都应该认真总结、吸取本民族文化发展中的历史经验教训，同时也要善于从其他民族文化的发展史中获取教益。处于弱势地位的民族文化需要学习，处于强势地位的文化更需要学习，对自己的文化是从哪里来的、它要把人类带到哪里去、应该怎样处理与其他民族文化的关系有“自知之明”，有正确的文化心态，对于强势文化来说更加重要，因为它对人类文明未来的健康发展承担着更大的历史责任。

在今日世界，西方文化的强势地位是不容置疑的，在经济全球化推动下的文化全球化大有把西方文化变成一种全球文化之势。但这种文化的全球化并不能消解、否定、取代民族文化的多样性，全球化与本土化、一体化与多元化并存的趋势和局面早已为许多学者所一再指出。连亨廷顿也承认，尽管西方国家强力推销自己的文化，但是并没有使非西方社会完全西方化，非西方文明正在重新肯定自己的文化价值，从一种文明转变为另一种文明的努力并没有取得成功，在阿拉伯世界，物质生活与民主形式的西方化甚至强化了反西方的政治力量。[①] 要用西方强势文明来同化、取消多种形态的非西方文明是根本不可能的，特别是像中国文明、印度文明、伊斯兰文明这样有着几千年历史积淀、至今仍被10亿以上人口所认同的伟大文明，是决不可能被任何强势文明轻易地“同化”掉的。因此，对于处在强势地位的文化来说，最现实的问题就是要学会同其他民族的文化和谐相处、相依共存，如果没有弱势文化，你的强势地位也就不存在了。而且，即使是处于弱势地位的民族文化，也有许多值得强势文化学习、借鉴的东西，关键是看你是否愿意学习，是否善于学习。强势文化能以平等的心态来对待弱势文化，不以强凌弱，不搞自我中心主义，需要有高度的文化自觉。

问题是当今的强势文化有没有这种文化自觉？现实的情况似乎不能让我们过于乐观。虽然西方有不少有识之士认识到了人类文明只能走多元共存、“和而不同”的道路，但某些西方国家的当权者与谋士却仍在自觉或不自觉地追求一种文化霸权，企图以自己的文化凌驾于

① 亨廷顿：《文明的冲突》，美国《外交事务》（*Foreign Affairs*）1993年夏季号，中译文见香港《二十一世纪》1993年10月号。

其他一切文化之上，使一些弱势民族有受到“文化侵略”的痛切感受，实际上充当了“文化帝国主义”的角色。他们追求的不是“和”而是“同”，企图成为文化上的“新罗马帝国”，用自己的文化和价值观来一统天下。而且他们信奉的是一种强调对抗、冲突的“斗争哲学”，如亨廷顿就非常具体地提出了如何抑制异类文明以求西方文明“一统”的方案，包括要从政治、经济、军事上抑制儒家和伊斯兰国家，制造儒家与伊斯兰国家之间的差异和分歧，以便各个击破等等。这种谋略显然违背了不搞文明对抗、要搞文明对话的当今世界潮流，也反映论者仍固执一种“冷战”思维方式。历史和现实都证明，不同文明间之所以会发生冲突，主要是有人要搞文化霸权主义，以强凌弱，强加于人，所以必然引起反抗。文化霸权主义是文化不自觉的典型表现，也是文明冲突的主要根源。

在世纪之交，费孝通先生提出“文化自觉”理论，大力阐扬“和而不同”的文化观，有重要的现实意义，是对人类文明的一大贡献。各国各民族文化都有一个文化自觉的问题，处在强势地位的文化更应“自觉”，承担起引导、促进不同文化交流对话、良性互动、和谐共进的责任。“文化自觉”理论符合全世界人民的愿望，符合人类文明健康发展的要求，它一定能够得到广泛认同并成为实践的指南，“各美其美，美人之美，美美与共，和而不同”的理想文明格局也一定会在全世界人民的共同努力下成为现实。

（本文是作者提交 2002 年 12 月在香港召开的“文化自觉与社会发展”国际学术研讨会的论文。原载《中国社会科学院研究生院学报》2003 年第 1 期）

中国哲学的综合创新之路

最近拜读了刘鄂培同志主编的《综合创新——张岱年先生学记》一书，这是迄今为止最全面系统地介绍、评述张岱年学术思想的一部著作。今年已届94岁高龄的张岱年先生，是硕果仅存的20世纪中国哲学大师。他不但是得到广泛认同的“综合创新”文化观的倡导者，而且他本人的学术道路走的就是一条中国哲学和中国文化的综合创新之路，可以说在这方面给我们提供了一个典范，对新世纪中国哲学和文化的发展极富启迪意义。

1936年，张岱年先生发表《哲学上一个可能的综合》一文，提出了“今后哲学之一个新路，当是将唯物、理想、解析，综合于一”[①] 的睿识。他所谓“唯物”，首先是指“五四”前后传入中国的“新唯物论”，即马克思主义的辩证唯物论，同时还要吸收中国固有的唯物论和辩证法思想，将两者结合起来。他所谓“理想”，是指中国传统哲学中的道德与人生哲学，特别是其理想主义的优良传统。他认为这是中国哲学之所长，应继承、修正而发扬之。他所谓“解析”，是指西方实证派哲学的逻辑解析方法。这是西方哲学之所长，中国哲学之不足，而为发展中国新哲学之所必须。将以上三个方面综合于一，“实际上乃是以唯物论为基础而吸收理想与解析，以建立一种广

① 《张岱年全集》第1卷，河北人民出版社1996年版，第262页。

大深微的唯物论”[1]。这就是他为中国哲学的更新、转型探索出的一条“新路”，这条“新路”也就是综合中、西、马而创新中国哲学之路。

以“唯物、理想、解析，综合于一”为纲，张岱年先生在抗战前后完成了两部重要的哲学著作：一部是1937年完成的《中国哲学大纲》，一部是1942—1948年完成的《天人五论》（包括《哲学思维论》《知实论》《事理论》《品德论》《天人简论》五本书）。前者为史，后者为论，史论结合，互为表里，构筑了一个广大深微的中国现代新唯物论哲学体系。张岱年的这两部重要著作在解放前都未能出版，作为一个创造新唯物论体系的哲学家，他的名声和影响在当时远没有冯友兰、金岳霖、熊十力等创造唯心论体系的哲学家大，许多人还不太了解这样一位能够全面理解和把握人类思想精粹的青年哲学家。人们在几十年后读到了这些著作，不但深感其真理的光辉是同时代的唯心论哲学所不可比拟的，而且不能不佩服张岱年为中国哲学所探寻的“新路”，与中国先进文化的前进方向是如此之契合。他为马克思主义哲学中国化所作的可贵探索，为20世纪中国哲学史留下了极有价值的思想篇章。

批判继承、综合创新是学术思想和文化发展的基本规律，其最重要的条件就是要有多种思想学说交流与交锋，“异以贞同”，“杂以成文”，在对立互动中实现“推故而别致其新”。从中国哲学发展的情况来看，孔孟的“仁学”和老庄的“道论”是对殷周以来的天人之学的一次综合创新，西汉黄老之学和董仲舒的“新儒学”是对先秦诸子百家之学的一次综合创新，以儒、释、道“三教合一”为特征的宋明理学是佛教传入后中国哲学的又一次重要的综合创新。近代以来，由于西学东渐和马克思主义的传入，现代中国哲学已形成中、西、马对立互动，相融相摄，你中有我，我中有你，以至“百姓日用而不

① 《张岱年全集》第1卷，河北人民出版社1996年版，第262页。

知”的局面。中国哲学在现代面临着一次最深刻的、具有世界历史意义的综合创新，就是要综合中、西、马，创造集人类哲学智慧之大成而又充分体现民族主体性的、作为经济全球化时代先进文化之一的当代中国哲学。上个世纪以来，许多学者都在朝着这个方向努力，张岱年“将唯物、理想、解析，综合于一”而创造的中国现代新唯物论哲学体系，就是这方面的一个可贵的尝试。他提出的这条哲学“新路”，实际上受到了其兄张申府的“孔子、列宁、罗素，三流合一”① 思想的启发，在一定意义上也可以说是张氏兄弟的共同创造。上个世纪最有成就的一些中国哲学家，都是承担着这样的文化使命，沿着中、西、马综合创新之路而有所成的，如毛泽东、李达、冯契等人的哲学贡献。冯友兰在后期也认识到只有打通中、西、马，将中西哲学中一切好的东西都吸收包容到马克思主义哲学中来，才能实现他所期待的“旧邦新命”。为了实现中国哲学的这一次最伟大的综合创新，许多前辈都作了艰辛的探索，已经找到了正确的方向，但“大功”尚未告成，需要有人沿着这条道路继续走下去。21 世纪的中国哲学家们承担着思想接力和学术创新的重任。天将降大任于斯人也，“舍我其谁与!”作为一代文化托命之人，相信他们一定会交出让历史满意的答卷。

（本文节要发表于《光明日报》2003 年 2 月 11 日，全文载刘鄂培、衷尔钜编《张岱年研究》，清华大学出版社 2004 年版，第 21—24 页）

① 参见《张岱年全集》第 1 卷，河北人民出版社 1996 年版，第 133 页；第 8 卷，河北人民出版社 1996 年版，第 549、585 页；《张申府文集》第 3 卷，河北人民出版社 2005 年版，第 434 页。

张岱年在20世纪中国哲学史中应有之地位

张岱年先生走了。一个没有“人大代表”“政协委员”之类荣衔，仅“官”至北京大学哲学系中国哲学史教研室主任的普通学者，其追悼会规格之高过去似乎尚无先例。人们赞扬他在哲学理论研究、中国哲学史研究和文化研究三个方面都做出了突出贡献，但主要还是把他看作一位中国哲学史方面的专家。因为他发表的第一篇论文、出版的第一部著作都是关于中国哲学的，终其一生也没有离开中国哲学史的教学和研究工作。他连任三届中国哲学史学会会长，是这个学科领域里的学术泰斗；“国学大师”之类称号也是与这个学科相关联的。亲属、朋友、学生们对他“刚毅木讷近仁”“至诚无息”和“直道而行”的道德人格感怀尤深，一致的看法是：如果没有20年的坎坷，他给我们留下的精神财富决不止这些。

张岱年先生生于1909年5月，卒于2004年4月，享年95岁。他是一位跨世纪的哲学家，但其学术生命主要是在20世纪度过的。张先生在20世纪中国哲学史中应占有什么地位，是本文试图回答的问题。我们探讨的重点将不放在他终生从事的中国哲学史研究上，也不放在他晚年极负盛名的“综合创新”文化观上，而是放在他早年的哲学创作活动上。在本文作者看来，张岱年先生在40岁以前已确立了他作为20世纪中国哲学大家的地位，而且直到世纪末，以至新世纪初，其所倡导的中、西、马“三流合一”、综合创新之路仍然指示着当今中国哲学发展的正确方向。

20 世纪中国哲学的一枝奇葩

上个世纪 30、40 年代，在中国哲坛上出现了几位有自己独创的中西融合的哲学体系、各成一家之言的哲学大家，人们通常提到的有创造了“新理学”体系的冯友兰先生，创造了“新唯识论”体系的熊十力先生，创造了“论道”和“知识论”体系的金岳霖先生，这个年代也因为出现了这些大师而成为 20 世纪中国哲学史的一大亮点。其实在差不多同一时代，还有一位青年哲学家也创造了一个“将唯物、理想、解析，综合于一”①，贯通古今、融合中西的中国现代新唯物论哲学体系，为这一段中国哲学史大添亮色。这位青年哲学家就是张岱年先生。

1936 年，张岱年发表《哲学上一个可能的综合》一文，明确地提出了“今后哲学之一个新路，当是将唯物、理想、解析，综合于一”，“此所说综合，实际上乃是以唯物论为基础而吸收理想与解析，以建立一种广大深微的唯物论”② 的哲学构想。他所谓“唯物”，首先是指“五四”前后传入中国的“新唯物论”，即马克思主义的辩证唯物论（包括历史唯物论）。他认为辩证唯物论既博大精深又切合实际，是“当代最伟大的哲学”③，它亦将成为新的综合哲学之基础和主导。中国古代哲学中也有唯物论和辩证法的思想传统，以王船山、颜习斋、戴东原为代表的近三百年哲学，“实以唯物为主潮”④，更是中国现代新唯物论哲学所可以接引的源头活水。他所谓“理想”，主要是指注重人的力量、心的作用、精神的能动性，宣扬伟大的理想以

① 《张岱年全集》第 1 卷，河北人民出版社 1996 年版，第 262 页。
② 《张岱年全集》第 1 卷，河北人民出版社 1996 年版，第 262 页。
③ 《张岱年全集》第 1 卷，河北人民出版社 1996 年版，“自序”第 3 页。
④ 《张岱年全集》第 1 卷，河北人民出版社 1996 年版，第 273 页。

指导人类前进的思想。他认为："中国哲学是最注重生活理想之研讨的，且有卓越的贡献，我们既生于中国，对于先民此方面的贡献，实不当漠视，而应继承修正而发挥之。"① 他所谓"解析"，则是指西方实证派哲学的逻辑分析方法，其要义在于辨意谓，析事实，汰除混淆，削减含忽，而以清楚确定为目的。这是治哲学的基本工夫，也是发展新唯物论哲学之必然的途径。这种方法恰为西方哲学之所长而为中国哲学之所短，故应大力批判吸收而容纳之。

在张岱年看来，将唯物、理想、解析综合于一，实际上就是以辩证唯物论为基础，吸收、兼综中国哲学的人生理想学说和西方哲学的逻辑分析方法，创造出一种"致广大而尽精微"的新的综合哲学。文章列出了这种新的综合哲学的大体纲领，包括它在方法论、知识论、宇宙论、人生论等方面的基本内容，并指出它在性质上是唯物论、理想主义、解析哲学的一种综合，也可以说是中国哲学与西洋哲学的一种新的综合。对于中西哲学来说，它都是一个新的发展："对于西洋哲学方面说，可以说是新唯物论之更进的引申；对于中国哲学方面说，可以说是王船山、颜习斋、戴东原的哲学之再度的发展。"② 也就是说，这种新的综合哲学，不仅是从西方哲学的最新潮流发展而来的，而且也是从中国哲学本来的传统中生长出来的。他指出的这条哲学新路，可以说是一条以马克思主义哲学为基础和主导而吸收中西哲学之长的中、西、马综合创新之路。

在30年代，除了前文之外，张岱年还在《哲学的前途》（1933年1月）、《关于新唯物论》（1933年4月）、《论现在中国所需要的哲学》（1935年3月）、《人与世界——宇宙观与人生观》（1936年9月）等一系列文章和论稿中，反复阐发了以新唯物论为基础而综合理想主义与解析法，综合中西哲学之长，创造中国所需要的新哲学的构

① 《张岱年全集》第1卷，河北人民出版社1996年版，第263页。
② 《张岱年全集》第1卷，河北人民出版社1996年版，第277—278页。

想。其理论内容涉及新唯物论的宇宙观、新唯物论的方法论、新唯物论的知识论、新唯物论的历史观、新唯物论的人生哲学等诸方面，已形成一个虽简略但却有“秩然之系统”、颇具特色的新唯物论哲学体系。除了对其作一般的理论阐明外，他在当时还发挥了其作为战斗唯物主义的积极作用。如1933年，张岱年在《大公报》上发表《谭“理”》一文，就公开批评了冯友兰先生在《新对话》中所主张的“未有甲物之先已有甲物之理”和理“超时空而有”的唯心主义观点。1936年，他又发表长篇书评《评叶青〈哲学问题〉及〈哲学到何处去〉》，揭露叶青对辩证唯物论的歪曲，系统地批驳了两本书中的“五大谬误”。孙道昇在《现代中国哲学界之解剖》一文中把张申府、张季同（岱年）兄弟看作是“解析法的新唯物论”一派之代表，认为“此派具有批判的，分析的精神，其作品在新唯物论中，可谓最值得注意的，最有发展的”[①]，说明这派哲学在当时已有相当的影响。张岱年亦不讳言其思想曾受到张申府的启发，他在《关于新唯物论》一文中说：“本刊编者[②]曾云：‘我的理想：百提（罗素），伊里奇（列宁），仲尼（孔子），三流合一。’吾以为将来中国之新哲学，必将如此言之所示。”[③] 在一定意义上可以说，现代中国哲学的中、西、马“三流合一”说乃是张氏兄弟的共同创造。

张岱年在30年代已初步形成的新哲学纲领，自知还有许多问题需进一步研究探讨，整个理论体系尚需扩充完善。他清醒地意识到：“我认为中国现代唯物论者的任务是：（1）以解析的方法将新唯物论中根本观念剖辨清楚；（2）以唯物对理法为方法讨论新唯物论创造者所未及讨论的哲学问题；（3）以新唯物论为基本，而推阐所未明言之含义；（4）以不违乎对理唯物为原则，以吸收它派哲学中之合理的东

① 孙道昇：《现代中国哲学界之解剖》，《国闻周报》1935年第12卷第45期。

② 指当年天津《大公报·世界思潮》的编者张申府先生。

③ 《张岱年全集》第1卷，河北人民出版社1996年版，第133页。

西；（5）根据唯物对理法处理中国哲学中之传统问题；（6）寻求中国哲学中之对理唯物的传统而继承发挥之。”[①] 在有了这样的理论自觉之后，他着重做了两件事情。一是从 1935 年春至 1936 年夏，用了大约一年半时间，写成了 50 万字的《中国哲学大纲》一书。该书是他将唯物、理想、解析综合于一的哲学运用于中国哲学史研究的一次重要实践，不仅创造了一种以哲学问题为纲、以厘明中国哲学中固有的条理系统为目的的新著作体例，而且在以下几个方面表现出了自己鲜明的特点：①着重探索和表彰中国哲学中的唯物论和辩证法思想传统，为新唯物论哲学在中国“寻根”；②将逻辑分析方法运用于中国哲学史研究，力求做到概念清晰，命辞意谓准确，条理系统严整；③重视中国传统人生哲学中的理想主义思想资源，“人生论”占全书一半以上篇幅。这本书也因此而获得了“其成就不在冯友兰之下”[②] 的中国哲学名著之美誉。二是抗日战争时期，张岱年在极其艰苦的条件下，陆续完成了《哲学思维论》《知实论》《事理论》《品德论》四部哲学论稿，加上 1948 年写的《天人简论》，合称为“天人五论”，构筑了一个“天人新论”哲学体系，表达了他对一些重要哲学理论问题的基本看法。在张先生看来，哲学是天人之学，是关于宇宙的最高原理和人生的最高准则的学问。他将“天论”的内容概括为“物统事理”（事理论）、“物源心流”（心物论）和“大化三极”（大化论）、“永恒两一”（两一论）四个命题，将“人论”的内容概括为“群己一体”“人群三事”两个命题，将“知论”的内容概括为“知通内外”（知实论）、“真知三表”（真知论）两个命题。从形式上看，“天人新论”与《中国哲学大纲》是一一对应的，但其内容却是运用现代哲学观点和方法，对这些中国传统哲学问题作了全新的创造性的

---

① 《张岱年全集》第 1 卷，河北人民出版社 1996 年版，第 278 页。

② 曹聚仁：《中国学术思想史随笔》，生活 · 读书 · 新知三联书店 1986 年版，第 201 页。

诠释。这一史一论，纵横交织，互相配合，互为表里，共同构成了张岱年的中国现代新唯物论哲学体系的主体内容，也标志着其早年哲学思想的基本成熟。

张先生的《中国哲学大纲》完成于抗日战争前夕，后因抗战爆发而未能出版。1943 年作为北平私立中国大学的讲义少量印行，1958 年商务印书馆署名“宇同”初版，1982 年才署名“张岱年”由中国社会科学出版社出版。张先生 40 年代陆续完成的“天人五论”，迟至 1988 年才由齐鲁书社以《真与善的探索》为书名公开出版。与冯友兰、熊十力、金岳霖等前辈学者相比，张岱年先生没有学说创制顺利、著作出版及时、声名影响日隆的幸运。但从思想发展史的较长远时段来看，张先生早年的新唯物论哲学体系无疑地还是要放到产生它的时代，即上个世纪 30、40 年代，才能理解它的本质内涵和意义、价值，包括它与时代的联系以及它与同时代的其他思想的关系，其成果发表早或晚几十年倒不是最重要的问题了。哲学史上这样的情况是常有的：例如王船山的著作，基本上是在他去世以后刊印的①，清同治年间刊刻的《船山遗书》才使埋没了近二百年的船山遗著大量面世，但这并不妨碍我们把王船山当作 17 世纪重要的唯物主义哲学家写入中国哲学史。张岱年在 20 世纪中国哲学史中的地位，似乎亦应作如是处理。

中西哲学交流、融合、会通是 20 世纪中国哲学最重要的特点。马克思主义的传入使中西哲学交流、融合进入了一个新阶段。“五四”后在中国已出现中、西、马对立互动的思想格局，张岱年的长兄张申府就是在中国最早接受马克思主义的知识分子之一，他同时也是国内著名的罗素专家。深受张申府影响的张岱年在青年时代就打下了中国传统哲学、西方哲学（主要是现代新实在论和逻辑实证论哲学）和马

① 据说王船山在 25 岁时曾自编自刻一部《漧涛园初集》，此书的雕本和刻版都未见传世。

克思主义哲学三个方面坚实的学问基础，并且通过比较确认辩证唯物论是“现代最可信取之哲学”[①]。正是由于有这样的知识背景，我们就不难理解为什么在30、40年代有自己独创的哲学体系的那一批哲学大师中，唯有张岱年先生始终坚信唯物论的真理性而不能赞同几位前辈的唯心论哲学立场，唯有张岱年先生主张以马克思主义哲学为基础来综合中西哲学之长，与整个20世纪中国哲学之主潮基本一致，而其他几位都是解放后才在不同程度上接受马克思主义，随着时代前进而改变或调整原来之哲学方向的。就此而言，张岱年不仅在20世纪前半叶最有创造性的那一批中国哲学大师中应占有一席之地，而且其地位还相当特殊，即他是其中唯一的站在唯物论立场的哲学家，其前、后期哲学思想基本上是一贯的，与中国先进文化的前进方向是始终相一致的，70多年来他始终主张要以中、西、马“三流合一”、综合创新的宏大气魄来创造中国所需要的新哲学和新文化，并为此而努力实践、不懈奋斗。这样的哲学家在20世纪中国哲学史中是不多见的，也自然应该受到人们的格外敬重。

马克思主义哲学中国化的独辟蹊径的探索

马克思主义哲学在中国的传播和广泛流行、中国化马克思主义哲学的形成和发展无疑是20世纪中国哲学史中最重要的事件。马克思主义哲学也是20世纪中国各种哲学思潮、流派中无可争议的主潮。张岱年先生早在20年代末、30年代初就接受了辩证唯物论的基本观点，在中国哲学界当属先知先觉者之一；而且在此后70余年的学术生涯中，始终坚持马克思主义的哲学立场，为宣传它的基本原理而写过大量文章，为捍卫其真理性而参与过各种思想斗争，特别是为创建中国化的马克思主义哲学体系而穷思苦索，在早年就写出了《中国哲

① 《张岱年全集》第1卷，河北人民出版社1996年版，第132页。

学大纲》和“天人五论”等论著成为“解析的辩证唯物论”学派的主要代表人物之一。在20世纪中国马克思主义哲学发展史中张岱年理应占有一定地位，他的工作和贡献应该得到历史的反映。但是很遗憾，在现已出版的中国马克思主义哲学发展史著作中，可能由于受到某种关于马克思主义的“正统”观念的影响，被视为“学院派马克思主义者”① 的张岱年先生却不在其视野之内，“解析的辩证唯物论”也未能作为中国马克思主义哲学的一个流派而受到应有的重视，以至张岱年在20世纪中国马克思主义哲学发展史中应占有什么地位的问题，直到今天才被提出来讨论。

马克思主义哲学作为一种外来的思想学说它要在中国传播、发展并扎下根来，必须与中国革命和建设的具体实际相结合，与中国固有的思想文化包括中国哲学的优良传统相结合。这两个“结合”是马克思主义哲学中国化的必然途径，当然不同的人可以从不同方面作出探索和贡献。张岱年是一个有强烈的爱国心和社会责任感的知识分子，但由于“生性比较迟缓，自审缺乏随机应变的能力”②，他从青年时代起就是走的一条“学术救国”的道路，没有参加中国共产党领导的革命运动和抗日战争，他主要是在学术上思考中国哲学的前途和探索中国文化的出路问题。因此，张岱年为马克思主义哲学中国化所做的贡献，主要也是在后一个“结合”上，即努力探索马克思主义哲学如何与中国传统哲学相衔接、相结合的问题。这突出地表现在他所创造的中国现代新唯物论哲学体系上。

张岱年为马克思主义哲学中国化所做的工作，首先是为辩证唯物

① 宗璞在《刚毅木讷近仁——记张岱年先生》一文中说：“我上过张先生所授的历史唯物主义和辩证唯物主义课。当时有人议论，说张先生讲的唯物论不见得合官方的意思，我懵懵懂懂地过了好些年，现在才逐渐明白，他讲的唯物论，大概是和政治有距离的，所以有学院派马克思主义者之称。”（刘鄂培、衷尔钜编：《张岱年研究》，清华大学出版社2004年版，第27页。）

② 《张岱年全集》第8卷，河北人民出版社1996年版，第504页。

论“寻根”，说明这种哲学并不完全是舶来品，它在中国哲学传统中亦有“内应”，甚至可以说有相当深厚的根基，实现二者的古今贯通、中西结合不仅是可能的，而且是十分必要的。张先生是最早注意研究中国古代哲学中的辩证法思想的学者之一。1932 年，他就在《大公报》上连续发表《先秦哲学中的辩证法》和《秦以后哲学中的辩证法》两篇文章，系统地论述了中国古代辩证法思想的基本内容和发展历程，比较了中西辩证法之异同，认为二者虽有所区别，但在实质上是一致的。在他看来，中国古代辩证法思想发端于老子，充实发挥最详密的是《易传》。此外，《墨经》《庄子》《荀子》《吕氏春秋》等先秦哲学典籍中也有一些辩证观念。秦以后辩证法思想在《淮南子》、董仲舒、扬雄、王弼那里继续有所发展，但在理论上贡献最大的，辩证思维最丰富最精湛的，则当推宋代的张载。明清之际的王夫之也提出了一些关于辩证现象的新见解。“中国哲学中的辩证法思想，主要是对自然及人事的观察。哲学家们肯定事物有必然的规律，而不是像黑格尔那样，认为这是逻辑概念之进展方式。”① 若干年后，在《中国哲学大纲》一书中，张先生依据大量原始资料，对中国古代哲学中的“常变”“反复”“两一”“始终”“有无”“同异”等辩证法范畴作了详细的分疏，指出中国辩证法的主要贡献在于其关于变易、反复、两一的学说。变易是宇宙的根本事实，反复是变易的规律，两一是变易的根源。在他看来，“反复两一的理论，与西洋哲学之辩证法相仿”②，可以说是对否定之否定和对立统一规律的中国表达方式。张先生在开创性地研究中国唯物论史方面倾注了更多的心血。他认为中国哲学史上一直存在着唯物论和唯心论两种基本倾向的对立斗争和相互作用，从先秦到明清，每个时代都出现了一些有唯物论倾向的代表人物，如伯阳父、《易传》作者、荀子、王充、裴頠、范缜、刘禹

① 《张岱年全集》第 1 卷，河北人民出版社 1996 年版，第 41 页。

② 《张岱年全集》第 2 卷，河北人民出版社 1996 年版，第 192 页。

锡、张载、王廷相、王夫之、戴震等人，这样就在中国哲学史中形成了一个唯物主义的思想传统。在辨析中国哲学的基本倾向时，他将其区分为唯心论、唯理论、唯气论三种类型，认为唯气论实即中国哲学中的唯物论。张先生在中国哲学史研究方面的重要贡献之一，就是指出在宋明哲学中，除了程朱理学（唯理论）和陆王心学（唯心论）之外，还有以张载、王夫之为代表的一派气学（唯气论），这一派就是中国中古时期的唯物论。他详细阐述了张载、罗钦顺、王廷相、王夫之、颜元、戴震等人的唯气论学说，特别明确指出："船山天下惟器的见解，实乃是最显明的唯物论"[①]；"在清代哲学，有创见的思想家皆讲气论，气论遂成了时代的主潮"[②]；"现代中国治哲学者，应继续王、颜、戴未竟之绪而更加扩展"[③]。这些看法在30年代的中国哲学界都是前人没有讲过的"新论"，也鲜明地表现了张先生自己的哲学倾向。50年代张岱年先生还写过一本《中国唯物主义思想简史》（中国青年出版社1957年版），90年代又主编了一本70余万字的《中国唯物论史》（河南人民出版社1994年版），说明70多年来他一直把阐明中国哲学中的唯物主义思想传统当作自己重要的学术职责，不断推动和深化这一研究。在20世纪的中国，张先生实际上也代表着这一研究的最高学术水平。

说到这里，有两点需要注意：一是张先生在考察中国唯物论思想传统时并不否定唯心论哲学中所包含的合理因素与理论思维成果，特别是其中关于主体能动性和人生理想的学说，明确主张新唯物论应批判地吸纳这些重要思想成果；二是他曾多次指出，中国哲学中的唯物论往往是与辩证法思想结合在一起的。《易传》作者、张载、王夫之等人都是既讲唯物又讲"对理"的哲学家，在一定意义上可以说中国

① 《张岱年全集》第2卷，河北人民出版社1996年版，第113页。

② 《张岱年全集》第2卷，河北人民出版社1996年版，第122页。

③ 《张岱年全集》第1卷，河北人民出版社1996年版，第273页。

哲学中有一“对理唯物论的传统”[1]。那么，由这一固有思想传统扩充、转换、发展而来的中国现代新唯物论哲学就不是无源之水、无本之木了。

张岱年先生为马克思主义哲学中国化所做的更重要的工作，是在“天人五论”和《认识·实在·理想》等论稿中，力图以中国哲学问题为纲，运用逻辑分析方法，分别给以辩证唯物论的诠解和回答，构建一个“天人新论”即中国化的马克思主义哲学体系。

“哲学为天人之学”可以说是张先生的新唯物论哲学体系的“导论”。中国哲学历来重视“究天人之际”“穷天人之蕴”“通天人之故”，即把天人关系看作是它所要追问和回答的最高问题。张先生认为，从辩证唯物论的观点来看，天与人是“本”（本根、本原）与“至”（至极、至精）的关系：“天为人之所本，人为天之所至。”[2] 自然界的物质运动是一切事物、现象生成的根本，人是生物进化的最高产物，人类的精神是自然界发展所开出的最美丽的花朵。理想的天人和谐统一关系是人类“不惟能认识自然，而且能知当然之准则，能依当然之准则以改变自然，并改变自己之生活以达到人生之理想境界”[3]。哲学就是研究自然之根本原理和人生之最高准则的学问。

按照张先生原来的计划，“天论”包括“事理论”和“心物论”两部分。理与事、心与物的关系是中国传统哲学宇宙论的基本问题，哲学史中的大量事实表明，对这两个问题的不同回答将不同的哲学倾向、路线鲜明地区分了开来。张先生在 1942 年写成的《事理论》中对事理俱有、物统事理、以事为本、理在事中等命题作了详细的分析和论证，批评了“理在事先”的唯心主义理论，在新的历史条件下坚持和发展了王夫之“天下惟器”、李塨“理在事中”的唯物主义思想

---

① 《张岱年全集》第 1 卷，河北人民出版社 1996 年版，第 272 页。

② 《张岱年全集》第 3 卷，河北人民出版社 1996 年版，第 216 页。

③ 《张岱年全集》第 3 卷，河北人民出版社 1996 年版，第 216 页。

路线。他的《心物论》虽然没有写成，但其“物源心流”“物体心用”的基本观点在《论外界的实在》《知实论》《天人简论》等论著中都有所阐述发挥，其“一本多级”论也是唯物主义心物论的一块重要基石。特别是他明确地提出和论证了“离识有境”说，这很明显的是针对熊十力先生“离识无境”的新唯识论唯心主义宇宙观的。

张先生在《天人简论》中还将新唯物论的宇宙发展观概括为“大化三极”“永恒两一”两个重要命题。“大化论”是研究宇宙发展变化的历程，进而探讨变化的规律和根源的学说。他认为：“宇宙大化有三极：一元极，二理极，三至极。”① 元极是最根本的物质存在，理极是最根本的原理即最普遍的规律，至极是最高的价值准则。宇宙发展变化最普遍的规律是“永恒两一”，即对立统一规律。将中国哲学中的矛盾学说、对立统一规律概括为“两一论”，是张岱年新唯物论哲学的一个特点，也是其辩证法思想的精髓所在。在《中国哲学大纲》中，“大化论”和“两一”学说都是放在宇宙论中来论述的，在“天人新论”体系中，这部分内容似乎也可以归属于“天论”。

“人论”是新唯物论的社会历史观和人生哲学。张先生虽然在抗战时期只写成了简略的《品德论》四章，但在其他论著如《生活理想之四原则》《人与世界》《文化通诠》《天人简论》《认识·实在·理想》中，对有关社会人生、文化价值、道德理想的问题多有论述。他特别注意运用“两一”即对立统一的观点来解决天与人、群与己、生与理、义与命之间的矛盾，提出了以“充生以达理”、“胜乖以达和”② 和“以兼和易中庸”③ 为核心命题的积极务实的人生境界学说，为建设中国所需要的新道德作出了重要贡献。

天人新论中的“致知论”原计划写“知实论”和“真知论”两

① 《张岱年全集》第3卷，河北人民出版社1996年版，第220页。
② 《张岱年全集》第3卷，河北人民出版社1996年版，第209页。
③ 《张岱年全集》第3卷，河北人民出版社1996年版，第220页。

部分。张先生于1943年写成的《知实论》一书，主要是通过感觉的分析来证明人是能够认识外界实在的，其核心命题为“知通内外”。这里“内”是指认识的主体，“外”是指认识的客体即外间世界。他说：“心可谓内，物可谓外，而知乃所以通内外。”① 显然，这是一种唯物主义可知论和反映论的观点。根据《天人简论》的提示，在张先生未完成的《真知论》中，主要是想讲真理标准问题。他改造了墨子的“三表”而提出了新的“真知三表”说：“一曰自语贯通；二曰与感觉经验之内容相应；三曰依之实践，结果如所预期。简言之，即一言之成理，二持之有故，三行之有成。”② 这里实际上是将真理的逻辑标准、经验标准和实践标准三者统一或结合了起来。

《哲学思维论》是张先生在抗战时期最早写成的一本书。该书除了论说哲学与哲学命题之一般理论问题外，主要是讨论哲学方法论问题。作者说明自己所赞同的方法是将唯物辩证法与逻辑解析法综合为一，格外强调了作为科学的认识方法和思维方法的辩证法的方法论意义，认为它与演绎、归纳等形式逻辑方法并不互相排斥，而是各有适用范围，可以互相补充。除了重视作为一切逻辑方法之基础的解析法之外，他也肯定了中国哲学常用的体验、会通等方法的价值，提倡一种“方法论上的多元主义”③。正是由于有这种“兼和”（“兼赅众异而得其平衡”④、“兼容多端而相互和谐”⑤）的胸襟、态度作为其方法论和价值观的基础，走出一条中、西、马综合创新的哲学“新路”才成为可能。

张岱年先生在30、40年代为马克思主义哲学中国化所作的探索与贡献，在当时虽然不是唯一的，但却是颇具特色的。这个“天人新

---

① 《张岱年全集》第3卷，河北人民出版社1996年版，第221页。

② 《张岱年全集》第3卷，河北人民出版社1996年版，第222页。

③ 《张岱年全集》第1卷，河北人民出版社1996年版，第181页。

④ 《张岱年全集》第3卷，河北人民出版社1996年版，第220页。

⑤ 《张岱年全集》第7卷，河北人民出版社1996年版，第406页。

论”哲学体系虽然没有最后完成，但已初具规模，展示了其丰富的理论内涵，表现了鲜明的中国作风和中国气派。众所周知，毛泽东在抗日战争前期写出了堪称马克思主义哲学中国化之典范的名著《实践论》《矛盾论》，它们也可以说是接着中国传统哲学中的知行问题和阴阳矛盾学说讲的，但其主要贡献还不在这方面，而是通过这两部著作系统地总结了中国革命的实践经验，清算了当时党内存在着的教条主义和经验主义的错误倾向，从世界观和方法论的高度，指出了一条马克思主义普遍原理与中国革命和建设实际相结合的道路。张岱年是一个缺少革命实践经验的知识分子，但却是一个中国哲学方面的专家，他也有将马克思主义哲学中国化的强烈愿望和明确的自觉意识，因此他的探索就主要是在马克思主义哲学与中国哲学优秀传统相结合方面。他先后写了《中国哲学大纲》和“天人五论”，前者对中国哲学中的唯物论和辩证法思想资源作了全面的梳理，可以说是先盘清了家底；然后根据中国传统哲学提出来的主要问题，也是现实中国哲学发展迫切需要解决的问题，以辩证唯物论的基本原理为指导，运用逻辑分析方法，分别提出自己的理解和对问题的解决方案，形成了一个中国现代新唯物论的哲学体系。就理论本质说它是马克思主义的，从表现形式看则力求为中国人民所喜闻乐见，因此不但其所讨论的问题是“接着中国哲学讲”，而且所使用的概念、范畴也大都是沿袭中国传统哲学，如“天人”“理事”“心物”“反复”“两一”“知实”“群己”“义命”等等。它的各个部分实际上就是“接着中国哲学中的××问题讲的辩证唯物论的××论”。可以说，“天人新论”与毛泽东在《实践论》《矛盾论》中所要实现的理论目标是完全一致的，不过各有特点而可以互相补充。例如，张岱年在“真知论”中讲到了真理的实践标准，但对“行”在整个认识论中的基础地位却强调得不够，比较而言，《实践论》对“辩证唯物论的知行统一观”的论述显然就要全面、深刻得多了。又如，张岱年在“两一论”中对中国传统哲学中关于对立统一的思想资源作了较深入的挖掘，并在中国传统重

“和”思想的基础上提出了“兼和”的新范畴，这对《矛盾论》的辩证法思想可以说是一种丰富和补充。现在看来，张岱年在30、40年代为马克思主义哲学中国化所作的独辟蹊径的探索如能更早地被人们所重视，它在后半个世纪的命运如果不是“存而不论”而是能够继续发展完善，那么中国化的马克思主义哲学在今天可能就具有更加丰富的内容和多种表现形态，并在中国哲学的现代化和民族化方面为我们提供更多的可资借鉴的宝贵经验。

坚持与发展马克思主义哲学的科学态度

要给张岱年在20世纪中国马克思主义哲学发展史中以确当的定位，除了看他为马克思主义哲学中国化所作的贡献之外，还要看到这样一个基本事实，即他是20世纪中国少有的在长达70余年的哲学生涯中，无论处于何种境遇，始终坚持辩证唯物论和历史唯物论的哲学立场，始终以开放、兼容的心态来对待其他哲学智慧成果，始终与中国先进文化的前进方向保持一致的一位哲学大家、世纪哲人。他给我们留下的精神财富，除了数百万字著述之外，还有“自强不息、厚德载物”“修辞立诚”“直道而行”的人格风范，对待马克思主义的坚持与发展相结合的科学理性态度，以及他的坎坷人生给人们留下的关于如何发展马克思主义哲学的思考：例如“学院派”马克思主义为什么得不到主流派的认可？“解析的辩证唯物论”是不是中国马克思主义哲学中的一派？张岱年的“天人新论”在解放后为什么只能“存而不论”而不能继续完成？这些问题不仅从总结20世纪中国哲学史经验教训的角度需要思考和回答，而且对中国哲学在新世纪的发展亦具有重要的启发意义和参考价值。

张岱年先生1983年加入中国共产党，此前半个多世纪他是一个党外马克思主义者。早在20年代末30年代初，张先生还是一个大学生时，他就通过阅读《费尔巴哈论》《反杜林论》《唯物论与经验批判论》等马列经典著作，从学理上接受了辩证唯物论哲学，并通过与现代西方新实在论、实用主义、生命哲学、突创进化论、新黑格尔主义等思潮的理性比较，深信辩证唯物论的真理性，认为它在宇宙观、认识论等一系列哲学基本理论问题上，都做出了比古今中外其他各派哲学更正确的回答，因之认定其为“现代最可信取之哲学”①。他在30、40年代的哲学史研究和哲学理论探索都是在辩证唯物论的指导下进行的。解放初他在清华、辅仁等校开过辩证唯物论课程，以后才分工专门从事中国哲学史的教学和研究工作。像这样一位在青年时代就接受了马克思主义、坚信辩证唯物论的哲学教授，很不幸在1957年被错划为“右派”，使其在此后20年中无法正常地从事他所挚爱的哲学研究工作。党的十一届三中全会后他才获得了新的政治生命，并迎来了学术研究的又一个春天。20世纪80、90年代，耄耋之年的张岱年还经常以自己终生信持马克思主义、老而弥坚的事例来教育青年，相信社会主义事业有必胜之前途，以回应所谓“信仰危机”和资产阶级自由化思潮。张先生以他一生的实践证明辩证唯物论是他心中的一面不倒的旗帜。

从青年时代起，张岱年先生就对马克思主义哲学采取一种既不“盲信”也不“盲诽”、将坚持与发展统一起来的科学理性态度。在他看来，“对于任何学说，任何理论，任何见解，都不应盲信，更不应盲诽。要客观地细察其内容到底是些什么，然后再客观地加以估价”②。批评的精神和客观的态度对于学者来说是最根本最重要的。对待马克思主义哲学也是这样。只要有求真理之诚心，“必能见马克思主义哲学实有堪信取者在，实有胜过它派学说的地方”；同时亦应看到，“马克思主义哲学亦非无缺欠”③，决不能以其自囿或自限。他

① 《张岱年全集》第1卷，河北人民出版社1996年版，第132页。
② 《张岱年全集》第1卷，河北人民出版社1996年版，第149页。
③ 《张岱年全集》第1卷，河北人民出版社1996年版，第150页。

还曾提出过一个命题："辩证学说的发展应亦是辩证的。"[1] 即在肯定辩证法是宇宙规律和科学方法的同时，还要看到现在所讲的辩证法，"形式未免粗疏，尚待精密化"[2]，"辩证法的哲学总在发展之中"[3]。他主张以马克思、恩格斯的新唯物论为基础来综合理想主义和解析方法，就是因为在他看来，新唯物论也有其不足之处："新唯物论虽颇注重理想，而对于理想之研讨，实不为充分，而其注重分析，不充分乃更甚。"[4] 因此有必要吸取中国哲学中的人生理想学说和西方哲学的逻辑分析方法来补充、发展、完善之。另外，这种哲学虽"蕴义极丰"，但"有时简而不晰"；"若干概念皆无明晰之界说。若干原则又未有精察之论证"[5]，尚需运用逻辑解析方法来精判细察，厘析论证。总之，"现在形式之新唯物论，实只雏形，完成实待于将来"[6]，马克思主义哲学家们可谓任重而道远。

在30年代的中国学术思想界，"唯物辩证法风靡了全国"[7]。但在当时能像张岱年先生这样用科学理性的态度来对待它的人还是不多的。张先生曾具体分析说："今人对于新唯物论的态度，可分三种：一是墨守的态度，即类乎宗教信仰的态度。凡宗师所已言，概不容批评；宗师所未言者，不可有所创说。二是盲目反对的态度，即不求甚解，不作同情的体察，而悍然作不中肯的驳诘。三是修正的态度，即认宗师所说有对有不对，应有所改变。"他表示对这三种态度都不赞成，分别作了中肯的批评，然后明确提出："我的态度是发挥扩充：

---

① 《张岱年全集》第1卷，河北人民出版社1996年版，第93页。

② 《张岱年全集》第1卷，河北人民出版社1996年版，第60页。

③ 《张岱年全集》第1卷，河北人民出版社1996年版，第93页。

④ 《张岱年全集》第1卷，河北人民出版社1996年版，第263页。

⑤ 《张岱年全集》第1卷，河北人民出版社1996年版，第129、134页。

⑥ 《张岱年全集》第1卷，河北人民出版社1996年版，第132页。

⑦ 艾思奇：《二十二年来之中国哲学思潮》，《艾思奇文集》第1卷，人民出版社1981年版，第66页。

对于已有之理论应更加阐发，而以前未及讨论之问题，应补充研讨之。”①这就是一种坚持与发展相结合的科学态度。在谈到如何发展马克思主义哲学时，他特别强调要善于学习、吸收现代各派哲学中有价值的合理内容，反对那种对待马克思主义的宗派主义、关门主义的态度。他注意到，当时“多数讲马克思主义的人对马克思主义以外的学说，不问内容，不加分别，一概藐视，一概抹杀”②。这是指当时的一些马克思主义学者，以掌握了唯一的真理自居，不加分别地排斥一切非马克思主义哲学，特别是把现代西方哲学都看成是垄断资产阶级的腐朽没落的世界观而一概加以否定，这就堵塞了吸取各派哲学之长来发展马克思主义哲学的道路。张先生很不赞成这种自我封闭的态度，在他看来，“新唯物论虽成立于19世纪之中叶，而其中实能兼综20世纪若干派哲学之长。如其言宇宙为一发展大流，则能纳柏格森哲学之长；其言一本而多级，则能纳鲁意·摩根等突创进化论之长；其言实践，则能纳实用主义之长”，“新唯物论欲求完成，则又必更有取于现代各派哲学，而最应取者则为罗素一派之科学的哲学”，“现在形式之新唯物论所缺之者实为解析方法，而罗素哲学则最能应用解析方法者”③。这种心胸正是那些自以为是百分之百的马克思主义而对一切非马克思主义哲学均采取排斥态度的学者所缺乏的。我们从张先生的“天人新论”哲学体系中，不仅可以看到他对中国传统哲学唯物论和辩证法思想的承继与发展，而且可以看到他为综合近、现代西方各派哲学之长所作的努力，尤其是对于罗素一派哲学，在扬弃其唯心主义新实在论观点的前提下，极力主张学习、吸收其逻辑解析方法，以“训练培养人的精思的能力”④；同时主张把它与唯物辩证法结合

① 《张岱年全集》第1卷，河北人民出版社1996年版，第278页。
② 《张岱年全集》第1卷，河北人民出版社1996年版，第149页。
③ 《张岱年全集》第1卷，河北人民出版社1996年版，第132、132—133、133页。
④ 《张岱年全集》第1卷，河北人民出版社1996年版，第150页。

起来，作为其新唯物论哲学的方法论基础。这种识见确实与当时的一些马克思主义学者大不一样。我国在 20 世纪 30 年代有一场关于辩证法与形式逻辑的论战，当时被称为“辩证法派”的一些学者，由于受苏联哲学界清算机械论和形而上学的影响，曾把形式逻辑错误地等同于形而上学而加以批判，认为它“已经变成了一切落后与反动的思想之论理的武器”①。张先生此时却大胆地肯定了形式逻辑的科学意义和价值，认为它与辩证法“并无不两立之冲突”②，如实地指出“辩证法并非不承认形式逻辑所承认者，乃是在承认形式逻辑所承认者之外，更承认若干形式逻辑所未讲者”③，认为二者“必结为一，方能两益”④。他对这场论战作了实事求是的科学总结，指出“今之喜形式逻辑者则鄙弃辩证法，而好谈辩证法者则非薄形式逻辑，实皆蔽于一曲之见”⑤，双方都未能正确地解决辩证法与形式逻辑的关系问题。

在马克思主义哲学传播发展过程中，为什么被称为“学院派马克思主义者”的张岱年先生能以更加科学理性的态度来对待各种非马克思主义哲学呢？这里首先有一个哲学家的精神境界、精神修养问题。正如张先生所指出的：“哲学家须有寻求客观真理之诚心”⑥，“如无求真之诚，纵聪明博辩，亦止于成为粉饰之学”⑦。他从学理上接受和认同辩证唯物论就是诚心追求真理、与各派哲学理性比较的结果，同样，正是由于有这种“求真之诚”，他才能充分尊重和认真考量其他各派哲学的见解，虚心学习、吸纳其中之胜义。其次还有一个哲学观、文化观问题。在张先生看来，“任何哲学学说都非仅集妄，亦必

---

① 一鸥：《论形式论理学》，《大学》月刊 1942 年第 1 卷第 10 期。
② 《张岱年全集》第 1 卷，河北人民出版社 1996 年版，第 264 页。
③ 《张岱年全集》第 3 卷，河北人民出版社 1996 年版，第 59 页。
④ 《张岱年全集》第 1 卷，河北人民出版社 1996 年版，第 135 页。
⑤ 《张岱年全集》第 3 卷，河北人民出版社 1996 年版，第 29 页。
⑥ 《张岱年全集》第 1 卷，河北人民出版社 1996 年版，第 358 页。
⑦ 《张岱年全集》第 3 卷，河北人民出版社 1996 年版，第 70 页。

有所见。对于任何哲学理论，不应完全排斥之，而亦应容纳其对的成分，且不惟容纳之，更需提高之。对于任何哲学，都应且扬举且抛弃，且擢拔且摈除，且吸纳且扫荡”①，“按照唯物辩证法的观点，一种文化中必然含有相互对立的成分，即好的或较有积极意义的和坏的或具有消极意义的成分。唯物辩证地对待文化，就应一方面否定后者，一方面肯定前者，并根据现实需要加以发挥、充实”②。张先生从青年时代起对待哲学和文化问题就是持这样一种唯物辩证的观点，当然这也决定了他对待各种非马克思主义哲学的态度。此外似乎还可以从学术与政治的关系的角度来总结一下经验教训。张先生在30、40年代的哲学理论活动，虽然也有着强烈的现实关怀，立志创造能解决民族危机的刚毅宏大的新哲学，但由于他是置身于火热的革命斗争洪流之外，与当时站在革命理论战线前列、直接为现实革命斗争服务的主流派马克思主义终究有一定区别，即有其难以避免的局限性，所以有“学院派马克思主义”或“书斋里的马克思主义”之讥。但从另一方面来说，由于其与现实政治保持着一定距离的特殊处境，他也较少受到当时那种非此即彼的意识形态斗争观念的影响，避免了对待非马克思主义哲学的某些宗派主义的简单化做法，在学术上表现出了更加宽容、理性的态度。在20世纪中国马克思主义哲学发展史上，学术与政治的关系问题曾长期困扰着我们，认真总结这方面的正反面经验教训，对于未来中国哲学的发展决不是没有意义的。

张岱年先生晚年曾多次表示，他在学术上最大的遗憾是没有完成“天人新论”。我们是否可以更广义地说，“解析的辩证唯物论”作为中国马克思主义哲学的一个流派在20世纪未能得到充分发展是一个极大的遗憾？因为改造国人笼统、模糊、尚同的思维方式亟须发展批判精神和分析思维，否则将直接影响到中国哲学现代化的进程和速

① 《张岱年全集》第1卷，河北人民出版社1996年版，第358—359页。

② 《张岱年全集》第1卷，河北人民出版社1996年版，第154页。

度。在新世纪如能提倡马克思主义哲学具体形态的多元发展和互相宽容、互相补充，像张先生这样的遗憾在今后就不应该再发生了。

关于张岱年先生在20世纪中国哲学史中应有之地位，本文的看法可归纳如下：

他是上个世纪30、40年代创造了中西融合的哲学体系、自成一家之言的少数几位中国哲学大师之一；

他是试图在中国传统唯物论和辩证法思想土壤中生长、发展出现代新唯物论哲学体系，为马克思主义哲学中国化作出了独辟蹊径的探索的第一人；

他是能以科学理性的态度对待现代西方哲学和其他人类智慧成果，把坚持与发展马克思主义统一起来的中国现代哲学家的典范；

他所倡导的以马克思主义哲学为基础和主导的中、西、马“三流合一”、综合创新之路，在20世纪中国哲学史中未能充分实现，至今仍然是中国哲学发展的正确方向和现实道路。

［原载《中国社会科学院学术委员会集刊（2004）》第1辑，社会科学文献出版社2005年版，第83—94页；又载《学术探索》2005年第3期］

张岱年与二十世纪中国哲学

张岱年（1909—2004）先生是20世纪中国最重要的哲学家之一。如果从中学时代就已发表的《评韩》《关于列子》等文章算起，他在中国哲学舞台上活跃了近80年，在哲学理论研究、中国哲学史研究和文化研究三个方面都取得了突出成就。在哲学理论方面，他试图“将唯物、理想、解析，综合于一”①，即以马克思主义的辩证唯物论为基础和主导，兼综中国古代哲学的优秀传统和西方哲学的逻辑分析方法，创造一种适应现代中国所需要的中、西、马“三流合一”的新综合哲学。在中国哲学史方面，他特别注意阐扬中国哲学中的唯物论和辩证法思想传统，首倡宋明哲学中的理学、心学、气学三派之说；他将逻辑分析方法运用于对中国哲学问题和概念范畴的研究，为全面准确地把握中国哲学的理论体系做出了重要贡献；他对中国哲学中关于人生理想、人的价值的学说做了深入的开掘，为批判继承中国伦理思想精华奠定了理论基础。在文化建设问题上，他早年就运用唯物辩证法，提出了“创造的综合”和“文化创造主义”的主张，上个世纪80年代更明确地提出了“文化综合创新论”，为中国文化发展指出了正确方向和现实道路，成为在当今中国影响最大、得到最广泛认同的一种文化观。

探讨辞世不久的张岱年先生与20世纪中国哲学的关系是一个饶

① 《张岱年全集》第1卷，河北人民出版社1996年版，第262页。

有理论兴趣亦有切近现实感的课题。本文不打算全面论述他对 20 世纪中国哲学和文化发展所做出的贡献，而是将重点放在他早年的哲学创造活动上，即试图探讨他在上个世纪三四十年代所创造的中国现代新唯物论哲学体系在 20 世纪中国哲学史中应占有什么地位，它与马克思主义哲学、中国传统哲学、西方哲学分别是一种什么关系，它对未来中国哲学的发展将会发生何种影响。

中国哲学优秀传统之继承与发扬

60 多年前，贺麟先生写过《五十年来的中国哲学》一文，后来扩充成《当代中国哲学》（重庆胜利出版公司 1947 年版）一书，即以此文为该书的第一章，题目改为《中国哲学的调整与发扬》，专门论述最近五十年来从旧传统里发展出来的哲学思想。贺先生当时是站在“新心学”的主观唯心主义哲学立场上，极力表彰陆（象山）、王（阳明）之学在这几十年中得到了“盛大的发扬”。在他看来，以康有为及其两个大弟子谭嗣同、梁启超为代表，包括晚年章太炎、佛学大师欧阳竟无，以及梁漱溟、熊十力、马一浮，乃至孙中山等人在内的新陆王学的复兴，代表着中国近现代哲学的发展方向，“我们的新人生观，新宇宙观，甚至于新的建国事业，皆建筑在心性的基础或精神的基础上面”①。对于倡导“新理学”、被称为现代新儒家中的“新程朱派”的冯友兰先生，贺先生只是在论述近二十年来关于中国哲学史研究与整理的成绩时才提到他，且评价不高，这表现了贺先生当时的哲学立场和学派之见。其实，从“中国哲学的调整与发扬”的角度来观照 20 世纪中国哲学，不论是“新心学”还是“新理学”、新陆王派还是新程朱派，都是由于受到西方哲学和文化思想的强烈冲击与震荡，而思调整并发扬中国传统哲学，以适应新的时代需要。在这些

① 贺麟：《五十年来的中国哲学》，辽宁教育出版社 1989 年版，第 18 页。

学者看来，“外来的文化只不过是一种偶然的遇合，外在的刺激，而中国人利用之，反应之，吸取之，以发扬中华民族精神，并促进中国哲学的新发展”[①]。不能否认这些学者都为本民族哲学的发展做出了自己的贡献。

在20世纪中国哲学中，即便是在贺麟先生所考察的“近五十年”，即上半个世纪，除了他视界所及的陆王之学（新心学）、新理学和新佛学之外，还有一种哲学也应该从“中国哲学的调整与发扬”的角度来予以重视并认真研究，可惜由于贺先生当年对于辩证唯物论的异己立场而将其完全忽略了，这就是张岱年先生在上个世纪30、40年代所倡导的“继续王（船山）、颜（习斋）、戴（东原）未竟之绪而更加扩展”[②] 的中国现代新唯物论哲学。

1936年，张岱年先生在《国闻周报》上发表《哲学上一个可能的综合》一文，明确提出了“今后哲学之一个新路，当是将唯物、理想、解析，综合于一”[③] 的主张。在他看来，“此所说综合，实际上乃是以唯物论为基础而吸收理想与解析，以建立一种广大深微的唯物论”[④]。为什么要以唯物论作为综合的基础呢？“乃因为唯物论是最有征验，最合科学，且最符协于生活实践的哲学。”[⑤] 他认为，与作为正统派哲学的唯心论相比，唯物论在哲学史上并未得到充分的发展，只有马克思、恩格斯所创立的综合了唯物论与辩证法（对理法）的新唯物论，才可以说是“完全的彻底的唯物论”[⑥]。因为它用辩证法来处理问题，也很注重人的理想与精神的力量，因此也可以说“唯物、

① 贺麟:《五十年来的中国哲学》，辽宁教育出版社1989年版，第23页。
② 《张岱年全集》第1卷，河北人民出版社1996年版，第273页。
③ 《张岱年全集》第1卷，河北人民出版社1996年版，第262页。
④ 《张岱年全集》第1卷，河北人民出版社1996年版，第262页。
⑤ 《张岱年全集》第1卷，河北人民出版社1996年版，第274页。
⑥ 《张岱年全集》第1卷，河北人民出版社1996年版，第274页。

理想、解析之综合，实乃新唯物论发展之必然的途径”①。

30 年代初，张先生就已完全服膺新唯物论即马克思主义的辩证唯物论。他认为要在中国发展新唯物论哲学，就必须与中国固有的唯物论和辩证法思想传统相结合。“建立哲学不顾及本国的特殊精神是不成的。所以今后的新中国哲学，在这一意义上，必是中国以往哲学之继续发展。”② 因此，他十分自觉地以辩证唯物论为指导来发掘本国哲学中的唯物论和辩证法思想传统。1932 年，张先生就在天津《大公报·世界思潮》上发表《先秦哲学中的辩证法》和《秦以后哲学中的辩证法》两篇文章，初步揭示了以老子、《易传》、张载、王夫之为代表的中国古代辩证法思想的基本内容与发展线索。几年后，他在《中国哲学大纲》一书中又对中国哲学中关于“变易”“反复”“两一”的辩证法理论做了更加系统的整理和阐述。该书还首先揭示了中国哲学中的“气论”即唯物论的思想传统。作者指出：“在中国哲学中，注重物质，以物的范畴解说一切之本根论，乃是气论。中国哲学中所谓气，可以说是最细微最流动的物质，以气解说宇宙，即以最细微最流动的物质为一切之根本。”③ 特别是到宋以后，更形成了一个以张载、罗钦顺、王廷相、王夫之、颜元、戴震等人为代表的传承不绝的气论学派，与以程朱为代表的理学派、以陆王为代表的心学派鼎足为三。因此可以说，中国哲学中的本根论，主要有三种类型，即唯理论、唯心论和唯气论。至王船山（夫之），不止讲唯气，更进而言“惟器”，认为形而上之“道”并非根本，形而下之“器”才是根本的。“船山天下惟器的见解，实乃是最显明的唯物论。”④

张先生进而指出：“中国近三百年来的哲学思想之趋向，更有很

---

① 《张岱年全集》第 1 卷，河北人民出版社 1996 年版，第 262 页。
② 《张岱年全集》第 1 卷，河北人民出版社 1996 年版，第 238—239 页。
③ 《张岱年全集》第 2 卷，河北人民出版社 1996 年版，第 72 页。
④ 《张岱年全集》第 2 卷，河北人民出版社 1996 年版，第 113 页。

多可注意的，即是，这三百年中有创造贡献的哲学家，都是倾向于唯物的。这三百年中最伟大卓越的思想家，是王船山、颜习斋、戴东原。在宇宙论都讲气论或唯器；在知识论及方法论，都重经验及知识之物的基础；在人生论，都讲践形，有为。……我们可以说，这三百年来的哲学思想，实以唯物为主潮。”[①] 他认为正是这种唯物主义的气论哲学，可以作为接引来自西方的新唯物论思潮之“内应”[②]。因此，“我们所需要的新哲学，不只是从西洋的最新潮流发出的，更须是从中国本来的传统中生出的。本来的传统中，假如有好的倾向，则发展这好的倾向，乃是应当”[③]。这“好的倾向”即是中国哲学中以气论为代表的唯物主义思想传统，或者说即是“中国哲学中对理唯物论的传统”[④]。

这“好的倾向”也可以说是中国传统中固有的一种求实、主动、刚健、宏毅的积极思想，这种积极思想的复活才是中华民族的希望之所在。1934 年，张先生在《中国思想源流》一文中写道：“中国民族现值生死存亡之机。应付此种危难，必要有一种勇猛宏毅能应付危机的哲学。此哲学必不是西洋哲学之追随摹仿，而是中国固有的刚毅宏大的积极思想之复活，然又必不采新孔学或新墨学的形态，而是一种新的创造。”[⑤] 这个时期他所致力的正是要创造一种能用西方的最新潮流来激活中国固有的“积极思想”和“好的倾向”的新哲学。这种新哲学就是将辩证唯物论与中国哲学优秀传统相结合的中国现代新唯物论哲学。

在上个世纪 30、40 年代，一批学养深厚、有爱国情怀的学院派哲学家都有通过传统之调整与发扬来振奋民族精神、挽救国家危难的

---

① 《张岱年全集》第 1 卷，河北人民出版社 1996 年版，第 273 页。
② 《张岱年全集》第 1 卷，河北人民出版社 1996 年版，第 198 页。
③ 《张岱年全集》第 1 卷，河北人民出版社 1996 年版，第 271 页。
④ 《张岱年全集》第 1 卷，河北人民出版社 1996 年版，第 272 页。
⑤ 《张岱年全集》第 1 卷，河北人民出版社 1996 年版，第 199 页。

良好愿望，但由于哲学立场和哲学观的不同，他们所创造的中西结合的哲学体系不仅在形态上有很大差异，而且在哲学路线上也有根本分歧和对立。在张岱年先生所创造的中国现代新唯物论哲学与冯友兰的“新理学”、熊十力的“新唯识论”、贺麟的“新心学”之间就存在着这样的情况。1933 年，张先生在天津《大公报》上发表《论外界的实在》《谭“理”》等文章，就已鲜明地站在新唯物论的立场，不但用严密的逻辑分析有力地批驳了“物缘心而有”“存在就是被感知”的主观唯心主义观点，而且还坦诚地批评了冯友兰先生在《新对话》中所谓“未有甲物之先已有甲物之理”和理“超时空而有”的客观唯心主义理论。这种哲学立场继续贯彻到他在 40 年代写的“天人五论”中，如在《知实论》中试图通过感觉的分析从理论上来论证“离识有境”即外间世界的实在，这很明显的是针对熊十力等人的“离识无境”的主观唯心主义观点的。又如在《事理论》中自觉地继承王（船山）、颜（习斋）、戴（东原）的哲学传统，系统地论证了“事理俱有、物统事理、以事为本、理在事中”的唯物主义事理论。作者明确地说：“近来冯芝生先生的《新理学》中分真与实为二，可谓彻底的理性主义的说法。……本书之思想与冯先生之不同，颇近于王船山天下惟器论、李恕谷理在事中论与程朱学派理在事先之不同。”又说：“近国内唯心论者乃以冯先生舍心谈理为病，其与吾说，益如冰炭之相异矣。”[①] 后者是指主观唯心论者对冯友兰“新理学”的批评。不同哲学路线的分歧和对立在这里表现得如此之鲜明与不可调和！

在 20 世纪中国哲学中，同为“中国哲学的调整与发扬”，冯友兰、熊十力、贺麟等现代新儒家学者是调整与发扬以程（颐）、朱（熹）、陆（象山）、王（阳明）为代表的中国古典唯心主义正统派哲学，把它与各色西方的正统派哲学结合起来，从而发展出了“新理学”“新心学”“新唯识论”等中国现代唯心主义哲学形态。近 20 年

---

① 《张岱年全集》第 3 卷，河北人民出版社 1996 年版，第 126、127 页。

来国内学界对这派哲学比较重视，做了较为深入的研究，以至现代新儒学（即张先生所说的必不采取的“新孔学”）已成为当今显学之一。而半个世纪前张先生所做的工作，即调整与发扬以张（横渠）、王（船山）为代表的中国古代唯物主义和辩证法思想传统，把它与西方哲学的最新潮流即辩证唯物论相结合，力图创造出一种中国现代新唯物论哲学形态的工作，则似乎关注的人不多，研究得更不够。它在后半个世纪不得不“存而不论”也反映了中国学术发展中的一些不正常现象。在强调以马克思主义为指导的中国哲学社会科学界，如何改变这种状况，正确地总结历史经验，是摆在我们面前的一个不应回避的现实课题。

马克思主义哲学中国化之独辟蹊径的探索

通古今之变、融中西之学是20世纪中国哲学最重要的特点。[①] 马克思主义哲学中国化即马克思主义哲学与中国革命和建设实践相结合，与中国哲学和文化优秀传统相结合，无疑是20世纪中国哲学史中最重要的事件，也可以说是20世纪中国哲学之主潮或主旋律。在近百年来为推动这一事业做出了重要贡献的中国哲学家中，张岱年先生是不应被忘记的一位。被称为“学院派马克思主义者”[②] 的张岱年先生在上个世纪30、40年代为马克思主义哲学中国化所做的独辟蹊

① 参见1993年8月冯契、方克立在国际中国哲学会第八届年会上的报告论文。冯契论文的题目是《“通古今之变”与回顾二十世纪中国哲学》，方克立论文的题目是《二十世纪中国哲学的宏观审视》，分别见《中国智慧透析》（华夏出版社1995年版）一书第379—386页和第387—396页。

② 宗璞在《刚毅木讷近仁——记张岱年先生》一文中说：“我上过张先生所授的历史唯物主义和辩证唯物主义课。当时有人议论，说张先生讲的唯物论不见得合官方的意思，我懵懵懂懂地过了好些年。现在才逐渐明白，他讲的唯物论，大概是和政治有距离的，所以有学院派马克思主义者之称。”（刘鄂培、衷尔钜编：《张岱年研究》，清华大学出版社2004年版，第27页。）

径的探索，与“主流派”在革命实践中对这一事业的推进虽然难以相提并论，但其所致力的目标、方向是一致的，所起的作用是互补互益的，不能否认它在20世纪中国马克思主义哲学发展史中也留下了极有价值的内容丰实的一章。

众所周知，抗日战争时期，在延安的窑洞里产生了两篇马克思主义哲学中国化的经典名著，这就是毛泽东在1937年写成的《实践论》和《矛盾论》。但很少有人知道，也是在抗战期间，在日伪占领下的北平的一个小胡同里，一位不与敌伪合作的青年哲学家也在极其艰苦的条件下创造了一个“天人新论”的中国化马克思主义哲学体系，这就是张岱年先生在1942—1944年所写的《哲学思维论》《知实论》《事理论》《品德论》等几部哲学论稿。

张先生的“天人新论”是为了实现其“将唯物、理想、解析，综合于一”[①] 的哲学构想而创作的，起先有一个完整的写作计划。由于抗战时期生活极其窘迫，作者难以正常运思和写作，结果“所成不及原初设想之半”。这部没有完成的著作，藏诸箧笥40多年，到1988年才以《真与善的探索》为书名由齐鲁书社出版。书稿迟迟没有问世的原因，据作者说是由于当时著论，直抒胸臆，“内容颇异时论”，“没有遵守比较流行的唯物论的表达形式”，其“所讨论的问题与所提出的见解，在今天看来，可能都显得非常奇特”[②]。该书之“奇特”主要是与那个时代主流派马克思主义哲学家的著作在内容和形式上都有较大的差异，所以才有“不合时宜”之议论。但是，如果联系其所产生时代思想界的实际情况来看，我们就不难了解，“这些论稿可以说是四十年代在哲学园地中一个理论探索者寻求真理的思想记录。所讨论的问题基本上是三十年代的问题，论证的方式也是三十年代的方式，其所关涉的西方哲学思想也是三十年代的西方哲学思想，同时更

① 《张岱年全集》第1卷，河北人民出版社1996年版，第262页。

② 张岱年：《真与善的探索》，齐鲁书社1988年版，“自序”第2—3页。

表现了三十年代的文风”[①]。应该说，它不但是可以理解的，而且只有放到其所产生的特殊年代，才能体会到乱世著书之不易。该书能做到初具规模、基本理论框架清晰、观点切实鲜明已相当难能可贵了，惟其如此，其内容的深刻性和形式的独特性才更能彰显出来。与30年代在中国流行的那些马克思主义哲学著作相比较，它有以下几个显著的特点：

一是其问题意识、理论框架是来自中国哲学，而不是照抄照搬或简单模仿苏联哲学教科书的章节结构。首先，将哲学界定为天人之学就有着鲜明的中国特色。中国哲学历来重视“究天人之际”“穷天人之蕴”“通天人之故”，即把天人关系看作是它所要追问和回答的最高问题。中国先哲说：“学不际天人，不足以谓之学。”（《皇极经世书》卷十四《观物外篇下》）这个“学”不是指某种具体的学说或学问，而是指能够揭示宇宙的根本原理和人生的最高准则的哲学。这与恩格斯关于哲学基本问题的论述并不矛盾而又富有中国哲学特色。其次，按照天人之学的基本理论架构，与《中国哲学大纲》分为“宇宙论”“人生论”“致知论”三个部分相对应，“天人新论”也分为“天论”“人论”“知论”三部分。“天论”即中国哲学中的天道论或宇宙论，“新论”又分为“事理论”和“心物论”，结果只写出了《事理论》。张先生在1948年写的《天人简论》和其他著作中亦概述了“心物论”的基本内容。另外研究宇宙发展观的“大化论”和“两一论”也可以归属于“天论”。“人论”即中国哲学中的人道论，包括社会历史观和人生哲学，张先生在抗战时期只写出了简略的《品德论》四章。“知论”即中国哲学的认识论，“新论”又分为“知实论”和“真知论”两部分，结果只写成《知实论》一书。另外“方法论”也可以归入“知论”，《哲学思维论》就是主要讨论哲学方法论的著作。这个理论框架也具有鲜明的中国哲学特色。再次，“天人

① 张岱年：《真与善的探索》，齐鲁书社1988年版，“自序”第2页。

新论”所讨论的问题，包括天人、事理、心物、两一、知实、义命、群己等问题，都是典型的中国传统哲学问题，是中国哲学家们讨论了数千年而众说纷纭、历久常新的问题。试图给予这些问题以现代科学的回答，自然可以说是“接着中国哲学讲”，是中国传统哲学在现代的新发展。其实这些问题并不是中国哲学的特殊问题，它们也包含着人类哲学思考的共同性或普遍性，“天人新论”同时也是对于那个时代世界哲学的最新发展做出的一种回应，是中国哲学家所发表的一家之言。

二是对所讨论的问题做出了明确的辩证唯物论的回答，表现了作者所信守的马克思主义哲学立场的坚定性。如论天人关系，该书将其认定为“本”（本根、本原）与“至”（至极、至精）的关系，即“天为人之所本，人为天之所至”。在张先生看来，自然界的物质运动是一切事物、现象生成的根本。“宇宙大化，无生物演化而有生物，生物演化而有有心之生物，至于人类，可谓物类中最优异者。人居于天之中而能知天，人为物类中之一物而能宰物。故人为自然演化之所至。”① 因此，他又有“一本多级”之论，即确认物（天、自然界）为一本，物、生、心为多级，物实为生命和心知之根本。② 这是对于天人关系问题所做出的既唯物又辩证的回答。又如，事理关系也是中国传统哲学的一个根本问题，程（颐）朱（熹）认为“理在事先”，颜（元）李（塨）主张“理在事中”，两派争论逾千年，对中国现代哲学亦有深刻影响。张先生在《事理论》中对这个问题做了详细的解析，广泛地论及与之相关联的事与物、理与性、有与无、体与用、时空、关系、变化、两一、反复、因果、可能与必然等诸范畴，最后明

---

① 《张岱年全集》第3卷，河北人民出版社1996年版，第216页。

② 对存在的层级，还可以做更细致的区分，如“心”之一极，又可以分为“心知”“社会”“当然与理想”三个方面，说见《张岱年全集》第1卷，河北人民出版社1996年版，第377—378页。

确地得出了事理俱有、物统事理、事为理本、理在事中的彻底唯物主义的结论。再如心物关系，他虽然没有写成《心物论》一书，但其“物源心流”“物体心用”的基本观点在《知实论》《天人简论》等著作中也多有论述，其所坚持的哲学立场与以上各篇是一贯的。

三是提倡“方法论上的多元主义”，其核心是将逻辑分析方法与辩证法统一起来，认为“今之喜形式逻辑者则鄙弃辩证法，而好谈辩证法者则非薄形式逻辑，实皆蔽于一曲之见”[①]。张先生指出，逻辑分析方法是一切学术研究的基本方法，也是治哲学的基本工夫。逻辑分析的对象是名言和经验。名言的分析又可分为名词意谓的分析、命题的分析、问题的分析和论证的分析四项，经验的分析也可以分为若干层次。他成功地将逻辑分析方法运用于中国哲学史研究，审其基本倾向，析其辞命意谓，察其条理系统，辨其发展源流，为这个学科的科学化和现代化建设做出了重要贡献。同时，张先生又认为，哲学不能离开逻辑分析，也不能以逻辑分析方法自限。“除逻辑解析法外，有成效的哲学方法尚有辩证法。”“在辩证解析之外，尚有辩证的综合。……辩证综合与辩证解析在应用时，只是一个历程之两段。”[②]他在《哲学思维论》一书中对辩证法的基本原则、辩证法之运用及其与形式逻辑的关系做了颇具特色的详细说明。与30年代将形式逻辑等同于形而上学予以简单否定的那些马克思主义哲学家不同，张先生认为辩证法与形式逻辑“并无不两立之冲突”，“必结为一，方能两益”[③]。这在当时是一种较平正的观点，可惜未能被“主流派”重视和接受。

四是“天人新论”所使用的基本概念、范畴，如“天人”“体用”“理事”“心物”“反复”“两一”“知实”“能所”“群己”“义

---

① 《张岱年全集》第3卷，河北人民出版社1996年版，第29页。

② 《张岱年全集》第1卷，河北人民出版社1996年版，第180页。

③ 《张岱年全集》第1卷，河北人民出版社1996年版，第264、135页。

命”等等，都是沿袭中国传统哲学之名言；表述其理论要旨的哲学命题，如“天人本至”“物统事理”“物源心流”“永恒两一”“知通内外”“群己一体”等等，也是采取言简意赅的中国哲学语言表达形式。它提出的一些新范畴、新命题，也多是从中国哲学引申、发展而来的，而又赋予了新的时代内容。如提出“兼容多端而相互和谐”[①]、“兼赅众异而得其平衡”[②]的“兼和”范畴，提出“以兼和易中庸”[③]的命题，就深得中国传统哲学重“和”思想之精义，是批判继承和创造性地发展中国哲学的一个范例。又如在《春秋左氏传》人生三事（“正德”“利用”“厚生”）的基础上提出了“人群三事”的新说：“一曰御天，二曰革制，三曰化性。御天者改变自然，革制者改变社会，化性者改变人生。”[④]这样就把人生的理想境界从改善个人的精神和物质生活提升到了改造整个人类的生存环境和主观世界的实践活动，自然也就把中国哲学提升到了一个新的更高的阶段。这部著作所表现出来的浓郁的中国作风和中国气派，不但与30年代深受苏联教科书影响的那些马克思主义哲学著作迥然不同，甚至在整个20世纪中国马克思主义哲学史中，也很难再找到这样一本“欲穷究天人之故，畅发体用之蕴，以继往哲，以开新风”[⑤]的中国化的马克思主义哲学著作了。

马克思主义哲学中国化是一个需要若干代人努力去完成的学术理论工程。在已经成为历史的20世纪，许多先哲都为此做出了开创性的贡献。我们自然首先会想到《实践论》和《矛盾论》这两篇马克思主义哲学中国化的典范性著作。它们是毛泽东在抗日战争的第一线，成功地运用辩证唯物论这个伟大的认识工具，去总结长期革命斗

① 《张岱年全集》第7卷，河北人民出版社1996年版，第406页。

② 《张岱年全集》第3卷，河北人民出版社1996年版，第220页。

③ 《张岱年全集》第3卷，河北人民出版社1996年版，第220页。

④ 《张岱年全集》第3卷，河北人民出版社1996年版，第224页。

⑤ 《张岱年全集》第3卷，河北人民出版社1996年版，第215页。

争的实践经验，包括反对党内各种错误思想路线斗争的历史经验，而写成的理论与实践相结合的马克思主义哲学著作。同时，它们也用辩证唯物论的观点对中国哲学史上的知行问题和阴阳矛盾学说做了科学的总结，并采取了为中国人民所喜闻乐见的民族化、通俗化的表现形式。可以说，在整个20世纪，“两论”在马克思主义哲学中国化方面所取得的成功和巨大影响是其他任何著作都不可比拟的。但这并不等于说其他哲学家在这方面所做的工作都无意义、都不值得重视了，他们的贡献也应该得到历史的尊重，其理论成就也值得认真总结。

与毛泽东不同，张岱年是一个虽有强烈的忧患意识和爱国心，但却缺少革命实践经验的知识分子，是一个所谓“学院派”哲学家。他的长处在于坚定地信持辩证唯物论而本人又是一个中国哲学方面的专家，因此他所做的工作就主要是在将马克思主义哲学与中国哲学的优秀传统相结合方面，在这方面他做了比其他哲学家更加自觉的探讨，更加系统、深入的思考。由于受熊十力、冯友兰等人影响，青年哲学家张岱年也有自创理论体系的志趣，因此才有“天人新论”之作。这部40年后才面世的尚未完成的著作，其影响虽然远不及“两论”，甚至也不如那些较为流行的马克思主义哲学教程，但是如果从20世纪中国马克思主义哲学发展的思想逻辑进程来看，特别是放到其所产生的具体年代，它为马克思主义哲学中国化所做的独辟蹊径的探索及其历史地位就是绝对不容忽视的。在一定意义上可以说，“天人新论”和毛泽东的“两论”共同开创了马克思主义哲学与中国哲学优秀传统相结合的道路，它们都是用辩证唯物论的观点接着中国传统哲学的问题讲，分别阐明了辩证唯物论的知行统一观、矛盾论或两一论、天人关系论、事理论、心物论……的基本原理，都为创建中国作风与中国气派的马克思主义哲学体系做出了重要贡献。由于二者在理论方向上是一致的，因此在思想内容上也可以互相补充。例如，“天人新论”是从“知实论”和“真知论”的角度来阐述辩证唯物主义认识论的基本原理的，虽然也讲到了“行之有成”即实践是检验真知的标准之一，但对“行”在整个认识论中的基础地位和作用却强调得不够；相对来说，《实践论》对“辩证唯物论的知行统一观”的论述显然就要全面、深刻得多了。又如，张岱年在“两一论”中对中国传统哲学中关于对立统一的思想资源做了较深入的挖掘，并在中国传统重“和”思想的基础上提出了“兼和”的新范畴，这对《矛盾论》的辩证法思想可以说是一种丰富和补充。毛泽东和张岱年所开创的这条马克思主义哲学与中国哲学优秀传统相结合的道路，事实上还有广阔的发展空间，还有许多工作需要有人接着去做。但在上个世纪，后继者们在这个方面似乎并无多大作为，成绩很不理想。这里需要总结的一个重要经验教训就是：在中国马克思主义哲学的发展过程中，能否允许不同的学派存在？我们对“学院派马克思主义者”所做的工作是否给予了应有的重视？张岱年的“天人新论”在后半个世纪为什么只能“存而不论”，而不能继续发展完善？认真总结这方面的经验教训，将成为新世纪中国马克思主义哲学发展的宝贵资源和动力。

“解析的辩证唯物论”学派的主要理论代表

1935 年 11 月，孙道昇在《现代中国哲学界之解剖》一文中把以张申府（崧年）、张季同（岱年）兄弟为代表的一派哲学称为“解析法的新唯物论”，认为“此派具有批判的，分析的精神，其作品在新唯物论中，可谓最值得注意的，最有发展的”[①]。后来有的论者把这一派哲学又称为“解析的辩证唯物论”或“分析的辩证唯物论”。

在孙道昇的文章发表前后，张岱年已在报刊上先后发表《哲学上一个可能的综合》《论现在中国所需要的哲学》《关于新唯物论》《逻辑解析》《生活理想之四原则》等文章，明确地提出了以新唯物论为基础而兼综解析法与理想主义的新哲学纲领。比他年长 16 岁的张申

① 孙道昇：《现代中国哲学界之解剖》，《国闻周报》1935 年第 12 卷第 45 期。

府先生，早就是一个成名的哲学家，他不但在中国以介绍罗素哲学而著称，而且是中国共产党的早期创建者之一，从20年代起就积极宣传唯物辩证法的价值，“解析的辩证唯物论”[①] 和“孔子、列宁、罗素，三流合一”[②] 说就是他提出来的哲学新论。张岱年后来走上同一条学术道路，实深受其兄之影响。20年代末30年代初，他还在北师大读书时，就在张申府的引导下阅读了罗素（B. Russell）、穆尔（C. E. Moore）、怀特海（A. N. Whitehead）、博若德（C. D. Broad）等人的著作，十分赞赏其逻辑分析方法，但不能认同他们的实证主义哲学观点。也是受张申府的影响，同一时期他还认真阅读了一批马克思主义哲学的经典著作，并通过与现代西方哲学诸流派的理性比较，确信辩证唯物论是“当代最伟大的哲学”[③]。张氏兄弟的这种思想上的一致性，使他们共同成为孙道昇所谓“解析法的新唯物论”一派的代表。“新唯物论”即辩证唯物论是他们所信持的基本哲学立场，[④]“解析法”即逻辑分析方法是他们所倚重的一种哲学方法，一种可以与辩证法相资互补的方法。张申府实为这派哲学的开创者，张岱年的进一步阐扬发挥与娴熟运用则使他成为这派哲学的主要理论代表。

“解析的辩证唯物论”这个概念就是张申府先生本人提出来的。他在《现代哲学的主潮》一文中说：“现代世界哲学的主要潮流有二：一为解析，详说逻辑解析。二为唯物，详说辩证唯物。……最近世界哲学界里两个最有生气的主潮是可以合于一的；而且合一，乃始两益。而且合一，乃合辩证之理。在理想上，将来世界哲学实应是一

---

① 《现代哲学的主潮》，《大公报》1934年12月27日第11版《世界思潮》第88期。

② 参见《张岱年全集》第1卷，河北人民出版社1996年版，第133页；第8卷，河北人民出版社1996年版，第549、585页；《张申府文集》第3卷，河北人民出版社2005年版，第434页。

③ 《张岱年全集》第1卷，河北人民出版社1996年版，“自序”第3页。

④ 郭湛波在《近五十年中国思想史》（北平人文书局1936年版）中也把张申府看作是30年代辩证唯物论思潮的主要代表之一。

种解析的辩证唯物论。”[①] 他认为逻辑解析与辩证唯物“两势会归”，即把二者结合起来，不但可以解决哲学上“辨而活”与“活而通”的问题，而且具有改造人类的思想和改造客观世界的重要的实践意义，因而这种方兴的哲学必有广阔的发展前途。

张岱年早年的哲学思想与其兄基本上是一致的，在他的新综合哲学中，也十分强调逻辑解析与唯物辩证法的结合与统一。他认为新唯物论作为一种世界观，确实是最正确的，是最接近于真理、最符合于生活实践的哲学；但作为一种哲学理论体系，它也有形式未免粗疏、论证不够精详，有待于进一步发展完善的问题。“将解析法应用于唯物论，则必将唯物论之根本观念与根本命辞，条分缕析，以显出其确切的意谓。更须将对理之根本观念与根本命辞加以同样的厘清。新唯物论中许多根本观念，并未有确切之界说，许多重要命辞，亦未有明晰的解释；在今日，唯物论已差不多成了一个很暧昧的名词，而对理又几乎成了一个很神秘的术语，这实是需要用解析法来厘清的。”[②] 这就是说，以新唯物论为基础而吸收解析派哲学的逻辑分析方法乃是发展新唯物论之所必须。同时他也指出，逻辑解析并不能解决哲学的一切问题，对于那些本身就包含着矛盾的概念、命题和理论，一般解析法与形式逻辑便不能奏效了，只有借助于辩证分析方法才能揭示其内在的对立统一关系。哲学于“正名析辞”的解析工夫之外，还要善于运用辩证综合、会通、慧观等方法，才能把握对象之全。在这些方法中，最重要的就是作为“综合之方”和“解蔽之术”的辩证法。“唯应用辩证法，然后能连一切‘见’，去一切‘蔽’；乃不至于以偏赅全，乃不至于顾此失彼。”[③] “惟用对理乃能看出强敌之必终于衰弱，被压迫民族必终于盛强，看出危可以救，安可以亡，看出祸福相

① 《现代哲学的主潮》，《大公报》1934 年 12 月 27 日第 11 版《世界思潮》第 88 期。
② 《张岱年全集》第 1 卷，河北人民出版社 1996 年版，第 269—270 页。
③ 《张岱年全集》第 1 卷，河北人民出版社 1996 年版，第 132 页。

倚，否泰相易。……善用对理，乃能死以求生，死中得生。”[①] 与其兄一样，张岱年也十分重视这种哲学认识世界和改造世界的实践意义。

张氏兄弟所倡导的“解析的辩证唯物论”哲学，也产生了它的理论代表作，这就是张岱年先生在抗战前夕完成的《中国哲学大纲》一书和他在40年代所写的“天人五论”。前者是他将辩证唯物论观点与逻辑分析方法运用于中国哲学史研究的力作，该书对浑融一体、原无区分的中国哲学问题之厘别，部门之划分，对本无形式上的条理系统的中国哲学理论体系的梳理，对一家一谊、歧义丛生的中国传统哲学概念范畴的确切意谓之解析与界定，可谓成功地运用逻辑分析方法之典范，在上个世纪的中国哲学史论著中恐怕无有其匹。例如，关于中国哲学中的“两一”观念，它将其主要内涵分为五项：（一）对待之必然性与普遍性，即凡物皆无独有偶，一切莫非两极。（二）对待之合一关系，又可析为对待之相倚、对待之交参、对待之互转、对待之相齐、对待之同属等不同类型。（三）对待之综合，即对待综合为一以成为更圆满的事物，甲与非甲相融合而达到一个新形态。（四）对待之相推，即以对待合一解说变化，以对待之相互作用为变化之所以（根据）。（五）对待与合一之关系，即论“两”与“一”的关系。[②] 经过这样细致的分析，中国传统哲学中关于对立统一思想的精义就大端呈现出来了，它确实如张先生所说的，与西方哲学的辩证法思想“极相类似”而又有自己的民族形式和特点。

“天人五论”进一步展开并深化了“解析的辩证唯物论”的理论内容，也进一步阐明了它的方法论特征，如《哲学思维论》对解析法与唯物辩证法的关系所做的详细说明。运用逻辑分析方法论证辩证唯物论基本原理的一个最典型的例子就是关于外界实在的证明。承认有

① 《张岱年全集》第1卷，河北人民出版社1996年版，第241页。

② 参见《张岱年全集》第2卷，河北人民出版社1996年版，第140—141页。

不依赖于人的意识而独立存在的客观世界是唯物论的基本观点。这个关于外界实在的平凡而简单的真理，旧唯物论者认为是不证自明的，所以张先生称它为“独断的实在论”。30 年代的新唯物论者多采取实践证明即列举自然界和社会领域的大量实例来证明的办法。张先生则认为，一个命题如果是正确的，就一定可以从理论上加以证明。他除了早年在《论外界实在》一文中做了初步尝试之外，又在《知实论》一书中通过感觉的分析，提出了“哲学始于怀疑。对于可疑莫不置疑，至于不可疑然后止”，“知识中之不可疑者，谓之原给”，“原给之中，实已有其固然的区别”，“形色显现之所待，在心与感官之外者，谓之外在所待”，“感相之外在所待即外在事物”，“由不可疑之感相，推断其外在所待即事物之存在”，“感相可谓为外在事物之映象”等一系列概念、命题和论证步骤，多角度、多层次地证明了“离识有境”即客观世界的实在。这在唯物论发展史上可谓是一项独具匠心、没有先例的创举，同时也有力地批驳了否定外界实在的种种主观唯心主义谬论，以及认为外界实在是“无意义”的问题的实证主义观点。

30 年代中期，孙道昇在还没有读到《中国哲学大纲》一书，更不可能预知有“天人五论”之作的情况下，就认为“解析法的新唯物论”是“最可注意的、最有发展（前途）的”一派哲学。今天从总结 20 世纪中国哲学发展历程和经验教训的角度来看，这种看法不无道理。可惜由于抗日战争爆发打断了中国哲学发展的正常进程，张岱年的《中国哲学大纲》和“天人五论”又都晚出，“解析的辩证唯物论”在 30 年代以后便销声匿迹了，未能产生其应有的历史作用和影响。直到 80 年代以后，不仅张岱年先生的两种著作得以出版问世，张申府先生的《所思》《思与文》《张申府学术论文集》等著作也先后出版了，当人们能够对这个学派的思想有较全面真切的了解之时，它却已经成了历史的回忆。尽管如此，张氏兄弟著作的出版，对于总结历史经验和研究 20 世纪中国哲学史来说总是一件好事，一件幸运之事。我们今天来研究“解析的辩证唯物论”学派的哲学，决非仅有思想史的价值，它对未来中国哲学的发展也有重要的参考价值和启示意义。这主要包括：一是要把马克思主义哲学看作是一个开放的体系，善于吸收其他学派有价值的思想学说来发展、完善其思想内容，就像张氏兄弟以辩证唯物论为基础而吸收西方实证派哲学的逻辑分析方法那样；二是中国哲学有重人生体验、重整体直观而不重分析论证的思维传统，要改造传统思维方式以适应现代化的需要，学习借鉴西方哲学的逻辑分析方法实具有重要意义，“解析的辩证唯物论”正是提供了一条比较适合于中国国情的发展马克思主义哲学的道路。因此，我们不能把它仅仅看作是昙花一现的历史陈迹，甚至不能排除这一派哲学在新世纪还有转生和继续发展的可能性。

中国哲学“三流合一”、综合创新之路的艰辛开拓

进入新世纪以来，中国哲学的未来走向问题备受关注，研究马克思主义哲学、中国哲学和西方哲学的学者各畅其言，分别发表了许多很有见地的看法，但有一点是共同的，即认为构成现代中国哲学的这三大学术传统、三个主流学科，必须打破学科壁垒和各自独立自足地发展的状况，加强相互之间的交流、对话、合作与融通，努力创造出一种能体现民族精神与时代精神之精华的中国当代马克思主义哲学的新形态，作为中国特色社会主义事业的理论根据和精神支柱。也就是说，当代中国哲学的发展，最理想的也最具有现实可能性的就是走以马克思主义哲学为基础和主导的中、西、马“三流合一”、综合创新之路。

其实，“五四”后在中国就已形成中、西、马三大哲学流派、三种哲学资源对立互动的格局，在如何处理三者的相互关系问题上，许多人往往只看见它们之间的分歧、对立、互相批评、激烈论战、“道不同不相为谋”的这一面，而看不到它们所反映的人类哲学智慧发展的共同性，它们之间互相补充、相得益彰的另一面，以及将三者之精华“综合于一”的可能性。在中国现代哲学史上，最先提出中、西、

马“三流合一”说的是张申府先生，张岱年先生则是此说之最积极的支持者、阐扬者和具体实践者，他提出的“将唯物、理想、解析，综合于一”[①] 的哲学新路，实际上就是一条中、西、马“三流合一”、综合创新之路。30 年代，张氏兄弟在文化观上还提出了“辩证的综合”与“创造的综合”的主张，这种主张自然首先会在他们的哲学观上充分体现出来，“三流合一”所要达到的目的就是综合创新。

“孔子、列宁、罗素，三流合一”是张申府先生的名言，也是他的哲学和文化纲领。为了更加客观地观察世界，他在倡导“解析的辩证唯物论”的同时，还主张回归中国哲学的本源，将富含唯物辩证智慧的中国传统思想与世界最新潮流结合起来。在他看来，“中国立国，所以立，可以立，或值得立的，应就是仁，就是中，就是生（天地之大德曰生）。而这些，以及易与实，断然应以孔子为代表。”[②] “仁，易，生：是中国哲学中三个最根本紧要的字，而实是一体的。……中国哲学的言仁，生，易，实深有合乎辩证法，有顺乎大客观。”[③] 因此，“三流合一”就是他合乎逻辑地必然要得出的结论。他是这样说的：“我始终相信，孔子、列宁、罗素，是可合而一之的。我也始终希望，合孔子、列宁、罗素，而一之。如此不但可得新中国哲学。如此而且可得新世界学统。孔子代表中国古来最好的传统。罗素代表西洋历来最好的传统。列宁代表世界新的方在开始的传统。孔子表示最高的人生理想，由仁、忠、恕、义、礼、智、信、敬、廉、耻、勇、温、让、俭、中以达的理想。罗素表示最进步的逻辑与科学，尤其是数理逻辑，逻辑解析，科学法与科学哲理。列宁表示集过去世界传统最优良成份大成的一般方法，即唯物辩证法与辩证唯物论，以及从一个实际角落来实践最高的人生理想的社会科学。三者之间，不但并无

① 《张岱年全集》第 1 卷，河北人民出版社 1996 年版，第 262 页。

② 张申府：《思与文》，河北教育出版社 1996 年版，第 239 页。

③ 张申府：《所思》，生活 · 读书 · 新知三联书店 1986 年版，第 192 页。

敌对冲突。三者之间，而且正待相补相充。三者之间，解析且扬扔之后，又有什么不可综核，发展而为一的？……合孔子、罗素、列宁而一之的新体系定是新世界中的新中国的新指标、新象征。”① 他讲得很清楚，这里提到的三位哲学家分别代表着三种哲学传统，各有其特定的象征意义，“合而一之”则成了一种新哲学的“新象征”。

张岱年先生完全认同其兄的“三流合一”说。1933 年 4 月，他在张申府主编的天津《大公报·世界思潮》副刊上发表《关于新唯物论》一文，其中讲到：“本刊编者曾云：‘我的理想：百提（罗素），伊里奇（列宁），仲尼（孔子），三流合一。’吾以为将来中国之新哲学，必将如此言之所示。将来之哲学，必以罗素之逻辑解析方法与列宁之唯物辩证法为方法之主，必为此二方法合用之果。而中国将来如有新哲学，必与以往儒家哲学有多少相承之关系，必以中国固有的精粹之思想为基本。本刊编者又曾云：‘我因既爱好数理逻辑而又器重唯物辩证法，所以颇想把二者联在一起。’我以为此实今日今后治哲学者之莫大重任。本刊编者又云：‘解决问题总要解析的，数量的，辩证的，大客观的。’此实透露出将来哲学之消息。”② 在这里，他是把张申府先生当作民族化与现代性相结合的中国新唯物论哲学的代表而加以介绍和评论的，认为这派哲学即代表着中国未来新哲学之必然方向。

三年后，他在《哲学上一个可能的综合》一文中提出“将唯物、理想、解析，综合于一”③ 的哲学构想，实际上仍是“三流合一”说的继续和在理论上的具体发挥。这种哲学在性质上是唯物论、理想主义、解析哲学的一种综合，即以新唯物论为基础而兼综唯心论注重精神与理想的贡献，并吸收实证派哲学的逻辑解析方法。同时它也是中国哲学与西方哲学的一种综合，古典哲学与现代哲学的一种综合。因

① 张申府：《思与文》，河北教育出版社 1996 年版，第 128 页。
② 《张岱年全集》第 1 卷，河北人民出版社 1996 年版，第 133 页。
③ 《张岱年全集》第 1 卷，河北人民出版社 1996 年版，第 262 页。

为中国哲学中不仅有源远流长的唯物论和辩证法思想传统，而且最注重人生哲学之研讨，有丰富的理想主义思想资源。与西方哲学将自然主义与理想主义绝对对立起来不同，在中国哲学中，自然主义与理想主义本来就是合一的，因而更适切于综合唯物与理想的新哲学方向。同时，我们在公孙龙、朱熹、戴震等人的哲学中也可以看到“潜伏的注重解析之流”。这就是说，在唯物、理想、解析三个方面，都可以找到中西哲学合流的内在根据，建立一种融合贯通中国哲学、西方哲学和辩证唯物论的新综合哲学是完全可能的。

在30年代，张氏兄弟已有很明显的崇信辩证唯物论的倾向。在“三流合一”的哲学构想中，他们并不是把三种哲学平列，而是自觉地倚重于辩证唯物论，以它为综合的基础和主导。张申府先生认为，不能把三者机械地分开，“在三者之上更要已经相习而不自觉地时时以辩证唯物主义为主宰，把它贯通到各角落各方面：时时要确在‘实’，如实，踏实，时时要‘活’，时时要注意各方面的关联，时时要注意变化发展，时时要注意各类对立与矛盾，时时要注意相互斗争与否定，时时要勿忘相反相成”①。张岱年先生更明确地肯定了辩证唯物论在新综合哲学中的“基础”地位。他说：“凡综合皆有所倚重，如康德之综合即是倚重于唯心，其实是一种唯心的综合；今此所说之综合，则当倚重于唯物，而是一种唯物的综合。此所说综合，实际上乃是以唯物论为基础而吸收理想与解析，以建立一种广大深微的唯物论。”他又说：“新唯物论是以唯物论为基础而吸收对理法……我们更当以新唯物论为基础，而兼综唯心论关于理想的贡献。不止如此，我们还应以新唯物论为基础而吸收解析派的哲学之解析法。”②在20世纪中国哲学中，能以如此宽阔的胸襟兼容中西哲学之精粹思想，又能以如此清醒的头脑倾情于现今世界上最先进的哲学思潮，明

① 张申府：《思与文》，河北教育出版社1996年版，第132—133页。

② 《张岱年全集》第1卷，河北人民出版社1996年版，第262、269页。

确地以辩证唯物论为其新综合哲学之“基础”和“主宰”（主导），这样的哲学家实不多见。就其哲学基本倾向而言，无疑地应把它归属于中国马克思主义的哲学学派，哪怕是极具个性特征的一派，亦应在中国马克思主义哲学发展史中给它以一定的地位。

在20世纪中国马克思主义哲学发展的曲折历程中，如何对待中、西、马三者的关系，确实还是有一些经验教训值得认真总结的。马克思主义与非马克思主义二元对立的观念曾经长期支配着学术界，在一些自认为是“百分之百的马克思主义”的人看来，为了“捍卫马克思主义的纯洁性”，就必须同一切非马克思主义的思想学说彻底划清界限。于是，现代西方哲学统统被看成是垄断资产阶级的腐朽没落的世界观而一概加以否定，中国传统哲学也几乎被与封建意识形态画了等号而不置一顾。教条主义、宗派主义、关门主义的学风严重地阻碍了中国马克思主义哲学的正常健康发展。这种情况在30年代就已经存在。正如张岱年先生所指出的，当时“多数讲马克思主义的人对马克思主义以外的学说，不问内容，不加分别，一概藐视，一概抹杀”①，表现出一种对马克思主义的“盲信”和对一切非马克思主义思想学说“盲诽”的态度。在这种思想主导下，主张以新唯物论为基础而兼综唯心论关于理想的贡献，吸收实证派哲学的解析方法，甚至提出“孔子、列宁、罗素，三流合一”的口号，自然会被看成是一种奇谈怪论，是丧失马克思主义原则立场的表现。这恐怕是张氏兄弟的哲学长期得不到重视、始终被排斥在“主流”之外，以至到建国后还只能“存而不论”的根本原因。80年代以后，这种情况得到了很大的改变，至少是在认识上清算了上述教条主义、宗派主义、关门主义的思想路线，力图用唯物辩证的观点和方法来对待各种非马克思主义的思想学说，张氏兄弟的“解析的辩证唯物论”和“三流合一”说也得到了重新评价。但是，我们在学科体制上将马克思主义哲学、中

① 《张岱年全集》第1卷，河北人民出版社1996年版，第149页。

国哲学和西方哲学分为三个二级学科，分别独立地从事有关教学和科研活动，相互之间很少交流和对话，久而久之就形成了某种学科“壁垒”，十分不利于这些学科的互动发展和中国哲学的整体创新发展，也很难培养出史论结合、兼通中西马、具有创新精神和能力的哲学大家。张岱年先生 30 年代的哲学构想是着眼于“综合”，要“连一切‘见’，去一切‘蔽’”“兼取众长而相资互益”，走“三流合一”、综合创新的道路。而现实的发展却与之背道而驰，在学科分立体制下，连他本人在后半个世纪也只能专门从事中国哲学史的教学和研究工作，而不能继续完成其“天人新论”的哲学理论创造。这是他始料非及、并不希望出现而又无可奈何的现实情况。所以他在 80 年代提出“文化综合创新论”时，再次呼吁打破狭隘眼界，大力提倡在马克思主义指导下中西文化的综合，中国固有文化中不同学派的综合，努力创造一种集古今中外优秀文化之大成的中国当代先进文化。从早年提出“哲学上一个可能的综合”，到晚年倡导“综合创新”文化观，张先生始终理性地把握着 20 世纪中国哲学和文化发展的正确方向，作为一个“学院派”哲学家，能做到这一点应该说是相当难能可贵的。

历史已进入 21 世纪，在中国的哲学和思想文化领域，中、西、马对立互动的基本格局并没有改变。张岱年先生在半个多世纪以前所倡导的以辩证唯物论为基础和主导的中、西、马“三流合一”、综合创新之路，仍然是新世纪中国哲学发展的正确方向和现实道路。他的后继者们一定会沿着这条道路把中国化马克思主义哲学的创建事业继续推向前进。

（原载《中国社会科学》2005 年第 2 期）

费孝通与“和而不同”文化观

费老是著名的社会学家、人类学家和民族学家。他对社会问题的研究，直接目的是解决民富国强的现实经济、政治问题；他的研究方法，除了重视田野考察、调查研究之外，也很重视历史、文化的考察，注意从文化积淀方面去找社会现象的根源。在文化研究这一点上，原来看似不同的学科，完全可以整合到一起来，各显其资源优势并收不同研究视角互补之益。费老的文化研究，以其人类学家、社会学家的宽阔视野和求实精神而对学界极有启发。

我认为费老晚年最大的贡献就是提出了“文化自觉”的理论，回答了在全球化时代应该怎样发展我们的民族文化，怎样处理与其他民族文化的关系问题。费老指出，要做到“文化自觉”，一是对自己的文化要有“自知之明”，二是在处理不同民族文化的关系问题时要树立“和而不同”的文化观。他注意到，“21 世纪要解决的主要问题之一是：各种不同文化的人，也就是怀着不同价值观念的人，怎样能在这个经济上越来越息息相关的世界上和平共处。人类在 21 世纪怎样才能和平地一起住在这个小小的地球上?”[①] 经过认真思考和研究，他郑重地说：“我用‘和而不同’来概括我国文化传统中人文价值的基本态度，也用‘和而不同’来展望 21 世纪的人文世界可能出现的

---

① 《费孝通文集》第 11 卷，群言出版社 1999 年版，第 527 页。

面貌。”[①] 可以说，“和而不同”就是费老的“文化自觉”理论的要义和精义之所在。

我们知道，当今世界上有两种最有代表性的文明关系理论：一种是西方学者亨廷顿提出的“文明冲突”论，另一种就是以费孝通为代表的中国学者所主张的“和而不同”论。这两种文明关系理论正好是互相对立的，反映了不同的思维方式和文化价值观。它们给当今国际政治所带来的影响是很不一样的，给人类文明所展示的前景也是大不相同的。现在已有越来越多的人，越来越多的国家和民族，都明确表示不赞成“文明冲突论”，都希望在不同的文明之间，能够以交流代替歧视，以兼容代替排斥，以对话代替对抗，以共处代替冲突，承认和维护文明的多样性，努力实现“美美与共”“和而不同”的世界文明格局。费孝通先生作为中国学者的代表，在全球化时代大力倡导“和而不同”的文化观，对世界文明的贡献是很大的。

2002 年 12 月，在香港召开的“21 世纪中华文化世界论坛”第二次会议上，我提交了《“和而不同”：作为一种文化观的意义和价值》[②] 一文，中心主旨就是阐述费老所倡导的“和而不同”文化观。

“和实生物，同则不继”是古老的中国哲学智慧。“和而不同”是世界的本来面貌和状态，它也是正确处理人与人之间的关系，不同国家、不同民族、不同文化之间的关系的基本原则。“和而不同”作为一种文化观，不仅反映了文化发展的动力、途径和规律，而且在今天具有特别强烈的现实意义，它是在全球化时代促进不同的文明交流对话、化解文明冲突的最重要的指导原则。所以费老近年来特别强调“和而不同”文化观的价值和意义，在许多文章和谈话中都讲到了这个问题。可以将他的看法归纳为以下几个要点：

一、“和而不同”文化观的涵义。费老认为，“和而不同”就是

---

① 《费孝通文集》第 15 卷，群言出版社 2001 年版，第 409—410 页。

② 刊载于《中国社会科学院研究生院学报》2003 年第 1 期。

容纳多元文化的共存，就是提倡和鼓励多种文化在相互接触、相互交流、相互融合、求同存异、取长补短中共同发展、共同繁荣，简单地说，“‘和而不同’就是‘多元互补’”①。

二、“和而不同”是多元一体的中华文化形成的基本经验。费老指出：“中华文化的包容性和中国古代先哲提倡‘和而不同’的文化观有密切的关系。……在中华文化的发展过程中，多元的文化形态在相互接触中相互影响、相互吸收、相互融合，共同形成中华民族‘和而不同’的传统文化。”②

三、将中国的经验推而广之，创造一个“和而不同”的世界文明格局。在费老看来，“‘和而不同’是世界上成功的文明体系的主要特征”③，“中国人从本民族文化的历史发展中深切地体会到，文化形态是多种多样的，丰富多彩的，不同的文化之间是可以相互沟通、相互交融的。推而广之，世界各国的不同文化也应该相互尊重、相互沟通，这对各个不同文化的进一步发展也是有利的”④。因此，他响亮地提出了“创建一个‘和而不同’的全球社会”⑤ 的口号，并用“和而不同会有日”⑥ 这句话来表达他对“和而不同”的世界必然会到来的坚定信念。

四、“文化自觉”与“和而不同”的关系。费老说：“全球化过程中的‘文化自觉’，指的就是世界范围内文化关系的多元一体格局的建立，指的就是在全球范围内实行和确立‘和而不同’的文化关系。”⑦ “文化自觉就是在全球范围内提倡‘和而不同’的文化观的一

---

① 《费孝通文集》第 14 卷，群言出版社 1999 年版，第 407 页。
② 《费孝通文集》第 14 卷，群言出版社 1999 年版，第 407—408 页。
③ 《费孝通文集》第 15 卷，群言出版社 2001 年版，第 286 页。
④ 《费孝通文集》第 14 卷，群言出版社 1999 年版，第 408 页。
⑤ 《费孝通文集》第 15 卷，群言出版社 2001 年版，第 290 页。
⑥ 《费孝通文集》第 15 卷，群言出版社 2001 年版，第 411 页。
⑦ 《费孝通文集》第 15 卷，群言出版社 2001 年版，第 287—288 页。

种具体体现。”①

五、“美美四句”与“和而不同”的关系。费老在讲到人类学要为世界文化的“各美其美，美人之美，美美与共，天下大同”做出贡献时说：“实际上，这也是中国的传统经验里面一直强调的‘和而不同’的思想所主张的倾向。”② 在另一篇文章中，他在对“美美四句”分别做了解释后，也明确地说：“总而言之，这一文化价值的动态观念就是力图创造出一个跨文化界限的研讨，让不同文化在对话、沟通中取长补短，达到我们的老话‘和而不同’的世界文化一体。”③

六、用“和而不同”文化观来抵制、批评、消解“自我中心主义”和“文明冲突论”。费老认为，“和而不同”就是要求摆脱“惟我独美”的自我中心主义，而采取多元并存的观点。他说：“近几百年来，西方文化一直处于强势地位，造成了其社会中某些势力的自我膨胀，产生了殖民主义、种族主义、极端民族主义、文化沙文主义、单线进化论等形形色色的自我中心主义的思潮。……从另一方面看，非西方的各种文明，在经历了几百年来的殖民主义、世界大战、冷战、民族解放运动等等磨练后，其社会成员的思想和心理都起了十分复杂的变化，产生了多种多样的社会思潮，其中不乏与‘西方至上主义’相对立甚至相对抗的思潮。这个状况，被一些人称作是‘文明的冲突’，这种冲突已经影响到了今天的世界局势。目前所谓的‘恐怖主义’和‘反恐斗争’，就是这种冲突的表现之一。”④ 特别是“9·11”事件后，费老对“以暴制暴、冤冤相报”，“以恐怖手段反恐、越反越恐”的当今国际政治现实深感忧虑，更加强调各民族文化的平等相待，和谐共处，加大了宣传“和而不同”文化观的力度。在他看

① 《费孝通文集》第 15 卷，群言出版社 2001 年版，第 329 页。
② 《费孝通文集》第 15 卷，群言出版社 2001 年版，第 327 页。
③ 《费孝通文集》第 15 卷，群言出版社 2001 年版，第 68 页。
④ 《费孝通论文化与文化自觉》，群言出版社 2005 年版，第 535—536 页。

来，“‘和而不同’是人类共同生存的基本条件”，“现在人类拥有的武器能量已经可以在瞬间毁灭掉自身。如果只强调‘同’而不讲求‘和’，纷争到极端状态，那只能是毁灭”①。

正是由于对当今国际关系中“文明的冲突”愈演愈烈的忧虑，以及对人类文明进程中“和而不同”规律的深刻体认，费孝通先生才在晚年明确地提出了“文化自觉”的理论，并对人类文明的前途必然会实现“和而不同”的人文理想有坚定信心。他说：“我们的老祖宗曾经提出过‘和而不同’的社会理想，我们应该让这个古老的社会理想在新的时代发挥新的建设性作用。”② “和而不同”作为一种社会理想，所谓“和而不同会有日”，就是指他所期盼的“天下大同”理想社会的到来。大家知道，费老在他 80 岁生日时提出了著名的“美美四句”，即“各美其美，美人之美，美美与共，天下大同”。这是他对人类学的前途，也是对整个人类社会发展前途的乐观瞻望，同时也是对他提出的“文化自觉”历程的生动概括。

在《“和而不同”：作为一种文化观的意义和价值》一文中，我曾根据学习费老的“文化自觉”理论与“和而不同”文化观的体会，提出也可以对“美美四句”做另一种表述，即“各美其美，美人之美，美美与共，和而不同”。这样就形成了“美美四句”的第二种版本。我认为，把“天下大同”改为“和而不同”，将“和而不同”直接引入“美美四句”，既不伤费老提出“文化自觉”的本意，而且作为一种当今的文明关系理论，意义可能更加明确，也更具有现实性。因为不同文化价值观念互相尊重、互相欣赏的“美美与共”，虽然只有在“天下大同”的理想社会才能真正、完全地实现，但它也是我们在争取实现“天下大同”的过程中，正确处理多元文化关系的惟一现实选择。它是奋斗目标，是结果；同时也是过程，是手段。“美美与

① 《费孝通文集》第 15 卷，群言出版社 2001 年版，第 328 页。

② 《费孝通文集》第 15 卷，群言出版社 2001 年版，第 408 页。

共”的意涵正好可以用“和而不同”来准确地加以诠释。

在香港会议前，会里把我的文章送给费老看过。听说费老在庆祝他从事教育和学术活动 65 周年纪念会上，讲到了我的这篇文章，认为这个意见提得很好。费老真是大家风度，虚怀若谷，这种胸襟使我很受感动。他不是把自己放在“权威”的位置上，认为我讲的话就是绝对真理，谁要改动就是不敬，甚至是“大逆不道”！他的心摆得很平。在他看来，我是从一个角度来讲这个问题，你从另一个角度来讲这个问题，可能也有一定的道理，两说或可兼容、并存；你说的即使不对，也可聊备一说，说明有人曾经做过这样的思考。他是鼓励学生提出不同的意见，通过讨论来使认识深化。中国传统讲“教学相长”“弟子不必不如师”，费老是身体力行中国传统的师道，所以更值得我们尊敬。

很有意思的是，在 2002 年 12 月香港会议上，美国威斯康辛大学的周策纵教授在《五四时期中国的文化自觉》一文中，也对费老的“美美四句”提出了一种修改意见。他一方面说费老说的“各美其美，美人之美，美美与共”这几句话“说得真好”，同时又建议将最后一句“天下大同”改为“求同异，存同异”。他提出的理由是：“中国过去常有人说：‘世界大同’或‘天下大同’，后来又有人说：我们应该‘求同存异’。这些话都有它们的深意。尤其后面这一句，当这 21 世纪开始时，资讯容易沟通，世界各种不同的文明、文化，接触频繁，如果都要相同起来，有些不愿放弃不同的文明怎么办？难道都要强迫它们相同吗？既然说‘求同存异’，可见‘求同’不必能完全达到目的，倘使‘求同’能够完成，那就到了世界上只有一个文明、文化。”“我们很难想像，未来的理想世界或天下，只有‘同’而没有‘异’。只有‘同’而没有‘异’的境界，是个死寂的境界，也是个不可能长期存在的境界。如果要大家都说真话，我们应该说：

我们要‘求同异，存同异’。”①

在我做大会发言后，周教授表示赞成我的意见，说他讲的“求同异，存同异”也是“和而不同”的意思。“美美四句”中每句话都是四个字，如果将最后一句改成“求同异，存同异”，那就是六个字了；“和而不同”正好是四个字，而且押韵。他说这样改好。

周教授认为在文化上只能讲“求同存异”“和而不同”，即使到了未来的理想社会，也不可能只有“同”而没有“异”，不可能“世界上只有一个文明、文化”。这个意见我是赞同的。但他似乎未能充分理解费老讲文化自觉历程的“美美四句”的深意，就是要通过文化上的“美美与共，和而不同”，去争取实现“天下大同”的理想社会。“天下大同”是消灭了剥削和私有制的“天下为公”的社会制度，是人类向往的美好社会理想。所有制上的“大同”并不等于文化上的“一统”（“世界上只有一个文明、文化”），这是需要明确区分的，但不能否认“天下大同”也是人类“文化自觉”所追求的最终目标。费老概括文化自觉历程的“美美四句”之所以能够引起广泛的共鸣，正是由于它反映了人们对“和而不同”文化观的普遍认同和对“大同”理想社会的共同向往。

因此，我与周教授的认识不同之处是：在我看来，“美美四句”的两种表述方法、两个版本都是可以成立的，二者是可以并存的。它们回答的是不同层面的问题，在内容和作用上可以互相补充。对于概括文化自觉历程的“美美四句”（“各美其美，美人之美，美美与共，天下大同”），可以依据费老的解说对它做历时性的理解：“‘各美其美’就是不同文化中的不同人群对自己传统的欣赏。这是处于分散、孤立状态中的人群所必然具有的心理状态。‘美人之美’就是要求我们了解别人文化的优势和美感。这是不同人群接触中要求合和共存时

① 周策纵：《五四时期中国的文化自觉》，载《文化自觉与社会发展——二十一世纪中华文化世界论坛论文集》，商务印书馆（香港）2005年版，第12页。

必须具备的对不同文化的相互态度。‘美美与共’就是在‘天下大同’的世界里，不同人群在人文价值上取得共识以促使不同的人文类型和平共处。”[①] 对于作为一种文明关系理论的“美美四句”（“各美其美，美人之美，美美与共，和而不同”），则可以对它做并时性的理解：在多种文化并存、共处的时代，要求各种文化在自我认同的同时，也能够尊重、欣赏其他民族的文化，在求同存异、取长补短、相互交流融合中达到“美美与共，和而不同”的境界。这是现时代处理不同民族文化关系的惟一现实的选择，也是在当今得到最广泛认同的一种文明关系理论。费孝通先生就是提倡这种文明关系理论的一个主要代表人物。

我们注意到，费老在不是讲文化自觉的历程，而是在讲文化、文明关系问题时，也经常只引用“美美四句”中的前三句，如说：

> 在全球经济一体化的形势下，多元的世界文化怎样才能持续发展……这些不同的文化怎样能互相尊重、互相理解；相互补充、相互促进，共同发展，做到我多年前提出的“各美其美、美人之美、美美与共”呢？看来当今的世界距此目标还甚远。[②]
>
> 要知道，不论哪种文明，都不是完美无缺的，都有精华和糟粕，所以对涌进来的异文化我们既要“理解”，又要有所“选择”。这就是我说的“各美其美，美人之美，美美与共”。[③]

在所有这些场合，“各美其美，美人之美，美美与共”的文化或文明关系，其实质涵义都是要求做到“和而不同”。所以我认为，提出“美美四句”的第二个版本，或第二种表述方法，也是对费老的文

① 《费孝通文集》第 14 卷，群言出版社 1999 年版，第 196 页。

② 《费孝通文集》第 15 卷，群言出版社 2001 年版，第 43 页。

③ 《费孝通论文化与文化自觉》，群言出版社 2005 年版，第 542—543 页。

化思想的发挥，是对当今最适切的一种文明关系理论（与“文明冲突”论相对立的“和而不同”论）的简要概括。在全面论述费老的文化思想时，也应该注意到这个方面。

费老以其关心国家、民族和人类前途命运的博大胸怀，在晚年着重探讨了全球化时代各民族的文化自觉问题，大力倡导“和而不同”的文化观，为中国文化走向世界和人类文明的健康发展做出了重要贡献。党的十六届四中全会提出了“构建社会主义和谐社会”的重要目标和任务。今年9月，胡锦涛同志在联合国成立60周年首脑会议上又提出了各国共同努力创建持久和平、共同繁荣的“和谐世界”的倡议。“和而不同”的辩证理念正是构建“和谐社会”与“和谐世界”的哲学根据和理论基础，由此我们看到费老在多年前就提出“创建一个‘和而不同’的世界”的口号具有多么重要而深刻的意义。在今天，我们要继承费老的事业，加强对他的文化思想的学习、研究和宣传，让“文化自觉”理论与“和而不同”文化观深入人心，进一步扩大其影响，为人类文明做出更大的贡献。

（原载《中国社会科学院研究生院学报》2006年第6期）

关于文化的体用问题

今年4月下旬，纪念张岱年先生逝世二周年，“中西文化交汇下的中国哲学重建”学术研讨会在长沙岳麓书院召开，我应刘鄂培同志之约给会议写了一封贺信，在信中提出了可以把张岱年先生的中、西、马“三流合一”、综合创新文化观概括为“马魂、中体、西用”的新思路，引起一些质疑和讨论。会后中国海洋大学陆信礼博士来函介绍了会上讨论的情况，我于5月7日复函说明我为什么有这种看法以及思考、研究此问题的过程。此后陆信礼博士又多次来函讨论这个问题，并有若干颇具挑战性的“进言”。我于5月28日再次复函阐述自己的观点，可以看出已经明显处在牵补架漏、力争自圆其说的“防守”地位了。不过我仍然觉得这些讨论是有一定学术价值的。

关于文化的体用问题，上个世纪40年代贺麟先生写了《文化的体与用》一文，80年代张岱年先生写了《试谈文化的体用问题》《文化体用简析》等文章，对这个富有民族特色的文化理论问题作了现代阐释。而在事实层面，一个多世纪以来中西体用之争从来就没有停止过，它所包含的理论内容和现实意义是很值得认真研究的。著名文化学家、《中国文化研究二十年》（人民出版社2003年版）一书主编邵汉明同志表示愿将我的看法在《社会科学战线》杂志发表，以期引起进一步的讨论。我也希望它能起到抛砖引玉的作用。在这里要特别感谢陆信礼博士，我们在电子邮件中的讨论促使我写了后两封信，他的热情与颇有思想力度的提问是主要动力。

一 致刘鄂培、朱汉民

鄂培、汉民同志：

24日在岳麓书院召开的纪念张岱年先生逝世二周年国际学术研讨会，我本来是打算去的，不料最近医院化验结果不太好，加之今年南开和社科院有三位博士生毕业，他们的论文修改正处在关键时刻，主客观条件都不允许我从容赴会，我不得不为失去这次学习交流的机会而感到十分遗憾。

张岱年先生是现代中国哲学界的泰斗，也是我们永难忘怀的敬爱的师长。他去世后，我首先思考的是张先生在20世纪中国哲学史中应有之地位的问题，已经写了文章，后来考虑得更多的则是他对当今中国哲学和文化发展的意义问题。我曾在一篇文章中提道："他所倡导的以马克思主义哲学为基础和主导的中、西、马'三流合一'、综合创新之路，在20世纪中国哲学史中未能充分实现，至今仍然是中国哲学发展的正确方向和现实道路。"[①] 张氏兄弟在上个世纪30年代就指出了一条"孔子、列宁、罗素，三流合一"[②]、"将唯物、理想、解析，综合于一"[③] 的哲学新路，70年后，我们仍在热烈讨论中哲、西哲、马哲的关系问题，如何打破它们之间的"学科壁垒"的问题，如何建设充分吸收了人类文明成果的中国化的马克思主义哲学新形态的问题，这些讨论所趋向的结论，实际上又回到了70年前张先生所倡导的中、西、马"三流合一"、综合创新的思路。凡是多少经历过

---

① 方克立：《张岱年在20世纪中国哲学史中应有之地位》，《中国社会科学院学术委员会集刊（2004）》第1辑，社会科学文献出版社2005年，第94页。

② 参见《张岱年全集》第1卷，河北人民出版社1996年版，第133页；第8卷，河北人民出版社1996年版，第549、585页；《张申府文集》第3卷，河北人民出版社2005年版，第434页。

③ 《张岱年全集》第1卷，河北人民出版社1996年版，第262页。

这一段历史的人，无不在深切的反思中感慨系之。

上个世纪80年代，张岱年先生明确提出了“文化综合创新论”。综合创新论一方面得到了学术界的广泛认同和支持，同时也受到一些批评和质疑。批评者把它看作是没有原则的“文化融合论”。其实张先生在讲中国的新文化建设和中、西、马关系问题时是有着明确的坚定的原则性的。他反复强调中国文化的综合创新必须坚持以下基本原则：

其一，必须坚持以马克思主义的世界观和方法论为指导，坚持中国新文化建设的社会主义方向，积极发挥先进文化的引领作用。

其二，中华民族是中国社会主义新文化建设的主体，必须坚持文化的民族主体性。“民族的主体性即是民族的主体意识，亦即民族的自觉能动性，其中包含民族的独立意识、民族的自尊心等等。”“民族的主体性还含蕴着民族文化的独立性、民族文化的自主性。”[①]

其三，对中西文化都要采取分析的态度，要以开放的胸襟学习、借鉴、吸收西方文化和人类文明中一切有价值的成果，作为“他山之石”为我所用。

最近我受经济学界讨论中、西、马关系问题的启发[②]，觉得似乎也可以把张先生的新文化建设理论概括为“马魂、中体、西用”论。“马学为魂”即以马克思主义和社会主义的思想体系为指导原则；“中学为体”即以有着数千年历史积淀的自强不息、变化日新、厚德载物、有容乃大的中华民族文化为生命主体、创造主体和接受主体；“西学为用”即以西方文化和其他民族文化中的一切积极成果、合理成分为学习、借鉴的对象。这一概括主要以张先生的有关论述为依

---

① 《张岱年全集》第6卷，河北人民出版社1996年版，第261页。

② 杨承训：《中国经济学的发展方向》，《人民日报》2004年11月25日。参见张铁刚、钟珺弘《用科学发展观统领中国经济发展——全国高校社会主义经济理论与实践研讨会第十九次大会综述》，《高校理论战线》2006年第2期。

据，其解释内容与经济学家的类似提法还不完全相同，“中学为体”也显然不是张之洞和现代新儒家讲的那种意义。

关于新文化建设的方针，如何处理不同文化、文明的关系，中国人喜欢讲“体用”模式。而“体”“用”范畴的涵义又可以作多种解释，因此认识分歧往往很大。张先生在80年代也写过几篇讨论文化上的体用问题的文章。一般而言，他是以胡瑗讲的“君臣父子，仁义礼乐，历世不可变者，其体也；……举而措之天下，能润泽斯民，归于皇极者，其用也”① 为文化上的体用范畴之本义，认为“体”就是指导原则，“用”就是原则的具体应用。所以他有“社会主义的基本原则是‘体’，科学技术、文化艺术是‘用’。社会主义的根本原则就是社会主义民主。……可以说民主为体，科学为用”②；“社会主义文化以社会主义的基本原则为‘体’，亦即以马克思主义的理论原则为‘体’”③ 等提法。从这种认识出发，他对“中体西用”论和“西体中用”论都有所批评。中国哲学中体用范畴的另一重要涵义是指实体与作用、属性的关系，张先生在这个意义上也讲过“社会存在是体，社会意识是用”“民族的存在是体，文化的内容是用”④。但他认为文化上的体用，一般不是这种意义，而是前一种意义，因为所谓体用都属于“学”或文化的范畴。大家知道，张先生另外还有“今中为体，古洋为用”⑤ 的提法，古今中外（洋）显然都是讲的“学”或文化。

把马、中、西的关系看作是“魂”“体”“用”的关系，既是对传统的文化体用观的继承，又是对它的变通和发展。引进作为精神指

① 《宋元学案》卷一《安定学案》，《宋元学案》第1册，中华书局1986年版，第25页。

② 《张岱年全集》第6卷，河北人民出版社1996年版，第170—171页。

③ 《张岱年全集》第6卷，河北人民出版社1996年版，第208页。

④ 《张岱年全集》第6卷，河北人民出版社1996年版，第203页。

⑤ 《张岱年全集》第6卷，河北人民出版社1996年版，第129页。

导原则的“魂”这个概念，实际上取代了文化体用观中“体”的涵义，而用“体”这个概念来表现文化的民族主体性。这样就将文化体用观与关于民族主体性的论述结合起来了，我以为是符合张先生的中、西、马“三流合一”、综合创新文化观（含哲学观）的精神实质的。

以上是我近日学习体味张先生的思想，思考它对当今中国哲学和文化发展的意义的一点心得，虽然很不成熟，但是愿意提出来同热心于张先生思想研究的朋友们交流讨论，也表示我对这次会议的关注和参与。

祝会议圆满成功，取得丰硕的学术成果，成为推动张岱年思想研究的一次标志性的会议。

方克立

2006 年 4 月 20 日

二　致陆信礼（一）

小陆：

谢谢你来信介绍岳麓书院会议讨论的情况，这些讨论对我很有帮助。

我将张岱年先生的中、西、马“三流合一”、综合创新文化观概括为“马魂、中体、西用”论是否确当，完全可以讨论，有不同意见是正常现象。希望这个讨论能够继续下去。有人问方克立所说的“马魂”之“马”，到底是哪个“马”？是正统马克思主义之“马”，是苏联之“马”，还是中国化马克思主义之“马”？这样提问题就完全脱离开了具体的语境。我讲的“马学为魂”是概括张岱年先生的思想，具体说就是他的“必须坚持以马克思主义的世界观和方法论为指导，坚持中国新文化建设的社会主义方向”的思想，也就是他所说的“社会主义文化以社会主义的基本原则为‘体’，亦即以马克思主义的理论原则为‘体’”[1] 的思想。日本有与“中体西用”论相类似的“和魂洋才”论，引进与“体”同义的“魂”这个概念，可以说是对传统文化体用观的继承和坚持，也是对它的发展和变通，就是强调在一个文化体系中，必须有一个精神指导原则，要发挥先进文化的引领作用。

我用“中学为体”来概括张岱年先生关于文化的民族主体性的思想，很容易引起误会和争议，因为在语言上与清末的“中体西用”论没有划清界限。但我说的“中学为体”，“体”的涵义已不是指精神指导原则，而是指文化的民族主体性，即在一种文化中，它的运作主体、生命主体、创造主体和接受主体到底是什么；“中学”已不是清末“中体西用”论者所讲的“中国之伦常名教”或“尧舜禹汤文武周孔之道”，也不是现代经济学家所讲的“中国化的发展着的马克思主义”[2]，而是指有着数千年历史传承的，经过近现代变革和转型的，走向未来、走向世界的活的中国文化生命整体。只有中国文化生命整体才能够作为自强不息、变化日新的“创造主体”和厚德载物、有容乃大的“接受主体”，某一阶段、某种形态、某个流派的中国文化都不足以担当此任。

“西学为用”既是对于作为指导原则的马克思主义来说的，也是对于作为接受主体的中国文化来说的；对于指导原则来说它是“应事之方术”即原则的具体应用，对于接受主体来说它是为我所用的“他山之石”。它并不限于西方文化，而是指其他民族文化或外域文化中的一切对主体文化有学习、借鉴价值的东西。中国文化有善于学习、借鉴、吸收外来文化的营养以发展、充实、更新自己的优良传统，继承和发扬这种优良传统也是“综合创新”论的一个重要内容。

我在贺信中提出的这个初步构想，受到了经济学家讨论中、西、

---

① 《张岱年全集》第 6 卷，河北人民出版社 1996 年版，第 208 页。

② 杨承训：《中国经济学的发展方向》，《人民日报》2004 年 11 月 25 日。

马关系问题的启发，但主要是学习张岱年先生的文化思想的体会。程钢说“可能是方先生与干春松一起讨论而得出的结论”，应该说也有一定的道理。干春松正在做一个关于张先生的“综合创新”文化观的课题，我们在讨论中涉及了如何给民族主体性思想定位的问题，“马魂、中体、西用”论试图回答这个问题，但已超出传统的文化体用观的思路，恐怕一时还很难得到大家的认同。当然，更内在地说，关于文化的体用问题也是20多年来一直萦绕于我脑际的一个理论难题，现在不过是提出了一种解决问题的新尝试。

我对这个问题的思考，有文字轨迹可寻的可见下列文章：

1984年发表的《论中国哲学中的体用范畴》一文全面考察了体用范畴的由来、涵义以及体用观上的哲学斗争，指出体用范畴的主要涵义有二：一是本体（实体）与其作用、功能、属性的关系，二是本体（本质）与现象的关系。文章对这两种涵义的区别和联系作了详细的辨析，以同一个哲学家（如王船山）有时讲“器体道用”、有时又讲“道体器用”为例说明区分清楚两种涵义是正确把握中国古代体用思维模式的关键。（1982年写的《王船山道器论浅析》一文也用翔实的资料阐析了这个问题。）

1987年发表的《评“中体西用”和“西体中用”》是一篇讨论文化体用问题的专文，以下辨析都有一定的理论意义：

其一，以胡瑗的“明体达用”之学和李颙的“明体适用”之学为代表阐明传统文化体用观的涵义，得出了两点结论：“（一）以体用区分‘明道存心’的内学和‘经世宰物’的外学，以‘体’为精神之主导，以‘用’为应事之方术。这同哲学上以本体（本质）和现象言体用的观点是一脉相承的。（二）他们都十分强调体用、内外之学的统一。……他们所说的‘体用合一’或‘体用不二’，实际上就是中国封建文化内部的理论和实践一致的原则。”①

① 《方克立文集》，上海辞书出版社2005年版，第280页。

其二，清末的“中体西用”论者继承了以体用区分“经义”和“治事”、内在的精神原则和外在的应事方术的传统观点，主张“中学为内学，西学为外学；中学治身心，西学应世事”（张之洞《劝学篇》）。但他们不是在一种文化的内部区分体用、内外之学，而是在两种（中西）文化之间讲体用关系，好像是中学有体而无用，西学有用而无体，分别割裂了二者之体与用的统一，从而陷入了严复所批评的“牛体马用”论。

其三，李泽厚的“西体中用”论偏离了以“治心”的内学为体、以“治事”的外学为用的传统文化体用观，认为“体是社会存在的本体，即生产方式、生活方式”[①]。这与冯友兰讲的“在一个社会类型中，生产力等经济基础是体，政治、文化等上层建筑是用”[②] 的观点类同，都是对哲学史上崔憬、王船山等人的“器体道用”说的复归。但是，这种体用观不是就文化（“学”）自身的内部关系而言，而是讲的文化及其存在的基础，或文化及其所反映的社会存在的关系。

其四，“西体中用”论与“中体西用”论似乎十分对立，但在思维结构上十分相似，二者都陷入了中西对立、体用二元的思维模式。文中有一段话从正面论述中国社会主义新文化建设的方针，其中特别强调“必须抛弃中西对立、体用二元的僵固思维模式”[③]。

其五，文章不赞成笼统地以“中学”或“西学”为体，但又认为文化建设事实上还是有一个精神主导或指导思想的问题，批判地继承民族文化遗产和吸取外来文化，也有一个区分精华和糟粕的标准问题。中国是一个社会主义国家，中国的社会主义新文化建设只能以马克思主义为指导。[④]

---

① 李泽厚：《论西体中用》，《团结报》1986 年 9 月 27 日。

② 冯友兰：《三松堂全集》第 1 卷，河南人民出版社 2001 年版，第 220 页。

③ 《方克立文集》，上海辞书出版社 2005 年版，第 288 页。

④ 《方克立文集》，上海辞书出版社 2005 年版，第 289—290 页。

1988年在《略论现代新儒家之得失》一文中专门论述了文化的民族主体性问题，首次提出“接受主体”这个概念，并认为“马克思主义的传入不是中国文化的危机，而是给伟大中华文明的复兴带来了生机。马克思主义只是提供了一种新的世界观和方法论，为人类文明发展指出一条通向大同的道路，它并不否定也不能代替民族文化的主体性”①。（这里已有“马魂”与“中体”可以并存的思想。）

1996年发表的《评大陆新儒家推出的两本书——〈理性与生命〉〔1〕、〔2〕》中有一段专论文化的体用问题，不仅重申了“马克思主义文化派主张超越中西对立、体用二元的思维模式”“以马克思主义为指导，并没有否定民族文化的主体性原则”等观点，还尝试着提出一个新的看法：“如果说，体用范畴已为中国人所习用，一定要把中国社会主义新文化建设方针套进一个体用模式的话，我认为首先应对‘体’、‘用’概念明确界定，从文化发展的源泉、动力和创造主体的角度来确立‘体’的优先地位，那么或许可以说是‘以中国社会主义现代化建设实践为体，而以古今中外的优秀文化为用’。”②

以上简要说明文化体用观是我长期关注的一个问题。我的思考始终坚持一些东西，但确实也有一些变化。

会上一位朋友的发言对我的观点颇能同情地理解，但他又说：“对于体用的讲法，我也不赞成。”我认为他说到了问题的关键所在：体用作为中国传统思维模式，我们在今天还能不能用？具体说，能否用来分析现实的文化问题？众所周知，“体用一源，显微无间”（《周易程氏传·易传序》）是传统哲学最常见的一种本体论论证方式，体用范畴的多义性使相关讨论往往陷于概念混乱和理论上的不相应，近代以来的“中体西用”论和“西体中用”论都有明显的割裂体用的缺点，这很容易使人们自觉或不自觉地排拒和讳言体用模式，生怕掉

① 《方克立文集》，上海辞书出版社2005年版，第211页。

② 《方克立文集》，上海辞书出版社2005年版，第325页。

到这个“陷阱”中去。“抛弃中西对立、体用二元的思维模式”当然是对的，但在传统体用思维中是否还包含着某些科学、合理的内容呢？我们既然已经认定“体用范畴产生和发展的根源在于社会实践”，“有体有用、体用统一是对客观世界的某种真实关系，即实体和作用(属性)、本质和现象的关系的反映”，“体用范畴鲜明地表现了中华民族理论思维方式的特点”[①]，那么就不能把它完全否定和抛弃，而是需要认真考虑如何批判继承和创新发展的问题。我们要慎言体用，而不必讳言体用。从自觉不自觉地讳言体用到主张正确地理解和运用体用模式，也是我曾经有过的一个认识变化过程。（从“一定要把……套进一个体用模式的话”一语就可以看出说这话时是多么勉强，多么不理直气壮！）这个变化在很大程度上是受到了张岱年先生的启发。

张先生在青年时代就反对“妄谈”体用。[②] 在他与程宜山合著的《中国文化与文化论争》一书中，也主张“抛弃中西对立、体用二元的僵固思维模式”[③]。刘鄂培同志论述张先生的“文化综合创新论”的意义和价值，其中有一条就是“超越近代中国的文化观‘体用’说”[④]。但是，张先生并不讳言文化的体用问题，他在上个世纪80年代还专门写了《试谈文化的体用问题》《文化体用简析》等文章。在他看来，体用范畴的两种涵义对于处理文化问题都有一定的意义。体用的第一种涵义是“体”指实体，“用”指作用，从这个意义上可以说“民族的存在是体，文化的内容是用”[⑤]，“中华民族是建设社会主

---

① 《方克立文集》，上海辞书出版社2005年版，第108、109、108页。

② 《张岱年全集》第1卷，河北人民出版社1996年版，第247页。

③ 张岱年、程宜山：《中国文化与文化论争》，中国人民大学出版社1990年版，第390页。

④ 刘鄂培主编：《综合创新——张岱年先生学记》，清华大学出版社2002年版，第19页。

⑤ 《张岱年全集》第6卷，河北人民出版社1996年版，第203页。

义中国新文化的主体”[1]。张先生关于文化的民族主体性的论述通常是与这个意义相联系的。体用的第二种涵义是体指原则，用指应用，从这个意义上可以说“社会主义的基本原则是‘体’，科学技术、文学艺术是‘用’。……民主为体，科学为用”[2]。不过，张先生指出：“一般所谓文化的体用……不是体用的第一含义。清末洋务派提出‘中学为体，西学为用’，其所谓体用都属于‘学’的范围，应是体用的第二含义。”[3] 在他看来，“每一文化系统都有其指导原则，有其具体设施。就文化系统中，分别体用，这具有一定的理论意义”[4]。这显然是讲第二种涵义，体和用都在“学”的范围内。张先生认为运用体用范畴来研讨文化问题“具有重要的理论意义和实际意义”，并把它上升到“处理文化问题的中国方式”[5] 的高度来认识，这一点对我极有启发。

中国的新文化建设所面临的问题自然要比过去复杂得多，张先生已运用体用观念作出了初步的回答。“马魂、中体、西用”论试图把张先生的“马学为体，西学为用”的思想与关于民族主体性的论述结合起来，而又作了若干变通：一是引进“魂”的概念来取代“体”；二是用“体”来表现文化的民族主体性；三是把“魂”“体”“用”看作是一个文化系统中的三“学”，即三种文化资源或要素的关系。张先生曾经把“民族”看作是文化之体，我也说过“文化的创造主体和接受主体是人，是人的实践活动”[6]，从体用的第一种涵义来说当然没有问题，但却不能把“民族”“人”“人的实践活动”纳入“学”的范畴。从中、西、马三“学”的关系来说，体现民族主体性

① 《张岱年全集》第 6 卷，河北人民出版社 1996 年版，第 129 页。
② 《张岱年全集》第 6 卷，河北人民出版社 1996 年版，第 170—171 页。
③ 《张岱年全集》第 6 卷，河北人民出版社 1996 年版，第 203 页。
④ 《张岱年全集》第 6 卷，河北人民出版社 1996 年版，第 127 页。
⑤ 《张岱年全集》第 6 卷，河北人民出版社 1996 年版，第 202 页。
⑥ 《方克立文集》，上海辞书出版社 2005 年版，第 325 页。

的是“中学”或中国文化。它是中国新文化建设的运作主体、生命主体、创造主体和接受主体，中、西、马“三流合一”、综合创新所创造出来的新文化还是中国文化，所以说只有它才是主体文化。

近代以来人们为了探索中国文化发展的道路提出过各种思路和方案，大体上都是围绕着中、西、马三“学”的关系问题，有“中体西用”、“西体中用”、“儒体西用”（贺麟）、“马体西用”（张岱年、程恩富）、“儒体马用”（韩星）、“马魂中体西用”（杨承训）、“中西互为体用”（傅伟勋）、“今中为体，古洋为用”[①] 等等，形成了思想界“百家争鸣”的局面。这些提法有一个共同特点，就是都借助于中国传统哲学的体用思维模式，表述简明而往往意见针锋相对，有的提法相同而解释不同；由于体用范畴的多义性和灵活性，有的一人有多种提法，也并不见得互相矛盾。我个人是比较认同张岱年先生的中、西、马“三流合一”、综合创新文化观的，在提法上受到经济学家杨承训同志的启发，但对“中体”的解释与他不同。“马魂、中体、西用”论作为一家之言，优点是兼顾到了中、西、马三个方面，弱点是“魂”“体”“用”的关系还没有形成为一个有很强的解释力、有相当的普适性、为大家所认可的经典模式，它能否成立还要在“百家争鸣”和历史实践中经受考验。我很高兴这次它一上会就引起了讨论，听到了各种批评和指教意见。你的综述文章发表后，估计会受到更多的批评和质疑，引发更深入的讨论。对此我有思想准备，并且衷心欢迎。你说要系统地研究一下这个问题，我当然很赞成。需要我配合做点什么，请来函直言。

专此　顺颂

教祺

方克立

2006 年 5 月 7 日

---

① 《张岱年全集》第 6 卷，河北人民出版社 1996 年版，第 129 页。

三 致陆信礼（二）

小陆：

你最近二函（5 月 14 日、5 月 21 日）提出的问题都很有意思，不但促使我检讨新说与过去所言是否自相矛盾、能否自圆其说，而且要认真考虑“魂”“体”“用”模式的理论有效性和普遍性问题。现将我近日对有关问题的思考，再作简要说明如下：

其一，关于综合创新文化观，我过去曾经作出过“古为今用，洋为中用，批判继承，综合创新”[①] 的十六字概括，现在又提出“马魂、中体、西用”论，你问二者有无扞格之处？我只能这样回答：这两个提法都是在思考中国的新文化建设方针时提出来的，但它们针对的是不同的具体问题，回答也不可能完全一致；而就其精神实质来说应该是相通的，或许还能互相补充。关于这个问题，我过去至少从以下三个角度发表过意见：

在中国的新文化建设中如何处理“源”与“流”的关系？我试图作出的回答是：“以中国社会主义现代化建设实践为体，而以古今中外的优秀文化为用。”[②]

在中国的新文化建设中如何处理中、西、马三“学”或三“流”的关系？我试图作出的回答是：“马学为魂，中学为体，西学为用，三流合一，综合创新。”

在中国的新文化建设中如何处理古今、中外（文化）的关系？我试图作出的回答是：“古为今用，洋为中用，批判继承，综合创新。”

这些提法都涉及体用范畴，而且分别用的是“体”与“用”的

---

① 关东：《现代新儒学研究的回顾与展望——访方克立教授》，《哲学研究》1990 年第 3 期。

② 《方克立文集》，上海辞书出版社 2005 年版，第 325 页。

不同涵义。这样就难免引起混淆，似乎彼此不相应，甚至“互相矛盾”。我深深体会到要讲清楚文化的体用问题是很不容易的，必须从辨析体用范畴的基本涵义做起，要认识它的多义性与灵活性的特点。用简单的公式化的几句话来概括我们的文化方针总是有很大局限性的，但是为了回应“中体西用”“西体中用”“全盘西化”“全盘儒化”等论，又确实有必要这样做，因此就只能针对不同的问题来分别作出回答，并把每一个提法中所用的概念的涵义都交代清楚。

其二，中、西、马三“学”的魂、体、用关系显然已经超出了传统文化体用观的范畴，把文化的民族主体性问题也考虑进去了。那么这种“魂”“体”“用”模式到底有没有客观根据和现实的普遍性呢？关于这个问题，我想用王船山的“形而上者谓之道，形而下者谓之器，统之乎一形”[①] 的思路来加以回答。中学、西学和马克思主义作为各自独立的文化系统，本来分别各有其体用，而且一般来说体和用都是统一的。我们现在是讨论中国新文化建设中的中、西、马三“学”的关系问题，它们已成为同一个文化系统中“和而不同”的三种文化资源或要素，“马学”和“西学”都已不是外在于中国文化、与之不相干的东西了。由于中国的新文化建设有明确的社会主义方向，因此它必须以马克思主义为指导，特别是要以马克思主义的科学世界观和方法论为指导。西方文化中与马克思主义相对立的意识形态和价值体系自然就不能作为我们的文化选择，但世界各国先进的科学技术、管理经验和思想文化仍可以作为“他山之石”为我所用。体现“以我为主”的民族文化主体性的“中学”，既是中国新文化建设的运作主体、生命主体和创造主体，对于外来文化来说它又是接受主体，它就是统一“形而上之道”与“形而下之器”的那个“形”。这样“魂”（“道”）、“体”（“形”）、“用”（“器”）三者就有机地联结、统一起来了。

---

① 《周易外传》卷五，《船山全书》第 1 册，岳麓书社 1988 年版，第 1029 页。

用“魂”“体”“用”的关系来考察各国的文化发展模式有没有一定的普遍性呢？越南、古巴是与中国社会性质、文化发展方向相近的国家，它们可以说分别是走“马魂、越体、西（洋）用”和“马魂、古体、西（洋）用”的发展道路。西方资本主义国家的文化之“魂”是基督宗教和自由、民主价值观，也就是韦伯所说的“资本主义精神”；另一方面，美、英、法、德等国又各有其国情和文化传统，它们之间的文化差异亦不可忽视。西方文化虽然以人类先进文化自居而瞧不起其他民族的文化，但在全球化时代也不能不受到其他民族文化（包括移民国家文化）的影响，其文化战略中也有一个“魂”“体”“用”的关系问题。特别是“用”的内涵极其丰富，从某种意义上说，想用自己的文化来把其他民族的文化“化”掉也是“用”的一种方式。

其三，有人可能会问：“马魂、中体、西用”论到底是你的看法还是张岱年先生的思想？你有什么根据把张先生的中国新文化建设理论概括为“马魂、中体、西用”论？我的回答是：它确实是我在学习张先生的综合创新文化观时有所体悟，并受到经济学家讨论中、西、马关系问题的启发而提出来的，我本人当然认同这种提法，并愿意为它作进一步的探索和论证。

张先生的中国新文化建设理论的一个重要特点，就是既强调要以马克思主义的基本理论为指导，又格外重视文化的民族主体性，并力图把二者结合起来。他在不同场合曾分别给二者以“体”的地位，不过“体”的涵义并不相同。“以马克思主义的理论原则为体”①，“体”是指导思想、基本原则的意思。“民族的存在是体”②、“中华民族是建设社会主义中国新文化的主体”③，“体”是物质实体、社会存在的

① 《张岱年全集》第6卷，河北人民出版社1996年版，第208页。
② 《张岱年全集》第6卷，河北人民出版社1996年版，第203页。
③ 《张岱年全集》第6卷，河北人民出版社1996年版，第129页。

意思。不论从哪个意义来说，“体”对于“用”都有明显的优先性，“用”是为“体”服务的。张先生说：“中华民族是建设社会主义中国新文化的主体，而社会主义是中国新文化的指导原则。科学技术等等都是为这个民族主体服务的，也都是为社会主义服务的。”① 在这里我们已经看到了“马魂、中体、西用”论的雏形。但“中体”在这里并不是“学”，以后他提出“文化综合创新论”时，就明确是讲三“学”的关系了，即主张“在马克思列宁主义原则的指导下，以社会主义的价值观来综合中西文化之所长而创新中国文化”②。在他看来，“马克思主义与中国文化优秀传统的结合，应是中国文化发展主要方向”，这就是正在建立之中的“中国文化的新统”③。

我之所以说“马魂、中体、西用”论是符合张岱年先生的新文化建设理论之精神实质的，是由于在张先生 70 余年的学术生涯中，始终倡导“三流合一”、综合创新，他对中、西、马的定位是明确的、一贯的；把活用文化体用观与突出民族主体性结合起来也一直是他试图解决的理论课题。现在找到了“马魂、中体、西用”这样一种表述方式，我首先想到的是其思想应归于张先生，故在长沙纪念会上提出。当然我也力图对它作出较为圆满的解释。

其四，你 5 月 21 日来函主要谈了对李泽厚“西体中用”论的一些看法，也对我 20 年前写的《评“中体西用”和“西体中用”》④ 一文有所评论，我认为基本上是符合实际的。张岱年先生认为“西体中用”论的主要错误是“忽视了民族的主体性”⑤，我则指出李泽厚对“中”“西”“体”“用”等概念的解释与传统的文化体用观完全不相应，并非都在“学”的范围内。这些辨析都有一定的理论意义。但李

① 《张岱年全集》第 6 卷，河北人民出版社 1996 年版，第 129 页。
② 《张岱年全集》第 6 卷，河北人民出版社 1996 年版，第 253—254 页。
③ 《张岱年全集》第 7 卷，河北人民出版社 1996 年版，第 451 页。
④ 该文写于 1986 年 12 月，发表于《哲学研究》1987 年第 9 期。
⑤ 《张岱年全集》第 6 卷，河北人民出版社 1996 年版，第 208 页。

的“西体中用”论主要并不是讲文化问题，而是直接提出了一种从生产方式、生活方式、上层建筑、科学技术到意识形态都要全面学习西方，不过需要经过“创造性转化”并取得民族形式才能运用于中国的政治主张。我还是把它与全盘西化论区别开来，认为是一种“比较温和的、带有折衷色彩的西化派观点”①。“西体中用”论的名声虽然很大，但界定模糊的文化体用论形式似乎并没有使它获得多少真正的支持者。

你提出的问题我不能一一回答，有的回答也可能言不及义（如没有直接回答李泽厚思想是否“什么都有一点”的问题），这是限于我目前的认识状况和程度，没有认真思考和研究过的问题自然就答不出来。这些讨论都非常有意思，对我的帮助很大，谢谢你！

你这学期上好几门课，还要联系博士后单位、参加学术会议、读书思考问题写文章，一定相当紧张。年轻时给自己多加点压力是必要的，但也要有张有弛才能可持续发展。

专此　顺颂

教祺

方克立

2006 年 5 月 28 日

（原载《社会科学战线》2006 年第 4 期）

---

① 《方克立文集》，上海辞书出版社 2005 年版，第 257 页。

综合创新之路的探索与前瞻

张岱年先生1987年提出“文化综合创新论”，到现在整整二十年了。这次会议以“综合创新与中国哲学的现代走向”为主题，我想谈谈自己对这个问题的思考以及涉及的一些主要方面，同时也借此机会深切怀念已经辞世三年的张岱年先生。

20世纪中国哲学的基本态势是中国传统哲学、西方哲学和马克思主义哲学三种哲学资源各显精彩，文化保守主义、自由主义、马克思主义三大思潮对立互动。七十年前，也就是20世纪的30年代，张申府、张岱年兄弟就提出了“孔子、列宁、罗素，三流合一”[①]、“将唯物、理想、解析，综合于一”[②] 的主张，他们不仅提出了一种“新综合哲学”的设想，而且在方法论上提出了“创造的综合”与“辩证的综合”的新观念。但是，这样一种指明了20世纪中国哲学和文化发展正确方向的主张却没有引起人们的重视，只能作为“解析的辩证唯物论”[③] 学派的一家之言而昙花一现。半个世纪后，中国又出现了新一轮文化大讨论，张先生于1987年正式提出了“文化综合创新论”。作为80年代文化讨论中的多种主张之一，它起初也没有引起学

① 参见《张岱年全集》第1卷，河北人民出版社1996年版，第133页；第8卷，河北人民出版社1996年版，第549、585页；《张申府文集》第3卷，河北人民出版社2005年版，第434页。

② 《张岱年全集》第1卷，河北人民出版社1996年版，第262页。

③ 《现代哲学的主潮》，《大公报》1934年12月27日第11版《世界思潮》第88期。

界的特别重视，经过若干年后，“综合创新”论才在与其他各种文化主张的比较和论争中，逐渐显示出其真理性和现实性，逐渐被人们所接受，成为关于中国哲学和文化发展方向、道路的一种主流观点。

在80年代的文化讨论中，应该说站在马克思主义文化立场上的学者还是不少的，但是这一派讲“批判继承”，往往被看作是老生常谈，缺少新意。当时“新启蒙”“彻底重建”“西体中用”“儒学复兴”等各种文化主张纷纷亮出了自己的旗帜，而马克思主义文化派却缺少一面非常有号召力的旗帜，在各派文化观点的比较和论争中能够明显地胜出，成为一种得到普遍认同的主流观点。当时学界对80年代文化讨论中的各派观点有种种概括，有概括为四派的，也有概括为五派、六派的，但在这些概括中，不但显示不出马克思主义的主导地位，而且很难反映出文化讨论的全面真实的情况。张先生的“综合创新”论提出后，我觉得情况发生了重要变化，可以说它为马克思主义文化派树立起了一面鲜明的旗帜。

我是在20世纪80年代中期开始研究现代新儒学时才意识到，只有把现代新儒学放到20世纪三大思潮对立互动的格局中，才能准确地把握它的实质及其在中国现代思想史上的地位和作用。三大思潮首先是对于中国现代化道路的三种不同的选择：马克思主义派坚持走社会主义现代化的道路，自由主义西化派要走西方资本主义发达国家走过的老路，现代新儒家则希望走一条所谓“儒家资本主义”的道路。1990年春，我在一次谈话[①]中又提出，三大思潮不仅是对于中国现代化道路的三种不同的选择，而且也是“五四”以后直至80年代文化讨论中的三个最主要的思想派别。这三派就是自由主义的“全盘西化”派、保守主义的“儒学复兴”派和马克思主义的“综合创新”派。这种概括大概是第一次把“综合创新”论看作是80年代文化讨

① 关东:《现代新儒学研究的回顾与展望——访方克立教授》,《哲学研究》1990年第3期。

论中的三大主流观点之一，而且把它当作中国马克思主义文化派的代表。也是在这个谈话中，我还将中国马克思主义派的文化主张概括为“古为今用，洋为中用，批判继承，综合创新”四句话。大家知道，“古为今用，洋为中用”和“批判继承”是我党一贯倡导的文化方针，把“综合创新”与党的文化方针联系在一起，就意味着它不只是张岱年先生个人的观点，而且也是中国马克思主义派的基本文化主张。这在当时确实是一种“新说”，自然有人赞成，也有人不赞成。张先生本人也看到了这个谈话，并意识到这是对他的综合创新文化观的最有力的支持，所以希望我在这方面多做一些工作。1991 年 10 月 21 日，张先生在给我的一封信中说：“我们主张‘综合创新论’，既符合马克思主义，又符合国情，但响应的人似乎不多。美籍华人林毓生提出‘创造性的转化’，却受到多人注意。外来的和尚会念经，自古如此。希望您大力宣传‘综合创新’之义。”[①] 写这封信时张先生提出“文化综合创新论”已经四年了，他的感受是“响应的人似乎不多”，所以才有“外来的和尚会念经”的感慨。这种情况到 90 年代中期已得到改变，标志性事件是 1995 年在澳门召开的综合创新文化观研讨会。

“希望您大力宣传‘综合创新’之义”——这是张先生对我的嘱托，我也感到是一种责任，所以 90 年代以后我做这方面的工作就更加自觉了。1992 年 1 月，《光明日报》发表了我读张先生与程宜山同志合著的《中国文化与文化论争》一书的读后感：《大力宣传我们的主张——“综合创新”论》[②]。1994 年 9 月，我在一个国际学术研讨会上作了题为《批判继承　综合创新》[③] 的发言。以后在多篇文章、

① 参见陈来编《不息集——回忆张岱年先生》，北京大学出版社 2005 年版，第 139 页。

② 《光明日报》1992 年 1 月 27 日。

③ 《传统文化与现代化》1995 年第 3 期。

多次谈话中都讲到这个问题，也意在大力宣传“综合创新”之义。这方面思考所涉及的一些问题，我想归纳为以下几个方面。

一 综合创新文化观产生的历史必然性

主要从两个角度进行历史的考察和论证：一是回顾16世纪以来，即自有中西文化交流以来，我们是怎样处理中西文化关系问题的。四百年间发生过多次中西文化论战，有抵制、排斥西学的观点，也有全盘西化的观点。但应该说，在此期间也有一些先进的中国人，既有强烈的民族主体意识，又有一定的世界眼光，既不赞成盲目排外，也不赞成全盘西化，而是主张综合中西文化之长来建设发展中国的新文化。从明末的徐光启，到上个世纪初的孙中山、蔡元培，都是主张中西文化兼收并蓄的。“综合创新”论正是对于这样一种正确的文化主张和文化心态的继承、总结和发展。二是回顾和总结中国共产党人、中国的马克思主义者是怎样处理中西文化关系，怎样制定自己的文化方针的。从李大钊的“中西调和”说到30年代的“新启蒙运动”和张氏兄弟的辩证综合观，再到毛泽东的“古今中外法”，以至到我们新中国成立后制定的一系列发展社会主义文化的方针政策，说明综合创新文化观与其精神是完全一致的，所以它又是中国马克思主义派一贯的文化思想的概括和总结。

二 综合创新是文化发展的规律

首先，可以用中外文化史、学术史的大量历史资料和例证来说明综合创新是学术文化发展的必然规律，现在已有一些学者在做这方面的工作，他们整理的历史资料很有说服力。其次，从道理上说明学术文化是在百家争鸣、多种思潮和学派交汇碰撞中，往往是以一种思想为主而兼容其他各家思想的部分内容，也在一定程度上消解了它们之间的对立紧张，在既有“扬”也有“弃”的批判继承过程中得到创新发展的。中国古代思想家讲的“异以贞同”“杂以成文”“推故而别致其新”就是综合创新，所谓诸子百家“其言虽殊，辟犹水火，相灭亦相生也；仁之与义，敬之与和，相反亦相成也”（《汉书·艺文志》），还有黄宗羲在《明儒学案》中提倡的“一本万殊之学”，都是讲的综合创新的道理。“杂以成文”“杂以成家”是新学说、新学派得以生成和发展的规律。我后来在阐述费孝通先生的文化自觉与“和而不同”理论时，[①] 也讲到了这个问题：学术领域的综合创新要以不同学说、学派的存在为前提，以承认多样性统一、“和而不同”为前提。

三　综合创新论的基本理论内容

张岱年先生对“文化综合创新论”的内容有简明精要的说明。他说我们今天讲文化综合创新，就是在马克思主义原则指导下，以社会主义价值观来综合中西文化之长，而创新中国文化。后来他又明确指出：“文化的综合创新的核心是马克思主义与中国文化的优秀传统的结合。”[②] 可以说张先生把综合创新的指导思想、价值目标、核心内容和基本方法都讲到了。在理论上，他不仅提出“兼和”说作为综合创新论的哲学基础，而且还阐明了文化综合创新之所以可能的根据：一是文化系统的可解析性与可重构性，二是文化要素之间的可离性与可相容性。我在《批判继承　综合创新》这篇文章中，也就自己的理解，从综合创新的对象和时空视野、综合创新的目的和主体要求、综

① 参见《“和而不同”：作为一种文化观的意义和价值》，《中国社会科学院研究生院学报》2003 年第 1 期；《费孝通与“和而不同”文化观》，《中国社会科学院研究生院学报》2006 年第 6 期。

② 《张岱年全集》第 8 卷，河北人民出版社 1996 年版，第 526 页。

合创新的方法论特征和基本要素、环节之间的关系，将其内容概括为四个要点，这就是后来洪晓楠同志进一步概括的开放性、主体性、辩证性和创新性“四性”。我在《哲学动态》发表的那篇访谈①中，也谈到要深入研究综合创新文化观的一些基础理论问题，比如文化到底是可分的还是整全不可分的？当年张先生与西化派人士沈昌晔就争论过这个问题，到今天还是有人用“文化是不可分割的整体”的观点来反对“取其精华、弃其糟粕”的提法，说明像这样的基础理论问题并没有得到很好的解决。

综合创新论与其他两派文化主张，除了反映出文化立场、文化取向不同之外，它在方法论上的最大特点就是用唯物辩证法来处理文化发展中的各种关系问题，包括古今中西文化关系，各种构成要素之间的关系，各个发展环节之间的关系，都要作辩证的处理。很明显，它与那种要么“全盘性反传统”、要么全面复归传统，要么“全盘西化”、要么“全盘儒化”的排他性的一元单线进化的两极思维方式是不同的，也与“中体西用”“西体中用”之类的折衷主义不同，而是力图超越中西对立、体用二元的形而上学思维方式，坚持全方位开放的辩证综合观。有人把这种辩证的综合观曲解为无原则的文化融合论、矛盾融合论，我们也要从理论上做出回答。

四　综合创新的具体方法和可操作程序研究

人们往往认为综合创新只是一种文化选择，只是提出了文化发展的一个可能方向，或者说是一种理想化的文化建设方案，而很难进入具体的操作程序。因此解决怎样综合创新的具体方法、途径问题也很重要。综合创新不是古今中外文化中一切好东西的简单相加，而是为

---

① 《深化对“综合创新”文化观的研究——访方克立教授》，《哲学动态》2002 年第 4 期。

了解决现实问题（矛盾），满足主体的需要，充分利用现存的一切有价值的文化资源，在分析、取舍（扬弃）、重释和重构中实现创造性的转换，使其取得新形态，获得新意义。这里除了要明确主体目标、价值取向、资源对象之外，还有一个方法运用问题。在综合创新过程中可以运用归纳法、演绎法以至理性直觉等多种方法，也可以借鉴西方的解释学方法、现象学方法和中国传统的经典诠释方法，但是要充分发挥认识的能动性，真正做到“创造的综合”而不是“平庸的调和”，最重要的还是要善于运用辩证法。辩证法的逻辑有一些基本规律和范畴，但是并没有一成不变的思维定式，经典诠释、科学发现和理论创新的方法都是多种多样的。既然综合创新是文化发展的规律，那么研究综合创新方法的一条重要途径，就是通过中外文化史、学术史去总结和发现，一些综合创新的成功范例也可以给我们许多启发。这方面研究深入后，有可能建立一门“综合创新思维学”这样的逻辑科学，它应该属于辩证逻辑的范畴。

五　哲学和文化上走综合创新之路的典型个案研究

张岱年先生一生的哲学和文化道路可以说是走中、西、马“三流合一”、综合创新之路的典范。他在40年代创立的“天人新论”哲学体系，就是“将唯物、理想、解析，综合于一”[①]、建立“新综合哲学”的一次非常可贵的尝试，虽然没有完成，但已开辟了一条用辩证唯物论的基本观点回答天人、理事、心物、两一、反复、知实、能所、群己、义命等中国传统哲学问题的道路，说明建立马克思主义的天人新学是有可能的。张先生当时还是一个青年哲学家，已经显示出了超凡的哲学见识和大家气象。我在一篇小文章《中国哲学的综合创

① 《张岱年全集》第1卷，河北人民出版社1996年版，第262页。

新之路》[①] 中，对张先生20世纪三四十年代的哲学见识，曾经总结了四点“难能可贵之处”，其中每一点都表现出了综合创新的眼光和理论锐气。

冯友兰先生的哲学道路也是一个很有说服力的个案。冯先生一生致力于中西哲学互相阐明、互相补充、互相融合的工作，晚年归宗于马克思主义哲学。他认为马克思主义哲学对客观真理的揭示与前人的认识成果是相通的，马克思主义哲学也是接着中外哲学史讲的。在他看来，不仅“东哲西哲，心同理同”，而且中国哲学中的各家也是相通的。当有人说他是新儒家时，他说：“儒家也好，道家也好，这个界限对我来说已经打通了。”[②] 晚年冯友兰自认为已经进入了这样一种境界，就是把儒、释、道和中、西、马都打通了，人类认识史上一切好的东西都吸收包容到马克思主义哲学中来了。当代中国的许多哲学大家，都是非常自觉地在走中、西、马“三流合一”、综合创新之路，比如像冯契先生、张世英先生等等，这些个案都应该好好研究。

六　综合创新论研究的深化——“马魂、中体、西用”论

去年我在给纪念张岱年先生逝世两周年的长沙会议写的贺信中，讲了“马学为魂，中学为体，西学为用，三流合一，综合创新”这样五句话，后来与陆信礼又有几封书信讨论，一起发表在《社会科学战线》杂志[③]上。关于文化的体用问题，近代以来讨论很多。由于中国哲学中的体用范畴具有多义性的特点，用来讨论文化问题时往往歧义丛生。体用范畴的一个主要涵义是讲本质与现象或原则与应用的关系，另一个涵义是指实体与作用、功能、属性的关系。我们讲文化的

① 见刘鄂培、衷尔钜编《张岱年研究》，清华大学出版社2004年版，第22—23页。
② 陈来：《默然而观冯友兰》，《读书》1990年第1期。
③ 方克立：《关于文化的体用问题》，《社会科学战线》2006年第4期。

体用问题通常是在前一个意义上讲的，有时也从后一个意义上讲，包括张岱年先生也是从不同意义上讲的，所以关于文化的体用问题他有多个论断。很明显，要用体、用二元模式讲清楚中、西、马三者的关系是有困难的。我就想能不能对传统的体用模式做一个变通，引进“魂”这个与作为精神指导原则之“体”意义相近的概念，而将“体”专门用来指称主体、实体，即联结形而上与形而下的那个“形”，用“魂、体、用”三元模式把体用范畴的两种涵义在一定程度上综合起来，来解决中、西、马“三流合一”的问题。这里的实质问题或核心问题是要把坚持以马克思主义为指导与挺立民族文化的主体性二者结合起来，统一起来，放在同一个三维结构的模式中。当然这个想法还很不成熟，有不同意见是正常现象。我之所以提出这个问题，是觉得后人在张岱年先生开辟的这条道路上应该有所前进，“马魂、中体、西用”的思想在张先生的有关论述中已见端倪，把马克思主义的指导地位与中国文化的主体地位统一起来也是他想解决的问题。彰显主题、拓宽论域和加强研究深度是后继者的责任。

七　综合创新与中国哲学的“合法性”问题

中国哲学的“合法性”问题最初是从西方哲学的特殊性立场，也就是以西方哲学为普遍哲学的立场上提出来的，对中国是否有哲学提出质疑。一个明显的现象是，欧美大学的哲学系过去都不开中国哲学课，现在开这门课的学校也很少，这方面课程主要是在汉学系或东亚系开。20 世纪 90 年代，日本东京大学原来很有点影响的中国哲学研究室改名为“中国思想文化学研究室”，其背景也是对中国是否有哲学表示怀疑。这件事情直接引发了国内关于中国哲学“合法性”问题的讨论。

从国内学界来说，讨论这个问题主要是对近代以来中国哲学史这个学科的合法性提出质疑。我们充分理解提出这个问题所表现出来的学科自觉，特别是它表现出了一种建立和强化中国哲学主体性、民族性的诉求，对这个学科今后的发展无疑是有积极意义的。但是，目前的讨论中也存在一些问题，就是我们的前辈近百年来在中国哲学史学科建设方面所做的工作，特别是他们为现代性与民族性相结合所做的努力，我们能不能全盘否定，一概说成是“以西律中”“以夷变夏”“汉话胡说”“反向格义”，甚至说成是“嫖妓哲学”？参照借鉴西方哲学的认识成果与确立中国哲学的主体性是不是绝对不相容的？其实在这个讨论中还隐含着一个问题，就是马克思主义哲学史观和方法论对中国哲学史研究还有没有指导意义？能不能把它看作是必须突破的“紧箍咒”？这些问题当然都是很重要的，应该讨论清楚。另一方面，在合法性讨论中又提出了一些口号，像“重写中国哲学史”“回归中国哲学的原生态”“以中国解释中国”“以夏变夷”等等。它们的确切含义是什么？怎样用来具体地指导今后的中国哲学史研究？有什么建设性的、可操作的思路和方案？比如说“中国哲学的原生态”，到底是指什么？我们对它是否已经有很明确的认知？“重写中国哲学史”本来是很高的要求，应该是创造性地重写，决不是简单地回到传统经学和义理之学，回到传统学术史那种写法和讲法。冯友兰先生上北大时，讲中国哲学史的那位教授，从三皇五帝讲起，讲了半年才讲到周公。如果这就是“原生态”的话，那么他自然竞争不过胡适之的中国哲学史课堂。近百年中国哲学史学科的发展是随着时代的进步和学术的发展而不断向前发展的，应该说也是有规律可循的，它发展到今天也不容易。所以我觉得很有必要加强对近百年“中国哲学史学史”这门学科的研究，既看到前人艰辛探索所作出的贡献，也指出存在的问题，明确改革和前进的方向，把“合法性”讨论的积极成果落实到今后的学科建设中去。

我个人的看法是，中国哲学的“合法性”问题不能只从方法论的层面来解决，它首先是一个哲学观问题。只要坚持社会存在决定社会意识、哲学是民族精神和时代精神的精华、共性寓于个性之中的原理，尊重客观历史事实，中国有没有哲学、应该怎样研究中国哲学的问题是不难解决的。从研究方法来说，首先要从中国哲学自己的文本、话语和问题意识出发，揭示按照问题自身的逻辑和不同的时空条件所提出的各种解决之道，来展开中国哲学的全部丰富内容。在自立宗主的前提下，参考借鉴西方哲学的认识成果和进行中西比较应该说都不是问题。所以我认为，挺立中国哲学的民族主体性，与贯彻马克思主义哲学史观和方法论的基本原则，借鉴西方哲学的认识成果，这三者并不是绝对不相容的，而是有可能辩证地综合在一起，有机地统一起来。也就是说，中国哲学学科的发展也要走综合创新之路。

八　综合创新中的“一元主导”与“多元兼容”问题

前面提到综合创新论起初响应的人并不多，后来情况很快发生了变化，人们意识到“综合创新”是一个很有解释力的概念，它不仅符合文化发展的规律，而且也非常符合我们这个时代思想文化发展的特征。现在不仅马克思主义派讲综合创新，而且文化保守派、自由派都讲“综合创新”，有的虽然不这样讲，但实际上也是走的一条多种文化资源互相借鉴、互相利用、互动互补的道路。比如杜维明就多次说他赞成张岱年先生的“综合创新”论，他讲儒家传统的批判继承和创造转化就是综合创新，主张儒学要同马克思主义、西方基督教神学、弗洛伊德主义对话，要从这些学说中吸取资源。现在自由派中明确主张“全盘反传统”“全盘西化”的人也不多，他们中间也出现了所谓“中道自由主义”和“儒家自由主义”，即自由主义与保守主义的合流。自由主义的左翼也赞成社会主义的公平原则，他们讲的“通三统”，就是要打通社会主义、保守主义、自由主义三种传统，试图把三者结合起来。在今天多元化的时代，持排他性的一元单线进化观念的是极少数，许多人都表现出了某种意义、某种程度上的“兼容”“综合”趋向，只是在“指导思想一元化”的问题上，三派明显地区别开来，在处理“一元主导”与“多元兼容”的关系问题上各派的取向不同。马克思主义综合创新派是非常明确地以马克思主义为“一元主导”的，但是它并不排斥科学、民主、法治、现代化，以及自由主义和儒学中的某些思想资源，它们都可以作为“支援意识”而被兼容，或者说辩证地综合进来。另外两派呢，只不过是主导意识不同，西化派是以自由主义为“一元主导”，新儒家是以儒学为“一元主导”，比如杜维明就强调儒学是“文法”而不是“词汇”，有的人则强调儒学是“体”而不是“用”，主张“儒体西用”“儒体马用”。在“指导思想一元化”的问题上，三派都旗帜鲜明，毫不含糊，所以才有对立和紧张。

九　中国特色社会主义理论体系中的文化综合创新问题

“中国特色社会主义理论体系”是十七大提出的新概念。这个理论体系是几代中国共产党人探索中国特色社会主义道路的理论结晶，它既坚持了马克思主义和科学社会主义的基本原理，又总结了国际共产主义运动正反两个方面的经验教训，特别是总结了我们自己进行社会主义建设和社会主义改革的经验；它既吸收了中国传统文化的精华，同时也吸收了人类先进的文明成果，所以应该说，中国特色社会主义理论体系本身就是综合创新的产物。

中国特色社会主义理论体系包括经济、政治、文化、民生（社会建设）、国防、外交等多方面内容。就中国特色社会主义文化来说，它的一个重要特征就是综合创新。过去我在文章中提到过 1986 年制定的关于社会主义精神文明建设指导方针的决议，也提到过江泽民同志 1991 年的“七一”讲话，其中都强调社会主义新文化建设要以马克思主义为指导，批判继承历史传统而又充分体现时代精神，立足本国而又面向世界，古今结合，中外结合，充分体现了综合创新的精神。[①] 十七大报告讲要推动社会主义文化大发展大繁荣，也强调要巩固马克思主义的指导地位，弘扬中华文化，加强对外文化交流，吸收各国优秀文明成果，同样体现了综合创新的精神。在此之前十六届六中全会关于构建社会主义和谐社会的决定，讲到社会主义核心价值体系的四项内容：马克思主义指导地位，中国特色社会主义共同理想，以爱国主义为核心的民族精神和以改革创新为核心的时代精神，社会主义荣辱观，这也是理论上的综合创新；讲到社会主义和谐社会是民主法治、公平正义、诚信友爱、充满活力、安定有序、人与自然和谐相处的社会，这六个方面基本特征统一在一起，当然也体现了综合创新的精神。中国传统文化中有不少和谐思想资源，但有些资源就不足，比如民主法治，就需要学习借鉴西方文化。没有综合创新的眼光和气度，就难以建成六个方面基本特征统一的社会主义和谐社会。可以说综合创新是建设和发展中国特色社会主义文化的世界观和方法论基础，是它的灵魂。

十　综合创新与科学发展观

综合创新是作为一种文化发展观提出来的，它在推动学术理论、文学艺术、科学技术发展方面已经发挥了重要的积极作用，在今天已是一个使用频率相当高的概念。类似的提法还有“融合创新”“整合创新”“集成创新”“扬弃创新”等等，钱学森先生的“大成智慧学”也是一种综合创新理论。除了文化学的意义之外，综合创新对经济社会发展和各方面事业发展也有重要的方法论指导意义，因为它是建立在对事物发展本质的科学认识基础上的发展战略思想。举一个例子：

① 参见《批判继承　综合创新》《大力宣传我们的文化主张——“综合创新”论》二文。

我们南开哲学系毕业的一位同学，是北京一家国营企业党委办公室的负责人，他在为公司党代会起草的主题报告中，就是以“综合创新”作为企业发展的核心战略口号，来全面落实科学发展观，争取实现跨越式发展的目标。报刊上也提供了许多这方面的信息，比如2005年大连市委提出一个口号：“综合创新是大连城市发展的灵魂”，并在这一战略思想指导下提出了制度创新、结构创新、发展空间创新、技术创新的目标和具体实施方案。贯彻落实科学发展观要站得高，看得远，总揽全局，统筹兼顾，才能推动经济社会全面协调可持续发展。在一定意义上说，综合创新就是充分发挥认识和实践的能动性，促使事物朝着符合人的需要的方向发展的一种科学发展观。关于发展，我们知道有两个最重要的辩证法命题：（一）发展是对立面的统一；（二）发展是新事物代替旧事物。古人讲“和而不同”“和实生物”，讲“异以贞同”“杂以成文”，都是讲发展是对立面统一或多样性统一的道理；没有“两”、没有“异”、没有“多”就无所谓“综合”，就无所谓对立面统一或多样性统一。从时间维度来说，发展就是我们通常讲的“推陈出新”，王夫之讲的“推故而别致其新”。没有创新，不能“出新”，还是那个旧东西，挪个地方，或者简单数量增加，都不是发展。综合创新论是揭示了发展的辩证本性的科学认识论和方法论，同时也可以说是一种科学的发展观。

上面讲的十个问题，只涉及了综合创新论的若干方面，还远未形成系统的理论认识。中国哲学和文化发展要求深化对综合创新文化观的研究，特别是中国特色社会主义建设和改革实践进入新阶段，党中央做了一系列新的理论概括，广大干部群众在落实科学发展观的过程中又有许多新创造、新成就，相比之下综合创新的理论研究已经落在后面。即将到来的社会主义文化大发展大繁荣需要有正确文化观的指导，看来能担当此任的只有马克思主义综合创新文化观，所以我们要有紧迫感，加强这方面研究工作的力度。

关于综合创新文化观的前景，我个人是持乐观态度的。五年前，在《哲学动态》记者做的那次访谈[1]中，最后提的一个问题是：中国进入了全球化时代，随着社会更加开放，西化思潮的影响可能会进一步扩大；随着中国经济快速发展，国人自信心的提高，文化保守主义可能会有更大的市场，在这种情况下，“综合创新”文化观会不会被边缘化呢？这些年来确实出现了记者讲的某些情况，新自由主义和文化保守主义思想都有所抬头，但我仍坚持当时的看法，认为真正符合人类理性和中国先进文化前进方向的文化选择是会得到多数人的支持和认同的。前面已经提到这样一些事实：在我国思想界，“综合创新”这个概念出现的频率越来越高，使用的范围越来越广，包括某些新儒家和自由派代表人物也表示赞同综合创新的提法，这不是说明它的影响正在逐渐扩大吗？我相信，随着时间的推移，综合创新文化观将会得到越来越多的人的理解和支持，形成日益壮大的综合创新文化学派，在中国社会主义文化大发展大繁荣中发挥越来越重要的作用。16年前，张岱年先生曾感叹“外来的和尚好念经”，因为他们有某种传播学的优势：新鲜。但张先生对“综合创新”论实际上是有信心的，因为它“既符合马克思主义，又符合国情”，这一优势是外来的和尚所不具有的。我想还可以补充说：综合创新论既符合文化发展的规律，又符合当代中国先进文化的前进方向，符合科学发展观的要求，因此这种理论的生命力一定会越来越充分地显示出来，在中国特色社会主义文化建设中将处于无可置疑的中心和主导地位。

（本文是作者2007年11月24日在天津召开的“综合创新与中国哲学的现代走向”学术研讨会上的发言，卢兴、吴倩根据录音记录整理，作者做了文字删节和校订。原载《哲学动态》2008年第3期）

---

① 《深化对“综合创新”文化观的研究——访方克立教授》，《哲学动态》2002年第4期。

提倡和谐文化就是向传统文化回归吗？

有一种观点认为，中华文化是和谐文化，马克思主义是“斗争哲学”，现在就是要用中华和谐文化来取代马克思主义的“斗争哲学”。我认为这种看法是不对的。马克思明明讲辩证法包括“共存”“斗争”“融合”三项内容，怎能把它歪曲成只讲“斗争”的“斗争哲学”呢？列宁也强调辩证法是“研究**对立面**怎样才能够**同一**，是怎样（怎样成为）**同一**的——在什么条件下它们是相互转化而同一的”[①]的学说，在他看来，发展就是对立面的统一（《哲学笔记》）。正确理解的对立统一规律，既包含着差异、矛盾、对立、斗争等要素，也包含着依存（共存）、和谐、平衡、融合、转化等内容，它是斗争性和同一性两个方面的辩证统一。和谐是同一性的重要内容，它是对立统一规律即马克思主义辩证法的题中应有之义。马克思主义辩证法是中西传统辩证法思想的继承和发展，中华和谐文化中的合理内容自然也可以为这种最全面的发展学说提供有价值的思想资源。中国的马克思主义者提出建设和谐社会、和谐世界、和谐文化的理论，就是既坚持了马克思主义的全面发展观，又继承和发展了“和而不同”（《论语·子路》）的民族哲学智慧，是马克思主义中国化的最新理论成果。现在有人说中央提倡和谐文化就是向中国传统文化回归，是用儒家的和谐文化来取代马克思主义的“斗争哲学”，甚至给我党领导人与时俱

---

① 《列宁全集》第55卷，人民出版社1990年版，第90页。

进、顺应民心、推进马克思主义中国化的一系列积极举措，戴上了“仁政”“禅让”“民本主义”等一顶顶“儒化”的帽子，把党的理论创新说成是“复古更化”的转向。这是毫无根据的，是对社会主义和谐社会理论的歪曲。十六届六中全会《决定》明确地说：“构建社会主义和谐社会，是我们党以马克思列宁主义、毛泽东思想、邓小平理论和‘三个代表’重要思想为指导，全面贯彻落实科学发展观，从中国特色社会主义事业总体布局和全面建设小康社会全局出发提出的重大战略任务。”《决定》还强调指出，社会主义核心价值体系是建设和谐文化的根本。构成社会主义核心价值体系的基本内容有四项，第一项就是“马克思主义指导思想”。同时还有“中国特色社会主义共同理想，以爱国主义为核心的民族精神和以改革创新为核心的时代精神，社会主义荣辱观”[①] 等内容。我们要建设的是以马克思主义为指导、以社会主义核心价值体系为根本的和谐文化，怎能用儒学来取代马克思主义作为指导思想的地位，搞核心价值体系的错位呢？中国传统和谐文化的核心价值体系是什么？由于它包含着不同历史时代各家各派丰富复杂的内容，似不宜笼统言之。就拿在中国封建社会影响最大的“礼之用，和为贵”（《论语·学而》）的儒家文化来说，礼是维护宗法等级制度的一套社会生活规范和行为道德规范，其更深层的核心价值观念是“仁”，形成了“以仁为魂，以礼为体，以和为用”的文化价值体系，主要表现为“三纲六纪”等社会伦常要求。这一套文化价值体系，从精神、观念的层面维护了两千多年的包括政权、族权、神权、夫权在内的封建统治秩序。我们党在今天提出建设社会主义和谐社会、和谐文化的理论，就核心价值体系而言，与中国传统和谐文化是有本质区别的。区别就在于指导思想不同，社会建设的目标不同，所服务和维护的社会制度不同，包括荣辱观在内的价值观念不

① 《中共中央关于构建社会主义和谐社会若干重大问题的决定》，《人民日报》2006 年 10 月 19 日第 1 版。

同，还有时代精神不同，等等。作为马克思主义中国化最新成果的社会主义和谐社会理论，需要从本民族的传统文化中汲取有价值的思想资源和得到历史的借鉴，但是决不能在核心价值体系上丢掉自己的根本，不能搞历史的错位。把和谐社会理论说成是向儒家文化回归，实际上是对社会主义核心价值体系的否定，我们要建设的社会主义和谐社会是民主法治、公平正义、诚信友爱、充满活力、安定有序、人与自然和谐相处的社会，仅靠传统和谐文化资源显然是不够的。

（原载《北京日报》2007 年 6 月 11 日、《呼和浩特日报》〈汉〉2007 年 6 月 14 日）

关于和谐文化研究的几点看法

我对和谐文化问题没有做过深入的思考和研究，有几点不成熟的想法，提出来向大家请教。因为时间关系，在这里只摆基本观点，不作详细论证。

一、中华和谐文化有着非常丰富的内容，可以多方面、多角度、多层次地去揭示，为我们今天的和谐文化建设提供宝贵的思想资源和历史借鉴，但笼统地讲“中国人从‘和’而来”是不合适的。

我读到过一些文章，有的是从宇宙之和（天地、阴阳、四时之和）、天人之和、人际之和、身心内外之和、内心之和等角度来阐述中华和谐文化的丰富内容的；关于人际之和，又可以从人与社会、人与人的关系分别论述，具体表现为家庭和睦（父子、夫妻、兄弟之和，“家和万事兴”）、邻里和顺、上下和敬（君臣、君民、官民之和）、政通人和、协和万邦、天下和平等等，都是讲的“人和”问题。中国人做事情，经营工商业讲究“和气生财”，用兵之道讲究“内和而外威”，解决民族矛盾往往采取“和亲”政策，这些也是讲的“人和”问题。

有的学者是从以“和”为贵、以“和”为善、以“和”为美的价值论角度来阐述中华和谐文化的政治学、伦理学、美学内容的。有的学者则集中论述了中国古代“适中为和”的“中和”思想。

有的文章分别研究了儒家、道家、墨家、易学、佛教的和谐思想，还有分别对某一个人、某一本书或某一作品的和谐主题进行个案研究的。

总之，这些研究都有助于揭示中华和谐文化的内容和特征，我认为还可以研究得更深入细致一些，更加系统化一些，因为中国传统文化中的和谐思想资源实在是太丰富了。党中央提出的社会主义和谐社会理论是马克思主义中国化的最新理论成果，“中国化”当然首先是要解决中国的现实问题，同时也吸收了传统文化中有价值的和谐思想资源。比如胡锦涛同志2006年4月21日在美国耶鲁大学的演讲中就指出：“中华文明历来注重社会和谐，强调团结互助。中国人早就提出了‘和为贵’的思想，追求天人和谐、人际和谐、身心和谐，向往‘人人相亲，人人平等，天下为公’的理想社会。”①

中华文化有“贵和”的思想传统是不争的事实。过去受“左”的思想影响，在很长时期里对传统文化中的“贵和”思想重视不够，肯定阐扬不够，甚至不加分析地简单斥之为“调和论”。这是应该纠正的。但也要防止走向另一极端，在讲这个问题时也不能绝对化。抽象地孤立地讲“中国人从‘和’而来”是没有意义的，因为它的反命题也可以成立，我们也可以说“中国人从‘斗’而来”。不同大自然作斗争，不从事艰苦的创造性的劳动，包括原始中国人在内的人类能够产生吗？神农氏“斫木为耜，揉木为耒”，教老百姓进行农耕；他还尝百草，察咸苦之味，“一日而遇七十毒”。黄帝种植五谷，作宫室舟车，采铜铸鼎，制定天文历法，但仍“迁徙往来无常处”；因“诸侯相侵伐，暴虐百姓”，于是“修德振兵”，“习用干戈”，曾与蚩尤大战于涿鹿之野。在炎黄始祖生活的时代，不与天斗、与地斗、与人斗就生存不下来。说他们是从“和”而来，看不到他们艰苦奋斗的一面，显然是不符合历史实际的。中国人从哪里来？光和不斗不行，光斗不和也不行。和谐与斗争是分不开的。我们现在需要探讨的问题是中国人的和谐思想、中华和谐文化是从哪里来的。它是中国人认识

---

① 胡锦涛：《在美国耶鲁大学的演讲》，《人民日报》2006年4月23日第1版。

世界、改造世界的经验总结，包括对生产斗争、阶级斗争、社会生活实践和科学艺术实践经验的总结，总结出来后又运用到社会生活的方方面面，用以指导实践。哲学家的任务就是要阐明和谐的本质内涵及其与差异、矛盾、斗争的关系。

二、中华和谐文化的理论基础、哲学根据是“和而不同”，是“兼和”，而不是“和合”。

在中国哲学中，“和”是与“同”相对的一个哲学范畴，它的涵义很明确，就是包含着差异、矛盾、互为“他”物的对立面在内的事物多样性的统一（“以他平他谓之和”“和羹”“和声”）。它是一个辩证的同一性概念。而“同”则是指无差别的同一，相同东西的简单相加（“若以同裨同，尽乃弃矣”，“若以水济水，谁能食之”）。中国哲学有“和与同异”“尚和去同”的辩证思维传统，孔子就明确主张“和而不同”而反对“同而不和”。

中国以和为贵、以和为善、以和为美的和谐文化，其理论基础、哲学根据就是“和而不同”或“不同而和”，即包含着“不同”、差异、矛盾在内的多样性的统一。张岱年先生提出“兼容多端而相互和谐”[①]、“兼赅众异而得其平衡”[②]的“兼和”概念，也是包含着差异（“众异”）、矛盾在内的多样性（“多端”）的统一，可以说准确地表达了中国哲学中“和”这个概念的辩证涵义。

“和”的涵义本来很明确，把它与“合”连在一起，并称“和合”或“合和”，其意义不是更清楚了反而模糊了，其辩证性不是强化了反而弱化了。大家知道，中国哲学中的“合两为一”“合同异”“合异以为同”（《庄子·则阳》）等概念、命题都带有取消差异、矛盾的意味，特别是惠施的“合同异”理论，在中国哲学史上是很有影响的一家之言，带有明显的相对主义倾向，从它可以引申出“万物毕

---

① 《张岱年全集》第7卷，河北人民出版社1996年版，第406页。

② 《张岱年全集》第3卷，河北人民出版社1996年版，第220页。

同毕异”“天地一体”等一系列抹煞事物的质的差别的论辩。

我们通常“和谐”连用。“八音克谐”是多种声音（音律）的协调、谐和，也是多样性统一的意思。“谐”与“和”同义，两个字叠加在一起，就强化了“和”这个概念的辩证性，突出了它是包含着差异、矛盾的多样性统一的意义。所以我认为中央提出“和谐社会”“和谐世界”“和谐文化”的概念很好，意义十分明确，大家都能理解，不仅有重要的现实意义，而且把握住了中华“和”文化的精髓。如前所述，“合”有合异为同的意思（至少有这么一种理解），与“和而不同”的“和”并不完全同义。“合”与“和”两个概念只有部分意义重合，“合”还有汇合、合并、相同等多种涵义。“和合”或“合和”连用，不但模糊、弱化了“和”的辩证性，而且还容易产生误解和歧解。人们自然会提出问题：“和”与“同”是相异的两种同一性，“和”与“合”怎么就变成一回事了呢？

当然，对事物发展中的“同”也不能简单全盘否定，就像肯定质变也不能完全否定量变一样。“和”与“同”异，这两种不同的“同一性”之间的关系也是辩证的统一。“和”与“合”两个概念之间的关系就更复杂了，有同又有异，对这种组合需要更加仔细地辨析。

中国古典文献中确实有“和合”“合和”的提法，数量也不少，但“和合”并不是中国哲学中的重要概念、范畴，在哲学史上也没有产生过重要影响。《中国大百科全书·哲学卷》，韦政通、冯契等人主编的中国哲学辞典中都没有“和合”这个辞条，而有“和”、“和与同”（“和同之辨”）、“和而不同”、“中和”等辞条，说明它不如这些概念、范畴、命题的哲学意义明确，使用范围广和影响大。

我赞成对中国古代的“和合”思想加强文献学的研究和意义解读，但不赞成轻言它为我们的和谐社会理论、和谐文化建设提供了哲学根据和理论基础。在我看来，它是不是中华传统和谐文化的哲学根据和理论基础还是一个问题。对于这类学术问题，学者之间有不同看法是正常现象，一些似是而非的认识也只有通过讨论才能得到澄清。

三、社会和谐是社会主义社会的本质属性，在阶级对抗的人际关系中不可能实现真正的社会和谐，对那个时代的社会和谐思想要做具体分析。

《中共中央关于构建社会主义和谐社会若干重大问题的决定》中有一个重要论断："社会和谐是中国特色社会主义的本质属性。"[①] 大家都知道，和谐是人类社会共同的理想目标，但是，只有在社会主义社会才有可能真正达到这个理想目标，所以说社会和谐是社会主义的本质属性，也是其基本特征。建立在阶级剥削与阶级压迫基础上的奴隶社会、封建社会和资本主义社会，在本质上是不和谐的，因为公平正义是社会和谐的基础，没有社会平等、公正就不可能有真正的社会和谐。那个时候也有一些关于社会和谐的思想，对它们要做具体分析，其中有的反映了被剥削、被压迫的人民对"大同"和谐社会的向往与追求，有的体现在统治阶级为了缓和阶级矛盾、保持社会安定而采取的各种"惠民""安民"措施中，有的则是最高统治者为了掩盖社会不和谐的现实而制造的关于"和谐""安宁"的假象。对这些思想的实质和历史作用要做具体的分析和评价。

有人喜欢用故宫的三大殿取名为"太和""中和""保和"来说明中国古代崇尚和谐的政治思想。大家知道，清顺治二年（1645年），当时的最高封建统治者将故宫的三大殿改名为"太和殿""中和殿""保和殿"，将三个宫门改名为"太和门""协和门""雍和门"。与这"六和"相应，又将皇城的六个城门命名为"天安门""地安门""东安门""西安门""长安左门""长安右门"。"六和"配"六安"，可谓"六六大顺"，象征着封建王朝的长治久安。我们都知道最高封建统治者所期望达到的"长治久安"到底意味着什么，它是建立在一种什么样的社会经济、政治制度基础之上的。毋庸讳

---

① 《中共中央关于构建社会主义和谐社会若干重大问题的决定》，《人民日报》2006年10月19日第1版。

言，它是建立在对占全国人口百分之九十以上的农民进行残酷的经济剥削和政治压迫的基础之上的，最高封建统治者的和平、安宁是建立在“朱门酒肉臭，路有冻死骨”的极不和谐的社会关系和社会制度基础之上的，显然那并不是真正的和谐社会。对封建统治者的这种“和谐”思想应该怎样评价？对破坏他们和谐、安宁的大小数百次农民起义应该怎样评价？这是研究者不能不考虑的问题。

四、“和实生物，同则不继”是宇宙的普遍规律，和谐是人类共同的理想追求，世界各民族文化中都有崇尚和谐的思想，不能简单地说中华文化是和谐文化，西方文化是斗争文化。

有的学者在阐扬、表彰中华和谐文化的意义和价值时有点绝对化，认为崇尚和谐是中国文化的特点，崇尚斗争是西方文化的特点。其实，“和实生物，同则不继”是宇宙的普遍规律，世界各民族在生产和生活实践中对此都有一定的认识；和谐是人类社会共同的理想追求，世界各民族文化中都有一些崇尚和谐的思想。以古希腊哲学为例，毕达哥拉斯是第一个提出“美是和谐”的哲学家，他认为宇宙是一个和谐的整体，“和谐起于差异的对立，是杂多的统一，不协调因素的协调”。柏拉图提出了“公正即和谐”的命题，他把自己设计的理想国称为一首“和谐的交响曲”。被称为“辩证法的奠基人之一”的赫拉克利特提出了“对立和谐”观，他说自然“是从对立的东西产生和谐，而不是从相同的东西产生和谐”。从对“和”（“和谐”）这个概念的把握来看，中西辩证法在源头处就有一些相似点，即都是把它了解为包含着差异、矛盾、对立的多样性统一。

中国古代有“大同”社会理想，西方也有空想社会主义的种种“乌托邦”方案，其共同特征都是希望建立一个消灭了阶级剥削与压迫，人们在经济、政治、文化、社会地位上完全平等，“老吾老以及人之老，幼吾幼以及人之幼”，讲信修睦、互助友爱的新社会。比如傅立叶就使用了“和谐社会”这个概念。马克思和恩格斯在《共产党宣言》中高度评价空想社会主义者“提倡社会和谐”是“关于未来社会的积极的主张”,[1] 并指出未来社会将是这样一个联合体，在那里，每个人的自由发展是一切人的自由发展的条件。

世界各大宗教都有摆脱了现实苦难的关于“天国”的种种设想，虽然是虚幻不现实的，但也曲折地反映了人们对和谐社会的向往与追求。

西方古代、近代、现代文化中都有不少关于和谐的哲学论述和社会思想资源。最近我读到一篇文章，讲到海德格尔不仅关心各个具体存在者的此在和共在，而且还对人类与人类赖以生存的星球之间的关系加以评说，以期达到人与人、人与环境的和平共在。可以说，和谐是人类文化关怀的普遍主题和永恒主题，世界各民族文化中的和谐思想资源，都可以为我们提供参考和借鉴。

对中西哲学思维方式、价值观念、审美情趣进行比较研究当然是有必要的。前人从不同的视角出发，对中西文化之异提出过种种论断，比如说西方哲学强调主客二分、中国哲学重视“天人合一”，西方人长于分析思维方式、中国人惯于系统整体思维等等。但这些都只是就一般意义或主流倾向而言的，都不能绝对化。我们不能只见同不见异，也不能只见异不见同，关键是要实事求是，就具体问题进行具体的分析比较，得出全面的符合实际的结论。在做结论时要谨慎，特别要避免仅根据片面的资料和推理，就得出“中国文化崇尚和谐，西方文化崇尚斗争”“中国文化是王道文化，西方文化是霸道文化”之类的简单化、绝对化的结论。

五、我更不能赞成这么一种观点，说中华文化是和谐文化，马克思主义是斗争哲学，现在就是要用中华和谐文化来取代马克思主义的斗争哲学。我认为用党中央提出的和谐社会理论来反对其指导思想马克思主义是很荒唐的。

这种观点冯友兰先生在《中国哲学史新编》第81章“总结”中

---

① 《马克思恩格斯选集》第1卷，人民出版社1972年版，第283页。

就讲过了，我在《全面评价冯友兰》一文中曾明确表示不赞成这种观点。现在发表这种议论的人更多了，以所谓“斗争哲学”来否定马克思主义辩证法的全面性、科学性和真理性。我在那篇文章中指出，马克思本人就对辩证法的实质作过精辟的论述：“两个相互矛盾方面的共存、斗争以及融合成一个新范畴，就是辩证运动的实质。”[①] 马克思明明讲辩证法包括“共存”“斗争”“融合”三项内容，怎能把它歪曲成只讲“斗争”的斗争哲学呢？列宁也强调辩证法是“研究**对立面**怎样才能够**同一**，是怎样（怎样成为）**同一**的——在什么条件下它们是相互转化而同一的”[②] 的学说，在他看来，发展就是对立面的统一（《哲学笔记》）。正确理解的对立统一规律，既包含着差异、矛盾、对立、斗争等要素，也包含着依存（共存）、和谐、平衡、融合、转化等内容，它是斗争性和同一性两个方面的辩证统一。和谐是同一性的重要内容，它是对立统一规律即马克思主义辩证法的题中应有之义。

马克思主义辩证法是中西传统辩证法思想的继承和发展，中华和谐文化中的合理内容自然也可以为这种最全面的发展学说提供有价值的思想资源。中国的马克思主义者提出建设和谐社会、和谐世界、和谐文化的理论，就是既坚持了马克思主义的全面发展观，又继承和发展了“和而不同”的民族哲学智慧，是马克思主义中国化的最新理论成果。

现在有人说中央提倡和谐文化就是向中国传统文化回归，是用儒家的和谐文化来取代马克思主义的斗争哲学，甚至给我党领导人与时俱进、顺应民心、推进马克思主义中国化的一系列积极举措，戴上了“仁政”“禅让”“民本主义”等一顶顶“儒化”的帽子，把党的理论创新说成是“复古更化”的转向。这是毫无根据的，是用抹煞事物

① 《马克思恩格斯选集》第1卷，人民出版社1976年版，第111页。

② 《列宁全集》第55卷，人民出版社1990年版，第90页。

质的区别的胡乱表象联系来混淆视听，是对社会主义和谐社会理论的极大歪曲。十六届六中全会《决定》明确地说："构建社会主义和谐社会，是我们党以马克思列宁主义、毛泽东思想、邓小平理论和'三个代表'重要思想为指导，全面贯彻落实科学发展观，从中国特色社会主义事业总体布局和全面建设小康社会全局出发提出的重大战略任务。"[①]《决定》还强调指出，社会主义核心价值体系是建设和谐文化的根本。构成社会主义核心价值体系的基本内容有四项，第一项就是"马克思主义指导思想"，同时还有"中国特色社会主义共同理想，以爱国主义为核心的民族精神和以改革创新为核心的时代精神，社会主义荣辱观"[②] 等内容。我们要建设的是以马克思主义为指导、以社会主义核心价值体系为根本的和谐文化，怎能用儒学来取代马克思主义作为指导思想的地位，搞核心价值体系的错位呢?

中国传统和谐文化的核心价值体系是什么? 由于它包含着不同历史时代各家各派丰富复杂的内容，似不宜笼统言之。就拿在中国封建社会影响最大的"礼之用，和为贵"（《论语·学而》）的儒家文化来说，礼是维护宗法等级制度的一套社会生活规范和行为道德规范，其更深层的核心价值观念是"仁"，形成了"以仁为魂，以礼为体，以和为用"的文化价值体系，主要表现为"三纲六纪"等社会伦常要求。这一套文化价值体系，从精神、观念的层面维护了两千多年的包括政权、族权、神权、夫权在内的封建统治秩序。

我们党在今天提出建设社会主义和谐社会、和谐文化的理论，就核心价值体系而言，与中国传统和谐文化是有本质区别的。区别就在于指导思想不同，社会建设的目标不同，所服务和维护的社会制度不

① 《中共中央关于构建社会主义和谐社会若干重大问题的决定》，《人民日报》2006年10月19日第1版。

② 《中共中央关于构建社会主义和谐社会若干重大问题的决定》，《人民日报》2006年10月19日第1版。

同，包括荣辱观在内的价值观念不同，还有时代精神不同，等等。作为马克思主义中国化最新成果的社会主义和谐社会理论，需要从本民族的传统文化中吸取有价值的思想资源和得到历史的借鉴，但是决不能在核心价值体系上丢掉自己的根本，不能搞历史的错位。把和谐社会理论说成是向儒家文化回归，实际上是对社会主义核心价值体系的否定。我们要建设的社会主义和谐社会是民主法治、公平正义、诚信友爱、充满活力、安定有序、人与自然和谐相处的社会，仅靠传统和谐文化资源显然是不够的。

（本文是作者 2007 年 4 月 28 日在中华炎黄文化研究会学术委员会召开的“建设和谐文化与文化创新”学术座谈会上的发言。原载《高校理论战线》2007 年第 5 期）

关于马克思主义与儒学关系的三点看法

一、马克思主义与儒学的关系是社会主义意识形态建设中不可回避的问题，是当前意识形态论争的前沿问题之一。这是我对本次论坛主题的意义和重要性的基本认识。

儒学是在中国两千年封建社会中长期占统治地位的意识形态。马克思主义是当今中国的主导意识形态。二者在同一个国度里先后居于主导意识形态的地位，它们之间有没有关系呢？是什么关系呢？在“独尊儒术”的时代，还没有马克思主义，当然不存在二者的关系问题。但是到上个世纪中期以后，工人阶级领导的以工农联盟为基础的新中国确立以马克思主义为主导意识形态，就存在一个与历史上曾经长期居于主导意识形态地位的儒学的关系问题了。这个问题的实质是马克思主义怎样对待传统的思想文化，也涉及马克思主义本身的本土化即中国化的问题。

在这个问题上，我们曾经有过“左”的教训，突出地表现为“文革”期间的批林批孔、评法批儒，对孔子和儒学全盘否定，实际上是把马克思主义与儒学绝对对立起来。党的十一届三中全会以后回到实事求是的思想路线，也包括要实事求是地对待中国传统思想文化，重新评价孔子和儒学。新时期的儒学研究，不论是评价高一点还是低一点，一般都采取了一分为二的分析态度，把作为封建意识形态的儒学与作为中华文化重要载体的儒学区别开来，对后者也要进行具体分析。当代中国马克思主义十分重视发掘和批判继承儒学中的精华，包括道德价值、人文理想、民本主义、社会和谐思想等等，都受到执政党和学术界的重视，注意研究马克思主义与儒学的相容相通问题。这是当前中国思想界的主流。但是也有极少数人，继续持一种二者不相容、不两立的观点，他们自称“儒家”或“新儒家”，把马克思主义看作是一种非我族类、入主中国的外来文化，坚持“华夷之辨”的立场，明确提出了“以儒学取代马克思主义”“儒化共产党”“儒化中国”的口号。他们的典型言论是“要马统则不能有儒统，要儒统则不能有马统，两者不可得兼”①。还有人提出“鹊巢鸠占”说②，意思是中国的国家意识形态这个位子，本来应该是儒学的，现在被外来的马克思主义占领了，所以他们极力要恢复儒学在古代的那种“王官学”地位，希望重新回到“独尊儒术”的时代。要与马克思主义争夺“王官学”地位，争夺主导意识形态的地位，这就不是一个简单的学术问题了，反映了当今中国意识形态领域斗争的复杂性和尖锐性，也说明马克思主义与儒学的关系已成为思想斗争的前沿问题之一。

二、当代中国马克思主义已经从理论和实践上找到了一条解决马克思主义与儒学关系问题的正确途径，不论是中国特色社会主义理论体系还是社会主义核心价值体系，都从包括儒学在内的中国传统文化中吸取了不少思想资源作为古为今用的支援意识。不过有一个重要前提，就是必须坚持以马克思主义为指导。马克思主义与儒学的关系是主导意识与支援意识的关系。马克思主义的一元主导地位越明确、越巩固，就越能以开放的胸襟吸收传统文化和外来文化的精华为我所用，综合创新，与时俱进。

除了前面提到的两种把马克思主义与儒学绝对对立起来的观点之

① 《丙戌阳明精舍之行——蒋庆等人谈儒学当下发展路线》，“儒学联合论坛”网站 2006 年 9 月 4 日。

② 见《天热，来点轻松的》一文的跟帖，“儒学联合论坛”网站 2008 年 8 月 6 日。

外，大多数学者都认为二者是可以并存、相容、互补的，特别是要推进马克思主义的中国化，自然就会把研究的重点放在“异中之同”上。但具体观点差别也很大。肯定二者有相容性，还有一个以哪一种思想学说为主导的问题。有人明确提出了“儒体马用”论[①]，用海外新儒家代表人物杜维明的话来说，就是儒学要取得“文法”的地位而不只是“词汇”。有人以儒学发展史来涵盖甚至代替整个中国思想史，认为马克思主义不过是儒学发展的一个阶段。在他们看来，儒学是“常理”“常道”，是神圣天道的体现，其它思想学说都不过是它的一个分殊形态。这是我们最常见的一种唯心主义思想史观，在今天仍有一定市场。在主张二者可以并存的学者中，还有人提出了“现代社会基本价值体系二元化”的理论，认为马克思主义作为国家意识形态和儒学作为民族主体价值可以二元并存、相辅相成，不存在谁为主导的问题。这与我们党倡导的社会主义核心价值体系一元化理论显然是不相应、不一致的。主张马克思主义与儒学可以相容、相通、相结合的学者很多，有人还以“合则两利，离则两伤”来说明二者的关系，但论证的角度各不相同。比如美籍华裔学者窦宗仪主要是从哲学认识论和辩证思维方法方面去找二者的相似性、结合点；有的学者则主要是以中国古代“均贫富”“天下为公”的大同社会理想来接引马克思的共产主义学说；有的学者认为马克思主义要在中国生根和发展，就不能不重视儒学主张入世、崇尚道德、追求社会和谐、以人为本、重视经世济民的人文价值取向；有的学者则更加注重儒学中的某些具有普遍意义和超越性的思想内容，认为这些是可以与马克思主义相契合的主要之点。我认为这些研究和探讨都是有意义的，前提是对儒学采取有“扬”有“弃”的分析态度，继承和发扬其中能够“与当代社会

① 韩星：《当代新形态儒学的建构、发展过程中如何处理儒学与马克思主义的关系》，“儒学联合论坛”网站2006年7月10日。

相适应、与现代文明相协调”① 的那部分思想内容，而不是肯定儒学的整个思想体系。

在讲马儒结合的文章中，还有一种抽象地谈论“马克思主义儒学化”和“儒学马克思主义化”，认为二者是同一个过程的观点，我认为是不可取的，有混淆二者界线之嫌。马克思主义与儒学有相容相通之处，并不能否定二者还各有其本质的规定性，不能抹煞二者之间的本质区别和界线。马克思主义中国化不等于马克思主义儒学化，马克思主义要是儒学化了它就不是马克思主义了，就失去了其本真面目。同样，儒学也不可能马克思主义化。用马克思主义观点研究儒学是分析儒学，解构儒学，取其精华，古为今用，同时也要批判其中的封建主义糟粕。大概不能把这叫作儒学马克思主义化。

“主导意识与支援意识关系”说主要是从古今关系立论，从坚持先进文化的前进方向立论，强调立足现实，顺应历史发展规律，而又不割断历史，将有价值的历史资源转化为支援意识，古为今用。“通古今之变”就要有历史发展的观点，思想意识形态的更替首先要从社会存在去找原因，不是“天不变道亦不变”，而是世异则道变，“洪荒无揖让之道，唐虞无吊伐之道，汉唐无今日之道”②。社会主义时代也不可能继续沿用封建时代的主导意识形态。用这样的观点来看今日马克思主义与儒学的关系，我认为将其定位为主导意识与古为今用的支援意识的关系是符合实际的。不是把儒学看成是完全消极过时的负面意识，而是把它的积极内容转化为支援意识，这对社会主义意识形态建设是有利的。

三、能不能把中国特色社会主义说成是“儒家社会主义”，或者用所谓“儒家社会主义”来提升甚至取代我国现行的社会主义制度，

① 胡锦涛：《高举中国特色社会主义伟大旗帜　为夺取全面建设小康社会新胜利而奋斗——在中国共产党第十七次全国代表大会上的报告》，人民出版社2007年版，第35页。

② 王夫之：《周易外传》卷五。“今日”是指王夫之生活的明末清初时代。

是中国思想界必须正视和严肃回答的一个重要理论问题，也是马克思主义与儒学关系研究中现实性最强的一个问题。

经过30年的探索和实践，中国特色社会主义道路和理论体系已深入人心，这面旗帜也成了各种思潮争夺和曲解的对象。有人把它曲解为“民主社会主义”，已有不少文章进行辨析和批评；也有人把它说成是“儒家社会主义”，而有关讨论和辨析的文章却很少，说明这个问题还没有引起足够的重视。

从《礼记·礼运》篇到康有为的《大同书》，中国历史上确有不少空想社会主义或农业社会主义的思想资料，但这些思想与科学社会主义都不可同日而语。近年来利用这些思想资料讲“儒家社会主义”的人很多，情况也比较复杂。除了对这个问题进行历史考察的学术论析文章之外，大都有强烈的现实关怀，可以将其区分为三种类型。一是把中国特色社会主义直接解释为儒家社会主义。其论证逻辑一般是：所谓“中国特色”就是中国历史文化特色，中国传统文化是以儒学为主体，所以中国特色社会主义实质上就是儒家社会主义。这种论证在逻辑上的不周延是很明显的，特别是对中国经济、政治、文化、社会的近现代走向视而不见，怎么能把“中国特色”讲清楚呢？二是自由左派的“儒家社会主义共和国”说。大家都知道这是指甘阳，他提出要“通三统”，即打通以孔夫子为代表的中国古典文明传统、毛泽东时代的平等和正义传统、邓小平时代的市场和自由传统，形成“新改革共识”；并认为中国的软实力在于儒家和社会主义，“中华人民共和国”的含义就是“儒家社会主义共和国”。他的“新改革共识”带有批评只强调市场、效率、自由和权利的“旧改革共识”的意义，所以要用社会主义的平等、公正原则和儒家的“和谐”理念来补正；其整合三种传统的“儒家社会主义”也不同于十七大讲的改革开放以来形成的中国特色社会主义理论体系。还有，“中华”这个概念本来包含地域、民族、历史、文化等多方面内容，把它诠释为“明贵贱，别同异”“严华夷之辨”的儒家，能够得到56个民族和社会各阶层的一致认同吗？三是大陆新儒家的“儒家社会主义”论。其代表人物蒋庆在“政治儒学”中提出了“通儒院”“庶民院”“国体院”三院制的“王道政治”方案，并主张重建以儒教为国教的“政教合一”国家。他明确说这不是中国现行的社会主义制度，但又自称接近马克思的社会主义理想。这一派的势力和影响不可低估。有两个蒋庆的追随者：一个叫周北辰，他写了“一论”“二论”“三论”儒家社会主义；一个网名叫“菜根书生”，他写了《从马克思到孔夫子：中国历史必然的选择》等攻击性更强的文章，也自称“儒家社会主义者”。还有一个外国人，在清华大学当教授，他写了《中国的新儒家》一书[①]，力挺蒋庆等人复兴儒学、重建儒教的活动，称其为“左派儒学”。他在研究了中国当前的意识形态格局后作出了这样的政治预言：“在未来几十年，中国共产党被贴上中国儒教党的标签并不完全是天方夜谭”，为“儒化共产党”“儒化中国”大造舆论。

上述三种“儒家社会主义”论中，在舆论界影响最大的是第三种，与社会主义最不沾边的也是第三种，其现实目的和理论实质是什么，值得认真研究。从蒋庆 1989 年发表三万五千字长文，对马克思主义和我国的社会主义政治、经济、文化、教育制度进行全面攻击[②]，到他近年来提出“复古更化”的系列主张，包括在三院制中，“通儒院”议长要由儒教公推之大儒担任，终身任职；“国体院”议长由孔府衍圣公世袭，议员由衍圣公指定的历代圣贤后裔、历代君主后裔等人士担任，……这样一些听起来像是隔世之梦话，但又确实是他们梦寐以求的“儒士共同体专政”的重要内容，如果这就是所谓“儒家社会主义”的话，那么很容易叫人想起马克思恩格斯在《共产党宣

---

① ［加拿大］贝淡宁：《中国的新儒家：变革社会中的政治和日常生活》，普林斯顿大学出版社 2008 年版。中译本即将由上海三联书店出版。（编者注，该书即《中国新儒家》，吴万伟译，上海三联书店 2010 年版。）

② 蒋庆：《中国大陆复兴儒学的现实意义及其面临的问题》，台湾《鹅湖》第 170、171 期，1989 年 8、9 月。

言》中对“封建的社会主义”的评论：“其中半是挽歌，半是谤文，半是过去的回音，半是未来的恫吓；……它由于完全不能理解现代历史的进程而总是令人感到可笑。”[①] 可笑的是还有人把它叫作“左派儒学”！

目前全党全国都在认真学习十七大文件精神，深入落实科学发展观，我们不仅要从正面认识中国特色社会主义作为旗帜、道路、理论体系和实践运动的深刻意义，而且也要看到它在思想战线上遇到的来自两个方面的严峻挑战：一个是“民主社会主义”论，一个是“儒家社会主义”论。从事思想理论工作的共产党员，有责任根据科学社会主义原理和中国的实际，有力地回应这些挑战，捍卫党的创新理论。

（本文是作者2008年10月19日在中共中央党校哲学部与中国孔子基金会联合主办的“2008马克思主义与儒学高层论坛”的发言。原载《高校理论战线》2008年第11期）

① 《马克思恩格斯选集》第1卷，人民出版社1995年版，第295页。

学习张岱年先生的“兼和”思想与品格

今年5月23日是张岱年先生百岁诞辰纪念日。他老人家离开我们刚刚五年，其“刚毅木讷近仁”“自强不息”“厚德载物”的人格风貌仍清晰地留在我们的记忆中。当然，更加值得珍视的和将在历史中产生久远影响的则是他给我们留下来的思想遗产。

张岱年先生是20世纪中国好学深思、最有远见的哲学家之一。他在青年时代就确信辩证唯物论是“当代最伟大的哲学”[①]，始终牢牢把握这一时代精神的精华和先进文化的前进方向，把它与民族精神的精华和中国文化的优良传统有机地结合起来，在哲学研究、文化研究、国学研究（特别是其中的中国哲学研究）等方面做出了一系列开创性的贡献，有力地推动了当代中国哲学和文化的发展。

张先生给我们留下来的思想遗产，最重要的有两大成果：一是他在上个世纪三四十年代创立的“天人新论”哲学体系，二是他在八九十年代所着力阐明的“综合创新”文化观。而贯穿于两大成果中的一个核心观念就是“兼和”。张先生总结自己“平生致思试图加以阐明的基本观点”，把“兼和为上——兼容多端而相互和谐是价值的最高准衡”[②] 当作一条重要的原则，就鲜明地表现了其价值观和方法论的基本倾向。

---

① 《张岱年全集》第1卷，河北人民出版社1996年版，“自序”第3页。

② 《张岱年全集》第7卷，河北人民出版社1996年版，第406页。

“五四”后中国形成了马克思主义、自由主义和文化保守主义三大思潮并存的格局，许多人只看到它们之间的分歧和对立，互相批评、激烈论战、“道不同不相为谋”的一面，而张申府、张岱年兄弟却同时看到了兼综三者之所长，创造一种“将唯物、理想、解析，综合于一”[①]、“列宁、罗素、孔子，三流合一”[②] 的新综合哲学的可能性。张岱年四十年代写的“天人五论”（《哲学思维论》《知实论》《事理论》《品德论》和《天人简论》），就是以辩证唯物论为基础和主导，吸收西方哲学的逻辑分析方法，改造并重建中国传统哲学中的道德理想主义，而建立一种“新综合哲学”即中国化马克思主义哲学体系的初步尝试。由于当时国家正在艰难之秋，受种种主客观条件限制，他的这一工作并没有完成，“大纲仅具，论证未晰”[③]，但它已为中国现代哲学开启了一条中、西、马“三流合一”、综合创新的光明大道，对后来者极富启迪并预示着中国哲学的未来发展方向。

上个世纪最后二十年的文化大讨论，是“五四”以来历次文化论争的继续和延伸。自由主义西化派坚持认为“现代化就是西化”“全球化就是西化”，文化保守派提出了“复兴儒学”的口号，此外还出现了“新启蒙”“西体中用”等文化主张。耄耋之年的张岱年先生再次挺身而出，于1987年正式提出“文化综合创新论”，强调要“在马克思列宁主义原则的指导下，以社会主义的价值观来综合中西文化之所长而创新中国文化”[④]，成为当时中国马克思主义文化派的一面旗帜。在各种文化主张中，“综合创新”论也成为最有力地支持中国特色社会主义新文化建设的一种主流文化观点。

---

① 《张岱年全集》第1卷，河北人民出版社1996年版，第262页。

② 参见《张岱年全集》第1卷，河北人民出版社1996年版，第133页；第8卷，河北人民出版社1996年版，第549、585页；《张申府文集》第3卷，河北人民出版社2005年版，第434页。

③ 《张岱年全集》第3卷，河北人民出版社1996年版，第202页。

④ 《张岱年全集》第6卷，河北人民出版社1996年版，第253—254页。

显然，不论是张先生早年创建“新综合哲学”的尝试，还是他晚年倡导的“综合创新”文化观，都有一种哲学观念作为理论支撑，作为其世界观和方法论的根据，这种哲学观念就是他的“兼和”论。

“兼和”是张先生根据唯物辩证法的根本精神，吸取中国传统哲学的精华而独创的一个哲学范畴。他在三十年代关于中国古代辩证法、“创造的综合”和“方法论上的多元主义”等论述中已有“兼和”思想的萌芽，从他四十年代写的《天人五论》中则可以清晰地看到一个新哲学范畴产生和思想成熟的过程。

在 1942 年写的《事理论》中，张先生首先提出了“兼体”这个概念。“兼体”与“单体”相对，“单体即内中不含物体之物体，兼体即内中含有物体之物体，即由较小之物体构成之物体。物体中含物体，可有多层，皆为兼体。兼体有简与赜之不同”[①]。也就是说，“兼体”是一中有多之物体，即内中包含着矛盾和或简或繁之多样性的物体，它是一与多的统一。正如有的学者所指出的，这可以说是张先生“兼和”思想的一个本体论根据。兼体与单体之辨实蕴含着古代“和同之辨”的要义于其中，即兼体是“和”，单体是“同”，将二者区分开来还是有实质意义的。

在 1944 年写的《品德论》中，张先生又提出“兼”“和”“通”“全”四个互相关联的概念。他说：“品值之大衡曰兼，曰和，曰通，曰全。合多为一谓之兼，既多且一谓之和，以一摄多谓之通，以一备多谓之全。兼和通全四者，其指实一，直所从言之异尔”，四个概念都用一多关系来界说，是从不同角度来讲多样性统一的问题。他又说：“兼和通全，亦即富有日新而一以贯之。”“既富且多，复相顺而一贯，是谓之兼，亦谓之和，亦谓之通，亦谓之全。”[②] 富有言其大，日新言其久，可久可大则有相顺一贯之发展。张先生虽然是从“价值

① 《张岱年全集》第 3 卷，河北人民出版社 1996 年版，第 130 页。
② 《张岱年全集》第 3 卷，河北人民出版社 1996 年版，第 203 页。

之准衡”的角度提出问题的，但同时也深刻地阐明了以对立统一为核心的辩证法的宇宙发展观。兼、和、通、全首先是宇宙自然之理，人知其然后才能在行为中自觉选择，把它当作当然之则。所以他又说：“自然恒有二方面：一方面兼而和，一方面别而乖。扩充其兼而和，以克服其别而乖，即由自然归于当然。”[①] 人掌握了宇宙发展的辩证规律，就可以在实践活动中自觉地“扩充其兼而和，以克服其别而乖”，这就是所谓“由自然归于当然”。

在1948年写的《天人简论》中，张先生把上述思想进一步概括、提炼、升华为“兼和”范畴。核心范畴的形成使“兼和”哲学臻于成熟，并在宇宙观、价值观、方法论等方面展开了其丰富内容。

首先，他将“兼和”范畴简明地界定为“兼赅众异而得其平衡”[②]，准确地表达了多样性统一的含义。张先生明言“兼和”范畴是对中国古代重“和”思想的继承（“简云兼和，古代谓之和”），而古代重“和”思想的精义在于尚“和”去“同”，主张“和而不同”。如西周末年的史伯说：“和实生物，同则不继。以他平他谓之和，故能丰长而物归之。”（《国语·郑语》）孔子说：“君子和而不同，小人同而不和。”（《论语·子路》）都是强调“和”是多样性的统一。“兼和”范畴可谓深得中国传统重“和”思想之精义。

其次，作为宇宙发展原理和最高价值准则的“兼和”，其伟大的作用、功能和价值意义就在于“富有日新而一以贯之”。这是对“和实生物”（《国语·郑语》）、“如无和谐则新物不成”[③] 的生动说明：因多样性统一才有新事物的产生，因生生而日新，因日新而富有，因生生、日新、富有而有可久可大、一以贯之的永续发展。所以他又

---

① 《张岱年全集》第3卷，河北人民出版社1996年版，第205页。

② 《张岱年全集》第3卷，河北人民出版社1996年版，第220页。1987年又表述为“兼容多端而相互和谐”（《张岱年全集》第7卷，河北人民出版社1996年版，第406页），二者含义相近且可互相补充、互相发明。

③ 《张岱年全集》第3卷，河北人民出版社1996年版，第194页。

说：“惟日新而后能经常得其平衡，惟日新而后能经常保其富有。”①“兼和”范畴的创造性、多样性、统一性特征集中表现在“生生”“日新”义上。

再次，他提出“以兼和易中庸”的命题，突出地体现了“兼和”辩证法的彻底革命精神。由于“兼赅众异而得其平衡”② 是在日新发展中的一种动态的平衡，而不是无条件的绝对平衡和停滞不进，所以张先生又明确提出：“古昔哲人常言中庸，中庸易致停滞不进之弊，失富有日新之德。今应以兼易中，以兼和易中庸。”③ 他并不否认“执中”“适度”在日常生活中的意义，但不赞成把“中”和“度”绝对化，使之成为阻碍事物永续发展的限制，因此主张以具有“富有日新之德”的“兼和”来取代“中庸”。这是他用唯物辩证法来改造、提升中国传统思想的一个典型范例。

以上是张先生在四十岁之前所达到的思想境界和水平。作为一个掌握了“当代最伟大的哲学”和时代精神的精华的青年哲学家，其独立思考的成果在当时虽不为人们所知，但却是与国家民族的命运紧密联系在一起的，有些理论思考甚至是很超前的，对后人亦有所启发。比如，他关于“兼和通全”“兼赅众异而得其平衡，富有日新而一以贯之”④ 的精湛思想，在我们今天看来，就是全面、协调、可持续发展的科学发展观。联系今天面对的种种问题和矛盾，我们也可以说“兼和”之道就是日新富有、可久可大的科学发展之道。

“天人五论”直到上个世纪80年代后期才出版面世。此后，张先生早期哲学思想受到了学界的重视和高度评价，同时也受到一些质疑，比如“以‘兼和’代‘中庸’”的思想，就有人持不同看法。对

① 《张岱年全集》第3卷，河北人民出版社1996年版，第220页。
② 《张岱年全集》第3卷，河北人民出版社1996年版，第220页。
③ 《张岱年全集》第3卷，河北人民出版社1996年版，第220页。
④ 《张岱年全集》第3卷，河北人民出版社1996年版，第220页。

此张先生曾多次作出回应，坚持其一贯的辩证唯物论哲学立场。

1987年1月他在《天人简论》的“又记”中说：篇中“提出以‘兼和’代‘中庸’的观点，自审尚非过时”①。在1989年写的《八十自述》中，他谈到了独抒己见的六个哲学观点，其中之一就是“主张以‘兼和’易‘中庸’”。他认为：“在日常生活中提倡中庸是必要的，但专讲中庸，往往陷于庸俗。我以为中庸作为原则不如‘兼和’。兼者兼容众异，和者包含多样而得其平衡。兼和可以引导品德事业日新永进而不陷于停滞。”② 张先生肯定“中庸观念在中国文化史上产生了巨大而深远的影响”③；但“不能把‘中庸’看做中国文化的基本精神”，因为“‘中庸’观念包含一种认识，即许多事情都有一定限度，超过了这个限度，就和没有达到这个限度一样，这就是‘过犹不及’。有些事情，确实如此，如饮食衣着以及睡眠之类，确实是‘过犹不及’。但是，许多事情的限度是随时代的演进而改变的。……在历史上，在一定的范围内，超越传统的限度，往往可以实现巨大的飞跃。如果固守‘过犹不及’的中道，就不可能大步前进了”④。众所周知，张岱年先生是最早提出以《周易大传》中的两句名言：“天行健，君子以自强不息”“地势坤，君子以厚德载物”为中国文化基本精神的，在他看来，“‘厚德载物’即以宽厚之德包容万物。这与‘和同之辨’有一定联系”⑤。也就是说，他认为“兼和”之德比“中庸”更能反映中国文化的基本精神。

张先生晚年在总结自己平生学术要旨时一再重申“兼和为上”⑥

---

① 《张岱年全集》第3卷，河北人民出版社1996年版，第216页。

② 《张岱年全集》第8卷，河北人民出版社1996年版，第602页。

③ 《张岱年全集》第5卷，河北人民出版社1996年版，第422页。

④ 《张岱年全集》第6卷，河北人民出版社1996年版，第225页。

⑤ 《张岱年全集》第6卷，河北人民出版社1996年版，第223页。

⑥ 《张岱年全集》第7卷，河北人民出版社1996年版，第410页；第8卷，河北人民出版社1996年版，第627页。

的论点，把它当作“最高的价值准则”[①]，由此可见“兼和”思想在其整个哲学体系中的重要地位，我们也可以说这种认识就是他的“晚年定论”。

据刘鄂培同志记述，1999年6月9日，他曾当面请教张岱年先生：“兼和是您的文化观‘综合创新’的哲学基础，是您的治学和待人接物之道，是您的哲学中的精髓。”张先生回答说：“你解释得很对，现在还很少有人是这样来理解我的哲学的。”刘又问：“以兼和思想作为贯穿在您的哲学和文化观中的核心思想如何?”张先生说：“可以这样。”[②] 这段记述可以印证“晚年定论”之说不虚。

张岱年先生的“兼和”理论是20世纪中国化马克思主义哲学的一大创获。从形式上看，它是对中国传统“贵和”“日新”思想的继承和发展，对“中庸”停滞、保守思想的纠正，也是用典型的中国风格的民族语言表述出来的。从理论实质来看，它以“永恒两一”即对立统一为内在精神和价值标准，是唯物辩证法的中国化。它是接着中西辩证法思想传统讲的，但其问题意识却是来源于现实生活，比如对“五四”后中国思想界三大思潮对立互动形势的关注，对抗日战争中民族统一战线问题的关注。张先生曾深刻地指出：“凡物之继续存在，皆在于其内外之冲突未能胜过其内部之和谐。如一物失其内在的和谐，必由于内部冲突而毁灭。生命之维持，尤在于和谐。如有生机体之内部失其和谐，则必致生之破灭，而归于死亡。人群亦然，如一民族内部斗争过甚，则必亡国、灭族。”[③] 显然，这是以哲学的方式表达了他对抗日民族统一战线的坚定支持。应该看到，在历史新时期还会出现许多新问题和新矛盾，对这些问题和矛盾要具体分析和具体解决，“兼

① 《张岱年全集》第3卷，河北人民出版社1996年版，第220页。

② 刘鄂培：《岱宗青长在，光华耀千秋》，载陈来主编《不息集》，北京大学出版社2005年版，第71页。

③ 《张岱年全集》第3卷，河北人民出版社1996年版，第194页。

赅众异而得其平衡，富有日新而一以贯之”[①] 的“兼和”辩证法也会随着历史实践的发展而不断发展，表现出自己强劲的生命力。

历史地看，张岱年的“兼和”论与毛泽东的《矛盾论》，可以说是上个世纪三四十年代中国马克思主义辩证法的“双璧”，都有很高的理论价值，二者完全可以互相发明，互相补充，互相辉映。特别是在以建设社会主义和谐社会为主要任务的今天，《矛盾论》的基本原理并没有过时，“兼和”论的价值指向和方法论意义更加值得重视，我们为现代中国能够产生这样广大悉备、深刻精微的辩证法理论而感到庆幸和振奋。

在张先生那里，“兼和”不仅以理论的方式表现出来，而且还表现为其治学和待人接物之道。这就是冯契先生所说的“化理论为方法，化理论为德性”。真正的马克思主义哲学家都必然会表现出世界观和方法论统一、“凝道成德”、学行一致的品格。

创建“将唯物、理想、解析，综合于一”[②]、中西马“三流合一”的新综合哲学之所以可能，建设和发展“以社会主义的价值观来综合中西文化之所长”的中国新文化之所以可能，除了要有追求真理的诚心之外，还要有尊重人类文明的一切智慧成果、力求“连一切‘见’，去一切‘蔽’”[③]、“兼取众长而相资互益”的眼光、胸怀和思想境界，正确处理坚持“一元主导”和“兼容多元”的关系，而与教条主义、宗派主义、关门主义没有任何共同之处。学问上的“兼和”之道不仅表现在张先生的学术成果中，而且表现在其治学过程中的方法运用上，可以看出，他是力图把“方法论上的多元主义”真正落到实处。

“兼和”的德性表现在张先生之立身处世、待人接物上，则是大

---

① 《张岱年全集》第 3 卷，河北人民出版社 1996 年版，第 220 页。

② 《张岱年全集》第 1 卷，河北人民出版社 1996 年版，第 262 页。

③ 《张岱年全集》第 1 卷，河北人民出版社 1996 年版，第 132 页。

家都能亲切感受到的谦虚、宽和的美德。陈来编的《不息集》一书，保存了他的同事、朋友、学生、亲属写的大量真切感人的文字，生动地记述和发自内心地盛赞了这位当代哲人忠厚慈祥、宽容豁达、谦虚谨慎、平等待人、无私扶掖后学的人格风范，用许多真实故事和具体事例诠释了他的“兼和”品德，我们读后都深受教益。

汉语中“兼”与“谦”通。古代文献中首次出现“兼和”一词是在《管子·五行》篇：“通天下，遇者兼和。”张佩纶说：“兼当作谦。《说文》‘谦，敬也。’言以谦且和，故能服诸侯合天下也。”李勉在《管子今注今译》中也说：“兼与谦通，谓与所遇者皆谦和待之。”《管子》中的“兼和”一词还没有“兼赅众异而得其平衡，富有日新而一以贯之”的现代涵义，但从人的处世之道来说，兼容多端包括认真听取不同意见要有虚心的态度，兼容众异且能达到平衡与和谐更是一种大智慧，是很高的人生境界，显然，只有具备谦和品德之人才能达到这种智慧和人生境界。

张岱年先生深刻地认识和把握了“兼和”之道，在他那里，这种认识已“凝道成德”，内化为其道德人格和观察处理问题的思维方式、待人接物的行为方式，这一切表现出来都是自然而然、不待勉强的。因此，张先生成为20世纪中国马克思主义“兼和”哲学的首倡者和身体力行者决不是偶然的。我们今天纪念张先生百岁诞辰，最好的实际行动就是学习他的“兼和”思想与品格，提高思想境界，努力为中国特色社会主义事业，为中国哲学和文化的发展添砖加瓦，略尽绵薄。

（本文是作者2009年5月30日在纪念张岱年先生百岁诞辰学术研讨会上的发言。原载《北京日报》2009年6月15日）

“马魂、中体、西用”：中国文化发展的现实道路

北京大学是“五四”新文化运动的发源地，也是最早在中国传播马克思主义的地方。将近一个世纪以来，中、西、马三大文化思潮在这里相互激荡、交流融会，出现了张岱年先生所说的“三流合一、综合创新”的局面，北京大学一直高举爱国、进步、民主、科学的旗帜，走在中国现当代文化发展的最前面。今天，由北大马克思主义学院牵头，整合中、西、马三个方面的学术力量，成立中国文化发展研究中心，必将为推动马克思主义指导下的中国文化研究，建设当代中国新国学，促进社会主义文化大发展大繁荣做出重要贡献。

中国文化发展的现实道路就是中国特色社会主义文化的建设和发展之路。它的实质内容就是要解决中、西、马三种文化传统、三大文化思潮的关系问题，其核心是马克思主义与中国文化的关系问题。

1988 年，我在新加坡的一次儒学会议上作了题为《略论现代新儒家之得失》的发言，一方面充分肯定了现代新儒家在挺立民族文化主体性方面所做出的贡献，同时也批评了他们认为马克思主义与中国文化根本不相容的观点，指出：“马克思主义的传入不是中国文化的危机，而是给伟大中华文明的复兴带来了生机。马克思主义只是提供了一种新的世界观和方法论，为人类文明指出了一条通向大同的道路，它并不否定也不能代替民族文化的主体性。马克思主义作为一种外来文化，要在中国生根，不能没有中国文化这个接受主体。在肯定

民族文化主体性这一点上，马克思主义和现代新儒家并没有根本的分歧。”[①]

这是一次国际学术会议，实际上是新儒家唱主角，也有自由派学者和马克思主义学者参加，三派进行了直接的交流与交锋。我在会上坦率地表明了自己的观点，认为中华文化在新世纪必然要复兴，但这个复兴不能以儒学和新儒学为指导，而必须以当代先进文化马克思主义为指导。首先需要明确一点，就是在对待历史遗产的问题上，马克思主义从来不主张割断传统，而是明确宣称：“无产阶级文化应当是人类在资本主义社会、地主社会和官僚社会压迫下创造出来的全部知识合乎规律的发展。”[②]“中国现时的新文化也是从古代的旧文化发展而来的，因此我们必须尊重自己的历史，决不能割断历史。”[③] 现代新儒家指责“五四”运动造成了民族文化认同的危机，马克思主义的传入割断了中国文化传统，这至少是一种误解。马克思主义中国化的历程充分证明，它要在中国生根、发芽、开花、结果，就必须与中国革命实际相结合，与中国文化优秀传统相结合。马克思主义并不否定也不能代替民族文化的主体性。

我在发言中提出了“接受主体”这个概念，实际上就是对于中国文化主体地位的明确肯定。因为中国文化首先必须是充满活力与自信的、富有包容性的生命主体和创造主体，它才具有接受外来文化的能力。有的新儒家学者说“中国文化……在马克思主义派那儿，是没有原则意义、没有体的层位的，其体是马列”，这种说法是不符合实际的。

中国哲学中的体用范畴有多重涵义，近代以来谈文化体用问题往往不加区分，所以众说纷纭，歧义丛生。传统文化体用观认为：“君

---

① 方克立：《现代新儒学与中国现代化》，天津人民出版社 1997 年版，第 48 页。

② 《列宁专题文集·论无产阶级政党》，人民出版社 2009 年版，第 281 页。

③ 《毛泽东选集》第 2 卷，人民出版社 1991 年版，第 708 页。

臣父子，仁义礼乐，历世不可变者，其体也；……举而措之天下，能润泽斯民，归于皇极者，其用也。”（《宋元学案·安定学案》）这是以精神指导原则为“体”，而以原则之具体应用为“用”。晚清的“中体西用”论就是在这个意义上使用体用范畴的，即以中国的纲常名教为体，以西方的船坚炮利为用。现代新儒家讲“以儒家精神为体，以西洋文化为用”①，不过是其翻版而已。这是从以本体（本质）与现象的关系谈体用的观点沿袭下来的，运用到文化上，一般是以精神文明为体，以物质文明为用。在中国哲学中，体用范畴不只具有这一重涵义，它还有更加原本的一重涵义，就是指本体（实体）与其作用、功能、属性的关系。朱熹说：“用是他用处。”王船山说：“用者，用之于天下也。”形质神用（范缜）、器体道用（王船山、谭嗣同）、“物质为体，精神为用”（孙中山）、“社会存在是体，社会意识是用”（张岱年）、“生产力等经济基础是体，政治、文化等上层建筑是用”（冯友兰）等等，都是在这个意义上讲的。李泽厚“西体中用”论中的体用范畴，也接近这个意义。他说：“体是社会存在的本体，即生产方式、生活方式。”西方在这个方面有明显优势，而“中用”则是把代表西方文明的生产方式、科学技术、政经制度等等运用于中国。“西体中用”论与“中体西用”论表面上看似乎针锋相对，其实体用范畴的涵义并不一样。除了上述两种基本涵义之外，体用范畴还有必然与偶然、内容与形式、因与果、常与变、主与辅等多重涵义。不论从哪个意义上来谈体用关系，其本来精神都是强调二者的连接贯通、对立统一，但也都预设了“体”的优先地位，中西体用之争争的正是这个优先地位即所谓“体”的层位。

正是由于体用范畴具有多义性的特点，所以我们在谈文化问题时宜慎用体用范畴，如果要用也首先要将其涵义界定清楚，否则就会公说公有理，婆说婆有理，争论双方可能完全不相应。比如马克思主义

---

① 贺麟：《儒家思想的新开展》，《文化与人生》，商务印书馆1947年版，第3页。

与中国文化的关系，从古今、中西等不同角度来考察，我们就会发现其体用关系大不一样，甚至会出现王船山所说的“相与为体”或“相为体用”的情况。

我们肯定中国文化是“接受主体”，从“洋为中用”的意义来说，马克思主义也是一种被主体所接受并为主体所用的外来文化，是一种“他山之石”，因此也可以归入“西用”的范畴。但马克思主义作为我们这个时代的先进文化，对主体文化的发展能够起到指引方向的重要作用，它决定了中国新文化的社会主义方向，这与现代科学技术、管理经验等其他“西学”之用又是不同的。按照以精神指导原则为“体”、以原则之具体应用为“用”的传统文化体用观，又可以说马克思主义是体，现代科技等西学是用。张岱年、程恩富等学者正是在这个意义上讲“马体西用”的。

另一方面，从“古为今用”的意义来说，马克思主义是当今中国的主导意识形态，是“今”，处于“体”的地位；国学、儒学、中国传统文化是“古”，经过科学分析，区分“民主性精华”与“封建性糟粕”，其中的精华部分也可以作为历史资源，为社会主义新文化建设所用。正是在这个意义上，我把国学、儒学都看作是古为今用的支援意识。

以上分析说明，马克思主义与中国文化的关系，很难套进一个固定不变的体用模式，确定哪个是体，哪个是用。因为在不同的意义上，它们分别具有“体”的优位性。现在我们需要找到一种理论模式，不是把它们放在体用二元、互相对立的位置上，而是要把二者的优势都充分发挥出来，统一起来，这就使我们想到了张岱年先生的中、西、马“三流合一、综合创新”理论。

从上个世纪30年代起，张先生就注意研究中、西、马三大思潮的关系问题，先后提出了“创造的综合”说与“文化综合创新”论，在这项研究中一直处于领先地位。四年前，我在学习张先生的文化思想时曾将其概括为“马学为魂，中学为体，西学为用，三流合一，综合创新”五句话，试图以“魂、体、用”三元模式代替“体、用”二元模式，并在一定程度上将体用范畴的两种涵义综合起来，来说明中、西、马三种文化资源各自的价值与作用，以及它们之间的相互关系。我认为，所谓“马学为魂”就是以马克思主义的科学世界观和方法论为指导，坚持中国新文化建设的社会主义方向。所谓“中学为体”就是以有着数千年历史积淀的自强不息、变化日新、厚德载物、有容乃大的中国文化为运作主体、生命主体、创造主体和接受主体，坚持民族文化主体性的原则。所谓“西学为用”就是以西方文化和其他民族文化中一切对主体文化有学习、借鉴价值的东西为“他山之石”，为我所用，坚持对外开放的方针。[①]“马魂、中体、西用”论既肯定了马克思主义在中国新文化建设中的指导思想地位，又突出地强调了民族文化的主体性，同时坚持面向世界、对外开放的方针，我认为是一种比较符合今天中国实际的文化发展方针和理论模式。正是由于有马克思主义的科学世界观和方法论作为指导，所以才能激活传统文化中的优质资源，充分吸收外来文化的营养，使中国文化走上“综合创新”的康庄大道。

这种看法得到了一些学者的支持，包括北京大学的董学文教授；也有学者提出一些问题，对于这种认识的完善和深化非常有帮助。肯定的意见主要是：面对中、西、马三大思潮对立互动的当代中国文化格局，“魂、体、用”三元模式确实比“体、用”二元模式有更强的解释力，“马魂、中体、西用”的概括也比“中体西用”或“西体中用”更准确地揭示了当代中国文化发展的实质内容。一个比较普遍的问题是：“魂、体、用”三元模式有没有学理的和现实的根据呢？我是受到王船山讲“形而上者谓之道，形而下者谓之器，统之乎一形”（《周易外传》卷五）的启发，而考虑到作为主体文化的中国文化，它实际上就是统一“形而上之道”（马克思主义）和“形而下之器”

① 方克立：《关于文化的体用问题》，《社会科学战线》2006年第4期。

（科技等现代西学）的那个“形”。因为马克思主义和西方文化都必须为中国文化所接受，成为现代中国文化的一个有机组成部分，才能在三大思潮对立互动和中国的新文化建设中起作用。按照王船山“道器无易体”“统之乎一形”的理论，统一形上与形下的那个“形”也就是统一道与器的“物之体”，我们用“中体”（“中学为体”）来表示民族文化主体性的涵义是十分恰当的。为了把两种不同涵义之“体”区分开来，我们可以用另一个概念“魂”来表示作为精神指导原则的“体”，类似日本“和魂洋才”思想中“魂”的概念。概念上的这一区分和变通使用，恰恰是将体用范畴的两种涵义在“魂、体、用”三元模式中结合起来了。至于这种理论模式的现实模型，我们已经找到许多，在思想史上也不乏其例。比如孔子讲“人而不仁如礼何”，他的学生有子讲“礼之用和为贵”，放到儒家“以仁为魂，以礼为体，以和为用”的文化价值体系中，都是顺理成章、很容易理解的。

人们提得较多的另一个问题是：“马魂、中体、西用”论仍然沿用了“中体西用”的提法，其涵义与晚清的“中体西用”论有什么区别呢？前面已经提到，晚清的“中体西用”论是以中国的纲常名教为体，以西方的船坚炮利为用，它是一种企图用西方先进的科学技术来维护中国封建的旧文化、旧制度的保守主义理论。正如严复等人所批评的，其割裂体用的错误非常明显。因为中学和西学都各有其体用，其“体”与“用”都是统一的，就像牛有负重之用、马有致远之用一样；现在非要把西学之用与中学之体嫁接在一起，那么也就像“牛体马用”一样可笑。一百多年来，“中体西用”作为一种典型的文化保守主义理论曾一再受到批判，但我们也注意到一个现象，就是它总是批而不倒，其影响至今犹存，这是为什么呢？我以为这种情况正是由于体用范畴的多义性所造成的。因为“中体西用”虽然是晚清人提出来的，其本意是要用西方的科学技术来维护中国的封建旧文化，但是它作为一个处理中西（外）文化关系的思想模式提出来，除了这种特定意涵之外，还包含着肯定中国文化主体地位的意义。就作为生命主体、创造主体和接受主体的中国文化与被接受的外来文化的关系来说，这个命题是可以成立的。在肯定民族文化主体性的意义上，我们可以理直气壮地讲“中体西用”，“洋为中用”实际上就是“中体西（洋）用”。“马魂、中体、西用”论正是在否定了晚清“中体西用”论的保守意涵的前提下，而突出地强调了其肯定民族文化主体性的意义。

试图用一个简明的理论模式对中国文化发展的现实道路做出准确概括是很不容易的，但是又很有必要。因为一百多年来，“中体西用”“西体中用”“全盘西化”“复兴儒学”等口号影响很大，实际上就是打出了一面面文化旗帜，力图影响甚至决定中国文化发展的方向和道路。从这个意义来说，我们也需要有自己的文化旗帜。张岱年先生倡导的中、西、马“三流合一、综合创新”就是我们的文化旗帜，马克思主义的“综合创新”论就是我们的文化旗帜。“马魂、中体、西用”论就是在这面文化旗帜下，对中、西、马在文化综合创新中的地位和作用进一步定位，因此也可以说是“综合创新”论的深化。在无限丰富的现实生活中，任何理论模式都是有局限性的，“体、用”二元模式有局限性，“魂、体、用”三元模式也有局限性，它们都只能有条件地说明一定的事物、现象和关系，而不能夸大其适用范围和解释效力。“马魂、中体、西用”还是一种需要发展、完善和在实践中检验的理论，所以我非常愿意与北大中国文化发展研究中心的学者们共同研讨，也非常希望得到在座各位学者的批评和指教。

[本文为作者2010年3月26日在“马克思主义与中国文化发展”学术研讨会暨北京大学中国文化发展研究中心成立庆典大会上的发言。原载《北京大学学报》（哲学社会科学版）2010年第4期。曾作为杨翰卿《中国哲学文化继承与创新研究》（中国社会科学出版社2012年版）代序]

“马魂、中体、西用”论的由来、涵义及理论意义

近代以来，中西文化体用之争从来没有停止过。张岱年先生说，用中国哲学的体用范畴来讨论文化问题，是“处理文化问题的中国方式”①。也就是说，文化体用论是一种有中国特色的文化理论。

文化体用论在中国由来已久。比如北宋哲学家、教育家胡瑗说：“君臣父子，仁义礼乐，历世不可变者，其体也；……举而措之天下，能润泽斯民，归于皇极者，其用也。”（《宋元学案·安定学案》）就是传统文化体用观的一种典型表述。在胡瑗那里，“体”是指不变的精神指导原则，“用”是指原则的具体应用，即“举而措之天下”。

近代以来影响最大的文化体用观是“中体西用”论。从早期改良派到洋务派，以至康有为、梁启超等人，都深受此论之影响。20世纪的现代新儒家也是“中体西用”论者。到80年代，黎澍、李泽厚等人提出“西体中用”论来同它唱对台戏。由于双方使用的体用范畴涵义不同，你说你的，我说我的，所以这场对台戏实际上并没有真正唱起来，不过是在语言上刺激性地相对立而已。这种情况倒是暴露了体用论模式存在的一些问题和缺陷，主要是由于体用范畴的多义性和使用的灵活性所造成的。后来以张岱年先生为代表的一些学者，力图

---

① 张岱年：《文化体用简析》，《张岱年全集》第6卷，河北人民出版社1996年版，第202页。

超越体用二元的思维模式，提出了“文化综合创新”论。而张先生本人恰恰又是最喜欢讲文化体用问题的学者之一，在上个世纪80、90年代，他至少写过四篇专论文化体用问题的文章。他看到了文化体用论中存在的问题和矛盾，并且力图找到一条新的思路来解决这些问题和矛盾。他在探索中实际上已经相当接近于我们讲的“马魂、中体、西用”论了，但在语言表达上仍受体用二元模式的束缚，所以很难把问题讲清楚。

2006年4月20日，纪念张岱年先生逝世二周年国际学术研讨会在长沙岳麓书院召开，我没有出席这次会议，但是应刘鄂培教授之约写了一封贺信。我在信中提出一个看法，就是认为可以将张岱年先生的中、西、马“三流合一”、综合创新文化观，概括为“马学为魂，中学为体，西学为用，三流合一，综合创新”五句话，这就是所谓“马魂、中体、西用”论。我的解释是：“‘马学为魂’即以马克思主义和社会主义的思想体系为指导原则；‘中学为体’即以有着数千年历史积淀的自强不息、变化日新、厚德载物、有容乃大的中华民族文化为生命主体、创造主体和接受主体；‘西学为用’即以西方文化和其他民族文化中的一切积极成果、合理成分为学习、借鉴的对象。”①这个解释是以张岱年先生的思想为基础，或者说是接着张岱年先生的思想讲的。

“马魂、中体、西用”论提出后在学界引起了一些讨论，长沙岳麓书院会议上就有讨论，会后在报刊上也发表了一些讨论文章，包括《上海师范大学学报》2007年第6期发表的一组四篇文章。我很感谢上海师大的学者对这个问题较早地予以关注。今年3月26日，我在北京大学中国文化发展研究中心成立大会上作了题为《“马魂、中体、西用”：中国文化发展的现实道路》的发言，认为“马魂、中体、西用”是“五四”后不同于“中体西用”“西体中用”“全盘西化”

① 方克立：《关于文化的体用问题》，《社会科学战线》2006年第4期。

“复兴儒学”等文化道路选择的，唯一现实可行的中国现当代文化发展道路。这个结论好像有点绝对，但是它的真理性已被近百年来的历史实践所证明。

前天我在华东师大参加高瑞泉教授主持的一个学术会议，在会上也着重讲了一下文化体用论思维方式的现代境遇问题。关于这个问题，上海的学者做过一些很好的研究。首先是陈旭麓先生，他在《近代中国社会的新陈代谢》中对“中体西用”论有精辟的分析和评论。[①] 后来我又读到过童世骏同志的《中国现代化过程中的“体用”范畴新解》一文。他对中国传统哲学中“体用”范畴的涵义及其在近现代的衍化，现代思想家运用“体用”论模式解决中国现代化问题，以及中国文化与现代化关系问题的几种尝试，做了颇有新意的探讨。这些论著对我都很有启发。

下面讲我对这个问题的基本看法。首先要了解“马魂、中体、西用”论是在什么情况下提出来的，都经过了哪些不可逾越的思考环节。

体用范畴的两种主要涵义

上个世纪80年代，我就意识到“体”与“用”是在中国哲学中有着特殊重要地位的一对范畴，是最能表现中华民族思维方式特点的范畴之一。中国人在考察宇宙、社会、人生和精神文化问题时，“恒言有体有用”（孙中山语），于是就构成了一种思维模式，具有指导人们认识世界、解决各方面的问题，甚至用以组织学说体系的重要的方法论意义。《中国社会科学》1984年第5期发表了我的《论中国哲学中的体用范畴》一文，对体用范畴的由来、涵义以及体用观上的哲学分歧与论争，做了较为全面的考察。文章否定了体用“本乎释氏”

① 《陈旭麓文集》第1卷，华东师范大学出版社1996年版，第115—120页。

“出于佛书”的说法，指出在中国哲学中，“体”与“用”的观念形成很早，先秦已有体用并举的提法，“有体有用”的观念在汉代已经运用到比较广泛的领域，但到魏晋时期，才形成为一对有确定涵义、并对后世有重要影响的哲学范畴。

文章考察了体用范畴的涵义及其演变，认为它的本来意义是指本体（主体、实体）及其作用、功能、属性的关系。中国古代学者对这种关系讲得最清楚的是唐代的崔憬，他在注解《周易·系辞》“形而上者谓之道，形而下者谓之器”时说：

> 凡天地万物，皆有形质，就形质之中，有体有用。体者，即形质也；用者，即形质之妙用也。言有妙理之用以扶其体，则是道也；其体比用，若器之于物，则是体为形之下，谓之器也。假令天地圆盖方轸为体为器，以万物资始资生为用为道；动物以形躯为体为器，以灵识为用为道；植物以枝干为器为体，以生性为道为用。（《周易探玄》，李鼎祚《周易集解》引）

崔憬明确指出有形质的物质实体即“形而下之器”是体，而“形而上之道”不过是从属于体并用来“扶其体”的妙用。后来，范缜的“形质神用”说，王船山“道者器之道，器者不可谓之道之器”（《周易外传》卷五）的观点，孙中山“物质是体，精神是用”的观点，都与之一脉相承。朱熹、王船山等学者也经常在“器体道用”的意义上来使用“体用”范畴，比如朱熹说：“假如耳便是体，听便是用；目是体，见是用。”（《朱子语类》卷一）“譬如此扇子，有骨有柄，用纸糊，此则体也；人摇之，则用也。”（《朱子语类》卷六）王船山说：“无车何乘？无器何贮？故曰体以致用。不贮非器，不乘非车，故曰用以备体。”（《周易外传》卷五）这是体用范畴的第一种涵义，也可以说是它的“本义”，即以有形质的物质实体为体，以实体的作用、功能、属性为用。这种涵义概括地说就是“器体道用”。

但是，在中国哲学史上，并非所有哲学家，在任何情况下，都是在本体（实体）及其作用、功能、属性的意义上来使用“体用”范畴的，古代哲学家在更多的情况下，是在本体（本质）与现象的关系的意义上来理解和使用这对范畴。特别是在把它当作构筑其本体论哲学的重要支柱或架构时，通常都是用“体”来表示宇宙万有存在的根据和共同本原（本质），而“用”则是作为其具体呈现的纷繁复杂的事物现象。唯心主义哲学家总是把“无”“道”“理”“心”“识”“法性”“真如”等精神性的东西说成是宇宙的最高本体，而以“有”“物”“事”“法相”等为精神本体的派生物或其外在表现。比如程朱经常讲“体用一源，显微无间”（《周易程氏传·易传序》）。他们所谓“体”，是指至精至微的“理”，即最高的精神本体；他们所谓“用”，是指至著至显的“事”或“象”，即现实世界中呈现出来的一切事物现象。他们认为体是先在的或本然存在的东西，而用则是由体派生出来的。唯物主义哲学家也在本体（本质）与现象的意义上来使用体用范畴，他们是以“有”“气”“物质”为世界本体，而以“理”“心”“精神”等为本体的作用和功能，以“无”为“有”的特殊表现形式。比如张载说：“太虚无形，气之本体；其聚其散，变化之客形尔。”“太虚不能无气，气不能不聚而为万物，万物不能不散而为太虚。”（《正蒙·太和》）物质实体“气”与万物（“客形”）的关系就是本体与现象的关系。以形而上之道为本体（“体”），以形而下之器为现象（“用”），这是体用范畴的第二种涵义。这种以本体（本质）与现象言体用即“道体器用”的观点，后来逐渐成为哲学史上占主导地位的一种体用论模式，一般讲文化的体用关系，基本上都是在这种意义上讲的，以至后来有人背离这种体用观回归“器体道用”论时，贺麟先生竟批评其为“体用颠倒说”。

在哲学史上，也有一些哲学家对体用范畴的这两种涵义辨析得很清楚，在不同情况下或针对不同的问题，分别在“器体道用”和“道体器用”的意义下来使用这对范畴。最有代表性的例子就是王船山。他在讲"道者器之道，器者不可谓之道之器"、"无其器则无其道"、"据器而道存，离器而道毁"（《周易外传》卷五）的时候，是明确的"器体道用"论者。当他讲"道，体乎物之中以生天下之用者也"（《周易外传》卷一）、"道为器之本，器为道之末"（《读四书大全说》卷七）、"无恒器而有恒道也"、"器敝而道未尝息也"（《张子正蒙注》卷一）时，就是在本体与现象的意义上来使用这对范畴，明确地主张"道体器用"了。他本人对"此一义也"和"又一义也"是分辨得非常清楚的，所以又把这种情况叫作"相与为体"或"相为体用"。我在上个世纪80年代对这种思想史现象做过一点考察，有兴趣的同志可以参看《王船山道器论浅析》和《论中国哲学中的体用范畴》两篇文章。[①]

在中国传统哲学中，体用范畴除了上述两种基本涵义之外，还有必然与偶然、原因与结果、内容与形式、全体与部分、主要与次要、未发与已发、常住性与变动性、第一性与第二性等多重涵义。它不仅是属于本体论、自然观的范畴，而且被广泛地运用到认识论、人性论、历史观、社会政治伦理等各个领域，很自然地也被用来说明文化现象，所以，传统文化体用观才能成为一种独具中国特色的文化理论。

"内圣"与"外王"统一的传统文化体用观

前面已经提到，中国传统文化体用观的典型表述是胡瑗讲的"明体达用"之学。他说：

> 君臣父子，仁义礼乐，历世不可变者，其体也；……举而措之天下，能润泽斯民，归于皇极者，其用也。（《宋元学案·安定学案》）

---

① 二文见《方克立文集》，上海辞书出版社2005年版，第113—145、83—112页。

以“君臣父子”“仁义礼乐”等万世不变的封建主义基本原则为体，以这些原则的具体运用即“举而措之天下”为用，体用结合就可以达到“归于皇极”、巩固封建王权统治的目的。这是中国传统文化体用观的基本涵义。它不仅是胡瑗的“明体达用”之学的基本内容，而且也是整个封建主义意识形态的基本理论框架。明代李二曲（李颙）有“明体适用”之学，其意义与胡瑗的“明体达用”之学相近。他说：“何谓明体适用？穷理致知，反之于内，则识心悟性；实修实证，达之于外，则开物成务，康济群生。夫是之谓明体适用。”（《二曲集》卷十四）他把这种体用观精炼地概括成两句话：“明道存心以为体，经世宰物以为用。”（《二曲集》卷十六）胡瑗、李颙对体用范畴的界定是一致的，都是以精神指导原则为体，以原则的具体运用（“举而措之天下”“经世宰物”）为用。

李二曲还讲到体用有内外之别，体是“反之于内”，用是“达之于外”。其实，早在东汉时期，魏伯阳在《周易参同契》中就有“内体”与“外用”对举的提法。以后人们就常以“体”为内学，以“用”为外学；以“体”治心，以“用”治事。二者结合就是中国传统的所谓“内圣外王之道”，即以内圣为体，外王为用。体用、内外之学的统一表现在：一方面，由体达用，在根本原则的指导下举而措之天下，经世宰物，利济群生；另一方面，用不能离开体，一切具体举措都不能离开“经义”所规定的根本原则。所以李二曲说：“明体而不适用，失之腐；适用而不明体，失之霸。腐与霸，非所以言学也。”（《二典集·体用全学序》）他们所说的“体用合一”或“体用不二”，实际上就是中国封建意识形态内部理论与实践统一的原则。

清末的“中体西用”论就是继承了上述传统文化的体用观，也继承了以“体”为明道存心的内学、以“用”为经世宰物的外学，以“体”治心、以“用”治事的思想，比如张之洞说：“中学为内学，西学为外学；中学治身心，西学应世事。”（《劝学篇》）后来牟宗三讲“内圣开出新外王”，则是以中国的儒家传统、道德理性为“内圣”之体，而以民主、科学等“新外王”为用，实际上也是一种“中体西用”论，是这种文化体用论模式在现代的运用。

“中体西用”论对传统文化体用观的继承和偏离

张岱年先生在《试谈文化的体用问题》一文中，对洋务派如何接续传统文化体用观而加以运用，曾经有清楚的说明。他说：“清末洋务派提出‘中学为体，西学为用’，其实际意义是，以封建主义的思想体系为体，以近代西方的科学技术为用。这里所谓‘体’指原理原则，所谓‘用’指原则的应用。这个意义的‘体用’观念源于宋代教育家胡瑗。胡瑗提倡‘明体达用之学’，以为‘君臣父子，仁义礼乐，历世不可变者，其体也；……举而措之天下，能润泽斯民，归于皇极者，其用也’（见《宋元学案·安定学案》）。洋务派所谓体也就是胡瑗所谓体。每一文化系统都有其指导原则，有其具体设施。就文化系统中，分别体用，这具有一定的理论意义。”①

人们通常以张之洞在《劝学篇》中讲的“旧学为本，新学为用”“中学为内学，西学为外学；中学治身心，西学应世事”为清末“中体西用”论之典型表述，因为他把这种体用观“以尊朝廷、卫社稷为第一义”的实质讲得最清楚。其实，在19世纪下半叶，包括早期改良派、洋务派、维新派在内的许多重要代表人物，都有“中体西用”的思想和言论，诸如：

> 以中国之伦常名教为原本，辅以诸国富强之术。（冯桂芬《校邠庐抗议·采西学议》）
>
> 形而上者中国也，以道胜；形而下者西人也，以器胜。（王韬《弢园尺牍》卷四）

① 《张岱年全集》第6卷，河北人民出版社1996年版，第127页。

器则取诸西国，道则备自当躬。盖万世不变者，孔子之道也。（王韬《弢园尺牍外编》卷十一）

今诚取西人器数之学，以卫事尧舜禹汤文武周孔之道。（薛福成《筹洋刍议·变法》）

中学其本也，西学其末也。主以中学，辅以西学。知其缓急，审其变通，操纵刚柔，洞达政体，教学之效，其在兹乎！（郑观应《盛世危言·西学》）

道为本，器为末；器可变，道不可变。庶知可变者，富强之术而非孔孟之常经也。（郑观应《危言新编·凡例》）

应以中学为主，西学为辅；中学为体，西学为用。中学有未备者，以西学补之；中学有失传者，以西学还之。以中学包罗西学，不能以西学凌驾中学。（孙家鼐《议复开办京师大学堂折》）

在19世纪下半叶，中体西用的思想和言论广为流行，“张之洞最乐道之，举国以为至言”（梁启超语），情况确实如此。这种思想对后世的深远影响也不可忽视。20世纪的现代新儒家就继承了晚清的中体西用论，比如贺麟先生说“以儒家精神为体，以西洋文化为用”[①] 就是一个非常典型的“中体西用”命题。熊十力先生说：“中学以发明心地为一大事，西学大概是量智的发展，如使两方互相了解，而以涵养性智，立天下之大本，则量智皆成性智的妙用。”[②] 即以性智为体，量智为用，中学为体，西学为用。

以上这些说法都继承了传统文化体用观“以不变的精神指导原则为体，以原则的具体运用为用”“以形而上之道为体，以形而下之器为用”的基本涵义，主张“道本器末”“道体器用”，认为“器”是

① 贺麟：《儒家思想的新开展》，《文化与人生》，商务印书馆1947年版，第3页。

② 熊十力：《新唯识论·附录》，《熊十力全集》第3卷，湖北教育出版社2001年版，第530页。

为"道"服务的。这是讲清末以来的"中体西用"论对传统文化体用观的继承，这是很明显的实质性的继承。但是，它还有另一面，就是对传统文化体用观又有所偏离。这主要表现在，传统文化体用观是在一种文化的内部区分体用、内外之学，而"中体西用"论者虽然继承了以体用区分"经义"与"治事"、内在的精神原则与外在的应事方术的观点，但他们却是在两种文化（"中学"与"西学"）之间来讲体用关系，主张"中学为内学，西学为外学；中学治身心，西学应世事"，这显然违背了传统文化体用观体用、内外之学统一的精神。正如严复所指出的：在"中体西用"的公式中，似乎是中学有体而无用，西学则有用而无体，而事实上"中学有中学之体用，西学有西学之体用"，其体用、内外之学都是统一的。"夫西人立国，自有本末。……育才于学堂，论政于议院，君民一体，上下一心，务实而戒虚，谋定而后动，此其体也；大炮、洋枪、水雷、铁路、电线，此其用也。"而我们中国人是"遗其体而求其用"，"不揣其本而末是求"，这样学西方当然是学不好的。所以严复批评"中体西用"论就像"牛体马用"一样不通和可笑。（《与外交报主人论教育书》）应该说，严复的批评是击中了"中体西用"论之折衷主义与形而上学要害的，有很强的逻辑力量。但是严复并没有找到一种方法，来有效地解决"融中西之学"这个时代课题，所以，"中体西用"在当时仍不失为一条现实可行的途径，得到许多人的认同，对后世也产生了深远影响。

回归"器体道用"的"西体中用"论

李泽厚对"中体西用"论有尖锐批评，并提出"西体中用"论来与它相对抗。他指出，清末的"中体西用"论以中国的伦常名教为体，而以西方的科学技术为用，这是颠倒了社会存在与社会意识的关系。"中体西用的最大错误就在于认为科技是用而不是体，其实科技恰恰是体，因为科技理论是与社会存在，与生产力、生产方式联系在一起的。”[①] 在他看来，“体”首先应该是社会存在的本体，人类存在的本体，应以物质文明为基础。他说：“我认为，体是社会存在的本体，即生产方式、生活方式。”也就是说，他是以社会存在为体，社会意识为用。这显然不是用的以精神指导原则为体、以原则之具体运用为用，以“治心”的内学为体、以“治事”的外学为用的传统文化体用观之本义，而是回到了崔憬、王船山等人的“器体道用”论。尽管他有时把本体意识，如科技思想、意识形态（包括马克思主义），即那些被称为“学”和“文化”的东西，也包括在“体”的范畴之内，造成了一些概念混淆，但其“器体道用”的基本意涵还是非常明确的。李泽厚对“西体中用”还有一个很特别的解释：“西体者，社会主义现代化是也。而所谓‘中用’，就是怎样结合实际运用于中国，这也就是马克思主义的中国化。”[②] 在他看来，将西体运用于中国就是西体中用，马克思主义中国化就是西体中用，在这里，“用”主要是一个动词。

上个世纪40年代，冯友兰先生在《新事论》中早已提出过与李泽厚类似的观点。他说：“从学术底观点说，纯粹科学等是体，实用科学、技艺等是用。但自社会改革之观点说，则用机器、兴实业等是体，社会之别方面底改革是用。”[③] 40年后，他为《新事论》做了一个重要的辩护，就是强调指出：“我认为，在一个社会类型中，生产力等经济基础是体，政治、文化等上层建筑是用。”[④] 冯友兰和李泽厚都强调发展生产力的重要性，主张回归“器体道用”的观点，应该说有唯物史观的因素。但这种体用观不是就文化（“学”）自身的内部关系而言，而是讲的文化及其存在的基础，或文化及其所反映的社

① 李泽厚：《论西体中用》，《团结报》1986年9月27日。

② 李泽厚：《中国思想史杂谈》，《复旦学报》1985年第5期。

③ 冯友兰：《新事论》，商务印书馆1942年版，第50—51页。

④ 冯友兰：《三松堂全集》第1卷，河南人民出版社2001年版，第220页。

会存在的关系，与“中体西用”讨论的问题不在一个层面上，因此，两个命题并没有直接的针对性。

恰恰是这种观点，曾经被贺麟先生批评为“体用颠倒说”。贺先生在上个世纪40年代写过《文化的体与用》一文，他坚持“以本体与现象言体用”[①] 的传统文化体用观，认为这是不可改易、不可颠倒的“绝对的体用观”[②]。他同时也坚持“体用不可分离”的原则，认为“没有无用之体，亦没有无体之用”[③]。贺先生说：“体是本质，用是表现。体是规范，用是材料。不能以用为体，不能以体为用。……所谓冠履不同位，各部门文化皆截然有其应有之逻辑地位，决不能因一时实用，个人好恶，而可以任意颠倒的。持体用颠倒说，认形而下之用为本体，认形而上之体为虚幻，便陷于……持体用分离说。”[④]把“道体器用”的体用观绝对化，贺先生是一个代表人物，这与他当时所持的“以精神或理性为文化之体”的唯心主义文化观是分不开的。

张岱年先生的文化体用观

在上个世纪80、90年代的文化讨论中，中西体用之争是一个热点问题。张岱年先生热心地参与了这一讨论，先后发表了《试谈文化的体用问题》（1986年2月）、《文化体用简析》（1986年10月）、《现代中国文化的体与用》（《社会科学家》1987年第1期）、《评所谓“西体中用”》（《文艺理论与批评》1991年第5期）四篇专论文化体用问题的文章，另外在《中国文化的历史传统及其更新》（1986年8月）等文章中也谈到了这个问题。张先生是持马克思主义理论立场的著名哲

---

① 贺麟：《文化的体与用》，《文化与人生》，商务印书馆1947年版，第30页。

② 贺麟：《文化的体与用》，《文化与人生》，商务印书馆1947年版，第29页。

③ 贺麟：《文化的体与用》，《文化与人生》，商务印书馆1947年版，第33页。

④ 贺麟：《文化的体与用》，《文化与人生》，商务印书馆1947年版，第34页。

学家和哲学史家，对中国哲学中体用范畴的来龙去脉和多重涵义了如指掌，对近代以来中西文化体用之争的问题症结所在也十分清楚。他在青年时代就“不妄以中学与西学对待”，“不妄谈什么体用”①。半个世纪后当这个问题重新成为争论焦点时，他力图用唯物辩证法和社会主义价值观来系统清理文化的体用问题，同时肯定这个问题在今天还有一定的理论意义，对它进行了创造性的诠释，力图使之适合于今天中国社会主义新文化建设的需要。张先生做的工作主要是：

1. 厘清体用范畴的两种主要涵义。张先生说：“在中国古代哲学中，所谓体用，基本上具有两种不同的含义。第一种含义是，体指实体，用指作用，体用是实体与作用的关系。第二种含义是，体指原则，用指应用（原则的运用），体用是原则与应用的关系。”他还指出：“一般所谓文化的体用，其所谓体用不是体用的第一含义。清末洋务派提出‘中学为体，西学为用’，其所谓体用都属于‘学’的范围，应是体用的第二含义。所谓体指文化的最高指导原则，所谓用指实现原则的具体措施。”②

2. 在讲到文化的内部关系、同一个文化系统中不同要素之间的关系时，特别是在讲到马克思主义和社会主义原则在中国新文化中的主导地位时，张先生通常是用体用范畴的第二种涵义，即原则与应用的关系，或者说“道体器用”的体用观来加以说明。比如他说：“社会主义人际关系的基本原则，可以称之为社会主义文化之‘体’；社会主义繁荣昌盛的科学艺术，可以称为社会主义文化之‘用’。”“社会主义文化以社会主义的基本原则为‘体’，亦即以马克思主义的理论原则为体。”③ 在《中国文化的历史传统及其更新》一文中，他又说：“我们现在讲体用，应该确定：社会主义的基本原则是‘体’，

① 《张岱年全集》第1卷，河北人民出版社1996年版，第247页。
② 《张岱年全集》第6卷，河北人民出版社1996年版，第202、203页。
③ 《张岱年全集》第6卷，河北人民出版社1996年版，第207、208页。

科学技术、文学艺术是‘用’。社会主义的根本原则就是社会主义民主。可以说民主为体，科学为用。”[①] 这些都是在“道体器用”的意义上来讲的。张先生还根据大家都能接受的“古为今用，洋为中用”的说法，提出了“今中为体，古洋为用”的命题。他说：“今中为体，就是以社会主义思想体系为体，其中包含对于中国固有的优秀传统的批判继承的问题；古洋为用，就是在科学技术方面尽力学习西方，同时在艺术方面兼采民族形式。”[②] “古学”“洋学”为“今学”“中学”所用，为其服务，在本质上也是一种“道体器用”的关系，当然它还兼有主辅、本末、整体与部分、内容与形式等多重意义。我们不难发现，以上这些论述，体与用都属于“学”即文化的范畴。

3. 张先生有时也用体用范畴的第一种涵义来讲文化问题，这个时候他就不是讲文化的内部关系，而是讲文化与其创造主体的关系，文化与其所依存和反映的社会存在的关系，特别是强调文化的民族主体性、独立性、能动性和主体意识。他说：“按照体用的第一含义，文化的体用应如何理解呢？一切文化都是某一民族的文化，民族是文化的主体。文化的各种内容，即民族的精神生产的全部内容都是为民族服务的。如此，应该肯定，民族的存在是体，文化的内容是用。”又说：“在人类社会生活之中，社会存在是体，社会意识是用。每一时代的社会存在即当时的生产方式。每一时代的社会意识构成当时文化的内容。如此，应该肯定，每一时代的文化都应以当时的生产方式为体。”[③] 这些论述与冯友兰、李泽厚就相当接近了，张先生不但不排斥“器体道用”的体用观，而且从民族主体性的角度充分肯定它的重要意义。

4. “道体器用”论突出的是“体”的主导性，“器体道用”论突

---

① 《张岱年全集》第6卷，河北人民出版社1996年版，第170—171页。
② 《张岱年全集》第6卷，河北人民出版社1996年版，第129页。
③ 《张岱年全集》第6卷，河北人民出版社1996年版，第203页。

出的是“体”的主体性。张岱年先生已经注意到这两个“体”的区别，并在一定程度上将这两个“体”结合起来、统一起来，把它们放到同一个中国新文化建设的公式（事业）中去。他说：“应该承认，中华民族是建设社会主义中国新文化的主体，而社会主义是中国新文化的指导原则。科学技术等等都是为这个民族主体服务的，也都是为社会主义服务的。”① 中华民族是主体性之“体”，社会主义指导原则是主导性之“体”，科学技术等等（“用”）是为这两个“体”服务的。我曾经说过，张先生的上述论断（公式），离“马魂、中体、西用”论只有一步之遥了，只是还没有从体用二元的思维模式中完全摆脱出来，所以不得不借助于体用范畴的多种涵义。

超越体用二元的思维模式

上个世纪 80 年代，我对文化体用问题也很感兴趣，1987 年发表了《评“中体西用”和“西体中用”》一文，曾经引起一些讨论。该文认为，李泽厚的“西体中用”论在思维结构上与清末的“中体西用”论并无二致，都没有超出中西对立、体用二元的思维模式。无论是“中体西用”还是“西体中用”，都不能正确解决古今、中西问题，都不能作为中国新文化建设的指导方针。这篇文章带有结论性的一段话是：

> 在今天，必须抛弃中西对立、体用二元的僵固思维模式，排除盲目的华夏优越感和崇洋媚外等狭隘感情因素，以开放的胸襟，从中国社会主义现代化建设的实际需要出发，批判地借鉴和吸取古今中外一切有价值的文化成果，经过辩证的综合和扬弃，努力创造出一种“以马克思主义为指导的，批判继承历史传统而又充分体现时代精神的，立足本国而又面向世界的”高度发达的

① 《张岱年全集》第 6 卷，河北人民出版社 1996 年版，第 129 页。

社会主义新文化。[①]

张岱年先生对"中体西用"论和"西体中用"论也多有批评。1990 年 7 月，他与程宜山合著的《中国文化与文化论争》一书由中国人民大学出版社出版，其中讲到：百余年来，人们在文化的体用问题上绞尽了脑汁，其实只要摆脱了中西对立、体用二元的思维模式，这个问题并不难解决。在两位作者看来，无论是"中体西用"还是"西体中用"，也无论是国粹主义还是"全盘西化"，在中国都走不通，中华民族文化的复兴只能走辩证的综合创造之路。对此他们解释说：

> 我们所说的辩证的综合创造是指：抛弃中西对立、体用二元的僵固思维模式，排除盲目的华夏中心论与欧洲中心论的干扰，在马克思主义普遍真理的指导下和社会主义原则的基础上，以开放的胸襟、兼容的态度，对古今中外的文化系统的组成要素和结构形式进行科学的分析和审慎的筛选，根据中国社会主义现代化建设的实际需要，发扬民族的主体意识，经过辩证的综合，创造出一种既有民族特色又充分体现时代精神的高度发达的社会主义中国新文化。[②]

人们不难看出，上引两段话的基本精神是完全一致的，都是主张用马克思主义综合创新文化观来超越中西对立、体用二元的思维模式。所谓马克思主义综合创新文化观，就是要正确处理中、西、马三"学"即三种思想文化资源的相互关系问题，这是"五四"后中国文化发展道路选择面对的新的时代课题，中西对立、体用二元的思维模

---

① 方克立：《评"中体西用"和"西体中用"》，《哲学研究》1987 年第 9 期。

② 张岱年、程宜山：《中国文化与文化论争》，中国人民大学出版社 1990 年版，第 390—391 页。

式对此显然已经捉襟见肘、无能为力了，时代课题的转换呼唤着理论思维模式的创新。

怎样超越体用二元的思维模式？有两种思路：一是彻底摆脱传统体用思维，另走新路；二是在传统体用思维的基础上，找到问题的症结所在，加以发展和变通。刘鄂培教授曾经提出一个看法，认为张岱年先生的综合创新文化观是“超越于传统的‘体用’之说，彻底摆脱‘体用’之说束缚的文化观”。还说：“形而上学的‘体用说’已被历史淘汰，唯有张岱年先生提出的新文化观——‘文化综合创新论’才能适应建设中国未来的新文化的要求。”① 我觉得这话说得有点过了。张先生不赞成“中体西用”论和“西体中用”论，主张超越中西对立、体用二元的思维模式，但是他并没有全盘否定中国传统的“体用”之说，将其一概视为“形而上学”。在张先生看来，“文化的体用问题是运用中国哲学的范畴来研讨文化问题，可以说这是处理文化问题的中国方式”②。他还明确说过：“每一文化系统都有其指导原则，有其具体措施。就文化系统中，分别体用，这具有一定的理论意义。”③ 张先生曾经在体用范畴的第一种涵义即“器体道用”的意义上，提出过“社会存在是体，社会意识是用”“民族的存在是体，文化的内容是用”等命题，也在第二种涵义即“道体器用”的意义上，提出过“社会主义的基本原则是‘体’，科学技术、文学艺术是‘用’”④、“民主为体，科学为用”⑤、“今中为体，古洋为用”⑥等命题，这些都说明他并没有彻底抛弃对我们民族理论思维发展起过

① 刘鄂培：《论张岱年的文化观——“综合创新”论》，《中国社会科学院研究生院学报》1997年第2期。

② 《张岱年全集》第6卷，河北人民出版社1996年版，第202页。

③ 《张岱年全集》第6卷，河北人民出版社1996年版，第127页。

④ 《张岱年全集》第6卷，河北人民出版社1996年版，第170—171页。

⑤ 《张岱年全集》第6卷，河北人民出版社1996年版，第171页。

⑥ 《张岱年全集》第6卷，河北人民出版社1996年版，第129页。

重要作用的“体用”范畴，而是认为它仍“具有一定的理论意义”。因此，超越中西对立、体用二元的思维模式，并不一定必须全盘否定传统的“体用”之说，而是有可能保留它的某些合理内容，克服由于概念的多义性而造成的认识混淆，以它为基础而加以发展和变通，创造出一种适应“五四”后中、西、马对立互动格局的新的理论思维模式。

“五四”前后中国文化发展道路之争的主题转换，即从此前的古今中西之争转换成如何处理中、西、马三“学”的关系问题，已经在客观上提出了用一种新的三元模式取代中西对立、体用二元思维模式的要求。通过辨析、整合体用范畴的两种主要涵义，又为变通、发展出这种新模式提供了逻辑上的可能性。这时我感觉到一种新的思维模式已经离我们不远了。2004 年 11 月 25 日，经济学家杨承训教授在《人民日报》上发表了《中国经济学的发展方向》一文，其中写道：“我国社会主义经济建设的成功实践证明，中国经济学的发展方向是：‘马学’为魂，‘中学’为体，‘西学’为用。‘马学’就是马克思主义，‘中学’就是中国化的发展着的马克思主义，‘西学’就是西方经济学。”当我读到这段话时，就觉得眼睛一亮，感到甚契吾心，这不就是我们正在探索、求解的中、西、马关系新模式吗？“魂、体、用”三元模式超越了中西对立、体用二元的思维模式，用来说明当代中国文化中的中、西、马三“学”关系问题不但可能，而且非常贴切，它不仅是中国经济学的发展方向，而且也是“五四”后整个中国文化发展的方向。

“马魂、中体、西用”的基本涵义

应该说，杨承训教授是“马魂、中体、西用”论的最早提出者。我受到他的启发，才用“魂、体、用”三元模式来思考“五四”后中国文化发展的道路问题，并进而把它当作带有一定普遍意义的思维模式，来说明客观世界的某一类事物、现象和关系。我对“马魂、中体、西用”的解释，与杨承训教授还不完全相同。他是讲当代中国经济学发展中的中、西、马关系问题，我是把“马学为魂，中学为体，西学为用”三句话与张申府、张岱年先生的“三流合一，综合创新”思想联系在一起，来认识“五四”后中国文化发展的基本格局、基本走向和基本道路，进一步阐明和深化“综合创新”文化观。“五四”后出现了分别倚重中、西、马三“学”的文化保守派、自由主义西化派和中国马克思主义派“三足鼎立”的格局，在人们只看到三派之间相互论战、“道不同不相为谋”这一面的时候，张申府、张岱年先生却看到了“三流合一”、辩证综合与创新的可能性，从上个世纪 30 年代到 80 年代，逐渐形成和明确提出了以马克思主义为基础和主导的“综合创新”文化观。“五四”后近百年的历史实践证明，二张先生的眼光是正确的，我们今天走的仍然是一条中、西、马“三流合一”、综合创新的文化发展道路。“马魂、中体、西用”论则把三者各自的地位和相互关系，进一步界定得更加清晰和准确。

我按照自己的理解对“马学为魂，中学为体，西学为用”三句话重新进行了解释。

1. 我讲的“马学为魂”，首先是概括张岱年先生的思想，具体说就是他的“必须坚持以马克思主义的世界观和方法论为指导，坚持中国新文化建设的社会主义方向”的思想，也就是他所说的“以社会主义的基本原则为‘体’，亦即以马克思主义的理论原则为‘体’”① 的思想。这个“体”，是“道体器用”之“体”，是作为精神指导原则的主导性之“体”，我觉得用“魂”这个概念来标识非常贴切。大家知道，日本近代有与“中体西用”类似的“和魂洋才”论，“魂”这个概念与精神指导原则之“体”大体上同义。引进“魂”这个概念，就是强调在一个文化体系中，必须有一个精神指导原则，作为“灵

① 《张岱年全集》第 6 卷，河北人民出版社 1996 年版，第 208 页。

魂”，发挥先进文化的引领作用。用“魂”这个概念来指称主导性之“体”，有利于把它与主体性之“体”区分开来，避免概念的混淆。

为什么要以“马学为魂”？在今天中国学界的大多数人看来，这个道理很明白，因为马克思主义是宪法规定的社会主义中国的指导思想，宪法之所以作出这个规定，是尊重历史的选择、人民的选择。当代中国文化发展必须顺应历史发展规律和时代潮流。从学理上讲，我认为最重要的是两点：一是马克思主义作为科学的世界观和方法论，对于我们认识世界和改造世界具有指导意义；二是它坚持无产阶级只有解放全人类才能解放自己的价值立场，在价值观上优于、高于一切传统的思想体系。马克思主义是我们时代的真理和良心，所以能够成为当代中国文化之“魂”。

2. 我们讲“中学为体”，首先要与清末洋务派讲的“中学为体”划清界限。它已经不是指某种精神指导原则，不是指“中国之伦常名教”或“尧舜禹汤文武周孔之道”，而是指民族文化的主体性，即以“中学”、中国文化为主体、实体、载体。它不是主导性之“体”而是主体性之“体”，不是“道体器用”之“体”而是“器体道用”之“体”。已有学者注意到，提出“运作主体”“生命主体”“创造主体”“接受主体”四个概念来挺立和强调民族文化的主体性，一方面强调它“自强不息”的能动创生义，一方面显示它“厚德载物”的博大包容义，主体与载体统一，这是前所未有的。其中“接受主体”这个概念，我在1988年写的《略论现代新儒家之得失》一文中就提出来了，它不仅是对于作为“他山之石”、为我所用的西学来说的，也是对于已经成为当代中国文化之指导思想的马克思主义来说的。“马克思主义作为一种外来文化，要在中国生根发展，不能没有中国文化这个接受主体。在肯定民族文化主体性这一点上，马克思主义和现代新儒家并没有根本的分歧。”① 我说这个话，在当时是为了澄清

① 方克立：《现代新儒学与中国现代化》，天津人民出版社1997年版，第48页。

新儒家对马克思主义的误解，同时也说明，作为当代先进文化的马克思主义，如果不被中国文化所接受，那么它再先进也起不到“魂”即指导思想的作用。中国文化就是接受“西学”和马克思主义的主体文化，无疑也是它们的载体。

张岱年先生曾经把“民族”看作是文化之体，我也说过“文化的创造主体和接受主体是人，是人的实践活动”[①]，从体用的第一种涵义来说当然没有问题，但是却不能把“民族”“人”“人的实践活动”纳入“学”的范畴。从中、西、马三“学”的关系来说，体现民族主体性的是“中学”或中国文化。它是中国新文化建设的运作主体、生命主体、创造主体和接受主体，中、西、马“三流合一”、综合创新所创造出来的新文化，还是“中学”或中国文化，所以说只有它才是主体文化。

我们在讲“中学为体”的时候，还要注意一个问题，就是这里讲的“中学”或中国文化，不是指某种特定的中国学问，而是指有着数千年历史传承的，经过近现代变革和转型的，走向未来、走向世界的活的中国文化生命整体。只有中国文化生命整体，才能够作为自强不息、变化日新的“创造主体”和厚德载物、有容乃大的“接受主体”，某一阶段、某种形态、某个流派的中国文化，如历史上的儒学、道学或佛学，现代经济学家讲的“中国化的发展着的马克思主义”，都不足以担当此任。有的人把“中学为体”解释为“以儒学为体”，这就与新儒家贺麟的公式差不多了。

3. 按照一般的了解，“西学为用”就是以西方文化和其他民族文化中的一切积极成果、合理成分为学习、借鉴的对象。在“马魂、中体、西用”的思维结构中，“用”的涵义有两个：一个是相对于作为指导原则的“魂”来说的，它是“应事之方术”即原则的具体应用。二是对于作为生命主体、创造主体和接受主体的主体文化来说的，它

---

① 方克立：《现代新儒学与中国现代化》，天津人民出版社 1997 年版，第 408 页。

是为我所用的"他山之石"。张岱年先生讲"科学技术等等都是为这个民族主体服务的，也都是为社会主义服务的"①，这两个"服务"，就是两种意义的"用"。不论是在"经世宰物以为用"（《二曲集》卷十六）即"道体器用"的意义上，还是在"扶其体"（《周易探玄》，李鼎祚《周易集解》引）之妙用即"器体道用"的意义上，"用"都是为强"魂"健"体"服务的。历史经验证明，中国越是对外开放，博采众长，自己就发展得越好，就越有理论自信、道路自信和制度自信，这里生动地体现了"魂、体、用"有机统一的辩证法。

有一个问题不可回避：马克思主义本来是一种外来文化，也可以归入"西用"的范畴。这种"西用"为什么能在当代中国文化中起到"魂"即指导思想的作用呢？外来文化的范围很广，包括一切外国的科学技术、文学艺术、管理经验、理论学说，对于主体文化来说，它们都是"用"，但是有不同的用途、用处。中国从近代以来，曾经选择、学习、借鉴过各种西方资产阶级的理论学说和治国方案，结果都失败了，历史最后选择了马克思主义，证明只有社会主义才能救中国和发展中国。所以马克思主义这种"西学"，与现代科学技术、管理经验等"西学"还不一样，它作为我们这个时代的先进文化，对主体文化的发展能够起到指引方向的重要作用，决定了中国新文化发展的社会主义方向。因此，按照以精神指导原则为"体"、以原则之具体运用为"用"的传统文化体用观，又可以说马克思主义是"体"，现代科技等西学是"用"。张岱年先生就明确表达过"马体西用"的观点。我们现在是用"魂"这个概念来表示作为精神指导原则的"体"，"马学为魂"就是在这个意义上说的。由此可以看出，"魂""体""用"的概念需明晰，但它们之间也没有绝对不可逾越的界限。

① 《张岱年全集》第6卷，河北人民出版社1996年版，第129页。

"魂、体、用"三元模式成立的学理根据

用"魂、体、用"三元模式超越中西对立、体用二元的思维模式，应该说是一个重要的理论创新，也可以说是一种范式创新。但它并不是哪个人凭空想出来的，而是许多学者在研究过程中，都对传统体用思维之利与弊有深刻了解，才探索出了一种不离体用而又超越体用二元的"魂、体、用"三元模式。当然它首先要在客观世界有事实的根据。众所周知，世界上的事物、现象并不都是一分为二的，也存在着大量"一分为三"、以中和之道来包容两极的情况，因此，有的事物、现象可以用"体用"二元模式来说明，有些更加复杂的事物、现象和关系，就需要用"魂、体、用"三元模式或其它多元"兼和"模式来加以解释和说明，思想必须反映和符合客观实际。

就"魂、体、用"三元模式的逻辑生成来说，它是通过辨析、整合体用范畴的两种主要涵义而变通、发展出来的，其中的关节点是将主导性之"体"与主体性之"体"区别开来，将"道体器用"之"体"与"器体道用"之"体"区别开来，分别用"魂"与"体"两个概念来表示。在客观世界中，有些物质是有精神生命的，其体是有魂之体；有些物质是无精神生命的，其体是无魂之体。有精神生命的物质都是"魂""体"并存、"魂""体"相依的。文化就是一种有"魂"即有精神价值的生命体。在一个文化系统中，"魂"与"体"不仅可以并存，而且互相依存、相辅相成、不可或缺。离开了"魂"，"体"就缺乏精神原则指引方向而不知所归，丧失了主心骨和生命力；离开了"体"，"魂"就成为无所依附的"游魂"，其精神价值也无从发挥。只有"魂""体"相依，二者有机结合、辩证统一，才能有效发挥文化的作用和功能。

在当代中国文化中，"马魂"与"中体"的关系就是这样。有着数千年历史传承的中国文化由于引进了当代先进文化马克思主义而激

发出了新的生命活力，马克思主义由于得到中国文化丰厚土壤的滋养而结出了新的硕果——中国特色社会主义理论。二者是相需互补、相得益彰的关系。张岱年先生早就说过："文化的综合创新的核心是马克思主义与中国文化的优秀传统的结合"①，也就是要处理好"马魂"与"中体"的关系。

不仅在一个文化系统中"和而不同"的三种文化资源之间，比如中、西、马三"学"之间，有"魂、体、用"的关系问题，而且在一种文化中，也有精神指导原则与文化载体的关系问题，处理好文化之"魂"与"体"的关系，就能充分发挥其"以文化人""以文育人"的作用。我曾经讲到过儒学是一个"以仁为魂，以礼为体，以和为用"的文化价值观念体系②，其"魂、体、用"关系就是在一种文化（学说）内部来说的。

在传统体用范畴的基础上发展出"魂、体、用"三元模式，也可以说是在传统文化体用观即"道体器用"论的基础上，把文化的民族主体性问题也考虑进去，就像张岱年先生那样，一方面讲"社会主义的基本原则是'体'，科学技术、文学艺术是'用'"③、"马体西用"，同时又十分强调文化的民族主体性，"把活用文化体用观与突出民族主体性结合起来"④。就"魂、体、用"三元模式的逻辑生成来说，这也是一种思路，即体用论与主体论相结合的思路，它与上述整合体用范畴两种涵义的思路基本上是一致的。

关于这个问题，我还曾经受到古代先哲王船山的启发。王船山说："形而上者谓之道，形而下者谓之器，统之乎一形。"又说："上下无殊畛，道器无易体。"（《周易外传》卷五）这个统一"形而上之

① 《张岱年全集》第8卷，河北人民出版社1996年版，第526页。
② 方克立：《关于和谐文化研究的几个问题》，《高校理论战线》2007年第5期。
③ 《张岱年全集》第6卷，河北人民出版社1996年版，第170—171页。
④ 方克立：《关于文化的体用问题》，《社会科学战线》2006年第4期。

道”与“形而下之器”的“体”就是“形”。所以他又说：“物之体则是形。”（《读四书大全说》卷二）这个“形”即“物之体”显然是在主体、实体、载体的意义上说的。在王船山看来，这个“形”与形上之“道”、形下之“器”一样都是客观存在的。“形而上者，非无形之谓。既有形矣，有形而后有形而上。无形之上，亘古今、通万变，穷天穷地、穷人穷物，皆所未有者也。”（《周易外传》卷五）

王船山关于“道器无易体”“统之乎一形”的思想，或者说，他提出的“道”“形”“器”三元统一模式，并不是就个别事物、现象来说的，而是提出了一个普遍的哲学命题或思维模式，它至少适合于某一类事物、现象和关系。对于那些表现为“一分为三”、无法用“体用”二元思维去解释和说明的情况，客观上需要有某种三元“兼和”模式作为解释工具，“道”“形”“器”三元模式或“魂、体、用”三元模式，就正好适应了这种需要。

“五四”后中国文化发展道路选择一直面临着如何处理中、西、马三“学”的关系问题，在近代广为流行的中西对立、体用二元模式，显然已不能回应和解决这个新的时代课题，而“道”（魂）、“形”（体）、“器”（用）三元模式，就成了非常有力的解释工具。作为精神指导原则的“马魂”就是形而上之“道”，作为他山之石的“西用”就是形而下之“器”，体现民族文化主体性的“中体”就是接受和承载“马魂”与“西用”的那个“物之体”即“形”。这样，中、西、马三“学”在“魂、体、用”（“道、形、器”）三元模式中就统一起来了。“五四”以后，用“魂、体、用”三元模式取代中西对立、体用二元的思维模式，实已成为历史的必然，然而做到这一点却经过了几代人的探索，近百年的努力。中国马克思主义者在这方面进行思想探索的轨迹，我们可以大略地窥见一点。

前面已经提到，张岱年先生在关于文化体用问题的论述中，经常提醒人们不要陷入中西对立、体用二元的形而上学思维方式，他在肯定传统文化体用观“具有一定的理论意义”之同时，格外重视和强调文化的民族主体性，在说明中国社会主义新文化之"体"与"用"的关系时，力图把文化体用论与民族主体论结合起来，他的探索实际上已经相当接近于社会主义之"魂"、中华民族之"体"、科学技术之"用"三者统一的结论了。有学者指出，中国前辈马克思主义者李大钊的"民彝"说也是一种将体用论与主体论相结合的尝试。李大钊说："民彝者，悬于智照则为形上之道，应于事物则为形下之器；虚之则为心理之征，实之则为逻辑之用也。"① 他把"民彝"即人民群众的内在本性、"固有之本能"、"生民之常态"作为统一体与用、形上之"道"与形下之"器"的基础，虽然还没有达到唯物史观的高度，但是却有力地批判了英雄史观和圣人史观，张扬了"唯民主义"即人民主体论的思想。从李大钊的"人民主体论"到张岱年的"中华民族主体论"，再到我们讲的"中国文化主体论"，都是为了给文化之"体"与"用"、"道"与"器"的统一找到一个坚实的基础，超越近代以来的中西体用之争。"马魂、中体、西用"论正是在这一思路下提出来的，它不离体用而又超越了体用二元的思维模式，可以说是对传统体用论之继承与创新的统一。

"马魂、中体、西用"论的理论意义和价值

"马魂、中体、西用"论问世的时间不长，从杨承训教授的文章算起，至今还不到六年时间。但它却是几代中国马克思主义学者，围绕着"五四"后中国社会和文化发展道路选择这个时代主题，进行长期思考和探索的结果。它一问世就引起了广泛关注，显示出有很强的理论解释力，可以用来说明当今中国的许多社会政治和思想文化现象，成为哲学社会科学的一个前沿课题。它与"中体西用""西体中用""全盘西化""复兴儒学"等主张一样，都代表着一种文化道路

① 《李大钊全集》，人民出版社2006年版，第147页。

选择，具有文化旗帜的意义。道路关乎国家前途、民族命运、人民幸福，旗帜指引未来，所以这个问题的重要性是不言而喻的。关于“马魂、中体、西用”论的理论意义和价值，可以从多个角度去考虑，我想主要从以下几个方面来说明：

1. “马魂、中体、西用”是对“五四”后近百年来中国文化发展道路的科学概括和总结，与主导这段历史的中国共产党的文化建设指导方针是高度契合的。

“五四”时期就有东西文化之争，西化派向往西方物质文明，要求走西方资本主义国家走过的老路；“东化”派鼓吹东方精神文明优越论，坚持走“中体西用”的道路。以李大钊为代表的中国马克思主义者则超越两派对立，主张东西文明调和论。他所谓“调和”，是要求“二种文明本身各有彻底之觉悟，而以异派之所长补本身之短”[①]。只有这样，以大同团结与个性解放统一为特征的“第三新文明”[②]，即社会主义文明，才有焕扬光彩、发育完成之一日。在民主革命时期，毛泽东将新民主主义文化界定为“人民大众反帝反封建的文化”[③] 和“民族的科学的大众的文化”[④]，指出这种文化“只能由无产阶级的文化思想即共产主义思想去领导”[⑤]；同时十分强调民族文化的主体性，指出“我们必须尊重自己的历史”[⑥]，批判地清理和继承古代文化“是发展民族新文化提高民族自信心的必要条件”[⑦]；并且主张“大量吸收外国的进步文化，作为自己文化食粮的原料”[⑧]，这

① 《李大钊全集》，人民出版社2006年版，第223页。

② 李大钊：《东西文明根本之异点》，《言治》季刊1918年第3册。

③ 《毛泽东选集》第1卷，人民出版社1991年版，第706页。

④ 《毛泽东选集》第2卷，人民出版社1991年版，第708—709页。

⑤ 《毛泽东选集》第2卷，人民出版社1991年版，第706页。

⑥ 《毛泽东选集》第2卷，人民出版社1991年版，第708页。

⑦ 《毛泽东选集》第2卷，人民出版社1991年版，第707—708页。

⑧ 《毛泽东选集》第2卷，人民出版社1991年版，第706页。

些论述都充分体现了"马魂、中体、西用"的精神。我们党在新时期提出了发展和繁荣中国特色社会主义文化的任务，1986 年党的十二届六中全会通过的《中共中央关于社会主义精神文明建设指导方针的决议》，明确指出我们要建设的是"以马克思主义为指导的，批判继承历史传统而又充分体现时代精神的，立足本国而又面向世界的"[①]高度发达的社会主义文化，既阐明了这种文化的性质和指导思想，又高屋建瓴地回答了古今中西问题，"立足本国"就是强调民族文化的主体性。在不同历史时期，我们党都坚持以马克思主义为指导，为"灵魂"；以本民族文化为根基，为主体文化；以西方文化为借鉴，为资用，"马魂、中体、西用"的文化方针是一以贯之的。只要中国还是共产党领导的国家，只要中国共产党还是马克思主义政党，这个文化方针就不会改变。

2. "马魂、中体、西用"是综合创新文化观的发展和深化。

上个世纪 30 年代，张申府、张岱年先生就主张"孔子、列宁、罗素，三流合一"[②]、"将唯物、理想、解析，综合于一"[③]。在他们看来，中、西、马"综合于一"是以辩证唯物论为基础和主导的"综合"，是"有机的综合""辩证的综合"和"创造的综合"，所以又叫作"文化的创造主义"。半个世纪后，在 80 年代的文化讨论中，张岱年先生又明确提出了"在马克思列宁主义原则的指导下，以社会主义价值观来综合中西文化之长"的"文化综合创新论"，它明显地优于当时众说纷纭的"彻底重建""复兴儒学""西体中用""新启蒙"等各种文化主张，成为在新时期得到最广泛认同的一种主流文化观

---

① 《中共中央关于社会主义精神文明建设指导方针的决议》，中共中央文献研究室编：《十二大以来重要文献选编》（下），人民出版社 1988 年版，第 1178 页。

② 参见《张岱年全集》第 1 卷，河北人民出版社 1996 年版，第 133 页；第 8 卷，河北人民出版社 1996 年版，第 549、585 页；《张申府文集》第 3 卷，河北人民出版社 2005 年版，第 434 页。

③ 《张岱年全集》第 1 卷，河北人民出版社 1996 年版，第 262 页。

点。本世纪初出现的“马魂、中体、西用”论，继承了二张先生中、西、马“三流合一”、综合创新的文化立场，它的创新发展主要表现在把主导性之“体”与主体性之“体”区分开来，把马克思主义与中国文化的关系明确地界定为“魂”与“体”相互依存、相需互益的关系，有力地回应了那些把二者割裂开来甚至对立起来的观点，指出马克思主义与中华文化精华的有机结合，正是当代中国文化充满生机活力的根本原因所在。“魂、体、用”三元模式显然比“体、用”二元模式能够更好地说明中、西、马三者在当代中国文化中的地位和相互关系，有利于促进它们的良性互动，推动中国特色社会主义文化的大发展大繁荣。

3. “马魂、中体、西用”是当今中国人文社会科学发展的正确方向。

最早提出以“马魂、中体、西用”为中国经济学发展方向的是杨承训教授，经济学家程恩富教授也有实质内容相近的“马学为体，西学为用，国学为根，综合创新”[①] 的提法。他不过是坚持传统文化体用观“道体器用”的涵义，以“国学为根”来体现本民族文化知识体系的作用，而就坚持以马克思主义为中国经济学发展的指导方针这一点来说，与“马魂、中体、西用”论是完全一致的。我和张岱年先生是从哲学与文化的角度来思考中、西、马关系问题的，张先生的“综合创新”文化观早已在学术界产生广泛影响，“马魂、中体、西用”论也引起了其它人文学科学者的关注。比如文艺理论家董学文教授在一篇文章中说：“哲学界最近提出‘马魂、中体、西用’的理论模式，力促文化体系中三种资源‘综合创新’地发展到新的形态。这对我们文学理论建设是有指导作用和启发意义的。”[②] 一位研究中医

① 参见程恩富、何干强《论推进中国经济学现代化的学术原则——主析“马学”、“西学”与“国学”之关系》，《马克思主义研究》2009 年第 4 期。

② 董学文：《文学理论研究的指导思想问题》，《高校理论战线》2008 年第 3 期。

哲学的青年学者也意识到，“马魂、中体、西用”论对该学科发展同样具有指导意义，认为中医哲学今后的发展也要走中、西、马“三流合一”之路。这条道路就是，要以马克思主义哲学的科学世界观和方法论为指导，以传统中医哲学为根基，以有着数千年历史积淀的中华医道为中华民族医药卫生事业传承和创新的主体，而以西方以及世界各民族生命科学和医疗实践的丰富资源为有选择地学习、借鉴的对象。[①] 不只是以上几个学科，“马魂、中体、西用”作为一个理论模式，或者说作为一种学术范式，对于当今中国各门人文社会科学的建设和发展，都具有指导意义或重要启发意义。

4. “马魂、中体、西用”是一些成就卓著的中国马克思主义学者共同走过的学术道路。

马克思主义传入中国后，就有一些先进的中国知识分子接受了这种科学的世界观和方法论，用它来观察、理解、诠释中国的历史与现实，探索中国未来的发展道路，从知到行发动了一场前赴后继地改造中国的伟大的斗争，从根本上改变了中国的面貌。这主要是中国共产党的政治领袖们所做的工作。他们都是极具世界眼光的人，善于把世情、国情、党情作为一个整体来考虑，在思想路线上，这个事业的每一步成功，都是“马魂、中体、西用”有机统一、综合创新的结果。还有一些中国前辈马克思主义学者，他们的工作，主要是用马克思主义的唯物史观、剩余价值学说和科学社会主义理论，在哲学、经济学、政治学、历史学等学科领域进行创造性的探索和研究，说明今天中国所发生的社会变革，是合乎历史发展规律、代表广大人民群众利益的，具有充分的合理性与合法性。这些学者所走过的学术道路，也体现了“马魂、中体、西用”的统一。这样的例子可以举出很多。就我们比较熟悉的中国哲学史学科来说，张岱年先生和冯契先生都是极好的范例。

---

① 参见程雅君《中医哲学史》第1卷，巴蜀书社2009年版，第10页。

张岱年先生受到其长兄、曾经是中国共产党创始人之一的张申府先生的影响，在青年时代就坚信辩证唯物论是“当代最伟大的哲学”[①]，力图以它为基础来创造一个“将唯物、理想、解析，综合于一”[②] 的“天人新论”哲学体系。为此他在早年就写出了《中国哲学大纲》和“天人五论”等著作，晚年更成为一代学术大师，成为马克思主义“综合创新”文化观的一面旗帜。冯契先生青年时代曾到延安抗大学习，并到抗战前线工作，成为一个真诚的马克思主义者。他在西南联大是金岳霖先生的学生，一直思考怎样在实践唯物主义辩证法的基础上，科学地解决知识与智慧的关系问题，哲学上可信与可爱的矛盾如何解决的问题，真、善、美统一的理想人格如何培养的问题。他以中国哲学为主要对象进行了长期研究，晚年出版了《中国古代哲学的逻辑发展》和《中国近代哲学的革命进程》两部哲学史著作，又完成了“智慧说三篇”即《认识世界和认识自己》《逻辑思维的辩证法》《人的自由和真善美》三本哲学理论著作，构筑了一个史论结合，真、善、美统一，理论、方法、德性统一，“马魂、中体、西用”统一的较为完备的创新马克思主义哲学体系，在 20 世纪中国哲学史中占有重要地位。前辈学者在探索中走出来的学术道路，对于后辈有很强的示范意义和引领作用，自然会有更多的后继者沿着他们开辟的通向真理的道路前进。

“马魂、中体、西用”不论是作为党和国家文化建设的指导方针，还是作为一个学科的发展方向，乃至一个人的学术道路，都是与中、西、马三“学”并存的时代特点，历史选择了社会主义方向这个中国现实国情联系在一起的，都是时代精神和历史发展规律的反映。把马克思主义的指导思想地位、本民族文化的主体地位和对外来文化的开放态度三者有机地结合、统一起来，正是文化自觉和自信的表现。

---

① 《张岱年全集》第 1 卷，河北人民出版社 1996 年版，“自序” 第 3 页。

② 《张岱年全集》第 1 卷，河北人民出版社 1996 年版，第 262 页。

“五四”后近百年来纷繁复杂的思想文化现象，那么多次思想论战和文化讨论，基本上都是在自由主义、保守主义和马克思主义三派之间展开的。就三派分别倚重的思想文化资源来说，好像是在唱“三岔口”，各唱各的调，各走各的道。这种“三国演义”的结局将会如何？谁能把它们统一起来？谁想到过要把它们统一起来？只有马克思主义综合创新文化观一开始就确定了中、西、马“三流合一”的目标，只有“马魂、中体、西用”论才把三种思想文化资源统一到一个“兼和”理论模式中，力图吸收各家之长，综合创造出一种新的文化形态，这就是我们今天正在建设的中国特色社会主义文化。越来越多的人认识到这是中国文化发展的一条康庄大道，也是一条必由之路。我们对此充满信心，但“马魂、中体、西用”还只能说是大方向正确，在理论上还有待充实和完善，这需要我们大家共同努力。我很高兴能就这个问题与上海的学者进行交流，希望听到有启发的批评意见，当然也希望扩大这种新文化观的影响。

（本文是作者2010年6月29日在上海师范大学哲学院举办的学术讲座之讲演整理稿。载方克立等著，谢青松编《马魂中体西用：中国文化发展的现实道路》，人民出版社2015年版，第42—45页）

开创二张研究新局面

河北师范大学成立“张申府张岱年研究中心”，以研究二张思想与马克思主义中国化为宗旨、为主题，我认为是把准了时代脉搏、具有前瞻性眼光的。它一起步就得到了许多同志、朋友的热烈祝贺、支持与合作，说明大家都看好这件事情，也说明我们做对了，这件事情是应该做的。怎样不负众望、做好这件事情呢？河北师大的同志们很谦虚，专门召开这个会议来听取大家的意见。我在这里也讲几点个人的想法：

（一）明确和确立二张思想在20世纪中国哲学史、思想史上，特别是在马克思主义中国化进程中应有的历史地位。

关于这个问题，我想提出这样一个观察和比较的视角：中国在11世纪出现了著名哲学家程颢（1032—1085）、程颐（1033—1107）兄弟，他们的贡献是开创了宋明理学，在“北宋五子”中占有重要地位。英国汉学家葛瑞汉写了一本书：《中国的两位哲学家——二程兄弟的新儒学》，任继愈先生为中译本作序，是一本名著。中国在20世纪又出现了一对著名的兄弟哲学家张申府（1893—1986）、张岱年（1909—2004）先生，对他们的理论贡献和学术地位，能不能与历史上的二程做一个比较呢？我认为这是一个可以尝试的思路。

二程生活在中国思想文化的一个转折时代，他们吸收了佛、道二教的思想资源，实现了儒学发展史上一次重要的综合创新，创造了体现“三教合一”精神的宋明新儒学。二张先生生活在一个更加伟大的百家争鸣、综合创新的时代，中国思想舞台上不只是有儒、释、道三教，而且有中、西、马三种文化系统，自由主义、保守主义、马克思主义三大文化思潮相互碰撞，对立互动。问题与主义论战、科玄论战、中国社会性质和中国社会史问题论战、中国本位文化论战、唯物辩证法论战，一个接着一个。在人们一般只看到三大思潮之间的分歧、对立、“道不同不相为谋”这一面的时候，二张先生却看到了将三者之精华“综合于一”的可能性，在上个世纪30年代就提出了中、西、马“三流合一”的思想，到80年代更形成为系统的“综合创新”文化观。他们早就认识到，辩证唯物论是“当代最伟大的哲学”[①]，代表了先进文化的前进方向，中、西、马“三流合一”必须以马克思主义哲学为基础和主导，综合创新出来的新文化必然是社会主义的中国文化。他们指出的中国文化发展的方向和道路，不仅已为20世纪中国的历史进程所证实，而且在21世纪，甚至在更加长远的未来，都具有指导意义，将成为一种主导的哲学和文化理论。二程在中国哲学史、思想史上的地位已经十分确定，经过上述比较，二张在中国哲学史、思想史上应该占有什么地位，我们心里就比较有数了。有一本书写“当代中国十哲”，张岱年先生是其中之一，马克思主义哲学家在“十哲”中只有四位。还有人认为20世纪中国马克思主义哲学家中，理论贡献最大的是五个人：李达、艾思奇、毛泽东、张岱年、冯契。这些说法都充分肯定了张岱年先生的历史地位。

今天成立张申府张岱年研究中心，首先要明确和确立二张先生在中国哲学史、思想史上应有的地位。“明确”是我们认识上要明确。“确立”是通过我们扎实的研究工作和有效的宣传工作，使这种认识能够得到学术界、思想文化界和社会各界的广泛认同，成为一种共识。

从籍贯来说，二程兄弟是河南人，二张兄弟是河北人。二程作为

---

① 《张岱年全集》第1卷，河北人民出版社1996年版，“自序”第3页。

河南地方文化名人的地位早已确立，各种学术研讨、宣传、纪念活动经常举行。1988 年，我与张岱年先生等一起去河南洛阳出席“洛学与传统文化”学术研讨会，就深刻感受到了这一点。二张先生作为地方文化名人的地位，我想河北省、地、县领导和学术界、文化界、新闻出版界也会逐渐重视起来，以河北出了这两位现代著名思想大师为荣。推动各方面对此予以重视，也是中心要做的工作之一。

（二）把“张岱年研究中心”建设成为二张思想与生平活动的研究中心、资料中心和学术交流中心。

二张先生是哲学家、思想家，对他们的研究当然首先是思想研究。近十年来，关于张岱年先生思想研究的成果比较多，但是否把前辈思想的精义、精髓都充分揭示出来了呢？我觉得还有不小的差距。比如张先生在 40 岁以前，力图“将唯物、理想、解析，综合于一”[①]，创造一个接着中国传统天人之学讲的“天人新论”哲学体系。这是一个中国化的马克思主义哲学体系，它的问题意识、理论框架和概念范畴都来自中国传统哲学，但是以“当代最伟大的哲学”[②] 辩证唯物论为世界观和方法论的指导，而又不是照抄照搬当时流行的苏联哲学教科书。应该说它基本上符合民族的、科学的、大众的中国新文化的要求。这个哲学体系虽然没有完成，但已大纲初具，有些重要章节实际上已经写出来了，只是不够完整，当时没有发表。我国哲学界多年来一直在讨论如何创建中国特色马克思主义哲学新形态的问题，哲学史界也提出了中国哲学的“合法性”问题，其实大家心里都明白，之所以没有突破性的进展，难点是在本土化和民族主体性建设上。迄今为止，毛泽东的《实践论》《矛盾论》还是这方面成功的典范。我们不妨设想，张岱年先生在半个多世纪以前创造的“天人新论”哲学体系，如果不受抗战时期极其艰苦的环境困扰，如果解放后

---

① 《张岱年全集》第 1 卷，河北人民出版社 1996 年版，第 262 页。

② 《张岱年全集》第 1 卷，河北人民出版社 1996 年版，“自序”第 3 页。

不是“存而不论”，而是有条件继续做下去，能够大功告成并顺利问世，那么今天中国马克思主义哲学本土化和中国哲学现代化的局面，可能就会很不一样，至少它又提供了另一个典范，将马克思主义哲学中国化和民族主体性建设向前推进一步。所以我认为在今天，非常需要有人能够把“天人新论”哲学体系的整体思路和学理精义研究透彻，全面准确地揭示出来，它不只是具有思想史的意义，而且对于现实理论的创新和发展，对于马克思主义哲学中国化，也具有建设性的意义。如果有人能像刘心武续写《红楼梦》那样，以张先生的文字和内在思想理路为依据，续写出以“天人本至”“物统事理”“物源心流”“永恒两一”“大化三极”“知通内外”“真知三表”“群己一体”“人群三事”“拟议新德”十论为基本框架的“天人新论”哲学体系，我们亦应表示欢迎。

由于历史形成的原因，对张申府先生思想的研究，至今还是一个薄弱环节。他是公认的罗素研究专家，在中国大力推介、阐扬逻辑分析方法，并且同唯物辩证法、孔子“仁”的学说结合起来。最早提出“孔子、列宁、罗素，三流合一”① 的就是申府先生。但至今除了舒衡哲的访谈录、郭一曲的博士论文外，很少见到专门的研究成果。今年是中国共产党建党 90 周年，申府先生是中共创建时期的重要人物之一，他和刘清扬同志同为周恩来的入党介绍人。上个世纪 30 年代，张申府先生还是进步阵营“新启蒙运动”的主要倡导者之一。他不仅发表了大量政治、社会、哲学、文化方面的论著，而且重视对数学、物理等自然科学的研究，大力提倡科学方法。张申府先生和刘清扬同志都是河北师大的校友，从表彰先贤的功业和发扬他们的革命精神与科学精神的角度，加强对他们的研究也是中心义不容辞的责任。

---

① 参见《张岱年全集》第 1 卷，河北人民出版社 1996 年版，第 133 页；第 8 卷，河北人民出版社 1996 年版，第 549、585 页；《张申府文集》第 3 卷，河北人民出版社 2005 年版，第 434 页。

中国史学的传统从来重视“知人论世”。要对二张思想有深刻理解和把握，必须了解他们生活的时代，他们的家世，他们求学和工作的经历，他们的社会交往等等，也就是说，还要加强对他们生平活动的研究。研究工作要以掌握大量第一手资料为前提，包括二张先生的论著手稿、往复信函、生前留影、谈话录音、访谈记录等等，哪怕是片言只字，都十分珍贵。中心除了做思想研究外，还要组织力量写他们的传记、年谱，编制影视专题片，请有才华的作家、艺术家创作以他们为题材的文艺作品等等，需要做也可以做的事情很多。总之，要把思想研究与生平研究结合起来。

一个好的研究中心，应该同时也是资料中心和学术交流中心。我们对河北师大二张研究中心的期望，就是办成这样一个“三位一体”的学术单位。在这里不仅出成果，出人才，而且也是二张资料收集最齐全、使用最方便的地方，全国以至世界各国想要做这一课题的学者，都要到这来学习，来查阅资料，来交流研究心得。今天到会有一位热心“张学”的韩国学者，中心成为这方面的研究重镇，将来可能还会为你们学校吸引来一些外国留学生。

（三）开门办研究中心，争取得到二张先生的家属、弟子门人、全国学术界、文化界、新闻出版界、地方政府和各界人士的广泛支持，与他们建立良好的合作关系，为各项研究与交流活动的开展提供平台，提供优质服务。

事实上我们一开始就已经这样做了，这要成为坚定不移的办中心的方针和指导原则。一方面我们自己要实干，另一方面还要争取得到多方面的支持、合作与帮助。有些工作是必须广结善缘、各方面精诚合作才能办成功的。大家比较关心的是以下几个方面：

1. 二张先生的手稿、书信、影像等第一手资料的收集和整理，必须得到他们的子女亲属、生前友好、弟子门人的大力支持与合作。

2. 二张先生本人的著作和有关研究论著的出版，必须得到出版部门的大力支持与合作。我们有一个有利条件，河北人民出版社对出版二张先生的著作非常重视，非常支持，《张岱年全集》八卷本、《张申府文集》四卷本都是他们出版的。《张岱年全集》出版于1996年，此后8年张先生还发表了一些文章；过去的文章也收集得不全，现已发现未收入全集的文章还有100多篇；张先生的书信都没有收进去。将来势必要出收罗更全、编辑整理更加科学合理的新的《张岱年全集》，我们希望这项工作能够由河北师大二张研究中心与河北人民出版社合作承担起来。除了二张先生本人的著作外，也希望你们能够合作编辑出版一套高质量的二张研究丛书，为弘扬既具有现实性也具有前瞻性的综合创新文化观做出贡献。

3. 建议河北师大二张研究中心与北京的张岱年哲学研究会（即中国哲学史学会张岱年哲学专业委员会）合作办一个二张研究的专业网站，作为全国开展这方面研究的成果发表和信息交流平台。刘鄂培教授是中心的名誉主任，也是张岱年哲学研究会的会长，这就非常有利于这一合作的顺利开展。

（四）开始注意和逐渐加强对以张岱年先生为旗帜的“综合创新”学派的研究。

不论在历史上，还是在当前中国思想界、学术界，学派现象都是客观存在的。“百家争鸣”是学术文化发展的规律。春秋战国时期，儒、墨、道、法、名、阴阳等诸子蜂起，成就了我国思想史上的第一个黄金时代。《宋元学案》《明儒学案》中写了那么多学案，实际上就是一个个以案主为中心的大小学派，除了主要记载、论述案主的思想外，还有师承、家学、弟子门人、学侣、同调、讲友、交游等等，弟子中有亲炙弟子、私淑弟子，还有再传、三传弟子，形成一个有大体相同或相近的学说主张、有某种思想传承关系的学术群体，这就是学派现象。今天中国思想界有没有学派现象呢？当然也是有的。“五四”以来我国出现了“三分”的思想格局，形成了三大思潮，所谓现代新儒家学派、自由主义西化派、中国马克思主义等就是不同的学派。马克思主义中也有思想倾向不同或学科领域不同的各种学派，比如在中国思想史研究领域，就有著名的侯外庐学派，最近还有文章关注刘泽华学派。在社会政治领域和经济学领域，都有不同的学派。在上个世纪 80 年代的文化讨论中，全盘西化派、彻底重建派、儒学复兴派、西体中用派、新启蒙派等等一齐登场，众声喧哗，以张岱年先生为代表的“综合创新”派也是在这个时候正式出场的。

从大的学派归属来说，二张思想属于中国的马克思主义学派。其核心理念是中、西、马“三流合一”、综合创新，其哲学基础是张岱年先生继承传统“和而不同”思想，并且把它上升到唯物辩证法高度的“兼和”理论。他们在建国前倡导的“解析的辩证唯物论”哲学，在当时不是中国马克思主义的主流派，而是被称为“学院派马克思主义”，认同的人并不多；张岱年先生在这种哲学指导下创造的“天人新论”体系也没有完成，这里面就包括他在 40 年代提出的“兼和”范畴。时移世迁，到 80 年代张岱年先生重新提出“文化综合创新”论时，情况就大不一样了，它在与上述各种文化理论的比较和论争中显示出了巨大的优越性，中国马克思主义派的文化学者迅速集合到这面旗帜下，事实上已经形成了张岱年学派，或者叫作“综合创新”学派。

张先生是 1987 年正式提出“文化综合创新”论的，一开始就得到刘鄂培、羊涤生、衷尔钜等早年弟子的高度认同、大力支持。张先生关于“天人新论”的未刊手稿，1988 年以《真与善的探索》为书名正式出版，他在“文革”后培养的一批研究生如程宜山、李存山等人，还有中央党校的研究生范学德等人，倾力研究和加以表彰，使“综合创新”思想得到更系统的阐述和广泛的传播。1995 年在澳门召开的综合创新文化观研讨会，可以看作这种文化理论已经得到广泛认同、“综合创新”学派已经形成（确立）的标志。以后在全国各地还召开了多次综合创新学术研讨会，主要有：1999 年张先生 90 岁时，在北京大学召开的纪念研讨会和出版的纪念文集；2004 年在清华大学召开的纪念张先生 95 诞辰学术研讨会和出版的文集；2006 年在长沙岳麓书院召开的纪念张先生逝世两周年学术研讨会；2007 年在天津南开大学召开的“综合创新与中国哲学的现代走向”学术研讨会；2009 年在北京召开的纪念张岱年先生百岁诞辰学术研讨会。这些学术活动都深化了对综合创新文化观的研究，扩大了综合创新学派的影响。

对于这样一个客观存在的思想史现象，二张研究中心现在就要开始注意并逐渐加强研究力度。中心的这些研究活动本身，将来也可能会成为思想史的一部分。因为二张先生的思想，特别是中、西、马“三流合一”、综合创新的思想，虽然产生于 20 世纪，但真正发扬光大得到广泛认同、成为一种主流的哲学和文化理论，恐怕是在 21 世纪，其影响甚至会更加久远。因此目前我们首先要做好基础性的研究工作，同时也要做一些拓展性的研究，眼光更加长远一些，自觉地承担起传承和弘扬先进文化的重任。

以上几点是我个人的想法，或者说是愿望，提出来仅供参考。我与在座各位学者一样，十分期盼在后二张时代能够出现一个二张研究的新局面。

［本文是作者 2011 年 4 月 26 日在河北师范大学“张申府张岱年研究中心”成立大会暨“张申府张岱年与马克思主义中国化”学术研讨会上的发言。原载《河北师范大学学报》（哲学社会科学版）2011 年第 4 期，并作为杜运辉编《张申府张岱年研究集刊》之代序］

中国共产党的文化自觉是中华民族之福

十年前，我写过一篇文章，题为《经济全球化情势下的中华文化走向》①。文章认为经济全球化必然带来文化的全球化，即各民族文化的国际交流、交融、交锋日益频繁，马克思预言的“民族的片面性和局限性日益成为不可能，于是由许多民族的和地方的文学形成了一种世界的文学（文化）”最终将成为现实。但目前主要由少数西方资本主义发达国家主导的经济全球化和文化全球化是极不合理的，并不是“造福于全人类”的经济全球化，也不能代表人类文化全球化的正确方向。现实的经济和文化全球交流格局，对于正在走向世界的中华文化来说，既有发展机遇，同时也面临着严峻的挑战和考验。文章就“西强我弱”情势下中华文化如何自立自强提出了四点看法：（一）坚持对外开放、面向世界的方针，学习世界各国先进的科学技术、管理经验和思想文化，把我国的经济、社会、文化发展水平提高到一个新阶段。（二）加强社会主义精神文明建设，抵制封建主义和资本主义的腐朽文化，坚定不移地走建设有中国特色社会主义文化的道路。（三）大力弘扬中华民族优秀传统文化和近现代革命文化，利用现代传播手段，向世界展示中华文化之博大精美，为世界文明提供一个可久可大的文化范例。（四）在“百花齐放，百家争鸣”“批判继承，综合创新”中发展和繁荣有中国特色的社会主义文化，为全球化时代

---

① 原载《中国会科学院研究生院学报》2001 年第 1 期。

的人类文明作出一个伟大民族应有的贡献。文章最后说：

> 中华炎黄文化研究会会长费孝通先生近年来多次讲“文化自觉”问题，我体会所谓文化自觉，就是一方面要有忧患意识，一方面还要有文化自信。对于全球化时代的中国文化来说，就是一方面要看到美国等西方国家主导的经济全球化和文化全球化布下的“陷阱”对我们形成的严峻挑战，另一方面又要看到中华民族文化本身所具有的强大生命力在对外开放环境中发展自己的有利条件，端正自己的心态，勇敢地面对挑战，采取积极慎重的政策和措施，调动12亿人民的积极性，经过踏实的工作和长期的共同奋斗，有中国特色的社会主义文化就不仅能自立于全球化时代的世界民族文化之林，而且还将逐渐显示出其作为一种社会主义新型文明的优越性，鼓舞和支持全世界人民为争取实现人类理想的文明社会而奋斗。

十年后来看这篇文章，应该说基本观点还是正确的，也讲到了文化自觉和文化自信问题。但当时对经济全球化时代文化在综合国力竞争中的重要地位和作用，对社会主义市场经济条件下文化发展的规律和文化体制改革的必要性，都还缺乏认识，因此讲文化自觉和自信主要还是从理论上来讲，而没有落实到实践层面，也没有讲清楚“采取积极慎重的政策和措施”具体是指什么。

新世纪十年来，我们党在科学发展观指导下，清醒地把握当今世界经济、政治、文化发展大势，深刻分析我国的基本国情和战略任务，以高度的文化自觉和缜密的制度设计，有步骤地推进我国的文化体制改革，文化事业和文化产业都得到快速发展，初步探索出了一条中国特色社会主义文化发展的自立自强之路。改革实践和党的创新理论的每一步发展，都使我受到深刻教育，对“经济全球化情势下的中华文化走向”这个课题的认识也越来越具体、越来越深入了。

党的十七届六中全会通过的《中共中央关于深化文化体改革推动社会主义文化大发展大繁荣若干重大问题的决定》，对我党领导文化建设的历史经验，特别是十六大以来文化改革发展的理论和实践进行了全面总结，以前瞻性的战略眼光和高度的责任担当精神，适时地做出了深化文化体制改革、推动社会主义文化大发展大繁荣，进一步兴起社会主义文化建设新高潮的战略决策，提出了建设社会主文化强国的鼓舞人心的口号。现在全党全国人民都在认真学习这个重要文件，我的学习体会集中到一点，就是中国共产党的文化自觉是带动整个民族文化自觉，真正掌握自己的命运、走上伟大复兴之途的关键。我们党既是中华优秀传统文化的忠实传承者和弘扬者，又是中国先进文化的积极倡导者和发展者，由于有马克思主义科学世界观和方法论的指导，故能深刻洞察社会发展规律和文化的历史走向，始终走在时代的前列，带领全国各族人民为实现文化的历史进步而奋斗，推动党和人民的事业不断向前发展。结合学习十六大以来文化改革发展的理论创新和实践经验，我认为《决定》在以下几个方面都表现出了执政党的高度文化自觉：

一、中国共产党在革命、建设、改革中一贯重视文化的重要地位和作用，在深化改革开放、全面建设小康社会的关键时期，党中央做出加快文化改革发展步伐的重要决策，说明其文化自觉又达到了一个新的高度。这既是客观形势发展的需要，也是由于发展繁荣社会主义文化与党的价值目标的高度一致性所决定的。

党在90年的奋斗历程中，一直以思想文化的新觉醒代表着当代中国先进文化的前进方向。无论是革命战争年代还是建设改革时期，每到重要历史关头，我们党都紧密结合时代特点，围绕党的中心任务，提出自己鲜明的文化纲领、目标、政策和口号，引领中国现当代文化朝着健康正确的方向前进。在抗日战争最艰苦时期，毛泽东《在延安文艺座谈会上的讲话》就提出和解决了我们的文艺、文化是为什么人服务的问题，并在《新民主主义论》中深刻阐明了马克思主义的文化观，将新民主主义文化界定为无产阶级领导的人民大众反帝反封建的、民族的科学的大众的文化。新中国成立前夕，他就作出预言："随着经济建设的高潮的到来，不可避免地将要出现一个文化建设的高潮。中国人被人认为不文明的时代已经过去了，我们将以一个具有高度文化的民族出现于世界。"[①] 建国后，毛泽东又提出了发展繁荣社会主义文化的"百花齐放、百家争鸣"方针。社会主义文化建设经过曲折发展，十一届三中全会后，我们党在总结历史经验的基础上有了新的文化自觉，迎来了社会主义文化发展繁荣的新时代。在社会主义市场经济条件下和国内外复杂的思想环境中，党更加意识到了加强社会主义精神文明建设的必要性和重要性，于 1986 年召开的十二届六中全会和 1996 年召开的十四届六中全会上，分别通过了《中共中央关于社会主义精神文明建设指导方针的决议》和《中共中央关于加强社会主义精神文明建设若干重要问题的决议》，深刻阐述了社会主义精神文明建设的战略地位、奋斗目标、指导思想和基本途径。党的十五大报告明确提出："建设有中国特色社会主义的文化，就是以马克思主义为指导，以培养有理想、有道德、有文化、有纪律的公民为目标，发展面向现代化、面向世界、面向未来的，民族的科学的大众的社会主义文化。"[②] 两个精神文明建设决议充分体现了文化的本质、时代的要求和人民的意愿，有力地推进了中国特色社会主义文化事业的顺利发展。

党的十六大以来，以胡锦涛同志为总书记的党中央把文化建设作为社会主义现代化建设总体布局的重要组成部分，摆到更加突出的位置上，提出了一系列符合时代要求的新的文化发展理念，做出了一系列关系到文化建设全局的重大战略部署，积极稳健地推进文化改革发

① 《毛泽东文集》第 5 卷，人民出版社 1996 年版，第 345 页。

② 江泽民：《高举邓小平理论伟大旗帜，把建设有中国特色社会主义事业全面推向二十一世纪》，《求是》1997 年第 18 期。

展事业，从体制创新、政策扶持、经费投入、基本建设等方面给予有力保证。十七届六中全会的《决定》就是在这种情况下做出来的，它是我们党在世界多极化、经济全球化时代，我国进入全面建设小康社会的关键时期和深化改革开放、加快转变经济发展方式的攻坚时期，集中全党全国人民智慧做出的加快文化改革发展步伐、提高国家文化软实力、建设社会主义文化强国的宣言和纲领。这篇高瞻远瞩、坚强有力的文化宣言，这个目标宏伟、措施具体的文化纲领，标志着我们党在文化的地位认识、规律把握和责任担当上的自觉又达到了一个前所未有的新高度。

《决定》对当前加快文化改革发展步伐之必要性和紧迫性的认识，从客观形势方面来说，突出地表现在四个“越来越”上，即文化越来越成为民族凝聚力和创造力的重要源泉，越来越成为综合国力竞争的重要因素，越来越成为经济社会发展的重要支撑，丰富精神文化生活越来越成为我国人民的热切愿望。从主观决策方面来说，《决定》提出我们必须抓住和用好我国发展的重要战略机遇期，在坚持以经济建设为中心的同时，自觉地把文化繁荣发展作为坚持发展是硬道理、发展是党执政兴国第一要务的重要内容，作为深入贯彻落实科学发展观的一个基本要求，进一步推动文化建设与经济建设、政治建设、社会建设以及生态文明建设协调发展。这种文化自觉是党做出新的战略决策的认识前提和基础。

我们党领导的革命、建设、改革事业，几代人前仆后继、奋斗不息的目的，就是让中国人民摆脱物质和精神上的贫穷落后，过上富裕、文明、人格全面自由发展的有尊严的生活。我们党清楚地认识到，物质贫乏不是社会主义，精神空虚也不是社会主义，没有社会主义文化的发展繁荣，就没有社会主义现代化。中国特色社会主义是我们的共同奋斗目标，它要让人民过上殷实富足的物质生活，也要让人民享有健康丰富的文化生活。全心全意为人民服务是我们党的根本宗旨，因此，发展繁荣社会主义文化，既保障人民群众的基本文化权益，又努力满足他们多方面的精神文化需要，就是对我们党履行执政兴国职责的必然要求，也是实现党的价值目标必须要做的事情，是其题中应有之义。

二、社会主义核心价值体系是中国特色社会主义文化之魂，是其精华、精髓、精义之所在。提出社会主义核心价值体系是当代中国马克思主义的一项重要的理论创造，是综合创新文化观的生动体现。它在凝聚共识、引领社会思潮、构筑中华民族共同精神家园方面将起到其它文化体系和价值观念不可替代的作用。

2006年党的十六届六中全会通过的《中共中央关于构建社会主义和谐社会若干重大问题的决定》，首次提出建设社会主义核心价值体系的战略思想，并将社会主义核心价值体系界定为马克思主义指导思想、中国特色社会主义共同理想、以爱国主义为核心的民族精神和以改革创新为核心的时代精神、社会主义荣辱观四项基本内容。十七届六中全会把社会主义核心价值体系摆到了“兴国之魂”的显著地位，明确坚持中国特色社会主义文化发展道路、建设社会主义文化强国要“以建设社会主义核心价值体系为根本任务”，并对如何坚持马克思主义指导思想等四项基本内容做了一系列重要部署，把它当作社会主义文化建设的主体工程来抓。这对在全党全社会形成统一指导思想、共同理想信念、强大精神力量、基本道德规范起到了动员令的作用。

文化软实力的竞争归根到底是文化价值观的竞争，抓社会主义核心价值体系建设是我们党抓文化价值观念建设的一个重大决策。核心价值体系是一个国家、一个民族的核心价值观念体系，它还不同于某个行业的共同价值观或某个个人的价值观，但却能对行业、个人的价值观产生根本性的影响。社会主义核心价值体系是以马克思主义的世界观、历史观、人生观、价值观为精神旗帜，根据中国的国情和社会主义改革时代的特点提出来的，但是也包含了人类对平等、均富的“大同”社会的共同理想和价值期待。这显然是一个综合创新的文化价值体系，也是人类价值学说史上没有先例的最进步、最科学的价值体系。马克思主义是人类思想史上最伟大的成果，深刻揭示了社会历史发展的客观规律，也是我们立党立国的根本指导思想，为先进文化建设指明了正确方向。中国特色社会主义集中体现了最广大人民的根本利益和共同愿望，代表了人类社会的历史走向，也是我们党为实现最高理想而确定的现阶段奋斗目标，体现了理想主义与现实主义的统一。以爱国主义为核心的民族精神和以改革创新为核心的时代精神，是中华民族的生命力、凝聚力和创造力的不竭源泉，也是我们全面建设小康社会、加快推进社会主义现代化建设的精神支撑。社会主义荣辱观则体现了社会主义道德的基本价值准则和行为规范，是中华民族传统美德、优秀革命道德与时代精神的完美结合。社会主义核心价值体系把这些体现了真、善、美价值的人类优秀文化成果都整合在一起，最大限度地形成社会共识，凝聚人心，自然具有其它价值体系不可比拟的强大精神力量。

《决定》强调要把社会主义核心价值体系融入国民教育、精神文明建设和党的建设全过程，贯穿改革开放和社会主义现代化建设各领域，体现到精神文化产品创作、生产、传播各方面，要求一切文化阵地、一切文化产品、一切文化活动，都要体现社会主义核心价值体系的内容和要求。这里讲了一个“魂”与“体”的关系问题。社会主义核心价值体系之“魂”只有通过国民教育体系、公共文化服务体系、文化产业体系和各种形式的文化产品的承载与传播，才能发挥其价值引领功能和教育功能，因此加强文化的物质基础和传播形态建设也是十分重要的。当然，我们的文化载体如果失去了精神价值的支撑，也只能变成毫无生命力的空洞无物的形式。所以，“魂”与“体”是互相依存、相辅相成、相得益彰的关系，只有强“魂”健“体”才能充分发挥社会主义先进文化引领风尚、教育人民、服务社会、推动发展的作用。

自从提出以社会主义核心价值体系引领社会思潮以来，我们党在这方面做了许多实实在在的事情。比如组织规模宏大的马克思主义理论研究和建设工程，加强重点学科体系和教材体系建设，推动中国特色社会主义理论进教材、进课堂、进头脑，已经连续进行几年时间，取得了十分明显的成效。又如，为了抵制各种错误和腐朽思想的影响，党的十七届四中全会明确提出要自觉划清四条界限，即马克思主义与反马克思主义的界限，社会主义公有制为主体、多种所有制经济共同发展的基本经济制度与私有化和单一公有制的界限，中国特色社会主义民主与西方资本主义民主的界限，社会主义思想文化与封建主义、资本主义腐朽思想文化的界限，这在以社会主义核心价值体系来作为区分先进与落后、真善美与假丑恶的标准，有效引领社会思潮方面也起到了十分积极的作用。全面贯彻落实《决定》提出的各项措施，把社会主义文化建设的这项主体工程搞好，是我们必须始终抓紧、不能松懈的一项长期任务。

三、深厚的民族文化传统、科学的马克思主义指导思想、丰富的革命文化是我们党固有的宝贵文化资源，是其从创立走到今天的安身立命之本。只有在强基固本的基础上吸收外来文化精华，博采众长、为我所用，党才具有丰厚、坚实的文化内蕴和强大的精神力量，才能领导全国人民完成复兴中华文化的历史重任。

领导一个伟大民族的文化复兴，要求我们党不仅要有高度的文化自觉和历史担当精神，而且自身要有深厚的文化底蕴，要有开放的文化心态和综合创新的能力。

我们党自身固有的优质文化资源主要在三个方面：一是中华民族五千多年博大精深的传统文化，一直滋养、哺育着党的成长，可以从中获得中华民族最根本的精神基因、自强不息的精神动力和取之不竭、历久弥新的精神财富。我们党作为中华民族的中坚，也一直把传承和弘扬民族优秀文化当作自己义不容辞的责任。毛泽东早就向全党提出了“学习我们的历史遗产，用马克思主义的方法给以批判的总结”，“从孔夫子到孙中山，我们应当给以总结，承继这一份珍贵的遗产”① 的任务。中国特色社会主义文化也离不开这个精神母体，必须以优秀传统文化为传承创新的基础。二是马克思主义指导思想。我们党一诞生就举起了马克思主义这面旗帜，用它作为观察国家命运和改造世界的工具，并在同中国实际相结合过程中不断推进马克思主义的中国化，形成了毛泽东思想和中国特色社会主义理论体系两大理论成果，成为指引中国文化前进的根本指针。马克思主义给中华文化注入了先进的思想内涵，使中国人民在精神上得到了极大的解放。用发展着的马克思主义引领中国特色社会主义文化建设，才能有效抵御各种错误和腐朽思想文化的影响，不断巩固全党全国人民团结奋斗的共同思想基础。三是 90 年来党领导人民在革命、建设、改革实践中创造的奋发向上的革命文化传统，包括革命战争时期的井冈山精神、长征精神、延安精神、西柏坡精神，建设改革时期的雷锋精神、大庆精神、两弹一星精神、载人航天精神、北京奥运精神、抗震救灾精神等等。这些富有时代特征和民族特色的宝贵精神财富，不断实现着中华优秀文化的再生再造，是中国共产党和中国人民的伟大创造精神的生动体现，不论现在还是将来，都是激励我们不断奋进的巨大精神力量。

我们讲“老祖宗”不能丢，就是上述宝贵文化资源一个也不能丢，不能忘本，不能割断自己文化的精神血脉。《决定》在制定今后文化改革发展战略时，非常清楚我们的文化是从哪里来的，对自己固有的优质文化资源十分珍惜并充满敬意，就如何传承和弘扬做出了一系列具体部署。马克思主义指导思想作为社会主义核心价值体系的重要组成部分，无疑是当代文化建设的重中之重，《决定》对加强马克思主义理论研究和学科建设等措施的论述十分具体，前面已经提到，这里不再重复。《决定》强调要全面认识祖国的传统文化，取其精华、

① 《毛泽东选集》第 2 卷，人民出版社 1991 年版，第 533、535 页。

去其糟粕，古为今用、推陈出新，坚持保护利用与普及弘扬并重，明确提出要“建设中华优秀传统文化传承体系”，加强对优秀传统文化思想价值的挖掘和阐发，维护民族文化基本元素，使优秀传统文化成为新时代鼓舞人民前进的精神力量。同时强调要推动中华文化走向世界，开展多渠道、多形式、多层次的对外文化交流活动，广泛参与世界文明对话，增强中华文化的国际话语权和在世界上的影响力、感召力。对于传承和弘扬优秀革命文化，《决定》也提出了加强爱国主义教育基地建设、用好红色旅游资源使之成为培育民族精神和时代精神的重要课堂等具体措施。这些强基固本工程对于保证文化改革发展的正确方向具有决定性的意义。

在珍惜保存和弘扬强化我们固有的文化资源优势之同时，《决定》还提出要以开阔的视野和博大的胸怀来对待外来文化，坚持以我为主、为我所用，辩证取舍、择善而从的原则，学习借鉴一切有利于加强我国社会主义文化建设的有益经验，一切有利于丰富我国人民文化生活的积极成果，一切有利于发展我国文化事业和文化产业的经营管理理念和机制，推动中华文化在同外来文化的交流互动中丰富发展，走向繁荣兴盛。开放包容的胸怀本身就是中华文化在国际交流、交融、交锋中具有自信的表现，这种自信既来自自身的深厚底蕴，也来自社会主义文化的先进性和优越性。

这里有一个中、西、马三种文化资源的关系问题。当代中国文化即中国特色社会主义文化是从中国传统文化和中国近现代文化发展而来的，我们不能割断历史，中国文化的今天与昨天、前天是连结在一起的。前天、昨天、今天生生不息的发展共同构成了中国主体文化（或者说母体文化），它是运作主体、生命主体和创造主体，对外来文化来说也是接受主体。《决定》把马克思主义指导思想确定为社会主义核心价值体系的基本内容之一，就是明确肯定了它作为当代中国文化之“魂”的地位。包括西方文化在内的一切有价值的外来文化，都可以作为以我为主、为我所“用”的他山之石。这就是当代中国文化内涵构成和思想资源上的“马魂、中体、西用”格局，其特点是既坚持马克思主义的指导思想地位，又坚持民族文化的主体性，二者都是强基固本工程不可缺少的内容；同时坚持对外开放的方针，具有吞吐百家、综合创新的气概和能力，这样才能真正建成面向现代化、面向世界、面向未来的，民族的科学的大众的社会主义文化。

四、我们党在十六大以来的文化体制改革实践中，深刻认识社会主义市场经济条件下文化发展的规律，探索出了一条文化事业与文化产业“二分”，一手抓公益性文化事业，一手抓经营性文化产业，两轮驱动、两翼齐飞，社会效益与经济效益双丰收的文化改革发展之路。这是我们在文化建设方面的一个里程碑式的飞跃。

在文化建设中落实科学发展观，就要构建科学合理的文化发展格局。区分文化事业与文化产业，形成两手抓、两加强的文化发展格局，是我们党在社会主义市场经济条件下对文化建设规律认识的一个重大突破，也是一个重要的理论创新。十年来付诸实践的结果是，一方面文化基础设施投入大幅度增加，多项文化惠民工程惠及千家万户，人民群众的基本文化权益得到保证，大大丰富了他们的精神文化生活；另一方面，一大批过去吃皇粮的国有经营性文化单位，转企改制成为工商登记注册的文化产业，在市场经济大海中学会了游泳并成为好手，释放了文化生产力，对国民经济的贡献率越来越大，整体实力和国际竞争力日益增强。实践证明两手抓、两加强的方针是完全正确的，不但开创了我国文化建设的新局面，而且是今后必须坚持的发展繁荣社会主义文化的必由之路。改革实践给我们启发最大的是，近年来涌现出了一批弘扬主旋律的精品力作，不但深受人民群众喜爱，占有了较大的文化市场份额，而且加强了社会主义意识形态的阵地，实现了社会效益与经济效益双丰收。这就真正达到了我们进行文化体制改革的目的。

《决定》以很大篇幅分别论述了大力发展公益性文化事业、保障人民基本文化权益和加快发展文化产业、推动它成为国民经济支柱性产业，即“两手抓”的问题，力图巩固和深化文化体制改革的成果，更加自觉地按照文化发展规律办事。文件强调必须以政府为主导，以公共财政为支撑，按照公益性、基本性、均等性、便利性的要求，加强文化基础设施建设，完善覆盖城乡、结构合理、功能健全、实用高效的公共文化服务体系，让群众广泛享有免费或优惠的基本公共文化服务。文化基础设施建设还体现了向农村和中西部地区、革命老区、民族地区、边疆地区倾斜的精神，是真正的文化惠民工程。文件强调要按照全面、协调、可持续的要求，推动文化产业跨越式发展，构建结构合理、门类齐全、科技含量高、富有创意、竞争力强的现代文化产业体系，形成以公有制为主体、多种所有制共同发展的文化产业格局，使之成为新的经济增长点和转变经济发展方式的重要着力点，为推动科学发展提供重要支撑。这一切都需要进一步解放思想，深化改革开放，加快构建有利于文化发展繁荣的体制机制，建立现代企业制度，培育合格市场主体，并在创新文化管理体制、完善政策保障机制等方面采取一系列改革措施。

大力发展公益性文化事业的惠民性质十分明显，为什么说加快发展经营性文化产业也是满足人民群众对文化的多样化需求、发展繁荣社会主义文化的必然要求呢？这里面有一个对文化产品的两重属性、两种效益及其相互之间关系的认识问题。在文化事业和文化产业都由国家包下来的时代，我们比较重视文化产品的意识形态属性和社会效益，而不太重视其商品属性和经济效益，这样才会出现我国所有出版社的年销售额加起来还不及德国贝塔斯曼集团一家的年收入，我国海外商演的年收入总和还比不上加拿大一个著名马戏团的尴尬局面。有13亿人口的中国无疑是一个文化消费大国，事实上也是一个文化资源大国，但从其文化产品所占有的市场份额来看，还远不是一个文化强国。在文化产品国际竞争日益激烈的全球化时代，我国的文化体制改革势在必行。经过十年探索实践，上述情况已经有很大改变。关键是我们对文化产品的意识形态属性与商品属性、社会效益与经济效益的关系有了更全面的认识，对人民群众的基本文化需求与多样化需求有了更明确的区分，形成了一手抓文化事业、一手抓文化产业的发展思路。这一认识转变，极大地解放了文化生产力，我国的文化产业已出现健康向上、迅速发展的势头。比如“十一五”期间新闻出版业总资产、总产出、总销售都比“十五”期间翻了一番，目前中国已成为世界第三大电影生产国和第一大电视剧生产国，这些都说明我国的文化产业蕴藏着巨大的发展潜力，文化软实力转化为经济硬实力也是具有现实可能性的。

文化作为价值形态的东西，它的力量决不只表现为文化产品的经济效益，而更在于其“以文化人”“以文育人”的精神力量。所以在加快发展文化产业的过程中，我们还要防止另一种片面性，就是一味追求经济效益，放弃自己的社会责任，甚至迎合低级趣味，误导和扭曲人们的价值观念。《决定》强调要始终把社会效益放在首位，坚持社会效益与经济效益的有机统一。所谓把社会效益放在首位，就是要把社会主义核心价值体系建设放在首位，把这个“魂”融入各种文化产品中去，真正以科学的理论武装人，以正确的舆论引导人，以高尚的精神塑造人，以优秀的作品鼓舞人，充分发挥社会主义先进文化的优越性。坚持社会效益与经济效益的统一，就是要坚持文化发展为了人民、依靠人民、文化发展成果由人民共享的方针，在文化产品创作、生产、流通的全过程中贯彻人民至上的原则，要让人民群众觉得好看、受益、愿意花钱买你的产品并且买得起，他们在得到真、善、美的享受之同时，文化产业的出版码洋、票房价值等等也上去了。这就是我们所期望的社会效益与经济效益有机统一的效果。

《决定》在总结实践经验的基础上理清了中国特色社会主义文化发展的思路，其中有两个重点或者说两大亮点：一是提出了社会主义核心价值体系的理论，确立了以马克思主义为指导思想的当代中国文化之“魂”；二是提出了公益性文化事业和经营性文化产业“二分”的思路，分类改革，全面推进社会主义文化事业和文化产业，做大做强当代中国文化之“体”。显然，前者的着力点在增强文化价值软实力，后者包含增强文化经济硬实力的内容，但不仅限于此，文化经济需要文化价值的支撑，而且还包括制度建设、法律保障等内容。这两大亮点都是思想解放、与时俱进的重要成果，也可以说是当代中国马克思主义的两大理论创新，是对马克思主义文化观的新发展、新贡献。二者在内容上又是密切联系的，互相依托、互相支撑、互相辉映，使我们对经济全球化时代与社会主义市场经济条件下文化发展的规律和现实道路有了更加全面准确的把握。我们注意到，当代中国文化改革发展的这两大亮点、两大理论创新，都是在新世纪十年提出来并取得实质性进展的，它说明我们党的这一代领导人政治上坚定成熟，文化上高度自觉，理论上富有创造创新精神，有能力领导一个13亿人口的大国在国际风云变幻的形势下坚定不移地走社会主义道路，把党的事业继往开来地推向新阶段。

上个世纪90年代后期，费孝通先生多次讲文化自觉问题。他最典型的表述是：文化自觉是指生活在一定文化中的人对其文化有“自知之明”，明白它的来历、形成过程、所具有的特色和它的发展趋向，不带任何“文化回归”的意思，同时也不主张“全盘西化”或“全盘他化”。自知之明是为了加强对文化转型的自主能力，取得决定适应新环境、新时代文化选择的自主地位。这一思想受到学术界的高度重视，2002年12月在香港召开的“21世纪中华文化世界论坛”第二次会议即以“文化自觉与社会发展”为主题，与会学者都高度认同费老提出的文化自觉观念，此后即广泛传扬并日益深入人心。费老是从个人的文化反思讲到中华民族的文化自觉，提出我们中国人有责任用现代科学方法来完成我们文化自觉的使命，继往开来地努力创造现代中华文化，为全人类的明天做出更大贡献。

一个民族的文化自觉，总是有一部分先进分子首先有所觉悟，然后带动整个民族的觉醒和共同团结奋斗。作为中华民族先锋队的中国共产党，从一诞生就以民族解放和文化复兴为己任，在各个历史时期都表现出了高度的文化自觉，远的不说，前面提到过的两个精神文明建设决议就是改革开放时代文化自觉的产物。文化自觉是我们党始终具有的鲜明特征和显著优势，党的全部历史都可以证明这一点。在十七届六中全会召开之前，党的理论工作者已经对文化自觉问题做了相当深入的研究，连载于《红旗文稿》2010 年第 15、16、17 期的云杉的《文化自觉 · 文化自信 · 文化自强——对繁荣发展中国特色社会主义文化的思考》就是一篇代表作。《决定》把这条繁荣发展中国特色社会主义文化的自觉、自信、自强之路开拓得更加宽广，考虑得更加周全，并以中央文件的形式确定下来，成为全党全国人民共同奋斗的行动纲领。我们相信，这个目标明确且具有很强操作性的重要文件，一定会产生精神变物质的巨大力量。中华文化的伟大复兴一定能够实现，中国一定能从文化大国变成让世界瞩目的社会主义文化强国。正如胡锦涛总书记在庆祝中国共产党成立 90 周年大会上讲话所说的："中华民族创造了源远流长、博大精深的中华文化，中华民族也一定能够在弘扬中华优秀传统文化的基础上创造出中华文化新的辉煌。"①

（原载《马克思主义研究》2011 年第 12 期）

① 胡锦涛：《在庆祝中国共产党成立 90 周年大会上的讲话》，《人民日报》2011 年 7 月 2 日第 2 版。

马克思主义与中国文化

陈先达先生是我的老师，他讲话中气很足。我经常向陈老师请教，半个多世纪了。说“对话”，不敢当，我是来请教老师的。其实陈老师也能代表中国哲学，他对马克思主义哲学和中国哲学都很精通，对当代中国哲学的贡献很大，一直是我的老师。我们几个人坐在这里，不是一般意义上的中、西、马“文化”对话，而是偏重于中、西、马“哲学”的对话。上次黄楠森老师讲马克思主义与作为一种文化形态的中国文化、西方文化还是有所不同的，所以不能一般地讲中、西、马文化对话。我赞成这个看法。当然马克思主义里面也包含有文化因素，马克思主义也是一种重要的文化资源。今天我们要推动中国特色社会主义文化大发展大繁荣，就要充分利用中、西、马三种文化资源，把它们的作用充分发挥出来，所以开展中、西、马之间的对话和互动是非常必要的。

关于中、西、马三种文化资源在当代中国文化中的地位和作用，它们之间的相互关系，我曾经提出“马魂、中体、西用”的看法，就是把坚持马克思主义的指导思想地位、坚持中国文化的民族主体性和坚持对外开放的方针三者结合起来，有机地统一起来。我认为这种看法在十七届六中全会文件中得到了非常有力的支持。文件明确说社会主义核心价值体系是“兴国之魂”，马克思主义指导思想是社会主义核心价值体系的四项基本内容之一，而且是“第一要义”，在分别为“灵魂、主题、精髓、基础”的完整理论体系中居于“灵魂”的地位。也就是说，它是“魂中之魂”。文件中也有“以民族文化为主体，吸收外来有益文化，推动中华文化走向世界”的论述。

在讲学习借鉴国外优秀文化成果时，强调要坚持“以我为主，为我所用”的原则。在这个重要文件中，实际上“马魂”“中体”“西用”都讲到了，马、中、西分别处于“灵魂”、“主体”和为我所用的“他山之石”的地位。

在当代中国文化建设中，这三种资源都是不可缺少的。开展中、西、马对话和互动，就是要把三者的优势和积极作用充分调动起来。

我想从前些年开展的一场关于中国哲学“合法性”问题的讨论说起，提出一些看法向两位老师请教。在这场讨论中，中国哲学学科受到了严峻的“合法性”质疑，有人甚至提出了中国有没有哲学的问题。如果中国有没有哲学都成为问题，那么又何谈与西哲、马哲平等对话呢？所以这是一个对话的前提问题。

大家知道，近代意义的“中国哲学”学科创建至今还不到一百年，第一本叫作《中国哲学史》的书是谢无量先生写的，出版于1916年。到1919年，胡适先生出版了他的《中国哲学史大纲》（上卷）；30年代初，冯友兰先生出版了两卷本《中国哲学史》。胡、冯的著作都是先有西方哲学的问题框架和研究范式，然后到中国古代文献中去找相似的材料，整理出一个中国哲学发展的线索来。金岳霖先生在审查冯著时就提出了问题：这样写的中国哲学史，到底是中国哲学的历史呢，还是哲学（西方哲学）在中国的历史？

中国哲学“合法性”问题就是这样提出来的。50年代以后，许多学者都是以马克思主义为指导来研究中国哲学史，那个时候讨论孔子哲学也好，讨论老子哲学也好，总是在唯物、唯心的定性问题上争论不休，显然还是受到西方哲学研究模式的影响。所以，提出中国哲学的“合法性”问题，对中国哲学学科建设来说是有积极意义的。但是有些人走到了极端，不但全盘否定近百年来中国哲学史研究的成绩，否定中国哲学学科的“合法性”，甚至走到根本否定中国有哲学。

这个问题在世纪初一度成为热点，2003 年曾被评为年度十大学术热点问题之一。黑格尔是说过“真正的哲学是从西方开始的”，孔子算不上是一个“思辨哲学家”，在他那里只有一种“道德哲学”。但是他并没有否定“道德哲学”也是哲学。有人喜欢引用德里达的话，说中国只有“思想”，而没有“哲学”。在西方一些大学，哲学系一般不开中国哲学课，而是把有关中国哲学和思想的课程放在东亚系。特别是日本东京大学老牌的中国哲学研究室，曾经很有影响力的，到上个世纪 90 年代初也改名为“中国思想文化学研究室”。就是说，以西方哲学为标准来衡量，很多外国人认为，中国确实有思想、有文化，但是没有哲学。这种西方中心论的观点也影响了一些中国学者，包括一些从事中国哲学研究的学者，于是提出和引发了一场关于中国哲学“合法性”问题的讨论。

在讨论中，也有一些学者对中国哲学“合法性”质疑做出了回应。一是从哲学的共性与个性、一般与特殊的关系来回应。不少学者都表示赞成张岱年先生的看法，就是把哲学看作是一个“共相”“类称”，是一个“家族相似”的概念。中国哲学、西方哲学、印度哲学都是其“殊相”，都是“特例”。如果以西方哲学为标准来否定中国有哲学，那就是用一种“殊相”来否定另一种“殊相”，显然是不合理的，是西方中心论的偏见。二是从现代性与民族性统一的角度来回应。一些学者指出，近百年中国哲学史学科的发展，不是用“以西释中”“以夷变夏”“汉话胡说”一句话就可以简单否定的，这样概括也不符合事实。事实上许多学者都注意到了中国哲学的特殊性，非常重视中国哲学的民族主体性建设，包括梁启超、冯友兰和牟宗三等港台新儒家学者，也包括侯外庐、张岱年等马克思主义学者。坚持现代性与民族性的统一，一直是近百年中国哲学史学科发展的主流。中国哲学史学科发展的道路是曲折的，目前存在的问题也不少，但是其主流方向、其“合法性”不容否定。

上面两个方面的回应是必要的，也是有相当说服力的。但是在

“破”的力度很大、“立”的成绩甚微的“合法性”讨论中，还不足以成为推动中国哲学学科健康发展的一种主导力量。事实上非常需要从中国哲学主体性建设的角度正面做出回应，用历史事实说明中国到底有没有哲学，中国哲学的特点是什么，与西方哲学有什么“同”，有什么不同？一个基本的事实是，在与西方哲学有所接触、交流以前，中国哲学已经独立发展了两千多年，中国哲学有自己的问题意识，有自己的内在发展理路，有自己的话语系统，包括一整套独具特色的概念范畴，这个基本事实是不能随意否定的。

比如陈老师刚才讲到天人关系问题，天人关系就是中国哲学最重要的一个基本问题。司马迁说他做的工作是“究天人之际，通古今之变，成一家之言”（《史记·太史公自序》）。“究天人之际，通古今之变”就是对中国哲学基本问题很好的概括，这是两千多年前的古人概括出来的。哲学要对宇宙、人生的大本大源问题做出回答，宇宙的本源到底是什么，是“天”还是“人”？是自然之天还是意志之天、主宰之天，抑或是命运之天、义理之天？这就是“究天人之际”所要回答的问题。陈老师刚才讲人生伦理型的中国哲学主要把它看作是一种道德之天，儒家认为“性天相通”，这就涉及对人的本质是什么这个问题的回答。孟子讲“尽心、知性、知天”，中国哲学家讲人总是与“人心”“人性”联系在一起，讲人的心性又离不开“天”。宋代以后就更明朗了，有理本、心本、气本三种回答：宇宙的本体、本原到底是“天理”，还是“人心”，还是“通天下一气耳”（《庄子·知北游》）的太虚之气？哲学家们做出了不同的回答。在中国古代哲学家看来，天人关系是哲学的最高问题，不讲这个问题就不是哲学。所以，董仲舒说“天人相与之际，甚可畏也”（《汉书·董仲舒传》），邵雍说“学不际天人，不足以谓之学”（《皇极经世书》卷十四《观物外篇下》），何晏称赞青年哲学家王弼：“若斯人也，可与言天人之际乎”（《三国志·魏志·钟会传》引何邵《王弼传》）；谭嗣同称赞王船山：“五百年来学者，真通天人之故者，船山一人而已。”[1] 这些学者都把“天人之学”看作是能够对宇宙人生的大本大源问题做出回答的学问。

中国哲学中虽然也有“天人相分”的思想，但“天人合一”一直是主流。天人怎样“合一”呢？哲学家们又有不同的“合”的方法和路线。比如有以孟子、《中庸》和宋儒为代表的“尽心、知性、知天”，即“性天相通”的内省察路线；有以荀子、柳宗元、刘禹锡为代表的“制天命而用之”“天人交相胜”的外行动路线；也有以董仲舒为代表的带有神学目的论色彩的“天人感应”宇宙系统论路线；有“通天下一气”即认为人和天地万物都产生于气的宇宙生成论路线；还有“道通天地”或“道通为一”的本体论路线。不论这个“道”是有、是无、是理、是心、是气，都是以“道”为宇宙万有存在的基础和根据。由此可见，围绕着“天人之际”问题，中国哲学展开了非常丰富的内容，这难道不是最重要的哲学问题吗？

中国哲学不仅探讨了宇宙的本源问题，而且对宇宙存在的状态，如有无、动静、常变等问题也进行了细致的观察，注意探讨天地万物运行的原因、动力和规律。这里面最重要的一个看法就是把事物运动变化的原因归结为阴阳两种势力、矛盾对立双方的相互作用，认为“一阴一阳之谓道”是最根本的规律。这就是所谓“探阴阳之赜”。孔颖达说：“探谓窥探求取，赜谓幽深难见。”“探阴阳之赜”就是探求阴阳两种势力相互作用引起事物运动变化的内在奥秘，实际上就是我们中国传统的辩证法。中国哲学中的“阴阳大化”、阴阳矛盾学说的内容也非常丰富，特别是中国古代与探索自然规律有关的各门科学，如天文、历算、农学、医学等，大都是以阴阳五行学说为基本理论和方法，都是“探阴阳之赜”的学问。

---

① 转引自梁启超《清代学术概论》，朱维铮校注：《梁启超论清学史二种》，复旦大学出版社1985年版，第16页。

司马迁是历史学家，他自然非常重视“通古今之变”的问题。社会历史观也是中国哲学关注的一个普遍性问题。人把自己从自然界、动物界中提出来，成就了一个人文世界或者说人类社会，所以天人关系中就逻辑地包含着社会历史问题。“人事有代谢，往来成古今。”中国古人是承认社会历史之“变”的。“通古今之变”就是要在古今历史之变中发现、找出“常”来，以“常”御“变”。“常”就是历史的必然性、规律性。中华民族是一个非常重视总结历史经验、注意探讨历史规律的民族，所以“通古今之变”的历史哲学也比较发达。在中国历史哲学中，包括民本基础、治世方略、理想（社会）目标、理势规律等丰富的内容，比如王船山的“理势合一”论就是中国古代关于历史规律的很深刻的思想，但总的来说还没有达到科学历史观的高度。

中国古代的“人论”，除了关注人群即社会的历史变迁外，还十分重视人生问题。张岱年先生说：“中国哲学家所思所议，三分之二都是关于人生问题的。”① 可见人生哲学地位之重要。人生哲学的核心是如何培养、成就理想人格，也就是所谓“立成人之道”的问题。中国先哲心目中的“成人”，不是道学家讲的“醇儒”，而是“志于道”“以身任天下”的大丈夫，是知、情、意统一的全面发展的理想人格。儒家的理想人格是“圣人”“贤人”“君子”，道家的理想人格是“至人”“真人”“神人”，墨家讲的“兼士”，法家讲的“法术之士”，都是他们心目中的理想人格。作为一种人生哲学思想，中国哲学讲的“成人之道”包括人性善恶、主体力量（“为仁由己”）、修养工夫、处世方略（“内圣外王”）等内容，这些都是从哲学的层面来讲人生问题，一些具体的德目和道德修养方法则可以放到伦理学中去讲。

还有一个问题也是具有普遍意义的，就是“求致知之方”。既然

---

① 《张岱年全集》第2卷，河北人民出版社1996年版，第194页。

我们要认识这个世界，要“知天”“知人”“知天人之道”，就要有正确的认识方法和途径。中国哲学中的“致知”思想也非常丰富，涉及能所、知行、名实、言意关系，以及见闻之知、思虑之知、德性之知、悟道之知等内容，其中包含着许多有价值的真理性因素，但是也有历史的局限性。比如宋明理学讲的“为学之方”，不仅是一种致知方法，同时也是一种“学为成人”的修养方法，认识论问题与道德修养问题往往纠缠在一起，这样显然不利于科学理性、逻辑理性的长足发展。中国古代“天人合一”“体用合一”“知行合一”“真善合一”的思维方式，应该说有优点也有明显的缺点。

上面讲的五个问题：究天人之际，探阴阳之赜，通古今之变，立成人之道，求致知之方，都是中国哲学自身固有的问题，其问题意识来源于中国人生（活）存（在）的社会历史实践。在西方哲学传入中国以前，中国的哲学家们已经围绕着这些问题思考、探究、争论了至少两千多年，展开了中国哲学的丰富内容。近代中西哲学有所接触和交流后，这五大问题并不是说消失了，就没有了，而是吸收了西方哲学和科学的某些成果而实现了近现代转化，使其哲学涵义更加清晰、显豁了，继续成为中国近代哲学研讨的基本问题。比如在“天人之际”问题上，引进了西方的以太、星云、电气、阿屯（原子）、生元（细胞）等概念和科学理论，对“天”的认识更加深入和实证化了；在“致知之方”问题上，严复比较系统地介绍了西方的经验归纳法，章太炎则借助于印度的因明发展了演绎法；在“成人之道”问题上，一是吸取了西方资产阶级的功利主义思想，肯定人欲的合理性，再一个就是引进西方的意志自由思想，强调“心力”即人的意志力的作用。这些都是对传统哲学的继承、发展、改造和更新。中国传统哲学之所以能与西方哲学交流、对话而实现近现代转换，就说明传统哲学问题是包含着人类哲学思考的一般性和普遍性在内的，即所谓“东哲西哲，心同理同”。东西方哲学家都要思考和回答宇宙、社会、人生和人心（人的思维）的一些根本性问题，因此才能交流、对话，在交流、对话中有共同语言，才有比较、会通和互动互补的可能性。

“五四”以后马克思主义传入中国，中国传统哲学又得到了一个新的发展生机。传统哲学五大问题不但可以“接着讲”，而且可以用马克思主义世界观和方法论进行总结与提升，使它达到现代科学的水平，取得真正科学的形态。大家知道，毛泽东的《实践论》就是用辩证唯物主义认识论观点清理、总结中国哲学知行问题、致知问题的代表作，《矛盾论》是用马克思主义辩证法观点清理、总结中国哲学中的阴阳矛盾学说的代表作。张岱年先生在上个世纪三四十年代计划写一部大书，叫《天人新论》，就是试图用辩证唯物论观点系统清理、总结中国哲学中的天人问题、阴阳大化问题、人生哲学问题和致知问题，可惜没有完成。到 80 年代出了一本书，叫《真与善的探索》，这本书里面保存了张先生三四十年代写的部分文稿，有很高的学术价值，对我们很有启发。张先生的工作需要有人接着做，中国的马克思主义者有责任用辩证唯物主义和历史唯物主义的观点，对我们先哲提出的“究天人之际”等五大问题做出现代科学的回答。

中国哲学“合法性”问题讨论把中国哲学摆在了非常尴尬的地位，连中国有没有哲学、中国哲学是否有“合法性”都受到质疑和否定，我们在这里还怎么谈得上中、西、马哲学的对话？我们先不说这里面有没有话语霸权的问题，中国哲学首先总要取得与人家对话的资格呀！所以我把这个问题作为对话的前提提出来。在“合法性”讨论中有人提出了“重写中国哲学史”的口号，但是并没有就如何重写提出可操作性的思路，只是讲“以中国解释中国”解决不了问题。所以我说这个讨论“破”的力度很大，“立”的成绩不理想。我们想是不是应该从中国哲学主体性建设的角度来“立”，就是从中国哲学自己的文本、话语和问题意识出发，揭示中国哲学自身的内在发展逻辑，以及在不同时空条件下的各种解决之道，来展开中国哲学的全部丰富内容。同时不排除学习借鉴其他民族的哲学，在比较中更清楚地认识自己。按照这个思路我们初步梳理出了中国哲学的五大问题，考察了各个历史时期围绕着这些问题所进行的多侧面、多条路径的研究、探讨和争论，并且注意到它们的近现代转换问题。今天在这里我非常想请教两位老师，中国哲学中的“究天人之际”“探阴阳之赜”“通古今之变”“立成人之道”“求致知之方”五大问题，是不是一些真正的哲学问题，有普遍意义的哲学问题？这些问题能不能与西方哲学中的相关问题进行对话，或者说有没有资格与西方哲学对话？还是像一些人所说的，只是一些朴素的、零碎的、不成系统的思想，还上不了哲学的台面？陈老师刚才强调对话要“平等”，中国哲学有没有资格与西哲、马哲平等对话？再一个问题是，中国哲学围绕着五大问题所展开的丰富内容，能不能作为在中国发展马克思主义哲学的本土思想资源？我们今天能不能用马克思主义哲学观点接着这些传统哲学问题讲，把它们提升到现代科学的形态和水平？我们在用马克思主义哲学观点清理和总结这些传统哲学问题时，应该注意和遵守一些什么方法论原则？我刚才讲到，实际上，一些前辈马克思主义学者已经在这方面做了许多工作，给我们做出了榜样，我们应该继承他们的事业，朝着马克思主义哲学与中国哲学优秀传统相结合的方向去做。今天的中国哲学工作者承担着很重的历史责任，但是需要在马哲和西哲专家的帮助下才能完成。

杨河：下面有个问题是问方先生的，从鸦片战争以来中国的哲学，特别是儒家文化一直在经历着中国现代化的洗礼，儒学现代化已经成为一些学者的口号，请问方先生儒学现代化的命题是真命题还是假命题？如果是真命题，那么儒学现代化可能的发展前景是什么？

方克立：这是一个热点问题，也是现代学界争论很多、分歧很大的一个问题。实际上陈老师、赵老师刚才的讲演都在一定程度上回答了这个问题，我的基本观点跟两位老师是一致的。陈老师说我们不能“以儒解儒”，在今天不能用儒学来治国，因为时代不同了。这其实就是他对儒学在今天的地位和作用、对儒学能不能现代化的一个简明回答。儒学中的一些积极内容、合理因素可以为中国的现代化事业服务，充分发挥其支援意识的作用，但儒学作为一个整体，作为一个在封建时代笼罩着社会生活的方方面面、牢固地控制着中国人民精神生活的思想体系，它已经是过时的意识形态，本身并不存在“现代化”的问题；只是其中能够“与当代社会相适应、与现代文明相协调”的那些内容，可以从系统整体中分离出来的部分内容，才有一个摆脱它的传统形式以实现现代转化的问题，这就是我们今天要做的工作。对于“儒学”这个象征符号，有人看到的是它作为封建意识形态的社会本质，有人看到的是它作为中国古代文明代表的历史现象，对其现代地位、作用和价值的认识分歧很大。其实它是一身二任、本质与现象统一的，只看到一个方面、忽略另一个方面都难免产生认识的片面性，由此导致了在很多问题上的思想分歧。为什么孔子像立在天安门前引起那么大的争论，网上说70%的人是不赞成的，简单地说这些人都是受“文革”思维的影响是说不通的。

另一方面也有一些很有影响的学者出来挺孔像，引起很大的争论，最后是以孔子像挪地方收场。新世纪以来这类争论还很多。我前面提到的中国哲学“合法性”讨论，2003 年曾经是学术争论的十大热点问题之一，这个讨论提出的问题是有意义的，但我觉得讨论的进展并没有很好地起到正确引导学科发展的作用。提出“重写中国哲学史”的口号本来没有问题，哲学史总是要不断重写的，后人在前人工作的基础上总是要有所前进，或者在理论和方法上有新的开拓，或者在材料上有新发现，在“重写”中把新的认识成果总结进去。但是有些人把“合法性”讨论的方向引导到反对“以西释中”，甚至把以马克思主义为指导来研究中国哲学史也说成是“以西释中”，认为都是要不得的，提出要“以中国解释中国”，就是刚才陈老师讲的“以儒解儒”。有人甚至提出了“回归中国哲学的原生态”“实行精神生产的退耕还林”的口号，这就有明显的文化保守主义倾向。一个不容否认的事实是，文化保守主义倾向在中国哲学“合法性”讨论中有所抬头。还有人提出要“重建儒教”，要用儒教取代马克思主义的主导意识形态地位，要它当今天的“王官学”，毫不掩饰崇儒反马的政治目的。我想大多数人不是这样。儒学研究在今天确实有很大的进展，许多学者都在努力发掘儒学中能够与今天社会相适应的那些积极内容，来充实、丰富中国特色社会主义文化。我们讲社会主义核心价值体系建设，也非常强调要继承发扬传统文化中的优秀价值观念和传统美德，十七届六中全会文件还明确提出要“建设中华优秀传统文化传承体系”，要推动中华文化走向世界。陈老师刚才讲，从某种意义上讲我们也“尊孔”，因为孔子是中国文化的一张名片，他是中国古代伟大的思想家、教育家，我们要尊重他应有的历史地位。但是有些人不是从这个意义上来推崇孔子，他们推崇的是孔子讲的“不准造反”，如果从这个意义上来尊孔，那就方向错了。

当今中国有多种社会思潮，文化保守主义也是其中有较大势力和影响的一种。2004 年被称为“文化保守主义年”，出现了有组织的文化保守主义团队，召开“文化保守主义峰会”，掌握有刊物、网站等舆论工具，引发了“读经之争”“儒教之辩”等多次思想文化论战。中国哲学史界是受文化保守主义思潮影响较大的一个学术领域，在“国学热”“儒学热”中非常活跃，思想分歧也较大，产生了持不同理论立场的各种代表人物。文化保守派发动的一些签名活动，中国哲学学者参与的也比较多。特别是没有坚定的马克思主义理论立场、对西方哲学和文化又不太熟悉的青年学者，很容易跟着潮流走。

我们对文化讨论中出现的一些口号要认真分辨，把它们的确切含义搞清楚。比如“儒学复兴”这个口号在今天非常时兴，许多人都在这么讲，甚至个别站在马克思主义理论立场的学者也表示认同。当然他也说明了不是意识形态上的“儒学复兴”，而是在学术上对儒学思想精华的“复兴”，限定了它的含义。我认为这种表述也是欠考虑的，没有全面考虑到中国现当代大的思想文化格局。我们今天应该重视和加强对儒学的研究，坚持扬精弃糟、古为今用的方针，但是把“儒学复兴”作为一种文化方针、一个文化口号提出来是否恰当？我认为是不恰当的，因为这个口号在今天不能代表中国特色社会主义文化发展的正确方向。“五四”以来三大思潮对立互动的格局至今没有发生根本变化，自由主义的“全盘西化”派，保守主义的“儒学复兴”派，马克思主义的“综合创新”派，仍然是今天中国三个最主要的思想文化派别。我们应该高举的文化旗帜是“综合创新”，而不是“复兴儒学”。我的这个看法已经讲了二十多年，得到许多同志的支持，也有不赞成的。我认为直到今天大的思想文化格局还是这样，不过要对各种思潮的复杂情况作更加细致深入的具体分析。

（节选自《马克思主义与中国文化：陈先达、方克立、赵敦华先生中西马高端对话》，载孙熙国、李翔海主编《北大中国文化研究》第 2 辑，社会科学文献出版社 2012 年版。该对话于 2012 年 1 月 11 日举行，主持人杨河）

当代中国文化的“魂”、“体”、“用”关系

我曾以“魂、体、用”三元模式来说明中、西、马三种文化资源在中国特色社会主义文化中的地位和相互关系，认为“马学为魂，中学为体，西学为用，三流合一，综合创新”是当代中国文化发展的现实道路。[①] 关于“魂、体、用”三元模式在文化研究中的普遍适用性，我也做过一点探索，比如根据《论语》中的“礼云礼云，玉帛云乎哉”（《阳货》）、“人而不仁，如礼何”（《八佾》）、“礼之用，和为贵”（《学而》）等论述，说明在我国封建社会影响最大的儒家文化，是一种“以仁为魂，以礼为体，以和为用”的价值观念体系，一种旨在和谐人际关系的社会伦理学说。[②] 近日学习党的十七届六中全会通过的《中共中央关于深化文化体制改革推动社会主义文化大发展大繁荣若干重大问题的决定》[③]，从我关注的这一特定角度觉得收获颇大。因为在我看来，《决定》全文都在讲当代中国文化建设的

---

① 参见方克立《关于文化的体用问题》，《社会科学战线》2006年第4期；《“马魂、中体、西用”：中国文化发展的现实道路》，《北京大学学报》2010年第4期；《探索中、西、马三“学”的综合创新之道》，《马克思主义研究》2010年第12期。

② 参见方克立《关于和谐文化研究的几个问题》，《高校理论战线》2007年第5期；《探索中、西、马三“学”的综合创新之道》，《马克思主义研究》2010年第12期；《关于儒学的精华》，《国际儒学研究》第18辑，九州出版社2011年版。

③ 《中共中央关于深化文化体制改革推动社会主义文化大发展大繁荣若干重大问题的决定》，《人民日报》2011年10月26日第1版。

“魂”“体”“用”问题，从文化在当今世界和我国改革发展关键时期的重要作用，讲到加强中国特色社会主义文化之“魂”与“体”建设的必要性和紧迫性；然后分别论述强“魂”健“体”的各个方面，从指导思想、任务目标、方针政策讲到具体措施、实践步骤，目的都是要充分发挥社会主义先进文化引领风尚、教育人民、服务社会、推动发展的作用，为夺取全面建设小康社会新胜利、开创中国特色社会主义事业新局面、实现中华民族伟大复兴做出更大贡献。《决定》把“魂”“体”“用”三者之间相互依存、相辅相成的关系讲得十分透彻、十分到位，而且非常清楚明白，为我们认识有着内在精神生命的人类文化现象提供了有效的、科学的解释工具，格外突显出了它的方法论意义。这里谈一点我的初步学习体会，以求教于各位同志。

社会主义核心价值体系是当代中国文化之“魂”

当代中国文化即中国特色社会主义文化，它是立足于中国特色社会主义实践的，以马克思主义为指导思想、以中华民族优秀文化传统为深厚根基、以外来积极健康文化为有益补充的，面向现代化、面向世界、面向未来的，民族的科学的大众的社会主义文化。这显然是一个综合创新的文化体系，当代中国文化建设也必然是一个有着多方面、多层次、多样化的内容，以及多种文化形式、产品、传播手段和服务方式的复杂的系统工程。

文化是民族的精神血脉，人民的精神家园。一个民族的文化，凝聚着这个民族对宇宙、社会、人生的历史认知和现实感受，积淀着这个民族最深层的精神追求和行为准则，是民族生存发展和繁荣振兴的取之不尽、用之不竭的力量源泉。文化是有生命的活的机体，其源头活水在人民的生活实践中，传承创新或综合创新是文化发展的规律。一种文化必有在其中起主导和决定作用的要素，即文化的灵魂。文化的灵魂就是凝结在文化之中、决定着它的性质和方向的核心价值观。

有什么样的价值观，就有什么样的文化立场、文化取向、文化选择。文化软实力的竞争归根到底是核心价值观的竞争，这就是所谓“天下之至柔，驰骋天下之至坚”（《老子·第四十三章》）。当今世界，以美国为首的西方国家成天都在把他们以个人主义为核心的资本主义价值观说成是“普世价值”，强行向全世界推销、向社会主义国家渗透；在国内，随着改革开放和社会主义市场经济的进一步发展，人们的价值取向也呈现出多元化、独立性、差异性和选择性，“一切向钱看”已成为许多消极腐败现象背后深层的价值根源。客观形势要求我们必须铸就能够抵御资本主义价值观的侵蚀和渗透，有效发挥社会主义意识形态的主导、统摄、引领与整合作用的社会主义核心价值观，来保证中国特色社会主义事业沿着正确的方向前进。以胡锦涛同志为总书记的党中央审时度势，正是在这种情况下把社会主义核心价值体系建设提上日程的。

2006 年 10 月，党的十六届六中全会通过的《中共中央关于构建社会主义和谐社会若干重大问题的决定》，首次提出“社会主义核心价值体系是建设和谐文化的根本”，并将社会主义核心价值体系界定为马克思主义指导思想、中国特色社会主义共同理想、以爱国主义为核心的民族精神和以改革创新为核心的时代精神、社会主义荣辱观四项基本内容。2007 年 10 月，胡锦涛同志在十七大报告中指出“社会主义核心价值体系是社会主义意识形态的本质体现”，强调要巩固马克思主义指导地位，坚持不懈地用马克思主义中国化最新成果武装全党，教育人民，用中国特色社会主义共同理想凝聚力量，用以爱国主义为核心的民族精神和以改革创新为核心的时代精神鼓舞斗志，用社会主义荣辱观引领风尚，巩固全党全国各族人民团结奋斗的共同思想基础。2011 年 10 月，十七届六中全会通过的《决定》，又明确提出“社会主义核心价值体系是兴国之魂，是社会主义先进文化的精髓，决定着中国特色社会主义发展方向”，即以社会主义核心价值体系为当代中国文化之“魂”、之“精”的观点；强调坚持中国特色社会主义文化发展道路，深化文化体制改革，推动社会主义文化大发展大繁荣，要“以建设社会主义核心价值体系为根本任务”；并对如何坚持马克思主义指导思想等四项基本内容做了一系列重要部署，把它当作社会主义文化建设的主体工程来抓。这对在全党全社会形成统一指导思想、共同理想信念、强大精神力量、基本道德规范起了动员令的作用。

为了与把“自由”“平等”“博爱”“民主”“人权”说成是“普世价值”的资本主义价值观划清界限，充分体现社会主义意识形态的本质特征，我们没有把社会主义核心价值观简单地界定为“富强”“民主”“文明”“和谐”，或“平等”“共富”“公平”“正义”，或“自由”（“每个人的自由发展是一切人自由发展的条件”）、“为民”（“为人民服务”“执政为民”）等价值观念，尽管这些内容都是社会主义价值观的题中应有之义。因为正如马克思恩格斯在《德意志意识形态》中所说的，占据统治地位的剥削阶级总是把代表他们自己特殊利益的思想以“普遍性的形式”表达出来，制造“共同利益的幻想”，来欺骗广大人民。[1] 因此，光凭“平等”“民主”“自由”等概念的字面意义，还很难区分是形式上的平等还是实质上的平等，金钱控制的虚假民主还是真正的人民民主，不顾他人的个人自由还是以一切人的自由发展为条件的自由。如果不能充分体现社会主义价值观的本质特征，一目了然地与资本主义价值观分清界限，做这样的概括至少是意义不大的，很难真正显示出我们的文化优势。提出以马克思主义指导思想、中国特色社会主义共同理想、以爱国主义为核心的民族精神和以改革创新为核心的时代精神、社会主义荣辱观为基本内容的社会主义核心价值体系，虽然显得不够简洁和凝练，但是却避免了概念混淆不清的缺点，有利于揭示社会主义价值观的本质特征和丰富内涵，也有利于揭露剥削阶级“普世价值”说的虚伪性。

十六届六中全会以后，党的理论工作者发表了许多阐述社会主义

---

① 《马克思恩格斯全集》第3卷，人民出版社1960年版，第53—54页。

核心价值体系的文章，指出它的四个方面基本内容是一个互相联系、互相贯通、层次清晰、逻辑严谨的有机统一的完整理论体系。其中马克思主义指导思想是社会主义核心价值体系的灵魂，中国特色社会主义共同理想是社会主义核心价值体系的主题，以爱国主义为核心的民族精神和以改革创新为核心的时代精神是社会主义核心价值体系的精髓，以“八荣八耻”为主要内容的社会主义荣辱观是社会主义核心价值体系的基础。这对帮助广大干部群众正确理解和把握社会主义核心价值体系的精神实质和科学内涵是有好处的，但是如果往细处深处考虑，还有一些问题需要进一步探讨和回答。比如马克思主义指导思想中本来就有价值观的内容，马克思主义价值观与社会主义价值观是什么关系？是提供一般价值学说的方法论指导，还是在内容上也有所交叉重合？能否说社会主义核心价值体系是以“实现人的自由、解放和全面发展”为目标的马克思主义价值观与中国特色社会主义实践相结合的产物，二者是一般和特殊的关系？马克思主义价值观与其世界观、历史观、人生观是紧密联系在一起的，因此，它在社会主义核心价值体系中的指导思想地位也应该是指其整个学说体系而言的。又如，包括以爱国主义为核心的民族精神和以改革创新为核心的时代精神在内的中华民族优秀文化传统，也是构建社会主义核心价值体系不可或缺的重要精神资源，因此就有必要加强对中国传统文化价值观的研究，特别是对儒学核心价值观的研究。怎样具体说明社会主义核心价值体系与传统价值观的精神联系，同时指出二者在时代特征和阶级本质上的区别，既不是抽象继承也不能简单割断？把自由、平等、博爱说成是“普世价值”不行，把仁、义、礼、智、信说成是“普世价值”肯定也不行。社会主义核心价值体系是社会主义制度的内在本质在价值观上的体现，与剥削阶级虚伪的“普世价值”说没有共同之处，否则就很难说明它在人类价值学说史上的革命变革意义。诸如此类问题，都有待理论工作者进一步深入研究和阐明。

提出社会主义核心价值体系是当代中国马克思主义的一项重要的

理论创造，是对马克思主义文化观、价值学说和意识形态理论的丰富和发展。《决定》对如何加强社会主义核心价值体系建设提出了一系列具体措施，如深入推进马克思主义理论研究和建设工程，推动中国特色社会主义理论体系进教材、进课堂、进头脑；深入开展形势政策教育、国情教育、革命传统教育，组织学习中国近现代史特别是党领导人民进行革命、建设、改革的历史，坚定广大干部群众对中国特色社会主义的信心和信念；建设优秀传统文化传承体系，加强爱国主义教育基地建设，用好红色旅游资源，使之成为弘扬培育民族精神和时代精神的重要课堂；深入开展群众性精神文明创建活动，倡导爱国、敬业、诚信、友善等道德规范，形成男女平等、尊老爱幼、扶贫济困、扶弱助残、礼让宽容的社会风尚，等等。这样就把社会主义核心价值体系建设由虚变实、由软变硬，让它真正能够发挥巩固全党全国各族人民团结奋斗的共同思想道德基础的作用。

深化文化体制改革做大做强当代中国文化之“体”

当代中国文化之“魂”，必须由当代文化之“体”来承载和传播，才能有效地发挥其主导、统摄、教育、引领功能。所以，《决定》强调要把社会主义核心价值体系融入国民教育、精神文明建设和党的建设全过程，贯穿改革开放和社会主义现代化建设各领域，体现到精神文化产品创作、生产、传播各方面，要求一切文化阵地、一切文化产品、一切文化活动，都要体现社会主义核心价值体系的内容和要求。“体”是承载文化精神价值的物质基础和传播形态，主要包括国民教育体系、公共文化服务体系、文化产业体系、各种形式的文化产品和服务等，具体说来，不仅哲学社会科学、文学艺术、新闻出版、广播影视、网络文化产品承载着丰富的文化精神价值，乃至广告、会展、旅游、体育中都有一定的文化含量，我们在加强文化之“体”的建设时都不能忽略。

加强当代中国文化之“魂”即社会主义核心价值体系建设无疑是《决定》强调的重中之重，但是要把它落到实处，又是与加强文化之“体”的建设分不开的。所以《决定》以大量篇幅具体部署了大力发展公益性文化事业、保障人民的基本文化权益和加快发展文化产业、推动它成为国民经济的支柱性产业，即做大做强当代中国文化之“体”的问题。在我看来这是《决定》的另一个重点和亮点，也是《决定》中写得最实的部分。在做出这个战略决策之前，我们曾经有一个重要的认识转变，即对文化产品的意识形态属性与商品属性、社会效益与经济效益的关系有了更全面的认识，对人民群众的基本文化需求与多样化需求有了更明确的区分，形成了一手抓文化事业、一手抓文化产业的发展思路。文化产品国际竞争日趋激烈的客观形势促成了我们的这一认识转变，近十年文化体制改革的成功经验也证明这一认识转变是非常必要的，是完全正确的。

在文化事业和文化产业都由国家包下来的时代，我们比较重视文化产品的意识形态属性和社会效益，而不太重视其商品属性和经济效益，这样才会出现我国500多家出版社年销售额加起来还不及德国贝塔斯曼集团一家的年收入，我国海外商演的年收入总和还比不上加拿大一个著名马戏团的尴尬局面。在文化已成为发展最高目标的当今世界，文化在综合国力竞争中的地位和作用越来越重要，许多国家都在千方百计增强本国的文化软实力和国际竞争力，力求在日益激烈的国际竞争中赢得主动权。西方发达国家在文化产品的生产和输出方面明显地居于强势地位，不但从中获得巨大的经济利益，而且起到了输出其意识形态和价值观的作用。全世界每100本图书，85本是由发达国家流向不发达国家；每100小时音像制品，74小时是由发达国家流向不发达国家。全世界56%的广播和有线电视收入，85%的收费电视收入，55%的电影票房收入，都进了美国人的腰包。我国虽然已经是一个物质产品的生产和输出大国，但在文化贸易方面还有很大逆差，无奈地扮演着文化产品输入大国的角色。这就意味着我们的整体发展水平还不高，对自己丰富的文化资源开发利用得很不够，如果不思改革进取甚至还会严重影响到国家的文化安全。

科学地区分文化事业和文化产业，为我们进行文化体制改革提供了理论依据，也为解放文化生产力、加快发展文化产业清除了认识障碍。不到十年时间，两手抓、两加强的分类改革从试点到稳步推进，已经取得十分明显的成效。一方面国家对文化基础设施的投入大幅度增加，多项文化惠民工程惠及千家万户，人民群众的基本文化权益得到保证，大大丰富了他们的精神文化生活；另一方面，一批国有经营性文化事业单位转企改制，在市场经济大海中学会了游泳并成为好手，对国民经济的贡献率越来越大，整体实力和国际竞争力日益增强。我国的文化产业在 2004 年至 2008 年的年均增长率为 23.28%，2008 年至 2010 年的年均增长率为 24.19%，按照这个速度增长，在 2020 年之前达到占国民经济生产总值的 5% 应该没有问题，即达到了作为国民经济支柱性产业的国际标准。

我们过去对文化与经济关系的认识，曾经有一个流行说法，叫作“文化搭台、经济唱戏”，即认为文化是虚的，经济才是硬通货，文化不过是为经济发展“搭台”、提供条件而已。这种认识在今天显然已不合时宜了。方兴未艾的文化产业不仅创造了数量相当可观的经济财富，而且在一切物质产品的生产、流通和服务中，都把增加文化含量和附加值当作产品升级换代的主要方向。也就是说，文化不仅直接贡献于经济增长，而且对提升经济发展质量发挥着重要作用。文化产业具有资源消耗少、环境污染小、产品附加值高等特点，是典型的“低碳经济”和“朝阳产业”，已成为转变经济发展方式和优化经济结构的最佳选择。这说明文化软实力也是可以转化为经济硬实力的，经济发展需要文化支撑，文化与经济相融合已成为现代社会发展的必然趋势。

理论上的清醒是行动上坚决的基础。正是由于对文化的内在力量和文化产品的双重属性有深刻认识，《决定》才果断地做出了文化事业和文化产业两手抓，做大做强当代中国文化之“体”的正确决策，并从管理体制、政策措施、资金投入、法律配套等方面给予有力保证。《决定》在厘清文化与经济的关系，把大力发展文化产业当作抓文化之“体”建设的一个重要方面时，也没有忘记社会主义核心价值体系这个“根本”，强调发展文化产业要始终把社会效益放在首位，坚持社会效益与经济效益的有机统一，提醒人们防止一味追求经济利益、放弃自己的社会责任，甚至迎合低级趣味的错误倾向。我们的文化产品要高扬社会主义核心价值之“魂”，真正以科学的理论武装人，以正确的舆论引导人，以高尚的精神塑造人，以优秀的作品鼓舞人，才会受到人民群众的喜爱，在社会主义文化市场中发挥其竞争优势。

当代中国文化之“体”的建设除了文化事业和文化产业之外，还包括发展国民教育等重要方面。《决定》也讲到了加强学校思想政治教育和德育体系建设、发挥国民教育在文化传承创新中的基础性作用等内容。2010 年 7 月，我国发布了《国家中长期教育改革和发展规划纲要（2010－2020 年）》，对各级各类学校的教育改革和发展进行了全面部署。教育是提高国民素质、促进人的全面发展的根本途径，也是传承和创新文化的重要载体。强国必先强教，教育在建设社会主义文化强国中的重要地位和作用自然也应该得到高度重视。

强“魂”健“体”才能充分发挥当代中国文化之“用”

我们在讲建设当代中国文化之“魂”和“体”时，其实已经一再地讲到了文化之“用”的问题。《决定》对文化的作用、功能、属性、效益、价值、力量（“软实力”）、使命、地位作了多方面、多角度、多层次的论述，这些意涵都可以包括在“用”的范畴内。所谓文化自觉，首先是对文化的作用、功能、地位的自觉，从这种自觉中意识到加强文化建设的必要性和重要性。可以说当代中国文化之“用”

是这个文件涉及最多的关键词之一，如何更好地发挥文化在经济社会发展和人的全面发展中的积极作用，也是整个问题研讨的中心。

我们先来看文件中有关这个问题的主要论述：

一、《决定》做出深化文化体制改革、推动社会主义文化大发展大繁荣、建设社会主义文化强国的战略决策，正是基于对文化在当今世界和我国改革开放关键时期的重要地位和作用的深刻认识。这种认识突出表现在四个“越来越”上，即“文化越来越成为民族凝聚力和创造力的重要源泉，越来越成为综合国力竞争的重要因素，越来越成为经济社会发展的重要支撑，丰富精神文化生活越来越成为我国人民的热切愿望”。比如在讲文化越来越成为综合国力竞争的重要因素时，《决定》具体阐述说：“当今世界正处在大发展大变革大调整时期，世界多极化、经济全球化深入发展，科学技术日新月异，各种思想文化交流交融交锋更加频繁，文化在综合国力竞争中的地位和作用更加凸显。”在讲到文化与民生的关系时说：“我国仍处于并将长期处于社会主义初级阶段，人民日益增长的物质文化需要同落后的社会生产之间的矛盾仍然是社会主要矛盾。全面建成惠及十几亿人口的更高水平的小康社会，既要让人民过上殷实富足的物质生活，又要让人民享有健康丰富的文化生活”，我们必须抓住和用好这个重要战略机遇期，推动文化发展和繁荣，“更好满足人民精神需求、丰富人民精神世界”。

二、《决定》指出，把社会主义核心价值体系融入国民教育、精神文明建设和党的建设全过程，贯穿改革开放和社会主义现代化建设各领域，体现到精神文化产品创作、生产、传播各方面，是为了更好地发挥社会主义先进文化“引领风尚、教育人民、服务社会、推动发展的作用”；鼓励哲学社会科学工作者、文学艺术工作者创作出更多弘扬社会主义核心价值之“魂”的精品力作，是为了让它们能够发挥“以科学的理论武装人、以正确的舆论引导人、以高尚的精神塑造人、以优秀的作品鼓舞人，在全社会形成积极向上的精神追求和健康文明的生活方式”的作用。

三、近十年来我们在文化体制改革方面取得的一个突破性进展，就是区分开文化事业和文化产业，采取分类改革、两轮驱动、两翼齐飞、全面推进的方针。这在很大程度上是得益于对文化产品的意识形态属性与商品属性、社会效益与经济效益，即对其作用、功能的全面认识，以及把人民群众的基本文化需求和多样化需求区分开来，明确公益性文化事业的作用、功能主要是“满足人民基本文化需求”，“保障人民群众看电视、听广播、读书看报、进行公共文化鉴赏、参与公共文化活动等基本文化权益”；发展文化产业的作用和意义则是通过社会主义文化市场来“满足人民群众多样化精神文化需求”。文化产品是多种多样的，其作用和功能也是多方面的。强调把社会效益放在首位就是要求体现正确的思想导向，要求是健康的而不是低俗的，同时也不能忽视文化产品启蒙心智、愉悦身心、陶冶性情、舒缓压力，提高人的生活质量和幸福指数的作用。

四、《决定》对当代中国文化之“用”还从多方面、多角度、多层次进行了论述。比如一开始就讲“文化是民族的血脉，是人民的精神家园”，这是从宏观上讲文化的作用、地位和特性问题。血脉的作用是贯通，家园的作用是安居。这是说文化可以发挥贯通、维系民族精神的血脉作用、纽带作用，同时还具有安顿人的精神的家园作用。接着讲以中华文化为精神血脉和精神家园的中国共产党人，“历来高度重视运用文化引领前进方向、凝聚奋斗力量，团结带领全国各族人民不断以思想文化新觉醒、理论创造新成果、文化建设新成就推动党和人民事业向前发展，文化工作在革命、建设、改革各个历史时期都发挥了不可替代的重大作用”。《决定》对各个方面的文化事业和文化工作，都对其作用、功能有充分了解和清楚的认识，比如在讲到发展哲学社会科学时，就明确说是为了“使之更好地发挥认识世界、传承文明、创新理论、咨政育人、服务社会的重要功能”；在讲到加强和改进新闻舆论工作时，也强调要“发挥宣传党的主张、弘扬社会正气、通达社情民意、引导社会热点、疏导公众情绪、搞好舆论监督的重要作用”。此外，诸如“文化在推动全民族文明素质提高中的作用亟待加强”“发挥市场在文化资源配置中的积极作用”“要发挥文化和科技相互促进的作用”“发挥人民在文化建设中的主体作用”“发挥宗教界人士和信教群众在促进文化繁荣发展中的积极作用”之类的论述比比皆是。对“用”的高度重视正是有高度文化自觉的表现。

“体”和“用”是中国哲学的一对重要范畴，有体有用、体用统一是中国哲学的基本观念。唐代学者崔憬说：“凡天地万物，皆有形质，就形质之中，有体有用。体者，即形质也；用者，即形质之妙用也。”（《周易探玄》）这是体用范畴的本义，即指物质实体、本体与其作用、功能、属性的关系。著名哲学家朱熹和王夫之都经常在这种意义上使用体用范畴。如朱熹说：“假如耳便是体，听便是用；目是体，见是用。”（《朱子语类》卷一）“如口是体，说出话便是用。”（《朱子语类》卷二十七）王夫之说：“无车何乘？无器何贮？故曰体以致用。不贮非器，不乘非车，故曰用以备体。”（《周易外传》卷五）在他们看来，有其“体”必有其“用”，不同的“体”有不同的作用和功能。有两类事物是需要区分开来的，一类是有精神生命的事物，一类是没有精神生命的事物。有“魂”之体与无“魂”之体的作用、功能是不一样的。有“魂”之体的作用、功能必须“魂”与“体”相结合才能有效地发挥出来，无体可依的“游魂”和无魂支撑的“空体”“僵体”都是异化了的东西，都不能发挥其作用和功能。文化是有活的精神生命的有“魂”之体，文化的作用和功能必须“魂”与“体”相结合才能真正发挥出来。

正确认识和把握当代中国文化之“魂”与“体”的辩证关系，是有效发挥社会主义先进文化引领风尚、教育人民、服务社会、推动发展的作用的关键。从道理上来讲，文化的内在精神价值不仅要有一定的物质载体来承载，而且要有一定的外在表现形式和传播手段来传扬，才能产生现实影响和显示“以文化人”“以文育人”的力量；各种文化活动和文化产品也需要有内在精神价值的充实和支撑，才有主心骨和精气神，才立得起来并取得一定的社会效益和经济效益。“魂”与“体”谁也离不开谁，二者是相互依存、相辅相成、相得益彰的关系。这个道理似乎并不难懂，大家都能接受，但在实践中我们过去确实有对文化载体和传播手段建设重视不够的问题，有把先进的思想文化讲得太空因而效果不佳的问题；在今天人们对文化产业的关注度极高之时，又出现了受“一切向钱看”的价值观影响、部分文化产品的思想格调不高甚至低俗化的不良倾向。这就说明把握文化之“魂”与“体”的辩证关系并不单纯是一个认识问题，同时也是一个需要在实践中探索、遵循、贯彻并通过实践来验证的问题。中国特色社会主义文化建设实践已经证明，强“魂”健“体”、“魂”“体”相依才能成大用，这就是文化之“魂”“体”“用”三者统一的辩证法。

“魂、体、用”三元模式开辟了认识文化的新视野

中国人一贯重视文化的体用问题，历史上就有“器体道用”和“道体器用”之辨，近代以来又有“中体西用”和“西体中用”之争。在“体、用”二元的思维框架下，一些看似针锋相对的命题，如“中体西用”和“西体中用”，其实并没有直接的针对性，因为其所使用的体用范畴涵义是不同的，二者讲的根本不是一回事。

如前所述，体用范畴的本义是指有形质的物质实体、本体与其作用、功能、属性的关系，与亚里士多德讲的“本体”（“第一本体”）与“数量”“性质”等九范畴的关系十分类似。除此之外，中国哲学中的体用范畴还有多重涵义，哲学家们也经常从本质（本体）与现象的关系来谈体用，故有“内体、外用”之说。宋代哲学家胡瑗的“明体达用之学”就是在这个意义上来区分文化之体用的。他说：“君臣父子，仁义礼乐，历世不可变者，其体也；……举而措之天下，能润泽斯民，归于皇极者，其用也。”（《宋元学案·安定学案》）“体”是指封建文化中不变的精神指导原则，“用”是把这些原则运

用于具体实践，即“举而措之天下”的应事之方术。这种说法被看作是传统文化体用观的经典表述。清末的“中体西用”论继承了以体用区分内在的精神原则与外在的应事方术的传统观点，主张“中学为内学，西学为外学；中学治身心，西学应世事”（张之洞《劝学篇》），企图借助西方先进科学技术之“用”，来卫护中国封建纲常名教之“体”。这显然是一种保守主义的文化观。“西体中用”论则采取了釜底抽薪的策略，对体用范畴的涵义做了完全不同的界定，认为“体是社会存在的本体，即生产方式、生活方式”。“中体西用论的最大错误就在于认为科技是用而不是体，其实科技恰恰是体。”[①] 在他们看来，中国必然要走现代化的道路，而现代化源于西方，所以这是一条将“西体”运用于中国的道路。

90 多年前，一种新的先进文化马克思主义传入中国，并与中国工人运动相结合，催生了中国共产党。此后中国的思想文化格局，就不再是中西对峙而是中、西、马三者对立互动了。由于对中、西、马三种文化资源的态度不同，中国思想界出现了自由主义西化派、“中体西用”的文化保守派和马克思主义的“古为今用，洋为中用，批判继承，综合创新”派[②]三大思潮对立互动的局面。“中体西用”和“西体中用”文化观都不能解决中、西、马三者的关系问题，在长期论争交锋中，一种新的文化观即“马魂、中体、西用”论应运而生。突破“体、用”二元传统思维模式是认识上的一个飞跃，形成“魂、体、用”三元模式的关键在于把主导性之“体”（“魂”）与主体性之“体”区分开来。“马魂、中体、西用”论既坚持了马克思主义的指导思想地位，又坚持了民族文化的主体地位，同时还坚持面向世界、对外开放的方针。应该说这是最切合今天中国实际的一种文化观。

① 李泽厚：《论西体中用》，《团结报》1986 年 9 月 27 日。

② 关东：《现代新儒学研究的回顾与展望——访方克立教授》，《哲学研究》1990 年第 3 期。

我们高兴地看到，“马魂、中体、西用”论在《决定》中得到了非常有力的支持。《决定》明确说“社会主义核心价值体系是兴国之魂”，马克思主义指导思想是社会主义核心价值体系的四项基本内容之一，而且是“第一要义”，在分别为“灵魂、主题、精髓、基础”的完整理论体系中居于“灵魂”地位，也就是说，它是“魂中之魂”。这就充分肯定和格外强调了马克思主义在当代中国文化中的主导地位和决定性作用。《决定》中也有“以民族文化为主体，吸收外来有益文化，推动中华文化走向世界”的论述，在讲学习借鉴国外优秀文化成果时，强调要坚持“以我为主，为我所用”的原则。这就明确肯定了中国文化（“我”）的主体地位和外来有益文化之“用”的地位、“他山之石”地位。中、西、马三种文化资源在当代中国文化中各自的地位和它们之间的相互关系可谓一目了然。

《决定》除了从当代中国文化内涵构成的角度涉及了“马魂、中体、西用”的定位之外，还从一个更加宏观的视角考察了当代中国文化建设中的“魂”“体”“用”三者关系问题，即以包括马克思主义指导思想在内的社会主义核心价值体系为“魂”，以承载着文化精神价值的各种文化的物化形态和传播手段为“体”，结合我国文化改革发展实践提出了一系列强“魂”健“体”的具体措施，强调只有处理好“魂”与“体”的相辅相成关系，才能完成当代中国文化坚持社会主义方向、防止资本主义复辟的重大意识形态使命，才能有效配合社会主义经济建设、政治建设、社会建设、生态文明建设为其提供精神支撑，才能满足人民群众日益增长的多方面、多层次精神文化需要，才能发挥提高人的全面素质的作用。这是对“强魂健体才能成大用”的文化发展规律的生动说明。

世界上的事物现象是多种多样的，我们不能用一成不变的思维模式去认识和把握纷繁复杂的事物、现象和关系。中国人尝言“体用一源”、“体用一如”、“体用不二”、“体用相即”，有体有用、体用统一的思维模式在中华民族理论思维中有着深厚传统，今天也不可能完全弃之不用。但在运用时要界定清楚其涵义，以免陷入因概念混淆而造成的“体用困境”。我们不讳言体用，但是要慎言体用。对于“一分为三”或更复杂一些的事物现象，“体、用”二元模式就有明显的局限性了，“魂、体、用”三元模式可能是一条出路，也不排除还有其它的“兼和”模式。“魂、体、用”三元模式并不是什么人设计、创造出来的，它是对客观世界某种事物、现象和关系的真实反映，因此具有一定的普遍适用性。当然这个模式也不能随便套用，而是要根据实际情况，弄清楚问题域（对象、范围）和“魂”“体”“用”的具体涵义，把具体问题具体分析这个辩证法的“活的灵魂”用好。应该说，“体、用”二元模式和“魂、体、用”三元模式都是可以成立的，不过它们各有其适用范围，都只能用来说明一定的事物、现象和关系。对于文化这一类属于有“魂”之体的事物现象，可能更多地需要用“魂、体、用”三元模式来说明。

关于当代中国文化建设问题，我们是在文化改革发展的实践探索中，在与各种文化主张的长期争论中，才逐渐形成“马魂、中体、西用，三流合一，综合创新”和“强魂健体、魂体相依方能成大用”等规律性认识的。从古代“内体外用”的传统文化体用观，到近代以来的中西文化体用之争，再到我们今天对文化之“魂、体、用”辩证关系的认识，反映了人们的文化理念是不断发展更新和越来越接近客观真理的。只有用马克思主义世界观、历史观、人生观、价值观武装起来的中国共产党人，才能在自己实践探索的基础上，不受任何固定思维模式的束缚，不断开辟认识文化的新视野，达到对文化的本质、发展规律和作用功能的科学认识。《决定》就是用马克思主义观点创造性地阐明当代中国文化之“魂、体、用”三者统一辩证法的典范。它不仅对文化改革发展实践有很强的现实指导意义，而且具有重要的方法论意义，是指导文化研究的一个重要理论文献。

（原载《中国社会科学院研究生院学报》2012 年第 1 期）

从曲高和寡到主流话语

——张申府“三流合一”思想的历史命运

张申府先生是20世纪中国政治史和哲学思想史上的一个重要人物。在他诞辰120周年之际，我们在这里召开纪念会和学术研讨会，应该能够用更加客观的、理性的、历史主义的眼光，对他一生的是非功过做出评价，功是功，过是过，应该肯定是功大于过，贡献大于失误。我们党对他最后的评价也是非常正面的：著名的爱国民主人士，我党的老朋友。这主要是政治上的评价，而对他在思想史上的贡献和地位并没有提到。他不仅是中国最著名的罗素专家，而且是辩证唯物论世界观、方法论的热情宣传者，将其中国化、具体化的倡导者，是中、西、马“三流合一”的哲学和文化发展道路的首倡者，为中国现当代哲学和文化发展指出了一条现实可行之路。我们今天正在建设的中国特色社会主义文化，仍然是走的一条中、西、马“三流合一”、综合创新的道路。我们希望通过这次学术研讨会，能够引起大家对张申府这个重要历史人物的更多关注，把对二张的生平、著作和思想研究推进到一个新阶段。

我个人关注的主要是哲学思想方面。这里想谈一下张申府先生首倡的“解析的辩证唯物论”和中、西、马“三流合一”的思想，在20世纪中国哲学史上应有的地位，以及它对中国现当代哲学和文化发展的深刻影响。

现在人们都热衷于讲中、西、马“对话”，中、西、马“会通”，要求打破学科壁垒，培养中、西、马兼通的学术大家。但是在 20 世纪三四十年代，提出中、西、马“三流合一”的思想是很不容易的，是需要眼光也需要胆识的。可以说，这种观点直到张申府先生去世以前，始终是曲高和寡，只有他的胞弟张岱年先生等少数人对中、西、马“三流合一”的哲学和文化发展道路坚信不疑。申府先生是 1986 年去世的，1987 年秋，张岱年先生就在山东济宁召开的一个全国学术讨论会上提出了“文化综合创新论”，而且迅速成为 80 年代文化讨论中马克思主义派的一面文化旗帜，在今天已成为一种得到广泛认同的主流文化观点，“三流合一”也成为人们耳熟能详的理论话语。我们知道，张岱年先生青年时代就深受申府先生的影响，基本认同其哲学和文化观点，他在 80 年代提出的“文化综合创新论”，实际上是申府先生中、西、马“三流合一”思想在新的时代条件下的继承和发展。无论申府先生的人生经历是多么曲折，我们在今天还是不能不佩服他的“先知先觉”，可以说在上个世纪，他就是为数不多的中、西、马兼通的思想和学术大家之一。

下面我想就这个问题，分几点来谈一谈。

一 “三流合一”提出者的知识背景

我们从张申府先生的家学渊源和教育背景，以及他不断追求新思想的求知经历，可以看出他在青年时代就打下了中、西、马三个方面很好的学问根底。

13 岁前他在家乡接受的是传统教育，主要诵读《诗经》《四书》《礼记》等国学经典。1906 年到北京上新式小学。1908 年入读顺天府高等学堂，一方面学习英文和日文，学习西方的科学、数学和哲学，读过《哲学要领》《泰西学案》等西学教材，以及《天演论》《新民丛报》等宣传新思想的书报。同时继续学习中国传统文化，对儒家、道家、墨家、名家、佛学以及刘劭的《人物志》等都进行了学习和研究，特别热衷于阐扬孔子的仁学、先秦名辨思想和《老子》《易传》的辩证法思想。1912年开始读《说文解字》，喜研“小学”。正如张岱年先生所指出的：张申府在接受西方学术时，并“没有把自己和传统中国思想隔离”① 开来。

张申府先生1914年入读北大数学系，当时他最重视、最集中学习的是数理逻辑。大约在1915年，他读到了罗素的《哲学问题》一书，深受其影响，于是遍读当时他能找到的罗素著作和文章。正是罗素引导他进入了哲学之门。舒衡哲说张申府的哲学道路是“由数学跳到哲学，又由逻辑跳至唯物辩证论”②。大概从1916年开始，他受到李大钊先生的影响，开始关注唯物史观，接触到马克思主义理论，并和李大钊、陈独秀一起筹建中国共产党。1920—1923年，他在法国、德国等地考察社会主义运动和研究马克思主义、辩证唯物论。1922年，他读到了列宁的《国家与革命》《左派共产主义——一个孩子病》以及托洛茨基等人的著作，对马克思主义的世界历史意义有了更深刻的了解。以后他也读过斯大林为《联共（布）党史》写的《关于辩证唯物论与历史唯物论》，评价非常之高。张申府对马克思主义的研究特别注重于辩证法（也译为“对戡法”）。他把辩证法的基本观点概括为“相反而相成，矛盾之谐和”③；读了列宁的《哲学笔记》之后，又概括为“相反相成，对立统一”④，应该说是抓住了辩证法的根本。我们要考察“三流合一”思想的理论来源，不能不注意到他的上述教育背景和求知经历。这是我想讲的第一点。

① ［美］舒衡哲：《张申府访谈录》，［美］李绍明译，北京图书馆出版社2001年版，第168页。

② ［美］舒衡哲：《张申府访谈录》，［美］李绍明译，北京图书馆出版社2001年版，第50页。

③ 张申府：《所思》，神州国光社1931年版，“序”第1页。

④ 《续所思·一〇〇》，《大公报》1934年2月8日第11版《世界思潮》第65期。

二 “三流合一”思想形成的过程

从上个世纪二十年代到四十年代，张申府先生提出“三流合一”思想大体上经过了三个阶段。

二十年代是酝酿阶段，可以1925年写的《第三文化之建设》一文为代表。在中国文化发展道路问题上，他提出要超越“保守东方旧化说”“移植西洋旧化说”“机械地融合东西两化说”三种旧的文化观，在唯物史观的基础上，“将东西所有旧有的东西，都加以重估，评衡，及别择”，创造一种既超越中国旧文化和西洋近代文化，又吸收双方之优长的“第三文化”。“第三文化”的建设，要顺“物质”之可能，建立一种“超资本主义”的新经济制度，还要在精神方面把西洋文明最大的贡献即“科学法”拿来，切实运用活的辩证法（对戡法），才有可能成功。[1] 这里面已有“三流合一”思想的萌芽。

三十年代是第二阶段，申府先生1932年9月开始主编天津《大公报·世界思潮》副刊，主要介绍当时的新思想，包括辩证唯物论、西方的科学和哲学及其最新进展。1932年10月22日，他在一则《编余》中首次提出：“我的理想：我愿意，百提，伊里奇（我本曾译伊里赤），仲尼，三流合一。”[2] 这是我们最近才弄清楚的“三流合一”说的原始出处。半年后，即1933年4月27日，《大公报》发表了张岱年先生的《关于新唯物论》一文，其中提到“本刊编者曾云：‘我的理想：百提（罗素），伊里奇（列宁），仲尼（孔子），三流合一’”，并作了如下解释发挥：“吾以为将来中国之新哲学，必将如此言之所示。将来之哲学，必以罗素之逻辑解析方法与列宁之唯物辩证

---

① 张申府：《第三文化之建设》，《张申府文集》第1卷，河北人民出版社2005年版，第61—64页。

② 《编余》，《大公报》1932年10月22日第8版《世界思潮》第8期。

法为方法之主，必为此二方法合用之果。而中国将来如有新哲学，必与以往儒家哲学有多少相承之关系，必以中国固有的精粹之思想为基本。”[①] 张岱年这篇文章是在申府先生提出“三流合一”思想半年后，在同一个报刊上发表的。应该说，开创中、西、马“三流合一”、综合创新的哲学和文化发展道路，张氏兄弟有不可抹煞的历史性贡献。

四十年代是第三阶段，以 1941—1942 年写的《家常话》为代表，申府先生继续坚持和发挥“三流合一”思想，有些道理讲得更加明确、更加深刻了。他说：“我始终相信，孔子、列宁、罗素是可合而一之的。我也始终希望，合孔子、列宁、罗素而一之。”在他看来，孔子代表了中国古代以来最好的传统，即“由仁、忠、恕、义、礼、智、信、敬、廉、耻、勇、温、让、俭、中以达的理想”，这主要是讲人生理想；罗素代表了西洋以来最好的传统，就是西方最进步的科学和逻辑，尤其是他最为看重的数理逻辑；列宁代表了新的正在兴起的、方兴未艾的传统，这就是唯物辩证法、辩证唯物论。他认为：“合孔子、罗素、列宁而一之的新体系定是新世界中的新中国的新指标、新象征。”[②] 就是说，他认为今后的“新中国哲学”，乃至“新世界学统”，都必然要走中、西、马“三流合一”这样一条道路，他对此充满了信心。在四十年代，不只是《家常话》，我们看到申府先生还有不少类似的论述，说明这个时期他的“三流合一”思想已经相当成熟和定型了。这是我讲的第二点。

三　“合一”的涵义是什么？

要准确了解张申府的“三流合一”思想，弄清楚其中“合一”

---

① 张岱年：《关于新唯物论》，《张岱年全集》第 1 卷，河北人民出版社 1996 年版，第 133 页。

② 张申府：《家常话》，《张申府文集》第 3 卷，河北人民出版社 2005 年版，第 434 页。

的涵义是一个关键。

我们现在的研究有一个薄弱环节，就是不太了解三四十年代提出“三流合一”思想时的舆论环境，以及提出来后在中国思想界有些什么反应。我们可以想见，当时占统治地位的思想营垒，站在国民党方面的学者，无论是自由派还是保守派，对“三流合一”思想都是反对的，因为你宣传辩证唯物论，在他们看来是“乱党的哲学”，不但要口诛笔伐，有人甚至破口大骂。当时报刊上确实有不少这方面的资料。而在革命的思想营垒，共产党方面的学者，对张氏兄弟的“三流合一”思想是不是就非常欢迎呢？像我们今天这样，大家都非常肯定这一思想的价值呢？事实并非如此。我可以举一个例子：1940 年，陈伯达在《中国文化》杂志上就“新哲学”问题发表了《论“新哲学”问题及其他——致张申府先生的一封公开信》，他就不赞成把辩证唯物论与罗素的实在论、逻辑经验论相提并论。因为在他看来，现在的“新哲学”就是辩证唯物论，将来的哲学领域也只能是属于辩证唯物论。除了辩证唯物论，没有什么“新哲学”。他说近代许多所谓的“新哲学”，基本上都不过是陈腐的唯心论哲学的花样翻新。所以他批评张申府的“三流合一”说是“一种毫无意义的折衷主义的企图，而且实质上只能是一种唯心论的翻版”[①]。这就是把“三流合一”思想看成是模糊思想阵线的折衷主义、调和论，是多种异质思想的“大杂烩”。这在当时大概还不只是陈伯达一个人的看法。综合各个方面的情况，从受众方面来说，“三流合一”思想在当时的认同率其实是很低的，尤其是在强调阶级斗争和思想上路线斗争的时代，人们不太容易接受这种富有前瞻性的思想。换一个角度，从提出者这个方面来说，张申府先生的思想有没有批评者所说的“杂”的问题呢？是否也在一定程度上存在着调和论的倾向呢？问题确实也是存在的。申府

① 陈伯达：《论“新哲学”问题及其他——致张申府先生的一封公开信》，《中国文化》1940 年第 1 卷第 5 期，第 32 页。

先生自己就承认他的思想很“杂”。他曾经说过：“我一生都喜欢新的思想，总之是新的东西我都爱。……因此我非常分散。在我的学术生命中，我很杂。”[①] 周恩来也说“张申府的思想很杂”[②]。他的思想中也确实表现出一定的调和论倾向，比如在抗战时期，他认为进步阵营推动的新启蒙运动，与蒋介石提倡“四维八德”的新生活运动并没有什么大的区别，“都应了时代的需要”，是可以“互为表里”“相辅相补”[③] 的。这就是思想上的界限不清。

对于当时思想界的各种反应和评论，申府先生当然是了解的，实际上他也作出了回应，进行了答辩。他主要是从方法论上指出，“三流合一”并不是什么折衷主义的调和、混合，而是一种“辩证的或有机的综合”[④]；不是外在凑合的大杂烩，而是“有机的化合”[⑤]。比如他说：“我们的新哲学应该是过去最好的传统与科学与逻辑与辩证唯物论的一个革命的创造的化合体。”[⑥] 所谓“革命的创造的化合体”，就是创造的综合，就是我们现在讲的综合创新。在他看来，“三流合一”并不是从各大家的学术里边，这里取一点，那里取一点，拼凑成一个系统。它不是“混合的综”“外表之综”，而是在逻辑分析的基础上，经过扬精去糟，“而以逻辑的综合继之”的“化合的综”“内

① ［美］舒衡哲：《张申府访谈录》，［美］李绍明译，北京图书馆出版社 2001 年版，第 23 页。

② 周恩来：《论知识分子问题》，《周恩来选集》下卷，人民出版社 1984 年版，第 357 页。

③ 张申府：《启蒙运动与新生活运动》，《战时文化》1939 年第 2 卷第 3 期。

④ 张申府：《五四纪念与新启蒙运动》，《张申府文集》第 1 卷，河北人民出版社 2005 年版，第 192 页。

⑤ 张申府：《抗战建国文化的建立发端》，《张申府文集》第 1 卷，河北人民出版社 2005 年版，第 259 页。

⑥ 张申府：《抗战建国文化的建立发端》，《张申府文集》第 1 卷，河北人民出版社 2005 年版，第 258—259 页。

里之综"[①]。他对这两种不同性质的综合作了明确的区分，强调有机化合之"综"不是形而上学，而是辩证法。"三流合一"所要创造的中国新文化，应该是"各种现有文化的一种辩证的或有机的综合"[②]。然后他进一步指出：所谓"合一"的本质涵义就是对立统一，就是相反相成。所谓"相反的"，"乃是一个整东西的不同的方面，不可相缺的方面"，即矛盾的不同方面，必须"以相反的为分而观其所属的全，而观其会通"。[③] 就是说你不但要看到相反的、对立的方面，而且也要看到相反相成、相容相通、相资互益这个方面。我们在申府先生的文章中可以看到，他有许多表述这方面思想的概念，比如"相需相待""相容相通""相融谐通""相需相资""相补相充""相辅相成"等等，这些概念所表达的"合一"的涵义，都可以归属于辩证法的"同一性"范畴。这一点他在理论上非常清醒，自信在方法论上是完全站得住脚的。

四 "三流合一"思想的实质内容

弄清楚张申府讲的"合一"之涵义后，我们对"三流合一"思想的实质内容就比较容易理解和把握了。在他看来，中、西、马三种思想资源之间的关系，相反相成、相容相通、相资互益、相辅相成的情况都有。下面看他是怎样具体论述的。

他首先论述了当今世界两大哲学主潮，即"逻辑解析"与"辩证唯物"之合一、合流。在《现代哲学的主潮》一文中，他说："现

---

① 张申府：《现代哲学校论》，《张申府文集》第2卷，河北人民出版社2005年版，第83—84页。

② 张申府：《五四纪念与新启蒙运动》，《张申府文集》第1卷，河北人民出版社2005年版，第192页。

③ 张申府：《自由与组织》，《张申府文集》第1卷，河北人民出版社2005年版，第522页。

代世界哲学的主要潮流有二：一为解析，详说逻辑解析；二为唯物，详说辩证唯物。”二者似乎是相反的，但相反者常相成。二者有不少相通之处，突出地表现在都要实事求是，都要根据科学，都反对承认有不变之本体的玄学。二者不但相通，而且相补。“解析末流之弊是割裂破碎，辩证唯物之弊则是笼统漠忽。因此，解析与唯物，实正相补。”只有“两势会归、相通互补”，才能发扬各自的优长，而避免各自的偏失。因此，他得出结论：“最近世界哲学里两个最有生气的主潮是可以合于一的。而且合一，乃始两益；而且合一，乃合辩证之理。”在他看来，“将来的世界哲学实应是一种解析的辩证唯物论”。[①]这就是他理想中的一种将逻辑解析与辩证唯物“合于一”的哲学形态。

其次，他非常重视辩证唯物论与中国传统哲学精华的会通。在张申府看来，“辩证唯物论，虽成自西洋近代，恰是中国古哲学与方法的真传统”[②]。他认为中国是一个“尚实”的民族，实是中国最好的传统，凡是中国的长处都在于实。说实话，做实事，讲实学。真实，切实，平实，朴实；实在，实际，实践，实验。朴实无华，充实有力，诚实无欺，脚踏实地，实事求是，等等。承认实在、如实而观就是他讲的“大客观”，就是辩证唯物论的基本方法和态度。他又说：唯物辩证法的第一精义就是活。“中国哲学所见的生活，乃是熙熙融融为其象，而实大刚健为其体。”“中国哲学的出发点确在是活的。”[③]这种活的、实在的辩证法包括“一阴一阳之谓易”的观点，物极必反、剥极必复、相反相成的观点，对事物总要作面面观、全面观乃至

① 张申府：《现代哲学的主潮》，《张申府文集》第2卷，河北人民出版社2005年版，第185—186页。

② 张申府：《论纪念孔诞》，《张申府文集》第2卷，河北人民出版社2005年版，第632页。

③ 张申府：《续所思·九十六》，《张申府文集》第3卷，河北人民出版社2005年版，第181页。

反面观的观点，关于事物的发展变化和“生生日新”的观点，关于事物的普遍联系和“通”为一体的观点，以及掌握分寸、恰到好处、“执两用中”的观点，等等。在他看来，“中国哲学的言仁、生、易，实深有合乎辩证法，有顺乎大客观”。中国哲学的基本概念：实、活、中、仁、生、易、通等等都是相通互融的，在整体上体现了辩证唯物论的根本精神，所以他说：“‘实而活’就是辩证唯物论或唯物辩证法的精蕴。”[①] 张申府比李约瑟更早、更明确地提出了辩证唯物论在中国古已有之的观点，他的缺点是没有把辩证唯物论的现代科学形态与古代素朴形态区分开来。一方面，马克思主义哲学的现代科学形态激活了中国传统哲学中内蕴的唯物辩证法的真精神，彰显了其意义和价值；另一方面，马克思主义哲学中国化又需要中国传统哲学提供支援意识，因此二者的合一、合流实具有必然性。

作为一个革命者和启蒙思想家，张申府先生并不否定“五四”运动反封建、反迷信、反权威和反对旧礼教的革命意义，但是他不赞成不分精糟地把中国传统思想一概否定，所以在倡导新启蒙运动时提出了“打倒孔家店，救出孔夫子”的口号。他认为孔子的“仁学”和以实、活、中、仁、生、易为代表的中国哲学“真精神”，就是需要抢救出来的传统思想的精华。申府先生说：“无论如何，孔子是最可以代表中国的特殊精神的，那么，为什么不应发其精华，而弃其糟粕？……复古是不可能的，但是一个民族，如果知道他自己文化上的成就，认识它文化上的代表人物，总可以增加些自信，减少些颓唐奴性。”[②] 这是对待民族文化应有的一种同情地理解的态度。

再次，中西两大哲学传统的相容相通和相资互补，也是他长期关注的一个重要课题。在他看来，“今日的问题，以及今后整个世界的

---

① 张申府：《教实》，《张申府文集》第 1 卷，河北人民出版社 2005 年版，第 298 页。

② 张申府：《续所思 · 九十七》，《张申府文集》第 3 卷，河北人民出版社 2005 年版，第 181 页。

问题，根本都在把中国古代道德哲学与西洋近代自然科学融合起来，而特别要从双方的方法精髓入手”[①]。具体地说，“一与通是东方哲学之特长。多与析则西方哲学之所擅。信一与通，邻于神秘。持多与析，必重逻辑，而求最的之知”。他的愿望则是“于多见一，由析达通；一不忘多，析而以通为归宿”。[②] 也就是说，力图在方法论上实现中西哲学的互补和融通。他特别希望用西方的科学、逻辑和唯物辩证法，来纠正中国传统思想笼统、模糊、混沌、不求甚解的毛病。在此之前，他还说过：“‘仁’与‘科学法’：我认为是人类最可宝贵的两种东西。仁出于东，科学法出于西。”科学法的根本精神“本不外乎诚实二字”，他认为这就是孔子讲的“四绝”：“毋意，毋必，毋固，毋我。”有了这种精神，就可以避免培根讲的“四妄”：“种妄，穴妄，市妄，戏妄。”[③] 在这里他表明中西哲学也有相通之处，孔子和培根都强调观察的客观性，反对违背客观真实的种种主观虚构。他认为英国哲学的传统是重视经验、注重实际、主张实在，这点与中国传统哲学思想是最为接近的，力图在两种哲学传统之间寻找共同点。他沟通“仁”与科学法的基本思路，则是企图以“仁”作为引导科学法的价值体系，认为“今日世界的问题，是如何把仁的生活，与科学或与由科学而生的工业，融合在一起”[④]。这也是一种互动和互补。

以上内容主要是讲哲学思维方式上的中、西、马“三流合一”。申府先生按照“三流合一”的思路，也形成了自己具有个性的哲学思

---

① 张申府：《家常话·九十》，《张申府文集》第3卷，河北人民出版社2005年版，第319页。

② 张申府：《续所思·四》，《张申府文集》第3卷，河北人民出版社2005年版，第138页。

③ 张申府：《所思·七》，《张申府文集》第3卷，河北人民出版社2005年版，第64页。培根讲的“四妄”，近人又翻译为“种族假象”“洞穴假象”“市场假象”“剧场假象”四种假象。

④ 张申府：《所思·一一八》，《张申府文集》第3卷，河北人民出版社2005年版，第123页。

想，比如“大客观论”和“具体相对论”。他在讲到具体相对论的来源时说：“它的最直接的渊源就是罗素的数理逻辑上的类型说。……现代物理学上的安斯坦的相对论，以及马克思主义里的辩证唯物论，也是我的见解的启发者。但是我这个见解也还有一个渊源。那就是中国哲学，特别是孔子的真传统与庄子的一些话。”① 这是他把“三流合一”作为一种方法而加以实际运用的一个例证。

除了注重哲学思维方式的综合创新之外，张申府先生的“三流合一”思想还有一个重要的维度，就是力图实现人生理想和社会理想方面的中、西、马“三流合一”。他把作为人类最高理想的共产主义与理想化了的孔子“仁学”结合起来，以“仁”为形式而以共产主义为实质内容，同时吸收了罗素的社会哲学和西方自由主义思想的某些资源，提出了“个人主义”与“大同主义”统一，“遂生、大生、美生”，“天人合一、天下归仁、止于至善”的人生理想和社会理想。它既是共产主义人生理想和社会理想中国化的具体表现，也是中国传统“仁学”的现代转化，又是对西方资产阶级自由、民主思想的积极扬弃。

五　“三流合一”思想的时代价值

前面已经提到，张申府先生首倡的中、西、马“三流合一”思想，其最重要的意义就是为中国现当代哲学和文化发展指出了一条现实道路，我们今天仍然是在这条道路上往前走。

近代以来，“中国向何处去”“中国文化向何处去”一直是人们最关心的问题，这就是中国社会和中国文化发展的道路选择问题。党的十八大大报告指出：“道路关乎党的命脉，关乎国家前途、民族命

① 张申府：《我的哲学的中心点——具体相对论》，《张申府文集》第2卷，河北人民出版社2005年版，第341页。

运、人民幸福。”① 所以道路选择和道路自觉问题至关重要。近代以来，在中国文化发展道路问题上一直有古今中西之争。到了“五四”时期，马克思主义传入中国，中、西、马的关系问题就成为近百年来文化道路选择和文化论争的中心主题。古今中西之争继续存在，但是多了一种文化道路选择的可能性，就是既不走“全盘西化”的道路，也不走“复归传统”的道路，而是在马克思主义和社会主义价值原则指导下，超越古今中西之争而又吸收古今中外文化的精华，走一条中、西、马“三流合一”、综合创新的文化发展道路。李大钊、陈独秀、瞿秋白、鲁迅、毛泽东等人都看到了这一点，但是最先提出“三流合一”思想、原则、方法和概念（话语）的人却是张申府，最先明确支持这个提法的人是张岱年。中、西、马“三流合一”是“五四”后中国哲学和文化发展的一条现实可行之路，是一条康庄大道，在今天，它的时代价值已经越来越彰显出来了。但是在上个世纪三四十年代，提出这种观点并不容易，也难以得到广泛认同，因为当时正是代表中国社会各阶级利益的各种政治势力决战的时期，国际国内阶级斗争尖锐复杂，思想上的路线斗争也十分激烈，人们从现实利益考量，往往只看到各大思潮之间的分歧、对立，互相批评，激烈论战，“道不同不相为谋”的这一面，而对它们之间相反相成、相容相通、相资互益、对立互动的一面有所忽略，或者视而不见，看不到它的前瞻意义，甚至把“三流合一”思想当作一种企图消弭阶级斗争和思想路线分歧的“奇谈怪论”而加以批评。张申府先生曾经预言，“第三文化”的建设，一要建立一种与之相适应的新经济制度，二要提高人们的科学知识水平，特别要善于运用辩证思维方法。中国在建立了社会主义的基本制度和接受了“文革”的教训、走上改革开放的道路

① 胡锦涛：《坚定不移沿着中国特色社会主义道路前进为全面建成小康社会而奋斗——在中国共产党第十八次全国代表大会上的报告》，《人民日报》2022 年 11 月 18 日第 1 版。

后，对中、西、马“三流合一”思想的认识也达到了一个新境界，张岱年先生提出的“文化综合创新论”得到广泛认同就是一个显著标志。这是符合历史辩证法的。申府先生生前没有看到中国思想文化界的这种好形势，没有看到今天的中国特色社会主义文化建设已经把中、西、马“三流合一”的道路越走越坚实，越走越宽广。他如果地下有知，也会笑慰九泉的。

关于中、西、马三种文化资源在“三流合一”中的地位和相互关系，我在2006年纪念张岱年先生逝世两周年的学术研讨会上，曾经提出“马魂、中体、西用”的看法。其完整表述是“马学为魂，中学为体，西学为用，三流合一，综合创新”五句话。很明显，“马魂、中体、西用”论是接着张申府先生的“三流合一”说和张岱年先生的“综合创新”论讲的。我当时关注的主要是张岱年先生的有关思想，特别是受到他讲的“中华民族是建设社会主义中国新文化的主体，而社会主义是中国新文化的指导原则。科学技术等等都是为这个民族主体服务的，也都是为社会主义服务的”① 一段话的启发，我认为在这段话中已经包含着“马魂、中体、西用”的基本思想，不过还是在体用二元模式中表述出来的。当时我还没有认真拜读张申府先生的著作，在准备参加这次会议的过程中，我特别注意他在论述中、西、马的关系时，是否已有“马魂、中体、西用”思想的某些迹象或者萌芽。结果使我颇为兴奋，感觉收获很大。申府先生在《家常话》中有非常明确的以马克思主义、辩证唯物论为主导的思想，他用的概念是“主宰”。他强调今天做学问一要从实际出发，二要做正名的工夫，三要讲究逻辑，然后接着说：“在三者之上更要已经相习而不自觉地时时以辩证唯物主义为主宰，把它贯通到各角落各方面：时时要确在‘实’，如实，踏实；时时要‘活’，要注意活，时时要注意各方面的关联，时时要注意变化发展，时时要注意各类对立与矛盾，时

① 《张岱年全集》第6卷，河北人民出版社1996年版，第129页。

时要注意相互斗争和否定，时时要勿忘相反相成。”[①] 这就是在继承中西学术的基础上，要求把唯物辩证法当作时时要加以自觉运用的基本观点和方法。他在论述世界哲学两大主潮之合流时，也明确指出：“已经开始而偏于西洋的未来世界文化，其中心哲学与方法就是辩证唯物论。”[②] 他还在用语上将“法”（方）与“术”（道）区分开来，“以辩证法为术，而以科学法与逻辑解析为法”，认为“法是要受术的指导的”。[③] 这些都说明在申府先生看来，辩证唯物论在“三流合一”中正是起着“中心”“指导”“主宰”和“灵魂”的作用。关于中国文化的主体地位，也是申府先生始终关注和一再强调的。他明确说中国文化的发展要“以中国为主”“中国自己作得主宰”[④]，鼓励青年要“以本国为重，从本国出发”，“时时守住中国的立场”[⑤]。在《民主原则》这篇文章中，他还有“以中国为体以中国为本位”[⑥] 的提法。坚持马克思主义的指导思想地位和中国文化的主体地位，是“马魂、中体、西用”论的基本观点和核心观点。现在看来，中、西、马“三流合一”思想的首倡者张申府先生就已自觉或不自觉地持有这种理论立场，张岱年先生在中国特色社会主义新文化建设实践中，特别是在同各种错误思想的斗争中，对此有了更深刻的认识，他的有关

---

① 张申府：《家常话·三〇〇》，《张申府文集》第3卷，河北人民出版社2005年版，第439页。

② 张申府：《论纪念孔诞》，《张申府文集》第2卷，河北人民出版社2005年版，第632页。

③ 张申府：《苏联科学的一般特征》，《张申府文集》第2卷，河北人民出版社2005年版，第315页。

④ 张申府：《要有你自己!》，《张府文集》第3卷，河北人民出版社2005年版，第238页。

⑤ 张申府：《论青年思想》，《张申府文集》第1卷，河北人民出版社2005年版，第363、364页。

⑥ 张申府：《民主原则》，《张申府文集》第1卷，河北人民出版社2005年版，第473页。

论述离“马魂、中体、西用”论实际上只有一步之遥了。两位先贤的思想探索历程，使我们更清楚地认识到，中、西、马的关系不能用一个中西对立、体用二元的僵固思维模式框限住，把主导性之“体”与主体性之“体”区分开来是非常必要的。其实这也是传统哲学留下来的老问题，“道体器用”之体与“器体道用”之体是不能混为一谈的。“魂、体、用”三元模式为讲清楚“三流合一”中的中、西、马关系提供了一条新思路。

最后我再谈一点感想，提一个建议。

两年前，河北师范大学开创性地建立了张申府张岱年研究中心。两年来，中心做了扎实而又富有成效的工作，创建了二张研究网站，出版了二张研究集刊，有力地推动了全国范围内的二张思想研究。我觉得今天这个会开得非常适时。过去二张研究的重点是张岱年先生，他是国内中国哲学史学界的权威、泰斗，中哲史界受教受益的学者很多，他们也是积极参与二张研究的主力军。这次以纪念张申府先生诞辰120周年为契机，专门开会研讨他的学术思想，引起中共党史、近现代思想史、文史资料研究等方面更多学者的关注和参与，将把二张生平、著作和思想研究全面推进到一个新阶段。我个人认为，下一步需要提上日程的工作，最重要、最迫切也最具有实质意义的一项工作，就是要新编《张申府全集》和重编《张岱年全集》，为二张研究提供完整、可靠的资料依据。著作是思想的载体，如果著作收集不全，生平研究也难免有所欠缺，所以编辑出版二张先生的“全集”是深入开展二张研究的一项基础性工作。

我是从解决一个具体问题的感受而意识到编辑出版全集的紧迫性的。出席这次会议，我想讲一下“三流合一”问题，但是直到5月27日，我还不知道“三流合一”的原始出处。张岱年先生在《关于新唯物论》一文中曾经提到：“本刊编者曾云：‘我的理想：百提（罗素），伊里奇（列宁），仲尼（孔子），三流合一。’”发表这篇文章的报刊就是张申府先生主编的天津《大公报·世界思潮》副刊。但这句话在《张申府文集》和他的其它著作中都找不到出处。《家常话》中有很明确的关于“三流合一”的论述，但那是四十年代写的东西，不是原始出处。5 月 27 日，我给杜运辉同志发了一个电子邮件，希望他在开会之前帮助把原始出处查出来。查找的目标很明确，就是天津《大公报》的《世界思潮》副刊，时限也很确定：张申府先生是 1932 年 9 月开始主编这个副刊的，张岱年先生的《关于新唯物论》一文发表于 1933 年 4 月 27 日，他引据的“本刊编者云”应该就在这个期间的“编者按”“编后”“编余”之类文字中。杜运辉把这个任务又交给了南开大学哲学院的博士生张娇同志。我的邮件是上午 9 点发出的，下午 5 点就收到回复：已经查到了，这句话是在 1932 年 10 月 22 日的一则《编余》中。我从这件事情受到启发：要深入研究二张先生的思想，必须把他们的“全集”编出来。申府先生主编天津《大公报·世界思潮》副刊两年零四个月，一共出了 88 期。《张岱年全集》第一卷中有 26 篇文章是发表在这个副刊上的，而在《张申府文集》中，只有第二卷的《鸡蛋与鸡——英雄与时势》《事、理或事实》《客观与唯物》三篇文章，第三卷的一篇《编零》，第四卷的《概然与概率》《有的人为什么让人喜欢》两篇译文，共计 6 篇文章发表于该副刊。申府先生在《所忆》中说过：“我曾经借这个机会尽力显扬或介绍了不少新思想、新理论、新哲学、新科学、新人物、新事、新物、新书、新期刊”，“其中用本名或不署名的文字都是我写的”。[①] 很显然，该副刊上还有许多他署名或不署名的文字，没有收到《张申府文集》中去。如果把他主编两年零四个月的 88 期《世界思潮》副刊都找出来，弄清楚他使用过哪些笔名，除了署名文章外，还要注意“编者按”“编后”“编余”之类的文字，那么，肯定还可以发现不少《文集》没有收进去的新内容。如果按照《所忆》提供

① 张申府：《所忆》，《张申府文集》第 3 卷，河北人民出版社 2005 年版，第 554、606 页。

的线索，把他主编过、主笔过或投稿发表过文章的报纸杂志都普查一遍，我想一定会大有收获。只要有心做这件事情，功夫下到了，编“全集”的工作我们现在是可以做的。把这个工作留给后人，难道二十年后，五十年后，甚至一百年后条件会更好一些吗？不一定。二张先生是已经盖棺定论而又辞世不久的历史人物，他们的学生和子女都还健在，现在可能是编“全集”的最佳时机。河北师大设有二张研究中心，义不容辞地应该承担起设计、规划和具体组织实施的工作，与家属、有关研究会、高等院校、图书馆、出版社等单位通力合作，还可以争取立项得到国家支持。经过若干年努力，编辑出版二张全集的工作是有可能在我们这代人手里完成的，我们不应该推卸自己的历史责任。

全面推进二张生平、著作和思想研究，还有许多事情可以做。在舒衡哲访谈录之后，我们还没有看到过一本我国学者写的翔实的张申府传记、年谱之类的书，这不能不说是令人遗憾的。张申府是一个传奇性的历史人物，他的丰富而曲折的人生经历，不仅应该是学术研究的对象，而且是文学创作的很好素材。河北省有才华的作家如果能把它写出来，拍成电视连续剧，一定是很吸引人的。张申府、张岱年兄弟在传播马克思主义并为其寻找中国因缘的过程中，思想契合，感情深笃，但是两人的性格却很不一样。“刚毅木讷近仁”的张岱年先生是一个纯粹的学者，虽有爱国、进步的政治思想，但不喜涉入政治太深。张申府先生则既是学者和思想家，也是一个风流倜傥、热心于政治的著名社会活动家。把他们用形象的文学艺术手法表现出来，一定能给人们留下深刻印象。我在这里只是表达一种个人愿望，希望二张生平、著作和思想研究能够引起更多人的关注，产生更大的感染力。

［本文是作者 2013 年 6 月 15 日在石家庄召开的“张申府先生诞辰 120 周年纪念暨学术研讨会”上的发言。原载《河北师范大学学报》（哲学社会科学版）2013 年第 5 期］

充分发挥儒学对马克思主义中国化的支援意识作用

当代中国主流文化建设必须正确解决中、西、马的关系问题。如何处理中、西、马三“学”（三种文化资源、三大知识体系）的关系，也是“五四”后近百年来中国文化发展道路之争的关键问题。2006年，我曾提出“马学为魂，中学为体，西学为用，三流合一，综合创新”① 的看法。大家知道，这个看法是接着张申府、张岱年先生上个世纪30年代的“三流合一”说和张岱年先生80年代的“文化综合创新论”讲的，不过将文化“体用”二元模式变通、发展为“魂、体、用”三元模式而已。张岱年先生说：“中华民族是建设社会主义中国新文化的主体，而社会主义是中国新文化的指导原则。科学技术等等都是为这个民族主体服务的，也都是为社会主义服务的。”② 他把“中华民族”和“社会主义”都放在“体”的地位，认为科学技术之“用”是为这两个“体”服务的。我只是把主导性之“体”与主体性之“体”区分开来，将前者称之为“魂”；并且把他的“中华民族主体论”变成“中国文化主体论”，因为我们讨论的是三“学”关系问题。“马魂、中体、西用”的文化发展道路和学术范式，符不符合当代中国的实际，有没有理论价值和现实意义，愿意听

---

① 方克立：《关于文化的体用问题》，《社会科学战线》2006年第4期。

② 《张岱年全集》第6卷，河北人民出版社1996年版，第129页。

学者们评说，更需要接受历史实践的检验。

马克思主义与儒学的关系同中、西、马的关系问题有密切关联，但还不是一个问题。因为“儒学”不等于“中学”，它只是“中学”的一部分，但是其中分量很重的一个部分。儒学对于马克思主义的中国化有非常重要的正面作用，我想用“文化土壤”和“支援意识”两个概念来说明。

近百年来，马克思主义与儒学两种思想体系在中国相遇，它们之间难免有思想冲突和碰撞，也有不少互相交流、借鉴、融合的成功经验。中国共产党是中华优秀传统文化的继承者和弘扬者，从党员修养到执政理念，都从传统儒学中批判地吸取了一些适合中国国情的历史经验和思想理念，比如“以德治国”与“依法治国”相结合的思想，建设和谐社会、和谐世界的思想，“以人为本”和重视民心、民生的思想，等等。学者们对两大思想体系会通之必要性与可能性也做了许多学理上的探讨，比如郭沫若认为马克思“各尽所能，各取所需”的共产主义社会理想与孔子“天下为公”的大同世界可谓“不谋而合”；张申府和李约瑟都提出了辩证唯物论在中国“古已有之”的观点，认为中国人接受马克思主义哲学世界观和方法论有天然的亲和力；窦宗仪则主要分析比较了儒学与马克思主义在认识论上的一些相似和相通之处，在他看来，“儒家和马克思主义中间的一致远远超过了儒家和基督教之间的一致”①。早期关注这个问题的学者，都试图为马克思主义何以能在中国落户、生根、发芽、开花、结果找到一种合理的解释，他们主要是从儒学作为马克思主义中国化之文化土壤这个角度来讲二者之相容相通的。

中国进入改革开放的新时期后，实事求是、与时俱进的马克思主义需要与中国国情更加紧密地相结合，因而更加重视自己的文化传

① ［美］窦宗仪：《儒学与马克思主义》，刘成有译，兰州大学出版社 1993 年版，第 152 页。

统，力图把中国特色社会主义植根于中华文化的沃土中。新时期学术界对马克思主义与儒学关系问题的关注，除了学理上的相容相通之外，已把重点转向二者如何在现实的层面上相资互益、互动互补，“合则两利、离则两伤”。这个转向的前提是深刻总结“文革”的教训，回到实事求是的思想路线，全面科学地对待自己的文化传统。一分为二看儒学，其为封建经济、政治、社会制度服务的意识形态功能显然已不适合于今天，而对于其中能够“与当代社会相适应、与现代文明相协调”的那些思想内容，特别是其中主张入世、崇尚道德、追求社会和谐、重视经世济民的人文精神取向，则应视为民族文化的宝贵财富，让它们在中国特色社会主义文化建设中继续保持生命活力，转化为马克思主义中国化的支援意识，继续发挥正面建设性的作用。比如在社会主义核心价值体系建设中，儒学就从共同社会理想、民族精神与时代精神、荣辱观等方面提供了许多有益的支援意识，有力地发挥了古为今用的积极作用。

对于马克思主义与儒学关系问题的正常学术研究和讨论，受到了一股崇儒反马思潮的严重干扰。大陆新儒家坚持“要马统则不能有儒统，要儒统则不能有马统，两者不可得兼”的绝对化立场，公开主张“复古更化”、改旗易帜，要用儒学、儒教取代马克思主义的“王官学地位”“宪法地位”“国教地位”，要求改变所谓“鹊巢鸠占”的现状。这就使马克思主义与儒学的关系问题成为当今中国意识形态斗争的前沿问题之一。面对这场争夺主导意识形态地位的斗争，我们不能视而不见，也不能用“淡化意识形态”的方法去应对，而是必须旗帜鲜明地坚持马克思主义的“一元主导”地位，坚持先进文化的前进方向。这不仅是个人的理论立场问题，作为公民，遵守宪法是底线；作为中共党员，更要服从党章，守土有责。

把马克思主义与儒学的关系定位为“主导意识”与“支援意识”的关系，一是为了正面回应以儒学取代马克思主义的主导意识形态地位的尖锐挑战，二是为了说明儒学中的某些思想内容在今天仍能发挥支援意识的积极作用，成为中国特色社会主义文化的一个重要构成因素。关于“一元主导”与“多元兼容”的关系，张岱年先生曾将其表述为“主导思想”与“支流思想”的关系。[①] 我以为用“主导意识”与“支援意识”两个概念，更能体现“兼和”的精神，更有利于发挥支援意识的正面建设性作用。

儒学是中国传统文化的主流，对于马克思主义中国化有着特殊重要的意义。二者对立互动、相克相生，相资互益、共进共荣。当然二者的情况还是不同的，一个是马克思主义中国化的与时俱进，一个是作为文化土壤不断提供滋养；一个是主导意识的坚挺，主流文化的繁荣，社会主义主旋律的高扬，一个是作为古为今用的支援意识重新受到重视，焕发出新的生命活力，唱出与社会主义时代相协调的和声。马克思主义与儒学精华在中国特色社会主义文化中的深度融合，是中国共产党人文化自觉和自信的表现。上面着重讲到儒学作为“文化土壤”和“支援意识”，对马克思主义中国化的贡献，即发挥正能量的方面，而没有提到其负能量和反作用，比如抵制和阻挠马克思主义在中国的传播与发展，在马克思主义中国化的过程中使之变形、失去其本真面目等。毛泽东和邓小平的有关警示也不应该忘记，清醒地认识到“求同存异”是有条件的，讲交流、会通、融合必须以扬精弃糟为前提。习近平同志最近讲“研究孔子和儒家思想要坚持历史唯物主义立场”，就是明确肯定了马克思主义的指导思想地位，也为研究马克思主义与儒学关系课题提供了指南。

（本文是作者 2013 年 11 月 28 日在北京大学“儒学与马克思主义”课题研讨会上的发言提纲。载方克立等著，谢青松编《马魂中体西用：中国文化发展的现实道路》，人民出版社 2015 年版，第 111—113 页）

---

① 《张岱年全集》第 7 卷，河北人民出版社 1996 年版，第 451 页。

人间正道是沧桑

——马克思主义新文化观的确立

再过五年，我们就要隆重纪念五四运动一百周年了。

1917 年发生的俄国十月革命，“给我们送来了马克思列宁主义”[1]。1919 年在中国爆发了彻底反帝反封建的五四爱国运动，工人阶级登上中国的政治舞台，并起了主力军的作用。马克思列宁主义与中国工人运动相结合，催生了于 1921 年成立的中国共产党。这几个重大历史事件在时间上紧密衔接，以五四运动为重要标志，开辟了中国历史的一个新纪元。

五四运动是觉醒起来的中国人民争取国家独立、民族解放和社会进步的一场伟大的群众性政治运动，同时也是一场伟大的思想解放运动和新文化运动。近百年来，继承和弘扬“五四”精神总是与中国社会和文化发展道路选择问题联系在一起。“五四”的精神遗产是多方面的，包括引进的各种思想、学说和主义，甚至也包括某些值得总结记取的教训，但爱国、进步、民主、科学始终是这场思想解放运动给我们留下来的主要精神财富，它引导中国人民通过新民主主义革命而坚定不移地走上了中国特色社会主义革命、建设和改革的道路。所以，五四运动不仅是中国新民主主义革命的开端，而且是中国人民自觉创造历史、为实现中华民族伟大复兴的中国梦而团结奋斗的一个重

① 《毛泽东选集》第 4 卷，人民出版社 1991 年版，第 1471 页。

要历史转折点。

中国现代三大思潮对立互动

25 年前，我曾就“五四”后中国现代三大思潮对立互动的格局，特别是现代新儒学思潮的历史地位和作用发表了自己的一些看法——“五四”在中国思想史上的重要转折意义在于，近代以来甚至自 16 世纪以来的古今中西之争，由于增加了马克思主义这个重要维度，已经被分别倚重中、西、马三种思想文化资源的现代新儒家、自由主义西化派和马克思主义派“三足鼎立”的格局所取代，近百年来这种“三分”的思想格局始终没有发生根本变化。它延续的时间越长，“五四”作为一个重要历史转折点的标志性意义也就越突出。

在“五四”以来的中国现当代思想史上，三大思潮分别代表着不同阶级和阶层的利益，代表着不同的社会发展道路和模式选择，在它们之间发生过多次思想文化论战，都力图主导和影响中国的现代化进程。历史实践证明，“全盘西化”和“复兴儒学”两种选择在现实中都是行不通的，而且与彻底反帝反封建的“五四”革命精神都有相牴牾之处。正如有的学者所指出的，作为一场伟大的思想解放运动，“五四”革命精神既表现为“对传统求解放”，也表现为“对西方求解放”，那么就不可能全面复兴传统儒学或者全盘西化。只有掌握了马克思主义科学世界观和方法论的中国共产党人，才能根据世情和国情适时地提出新民主主义论和中国特色社会主义理论，找到一条中国社会和文化现代化的正确道路。

马克思主义综合创新文化观“坐集千古之智”

如何处理中、西、马的关系是中国现当代思想文化论争的中心主题。自由主义西化派和文化保守派仍固执于古今中西之争，它们的共同点是都无视马克思主义这个重要维度，在其取得主导意识形态地位后又不断对它进行挑战，所以中国的意识形态领域一直都不平静。马克思主义综合创新派则顺应人类文明发展的趋势，在坚持马克思主义指导思想地位的前提下，主张吸收中西文化之长，创造有中国特色的社会主义新文化。中国共产党人在制定自己文化方针时，一贯强调对古今中外人类文明一切优秀成果，都要采取批判继承、综合创新的态度。比如毛泽东在20世纪40年代就提出了“古今中外法”，指出这是对待文化问题的一种“全面的历史的方法”。又如1986年制定的《中共中央关于社会主义精神文明建设指导方针的决议》，就强调我们要建设的是“以马克思主义为指导的，批判继承历史传统而又充分体现时代精神的，立足本国而又面向世界的，这样一种高度发达的社会主义精神文明”[①]。不同于各执一偏的西化派和文化保守派，这是一种整合“五四”多元精神遗产，兼容中、西、马而“坐集千古之智”（方以智《通雅·音义杂论》）的综合创新的态度。

中、西、马“三流合一”、综合创新的思想最初是由张申府、张岱年先生于20世纪30年代提出来的。在人们只看到三大思潮之间互相批评、激烈论战、“道不同不相为谋”这一面的时候，他们却看到了以辩证唯物论为基础和主导，综合西方的科学方法与中国的道德理想，建立起一种“合孔子、罗素、列宁而一之”[②]、“将唯物、理想、解析，综合于一”[③] 的新哲学和新文化的可能性。在他们看来，孔子代表中国古来最好的传统，罗素代表西方历来最好的传统，列宁代表世界上新的方兴未艾的传统，“合孔子、罗素、列宁而一之的新体系

---

① 《中共中央关于社会主义精神文明建设指导方针的决议》，中共中央文献研究室编：《十二大以来重要文献选编》（下），人民出版社1988年版，第1178页。

② 张申府：《家常话》，《张申府文集》第3卷，河北人民出版社2005年版，第434页。

③ 《张岱年全集》第1卷，河北人民出版社1996年版，第262页。

定是新世界中的新中国的新指标、新象征”[1]。张申府在《五四纪念与新启蒙运动》一文中写道：我们“所要造的文化不应该只是毁弃中国传统文化，而接受外来西洋文化，当然更不应该是固守中国文化，而拒斥西洋文化；乃应该是各种现有文化的一种辩证的或有机的综合”[2]。这种辩证综合的视野与方法，半个世纪后被张岱年先生发展成为系统、完整、成熟的马克思主义综合创新文化观，成为在当今中国得到最广泛认同的一种文化理论。应该说，经过近百年探索，这种新文化观的确立是“五四”新文化运动的最大收获。

“马魂、中体、西用”论继承和发扬五四精神

作为马克思主义综合创新文化观之最新发展形态的“马魂、中体、西用”论，对中、西、马三者在文化综合创新中的地位和相互关系作了更准确的界定，把坚持马克思主义的指导思想地位、坚持民族文化的主体性和坚持对外开放的方针有机地统一起来。这种文化理论的特点是突破了传统的中西对立、体用二元模式，把作为精神指导原则之“魂”与作为文化发展载体之“体”区分开来，创造性地提出了“魂、体、用”三元模式，其中心环节是强化了民族文化的主体性。它以有着数千年历史传承的、经过近现代变革和转型的、走向未来走向世界的活的中国文化生命整体，为自强不息、变化日新的“创造主体”和厚德载物、有容乃大的“接受主体”，在今天它自然也是中国特色社会主义文化建设的主体承担者。这与五四运动所要实现的救亡图存、振兴中华的目标，与我们在新的历史条件下夯实民族文化

① 张申府：《家常话》，《张申府文集》第 3 卷，河北人民出版社 2005 年版，第 434 页。

② 张申府：《五四纪念与新启蒙运动》，《张申府文集》第 1 卷，河北人民出版社 2005 年版，第 192 页。

的根基、创造中华文化新辉煌的任务是完全一致的。

人间正道是沧桑。“五四”后的中国，只有在“马魂、中体、西用”有机统一、综合创新原则的指导下，才能找到一条整个社会和文化现代化的正道。它在不同历史阶段会有不同的内容和形式，但本质上都是“五四”爱国、进步、民主、科学精神的继承和发扬，都是中华民族伟大复兴事业的一部分。比如在今天，就是要坚定不移地走中国特色社会主义道路，既不走封闭僵化的老路，也不走改旗易帜的邪路。搞西化自由主义的“颜色革命”是一条改旗易帜之路，宣称要以儒学取代马克思主义的“王官学地位”也是一条改旗易帜之路，都是与“五四”精神背道而驰的。只要坚持走正道，到五四运动和建党一百周年之际，我们就一定能够实现全面建成小康社会的奋斗目标。

（原载《中国社会科学报》2014 年 4 月 25 日）

冯契研究与冯契学派

——兼论当代中国的学术学派

到华东师大来讲冯契研究，人家会说你是班门弄斧。这个我不敢，我是来向大家学习请教的。冯契先生在华东师大工作了 40 多年，哲学系是在他的亲自关怀、指导下建设起来的。哲学系的老师大都是冯先生的亲炙弟子和再传弟子，还有一些与冯先生共事过多年的老师已经退休了。对于冯先生的思想、学问和人格，他们都比我这个门外人了解得多，了解得深。我对冯先生也十分敬佩，在学习他的著作和思想的过程中，有一些想法，很想有机会与大家交流，向大家请教。有些想法也可能会想到一起去。

大家知道，这些年我在张岱年哲学和文化思想研究方面做了一些工作，比如“马魂、中体、西用”论就是在学习张先生综合创新文化观的过程中提出来的。在“五四”后中国文化的综合创新中，怎样处理中、西、马的关系，三种思想文化资源各处于什么地位，它们之间的相互关系是怎样的？这些实际上是近百年来大家都在思考的问题。我的看法是要把马克思主义的指导思想地位，中国文化的生命主体、创造主体和接受主体地位，以及西方文化（外域文化）为我所用的“他山之石”地位，三者结合起来，有机地统一起来，“三流合一”，综合创新。这个想法是接着张申府、张岱年先生讲的，没有他们思想的先导和启发，我也不可能提出这个看法。

我对冯契先生也非常钦佩，但是直到今天，关于冯契先生的思想，我只写过半篇文章。为什么说是半篇？就是1995年春天，冯契先生和牟宗三先生先后去世。海峡两岸两位大师级的哲学家相继去世，我很有点感触，写了一篇文章，题目是《追求真、善、美的统一——从两位中国现代哲学家说起》，提交给那年在波士顿召开的第九届国际中国哲学大会。我注意到一个现象，冯契先生的“智慧说”和牟宗三先生的“圆善论”，都是融形上学、认识论、逻辑学、伦理学、美学为一体，追求真、善、美的统一。不像我们现在，哲学分为八个二级学科，谁是马哲专家、中哲专家、西哲专家，谁是逻辑学博导、伦理学博导、美学博导，分得清清楚楚。冯、牟两位先生都是难得的哲学大家，气象博大，见解独到深刻，而且做学问都非常真诚。牟先生有一个提法，叫作“生命的学问”；冯先生有两句名言，叫作“化理论为方法，化理论为德性”。儒学在牟先生那里，马克思主义在冯先生那里，都是真诚信仰，都是“生命的学问”。马克思主义在冯先生那里，已经内化于心，变成内在的德性，变成哲学家的人格；而且外化于行，就是把它变成认识世界和改造世界的方法论，变成能动地反作用于外部世界的力量。我们现在学哲学，特别是学习马克思主义哲学，能否“化理论为方法，化理论为德性”，把它变成自己的理论信仰，变成自己的世界观、人生观、价值观和方法论，身体力行，这一点非常重要。冯契先生不仅给了我们重要的思想启示，而且用他凝道成德、学行一致的人格，深刻地教育感染着我们。

明年是冯契先生诞生100周年，辞世20周年，华东师大，还有整个上海社科界都很重视，准备隆重纪念。我也很关心这件事情，希望这个活动搞得好，达到最佳效果，产生深远影响。

十年前冯先生90诞辰时，华东师大开过一次“冯契与21世纪中国哲学”国际学术研讨会，有来自美国、法国、比利时、日本和台湾地区的学者参加。我没有参加这个会，但看到一篇报道，介绍这次会议除了讨论冯契思想外，还讲到哲学系的尴尬处境，招不到第一志愿考生，毕业生出路也不乐观，甚至讨论起哲学系应不应该停招本科生的问题来了。反正读了这篇报道心里有点不是滋味。后来我在网上又读到一篇关于华东师大哲学系的报道，就是陈卫平教授在2013级毕业典礼上的讲话。其中讲到我们应该有“学统自信”，因为看一个哲学系办得好不好，主要是看它有没有一流的哲学家，有没有贡献出有重大建树的哲学理论。华东师大哲学系有，就是有冯契先生及其“智慧说”。这就是我们得天独厚的“学统”。陈老师还说：“华东师大哲学系造就了一批优秀的哲学研究学者，‘冯门学派’正在当今中国哲学界崛起。”我认为这话讲得非常好。这让我想起了陈卫平十八年前讲过的一段话，他在冯先生刚过世时说：“先生的过世可能使中国少了一种学派。华东师大的哲学系有自己的理论风格，但它们处于形成过程中，仍然不很完备，先生的过世更使它很难鲜明地展现在中国的哲学舞台上。”[①] 当时他作为冯门后学之一，态度非常谦虚，讲话留有余地，但是里面还是包含着自信，跟后来讲的话是有内在联系的。近20年过去了，情况已经发生了很大的变化，一是大家对冯契哲学的价值以及它在20世纪中国哲学史上的地位，已经有了越来越清楚的认识；二是冯门后学中出了许多优秀人才，继承先生未竟之业，并有一些新的开拓和发展，所以陈卫平去年敢于明确说“‘冯门学派’正在当今中国哲学界崛起”。这已经是一个客观事实，大家都看到了的。所以我认为，明年在纪念冯契先生百岁诞辰时，既要讲冯先生的哲学贡献，明确和确立它在20世纪中国哲学史中应有的地位；也要讲“冯契学派”，看到一代一代后继者沿着冯先生开辟的道路，为推动中国哲学发展所做出的新贡献，包括在马哲、中哲、西哲、逻辑学、伦理学、美学等学科做出的贡献。我们在今天应该有学派自觉，学统自信。

我对冯契哲学的关注，还因为在我看来，他的智慧学说是运用

① 华东师范大学哲学系编：《理论、方法和德性——纪念冯契》，学林出版社1996年版，第327页。

“马魂、中体、西用”的学术范式，非常自觉地以马克思主义哲学为指导，沿着实践唯物主义辩证法的道路前进，以中国哲学为主要对象来进行逻辑与历史一致的考察，同时借鉴西方哲学的认识成果，做到了三者有机统一、综合创新的一个典范。“马魂、中体、西用”是“五四”后中国文化发展的现实道路，也是一些成就卓著的马克思主义学者所走过的学术道路，冯契先生就是这样一个典范。如果说20年前我比较注意冯先生追求真、善、美的统一，那么现在我更加重视冯先生将“马魂、中体、西用”有机统一起来，认为这是他进行哲学创新的成功之道，成功的关键。

关于冯契哲学思想研究，我想应该重点关注以下几个方面：一是冯先生为中国哲学贡献了一些什么新东西。他对前人不是“照着讲”而是“接着讲”，比如接着他的老师金岳霖的问题讲，又用“转识成智”说超过了老师。二是冯先生在20世纪中国哲学史中的地位。他显然属于中国的马克思主义学派，那么在20世纪中国马克思主义哲学发展中，他应该占有什么地位？有人提出要区分意识形态的马克思主义与学术形态的马克思主义，充分肯定专业哲学家在学理层面为马克思主义哲学发展所做出的贡献。也有学者说冯契是20世纪下半叶唯一做出了重大理论创新的中国马克思主义哲学家，这个评价是否符合实际，是否恰如其分？三是冯契哲学思想对后世的影响，关注它的现实意义。冯契哲学产生于20世纪，但对21世纪中国哲学的发展仍有重要影响，这个影响是什么，影响有多大，也要做全面、客观的分析和估量。四是冯契先生为什么能取得这样的学术成就。这就要了解他的人生和学术经历，包括时代背景、学术渊源，以及各种主客观条件，比如他曾亲自到抗战第一线，在延安鲁艺学习过，对毛泽东的《论持久战》《新民主主义论》等著作心悦诚服，这些经历对他世界观和人生观的形成都有重要影响。五是我们后辈学人应该向冯契先生学习什么，包括他的学术思想、道德人格、治学和为人风范等。我觉得这些都是应该研究的内容。

我个人在冯契思想研究方面做的事情很少，只写过半篇文章。我虽然人在北方，但还是很重视上海的冯契先生对中国哲学所做出的特殊贡献，多年前拟过一个提纲，想对冯先生的思想做更深入一些的研究，遗憾的是一直未能实现。这次来上海前，我把这个提纲翻了出来，在这里跟大家汇报一下。很抱歉，不是成熟的思考，只形成了一些初步的思路。

一、智慧学说，“转识成智”理论。这是冯契先生独特的哲学观。知识与智慧的关系问题，也就是传统中国哲学讲的“性与天道”问题，是冯契哲学的中心问题，也是他始终抓住不放的一个哲学基本问题。在他看来，“以我观之”是意见，“以物观之”是知识，“以道观之”是智慧。他对哲学的定位是将知识提升为智慧，也就是通过“转识成智”，获得关于宇宙人生根本原理的认识，成为能够“究天人之际”“通古今之变”“立成人之道”的学问。知识如何提升为智慧呢?“元学”如何可能呢?这就要求辩证法、认识论、逻辑学的统一，要求真、善、美统一和知、情、意统一的自由人格，要求把中、西、马各种智慧资源有机地整合、统一起来，达到“以道观之”的境界。以“智慧”作为哲学研究的对象，这是非常独特的一种哲学观，我们在前人的著作中还没有看到过这样的提法。冯先生中、西哲学根底都很好，了解近代科学主义与人文主义、哲学上可信与可爱的矛盾，他站在马克思主义哲学的高度，就能找到解决这些矛盾的方法和途径。冯先生之所以能形成自己独特的哲学观，与他从金岳霖哲学的问题出发，抓准了知识与智慧即“性与天道”这个真正的哲学问题是分不开的。

二、广义认识论。过去有种看法，认为中国人“重人生而轻自然，长于伦理而忽视逻辑”，中国哲学中的认识论和逻辑学不发达。冯契先生不赞成这种观点。他认为不能把认识论局限于狭义的知识论，而要对它做广义的理解。广义认识论应该包括四个问题：第一，感觉能否给予客观实在?第二，理论思维能否达到科学真理?或者说，普遍必然的科学知识如何可能？第三，逻辑思维能否把握具体真理，即达到对世界统一原理和宇宙发展法则的真理性认识？第四，人能否获得自由？或者说，自由人格或理想人格如何培养？广义的认识过程包括两个飞跃，一个是从无知到知的飞跃，一个是从知识到智慧的飞跃。认识论的前两个问题主要是解决从无知到知的飞跃。但是认识不能仅局限于经验领域，它同时也指向关于性与天道的认识，要解决“天人之辩”问题；而对“道”的真理性认识又内在地关联着人的发展，要解决“成人之道”即自由人格如何培养的问题。在冯先生看来，中国传统哲学不仅关注前两个问题，而且对后两个问题做了更多的探讨和考察，甚至可以说把解决宇宙人生之大本大源问题放在更加优先的地位，这正是中国传统哲学的一个特点。冯先生之所以能提出广义认识论的深刻思想，与他精通中国传统哲学是分不开的。

三、中国古代辩证逻辑和科学方法研究。中国古代科学为什么能取得很高成就？李约瑟认为中国人必有非常高明的科学方法。在他看来，“当希腊人和印度人很早就仔细考虑形式逻辑的时候，中国人则一直倾向于发展辩证逻辑”。冯契先生非常重视李约瑟的这个论断，一直注意加强对中国古代辩证逻辑和科学方法的研究，包括对“类”“故”“理”等逻辑范畴的研究。冯先生通过对名实之辩的考察，认为相对于西方哲学，中国哲学比较早地发展了辩证逻辑，在他的著作中勾画了一个“知类”（知其然）、“求故”（求其所以然）、“明理”（明其必然与当然）的逻辑范畴体系。他指出，中国哲学每到一个总结阶段，就有哲学家或逻辑学家出来对辩证思维的形式进行考察，提出一些辩证逻辑的原理，比如先秦的荀子、《易传》、《内经》；宋明时期从沈括、张载到王夫之，辩证逻辑又有了进一步的发展。与辩证逻辑的早期发展相适应，冯先生认为在中国古代也比较早地发展了辩证法的自然观，这种自然观以气一元论为基础，将“道”理解为阴阳的对立统一。辩证逻辑与辩证自然观对广义认识论的第三个问题，即逻辑思维能否把握宇宙发展法则的问题做了肯定的回答。我觉得冯先生这方面的研究不仅对中国古代哲学史、科学史贡献很大，而且对现代科学发展与科技革命也有重要的启发意义。

四、平民化的自由人格。冯契先生的德性理论、自由学说和“成人之道”新思想，集中体现在“平民化的自由人格”这个概念上。平民化的自由人格是中国近代哲学革命的产物，它总结了从龚自珍、梁启超、鲁迅到李大钊、毛泽东关于培养新人的思想，是对为少数治人者服务的中国传统君子、圣贤人格的批判和否定，同时又继承了中国传统哲学重视“成人之道”的思想。平民化的自由人格不是高不可攀的道德的化身，没有精神贵族的那种孤芳自赏，而是普通人通过努力都可以达到的，具有平民化与个性化的特点，但都趋向于真、善、美统一和知、情、意统一的全面发展的自由个性。这种自由人格不是极端的个人主义和自由主义，而是也注意到社会的协同性，用李大钊的话来说就是“个性解放与大同团结的统一”[①]。如何培养平民化的自由人格？冯先生提出了实践与教育相结合，世界观的培养与德育、智育、美育相结合，集体教育与个人努力相结合的思路，并且指出自由人格的形成是一个动态的历史过程。冯先生的“平民化的自由人格”学说在今天仍然具有重要的现实意义，我们看到在“国学热”中有些人主张恢复读经来培养传统的君子人格，这与冯先生的平民化自由人格思想，与培养社会主义“四有”新人的时代要求，显然是背道而驰的。

五、化理论为方法，化理论为德性。这是冯契哲学的纲领和旗帜。我们在华东师大校园的马路上，看到路旁标语牌上写着本校著名学者、思想家和教育家的名言，冯契先生的代表性名言就是“化理论为方法，化理论为德性”。这两句话集中反映了冯先生对哲学的功用的看法。哲学有什么用？冯友兰先生说哲学不能提供具体的知识，但是能提高人的境界。冯契先生的看法不太一样，他认为哲学不仅能提

---

① 参见《李大钊全集》第2卷，人民出版社2006年版，第283页。

高人的德性，提高人的精神境界，而且也具有认识世界、改造世界的功能，这主要体现在它的方法论功能中，通过“化理论为方法”（包括思想方法和工作方法），提高人们认识世界和改造世界的能力。冯先生的两本大著：《逻辑思维的辩证法》是讲认识的辩证法如何通过逻辑思维的范畴，转化为方法论的一般原理；《人的自由和真善美》是讲真善美的价值如何“凝道成德”，转化为人的内在德性，变成有血有肉的人格。只有这样，哲学才有生命力，才能说服人。也只有这样，哲学才既是可信的，也是可爱的。也就是说，冯契先生是以“智慧”的探索为中心，以方法论和价值论为两翼，来展开他的规模宏大而且具有很强实践品格和现实功用的哲学体系。

六、冯契的哲学史观。在冯先生看来，哲学与哲学史的关系是“哲学是哲学史的总结，哲学史是哲学的展开”。哲学与哲学史的统一是体现于其哲学研究过程中的一个基本原则。他对哲学史的考察处处都渗透进了他自己的哲学见解，而他的哲学思考，又总是伴随着他对以往哲学智慧的总结。冯先生的“智慧学三篇”与他的两部哲学史著作是互为参照、互相证成的，史论结合，相得益彰。冯先生认同列宁关于“哲学史就是认识史”的观点。现代哲学强调哲学就是认识论，在冯先生看来，哲学是广义认识论，因此在他那里，哲学史就是广义认识论的历史展开。把哲学史看作是认识史，这个观点否定了把哲学史看作是“两军对战”史的简单化倾向，在“文革”后对中国哲学史学科的建设和发展是有积极意义的。冯先生的哲学史观，一方面肯定哲学史就是认识史，同时也肯定马克思主义关于哲学基本问题的看法，认为哲学发展有其自身的特殊矛盾，就是思维与存在的关系，所以他将哲学史定义为“根源于人类社会实践主要围绕着思维和存在的关系而展开的认识的辩证运动”，中国哲学史也不例外。哲学基本问题在不同民族、不同时代的哲学中有不同的表现形式，它在中国传统哲学中通常表现为天人之辩，有时也表现为名实、有无、形神、理气、心物之辩，也就是说，马克思主义关于哲学基本问题的理论对于中国哲学史研究是完全适用的，不过必须了解它的各种具体表现形式。

七、中国古代哲学的逻辑发展。冯先生“文革”后最先出版的著作就是《中国古代哲学的逻辑发展》上、中、下三册，这部著作是他在给研究生讲课的讲稿基础上修改完成的。全书体现了冯先生关于哲学与哲学史统一、逻辑与历史统一的思想。哲学史从哪里开始，思维的逻辑进程也从哪里开始。清除掉历史中偶然的外在的东西，找出哲学发展必经环节的内在联系，就表现为哲学概念、范畴的形成，判断、命题的展开，与哲学史实基本上是一致的。比如先秦哲学蕴涵了以后各个时期哲学发展的胚胎和萌芽，就体现了人体解剖是猴体解剖的钥匙的思想。冯先生对中国古代哲学的考察，侧重于揭示其合乎规律的发展演进过程，运用逻辑与历史统一和科学的比较方法，梳理了中国古代哲学发展的历史脉络及其中的逻辑环节，并对中国古代哲学的特点作了深入分析。他着重梳理了中国传统哲学的四个问题：天人之辩、名实之辩、心物（知行）之辩、理气（道器）之辩。同时对形神之辩、力命之辩、性习之辩、有无（动静）之辩、言意之辩、能所之辩、群己之辩等问题也做了考察和论述，揭示了中国特有智慧的深层意蕴。冯先生重视黑格尔和列宁关于哲学螺旋式发展的“圆圈”思想，认为中国哲学发展有三个大圆圈，古代两个：一个由荀子做了总结，一个由王夫之做了总结；中国近代哲学发展也完成了一个圆圈，它是由毛泽东做了总结。当然，在大圆圈中还包含了许多小圆圈。

八、中国近代哲学的革命进程。中国近代哲学的特点是“通古今之变，融中西之学”。中国传统哲学讨论的上述四个主要问题，在新的历史条件下，经过与西学的交流、交锋和交融，受到西方哲学的影响，到近代都有了新的发展，在内容和形式上都有所转换。传统的理气（道器、体用）之辩，到近代发展演变成为历史观问题；传统的心物（知行）之辩，发展为近代的认识论，包括经验论、先验论和唯理论。在冯先生看来，历史观与认识论相结合，就发展出了毛泽东的能动的革命的反映论。传统的名实之辩，到近代演变为逻辑思想和方法论的讨论。传统的天人之辩，包括理想人格培养问题，到近代发展为批判“无欲”“无我”的圣贤人格，主张平民化的自由人格，强调意志自由，反对忽视自愿原则的宿命论。中国近代哲学与中国传统哲学是衔接的，有连续性，但是到了近代，又确实有一个对传统哲学进行革命变革的问题，有些东西是阻碍中国社会发展的，就要进行批判，进行改造，所以近代哲学在内容和形式上都对传统哲学有一定的变革和转换。比如传统哲学在伦理学上高扬自觉原则，强调道德教育和道德修养，而忽视自愿原则和意志自由；在美学上，中国传统哲学较早地发展了言志说和意境理论，显然不同于西方的模仿说和典型性格理论。中西哲学各有所长亦各有所短，在交流会通中就能得到更全面的发展，所以拒绝学习西方、拒绝变革是不可取的。

九、始终保持心灵的自由思考。冯契先生哲学研究工作的特点，是一方面对马克思主义哲学有着坚定的理论信仰，化理论为方法，化理论为德性；一方面又始终保持心灵的自由思考，不思想僵化，不粉饰现实，通过批判反思不断总结理论思维的经验教训，不断达到新的哲理境界。大家都知道冯先生是一位老革命家，曾奔赴延安学习和参加抗战工作，解放后担任过多种领导职务，但是他的人生道路也不是一帆风顺，其中也有一些曲折，特别是经过“文革”的磨难，他对中国的历史和文化有着更加深沉的哲学思考，在德性修养和德操持守方面达到了一个新的境界，在他的事业、著作和日常活动中都显示出了其自由人格的光辉。这里面包含一个如何正确处理哲学与政治、哲学与时代的关系问题。冯先生作为老党员是很讲组织原则的，同时又始终保持哲学家的独立人格，保持心灵的自由思考，即使在逆境中，他可以不说话但是决不说违心的话。冯先生说：“对从事哲学的人来说，从真诚出发，拒斥异化，警惕虚伪，加以解蔽、去私，提高学养，与人为善，在心口如一、言行一致的活动中保持自己的独立的人格、坚定的操守，也就是凝道而成德、显性以弘道的过程。”[①] 这段话正是作为哲学家的冯先生的自由人格的写照。我们接触到的冯先生就是这么一个胸怀坦荡、好学深思、淡泊名利、耿介自守的人，看上去很平静，微笑着谈话，但有一种人格的力量。读他的著作，也文如其人，朴实无华，但感染力非常强。

在世纪之交，冯先生在多次谈话中都强调中国哲学要作自我批判和系统的反思。他是有深切体会才说这个话的，善于批判反思也是哲学的本性。我记得很清楚，1993 年 8 月，第八届国际中国哲学大会在北京召开，我的发言正好排在冯先生后面。冯先生报告的论文是《“通古今之变”与回顾 20 世纪中国哲学》，中间有个小题目就是讲世纪之交可能进入一个自我批判和反思的阶段。他说一个民族，一种文化，一种学说，只有当它能够通过自我批判和反思对自己的历史有客观的理解时，才能克服盲目性，才能自我完善，稳步向前发展。对于哲学家来说，始终保持批判反思的能力，这是一种职责。我接着发言的题目是《二十世纪中国哲学的宏观审视》，首先响应了冯先生的观点，而侧重于从中西哲学交融、会通的角度来讲 20 世纪中国哲学的特点，当然“融中西之学”与“通古今之变”也是互相关联的。我们都期待在世纪之交能够出现一个批判总结的高潮，这不仅要靠大家共同努力和扎实的工作，尤其需要有宏阔的眼光、集大成的智慧和超越自己的批判精神。

上面九个题目，是多年前在一个研究提纲中初步拟定的。最近我又想到一个题目，可以合成十题。它就是：

十、冯契哲学范畴研究。冯契哲学有清华学派的共同特点，就是重视逻辑分析方法，注意“析其辞命意谓”，对哲学概念、范畴、命题的内涵和外延都界定得非常清楚。把他的哲学范畴体系、相互之间的联系搞清楚了，冯先生哲学的轮廓也就出来了。这也是研究冯契哲

① 《冯契文集》第 1 卷，华东师范大学出版社 1996 年版，第 45 页。

学思想的一个角度。冯先生从40年代开始研究智慧学说，到最后完成“智慧说三篇”，经过近半个世纪的长期思考，以“转识成智”的智慧学说为核心，形成了一个涵盖真、善、美各个方面的，包括形上学、辩证法、认识论、逻辑学、价值论、伦理学、美学在内的，哲学与哲学史统一的，“马魂、中体、西用”有机结合、综合创新的哲学体系，为20世纪中国哲学增添了宝贵财富。这个哲学体系中包含了一系列重要概念、范畴和命题，如上面已经提到的知识、智慧、“转识成智”、广义认识论，真、善、美，知、情、意，类、故、理，理论、方法、德性，天人之辩、名实之辩、心物之辩、理气之辩、群己之辩，平民化的自由人格等等，他都有明确界定，在整个体系中是互相贯通、圆融无碍的。除此之外，还有一些很能体现冯契哲学特点的概念、范畴和命题，如疑问、意见、统觉、所与、呈现、类观、摹写、规范、具体真理、理性直觉、思辨综合、德性自证、自觉原则、自愿原则、成人之道、凝道成德、显性弘道、“以得自现实之道还治现实”等等，也非常重要，也值得认真研究。如果有人能根据冯先生的著作，编一本《冯契哲学辞典》，我认为也是一件很有意义的工作。

对于冯契先生的哲学思想，近20年来，国内学术界一般都给予了较高评价，特别是充分肯定它为20世纪中国马克思主义哲学发展所做出的独创性贡献。比如许全兴认为，冯契的“智慧”学说是专业哲学家建构的第一个中国化马克思主义哲学的逻辑体系，是马克思主义哲学中国化的重大突破，也是中国传统哲学现代化的一个重大进展。王向清认为，冯契先生的“智慧说三篇”，是第一部学术层面马克思主义中国化的著作，是20世纪后半叶中国内地学者建构的唯一一部堪称体系的哲学著作。在中国现代哲学研究中，较早提出区分意识形态的马克思主义与学术形态（层面）的马克思主义的是陈卫平教授，以后许多学者都沿用了这个思路。意识形态的马克思主义是指作为党的理论、路线、方针、政策之指导思想的马克思主义，它更加注重革命、建设、改革的实践层面；学术形态的马克思主义是指专业哲学家从学理层面对马克思主义哲学的拓展性研究和创新性发展，并在话语形式上表现出更多的中国特色和中国气派。张岱年先生在上个世纪40年代建构的“天人新论”哲学体系，被认为是创建学术形态的马克思主义哲学的一次重要尝试；冯契先生在下半世纪完成的“智慧说三篇”，是学术形态的马克思主义哲学的一个更加成功的理论体系建构。这两个创造性的中国化马克思主义哲学体系有一个共同特点，就是更加重视马克思主义哲学与中国传统哲学智慧相结合。马克思主义科学世界观不仅要解决“中国向何处去”的现实问题，而且要回答中国传统哲学提出的“究天人之际”“通古今之变”“立成人之道”等问题，才能与中国精神深度融合。

冯契哲学不仅在国内学术界得到了高度评价，而且也产生了一定的国际影响。我在第九届国际中国哲学大会上作了《追求真、善、美的统一——从两位中国现代哲学家说起》的大会发言后，国际中国哲学会负责人在会上宣布，下一届国际会议将设专场讨论冯契先生和牟宗三先生的哲学思想。1997年在韩国汉城举办的第十届国际中国哲学大会，就设有讨论两位先生哲学思想的专场，这是冯契哲学走上国际学术舞台的一个标志。前面提到2005年在华东师大也举办过“冯契与21世纪中国哲学”国际学术研讨会，有一些外国学者参加。港台学者、海外华裔学者关注冯契思想研究的人比较多一些，比如在美国的华人学者林同奇、黄勇都写过评论冯契哲学思想的文章，杜维明、成中英对冯契先生也比较推崇。（补充：刚才高瑞泉教授介绍了美国学者墨子刻对冯契和冯契学派的关注，以及发表的有关评论，他用了“新马克思主义学派”这个概念，这个很有意思。他的哲学立场和我们不一样，是一种外在观察的视角，但是并不排除他也能比较客观地看待这个问题。）

冯契哲学有没有局限性？局限性表现在哪里？这也是大家比较关注的一个问题。冯契哲学产生于特定的历史时代，有历史局限性是不可避免的，问题是学者们见仁见智，从不同角度提出了自己的思考，当然也有不同看法，但是没有展开讨论。比如有的学者认为，冯先生把人与世界的关系主要理解为认识关系，而不是存在关系和实践关系。他的广义认识论主要是讲怎样认识世界和认识自己，而不包括怎样改造世界的内容，因而缺少实践哲学的品格。不同的看法则认为，冯契哲学整个儿就是建立在实践唯物主义辩证法的基础之上，他讲的“转识成智”是在认识世界和改造世界的交互作用中实现的，他讲“化理论为方法，化理论为德性”，也说明重视理论的实践功能。有的学者认为，冯先生受金岳霖和清华学派的实在论观点影响较深，在他的著作中曾不止一次地将唯物论等同于实在论，因此在有的论述中，比如把“为我之物”当作认识的唯一基础和对象，而把“自在之物”排除在外，就难以与唯心论完全划清界限。有的学者说，冯先生通过“转识成智”来培养真、善、美统一的理想人格，来解决人生的意义问题，多少带有精神乌托邦的色彩。也有学者提出，把哲学史看作是若干个小圆圈构成一个大圆圈，一系列圆圈环环相扣的发展历程，虽然是列宁赞同的黑格尔哲学史观的主张，但哲学史的发展历程是否就如此整齐，“圆圈”说是否符合中国哲学史发展的实际，还是需要进一步研究、讨论的问题。有的学者则明确表示，既不赞成“对子”说，也不赞成“圆圈”说，认为“圆圈”的终点并不一定高于起点。如此等等的评论还有一些。我们注意到，所有这些批评都是在充分肯定冯契哲学的巨大成就和历史性贡献之同时，指出它的不足之处，因此对于这种哲学的进一步发展和完善，都是有参考价值的。

下面我想讲一下冯契学派的问题。

不论在历史上，还是在当前中国思想界、学术界，学派现象都是客观存在的。百家争鸣是学术文化发展的规律。春秋战国时期，儒、墨、道、法、名、阴阳等诸子蜂起，成就了我国思想史上的第一个黄金时代。《宋元学案》《明儒学案》中写了那么多“学案”，实际上就是一个个以案主为中心的大小学派，除了主要记载、论述案主的思想外，还有师承、家学、弟子门人、学侣、同调、讲友、交游等等，弟子中有亲炙弟子、私淑弟子，还有再传弟子、三传弟子，形成一个有大体相同或相近的学说主张、有某种思想传承关系的学术群体，这就是学派现象。在我看来，出现学派现象是好事情。比如在宋明理学中，正是由于濂、洛、关、闽，湘学、蜀学、江西之学、浙东学派等不同学派之间的交流与交锋，才促进了当时学术的繁荣和发展。

今天中国思想界有没有学派现象呢？当然也是有的。“五四”以来我国出现了“三分”的思想格局，形成了三大思潮，所谓现代新儒家学派、自由主义西化派和中国的马克思主义派，就是不同的学派。马克思主义派中也有思想倾向不同或学科领域不同的各种学派，比如在中国思想史研究领域，有著名的侯外庐学派，最近还有文章关注南开的刘泽华学派。《文史哲》2013 年第 4 期发表一篇三万字长文，是河南大学李振宏教授写的，专题评述了以刘泽华为代表的王权主义学派的政治思想史观点，除了刘先生之外，还介绍了他的四个弟子所做的工作。我国当前在政治思想领域和经济学领域都有不同的学派，有的学派之争还相当激烈，这是大家都看到了的。

在中国哲学界，学派现象也是存在的，但是在我看来，具备形成学派条件的并不很多。侯外庐学派是历史学中的思想史学派，不完全是哲学学派。冯友兰先生名气很大，地位很高，但在中国很难形成“冯友兰学派”。他的标志性的哲学工作是创造“新理学”哲学体系，半个多世纪以来研究“新理学”的人很多，但没有以“新理学”传人自称者。熊十力先生的情况就不同了，他的思想有唐君毅、牟宗三、徐复观等港台新儒家传承和发展，而且不止一代传人。张申府、张岱年先生曾经试图创建一个“解析的辩证唯物论”哲学学派，其最重要的工作就是张岱年在 40 年代建构“天人新论”哲学体系的努力，可惜没有完成。但是，他们坚持了半个世纪的中、西、马“三流合一”、综合创新文化观，到 80 年代张岱年先生以“文化综合创新论”的形式重新表述出来，迅速得到广泛认同，成为近 30 年来中国文化研究的主流观点。所以，以张岱年为旗帜的综合创新文化学派是可以成立的，而且事实上已经存在。当然，综合创新文化学派也可以说是一种文化哲学学派。

形成学派需要有一定的条件。首先要有开宗立派的代表人物，他要有很高的学术水平，有独特的学术创造，理论上自成系统，而且符合时代需要，得到一些人的认同。他的名字可以为某个学派命名，作为一面旗帜，具有很强的号召力。其次要有明显的学术传承，至少要有两代、三代传人，有生命力的学派甚至可以传到八代、十代，以至更多。作为一个学派要有大体相同的学术宗旨，认同一些基本的理论观点，在学术方向、学理、学风上有相近之处。后继者对前辈有继承也有创新和发展，在学派中出现变异和分化的情况是不足为奇的。作为学派一般都有相对稳定的学术基地，比如古代的书院，现代的高等学校和科研院所，研究生导师制是有利于学派形成和发展的。学派应该是开放的，不是封闭的，不同学术思想、学风的交流有利于学术的发展。在中国大陆哲学界，像冯契学派这样完全具备上述条件、具有鲜明的学派特征的学术共同体并不多见。首先，其开宗立派的代表人物冯契先生是有自己独创的哲学体系的著名马克思主义哲学家。他的“智慧”学说是一个融合中、西、马，涵摄真、善、美，有史有论，要求理论结合实际、身体力行之的，有很大发展空间的开放的哲学体系。其灵魂是马克思主义的能动的革命的反映论，实践唯物主义辩证法，体现了辩证唯物主义和历史唯物主义的统一。它以中国哲学中的“天人之辩”“心物（知行）之辩”“成人之道”等问题为主要考察对象，从主体内容到话语方式都具有鲜明的中国特色。它吸收了西方哲学的逻辑分析方法，并借助西方的民主思想来推动中国近现代的哲学革命。冯先生以其创新思想、道德文章、自由人格教育和影响了一大批弟子门人，而且有许多学术同道，以他为核心形成了中国哲学中的冯契学派。其次，我们来看冯契哲学的学术传承。冯先生从 70 年代末到 90 年代前期亲自指导培养了一批研究生，他们大都是冯契哲学思想的忠实传人，也是其第一代传人。由于华东师大首先建立的是中国哲学博士点，中国哲学专业毕业的研究生数量要多一些；冯先生同时也开马克思主义哲学、西方哲学、辩证逻辑、伦理学、美学方面的课程和讲座，所以他的学生中也有在这些学科方向发展得很好的。华东师大哲学系是冯契学派的大本营，上海社科院、上海师大等高等院校都有冯先生的学生，也有在北京、甘肃、浙江、湖南等地工作的。这批亲炙弟子受冯先生的学问和人格影响最深，有的在学风、文风甚至用语习惯上都与老师有相近之处。经过二三十年的磨练和自主发展，他们中有些人已成为国内外知名哲学家，目前正处在事业发展的巅峰期。陈卫平、杨国荣、高瑞泉、童世骏、郁振华、冯棉等人可以作为冯契学派第一代传人的代表。他们现在都是资深教授，一批更年轻的冯门再传弟子已在他们指导培养下成长起来，其中不乏优秀人才，目前大都已成为华东师大和各高校教学科研的骨干。我想还应该提到曾经与冯先生共事、现已退休或已辞世的一些老师，如丁祯彦、张天飞、彭漪涟等教授，他们认同冯先生的哲学思想，多年协助和配合冯先生的教学研究工作，为冯契学派的传承和发展也做出了重要贡献。现任湘潭大学哲学系主任的王向清教授，已经出版两本冯契哲学研究专著，发表有关学术论文数十篇，他在华东师大上学的时候，指导老师就是彭漪涟教授。近 20 年来，在全国各高等院校和社科院，以冯契哲学研究作为博士论文和硕士论文选题的已有数十篇，也就是说，冯契的“智慧”学说已日益成为现代中国哲学中的“显学”，冯契学派也在不断发展壮大中。

冯契学派是中国哲学研究中的马克思主义学派，自然会得到一些持马克思主义哲学立场和哲学史观的学者的支持、鼓励、切磋和襄助，有许多同道、学侣和讲友。给我印象深刻的是，1985 年 8 月，在庐山讨论冯先生的大著《中国古代哲学的逻辑发展》，中哲史界的许多前辈学者，包括张岱年、任继愈、石峻、王明、严北溟、萧萐父等人都参加了，这个学科最活跃的一批中青年学者也参加了。会议就中国哲学史发展的规律和特点问题进行了比较深入的讨论，大家一致肯定冯著《中国古代哲学的逻辑发展》具有较高的马克思主义理论水平，建议国家教委将其列入高等学校文科教材，供全国各高校选用。冯契哲学思想的影响决不局限于某个地区，而是产生了全国性影响，也有一定国际影响。

所以我非常希望，明年在举办冯先生百岁诞辰纪念活动的时候，一定要把“冯契学派”这面旗帜举起来，扩大冯先生哲学思想的影响，推动中国哲学向融合中、西、马，统一真、善、美，将知识提升为智慧，为解决人类文明根本问题提供智慧的方向发展。为此需要做一些准备工作，比如整理出版冯先生的未刊著作，编写翔实的冯契传记、年谱等。我曾经在北京一个藏书家那里，偶然发现几份华东师大散失的“文革”期间外调冯先生的材料，包括一些大名家亲笔写的材料，都是原件，有重要的文献价值，我建议你们想办法收购回来。“冯契学派”的资料也需要整理，涉及的内容就更广泛了，不过来日方长，可以慢慢做，先摸清楚基本情况。我还有一个建议，为了推动对冯先生的生平、著作和思想的研究，推动当代中国马克思主义哲学研究，经过一年时间筹备，在明年冯契先生百岁诞辰纪念会上，正式成立全国性的冯契哲学研究会。按照冯友兰、张岱年研究会的惯例，可以挂靠在中国哲学史学会下面作为二级学会，“户口”问题也不难解决。冯友兰、张岱年、任继愈先生逝世后都成立了研究会，有力地推动了对他们思想的研究和传承。张申府、张岱年兄弟是河北献县人，河北师大还专门成立了二张研究中心，召开过几次纪念性的学术会议，出版二张研究集刊，建立了二张研究网。在任继愈先生辞世三周年之际，“任继愈研究会”在他的故乡山东省平原县成立，当然活动中心还是在北京。冯契先生去世快 20 年了，其思想的生命力和影响力越来越彰显出来，但有关研究工作还基本上处于自发状态。我想现在是组织起来的时候了，明年是一个机会。以冯契学派的大本营华东师大为中心，具体组织联络工作你们多做一点。此事一旦列入议事日程，实施起来难度不会很大。把冯契哲学研究推上一个更高的平台，也有利于冯契学派更加自觉自信地发展。

回顾20世纪马克思主义中国化的历程，我形成了这样一个基本看法：马克思主义（科学社会主义）与中国革命、建设、改革实践相结合，产生了两个伟大的理论成果，一个是毛泽东的新民主主义论，一个是邓小平的中国特色社会主义理论。马克思主义哲学与中国哲学、文化传统相结合，产生了两个探索性的创新理论成果，一个是张岱年的“天人新论”，一个是冯契的“智慧”学说。前者大纲初具，未能最后完成，后者则建立了一个较为完备的史论结合的哲学体系。毛泽东的《实践论》和《矛盾论》，既总结了中国革命的实践经验，又是接着中国传统哲学中的知行问题和阴阳矛盾学说讲的，是马克思主义哲学中国化的更加成功的经典性成果，但它们只是一部宏大的辩证唯物论交响乐中的两个关键性乐章。所有这些创新成果的形成和发展，都是走的一条“马魂、中体、西用”有机结合、综合创新的道路。不论是以中国革命、建设、改革实践为体，还是以中国哲学、文化传统为体，都是以中国问题为中心和主题，中国的马克思主义者始终是以国家、民族的前途命运为主要的关切点。这个看法如果能够成立的话，那么显然，所谓学术形态的马克思主义哲学中国化的两个成果远未得到应有的重视，研究和宣传都很不够，许多人对它们甚至一无所知。其实中国的马克思主义学者在20世纪贡献出这两个创造性的理论成果是很不容易的，张岱年先生和冯契先生都是在国家民族的多事之秋，以高度的理论自觉和文化自觉，力图把当代先进文化与民族哲学智慧相结合，创造既适应时代需要又保留住民族文化底蕴的中国新哲学，特别强调要是能够应付种种危难的刚毅宏大的哲学，要是能够进行自我批判和自我完善的真诚无私的哲学。这是非常难能可贵的，他们的工作应该得到尊重和公正的评价。当代中国马克思主义哲学新形态需要从传统哲学中吸收更多的正能量，张、冯两位前辈所做的工作实具有示范意义，对中国哲学的未来发展必将产生深远影响。在今天，研究张岱年的“天人新论”和冯契的“智慧”学说，不只是具有思想史的价值，而且也有重要的现实意义。比如对共产党员进行理想信念教育，防腐拒变教育，就可以从冯契哲学关于“化理论为方法，化理论为德性”“平民化的自由人格”“警惕虚伪，拒斥异化”“反对权力迷信和拜金主义”“反对独断论和经学思维方式”的论述中吸取智慧资源，找到理论支持，充分发挥其影响、转化现实的实践功能。

华东师大哲学系建立的时间不算长，能够在冯契这样一位哲学大师的引领下建设发展成长，确实是很幸运的。冯先生开创的学术方向和学理、学说、学风都是非常纯正的，富有前瞻性的，为冯契学派的传承和发展打下了坚实的基础，也留下了广阔的发展空间。对于华东师大哲学系的老师和同学来说，有学派自觉和学统自信非常重要，相信你们一定会把冯先生开创的事业发扬光大。我对冯先生的学问和人格也很景仰，但对他的思想了解得还很皮毛，今天讲的有些只是个人感想，不是一个严谨的学术报告，不当之处请各位批评指正。

（本文是作者2014年5月14日在华东师范大学哲学系所做学术讲座的录音记录整理稿。原载《哲学分析》2014年第6期）

青年张岱年的哲学睿识

一

1936年4月，中国哲学会在北京大学召开第二届年会，两天时间里，共有十八位学者宣读论文，其中包括胡适、冯友兰、汤用彤、贺麟、金岳霖、汪奠基、朱光潜、邓以蛰、马叙伦、周叔迦等著名哲学家。时年27岁的张岱年先生也出席了这届年会，他提交的论文是《生活理想之四原则》。张聿飞在《第二届中国哲学年会的纪实和批判》一文中说："张先生是一位少壮哲学家，我认为是中国哲学会中特殊的一位。他的思想之出发点，不同于哲学会中任何一位哲学家。所以在大家讨论他的论文时，很表现出一些质问，可是他和他们的问答，简直像牛头不对马嘴。他很口吃，不能用爽利的言语和人们辩论，然而他的态度是对的。他的思想是新颖的，时代的，在这次年会中，他很给年会添了些生气。"① "在现代哲学上的第一大问题，就是'存在与思维'的问题。……如果本此标准而分析大会中各位哲学家的思想和立场，大半是主张唯心论的。在大会的十八篇论文中，以及两天讨论的时间里，我只看见一篇，也就是一位新唯物论的主张者——张季同先

---

① 聿飞：《第二届中国哲学年会的纪实和批判（上）》，《现代评坛》1936年第1卷第16期。

生的论文。”[①] 纪实和评论文章作者“聿飞”即张聿飞，山西榆次人，曾在北平中国大学哲学系学习和任教。他比张岱年先生还要年长五岁。

张岱年所讲的生活理想之四原则，具体是指：（一）理生合一，（二）与群合一，（三）义命合一，（四）动的天人合一。在人生哲学上，他吸收了中国传统哲学重视道德理想的思想，同时又克服了传统道德理想主义的弊端，把它上升到唯物辩证法的高度，提出了一个适应新时代需要的人生理想的新纲领。比如理生合一，“理”是指当然的准则或道德的规律，“生”就是人的物质生命、现实生活。历史上许多儒家学者“重理而轻生”，做事只问“理”应该不应该，而不管生活的实际，所谓“正其谊不谋其利，明其道不计其功”，所谓“饿死事小，失节事大”，都是典型的“重理轻生”思想。张先生站在唯物论立场，指出道德观念之“理”是离不开人的物质生命和现实生活的；同时又按照辩证法的精神，指出“生”也必须受“理”制约，好的生活就是合理的生活，正是由于遵循“理”的规范，才能得到生活的充实和圆满。另外三个原则也是一样，都是对传统道德理想主义的超越，都体现了唯物辩证法的精神。张先生认为，以前的哲学家喜欢讲“与天为一”为人生最高境界，其实这种境界对于人群、对于社会并无补益。我们不必讲与天为一，而应该讲与群为一，并且实践与群为一。“与群为一”就是个人与国家、社会为一体。“义命合一”是借用张载的成语，来说明理想的当然（义）与现实的必然（命）的对立统一，人与环境的对立统一。“动的天人合一”是相对于静的天人合一，即“与天为一”的神秘境界而言的，强调要以行动、实践来改造自然，而又不毁伤自然，以达到天人之谐调，戡天与乐天的统一。

在此之前，张先生还写过一篇《辩证唯物论的人生哲学》（1934年），主要阐述马克思、恩格斯的人生哲学思想，包括对人的本质、

① 聿飞：《第二届中国哲学年会的纪实和批判（下）》，《现代评坛》1936 年第 1 卷第 18 期。

人与环境的相互作用、自由与必然、理想与现实、道德的本质、改善民生与社会革命的关系等问题的论述。他指出马恩的人生哲学实质上是唯物史观的人生哲学，社会主义的人生哲学，是社会的、革命的、实践的人生哲学，从根本上说是辩证唯物论的人生哲学。张先生提出的生活理想四原则，就是把辩证唯物论的人生哲学与中国的实际结合起来，在国家民族存亡绝续之际，提倡能够鼓舞人的精神、坚定人的意志、使人面对逆境而无所畏惧的伟大人生理想。这种以唯物史观和唯物辩证法为指导的人生哲学思想，在旧哲学阵营中是不受欢迎的，所以在哲学年会上受到许多批评和质疑；但是它却受到广大人民群众和青年的欢迎，张聿飞积极评价它是新颖的、有生气的，也是符合时代精神的思想，在一定意义上说，就是反映了人民群众和进步青年的看法。从这届哲学年会的讨论中可以看到当时的哲学家们在哲学理论立场上的鲜明分歧和对立。

二

青年张岱年与当时的大多数学院派哲学家为什么理论立场差异那么大呢？这是由于他在国家民族危难之际，已经明确坚定地接受了“当代最伟大的哲学”①辩证唯物论，作为自己的世界观、人生观、价值观和方法论的基础，深信它的真理性。张申府先生的影响固然是一个方面，但主要是他通过学习、思考和比较研究后的自主选择。张岱年在北师大上学期间（1928—1933），很少去听课，大部分时间用来自学，那时他就读过恩格斯的《费尔巴哈论》《反杜林论》和列宁的《唯物论与经验批判论》等著作，并且广泛阅读古今中外哲学名著。经过比较，特别是与现代西方哲学中的实用主义、新实在论、新黑格尔主义、生命哲学、突创进化论以及超人哲学等作了比较，他认

① 《张岱年全集》第1卷，河北人民出版社1996年版，“自序”第3页。

为辩证唯物论既博大精深又符合实际，是“当代最伟大的哲学”，最有价值的哲学，最可信持的哲学，真诚地接受了辩证唯物论（包括历史唯物论）的理论立场和基本观点。这种理论立场与他一直倾向于肯定客观世界实在性的观点亦深为契合。他虽然不相信将来的哲学可以定于一尊，但认为将来的哲学必有一个重心或者中心，他确信这个重心或中心就是辩证唯物论。30 年代他写了《关于新唯物论》《辩证唯物论的知识论》《辩证唯物论的人生哲学》等文章，系统介绍这种新哲学的基本观点。

青年张岱年在哲学年会上与大多数学院派哲学家理论立场不同，评论者张聿飞实际上肯定他在旧哲学阵营中是“一枝独秀”。应该说，张先生的新唯物论思想，在本质上是属于新哲学阵营的。但是当时的新哲学阵营，情况也相当复杂。在一些正统派马克思主义哲学家看来，以张申府、张岱年为代表的“解析的辩证唯物论”哲学，并不是正宗的、纯粹的马克思主义，只不过是一种书斋里的哲学，无益于中国革命的实际进程，看不上这种哲学并且对它采取排斥的态度。在他们看来，二张主张中、西、马“三流合一”，特别是主张吸收罗素一派的逻辑分析方法，不仅有折衷主义之嫌，甚至被批评为向唯心主义妥协。比如陈伯达在《论“新哲学”问题及其他——致张申府先生的一封公开信》中，就不赞成把辩证唯物论与罗素的实在论、逻辑经验论相提并论，他批评张申府的“三流合一”说是“一种毫无意义的折衷主义的企图，而且实质上只能是一种唯心论的翻版”[①]。《读书生活》1935 年第 2 卷第 2 期发表了一篇题为《论现在中国所需要的哲学——答金放然君并求教于张季同先生》的文章，从张岱年的回应文章《关于文化与哲学》[②] 来看，他是答复柳湜的。这篇文章批评张

---

① 陈伯达：《论“新哲学”问题及其他——致张申府先生的一封公开信》，《中国文化》1940 年第 1 卷第 5 期。

② 张岱年：《关于文化与哲学》，《北平晨报》1936 年 10 月 2 日。

岱年（季同）夸大了中国的特殊性而忽视了新唯物论哲学的一般性，他说你讲新哲学是“唯物的、对理的”是对的，“但为什么要加上理想的呢？这不是反把视线扰乱了么？”他批评张岱年“明明是在半空中说话，没有实践的基础”，实际上是把哲学变成了“会客室内的谈玄”。张岱年的回应也不含糊，指出这种批评完全是误解，是“完全不看实际情形只凭主观臆断的错误批评”，只不过是柳君“头脑中的产物”而已。

在新哲学阵营中有认识分歧是正常的，我们应该从这些分歧中总结出有益的经验教训。这里面的关键问题，就是对待马克思主义的态度问题。

张岱年先生从青年时代起，就对马克思主义哲学采取一种既不“盲信”也不“盲诽”的科学理性态度。在他看来，“对于任何学说，任何理论，任何见解，都不应盲信，更不应盲诽。要客观地细察其内容到底是些什么，然后再客观地加以估价”①。批评的精神和客观的态度对于学者来说是最重要的，对待马克思主义哲学也应该这样。他说，只要有求真理之诚心，必能看到马克思主义哲学确有胜过其它各派学说的地方；另一方面，现代其它各派哲学也不是一派胡言，皆无所见，就是古代哲学，无论西洋的和中国的，也不能完全排弃。他主张以马克思、恩格斯的新唯物论为基础和主导，同时吸纳、综合中国哲学的理想主义和西方哲学的逻辑分析方法，以建立一种适合现在中国需要的新综合哲学。为什么把新唯物论哲学现成地拿过来还不行呢？因为在他看来，“新唯物论虽颇注重理想，而对于理想之研讨，实不为充分；而其注重分析，不充分乃更甚”②。也就是说，新唯物

① 张岱年：《批评的精神与客观的态度》，《张岱年全集》第1卷，河北人民出版社1996年版，第149页。

② 张岱年：《哲学上一个可能的综合》，《张岱年全集》第1卷，河北人民出版社1996年版，第263页。

论哲学也有不足之处，需要补充、发展和完善，中国哲学中的理想主义和西方哲学的逻辑分析方法，正好可以作为其不足或不充分之补充。

在30年代的中国学术思想界，“唯物辩证法风靡了全国”。但在当时能像张岱年先生这样用科学理性的态度来对待它的人还是不多的。张先生曾具体分析说：今人对于新唯物论的态度，可分三种：一是墨守的态度，二是盲目反对的态度，三是修正的态度。他对这三种态度都不赞成，明确提出：“我的态度是发挥扩充：对于已有之理论应更加阐发，而以前未及讨论之问题，应补充讨论之。”① 这就是一种坚持与发展相结合的科学态度。在谈到怎样发展马克思主义哲学时，他特别强调要善于学习、吸收现代各派哲学中有价值的合理内容，反对那种对待马克思主义的教条主义、宗派主义和关门主义的态度。他注意到，当时一些讲马克思主义的人，对马克思主义实际上是采取一种类似宗教信仰的态度，“凡宗师所已言，概不容批评，宗师所未言及者，不可有所创说”②，把马克思主义看成是没有任何不足之处，不需要补充、发展和完善的绝对真理；而对于马克思主义以外的学说，不论是中国古代哲学，还是西方近现代哲学，则不问内容，不加分别，一概藐视，一概排斥，这样就堵塞了吸收各派哲学之长来发展马克思主义哲学的道路。当时他还是一个涉世不深的青年人，但对思想舆论环境中的这种不正常现象已深有感触，所以明知人微言轻也要负责任地把自己的看法讲出来。

在旧哲学阵营，张先生的新唯物论哲学不受欢迎；在新哲学阵营，他也受到正统派的误解。另外还受到托派叶青等人的攻击。但是

---

① 张岱年：《哲学上一个可能的综合》，《张岱年全集》第1卷，河北人民出版社1996年版，第278页。

② 张岱年：《哲学上一个可能的综合》，《张岱年全集》第1卷，河北人民出版社1996年版，第278页。

青年张岱年有自己的哲学主见，有充分的理论自信，所以不受这些批评影响，而是坚定不移地走自己的路。也就是说，他不但有追求真理之热诚，而且有坚持真理的勇气。青年张岱年非常难得地表现出了一个战斗的唯物论者的姿态，这可能并非他之所愿，但是为了坚持真理，他不得不回应各种挑战。在马克思主义哲学是不是科学真理，它是否符合实际、最可信取、最有价值的问题上，他同一切有意诽谤和“盲诽”马克思主义的唯心论者、托派和机会主义者进行了坚决的斗争；在新唯物论哲学是否有不足之处，要不要用批评的精神和分析的态度来对待它，要不要用其它各派哲学之优长来补充、发展、完善它，以及在是否承认非马克思主义哲学也不是一无所见，不能完全排斥，而应“且扬举且抛弃，且擢拔且摈除，且吸纳且扫荡”① 的问题上，他同新哲学阵营内部的一些“盲信”和“墨守”马克思主义的人也有明显的认识分歧，不得不同教条主义和宗派主义的倾向作斗争。这说明青年张岱年并不是一个只知闭门读书思辨、不关心现实思想斗争的人。

三

上个世纪30年代，一些前辈哲学家潜心研究和著述，创造了几个中西结合的哲学体系，力图对振奋民族精神、改造国人的思维方式有所帮助。其中最有代表性的就是熊十力的“新唯识论”体系和冯友兰的“新理学”体系。青年张岱年对他们的学识和创造精神十分钦佩，但是不能认同他们的唯心主义哲学观点，比如在《论外界的实在》《谭“理”》等文章中，就批评了“物缘心而有”“存在就是被感知”的主观唯心主义观点，也批评了冯友兰“未有甲物之先已有甲

---

① 张岱年：《人与世界》，《张岱年全集》第1卷，河北人民出版社1996年版，第359页。

物之理”和理“超时空而有”的客观唯心主义观点。他试图效仿前辈，把自己的哲学观点也系统地表达出来，于是在《哲学上一个可能的综合》一文中大胆提出：“今后哲学之一个新路，当是将唯物、理想、解析，综合于一。”“此所说综合，实际上乃是以唯物论为基础而吸收理想与解析，以建立一种广大深微的唯物论。”[①] 这里阐明了这种新哲学的性质和建构原则，所谓“广大深微的唯物论”，就是一种吸收了中国哲学中的人生理想学说之精华和西方哲学中的逻辑分析方法的辩证唯物论哲学。

这种新哲学还有一个重要特点，就是它是接着中国传统哲学中的天人之学讲的，“欲穷究天人之故，畅发体用之蕴，以继往哲，以开新风”[②]，故其名称可以叫作“天人新论”，实即辩证唯物论的天人之学，或辩证唯物论的天人关系论。在张先生看来，“哲学是研究宇宙人生之究竟原理及认识此种原理的方法之学问”[③]。研究宇宙人生之究竟原理，在中国哲学，就是“究天人之际”的学问，它的任务是要论明“天道”“人道”及其相互关系，以及“知天”“知人”即认识“天人之道”的方法。张先生为写作“天人新论”制定了一个大体纲领，其主要内容包括宇宙论、人生论、知识论和方法论几部分，力图对天人之学所涉及的基本问题作出辩证唯物论的解决和回答。因为在他看来，“新唯物论才可以说是完全的彻底的唯物论。新唯物论的宇宙论是对理的，注重历程与等级。新唯物论的知识论之基本观点是实践，注重知识之实践的基础，及外界为知识之源泉，更进而阐明知识之社会性历史性，由以解决感觉经验与概念知识之对立，以及真知之

① 张岱年：《哲学上一个可能的综合》，《张岱年全集》第1卷，河北人民出版社1996年版，第262页。

② 张岱年：《天人简论》自序，《张岱年全集》第3卷，河北人民出版社1996年版，第215页。

③ 张岱年：《中国哲学大纲》序论，《张岱年全集》第2卷，河北人民出版社1996年版，第1页。

相对与绝对。……新唯物论的人生论之根本见地在认识人之社会性，又注重人与环境、自由与规律之对理，而最注重者是变革世界的实际道路”①。他的“天人新论”正是顺着新唯物论的基本路向而更有所扩充。所谓“扩充”是指“对于西洋哲学方面说，可以说是新唯物论之更进的引申；对于中国哲学方面说，可以说是王船山、颜习斋、戴东原的哲学之再度的发展；在性质上则是唯物论、理想主义、解析哲学之一种综合”②。同年稍后，他又在《人与世界——宇宙观与人生观》的哲学札记中，对这种新哲学的内容作了较为详细的展开，其要点是：在宇宙观，他强调“生生两一，一本多级”；在人生观，他主张“克服矛盾，与群为一”；在知识论，他注重“物为知基，由感而思”。张先生的“天人新论”哲学体系实际上雏形已现。

按照自己的哲学思路，青年张岱年做了两件重要的工作：一是以辩证唯物论的基本观点为指导，运用逻辑分析方法，以问题和范畴为纲，对中国传统天人之学的主要内容、理论系统和发展源流进行了系统的梳理，这就是他写的50万字的《中国哲学大纲》一书，该书可以说是“天人新论”的历史考察和理论溯源部分。二是在抗日战争时期极其艰苦的条件下，陆续写出《哲学思维论》《事理论》《知实论》《品德论》等书稿，试图对“天人新论”各部分的内容在理论上充分展开和作精密的哲理论证，合之即可体现这一中国化马克思主义哲学体系之全貌。可惜因“厥后生活日益窘迫，运思维艰，竟尔辍笔”③，未能全部完成。1948年他在《天人简论》中概述了这一新哲学体系的十个要点，使我们对“天人新论”之全貌仍能有一个基本的了解。

---

① 张岱年：《哲学上一个可能的综合》，《张岱年全集》第1卷，河北人民出版社1996年版，第274页。

② 张岱年：《哲学上一个可能的综合》，《张岱年全集》第1卷，河北人民出版社1996年版，第277—278页。

③ 张岱年：《天人简论》自序，《张岱年全集》第3卷，河北人民出版社1996年版，第215页。

上述两件工作，一史一论，纵横交织，互相贯通，互相发明，史论结合，相得益彰。“史”的研究增加了“论”的历史厚度，“论”的研究增加了“史”的理论深度，它们作为一个整体，充分显示了青年张岱年的哲学睿识，也确立了他在20世纪中国哲学史上作为一个有独创性的哲学体系的哲学家的地位。

在辩证唯物论指导下精研中国传统的天人之学，力图结合中国现时代的需要，创建一个中国化马克思主义的“天人新论”哲学体系，不仅是张岱年在青年时代的哲学追求，而且也是他牵挂终生的事业。解放后他没有条件继续做这一工作，只能将其“存而不论”，但并不等于他已放弃这一事业，或对其方向、意义、价值有所动摇和怀疑，他在晚年还有撰写《自然与人》一书的计划，就说明他始终没有忘情于“天人新论”哲学体系的创构。

四

我们先来看《中国哲学大纲》一书。

这本书从1935年初开始撰写，到1936年7月完成初稿，大约用了一年半时间。他在1936年4月写成、5月发表的《哲学上一个可能的综合》一文，与该书的写作时间正好重合，可见“将唯物、理想、解析，综合于一”[①] 的新哲学构想，也是他写作《中国哲学大纲》一书的指导思想；这篇文章中有关中国哲学的论述，实际上正是《大纲》思想的概括和总结。

首先，张先生清楚地意识到，中国的正统思想并不是唯物论，而是唯心论，但在中国哲学史上也有一个唯物论的思想传统，从先秦的惠施、荀子和《易传》，到汉代的王充，再到宋元明清时期张载、罗

① 张岱年：《哲学上一个可能的综合》，《张岱年全集》第1卷，河北人民出版社1996年版，第262页。

钦顺、王廷相、王船山、颜元、李塨、戴震等人的唯气论。在中国哲学史上，将宋明理学分为理学、心学、气学三系的思想，就是张岱年先生最早提出来的，他认为“气学”或者说“唯气论”就是一种唯物论。他特别强调中国近三百年哲学发展的趋向是以王船山、颜习斋、戴东原的唯物论为主潮，明确提出：“现代中国治哲学者，应继续王、颜、戴未竟之绪而更加扩展。”①

其次，他指出，唯物论虽然在中国没有得到充分的发展，但“对理”即辩证法的思想却颇丰富。在宇宙论第二篇“大化论”中，详细阐述了中国哲学关于变与常、反复、两一、神化、始终、有无、坚白、同异的辩证法思想，认为大多数中国哲学家都肯定“变易”是普遍的事实，变易的基本规律是“反复”，变易的根源在于“两一”。他还注意到，在中国哲学中辩证法思想与唯物论传统往往是结合在一起的，“既讲唯物，又讲‘对理’的哲学家，在古代是惠施和《易传》，在宋代是张子，在清代是王船山。附会地说，也可以说是中国哲学中对理唯物论的传统”②。

第三，张先生还注意到，唯物论虽然不是中国的正统思想，但中国哲学中有一些根本倾向，却“颇合于唯物义”③。比如在宇宙论，中国哲学的基本倾向是不将现象与实在分为二事，肯定现象即实在，实在即现象，在中国哲学中没有现象背后之实在的观念。在知识论，中国哲学除了陆王一派认为存在依附于心外，多数哲学家都肯定外界的实在性，并且承认外界是可知的。中国哲学最注重思想学说与生活实践打成一片，因而在本质上是主张知行合一的。在人生论，中国哲

---

① 张岱年：《哲学上一个可能的综合》，《张岱年全集》第1卷，河北人民出版社1996年版，第273页。

② 张岱年：《哲学上一个可能的综合》，《张岱年全集》第1卷，河北人民出版社1996年版，第272页。

③ 张岱年：《哲学上一个可能的综合》，《张岱年全集》第1卷，河北人民出版社1996年版，第272页。

学不喜欢讲出世的理想，而注重不离日常生活的宏大而平实的生活准则，认为最高境界就是在日常生活中表现至理。这些基本倾向都是符合唯物论精神的。

上述符合唯物论和辩证法精神的中国哲学的基本内容和基本倾向，大都是该书“结论”中所肯定的中国哲学中之活的、历久常新的东西，是中国哲学的精华部分，对于建构中国的新哲学来说，它们是不可或缺的宝贵思想资源。

在张岱年看来，解析是治哲学的基本工夫，在各种方法中是最根本、最基础的方法，“解析法之要义在辨意谓，析事实：汰除混淆，削减含忽，而以清楚确定为目的”①。逻辑分析方法在写作《中国哲学大纲》一书中的运用，突出地表现在对中国传统哲学问题之“分析的研究”，以及对中国传统哲学概念范畴之厘清和准确界说上。由于中国哲学有“一天人”“合知行”“同真善”“重了悟而不重论证”“向无形式上的条理系统”“浑融一体，原无区分”的特点，因此学习、借鉴、引进西方哲学的逻辑分析方法，对中国传统哲学的问题、概念、命题、论证程序、经验要素进行严密的分析、梳理和澄清，就有着特殊重要的意义。首先要从中国哲学的实际出发，把哲学家们关注和讨论的基本问题探寻出来，加以分类和综合，并且通过对各种思想学说发展源流的考察，揭示其固有的条理系统和内在逻辑关系，从而把握中国哲学的整个理论体系。其次要对中国古代哲学概念范畴的确切涵义作精密的解析，分清其本义、引申义和多种涵义，同时注意对中西哲学范畴进行比较研究。比如该书中分清了中国哲学的“本根”“本体”概念，同西方哲学中与现象相对，认为本体实而不现、现象现而不实的“本体”概念之界限，就是一个非常典型的例子。在对中国哲学概念范畴的考察中，还要注意其涵义的发展演变，对立者

① 张岱年：《哲学上一个可能的综合》，《张岱年全集》第1卷，河北人民出版社1996年版，第269页。

之互转，概念意谓之变迁与转移，分解与融合，也就是说，要把逻辑分析方法与辩证法结合起来。一个 20 多岁的青年学者，对逻辑分析方法在中国哲学史学科建设中的重要意义有如此深刻的认识，能够把它运用得如此得心应手，开创出“问题解析体”这样一种中国哲学史研究和写作范式，写出如此成功的典范之作，这在 20 世纪中国哲学史上可以说是一个奇迹。

人生哲学在中国哲学中占有重要地位。张先生说，中国哲学家所思所议，三分之二都是关于人生问题的。世界上关于人生哲学的思想，实以中国哲学为最丰富，其所触及的问题既多，其所达到的境界亦深。中国人生哲学的中心部分是人生理想论，追求人生的最高境界、高扬道德理想主义可以说是中国人生哲学的一大特点。张先生关于创建中国新哲学的构想，其中一个重要维度就是要兼取中国哲学中重视人的精神理想的思想，希望用伟大的理想来指导人类生活和社会进步。正如他在《生活理想之四原则》一文中所指出的，为了适应新时代的需要，就必须在辩证唯物论的指导下对中国传统人生哲学有扬有弃，批判继承，创造新的人生理想原则。《中国哲学大纲》一书对中国人生哲学做了详细的分析论述，篇幅占全书一半以上。比如在人生理想论部分，就分别论述了仁说、兼爱说、无为说、有为说、诚说、与天为一说、与理为一说、明心说、践形说的主要内容和利弊得失，而高度评价王船山、颜习斋、戴东原的“启导一种活泼充实的生活”①的践形说，为中国的新人生哲学建构提供了可资借鉴的丰富资源。

五

在写完《中国哲学大纲》一书后，青年张岱年把主要精力投入了

① 张岱年：《中国哲学大纲》，《张岱年全集》第 2 卷，河北人民出版社 1996 年版，第 411 页。

“天人新论”哲学体系的理论建构。从《哲学上一个可能的综合》（1936年4月）到《人与世界》札记（1936年9月），到抗日战争时期陆续写成《哲学思维论》（1942年）、《事理论》（1942年）、《知实论》（1943年）、《品德论》（1944年）四种书稿，再到解放前夕写的《天人简论》（1948年），我们可以大致地看到他的思想发展轨迹，以及“天人新论”哲学体系的基本轮廓。

《哲学思维论》可以说是“天人新论”的导论，主要讲哲学观和方法论问题。首先认为哲学是根本问题之学，是研究宇宙的根本原理、人生的根本准则和人类认识的根本规律的学问。在各种类型的哲学中，肯定物本论（唯物论）最为正确。其次认为演绎法、归纳法和辩证法是三种基本的思想方法，它们各有适用范围，互相并不冲突。着重介绍了以对立统一为核心的辩证法的基本原则和规律，及其推衍与运用，同时说明辩证法并非绝对不容形式逻辑，认为“今之喜形式逻辑者则鄙弃辩证法，而好谈辩证法者则非薄形式逻辑，实皆蔽于一曲之见”[①]。此外对体验、解析、会通等哲学方法也有所论述。

“天人新论”的“天论”部分，只写出了《事理论》一书。该书讨论了事物与规律、共相以及有关的问题，提出了一个比较系统的宇宙观，对实有、事物与时空、延续与变化、关系与关联、理与性、可能与必然、两一与反复、事理之关联等问题进行了广泛的分析和论述。其基本观点是认为物统事理，事、理、物俱为实有，在事与理孰为根本的问题上，明确表示赞同王船山“道在器中”和李恕谷“理在事中”的观点，反对程朱的“理在事先”和“理在事上”说。

张先生在《天人简论》等论著中，还阐述了“天人本至”论，“一本多极、物源心流”论，“永恒两一”论，“大化三极”论，都应该是属于“天论”部分的内容。古代哲学家讲“天人合一”，往往认

① 张岱年：《哲学思维论》，《张岱年全集》第3卷，河北人民出版社1996年版，第29页。

为宇宙的本原就是人生的最高道德标准，他则认为是二非一，应该分别“本”“至”。他在《论外界的实在》《人与世界》《知实论》中都批评了“物缘心而有”“离识无境”的主观唯心主义观点，坚持唯物主义的“物源心流”“物体心用”论。“永恒两一”论强调了矛盾的普遍性，对中国的辩证法有系统的论述；“大化三极”论则以“兼赅众异而得其平衡”“富有日新而一以贯之”① 的“兼和”为“至极”，为最高的价值准则，提出了“以兼和易中庸”的新命题。

“天人新论”的“人论”部分，只写出了简略的《品德论》一篇四章。该篇专论道德理想问题，试图建立一种兼重“生”与“义”、既强调生命力又肯定道德价值的人生观，提出了“充生以达理”“胜乖以达和”等重要命题。充生以达理的实际内容是“增健而为公”，强调“公”是适应社会人群生活需要的最基本的道德。

人生哲学在中国哲学中占有重要地位，接着中国传统人生哲学讲的“天人新论”中的“人论”部分，内容自然也十分丰富，远不是一篇简略的《品德论》所能涵括和尽其义的。比如《生活理想之四原则》《哲学上一个可能的综合》《人与世界》都讲到了“理生合一”“与群为一”“义命合一”“动的天人合一”等原则，自然应该是新“人论”的重要内容。又如《天人简论》中讲的“人群三事”，在《左传》以“正德”“利用”“厚生”为三事的基础上，又补充提出了“御天”“革制”“化性”三事；在“拟议新德”中提出公忠、任恤、信诚、谦让、廉立、勇毅“六达德”，孝亲、慈幼、勤劳、节俭、爱护公物、知耻“六基德”，都丰富了新“人论”的内容。《中国哲学大纲》的一个明显缺点，是只讲人生观而不讲“通古今之变”的社会历史观，“天人新论”的“人论”部分，在“群己一体”“人群三事”和“文化要素”的论述中，实际上已在一定程度上克服这个偏蔽，不只是讲个人的道德修养问题，而是增加了一些社会生产斗争

---

① 《张岱年全集》第 3 卷，河北人民出版社 1996 年版，第 220 页。

和阶级斗争的内容。

“天人新论”的“知论”部分，原计划写“致知论”和“真知论”，实际上只写出了“致知论”的第一部分论知觉与外界的关系，名之为《知实论》。第二部分论感觉经验与概念思维的关系和“真知论”都没有写出来。《知实论》通过对感觉内容如感相、感相关系、感景、感征、感境等的深入分析，来确定主体（能知、心、感官）与客体（所知、原给、外在世界）的关系，论证客观世界的实在，有力地回应了否定或怀疑外界实在的各种唯心主义观点。有人认为外界实在只能通过实践来证明，张岱年认为也是可以从理论上证明的。关于感觉经验与概念思维的关系，可参见《哲学上一个可能的综合》论“感与思之两一”，《人与世界》论“知之渊源”“知之过程”和“概念的知识”。《天人简论》中用“知通内外”命题概括地说明了上述两个部分即“致知论”的内容。“天人新论”中的“真知论”，可参见《哲学上一个可能的综合》论“真知之变与常”，《人与世界》论“真知”“实证与实践”，《天人简论》论“真知三表”，涉及什么是真知（真理）、检验真知的标准、相对真理与绝对真理的关系等问题。

产生于国难中的“天人新论”哲学体系虽然未能以一部完整的理论巨著的形式面世，但是其基本观点都已分别亮明，其整个理论规模也已大体呈现出来。如果考虑到它是接着中国传统天人之学讲的这个重要特点，注意到其各个部分的理论溯源都可以在《中国哲学大纲》中找到相应的内容，那么人们对这个创新哲学体系的来龙去脉并不会感到十分陌生，在思想理路上也是不难契入的。

六

1949 年中华人民共和国建立之时，张岱年先生正值不惑之年，此前都是他的青年时代。

在国家民族危亡之际，青年张岱年选择了学术救国的道路。1934

年1月，25岁的张岱年在《中国思想源流》一文中说："中国民族现值生死存亡之机。应付此种危难，必要有一种勇猛宏毅能应付危机的哲学。此哲学必不是西洋哲学之追随摹仿，而是中国固有的刚毅宏大的积极思想之复活，然又必不采新孔学或新墨学的形态，而是一种新的创造。"[①] 强烈的忧患意识激发了他积极奋发、刚毅宏大的创造精神，而要在哲学上有新的创造，就必须掌握科学的世界观和方法论，对人类文明成果包括本民族思想源流和文化精神有深刻的了解，以开阔的心胸将中西哲学精华熔为一炉，走综合创造、创新的道路。

张岱年自幼形成了勤学苦读、好为深沉之思的习惯，从不满足于课堂上所学的知识，而是广泛地阅读了古今中外哲学和文史名著，其知识结构和理论根底远非一般同龄青年可比。他所处的人文环境也得天独厚。在北师大附中读高一时，班主任汪震先生就开过"中国哲学史"课程，引发了他对哲学和中国哲学的兴趣。其长兄、著名哲学家张申府先生是他广泛阅读中、西、马哲学经典名著的直接引路人，在理论方向上对他有重要影响。当时中国一流的哲学家冯友兰、熊十力、金岳霖诸先生都曾给予他指导和帮助，他有机会直接与大师交流对话。所有这些主客观条件的因缘际会，促成了青年张岱年思想上的"早熟"，在一般人还刚步入社会、求索人生道路的年龄，他就已经有深厚的哲学造诣，有自己独立的哲学思想，写出了开创性且具有典范性的中国哲学"通论"巨著，有志于创造卓然自成一家之言的、体大思精的"天人新论"哲学体系。这在20世纪中国哲学史上确实可称凤毛麟角。张申府在他24岁时发表的《论外界的实在》一文后面特加赞评，认为此篇"析事论理，精辟绝伦"，"有作出这等文字的青年的民族，并不是容易灭亡的"[②]。孙道昇在1935年发表的《现代中

① 张岱年：《中国思想源流》，《张岱年全集》第1卷，河北人民出版社1996年版，第199页。

② 《编者特记》，《大公报》1933年5月25日第11版《世界思潮》第39期。

国哲学界之解剖》一文中，就把张岱年视为中国重要的马克思主义哲学家之一，与张申府同为“解析法的新唯物论”一派的主要代表。曹聚仁读了《中国哲学大纲》一书后，在不知作者为何人的情况下评论说：“宇同先生的中国哲学研究，其成就不在冯友兰之下。”[①] 这些都说明青年张岱年的学术造诣和思想水平已可比肩于当时中国一流的哲学家，并以把握了当代先进文化的前进方向而成为时代精神的领跑者，以至到了21世纪，学界还认为：“张岱年先生在半个多世纪以前倡导的以辩证唯物论为基础和主导的中、西、马‘三流合一’、综合创新之路，仍然是新世纪中国哲学发展的正确方向和现实道路。”[②]

在结束本文的时候，我还想讲一个意思，就是一个哲学家在青年时代所形成的真诚的理论信仰非常重要。他不是“盲信”，不是人云亦云随大流，而是怀着一颗求真理的诚心，在广泛阅读古今中外哲学名著和进行比较研究的基础上，经过自由的思考和选择，而确信辩证唯物论是“当代最伟大的哲学”[③]，是时代的真理和良心。这种自主的哲学选择，内在的哲学信念，就成为他的“生命的学问”，成为他立身行世、观察处理问题、进行学术研究的基本指导思想，决定了他一生的学术方向，决不会因为某些外在因素的影响而轻易改变。这就是所谓“先立乎其大者，则其小者不能夺也”（《孟子·告子上》）。青年张岱年正是由于早就形成了自己明确坚定的理论信仰，才能在中国哲学会第二届年会上迥异于其他学院派哲学家而“一枝独秀”，他才有可能写出皇皇巨著《中国哲学大纲》和成为“将唯物、理想、解析，综合于一”[④] 的“天人新论”哲学体系的开创者，从而确立了他在20世纪中国哲学史上的独特地位。一个有志于学术事业的人，

---

① 曹聚仁：《中国学术思想史随笔》，生活·读书·新知三联书店1986年版，第201页。

② 方克立：《张岱年与二十世纪中国哲学》，《中国社会科学》2005年第2期。

③ 《张岱年全集》第1卷，河北人民出版社1996年版，“自序”第3页。

④ 《张岱年全集》第1卷，河北人民出版社1996年版，第262页。

在青年时代找准自己的人生坐标，树立正确的世界观、人生观、价值观非常重要，这样他的实干和创造精神才能发挥出正能量。青年张岱年及其一生的学术道路，给了我们十分深刻的启示。

（本文是作者2014年5月25日在“古典中国哲学的通见、睿智和精义——纪念张岱年先生诞辰105周年”学术研讨会上的报告论文。原载《中国社会科学院研究生院学报》2014年第6期）

在“继承发扬中华优秀传统文化”座谈会上的发言

习近平同志的文化思想与我们党的前辈领导人毛泽东、邓小平的思想是一脉相承的，而又有自己鲜明的时代特点。其总的精神是坚持马克思主义在意识形态领域的指导地位，坚持中国文化的民族主体性，同时坚持对外开放的方针，学习借鉴其他民族一切优秀文化成果为我所用，力图把三者有机结合、统一起来，以实现对传统的创造性转化和创新性发展。我把这种文化方针叫作“马学为魂，中学为体，西学为用，三流合一，综合创新”。习近平同志十八大以来关于思想文化问题有一系列讲话和表态，其中尤以 2013 年 8 月 19 日在全国宣传思想工作会议的讲话最为重要，最全面，也最深刻。他的其它论述，包括今年 9 月 24 日在纪念孔子诞辰 2565 周年国际学术研讨会上的讲话，侧重点或许有所不同，但基本精神与“8 · 19”讲话都是完全一致的。可以说，“马魂、中体、西用”就是习近平文化思想的宗纲。下面我们来看他对马、中、西三“学”，三种思想文化资源及其相互关系的基本态度。

首先，“8 · 19”讲话明确指出，意识形态工作是党的一项极端重要的工作，党在思想文化战线上的主要任务，就是要巩固马克思主义在意识形态领域的指导地位，巩固全党全国人民团结奋斗的共同思想基础。这是习近平文化思想的立论基础和根本出发点。他一再强调，中国共产党人是马克思主义者，马克思主义、共产主义信仰是共产党人的命脉和灵魂，理想信念是共产党人精神上的“钙”。因此，领导干部特别是高级干部，要把系统掌握马克思主义基本理论作为看家本领，党校、干部学院、社会科学院、高校、理论学习中心组都要把马克思主义作为必修课，老老实实、原原本本学习马克思主义经典著作和中国特色社会主义理论，把坚定理想信念、提高思想政治水平放在首位。这些单位都应该成为马克思主义学习、研究、宣传的重要阵地。

怎样做好宣传思想工作，巩固党的思想文化阵地，习近平同志也有一些旗帜鲜明、极其重要的论述。他说做好宣传思想工作必须讲党性，核心就是要坚持正确的政治方向，坚定不移地宣传党的理论、路线和方针政策，同党中央保持高度一致。党性和人民性是统一的，要把体现党的主张与反映人民的心声统一起来。针对当前思想界十分复杂的情况，他强调要坚持正面宣传为主的方针，但是决不意味着放弃同错误思想进行有理、有利、有节的舆论斗争。在事关坚持还是否定四项基本原则的大是大非和政治原则问题上，我们要敢抓敢管，敢于亮剑，敢于碰硬，不做态度暧昧、独善其身的开明绅士。宣传思想部门承担着十分重要的使命，要增强阵地意识，做到守土有责、守土负责、守土尽责；要增强主动性、掌握主动权、打好主动仗，把意识形态工作的领导权、管理权、话语权牢牢掌握在手中。这些话都说得语重心长，切中肯綮。

习近平同志关于思想舆论领域“三个地带”的论述，对于我们全面认识当今中国思想文化界的形势和任务也很有启发。所谓“三个地带”，第一个是指由主流媒体和网上正面力量构成的红色地带，第二个是指网上和社会上的一些负面言论，包括各种敌对势力制造的舆论在内的黑色地带，第三个是处于红色地带与黑色地带之间的灰色地带。我们要巩固和拓展红色地带这个主阵地，做大量艰苦细致的工作，促使灰色地带朝着有利于我们的方向转化，用钻进铁扇公主肚皮里斗等方法，让黑色地带看不到他们所期望的光明前景。这就生动地体现了上述增强阵地意识的思想。每一个从事思想文化工作的人，包括那些与主旋律不一致甚至唱反调的声音，都可以客观地估量一下，你是处于什么地带，与时代的主流思潮处于一种什么关系中。增强文化自觉意识，减少盲目性，对每个人都有好处。

其次，“8 · 19”讲话首次提出了四个“讲清楚”，即讲清楚每个国家和民族的历史传统、文化积淀、基本国情不同，其发展道路必然有着自己的特色；讲清楚中华文化积淀着中华民族最深沉的精神追求，是中华民族生生不息、发展壮大的丰厚滋养；讲清楚中华优秀传统文化是中华民族的突出优势，是我们最深厚的文化软实力；讲清楚中国特色社会主义植根于中华文化沃土，反映中国人民意愿，适应中国和时代发展进步要求，有着深厚历史渊源和广泛现实基础。这四个“讲清楚”，充分体现了中国共产党人既是马克思主义者，又是中华优秀传统文化的忠实继承者和弘扬者，我们的事业既有科学世界观和历史观的根据，又在民族文化传统中有着深厚根基，是把千百年来中国人民的美好愿景逐渐变成现实的伟大事业，得到了广大人民群众的支持和拥护。四个“讲清楚”深刻说明，独特的文化传统，独特的历史命运，独特的基本国情，注定了我们必然要走适合自己特点的发展道路，也就是说，在中国化马克思主义形成和发展的过程中，格外突出了民族文化的主体性。

习近平同志去年“11 · 26”在曲阜孔子研究院座谈会上的讲话，以及今年“9 · 24”在北京纪念孔诞大会上的讲话，都对包括孔子和儒学在内的中国优秀传统文化作了高度评价，认为其中蕴藏着解决当今人类面临的各种难题的重要启示。尤其是“9 · 24”讲话，他如数家珍，一口气列举了十五条中国传统文化的思想精华，比如，关于道法自然、天人合一的思想，关于天下为公、大同世界的思想，关于自强不息、厚德载物的思想，关于以民为本、安民富民乐民的思想，关于为政以德、政者正也的思想，关于苟日新日日新又日新、革故鼎新、与时俱进的思想，关于脚踏实地、实事求是的思想，关于经世致用、知行合一、躬行实践的思想，关于集思广益、博施众利、群策群力的思想，关于仁者爱人、以德立人的思想，关于以诚待人、讲信修睦的思想，关于清廉从政、勤勉奉公的思想，关于俭约自守、力戒奢华的思想，关于中和、泰和、求同存异、和而不同、和谐相处的思想，关于安不忘危、存不忘亡、治不忘乱、居安思危的思想，等等。中国共产党人是这些宝贵精神财富最全面、最积极、最优秀的继承者和发扬者，它们早已溶入毛泽东、周恩来、邓小平等优秀共产党人的精神血脉中，成为中国化马克思主义的一个重要思想来源，在今天仍然是我们发展这一伟大事业最重要的文化土壤和支援意识。此外，习近平还在各种场合大力弘扬中华优秀传统文化，比如今年 2 月，在中共中央政治局第十三次集体学习时，他强调指出，培育和弘扬社会主义核心价值观必须立足于中华优秀传统文化，要大力弘扬以爱国主义为核心的民族精神和以改革创新为核心的时代精神，使中华优秀传统文化成为涵养社会主义核心价值观的重要源泉。今年 10 月，在中共中央政治局第十八次集体学习时，他又指出，我国古代提出了民惟邦本、政得其民，礼法合治、德主刑辅，为政之要莫先于得人、治国先治吏，为政以德、正己修身，居安思危、改易更化等重要的治国理念，我们要本着择其善者而从之、其不善者而去之的科学态度，牢记历史经验，牢记历史教训，牢记历史警示，为推进国家治理体系和治理能力现代化提供有益借鉴。这些都体现了我们党对本民族文化传统高度重视和有扬有弃、批判继承的科学态度。

我想大家都注意到了，每当习近平同志在以礼敬的态度讲到孔子、儒学和中国传统文化之时，他总是强调要坚持马克思主义立场、观点和方法，特别强调要用历史唯物主义基本原理和方法对传统文化进行科学的具体分析，有鉴别地加以对待，有扬弃地予以继承，去粗取精、去伪存真，古为今用、推陈出新。这样就把马克思主义的指导思想地位与在历史实践中发展着的中国文化的生命主体、创造主体、接受主体地位有机地结合起来了，用马克思主义科学世界观指导对中国传统文化的批判继承、辩证取舍，同时又用中国传统文化精华充实和丰富中国化马克思主义的内涵。为什么要对传统文化采取科学分析的态度，“9·24”讲话把道理讲得十分清楚：传统文化在其形成和发展过程中，不可避免会受到当时人们的认识水平、时代条件、社会制度的局限性的制约和影响，因而也不可避免会存在陈旧过时或已成为糟粕性的东西。这就要求人们在学习、研究、应用传统文化时坚持古为今用、推陈出新，结合新的实践和时代要求进行正确取舍，而不能一股脑儿都拿到今天来照套照用。对于在古代占统治地位的剥削阶级思想，我们也要像马克思那样，揭露它以思想的“普遍性形式”掩盖其所维护的特殊利益的实质，而不能被其表面言辞所迷惑。习近平同志强调，批判继承中国传统文化要坚持古为今用、以古鉴今，决不能搞厚古薄今、以古非今。这些都说明，中国共产党人对待孔子、儒学和中国传统文化的科学态度，本身就是中国化马克思主义的题中应有之义，是马克思主义世界观和方法论之必然表现。

再次，“8·19”讲话也讲到了对包括西方文化在内的世界各民族文化的态度，主张积极借鉴人类文明创造的一切有益成果，目的是要为我们服务，更好地发展我们自己。一句话，就是“西学为用”，或者说“洋为中用”。

“8·19”讲话主要是从加强党的宣传思想工作的角度来谈这个问题的，一方面讲到了“西强我弱”的形势，西方主要媒体左右着世界舆论，他们为了“西化”“分化”中国，总是说我们这也不好，那也不行，我们必须认真应对，加强国际话语权，讲好中国故事，传播好中国声音，但是也不能因此而闭上眼睛不看世界。我们对世界的宣传报道必须客观、全面、真实，对世界形势的发展变化，对世界上出现的新事物、新情况，对各国出现的新思想、新观点、新知识，我们还要加强正面宣传报道，为的是积极借鉴人类文明创造的有益成果为我所用。十八大以来，习近平同志的足迹踏遍世界五大洲，他到处讲亲、诚、惠、容，到处讲文明交流互鉴，表现了当代中国文化对外开放的气度和自信。比如今年 3 月在联合国教科文组织总部的演讲，他着重阐述了文明因交流而多彩、因互鉴而丰富的思想：文明是多彩的，人类文明因多样才有交流互鉴的价值；文明是平等的，人类文明因平等才有交流互鉴的前提；文明是包容的，人类文明因包容才有交流互鉴的动力。这些理性、朴实的语言，深刻阐明了中国共产党人开放包容、平等友善、聚同化异、和而不同的文明交往观。科学对待民族传统文化，科学对待世界各国文化，坚持古为今用、洋为中用，用人类创造的一切优秀思想文化成果武装自己，“坐集千古之智”（方以智：《通雅 · 音义杂论》），这是中国特色社会主义文化大发展大繁荣的基本前提条件。

学习了习近平同志以“8 · 19”讲话为中心的一系列思想文化论述，我认为他同我们党的前辈领袖毛泽东、邓小平等人一样，都是坚定的马克思主义者，在对待中国传统文化问题上，既不是保守主义的尊孔崇儒派，也不是激进主义的反孔批儒派，而是“马魂、中体、西用”有机统一的马克思主义综合创新派，都是这种马克思主义新文化观的积极倡导者、自觉坚持者和坚决践行者。《红旗文稿》2014 年第 20 期辛岩的文章，用大量信实可靠的资料，系统阐明了毛泽东对待中国古代文化遗产，应该充分地利用、批判地利用和古为今用、推陈出新的思想。习近平同志大力弘扬中华优秀传统文化的思想，可以说与毛泽东是完全一致的，既讲充分利用也讲批判利用，“取其精华、弃其糟粕”就是批判利用，“有鉴别地加以对待、有扬弃地予以继承”就是批判利用。他也一再强调要坚持古为今用、推陈出新。《中国社会科学报》今年 5 月 5 日发表了我的一个谈话，认为在坚持“马魂、中体、西用”的文化方针这一点上，习近平同志与毛泽东等中共前辈领导人，以及十七届六中全会决定等党的重要文件精神，都是一脉相承的。习近平关于思想文化问题的一系列论述，是对“马魂、中体、西用”最好的诠释。

我不敢苟同那位中央党校教授“三个话语系统”的观点。毛泽东、邓小平、习近平等中共领导人，所处的历史时期不同，面对的形势、任务和问题不同，当然都要讲一些新话，但是由于他们的理论立场和奋斗目标是一致的，所以讲的基本上是同一套与时俱进的中国化马克思主义话语，而不是三套截然分割的话语体系。毛泽东说“我们中华民族有同自己的敌人血战到底的气概，有在自力更生的基础上光复旧物的决心，有自立于世界民族之林的能力”①，就是非常典型的民族复兴话语；他说“建设社会主义，原来要求是工业现代化、农业现代化、科学文化现代化，现在要加上国防现代化”②，就是认识逐渐深化的现代化话语，邓小平的“四化”话语正是接着毛泽东讲的。邓小平讲坚持四项基本原则，反对资产阶级自由化，习近平讲增强“守土有责”的阵地意识，对错误思想要敢于亮剑，不做开明绅士，就是在大规模的阶级斗争基本结束以后，对思想意识形态领域阶级斗争尖锐性复杂性的深刻认识，有强烈的居安思危忧患意识的表现。民族复兴是邓小平等老一辈革命家出生入死、参加革命的重要精神动力，他这方面的典型话语也很多。习近平同志是经济全球化时代的中共领导人，他对工业、农业、科技、国防、国家治理、人的思维方式等的现代化有更加全面深刻的认识，可以说在他的著作文章中现代化话语比比皆是。把三代中共领导人的思想和话语体系分割开来甚至对立起来，是缺乏充分理据的。

我非常赞成全景、润为等同志继承和弘扬两个传统的看法，一个是中国古代优秀文化传统，一个是中国近现代革命文化传统。习近平同志2011年在中共中央党校秋季开学典礼上的讲话，题为《领导干部要读点历史》，除了讲要了解和懂得自古以来中国人民创造的灿烂历史文化之外，还特别强调要注重学习鸦片战争以来的中国近现代历

---

① 《毛泽东选集》第1卷，人民出版社1991年版，第161页。

② 中共中央文献研究室编：《毛泽东年谱（1949—1976）》第4卷，中央文献出版社2013年版，第270页。

史，深入了解我们伟大祖国经历的刻骨铭心磨难，我们伟大民族进行的感天动地奋斗，我们伟大人民创造的彪炳史册伟业，深刻认识近现代中国国情和中国社会发展规律，深刻认识历史和人民选择中国共产党、选择马克思主义、选择社会主义道路、选择改革开放的历史必然性，继承和发扬前辈共产党人建树的优良革命传统，为实现社会主义现代化和中华民族伟大复兴而持续奋斗。习近平同志在参观毛泽东、刘少奇、彭德怀故居，以及红色革命纪念地时的讲话，包括前不久在福建古田召开的全军政治工作会议上的讲话，都着重论述了继承和弘扬我党我军优良革命传统的重要意义。大陆新儒家鼓吹“复古更化”，要求回归中华道统，那个“道统”并不是多少带有人民性与科学性的中国古代优秀文化传统，列宁关于“两种文化”的论述对我们认清这个问题很有帮助。他们全盘否定中国近现代革命传统，把一百多年来中国人民救亡图存、艰苦奋斗的历史，说成是一部“亡文化”的历史、“文化歧出”的历史，说什么“国保了，‘种’保了，但是‘教’亡了，文化亡了”。这是一种典型的历史虚无主义观点。虚无掉了近现代历史，对古代历史也只认可统治阶级的正统思想，这种历史观和思想史观，自然难免引起较大争议。

（本文是作者2014年12月29日在中国红色文化研究会召开的“继承发扬中华优秀传统文化”座谈会上的发言，收入本书时有所删节。原载《思想理论教育导刊》2015年第8期，原题为《“马魂、中体、西用”是习近平文化思想的宗纲》）

冯契对马克思主义哲学中国化的历史性贡献

马克思主义哲学中国化主要有两条路径：一是以马克思主义哲学基本原理为指导，来解决中国革命、建设、改革中的实际问题，并从理论上做出逻辑的说明；二是站在马克思主义哲学的高度，来清理“究天人之际”“通古今之变”“立成人之道”等中国传统哲学的基本问题，并发展出其现代新义。这两种情况都是用马克思主义哲学之“矢”来射中国问题之“的”，都是实现“马魂”与“中体”相结合的有效途径。

毛泽东是走第一条路径最重要的也是最成功的代表人物。他同时也对中国传统哲学中的知行学说和阴阳矛盾学说做了科学的总结，其能动的革命的反映论是对中国近代哲学革命的科学总结。

抗日战争时期，张岱年先生也试图站在辩证唯物论的理论立场，运用逻辑分析方法，对中国传统哲学中的天人、理事、心物、反复、两一、知实、群己、义命等问题做系统的清理，创造一个“天人新论”的中国化马克思主义哲学体系。这是专业哲学家试图走第二条路径的一个开创性探索，可惜没有最后完成。

冯契先生也有长期革命经历，他关注时代的问题，关心国家的前途命运，但主要还是走的一条马克思主义哲学中国化的学术路径，一个专业哲学家的道路。他在40年代写《智慧》一文时，就确定以沿着实践唯物主义辩证法的道路前进，解决知识与智慧的关系问题为自己的哲学任务，经过半个世纪的思想探索和生命体验，到90年代终于贡献出了“一转两化”“两史三论”的中国化马克思主义哲学体系。“智慧说”哲学体系的创立，标志着马克思主义哲学传入中国以来，从问题意识、解决思路、理论内容到话语体系，基本上完成了从其西方形态到中西融合的当代中国形态的转型。因此也可以说，冯契的智慧学说是马克思主义哲学中国化的第一个完成形态，而且至今还没有出现第二个可以与之比肩的新的理论体系形态。

在马克思主义哲学中国化的百年历程中，毛泽东和冯契是两个最重要的代表人物，他们分别是实践路径和学术路径的成功典范。

马克思主义哲学中国化是在近代以来古今中西之争和“五四”后中、西、马对立互动的文化背景下，坚持走“马魂、中体、西用”三流合一、综合创新道路而产生的实践成果和学术成果。冯契哲学就有中、西、马三“学”合一的鲜明特点。

（一）独特的问题意识，独特的哲学观。冯契哲学的问题意识来自中国哲学。他首先要解决的是以古今中西之争为背景的时代问题，包括科学主义与人文主义的矛盾，知识与智慧、可信与可爱脱节的问题，追溯其根源，这正是中国传统哲学所要解决的“性与天道”的关系问题。正如金岳霖先生所指出的，冯契的思考“可能还更接近中国传统哲学”①。冯先生对此也有高度的自觉，他说：“智慧学说，即关于性和天道的认识，是最富于民族传统特色的、是民族哲学传统中最根深蒂固的东西。”②

以“转识成智”、认识天道、培养德性为哲学研究的终极目的，这正是中国传统哲学（儒、道、释）的特点。西方哲学是不研究这个问题的，在马克思主义哲学经典著作中，也找不到解决知识与智慧关系问题的现成答案。

---

① 《冯契文集》第1卷，华东师范大学出版社1996年版，第8页。

② 《冯契文集》第1卷，华东师范大学出版社1996年版，第23页。

广义认识论的哲学观，把人能否获得自由、理想人格如何培养的问题也纳入认识论的范畴，这是冯先生对中国化马克思主义哲学的重要贡献。也就是说，他用中国哲学的德性论、“成人之道”学说丰富和发展了马克思主义哲学。

“哲学是哲学史的总结。”① 冯契的智慧学说通过历史进行考察和总结的对象，主要是本民族的哲学史，其学术资源和话语体系也主要来自中国哲学史。在冯契哲学中，中国哲学的主体性是不成问题的，是得到了充分彰显的。

（二）“金岳霖问题”是冯契智慧学说的出发点，一开始他的思路就与区分知识论的态度和元学的态度、采取划界办法的金先生不同，坚信只要沿着实践唯物主义辩证法的道路前进，是能够找到一条从知识通向智慧的道路的。冯先生坦言他是从马克思主义过来的，早年就对毛泽东的《论持久战》《新民主主义论》等著作心悦诚服，认为其中所包含的哲学，即能动的革命的反映论和辩证逻辑，为自己的哲学研究提供了世界观和方法论的指导。

冯先生把人的认识过程看作是在实践基础上认识世界和认识自我交互作用的过程，对其中的各个环节及其相互关系做了深入细致的研究，比如要实现“转识成智”的认识飞跃，就必须讲清楚理性直觉、思辨综合、德性自证诸环节在其中所起的作用，恰当地掌握有限与无限、相对与绝对的辩证法。实际上，这些论述又发展和深化了马克思主义哲学的认识理论。

“哲学史是哲学的展开。”② 冯先生十分重视哲学史的研究，他是在马克思主义哲学的指导下来研究哲学史，又用哲学史的材料来论证唯物辩证法的基本规律的。他说：“我的《中国古代哲学的逻辑发展》的主要工作就是说明了中国人的思维发展也遵循某种客观规律，

---

① 《冯契文集》第 1 卷，华东师范大学出版社 1996 年版，第 21 页。

② 《冯契文集》第 1 卷，华东师范大学出版社 1996 年版，第 21 页。

即辩证唯物主义所揭示的规律。我的书可以作为辩证唯物主义的教科书。”[①] 可以看得十分清楚，马克思主义就是冯契哲学之“魂”，包括他的哲学史著作，也都贯穿着这个内在精神之“魂”。

冯象教授说过一段深知其父叫人非常感动的话，他说冯契先生这样一代早年就选择了革命道路的学者，虽然身经诸多磨难，甚至家破人亡，若要他们从头再来，还是会选择马克思主义。由此可见“马魂”的巨大理论威力，对追求真理的人们的巨大吸引力。

（三）冯契先生所坚持的马克思主义，是开放的而不是封闭的马克思主义，是具有宽容精神、能够吸收各种哲学派别包括非马克思主义学派的合理因素，来充实和发展自己的马克思主义，是既有革命批判精神，同时也有自我反思和自我批判精神的马克思主义。

西方哲学是冯先生研究中国哲学的重要参照系，也为他建构广义认识论的智慧学说提供了理论资源。尤其是研究中国近代哲学史，中西哲学交流、交锋与交融是不可缺少的内容，康德、黑格尔、实证主义、非理性主义等都对中国近代哲学发展产生过重要影响，总结中国近代哲学革命必须对西方哲学有深入的了解。在一定意义上可以说，马克思主义哲学中国化也是中西哲学交流会通的产物，是中西哲学合流的一个新阶段。

冯契先生在半个多世纪的哲学探索中，自觉地以马克思主义的科学世界观和方法论为指导，回归本民族哲学智慧的源头，“究天人之际，通古今之变”，同时从西方哲学中吸取大量思想资源，建构了一个打通中西马、统一真善美、史论结合、德慧双修的创新哲学理论体系，为马克思主义哲学中国化做出了突出贡献。

冯先生之所以能为马克思主义哲学中国化做出突出贡献，一是由于他在青年时代就选择了革命的道路，“先立乎其大者”（《孟子·告子上》），确立了马克思主义的基本理论信仰；二是在西南联大跟金岳

① 《冯契文集》第10卷，华东师范大学出版社1998年版，第247—248页。

霖、冯友兰、汤用彤等哲学大师学习时，打下了扎实的中西哲学学问根底；三是做学问的真诚，他早就认识到："要救国，就要有理论，最根本的理论是哲学"①，他搞哲学不是谋求个人出路，而是为了寻找救国救民的真理，所以无论顺境还是逆境，他都心口如一、言行一致，始终保持心灵的自由思考，为真理而奋斗；四是也要有做学问的客观条件，抗战时期，"文革"那样的政治动乱时期，是很难做出大学问来的，冯先生抓住了"文革"后十多年较好的时期，争分夺秒地完成了"两史三论"的哲学巨构。

冯契的智慧学说是马克思主义哲学中国化的一个标志性成果，理应受到中国哲学界特别是马哲界的高度重视，但我国现行的马克思主义哲学教科书体系，包括马工程教材和各级党校、行政学院的教材，都没有充分重视和认真吸收冯契智慧学说的思想成果，充分发挥它在认识世界和认识自己、改造世界和成就理想人格中的重要作用。

冯契哲学不仅有很高的学术理论水平，而且有很强的现实指导意义，对于广大干部和青年树立正确的世界观、人生观、价值观，提高理论思维能力，大有帮助。冯契哲学在马克思主义民族化、时代化、大众化方面均有独特贡献，比如冯先生提倡平民化的自由人格，他本人身体力行，文如其人，文风平实真诚，很容易与人心灵沟通。冯契哲学进教材是提高马克思主义哲学教学水平和实际效果的必要措施，冯先生的"三论""两史"应列入哲学专业学生的必读书目。

冯契哲学代表了当代中国马克思主义哲学的最高理论水平，在参与世界性的百家争鸣中表现出了中国哲学的高度自信。应该加强对冯契哲学的对外传播工作，首先要尽早把"三论""两史"的英译本推向世界。

（本文是作者提交2015年11月在上海召开的"世界性百家争鸣与中国哲学自信——纪念冯契百年诞辰国际学术研讨会"的论文提纲）

---

① 《冯契文集》第1卷，华东师范大学出版社1996年版，第7页。

铸马学之魂　立中学之体　明西学之用

——学习习近平在哲学社会科学工作座谈会上讲话的体会

习近平总书记今年 5 月 17 日在哲学社会科学工作座谈会上的讲话，明确提出和准确界定了“当代中国哲学社会科学”这个概念，指出当代中国哲学社会科学是以马克思主义进入我国为历史起点的，是在马克思主义指导下逐步发展起来的。坚持以马克思主义为指导是近代以来我国发展历程所赋予的规定性和必然性，是当代中国哲学社会科学区别于其他哲学社会科学的根本标志。

讲话强调要用大历史眼光来观察当代中国哲学社会科学。没有人类文明的历次重大发展和哲学社会科学的知识变革与思想先导，特别是没有 18、19 世纪欧洲哲学社会科学的发展，就没有马克思主义的形成和发展。没有历史悠久的中华文明留下的浩如烟海的文化遗产，丰富的哲学社会科学内容和治国理政智慧，以及近代以来我们国家民族经历的刻骨铭心的惨痛历史，中华传统思想文化经历的剧烈变革的阵痛，中国人民就很难认识到只有马克思主义和社会主义才能救中国的客观真理，很难形成和发展“马学为魂、中学为体、西学为用”的当代中国哲学社会科学。

当代中国哲学社会科学包含着非常丰富的内容。自从十月革命一声炮响，给我国送来了马克思列宁主义，陈独秀、李大钊等人积极传播马克思主义，倡导运用马克思主义来改造中国社会；许多进步学者也运用马克思主义观点和方法，在哲学、经济学、政治学、法学、史学、文学等学科进行了开拓性的研究。特别是在革命、建设、改革各个历史时期，我们党坚持马克思主义基本原理同中国具体实际相结合，运用马克思主义立场、观点、方法研究解决各种重大理论和实践问题，不断推进马克思主义的中国化，产生了毛泽东思想、邓小平理论、“三个代表”重要思想、科学发展观等重大成果，指导党和人民取得了新民主主义革命、社会主义革命的伟大胜利和社会主义建设、改革开放的巨大成就。我们党一贯高度重视哲学社会科学，新世纪以来又组织实施了规模宏大的马克思主义理论研究和建设工程，已经取得丰硕成果，包括马克思主义基本原理，马克思主义中国化形成的成果及其文化形态，如党的理论和路线、方针、政策，中国特色社会主义道路、理论体系与制度，我国经济、政治、法律、文化、社会、生态、外交、国防、党建等领域形成的哲学社会科学思想与成果。它们构成了当代中国哲学社会科学的主体内容，也是中国特色哲学社会科学发展的最大增量。

讲话明确指出当代中国哲学社会科学的“灵魂”和本质特征就是坚持以马克思主义为指导。不坚持以马克思主义为指导的“其他哲学社会科学”，自然就不属于“当代中国哲学社会科学”的范畴，其中有的对当代中国哲学社会科学的发展可能还有一定的参考和借鉴意义，有的就纯粹是阻碍当代中国哲学社会科学健康发展的负能量。这就要求我们在社会思想观念和价值取向日趋活跃、主流和非主流同时并存、社会思潮纷纭激荡的新形势下，分清马克思主义与非马克思主义、反马克思主义的界限，分清社会主义意识形态与封建主义、资本主义意识形态的界限，引导党员、干部增强政治敏锐性和理论鉴别力，筑牢思想防线，抵制和批评各种错误思潮，巩固马克思主义在意识形态领域的指导地位。与此同时，还要团结广大哲学社会科学工作者，为进一步发展繁荣我国的哲学社会科学，推动构建以马克思主义为指导的中国特色哲学社会科学学科体系、学术体系和话语体系，付出更加艰辛的劳动和进行韧性的战斗。

讲话还提出了当代中国哲学社会科学的“三大资源”论和“三大特点”论。当代中国哲学社会科学的三大资源是指：一是马克思主义的资源，二是中华优秀传统文化的资源，三是国外哲学社会科学的资源。当代中国哲学社会科学的三大特点是指：第一是体现继承性、民族性，第二是体现原创性、时代性，第三是体现系统性、专业性。

笼统地说，马、中、西三大资源涵括了人类知识体系中的全部思想文化成果，但是能够构成当代中国哲学社会科学之实质内涵的，只是其中符合上述三大特点的那些优质资源融通生成、综合创新的结果。坚持以马克思主义为指导必须在真懂真信的基础上解决好为什么人的问题、理论联系实际的问题、与时俱进日新其德的问题，才能成为当代中国哲学社会科学的主心骨，并作为扬弃中、西两大资源的科学标准与优选方法论。也就是说，对于中国古代和外国的哲学社会科学思想与成果、都要采取马克思主义的批判分析态度，既不是一概拒绝，也不能全盘继承、“全盘西化”或“全盘儒化”，而是要根据主体文化之民族性和时代性的要求，去粗取精、去伪存真，古为今用、洋为中用。

在我看来，“三大资源”论、“三大特点”论和习近平同志整个讲话都蕴含着“马魂、中体、西用”融通生成、综合创新的思想精义。下面根据这一思路谈谈我的几点学习体会。

一、以马克思主义为指导是当代中国哲学社会科学的“灵魂”。这就决定了它作为社会主义意识形态的性质，为中华民族的复兴和最大多数人民的利益服务的理论立场和学术方向，具有能够吸收人类文明一切有益成果来滋养自己、“兼容多元”、“综合创新”的气概。坚持以马克思主义为指导是当代中国哲学社会科学最重要的铸魂工程、强基固本工程。

习近平同志在“5 · 17”讲话中明确说：“坚持以马克思主义为指导，是当代中国哲学社会科学区别于其他哲学社会科学的根本标志，必须旗帜鲜明加以坚持。”“不坚持以马克思主义为指导，哲学社会科学就会失去灵魂、迷失方向。”[①] 刘云山同志5月19日在宣传文化系统学习贯彻习近平总书记讲话精神专题会议上也强调指出：“要牢牢把握以马克思主义为指导这个灵魂”，来做好思想文化战线各个方面的工作。可以说，“马学为魂”的思想贯穿于习近平整篇讲话中，事实上也贯穿于他近年来关于思想宣传工作的所有重要讲话中。比如他在全国宣传思想工作会议上说：“马克思主义、共产主义信仰是共产党人的命脉和灵魂。”在全国党校工作会议上说：“我主持起草党的十八大报告时，专门要求写了这样一段话：‘对马克思主义的信仰，对社会主义和共产主义的信念，是共产党人的政治灵魂，是共产党人经受住任何考验的精神支柱。’”在新闻舆论工作座谈会上也说：“新闻观是新闻舆论工作的灵魂。要深入开展马克思主义新闻观教育，引导广大新闻舆论工作者做党的政策主张的传播者、时代风云的记录者、社会进步的推动者、公平正义的守望者。”“马学为魂”即以马克思主义为指导的思想，与习近平同志关于“党在思想文化战线上的主要任务，就是要巩固马克思主义在意识形态领域的指导地位”，“领导干部要把系统掌握马克思主义基本理论作为看家本领”，“坚持党校姓党、姓马”，“党和政府主办的媒体必须姓党”等论述，在精神实质上是完全一致的，由此可见他对“铸马学之魂”的一贯特别重视。

哲学社会科学在思想意识形态建设中居于核心地位，直接承担着说明和论证举什么旗、走什么路、铸什么魂、弘什么道的任务。当代中国哲学社会科学必须旗帜鲜明地坚持以马克思主义为指导，在指导思想上不能多元化，这就是习近平同志引证《庄子·人间世》中“夫道不欲杂，杂则多，多则扰，扰则忧，忧而不救”的现实意义。从他讲话中谈到马克思主义遇到的来自各个方面的挑战也说明，在当今中国，坚持马克思主义的灵魂地位、“一元主导”地位、“文化领

① 习近平：《在哲学社会科学工作座谈会上的讲话》，《人民日报》2016年5月19日第2版。

导权”地位，并不是一件容易的事情，不仅在价值取向多元的国内思想界，企图改旗易帜的还大有人在，而且我们还要关注国际风云变幻，不能让苏东剧变那样的历史悲剧重演。

当代中国哲学社会科学为什么必须坚持以马克思主义为指导？习近平同志从学理上做了简明精要的回答：一是马克思主义深刻揭示了自然界、人类社会、人类思维发展的普遍规律，为人类社会发展进步指明了方向；二是马克思主义坚持实现人民解放、维护人民利益的立场，以实现人的自由而全面的发展和全人类解放为己任，反映了人类对理想社会的美好憧憬；三是马克思主义揭示了事物的本质、内在联系及发展规律，是人们观察世界、分析问题的“伟大的认识工具”；四是马克思主义具有鲜明的实践品格，不仅致力于科学地“解释世界”，而且致力于积极“改变世界”。也就是说，讲清楚了马克思主义是我们时代的真理和良心的道理，讲清楚了它至今依然具有强大生命力的原因所在。另一方面，历史和现实都证明了马克思主义的真理性。中国共产党坚持马克思主义与中国实际相结合，近百年来领导中国人民取得的革命、建设、改革事业的一系列伟大胜利，都是明证；苏东剧变的历史也从另一个方面证明，一旦放弃马克思主义的指导思想地位，社会主义事业就会遭到严重挫折甚至失败。

在哲学社会科学研究中坚持以马克思主义为指导，要求哲学社会科学工作者在真学、真懂、真信的基础上，将马克思主义转化为清醒的理论自觉、坚定的政治信念、科学的思维方法，来观察、分析和处理各种具体的学术问题。一是要坚持正确的政治立场和为人民服务、为社会主义服务的学术方向，做中国特色社会主义理论的坚定信仰者、自觉探索者和积极宣传者，旗帜鲜明地抵制和反对宣扬“普世价值”“宪政民主”“新自由主义”“历史虚无主义”“复古主义”等各种错误思潮，也要抵制和反对“去思想化”“去价值化”“去主流化”“去历史化”“去中国化”等错误做法。二是要在哲学社会科学各个学科、各个领域的研究中，自觉坚持马克思主义基本原理和贯穿于其中的立场、观点、方法，特别是要把握具体问题具体分析这个唯物辩证法的精髓和活的灵魂，在马克思主义与中国革命、建设、改革实际相结合的伟大历史实践中，不断发现新情况，提出新问题，总结新经验，做出新结论，把中国化马克思主义不断推向新境界。我们要认真学习马克思主义经典著作，但是又不能把经典著作中的词句或某个结论当作一成不变的教条，来规范和剪裁现实生活，而是应该把它当作观察世界、分析问题的有力思想武器，充分发挥马克思主义作为科学世界观与方法论的功能。三是要弘扬理论联系实际、注重调查研究和严谨求实、不畏艰难，坚持真理、知行合一的优良学风。哲学社会科学工作者要立足国情、立足实践、立足当代，深入基层、深入生活、深入群众，善于通过理论和学术的视角，理性观察生活，深刻洞察社会，提出真知灼见，推出学术精品，才能切实发挥哲学社会科学认识世界、传承文明、创新理论、咨政育人、服务社会的作用，也才能把对马克思主义的理论信仰内化为坚定的道德人格，外化为治学立言的科学方法，在为祖国和人民立德立言中成就自我、实现价值。

二、当代中国哲学社会科学的问题意识、研究对象和主题主要来自中国的历史与现实，尤其要以我们正在做的事情为中心；中华优秀传统文化是它宝贵的学术思想资源，进一步创新发展的基础；建立具有中国特色、中国风格、中国气派的学术话语体系，也是当代中国哲学社会科学的必然要求。当代中国哲学社会科学的三大特点集中体现了它的主体性，即中国性。

五千年连续不断的中华文化，浩如烟海的传世文献，是中华民族能够始终屹立于世界文明民族之林、虽历经磨难而总是能浴火重生的独特优势之所在。源远流长、博大精深的中国传统文化，虽然精华与糟粕并存、资源与负担同在，但是它必有能够战胜一切自然的和人为的灾难，维系整个民族生存发展的伟大精神传统存在，这个伟大精神传统就存在于中华优秀传统文化中。中华优秀传统文化是中华民族的精神命脉，是我们在世界文化激荡中能够站稳脚跟的坚实根基；它是当代中国哲学社会科学成长发展的深厚基础，也是其十分宝贵、不可多得的学术资源；它是马克思主义在中国传播和发展的现实文化土壤，也是涵养社会主义核心价值观的重要思想源泉。

习近平同志在关于思想文化问题的所有讲话中，都充满民族自豪和历史敬意地讲到了中华优秀传统文化，并因而表现出高度的文化自信。他如数家珍地讲到的中华优秀传统文化的内容，主要有以下几个方面：一是独具特色的哲学社会科学思想。比如2014年9月24日他在国际儒联大会上的演讲，就讲到了关于道法自然、天人合一的思想，关于天下为公、大同世界的思想，关于自强不息、厚德载物的思想，关于以民为本、安民富民的思想，关于为政以德、政者正也的思想，关于革故鼎新、与时俱进的思想，关于脚踏实地、实事求是的思想，关于经世致用、知行合一的思想，关于集思广益、群策群力的思想，关于仁者爱人、以德立人的思想，关于以诚待人、讲信修睦的思想，关于清廉从政、勤勉奉公的思想，关于俭约自守、力戒奢华的思想，关于求同存异、和而不同的思想，关于安不忘危、居安思危的思想，等等，这些独具特色的中国智慧，至今对于解决人类面临的各种难题仍有重要启迪。二是丰富的治国理政经验。比如2014年10月13日，他在中央政治局第十八次集体学习时说，历史是最好的老师，一个国家的治理体系和治理能力是与这个国家的历史传承和文化传统密切相关的。我国古代主张民惟邦本、政得其民，礼法合治、德主刑辅，为政之要莫先于得人、治国先治吏，为政以德、正己修身，居安思危、改易更化，等等，这些历史经验对我们今天治国理政仍有参考价值和借鉴意义。三是古人修身立德的嘉言懿行。比如他在讲到先贤和仁人志士对高尚精神的追求时，就列举了孔子的“朝闻道，夕死可矣”；孟子的“富贵不能淫，贫贱不能移，威武不能屈”；贾谊的“国而忘家，公而忘私”；诸葛亮的“鞠躬尽瘁，死而后已”；杜甫的“安得广厦千万间，大庇天下寒士俱欢颜”；范仲淹的“先天下之忧而忧，后天下之乐而乐”；文天祥的“人生自古谁无死，留取丹心照汗青”；顾炎武的“天下兴亡，匹夫有责”；林则徐的“苟利国家生死以，岂因祸福避趋之”；秋瑾的“他年成败利钝不计较，但恃铁血主义报祖国”等名言，认为从中可以看到鲁迅讲的“中国的脊梁”，看到中华民族伟大的民族精神。四是传世经典文献中的诗文名句。善于引用中国古代诗文名句来为今日“治世”提供启发，讲清楚行文中的道理，寓意深远，生动传神，贴切到位，是习近平语言风格的一大特点。《习近平用典》一书已对近300条例句进行了分类汇编，追根溯源，释义与解读相结合，对广大党员干部准确把握其思想实质很有帮助。习近平同志“5・17”讲话也有同样特点，除了引证《庄子》“道不欲杂”的话来说明必须坚持马克思主义的“一元主导”地位、反对指导思想多元化之外，还引证《河南程氏遗书》中“为学之道，必本于思”和“不深思则不能造于道，不深思而得者，其得易失”的话，来说明学习马克思主义经典著作，必须下大气力、真功夫才能掌握真谛、融会贯通的道理。宋代哲学家程颐的这些话，后来在《曾国藩家书》中也出现过。在一定意义上可以说，中国古代浩如烟海的传世文献，是当代中国哲学社会科学取之不尽、用之不竭的资源宝库，但是必须对它有真切的了解，博学而明辨，分清精华与糟粕，才能扬精弃糟，古为今用。

对于中华优秀传统文化，我们要给予高度重视，又要明确它与“中国传统文化”还不是一个概念，不宜混同。在中国传统文化中，除了一些“跨越时空、超越国界、富有永恒魅力、具有当代价值”的内容外，只有那些“与当代文化相适应、与现代社会相协调”，与马克思主义相契相通、至少具有相容性的内容，才能归入“中华优秀传统文化”的范畴。以“中华优秀传统文化”为当代中国哲学社会科学的三大资源之一，这个提法本身就已经把马克思主义的批判继承原则包含在内，已经对中国传统文化中的精华与糟粕、资源与负担作了科学的区分和取舍。正如习近平同志所指出的：中国传统文化在其形成和发展过程中，不可避免会受到当时人们的认识水平、时代条件、社会制度的局限性的制约和影响，因而也不可避免会存在陈旧过时或已成为糟粕性的东西。这就要求人们在学习、研究、应用传统文化时，必须坚持取其精华、弃其糟粕、古为今用、推陈出新的方针，结合新的实践和时代要求进行正确取舍，而不能一股脑儿都拿到今天来照套照用。在对待传统文化的问题上，要防止化腐朽为神奇、把糟粕当作精华，不是扬精弃糟而是扬糟弃精的错误做法，否则就会把传承和弘扬中华优秀传统文化引到邪路上去。现实生活中这样的教训并不鲜见。

当代中国哲学社会科学的主体性建设，是一个十分迫切而现实的问题，它不仅表现为继承性和民族性，而且也表现为原创性和时代性。哲学社会科学的现实形态，是古往今来各种知识、观念、理论、方法等融通生成的结果。它的研究对象和范围十分广泛，但是必须以中国问题，尤其是以我们正在做的事情为中心，从我国改革发展的实践中挖掘新材料、发现新问题、提出新观点、构建新理论，加强对改革开放和社会主义现代化建设实践经验的系统总结，加强对发展社会主义市场经济、民主政治、先进文化、和谐社会、生态文明以及党的执政能力建设等领域的分析研究，加强对党中央治国理政新理念、新思想、新战略的研究阐释，提炼出有学理性的新理论，概括出有规律性的新实践，在实践中认识真理、检验真理、发展真理，才能形成自己的特色和优势。当代中国哲学社会科学必须继承和发扬经世致用的优良传统，要围绕我国和世界发展面临的重大问题，着力提出能够体现中国立场、中国智慧、中国价值的理念、主张、方案。也就是说，我们的哲学社会科学有没有中国特色，归根到底还是要看有没有独创性的研究成果，能否体现出主体性、原创性。

当代中国哲学社会科学还必须建立有自己特色和优势的学术话语体系，这也是体现其主体性的一个重要方面。系统性、专业性要求建立全方位、全领域、全要素的中国特色哲学社会科学学科体系、学术体系和话语体系，要体现一个国家学术的独立性、自主性。习近平同志指出，我们已经解决了“挨打”和“挨饿”的问题，但是还没有解决好“挨骂”的问题。也就是说，在国际话语权竞争中，“西强我弱”的局面还没有根本改变，中国学术话语还处于弱势地位。本来在解读中国实践、构建中国理论上，我们应该最有发言权，但实际上我国哲学社会科学在国际上的声音还比较小，还处于“有理说不出、说了传不开”的尴尬境地。所以他强调，发挥我国哲学社会科学的作用，还必须加强话语体系建设，着力打造具有中国特色、中国风格、中国气派的学术话语体系，用中国理论来回答中国问题，用中国话语来解读中国道路，讲述中国故事，传播中国声音。中国学术话语体系的内核是中国特色社会主义理论体系，在这方面我们是有高度理论自信的，但是它必须通过一定的话语形式表达出来。要善于打造融通中外、易于为国际社会所理解和接受的新概念、新范畴、新表述，提高中国哲学社会科学在国际上的话语权。

当代中国哲学社会科学的主体性建设是一个系统工程，要同时体现继承性和民族性、原创性和时代性、系统系和专业性三大特点。三大特点集中到一点，就是体现主体性。主体性实际上就是中国性。习近平同志说，要按照立足中国、借鉴国外，挖掘历史、把握当代，关怀人类、面向未来的思路，着力构建中国特色哲学社会科学，在指导思想、学科体系、学术体系、话语体系等方面充分体现中国特色、中国风格、中国气派。我们要不忘本来、吸收外来、面向未来。“立足中国”“不忘本来”就是坚持民族文化的主体性。在他的讲话中，“中国道路”“中国理论”“中国制度”“中国精神”“中国价值”“中国智慧”“中国力量”“中国声音”“中国话语”“中国梦”等是经常出现的概念，这是很自然的，离开了中国性，就没有当代中国哲学社会科学的主体性可言。我认为在习近平同志的整个讲话中，挺立民族文化的主体性即“立中学之体”的思想是非常明确、十分突出的。

三、坚持以马克思主义为指导和挺立民族文化的主体性，并不意味着对国外哲学社会科学成果采取一概漠视或排斥的态度，而是相反，更有底线、更有原则性地采取全面开放的态度，“坐集千古之智”（方以智《通雅·音义杂论》），博取众长为我所用。“明西学之用”就是要坚持以我为主、洋为中用的原则，马克思主义的批判分析方法提供了科学的取舍标准。

如前所述，中华优秀传统文化是当代中国哲学社会科学的深厚基础和宝贵资源，中华文化本来就有在与异质文化交流中坚持“和而不同”“求同存异”的原则，善于取长补短、择善而从，兼收并蓄、“有容乃大”的优良传统。这就是所谓“泰山不让土壤，故能成其大；河海不择细流，故能就其深”的道理。当代中国哲学社会科学继承了这种优良传统，在世界多极化、经济全球化、文化多样化、社会信息化的时代，必须以更加开阔的全球视野和现代眼光，兼容多元多样的气概，学习借鉴世界各国哲学社会科学的积极成果，包括对人类发展进步有益的理论观点、知识体系和研究方法，作为发展中国特色哲学社会科学的有益滋养、洋为中用的支援意识、可以攻错的“他山之石”，才能以其博大胸怀在当代世界性的文明对话、“百家争鸣”中占有一席之地，做出一个伟大民族应有的贡献。习近平同志指出，马克思、恩格斯在建立自己理论体系的过程中就大量吸收借鉴了前人创造的成果。马克思在写《资本论》、列宁在写《帝国主义论》、毛泽东在写农村调查报告时，都运用了大量统计数字和田野调查材料。因此在今天，对现代社会科学积累的有益知识体系，运用的模型推演、数量分析等有效手段，我们也可以用，而且应该好好用。近年来，我们正在倡导以“打造人类命运共同体”为核心的世界文明观，提倡不同文明平等包容、交流互鉴、取长补短、共同繁荣，中国特色哲学社会科学自然也可以在这一宏伟的全球性事业中得到有力的文化支撑。

在方法论上，习近平同志特别强调一点，就是对国外哲学社会科学的成果，必须采取分析的态度，既不能不加分析地一概排斥，也不能不加分析地一概拿来，照搬照套。我们不能把任何一种理论观点和学术成果当成“唯一准则”，不能企图用一种模式来改造整个世界，否则就容易滑入机械论的泥坑。一些理论观点和学术成果可以用来说明一些国家和民族的发展历程，在一定地域和历史文化中具有合理性，但如果硬要把它们套在各国各民族头上，用它们来对人类生活进行格式化，并以此剪裁实际生活，那就是十分荒谬的了。如果不加分析地把国外的学术思想和学术方法奉为圭臬，一切以此为准绳，那就没有独创性可言了。如果把国外的方法运用到中国，得出的是与国外同样的结论，那就没有中国特色可言了。所以习近平同志说："对国外的理论、概念、话语、方法，要有分析、有鉴别，适用的就拿来用，不适用的就不要生搬硬套。哲学社会科学要有批判精神，这是马克思主义最可贵的精神品质。"[①] 也就是说，对于作为三大资源之一的"国外哲学社会科学"，也像对待"中国传统文化"一样，需要作精华与糟粕、资源与负担、有用与无用的区分，"明西学之用"就是要用马克思主义的批判分析方法来对其进行科学的取舍和扬弃。

不少学者指出，在学习借鉴国外哲学社会科学成果的问题上，目前存在的错误倾向主要不是关门主义，而是崇洋媚外的西化思想相当严重。比如在我国高等教育领域，一些学科强调要用西方原版教材来进行教学。这些教材不仅是受一定世界观和方法论指导的，而且有的还表达了明确的政治观点，不加分析批判地使用这些教材，实际上就是主动自愿地接受西方意识形态洗脑，这对青年学生、对党和人民都是不负责任的。在这些学科领域里，自然难免会出现"尽弃自家无尽藏"的情况，也难免会出现马克思主义边缘化、"失语"、"失踪"、"失声"的情况。习近平同志告诫共产党人，如果不念好马克思主义的"真经"，总想着"西天取经"，这样就会贻误大事。拼命用西方的知识体系、学术观念来套中国的实践，结果不是误解就是曲解。总之，不能把"西学为用""洋为中用"变成"全盘西化""唯洋是

① 习近平：《在哲学社会科学工作座谈会上的讲话》，《人民日报》2016年5月19日第2版。

崇”，我们在讲“西学为用”“洋为中用”的时候，始终不能忘记作为前提的“以我为主”的主体性原则。

随着我国社会主义现代化建设事业的发展，经济、政治、文化、外交、国防等方面国际地位的提高，今后哲学社会科学方面的国际交流也必然会日益频繁和常态化，这对我们是机遇，也是考验。它给我们提供了在交流互鉴中不断提高当代中国哲学社会科学水平的天赐良机，也对中国道路、中国经验、中国理论、中国话语有无国际竞争力、影响力是一个严峻考验。习近平同志说，能够解决好中国的问题，就有更强能力去解决世界性的问题；把中国的实践总结好，就有更强能力为解决世界性问题提供思路和办法。这就是中国与世界、特殊性与普遍性相互联系、互动发展的规律。“明西学之用”是我们处理好中国与世界的关系的一个重要条件。

四、当代中国哲学社会科学是在中国革命、建设、改革实践的历史舞台上，马、中、西三大资源融通生成、综合创新的结果。近百年来，一些进步学者对马、中、西“三流合一”进行了理论探讨和学术实践的探索，找到了一条“马魂、中体、西用”良性互动、综合创新的学术道路；作为当代中国哲学社会科学的主导学术范式，它对各个学科的建设和发展具有普遍指导意义。

上面三点学习体会，分别论述了习近平“5·17”讲话对“铸马学之魂”“立中学之体”“明西学之用”的重要贡献，不难看出在他那里，坚持以马克思主义为指导、挺立民族文化的主体性和博采外国文化之长为我所用三者是有机统一的。当代中国哲学社会科学就是“马魂、中体、西用”融通生成、综合创新的结果。

正如习近平同志所指出的：“当代中国哲学社会科学是以马克思主义进入我国为起点的，是在马克思主义指导下逐步发展起来的。”[①]

① 习近平：《在哲学社会科学工作座谈会上的讲话》，《人民日报》2016年5月19日第2版。

按照这一明确界定，马克思主义传入中国之前的近代古今中西之争，近百年来不认同或者反对以马克思主义为指导的各种学术文化思潮，如“全盘西化”“复兴儒学”“中体西用”“西体中用”等主张，均不属于“当代中国哲学社会科学”的范畴；只有承认和坚持马克思主义的指导思想地位，并且能以宽阔心胸融摄中、西两大资源之精华的理论观点和文化主张，才为当代中国哲学社会科学的发展做出了正面贡献。中国共产党人和一些进步的哲学社会科学工作者，在百年探索中为此付出了艰辛努力，才取得了以马克思主义为指导的当代中国哲学社会科学的初步繁荣，并为它进一步创新发展、争取在不久的将来走到世界前列打下了良好基础。

马克思主义传入中国之初，李大钊等人超越东西文明之争，最早表达了对“第三新文明”[①] 即社会主义文明的向往。李大钊认为东西文明各有所长，亦各有所短，“第三新文明”就是在综合东西文明之所长、去其所短的基础上产生的。最早提出中、西、马“三流合一”思想的是“五四”时期与陈独秀、李大钊一起办《新青年》《每周评论》杂志，一起筹建中国共产党、后来又退党的张申府先生。他在1932年10月就有“我的理想：百提（罗素），伊里奇（列宁），仲尼（孔子），三流合一”[②] 的论述。在他看来，中、西、马三“学”是可以“相容相通”“相补相充”“相辅相成”而达到一种“辩证的或有机的综合”[③] 的，这就是未来中国和世界的“新学统”。张申府坚信：“合孔子、罗素、列宁而一之的新体系定是新世界中的新中国的新指标、新象征。”[④] 他的胞弟张岱年先生是中、西、马“三流合一”思

① 李大钊：《东西文明根本之异点》，《言治》季刊1918年第3册。

② 《编余》，《大公报》1932年10月22日第8版《世界思潮》第8期。

③ 张申府：《五四纪念与新启蒙运动》，《张申府文集》第1卷，河北人民出版社2005年版，第192页。

④ 张申府：《家常话》，《张申府文集》第3卷，河北人民出版社2005年版，第434页。

想最早的支持者和坚定不移的继承发扬者，从上个世纪 30 年代到 80 年代，先后提出了“今后哲学之一个新路，当是将唯物、理想、解析，综合于一”① 的新综合哲学，和“在马克思列宁主义原则的指导下，以社会主义的价值观来综合中西文化之所长而创新中国文化”的文化综合创新论，为当代中国哲学社会科学沿着正确方向发展做出了重要贡献。近百年来，许多持马克思主义理论立场的进步学者，都在自己的学术工作中善于融通中、西、马三大学术资源，坚持古为今用、洋为中用、批判继承、综合创新的方针，推出了当代中国哲学社会科学的一批奠基性成果，对后来者有很强的示范意义和引领方向的作用。

在上个世纪 80、90 年代的文化讨论中，张岱年先生提出的“文化综合创新论”是得到最广泛认同的一种文化理论，在中国思想界产生了广泛深远的影响。习近平同志在全国党校工作会议上的讲话也讲到了“综合创新”，他说：“党校特别是中央党校要坚持以马克思主义为指导，在研究上多下功夫，多搞‘集成’和‘总装’，多搞‘自主创新’和‘综合创新’，为建设具有中国特色、中国风格、中国气派的哲学社会科学体系作出贡献。”②

“马魂、中体、西用”论是对中、西、马“三流合一”、综合创新文化观的继承、发展与深化。它对三大资源在融通生成、综合创新中各自的地位、作用和相互关系，作了更加清晰、准确的界定，突出了马克思主义的主导地位、灵魂地位，强化了中国文化的主体地位、基础地位，明确了西方文化（外域文化）的“应事之方术”地位、洋为中用的“他山之石”地位。用“魂、体、用”三元模式来说明马、中、西三者的关系，避免了“体用”二元模式的左支右绌、捉襟

① 《张岱年全集》第 1 卷，河北人民出版社 1996 年版，第 262 页。

② 中共中央文献研究室编：《习近平关于社会主义文化建设论述摘编》，中央文献出版社 2017 年版，第 69 页。

见肘，显然比后者具有更强的解释效力。“魂、体、用”概念既是对中国传统哲学“体用”“道器”概念的继承和延伸，又是对它们的变通和超越。引进“魂”的概念既能避免主导性之“体”与主体性之“体”、“道体器用”之“体”与“器体道用”之“体”的混淆，又有利于说明“魂体相依”的关系，说明强“魂”与健“体”是可以互相促进的。习近平讲话强调哲学社会科学研究要重视理论创新和方法创新，要善于提炼标识性的概念，提炼有学理性的新理论，进行学理性的探索。哲学社会科学创新可大可小，揭示一条规律是创新，提出一种学说是创新，阐明一个道理是创新，创造一种解决问题的办法也是创新。像“马魂、中体、西用”这样关系到整个当代中国文化包括哲学社会科学发展的方向和道路，关系到理论思维模式与学术范式的嬗变，也关系到中国特色话语体系建设的重大理论和方法问题，加强对它的学理性研究无疑是非常必要的，也应该受到哲学社会科学创新工程的关注和重视。

习近平同志作为党和国家的最高领导人，高度重视哲学社会科学在中国特色社会主义事业中的地位和作用，他非常实事求是地讲到了当代中国哲学社会科学的历史和现状，百年建设发展的巨大成就和目前还存在的问题，哲学社会科学工作者在今天的责任担当，贯穿于其中的核心思想就是“马学为魂、中学为体、西学为用”。这也是当代中国哲学社会科学的实质内涵和必由之路。十年前以更加学理化的形式提出的“马魂、中体、西用”论[①]，与习近平同志从2013年“8·19”讲话到今年“5·17”讲话的精神是完全一致的，都是以马克思主义传入我国为中国现当代文化的起点，都充分肯定了马克思主义的指导思想地位、“灵魂”地位、“一元主导”地位，都是以“中学为体”即民族文化的主体性为马、中、西三者统一的基础，都充分肯定

① 参见方克立等著，谢青松编：《马魂中体西用：中国文化的现实发展道路》，人民出版社2015年版。

了“西学为用”“洋为中用”的必要性，没有这个资源维度当代中国文化就不能成其大。“马魂、中体、西用”论是在与近百年来“中体西用”“西体中用”等不同文化主张的论战中产生的，因此不得不考察传统“体用”范畴的多重涵义及其近代以来的发展演变，不得不对主导性之“体”（“魂”）与主体性之“体”作必要的概念区分，不得不对“魂、体、用”三元模式成立的根据和普遍意义作必要的说明和论证。这些学理性探讨是有利于形成标识性概念、命题和中国特色话语体系的。“马魂、中体、西用”论完全符合百年中国思想文化发展的实际，也完全符合今天中国思想文化建设的需要，与习近平同志的文化思想高度契合，完全可以从这个角度来理解他文化思想的精义和实质内涵。

当代中国哲学社会科学的历史起点是“十月革命一声炮响，给我们送来了马克思列宁主义”[①]，近代以来的古今中西之争被中、西、马“三足鼎立”的格局所取代，才产生和逐步发展了以马克思主义为指导的当代中国哲学社会科学。不到百年，它已引起中国社会历史发生了天翻地覆的巨大变化，也使中国人民在精神上得到了极大解放，中华民族伟大复兴的“中国梦”才有可能从梦想变成现实。明年就是十月革命一百周年，紧接着还将迎来“五四”运动一百周年和中共建党一百周年，在今后四五年里，我们要加强对当代中国哲学社会科学百年历程的总结研究，特别是要加强对“马魂、中体、西用”融通生成、综合创新规律和历史经验的总结研究，将其上升到理论的高度，增强对这条发展道路的自觉和自信。在进行学理性研究与阐释之同时，还要把它当作一种主导的学术范式，来指导和引领哲学社会科学各个学科的建设和发展。

习近平同志指出，构建中国特色哲学社会科学，要在马克思主义指导下全方位、全领域、全要素地建立学科体系、学术体系和话语体

---

① 《毛泽东选集》第 4 卷，人民出版社 1991 年版，第 1471 页。

系。我认为三大体系建设的核心和关键环节是各个学科的学术体系建设。学科体系建设主要是宏观布局问题，要突出优势、拓展领域、补齐短板、完善体系。学术体系建设就要深入哲学社会科学的各个具体学科，如能将“马魂、中体、西用”作为一种主导的学术范式，即基本的指导思想和方法论，来指导这些学科建立现代的、科学的、符合中国国情的学术思想体系，那么当代中国哲学社会科学的特点和优势就能充分显示出来。话语体系建设与学术思想体系建设是密切相关的，内容决定形式，在一定意义上说，学术话语也是学术体系的一部分。因此我认为，要落实习近平同志部署的发展哲学社会科学的宏伟蓝图，除了深刻领会、准确把握指导思想外，真功夫要用到学术思想体系建设这个核心和关键环节上来。

（本文完稿于 2016 年 6 月 15 日，原载《理论与现代化》2017 年第 3 期）

擎旗引领综合创新路

——纪念张岱年先生《综合、创新，建立社会主义新文化》一文发表30周年

河北师范大学张申府张岱年研究中心成立六年多了，今天这个会是中心成立以来召开的第三次重要学术会议。前两次会议开得都很好，在学术界产生了相当积极的影响。记得当时学校和学院的领导，李建强书记，张继良院长，李素霞院长，对这件事情都很支持。因为有一点大家都有共识：支持二张研究就是用实际行动来支持马克思主义中国化的事业。我们做这件事情的意义就在这里。和李大钊一样，二张先生也是河北地区宝贵的革命历史资源和人文学术资源，在马克思主义中国化的百年探索中，他们都是做出了突出贡献的先驱人物。作为后辈中国共产党人，马克思主义中国化事业的继承者，我们责无旁贷地要研究好、宣传好他们的生平、著作和思想，继承他们的事业，踏着他们的足迹继续前行。

几年来，河北师大二张研究中心做了大量工作，工作做得非常扎实。除了几次大的学术会议之外，还编辑出版了三本《张申府张岱年研究集刊》，建立了二张研究网站，在二张著作整理和思想研究方面也成绩斐然。会前大家都拿到了“燕赵文库”的《张申府集》和《张岱年集》两部厚重的大书，二张在新中国成立前的论著基本上都收进去了，这是重要的基础性资料建设。据说这两部文集是“燕赵文库”推出的首批成果，也就是说，二张研究为地域文化研究也做出了

重要贡献。短短几年时间，河北师大已成为名副其实的在国内外有影响的二张研究中心，二张研究也成为河北师大哲学社会科学研究的一个重要品牌、知名品牌。

今天这个会的主题是“综合创新与马克思主义中国化”，主要是纪念张岱年先生的《综合、创新，建立社会主义新文化》一文发表30周年。这篇文章是张先生1987年6月12日在山东省济宁市召开的中华孔子研究所第二届学术年会上的主题发言，后来由刘鄂培先生整理成文，发表于7月10日的《北京日报》。文章并不长，只有两千多字。这么一篇文章，为什么具有那么重要的意义，我们30年后还要开会来纪念它呢？这要联系当时的历史背景、国内思想文化界的形势，才能够看得清楚。

大家知道，当时正是80年代文化热。“文革”后思想解放，各种思潮蜂起，大家都格外关心文化问题。当时有一股很强劲的反传统思潮，认为中国什么都不行，必须“全盘西化”，彻底抛弃中国的黄土文明，全方位接受西方海洋文明。另一方面，海外新儒家代表人物到国内来大讲“儒学的第三期发展”，复兴儒学、回归传统的思潮也有相当的势力和影响。此外还有人提出了“新启蒙”“西体中用”等文化主张。有人将当时的文化思潮归纳为四派：“儒学复兴”“彻底重建”“西体中用”“哲学启蒙”；也有人归纳为五派：“反传统派”“五四运动派”“早期启蒙派”“现代儒学派”“回归原典派”。还有其他各种归纳。这些归纳有一个共同特点，就是都没有中国马克思主义派文化主张的地位。不说“失语”“失声”，至少在众声喧哗中，马克思主义派的声音不大、不响亮，人家对文化热中的各种思潮做归纳，都可以把你忽略不计。事实上在80年代的文化讨论中，还是有不少学者是持马克思主义理论观点的，但是这一派可能有一个问题，就是没有讲出多少新话来，人家认为“批判继承”等等不过是老生常谈而已。也就是说，在80年代的文化讨论中，马克思主义派缺少一面鲜明的文化旗帜，足以与上述各派观点华山论剑，一比高下。缺少马克思主义这一派的声音，80 年代文化热就成了一次新的中西文化论战，激进与保守二元对立，不过是近代以来的古今中西之争的再一次重演而已。张岱年先生“文化综合创新论”的提出，正好回应了这个问题，改变了上述思想格局。这篇文章明确表示，既不赞成传统文化否定论，也不赞成回归传统论，我们要建设的社会主义新文化体系，是在马克思列宁主义原则指导下，以社会主义的价值观来综合中西文化之所长而创新中国文化。“创新”就意味着与中国传统文化和近代西方文化都不同，它是具有中国特色的社会主义新文化。

张先生的这面“综合创新”文化大旗一举起来，中国马克思主义派的文化学者就陆续集合到这面旗帜下，不但形成一股力量，而且逐渐成为文化讨论中占主导地位的一种观点，可以说根本改变了 80 年代文化热的思想格局。所以这篇文章的发表意义不一般，它是 80 年代文化热中的一个重要的标志性事件，在众声喧哗中，代表中国马克思主义派发出了自己的声音，而且是高屋建瓴、超越激进和保守、代表着中国文化发展正确方向的一种声音，是时代的最强音。所以这篇两千多字的文章，必然会以其重要的思想史意义而载入史册。

我在 1990 年的一次谈话中，将 80 年代文化讨论中的各派观点，主要归纳为三派：自由主义的全盘西化派、保守主义的儒学复兴派和马克思主义的综合创新派。认为它们之间的对立斗争和统一关系，仍然没有超出五四时期业已形成的思想格局，是七十年来的文化论争在新的历史条件下的继续和延伸。[①] 之所以做出这种归纳，就是要确立马克思主义综合创新文化观在 80 年代文化热中的地位，在三大思潮对立互动中的地位。

现在有不少总结、回顾 80 年代文化热的文章，罗列出种种现象，比如《走向未来》《文化：中国与世界》等几套丛书的出版，中国文化书院的创立等等，而只字不提张岱年先生倡导的“文化综合创新

---

① 方克立：《现代新儒学与中国现代化》，天津人民出版社 1997 年版，第 585 页。

论”。80年代文化热到1989年的政治风波告一段落，有的人又只看到从80年代文化激进主义占主导地位，到90年代文化保守主义兴起这么一种现象，而看不到文化热冷静下来以后，许多人经过对各种偏颇的文化主张的反思，更加趋向于接受客观、理性的综合创新文化观，这种文化观的影响日益扩大的事实。

1995年在澳门召开的综合创新文化观研讨会是一个标志性的事件。其实1994年9月在北京召开的“东方文化与社会发展”国际研讨会上，我记得有好几个发言都是支持张岱年先生的综合创新文化观的。张先生本人也参加了那次会议，他看到了这种文化形势的发展，表示很高兴。我在那次会议上的发言《批判继承 综合创新》，曾将发言稿给张先生看过，他也做了十分肯定的评价，认为“非常精辟”“完全同意”。再往前一点，1990年，张先生与程宜山合著的《中国文化与文化论争》一书由中国人民大学出版社出版。这本书从理论、历史和现实针对性等多个方面，对综合创新文化观的基本观点做了全面系统的，而又比较通俗易懂的解说，对于帮助人们了解这种文化理论起了重要作用。1994年，国家教委组织编写的全国高等学校人文素质课公共教材《中国文化概论》由北京师范大学出版社出版。在这本教材编写过程中，国家教委明确要求以张岱年先生的综合创新文化观为指导思想来写，尤其是周德丰教授执笔的第十九章，是讲中国特色社会主义新文化建设的方针，就旗帜鲜明地坚持了“文化综合创新论”的基本观点。这本人文素质课公共教材已在全国高等院校连续使用了20多年。综合创新文化观进教材，用它来对广大青年学生进行正面教育，这件事情的意义，决不是文化热中哪个学者发表某种新论所可以比拟的。

对于80年代的文化热，到底应该怎样总结？从现象看，最吸引眼球的是激进反传统的观点，还有与之抗衡的文化保守主义，许多人把它看作是又一次中西文化之争。前面提到的归纳为四派或五派的观点，都只看到激进与保守的二元对立。事实上，80年代文化热与

“五四”以来的历次文化论争一样，都是三大思潮对立互动，中国马克思主义派学者不但提出了自己的文化主张，而且往往为这一轮文化讨论做了总结，为新文化建设指明了方向。张岱年先生 1987 年提出的“文化综合创新论”，不仅是 80 年代文化热中的一派重要观点，而且也可以说为这一次文化讨论做了科学总结。所以我认为将 80 年代文化热归纳为三派的观点，可能比前面提到的归纳为四派、五派的观点还要全面准确，更加符合实际。

这是我讲的第一个问题：张岱年先生 1987 年提出的“文化综合创新论”，在 80 年代文化热中到底占有什么地位？我们今天纪念这篇文章发表 30 周年，它为什么值得纪念？

我本人是张岱年先生“综合创新”文化观的赞同者和支持者之一，也力图对这种文化理论做些研究和阐释工作。30 年来，我对“综合创新”文化观的理解与把握，可以分为两个阶段。

2006 年以前，主要是把它理解为用马克思主义的全面的历史的观点，对古今中西问题做一种科学的解决，所以曾将这种文化观概括为“古为今用，洋为中用，批判继承，综合创新”四句话。①

自从明末清初有中西文化交流以来，古今中西之争已经有五百年。从徐光启开始，不少有识之士就发表过一些主张中西文化融合会通的观点，比极端的西化派、国粹派观点要合理一些。但是直到中国共产党人，才运用马克思主义的理论和方法，也就是全面的、历史的、辩证的观点和方法，真正科学地解决了这个问题。1942 年毛泽东在《如何研究中共党史》一文中提出的“古今中外法”，就是一个标志性的成果。以后徐特立、范文澜等都对“古今中外法”有精辟的阐释和发挥。“古为今用，洋为中用”是我们党一贯坚持的文化方针，在新民主主义革命时期是这样，在社会主义革命、建设、改革时期也是这样。比如 1986 年党的十二届六中全会通过的《中共中央关于社

① 方克立：《现代新儒学与中国现代化》，天津人民出版社 1997 年版，第 585 页。

会主义精神文明建设指导方针的决议》就明确指出，我们要建设的是“以马克思主义为指导的，批判继承历史传统而又充分体现时代精神的，立足本国而又面向世界的”① 高度发达的社会主义新文化。这个论述，既阐明了这种文化的社会主义性质和马克思主义指导思想，又高屋建瓴地回答了古今中西问题，就是既批判继承历史传统而又充分体现时代精神，既立足本国而又面向世界，它所体现的正是对待古今中西问题的全面的、历史的、辩证的观点，这就是综合创新文化观解决古今中西问题的基本思路。

大家知道，张岱年先生曾经有“今中为体，古洋为用”② 的提法，他是试图用中国传统哲学的体用范畴，来对“古为今用，洋为中用”的方针做出学理上的说明。他解决这个问题的思路，与党的文化方针是一致的。所以，把解决五百年来的古今中西问题看作是“综合创新”文化观的题中应有之义，这个看法应该说是没有问题的。

许多人都注意到了，到 2006 年，我又有“马学为魂，中学为体，西学为用，三流合一，综合创新”③ 五句话的提法。很明显，这是接着二张先生的中、西、马“三流合一”、综合创新思想讲的，不过将马、中、西的关系明确定位为“魂、体、用”的关系罢了。其实“马魂、中体、西用”的思想，在二张先生各个时期的论述中都有迹象，都有涵义相当清晰的表述。比如他们在上个世纪 30 年代，就有以辩证唯物论为“三流合一”之基础和主导的思想；张申府先生 40 年代在《民主原则》一文中，就有“以中国为体以中国为本位”的提法。还有，他们都特别重视西方的逻辑分析方法，这也典型地表现了“西学为用”的思想。可以说，在二张先生的中、西、马“三流

---

① 《中共中央关于社会主义精神文明建设指导方针的决议》，中共中央文献研究室编：《十二大以来重要文献选编》（下），人民出版社 1988 年版，第 1178 页。

② 张岱年：《试谈文化的体用问题》，《张岱年全集》第 6 卷，第 129 页。

③ 方克立：《中国文化的综合创新之路》，中国社会科学出版社 2012 年版，第 255 页。

合一”、综合创新思想中，已经内在地蕴涵着“马魂、中体、西用”三者统一的思想了。

为什么把综合创新文化观中的这一层意义揭示出来特别重要呢？这是因为十月革命后马克思主义传入中国，中国社会和文化发展道路选择，除了西化和回归传统之外，又多了一种可能性，这就是“走俄国人的路”①，走建设“第三新文明”② 即社会主义新文明的道路。十月革命和五四运动后中国文化论争的中心主题，实际上已经从古今中西之争转换为中、西、马的关系问题了。古今中西之争在五四后仍继续存在，但它实际上已经包含在中、西、马的关系问题之中了。到这个时期，你只解决古今中西问题显然已经不够了，中国的新文化建设已经不能不考虑马克思主义这个重要维度。正是由于对中、西、马关系问题的不同回答，“五四”后中国思想界才出现了三大思潮对立互动的格局。自由主义西化派和文化保守派仍然坚持他们原来在古今中西之争中的立场，要么西化，要么回归传统，或者采取“中体西用”或“西体中用”的折中态度。它们的共同特点是都排斥或者无视马克思主义这个重要维度。这种无视，实际上是采取鸵鸟政策，已经进入中国并且被许多先进分子所接受的马克思主义，不会因为你不承认或者视而不见而不存在。只有中国马克思主义派是采取实事求是的、全方位开放的态度，既坚持以马克思主义为指导，又主张吸收古今中西文化之精华，走文化综合创新的道路。这种胸怀，就使它明显地优越于其他两派。二张先生提出综合创新的文化主张，其背景就是已经超越了古今中西之争，能够正面面对中、西、马的关系问题，他们是讲“三流合一”而不是“二流合一”，更不是唱“三岔口”。综合创新文化观必须对中、西、马的关系这个时代的中心问题做出回答，才能成为当代中国先进文化的代表。

---

① 《毛泽东选集》第 4 卷，人民出版社 1991 年版，第 1471 页。

② 李大钊：《东西文明根本之异点》，《言治》季刊 1918 年第 3 册。

现在看来，我对综合创新文化观的两种理解和诠释，应该说都是可以成立的，都是有历史根据的，二者完全可以结合起来，互相补充，相得益彰。当然也可以说后一百年的中、西、马关系问题，已经把古今中西问题包含在其中了，所以，“马魂、中体、西用”三者有机结合，是综合创新文化观的更加实质性的内涵。不论怎样看这个问题，一个基本的事实是，五百年来的古今中西之争，一百年来的中、西、马关系问题，马克思主义综合创新文化观都给予了积极的、正面的、总结性的回答，这是其它文化主张都做不到的。坚持综合创新的文化立场，在文化论争中就可以立于不败之地，也对现实的中国文化建设具有指导意义。

这是我讲的第二个问题：怎样把握“文化综合创新论”的实质内涵？它要解决的时代问题是什么？为什么说综合创新文化观对古今中西问题和中、西、马的关系问题都做出了正确的回答?

从上个世纪 30 年代到 80 年代，张岱年先生一直用唯物辩证法来思考和探索中国的新文化建设问题。他在早期提出了“今后哲学之一个新路，当是将唯物、理想、解析，综合于一”和“创造的综合”“文化的创造主义”[①] 等主张，与张申府先生“孔子、列宁、罗素，三流合一”[②] 的思想互相呼应，互相支持，表现了中国马克思主义派学者的宽阔胸襟和前瞻眼光。但在当时，这种文化主张并不占主导地位，其处境可以说是曲高而和寡。1987 年 3 月，张岱年先生在《文化与哲学》一书的“自序”中说：“我对于文化问题深感兴趣。三十年代曾经参加当时关于文化问题的讨论。我反对东方文化优越论，也反对全盘西化论，主张兼取中西文化之长而创造新的中国文化。我这

---

① 《张岱年全集》第 1 卷，河北人民出版社 1996 年版，第 262、229、235 页。

② 参见《张岱年全集》第 1 卷，河北人民出版社 1996 年版，第 133 页；第 8 卷，河北人民出版社 1996 年版，第 549、585 页；《张申府文集》第 3 卷，河北人民出版社 2005 年版，第 434 页。

种主张可以称为‘综合创新论’。”[①] 根据现有的资料，这可能是“综合创新”这个概念首次出现于张先生的论著中。三个月后，他在《综合、创新，建立社会主义新文化》的发言中，就现实的中国社会主义新文化建设问题，又说：“近几年，针对文化问题，我写了一些研究文章，自己撰了一个名词：‘文化综合创新论’。这也可能是胆大狂放，但是，我认为中国新文化建立，综合和创新还是重要的。”[②] 由此可见，“综合创新”这个概念是张岱年先生于1987年提出来的，他明确说是“自撰”的，也就是他原创的。“综合创新”既可以概括张先生30年代的文化主张，也是他在80年代文化讨论中举起的一面社会主义新文化的旗帜。“综合”即表明对待先前的多种文化资源，要采取批判继承和兼综、兼容的态度；“创新”即表明为了适应新时代的需要，在继承的基础上还要有所创造、有所开新。张先生说这两个方面都很重要，而且认为二者是统一的，“真正的综合必是一个新的创造”[③]。由于“综合创新”准确地反映了中国马克思主义文化观的本质特征，所以比较容易被人们理解和接受，这个概念到世纪之交就流行开来了。它已经不仅是张先生个人的文化主张，而是成为中国马克思主义派的文化共识，成为百年中国最有代表性的一种马克思主义文化理论。李大钊的“第三新文明”[④] 论和毛泽东的“古今中外法”，实质上都是文化综合创新论；我们今天讲的“马魂、中体、西用”有机结合、辩证统一，也是一种文化综合创新论，是综合创新文化观的深化和具体化。

正如“全盘西化”是中国自由派文化主张的标识性概念、“复兴儒学”是文化保守主义的标识性概念一样，“综合创新”也已成为中

---

① 张岱年：《文化与哲学》，教育科学出版社1988年版，“自序”第1页。

② 《张岱年全集》第6卷，河北人民出版社1996年版，第252页。

③ 《张岱年全集》第1卷，河北人民出版社1996年版，第239页。

④ 李大钊：《东西文明根本之异点》，《言治》季刊1918年第3册。

国马克思主义文化观的一个标识性概念。这三个标识性概念就是三面文化旗帜，都典型地反映了当代中国三大文化思潮各自的本质特征。

习近平同志去年5月17日在哲学社会科学工作座谈会上的讲话中指出，理论创新“要善于提炼标识性概念”①。所谓“标识性概念”，就是能够用精炼准确的语言，一针见血、一目了然地把握住该理论的实质和核心内容，易于被人们理解、接受和传播，从而成为该理论的显著标志或代表称谓。能够提炼出标识性概念，是一个理论成熟的标志，它是经过长期思考、研究、酝酿、体悟而达到的一旦豁然贯通，点睛之笔使满盘皆活，是认识的升华与彻悟，也是理论自觉和自信的表现。张岱年先生在1987年提炼出“综合创新”这个标志性概念，决不是偶然的，而是经过了半个多世纪的思考、研究、参与思想论战、亲自实践和体悟，才对中、西、马对立互动背景下的当代中国文化走向，有了一个成熟的思考和明晰的结论，那就是要在马克思主义世界观和方法论指导下，走中西文化交流融合、扬精弃糟的综合创新之路。

1991年10月21日，张先生在给我的信中说：“我们主张‘综合创新论’，既符合马克思主义，又符合国情，但响应的人似乎不多。美籍华人学者林毓生提出‘创造性的转化’，却受到多人注意。外来的和尚会念经，自古如此。希望您大力宣传‘综合创新’之义。”②这是“综合创新论”提出初期的实际情况，了解此论和支持、响应的人还不多，接着就发生了我前面讲到的那种变化。当然变化也有一个从量变到质变的过程。但是很明显，自从“综合创新”这面文化旗帜一举起来，中国思想界的格局就不再是激进与保守二元对立，而是三大思潮对立互动了，代表先进文化前进方向的主张必然会发展成为主

① 习近平：《在哲学社会科学工作座谈会上的讲话》，《人民日报》2016年5月19日第2版。

② 《张申府张岱年研究集刊》（第1辑），河北人民出版社2013年版，第384页。

潮流，这是不以人的意志为转移的客观历史规律。

这是我讲的第三个问题：张岱年先生 1987 年提炼出的“综合创新”这个标识性概念，在中国现当代思想史上有何重要意义？为什么说他当之无愧地是最先高举起“综合创新”文化大旗的旗手？

最后我还想简略地讲一下，为了确立和论证综合创新文化观，张岱年先生在理论上做出了一些什么开拓性的也是奠基性的贡献。主要讲三点：一是上个世纪 30 年代，他在同西化派和本位文化派的论战中，提出了文化系统的可解析性与可重构性、文化要素之间的可离性与可相容性理论，为文化综合创新之所以可能，扫清了理论障碍，开辟了前进道路。文化整全不可分的理论，认为对中国传统文化和西方文化，都只能要么全盘接收，要么全盘否定，反对区分精糟、对其采取“取其精华、弃其糟粕”的分析态度。这是倡导综合创新文化观必须破除的一种非历史的形而上学观点。张先生在青年时代就主张对东西文化持“分别观”而反对“囫囵观”①，在具体问题具体分析的基础上，才能在一个大的原则指导下来进行文化的综合创新。二是他在 40 年代提出的“兼赅众异而得其平衡”② 的“兼和”学说，为综合创新文化观奠定了坚实的哲学基础，为三元和多元兼和模式的成立提供了理论根据。我们要全面地、历史地、辩证地解决古今中西问题，处理好中、西、马三大文化资源的关系，就必须突破传统的中西对立、体用二元的思维模式，需要探索新的三元或多元兼和模式。三元或多元兼和模式成立的理论根据，正是将中国古代的“和而不同”思想提升到唯物辩证法高度的“兼和”学说。三是在 80 年代的文化讨论中，张先生特别重视文化体用问题的研究，一方面肯定体用思维还有一定的意义，一方面又力图突破传统的体用二元模式。特别是在“中华民族是建设社会主义中国新文化的主体，而社会主义是中国新

---

① 《张岱年全集》第 1 卷，河北人民出版社 1996 年版，第 247 页。

② 《张岱年全集》第 3 卷，河北人民出版社 1996 年版，第 220 页。

文化的指导原则。科学技术等等都是为这个民族主体服务的，也都是为社会主义服务的”[①] 的论述中，实际上已经把社会主义指导原则之“体”与中国新文化主体之“体”区分开来了，认为科学技术之“用”是为这两个“体”服务的。也就是说，他对中国特色社会主义文化发展道路的认识，实际上已经非常接近“马魂、中体、西用”的看法了。张先生的上述理论探索，为我们今天正确了解和深刻阐明综合创新文化观，提供了先行者的宝贵足迹。

现在看来，河北师大二张研究中心当初确定二张研究与马克思主义中国化这个方向是非常正确的，六年来取得的成绩，就是坚持这个研究方向，坚持这个宗旨和主题，扎扎实实开展工作的结果。二张生平、著作、思想研究的任务还很重，今后还有许多工作需要做，只有把二张研究与马克思主义中国化这个大背景、大目标、大课题联系起来，它的意义和价值才能得到充分体现，充分彰显。今年是十月革命一百周年，后年是五四运动一百周年，再过两年就是中共建党一百周年，也就是说，最近四五年，是总结研究马克思主义中国化的百年探索，包括马克思主义综合创新文化观的百年发展最重要的时期，也可以说最佳机遇期。我认为这个时机对于二张研究也非常重要，如能把二张研究与总结研究马克思主义中国化的百年探索、综合创新文化观的百年发展紧密结合起来，那么我们对两位前辈的理论贡献和思想史地位，可能就会认识得更全面、更深刻、更清晰一些。期待下次会议能有一批这方面的总结性研究成果，把二张思想研究推到一个新的高度。

（本文是作者 2017 年 6 月 24 日在石家庄召开的“综合创新与马克思主义中国化”学术研讨会上的主题发言。载杜运辉编《张申府张岱年研究集刊》第 4 辑，河北人民出版社 2018 年版，第 205—214 页）

---

① 《张岱年全集》第 6 卷，河北人民出版社 1996 年版，第 129 页。

方克立主任致函程恩富主编

恩富同志：

得知您领导的中国社会科学院经济社会发展研究中心，与山东大学马克思主义学院（威海）合作，将创办《马克思主义文化研究》集刊，填补国内至今没有马克思主义文化研究专业刊物的空白，十分高兴。

大约20年前，我和一些学者曾建议在学科专业目录中增设“文化学”，加强对马克思主义文化理论和中外文化理论、历史与现实的研究，为中国特色社会主义文化发展繁荣提供学理支持，并且有计划地培养这方面的专业人才。有关主管部门也曾表示很重视，但后来就没有下文了。

事实上，文化研究和文化讨论一直是学术界关注的热点、意识形态领域斗争的焦点，值得引起高度重视。继20世纪80年代反传统的西化思潮盛行之后，90年代又兴起一股文化保守主义思潮，自由派则借北大百年校庆鼓吹“自由主义是最好的最具普遍性的价值”。马克思主义综合创新派文化学者不得不与这两种偏颇的文化主张进行思想论战。在国际文化关系方面，美国学者亨廷顿提出“文明冲突论”，中国学者费孝通提出“和而不同”的文化自觉理论，表现了不同的思维方式和文化价值观，思想论争也相当激烈。

正如毛泽东所指出的，一定的文化是一定社会的政治和经济在观念形态上的反映，它又影响和反作用于一定社会的政治和经济。“文化是反映政治斗争和经济斗争的，但它同时又能指导政治斗争和经济斗争。”[①] 不同文化道路选择和争论的实质，反映的正是不同政治经济利益之间的冲突，它关系到国家的前途命运，因此文化研究和文化讨论绝非小事。从以“文”化人、化物、化事的角度来说，它也关系到我们事业的方方面面。

对于文化的本质、作用和地位，文化的历史生成和演化规律，文化发展中的传承与变革，文化交流中的碰撞、选择与融合，文化的民族性、时代性和阶级性的关系等问题，历来众说纷纭、莫衷一是。只有在唯物史观的基础上，善用辩证思维，才能给予真正科学的说明。这就是我们要着力阐明和坚持的马克思主义文化观。集刊提出的两个办刊原则非常好，一是要坚持马克思主义的理论立场和方向，二是要坚持学术第一的高标准，文章要有学理性，鼓励学术创新，尤其要支持紧密结合中国实际的马克思主义文化创新理论。

一百年来，马克思主义中国化的文化成果十分丰硕，不仅马克思主义文化观的一般基本原理在中国革命、建设、改革实践中得到了证实，而且中国共产党人的理论和实践创造，为其增添了许多鲜活的内容。毛泽东的新民主主义文化理论和发展繁荣社会主义文化的“双百”方针，从邓小平到习近平的中国特色社会主义文化理论，以及郭沫若、侯外庐、张岱年、冯契等马克思主义学者的文化理论创造，都需要好好研究和总结，更不用说对大量现实文化问题进行马克思主义的分析和思想引领了。所以，即将创办的这本集刊的研究对象和内容是非常丰富的，在理论、历史、现实等维度上都有很大发展空间。只要坚持上述办刊原则，有效团结国内的马克思主义文化学者，不断巩固和扩大核心作者群，这个集刊是能够办好并且办出较高水平和鲜明特色来的。它虽然来得晚了一点，但确实反映了文化事业和文化理论发展有此迫切需要。我相信若干年后，它就会成为国内最有代表性的

① 《毛泽东文集》第3卷，人民出版社1996年版，第109—110页。

马克思主义文化研究专刊，并在与国外同类刊物的交流中产生世界性的影响。

很遗憾不能参加本月 24—25 日在威海召开的“世界文化论坛中国分论坛：纪念马克思诞辰 200 周年暨马克思主义与文化创新研讨会”，在此略为表达我对即将问世的《马克思主义文化研究》集刊的一点期盼。

方克立

2018 年 3 月 10 日

（原载《马克思主义文化研究》2018 年第 1 期）

发展哲学社会科学要坚持“马魂中体西用”的方针

习近平总书记5月17日在哲学社会科学工作座谈会上的重要讲话，是在社会思想观念和价值取向日趋活跃、主流和非主流同时并存、社会思潮纷纭激荡的新形势下，进一步发展繁荣我国的哲学社会科学，推动构建全方位、全领域、全要素的中国特色哲学社会科学学科体系、学术体系、话语体系的纲领性文献。讲话明确指出，当代中国哲学社会科学主要有三大思想文化资源：一是马克思主义的资源，二是中华优秀传统文化的资源，三是国外哲学社会科学的资源。当代中国哲学社会科学就是融通马、中、西三“学”，不断进行知识创新、理论创新、方法创新的结果，三者分别处于“马学为魂”“中学为体”“西学为用”的地位和相互关系中。“马魂中体西用”融通生成、综合创新也是当代中国哲学社会科学的实质内涵和必由之路。

发展中国特色哲学社会科学，首先要坚持和巩固马克思主义在意识形态领域的指导地位。在当代中国，马克思主义不仅是我们党的旗帜和纲领，社会主义国家的指导思想，同时也是哲学社会科学之“魂”即精神指导原则。习近平总书记明确指出：当代中国哲学社会科学是以马克思主义进入我国为起点的，是在马克思主义指导下逐步发展起来的。坚持以马克思主义为指导，是近代以来我国发展历程赋予的规定性和必然性，是当代中国哲学社会科学区别于其他哲学社会科学的根本标志。“不坚持以马克思主义为指导，哲学社会科学就会失去灵魂、迷失方向。”① 刘云山同志5月19日在宣传文化系统学习贯彻习近平总书记讲话精神专题会议上也强调指出：“要牢牢把握以马克思主义为指导这个灵魂”，来做好思想文化战线各个方面的工作。哲学社会科学在意识形态领域居于核心地位，更加直接地肩负着“举什么旗”“走什么路”“铸什么魂”的历史重任。“道不欲杂”，当代中国哲学社会科学必须始终不渝地、旗帜鲜明地坚持马克思主义的“一元主导”地位、灵魂地位，才能保证我国哲学社会科学沿着正确的方向健康发展，为实现中华民族的伟大复兴提供强大的精神动力和智力支持。

“马学为魂”要求哲学社会科学工作者将马克思主义作为一种政治立场、精神指导原则和基本方法贯穿于整个学术研究中，用马克思主义立场、观点和方法来观察、分析、处理各种具体的学术问题。为此，广大哲学社会科学工作者要将马克思主义转化为清醒的理论自觉、坚定的政治信念与科学的思维方法。一是要坚持正确的政治立场和学术理论方向。哲学社会科学工作者要始终坚持以马克思主义作为自己学术研究的指导思想，旗帜鲜明地抵制和反对宣扬“普世价值”“宪政民主”“新自由主义”“历史虚无主义”“复古主义”等错误思潮。二是要坚持马克思主义的根本方法。马克思主义科学地揭示了事物发展的客观规律和基本法则，为人们观察世界、分析问题提供了“伟大的认识工具”即科学的思维方式，也为哲学社会科学研究提供了普遍有效的方法论。而马克思主义作为根本方法绝不意味着在学术研究中对马克思主义经典著作的机械照搬、照本宣科、对号入座，而是要将马克思主义的根本方法和精神实质融入学术研究当中，真正做到“随风潜入夜，润物细无声”。三是要弘扬马克思主义的优良学风。哲学社会科学工作者要弘扬理论联系实际的优良学风，立足国情、立

① 习近平：《在哲学社会科学工作座谈会上的讲话》，《人民日报》2016年5月19日第2版。

足实践、立足当代，深入基层、深入生活、深入群众，善于通过理论和学术的视角，理性观察生活，深刻洞察社会，提出真知灼见，推出学术精品，切实发挥哲学社会科学认识世界、传承文明、创新理论、咨政育人、服务社会的作用。

发展中国特色哲学社会科学，要以研究中国问题为中心，从源远流长、博大精深的中华文化中吸取学术资源，建立独立的中国特色学术话语体系，以此凸显当代中国哲学社会科学的民族主体性。一是要以中国问题作为学术研究之主体。问题是时代的声音，每一个时代、每一个国度都有属于自己的问题，善于发现并解决这些理论与现实问题，促进学术的发展和社会的进步，乃是人文社会科学工作者的重要使命和职责所在。习近平总书记指出：“我国经济、政治、法律、文化、社会、生态、外交、国防、党建等领域形成的哲学社会科学思想和成果。这是中国特色哲学社会科学的主体内容。”[①] 当代中国哲学社会科学应该以我们正在做的事情为中心，从我国改革发展的实践中挖掘新材料、发现新问题、提出新观点、构建新理论，加强对改革开放和社会主义现代化建设实践经验的系统总结，加强对发展社会主义市场经济、民主政治、先进文化、和谐社会、生态文明以及党的执政能力建设等领域的分析研究，加强对党中央治国理政新理念、新思想、新战略的研究阐释，提炼出有学理性的新理论，概括出有规律性的新实践。二是要以绵延数千年的中华文化作为学术研究的深厚根基。中华文明历史悠久，文化遗产浩如烟海。中国古代大量鸿篇巨制中包含着丰富的哲学社会科学内容、治国理政智慧，这是中国特色哲学社会科学自主发展的十分宝贵、不可多得的资源。习近平总书记在讲话中梳理了从先秦子学到宋明理学、从诸子百家到近现代思想巨擘的文化轨迹和历史线索，并引证了大量中国古典诗文。他特别强调，

① 习近平：《在哲学社会科学工作座谈会上的讲话》，《人民日报》2016年5月19日第2版。

自古以来，我国知识分子就有“为天地立心，为生民立命，为往圣继绝学，为万世开太平”的志向和传统，今天的哲学社会科学工作者，也要树立起“士以弘道”的价值追求，只有真正做到“博学、审问、慎思、明辨、笃行”，才能做出无愧于这个时代的大学问、真学问来。从这些论述中，我们不难看出习近平总书记“中学为体”的鲜明文化立场。三是要建立中国独立的学术话语体系。在百舸争流、百家争鸣的现代世界学术体系中，中国学术话语体系及其在现代世界对话中的表达能力，将直接影响甚至决定中国学术在国际学术领域的话语权。习近平总书记强调，要按照立足中国、借鉴国外，挖掘历史、把握当代，关怀人类、面向未来的思路，着力构建中国特色哲学社会科学，在指导思想、学科体系、学术体系、话语体系等方面充分体现中国特色、中国风格、中国气派，用中国的学术话语来解读中国问题，讲述中国故事，传播中国声音。

发展中国特色哲学社会科学，要以开放的胸襟、兼容的态度，学习和借鉴西方国家和其他民族思想文化成果中的一切有益成分，“坐集千古之智”（方以智《通雅·音义杂论》）为我所用，在多元之中求贯通，在贯通之中求创新。“马学为魂”与“中学为体”并不意味着对西方文化采取漠视或拒斥的态度，而是要在坚持马克思主义的指导地位和挺立民族文化主体性的基础上，汲取全人类创造的有益的理论观点和学术成果，以服务于当代中国的哲学社会科学研究，这也是构建中国特色哲学社会科学体系的必然要求。习近平总书记指出：“国外哲学社会科学的资源，包括世界所有国家哲学社会科学取得的积极成果，均可以成为中国特色哲学社会科学的有益滋养。”[①] 为此，要采取古为今用、洋为中用、批判继承、扬精弃糟的态度，在纵横古今、贯通中西的基础上，不断推进哲学社会科学的综合创新。在“西

① 习近平：《在哲学社会科学工作座谈会上的讲话》，《人民日报》2016年5月19日第2版。

学为用”的问题上，总书记尤其强调，对国外的理论、概念、话语、方法，要有分析、有鉴别，适用的就拿来用，不适用的不要生搬硬套。对一切有益的知识体系和研究方法，我们都要学习借鉴，不能采取不加分析、一概排斥的态度。如果不加分析地把国外学术思想和学术方法奉为圭臬，一切以此为准绳，那就没有独创性可言了。

总之，习近平总书记的讲话立意高远、思想深邃、鲜活亲切，体现了他良好的学术素养和深厚的文化底蕴，同时也体现出他融通马、中、西三“学”，构建中国特色哲学社会科学体系的高度理论自觉。作为新形势下发展繁荣我国哲学社会科学的纲领性文件，《讲话》为新时期哲学社会科学工作指明了方向和道路，制定了发展蓝图。哲学社会科学工作者认真贯彻落实习近平总书记的讲话精神，就是要坚持“马魂中体西用”的方针，彰显马列之魂，融会中西之学，加快构建具有继承性和民族性、原创性和时代性、系统性和专业性的综合创新的中国特色哲学社会科学体系，使之能够更加充满自信地屹立于世界学术之林。

（本文与谢青松合作，原载“中国社会科学网”2016 年 6 月 6 日）

五四百年的思想史意义

一

今年是五四运动100周年。张岱年先生是五四精神的重要传承者和发扬者，他的110周年诞辰是5月23日。河北师范大学、大连理工大学的马克思主义学院和河北师范大学张申府张岱年研究中心，把这两个纪念活动合在一起来举办，是非常自然而合理的，其中颇有深意，在我看来主要是思想史的意义。我想从五四后百年思想史的角度，提出几个问题来与大家交流和讨论。

（一）五四运动的性质和历史意义，到底是救亡与启蒙的双重变奏，还是救亡、启蒙与社会主义的三重变奏？百年后我们应该怎样来评价“五四”？

我的想法是要从三个方面来看这个问题。

第一，它既是觉醒起来的中国人民“外争主权，内除国贼”的一次彻底的、不妥协的反帝国主义和反封建主义的爱国救亡运动。

第二，它又是先进的中国人高举“民主”与“科学”的旗帜，反对封建专制和迷信，提倡新道德、反对旧道德，提倡新文学、反对旧文学的一场深刻的思想解放运动和新文化运动。

第三，它还是在广泛的群众运动中，中国工人阶级作为一个独立的政治力量登上了历史舞台，与俄国十月革命后传入中国的马克思主义相结合，促使这种新世界观和社会革命理论广泛传播，为中国共产党的成立提供了阶级基础，做了思想上和干部上的准备，将中国的资产阶级旧民主主义革命推进到新民主主义革命的新阶段，从此中华民族才发生了从“站起来”到“富起来”到“强起来”的百年巨变，它是这么一个具有划时代的里程碑意义的伟大历史事件。

只看到前两个方面，将五四定性为“救亡与启蒙的双重变奏”，甚至说什么“救亡压倒启蒙”，而看不到第三个方面，即中国人民通过五四运动，找到了救国救民的真理，找到了解决爱国救亡和思想启蒙问题的正确方向与道路，认识到只有在马克思主义指引下，通过无产阶级领导的新民主主义革命，过渡到中国特色社会主义，才能救中国和发展中国，看不到五四运动的这个方面的重要意义，我认为是非常片面的和错误的。三重变奏论与双重变奏论的区别，主要在是否承认第三个方面的重要意义。

（二）与前一个问题相联系，什么是五四精神？怎样全面准确地把握五四精神的实质内涵？

一般认为五四精神的主要内涵是“爱国、进步、民主、科学”，我过去也做过这样的表述[①]，现在看法有了一点儿变化，觉得这还是救亡与启蒙双重变奏的思路，如果按照“三重变奏”的思路，五四精神的内涵还应该加上一个“社会主义”，才比较全面、完整。因为五四运动是无产阶级领导的新民主主义革命与资产阶级领导的旧民主主义革命的分水岭，是中国新民主主义革命的开端。它发生在俄国十月革命之后，中国的新民主主义革命已经属于世界无产阶级社会主义革命的一部分了，它取得成功的前途必然是社会主义。也就是说，中国的新民主主义革命已经内在地包含着社会主义的因素。五四时期，社会主义思潮已在中国兴起，虽然其中也包括新村主义、工读主义、基

① 参见方克立等著，谢青松编：《马魂中体西用：中国文化发展的现实道路》，人民出版社 2015 年版，第 114 页。

尔特社会主义等各种货色，但占主导地位的是十月革命后传入中国的马克思主义，即科学社会主义，李大钊就是当时传播科学社会主义思想的一个重要代表人物。以后中国共产党领导的新民主主义革命，也是在科学社会主义的指导下进行的。所以我认为五四精神应该包括社会主义。而且在我看来，五四精神的核心就是爱国主义与社会主义相结合，有动力，有方向，那么发展科学，发展民主，推动社会进步，都是题中应有之义，也是必由之路。爱国、进步、民主、科学和社会主义，构成了五四精神的完整内涵，决定了中国的未来走向。

（三）五四运动留下了一些什么思想遗产？它对此后百年中国思想史有什么影响？

应该说，五四运动留下的思想遗产是非常丰富的，包括正面的遗产和负面的遗产。上面提到的这个运动的性质和历史意义，包括五四精神，基本上都是从正面来说的。其反帝反封建的彻底性，参与人民群众、社会阶层、发动城市的广泛性，爱国、进步、民主、科学、社会主义的五四精神，马克思主义与中国革命实践初步结合等特点，都是前所未有的。

关于五四遗产的负面影响，毛泽东在《反对党八股》一文中指出：五四时期的一些人物，“对于现状，对于历史，对于外国事物，没有历史唯物主义的批判精神，所谓坏就是绝对的坏，一切皆坏；所谓好就是绝对的好，一切皆好。这种形式主义地看问题的方法，就影响了后来这个运动的发展”。他还指出了这种负面影响在此后百年中国思想史中的表现：“五四运动的发展，分成了两个潮流。一部分继承了五四运动的科学和民主的精神，并在马克思主义的基础上加以改造，这就是共产党人和若干党外马克思主义者所做的工作。另一部分人则走到资产阶级的道路上去，是形式主义向右的发展。但在共产党内也是不一致的，其中也有一部分人发生偏向，马克思主义没有拿得稳，犯了形式主义的错误，这就是主观主义、宗派主义和党八股，这是形式主义向‘左’的发展。”[1] 无论是形式主义向右的发展还是向“左”的发展，都背叛了爱国、进步、民主、科学、社会主义的五四精神。

研究五四的遗产及其影响，还有一个方面值得注意，就是五四时期还有一些反对新文化运动，反对新道德、新文学的守旧派代表人物，他们也留下了自己的思想遗产。这些遗产对五四后百年思想史的影响也是不能忽略的。大家都知道，批判五四、否定五四的文化保守主义思潮，咒骂五四的声音，一百年来也从来没有停止过。

（四）为什么说五四运动不仅是中国社会史的一个重要转折点，而且也是中国思想史的一个重要转折点？在五四前后，思想文化论争的中心问题发生了什么变化？五四前后两个时期的“新文化”，性质有什么不同？

五四作为中国旧民主主义革命与新民主主义革命的分水岭，它在中国社会史上的重要转折意义，人们不难理解。那么，我们从什么角度来看它在中国思想史上的转折意义呢？毛泽东在《新民主主义论》中说：“在‘五四’以前，中国文化战线上的斗争，是资产阶级的新文化和封建阶级的旧文化的斗争。在‘五四’以前，学校与科举之争，新学与旧学之争，西学与中学之争，都带有这种性质。”[2] 五四以前的思想文化论争，人们通常概括为古今中西之争。对于“五四以前”这个时间概念，一般有两种理解：一是“以前”到鸦片战争，到五四运动是 80 年；二是“以前”到 16 世纪末有中西文化交流以来，西方传教士利玛窦最早来华时间是 1582 年，到五四运动已经有 330 多年。应该说古今中西之争从明末清初就开始了。中国人先是用“西学中源”说，鸦片战争后主要是用“中体西用”论，来应对古今中西之争。主张者的心态很不一样，所起的作用也大不相同，这里面

① 《毛泽东选集》第 3 卷，人民出版社 1991 年版，第 832、832 页。
② 《毛泽东选集》第 2 卷，人民出版社 1991 年版，第 696 页。

情况非常复杂，要做具体分析。

五四以前，“中国向何处去”“中国文化向何处去”的争论主要表现为古今中西之争，那么五四以后呢？时代的中心问题有什么变化没有呢？在这一百年中，古今中西之争依然存在，但是，考虑中国社会和文化的发展前途问题，“中国向何处去”的方向道路问题，除了中学（旧学）、西学（新学）这两个维度之外，五四时期已经传入中国的马克思主义，已经是不能不考虑的一个重要维度了，而且在这一百年中，它在中、西、马的关系中实际上是起决定作用和占主导地位的一个维度。也就是说，五四以后，只关注和讨论古今中西问题已经不够了，时代的中心问题已经转换为中、西、马的关系问题，或者说后者已经把前者包含于其中。从古今中西之争到中、西、马的关系问题，时代中心问题的转换，这是五四前后思想史最大的不同。

毛泽东指出，五四前后的新文化运动，有性质的不同：“在‘五四’以前，中国的新文化，是旧民主主义性质的文化，属于世界资产阶级的资本主义的文化革命的一部分。在‘五四’以后，中国的新文化，却是新民主主义性质的文化，属于世界无产阶级的社会主义的文化革命的一部分。”① 也就是说，在古今中西之争中的“新文化”，还属于资产阶级文化的范畴；在中、西、马关系中的“新文化”，已经是马克思主义指导下的世界社会主义文化的一部分了。

（五）为什么说对中、西、马关系问题的不同回答，决定了五四后百年中国思想史中三大思潮对立互动的基本格局？

按照社会存在决定社会意识的观点，不同阶级、阶层和政治经济利益集团，以及他们的思想代表，对中、西、马关系问题的看法和回答必然是不同的，这样就形成了五四时期和此后一百年自由主义西化派、文化保守派和马克思主义综合创新派“三足鼎立”，或者说三大思潮对立互动的基本格局。他们对中学、西学、马学三种文化资源的

① 《毛泽东选集》第 2 卷，人民出版社 1991 年版，第 698 页。

不同选择和不同态度，首先取决于对不同社会制度和社会发展道路的选择。自由主义西化派把西方资本主义国家的发展道路看成是具有普世意义的，希望中国也走上这条道路；文化保守派否认“现代化即等于西化”，认为中国完全可以像日本、韩国、新加坡等国家一样，走上一条儒家资本主义的发展道路。马克思主义派则坚持走社会主义现代化的道路，并且把“中国特色”放到了越来越重要的地位。这三派既互相对立、互相竞争、互相论战，又互相渗透、互相吸摄、互相补充，形成一种对立互动的关系。

（六）为什么说三大思潮对立互动贯彻于百年思想史之始终，今天中国的思想格局还是这样，因此其现实意义不容忽视？

这是对前面一个问题的历史展开。五四后百年思想史的阶段性非常明显，三大阶段的看法大家比较一致。第一个阶段是从 1919 年的五四运动到 1949 年中华人民共和国成立。这个时期发生了一系列思想文化论战，都是在三大思潮之间展开的，最后是以中国化马克思主义在理论和实践上的胜利而结束了这个历史阶段。第二个阶段是从 1949 年建国到 1978 年党的十一届三中全会召开以前。马克思主义在摆脱了三座大山重压的新中国占据绝对统治地位，虽然毛泽东在 1956 年提出了促进社会主义文化发展繁荣的“百花齐放，百家争鸣”方针，但实际上并没有得到很好的贯彻落实，他曾经批评过的“形式主义向‘左’的发展”的问题不但存在，而且在“文化大革命”时期发展到了极端。第三个阶段是改革开放后的 40 余年。1978 年召开的党的十一届三中全会开启了改革开放的历史新时期，思想文化领域比较宽松，各种思潮蜂起，主要还是自由主义、保守主义和马克思主义三大思潮，而且三大思潮内部都有左、中、右的分化，相互之间关系错综复杂。事实上这个时期马克思主义同资产阶级自由化等错误思潮也进行了长期反复的斗争。到新世纪，自由主义和保守主义的右翼都走到了极端，拿出了他们系统的政治、经济、文化纲领，与中国特色社会主义相对抗。比如“零八宪章”（2008）和《中国必须再儒化》

（2016）就是当今中国走改旗易帜的邪路的两个纲领性文献。陈先达先生在《历史唯物主义与中国道路》一文中，把当今中国的道路之争概括为“西化”“儒化”与“马克思主义中国化”的三“化”之争，确实是有事实根据的。[①]

（七）为什么说百年中国思想史和百年历史实践都证明，“马魂、中体、西用”三流合一、综合创新是对中、西、马关系问题最正确的解决，是中国现当代文化发展的唯一现实道路，它与我们党一贯的文化建设指导方针完全一致，是我们今天仍然必须坚持的正确文化方针和发展道路？

对中、西、马关系问题的不同回答，从根本上说，反映了不同的政治立场和阶级立场，是对中国社会和文化发展道路的不同选择。从思维方式来说，毛泽东讲的“好就是绝对的好”“坏就是绝对的坏”的形式主义地看问题的方法，就是形而上学的思维方式，其典型代表是“全盘西化”论、“儒化中国”论，还有他批评的党内的教条主义和党八股，胡锦涛、习近平批评的“走封闭僵化的老路”。折中主义也是一种形而上学的思维方式，典型代表是“中体西用”论和“西体中用”论。在中、西、马关系问题上，我们要提倡张岱年先生倡导的“兼和”辩证法。“兼和”的涵义是“兼赅众异而得其平衡”“兼取众长而相资互益”，它不是搞折中主义，而是坚持“一元主导”与“兼容多元”的统一。“马魂中体西用”论就是明确以马克思主义为“一元主导”，同时强调本民族文化的生命主体、创造主体和接受主体地位，外来文化为我所用的“他山之石”地位，这样就能把中、西、马三种文化资源的优长都充分发挥出来，“坐集天下之智”，创造中国特色社会主义新文化。“马魂、中体、西用”三流合一、综合创新的文化理论，是“兼和”辩证法的具体生动体现。一百年来的大量事实都在支持这种文化理论，现实也需要这种文化理论，所以它在学术界

① 陈先达：《历史唯物主义与中国道路》，《光明日报》2016年9月7日。

的影响也越来越大。

五四百年是一个重要的时间节点。百年后来看五四运动的历史意义，五四精神的内涵和时代价值，应该能够看得更清楚、准确一些。还有，认真梳理和总结五四后百年思想史的中心问题、基本格局和发展脉络，对于我们清晰地认识今天中国思想界的状况，中国特色社会主义道路自信、理论自信、制度自信、文化自信之所以特别重要，都大有帮助。五四以来百年思想史研究是当今中国头等重要的研究课题之一。

（这是作者提交“百年中国哲学和文化发展的回顾、总结与前瞻”学术研讨会的论文提纲）

二

这个会一方面是纪念会，一方面是学术研讨会。纪念会有两重意义：一是纪念五四运动 100 周年，同时也纪念张岱年先生诞辰 110 周年。

五四百年是一件大事，这是一个非常重要的时间节点。我主要从思想史的角度考虑了一些问题，写了一个发言提纲，已经刊印在会议论文集中。

在发言提纲中一共提出了七个问题。前面四个问题是从五四百年的角度，进一步思考五四运动的性质和历史意义，五四精神的内涵、核心和时代价值，五四思想遗产对后世的影响，五四运动在中国社会史和思想史上的重要转折意义。后面三个问题是从五四后百年思想史的角度，说明围绕着中、西、马的关系这个时代的中心问题，三大思潮对立互动的实质、形成和发展过程，以至到今天的表现。其中最值得重视的是马克思主义综合创新文化观的百年探索和发展，它是怎样一步一步地发展到今天的中国特色社会主义文化理论的。

在考虑五四运动的性质和历史意义的时候，我发现有一种观点的影响很大，就是“救亡与启蒙的双重变奏”论。我们关于五四运动和五四精神的一些研究，还自觉或不自觉地受到这种观点的影响。

毫无疑问，爱国救亡和思想启蒙都是五四运动的重大主题。如果没有巴黎和会上帝国主义对作为战胜国的中国的欺负，把德国在山东省的特权转让给日本，中国人感受到了深切的亡国之痛，就不会引爆大规模的群众性的五四爱国运动。爱国救亡的主题应该说是没问题的。还有，打出“德先生”和“赛先生”两面旗帜，反对封建旧礼教、旧道德、旧思想、旧文化，这种新文化运动，或者说思想启蒙运动，实际上从 1915 年就开始了，到五四运动时期更是达到了高潮，发展到了一个质的新阶段。也就是说，这个思想解放运动，不仅表现为“对传统求解放”，而且表现为“对西方求解放”，敢于对老是欺负学生的先生说“不”了。所以说五四运动既是爱国救亡运动，也是思想启蒙运动，这都没有问题。不过我们不能赞成那种“救亡压倒启蒙”的观点，事实上爱国救亡与思想启蒙是互相促进、互相补充的，五四爱国救亡运动不但没有压倒思想启蒙，而且还帮助中国人民认清了帝国主义侵略的本质，提高了思想启蒙的水平和层次。把并行不悖、相得益彰的两个东西完全割裂开来和对立起来，当然是不对的，甚至是有害的。接着“救亡压倒启蒙”论往下讲，合乎逻辑地就会提出“告别革命”论，提出“回到康有为”。

“救亡与启蒙双重变奏”论的最大问题是忽视了五四运动的另外一个方面的重要意义，就是我在发言提纲中讲的第三个方面：“它还是在广泛的群众运动中，中国工人阶级作为一个独立的政治力量登上了历史舞台，与俄国十月革命后传入中国的马克思主义相结合，促使这种新世界观和社会革命理论广泛传播，为中国共产党的成立提供了阶级基础，做了思想上和干部上的准备，将中国的资产阶级旧民主主义革命推进到新民主主义革命的新阶段，从此中华民族才发生了从‘站起来’到‘富起来’到‘强起来’的百年巨变，它是这么一个具有划时代的里程碑意义的伟大历史事件。”“中国人民通过五四运动，找到了救国救民的真理，找到了解决爱国救亡和思想启蒙问题的正确方向和道路，认识到只有在马克思主义指引下，通过无产阶级领导的新民主主义革命，过渡到中国特色社会主义，才能救中国和发展中国。”如果看不到五四运动这个方面的伟大历史意义，那么“救亡与启蒙双重变奏”论就有很大的片面性，所以我提出了“救亡、启蒙与社会主义的三重变奏”论。

为什么第三个方面的意义特别重要，不能忽视呢？关键是五四运动是在俄国十月革命后发生的，它又催生了两年后诞生的中国共产党。这个时期世界已经进入了无产阶级领导的社会主义革命的时代，中国共产党领导的新民主主义革命已经是属于世界社会主义革命的一部分了，所以五四运动与中国后来走上社会主义道路有着内在的、必然的联系。事实上五四时期社会主义思潮已在中国广泛兴起，虽然其中也包括一些新村主义、工读主义、基尔特社会主义之类的东西，但占主导地位的是十月革命后传入的马克思主义，即科学社会主义，李大钊就是在当时传播科学社会主义思想的一个重要代表人物。“只有社会主义才能救中国和发展中国”的道理，已经被百年历史实践所证实。所以我认为，讲五四运动的历史意义，只讲爱国救亡和思想启蒙，不讲选择了社会主义的方向和道路，至少是有片面性的。应该说，“三重变奏论”比“双重变奏论”更加符合历史实际。这是第一个问题。

第二个问题，关于五四精神的内涵，一般表述为“爱国、进步、民主、科学”，我过去也做过这样的表述。现在我的看法有点变化，觉得列举出来的这几项内容，还是“救亡与启蒙双重变奏”的思路。如果按照“三重变奏”的思路，五四精神的内涵还应该加上一个“社会主义”，才比较全面、完整、准确。这是我个人的看法。五四精神的核心，我认为是爱国主义与社会主义相结合。现在教育青年要把爱国与爱党、爱社会主义统一起来，这正是传承和发扬了五四时期爱国主义与社会主义相结合的优良传统。

第三个问题是讲五四的思想遗产及其影响。我们要注意五四遗产的丰富性、多样性和复杂性。毛泽东在《反对党八股》一文中着重从思维方式的角度说明：中国共产党人和党外的马克思主义者继承了五四的优良传统；胡适等资产阶级代表人物后来走的道路，表现为形式主义向右的发展；而党内的主观主义、宗派主义和党八股，则表现为形式主义向“左”的发展。另外，我们还要注意到五四运动的反对派，他们也留下了自己的思想遗产，对五四后百年思想史的影响也是不可忽视的。大家都知道，批判和否定五四的思潮，一直到今天仍然存在，一百年来从未中断过。

第四个问题是讲五四在思想史上的转折意义。毛泽东在《新民主主义论》中讲得很清楚。他说五四前后的“新文化”，性质是不同的：五四以前在古今中西之争中的“新文化”，是反对封建旧文化的资产阶级性质的文化；五四以后在中、西、马关系中的“新文化”，已经是在马克思主义指导下的世界无产阶级的社会主义文化的一部分了。包括民族的、科学的、大众的新民主主义文化，都属于世界社会主义文化的范畴。五四前后中国文化论争的中心问题，已经从古今中西之争转换为中、西、马的关系问题了。

后面三个问题是从五四后百年思想史的角度来讲的。在五四百年之际，我们当然应该高度重视和认真总结、梳理百年思想史。实践是检验真理的唯一标准，百年历史实践和百年思想史能够说明许多问题。

这一部分关注两个重点。一个是由于对中、西、马关系问题的回答不同，态度不同，五四时期就已经出现了自由主义西化派、文化保守派和中国马克思主义派“三足鼎立”的局面，胡适、梁漱溟、李大钊可以说是当时的三个代表人物。这种“三足鼎立”，或者说三大思潮对立互动的格局，贯彻于五四后百年思想史之始终，今天中国思想界的情况还是这样。这里面就有许多经验教训和规律性的东西可以总结。三大思潮既互相对立、互相竞争（主要是争夺文化领导权）、互相论战，又互相渗透、互相吸收、互相补充，而且每一种思潮内部都有左、中、右的分化，相互之间的关系错综复杂。总的说三大思潮之间是一种既对立又互动的关系，因此五四后百年思想史可以说是精彩纷呈，内容极其丰富，而且现实性非常强，是当今中国哲学社会科学非常迫切的一个重大研究课题。研究这段思想史，学术界许多同志都意识到“三大思潮对立互动”是一个很好的认识框架，或者说是一种理解模式。我举两个例子：例如在座的洪晓楠教授，他在 2001 年出版的《当代中国文化哲学研究》一书，就是以三大思潮对立互动为基本框架来写的；还有湖南师大唐凯麟、王泽应教授 2003 年出版的《20 世纪中国伦理思潮》一书，是一本高校教材，也主要论述了自由主义西化派、现代新儒家和中国马克思主义三派的伦理思想。研究中国现当代思想史，这在学术界基本上已形成共识。

最后一个问题是讲在五四以来的三大思潮中，我们关注的重点还是中国马克思主义综合创新文化观的百年探索与发展。从文化观来说，张岱年先生提出的“综合创新”是一个很重要的标识性概念。习近平总书记在 2017 年“5 · 17 讲话”中说，哲学社会科学工作者“要善于提炼标识性概念”。张岱年先生提出的“综合创新”，就是中国马克思主义文化研究中最重要的一个标识性概念。“综合创新”文化观的哲学基础就是他倡导的“兼和”辩证法。还有张申府先生早就提出过“三流合一”这个概念，他讲“孔子、罗素、列宁，三流合一”，就是中、西、马“三流合一”。“马魂中体西用”也是一个重要的标识性概念，这个概念最早是由经济学家杨承训先生于 2004 年提出来的。我受到三位前辈的启发，从 2006 年开始讲“马魂、中体、西用”三流合一、综合创新，把它看作是五四后百年中国新文化发展的基本道路和指导方针，十多年来一直在对它做理论阐释、概念辨析、史实说明和意义探讨。比如从“体用”二元模式过渡到“魂、体、用”三元模式，在学理上何以可能，就需要做一些说明。除了与其他各种文化主张比较，这种文化理论有明显的优越性之外，我还着重注意了三个方面。一是它与我们党一贯的文化建设指导方针是完全一致的。从李大钊的“第三新文明”① 论，毛泽东的“古今中外法”，到邓小平、江泽民、胡锦涛、习近平的中国特色社会主义文化理论，实际上都坚持了“马魂、中体、西用”三流合一、综合创新的文化方针。二是注意考察一些前辈马克思主义学者和理论家，他们之所以能够做出大学问和真学问来，有一个共同特点：他们都是走的一条“马魂中体西用”的学术道路。三是现在强调哲学社会科学要建立学科体系、学术体系、话语体系“三大体系”，其中的学术体系建设，凡是做得好的学科，基本上都采取了“马魂中体西用”的学术范式，因为它是最适合今天中国时代需要的。一百年来的大量事实都在支持这种文化理论，现实也需要这种文化理论，所以它在学术界的影响也越来越大。在座的许多学者和朋友都为“马魂中体西用”论做出了贡献，给予了热情支持，我非常感谢！特别要感谢谢青松同志，他把学术界研究、讨论“马魂中体西用”的论文汇编起来，出版了两本书，方便大家了解这种文化理论，也扩大了它的影响。

上面七个问题，我在发言提纲中都只能简要地、粗线条地讲一下。习近平总书记最近指出：“要从历史逻辑、实践逻辑、理论逻辑相结合的高度，从五四运动以来的中国政治史、思想史、文化史、社会史等各领域开展研究，讲清楚为什么马克思主义能够成为中国革命、建设和改革事业的指导思想，讲清楚为什么社会主义能够在中国落地生根并不断发展完善。”我关注的主要是思想史问题，总书记的视野更宽阔，要求从政治史、思想史、文化史、社会史等各个角度一起来聚焦这个问题，共同说明五四以后马克思主义和社会主义在中国取得胜利的必然性。这是当今中国哲学社会科学十分紧迫的一个重大研究任务，希望两年后在中共建党百年之际，能够读到一些很有分量

---

① 李大钊：《东西文明根本之异点》，《言治》季刊1918年第3册。

的研究成果。

（本文是作者 2019 年 5 月 11 日在石家庄召开的“百年中国哲学和文化发展的回顾、总结与前瞻”学术研讨会上的发言，杜运辉根据录音整理，由作者审定。原载杜运辉编《张申府张岱年研究集刊》第 5 辑，河北人民出版社 2020 年版，第 231—243 页）

附　录

批判继承　综合创新

——访南开大学方克立教授

王伟华

秋高气爽，在一个晴朗的上午，记者带着对当前文化讨论的诸多问题、困惑和希冀，按约来到南开大学研究生院副院长、博士生导师方克立教授的家里。访谈就从他近年来搞得有声有色的现代新儒学研究开始。

问：方教授，在80年代中后期的文化讨论中，您所倡导的现代新儒学研究显得十分活跃，能否请您谈谈现代新儒学研究和文化讨论的关系？

答：现代新儒学研究的兴起，直接的原因是在文化讨论中出现了一派主张“复兴儒学”、积极宣传“儒学第三期发展”的观点，美籍华裔学者杜维明先生在国内的讲学访问活动对扩大这种观点的影响起了十分重要的作用。在过去30多年里，中国大陆更多地听到的是“批孔”“批儒”的声音，对现代新儒学在港台、海外的传播和发展已经十分隔膜，现在重新听到了“复兴儒学”之异响，自然引起了人们要了解、研究这派观点的兴趣。经过认真的分析、比较和思考，人们发现，发生在80年代的这场文化大讨论，其争论的问题和所呈现出来的思想分野，大体上仍未超出“五四”前后那场文化论争的范围和格局，各派观点都可以从不太遥远的历史中找到其渊源和承继的关系。今天的“儒学复兴”派也如是，它不过是“五四”以来提倡新孔学、新宋学、新理学、新心学、新唯识学的现代新儒学的当今传人而已。从当前的文化讨论追溯到70年来的中国现代思想史，我认为现代新儒学是值得认真研究的一种学术文化思潮，它对传统文化和现代化的关系、中西文化关系问题所作出的回答，既不同于中国的马克思主义派，也不同于自由主义的西化派，而是代表了一种文化保守主义的主张，基本上还是沿袭了“中体西用”的思维模式。现代新儒学本身就是70年来中国现代文化论争的产物，是文化论争中的一派重要观点，在80年代的文化讨论中也是这样。对现代新儒学进行研究有不同的立场、观点和态度，新儒学难免要自我标榜，西化派则把它批得一无是处，马列派学者对它采取了一分为二的态度，既不盲目崇扬，也不抹煞它的贡献和历史地位。这又构成了80年代文化讨论的一个重要内容，即怎样看待现代新儒学，实际上还是围绕着中国文化的出路，怎样解决古今中西关系这个时代的主题。

问：方教授，您多次论述中国现代三大思潮，并把它和80年代文化讨论中的各派观点联系起来。我们注意到国内学者对80年代文化观点的分野有不同的归纳和评论，您有何看法？

答：在80年代的文化讨论中，出现了各种不同的观点，也可以说是不同的文化派别。我认为，自由主义的“全盘西化”派、保守主义的“儒学复兴”派和马克思主义的“综合创新”派是三个最主要的思想派别，它们之间的对立斗争和统一关系，仍然没有超出“五四”时期业已形成的思想格局，是70年来的文化论争在新的历史条件下的继续和延伸。各种不同的文化观点都可以归纳到这三派中去，例如“西体中用”说，基本上还是属于西化派。有的学者把国内文化讨论中的不同观点主要归纳为“儒学复兴”“彻底重建”“西体中用”“哲学启蒙”四派，有的则归纳为五派和六派，加上了“回归原典派”“五四运动派”等等。我认为这些归纳有一个共同的问题，就是没有给文化讨论中众多主张从中国现代化建设的实践需要出发，坚持以马克思主义为指导，批判地吸取古今中外一切优秀的文化成果，进行综合创新的一派观点以应有的地位。事实上，在前些年的文化讨论中，“新启蒙”“彻底重建”“西体中用”“儒学复兴”等等虽然讲得很热闹，但是马克思主义的“古为今用，洋为中用，批判继承，综合创新”[①] 的观点还是占据主导地位，许多老、中、青年学者发表的文章，基本上都是站在这种文化立场上。

问：可以指出一两位这派文化观点的代表人物吗？

答：例如北大的张岱年先生，前几年写了不少文章，大力阐扬“综合创新”之义。在文化讨论中，他始终坚持马克思主义的观点和立场，批评各种错误的文化思潮，其威望和影响不应低估。

问：您把中国马克思主义派的文化观点概括为“古为今用，洋为中用，批判继承，综合创新”四句话，这只是一种文化选择的方法呢，还是一个完整的中国新文化建设的方针？

答：这几句话都不是我概括出来的，而是马克思主义的先贤们早就说过了的。“批判继承”是我们继承历史遗产的方针，包括区分历史遗产中的精华和糟粕，对精华也要经过扬弃、批判、改造，经过“创造性的转化”，才谈得上继承和利用。“古为今用，洋为中用”，说明继承、利用古代的或外域的优秀文化成果，其目的是为今天中国的社会主义现代化建设服务。“综合创新”则是讲继承历史遗产和创造社会主义新文化的关系问题。文化的发展不能只有继承，没有创新，而创新又必须以前人已取得的成果为基础。诚如张岱年先生所说：“社会主义文化必然是一个新的创造，同时又是多项有价值的文化成果的新的综合。”[②] 上述四句话结合起来，可以说是马克思主义者对中国新文化建设的方针，对时代的课题——古今中西问题的完整

---

① 关东：《现代新儒学研究的回顾与展望——访方克立教授》，《哲学研究》1990 年第 3 期。

② 张岱年：《中国文化与中国哲学》，《文化与哲学》，教育科学出版社 1988 年版，第 24 页。

回答。我在一篇评述中西文化体用之争的文章中，引证了《中共中央关于社会主义精神文明建设指导方针的决议》中的提法，强调“在今天，必须抛弃中西对立、体用二元的僵固的思维模式，从中国社会主义现代化建设的实际需要出发，批判地借鉴和吸取古今中外一切有价值的文化成果，经过辩证的综合和扬弃，努力创造出一种‘以马克思主义为指导的，批判继承历史传统而又充分体现时代精神的，立足本国而又面向世界的’高度发达的社会主义新文化”①。江泽民同志今年“七一”讲话，在讲到有中国特色的社会主义的文化时，也强调“必须以马克思列宁主义、毛泽东思想为指导”，“继承发扬民族优秀文化而又充分体现社会主义的时代精神，立足本国而又充分吸收世界文化优秀成果”，对新文化建设的指导方针，对古今中西问题作出了明确的科学的回答。这不仅是一种文化选择的方法，而是指出了中国社会主义文化发展的具体的现实的道路，当然中国文化发展的道路和文化选择是分不开的。

问：马克思主义的“综合创新”说，确实比“全盘西化”“儒学复兴”等偏颇观点更好地解决了古今中西问题，听说海外有些站在自由主义或新儒家立场的学者，近年来也提倡“批判地继承”和“创造的转化”，是不是在对待传统的问题上三派也可能形成某种共识呢？

答：是的。彻底抛弃传统和无批判地固守传统两种极端态度，其弊病很容易看得清楚，因为它们都不符合文化发展的规律。站在自由主义或新儒家立场的某些学者，如能客观地理智地看待这个问题，也会对自己的学术立场作一些调整。例如提倡对文化传统进行“创造的转化”的美籍华裔学者林毓生教授曾经说过：“每当我回顾‘五四’时代，想到中国自由主义是与激烈的反传统思想密切地联系着，而当时却没有一种借着对儒家思想创造的阐释与改造来支持自由主义在中

① 方克立：《评“中体西用”和“西体中用”》，《哲学研究》1987年第9期。

国的发展，我更深感悲哀，并觉得历史在嘲弄中国。”[①] 他是信奉自由主义的，但是并不赞成“全面反传统”。保守主义营垒中的人物，如第三代新儒家杜维明教授也讲“创造的转化”，也讲要对儒家传统“批判地继承”。这在一定意义上可以说克服了他们所属文化派别的某些偏颇观点，而与马克思主义的“批判继承，综合创新”说有了某些共同语言。对待历史遗产的批判继承方针的科学性与真理性，已被越来越多的学者所认识和接受。当然，在“继承”“转化”的具体内容和方法上，各派之间难免还会有这样或那样的思想歧异。国内有一种很奇怪的现象，美籍教授林毓生讲“创造性转化”很受人青睐，而张岱年先生讲“综合创新”却似乎响应、阐扬的人不多，这大概是“外来的和尚好念经”吧！“古为今用，洋为中用，批判继承，综合创新”之说既符合中国的国情，又坚持了马克思主义，我们应该大力提倡。

问：方教授，您对前几年的“文化热”作如何评价？您认为今后的文化讨论可能朝着什么方向发展？

答：应该肯定，80 年代的文化讨论确实拓宽了我们的理论视野，取得了一定的成绩。但是很遗憾，讨论的问题往往还停留在一般地议论古今中西文化的性质和特征，比较其长短优劣，直接得出现实价值取向的结论，真正有深度、有理论建树的论著并不多。马克思主义的文化观没有得到充分的深刻的论述，以至有的学者竟对这派观点的存在和影响视而不见，整个文化讨论的水平在“五四”文化论争的基础上并没有前进多少，一些人谈文化的目的在于政治，通过文化讨论来阐述自己的政治观点，所以虽有声势，而没有思想深度。这两年“文化热”似乎是降温了，但是文化讨论的方向却端正得多了，再不可能出现《河殇》那样的偏激观点煽动起人们反传统的狂热，提倡“复兴儒学”、主张走“儒家资本主义”道路的新儒学理论也不可能在社

① 转引自许纪霖、宋宏编《史华慈论中国》，新星出版社 2006 年版，第 227 页。

会主义的中国大行其道。大家都冷静、沉潜下来以后，倒有可能对一些重要的文化理论问题进行比较深入的研究，拿出一些有较高水平的成果来。就国内来说，马克思主义的文化观在今天占有明显的优势，各种错误的文化理论受到了不同程度的批评，但是不可忽视，在整个社会主义初级阶段，三大思潮并存和对峙的格局依然存在，所以对这些在当代有影响的文化思潮进行剖析和研究还是很有必要的，知己知彼才能百战不殆。就世界范围来说，马克思主义和社会主义的思想目前正处于低潮，但是我们相信它的真理的力量，中国的马克思主义者对待文化问题上的宽阔胸襟和批判精神，已经表现出了巨大的折服人的力量，我想整个马克思主义学说作为解放全人类的理论最终总会取得世界性的胜利。

（原载《天津日报》1991 年 12 月 5 日）

深化对“综合创新”文化观的研究

——访方克立教授

本刊记者

记者：一提起您，大家马上会联想起“现代新儒学”的研究，不过关于“新儒学”的话题您已经有过多次谈话，因此，这次我们希望进入您近年来比较关注的另一个问题，即文化问题。我们注意到，上个世纪90年代以来，您一直积极支持和大力阐扬“综合创新”的文化观。我们认为这对于中国文化的未来发展是一个极为根本性的问题，这次，我们想主要就这个话题，听听您的看法。

方克立：“综合创新”文化观是由张岱年先生首先提出来的，它是20世纪文化论争的产物。我认为它也是20世纪文化讨论中，心态最健康、最有前瞻性，可以说是带有总结性的一种看法。上个世纪30年代，张先生就明确表示既不赞成“全盘西化”论，也反对文化复古主义，而是主张兼综中西文化之长，创造一种新的中国文化。他把这种文化主张叫作“创造的综合”或“文化的创造主义”。他的有关思想集中表述于1933年发表的《世界文化与中国文化》和1935年发表的《关于中国本位的文化建设》《西化与创造》三篇文章中。

《关于中国本位的文化建设》一文，是对曾经轰动一时的王新命等人发表的《中国本位文化建设宣言》的回应和评论。张先生当时对中国本位文化论的“中体西用”和复古主义的实质并不是看得十分清楚，但是他明确地反对因袭和折衷调和，而是主张辩证的综合和创造。在回应沈昌晔质疑的《西化与创造》一文中，又进一步提出了“文化中之对立”、文化的可析取性等方法论问题，提出对中西文化都要持“分别观”而不是“囫囵观”，并反对妄谈体用。张先生30年代倡导的“文化创造主义”与半个世纪后提出的“综合创新”文化观，在基本思路和精神方向上是完全一致的。

记者：就我个人而言，我了解张先生的这个主张是在他的那本《中国文化与文化论争》之中。

方克立：上个世纪80年代中国出现了所谓“文化热”，出现了类似“五四”时期各种文化主张众声喧哗的局面。张先生在各种会议发言和文章中多次讲文化问题，强调建设社会主义新文化必须走“综合创新”的道路。据刘鄂培先生说，张先生是1987年在山东济宁市召开的一次全国学术会议上正式提出“文化综合创新论”的。他说：“近几年，针对文化问题，我写了一些文章，自己撰了一个名词：‘文化综合创新论’。”这篇题为《综合、创新，建立社会主义新文化》的文章，最早发表在1987年7月10日的《北京日报》上。张先生与程宜山合著的《中国文化与文化论争》一书，对于宣传和阐释这种文化观起了重要作用。

80年代的“综合创新”论在内容上有新的发展：一是强调建设社会主义新文化必须以马克思主义为指导；二是不仅讲中西文化之综合，而且也讲中国固有文化中不同学派的综合；三是明确指出“文化的综合创新的核心是马克思主义与中国文化的优秀传统的结合”①。这些都是过去没有讲过或没有着重强调的。

记者：能不能说“综合创新”文化观代表了中国先进文化的前进方向？

方克立：应该说是中国共产党始终代表着中国先进文化的前进方向，“综合创新”文化观与中国先进文化的前进方向是相符合、相一

① 《张岱年全集》第8卷，河北人民出版社1996年版，第526页。

致的。中国共产党之所以能始终代表中国先进文化的前进方向，是由于他掌握了马克思主义这种认识人类前途和中国命运的最先进的思想工具。张先生青年时代就接受了马克思主义哲学，认为辩证唯物论是“当代最伟大的哲学”①。他研究文化问题的特点是坚持唯物辩证法(30 年代他称为“对理”法)，反对形而上学的全盘主义和折衷主义。张先生 30 年代“创造的综合”的文化主张，与胡绳、张申府等“新启蒙运动”派的文化主张是很接近的，与毛泽东提出的“民族的科学的大众的文化”方针是一致的。他在80 年代提出的文化“综合创新”论，与有中国特色社会主义文化建设方针也是一致的。

记者：文化“综合创新”论提出后，最初似乎并没有受到足够的重视，倒是出现了您所说的“外来的和尚好念经”的情况。

方克立：确实存在着你所说的这种情况。如一些人在概括 80 年代文化讨论中的各种有代表性的观点时，并没有把“综合创新”论作为一种重要的文化主张给以认识和评介。一种比较流行的看法是把“文化热”中的主要观点分为四派：“儒学复兴”“彻底重建”“西体中用”“哲学启蒙”。还有一位学者在《中国文化的现代化与世界化》一书的“序”中，将文化讨论中的各派观点，归纳为“反传统派”“五四运动派”“早期启蒙派”“现代儒学派”和“回归原典派”。这些归纳和概括的共同之处是：“综合创新”论根本不在其视野之内，因此也就没有它的地位。我认为这种情况是不正常的。那时美籍华人学者林毓生讲“创造的转化”很受青睐，杜维明的影响就更不用说了，而张先生的“综合创新”论却不受重视，所以我曾经有过“外来的和尚好念经”的感慨。

记者：方先生，您对“综合创新”文化观在 80 年代文化讨论中的地位和作用是怎么看的？是从什么角度把它与先进文化的前进方向联系在一起的？

---

① 《张岱年全集》第 1 卷，河北人民出版社 1996 年版，“自序”第 3 页。

方克立：我在现代新儒学研究中提出了“三大思潮对立互动”的观点，认为它贯穿于“五四”以后的整个中国现代思想史中。80年代的“文化热”是过去文化讨论的继续和延伸，所以我在考察其中的不同思想派别时，还是从“三大思潮”的角度去把握。1990年，我在一次谈话中提出：自由主义的“全盘西化”派，保守主义的“儒学复兴”派，与马克思主义的“古为今用，洋为中用，批判继承，综合创新”派（可简称“综合创新”派），是80年代文化讨论中三个最主要的思想派别，它们之间的对立斗争和统一关系，仍然没有超出“五四”时期业已形成的思想格局。[①] 我之所以把“综合创新”与“批判继承”“古为今用，洋为中用”结合在一起，主要是想把这种文化观同我们党一贯倡导的文化方针联系起来，就中国近现代文化论争的主题，给予一个比较完整、明确的回答。

记者：您在发表这个看法后，特别是在《光明日报》上发表了《大力宣传我们的文化主张——“综合创新”论》一文后，情况似乎有了很大的变化，“综合创新”论受到了学界较多的关注。而且您自己对“综合创新”论也作了许多具体的分析和阐发，我看到有的书中将张先生和您视为“综合创新”派的两个主要代表人物。

方克立：提出“综合创新”文化观主要是张岱年先生的贡献。这种文化观后来逐渐引起人们的重视，并成为我国学术界普遍认同的一种主流观点，是许多人共同努力的结果。比较早的如张先生的弟子程宜山，在张先生指导下执笔写成《中国文化与文化论争》一书，系统而详细地论述了张先生关于文化问题的一些基本观点。后来刘鄂培、羊涤生、李存山、王东、刘仲林、洪晓楠等同志也在阐释和宣传“综合创新”文化观方面起了重要作用。

我曾表示，在80年代文化讨论的各种观点中，自己最能心契和

---

① 关东：《现代新儒学研究的回顾与展望——访方克立教授》，《哲学研究》1990年第3期。

赞同的是张先生倡导的“综合创新”之义，因此在一些文章、发言和访谈中也多次谈到过这个问题。我认为“综合创新”论是在新的历史条件下，马克思主义者对古今中西问题的一种比较全面、正确的回答，也表现出了健康的文化心态和开放的立场。这种主张明显地优于极端的西化派和国粹派，也优于折衷主义的“中体西用”派和“西体中用”派，不仅超越了欧洲中心论和华夏中心论的偏见，也超越了中西对立、体用二元的思维方式。同时它又是与我们党一贯倡导的文化方针和文化政策相一致的，所以值得大力提倡。

我在一篇文章中简略地谈到了“综合创新”论的四个要点①，后来洪晓楠同志将其概括为开放性、主体性、辩证性和创新性“四性”②，显示了这种文化观的一些显著的优点。其实我只是从文化继承的目的、对象、方法，以及继承和创新的关系等方面提出了一些基本原则，论析还很不深入。要让“综合创新”文化观形成为一系统学说，得到理论和历史的支持，又具有现实的方法论意义，真正为大家所认同，我认为还要做大量的工作。

记者：我也有这种看法。我在一本书中也曾经提到过“综合创新”的理论局限性，认为它有一种将文化建设过程理想化的倾向，原因是对于文化的优劣评价主要还是一种价值判断，所以要避免科学主义的“幻想”。您对此有何看法？您认为应该怎样深化对“综合创新”文化观的研究？

方克立：有一次我在中国科技大学讲中国文化思潮问题，后来在网上就有学生提问：“到底怎样综合创新？”提问者显然对我讲的“四个要点”还不满足，觉得不解渴，他可能就是要求提供可操作的方法。这使我近来经常思考应该怎样从理论、历史和方法等不同层面

① 方克立：《批判继承　综合创新》，《传统文化与现代化》1995年第3期。

② 洪晓楠：《批判继承　综合创新——论方克立先生的文化哲学思想》，《大连理工大学学报》（社会科学版）2000年第4期。

去深化对“综合创新”文化观的研究，总是停留在你所说的“理想化”的认识阶段是不行的。

对此我有几点初步的设想：首先是要研究“综合创新”文化观产生的历史必然性。自从16世纪末叶利玛窦等西方传教士来到中国，中西文化之间就既有交流也有冲突，四百年来古今中西问题一直困扰着中国人。顽固派试图用“夷夏之防”来抵御西方文化的影响，而徐光启等人则提出了“会通以求超胜”的主张，以后又陆续出现了“西法中源”“中体西用”“全盘西化”“融会中西，兼容并包”等各种不同的文化观点，互相批评和争论不休。我认为很有必要对这四百年来的文化论争作一系统的清理。对各种不同的文化主张及其相互关系作具体的历史的考察，那么我们就不难发现“综合创新”论与其中那些积极的、健康的、代表着历史前进方向的文化主张之间有一种内在的一致性，有明显的历史继承关系。由此可见，“综合创新”文化观并不是凭空产生的，而是对于前人合理思想的批判继承和总结。

第二是要从理论上对“综合创新”文化观进行深入分析和论证。文化是不可分的还是可析取的，这是30年代张先生同西化派沈昌晔争论的一个基本理论问题。张先生的“综合创新”论正是建立在文化系统的可解析性与可重构性、文化要素之间的可离性与可相容性这两个理论前提之上。对于这样的基础理论问题，我们的研究必须深化。直到今天有人还是强调文化的整全不可分性，来反对“取其精华，弃其糟粕”的提法，我们不在理论上讲清楚就不能说服人家。另外还要讲清楚辩证综合与折衷调和、简单拼凑之间的原则性区别，“综合创新”与折衷主义的“中体西用”“西体中用”之间的区别；要从理论和方法上研究文化的分析与综合、解构与重构的关系，特别要深刻阐明辩证的综合与创造、创新之间的关系，因为“综合”并非一定是创新。

第三是要用中外文化史、文明史的大量历史资料，说明“综合创新”是文化发展的规律。张先生说，康德综合了理性论和经验论，创立了先验唯心论；马克思、恩格斯综合了黑格尔的辩证法和费尔巴哈的唯物论，创立了辩证唯物论。二者都不是平庸的调和，而是“创造的综合”。我也曾以宋明理学为例，说明它是以中国的原始儒学为基础，在吸收了外来的佛教和本土的道家、道教思想之后，就改变了自己的形态，实现了儒学的一次“综合创新”。在中外文化史上这样的例证不胜枚举。中国人早就认识到“先王以土与金、木、水、火杂，以成百物”，“若以同裨同，尽乃弃矣”（《国语·郑语》）。如果没有新的元素加入，只是保持原来的同一性，就不能产生新事物，就没有发展。文化也是这样，没有异质文化的加入，不改变原来的文化形态，就没有发展和创新。在一定意义上说，“杂以成家”正是反映了综合创新的文化发展规律，不“杂”不能开出新的一“家”，当然对这个“杂”还要作辩证综合与简单拼凑之辨析。

第四是要研究、探索怎样综合创新的方法，力求具有可操作性并考虑到方法的多样性。既然综合创新是文化发展的规律，通过对中外文化史的总结研究，就可以得到许多具体的方法论的启示。西方在知识创新时比较注重逻辑的方法，不外乎演绎、归纳和辩证法三大类，前人的创新方法可以给我们提供借鉴。重视方法研究是西方哲学的传统，近来一些海外华裔学者也很注重方法研究，比如傅伟勋提出“创造的诠释学”，就归纳出了“实谓”“意谓”“蕴谓”“当谓”“必谓”五个诠释步骤，特别用心在可操作性上下功夫。中国也有自己的解释传统，包括“六经注我”；中国传统哲学也有自己的创新方法，包括“负的方法”。我们在探索综合创新的方法时自然也应该把这些有价值的东西“综合”进去，在方法论上的中西结合和互补可能是一条比较好的创新思路。

总之，深化对“综合创新”文化观的研究需要多方面、多角度去做，需要大家共同努力，在有了比较多的扎实的研究成果之后，我想它就不会再被误解为“科学主义的幻想”了。

记者：您所提出的“三大思潮对立互动”的观点，现在已经获得了多数学者的认同，那么用它来概括21世纪的中国文化格局是否依然合适呢？

方克立：我想在本世纪中叶以前，也就是在我国实现“三步走”的发展战略、完成社会主义初级阶段的任务之前，三大思潮对立互动的格局大概不会有根本的变化，不过国际形势的动荡和国内政治改革、经济发展情况都会对三派力量的消长及其相互关系产生重要的影响。

记者：随着中国经济的发展，中国人民自信心的提高，文化保守主义可能会有更大的市场；而在日趋全球化的今天，中国人以一种更加开放的姿态来迎接世界各国的先进文化，那么也有可能会导致西化论的高涨。在这种文化态势下，我很担心“综合创新”文化观是否会曲高和寡，难以找到其应和者，反而会被边缘化呢？

方克立：我倒没有这种担心，我对未来的估计还是比较乐观的。肯定三大思潮对立互动的格局在新世纪还会继续存在，我们就要正视西化论和文化保守主义还有其存在的根据，还会有一定的发展空间，甚至在特定条件下还可能有某种“高涨”这个现实。但是，这两种文化主张都有很明显的片面性，都不能把中国文化引向健康的发展道路，因此也不可能成为大多数人的文化选择。中国经济发展了，有可能使一部分人因强调民族认同而倾向文化保守主义，但是当他们深入了解中国经济发展的原因何在时，就不会再惟“国粹”是尚了。同样，一些人因开放而学习西方，当他们对西方文化有了全面了解之后，大概也不会再盲目崇拜西方了。文化自觉非常重要，真正树立了文化主体意识的人，就会对中西文化采取一种比较平实的评判态度。西化论和文化保守主义的存在，可能会使“综合创新”论因其理论上的合理性而更加显示出其优越性。因为各种文化只有在不断的接触、对话、交流、交锋之后，文化各要素之间的内在联系和互补性才能充分呈现出来，这样就为“创造的综合”准备了前提条件。我们相信，真正符合人类理性和中国先进文化前进方向的文化选择是会得到多数人的支持和认同的，“综合创新”文化观不仅不会边缘化，而且将在中国未来的文化建设中发挥越来越重要的作用。

（本文是作者2002年2月1日回答《哲学动态》编辑部记者提问时的访谈记录稿，访谈与记录整理者为干春松。原载《哲学动态》2002年第4期）

探索中、西、马三“学”的综合创新之道

本刊记者

从古今中西之争到中、西、马“三流合一”

记者：方先生，20 年前，您曾把张岱年先生倡导的综合创新文化观概括为“古为今用，洋为中用，批判继承，综合创新”[①] 四句话；2006 年，您又作出了“马学为魂，中学为体，西学为用，三流合一，综合创新”[②] 的新概括。这两个概括有什么区别和联系？它们之间是一种什么关系？您的认识为什么会有这种发展变化呢？

方克立：上个世纪 80 年代中期以前，我教学与研究工作的重点是中国古代哲学，自从接受了现代新儒学思潮研究的任务后，重心转到中国现当代哲学和思想文化方面来了。到底怎样给现代新儒学定位？我认为必须把它放到中国现代三大思潮对立互动的格局中来考察，即在“五四”以来的自由主义、保守主义和马克思主义“三分”的思想格局中，它处于什么地位，明确了研究对象才能决定我们的研究立场。三大思潮的对峙和分歧在于对中国社会和中国文化向何处去

① 关东：《现代新儒学研究的回顾与展望——访方克立教授》，《哲学研究》1990 年第 3 期。

② 方克立：《关于文化的体用问题》，《社会科学战线》2006 年第 4 期。

的看法不同，集中表现为对中、西、马三“学”即三种文化资源的态度不同。现代新儒学是中国现当代文化保守主义的主要代表，对它进行研究可能有三种态度：自由主义西化派把它看作是与现代化完全逆向的一种精神力量，基本上是持批判和否定的态度；文化保守派学者自然十分欣赏甚至高度认同它的基本观点；中国的马克思主义派学者赞赏它反对全盘西化、维护民族文化主体性的立场，但却不能同意它对历史、文化的唯心主义解释，也不赞成走所谓“儒家资本主义”道路。我们的理论立场决定了不能取前两种态度，而是只能持马克思主义的分析态度和有扬有弃的态度，“同情地理解、客观地评价、批判地超越”的态度。在你提到的1990年的那次谈话中，我也是从中国现代三大思潮对立互动的角度，来总结上个世纪发生的几次文化论争，认为自由主义的“全盘西化”派、保守主义的“复兴儒学”派和马克思主义的“综合创新”派，“是80年代文化讨论中三个最主要的思想派别，它们之间的对立斗争和统一关系，仍然没有超出‘五四’时期业已形成的思想格局，是70年来的文化论争在新的历史条件下的继续和延伸”①。也是在这次谈话中，我把综合创新文化观概括为“古为今用，洋为中用，批判继承，综合创新”四句话，来表明中国的马克思主义派对待古今中外文明成果的基本态度，既不走“全盘西化”和“回归传统”两条极端路线，也不取“中体西用”或“西体中用”的折衷态度，而是从中国有几千年文明传统的国情出发，从中国必须适应世界现代化潮流的大势出发，主张对中国传统文化和外来文化，都要采取分析的态度，取其精华，弃其糟粕，有选择地批判继承和吸收，在综合古今中外文化之长的基础上创造中国的新文化。我认为这种文化方针用张岱年先生倡导的“综合创新”论来概括是最恰当的。因为从李大钊的“第三种文明”（“灵肉一致的文明”）

① 关东：《现代新儒学研究的回顾与展望——访方克立教授》，《哲学研究》1990年第3期。

到毛泽东的“古今中外法”，从张申府、张岱年的“三流合一”“创造的综合”说，到建国后提出的“百花齐放，百家争鸣”“古为今用，洋为中用”“面向现代化，面向世界，面向未来”的方针，中国马克思主义派对待先前的文明成果一直是持辩证分析的、开放的、前瞻的、综合创新的态度，用徐特立的话来说就是：“我们古代的也要，现代的也要，外国的也要，中国的也要；把古代的变为自己的，和现代的结合起来，把外国的变为自己的，和中国的结合起来”，“古今结合，中外结合，变成我的”。[①] 这与“全盘西化”派只要西方现代的不要中国古代的，“全盘儒化”派只要中国传统的不要西方现代的明显不同。马克思主义文化观的特点就是在思想方法上坚持了唯物辩证法，所以对待古今中外文化都能采取科学分析和根据现实需要来取舍的态度。虽然中国自近代以来就有古今中西之争，一百多年前就有“西学中源”“中体西用”“唯泰西是效”等说，也有平情地看待中西文化、促其互相融合的观点，但只有“五四”以后中国的马克思主义派学者，才提出了综合中西文化之长、创造“第三种文明”即社会主义新文明的主张，对古今中西之争作出了既符合国情又符合历史辩证法的解决。“古为今用，洋为中用，批判继承，综合创新”文化方针的正确性和可行性，已在今天中国特色社会主义文化建设实践中得到了充分证明。

那么后来为什么又要提出“马学为魂，中学为体，西学为用，三流合一，综合创新”的新概括呢？这是因为中国现当代文化面对的基本问题是如何处理中、西、马的关系问题，对这个问题的不同回答决定着中国文化的不同走向。“全盘西化”“复兴儒学”“中体西用”“西体中用”等文化主张有一个共同特点，就是都不考虑或者有意忽略马克思主义这个维度，在他们看来马克思主义只是一种“西学”，并没有独立存在的意义，因此只需要对古今中西之争作出回答，而对

---

① 《徐特立教育文集》，人民教育出版社 1986 年版，第 122、123 页。

“五四”后马克思主义已成为中国现当代文化中不可缺少的一个组成部分，实际上已成为决定20世纪中国文化走向之“主潮”的事实视而不见，以为只要这么一“忽略”它就不存在了，就可以按照他们的愿望要么搞“全盘西化”要么搞“全盘儒化”了。显然这是一种鸵鸟政策，是一种回避现实的态度。因此，全面阐明马克思主义的“综合创新”文化观，除了要回答古今中西关系问题之外，还必须正面回答中、西、马的关系问题，说明中、西、马三“学”在中国的社会主义新文化建设中各处于什么地位，分别作出了什么贡献，它们又是如何有机地整合在一起而发挥综合创新功能的。关于这个问题我们不能不提到张申府、张岱年等前辈学者的贡献。他们在上个世纪30年代就提出了以辩证唯物论为基础和主导的中、西、马“三流合一”说，认为“今后哲学之一个新路，当是将唯物、理想、解析，综合于一”，“实际上乃是以唯物论为基础而吸收理想与解析，以建立一种广大深微的唯物论”[①]。张岱年先生在80年代提出的“文化综合创新论”，也是主张“在马克思列宁主义原则的指导下，以社会主义的价值观来综合中西文化之所长而创新中国文化”[②]。在中国新文化中，如果排斥马克思主义的基础和主导（指导）地位，那就不能保证它的社会主义方向，也根本谈不上“三流合一”了。“马魂、中体、西用”的概括，正是以张先生的上述思想为出发点，不过在文化体用问题上有一些新的思考和变通的提法而已。因此在我看来，上述两个概括都是可以成立的，在内容上可以互相补充，在一定意义上可以说“马魂、中体、西用”论是对综合创新文化观的发展和深化。

---

① 《张岱年全集》第1卷，河北人民出版社1996年版，第262页。

② 张岱年：《综合、创新，建立社会主义新文化》，《张岱年全集》第6卷，河北人民出版社1996年版，第254—255页。

文化体用论思维方式的中国特色及其局限性

记者：您说到了文化的体用问题，这确实是一种极具中国特色的文化理论，我还没有听说过别的国家和民族在现代化过程中有中国这么长久而激烈的中西体用之争。文化体用论的思维方式富有民族特色，但是也存在不少问题，您在1987年就提出要超越中西对立、体用二元的思维模式，近年来又提出要用“魂、体、用”三元模式来解决中、西、马的关系问题，显然您的这些思考都是与中国文化的现实发展道路问题紧密联系在一起的，也涉及传统思维方式的现代转型问题。请您就这个问题给我们介绍一些有关历史情况和研究进展的情况。

方克立：“体”与“用”是中国哲学的一对重要范畴。有体有用、体用统一（体用一源、体用一如、体用不二、体用相即）是中国哲学的基本观念，大多数哲学家都反对“体用殊绝”即割裂体用的形而上学观点。体用范畴的主要涵义有二：一是指本体（主体、实体）及其作用、功能、属性的关系，二是指本体（本质）与现象的关系。二者的区别往往表现为“器体道用”与“道体器用”之异，因此在论及具体问题时必须明确界定“体用”的涵义，否则很容易混淆概念。中国古代学者在用体用范畴来说明文化问题时，通常都是在第二种涵义即“道体器用”的意义上来讲的，比如宋代的胡瑗说：“君臣父子，仁义礼乐，历世不可变者，其体也；……举而措之天下，能润泽斯民，归于皇极者，其用也。”（《宋元学案·安定学案》）在这里，“体”是指不变的精神指导原则，“用”是指原则的具体应用。中国古代早就有“内体”与“外用”对举的提法，“明道存心以为体，经世宰物以为用”（《二曲集》卷十六），以后即尝以“体”为内学，以“用”为外学；以“体”治心，以“用”治事，二者相结合就是所谓“内圣外王之道”。这可以说是中国传统文化体用观的本义。清末的

“中体西用”论者继承了传统文化体用观的这种涵义，以中国封建社会的基本制度、纲常名教为不变之“体”，以西方的科学技术为应世之“用”，以“中学为内学，西学为外学；中学治身心，西学应世事”（张之洞《劝学篇》）。但是“中体西用”论对传统文化体用观又有一个重要的偏离，那就是割裂了文化之“体”与“用”的统一。传统文化体用观是在一种文化内部区分体用、内外之学，现在变成了在两种（中、西）文化之间讲体用关系。在“中体西用”的公式中，似乎是中学有体而无用，西学有用而无体，而事实上正如严复所说的：“中学有中学之体用，西学有西学之体用”，他认为主张“中体西用”就如同讲“牛体马用”一样不通和可笑。上个世纪 80 年代李泽厚提出“西体中用”论来与“中体西用”论唱对台戏，他一反以精神指导原则为“体”、以原则之具体应用为“用”的传统文化体用观，认为“体是社会存在的本体，即生产方式、生活方式”[①]。他讲的“西体”显然已不是指“西学”，而是已经回到体用范畴的第一种涵义即“器体道用”的体用观，与冯友兰讲“用机器、兴实业等是体，社会之别方面底改革是用”[②] 的观点相似，而这正是贺麟所批评的“体用颠倒说”。“西体中用”论与“中体西用”论连所使用的“体用”范畴的涵义都不同，因此这场“对台戏”实际上并没有真正唱起来，只是在概念、命题上刺激性地相对立而已。

中国现代哲学家中，除了贺麟先生在 20 世纪 40 年代写过一篇《文化的体与用》之外，张岱年先生是最关注这个问题的学者，他在八九十年代至少写过四篇专论文化体用问题的文章。首先他也区分开体用范畴的两种涵义，认为清末洋务派提出“中学为体，西学为用”，“其所谓体用都属于‘学’的范围，应是体用的第二种含义”；同时他也在第一种涵义上来讲文化的体用关系，即认为“社会存在是体，

---

① 李泽厚：《论西体中用》，《团结报》1986 年 9 月 27 日。

② 冯友兰：《新事论》，商务印书馆 1942 年版，第 50—51 页。

社会意识是用”，“民族的存在是体，文化的内容是用”，“民族是文化的主体”。这里所谓“体”显然已超出“学”的范围。其次，他试图说明我国社会主义新文化中的体用关系，至少有过三种回答和表述。一是“马体西用”：“社会主义人际关系的基本原则可以称之为社会主义文化之‘体’，社会主义繁荣昌盛的科学艺术可以称之为社会主义文化之‘用’”，“社会主义文化以社会主义的基本原则为‘体’，亦即以马克思主义的理论原则为体”。[①] 二是“今中为体，古洋为用”：“今中为体，就是以社会主义思想体系为体，其中包含对于中国固有的优秀传统的批判继承的问题；古洋为用，就是在科学技术方面尽力学习西方，同时在艺术方面兼采民族形式。”[②] 三是“中马为体，科技（西学）为用”：“中华民族是建设社会主义中国新文化的主体，而社会主义是中国新文化的指导原则。科学技术等等都是为这个民族主体服务的，也都是为社会主义服务的。”[③] 张先生已经意识到社会主义新文化建设必须处理好中、西、马三“学”的关系，但他所用的解释工具还是体用二元模式，因此难免顾此失彼，或者只能重叠或综合说明之。我对张先生的第三种表述非常重视，因为它把中华民族的主体性和社会主义（马克思主义）指导原则都放在了“体”的地位，而科学技术等等则是为这两个“体”服务的“用”。在这里已有把主体性之“体”与主导性（指导原则）之“体”区分开来的思想，正是在这一论述中，我们已经看到了“马魂、中体、西用”论的雏形。但张先生讲的“中体”，并不是指“中学”即中国文化，而是持守他对体用范畴第一种涵义的理解，以中华民族为建设社会主义

---

① 张岱年：《文化的体用简析》，《张岱年全集》第6卷，河北人民出版社1996年版，第207、208页。

② 张岱年：《试谈文化的体用问题》，《张岱年全集》第6卷，河北人民出版社1996年版，第129页。

③ 张岱年：《试谈文化的体用问题》，《张岱年全集》第6卷，河北人民出版社1996年版，第129页。

中国新文化的主体。所以，这一论述还不是对中、西、马三“学”关系的一种正面回答。

以马克思主义与中华文化精华相结合为终生职志

记者：听您这么一说，文化体用问题还真是相当复杂，如果对基本概念的理解都不同，你讲你的，我讲我的，不是在同一个层面上讨论问题，也集中不到共同的主题上来，那么能在多大程度上解决问题还真不好说哩。您的意思很明确，无论是古今中西之争，还是中、西、马“三流合一”，都是为了解决“古学”与“今学”、“中学”与“西学”，或者中、西、马三“学”的关系问题，因此讨论不应该离开这个主题。社会主义新文化建设必须处理好中、西、马的关系，其中的关键和核心又是马克思主义与中国文化的关系，在这个问题上思想界的认识分歧还是相当大的，有些人总是有意无意地把二者对立起来，您和张岱年等先生则多年来都强调二者相结合的必要性和可能性。您为什么特别重视这个问题？在理论上讲清楚这个问题对中国的新文化建设有什么意义？

方克立：你的问题提得很好，马克思主义与中国文化的关系确实是社会主义新文化建设的核心和关键问题。确立马克思主义的指导思想地位保证了中国新文化的社会主义方向，使它能够成为我们这个时代的先进文化；确立中国文化作为创造主体和接受主体的地位保证了其民族生命的历史连续性，在与外来文化的交流中不丧失独立性和主体性，因此二者都很重要，都要坚持，缺一不可，而且二者是完全可以有机地结合在一起的。马克思主义与中华文化精华相结合所产生的正面效应，我们在现实生活中随时都可以感受到，从干部群众中涌现出来的爱岗敬业模范和道德模范，每年评选出来的“感动中国人物”，举办奥运、世博和面对严重自然灾害所产生的巨大的民族凝聚力，到党中央提出的以人为本、关注民生，“以德治国”与“依法治国”相结合，“八荣八耻”的社会主义荣辱观，建设和谐社会与和谐世界的方针，等等，无不是马克思主义与中华文化精华、民族精神与时代精神相结合的产物。自觉地用马克思主义来指导科学研究，发展我国的现代科学技术和繁荣哲学社会科学，也取得了许多令世人瞩目的成就。钱学森、张岱年等前辈学者就是最好的典范和表率。比如张岱年先生就明确地说：“马克思主义与中国文化优秀传统的结合，应是中国文化发展的主要方向。”①

我在青年时代就接受了马克思主义哲学世界观和方法论的教育，深为服膺，以后从事的又是中国哲学和文化方面的教学研究工作，可以说，如何把马克思主义的革命和科学精神与中国哲学和文化精华相结合是我的终生职志。我写的东西都是在朝着这个方向努力，我也是这样教育自己的学生的。上个世纪 90 年代，我按照教育部的要求，在张岱年先生指导下，主编了全国高等学校公用教材《中国文化概论》（1994）和教学参考用书《中国哲学与辩证唯物主义》（1998），就是力图用马克思主义立场、观点、方法来对中国哲学和文化进行科学分析，着重弘扬其中的思想精华，使之在社会主义新文化建设中能够继续发挥积极作用，教育和影响青年一代。对于我来说，这个目标和宗旨终生不会改变。但在我国自由、开放、多元的思想领域里也遇到了严峻的挑战，比如在现代新儒学研究中就经常听到这样的指责，说马克思主义是一种西方文化，以马克思主义为指导来进行中国的新文化建设就是“用夷变夏”，割断了中国的文化传统，是西方文化“入主中国”。新儒家维护中国文化传统的精神可感，但对马克思主义有很深的误解和偏见，我们不得不作出回应。1988 年，在新加坡召开的一次国际儒学会议上，我说了这样一段话：“马克思主义的传入不是中国文化的危机，而是给伟大中华文明的复兴带来了生机。马克思主义只是提供了一种新的世界观和方法论，为人类文明指出了一条

① 《张岱年全集》第 7 卷，河北人民出版社 1996 年版，第 451 页。

通向大同的道路，它并不否定也不能代替民族文化的主体性。马克思主义作为一种外来文化，要在中国生根，不能没有中国文化这个接受主体。在肯定民族文化主体性这一点上，马克思主义和现代新儒家并没有根本的分歧。”① 马克思主义这种当代先进文化传入中国，激活了传统文化中的优质基因，才使中国文化有了今天这样的综合创新的大好局面；马克思主义改变了中国的命运，中国的政治、经济大国地位才引起了世界对中国文化的重新关注。把马克思主义与中国文化放在互不相容的对立地位，既不利于马克思主义的中国化，也不利于中国文化的现代化。在双方论辩中，提出“接受主体”这个概念的重要意义在于，它表明了中国的马克思主义者坚持民族文化主体性的明确立场，并不否认马克思主义是一种外来文化，它只有被中国文化所接受，成为现代中国文化的一个有机组成部分，才能在其中发挥先进文化的指导和引领作用。很明显，中国文化必须是充满活力与自信的、富有包容性的生命主体和创造主体，它才具有接受外来文化的能力。因此我后来又用“生命主体”“运作主体”“创造主体”“接受主体”四个概念来共同揭示民族文化主体性的内涵。明确了中国文化在三“学”中的主体文化地位，那么就不难回应新儒家所谓“中国文化……在马克思主义派那儿，是没有原则意义、没有体的层位的，其体是马列”的责难了：中国文化是主体文化，怎么能说它不是“体”、“没有体的层位”呢？所以我非常同意张岱年先生把马克思主义和中国文化都放在“体”的地位，不过一个是主导性之“体”，一个是主体性之“体”，二者发挥的作用和功能不同而已。在中、西、马三元格局中，继续沿用体用二元模式就不得不求助于体用范畴的多义性，于是出现两个不同涵义之“体”就不足为奇了，因为马克思主义和中国文化在不同的意义和关系中确实分别具有“体”的优位性。

---

① 方克立：《略论现代新儒家之得失》，《方克立文集》，上海辞书出版社 2005 年版，第 211 页。

能不能把马克思主义与中国文化之间的关系简单地说成是一种体用关系呢？从字面上看，在“古为今用”的意义上可以说当代先进文化马克思主义是“体”，中国传统文化是“用”；在“洋为中用”的意义上也可以说中国文化是“体”，被接受的外来文化马克思主义是“用”。如果这种孤立的、单义的“马体中用”和“中体马用”命题都能成立的话，那么就难免重蹈“道体器用”与“器体道用”“相为体用”之覆辙，更加放大了传统体用思维方式灵活多义的负面效应，对揭示问题的实质并没有好处。所以我认为，马克思主义与中国文化之间主要是一种相需关系，而不是体用关系，“古为今用”“洋为中用”也可以从相需的意义上来理解。

“马魂、中体、西用”论产生的历史必然性

记者：您提出的“创造主体”“接受主体”都是指中国文化，不同于张岱年先生“民族是文化的主体”的观点，这样讲中、西、马三者关系就都是在“学”的层面上来讲了。既然肯定马克思主义与中国文化都具有“体”的地位，不过有主导性之“体”与主体性之“体”的区别，那么过渡到“马魂、中体、西用”论就只有一步之遥了。您一再强调此论是在张先生的启发下、接着他对文化体用问题的思考而提出来的，也提到了经济学界讨论现代经济学的体用问题对您的启发，是不是可以说为了回应“中体西用”和“西体中用”等主张，“马魂、中体、西用”论的提出是具有历史必然性的？只要坚持马克思主义指导地位与中国文化主体地位的统一，就必然会提出这样一种文化方针？

方克立：你讲得很有道理，为了回应“全盘西化”“复兴儒学”“中体西用”“西体中用”等文化主张，“马魂、中体、西用”论的提出确实是有历史必然性的，它是马克思主义综合创新文化观的深化，在多元综合中需要对中、西、马三“学”的地位和关系作出明确的回

答。早在20世纪30年代，张申府、张岱年先生就提出了中、西、马“三流合一”之说，并且强调要以辩证唯物论为基础和主导来进行“创造的综合”，历史证明这种见解是富有前瞻性的，我们今天还在继续探索这条文化发展道路。半个世纪后张岱年先生明确提出了“文化综合创新论”，通过对社会主义新文化之“体”与“用”的分析，把中华民族的主体性和马克思主义指导思想都放在“体”的位置上，如你所说这就离“马魂、中体、西用”论只有一步之遥了。只要把主导性之“体”与主体性之“体”分别用两个概念来表示，就有可能从“体用”二元过渡到“魂、体、用”三元，在学理上更容易讲清楚中、西、马三者的关系了。我对这个问题的思考正是以张先生的有关论述为前提、为出发点，力图揭示、阐发其中的未尽之义；个别地方在思路上也有所调整，比如着重论证中国文化作为“生命主体”“创造主体”和“接受主体”的地位，就是为了在逻辑上更加一贯和顺畅，在三“学”中给它以准确定位。我曾经说明，引进“魂”这个与精神指导原则之“体”同义的概念，借鉴了日本近代史上与“中体西用”类似的“和魂洋才”的提法，概念上的这种变通使用是为了把它与主体性之“体”区别开来。

我是2006年4月在给纪念张岱年先生逝世两周年学术会议的贺信中提出这个问题的，此前曾受到经济学界讨论现代经济学发展方向的启发，特别是直接受到杨承训先生一个提法的启发。他在《中国经济学的发展方向》一文中说：“我国社会主义经济建设的成功实践证明，中国经济学的发展方向是：‘马学’为魂，‘中学’为体，‘西学’为用。‘马学’就是马克思主义，‘中学’就是中国化的发展着的马克思主义，‘西学’就是西方经济学。”[①] 这是我见到的关于“马魂、中体、西用”的最早提法，当时在直觉上就感到十分相契，认为这是对中、西、马三“学”关系的一种最适切的表述。另外，程恩富

① 《人民日报》2004年11月25日。

等学者也提出了“马学为体，西学为用，国学为根，综合创新”[①] 的主张，把正确处理中、西、马三大知识体系的关系当作中国经济学创新发展的基本问题，也首先肯定了马克思主义的指导思想地位，在大方向上是完全一致的。经济学界关注和参与文化体用问题的讨论，说明它是发展繁荣我国学术文化的一个普遍性问题，事实上人文社会科学各学科都有一个中、西、马的关系问题，在学理上解决好这个问题具有普遍的方法论意义。“马魂、中体、西用”论提出后，学术界已有不少人士表示赞同，比如文艺理论家董学文先生在一篇文章中说：“哲学界近来提出‘马魂、中体、西用’的理论模式，力促文化体系中三种资源‘综合创新’地发展到新的形态。这对我们文学理论建设是有指导作用和启迪意义的。”[②] 这种受到哲学界、经济学界、文艺理论界共同关注的理论模式，主要是以其鲜明的马克思主义理论立场和兼容中、西、马的博大胸怀而使人们看到了中国文化综合创新的光明前景。

我非常赞成杨承训先生“马学为魂，中学为体，西学为用”的提法，但我与杨先生对“马魂”“中体”“西用”的具体解释还不完全相同，有学科的不同，也有时空范围的不同。“马学”就是马克思主义，大家的看法是一致的。杨先生是讲经济学的发展方向问题，因此“西学”主要是指西方经济学，这也完全可以理解。但他将“中学”界定为“中国化的发展着的马克思主义”，我觉得就有点窄了，也不是程恩富先生讲的“国学为根”的意思。所以我曾有这样的表述：所谓“中学”是指有着数千年历史传承的，经过近现代变革和转型的，走向未来、走向世界的活的中国文化生命整体。只有中国文化生命整体才能够作为自强不息、变化日新的“创造主体”和厚德载物、有容

---

① 参见程恩富、何干强《论推进中国经济学现代化的学术原则——主析“马学”、“西学”与“国学”之关系》，《马克思主义研究》2009 年第 4 期。

② 董学文：《文学理论研究的指导思想问题》，《高校理论战线》2008 年第 3 期。

乃大的“接受主体”，某一阶段、某种形态、某个流派的中国文化都不足以担当此任。[①] 当然，我这样说还为了与晚清“中体西用”论者以中国封建社会的纲常名教为“体”、认为体是“历世不可变者”的观点区别开来。晚清“中体西用”论的保守性主要表现在“中体”的封闭性和不变性上，对“西用”的接受和容纳是有限的，只限于科学技术，而把西方的民主制度和现代思想文化视若洪水猛兽，不予开放。我们讲的“中体”即中国文化则具有极大的开放性和包容性，能够接受西方文化和其他民族文化中一切有学习、借鉴价值的东西为“他山之石”，甚至接受马克思主义这种外来文化为中国社会主义新文化的指导思想；同时也充分体现了主体性，所谓“接受”都是主体自主选择的结果，是适应主体需要的为我所用。张岱年先生曾以《易传》中讲的“天行健，君子以自强不息”“地势坤，君子以厚德载物”两句话为中国文化基本精神的典型表述，“自强不息”和“厚德载物”两大特性就都包含在我们讲的“中学”之体中了。总之，我认为中国马克思主义派学者概括出“马魂、中体、西用”的文化发展道路意义重大，它是几代学者数十年来不懈探索的结果，完全符合历史发展规律和我们这个时代的需要，也就是具有你所说的历史必然性。至于学者们对它有不同的理解和诠释，这很正常，通过进一步的研究和讨论，认识总是会逐渐深化和越来越趋于一致的。

“魂、体、用”三元模式成立的根据和适用范围

记者： 方先生，您曾经说“马魂、中体、西用”论既是对传统文化体用观的继承，又是对它的变通、发展和超越。“魂、体、用”三元模式还是在体用思维模式的基础上发展而来的，它在学理上能够成立的根据是什么？在解释客观世界的事物、现象和关系时，这种模式

---

① 方克立：《关于文化的体用问题》，《社会科学战线》2006 年第 4 期。

有没有一定的普遍适用性呢？

方克立：“马魂、中体、西用”论还是按照中国人的思维习惯，以体用模式为基础加以变通发展而提出来的。这种表述的精神是马克思主义的，在形式上仍保留了中国特色，在文化讨论中能够与“中体西用”“西体中用”等观点在同一个话语平台上对话。长期以来中国人“恒言有体有用”（孙中山语），这种思维方式的特点是强调“体用一源，显微无间”（《周易程氏传·易传序》），即强调本体与现象的统一；用来解释文化现象时也是强调“明道存心”的内圣之学与“经世宰物”的外王之学的统一，形而上之“道”与形而下之“器”的统一。“中体西用”论和“西体中用”论都是用体用模式来讲中西文化关系，但都有割裂体用的倾向。“五四”后碰到的问题更复杂了，不仅要面对古今中西问题，而且要解决中、西、马三“学”的关系问题，要努力使三“学”统一、整合起来，而不是互相割裂。这里有一点很重要，就是我们面对的并不是互不相干、互相外在的三“学”，实际上我们要解决的是同一个文化系统中多种文化成分、文化资源的关系问题。“马学”和“西学”如果没有被中国文化所认知和接受，完全是外在的东西，那么它们再高明、再有用，也不可能成为我们的资源，在中国的新文化建设中起到任何作用。它们只有被主体文化所认知、所接受，才能在主体文化的综合创新中起到这样或那样的作用。运用体用思维可以促成多元文化的统一，比如将形而上之“道”与形而下之“器”统一起来。我国明清之际的哲学家王船山说：“道器无易体。”又说：“形而上者谓之道，形而下者谓之器，统之乎一形。”（《周易外传》卷五）他还解释说：“物之体则是形。”（《读四书大全说》卷二）我从古代先哲“道器同体”的论述中得到了启发：中国文化不就是统一“马魂”（形而上之“道”）和“西用”（形而下之“器”）的那个“形”、那个“物之体”吗？显然这里讲的“形”和“物之体”都是在主体、载体的意义上来讲的，与作为形而上之“道”的那个“体”涵义不同，那个“体”我们已经用“魂”

这个概念来表示了。概念上的这一变通使用，把主体性之“体”与主导性之“体”区分开来，恰恰是将体用范畴的两种涵义在“魂、体、用”三元模式中有机地结合起来了。

“道器无易体”，“统之乎一形”，于是就形成了“魂”（道）、“体”（形）、“用”（器）三维格局，这并不是哲学家的主观想象，而是客观现实情况的真实反映。世界上的事物、现象并不都是一分为二、两极对立的，也存在着大量一分为三、以中和之道来包容两极的情况。张岱年先生提出一个哲学范畴叫“兼和”，很适宜于用来说明这种多样性统一的情况。所以我认为，“体用”二元模式和“魂、体、用”三元模式都是可以成立的，并且不排除还有其它的多元“兼和”模式。不过它们各有其适用范围，都只能用来说明一定的事物、现象和关系，当然也不排除它们之间可以互相交叉、互相渗透（你中有我、我中有你）和互相转化。多元文化的“兼和”之道就是综合创新之道。“马魂、中体、西用”三元兼和模式具有鲜明的中国特色社会主义文化的时代特征，历史上也有过“霸王道杂之”、“儒道互补”、儒释道“三教合一”等多种文化兼和模式，这说明如何处理多元文化关系是一个普遍的问题，在实践中探索适当的“兼和”模式在每一个时代都非常重要。

关于“魂、体、用”三元模式的现实模型和它的普遍适用性问题，以及它的解释效力问题，我认为这是哲学世界观和方法论上的一个大课题，需要专门下功夫去做。在这方面我还只做了一点初步的探索，不敢泛泛而论，这里试举两例。比如孔子讲“人而不仁，如礼何”（《论语·八佾》），他的学生有子讲“礼之用，和为贵”（《论语·学而》），我在一篇文章中认为这是一个“以仁为魂，以礼为体，以和为用”的文化价值体系[①]。因为“礼”是维护封建宗法等级秩序的一整套社会制度、伦常规范和道德原则，它的作用是协调人际关系以达

---

① 方克立：《关于和谐文化研究的几点看法》，《光明日报》2007 年 7 月 31 日。

到“和”即社会和谐稳定的目的，而其更深层的核心价值观念则是“仁”。把“仁”“礼”“和”三者的“魂”“体”“用”关系揭示出来，有助于准确把握中国儒家文化的本质。我想举的另一个例子是，有一个在我院做博士后的青年科研人员，他正在写一部四卷本的《中医哲学史》，经过研究后他得出结论：中医哲学与儒、释、道三教的关系都很密切，但三教对其理论基础产生的作用和影响是不同的，如果说先秦两汉时期还是以道学、道家、道教为主的话，那么魏晋至金元时期则形成了“以儒为魂，以道为体，以释为用”的“三教合一”的中医哲学理论体系。他也认同我讲的“马魂、中体、西用”的观点，认为中医哲学今后的发展要走从儒、释、道“三教合一”到中、西、马“三流合一”之路，即以马克思主义哲学的科学世界观和方法论为指导，以传统中医哲学为根基，以有着数千年历史积淀的中华医道为中华民族医药卫生事业传承和创新发展的主体，而以西方以及世界各民族生命科学和医疗实践的丰富资源为有选择地学习、借鉴的对象。我给他的大著第一卷写了一个“序”，谈了我对这个问题的粗浅看法，肯定和支持他的研究方向。[①] 以上两例都是对“魂、体、用”三元模式的具体应用，我相信它的适用范围和解释效力通过研究还会不断扩大。

我们要慎言体用，但不必讳言体用

记者：近代以来中西文化体用之争一直没有停止过，许多争论都是由于对体用范畴的歧解所造成的，这说明传统体用论的思维方式存在着明显的缺陷，给后人造成了许多麻烦，我们为什么不彻底抛弃这种思维方式，采取更加科学的和现代的理论表达形式呢？

方克立：许多人都提出过这个问题，有的还提得相当尖锐，认为

① 程雅君：《中医哲学史》第1卷，巴蜀书社2009年版，第1—11页。

现代中国人必须摆脱“体用困境”，甚至称其为“体用陷阱”。所谓“困境”和“陷阱”，大概主要就是指由于体用范畴的多义性所造成的概念涵义混淆的情况，“道体器用”与“器体道用”并存的情况。这个问题是确实存在的，但并非不可摆脱的困境，更不是人为的“陷阱”，它说明中国传统思维方式确实有一个需要现代转型的问题。我们今天应该怎样对待传统体用论的思维方式呢？我曾经发表过一个意见：我们要慎言体用，但不必讳言体用。[①] 因为用体用范畴来讨论文化问题并不是我们愿意不愿意的事情，而是我们的先辈已经就中西文化体用问题讨论了一百多年，对“内体”“外用”之学甚至已经议论了一两千年，我们不可能对前人的看法完全不予理睬，不作任何得失评价，也不可能撇开他们讨论的问题，完全用另外一套概念来讲现代的文化理论。中国的马克思主义者不能离开中国文化的具体环境来探讨如何坚持和发展马克思主义的问题，对传统体用论的思维方式也是这样。科学的态度应该是用唯物辩证法的理论和方法，认真分析体用范畴的由来、多重涵义及其相互关系、长期为中国人所习用的原因，以及围绕着它所展开的哲学论争，肯定其中所包含的强调本体与现象的统一、力图“从现象的外在性深入到实体”[②] 等合理因素，防止由于灵活多义所造成的概念混淆等缺陷，使这种极具中国特色的理论思维方式能够通过扬弃、改造、补充、更新而获得新的生命活力。

我们知道，张岱年先生是对传统体用思维方式的缺陷看得最清楚的学者之一，他在青年时代就反对“妄谈”体用[③]，以后也经常提醒人们不要陷入简单的中西对立、体用二元的思维方式，但他又是对文化的体用问题讲得最多的现代哲学家之一。在他看来，“每一文化系统都有其指导原则，有其具体设施。就文化系统中，分别体用，这具

---

① 方克立：《关于文化的体用问题》，《社会科学战线》2006 年第 4 期。

② 列宁：《哲学笔记》，人民出版社 1961 年版，第 168 页。

③ 《张岱年全集》第 1 卷，河北人民出版社 1996 年版，第 247 页。

有一定的理论意义”①；“运用中国哲学的范畴来研讨文化问题，可以说这是处理文化问题的中国方式”②。因此，对于这种有中国特色的文化理论，我们还不能完全否定。张先生力图厘清体用范畴的两种主要涵义，讲清楚二者的关系，并且试图用“中华民族是文化的主体”的观点，把中国社会主义新文化之“体”与“用”统一起来。中国马克思主义者的这种既继承传统又创新传统的努力，我们在李大钊先生的“民彝”论中也可以看到，其基本思路也是试图把体用论与主体论结合起来。李大钊说：“民彝者，悬于智照则为形上之道，应于事物则为形下之器；虚之则为心理之征，实之则为逻辑之用也。”③ 他把“民彝”即人民群众的内在本性、“固有之本能”、“生民之常态”作为统一体与用、形上之“道”与形下之“器”的基础，虽然还未达到唯物史观的高度，但却有力地批判了英雄史观和圣人史观，张扬了“唯民主义”即人民主体论的思想。以后他认识到物质的经济的变动是社会一切变动的根本原因，更加明确地表达了人民群众是“历史的纯正的主位”的观点，把民彝论提升到了一个新高度。从李大钊的人民主体论到张岱年的中华民族主体论，再到我们讲的中国文化主体论，都是为了给文化之体用、道器的统一找到一个坚实的基础，超越近代以来的中西体用之争。“马魂、中体、西用”论正是在这一思路下提出来的，它不离体用而又超越了体用二元模式，可以说是对传统体用论的继承和创新的统一。

上个世纪80年代，我写过一篇关于中国哲学中的体用范畴的文章，对它的由来、涵义及其在中国古代和近现代哲学发展中的重要作用进行了初步的探讨，指出体用范畴产生和发展的根源在于社会实践，有体有用、体用统一是对客观世界的某种真实关系，即实体与作

① 《张岱年全集》第6卷，河北人民出版社1996年版，第127页。
② 《张岱年全集》第6卷，河北人民出版社1996年版，第202页。
③ 《李大钊文集》上册，人民出版社1984年版，第155页。

用（属性）、本质与现象的关系的反映，它被用来说明广泛的事物、现象，包括哲学本体论和认识论中的一些深层次问题，甚至具有用来组织学说体系的重要的方法论意义。对于在中国哲学发展中有如此重要地位、被古今许多第一流哲学家所重视和广泛使用的体用范畴，我们决不能简单抛弃了事，而是应该“用马克思主义的观点和方法，加强对它的研究，区分历史遗产中的精华和糟粕，批判地继承其中包含真理性的部分，把它熔铸到唯物辩证法的科学体系中去”[①]。通过对近代以来的中西体用之争和中、西、马三“学”关系的进一步研究，以及对哲学家们解决中国现代化问题的思维方式的考察，我更加意识到对传统体用思维不能简单弃之不用，而是要以求实的态度、科学的方法予以澄清、改造、变通和发展更新。首先需要厘清体用范畴的两重主要涵义，把“器体道用”之“体”与“道体器用”之“体”、主体论之“体”与体用论之“体”、主体性之“体”与主导性之“体”区分开来，最好能用两个概念来表示，如果在概念上区分不开来，也要把不同的涵义讲清楚。其次，体用二元模式只能有条件地说明一定的事物、现象和关系，而不能说明世界上所有复杂多样的情况，因此不能把它僵固化，套用体用二元模式来解决一切问题；要允许对“魂、体、用”三元模式和其它多元“兼和”模式进行探索，以丰富唯物辩证法的内容。这些看法如果在理的话，那么“马魂、中体、西用”论的成立在思想方法上就没有什么大障碍了。

170 年来中国的志士仁人念兹在兹的一直是中国向何处去、中国文化向何处去的问题，直到今天也是这样。对这个问题的不同回答往往以中西体用之争的形式表现出来，因此我们也要有自己的明确回答，以回应“全盘西化”“复兴儒学”“中体西用”“西体中用”等主张，“马魂、中体、西用”就是我们对这个问题的明确回答。其实在我们党的文献中曾一再就此问题作出过回答，比如 1986 年通过的

① 方克立：《论中国哲学中的体用范畴》，《中国社会科学》1984 年第 5 期。

《中共中央关于社会主义精神文明建设指导方针的决议》就指出，我们要建设的是一种“以马克思主义为指导的，批判继承历史传统而又充分体现时代精神的，立足本国而又面向世界的”① 高度发达的社会主义新文化。它既阐明了这种文化的性质和指导思想，又回答了古今中西问题，可以说它的基本精神就是“马魂、中体、西用”。这个结论看似简单，但却是总结一百多年来中西体用之争和中、西、马关系的正解，其正确性在与其它各种文化主张的比较中就可以看到，并且已在历史实践中不断得到证明和将继续得到证明。

（本文是作者回答《马克思主义研究》编辑部记者提问时的访谈记录稿。原载《马克思主义研究》2010 年第 12 期）

① 《中共中央关于社会主义精神文明建设指导方针的决议》，中共中央文献研究室编：《十二大以来重要文献选编》（下），人民出版社 1988 年版，第 1178 页。

文化自觉是我们党的鲜明特征和显著优势

——访中国社会科学院学部委员方克立教授

本刊记者

本刊记者：党的十七届六中全会站在历史和时代的高度，对文化改革发展做出全面部署，必将有力地推动党和国家事业发展，为坚持和发展中国特色社会主义提供强大精神动力。当前，学习十七届六中全会精神的活动正在不断深入。您作为马克思主义哲学家，对学习六中全会精神有哪些体会？

方克立：新世纪以来，我们党坚持以邓小平理论、“三个代表”重要思想为指导，深入贯彻落实科学发展观，清醒地把握当今世界经济、政治、文化发展大势，深刻分析我国的基本国情和战略任务，以高度的文化自觉和缜密的制度设计，有步骤地推进我国的文化体制改革，文化事业和文化产业都得到快速发展，初步探索出了一条中国特色社会主义文化发展的自立自强之路。党的十七届六中全会通过的《中共中央关于深化文化体制改革推动社会主义文化大发展大繁荣若干重大问题的决定》（以下简称《决定》），对我们党领导文化建设的历史经验，特别是十六大以来文化改革发展的理论和实践进行了全面总结，以前瞻性的战略眼光和高度的责任担当精神，适时地做出了深化文化体制改革、推动社会主义文化大发展大繁荣，进一步兴起社会主义文化建设新高潮的战略决策，提出了建设社会主义文化强国的鼓舞人心的口号。现在全党全国人民都在认真学习这个重要文件，我的学习体会集中到一点，就是中国共产党的文化自觉是带动整个民族文化自觉，真正掌握自己的命运、走上伟大复兴之途的关键。我们党既是中华优秀传统文化的忠实传承者和弘扬者，又是中国先进文化的积极倡导者和发展者，由于有马克思主义科学世界观和方法论的指导，故能深刻洞察社会发展规律和文化的历史走向，始终走在时代的前列，带领全国各族人民为实现文化的历史进步而奋斗，推动党和人民的事业不断向前发展。

本刊记者：您认为党的十七届六中全会从哪些方面体现了我们党的高度文化自觉？

方克立：我们党是一个具有高度文化自觉的政党。党的十七届六中全会作为中国文化发展史上一个重要里程碑，一个鲜明特点就是彰显文化自觉。回顾90多年的奋斗历程，我们党总是以思想文化上的觉醒和觉悟，来把握前进方向、凝聚奋斗力量、推动事业发展。结合学习十六大以来文化改革发展的理论创新和实践经验，我认为《决定》表现出了我们党作为执政党的高度文化自觉，具体包括深刻认识文化的重要地位和作用、明确提出建设社会主义核心价值体系为文化改革发展的根本任务、不断加强综合创新的能力、积极探索文化事业和文化产业共同发展的文化体制改革道路等四个方面。

本刊记者：我们党是怎样深刻认识和高度重视文化的重要地位和作用的？

方克立：中国共产党在革命、建设、改革中一贯重视文化的重要地位和作用，在深化改革开放、全面建设小康社会的关键时期，党中央做出加快文化改革发展步伐的重要决策，说明其文化自觉又达到了一个新的高度。这既是客观形势发展的需要，也是由发展繁荣社会主义文化与党的价值目标的高度一致性所决定的。

党在90多年的奋斗历程中，一直以思想文化的新觉醒代表着当代中国先进文化的前进方向。无论是革命战争年代还是建设改革时期，每到重要历史关头，我们党都紧密结合时代特点，围绕党的中心任务，提出自己鲜明的文化纲领、目标、政策和口号，引领中国现当代文化朝着健康正确的方向前进。在抗日战争最艰苦时期，毛泽东《在延安文艺座谈会上的讲话》就提出和解决了我们的文艺、文化是为什么人服务的问题，并在《新民主主义论》中深刻阐明了马克思主义的文化观，将新民主主义文化界定为无产阶级领导的人民大众反帝反封建的，民族的科学的大众的文化。新中国成立前夕，他就做出预言："随着经济建设的高潮的到来，不可避免地将要出现一个文化建设的高潮。中国人被人认为不文明的时代已经过去了，我们将以一个具有高度文化的民族出现于世界。"① 新中国成立后，毛泽东又提出了发展繁荣社会主义文化的"百花齐放，百家争鸣"方针。社会主义文化建设经过曲折发展，十一届三中全会后，我们党在总结历史经验的基础上有了新的文化自觉，迎来了社会主义文化发展繁荣的新时代。在社会主义市场经济条件下和国内外复杂的思想环境中，我们党更加意识到了加强社会主义精神文明建设的必要性和重要性，于1986年召开的十二届六中全会和1996年召开的十四届六中全会上，分别通过了《中共中央关于社会主义精神文明建设指导方针的决议》和《中共中央关于加强社会主义精神文明建设若干重要问题的决议》，深刻阐述了社会主义精神文明建设的战略地位、奋斗目标、指导思想和基本途径，明确提出"建设有中国特色社会主义的文化，就是以马克思主义为指导，以培养有理想、有道德、有文化、有纪律的公民为目标，发展面向现代化、面向世界、面向未来的，民族的科学的大众的社会主义文化"。两个精神文明建设决议充分体现了文化的本质、时代的要求和人民的意愿，有力推进了中国特色社会主义文化事业的顺利发展。

党的十六大以来，以胡锦涛为总书记的党中央把文化建设作为社会主义现代化建设总体布局的重要组成部分，摆到更加突出的位置

---

① 《毛泽东文集》第5卷，人民出版社1996年版，第345页。

上，提出了一系列符合时代要求的新的文化发展理念，作出了一系列关系到文化建设全局的重大战略部署，积极稳健地推进文化改革发展事业，从体制创新、政策扶持、经费投入、基本建设等方面给予有力保证。十七届六中全会的《决定》就是在这种情况下做出来的，它是我们党在世界多极化、经济全球化背景下，我国进入全面建设小康社会的关键时期和深化改革开放、加快转变经济发展方式的攻坚时期，集中全党全国人民智慧作出的加快文化改革发展步伐、提高国家文化软实力、建设社会主义文化强国的宣言和纲领。这篇高瞻远瞩、坚强有力的文化宣言，这个目标宏伟、措施具体的文化纲领，标志着我们党在文化的地位认识、规律把握和责任担当上的自觉又达到了一个前所未有的新高度。

《决定》对当前加快文化改革发展步伐之必要性和紧迫性的认识，从客观形势方面来说，突出地表现在四个“越来越”上，即文化越来越成为民族凝聚力和创造力的重要源泉，越来越成为综合国力竞争的重要因素，越来越成为经济社会发展的重要支撑，丰富精神文化生活越来越成为我国人民的热切愿望。从主观决策方面来说，《决定》提出我们必须抓住和用好我国发展的重要战略机遇期，在坚持以经济建设为中心的同时，自觉地把文化繁荣发展作为坚持发展是硬道理、发展是党执政兴国第一要务的重要内容，作为深入贯彻落实科学发展观的一个基本要求，进一步推动文化建设与经济建设、政治建设、社会建设以及生态文明建设协调发展。这种文化自觉是党做出新的战略决策的认识前提和基础。

我们党领导的革命、建设、改革事业，几代人前仆后继、奋斗不息的目的，就是要让中国人民摆脱物质和精神上的贫穷落后，过上富裕、文明、人格全面自由发展的有尊严的生活。我们党清楚地认识到，物质贫乏不是社会主义，精神空虚也不是社会主义，没有社会主义文化的发展繁荣，就没有社会主义现代化。中国特色社会主义是我们的共同奋斗目标，它要让人民过上殷实富足的物质生活，也要让人民享有健康丰富的文化生活。全心全意为人民服务是我们党的根本宗旨，因此，发展繁荣社会主义文化，既保障人民群众的基本文化权益，又努力满足他们多方面的精神文化需要，就是对我们党履行执政兴国职责的必然要求，也是实现党的价值目标必须要做的事情，是其题中应有之义。

本刊记者：我们党提出的社会主义核心价值体系怎样体现了我们党的高度文化自觉呢？

方克立：提出建设社会主义核心价值体系是当代中国马克思主义的一项重要的理论创造，是综合创新文化观的生动体现。它在凝聚共识、引领社会思潮、构筑中华民族共同精神家园方面将起到其他文化体系和价值观念不可替代的作用。

2006 年党的十六届六中全会通过的《中共中央关于构建社会主义和谐社会若干重大问题的决定》，首次提出建设社会主义核心价值体系的战略思想，并将社会主义核心价值体系界定为马克思主义指导思想、中国特色社会主义共同理想、以爱国主义为核心的民族精神和以改革创新为核心的时代精神、社会主义荣辱观四项基本内容。十七届六中全会把社会主义核心价值体系摆到了“兴国之魂”的显著地位，明确坚持中国特色社会主义文化发展道路、建设社会主义文化强国要“以建设社会主义核心价值体系为根本任务”，并对如何坚持马克思主义指导思想等四项基本内容做了一系列重要部署，把它当作社会主义文化建设的主体工程来抓。这对在全党全社会形成统一指导思想、共同理想信念、强大精神力量、基本道德规范起到了动员令的作用。

文化软实力的竞争归根到底是文化价值观的竞争，抓社会主义核心价值体系建设是我们党抓文化价值观念建设的一个重大决策。核心价值体系是一个国家、一个民族的核心价值观念体系，它与某个行业的共同价值观或某个个人的价值观不同，但却能对行业、个人的价值观产生根本性的影响。社会主义核心价值体系是以马克思主义的世界观、历史观、人生观、价值观为精神旗帜，根据中国的国情和社会主义改革时代的特点提出来的，但是也包含了人类历史对平等、均富的“大同”社会的共同理想和价值期待。这显然是一个综合创新的文化价值体系，也是人类价值学说史上没有先例的最进步、最科学的价值体系。马克思主义是人类思想史上最伟大的成果，深刻揭示了社会历史发展的客观规律，也是我们立党立国的根本指导思想，为先进文化建设指明了正确方向。中国特色社会主义集中体现了最广大人民的根本利益和共同愿望，代表了人类社会的历史走向，也是我们党为实现最高理想而确定的现阶段奋斗目标，体现了理想主义与现实主义的统一。以爱国主义为核心的民族精神和以改革创新为核心的时代精神，是中华民族的生命力、凝聚力和创造力的不竭源泉，也是我们全面建设小康社会、加快推进社会主义现代化建设的精神支撑。社会主义荣辱观则体现了社会主义道德的基本价值准则和行为规范，是中华民族传统美德、优秀革命道德与时代精神的完美结合。社会主义核心价值体系把这些体现了真、善、美价值的人类优秀文化成果都整合在一起，最大限度地形成社会共识，凝聚人心，自然具有其他价值体系不可比拟的强大精神力量。

《决定》强调要把社会主义核心价值体系融入国民教育、精神文明建设和党的建设全过程，贯穿改革开放和社会主义现代化建设各领域，体现到精神文化产品创作、生产、传播各方面，要求一切文化阵地、一切文化产品、一切文化活动，都要体现社会主义核心价值体系的内容和要求。这里讲了一个“魂”与“体”的关系问题。社会主义核心价值体系之“魂”，只有通过国民教育体系、公共文化服务体系、文化产业体系和各种形式的文化产品的承载与传播，才能发挥其价值引领功能和教育功能，因此加强文化的物质基础和传播形态建设也是十分重要的。当然，我们的文化载体如果失去了精神价值的支撑，也只能变成毫无生命力的空洞无物的形式。所以，“魂”与“体”是互相依存、相辅相成、相得益彰的关系，只有强“魂”健

“体”，才能充分发挥社会主义先进文化引领风尚、教育人民、服务社会、推动发展的作用。自从提出以社会主义核心价值体系引领社会思潮以来，我们党在这方面做了许多实实在在的事情。比如组织规模宏大的马克思主义理论研究和建设工程，加强哲学社会科学重点学科体系和教材体系建设，推动中国特色社会主义理论体系进教材、进课堂、进头脑，已经连续进行几年时间，取得了十分明显的成效。又如，为了抵制各种错误和腐朽思想的影响，党的十七届四中全会明确提出要自觉划清“四个界限”，即马克思主义与反马克思主义的界限，社会主义公有制为主体、多种所有制经济共同发展的基本经济制度与私有化和单一公有制的界限，中国特色社会主义民主与西方资本主义民主的界限，社会主义思想文化与封建主义、资本主义腐朽思想文化的界限，这在以社会主义核心价值体系来作为区分先进与落后、真善美与假丑恶的标准，有效引领社会思潮方面也起到了十分积极的作用。全面贯彻落实《决定》提出的各项措施，把社会主义文化建设的这项主体工程搞好，是我们必须始终抓紧、不能松懈的一项长期任务。

本刊记者：我们党在文化上的综合创新能力是指什么，它是怎样表现我们党的文化自觉的？

方克立：深厚的民族文化传统、科学的马克思主义指导思想、丰富的革命文化是我们党固有的宝贵文化资源，是其从创立走到今天的安身立命之本。只有在强基固本的基础上吸收外来文化精华，博采众长、为我所用，党才具有丰厚、坚实的文化内蕴和强大的精神力量，才能领导全国人民完成复兴中华文化的历史重任。

领导一个伟大民族的文化复兴，要求我们党不仅要有高度的文化自觉和历史担当精神，而且自身要有深厚的文化底蕴，要有开放的文化心态和综合创新的能力。

我们党自身固有的优质文化资源主要有三个方面：一是中华民族五千多年博大精深的传统文化，一直滋养、哺育着党的成长，从中获得中华民族最根本的精神基因、自强不息的精神动力和取之不竭、历久弥新的精神财富。我们党作为中华民族的中坚，也一直把传承和弘扬民族优秀文化当作自己义不容辞的责任。毛泽东早就向全党提出了“学习我们的历史遗产，用马克思主义的方法给以批判的总结”，“从孔夫子到孙中山，我们应当给以总结，承继这一份珍贵的遗产”[①] 的任务。中国特色社会主义文化也离不开这个精神母体，必须以优秀传统文化为传承创新的基础。二是马克思主义指导思想。我们党一诞生就举起了马克思主义这面旗帜，用它作为观察国家命运和改造世界的工具，并在同中国实际相结合过程中不断推进马克思主义的中国化，形成了毛泽东思想和中国特色社会主义理论体系两大理论成果，成为指引中国文化前进的根本指针。马克思主义给中华文化注入了先进的思想内涵，使中国人民在精神上得到了极大的解放。用发展着的马克思主义引领中国特色社会主义文化建设，才能有效抵御各种错误和腐朽思想文化的影响，不断巩固全党全国人民团结奋斗的共同思想基础。三是 90 年来党领导人民在革命、建设、改革实践中创造的奋发向上的革命文化传统，包括革命战争时期的井冈山精神、长征精神、延安精神、西柏坡精神，建设和改革时期的雷锋精神、大庆精神、“两弹一星”精神，以及载人航天精神、北京奥运精神、抗震救灾精神等等。这些富有时代特征和民族特色的宝贵精神财富，不断实现着中华优秀文化的再生再造，是中国共产党和中国人民的伟大创造精神的生动体现，不论现在还是将来，都是激励我们不断奋进的巨大精神力量。

我们讲“老祖宗”不能丢，就是上述宝贵文化资源一个也不能丢，不能忘本，不能割断马克思主义和自己文化的精神血脉。《决定》在制定今后文化改革发展战略时，非常清楚我们的文化是从哪里来的，对自己固有的优质文化资源十分珍惜并充满敬意，就如何传承和

---

① 《毛泽东选集》第 2 卷，人民出版社 1991 年版，第 533、535 页。

弘扬做出了一系列具体部署。马克思主义指导思想作为社会主义核心价值体系的重要组成部分，无疑是当代文化建设的重中之重，《决定》对加强马克思主义理论研究和学科建设等措施的论述十分具体，前面已经提到这里不再重复。《决定》强调要全面认识祖国的传统文化，取其精华、去其糟粕，古为今用、推陈出新，坚持保护利用与普及弘扬并重，明确提出要“建设中华优秀传统文化传承体系”，加强对优秀传统文化思想价值的挖掘和阐发，维护民族文化基本元素，使优秀传统文化成为新时代鼓舞人民前进的精神力量。同时强调要推动中华文化走向世界，开展多渠道、多形式、多层次的对外文化交流活动，广泛参与世界文明对话，增强中华文化的国际话语权和在世界上的影响力、感召力。对于传承和弘扬优秀革命文化，《决定》也提出了加强爱国主义教育基地建设、用好红色旅游资源使之成为培育民族精神和时代精神的重要课堂等具体措施。这些强基固本工程对于保证文化改革发展的正确方向具有决定性的意义。

在珍惜保存和弘扬强化我们固有的文化资源优势之同时，《决定》还提出要以开阔的视野和博大的胸怀来对待外来文化，坚持以我为主、为我所用，辩证取舍、择善而从的原则，学习借鉴一切有利于加强我国社会主义文化建设的有益经验，一切有利于丰富我国人民文化生活的积极成果，一切有利于发展我国文化事业和文化产业的经营管理理念和机制，推动中华文化在同外来文化的交流互动中丰富发展，走向繁荣兴盛。开放包容的胸怀本身就是中华文化在国际交流、交融、交锋中具有自信的表现，这种自信既来自于自身的深厚底蕴，也来自于社会主义文化的先进性和优越性。

这里有一个中、西、马三种文化资源的关系问题。当代中国文化即中国特色社会主义文化是从中国传统文化和中国近现代文化发展而来的，我们不能割断历史，中国文化的今天与昨天、前天是连接在一起的。前天、昨天、今天生生不息的发展共同构成了中国主体文化（或者说母体文化），它是运作主体、生命主体和创造主体，对外来文化来说也是接受主体。《决定》把马克思主义指导思想确定为社会主义核心价值体系的基本内容之一，就是明确肯定了它作为当代中国文化之“魂”的地位。包括西方文化在内的一切有价值的外来文化，都可以作为以我为主、为我所“用”的他山之石。这就是当代中国文化内涵构成和思想资源上的“马魂、中体、西用”格局，其特点是既坚持马克思主义的指导思想地位，又坚持民族文化的主体性，两者都是强基固本工程不可缺少的内容；同时坚持对外开放的方针，具有吞吐百家、综合创新的气概和能力，这样才能真正建成面向现代化、面向世界、面向未来的，民族的科学的大众的社会主义文化。

本刊记者：我们知道，“马魂、中体、西用”论是您提出的关于当代中国文化发展道路的一个重要的、具有创造性的论断。您能结合学习《决定》，展开谈谈这一问题吗？

方克立：中国人一贯重视文化的体用问题，历史上就有“器体道用”和“道体器用”之辨，近代以来又有“中体西用”和“西体中用”之争。体用范畴的本义是指有形质的物质实体、本体与其作用、功能、属性的关系，与亚里士多德讲的“本体”（“第一本体”）与“数量”“性质”等九范畴的关系十分类似。除此之外，中国哲学中的体用范畴还有多重涵义，哲学家们也经常从本质（本体）与现象的关系来谈体用，故有“内体、外用”之说。宋代哲学家胡瑗的“明体达用之学”就是在这个意义上来区分文化之体用的。他说：“君臣父子，仁义礼乐，历世不可变者，其体也；……举而措之天下，能润泽斯民，归于皇极者，其用也。”（《宋元学案·安定学案》）“体”是指封建文化中不变的精神指导原则，“用”是把这些原则运用于具体实践，即“举而措之天下”的应事之方术。这种说法被看作是传统文化体用观的经典表述。清末的“中体西用”论继承了以体用区分内在的精神原则与外在的应事方术的传统观点，主张“中学为内学，西学为外学；中学治身心，西学应世事”（张之洞《劝学篇》），企图借助西方先进科学技术之“用”，来卫护中国封建纲常名教之“体”。这显然是一种保守主义的文化观。“西体中用”论则采取了釜底抽薪的策略，对体用范畴的涵义做了完全不同的界定，认为“体是社会存在的本体，即生产方式、生活方式”，“中体西用论的最大错误就在于认为科技是用而不是体，其实科技恰恰是体”[①]。在他们看来，中国必然要走现代化的道路，而现代化源于西方，所以这是一条将“西体”运用于中国的道路。

90 多年前，一种新的先进文化马克思主义传入中国，并与中国工人运动相结合，催生了中国共产党。此后中国的思想文化格局，就不再是中西对峙而是中、西、马三者对立互动了。由于对中、西、马三种文化资源的态度不同，中国思想界出现了自由主义西化派、“中体西用”的文化保守派和马克思主义的“古为今用，洋为中用，批判继承，综合创新”[②] 派三大思潮对立互动的局面。“中体西用”和“西体中用”文化观都不能解决中、西、马三者的关系问题，在长期论争交锋中，一种新的文化观即“马魂、中体、西用”论应运而生。突破“体、用”二元传统思维模式是认识上的一个飞跃，形成“魂、体、用”三元模式的关键在于把主导性之“体”（“魂”）与主体性之“体”区分开来。“马魂、中体、西用”论既坚持了马克思主义的指导思想地位，又坚持了民族文化的主体地位，同时还坚持面向世界、对外开放的方针。应该说这是最切合今天中国实际的一种文化观。

我们高兴地看到，“马魂、中体、西用”论在《决定》中得到了非常有力的支持。如前所述，《决定》明确说“社会主义核心价值体系是兴国之魂”，马克思主义指导思想是社会主义核心价值体系的四项基本内容之一，而且是“第一要义”，在分别为“灵魂、主题、精髓、基础”的完整理论体系中居于“灵魂”地位，也就是说，它是

---

① 李泽厚：《论西体中用》，《团结报》1986 年 9 月 27 日。

② 关东：《现代新儒学研究的回顾与展望——访方克立教授》，《哲学研究》1990 年第 3 期。

“魂中之魂”。这就充分肯定和格外强调了马克思主义在当代中国文化中的主导地位和决定性作用。《决定》中也有“以民族文化为主体，吸收外来有益文化，推动中华文化走向世界”的论述，在讲学习借鉴国外优秀文化成果时，强调要坚持“以我为主，为我所用”的原则。这就明确肯定了中国文化（“我”）的主体地位和外来有益文化之“用”的地位、“他山之石”地位。中、西、马三种文化资源在当代中国文化中各自的地位和它们之间的相互关系可谓一目了然。

《决定》除了从当代中国文化内涵构成的角度涉及“马魂、中体、西用”的定位之外，还从一个更加宏观的视角考察了当代中国文化建设中的“魂”“体”“用”三者关系问题，即以包括马克思主义指导思想在内的社会主义核心价值体系为“魂”，以承载着文化精神价值的各种文化的物化形态和传播手段为“体”，结合我国文化改革发展实践提出了一系列强“魂”健“体”的具体措施，强调只有处理好“魂”与“体”的相辅相成关系，才能完成当代中国文化坚持社会主义方向、防止资本主义复辟的重大意识形态使命，才能有效配合社会主义经济建设、政治建设、社会建设、生态文明建设为其提供精神支撑，才能满足人民群众日益增长的多方面、多层次精神文化需要，才能发挥提高人的全面素质的作用。这是对“强魂健体才能成大用”的文化发展规律的生动说明。

关于当代中国文化建设问题，我们是在文化改革发展的实践探索中，在与各种文化主张的长期争论中，才逐渐形成“马魂、中体、西用‘三流合一’综合创新”和“强魂健体、魂体相依方能成大用”等规律性认识的。从古代“内体外用”的传统文化体用观，到近代以来的中西文化体用之争，再到我们今天对文化之“魂、体、用”辩证关系的认识，反映人们的文化理念是不断发展更新和越来越接近客观真理的。只有用马克思主义世界观、历史观、人生观、价值观武装起来的中国共产党人，才能在自己实践探索的基础上，不受任何固定思维模式的束缚，不断开辟认识文化的新视野，达到对文化的本质、发展规律和作用功能的科学认识。《决定》就是用马克思主义观点创造性地阐明当代中国文化之“魂、体、用”三者统一辩证法的典范。它不仅对文化改革发展实践有很强的现实指导意义，而且具有重要的方法论意义，是指导文化研究的一个重要理论文献。

本刊记者：党的十六大以来，党中央出台了一系列重大举措深化文化体制改革，有力推动了宣传文化领域各项事业的改革、繁荣和发展。正如您说的，它是我们党强“魂”健“体”、高度文化自觉的一个重要体现。

方克立：我们党在十六大以来的文化体制改革实践中，深刻认识社会主义市场经济条件下文化发展的规律，探索出了一条文化事业与文化产业“二分”，一手抓公益性文化事业，一手抓经营性文化产业，两轮驱动、两翼齐飞，社会效益与经济效益双丰收的文化改革发展之路。这是我们在文化建设方面的一个里程碑式的飞跃。

在文化建设中落实科学发展观，就要构建科学合理的文化发展格局。区分文化事业与文化产业，形成“两手抓”“两加强”的文化发展格局，是我们党在社会主义市场经济条件下对文化建设规律认识的一个重大突破，也是一个重要的理论创新。十年来付诸实践的结果是，一方面文化基础设施投入大幅度增加，多项文化惠民工程惠及千家万户，人民群众的基本文化权益得到保证，大大丰富了他们的精神文化生活；另一方面，一大批过去吃皇粮的国有经营性文化单位，转企改制成为工商登记注册的文化产业，在市场经济大海中学会了游泳并成为好手，释放了文化生产力，对国民经济的贡献率越来越大，整体实力和国际竞争力日益增强。实践证明“两手抓”“两加强”的方针是完全正确的，不但开创了我国文化建设的新局面，而且是今后必须坚持的发展繁荣社会主义文化的必由之路。改革实践给我们启发最大的是，近年来涌现出了一批弘扬主旋律的精品力作，不但深受人民群众喜爱，占有了较大的文化市场份额，而且加强了社会主义意识形态的阵地，实现了社会效益与经济效益双丰收。这就真正达到了我们进行文化体制改革的目的。

《决定》以很大篇幅分别论述了大力发展公益性文化事业、保障人民基本文化权益和加快发展文化产业、推动它成为国民经济支柱性产业，即“两手抓”的问题，力图巩固和深化文化体制改革的成果，更加自觉地按照文化发展规律办事。文件强调必须以政府为主导，以公共财政为支撑，按照公益性、基本性、均等性、便利性的要求，加强文化基础设施建设，完善覆盖城乡、结构合理、功能健全、实用高效的公共文化服务体系，让群众广泛享有免费或优惠的基本公共文化服务。文化基础设施建设还体现了向农村和中西部地区、革命老区、民族地区、边疆地区倾斜的精神，是真正的文化惠民工程。文件强调要按照全面、协调、可持续的要求，推动文化产业跨越式发展，构建结构合理、门类齐全、科技含量高、富有创意、竞争力强的现代文化产业体系，形成以公有制为主体、多种所有制共同发展的文化产业格局，使之成为新的经济增长点和转变经济发展方式的重要着力点，为推动科学发展提供重要支撑。这一切都需要进一步解放思想，深化改革开放，加快构建有利于文化发展繁荣的体制机制，建立现代企业制度，培育合格市场主体，并在创新文化管理体制、完善政策保障机制等方面采取一系列改革措施。

大力发展公益性文化事业的惠民性质十分明显，为什么说加快发展经营性文化产业也是满足人民群众对文化的多样化需求、发展繁荣社会主义文化的必然要求呢？这里面有一个对文化产品的两重属性、两种效益及其相互之间关系的认识问题。在文化事业和文化产业都由国家包下来的时代，我们比较重视文化产品的意识形态属性和社会效益，而不太重视其商品属性和经济效益，这样才会出现我国所有出版社的年销售额加起来还不及德国某集团一家的年收入，我国海外商演的年收入总和还比不上加拿大一个著名马戏团的尴尬局面。有 13 亿人口的中国无疑是一个文化消费大国，事实上也是一个文化资源大国，但从其文化产品所占市场份额来看，还远不是一个文化强国。在文化产品国际竞争日益激烈的背景下，我国的文化体制改革势在必行。经过十年探索实践，上述情况已经有很大改变。关键是我们对文化产品的意识形态属性与商品属性、社会效益与经济效益的关系有了更全面的认识，对人民群众的基本文化需求与多样化需求有了更明确的区分，形成了一手抓文化事业、一手抓文化产业的发展思路。这一认识转变，极大地解放了文化生产力，我国的文化产业已出现健康向上、迅速发展的势头。比如“十一五”期间新闻出版业总资产、总产出、总销售都比“十五”期间翻了一番，目前中国已成为世界第三大电影生产国和第一大电视剧生产国，这些都说明我国的文化产业蕴藏着巨大的发展潜力，文化软实力转化为经济硬实力也是具有现实可能性的。

文化作为价值形态的东西，它的力量决不只表现为文化产品的经济效益，而更在于其“以文化人”“以文育人”的精神力量。所以在加快发展文化产业的过程中，我们还要防止另一种片面性，就是一味追求经济效益，放弃自己的社会责任，甚至迎合低级趣味，误导和扭曲人们的价值观念。《决定》强调要始终把社会效益放在首位，坚持社会效益与经济效益的有机统一。所谓把社会效益放在首位，就是要把社会主义核心价值体系建设放在首位，把这个“魂”融入各种文化产品中去，真正以科学的理论武装人，以正确的舆论引导人，以高尚的精神塑造人，以优秀的作品鼓舞人，充分发挥社会主义先进文化的优越性。坚持社会效益与经济效益的统一，就是要坚持文化发展为了人民、依靠人民、文化发展成果由人民共享的方针，在文化产品创作、生产、流通的全过程中贯彻人民至上的原则，要让人民群众觉得好看、受益、愿意花钱买你的产品并且买得起，他们在得到真、善、美的享受之同时，文化产业的出版码洋、票房价值等等也上去了。这就是我们所期望的社会效益与经济效益有机统一的效果。

本刊记者：确实，通读十七届六中全会《决定》，可以深切感受到我们党高度的文化自觉和文化自信，这种高度的文化自觉和文化自信将有力地推动文化的繁荣兴盛，加快中华民族伟大复兴步伐。您认为《决定》突出的亮点有哪些？

方克立：《决定》在总结实践经验的基础上理清了中国特色社会主义文化发展的思路，在理论和实践方面有不少创新之处，其中有两个重点或者说两大亮点：一是强调社会主义核心价值体系是“兴国之魂”，是社会主义先进文化的“精髓”。这个理论新概括确立了以马克思主义为指导思想的当代中国文化之“魂”；二是提出了公益性文化事业和经营性文化产业“二分”的思路，分类改革，全面推进社会主义文化事业和文化产业，做大做强当代中国文化之“体”。显然，前者的着力点在增强文化价值软实力，后者包含增强文化经济硬实力的内容，但不仅限于此，文化经济需要文化价值的支撑，而且还包括制度建设、法律保障等内容。这两大亮点都是思想解放、与时俱进的重要成果，也可以说是当代中国马克思主义的两大理论创新，是对马克思主义文化观的新发展、新贡献。二者在内容上又是密切联系的，互相依托、互相支撑、互相辉映，使我们对经济全球化时代与社会主义市场经济条件下文化发展的规律和现实道路有了更加全面准确的把握。我们注意到，当代中国文化改革发展的这两大亮点、两大理论创新，都是在新世纪十年提出来并取得实质性进展的，它说明我们党的这一代领导人政治上坚定成熟，文化上高度自觉，理论上富有创造创新精神，有能力领导一个13亿人口的大国在国际风云变幻的形势下坚定不移地走社会主义道路，把党的事业继往开来地推向新阶段。

20世纪90年代后期，费孝通先生多次讲文化自觉问题。他最典型的表述是：文化自觉是指生活在一定文化中的人对其文化有“自知之明”，明白它的来历、形成过程、所具有的特色和它的发展趋向，不带任何“文化回归”的意思，同时也不主张“全盘西化”或“全盘他化”。自知之明是为了加强对文化转型的自主能力，取得决定适应新环境、新时代文化选择的自主地位。这一思想受到学术界的高度重视，2002年12月召开的“21世纪中华文化世界论坛”第二次会议即以“文化自觉与社会发展”为主题，与会学者都高度认同费老提出的文化自觉观念，此后即广泛传扬并日益深入人心。费老是从个人的文化反思讲到中华民族的文化自觉，提出我们中国人有责任用现代科学方法来完成我们文化自觉的使命，继往开来地努力创造现代中华文化，为全人类的明天作出更大贡献。

一个民族的文化自觉，总是有一部分先进分子首先有所觉悟，然后带动整个民族的觉醒和共同团结奋斗。作为中华民族先锋队的中国共产党，从一诞生就以民族解放和文化复兴为己任，在各个历史时期都表现出了高度的文化自觉，远的不说，前面提到过的两个精神文明建设决议就是改革开放时代文化自觉的产物。文化自觉是我们党始终具有的鲜明特征和显著优势，党的全部历史都可以证明这一点。在十七届六中全会召开之前，党的理论工作者已经对文化自觉问题做了相当深入的研究，连载于《红旗文稿》2010 年第 15、16、17 期的云杉的《文化自觉·文化自信·文化自强——对繁荣发展中国特色社会主义文化的思考》就是一篇代表作。《决定》把这条繁荣发展中国特色社会主义文化的自觉、自信、自强之路开拓得更加宽广，考虑得更加周全，并以中央文件的形式确定下来，成为全党全国人民共同奋斗的行动纲领。我们相信，这个目标明确且具有很强操作性的重要文件，一定会产生精神变物质的巨大力量。中华文化的伟大复兴一定能够实现，中国一定能从文化大国变成让世界瞩目的社会主义文化强国。正如胡锦涛总书记在庆祝中国共产党成立 90 周年大会上的讲话中所说的：“中华民族创造了源远流长、博大精深的中华文化，中华民族也一定能够在弘扬中华优秀传统文化的基础上创造出中华文化新的辉煌。”①

本刊记者：通过您的解读，我们对党的十七届六中全会精神，特

① 胡锦涛：《在庆祝中国共产党成立 90 周年大会上的讲话》，人民出版社 2011 年版，第 24 页。

别是对《决定》怎样充分体现我们党的高度文化自觉，有了深入了解和把握，这必将有助于我们更深入地学习贯彻六中全会精神，推动文化的大发展、大繁荣。谢谢您接受我刊的采访。

（采访人为蒋旭东。原载《思想理论教育导刊》2012 年第 8 期）

“马魂、中体、西用”是我们的文化旗帜

——访中国社会科学院学部委员方克立教授

本报记者

上世纪80年代中期，方克立先生开创的现代新儒学研究已成为一门显学。为了对现代新儒学进行准确定位，方先生又提出了中国现代三大思潮对立互动说，认为近代以来的古今中西之争，至“五四”时期已被分别倚重中、西、马三种思想文化资源的现代新儒家、自由主义西化派和中国马克思主义派“三足鼎立”的格局所取代，这种“三分”的思想格局至今没有发生根本变化。他本人则倾心于张申府、张岱年先生倡导的中西马“三流合一”、综合创新文化观，并把这种文化观与我们党一贯主张的文化建设指导方针结合起来。2006年，他明确提出“马魂、中体、西用”论，把马克思主义综合创新文化观发展到一个新阶段。近日，记者就这个问题采访了中国社会科学院学部委员方克立先生，听他讲述了自己的思想历程。

从“综合创新”到“马魂、中体、西用”

《中国社会科学报》： 方先生，您的《中国文化的综合创新之路》一书出版后，我们注意到有几篇书评都聚焦于“马魂、中体、西用”论，有的着重讲它是“五四”以来的正确文化发展道路选择，有的认为它开创了学术研究的新范式。您是在什么样的背景下提出这种文化

理论的？

方克立： 近代以来，“中国向何处去”“中国文化向何处去”始终是国人最为关心和焦虑的问题，具有“天下兴亡，匹夫有责”担当精神的中国知识分子尤其如此。他们提出了“中体西用”“西体中用”“全盘西化”“复兴儒学”等各种匡时救国的方案，相互之间展开了多次思想文化论战。“五四”以后除了原来的中西体用之争外，由于马克思主义传入中国，工人阶级登上政治舞台，中国社会和文化发展道路选择又多了一种可能性，即以当代先进文化马克思主义为指导、为引领，充分发挥源远流长、博大精深的中华文明的固有优势，以之为基础、为本源，吸收世界各国先进的科学技术、管理经验和思想文化为我所用，创造出一种“坐集千古之智”（方以智《通雅·音义杂论》）的中国社会主义新文明的可能性。李大钊、鲁迅、毛泽东等人都看到了这是中国社会和文化走向现代化的一条“正道”，也是中华民族伟大复兴的必由之路。上世纪 30 年代，最先以“孔子、罗素、列宁，三流合一”①、“将唯物、理想、解析，综合于一”② 的思想形式将这条文化发展道路揭示出来的是张申府、张岱年兄弟。他们用来“合一”的方法是“相反而一体，矛盾的谐和”③ 的唯物辩证法，也就是“辩证的或有机的综合”④。半个世纪后，张岱年又把它发展成为系统、完整、成熟的“文化综合创新论”，这是在当今中国得到最广泛认同的一种文化理论。我在进行现代新儒学研究时就十分注意三大思潮是怎样处理中、西、马关系问题的，不接受“全盘西

---

① 参见《张岱年全集》第 1 卷，河北人民出版社 1996 年版，第 133 页；第 8 卷，河北人民出版社 1996 年版，第 549、585 页；《张申府文集》第 3 卷，河北人民出版社 2005 年版，第 434 页。

② 《张岱年全集》第 1 卷，河北人民出版社 1996 年版，第 262 页。

③ 《张申府文集》第 3 卷，河北人民出版社 2005 年版，第 215 页。

④ 张申府：《五四纪念与新启蒙运动》，《张申府文集》第 1 卷，河北人民出版社 2005 年版，第 192 页。

化”或者“全盘中（儒）化”的观点，也不赞成折中主义的“中体西用”论和“西体中用”论，而是十分认同二张先生的中西马“三流合一”、综合创新文化观。1990 年我曾将这种文化观概括为“古为今用，洋为中用，批判继承，综合创新”[①] 四句话，后来觉得这种表述没有阐明中、西、马三“学”在文化综合创新中分别处于什么地位及其相互关系，所以在 2006 年又做出了“马学为魂，中学为体，西学为用，三流合一，综合创新”的新概括。很明显，这种新概括是对二张先生“三流合一”“综合创新”思想的继承和发展，我不过是在前人已有睿识的基础上，力图把这条文化发展道路的理论本质揭示得更清楚一点而已。

中国社会和文化发展道路选择关系着国家前途、民族命运、人民幸福，确实是头等大事，提出任何一种见解都必须慎之又慎，对国家、民族、人民负责任。近代以来，“中体西用”“西体中用”“全盘西化”“复兴儒学”这些口号影响都很大，实际上就是打出了一面面文化旗帜，力图影响甚至决定中国社会和文化发展的方向与道路。从这个意义来说，二张先生倡导的中西马“三流合一”“综合创新”就是我们的文化旗帜，“马魂、中体、西用”就是我们的文化旗帜。

“马魂、中体、西用”论强化民族文化主体性

《中国社会科学报》：学界对“马魂、中体、西用”有一些不同的理解，您提出这一理论的基本内涵是什么，比如“马学为魂”之“马”是指什么，“中学为体”与清末张之洞等人提出的“中学为体”又有什么区别？

方克立：“马学为魂，中学为体，西学为用”三句话讲的是马、

① 关东：《现代新儒学研究的回顾与展望——访方克立教授》，《哲学研究》1990 年第 3 期。

中、西三“学”在中国现当代文化综合创新中的地位和相互关系。“马学为魂”之“马”，首先是指无产阶级认识世界和改造世界的科学世界观与方法论，即辩证唯物主义和历史唯物主义；其次是指坚持中国社会和文化发展道路的社会主义方向，坚持社会主义价值观和无产阶级只有解放全人类才能解放自己的价值立场。我认为这两点是马克思主义中最本质的东西，最具有“灵魂”意义的东西。有人把“马学为魂”之“马”曲解为某种具体的学说或某个人的思想，那不是我的观点。

我说的“中学为体”之“体”，不是“道体器用”之“体”，而是“器体道用”之体，不是作为精神指导原则之“体”，而是作为文化发展载体之“体”，讲的是民族文化的主体性。这就与清末张之洞等人以孔孟之道和“中国之伦常名教”为“体”的观点鲜明地区别开来了。我用“运作主体”“生命主体”“创造主体”“接受主体”四个概念集中阐明和论证“中学”（中国文化）的主体性，尤其是“接受主体”这个概念，它不仅是对西学而言的，也是对马克思主义这种外来文化而言的。如果没有中国文化这个接受主体，如果不被中国文化所接受，再好的外来文化也不可能在中国发生任何作用，不但不能起“他山之石”的作用，更不可能起到引领时代思潮的指导思想作用。正如有的学者所指出的，“马魂、中体、西用”论最突出的特点就是强化了民族文化的主体性。

“西学为用”的意义比较明确。张岱年先生曾经指出：“中华民族是建设社会主义中国新文化的主体，而社会主义是中国新文化的指导原则。科学技术等等都是为这个民族主体服务的，也都是为社会主义服务的。”[①] 他讲了两个“服务”，而我也讲到过“西学为用”的两重含义，指出它既是对于作为指导原则的马克思主义来说的，也是对

---

① 张岱年：《试谈文化的体用问题》，《张岱年全集》第 6 卷，河北人民出版社 1996 年版，第 129 页。

于作为接受主体的中国文化来说的。对于指导原则来说，它是“应事之方术”，即原则的具体应用；对于接受主体来说，它是为我所用的“他山之石”。也就是说，它有“道体器用”之“用”与“器体道用”之“用”两重意义。

“马魂、中体、西用”论的范式创新

《中国社会科学报》：您提出“马魂、中体、西用”论的问题意识很明确，就是力图正确解决文化综合创新中的中、西、马关系问题。这里的一个难点是需要突破中西对立、体用二元的传统思维模式，用“魂、体、用”三元模式取而代之。已有学者指出这得益于您长期关注体用范畴的研究，对中国传统哲学范畴的理论价值和内在限制都有比较清楚的了解，所以才能根据现实需要与理论逻辑提出新的思想范式。请您介绍一下在这方面的思考和研究。

方克立：我在 1984 年发表了《论中国哲学中的体用范畴》（《中国社会科学》第 5 期）一文，对体用范畴的多重涵义及其相互关系作了一些考察。1987 年写的《评“中体西用”与“西体中用”》（《哲学研究》第 9 期）一文，已把注意力集中到近代以来的中西文化体用之争，指出争论双方使用的体用范畴涵义并不一致，因此就没有实质上的针对性。比如，晚清张之洞等人所讲的“中体西用”，“体”是指万世不变的精神指导原则，“用”是把原则“举而措之天下”即运用于具体实践，这是一种“道体器用”的观点。李泽厚的“西体中用”论则是以包括生产方式、日常生活在内的社会存在为“体”，而以“西体”运用于中国、取得“中国化”的形式为“用”，这显然已回到崔憬、王船山等人的“器体道用”论。

张岱年先生对中西文化体用之争中存在的问题看得很清楚，他意识到分歧正是在于对体用范畴的涵义理解不同，但他还是试图把中、西、马三“学”放在体用二元模式中来说明，因此有些关系难以讲清楚。比如在上面引述的那段话中，他把中华民族主体性与社会主义指导原则都放在“体”的地位，而科学技术等是为这两个“体”服务的。其实两个“体”是不一样的，一个是“道体器用”之“体”即主导性之“体”，另一个是“器体道用”之“体”即主体性之“体”，他没有把二者适当区分开。我曾经讲过，张先生的这个表述离“马魂、中体、西用”论其实只有一步之遥了。我是在他上述思想辨析的基础上，引进“魂”这个概念来表示作为精神指导原则的主导性之“体”，而用“体”这个概念专指作为文化发展载体的主体性之“体”。把两个不同含义之“体”区分开来，运用到我们讨论的问题上，就把马克思主义指导思想（“魂”）与中国文化主体性（“体”）摆在既有区别又有机统一的关系中了，而处理好这个关系正是中国现当代文化能否健康正常发展的关键。

“马魂、中体、西用”论与党的文化方针高度契合

《中国社会科学报》：您在讲“五四”以后三大思潮对立互动时，认为以张岱年为代表的马克思主义综合创新文化观与我们党一贯的文化建设指导方针是高度一致的，现在您对这种文化观作出了“马魂、中体、西用”的新概括，这种新概括是否能更贴切地反映党的文化立场和方针呢？

方克立：我当然希望能是这样。比如毛泽东的新民主主义文化理论，是以马克思主义的唯物史观为指导来处理文化与政治、经济的关系问题。他将新民主主义文化界定为“人民大众反帝反封建的文化”和“民族的科学的大众的文化”，指出这种文化“只能由无产阶级的文化思想即共产主义思想去领导”；同时十分强调民族文化的主体性，指出“我们必须尊重自己的历史”①，批判地清理和继承古代文化

① 《毛泽东选集》第2卷，人民出版社1991年版，第708页。

“是发展民族新文化提高民族自信心的必要条件”[①]；并且主张“大量吸收外国的进步文化，作为自己文化食粮的原料”，也就是为我所用。我以为这些论述都充分体现了“马魂、中体、西用”的精神。又如1986年党的十二届六中全会通过的《中共中央关于社会主义精神文明建设指导方针的决议》，明确指出我们要建设的是“以马克思主义为指导的，批判继承历史传统而又充分体现时代精神的，立足本国而又面向世界的”高度发达的社会主义新文化，既阐明了这种文化的性质和指导思想，又高屋建瓴地回答了古今中西问题，“立足本国”就是强调民族文化的主体性。2011年党的十七届六中全会通过的《中共中央关于深化文化体制改革推动社会主义文化大发展大繁荣若干重大问题的决定》，更加明确地指出社会主义核心价值体系是“兴国之魂”，马克思主义指导思想是社会主义核心价值体系的四项基本内容之一，在分别为“灵魂、主题、精髓、基础”的完整理论体系中居于“灵魂”的地位。也就是说，它是“魂中之魂”。文件中也有“以民族文化为主体，吸收外来有益文化，推动中华文化走向世界”的论述，在讲学习借鉴国外优秀文化成果时，强调要坚持“以我为主，为我所用”的原则。在这个重要文件中，实际上“马魂”“中体”“西用”都讲到了，马、中、西分别处于“灵魂”“主体”和为我所用的“他山之石”的地位。

习近平同志近年来关于文化问题的一系列讲话所传达的信息非常重要。他在强调巩固马克思主义的指导思想地位、号召全党学好历史唯物主义基本原理和方法的同时，对民族文化的主体性、根源性问题给予了特别的关注，指出中华文化积淀着中华民族最深沉的精神追求，是中华民族生生不息、发展壮大的丰厚滋养；中华优秀传统文化是中华民族的突出优势，是我们在世界文化激荡中能够站稳脚跟的根基；中国特色社会主义植根于中华文化沃土，中华民族的伟大复兴要

---

① 《毛泽东选集》第2卷，人民出版社1991年版，第707—708页。

以中华文化的发展繁荣为条件。他最近在联合国教科文组织总部的演讲，是不同文明互相尊重、互相欣赏、互相鉴取、互相包容的典范，表现了海纳百川的开放文化心态。这些论述，我认为是对“马魂、中体、西用”最好的诠释。

“马魂、中体、西用”可能建立主导的学术范式

《中国社会科学报》： 有学者指出，由于“马魂、中体、西用”论能够科学理性地整合中、西、马三大学术资源，它在客观上也为当代中国学界建立了一种新的乃至主导性的学术范式。对此您有什么看法和期待?

方克立： “马魂、中体、西用”论提出后，逐渐得到一些学者的理解、认同和支持，其理论价值和现实意义也逐渐得到彰显。它已经不是我个人的学术思想，许多学者都为其内涵的丰富和发展作出了贡献，开创学术研究新范式就是一个青年学者引申出来的新话题。我曾经说过，“马魂、中体、西用”三流合一、综合创新不仅是“五四”后近百年来中国哲学和文化发展的一条现实道路，也是这个时期一些成就卓著的学者所走过的学术道路，他们研究的领域和问题可能千差万别，但基本的学术路数都是把坚持以马克思主义为指导、坚持民族文化的主体性与面向世界的学术眼光结合起来，所以学问做得大气而又充满理论自信和民族自信。我曾经提到过郭沫若、范文澜、侯外庐等老一辈马克思主义学者的名字，也提到过我老师辈的张岱年、冯契、任继愈等先生的名字，还提到过比我略长的陈先达、罗国杰、方立天等同辈学者的名字，他们走的都是一条“马魂、中体、西用”的学术道路。这条道路将被一代一代学术传承者走得越来越宽广，并且有可能建立起一种主导的学术范式。“马魂”作为一种学术立场、精神指导原则和基本方法贯穿于整个学术研究过程中；“中体”更多地指向研究主体，即以中国问题为研究中心和主题，以中国文化为主要

学术资源，建立中国自己的学术话语体系；“西用”则是指学习借鉴国外有价值的学术成果为我所用。这种学术范式与“中体西用”“西体中用”“全盘西化”“复兴儒学”等学术范式都有显著区别，它更好地体现了时代先进性与民族主体性、历史继承性与综合创造性的统一。我希望有更多的人了解、认同和自觉践行“马魂、中体、西用”的学术范式，为中国特色社会主义学术文化的发展繁荣作出更大贡献。

（本文访谈者和作者是《中国社会科学报》记者钟义见。原载《中国社会科学报》2014 年 5 月 5 日第 591 期）

“马魂中体西用”与文化体用问题纵横谈

——访中国社会科学院学部委员方克立教授

张小平　杨俊峰

方克立教授提出“马魂中体西用”论已经有十一年了，它在学术界产生了相当热烈的反响，有关评论和讨论文章已超过一百五十篇。作为一种文化创新理论，它回答的是百年中国文化发展道路，中、西、马的关系，文化体用论的范式创新，当代中国的主导学术范式等重大理论和方法问题，得到了众多学者的肯定、赞同和支持，当然也有一些不同的意见和声音。不同意见反映了当今中国意识形态领域的复杂情况，其中有的是思想路线的根本分歧，有的是学术见解和认识方法之异。近日，我们就有关问题访问了中国社会科学院学部委员方克立教授，年近八旬的方教授同我们进行了坦诚的交谈。

一　十月革命在中国思想史上的重要转折意义

▲（采访者简称▲，下同）：今年是俄国十月革命一百周年，也是马克思主义进入中国一百周年。百年中国文化的发展，包括哲学社会科学的发展，都离不开马克思主义这个重要维度。方老师，您是“马魂中体西用”论的倡导者，认为坚持马克思主义的指导思想地位、中国文化的主体地位和对外开放的方针三者有机统一，是当代中国文化的基本特征和必由之路。您是怎样看待十月革命在中国思想史上的

重要转折意义的？

●（接受访谈者简称●，下同）：“十月革命一声炮响，给我们送来了马克思列宁主义。”[①] 这件事情在中国思想史乃至整个中国近代史上的重要意义，毛泽东在《论人民民主专政》一文中讲得非常清楚。由于外国资本主义的入侵，近代中国已沦为一个半殖民地半封建的国家。先进的中国人经过千辛万苦，向西方寻找救国救民的真理，包括进化论、天赋人权论、实用主义、新实在论和资产阶级共和国的方案等等，都曾先后被引进中国。但是这些方案都尝试过了，都不管用，“先生老是侵略学生”，这是怎么一回事呢？中国人在困惑不解之时碰到了俄国十月革命，“这时，也只是在这时，中国人从思想到生活，才出现了一个崭新的时期。中国人找到了马克思列宁主义这个放之四海而皆准的普遍真理，中国的面目就起了变化了”[②]。正如鲁迅先生所说的，“别求新声于异邦”[③] 的文化选择，选对了就真管用了。

在俄国十月革命前，最早可以追溯到 19 世纪末，就有一些外国来华的传教士，以及中国的资产阶级知识分子、小资产阶级无政府主义者，在报刊上对马克思、恩格斯及其学说做过一些零星的介绍，但他们对这一科学理论的了解和认识都是十分肤浅、非常片面的，他们的介绍也没有引起人们的特别重视。俄国十月革命爆发就不一样了，它震撼了全世界也惊醒了中国的先进分子，帮助他们找到了马克思主义这种观察国家命运的工具，促使他们重新思考自己的问题，“走俄国人的路——这就是结论”[④]。可以说马克思主义进入中国，从根本上改变了中国的命运，指导中国革命、建设、改革取得了一个又一个胜利，中华民族伟大复兴的中国梦才有可能一步一步地实现。这一切

① 《毛泽东选集》第 4 卷，人民出版社 1991 年版，第 1471 页。
② 《毛泽东选集》第 4 卷，人民出版社 1991 年版，第 1470 页。
③ 《鲁迅全集》第 1 卷，人民文学出版社 2005 年版，第 68 页。
④ 《毛泽东选集》第 4 卷，人民出版社 1991 年版，第 1471 页。

都是从十月革命开始的，这是一个非常重要的时间节点。习近平同志去年在“五·一七”讲话中，讲到“当代中国哲学社会科学是以马克思主义进入我国为起点的”，这个“起点”就是指十月革命，而不是指此前对马克思主义的零星介绍。

马克思主义进入中国对中国思想史的重要转折意义，突出地表现于在此前后，时代中心问题的转换和中国思想界基本格局的变化。所谓时代的中心问题就是“中国向何处去”“中国文化向何处去”的问题。自鸦片战争以来到俄国十月革命前，所谓“古今中西”之争，即新学与旧学之争、西学与中学之争，一直是中国社会发展道路选择和思想文化论争的中心问题。毛泽东指出其性质是资产阶级的新文化与封建阶级的旧文化的斗争。十月革命后情况就不一样了，马克思主义这种无产阶级世界观和社会革命理论进入中国，成为影响百年中国历史进程的最重要的一种思想文化，它也是这个时代最先进的文化，时代的中心问题就不止是“古今中西”之争，而是必须同时考虑到马克思主义这个重要维度，变成中、西、马三者的关系问题了。时代的中心问题发生了变化，中国思想界的格局也随之发生了相应的变化，即从新学派与旧学派之争、西学派与中学派之争，变成自由主义西化派、文化保守派和中国马克思主义派三足鼎立，或者说三大思潮对立互动的格局了。一百年来这种思想格局没有发生根本变化，只不过在中国革命、建设、改革的各个时期，各派思想的表现形式不同，各派力量的消长有异，相互之间的关系越来越错综复杂了而已。其中马克思主义综合创新派的百年探索，始终代表着中国文化发展的正确方向，它的第一个代表人物就是李大钊。李大钊的探索正是从十月革命开始的。

▲：请您举一些实例来具体说明十月革命对中国思想界的影响。

●：李大钊曾经是一个革命民主主义者，俄国十月革命后转变成为一个共产主义者，他也是中国最早的马克思主义者。在东西文化论战中，李大钊虽然也赞成“东方文明主静，西方文明主动”的观点，但他是明确主张西方文明高于、优越于东方文明的，认为“时至今日，吾人所当努力者，惟在如何以吸收西洋文明之长，以济吾东洋文明之穷”。他同时是一个东西文明调和融会论者，明确主张：“东洋文明与西洋文明，实为世界进步之二大机轴，正如车之两轮、鸟之双翼，缺一不可。而此二大精神之自身，又必须时时调和、时时融会，以创造新生命，而演进于无疆。”在他看来，当前世界的危机，正是由于“挟种族之偏见，以自高而卑人”、割裂两大文明而造成的，因此，只有“二种文明本身各有彻底之觉悟，而以异派之所长补本身之所短，世界新文明始有焕扬光采、发育完成之一日”。这种世界新文明就是既超越东西文明而又能够吸收两大文明之长的“第三新文明”。他说：“东洋文明既衰颓于静止之中，而西洋文明又疲命于物质之下，为救世界之危机，非有第三新文明之崛起，不足以渡此危崖。俄罗斯之文明，诚足以当媒介东西之任。”[①] 他从十月革命后在俄罗斯崛起的“第三新文明”即无产阶级的社会主义文明中看到了挽救当代世界危机的希望，认为它也是中国和世界未来文明发展的方向。“第三新文明”论可以说是中国马克思主义综合创新文化观的第一个阶段和第一种形态，它是直接受到俄国十月革命的启发而产生的，在此后百年中国文化发展过程中始终起着引领方向的作用。

提倡此论的除了李大钊之外，还有他在中共建党时期的战友、后来又脱党的著名民主人士张申府先生。张在 1925 年写的《第三文化之建设》一文中说：“今日欲超出两旧文化而建一种第三文化，乃在顺‘物质’之可能，先就物质的基础，而引之趋合于理想。为理想之形成应将东西所有旧有的东西，都加以估重、评衡，及别择。一脚踢与一兜包的办法，是同一样地要不得的。保守东方旧化说不可行，移

① 李大钊：《东西文明根本之异点》，《言治》季刊 1918 年第 3 册；《李大钊全集》第 2 卷，人民出版社 2006 年版，第 219、214、223、214 页。

植西洋旧化说不可行，机械地融合东西两化说也同一样地不可行。”[①]十月革命开创了世界无产阶级革命的新纪元，资产阶级的思想体系本来相对于中国的封建文化来说是一种新文化，自从马克思主义进入中国后，它也变成一种旧文化了，所以张申府说要超越“两旧文化”而建立一种“第三文化”即社会主义的理想文化。他也明确意识到，第三文化之建设不能全盘否定两旧文化，而是必须对其进行重估、评衡和选择。他的这种思想之合乎逻辑的发展，就产生了后来的“孔子、列宁、罗素，三流合一”[②] 的文化主张。

我们从李大钊和张申府这两个例子，就可以看到俄国十月革命对中国思想界的深刻影响。

二　“马魂中体西用”是百年中国文化发展的正道

▲：方老师，您在 1990 年的一次谈话中，把自由主义的“全盘西化”派、保守主义的“儒学复兴”派和马克思主义的“综合创新”派，看作七十多年来文化论争中的三个主要派别，并且用“古为今用，洋为中用，批判继承，综合创新”[③] 四句话来概括中国马克思主义派的文化主张。2006 年，为了解决中、西、马三“学”在中国现当代文化中的地位和相互关系问题，您又提出了“马学为魂，中学为体，西学为用，三流合一，综合创新”的新思路。这些都是从宏观的视角来总结中国现当代文化发展道路，您的思想为什么会发生这样的变化呢？

---

① 《张申府文集》第 1 卷，河北人民出版社 2005 年版，第 63—64 页。

② 参见《张岱年全集》第 1 卷，河北人民出版社 1996 年版，第 133 页；第 8 卷，河北人民出版社 1996 年版，第 549、585 页；《张申府文集》第 3 卷，河北人民出版社 2005 年版，第 434 页。

③ 关东：《现代新儒学研究的回顾与展望——访方克立教授》，《哲学研究》1990 年第 3 期。

●：20 世纪 80 年代中期，我接受了国家社科基金“七五”规划重点课题“现代新儒学思潮研究”的任务，由于课题规模较大，后来又延续到“八五”规划。经过十年现代新儒学研究，我对中国现当代三大思潮对立互动的格局有了比较全面系统的了解，包括对其历史和现状的了解。到后期我关注的重点实际上已经转向中国马克思主义综合创新派了，因为只有这一派能够正确处理中、西、马的关系问题。

在 20 世纪 80 年代的文化讨论中，方励之重新举起了“全盘西化”的旗帜，贬低中国文化、鼓吹西化的政论片《河殇》也很博人们的眼球。另一方面，海外新儒家代表人物杜维明在各种场合大讲“儒学的第三期发展”，“复兴儒学”、回归传统的思潮势力和影响也不小。在众声喧哗中，本来在中国大陆占据主导地位的马克思主义派反而显得声音比较小，说话不硬气，“批判继承”等等往往被看成是老生常谈。我觉得这种情况是很不正常的。1987 年，张岱年先生提出了“文化综合创新论”，主张以社会主义价值观来综合中西文化之长而创新中国文化，为中国马克思主义派树立起了一面鲜明的文化旗帜，以后情况就逐渐发生了变化。我本人是非常赞同张先生的综合创新文化观的，所以在 1990 年那次谈话中以“综合创新”来代表整个中国马克思主义派的文化主张。之所以归纳为“古为今用，洋为中用，批判继承，综合创新”四句话，我在 2002 年答《哲学动态》记者问时已有所说明：因为“古为今用，洋为中用”和“批判继承”是我们党一贯倡导的文化方针，大家都比较熟悉，所以我想把“综合创新”文化观与党的文化方针联系起来，应能就中国近现代文化论争的主题，给予一个比较完整明确的回答。①

后来发现这个概括也有缺陷，就是它只回答了古今中西问题，而没有对十月革命和五四运动后中国文化论争的中心主题——中、西、马的关系问题给予回答，所以我在 2006 年又做出了“马学为魂，中

① 方克立：《中国文化的综合创新之路》，中国社会科学出版社 2012 年版，第 173 页。

学为体，西学为用，三流合一，综合创新”的新概括。中国马克思主义派怎样实现文化上的综合创新呢？在我看来，其最本质的特征就是要按照“兼赅众异而得其平衡”[①] 的“兼和”的思路，把作为文化资源的中、西、马三“学”科学合理地整合起来，实质上是把马克思主义的指导思想地位、中国文化的主体地位和西方文化（外来文化）的“他山之石”地位三者有机结合起来，辩证统一起来，“坐集千古之智”（方以智《通雅·音义杂论》），创造具有博大气象又有中国特色的社会主义新文化。我认为这种“马魂中体西用”三学合一、综合创新的观点，是符合张岱年“文化综合创新论”之精神实质的，也是符合李大钊“第三新文明”论和毛泽东“古今中外法”之精神实质的。

社会和文化发展道路选择决定着国家的前途命运。理论在一个国家实现的程度，取决于它满足这个国家需要的程度。百年中国现当代思想史表明，“马魂中体西用”三学合一、综合创新的文化主张，明显地优越于自由主义的“全盘西化”论和保守主义的“儒学复兴”论，也优越于折衷主义的“中体西用”论和“西体中用”论，是被历史和人民选择的一条最符合中国现实需要的文化发展道路，也是唯一走得通的道路，所以说是一条正道，一条大道，一条必由之路。无论是五四时期的文化论战，还是80年代的文化大讨论，得出的结论都是这样。中国新民主主义文化发展道路和中国特色社会主义文化发展道路，就是这两次文化大讨论所得出的历史结论。文化道路选择和思想路线之争贯穿于整个中国现当代思想史，它在今天也同样尖锐地存在着。胡锦涛同志在十八大报告中，习近平同志在中国共产党成立95周年庆祝大会的讲话中，都强调我们要坚定不移地走中国特色社会主义道路，既不走封闭僵化的老路，也不走改旗易帜的邪路。这说明在改革开放的新时期，我们仍然必须清醒地认识到，偏离中国特色社会主义道路的“僵化”“西化”“儒化”之路都是走不通的。我们

---

① 《张岱年全集》第3卷，河北人民出版社1996年版，第220页。

应该有这样的文化自觉和理论自觉。

▲：方老师，您在多篇文章和谈话中，都把中国马克思主义派的文化主张与中国共产党的文化建设指导方针联系在一起，能不能说党的文化方针是百年中国文化发展正道的集中体现和典型代表？

●：可以这样说。江泽民同志的“三个代表”理论中有一条就是讲中国共产党始终代表着中国先进文化的前进方向。党在革命、建设、改革的各个历史时期，始终坚持正确的文化方向，比如前面讲到的新民主主义文化理论和中国特色社会主义文化理论，无疑都是那个时代先进文化的代表。“马魂、中体、西用”就是其先进性的最重要的表征：一是坚持以科学的世界观马克思主义为指导，二是坚持民族文化的主体性，与本民族文化的优质基因血脉相连，三是吸收世界各民族文化中的合理成分作为营养，能够集合这几个方面优势的文化自然是先进文化。这在我们党的领袖的有关论述和党的决议等重要文献中可以找到充足的根据。

比如毛泽东的新民主主义文化理论，它是以马克思主义的唯物史观为指导来处理文化与政治、经济的关系问题的。毛泽东将新民主主义文化界定为“人民大众反帝反封建的文化”和“民族的科学的大众的文化”[①]，指出这种文化“只能由无产阶级的文化思想即共产主义思想去领导”[②]；同时十分强调民族文化的主体性，指出“我们必须尊重自己的历史”[③]，批判地清理和继承古代文化“是发展民族新文化提高民族自信心的必要条件”[④]；并且主张“大量吸收外国的进步文化，作为自己文化食粮的原料”[⑤]。在我看来，这些论述都体现了“马魂中体西用”的精神。

---

① 《毛泽东选集》第2卷，人民出版社1991年版，第706页。
② 《毛泽东选集》第2卷，人民出版社1991年版，第698页。
③ 《毛泽东选集》第2卷，人民出版社1991年版，第708页。
④ 《毛泽东选集》第2卷，人民出版社1991年版，第707—708页。
⑤ 《毛泽东选集》第2卷，人民出版社1991年版，第706页。

党的文献中有关文化问题的论述也不少。比如 1986 年党的十二届六中全会通过的《中共中央关于社会主义精神文明建设指导方针的决议》，明确指出我们要建设的是“以马克思主义为指导的，批判继承历史传统而又充分体现时代精神的，立足本国而又面向世界的”高度发达的社会主义文化。这个表述既阐明了这种文化的性质和指导思想，又高屋建瓴地回答了古今中西问题，“立足本国”就是强调民族文化的主体性。又如 2011 年党的十七届六中全会通过的《中共中央关于深化文化体制改革推动社会主义文化大发展大繁荣若干重大问题的决定》，更加明确地指出社会主义核心价值体系是“兴国之魂”，马克思主义指导思想是社会主义核心价值体系的四项基本内容之一，在分别为“灵魂、主题、精髓、基础”的完整理论体系中居于“灵魂”的地位。文件中也有“以民族文化为主体，吸收外来有益文化，推动中华文化走向世界”的论述，在讲学习借鉴国外优秀文化成果时，强调要坚持“以我为主，为我所用”的原则。我们看到，在这个重要文件中，实际上“马魂”“中体”“西用”都讲到了，马、中、西分别处于“灵魂”“主体”和为我所用的“他山之石”的地位。

我们党对当代中国文化中的中、西、马关系的重视，在习近平同志的系列重要讲话，特别是 2013 年在全国宣传思想工作会议上的讲话（即“八·一九”讲话）和去年在哲学社会科学工作座谈会上的讲话（即“五·一七”讲话）中表现得更为突出。在“五·一七”讲话中，他说“坚持以马克思主义为指导，是当代中国哲学社会科学区别于其他哲学社会科学的根本标志”，“不坚持以马克思主义为指导，哲学社会科学就会失去灵魂、迷失方向”，就是对“马学为魂”思想的明确表达。这个讲话还指出当代中国哲学社会科学有三大特点：一是体现继承性、民族性，二是体现原创性、时代性，三是体现系统性、专业性。我体会三大特点集中到一点，就是体现主体性。主体性实际上就是中国性。“中国道路”“中国理论”“中国制度”“中国精神”“中国价值”“中国智慧”“中国力量”“中国声音”“中国话语""中国梦",等等,是习近平讲话中经常出现的概念。这是很自然的,离开了中国性,就没有当代中国哲学社会科学的主体性可言。另外,他也强调要坚持对外开放、博采众长、为我所用的方针,提倡不同文明交流互鉴,构建人类命运共同体;同时指出对国外哲学社会科学的成果,必须采取分析的态度,既不能不加分析地一概排斥,也不能不加分析地一概拿来,照搬照套。可以说,习近平同志的这些重要论述,从理论与实践的结合上为"铸马学之魂""立中学之体""明西学之用"做出了重要贡献。

我们党在近百年奋斗历程中始终坚持先进文化的前进方向,始终坚持走"马魂中体西用"三学合一、综合创新的正道,这方面的历史经验非常丰富,非常值得认真总结。

三 文化体用论的范式创新

▲:"马魂中体西用"论为回应和解决百年中国文化发展中的中、西、马关系问题,确实提供了一种有效的解释模式,传统体用二元模式在这个现实问题面前就显得有点顾此失彼、捉襟见肘了。您长期研究中国哲学中的体用范畴,以及它在文化问题上的运用,关注文化体用论在近代以来的发展演变,请您作简要说明。

●:我是2006年张岱年先生逝世两周年的时候,在学习他的综合创新文化观和有关文化体用问题的论述的基础上,提出"马魂中体西用"论的。这个提法本身受到了经济学家杨承训先生的启发,但我思考的依据主要是张岱年先生的有关论述。

张先生是最重视文化体用问题的学者之一,他清楚地意识到,中国传统哲学中的体用范畴有两种主要涵义,它们都曾被用来处理文化问题,张先生认为都有一定的意义。第一种是讲实体与作用的关系,在这个意义上他提出过"民族的存在是体,文化的内容为用"、"社会存在是体，社会意识是用”[①] 等命题，显然这是一种“器体道用”的体用观。第二种是讲原则与应用的关系，在这个意义上他提出过“社会主义的基本原则是‘体’，科学技术、文学艺术是‘用’”[②]、“民主为体，科学为用”[③]、“今中为体，古洋为用”[④] 等命题，这就是一种“道体器用”的体用观了。前者强调“体”的主体、实体义，后者强调“体”的主导、形上义。这两种体用观有一个共同特点，就是都主张体用统一，反对“体用殊绝”即体用割裂。以胡瑗、李颙等人为代表的传统文化体用观是在第二种意义讲的；清末张之洞等人的“中体西用”论也继承了这种意义，但它是在两种不同的文化之间讲体用，又违背了传统文化体用观中体用、内外之学统一的精神。李泽厚的“西体中用”论是向“器体道用”体用观的复归，这正是曾经被贺麟先生批评为“体用颠倒说”[⑤] 的一种观点，而与冯友兰先生“用机器、兴实业等是体，社会之别方面底改革是用”[⑥] 的观点比较接近。

这些情况张岱年先生当然都十分了解，但他仍然把文化体用论当作是一种“处理文化问题的中国方式”[⑦]，即有中国特色的文化理论来继续进行探索，力图综合体用范畴的两种涵义，讲清楚中国新文化建设中的中、西、马关系问题。他的努力典型地体现在这段话中：“中华民族是建设社会主义中国新文化的主体，而社会主义是中国新文化的指导原则。科学技术等等都是为这个民族主体服务的，也都是

① 《张岱年全集》第 6 卷，河北人民出版社 1996 年版，第 203 页。
② 《张岱年全集》第 6 卷，河北人民出版社 1996 年版，第 170—171 页。
③ 《张岱年全集》第 6 卷，河北人民出版社 1996 年版，第 171 页。
④ 《张岱年全集》第 6 卷，河北人民出版社 1996 年版，第 129 页。
⑤ 贺麟：《哲学与哲学史论文集》，商务印书馆 1990 年版，第 350 页。
⑥ 冯友兰：《新事论》，商务印书馆 1942 年版，第 50—51 页。
⑦ 《张岱年全集》第 6 卷，河北人民出版社 1996 年版，第 202 页。

为社会主义服务的。”① 张先生虽然还是在体用二元模式中来论述这个问题，但是他已经把社会主义指导原则与中华民族这个新文化建设的主体区分开来，也就是把主导性之“体”与主体性之“体”、“道体器用”之“体”与“器体道用”之“体”区分开来了，认为科学技术等等是为这两个“体”服务的“用”。他已经试图把文化体用论与民族主体论结合起来，共同来说明新文化建设中的中、西、马关系问题，所以我说他离“马魂中体西用”论只有一步之遥了。

▲：您是在什么情况下觉得必须将传统体用二元模式变通、发展为“魂、体、用”三元模式的？实现范式创新和转换的关键环节是什么？现实生活中还有哪些事物、现象和关系确实需要用“魂、体、用”三元模式来解释，这种理论模式的建立有没有充分的学理根据呢？

●：从体用二元模式过渡到“魂、体、用”三元模式的关键，正是把主导性之“体”与主体性之“体”区别开来，张岱年先生已经这么做了，但是他还没有对二者作概念上的区分。我们进一步做的工作就是用两个概念来对这两个“体”分别予以定位。把主导性之“体”用“魂”这个概念来标示，借鉴了日本“和魂洋才”的说法。日本人讲“和魂洋才”，与我们中国近代讲的“中体西用”有相似之处，“魂”和“体”都是指精神指导原则，“才”和“用”是指原则的具体运用。我们用“魂”这个概念来标示形而上的主导性之“体”，那么“体”这个概念就专指作为主体、实体、载体的“器体道用”之“体”了。对于这个概念区分，人们还是比较容易理解和接受的。从学理演进来说，“马魂中体西用”论的形成并没有经过十分曲折、复杂的过程。“魂、体、用”三元模式是对传统体用思维的变通和发展，用今天的话来说，就是创造性转换和创新性发展。

从讲清楚百年中国文化发展中的中、西、马关系来说，“魂、体、

① 《张岱年全集》第6卷，河北人民出版社1996年版，第129页。

用”三元模式确实是有现实需要的，也是有解释效力的。“马魂、中体、西用”的定位比较准确，所以能够得到许多人的赞同和支持。我经常说，客观世界的事物、现象和关系是复杂多样的，有的可以用体用二元模式来说明，有的需要用“魂、体、用”三元模式来说明，有的还需要用其它多元“兼和”模式来说明。我认为张岱年先生提出的“兼和”范畴非常重要，它用“兼赅众异而得其平衡”[①]、“和而不同”（《论语·子路》）、多样性统一的原理丰富了中国特色的辩证法理论，也为三元和多元“兼和”模式的成立奠定了坚实的哲学基础。

“魂、体、用”三元模式既然能够说明客观世界中的一类事物、现象和关系，那么它就具有一定的普遍适用性。比如有生命的事物都有一个魂体关系问题，魂体结合、魂体相依才能发挥活的生命有机体的作用，如果魂体分离，魂为“游魂”、体为“枯体”，那么就丧失生命的意义和作用了。这个道理范缜在《神灭论》中就已经讲得很清楚。文化是有精神生命的事物，在研究文化现象时要特别重视“魂、体、用”三元模式。不仅可以用它来说明一个文化体系中三种文化资源之间的关系，如当代中国文化中的“马魂、中体、西用”，传统中医哲学中的“儒魂、道体、释用”[②]；也可以用它来说明一个文化体系中“魂体相依、强魂健体方能成大用”的关系[③]。我经常举的例子是儒家文化价值体系中的“仁魂、礼体、和用”[④]。当代中国文化以社会主义核心价值体系为“魂”，以多种文化载体和传播形式为“体”，二者结合才能有效发挥社会主义先进文化引领风尚、教育人民、服务社会、推动发展之“用”，也是这种关系。

---

① 《张岱年全集》第3卷，河北人民出版社1996年版，第220页。

② 方克立：《中国文化的综合创新之路》，中国社会科学出版社2012年版，第560页。

③ 方克立：《中国文化的综合创新之路》，中国社会科学出版社2012年版，第378、381页。

④ 方克立：《中国文化的综合创新之路》，中国社会科学出版社2012年版，第334、365、469、479页。

▲：那么，“魂、体、用”三元模式有没有一定的学理根据呢？

●：我首先是从王船山“形而上者谓之道，形而下者谓之器，统之乎一形”、“上下无殊畛，道器无易体”（《周易外传》卷五）、“物之体则是形”（《读四书大全说》卷二）等论述，即“尽器贯道而统之于一形”的思想受到启发，意识到如同“道、形、器”一体一样，“魂、体、用”三者统一也是可以成立的。当然，对这个问题的研究还可以拓宽思路，加深认识，比如庞朴等学者对“一分为三”的普遍性和规律性的揭示，就有助于确立“魂、体、用”三者统一的思维模式。加强对文化体用论与主体论相结合的必要性和可能性的研究，也是拓宽研究思路的一个重要方面。我曾经提到在张岱年之前，李大钊在“民彝”说中就已经试图用人民主体论的思想来贯通体与用、形上之“道”与形下之“器”了。[①] 先辈们的这些探索对我们都很有启发，都非常值得重视。

“马魂中体西用”论是综合创新文化观的深化，其主要结论确实是从张岱年先生的有关思考和论述中引申出来的，可以说是“接着张岱年讲”。比如张先生一直非常重视文化的民族主体性问题，他说民族主体性就体现在民族文化的独立性、主动性和自觉性中。同时他认为以原则与应用、本质与现象谈体用的传统文化体用观也有一定的意义，那么他就必然会走文化体用论与主体论相结合的路子，这条路走下去就会走到“马魂中体西用”论。2002 年我讲要深化对综合创新文化观的研究，如何深化？我从历史、理论、方法等四个方面讲了一些初步想法[②]，但当时还没有形成“马魂中体西用”的思路。2006 年通过总结张先生的文化思想，从文化体用论的范式创新角度实现了一

① 方克立：《中国文化的综合创新之路》，中国社会科学出版社 2012 年版，第 336—337 页。

② 方克立：《中国文化的综合创新之路》，中国社会科学出版社 2012 年版，第 174—176 页。

个认识跃升，用“马魂中体西用”的思路去理解张先生思考的那些问题，一下子就豁然贯通了。2007 年我再次讲如何深化综合创新文化观研究的问题时，补充进去了“马魂中体西用”等内容，一共讲了十个方面[①]，就显得比五年前要深入和通透一些了。

四 “马魂中体西用”是当代中国哲学社会科学的主导学术范式

▲：方老师，您对“马魂中体西用”的研究，一方面重视总结百年中国文化发展的历史经验，从中总结出规律性的东西；另一方面重视理论思维的范式创新，对传统体用思维进行创造性转换和创新性发展；还有一个方面就是十分重视它的方法论意义，看是否能对当代中国学术发展起到积极的促进作用。您曾经指出，“马魂中体西用”是一些成就卓著的中国马克思主义学者共同走过的学术道路，对后辈学人有很强的示范意义；进而提升到学术范式的高度，认为它对当代中国哲学社会科学各个学科的建设和发展都有指导意义。您能就这个理论的方法论意义再给我们介绍一些您的有关思考吗？

●：非常感谢你们的用心观察和体会，这三个方面确实都是我所关心的。前期可能在前面两个方面用力多一些，后期就越来越重视它的方法论意义了。

过去我比较重视张岱年先生的综合创新文化观和文化体用论思想，而对他的引路人张申府先生的思想注意不够。2013 年读了他的文集后，我意识到他是中国最早关注中、西、马关系问题，并有独到见解的知识分子之一，在他的“孔子、列宁、罗素，三流合一”[②] 的

---

① 方克立：《中国文化的综合创新之路》，中国社会科学出版社 2012 年版，第 263—274 页。

② 参见《张岱年全集》第 1 卷，河北人民出版社 1996 年版，第 133 页；第 8 卷，河北人民出版社 1996 年版，第 549、585 页；《张申府文集》第 3 卷，河北人民出版社 2005 年版，第 434 页。

主张中，实际上已经包含着"马魂中体西用"思想的萌芽。比如他在《家常话》等著作中，就非常明确地主张要以辩证唯物主义为"主宰""中心"和"指导"①，也就是要以马学为"魂"；同时他也强调民族文化的主体性，在《民主原则》这篇文章中，已经有"以中国为体以中国为本位"② 的提法了，与我们今天的提法十分接近。张申府先生是中国著名的罗素专家，对西方哲学与科学的重视和积极借鉴就更不用说了。二张兄弟都是中国最早自觉走上"马魂中体西用"学术道路的哲学家，中、西、马"三流合一""综合创新"理论最早由他们明确表述出来，我想决不是偶然的。

再一个就是对冯契先生思想的学习和研究。我在 1995 年写过文章，主要是表彰冯先生在哲学上追求真、善、美统一的努力；2014 年我到华东师大去讲课时说，我现在更加重视的是冯先生"马魂中体西用"的治学路数。他的智慧学说极具特色，其问题意识主要来自中国哲学，目标是要解决"性与天道"的问题；而其理论和方法则是立足于马克思主义哲学，即实践唯物主义的辩证法。同时冯先生也善于借鉴西方哲学的成果来作中西比较与会通。他的智慧学是中、西、马三流合一、融通生成的结果。③

在中国哲学研究领域，张岱年先生和冯契先生是我最敬重的两位前辈哲学家。他们都是在青年时代就接受了马克思主义，同时受教于国内名师，打下了深厚的中、西、马哲学根底，在学术研究中坚持走"马魂中体西用"的道路，成为 20 世纪方向正确、最有成就的两位中国哲学大家。另外，认真考察郭沫若、侯外庐、范文澜等前辈马克思主义学者的学术经历，乃至关注一下我们同辈的一些优秀的人文社科

---

① 《张申府文集》第 3 卷，河北人民出版社 2005 年版，第 439 页；第 2 卷，河北人民出版社 2005 年版，第 632、315 页。

② 《张申府文集》第 1 卷，河北人民出版社 2005 年版，第 473 页。

③ 方克立：《冯契研究与冯契学派——兼论当代中国的学术学派》，《哲学分析》2014 年第 6 期。

学者的治学特点，比如我曾经提到过的陈先达、罗国杰、方立天等师友，就可以发现在他们身上有一些共性的东西，除了特别勤奋之外，很重要的一点就是他们都矢志不渝地走一条“马魂中体西用”三学合一、综合创新的学术道路。这就对同侪和后学有示范意义，不仅对于我们今天建设坚强的马克思主义理论队伍，培养高素质的哲学社会科学人才，具有树立典范和引领方向的作用，而且有可能在学术共同体中形成一种主导的学术范式，对于当代中国哲学社会科学各个学科的建设和发展，都有指导意义。

▲：您对学术范式怎么看？

●：学术范式是一个特定学术共同体所有成员都共同认可和遵守的信念、价值、方法、话语等的规范体现，它是长期共同探索、磨合而形成的。具有不同学术立场、价值取向、研究方法和态度的学术群体，往往会有不同的学术范式，它们之间的分歧和对立，深刻地反映着那个时代思想界的复杂情况。比如在三大思潮并存、文化领导权争夺十分激烈的当代中国，就亟须建立一种主导的学术范式，来支持中国特色社会主义政治、经济、文化事业的发展。在与“全盘西化”“复兴儒学”“中体西用”“西体中用”等学术范式的比较和竞争中，“马魂中体西用”的学术范式显示出了巨大的优越性，它与当代中国的时代精神完全一致，所以理所当然地会成为这个时代的主导学术范式。

▲：请您从学术范式的角度，谈谈“马魂中体西用”的方法论意义。

●：从学术范式的角度来说，所谓“马学为魂”，就是以马克思主义为当代中国学术研究的基本理论立场、观点和方法，坚持辩证唯物主义的世界观、历史观、价值观和方法论。所谓“中学为体”，就是以我们正在做的事情为中心，以中国的历史和现实为主要研究对象，以民族振兴、国家富强为研究目的，以中国文化为主要学术资源，以本民族话语为表达方式。所谓“西学为用”，就是以其他民族的文化为“他山之石”，为精神资粮，为学习借鉴、比较会通的对象。一百年来，已有三代中国马克思主义学者对这种学术范式进行了接力探索，它已经越来越成熟，越来越具有规范性，也有越来越多的学者把它运用到当代中国哲学社会科学各个学科的研究中去。

2014 年，来社科院跟我合作研究的“西部之光”访问学者谢青松同志，在《中国社会科学报》《马克思主义研究》等报刊上发表了多篇文章，认为“马魂中体西用”开创了学术研究的新范式。他还以当代中国政治学的建设发展为例，从政治道路选择、政治学理论研究、政治制度建设三个方面，论证“马魂中体西用”是中国特色社会主义政治的内在本质意蕴，是必须遵循的发展方向和理论模式。[①] 杨承训先生和他领导的学术团队，更是多年来坚定不移地坚持“马魂中体西用”的经济学发展方向，学术成果丰硕。文艺理论家董学文教授也曾明确表示，“马魂中体西用”的理论模式对文学理论建设也具有指导作用和启迪意义。天津的陈寒鸣同志主张按照“马魂中体西用”的思路来建设当代中国的行政管理学，河南的李庚香同志倡导建设“马魂中体西用”的中原学[②]。已有不少学者意识到，当代中国的伦理学、教育学、法学、军事学、思想史等学科建设，都应该重视并践行“马魂中体西用”的学术范式，才能建立适应时代需要的真正科学的学术体系。习近平“五·一七”讲话中强调要加强三个体系建设，其中学科体系建设是宏观布局问题，学术体系建设要在各个学科落实，就需要有包括正确指导思想在内的成熟的学术范式来指导和引领。在一定意义上说，话语体系建设也是学术体系建设的一部分。所以我非常重视“马魂中体西用”作为当代中国主导学术范式的意义，

---

① 谢青松:《“马魂中体西用”的政治意蕴》，载郭金平主编《“四个全面”战略布局与马克思主义中国化》，河北人民出版社 2016 年版，第 314—319 页。

② 李庚香:《打造“中原学”一流学科，奋力建设思想河南》，《河南社会科学》2016 年第 6 期。

也就是它的方法论意义。

“马魂中体西用”不仅是当代中国哲学社会科学的主导学术范式，它对某些人文特征比较明显的科学技术的发展也有借鉴和启发意义。比如钱学森先生就认为，医学的未来发展，必然要走以马克思主义哲学为指导，吸收西医重视微观精细分析和实验方法之长，回归中医系统整体观的路子。在他看来，中医把人体看作是一个系统整体，人与自然、社会是一个更大的系统整体的观念，比西医“头痛医头、脚痛医脚”的思维方式要高明。人体科学的方向是中医而不是西医，医学发展的前途只能是中医现代化，西医也要走到中医系统整体观的道路上来。[①] 也就是说，要在马克思主义指导下走“中体西用”的道路，而不是走“西体中用”的道路。

五 “马魂中体西用”的实质内涵和关系结构

▲：我们注意到，关于“马魂中体西用”论的理论价值和现实意义，您从（一）它是百年中国文化发展的正道，（二）它与党的文化建设指导方针高度一致，（三）它是文化体用论的范式创新，（四）它是综合创新文化观的深化，（五）它是当代中国哲学社会科学的主导学术范式，（六）它是一些成就卓著的中国马克思主义学者共同走过的学术道路六个方面做了详细的说明。关于这个理论的基本内容，它的实质内涵是什么，您能否再简单梳理和提点一下？我们注意到，有些认同和支持“马魂中体西用”论的文章，将“中学为体”的“中体”等同于中国传统文化，或历史上某种具体的思想学说，您如何看待此类理解？

●：我想用“‘马学为魂’是第一要义，‘中学为体’是中心环节，‘西学为用’体现了当代中国文化的全方位开放品格”三句话，

① 《钱学森等论人体科学》，人民军医出版社 1988 年版，第 227 页。

来概括“马魂中体西用”论的基本理论内涵。

“马学为魂”的涵义应该说很清楚，就是坚持以马克思主义为指导。正如习近平同志所指出的，坚持以马克思主义为指导是当代中国哲学社会科学的根本特征，也是它区别于其他哲学社会科学的根本标志。能够把两种不同性质的“哲学社会科学”区别开来的东西，能够决定当代中国文化发展的方向、道路和前途命运的东西，你说重要不重要？正是由于看到了这个问题的重要性，所以我们把是否坚持以马克思主义为指导，是否高举起“马学为魂”的旗帜，看作是“马魂中体西用”论的第一要义，就是首先必须坚持的最重要、最根本的一条。

为什么要坚持“马学为魂”，坚持以马克思主义为指导？从政治上说，马克思主义是宪法规定的我们国家的指导思想，这是历史的选择，人民的选择，我们必须尊重和顺应历史发展的规律与潮流，反其道而行之是违法的。从学理上说，我最看重的是两点：一是马克思主义作为科学的世界观和方法论，对于我们认识世界和改造世界具有指导意义；二是坚持无产阶级只有解放全人类才能解放自己的价值立场，那么在价值观上就优于、高于一切传统的思想体系。马克思主义是我们时代的真理和良心，所以能够成为当代中国文化之“魂”。

“马学为魂”作为第一要义，不仅有很有说服力的正面道理的支持，而且在现实生活中，它往往是思想界认识分歧和争论的焦点，也说明这个问题的特殊重要性。自由主义西化派不赞成“马魂中体西用”论，是既不赞成“马学为魂”，也不赞成“中体西用”。文化保守派不赞成“马魂中体西用”论，他们主要是不赞成“马学为魂”；对于“中体西用”，他们的解释与我们也不同。所以在今天中国思想界，“马学为魂”作为第一要义受到的挑战还是相当尖锐、相当严峻的，而且情况比较复杂。因为这两派心目中都另有“魂”和“第一要义”，不是以打着“普世价值”旗号的西方自由价值观为“魂”，就是以维护专制等级社会的儒学、儒教为“魂”。我们不能回避社会思潮多元化这个客观现实，但是任何社会都只能有一种指导思想，宪法规定马克思主义是社会主义中国的指导思想，我们以“马学为魂”为第一要义就是维护宪法的权威地位。而有的人，比如蒋庆等大陆新儒家，就明确提出要用儒学、儒教来取代马克思主义的主导意识形态地位，即所谓“王官学”地位和“宪法原则”地位。他们还提出“阵地战”的策略，要通过占领一个一个文化阵地来同马克思主义争夺文化领导权。这倒帮助我们进一步认识到了，“马学为魂”之所以为第一要义，就是因为它所体现的正是文化领导权的思想。这是各派必争之“权”，当代中国掌握着文化领导权的主导意识形态决不能掉以轻心。

“中学为体”是中心环节，是要说明把“马魂、中体、西用”三者连接成为一个整体的是“中学”即中国文化。“中学为体”强调的是民族文化的主体性。我在1988年就提出了“接受主体”这个概念。“马魂”和“西用”只有被“中体”所接受，与中国文化有机结合（更深刻的提法是有机“化合”），才能在当代中国文化中分别起到指导思想和“他山之石”的作用，成为当代中国文化的一个组成部分。把三者联系成为一个整体的中心环节，就是富有生机活力并极具包容性的中国文化。在“马魂、中体、西用”三者的关系中，最重要、最核心的，也最引人关注的是“马魂”与“中体”的关系，因为在体用二元模式中，它们与西学的关系都曾处于“体”的优先地位，不过一个是主导性之“体”，一个是主体性之“体”。我们现在已经把这两个“体”分清楚了，它们实际上是“魂”与“体”的关系。我曾经讲过，很难把它们套进某一个固定不变的体用模式中，它们之间不是体用关系，而是一种相需关系，是魂体相依的关系。[①] 所以要促进马克思主义与中国民族文化相结合，就不能用“谁决定谁”、重体轻

① 方克立：《中国文化的综合创新之路》，中国社会科学出版社2012年版，第328、377—378页。

用的思维方式来简单化地处理二者的关系。

你们提到有的人把"中学"这个概念理解得比较狭隘，有些随意，比如把它与"中国传统文化"这个概念等同起来，甚至与某个学派、某种具体的中国学问等同起来。这种情况可能是有的。2006 年我在三封信中的提法是："中学为体"即以有着数千年历史积淀的自强不息、变化日新、厚德载物、有容乃大的中华民族文化为生命主体、创造主体和接受主体。又说：它是指有着数千年历史传承的，经过近现代变革和转型的，走向未来、走向世界的活的中国文化生命整体。只有中国文化生命整体才能够作为自强不息、变化日新的"创造主体"和厚德载物、有容乃大的"接受主体"，某一阶段、某种形态、某个流派的中国文化都不足以担当此任。[①] 这里讲的"中学"显然不只是指中国传统文化，作为一个"亘古亘今，亦新亦旧"的活的中国文化生命整体，它也包括中国近现代文化。我对中国文化生命整体的把握，是着重阐明其能动创造义和博大包容义。能动创造义就是张岱年先生常讲的民族文化的独立性、自觉性、能动性，主动精神和创造精神。博大包容义是指中国文化具有善于吸收其他民族文化之优长，来发展滋养自己的"有容乃大"的品格和传统。林存光等学者注意到，提出"运作主体""生命主体""创造主体""接受主体"四个概念来共同论证和进一步强化中国文化的主体性，这是前所未有的，就连最重视民族文化主体性的现代新儒家，也没有达到这样全面深刻的认识。[②]

"西学为用"体现了当代中国文化的全方位开放品格。"西学为用"就是"洋为中用"，"西学"是指一切洋文化即外来文化。我对

① 方克立：《中国文化的综合创新之路》，中国社会科学出版社 2012 年版，第 244、237 页。

② 林存光：《一个中国马克思主义者的儒学观与文化主张——方克立先生学术思想述评》，《海岱学刊》2015 年第 2 辑，齐鲁书社 2015 年版，第 98—133 页。

“西学为用”的解释也讲了两个方面：一个是相对于作为指导原则的“马魂”来说，它是“应事之方术”即原则的具体应用；一个是相对于“中体”来说，它是为我所用的“他山之石”。这就是张岱年先生讲的“两个服务”，实际上是两种意义上的“用”。“西学为用”是在当代中国文化的综合创新中对“西学”的定位，并不是说“马魂”“中体”就没有自己的“用”了。按照“体用一源，显微无间”（《周易程氏传·易传序》）的传统体用观，各种学说体系都有内在的精神指导原则和“达之于外”的“应事之方术”，都有其体用、内外之学。这是两个不同“问题域”中的问题，既不能混淆起来，也不能互相对立起来。

▲：请您再说明一下“马魂中体西用”论的关系结构，为什么说是中、西、马三“学”的有机结合、辩证统一，而不是无原则的拼凑，杂凑式的拼盘？

●：前面讲文化体用论的范式创新时，实际上已经接触到这个问题了。

在文化综合创新中，把主导性之“体”与主体性之“体”区分开来，才实现了从体用二元模式到“魂、体、用”三元模式的过渡与转换。中国传统体用思维之所以被长期沿用，就是由于它有一个显著优点，即主张体与用的统一。无论是实体与作用的关系，还是原则与应用、本质与现象的关系，都强调“体用一源”“体用相即”“体用不二”。这是客观辩证法的反映，并不是人为的主观构想。体用二元模式发展、转换为“魂、体、用”三元模式后，用来讲中、西、马三种文化资源的关系，还是继承了这种辩证法的精神，就是强调要把三者统一起来，而不是割裂，刻意突出“道不同不相为谋”的一面，唱“三岔口”。中国马克思主义综合创新派从李大钊讲“第三新文明”，毛泽东讲“古今中外法”，到张申府、张岱年兄弟提出中、西、马“三流合一、综合创新”的理论，提出“兼和”范畴来支持这种理论，都是主张充分发挥三种文化资源各自的优长，发挥其中的正能量，把它们有机地整合在一起，成为一个"革命的创造的化合体"①，即中国特色社会主义的新文化。

在方法论上，他们强调三流合一不是折衷主义的"平庸的调和"，无原则的混合，而是"辩证的或有机的综合"②；不是外在凑合的大杂烩，而是内在的"有机的化合"，是"内里之综""化合的综"③。"马魂中体西用"论是综合创新文化观的深化，把马、中、西三者的"魂、体、用"关系揭示出来，我想它应该在前辈探索的基础上，把这种文化观的辩证法内容进一步充实和丰富，更加接近客观真理，而不是后退。

六　对若干批评和质疑的回应

▲："马魂中体西用"论提出十一年来，在学术界产生了广泛深远的影响，报刊上和网上论及这个问题的文章已超过一百五十篇，也就是说，平均每年有十篇以上。在这些文章中，大多数是正面肯定、赞同、支持"马魂中体西用"论的，同时也有一些批评和质疑的声音。方老师，您愿不愿意在这里对批评和质疑的观点做一点回应？

●：首先，我要感谢所有关注这个问题并发表意见的学界人士，包括发表批评和质疑意见的人。有那么多人关注和热心参与这个讨论，不仅彰显了"马魂中体西用"论本身的价值，而且也帮助我认识清楚了一些问题，使我对这个理论越来越有信心了。

对"马魂中体西用"论的批评和质疑，集中在两个问题上。一个就是我定位为第一要义的"马学为魂"，在这个问题上有不同看法乃是意料中事，它必然会成为我国思想界不同派别争论的一个焦点。一

① 《张申府文集》第1卷，河北人民出版社2005年版，第259页。
② 《张申府文集》第1卷，河北人民出版社2005年版，第192页。
③ 《张申府文集》第2卷，河北人民出版社2005年版，第83页。

些人对“马学为魂”的激烈批评，就在事实上证明了习近平同志的重要论断：是否坚持以马克思主义为指导，是当代中国哲学社会科学区别于其他哲学社会科学的“根本标志”。也有个别坚持马克思主义理论立场的学者，认为只讲“马学为魂”还不够，还不能全面体现马克思主义是中国特色哲学社会科学的根基、内核、核心话语和基本学术范式，还没有解决马学与“国学”谁决定谁的问题。另一个认识分歧的焦点问题是对体用思维模式的看法，批评也是来自两个方面。一方面有人批评“马魂中体西用”论还是沿用了传统的体用范式，而体用范式已不适合于说明今天不同文化之间的关系，“体用之辩应该终结”。另一方面也有人批评“马魂中体西用”论没有坚持“体用一源，显微无间”（《周易程氏传 · 易传序》）的传统体用思维，没有完全“照着讲”，在他们看来，提出“魂、体、用”三元模式就是“叠床架屋”，就是“杂凑式的拼盘”，甚至是“精神分裂”。

关于“马魂中体西用”问题的不同认识，非常典型地反映了当今中国思想界意见纷纭的复杂情况。我觉得确有用客观理性分析的态度，对某些批评和质疑意见做一点回应的必要。

大家心里都明白，自由主义西化派和文化保守派，“其他哲学社会科学”阵营的人士，都是不赞成“马学为魂”的。但对此公开批评的文章并不多，可能有些人是采取“懒得理你”的态度，其中也有避免与主流意识形态直接冲突的考量。有一个自称“铁杆反马列派”的大陆新儒家代表人物，在网文中指责“以马为魂，置于首位，中体和西用都被架空”。他的观点是必须以中学为体、以儒学为魂。这里表现出来的基本理论立场的分歧，他和我们一样都认为是不可能调和的。不仅大陆新儒家不认可“马学为魂”，港台海外新儒家也是一样。我和杜维明、成中英都有三十多年的交往，我对他们为中国哲学与文化走向世界所做出的贡献都有高度评价。他们早年论著中有一些反马克思主义的言论，但在与大陆学界有所接触并有较深交往后，态度有明显转变，后来他们也讲儒学要与马克思主义对话，主张中、西、马良性互动。但这并不等于说他们也认可“马学为魂”了，改变了其长期形成的新儒学理论立场。比如杜维明先生在一次国际会议的发言中说：“试问一个才不到百年的湍流如何抗拒有五千年源远流长的大河，只有融入才有前途。马克思的儒家化比儒家的马克思化较合情理。”显然他还是坚持以儒学为“文法”、以马克思主义为“词汇”的观点，是这个观点在“谁化谁”问题上的再次明确表达。2015 年在上海召开的纪念冯契先生百岁诞辰学术研讨会上，成中英先生提出“中本、西体、马用”说来同我讲的“马魂、中体、西用”唱对台戏，颇为引人注目。我想大家都心知肚明，对中、西、马三“学”的这种不同定位，反映的正是现代新儒家与中国马克思主义派学者在文化立场上的根本歧异。

至于个别马克思主义派学者对“马学为魂”的质疑，不难看出也有一些学术上的盲点。一是对中国近代以来的思想史不熟悉，对“中体西用”论的基本评价不恰当，误以为“马魂中体西用”论只是在“中体西用”前面简单地加上一个“马魂”，而看不到其中所发生的结构性变化，看不到“中体”已从主导性之“体”转变为主体性之“体”了。二是不了解在当代中国文化的中、西、马关系中，马克思主义指导思想与体现民族主体性的中国文化是一种“魂体相依”的关系，想用“谁决定谁”的思维方式去说明显然是不对路的。而且质疑文章也是在“中学”与中国传统文化、“国学”概念之间画等号，所以才特别强调“谁决定谁”的问题。三是把不同“问题域”中的问题混淆起来了。马克思主义在中、西、马的关系中处于“魂”即指导思想的地位，同时它自己也是一个独立的文化体系，正如严复所说的“中学有中学之体用，西学有西学之体用”，马学也有马学之体用。不仅如此，也完全可以在“马学”中讲出魂、体、用的关系来。那么，把根基、内核、核心话语、基本学术范式等等都统统归之于“魂”的概念，当然是不合适的。习近平同志“五·一七”讲话中已经明确表达过“马学为魂”的思想，刘云山同志去年 5 月 19 日在宣传文化系统学习贯彻习近平总书记讲话精神专题会议上也强调指出："要牢牢把握以马克思主义为指导这个灵魂。"在其它中央文件和领导同志的讲话中，也多次肯定了马克思主义的"灵魂"地位，我想"马学为魂"这个提法还是不能轻易否定的。

▲：在学术界，我们感到更多的批评和质疑是针对体用思维模式，您对此怎么看？

●：是的，我们经常听到这样的议论："体用模式不能解决中国近代以来不同文化之间的关系问题"，"应当超越过去的体用之争"，"必须彻底告别体用范式"，"体用之辩应该终结"等等。其中问题的症结，我们在前面实际上已经讲到了，就是传统体用范畴具有多义性的特点，近现代思想家在将其运用来解决古今中西问题时又有灵活性，比如张之洞是在"道体器用"的意义上讲"中体西用"，李泽厚是在"器体道用"的意义上讲"西体中用"，体用范畴的涵义不同，得出的结论自然就大相径庭。有的人正是据此而提出了"体用难题""体用困境""体用陷阱"等说法，认为体用思维已经过时，必须彻底抛弃、告别、终结、超越。应该说，他们看到的问题是存在的，但是否只有彻底抛弃、告别体用思维之一途可走呢？我们认为并非如此，而且做了走出所谓体用"困境"的尝试，就是首先要把体用范畴的多义性弄清楚，力图兼顾"道体器用"与"器体道用"两种主要涵义，把传统文化体用论与主体论结合起来，创造性地转换和发展出一种"魂、体、用"三元模式，来解决当代中国文化中的中、西、马关系问题。只要不把传统体用思维模式僵化，事实证明这条路是走得通的。"马魂中体西用"论就是按照这种思路提出来的。体用论是我们民族的一种十分重要的理论思维方式，其中包含着不少真理性的因素，当然它也有局限性。我们不要轻言"告别""终结"，而是应该更多地考虑如何"接着讲"，如何对它进行创造性转换和创新性发展，把它熔铸到唯物辩证法的科学体系中去。而且，对于张之洞、严复、李大钊、冯友兰、贺麟、张岱年、李泽厚等那么许多学术大家都曾参与其中，发表过各种见解，认为在今天还有一定意义的文化体用之辩，我们完全视而不见、听而不闻行不行？对于他们提出的问题要不要回答？这段思想史怎么写？我认为也不能简单抛弃、终结了事，而是要把其中存在的问题找出来，作为今天正确解决这个问题的资源和借鉴。

就像“一分为三”说是在“一分为二”说的基础上发展出来的一样，形上、形下统一于“形”的“魂、体、用”三元兼和模式，也是在“体用一源、显微无间”的体用二元模式的基础上变通、发展出来的。应该肯定它们都丰富了中国特色的辩证法。我们不赞成简单否定在中华民族理论思维发展史上起过重要作用的体用思维，也不赞成把体用思维绝对化、僵固化，看不到其多义性和应用的灵活性所造成的种种认识歧异，固守传统体用思维而拒绝任何变通和发展，拒绝任何多元兼和模式。我们根据百年中国文化发展实践对“马魂中体西用”的探索，虽然在思维方式上受到了来自上述两个方面的批评，但只要其方向是正确的，我们还是会继续采取“接着讲”而不是“照着讲”、慎言体用而不讳言体用、不离体用而又超越体用二元思维模式的态度[①]，从理论、历史、方法等方面加强对这个问题的研究。

七 人间正道是沧桑

▲：谢谢您对我们提出的问题做了不厌其详的回答。通过您对“马魂中体西用”论的内容涵义、关系结构、产生背景和价值意义的正面阐释，以及对学界一些不同观点的回应，我们觉得好像是上了一堂大课，一堂系统的马克思主义与中国实际相结合的历史文化理论课，许多问题认识更清晰了。请您再简要概括一下关于这个问题的思

① 方克立：《中国文化的综合创新之路》，中国社会科学出版社 2012 年版，第 251、335 页。

想历程。

●：我是在1987年写《评“中体西用”和“西体中用”》一文时开始关注和自觉探讨这个问题的。这篇文章的结论是：必须抛弃中西对立、体用二元的僵固思维模式，排除盲目的华夏优越感和崇洋媚外等狭隘感情因素，以开放的胸襟，从中国社会主义现代化建设的实际需要出发，批判地借鉴和吸取古今中外一切有价值的文化成果，经过辩证的综合和扬弃，努力创造出一种“以马克思主义为指导的，批判继承历史传统而又充分体现时代精神的，立足本国而又面向世界的”高度发达的社会主义新文化。[①]

也就是说，当时已经看到了体用二元模式的局限性，解决的思路是从前一年（1986）发表的党的十二届六中全会决议受到启发，主张在马克思主义指导下正确处理古今中西问题。这已经是一种综合创新的思路，用的正是毛泽东“古今中外法”所讲的“全面的历史的方法”。1987年6月，张岱年先生在山东济宁召开的一次学术会议上正式提出了“文化综合创新论”，我没有参加这个会议，当时并不知道。我是从有关报道和讨论中逐渐意识到这个理论的重要性、现实针对性和旗帜意义的，所以1990年在你们提到的那次谈话中，以“综合创新”来概括整个中国马克思主义派的文化主张。又过了十多年，才进一步意识到中、西、马“综合创新”实质上就是“马魂、中体、西用”有机统一的综合创新。说起来这个探索过程已经有三十年了，涉及的问题方面也比较多，可以说始终是以“五四”后中国现当代文化发展为背景，以文化体用论这个有中国特色的文化理论问题为中心，探讨它现代转化和创新发展的可能性及其实现途径。在这个过程中，问题意识是明确的，但我从来没有把它作为一个完整的理论课题全面系统地考虑过，所以直到今天也只有一个大思路，虽然自信方向是正确的，其实还有不少疏漏之处，道理也讲得不够深透。

① 《方克立文集》，上海辞书出版社2005年版，第288—289页。

经常有同志跟我说，这是一个有重大理论价值和现实意义的课题，建议我申报社科院创新工程项目，或中宣部马克思主义理论研究和建设工程项目，我都感到自己能力不够，而且年岁大了，心有余而力不足也。好在学术界那么多人都已经认识到了这个问题的重要性，发表了许多很有见地的文章，做了一些扩展性研究，所以我非常希望有人能够挑起这个课题研究的重担，如能立项得到有关主管部门的支持当然更好，我自然会采取积极支持与配合的态度。你们问我有什么设想，我也提不出什么新思路来，只是希望把以下几个方面的问题研究深化和系统化，使得出的结论更具说服力，更加经得起历史的检验。

▲：今后如何进一步开展对这个问题的研究，让更多的人认识到"马魂中体西用"是当代中国文化发展的正道，坚定不移地走这条路，推动中国特色社会主义文化大发展大繁荣，方老师，您对此还有些什么设想？

●：一、系统总结百年中国文化发展道路的经验和规律，确认"马魂中体西用"三学合一、综合创新是一条必由之路，也是今天必须坚持走的正道。今年是十月革命一百周年，两年后是五四运动一百周年，四年后还要迎来中共建党一百周年。我认为这四五年是总结研究百年历史的最佳机遇期，这方面的研究工作要大力加强和向前推进。研究内容主要是系统总结中国马克思主义综合创新派的文化观，特别是在中、西、马三"学"关系问题上的百年探索，包括中国共产党在新民主主义革命时期和社会主义革命、建设、改革时期的文化建设指导方针，中共领导人和中央文件中的文化思想，中国马克思主义派学者的文化理论。

二、加强对中国传统哲学体用论、它在文化问题上的运用（即文化体用论）及其创造性转换和创新性发展的研究，加强对"魂、体、用"三元模式的客观基础、适用范围和所以成立的学理根据的研究，包括对其理论基础"兼和"辩证法的研究，加强对"马魂中体西用"

的一些具体个案的深入研究，使这个理论的学理基础更加坚实深厚。

三、以“马魂中体西用”为主导学术范式，来推进哲学社会科学各个学科的学术体系建设，包括马克思主义理论研究和建设工程中的各种教材建设，都要考虑是否遵循和自觉贯彻了这种学术范式。可以说，学术范式自觉是文化自觉和理论自觉的集中体现。

四、加强当代中国哲学社会科学与其他哲学社会科学的沟通和交流，加强当代中国三大思潮之间的对话和互动，努力改变“道不同不相为谋”和唱“三岔口”的情况，求同存异，聚同化异，形成良性互动的学术生态。我在现代新儒学研究中就提倡三大思潮对立互动，对马克思主义综合创新文化观的研究更应该持全方位开放的态度。提倡“兼和”哲学和综合创新文化观，一个重要目的就是要把中、西、马三种文化资源中的积极因素都充分调动起来，把正能量都聚合起来，避免各据一“学”、互相抵消。

你们可能已经注意到，除了最后一点外，前面几点都是我一直关心和一直在讲的问题。我希望通过全面深化对这些问题的研究，使认识提高到一个新境界、新高度，并且“化理论为方法”，有力地推动当代中国文化和哲学社会科学的发展。以上几点各用一句话来概括就是：总结历史经验，深化理论研究，加强方法指引，争取良性互动。如果要用一句话来说明三十年研究这个问题的体会，那么我最想说的话是：“百年探索不寻常，人间正道是沧桑。”

（原载《马克思主义研究》2017 年第 5 期）

从“三大思潮对立互动”说到“马魂中体西用”论

——访中国社会科学院学部委员方克立教授

杜运辉

三十多年来，方克立教授致力于中国哲学与文化、现代新儒学、马克思主义综合创新文化观和“马魂中体西用”论的研究，是著名的马克思主义文化研究学者，在国内外学界产生了广泛而深远的影响。笔者最近专访了方先生，就他的有关学术思想进行了比较深入的交谈，这些谈话对于我们正确把握时代精神和中国特色社会主义文化建设的本质都有重要启迪。

一　在三大思潮对立互动中定位现代新儒学

记者：方老师您好！今年是我国改革开放40周年。召开十一届三中全会的1978年，您正好是40岁。这前后两个40年，您有什么不同的感受？特别是在刚刚实现转折的改革开放初期，您是一种什么心态？人们普遍的精神状态如何？那个时期您主要做了一些什么工作？

方克立：在几十年风风雨雨中，我们这代人都有不同程度的曲折经历，都深切体会到个人的命运、国家的命运和所处历史时代是紧密相连的，谁也不可能脱离社会和超越时代。2016年《人民日报》一篇文章说：“1983 年，45 岁的方克立加入中国共产党，时间尽管比较晚，但从大学教书、治学开始，他就一直以马克思主义理论作为思想指导。”[①] 从少先队员、青年团员时起就追随共产党，为什么入党这么晚呢？这说明我在前 40 年也有曲折经历，并非一帆风顺。但是，正如习近平同志所说的，中华人民共和国改革开放前后两个历史时期不能互相割裂，也不能互相否定。个人成长的历史也是这样。我在 1957 年就犯了非常幼稚的政治错误，受到团内警告处分，直到 1979 年才平反纠正。在这 22 年间，我得到了许多学习和历练的机会。一是得益于在中国人民大学学习马克思主义哲学专业，我真诚地服膺它所阐明的关于宇宙、社会、人生的科学真理，学会了正确认识世界和认识自己的辩证思维方法；二是有较多机会参与社会实践和接触劳动人民，多少补上了哲学社会科学工作者不可缺少的这门功课。比如我就参加过两期农村社教（“四清”）运动，去江西“五七”干校劳动锻炼过三年。1954 年武汉防汛，1958 年修建十三陵水库，以及深翻土地、插秧、夏收、秋收、种菜、养猪、采石、基建等劳动，我都参加过，对南北方农村都有一定的了解，这对做中国的学问当然是很有好处的。

改革开放以后情况就不同了，百废待兴，高校恢复招生，教师青黄不接。当时我还是助教，就被派上了教学第一线。1978—1979 学年，我在南开大学接受了讲授中国哲学通史课的任务。这门课停开了十多年，没有合适的教材可用。我每周要写出一篇讲稿来，讲半天课。从孔夫子到孙中山，一个学年授课 42 次，计约 150 学时。20 世纪 80 年代初的几年，我的精力主要用在给各个年级讲课上了。1982 年招收研究生后，又增加了马克思主义哲学史观与方法论、中国哲学史史料学等课程，开每门新课都有一个学习、研究的过程。指导研究生写学位论文，课题方向是多方面的，导师不仅要有这些方面的知识

① 陈原：《与马哲结缘 用一生求知》，《人民日报》2016 年 7 月 14 日。

储备，而且自己也要下功夫去研读、去思考，才能引领学生写出有点新意的学位论文来。所以当教师是很辛苦的，但是看到学生成才又感到很欣慰、很幸福。

在高校，不仅要教书育人，而且学校对科研成果的要求也很高。我在1982年出版的《中国哲学史上的知行观》一书，本来是南开哲学系在“文化大革命”期间布置的任务。那时别的课题做不了，系里决定全系集中研究毛泽东哲学思想。中哲教研室分了两个题目：一个是《实践论》与中国哲学史上的知行观，另一个是《矛盾论》与中国古代的辩证法思想。前者分工由我来做，有关“知行”问题的资料就是那个时期搜集整理的。“文化大革命”以后校系领导支持我继续做这个题目。这本书出版时正好赶上了中哲史界开展范畴研究的热潮，有幸被认为是第一本系统研究“知行”范畴的专著。当然，那个时期我也配合张岱年、冯契、萧萐父、汤一介等学者，在推动中国哲学范畴研究方面做了一些工作。除了“知行”范畴外，还对“体用”“道器”“理气”等范畴做了一些研究。列宁说，范畴是认识之网的网上纽结[①]，开展中国哲学范畴研究对中哲史学科从“两军对战”模式向认识史范式转变确实起了重要作用。由于有这种认识，南开大学首先招收了中国哲学范畴研究方向的研究生，我们还组织编写了以范畴词条数量多和内容翔实为特点的《中国哲学大辞典》[②]。总之，改革开放激发了大家的积极性，想做的事情很多，我的感觉是无论怎么加油干时间也不够用，有的计划因后来情况变化而没有完成，所以我也经常检讨自己有“无恒”的毛病。

记者：20世纪80年代中期，国内出现了文化热，“全盘西化”

① 列宁说：“在人面前是自然现象之网。本能的人，即野蛮的人没有把自己同自然界区分开来。自觉的人则区分开来了，范畴是区分过程中的一些小阶梯，即认识世界的过程中的一些小阶段，是帮助我们认识和掌握自然现象之网的网上纽结。”（列宁：《哲学笔记》，人民出版社1960年版，第90页。）

② 方克立主编：《中国哲学大辞典》，中国社会科学出版社1994年版。

“彻底重建”“新启蒙”“西体中用”“中体西用”“复兴儒学”等各派观点蜂起。您首先提出“要重视对现代新儒家的研究”，并且组织了各高校数十位中青年学者，与李锦全老师一起主持“七五”“八五”国家社科基金重点课题“现代新儒学思潮研究”，推出了《现代新儒学研究论集》《现代新儒学研究丛书》《现代新儒家学案》《现代新儒学辑要丛书》等系列成果，在海内外产生了巨大影响。您提出这一课题的初衷是什么？它对当时的文化研究和讨论有何意义，起了什么特殊的推动作用？

方克立：我从事教学和研究的学科是中国哲学史，自然比较关心有关儒学和中国传统文化的研究与讨论。“文化大革命”中对孔子和儒学全盘否定，改革开放后我们在教学、研究中已经注意纠正这种偏向，力图运用马克思主义的全面的历史的观点，对其做出实事求是的、一分为二的分析与评价。20 世纪 80 年代的文化热有解放思想的意义，但也有走极端的倾向。反传统的西化派观点实际上占主导地位，对传统文化的负面评价甚至比“文化大革命”时期还要极端。此外，主张“复兴儒学”的观点也有一定的势力和影响。我注意到这派观点在当时受港台、海外新儒学的影响比较大，所谓“儒学的第三期发展”就是牟宗三、杜维明等人提出来的，而我们过去对现代新儒学在港台、海外的发展皆茫然不知。所以，对“五四”后已有三代人薪火传承的现代新儒学，我首先是抱着一种学习和研究的态度提出这个课题的，主张先读他们的书，分别研究三代新儒家代表人物的思想，特别重视他们对中国社会和文化现代化提出的思路与方案，在客观现实中行不行得通？有些什么积极内容或合理因素可以借鉴吸收？这个课题的做法也是先编资料、编学案和论著辑要，然后分专人和专题进行研究。参加课题研究的中青年学者热情很高，个案研究课题大家都积极主动地承担，我主要是考虑如何正确把握课题研究方向等一些总体性问题。这个课题从国家社科基金“七五”规划延长到“八五”规划，整整做了十年，如你所说成果数量还是比较多的，在国内外的影响也比较大。在国内，作为“五四”后三大思潮之一的现代新儒学，过去30多年已经成为“绝学”，无人问津。这个课题一开展，就引起了国内学术界的广泛、热烈关注，甚至比关注其他两大思潮的人还要多，它一下子就成了“显学”。现代新儒学研究是20世纪80年代文化热的产物，它也是当时文化讨论的一个重要论题和论域，本身就是文化热的一个重要组成部分。由于中国大陆学界对现代新儒学的重视，中国台湾也设立了这方面的课题和专项基金，在新加坡、美国、欧洲等地多次召开有关国际学术会议，它也是国际中国哲学会双年会的重要主题之一。时移世易，往日“寂寞的新儒家”① 已成为国内外学术界的热门研究对象，从根本上说这是由于其作为中国现代三大思潮之一的地位所决定的。例如，第三代新儒家代表人物杜维明在一篇文章中说：“自从1985年以来，大陆的学坛，特别是中国哲学史界，已对儒家传统形成了新理解、新共识：五四运动后的这70年，除了西化思潮和马列主义之外，还有‘儒学复兴’这派学说也必须列入考虑。较平实的提法是，把儒学、西化及马列看作三个鼎立的、互相抗衡的价值系统。”② 然后对大陆现代新儒学研究的思路和计划做了详细介绍。杜先生是国际学界名人，他的宣传自然对扩大这个课题的影响起了很大作用。

在讲到现代新儒学研究的积极正面影响时，我也不能不遗憾地坦言，由于我们组织课题时过于匆忙和粗疏，统一思想不够，以致在研究过程中，有少数课题组成员从现代新儒学的研究者变成了其认同者、追随者、合流者，有的自称“大陆新儒家”，完全背离了原来的研究宗旨和理论立场。思想斗争的客观现实就是如此，我也感到很无奈，或许这也是学术史上合乎规律的现象吧！

---

① 参见林镇国《寂寞的新儒家》，《唐君毅先生纪念集》，（台北）学生书局1979年版。

② 杜维明：《大陆儒学新动向的涵义》，《中国论坛》1989年第7期。

记者：您进入现代新儒学研究以来，一开始就提出了中国现代三大思潮对立互动说[①]，既在“三大思潮对立互动”中来定位研究对象——现代新儒学，也在“三大思潮对立互动”中找准自己的站位——明确理论立场，始终坚持用马克思主义观点来观察、分析、研究这个时期复杂多元的思想文化现象。您在新儒学研究中提出的“同情地了解、客观地评价、批判地超越”[②] 的研究方针，已经成为一个普遍的方法论原则，在思想史研究中得到了广泛认同和运用。三大思潮对立互动说在“五四”以来的中国现当代思想史中为什么有那么重要的意义呢？

方克立：“中国向何处去”是中国近现代思想史的中心主题。在十月革命和五四运动前，“中国向何处去”主要表现为古今中西之争，围绕着这个问题，新学与旧学、西学与中学已经争论了四百年。“十月革命一声炮响，给我们送来了马克思列宁主义。”[③] 解决“中国向何处去”的问题又增加了一种全新选择的可能性，这就是“走俄国人的路”[④] 和建设“第三新文明”[⑤] 之路。在政治上通过人民革命建立无产阶级专政，逐步走上“天下为公”的社会主义道路；在文化上既不走“西化”之路也不走“东化”之路，而是吸收东西文明之长，走一条以马克思主义为指导的“文化综合创新”的道路。这一百年，古今中西之争继续存在，但是它已经包含在新的时代主题——中、西、马的关系问题之中了。在“五四”以来的百年中国思想史中，一个最基本的现实就是中、西、马三种思想文化资源并存，自由主义西化派、文化保守派和中国马克思主义派各拥有自己的资源优势，三大思潮形成了鼎足之势。它们之间既互相对立、互相竞争、互相论战，

① 参见学森《方克立教授论中国现代三大思潮》，《哲学动态》1991 年第 4 期。

② 方克立：《现代新儒学与中国现代化》，天津人民出版社 1997 年版，第 207 页。

③ 《毛泽东选集》第 4 卷，人民出版社 1991 年版，第 1471 页。

④ 《毛泽东选集》第 4 卷，人民出版社 1991 年版，第 1471 页。

⑤ 李大钊：《东西文明根本之异点》，《言治》季刊 1918 年第 3 册。

又互相渗透、互相吸摄、互相补充，有时针锋相对、势同水火，有时也有局部的一致、联盟关系。这就是所谓“三大思潮对立互动”。在你提到的1991年《哲学动态》的那篇文章中，已经引证了我在现代新儒学研究中对这个问题的许多具体论述，我在这里就不重复了。前文提到杜维明介绍20世纪80年代大陆学界的一种“较平实的提法”，就是指的“三大思潮对立互动”说。这是客观存在的思想史现象，大家都看到了的，而不是什么人刻意制造或想象出来的。我在现代新儒学研究中力图把这种思潮放到20世纪中国思想文化发展的总体格局中来考察，那么“三大思潮对立互动”说就是一个很好的认识框架，也完全符合思想史的实际。站在马克思主义理论立场，我们不赞成新儒家的“彻底唯心论”的世界观、历史观和道统论，泛道德主义的价值取向和中体西用的基本态度，以及政治上反共、反马列、反“五四”和鼓吹走“儒家资本主义”道路等主张。但是对他们维护中华文化的民族主体性，明确反对宣扬民族虚无主义的“全盘西化”论，在阐明中国哲学的特点和主张中西哲学结合等方面所做出的贡献，都给予了很高评价，认为“在现代中国的各种思想潮流中，除了马克思主义之外，比较具有继往开来意义、在理论上有一定创造性、影响较大而且生命力较长久的，唯有现代新儒家”[①]。不少港台海外学者认为大陆马克思主义派的现代新儒学研究是相当客观、理性、平实、公正的。当然，对现代新儒学的研究和评价，三派学者的看法不可能一样。很有意思的是，我在1986年发表《要重视对现代新儒家的研究》一文前后，包遵信也发表了《儒家思想和现代化》一文，认为新儒家提出的问题说明，“儒家思想与现代化总是逆向的精神力量”[②]。刘述先在《当代新儒家的探索》一文中则认为，当代新儒家能给人类未来以新希望，这种新希望就是寻求一种“既内在而又超越”的“内外

---

① 方克立：《现代新儒学与中国现代化》，天津人民出版社1997年版，第25页。
② 包遵信：《儒家思想和现代化》，《北京社会科学》1986年第5期。

合一之道”[①]。由此可见，现代新儒学研究本身，也显示出了三大思潮对立互动的态势。

记者：我注意到，近年来，不少中国现当代思想史著作都以“三大思潮对立互动”为基本的分析、解释和叙述框架。洪晓楠2001年出版的《当代中国文化哲学研究》是较早的一本[②]，唐凯麟、王泽应著的《20世纪中国伦理思潮》也系统论述了自由主义西化派、现代新儒家和中国马克思主义三派的伦理思想，并在“概说”中引据了您的有关论述[③]。这说明三大思潮对立互动说确实是符合思想史实际的，也得到了学界的广泛认同。

方克立：我也注意到了这种现象。比如皇甫晓涛在1999年出版的《世纪中国：百年文化思辨录》一书中，就表示赞成马克思主义、自由主义西化派和现代新儒家是20世纪“三大主流思潮”的观点，并以此作为理解和阐述百年文化思潮对立互动的基本框架。[④] 但我年岁大了，没有精力到图书馆去查阅有关资料，这方面情况了解得可能还不如你全面。在这里我还想强调一点：三大思潮对立互动是贯穿于这一百年思想史始终的，今天中国大的思想格局还是这样，不过三大思潮内部都有左、中、右的分化，相互之间的关系更加错综复杂了。[⑤] 近年来我已多次讲过这个问题，这里也不重复了。

二　“综合创新”文化观的积极支持者和阐扬者

记者：您在完成现代新儒学思潮研究课题后，虽然还是继续关注

---

① 刘述先：《当代新儒家的探索》，《知识分子》1985年秋季号。

② 洪晓楠：《当代中国文化哲学研究》，大连出版社2001年版。

③ 唐凯麟、王泽应：《20世纪中国伦理思潮》，高等教育出版社2003年版，第22页。

④ 皇甫晓涛：《世纪中国：百年文化思辨录》，大连出版社1999年版，第27—35页。

⑤ 方克立：《当代中国大陆新儒学思潮评析》，载张世保、谢青松主编《大陆新儒学评论（2017）》，中国社会科学出版社2018年版，第21页。

这方面的问题，参加有关学术会议，有的发言还很有影响，但是不像课题组内一些学者那样，长期、持久、深入地做现代新儒学的专人或专题研究，而是有两个明显的转向：一是更加重视对三大思潮中的马克思主义派的综合创新文化观的研究；二是从20世纪90年代起，就注意到大陆学界出现了一批新生代新儒家，关注其与前三代新儒家的思想传承和变异关系。方老师，您为什么会有这样的转向呢？

方克立：我提出要重视对现代新儒家（学）的研究，是因为它作为中国现代三大思潮之一，在回答“中国向何处去”的问题时，提出了自己解决传统与现代化的关系的一种独特思路，至少是不同于其他两派的一种思路。其中包含某些积极、合理的因素，值得重视。但我认为，总的来说，以传统儒家思想为基础、为主导、为本位，靠吸收一点西学来实现中国的现代化，走所谓“儒家资本主义”道路，在客观现实中是行不通的。在处理中、西、马的关系这个时代的中心问题上，现代新儒家也不能顺应中国和世界历史发展大势，而且很有逆潮流而动的劲头。三代新儒家中哲学思辨水平最高的牟宗三先生，反共反马也最激烈，“彻底唯心论”的理论立场最坚定。这在思想史上或许值得记上一笔，但无助于中国的现代化进程。历史已经证明，中国从“站起来”到“富起来”到“强起来”，靠的不是传统儒学和各种新儒学①，而是靠中国化的马克思主义。

我转向做中国现当代思想史以来，最关心的还是思想如何推动现实的发展，如何正确解决中、西、马的关系这个时代的中心问题，而不只是想知道解决这个问题有几种思路、几派观点。我在意识到现代新儒家解决这个问题有很大的片面性、局限性后，深入研究它的兴趣就不大了，而是比较关注中国马克思主义派是怎样解决这个问题的，特别是张岱年先生提出“文化综合创新”论后，我认为中国马克思主义派是能够成功地解决好这个时代的中心问题的，所以给予了很大的

① 在一定条件下，它也可以成为一种“助缘”，就是我讲的“支援意识”。

关注和投入。你讲到我的现代新儒学研究的另一个转向是对大陆新生代新儒家的关注和评论。这是客观现实提出来的新问题。在我们身边出现了一股崇儒反马、改旗易帜、复古更化、儒化中国的思潮，哲学和文化上有创造性的东西不多，政治上比三代前辈新儒家走得更远，与中国特色社会主义新时代是很不协调的，但这是不容忽视的客观存在。站在马克思主义理论立场的中国学者，从守土有责的角度来说也不能无动于衷呀！这方面的思想分歧和论争，可能还会存在相当长一段时间。

记者：众所周知，您是张岱年先生“综合创新”文化观的坚定支持者和积极阐扬者，1990 年把这种文化观概括为“古为今用，洋为中用，批判继承，综合创新”[①] 四句话，对于准确把握其精神实质、扩大其学术影响起了很大作用。您与张先生有过一些什么交往？为什么张先生在学术上把您视为晚年的“同调和知音”？

方克立：张岱年先生是我最敬重的前辈学者之一。我在 20 世纪 60 年代就读过他的《中国哲学大纲》一书[②]。80 年代在多次学术会议上都有直接向他学习、请教的机会，特别是在中国哲学史学会的工作中，我作为最年轻的副会长，他有许多事情都是交给我去办的。我曾请他到天津南开大学一周，专门给研究生讲张载的《正蒙》一书，这种机会真是太难得了！90 年代国家教委组织编写《中国文化概论》和《中国哲学与辩证唯物主义》，都是指定我做张先生的助手。由于学术观点相同或相近，张先生在信中多有“志同道合”“同调和知音”之类的表述。特别是 1991 年 10 月 21 日，张先生在给我的信中说：“我们主张‘综合创新论’，既符合马克思主义，又符合国情，

---

① 关东：《现代新儒学研究的回顾与展望——访方克立教授》，《哲学研究》1990 年第 3 期。

② 当时的版本还是署名“宇同”，商务印书馆于 1958 年出版。

但响应的人似乎不多。……希望您大力宣传‘综合创新’之义。”① 所以我支持张先生的文化“综合创新”论，既是自觉的文化认同，也有完成他的嘱托的意义。

你前面提到80年代文化热中有“全盘西化”“彻底重建”“新启蒙”“西体中用”“中体西用”“复兴儒学”等各种文化主张，其实当时也有不少学者是持马克思主义文化观点的，但这一派可能有一个问题，就是缺少一面鲜明的文化旗帜，“批判继承”等往往被视为老生常谈、缺乏新意。1987年6月12日，张岱年先生在山东济宁召开的中华孔子研究所第二届学术年会上，明确提出了文化“综合创新”论，从根本上改变了这种状况。我当时在天津，没有参加北京中华孔子研究所的活动，也没有参加山东济宁的会议。我是通过会议报道和后来整理发表的张先生的文章才知道上述情况的，但马上意识到这是20世纪80年代文化讨论的一个重要转折点，张先生代表中国马克思主义派发出了自己的声音，举起了一面鲜明的文化旗帜。国内坚持马克思主义的文化学者，陆续集合到“综合创新”的旗帜下，80年代文化讨论的形势很快就发生了变化。1990年春，我在一次谈话中把“全盘西化”“儒学复兴”和“综合创新”当作自由主义西化派、文化保守派和中国马克思主义派的三个标志性的文化口号，并且把“综合创新”的文化主张概括为“古为今用，洋为中用，批判继承，综合创新”四句话②，得到许多学者的赞同。在我看来，“五四”以来的

① 陈来编：《不息集》，北京大学出版社2005年版，第139页；《张申府张岱年研究集刊》第1辑，河北人民出版社2013年版，第384页。

② 原话是：“我认为，自由主义的‘全盘西化’派、保守主义的‘儒学复兴’派和马克思主义的‘古为今用，洋为中用，批判继承，综合创新’派（可简称‘综合创新’派），是80年代文化讨论中三个最主要的思想派别，它们之间的对立斗争和统一关系，仍然没有超出‘五四’时期业已形成的思想格局，是70年来的文化论争在新的历史条件下的继续和延伸。”（方克立：《现代新儒学与中国现代化》，天津人民出版社1997年版，第585页。）

历次文化论争，包括80年代的文化讨论，都是三大思潮对立互动，而不是简单的古今中西之争，马克思主义文化派都没有缺席，而且往往为这一轮文化讨论做了总结，指出了今后文化发展的正确方向。张岱年先生在80年代的文化讨论中就起到了这种作用。

记者：张岱年先生对您有“希望您大力宣传‘综合创新’之义”的嘱托，您在宣传和阐扬“综合创新”文化观方面做了一些什么事情？

方克立：很惭愧，我虽然想做好这件事情，但实际上做的工作很有限，也没有达到张先生希望的那么理想的效果。我“宣传‘综合创新’之义”的文章主要有《大力宣传我们的文化主张——“综合创新”论——〈中国文化与文化论争〉读后》（1992）、《批判继承　综合创新》（1995）、《深化对“综合创新”文化观的研究》（访谈，2002）、《中国哲学的综合创新之路》（2003）、《综合创新之路的探索与前瞻》（2007）等。我指导博士生于惠玲写的博士论文《综合创新文化观的历史考察》（2003）、干春松写的《超越激进与保守——张岱年与综合创新文化观》一书（2009），还有你的《张岱年人生哲学研究》（2010）和《张岱年文化哲学研究》（2014），建议和支持河北师大成立张申府张岱年研究中心等，都可以算是向张先生交出的部分答卷。此外，我还要特别提到与张先生共同主编的全国高校人文素质课公用教材《中国文化概论》（1994）。国家教委负责人在给我交代工作时明确指出，这本教材要以我党一贯倡导的文化方针和张岱年先生的“综合创新”文化观为指导思想，该书最后一章最后一节的题目就是《“古为今用，洋为中用，批判继承，综合创新”——建设有中国特色社会主义新文化的方针和道路》①。把“综合创新”文化观写入教材，而且这本教材至今还在全国高校使用，我想这件事情也可以告慰张先生的在天之灵。

---

① 张岱年、方克立主编：《中国文化概论》，北京师范大学出版社1994年版，第472—485页。

三 “马魂中体西用”论：接着张岱年先生讲

记者：学界普遍认为，您对张先生的“综合创新”文化观的最大贡献，还是在于提出了“马魂中体西用”论，把这种有中国特色的马克思主义文化观提高到了一个新阶段，对中、西、马三大资源在综合创新文化观中各自的地位和相互关系做了准确定位和有创意的学理说明。谢青松编的《马魂中体西用：中国文化发展的现实道路》一书①受到马克思主义学科和人文学界的普遍关注。2017 年 6 月在石家庄召开的“综合创新与马克思主义中国化”学术研讨会，与会学者提交的有关“马魂中体西用”的论文就有十多篇，可见它已成为一个新的文化理论研究热点。方老师，您是在怎样的学术背景下提出“马魂中体西用”论的呢？

方克立：我 30 多年来关于中国现当代文化的研究与思考，始终没有离开中、西、马的关系这个时代的中心主题。“三大思潮对立互动”说只是提出了问题，指出“五四”以来围绕这个问题始终存在三派不同观点，我有自己的理论立场，但是并没有给出如何正确处理中、西、马关系问题的明确答案，最多只是提供了一个思路和分析解释框架。经过长期思考和探索，“马学为魂，中学为体，西学为用，三流合一，综合创新”才是我对这个问题做出的正面回答。它既有学理根据，也有历史经验事实的支持，在我看来是中国现当代文化发展的唯一现实可行的道路，对指引当代中国哲学社会科学的发展繁荣也有重要的方法论意义。

“马魂中体西用”论提出的背景你比较熟悉，与上面讲到的张岱年先生的“综合创新”文化观有密切的关系。多年前你发表过《“马

---

① 方克立等著，谢青松编：《马魂中体西用：中国文化发展的现实道路》，人民出版社 2015 年版。

魂、中体、西用"：接着张岱年先生讲》[①] 一文，我觉得这个题目取得很好。"马魂中体西用"论是接着张先生的文化"综合创新"论讲的，而不是"照着讲"的。"照着讲"就从"体、用"二元模式讲不出"魂、体、用"三元模式来了。我曾一再说明"马魂中体西用"论与张先生的"综合创新"论的渊源关系，2006 年首次提出就是在纪念张先生逝世两周年的学术研讨会上，是讲我学习张先生的中、西、马"三流合一"、综合创新文化思想的一点体会。张先生对文化体用问题特别关注，20 世纪 30 年代他就反对"妄谈"[②] 体用，80 年代写过多篇讨论文化体用问题的文章，从不同角度提出过多个论断，我最重视的是他的这一段话："中华民族是建设社会主义中国新文化的主体，而社会主义是中国新文化的指导原则。科学技术等等都是为这个民族主体服务的，也都是为社会主义服务的。"[③] 这里面已蕴含将社会主义指导原则之"体"与中华民族主体性之"体"区分开来的意思，认为科学技术等是为这两个"体"服务的。在我看来，这个思想与"马魂中体西用"论已相当接近了。因为区分主导性之"体"与主体性之"体"正是从"体、用"二元模式过渡到"魂、体、用"三元模式的关键。我后来也注意到张申府先生早年的一些思想，如"孔子（中）、罗素（西）、列宁（马）三流合一"[④] 的思想，在"三

---

① 杜运辉：《"马魂、中体、西用"：接着张岱年先生讲》，《马克思主义研究》2010 年第 11 期。

② 张岱年：《试谈文化的体用问题》，《张岱年全集》第 6 卷，河北人民出版社 1996 年版，第 129 页。

③ 张岱年：《试谈文化的体用问题》，《张岱年全集》第 6 卷，河北人民出版社 1996 年版，第 129 页。

④ 参见《张岱年全集》第 1 卷，河北人民出版社 1996 年版，第 133 页；第 8 卷，河北人民出版社 1996 年版，第 549、585 页；《张申府文集》第 3 卷，河北人民出版社 2005 年版，第 434 页。

流合一”中要以辩证唯物论为“主宰”“中心”和“指导”[①] 的思想，还有“以中国为体以中国为本位”[②] 的提法，这些都可以放到“马魂中体西用”论的产生背景中来考虑。不过我在2006年还没有认真读过张申府先生的著作，读过后才意识到“二张”先生的思想是有很深的内在联系的。

在讲到“马魂中体西用”论产生的背景时，还不能不提到当时我曾受到经济学界讨论中、西、马关系问题的影响，特别是杨承训先生2004年就有“马学为魂，中学为体，西学为用”[③] 的提法，给了我直接的启发，我不过是把它从经济学领域扩大到整个中国思想文化领域，并且与张申府、张岱年先生的“三流合一”“综合创新”思想结合起来，才成为一个比较完整的新时代中国特色马克思主义文化理论。经济学家程恩富有“马学为体，西学为用，国学为根，综合创新”[④] 的提法，使用的概念虽然不完全一样，但是主张融通中、西、马，坚持以马克思主义为指导的思想实质是相同的。

记者：“马魂中体西用”论有什么重要的理论意义和现实意义呢？

方克立：关于这个问题，近年来我在有关文章和访谈中已经讲过多次，这里再概括几点简略地讲一下。

第一，与“五四”以来的“全盘西化”“复兴儒学”“中体西用”“西体中用”等文化主张比较，“马魂中体西用”既坚持马克思主义的指导思想地位，又坚持自古及今生生不息的中国文化的运作主体、生命主体、创造主体和接受主体地位，以及西方文化（外来文化）洋为

① 《张申府文集》第3卷，河北人民出版社2005年版，第439页；第2卷，河北人民出版社2005年版，第632、315页。

② 张申府：《民主原则》，《张申府文集》第1卷，河北人民出版社2005年版，第473页。

③ 杨承训：《中国经济学的发展方向》，《人民日报》2004年11月25日。

④ 参见程恩富、何干强《论推进中国经济学现代化的学术原则——主析“马学”、“西学”与“国学”之关系》，《马克思主义研究》2009年第4期。

中用的“他山之石”地位，三者有机统一，辩证地“化合”在一起，综合创新出一种适合于今日中国需要的社会主义新文化。这是中国现当代唯一现实可行的一条正确道路，它已经被百年中国文化发展的历史所证明，并将被新时代中国特色社会主义文化建设和发展进一步证明。

第二，“马魂中体西用”论与我们党一贯的文化建设指导方针高度契合、高度一致，代表了当代中国先进文化的前进方向。李大钊、毛泽东、邓小平、习近平等的文化思想，以党的十二届六中全会“决议”（1986）和党的十七届六中全会“决定”（2011）为代表的党内一些有关文化问题的重要文献，都强调要坚持以马克思主义为指导，“以民族文化为主体，吸收外来有益文化，推动中华文化走向世界”。新时代中国特色社会主义文化思想对“马魂中体西用”论做了深刻阐述和发挥，我在《“马魂、中体、西用”是习近平文化思想的宗纲》和《铸马学之魂　立中学之体　明西学之用——学习习近平在哲学社会科学工作座谈会上讲话的体会》[1] 两篇文章中做了一点初步研究。

第三，“马魂中体西用”是一些成就卓著的中国马克思主义学者自觉选择和始终坚持的学术道路。他们的学科领域不同，但都坚持以马克思主义为指导，坚持民族文化的主体性，同时具有面向世界的宏阔眼光，所以能够做出实事求是的真学问、对现实有用的大学问来。我曾经提到过郭沫若、范文澜、侯外庐、张岱年、冯契等前辈学者，也提到过比我略为年长的一些同辈学者，如陈先达、罗国杰等师友，他们走的都是一条“马魂中体西用”的学术道路。他们的自觉选择和成功实践，对后辈学人有很强的示范意义。

第四，“马魂中体西用”是当代中国哲学社会科学的主导学术范式，对哲学社会科学各个学科的建设和发展都有重要的指导和引领作

① 方克立：《“马魂、中体、西用”是习近平文化思想的宗纲》，《思想理论教育导刊》2015 年第 8 期；方克立：《铸马学之魂立中学之体明西学之用——学习习近平在哲学社会科学工作座谈会上讲话的体会》，《理论与现代化》2017 年第 3 期。

用。习近平同志说：“坚持以马克思主义为指导，是当代中国哲学社会科学区别于其他哲学社会科学的根本标志。”[①] “其他哲学社会科学”也有自己的学术范式，“全盘西化”“复兴儒学”“中体西用”“西体中用”就是其学术范式，或建立学术范式的主导原则，它们的共同特点是都拒绝或否定以马克思主义为指导。最近十多年来，许多学者都意识到在本学科自觉遵循“马魂中体西用”的学术范式的重要性。我讲的主要是哲学和文化问题，杨承训、程恩富讲的是经济学，林存光、谢青松讲的是政治学，董学文、王海东讲的是文艺学，陈寒鸣讲的是行政管理学，程雅君讲的是中医哲学，李庚香倡导建设“马魂中体西用”的“中原学”，如此等等。我想，包括法学、新闻学、教育学、军事学在内的各个学科领域，“马魂中体西用”的学术范式都能够起到积极的建设性的作用。

记者：经过您的说明，“马魂中体西用”论的重要现实意义，我想大家都能理解。它在学术上的理论创新，主要是在说明当代中国文化发展问题时，用“魂、体、用”三元模式取代了传统的“体、用”二元模式。由于中国传统体用思维影响深远，有的人对“魂、体、用”三元模式还不能理解和接受，有“叠床架屋”之类批评的声音。您怎样看待这个问题？创新的理论总会碰到一些难点，您碰到的难点是什么？

方克立：关于这个问题，我也想分几点来说明。①“魂、体、用”三元模式是为了解决现实问题的需要而提出来的。近代以来，面对中西文化冲突，“中体西用”“内体外用”“道体器用”不失为解决问题的一个折中调和方案，但是它也受到了不能用先进的西学来“突驾”、超越、改造落后于时代的中学的批评。“五四”以后，面对着中、西、马“三足鼎立”的文化格局，“体、用”二元模式就陷入了顾此失彼、捉襟见肘的困境，此时“魂、体、用”三元模式才应运而

① 习近平：《在哲学社会科学工作座谈会上的讲话》，《人民日报》2016 年 5 月 19 日第 2 版。

生。从前面的讨论可以看出，“马魂中体西用”论确实较好地解决了中、西、马的关系这个时代的中心问题。②“魂、体、用”三元模式是综合了传统体用范畴的两重涵义发展变通而来的。传统体用范畴有“道体器用”与“器体道用”的区别。以“道”为体是主导性之“体”，精神指导原则之“体”；以“器”为体是主体性之“体”，载体和实体之“体”。在同一个多元文化结构中是有可能把这两种“体”及其“用”都综合在一起的，作为精神指导原则的主导性之“体”，就是我们所讲的“魂”。③“魂、体、用”三元模式存在的根据主要在客观现实世界中。王船山讲“形而上者谓之道，形而下者谓之器，统之乎一形”、“上下无殊畛，道器无易体”（《周易外传》卷五）、“物之体则是形”（《读四书大全说》卷二），是对客观世界中的“魂”（道）、“体”（形）、“用”（器）关系的如实说明。世界上的事物现象有不少是一分为三的，其中有一些是可以用“魂、体、用”三元模式来说明的，所以不能否定它是具有一定普遍性的认识模式。④“魂、体、用”三元模式也有多种表现形态，并不是只有一个僵固不变的单一模式。“马魂、中体、西用”是讲当代中国文化中三大资源之间的关系，程雅君讲的“儒魂、道体、释用”是讲儒释道三教对中医哲学的不同影响，“仁魂、礼体、和用”是讲儒学价值体系中几个核心范畴之间的相互关系；我在《当代中国文化的“魂”、“体”、“用”关系》一文中讲的主要是“魂体相依方能成大用”的道理，主张用“魂、体、用”三元模式来开辟认识文化的新视野。所以完全不必对这种新的认识模式怀有偏见。我并没有否定传统体用思维的积极成果，不仅30多年前写的《论中国哲学中的体用范畴》一文可以证明，而且近年来我还一再说明：世界上的事物现象是多种多样的，有的可以用（一分为二的）“体、用”二元模式来说明，有的可以用（一分为三的）“魂、体、用”三元模式来说明，有的还需要用更加多元的“兼和”模式来说明。选择哪一种认识模式要看客观实际情况，看你的研究对象属于哪一种类型。每一种认识模式都有其条件性，也有其局限性，所以都不能不顾条件地随便套用。

你提到在研究中碰到什么难点，我觉得最大的难点是名言、概念、范畴的多义性问题。比如“魂”这个概念，我们是从一个社会可以有多种思想文化，但只能有一种指导思想的角度来肯定“马学为魂”，即马克思主义在当代中国文化中的指导思想地位的，并且强调“马学为魂”是“马魂中体西用”论的第一要义。但是，我们同时也有“中华文化是中华民族的根和魂”“以爱国主义为核心的民族精神就是民族魂、中华魂”等提法。有的学者正是据此认为“魂”必须是内生的、本民族固有的，不可能是外来的，从而否定“马学为魂”。我的朋友、著名海外学者龚忠武先生写了专论“民族魂”的长篇雄文，他在《试论新时代的新范畴》一文中也表示不赞成“马魂”的提法，认为只能讲“毛魂马心”，因为只有毛泽东思想才是吸收了马克思主义革命精神和思想精义的新时代的民族魂。在我看来，他既然承认“毛魂”中包含“马心”，并且认为“毛魂需要马心之指引”[①]，实际上就是肯定了民族魂与当代先进文化之魂的统一，而不宜把二者割裂开来。我在30年前就说过：“马克思主义只是提供了一种新的世界观和方法论，为人类文明发展指出一条通向大同的道路，它并不否定也不能代替民族文化的主体性。马克思主义作为一种外来文化，要在中国生根发展，不能没有中国文化这个接受主体。”[②] 这就是“魂体相依”的道理。“马学为魂”当然是以被中国人接受了的、包括毛泽东思想等中国化马克思主义在内的、已经“内化”为当代中国文化的一个有机组成部分的马克思主义为“魂”，为指导思想，它才能起到先进文化的引领作用。所以我认为，今天特别需要加强对“马学为魂”与“民族魂”之统一性的研究，加强对“魂体相依”关系的研究。“魂”这个概念与“体”的涵义是有交叉重合的，日本的“和魂洋

① 龚忠武：《试论新时代的新范畴》，“乌有之乡”2018年1月3日。

② 方克立：《现代新儒学与中国现代化》，天津人民出版社1997年版，第48页。

才”与中国近代的“中体西用”意义相近。“魂”是形而上之“道”，亦即精神指导原则之“体”或主导性之“体”，挺立和发扬“民族魂”“中华魂”“中国精神”等就是我讲的“立中学之体”[①]。我们要充分注意到中国名言、概念多义性这个特点，而不能只从某一个角度来把概念的含义窄化和僵固化。

四　百年中国文化发展重新找回了文化自信

记者： 20世纪80年代中期以来，您虽然也关注湘学和中医哲学等研究领域，但主要是从事百年来中国现当代思想史的研究。“三大思潮对立互动”说和“马魂中体西用”论可以说是这方面的两大思想成果，而且二者的问题意识是一致的，都是围绕着中、西、马的关系这一时代的中心问题，希望找到一条对今天中国社会和文化发展最有利的途径。2017年是十月革命一百周年，2019年是五四运动一百周年，再过两年是中共建党一百周年，您曾经说过最近四五年是总结研究百年中国思想史，包括总结研究马克思主义“综合创新”文化观的百年探索的最佳机遇期，对此您有什么比较具体的想法？我们党在完成第一个百年奋斗目标之后，对未来30年的发展已有步骤清晰的宏伟蓝图，您认为在此期间中国的思想格局还是三大思潮对立互动吗？“马魂中体西用”论是否继续具有指导意义？

方克立： 这一百年的思想历程很丰富，我自己就经历过了其中的80年，有一些比较真切的感受。我在童年时代亲历过在日寇侵略铁蹄下中国人民的苦难生活；中华人民共和国的发展道路也并非一帆风顺，谁也没有想到会经过“文化大革命”那样的曲折；中国特色社会主义新时代的今天是百年历史上最好的时期。从“五四”运动至今的

---

① 方克立：《铸马学之魂　立中学之体　明西学之用——学习习近平在哲学社会科学工作座谈会上讲话的体会》，《理论与现代化》2017年第3期。

近百年中国思想史，始终贯穿着不同文化道路的选择和世界观、历史观、政治路线上的较量与论争。我曾经说过，三大思潮的分歧，归根结底反映了当今世界上不同社会制度和现代化道路的选择：“马克思主义者坚持走社会主义现代化的道路，并在实践探索中把‘中国特色’放到了越来越重要的地位；自由主义者主张照搬照抄西方经验，走西方工业文明即西方资本主义国家发展的老路；现代新儒家则批判了‘现代化即等于西化’的口号，向往一条东方式工业文明，即‘儒家资本主义’的道路。”① 百年历史实践证明，西方资本主义国家走过的发展老路，东亚一些国家试图走的“儒家资本主义”道路，在当年三座大山重压下的旧中国都是走不通的。只有在俄国十月革命启发下的中国共产党人，才找到了一条民族独立、国家富强、人民幸福的社会主义发展道路。生活在这样一个时代，应该说我们这代人还是很幸运的。在十月革命、五四运动、中国共产党建党百年之际，我们理应好好总结这条来之不易的、实践证明是成功的发展道路及其发展规律和经验教训，以便今后的路走得更加自觉、自信和富有前瞻性。在思想文化方面，我觉得应该把重点放在总结马克思主义“综合创新”文化观的百年探索和发展上，包括如何不忘初心、坚持马克思主义的指导思想地位；如何坚守中华文化立场，即坚持民族文化的主体性，把中华民族五千年创造的优秀传统文化和近现代革命文化都当作宝贵的资源；如何吸收人类文明创造的一切积极成果为我所用。不仅要认清“马魂中体西用”三流合一、综合创新是一条最符合现当代中国国情的、能够创造中华文明新辉煌的文化发展道路，而且要总结文化综合创新的具体途径、规律和可操作的方法、手段。有学者曾经提出百年中国马克思主义“综合创新”文化观发展的四阶段论②，你经

---

① 方克立：《现代新儒学与中国现代化》，天津人民出版社 1997 年版，第 46 页。

② 张三萍、关心：《“综合创新”与“返本开新”——儒学现代化的两条不同路径》，《学术论坛》2013 年第 11 期。

过研究又提出了六阶段论[①]，这些研究都很有意义。近年来这方面的研究成果越来越多，思想广度和深度都有所拓展，这是十分可喜的现象。我前面曾经谈到，三大思潮对立互动贯穿于“五四”后百年思想史之始终，今天中国的思想格局还是这样，不过三大思潮内部都有左、中、右的分化，相互之间的关系更加错综复杂了。这种情况不可能在短期内改变，还会延续相当长一段时间。“恐怕在整个社会主义初级阶段，在社会主义的优越性还没有充分显示出来之前，即使在国内，不仅‘全盘西化’论总会有一定市场，希望中国走‘儒家资本主义’道路的理论也总会有人欣赏。”[②] 毫无疑问，三大思潮对立互动的思想格局在未来30年还会继续存在，即使我们已经完成了第二个百年奋斗目标，中国已建成一个富强、民主、文明、和谐、美丽的社会主义现代化强国，但由于国际形势发展的复杂性和不确定性，不能设想那时中国就没有思想路线的分歧和论争了。所以我认为，坚持马克思主义的指导思想地位和“马魂中体西用”有机统一、综合创新的文化方针，还是我们今后长期的任务。

记者：从“综合创新”文化观到“马魂中体西用”论，都反映了中国马克思主义派学者的宽阔胸襟和高度的文化自信。习近平同志多次强调“文化自信，是更基础、更广泛、更深厚的自信”[③]，“文化自信是一个国家、一个民族发展中更基本、更深沉、更持久的力量”[④]。这种文化自信到底来自哪里？它对中国和世界未来的发展将产生怎样的影响？

---

① 杜运辉：《百年来中国马克思主义文化研究的主流学派》，《马克思主义文化研究》2018 年第 1 期。

② 方克立：《现代新儒学与中国现代化》，天津人民出版社 1997 年版，第 69—70 页。

③ 习近平：《在庆祝中国共产党成立 95 周年大会上的讲话》，人民出版社 2016 年版，第 12 页。

④ 习近平：《决胜全面建成小康社会　夺取新时代中国特色社会主义伟大胜利——在中国共产党第十九次全国代表大会上的报告》，人民出版社 2017 年版，第 23 页。

方克立：总书记讲文化自信与讲道路自信、理论自信、制度自信是联系在一起的，与讲价值观自信也是联系在一起的，是讲我们的道路自信、理论自信、制度自信和价值观自信有着深厚的文化底蕴，有民族主体性的重要支撑。关于文化自信的内涵，他也讲得很清楚，包括中华优秀传统文化、革命文化和社会主义先进文化三个方面。中华优秀传统文化不是笼统地指中国传统文化，而是指用马克思主义科学扬弃观筛选过了的，排除了封建性糟粕的，“与当代社会相适应、与现代文明相协调”的中国传统文化中的优秀部分或精华部分。中华优秀传统文化和革命文化既是中国特色社会主义文化的来源又是其重要组成部分，所以文化自信从根本上说是对中国特色社会主义文化的自信。这与对社会主义道路、理论、制度的自信和对社会主义核心价值观的自信是完全一致的。一百年前的中国，我们也有灿烂辉煌的传统文化，但是在备受帝国主义的欺凌、割地赔款、丧权辱国的时代，在中国人被称为慵懒麻木的“东亚病夫”，我们也自称“百事不如人”、视自己的文化为“黑色染缸”的时代，我们还有多少文化自信？百年中国的历史巨变，中国共产党人找到了马克思主义这个救国救民的真理，在领导人民实现民族复兴的伟大斗争中激活了传统文化中的优质基因和正能量，中国人民才重新找回了文化自信，从此“中国人在精神上就由被动转入主动”，这种文化自信又成为加强社会主义道路自信、理论自信、制度自信和价值观自信的深厚根基。所以我认为，与“全盘西化”“复兴儒学”等文化选择相比较，“马魂中体西用”的文化方针在百年中国思想史中之所以具有强大的生命力，不仅由于有“兼和”辩证法作为其理论基础，更重要的是它已被百年中国的历史实践所证明。这条社会和文化发展道路在中国的成功，对世界各国当然有重要影响和示范意义。“越南、古巴是与中国社会性质、文化发展方向相近的国家，它们可以说分别是走‘马魂、越体、西（洋）

用’和‘马魂、古体、西（洋）用’的发展道路。”[①] 社会主义战胜和取代资本主义是人类社会历史发展的必然规律，将来必然会有越来越多的国家走上这条发展道路，中国经验的影响也会越来越大。

（原载《马克思主义文化研究》2018 年第 1 期）

① 方克立：《中国文化的综合创新之路》，中国社会科学出版社 2012 年版，第 256 页。

“马魂、中体、西用”论的现实意义与时代价值

——访中国社会科学院学部委员方克立教授

迟成勇

方先生好！“马魂、中体、西用”论，是您在2006年提出的一种文化观或主导性的学术范式，应该说属于“接着讲”，即接着张岱年先生的“文化综合创新论”讲的，是对“文化综合创新论”的一种深化与发展，进一步明晰了中、西、马三种文化资源在综合创新中的地位及其相互关系。在中国特色社会主义进入新时代，在推动社会主义文化繁荣兴盛的新征程中，在阔步迈向社会主义文化强国的历史进程中，越发凸显了“马魂、中体、西用”论的现实意义与时代价值。下面就几个问题，请教于您！

问题1：明年（2019年），是五四新文化运动100周年，您在多篇论著中反复强调，自五四新文化运动以来至今的100年间，中国社会始终存在着自由主义的西化派、保守主义的儒学复兴派及马克思主义的综合创新派三大文化思潮的对立互动。那么，在五四新文化运动100周年即将来临之际，请您对三大文化思潮的对立互动作一个总结与回顾，我深信这也是国内学术界及学者们的共同期盼。

方克立：你出了一个大题目：三大思潮对立互动的百年总结与反思。这个题目可能需要写一本书才能讲清楚，这里只能简要地讲几点我的思路。

（1）五四运动是中国思想史上的一个重要转折点。在此之前的四百年，新学与旧学之争，西学与中学之争，即所谓古今中西之争一直是中国思想界关注和争论的焦点。“十月革命一声炮响，给我们送来了马克思列宁主义”①，从根本上改变了上述思想格局。五四运动标志着中国工人阶级登上历史舞台，他们手里掌握的思想武器，就是作为无产阶级世界观、历史观、价值观和方法论的马克思主义。此后一百年，古今中西问题继续存在，但马克思主义已经是不可忽视的一个重要维度了，时代的中心问题已经从古今中西之争转换为中、西、马的关系问题，后者实际上已经把前者包含于其中。围绕着中、西、马的关系问题，“五四”后出现了自由主义西化派、文化保守派和中国马克思主义派三大思潮对立互动的格局。它们各占有一定的资源优势，但在处理三大资源的相互关系问题上态度根本不同，尤其是在以谁为“魂”、为指导思想、为“一元主导”的问题上，可以说是唱起了“三岔口”，形成了“三足鼎立”之势。三大思潮之间既互相对立、互相竞争、互相论战，又互相渗透、互相吸摄、互相补充，而且都在一定程度上表现出了“兼容”“综合”的趋向，但在坚持“一元主导”这一点上，哪一家都是毫不含糊的。这不仅是由于文化道路选择不同，而且显然有一个争夺文化领导权的问题。

（2）三大思潮对立互动贯穿于百年中国思想史之始终。这要看历史事实，不能主观随意地做出这个论断。百年思想史大体上可以分为三个阶段。第一个阶段是从 1919 年的五四运动到 1949 年中华人民共和国成立，是三大思潮形成和激烈较量，相互之间发生过多次思想文化论战，马克思主义与中国革命实践和历史文化相结合，最后取得决定性胜利的阶段。从“五四”时期的“问题与主义论战”开始，经过东西文化论战、科学与玄学论战、中国社会性质和中国社会史问题论战、中国本位文化论战、唯物辩证法论战，到马克思主义对新理学

① 《毛泽东选集》第 4 卷，人民出版社 1991 年版，第 1471 页。

和新心学的批评，以及对民主个人主义的批评等，都是在三大思潮之间展开的，而且马克思主义都没有缺席，它往往是其他各种思潮批评、攻击的对象，但在这些论战中锻炼得更加成熟和坚强，产生了越来越广泛的影响，以至30年代有人惊呼：“赞成唯物辩证法的书籍现在大有满坑满谷之势。”[①] 这个时期，毛泽东以《实践论》《矛盾论》《新民主主义论》《论人民民主专政》等马克思主义中国化的积极成果，对这些论战作了科学总结，也成为中国革命取得胜利的思想先导。

第二个阶段是从1949年建国到1978年党的十一届三中全会。马克思主义在摆脱了三座大山重压的新中国占有绝对统治地位，自由主义西化派代表人物胡适和文化保守派代表人物梁漱溟，在建国初期都曾受到过有组织的思想批判。虽然毛泽东在1956年提出了促进社会主义文化发展繁荣的“百花齐放，百家争鸣”方针，但在意识形态领域里还是强调只有无产阶级和资产阶级两家，“兴无灭资”一度成为纲领性的口号。发展到“文化大革命”时期，更是把一切非无产阶级思想文化皆视为“封、资、修”，一概列为“破除”和“扫荡”的对象。把马克思主义与中外文明隔绝开来的做法严重损害了它的创造性、科学性和现实性的品格，我们走了一段教训颇为深刻的弯路。这个时期，自由主义西化思潮和以新儒学为代表文化保守主义在港台地区继续得到发展，1960年代在台湾也发生过自由派与传统派之间的思想论战。

第三个阶段是改革开放后的40年。1978年召开的党的十一届三中全会开启了改革开放的历史新时期，中国重新融入世界现代化的潮流。在思想文化领域，党重新确立了实事求是的马克思主义路线，否定了“以阶级斗争为纲”的口号，把工作重心转移到社会主义现代化

---

① 张东荪：《唯物辩证法论战》弁言，《唯物辩证法论战》，民友书局1934年版，第1页。

建设上来。同时强调必须坚持四项基本原则，反对资产阶级自由化。[①]事实上这个时期马克思主义同资产阶级自由化思潮和崇儒反马思潮等进行了反复的斗争。在1980年代文化热中，有人重新提出了“全盘西化”的口号，政论片《河殇》则主张要用蓝色海洋文明来取代中国的黄土文明。在一定意义上说，1989年的政治风波就是资产阶级自由化思潮泛滥的结果。1990年代末，有人借北大百年校庆宣传“自由主义是最好的最具普遍性的价值”；到新世纪，“零八宪章”彻底暴露了这股思潮反对党的领导、企图推翻现行政权的根本目的。改革开放后，港台海外新儒学在中国大陆也有较大影响，文化保守主义思想有所抬头，特别是有少数坚持崇儒反马立场的大陆新儒家，公开提出了要用儒学、儒教取代马克思主义的“王官学”地位，把中国重新变成一个政教合一国家的“儒化中国”方案，1989年蒋庆发表的《中国大陆复兴儒学的现实意义及其面临的问题》就是一篇代表作。2004年大陆新儒家通过贵阳儒学会讲公开集体亮相，宣称文化保守主义已经“从边缘到了中心”；2016年出版的《中国必须再儒化》一书，更是把他们的政治、经济、文化纲领全面系统地表达出来。无论是资产阶级自由化思潮，还是崇儒反马思潮，都不能撼动马克思主义在当代中国的指导思想地位，从邓小平理论、“三个代表”重要思想、科学发展观到习近平新时代中国特色社会主义思想，中国化马克思主义以其与时俱进的品格和在实践上取得的巨大成功，最有力地说明了“只有社会主义才能救中国和发展中国”的道理。在现当代中国文化发展道路问题上，马克思主义派学者提出的“综合创新”和“马魂、

① 1979年3月30日，邓小平在理论工作务虚会上作了题为《坚持四项基本原则》的讲话，提出：“第一，必须坚持社会主义道路；第二，必须坚持无产阶级专政；第三，必须坚持共产党的领导；第四，必须坚持马列主义、毛泽东思想。”1986年9月，在中共十二届六中全会上，邓小平指出：“搞自由化就是要把我们引导到资本主义道路上去，所以我们用反对资产阶级自由化这个提法。看来，反对自由化，不仅这次要讲，还要讲十年二十年。”

中体、西用”的文化方针，也明显地优于“全盘西化”“复兴儒学”等文化选择。正如陈先达先生所指出的，当代中国的道路之争，可以概括为“西化”“儒化”和“马克思主义中国化”的三“化”之争[①]，这正是三大思潮对立互动在新时期的典型表现。

（3）三大思潮对立互动在中国现当代思想史上具有历史的必然性。19 世纪末 20 世纪初，世界已经进入了帝国主义和无产阶级革命的时代。“十月社会主义革命不只是开创了俄国历史的新纪元，而且开创了世界历史的新纪元”[②]，科学社会主义由理想变成了现实。在这个时代，任何殖民地半殖民地国家发生的反对帝国主义即反对国际资本主义的革命，就不再属于旧的资产阶级民主主义革命的范畴，而是成为无产阶级领导的世界社会主义革命的一部分了。所以，五四运动也标志着中国革命已经由资产阶级旧民主主义革命进入无产阶级领导的新民主主义革命的历史时期。“五四”后三大思潮对立互动，是在无产阶级领导人民大众进行反对帝国主义、封建主义、官僚资本主义的斗争中，为了实现国家独立、民族复兴、社会进步的目标，在如何对待传统、如何引介西方、如何建设中国的新文化等问题上产生的三种不同态度，或者说三派不同观点。正如美国学者史华慈所说的，它们是“在许多共同观念的同一架构里运作”[③] 的，三派思想从起源来说就有许多共同点。比如他们都带有强烈的民族主义情绪，救亡图存、振兴中华是共同的中心主题；他们都向西方寻求真理，但又想避免西方文明发展中出现的种种矛盾和弊端；他们都希望中国走出中世纪，迈向现代化，在思想上都具有文化启蒙的性质和特点。不过三派所选择的具体道路和表现的方式不同，它们在同一层面上所形成的对

① 陈先达：《历史唯物主义与中国道路》，《光明日报》2016 年 9 月 7 日。

② 《毛泽东选集》第 1 卷，人民出版社 1991 年版，第 303 页。

③ 史华慈：《论保守主义》，《近代中国思想人物论·保守主义》，台湾时报文化出版公司 1980 年版，第 20 页。

立和紧张，事实上对推动上述问题的解决是起了积极作用的。这三派都是主张中国要现代化的，不过各自选择的道路不同：自由派认为西方工业文明即西方资本主义发达国家走过的道路具有普世意义，所以主张中国也要走这条发展道路；现代新儒家则批判了“现代化即等于西化”的口号，向往一条东方式工业文明即所谓“儒家资本主义”的道路。看到了社会主义战胜和取代资本主义是人类社会历史发展必然趋势的中国马克思主义者，一直坚持社会主义现代化的方向和道路，并在实践探索中把“中国特色”放到了越来越重要的地位。三条道路之争不仅贯彻于百年思想史之始终，而且在社会主义现代化在中国取得决定性的胜利之前，这种思想分野还会存在相当长一个时期。另外我们还要看到，自由主义、保守主义、社会主义“三分”的思想格局并不只是中国一国的现象，当今世界上许多国家都有这种现象，从起源来说可以追溯到 19 世纪。在世界已经联系成为一个整体的时代，中国思想界也不可能不受到国际思潮的影响。

（4）三大思潮既然是对立互动的，相互关系本来就比较复杂，而且在发展演变过程中三派内部都有左、中、右的分化，内外错综复杂地交织在一起，使当代中国的思想图谱变得更加丰富多彩，也更加难以把握，思想史研究者切忌简单化的归类思维方式。我们只要看一下改革开放以来中国的思想界就明白了。1990 年代后期有所谓“自由派”与“新左派”之争，我读了一篇台湾学者写的文章，他认为这个争论实际上是自由主义的右翼与左翼之争，对我有所启发。当然“新左派”这个概念很难界定，其中成分比较复杂，但主要成分是自由主义的左翼。还有一些人在学理上是认同自由主义理念的，但是并不热心于讨论社会现实问题和参与左、右派的争论，是为中翼。今天有一些人自称“大陆新儒家”，其共性是在考虑中国社会和文化的前途问题时，不但以儒学为主要资源，而且以儒学为主导思想，并且都有强烈的续统意识，不论是接着现代新儒学讲，还是接着康有为和公羊学讲，都是自觉充当儒家道统的现代传人。其右翼公开举起了崇儒反马、复古更化、儒化中国的旗帜，其中、左翼则崇儒而不反马，至少是不公开反马，有人还提出了“儒马二元并立”论。前者政治保守主义的色彩更浓厚一些，后者主要是文化保守主义。凡是以马克思主义为指导来研究儒学和新儒学的，无论对其作用、地位、价值、意义评价有多高，都不会自称“新儒家”，都属于儒学研究中的马克思主义派。不能否认马克思主义队伍也是有分化的，“不走封闭僵化的老路”就是指向过“左”的、不能与时俱进的传统马克思主义派，他们甚至肯定“文革”的理论，看不惯改革开放后资本主义“复辟”的种种现象；“民主社会主义”则是右翼马克思主义提出的一个代表性口号，他们中的一些人也是“零八宪章”的签名者，实际上已与自由右派合流。我们党既反对“左”，也反对右，坚持科学社会主义与中国国情相结合，成功地走出了一条中国特色社会主义道路，也巩固了马克思主义的主导意识形态地位。了解三大思潮对立互动中的这些变化着的复杂情况，可以更好地总结它的百年发展历程和预计其未来走向。

问题2：从学术层面看，早在20世纪30年代，张申府先生就提出“罗素、列宁、孔子，三流合一”[①] 的观点；张岱年先生在1936年《哲学上一个可能的综合》一文中又提出“将唯物、理想、解析，综合于一”[②] 的主张，被学者们称之为“综合的创造”；至1980年代，张岱年先生将此发展为“文化综合创新论”，而您又将此深化和发展为“马魂、中体、西用”论。应该说，从张申府先生，到张岱年先生，再到您老，“综合创新论”经历了一个合乎理论逻辑与历史逻辑相统一的不断深化过程，它揭示了中国文化的时代走向。

---

① 参见《张岱年全集》第1卷，河北人民出版社1996年版，第133页；第8卷，河北人民出版社1996年版，第549、585页；《张申府文集》第3卷，河北人民出版社2005年版，第434页。

② 《张岱年全集》第1卷，河北人民出版社1996年版，第262页。

对此，请您具体谈谈“马魂、中体、西用”论对21世纪中国文化发展的现实意义。

方克立：正如你所说的：“马魂、中体、西用”论是接着张申府、张岱年先生的中、西、马“三流合一”（30年代）、“综合创新”（80年代）文化思想讲的。之所以说是其发展与深化，主要是对中、西、马三种文化资源在“综合创新”的社会主义文化中的地位和相互关系做了明确的界定，即把马克思主义的指导思想地位、中国文化的主体地位和西方（外来）文化的“他山之石”地位，分别用“魂”“体”“用”三个概念来定性和定位，并且把三者有机统一起来了。它突破了中国传统的体用二元思维模式，用“魂、体、用”三元模式来说明中、西、马“三分”这一类的事物现象，可以说是一种理论上的范式创新。其实这一点我也受到了张岱年先生的启发。张先生是最重视研究文化体用问题的哲学家之一，他早就注意到用传统体用范畴来研究文化问题，要区分两种涵义：一是实体与作用的关系，二是原则与应用的关系。这实际上就是“器体道用”与“道体器用”之别。从两种不同涵义他曾提出过“社会存在是体，社会意识是用”①、“社会主义的基本原则是‘体’，科学技术、文学艺术是‘用’”②、“民主为体，科学为用”③、“今中为体，古洋为用”④ 等多个命题，并且试图将两种涵义的“体”统一起来，把它们放到同一个中国新文化建设的公式中去。他说：“应该承认，中华民族是建设社会主义中国新文化的主体，而社会主义是中国新文化的指导原则。科学技术等等都是为这个民族主体服务的，也都是为社会主义服务的。”⑤ 在这个比较完

---

① 《张岱年全集》第6卷，河北人民出版社1996年版，第203页。

② 《张岱年全集》第6卷，河北人民出版社1996年版，第170—171页。

③ 《张岱年全集》第6卷，河北人民出版社1996年版，第171页。

④ 《张岱年全集》第6卷，河北人民出版社1996年版，第129页。

⑤ 张岱年：《试谈文化的体用问题》，《张岱年全集》第6卷，河北人民出版社1996年版，第129页。

整的表述中，中华民族是主体性之“体”，即“器体道用”之“体”；社会主义原则是主导性之“体”，即“道体器用”之“体”；而科学技术之“用”则是为这两个“体”服务的。在我看来，这个表述与“马魂、中体、西用”论已经相当接近了，只是还没有从体用二元模式中摆脱出来，所以不得不借助于体用范畴的多重涵义。我曾一再指出二张先生实际上是“马魂、中体、西用”论的先驱，后来读张申府先生的著作，就更证明了这一点。他在讲“孔子（中）、罗素（西）、列宁（马），三流合一”① 时，多次讲要以辩证唯物论为“主宰”“中心”和“指导”②，在《民主原则》一文中还有“以中国为体以中国为本位”③ 的提法。中、西、马三者在他们心目中的位置，应该说一直是清楚的，我不过是在他们思想的基础上把问题进一步明晰化了，从理论逻辑来说，这个发展与深化确实是有其必然性的。

关于“马魂、中体、西用”论的现实意义，我在一些文章和访谈中都讲到过，主要是从总结百年思想史的角度，着重讲了以下四点：1. 与“全盘西化”“复兴儒学”“中体西用”“西体中用”等文化主张比较，“马魂、中体、西用”是现当代中国唯一正确的、现实可行的文化发展道路；2. “马魂、中体、西用”论与我们党一贯的文化建设指导方针高度一致，代表了当代中国先进文化的前进方向；3. “马魂、中体、西用”也是一些成就卓著的中国马克思主义学者自觉选择的学术道路，他们的成功实践，对后辈学人有很强的示范意义；4. “马魂、中体、西用”是当代中国哲学社会科学的主导学术范式，对哲学社会

---

① 参见《张岱年全集》第1卷，河北人民出版社1996年版，第133页；第8卷，河北人民出版社1996年版，第549、585页；《张申府文集》第3卷，河北人民出版社2005年版，第434页。

② 《张申府文集》第3卷，河北人民出版社2005年版，第439页；第2卷，河北人民出版社2005年版，第632、315页。

③ 张申府：《民主原则》，《张申府文集》第1卷，河北人民出版社2005年版，第473页。

科学各个学科的建设和发展都有重要的指导和引领作用。你提的问题是“马魂、中体、西用”论对21世纪中国文化发展的现实意义，显然更加注重它的前瞻性方面。当然，上面讲的四点，在21世纪还会继续起作用，继续具有现实意义，但是我们应该更加重视习近平新时代中国特色社会主义文化思想，更加重视党的十九大为实现第二个百年奋斗目标所制定的文化蓝图。这些显然是更加针对当今和指向未来的。习近平同志2013年8月19日在全国宣传思想工作会议上讲话后，我发表了《“马魂、中体、西用”是习近平文化思想的宗纲》一文；2016年5月17日他在哲学社会科学工作座谈会上讲话后，我又写了《铸马学之魂　立中学之体　明西学之用》一文谈自己的学习体会。[①] 可以说，在我们党的历史上，习近平同志把“马魂、中体、西用”的文化旗帜举得最高，论述得最全面、系统、深刻、精当，最有现实针对性和创造性。比如他说：“坚持以马克思主义为指导，是当代中国哲学社会科学区别于其他哲学社会科学的根本标志”，“不坚持以马克思主义为指导，哲学社会科学就会失去灵魂、迷失方向。”[②] 这不仅是对“马学为魂”的明确表达，而且以是否坚持以马克思主义为指导为根本标志，把“当代中国哲学社会科学”与资产阶级自由化思潮、崇儒反马思潮等“其他哲学社会科学”区别开来了，对百年中国思想文化领域里的道路之争作了高度概括与总结，也是列宁的“两种文化”思想在当代中国的运用和发展。他提出的思想舆论领域的三个地带理论，指出在“红色地带”（包括“当代中国哲学社会科学”）和“黑色地带”（“其他哲学社会科学”等）之间，还有广大的中间地带（“灰色地带”），我们要多做工作，将其引导到拥护中国特色社

---

① 方克立：《“马魂、中体、西用”是习近平文化思想的宗纲》，《思想理论教育导刊》2015年第5期；《铸马学之魂　立中学之体　明西学之用——学习习近平在哲学社会科学工作座谈会上讲话的体会》，《理论与现代化》2017年第3期。

② 习近平：《在哲学社会科学工作座谈会上的讲话》，《人民日报》2016年5月19日。

会主义方面来，也有很强的现实意义。习近平对当代中国哲学社会科学的主体性建设非常重视，强调要同时重视继承性和民族性、原创性和时代性、系统性和专业性三大特点，在内容上则把中华优秀传统文化、革命文化和当代中国社会主义先进文化都看作是民族文化主体性的体现。生生不息的中华文化既是运作主体、生命主体和创造主体，也是外来文化的接受主体，所以它在“马魂、中体、西用”论中的地位极其重要，可以说具有基础性的地位。我们重视学习借鉴世界各民族创造的一切有价值的思想文化成果，但是在讲“西学为用”“洋为中用”的时候，也始终不能忘记“以我为主”的主体性原则。在当今中国和世界，我觉得这些思想都特别有现实意义，是进行中国特色社会主义文化建设的重要遵循。按照十九大设计的蓝图，到本世纪中叶，我国将建成一个富强民主文明和谐美丽的社会主义现代化强国，不仅是经济强国、科技强国、综合国力与国际影响力领先的国家，而且也是社会主义文化强国，全民族的文化创造创新活力得到激发，人民的文化获得感、幸福感更加充实。要达到这个目标，就必须坚持以马克思主义为指导，坚守中华文化立场即坚持民族文化的主体性，坚持面向现代化、面向世界、面向未来，借鉴吸收世界优秀文化成果为我所用。也就是说，我们要更加自觉和毫不动摇地坚持“马魂、中体、西用”的文化方针，让它在建设社会主义文化强国中发挥更大、更加积极的作用。

问题3：2010年您在《“马魂、中体、西用”：中国文化发展的现实道路》一文中说：“中国文化发展的现实道路就是中国特色社会主义文化的建设和发展之路。它的实质内容就是要解决中、西、马三种文化传统、三大文化思潮的关系，其核心是马克思主义与中国文化的关系问题。”而我们大家都知道，中国特色社会主义文化的建设和发展客观上需要国民有高度的文化自觉和坚定的文化自信。2011年您又撰写《中国共产党的文化自觉是中华民族之福》一文，文章实际上就是谈文化自觉与“马魂、中体、西用”的关系。

那么，在今天学术界大谈文化自信的时代背景下，请您谈谈文化自信与“马魂、中体、西用”的关系。

方克立：从文化自觉到文化自信，这也是一个好题目。我想以自己对这个问题的认识过程来做一个简要的说明。

在世纪之交，费孝通先生提出了著名的文化自觉理论，我在中华炎黄文化研究会的工作中有机会直接向费老请教并与之交流。我体会文化自觉的涵义主要有两个方面：一是对自己的文化要有“自知之明”，就是费老讲的：“文化自觉，意思是生活在既定文化中的人对其文化有‘自知之明’，明白它的来历、形成的过程、所具有的特色和它发展的趋向。自知之明是为了加强对文化转型的自主能力，取得决定适应新环境、新时代文化选择的自主地位。”[①] 也就是说，文化自觉是对文化的自我反思、理性审视和自我觉醒，我们一方面要有忧患意识，一方面还要有文化自信。二是正确处理自己的文化与其他民族文化之间的关系，这就是他的“和而不同”理论。费老说：“我用‘和而不同’来概括我国文化传统中人文价值的基本态度，也用‘和而不同’来展望21世纪的人文世界可能出现的面貌。”[②] 他提出“和而不同”的文明关系理论，在当时是有很强的针对性的，就是为了抵制、批评、消解“自我中心主义”和“文明冲突论”，推动世界上各种文明能够互相尊重、互相沟通、取长补短，共同发展。费老有著名的“美美四句”：“各美其美，美人之美，美美与共，天下大同。”表达了他对人类社会和文明发展的未来愿景。我曾从文化发展永远不可能只有“同”而没有“异”的角度，将其第四句“天下大同”改为“和而不同”，作为“美美四句”的第二个版本。这个意见与美国威

① 费孝通：《中华文化在新世纪面临的挑战》，载方克立等主编《中华文化与二十一世纪》上卷，中国社会科学出版社2000年版，第2页。

② 费孝通：《进入二十一世纪时的回顾和前瞻》，《费孝通文集》第15卷，群言出版社2001年版，第409—410页。

斯康辛大学周策纵教授的看法不约而同。费老认为“美美与共”虽然只有在“天下大同”的社会才能真正实现，但将其实质概括为“和而不同”是对的，把文化问题与所有制问题适当区别开来也是有道理的。[①] 这是我关注文化自觉问题的第一阶段。

第二阶段是2011 年党的十七届六中全会通过《中共中央关于深化文化体改革推动社会主义文化大发展大繁荣若干重大问题的决定》后，我写了你提到的《中国共产党的文化自觉是中华民族之福》一文，指出正是党的文化自觉带动了整个民族的文化自觉，这是中华民族能够真正掌握自己的命运、走上伟大复兴之途的关键。正如你所说的，这篇文章实际上就是讲文化自觉与“马魂、中体、西用”的关系。中国共产党的文化自觉突出地表现为坚持以马克思主义为指导，强调社会主义核心价值体系是“兴国之魂”，把中华民族五千多年博大精深的传统文化、马克思主义指导思想和党领导人民在革命、建设、改革实践中创造的奋发向上的革命文化，都看作我们党自身固有的宝贵文化资源，同时以开放的胸襟对待外来文化，也就是不忘本来、吸收外来、着眼将来，这样才能真正建成面向现代化、面向世界、面向未来的，民族的科学的大众的社会主义文化。这个时期还有一篇重要文章，就是连载于《红旗文稿》2010 年第 15、16、17 期的云杉的《文化自觉·文化自信·文化自强——对繁荣发展中国特色社会主义文化的思考》一文，对我们深刻理解党的文化建设指导方针很有帮助。最早将中国传统文化的思想精华概括为“讲仁爱、重民本、守诚信、崇正义、尚和合、求大同”几句话的，就是这篇文章。

第三阶段是学习习近平同志的文化自信思想。他在中国特色社会主义道路自信、理论自信、制度自信的基础上，又加上了一个文化自

---

① 方克立：《费孝通与“和而不同”文化观》，《中国社会科学院研究生院学报》2006 年第 6 期。

信，并且强调文化自信是“更基础、更广泛、更深厚的自信”[①]，“是一个国家、一个民族发展中更基本、更深沉、更持久的力量”[②]。“四个自信”理论有着丰富的内容和很强的现实性，涉及文化自信的精神内涵，文化自信与道路自信、理论自信、制度自信的关系，文化自信与文化自觉的关系等多个方面，我还是想主要讲一下文化自信与“马魂、中体、西用”的关系问题。我们今天讲的文化自信是有时代内涵的。与中国特色社会主义道路自信、理论自信、制度自信相一致，文化自信本质上也是对中国特色社会主义文化的自信，实际上就是对“马魂、中体、西用”这条文化发展道路的自信。一百年前的中国，我们也有灿烂辉煌的传统文化，但是在备受帝国主义的欺凌、割地赔款、丧权辱国的时代，在中国人被称为慵懒麻木的“东亚病夫”，我们也自称“百事不如人”、视自己的文化为“黑色染缸”的时代，我们还有多少文化自信？百年中国的历史巨变，中国共产党人找到了马克思主义这个救国救民的真理，把它与中国革命实际相结合，在领导人民实现民族复兴的伟大斗争中激活了传统文化中的优质基因和丰厚思想资源，成为中华优秀传统文化的忠实继承者和弘扬创新者。中华优秀传统文化，党领导人民创造的革命文化，以马克思主义指导思想、中国特色社会主义共同理想、以爱国主义为核心的民族精神和以改革创新为核心的时代精神、社会主义核心价值观为主要内容的当代中国社会主义先进文化，共同彰显了民族文化的主体性，是我们今天文化自信的三个主要来源。所以习近平同志说：当今世界，“中国共产党、中华人民共和国、中华民族是最有理由自信的”[③]。这一百年，

① 习近平：《在庆祝中国共产党成立95周年大会上的讲话》，人民出版社2016年版，第12页。

② 习近平：《决胜全面建成小康社会　夺取新时代中国特色社会主义伟大胜利》，《中国共产党第十九次全国代表大会文件汇编》，人民出版社2017年版，第18页。

③ 习近平：《在庆祝中国共产党成立95周年大会上的讲话》，人民出版社2016年版，第12页。

我们选择了"马魂、中体、西用"三流合一、综合创新的文化发展道路，把马克思主义的指导思想地位、中华民族文化的主体地位和西方（外来）文化的"他山之石"地位有机结合起来，把三大文化资源的优长都充分调动起来，"兼和"、融通、聚集起来，综合创新成为中国特色社会主义的新文化，所以我们对这条文化发展道路及其取得的累累硕果是充满自信的。与这种文化自信比较，自称"百事不如人"、主张"当三百年殖民地"的西化派有什么文化自信？建国后退居台港的新儒家，不时发出中国文化"花果飘零"之叹，自称"寂寞的新儒家"，那时他们还有多少文化自信？全盘否定中国近现代革命传统，把一百多年来中国人民救亡图存、艰苦奋斗的历史，说成是一部"亡文化"的历史、"文化歧出"的历史，说什么"国保了，'种'保了，但是'教'亡了，文化亡了"的大陆新儒家有什么文化自信？文化自觉是文化自信和文化自强的前提，所以要加强对"马魂、中体、西用"文化发展道路的自觉和自信，还必须反对民族文化虚无主义和历史虚无主义。

问题4：您在"马魂、中体、西用"论的学术范式中将中华文化的主体性创造性解读为"生命主体""创造主体""运作主体"及"接受主体"，凸显中华文化在"马魂、中体、西用"学术范式中的地位和作用，彰显了民族文化的主体性。党的十八大以来，习近平总书记高度重视中华优秀传统文化，并将其作为治国理政的重要思想文化资源。习近平总书记反复强调，中华优秀传统文化是中华民族的突出优势，中华民族伟大复兴需要以中华文化繁荣发展为条件，必须结合新的时代条件传承和弘扬好中华优秀传统文化。

请您谈谈在中国特色社会主义新时代如何传承和弘扬好中华优秀传统文化？

方克立：党的十八大以来，习近平同志关于为什么要传承和弘扬中华优秀传统文化、传承和弘扬哪些中华优秀传统文化、怎样传承和弘扬中华优秀传统文化，有一系列重要论述。有的学者做了仔细深入的研究，比如第一个问题，就从①中华民族的“根”与“魂”，②中华民族的文化基因和精神家园，③中华民族生生不息、发展壮大的丰厚滋养，④中华文明五千年连续不断的精神血脉和纽带，⑤中国特色社会主义植根的文化沃土，⑥涵养社会主义核心价值观的重要源泉，⑦治国理政之古为今用的思想资源，⑧推行和平外交战略的文化基石，⑨在激烈国际竞争中最深厚的软实力，⑩实现中华民族伟大复兴中国梦的重要精神支撑等多个方面进行了系统阐发，使我们对这个问题的认识提高到了一个新境界。

2011 年党的十七届六中全会通过的《决定》，就提出要“建设中华优秀传统文化传承体系”。2014 年 3 月，教育部印发了《完善中华优秀传统文化教育指导纲要》的通知。2017 年 1 月，中共中央办公厅、国务院办公厅又印发了《关于实施中华优秀传统文化传承发展工程的意见》，指出中华优秀传统文化的内容主要包括核心思想理念、中华传统美德、中华人文精神三个方面，并且提出了研究阐发、教育普及、保护传承、创新发展、传播交流等方面协同推进，到 2025 年基本建成中华优秀传统文化传承发展体系的目标。在学习过程中，我觉得有一个问题，就是“中华优秀传统文化”似乎是一个无需界定的、不言自明的既定概念，既不界定清楚它与上位概念、属概念“中国传统文化”的关系，也不说明它与同位的否定性概念、相反概念“中国传统文化糟粕”的区别和界限，大家都可以现成地拿来使用。是没有界定的必要吗？很多人的看法不是这样。因为几千年积淀下来的中国传统文化内容丰富复杂，其中精华与糟粕并存、资源与负担同在，界限并非一清二楚，要真正做到扬精弃糟其实是很不容易的。在现实生活中，把糟粕当作精华、化腐朽为神奇的情况也时有发生，这说明把“中华优秀传统文化”这个概念界定清楚还是很有必要的。我在一次谈话中说：“中华优秀传统文化不是笼统地指中国传统文化，而是指用马克思主义科学扬弃观筛选过了的，排除了封建性糟粕的，‘与当代社会相适应、与现代文明相协调’的中国传统文化中的优秀部分或精华部分。”[1] 就是试图对这个概念做一个简明的界定。首先强调了马克思主义科学扬弃观对于区分传统文化中的精华与糟粕的重要意义，其次是强调其古为今用的价值即坚持实践标准。关于中华优秀传统文化的评价标准，实际上是学术界长期关注和讨论的一个问题，张岱年先生早年和晚期都有许多论述。他一贯主张用唯物辩证法来对待中西文化，一方面吸收、弘扬其中积极优秀的部分，一方面批判、清除其中消极鄙陋的部分，“且扬举且抛弃，且擢拔且摈除，且吸纳且扫荡”[2] 就是他的辩证扬弃观。毛泽东有“清理古代文化的发展过程，剔除其封建性的糟粕，吸收其民主性的精华”[3] 的经典论述，习近平也说：“对我国传统文化，对国外的东西，要坚持古为今用、洋为中用，去粗取精、去伪存真，经过科学的扬弃后使之为我所用。”[4] 坚持“有鉴别的对待、有扬弃的继承”[5]，已成为中国马克思主义者的共识。关于评判中华优秀传统文化的标准，张岱年先生经常强调两条：一是要符合客观实际，二是要能促进社会发展。前者是肯定其科学性、客观真理性，后者是肯定其历史进步性、人民性。现在有的学者把这一研究进一步细化，提出了适应时代需求、推动社会发展、经受实践检验、有助文化认同、促进民族团结、提供精神支撑、助力民族复兴、有益世界文明八条评价标准。[6] 这些研究都说明，对中国传统文化的科学清理，对“中华优秀传统文化”的准确界定，是正确传承和弘扬的认识前提。

---

① 杜运辉：《从“三大思潮对立互动”说到“马魂中体西用”论——访中国社会科学院学部委员方克立教授》，《马克思主义文化研究》2018 年第 2 辑。

② 张岱年：《人与世界》，《张岱年全集》第 1 卷，河北人民出版社 1996 年版，第 359 页。

③ 《毛泽东选集》第 2 卷，人民出版社 1991 年版，第 707 页。

④ 《习近平谈治国理政》，外文出版社 2014 年版，第 156 页。

⑤ 《习近平谈治国理政》第 2 卷，外文出版社 2017 年版，第 313 页。

⑥ 李宗桂：《试论中国优秀传统文化的评价标准》，《社会科学战线》2017 年第 8 期。

在中国特色社会主义新时代传承和弘扬中华优秀传统文化，有许多事情需要我们去做。除了上面讲的对中华优秀传统文化要有正确的、科学的认识之外，我认为另一个重点和难点，就是怎样对它进行创造性转换和创新性发展，使之能够“与当代社会相适应、与现代文明相协调”[①]，推动马克思主义中国化和中国特色社会主义文化的发展与繁华。其实在这个问题上，我们党在领导人民进行革命、建设、改革的实践中，有许多成功的经验值得总结和鉴取。毛泽东总结研究了中国哲学史上的知行问题，创造性转换和创新性发展出了辩证唯物论的知行统一观即“实践论”；他还总结研究了中国古代的阴阳矛盾学说，创造性转换和创新性发展出了唯物辩证法的“矛盾论”，就是最好的范例。众所周知毛泽东对“实事求是”命题的转换和改造，把它从朱熹解释的“即物穷理”改造成为一个彻底唯物主义的命题，以后又发展成为我们党的马克思主义思想路线。我们今天对“大同”“小康”概念的运用，都来源于古代经典，但是都赋予了新的时代内涵。毛泽东说“康有为写了《大同书》，他没有也不可能找到一条到达大同的路”，“唯一的路是经过工人阶级领导的人民共和国”。[②] 邓小平设想的小康社会是从温饱到现代化之间的一个中间阶段，“从国民生产总值来说，就是年人均达到八百美元”，“不穷不富，日子比较好过”。[③] 这些都是中国马克思主义者对传统文化的创造性转换和创新性发展。除了党的领袖人物之外，我们也要重视马克思主义学者在这方面所做出的贡献。比如张岱年先生提出的“兼赅众异而得其平衡”[④]、“兼容多端而相互和谐”[⑤] 的“兼和”学说，就是对中国古代

---

① 胡锦涛：《高举中国特色社会主义伟大旗帜　为夺取全面建设小康社会新胜利而奋斗——在中国共产党第十七次全国代表大会上的报告》，人民出版社 2007 年版，第 35 页。

② 《毛泽东选集》第 4 卷，人民出版社 1991 年版，第 1471 页。

③ 《邓小平文选》第 3 卷，人民出版社 2008 年版，第 64、109 页。

④ 《张岱年全集》第 3 卷，河北人民出版社 1996 年版，第 220 页。

⑤ 《张岱年全集》第 7 卷，河北人民出版社 1996 年版，第 406 页。

"和而不同"思想的创造性继承和发展，在今天得到广泛认同的"综合创新"文化观，就是建立在"兼和"哲学基础之上的。又如冯契先生的"转识成智"学说，独具特色地回答了"性与天道"问题、知识与智慧的关系问题、人的自由与真善美统一的问题，对马克思主义哲学做出了富有中国特色的贡献。它借用了佛教的"转识成智"概念，显然对其做了创造性的转换和新的诠释。

上述"两创"的范例都发生于五四后的百年思想史中，大家都比较熟悉，对于我们在中国特色社会主义新时代更好地传承和弘扬中华优秀传统文化，自然具有示范作用，极富启迪意义。今天无论是我们党、学术界还是广大人民群众，对中华优秀传统文化的价值和意义，在民族复兴和国际软实力竞争中的重要作用，都比上个世纪的认识要深刻多了，情感认同也要亲近多了。从"站起来"到"富起来"到"强起来"的中国人民，从来没有像今天这样对自己的文化充满自豪和自信，这是我们进一步做好"两创"工作的有利条件。采取由"两办"发文件的形式，来部署中华优秀传统文化的传承发展工作，就是要在全国各地区各部门、各行各业都把它作为一个长期战略任务来抓，作为一项基本国策来抓，比如提出要贯穿国民教育始终，融入生产生活各方面，将传统文化的标志性元素纳入文艺创作、城乡建设、旅游、对外交流中去，其所产生的积极效果是显而易见的，也是十分令人鼓舞的。最近我看中央电视台的中华诗词大会节目，看到一些年龄很小的中小学生就能背诵几百首甚至上千首古典和现代诗词，快递小哥夺得了大赛冠军。在这种文化氛围下成长起来的一代新人，已经把中华优秀传统文化融入血脉之中，同时他们的生活和思想又是非常时尚的，把传统与现代很自然地结合起来了。"两办"印发的文件已经把实施中华优秀传统文化传承发展工程的重要意义、指导思想、基本原则、总体目标、实施路径、重点任务、组织领导、政策保障等都讲清楚了，关键是要全党动手、全社会参与，把这个系统工程中的各项任务落到实处。关于中华文化的核心思想理念、传统美德、人文精神如何准确把握，以及如何创造性转换、创新性发展的问题，“两办”文件已经明确了指导思想和基本原则，具体内容和转换形式就可以交给学术界去深入研究和讨论，让人民群众去实践和创造，可以见仁见智，不必定于一尊。只要认真贯彻“双百”方针、“二为”方向、三个“面向”和“两创”原则，就一定能够促进中国特色社会主义文化的大发展大繁荣。

（原载《东方论坛》2018 年第 6 期。又载迟成勇《张岱年伦理与文化思想研究》一书附录，合肥工业大学出版社 2018 年版，第 275—288 页）

本书出版获得中国社会科学院大学中央高校基本科研业务费的资助

方克立论著集

第二卷 中国哲学论稿

方克立 著

中国社会科学出版社

整理说明

本卷涵盖了方克立先生自1962年以来的中国哲学研究论文与发言稿。“现代新儒学研究”、“马魂中体西用论”及序跋类文稿已单独成卷，本卷不再收入。为避免重复，相关删节类文章、汉译英文文章也未收入本卷。

根据所收文章主题，本卷大体分为“中国哲学史研究”“中国哲学范畴研究”“《中国大百科全书》辞条”“中国现代哲学研究”“中华传统文化的创造性转化与创新性发展”“船山学与湘学研究”“中医哲学研究”“‘中华思想通史’项目座谈会上的发言”八个方面，每一方面的文稿原则上按照发表时间排列。其中，部分文稿是整理者根据方先生生前所拟提纲和现场录音整理的，并在文末或脚注中作了说明。

在整理过程中，编者尽量校对了所征引的古籍文献和今人著述，补充了部分引文出处，并适当统一了注释格式。少数尚未查到原始出处的引文，则仍保留原貌。

因整理者水平所限，舛误之处在所难免，恳请广大专家和读者批评指正！

杨俊峰

2022年9月

目录 contents

中国哲学史研究

中国哲学范畴研究

中国大百科全书辞条

中国现代哲学研究

中国哲学史研究

研究《周易》不能援《传》于《经》

在中国哲学史中，存在着一个不容混淆的事实，即《周易》这部书，分为《经》和《传》两部分。它们作于不同的时代，是反映了不同时代的生活内容的不同的思想体系。它们到底作于什么时代，哲学性质如何，这些是目前学术界正在研究和讨论的问题。

近年来，在报刊上发表的研究《周易》哲学思想的许多文章中，存在着一个相当普遍的倾向，即不能把《易经》和《易传》的思想严格区分开来，在论述中，往往援《传》于《经》，把《易传》的某些思想，硬说是《易经》作者本来就有的。这种做法，混淆了哲学思想的时代性，不但不能正确地揭明《易经》的哲学思想，而且为探索古代哲学发展的规律造成了一些困难。下面就列举几个例子，来说明这种倾向。

冯友兰先生在《〈易经〉的哲学思想》[①] 一文中，根据《左传》庄公二十二年有“乾为天，坤为土，巽为风”的记载，以及《国语·晋语》中有“震为长男，坤为母”的记载，证明“在很早的时候，已有基本上如《说卦》的那些基本观念”；接着冯先生又引了《说卦》中的这段话：

乾，天也，故称乎父。坤，地也，故称乎母。震一索而得

① 冯友兰：《〈易经〉的哲学思想》，《文汇报》1961年3月7日。

男，故谓之长男。巽一索而得女，故谓之长女。坎再索而得男，故谓之中男。离再索而得女，故谓之中女。艮三索而得男，故谓之少男。兑三索而得女，故谓之少女。

于是得出了“《易经》的哲学思想是素朴唯物主义”，“这种神话式的对于自然界的理解，就是唯物主义世界观的胚胎”的结论。

冯先生的上述论断和论证，在逻辑上毛病是很多的。（一）《左传》《国语》的记载证明《说卦》的思想在春秋时代已经有了，冯友兰先生却主张《易传》是战国末期以至秦汉之际的作品；（二）《说卦》的基本观念在春秋时代，或者说“在很早的时候”已经出现，并不能证明《易经》中有了这些观念，也不能证明《说卦》就是《易经》的一个部分；（三）冯先生所引《说卦》的这段话，也不能证明就是“素朴的唯物主义”或“唯物主义世界观的胚胎”，因为它没有回答物质和精神的关系这个哲学的根本问题，它没有说明这个以天地为父母的家族，是否为某种有意志的神所支配。

在这里，我们特别要注意第二点，冯先生明显把《易传》和《易经》的思想混淆起来了。尽管冯先生自己也说过，“这两部分的时代，相差七八百年，应该分别处理”，但是为了论证自己观点的某种需要，也就不顾最基本的历史事实，不顾自己文章的逻辑一贯性，援引《易传》来说明《易经》的思想。这种说法，和“断章取义”“移花接木”等方法一样，是科学的哲学史研究工作所忌讳的。

援《传》于《经》的倾向，在任继愈先生的《〈易经〉和它的哲学思想》[①] 一文中，表现得更为突出。任先生援引了《彖传》《象传》《系辞传》中的许多词句，来说明《易经》中有“观物取象”“万物交感”“发展变化”等基本观念。例如他说：“《易经》提出了‘天地感而万物化生’（咸彖），‘天地相遇，品物咸章也’（姤彖）。”在任

① 任继愈：《〈易经〉和它的哲学思想》，《光明日报》1961年3月31日。

先生来看，《彖传》和《象传》到底是《易传》的一部分，还是《易经》的一部分呢？在同一篇文章中，任先生不是明明说过，《易经》是指“六十四卦的卦辞和三百八十四爻的爻辞”，而《易传》是指包括《彖传》和《象传》在内的“十翼”吗？怎么《咸彖》和《姤彖》却属于《易经》呢？

关于“交感”的观念，任先生是这样说明的：

> 如《泰》（䷊）卦的涵义，是地在上，天在下，而实际上地在下天在上。这种情况，势必发生地位的变化，要上下相交易位。由于天地的位置错综，才引起上下交感的作用。与此相反，如《否》（䷋）卦的情况是天在上，地在下。天本来就在上，地本来就在下，这就不会引起上下易位的交感作用。

这种“交感”的观念，实际上与《易经》是不相干的。在《泰》卦和《否》卦简短的卦爻辞中，没有所谓“天”，没有所谓“地”，更没有什么“天地交感”，只是在这两卦的《彖传》和《象传》中才有“天地交”和“天地不交”的说法。我们认为，用所谓“卦象”“卦体”“卦德”解释卦辞，决不是《易经》作者原来的思想。

沈瓞民先生在《周易管见》[①] 一文中，不但援引《左传》《系辞传》《序卦传》的词句来证明《易经》中有“尚象”和“变通”等观念，而且更加明白地主张《易传》的某些思想是《易经》作者本来就有的。例如他说：

> 《易经》有“受之以”的规律。《序卦传》虽把六十四卦的次序，用“受之以”的规律阐明，其实“受之以”的规律，是两两相对的，就是上面的两卦，“受之以”下面的两卦，如

① 沈瓞民：《周易管见》，《文汇报》1961 年 8 月 15 日。

> 《屯》、《蒙》两卦，必须受之以《需》、《讼》两卦，才能矛盾统一，变化无穷。矛盾冲突以后，六十四卦必须用“受之以”的规律，以明一种质态，被另一种质态所代替。从爻变到卦变，意味着由量变到质变的过程。《易经》量质转化的过程，多由于阴阳自身的变易。

由是观之，《序卦传》俨然就是《易经》作者的思想，而不是后来的人对于六十四卦卦序的新的较深刻的说明。从思想发展的历史过程来看，初步地素朴地认识到“矛盾转化”的辩证规律，并用“受之以”的规律表达出来的《序卦传》作者的思想，与只记录了简单生活经验和占筮效果的卦爻辞作者的思想，是不可同日而语的。

《易经》哲学和《易传》哲学的不同时代性，在李景春先生的文章中[①]，可以说是完全被抹杀掉了。在李先生看来，《易传》仅仅是对于《周易》的解释，“只是起了一种说明的作用”，《易传》的思想都是《易经》本来就有的，“决不是不管原来事物（《易经》）凭空地去引申，凭空地去发挥”。因此，《易经》和《易传》就不是两个不同的思想体系，在研究《周易》哲学时，也没有把它们区分开来的必要。[②]

李先生在谈到《易经》的辩证法性质时说：

> 这种性质的辩证法体现在周易各卦排列的次序中。因为各卦的排列次序是在周易经文中确定的，所以这种辩证法性质应当归之于纪元前12世纪即中国殷末周初时代的周易作者，至于晚出的易传只是对于周易经文及其所含的辩证法性质加以解释，只是

① 李景春：《周易哲学的时代及其特质》，《文汇报》1961年2月23日。

② 在最近出版的《周易哲学及其辩证法因素》（山东人民出版社1961年版）一书的《分论》中，李景春先生也是把《易经》和《易传》的思想混在一起进行研究的。

起了一种说明的作用。

于是，在李先生看来，《易经》作者就已经自觉地或不自觉地认识到了“对立统一”“矛盾转化”“量变质变”“根本质变和部分质变”“肯定否定”“不断革命论和革命发展阶段论”等辩证法的规律。事情如果真是这样，那么一部中国哲学史就难得写下去了。

《易传》和《易经》，在思想上确实有一定的联系，因为《易传》作者是借解释《易经》的形式，来发挥自己的哲学思想，他们利用了《易经》的思想资料，继承和发展了《易经》中朴素的辩证观念。但是，更重要的是，《易传》的思想是它的作者们的时代生活的反映，这个时代和《易经》作者的时代有很大的不同。从思想成熟的历史进程来看，《易经》无疑是处在较幼稚的阶段，处在哲学思想萌芽的时代，它主要记载了当时人民生产斗争和生活实践的经验，其中包含着朴素的哲学思想，同时也初步概括出了像“无平不陂，无往不复”这样天才的哲学命题。但是，《易经》中并没有提出什么宇宙生成论，更没有从八卦中附会出什么象数的道理来，这些都是以后解释《易经》的人，如《易传》作者之流的创作。用八卦代表天、地、火、水、风、雷、山、泽八种自然事物的观念是很早就有的，但是《易经》的作者未尝就有这种观念，在卦爻辞中是没有这种观念的理论表现的。只是后来人们才用八卦去比附世界上的各种事物，最早是代表天、地、火、水、风、雷、山、泽八种最常见的自然事物，然后又用八卦代表父母子女的家庭关系，代表手足口目等身体器官，马牛豕狗等动物，草木瓜果等植物，以及其他各类事物和它们的性质，所谓“近取诸身、远取诸物”。这种观念，在《说卦传》中表现得很清楚。至于六十四卦的排列以及在《序卦传》中所表现的辩证观念，更是与卦爻辞的作者无关了。卦辞和爻辞是古代筮人占卜的记录，它的作者不是一个人，也不是短时期内产生的。至于卦爻辞的编纂、卦序的排列，以及卦名的确定，那又是后来人的事情。到《易经》作为一部占筮书广泛流行的时候，人们才对它的卦体、卦位、卦象、卦德、卦名、卦序以及卦爻辞作出种种解释，《易传》就是这些说明书的一部分；同时，《易传》的作者借解释《易经》的形式，大大发挥了自己的自然哲学和政治哲学。因此，我们在研究《周易》的哲学思想时，把《经》和《传》严格区别开来是十分必要的，只有把它们分别放在自己的时代中，分别解剖它们的哲学体系，才能认清《易经》和《易传》哲学的本来面目，为研究中国古代哲学发展的规律解开一个重要的纽结。

（署名“方蠡”，原载《光明日报》1962 年 3 月 16 日）

坚持哲学史中的严格的历史性

研究《周易》的方法的讨论，涉及哲学史研究工作中的诸原则问题，不但对《周易》哲学的研究，而且对整个中国哲学史的研究，都有十分重大的方法论意义。

我同意东方明同志的意见，拿现代的思想去改铸古代的哲学家，把马克思主义哲学的基本原理，挂在两千多年前的古人名下，这是目前哲学史工作中确实存在着的一种不良倾向，这种倾向在李景春同志关于《周易》哲学的研究中表现得最为突出。去年春天，我曾在一篇短文中指出："在李先生看来，《易经》作者就已经自觉地或不自觉地认识到了'对立统一'、'矛盾转化'、'量变质变'、'根本质变和部分质变'、'肯定否定'、'不断革命论和革命发展阶段论'等辩证法的规律。事情如果真是这样，那么一部中国哲学史就难得写下去了。"① 李景春同志不同意这一批评，他写了《研究周易哲学应当以〈传〉解〈经〉》一文作为答复，其中写道："不是的，我不是这种看法。恰恰相反，我是不同意这种看法的。把不是我的看法，把和我相反的看法，当作我的看法，这样是无益于讨论的。"② 那时他就搬出"太阳"和"烛光"的比喻来作为理由，他除了在言词上宣布"太阳"不同于"烛光"，现代辩证唯物主义不同于古代辩证法因素之

---

① 方蠡：《研究〈周易〉不能援〈传〉于〈经〉》，《光明日报》1962年3月16日。

② 李景春：《研究周易哲学应当以〈传〉解〈经〉》，《光明日报》1962年9月14日。

外，没有提出什么实质性的反驳。

现在，我想借此讨论的机会，进一步说明我和李景春同志的分歧，通过充分的讨论，以求得认识的一致。

一

《周易》是我国古代的一种占筮迷信之书，它在宗教幻想的形式中，包含着科学思维的萌芽。《周易》的卦爻辞就是古代的筮辞。占筮是一种宗教迷信，但是筮问的内容却是现实生活中的事情，诸如享祭、征伐、畜牧、渔猎、行旅、婚媾、饮食之类。因此，在《周易》卦爻辞的神秘的浓云后面，透露着古代社会生活的真实，同时也包含着古代人民对自然事物和社会现象初步认识的成果。正是在这个意义上，我们认为《周易》是一部有价值的历史文献，也是研究中国古代哲学史有价值的思想资料。

李景春同志不同意上述的看法，他认为，《周易》不是一种占筮书，而是一部有系统的哲学著作。“《周易》不仅是我国古代的一部最早的有系统的哲学著作，而且也是在世界上最早的有系统的哲学著作之一。”[①] 至于《周易》作为一种占筮之书而产生，并曾作为一种占筮之书来使用和流传的历史事实，他则轻描淡写地说成是“杂有占筮用的混乱事物”，只不过是一点点“神学的杂质”。这就在根本上违背了基本的历史事实，把一部宗教迷信的书说成是一部“优秀”的哲学著作，把科学思维的萌芽说成是系统的“哲学学说”。因此，李景春同志为自己提出的任务，就不是去探索“科学思维的萌芽同宗教、神话之类的幻想的一种联系”[②]，而是要系统地“发掘”和“阐明”（其实是虚构和“创造”）《周易》中的辩证法思想，构造“周易哲学”的体系。

① 李景春：《周易哲学及其辩证法因素》，山东人民出版社1961年版，第22页。

② 《列宁全集》第38卷，人民出版社1961年版，第275页。

夸大《周易》一书的哲学意义，虚构出一个“周易哲学”的体系，这是李景春同志所走的第一步。再往前走一步，就是把“周易哲学”说得和马克思主义哲学差不多，把辩证唯物主义和历史唯物主义的一系列基本原理，附会到“周易哲学”中去。李景春同志不同意这种批评，认为“这种指责是不合实际的”[①]。我以为，事实胜于一切雄辩，李景春同志出版了《周易哲学及其辩证法因素》正续二书，又发表了《〈周易〉哲学的时代及其性质》《关于〈易传〉哲学的几点说明》[②] 等几篇文章，只要对这些著作和文章的内容作一全面的检讨，事情就昭然若揭了。

李景春同志在《周易》哲学的研究中，到底“发掘”出来了一些什么样的“辩证法因素”呢？他是怎样“阐明这些辩证法因素”的呢？我们在他的著作和文章中读到：

（一）《周易》中《乾》《坤》二卦，全面地说明了事物的矛盾法则，说明了“否定”“肯定”这对范畴的意义和作用。“否定是辩证发展中重要的一环。它不仅说明旧事物的消失，更重要的是说明旧事物的消失同时就是新事物的产生，它是促使事物自己向前推演的新陈代谢的一种伟大力量。”[③] “矛盾是由否定、肯定两方面组成的。肯定既是其中的一方面，所以在矛盾的发展中，在辩证的发展中，是有其重要的地位的。”[④] 肯定的发展，在一定条件下，会引起“向否定的转化”。

（二）《周易》已经有了内因论的思想。“否定的力量产生于事物内部，事物所以发生质的变化，基本的在于内因。”[⑤]

---

① 李景春：《对于〈哲学史工作中的一种极有害的方法〉一文的答复》，《哲学研究》1963 年第 2 期。

② 见《文汇报》1961 年 2 月 28 日和 4 月 18 日。

③ 李景春：《周易哲学及其辩证法因素》，山东人民出版社 1961 年版，第 23 页。

④ 李景春：《周易哲学及其辩证法因素》，山东人民出版社 1961 年版，第 46 页。

⑤ 李景春：《周易哲学及其辩证法因素》（续一），山东人民出版社 1962 年版，第 125 页。

（三）《周易》六十四卦卦序的排列，体现了质量互变的基本规律，并且有了根本质变和部分质变、不断革命论和革命阶段论的思想。从“屯到蒙、到需、到讼、到师、到比、到小畜、到履、到泰，这是量变的过程；从泰到否，这是一次质变；从否到同人，这是又一次质变。以下从同人到大有……一直到贲，又是量变的过程；从贲到剥，从剥到复，又是两次质变。如此实现着量和质的互相转化，实现着不断革命”。《周易》下经的排列，“由恒到遁是由久到退，由晋到明夷是由进到伤。在阴阳的推移中表现着矛盾的变化，但它不是根本矛盾性质的变化，而是根本矛盾生长过程中的同一发展阶段上的部分性质的变化”①。

（四）《周易》已经有了关于事物发展的波浪形式的思想。“一切事物的进展，像波浪一样，起了又伏，伏了又起，肯定否定，否定肯定，再肯定再否定，再否定再肯定，无尽止地动荡下去，宇宙确是一道无尽的长流。”②

（五）《周易》已经有了关于内容和形式的辩证关系的思想。“承认内容一般地起决定作用，同时又承认形式对内容的反作用。这是对的，合于唯物辩证法的理解。”③

（六）《周易》已经有了“思想上的辩证法是自然界辩证运动的反映，主观辩证法是客观辩证法的反映”的“正确见解”。④

（七）《周易》已经有了马克思主义认识论、即实践论的基本思想。它全面地认识到：第一，“实践是基础，是认识的基础，是理论

① 李景春：《周易哲学及其辩证法因素》，山东人民出版社1961年版，第18页；又见《文汇报》1961年2月28日。

② 李景春：《周易哲学及其辩证法因素》，山东人民出版社1961年版，第49页。

③ 李景春：《周易哲学及其辩证法因素》，山东人民出版社1961年版，第120页。

④ 李景春：《周易哲学及其辩证法因素》，山东人民出版社1961年版，第6页；又见《文汇报》1961年4月18日。

的基础”[①]；第二，“实践是认识中决定性的一环”[②]；第三，“以行动为重要标准，以实践为重要标准”[③]；第四，“认识与实践的一致性，认识必须为实践服务”[④]；第五，“理论性的认识必须和实际联系起来，必须付诸实践，在认识之后必须立即付诸行动。”[⑤]

（八）《周易》已经有了阶级斗争的理论。“在已分为上层集团和下层集团的社会中，在解决生活需要时，会产生利益的冲突，这种冲突会引起斗争，这是正确的。……在阶级社会中，必然是有冲突的，必然是有阶级斗争的；特别是在经济关系中，阶级斗争更加频繁，更加表现在日常生活方面。”[⑥]

（九）《周易》已经认识到：“战争是政治的延续，批判的武器能够发展到武器的批判。”[⑦] 同时，它还包含着对“兵民一致”的重要性的初步认识。

（十）《周易》已经有了正确处理人民内部矛盾的诸原则和方法。“比是集团内部的团结。集团内部必相团结，然后能安。”[⑧] 在内部整顿时，“其精神应当是严肃的，可是其方法应当是灵活的。它应当更

---

① 李景春：《周易哲学及其辩证法因素》（续一），山东人民出版社 1962 年版，第 30 页。

② 李景春：《周易哲学及其辩证法因素》，山东人民出版社 1961 年版，第 72 页。

③ 李景春：《周易哲学及其辩证法因素》，山东人民出版社 1961 年版，第 78 页。

④ 李景春：《周易哲学及其辩证法因素》，山东人民出版社 1961 年版，第 43 页。

⑤ 李景春：《周易哲学及其辩证法因素》（续一），山东人民出版社 1962 年版，第 80 页。

⑥ 李景春：《周易哲学及其辩证法因素》（续一），山东人民出版社 1962 年版，第 1 页。

⑦ 李景春：《周易哲学及其辩证法因素》（续一），山东人民出版社 1962 年版，第 8 页。

⑧ 李景春：《周易哲学及其辩证法因素》（续一），山东人民出版社 1962 年版，第 15 页。

多地采用开导，说服，不可以用简单粗暴的方法”①。对于“童蒙之愿”的批评教育，“应当既有决心，又有耐心，原则上是不能让步的，方式上要尽量灵活，对症下药，揭发病根，和风细雨从事调养，从正面，从反面，从旁面，四面八方把道理讲透”②。

（十一）《周易》已经有了批评和自我批评的正确原则。“观是检查。在胜利来临以后，应当进行检查。这包含自我检查以及吸收群众参加检查。这种检查，要检查优点，也要检查缺点。”③“应该时时刻刻对自己的领导作深刻的检查，而且是从实践的效果去检查，听取群众的呼声和意见。”④

（十二）《周易》已经有了群众路线的思想。“群众是最有力量的，正确的方针加上群众的拥护，就能排山倒海，任何困难都阻挡不住它的锐利的锋芒。”⑤“只有领导不脱离群众，以群众中之一员的身份，处在群众之中，同甘共苦，才能领导群众前进。”⑥

（十三）《周易》已经接近形成“以农业为基础”的思想。“田，是被耕作的农业用的土地，主要是生产粮食的土地。……田之耕稼，利益普及于人民，施政之要，首在足食。吃饭是每个人的首先要满足的物质需要，粮食是宝中之宝，耕稼、种田，受到重视，是与人民的利益一致的。……这种重田，这种对于农业的重要性，特别是对于粮

---

① 李景春：《周易哲学及其辩证法因素》（续一），山东人民出版社 1962 年版，第 95 页。

② 李景春：《周易哲学及其辩证法因素》，山东人民出版社 1961 年版，第 79 页。

③ 李景春：《周易哲学及其辩证法因素》（续一），山东人民出版社 1962 年版，第 10 页。

④ 李景春：《周易哲学及其辩证法因素》（续一），山东人民出版社 1962 年版，第 109 页。

⑤ 李景春：《周易哲学及其辩证法因素》，山东人民出版社 1961 年版，第 68 页。

⑥ 李景春：《周易哲学及其辩证法因素》（续一），山东人民出版社 1962 年版，第 39 页。

食的重要性的初步认识是对的。”①

（十四）《周易》已经有了批判地继承历史遗产的正确方针。“在评价过去的事业时，应当是批判的，可是又不应当是单纯的批判，而应当全面地看问题，应当采取批判地继承的态度。”②

（十五）《周易》里的“大人”“君子”们还能够做到“处处以平等待人，时时检查自己”③。

如此等等。这就是李景春同志所发掘和阐明的“周易哲学”。

我们不厌其详地把李景春同志的“科学发现”介绍给读者，为的是辩明一个问题，即在目前的哲学史研究工作中，究竟有没有把古代思想现代化，把马克思主义的基本原理挂在古人名下的倾向？这种倾向的表现如何？李景春同志已经沿着这条道路走了多么远？我想，无须再加说明，读者将会从上述引证中自己作出应有的判断。

李景春同志不同意我们的批评，他多次搬出来的惟一理由是：他在分析《周易》之《需》卦时曾经说过，现代辩证唯物主义是一轮太阳，古代的辩证法因素不过是一支烛光。他还不止一次地说过，《周易》哲学中的辩证法因素还是“初步的、朴素的、原始的、不完备的”等等。但是，这种辩解是于事无补的。在言词上宣布上述正确的原则是一回事，在具体研究中贯彻这些原则又是一回事。我同意东方明同志的意见，我们和李景春同志的本质的分歧，不在于是否宣言式地承认《周易》的辩证法因素是“初步的、朴素的、原始的、不完备的”等等，而在于《周易》实际上是否具有（是否可能具有）上引马克思主义辩证法、认识论和唯物史观的一系列基本原理。李景春同志如果不想回避争论问题的实质的话，就应该对此作出明确的严

① 李景春：《周易哲学及其辩证法因素》，山东人民出版社 1961 年版，第 34 页。

② 李景春：《周易哲学及其辩证法因素》（续一），山东人民出版社 1962 年版，第 96 页。

③ 李景春：《周易哲学及其辩证法因素》（续一），山东人民出版社 1962 年版，第 72 页。

肃的答复。

我认为，李景春同志研究《周易》的方法和所得出来的结论都是极不科学的，它为我们的哲学史工作不是带来积极的成果，而是带来一种极为有害的学风。它引导人们不去进行实事求是的科学研究，而是满足于把马克思主义的现成公式、概念、范畴，简单地比附在古代哲学上面，说这里猜测到了“唯物史观”，那里有“实践论”的基本思想，等等。这种做法，至少造成以下两种严重的后果：第一，歪曲和破坏了古代哲学的历史面貌，为探索古代哲学发展的规律性造成很大的困难。列宁在反对拉萨尔按照黑格尔的样子伪造赫拉克利特的时候，特别指出应该精心地保护古代哲学的“生动性、新颖性、素朴性和历史的完整性”[①]，而不是破坏它们。在李景春同志“改铸”过的“周易哲学”中，我们哪里还看得见什么“生动性、新颖性、素朴性和历史的完整性”呢？第二，把马克思主义哲学的基本原理挂在古人名下，把它们说成是“古已有之”，这就根本抹杀了马克思主义哲学的产生在哲学上所发生的革命变革的意义。如果说，马克思主义的辩证法、认识论、唯物史观、群众路线、正确处理人民内部矛盾的学说等等，都在三千年前的经典——《周易》中就有了，那么马克思主义经典理论家们的科学功绩又表现在哪里呢？难道他们的功绩仅仅是翻开《周易》，重新去“发掘”和“阐明”（像李景春同志那样）这些“古已有之”的科学真理吗？不管李景春同志有着多么良好的主观愿望，他在《周易》研究中所运用的方法和所作出的论断，在客观上必然逻辑地导致上述荒谬的结论。

二

我们现在来具体地看一看李景春同志的方法。

---

① 《列宁全集》第 38 卷，人民出版社 1961 年版，第 396 页。

黑格尔在《哲学史讲演录》一书中，批评了那种“拿我们的思想方式去改铸古代哲学家”的哲学史方法。他以布鲁克尔的《批评的哲学史》一书为例，在这部巨著中，布鲁克尔把三十、四十，甚至一百条哲学命题，归之于泰利士和其他古代希腊的自然哲学家名下，其实这些命题是他们从来没有提出来，也从来没有设想过的，是与他们毫不相干的。黑格尔写道：“布鲁克尔的方法是这样的：他在一个古代哲学家的简单原则上面，附会进去这原则所可能有的一些结论和前提，这依照乌尔夫的形而上学的观念应该是那个原则的前提和结论，这样就天真地建造一种纯粹的、空虚的幻象，而以为这是真实的历史事实。”[①] 说得妙极了，真是一针见血！我们今天读着这些话时，好像黑格尔不仅针对着两百年前的哲学史家说话，而且也批评了我们今天的某些哲学史工作者。李景春同志的方法不就是布鲁克尔的方法吗？在《周易》包含的最初的、朴素的辩证法因素上面，附会进去它们所可能引申和推衍出来的一系列结论和论断，把初级的、萌芽的东西夸大成为高级的、成熟的东西。如此建立起来的“周易哲学”体系，就不能不是一种“纯粹的、空虚的幻象”，而李景春同志却把它当作“真实的历史事实”。

把最初的、萌芽的东西夸大成为高级的、成熟的东西，把从简单的原则所可能推导出来的结论和论断妄加给古代思想，这是李景春同志经常采用的方法之一。例如，对立统一规律、质量互变规律、否定之否定规律，在三千年前的《周易》哲学中是不可能揭示出来的，但接触到这些辩证法规律的个别思想萌芽却是可能的。问题不在于发现一点萌芽的思想就给它们贴上辩证法某某规律的标签，而是要把它们所反映的自然界和社会的辩证法运动的具体内容揭示出来，指出它们在辩证法思想发展史中应有的地位，同时指出它们的历史局限性。

---

① 黑格尔：《哲学史讲演录》第 1 卷，生活·读书·新知三联书店 1956 年版，第 46 页。

对于古代哲学命题进行具体的历史的分析是很不容易的。在这里，我想举一个例子。艾思奇同志主编的《辩证唯物主义历史唯物主义》一书，其中引证了不少中国哲学史的材料，作者在运用马克思主义观点和运用现代哲学语言对它们进行说明和分析时，却没有夸大萌芽的东西、把古代思想现代化的嫌疑。例如，在“否定之否定规律”一章中，作者引证了《周易》之《泰》九三爻辞：“无平不陂，无往不复。”又引证了《老子》第二十五章：“大曰逝，逝曰远，远曰返。”然后作了如下的解释：“这都包含着事物经过否定而达到周期性变化的思想。但这些思想都没有得出辩证法的否定之否定的规律。‘爻辞’中的‘复’，老子的‘返’，都带有循环论的倾向。”[①] 这个分析简要明晰，全面中肯。说《周易》和《老子》“包含着”辩证法的思想，但不等于说《周易》和《老子》已经揭示了辩证法的基本规律；它们还是初步的萌芽的东西，还带有某些严重的缺陷，远不如马克思主义的唯物辩证法那样正确、全面、深刻。这种分析既不贬低古代辩证法思想的历史地位，也没有把它们夸大成为现代辩证法的样子。

李景春同志为什么能够把一系列马克思主义哲学的基本原理都归给《周易》哲学呢？我以为，夸大萌芽的东西，固然是其方法之一，但，这还不是他的主要的方法。要在《周易》一书中找到群众路线、正确处理人民内部矛盾等等思想的“萌芽”，实际上是不可能的，因为它们是无产阶级的革命理论和政策，三千年前的《周易》作者，由于其时代和阶级的限制，不但不可能提出这些思想，而且也不可能猜测到它们。李景春同志之所以能够从《周易》中“发掘”出来这些“莫须有”的思想，他所采用的基本方法是望文生义，无中生有，在文字训诂上采取了极不严肃的态度。

望古代哲学之“文”，生马克思主义哲学之“义”，这难道不是

① 艾思奇主编：《辩证唯物主义 历史唯物主义》，人民出版社1962年版，第126页。

一种最简单、最轻率的方法吗？古代哲学之“文”是有其具体意义的，实事求是的科学研究，就是要把这种具体意义揭示出来，对它进行马克思主义的科学分析和批判。但是，如果望古代哲学之“文”，而把它固有的具体意义抛弃掉，然后把它同马克思主义哲学概念字面上的相似（还不是相同），当作实质的内容上的等同，那么这就会很容易地把古代哲学说得和马克思主义哲学差不多。这种望文生义的方法，正是李景春同志在《周易》研究中自觉地或不自觉地使用的方法，而且是经常地大量地使用的方法。在这里，我们只能举两个比较明显的例子。

《周易》之《乾》卦九二爻辞说：“见龙在田，利见大人。”这是一句简单的具有象征意义的断占之辞。李景春同志仅仅根据其中的一个“田”字，引申发挥出了以下一大套深奥的道理。他说：“田，是被耕作的农业用的土地，主要是生产粮食的土地。在这里，由见龙在田，说明利见大人，物象人事，互相阐明，是有其根据的。田之耕稼，利益普及于人民，施政之要，首在足食。吃饭是每个人的首先要满足的物质需要，粮食是宝中之宝，耕稼、种田，受到重视，是与人民的利益一致的。大德之人利见于天下，有如田之耕稼有益于人，故称田以明之。这种重田，这种对于农业的重要性，特别是对于粮食的重要性的初步认识是对的。”[1] 李景春同志似乎差一点没说出《周易》已经有了“以农业为基础”的思想。

核查《周易》全经，除了此处一个“田”字之外，尚有四处有“田”字，它们是：

田有禽。（《师》六五）
田无禽。（《恒》九四）
田获三狐。（《解》九四）

---

① 李景春：《周易哲学及其辩证法因素》，山东人民出版社 1961 年版，第 34 页。

田获三品。（《巽》六四）

这四个“田”字几乎没有一个与农业有关，而是都与畋猎有关。李鼎祚《周易集解》引荀爽曰：“田，猎也。”这是把“田”字直接解释作“畋猎”。禽是飞鸟走兽的总名。狐是禽兽之一种。品是品类。“田获三品”，就是畋猎时获得了三种禽兽。李景春同志有什么理由把这些“田”字都解释为“农业用的土地，主要是生产粮食的土地”呢？退一步说，《周易》中的“田”字就是指“农田”，李景春同志又何以见得这里有“重田”，有对于“农业的重要性”，对于“粮食是宝中之宝”的初步认识呢？

《周易》全经中只有一处讲到耕稼，而且是说：“不耕获，不菑畬，则利有攸往。”（《无妄》六二）这怎么能够说是“对于农业的重要性，特别是对于粮食的重要性”有所认识呢？恰恰相反，这些材料说明，它所反映的是，尚处在以畜牧业生产为社会经济的主要部门时代的人们，对于农业生产还没有充分的重视。《周易》全经中没有一处讲到农业耕作的器具，也没有一处讲到五谷的名目。所谓“利有攸往”，是说宜于出外放牧，或外出行商，《周易》经文中这类的字句是为数甚多的。

东方明同志举了《履》卦的例子，李景春同志还有不同的意见，我也想就这个例子谈一些自己的看法。

李景春同志说，《周易》哲学中有“实践是认识的基础”的思想。这个论断是由对一个“履”字和一个“基”字望文生义的结果。他说：“履是践履，是指出实践作用的重要性。这是正确的。在易《系辞传上》说，‘履，德之基也。’基，是基础。这就是指出，实践是基础，是认识的基础，是理论的基础。”[①]

① 李景春：《周易哲学及其辩证法因素》（续一），山东人民出版社1962年版，第30页。

《周易》之《履》卦卦辞说:“履虎尾，不咥人，亨。”翻译成通俗的语言，就是说:“踩着了老虎的尾巴，老虎没有回过头来把人吃掉，这个人真是十分幸运。”这是假物象以喻人事，说明虽处危境而不遭害，要是占得了这一卦，就是一个吉卦。这哪里有什么高深玄妙的哲理呢？哪里是讲什么认识论的问题呢？

“履”字的本义是鞋子。《说文》:“履，足所依也。”朱骏声《说文通训定声》曰:“古日舄曰履，汉以后曰履，今曰鞵。”“鞵”就是“鞋”的异体字。“践履”是“履”的引申义。《论语·乡党》:“行不履阈。”皇侃《论语集解义疏》曰:“履，践也。”《周易》之《履》卦卦辞“履虎尾”之“履”，训解成“践履”是允当的；但是，它不是哲学概念，“履虎尾，不咥人，亨”，也还不是哲学命题。把它同马克思主义哲学中的“实践”概念等同起来，那就是极不应当的错误。

马克思主义哲学的实践概念，是指人的社会实践。毛泽东同志指出，人类向自然索取物质生活资料的生产斗争，是最基本的实践活动。在阶级社会里，各个经济利益根本对立的阶级之间的斗争，也是社会实践的基本内容之一。除了生产斗争和阶级斗争之外，社会实践还包括与它们相联系的其他社会活动，如科学实验和艺术活动等等。马克思主义以前的一切哲学家，不是根本把实践排斥在认识论之外，就是把实践理解为个人的生活活动和道德修行，所以在他们那里没有也不可能有“实践是理论的基础、认识的基础”这种思想。

《周易·系辞传》说:“履，德之基也。”李景春同志作了一个非常奇妙的解释：履（实践）+基（基础）=实践是认识的基础。这种望文生义也太不像话了。

向来的《周易》注释家都把《系辞传》所说的“履”解释为“履礼”，即践行封建主义的道德规范，维护封建社会的等级秩序。孔颖达《周易正义》曰:“为德之时，先须履践其礼，敬事于上，故履为德之初基也。”朱熹《周易本义》曰:“履，礼也。上天下泽，定分不易，必谨乎此，然后其德有以为基而立也。”《周易·系辞传》

下文又讲到了“履”的品质（“履和而至”）和“履”的作用（“履以和行”）；《周易·序卦传》更明确地说“履”就是“礼”（“物畜然后有礼，故受之以《履》”）。这些材料都说明，“履，德之基也”，只能解释为“履礼是为德的基本”，而不能像李景春同志那样，在对“履”字和“基”字作了望文生义的解释之后，又在这两个字之间建立一种虚构的联系，附会出“实践是认识的基础”这样的现代命题来。

望文生义是一种极不科学的方法，它常常直接违背了最起码的训诂学常识，对于前人在这方面所作出的有价值的成果，表现出一种极不尊重的傲慢态度，一概拒不接受，而代之以自己的主观武断的解释。这种方法所得出来的结论也是极不科学的，它们常常直接违背了马克思主义哲学的基本常识。就拿上面的例子来说吧：马克思以前的哲学家们，即便是费尔巴哈这样杰出的唯物主义者，尚且不能了解认识对于社会实践的依赖关系，没有也不可能达到“实践是认识的基础”的结论，更何况是生活在距今三千年的《周易》作者呢？无视训诂学的起码常识和马克思主义的基本原理，怎么能够期望在中国哲学史的研究工作中获得真正有价值的科学成果呢？

三

我觉得，我们在讨论《周易》研究中的方法论问题时，重温一下列宁关于研究古代哲学史的指示，是十分必要的。列宁在《黑格尔〈哲学史讲演录〉一书摘要》中称赞黑格尔，说他“卓绝地坚持哲学史中的严格的历史性，反对把我们所能了解的而古人事实上还没有的一种思想的‘发展’硬挂到他们名下”[①]。

黑格尔是被马克思主义经典作家称为具有“伟大的历史感”的唯心主义哲学家，他的哲学史观也和他的整个哲学体系一样，是彻底的

① 《列宁全集》第38卷，人民出版社1961年版，第272页。

唯心主义，但其中也包含着不少辩证法的合理因素。黑格尔认为："最初期的哲学是最贫乏最抽象的哲学。在这些哲学里面，理念得着最少的规定，它们只停滞在一般的看法上，没有充实起来。"[①] 他把全部哲学史看作是理念自己发展的历史，这是唯心主义的观点，是完全错误的。同时，他又把以往全部哲学的发展看作是必然的有规律的进程，时间上最早的哲学必然是内容上最贫乏最抽象的哲学，这种看法是正确的。

从上述观点出发，黑格尔提出了研究古代哲学的基本原则：第一，我们不必妄图在古代哲学中去寻找它所不可能提供的东西，我们也没有理由动辄就去责备过去的哲学家没有提供较深刻的思想原则。第二，更加值得注意的是，我们不应该妄加一些结论和论断给过去的哲学家，这些结论和论断是他们从来没有提出来，也从来没有设想过的，虽说我们可以很方便地从他们的思想中引申和推演出来。列宁说黑格尔有时"卓绝地坚持哲学史中的严格的历史性"，就是指这些正确原则。黑格尔自己也说过："我们只须忠于历史去进行工作，对于过去的哲学，我们只应归给它那些直接给予我们的材料。"[②]

黑格尔在哲学史中提出的"严格的历史性"的原则是正确的，是为马克思主义经典作家所肯定的。至于在他的哲学史中是否真正贯彻了这个原则，那完全是另一回事。列宁说黑格尔有时"卓绝地坚持"了这个正确原则，例如他曾指出泰利士尚未提出"本原"这个概念，阿那克西曼德才是第一次提出"本原"这个概念的哲学家。这是正确的。但是，黑格尔作为一个唯心主义者，他"像后母那样"对待德谟克利特和其他唯物主义者，他把全部哲学史伪造成为一部唯心主义的

---

① 黑格尔：《哲学史讲演录》第 1 卷，生活·读书·新知三联书店 1956 年版，第 44 页。

② 黑格尔：《哲学史讲演录》第 1 卷，生活·读书·新知三联书店 1956 年版，第 46 页。

历史，这就直接地粗暴地背弃了“严格的历史性”原则，陷入了非历史主义的形而上学的泥坑。

只有马克思主义才真正对于历史抱着严谨的科学的态度。恩格斯说：“我们比任何一个哲学学派，甚至比黑格尔都更重视历史。”[①] 马克思主义的历史观，首先建立在唯物主义的基础上，一定时代的思想、原理和观念，只能从那个时代的社会存在，即那个时代的物质生产发展的水平和阶级斗争的状况中求得合理的解释。马克思主义的历史观还要求，对于任何一个社会问题，及其反映在人们观念中的思想、原理和学说，都必须放到一定的历史范围之内来考察，正如马克思所说的：“每个原理都有其出现的世纪。”[②] 抽象的、超历史的、永恒不变的原理和观念是没有的。

把一定时代的思想、原理和观念，脱离开其具体的历史条件，脱离开它们的现实基础，把它们说成是某种独立自存的东西，这正是唯心史观的基本特征。如果说，“实践是认识的基础”这样一个马克思主义的认识论原理，它既可以存在于三千年前的《周易》哲学之中，又可以为两千多年前的孔夫子所认识，那么它不就成为超时代、超阶级的哲学原理了吗？那么它不就没有自己“出现的世纪”了吗？我以为，用这种非历史主义的观点来研究哲学史，首先就违背了基本的历史事实，违背了历史唯物主义的基本原则。

方法论和世界观是统一的，在什么样的观点指导之下，就会有什么样的研究方法；尤其是当某种方法具有一贯性和稳定性的时候，更容易看出这种方法背后的指导观点是什么。唯物史观和唯心史观的对立和斗争，会自觉地或不自觉地在我们的哲学史工作中表现出来。

马克思主义的历史主义原则又是和马克思主义的阶级观点紧密地联系在一起的。任何一种哲学，不但有其“出现的世纪”，而且有其

---

① 《马克思恩格斯全集》第 1 卷，人民出版社 1959 年版，第 650 页。

② 《马克思恩格斯全集》第 4 卷，人民出版社 1961 年版，第 148 页。

所从属的阶级，都是一定阶级的特殊利益和要求在理论上的表现。如果说，无产阶级领袖的崇高风格、群众路线的工作方法，已经为《周易》中所称颂的“大人”“君子”所具有，那么，客观上不是混淆了阶级的界限，混淆了剥削阶级意识形态和无产阶级意识形态的界限，又是什么呢？事实正是如此，李景春同志在《周易》研究中经常离开了马克思主义的阶级分析方法，他把奴隶社会的“大人”“君子”称为“大德之人”“贤智君子”，而把被压迫被剥削的劳动人民称为“下劣的人”“阴柔小人”。他拼命称颂剥削阶级的“大人”“君子”，认为他们具有谦逊、明智、勇敢、练达等优秀的品质，他们“处处以平等待人，时时能检查自己”，一句话，把他们说得和无产阶级领袖差不多。

其实，《周易》中“大人”“君子”和“小人”的对立是十分明显的，“大人”“君子”就是那些骑在人民头上、并占有奴隶（《周易》中有“畜臣妾”和“得童仆”等记载）的奴隶主贵族，“小人”是指一般被压迫被剥削的劳动人民，“大人”“君子”和“小人”的对立，正是古代社会阶级对立的反映。例如，《剥》上九爻辞说：“硕果不食，君子得舆，小人剥庐。”这里记载了古代社会阶级压迫和阶级剥削的残酷事实：劳动人民生产了丰硕的果实，但自己却吃不到口；剥削阶级的“君子”拿走了他的果实，换了车子；劳动者“小人”，只得拆掉自己的房子，来维持最简单的生活。这个故事所揭露的事实，正如《诗经·伐檀》所嘲骂的那些不劳而获的“大人”“君子”一样：“不稼不穑，胡取禾三百廛兮？不狩不猎，胡瞻尔庭有县貆兮？”

李景春同志不顾上述阶级对立的事实，他在《周易哲学及其辩证法因素》正续二书中，始终运用超阶级的分析方法，把《周易》中“大人”“君子”和“小人”的对立，说成是道德修养不同的两种人之间的对立。他在解释“君子得舆，小人剥庐”时写道：“舆为车舆。善类尚存，将为群众所推载，如乘安车，推行尽利，所以‘君子得舆’。善类受群众推载而复起，是不能再容许阴柔小人猖狂的，当剥去其权势，如‘小人剥庐’一样，加以管束，使其不得妄动。”[①]这就根本抹杀了《周易》所反映的阶级压迫和阶级剥削的事实，只是一味颂扬剥削阶级的“君子”“善类”，而把被“剥庐”的小人贬得一钱不值。

上面只是举一个例子，说明超时代的非历史主义的研究方法必然也是超阶级的抽象分析方法，它直接导致混淆阶级的界限，混淆剥削阶级意识形态和无产阶级意识形态的界限，导致抹杀古代社会的阶级斗争的事实。

坚持哲学史中的严格的历史性，就要坚持用唯物史观的基本原则来分析历史上所出现的各种哲学学说，把它们和一定时代的具体历史条件联系起来进行考察。坚持哲学史中的严格的历史性，就要坚持运用马克思列宁主义的阶级分析方法，来考察各种哲学学说所从属的阶级，它们在那个时代的阶级斗争中所起的作用和影响。

运用上述马克思列宁主义的基本原则，去分析古代的哲学思想，以求得科学的结论，并不是一件容易的事情。在口头上承认上述原则是一回事，在具体的哲学史研究中贯彻这些原则又是一回事，正如在口头上承认《周易》的辩证法因素是“初步的、朴素的、原始的、不完备的”是一回事，而在具体研究中认真贯彻它，则是另外一回事一样。我以为，重要的是牢记列宁的宝贵指示：“坚持哲学史中的严格的历史性”。我体会，列宁这个指示的重点应该放在“坚持”两个字上面，为了不使“严格的历史性”原则变成一句空话，我们在哲学史工作中至少应该注意以下几点：

第一，在分析古代哲学思想时，应该从直接占有的可靠材料出发，从古人的思想实际出发；不要把最初的萌芽的东西夸大成为完善的成

---

① 李景春：《周易哲学及其辩证法因素》（续一），山东人民出版社 1962 年版，第 130 页。

熟的东西，把可能由之引申和推衍出来的结论和论断强加给古代思想。

第二，在运用现代的哲学语言去解说古代哲学思想的时候，应该力求全面准确，不要随便把古代的哲学范畴“意译”① 为不恰当的现代语言，把现代哲学命题任意附会在古代哲学思想上面。

第三，研究古代哲学思想，切切忌讳的是望文生义、无中生有的方法。这种方法会为所谓“抽象继承法”大开方便之门，而其直接后果是歪曲历史的本来面貌（伪造历史），糟踏祖国的哲学遗产。

第四，用马克思主义的历史主义原则来评价古代哲学家，既不随便非难古人没有提供出他们所不可能提供的思想，也不盲目颂扬古人，把古人所不可能提供的思想硬挂在他们的名下。

为了在哲学史工作中坚决贯彻“严格的历史性”的原则，我们必须不断地和一切离开这个原则的倾向作斗争，并在具体研究中更加细致、谨慎地工作，力求还古代哲学以其本来的历史面貌。

毛泽东同志教导我们：“我们必须尊重自己的历史，决不能割断历史。但是这种尊重，是给历史以一定的科学的地位，是尊重历史的辩证法的发展，而不是颂古非今，不是赞扬任何封建的毒素。对于人民群众和青年学生，主要地不是要引导他们向后看，而是要引导他们向前看。”② 毛泽东同志的这一原则性的指示，是我们哲学史工作的马克思列宁主义的方针。沿着这条正确的道路前进，只要具有刻苦钻研的精神，定能在哲学史工作中获得积极的成果；相反地，谁若是违背了这条马克思列宁主义的真理的道路，即便他掌握了多么丰富的材料，其研究的结果也只能是无尽的谬误和混乱。

（署名“方蠡”，原载《哲学研究》1963 年第 3 期）

---

① 《列宁全集》第 38 卷，人民出版社 1961 年版，第 395 页。

② 毛泽东：《新民主主义论》，人民出版社 1952 年版，第 57 页。

关于孔子“仁”的研究中的一个方法论问题

——与冯友兰先生商榷

关于哲学史方法论的讨论，有必要更加广泛深入地开展下去。因为，把古人现代化的倾向，不仅存在于《周易》研究中，而且也存在于孔子和其他古代思想家的研究中；把古人现代化的表现，不仅有人把古人马克思主义化，而且还有人把古人资产阶级化。这些人的主观愿望可能不同，但其客观效果别无二致，他们所运用的方法在实质上也是相同的。

从哲学史方法论的角度来看，把古人现代化，并不是一种孤立的、偶然的现象。它本身还是贯彻一种哲学史工作方针、运用一种哲学史研究方法的结果。正因为它是现象而不是本质，是结果而不是原因，所以，这次讨论还有进一步扩展和深入的必要。诚如《哲学研究》编辑部所指出的，讨论有必要深入到哲学史工作中的一些重大原则性问题上去，例如，研究哲学史的目的和任务是什么？如何正确理解古为今用和批判地继承哲学遗产的方针？在哲学史工作中怎样贯彻马克思列宁主义的具体历史分析和阶级分析方法？如此等等。看来，这些问题并不是每一个哲学史工作者都自觉地、明确地解决了的。通过讨论，我们期望在哲学史研究方法上获得积极的成果，提高哲学史工作的马克思列宁主义水平。

近年来，在党的“百花齐放，百家争鸣”方针的推动下，中国哲学史工作者对一些古代哲学家的哲学思想，进行了不同程度的研究和讨论，其中尤以孔子讨论为最集中最热烈。其规模之大，参加人数之多，问题展开之广，都超过了历次学术讨论。孔子讨论的核心问题，是关于“仁”的思想实质问题。在这个问题上，见仁见智，各家意见有很大分歧，其中既有由于对历史材料的不同解释和对当时社会性质的不同主张所造成的分歧，也有由于贯彻不同的哲学史工作方针和运用不同的哲学史研究方法所造成的分歧。我们认为，后一种分歧是更带根本性的问题，它与这次哲学史方法论的讨论有着密切的关系。本文试图以孔子“仁”的研究为例，谈谈哲学史方法论的一个根本问题，即马克思列宁主义的具体历史分析和阶级分析方法同超历史超阶级的抽象分析方法的根本对立的问题。以下，我想对冯友兰先生的“普遍性形式”说，提出一些不成熟的意见，以供大家讨论。

一

孔子论“仁”的话很多，在《论语》中有各种不同的记载。其中最能代表孔子“仁”的思想实质的，也是在目前争论最多的，不外乎以下这几段话：

> 颜渊问仁，子曰：克己复礼为仁。……为仁由己，而由人乎哉？（《论语·颜渊》）
>
> 樊迟问仁，子曰：爱人。（《论语·颜渊》）
>
> 仲弓问仁，子曰：……己所不欲，勿施于人。（《论语·颜渊》）
>
> 子曰：……夫仁者，己欲立而立人，己欲达而达人，能近取譬，可谓仁之方也已。（《论语·雍也》）

冯友兰先生在对上引几段话的解释中，贯彻了一种超历史超阶级的抽象分析方法。他认为，孔子所说的“爱人”，就是要对别人有同情心，尊重对方，照“字面意义”来了解，孔子是说的“爱一切人”。他认为，在“己所不欲，勿施于人”“己欲立而立人，己欲达而达人”这两个命题中，“人”就是跟“己”对待的“别个”，或者说“人家”。“己所不欲，勿施于人”，就是我不愿意别人这样地待我，我也不要这样地待别人；“己欲立而立人，己欲达而达人”，就是自己有个要求，总想着别人也有这样要求，在满足自己的要求的时候，总要使别人也能满足这样的要求。照这样解释，孔子所说的“人”和“己”，都不是处于一定历史时代和一定阶级关系中的具体的人，而是超时代超阶级的抽象的人；孔子所说的“欲”，也不是具体的人的具体的“欲”，而是抽象的人的抽象的“欲”。这样的“人”和这样的“欲”，由于抽空了它们的具体的历史的内容，因而实际上成了抽象的一般观念，独立化了的思想，它们在历史上是永远不变的、占统治地位的东西，而把各个历史时代的具体的个人及其具体的欲望，看作是这些观念或思想的“自我规定”。这种方法的实质就在于，它的前提和结论，都直接建立在唯心主义的思辨上面。关于这一点，我们在下文适当的地方还要谈到。

我们说，冯友兰先生在分析孔子“仁”的思想时，实际上贯彻了一种超历史超阶级的抽象分析方法。这种说法是不是有根据呢？有的，根据就在冯先生自己得出上述结论的逻辑过程中。

冯先生认为，在分析古代哲学命题时，例如在分析孔子所说的“爱人”“己所不欲，勿施于人”“己欲立而立人，己欲达而达人”等命题时，应当区分它们的“字面意义”和“具体内容”。从字面意义看，这些命题是超历史超阶级的，孔子所说的“人”和“欲”都是没有阶级性的；从具体内容看，这些命题是有阶级性的，孔子所要“爱”的还是剥削阶级的人。

如果说，这也是一种分析方法的话，那末，这只不过是在头脑里进行了一次简单的抽象，从主观出发来分析哲学命题的两重意义。它是不能解决任何实际问题的。因为，问题不在于是否将古代哲学命题区分开“字面意义”和“具体内容”，而在于你的兴趣是在那里玩弄“字面意义”，还是对于“具体内容”进行实事求是的具体分析。就在这个问题上，冯友兰先生暴露了自己的方法的实质。因为，正是在需要对古代哲学命题的具体内容作细致深入的分析研究的时候，冯先生却满足于一次简单的抽象，在“字面意义”上大做文章。他力图把孔子的“爱人”“己所不欲，勿施于人”“己欲立而立人，己欲达而达人”等思想说成是以“普遍性的形式”提出来的，这些普遍性的形式，对于劳动人民来说，“还不完全是欺骗”。总之，在冯友兰先生看来，孔子“仁”的思想之所以是进步的，就是因为它是以“普遍性的形式”提出来的，就在于它的“字面意义”；而所谓“普遍性的形式”或“字面意义”又是超阶级的，所以，孔子思想的进步性就在于它的超阶级性。至于“具体内容”，则是冯友兰先生所不睬的。可能在冯先生看来，凡是具有阶级性的东西都是不好的，凡是超阶级的东西都是好的，难怪他总是热衷于哲学命题的“字面意义”，或思想的“普遍性形式”，而把它们的“具体内容”置之不顾。

冯友兰先生的这种抽象分析方法，并不是什么新的货色，它不过是冯先生在1957年提出的“抽象继承法”的乔装改扮而已。武器虽然陈旧，先生持之可坚。1957年，许多同志正确地批评了“抽象继承法”，冯先生也曾著文自我批评，可是，孔子“仁”的研究表明，冯先生并没有放弃自己的观点和方法，今天拿出来的东西，仍然是昨天的货色，为了说明这个问题，我们再引证一段冯先生的话：

> 孔子所说的“爱人”，也有抽象意义和具体意义。从具体意义看，孔子所说的“爱人”是有范围的，儒家主张亲亲，认为人们因为血缘关系而有亲疏的不同，爱人是有等差的。就当时的贵族说，当然，爱贵族的成分居多。这是就孔子的这句话的具体意义说。就其抽象意义说，孔子所谓“人”既然和现在所谓“人”的意义差不多，他们所谓“爱人”也不是没有现在所谓“爱人”

> 的意思。从抽象意义看，“节用而爱人”到现在还是正确的，是有用的，可以继承下来。[①]

这段话写在1957年，出自冯先生的文章《中国哲学遗产的继承问题》之中，它和近年来冯先生关于孔子“仁”的说法对照起来，其间有什么实质的差别呢？没有，从观点到方法，它俩都是完全一致的。如果说还有什么区别的话，那么不同的只是：第一，“抽象意义”和“具体意义”的形而上学的割裂，变成了“字面意义”和“具体内容”的形而上学的对立，名词改变了，实质依然如旧；第二，抽象继承的结论，在前者是公开地宣布出来的，而在后者则是逻辑地蕴涵着的，因为，既然孔子“仁”的思想的进步性就在于其“字面意义”，当然可继承的东西也只能是“字面意义”了。

1957年，冯友兰先生对他的抽象分析和抽象继承方法的论争是和马克思主义的方法论相对立的；几年以后，冯先生为自己的方法找到了马克思列宁主义经典著作的“根据”，这就是马克思和恩格斯在《德意志意识形态》中关于思想的普遍性形式的一段话。冯先生以为，他从经典著作中找到的方法论的武器，十分有利于他的抽象分析法和抽象继承法。那末就让我们来读一读马克思和恩格斯的原文吧！看看它到底对谁的观点有利。不过，我们的读法同冯先生的读法有所不同，冯先生故意不把马克思和恩格斯论述思想的普遍性形式的最重要的段句引述出来，以便他进行断章取义的解释，我们则力求全面地理解马克思和恩格斯的原文，把握他们的观点的实质。

马克思和恩格斯在批判费尔巴哈和整个德国哲学的唯心主义历史观时指出：

> 在考察历史运动时，如果把统治阶级的思想和统治阶级本身

---

① 冯友兰：《中国哲学遗产的继承问题》，《光明日报》1957年1月8日。

分割开来，使这些思想独立化，如果不顾生产这些思想的条件和它们的生产者而硬说该时代占统治地位的是这些或那些思想，也就是说，如果完全不考虑这些思想的基础——个人和历史环境，那就可以这样说，例如，在贵族统治时期占统治地位的是忠诚信义等等概念，而在资产阶级统治时期占统治地位的则是自由平等等等概念。总之，统治阶级自己为自己编造出诸如此类的幻想。所有历史学家（主要是18世纪以来的）所固有的这种历史观必然会碰到这样一种现象：占统治地位的将是愈来愈抽象的思想，即愈来愈具有普遍性形式的思想。①

要了解所谓思想的普遍性形式的实质和来源，不能不读这一段话。可是，冯友兰先生在大谈其“普遍性的形式”时却根本不理睬这一段话。为什么不理睬呢？因为这一段话对于论证他的观点是不利的。冯友兰先生要证明具有普遍性形式的思想在历史上是真实地存在着的思想，而且是“有它一定的历史意义”的进步思想，马克思和恩格斯却明确地指出它不过是“统治阶级自己为自己编造出来的幻想”，是那种主张思想脱离它的现实基础而独立化，并把思想当作在历史上占统治地位的东西的唯心主义历史观的典型表现。冯友兰先生所要肯定的东西，正是马克思和恩格斯所批判的东西。当然，对于经典著作中这样的话，冯先生是不愿意引证出来的。

马克思和恩格斯对于上述唯心主义历史观的批判，不是简单地宣布它的荒谬性和虚幻性就完事，而是进一步从其产生的认识论根源和社会阶级根源加以深刻的揭露和批判。因为，任何荒谬的虚假的观念，它仍然是一定现实关系的反映，不过是其颠倒的反映而已，它总是同这些观念的生产者有着密切的联系，“是由他们的物质活动方式

① 《马克思恩格斯全集》第3卷，人民出版社1960年版，第53—54页。

的局限性以及由此而来的他们的狭隘的社会关系所造成的”[①]。因此，不摧毁产生这虚假观念的现实基础，它们是不能消灭的。

关于普遍性形式的思想，即“愈来愈抽象的思想”产生的认识论根源，正如马克思和恩格斯所指出的，它是“把统治阶级的思想和统治阶级本身分割开来，使这些思想独立化”的结果，他们又在下面这段话中更深入地说明了同样的道理：

> 把统治思想同进行统治的个人分割开来，主要是同生产方式的一定阶段所产生的各种关系分割开来，并由此做出结论说，历史上始终是思想占统治地位。这样一来，就很容易从这些不同的思想中抽象出“一般思想”、观念等等，而把它们当作历史上占统治地位的东西，从而把所有这些个别的思想和概念说成是历史上发展着的“概念”的“自我规定”。[②]

不必再加说明，这种历史观的唯心主义思辨的性质，经典作家在这里已经说得很清楚了。

关于普遍性形式思想产生的社会阶级根源，马克思和恩格斯又在下面一段话中作了进一步的说明。为什么统治阶级必需自己为自己编造这种唯心主义的幻想呢？

> 事情是这样的，每一个企图代替旧统治阶级的地位的新阶级，就是为了达到自己的目的而不得不把自己的利益说成是社会全体成员的共同利益，抽象地讲，就是赋予自己的思想以普遍性的形式，把它们描绘成唯一合理的、有普遍意义的思想。进行革命的阶级，仅就它对抗另一个阶级这一点来说，从一开始就不是

① 《马克思恩格斯全集》第3卷，人民出版社1960年版，第29页。
② 《马克思恩格斯全集》第3卷，人民出版社1960年版，第55页。

作为一个阶级，而是作为全社会的代表出现的；它俨然以社会全体群众的姿态对唯一的统治阶级。它之所以能这样做，是因为它的利益在开始时的确同其余一切非统治阶级的共同利益还多少有一些联系，在当时存在的那些关系的压力下还来不及发展为特殊阶级的特殊利益。因此，这一阶级的胜利对于其他未能争得统治的阶级中的许多个人说来也是有利的，但这只是就这些胜利使这些个人有可能上升到统治阶级行列这一点讲的。①

这段话曾被冯友兰先生引证来作为论证“普遍性形式”具有“真实性”的论据，我以为，这是对马克思和恩格斯的原文的误解。

在上引一大段话中，马克思和恩格斯说的是什么意思呢？据我体会，主要有两个思想。

第一，他们通过具体的历史分析和阶级分析，深刻地论证了思想的“普遍性形式”这种统治阶级的幻想的虚伪性。这种虚伪性就表现在，企图取得统治地位的阶级，在尚未达到自己的目的以前，总是把本阶级的特殊利益说成是全体社会成员的普遍利益，因而也就把本阶级的思想说成是唯一合理的、具有普遍意义的思想。这种普遍利益的幻想，一经脱离开特殊阶级的利益而在头脑中独立化之后（亦即获得“普遍性的形式”之后），它又与各个阶级的真正的特殊利益发生矛盾，随着社会矛盾的日益扩大和加深，普遍利益同特殊利益的矛盾亦日趋尖锐化，所谓思想的普遍性形式也就愈发变为“唯心的词句、有意识的幻想和有目的的虚伪”②。因此，正如马克思和恩格斯所指出的：“普遍的东西一般说来是一种虚幻的共同体的形式。”③

第二，马克思和恩格斯在揭露了所谓思想的普遍性形式的虚伪性

---

① 《马克思恩格斯全集》第 3 卷，人民出版社 1960 年版，第 54 页。

② 《马克思恩格斯全集》第 3 卷，人民出版社 1960 年版，第 331 页。

③ 《马克思恩格斯全集》第 3 卷，人民出版社 1960 年版，第 38 页。

之后，又指出了在这种虚伪的形式下所掩盖的真实的社会内容。借用冯先生的话来说，就是在揭去了那些虚伪的“字面意义”之后，将其真实的“具体内容”袒露出来，而决不是证明什么“字面意义”的真实性。马克思和恩格斯紧紧把握着阶级斗争这条基本的指导线索，对革命时期的阶级关系进行了具体的历史的分析。他们指出，企图取得统治地位的阶级之所以能够“俨然”以全社会的代表的姿态出现，是因为它的利益在开始“的确”同其余的非统治阶级的利益有一定的联系，即他们都要求推翻旧的统治阶级。但是，一旦他们的共同目的已经达到，旧的统治阶级被推翻了，新统治阶级同那些未争得统治地位的阶级之间的共同利益就变得微乎其微，并且，他们之间的矛盾则日益发展为深刻的阶级对抗。

以上分析说明，马克思和恩格斯紧紧地把握着历史唯物主义的基本观点，出色地运用了具体的历史分析和阶级分析方法，对于唯心主义历史观的基本观点，即“愈来愈具有普遍性形式的思想”在历史上占统治地位的观点，进行了全面的深刻的批判，同时又揭露了这种观点的认识论根源和社会阶级根源。令人不解的是，冯友兰先生竟是援引马克思恩格斯所严肃批判的观点，拿来作为自己的理论的根据，用所谓“普遍性形式”说来论证孔子“仁”的思想的进步意义，说什么孔子主张“爱一切人”还不完全是欺骗。我以为，在这里冯先生倒是把自己的“底”给露出来了。

无疑地，马克思和恩格斯在《德意志意识形态》一书中关于思想的普遍性形式的分析和批判，对于我们了解孔子“仁”的思想实质有着巨大的方法论意义。关于孔子思想的阶级性，目前学术界的同志们还有分歧的意见，我个人认为，孔子是春秋末期由下层奴隶主贵族转化来的封建地主阶级的思想代表，他的“仁”的思想，基本上是顺乎历史发展潮流的。在这一点上，我的观点和冯先生的观点是接近的。但是，在说明孔子“仁”的思想的进步性时，我不主张从“字面意义”或“普遍性形式”方面加以肯定；而正是问题的这一方面，我们应该加以揭露和批判，不能把剥削阶级自己为自己编造的幻想当作历史的真实。要真正了解孔子“仁”的思想实质，只有对其“具体内容”进行具体的历史分析和阶级分析。本文由于篇幅的限制，不能对这个问题详加论述，下面试以“己所不欲，勿施于人”这个命题为例，说明它不可能是超历史超阶级的，而是有着十分确定的时代内容和阶级内容。

第一，孔子作为封建地主阶级的思想家，他提出“己所不欲，勿施于人”的命题，首先是反对贵族奴隶主阶级的战斗口号，是封建地主阶级进行阶级斗争的工具。他向那些占据统治地位的奴隶主贵族说道：你自己不愿意的事情，你也莫要强加给别人。地主阶级在利用这个口号进行反对奴隶主贵族的斗争时，在客观上的确有利于奴隶阶级争取解放的斗争，正是在这个意义上，我们说，孔子“仁”的思想顺乎春秋时代历史进步的潮流，有它一定的进步意义。另一方面，我们不能不指出这个口号以“普遍性的形式”提出来的虚伪性，就在封建地主阶级反对奴隶主贵族的斗争中，他向对方提出“己所不欲，勿施于人”的要求，而他自己却是不受这个要求的束缚的。地主阶级对待奴隶主阶级的原则，不是“己所不欲，勿施于人”，而是“己所不欲，要施于人”，甚至是“人所不欲，强施于人”。奴隶主阶级不愿意改变旧的生产关系，不愿意失去自己的统治地位，封建地主阶级正是以变革生产关系和夺取统治地位为自己的目的。恩格斯曾经指出：“文明所产生的一切都是二重的、是口不应心的、是分裂为二的、是自相矛盾的。”[①] 这是一切剥削阶级意识形态的共同特点，封建地主阶级也不例外。他向别人提出一套道德标准，而自己在行为中又实行着另一套标准，对于这种二重性的意识形态，不进行实事求是的具体分析，是不可能揭露出它的实质来的。

第二，封建地主阶级在同农民阶级的关系中，他提出“己所不

① 恩格斯：《家庭、私有制和国家的起源》，人民出版社 1961 年版，第 64 页。

欲，勿施于人”的原则，就是一种纯粹的道德说教，一句纯粹的欺骗口号。他要农民安于被统治和被剥削，不要起来革命，从而巩固封建的生产关系和封建统治秩序。至于地主阶级自己对待农民，是决不可能实行“己所不欲，勿施于人”的道德原则的，怎么可能想象地主会对农民说“我不愿意受剥削，也不让你受剥削”呢？当然，我们也应该指出，在孔子生活和斗争的时代，地主阶级同农民阶级的矛盾尚未成为主要的社会矛盾，孔子作为地主阶级的有眼光的思想家，他所提出来的思想原则，是最合乎地主阶级的长远利益的，是最适合于他们的统治需要的，所以孔子思想能够在中国长期的封建社会发生较深远的影响。

第三，“己所不欲，勿施于人”的原则，用之于封建地主阶级的内部，是协调内部矛盾、维护现存关系的最高的道德标准。这并不是说，封建地主阶级的成员不再从个人的利益出发，同本阶级的其他成员发生这样或那样的实际利益冲突，这也不是说，在封建统治阶级内部的各个等级之间，例如在公、侯、伯、子、男之间，不再存在着一级比一级更多的特权。不是的，地主和地主之间哪里有不尔虞我诈、相互倾轧的事情呢？在封建等级制度中哪里有什么真正的“平等”可言呢？但是，我们不能不承认，孔子提出“己所不欲，勿施于人”的原则，是从整个阶级的利益出发，向各个地主阶级的个人提出来的最高的道德要求；对于占据统治地位的封建地主阶级来说，这是一种最适合于他们的长远利益和整体利益的道德学说。当然，我们也要指出，从剥削阶级的本性来看，封建地主阶级要真正做到“己所不欲，勿施于人”也是不可能的，对于他们来说，原则和行动总是脱节的。马克思引证傅立叶的话说：“道德就是‘行动上的软弱无力’。”① 对于资产阶级道德来说是这样，对于封建地主阶级的道德来说也是这样。

---

① 《马克思恩格斯全集》第2卷，人民出版社1957年版，第255页。

以上从封建地主阶级同贵族奴隶主阶级的关系、地主阶级同农民阶级的关系、地主阶级内部的关系，说明了孔子提出的“己所不欲，勿施于人”的原则的实际阶级内容。在上述每一种关系中，“人”和“己”都不是抽象的、超阶级的人，而是春秋时代的一定阶级的成员，当然，他们的“欲”也不可能是抽象的，而是打上了鲜明的阶级烙印的具体的欲望。孔子是积极投身于现实斗争的政治家和思想家，他决不可能不切实际地、抽象地谈“仁”谈“爱”，他自己就说得很明白：“君子而不仁者有矣夫，未有小人而仁者也。”（《论语·宪问》）这就是说，“仁”是专属于“君子”（统治阶级）的范畴，“小人”（被统治阶级）是没得份的。在这里，阶级的分野多么明显，怎么能够说孔子“仁”的思想没有阶级性呢？

二

社会存在决定社会意识，是历史唯物主义的根本原理；对具体问题进行具体分析，是马克思主义的活的灵魂。把这两条结合起来，就是我们的哲学史研究工作最根本的方法论。这一根本的方法论要求，对于历史上的哲学命题和哲学范畴，必须进行具体的历史分析和阶级分析，即要把它们放在一定的历史环境中，根据当时的经济基础、阶级关系等各方面来揭示它们所固有的内容。违反这一基本的要求，就会把哲学史的研究工作引到超历史超阶级的抽象分析的道路上去。

马克思说：“形而上学者认为进行抽象就是进行分析，越远离物体就是日益接近物体和深入事物。”① 这是对于我们称之为抽象分析法之本质的深刻揭露和批判。形而上学的抽象，是这种方法的基本特点。其实，除了形而上学的抽象之外，它根本谈不上什么分析，由于这种方法是在分析哲学命题的二重意义的姿态下出现的，又因为这种

① 《马克思恩格斯全集》第 4 卷，人民出版社 1961 年版，第 141 页。

方法恰恰同马克思列宁主义的具体历史分析和阶级分析方法对立起来，所以我们姑且名之为“超历史超阶级的抽象分析方法”，或者简言之曰“抽象分析法”。

我们说，并非一切抽象都是要不得的，有科学的抽象，也有非科学的抽象。科学的抽象是在实践的基础上，对于客观事物的本质关系和属性的更深刻、更正确、更全面的认识，它是我们获得科学知识的必要条件。相反地，非科学的抽象则是通往唯心主义和诡辩论的方便途径。因为，这种抽象方法恰恰是撇开了客观事物的本质关系和属性，把它们的个别的偶然的方面撷取出来，进行主观的抽样活动。这种抽样活动的结果，必然是日益远离客观事物，而不是深入事物。最后，一切都被归结为一个纯粹的逻辑范畴。关于这种非科学的、形而上学的抽象方法，马克思在《哲学的贫困》一书中曾经作过生动的描述，他说：

> 在抽象的最后阶段（因为这里说的是抽象，而不是分析），一切事物都成为逻辑范畴，这用得着奇怪吗？如果我们抽掉构成某座房屋特性的一切，抽掉建筑这座房屋所用的材料和构成这座房屋特点的形式，结果只剩下一个一般的物体；如果把这一物体的界限也抽去，结果只有空间了；如果再把这个空间的向度抽去，最后我们只有同纯粹的数量，即数量的逻辑范畴打交道了，这用得着奇怪吗？用这种方法把每一个物体的一切所谓偶性（有生命的或无生命的，人类的或物类的）抽去，我们就有理由说，在抽象的最后阶段，作为实体的将是一些逻辑范畴。①

这种非科学的、形而上学的抽象方法，运用到哲学史和历史科学的研究工作中去，就是我们所说的超历史超阶级的抽象分析法。一切

① 《马克思恩格斯全集》第4卷，人民出版社1961年版，第140—141页。

哲学社会科学的概念、范畴、命题和原理，其最本质的属性就是它们的阶级性，所以，形而上学者总是首先力图抽去它们的阶级性，把它们变成一句空话。马克思还举过一个这方面的生动的例子，他说：

> 如果我抛开构成人口的阶级，人口就是一个抽象。如果我们不知道这些阶级所依据的因素，如雇佣劳动、资本等等，阶级又是一句空话，而这些因素是以交换、分工、价值等等为前提的。比如资本，如果没有雇佣劳动、价值、货币、价格等等，它就什么也不是。[①]

这就是说，“人口”“阶级”“资本”等等都不是纯粹抽象的概念，它们是互相从属的、有着多方面内容的具体概念。要了解人口这个概念，就必须了解构成人口的各个阶级及其相互关系，在资本主义条件下，首先要了解资产阶级和无产阶级的相互关系。要了解阶级，就必须了解资本、雇佣劳动等等；要了解资本，就必须了解价值、价格、货币等等。如果把每一个概念的具体内容都一层一层地抽掉，那么这些概念就变成了“空话”，“什么也不是”。

孔子的“仁”也是一个具体的历史概念，它是我国春秋时期的阶级斗争和阶级关系的反映，是在特定的历史环境中产生的概念。不言而喻，它必然要带上鲜明的时代色彩和深刻的阶级烙印。如果像冯友兰先生那样，把孔子“仁”的时代内容和阶级内容抽掉，把它变成一个超时代、超阶级的抽象概念，那末，这个抽象概念就只能是“一句空话”，“什么也不是”。现在，有些先生们特别对于“空话”“抽象名词”“字面意义”之类的东西感兴趣，他们不愿意理睬这些“名词”“字面”表达了什么具体内容，而把它们变成空洞的语言形式。借用马克思的话来说：对于他们，总是“辞藻胜于内容”，而不是

---

① 《马克思恩格斯全集》第 12 卷，人民出版社 1962 年版，第 750 页。

“内容胜于辞藻”①。

马克思和恩格斯一针见血地戳穿了那种“把语言变成某种独立的特殊的王国”的所谓“哲学语言的秘密”，他们写道：

> 正像哲学家们把思维变成某种独立的力量那样，他们也一定要把语言变成某种独立的特殊的王国。这就是哲学语言的秘密，在哲学语言里，思想通过词的形式具有自己本身的内容。
>
> ……哲学家们只要把自己的语言还原为它从中抽象出来的普通语言，就可以认清他们的语言是被歪曲了的现实世界的语言，就可以懂得，无论思想和语言都不能独立组成特殊的王国，它们只是现实生活的表现。②

这段话很值得那些热衷于“抽象名词”或“字面意义”的先生们认真读读，他们思想的症结就在这里。语言本身没有独立的意义，如果它不表现生活的话，就只能是空洞的声音或文字的形式。这里所谓“哲学语言”，是唯心主义哲学家们从人们的“普通语言”中抽象出来、并被他们歪曲了的“现实世界的语言”，热衷于“抽象名词”，或“字面意义”的人，正是把这些“被歪曲了的现实世界的语言”当作宝贝。他们陶醉于哲学语言的“独立的王国”，而不愿意考察它们如何歪曲地表现了现实生活的内容。正如马克思和恩格斯所指出的，“从语言降到生活”③ 中来，是摆脱这些唯心主义困境的唯一出路。

形而上学者把一切有着确定内容的具体历史概念变成纯粹的逻辑范畴、空洞的语言形式，从而也就抽掉了它们的阶级性。从表面上看

---

① 《马克思恩格斯全集》第 8 卷，人民出版社 1961 年版，第 124 页。

② 《马克思恩格斯全集》第 3 卷，人民出版社 1960 年版，第 525 页。

③ 《马克思恩格斯全集》第 3 卷，人民出版社 1960 年版，第 525 页。

来，那些在哲学史研究中坚持抽象分析和抽象继承方法的人，他们只是对于抽象的、超阶级的东西感兴趣，他们总是在历史上的那些标榜着超阶级性的东西里面去发现什么“进步意义”，发现什么“有价值的”、可继承的东西，因为，他们总是认真地相信了每一时代的统治阶级关于自身的幻想。而在实际上，历史上的统治阶级之所以要制造关于超阶级性的幻想，完全是为了本阶级的特殊利益，他们以抽象的、普遍性形式表述出来的思想并不是没有阶级性的。至于那些认真地相信了统治阶级的幻想、继续拿着他们陈旧的概念以超阶级性或“普遍性形式”相标榜的人，他们是否真正忽略了思想或概念的阶级性呢？他们是否真正以超阶级的立场来对过去的思想遗产加以继承呢？不是的，只要我们对于他们所标榜的“字面意义”“抽象意义”或“普遍性形式”之类的东西加以考察，那末就可以发现，他们所谓“抽象意义”并不抽象，他们所谓“超阶级性”也是有着一定的阶级内容的。历史上没有一个阶级对于过去的思想遗产真正持着“抽象继承”的态度；那些标榜“抽象继承”的人，他们总是赋予自己所要继承的东西以一定的具体内容，赋予它们以一定的阶级性，尽管它们是以“抽象意义”或超阶级性的姿态出现的。

冯友兰先生在孔子“仁”的研究中，一方面把“仁”的“具体内容”置之不顾，抹煞它的阶级性；一方面又把“仁”的“字面意义”强调起来，把资产阶级“平等”的内容加之于它。冯先生说，孔子“能从一定的角度看，在一定的程度上，抽象地承认，人与人之间有一定的平等关系”①。孔子所说的“仁”和“忠恕之道”，“就是讲别人是和自己平等的人，要把别人当作和自己平等的人来对待”②。于是，中国封建社会的“圣人”孔老夫子，就被打扮成为资产阶级革命家的样子，冯友兰先生自然可以从他的思想中找到许多心心相印的

① 冯友兰：《论孔子关于“仁”的思想》，《哲学研究》1961年第5期。

② 冯友兰：《论孔子关于“仁”的思想》，《哲学研究》1961年第5期。

东西，从中体贴出许多有进步意义的“革命”道理来。

我们知道，孔子是从奴隶制社会向封建社会转变时期的思想家，“平等”是资产阶级革命时期所提出的口号，按照“每个原理都有其出现的世纪”这条历史唯物主义的根本原则，孔子的“仁”同资产阶级的“平等”是不可同日而语的。资产阶级的平等概念，是建立在商品等价交换的假象上面的。在商品交换关系中，一切个人都是作为商品的所有者，以平等的地位互相对待，彼此交易。在资本主义条件下，劳动力也被当作商品来买卖，工人不占有生产资料，但却作为劳动力的所有者同资本家进行“平等”交易；正是在工资和劳动力的等价交换的假象中，掩盖了资本家剥削工人的实质。资产阶级的平等概念，就是这个事实的虚伪的反映。十分明显，在商品经济尚不发达的奴隶社会和封建社会，是不存在产生资产阶级平等观的现实条件的。在人与人的关系这个问题上，奴隶社会和封建社会所可能产生的基本观念是“等级”，而不是“平等”。

资产阶级平等观念的产生，是以发达的商品经济为前提的，它是资产阶级特有的意识形态，在古代是不可能产生这种观念的。马克思说：“平等和自由需要一定的生产关系作前提，在古代世界里还没有出现这样的生产关系；在中世纪也没有出现这样的生产关系。古代世界的基础是直接的强迫劳动，社会依靠强迫劳动作它生存的支柱。构成中世纪社会基础的劳动，其自身乃是一种特权，依然停滞于特殊形态之下，并非生产一般交换价值的劳动。”[①] 恩格斯也说：“如果设想希腊人和野蛮人，自由民和奴隶，国家公民和被保护民，罗马的公民和罗马的臣民（这后一个系指广义而言），所有他们都可以要求平等的政治地位——那末这样的思想在古代人看来或许就是疯狂的思想。”[②] 但是，今天确实有人要把这些“疯狂的思想”强加给古人，

① 马克思：《政治经济学批判大纲》，人民出版社 1962 年版，第 11 页。

② 恩格斯：《反杜林论》，人民出版社 1956 年版，第 106 页。

强加给中国春秋时代的孔子。对于这样的人来说，马克思和恩格斯的话不是一面预先提供的很好的镜子吗？

冯友兰先生又把孔子的“仁”和“忠恕之道”，同马克思和恩格斯在《神圣家族》中所说的“平等”和“自我意识”相比附。马克思和恩格斯写道：

> 自我意识是人在纯思维中和自身的平等。平等是人在实践领域中对自身的意识，也就是人意识到别人是和自己平等的人，人把别人当做和自己平等的人来对待。平等是法国的用语，它表明人的本质的统一、人的类意识和类行为、人和人的实际的同一，也就是说，它表明人对人的社会的关系或人的关系。[①]

冯先生在引证了马克思和恩格斯的话之后写道：“在普遍的形式下，‘仁’和‘忠恕之道’，有自我意识和人与人间平等的涵义。就是说，人意识到自己是人，并且意识到别人也和自己一样地是人。”[②]这是多么勉强的无类比附啊！孔子的“仁”和“忠恕之道”，同马克思和恩格斯在这里所说的“平等”和“自我意识”有什么共同之处呢？我们知道，马克思和恩格斯在这里所说的“平等”，是指的法国小资产阶级社会主义的著作家蒲鲁东在批判私有制时所提出的一个根本原则；他们所说的“自我意识”，是指的德国青年黑格尔主义者布鲁诺·鲍威尔进行宗教批判的理论基石。就像冯先生自己所说的，“平等和自我意识是资产阶级思想”，那末它们就不是什么超阶级超历史的抽象原则，怎么又可以把它们拿来同封建思想家孔子的“仁”相比附呢？

---

① 《马克思恩格斯全集》第2卷，人民出版社1957年版，第48页。

② 冯友兰：《论孟子》，见《中国哲学史论文二集》，上海人民出版社1962年版，第147页。

我们在冯友兰先生关于孔子“仁”的研究中，始终可以看到这样一个企图，即一方面要把孔子的“仁”“爱人”“己所不欲，勿施于人”“己欲立而立人，己欲达而达人”等概念和命题的本来意义抽掉，把它们说成是适用于一切历史时代、一切民族和一切阶级的抽象原则；一方面又把资本主义条件下人与人之间的关系，把资产阶级平等的实际内容填加给它，把孔子的思想资产阶级化。在这里，所谓抽象分析法的实质完全暴露出来了，原来它在超阶级的幌子下还是赋予哲学思想以一定的阶级性；主张抽象分析法的人总是利用这些所谓超阶级的哲学思想来为本阶级的利益服务。

“抽出去”和“填进来”，这是超历史超阶级的抽象分析法的两个方面。在今天不仅有人把古人马克思主义化，在把古代哲学命题所固有的内容抽出去之后，又把马克思主义哲学的许多基本原理填加给它。同样地，现在也有人把资产阶级思想挂到奴隶制时代或封建时代的思想家名下，这也是把古人现代化的一种表现，不论是把古人怎么个“化”法，资产阶级化还是无产阶级化，在方法上都是主观主义的，都是在根本上违背了历史唯物主义关于社会存在决定社会意识的根本原理，都是在超阶级的幌子下，表现其阶级实质的，在客观效果上，都是在提高古人，贬低今人，因而都是十分错误的。

* * *

以上我们从孔子“仁”的研究谈起，确乎牵涉到了目前哲学史方法论的讨论中的一个根本问题，即是用马克思列宁主义的具体历史分析和阶级分析方法，还是用超历史超阶级的抽象分析方法，来研究哲学史的问题。在目前，所谓抽象分析法还是有人公开提倡、又有人实际贯彻的一种哲学史方法。不管他们自觉或不自觉，这些人在哲学史方法论上确是背离了马克思列宁主义，趋向着一条根本错误的路径。

1957年，所谓“抽象继承法”同马克思列宁主义的批判地继承哲学遗产方针的根本对立，是关于哲学史方法论问题讨论的中心之一。经过一场大争论，马克思列宁主义在中国哲学史的研究工作中获得了巨大的胜利。但是，在哲学史工作中坚持抽象继承方针和抽象继承方法的人，并没有放弃自己的观点和方法，他们把这种观点和方法进一步贯彻到对某些古代思想家的具体研究中去。冯友兰先生关于孔子“仁”的理论研究，就是一个明显的例子。目前，在哲学史方法论的讨论中，马克思列宁主义的批判地继承哲学遗产的方针同抽象继承方针的根本对立，马克思列宁主义的具体历史分析和阶级分析方法同超历史超阶级的抽象分析方法的根本对立，只能看作是 1957 年关于哲学史方法论的讨论之继续和发展。马克思主义者从来不害怕争论，其理愈辩愈明。对于我们，这又是一次学习马克思列宁主义理论、学习毛泽东思想的大好机会；通过讨论，更加牢固地掌握马克思列宁主义的阶级观点和阶级分析方法，更加牢固地掌握历史唯物主义关于社会存在决定社会意识的根本原理，对于提高哲学史工作的马克思列宁主义水平，是会产生出积极的结果来的。

以上粗浅意见，提供大家讨论。文中不妥之处，希望冯友兰先生，希望同志们指正。

（原载《哲学研究》1963 年第 4 期）

实质的分歧是什么？

——答冯友兰先生

关于思想的“普遍性形式”问题，冯友兰先生最近又陆续发表四篇文章，进一步阐释自己的观点，并且有了若干新的发展。冯友兰先生提出了和我的分歧的问题，我不同意冯先生对分歧的看法，因为他以枝节的问题，掩盖了实质的分歧之所在。所以，我认为有必要就这个问题再谈一些自己的意见。

实质的分歧是什么？

冯友兰先生根据我的文章指出，我们在关于孔子“仁”的研究中，有下面几个比较接近的观点，即：第一，“孔子是春秋末期由下层奴隶主贵族转化来的封建地主阶级的思想代表”。第二，“他的‘仁’的思想，基本上是顺乎历史发展潮流的”。第三，“无疑地，马克思和恩格斯在《德意志意识形态》一书中关于思想的普遍性形式的分析和批判，对于我们了解孔子‘仁’的思想实质，有着巨大的方法论意义”。[①]

由于有了上述互相接近的观点，我和冯先生的讨论就避免了这样

---

① 方克立：《关于孔子“仁”的研究中的一个方法论问题》，《哲学研究》1963 年第 4 期。

的困难，即由于对历史分期的不同主张和对孔子思想的阶级性的不同看法所造成的种种分歧，讨论可以在“纯粹”方法论的问题上充分展开。也就是说，分歧并不在于孔子究竟是代表没落奴隶主阶级还是代表新兴地主阶级，孔子“仁”的思想到底是保守的还是进步的；而在于我们对马克思主义的一些基本原理有着根本不同的理解，因而在哲学史研究中采取了根本不同的观点和方法。冯友兰先生说：“分歧主要在于对于马克思、恩格斯《德意志意识形态》中，讲具有普遍性形式思想的那一段的了解不同。”[①] 这是对的，但是还不止于此。这样讲还太笼统，太抽象。究竟有什么不同的了解呢？这些不同了解的实质是什么呢？为什么会有这些不同了解呢？这些问题我们都要回答。尤其是，我们不能回避实质的问题，而把任何一个枝节的问题，拿来搪塞一番。

在《关于一个理论问题的质疑与请教》一文中，冯友兰先生把自己和其他同志对于《德意志意识形态》中关于思想的普遍性形式的不同了解，归纳为三个问题，即：第一，马克思、恩格斯关于“具有普遍性形式的思想”的分析和批判，能否适用于资本主义时期以外的其他社会阶段？冯先生认为有人否认了这一点，而他的回答是肯定的。第二，“具有普遍性形式的思想”，对于劳动人民来说，是否自始至终都是欺骗？绝大多数同志的回答是肯定的，而冯先生的回答是否定的。第三，是否承认“具有普遍性形式的思想”是一种客观存在的历史现象？冯先生认为有人否定了这一点，而他的回答是肯定的。[②]

应该指出，冯先生提出的这三个问题，并非都是真实地存在的、实质性的问题；对于它们的回答，也并非都存在着本质的分歧。冯先生把有些并不存在的分歧，或者并非本质的分歧，强调起来，夸大起来，把它们同真正本质的分歧混淆在一起，这样是不利于讨论之积极

① 冯友兰：《方克立同志和我的分歧》，《哲学研究》1963 年第 5 期。

② 冯友兰：《关于一个理论问题的质疑与请教》，《教学与研究》1963 年第 4 期。

开展的，我们有必要把问题加以澄清。

据我所知，迄今为止，还没有人主张马克思、恩格斯在《德意志意识形态》中关于思想的普遍性形式的分析和批判，仅只适用于资本主义的社会阶段，而不适用于其他剥削阶级占统治地位的社会阶段。因为，谁也不至于忽略，马克思、恩格斯是说："统治阶级的思想在每一时代都是占统治地位的思想"[①]，"每一个企图代替旧统治阶级的地位的新阶级……赋予自己的思想以普遍性的形式"[②]。既然是"每一时代"的统治思想，是"每一个"新剥削阶级所提出来的思想，那么就不是特指资本主义时代的统治思想或资产阶级思想，而是一般地指各种占统治地位的剥削阶级思想。马克思、恩格斯还举例说："在贵族统治时期占统治地位的是忠诚信义等等概念，而在资产阶级统治时期占统治地位的则是自由平等等等概念。"[③] 这里就说得更明白了。不仅资产阶级的"自由""平等"诸概念是一种"具有普遍性形式的思想"，而且"在贵族统治时期"占统治地位的"忠诚信义"诸概念，也是一种"具有普遍性形式的思想"。显然，否认马克思、恩格斯关于"具有普遍性形式的思想"的分析能够适用于资本主义时期以外的其他社会阶段，是站不住脚的，实际上也没有人提出这种站不住脚的主张来。

可能冯先生看到，有的同志否认孔子"仁"的思想具有"普遍性形式"。但是，这些同志的观点有一个前提，即他们并不主张孔子是代表封建地主阶级的进步思想家，他们认为孔子"爱人"之"人"是不包括奴隶和其他劳动人民在内的。因此，在他们看来，孔子说"爱人"，就是说爱奴隶主贵族，这不是一种虚伪的具有普遍性形式的思想。我们尽可以不同意这些同志的观点，但不能说这些同志否认了

① 《马克思恩格斯全集》第 3 卷，人民出版社 1960 年版，第 52 页。
② 《马克思恩格斯全集》第 3 卷，人民出版社 1960 年版，第 54 页。
③ 《马克思恩格斯全集》第 3 卷，人民出版社 1960 年版，第 53 页。

马克思、恩格斯关于思想的普遍性形式的分析适用于资本主义时期以外的其他社会阶段。

可能冯先生看到，有的同志在批评他把孔子“仁”的思想同资产阶级的“自由”“平等”“博爱”思想等同起来的时候，曾经强调指出，“自由”“平等”“博爱”是资产阶级特有的意识形态，不能随意地搬到奴隶社会或者封建社会，把它挂在古人头上。这些同志的批评当然是正确的。资产阶级的“自由”“平等”“博爱”是一种“具有普遍性形式的思想”，但是并不否认其他占据统治地位的剥削阶级也曾提出过这样或那样的“具有普遍性形式的思想”。

我以为，冯先生在谈这个问题的时候，还忽略了这样一个重要的马克思主义观点，即资产阶级的“具有普遍性形式的思想”与历史上其他统治阶级的“具有普遍性形式的思想”还有着本质的差别。正如马克思、恩格斯所指出的，在唯心史观看来，“占统治地位的将是愈来愈抽象的思想，即愈来愈具有普遍性形式的思想”①。显然，只有历史上最后一个剥削阶级——资产阶级的“具有普遍性形式的思想”，才具有最抽象、最普遍的特点，亦即具有全民性的形式，这种特点正是资本主义的普遍交往关系的反映。历史上其他统治阶级的“具有普遍性形式的思想”，在当时狭隘的生产条件下，在当时重重的等级束缚下，它们的“普遍性形式”，不能不是具有很大的局限性的。没有看到这个本质的差别，大概正是把孔子思想资产阶级化的根源吧！

关于第三个分歧。冯友兰先生在我的文章中，除了找到三条与他相接近的观点之外，仅仅抓住一句话来加以指责，而把其他实质性的分歧都回避掉。他指责我有否定“具有普遍性形式的思想”是一种客观存在的历史现象的倾向。我发现，我的文章中确实有个别提法不够准确、中肯，容易引起误会，但从全文的精神看来，是不应该产生这种误会的。一种思想尽管是错误的，是“欺骗”和“幻

① 《马克思恩格斯全集》第3卷，人民出版社1960年版，第53—54页。

想”，但是，只要它在历史上出现过，那么就有它存在的历史理由，我们不必去否认它。我也说过：“任何荒谬的虚假的观念，它仍然是一定现实关系的反映，不过是其颠倒的反映而已，它总是同这些观念的生产者有着密切的联系，‘是由他们的物质活动方式的局限性以及由此而来的他们的狭隘的社会关系所造成的’。因此，不摧毁产生这些虚假观念的现实基础，它们是不能消灭的。”[①] 企图纯粹从思想上“否认”“摧毁”“消灭”一种思想，是一种唯心主义的观点，实际上是做不到的。

诚如冯友兰先生所指出的那样，如果我根本否认“具有普遍性形式的思想”是一种客观存在的历史现象，硬说它不曾存在过，那么，我的文章还努力去揭发这种思想的虚伪性，分析它产生的社会阶级根源和认识论根源，不就真的成为“无的放矢”了吗？不，为了对于“具有普遍性形式的思想”这种统治阶级的幻想进行认真的分析和批判，并不需要去否认它的历史存在，而应该在承认它的历史存在的前提下，对于它的阶级实质、产生根源、历史作用等等，进行具体深入的研究，这才是历史唯物主义的态度。

冯友兰先生说：“梦是虚伪的，但不能因此就认为没有梦。梦还是客观存在。”[②] 这是对的。我们批评的不是这种观点，而是批评那种把“幻想”当作“真实”，把“梦”当作“客观存在”的唯心主义理论。我国南北朝时期著名的佛教理论家僧肇引《放光经》说：“譬如幻化人，非无幻化人，幻化人非真人也。”僧肇是企图用他的精致的唯心主义理论来否认世界的客观存在，但是他又不说世界不存在，而是说它并非真实的存在，不过像幻影一样。他肯定“幻化人”是存在的，但是否认“幻化人”就像“真人”般地存在。现在有人

---

① 方克立：《关于孔子“仁”的研究中的一个方法问题》，《哲学研究》1963 年第 4 期。

② 冯友兰：《方克立同志和我的分歧》，《哲学研究》1963 年第 5 期。

说“幻化人”是存在的，“非无幻化人”，但是又把“幻化人”说成就是“真人”。这种理论不是比僧肇的说法还要荒谬吗？

归结起来，我们和冯友兰先生对于《德意志意识形态》中讲“具有普遍性形式的思想”那一段话的不同了解，不在于是否承认这种思想的历史存在，也不在于是否承认这种思想可能产生于资本主义时期之外的其他社会阶段，而在于是把这种思想了解为“欺骗”“假象”“幻想”呢，还是要去肯定它的某种“真实性”？这才是实质的分歧之所在。冯友兰先生所说的第二个问题谈到了这个分歧，并在几篇文章中补充、论证了自己的观点，以下我也就这个问题再谈一些自己的看法。

“共同利益的幻想”

关于思想的普遍性形式问题，是马克思、恩格斯在《德意志意识形态》一书中提出来的。他们在指出“统治阶级的思想在每一时代都是占统治地位的思想”之后，深刻地分析了前后相继的统治阶级思想斗争往往表现为比较抽象的、具有普遍性形式的概念之间的斗争这种历史现象。他们指出，一个剥削阶级在其革命时期提出来的具有普遍性形式的思想和概念，随着它在历史进程中逐渐由进步到反动的转变过程，将日益深刻地暴露其虚伪性和欺骗性，最后，尽管这种被生活揭穿的具有普遍性形式的思想将会愈加坚决地捍卫自己的存在，但它终将被新的阶级所提出来的具有普遍性形式的思想和概念所代替。思想斗争是社会阶级斗争的反映，任何一种“具有普遍性形式的思想”，都不能不是一定阶级的思想，都不能不是一定阶级利益的反映。因此，脱离开社会阶级斗争，孤立地来谈“具有普遍性形式的思想”的斗争和发展，不是马克思、恩格斯原来的观点，而是和这种观点背道而驰的。我以为，运用上述理论原则来分析我国春秋时代的思想斗争，来分析孔子“仁”的思想，是具有方法论意义的。冯友兰先生试图这样做了，但是他对所谓“具有普遍性形式的思想”的了解是错误的，是与马克思主义经典作家的分析和评论根本对立的，因此也就不可能在关于孔子“仁”的研究中做出真正有价值的贡献来。

让我们先从冯友兰先生的观点谈起吧。

冯先生认为，孔子所说的“仁”“爱人”“己所不欲，勿施于人”“己欲立而立人，己欲达而达人”等概念和命题，是一种以普遍性的形式提出来的超阶级思想。对于这种思想，他作了如下的分析和评价：

> 从这些话的字面意义看，他的这些话是超阶级的；就其内容看，这些话的阶级性是很明显的。
>
> 孔子说的这些话，是以普遍性的形式提出来的。这种形式是不是也有它一定的历史意义呢？我认为是有的。
>
> 这些普遍性的形式，对于劳动人民说，是一种欺骗，但是，是不是完全欺骗呢？这也看具体的情况。……在一个阶级还是在上升阶段的时候，它的思想上的代言人的思想所具有的那些普遍性形式，还不完全是欺骗。
>
> 这些思想，不管它的欺骗性大小，在当时说，总是比较新的进步思想。[①]

冯先生这些话的思想路径是很清楚的：（一）区分这些命题的“字面意义”和“具体内容”（我们已经指出，所谓“字面意义”和“具体内容”，就是冯先生 1957 年所说的“抽象意义”和“具体意义”）。“字面意义”没有阶级性，“具体内容”有阶级性。（二）思想的“普遍性形式”就是命题的“字面意义”（“抽象意义”），即超阶级性的方面。（三）肯定普遍性形式“有它一定的历史意义”（注意：不

① 冯友兰：《论孔子关于“仁”的思想》，《哲学研究》1961 年第 5 期。

是肯定“具有普遍性形式的思想”有历史意义，而是肯定这种思想的“普遍性形式”，肯定超阶级性的方面有历史意义）。（四）肯定普遍性形式“还不完全是欺骗”（还是肯定“普遍性形式”）。（五）因此，具有普遍性形式的思想才是一种“比较新的进步思想”。你看什么“历史意义”啦，什么“进步性”啦，什么“还不完全是欺骗”啦，都在于这个“普遍性形式”。大矣哉，“普遍性形式”之为用也！

冯友兰先生关于普遍性形式的全部议论，其关键还在于它是不是欺骗的问题。对于这个问题，冯先生先后有几种不同的提法：“还不完全是欺骗”“不仅仅是欺骗”“不能简单归结为欺骗”。这些提法没有什么本质的不同。实际上，冯先生通过种种论证，总不过要证明“具有普遍性形式的思想”在提出它的那个阶级还处在上升阶段（以后改为“革命阶段”。这两个概念的外延是不同的，因为“上升阶段”还包括这个阶级革命成功以后相当长的一个时期）的时候不是欺骗。冯先生过去总是用“还不完全是欺骗”“不能简单归结为欺骗”等委婉曲折的说法来表达这个思想，现在他直言不讳地说：具有普遍性形式的思想，“在一定的历史条件下，它们是真实的”[①]。并且还特别强调：“必需对于劳动人民说也是真实，所谓真实才有意义。”[②] 在这里，冯先生所说的“一定历史条件”，就是上面所说的“上升时期”，或者“革命时期”。现在，冯友兰先生的观点可以直接表述如下：具有普遍性形式的思想，在提出它的那个阶级还处在上升时期（或者“革命时期”）的时候，它对劳动人民来说，是真实的，没有欺骗性；只是在这个阶级走下坡路（或者“革命成功以后”）的时候，它才是欺骗。

我认为，冯友兰先生的这些观点，同马克思主义经典作家关于思想的普遍性形式的分析和评论是背道而驰的。

---

① 冯友兰：《方克立同志和我的分歧》，《哲学研究》1963 年第 5 期。

② 冯友兰：《方克立同志和我的分歧》，《哲学研究》1963 年第 5 期。

马克思、恩格斯指出，过去历史上每一种占统治地位的“具有普遍性形式的思想”，都是各个时代统治阶级的思想；在盛行着阶级剥削制度的社会里，当然都只能是占统治地位的剥削阶级的思想。以往的一切社会革命，都归结为某一个剥削阶级的统治由另一个剥削阶级的统治所替换；与之相适应的是占统治地位的“具有普遍性形式的思想”的更替。每一个进行革命的新剥削阶级，为了达到推翻旧制度，从而取代旧统治阶级的地位的目的，他们总是“不得不”把本阶级的特殊利益说成是全体社会成员的“共同利益”，亦即赋予自己的思想以“普遍性形式”。显然，这种“共同利益”是在想象中才存在的，纯粹是剥削阶级自己为自己编造的幻想；对于劳动人民来说，它是十足的欺骗和诳言。因为，在阶级社会里，剥削阶级和被剥削阶级之间有着不可调和的对抗性矛盾，正如恩格斯所说：“对一个阶级的利益，必然是对别一个阶级的灾难，一个阶级底任何新的解放，必然是对别一个阶级的新的压迫。”① 它们之间根本没有什么“共同利益”可言。所以马克思、恩格斯说：所谓“具有普遍性形式的思想”，只不过是统治阶级自己为自己编造的“共同利益的幻想”② 而已。

进行革命的剥削阶级，仅就它反对旧的统治阶级这一点来说，它的利益在开始时同其余一切非统治阶级的利益“还多少有一些联系”。因此，它的革命原则，亦即它所提出的“具有普遍性形式的思想”，起初还能吸引其他阶级的群众来参加革命。正如恩格斯所说的那样：“在一切较长久的革命时期中，广大的人民群众很容易受那些拼命向前奔的少数人用空洞骗人的诺言所诱惑。”③ 但是，革命实践的发展，终于会使他们认识到，剥削阶级所提出的那些“革命的原则并不代表

① 恩格斯：《家庭、私有制和国家的起源》，人民出版社 1961 年版，第 170 页。

② 《马克思恩格斯全集》第 3 卷，人民出版社 1960 年版，第 54 页注①。

③ 《马克思恩格斯文选》第 1 卷，莫斯科外国文书籍出版局 1954 年版，第 101 页。

他们的实际利益，不是他们自己的革命原则”[①]。于是，“人民群众的这种革命情绪，一待幻想消散而失望到来的时候，就几乎总是和多半是极迅速地转变为疲倦，或者甚至转到相反方面去的”[②]。也就是说，一旦人民群众识透了那些“具有普遍性形式的思想”的虚伪和欺骗的本质，他们就会转向针对着新统治阶级的更加坚决的斗争。被剥削阶级的群众并不需要不代表他们的实际利益的“革命原则”，他们在斗争中提出了与剥削阶级针锋相对的口号。正如恩格斯所指出的：“自从资产阶级的废除阶级特权的要求被提出之时起，与之相并地出现了无产阶级的废除阶级本身的要求。”[③] “当市民和贵族还继续互相格斗的时候，德国农民战争却预言式地指示了未来的阶级斗争，因为在德国农民战争中不仅起义的农民登上了舞台……而且在农民后面还有近代无产阶级的先驱，他们手里持着红旗，口里喊着财产公有的要求。”[④]

由此我们看到，所谓“具有普遍性形式的思想”，它不但是统治阶级自欺欺人的幻想，而且从它产生的时候起，对于劳动人民就是欺骗，因为它不代表劳动人民的“实际利益”。与这个马克思列宁主义的论点相反，冯友兰先生认为，具有普遍性形式的思想，对于劳动人民来说，“还不完全是欺骗”，或者说它在某个历史时期内不是欺骗。奇怪的是，冯先生还屡次引证马克思主义经典著作来论证他的非马克思主义观点，那么，就让我们来考察一下冯先生最得意的经典著作的“根据”吧。

“起初这种幻想是真实的”

马克思、恩格斯在《德意志意识形态》的一个边注中写道：“普

① 《马克思恩格斯全集》第 2 卷，人民出版社 1957 年版，第 104 页。
② 《马克思恩格斯文选》第 1 卷，莫斯科外文出版社 1954 年版，第 101 页。
③ 恩格斯：《反杜林论》，人民出版社 1956 年版，第 109 页。
④ 恩格斯：《自然辩证法》，人民出版社 1955 年版，第 4 页。

遍性符合于：（1）与等级 contra［相对］的阶级；（2）竞争、世界交往等等；（3）统治阶级的人数众多；（4）共同利益的幻想，起初这种幻想是真实的；（5）思想家的自我欺骗和分工。”①

不知是哪一天，冯友兰先生又惊又喜地发现了这个边注对他的观点很有利，尤其是其中第四条的后半句话：“起初这种幻想是真实的。”于是，他就抓住这句话大做文章，并且对这边注五条作了一种似乎能够自圆其说的解释。由于有了这个“新发现”，冯友兰先生以为他在理论上已经立于不败之地，他以挑战的口吻说道：

> 讨论这个问题的同志们……他们对于马克思、恩格斯的这一点，应该首先有所解释。可是他们对于这一点都置之不理。是视而不见呢？是避而不谈呢？我不敢“以小人之心度君子之腹”，只觉得难以理解。②

这有什么“难以理解”呢？既然冯先生只是在最近的文章中才提出这样一个新的“论据”，那么讨论者在此之前当然也不可能无的放矢地进行答复。既然冯先生现在已经提出了这个问题，我们又不同意冯先生的理解，我们当然不能“置之不理”，或者“避而不谈”，而必须提出自己的理解来。要知道，在讨论中回避实质的问题，是一种怯弱的作风。冯先生这样批评我们是没有根据的。其实，对于“起初这种幻想是真实的”一句话，以前也不是没有人提出过不同的解释，冯先生的文章不是批评了这样一种观点吗？他说：“我认为这句话不能了解为，这些哲学家在主观上自以为他们所编造的幻想是真实的。”③ 冯先生的话是有的放矢的，怎么能说讨论者对这一点都“避

---

① 《马克思恩格斯全集》第 3 卷，人民出版社 1960 年版，第 54 页。

② 冯友兰：《方克立同志和我的分歧》，《哲学研究》1963 年第 5 期。

③ 冯友兰：《关于一个理论问题的质疑与请教》，《教学与研究》1963 年第 4 期。

而不谈”呢？关于这个问题，下文还要作更详细的说明。现在还是让我们来看一看冯先生对这句话的了解吧。

冯友兰先生论证说，“这种幻想起初是真实的”，这个“起初”是指提出这种幻想的阶级的革命时期（以前他说是“上升时期”）。其所以是真实的，有两个原因（全是引证经典著作）：第一，是“因为它的利益在开始时的确同其余一切非统治阶级的共同利益还有较多的联系”（中译本原译作“还多少有一些联系”）。第二，是因为“每一个新阶级赖以建立自己的统治的基础，比以前的统治阶级所依赖的基础更宽广一些”。[①]

可惜的是，冯友兰先生在这里引证的经典著作的话，与他所要论证的观点是风马牛不相及的，并且，他还对于经典著作的话作了断章取义的解释。马克思、恩格斯在《德意志意识形态》中的原文的层次是这样的：进行革命的新阶级之所以能够赋予自己的思想以普遍性的形式，“是因为它的利益在开始时的确同其余一切非统治阶级的共同利益还多少有一些联系”。是什么样的联系呢？这种联系是否如冯先生所说的，进行革命的剥削阶级同劳动人民有什么阶级的“共同利益”呢？根本不是的。马克思、恩格斯接着指出了这种联系的内容，即“这一阶级的胜利对于其他未能争得统治的阶级中的许多个人说来也是有利的，但这只是就这些胜利使这些个人有可能上升到统治阶级行列这一点讲的”。请注意：并不是新统治阶级同其他未能争得统治地位的阶级有什么“共同利益”，而是这些阶级的某些个人，同他们“还多少有一些联系”，而且这些个人有可能上升到统治阶级行列是一回事，事实上能不能上升到统治阶级行列又是一回事。这一事实本身不但不能证明“共同利益的幻想”的真实性，相反，它恰恰证明了这种幻想的破产。马克思、恩格斯接着说：“由此可见（请注意：‘由此可见。’这是同上面的话接着说的，冯先生把下面的话孤立出来作

① 冯友兰：《方克立同志和我的分歧》，《哲学研究》1963 年第 5 期。

为他的第二条理由，是没有根据的。——引者），每一个新阶级赖以建立自己统治的基础，比它以前的统治阶级所依赖的基础要宽广一些。”这是就新统治阶级骗得了部分群众的信任和给予少数人以实际利益，从而扩大了自己的队伍这一点说的，它与上面说的是一个问题，而不是两个问题。

从马克思、恩格斯的这些话看来，哪里能够证明“具有普遍性形式的思想”不是欺骗呢？哪里能够证明“共同利益的幻想”具有什么“真实性”呢？冯友兰先生所引证的话和他所要论证的观点是文不对题的，是风马牛不相及的。

前面说过，我们不同意冯友兰先生“赞同统治阶级的幻想”、肯定这种幻想具有“真实性”的观点，但是，我们并不回避对于“起初这种幻想是真实的”一句话作出正面的解释。

历史上常有这样的现象，某些为剥削阶级编造幻想的思想家，当他所代表的阶级尚未夺得统治地位的时候，当他所编造的幻想还没有被生活揭穿的时候，也就是说，当他所代表的剥削阶级同其他被统治阶级的矛盾还没有充分暴露出来，还没有上升为主要的社会矛盾的时候，他们曾经真诚地相信，自己所编造的幻想是真实的。譬如，18世纪法国资产阶级的启蒙思想家们，他们曾经真诚地希望，在推翻农奴制度以后，就会出现一个“自由”“平等”“博爱”的理性王国，达到“共同的繁荣昌盛”。实际上，他们所设想的“自由”“平等”“博爱”的理性王国，只不过是理想化了的资产阶级王国，仅仅“真实地”反映了新兴资产阶级的利益和要求，但是他们却把它当作全人类的、普遍的理性王国。所以，尽管他们的这种主观愿望是真诚的和“真实的”，但是，对于劳动人民来说，仍然是一种虚伪的幻想。

列宁在《我们究竟拒绝什么遗产》一文中写道：“不应该忘记：在18世纪启蒙者（他们被公认为资产阶级的向导）写作的时候，在我们的40－60年代的启蒙者写作的时候，一切社会问题都归结到与农奴制度及其残余作斗争。新的社会经济关系及其矛盾，当时还处在萌芽状态。因此，资产阶级的思想家在当时没有表现出任何自私的观念；相反地，不论在西欧或俄国，他们完全真诚地相信共同的繁荣昌盛，而且真诚地期望共同的繁荣昌盛，他们确实没有看出（部分地还不能看出）从农奴制度所产生出来的制度中的各种矛盾。”[①] 这段话可以被看作是“起初这种幻想是真实的”一句话的最好的注释。

随着生活实践的发展，随着社会矛盾的日益暴露和深刻化，特别是提出“具有普遍性形式的思想”的那个阶级已经夺得了统治地位，并把这个地位巩固之后，起初并非有意识地编造出来的欺骗和幻想，就日益变成了有意识的欺骗和幻想。马克思、恩格斯在《德意志意识形态》中深刻地说明了这个转变的过程：

> 当前社会的交往形式以及统治阶级的条件同走在前面的生产力之间的矛盾愈大，由此产生的统治阶级内部的分裂以及它同被统治阶级之间的分裂愈大，那么……这种交往形式中的旧的传统观念（在这些观念中，现实的个人利益往往被说成是普遍的利益）也就愈发下降为唯心的词句、有意识的幻想和有目的的虚伪。但是，这些东西被生活揭穿得愈多，它们对意识本身的作用愈小，那么它们对自身的捍卫也就愈坚决，而这个标准社会的语言也就愈加虚伪，愈加道德化，愈加神圣化。[②]

马克思、恩格斯的观点在这里表述得非常明白。他们指出，当社会生产力和生产关系的矛盾愈大，统治阶级的内部矛盾以及它同被统治阶级的矛盾愈大，统治阶级的具有普遍性形式的思想也就日益变成“有意识的幻想”和“有目的的虚伪”。这就是说，提出具有普遍性形式的思想的阶级，当它冒充全体社会的代表，起来反对当时惟一的

① 《列宁全集》第 2 卷，人民出版社 1959 年版，第 444—445 页。
② 《马克思恩格斯全集》第 3 卷，人民出版社 1960 年版，第 331 页。

统治阶级的时候，它是真诚地相信自己代表了各个阶级的“共同利益”。尽管这种“共同利益”起初就是幻想，但是并非“有意识的幻想”；尽管它从一开始就是虚伪，但是并非“有目的的虚伪”。在当时，不但提出这种幻想的阶级自认为“共同利益的幻想”不是幻想，而且其他被统治阶级的部分群众也把这种幻想当作了真实，认为进行革命的剥削阶级确实代表了全体被统治阶级的“共同利益”。这一事实，正好说明了“幻想”的欺骗作用。“自认为”或“被认为”是真实的，不一定事实上就是真实的；中世纪人们都“认为”上帝存在，可是事实上上帝并不存在。问题是，进行革命的剥削阶级为什么能够制造“共同利益的幻想”？这种幻想为什么在当时还能欺骗一部分群众？这就是正如列宁所说的，是由于“新的社会经济关系及其矛盾，当时还处在萌芽状态”的缘故，这种尚未充分发展的阶级矛盾，在客观上容易被某些表面上的一致性所掩盖。这正是“共同利益的幻想”起初被认为是“真实的”的客观原因。

统治阶级的具有普遍性形式的思想，对于劳动人民来说，自始至终都是“幻想”，都是“欺骗”，都是“虚伪”。这是由这种思想的本质所决定的。至于提出这种思想的思想家，是否自始至终都意识到了它的“幻想”“欺骗”“虚伪”的本质，我们只能根据历史事实来进行回答。历史的事实是，有些统治阶级的思想家在开始提出一种“幻想”时，并不是立即就认识到了这种“幻想”的虚伪本质，而把“幻想”当作了“真实”。这就是我们对于“起初这种幻想是真实的”一句话的理解。

“真实”“虚伪”和“进步意义”

除了从马克思主义经典著作中寻找“根据”之外，冯友兰先生还为他的“具有普遍性形式的思想”“还不完全是欺骗”的观点提出了一种自己的解释。这就是：因为这种思想有进步意义，所以它不是欺骗。冯先生说：

> 对于劳动人民来说，这些思想是欺骗，这一点我也说过。但是我认为，不能简单地归结为欺骗。那就是因为在当时的历史条件下，这些思想也有其进步的意义。说这些思想是欺骗，同时也承认其在当时的历史条件下有进步意义，照我的说法，这就不是把它简单地归结为欺骗。①

我们暂且不对冯先生的这段话加以评论，再来看看他对“具有普遍性形式的思想”的进步作用所作的解释。他说：

> 它们所以能够发生进步的作用，并不是因为它们是虚伪的，而是因为在一定的历史条件下，它们是真实的，也就是在这样的历史条件下，它们才发生进步作用。②

原来冯友兰先生的逻辑是这样的：具有普遍性形式的思想之所以是真实的，“不能简单归结为欺骗”，是因为它在一定的历史条件下起了进步作用；具有普遍性形式的思想之所以能够起进步作用，是因为它在一定的历史条件下不是虚伪，而是真实的。多么奇妙的“逻辑”啊！冯先生尽管批评别人只懂“形式逻辑”，不懂“辩证法”（这一点后面还要详论），而他自己连起码的形式逻辑规则也不愿意遵守，竟用循环论证来欺骗读者。

必须指出，冯友兰先生是把不同的两个问题的界限搞混淆了，即混淆了一种思想是真实的还是虚伪的，以及这种思想在历史上起了进步作用还是反动作用的界限。他把这两个问题混为一谈，甚至等同起

---

① 冯友兰：《关于一个理论问题的质疑与请教》，《教学与研究》1963 年第 4 期。

② 冯友兰：《方克立同志和我的分歧》，《哲学研究》1963 年第 5 期。

来，于是得出了“因为进步，所以真实”的结论。

我们认为，思想、观念是客观物质世界的反映，社会存在决定社会意识。要判断一种思想是真实的还是虚伪的，必须看它是否真实地反映了客观存在的事实。剥削阶级赋予自己的思想以“普遍性形式”，把一个阶级的特殊利益说成是包括各阶级在内的全体社会成员的普遍利益，这种思想的“普遍性形式”当然是虚伪的。马克思、恩格斯说：“普遍的东西一般说来是一种虚幻的共同体的形式。”[①] 这句话是说得很深刻的，它揭示了剥削阶级的意识形态的某些一般的特征。例如，“资产阶级道德就是资产者对其存在条件的这种关系（指资产阶级的婚姻、财产、家庭等等关系——引者）的普遍形式之一”[②]。而资产阶级道德就是一种典型的“假仁假义的虚伪的意识形态”[③]。“资产者对待自己制度的规章就像犹太人对待律法一样：他们在每一个别场合只要有可能就违反这些规章，但他们却要所有其他的人遵守它们。……淫乱的资产者违反婚姻制度，偷偷地与人私通；商人违反财产制度，用投机、倒闭等方式剥夺别人的财产；年轻的资产者到了能独立的时候就脱离自己的家庭而独立，实际上是为了自己而取消家庭。但是，婚姻、财产、家庭在理论上仍然是神圣不可侵犯的……”[④] 这就是说，资产阶级赋予自己的道德以“普遍性形式”，这种“普遍性形式”完全是虚伪的。再如，在阶级社会里，国家是一个阶级对另一个阶级的统治工具，但是，剥削阶级的国家却往往“采取一种与实际利益（不论是单个的还是共同的）脱离的独立形式，也就是说采取一种虚幻的共同体的形式”[⑤]。而剥削阶级的思想家则极力鼓吹这种“幻想”，以掩盖国家的阶级本质。看来，“赋予自己的思想以普遍性形

---

① 《马克思恩格斯全集》第3卷，人民出版社1960年版，第38页。

② 《马克思恩格斯全集》第3卷，人民出版社1960年版，第196页。

③ 《马克思恩格斯全集》第3卷，人民出版社1960年版，第195页。

④ 《马克思恩格斯全集》第3卷，人民出版社1960年版，第195—196页。

⑤ 《马克思恩格斯全集》第3卷，人民出版社1960年版，第37—38页。

式”，乃是占统治地位的和企图取得统治地位的剥削阶级、特别是资产阶级意识形态的重要特征。一切剥削阶级的国家都是少数人统治多数人的国家，这少数人为了维持和巩固自己的统治地位，总是要制造一种“幻想”，即把他们少数人的特殊利益说成是多数人的甚至全体社会成员的共同利益，并把“普遍的东西”当作占统治地位的东西。这就是所谓“普遍性形式”的虚伪性，相反，谁如果肯定“普遍性形式”具有真实性，那就是认真地相信了统治阶级自己为自己编造的幻想。

一种思想在历史上是否起进步作用，并不决定于这种思想是不是以普遍性形式提出来的，而是决定于提出这种思想的那个阶级的历史地位。也就是说，一种思想是否进步，取决于提出它的那个阶级是否代表了历史进步的潮流，它是否真实地反映了新兴阶级的利益和要求。资产阶级的“自由”“平等”“博爱”思想，是一种具有普遍性形式的思想。这种思想，就其要求雇佣劳动和商品生产自由的资产阶级内容来看，它是进步的；但是，就这种思想的超阶级的“普遍性形式”来看，它又是虚伪的。也就是说，这种思想的进步性决定于它的阶级内容，而不决定于它的超阶级形式；掩盖阶级内容的超阶级形式，正好说明了它的虚伪性。我们不能以这种思想的虚伪性来否定它在一定历史条件下的进步作用，也不能以这种思想在一定历史条件下的进步作用来肯定它的真实性。

剥削阶级的具有普遍性形式的思想，一般来说，在这个阶级进行革命的时期，曾经起过积极的、进步的作用；而后它就随着这一阶级的反动成为历史上保守的、反动的东西。这种历史作用的变化，却并不改变这种思想作为虚伪的剥削阶级意识形态的实质。冯友兰先生恰恰是经常把这样两件事情混为一谈，即把思想的历史作用同它是否真实的问题混为一谈。他说：

方克立同志对于孔子的“仁”的看法，归结起来就是：

> “仁”是虚伪的，但在当时有进步作用。有许多同志对于西方资产阶级在革命时期所讲的“自由、平等、博爱”，也有类似的看法。他们也是说，这些思想是虚伪的，但在当时有进步作用。①

这些看法有什么错误呢？我看没有什么错误。这些看法是不是自相矛盾呢？我看也不矛盾。并不是说，因为一种思想虚伪，所以它就进步。这里没有必然的因果联系；如果主观地在“虚伪”和“进步”之间加上某种因果联系，其结论当然是荒谬的。我们说孔子“仁”的思想和资产阶级的“自由”“平等”“博爱”思想是虚伪的，是指它们被赋予了“普遍性形式”；我们又说这些思想在一定历史条件下是进步的，是因为提出这些思想的阶级在当时是革命的进步的阶级，是因为这些思想反映了革命阶级的利益和要求。对于具有普遍性形式的思想的虚伪性，我们加以揭露、批判；对于这种思想曾经起过的历史进步作用，我们给予肯定的评价。这种分析方法和结论，又有什么错误，有什么矛盾呢？

冯友兰先生的“辩证法”

引经据典帮助不了冯友兰先生，把“进步”和“真实”混为一谈又使他的观点陷入了循环论证。最后，冯先生搬出了他的“辩证法”：

> 虚伪和真实这两个对立面，在一定条件下可以互相转化，这是辩证法。认为既然具有普遍性形式的思想在一定条件下可以是真实的，因此在任何条件下它都是真实的，这是错误的。认为既然这种思想是虚伪的，因此在任何条件下它都不可能是真实的，这也是不正确的。若不辩证地看问题，这种情况就很难理解。

① 冯友兰：《方克立同志和我的分歧》，《哲学研究》1963 年第 5 期。

> 有的同志认为，共同利益是幻想，既然是幻想，照定义它就是虚伪的。如果在一定条件下它可以是真实的，那就是说，幻想可以不是幻想。这是一个矛盾。是的，照形式逻辑看，这是矛盾。但是，照辩证法看，在一定条件下，幻想可以向其对立面转化，成为不是幻想。从辩证法的观点看，这没有什么奇怪。[①]

在冯先生看来，主张具有普遍性形式的思想始终是欺骗的同志，都不懂得辩证法，而是坚持着形而上学（他所谓“形式逻辑”实指形而上学）的思维方法。只有他，冯友兰先生自己，才是从“辩证法”的见地来看问题。

马克思主义经典著作家告诉我们，真正的辩证法，乃是根据实在生活和实在关系的分析生长出来的哲学。他们反对使哲学脱离实在的现实，使哲学变成某种独立实质的东西。“对立统一”“矛盾转化”等等辩证法的规律和范畴，是不能随意地加以主观地运用的，它们必须是“研究对象本质自身中的矛盾”[②] 所得到的结果。矛盾的对立面可以在一定条件下互相转化，但这指的是现实的矛盾、具体的矛盾。幻想无论如何不可能转化为现实，因为它没有转化的现实可能性，不存在转化为现实的具体条件。把一个阶级的利益说成是全社会利益的幻想，在任何时候都不可能转化为现实，正如神话永远不能转化为现实一样。

“具有普遍性形式的思想”是虚伪的，因为，“普遍的东西一般说来是一种虚幻的共同体的形式”。“共同利益的幻想”是不真实的，因为，幻想总不等于真实。真实和幻想之间总还有一定的不可抹煞的界限。可是，冯友兰先生认为，持有这样见解的人都是形而上学者，都不懂得“辩证法”。那么，他所谓的“辩证法”又是什么呢？照他看来，“普遍性形式”可以不是虚伪的，“共同利益的幻想”可以不

---

① 冯友兰：《方克立同志和我的分歧》，《哲学研究》1963 年第 5 期。

② 《列宁全集》第 38 卷，人民出版社 1960 年版，第 278 页。

是幻想；或者说，在一定条件下，虚伪的“普遍性形式”可以转化为真实的“普遍性形式”，“共同利益的幻想”可以转化为真正的“共同利益”。对于这种旨在抹煞客观事物的质的差别的“辩证法”，我们能够说些什么呢？

列宁说：“概念的全面的、普遍的灵活性，达到了对立面同一的灵活性……这种灵活性，如果加以主观的应用＝折衷主义与诡辩。客观地应用的灵活性，即反映物质过程的全面性及其统一的灵活性，就是辩证法，就是世界的永恒发展的正确反映。”① 这段话特别值得人们深思。并不是说，凡是强调对立面可以互相转化，并且抽象地讲转化是需要“一定条件”的人，都是在宣传真正的辩证法；相反，有的人正是借口反对“形而上学”，主观地应用概念的灵活性来进行诡辩。列宁又说：“辩证法曾不止一次地作过——在希腊哲学史上就有过这种情形——通向诡辩法的桥梁。但是，我们始终是辩证论者，我们同诡辩论作斗争时，所使用的手段不是根本否认任何转化的可能性，而是对某一事物及其环境和发展进行具体的分析。”② 冯友兰先生所谓的“辩证法”，到底是“对某一事物及其环境和发展进行具体的分析”呢，还是“通向诡辩法的桥梁”呢？我看是更像后者。因为他正是主观地应用“真实”和“虚伪”这对概念相互转化的灵活性，从而达到抹煞二者的本质差别的目的。至于转化的条件，冯先生似乎也进行了某种“具体分析”，请看他下面的一段话吧：

> 从长远看，不同的阶级之间，特别是敌对的阶级之间，不可能有共同利益，所以所谓共同利益只是幻想。但在一定的历史条件下，它可以不是幻想。就拿孔子所说的“己所不欲，勿施于人”说吧。春秋末期，地主阶级还是被统治的阶级。当它面向当

① 《列宁全集》第38卷，人民出版社1960年版，第112页。

② 《列宁全集》第22卷，人民出版社版1958年版，第302—303页。

时的统治阶级奴隶主贵族进行斗争的时候，它要求奴隶主贵族“己所不欲，勿施于人”。……当时其他的被统治阶级也同样地对于奴隶主贵族有这样的要求。所以这句话在当时就是一切被统治阶级的共同要求，代表他们的共同利益。[1]

冯先生认为，各阶级之间的“共同利益的幻想”，在“一定的历史条件下它可以不是幻想”。具体地说，孔子的“仁”，“己所不欲，勿施于人”，在春秋末期，就是地主阶级和其他一切被统治阶级的真实的“共同要求”和“共同利益”。这样的“具体分析”，其实质不是要肯定超阶级的思想又是什么呢？这样分析的目的，不是要把“幻想”说成“真实”，抹煞二者的本质界限又是什么呢？

在方法上，冯友兰先生是把各个阶级的某些“共同的语言”当作了“共同的思想”，而忽略了这些“共同的语言”实际包含着不同的阶级思想内容。例如，春秋末期各个阶级的人都讲“仁”，地主阶级主张“富而且仁”，代表下层劳动群众的阳虎则提出与之针锋相对的“为富不仁，为仁不富”的观点。尽管这些阶级在当时都反对奴隶主贵族，但是，各个阶级关于“仁”的思想，并不反映什么“共同要求”和“共同利益”。恩格斯在分析无产阶级平等要求的产生过程时说过：“无产阶级在语言上抓住了资产阶级：平等应当不仅是表面的，它应当不仅实现于国家的领域中，它应当是现实的，它应当实现于社会和经济的领域中。”[2] 类似的情况在其他社会革命阶段也出现过。例如，在我国春秋末期，封建地主阶级在反对奴隶主贵族的斗争中提出“己所不欲，勿施于人”的要求，其他的被统治阶级立刻“在语言上”抓住了地主阶级，他们不仅用“己所不欲，勿施于人”的口号来同奴隶主贵族作斗争，而且要求封建地主阶级也不要把新的剥削

① 冯友兰：《方克立同志和我的分歧》，《哲学研究》1963 年第 5 期。

② 恩格斯：《反杜林论》，人民出版社 1956 年版，第 109 页。

方式强加于人。尽管这在当时是一个不能实现的口号，但仍不失为一个强有力的战斗口号。你看阳虎提出“为富不仁，为仁不富”的观点，对于地主阶级是一个多么大的威吓。

利用各个阶级所使用过的某些“共同的语言”，来混淆各个阶级的不同思想的实质，从而达到肯定“共同利益”的真实存在，实际上是赞同“共同利益的幻想”的目的。这样的“具体分析”，不是诡辩论又是什么呢?

总之，不论是引经据典，还是根据真正的客观辩证法来对于孔子时代的阶级关系和思想斗争进行实事求是的具体分析，都不能证明冯友兰先生的“具有普遍性形式的思想”不是欺骗、“共同利益的幻想”不是幻想的观点。他所进行的种种“论证”，乃是采取了断章取义地引证和解释经典著作、混淆概念和循环论证、主观主义地运用概念的灵活性等等不科学的方法来进行的。对于这些不科学的“论证”，我们已经作了必要的揭露。最后，让我们再从世界观的角度来看看这种思想的实质。

唯心主义历史家总是赞同统治阶级的幻想

马克思、恩格斯在《德意志意识形态》中指出，具有普遍性形式的思想，实质上是统治阶级自己为自己编造出来的“共同利益的幻想”。唯心主义的历史家们在考察历史运动时，总是自觉或不自觉地把思想说成是占统治地位的东西，把历史描述为“愈来愈抽象、愈来愈具有普遍性形式的思想”迭相更替的过程。他们把事情思辨地颠倒成这样：好像不是社会存在决定社会意识，而是社会意识决定社会存在。因此，正如马克思、恩格斯所指出的，“在每次描述某一历史时代的时候，它都不得不赞同这一时代的幻想”①。马克思、恩格斯对

① 《马克思恩格斯全集》第3卷，人民出版社1960年版，第44页。

于唯心主义历史家所作的一针见血的评语，直到今天还没有失却现实意义。

在关于孔子“仁”的思想研究中，一般地说，主张孔子是地主阶级的思想家，肯定他的“仁”的思想有一定进步意义，并不见得就犯了什么错误。但是，冯友兰先生不是从孔子“仁”的阶级内容方面去肯定它的进步意义。相反，他认为“仁”的阶级内容是其“局限性”，是应该否定的，而认为“仁”的普遍性形式，即超阶级性的方面是其“进步性”，是应该肯定的。这不是赞同统治阶级的幻想又是什么呢？

冯友兰先生的思想是先后“一以贯之”的。1957 年，他主张区分哲学命题的“抽象意义”和“具体意义”，认为“抽象意义”即“为一切阶级服务的成分”是可以继承的。现在，他在孔子“仁”的思想研究中，又主张区分“字面意义”和“具体内容”（“字面意义”即“抽象意义”。冯先生说：“我所说的有些抽象意义就是言语中某些词汇的涵义，也就是它底字面意义。”[①]“具体内容”即“具体意义”，他在最近的一篇文章中也说得很清楚[②]）；他又从经典著作中找到“普遍性形式”这个概念来说明“字面意义”或“抽象意义”，认为思想的“普遍性形式”即思想的超阶级性；然后他就着力去论证“普遍性形式”的“历史意义”“进步性”“真实性”等等。这个“一以贯之”的思想，简单说来就是：历史上超阶级的思想是存在的，而且是“真实”的，是“进步”的，是有“历史意义”的，我们应该把它继承过来。所以我们说，冯友兰先生实际上还在坚持他的“抽象继承法”，并且有了若干新的发展。所谓“新发展”，主要是从马克思主义经典著作中找到了“普遍性形式”说作为他的“理论基础”，好像“抽象继承法”才是真正符合马克思列宁主义的，一切批

---

① 冯友兰：《批判我的“抽象继承法”》，《哲学研究》1958 年第 5 期。

② 冯友兰：《方克立同志和我的分歧》，《哲学研究》1963 年第 5 期。

评“抽象继承法”的人都错了。我们已经着重从经典著作方面指出冯先生所依据的“理论基础”是靠不住的，他所引证的经典著作是被他歪曲了的，其原意是对他的观点很不利的。

已有同志指出，冯先生的这个“一以贯之”的思想还可以“贯”得更远，追根溯源，它是“新理学”的幽灵的再现。“新理学”区分“形而上”的“理世界”和“形而下”的“现实世界”，它所用的方法，也是把“一般”和“特殊”、“抽象”和“具体”形而上学地分割开来，把“一般”“抽象”夸大成为一种独立实质的东西。冯先生那时说：“我们所谓形上形下，相当于西洋哲学中所谓抽象具体。上文所说之理是形而上者，是抽象底；其实际的例是形而下者，是具体底。”[①] 以后他也说过：“‘新理学’常举‘这是方的’一命题为例。在这个命题中，‘这’是特殊，‘方’是一般。……‘新理学’底诡辩，在于把这种分别和对立夸张到绝对化，以至于把一般说成是能离开特殊而独立存在。”[②] 这种方法，与他以后提出的“抽象继承法”和“普遍性形式”说有着一脉相承的联系。所谓哲学命题的“抽象意义”或“普遍性形式”，即适用于一切历史时代和为一切阶级服务的共同成分，不就是那个永远不变的、独立存在的、超乎时空之上的“理”又是什么呢？冯友兰先生自己也承认：“我的‘抽象继承法’是从‘新理学’一贯下来的。”[③] 我们今天更加不难看出，他的“普遍性形式”说又是从“抽象继承法”一贯下来的。因为，在他看来，“抽象意义”“字面意义”和“普遍性形式”，都是一个意思，是一个东西。最近他还明确地说：区分“字面意义”和“具体意义”，“在这一点上，我倒不反对”[④]。这样看来，“抽象继承法”仍原封不动地

① 冯友兰：《新理学》，商务印书馆 1939 年版，第 47 页。

② 冯友兰：《批判我的“抽象继承法”》，《哲学研究》1958 年第 5 期。

③ 冯友兰：《批判我的“抽象继承法”》，《哲学研究》1958 年第 5 期。

④ 冯友兰：《方克立同志和我的分歧》，《哲学研究》1958 年第 5 期。

存在于冯先生的脑子中，“新理学”的幽灵不时以这样或那样的方式再现出来，“普遍性形式”说就是一个明显的例子。

冯友兰先生一贯钟爱的是那个永远不变的、独立存在的、形而上的“理”，亦即脱离了具体的“抽象”、脱离了特殊的“普遍”、脱离了内容的“形式”。现在，他从经典著作中找到了一个“普遍性形式”，当然会爱不释手，对它大加肯定、颂扬，从而印证他的“抽象继承法”和“新理学”的方法。但是，冯友兰先生硬要说这就是马克思列宁主义的方法，那就大错特错了，因为马克思主义经典作家早就揭露了这种方法的唯心主义本质，并且指出应用这种方法来考察历史运动时，必然要赞同每一时代统治阶级的幻想。冯友兰先生应用这种方法来考察孔子“仁”的思想时，正像马克思主义经典作家指出的那样，他是肯定和赞同了剥削阶级思想家编造出来的幻想，认为孔子讲“爱一切人”“还不完全是欺骗”，“在一定历史条件下是真实的”。从冯友兰先生一贯的哲学观点来看这种现象，就不是什么偶然的和奇怪的事情了。

以上是我对“普遍性形式”问题的一些粗浅的看法。文中不妥之处，还希望冯友兰先生和其他同志继续指教。

（原载《哲学研究》1963 年第 6 期）

无产阶级思想也具有“普遍性形式”吗？

读了冯友兰先生最近发表的文章①，觉得有一个问题必须提出来加以讨论，这就是无产阶级是不是也要赋予自己的思想以普遍性形式的问题。

冯友兰先生认为：赋予自己的思想以普遍性的形式，乃是“历史发展中各个统治阶级的思想的发生和发展的规律”；既然无产阶级也是一个“企图代替旧统治阶级的地位的新阶级”，既然无产阶级在革命胜利后也要建立自己的“阶级的统治”，那末，无产阶级也要“把自己的特殊利益说成是各阶级的普遍利益，把‘普遍的东西’说成是统治的东西”。也就是说，只有到了共产主义社会，只有到了“阶级的统治”（包括无产阶级专政）完全消灭的时候，上述情况才会消失。

我以为，冯先生提出的这个观点，是在根本上取消了无产阶级意识形态和剥削阶级意识形态的本质区别，是用资产阶级眼光来看无产阶级思想，因而是根本错误的。

所谓“赋予自己的思想以普遍性的形式”，就是一个阶级把反映本阶级的特殊利益的思想，说成不是代表一个阶级，而是代表社会各个阶级甚至代表全人类的普遍利益的思想。这种思想的“普遍性形

① 冯友兰：《关于孔子讨论的批评和自我批评》，《哲学研究》1963年第6期。本文以下引文凡未注明出处者，均见此文。

式”，当然不可能是真实的，而是完全虚伪的。它是一种超阶级的幻想，是一种用来掩盖思想的阶级本质，欺骗其他阶级群众的假象。所以，说一种思想具有“普遍性形式”，就意味着这种思想（不管它是否在历史上起过进步作用）是虚伪的，是欺骗，是幻想，是假象。

关于什么是思想的“普遍性形式”，冯先生也曾有过明确的规定。他说：马克思、恩格斯在《德意志意识形态》中指出，统治阶级的思想“愈来愈抽象，愈来愈具有普遍性形式”，“这里所说的‘抽象’和‘普遍性形式’，就是把一个阶级的利益说成是普遍利益。‘抽象’和‘普遍性形式’有很多意义，这里所说的‘抽象’和‘普遍性形式’就只限于上面所说的意义”。很好！我们下面就只在“上面所说的意义”，即“把一个阶级的利益说成是普遍利益”的意义上来理解思想的“普遍性形式”。

问题在于：“赋予自己的思想以普遍性的形式”，是占统治地位的和企图取得统治地位的剥削阶级的思想的特征呢？还是占统治地位的和不占统治地位的、剥削阶级的和被剥削阶级的思想的共同表现形式呢？更加尖锐的问题是：无产阶级思想也具有普遍性的形式吗？无产阶级也有必要赋予自己的思想以普遍性形式，用来掩盖自己的阶级内容、欺骗其他阶级的群众吗？对于这些问题的回答，不能不鲜明地表现一个人的阶级立场。

冯先生认为，在历史上，不仅占统治地位的剥削阶级思想（如孔子、孟子的“仁”）具有普遍性形式，而且不占统治地位的被剥削阶级思想（如墨子的“兼爱”①）也具有普遍性形式；不仅地主阶级、资产阶级的思想具有普遍性形式，而且无产阶级思想也具有普遍性形式。这也就是他所说的，赋予自己的思想以普遍性的形式，是“历史发展中各个统治阶级的思想（实际上是‘各个阶级的思想’——引者）的发生和发展的规律”。我以为，冯先生所说的这个“规律”，

① 冯友兰：《中国哲学史新编》第1册，人民出版社1962年版，第138页。

不是马克思主义的科学哲学史的客观规律，不是马克思主义经典作家所阐述的客观规律；而是一种超历史超阶级的唯心主义理论。

马克思、恩格斯在《德意志意识形态》中指出：“每一个企图代替旧统治阶级的地位的新阶级，就是为了达到自己的目的而不得不把自己的利益说成是社会全体成员的共同利益，抽象地讲，就是赋予自己的思想以普遍性的形式，把它们描绘成唯一合理的、有普遍意义的思想。进行革命的阶级，仅就它对抗另一个阶级这一点来说，从一开始就不是作为一个阶级，而是作为全社会的代表出现的；它俨然以社会全体群众的姿态反对唯一的统治阶级。”[①]

这里所说的“每一个企图代替旧统治阶级的地位的新阶级”，这里所说的“进行革命的阶级”，是不能够按照形式逻辑的方法进行推论，认为是包括无产阶级在内的。马克思、恩格斯在这里说的是过去历史上由新的剥削阶级推行的革命，下面接着就举了法国资产阶级革命的例子。在写作《德意志意识形态》的时候，马克思、恩格斯已经把无产阶级将要实现的共产主义革命和以往的一切社会革命根本区别开来，这种区别就在于：以往的一切革命都是用一种剥削方式来代替另一种剥削方式，用一个阶级的统治来代替另一个阶级的统治；与之相反，共产主义革命则要废除一切剥削制度，消灭任何阶级的统治以及这些阶级本身。他们认为，不能把无产阶级和市民社会的其他阶级相提并论。“它在社会上已经不算是一个阶级，它已经不被承认是一个阶级，它已经成为现今社会的一切阶级、民族等等的解体的表现。”[②] 还在1844年初，马克思就极其深刻地描述了无产阶级的社会地位，指出它是“一个非市民社会阶级的市民社会阶级，一个表明一切等级解体的等级”[③]。无产阶级所处的这种社会地位，决定着它所

① 《马克思恩格斯全集》第3卷，人民出版社1960年版，第54页。
② 《马克思恩格斯全集》第3卷，人民出版社1960年版，第78页。
③ 《马克思恩格斯全集》第1卷，人民出版社1956年版，第466页。

推行的革命根本不同于以往的一切社会革命。

赋予自己的思想以普遍性的形式，把一个阶级的特殊利益说成是全人类的普遍利益这种假象，只能是占统治地位的和企图取得统治地位的剥削阶级意识形态的特征。这是因为，剥削阶级总是社会的少数人，“迄今所有一切统治阶级都是比之被统治阶级的人民群众只占区区少数的。这样，一个统治的少数被推翻了，另一个少数又起而掌握政权，并依照自己的利益改变国家制度”。以往的“一切革命的共同形态就在于它们都是少数人的革命”。[①] 这少数人为了自己的利益，为了取得或者维持统治地位的目的，都必须制造一种幻想和假象，好像他们不是代表少数人的特殊利益，而是代表多数人以至全体人民的普遍利益。所谓具有普遍性形式的思想，就是这少数人制造的种种幻想和假象。在历史上占统治地位的剥削阶级的意识形态，特别是资产阶级的意识形态，甚至也包括他们的某些政治上层建筑，明显地表现出这种特征来。例如，在阶级社会中，国家是阶级矛盾不可调和的产物和表现，是维护一个阶级对另一个阶级的统治的暴力工具，因此具有极其鲜明的阶级性。但是，从表面看来，国家好像是超阶级的，它以整个社会的代表、以社会各阶级的共同利益的代表的姿态出现，成为一种驾凌于社会之上，并以调和社会各阶级的利益冲突作为自己的职责的独立力量。正如马克思、恩格斯所指出的，这种以共同利益的代表的姿态出现的国家，只不过是采取了一种“虚幻的共同体的形式”[②] 而已，只不过是一种“共同利益的幻想”。这种共同利益的幻想，正是剥削阶级思想家所一再鼓吹、经常炮制的。很显然，剥削阶级思想家之所以要制造这种幻想，正是为了维护他们少数统治者的利益，掩盖剥削阶级国家作为少数人对绝大多数人实行压迫和统治的暴力工具的本质。同样地，剥削阶级的许多政治法律制度、道德伦理观

① 《马克思恩格斯文选》第1卷，莫斯科外文出版社1954年版，第100页。

② 《马克思恩格斯全集》第3卷，人民出版社1960年版，第38页。

点、哲学社会学说，都是用虚伪的“普遍性形式”来掩盖其阶级实质，来为他们少数人的剥削和统治作辩护、作论证的。在剥削阶级占统治地位的社会里，“赋予自己的思想以普遍性的形式”，决不是一件奇怪的和偶然的事情，我们应当把它看作是剥削阶级思想、特别是资产阶级思想的阶级性的一种表现形式。

既然“赋予自己的思想以普遍性的形式”是剥削阶级意识形态的特征，是它们的阶级性的表现形式，那末，我们就不能够说无产阶级思想也具有“普遍性形式”，说无产阶级也要制造“共同利益的幻想”。这正是无产阶级意识形态和一切剥削阶级的意识形态的一个根本区别。

和以往的一切社会运动不同，无产阶级的运动是社会绝大多数人的运动，是为绝大多数人谋利益的运动。无产阶级处在现代社会的最下层，它是这样一个领域，即它“若不从其他一切社会领域解放出来并同时解放一切社会领域，就不能解放自己的领域”①。无产阶级的利益和社会上绝大多数人即全体劳动群众的根本利益是一致的，因此，它从来不掩盖自己的运动的阶级目的，而是公开申明它的阶级性；唯其如此，它才能得到广大劳动群众的支持和拥护。无产阶级意识形态的根本特点之一，就在于它公开申明自己的阶级性和党性，公开申明它是为无产阶级的政治利益服务的，从来不用虚伪的“普遍性形式”来欺骗自己和欺骗群众。无产阶级不论对于自己的同盟军或者阶级敌人，都不必要掩饰自己的理论和政策的阶级性。“共产党人认为隐瞒自己的观点和意图是可鄙的事情。他们公开宣布：他们的目的，只有用暴力推翻全部现存的社会制度才能达到。”② 就是在无产阶级取得政权之后，它也公开宣布自己的任务是要把剥削阶级作为一个阶级加以消灭，同时还要对农民小私有者进行社会主义改造，并且

---

① 《马克思恩格斯全集》第1卷，人民出版社1956年版，第466页。

② 《马克思恩格斯全集》第4卷，人民出版社1958年版，第504页。

把政治、经济、思想各个领域里的社会主义革命进行到底。

无产阶级的整个政治上层建筑和思想意识形态，都不必要赋予自己以普遍性的形式，把自己说成是超阶级的东西。真正的马克思列宁主义者绝不会这样做。例如，无产阶级专政的国家难道有必要赋予自己以普遍性的形式吗？毛泽东同志在论述我国人民民主专政的国家的性质时指出：民主的权力只给人民，不给反动派；对于反动派，只许他们规规矩矩，不许他们乱说乱动。“这两方面，对于人民内部的民主方面和对反动派的专政方面，互相结合起来，就是人民民主专政。”① 再如，无产阶级的道德也不必要赋予自己以普遍性的形式。列宁说：“我们的道德完全服从无产阶级阶级斗争的利益。我们的道德是从无产阶级阶级斗争的利益中引伸出来的。”② 把道德说成是一种超阶级的、永恒的东西，只能是一种剥削阶级的唯心主义理论。

我们在探讨思想的“普遍性形式”问题的时候，如果首先连无产阶级意识形态和剥削阶级意识形态的本质区别都没有搞清楚，那末，所谓“思想发展的普遍规律”，所谓“研究哲学史的指导方针”，又从何谈起呢？

冯友兰先生在论证他的关于无产阶级思想也具有普遍性形式的观点时，首先引证了《德意志意识形态》中的一段话。在这段话中，马克思、恩格斯是这样说的：“只要阶级的统治完全不再是社会制度的形式，也就是说，只要那种把特殊利益说成是普遍利益，或者把‘普遍的东西’说成是统治的东西的必要性消失了，那末，一定阶级的统治似乎只是某种思想的统治这种假象当然也就会完全自行消失。”③ 冯先生由此引出结论：“这就是说，在任何历史时期，只要有阶级的统治，这个统治阶级就要把自己的特殊利益说成是各阶级的普遍利

① 《毛泽东选集》第 4 卷，人民出版社 1960 年版，第 1480 页。
② 《列宁全集》第 31 卷，人民出版社 1958 年版，第 258 页。
③ 《马克思恩格斯全集》第 3 卷，人民出版社 1960 年版，第 54—55 页。

益，把‘普遍的东西’说成是统治的东西。那就是说，只有到共产主义社会没有阶级统治的时候，这种情况才会消失。……在无产阶级统治的时候，它也是认为它的利益跟全人类的普遍利益是一致的。”

冯先生的逻辑是这样的：只要有阶级的统治，这个统治阶级就要把自己的特殊利益说成是各阶级的普遍利益；无产阶级专政是一种阶级的统治；那末，无产阶级也要把自己的特殊利益说成是各阶级的普遍利益。看来，这不是很合逻辑吗？但是，正像冯先生经常批评别人的那样，这只符合形式逻辑，而不符合客观事实的逻辑和概念辩证发展的逻辑。

我们不要忘记，冯先生在这里所引证的《德意志意识形态》（1845—1846 年）一书，是马克思主义正在形成时期的著作，我们一般称之为马克思、恩格斯的早期著作。在这类著作中，它奠定着马克思主义的理论基础，体现着马克思主义创始人的伟大天才世界观的萌芽；但它的某些基本概念还是用不太确切的术语来表达的。因此，对于马克思、恩格斯早期著作中的概念，我们必须从实质上来确切地把握它们的含义，切不可光看“字面意义”来进行抽象的推论。

譬如上面所说的“阶级的统治”这个概念，就其“字面意义”来说，是应该包括无产阶级专政在内的，因为无产阶级专政也是一种“阶级的统治”。但是，如果不把这个概念从《德意志意识形态》一书中孤立出来，不把它和马克思、恩格斯这个时期的思想脱离开来，我们就不难了解，这里所说的“阶级的统治”，是不包括无产阶级专政在内的，而是专指历史上剥削阶级占统治地位的各种社会制度的形式。道理很简单，因为马克思和恩格斯在这个时期还没有形成关于无产阶级专政的理论，还没有提出无产阶级在革命胜利后必须有一个从资本主义到共产主义的政治过渡时期的思想。在这个时期，他们还是一般地把无产阶级革命的胜利和共产主义的实现看作一回事，并且一般地把消灭了“阶级的统治”和阶级本身的共产主义社会，同以“阶级的统治”为特征的各种社会制度根本对立起来。

列宁曾经指出，在《神圣家族》（1845 年）一书中，马克思、恩格斯提出了几乎已经形成的关于无产阶级的世界历史使命的观点。他们通过对于无产阶级在资本主义制度下所处的地位的分析，指出它“能够而且必须自己解放自己。”那时他们就认为：“**无产阶级在获得胜利之后，无论怎样都不会成为社会的绝对方面**，因为它只有消灭自己本身和自己的对立面才能获得胜利。随着无产阶级的胜利，无产阶级本身以及制约着它的对立面——私有制都趋于消灭。”① 关于无产阶级的世界历史使命的观点，在《德意志意识形态》中得到了更加深刻的论证。在这部著作中，马克思、恩格斯第一次提出了无产阶级夺取政权的任务；同时，他们又指出了无产阶级革命和以往的一切社会革命的根本区别。“过去的一切革命始终没有触动活动的性质，始终不过是按另外的方式分配这种活动，不过是在另一些人中间重新分配劳动，而共产主义革命则反对活动的旧有性质，消灭劳动，并**消灭任何阶级的统治以及这些阶级本身**。”② 直到 1847 年写成的《哲学的贫困》一书中，马克思还是这样说的：“工人阶级在发展进程中将创造一个**消除阶级和阶级对立的联合体**来代替旧的资产阶级社会；**从此再不会有任何原来意义的政权了**。因为政权正是资产阶级社会内部阶级对立的正式表现。”③

在上述一系列的著作中，马克思、恩格斯都是把无产阶级革命的胜利和“消灭任何阶级的统治以及这些阶级本身”联系在一起，认为无产阶级“无论怎样都不会成为社会的绝对方面”，它的目的不是要用一种新的“阶级的统治”来代替旧的资产阶级社会；无产阶级在自己的发展进程中将创造的“联合体”，已经不是“任何原来意义的政

---

① 《马克思恩格斯全集》第 2 卷，人民出版社 1957 年版，第 44 页。着重点系引者所加，下均同。

② 《马克思恩格斯全集》第 3 卷，人民出版社 1960 年版，第 78 页。

③ 《马克思恩格斯全集》第 4 卷，人民出版社 1958 年版，第 197 页。

权”了。在这个时期中，马克思、恩格斯已经一般地提出了无产阶级夺取政权的任务，提出了国家将随着阶级消灭而消逝的思想。而关于无产阶级专政的思想——正如列宁所指出的——是在《共产党宣言》（1848 年）中才初次明确地表述出来的。《宣言》说：“工人革命的第一步就是**无产阶级变成为统治阶级**，争得民主。无产阶级运用自己的政治统治，一步一步地夺取资产阶级所有的全部资本，把一切生产工具集中在**国家**手里，即集中在已**组织成为统治阶级的无产阶级手里**，并且尽可能更快地增加生产力的总量。”① 大家知道，以后马克思总结了 1848—1851 年革命和 1871 年巴黎公社革命的经验，提出了无产阶级必须彻底打碎资产阶级的国家机器，而不能简单地把它掌握在无产阶级手里；并且提出了无产阶级专政的形式，这样就形成无产阶级专政的完备理论。

通过对马克思主义关于无产阶级专政理论的形成过程的简略考察，我们不难看出，马克思、恩格斯在《德意志意识形态》一书中所说的“阶级的统治”，是不包括无产阶级专政在内的，因为他们此时还没有形成关于无产阶级专政的理论。冯友兰先生正是没有看到这一点，只是从字面意义上来了解“阶级的统治”这个概念，认为它是包括无产阶级专政在内的，并由此推论出无产阶级也要“赋予自己的思想以普遍性的形式”的结论。显然，这个结论是错误的。如果忽略了马克思、恩格斯的早期著作的特点，对它的某些概念光从“字面意义”上去进行抽象推论，像这类的错误是很容易发生的，甚至是不可避免的。

关锋、林聿时同志指出，从学习和掌握马克思主义的哲学史方法论来说，对于马克思、恩格斯的早期著作，我们应该以他们后来的成熟的著作（从《哲学的贫困》《共产党宣言》起）为指导去学习，领

① 《马克思恩格斯全集》第 4 卷，人民出版社 1958 年版，第 489 页。

会它的基本精神。[1] 我认为这个意见是很正确的。学习马克思、恩格斯的早期著作，以他们的成熟著作为指导，才能正确地理解马克思、恩格斯早期著作中的天才思想。否则，就会做出错误的理解而走进死胡同，大大违背马克思主义创始人的本意，违背他们的革命精神。从学习和掌握哲学史方法论的角度来看，这个问题就显得更加突出。正如关、林二同志指出的，不这样做，就会走上错误的道路，这是有足以引起我们警惕的教训的。

关于无产阶级思想是否也具有“普遍性形式”的问题，是冯友兰先生在这次讨论中提出来的一个新问题。孤立看来，这个问题好像和哲学史方法论的讨论关系不大，但是，冯友兰先生关于这个问题的观点，却是和他提出的“思想发展的普遍规律”密切联系在一起的，是他的规律的“普遍性”在一个方面的证明。冯友兰先生力图给我们的哲学史研究工作提供一个新的“指导方针”，但是，恰恰是运用这个“指导方针”来研究现实，来研究无产阶级思想的时候，它立刻暴露出违背事实、违背马克思主义阶级观点的本质。我们认为，运用这个“指导方针”来研究历史，来研究历史上各种思想体系和哲学学说，同样是不能做出有价值的科学成果来的。马克思主义的阶级斗争理论和阶级分析方法，是我们分析一切现实社会问题的根本理论和方法，同时也是历史（包括哲学史）研究的根本理论和方法。企图在阶级斗争的规律之外和之上，去发现一个什么“思想发展的普遍规律”，用来作为研究哲学史的“指导方针”，看来只能把这一研究工作引导到背离马克思主义的错误道路上去。

（原载《哲学研究》1964 年第 1 期）

---

① 关锋、林聿时：《关于哲学史研究中阶级分析的几个问题》，《哲学研究》1963 第年 6 期。

“知之非艰，行之惟艰”

——古代朴素的知行观

1918年，孙中山先生作《心理建设》，提出“知难行易”作为他的学说的哲学理论基础，力辟传统的“知易行难”说之非。革命斗争的需要迫使他研究认识论问题。他在总结历史的经验教训时，曾沉痛地指出：

> 文奔走国事三十余年，……不图革命初成，党人即起异议，谓予所主张者理想太高，不适中国之用；众口铄金，一时风靡，同志之士亦悉惑焉。……溯夫吾党革命之初心，本以救国救种为志，欲出斯民于水火之中，而登之衽席之上也；今乃反令之陷水益深，蹈火益热，与革命初衷大相违背者，此固予之德薄无以化格同侪，予之能鲜不足驾驭群众，有以致之也。然而吾党之士，于革命宗旨，革命方略，亦难免有信仰不笃，奉行不力之咎也；而其所以然者，非尽关乎功成利达而移心，实多以思想错误而懈志也。此思想之错误为何？即“知之非艰，行之惟艰”之说也。此说始于傅说对武丁之言，由是数千年来，深中于中国之人心，已成牢不可破矣。故予之建设计划，一一皆为此说所打消也。呜呼！此说者予生平之最大敌也！其威力当万倍于满清。夫满清之威力，不过只能杀吾人之身耳，而不能夺吾人之志也。乃此敌之威力，则不惟能夺吾人之志，且足以迷亿兆人之心也。……可畏

哉此敌！可恨哉此敌！[①]

被孙中山如此疾视、不遗余力地攻击的“知易行难”说，到底是什么时代、什么人提出来的？作为一个哲学命题，或者，作为一句道德箴言，它的本来意义为何？它反映了什么样的社会存在？它对后世哲学思想的发展，以至对于中国人的社会心理，到底有些什么影响？这些是我们应该搞清楚的。

“知之非艰，行之惟艰”一语，出自儒家经典《尚书》的《说命中》篇，历来被认为是中国最早的知行学说。孙中山也沿袭了这种传统观点，故称“此说始于傅说对武丁之言”，毫不怀疑记载此说的历史文献的真实性，认真地相信“知易行难”是商朝的傅说最先提出来说。

自从清代学者考证出《尚书》除今文二十八篇以外的古文部分皆系伪作之后，“知易行难”说产生的时代就成为问题了。清代以前，虽然已有少数学者对《古文尚书》和《孔安国传》表示怀疑，但证据不足。作为儒家经典，它仍具有不可动摇的权威地位，在当时的思想界产生过巨大影响。直到清代，阎若璩作《古文尚书疏证》，惠栋作《古文尚书考》，用种种考据方法，一一揭发其作伪的来源，学术界才公认《古文尚书》为伪书。

《说命中》就是伪《古文尚书》中的一篇。因此，“知之非艰，行之惟艰”提出的时代，就成了问题。

从哲学思想和一般文明发展的历史来看，在公元前 13 世纪，在殷高宗武丁和傅说生活的时代，提出“知之非艰，行之惟艰”这样普遍的哲学命题或道德箴言，绝无可能。我们知道，我国文字的发展到商朝后期已经基本成熟，甲骨卜辞和器物铭文中出现的字，数目已达四千五百个左右。甲骨文中“行”字作非，象一个四通八达的十字路

① 《孙中山选集》上卷，人民出版社 1956 年版，第 104—105 页。

口，它的本义是道路。《说文》：“行，人之步趋也，从彳亍。”步趋、走路或走已经是行的引申义，进一步又引申为行动、实际地做或实践的意思。字义的引申意味着语言的变迁和丰富化，它同思维的发展是紧密地联系在一起的。在甲骨文中，“行”字绝对没有后来作为哲学范畴的“实践”或作为道德概念的“德行”的意义。甲骨卜辞中常见的“行”字，是祖甲时代一个贞人（占卜者）的名字。如《殷契粹编》第二七九片：“丁丑卜行贞：王宔父丁盘亡尤。”第三一〇片：“［庚辰］卜行贞：王宔兄庚□亡尤。”“父丁”是指商王武丁（高宗），他是祖甲的父亲：“兄庚”是指祖庚，他是祖甲的哥哥。“行”和“尹”“旅”“即”等一样，都是祖甲时代卜人的名字。在甲骨文中，“行”字都是作名词用，没有作动词用的。《诗经·周南·卷耳》：“嗟我怀人，寘彼周行。”用的还是行字的本义。

甲骨文和金文中都没有“知”字，只有“智”字。古文智字写作𣉻。《说文》：“𣉻，识词也，从白从亏从知。”意义不甚明确。《殷虚书契前编》卷五第十七页有一智字，写作[illegible]，省白。当作知道、懂得、认识之意讲的“知”字，是后来才有的。

由此可见，在商朝以至西周时期，提出“知之非艰，行之惟艰”的命题是不可能的，因为那个时代甚至连个“知”字都没有，“行”字也没有后来引申发展出来的做或实践的含义。把“知之非艰，行之惟艰”托为傅说对武丁之言，乃是后人的造作，决不是历史的事实。

在商和西周时期，宗教天命观是占统治地位的意识形态，它完全抹煞人的认识和实践的能动性，因此一般说来，那个时代的人们还不可能提出知行关系这样的哲学问题。要抽象出作为认识论范畴的“知”和“行”的概念，并对知行关系提出一种见解，没有一定的抽象思维水平，显然是不可能的。思想如果不能从感性直观中超脱出来，人们就始终不能进入哲学的领域。商和西周还是哲学胚胎和萌芽的时期，科学思维的萌芽同宗教、神话之类的幻想还有着不解之缘，真正意义上的哲学还没有产生。如果把一些当时还不可能产生的哲学思想，硬要挂在那个时代的人的名下，那就是犯了黑格尔曾经批评过的“改铸古人”的错误；正是这一批评，列宁称赞黑格尔是“卓绝地坚持哲学史中的严格的历史性”①。

“知之非艰，行之惟艰”的命题，既然不可能产生于商朝，不可能是“始于傅说对武丁之言”，那么，我们能不能根据《古文尚书》是伪书，就全部否定它在思想史的意义和影响呢？如果不能，这种知行学说到底是什么时代提出来的，它是什么样的社会存在的反映呢？

“知之非艰，行之惟艰”的提出，最迟不会晚于东晋，至少它在此后一千多年中国的思想界是产生过巨大影响的。这是人所共知的事实。清代学者揭发梅赜所献的《古文尚书》系伪书，一一指出其作伪的来源，这说明《古文尚书》中记载的一些历史人物、事件以至某些语言，也不全是无中生有、凭空捏造出来的。先秦许多著作中都征引过《尚书》中的话，如《礼记》中的《学记》《缁衣》《文王世子》诸篇，都曾引据“《兑命》曰”。《兑命》就是《说命》。可知《尚书》原有《说命》篇，伪《古文尚书·说命（上、中、下）》中的一些话也是有所自来的。作伪者把先秦典籍中引自《尚书》的话，加上其它书里的一些话，改头换面，联缀成篇，就作成伪《古文尚书》。所以，“知之非艰，行之惟艰”的命题，虽然不可能在商、西周时期提出，但不一定晚出至东晋时代，这种思想有可能在秦汉以前就存在的。伪《古文尚书》的作者有可能是抄袭古代典籍中的话，也可能是根据古代的思想加工制作出来的。我们认为，这种思想有可能产生于奴隶制日趋崩解和封建制逐渐生长的春秋时期，“知之非艰，行之惟艰”很可能在春秋末期已成为人们中普遍流行的一句成语，这从《左传》的记载中也有同类思想可以得到证明。

“知之非艰，行之惟艰”，这是说人们认识一件事情，懂得一个道理，并不困难；困难的是把它付诸实行，把主观认识变为客观实践的

---

① 《列宁全集》第38卷，人民出版社1959年版，第272页。

活动。《古文尚书·说命中》篇记载了一段殷高宗武丁和他的大臣傅说的对话，大意是说：傅说受命总理百官，于是竭尽忠诚，向武丁进言了一套治国的方案，其要点不外乎是要统治者奉行天道，因时立教，平时说话、动兵、赏罚要谨慎，办事情要深思熟虑，有备无患，不要伐善矜能、文过饰非，要任贤使能，不要引进私亲和宠倖之人，敬天祭祖不可失之过黩，也不可失之过烦等等。武丁听了这一番话后，表示要照着他讲的去做。这时，傅说叩头再拜说："非知之艰，行之惟艰。"紧接着又说："王忱不艰。"只要您君王有真诚的态度，下决心去做，做到也是不困难的。

这段君臣对话，说的是如何巩固奴隶主贵族专政国家的传统的问题，其中也涉及知行问题。治理国家的方针、政策、原则属知，贯彻实行这些方针、政策、原则属行。知和行之间本来没有一个绝对的谁难谁易的问题。武丁听了傅说进言的治国方案，表示知道了并准备实行。对于他来说，这种"知"是闻知，而不是亲知；是间接经验，而不是直接经验。从一定意义上说，这种"知"得来是比较容易的，而要把它付诸实行就困难得多。如果他认识得并不真切，如果他没有实行的决心，那么，"知"就永远只能停留在主观认识阶段，或口头上，而不能变成实际行动，再好的方案也不能变成现实。这时傅说提出"知之非艰，行之惟艰"，强调"行"的困难，强调"行"的重要性，促成"知"到"行"的转化，无疑是有实际意义的。

按照《古文尚书·说命中》篇的说法，"知易行难"也不是绝对的。"行之惟艰"可以转化为"不艰"，转化的条件就是"王忱"，就是君王付诸实行的诚意和决心。这比后人把"知易行难"绝对化，比孙中山把"知难行易"和"知易行难"绝对对立起来的做法，还是包含较多的合理因素的。

"知之非艰，行之惟艰"是一种朴素的知行观，它一方面反映了知和行之间确实存在着矛盾，即存在着知行脱节的可能性；另一方面又着重提出了知行统一的要求，即要求知道了必须实行，说到必须做到，反对知而不行，空说不做。它是以“知易行难”的形式来表述的，强调行比知难，在改造自然和社会的斗争中，行具有更加重要的意义。我们常引证革命导师的话说：“一步实际行动胜于一打纲领。”这对于那些空说不做、空知不行的人来说，是很尖锐的批评；“知之非艰，行之惟艰”的意义也是如此。

这种朴素的知行统一观，虽不必是商朝的傅说最先提出来的，但在春秋时期一些比较注重实际的政治家和思想家，确已达到类似这样的认识。《左传》中记载了这样一个故事：

鲁昭公十年（公元前532年），晋平公卒，各诸侯国都按照传统礼节，派了大夫一级的使臣到晋国去参加葬礼。郑国大夫子皮“将以币行”，即打算在晋平公的葬礼完毕后接着举行庆新君登基之礼，带着见新君的厚礼前往晋国。子产告诫他说：“丧，焉用币？用币必百两（辆），百两必千人。千人至，将不行；不行，必尽用之。几千人而国不亡！”子皮不听劝诫，“固请以行”。结果正如子产所言，晋平公的葬礼完毕后，各国大夫欲因见新君的要求遭到了教训，很有感慨地对子羽说：“非知之实难，将在行之。夫子知之矣，我则不足。《书》曰：‘欲败度，纵败礼’，我之谓矣。夫子知度与礼矣，我实纵欲，而不能自克也。”

“非知之实难，将在行之”，这同“非知之艰，行之惟艰”大体是一个意思，都是讲的认识一件事情、懂得一个道理并不困难，真正把它付诸行动就比较困难了，关键在于“行之”。只有“行之”，知或不知、真知或伪知才得到了检验。

从《左传》记载的这条材料，可知在春秋时期，最迟在春秋晚期，知易行难的思想就已经提出来了。当时人们对知行关系的了解，主要有两个方面：第一，要取得行为的成功，必须有知的指导。如说：“见可而进，知难而退，军之善政也。”（《左传》宣公十二年）“知难而有备，乃可以逞。”（《左传》成公元年）从这个意义上可以说是知在行先。《左传》襄公二十五年记载：“子大叔问政于子产，子产曰：‘政如农功，日夜思之，思其始而成其终，朝夕而行之。行无越思，如农之有畔（杜预注：言有次），其过鲜矣。’”思之先，行之后，行无越思，就可以不犯或少犯错误。第二，知道了就要做到，反对知和行的脱节。在《左传》中，除昭公十年有“非知之实难，将在行之”的说法外，昭公三年也有“君子曰：弗知实难，知而弗从，祸莫大焉”的言论。对知行关系作这样两个方面的了解，虽然有很大的片面性（譬如，没有回答知识的来源问题，没有揭示行为知之因），但是也包含着局部的真理，尽管它是以朴素的形式表述出来的。“知之非艰，行之惟艰”的思想，有可能在这个时期产生，甚至可能是这个时期的人们中间普遍流行的一句成语，一句包含哲理的格言。人们说话时引据“君子曰”，就是说别人或前人已经说过这样的话了。伪《古文尚书》的作者托为傅说对武丁之言是没有根据的，但是他不一定没有先行思想资料的借鉴而完全凭空杜撰出这句话来。

马克思说：“每个原理都有其出现的世纪。例如，与权威原理相适应的是十一世纪，与个人主义原理相适应的是十八世纪。……但是，如果为了顾全原理和历史，我们再进一步自问一下，为什么该原理出现在十一世纪或者十八世纪，而不出现在其他某一世纪。我们就必然要仔细研究一下：十一世纪的人们是怎样的，十八世纪的人们是怎样的，在每个世纪中，人们的需求、生产力、生产方式以及生产中使用的原料是怎样的；最后，由这一切生存条件所产生的人与人之间的关系是怎样的。”① 任何一个思想、原理的提出，都不是任意的，偶然的，由某个思想家凭空创造出来的，而是一定的社会物质生活条件和关系的反映。为什么“知易行难”成为中国古代和中世纪的命题，而“知难行易”却成为资产阶级旧民主主义革命时期的命题，我们都只能从各时代的社会物质生活条件，特别是它所产生的人与人之间的关系中得到解答。我们说，“知之非艰，行之惟艰”的命题有可

---

① 《马克思恩格斯全集》第4卷，人民出版社1958年版，第148页。

能产生于春秋时期，是因为这个时期已经存在着这样的事实，即在奴隶主阶级的人们当中，言行不一、知行脱节的现象是必然地大量地普遍地存在着的。奴隶主贵族为了维护自己的统治和调节本阶级成员之间的关系，制定了一整套等级礼仪和“孝”“悌”“忠”“信”等道德原则，可是由他们的物质利益所决定的生活实践，却又处处违背和破坏这些礼仪和原则；特别是到了春秋末期，随着社会经济基础的变化，僭越和乱礼的现象更是层出不穷，出现了“礼坏乐崩”的严重局面。“知之非艰，行之惟艰”，正是对于这种原则和生活实践脱节的现象的哀叹，也是当时守旧的人们为了维护旧的上层建筑所作的一种努力，即要求人们在行动中继续遵守那些已知的礼仪和原则。“知之非艰，行之惟艰”，也反映了在这个变革的时代，旧的统治阶级的主观愿望和客观实践效果之间的矛盾已经达到了不可调和的程度。他们主观上总是想着怎样维护和巩固旧的统治秩序，幻想着“天命永在兹”，而他们主观上想的在客观实践中又总是做不到，达不到预期的效果，于是产生了“行难”的思想。托傅说之口说出来的话，可能正是春秋时期奴隶主贵族统治者的知和行已经无法统一或很难统一的反映，于是才有人突出地提出了知行统一的要求，把知行问题作为解决当时社会矛盾的最迫切的理论问题。当然，也不排除一些人有可能对“知之非艰，行之惟艰”的命题作正确的理解和运用，去解决一些局部的实际问题。

恩格斯说：“文明时代所产生的一切都是两重的、口不应心的、分裂为二的、自相矛盾的。”[1] 言行不一，知行脱节，可以说是剥削阶级的通病。满嘴的仁义道德，满肚子的男盗女娼，正是一切剥削阶级理论和实践脱节的写照。所以，产生于奴隶制崩解时期的“知之非艰，行之惟艰”的命题，在长期封建社会仍然被一些人看作是牢不可破的真理，因为它所反映的客观矛盾的社会根源和阶级基础依然存

① 《马克思恩格斯选集》第 4 卷，人民出版社 1972 年版，第 62 页。

在。一方面，从维护封建统治的长远利益出发，它可以成为要求人们言行一致、知行统一的思想武器；另一方面，它也可以成为封建统治阶级为自己的言行不一、知行脱节作辩解的理论根据。对它作积极的了解，可以鼓励人们重视实行，反对空说不做、空知不行的坏习气；对它作消极的了解，也可以成为卑怯的人们不肯下功夫去求知，又畏难而不敢行的一个借口。“知之非艰，行之惟艰”这种朴素的知行观，以后确实曾被各种不同的人所利用，它所产生的影响也是多方面的。孙中山对“知易行难”说的消极影响作了淋漓尽致的揭露，但是他不了解这种思想产生和流行的社会物质根源，过分夸大了它对社会存在的反作用，甚至得出“心之为用大矣哉！夫心也者，万事之本源也”① 的唯心主义结论。

“不是人们的意识决定人们的存在，相反，是人们的社会存在决定人们的意识。”② 我们对“知易行难”说产生时代的分析和判断，不仅有前述历史材料作为基础，更主要的是依据了这条马克思列宁主义的基本原理。

［原载《中国哲学》第 1 辑，生活·读书·新知三联书店 1979 年版，主体部分后收入《中国哲学史上的知行观》（人民出版社 1982 年版）第一章］

① 《孙中山选集》上卷，人民出版社 1956 年版，第 105 页。

② 《马克思恩格斯选集》第 2 卷，人民出版社 1972 年版，第 82 页。

谭嗣同的唯心主义认识论

关于谭嗣同哲学的性质问题，学术界争论已久。人们通常从本体论的角度，着力考察谭嗣同所说的“仁”或“以太”到底是物质的实体还是精神的实体，从而判定谭嗣同哲学的唯物主义或唯心主义的性质。这无疑是正确的。因为全部哲学的最高问题即物质和精神何者是第一性的、何者是本原的问题，哲学家们正是依据对这个问题的不同回答而划分为唯物主义和唯心主义两大阵营。因此，弄清谭嗣同哲学最高范畴“仁”或“以太”的属性，对于判定他的整个哲学体系的性质，确实至关重要。这和关于老子哲学性质的讨论情形十分相似。

然而，不应忽略的是，判定一种哲学的性质，不能仅仅看它的本体论，还得看它的认识论，看它的整体。要从本体论和认识论的必然联结中找到问题的确切答案。可是，过去的哲学史研究却往往满足于仅仅从本体论方面对一个哲学体系作简单的定性分析，而很少把注意力放到认识论方面去。关于谭嗣同哲学的研究和讨论就有这种情况。

事实上，任何一个稍微彻底一点的哲学体系，它的认识论和本体论总是一致的，通过认识论的剖析，往往更容易看清楚它对世界本原问题的回答，是有助于确切地判定该哲学体系的性质的。下面我们以谭嗣同为例来说明这个问题。

谭嗣同（1865—1898）字复生，号壮飞，湖南浏阳人。他是戊戌变法运动中资产阶级改良派的激进分子，并为变法维新事业贡献出了自己的生命。他的哲学思想是中国幼稚的资产阶级哲学的雏型。

谭嗣同早年接受过张载、王夫之等人的唯物主义学说，并用“道不离器”“器既变，道安得独不变”（《思纬壹壹台短书》）的观点批判过洋务派“中学为体，西学为用”的谬论。中日甲午战争后，他开始学习西学，从传教士傅兰雅等人那里接触到西方的自然科学，同时接受了这些传教士宣传的宗教唯心主义的影响。后来又结识了既通晓佛教各派理论又通西学的杨文会，使他的学问根基逐渐转移到佛教唯心主义方面来。他认为西学和佛学是相通的，“西学皆源于佛学，亦惟西学，而佛学可复明于世”（《仁学》）。[1] 谭嗣同的代表作《仁学》一书，思想渊源十分庞杂，虽也吸取了一些西方的自然科学和资产阶级的社会政治学说作为思想资料，但占支配地位的是唯识宗和华严宗的佛教唯心主义思想。他的思想的矛盾性格，深刻地反映了时代的特征。梁启超这样说过：“康有为、梁启超、谭嗣同辈，即生育于此种‘学问饥荒’之环境中，冥思枯索，欲以构成一种‘不中不西、即中即西’之新学派，而已为时代所不容。盖固有之旧思想，既深根固蒂，而外来之新思想，又来源浅觳，汲而易竭，其支绌灭裂，固宜然矣。”[2] 这可以说是对谭嗣同和整个改良派的思想特征的总结性的说明。

谭嗣同的《仁学》一书，以“仁”或“以太”为产生天地万物的根源。他借用西方自然科学中流行的“以太”概念，但并不是用来标志存在于人们意识之外的物质实体，而是认为：“以太者，固唯识之相分。”这和“仁为天地万物之源，故唯心，故唯识”的界说是完全一致的。他还认为，不生不灭的“仁”或“以太”就是灵魂，它是“无形之脑气筋”，能“通天地万物人我为一身”。所以谭嗣同极力称赞墨家不别亲疏的“兼爱”之说，“为能超出体魄之上而独任灵

① 本文以下引文凡不注出处者，均见谭嗣同《仁学》。

② 梁启超：《清代学术概论》，商务印书馆1944年版，第58页。

魂”，乃“墨学中之最合以太者也”。这种把世界的统一性归结为人们的“心”或“识”，归结为无所不在的“灵魂”的学说，自然只能判定为唯心主义。

从“三界惟心，万法惟识”的主观唯心主义世界观出发，谭嗣同的认识论也明显地属于唯心主义先验论和不可知论的错误路线。他否认客观物质世界的真实存在，就必然要否定人的感觉的可靠性，否定认识来源于感觉和实践。

人的认识是从哪里来的？谭嗣同的回答是：“智慧生于仁”，“知则出于以太”，“灵魂者，既其不生不灭之知也”。这就是说，知是“仁”或“以太”固有的。这种以太有知说必然导致万物有知、万物有灵论。谭嗣同说：“同一大圆性海，各得一小分，禀之以为人，为动物，为植物，为金石，为沙砾水土，为屎溺，乃谓惟人有灵魂，物皆无之，此固不然矣。……动物与人，食息不能或异，岂独无灵魂哉？至若植物，似远于人矣，然亦食渊泉雨露，息炭养二气也。……至若金石沙砾水土屎溺之属，竟无食息矣，然而不得谓之无知也。”他的逻辑是：“谓物无灵魂，是物无以太也，可乎哉？”有以太就有灵魂，有灵魂就有不生不灭之知。所以，不独人有知，物亦有知。“人亦一物耳，是物不惟有知，抑竟同于人之知，惟数多寡异耳。”这样，谭嗣同就从根本上否定了人的知识是社会实践的产物，是主观对客观外界事物的反映，而把知识看成是先天固有的，认为人亦一物，亦由以太构成，亦有灵魂即有不生不灭之知。

谭嗣同强调人内心有了主观的“仁”，就能产生一切智慧，产生勇敢和“礼”“义”“信”等道德品质和观念。他说：“知不知之辨，于其仁不仁。”“仁之至，自无不知也。”所谓“仁”的基本含义就是“通”，伤一指而终日不适，就是不能通的缘故，所以说：“血脉贯通者知之，痿痹麻木者不知也。”一个人只要具有“仁”即“通天地万物人我为一身”的品格，也就无所不知了。他还认为，手足之捍头目，子弟之卫父兄，都是“出于固然”，“其事急，其情切，岂有犹豫顾虑而莫敢前者?”这就是所谓“仁者必有勇”。“礼”“义”“信”等亦是这样:“知痛痒，知捍卫，吾知其非外假也，非待设心而然也，非有欲于外之人也。”就是说，这些道德观念都是产生于内心的“仁”，不是从外面来的，也不是对他人或对外界事物有所追求。

谭嗣同认为人的思维器官大脑固有着一切意识。他说:“其动者，意识也，大脑之用也；为大脑之体者，藏识也。”“吾大脑之所在，藏识之所在也。”这个包藏着一切意识的所谓大脑之体，就是佛教唯识宗所说的“藏识”。“即彼藏识，亦无生灭。”它是前七识所依止的中心，一切识都摄藏于其中，由它生起，直接或间接地依它流转。“此生所造，还入藏识，为来生因。因又成果，颠倒循环，无始沦滔。沦滔不已，乃灼然谓天地万物矣。”现在看得很清楚了，谭嗣同对认识的来源问题的回答，完全是主观唯心主义的先验论，所谓“藏识”即一切认识的神秘泉源，不是别的，就是主观精神“仁”。他贯彻的是一条从内到外、从我到物的主观唯心主义的认识路线，所以说:“天地乎，万物乎，夫孰知其在内而不在外乎?”他用主观精神“仁”吞并了天地万物，更不用说认识的泉源是确乎“在内而不在外”了。

谭嗣同否认人的感受能够正确反映外间世界，他说:“眼耳鼻舌身所及接者，曰色身香味触五而已。以法界虚空界众生界之无量无边，其间所有，必不止五也明矣。仅凭我所有之五，以妄度无量无边，而臆断其有无，奚可哉!”这是不可知论者常用的诡辩，即从世界的无限性和人的感觉能力的有限性之间的矛盾，得出“以有涯随无涯，殆矣”的庄子式的结论。他还认为，感觉之“不足恃”，不仅因为事物数量之多无法尽去感知，也不仅由于人的感觉有一定限界，尚有感觉所达不到的领域，如“有远镜显微镜所见，而眼不及见者焉，又有远镜显微镜亦不及见者；有电筒德律风所闻，而耳不及闻者焉，又有电筒德律风亦不及闻者焉”，而且因为外界事物处在转瞬即逝的运动变化之中，人的感受永远也把捉不住它们，“夫目能视色，迨色之至乎前，而色即逝矣；耳能听声，迨声之至乎耳，而声即逝矣”。

眼睛见到的都不是真实的形象，耳朵听到的都不是真实的声音，鼻子嗅到的，舌头尝到的，身体接触到的，都同样靠不住。这又是如同庄子式的相对主义诡辩。它否认事物的绝对运动中有相对静止的状态存在，否认相对的感性认识中包含着绝对真理的颗粒，谭嗣同企图以此证明人的感觉都是虚幻的，从而否定外间世界存在的真实性，他以视觉和听觉为例说：

> 且眼耳所见闻，又非真能见闻也。眼有帘焉，形入而绘其影，由帘达脑而觉为见，则见者见眼帘之影耳，其真形实万古不能见也。岂惟形不得见，影既缘绘而有是，必点点线线而缀之，枝枝节节而累之，惟其甚速，所以不觉其劳倦，迨成为影，彼其形之逝也，亦已久矣。影又待脑而知，则影一已逝之影，并真影不得而见也。故至远之恒星，有毁已千万年，而光始达于地者。推光行之速率，至于密迩，亦何莫不然。耳有鼓焉，声入而肖其响，由鼓传脑而觉为闻，则闻者闻耳鼓之响耳，其真声实万古不能闻也。岂惟声不得闻，响既缘肖而有是，必彼之既终，而此方以为始，惟其甚捷，所以不觉其断续，迨成为响，彼其声之逝也，亦已久矣。响又待脑而知，则响一已逝之响，并真响不得而闻也。故雷炮之远发，山谷之徐应，有逾时而声始往返者。推声浪之速率，至于切近，亦何莫不然。

这一段议论，彻底否定了人类的感觉，认为感觉得到的都是虚幻的假象，事物的真形真声永远不能见不能闻，就连眼帘之真影、耳鼓之真响亦不得见不得闻，眼耳所见闻者不过是已逝之影和已逝之响而已。他把现象和本质割裂开来，又把假象和现象绝对对立起来，认为感觉最多只能把捉住已逝的事物现象之幻影即假象，而不能反映真实的事物现象，那么事物的本质就更加被看成是不可知的了。这是从关于事物运动的相对主义观点引申出来的不可知论的结论。关于感觉之

“不足恃”，他还举例说：“悬虱久视，大如车轮；床下蚁动，有如牛斗。”竭力夸大人们一时的错觉，企图以此否定感觉的真实性，从而证明世界也是虚幻的。

谭嗣同不但否定人类的感觉，而且也否定理性思维。他说：“苟不以眼见，不以耳闻，不以鼻嗅，不以舌尝，不以身触，乃至不以心思，转业识而成智慧，然后‘一多相容’、‘三世一时’之真理乃日见乎前。”这就是他所信奉并加以阐扬的佛教唯心主义的“转识成智”说。他认为认识佛教的“真理”即证悟本体的过程，不必依靠人的肉体感官对外界事物的感觉，也不必依靠“心”的理性思维，而只需要通过“止观”的宗教修行的办法，转业识为智慧，复归“真如”本体，在主观意识中给自己创造一个宗教天国。这个“转识成智”的过程，他认为是凡圣所同、儒佛相合的，所以在《仁学》中竭力用佛学来解释《大学》所谓格物、致知、诚意、正心、修身、齐家、治国、平天下的过程，又用“转识成智”说来解释孔子自述为学的经过，如说：

> 夫孔子大圣，所谓初发心时，即在正果，本无功夫次第之可言。若乃现身说法，自述历历，亦诚有不可诬者。十五志学也者，亦自意诚入手也；三十而立，意已一而不纷矣，然犹未断也；四十不惑，意诚转为妙观察智矣；五十知天命，我执断矣，然犹有天命之见存，法执犹未断也；六十耳顺，法执亦断，为平等性智矣；七十从心所欲不逾矩，藏识转为大圆镜智矣。转识成智，盖圣凡之所同也。

他认为儒家的道德修养方法和佛教的宗教修行方法是完全一致的。《大学》所谓“欲正其心，必先诚其意”，就是要破除“我执”，“意之所以不诚，亦以有我也”。在他看来，“欲其无我，必修止观”。止观就是佛教的“定”“慧”二法，用“定”息虑澄心，用“慧”破惑证道，发生智慧。他认为儒家的方法也是一样：“‘君子必慎其独’，孔门之止也；曾子‘十目所视，十手所指，其严乎’，孔门之观也。”这种宗教修行方法，根本排斥人们的社会实践，排斥正常的感性认识和理性认识，而是通过闭目塞听、冥思苦索的神秘悟性，去体会出“一多相容”“三世一时”等佛教的所谓“真理”来。这种所谓“真理”与客观真理毫不相干，只存在于纯粹的主观思维之中。他认为业识转为智慧，就是认识的终极。如说：“识者，无始也，有终也。业识转为智慧，是识之终矣。”这就是指精神进入了佛教的神圣天国。

谭嗣同把华严宗的“一多相容”“三世一时”的相对主义诡辩奉为“天地万物自然而固然之真理”，从而使自己陷入了主观主义、绝对怀疑论和不可知论。他把一切差别和对待都归结为“我”的主观观念的产物，大力宣传“无彼复无此，此即彼，彼即此焉”的破对待之说，最后认为“一多相容”“三世一时”这种破对待之说也是“不必知亦无可知”的。“无明起处，惟佛能知。”他终于把认识的泉源移到神那里去了。

在知行关系问题上，谭嗣同明确提出尊崇灵魂、轻视实践的“贵知不贵行”说。他否认认识是从实践中来的，反而主张：“行之不可及知，又无可如何之势也。”事实正好相反，人的认识一点也离不开实践，不行就不能知，行是知的基础和来源，这才是认识发生和发展的必然规律。谭嗣同极端轻视实践，认为“行有限而知无限，行有穷而知无穷”，因为“手足之所接，必不及耳目之远；记性之所含，必不及悟性之广；……实事之所丽，必不及空理之精”。他把“知”和“行”绝对割裂开来，认为“知”是属于“灵魂之事”，可以不生不灭，通天地万物人我为一身，所以说“知无限”；“行”则属于“体魄之事”，必然受到人的生死和各种物质条件的限制，所以说“行有限”。其实，无数世代的人们改造自然和社会的实践活动也是永无止境的，在此基础上才可能有认识的无限发展，正是由于行无限才决定了知无限。谭嗣同否认知对行的依赖关系，反而认为行是依赖于知的，不知不能行，能知则必能行。他和程颐一样，是彻底的主观主义者，如说："僻儒所患能知而不能行者，非真知也，真知则无不能行矣。"他所谓"真知"并不是从行即实践中得来的。谭嗣同甚至公开鼓吹知和行的分离，认为"教主"的使命就是"以先知觉后知，以先觉觉后觉"，他们是知者而不是行者，并非不能行，而是无暇顾及行这种低贱的体魄之事。他说：

> 教也者，求知之方也。故凡教主教徒，皆以空言垂世，而不克及身行之，且为后世诟詈戮辱而不顾也。耶杀身，其弟子十二人，皆不得其死。孔仅免于一身，其弟子七十二人，达者盖寡。佛与弟子，皆饥困乞食，以苦行终。此其亡躯命，以先知觉后知，以先觉觉后觉，岂暇问其行不行者！惟摩西、穆罕默德，以权力行其教，君主而已矣，何足为教主？然则知之与行，孰为贵而孰为贱也？

资产阶级改良派只相信"教主"和"圣君"，而不相信人民群众，他们自己就是以"代天发言立义"的教主自居，骑在人民群众的头上传播福音，重"空理"，轻实行，这正是戊戌变法所以失败的认识论方面的原因之一。孙中山曾尖锐地批判过改良派的这种"贵知不贵行"的知行观，他说："中国之变法，则非先知而不肯行……夫维新变法，国之大事也，多有不能前知者，必待行之成之而后乃能知之也。……中国之变法，必先求知而后行，而知永不能得，则行永无其期也。"① 这实际上是用唯物主义的行先知后说批判唯心主义的知先行后说。资产阶级革命派和改良派的分歧，在认识论上正是立足于这两条根本对立的路线：一个主张"恃革命以开民智"，"行其所不知以致其所知"，强调行是解决知与不知的矛盾的关键；一个则认为

① 《孙中山选集》上卷，人民出版社1956年版，第144页。

“行之不能及知”，声称“吾贵知，不贵行也”，把行推到遥远的将来。

谭嗣同“贵知不贵行”的知行观，和他贵灵魂、贱体魄的唯心主义形神观是密切联系在一起的。他认为：“泥于体魄，中国一切诬妄惑溺，殆由是起矣。”例如，风水、星命、五行、壬遁等世俗迷信，事鬼神而不自事其灵魂，“偏妄拟鬼神之体魄，至以土木肖之”，他认为这是“土木盛而灵魂愚矣，灵魂愚而体魄之说横矣”。谭嗣同极端轻蔑体魄之事，幻想在科学日益昌明、人种日益进化的将来，“必别生种人，纯用智，不用力，纯有灵魂，不有体魄”，那么，人间一切诬妄陷溺就都没有了，例如，“体魄之事尽，则自无娼妓，不待禁也”。他所以提出这种荒唐的幻想，一方面是由于受了帝国主义传教士宣传的“神灵世界中的自然科学”的影响，认为现代“科学”既然已经出现“能测知人脑气筋，绘其人此时心中所思为何事”（《上欧阳瓣疆师书》二十二）的奇迹，那么，人类“日趋于灵”的结果，必能出现一种没有体魄、纯用灵魂的所谓“灵人”；另一方面这也是他的宗教世界观的必然表现，因为在他看来，“灵魂，智慧之属也；体魄，业识之属也”，转识成智就是要能超出体魄之上而独任灵魂，他最称赞的释迦牟尼、孔子和耶稣就是这种永生的“灵人”即神，到了“一切众生，普遍成佛”之日，就是他所幻想的“纯用智、纯用灵魂之人”的世界。

轻视实践，尊崇灵魂，无限夸大“知”即人的主观精神的作用，是谭嗣同的唯心主义知行观的基本特征。正如马克思所指出的：“结果竟是这样，和唯物主义相反，唯心主义却发展了能动的方面，但只是抽象地发展了，因为唯心主义当然是不知道真正现实的、感性的活动本身的。”[1] 谭嗣同把“行”看成是消极的、卑污的体魄之事，他当然不理解实践作为革命的、能动的活动的意义，而只是对精神的能动作用作了抽象的发展，把“心力”夸大成为宇宙的本源，天地万物

---

① 《马克思恩格斯选集》第1卷，人民出版社1956年版，第16页。

的创造者。他说："以太也，电也，粗浅之具也，借其名以质心力。"在他的"仁学"体系中，"仁""以太""灵魂"，等等，都是"心力"的别名。客观世界的一切都是不真实的，"惟一心是实"（《上欧阳瓣薑师书》二十二）。他论心力"无不可为"的作用说："人力或做不到，心当无有做不到者。……心之力量，虽天地不能比拟，虽天地之大，可以由心成之、毁之、改造之，无不如意。"（《上欧阳瓣薑师书》二十二）这样夸张"心力"的作用，又竭力宣传佛教的"三界惟心""一切惟心所造"之说，谭嗣同的"仁学"体系的主观唯心主义性质于此明显暴露出来了。作为一个软弱的资产阶级改良主义者，他害怕人民群众甚于害怕封建统治势力，因此也就不可能依靠人民群众的力量去改造现实社会，于是只有向内求助于"惟此为大"的"心力"。他提出了唯心主义的"以心挽劫"说，认为："缘劫运既由心造，自可以心解之。"他把中国社会的贫穷、落后、政治黑暗以至中国人的体貌委靡，都归结为"心源不洁""机心太多"的缘故，企图依靠"心力之实体"即佛教的"慈悲"、孔教的"仁"和基督教的"平等"来解救之，此心慈悲"则以感天下而劫运可挽也"。这是唯心史观。这种"以心挽劫"说，实际上是企图凭借资产阶级改良派的主观愿望来改造中国，他们脱离群众斗争，使得变法维新事业终于不过是"空言垂世"而已。从某种意义来说，谭嗣同个人的悲剧也是和他的主观唯心主义知行观有关系的，直到临终他才认识到："有心杀贼，无力回天"，没有现实的物质力量，光凭主观愿望并不能改变中国社会的腐朽和黑暗。他的流血牺牲恰恰证明了"心力说"的彻底失败。

如果说，在关于谭嗣同哲学性质的讨论中，"唯物"说和"唯心"说都可以从本体论方面给自己找到一些有力的证据，然而，要把谭嗣同的认识论说成是唯物主义的，我看就相当困难。

［原载《中国哲学史研究》1980 年第 1 期，主体部分后收入《中国哲学史上的知行观》（人民出版社 1982 年版）第七章］

论程颐的知行学说

以程颐和朱熹为代表的知先行后说，是在两宋时期占统治地位的一种知行理论。它的理论基础是把“三纲五常”绝对化为宇宙本体的唯心主义理本论，所谓“知”就是知此理，所谓“行”就是行此理，这种知行学说完全是为巩固封建专制主义统治服务的。

程朱学派的知先行后说，也是中国哲学史上唯心主义先验论的一种典型形态，很有必要对它的理论体系、诡辩手法和反动哲学实质进行较深入的剖析和批判。相对说来，朱熹的影响更要大些，但这一学说的奠基人是程颐，朱熹不过把他的唯心主义理论发挥得更明确、具体、系统、全面，比较更能“持之有故，言之成理”而已。本文试图对程颐的知行学说，主要从理论体系上作一批判性的评述。

知吾固有

程颐（1033—1107）字正叔，洛阳人，曾任西京国子监教授、崇政殿说书等官职。他在政治上反对王安石变法，是北宋时期官僚大地主顽固派的头面人物之一，是他们的学术领袖。在哲学上，程颐与其兄程颢共同奠定了宋明道学唯心主义的理论基础；不过二人也有差别，差别还主要表现在认识论上。这里着重论述程颐的知行学说，关于程颢只在适当地方提及之。

程颐和张载一样，也把人的知识分为两种。他说：

> 闻见之知，非德性之知，物交物则知之，非内也，今之所谓博物多能者是也。德性之知，不假闻见。（《河南程氏遗书》卷二十五）

这里明确断言有一种知识是超感觉、超经验的，即“德性之知”，指事物的普遍原理和原则，关于性和天道的知识，以及“三纲五常”等道德律令，这些都不是从和外物的接触中得来的，而是先天固有、主观自生的。另外还有一种知识，即“闻见之知”，相当于感性认识，他认为“非内也”，是从“物交物”即感官和外物的接触中得来的。这里他似乎还承认有一种并非先验的知识。如果真是这样，在知识的来源问题上，程颐就不是彻底的唯心论，而是一个二元论者了。

事实并非如此。在程颐看来，无论德性之知，还是闻见之知，其所以知之能，和所知之理，都是我固有之的。德性之知固然不必外求，闻见之知所要认识的那个道理也早就在我的心里了，不过要通过穷究外物之理来启发心中之理而已。原来“天下只有一个理”（《河南程氏遗书》卷十八），它体现在万事万物中，“至如一物一事虽小，皆有是理”（《河南程氏遗书》卷十五）；它同时体现在人身上，就是“性”，“在天为命，在义为理，在人为性，主于身为心，其实一也”（《河南程氏遗书》卷十八）。性在于心，所以说心就是理，心具众理。懂得了这个“万物一理”“物我一理”的道理，“才明彼，即晓此”（《河南程氏遗书》卷十八），穷至外物之理也就认识了我心中本有之理。通过这一套唯心主义的诡辩，程颐就把一切知识，包括德性之知和闻见之知，都说成是“我固有之”的先验的东西了。他说：

> 知者吾之所固有，然不致则不能得之，而致知必有道，故曰致知在格物。（《河南程氏遗书》卷二十五）
>
> 致知在格物，非由外铄我也，我固有之也。因物有迁，迷

而不知，则天理灭矣，故圣人欲格之。（《河南程氏遗书》卷二十五）

我心中固有的“天理”，就是认识的唯一源泉，也就是德性之知和闻见之知所要认识的对象，不过前者可以通过“反身而诚”直接达到，而后者必须通过格物致知的曲折途径才能达到。程颢的唯心主义哲学方法，只注重前者，即只要反省内求，就可以认识心中本有之理；程颐也讲反省内求，另外还讲格物致知，把认识过程讲得要复杂些。但是他们共同认为知吾固有，即心中本来具有完备自足、元无少欠的天理。在知识的来源问题上，他们都是彻头彻尾的唯心主义先验论者。

所谓认识，就是认识的主体和认识的对象相结合、符合。这个认识的对象，程颐认为既在心外，又在心内，内外一理，物我一理。如果说理只在心内，随心起灭，那么就不是客观唯心主义了。他认为理是永恒存在的绝对本体，它“不为尧存，不为桀亡”，没有“存亡加减”；它先于万物而存在，人和物“都自这里出去”，所以只能如实地把它看作是一种客观精神。由于“一物须有一理”，“一物之理，即万物之理”，每个人心中之理都体现了理之全，物我一理，内外一理，所以又可以说是“万物皆备于我”，“天下更无性外之物”（《河南程氏遗书》卷十八）。人和物“皆完此理”，它们的区别就在于“物不能推，人则能推之”，物不能主动体认所完之理，而人则能主动体认之。这就是说，人有“能推”即所以知之能，以此和物区别开来。但是，人虽有此特殊的能动性，却不能增加或减少所知之理的一丝一毫，作为认识对象的绝对本体是永远不变的。程颐说：

万物皆备于我，不独人尔，物皆然，都自这里出去，只是物不能推，人则能推之。虽能推之，几时添得一分？不能推之，几时减得一分？百理俱在，平铺放着。几时道尧尽君道，添得些君道多？舜尽子道，添得些孝道多？元来依旧。（《河南程氏遗书》

卷二上）

所谓万物一体者，皆有此理，只为从那里来。生生之谓易，生则一时生，皆完此理。人则能推，物质气昏，推不得，不可道他物不与有也。（《河南程氏遗书》卷二上）

明白了“物我一理”的道理和“能推”“不能推”的区别，对程颐所谓认识的本质就看得十分清楚了。他讲的认识的主体和认识的对象相结合，即以所以知之能去体认所知之理的过程，完全可以在心内完成，或最终在心内完成，所以他一再强调“知者吾之所固有”，“致知在格物，非由外铄我也，我固有之也”。这就是他对知识的来源这个认识论的首要问题的毫不含糊的回答。

致知在格物

“格物致知”是程颐的方法论。有人说程颐的方法是通过观察具体事物以获得对一般规律的认识，体现了近代科学的精神。这至少是一种误解，如果不包含别的目的的话。我们认为，程颐的格物致知论是一种地地道道的唯心主义先验论的认识论和道德修养论，它只能起到阻碍人们正确认识客观事物及其规律、阻碍科学发展的反动作用。

程颐认为，人心中本来具有完备的知识，但不致不能得之，它不能直接认识自己，必须通过“格物”的工夫，才能致其知，达到心的自我认识。所以不能直接知之，如前所述，是“因物有迁，迷而不知，则天理灭矣，故圣人欲格之”。只有通过格物，才能认识天理。“格物者适道之始，欲思格物，则固已近道矣。”（《河南程氏遗书》卷二十五）这哪里是什么通过研究客观事物去认识一般规律呢？

程颐对《大学》所谓“格物”作了新的解释。他训“格”为“至”、为“穷”，训“物”为“理”，所谓“格物”就是即物而穷至其理。他说：

格，至也，如祖考来格之格。凡一物上有一理，须是穷致其理。(《河南程氏遗书》卷十八)

格，至也。穷理而至于物，则物理尽。(《河南程氏遗书》卷二上)

格犹穷也，物犹理也，犹曰穷理而已也。(《河南程氏遗书》卷二十五)

程颐是不是要研究客观事物，从他对“物”字的解释可以看得出来。有人问他：“格物是外物，是性分中物?”他说：“不拘。凡眼前无非是物，物物皆有理，如火之所以热，水之所以寒，至于君臣父子间，皆是理。”(《河南程氏遗书》卷十九)他又说：“物不必谓事物，然后谓之物也。自一身之中，至万物之理，但理会得多，相次自然豁然有觉处。”(《河南程氏遗书》卷十七)他所说的“物”，是指凡是有理体现在其中的一切事物，不拘性内性外，精神现象或物质现象。很明显，这些所谓“物”，没有客观的实在性，它们“皆可以理照”，不过是绝对本体“理”的派生物而已。程颐所谓“格物”也不是要就这些事物本身加以研究，而是要穷至它们所体现的理。

关于格物穷理的途径，程颐指出亦有“多端”，“千蹊万径，皆可适国”，条条道路通向那“推之四海而皆准”的理。他说：“穷理亦多端，或读书讲明义理，或论古今人物别其是非，或应事接物处其当，皆穷理也。”(《河南程氏遗书》卷十八)虽然他有时也说“然一草一木皆有理，须是察”，“语其大，至天地之高厚；语其小，至一物之所以然，学者皆当理会”(《河南程氏遗书》卷十八)，但是他讲格物穷理的途径，主要是指读书讨论、应事接物之类，根本否定人们的社会实践，也不注重对自然事物的研究。他还说：“或多识前言往行，识之多，则理明。”(《河南程氏遗书》卷十八)这也属于读书讨论一类，没有超出“知”的范畴，不是以客观事物为研究对象。与此同时，他更加强调内心的道德修养，反省内求的工夫，认为“格物之理，不若察之于身，其得尤切”（《河南程氏遗书》卷十七）。格物不必是外物，性分中物同样有理照，反身而诚，从心性中直接体认天理，他认为是最切实、简捷的途径了。所以说：“学莫贵于自得，得非外也，故曰自得。”“君子之学，将以反躬而已矣。”（《河南程氏遗书》卷二十五）从这里可以看出，程颐讲的格物穷理，主要是一种个人的封建道德修养的方法。

有人问程颐：“格物，须物物格之，还只格一物，而万理皆知?”他回答说：“怎生便会该通？若只格一物，便通众理，虽颜子亦不敢如此道。须是今日格一件，明日又格一件，积习既多，然后脱然自有贯通处。”（《河南程氏遗书》卷十八）他还说过：“人要明理，若止一物上明之，亦未济事，须是集众理，然后脱然自有悟处。”（《河南程氏遗书》卷十七）这是把格物致知看作一个过程，先是量的积习，然后脱然贯通。这个脱然贯通，是一种神秘的觉悟，可以做到一通百通，“虽亿万亦可通”。但是，他认为“今日格一件，明日又格一件”的积习工夫也是重要的，没有这个积习工夫，就达不到神秘的贯通。颜渊亦只能闻一知十，尚不能一通百通，更不用说一般人了。他所说的积习和贯通的关系，同佛教中“渐修”“顿悟”的说法没有什么两样，集众理的过程是渐修，脱然贯通就是顿悟。有一条语录记载：

> 问：释氏有一宿觉、言下觉之说，如何？曰：何必浮图，孟子尝言觉字矣，曰“以先知觉后知，以先觉觉后觉”，知是知此事，觉是觉此理。古人云：“共君一夜话，胜读十年书。”若于言下即悟，何啻读十年书？（《河南程氏遗书》卷十八）

这里说明儒释的唯心主义思想本来有相通处，不论是孟轲讲的“觉”，还是佛教讲的“悟”，都是一种神秘的境界，而不是指人们正常的认识活动。

程颐一方面说格物不是只格一物，“须是遍求”，须要“积累”；

另一方面又说格物也不是要尽格天下之物，尽穷天下之理，“但于一事上穷尽，其他可以类推”（《河南程氏遗书》卷十五）。把这两个方面、两种说法统一起来，就是：“所务于穷理者，非道须尽穷了天下万物之理，又不道是穷得一理便行，只是要积累，多后自然见去。”（《河南程氏遗书》卷二上）这里还是讲的积习和贯通、渐修和顿悟的关系。需要重复地指出的是，脱然贯通不是对众多事物和现象的科学归纳和总结，找出了其中的规律性，实现了认识过程中从感性到理性的飞跃，而是通过众物之理的启发直达心中之理的神秘的觉悟。在达到这种觉悟之前，有一个集众理的“积习”的过程，这是程颐的方法和邵雍、周敦颐等人的直觉法不同的地方。

程颐把认识的过程讲得比较曲折。他认为，为了致吾心中固有之知，还必须下一番“格物”的工夫，还有一个外求物理的过程。那么，就存在着这样一种可能性，对他的方法的实质没有深刻领会的人，往往只顾追求物理，博闻强记，甚至注重闻见之知，详于经验事物的观察和考究，这样就有可能背离他的唯心主义认识论和修养论的道路。这正是他所要极力反对、极力防止的一种倾向。他一再强调，格物致知的任务就在于认识天理和天命，认识“善”的道德本性，加强封建道德伦理修养，切切忌讳博学而不能反约，忘记这个根本任务。他说：“观物理以察己。”（《河南程氏遗书》卷十八）“明善在乎格物穷理。”（《河南程氏遗书》卷十五）“致知，但知止于至善，为人子止于孝，为人父止于慈之类，不须外面只务观物理。”（《河南程氏遗书》卷七）他把只顾追求物理而不以“明善”为归止的做法比喻为“泛然正如游骑无所归也”（《河南程氏遗书》卷七），认为是“不求于本而求于末”，不是圣人的学问。他说：

古之学者为己，其终至于成物；今之学者为人，其终至于丧己。学也者，使人求于内也。不求于内而求于外，非圣人之学也；不求于本而求于末，非圣人之学也。何谓不求于本而求于

末？考详略、采同异者是也。是二者无益于吾身，君子弗学。（《宋元学案》卷十五）

程颐十分轻视感性认识，贬低闻见之知，以博物多能为大患。他也反对人们正常的理性思维，把它区别于神秘的觉悟。如说：“大凡学问，闻之，知之，皆不为得，得者须默识心通。”（《河南程氏遗书》卷十七）又说：“与叔季明，以知思见闻为患，某甚喜此论，邂逅却正语及至要处，世之学者大敝正在此。”（《河南程氏遗书》卷十五）这种态度，二程是完全一致的。程颢也竭力反对学者博物多能，专注意于内心修养。他的学生谢良佐“初以记闻为学，自负赅博，对举史书，成篇不遗一字”，程颢给他四个字的评语，叫作“玩物丧志”（《胡氏传家录》）。他们以明心中之理为认识的目的和结果，反对逐物理而忘其本，完全是走的一条反对科学研究的道路。

程颐所谓格物致知，最后归结到封建道德的修养。他虽然说过“涵养须用敬，进学则在致知”（《河南程氏遗书》卷十八），似把格物致知当作认识问题，和道德修养问题区别开来。实际上他认为二者有密切联系，认识论不过是道德论的附庸。在他看来，“人只有个天理，却不能存得，更做甚人也？”（《河南程氏遗书》卷十八）通过格物致知，正是去体认这个天理，“天下之理得，然后可以至于圣人”（《河南程氏遗书》卷二十五）。而要致其知，又需要有主体的存养即封建道德修养的工夫。他说：

学者不必远求，近取诸身，只明天理，敬而已矣。（《河南程氏遗书》卷二）

入道莫如敬，未有能致知而不在敬者。（《河南程氏遗书》卷三）

可见格物致知和内心修养的“主敬”有极密切的联系。他还说过：

“致知在所养，养知莫过于寡欲二字。”（《河南程氏外书》卷二）所谓“敬以直内”，所谓“一者无欲”，都是脱离社会实践的修养方法。他认为“存此涵养，久之自然天理明”（《河南程氏遗书》卷十五），要达到对心中之理的“脱然贯通”，只要搞好内心的修养就行了。

把认识论问题和道德修养问题混淆起来，把认识论问题归结为道德修养问题，是宋明时期道学家们的共同特点，这也决定了他们的认识论的唯心主义倾向。因为他们根本不引导人们去研究客观事物及其规律，而是引导人们脱离客观世界，专门去搞内心的精神修养，按照封建道德原则去行事。由于这个特点，道学家们对知行关系问题是很重视的。他们所说的“知”，如上所述，是心中固有的先验之知；他们所说的“行”，亦有特定含义，就是封建道德伦理的践履、实行。不论道学中的哪一派，都认为知和行有密切的关系，他们的知行观都是为巩固封建统治服务的，并在理论上作了系统的发挥和论证。

知先行后

一切唯心主义哲学家都认为知在先，行在后，认识不是从社会实践中来的，而是天所赋予，或主观自生的，知对行具有决定意义。宋以前的一些哲学家就已自觉或不自觉地表述过“知先行后”的思想，如孔丘说：“盖有不知而作之者，我无是也”（《论语·述而》）；《老子》的作者鼓吹“不行而知”，同时也反对“不知而作”，认为“不知常，妄作，凶”；董仲舒提出“知先规而后为之”等等。但是，自觉地明确地提出“知先行后”的命题，并以这个命题为中心，形成一种系统的知行学说和理论，则要归于宋朝的道学家。程颐是最重要的代表人物之一。

程颐的格物致知论就是一种知先说。他以知为吾所固有，通过格物以明心中之理的过程，是把行即实践根本排除在外的。就是说，知在先，知不依赖于行。他认为“有诸中必形诸外”，只要“烛理明”

自然“乐循理”，“循理而行”（《河南程氏遗书》卷十八）。就是说，有了知，行是自然而然的，行是跟着知（“明理”）而来的。这里已经有了知先行后、知本行末的思想。

程颐还用十分明确的语言，把这个思想直接表述出来。他说：

> 须以知为本。(《河南程氏遗书》卷十五)
>
> 君子以识为本，行次之。(《河南程氏遗书》卷二十五)
>
> 须是知了方行得。(《河南程氏遗书》卷十八)
>
> 须是识在所行之先。譬如行路，须得光照。(《河南程氏遗书》卷三)

他认为人做任何事情，都必须有知的指导，以对那件事情的认识、了解为基础，然后才去行动，好比行路需要光照一样。知对于行来说，就是那指路的明灯。他常举例说：“譬如人欲往京师，必知是出那门，行那路，然后可往。如不知，虽有欲往之心，其将何之?”（《河南程氏遗书》卷十八）有了知的指导，行路才有方向，才有可能达到目的地；没有知的指导，行是不可能的，或者是没有任何意义的“冥行”。可见知在行先，知比行更根本，更重要。程颐从各个方面反复阐明知先行后的道理，认为这个道理是古代圣贤早就说过了的，他进而发明之。如说：

> 君子之学，必先明诸心，知所养，然后力行以求至，所谓明而诚也。(《伊川文集·颜子所好何学论》)
>
> 且如欲为孝，不成只守着一个孝字，须知所以为孝之道，所以侍奉当如何，温凊当如何，然后能尽孝道也。(《二程遗书纂》卷下)
>
> 康仲问：……不知如何持守？先生言：且未说到持守，持守甚事？须先在致知。(《河南程氏遗书》卷十五)

始于致知，智之事也。行所知而至其极，圣之事也。《易》曰“知至至之，知终终之”是也。（《河南程氏遗书》卷十八）

知至则当至之，知终则当〔遂〕终之，……知至是致知，博学、明辨、审问、慎思，皆致知知至之事，笃行便是终之。如始条理、终条理，因其始条理，故能终条理，犹知至即能终之。（《河南程氏遗书》卷十五）

这些都不过是说：须先致知，然后力行。知为始，行为终。知是行之因，行是知之果。这就是程颐对知行关系的完全颠倒的看法。从维护封建统治的利益出发，他始终把体认天理、对封建道德有透彻的知放在第一位，用“理”来杀人，更甚于刽子手的屠刀。

程颐的知先行后说，除了唯心主义的武断之外，并没有多少理论。为了揭示它的具体内容，我们分几点来剖析。

一，不知不能行。这和“须是知了方行得”是同一个问题的两个方面。程颐认为，知是行的内在根据和原因，不有诸中就不能形诸外，没有原因就不会有结果，所以说不知就不能行。

有人提出：致知甚难，忠信进德之事，能否勉强而行呢？程颐说：“若不知，只是觑却尧，学他行事，无尧许多聪明睿知，怎生得如他动容周旋中礼？有诸中必形诸外，德容安可妄学？……未致知，便欲诚意，是躐等也。学者固当勉强，然不致知，怎生行得？勉强行者，安能持久？”（《河南程氏遗书》卷十八）他认为知先行后的秩序是不能颠倒的，《大学》格物、致知、诚意、正心等“八条目”，体现了知先行后的秩序，也是不能颠倒、不可躐等的。不致知便欲诚意，不明理而勉强行进德之事，在他看来，就是颠倒，就是躐等。这种勉强而行，只学到了表皮，而没有领会精神实质，既不自然又不能持久，是不值得提倡的。

在实际生活中，不知而行的事情大量地普遍地存在着，广大人民群众哪里会先去体认道学家们虚构的“天理”，然后才去生活行事呢？

程颐也不能否认这一事实，可是这却正好成了他污蔑人民群众是“下愚”的根据。他说：“今人居覆载中，却不知天地在照临之内，却不理会得日月，此冥然而行者也。”（《二程遗书纂》卷下）他以知不知、明理不明理来区别圣凡，污蔑广大人民群众都是不知而作的冥然而行者。如说：“盖有不知而作之者。凡人作事皆不知，惟圣人作事无不知。”（《河南程氏遗书》卷二十二上）只有少数的统治者、道学家才被吹捧为“无不知”的圣人。其实，孟轲早就说过：“行之而不著焉，习矣而不察焉，终身由之而不知其道者，众也。”（《孟子·尽心上》）程颐对这句话进行了解释和发挥，他说：“此言大道如此，而人由之不知也。行之而不著，谓人行之而不明晓也；习矣而不察，谓人习之而不省察也。”（《河南程氏遗书》卷十八）又说：“行之不著，如此人多。若至论，虽孔门中，亦有由而不知者，又更有不知则不能由。”（《河南程氏遗书》卷六）他的弟子不解，程颐分辩说：“在众人，习而不察者，只是饥食渴饮之类，由之而不自知也。如孔门弟子，却是闻圣人之化，入于善而不自知也。”（《河南程氏遗书》卷十八）他把行而不知又分为两种情况：一种是指人的生理本能，习以为常而不自知，他污蔑广大人民群众只会饥食渴饮，完全受这类生理本能的支配；另一种是指“化圣入善”，行为不假思索，自然合乎仁、义、礼、智、信等封建道德规范。这种情况虽然也是由之而不自知，但实际上已达到了知和行的统一，是包括了知（善道）在内的行，这是对一些圣门高足的吹捧。程颐否认劳动人民可以通过实践获得知识，行其所不知以致其知，认为他们永远无知，因此永远不能循理而行，而只能是“冥行”。总之，如他所说的：“且恁地说到底，须是知了方行得。”（《河南程氏遗书》卷十八）“不知则不能由”，这是他的基本命题，故言“更”者不怪。

二，能知必能行。程颐认为行是依赖于知的，行总是和知联系在一起，他反对离开知来谈行。只要有知，自然见诸于行，知必能行，没有知而不能行的。他说：“人谓要力行，亦只是浅近语。人既有知见，岂有不能行？一切事皆所当为，不必待着意做；才着意做，便是有个私心。”（《河南程氏遗书》卷十七）这是说知最重要，只要有知见，没有不能行的，一切事皆所当为，自然而然地做去，不必专门在力行上下功夫。他还说：“知之明，信之笃，行之果。”（《伊川文集·颜子所好何学论》）“知之深，则行之必至，无有知而不能行者。”（《河南程氏遗书》卷十五）认识愈明确、愈深刻，行动也愈果决、愈笃实，愈易于取得成功。譬如，“饥而不食乌喙，人而不蹈水火，只是知”（《河南程氏遗书》卷十五）。饥而不食乌喙，是因为深知乌喙有毒；人不蹈水火，是因为深知水火能致人丧命。这种完全自觉、不待勉强的行动，只是来源于明确、深刻的知见。反之，“人为不善，只是不知”（《河南程氏遗书》卷十五）。他所谓“善”，当然有鲜明的阶级内容，完全是以封建统治阶级的利益为标准来进行善恶的道德评价。他把人做不善的事情，归结为不知善的缘故。那么，只要加强封建道德教育，使人们知善，就可以防止不利于封建统治阶级的事情发生了。程颐称道孔丘的大弟子颜渊“有不善未尝不知，知之未尝复行”（《伊川文集·颜子所好何学论》），树立这样一个知善行善的标本，教人仿效，就是想把反抗封建统治的行为消灭在“知”的阶段。

三，知而不能行，只是未真知。不知不能行，能知必能行，表现了知和行的统一。知和行有没有脱节的时候呢？知道了做不到，言行不一致，这在剥削阶级中是常有的事情。程颐怎样解释这种知行脱节的现象呢？他的回答是：

> 人知不善，而犹为不善，是亦未尝真知；若真知，决不为矣。（《河南程氏遗书》卷二上）
>
> 守死善道，人非不知，终不肯为者，只是知之浅，信之未笃。（《河南程氏遗书》卷二十三）
>
> 知而不能行，只是知得浅。（《河南程氏遗书》卷十五）

这里他提出了知有深浅、知有至不至、知有“真知”和“常知”的区别的问题，进一步说明所谓“能知必能行”是指的“深知”“真知”，“学者须是真知，才知得是，便泰然行将去也”（《河南程氏遗书》卷十八）；而“知之浅”“未真知”“知未至”则是知而不能行的原因。知而不能行，只是未真知，实际上还是把不行的原因归结为不知，并没有违背他的知行统一的原则。

程颐说：“知有多少般数，煞有深浅。”（《河南程氏遗书》卷十八）知之深浅和行为的自觉不自觉、至与不至有密切关系。对一般人来说，饥而不食乌喙，人不蹈水火，不为穿窬之事等，这些都是不待勉强的自觉的行动；如果说非礼之事不可为，行动就有些勉强，不如不食乌喙、不蹈水火、不为穿窬那么自觉了。这种区别就是由于知有深浅的缘故。他说：“为常人言，才知得非礼不可为，须用勉强，至于知穿窬不可为，则不待勉强。是知亦有深浅也。古人言乐循理之谓君子，若勉强，只是知循理，非是乐也。才到乐时，便是循理为乐，不循理为不乐，何苦而不循理，自不须勉强也。”（《河南程氏遗书》卷十八）行为自觉不自觉，勉强不勉强，只是知循理，还是乐循理，完全决定于知之深浅。

程颐讲的“深知”，有时就是指的“真知”“实见”。他说：

> 向亲见一人曾为虎所伤，因言及虎，神色便变。傍有数人，见他说虎，非不知虎之猛可畏，然不如他说了有畏惧之色。盖真知虎者也。学者深知亦如此。（《河南程氏遗书》卷十八）
>
> 昔若经伤于虎者，他人语虎，则虽三尺童子，皆知虎之可畏，终不似曾经伤者神色慑惧，至诚畏之，是实见得也。……古人有捐躯陨命者，若不实见得，则乌能如此？须是实见得，生不重于义，生不安于死也。故有杀身成仁者，只是成就一个是而已。（《河南程氏遗书》卷十五）

区别开深知和浅知、真知和常知、实见和非实见，就可以说明为什么会有知必能行和知而不行、不待勉强和须用勉强、乐循理和知循理的不同了。大家都知道应该为善，但只有真知、深知者才能做到为善。“至如执卷者，莫不知说礼义；又如王公大人，皆能言轩冕外物。及其临利害，则不知就礼义，却就富贵。如此者，只是说得不实见。”（《河南程氏遗书》卷十五）程颐的用心很明显，他要求人们真知、深知封建道德，自觉地遵守它，从而更有效地加强封建道德的统制力量，为巩固反动的经济基础服务。

程颐所谓“真知”“实见”，就是要对心中固有之理有透彻的认识，表现为行动自不待勉强。他说：“实理者，实见得是，实见得非。凡实理，得之于心自别，若耳闻口道者，心实不见。若见得，必不肯安于所不安。”（《河南程氏遗书》卷十五）但是，值得注意的是，他关于“真知”的具体论述，他列举的一些实例，如果加以正确的解释，就可以否定“知吾固有”的先验论，甚至生动地阐明了一切真知都是来源于直接经验的道理。他常举一田夫曾被虎伤，谈虎色变的例子，认为“真知与常知异”，“真知须如田夫乃是”（《河南程氏遗书》卷二上）。他又以饮食为例，说：“且如脍炙，贵公子与野人，皆莫不知其美，然贵人闻着，便有欲嗜脍炙之色，野人则不然。”（《河南程氏遗书》卷十八）公子哥儿有饱嗜脍炙的实际体验，乡野农夫常年以糠菜果腹，从来不知脍炙为何味，他们的感受和反应当然是不一样的。只有亲口吃过的人，才能真知脍炙的味道。从这些实例看，他所谓“真知”和“常知”的区别，实际上就是亲知和闻知、直接经验和间接经验的区别。“真知”只能来自实践，由此应该合乎逻辑地得出“行先知后”的结论。怎样证明某种知识是不是“真知”呢？程颐认为也要看行。能知必能行，行善才能证明真知善；知而不能行，只是未真知，不行善即证明未真知善。另外，从行为的至与不至、勉强不勉强，是否做到了“乐循理”“泰然行将去”，也可以判断是否真知、深知。在真知的来源和检验真知的标准问题上，程颐的论述都多少包含一些合理因素，特别是那些以生活经验为基础的实例，往往可以导致革命的结论。但是，这些实例容纳于他的唯心主义体系中，都是以歪曲过的形式出现的，是为论证反科学的知先行后说服务的，他并没有得出实践出真知和实践是检验真理的标准的正确结论。

综上所述，程颐是从不知不能行，能知必能行，知而不能行、只是未真知等相互联系的几个方面来论证知先行后的。他强调在“知为本”的基础上把知行二者统一起来，只要内心有彻底的知，行就自然而然地发诸外。所以黄宗羲说：“伊川先生已有知行合一之言也。”（《宋元学案》卷十五）还有人把程颐的知行学说称为“重知的知行合一说”，并不是一点道理也没有的。

行难知亦难

一千多年以前流行的“知之非艰，行之惟艰”的古老格言，通过作为儒家经典的《尚书》的记录和传播，一直为士人所熟知，并被奉为绝对不可动摇的教条。程颐为了强调“知”的重要作用，敢于对这个教条进行修正，提出行难知亦难的观点，这种勇气在当时还是堪称难得的。他的思想实际上走得更远，整个儿是同《尚书》唱反调，认为知之实难，行是容易的。但是，这个以儒家“道统”的继承人自命的道学先生，终不敢公开反对古代经典的训示，而是采取了行难知亦难的折衷提法，来推销他的重知轻行的唯心主义知行观。程颐提出：

> 故人力行，先须要知，非特行难，知亦难也。《书》曰：“知之非艰，惟行之艰。”此固是也，然知之亦自艰。譬如人欲往京师，必知是出那门，行那路，然后可往。如不知，虽有欲往之心，其将何之？自古非无美材能力行者，然鲜能明道，以此见知之亦难也。（《河南程氏遗书》卷十八）
>
> 古之言“知之非艰”者，吾谓知之亦未易也。今有人欲之京

师，必知所出之门，所由之道，然后可往。未尝知也，虽有欲往之心，其能进乎？后世非无美材能力行者，然鲜能明道，盖知之者难也。（《二程粹言》卷一）

他提出“行难知亦难”的重点在于说明知难，突出知的作用。为什么说知难？因为人要力行，先须要知，先须明道。知之即能行，不知不能行，知对行有决定作用，行完全依赖于知。他主要还是用知先行后来论证“知之者难”。另外，程颐还利用孔丘说的“民可使由之，不可使知之”这句话来论证知难。据有关语录记载：

子文问“民可使由之，不可使知之”。曰：不可使知之者，非民不足与知也，不能使之知尔。（《河南程氏遗书》卷二十二上）

问：“民可使由之，不可使知之”，是圣人不使知之耳，是民自不可知也？曰：圣人非不欲民知之也。盖圣人设教，非不欲家喻户晓，比屋皆可封也。盖圣人但能使天下由之耳，安能使人人尽知之？此是圣人不能，故曰“不可使知之”。（《河南程氏遗书》卷十八）

他认为“不可使知之”不是“不欲使民知之”，而是“不能使之知”。也就是说，知之甚难，老百姓的脑瓜太笨，就是圣人也不能“使民知之”。比较而言，行之较知之为易，所以“使民由之”还是可以做到的。

程颐还说过：“学为易，知之为难；知之非难也，体而得之为难。”（《河南程氏遗书》卷二十五）这是说知之固难，真知尤难。“体而得之”不是亲身实践、由行得知的意思，而是体认天理、反躬自得的意思。他说：“反躬而诚，只是言得。”（《河南程氏遗书》卷二上）“学莫贵于自得，得非外也，故曰自得。”（《河南程氏遗书》卷二十五）他认为对心中之理有所见、有所得，才是真知、实见。凡实理，耳闻口道易，得之于心难。他最看重的就是这种心得实理的知，认为是最可贵、最难得的。

关于“行难”，程颐除了对“知之非艰，行之惟艰”的古训抽象肯定了一句“此固是也”之外，没有作过任何论证。实际上，知之难易只是相对于行来说的。强调“知难”，就是说知难于行，已经包含“行易”的意思在内；过于突出知的作用，就势必要贬低行。程颐说：“如眼前诸人，要特立独行，煞不难得，只是要一个知见难。人只被这个知见不通透。人谓要力行，亦只是浅近语。人既能知见，岂有不能行?”（《河南程氏遗书》卷十七）如此强调“只被这个知见不通透”，“只是要一个知见难”，而把要力行贬斥为“浅近语”，这不是明确的知难行易、重知轻行的观点又是什么？顺便指出，后来孙中山也讲知难行易，他是鼓励人们勇于实行，和程颐轻视力行的态度是有所不同的。

程颐的全部知行学说，表现出极鲜明的重知的特点。他以知为本，知为先，知为难，知为贵，要人们全力去求知，明心中固有之理，对封建道德有透彻的认识；至于力行，那是“次之”，不必专门下功夫，它是跟着知自然而来的。为了鼓励人们勇于求知，不惮难而止，他又不极言求知明理之难，认为只要终身为之，颠沛造次必于是，学圣人之道亦“非实难然也”。他说：

> 今人之学如登山麓，方其易处，莫不阔步，及到难处便止，人情是如此。山高难登，是有定形，实难登也；圣人之道，不可形象，非实难然也，人弗为耳。颜子言“仰之弥高，钻之弥坚”，此非是言圣人高远实不可及，坚固实不可入也。此只是譬喻，却无事，大意却是在“瞻之在前，忽焉在后”上。（《河南程氏遗书》卷十八）
>
> 知之必好之，好之必求之，求之必得之。古人此个学，是终身事，果能颠沛造次必于是，岂有不得道理？（《河南程氏遗书》卷十七）

求知甚难，“得之”即已经实现从“难”到“弗难”的转化。他还是承认这个转化的，转化的条件就是要有颜渊学习孔丘的那种精神，努力学习圣人之道，要终身为之，颠沛造次必于是。辩证唯物主义认为，实现从不知到知的转化的条件，主要靠参加社会实践。程颐所谓“知”的意义却根本不同，求知的途径也不一样，他始终把内心的道德修养放在第一位，否定知是从行即实践中来的。

程颐的格物致知论和知先行后说是彻底的唯心论的先验论，与客观真理的追求以及近代科学精神毫无共同之处。它完全排斥了人们参加社会实践的必要性，而是要求人们按照封建道德去进行修养，体认天理，循理而行，以成就所谓“圣之事”。他把格物致知和知行问题都归结为道德修养的方法，就说明并非要去解决正确认识客观世界的问题，倒是完全暴露出了他的一副封建卫道士的可恶嘴脸。程颐的唯心主义知行理论，经过朱熹的全面继承和发展，其流毒就更加深广了。在它的影响下，封建社会的官僚士大夫和一般知识分子，为学偏重格物致知，这种求知工夫又专门到读书明理、章句浮文中去发挥，而不注重实事实功，造成一种“空疏谬妄”“烂熟萎靡”的极端腐朽的社会风气。封建统治阶级按照程朱的理论所造就的人才，在国家民族危亡之时，“上不见一扶危济难之功，下不见一可相可将之材”，结果只能“兄于契丹，臣于金元”，不是“两手以二帝畀金，以汴京与豫”，就是“两手以少帝付海，以玉玺与元”（颜元《存学编》）。只有社会实践才是检验真理的唯一标准，后人正是从历史的实践中认识到了这种知行理论的严重危害并且找到否定它的充足理由的。

［原载《中国哲学》第 5 辑，生活 · 读书 · 新知三联书店 1981 年版，主体部分后收入《中国哲学史上的知行观》（人民出版社 1982 年版）第四章第一节］

儒、道两家思想构成了中国传统文化的主干

关于中国民族文化传统，有一种观点，认为儒家思想是中国文化的主流，儒家始终占统治地位，于是把儒学看作中国民族文化传统的实质内容。有人还提出了儒学的复兴，或所谓儒学的第三期发展的问题。我认为，在讲中国民族文化传统时独提儒学，这种观点多少有些偏狭。中国民族文化传统是在历史上形成和发展的、多种构成要素的复杂组合。先秦以来的诸子百家，以至佛教等外来思想，都在长期的斗争和融合过程中，渗入我国民族文化传统。我认为，其中道家思想的地位和作用是不可低估的。能否这样说，儒道两家思想构成了中国民族文化传统的主干？老子基于生活智慧的辩证法，庄子对人生真理的探索，申韩“惨礉少恩”的法治主义，都是对于儒家思想的补充，以后都被吸收、融化在董仲舒等儒家的思想体系中。儒道结合在魏晋玄学的名教与自然之辨中就看得更清楚了。佛教传入中国以后，儒道两家思想的影响也是占主导地位的。封建时代的知识分子，往往在朝时是儒家，在野时是道家；从表现形态看，不是外儒内道，就是外道内儒。不仅知识分子，就是一般民众，在他们的传统观念中，也渗透了不少老庄的哲理。鲁迅先生论述“国民性”问题，是把道家思想对中国民族性格和社会心理的影响也充分估计进去了的。这个论点如果能够成立，对于我们正确认识中国民族文化传统，明确批判继承的任务，将是有重要意义的。

（原载《求索》1986 年第 1 期）

中国哲学的五大问题

上海师范大学中国哲学学科在不到十年的时间中有了这么多在读的博士生、硕士生，现在也有博士后了，发展得非常快，这也反映了我们整个国家中国哲学学科发展的情况。对我们这些老人来说，看到我们这个队伍不仅后继有人，而且已人才辈出，确实非常高兴。

我今天是想讲讲中国哲学本身有些什么主要的问题，也就是说从我们中国哲学自己的问题意识出发有哪些最重要的问题。在这里，我想首先从中国哲学的合法性这个问题谈起。大家知道，关于中国哲学合法性的讨论到今天实际上已经十年了。这个讨论对我们中国哲学学科的建设和发展来说，我认为意义非常重大。如果我们能够撷取这个讨论的积极成果，那对中国哲学学科今后的发展应该说能够起到很重要的作用，否则这个学科以后的发展还会出现争议。所以，我觉得对这个讨论进行科学的总结非常重要。但直到今天来说，我看恐怕还没有人很认真地做这件事情，而且这个讨论到今天也还没结束。实际上，现在报刊上还是不断有这类的文章发表，仍然各种意见都有。

关于中国哲学合法性问题的重要性我也是逐渐认识到的，开始我并没有太注意和参与。在 2005 年西安那个会上，我对中国哲学的合法性问题有一个发言①，其中我把这个问题又分解为三个层次的问题。

---

① 指作者 2005 年 6 月 4 日在中国哲学史学会 2005 年年会暨“中国哲学的现代化与世界化”学术研讨会上的发言，即本卷所收《回应中国哲学“合法性”质疑的三个问难》一文。

一个就是中国有没有哲学的问题。这是当然的基础。如果像黑格尔讲的，中国没有哲学，只有些道德格言；或者像德里达讲的，中国没有哲学只有思想，还没达到哲学的层次；如果连中国有哲学这点都不能得到认可，那它的合法性又从何谈起？所以这是一个最基础的问题。再一个问题就是，从胡适发表《中国哲学史大纲》的近百年来，我们设计中国哲学或中国哲学史这个学科究竟有无合法性。这是一个讨论的中心问题。不管是胡适还是冯友兰，从他们以后所写的中国哲学史实际上都是以某一种西方哲学为标准模式，把中国的一些材料放进去，因而被认为写出的都不是“中国的哲学”，而是“哲学在中国”，即在中国被发现。那么从这个角度来说，我们的中国哲学这一学科的合法性也大成问题。这是第二个层次，实际上讨论的是现实针对性。第三个问题就是，用马克思主义哲学史观和方法论为指导来研究中国哲学史是否具有合法性。现在我们的“马克思主义理论研究和建设工程”里有一个教材就是《中国哲学史》，中共中央制定的学术规划里就包括中国哲学史，那当然强调以马克思主义为指导。但在此次讨论中这一点也受到质疑。关于应该怎么看中国哲学的合法性问题，我想从这三个方面简单地讲讲我的思考。

首先，中国有没有哲学的问题，实际上就是站在西方哲学中心论的立场才提出来的问题。我想，这里面有两个方面的问题如果能够解决好或者处理好，则中国有没有哲学就不难回答。一个是所谓名实关系，即中国哲学之“名”和中国之“实”的关系。还有一个就是共殊关系，也就是普遍和特殊的关系，共性和个性或者共相和殊相的关系。中国古代原来没有叫作“哲学”的这样一门学科，“哲学”这个名字最早是日本哲学家西周从西方翻译过来的，而中国人最早则应是黄遵宪在清末的时候又从日文中引进来的。中国古代虽然没有哲学之名，但不等于说中国的古人就没有研究宇宙、人生大本大原问题的学问。像司马迁讲的“究天人之际，通古今之变”（《报任安书》），这样的学问是什么学问？还有中国古代讲的“道学”“玄学”“义理之学”“天人之学”，这些学问具体研究的对象应该说都是哲学。虽然没有哲学这个“名”，但实际上有它的“实”。一个文化积累那么深厚、那么发达的国家，要说没有思考宇宙、人生根本问题的学问是不可想象的。从共殊关系的方面来说，西方哲学并不代表普遍性，它实际上也是哲学里面的一种类型，也只是殊相而不是共相。现在有人用“家族相似”的概念，以说明中国哲学、印度哲学、西方哲学等都只是哲学这个家族里面的一员。如果把西方哲学当作了共相，拿它来衡量其他民族的哲学，那当然会对这些民族哲学的合法性产生怀疑。但如果按照共性和个性、共相和殊相的关系，把西方哲学也看成一种作为殊相的特殊形态哲学，那么就不难解决中国有没有哲学的问题。

第二个问题是关于我们近百年来所发展建立起来的中国哲学或中国哲学史这个学科的。这里很重要的一点是，我们讲哲学是时代精神的精华，中国哲学如果不随着近现代社会的变化而发生一种现代转型，如果永远还是那么古老的形态的话，那它就不能体现我们今天这个时代的精神。如果我们的学术形态还是过去那种经、史、子、集四部之学，那就没有我们近现代的这种分科之学，当然也就没有哲学，还是停留在传统经学、子学里面。所以近代以来，虽然胡适、冯友兰这些人开创中国哲学史学科比较晚，但是有必然性。在和西方哲学发生这种交涉以后，特别是进入全球化时代以后，学习借鉴西方哲学是不可避免的。蔡元培就讲过，中国哲学史的建立，一开始没有可以依傍的，当时只有依傍西方哲学。[①] 所以，参照和借鉴西方哲学的一些范式与话语体系是有必然性的。当然，我们讲以西方哲学来解释中国哲学有必然性，并不必然就会否定中国哲学的合法性，或者丧失中国哲学的主体性。如果我们的目标很明确，我们研究中国哲学就是为了解释中国哲学自身发展的轨迹和规律，解释中国传统哲学固有的精神和脉络的话，那么完全可以把外来的哲学，像西方的现象学、解释学

---

① 见《胡适文集》第6卷，北京大学出版社1998年版，第155页。

当作一种工具和手段来为我所用。同样，语言形式也是可以变化的，也是可以为我们所用的。

我在中国哲学合法性问题的讨论中注意到有两个概念，一个叫作"以西范中"，一个叫作"以西释中"，觉得这两者还不一样。"以西范中"问题就比较大一些。像冯友兰先生所说，哲学本来是西方的，我们现在做中国哲学怎么做呢，就是从我们古代的学问中间，把那些和西方哲学相类似的材料选出来，变成中国哲学史。[①] 这就是"以西范中"，或者用他讲的一句话就是"旧瓶装新酒"，用西方哲学这个旧的"瓶"装中国哲学史上的材料这个"酒"。这种做法当然就难免削足适履，因为在中国哲学中间有好多是西方哲学的范式这个瓶子装不下去的一些材料，那就必然要舍弃。而实际上是最重要的东西都装不进去，所以"以西范中"有比较严重的问题。现在批评过去所写的中国哲学史缺乏合法性很大程度上就是针对这种情况。"以西释中"则不同，我们可以是在自立宗主的情况下，在明确为了解释中国哲学自身发展内在理路的目标下，来用其他的一些理论和方法作为解释工具，这是可以的，今天说来也是可能做到的。而且，近现代以来我们建立中国哲学这个学科不仅有现代性这一个维度，实际上许多学者也非常重视民族性这一另外的维度。胡适的《中国哲学史大纲》一出来时，梁启超就从这个维度出发批评得很厉害。后来冯友兰先生写《中国哲学史》的时候本人也很强调中国哲学的民族性。张岱年先生还有在港台的学者像牟宗三先生，实际上都反对用西方哲学的模式来套中国哲学的材料。他们自己本身虽然都借鉴了一种西方哲学，比如说牟宗三即用康德哲学来讲儒家思想，但他们也反对完全按照西方哲学问题的框框来套解中国哲学，也很注意民族性这个维度。所以说，回顾近百年的中国哲学史，现代性和民族性这两个方面之间有张力，但很多哲学家实际上也很注意二者的统一。就此而言，我觉得整个否定中

① 见冯友兰《中国哲学史》，中华书局 1947 年版，第 1 页。

国哲学学科的合法性至少是片面的。我感到，很需要对近百年来中国哲学的史学史加强研究、总结，这样有些问题可能就会看得更加清楚。

第三个问题是用马克思主义的哲学史观和方法论来研究中国哲学史是否具有合法性。在这个讨论中，至少有些论者所谓想要突破的一个“紧箍咒”实际上就是针对这一点。当然过去用唯物唯心这样一个框框来套中国哲学史，有些著作写得确实毛病比较大，表现出一种教条主义。所以，几十年来有些学者一直在这方面提出问题。从1957年北大的哲学史讨论，到“四人帮”粉碎以后70年代末中国哲学史方法的讨论，都有针对性地批评过这种情况。但是，今天我们“马克思主义理论研究和建设工程”中的中国哲学史教材怎么写？还是要坚持以马克思主义为指导。这不只是从一般的意义上说，发展哲学社会科学要以马克思主义为指导，而中国哲学史作为一门历史学科要成为科学就不能离开唯物史观的基本原理；而且即使从中国哲学这个学科本身来说，或者不管写西方哲学史还是写中国哲学史，马克思主义哲学史观和方法论的基本原则也都必须遵守。过去我们在有的学校开哲学史方法论这门课，或者叫哲学史纲，那都是中西哲学史在一个课堂上课的，像冯契先生就非常重视这一点。所以，在这个问题上我们既要指出过去工作中的问题，但也不能有片面性。

在中国哲学合法性的讨论中，提出以上这些问题非常有益，特别是使我们更加重视一种文化、一种哲学的民族主体性，重视怎么在确立民族主体性的基础上来吸收西方哲学的一些成果。我今天要讲的，从中国哲学自身出发我们有些什么问题，从我们自己的问题意识来寻找按照这些问题的展开及其必然性的那种内在理路、发展轨迹，揭示其规律，目的实际上也就是探索怎样更好地确立民族主体性。我觉得这个问题应该是中国哲学合法性讨论最重要的积极成果之一。在这次讨论中有些提法还是很值得考虑的，比如提出要进行范式创新，要重写中国哲学史。但这个创新与重写是一个很严肃、很重要的事情，只有在正确的思想指导下才能够创新得好，才能重写得好。当时提出的有些口号，比如说要实行精神生产的“退耕还林”，回归中国哲学的原生态；还有的明确要回到经学和子学，不能像胡适、冯友兰那样写中国哲学史。冯友兰先生在《三松堂自序》里面讲到，他在北大上中哲史的时候，有个老先生从三皇五帝讲起，讲了一个学期才讲到了周公。[①] 这应该算是原生态了吧？但在五四时代胡适一讲中国哲学史，他的课堂上有那么多人，就没人再听那个老先生的课了。可见，要回到“以中释中”，完全排斥西方的东西，这也是不行的。我觉得我们的研究只要真正确立了中国哲学的主体性、自主性，然后借鉴西方哲学的理论和方法，坚持马克思主义哲学史观和方法论的基本原则，这些都不成问题，是能够把这个关系处理好的。我在前几年提出一个说法，即一般讲来中国文化是“马魂中体西用”，这在中国哲学研究中也适用。“马魂”就是以马克思主义的基本原理为指导，具体对中国哲学史学科来说就是要以马克思主义哲学史观和方法论的基本原则为指导。“中体”就是强调我们的民族文化和中国哲学的主体性。因为我们研究的对象是中国哲学，作为一种哲学生命，它的生命主体、运作主体、创造主体以及接受主体就是中国哲学本身。“西用”是说西方的各种研究方法都是可以借鉴的。比如说，要很好地解释《周易》及玄学中讲的“象”这个概念，那么选择现象学就可以起到很好的帮助。现在有不少学者运用现象学、解释学这些西方哲学的方法搞中国哲学，就取得了很多成果。

我今天要讲的中国哲学自身的一些问题也是从民族主体性这个角度出发，看看我们中国哲学自身有些什么重要的问题实际上是贯穿整个中国哲学史的，而不是从西方哲学有什么问题出发再来看中国哲学里边有没有这样的材料。这些问题既反映了哲学的共性，但又拥有中国哲学的个性。就此也可以看出，中国哲学并没有脱离人类文明的整体，所以到了近现代以后才又可以会通，而我们的近现代哲学实际上

① 见冯友兰《三松堂全集》，河南人民出版社 2001 年版，第 170－171 页。

就已经实现中西合流了。我们就是根据这些传统哲学问题的根基，来吸收西方的东西并转型转换成我们现在的哲学问题。我想今天就着重谈谈我理解的中国哲学的五大问题。这五大问题都是关于宇宙、社会、人生的根本问题。从哲学的研究对象来说，应该说世界各民族哲学都有相似性或共同性，而提出和解决问题的方式，所形成的话语系统，各个民族又各有自己的特点，因而形成了各个民族自己的哲学传统。由于这个研究的问题对象有相似性或共同性，所以在不同的民族哲学之间进行交流、对话、会通就有了可能性，因而可以说“东哲西哲，心同理同”。

中国哲学探讨的是一些什么问题呢？司马迁讲，他写《史记》的目的是“欲以究天人之际，通古今之变，成一家之言”。这里面“究天人之际”和“通古今之变”就是中国古代哲学的两大主题。中国哲学对宇宙的存在状态及发展规律的认识，主要表现为荀子所说的“阴阳大化”，也就是阴阳矛盾学说。我们也像“究天人之际”“通古今之变”一样，用一句话来概括，叫作“探阴阳之赜”。“赜”就是探赜索隐那个“赜”。这个阴阳矛盾学说，可以说也是天论的一个主题。张岱年先生的《中国哲学大纲》分为天论、人论和知论，天论的第二部分叫作“大化论”，就是我们讲的“探阴阳之赜”。中国哲学的人论这一部分，除了我刚才讲的“通古今之变”，也就是通常讲的社会历史观这部分以外，还有丰富的人生哲学。人生哲学的核心，是如何培养成就理想人格的问题，即所谓“成人之道”，我们也用一句话概括，叫作“乐成人之道”。天论两个大问题，一个是“究天人之际”，一个是“探阴阳之赜”。“人论”两个大问题，一个是“通古今之变”，一个是“乐成人之道”。另外，世界各国哲学中间都还有求知求真的行为方法问题。中国哲学从先秦开始就有“知人知天”的学说，宋明理学中间也有“为学之方”的讨论，这部分内容我们用一句概括为“求致知之方”，就是我们现在讲的认识论和方法论。总之，我今天讲的这个题目“中国哲学的五大问题”，就是指“究天人之际”“探阴阳之赜”“通古今之变”“乐成人之道”“求致知之方”。这五大问题是从我们自己的问题意识出发提出的，可以涵盖自古至今中国哲学的主要内容。古人提出这些问题并不断地对它们做出回答，而近现代与西方哲学交流与会通的基础也就是原有的这些问题。以下我就粗线条地分别讲一下这几个问题。

第一个就是“究天人之际”。恩格斯说：“全部哲学，特别是近代哲学的重大的基本问题，是思维和存在的关系问题。”[①] 这个问题的根源实际上在蒙昧时代狭隘而愚蠢的观念，如灵魂不死这样的观念中，以后这个问题越来越明确地表现出来，各民族都有类似的这种情况。冯契先生在《中国古代哲学的逻辑发展》中将哲学史一般性地界定为：“根源于人类社会实践主要围绕着思维和存在关系问题而展开的认识的辩证运动。”[②] 哲学的基本问题在各民族哲学的具体发展历程中当然有不同的表现形式，在中国哲学中首先就表现为天人关系问题，也就是人和周围世界的关系问题。人是有思维能力和社会能力的，外在于人的世界作为对象化的存在同人发生关系。

天人关系问题在中国哲学中具有首要的地位，很多哲学家实际上都讲到了这一点。比如董仲舒就讲：“天人相与之际，甚可畏也。”（《汉书·董仲舒传》）也就是说，天人关系问题是最值得重视、最值得敬畏的一个问题。邵雍说：“学不际天人，不足以谓之学。”（《皇极经世·观物外篇》）如果你的学问没有解决天人关系问题，那你这个学问就没有做到家，至少不是最高的学问。戴震说：“天人之道，经之大训萃焉。”（《原善》卷上）他认为中国古代经学的最高道理就是天人之学。另外，我们还看到对一些人的称赞、表扬也体现出这一点。比如，何晏称赞王弼说：“若斯人者，可与言天人之际乎！”（《世说新语·文学篇》）就是说，可以与之讲“天人之际”这种学问的只

① 《马克思恩格斯选集》第4卷，人民出版社1972年版，第219页。

② 冯契：《中国古代哲学的逻辑发展》，上海人民出版社1983年版，第11页。

有这位先生，这是在表扬王弼。谭嗣同表扬王船山说：“五百年来学者，真通天人之故者，船山一人而已。”[①] 也是说天人之学是很高深的学问，很多人实际上不沾这个边，没有懂得里面的精奥。这些说法都是把天人之学看作能够洞悉宇宙、人生的本质，能够把握其究竟根源是什么的学问。由此可以看出天人之学在中国哲学乃至整个中国传统学术中间都处在一个首要的地位，有些学者甚至把整个中国哲学就叫作天人之学。我们通常把天论这部分叫作宇宙观或本体论，这是中国哲学中最重要的一层内容。张岱年先生对此有一个简单的解释：“哲学为天人之学。天者广大自然，人者最优异之生物。哲学所研究者即自然之根本原理与人生之最高准则。哲学即根本原理与最高准则之学。”[②] 天人之学也就是对于宇宙、人生的大本大原问题作一种形上之思，包括宇宙的本质和根本原理，我们人类的处境和人生的最高准则等。中国哲学的特点是“推天道以明人事”（《四库全书总目提要·易类》），就是说我们研究天道的目的是人事，是为了做人及治国。换一个角度又讲“思知人不可以不知天”（《中庸》），就是说要达到明人事的目的，关于天道问题的研究是不可缺少的。因此，要知人必须要知天，而知天的目的则是明人事。西方哲学往往喜欢探究现象背后的存在本身是什么，把这种学问叫作本体论；中国哲学一般不主张本体和现象二分，所以它不只是去探究现象背后的本体，同时也要研究宇宙的起源与结构、发展演变甚至其最后的归宿等问题。这部分内容我们通常叫作宇宙论。本体论与宇宙论这两个概念不完全一样，但实际上都是在天道观这个研究范围里。

中国哲学对天人关系的研究在几千年的发展过程中有不同的思想路线，至少可以分为六条路线。一条是把天作为宇宙、社会、人世的最高主宰，这是所谓天命论的路线，也就是我们通常说的所谓“外在

---

① 转引自《梁启超全集》第10卷，北京出版社1999年版，第3076页。

② 《张岱年全集》第3卷，河北人民出版社1996年版，第216页。

超越”之路。从殷周时期的天地崇拜，一直到董仲舒的天人感应论，实际上都是走“外在超越”之路。所以西方基督教传到中国来，他们把这些内容作为在中国的“外在超越”的思想资源。第二条是以孔子、孟子一直到李翱为代表的“尽心知性知天”这样一条向内省察的路线。第三条是以荀子为代表的“制天命而用之”、讲天人之分及向外行动以改造自然的路线。荀子以后还有王充、柳宗元、刘禹锡，一直到王廷相、王夫之。第四条就是阴阳五行的宇宙系统论路线，从《管子》开始，包括《吕氏春秋》和《淮南子》以及董仲舒的一些思想。第五条是“通天下一气”的气论。从老子开始，庄子、《管子》及以后很多思想家像王充、张衡、杨泉到王安石都讲一点。第六条是“道通天地”的宇宙本体论路线。从老子、庄子、《易传》开始，以后玄学的何晏、王弼、郭象，佛教的僧肇、《大乘起信论》，到宋明理学的周敦颐、张载、朱熹、王阳明都是这条路线的代表。可见，围绕着天人关系问题中国古代哲学有这些不同的思想路线。到了近现代西方哲学和中国哲学发生交涉以后，天人关系的学说又发生了近现代转型，它和西方哲学比较明朗的两条分歧路线[①]越来越相结合，这个我就不详细展开讲了。

第二个问题是“探阴阳之赜”。“探赜索隐”这个“赜”是幽深、玄妙的意思。“探赜索隐”就是要去探索那些幽隐的奥秘。天人关系作为中国哲学的基本问题是回答宇宙的本质、本原或本根这样的问题，而关于宇宙的学说还有一个重要部分，就是探求宇宙存在的状态、发展历程及规律是什么。张岱年先生的《中国哲学大纲》天论部分又分为两个部分，一个叫作“本根论”，一个叫作“大化论”。他说：“大化即宇宙之整个的变易历程之义。大化论即是对于大化历程中之根本事实之探讨。”[②]“大化”这个词来源于《荀子·天论》里面

---

① 此处指唯物主义与唯心主义。

② 张岱年：《中国哲学大纲》，中国社会科学出版社1982年版，第92页。

讲的“阴阳大化”，是说自然界阴阳两种势力相互作用引起天地万物生成演化这样一个历程。这里面包含着“能变”的奇妙的功能，即所谓“阴阳不测之谓神”。实际上，大化论所要承担的任务就是“探阴阳之赜”，即探索阴阳两种势力，也就是我们说的矛盾对立的双方相互作用引起事物发展变化的内在奥秘。这种玄妙的道理实际上就是有中国特色的辩证法或发展观。关于辩证法的实质或本质，列宁讲是“统一物之分为两个部分以及对它的矛盾着的部分的认识”①。我们可以把辩证法简要地概括为关于对立面统一的学说，如果抓住这一点就抓住了辩证法的核心，而中国哲学中的辩证法思想主要就是阴阳矛盾学说。

阴阳概念的本义是讲山的南边和北边，然后扩大到宇宙和人事中凡引起矛盾对立的事物都叫阴阳，像天地、日月、昼夜、寒暑、君臣、夫妇、男女、奇偶、动静、开合、生死，等等。阴阳相须共存，不能单独存在，单独为阴不能存在，单独为阳也不能存在。这实际上也就是说矛盾无处不在，无时不在。《庄子·天下篇》把《周易》概括为一句话：“《易》以道阴阳。”阴阳观念在《周易》中非常典型地表现出来了。《周易》的六十四卦展开了一个宇宙模式，最基本的两个符号就是阴（- -）与阳（—），到了《易传》更提出了具有抽象意义的阴阳概念。《易传》把阴阳作为宇宙万物的基本组成元素，实际上是指两种不同性质的气——阴阳二气，二者构成了充满生机、变动不居的整个宇宙，所以阴阳代表了宇宙变化活动的原则和规律。台湾新儒家学者徐复观先生说：阴阳“是作为宇宙创生万物的二基本元素，及由此二元素之有规律性的变化活动而形成宇宙创生的大原则、大规范，并以之贯注于人生万物之中，而作为人生万物的性命。”②

---

① 《列宁全集》第36卷，人民出版社1959年版，第368页。

② 徐复观：《中国思想史论集续编》，世纪出版集团、上海书店出版社2004年版，第46页。

我觉得这句话概括得很好。阴阳学说是中国哲学中关于发展的源泉、动力和规律的学说，也就是我们中国哲学中的发展观。这是一种辩证的发展观，但跟马克思主义的辩证法还不完全一样。马克思主义讲斗争是绝对的，统一是相对的，而中国哲学的阴阳辩证法则特别强调阴阳相须、阴阳平衡这个方面。

阴阳思想在中国哲学的各个方面都有很鲜明的表现。比如，孙子讲的“将兵之道”里面有很多兵家辩证法思想的实际运用，名家的“正名”思想也可以体现出阴阳辩证法。还有，在中国哲学中的创变关系、动静关系思想中，特别是在中医里的阴阳协调平衡的思想中，都可以看出阴阳思想这种最基本的原则和方法。到了近现代，阴阳思想和从西方传入的黑格尔辩证法、马克思主义辩证法又有一种会通和融合。大家知道，后来毛主席写出了《矛盾论》这样的著作，还有像熊十力提出的“翕辟说”等，都和传统的阴阳学说是有关系的。

第三个问题是“通古今之变”。前面提到司马迁是把“究天人之际”和“通古今之变”这两个问题当作中国哲学的两大主题。“究天人之际”，“通古今之变”，然后能“成一家之言”。他本人是一位历史学家，所以他对“通古今之变”的问题，也就是社会历史观问题特别重视和关注。在中国古代的各种学问中有一门科学非常发达，这就是史学。梁启超说过：“中国于各种学问中，惟史学为最发达；史学在世界各国中，惟中国为最发达”。[①] 中华民族是一个历史悠久又最重视总结历史经验、注意探讨历史规律的民族，所以“通古今之变”的历史哲学在中国哲学中也非常发达。中国古人承认社会是变的，“人事有代谢，往来成古今”，它是这么一个变化的过程。“通古今之变”就是要在古今之变中找出“常”，即社会历史发展的规律性，然后要以“常”御“变”。这是我们中国传统的社会历史观。这方面的思想内容，在中国古代哲学与近现代哲学中都是非常丰富的。比如

① 《梁启超全集》，北京出版社 1999 年版，第 4092 页。

说，传统的民本思想在我们的社会历史观中就是很重要的。还有我们的古人提出的各种治世方略，如儒家讲“德治”，道家讲“自然无为”，法家讲“法、术、势”，墨家讲“兼以易别”，这些都是传统哲学历史观的重要补充。另外还包括我们讲的理想社会与理想目标，如儒家的“王道”“大同”，道家的“小国寡民”，墨家的“兼爱非攻”等，以及理势关系、理势规律等思想。这些思想后来成为近现代倡导变法和革命思想的变易历史观，乃至接受马克思主义唯物史观的重要传统依据。通过考察中国哲学的发展，这个过程线索还是比较清楚的。

第四个问题是“乐成人之道”。这部分主要讲的是人生论，它在中国哲学中占有的地位也是非常重要的。张岱年先生曾经说过，“中国哲学家所思所议，三分之二都是关于人生问题的。世界上关于人生哲学的思想，实以中国为最富”。[①] 冯友兰先生早年写的《人生哲学》概括了许多种类型，好多都在中国有其最典型的表现。人生哲学的核心就是如何培养成就理想人格的问题，也就是我们讲的“成人之道”的问题。它的理论基础还涉及人在宇宙中的位置（这实际上也是一个天人关系问题）及我们通常讲的人性论问题。另外，讲成就理想人格还会伴随着其他一些问题，比如说理性自觉和意志自愿的关系、道德修养的方法，等等。中国的人生哲学内容很丰富，都可以涵盖在我们讲的“乐成人之道”这个问题中。我们的先哲心目中的“成人”，并不是像道学家所要培养的那种“醇儒”君子的人格，而是要志于道、以身任天下的“大丈夫”。这实际上是一种知、情、意统一和真、善、美统一的全面发展的理想人格。我们把中国哲学中关于人生问题的学说统称为“乐成人之道”，这个“乐”字是取“知之者不如好之者，好之者不如乐之者”（《论语·雍也》）那个“乐”。我们通常讲“孔颜乐处”，那个“乐”就是表现的一种情境感和快乐感的价值意义。

① 张岱年：《中国哲学大纲》，中国社会科学出版社 1982 年版，第 165 页。

很显然，“成人之道”是中国哲学家最关心、最乐言的一个问题。中国哲学跟西方哲学的不同特点在这里也表现得比较鲜明和突出。

中国哲学的人生论有一个基点是人性论，就是讲人生而既有的本性是什么，由这个是什么而论证人应该怎么样。这是中国哲学家所要确定的价值观，所以与天人之学一样也是很核心的问题。中国的人性论非常丰富。儒家的孔子、孟子、荀子、董仲舒等都有他们的人性学说。孔子讲“性相近”，告子讲“生之谓性”，孟子的性善论，荀子的性恶论，董仲舒的“性三品”说，扬雄的“性善恶混”说，等等。道家有自然人性论，佛家有佛性论，这方面内容非常多。再有，理想人格学说各家也不一样。中国人历来特别注重道德问题，认为人的本质力量往往就体现在其道德人格方面。这与西方哲学强调“知识就是力量”的着重点很不一样。一直到近现代，人性论始终是一个重要的问题。像康有为等人接受了西方资产阶级的人性论，对中国传统哲学的一些人性学说有所改造，并将它与西方的人性论结合起来。后来的文化保守派、西化派以及马克思主义派也都有自己的人性学说。

最后一个问题是“求致知之方”。冯友兰先生说，西方哲学通常是一个三分法，即宇宙论、人生论、方法论。就中国哲学来说，他认为研究天道的部分大体上相当于西方讲的宇宙论，讲性命与人性这部分大体相当于人生论，而唯有西方哲学中讲方法论这部分在中国不太发达，但也不是完全没有。像宋明理学讲的“为学之方”，跟西方哲学讲的方法论就有些近似。[①] 冯友兰先生说这部分在他所谓的“子学时代”基本上没有，但现在看“子学时代”实际上也要讲知人知天即“致知之方”的问题，也不能够说完全没有。宋明理学讲的“为学之方”当然是一种方法论，我们也把它称作工夫论，但它包含的范围比较广，不仅有“致知之方”的问题，而且有我们所谓“学为成人”的修养方法。在这里，认识方法和修养方法是结合在一起的，也

① 见冯友兰《中国哲学史》，中华书局 1947 年版，第 7 页。

就是说知和行是统一的，这是中国哲学一个特点。但我们不能否认，“求致知之方”，即要求知人和知天，也是中国哲学中不可缺少的一部分。中国哲学的这种知论并不是把一般的认识作为研究对象，而是探讨如何知人，如何知天，如何为学，又如何为道。所以，尊德性和道问学也是结合在一起的，致知和涵养，求得知识和涵养德性、知和行是统一的。这成为我们中国哲学认识论、方法论的一个特点。具体来看，这方面的内容还是很丰富的。比如说，从比较重视经验认识的角度，就有墨子、荀子、王充，一直到后来的王夫之、颜元，他们都重视通过和外界接触获得感觉知识，然后再上升到理性的认识，这实际上就涉及感性认识和理性认识的关系问题。再一个角度就是修养和认识的关系，即从修养论的角度谈认识论。孟子讲“养心”，这个心是指认识心和道德心。《中庸》讲的“尊德性”和“道问学”是统一的，认识论和修养论统一，甚至和政治论都结合在一起。像这些内容有时很难把它分成讲知还是讲行的问题，很难把修养论和认识论完全分开。

我在20世纪80年代写过一本书，叫《中国哲学史上的知行观》，当时主要就是从认识论角度讲的，没有把中国哲学中修养论和道德论完全结合统一起来的特点表现得很充分，到了后来写《重印前言》时就特别提了这一点。当时给我派的工作是写《实践论》和中国哲学史的关系，因此要根据《实践论》这个线索来回顾，而《实践论》的副标题就是知与行的关系。我那时在南开大学，“文革”期间整个南开大学哲学系的教学科研中心都要围绕着毛泽东哲学，不仅马哲教研室要做这方面的研究，其他教研室也都要配合。所以我们中国哲学教研室有两个任务，一个是《矛盾论》与中国哲学史上的阴阳矛盾学说，一个任务是《实践论》与中国哲学史上的知行学说，我的分工就在《实践论》这方面。甚至逻辑学教研室都要写毛泽东的逻辑思想，这是那个时代的特点。那本书在当时还有一定影响，而要是没有那个任务，我可能也不会写它。

中国哲学中与认识论相关的内容还有一个很重要的方面，就是重视“悟道”的直觉体悟的方式。这涉及佛教里到现在还讲的“渐修”和“顿悟”的关系及其对宋明理学的影响；还有“几”“象”与认识的关系，即不以语言文字而以某种“象”作为思维的符号和运作工具，甚至以天象、物象，或从事物运动变化中显出的某种“几”，即某种微妙的契机中得到启示。“极深研几”的思想家很重视这种体悟的认识，而这也就是中国哲学所特有的言、象、意的关系问题。当然，传统哲学的这些认识学说到近现代西方哲学传入以后，又与西方哲学的各种认识流派相互结合。特别是马克思主义哲学传到中国来后，艾思奇、李达到毛泽东都对认识论的思想做了很多研究。近现代哲学非常重视认识论，逐渐与过去那种同道德问题混淆在一起的认识学说区别开来。比如，从孙中山的知难行易学说一直到毛泽东的《实践论》，都与那种同道德混淆在一起的传统认识论划清了界限。总之，跟西方哲学相比，一般说中国哲学认识论不发达，但并不是没有，而是有我们自己的特点。我当时能写一本《中国哲学史上的知行观》，实际上就是讲认识的问题。在这方面还有好多著作，像夏甄陶老师写的《中国认识论思想史稿》，那本书内容也非常丰富。

我在这里给中国哲学自身的问题做了一个简单的梳理，将其归结为这样五个方面。由此可以看出，在西方哲学传到中国以前，中国哲学事实上已经有两千多年的发展演变。我们也有着非常明确的问题意识，“究天人之际”“探阴阳之赜”“通古今之变”“乐成人之道”“求致知之方”都是中国哲学自己的问题，而不是将西方哲学探讨的问题引进来以后才产生的。而且，我们有我们自己的内在逻辑和条理系统，围绕着这五个方面的问题，两千多年来中国哲学展开了自己的丰富内容。近代西学传入以后，中国哲学本身发生了比较大的变革，但是这种变革并不是另起炉灶，而是在这些传统哲学问题的基础上融会新知，综合创新。不是在完全接受了西方哲学的问题后才有我们自己的，而是在固有的传统哲学基础上发生某种转型，从而融入世界哲学这个总体之中，并做出我们自己独特的贡献。正是由于中国哲学自己有那么深厚的底蕴，所以在走向现代的过程中才能够做出独特的贡献，这绝不是偶然的。

（本文是作者2009年4月23日在上海师范大学所做的讲座，由杨俊峰根据录音整理）

中国哲学范畴研究

关于研究中国传统哲学范畴问题的讨论

1981 年 10 月 17 日，在杭州出席全国宋明理学讨论会的部分中国哲学史工作者，对《中国社会科学》1981 年第 5 期发表的《论中国传统哲学范畴体系的诸问题》一文进行了座谈讨论。参加讨论会的除该文作者北京大学哲学系副教授汤一介之外，还有南开大学哲学系副教授方克立、曲阜师范学院副教授刘蔚华、武汉大学哲学系副教授萧萐父、陕西师范大学历史系讲师陈俊民、天津社会科学院哲学研究所杨柳桥、安徽大学哲学系副教授周继旨、广西大学哲学系讲师张军夫、安徽师范大学政教系副教授臧宏、《中国社会科学》杂志副总编辑丁伟志。大家一致认为，从哲学范畴的逻辑发展和历史发展的统一的角度研究中国哲学史，这是一条新路子，坚信按照这一路子走下去，必能为中国哲学史学的科学化作出重要贡献。一些同志就自己在这方面的实践谈了初步体会，大家就共同关心的问题广泛地交换了意见。讨论是围绕着以下几个问题展开的。

一　研究中国传统哲学范畴体系的必要性和重要意义

汤一介说：我在教学中常常考虑如何体现恩格斯所说的“迄今为止，学习哲学史是锻炼人们的理论思维的唯一方法”这个思想。列宁说：“从逻辑的一般概念和范畴的发展与运用的观点出发的思想史——

这才是需要的东西!”[①] 这一经典性指示给了我极大的启发。因此，我就在讲《魏晋时期的玄学和佛教》这门课中尝试着对魏晋玄学的概念、范畴作了一些分析，注意揭示概念、范畴的涵义和它们之间的内在逻辑联系。这样做的结果，学生比较满意。这就促使我进一步考虑如何研究整个中国传统哲学范畴体系的问题。有些研究外国哲学的同志，认为中国传统哲学缺少理论思辨，没有什么范畴体系。这是不符合事实的。黑格尔在《哲学史讲演录》中说：“文化上的区别一般地基于思想范畴的区别”，“哲学上的区别更是基于思想范畴的区别”。[②] 我想，如果能把中国传统哲学的范畴体系揭示出来，就可以看清中国哲学发展的特点和发展水平，也可以消除一些同志的误解。

周继旨说：哲学史就是认识史。作为认识之网上纽结的范畴的丰富、演变，体现了认识的发展过程。不从范畴的角度进行研究，很难避免千人一面、古今雷同的简单化倾向。哲学思想发展的一般规律总是要通过各个国家、民族在不同历史时期所使用的形式不同、内容有异的哲学范畴表现出来的。从范畴的比较研究的角度揭示哲学思想发展的一般规律和民族特点的关系，可以避免“不识庐山真面目，只缘身在此山中”的弊病。

张军夫说：研究哲学史不研究哲学范畴，不研究范畴的演变及其客观根据，而想揭示哲学思维的发展规律，那简直是“缘木求鱼”！不是哲学范畴存在于哲学规律之中，而是哲学规律存在于哲学范畴的产生、发展和演变之中。

萧萐父说：科学的哲学史的研究对象，本质地说，应当是人类哲学认识矛盾发展的逻辑进程。相对于历史的现象形态，这个逻辑进程，可以简括地说就是哲学范畴的演变史。研究和把握哲学范畴发展

---

① 《列宁全集》第 38 卷，人民出版社 1960 年版，第 188 页。

② 黑格尔：《哲学史讲演录》第 1 卷，生活·读书·新知三联书店 1956 年版，第 47 页。

的这一必然进程，不能单用历史的方法，排比史料，列举诸家，辨其源流，判其得失，分析其产生的社会根源，论述其发展的不同阶段，这仅是哲学史研究的必要准备；而应当用马克思批判改造了的黑格尔哲学史观所提出的逻辑的方法，摆脱历史的偶然性和许多干扰因素，透过历史上各个具体的哲学体系、哲学派别在特定历史条件下所提出的诸哲学范畴及其特殊运用，把握它们在人类哲学认识发展史上的逻辑意义和客观地位。这样才能使哲学史的研究超出“客观的历史编纂学”的初级水平，真正走上科学化的道路。

陈俊民说：研究中国传统哲学范畴的逻辑发展，是哲学史研究深入发展的必由之路。在中国，从《庄子·天下篇》开始，经过《论六家要旨》《宋元学案》《明儒学案》，发展到《孟子字义疏证》；在西方，从亚里士多德的《范畴篇》、斯宾诺莎的“实体”学说，发展到黑格尔的《逻辑学》《哲学史讲演录》，最后无不是从哲学概念、范畴的角度去探讨、总结人类哲学思维发展的规律。尽管前人还不可能真正揭示出这个规律来，但他们的研究方向毕竟代表了哲学史研究深入发展的一种必然趋势。

二　研究哲学范畴的逻辑发展必须坚持以马克思主义的唯物史观为指导

汤一介说：我在开始考虑这个问题时，思想上也有一些顾虑，怕搞不好会离开马克思主义而陷入黑格尔主义。后来我具体分析了中国哲学史上的一些概念、范畴，例如“气”的概念，在《略论早期道教关于生死、神形问题的理论》（《哲学研究》1981 年第 1 期）一文中作了讨论，觉得通过对概念、范畴的发展演变的分析，可以更好地揭示唯物主义和唯心主义斗争的规律。这样就使我的顾虑多少打消了一些。

陈俊民说：研究哲学范畴的逻辑发展，并不否定哲学基本问题和哲学的党性原则。哲学史上唯物主义和唯心主义的斗争和同一，是贯穿于人类哲学认识矛盾运动的整个过程之中的，汤一介同志的文章讲得很清楚：这是同一个过程，而不是两个过程。我们在分析每一哲学思想体系及其范畴、命题时，当然要根据马克思主义关于哲学基本问题的理论，进行定性分析，指出其性质和倾向。但这只是研究的出发点，绝不是研究的最终目的。哲学史研究的最终目的是要揭示人类哲学思维发展的客观规律。而这个规律恰恰是寓于哲学范畴的历史演化之中。譬如，我们根据朱熹“理在事先”“理具于心”的命题，可以确定程朱理学关于“理”这个范畴的性质是唯心的，程朱的理本论是一个唯心主义的哲学体系。由此出发，层层深入，我们就需进一步剖析朱熹对“理”所规定的内涵以及这个“理”与二程、张载的“理”的异同；进而再将朱熹的“理”上同张载的“气”、下同王阳明的“心”这两个范畴联系起来考察，寻求它们之间的内在逻辑。这样我们就可以清楚地看出：从张载的以“理气二本”思想为特征的气本论，经过程朱的理本论、陆王的心本论，最后到王夫之的“诚一实有”说，实际上是围绕着思维与存在的关系问题而展开的哲学认识上的否定之否定的矛盾运动过程，其中有唯物主义和唯心主义的对立和同一，也有唯心主义内部的对立和同一，绝不只是一个简单的“对子”。

臧宏说：探讨中国传统哲学的范畴及其系统，必须坚持逻辑和历史相统一的原则；我们所说的逻辑和历史的统一，不仅是辩证的统一，而且是唯物的统一。只要始终坚持贯彻这一原则，特别是坚持逻辑的演化必须以历史的发展为基础这一条，就不会陷入黑格尔式的思辨唯心主义。在人类哲学思维发展史上，自始至终贯穿着唯物主义和唯心主义、辩证法和形而上学的对立统一，人类哲学思维的逻辑发展过程与“两个对子”的斗争和同一是紧密结合在一起的，孤立地谈论任何一个方面都是不正确的。有人把研究哲学范畴及其系统和哲学的党性原则对立起来，其原因就在于对上述关系作了形而上学的割裂。

对哲学范畴进行逻辑分析和阶级分析的方法也不是对立的。马克思主义的哲学史研究必须粉碎传统哲学系统的外在形态和它们特殊的适用范围。粉碎旧的哲学系统的过程，就包含着阶级分析的方法。

萧萐父说：马克思主义彻底批判了黑格尔唯心主义的哲学史观，而注意剥取黑格尔哲学史观中的辩证逻辑方法。黑格尔从唯心主义的角度，把以往哲学中概念、范畴的辩证发展，看作是他的唯心辩证法的范畴体系的历史准备；但他也强调“必须善于从历史形态所包含的内容里去认识这些纯粹概念”①。这一思想具有合理因素，只不过他颠倒了历史和逻辑的关系，把哲学史看作是他的逻辑学的印证，因而有不少由于牵强附会和任意剪裁历史而造成的谬误之处。马克思主义与之相反，认为必须从历史事实出发，通过哲学史的研究来总结人类哲学认识史的逻辑。正是在这一意义上，列宁指出：“要继承黑格尔和马克思的事业，就必须辩证地研究人类思维、科学和技术的历史。”②

方克立说：一项科学研究如果没有正确的指导思想和研究方法就有可能走上歧途，进行哲学范畴史的研究不能说不存在这种危险性。如果离开马克思主义的社会存在决定社会意识、逻辑的和历史的一致的原则，离开中国社会经济政治发展的历史及其在人们的哲学认识中的再现过程（即哲学认识的历史），孤立地去探讨我国古代哲学范畴的逻辑演化，一味地要去构造某种范畴体系，那就很容易陷入黑格尔主义，或者带有很大程度的主观随意性。前人给我们提供了许多这方面的可供借鉴的经验教训。注意到这一点，可以增加我们在范畴史的研究中坚持马克思主义原则的自觉性。

我们的研究完全是在马克思主义的指导下进行的。第一，把哲学史当作认识史，研究从逻辑的一般概念和范畴的发展与运用的观点出

---

① 黑格尔：《哲学史讲演录》第1卷，生活·读书·新知三联书店1956年版，第34页。

② 《列宁全集》第38卷，人民出版社1959年版，第154页。

发的思想史，这正是马克思主义经典作家给我们明确规定的任务。第二，马克思主义经典作家虽然没有写出一部通过范畴的逻辑演化而充分展开的哲学史，但是却给我们留下了《资本论》的逻辑。它是一个方法论的宝库，研究我国传统哲学范畴体系同样可以从中学到许多东西。第三，马克思主义经典作家关于研究认识史、范畴史的指示和哲学基本问题、哲学的党性原则不是对立的，而是统一的。从哲学范畴的逻辑发展的观点出发的思想史，本身就是围绕着思维和存在的关系这个哲学基本问题，唯物主义和唯心主义斗争的历史。第四，马克思主义经典作家对黑格尔、青年黑格尔派和蒲鲁东等人的批判，对逻辑的和历史的一致原则的唯物主义改造，都给我们指出了沿着正确的方向去研究中国传统哲学范畴体系的道路。遵循马克思主义的道路前进，下艰苦扎实的功夫，我们的研究工作就可望有所收获。

三　关于研究的方法

刘蔚华说：研究范畴史，首先要明确划分范畴的标准。一种办法，仍按本体论、认识论、方法论、历史观等所谓“四大块”去划分，这样比较顺手，但很难改造旧体系。其实，可以从实体、性质、关系、作用等方面去划分，既反映范畴的体系，又反映范畴的不同层次的内容与结构，把历史的起点与逻辑的起点结合起来，逐步展现人类对世界与自身认识的网络和纽结。中国古代的哲学范畴，往往具有多义性，一个概念，几种涵义，很不容易把握。这就需要从哲学思想的实际情况出发，正确确定什么是一个范畴的本义，什么是它的变义；一般说来，变义是本义的灵活运用与具体体现。如果弄不清楚它们的关系，甚至把它们对立起来，就会陷入混乱。古人运用范畴，并不都下定义，有的明确，有的含糊，要恰如其分地反映这种状况，不必替古人增添他所没有的意思。另外，如何处理好范畴与思想体系的关系也很重要。因为范畴的涵义是和特定的思想体系相联系的，如果脱离开具体的思想体系把范畴孤立出来分析，那就很可能把同名歧义的范畴混淆起来。例如“道”，诸子都用过，脱离了他们的思想体系，就说不清楚。但是，如果把任何范畴都放到思想体系中分析，那就不是哲学范畴史，而是一般哲学思想史了。所以，这仍然是一个没有解决好的问题。

张军夫说：我在研究中国古代哲学范畴的过程中，发现了几个重要的现象，如同名歧义、异名同义、渐进式、跃进式等等。我认为，许多哲学问题的争论，都和没有弄清这些复杂的现象有关。例如“几”这个范畴，从《周易·系辞》到方以智的《东西均》，其间就经过了曲折的演变，如果只看到《东西均》中的“几者，合二而一也”，而不了解《周易·系辞》的“知几其神乎”等论说及其以后的演变，就难以弄清方以智的“质测”“通几”之学的哲学内容，当然也就讲不清他的“合二而一”的思想了。又如，周敦颐《太极图说》讲“无极而太极”，自陆九渊以来就把“无极”解释为“无”，把“无极而太极”讲成等于《老子》的“有生于无”。这是既没有弄清《老子》的“无”的涵义，又没有弄清“无极”这个范畴的性质和意义的演变。我们如果不进行历史的和逻辑的考察和分析，那就很难解剖周敦颐的哲学体系，也难以评判朱陆“无极太极之辩”的是非。

方克立说：对中国古代哲学范畴可从多方面进行研究。可以从时代思潮的发展演变着眼进行“宏观”的研究，如汤一介同志的整体构想那样，也可以对一个一个（或一对一对）哲学范畴进行“微观”的研究：可以对一个或一对哲学范畴的历史发展进行“纵向”的研究，也可以对一个哲学家或一部哲学著作的范畴体系进行“横向”的研究。各种研究方法、手段互相补充、互相结合，取得多方面的研究成果，然后才有可能写出一部“从逻辑的一般概念和范畴的发展与运用的观点出发”的中国哲学史。我在前几年对中国哲学史上的知行问题作了一个粗略的考察，可以说是纵向的研究：今后几年打算对王夫之的哲学范畴体系作一些探索，这就属于横向的研究。我觉得搞清楚王夫之的一个一个（或一对一对）哲学范畴的来龙去脉和具体涵义，相对说来还比较容易，困难的是揭示各个（或各对）范畴之间的内在逻辑联系和“构筑”范畴体系。亚里士多德和黑格尔的哲学范畴体系由他们自己分别在《范畴篇》和《逻辑学》中清楚明白地表述出来了，而王夫之本人并没有在哪部著作中逻辑地展现出一个能够概括他的哲学全貌的完整的范畴体系。他的哲学博大精深，其中必有一个范畴体系，这是客观存在，但是需要我们通过科学研究去揭示。在具体研究王夫之的哲学范畴时，我碰到了许多困难，例如，怎样确定王夫之哲学范畴体系的逻辑起点？怎样进行范畴的分类？按照什么标准划分范畴的不同序列和层次？王夫之继承中国古代哲学传统，无非还是讲的“天道”和“人道”两方面的问题。天道观包括对世界的本原（存在）及其发展生化规律（存在的形式）的看法，人道观包括对人的本性、人的认识和人类社会历史发展规律的看法。归纳起来还是自然观、发展观、人性论、认识论、历史观等几大块。现在人们都很讨厌几大块的“模式”，我想几大块恐怕还是由于历来哲学研究的对象所决定的，很难人为地去突破。当然，把它当作“模式”去剪裁历史是不对的，而应该从思想资料的实际出发。几大块的划分不是绝对的，作为人类认识之网上纽结的范畴的联系不是单线的，而是多线的、错综复杂的。例如，“文”与“质”是王夫之的历史观中的一对重要范畴，而它和“名”与“实”、“性”与“情”等范畴又是密切联系在一起的，这就说明对王夫之的历史观也不能脱离他的认识论和人性论来孤立地考察。

周继旨说：范畴之间有着千丝万缕的横向、纵向、交叉的内在联系，考察这些联系是个极为困难、复杂的任务，但只有这样做，才能具体地揭示出一个哲学思想体系的逻辑结构、一个理论思潮的时代特征。

四 对“关于中国传统哲学范畴体系的构想”的意见

杨柳桥说：汤一介同志提出的关于中国传统哲学范畴体系的构想，他经过精心遴选提出来的二十对范畴，给我很大的启发。但是，把内容压缩得太精简，也恐怕不能反映出我国传统哲学的全貌。因此，我想应该补充以下几对范畴：“阴阳”，不是作为和“太极”对立的形而下之“器”，而是作为宇宙间一切对立现象的总代表。“辟阖”，它虽然具有“动静”的内涵，但是又不完全相同，主要是说明宇宙间的“排斥”和“吸引”两大动力。“消息（生灭）”，这对范畴在自然哲学中代表着物质不灭、相因而生的内容。“象数”，我说的不是一般所谓“象数之学”。其实这对范畴的来源很早，《左传》说：“物生而后有象，象而后有滋，滋而后有数。”宇宙间的一切事物都是“象”与“数”的统一体。还有“善恶”，诸家论“性”，都离不开它。这些都可以补充进去。另外，在一介同志构想的范畴体系中，有些似乎重复，应该合并。我认为“道器”与“理气”实际上是一个问题，“道”与“理”在宋明理学中是混用的，而“器”与“气”都是指物质实体而言。“神形”与“有无”“心物”似乎也重复，因为在《老子》书中，“神”与“道”“心”相接近，“形”与“有”“物”相接近。

张军夫说：研究中国传统哲学范畴体系是一个长期的任务，现在应该从具体的哲学范畴的分析研究入手，不要忙于构筑庞大的范畴体系，更不要忙于制作范畴结构的图表。因为图式化不能反映曲折、复杂的思维现象，而且这样容易束缚研究者的手脚。我认为范畴不一定成对，即使是辩证法的范畴也不一定成对。例如“几”这个范畴就很难和别的范畴成对，但不能说它不重要。一定要搞成“对子”，这种研究方法是50年代从苏联搬来的。

陈俊民说：研究中国传统哲学范畴体系，确实需要很多人甚至几代人去做艰苦细致的摸索。可以像汤一介同志这篇文章那样，在前人研究的基础上，先做一个总的“构想”，从时代思潮着眼，从总体上去把握哲学思想发展的大螺旋，然后再去重点剖析各个重要哲学家的思想体系。各个学派的自身演变，找出它们最基本的范畴，进而解剖其内涵的本义和衍义，分析其性质、关系和作用。只有这样，我们才逐渐使“构想”符合中国哲学史的实际。

汤一介说：我所提出的“构想”，当然是很不成熟的，甚至可能根本不能成立。但我想，这没有关系，它至少可以作为大家批评的对象。为什么我认为范畴不宜多呢？我认为，“范畴”只是基本概念，并非所有的“概念”都是“范畴”。当然，怎样区分“基本概念”和“一般概念”也是一个很困难的问题。是不是可以这样说，一般概念往往可以由基本概念（范畴）推衍出来，或者为它所包含。比如说有“动”和“静”这对范畴，就可以包括“消”和“息”；有“性”和“情”这对范畴，从“性”的方面说就有“善”“恶”之分，或者有“性善”“情恶”之说。关于范畴是否成对，当然就历史上的某一个哲学系统来说，它使用的哲学范畴不一定都成对，但从哲学认识发展的总过程来看，范畴都是成对的，不成对的也会补充成对。

丁伟志最后在发言中说明《中国社会科学》杂志发表汤一介同志文章的目的，是为了提出新问题，启迪大家思考，促进百家争鸣，共同探寻中国哲学史研究科学化的道路。

（署名“岳华”，原载《中国社会科学》1982 年第 1 期）

开展中国哲学史范畴的研究

范畴是人类认识世界之网上的纽结。黑格尔说："既然文化上的区别一般地基于思想范畴的区别，则哲学上的区别更是基于思想范畴的区别。"① 这话完全符合思想史的实际。中国哲学在佛教传入以前，完全是独立发展的，早已形成一套特有的概念和范畴体系，它显著地不同于古希腊罗马哲学，也不同于古代印度哲学。印度佛学曾给汉唐以后中国哲学的发展以强烈影响，但是它如果不和中国传统的儒家、道家思想相结合，就决不可能在中国生根。所以，宋代以后的哲学除改造和吸收了少量佛教哲学范畴（如"能"与"所"）外，基本上还是继承和发展我国传统哲学的一套概念和范畴，自成系统，独立发展，直到近代以前均无改观。源远流长的中国哲学具有内容丰富而又极有特色的概念、范畴体系，就它内容的深度、广度和所反映的哲学思维水平来说，绝不逊于其他任何国家、民族的古典哲学。

可是，在我们过去的哲学史研究工作中，对范畴这个重要方面恰恰注意不够。我国传统哲学中有哪些主要的概念、范畴？它们的本来涵义是什么？它们是如何演变发展的？对于这些一直缺乏系统的整理和研究。同时，对中外哲学的概念、范畴的异同也缺乏深入的比较研究，因而不能清楚地认识我国传统哲学的特点和发展水平。

---

① 黑格尔：《哲学史讲演录》第1卷，生活·读书·新知三联书店1956年版，第47页。

有些外国哲学范畴，本来是按照意义相同或相近的中国传统哲学术语翻译过来的，如“范畴”的译名本身就是取《尚书》“洪范九畴”之义；而我们在研究中国当代哲学的时候，人们逐渐养成一种习惯，即按照西方哲学范畴或现代哲学语言的涵义去了解中国古代哲学范畴，这样不仅抹煞了中西哲学范畴的区别，而且也容易忽略古今哲学思想的不同特点。

我们认为，在中国哲学史研究工作中，对照和学习、借鉴西方哲学史是很必要的，开展中西哲学概念、范畴的比较研究也是一件极有意义的工作。东西方哲学提出的问题有共同性，使用的概念、范畴也有许多本质上相同或相似之处。但是，中国哲学和西方哲学在语言表达形式上又有很大的差异，由于历史传统和哲学思想发展的具体道路不同，它们所包括的内容和涵义也不可能完全相同。因此，我们在研究中国传统哲学范畴的时候，就不宜拿西方哲学范畴去生搬硬套，而必须具体考察它们的本来涵义及其发展演变，找出和西方相类范畴的同与异。只有科学的比较研究才是认识中西哲学范畴的共性和个性的有效方法。

中国哲学史上有一些概念和范畴，在西方哲学中很难找出一个与之完全相当的概念、范畴来，甚至也难以用现代哲学语言准确地翻译与表达，如天、道、理、气、神、诚、太极、太虚等等就是如此。它们是中国哲学特有的概念和范畴，具有鲜明的民族特点。这里有很复杂的情况。有的范畴如“道”，和西方哲学中的“逻各斯”意义相近，但是，这两个范畴在中西哲学发展中的地位和作用也是不同的。语言文字的多义性，也造成了某些中西哲学范畴涵义的差别。如“神”这个概念，在中国古代哲学中至少有三个涵义：一是指鬼神、神灵之神；二是指宇宙间微妙的变化，所谓“阴阳不测之谓神”；三是指人的精神，与形体相对谓之形神关系。如果把中国古代哲学中讲的“神”，一概理解为西方宗教神学讲的人格神，那就难免要闹笑话了。中国古代的许多概念、范畴，在不同时代、不同的哲学家那里，往往有不同的涵义，很难和某个西方哲学范畴完全相当。如中国古代哲学中的“天”，就明显地有自然之天和意志之天的区别。讲天人关系至少有两种涵义：一是指人和自然的关系，一是指人和神的关系。在中国哲学家看来，“学不际天人，不足以谓之学”（邵雍语）。可见“天”与“人”这对范畴在中国哲学中具有特殊重要的地位，其表达方式和西方也是不一样的。

中国哲学史上有一些概念、范畴，它们的涵义和西方相类的概念、范畴基本一致，如有无、动静、心物、形神、名实、知行、同异、因果等，大体上相当于西方哲学讲的存在与非存在、运动与静止、意识与物质、形体与精神（身体与灵魂）、概念与实在、认识与实践、同一与差别、原因与结果等范畴。但这还只是语言形式和基本涵义的相近，而它们在中西哲学不同的发展道路上所包含的具体内容实际上总是有这样或那样的差别的，通过对这类范畴的具体分析和比较研究，可以认识中西哲学的不同特点和发展水平。例如“知”与“行”这对范畴，在中国古代哲学中有认识和实践的意义，但并不简单地等同于我们今天讲的认识与实践。它不仅有一般认识论的意义，而且还有特殊的伦理学的意义。从孔孟到程朱陆王，他们的知行观都主要是讲道德意识和道德行为的关系问题，伦理学的意义超过了认识论的意义。中国古代唯物主义的知行学说，则比较重视知行范畴的认识论意义，强调行先知后，知是从行中来，又必须接受行的检验。但是，从荀子到王夫之，他们的知行学说都未能摆脱封建道德论的影响，而且往往是当他们把认识论问题和道德修养问题混淆在一起的时候，就立即滑向唯心主义。只有发展到近代孙中山的知行学说，才具有比较完全的认识论意义。我们从知行范畴的历史演变就可以看出中国古代哲学认识论的特点，它是和伦理学紧密结合在一起的。中国的先哲历来以涵养为致知之道，致知的目的又在于道德的提高，以求达到圣贤之域。西方近代哲学认识论主要是和自然科学方法论联系在一起的，中国古代哲学认识论则主要是和道德修养方法联系在一起的，二者表现出了明显的差别。

中国哲学史上还有一些概念和范畴，往往也很能表现中国传统哲学的特点和水平。例如“体”与“用”这对范畴，自从魏晋时期明确提出以来，就成为中国古代哲学家认识世界的一对重要范畴。体即本体和实体，它是指永恒的、内在的、根本的东西，用即作用或功能，它是指从属于“体”的、可变的、外在表现的东西。王弼最先用“体”“用”这对范畴来论证“以无为本”的唯心主义命题，范缜则提出了“形质（体）神用”的鲜明的唯物主义观点。明清之际的王夫之认为一切作用都是实有其体的东西（物质）产生的，提出了“吾从其用而知其体之有”的认识论原则，集中体现了中国古代体用论的科学精神。西方哲学中没有体用范畴，但是有与其意义相近的实体与属性这对范畴。中国古代的体用范畴，除了本体与作用、实体和属性的意义之外，还有根据和作用、本质和现象、必然和偶然、全体和部分、主要和次要等多重涵义。这对范畴在魏晋隋唐时期被突出地提出来并加以广泛运用，说明那时中国哲学已经达到相当高的理论思维水平。

一些同志提出，挖掘中国哲学的特点必须抓住最本质的东西，就是中华民族特有的思维方式。有一点可以肯定：只有通过具体范畴的分析研究，才能把握中华民族思维方式的特点。在中国传统哲学中，以及在整个中国古代文明中，朴素的辩证思维是发达的。中国人看事物，注重它的发展变化，把它看作一个有机联系的整体，从多方面的对立统一关系中去规定它的特殊本质。这大概就是李约瑟博士所说的“中国人则一直倾向于发展辩证逻辑”的主要内容，这种“辩证逻辑”是通过一系列概念、范畴的发展演化和相互联系所构成的复杂图画展示出来的。我们从一些重要概念、范畴的历史演变过程中，不仅可以看到唯物主义和唯心主义的斗争，事实上还常交织着辩证法和形而上学的斗争。

研究中国哲学史的最终目的，是要揭示中国哲学史发展的规律，总结理论思维的经验教训，提高中华民族的理论思维水平。把中国哲学发展的各个阶段依次出现过哪些重要的概念和范畴，它们的涵义由抽象到具体、由简单到复杂、由贫乏到丰富的发展过程，以及它们之间的联系、对立、依存和转化，前后递进和继承、扬弃的关系都搞清楚了，中国哲学发展的内在逻辑和规律性也就揭示出来了。列宁说："从逻辑的一般概念和范畴的发展与运用的观点出发的思想史——这才是需要的东西!"[①] 我们相信，开展和加强对我国传统哲学固有概念、范畴的研究，将会帮助我们更加清晰地认识中国哲学的特点，深入探索中国哲学发展的规律，并为丰富和发展马克思主义的辩证逻辑作出积极的贡献。

（原载《人民日报》1982 年 9 月 3 日）

① 《列宁全集》第 38 卷，人民出版社 1960 年版，第 188 页。

中国哲学范畴研究的现实意义

建国以来，中国哲学史的研究工作取得了很大成绩。但人们已不满足于对历史现象形态作客观描述的“列传”式的哲学史，要求进一步揭示历史发展中的逻辑，揭示哲学思维发展的必然规律。一些同志从列宁关于“从逻辑的一般概念和范畴的发展与运用的观点出发的思想史——这才是需要的东西”① 的教导中，受到极大的启发，强调必须通过范畴研究去揭示中国哲学的特点和规律，开创中国哲学史研究的新局面，以丰富和发展马克思主义哲学，建立和发展马克思主义的辩证逻辑。

建立辩证逻辑的科学体系，当然应该辩证地研究人类全部认识史。但哲学史是通过范畴的演进表现出来的，“是整个认识的历史”②，它的发展往往体现了严密的逻辑性。列宁曾指出，逻辑学是“关于世界的全部具体内容及对它的认识发展规律的学说”，它是客观世界的发展规律的反映，又是人类认识史的概括和总结。“逻辑是对世界的认识的历史的总计、总和、结论。”③ 逻辑学和哲学史（认识史）之间存在着必然的有机的联系。马克思主义经典作家批判了黑格尔的逻辑和历史统一的唯心主义基础，但十分赞赏他把逻辑学和哲学史联系起

---

① 《列宁全集》第 38 卷，人民出版社 1960 年版，第 188 页。
② 《列宁全集》第 38 卷，人民出版社 1960 年版，第 399 页。
③ 《列宁全集》第 38 卷，人民出版社 1960 年版，第 90 页。

来的观点。指出这种联系“给整个逻辑学提供了又一个新的方面”①。逻辑学的主要内容是研究作为客观世界的反映的概念、范畴之间的联系、依存和转化，矛盾、对立和同一的关系，而它们所表现的认识发展过程的历史形态就是哲学史或范畴史。显然，科学地研究哲学史，包括中国哲学史上范畴的形成和发展演变，范畴之间的联系和转化，揭示它们的逻辑关系，对于建立马克思主义的逻辑学即辩证逻辑是有直接帮助的。用中华民族理论思维发展的规律和经验教训，丰富和发展马克思主义哲学，是中国哲学史工作者的责任。

从范畴史的角度来研究哲学史，就是要力图排除历史的偶然因素的干扰，以纯净化了的逻辑范畴的形式再现人的认识发展过程，便于说明人的认识怎样通过大量现象去揭露本质，一个正确的哲学认识是怎样形成和发展的；而在什么时候又容易失足，陷入唯心主义和形而上学的错误中去；真理（正确认识）和错误在什么条件下可以互相转化，等等。这对提高人们的理论思维能力，正确地认识世界和改造世界，将有莫大的帮助。马克思主义经典作家曾经指出，个别人的认识发展同人类认识史的关系，就好像生物学上的个体发育史重复系统发展史一样。对思维发展的历史的把握，将直接有助于人们的现实思维，特别是对教育培养青少年有重要意义。

对中国传统哲学范畴进行真正科学的研究，不仅可以丰富马克思主义哲学的内容，而且可以为马克思主义哲学的中国化探索道路。有的同志提出：“哲学教科书可以适当引进一些中国哲学史的范畴和概念。”这个意见我是非常赞成的。马克思主义中国化包括与中国革命的具体实际相结合以及与中国传统思想文化的优秀成果相结合。在中国发展起来的马克思主义哲学也确有一个采取适当的民族形式，为人民群众所喜闻乐见的问题。毛泽东等老一辈无产阶级革命家已为我们作出了榜样，如把中国传统哲学中的“知行”“实践”“矛盾”“事物”

---

① 《列宁全集》第38卷，人民出版社1960年版，第117页。

等范畴，经过批判改造，吸取到马克思主义哲学中来。我们也应该沿着他们所开辟的道路继续前进。当然这里需要艰苦的研究，需要真正科学的态度。

（原载《求索》1984年第2期）

论中国哲学中的体用范畴

“体”和“用”是中国哲学特有的一对范畴，是最能表现中国哲学思维方式特点的范畴之一。熊十力说，西方哲学讲的本体和现象，印度佛学讲的法性和法相，就是中国哲学讲的体和用；还有人说，西方哲学讲的实体和偶性，就是中国哲学讲的体和用。实际上，很难在西方哲学或印度哲学中找出一对和中国哲学中体用范畴的涵义完全相当的范畴来。

和天人、理气、道器、心物、能所、知行、性情、理欲等有较确定涵义的中国传统哲学范畴不同，体用范畴的涵义格外丰富，运用的方面极其广泛。中国学者“恒言有体有用”（孙中山语），自然地就构成了一种思想模式，具有指导人们认识世界，解决各方面的问题，甚至用以组织学说体系的重要的方法论意义。

体用范畴自从获得明确的哲学意义以后，在中国哲学史上一直保持着旺盛的生命力。众所周知，魏晋玄学用以建立唯心主义本体论的主要理论支柱，就是体用、本末之辨。中国佛教哲学亦尝言体用。例如，禅宗北宗的领袖神秀就曾直言：“我之道法总会归‘体用’二字。”（《楞伽师资记》）禅宗南宗的开创者慧能也说，他的法门是以定慧为本，而“定是慧体，慧是定用”，“定慧体一不二”。（《坛经》）唐代儒、道、佛三教都讲体用。宋元明清时期，体用更成为哲学家们普遍使用的范畴。朱熹等人最喜欢讲“体用一源，显微无间”，其“所以表章‘四书’者，无在而非理事，无在而非体用”（凌廷堪

《校礼堂文集》卷十六《好恶说下》)。还有一些儒家学者，直接声称自己的学问就是“明体达用之学”（胡瑗），或“明体适用之学”（李颙）。到了近代，体用范畴仍继续为哲学家们所沿用。清末有著名的“中体西用”之争；孙中山用体用范畴来回答物质和精神的关系这个哲学的基本问题；熊十力建立“新唯识论”的哲学体系，“即以体用不二立宗”，直到解放后，他还写了《体用论》一书。

对于在中国哲学史上起了如此重要作用的体用范畴，我们过去研究得很不够。本文试图对体用范畴的由来、涵义以及体用观上的哲学斗争等问题，提出一些粗浅的看法。

体用范畴的由来

关于体用范畴的由来，清初哲学家李颙（即李二曲）和顾炎武之间曾经有过一场争论，双方往来函辩，论说十分精详。

发生在三百多年前的这场学术争论，首先涉及这样一个问题：对中国哲学产生过巨大影响的体用范畴，到底是中国哲学自身发展的产物，还是从印度佛教中传过来的?

李颙首先提出：“体用二字，出于佛书。”顾炎武不同意这种观点。他认为，体用二字早见于先秦儒家经传之文。例如，“《易》曰：‘阴阳合德而刚柔有体。’又曰：‘显诸仁，藏诸用。’此天地之体用也。《礼》曰：‘礼，时为大，顺次之，体次之。’……有子曰：‘礼之用，和为贵。’此人事之体用也”。他明确指出，西来之佛书，如《四十二章经》《金光明经》等，原来并无体用二字，晋宋以后中国的佛教学者始有言体用者。这一事实，李颙亦不否认。他又提出：“《系辞》暨《礼记》‘礼者，体也’等语，言体用者固多，然皆就事言事，拈体或不及用，语用则遗夫体，初未尝兼举并称，如内外、本末、形影之不相离。有之，实自佛书始。”他认为体用并举始于慧能。“其解《金刚经》，以为金者性之体，刚者性之用。”但慧能也是中国佛教学者。这就是说，李、顾二人都认为体用范畴不是从印度传过来的，而是中国本土哲学发展的产物；只是在中国哲学中，体用究竟“出于佛书”还是“本出儒书”的问题上，二人才有歧异。

体用出于佛书之说，其实并非李颙独创。顾炎武指出：“愚按体用本乎释氏，晁以道已有此言，而未明指其所本，今李氏云尔。”① 晁以道即北宋学者晁说之。他曾说过：“经言体而不及用，其言用则不及乎体，是今人之所急者，古人之所缓也。究其所自，乃本乎释氏体用、理事之学。”（《晁氏儒言》）晁说之“体用本乎释氏”之言，南宋学者王应麟在《困学纪闻》中就曾引述过，但未加以评论。清代一些标举汉学、反对宋学的学者，为了说明理学出于禅学，或者直指理学为禅学，也多引据晁氏此说。例如，凌廷堪说：

> 若夫体用对举，惟达摩东来，直指心宗，始拈出之。至唐慧能著《坛经语录》，乃云法门以定慧为本，定是慧体，慧是定用。宋儒体用实出于此。……晁以道曰：“体用本乎释氏。”然则虽在宋人，犹有见及此者，岂余一人之私言哉！（《校礼堂文集》卷十六《好恶说下》）

值得注意的是，他在引据晁说之和李颙的论点时，实有所发展，即把中国哲学中体用对举之始归于南北朝时期东来的印度僧人菩提达摩。这就容易给人造成一种印象，似乎体用观念是外来的。事实决非如此。印度佛教中本无体用观念，中国佛教学者由于受到魏晋玄学的影响，才喜谈体用，如僧肇、梁武帝萧衍谈体用都在菩提达摩之前。有无体用观念甚至成为区分中国佛教著作和传译印度佛经的一个重要标志。有的学者就是根据这个原则，考证出《大乘起信论》不可能为

---

① 以上引文均见《二曲集》卷十六《答顾宁人先生》和翁元圻注《困学纪闻》卷一。

印度马鸣菩萨所作，而是中国人伪造的，因为它用体用范畴来组织学说体系，根本不符合印度人的思维方式。

对中国哲学思想发展史作全面的考察，“体用本乎释氏”“出于佛书”的说法显然是不能成立的。指出宋明理学“体用一源，显微无间”的思想与佛教体用观有一定的渊源关系，并非毫无道理；但是，要说佛教体用观就是整个中国哲学史中体用观念的源头，那是远远地违背了历史实际的。前人已见及此。

顾、李之争接触到了一个真正实质性的问题，那就是在中国哲学中，体用观念到底产生于什么时代，它们到何时才形成为一对有确定涵义的哲学范畴？由于时代和儒家立场的局限，顾、李二人都不可能完全正确地解决这个问题，而给后人留下了进一步探索的课题。

顾炎武指出，东汉魏伯阳已有“内体”“外用”对举的提法，他认为这就是中国哲学中体用并举之始。事实可能并不尽然。和他同时代的著名哲学家王夫之，在论述“能”“所”范畴的由来时曾说：“夫能所之异其名，释氏著之，实非释氏昉之也。其所谓能者即用也，所谓所者即体也，汉儒之已言者也。”（《尚书引义》卷五）他在这里没有指明讲“所体能用”的汉儒是谁，但是我们相信这位严肃的学者讲话必有所据。也就是说，体用相连并称，在汉代确实已经出现。有体有用的观念虽然还不能作为那个时代理论思维的特征，但已被一些思想家用来说明世界上的某些事物及其关系了。例如，东汉经学家郑玄在《礼序》中说：“礼，体也，履也。统之于心曰体，践而行之曰履。”（孔颖达《礼记正义》引）这里和“体”对文的“履”，显然也是就体之用而言的。

说到这里，人们自然要提出一个问题：在先秦时代是否已有体用观念，已有体用并举的提法呢？晁说之、顾炎武、李颙等人都注意到，先秦儒家经典中多有言体用者，但非兼举并称。尽管其中有些地方所讲的“体”和“用”，和后来体用范畴的涵义已相当接近，但这些最多也只能看作是体用观念的萌芽而已。遍查先秦典籍，只有《荀子·

富国》开篇说："万物同宇而异体，无宜而有用，为人数也。"这大概就是中国哲学中体用并举之始吧！不过，这段话还有一个断句问题。王念孙认为杨倞以"为人数也"四字连读不对，正确的读法应该是："'无宜而有用为人'为一句，'数也'为一句。'为'读曰'于'（'为'、'于'二字，古同声而通用，说见《释词》'为'字下）。言万物于人虽无一定之宜，而皆有用于人，数也。'数也'云者，犹言道固然也。"（王先谦《荀子集解》引）后来的注家多肯定此说。照这样读法，"用"字就不和"体"对文，很难说体用是一对哲学范畴。这两种读法，到底哪一种更符合《荀子》的原意，更符合古代思想的实际呢？我们在作判断时，宜取慎重态度，不能轻易否定王读。其实，王读以"无宜而有用为人"断句，"为（于）人"作为补语，在句子中的地位是不甚重要的。"用"作为谓语"有"的宾语，就词性说，还是一个名词。不论哪种读法，体用二字并举的事实已经存在。张岱年先生说："荀子此处偶以体用二字并举，与后世所谓体用，似无若何关联。"① 我认为这是实事求是的评论。

有的同志指出，1972 年山东临沂银雀山出土的《孙膑兵法》中也有体用并举的提法，如《奇正》篇说："故一节痛，百节不用，同体也；前败而后不用，同形也。"这里所说的"体"和"用"，虽可称并举而实非对举，它们更不具有后来体用范畴所包含的哲学意义。

现在，我们大体上可以作出这样的结论：在中国哲学中，体用观念的萌芽，可以说早就见于先秦诸子（不只是儒家）书中。这种萌芽并不限于言及"体""用"二字者，有的以"本""物"并举，或以"本""用"相对，实质上都以萌芽形态表达了后来体用范畴的基本涵义或部分涵义。先秦已有体用并举的提法（如《荀子》），但还是个别的、偶然的，尚未形成一对有确定涵义的哲学范畴。这种情况在两汉时期并无根本改变，不过"有体有用"的观念已经运用到较为广

---

① 张岱年：《中国哲学大纲》，中国社会科学出版社 1982 年版，第 7 页。

泛的领域罢了。直到魏晋时期，“体”和“用”才成为一对重要范畴，有了明确的哲学涵义。顾炎武注意到，在慧能之前，晋人韩康伯在《周易·系辞》注中就已兼言体用。但是他不了解，韩氏“圣人虽体道以为用，不能全无以为体”的观点，实际上是本于王弼“虽贵以无为用，不能舍无以为体也”（王弼《老子注》第三十八章）的玄学体用观。正是王弼最先赋予体用范畴以哲学本体论的重要意义，使体用、本末之辨成为魏晋玄学的主要理论支柱之一，成为带有时代特征的一种理论思维方式。玄学体用观对于后来的佛教哲学和宋明理学都曾产生过极其深刻的影响。因此，我们认为，按照思想发展的历史和逻辑相统一的观点，在我国传统哲学的范畴体系中，体用范畴理所当然地属于魏晋时代，把它提前到先秦、两汉，或推后到唐宋时期，都是不恰当的。

体用范畴的涵义及其演变

人们通常把体用范畴了解为本体和现象的关系。世界上纷繁复杂的事物现象，有没有一个统一的本体或本原作为它们存在的共同根据？这个本体是物质性的东西还是精神性的东西？本体和事物现象的关系是怎样的？这是历来哲学家们所要回答的问题，回答这些问题的哲学理论就叫作本体论。“体”和“用”是中国哲学本体论中最重要的一对范畴，人们通常把本体和现象的关系，就叫作体用关系，用它来直接回答世界的最高本体、本原和纷繁复杂的事物现象的关系问题。历来的哲学家们把这个问题看得很重，熊十力说：“哲学上的根本问题，就是本体与现象，此在《新论》（指《新唯识论》——引者），即名之为体用。”（《十力语要》卷一）他认为一对体用范畴可以把整个宇宙论或本体论哲学都概括无遗了。

我认为，本体和现象的关系固然是体用范畴的重要涵义之一，但决不是它的全部涵义，甚至也不是它的本义。因为中国哲学不仅用体用范畴来说明世界的最高本体和事物现象的关系问题，而且就具体事物（天地万物、政治人伦）来说，它们都有体有用，这里所谓体用就不一定是讲本体和现象的关系了。体用范畴在中国哲学中运用极其广泛，它的涵义决不是单一的，固定不变的，而是和其他许多范畴一样，具有多义性和发展变化的特点。当然，肯定体用的多义性和运用的灵活性，并不是说它的涵义是不确定的、不可把握的。我们完全可以从久远年代对体用范畴的广泛运用中，通过各种不同的联系和中介，去把握它的那些最基本的具有稳定性的涵义，并从涵义的演变中找到一定的内在联系即多少带有规律性的东西。

体用范畴的本来涵义，即如“体”“用”二字之本义，体是指主体、本体或实体，用是指作用、功用或用处。主体、本体、实体是本然存在或独立自存的东西，而作用、功用、用处则必须依赖于它，不能离开本体而独立存在。人们最初是在生活实践中形成了关于事物有体有用的观念的。体一般是指有形质的可以感觉得到的具体事物，用就是该事物的实际作用、功用，或者说，就是指它的用处。王夫之说：“用者，用之于天下也。”（《读四书大全说》卷四）朱熹说：“用是他用处。”（《朱子语类》卷六）这两位哲学大师都是最善言体用者，他们经常在这个意义上论事物之体用。例如，朱熹说：

> 如这身是体，目视、耳听、手足运动处便是用。如这手是体，指之运动提掇处便是用。（《朱子语类》卷六）
>
> 譬如此扇子，有骨，有柄，用纸糊，此则体也；人摇之，则用也。如尺与秤相似，上有分寸星铢，则体也；将去秤量物事，则用也。（《朱子语类》卷六）

在论及具体事物之体用关系时，我们很难看出朱熹是一个唯心主义者。不过请注意，朱熹这些说法，多为举例。但也说明他关于体用涵义的种种引申都是不能完全离开这一基本涵义的。

王夫之论体用，也常就具体事物而言。譬如他说：

> 夫手足，体也；持行，用也。浅而言之，可云但言手足而未有持行之用，其可云方在持行，手足遂名为用而不名为体乎？（《读四书大全说》卷一）
>
> 无车何乘？无器何贮？故曰体以致用。不贮非器，不乘非车，故曰用以备体。（《周易外传》卷五）

他以手足为体，持行为用；以车器为体，乘贮为用，典型地说明了体用范畴的本义就是指具体事物的物质实体及其作用、功用或用处的关系。

从人类对本体或实体的认识来说，开始总是把它看作个别的具体的事物，它和其他事物分离开来而具有个体性和对象性，它就是主体即第一位的存在。亚里士多德所讲的“第一本体”就是如此。中国哲学也有类似情况。先秦文献中所讲的“体”，往往为形质或形体之义。例如，《周易·系辞》说：“故神无方而易无体。”韩康伯注：“体者，皆系于形器者也。”孔颖达疏：“体是形质之称。”（《周易正义》卷七）前引《荀子·富国》云：“万物同宇而异体”，此所谓“体”，也是形体之义。“形”和“质”都是可以感觉得到的固定的物质实体。眼能看见的是形，手能抚摩的是质。以形质为“体”，和亚里士多德重视“第一本体”的学说一样，都具有明显的唯物主义的性质。

中国哲学中的“用”这个范畴，其本来意义为作用、功用或用处。作用、功用是指人或事物在一定条件下所产生的影响或变化的功能。用处是“用之于天下”，更主要的是从“施之于人而人用之”（王夫之《读四书大全说》卷四）的角度来说的，即对人有用，人得而用之。作用、功用、用处都是本体所固有的，不能离开本体来谈什么作用、功用或用处。所以也可以说“用”就是本体固有的特性或属性。从作用、功用、用处过渡到属性，“用”这个范畴的涵义就大大扩展了，内容要丰富多了。凡是从属于本体的性质、数量、关系、状况等等都可以说是本体的属性，因此都可以包括在“用”这个范畴中。亚里士多德在《范畴篇》中提出了十个范畴：本体、数量、性质、关系、地点、时间、姿态、状况、活动、遭受。它们不是平列的。其中“本体”为一类，其他九个范畴为一类，和“本体”相对立，亚里士多德有时又把它们统称为“属性”。本体是主体，其他范畴都是表述它的，而它却不是表述其他范畴的。本体是其他范畴存在的根据和基础，而其他范畴都要依赖于本体才能存在，不能和本体分离。这种关系非常类似中国哲学中所说的体用关系。中国古代哲人对事物的性质、数量、关系等等虽然也分别作过许多精微的研究，如《墨经》，但是没有建立起一套如同亚里士多德那样的哲学范畴体系。中国哲学中用以和本体（“体”）相对立的范畴就是“用”。“用者必有体而后可用”（王夫之《张子正蒙注》卷三），“用即体之用，要不可分”（王夫之《读四书大全说》卷四）。就是说，用是从属于体的，不能离开体而独存。这种关系，实质上也就是亚里士多德所说的本体和属性（包括数量、性质、关系等九范畴）的关系。

西方哲学中还有实体和属性、实体和偶性等成对的范畴。属性是实体的本性，即属于实体的本质方面的特性。偶性则是指暂时的非本质的特性，它是实体的偶然状态或个别表现。实体是常住不变的，而偶性则是可变的。这些范畴都表明各种各样的特性、规定性、运动形式、关系等等对于独立自存的实体的依赖关系。我们可以说，这些内容在中国哲学中都用一对体用范畴包括了。中国哲学的“用”这个范畴，涵义十分宽广，因此显得相当笼统。它没有区分本体的性质、作用、关系、状况等不同方面的特性，也不区分属性和偶性、本质属性和非本质属性。事物的性质、作用、关系、状况等等是多方面的，情况是千差万别的，因此，中国古代哲学家在论及事物的体用关系时，事实上也不能把事物的不同特性和作用完全混为一谈。例如，王夫之在谈人（体）的精神作用时，就区分所谓“即体之用”和“离体之用”。他说：“盖视听色貌者，即体之用；喜怒哀乐者，离体之用。离体之用者，体生用生，则有生有不生；而其生也，因于物感，故有发有未发。即体之用者，即以体为用，不因物感而生，不待发而亦无未发矣。”（《读四书大全说》卷七）把视听色貌和喜怒哀乐说成是一回事，显然是不可以的，就像不能把玻璃杯盛水的作用和它的圆柱体形状混为一谈一样。

“用”的涵义扩大以后，体用范畴就不限于指本体（实体）及其作用、功用、用处的关系，而是更广泛地指本体（实体）及其作用、功能、属性的关系。在中国古代思想家中，把这种关系讲得最清楚明白的，要算唐代的崔憬了。他在注解《周易·系辞》“形而上者谓之道，形而下者谓之器”时说：

> 凡天地万物，皆有形质，就形质之中，有体有用。体者，即形质也；用者，即形质之妙用也。言有妙理之用以扶其体，则是道也。其体比用，若器之于物，则是体为形之下，谓之为器也。假令天地圆盖方轸为体为器，以万物资始资生为用为道；动物以形躯为体为器，以灵识为用为道；植物以枝干为器为体，以生性为道为用。（李鼎祚《周易集解》引）

崔憬明确指出有形质的物质实体即形而下之器是体，而形而上之道不过是从属于体并用以“扶其体”的妙用。后来王夫之所谓“道者器之道，器者不可谓之道之器”的观点，当源出于此。就人和动物来说，崔憬认为形躯是体，灵识是用，这和范缜“形质神用”的观点也是完全一致的。

按照这种理解，天下一切有形质的具体事物，它们都有体有用，体就是形质即物质实体本身，用就是事物的作用、功能、属性。用是从属于体的，体若无用就没有任何意义。哲学家们用这种观点去观察世界上的事物，大者如天地，小者如车器、牛马，人体之手足、耳目等等，无不有体有用，对它们的体用关系的揭露即表示人们对事物的本质的一定程度的认识。“用”这个范畴既然是指本体的一切作用、功能、属性，那么就可以用体用关系去说明极其广泛的问题，包括哲学上的一些重大问题。例如，运动是物质的根本属性，在中国哲学看来，就可以说物质是体，运动是用。王夫之在《周易内传·发例》中对阴阳和动静的关系就正是这样说明的。又如，精神是高度发展的物质的机能和产物，所以我们肯定范缜的“形质神用”和孙中山的“物质是体，精神是用”的观点是正确的。再如，规律是物质运动的规律，它不能离开运动着的物质而单独存在，所以裴頠说：“理之所体，所谓有也。”（《崇有论》）崔憬、王夫之、谭嗣同等人明确表述的“器体道用”的思想，也是讲的规律不能离开物质实体而独存的道理。中国古代的唯物主义哲学家格外强调，讲事物的体用关系，必“实有其体”“实有其用”（王夫之《尚书引义》卷五），“体用胥有而相需以实”（王夫之《周易外传》卷二），即把它们看作一种客观存在的真实的关系，而不是人的头脑主观虚构的关系。

把体用关系了解为有形质的物质实体和它的作用、功能、属性的关系，这是一种不言而喻的唯物主义体用观。然而，中国古代和近代的唯心主义哲学家，对于体用范畴，甚至表现出了比唯物主义者更大的兴趣。他们虽然在论述某些具体事物的体用关系时，也不能完全不顾上述基本涵义（如朱熹），但是，他们用来作为构筑其哲学体系的重要支柱或间架的体用范畴，却一般地是从本体和现象的意义上来了解的。他们从谈一物之体用发展到讲整个宇宙的体用关系。他们所谓“体”，不是指某一个具体事物，有形质的物质实体，而是指万物的共同本质和存在根据，世界的最高本体或本原。所有的唯心主义哲学家都把这个最高本体说成是精神性的东西，如“道”“理”“无”“心”“识”“真如”“法性”等等。他们所谓“用”，不是指物质实体本身固有的作用、功能、属性，而是指精神本体派生出来的宇宙万物，现实世界的一切物质和精神现象。他们利用了体用范畴的前述基本涵义，即本体（实体）和作用、功能、属性的关系，是主词和宾词、独立存在的东西和从生的东西的关系，加以歪曲，用来说明精神本体和宇宙万物（现象）的关系也是根本的和从生的，即第一性的东西和第二性的东西的关系，也就是说，利用体用范畴对哲学基本问题直接作了唯心主义的回答。

例如，程朱常讲“体用一源，显微无间”。他们所谓“体”，是指至微的“理”，即最高精神本体；他们所谓“用”，是指至著的“事”或“象”，即现实世界呈现出来的一切事物现象。他们认为，体是先在的或本然存在的东西，用则是由体派生出来的。朱熹说：“定见在底便是体，后来生底便是用。”（《朱子语类》卷六）“用便是体中流出也。”（《朱子语类》卷四十二）所谓“流出”，就是他们常讲的“发用流行”或“化育流行”。朱熹说：“化育流行，上下昭著，莫非此理之用。”（《中庸章句》第十二章注）“上”指鸢飞戾天，“下”指鱼跃于渊，“化育流行”就是指最高本体“理”（或称为“道”）造化发育产生天地万物，而它们都体现了理的作用。朱熹还有一段话说得更加明白：“道之流行，发见于天地之间，无所不在。在上则鸢之飞而戾于天者此也，在下则鱼之跃而出于渊者此也，其在人则日用之间，人伦之际，夫妇之所知所能，而圣人有所不知不能者，亦此也。此其发见于上下之间者，可谓著矣。”（《四书或问·中庸或问》卷上）这就是说，从天地万物到人伦日用，世界上的一切事物现象，“莫非此理之用”，即无不是最高精神本体“理”化育流行的结果。朱熹把本体（“道”“理”）和现象（“事”“象”）说成是“定见在底”和“后来生底”，即第一性和第二性的关系，显然是歪曲利用了体用范畴的主宾结构，对其本来涵义作了荒谬的引申。

中国古代的唯心主义哲学家，从魏晋玄学的开创者王弼，到隋唐佛学高僧，再到程、朱、陆、王等宋明理学家们，大都利用体用范畴，歪曲本体和现象的关系，来建立他们的唯心主义本体论哲学。这就促使唯物主义哲学家也必须研究本体和现象的关系问题。他们同样沿用了体用范畴，不过对“体”“用”的具体内涵以及二者的关系，作了和唯心主义者不同的说明。首先，在他们看来，本体和现象的关系不是精神和物质的关系，而是一般和个别，即普遍的物质实体和它的特殊表现、各种具体事物现象的关系。例如，张载说：“太虚无形，气之本体；其聚其散，变化之客形尔。”“太虚不能无气，气不能不聚而为万物，万物不能不散而为太虚。”（《正蒙·太和》）物质实体“气”和万物（“客形”）的关系就是本体和现象的关系。其次，唯物主义哲学家认为本体和现象不是派生者和被派生者，即第一性的东西和第二性的东西的关系。王夫之在解说《周易·系辞》中“易有太极，是生两仪，两仪生四象，四象生八卦”这段话时，曾专门就其中的“生”字阐释说：“生者，非所生者为子，生之者为父之谓，使然，则有有太极无两仪，有两仪无四象，有四象无八卦之日矣。生者，于上发生也，如人面生耳目口鼻，自然赅具，分而言之，谓之生也。……要而言之，太极即两仪，两仪即四象，四象即八卦。犹人面即耳目口鼻，特于上所生而固有者，分言之则为两、为四、为八耳。”（《周易稗疏》卷三）唯心主义者把本体和现象说成是父子关系，是为了说明宇宙万物都是精神本体派生的，唯物主义者则通过“体用合一”的观点进一步论证了世界的物质统一性。

宋代以后，不论是唯心主义哲学家，还是唯物主义哲学家，都经常从本体和现象的关系的意义上来使用体用范畴。不论他们对“体”和“用”的内涵作了怎样不同的规定，对二者的关系作了怎样不同的说明，但是只要是从本体和现象这个意义上来了解和使用体用范畴，有些基本的特征还是他们所一致认定的，没有明显的分歧。第一，他们都把“体”看作是内在的深微的基础，把“用”看作是外在的显发的表现。有不少哲学家，如佛教天台宗的湛然、华严宗的宗密、南宋理学家胡宏、近代哲学家熊十力等，曾以水波喻本体和现象，就是为了形象地说明体用是内在本质和外在表现的关系。隐微的本体是不能靠简单的直观去认识的，而必须通过外在表现的现象去把握它。因此，王夫之提出了“吾从其用而知其体之有”，即“由用以得体”（《周易外传》卷二）的认识方法。朱熹为了证明他所说的精神本体“理”是真实存在的，也十分强调：“盖寻这用，便可以知其体。”（《朱子语类》卷四十二）“本体无著莫处，故只可于用处看。”（《朱子文集》卷六十一）“若无许多物事，又如何见得道?”（《朱子语类》卷三十六）就方法论说，二人颇有一致之处。第二，他们都把“体”看作是恒常存在的不变的东西，把“用”看作是流动的可变的东西。程朱论“理”和万物的关系是这样，张载论“气”和万物（“客形”）的关系也是这样。佛教唯心主义者湛然说：“应知万法（现象）是真如（本体），由不变故；真如是万法，由随缘故。”（《金刚錍论》）唯物主义者王夫之也说：“变者用也，不变者体也。”（《俟解》）“无恒器而有恒道也。”（《思问录·外篇》）这里所谓“体用”“道器”都是就本体和现象的关系说的。

体用范畴的涵义，从本体（实体）及其作用、功能、属性的关系，演变为本体和现象的关系，有无一定的内在根据呢？两种涵义之间有无一定的逻辑联系呢？我认为还是有迹可察的。

先从“体”这个方面来看，人们对本体的认识，首先看到的是个体的存在，有形质的具体事物，然后才从个别上升到一般，接触到一切个别存在的共同本质的问题。黑格尔把实体叫作“任何存在的存在”①，即一切存在中作为自身原因和根据的存在。这是对本体认识的更高阶段。它失去了有形质的个别事物的感性具体的特征，而变成只有在抽象思维中才能把握的东西了。但是，由于本体是主体，它本身具有对象化的特点，所以哲学家们往往把本体设想为一对象化的存在，即使以精神或精神的产物为世界本体，亦“宛然如有物焉”。朱熹认为能派生天地万物的“理”就是这样一种东西。

再从“用”这个方面来看。前面已经提到，中国哲学中和“体”

① 转引自《列宁全集》第38卷，人民出版社1960年版，第167页。

相对的“用”这个范畴，涵义相当宽泛。本体具有的作用、功能、属性是无限多样的，我们也可以说，多种多样的作用、功能、属性就是本体的不同表现形式或存在状态。在逻辑学中，状态是包括在属性这个概念中的。亚里士多德也把姿态、状况等等都说成是本体的属性。西方哲学中还有“样态”这个概念。斯宾诺莎认为，样态是依赖于实体而为实体的无限属性所决定的，即实体的暂时状态，亦即单个的有限的事物。“用”的涵义，从本体的作用、功能、属性，通过状态、样态、偶性等环节，过渡到现象，似乎不难理解。

体用范畴的以上两种主要涵义，有一定的内在联系，但决不是互相等同的，不能把它们混为一谈。在一些古代哲学家的著作中，这两种涵义往往可以并存，我们必须弄清它们分别是针对什么问题、在哪一种意义上来使用的。例如，王夫之在讲“道者器之道，器者不可谓之道之器”“无其器则无其道”“据器而道存，离器而道毁”（《周易外传》卷五）的时候，显然是以器为体，以道为用。这里“器”是指具体事物，“道”是指事物的规律，器体道用的关系是本体（实体）及其作用、功能、属性的关系。而当他讲“道为器之本，器为道之末”（《读四书大全说》卷七）、“无恒器而有恒道也”“器敝而道未尝息也”（《张子正蒙注》卷一）的时候，他又以道为体，以器为用。这里“道”是指太极即世界的物质实体，“器”是指太极细缊化生的物我万象，道体器用的关系是本体和现象的关系。如果不了解王夫之讲的道器、体用范畴各有不同涵义，那么整个问题就会显得混乱不堪，令人不可理解。王夫之本人也清晰地洞察到了体用范畴有两重涵义。他说：“体可见，用不可见；川流可见，道不可见，则川流为道之体，而道以善川流之用。此一义也。必有体而后有用，唯有道而后有川流，非有川流而后有道，则道为川流之体，而川流显道之用。此亦一义也。”（《读四书大全说》卷五）他前一句说“道以善川流之用”，正如崔憬所说道是“扶其体”的妙用；后一句说“川流以显道之用”，一个“显”字说明川流是道的外在显发，即表现本体的现象。两重涵义，区分得清清楚楚，但由于它们是使用同一对体用范畴，所以有时又把这种情况叫作“相与为体”或“相为体用”，其实我们对其中的“此一义也”和“此亦一义也”是应该区分清楚的。

中国哲学中的体用范畴，除了有上述两种最基本的涵义之外，还有其他多种涵义，如本质和现象、原因和结果、内容和形式、必然和偶然、全体和部分、主要和次要、未发和已发、常住性和变动性、第一性和第二性等等。体用不仅是属于自然观、本体论的范畴，它还被广泛地运用到认识论、人性论、历史观、政治伦理等各个领域，成为一对涵义最丰富、使用最普遍的范畴。这就使得人们有可能离开它的基本涵义，把这对范畴用得很滥，以至看不清和它的本义有多少直接的联系了。最典型的一个例子就是近代的“中体西用”之说。

我们通常都是就一个事物，说它有体有用。不论是指本体（实体）及其作用、功能、属性的关系，还是指本体（本质）和现象的关系，它们都是体用不二、不可分离的。“中学为体，西学为用”之说，实际上不是讲一个事物的两方面，而是在两个相对独立的事物之间来讲体用关系。那么，很明显，它们既不是本体（实体）及其作用、功能、属性的关系，也不是本体（本质）和现象的关系。到底是什么关系呢？从有关论者的说明来看，他们所谓体用实际上是一种本末或主辅的关系。郑观应说：“中学其本也，西学其末也。主以中学，辅以西学，知其缓急，审其变通，操纵刚柔，洞达政体，教学之效，其在兹乎！”（《盛世危言·西学》）冯桂芬说：“如以中国之伦常名教为原本，辅以诸国富强之术，不更善之善者哉！”（《校邠庐抗议》）孙家鼐也说：“应以中学为主，西学为辅；中学为体，西学为用。中学有未备者，以西学补之，中学有失传者，以西学还之。以中学包罗西学，不能以西学凌驾中学。”（《议复开办京师大学堂折》）他们都是从本末和主辅的意义上来论述中体西用的关系的。需要指出的是，这里所谓本末，乃是用中国传统的重本轻末观念来表示对“中学”的尊崇、对“西学”的轻贱，而不是如同魏晋玄学的体用、本末之辨，把它当作表示本体和现象的关系的哲学范畴。中体西用说实际上是一种中西折衷论。当然，早期改良派和后来的洋务派张之洞等人提出这一口号，政治目的不同，所起的历史作用也不同，我们在此不作详述。就对体用范畴的运用来说，后人批评这种理论是“体用两橛”，应该说是打中了要害的。严复的批评颇有代表性。他说：“体用者，即一物而言之也。有牛之体，则有负重之用；有马之体，则有致远之用。未闻以牛为体、以马为用者也。……故中学有中学之体用，西学有西学之体用，分之则两立，合之则两亡。”（《与外交报主人论教育书》）这是以中国传统的体用论观点，来批驳他认为“甚不通”的牛体马用或中体西用之说，使这种理论的荒谬性暴露无遗。但是，如果还体用为本末、主辅的涵义，不管这种理论是否正确，它在逻辑上至少还是说得通的。

体用观上的哲学斗争

体用范畴既然直接涉及对世界的本体、本原的看法，有时它还被直接赋予“定见在底”和“后来生底”，即第一性和第二性的涵义，那么它和哲学基本问题的联系就显而易见了。围绕着什么是体、什么是用以及体和用的关系问题，哲学家们作了各种不同的、甚至截然相反的回答，从而展开了唯物主义和唯心主义、辩证法和形而上学的斗争。这两个方面的斗争往往是错综复杂地交织在一起的。

体用观上的哲学斗争，首先在于对“体”和“用”的不同规定。中国古代的唯物主义哲学家，一般都以“有”“气”“物质”为世界本体，以“理”“心”“精神”为本体的作用或功能，以“无”为“有”的特殊表现，以“物我万象”为物质实体的特殊表现。中国古代的唯心主义哲学家，则一般地以“无”“理”“心”“真如”等为世界本体，而以“有”“物”“事”“法相”等为精神本体的派生物或其外在表现。这样两种截然不同的回答，把它们鲜明地划分为两条对立的哲学路线。

在中国哲学中，体用范畴获得本体论的重要意义，是从魏晋玄学开始的。何晏、王弼建立了“以无为本”的唯心主义本体论。在他们看来，天下万有的本体是“无”，又叫作“道”。“道者，无之称也；无不通也，无不由也，况之曰道，寂然无体，不可为象。”（王弼《论语释疑》）它是看不见、听不到、不具有任何规定性的绝对的虚无。而世界上丰富多彩的万事万物，一切有形有象的东西，都以无为本体，表现了无的功用，它们只有依赖于无才能成立和存在。所以王弼又说：“用夫无名，故名以笃焉；用夫无形，故形以成焉。”（《老子注》第三十八章）“必有之用极，而无之功显。”（李鼎祚《周易集解》卷八）就是说，只有把“有之用”发挥到极致，“无之功”才真正显露出来。“有之所以为利，皆赖无以为用也。”（《老子注》第十一章）“有”只有依赖于无，才能发挥无的功用。这种以“无”为有的本体，以“有”为无的功用或表现的理论，是一种明显的唯心主义体用观。

两晋时期，裴頠提出“崇有论”来对抗玄学贵无论。他说：“夫至无者，无以能生，故始生者自生也。”（《崇有论》）这是说无不能作为有存在的根据，因为无不能生有。万物最初的产生都是自生。“自生而必体有”，即必须依据于有，或以有为本体。如果失去了这个依据，万物就不能自生，即所谓“有遗而生亏矣”（《崇有论》）。裴頠还提出“虚无是有之所谓遗者也”的观点，指出“无”是“有”的特殊表现形式，它不过是“有”遗失了的一种状态。这就否定了无比有更根本，无为有之本体的玄学贵无论观点。裴頠崇有论反对贵无论的斗争，在体用观上，具有唯物主义反对唯心主义的意义。

盛行于东晋南北朝和隋唐时期的佛教哲学，在魏晋玄学体用、本末之辨的影响下，曾广泛地运用体用范畴去阐述佛教的性相、理事、寂照、定慧、空色、真俗、法界缘起等理论。他们的基本观点就是认为，客观世界的一切现象，包括心的现象和物的现象，都是虚幻不实的，无自性的，因而都是空的，惟有心、识、真如、法性、实相等佛教所谓的最高真理才是真实的本体。这种以“实”和“幻”来区分体和用、本体和现象的观念，适应了宣传宗教出世主义的需要，但却是中国固有哲学中所没有的，它是唯心主义体用观的一种特殊的更加露骨的表现形态。

唯物主义者同佛教唯心主义进行了长期而艰苦的斗争。范缜对佛教神不灭论的批判，就是成功地运用了“质用”范畴，肯定物质形体是第一性的存在，精神为物质形体的作用或属性。这是唯物主义体用观取得的第一个胜利，但是尚未触及佛教空无本体论的根本观点。唐代的唯物主义哲学家柳宗元曾批评佛教以空为体是“颠倒真实”，并指责“能言体而不及用”、使二者“离之”的理论为“世之所大患”。他的战友刘禹锡则运用体用范畴，对佛教的“空”作了唯物主义的改造。他说：“空者，形之希微者也。为体也不妨乎物，而为用也恒资乎有，必依于物而后形焉。”（《天论中》）刘禹锡所说的无形之“空”，就其体来说，是一种希微的物质，它的存在并不妨碍其他物体的存在；就其用来说，它总是借助于万有而表现出来，必须依附其他物体才能显示其形状。这样理解的“空”，实是对佛教和玄学所宣扬的“空”“无”神秘本体的否定。他的这些观点，可能对后来的唯物主义者张载、王夫之等人有过某种启发作用。

对玄学和佛教唯心主义本体论给予沉重打击的是北宋哲学家张载。他第一个建立起唯物主义的元气本体论学说，以太虚元气为世界万物的本体，强调“太虚即气”，坚决否定“虚能生气”和“万象为太虚中所见（现）之物”的老、释唯心主义观点，指出他们将虚和气（物）、无和有、性和形、天和人割裂开来，正是所以陷入“体用殊绝”的唯心主义本体论错误的根本原因。他针对佛教以世界为幻象的观点写道：“若谓万象为太虚中所见之物，则物与虚不相资，形自形，性自性，形性、天人不相待而有，陷于浮屠以山河大地为见病之说。此道不明，正由懵者略知体虚空为性，不知本天道为用，反以人见之小因缘天地，明有不尽，则诬世界乾坤为幻化。”（《正蒙·太和》）和佛教相反，张载认为物和虚、形和性虽有区别，却是“相待而有”即互相依存的，他用体用不二的观点论证了物质世界的统一性和客观实在性。

继之而起的宋明理学，作为直接地积极地为封建主义政治服务的意识形态，也不满意佛教以实幻区分体用、以现实世界为妄幻的观点，所以它格外强调“体用一源，显微无间”。宋明理学的唯心主义本质在于，它以精神性的“理”或“心”为世界本体，而以天地万物、政治人伦等为精神本体之发用流行或表现。程颐说：“至微者理也，至著者象也。”（《周易程氏传·易传序》）朱熹更明确地解释说：“体用一源者，自理而观，则理为体，象为用，而理中有象，是一源也。显微无间者，自象而观，则象为显，理为微，而象中有理，是无间也。”（《朱子文集·答何叔京》）王阳明也讲“体用一源”，不过他所谓“体”，是指无所不赅的“良知”或“心之本体”。“夫心之本体，即天理也。”（《答周道通》）“天地万物，俱在我的良知的发用流行中。”（《传习录》下）这就是他的体用观。就其唯心主义实质来说，和朱熹没有什么区别。

宋明理学把玄学和佛教的唯心主义本体论发展到了更高的形态，它的理论的荒谬性也被后来的唯物主义哲学家看得更清楚了。明代的罗钦顺和王廷相都批判了程朱的理本论，强调“理只是气之理”（罗钦顺《困知记》），“万理皆出于气，无悬空独立之理”（王廷相《太极辨》），在承认气为本体的前提下，说明了气和理既有区别又有联系的体用关系。清初的王夫之更是以鲜明的唯物主义立场、朴素辩证的思维方法，对魏晋以来的唯心主义本体论哲学进行了总结性的批判，把由张载开创的元气本体论的唯物主义学说发展到了高峰。在理气、道器、心物、能所等一系列重要哲学问题上，他都坚持了唯物主义的体用观，并且针对唯心主义者一贯重体轻用的态度，特别强调天下之用的实有，强调必从其用而知其体之有。这和他的“天下惟器”的唯物主义观点是完全一致的。比王夫之稍晚的颜元也坚持“体用一致”的原则，有力地批判了宋明理学将性和形、理和气质相割裂的唯心主义观点，指出它的要害就是剽窃佛学。他说：“今释氏、宋儒有伏而无作，有体而无用。……既为无用之体，则理亦虚理。释氏谈虚之宋儒，宋儒谈理之释氏，其间不能一寸。”（《朱子语类评》）唯物主义的体用观在批判玄学、佛教和理学唯心主义的斗争中得到了很大的发展。

体用观上的哲学斗争，除了围绕着什么是体、什么是用的问题而展开的唯物主义和唯心主义的斗争之外，还在体用关系问题上多有歧异和纷争，这主要是强调体用统一的辩证观点和割裂体用的形而上学观点之间的斗争。不过这里情况极其复杂。标榜“体用一如”的未必就是辩证论者；在反对割裂体用的形而上学观点的斗争中，既有唯物主义者对唯心主义的批评，也有唯心主义之间的相互批评；有些唯心主义哲学家在论证体用统一的辩证观点方面也作出过自己的贡献，但他们归根到底还是犯了“体用殊绝”的形而上学错误，如此等等。

中国古代和近代的哲学家，凡论体用关系者，几乎人人都讲体用统一，提法有“体用一源”“体用一如”“体用一贯”“体用一致”“体用合一”“体用不二”“体用玄通”“体用相即”等等，大概没有公开标榜体用分离者。无疑地，这说明中国哲学中强调体用统一的辩证思维传统是比较深厚的，即使是反对体用统一的形而上学观点，也要打出“体用统一”的招牌，来以假乱真。另一方面，哲学家们往往批评、指责别人为“体用殊绝”“体用支离”“体用两橛”“立体废用”“溺用遗体”等等，这说明割裂体用的形而上学观点也是确实存在的。我们不能简单轻信哲学家们标榜什么，而要深入考察他们的体用观的哲学实质。

首先应当肯定，主张体用统一的辩证观点在中国哲学中还是占主导地位的。不少哲学家，包括一部分唯心主义哲学家，都对体和用的辩证统一关系作过论述。王夫之可以说是一个代表。他尝论体用关系说：

> 凡言体用，初非二致。有是体则必有是用，有是用必固有是体，是言体而用固在，言用而体固存矣。（《读四书大全说》卷七）
>
> 天下无无用之体，无无体之用。（《读四书大全说》卷六）
>
> 体用元不可分作两截。（《读四书大全说》卷一）

王夫之十分强调体用二者的“相因”“相涵”，即对立统一的关系，在这些论述中处处闪烁着辩证法的光芒。如前所述，朱熹在论“体用一源，显微无间”时，也认为“理中有象”“象中有理”，二者是互相包含的，他说：“体用是两物，而不相离，故可以言一源。”（《朱子文集·答何叔京》）把体和用说成是既互相区别，又不可分离的关系，这是符合辩证法的。王阳明说：“即体而言用在体，即用而言体在用，是谓体用一源。”（《传习录》上）这种即体即用的观点，亦旨在论述体和用的统一。近代唯心主义哲学家熊十力在其《新唯识论》以及晚期著作《体用论》中，用全力论证体用不二的观点，也包含着较丰富的辩证法思想因素。譬如他说：

> 体用二名，相待而立，假如说，有体而无用，则体便空洞，无所有。若尔，体之名何从立？假如说，有用而无体，则用乃无原，而凭空突现，如木无根而生，如水无源而流。宇宙间哪有此等怪事？应知，无体，则用之名亦无由立。（《体用论》）
>
> 体与用，本不二，而究有分，虽分，而仍不二。（《十力语要》卷一）

尽管熊十力关于事物现象是没有自体的幻相的观点是错误的，但是他对“体用可分而实不二”的说明不无合理因素，这是他对中国传统的辩证体用观的继承和发挥。

然而，在标榜体用一如的哲学学说中，有些却是貌似辩证法的形而上学观点。例如，僧肇论佛教般若寂照的体用关系说：“用即寂，寂即用，用寂体一，同出而异名，更无无用之寂而主于用也。”（《般若无知论》）他是企图通过即体即用的相对主义论证，最后归结为超出体（寂）用（照）之辨的“无知”的佛教最高境界。又如，华严宗也是在本体和现象的关系问题上以善于搞相对主义的诡辩而著称的。法藏认为，一切现象都是本体的显现，没有金就没有金狮子。他进而说，没有一就没有多，没有多也没有一；一包括了多，多也包括了一。更进一步，他又得出了一即多、多即一，本体和现象圆融无碍的结论。这就从主张体用有别走到了否定体和用的差别。因此，对于这一类“体用相即”的理论，我们不能视为辩证法，而应该揭露其形而上学的实质。

历史上割裂体用的形而上学思想是确实存在的。魏晋玄学、隋唐佛学和宋明理学的唯心主义本体论，都是在世界上的事物现象之外、之上或之后，虚构出一个精神性的本体，把它当作事物现象产生和存在的根据；这些唯心主义学说一般都表现出重体轻用的态度。它们“体用殊绝”“立体废用”“据体蔑用”的实质，往往被一些深刻的思想家很尖锐地揭露出来。前面提到的张载对老子、玄学和佛教的批判，颜元对佛教和宋明理学的批判就是如此。王夫之对“妄立一体而消用以从之”的唯心主义本体论给予了更加尖锐的揭露和批判。他指出：“佛老之初，皆立体而废用；用既废，则体亦无实。故其既也，体不立而一因乎用，庄生所谓‘寓诸庸’，释氏所谓‘行起解灭’是也。”（《思问录·内篇》）唯心主义者立体废用的结果是“体亦无实”，他们所虚构的本体自然不能取得“由体达用”的实效。因此，王夫之又说：“铲目而存纲，据体而蔑用，奚可哉？故为释氏之言者，终其身于人心以自牿也。”（《尚书引义》卷一）

割裂体用的形而上学思想，不仅表现为“有体而无用”“立体而废用”，而且还表现为另一极端，即“离体以为用”或“以用为体”。朱熹的学生陈淳曾从维护“天理”的绝对至上性的理学唯心主义立场去批评佛家的“作用是性”之说。明代哲学家罗钦顺则明确指出：“有体必有用，而用不可以为体也。以用为体，未之前闻也。”（《困知记》）近代哲学家魏源用“体用合一”的观点去解释《老子》，他曾批评历史上曲解《老子》的两种割裂体用的倾向：“庄、列离用以为体，而体非其体；申、韩、鬼谷、范蠡离体以为用，而用非其用。”（《老子本义》）真正坚持体用统一的辩证观点的哲学家们，都是善于同两个方面的形而上学错误倾向作斗争的。

这里产生一个问题：我们曾肯定有些唯心主义哲学家在体用观中包含着若干辩证观点，这里又说唯心主义的本体论在本质上都是“体用殊绝”的，是不是自相矛盾呢？这是两个问题，其实并不矛盾。以程朱理学为例，它把理和事（象）、道和阴阳割裂开来，公然宣称：“阴阳亦形而下者也，而曰道者，惟此语截得上下最分明。”（《河南程氏遗书》卷十一）这明显的是体用割裂，显微对立。可是他们为了掩盖这一实质，又竭力论证理和事（象）、道和阴阳的统一和互相包含，宣称他们的哲学做到了“体用一源，显微无间”。我们应从实质上揭露其割裂体用的形而上学观点和方法，但并不抹煞他们在具体论证中所阐述的某些辩证法思想。这两个方面要适当地区别开来，而又不能只讲一面。有的论者对程朱“体用一源，显微无间”的思想表现出过于欣赏的态度，只肯定它论述了体用统一这一点，而不指出这种哲学截然划分形上与形下、割裂体用的实质。这至少是有片面性的。

体用观上辩证法反对形而上学的斗争，不仅表现于唯物主义者对唯心主义“体用殊绝”的批判，而且也表现在某些唯心主义者之间的相互指责和批评中。例如，佛教以本体为真实，以现实为虚幻的观点，乃是割裂体用、重体轻用的一种极端表现，宋明理学家就是不赞成的。《河南程氏遗书》中记载：“学禅者曰：草木鸟兽之生亦皆是幻。曰：子以为生息于春夏，及至秋冬便都变坏，便以为幻，故亦以人生为幻，何不付与他？物生死成坏自有此理，何者为幻？”（《河南程氏遗书》卷一）二程认为万物的运动变化、生死成坏都是有理的，都是实在的。朱熹说：“释言空，儒言实；释言无，儒言有。”（《朱子语类》卷一二六）佛教认为世界虚幻不实，“君臣父子为幻妄”；朱熹从维护儒家伦理纲常出发，认为“君臣父子”决非“幻妄”（《朱子语类》卷九四），而是实有。南宋理学家胡宏也坚决反对佛教以实幻区分体用的观念。他说：“释氏见理而不穷理，见性而不尽性，故于一天之中分别幻华真实，不能合一，与道不相似也。”（《知言》）在他看来，本体固然是真实的，现象也不是虚幻的，把统一的世界划分为“幻华”和“真实”两部分是极端荒谬的。佛教以本体为真实、以现象为虚幻的观念，当然也受到了许多唯物主义思想家的尖锐批判，但是我们不能否认程朱等人的批判也有一定的积极意义，因为这种批判是有利于唯物主义的，体用俱实的观点也有利于论证二者的统一。

近代哲学家熊十力虽然接受了佛教以现象为幻的观点，认为“天地万物，皆依大用流行，而假立之名”（《十力语要》卷三），它们“相状诈现”“条然宛然”“根本没有自性”“不可执为实有”，但是他十分强调体和用的统一，并用这种统一的观点批评了佛教大乘空、有二宗割裂体用的错误。他首先批评空宗的性相论为“体用皆空”，指出：“大空（大乘空宗）学派开山诸哲，实以破相显性为其学说之中枢。破相所以显性，法性本不可空，群经皆有实相印在，如何道他一切都空？……然复须知，由破相显性之主张，一直往前推演，则相空而性复何存？此则大空诸师自己返攻自己，而终不自觉也。”“大空诸师本旨在破相以显性，终归于相空而性与之俱空，易言之，用空而体亦空。”（《体用论》）同时，他又批评大乘有宗说：“有宗至唯识之论出，虽主即用显体，然其谈用，则八识种现，是谓能变，是谓生灭；其谈本体，即所谓真如，则是不变，是不生不灭，颇有体用截成两片之嫌。即其为说，似于变动与生灭的宇宙之背后，别有不变不动不生不灭的实法，叫做本体。吾夙致疑乎此。”（《十力语要》卷一）这是一个深受佛学影响的唯心主义者对佛教荒谬理论的揭露和批判，由于他多少掌握了一点辩证法，不是也颇能切中论敌之要害吗？我们自然不能否认这种哲学批判亦有一定的积极意义。

总之，体用观上的哲学斗争，内容相当丰富，并且错综复杂。这和体用范畴在本体论中的特殊地位以及它具有重要的方法论意义直接相关。我国古代和近代哲学围绕着体用问题而展开的哲学斗争，留下了十分丰富的理论思维经验和教训，值得我们认真地去加以总结和吸取。

简短的结语

通过对体用范畴的初步考察，我们得到以下几点认识。

一，体用范畴是中国哲学发展的产物，从“体”“用”二字的出现，到形成为一对有确定涵义的哲学范畴，有一个历史发展的过程。体和用的观念形成很早，如《老子》讲“弱者道之用”，《论语》既讲“礼之本”，又讲“礼之用”。体用并举亦已见于先秦典籍。但直到魏晋时期，体用才成为一对重要的哲学范畴，并对以后中国哲学的发展产生了莫大的影响。在中国哲学范畴发展的逻辑系列中，我们把体用范畴归于魏晋玄学，就像把“仁”的范畴归于孔子，把“道”的范畴归于老子一样，并不是说在他们之前就没有人讲过“仁”和“道”了。

二，体用范畴产生和发展的根源在于社会实践。人们在和天地万物打交道的过程中，逐步形成了关于事物有体有用的观念。“体者，即形质也；用者，即形质之妙用也。”这是体用范畴的本来涵义。后来它被唯心主义哲学家改造成为一对表示本体和现象的关系的哲学范畴，并进而引申出多重涵义。唯心主义本体论哲学的泛滥，影响了中国自然科学的发展，但在另一方面也起了深化理论思维的作用。对“本体”或“实体”的探求，是“人类对自然界和物质认识的发展过程中的重要阶段”，因为它意味着人们已不满足于认识事物的外部表面现象，而是要求“从现象的外在性深入到实体”，“以便探求现象的原因”①。这一合理内容后来被唯物主义哲学家概括为“由用以得体”“吾从其用而知其体之有”的方法论原则，集中体现了中国古代体用论的科学精神。

三，体用范畴鲜明地表现了中华民族理论思维方式的特点。它包括了西方哲学中的实体和属性范畴的涵义，但又不同于西方哲学摆在纯粹客观因果联系中的实体和属性范畴。这主要表现在中国哲学所讲的“用”，并不是一般地讲事物的客观属性，而是把人的实践需要也考虑在内，“用者，用之于天下也”，“其用必以人为依”（王夫之语），讲事物的作用是指对天下的人有用，施之于人而人得以用之。例如，以车为体，则以乘为用；以器为体，则以贮为用。讲车、器之用并不是一般地指出它们的形状、颜色、构造、质料等客观属性，而是就它们对人的作用、功用、用处而揭示之。中国哲学重用、重实践、重事功的特点，既表现在“天人合一”“知行合一”的观念中，也表现在“体用合一”的思维模式中。

四，有体有用、体用统一是对客观世界的某种真实关系，即实体和作用（属性）、本质和现象的关系的反映。在马克思主义的唯物辩证法传入中国以前，中国人用这种朴素辩证的观念去认识世界，取得了许多有价值的思想成果，如范缜用它解决了长期争论的形神关系问题。传统哲学体用论中也有一些消极的东西，如重体轻用或重用轻体的观念。前者不仅在历史上曾造成唯心主义猖獗，今天不讲究经济效果的思想方法恐怕还是它的遗毒的表现。后者则不利于科学的发展，因为它使人的认识停止于表面现象而不进一步探求事物的本质、原因

① 《列宁全集》第38卷，人民出版社1960年版，第167—168页。

和更深层次的结构。对于在中华民族认识史上有过如此巨大影响的体用范畴，我们应该用马克思主义的观点和方法，加强对它的研究，区分历史遗产中的精华和糟粕，批判地继承其中包含真理性的部分，把它熔铸到唯物辩证法的科学体系中去。

（原载《中国社会科学》1984 年第 5 期）

“理”与“气”

“理”与“气”是中国哲学史上的一对极其重要的哲学范畴。特别是宋以后，“高谈性命，详析理气”成为一时的风尚，理气之辩成为当时哲学斗争的中心问题。一些哲学家把精神性的“理”当作世界的最高本体，认为“天下只是一个理”，天地人物“都自这里出去”，他们的哲学被称为“理学”或“理本论”。另一些哲学家则把物质性的“气”看作世界统一的基础，认为“元气之上无物、无道、无理”，他们的哲学被称为“气一元论”或“气本论”。几百年来围绕着理气关系问题长期争论不休，由此足见这对范畴在中国哲学史上有着特殊重要的地位。

理气关系问题虽然到宋代才被突出地提出来，但是“理”和“气”这两个范畴早就在中国哲学史上出现了，不过它们各有独立的涵义及其历史发展，还没有被当作对立统一的一对范畴来加以考察。

在古代哲学典籍中，“理”通常是指事物的条理、规律、准则。《韩非子·解老》：“理者，成物之文也。”《中庸》：“文理密察，足以有别也。”戴震《孟子字义疏证》总括其意说：“理者，察之而几微必区以别之名也，是故谓之分理，在物之质曰肌理、曰腠理、曰文理；得其分则有条而不紊，谓之条理。”在大多数古代哲学家看来，作为事物规律的“理”是以实际存在的事物为根源的，不能离开事物本身而独立存在。如裴頠说：“理之所体，所谓有也。”“化感错综，理迹之原也。”（《崇有论》）理是一个属性范畴而不是实体范畴。故

戴震说："古人所谓理，未有如后儒（指宋明理学家）之所谓理者也。"（《孟子字义疏证》）

"气"的范畴也早就见诸古代哲学典籍。它通常是指一种极细微的物质，被看作是构成世界万物的本原或原始材料。《周易·系辞上》："精气为物。"唐孔颖达疏："谓阴阳精灵之气，氤氲积聚而为万物也。"《庄子·知北游》中有"通天下一气耳"的说法，不仅认为万物的生成、发展、灭亡都是一气之变化，而且说："人之生，气之聚也。聚则为生，散则为死。"即认为气是构成人和万物的共同的物质基础。东汉的王充更明确地说："天地合气，万物自生，犹夫妇合气，子自生矣。"（《论衡·自然》）他已提出"物气之理"的概念，把理看作是天地之气运动变化所产生的自然秩序，不过它还带有较明显的感性经验的特征。

把"理"和"气"作为一对高度概括的哲学范畴，从一个侧面来阐明精神和物质的关系这个哲学的基本问题，是宋代理学家的一个创造。从哲学思维发展史的角度来说，这一新的概括无疑地标志着抽象思维水平的提高。

二程第一次把"理"从属性范畴变成最高实体范畴，建立了"惟理为实"的理本论哲学。程颢说："吾学虽有所授受，'天理'二字，却是自家体贴出来。"（《河南程氏外书》卷十二）"天理"二字早已见于《礼记》《庄子》《韩非子》等先秦古籍，如《庄子·天运》："顺之以天理"，《韩非子·大体》："不逆天理"，这里"天理"都是指自然的规律。汉代的董仲舒把"天理"看作是最高主宰"天"授予万物的秩序，已在把"理"神秘化的道路上迈出了重要的一步，但它毕竟还是从属于"天"的一个概念。把"理"或"天理"从事物的规律，通过伦理化的途径，赋予人类精神的属性，然后把它设想为可以派生天地万物、"放之四海而皆准"的宇宙本体，并且当作他们的哲学体系的最高范畴，才是二程理学的特点。二程认为，万物皆由气变化而成，而气有其所以然，气之所以然就是理。关于理与气的关系，程颐说：“有理则有气。”又说：“有理而后有象，有象而后有数。”（《二程粹言》卷一）这是明确主张理在气先，精神第一性、物质第二性的唯心论。程颐还认为气有生灭，理永恒存在。他说：“凡物之散，其气遂尽，无复归本原之理。……其造化者自是生气。”（《河南程氏遗书》卷十五）这个能“生气”的“造化者”就是理。气只是一种暂时的派生的东西，它的不断生灭的过程，不过是“造化者”理的“往来屈伸”而已。

二程的理学被朱熹全面继承和发展。朱熹所说的“理”，也有事物之“所以然”的规律和“当然之则”的伦理道德准则两重意义。但是，为了构造体系的需要，更主要地为了他所从属的阶级的利益，朱熹也把“其张之为三纲，其纪之为五常”的“理”虚构为派生天地万物的绝对精神本体。“若理只是个净洁空阔的世界”（《朱子语类》卷一），它无形迹、无方所、无造作。那么它又怎样派生天地万物呢？于是朱熹引进了“气”的范畴，明确地把理和气对置起来。他说：“天地之间，有理有气。理也者，形而上之道也，生物之本也；气也者，形而下之器也，生物之具也。”（《朱子文集》卷五十八《答黄道夫》）在讲到具体事物的生成时，朱熹总是强调理气不相离，“天下未有无理之气，亦未有无气之理”（《朱子语类》卷一）。但是理和气的地位、作用是不一样的，前者是“生物之本”，是事物生成的根据或本原，而后者只是“生物之具”，是构成事物的具体材料。这里已有理本气末的思想。他进而明确地说：“有是理便有是气，但理是本。”（《朱子语类》卷一）朱熹认为，从事实上来讲，理气不相离，“本无先后之可言”，但是一定要从逻辑上“推其所从来”，“自形而上下言”，或“以本体言之”，那么就必须说“先有是理，后有是气”（《朱子语类》卷一）。这就是说，在物质世界存在之先，已经有一个绝对精神“理”存在那里。于是得出如下荒诞结论：“未有天地之先，毕竟也只是理。有此理便有此天地，若无此理，便亦无天地，无人无物，都无该载了。”（《朱子语类》卷一）这个先于天地万物而存在的理，不过是“上帝”的别名。除了理本气末、理先气后的论点之外，朱熹还提出了“理生气”“理为气之宰”“理主气从”等说。例如他在解释周敦颐的《太极图说》时说：“太极生阴阳，理生气也。”“气之所以能动静者，理为之宰也。”朱熹的唯心主义理气观较之二程又要全面、系统、彻底、深入得多了。

宋明理学中还有以陆九渊、王守仁为代表的一派主观唯心主义心学。他们以“心即理”为其哲学的基本命题，认为“塞宇宙一理耳”（《象山全集》卷十二《与赵咏道》），而这个理又是不能离开“心”的。“万物森然于方寸之间，满心而发，充塞宇宙，无非此理。”（《象山全集》卷三十四《语录》）陆九渊要人们“说内”不“说外”，他只重视心与理的关系，而根本不谈什么理气关系问题。王守仁主“理气合一”之说，其“合一”的基础仍然是“心”。他说：“理者气之条理，气者理之运用。无条理则不能运用，无运用则亦无以见其所谓条理者矣，……原非有二事也。”又说：“心一而已，……以其条理而言谓之理”，“以其流行而言谓之气”。（《传习录》中）这种理气观当然也是唯心主义的。

宋元明清时期，与唯心主义的理学和心学相对立，还有一条坚持以“气”为宇宙本体的唯物主义哲学路线。它把被理学家们抬到天上的精神本体“理”，还原为事物的规律，肯定物质实体“气”是一切存在的基础，“理”是气变化流行的秩序、条理，不是“理在气先”，而是“理在气中”。这样，理和气的关系就不是精神和物质的关系，而是物质运动的规律和物质自身的关系。所以，在这里我们又不能把理气关系问题简单地等同于哲学基本问题。

宋代的张载是气本论哲学的奠基者。他认为一切存在都是气，“凡可状皆有也，凡有皆象也，凡象皆气也”（《正蒙·乾称》）。同时他还把无形的“太虚”也看作是气的一种存在状态，提出了“太虚即气”的命题。有形的万物和无形的太虚统一的基础就是气。他说：“太虚不能无气，气不能不聚而为万物，万物不能不散而为太虚。”

(《正蒙·太和》) 有形的万物是气的聚结的状态，无形的太虚是气的分散的状态。气有聚散，而无生灭，它是无限的、永恒的，即无处不在、无时不有的世界本体。张载的气不灭论，与程颐的“气散”即“气灭”之说是根本对立的。在朱熹以前，二程偏重言“理”，张载偏重言“气”。张载关于理气关系问题的直接论述虽然不多，但他明确地把“理”看作是物质运动的规律，认为理是从属于气的。如说：“天地之气，虽聚散攻取百涂，然其为理也，顺而不妄。”(《正蒙·太和》) 他认为必须“识造化，然后有理可穷”(《易说》)，离开气的运动变化，就根本无从谈理了。

明代哲学家王廷相继承和发展了张载的气本论哲学。他认为“天内外皆气，地中亦气，物虚实皆气”(《慎言·体道》)，气是世界上惟一的实体。而理“虚无象”，不是实体，不能离开气而独立存在。王廷相尖锐地批判了程朱的唯心主义理气观，指出：“世儒谓理能生气，即老氏道生天地矣；谓理可离气而论，是形性不相待而立，即佛氏以山河大地为见病，而别有所谓真性矣。”(《慎言·体道》) 他鲜明地提出了“理载于气，非能始气也”(《慎言·体道》)、“理根于气，不能独存也”(《横渠理气辩》)、“万理皆出于气，无悬空独立之理”(《太极辩》) 的唯物主义观点，把被程朱颠倒了的理气关系重新颠倒过来。另外，王廷相还用理在气中、气变则理变的观点批判了宋儒所谓“天地间万形皆有敝，惟理独不朽”的形而上学“痴言”，他的唯物主义气本论哲学同时还闪烁着朴素辩证法的光芒。和王廷相同时代的另一位哲学家罗钦顺，可以说是从程朱学派转变为唯物主义者的一个典型。他的转变的突出标志，就是抛弃了程朱的唯心主义理气观，而提出了以气为本、“理只是气之理”的唯物主义思想。他说：“盖通天地，亘古今，无非一气而已。气本一也，而一动一静，一往一来，一阖一辟，一升一降，……千条万绪，纷纭胶轕而卒不可乱，有莫知其所以然而然，是即所谓理也。初非别有一物依于气而立、附于气以行也。”(《困知记》卷上) 这样，他就把朱熹的“理在气先”

改造成“理在气中”，把朱熹的“理与气决是二物”改造成“理气为一”，从而完成了从唯心主义向唯物主义的转变。

明清之际，杰出的唯物主义思想家王夫之在更高的水准上批驳了程朱的理本论，坚持了张载的气本论。在他看来，世界统一于物质实体气，“天人之蕴，一气而已”（《读四书大全说》卷十），“此外更无他物，亦无间隙”（《张子正蒙注·太和篇》）；“盖言心、言性、言天、言理，俱必在气上说，若无气处则俱无也”（《读四书大全说》卷十）。“理”是气所固有的秩序条理，即气运动变化的规律。他说：“理本非一成可执之物，不可得而见，气之条绪节文，乃理之可见者也。故其始之有理，即于气上见理。”（《读四书大全说》卷九）“天下岂别有所谓理，气得其理之谓理也。”（《读四书大全说》卷十）因此，他强调理气不可分，认为程朱“将理气分作二事，则是气外有理矣”，而事实上“气外更无虚托孤立之理”（《读四书大全说》卷十）。针对程朱颠倒理气关系的“理本气末”“理先气后”说，王夫之提出了“气者理之依也”“理不先而气不后”“理在气中”等鲜明的唯物主义论点，对在理气关系问题上的这场哲学斗争作了一次比较全面的清算和总结。以后颜元、戴震等人对程朱的唯心主义理气观继续有所批驳，但在理论的全体上都未能超出王夫之的水平。这里我们只想指出一点，戴震对程朱理本论错误产生的认识根源的揭露是相当深刻的，可谓入木三分。他说：“举凡天地人物事为，求其必然不可易，理至明显也。从而尊大之，不徒曰天地人物事为之理，而转其语曰理无不在，视之如有物焉。”“不徒曰事物之理，而曰理散在万物，……于是冥心求理，谓一本万殊。”（《孟子字义疏证》）理本来是“天地人物事为之理”，从哲学上说它是一个属性范畴。把“理”从“天地人物事为”中抽取出来，变成“视之如有物焉”的独立实体，并转而成为创造“天地人物事为”的主体，“天地人物事为”反而成了它的“万殊”表现。这个属性范畴实体化的过程，极似马克思和恩格斯在《神圣家族》中所揭露的：思辨的思维从梨、苹果、扁桃等等现实的果实中抽象出一个“一般果实”，把它变成“实体”即“绝对主体”，然后宣布梨、苹果、扁桃等等都不过是“一般果实”的不同化身，不过是“理智所创造的抽象本质的生命的各个环节”[①] 而已。程朱理学的唯心主义思辨结构的秘密也正是这样。

宋明理气之辩经历了一个漫长而曲折的过程，它是当时哲学斗争的最高问题，也是当时理论思维领域中最深刻的问题。这场争论对于促进中国哲学的发展起了巨大的作用。但它也说明，这个时期的中国哲学仍处在素朴的阶段，对物质的认识还带有直观性和某些猜测的成分，还不能用确切的哲学语言来概括精神和物质的关系这个哲学的基本问题。这就是近代思想家如严复、孙中山等人为什么要扬弃理气之辩的理由。

（原载《中国哲学史研究》1982 年第 4 期）

① 《马克思恩格斯全集》第 2 卷，人民出版社 1957 年版，第 72 页。

中国大百科全书辞条

先秦哲学

中国奴隶社会以及由奴隶社会向封建社会过渡时期的哲学。公元前221年秦王朝建立了统一的多民族的中央集权制的封建国家，基本完成了由奴隶制向封建制的过渡。人们称秦统一中国之前的哲学为先秦哲学。在这个漫长的历史时期中，哲学思维从原始时代人们对精神和自然界关系问题的两种自发的对立倾向，经过殷周奴隶社会的天命神权论和早期阴阳、五行观念，发展到春秋战国时代的诸子百家之学，在剧烈的社会变动中形成了反映各阶级、阶层利益的各种对立的哲学体系和哲学派别。它们之间互相辩难，百家争鸣，成为中国哲学思想发展史上第一个辉煌的时代。

历史背景 中国是世界文明发达最早的国家之一，已有近4000年有文字可考的历史。远在公元前21世纪的夏代，中国就进入了奴隶社会。殷商（约公元前16—前11世纪）和西周（约公元前11世纪—前771年）是奴隶社会的发展时期。中国奴隶社会保留了公社共同体形式，以血缘关系为纽带。土地属于奴隶主的国家所有，强迫奴隶进行“千耦其耘”“十千维耦”的集体耕作。春秋（公元前770—前476）至战国（公元前475—前221）初，由于铁器和耕牛的使用，产生了用个体生产代替集体耕作、用地主土地私有制代替奴隶主土地公有制的经济条件，奴隶们“公作则迟”，“分地则速”，宗族奴隶制在奴隶和平民的反抗斗争中逐渐瓦解。战国时期，新兴地主阶级和没落奴隶主阶级在经济上政治上进行了反复的斗争和较量，封建制终于战胜了奴隶制，先后建立了魏、赵、韩、齐、楚、燕、秦 7 个封建国家。秦国实行封建化改革最晚，也最为彻底，商鞅变法的成功使秦国一跃而为战国后期的强国，奠定了后来统一中国的基础。封建制度的确立促进了社会经济的繁荣，生产的发展又促进了科学技术的发展。《甘石星经》《考工记》《墨经》《禹贡》等著作反映战国时期的科学技术已达到相当高的水平。先秦哲学就是在这样的社会历史背景和自然科学前提下产生和发展的。

三个发展阶段　先秦哲学的发展大体可分为中国哲学的萌芽、诸子前哲学和诸子哲学三个阶段。

萌芽时期　哲学的萌芽是同原始宗教相联系的，主要表现为相信灵魂不死和崇拜自然物的自发观念。在殷商奴隶社会占统治地位的思想是上帝神权观念，周灭殷后发展为天命主宰一切的观念，周公提出“敬德保民”“以德配天”的思想。以《周易》和《洪范》为代表的早期阴阳、五行观念尚未完全摆脱宗教神学的束缚，表现了科学思维的萌芽同宗教、神话幻想的一种联系。

诸子前哲学　西周末至春秋时期，奴隶主阶级的统治出现了危机，天命神权也发生了动摇。在《诗经》中出现了疑天、责天的思想。一些比较开明的贵族和卜、史一类人物，进一步发展了原始的阴阳、五行观念，对自然界的变化作了某些唯物主义的解释，表现出无神论的倾向，同时发展了朴素辩证法的思想。伯阳父、史伯、管仲、医和、子产、晏婴、史墨等人，可以称为先秦诸子前哲学思想的主要代表。

诸子哲学　春秋末年，孔子创立儒家学派（见儒家），是中国哲学进入诸子百家之学的开端。在春秋战国的社会大变革中，先后出现儒、墨、道、法、名、阴阳等重要学派，围绕着天人之际和古今之变以及名实、礼法等问题展开了激烈的哲学论辩，学派之间既互相斗争又互相吸取，每个学派内部也不断分化和发展，使这个时期的思想斗争呈现出错综复杂的情况，促进了哲学的繁荣。

主要派别 先秦诸子哲学的主要派别有：①儒家。这是创立最早、影响较大的一个学派。孔子死后，“儒分为八”。其中孟轲和荀况为代表的两个派别最有影响。他们是一对论敌，在哲学上表现为唯心主义和唯物主义的对立和斗争。②墨家。创始人是战国初年的墨翟，他的哲学中包含有非命尚力和尊天事鬼的矛盾。墨子死后，“墨离为三”。战国后期，墨家的一派克服了墨子学说中的宗教迷信成分，在唯物主义认识论、逻辑学以及自然科学的研究方面作出了较大贡献。③道家。传统认为老子是其创始人。他提出了一个以“道”为核心的系统完整的宇宙观，既有唯物主义的内容，又有唯心主义的成分。庄子继承和发展了老子的哲学思想，通过相对主义走向怀疑论和不可知论。稷下道家则提出“精气”说，对老子的“道”作了唯物主义的解释。战国时期道家的一派还和名家、法家相结合，发展成为黄老之学，为后来的汉初统治者所推重。④法家。其先驱为管仲、子产，真正奠基人是战国时期的李悝、商鞅、申不害等人。到战国末期，韩非集法家思想之大成，提出了法、术、势相结合的完整的法治理论。他继承了老子和荀况哲学中的合理因素，形成了自己的唯物主义体系。⑤名家。是战国时期专门讨论名实关系和概念同异、离合问题的一个学派，代表人物是惠施和公孙龙。他们对事物的同一性和差别性问题作了探讨，对古代逻辑学的发展作出了一定贡献。⑥阴阳家。以邹衍为代表。他把本来具有朴素唯物主义因素的阴阳五行说加以神秘化，用五行生克的顺序来说明王朝的更替，提出“五德终始”说，为新兴封建政权的建立提供理论根据。除上述主要派别外，先秦诸子百家之学还有兵家、农家、纵横家、杂家等学派，特别是以《孙武兵法》《孙膑兵法》为代表的兵家哲学，对朴素辩证法的发展起了重要的推动作用。其他各家也都在当时哲学争鸣中占有一定地位。

历史地位 先秦哲学是中国哲学的发端，是形成学派和建立哲学体系的重要历史时期，具有自己的历史特点。它广泛地探讨了宇宙本原和自然规律问题、天人关系问题、人性善恶问题、认识论和逻辑学问题等等，把哲学研究伸展到各个领域和各个方面，内容极为丰富，已包含着以后各个历史时期各种哲学观点的胚胎和萌芽，对中国哲学的发展产生了深远影响。就其探讨问题的广度和深度而言，都可以和古希腊哲学相媲美，是中国和世界哲学史上的灿烂篇章。

（原载《中国大百科全书》第1版《哲学Ⅱ》，中国大百科全书出版社1987年版）

秦汉哲学

中国统一的封建专制制度建立和发展时期的哲学。这一时期，先秦百家争鸣的局面已经结束，以儒家哲学为中心的新的封建统治思想体系逐步建立起来。

产生的历史背景 公元前221年，秦灭六国，建立起中国历史上第一个统一的专制主义中央集权国家。为了巩固新的封建政权，秦始皇采取了一系列经济、政治和文化措施，“使黔首自实田”以定赋，废封国，立郡县，车同轨，书同文。这些措施有利于社会生产力的发展。但是，沉重的赋税徭役剥削和残酷的严刑峻法统治，迅速地激化了封建统治者和广大人民的矛盾，秦王朝仅存15年就被农民起义推翻。汉朝统治者接受了秦覆灭的教训，采取了一些缓和社会矛盾的措施，使社会经济得到逐渐恢复和发展，出现了“文景之治”。到汉武帝统治时期，封建经济文化出现了高度繁荣局面。但它的背后却隐伏着深刻的社会危机，两汉时期，土地兼并不断发展，官僚贵族巧取豪夺，加剧了农民和地主、封建地主阶级内部寒门庶族与豪强地主之间的矛盾。农民革命的爆发，各种社会矛盾的加剧，推动着社会的前进，也影响着哲学思想的发展。

秦汉哲学是在新的历史条件下和先秦诸子哲学的基础上发展起来的。这个时期多次出现过儒法或儒道对立与斗争的局面。但是，从统治阶级方面来说，不论是“崇尚黄老”还是“独尊儒术”，实际上总是兼采名、法、阴阳等各家学说，采取了所谓“以霸王道杂之”的基本原则。在儒学内部，今文经学和古文经学的争论对两汉哲学思想的发展有着重要影响。自然科学的发展，特别是天文学中形成的盖天、浑天、宣夜三家关于天体结构的理论，《黄帝内经》等医学名著对生命成因、疾病起源、形神关系所作的比较合理的解释，直接推动了唯物主义和无神论思想的发展。东汉时期佛教在中国的传播及道教的出现对中国哲学思想的发展产生了长期而深远的影响。

发展概况 秦汉时期的各种哲学思潮相互激荡，具有过渡的性质。秦汉统治者对各种思想、学说的选择也经历了一个逐渐过渡和稳定的过程。秦王朝的统治者秦始皇、李斯独尊法家，禁废私学，他们过分夸大君主意志和权势的作用，片面强调法制。汉初统治者采取与民休息的政策，崇尚黄老的无为思想。其思想代表有盖公、司马谈等人。黄老之学的经典是《黄帝书》和《老子》。1973 年长沙马王堆三号汉墓出土的《经法》等 4 篇古佚书，据考证即是当时流行的《黄帝书》的重要部分。它以道家思想为中心，融入“名法之要”，兼采儒、墨、阴阳思想，具有唯物主义倾向，并包含着较丰富的辩证法思想。西汉中期出现的《淮南子》一书大体上继承了这条思想路线。汉武帝“罢黜百家，独尊儒术”，董仲舒为适应巩固中央集权的需要，建立了以天人感应思想为核心的神学哲学体系，成为汉代占统治地位的官方哲学。他的学说也容纳刑名法术，并与阴阳家言相结合，以后逐渐发展为谶纬之学。东汉时期由皇帝钦定的《白虎通义》一书进一步发展了董仲舒的宗教神学思想。两汉时期，和天人感应目的论对立的有以扬雄、桓谭、王充等人为代表的唯物主义思潮，把“天”还原为“自然之天”，把“人”规定为“倮虫之长”，把世界的统一性归于物质性的“气”。东汉的王充，高举“疾虚妄”的旗帜，对天人感应目的论和谶纬迷信等进行了系统的批判。他所建立的天道自然的朴素唯物主义体系，是这个时期哲学思想的最高成果。

秦汉时期是封建统治阶级营造新的统治思想的重要时期。这个时期的哲学具有兼综诸家的特点，它对于宇宙构成、形神关系、古今变迁、人性善恶等问题的探讨比先秦更加深入。董仲舒建立的“王道之三纲，可求于天”“天不变道亦不变”的神学哲学理论，为封建宗法思想和封建制度奠定了理论基础。由王充确立的天道自然的唯物主义哲学，对于整个封建社会的唯物主义哲学有着深远的影响。秦汉哲学在中国哲学史上占有重要的地位。

（原载《中国大百科全书》第 1 版《哲学Ⅱ》，中国大百科全书出版社 1987 年版）

魏晋南北朝哲学

中国汉末以后门阀士族统治时期的哲学。

历史背景 公元2世纪末黄巾起义失败后，形成了魏、蜀、吴三国鼎立的局面。魏灭蜀，司马氏又篡魏灭吴，建立了西晋王朝。西晋只维持了几十年短暂的全国统一局面，就被少数民族统治者推翻。此后形成南北朝长期分裂。南方继东晋王朝之后，依次出现宋、齐、梁、陈四个朝代。北方经过“五胡十六国”的长期混战，由鲜卑拓跋氏实现了统一，建立北魏王朝。后又分裂为东魏、西魏，再演变为北齐、北周。公元589年，汉族的杨坚重建全国统一的隋朝政权，结束了中国长期大分裂的局面。

自东汉时期发展起来的豪强地主阶层，经过三国、西晋实行所谓“九品官人法”，形成享有并世袭各种政治经济特权的门阀士族，逐渐成为社会的统治势力。在长达300多年的分裂和割据局面中，汉族门阀士族和少数民族贵族统治者控制州郡、称霸一方、互相攻伐，使中原地区的经济文化遭到空前的破坏。但是，在混乱中，江南曾有近300年的偏安局面；北方在曹魏时期、西晋初年和拓跋北魏统一时期，分别实行屯田、占田、均田政策，局部地区的经济出现过繁荣局面。科学家刘徽、祖冲之、何承天、贾思勰，道教学者葛洪、陶弘景等人，分别在天文学、化学、农学和医药学等方面作出过重要贡献。

魏晋玄学 魏晋南北朝时期的哲学，受当时的政治经济所制约，有着鲜明的时代特点。在曹魏和西晋时期，出现了杨泉、嵇康、阮籍、裴𬱟、欧阳建、何晏、王弼、向秀、郭象等著名哲学家。魏晋时期占统治地位的哲学主要是以玄学（见魏晋玄学）的形式表现出来的，它是适应门阀士族夺取统治权力和维护身份等级特权的需要而兴起的哲学思潮，它融合儒道，提倡“三玄”（《老子》《庄子》《周易》），以老庄解《易》，用道家的自然无为之说来维护儒家传统的纲常名教。其中何晏、王弼一派主张“贵无”，以无为本，以有为末；以自然为本，以名教为末。认为天能化生万有，“凡有皆始于天”；自然可以统御名教，名教本于自然。郭象一派则主张“崇有”，否定万有背后有一个本体“无”，认为有非无生，而是“块然而自生”。但他把一个一个事物神秘化为独立自足的存在，认为“物各自生而无所生”。他还提出名教即自然的观点，为巩固门阀士族统治秩序提供了更有力的理论支柱。裴𬱟提出了重视现实的“崇有论”，他认为，万有是自然而然产生的，有自身就是本体，说“自生而必体有”，万有必须有所资借，而“济有者皆有也”。玄学家中的阮籍、嵇康的宇宙观基本上是唯物主义的。他们猛烈抨击儒家的礼法名教，针对司马氏集团利用虚伪名教篡夺政权、诛灭异己的政治情况，提出了“越名教而任自然”的口号。除玄学之外，还有一些哲学家也提出一些很有价值的哲学理论，如杨泉提出了“所以立天地者水也，成天地者气也”的朴素唯物主义宇宙观。欧阳建针对言不尽意的不可知论提出了“言尽意论”。

神灭论与神不灭论的斗争 东晋南北朝时期，哲学上两条路线斗争的重心转移到唯物主义神灭论反对佛教唯心主义神不灭论的斗争方面来。汉魏以来传入中国的佛教，既宣扬因果报应、轮回转生；又传播大乘空宗般若学的理论。由于大乘空宗的唯心主义思辨和“以无为本”的玄学本体论颇有相近之处，所以二者很快结合起来。如道安主张本无，认为无在万化之前，空为众形之始。一切诸法，本性空寂，故云本无。佛教由于适合了门阀士族统治集团欺骗人民和自我麻醉的需要，竟凌驾玄学之上、风靡一时，僧肇、道生等人以其与玄学融合的理论促进了佛学的中国化。就在佛教唯心主义泛滥之际，东晋南北朝时期也先后涌现出一批反佛学的唯物主义无神论者，其中最重要的代表是范缜。他写了著名的《神灭论》，在形、神关系方面，提出了“形质神用”的命题，给佛教宗教神学的理论基础神不灭论以沉重的打击，把唯物主义的形神关系理论推进到当时所可能达到的最高水平。这个时期道教也被门阀士族地主阶级所利用。佛道二教既互相影响、互相吸取，又有互相争夺宗教正统地位的斗争。

历史地位 魏晋南北朝时期的哲学，唯心主义占统治地位。魏晋玄学吸取了汉代神学目的论失败的教训，通过有无本末之辩，建立了精致的唯心主义本体论。后来的佛教般若学，提出非有非无的“空”来作为世界本体，基本上也是采取同样的唯心主义思辨方法，比两汉哲学讲宇宙生成论在理论思维上前进了一大步，在认识史上具有重要意义。

（原载《中国大百科全书》第1版《哲学Ⅱ》，中国大百科全书出版社1987年版）

隋唐五代哲学

中国儒、道、佛三家并行发展，佛教宗派哲学空前发达时代的哲学。

历史背景 公元589年，隋文帝杨坚结束了南北朝的长期分裂局面，建立了全国统一政权。他实行了一些有利于社会经济发展的政策，使隋王朝有过短暂的政治稳定、经济繁荣的时期。604年隋炀帝杨广篡位后，骄奢淫逸，滥用民力，使这个政权很快在农民起义的风暴中灭亡了。618年唐王朝建立。新统治者接受了隋亡的教训，重视安抚百姓、发展农业生产，继续实行均田制和府兵制，设进士科以开放仕途，设三省六部以巩固中央政权。这些措施使社会生产迅速恢复和发展。经过130多年的稳定发展，唐朝国力强盛，经济发达，文化繁荣，超过了汉代，成为当时世界上最富庶的文明大国。安史之乱（755—763）后，唐王朝开始衰败，朝廷中宦官专权，朋党倾轧；地方上藩镇割据，拥兵自重。他们无限制地搜刮民财，加重农民的负担，激化了农民和地主阶级的矛盾。黄巢起义（875—883）摇撼了唐王朝的统治基础，907年唐朝灭亡。以后经过五代十国50多年的分裂割据，960年北宋建立，重新统一了中国。

隋唐时期的统治者一方面在政治上、经济上采取了一些缓和社会矛盾的政策，另一方面却在思想上大大加强了对人民的控制。他们认识到佛教、道教和儒家伦理纲常都是对巩固封建统治有利的，所以推行“三教”并用的政策。在颁布《五经正义》抬高儒学地位的同时，大力支持佛教和道教势力的发展。只是到国家的实际经济利益受到寺院经济的威胁时，才发生武宗“排佛”事件。在意识形态领域里，宗教的流行使哲学唯心主义居于上风。同时，隋唐时期由于国家统一，经济繁荣，中外交通发达，为科学文化的发展提供了有利条件。地理学、天文学、数学、医学等方面都有许多新的成就，推动了唯物主义哲学的发展。

哲学概况 隋代的王通首先提出儒、释、道三教归一的理论，企图以儒学为主，调和释、道二教。唐初的唯物主义者傅奕、吕才反对佛教和批判卜日、卜宅、风水说等迷信，但势孤力单。这时佛教宗派哲学在雄厚的寺院经济的物质基础上和封建统治阶级的大力支持下迅速发展起来。隋唐佛教哲学的主要宗派有：①以智𫖮为代表的天台宗。宣传“一切诸法，皆由心生”，把复杂多样的世界说成是心之一念的产物。它还建立了一套空、假、中“三谛圆融”的理论和止观双运的宗教修行方法。②以玄奘及其弟子窥基为代表的法相唯识宗。主张“心外无法”“万法唯识”，他们主要是翻译介绍印度无著、世亲一派烦琐的唯心主义哲学，由于脱离中国社会的实际，结果虽在唐初风靡一时，但不久就衰落下来。③以法藏为代表的华严宗。强调离开心之外，没有任何事物和现象的存在。客观物质世界乃至主客观的内外区别，全都是一心所现。它还提出“理事相即”，本体和现象圆融无碍的理论，对宋明理学有重要影响。天台、华严二宗可以说是印度佛教中国化的过渡形态。④以慧能为代表的禅宗，是典型的中国化的佛教，主张不立文字，教外别传，宣扬心净自悟。它认为佛并不在“西天”，而是在每个人的心里，“即心即佛”，“本性是佛，离性无别佛”。它阐扬顿悟成佛说，认为若识自性，一悟即至佛地，“前念迷即凡夫，后念悟即佛”。禅宗修持方法简便易行，流布日益广泛，逐渐成为最主要的佛教宗派。在佛教哲学发展的同时，道教哲学在唐代也有所发展。司马承祯提出“主静”“收心离境”学说。陈抟著《无极图》和《先天图》，认为万物一体，宣扬超绝万物的观念性本体，受到佛教的影响。中唐以后，韩愈、李翱站在维护孔孟儒家道统的立场，指责佛老之道背离了“仁义”和君臣、父子的伦理原则，但未触及其宗教唯心主义的理论基础；他们提出的儒家道统说和复性学说，本质上也是唯心主义的。唯物主义哲学家柳宗元、刘禹锡坚持用气一元论来回答宇宙的起源和世界的统一性问题，刘禹锡更是用“天人交相胜，还相用”的学说对秦汉以来重新提出的“天人相与之际”问题作了总结性的回答。唐末五代谭峭、罗隐等人也提出过一些有价值的哲学思想。

隋唐五代哲学在中国古代哲学发展史中，是上承魏晋玄学，下开宋明理学的重要环节。

（原载《中国大百科全书》第1版《哲学Ⅱ》，中国大百科全书出版社1987年版）

体　用

中国古代哲学的基本范畴。体，指本体或实体；用，指作用、功用或用处。这是它们的本来涵义。在中国哲学的长期发展过程中，逐渐形成一种有体有用、体用一如的思维模式。体用范畴也被赋予了复杂多样的涵义，但主要有两种：①指实体及其作用、功能、属性的关系；②指本质与现象或根据与表现的关系。此外，还用来表示一和多、全和偏、必然和偶然、原因和结果、主要和次要等多种关系。

起源和含义　体用二字早就见诸先秦典籍，如《周易·系辞上》说："故神无方而易无体。"又说："显诸仁，藏诸用。"这里体用二字已蕴含着后来作为哲学范畴的基本涵义。体用二字并举始于战国末期的荀子。《荀子·富国》说："万物同宇而异体，无宜而有用，为人数也。"这里"体"指形体，"用"指功用。荀子虽然提出了体用概念，但对体用关系未作深入研究。体用并举在先秦时期还是个别的、偶然的，尚未形成具有确定涵义的哲学范畴。这种状况，在两汉时期没有根本改变，不过有体有用的观念已经运用到较为广泛的领域，东汉魏伯阳在《周易参同契》中就有"内体"和"外用"对举的提法。

魏晋时期　魏晋时期，"体"和"用"成为一对重要的哲学范畴。王弼从《老子》所说的"三十辐共一毂，当其无，有车之用；埏埴以为器，当其无，有器之用"的以无为用的思想出发，进一步提出了以无为体的观点。他说："虽贵以无为用，不能舍无以为体也。"

(《老子》第三十八章注）韩康伯在《周易注》中引申和发挥了王弼的思想，指出：“必有之用极，而无之功显。”即只有把“有之用”发挥到极致，“无之功”才能显露出来。这种以“无”为有之本体，以“有”为无之功用或表现的理论，是一种唯心主义的体用观。裴頠提出崇有论来对抗王弼的贵无论。他认为无不能生有，万物都是自生。“自生而必体有”，必须以有为体。这就否定了无比有更根本、无为有之本体的玄学贵无论，在体用观上表现出唯物主义反对唯心主义的思想倾向。这一时期，有的思想家在谈“才性”问题时使用了“贸”和“用”这对范畴，晋袁准说：“性言其贸”“才言其用”。这里的“贸”“用”，也有“体”“用”的意思。

隋唐时期 魏晋玄学的体用之辩，对盛行于东晋南北朝和隋唐时期的佛教哲学产生了深刻影响。印度佛教中有所谓真、俗二谛义。中国佛教学者把它和玄学体用观结合起来，并广泛用以解释佛教的性相、理事、寂照、定慧、空色、法界缘起等理论。例如，僧肇论佛教般若寂照的体用关系说：“用即寂，寂即用，用寂体一，同出而异名，更无无用之寂而主于用也。”（《般若无知论》）他企图通过即体即用的相对主义论证，最后达到超出体（寂）用（照）之辩的“无知”的佛教最高境界。华严宗的法藏用体用范畴阐述他的理事说，用体用相即论证理事无碍。他说：“事虽宛然，恒无所有，是故用即体也，如会百川以归于海；理虽一味，恒自随缘，是故体即用也，如举大海以明百川。”（《华严经义海百门》）禅宗的惠能也说：“定慧一体，不是二。定是慧体，慧是定用。即慧之时定在慧，即定之时慧在定。”（《坛经》）在佛教禅宗里，不仅南宗的惠能讲体用，北宗的神秀也宣称：“我之道法总会归体用两字。”（《楞伽师资记》）佛教各派基本上是在本体和现象的意义上使用体用范畴的，虽然揭示了部分本质和现象关系的辩证法，但最后终是归用于体，流于否定体、用差别的形而上学诡辩论，把不变的本体归结为“心”“识”“真如”和“法性”等等。他们的体用观都是唯心主义的。

这个时期，唯物主义的体用观在反对儒、道、佛各家唯心主义体用观的斗争中也有发展。范缜提出形质神用、形神相即的观点来否定佛教的形神二元论和神不灭论。他说：“形者神之质，神者形之用。是则形称其质，神言其用，形之与神，不得相异也。”（《神灭论》）“质”即形质，有物质实体的意义；“质用”有“体用”的涵义。范缜肯定精神是物质形体的一种作用，“形存则神存，形谢则神灭”，精神不能脱离形体而单独存在。唐朝的崔憬更明确地在物质实体及其作用、功能、属性的关系上来说明体用范畴。他说：“凡天地万物，皆有形质，就形质之中，有体有用。体者，即形质也；用者，即形质上之妙用也。言有妙理之用以扶其体，则是道也。其体比用，若器之于物，则是体为形之下，谓之为器也。”（《周易探玄》）他举例说：“动物以形躯为体为器，以灵识为用为道。”这和范缜“形质神用”的观点完全一致。

宋元明清时期 这一时期体用范畴更广泛地被哲学家使用。程颐提出了“体用一源”的思想。他说：“至微者理也，至著者象也。体用一源，显微无间。”（《二程集·易传序》）朱熹解释说：“体用一源者，自理而观，则理为体，象为用，而理中有象，是一源也。显微无间者，自象而观，则象为显，理为微，而象中有理，是无间也。”（《朱文公文集·答何叔京》）他用“即体而用在其中”来解释“一源”，用“即显而微不能外”来解释“无间”，从中可以明显地看到佛教体用观的影响。朱熹把体用范畴运用到各个方面，其涵义比较复杂，但主要是从本体和现象的意义上来论述理和事、仁和义、性和情、未发和已发的体用关系。王守仁也讲体用，他说：“即体而言用在体，即用而言体在用，是谓体用一源。”（《传习录上》）宋明理学家以“理”或“心”为宇宙本体的理论是唯心主义的，但是他们在论证体用统一方面作出了某些贡献。有些学者，直接声称自己的学问就是“明体达用之学”，或“明体适用之学”，如胡瑗和李颙，他们也是从体用统一的观点立论的。

魏晋玄学、隋唐佛学和宋明理学的唯心主义本体论，虽然都标榜“体用一如”“体用一源”“体用相即”“体用玄通”等等，但它们都是在世界上的事物现象之外、之上或之后，虚构出一个精神性的本体，把它当作事物现象产生和存在的根据，实质上还是将体和用割裂开来，故被唯物主义哲学家批评为“体用殊绝”“体用支离”“有体而无用”“立体而废用”等等。北宋的张载提出了“虚空即气”的理论，以太虚之气为世界万物的本体，把有和无、物和虚、形和性、天和人统一起来，坚持了体用“通一无二”的观点。清初的王夫之更以鲜明的唯物主义立场、朴素辩证的思维方法，对魏晋以来的唯心主义本体论进行了总结性的批判，把张载开创的气一元论学说发展到高峰。他说：“佛老之初，皆立体而废用；用既废，则体亦无实。故其既也，体不立而一因乎用，庄生所谓‘寓诸庸’，释氏所谓‘行起解灭’是也。”（《思问录·内篇》）王夫之认为唯心主义者立体废用的结果是“体亦无实”，他们所虚构的本体不能取得“由体达用”的实效。王夫之不仅继承了传统的唯物主义体用观，以器为体，以道为用，即从物质实体及其作用、功能、属性的意义上来使用体用范畴，而且常常也从不变的内在本质和可变的外在表现，即本质和现象的意义上来使用体用范畴。在这两种意义上，他都强调体用的“相因”“相涵”，反对将体用分作两截，肯定二者既有区别，又不可分离。针对唯心主义者一贯重体轻用、据体蔑用的态度，王夫之特别强调“天下之用”的实有，提出“吾从其用而知其体之有”，即“由用以得体”的认识方法，集中体现了他在体用论上的科学精神。

近代 近代体用范畴继续为哲学家们所沿用。谭嗣同提出器体道用说；张之洞等人提出“中学为体，西学为用”说，其所谓体用是主要与次要、根本的与从属的两者的区别，严复则从实体与功用的关系上批评“中体西用”说，他说：“体用者，即一物而言之也。有牛之体，则有负重之用；有马之体，则有致远之用。未闻以牛为体、以马为用者也。”（《与外交报主人论教育书》）孙中山十分重视中国传统哲学中的体用范畴，认为："在中国学者亦恒言有体有用。何谓体？即物质。何谓用？即精神。譬如人之一身，五官百骸，皆为体，属于物质；其能言语动作者，即为用，由人之精神为之。"（《军人精神教育》）他直接用体用范畴来说明物质和精神的关系问题。近代学者熊十力更以体用范畴作为基本结构，建立起"新唯识论"的哲学体系，宣称"哲学所穷究者，唯此一根本问题"。他把体用明确地解释为本体和现象，在论证"体用可分而实不二"的观点时体现了一些辩证法的合理因素，他的体用观本质上是唯心主义的。

体用范畴作为一种思维模式，在中国哲学史上产生过长期而深远的影响。剔除其唯心主义和形而上学的糟粕，其中也包含着真理性和科学性的内容。

（原载《中国大百科全书》第 1 版《哲学Ⅱ》，中国大百科全书出版社 1987 年版）

本　末

中国古代哲学的一对范畴，特别是魏晋玄学的基本范畴。“本”“末”原为形象的指事字：“木下曰本”，“木上曰末”。本指木之根，末指木之梢。后来它们分别衍生出本根、本始、本原、本性、本质、本性和末节、末端、末终、末后等多种含义。先秦以来已广泛地用本末概念来说明事物的各种关系，主要指：①本根和枝叶、末节，即根本的东西和非根本东西的关系；②本始和末终，即起始的东西和后生的东西的关系。它们有的无哲学意义，如农本商末、德本财末等；有的则含有一定的哲学意义，如《大学》说：“物有本末，事有终始，知所先后，则近道矣。”这里本末有始终、先后的意义。东汉的仲长统提出“人事为本，天道为末”的主张，表现了他强调尽人事、反对天命迷信的朴素唯物主义哲学思想。魏晋时期，本末成为玄学中的一对重要范畴。它们除了把本根和末节、本始和末终的意义包括在自身中之外，还增加了内在本质（根据）和外在表现（作用）的新含义，和体用范畴含义相近。

王弼首先提出“以无为本”“举本统末”“崇本息末”的思想。他认为，天下万有，即一切有形、有名的事物，作用都是有限的，即使发挥到最大限度也不能完美无缺，因此都是“末”而不是“本”；只有“无形”、“无名”、什么也没有的“无”才是本，“寂然至无是其本矣”，才是使一切有形、有名事物的特性和作用得以保全和发挥的共同原则和根据，所以说“崇本以举其末，则形名俱有而邪不生，大美配天而华不作”（《老子》第三十八章注）。在王弼看来，认识事物首先必须“明本”，“得本以知末”，“不舍本以逐末也”。孔子说“予欲无言”，他说这就是“欲明本，举本统末，而示物于极者也”。他还把《老子》的哲学概括为一句话：“崇本息末而已矣。”教人看问题从本体着眼，不受纷繁浮华的事物现象干扰和影响。这种思想包含有一定的合理因素，但却割裂了本质和现象的辩证联系，把“本”归结为脱离任何具体事物的精神性本体“无”，这是唯心主义观点。佛教般若学中的本无派继承了这种“崇本息末”的观点，如道安说：“夫人之所滞，滞在末有，宅心本无，则斯累豁矣。夫崇本可以息末者，盖此之谓也。”（昙济《七宗论》）魏晋以后，本末概念仍在多种意义上使用，有的把它们了解为本质和现象的关系，如王夫之主张“观物象以推道，循末以测本”，是一种和“崇本息末”观点根本不同的唯物主义本末观；有的则一般地了解为主要的根本的东西和次要的非根本的东西的关系，如郑观应说：“中学其本也，西学其末也。主以中学，辅以西学”（《盛世危言·西学》），这里的本末没有本体和现象的含义。

（原载《中国大百科全书》第 1 版《哲学 I》，中国大百科全书出版社 1987 年版）

理与气

中国宋明理学的一对主要范畴。

历史发展概述 理气关系问题虽然到宋代才被突出地提出来，但是“理”和“气”这两个范畴早在先秦时就已出现。“理”通常是指事物的规律、准则，有时也指作为社会规范的礼义。《管子·心术上》：“理也者，明分以谕义之意也。”《韩非子·解老》：“理者，成物之文也。”韩非把“理”看作是不同的事物借以互相区别开来的特殊规律，而把“道”看作是总括万物之理的普遍规律，所以说：“万物各异理，而道尽稽万物之理。”“气”通常是指一种极细微的物质，被看作是构成世界万物的本原或原始材料。《周易·系辞上》：“精气为物。”唐孔颖达疏：“谓阴阳精灵之气，氤氲积聚而为万物也。”《庄子·知北游》中有“通天下一气耳”的说法，不仅认为万物的生成、发展、灭亡都是一气之变化，而且说“人之生，气之聚也。聚则为生，散则为死”，认为气是构成人和万物的共同的物质基础。王充也曾提出“物气之理”的概念。在宋代以前，“理”和“气”的范畴基本上是各自独立的，它们还没有被当作对立统一的一对范畴来加以考察。把“理”和“气”作为一对高度概括的哲学范畴，用以阐明思维和存在的关系，是宋代理学家的一个创造。宋明时期的哲学家们依据对“理”和“气”何者为第一性问题的问答，鲜明地分为理本论和气本论两大派别，它们分别反映了唯心主义和唯物主义的观点，使哲学基本问题在中国哲学史中以独特的形式表现出来。

理本论 古代哲学家大多数认为，作为事物规律的“理”是以实际存在的事物为根据的，它不能离开事物本身而独立存在。如裴頠说：“理之所体，所谓有也”，“化感错综，理迹之原也”（《宗有论》），认为“理”是一个属性范畴而不是实体范畴。程颢和程颐首先把“理”从属性范畴，变成最高实体范畴，建立了“惟理为实”的理本论哲学。程颢说：“吾学虽有所受，‘天理’二字却是自家体贴出来。”（《河南程氏外书》卷十二）程颢和程颐又说“万物皆只是一个天理”；“天理云者，这一个道理，更有甚穷已？不为尧存，不为桀亡。人得之者，故大行不加，穷居不损。这上头来，更怎生说得存亡加减？是它元无少欠，百理具备”。（《河南程氏遗书》卷二上）他们把理从事物中独立出来，变成了天地万物存在的根据。在此基础上二程认为，万物皆由气变化而成，而气有其所以然，气之所以然就是理，也就是道，道和气的关系是形而上和形而下的关系，说：“离了阴阳更无道。所以阴阳者是道也。阴阳，气也。气是形而下者，道是形而上者，形而上者则是密也。”（《河南程氏遗书》卷十五）认为道（理）比气更为根本。二程虽然没有明确地提出和讨论过理气先后的问题，但程颐说：“有理则有气，有气则有数。”（《二程粹言》卷一）实际上是一种理在气先的观点。程颐还认为气有生灭，理永恒存在。他说：“凡物之散，其气遂尽，无复归本原之理。……其造化者自是生气。”（《河南程氏遗书》卷十五）他认为气是一种暂时的派生的东西，它不断生灭的过程就是理的“往来屈伸”。

二程的理本论观点被朱熹全面继承并加以发展。朱熹所说的“理”，有事物之“所以然”的规律和“当然之则”的道德伦理准则两重意义。他把二者综合为一个范畴，然后把它虚构为派生天地万物的最高宇宙本体，认为：“宇宙之间，一理而已，天得之而为天，地得之而为地，而凡生于天地之间者，又各得之以为性；其张之为三纲，其纪之为五常，盖皆此理之流行，无所适而不在。”（《读大纪》）在朱熹看来，“若理只是个净洁空阔的世界”（《朱子语类》卷一），它无形迹、无方所、无造作，那么又怎样派生天地万物呢？于是他引进了“气”的范畴，明确地把理和气对置起来。他说：“天地之间，有理有气。理也者，形而上之道也，生物之本也；气也者，形而下之器也，生物之具也。”（《答黄道夫》）在讲到具体事物的生成时，朱熹总是强调理气不相离，“天下未有无理之气，亦未有无气之理”（《朱子语类》卷一）。但他认为理和气的地位、作用是不一样的，前者是“生物之本”，是事物生成的根据或本原，后者只是“生物之具”，是构成事物的材料。他进而明确地说：“有是理便有是气，但理是本。”（《朱子语类》卷一）从事实上讲，理气不相离，“本无先后之可言”，但是一定要从逻辑上“推其所从来”，“以本体言之”，那么就必须说“先有是理，后有是气”（《朱子语类》卷一）。除了理为气本、理先气后的论点之外，朱熹还提出了“理生气”“理为气之宰”“理主气从”等说。他在解释周敦颐的《太极图说》时说：“太极生阴阳，理生气也”；“气之所以能动静者，理为之宰也”。他还把理和气的关系形象地比喻为骑马的人和被骑之马的关系，认为理为主而气为从，理是气的支配者。朱熹明确肯定观念性本体理是第一性的，物质性材料气是第二性的，从而使理气关系问题具有了哲学基本问题的意义，并使之成为此后500年间哲学斗争的中心问题。

宋明理学中还有以陆九渊、王守仁为代表的一派主观唯心主义心学。他们以“心即理”为其哲学的基本命题，认为“塞宇宙一理耳”（《与赵咏道》），而这个理又是不能离开“心”的。陆九渊说：“万物森然于方寸之间，满心而发，充塞宇宙，无非此理。”（《语录》）他要人们“说内”不“说外”，只谈心与理的关系问题，而根本不谈理气关系问题。王守仁主理气统一之说，其统一的基础仍然是“心”。

气本论 宋元明清时期，同唯心主义理学和心学相对立，还有一条坚持以“气”为宇宙本原的唯物主义哲学路线。它把被理学家们抬到天上的观念性本体“理”，还原为事物的规律，肯定物质实体

“气”是一切存在的基础，“理”是气变化流行的秩序、条理，不是“理在气先”，而是“理在气中”。理和气的关系是物质运动的规律和物质自身的关系。

宋代的张载是气本论哲学的奠基者。他认为一切存在都是气，“凡可状皆有也，凡有皆象也，凡象皆气也”（《正蒙·乾称》）。同时，他还把无形的“太虚”也看作是气的一种存在状态，提出了“太虚即气”的命题。有形的万物和无形的太虚统一的基础就是气。他说：“太虚不能无气，气不能不聚而为万物，万物不能不散而为太虚。”（《正蒙·太和》）有形的万物是气聚结的状态，无形的太虚是气分散的状态。气有聚散，而无生灭，它是无限的、永恒的、无处不在、无时不有的世界本体。张载的气不灭论，同程颐的“气散”即“气灭”之说根本对立。在朱熹以前，二程偏重言“理”，张载偏重言“气”，关于理气关系问题，他们均未专门提出，亦未着意讨论。但张载却明确地把“理”看作是物质运动的规律，认为理是从属于气的。他说：“天地之气，虽聚散攻取百涂，然其为理也，顺而不妄。”（《正蒙·太和》）认为必须“识造化，然后有理可穷”（《易说》），离开气的运动变化，就根本无从谈理了。

明代哲学家王廷相继承和发展了张载的气本论哲学。他认为“天内外皆气，地中亦气，物虚实皆气”（《慎言·体道》），气是世界上唯一的实体；而理“虚无象”，不是实体，不能离开气而独立存在。王廷相尖锐批判程朱的唯心主义理气观，鲜明地提出了“理根于气，不能独存”（《横渠理气辩》），“万理皆出于气，无悬空独立之理”（《太极辩》）的唯物主义观点，把被程朱颠倒了的理气关系重新颠倒过来。另外，王廷相还用理在气中、气变则理变的观点批判宋儒所谓“天地间万形皆有敝，惟理独不朽”的形而上学“痴言”。他的唯物主义气本论哲学同时闪烁着朴素辩证法的光芒。和王廷相同时代的另一位哲学家罗钦顺，是从程朱学派转变为唯物主义者的一个典型。他抛弃了程朱的唯心主义理气观，提出了“理只是气之理”的唯物主义思想。他说：“盖通天地，亘古今，无非一气而已。气本一也，而一动一静，一往一来，一阖一辟，一升一降，……千条万绪，纷纭胶轕而卒不可乱，有莫知其所以然而然，是即所谓理也。初非别有一物依于气而立，附以气以行也。”（《困知记》卷上）这样，他就把朱熹的“理在气先”改造成“理在气中”，把朱熹的“理与气决是二物”改造成“理气为一”。

明清之际的王夫之在更高的水准上批驳程朱的理本论，发展了张载的气本论。在他看来，世界统一于物质实体气，认为“天人之蕴，一气而已”，“盖言心、言性、言天、言理，俱必在气上说，若无气处则俱无也”（《读四书大全说》卷十）。“理”是气固有的秩序条理，即气运动变化的规律。他说：“理本非一成可执之物，不可得而见，气之条绪节文，乃理之可见者也。故其始之有理，即于气上见理。”（《读四书大全说》卷九）因此，他强调理气不可分，认为程朱“将理气分作二事，则是气外有理矣”，而事实上“气外更无虚托孤立之理”。（《读四书大全说》卷十）针对程朱的理为气本、理先气后说，王夫之提出了“气者理之依也”“理不先而气不后”“理在气中”等鲜明的唯物主义论点，对在理气关系问题上的这场哲学论争作了比较全面的总结。以后颜元、戴震等人对程朱的唯心主义理气观继续有所批驳，但在理论的总体上都未超出王夫之的水平。戴震揭示了程朱理本论错误产生的认识根源，他说：“举凡天地万物事为，求其必然不可易，理至明显也。从而尊大之，不徒曰天地人物事为之理，而转其语曰理无不在，视之如有物焉”；“不徒曰事物之理，而曰理散在万物，……于是冥心求理，谓一本万殊”。（《孟子字义疏证》）理本来是“天地人物事为”之理，从哲学上说它是一个属性范畴。程朱却把“理”从天地人物事为中抽取出来，变成“视之如有物焉”的独立实体，并转而成为创造天地人物事为的主体，天地人物事为反而成了它的“万殊”的表现，这就是理本论之所以在认识论上错误的原因。

理气关系问题是宋明时期哲学斗争的最高问题，也是当时理论思维领域最深刻的问题。这场争论在中国哲学的发展中具有重要意义。

（原载《中国大百科全书》第 1 版《哲学 Ⅰ》，中国大百科全书出版社 1987 年版）

践　履

中国古代的哲学概念。践履本为足踏地之意，《诗经·大雅·行苇》："敦彼行苇，牛羊勿践履。"后转为步行、经历等义，再引申为行动、实行、实践，从而具有了一定的哲学意义。

践履这个概念在宋明理学中运用得较为普遍。它的一般意义是行或实践，而其具体内容则多指封建道德的实践躬行。朱熹说："《大学》之书，虽以格物致知为用力之始，然非谓初不涵养践履，而直从事于此也。"（《答吴晦叔》）他认为从教育孩童孝悌诚敬开始，洒扫应对之间，礼乐射御之际，都要在涵养践履上下着实的功夫。他批评"今人之所谓践履者，只做得个皮草"，而他自己则"讲说时少，践履时多"（《朱子语类》卷十三）。但是，在一般地讨论到知和行、穷理和践履的关系时，他总是强调必先求知明理而后践履。他批评一种"只说践履，而不务穷理"的倾向，说："义理不明，如何践履？……今人多教人践履，皆是自立标致去教人。"（《朱子语类》卷九）这里他坚持了知先行后的认识路线。明代唯物主义哲学家王廷相的"履事"概念也相当于"践履"，他说："学之术有二，曰致知，曰履事，兼之者上也。"（《慎言·小宗》）这里表现了知和行并重的思想。明清时期的唯物主义思想家则从行先知后、行高于知的意义上来强调践履的重要作用。例如王夫之说："学之必兼笃行，则以效先觉之为，乃学之本义。……必以践履为主，不徒讲习讨论而可云学也。"（《读四书大全说》卷四）认为"学"不只是讲习讨论，它本身就包括行，而且应该以践履、笃行为主要内容。王廷相、王夫之、颜元等人都很重视“践履”的作用。

（原载《中国大百科全书》第 1 版《哲学 I》，中国大百科全书出版社 1987 年版）

知　行

中国哲学的一对重要范畴。知指知识、知觉、思想、认识；行指行为、行动、践履、实践。古人讨论知行问题，多从道德意识和道德行为的关系立论，但也包含着一般认识论意义。直到明清之际的王夫之，特别是近代的孙中山，才逐渐赋予知行以比较纯粹的认识论意义。毛泽东则在科学意义上规定了知行范畴的确切内涵，使之成为辩证唯物论认识论中的主要范畴。

在中国，知行范畴出现很早。《左传·昭公十年》（公元前532）有“非知之实难，将在行之”的说法。《古文尚书·说命中》有“非知之艰，行之惟艰”的思想。到近代，孙中山有“以行而求知，因知以进行”的唯物知行观。毛泽东在《实践论》中提出“通过实践而发现真理，又通过实践而证实真理和发展真理”的知行统一观。知行学说在中国经过了2000多年的发展，形成了有独特风格的中国哲学的认识理论。

中国哲学史上长期争论的知行问题，本质不在于“非知之艰，行之惟艰”和“行易知艰”，而在于知识的来源问题及同它相联系的求知的途径、方法和检验知识真伪的标准问题。

先秦知行观　知识的来源问题，春秋末期的孔子首先作了回答。他认为有“生而知之者”，有“学而知之者”。“生而知之”的观点表现了割裂知行的唯心主义先验论倾向；“学而知之”的观点，又表现了重视后天学习的唯物主义经验论倾向。孔子所谓“学”，实兼

“知”“行”二义。他认为“行”比“知”重要，说“行有余力，则以学文”。但他讲的“行”，主要是指统治阶级要求的道德修养活动，没有把行看作知的来源。

战国初期的墨子把认识的来源归到“闻之见之”的感觉经验，认为概念是客观实在的反映。他说，判断一个人能否辨知白黑，“非以其名也，以其取也”（《墨子·贵义》）。以行测知，这是有合理因素的知行观，不过他这里说的“行”只是一种简单的选取活动，还不是科学的实践概念。

先秦道家的老子提出“不行而知”的观点，说“不出户，知天下”（《老子》第四十七章），否定感觉和实践在认识中的作用。庄子彻底发展了老子的唯心主义认识路线，从根本上否定人们认识世界的必要性和可能性，否定真理的客观标准，从相对主义走向了怀疑论和不可知论。

孔子之后，先秦儒家发生了分化。孟子继承和发展了孔子“生而知之”的唯心先验论方面，认为人天生就有“不虑而知”的“良知”和“不学而能”的“良能”，仁、义、礼、智等道德观念“非由外铄我也，我固有之也”（《孟子·告子上》）。荀子则继承和发展了孔子知行观中的唯物主义因素，强调人的一切知识都来源于感官对外物的接触，系统的知识来源于学习和经验的积累。荀子还把“行”引进认识论，对知行关系作了深入探讨。他说：“不闻不若闻之，闻之不若见之，见之不若知之，知之不若行之。”（《荀子·儒效》）荀子的知行观是先秦认识论所达到的最高成就。

两汉隋唐知行观　两汉时期，董仲舒宣扬唯心主义的天意决定论，认为人的认识能力和认识内容都是天赋的，认识的目的就是知“天意”。东汉的王充则尖锐地批判了所谓圣人“不学自知”“前知千岁，后知万世”的先验论观点，强调“知物由学，学之乃知，不问不识”；“圣贤不能性（生）知，须任耳目以定情实”。王充已在一定程度上看到了人的知识和技能来源于“日见日为”的亲身实践，并主张用效验来考察各种知识、言论的虚实和真伪。

隋唐佛学关于知行问题的论述，在中国知行观历史上占有特殊的地位。佛教各派为使人们超脱尘世，从精神上皈依佛国乐土，提出了各种不同的修行理论与方法，体现出具有特殊形态的知行学说。佛教哲学中的知行问题，离不开宗教义理和宗教实践的关系，教人如何逃避现实生活。不过其形态各有不同，有的偏重领悟宗教义理，表现出重知轻行的倾向，如华严宗；有的主张止观兼习、定慧双修，表现出知行并重的倾向，如天台宗；有的主张“定慧等学”，表现出知行合一的倾向，如禅宗。佛教哲学中的知行观对宋明以后的各种唯心主义知行学说产生了深刻影响。

宋元明清知行观 宋元明清时期，出现了各种系统的知行理论，知行问题成为当时哲学斗争的一个重要侧面。宋代程朱学派首先提出了知先行后说。如程颐说“知者吾之所固有，然不致则不能得之”；“致知在格物，非由外铄我也，我固有之也”（《河南程氏遗书》卷二十五）。知不依赖于行，“人力行，先须要知”，“须是知得了，方能乐得”（《河南程氏遗书》卷十八）。他始终把“知”放在决定性的地位。朱熹发展并完善了这种知先行后的理论。他说：“知行常相须，如目无足不行，足无目不见。论先后，知为先；论轻重，行为重。”（《朱子语类》卷九）朱熹虽然说“论先后，知为先”，但毕竟较多地注意到了知行互相依赖和互相促进的关系，认为二者相须互发。明代王守仁在认识路线上和程朱并无二致，但是他反对“将知行分作两件去做”，提出了知行合一的理论。他认为：“只说一个知，已自有行在；只说一个行，已自有知在。”（《传习录上》）如好好色，如恶恶臭。见好色和闻恶臭属知，好好色和恶恶臭属行，二者是同时发生的，知和行不过是观念上的不同层次而已。他把好恶的感情也叫作行，这就混淆了知和行的界限。以致以知代行，抹煞了作为主观见之于客观活动的行。王守仁“知行合一”说的宗旨是，“要人晓得一念发动处便即是行了，发动处有不善，就将这不善的念克倒了，需要彻根彻底不使那一念不善潜伏在胸中”（《传习录下》）。和程朱一样，王守仁的知行学说最后也是一种道德修养论。

明清之际，中国古代唯物主义哲学的集大成者王夫之，从理论上系统地研究了宋明以来的各种唯心主义知行观，建立了“行先知后”“行可兼知”“知行相资以为用”“并进而有功”的比较完备的朴素唯物主义的知行统一学说。他批评程朱的知先行后说，认为它割裂了知和行的统一，在二者之间“立一划然之次序，以困学者于知见之中”；又批评王守仁的知行合一说，认为它抹煞了知和行的界限，“以其所知为行”，“销行以归知”，实质上也是一种知先说。他认为，一切唯心主义知行观“皆先知后行，划然离行以为知者也”，都是以知和行、认识和实践相脱离为特征的。他明确提出“知非先，行非后，行有余力而求知”的思想，认为“行可兼知，而知不可兼行”，“行焉可以得知之效也，知焉未可以得行之效也”，突出地论述了行优于知、行高于知的思想。他还注意到知对行的反作用，认为二者既有“先后之序”，又“互相为成”，把知和行的同功并进描述为一个“由知而知所行，由行而行则知之”的循环往复、无穷发展的过程。王夫之的知行学说达到了古代唯物主义的最高水平，但有把认识论问题伦理化的倾向，而不能把唯物主义贯彻到底。

近代知行观　知行问题在中国近代哲学斗争中仍占有重要地位。资产阶级改良派“贵知不贵行”，“必先求知而后行”；资产阶级革命派则主张“恃革命开民智”，“行其所不知以致其所知”，鲜明地表现了两条认识路线的对立。这一时期对知行学说贡献最大的是孙中山。他提出的知难行易说，旨在破除“不知固不欲行，而知之又不敢行”的畏难苟安心理，激发人们“无所畏而乐于行”的积极奋斗精神；在理论上肯定行先知后，行是知的基础和来源，又十分强调知对行的指导作用，自觉地运用“因知以进行”的原理来指导中国革命的实践。

孙中山知行学说的特点，是把知行当作认识论问题来探讨。他所说的“知”，是指科学知识和革命理论；他所说的“行”，包括科学试验和资产阶级的革命实践活动。这对中国传统的知行学说是一个重大的突破。但是，他的知行学说也有把知难行易绝对化和主张“知行分任”的形而上学错误。

2000 多年来，中国的哲学家们对知和行的关系，作了许多可贵的探索，特别是马克思主义传入以后，依据辩证唯物论的认识论建立起真正科学的知行观。毛泽东的《实践论》深刻地阐明了辩证唯物论的知行统一观，对中国传统哲学的知行问题作了科学总结。

（原载《中国大百科全书》第 1 版《哲学Ⅱ》，中国大百科全书出版社 1987 年版）

知先行后

中国北宋程颐提出的关于知行关系的学说。它片面强调知对行的指导作用，否认行是知的基础和来源。程颐说："君子之学，必先明诸心，知所养，然后力行以求至，所谓自明而诚也。"（《颜子所好何学论》）他认为应该始终把认识封建道德义理放在第一位，只要有了知，行是自然而然的。他举例说，譬如有人要去京师，必须知道出什么门，走什么路，否则便去不了。于是得出结论："须是识在所行之先"，"知了方行得"。朱熹继承和发展了这种观点，认为学问不外乎致知、力行两件事。他经常知行并提，强调两者不可偏废。但要究问知行先后，他则说"当以致知为先"。他认为《大学》先讲"格物、致知"，然后才讲"诚意、正心、修身、齐家、治国、平天下"；《中庸》先讲"博学、审问、慎思、明辨"，然后才讲"笃行"，都是教以知先行后的次序，这个次序是不能颠倒的。程朱竭力反对"只说践履，不务穷理"。程颐说："人谓要力行，亦只是浅近语。人既能知见，岂有不能行?"（《河南程氏遗书》卷十七）朱熹也说："义理不明，如何践履？……今人多教人践履，皆是自立标致去教人。"（《朱子语类》卷九）南宋的陆九渊亦主知先行后说。这种理论受到明末清初王夫之、颜元等唯物主义哲学家的批评。

（原载《中国大百科全书》第1版《哲学Ⅱ》，中国大百科全书出版社1987年版）

行先知后

中国古代哲学关于知行关系问题的一种唯物主义理论。先秦时期墨子、荀子在知行关系上对“行”已有所重视，但都没有明确提出行先知后、由行致知的命题。明代的王廷相为反对宋明理学唯心主义，提出了“行得一事即知一事”“必亲至越而后知越之故”的见解。明末清初的王夫之则在批判理学“知先行后”学说时提出了“行先知后”“行可兼知，而知不可兼行”的系统的唯物主义知行学说。王夫之认为，人对客观事物及其规律的认识，是从力行中得来的，“力行而后知之真”。他把“非知之艰，行之惟艰”的古老命题和孔子“先难后获”的思想巧妙地结合起来，得出了“知非先，行非后，行有余力而求知”的结论。他还用弈棋、饮食、行路等大量日常生活中的经验事实，说明“盖天下之事，固因豫立，而亦无先知完了方才去行之理”，强调行在认识中的作用。清代的颜元更加突出行在认识中的决定作用，他把王守仁说的“不行只是不知”，改成“不知只是不行”，还把《大学》中的“格物”解释为“手格猛兽之格”“犯手捶打搓弄之义”，强调一切知识都来源于习“行”、实践，对唯物主义认识学说作出了重要贡献。近代孙中山提出了著名的知难行易学说，强调行以致知，他用“不知亦能行”证明行之易，断言“人类之进步，皆发轫于不知而行者也”，认为一切知识都是后起的，是在“行其所不知以致其所知”的艰难探索中逐渐得来的。这实际上是对行先知后说作了发挥。

（原载《中国大百科全书》第 1 版《哲学Ⅱ》，中国大百科全书出版社 1987 年版）

知难行易

中国近代革命家、思想家孙中山的认识论学说。中国古代有“非知之艰，行之惟艰”的说法，历来为人们所遵奉。孙中山从资产阶级民主革命的实践中，深感这种传统旧说不但不能激励人们的进取精神，反而助长一种畏难苟安的心理。“不知固不欲行，而知之又不敢行，则天下事无可为者矣。”（《孙文学说》）他认为这正是中国近代之所以积弱衰败，革命事业不能取得成功的一个重要原因。为了破除这种旧的传统观念，鼓舞人们“无所畏而乐于行”的勇气，孙中山提出了相反的命题：“行之非艰，而知之惟艰”，并以饮食、用钱、作文、建屋、造船、筑城、开河、电学、化学、进化等十事作为论证，说明人们在求得某一种科学知识以前，早就在那里实际地行动了。他还以美国革命和日本维新为例，进一步指出：若果有了“真知”的指导，“则行之决无所难”。据此，他认为，只要我们能毅然打破“知之非艰，行之惟艰”的迷信，努力以赴，夺取革命胜利“诚有如反掌之易也”。（《孙文学说》）

孙中山对于知难行易的整个论证，与他的行先知后思想紧密相连。他针对“知易行难”之说，明确提出“行其所不知以致其所知”“必待行之成之而后乃能知之”的论断，这种行先知后、由行致知的思想，是孙中山的知难行易说中的唯物主义内容。孙中山在肯定行先知后的同时，还极其重视科学知识和革命理论对于行的指导意义，他认为“知与不知”乃是革命建设事业成败的关键。孙中山说的“以行而求知"，"因已知而更进于行"，在一定程度上反映了"行"与"知"的辩证关系。

孙中山知难行易说的提出，有着思想解放的作用，但是他的知行学说也有严重的缺点和局限性。在认识论上，他提出的知难行易和"非知之艰，行之惟艰"的旧说同样是片面的。孙中山虽重视"行"的意义，认为先行而后知，但他又提出"知者不必自行，行者不必自知"的知行分任说，不仅割裂了知和行的统一，而且为少数"先知先觉者"统治广大劳动群众提供了理论根据。同时，孙中山所理解的"行"，主要是指"习练""试验""探索""冒险"等科学研究活动，是对实践活动的狭隘、抽象、直观的理解，离开人的社会性，离开人的历史发展去考察问题，不能正确说明人的认识对于社会实践的依赖关系。

（原载《中国大百科全书》第1版《哲学Ⅱ》，中国大百科全书出版社1987年版）

知行合一

中国明代哲学家王守仁提出的认识论和道德修养学说。

王守仁提出这一学说，是为了反对程朱理学“将知行分作两件去做，以为必先知了然后能行”的知先行后说以及由此而造成的重知轻行、“徒悬空口耳讲说”的学风。王守仁强调知和行的统一，特别强调“真知即所以为行，不行不足谓之知”。他论证知和行的“合一并进”关系说：“知是行的主意，行是知的功夫；知是行之始，行是知之成。”（《传习录上》）“知之真切笃实处即是行，行之明觉精察处即是知。”（《答顾东桥书》）其中含有某些辩证统一的因素。但他抹煞二者的差别和界限，认为知行本体只是一个，知行工夫不能分作两截去做。“只说一个知，已自有行在；只说一个行，已自有知在。”进而把知和行的概念混淆起来，认为良知向外发动时所产生的主观意念、感情、动机都可以叫作“行”，所谓“一念发动处便即是行”。这就成了以知代行、合行于知的主观唯心主义理论。清初的王夫之说：“其所谓知者非知，而行者非行也。知者非知，然而犹有其知也，亦惝然若有所见也；行者非行，则确乎其非行，而以其所知为行也。”（《尚书引义》卷三）

王守仁的知行合一说主要是一种讲内心“省察克治”的唯心主义道德修养学说。他所谓不曾被私意隔断的知行本体，就是指“见父自然知孝，见兄自然知弟，见孺子入井自然知恻隐”的良知，认为“致吾心之良知于事事物物”就是行。他的“致良知”即知行合一，就是“去恶为善”“去人欲，存天理”的工夫。他声明：“我今说个知行合一，正要人晓得一念发动处便即是行了，发动处有不善，就将这不善的念克倒了，须要彻根彻底，不使那一念不善潜伏在胸中，此是我立言宗旨。”（《传习录下》）。

（原载《中国大百科全书》第1版《哲学Ⅱ》，中国大百科全书出版社1987年版）

中国现代哲学研究

在当代中国研究所座谈会上的发言

时间不早了，我简单地谈几点意见。

一，关于国史学科的定位。力群同志很重视国史学科建设，专门同国务院学位委员会负责同志讨论过在当代所建博士点，培养国史研究专门人才的问题。事实上碰到两个困难：一是“国史”还不是二级学科，而博士、硕士学位点只能建立在二级学科上。按国务院学位办公室公布的学科专业目录，在二级学科“中国近现代史”下面有个括号：“含中华民国史、中华人民共和国史。”也就是说，国史专门人才只能在中国近现代史博士、硕士学位点上培养。二是当代所还不具备作为一个独立的博士学位授予单位的整体条件，这些条件包括开出外语、马列政治课、专业基础课、专业课等一系列学位课程，有相关学科的配合和支持，等等。学位办负责同志建议当代所和社科院或人民大学等高等学校合作招研究生，以解决国史专门人才的培养问题。这个问题现在已经解决，社科院去年评博导已把当代所考虑进去，社科院的中国近现代史博士、硕士点对当代所都是开放的，如果需要，研究生院也可以考虑在当代所建立当代史系，专门培养这方面的后备研究人才。但是，国史学科地位的根本解决，我以为还是应争取当代中国研究成为二级学科，那么就可以直接建立博士和硕士学位点了。中国历史可分成古代史、近代史、现代史（当代史）三大段。1840 年前是中国古代史；1840—1949 年是中国近代史（中国资产阶级民主革命时期的历史，“五四”前 80 年为旧民主主义革命阶段，“五四”

后30年为新民主主义革命阶段）；1949年后是中国现代史（中国社会主义革命和社会主义建设时期的历史），即当代史。中国当代史如能和中国古代史、中国近代史并列为二级学科，那么就根本解决了其学科定位问题。当代中国研究所理所当然地是国内研究这一学科的权威机构。

二，开门办所。当代所建立时间不长，已有很好的办事机构和一支高水平的研究队伍，做出了不少成绩。今后要使国史学科建设取得更大的发展，国史研究取得令世人瞩目的成就，我以为要坚定地实行开门办所的方针。办出版社和杂志社、建立国史学会都是开门办所的重要步骤，学术资料、信息的搜集和交流都要求开门办所。国史写作和其他重大研究课题，是不是也可以采取开门办所的办法来完成呢?比如说由当代所牵头，吸收人大、北大、社科院、中央党校等北京的有关专家参加，也可以从外地借调个别高手来，组成研究和写作班子，共同讨论，分工合作，这样研究力量就雄厚了，有可能多出成果和出上乘之作。过去写“九评”等反修文章已有依靠有组织的优势出高水平成果的成功的经验。现在当代所有房子，有很好的招待所，借调部分所外学者来搞合作研究是有条件的，短的一两个月，长的半年一年都可以。借用所外力量共同完成一些重要的科研课题，加快国史学科建设，应该说是很合算的事情。当然，开门办所还可以采取其他多种形式，不借调来也可以合作研究，这就要靠我们出色的科研组织工作了。

三，加强国史研究方面的国际交流与合作，加强对国外当代中国研究的研究。世界各国，特别是发达国家都投入很大力量对当代中国进行研究，有不少当代中国研究的机构（有的就叫“当代中国研究所”或“当代中国研究中心”），出版了大量当代中国研究的书刊。西德有17个汉学系（所），有的是以当代中国政治、经济、文化为研究重点，有的以中国古代哲学、历史、文化为研究重点，但差不多每个系（所）都有当代中国研究的课题和专业人员。其他国家如美国、日本的中国学研究机构和人员就更多了，研究资料也相当丰富，大陆和港台现今出版的书刊都大量购进，他们自己的研究成果也很多。有些国外的中国学研究机构，过去以古代为主，现在转向以当代中国研究为重点。如新加坡东亚哲学研究所，80 年代以研究儒家哲学和伦理思想而知名于世，主持召开过几次很有影响的国际学术讨论会；90 年代开始改变方向，重点研究中国当代政治和经济，所长易人，连图书馆采购书刊的方向也变了，几年后书架上陈列书刊的面貌大为改观。

国外中国学界对当代所的成立非常重视，我 1991 年夏天去德国开会，不少外国学者就知道国内有当代中国研究所，并传说 × ×在这个所工作。许多国外的中国学研究机构和学者都表示愿意和当代所进行学术交流与合作。当代所理所当然地应成为全世界当代中国研究的权威机构和学术资料中心，在这一学科领域里地位十分优越，有条件加强国际学术交流与合作。我们应重视这方面的工作，组织专门力量了解和研究国外当代中国研究的情况，大力搜集国外当代中国研究的书刊和各种资料。为了做好这方面的工作，在国家给当代所下拨的经费中应争取有一部分外汇支持，购置外文书刊是很花钱的。

国外的中国学研究机构，有的是专门搞学术研究，有的是收集情报，有的二者兼而有之。我们打交道时当然应充分了解其背景情况，但从收集、积累资料的角度来说，各种资料对我们都有研究价值。有许多珍贵的历史资料，国内看不见，在国外反而是公开的，成为国外学者研究中国的依据。我们不了解这些情况就很难交流对话，或在交流对话中处于被动地位。还有一个交流与交锋的关系问题，在国际学术交流中难免有思想观点的分歧和交锋辩论，这是很正常的，在国内也有“百家争鸣”的问题。对国际和国内当代中国研究中一些有代表性的错误观点，我们应该重视，在深入研究的基础上作出批评和回应，这也是推动国史学科发展的一个重要方面。

（本文是作者 1995 年 1 月 18 日在当代中国研究所座谈会上的发言）

追求真、善、美的统一

——从两位中国现代哲学家说起

今年春天，海峡两岸两位大师级的中国现代哲学家先后谢世，一位是3月1日病故于上海、享寿81岁的冯契先生；一位是4月12日病故于台北、享寿87岁的牟宗三先生。收到两位先生病故的讣告后，我都发去了简短的唁电，但都引起了不能自已的深长的哀思。两位都是现代中国最有成就的哲学家，都是对中国传统哲学有深厚感情和精深研究，并且兼通古今中西，有自己独创的哲学体系的大哲学家，他们的去世确实是中国哲学界的重大损失。

两位哲学家的哲学立场根本不同。冯契先生是一位始终沿着实践唯物主义辩证法的道路前进的著名的马克思主义哲学家，而牟宗三先生则是一位坚持彻底的唯心论立场的现代新儒家的重要代表人物。但我们注意到，两位哲学家有一个共同的哲学追求，这就是追求真、善、美的统一。我认为这个哲学现象很值得重视，它可能对未来中国哲学的发展有重要的启示意义。

牟宗三先生的哲学成就是大家比较熟悉的。他在中国传统哲学的梳理和现代诠释方面做了许多工作，先后撰著《才性与玄理》《佛性与般若》《心体与性体》等书，综摄贯通儒释道三教义理；他又站在孔孟儒家立场，撰著《道德的理想主义》《历史哲学》《政道与治道》三书，力图回答和解决内圣如何开出新外王的问题。牟先生在中西哲学会通方面也做了大量工作，早年就研究过罗素的数学原理和康德的纯粹理性批判，曾撰著《逻辑典范》和《认识心之批判》二书；20年后，又陆续出版《智的直觉与中国哲学》《现象与物自身》《圆善论》等著作。经过多年研究和体悟，他认为可以以康德为桥梁，来把中西哲学打通。牟先生以一人之力，把康德的三大批判汉译出版，有这样的决心和毅力，主要是他的哲学慧识使然，因为他已经意识到中西哲学的共同归趋都是真、善、美的统一。康德的第一批判是讲"真"，第二批判是讲"善"，第三批判是讲"美"。牟先生本打算以《圆善论》作为他的最后一本著作（"圆满的善是哲学系统之究极完成的标识"），但后来继续研究、体味，觉得《圆善论》虽然讲到了最高的、最圆满的"善"，但还是顺着"善"讲，还没有把"美"包括进来，因此还不是最后的圆融。牟先生晚年又决定把康德的第三批判（《判断力批判》）翻译出来，这本书是讲"审美判断"和最后讲"目的论判断"。他还就自己研究这本书的体会，写成《真善美的分别说与合一说》之长篇专论，力图消化康德并超越康德。他认为康德并没有达到"即真、即善、即美"的合一境界，而中国哲学却在这方面达到了相当高的成就。中国传统哲学中关于真、善、美统一的思想资源极其丰富。牟先生意识到，只有真、善、美统一才是最高、最后的圆融，只有真、善、美统一才能畅通中华民族的文化生命，并且与西方的文化生命相会通。他晚年达到的这一哲学境界才是"儒圣"的最高境界。

对于冯契先生，台港和海外学者可能了解不多。他也是现代中国最有智慧、道德人格高尚、学术贡献十分突出的哲学家之一，在中国大陆哲学界享有极高的声誉。冯契先生早年肄业于清华大学哲学系，抗战爆发后，毅然奔赴抗日前线做抗敌工作，1939年回西南联大复学，以后在清华大学文科研究所做研究生，师从著名哲学家金岳霖先生，同时也是冯友兰先生、汤用彤先生的学生。他曾先后在云南大学、同济大学、复旦大学、上海社会科学院等单位工作，晚年任教于华东师范大学哲学系，专心做学问和带学生，直至去世。

冯契先生的哲学成就，迄今为止人们最为熟知的是他的两本哲学史著作，一本是《中国古代哲学的逻辑发展》，上、中、下三册，共计60余万字；一本是《中国近代哲学的革命进程》，全一册，35万字。这两本著作，用简洁生动的笔触，对从先秦到新中国成立以前两千多年的中国哲学发展史，作了系统的、完整的、深刻的概括和总结，其中自觉地贯彻了实践唯物主义辩证法的理论和方法，体现了他的“哲学是哲学史的总结，哲学史是哲学的展开”的观点。冯契先生的哲学史论著，以坚实可靠的思想史料为依据，但不是罗列堆积史料，而是重在总结哲学思想发展的内在逻辑和规律性，有很高的理论水平和思想深度。有人说，冯契先生把哲学史讲活了；也有人说，听冯契先生讲哲学史，特别能启发智慧。他的及门弟子更是受益匪浅。只有著名哲学家讲哲学史才能讲出这样高的水平。

和冯友兰先生、张岱年先生、牟宗三先生等现代中国哲学大家一样，冯契先生也决不只是一个哲学史家，他的主要兴趣在于哲学理论的思考和创造。冯契先生也是现代中国少有的有自己独创的哲学理论体系的大哲学家之一。

冯契先生的哲学理论体系，就是他的“智慧学三篇”。他的智慧学说由三本书构成，第一本《认识世界和认识自己》，主要讲实践唯物主义辩证法理论，重点讲基于实践的认识过程的辩证法，特别是人如何通过“转识成智”，获得关于性与天道的知识。冯契先生认为，关于“道”的真理性认识和人的自由发展是内在地联系着的，这就是智慧。智慧使人获得自由，它体现在“化理论为方法，化理论为德性”。以下两本书，一本《逻辑思维的辩证法》，是讲化理论为方法，说明认识的辩证法如何通过逻辑思维的范畴，转化为方法论的一般原理，运用逻辑作为思维的工具，去具体地认识和把握真理。另一本《人的自由和真善美》，是讲化理论为德性，将认识的辩证法贯彻于精神价值领域，表现在科学、道德、艺术等创造真、善、美的活动中，培养理想与现实统一，天与人、性与道统一的自由人格。冯契先生的

“智慧学三篇”，或者说他的智慧学说，作为“实践的智慧学”，作为真正“见性与天道”的学说，它的目标很现实，一点也不玄远，这就是要培养知情意统一、真善美统一的全面发展的理想人格，或谓自由人格。

在当今中国，像冯契先生和牟宗三先生这样学养深厚、知识渊博、兼通古今中西、融贯儒释道，能够自由地出入于形上学、知识论、逻辑学、伦理学、美学等各个哲学领域的大师级的哲学家为数不多；能够在各个领域都提出许多深刻的、原创性的哲学思想，并且坚持一以贯之的哲学立场，建构一个真、善、美统一的自身圆融的哲学体系的哲学家为数更少。所以说两位先生的去世是中国哲学界的重大损失。值得庆幸的是，两位哲学大师虽然与世长辞了，但是他们都出版了许多高水平的哲学论著，给我们留下了丰富的精神遗产。牟宗三先生可以说是著作等身，其哲学著作达 30 种之多。冯契先生的著作也不少。1947 年，他在《哲学评论》上发表一篇题为“智慧”的长文，从那时起就开始了对智慧学说的探讨，以后写了大量论著和笔札，可惜在“文革”中数百万字手稿被洗劫一空。“文革”后他又重新开始研究和写作，十余年间出了大量成果。他的“智慧学三篇”生前已基本完成，相信他的助手和学生不久就会使其出版面世。冯契先生为智慧学三篇写的长篇“导论”，以及近十多年来写的有关哲学论文、发言稿、序跋等，已汇集为《智慧的探索》一书，去年 10 月由上海华东师范大学出版社出版。从这本书中可以窥见冯契先生“化理论为方法，化理论为德性”的智慧学说的主要思想和基本面貌。

哲学是一门什么性质的学问？学习、研究哲学有什么用？古往今来，人们经常提出这个问题，哲学家们也作出过各种各样的回答。在中国文字中，“哲”是聪明、智慧的意思，“哲人”是指最聪明、最有智慧的人，哲学也就是智慧之学。中国古代把哲学称为“道”“道术”“玄学”“道学”“理学”“性理学”“天人之学”，等等，总之，哲学被看成是能够“见性与天道”的学问。日本学者最早用“哲学”

二字来表达源于古希腊、罗马的西方哲学学说，后来也被中国学术界所接受。在古希腊，哲学原词的意思是爱智；在古印度，哲学通常是指见解、观点或“探索的学问”。不论在中国，在西方，在印度，哲学都被看作是探究宇宙人生的根本问题、根本道理的学问，是智者才能把握的学问。哲学的内容很丰富，涉及世界的本原及存在形式问题，对世界的认识问题，人和整个世界的关系问题，人的形体和精神的关系问题，人类社会发展的动因和规律问题，人的伦理关系、审美关系以及正确思维的形式问题，等等，也就是说，哲学要涉及真、善、美的各个领域。

最早期的哲学是作为知识的总汇，各门具体科学还没有分化出来，哲学研究的对象不明确，因此人们也不可能对宇宙人生的根本道理进行深入的哲学思考。各门具体科学从哲学中分化出来以后，哲学明确自己的对象是自然、社会和人类思维最一般的规律，也就是宇宙人生的根本规律，于是哲学才得到了长足的发展。

区分哲学和科学的研究对象，区分二者不同的性质与功能，是哲学研究的起点。中国的现代新儒家就十分重视这一点。熊十力说：“哲学与科学，知识与非知识的，宜各划范围，分其种类，别其方法。”他还指出：“哲学和科学的出发点与对象及领域和方法等等根本不同。哲学是超利害的计较的，故其出发点不同科学；他所穷究的是宇宙真理，不是对于部分的研究，故其对象不同科学；他的领域从本体论出发而无所不包通，故其领域不同科学；他底工具全仗着他底明智及神悟及所谓涵养等等工夫，故其方法不同科学。”① 冯友兰说：“哲学的功用，本不在于增加人的对于实际的积极的知识；哲学的功用，本只在于提高人的境界。它不能使人有更多的积极的知识，它只可以使人有更高的境界。”② 他还引用《老子》的话：“为学日益，为

① 熊十力：《十力语要》，中华书局 1996 年版，第 68、58 页。

② 冯友兰：《新知言》，商务印书馆 1948 年版，第 3 页。

道日损”，说明哲学和科学的区别就是“为道”和“为学”的区别，“为学”是求一种知识，“为道”是求一种境界。

现代新儒家严格区分哲学与科学的对象、功能和方法，是针对一种唯科学主义的实证论的哲学思潮。这派哲学自称是“科学的哲学”，它把宇宙、人生的一切存在都置于自然秩序之内，并且相信科学方法可以解决宇宙人生的一切问题，包括物理的、生物的、社会的、心理的，以至人生观的问题。现代新儒家批评了他们这种逾越本分的科学概念，认为这种“物化”和机械论倾向，会使人们放弃对生存意义和道德价值的追求，从而导致精神生活的贫乏和“意义的危机”。现代新儒家严格区分哲学与科学，强调哲学的形上追求，主要是追求一种道德精神境界。哲学离不开人，哲学归根到底是一种人学。这与中国传统哲学注重“成德之教”“为己之学”，热衷于讨论人性善恶和人格修养问题，在精神方向上是完全一致的，因此新儒家能够成为现代中国人文主义哲学思潮的代表。现代新儒家继承传统儒学，在谈提高人的境界时着重讲的是伦理之善，讲道德境界的提高，而不是全面提高人的本质力量，使人获得全面自由的发展。人的全面发展应该是真、善、美的统一，新儒家有时自觉不自觉地割裂了这个统一，例如冯友兰曾说：“科学的任务是求真，而哲学的功能在于求善。”这样讲哲学和科学的区别，就割裂了真、善、美的统一。

冯契先生也十分注意研究哲学和科学的区别问题，他的智慧学说就是从探讨知识和智慧的关系这个问题开始的。最先给他启发的是金岳霖先生。金先生在《论道》一书的“绪论”中，区分了知识论的态度和元学的态度。他认为，知识论的裁判者是理智，而元学的裁判者是整个的人。研究知识论可以暂时忘记我是人，用客观的冷静的态度去研究；研究元学就不能忘记“天地与我并生，万物与我为一”，不仅在研究对象上要求理智的了解，而且在研究的结果上要求得到情感上的满足。元学的态度就是哲学的态度。哲学离不开人，离不开人的知、情、意。冯契先生在当时已经是一个马克思主义者，他并不完全赞成金先生的观点。他认为理智并非“干燥的光”，认识论也不能离开“整个的人”。广义的认识论不应只限于知识的理论，也应该研究“元学如何可能”“理想人格如何培养”的问题，这就是智慧学说。他认为应该研究知识如何发展成为智慧，也就是所谓“转识成智”的问题。金先生没有解决这个问题，在他那里，知识和智慧是用划分不同领域的办法截然分割开来的，他没有找到由知识到智慧的桥梁，因此也解决不了科学与人生脱节、科学主义与人文主义的矛盾问题。

冯契先生正是从金岳霖先生提出的问题受到启发。他给自己提出的哲学任务就是要运用实践唯物主义辩证法来解决如何由知识发展成为智慧，即“转识成智”的问题。他的“智慧学三篇”和两本哲学史著作，就是集中从理论和历史两个方面来探讨、解决这个问题。这在马克思主义哲学经典著作中是找不到现成答案的，只有依据自己对实践唯物主义辩证法的信仰和理解，注意吸收各派哲学包括非马克思主义哲学的合理因素，会通古今中西，批判继承，综合创新，才形成了他独特的智慧学说。这个学说的精粹集中表现在“化理论为方法，化理论为德性”两句话中，它的出发点就是要求理论和实践的统一。这种哲学理论一方面要求化为思想方法，贯彻于自己的一切研究领域；另一方面要求通过身体力行，化为自己的德性，具体化为有血有肉的人格。这样哲学才有生命力，才能说服人。冯契先生继承了中国哲学家的优良传统，他把哲学创造看作是在实践基础上认识世界与认识自我交互作用的过程，一方面凭借理智对天道、人道和认识过程之道进行哲学思辨；同时又要求在自己的德性培养中获得自证，也就是在涵养和德性自证中去体认道。主体在返观中自知其明觉的理性，同时有自主而坚定的意志，而且还因情感的升华而有自得的情操。这样就有知、情、意的全面发展，在一定程度上达到了真、善、美的统一，这就是所谓自由的德性。冯契先生的智慧学说，将马克思主义哲学和中国传统哲学相结合，力图解决知识如何发展成为智慧，如何实现真、善、美统一的理想，如何实现人的本质力量全面发展的问题，也就是说，力图克服科学与人生、知识与智慧的脱节，克服科学主义和人文主义的矛盾。不论他是否圆满地完成了这个任务，这个努力方向是应该充分肯定的。

王国维曾经说过："哲学上之说，大都可爱者不可信，可信者不可爱。"[1] 这种说法反映了近现代哲学中科学主义和人文主义、实证主义和非理性主义的矛盾和对立。他所谓"可爱者不可信"，是指叔本华、尼采一派非理性主义、人文主义哲学传统；他所谓"可信者不可爱"，是指孔德、穆勒以来的实证论和科学主义哲学传统。科学与人生脱节的问题如何解决？理智与感情、可信与可爱的矛盾如何解决？我们如何达到一个新的更高的哲理境界？我认为冯契先生和牟宗三先生等前辈的探索很有意义，这就是要努力实现真、善、美统一的哲学理想，培养体现真、善、美统一的全面发展的自由人格，创造更加美好的现实生活世界。

（本文是作者提交1995年8月在美国波士顿大学召开的第九届国际中国哲学大会的论文。原载《哲学研究》1995年第11期）

---

① 《王国维遗书》，上海古籍书店1983年版，第21页。

20世纪中国哲学史研究的回顾和展望

中国哲学源远流长，内容丰厚。中国历史上各个时代的思想家们都注意对那个时代的思想进行系统的总结研究，作批判性的评述，如《庄子·天下》、《荀子·非十二子》、司马谈《论六家要旨》对先秦哲学所作的总结性研究，《四朝学案》（《宋元学案》《明儒学案》《国朝学案小识》）对宋明理学所作的总结性研究，这些都可以说是广义的中国哲学史研究。也就是说，中国哲学史这个学科早就有了，但在近代以前，它和中国传统的学术思想史还分不开界线，因为上述著作都还不是近代意义上的哲学史著作。

中国是在受到西方的影响之后，才明确哲学研究的对象是关于自然、社会和人类思维最一般的规律，也就是中国古人讲的关于“性与天道”的学问。哲学研究的问题涉及真、善、美的各个领域，包括形上学、认识论、历史哲学、伦理学、美学、逻辑学等领域。于是有人开始参照西方哲学的问题和研究范围，来整理中国传统哲学资料，哪些属宇宙观、形上学问题，哪些是认识论问题，分门别类，形成几大块，并寻绎出一个思想发展的线索来，建立所谓近代意义上的中国哲学史学科。这种工作实际上是日本学者最先开始做的，中国到本世纪才有人用西方学术观念和方法来系统地研究中国哲学史，而且早期的研究受日本学者的有关研究成果的影响比较大。

中国较早受到西方影响进行学术思想史研究的是梁启超和章太炎。梁启超学识渊博，他写过很多中国学术思想史方面的研究论著，但都还不是严格意义上的中国哲学史。他写的《中国学术思想变迁之大势》一文曾经对胡适有过影响，但是他关于中国学术思想史的代表性著作《先秦政治思想史》《清代学术概论》《中国近三百年学术史》等，又都出版在胡适的《中国哲学史大纲》之后，显然又受到过胡适的影响。

章太炎的《国故论衡》《訄书》等著作中，有许多文章是研究中国哲学的，他对中国传统哲学理解的深度要超过梁启超。

蔡元培在清末宣统年间写的《中国伦理学史》一书，虽然是讲伦理学史，但与中国哲学史的关系也比较密切。

中国近代的这些思想先驱，梁启超、章太炎、蔡元培等人，都曾留学日本，受到日本学者研究成果的影响，他们对西方哲学的了解大都是通过日文著作或西方哲学著作的日译本，当然也有他们根据中国救亡图存的需要所作出的独特理解，以及他们个人的一些研究心得。

中国学者用近代学术观念和方法整理、研究中国哲学史的第一人应该说是胡适。他留学美国，接受了杜威的实用主义哲学。其博士论文《先秦名学史》主要考察了中国古代的哲学方法，回国后在此基础上写成《中国哲学史大纲》（上册），1919 年商务印书馆出版。这本书的价值，蔡元培在为它写的“序”中作了比较公允的评价，肯定它四点：①证明的方法；②扼要的手段；③平等的眼光；④系统的研究。其中第三点“平等的眼光”最重要，肯定它突破了中国封建时代定儒学为一尊的传统观念，对孔、老、墨平等看待，把他们都看作是古代哲学家，都肯定其长处，批评其缺失。这是封建时代的学术史著作做不到的。胡适的《中国哲学史大纲》开创了中国哲学史研究的一个新时代。

胡适以后，用近代观念和方法研究中国哲学史的第二个影响最大的人物是冯友兰。冯友兰先在北大学中国哲学，后留学美国，接受了西方的新实在论哲学。他的博士论文《人生理想之比较研究》，列出中国和西方的各种人生哲学加以比较，但偏重讲伦理学，还不能算是哲学史著作。冯回国后在燕京大学、清华大学教中国哲学史，讲稿形成两卷本《中国哲学史》，分别于 1931 年和 1934 年出版。胡适的《中国哲学史大纲》只出了上册，写到先秦为止，他终其生也没有把下册写出来。冯友兰的两卷本《中国哲学史》是全的，是通史，这是它的优胜处。冯的两卷本中国哲学史由美国人卜德译成英文出版，至今仍是在西方影响最大的一部中国哲学史著作。我注意到吾妻重二教授最近出版了该书的第二个日译本，第一个日译本早在 1942 年就已出版。在日本，冯的《中国哲学史》似乎没有产生在英文世界那样大的影响。

在旧中国，还出版过一些中国学者写的其他中国哲学史著作，如钟泰的《中国哲学史》、范寿康的《中国哲学史通论》等，但这些著作都不如胡适、冯友兰的书影响大。

解放前也出版过一些中国哲学史方面的专史和断代史著作，如在中国佛教史方面，有蒋维乔和黄忏华的著作。蒋书主要是根据日本学者境野黄洋的《支那佛教史讲话》编写的，黄书则是根据宇井伯寿的《支那佛教史》小册子编译而成的，都谈不上有多少自己的研究心得。解放前中国学者写的最有价值的佛教史著作是汤用彤的《汉魏两晋南北朝佛教史》。汤也曾留学美国，哈佛出身，他不仅懂西方哲学，而且学过梵文和巴利文，写过《印度哲学史略》一书。另外，中国老一辈著名学者陈寅恪、陈垣都在佛教史研究方面颇有成就。他们研究工作的特点是对宗教不是抱信仰态度，而是把它作为一个认识对象来进行学术史的研究，并且都在考证方面下了很深、很专门的功夫。

在解放前，已有一批马克思主义学者开始运用唯物史观和辩证方法来研究中国古代社会及其思想文化，包括中国哲学史的研究。郭沫若的《十批判书》是中国学者最早用马克思主义观点研究和清理古代思想的一部著作。接着范文澜、侯外庐、杜国庠、吕振羽等学者都在用马克思主义观点研究中国历史和思想史方面作出了贡献，而对中国哲学史学科建设贡献最大的，是侯外庐、杜国庠、赵纪彬等人合著的

《中国思想通史》一书。该书前三卷和后来作为第五卷出版的侯著《中国近世思想学说史》都写于解放前。名曰“中国思想史”，内容就不仅是中国哲学史。作者在“序”中说，这部书是将哲学思想、逻辑思想、社会思想综合在一起编写的，而实际上它还是以哲学思想为基本线索和论述的重点。该书不仅观点不同于封建正统派和资产阶级学者写的中国哲学史，而且研究范围宽广，论述内容系统全面，引据资料翔实丰富，有较高的学术价值。它的一大贡献是挖掘出了许多长期被埋没的唯物主义无神论思想家的资料，大大丰富了中国哲学史的内容。该书对解放后的中国哲学史研究影响比较大。

1949 年新中国建立后，中国哲学史学科的发展进入了一个新阶段。这个阶段的中国哲学史研究基本上是在马克思主义观点和方法指导下开展的，旧的封建正统派和资产阶级唯心主义的哲学史观都遭到了批判，冯友兰等老一辈学者纷纷放弃唯心主义哲学立场接受马克思主义。解放后从事中国哲学史教学和研究的专业人数有较大增加，研究成果也相当多，应该肯定 20 世纪后半个世纪中国哲学史学科的发展还是比较快的，成绩是巨大的。但是由于种种学术的和非学术的原因，在 80 年代以前，中国大陆的中国哲学史研究也受到了很多干扰，没有取得本来应该有的更大的进展。这主要是政治的干扰，最典型的是“文革”时期的“批林批孔”“评法批儒”。那个时期虽然也在“学一点中国哲学史”的名义下发表了大量文章，但是完全谈不上真正学术意义上的中国哲学史研究。另外就是把学术思想批判混同于或上升为政治批判，如 1957 年划的“右派分子”，有的就是只发表过一些不同的学术见解而被戴上了帽子。50 年代末还有人提出了“反对哲学史工作中的修正主义”的口号，这就完全混淆了学术和政治的界限。对马克思主义哲学史观的僵化教条理解，把日丹诺夫的哲学史定义变成绝对公式，来给中国古代哲学思想定性，也对五六十年代的中国哲学史研究带来很大的消极影响。当时讨论的问题不外是老子哲学是唯物论还是唯心论，朱熹哲学是理一元论还是理气二元论，……不是重在总结哲学理论思维的发展规律和经验教训，而是把唯物和唯心的定性本身当作价值判断，唯物主义就表彰，唯心主义就批判和否定。这当然不利于中国哲学史研究的深入和学科的健康发展。对于这一段前进道路上的曲折和经验教训，70 年代末和 80 年代以后，许多学者作了深刻的反省和认真的总结，后十多年情况有很大的改变。在方法论上虽然还是强调以马克思主义为指导，但是克服了过去那种简单化的做法，突破了教条主义设置的一些思想禁区，促进了中国哲学史学科的繁荣。最近 15 年可以说是本世纪以来中国哲学史研究蓬勃发展的一个最好的时期。

应该肯定，后半个世纪中国哲学史研究所取得的成就，就中国大陆来说，主要还是在马克思主义哲学史观和方法论的指导下取得的。前面讲到侯外庐等人合著的《中国思想通史》，其中篇幅最大的第四卷（唐宋元明清部分），是到解放后才写作和出版的。他们的科研集体中后来又吸收了一批新中国培养的中青年学者参加，继《中国思想通史》五卷本之后，又出版了《宋明理学史》两卷本，以及其他一些通俗的或专门的、资料性的或研究性的著作。这个科研集体被称为“侯外庐学派”，是本世纪中国思想史研究领域最有影响的马克思主义学派之一。

现代中国的中国哲学史研究的几个重镇、几个大家，张岱年、任继愈、冯契等学者，都是坚持马克思主义学术立场的。张岱年受其长兄张申府（崧年）的影响，在青年时代就接受了辩证唯物论哲学，解放后虽然一度政治上受到了委屈，但始终坚持马克思主义。他特别注意研究中国的唯物主义思想史，尤其推崇王船山的学问和人格。他还注意研究中国哲学史上的基本概念、范畴，解放前写了《中国哲学大纲》一书，新中国成立后也大力推动对中国古典哲学概念、范畴的研究。他提出的“综合创新”的文化观受到中国学术界的高度重视和广泛认同，代表了当今中国正确的文化研究方向。国家教委组织编写的《中国文化概论》教材就是以这种观点为主导，来对大学生进行历史文化知识的教育。

任继愈是汤用彤的学生，他的学术专长是中国佛教史，写作和主编过多种中国佛教史著作。他主持编辑出版的《中华大藏经》是一项嘉惠后世的浩大的学术工程。在中国哲学史研究和教学方面，任继愈在 60 年代主编的四卷本《中国哲学史》教材，“文革”前一直被各大学采用，影响了一代后起的中国哲学史专业工作者。“文革”后任先生又主持编写了多卷本《中国哲学发展史》，现已出版前四卷。任先生现在是中国哲学史学会的会长，张先生是前会长，现在的名誉会长。

去年春天去世的冯契先生也在中国学术界有很高的声望。他写的《中国古代哲学的逻辑发展》和《中国近代哲学的革命进程》两部书，贯彻了实践唯物主义辩证法的理论和方法，理论分析深刻透辟，逻辑上圆融一贯，文笔简洁流畅，受到中外学术界的普遍好评。冯契有他独创的“转识成智”的智慧学说，他的三本哲学理论著作（“智慧学三篇”）就是专门论述这一学说的；而他的两本哲学史著作又是和“智慧学三篇”互相贯通的，体现了他的“哲学是哲学史的总结，哲学史是哲学的展开”的观点。读他的书确实可以看出大家气概。

中国各大学、研究所近十余年来出版的中国哲学史教材多达数十种，其中较有代表性的，可以提到萧萐父、李锦全主编的《中国哲学史》上下册。该书是继任继愈主编的四卷本后，80 年代为各高校较为普遍采用的一种教材。它在哲学史观上和冯契比较接近，重视哲学思想的逻辑发展，强调逻辑与历史的一致。

关于 20 世纪后半个世纪的中国哲学史研究，我们还必须提到冯友兰的《中国哲学史新编》。这部书他写了 30 年，前后思想有一些变化，但在去世前终于把七卷本都写出来了。冯先生解放后放弃了过去的唯心主义哲学观点，表示愿意接受马克思主义，主观上也努力学习马克思主义。但是在他的思想中，唯心主义的“根”并不那么容易完全清除掉，所以不时还要表现出来，于是不断地受批判和作自我批判。他写《中国哲学史新编》的“绪论”时，基本上还是讲的马克思主义哲学史观的道理；到他写到该书最后两卷时，中国社会上怀疑和否定马克思主义的思潮有所发展，他又写进了一些批评马克思主义的内容。例如他在该书的“结语”中说，中国传统哲学是“仇必和而解”（张载语），而马克思主义辩证法则是“仇必仇到底”，把马克思主义辩证法等同于所谓“斗争哲学”。他的结论是人类历史的趋势必然是以调和哲学来取代斗争哲学，这就否定了马克思主义的真理性。冯先生这个人比较复杂，我们对《新编》的评价还是要看全书，全面衡论其价值。从30年代的《中国哲学史》两卷本，到80年代的《新编》七卷本，可以看到冯先生思想发展演变的过程，也从一个方面反映出整个中国哲学史学科的发展概况。

近十余年在中国思想史方面的通史、通论性著作中，比较有影响的还有李泽厚的三个“思想史论”，即《中国古代思想史论》《中国近代思想史论》和《中国现代思想史论》。作者确实提出了一些独到的见解，对于中国哲学史学科从过去30年的困境中走出来起了一定的作用；但他的思想史研究政治性太强，讲历史问题往往是针对现实政治而发的，学术上并不十分严谨，所以人们对他的看法分歧很大。他最近提出要“告别革命”，认为辛亥革命和1949年的革命都搞错了，中国不应该走革命道路而应该走改良道路，又引起了中国学术界，特别是近现代史学界的一场大讨论。从中国哲学史这个学科的建设发展来看，对李泽厚的三个“史论”不能评价太高。他可以说是一个现代思想家而主要不是哲学史家。

解放后，特别是最近十几年来，中国哲学专史、断代史、哲学家个案研究、专书研究、比较研究等方面都有大量新的研究成果问世，发表文章、出版著作的数量相当大。从孔夫子到孙中山，几乎所有重要哲学家都被作为研究对象，有专门的研究论文和著作出版。有些过去鲜为人知的思想家也被发掘了出来。在断代哲学研究方面，先秦哲学始终是研究重点，孔孟儒家、老庄道家和《周易》的研究成果最多。过去由于判定宋明理学是唯心论，不被学术界重视，汉代哲学也是研究比较薄弱的一个领域，80 年代都召开过专门的学术讨论会予以推动，以后陆续出版了一批有关研究成果，如侯外庐等主编的《宋明理学史》、石训等著的《中国宋代哲学》，还有张立文、陈来、蒙培元、贾顺先等人关于宋明理学的著作；汉代哲学方面也先后出版了金春峰、于首奎、祝瑞开、周桂钿等人的研究专著。过去由于中国近现代哲学史涉及一些敏感的现实政治问题，学者们避之唯恐不及，所以在哲学史研究中表现出“厚古薄今”的倾向。80 年代以来，中国近现代哲学史研究也得到了加强，出版了多种研究专著和教材，而且今天年轻一代学者的研究兴趣更多的是在近现代。最近十年来现代新儒学研究的开展和人们对它的重视，也对扭转“厚古薄今”的学术取向起了一定的作用。

中国哲学专史研究涉及的范围很广，包括中国唯物论史、中国辩证法史、中国认识论史、中国哲学范畴史、中国哲学问题史、中国人性论史、中国伦理学史、中国美学史、中国逻辑史、中国科学思想史、中国无神论史、中国佛教史、中国道教史、中国易学史、中国儒学史、中国道家思想史、中国少数民族哲学史，等等。其中有些是集体研究的成果，有些是作者下了多年功夫的精心结撰之作。如朱伯崑先生的四卷本《易学哲学史》，在推动对《周易》哲学的科学研究方面就起了重要作用。朱先生是学者，不是靠《周易》来混饭吃的时髦易学家，所以他的这部著作在当今中国数百种易学书籍中有着特殊的地位，受到很高的学术评价。在中国哲学专史著作中，张岱年主编的《中国唯物论史》，任继愈主编的《中国佛教史》，卿希泰主编的《中国道教史》，牙含章、王友三主编的《中国无神论史》，朱贻庭主编的《中国伦理思想史》，夏甄陶的《中国认识论思想史稿》等，都有较高学术价值。此外，这十多年中国哲学史方面的大型资料书和工具书，各种资料选辑、论著索引、辞典、年鉴、大事记等也出版了不少，颇便学术信息交流和后来者的学习与研究。我们只要翻阅一下 80

年代以来的中国哲学史著作和论文索引，就可以看到这个学科近十余年来确实是处在一个全面发展和繁荣的时期。

这种局面的出现与中国80年代以来实行改革开放的政策，改变以阶级斗争为纲的政治路线和思想路线是分不开的。政策宽松了，思想禁区破除了，学术就能发展和繁荣。这十多年中国的经济和科技、教育的整个大形势均呈发展势头，这是中国哲学史学科能够繁荣和发展的前提；而且经济快速发展振奋了民族精神，民族精神的奋发昂扬也是研究传统思想文化的学科得以发展的一个十分重要的条件。

80年代以后中国哲学史研究队伍的变化也较大。老一辈专家侯外庐、冯友兰、严北溟、孙叔平、赵纪彬、邱汉生、杨荣国、王明、冯契等人相继去世，张岱年、任继愈、石峻等学者现在都已超过80岁。这个时期起骨干作用和学科带头人作用的是新中国培养的一代中年哲学史工作者。这些人毕业于五六十年代，文革耽误了十年，在时间上有紧迫感，勤奋工作，挑起了科研和培养下一代两副重担。他们中有的现在实际上已进入老年。他们培养的更年轻的一代专家也已逐步成长起来。中国在80年代建立了学位制度，对培养新一代中国哲学史专业工作者起了十分积极的作用。中国大陆现在有九个大学和科研单位建立了中国哲学专业博士点，它们是：中国社会科学院研究生院、北京大学、中国人民大学、南开大学、复旦大学、华东师范大学、南京大学、武汉大学和中山大学，先后被批准为中国哲学专业博士生导师的有40人左右。十余年来他们已培养了100多位中国哲学专业博士。中国哲学专业硕士点全国有20多个，已培养了数百名硕士。这批年轻学者受过良好的专业训练，基础扎实，视野开阔，年富方强，现已成为各大学和研究所教学科研的重要力量。他们中有的成长很快，教学科研成绩突出，已经提升为教授。目前全国已有七位年轻的中国哲学专业博士生导师（陈来、郭齐勇、李维武、李宗桂、赖永海、杨国荣、陈卫平）。中国哲学史学科这种后继有人的局面是十分可喜的。

80 年代以来中国哲学史学科的活跃还表现在有关中国哲学和文化的学术团体、学术刊物和重要学术会议不断出现、频繁召开。全国性的中国哲学史学会是 1979 年正式成立的，下属的二级学会有中国周易研究会、中国宋学研究会、中国现代哲学史学会、中国少数民族哲学社会思想史学会等。各地组织了不少地方性的孔子学会、周易学会、老庄学会……特别注意开展对本地区历史上出现的著名哲学家的研究。80 年代成立的全国性儒学研究组织有中国孔子基金会和中华孔子学会两大家，前年还由中国发起成立了国际儒学联合会。成立于 70 年代中期的国际中国哲学会，80 年代初中国大陆就有学者参与其活动，出席该学会两年召开一次的年会，以后参与者越来越多，去年七月到美国波士顿大学出席第九届年会的中国大陆学者已多达 35 人。中国学者还于 1993 年在北京成功地举办了第八届国际中国哲学大会。近年来由各个大学、研究所和各个学会在中国各地召开的有关中国哲学和中国文化的各种学术会议越来越多，内容涉及对传统哲学的梳理和正确诠释，它的现代价值，中外、东西哲学比较，以及中国近现代哲学等广泛的问题和研究领域。中国各地学者之间，中外学者之间，通过这些学术会议加强了联系和交流。

50 年代以后港台学者也对中国哲学史研究作出了很大贡献。在港台地区，没有经历过对儒家和唯心主义哲学的猛烈的批判，在中国哲学的继承和发扬方面阻力较小，因此这方面的研究成果较多。特别是新儒家学者对中国儒家正统哲学——孔孟程朱陆王的道德心性之学，作了较多的研究和阐扬。台湾天主教派的新士林哲学，从“本土化”的需要出发，也注意研究中国传统哲学。罗光主教的一套《中国哲学思想史》就写了九大本，他还有多种阐论儒家生命哲学的著作问世。大陆和港台研究中国哲学的指导理论和方法不同，但研究成果也可以互补。

我们在世纪之末来总结回顾这一个世纪中国哲学研究走过的历程，应该肯定随着时代的进步和科学的发展，中国哲学史学科也有很大的发展，有长足的进步。这个世纪的前半个世纪基本上是胡适、冯友兰领风骚的时期，实用主义、新实在论等西方唯心主义哲学主导了这个时期的中国哲学史研究。它们和中国传统哲学中的唯心主义实现了一个“结合”，当然也有歪曲中国传统哲学的问题，因为程朱理学到底不是新实在论，颜元、戴震哲学也不是美国的实用主义。后半个世纪则是马克思主义学派占绝对优势的时期。马克思主义哲学史观和方法论对中国哲学史学科的科学化建设起了积极的指导作用，但一个时期某些人对马克思主义的僵化教条理解，也对中国哲学史学科的发展起了阻碍和破坏作用。正反两个方面的经验教训我们都要认真加以总结。

展望下个世纪的中国哲学研究，我们相信，在20世纪已经取得的成绩和进展的基础上，它一定会向着科学化的方向进一步发展前进。因为中国和整个亚洲重新崛起、东方文明复兴的历史趋势已经十分明显，中国的经济和科技、教育在21世纪还会得到更大的发展。包括学位制度的健全和制度化，下个世纪还会培养出一批又一批中国哲学专业的博士和硕士，数量会比现在有所增加，专业队伍将不断扩展、壮大。后者在思想上会更加开放，他们的学业基础和研究条件会更好，包括国际交流的条件也会越来越好。因此，可以预见中国哲学史学科在21世纪还会有一个大发展，研究成果将会更多，水平更高，并且有可能出现以下几个趋势：

一，中国哲学自身的特点和发展规律更加明确和突出。20世纪的中国哲学史研究，主要是按照西方哲学史的框架和模式来建立自己的学科体系，不论是用实用主义和新实在论观点来研究中国哲学史，还是以马克思主义观点为指导来研究中国哲学史，都是参照西方哲学的问题，或唯物主义和唯心主义斗争的模式，来整理中国传统哲学的资料，理出一个思想发展线索来。中国哲学自身的问题，符合这个模式的就被涵盖进去，套不进这个模式的往往就被忽略。许多学者已感觉到这种研究方法有严重缺陷，提出要重视中国哲学自身的特点，80

年代初一些学者提倡开展对中国传统哲学概念范畴的研究，就有要突出中国哲学特点的意思。但是，中国哲学的特点到底是什么，按照中国哲学的特点和自身的发展规律，应该建立起怎样的中国哲学史学科体系，我们现在还说不清楚。譬如恩格斯说全部哲学，特别是近代哲学的基本问题是思维与存在的关系问题，而在中国哲学中最突出的是天人关系问题，天人关系问题能不能和思维与存在的关系问题画等号，它是不是思维与存在的关系问题的一种特殊表现形态，这就很值得研究。中国哲学不是以认识自然、改造自然为最高目的，而是强调为己之学，以提高人的境界为目标。研究做人的学问当然也要解决人与自然、人与人以及人的身心关系等问题，但和西方以知识论为中心的天人之学不同，中国的天人之学是以伦理学为中心。中国哲学也要探究宇宙人生的根本问题，即所谓“性与天道”的问题，这是人类思维共同性的普遍问题。但是具体提出问题和解决问题的方式和西方哲学不同，注意的侧重点不同，所运用的哲学概念、范畴也不同。和西方哲学只是人类创造的哲学理论思维的一个特殊形态一样，中国哲学也是一个对人类精神文明作出了重要贡献的特殊哲学形态。我相信我们的后来者在深入地比较研究了世界各大哲学系统之后，会把中国哲学的特点更准确、更清晰地揭示出来，建构起更加符合实际的中国哲学史学科体系。

二，研究方法和研究视角的多元化。在中国大陆，马克思主义哲学史观和方法论对中国哲学史研究的影响比较大，这种影响自然还会延续到下个世纪去，继续对这个学科的发展起着重要的指导作用。但是，马克思主义只是提供了人文社会科学研究的一般性的方法论原则，如社会存在决定社会意识的原理，认为思想不是不受社会经济、政治的制约而完全自身独立发展的；逻辑与历史一致的原理，认为哲学理论创造离不开先前的思想资料和整个理论思维发展的历史，等等。这些一般性的原理原则当然没有错，但是它不能代替具体的哲学史研究方法。中国过去有汉学的方法和宋学的方法，西方有解释学的方法、发生认识论的方法、结构主义和后现代解构主义的方法，还可以在哲学史研究中运用文化人类学、宗教社会学和认知心理学等多种研究方法。今天文化研究对人文科学各个学科的渗透影响都比较大，哲学史研究和文化研究关系尤其密切。运用多种方法来研究中国哲学史，只能有利于揭示它的多方面的丰富内容，并且各种研究方法往往还能起到功能互补的作用。今后人们还将从不同的视角来研究中国哲学，可以从东西哲学比较的角度来研究，也可以从中、日、韩哲学比较的角度来研究，还可以如沟口雄三教授讲的，从东亚、北亚、西亚、东南亚的视角来研究和把握中国哲学，在多种相互作用和交流融合关系中给中国哲学以更恰当的定位。日本学者是把中国学看作外国学之一种来进行研究的，这种研究角度和中国学者就有很大的不同。不同视角的研究成果往往也能起到互补的作用。

三，中国哲学将进一步走向世界。中国哲学与西亚、南亚、东亚、东南亚的交流有着悠久的历史，近代以来，西学东渐和东学西渐的双向交流运动也一直没有中断过，事实上中国哲学早已走向世界。不用说日本、韩国、新加坡这些东亚国家，现在美国和欧洲各国的汉学研究也相当发达，孔子被奉为人类的导师，西方人也纷纷要到老子《道德经》、《周易》和《孙子兵法》中去吸取东方智慧。就拿现代新儒学发展的三个阶段来说，第一个阶段是在大陆本土，第二个阶段在港台，第三个阶段就已经走向世界，“儒家资本主义”是作为一种世界性的现象提出来的。第三代新儒家代表人物杜维明、余英时等人已经生活在美国。“文革”时期儒学在中国大陆受到严重挫折，杜维明提出儒学今后可能要走从纽约到巴黎到东京然后返回北京的路线，也就是说，今日儒学研究的重心已经是在海外。可是，他说的那种情况很快就改变了，最近十年中国大陆的儒学和新儒学研究蓬勃开展，已经成为世界儒学研究的中心，国际儒联总部设在北京就是一个有力的证明。70 年代中期在美国注册成立的国际中国哲学会，它的宗旨就是要推动中国哲学的现代化和世界化，这个学术组织不断发展壮大，学术活动日益活跃，也说明中国哲学走向世界的趋势。我看到日本学术界对中国哲学研究的重视，有那么多著名学者从事这方面的研究和教学工作，培养出一批又一批精通中国哲学专业的博士。仅东京大学中国学会就有 1000 多名会员，其中有许多优秀的中国哲学研究专家，也有到日本来留学的中国青年学者参加。看到这种情况，我更加相信下个世纪，中国哲学一定会进一步走向世界。所以我非常希望加强中日两国中国哲学研究学者之间的交流，以及同世界各国同行学者的交流，共同发掘和阐扬中国哲学这一属于全人类共有的精神财富。我本人对中国哲学在下个世纪的发展是抱着非常乐观的态度的。

（本文是作者 1996 年 5 月 17 日在日本京都“中国哲学研究的现状及对 21 世纪的展望”研讨会上的发言。原载《中国社会科学院研究生院学报》1996 年第 5 期）

应该重视李约瑟的真知灼见

在20世纪的世界历史上，出现了一个十分奇特的现象：上个世纪诞生于欧洲的马克思主义，本世纪在苏联、东欧诸国经历了一场不成功的社会主义试验后而遭到严重挫折，但它在东方的中国取得了巨大的成功，产生了中国化的马克思主义——毛泽东思想和邓小平理论，指引中国人民取得了新民主主义革命和社会主义革命的伟大胜利，并且成功地走出了一条建设有中国特色社会主义现代化的康庄大道。

“十月革命一声炮响，给我们送来了马克思列宁主义。”① 马克思列宁主义本来是一种外来的思想学说，传入中国不过80年，为什么能够被中国人民所接受，得到中国知识分子的普遍认同，并且迅速地改变了中国的面貌呢？除了马克思主义的社会革命理论适应了力图改变半殖民地半封建社会地位的中国人民革命的需要，社会主义、共产主义的理想和中国人民长期追求的“大同”社会理想有某些“共同之点”外，中国传统哲学中丰富的朴素唯物论和辩证法思想，中国人实事求是的思维传统和把世界看作是一个阴阳互补、动态平衡的有机整体的思维方式，与作为马克思主义哲学世界观和方法论的辩证唯物主义有许多相似或相通之处，也是一个重要原因。

英国著名科学史家李约瑟说：“辩证唯物主义渊源于中国，由耶

① 《毛泽东选集》第4卷，人民出版社1991年版，第1471页。

稣会士介绍到西欧，经过马克思主义者们一番科学化后，又回到了中国。”[①] 这是对马克思主义哲学与中国哲学关系的十分客观、公正、符合历史实际的说明，因而值得引起我们的重视。也就是说，我们研究中国哲学同马克思主义哲学的关系，不仅要研究本世纪毛泽东、邓小平的哲学思想对于马克思主义哲学的继承、发展关系，而且应该研究中国传统哲学中的朴素唯物主义和辩证法思想，对马克思主义的科学的辩证唯物主义哲学的学说渊源关系，要研究它在马克思主义哲学形成过程中起了什么作用，除了一般地作为其历史文化基础（因为马克思主义“吸收和改造了两千多年来人类思想和文化发展中一切有价值的东西”，其中自然也包括中国传统文化中的有价值的东西）之外，它是否还构成其一个方面的思想理论来源，哪怕是间接的理论来源。16—18 世纪东学西渐的历史，能否给我们提供一些这方面的有说服力的事实根据？我认为这是一个非常有价值的研究课题，李约瑟的论断给予了我们许多重要的启示。

首先，李约瑟十分明确地肯定“辩证唯物主义渊源于中国”。这是指在中国古代哲学中有着悠久的朴素唯物主义和辩证思维的传统，因此在一定意义上可以说中国是辩证唯物主义的故乡，或其最早的发祥地。早在两千多年前，中国的先哲就用“阴阳”“五行”来说明世界的物质统一性和多样性，及其永恒运动和发展。“气一元论”是中国古代朴素唯物主义的主要形态，“大化流行”“生生不已”“物生有两”“相反相成”等朴素辩证观念贯穿于中国古代哲学史之始终；而且二者往往是结合在一起的，即既是唯物的，又是辩证的，可称之为朴素的辩证唯物主义。毛泽东曾经称墨子为“古代辩证唯物论大家”[②]，这同李约瑟讲的渊源于中国的“辩证唯物主义”一样，都是

---

① ［英］李约瑟：《今日中国的过去》，《百年周刊》1960 年第 5 卷第 2 期，转引自窦宗仪《儒学与马克思主义》，兰州大学出版社 1993 年版，第 2 页。

② 《毛泽东书信选集》，中央文献出版社 2003 年版，第 127 页。

指中国古代朴素的辩证唯物主义。包括明末清初在更高层次和更大程度上将唯物论和辩证法结合在一起的王夫之的哲学体系，也还未能超出“朴素辩证唯物主义”的范畴。

其次，李约瑟指出，中国传统哲学中丰富的朴素唯物主义和辩证法思想，是“由耶稣会士介绍到西欧”的。这是指16—18世纪，耶稣会传教士在给中国带来西方文化的同时，也把中国悠久的历史文化和儒道思想传播、介绍给了西方。利玛窦首译“四书”，金尼阁用拉丁文翻译了“五经”，至17世纪中叶，不但中国儒家的主要经典传译到了欧洲，道家的《老子》《庄子》等书也有了拉丁文和其他欧洲语言的译本。此后，欧洲各国陆续出版了一批传教士们写的介绍中国哲学和文化的著作，从而奠定了欧洲汉学研究的初步基础。除此之外，《利玛窦札记》在欧洲广为流传，龙华民、艾儒略、金尼阁、柏应理、闵明我、马若瑟、巴多明等来华传教士同本国学者的大量通信也引起了欧洲汉学界的重视，其中提供了许多关于中国文化的最新信息和第一手资料。

更值得认真研究的是16—18世纪的“东学西渐”给欧洲思想界所带来的巨大而深刻的影响，特别是中国哲学对法国启蒙运动和德国古典哲学的影响，因为这两派思想都是马克思主义产生的重要理论来源。

法国启蒙思想家卢梭、伏尔泰、孟德斯鸠、狄德罗、霍尔巴赫等人都对中国文化十分推崇，重农学派的主要代表人物、经济学家魁奈甚至有“欧洲孔夫子”之称。儒家的理性精神和人道原则，无神论和“人性本善”的思想，曾被启蒙思想家用来作为同基督教神学作斗争的武器；道家崇尚自然的原则也对法国唯物主义产生了明显的积极影响。在欧洲哲学家中，莱布尼茨是一个能以平等的心态来对待中国哲学的高尚代表，他不讳言自己发现的二进制曾经直接受到《易经》中的阴阳八卦卦序的启发。其大弟子沃尔弗同样热爱中国文化，曾因发表《中国的实践哲学》的讲演而受到迫害。德国古典哲学的开创者康德是莱布尼茨—沃尔夫学派的嫡传，有人指出，他的“理性”一词直接来源于宋明理学的“理”和老子的“道”[①]，其重视实践理性即道德理性的观点更与程朱理学十分接近。尼采曾经称他为“哥尼斯堡的中国人”。不只是康德，费希特、谢林、黑格尔直到费尔巴哈等人都研究过中国哲学，在不同程度上受到过中国哲学的影响。黑格尔虽看不起中国哲学，但作为黑格尔哲学之“合理内核”的辩证法却同中国古代哲学的阴阳辩证法有着明显的渊承关系。欧洲思想界曾长期受“在绝对不相容的对立中思维”的形而上学思维方式的统治，东方的阴阳和谐辩证法，东方重视“合”与统一性的思维方式，对于纠正这种二元对立的哲学起了重要的作用。黑格尔曾指出：“斯宾诺莎作为一个犹太人，完全抛弃了存在于笛卡尔体系中的二元论。他的哲学在欧洲说出了这种深刻的统一性。这种统一性、精神、无限者与有限者在神中合一，而并不把神看成一个第三者，乃是东方的流风余韵。东方的绝对同一观被他采取和纳入了欧洲的思想方式，特别是欧洲的哲学，尤其是直接纳入了笛卡尔的哲学。”[②] 其实，斯宾诺莎用“东方的同一观”“深刻的统一性”来改造笛卡尔二元论的方法，也正是黑格尔用来改造康德二元论哲学的方法。黑格尔不但读过而且十分重视《易经》和《老子》两本书，他意识到阴阳辩证法即是中国人的“全部科学”或“最深的科学”，他的“正反合”三段式显然受到“阴阳合”思想的影响，也曾受到《老子》中的“三的规定”（“道生一，一生二，二生三，三生万物”）的启发。马克思说：“中国的社会主义跟欧洲的社会主义像中国哲学跟黑格尔哲学一样有共同之点。”[③] 黑格尔哲学和中国哲学的“共同之点”就是二者有同样的辩证法的基

---

① 朱谦之：《中国哲学对于欧洲的影响》，福建人民出版社 1985 年版，第 187 页。

② 黑格尔：《哲学史讲演录》第 4 卷，贺麟、王太庆译，商务印书馆 1978 年版，第 95 页。

③ 《马克思恩格斯全集》第 7 卷，人民出版社 1959 年版，第 265 页。

本原则。这从马克思的另一段话也可以看得出来。

马克思在一篇专门论述中国的文章中写道：“有一个爱好虚构的思辨体系，但思想极其深刻的研究人类发展基本原则的学者，一向认为，自然界的基本奥秘之一，就是他所说的对立统一规律。在他看来，‘两极相逢’这个习俗用语是伟大而不可移易的适用于一切方面的真理，是哲学家不能漠视的定理，就像天文学家不能漠视刻卜勒定律或牛顿的伟大发现一样。‘对立统一’是否就是这样一个万应的原则，这一点可以从中国革命对文明世界很可能发生的影响得到明显的例证。”① 这说明马克思不仅了解黑格尔哲学与中国哲学的关系，了解它们的“共同之点”是什么，而且他本人对中国古代物极必反、阴阳交合的辩证法也十分熟悉，马克思在肯定黑格尔辩证法的同时也肯定了中国哲学的这个基本原则的普遍真理性。黑格尔哲学是马克思主义哲学最重要的直接理论来源之一，通过对黑格尔哲学与中国哲学的关系的揭示，是否也意味着马克思主义哲学与中国哲学之间有某种渊承关系呢？我以为结论是不言自明的。如果毫无渊承关系，就没有马克思主义者对渊源于中国而由耶稣会士传到西欧去的辩证唯物主义的“科学化”问题。

第三，李约瑟明确指出，渊源于中国的辩证唯物主义，在介绍到欧洲去之前，并不具有“科学化”的形态，这就是指它还有直观性、素朴性、自发性等缺点；只有经过马克思主义者们的改造、升华以后，才成为真正科学的世界观和方法论，成为人们的“伟大的认识工具”。马克思主义哲学即科学的辩证唯物主义的产生是哲学史上伟大的革命变革，它克服了一切旧哲学的缺陷，在现代科学和无产阶级阶级斗争成熟的历史条件下，全面地揭示了包括社会历史领域在内的世界上一切事物运动发展的基本过程和基本规律，指导人们为根本改变旧世界而进行坚持不懈的斗争。这是产生于科学发展比较低级阶段的

① 《马克思恩格斯选集》第2卷，人民出版社1972年版，第1页。

朴素辩证唯物主义哲学所不可比拟的。因此，我们还不能混淆二者的界线。如果将二者混为一谈，认为辩证唯物主义中国古已有之，那么就否定了引入、学习马克思主义哲学的必要性，中国人的思维方式就永远不能科学化、现代化；同时，也不能解释为什么古已有之的“辩证唯物主义”并不能解决中国的民族独立、人民解放和国家富强问题，只有马克思主义传入后才造成了20世纪中国的历史巨变。

第四，渊源于中国的辩证唯物主义，经过马克思主义的科学化之后，“又回到了中国”，这是一件意义极其重大的事情。一方面，它说明中国人之所以比较容易接受马克思主义的辩证唯物主义哲学，是因为这种哲学本来就发源于中国，在中国传统哲学中有深厚的根基，它获得科学化的形态以后重新回到中国，中国人不只是“似曾相识”，而是“相会于心”，甚至耳熟能详，能够得心应手地加以运用，如毛泽东、邓小平等辩证法大师。因此可以说中国人对马克思主义的辩证唯物主义哲学有一种天然的亲和力和认同感，马克思主义哲学也在中国这个最富有实事求是和辩证思维传统的国家取得了最大的成功。另一方面，取得科学化形态的辩证唯物主义哲学不只是一种学说，更重要的它是行动的指南。马克思说：“哲学家们只是用不同的方式解释世界，问题在于改变世界。”① 重新回到中国的辩证唯物主义已经不是传教士介绍到西方去的那个辩证唯物主义了，它取得了全新的科学形态，回到中国来必须同中国革命和建设的具体实践相结合，同作为其历史文化背景和重要思想源头之一的中国传统思想文化相结合，才能真正发挥其“伟大的认识工具”的作用。毛泽东思想和邓小平理论的创立，标志着马克思主义中国化的真正成功，说明辩证唯物主义哲学确实“又回到了中国”。

我认为李约瑟博士的上述真知灼见应该引起中国哲学工作者的高度重视。我们过去不敢讲中国古代有辩证唯物主义，认为“辩证唯物

① 《马克思恩格斯全集》第3卷，人民出版社1960年版，第8页。

主义”这个概念专属于马克思主义哲学，称别的哲学为“辩证唯物主义”就是混淆概念，阉割或否定了马克思主义哲学产生的革命变革意义。而毛泽东、李约瑟就敢于突破这一语词禁忌和认识禁区。其实只要将中国古代在一定程度上把唯物论和辩证法结合在一起的哲学界定为“朴素辩证唯物主义”就行了，完全可以区别于马克思、恩格斯所创立的科学的辩证唯物主义哲学，既反映了二者的思想渊承关系，也不否定后者产生的革命变革意义。我们过去讲马克思主义哲学的理论来源，只能从狭义的发生学来讲对黑格尔、费尔巴哈哲学的批判继承和改造关系，而不敢像李约瑟那样讲“辩证唯物主义渊源于中国”；在讲中国哲学与马克思主义哲学的关系问题时，只能讲毛泽东、邓小平等现代中国人对马克思主义哲学的继承和发展关系，而不敢讲中国传统哲学中丰富的唯物论和辩证法思想也对马克思主义哲学的形成作出了重要贡献，通过传教士介绍到欧洲的中国古典哲学曾经直接或间接地对马克思主义创始人的思想发生过某种影响。其实以儒家和道家为代表的中国传统哲学，在16—18世纪通过耶稣会传教士大量介绍到西方，对欧洲思想界曾经产生过巨大而深刻的影响，乃是一个基本的历史事实。马克思、恩格斯不能不受到其前辈思想家的影响，这也是一个基本事实。马克思主义哲学同中国哲学的渊承关系不是一个纯粹理论问题，而主要是一个史实寻绎考证问题，过去我们在这方面研究得很不够，因此认识还不如李约瑟博士全面、深刻。李约瑟此一论断的意义在于，通过耶稣会传教士向西方介绍中国哲学与文化的活动，将发源于中国的朴素辩证唯物主义同马克思主义的科学的辩证唯物主义联系了起来，肯定它们之间有不容置疑的思想渊承关系。李约瑟的论断是需要科学研究进一步去证实的，此一课题研究要取得新的进展，必须在中西哲学和文化交流史方面下大功夫。李约瑟的论断能够被证实到何种程度是有弹性的，但是要完全推翻它我看是不可能的。

（原载《传统文化与现代化》1998年第1期）

中国哲学的革命变革

马克思主义哲学的产生“在人类认识史上起了一个空前的大革命”[①]，在哲学史上实现了前所未有的革命变革。马克思主义哲学在“五四”时期传入中国，并逐渐发展成为20世纪中国占主导地位的哲学形态，极大地改变了中国思想界的面貌，这对有数千年哲学和文化传统的中国来说也是一件前所未有的事情，在中国哲学史上实现了一次大变革。

中国哲学在其漫长的古代发展阶段，虽然包含着丰富的朴素唯物主义和辩证法的合理因素，但从总体上说，它作为中国奴隶社会和封建社会的哲学，反映占统治地位的奴隶主阶级和地主阶级利益的唯心主义和形而上学一直占据着统治地位。剥削阶级的统治利益和阶级偏见决定了他们必然要歪曲世界的本来面目，而且由于古代农业社会生产规模的狭小和科学发展水平的限制，也决定了中国传统哲学还不可能科学地揭示整个世界的普遍联系，特别是不可能正确地揭示社会历史发展的规律。中国传统哲学从整体上说还处在与各门具体科学尚未明晰分化的阶段，还不得不用某些主观臆想的联系去代替各门科学尚未具体揭示出来的真实联系，因此它还具有旧哲学所不可避免的那些缺点。中国传统哲学的上述局限性，尤其是与统治阶级利益相联系的唯心主义和形而上学世界观，成了近代哲学变革的对象和必须冲决的

---

① 《毛泽东选集》第1卷，人民出版社1991年版，第303页。

思想“网罗”。谭嗣同大声疾呼要“冲决君主之网罗”“冲决伦常之网罗”“冲决天之网罗”，就是把封建君主专制制度、儒家纲常伦理和唯心主义天命论当作近代思想革命的对象。严复积极引进西学反对中学，他指出，中学和西学的最大区别就在于世界观和历史观的不同：“尝谓中西事理，其最不同而断乎不可合者，莫大于中之人好古而忽今，西之人力今而胜古；中之人以一治一乱、一盛一衰为天行人事之自然，西之人以日进无疆，既盛不可复衰，既治不可复乱，为学术政化之极则。”（《论世变之亟》）西方人以进化论为世界观，认为人力可以战胜自然；中国人认为天命决定一切，身处苦难境地也不起来抗争。所以他又说：“中国委天数，而西人恃人力。”（《论世变之亟》）中国传统哲学同西方资产阶级哲学相比从总体上来说当然要落后得多。由于帝国主义加紧了对中国的侵略和近代中国社会变化的急速，严复等人从西方引进的进化论虽然对激励中国人自强自立、救亡图存起了一定的积极作用，但是它用弱肉强食、优胜劣汰的自然竞争规律来解释社会现象，并且宣传“万化有渐而无顿”的庸俗进化论观点，显然是不正确的，不但在客观上起了为帝国主义侵略开脱罪责的作用，而且逐渐变成了反对社会革命的思想工具。所以这种哲学很快就被十月革命后传入中国的马克思主义的科学世界观所取代，中国近代的哲学变革至此才告真正完成。

马克思主义哲学是人类历史上最科学、最完备和最革命的哲学，是世界无产阶级和广大劳动人民谋求解放的思想武器。它在“五四”时期传入中国的时候，中国无产阶级已经作为一个独立的阶级登上政治舞台，马克思主义哲学在中国的传播和发展就不仅是思想革命的需要，而且已经有了现实的物质力量和阶级基础。中国无产阶级是随着近代资本主义的发展而产生的一个新兴阶级，它是中国历史上最先进的生产力的代表，所以也是最革命的阶级。中国无产阶级和马克思主义哲学的结合开辟了中国哲学史的一个新时代。这个新时代既意味着中国一切旧哲学的终结，同时又意味着把以往中国哲学中一切合理的思想成果都批判地吸收进来，作为建构中国化的马克思主义哲学的思想资源。中国化的马克思主义哲学的创立，无疑是中国哲学史上的一次空前的大革命，不说它对旧的唯心主义和形而上学哲学的批判和超越，即使对于在传统哲学中早已存在的朴素的辩证唯物主义来说，使其摆脱古代朴素形态而获得现代科学化的形态，也是一个质的升华和飞跃。联系本书前面几章内容，我们可以从以下几个方面来了解其革命变革的意义。

一，从朴素唯物主义到现代唯物主义。中国古代的气一元论虽然本质上是一种唯物主义的宇宙观，但是还没有提出科学的物质范畴。“气”作为物质性存在被赋予的“神妙不测”的功能，还带有直观和猜测的性质，并没有实证科学的依据。用它还不能科学地说明从低级到高级的多种物质运动形式及其相互关系。中国人在接受了马克思主义哲学的物质观之后，克服了这种素朴性，把物质理解为标志客观实在的哲学范畴，并且把人类的实践也理解为一种具有客观实在性的对象性活动。这样，它就不仅正确地解决了物质对于意识的独立性、根源性，意识对于物质的依赖性、派生性问题，而且克服了旧唯物主义者“对对象、现实、感性，只是从客体的或者直观的形式去理解”①的缺点，为马克思主义哲学的自然观和历史观统一、本体论和认识论统一、唯物论和辩证法统一奠定了彻底唯物主义的基石。

二，从自发辩证法到自觉辩证法。中国古代哲学家从经验事实中观察到矛盾的普遍存在，形成了以阴阳为核心的自发辩证法思想。但是这种辩证法并没有脱离经验形态，没有概括出思维规律，它虽然也能给人以智慧的启迪，但难以成为一般性的方法论指导原则。中国人在接受了马克思主义的唯物辩证法之后，掌握了对立统一规律、质量互变规律和否定之否定规律，掌握了一系列唯物辩证法的范畴，使辩证思维从经验形态上升到理论形态，自觉地运用到改造客观世界和科

---

① 《马克思恩格斯选集》第1卷，人民出版社1995年版，第58页。

学研究的实践中去。

三，从直观反映论到能动的革命的反映论。中国古代哲学家十分重视心物、知行之辩，对知依赖于行、主观必须符合客观有朴素的直观的认识，但是他们把“行”往往局限于个人的道德践履和日常生活的狭隘范围，而看不到人民群众的社会实践才是联结主观和客观的真正桥梁。中国人在接受了马克思主义的认识论之后，对基于社会实践的辩证唯物主义知行统一观有了全面的、深刻的了解，特别是用“能动的革命的反映论”把辩证唯物主义认识论和历史唯物主义的群众观点统一起来，更是中国马克思主义者的创造性的贡献。

四，从“通古今之变”的传统历史观到唯物史观。中国古代哲学家有“今胜于古”的历史进化观念，也有其损益因革的社会变革理论，并且对古今之变的动因和主体力量、社会历史发展的规律也进行了探讨，已有若干历史唯物主义思想的萌芽。但总体上说来，中国传统历史观是非科学的，唯心史观占绝对统治地位，也不可能真正揭示社会历史发展的规律性。中国人在接受了马克思主义的唯物史观之后，不但批判了过去那种“退落的循环的历史观”，正确地说明了社会历史发展的动因和规律性，而且还运用历史唯物主义的基本原理，科学地分析了中国近代社会的性质、经济结构、阶级关系和主要矛盾，解决了革命的任务、对象、动力和途径问题，开创了中国历史的崭新局面。

五，从传统的圣贤、君子人格到全面发展的新人。中国传统哲学重视理想人格的培养，重视人的道德价值和精神境界的提升，但是也有脱离社会实践的倾向和相对忽略伦理学上的自愿原则的缺点。中国人在接受了马克思主义关于人的全面发展的思想之后，在唯物史观的基础上，对人性、人的价值和人的自由问题进行了新的探讨，提出了“大同团结和个性解放统一”的社会理想，培养有理想、有道德、有文化、有纪律的社会主义新人的人格目标，把自由人格的实现和社会的发展进步完全统一起来。

从以上简略的论述，我们可以看到，马克思主义哲学在中国的传播和发展，确实把中国哲学提高到了一个新的水平，它的革命变革的意义是不容抹煞和否定的。

（节录自《中国哲学与辩证唯物主义》一书，高等教育出版社 1998 年版）

走向21世纪的中国马克思主义哲学

如果从产生于殷周之际的《易经》算起①，中国传统哲学走过了约三千年漫长的发展道路，到上个世纪中叶才开始了近代哲学变革的进程。从鸦片战争到“五四”运动的这80年，是进化论和天赋人权论等资产阶级西学、新学取代传统中学、旧学的时期；十月革命和“五四”运动后，又开始了马克思主义哲学取代资产阶级西学、新学，而在中国得到广泛传播和发展的时期。马克思主义哲学在中国扎下根来，并与中国实际相结合，产生了中国化的马克思主义哲学，指导中国人民取得了民主革命的伟大胜利，完成了国家独立和民族解放的任务，即标志着中国近代哲学变革的完成。当然，马克思主义哲学中国化也是一个历史过程，随着社会主义革命和建设实践的发展也会呈现出阶段性，如在本世纪就已经出现了毛泽东思想和邓小平理论这两个既有区别又相互衔接的理论形态，但严格说来，这已不属于近代哲学变革的范畴，而是属于马克思主义哲学中国化和中国哲学现代化的范畴了。

20世纪的中国哲坛，古今中外各种哲学思潮纷至沓来，互相冲撞，互争雄长，又互相渗透，交流融合。“五四”以后，特别是中华人民共和国建立以后的近半个世纪，马克思主义哲学无疑占据着主导

---

① 《易传·系辞下》说：“易之兴也，其当殷之末世，周之盛德邪！当文王与纣之事邪！”

地位，或者说是中国现当代哲学思潮的“主潮”。若问这个时期在中国体现了民族精神和时代精神之精华的哲学是什么，无疑地应该回答是毛泽东思想和邓小平理论。有着数千年深厚哲学与文化传统的中国，应该为自己的土地上能够产生这样最先进的而又是最民族化的哲学而感到自豪。

正如毛泽东所指出的：“马克思列宁主义并没有结束真理，而是在实践中不断地开辟认识真理的道路。”① 马克思主义哲学中国化和中国哲学现代化也是一个随着社会实践的发展而不断发展的过程。世纪之交的中国马克思主义哲学，虽然已经有了过去80年广泛传播和发展的基础，但是在发展道路上也有许多曲折和经验教训，在当今和未来都面临着困难与机遇并存的复杂局面。为了在21世纪继续推进马克思主义哲学中国化和中国哲学现代化的事业，我们还必须在以下几个方面不断地作出新的开拓和切实的努力。

一，在中国坚持和发展马克思主义哲学，必须紧密地结合新的时代特点和中国社会主义现代化建设的实际，不是依靠书本上的马克思主义，而是要善于运用马克思主义的立场、观点和方法，科学地分析和认识我们所处的时代、社会发展阶段、社会主义的本质和根本任务、社会主义现代化建设的外部条件和各种内部矛盾与关系，不断地总结新经验，作出新概括，丰富和发展中国化的马克思主义哲学，指导中国的社会主义现代化建设不断取得新胜利。20世纪中国和国际共产主义运动的历史经验证明，社会主义事业的成败在很大程度上维系于理论上对一系列重大问题的认识和处理是否正确；而“理论在一个国家实现的程度，总是决定于理论满足这个国家的需要的程度”②。这就是说，马克思主义哲学在中国的命运，同中国社会主义事业的命运、国家和民族的前途是紧密地联系在一起的。当今的世界呈现出多

---

① 《毛泽东选集》第1卷，人民出版社1991年版，第296页。

② 《马克思恩格斯选集》第1卷，人民出版社1995年版，第11页。

极化的发展趋势，国际共产主义运动正处于低潮时期，但是和平与发展已经成为时代的主题，现代科学技术革命迅猛发展，整个世界正在经历着一场革命性的变化。中国在这样一种开放的国际环境和时代条件下进行社会主义现代化建设，必然会碰到许多新问题、新情况，同时也有许多新的发展机遇。在没有别国的成功经验可供借鉴的情况下，中国共产党人若能坚持解放思想、实事求是的马克思主义思想路线，善于运用历史唯物主义和唯物辩证法的基本观点和方法，深刻地理解当今中国和世界的现实，成功地解决各种内外矛盾，把社会主义现代化建设事业不断推向前进，直至全面胜利，那将是对人类的巨大贡献。它不但指明了人类历史前进的方向，证明了科学社会主义学说的真理性，而且这也正是马克思主义哲学的生命力的表现，是中国人对马克思主义哲学的新发展、新贡献。21 世纪对中国马克思主义哲学必然地要提出这种新要求。

二，21 世纪马克思主义哲学能否在中国根深叶茂，获得新的重要的发展，还取决于它同中国传统哲学与文化相结合的程度。毛泽东在本世纪前半个世纪就开辟了马克思主义哲学中国化的道路，其中一个重要经验就是以马克思主义为指导，批判地清理和总结中国古代哲学遗产，吸取其中合乎唯物论和辩证法的思想精华，用来丰富和发展马克思主义哲学，并使它取得中国民族形式。本世纪中，中国马克思主义学者沿着毛泽东开辟的这条道路作了不少努力，取得了一定的成绩，但成绩不够理想。这突出地表现在我们今天的马克思主义哲学教学同中国传统哲学还基本上是脱节的，能够像《实践论》《矛盾论》那样把马克思主义哲学和中国传统哲学有机地结合起来的哲学论著并不多，中国传统哲学中丰富的朴素唯物主义和辩证法思想资源没有得到充分的发掘和利用，因而不能用它去进一步有力地证明马克思主义哲学的普遍真理性，也不能以传统哲学资源为桥梁来进一步扩大马克思主义哲学在中国的影响。现代新儒家正是抓住了这一点，说马克思主义哲学完全是外来的东西，在中国传统哲学和文化中没有“根”，因此在中国是长久不了的，中国未来的前景只能是“复兴儒学”。恩格斯曾经指出，共产主义是“建立在健全的哲学原理的基础上”，尤其是“从德国本国哲学必然得出的结论”[①]。中国的马克思主义和社会主义，是向西方学习而来的，同时在本国的哲学和文化中也有着深厚的思想基础，中国传统哲学中的朴素唯物主义和辩证法思想，不但有助于中国人接受马克思主义哲学，而且曾经影响过包括德国古典哲学在内的欧洲思想界，在今天也受到世界各国有识之士的普遍重视。我们自然不该做“尽弃自家无尽藏，沿门托钵效贫儿”的蠢事，而是应该大力挖掘和充分利用这一“无尽藏”，为发展中国的马克思主义哲学，实现马克思主义哲学中国化和中国哲学现代化作出重要的贡献。21 世纪对中国马克思主义哲学在这方面寄予了殷切期望，期望它在内容和形式上都进一步地中国化，并且期望在这方面能够有突破性的新进展。

三，中国化的马克思主义哲学并不排拒外国的先进文化、有价值的哲学创造和最新科学思想，恰恰相反，在现代科技和网络信息高度发达的今天，它必须以开放的姿态面向世界，既对世界发生自己的影响，也借鉴和利用世界上先进的思想文化成果来充实与发展自己。对于现代西方哲学和文化的最新形态与发展趋势，我们不仅应该了解，而且应该认真加以研究，通过比较鉴别和对话沟通，区分精华和糟粕，吸取有益的思想营养，抵制和批判错误的东西。在总体上是错误的东西中，也可以利用其中的某些思想资料，或从它们提出的问题受到启发。例如，现代西方哲学中的科学主义思潮和人文主义思潮，虽然在研究对象、方法和目标上各走极端，但是它们提出的某些问题，甚至相互提出的批评，对于马克思主义哲学将科学技术进步和人的全面发展合理地统一起来，是不无启发意义的，而这正是未来社会必须解决的一个重要问题。中国化的马克思主义哲学要有民族的形式，也

---

① 《马克思恩格斯全集》第 1 卷，人民出版社 1956 年版，第 591 页。

要有反映中国实际的内容，但是马克思主义哲学本质上是一种“世界哲学”，中国的实际也包括它和世界的联系，所以中国化的马克思主义哲学应体现为民族性和世界性的统一。中国在历史上就有吸收消化外来文化，“和而不同”“有容乃大”的传统，中国的马克思主义哲学本身就是中西文化和哲学交流融合的产物，它在21世纪必将保持这种开放性的特质而使自己具有更加强盛的生命力。

可以预见，作为人类哲学智慧之最高成果的辩证唯物主义，同具有悠久历史、博大精深的中国哲学和文化传统结合起来，并且不断地从当代社会实践和科学、文化的发展中获得推动力量，它将为中华民族的振兴和世界文明的进步作出不可限量的伟大贡献。

（节录自《中国哲学与辩证唯物主义》一书，高等教育出版社1998年版）

中国哲学史研究50年

中国哲学史是一个既古老又年轻的学科。说它古老，我们可以追溯到两千多年前《庄子·天下》、《荀子·非十二子》、司马谈《论六家要旨》对先秦哲学所作的总结性研究，但直到近代以前，这种研究始终未能超出中国传统学术思想史的范畴。说它年轻，是指按照现代学科分类方法，明确中国哲学史的特定研究对象和范围，把它从传统的中国学术思想史中分离出来，成为一个独立的学科，则不到一百年。中国人写的第一本名曰《中国哲学史》的书出版于1916年，作者是谢无量先生。

1949年以前，这个学科领域最重要的两项成果是胡适的《中国哲学史大纲》（上册）（1919年出版）和冯友兰的两卷本《中国哲学史》（1931年、1934年出版）。它们代表了中国哲学史研究的一个时代，即用资产阶级唯心主义哲学和历史观点认识、总结和诠释中国哲学史的时代。

1949年以前，已有少数马克思主义学者开始用唯物史观和辩证方法研究中国哲学史，他们“筚路蓝缕，以启山林”的开创之功不可没。解放后，马克思列宁主义成为我们国家各项事业包括哲学社会科学研究的指导理论，因此，真正在马克思主义哲学史观和方法论的指导下，全面、系统、深入地开展中国哲学史的研究工作，取得前所未有的丰硕成果，著述如林，人才辈出，应该说还是新中国建立以后50年的事情。据不完全统计，50年来在中国大陆出版的中国哲学史研究著作（不包括典籍注释、今译、资料汇编、工具书和通俗读物等）已逾千种，各报刊发表的有关学术论文近五万篇，大大推进了这个学科的建设和发展。20 世纪后半个世纪是中国哲学史学科变革创新、繁荣丰收的 50 年，也是经过了曲折坎坷历程、不断反思前进的 50 年。

可以把建国后 50 年的历史大致地分为两个阶段：以 1978 年底召开的党的十一届三中全会为界，分为前 30 年和后 20 年。与后 20 年的辉煌成绩相比，前 30 年中国哲学史学科的发展道路要坎坷曲折一些，有成绩也有经验教训，我们应该全面评价。

建国初期，高等学校进行院系调整，全国哲学教授都集中到北京大学哲学系，学习马克思主义哲学。经过学习，冯友兰等老一辈中国哲学史工作者放弃了唯心主义的哲学和哲学史观，努力运用马克思主义观点和方法重新研究、探索中国哲学的发展过程和规律。50 年代中期以后，各大学陆续恢复或重建哲学系，新中国培养的一代哲学史工作者迅速成长起来，中国哲学史研究在马克思主义指导下显示出了蓬勃生机。根据社会存在决定社会意识的原理，哲学史研究就不仅是探讨哲学思想的逻辑进程，还必须阐明其赖以存在和发展的社会历史背景，把哲学史研究和社会经济史、政治史的研究结合起来。根据马克思主义关于哲学基本问题的论述和日丹诺夫（苏）的哲学史定义，在分析历史上不同派别哲学思想的性质和相互关系时，首先要揭示唯物主义和唯心主义、辩证法和形而上学的斗争，并把它同当时的社会阶级斗争联系起来。与黑格尔对待唯物主义哲学家的态度相反，新中国的哲学史工作者着重发掘、表彰了一批历史上被埋没或不受重视的唯物主义、无神论思想家，着重研究和阐述了中国哲学史中的唯物主义和辩证法思想传统。在两代哲学史工作者的共同努力下，初步建立了马克思主义的中国哲学史学科体系，它对于旧哲学史的变革创新的意义是不容否定的。侯外庐等人合著的《中国思想通史》（五卷六册，1962 年出齐）和任继愈主编的《中国哲学史》（全四册，1963—1979 年出版），是这个时期最有代表性的两项研究成果，它们教育、影响了一代后起的中国哲学史工作者。

这个时期的中国哲学史研究，在取得很大成绩的同时，也受到了教条主义学风的严重干扰。日丹诺夫的哲学史定义本身就有教条主义的倾向，把它奉为金科玉律，简单化地去处理中国哲学史上的问题，必然会给这个学科的建设和发展带来诸多消极负面的影响。这个时期的历史教训，更突出地表现在政治对学术的粗暴干涉上。1957 年关于哲学史方法论问题的讨论，后来被一些人引向了“反对哲学史工作中的修正主义”的政治路线斗争。到了“文革”时期，孔子和儒家成为林彪反革命政治思想路线的替罪羊，儒法斗争史取代中国哲学史，哲学史研究完全变成了政治斗争的工具。这些不幸和磨难，使中国哲学史学科在前 30 年没有取得本来应该有的更大的进展。

党的十一届三中全会以后，中国历史进入了一个新时期，中国哲学史学科也迎来了思想解放的春天。

新时期中国哲学史研究的繁荣，首先是与总结反思前 30 年的经验教训、突破教条主义设置的思想禁区、重新回到实事求是的马克思主义思想路线上来分不开的。1979 年在太原召开的中国哲学史学会成立大会，学者们首先提出的就是哲学史方法论问题，就中国哲学史研究的对象和任务、哲学遗产继承方法、哲学和阶级斗争的关系、如何评价唯心主义等问题展开了热烈讨论，清算林彪、“四人帮”对中国哲学史学科的破坏和“左”倾教条主义的干扰，极大地解放了人们的学术创造精神。这个时期出版的各种哲学史教材和研究论著，不再片面强调哲学史是唯物主义和唯心主义、辩证法和形而上学两军对战的历史，大都把列宁关于哲学史简略地说“就是一般认识的历史”的思想当作研究中国哲学史的指导原则，在研究方法上重视历史和逻辑的统一，注意揭示哲学思想发展中的“圆圈”。与“文革”时期把中国哲学史泛化为政治路线斗争史的做法相反，这个时期一些哲学史工作者提出了研究对象的“纯化”问题，重视中国哲学范畴研究就是表现了哲学史研究“纯化”的一种努力。

然而，为时不久，一场席卷神州大地的文化讨论又使中国哲学史研究再次“泛化”。这次是把哲学和文化联系起来，老、中、青三代中国哲学史工作者几乎都成了文化研究和讨论的骨干。传统和现代化的关系、民族性和时代性的关系、中西哲学和文化比较都是中国哲学史研究必须面对的重要问题，对中国哲学和文化的现实命运的关怀使他们更加重视对中国传统哲学独特价值的发掘和对中国哲学发展特殊规律的探讨。文化讨论大大开阔了人们的眼界，海内外学术交流从无到有并逐步加强，各种新问题的提出和新观念、新方法的引进，历史资料的系统整理和出版，重要考古文献的发现，使中国哲学史研究呈现出空前活跃和多元化的发展趋势。

这个时期的学术研究成果可谓汗牛充栋，许多研究成果表现出了可贵的综合创新精神并且更加具有个性化的特点。在通史研究方面，冯契的《中国古代哲学的逻辑发展》（三册）、《中国近代哲学的革命进程》和冯友兰的七卷本《中国哲学史新编》最具有代表性。前者将作为知识成果的中国哲学努力提升到民族智慧的层面，表现了作者创造性地运用和发展马克思主义哲学的深厚功力；后者从总体上说也是在马克思主义哲学史观和方法论指导下写出来的，同时也包容了作者在深刻反思基础上仍加以肯认的某些前期哲学成果。除通史外，在断代史、思潮史、专题史、少数民族哲学史、人物与著作个案研究等方面也出版了大量新的研究论著，涉及的问题和方面十分广泛，有些是作者或科研集体下过多年工夫精心结撰之作，有较高的学术价值。这些研究成果为中国哲学史学科的科学化建设打下了坚实的基础。

回顾50年中国哲学史的发展历程，它同我们共和国的其他各项事业一样，走过了曲折的道路，有深刻的经验教训，但总的来说还是坚持了正确的研究方向，取得了巨大的成绩。这50年中国哲学史研究所取得的成绩，如果同前50年相比，不仅有学术方向的根本差异，而且就成果数量来说，也大约要多近十倍。中国哲学智慧是我们建设社会主义现代化文明国家的宝贵资源，它也越来越受到世界各国有识之士的重视。中国哲学史在下个世纪仍将是一个极富魅力的学科，它在加强自身的科学化建设、完成启迪民智的任务之同时，必将进一步地走向世界。

（原载《人民日报》1999年2月27日）

回应中国哲学“合法性”质疑的三个问难

这次会议的主题是“中国哲学的现代化和世界化”。“中国哲学”可以有不同的所指，作为我们这个学科研究的对象来说，它主要是指中国传统哲学。中国传统哲学是前近代的中国哲学，是中国奴隶社会和封建社会时期的哲学，它能否现代化和世界化？怎样现代化和世界化？或者说，它是否具有现代意义和普世价值？如何呈现出这些意义和价值？这是需要我们中国哲学史工作者去研究、探讨和回答的问题。我们的前辈已经为此作了近百年的努力，其努力方向主要有二：一是引进西方近代哲学的观念和方法，来整理和诠释中国传统哲学思想资料，使之能够为现代人所理解，能够与世界上其他民族的哲学交流沟通；二是以马克思主义哲学史观和方法论为指导，来清理中国古代哲学遗产，“取其精华，弃其糟粕”，它不仅为马克思主义哲学中国化提供了本土资源的源头活水，而且也为中国哲学的现代化和世界化作出了重要贡献。但是，前人所作的这些努力，现在已经遭到了“合法性”质疑，因此，我们今天来讨论中国哲学的现代化和世界化问题，就不能回避中国哲学的“合法性”问题，不能不看到这两个问题之间的内在关联。

其实，中国哲学的“合法性”问题就是在中国哲学近（现）代化和世界化的过程中产生的，它以批判中国哲学“合法性危机”的极端形式提出来，其实代表的是一种民族化的诉求。我们看到，在近代意义的“中国哲学”或“中国哲学史”学科产生和发展的全过程中，近（现）代化与民族化、世界化与本土化、普遍性与特殊性的矛盾和张力是始终存在着的。一些学者试图以近（现）代化、世界化（西方化）、普遍性为标准来建立这门学科，一些学者则指其为“以西范中”“以夷变夏”“汉话胡说”，丧失了中国哲学的自性，他们强烈地提出了回归中国哲学原生态的要求。还有一些学者看到了近代化的中国哲学史学科产生的历史必然性，坚持按照近（现）代化与民族化、世界化与本土化、普遍性与特殊性统一（结合）的方向来建设发展这门学科。几种不同的路向在中国哲学史学科发展的百年历程中是长期存在的，一直有争论的，在今天到了需要认真总结、更加方向明确地把这门学科向前推进的时候了，“合法性”问题的提出也迫使我们不得不对本学科发展中的一些根本问题，即涉及哲学观、哲学史观和方法论的问题作出回答。我认为在今天至少要回答以下三个问题：

一，中国有没有哲学？我们今天所说的“中国传统哲学”到底能不能叫作哲学？这是一个西方人的问题，或者说是在西方哲学话语霸权下提出来的问题，但是我们要作出中国人的回答。

二，近百年建立和发展起来的“中国哲学”或“中国哲学史”学科，到底是在写“中国哲学”的历史，还是在写“（西方）哲学在中国”的发现史？这是对该学科之“合法性”提出了质疑，“重写中国哲学史”的口号即意味着要求重建具有“合法性”的中国哲学史学科。

三，以马克思主义哲学史观和方法论为指导来研究中国哲学史具不具有合法性？马克思主义作为繁荣发展我国哲学社会科学的普遍指导理论，适不适用于中国哲学史这个学科？这个问题在讨论中是隐含着的，但却是该学科遭到合法性质疑的关键，因为马克思主义也被归结为一种“西学”，“唯物唯心”和“阶级分析”被看成是需要突破的最大的“紧箍咒”。

以上三个问题可以说是关于合法性质疑的“三重问难”，是提出了这样三个层次的问题：它首先当然是针对现实而发的，是质疑我们今天叫作“中国哲学史”的这个学科是否具有合法性，包括各位在学校里开的这门课程能不能叫作“中国哲学史”，我们这个学会能不能叫作“中国哲学史学会”……都是非常现实的问题，如果只是质疑七八十年前胡适、冯友兰的著作就没有多大意义了。第二步就是把现实中存在的问题统统归结为胡、冯“以西释中”模式影响甚至笼罩的结果，通过否定胡、冯模式来否定近百年来的整个中国哲学史学科的合法性。最后拿出“中国无哲学”论来，从根本上否定了这个学科存在的基础（根据、前提）：中国无哲学，哪有什么“中国哲学”或“中国哲学史”学科？

合法性质疑的三个问难，对于中国哲学史学科来说，确实构成了非常严峻的挑战。因为它不仅关系到对我们的前辈近百年来的中国哲学史研究工作的评价，关系到这个学科今后发展的方向，而且关涉到了这个学科存在的基础、前提和根据。就我们这次会议讨论的主题来说，它已预设了这样的问题：近百年来中国哲学近（现）代化和世界化的方向是否对头？今后还能继续这样走下去吗？因为事实上有人已经提出了“改弦易辙”的要求（要求实行精神上的“退耕还林”，哲学上的“兴灭继绝”）。所以我在来西安开会前，脑子里挥之不去的还是这些质疑和问难，思考应该怎样进行回答。下面谈谈我的基本思路。

关于第一个问题“中国有没有哲学”。首先要搞清楚哲学是一门什么性质的学问，它的研究对象是什么，它在诸学科中处于什么地位，然后再来看中国古代有没有这种学问，或者类似这样的学问。如果把哲学界定为对宇宙、人生的大本大源问题作形上之思的学问，那么中国古代关于“性与天道”的学问，关于“究天人之际、通古今之变”的学问，中国古代的“道学”“玄学”“义理之学”或“天人之学”，把它们归属于“哲学”这门学问应该是没有问题的。中国哲学家致力于“究天人之际”“探阴阳之赜”“通古今之变”“乐成人之道”“求致知之方”的理论探索，其对象涉及宇宙、社会、人生和人心（人的思维）的一些根本问题，与其他民族的哲学理论思考有共同之处或相似之处，但中国哲学又有自己独特的问题意识、答问方式和义理结构，有自己的民族特点。张岱年先生把哲学看作是一个“共相”“类称”，中国哲学、西方哲学、印度哲学都是其“殊相”，通过共性寓于个性之中、个性比共性更丰富的思路来解决这个问题是合理的。有些西方哲学家根本不了解中国哲学，就否定中国有哲学，用一种“殊相”来否定另一种“殊相”，这是西方中心论的偏见。我们注意到，17 世纪以来，也有不少西方哲学家是肯定中国有哲学的。[①] 但是，这个问题的回答，并不因洋人说有而有，说无而无，而是要靠中国人对“哲学”之共性与个性关系的理解，以及用近代学术观念去考察中国古代思想史而得出的合乎实际的结论。

关于第二个问题即“中国哲学史”学科的合法性问题。我认为必须认真研究近代以来的中国哲学史学史，以其丰富的历史内容来回答这个问题，那么我们就不难判断：用“以西释中”“汉话胡说”来概括近百年来的全部中国哲学史研究工作是否符合实际？这种说法有无以偏概全之弊？实际情况是：胡适建立了“以西释中”的研究范式[②]，但一开始就受到了梁启超的尖锐批评。梁指出胡适仅从认识论（名学）的角度去研究中国古代哲学有很大的片面性，不能把握中国哲学之博大精深之处，甚至是“弃菁华而取糟粕”。因为中国哲学最重要的问题是“怎样能够令我的思想行为和我的生命融合为一”“怎

---

① 参见苗润田《西方思想界如何看待“中国有无哲学”的问题》，《河北学刊》2004 年第 3 期；张允熠《哲学的困境和黑格尔的幽灵——关于“中国无哲学”的反思》，《文史哲》2005 年第 3 期。

② 余英时说：“从思想史的观点看，胡适的贡献在于建立了库恩所说的新‘典范’。而且这个‘典范’约略具有库恩所说广狭两义：广义地说，它涉及了全套的信仰、价值和技术的改变；狭义方面，他的具体研究成果（如《中国哲学史大纲》）则起了‘示范’的作用，即一方面开启了新的治学门径，而另一方面，又留下了许多待解决的新问题。”（《重寻胡适历程：胡适生平与思想再认识》，广西师范大学出版社 2004 年版，第 172 页。）

样令我的生命和宇宙融合为一”的问题，这不是靠增加知识的办法所能解决的，而只能从道德实践和“体验”中得来。[①] 梁启超实际上已经开启了中国哲学史研究的近（现）代化与民族化相结合的方向。

冯友兰的两卷本《中国哲学史》，从表面看似乎比胡适的西化倾向更彻底，因为他讲过“哲学本一西洋名词。今欲讲中国哲学史，其主要工作之一，即就中国历史上各种学问中，将其可以西洋所谓哲学名之者，选出而叙述之”[②] 这样的话。其实该书在以西方哲学为选材标准之同时，也注意到了中国哲人不重著书立说、中国哲学不重知识论与逻辑学，而特重修养方法、在这方面“实甚有贡献”等特点。冯友兰在30年代还突出地提出了哲学的民族性问题，认为哲学的民族性即表现在“某民族的哲学，是接着某民族的哲学史讲底，是用某民族的言语说底”，而且它还能对于这个民族“在精神上底团结及情感上底满足”有很大的贡献。[③] 在冯氏抗战时期写的《新原人》《新原道》等著作中，民族化不仅表现于外在的形式方面，而且在内容上要求把握“天地境界”“内圣外王之道”等中国传统哲学的精神。他说自己的“新理学”体系既是近代的，又是民族的，也就是说，是近代化与民族化的统一。

张岱年在30年代写了《中国哲学大纲》一书，他一方面认为哲学作为研讨宇宙人生之究竟原理及认识此种原理之方法的学问，中西哲学在问题、对象以及在诸学术中的位置上有相似之处，因此参照、借鉴西洋哲学来研究中国哲学不仅是可能的，而且也是必要的；另一方面，他又指出：“中国哲学，在根本态度上很不同于西洋哲学或印

---

① 梁启超：《评胡适之〈中国哲学史大纲〉》，见《饮冰室合集》，中华书局1989版，第60—61页。

② 冯友兰：《中国哲学史》（上），见《三松堂全集》第2卷，河南人民出版社2001年版，第245页。

③ 冯友兰：《论民族哲学》，见《三松堂全集》第5卷，河南人民出版社2001年版，第273—274页。

度哲学，我们必须了解中国哲学的特色，然后方不至于以西洋或印度的观点来误会中国哲学。”[①] 他将中国哲学的特色概括为“合知行”“一天人”“同真善”“重人生而不重知论”“重了悟而不重论证”“既非依附科学亦不依附宗教”六点，以此与西洋哲学也与印度哲学区别开来。他还指出：“求中国哲学系统，又最忌以西洋哲学的模式来套，而应常细心考察中国哲学之固有脉络。”[②] 因此该书不论在名词概念的使用上，还是在一些问题的提法和排列次序上，都与西洋哲学有所不同，而是更多地体现了中国哲学的民族特点。

马克思主义的中国思想史家侯外庐、赵纪彬等人在抗战时期就明确地提出了“学术中国化”的口号，建国后马克思主义的中国哲学史工作者也在中国哲学的现代化和民族化、本土化方面做了大量工作。比如，在1957年的中国哲学史问题讨论中和“文革”后的反思中，就有不少学者对哲学史研究中的教条主义学风和简单化的做法提出了尖锐批评，半个多世纪以来，也有不少学者在揭示中国哲学的特殊性和主体性方面做了一些很有价值的探索。举一个例子：不久前去世的刘文英教授，在对中国古代梦的迷信与梦的探索的研究中，就明确“反对用现代世界梦说简单地剪裁中国古代的梦说，或把中国古代梦说作为一种插图，简单地去注释现代世界的梦说”[③]，而是在研究了弗洛伊德等西方学者的有关著作后，既充分肯定其学术成就，也指出了其严重的理论缺陷，在前人探索的基础上提出了自己的新梦说，被钱学森先生称为“中国人的胜利”。中国大陆的马克思主义学者是一个群体，出现刘文英教授的“梦论”这样的研究成果并非个别偶然现象；正是通过群体的努力，才使中国哲学史学科不断地朝着科学化的

---

① 张岱年：《中国哲学大纲·序论》，见《张岱年全集》第2卷，河北人民出版社1996年版，第5页。

② 张岱年：《中国哲学大纲·自序》，见《张岱年全集》第2卷，河北人民出版社1996年版，第3页。

③ 刘文英：《梦的迷信与梦的探索》，中国社会科学出版社1989年版，第3页。

方向发展。

另一方面，港台新儒家学者的中国哲学史研究也是值得重视的。牟宗三、唐君毅等人都是既通晓西方哲学而又反对依傍西方哲学、并企图超越西方哲学的学者，他们在揭示中国哲学的民族性和特殊性方面也作出了自己的贡献。[①] 不过在价值评判上他们又认为中国哲学高于、优于西方哲学，认为世界哲学的最后归宿是向着中国哲学“生命的学问”走。这也未必是公允之论。马克思主义与现代新儒学这两派有不同的哲学观、哲学史观和方法论，但都趋向于现代化与民族化统一的方向，不能把它们简单地归入“以西释中”的研究范式。

近百年来，中国哲学史学科尽管发展道路并不平坦，目前也还存在着不少问题，但不能说它始终没有摆脱“以西释中”的模式，始终被西方哲学所笼罩。不能否认学者们曾经作过多个方向的探索和努力。综观它的百年发展历程，近（现）代化与民族化相结合的方向和道路始终是主流，是它在二者的张力即对立统一中不断取得新进展的主要动力，也是这个学科之所以能够成立的合法性根据。

关于第三个问题即要不要坚持马克思主义在中国哲学史学科中的指导地位的问题。我们知道，在中国哲学史学科的百年发展历程中，长期居于主导地位的并不是胡、冯模式，而是马克思主义的哲学史观和方法论。解放前郭沫若、侯外庐、张岱年等学者就已经开始用唯物

---

① 牟宗三在《中国哲学的特质》一书中批驳了“中国无哲学”论，并指出：“以西方哲学为标准，来在中国哲学里选择合乎西方哲学的题材与问题，那将是很失望的，亦是莫大的愚蠢与最大的不敬。”（台湾学生书局 1987 年版，第 10 页）唐君毅也曾尖锐地批评有些人“唯以西方之思想为标准，幸中国前哲所言者与之偶合，而论中国前哲之思想”的奴隶主义态度和学风（《中国哲学原论·原道篇》卷一，台湾学生书局 1984 年版，第 9 页）。徐复观认为学习西方哲学的意义主要在于磨砺理论思考能力。他说：“我常常想，自己的头脑好比是一把刀，西方哲人的著作好比是一块砥石。我们是要拿在西方的砥石上磨快了的刀来分解我国思想史的材料，顺着材料中的条理来构成系统；但并不要搭上西方某种哲学的架子来安排我们的材料。”（《徐复观文集》第 2 卷，湖北人民出版社 2002 年版，第 19 页）

史观和辩证唯物论来分析研究中国古代的哲学思想，建国后半个多世纪马克思主义在中国大陆更处于明确的指导地位，大量中国哲学史研究论著是在这种理论和方法的指导下写出来的。能不能把马克思主义哲学史观和方法论简单地说成是一种西学模式？这当然首先涉及对马克思主义作为我国哲学社会科学的普遍指导理论的认识，对马克思主义哲学本身的认识，承不承认它的产生是人类认识史上的一次大革命。如能从这个意义上来了解马克思主义哲学，那么它就不仅是从西方哲学传统中产生的，而且也总结了全人类的哲学智慧，是体现了时代性与民族性、革命性与科学性高度统一的真理性认识。马克思主义哲学史观和方法论的基本原则，包括社会存在决定社会意识、逻辑的与历史的统一、哲学基本问题和哲学的党性原则、历史主义和批判地继承历史遗产的方针等，都是从整个人类认识史概括总结出来的，因此对于研究各民族的哲学史就具有普遍的指导意义。例如，哲学基本问题反映的是哲学这门学问的基本矛盾，它在不同民族、不同时代的哲学中有不同的表现形式，所以冯契先生根据恩格斯的论述将哲学史定义为“根源于人类社会实践主要围绕着思维和存在关系问题而展开的认识的辩证运动”[①]，中国哲学史也不例外。哲学基本问题在中国传统哲学中通常表现为天人之辩（中国哲学亦称“天人之学”），有时也表现为名实、有无、形神、理气、心物之辩，也就是说，马克思主义关于哲学基本问题的理论对于中国哲学史研究是完全适用的，不过必须了解它的各种具体表现形式。我们在哲学史研究中还要贯彻马克思主义的实事求是的学风，具体问题具体分析这一“活的灵魂”，共性寓于个性之中、个性与共性统一的原则。教条主义、公式主义恰恰是与马克思主义的本性相违背的。应该说，揭示哲学史的民族特点也是马克思主义哲学史观和方法论的内在要求，是其题中应有之义。不能把在运用马克思主义哲学史观和方法论的过程中曾经出现过的一

---

① 冯契：《中国古代哲学的逻辑发展》上册，上海人民出版社 1983 年版，第 11 页。

些教条主义和简单化的做法归咎于这种理论和方法本身，从而否定其科学性与合法性。关于在中国哲学史研究中如何正确贯彻马克思主义方法论的问题，张岱年先生在《中国哲学史方法论发凡》一书中有系统论述①，其中包含着他数十年的经验和体会，在今天对我们仍有重要的参考价值。

在座各位都是中国哲学史方面的专家，面对本学科遭到的空前尖锐的合法性质疑，我想每个人都不可能无动于衷。事实上许多同志都以不同的方式作出了回应，积极参与了这场讨论。鉴于这个问题在学科建设中的特殊重要性，我认为应该把它放到基础和前提的地位来加以重视，而不能当作一个“伪问题”等闲视之。中国哲学史是一个很年轻的学科，我们既要看到在其初创时期不得不借鉴西方哲学的概念、问题、框架来构成自己的学科体系②，因而缺失了中国哲学的内在精神与个性特征的先天不足之处，同时也要看到近百年来几代哲学史工作者为了找回中国哲学的民族自性、彰显其精神特质，为该学科的科学化所作的不懈努力。他们不是放弃现代哲学的形式而走回归传统国学、中学、经学或子学之路，而是走的一条中西结合即现代化与民族化相结合（统一）的道路。事实证明在近现代中国，这也是唯一走得通的一条道路，但要达到重建民族主体性的目标实任重而道远。我个人的看法是，在中国大陆，中国哲学史学科今后的发展，还是要

---

① 张先生说：“我们用马克思主义的方法来研究哲学史，应该坚持哪些原则呢？我以为应该坚持四点：第一，坚持哲学基本问题的普遍意义，注意考察唯物主义与唯心主义的对立斗争与相互转化；第二，重视唯物主义的理论价值及其在哲学发展过程中的重要作用；第三，坚持社会存在决定社会意识的观点，对于阶级社会中的哲学思想进行切合实际的阶级分析；第四，坚持发扬马克思主义实事求是的学风，对于哲学史中的具体问题进行具体分析。”（《中国哲学史方法论发凡》，《张岱年全集》第4卷，河北人民出版社1996年版，第210页）

② 蔡元培在《胡适〈中国哲学史大纲〉序》中说：“中国古代学术从没有编成系统的记载。……我们要编成系统，古人的著作没有可依傍的，不能不依傍西洋人的哲学史。”（胡适：《中国哲学史大纲》，商务印书馆1919年版，第1页）

坚持以马克思主义哲学史观和方法论为指导，坚持现代化与民族化、世界化与本土化、普遍性与特殊性相结合（统一）的方向和道路，以把握中国哲学的特殊性、丰富性、生动性为切入点（普遍指导下的特殊），并进而揭示其中所蕴含的普遍意义和价值。因此就必须从原始资料出发，从中国哲学固有的问题意识、义理结构和思想脉络出发，在解读与诠释方法上不排除多样化的探索，包括借鉴西方哲学的方法和创造性地运用某些传统治学方法，使中国哲学史学科在自立宗主与综合创新中不断成熟起来，让中国哲学的原创性智慧也能够参与现代世界哲学文明的共同创造，为解决人类面临的普遍性问题作贡献。中国哲学史是要不断重写的，后代人写的中国哲学史并不一定要全部否定前辈的工作，前人在中国哲学的近（现）代化与民族化方面所作的一切有价值的探索都应该得到尊重，完全可以作为后来者继续前进的阶梯。合法性讨论的积极意义在于促进了中国哲学史学科建设中的方法论自觉，它所表现出来的强烈的民族性和主体性诉求，若能落实到今后中国哲学史研究的可操作层面中去，那也是一件好事情，我们乐观其成。

[本文是作者2005年6月4日在中国哲学史学会2005年年会暨“中国哲学的现代化与世界化”学术研讨会上的发言。原载《人文杂志》2005年第4期；曾以《中国哲学史学：近代化与民族化的结合之路》为题作为陆信礼《梁启超中国哲学史研究评述》（中国社会科学出版社2013年版）一书的代序]

正确对待孔夫子、孙中山、毛泽东三位历史人物

今年是建党 90 周年，辛亥革命 100 周年，“十二五”的开局之年，特别又正值十八大前夕。这一年注定具有特别重要的政治意义，各方面对此都很重视，都要表达自己的观点，发出自己的声音，希望对中国未来的发展方向和前途发生影响。因此，新年伊始，中国的政治思想舞台上就不平静，发生了许多意想不到的事情，引起人们的思考和讨论。

一

元旦刚过，1 月 11 日，在天安门东侧国家博物馆北广场就竖立起来了一座 9.5 米高的孔子像，象征着孔圣人位居“九五之尊”。没想到此举立即遭到了许多人的批评和反对，据有的网站调查统计，认为这样做不合适的人大约占 70%，赞成在天安门立孔像或不反对的人约占 30%。“文革”过去已经 35 年了，把 70% 群众的这种看法归结为“文革思维定式”的影响，恐怕是过于简单化了。一位受访者说：我们也不否认孔子作为中国文化名人的地位，只是觉得在中国近现代革命历史上有着特殊政治涵义的天安门广场，立个孔子像实在太不协调了，人民英雄纪念碑的浮雕上还有“五四”青年喊“打倒孔家店”口号的场面，这边就立个孔子像，这不是对历史的一种嘲弄吗?

不同的看法也得到了充分表达。我们的一些同行朋友出于“主流学者应发出自己声音”的责任感，在没有弄清楚事情真相之前，就匆忙地发表了一个十三人联合声明，认为“立孔子像之举，符合国人心愿，适应时代潮流”，“有关部门如果急于介入正常的文化讨论，甚至被少数人的极端言论所绑架，而试图将其拆除，则将在世界上产生极为不良的后果和影响”。后来孔子像的挪位使这一表态陷入了被动。其实，这些学者虽然有文化保守主义的思想倾向，但还是认同主流意识形态的。声明明确说：“当代中国文化建设，应是马克思主义、中华文化、西方文化，三者有机地结合。这三者的位置应当是：以马克思主义为指导，以中国文化为根基，吸收西方文化的营养，形成全新的中国特色社会主义文化体系。”正是这一点，遭到了崇儒反马的大陆新儒家的尖锐批评，认为他们“犯了原则性的错误”，是“认邪作正，认夷作华，是思想倒退品性堕落”（余樟法《欢迎“你”靠拢，不可“我”动摇》）。十三人声明也明确反对“立儒教为国教”，认为“孔子不应成为教主，儒学不能独尊”。他们的理论立场与大陆新儒家还是有本质区别的。

在国博北广场的孔子像搬进中华名人雕塑园之前，上海一位青年学者也写文章讲“天安门的政治地理学”。他把在天安门立孔像解读为“执政党对儒家的温和肯定”，是“执政党自己在同儒家眉来眼去”，而且他还“给国家提一点建议：既有尊孔之意，亦不必羞羞答答”。这种猜度是缺乏事实根据的。执政党尊重中国的传统文化，包括对孔子和儒学思想精华均采取批判继承的态度，但决不会落入历代封建统治者“反孔—尊孔—灭亡”的历史循环。天安门孔子像得到适当处理就说明了这一点。据我了解，这位青年学者也是认同主流意识形态的，他近来发表的一些文章，力图为中国化马克思主义在中华文明传统中寻找历史根据，论证中国化马克思主义是“中华文明传统的现代表现”，提出要推动“中华文明对马克思主义的消融整合与发扬光大”。上个月在北京召开了两个学术研讨会，讨论中国模式问题，儒家与社会主义问题，有的与会学者把这种观点叫作“儒学救党论”，认为是“儒化马克思主义”思潮的一种表现形式。当然，这种观点与大陆新儒家攻击今日中国是“鹊巢鸠占”、欲以儒学取代马克思主义的“王官学”地位的观点也是根本不同的。

现在中国讲“复兴儒学”的人很多，不难看出论者的理论立场和观点是各不相同的，尤其是在儒学与马克思主义的关系问题上，众说纷纭，有的完全针锋相对，因此对这种文化保守主义思潮也要作具体分析。

对于孔子和儒学，我赞成张岱年先生的看法：“尊孔的时代已经过去了，反孔的时代也已经过去了，我们现在的任务是要以马克思主义的立场、观点和方法，来对孔子学说进行历史的、全面的、辩证的分析和评价。”“孔子学说中既有糟粕，也有精华，它对中华民族的精神发展确实有过巨大的影响，盲目的尊崇和简单的否定，都是没有裨益的。”由天安门孔子像事件引发的新一轮尊孔与反孔之争，反映当今中国学术界、思想界还缺少这种平心静气的、实事求是的研究氛围，作为历史人物的孔夫子还很难完全摆脱“敲门砖”的命运。

孔子像在国博北广场竖立了100天，4月21日凌晨之前悄然搬进了中华名人雕塑园。国博负责人的解释前后矛盾，又引起了网上许多批评和议论。有网友直言：“安放很轻率，搬家也轻率。未征集公众意见，招致高声反对；这样悄悄搬走，又闪了支持者的腰。”天安门孔子像事件反映了当今中国思想界情况十分复杂、相互间关系十分微妙的情况。

孔子像搬走后，在天安门广场中间又立起了6米高的孙中山像。今年是辛亥革命100周年，当然也含有纪念孙中山的意义。要讲“天安门的政治地理学”，现在的格局很有意思：毛泽东像挂在天安门城楼上，孙中山像立在天安门广场中央，孔子塑像在国博西门里面的雕塑园内，与孙中山像的直线距离还不过几十米。曾经影响中国历史进程的三个伟大人物，以一种特殊的形式在天安门广场汇聚，这种现象引起了人们的各种政治文化解读。

二

也是今年初，2 月 19 日，海南省文昌市推倒了一座毛泽东塑像，也在网上引起强烈反映。一方面在天安门立孔像，一方面在海南毁毛像，二者形成了鲜明对照。在十分敏感的 2011 年，确实有些人把反毛、非毛的舆论造到了登峰造极的程度。最近发生的一件事情是 4 月 26 日，茅于轼在中国“财新网”上发表一篇题为《把毛泽东还原成人》的文章，用造谣、诽谤手段攻击、辱骂毛泽东，激起了广大人民群众的愤怒。上海退休干部、烈属陈钰堆等 40 多人发起、全国各地有数百人签名，起诉茅于轼犯了“诽谤罪”和“煽动颠覆国家政权罪”，诉讼状已经送到北京市西城区人民检察院。[①] 中国是一个有宪法和法律的国家，人民群众被迫拿起了法律武器来同反党反社会主义的极右分子作斗争。还有人制造政治谣言，说去年 2010 年 12 月 28 日，中共中央政治局通过了一个所谓 179 号决议，内容是今后党和政府的所有重要文件“毛泽东思想不列入”（辛子陵接受《新史记》特约记者专访：《只有和毛切割，中共才能找回自信和光荣》）。稍微有点政治头脑的人都不会相信，也不可设想，中共中央政治局会集体作出这样一个非毛化的决议，倒是谣言制造者把自己的反共立场彻底暴露在光天化日之下了。

反毛非毛是一股极右的政治思潮，要打倒中国共产党就必须打倒它的领袖，摧毁它的历史。正确评价毛泽东现在已成为党内外思想斗争的一个焦点。当然，历史地评价毛泽东，他也是有错误的，特别是晚年发动“文化大革命”，从理论到实践都有错误。党的十一届六中全会作出的《关于建国以来党的若干历史问题的决议》，已经对他晚年的错误作了分析评价。毛泽东自己也总结说：他一生干了两件事，一是与蒋介石斗了几十年，把他赶到几个海岛上去了；抗战八年，把

① 后来发展到数万人网上签名要求公诉茅于轼。

日本人请回老家去了。对这件事持异议的人不多。另一件事就是发动“文化大革命”。毛泽东自己很清醒，知道对这件事拥护的人不多，反对的人不少。邓小平说：“关于文化大革命，也应该科学地历史地来看。毛泽东同志发动这样一次大革命，主要是从反修防修的要求出发的。至于在实际过程中发生的缺点、错误，适当的时候作为经验教训总结一下，这对统一全党的认识，是需要的。”① 这话是 1978 年 12 月 13 日讲的，三年后作出的《关于建国以来党的若干历史问题的决议》，就是总结“文革”的经验教训，统一全党的认识。邓小平指出毛泽东发动“文化大革命”的初衷，“主要是从反修防修的要求出发的”，而不是像有些人讲的那样，主要是权力斗争，甚至归结为个人品质问题。

毛泽东晚年为什么要发动“文化大革命”？他思考反修防修、防止共产党因执政而腐败导致人亡政息的问题，是有一个长期思想发展过程的。早在延安整风时期，他就告诫全党要吸取李自成进京因骄傲、腐败而导致失败的教训。1945 年接见黄炎培时，他们着重讨论的是共产党能否跳出“其兴也勃焉，其亡也忽焉”的历史周期率的问题。新中国建立前夕，在党的七届二中全会上，毛泽东又指出：“可能有这样一些共产党人，他们是不曾被拿枪的敌人征服过的，他们在这些敌人面前不愧英雄的称号；但是经不起人们用糖衣裹着的炮弹的攻击，他们在糖弹面前要打败仗。”② 他的担心在建国后果然成为事实，不得不在全国开展“三反”“五反”运动，以遏制党内和社会上出现的腐败现象。1956 年三大改造完成后，到 60 年代“文革”前，“跳出历史周期率”、防止资本主义复辟的问题一直盘桓在毛泽东的脑际；国际上杜勒斯又提出要把“和平演变”的希望寄托在共产党第三、四代人身上，也就是说，反修防修的问题并不是空穴来风。1945 年毛对黄炎培说：“我们已经找到新路，我们能跳出这周期率。这条新路，就是民主。只

---

① 《邓小平文选》第 2 卷，人民出版社 1994 年版，第 149 页。

② 《毛泽东选集》第 4 卷，人民出版社 1991 年版，第 1438 页。

有让人民来监督政府，政府才不敢松懈。只有人人起来负责，才不会人亡政息。”[①] 毛泽东发动“文化大革命”就是想用发动人民群众起来监督政府的方法，也就是民主的方法，来防止执政的共产党“人亡政息”的前景。但他在“文化大革命”中也犯了主观主义的错误，一是把阶级斗争的形势估计得过于严重了，二是人民群众发动起来后，又未能控制住局面。毛泽东自己也说：“文化大革命犯了两个错误，1. 打倒一切，2. 全面内战。”[②] 这些错误他当然要负主要责任。

我们党对“文化大革命”已经做出了总结，摆在我们面前的问题是，毛泽东晚年关于“文革”的思考，关于反修防修的思考，其中有没有合理因素？我们应该怎样继承毛泽东的思想遗产，包括他晚年的思想遗产？“文革”结束 15 年后，苏联亡党亡国的教训证明毛泽东晚年的思考并非杞人忧天，共产党已经取得政权的国家“人亡政息”并不是不可能的。毛泽东去世后 35 年中国的现实发展，也说明如何防止执政的共产党人腐败变质，倒在资产阶级的糖衣炮弹面前，防止“党变修、国变色”，防止发生颜色革命，仍然是一个十分严峻的现实问题。毛泽东的眼光比同时代所有的人都要更深邃，他始终站在人民大众的立场上，关心社会主义的前途命运，毛泽东思想的光辉将使这个世界受益无穷。当然，它也断然否定了历史将终结于资本主义的预言，必然会受到一些人的仇恨和反对。所以在今天，围绕着对毛泽东和毛泽东思想的评价问题，党内外有严重的思想分歧和斗争是不奇怪的，也可以说是不可避免的。

三

在三位历史人物中，对孙中山的认识分歧可能是最小的。海峡对

---

① 《毛泽东传》第 3 册，中央文献出版社 2011 年版，第 978 页。

② 《中国共产党历史大事记（1919. 5—1990. 12）》，人民出版社 1991 年版，第 317 页。

岸一直尊崇孙先生为“国父”，这边每年也要纪念“民主革命的先行者”孙中山先生。把孙中山像立在天安门广场中央，老百姓都能够接受。但在学术界、思想界，对孙中山思想的评价实际上也是有分歧的。有人写文章认为孙中山的三民主义不过是儒家思想的继承和发展，还有人引用孙中山1924年作的关于三民主义的讲演，认为他在晚年经过“反思”，对中国传统思想有一个“从离异到回归”的过程。这个问题就与我们这次会议的主题“辛亥革命与中国传统思想”直接相关了。

三民主义作为中国资产阶级民主革命的纲领，说它对封建的旧制度、旧思想、旧文化，只有继承和发展，没有批判和清算，这是不可想象的。孙中山领导的中国资产阶级民主革命，就是以结束两千多年的封建专制统治为目标。所谓民族主义，就是要用革命手段推翻满清王朝，反对“异族残之，外邦逼之”，要求解除国内的民族压迫，同时也有反对帝国主义的意义；所谓民权主义，就是要“倾覆君主政体”，实行“主权在民”，即人民拥有政权，政府只有治权，立法、司法、行政、考试、监察五权分立的民主政治体制；所谓民生主义，其主要内容是“平均地权”“节制资本”，就是要改变封建的土地占有制度，促进资本主义发展而又防止少数人操纵国民生计。这个从经济基础到上层建筑都以封建主义为革命对象的纲领，怎么能说是儒家思想的继承和发展呢？孙中山对儒家思想中的封建糟粕是坚决批判、否定的。他从小就受到洪秀全领导的太平天国革命运动的影响，称赞“太平天国一朝，为吾国民族大革命之辉煌史”；他对反帝反封建的“五四”新文化运动也是积极支持的，认为“此种新文化运动，在我国今日，诚思想界空前之大变动”，“此种新文化运动，实为最有价值之事”。[①]这是一个方面。我们注意到，另一方面，孙中山也反对历史虚无主义，认为“我们固有的东西，如果是好的，当然是要保存，不好的才

① 《孙中山选集》，人民出版社1981年版，第482页。

可以放弃”①。他对传统文化是采取分析的态度，对于其中的“好东西”如民本思想，“天下为公”的思想，忠孝仁爱、信义和平等传统道德，都主张要继承和弘扬。而且他强调对于传统思想中的“好东西”也要加以改造，赋予新的时代内涵。比如他说：“我们到现在说忠于君固然是不可以，说忠于民族可不可呢？忠于事又是可不可呢？我们做一件事，总是要始终不渝，做到成功。”② 这就是对传统“忠”的道德进行了改造，用“忠于民族”“忠于事”代替了“忠君”。还有一点值得注意，即孙中山讲的中国固有思想，并不限于儒家，诸子百家有价值的思想都要继承和发扬，比如他认为黄老的政治思想中就有无政府主义。

熟悉中国现代思想史的人都知道，把孙中山的三民主义说成是向儒家思想的回归，这并不是什么新观点。戴季陶在《孙文主义之哲学基础》中说：“中山先生的思想，完全是中国的正统思想，就是继承尧舜以来以至孔孟而中绝的仁义道德的思想，在这一点，我们可以承认中山先生是二千年以来中绝的中国道德文化的复活。”③ 不难看出，用这种办法来曲解和贬低孙中山三民主义的革命意义，不过是重复国民党右派戴季陶的老调。

四

在具有多重特殊政治意义的2011年，头几个月就发生了许多重要的思想史现象，而且大都与孔夫子、孙中山、毛泽东三个历史人物相关联。在一定意义上说，能否正确认识和评价这三个重要历史人物，关系着中国的前途和命运，也关系着对整个中国历史的看法；对于研

---

① 《孙中山选集》，人民出版社1981年版，第680页。

② 《孙中山选集》，人民出版社1981年版，第681页。

③ 戴季陶：《孙文主义之哲学基础》，三民书店1925年版，第33页。

究者来说，则检验着他的政治文化立场，检验着他的世界观和历史观。

孔夫子、孙中山、毛泽东代表了中国历史发展的三个阶段，都具有特定的象征意义。孔夫子既是中国封建统治阶级的圣人，也是中国传统文化的代表；孙中山是中国资产阶级民主革命的领袖，中华民国的缔造者；毛泽东是中国无产阶级革命的领袖，中华人民共和国的缔造者。中国旧民主主义革命和新民主主义革命都要完成反封建的任务，因此批判孔子和儒家思想是不可避免的。但孙中山和毛泽东都具有历史主义的眼光，对传统思想都不是全盘否定，也不是全盘肯定，而是采取分析的态度，既有批判也有继承，批判过时了的不好的东西，在他们看来是精华的还要继承和发扬。

在今天，正确认识和评价孔夫子、孙中山、毛泽东三个历史人物具有特别重要的意义，怎样才能做到正确认识和评价呢？我认为有两点十分重要：一是要站在人民大众的立场，而不是站在封建士大夫的立场，或者站在资产阶级民主个人主义的立场。人民群众虽然不是思想史家，但他们对孔夫子、孙中山、毛泽东三个历史人物是有发言权的，从他们自己对历史、现实的理解和对未来的期望出发，有鲜明的立场、感情和态度。尊孔反毛和曲解贬低孙中山都不得人心。有些自称是代表人民的知识精英，其立场、感情与人民大众恰恰是背道而驰的。二是要尊重基本的历史事实，顺应历史发展的潮流，具有历史主义的眼光和态度。正如孙中山先生所说的："世界潮流，浩浩荡荡，顺势者昌，逆势者亡。"倒退是没有出路的。今天的哲学史、思想史研究者，一定要有正确的世界观和历史观。孙中山和毛泽东对待中国传统思想文化的态度，对我们都是有启发的；当然，他们也有自己的局限性，其所提供的历史教训对我们来说也很珍贵。

（本文是作者2011年5月16日在上海师范大学召开的"辛亥革命与中国传统思想"国际学术研讨会上的发言）

为“刘泽华学派”赞一个

——在《中国政治思想通史》新书发布会上的发言

去年李振宏教授介绍和评述“王权主义学派”的文章[①]在学界影响很大，中国人民大学出版社今年又推出了该学派的一部厚重的代表作——九卷本《中国政治思想通史》。它将引起人们更加广泛的关注，不管是赞成还是不赞成这种旗帜鲜明的观点，在客观上都将有力地推动中国学术思想的发展。

李振宏教授的文章提到我在2005年就有“刘泽华学派”的说法，记得这个概念并不是我发明的，而是沿用了陈明和《原道》派在辩论中对对方的称呼。我只是根据自己的了解，做了这样一个论断：“刘泽华学派的基本观点是在认同唯物史观的基础上强调思想与社会的互动。这场争论可以说是唯物史观与文化史观之争。”[②] 关于陈明和《原道》的文化史观，我在1995年一次会议发言中已经有所说明，可参见拙著《现代新儒学与中国现代化》第530—531页。[③]

---

① 李振宏：《中国政治思想史研究中的王权主义学派》，《文史哲》2013年第4期。

② 方克立：《中国文化的综合创新之路》，中国社会科学出版社2012年版，第436页注①。

③ 该文指出：“《原道》第一辑刊有一篇题为《无本者竭，有本者昌——湘军、太平军与文化传统》的文章，其基本观点是：曾国藩指挥的湘军认同儒家文化，代表中国文化传统，所以能取得这场战争的胜利。它将这场战争提升为‘保卫文化认同感之战’，这一提升，就使湘军立于不败之地。而洪秀全领导的太平天国，用西方基督（转下页注）

上个世纪70年代到90年代，我在南开大学哲学系工作过21年，与刘泽华教授是老朋友。我们合作写过文章，在工作上也互相支持。哲学系申请中国哲学博士点的时候，加上温公颐老前辈也不够三个教授，还是请刘泽华教授加盟才拿到了这个博士点。我们分别在两个系带的研究生也互相选听课程。

刘泽华教授是国内中国政治思想史研究的大家。他在这个学科领域辛勤耕耘了半个多世纪，学识渊博，思想深刻，著述丰富。他继承了中国古代史家秉笔直书的优良传统，敢于实事求是，决不曲学阿世。在这部九卷本通史之前，他的学术团队还出版过一部三卷本《中国政治思想史》①，早已是该学科最有影响的大家之一。按照现在的学科建制，中国政治思想史是政治学下面的一个二级学科。在上个世纪60年代刘泽华开始研究中国政治思想史的时候，整个政治学学科都被取消了，他是在历史系，而且以后一直在历史系。他治学的特点是主要运用历史的方法，以大量可靠的历史资料为依据，从古人的论述中归纳出当时人的政治思想，并且善于将其上升到政治理论、政治哲学和政治文化的高度，而不是用现代政治学的观念和方法，来驾驭、分析和建构古人的政治思想。这两种不同的研究进路，写出来的中国政治思想史著作面貌是不一样的，对此大家都能深切感受到。刘

（接上页注③）教来动员群众，背离了中国文化传统，为渊驱鱼，为丛驱雀，结果必然失败。这篇文章立足于儒家正统观念，把曾国藩所说的‘无本者竭，有本者昌’说成是‘文化发展的一般规律’，并以此去剪裁和歪曲历史。无独有偶，该刊同期还有一篇题为《政治与经济：以文化为旗帜——台湾‘中华文化复兴运动’述评》的文章，说国民党在大陆时期，背离了儒家的仁政、王道，‘尧舜三王周公孔子所传之道，未尝一日得行于天地之间’，因此必然失败。‘只是一败再败，退居一隅，痛定思痛，才终有所悟而回心向道’，‘效法先王力行仁政’，所以才取得了今天的成功。‘得道者昌，逆道者亡’，这就是‘台湾中华文化复兴运动带来的最重要的启示’。这篇文章的立论很明确：‘以文化价值作为政治运作的轴心。’这是典型的文化决定论命题。”（方克立：《现代新儒学与中国现代化》，天津人民出版社1997年版，第530—531页）

① 刘泽华主编：《中国政治思想史》三卷本，浙江人民出版社1996年版。

泽华说他的研究进路和有关著述可能叫人觉得比较“土气”[①]，但是它也更加接近历史真实，更加“朴实”和更富于原创性，所谓“土气”也就是更“接地气”。带着“土气”的著作是不是一定比现代性的、“洋气”的著作水平差呢？并不见得。

我粗略地翻阅了一下这部通史的第一卷《综论卷》，感到相当震撼。多卷本通史著作过去也看到过一些，一般都是在第一卷《先秦卷》的前面，有一篇全书“绪论”或“导论”，阐明本书的研究对象、范围、发展阶段、学科特点和研究方法等，短的一两万字，长的四五万字。我没有想到刘泽华主编的这部通史的《综论卷》竟长达80万字，除了阐明研究对象和方法外，还把作者对该学科基本内容的理解与把握，比如各个时代普遍性的一些政治观念和问题，作了系统的梳理和提纲挈领的交待。这部著作吸取和借鉴了历史学、政治学、社会学、哲学、宗教学和思想史等不同学科的眼界、方法、问题意识和研究进路，并不局限于对中国政治思想发展演进历程作史的梳理，而且还特别重视思想与社会互动的整体研究，强调社会形态的“三分法”和历史阶段论，以及“阶级—共同体综合分析”方法，注重对观念制度化和制度观念化、政治文化化和文化政治化的研究，注重对中国传统政治哲学与社会整合问题的研究，注重对统治思想与民间社会意识互动的研究，在注重对精英和经典文本的政治思想研究之同时，也注意探讨社会普遍的政治意识和社会思潮、社会运动，另外还注意对中国传统政治文化、政治心理和政治人格的研究，对政治信仰和政治宗教的研究，等等。总之，从《综论卷》可以看到这项研究的广度和深度，决不比一般同类著作差，而是有过之而无不及。在一定意义上可以说，这部九卷本通史代表了中国政治思想史学科目前所达到的最高学术水平。

---

① 刘泽华主编：《中国政治思想通史·先秦卷》，中国人民大学出版社2014年版，第562页。

刘泽华主编的这部九卷本通史，不仅是迄今为止规模最大的一部中国政治思想史著作，而且以其独具特色的、旗帜鲜明的理论观点和方法，引起学界和世人的注意，这也是人们称其为“王权主义学派”的主要原因或者说根本原因。刘泽华在长期教学、研究过程中，逐渐形成了政治思想是中国传统思想文化的主干，政治权力支配整个中国传统社会，在这个社会中人是等级的人，中国古典人文主义必然导向君主专制主义即王权主义，中国传统政治思维具有以“阴阳组合结构”来支持君权的绝对性，又用仁政、德治、王道、民本、均平、尚贤、变革等理论来对君权作限制、调节、缓冲、缘饰的特点，这一系列重要的理论观点和研究结论，形成了一个新的中国政治思想史解释体系，也可以说形成了一种新的历史观和思想史观。其中特别是发现了中国传统政治思维中的“阴阳组合结构”，或者说刚柔、君臣、主辅结构，对于全面认识中国传统政治思想以至整个中国传统文化，都具有重要的方法论意义。它既突出了王权主义这个核心和主题，又不是对中国传统政治思想和政治文化全盘否定，而是肯定其中有合理的思想内容，有民主性的精华，不过不能脱离开其整体结构来抽象议论，抽象继承，而是要把这些有价值的思想资源，从王权主义的束缚中解构出来，适应新时代的需要，进行“创造性转化、创新性发展”，这样才能做到像习近平讲的“有鉴别地加以对待，有扬弃地予以继承”①，或者说“去粗取精、去伪存真，经过科学的扬弃后使之为我所用”②。九卷本通史就是认真贯彻了这种精神，坚持实事求是和历史主义的科学分析态度，所以把全盘否定中国传统文化的帽子扣在“王权主义学派”头上是没有根据的。

我们在迎接这部大著出版的时候，大家心里都明白，这项深刻揭露了中国传统社会的本质，以及中国传统思想文化的本质的研究成

① 《习近平谈治国理政》第 1 卷，外文出版社 2014 年版，第 164 页。

② 《习近平谈治国理政》第 1 卷，外文出版社 2014 年版，第 156 页。

果，与时下“复兴儒学”“回归道统”声浪甚高的文化氛围是不太协调的。十年前刘泽华学派与大陆新儒家就有过一场论战，“王权主义学派”今天如此高调出场，拿出了这样规模的大部头，很可能又会遭到尊孔崇儒、“复古更化”派的批评，甚至面临着一场新的论战。我想这个学术群体是有充分思想准备的。通史最后两卷中国近现代政治思想史的主题就是要走出王权主义，走出中世纪，而现在有些人就是要回归“天王合一”“圣王合一”的王权主义，回归儒学作为“王官学”的时代，回到中世纪，所以思想分歧和论争是难以避免的。出版这部九卷本通史就是表明我们勇于承担这一份社会责任和学术责任。

刘泽华教授的贡献，是不仅在中国政治思想史研究中提出了系统的王权主义理论，而且通过他的教学实践活动，为中国学术界培育了一个王权主义批判学派，也就是人们通常讲的“南开学派”或“刘泽华学派”。这个学派的大本营无疑是在南开。刘泽华教授作为开宗立派的代表人物，30 多年来，培养了数量相当可观的一批博士和硕士研究生。他们毕业后有的留在南开，大多数分布到全国各地，天津、北京、上海、山东、辽宁、河北、陕西等地都有，他们又培养了一批刘门再传弟子。所以这个学派不但是后继有人，而且队伍还在不断发展壮大中。

关于这个学派的定位，葛荃教授将中国政治思想史研究中的学术流派主要归纳为三大派：新学历史学派、马克思主义历史学派和现代政治学学派，他是将以刘泽华为代表的南开学派看作是“马克思主义历史学流派的新发展”[1]。这个“新发展”包括了对 50 年代以来教条主义思潮及其危害的深刻反思，真正回到实事求是的思想路线上来，同时以开放的眼光注意吸收现代政治学的观念和方法，但是又不丧失中国学术文化的主体性。我以为这个定位是准确的，勇于打破教条主

---

① 刘泽华主编：《中国政治思想通史·综论卷》，中国人民大学出版社 2014 年版，第 717 页。

义设置的种种思想禁区，其实就是更好地坚持了社会存在决定社会意识，又注意到思想与社会互动的唯物史观。

在中国历史上，儒、墨、道、法、名、阴阳、兵、农等学派蜂起，出现了春秋战国时期“百家争鸣”的思想活跃局面。《宋元学案》《明儒学案》中写了那么多“学案”，实际上就是一个个以案主为中心的大小学派，不同学派之间的交流、交锋与交融，促进了当时学术思想的繁荣和发展。“五四”以来中国出现了自由主义西化派、文化保守派和马克思主义派“三分”的思想格局，实际上就是现代中国的三大学派。马克思主义派中也有思想倾向不同或学科领域不同的各种学派，比如在中国思想史研究领域就有著名的侯外庐学派。我记得刘泽华在为《中国儒学发展史》一书写的“序”中，曾经讲到他与侯派黄宣民的友谊。黄宣民一方面把刘的研究成果归之于“侯外庐学派”，同时又期待“刘泽华学派”有新的更具个性特征的发展。[①]这说明两个学派在学术上既有亲缘关系，又有所不同，比如在研究对象和范围上就不完全相同。

在古今历史上，学派现象都是客观存在的，不过在社会转折时期，思想管制相对宽松的时期，学派生长和发展的土壤可能更适宜一些。另外在学者和学术共同体方面，也需要具备一定的主观条件。形成学派首先要有“学”，就是要有原创性的学术思想，它还不是一般性的创新思想，而是具有重要理论价值和实践价值的学术思想，能够形成系统的学理和学说，对那个时代学术思想的发展产生重要影响，起到引领和推动作用。因此，一个学派开宗立派的代表人物就非常重要，在一定意义上说，他的学识与人格，对于这个学派的生存和发展、气象和规模具有决定意义。有了“学”，还要形成“派”，就是你的创新思想和理论要能说服人，得到一些人的认同，成为志同道合

① 参见黄宣民、陈寒鸣主编《中国儒学发展史》，中国文史出版社2009年版，刘泽华序，第1—4页。

者，形成有大体相同的学术宗旨，在学理、学说、学风上基本一致的学术共同体，并且具有学术传承的特点，能够一代、两代、三代地传下去。这个学术共同体要有不断创新的学术成果面世，积极参与公共学术论域的讨论，展现出自己的学术个性和思想锋芒。后来者不断有所创新和发展，这个学派才有长久的生命力。

说实话，在当今中国学术界，真正具备上述条件，能够称得上是“学派”的情况并不多。我认为“刘泽华学派”就是少数完全具备这些条件的学术共同体之一。刘泽华为这个学派确立了基本的理论方向和学理基础，后继者与合作者也大都能沿着这个方向继续开拓前进和深入挖掘。比如张分田教授在70多万字的《民本思想与中国古代统治思想》一书中，用丰富的思想史料，说明民本思想一直是中国古代统治思想不可或缺的构成部分，它以“君为民主—民为国本”为基本结构，是一种对绝对王权的政治调节理论，是为补充、规范、论证君本思想服务的。他对民本与君本关系的分析，运用的正是“阴阳组合结构”的方法。记得十多年前，我有一次去西安，刘门弟子陈学凯送给我一本他的著作《正统论与革命观——中国传统政治文化的调节机制》。这本书也是运用“阴阳组合结构”方法，对“正统”与“革命”这一对带有全局性的政治文化范畴，进行了细致深入的分析，二者看似对立，但所维护的都是王权主义体系。刘门弟子中我最熟悉的是林存光，他主要在政治哲学方面发展，治学踏实勤奋，不到知命之年，已经出版了十多部个人专著和主编的著作。他在坚持刘泽华学派的基本理论立场和学术宗旨之同时，对儒学和中国传统文化的精华做了更多积极正面的论述。刘门弟子各有专攻，各有自己的学术风格，但是都认同王权主义学派的基本理论立场，有共同的问题意识和学术取向，互相支持，相依互补，以导师刘泽华教授为中心，形成为当今中国学术界实力相当雄厚的一个学术群体，而且队伍和影响都在不断扩大。在我看来，这就是典型的学派现象。

摆在我们面前的这部九卷本通史，就是刘泽华学派存在并且展现出其学术实力的最好见证。这部著作的最大贡献是以“权力支配社会”理论深刻揭露了中国传统社会的本质，以王权主义理论和“阴阳组合结构”深刻揭露了中国传统政治思想的本质，以及形成了观念体系、作为意识形态的传统思想文化的本质，儒家、法家思想都不例外。这样就抓住了中国政治思想史的核心和主题、主旨、主线。在这种认识框架下继承和弘扬中华优秀传统文化，就不是简单地到里面去找好东西，而是需要更加细致深入的具体分析，区分精华和糟粕，把精华部分从整体结构中“解构”出来，经过批判地清理和创造性地转化，以适应古为今用的需要。包括那些为了地主阶级的长远利益、巩固封建王朝统治而行之有效的治国理政方法，比如礼法合治、德主刑辅、为政之道任人为先、治国先治吏、居安思危、改易更化等等，事实上今天的执政党都在批判地借鉴和吸取，以形成不同于西方的治理模式。也就是说，对于中国传统政治思想的本质把握，并不等于对它的全盘否定。

我拿到这部大著只有十多天，还来不及认真拜读，着重翻阅了一下《综论卷》，获益良多，十分感佩。我赞成刘泽华学派的基本观点，但是有些看法也不完全一致，这个可以在下面交流讨论。我觉得这个课题研究还可以继续深入下去，还有发展空间，特别是在理论阐释方面。初步想到三点：

一是把中国传统政治思想的核心和主题归结为王权主义，应该说这种看法是有充分历史事实根据的，它有没有充足的学理根据呢？这就需要用唯物史观深刻说明这种社会意识形态的本质及其产生的必然性，具体分析与产生它的土壤（社会存在）的必然联系；需要从政治上层建筑与经济基础的辩证关系，与思想观念形态的反映和被反映关系，来说明为什么政治权力能够支配整个中国传统社会。我们知道，政治权力在很大程度上也是一种物质的力量，至少软实力是有硬实力作为支撑的。在传统社会，政治权力的获得往往是武力争夺的结果，“马上得天下”是要付出血的代价的，所以掌权者决不肯轻易放弃，而是要用足用够这个权力。唯物史观的一个重要特点，就是要揭露思想与利益的联系，唯心史观则是要用种种漂亮的言辞，越来越抽象的普遍性形式，“共同利益幻想”，来掩盖这种联系。马克思恩格斯在《德意志意识形态》中指出，取得了统治地位的剥削阶级，总是要赋予自己的思想以“普遍性的形式”，把自己的利益说成是社会全体成员的共同利益，以掩盖和模糊其意识形态的阶级性。他们还举例说：“例如，在贵族统治时期占统治地位的是忠诚信义等等概念，而在资产阶级统治时期占统治地位的则是自由平等等等概念。”[①] 我们也可以用这种分析方法和基本观点，来说明王权主义与补充、调节它的各种传统政治思想、理论之间的关系。

二是在王权主义理论架构中，如何鉴取传统政治智慧服务当今的问题。习近平同志 2011 年 9 月在中央党校开学典礼上的讲话，有一大段讲要学习和借鉴中国古代治国理政的历史经验，最近在中共中央政治局第十八次集体学习时又强调，对古代的成功经验，我们要本着择其善者而从之、其不善者而去之的科学态度，牢记历史经验、牢记历史教训、牢记历史警示，为推进国家治理体系和治理能力现代化提供有益借鉴。刘泽华学派讲“阴阳组合结构”，就是指出中国古代政治思想的内容是丰富多样的，是包含着内在矛盾的，我们要善于区分精华与糟粕，真正做到扬精弃糟，批判继承，古为今用。张岱年先生讲到过中国传统文化各要素之间的相互联系，也讲到过其可分离性问题，他的“综合创新”论就是建立在文化系统的可解析性与可重构性，文化要素之间的可离性与可相容性这两个理论前提之上，其研究思路可供我们借鉴。

三是王权主义批判理论有何重要的现实意义？邓小平在“文革”后强调要批判封建主义，指出“搞特权，这是封建主义残余影响尚未

① 《马克思恩格斯全集》第 3 卷，人民出版社 1960 年版，第 53 页。

肃清的表现”[1]。权力迷信、权力崇拜和权力滥用都是我们今天所要坚决反对的。新一届党中央重拳反腐，已经揭露出来的贪腐现象，大都与“权力寻租”“权钱交易”有关。封建王权主义与资产阶级拜金主义相结合所产生的权贵资本主义，是有可能葬送中国特色社会主义事业前途的，这一点大家看得越来越清楚。还有，面对当今中国思想界的那些鼓吹“复古更化”“儒士共同体专政”“王道合法性”的理论，批判封建王权主义也决不是多此一举，而是有着强烈的现实意义。走出王权主义与回归王权主义已直接成为今天学术思想论争的焦点之一。

王权主义批判理论的真理性，主要在于它符合历史实际。我相信，随着研究的深入，这个课题的重要理论意义和现实意义，将会越来越彰显出来。关于刘泽华学派的称谓，李振宏教授直称“王权主义学派”，如果把研究者的立场也考虑进去，可以叫作“王权主义批判学派”或“王权主义反思学派”。

（本文是作者2014年10月17日在南开大学《中国政治思想通史》新书发布会暨学术研讨会上的发言。原载《天津社会科学》2015年第2期）

---

① 《邓小平文选》第2卷，人民出版社1983年版，第332页。

中华传统文化的创造性转化与创新性发展

在全国少数民族哲学会议上的致辞

各位代表：

季夏之月，“西部大开发与中国少数民族哲学及社会思想史研讨会”暨“中国少数民族哲学及社会思想史学会年会”在美丽的昆明开幕，这是我国哲学界的一件大事。我谨代表国际中国哲学学会向会议表示热烈的祝贺！向各位代表表示热烈的欢迎！同时，向会议的东道主和全体工作人员表示真诚的感谢！

近年来，我们生活的世界发生了巨大的变化。在经济全球化和文化全球化的形势下，世界各民族的互相往来和互相依赖越来越加强，生活方式和价值观念的互相影响也越来越大。随着中国加入世界贸易组织，中华民族与世界各民族的交往越来越深入，中华文化和中国哲学的发展将在一个世界性的环境下进行。这既为我们的事业的发展带来了机遇，同时也使我们面临一系列的挑战。

在我们国内，各民族的经济交往和文化融合也越来越得到加强。各民族在自己特殊的文化历史条件下创造的精神产品正在更大程度上变成中华民族公共的精神财富。同时，各民族的独特的思维方式、价值取向、宗教信仰和审美情趣等，也越来越为其他民族所了解。这为新时代多样统一的中国文化的建设创造了极其有利的条件。在这种情况下，研究中国少数民族的哲学思想具有重大而独特的文化和历史意义。

中华民族的哲学是由中国各民族所共同创造的。应该说，各民族都有自己的哲学智慧。有些民族如藏族、回族等的哲学创造力和哲学思考水平都不在汉族以下，许多方面甚至超越了汉族，也创造了极其丰富的成果。过去，主要由于社会生产力水平低下所造成的民族交往的欠缺，我们对少数民族的哲学思想了解不够，研究不深，评价也不够充分。国内出版的有关的中国哲学教科书中，少数民族哲学这方面的内容很少甚至根本没有，这说明我们在研究工作和研究成果的推广方面还存在很大的问题。

改革开放以来，经过几代专家学者的努力，中国少数民族哲学思想的研究取得了突出的成就，在文献整理、个案研究、历史过程还原和哲学思想分析等方面都有了长足的进步，取得了一批有分量、有影响的成果。可以说，全国各主要少数民族的哲学思想的基本方面已经搞清，希望通过这次会议上各地学者的互相交流，我国少数民族哲学的研究事业能有一个新的局面。

必须指出，目前存在着一些影响和限制少数民族哲学研究的因素需要在当前和今后一段时间内逐步加以解决。这些问题主要有：研究力量的薄弱和研究手段的落后；资金投入的不足；观念上重视不够等。要解决这些问题，需要采取多种措施。其中之一是加快人才培养，要在不太长的时间内培养出一批精通少数民族语言、对中国传统哲学和西方哲学都有深入研究的汉族学者。目前我们精通少数民族语言的学者很少，像法尊法师这样的翻译家和佛学家就很少。其实我们今天的条件比法尊法师的时代不知好了多少倍。重要的是要有一种为法忘身、为学术真理而忘身的奉献精神。当然，政府、社会各有关部门的支持是必不可少的。多年来，各级党和政府组织在支持少数民族哲学研究方面付出了不少的工作和投入，我们理应对此表示深深的谢意。

祝中国的少数民族哲学研究事业取得更大的成就！祝本次会议取得圆满成功！

（本文是作者 2002 年 7 月 13 日在“西部大开发与中国少数民族哲学及社会思想史研讨会”暨“中国少数民族哲学及社会思想史学会年会”上的发言）

“天人合一”与中国古代的生态智慧

去年7月，我在为第十二届国际中国哲学大会论文集所写的“序”中，曾说过这样一段话：“面对着困扰当今人类的两大难题——生态破坏与文明冲突，古老的中国哲学早已为此提供了富有启发性的智慧成果，或者说其中早已蕴涵着解决这些矛盾和冲突的正确的思想原则，这就是‘天人合一’与‘和而不同’的智慧。”[①] 从这样两个角度来阐明中国传统哲学的现代意义，我认为是比较有说服力的。去年12月，在香港召开了以“文化自觉与社会发展”为主题的第二届“二十一世纪中华文化世界论坛”会议，我在提交的论文《“和而不同”：作为一种文化观的意义和价值》[②] 中，着重说明“和而不同”的中国哲学智慧，不仅反映了我们的先哲对宇宙万物生成、发展规律的认识，而且也是他们处理人与人之间关系，不同国家、民族、文化之间关系的基本原则。“和而不同”是文化发展的必由之途，同时也是化解文明冲突的良方。作为一种具有普遍意义的文化观，它在今天有着特别重要的现实意义。第十三届国际中国哲学大会将于今年8月在瑞典召开，在这个会上我打算就另一个主题，即“天人合一”这个比前者要复杂得多的问题，谈一点个人的看法。

---

① 方克立主编：《二十一世纪中国哲学走向》，商务印书馆2003年版，第3页。

② 方克立：《“和而不同”：作为一种文化观的意义和价值》，《中国社会科学院研究生院学报》2003年第1期。

人是自然界的产物，也是自然界的一部分。人类生存与发展离不开大自然这个母体，被称为“万物之灵”的人的一切目的都只有在自然界的演化、发展中才能实现。因此，人必须与天地万物和谐相处，同时又不能不与威胁到其生存和发展的各种“天敌”作斗争，控制、改造自然使其为人类的目的服务。但是，人必须按照自然界发展的规律来认识和改造世界，否则就会受到自然界的惩罚。历史实践证明，滥伐森林、水土流失、土地荒漠化和生物多样性减少已经直接影响到人类的可持续发展，大气污染、臭氧层破坏、气候变暖和环境公害为威胁人类健康与生命的各种病毒肆虐提供了可乘之机，而这一切都是人的活动所造成的。因此，我们一方面要相信科学和人类理性的力量，另一方面又要对人类认识和改造世界的活动进行深刻的反思，特别是要纠正那种把人看作是“自然的主宰”，认为自然资源可以任人无限制地开发、利用、征服、掠夺的人类中心主义，树立人与自然相互依存、和谐共生、协调发展的生态文明观。在这方面，中国传统哲学确实可以提供一些有价值的思想资源，中国历史发展中也有不少值得引以为鉴的经验教训，总结回顾历史，对于解决当今人类面临着的日益严峻的生态问题不无启发意义。

“天人合一”：中国哲学解决人与自然关系问题的基本原则

人与自然的关系即天人关系是中西哲学共同面对的问题。西方哲学强调“人是万物的尺度”“人是自然的立法者”和“知识就是力量”，把征服自然、战胜自然看作是人的主体性即其本质力量的表现。在这种“主客二分”“天人对立”的世界观指导下，科学技术得到了长足发展，物质财富大量增加，而人类生存的环境也遭到了日益严重的破坏。中国哲学中虽然也有“制天命而用之”“天人交相胜”的思想，但不占主导地位。在中国哲学中占主导地位的是“天人合一”“民胞物与”“性天相通”“辅相参赞”等观念，人与自然不是一种疏离以至对立的关系，而是息息相关、相互依存、内在统一不可分离的关系。“天人合一”与“主客二分”“天人对立”是中西哲学观念的基本差别之一，这已是学术界的共识。对于中国传统哲学中的“天人合一”观念，到底应该怎样去认识和评价呢？学者们之间在看法上有很大的差异。

享寿96岁的钱穆先生，在临终前写的《中国文化对人类未来可有的贡献》一文中，着重强调“天人合一”观、“人文自然相互调适之义”是中国文化对人类最大的贡献。他认为：“西方人喜欢把‘天’与‘人’离开分别来讲。换句话说，他们是离开了人来讲天。这一观念的发展，在今天，科学愈发达，愈易显出它对人类生存的不良影响。中国人是把‘天’与‘人’和合起来看。中国人认为‘天命’就表露在‘人生’上。离开‘人生’，也就无从来讲‘天命’。离开‘天命’，也就无从来讲‘人生’。……此义宏深，又岂是人生与天命相离远者所能知！”他宣称，认识到中国古人“天人合一”观的伟大，是他对中国文化思想的总根源的“大体悟”，最后、最高的“澈悟”，是自己晚年“对学术的大贡献”。①

今年已经93岁高龄的季羡林先生，高度认同钱穆先生的上述观点。他明确地说：“东方哲学思想的基本点是‘天人合一’。什么叫‘天’？中国哲学史上解释很多。我个人认为，‘天’就是大自然，而‘人’就是人类。天人合一就是人与大自然的合一。”他认为西方的天人对立思想已经引发出了威胁着人类生存与发展的严重的生态危机，在今天，只有东方的“天人合一”思想方能拯救人类。②

北大哲学系的张世英先生赞成这样的看法：“大体说来，中国传统哲学是天人合一的哲学，西方传统哲学是主客二分的哲学。”但他

① 钱穆：《中国文化对人类未来可有的贡献》，台湾《联合报》1990年9月26日；又载《中国文化》第4期，1991年8月。

② 季羡林：《“天人合一”方能拯救人类》，《东方》1993年创刊号。

不赞成过高地评价中国古代的“天人合一”说。因为人类思想的发展是从原始的“天人合一”即前主体性的主客不分，进到主客二分思想和主体性原则，然后再超越主客二分，达到后主体性的“天人合一”即高一级的主客不分、物我交融的自由境界的过程，而中国传统哲学还基本上处在未经主客二分思想洗礼的原始的“天人合一”阶段。“中国的天人合一的传统思想给中国人带来了人与物、人与自然交融和谐的高远境界，但也由于缺乏主客二分思想和主体性原则而产生了科学和物质文明不发达之势，尤其是儒家传统把封建‘天理’的整体性和不变性同天人合一说结合在一起，压制了人欲和个性。”因此，他认为：“一味赞扬中国的‘天人合一’说，是不符合人类思想发展之大势的。要发展中国哲学，一是要认真反对中国哲学传统中根深蒂固的封建伦理道德意识；二是要发展‘主客二分’的思想和科学精神；三是要注意发扬人的个性，防止以共性压倒个性。”[①]

我国学术界的另一位前辈、今年已届 95 岁高龄的张岱年先生的有关论述也很值得重视。他不赞成中国古代的“天人合一”说是人与自然未分时的前主体性思维的观点。在他看来，远古传说时代的“绝地天通”已包含有区别人与自然的意义，春秋时代的子产就已经明确地区分开了“天道”和“人道”，宋明理学家更是以认识到人“与天地万物为一体”为人的自觉。“应该承认，所谓天人合一是在肯定天人区别的基础上再肯定天人的统一，这是一种辩证思维，是更高一级的思维方式。”他认为中国传统哲学中的“天人合一”思想包含着复杂的内容，其中既有正确的观点，也有错误的观点。如宋儒的“天人合一”说就包含着“人是自然界的一部分”“自然界有普遍规律，人也服从这普遍规律”等合理思想，但把道德原则与自然规律混淆起来、把道德原则绝对化是错误的。他最看重《周易大传》的“裁成

① 张世英：《天人之际——中西哲学的困惑与选择》，人民出版社 1995 年版，第 2、3、13 页。

天地之道，辅相天地之宜”“范围天地之化而不过，曲成万物而不遗”“先天而天弗违，后天而奉天时”的天人协调说，认为这是一种既要改造自然，使其符合人类的愿望，又要遵循自然规律，不破坏生态平衡的比较全面的观点。[①]

上述四位学界前辈，钱穆先生是对中国文化充满同情与敬意的现代新儒学大师，季羡林先生是我国享有盛誉的东方学家，张世英先生是成绩卓著的西方哲学专家，张岱年先生是一贯崇信辩证唯物论的中国哲学专家。他们对中国古代“天人合一”思想的认识和评价，各有一定的代表性，可以给我们多方面的启发。他们就这个问题的讨论至少说明了：第一，对于中国传统哲学中的“天人合一”思想，既要有宏观眼光从整体上准确地把握其精义，又要对其在历史发展中的复杂内容进行具体的科学分析。第二，对“天人合一”论所体现出来的有机整体思维方式，要作一分为二的评价：一方面要肯定它是对世界本来面貌的某种真实的反映，同时也要指出缺乏分析思维的笼统和模糊不利于科学技术的发展。第三，要正确地认识和宣传“天人合一”思想的现代意义，不要把它与分析思维、现代科技发展绝对对立起来，而是要把二者统一起来，以发展现代科技为手段，创造更美好的“人化自然”，争取达到人与自然和谐共存的高级境界。

为了说明“天人合一”是中国哲学的最高生态智慧，或者说是中国古代生态思想的哲学基础，我想就自己对这个问题的思考，谈几点不成熟的看法。

一，天人关系是中国哲学的基本问题或最高问题。所谓“天人相与之际，甚可畏也”（董仲舒），所谓“学不际天人，不足以谓之学”（邵雍），所谓“天人之道，经之大训萃焉”（戴震），都是讲这个问题在中国传统学问中有着至高无上的地位。其实，人与自己周围世界

---

① 《张岱年全集》，河北人民出版社 1996 年版，第 7 卷第 92、97 页，第 5 卷第 625 页。

的关系问题，是一切哲学都必须回答的基本问题或原点问题。由于人是这个世界上唯一具有精神、思维、主体意识的存在物，所以这个问题有时又表现为思维与存在、精神与自然界的关系问题。

二，中国哲学中的天人关系包含着丰富、复杂的内容，但它的一个最基本的涵义，就是指人与自然界的关系。也可以说这就是它的“本义”，其它各种涵义都是由此引申或演变而来的。中国传统哲学中所讲的“天”，有意志之“天”、命运之“天”、义理之“天”等涵义，但不能否认，它的一个最基本的涵义就是指自然界，即天地之“天”、自然之“天”、物质之“天”。孔子说：“天何言哉！四时行焉，百物生焉，天何言哉！”（《论语·阳货》）这个“天”就是指包括四时运行、万物生长在内的自然界。中国哲学家荀子、刘禹锡、章太炎都著有《天论》，他们所论之“天”，都是指自然界或自然界运行的规律。道家所讲的“天”，除了指自然界、与“地”相对作为物质实体的“气”或天空之外，还有“自然无为”的意义，总的说都可以归入自然之“天”的范畴。其它几种涵义的“天”，其产生都与自然界有密切关系。在远古时代，由于社会生产力和人的认识水平极其低下，人们的生产与生活都对自然界有很大的依赖性，而又对自然界及其变幻无穷的力量不能认识更无法掌握，于是产生了天神崇拜观念，企图通过献祭祷告等活动来祈求“天”给人类带来恩泽，避免灾难。“天”被赋予了人的意志和喜怒哀乐的感情，它通过祥瑞、灾异等自然现象来表达“天意”，以示对人的表扬或警告。实际上，所谓“天命”乃是不可违抗的自然力量在人的观念中的一种曲折的反映。刘禹锡生动地揭示了“天命”思想产生的认识根源，他说：

若知操舟乎？夫舟行乎潍、淄、伊、洛者，疾徐存乎人，次舍存乎人。风之怒号，不能鼓为涛也；流之溯洄，不能峭为魁也。适有迅而安，亦人也；适有覆而胶，亦人也。舟中之人未尝有言“天”者，何哉？理明故也。彼行乎江、汉、淮、海者，疾徐不可得而知也，次舍不可得而必也。鸣条炎风可以沃日，车盖之云可以见怪。恬然济，亦天也；黯然沉，亦天也；阽危而仅存，亦天也。舟中之人未尝有不言“天”者，何哉？理昧故也。(《天论中》)

这就是说，当人们昧于对自然规律的认识，还不能掌握自己命运的时候，就只能把生死安危系之于“天”或“命”。具有道德意义的义理之“天”的产生同样借助了自然界不可抗拒的伟大力量。封建统治阶级为了把自己的伦理观念和道德原则绝对化、神圣化，就把它说成是如同天经地义的自然规律一样不可改变的“天理”，强迫人民去遵守。也就是说，无论是主宰之“天”、命运之“天”，还是义理之“天”、道德之“天”，都不能完全离开自然界这个“天”的本义，因为“巍巍乎大哉”的自然界是最值得赞美、尊崇和敬畏的。

三，中国传统哲学对天人关系问题的回答，多数哲学家都是主张“天人合一”的，或者说，这是一种占主导地位的观点，是中国传统社会的时代思潮。儒家主要是从“天人一体”“性天相通”“天人合德”的角度来论证天人合一，孟子、张载、王阳明的观点最具有代表性，如孟子的“尽心、知性、知天”说、张载的“民胞物与”说和王阳明的“人与天地万物一体”说。董仲舒一派则是用“天人相类”“天人感应”来论证天人合一，有浓厚的神秘主义色彩。道家主要是从人必须因任、顺应自然，取消人为、合人于天的角度来讲天人合一，如老子说“人法地，地法天，天法道，道法自然”（《老子》第二十五章），庄子说“古之至人，天而不人”（《庄子·列御寇》）、“天地与我并生，而万物与我为一”（《庄子·齐物论》）；同时他们也受到了“蔽于天而不知人”的批评。荀子是主张“明于天人之分”的思想家，但他并不排斥和否定“天人合一”观念。他说：“天有其时，地有其财，人有其治，夫是之谓能参。”他肯定人有“与天地参”的主体实践力量，同时又强调人要遵循、顺应自然规律，要“清其天君，正其天官，备其天养，顺其天政，养其天情，以全其天功”（《荀子·天论》）。这种“顺天”思想仍然是“天人合一”观念的表现。也可以说，荀子的天人观是一种以“明于天人之分”为前提的“天人合一”论。他主张“明于天人之分”是为了反对认为“天”有意志、可以决定人事吉凶祸福的宗教天命论，他的“天人合一”观则表现为肯定人能“与天地参”而又必须尊重自然规律的“顺天”思想。荀子天人观的继承和发扬者刘禹锡在提出“天人交相胜”学说的同时，还肯定天与人在功能上有“还相用”的互动互补关系，实际上也认为二者是处在一种对立统一的关系中。这说明产生于农业文明时代的荀子一派哲学，也没有完全脱离、超越“天人合一”的时代思潮，与西方的“天人对立”思想有很大的区别。

四，我同意张岱年先生的看法：以《易传》为代表的天人协调说，是中国传统哲学中关于人与自然关系的一种比较全面的朴素辩证观点。它继承了老庄的因任自然说与荀子的改造自然说中的合理因素，同时又克服了其片面性（如前所述，荀子的天人观并无多大片面性），提出了既要通过人的实践力量来引导、调节自然的变化，又要遵循、适应自然运行规律的“裁成”“辅相”原则。与之相近的还有《中庸》提出的“能尽人之性，则能尽物之性；能尽物之性，则可以赞天地之化育；可以赞天地之化育，则可以与天地参矣”的“参赞”原则。这是中国传统“天人合一”学说中最正确的一个发展方向，也是在农业文明时代积极改造自然、发展生产而又注意保持生态平衡的一条有效途径。后来虽有不少哲学家沿着这个方向继续作出了贡献，但遗憾的是它并没有成为中国古代“天人合一”思想发展的主流。过于浓厚的道德主义色彩使主流的“天人合一”观不重视对自然的实际变革和改造，不利于甚至阻碍了科学技术和社会生产力的发展。

五，儒家从孟子到宋儒的“天人合一”说，以其“仁者与天地万物为一体”“民胞物与”“仁民爱物”的强烈的伦理关怀，对于保护自然生态环境，对于建立时下大家都很关注的生态伦理学，有不可否认的积极意义。张载认为人和万物都是由充塞于天地之间的气所构成的，气的流行变化的本性也就是人和万物的本性，因此可以说它们都是一家人，“乾称父，坤称母”，“民吾同胞，物吾与也”（《正蒙·乾称》）。他把宇宙万物都看成是人类的伙伴与朋友，自然就会得出人类应善待万物、与之和谐相处的结论。王阳明进一步发挥了仁者“与天地万物为一体”的泛爱万物的思想，他说：“见孺子之入井而必有怵惕恻隐之心焉，是其仁之与孺子而为一体也；孺子犹同类者也，见鸟兽之哀鸣觳觫而必有不忍之心焉，是其仁之与鸟兽而为一体也；鸟兽犹有知觉者也，见草木之摧折而必有怜悯之心焉，是其仁之与草木而为一体也；草木犹有生意者也，见瓦石之毁坏而必有顾惜之心焉，是其仁之与瓦石而为一体也。”（《大学问》）他认为这种与孺子、鸟兽、草木、瓦石的“一体之仁”是人性的自然表露，同时也是人类最高的伦理情感，是人对天地万物的一种责任意识。由此可见，如果将儒家的“仁学”贯彻到底，就必然要走向“仁民爱物”、尊重和关心所有生命的生态伦理学。

六，中国古代的“天人合一”观念是农业文明的产物，它反映了人与自然息息相关、相依共存的密切关系，反映了人对大自然的一种依赖感与亲和感。它的不同层面的涵义，都对反思工业文明和科技文明所产生的负面效应——人与自然的疏离，人对自然的征服、统治，生态环境的破坏，重新建立人与大自然之间的和谐共生关系，有不同程度或不同方面的启发意义。道家“天人合一”思想的主要价值是强调人要尊重生命，顺应自然，“原天地之美而达万物之理”，不胡作妄为违背自然本性的蠢事。他们向往的人类生活环境是“万物群生，连属其乡；禽兽成群，草木遂长。是故禽兽可系羁而游，乌鹊之巢可攀援而窥”（《庄子·马蹄》）的“天和”“天乐”的“至德之世”。儒家“天人合一”思想的人文主义特征更加突出，其中包含着肯定人是自然界的一部分，人性来源于天道因而二者具有内在的统一性，人负有“仁民爱物”、善待自然的伦理义务等合理内容；同时在儒家看来，人性与天德（天理）相通，“与天地合其德”乃是圣贤人格的最高境界。即使是把“天”作为一种超越于人类之上的力量来崇拜的宗教天命观，对于批判对我们生存的环境不负责任的人类中心主义，也不是完全没有意义的。人类如果还存有一点对大自然的敬畏之心，就不会那么狂妄地去肆意开发、掠夺和破坏自然了。不可否认，农业文明时代也有一个“强本节用”、发展社会生产力的问题，所以在中国古代也产生了积极改造自然的思想。将改造自然与遵循自然规律结合起来的天人协调说，是中国古代“天人合一”学说中最有价值的思想成果。从发掘中国传统哲学中的生态智慧这个角度来说，上述各个层面的价值，以至佛教的“依正不二”说等都值得重视。但从目前学术界发表的有关研究成果来看，有的重点肯定道家“法自然”“无以人灭天”思想对可持续发展的贡献，有的大力表扬儒家的生态伦理学和敬畏天命的宗教精神，而对以《易传》为代表的“天人协调”说和与之相通的荀子一派的“天人合一”思想却重视不够，认真研究、阐析、总结不够，这方面的思想资源还没有得到全面开发和充分利用。到底应该怎样来认识中国古代“天人合一”思想对人类的贡献，我觉得还是一个值得进一步思考和全面研究的课题。

七，“天人合一”虽然是处理人与自然关系的正确思想原则，但产生于农业文明时代的中国传统“天人合一”观，也有着严重的历史局限性，把它现成地拿到今天来运用，指望它能解救人类面临的生态危机，显然是不现实的。它要对人类未来有所贡献，还有一个现代转化的问题，这就是张世英先生所说的要把它从前主体性的“天人合一”转化为后主体性的“天人合一”。说中国传统“天人合一”观完全没有受到过“主客二分”与主体性思想的洗礼可能有点过于绝对，中国古代不但有“明于天人之分”的思想，而且也不乏区分“能知”与“所知”的认识论思想；儒家从孔子起就强调“为仁由己”的主体性，不过这是一种道德的主体性。但从总体上指出中国传统哲学缺少一个以主客二分和主体性思想为主导原则的阶段，传统“天人合一”观过分重人伦道德而忽视对自然的认识，过分重整体性而忽视人的个性，因而缺少科学与民主精神，则是完全符合历史实际的。尽管西方主客二分与主体性思想的片面发展已造成严重弊端，但在中国还必须补上这一课，大力发展科学和民主；同时注意协调人与自然的关系，把“天人合一”的正确思想原则与发展现代科技结合起来，才能为解决生态危机、改善人类的生存环境作出切实的贡献。如果只是陶醉于古代“天人合一”思想的高远境界，而不做长期艰苦的现代转化工作，那是根本谈不上什么“拯救人类”的。

经过上述分析，我们不难得出结论：中国传统哲学主要是从人与自然的相互依存、相互关联（“相与之际”），而不是从其相互对立的角度来考察二者的关系，认为天与人是不可分离的有机统一整体，人是自然界的一部分。人区别于鸟兽、草木、瓦石、水火等天地万物的特异之处在于有识有知、有义（道德观念）、能群（组织社会）、能参（参赞天地之化育）、能治（治理万物），因此天地万物对于人来说又是一种对象性的存在，二者是“能知”与“所知”、“能参”与“所参”、“能治”与“所治”的关系。中国古代的“天人合一”说肯定人有“能知”“能参”“能治”的主体能动性，同时又强调人必须尊重、遵循自然界的客观规律，这是对人与自然关系的一种基本正确的认识，是一种朴素辩证的天人统一观。在中国古代，由于人的认识水平低下，由于对自然界的伟大力量的崇拜，也曾产生赋予“天”以人的感情意志、道德观念而将其神化，或者完全匍匐于其脚下而任天无为的其他一些类型的“天人合一”观，有的在特定历史时期甚至取得了意识形态的主导地位。但就整个人类思想和哲学智慧的发展而言，它们终究不是正道、不是主流；“人间正道是沧桑”，中国传统哲学“天人合一”观对人类思想的最大贡献，无疑的是提供了人与自然有机统一、和谐共进的朴素辩证的“天人协调”说。

善待自然：中国古代保护生态环境的思想和制度性规定

“天人合一”是中国古代解决人与自然关系问题的基本思路，提出这一正确的思想原则就是中国哲学对人类文明的一大贡献。它把人与天地万物看成是一个相互联系的有机整体，认为它们都是由同一宇宙本源所创生的，因此都是有生命的存在物，相互之间处在一种血肉相依的生态联系中，人类为了自己的生存和发展，为了实现自己的生命价值，也必须保护自然生态环境，善待宇宙万物。这种认识不是什么神启也不是凭空产生的，而是先民从农业生产和生活实践中人与自然的密切联系中体认得来的。据历史文献记载，我国早在尧舜时代就设有管理山林川泽、草木鸟兽的“虞”即环境保护机构和官员，至秦代已出现《田律》这样系统的农业生态环境保护法律，在各种文献典籍中，记载了大量古代关于保护自然生态环境的思想、言论、典故和制度性的规定。这说明“天人合一”在中国古代并非只是一个抽象的思想原则，而是已在一定程度上转化为人们保护生态环境的意识和行动。

“网开三面”和“里革断罟”是人们都耳熟能详的历史典故。前者是说有一天商汤外出游猎，看见有人正在张网捕猎，那个人在东西南北四面都布了网，并祈祷说：“愿天下四方的鸟兽都掉进我的罗网!”汤听后不以为然地说：“你这不是要把天下的鸟兽都一网打尽吗?”于是下令撤掉三面的网，也默默地祷告：“想到左边去的就往左，想到右边去的就往右，不听我指令的就自投罗网吧!”诸侯们听说这件事后，都盛赞商汤的“仁德”，连禽兽也受到了恩泽，于是都归顺于他，很快推翻了夏王朝。（见《史记·殷本纪》）这说明三千多年前的古人就已懂得，捕猎鸟兽不能采取一网打尽的办法，而要给它们留一条生路。后一个故事是说，有一年夏天，鲁宣公在泗水撒网捕鱼，大夫里革听说后立即赶去，撕破渔网扔在地上，并向鲁宣公宣讲保护草木鸟兽虫鱼的"古训"，大意是说：在动植物繁殖生长期谁也不得捕捉、伤害它们，这样才能让万物生息繁衍。"今鱼方别孕，不教鱼长，又行网罟，贪无艺也。"鲁宣公听了这番话后，惭愧地说："吾过而里革匡我，不亦善乎！是良罟也，为我得法。使有司藏之，使吾无忘谂。"（《国语·鲁语》）从里革给鲁宣公讲的道理中可以看出，周代保护生物资源的规定已十分具体，什么时节可以采猎草木鸟兽虫鱼，什么时候不能采猎，以至于采猎什么样的，都有严格的规定；周代生物资源保护的范围相当广泛，除了草木鸟兽鱼鳖之外，还包括蚂蚁、蝗虫之类的昆虫；其目的也十分明确，就是要使生物资源得以繁衍再生。在当时，这类"古训"实际上已具有法律的效力，君臣上下都必须遵守，为此里革敢于冒犯君颜直谏，鲁宣公也能知错就改，这确实是很不容易的。

中国古代哲学家关于自然资源保护的思想、理论和建言也很多。他们对世界的整体联系和人与自然环境的关系有较深刻的认识，善于总结历史的经验教训，为了人类的整体和长远利益，针对各个时代出现的环境问题，提出了许多有价值的环保思想和主张。在这方面作出了突出贡献的当首推春秋时期的思想家管仲。管仲曾在齐国为相，他从发展经济、富国强兵的目的出发，十分注意保护山林川泽和草木鸟兽等自然资源。《管子·轻重》篇说，山林川泽是出产薪柴和水产的地方，政府应该把山林川泽管起来，让人民上山去樵柴，下水去捕鱼，然后政府按官价收购，人民也可以通过这些营生来糊口谋生（"山林覆泽草莱者，薪蒸之所出，牺牲之所起也。故使民求之，使民籍之，因此给之"）。他认为不能很好地保护山林川泽的人就不配当君主（"为人君而不能谨守其山林菹泽草莱，不可以立为天下王"）。管仲提出了"以时禁发"的原则，主张用立法和严格执法的办法来保护生物资源。如说："修火宪，敬山泽林薮草木，天财之所出，以时禁发也。"（《管子·立政》）"山林虽近，草木虽美，宫室必有度，禁发必有时。"（《管子·八观》）就是要制定防火的法令，把山林草木认真地管起来，封禁与开发都要有一定的时间，建造宫室用材也要有一定限度，反对滥伐林木或过度开发。他还提出，作为国家的法令就要有权威性，对犯法的人要严刑重罚。“苟山之见荣者，谨封而为禁。有动封山者罪死而不赦。有犯令者，左足入，左足断；右足入，右足断。”（《管子·地数》）管仲的环保思想有一个重要特点，就是把保护生物资源与更好地开发、利用这些资源，进一步发展农业生产结合起来了，这就是所谓“先王之禁山泽之作者，搏（专）民于生谷也”（《管子·八观》）。

先秦儒家孟子、荀子都有较丰富的生态环境保护思想。孟子认为生物资源“苟得其养，无物不长；苟失其养，无物不消”（《孟子·告子上》）。因此，对于人类来说，“不违农时，谷不可胜食也；数罟不入洿池，鱼鳖不可胜食也；斧斤以时入山林，材木不可胜用也”（《孟子·梁惠王上》）。荀子继承和发展了管仲“以时禁发”的思想，根据生物繁育生长的规律，提出了系统的自然资源保护理论和措施。他说：“草木荣华滋硕之时，则斧斤不入山林，不夭其生，不绝其长也。鼋鼍鱼鳖鳅孕别之时，罔罟毒药不入泽，不夭其生，不绝其长也。春耕、夏耘、秋收、冬藏，四者不失时，故五谷不绝而百姓有余食也。污池渊沼川泽，谨其时禁，故鱼鳖优多而百姓有余用也。斩伐养长不失其时，故山林不童而百姓有余材也。”（《荀子·王制》）他不但把这些保护自然资源的措施看成是“圣王之制”，而且主张从税收制度方面来保证这些措施的贯彻执行，如“山林泽梁，以时禁发而不税”（《荀子·王制》）。作为一个主张“明于天人之分”“制天命而用之”的思想家，荀子并不赞成无限度地开发、利用自然资源，一味地征服自然、戡天役物，而是强调要“不夭其生，不绝其长”，要尊重和遵循“春耕、夏耘、秋收、冬藏”的自然规律，其目的就是要发展生产，让百姓“有余食”“有余用”。这也说明“顺天”思想确实是荀子天人观中不可忽略的一个重要方面，我们不应对其作片面的理解。

除了上述思想资料之外，在《左传》《国语》《周易》《礼记》《逸周书》《商君书》《韩非子》《吕氏春秋》等古代文献中，都有不少关于保护生物资源，使其再生以资利用的论述与记载，反映我国先秦时期对此问题已十分重视，认识已达到相当水平。其中《礼记·月令》一篇最具有代表性。

《月令》是讲四季物候变化的最早历书，它对一年四季以至每一个月怎样保护生物资源都提出了非常明确、具体的要求。如孟春之月，“命祀山林川泽牺牲毋用牝。禁止伐木。毋覆巢，毋杀孩虫、胎、夭、飞鸟，毋麛，毋卵”。春天是生育的季节，孟春正月是春首，所以规定祭祀山林川泽时用的牲畜不能用牝的，如母牛、母羊之类；禁止砍伐树木；不许猎取怀胎的母兽、幼兽，不准捕杀小鹿；不许打刚会飞的小鸟，不准掏取鸟卵。仲春二月要“安萌芽，养幼少”，“毋竭川泽，毋漉陂池，毋焚山林”。季春三月，捕杀鸟兽的各种器具和毒药一律不许携出城门，禁止任何人斫伐桑条和柘枝。孟夏四月，是一切生物长大长高的时候，因此不可有毁坏它们的行为，“驱兽毋害五谷，毋大田猎”；不要砍伐大树，不要起大工程，如此等等。到孟秋七月、仲秋八月才可以伐木“修宫室，坯墙垣”，“筑城郭，建都邑”；到仲冬十一月、季冬十二月就允许采猎野生动植物和大量捕鱼了。《月令》对一年中每一个月“以时禁发”的规定是如此之详细、具体、严格，说明当时农业生产（包括林、牧、渔业在内的大农业）和农业科技已达到较高水平，对农业生产规律有相当全面的认识，并且认识到保护生物资源是发展生产、保障供给的不可或缺的重要内容和前提条件之一，因此主张有“禁”有“发”，“禁”与“发”都要有时有度，把封禁、保护与开发、利用结合起来。这种认识是十分可贵的。

《月令》“以时禁发”的模式对后世产生了很大的影响和示范作用。如《吕氏春秋》中也规定了“四时之禁”，其基本内容是：在非开放的季节，不得进山砍伐未成材的小树，不得下水割草烧灰，不得携带捕捉鸟兽的器具出门，不得用渔网捕鱼，除非舟虞不得乘船下湖，因为这些违反禁令的做法都有害于农时（见《吕氏春秋·上农》）。在西汉淮南王刘安主持编撰的《淮南子》中，也系统地阐发了因时因地制宜、协调发展农林牧渔业的思想。《主术训》中有一段话说："食者民之本也，民者国之本也，国者君之本也。是故人君者上因天时，下尽地财，中用人力，是以群生遂长，五谷蕃植。教民养育六畜，以时种树，务修田畴，滋植桑麻，肥硗高下，各因其宜。丘陵阪险不生五谷者，以树竹木，春伐枯槁，夏取果蓏，秋畜蔬食，冬伐薪蒸，以为民资。……故先王之法，畋不掩群，不取麛夭，不涸泽而渔，不焚林而猎。"下面更具体地规定了每年十月以前，不要在山间谷地布网捕兽，开春以前不要下水捕鱼，立秋以前不要进山捕鸟，冬天之前不要砍伐树木等等。它指出"先王之政"是：立春后整治田亩，三月以后整修道路，十月修建桥梁；三月种谷，四月种黍豆，八月种冬麦；九月开始收藏和砍薪柴。如此系统、完整的自然资源保护思想，以及一整套具体的规定和政策，显然是先秦有关思想的继承和发展，反映了当时的社会生产力和人们的认识水平又有所提高。但可惜这些规定在汉代以后并没有得到普遍严格地贯彻执行，遇到荒年往往弛禁山泽，以后环境破坏越来越严重，我国的生态环境状况从总体上说反而不如先秦时期了。

以上概略的介绍和评述，已足可说明我国古代有着丰富的朴素生态智慧，在先秦时期已形成一套相当系统的自然资源和生态环境保护思想，其哲学基础就是把人与自然界看作是一个有机统一整体的"天人合一"观。在前述中国古代"天人合一"思想的几个发展路向或几个层面中，到底哪一个才是这种宝贵的生态智慧所赖以建立的哲学基础呢？显然，要发展农业生产，让老百姓"有余食""有余用"，只能靠人的劳动来与自然界进行物质变换，改变和调动自然资源来为人类服务，而不能坐等老天爷的恩施。正像荀子所说的，"雩而雨"如同"不雩而雨"一样，天神崇拜和"天命论"是一点儿也不管用的。资源保护思想，如不捕杀幼兽和怀孕的母兽之类，是不是如后来的儒家主流派所讲的那样，完全是出于人的“仁心”或“恻隐之心”呢？显然也不是这么一回事。不捕杀幼兽和母兽，是要让幼兽长大，让母兽繁殖后代，让它们更好地为人类服务。到了一定季节还是允许捕猎鸟兽鱼鳖，要用它们来做牺牲和人餐桌上的佳肴的，这与佛教的“不杀生”还不一样。

保护自然生态是为了发展农业生产，要“强本节用”，充分发挥人的主观能动性，因此也不能完全用道家“自然无为”的办法。但道家“法自然”的思想对顺应动植物的生长繁育规律、保护自然生态平衡有重要的启发，是古代生态智慧可以借鉴的一个方面的思想资源。如《吕氏春秋》就沿用了道家的“因”这个概念，把它改造成为调动人的主观能动性，顺应自然界的规律和必然趋势，因势利导，来争取事业的成功，如大禹治水是“因水之力也”（《吕氏春秋·贵因》）。《淮南子》则将道家的“无为”改造成“循理而举事，因资而立功，推自然之势，而曲故不得容者，事成而身弗伐，功立而名弗有”（《淮南子·修务训》），实际上成了一种在尊重自然规律前提下的“有为”，只不过事成后不炫耀其功而已。

荀子的“强本节用”、积极改造自然的思想也是中国古代生态智慧的基本内容之一，而且是更加实质性的内容，因为它体现了人类之所以要保护自然生态环境的根本目的。前引《荀子·王制》篇中的那段话，说明荀子是力图把“强本节用”、积极地改造自然与顺应自然规律、保护生物资源有机结合在一起的。《易传》和《中庸》的“裁成”“辅相”“参赞”说，也表现出了将二者辩证综合的趋向。因此我们可以说，中国古代生态智慧的哲学基础就是传统“天人合一”思想中的朴素辩证的“天人协调”说。

还我秀美山川：历史的经验教训和坚定不移的自救国策

中国传统哲学提出了“天人合一”这个处理人与自然关系的正确

思想原则，中国古代有大量保护自然资源和生态环境的思想、理论以及成套的制度性规定，在这方面积累了丰富的经验，那么，与其他国家特别是西方工业文明国家相比，中国的生态环境保护状况是否要好一些、问题要少一些呢？要用中国的“天人合一”思想来“拯救人类”，是否也存在着一个要先检讨一下自己，需要“拯救自己”的问题呢？实际情况似乎不容我们过于乐观，而是值得为此深感忧虑。

我国地处北半球，疆域辽阔，地形复杂，气候多样。这种优越的地理环境使中国成为早期人类发展的重要地区之一。从历史资料记载中可以看出，我国曾经是一个多森林的国家，今日水土流失严重、树木稀少的黄土高原，在西周时期森林覆盖率还有53%。据史念海先生说：“周人迁居周原时，岐山森林参天蔽日，郁郁葱葱，到处是一片绿色的海洋。”[①] 其它如东北、华北、华中、华南、西南等地区，在古籍中也有“林薮深密”“麀鹿成群”之类的记载。

但是，经过几千年的历史变迁，主要是由于人为因素的破坏，我国的森林面积大量减少，到上个世纪40年代末，国土面积中森林覆盖率只占8.6%，远低于世界各国的平均水平，居100位之后。黄土高原已不见“绿色的海洋”，今天到处是童山濯濯，沟壑纵横，水土流失极其严重，使黄河泥沙在下游淤积，将河床抬高成为高出地面3—10米的“悬河”，频繁决徙，亦常断流。森林破坏和过度垦殖加剧了土地荒漠化的过程，作为古代丝绸之路的河西走廊早已被黄沙所覆盖，新疆的罗布泊和楼兰古城则已在地图上消失。

在今天，我国的沙漠与沙漠化陆地面积已占到国土的11.4%，而这种情况主要是由于人类不适当的经济活动所造成的。其他环境问题如湖泊湮没、水源短缺、气候变化、物种减少等也相当严重，而且也都有一个历史发展的过程。出现在倡导“天人合一”的国度里的这种生态破坏的严峻现实，说明农业文明并不是一首人与自然和谐统一、

① 史念海：《山河集》二集，生活·读书·新知三联书店1981年版，第227页。

其乐融融的田园诗，我们对那个时代出现的生态破坏问题也不能低估。

正如恩格斯所指出的："我们不要过分陶醉于我们对自然界的胜利。对于每一次这样的胜利，自然界都报复了我们。每一次胜利，在第一步都确实取得了我们预期的结果，但在第二步和第三步却有了完全不同的、出乎预料的影响，常常把第一个结果又取消了。"[①] 这种情况不仅出现在人企图统治自然界的工业文明时代，在对自然界的盲目性更大的农业文明时代，人们为了取得第一步的成功，往往更难预料到第二步、第三步的影响及后果，受到自然界报复的情况也是经常发生的。

造成我国历史上生态环境逐渐恶化的原因是多方面的。就拿森林破坏来说，在某些地区的某个时期，虽然也有因寒潮与森林火灾等自然因素所引起的破坏，但主要是由于采伐、樵柴、毁林开荒等各种人类活动所引起的。人类为了生存与繁衍后代，开垦部分森林草荒来发展农业生产是必要的，但由于古代人们对自然规律的认识水平很低，往往采取了一些过度垦伐的做法，如刀耕火种之类的耕作方式，就破坏了不少森林。我国森林破坏最严重的时期是明代以后，特别是清代。一个重要原因是由于人口的急剧增加，对粮食和薪柴的需求量加大，而导致了大规模的毁林开荒和樵采活动。黄河中游等地区的森林资源就是在这个时期遭到彻底破坏的。

另外，封建统治阶级为了满足其穷奢极欲的生活，大建宫室陵寝，也砍伐了大量木材。如史载："秦穆公居西秦，以境地多良材，始大宫观。……是则秦穆公时，秦之宫室已壮大矣。惠文王初都咸阳，取岐、雍巨材，新作宫室，南临渭，北逾泾，至于离宫三百，复起阿房，未成而亡。始皇并灭六国，凭藉富强，益为骄侈，殚天下财力，以事营缮。项羽入关，烧宫阙，三月火不灭。"（《秦会要订补》卷二十四）就是一个非常典型的例子。历史上的战争，包括近代以来

---

① 《马克思恩格斯选集》第 3 卷，人民出版社 1972 年版，第 517 页。

帝国主义的侵略与掠夺，也是造成森林破坏的重要原因。总之，无论是工业文明时代还是农业文明时代，自然生态环境的破坏都主要是由于人们不顾长远利益、不计后果的活动所造成的，马克思对资本的贪欲的揭露对我们认识历史上的生态破坏问题亦有所启发，也就是说，受各种私有制度束缚的人是不可能完全摆脱对自然界的盲目性的。按照马克思恩格斯的理论，生态问题的彻底解决是与共产主义的社会制度联系在一起的，只有那时人才“第一次成为自然界的自觉的主人”①，与自然界处在一种真正的和谐关系之中。

以上历史事实说明，中国虽然是一个有着深厚的“天人合一”思想传统的国家，中国古代虽然有不少关于保护自然生态环境的思想、理论和制度性的规定，但并不等于说已从理论和实践上真正解决了发展社会生产力与保护生态环境的关系问题，生态破坏在中国也是古已有之，而且情况相当严重，历史的教训十分深刻而沉痛。我们过去可能有一个认识误区，就是以为生态破坏与环境污染是只有在资本主义社会、工业发达国家才会发生的“公害”，而对我们这个农业大国自己存在的生态问题之严重性认识不足。现代化建设任务的迫切性也使一些人产生了急功近利的心理，结果还是重复走一条已被实践证明是不成功的“先污染，后治理”的老路，在相当长一段时间里，我国生态环境恶化的趋势并未得到有效的遏制，新的生态破坏与环境污染问题仍不断发生。

我国是一个发展中的社会主义国家，重视和解决好环境问题是时代赋予我们的责任。可惜我们对这个问题的认识却比一些发达国家晚了一步。“在1972年斯德哥尔摩环境会议上，中国代表团拒绝签署备忘录，不接受它提出的限制经济增长、约束科技进展指数的方案”②，

① 《马克思恩格斯全集》第20卷，人民出版社1971年版，第308页。

② 杜维明：《新儒家人文主义的生态转向：对中国和世界的启发》，《中国哲学史》2002年第2期。

曾遭人诟病。但在此后不久，1973 年 8 月，在周恩来总理的直接推动下，我国就召开了第一次全国环境保护会议，在会上制定了"全面规划，合理布局；综合利用，化害为利；依靠群众，大家动手；保护环境，造福人民"的环境保护工作方针。

30 年来，党中央和国务院一直高度重视我国的环境保护工作，把它当作一件关系到全国人民的根本利益和子孙万代的福祉的大事来抓，把人口、资源和环境的协调发展列为我国的一项基本国策。在中国历史上还从来没有像今天这样，由中央政府出面制定一系列保护生态和治理环境污染的政策与措施，全国统一规划，组织实施多项大型环境保护工程，如建设"三北"防护林带、长江中上游和沿海的防护林体系；大力提倡植树种草，退耕还林，休牧还草，退田还湖，定时休渔，治沙防沙，力图遏制生态环境的继续恶化；控制污染物排放，改善重点流域、区域、城市、海域的环境质量等等。我国在实施南水北调工程、三峡库区建设和西部大开发战略时，都把资源和环境保护作为一个重要内容考虑在内，着眼于造福千秋万代。我国还坚持实行计划生育的国策，提倡优生优育，控制人口数量的过度增长，这也是与走可持续发展之路的战略方针联系在一起的。这些重要举措虽已初见成效，但从最近公布的 2002 年环境公报来看，中国的环境形势依然严峻，要从根本上改变生态环境总体恶化的趋势，还需从多方面作长期艰苦的努力。由此可见历史上造成的生态环境破坏后果是多么严重，影响是多么深远！要真正达到还我秀美山川、建设美好家园的目标，任务是多么艰巨，道路将是多么漫长！

在经济全球化时代，生态环境问题已不是某一个国家的问题，而是关系到人类的前途和命运的全球性问题。中国作为一个负责任的世界大国，解决好自己的人口、资源和环境问题，就不只是具有造福于中华民族和子孙后代的意义，而且也是对全人类的一大贡献。我们对这个问题的意义还要从全球生命共同体的角度来认识，就更感觉到责任重大了。

中国传统哲学为解决人与自然的关系这个人类共同面对的基本问题提供了“天人合一”的正确思想原则，在“天人合一”观指导下，我们的先哲提出了许多保护自然生物资源，使其繁衍再生以造福于人类的朴素的可持续发展思想，并在一定范围内和一定程度上付诸实践。但是，在生产力水平低下和社会控制力量十分薄弱的情况下，少数先哲理性上的自觉和有限的环境保护措施，远远抵不过人们为了求生存而向自然开发、索取的自发盲目力量，我国的自然生态环境在历史上已经遭到了相当严重的破坏。我们今天不仅要承受起历史上生态破坏所造成的严重后果，偿还祖先欠下的生态债务，而且还要力求避免在工业化、现代化、城市化的过程中造成新的环境污染，保护已经很脆弱的生态环境，为子孙后代留下一个可以继续生存和发展的家园。要完成如此艰巨的任务，我们这代人应该做些什么呢？我考虑至少要注意三个方面：

一，从哲学高度深刻反思人类对人与自然关系的认识历程，包括对中西天人之学进行比较研究，总结得失和经验教训，树立人与自然有机统一、和谐共生的辩证天人观。要高度重视和正确发挥我国古代“天人合一”思想的积极价值，克服其历史的局限性，学习、借鉴西方的主客二分和主体性思想，大力发展科学与民主，走中西哲学精华交融互补、科学精神与人文精神有机结合之路。

二，威胁到人类生存与发展的生态危机和环境污染问题，表面看是人与自然之间矛盾的激化，实际上是人与人之间矛盾的反映。在人与自然这一对矛盾中，有识有知、能参能治的人显然是矛盾的主要方面，历史上和今天的一切环境问题都主要是由于人的活动所造成的。因此可以说环境问题本质上是一个管理问题，是一个社会制度问题。正如马克思所说的，只有共产主义才是“人同自然界的完成了的本质的统一”，才是“人和自然界之间、人和人之间的矛盾的真正解决”[①]。

---

① 《马克思恩格斯全集》第42卷，人民出版社1979年版，第122、120页。

我们要充分利用社会主义制度的优越性，全面规划，合理布局，综合利用，化害为利，依靠群众，大家动手，用正确的环境政策、法规、管理体制和有组织的社会力量，解决好人口、资源和环境的协调发展问题，经过长期艰苦的努力，再造祖国秀美山川，造福于子孙后代。

三，要解决我国的生态环境保护问题，不仅要有对人与自然关系的正确认识，有符合中国国情的环境战略方针、政策法规和管理体制，而且必须大力发展现代科学技术，依靠科技进步来控制环境污染，改善生态环境质量。科学技术的发展极大地增强了人类改造自然的力量，但如果被滥用或超过自然界所能承受的限度，也会带来生态破坏、环境污染、资源枯竭、能源危机等负面效应。所以，现代科技发展的一个重要特点就是要以有利于改善人类的生存环境为内在尺度，大力发展生态农业，生物工程和生物防治技术，低能耗、高效率工艺技术，资源综合利用技术，以及发展清洁能源和新型能源等，运用现代化手段引导自然界的物质变换向着良性循环的方向发展，走生态文明和可持续发展的道路。中国人民长期追求的人与自然和谐相处的“天人合一”境界，只有在正确的天人观指导下，依靠制度保证、强化管理与科技进步，在物质文明和精神文明高度发展的情况下，才有可能真正实现。

（本文是作者2003年8月19日在瑞典召开的第十三届国际中国哲学大会上的报告论文。原载《社会科学战线》2003年第4期）

青海开发与生态文明建设

我过去没有到过青海，没有到过江河源地区，想象不出祖国几条母亲河的发源地的原始地貌是怎样的，巍巍昆仑、莽莽草原的自然风光是如何神奇、壮美，这里人们的生存条件是多么艰苦。从文献资料中知道青海有古老的昆仑神话、彩陶文化和羌人文明，有丝绸之路（南路）和唐蕃古道，有丰富多彩的多民族文化。顾颉刚先生曾经说过："炎黄首先是羌族的祖先，然后才是华夏族的祖先。"① 可见江河源文化与炎黄文化有着非常密切的关系，在一定意义上可以说它是炎黄文化的重要源头之一。作为中华炎黄文化研究会的一名工作人员，我自然对此非常关注，也有学习、了解的兴趣。但本人对这个问题确实没有研究，也写不出文章来，本来没有资格出席这次会议。正好上个月我到瑞典出席第十三届国际中国哲学大会，讲的题目是"天人合一"与中国古代生态问题，炎黄文化研究会的同志们说生态问题在西部大开发中非常重要，你就把这篇文章提交给"江河源文化与西部开发"会议作为参考吧。这样就给了我一个来青海学习的机会。

我想先概要地讲一下《"天人合一"与中国古代的生态智慧》一文的基本观点，然后再谈自己这次来青海前后的一些感受和体会。

大家知道，"天人合一"与"主客二分""天人对立"是中西哲

---

① 顾颉刚：《从古籍中探索我国的西部民族：羌族》，《社会科学战线》1981 年第 1 期。

学和文化观念的基本差别之一。目前人类面临着大气污染、臭氧层破坏、气候变暖、土地荒漠化、生物多样性减少和资源短缺等威胁着我们以及后代生存的严重的生态危机，这主要是把人看作是自然界的主人，认为人可以无限制地开发、利用、征服、掠夺自然资源的人类中心主义、“天人对立”观念所造成的。所以有的学者写文章说，只有东方的“天人合一”思想才能拯救人类。

“天人合一”确实是处理人与自然关系的正确思想原则，中国哲学提出“天人合一”观念就是对人类文明的一大贡献。但对传统的“天人合一”思想如何理解和评价，大家的认识就见仁见智、各不相同了。

中国古代各派哲学都讲“天人合一”，但内涵很不一样。大体上有四派观点，或者说有四个发展路向。一是古代的宗教天命观。从远古的天神崇拜，殷周时期的君权神授、天命靡常、以德配天，到汉代的天人感应和天谴说，都属于这一发展路向，表现了人对伟大的自然界的一种无可奈何的依赖心理，把它神化，“天人合一”实际上就是神人合一。春秋晚期天神的权威动摇，出现了两个新的发展路向，一个是儒家的人文主义天人观，一个是道家的自然主义天人观。儒家的“天人合一”思想表现出了比较明显的道德主义倾向，它是从“性天相通”“天人合德”“天人一体”“民胞物与”等方面来进行论证的，强调人要通过“尽心、知性、知天”的德性修养来达到“与天地合其德”的境界。道家的“天人合一”思想则是强调人要“法自然”，“不以人助天”，“无以人灭天”，企图通过否定人的作为来达到“天地与我并生，而万物与我为一”的境界。这是一种彻底的自然主义，所以荀子批评它是“蔽于天而不知人”。中国古代“天人合一”思想的第四个发展路向是以《周易大传》为代表的天人协调说，即所谓“裁成天地之道，辅相天地之宜”；“范围天地之化而不过，曲成万物而不遗”。相近的还有《中庸》讲的“能尽人之性，则能尽物之性；能尽物之性，则可以赞天地之化育；可以赞天地之化育，则可以与天地参矣”。“裁成”“辅助”“参赞”说都肯定人有参与天地变化的能动性，又强调人必须顺应、遵循自然规律，是一种朴素辩证的天人统一观。我认为荀子以“明于天人之分”为前提的“顺天”思想，仍然是“天人合一”观念的表现。荀子的天人观中也包含着比较丰富的朴素辩证法思想。

中国古代“天人合一”思想的上述几个发展路向，对于反思工业文明与科技文明所产生的负面效应——人与自然的疏离，人对自然的征服、统治，生态环境的破坏，重新建立人与大自然之间的和谐共生关系，都有一定的积极意义。从孟子到宋儒的“天人合一”说，以其“仁民爱物”“民胞物与”“仁者与天地万物为一体”的强烈的伦理关怀，对于保护自然生物资源，建立时下大家都很关心的生态伦理学，有不可否认的积极意义。道家“天人合一”思想的主要价值是强调人要尊重生命，顺应自然，“原天地之美而达万物之理”，不要胡作妄为违背自然本性的蠢事。即使是把“天”作为一种超自然的力量来崇拜的宗教天命观，对于批判对我们的生存环境不负责任的人类中心主义，也不是完全没有意义的。人类如果还存有一点对大自然的敬畏之心，就不会那么狂妄地去肆意开发、掠夺和破坏自然了。但在今天，我们要开发、利用中国传统“天人合一”思想的积极价值，我认为应该更加重视将改造自然与遵循自然规律有机结合、统一起来的“天人协调”说，可以说它是中国古代“天人合一”学说中最有价值的思想成果，而在我们过去的研究中，恰恰对这一方面重视不够，研究、阐析、总结得不够。

文章第二部分引述了一些文献资料，说明在处理人与自然关系问题上，中国古代不但提出了“天人合一”的正确思想原则，而且已在一定程度上将其转化为人们保护自然生态环境的意识和行动。“网开三面”和“里革断罟”是人们都耳熟能详的历史典故。中国古代哲学家管子、孟子、荀子等人，《礼记·月令》《吕氏春秋》《淮南子》等古代典籍中都有许多关于保护自然资源和生态环境的思想、言论、主张，甚至提出了相当系统的理论，包括一系列可操作的措施和制度性的规定，例如管仲就提出了“以时禁发”的原则，《礼记·月令》对一年中每一个月“以时禁发”的规定非常详细、具体、严格。他们已经认识到保护生物资源是发展生产、保障供给不可或缺的重要条件或前提之一，因此主张有“禁”有“发”，“禁”与“发”都要有时有度，把封禁、保护与开发、利用结合起来。

中国古代有丰富的朴素生态智慧，有相当系统的自然资源和环境保护思想，它的哲学基础是什么呢？无疑的，是把人与自然界看作是一个有机统一整体的“天人合一”观。那么在前述“天人合一”思想的几个发展路向中，到底哪一个才是这种生态智慧的真正的哲学基础呢？我认为就是以《易传》为代表的朴素辩证的“天人协调”说，也包括荀子的“强本节用”和“顺天”思想。

文章第三部分提出一个问题：中国是倡导“天人合一”的国度，中国古代有丰富的朴素生态智慧，那么，与其他国家特别是西方工业文明国家相比，中国的生态环境保护状况是否要好一些、问题要少一些呢？事实恰恰不是这样。我国的生态环境在历史上就已经遭到了很严重的破坏，森林面积大量减少，水土流失，土地沙化与荒漠化面积不断扩大，而人口大量增加，要吃饭，要生存，又毁林开荒，围湖造田，总之是人类的活动造成了自然生态环境的不断破坏与恶化。最典型的例子是黄土高原。据史念海先生说：“周人迁居周原时，岐山森林参天蔽日，郁郁葱葱，到处是一片绿色的海洋”[1]，在西周时期它的森林覆盖率还有 53%。可是到今天，不但已见不到“绿色的海洋”，而且到处都是童山濯濯，沟壑纵横，水土流失极其严重，是造成黄河水患的重要原因。生态问题并不是到工业文明时代才有的问题。在农业文明时代，生产力水平低下，社会控制力量薄弱，少数先哲理性上的自觉和有限的环境保护措施，远远抵不过人们为了求生存

① 史念海：《山河集》二集，生活·读书·新知三联书店 1981 年版，第 227 页。

而向自然开发、索取的盲目自发力量，我们对这个时期的生态破坏情况也不能低估。中国虽然是一个有“天人合一”思想传统的国家，中国古代有不少保护自然资源和生态环境的思想、理论和制度性的规定，这些对于今天克服人与自然的对立、创造良好的生态环境极富启迪意义，但中国古代并未能在理论和实践上真正解决发展生产力与保护自然生态环境的关系问题，这点我们在对传统思想作评价时也应充分注意到。

文章最后从哲学观念、社会制度与管理、科技进步三个方面阐明了解决生态问题的方向和道路，认为中国人民长期追求的人与自然和谐共处的“天人合一”境界，只有在正确的天人观指导下，依靠制度保证、强化管理与科技进步，在物质文明和精神文明高度发展的情况下，才有可能真正实现。

以上是“天人合一”一文的基本思路，由于时间关系，我只能概要地介绍。下面结合这次来青海的观感谈一点个人的体会。

青海地域辽阔，人口稀少，总的说自然环境比较艰苦，生态条件不好。全省 54% 的地区在海拔 4000 米以上，寒冷、干旱、缺氧，是人类生存环境最差的地区之一。但是这个地区在历史上却创造了辉煌的古代文明。不说远古的昆仑神话、彩陶文化和羌人文明，在有文字记载的历史中，公元 4—7 世纪，吐谷浑人在青海湖盆地和柴达木盆地建立了长达 300 年的封建割据政权，当时农牧业都有较大的发展，国家经济、军事实力雄厚，说明当时这个地区的生态环境还是比较好的。公元 7—9 世纪，在广袤的青藏高原上建立了强大的吐蕃王朝，据说在当时就拥有百万大军，迫使唐王朝只能采取和亲政策，这说明在距今 1000 多年前，青藏高原的生态环境可能也比现在要好得多。

青海地区生态环境的恶化，经过了一个漫长的历史过程。其中有复杂的原因，有地质变化和气候干旱等自然原因，也有人为的原因。但森林破坏，草场退化，沙化与荒漠化严重，则主要是人类不适当的开发活动所造成的。这个过程一直继续到上个世纪的后半期，还在造成新的破坏。一个突出的例子是，柴达木盆地几千年来保留下来的3000万亩森林灌木，本来是防止沙漠扩大的重要的生态屏障，但在上个世纪60年代，不到10年时间里，便几乎砍伐一空，造成了柴达木盆地沙漠面积的扩大。过去我们还提出过“以开荒为纲”“向草原要粮食”等不适当的口号，骑马撒种子，开垦了几千万亩草原，结果粮食长不好，弃耕的土地后来也大片荒漠化了。还有人们为了眼前利益，到草原采药、淘金、过度放牧、猎杀野生动物，也使江河源地区、青海湖地区的草场遭到了严重的破坏。有资料表明，在江河源地区的玉树、果洛两州，中度以上退化草场已有1.5亿亩，占可利用草场面积的64%；沙化面积达3800万亩，而且沙化的速度在明显加快，上个世纪70—80年代平均增速为4%，90年代就已增至20%。青海省目前沙漠化面积已超过30万平方公里，占全省面积的40%以上。如此严峻的生态形势，已使我们不能不高度重视生态问题，把保护自然资源和生态环境放到青海经济、社会发展的首要位置上来。在发展战略上，要从过去的“开发第一”转变到“保护第一”的观念上来。在开发与保护的关系问题上，两千多年前的管仲就懂得要有“禁”有“发”，要“以时禁发”，把封禁、保护与开发、利用结合起来，这种古代智慧今天对我们仍有所启发。

我们高兴地看到，党中央、国务院在制定西部大开发的战略方针时十分重视生态环境保护问题。最近《人民日报》报道，在青藏铁路建设中非常注意对沿线河流、湿地、草场、植被的保护，为藏羚羊等野生动物的活动专门开辟了过路的桥下通道，提出要把青藏铁路建成“环保工程”。今年7月24日，全国人大常委会副委员长韩启德在《光明日报》上发表文章，题目是《“中华水塔”亟待拯救》，主要是讲“三江源”地区的生态恶化情况和治理建议；8月28日，《人民日报》又有全国政协副主席李兆焯率团考察青海湖地区生态状况的报道，他们一行也提出了综合治理的意见。这说明新一届全国人大、政协都特别重视青海的生态问题，换届后不久就派重要领导来考察。青海省的领导、干部和群众也已高度重视这个问题。我注意到，青海省委、省政府制定的“富民强省”的工作思路，头两句就是“扎扎实实打基础，突出重点抓生态”，把保护和恢复生态环境当作西部开发的重点和基础性工程来抓。我们昨天到青海湖地区参观，沿途看到各地都采取了禁牧、休牧、轮牧、舍饲等措施，让草场休养生息，努力保护和恢复良好的生态环境。参加这次会议，我也听到了青海的专家学者们关于西部开发和生态文明建设的一些很好的意见，他们对本地区的历史文化有深入研究，又了解今天的现实情况，所提建议十分中肯，言之切切，听后很受启发。刚才孙欲声教授发言建议创立“三江源文化学”，谈到了这门学科的定义、对象、方法、主要内涵及可拓展的研究分支等。我想生态文明建设也应该是这门学科的重要研究内容之一，是其题中应有之义。生态环境的改善有赖于全党全民自觉的生态意识和长期艰苦的努力，学术文化工作者承担着从理论和方法、历史和现实等方面进行说明、论证的任务，我相信江河源文化研究会今后一定能为青海省的生态文明建设作出重大的贡献。

（本文是作者2003年9月6日在西宁召开的“江河源文化与西部开发”学术研讨会上的发言。原载《江河源文化研究》2003年第1期）

创建适应时代需要的新国学

中国社会科学院“国学研究论坛”今天举行第一次活动，我们首先请了两位院外嘉宾发表高见并分别介绍北大和人大开展国学研究的情况。袁行霈教授是北大国学研究院院长，也是中央文史馆馆长；纪宝成教授是人大校长，也是人大国学院的院长。他们的精彩演讲对我们很有启发。

中国社会科学院是我国人文社会科学的最高研究机构。学部委员和荣誉学部委员中三分之一是国学研究专家。社科院学者过去在这方面作了许多实实在在的工作，今后也将在把握国学研究的正确方向、推出国学研究的高端成果、培养国学研究的高层次人才等方面继续做出贡献。

下面就我对本次论坛主题的理解谈点个人的看法。

“国学热”审视

据我观察，近年来持续升温的“国学热”，具有民间发动、学院响应、媒体助阵，官方谨慎认可并力图用社会主义核心价值体系积极引导的特点。

总的说，新世纪出现的这次国学复兴运动，是合乎时代之潮流、顺乎人心之所向的。第一，它反映了经济迅速发展、国家日益强盛的中国民族文化的自觉，民族自信心的提高，再不把过去的贫穷、落后简单地归咎于自己的文化，而是意识到源远流长、博大精深的传统文化恰恰是综合国力竞争时代中华民族特有的资源优势之一。今后的世界如能以“各美其美，美人之美，美美与共，和而不同”为文明共存的原则，那么，文化资源丰厚的国家和民族自然具有更强的软实力，也理应对人类文明做出更大的贡献。第二，回顾中国走向近、现代的历程，怎样对待传统文化始终是古今中西之争的焦点之一，一百多年来我们在这个问题上有太多的经验教训，中西对立、体用二元的思维方式以不同形式表现出来并深刻地影响着社会思潮，亟须用辩证理性去进行科学的清理和总结。特别是经过“文革”的反思，重估国学的价值和对它进行恰当的功能定位已经提上了日程。第三，当代中国先进文化建设离不开传统文化的根基，作为科学世界观和方法论的马克思主义也只有与本土文化相结合才能在中国生根、发芽、开花、结果，我们今天要坚持和发展的中国特色社会主义理论，大力倡导的以人为本、与时俱进、社会和谐、人与自然协调发展的理念，都从传统文化中汲取了丰富的营养。积极健康地开展国学研究，有利于社会主义文化的大发展大繁荣。第四，中国在发展社会主义市场经济的同时也带来了加强社会主义法制建设和精神文明建设的双重任务，中国传统文化历来重视廉洁奉公、敬业乐群、诚实守信、见利思义、知荣明耻的道德人格教育，可以为今天的反腐倡廉工作和对青少年进行思想道德教育、在全社会树立社会主义荣辱观提供有力的支援意识，人们对国学的呼唤是与对道德社会的期盼联系在一起的。第五，在复杂多变的国际环境中，中华民族还有一个统一祖国的历史任务，海峡两岸同胞以及全世界华人除了同祖同根、血脉相连之外，共同的语言、文字、历史和文化是联结他们的天然精神纽带，大力弘扬国学有利于增强民族凝聚力，维护国家的文化安全，促进祖国统一大业的实现。因此，在今天出现复兴国学、重建国学的强烈要求，绝不是偶然的，而是中华民族伟大复兴事业的内在的必然的要求。

“国学热”之所以只得到官方的谨慎认可并且需要引导，是由于在自发兴起的文化运动和社会思潮中，也出现了一些令人担忧、值得警惕的现象：一是少数人以弘扬国学为名，行“复古更化”、历史倒退之实，企图把国学意识形态化，用来抵制和取代当今中国的主流意识形态，这种企图从他们提出的“重建‘政教合一’的儒教国家”“以儒学取代马克思主义”“儒化共产党”“儒化中国”的口号中可以清楚地看得出来；二是在市场经济大潮中，有些人把国学当作了一种用来牟利的特殊商品，充斥图书市场的国学出版物良莠不齐，出版商和粗制滥造者更多的是关注经济利益，某些高校办的“天价国学班”也在群众中造成了不良影响，这种商业化运作与国学所标举的道德人文精神显得很不协调；三是媒体过分的炒作、造势使“国学热”中有许多虚热的成分，引导受众盲目追逐戏说新解的“快餐国学”，不利于提高国学研究的学术水平，鼓励人文学者拿出“十年磨一剑”的具有真知灼见的精深研究成果来。国学研究需要长期积累和沉潜的功夫，不能靠追逐时潮、搞“短平快”而见速效。上述值得忧虑的现象都不利于国学运动的健康发展，而是有损其声誉，甚至有可能把它引上邪路，因此对“国学热”进行正确引导是十分必要的。

党的十七大提出要用社会主义核心价值体系引领社会思潮，建设中华民族共有精神家园，这就为复兴国学、弘扬中华优秀文化指出了正确方向。国学研究和国学传播都要坚持以马克思主义为指导，大力弘扬以爱国主义为核心的民族精神和以改革创新为核心的时代精神①，为用中国特色社会主义共同理想凝聚人心、用社会主义荣辱观引导社会道德风尚做出积极的贡献。

“国学”概念界定

何为国学？学术界有各种不同的看法，从20世纪起就争论不休。

---

① 中国传统文化中有丰富的“自强不息”“与时偕行”“革故鼎新”“苟日新、日日新、又日新”的改革创新思想。

有的学者认为，国学这个概念太笼统，太模糊，从“科学”的意义上说本不可用（“学无分中西”），作为一时代约定俗成的概念又边界不清，因此建议不用或“缓行”。然而事实上这个概念已广泛流行，我们不可能视而不见、听而不闻，与其建议不用或“缓行”，不如在约定俗成的意义上争取对其内涵和外延达成基本的共识。在我看来，学界目前所讲的“国学”，就其指称对象和时空范围来说，多数学者实际上已取得基本一致的看法，即以其指称中国传统的学术文化，这就是狭义的国学概念。

广义的国学是“一国所有之学”①，除了中国传统学术文化之外，还包括西学和马克思主义传入后的中国近现代学术文化，与海外“中国学”或“汉学”研究的对象、范围大体相同。我们知道，国外的中国学研究机构，多数是重点研究中国现当代的政治、经济、文化、社会、军事、外交等情况的，少数继承了或兼有注意研究中国古代历史、语言、民族、宗教、哲学、文学、艺术的汉学传统。“国史”是国学的重要组成部分，我们社科院当代中国研究所写的“国史”是中华人民共和国史，不同于钱穆《国史大纲》所写的“中华全史”，但仍可涵括在广义的国学概念之内。

将国学界定为中国传统的学术文化，其实也是个相当笼统、内涵十分丰富复杂的概念，略同于“古学”“旧学”或“国故学”，是中国传统学术文化之总和、总称。我们通常说的国学，是指近代分科之学形成之前的经、史、子、集“四部”之学，传统的义理、考据、辞章、经世之学，或者如马一浮先生所言“六艺统四部”，“国学者六艺之学也”（《泰和会语·楷定国学名义》）。中国古代的学问是“通人之学”，主张天地人贯通、文史哲贯通、儒释道贯通、真善美贯通、

① 邓实说：“国学者何？一国之所有之学也。有地而人生其上，因以成国焉，有其国者有其学。学也者，学其一国之学以为国用，而自治其一国也。”（《国学讲学记》，《国粹学报》1906 年第 7 号）

道学政贯通……而以成人之道为中心。“通”是以类分为前提的，中国传统学术分类集中体现在图书典籍分类中。《汉书·艺文志》将中国古代的书籍分为六艺、诸子、诗赋、兵书、数术、方技六类，《隋书·经籍志》形成了经、史、子、集四部分类法的雏形，以后不断调整、完善，至清代编定《四库全书总目》，已形成一套完整的中国传统学问的知识系统。

台湾诗人余光中说：国学是一座山，我等不过是蚍蜉而已。不仅国学是山，而且其中的每一类都是一座山。就其内容之宏博而言，事实确实如此。就以四部中的“子部”来说，《四库全书总目》又分为儒家、兵家、法家、农家、医家、天文算法、术数、艺术、谱录、杂家、类书、小说家、释家、道家十四类，涵盖了哲学、宗教、政治学、军事学、自然科学、艺术、类书等多方面的内容。其中每一类都内涵丰富，比如“医家”，最近出版的一部《中国中医古籍总目》，收录历代中医古籍13000种，其中蕴含着祖国医学的大量宝藏，说它是“一座山”，并非夸张之言。

有两个问题涉及对“国学”概念的理解以及对其功能的认识，我想谈一点不同的看法。

一是我不赞成将国学与文学、史学、哲学等并列设立为一级学科。因为国学不是一个学科，而是一个学科体系，一个不同于现代学科体系的传统学科体系。它有自己独特的学术分类，现代学科体系是从它转型发展而来的，因此就学术内涵来说，二者大量的是交叉重合的。国学中除了有小学、经学、文学、史学、哲学等传统人文学科的内容之外，还包括政治学、经济学、法学、军事学、民俗学等社会科学，天文、地理、历法、算学、医学等自然科学，农学、水利、工艺、建筑等实用技术科学的内容，甚至把琴、棋、书、画、诗、词、歌、赋、京剧等传统艺术和武术、杂技等都包括在内。如果将国学与文、史、哲并列设为一级学科，似乎连逻辑上的种属关系都忽略了，不是提高而是降低了国学的地位。如果国学只是个与文、史、哲并列的“一级学科”，其学科范围势必要大大窄化，难以将国语、国文、国史、国医、国剧、国画等都涵括于其中，不能使人们对国学有一个全面的认识。研究生教育阶段是以分科学习、研究为主，传统国学中的内容都有大体对应的现代学科，因此学位授予应该不成问题，比如小学可归入汉语言文字学，经学可归入专门史。以做人为中心的传统学术的会通精神，需要在基础教育阶段（包括大学的通识教育）培养涵育，比如加强国文、国史等课程学习，加强成人之道的教育，提出学行一致的要求等。

二是我不能同意这样一种观点，就是认为国学的本质属性和核心内涵，主要是指意识形态层面的传统思想文化，这是我们今天所要抽象继承和积极弘扬的重点之所在。我认为这样讲至少有表述模糊不清的问题。

对内涵丰富复杂的国学采取分析的态度无疑是正确的，我们不仅要把意识形态层面的传统思想文化与非意识形态层面的古代语言文字、自然科学、实用技艺、文献考据等学术内涵区别开来，而且尤其需要对“意识形态层面的传统思想文化”本身作进一步的科学分析，不能忘记马克思、恩格斯讲的“任何一个时代的统治思想始终都不过是统治阶级的思想”①，“支配着物质生产资料的阶级，同时也支配着精神生产的资料，因此，那些没有精神生产资料的人的思想，一般地是受统治阶级支配的”②；要像列宁那样区分“两种民族文化”③，像毛泽东指出的那样“必须将古代封建统治阶级的一切腐朽的东西和古代优秀的人民文化即多少带有民主性和革命性的东西区别开来”④，而不能笼统地继承和弘扬“意识形态层面的传统思想文化”。即使是传统

① 《马克思恩格斯选集》第1卷，人民出版社1972年版，第270页。
② 《马克思恩格斯选集》第1卷，人民出版社1972年版，第52页。
③ 《列宁全集》第20卷，人民出版社1958年版，第15页。
④ 《毛泽东选集》第2卷，人民出版社1991年版，第708页。

思想文化中多少带有民主性和革命性的东西，也不能“抽象继承”，而是要批判地继承。我之所以要把这个问题提出来，是由于在当前的“国学热”中有一种倾向，就是过于强调国学的意识形态性和价值导向功能。比如有人认为国学就是求道之学、义理之学，主要是解决信念和信仰问题，其他如考据、辞章、技艺等皆不足道也。还有人将国学直接等同于儒学，大力鼓吹“儒学救世论”。对国学内涵的这类偏狭理解，与对国学的功能定位密切相关。他们不是把作为民族文化遗产的国学当作令人批判继承、古为今用的历史资源，而是赋予它以挽救世道人心的特殊的意识形态使命，这就不是一个简单的概念界定问题了。

20 世纪前期国学运动回顾

1913 年，以蔡元培为总长的教育部公布《大学令》，规定取消经学科，在大学设文、理、法、商、医、农、工七科，标志着在学科体制上传统国学已被近代分科之学所取代。这一历史性转折是在晚清“经世”思潮和西学东渐大潮的影响下发生并逐步实现的，总的来说推动了中国学术和教育的发展进步，但也使传统国学面临着生存危机及其“贯通”精神丧失的问题。正是由于对“旧学将亡之患”的忧虑，才激发了 20 世纪与“救国”“保种”相联系的国学复兴运动。

国粹派最早提出“保存国粹”“复兴古学”的口号。其代表人物章太炎、刘师培等人都不是保守派人士，而是清末著名的资产阶级革命家。他们复兴古学的目的，是用来为“兴民权、反专制”的资产阶级民主革命服务。比如将“国学”与“君学”区别开来，以先秦诸子学为未受“君学”“异学”浸染之前纯正而健全的中国学术文化，即“古学”“国学”，因此，复兴古学就具有了“激励种性”“排满革命”的意义。他们认为先秦诸子学与近代西学是相通的，保存国粹与引进西学并不矛盾，藉西学之新理、新法来发明古学新义是他们研究国学的基本思路。被称为“20 世纪独当之无愧的国学大师”的章太炎，就在用西学和佛学来研治诸子学方面成绩卓著。

虽然章太炎等人早以“整理国故”为职志，但真正形成一场声势浩大的国学运动，还是在“五四”以后。1919 年 11 月，胡适发表《新思潮的意义》一文，正式标举“研究问题，输入学理，整理国故，再造文明”的旗帜，即以“整理国故”为新文化运动不可或缺的一个组成部分。关于“整理国故”的方法，胡适将其归纳为“历史的眼光”“系统的整理”“比较的研究”，进而化约为“大胆假设，小心求证”八个字，即以杜威的实用主义来整合宋学的怀疑精神和清代考据学的求证归纳法。这种被认为是汇通了古今中西思想精华的科学方法，很快得到“古史辨派”“文学研究会”等新文化派人士的认同和响应，出现了一场参与者众多、影响深远的“整理国故”运动。同时它也受到国粹派、学衡派和新文化运动内部激进派的尖锐批评和质疑，形成一场长达十余年的国学大论辩。国粹派、学衡派批评胡适等人对国学缺乏同情的了解，过分强调“以西衡中”导致了民族文化主体性的丧失；新文化运动中的激进派则批评“整理国故”的倡导者是要把青年引向故纸堆，为腐朽、落后的思想文化涂脂抹粉，“在粪秽里寻找香水”，客观上阻碍了中国革命和新文化运动的进程。关于“整理国故”的争论集中反映了当时各派文化理念的矛盾和冲突，但在他们之间也有一些基本的共识，那就是都不赞成将国学运动引向复古主义，都赞成对西学采取开放的态度，都意识到重建国学是再造中华文明的一个重要组成部分。

20 年代清华国学研究院和北大《国学季刊》存在的时间都不长，但颇能代表 20 世纪前期国学研究与国学教育的特点和方向。《国学季刊》是北大国学门办的学术刊物，创刊于 1923 年，影响最大的是胡适写的那篇《发刊宣言》，他明确说这是一篇“主张以新的原则和方法来研究国学的宣言”[①]，实际上概括地说明了他所倡导的“整理国

① 《胡适口述自传》，唐德刚译注，广西师范大学出版社 2005 年版，第 205 页。

故”运动的原则和方向。发表于该刊的文章大都是这个时期比较重要的国学研究成果。1925 年创办的清华国学研究院只招了四届学生，共计 74 人，其中包括王力、高亨、罗根泽、刘盼遂、谢国桢、徐中舒、吴其昌、姚名达、刘节、陆侃如、姜亮夫、蒋天枢等一大批后来在我国人文学术领域里做出了重要贡献的知名学者，堪称 20 世纪国学研究生教育之典范。其实研究院除了王国维、梁启超、赵元任、陈寅恪四大导师外，只有讲师一人，助教三人，加上主任吴宓和两个工作人员，总共不过十一人。清华研究院开的课程，包括王国维的“古史新证”“说文练习”“尚书”“仪礼”，梁启超的“中国古代史”“中国文化史”“儒家哲学”“历史研究法”，陈寅恪的“西人东方学之目录学”“梵文”“佛经翻译文学”，赵元任的“普通语言学”“方言学”“音韵学”，李济的“普通人类学”“考古学”“中国人种考”等，都不是传统的经筵讲席，“所讲或为国学根柢之经史小学，或治学方法，或本人专门研究之心得”①，重在介绍新发现、新学理和新方法，包括海外汉学、东方学的研究成果，赵元任、李济两位哈佛博士更是把现代语言学和人类学的方法直接引到国学研究中来。清华研究院国学教育的成功，与这种新眼光、新的办学模式是分不开的。今天人大、北大和其他高校办的国学院，都很重视其办学经验，从中得到启示和借鉴，争取在新时代把国学教育办得更好、更有成效。

简单回顾 20 世纪前期的国学运动，是为了说明这个时期不论是国学研究、国学教育还是国学讨论，都不主张复古，走回归传统国学之路，而是力图借用西方近现代的学术方法，对中国传统学术文化进行系统的整理、比较的研究，其中虽然不无比附之弊，但根本宗旨是要发明古学新义，为再造中华文明提供有价值的历史资源。这个时期的国学复兴论者，对于作为民族文化根源和血脉的国学多有同情的了解，但是并没有将其意识形态化，比如对于为专制帝王统治服务的

---

① 《研究院章程》，《清华周刊》第 360 期，1925 年 11 月。

“君学”，就把它与“国学”明确区分开来并给予有力的掊击。他们虽然也反对“醉心欧化”，但总的来说对西学还是采取开放的态度，将他者作为认识自己的一面镜子，并试图从中找到整理国故、重建国学的“科学方法”。这个时期的国学研究和国学教育，相对于传统国学来说，无疑是一个历史的进步。

创建社会主义时代的新国学

今天我们再次面临着复兴国学和重建国学的问题。历史的经验告诉我们，国学研究必须与时俱进，它必须与时代的主题以及我们所承担的历史任务相适应，因此，在今天复兴国学、重建国学就是要创建适应中国特色社会主义事业发展需要的新国学。

按照约定俗成的狭义国学概念，新国学研究的对象仍然是中国传统的学术文化，如前所说这是一座蕴藏着丰富资源和宝藏的大山，是一个几千年积累、传承下来的知识宝库。我们必须以虔诚、敬畏的态度来对待这个研究对象，首先要把包括古典文献、出土文物和非物质文化遗产在内的祖先的丰厚馈赠保护好，保存下来，然后才谈得上对其进行整理、研究与合理利用。当然，保存、掌握资料并不是最终目的，还须在此基础上对中国传统学术文化进行深入研究和具体分析，揭示其发展规律，形成服务于当代中国文化建设和积极参与人类文明对话的新国学理论体系。

怎样创建适应社会主义时代需要的新国学，或者说，怎样建立国学的当代形态，我认为袁行霈教授讲得比较平实，就是要有三个“态度”：分析的态度，开放的态度，前瞻的态度。

所谓分析的态度，就是要分清国学中的精华和糟粕，吸取其精华，剔除其糟粕。大家知道，这就是毛泽东讲的“学习我们的历史遗产，用马克思主义的方法给以批判的总结”，“剔除其封建性的糟粕，吸收其民主性的精华”[①] 的批判继承方针。20 世纪的“整理国故”运动，也声称要用科学的方法，分析的态度，来补救传统国学过于笼统杂芜、没有条理系统之弊。他们采取的分析方法，主要是近代西方的进化论、实用主义和实证主义等资产阶级的世界观和方法论。科学与哲学的发展以及历史实践都证明这些并不是正确认识社会历史和传统思想文化的科学方法，只有马克思主义的辩证唯物论和历史唯物论，才为国学研究提供了真正科学的世界观和方法论。所以，创建适应社会主义时代需要的新国学，就是要用马克思主义的分析方法对中国传统学术文化进行系统的清理、批判、重释与重构，弃糟取精，推陈出新，形成真正科学的、传统与现实贯通的人文学术体系，充实中国特色社会主义新文化的内容。

所谓开放的态度，就是要处理好中外文化的关系，既要树立民族文化主体意识，又要善于学习、吸收世界各民族的优秀文化成果，博采众长，为我所用，使中华文化不断获得新的发展生机。这就是立足本国、面向世界、洋为中用的方针。几千年国学传承与发展中有丰富的对外开放的历史经验，印度佛教的传入对中国哲学、宗教、文学、艺术的发展产生了深刻影响，16 世纪末叶以来的中西文化大交流更是全面改变了中国政治、经济、文化、社会的面貌。但同时，我们也有闭关自守、拒绝学习外国先进文化而使自己落后挨打的历史教训[②]，在经济全球化时代把自己封闭起来更加不可想象。因此，新国学必须坚持中国文化中的天下主义理念，拒绝狭隘民族主义和文化封闭主义，以更加自信和开放的心态来对待外来文化。同时新国学也要把经过科学阐释的“天人合一”，“和而不同”，“己所不欲、勿施于人”

---

① 《毛泽东选集》第 2 卷，人民出版社 1991 年版，第 533、707 页。

② 18 世纪 20 年代以后，清朝政府采取闭关自守政策，结果导致科技落后、经济凋敝、国势衰微，在外国侵略者面前投降称臣，割地赔款，丧权辱国，使曾经是世界上先进国家的中国落伍到后发展中国家的行列。

等具有普世意义的中国传统智慧贡献给全人类。

所谓前瞻的态度，就是要正确处理古今关系。国学研究的对象是中国传统的学术文化，是“古学”“旧学”或“国故”，但国学研究的目的并不是要复古，让历史倒退回去，不是抱残守缺，迷恋于故纸堆，而是要立足现实面向未来，为中国当前的现实和未来的发展提供历史智慧和有价值的思想资源。传统思想文化中哪些是民主性的精华，是与当代社会相适应、与现代文明相协调的东西，哪些是封建性的糟粕，是落后的要被历史淘汰的东西，只能以中国特色社会主义现代化建设实践为试金石和取舍、扬弃的标准。这就是立足现实、理解传统、古为今用的方针。新国学作为中国特色社会主义文化的一部分，还要面向现代化、面向世界、面向未来，为加快我国的社会主义现代化建设、争取早日成为世界经济强国和文化大国做出贡献。

迄今为止的国学研究大体上可以分为三个阶段：一是传统国学研究阶段；二是用资产阶级世界观和方法论来“保存国粹”“整理国故”的阶段；三是以马克思主义为指导的新国学研究阶段。所谓分析的态度，开放的态度，前瞻的态度，正是以马克思主义为指导的新国学所应具有的基本品格。

新国学是在吸收前人一切有价值的研究成果，包括乾嘉学派和“疑古”“信古”“释古”学派，以及章太炎、梁启超、王国维、胡适等人的有价值的国学研究成果的基础上，以马克思主义世界观和方法论为指导原则，全面总结和清理前人给我们留下来的学术文化遗产，构建中国传统人文学术，包括中国古代史、中国文学史、中国哲学史、中国经学史、中国政治思想史、中国宗教思想史、中国科学思想史等的新学科体系，形成对于中国古代社会和传统思想文化的真正科学的认识。新国学不可能再回到笼统囫囵的传统国学，而是要与现代分科之学相结合，深化各学科的研究内容，同时加强与相关学科的沟通，重释和重建中国传统人文学术，使它呈现出当代形态，获得新的文化生命。只有唯物史观才能使这些学科真正成为科学。

这项工作并不是今天才开始做的，中国前辈马克思主义学者已经做了许多开创性的工作，我们不过是继承他们的事业，利用历史给予的复兴国学、重建国学的新机遇，把新国学的研究和理论建设再向前推进一步。就拿中国哲学史、思想史学科来说，侯外庐学派从20世纪40年代起，就以注重“实事求是”和“独立自得”的马克思主义学术精神，在清理中国传统思想的发展脉络、建立思想史与社会史的密切联系、发掘被埋没的“异端”思想资料等方面做了大量工作，使我们对国学的内涵和发展轨迹有了更全面的认识。匡亚明先生主持编写的“中国思想家评传丛书”，也是用马克思主义观点总结研究中国传统思想文化的一项系统工程，丛书宗旨在匡老亲自执笔写的《孔子评传·导论》中讲得很清楚，它所阐明的正是新国学的基本原则。我还想提到张岱年先生的未完成著作《天人新论》，它对天人、理事、心物、两一、知实、能所、群己、义命等中国传统哲学问题力图做出辩证唯物论的新解，提出了“天人本至”“物统事理”“物源心流”“知通内外”“以兼和易中庸”等一系列重要命题，无疑也是创建新国学的一次有意义的尝试，给后人留下了诸多启发。其他如在文学、史学等学科，中国马克思主义的先贤们在创建新国学方面也有筚路蓝缕之功，他们的事业在今天同样得到了继承和发展。我们注意到，中央最近把中国哲学史、中国政治思想史等学科教材编写列入了“马克思主义理论研究和建设工程”，这一举措对新国学的建设和发展将起到重要的理论导向作用。

新国学是实事求是之学，也是与时俱进之学。随着时代的发展，资料积累的丰富，理论和方法的成熟，其古为今用的任务可能还会不断有所调整和发展变化，在创建新国学的过程中出现认识分歧和“百家争鸣”的情况也是很正常的，但它作为中国特色社会主义文化重要组成部分的地位不会改变，中国人永远需要到它那里去寻找自己的文化根源和民族身份认同，到它那里去汲取智慧和力量。我们相信，经过若干代人的努力，在近现代学术转型中曾经被边缘化的国学必将以新的面貌重新进入中国学术文化的主流和中心，它的命运与国家的兴衰是紧密联系在一起的。

以上是我对本次论坛主题“何为国学，国学何为”的粗浅理解。我认为在今天要大力提倡和支持承接中华文化慧命、适应时代发展需要的新国学，充分发挥它在先进文化建设中的积极作用，抵制国学运动中的复古主义和否定国学的历史虚无主义思潮。

（本文是作者2008年7月4日在中国社会科学院首次“国学研究论坛”的发言。原载《高校理论战线》2008年第8期。其中部分内容曾发表于《光明日报》2008年8月4日）

“文明以止”：中华文化的精华与精神

中华民族是在特殊的自然地理环境和生存条件下生息繁衍和不断奋斗进取的，它在历史上发展出了一条独特的文明生成和演进路径，创造了令世人赞叹的丰硕的文明成果与厚重的历史遗产。中华民族是一个有着博大的包容胸怀和强大的生命力的伟大民族。它的博大胸怀和强大生命力就深深地扎根于其源远流长、博大精深的文化传统中，体现在它的语言文字、文学艺术、宗教信仰、哲理智慧、工艺技术、价值观念和生活方式等方方面面，其中蕴涵着丰富的思想精华、珍贵的价值理念和深邃的哲学智慧，滋养和孕育了中华民族优秀的道德品质和精神特性。我们认为，对中华文化独特的价值理念、思想精华、哲学智慧和精神特性给以科学的总结、反思、梳理与发掘，对于促进中华民族的文化自觉和自我认同，提升自身的精神品质和文明特性，正确认识和处理与其他民族文化的关系，都具有深远的自我教育意义和启迪来者的意义。

一　中华文化的思想精华

中华文化是世界上最古老的文明传统之一，它的最大特点就是历史悠久而又从来没有中断过，如同长江大河滚滚而来、奔流不息，虽历经艰难险阻而具有顽强的生命力，同时具有汇聚众流的博大的包容胸怀。那么，中华文化可久可大的精神支柱和内在动力是什么呢？它具有什么与其他民族文化，特别是与近现代西方强势文化不同的文明特性呢？本文即试图从这两个角度来探讨中华文化的思想特质，以彰显其思想精华之所在。兹分述如下。

（一）“旧邦新命”的“中国”意识、“与时偕行”的通变思想和自强不息的进取精神

如所周知，中华民族已有五千年的文明史。如果说传说中的炎黄尧舜时代或三代之前的五帝时代“还只是初露文明的曙光”的话，那么夏商周三代则可以说是中华文明真正发端并日趋繁荣的时代[①]，尤其是在中华民族的自我认同意识中，这个时期已经形成了最能体现我们的文化身份和特性的“中国”意识或观念。据于省吾先生考证，“以金文与典籍相互验证”而可以肯定的是，“中国这一伟大的名称”，起源于西周武王时期，不过，“自商代以迄西周，中国与四夷还没有完全对称。自东周以来，才以南蛮、北狄、东夷、西羌相对为言”。[②] 然而，中国之所以为中国，并非指一个具有某种固定边界的独立民族国家意义上的地理、政治或种族的概念，而主要是一个文化的概念，即所谓：“中国有礼义之大，故称夏；有服章之美，故谓之华。”（《左传》定公十年“裔不谋夏，夷不乱华”之孔疏）[③] 另如元人王元亮所说：“中华者，中国也。亲被王教，自属中国，衣冠威仪，习俗孝悌，居身礼仪，故谓之中华。”（《唐律疏议释文》）也就是说，所谓的“中国”“中华”“华夏”，其实质性的含义是：居住在中原之国或中央之国的人们的礼义化的生活方式，对于四方夷狄之民来说具有一种“文明”典范的意义。而且，通过这样一种方式，以“中国”为中心，由近及远、由内及外地对周边四夷产生一种文化上辐射性的

① 袁行霈等主编：《中华文明史》第1卷，北京大学出版社2006年版，第21页。
② 于省吾：《释中国》，见《中华学术论文集》，中华书局1981年版，第2页。
③ 转引自于省吾《释中国》，见《中华学术论文集》，中华书局1981年版，第4页。

影响作用，从而建立起和平、统一的天下秩序，乃是中华民族始终坚守的一种“文化中国”的理想目标追求。正是在作为一种文明理想和文明典范意义上的“文化中国”信念的指引和感召下，华夏与夷狄在历史上可以不断地跨越地理、政治和种族的界限而实现文化和民族的大融合。

可以说，在中华民族独具特色的“中国”意识或观念中，中华民族自我认同的“中国”并不是一般意义上的“民族国家”，而是一个“文明国家”。[①] 毋庸讳言，像其他民族一样，中华民族在历史上也曾有一种强烈的自我中心主义的文化优越感，即“认为自己是世界的中心、中央之国和‘天下’”，或者“完全将自己置于全球秩序的中心”，“把中国看做世界的中心、将中华文明视为世界上最先进的文明”[②] 等等。这样一种文化和文明上的优越感，在历史上起到了凝聚中华民族的重要作用，对中华民族和中华文化的历史延续性也起到了重要的支撑作用；然而，另一方面，我们也必须认识到，中华民族的“中国特质”或“中国认同”意识从来就不是“固定不变”的[③]，它还具有一种在借鉴历史经验教训的基础上，进行自我调整和更新以适应不同生存境遇的强大而坚韧的适应性特点。比如《诗经·大雅·文王》说：“周虽旧邦，其命维新。”以旧邦的身份而上承新的天命，或者在新的时代条件下承担和肩负起新的历史使命，重塑或再造一个新的更加文明化的“中国”，这自西周以来就构成了中华民族的“中国”意识中的一项至关重要的思想内涵，而且，至今仍在发挥着它的重要功能和历史作用。因此，中华民族在近代遭遇西方文明的强劲挑战而

① ［英］马丁·雅克：《当中国统治世界：中国的崛起和西方世界的衰落》，张莉、刘曲译，中信出版社 2010 年版，第 161 页。

② ［英］马丁·雅克：《当中国统治世界：中国的崛起和西方世界的衰落》，张莉、刘曲译，中信出版社 2010 年版，第 194—196 页。

③ ［英］马丁·雅克：《当中国统治世界：中国的崛起和西方世界的衰落》，张莉、刘曲译，中信出版社 2010 年版，第 209 页。

其文化上的优越感受到重大挫折之后，虽然逐渐改变了自身的“文明”观念，即不再坚持“中央之国”的自我中心主义的文化优越感，而是最终接受了世界上各民族国家一律平等的现代观念，并愿意在此基础上平等地看待和处理各民族国家和不同文明之间的关系，但“旧邦新命”的意识却仍然在支撑和激励着中华民族为建设一个伟大的社会主义新中国的事业而努力奋斗，因此，也可以说“旧邦新命”的意识至今仍然是构筑中华民族强大的凝聚力、适应性和延续性的牢固根基。

与上述“旧邦新命”观念相辅相成的，则是因应时变、“与时偕行”的通变思想和自强不息、刚健有为的进取精神。如《周易大传》所谓的“与时偕行”（《乾文言》）、“穷则变，变则通，通则久”和“变通者，趣时者也”（《系辞下》），西汉史学家司马迁所说的“通古今之变”等等，都集中彰显了中华民族独具特色的通变思想和历史观念，这是一种将历史的延续性与时代的变通性有机地融合为一的思想和观念。而《周易大传》所说的“天行健，君子以自强不息”（《乾·象传》）和“日新之谓盛德”（《系辞上》），《礼记·大学》所谓“苟日新，日日新，又日新”，则可以说是对中华民族自强不息、刚健有为的积极进取精神的集中概括。与其他民族一样，中华民族也是一个历经多灾多难的民族，历史上同样充满了阶级和民族的矛盾与斗争、国家的分裂与战争、大规模的天灾与人祸，但中华民族却坚韧不拔地生存了下来，成为世界上硕果仅存的一个延续时间最长、从未中断过的伟大民族和文明国家，如果不具备因应时变、“与时偕行”的通变思想和自强不息、刚健有为的进取精神，这一点无疑是不可想象的。

（二）“和而不同”的和谐观念、多元一体的综合智慧和“有容乃大”的包容精神

中华民族和中华文化从来就不是完全同质性的单一实体，而是一

种内部包含着差异性和多样性的文明实体。[1] 中华民族不是由单一民族构成的，而是在长期的历史进程中多民族经过不断融合而形成的；中华文化也不是由单一的思想文化因素构成的，而是由多种不同的思想文化因素所构成的一个复杂的文化体系。其内部尽管有矛盾和冲突，但中华民族与中华文化却格外珍视和崇尚和谐统一，因此，在中华民族的历史上和中华文化的内部，整体对多样性的包容和多样性不断趋于融合的走向始终居于主导地位，而中国之所以为中国，正在于她是一个统一的多民族的文明国家，是一个内部富有差异性和多样性而又在长期的调适过程中不断趋于融合的“多元一体”的文明实体。“一个文明，多元存在”的说法，也许可以说是对中华文明基本特征的最好概括。正是由于中华文明的这一基本状况和特征，中华民族在历史上积累了在一个文明内部处理和应对多元化存在的丰富经验，有着深邃的和谐哲学智慧和博大的兼容并包胸怀，如“和而不同”“求同存异”的和谐思想，“一本万殊”、多元一体的综合智慧和海纳百川、“有容乃大”的包容精神等。

“和而不同”的观念在中国古代产生很早，可以说是中华文化中具有典型意义的和谐思想与哲学智慧。从现有的文献资料来看，“和”与“同”作为一对区别“同一性”的两种不同涵义的哲学范畴，最早是由西周末年的史伯提出来的。他说：“和实生物，同则不继。以他平他谓之和，故能丰长而物归之；若以同裨同，尽乃弃矣。”（《国语·郑语》）也就是说，“和”是指众多不同事物之间的和谐，矛盾诸方面的平衡，亦即事物多样性的统一；相反，“同”则是指无差别的同一。春秋时期齐国的晏婴继承和发展了史伯关于“和而不同”的思想，他以“和羹”“和声”为例生动地说明了相反相济、相反相成的道理，并运用“尚和去同”的思想来说明君臣上下的关系，指出臣

---

① ［英］马丁·雅克：《当中国统治世界：中国的崛起和西方世界的衰落》，张莉、刘曲译，中信出版社2010年版，第165页。

下对君主不应随声附和，而是要“君所谓可，而有否焉，臣献其否，以成其可；君所谓否，而有可焉，臣献其可，以去其否”，只有这样才能“政平而不干，民无争心”（《左传》昭公二十年）。孔子更把“君子和而不同，小人同而不和”（《论语·子路》）作为一个处理人际关系的普遍原则提出来，强化了中华民族“尚和去同”的价值取向。

“和而不同”的思想无疑蕴涵着深刻的辩证智慧，但它并不否定“同”在事物发展中的作用，比如在人际合作关系中，同心同德亦能起到凝聚共识的基础性作用。因此，“求同存异”同样十分重要。“和而不同”内含着对多元事实的承认，对事物差异性、多样性的接受和包容的态度，强调的是多样性的统一；“求同存异”注重的则是以“同舟共济”、休戚与共的共同感来构筑人类合作的基础，即在某种远大而共同的理想目标（“大同”）的指引下，或在达成某种基本共识（“小同”）的基础上，暂时将可能导致分歧、矛盾、冲突的“异”搁在一边，通过协商合作来共同推动某项事业的发展。

在历史上，我们的先哲正是灵活地运用“和而不同”与“求同存异”的思想原则，来处理不同民族和地域、不同文化和不同学术思想派别之间的关系，而发展出了一种“多元一体”的综合智慧和“有容乃大”的包容精神。在我国多民族文化交流融汇的过程中，虽然也有过摩擦、碰撞和冲突，但主导方面是和平相处、互相学习、取长补短、共同发展，从而形成了中华民族和中华文化“多元一体”的基本格局。比如，在春秋战国时期，中国出现了儒、墨、道、法、名、阴阳等诸子蜂起、百家争鸣的局面，在一些有宏阔眼光和包容襟怀的学术史家看来，各家之间虽然存在思想主张上的差别、分歧与对立，但它们彼此之间又是互相启发、互相借鉴和互相促成的，正所谓“其言虽殊，辟犹水火，相灭亦相生也；仁之与义，敬之与和，相反皆相成也”（《汉书·艺文志·诸子略》）。这也就是《周易大传》所谓“天下同归而殊途，一致而百虑”、《中庸》所谓“万物并育而不相害，道并行而不相悖”的道理。明清之际的思想家黄宗羲在总结中国学术发展的历程时，对“和而不同”的学术文化发展规律亦有深刻认识，故能提出“一本而万殊”的学术史观，肯定学术思想上的各种观点，包括“相反之论”“一偏之见”，都有其存在的价值，都可以启发思想，促进学术文化的发展。“和而不同”不仅是处理国内不同地域文化、各民族文化之间关系的基本原则，中华文化还以开放的胸襟，善于吸收、消化域外文化精华来使自己获得新的发展生机，汉唐时期佛教的传入及其中国化，乃至儒、释、道三教的会通合流，16世纪以来的中西文化大交汇，都是异质文化交流融合、双向互动的典型范例。总之，中华文化之所以能在国内多民族文化融合与中外文化交汇中不断丰富发展，有容乃大，历久常新，显示出可久可大的强大生命力，一个重要原因就在于它具有寻求多样性统一的和谐思想和“厚德载物”“有容乃大”的包容精神。

（三）“以人为本”的价值理念、崇仁尚义的道德取向和学行一致的教育思想

以人为本是中华文化的一项重要思想内容，是中华民族核心价值理念的集中体现。无论是儒家以人伦道德为本位的观念，还是道家崇尚天道自然的思想，无论是墨家对天志仪法的信仰，还是法家对霸王道术的阐扬[①]，他们无不将其落实在人自身的努力与作为以及现世人事之成败、得失上，其中，尤以儒家的人本观念最为典型、最具有代表性，诚如张岱年先生所说，他们强调“人事为本”，肯定“人是社会生活之本”[②]。

依据儒家的人本观念，在生存于天地之间的自然万物中，人的生

---

① “以人为本”一语即最先出自法家之口，如《管子·霸言》篇所言：“夫霸王之所始也，以人为本。本治则国固，本乱则国危。”

② 张岱年：《文化与价值》，新华出版社2004年版，第205、215页。

命价值是最可宝贵的，即所谓“天生百物，人为贵”（郭店竹简《语丛一》）、“天地之性人为贵”（《孝经·圣治章》）；人也是有生中之最灵者，因为“人者，天地之心也”（《礼记》），不仅可以知天地之道，而且可以“赞天地之化育”而与天地“相参”。更为重要的是，人是一种伦理道德性的生物，能够过一种富有道德意义的社群伦理生活，如荀子所言，相比于水火、草木和禽兽，“人有气、有生、有知，亦且有义”，故“最为天下贵也”（《荀子·王制》）。正因为如此，儒家在肯定人的自身价值的同时，也最讲求修身立德、为己做人的“人之所以为人”之道，而崇仁尚义正是儒家人道思想中的基本价值取向。在孔孟儒家的仁义思想中，包含着对人的独立人格和意志的肯定，如孔子说“三军可夺帅也，匹夫不可夺志也”（《论语·子罕》），孟子说士“尚志”、志于“仁义而已矣”（《孟子·尽心上》）；包含着对人的道德自主性的强调，如孔子说“为仁由己”（《论语·颜渊》）；包含着对人的人格平等和尊严、人的道德价值高于个体自然生命的张扬，如孔子说“杀身成仁”、孟子说“舍生取义”；还包含着人生向善的道德信念和成圣成贤的人格理想。上述儒家人士以人为贵的人本观念和仁义为尚的理想主义道德取向，可以说构成了中华文化传统中最重要的核心观念和精神。此外，道家以自然主义为宗旨的“至仁无亲”“至义不物”（《庄子·庚桑楚》）的仁义观念，墨家以“兼相爱，交相利”为宗旨的功利主义仁义思想，以及佛教慈悲为怀、众生平等的宗教精神等，也作为儒家仁爱道义思想的有益补充而构成为中华文化优秀传统的有机组成部分。

当“以人为本”的价值理念与“和而不同”的和谐思想落实到现实生活和伦理秩序之中时，还体现为一系列独具特色的生活信念、伦理观念和道德理性精神。首先是“贵和尚中”。儒家最为重视的就是社会人际关系的和谐，认为“天时不如地利，地利不如人和”，“众心成城，人和为贵”。“和”可以说是儒家追求的最高生活目标。而儒家之“贵和”，往往又是与“尚中”联系在一起的。《中庸》说：“中也者，天下之大本也；和也者，天下之达道也。致中和，天地位焉，万物育焉。”这里所谓“中”，就是荀子所说的“曷谓中？曰：礼义是也。”（《荀子·儒效》）故孔子弟子有子说：“礼之用，和为贵。”（《论语·学而》）由此可见，儒家以和为贵的生活信念乃是一种以“礼”为标准的“中和”“中道”思想。在他们看来，人们只有通过个人仁德的修养，并遵守“礼”的行为规范，才能建构起“父子有亲，君臣有义，夫妇有别，长幼有序，朋友有信”的和谐的社会人际关系。因此，儒家的根本生活信念可以说是一种以“仁”为魂、以“礼”为体、以“和”为用的伦理秩序观念。“仁”是一种本源于孝亲之心的关心人、爱护人、体恤人的感情和态度，在与他人相处时要与人为善、成人之美，“己欲立而立人，己欲达而达人”，“己所不欲，勿施于人”。除了崇仁尚义之外，儒家还强调要按照“礼”的秩序来进行社会制度建设，但“礼”不只是外在的形式，而是要以“仁”为内在精神。只有按照“仁”的精神来制定一系列社会制度、规范和道德原则，明分定伦，处理各种人际关系，才能达到社会和谐的目的。上述生活信念和伦理秩序观念虽然有其特定的时代和阶级内涵，甚至包含一些在今天必须批判和抛弃的思想糟粕，但它所体现出来的道德理性精神，包括善待他人的仁爱精神、尊重秩序的守礼原则、以和为贵的价值追求等，在今天对于我们仍然具有重要的启迪意义和借鉴价值。

“以人为本”的价值理念和崇仁尚义的道德取向在中国传统教育思想中亦有重要体现。中华民族有崇德重教的优良传统，《礼记·学记》把教育的作用概括为“建国君民，教学为先”“化民成俗，其必由学”十六个字。儒家的“六艺”之教注意德、智、体、美全面发展，但强调“德教为先”，首先应教人以德行和生活智慧。教师不仅要教书，而且要育人，“经师易得，人师难求”，强调身教重于言教。儒学作为一种“为己之学”“成德之教”，格外注重学行一致、知行统一。孔子认为只要在德行上做到了，“虽曰未学，吾必谓之学矣”（《论语·学而》）。他主张“行有余力，则以学文”（《论语·学而》），就是把“行”放在比“学”更加优先的位置上。荀子也说“知之不若行之”，“学至于行之而止矣”（《荀子·儒效》）。这种重行的“学行统一”思想，无疑属于中华传统教育思想中的精华部分，在今天亦应继承和发扬。

（四）“民为邦本”、以德治国的政治思想和经世济民、天下己任的担当精神

在政治思想方面，最能体现中华文化的特色，又是其“最精彩也最主要之一部分”[①] 的是民本思想。在中国历史上，民本思想或民本主义的政治理念发端甚早，它脱胎于《尚书·五子之歌》中的“民惟邦本，本固邦宁”一语，并在周人的尊天、敬德、保民思想中得到了进一步的彰显和发展。如周初统治者强调要体察民情、明德慎罚，他们甚至以民意代天意，认为“天视自我民视，天听自我民听”（《尚书·泰誓》），意识到“人无于水监，当于民监”（《尚书·酒诰》），把民众当作自己的一面镜子。到了春秋战国时期，在世俗人文政治思潮勃兴的时代潮流下，孔孟儒家更加不遗余力地阐扬重视民生的民本主义政治理念，使中国传统民本思想有了更加充实、丰富和系统的理论内容。面对原先世袭的传统权力日趋蜕变成“暴力”、现实政治日趋功利化的时代趋向，孔孟儒家从思想上进行了深刻的反省，并发出了强烈的“仁者爱人”的人道呼声。他们反对杀戮，批评暴君苛政，希望统治者能够以仁爱之心施政发教；主张爱惜民力，使民以时，节用而惠民；甚至希望统治者能够敬畏并顺应民心，做到“民之所好好之，民之所恶恶之”（《大学》），与民同乐，与民同忧。

儒家重视道德修养和道德教育，以完善主体道德为完善社会道德的基础，将个人修养与对他人、国家、社会应尽的义务和责任联系起来。在孔子看来，“政者，正也”（《论语·颜渊》），正人者必先正

① 金耀基：《中国民本思想史》，法律出版社2008年版，第6页。

己。君子“修己”，近可以“安人”，远可以“安百姓”（《论语·宪问》），只有“因民之所利而利之”（《论语·尧曰》），乃至“博施于民而能济众”（《论语·雍也》）者，才是一个好的政治家。孟子主张“制民之产”而使民生得到保障，人民衣食无忧、养生送死均无憾的“仁政”和以德服人的“王道”；荀子则主张调节平衡人类欲求和物质资源而“养人之欲，给人之求”的礼治。与此同时，孔孟儒家还主张在利民、富民的基础上对人民实行道德教化，提倡一种旨在提升国民道德品质和文明教养的教化治国或道德政治的理念。孔孟及后世儒家之所以主张保障民生和“以德化民”的治国理念，乃是因为他们认识到了“君者舟也，民者水也，水能载舟，亦能覆舟”和“得民心者得天下”的道理，故先后提出了“民贵君轻”“民本君末”“天下为主君为客”等君臣关系理论，虽然目的都是“存社稷，固君位，达邦宁”，但客观上对于改善人民的生存状况、促进社会生产力的发展也起到了积极作用，尽管我们不能将“民本”混同于现代民主思想，但也不能否认其中也包含着若干民主性的思想精华。

为了把上述民本主义的政治思想和仁政、王道理想落到实处，或使之有所实行，历代志士仁人、杰出的思想家和政治家们以铁肩担道义的大无畏勇气，本着一己的良知理性，常常挺身而出为民请命，而置个人生死安危于不顾。他们以济世安民为职志，胸怀“天下兴亡，匹夫有责”的责任意识，关切国家治乱和民生福祉，期望实现治国平天下的社会政治目标。在他们看来，志士仁人特别是为民父母官者应该“先天下之忧而忧，后天下之乐而乐”（范仲淹《岳阳楼记》），因为“天下之治乱，不在一姓之兴亡，而在万民之忧乐”（黄宗羲《明夷待访录·原臣》）。职是之故，在他们身上，我们看到的是“知其不可而为之”的坚韧和执着，“为生民立命，为万世开太平”的宏愿和抱负，“苟利国家生死以，岂因祸福避趋之”（林则徐诗）的政治理想和爱国情怀，居安思危、天下己任的担当精神和忧患意识，他们不愧是中华民族的“脊梁”，也是践行、弘扬中华文化精华的优秀代表。

（五）“天下为公”的大同理想和“协和万邦”的天下情怀

将民本主义的政治理念、仁政王道思想和天下己任的担当精神进一步提升和扩展，便是追求实现“天下为公”的大同理想与“协和万邦”的天下秩序，这可以说是历来中国人所追求的“终极”社会政治目标。自先秦以来，历代思想家和政治家心有所系的始终是关切天下兴亡、汲汲于追求平治天下的政治抱负和经世理想，不仅儒家如此，墨家如此，而且道家、法家也是如此。正是基于这种社会政治目标追求，儒家在《礼记·礼运》中描绘了一幅“天下为公，选贤与能，讲信修睦”、货“不必藏于己”、“老有所终，壮有所用，幼有所长，矜寡孤独废疾者皆有所养”的“大同”社会理想蓝图；而且，在他们那“以德服人”的王道理想中，也蕴含着一种通过和平的方式来实现平治天下的目标的价值诉求和精神祈向。在儒家的心目中，尧帝之所以是理想的圣王，正是由于他是一位能够“克明峻德”而使九族亲睦，乃至能“协和万邦”的统治者（《尚书·尧典》）。墨家“视人之国，若视其国”的兼爱非攻思想，道家“小国寡民”“至德之世”和“以无事取天下”的无为而治思想，法家“立天子以为天下”（《慎子·威德》）、“为天下位天下”（《商君书·修权》）的思想，以至杂家“公则天下平”“天下非一人之天下也，天下之天下也”（《吕氏春秋·贵公》）的思想，也都体现了一种“天下为公”的价值诉求与和平主义的精神祈向。建立在农业小生产基础上的“大同”社会理想虽然带有空想的性质，但它却反映了几千年来广大人民群众反对剥削压迫、主张财产公有、人人自食其力、没有等级差别的共同愿望。大同社会理想与“天下一家”“遐迩一体”“四海之内皆兄弟”的天下主义情怀是联系在一起的，是“以仁义治天下”或“以无事治天下”的结果。在处理与周边四邻和其他国家、民族的关系问题上，中华民族历来主张“亲仁善邻”“协和万邦”，与所有国家、民族和睦相处。除了法家力主耕战外，其他学派的思想家虽然不完全反对用兵，但大多主张正义战争，反对以强凌弱的侵略战争。上述“天下为公”“协和万邦”的社会政治理想和天下主义的博大胸怀，突出地体现了中华文化崇仁尚义、兼善天下的道德人文主义的特征，它不仅推动了历史上多民族的融合以及与外域文化的交流融汇，而且正在指引着中华民族为实现天下大同、和谐世界的伟大目标而不断地开拓进取、奋斗前行。

（六）“天人合一”的精神境界和天人协调的生态智慧

在修身为本和成圣成贤的人格理想激励下，通过不断地克己修身和下学上达而提升自己的精神境界，追求实现一种“天人合一”的人生目标，可以说是中华文化作为“生命的学问”的最大特色。我们的先哲主要是从体认“天无私覆，地无私载”的廓然大公精神中，汲取了人生向上的力量源泉，认识到人只有效法天地之德、与天合一才能达到人生的最高境界。对于天覆地载之博大、包容、无私品格的体认可以说是先秦诸子的共识。如儒家认为“三王之德，参于天地”，而“天无私覆，地无私载，日月无私照”（《礼记·孔子闲居》）。《中庸》讲得更加明白：“天地之道：博也，厚也，高也，明也，悠也，久也”；“博厚，所以载物也；高明，所以覆物也；悠久，所以成物也”；“天地之所以为大也”正在于“天地之无不持载，无不覆帱”，故曰“大哉！圣人之道洋洋乎！发育万物，峻极于天”。墨家也认为：“天之行广而无私，其施厚而不德，其明久而不衰，故圣王法之。”（《墨子·法仪》）道家亦反复申论“天无不覆，地无不载”（《庄子·德充符》）或“天无私覆，地无私载”（《庄子·大宗师》）的观念。尽管他们对于天地之德的具体内涵和特性的理解并不完全一致，但在对于法天合德、与天为一的精神境界的追求上却是别无二致的。

正因为如此，所以在中国文化中虽然也有“制天命而用之”“天人交相胜”的思想，但却不占主导地位，占主导地位的始终是“天人合一”“性天相通”“辅相参赞”等思想观念，即认为人与自然界不是一种疏离以至对立的关系，而是息息相关、互相依存、内在统一不可分离的。道家主要是从人必须因任、顺应自然的角度来讲天人合一，如老子说“人法地，地法天，天法道，道法自然”（《老子》第二十五章），庄子说“天地与我并生，而万物与我为一”（《庄子·齐物论》），认为人应该“顺物自然而无容私”（《庄子·应帝王》）。儒家则认为人性与天道是相通的，人可以通过“尽心”“知性”而“知天”（《孟子·尽心上》）；人的能动性更加突出地表现在知天道后，能够通过“裁成天地之道，辅相天地之宜”（《易·泰卦·象传》）而积极地参赞天地之化育。宋明儒者还由对天地生生之德的体认而大力阐扬一种民胞物与、“与天地万物为一体”的泛爱万物的思想，如北宋哲学家张载说：“乾称父，坤称母，予兹藐焉，乃混然中处。天地之塞，吾其体；天地之帅，吾其性。民，吾同胞；物，吾与也。”（《西铭》）即是说天地犹如父母，人和万物都是天地所生，所以人民都是我的兄弟，万物都是我的朋友。这就充分肯定了人与自然界的统一性，必然导致“仁民爱物”、关心和尊重所有生命的结论。中国的先哲早就认识到：“不违农时，谷不可胜食也；数罟不入洿池，鱼鳖不可胜食也；斧斤以时入山林，材木不可胜用也。”（《孟子·梁惠王上》）因此在中国古代，“天人合一”就不只是一个人文主义的思想原则，而是必须落实到善待自然、保护生态环境的具体行动中去，这从我国上古时期就设有“虞师”之类的生态环境保护官员、战国时期就有《田律》之类的自然资源保护法，以及《礼记·月令》中一系列保护自然生态环境的制度性规定都可以看得出来。在中国古代“天人合一”思想中，认为既要积极改造自然，使其符合人类的需要，又要遵循自然规律，不破坏生态平衡，也就是将改造自然与遵循自然规律有机地结合起来的朴素辩证的“天人协调”说，可以说是最有价值的一种思想成果，也是中华文化对于人类文明的一大贡献。在如何处理人与自然的关系问题上，中华文化不仅提供了“天人合一”这一总的正确的思想原则，而且在几千年文明发展史中积累了丰富的正反两个方面的经验教训，这对于我们今天正确处理人与自然的和谐共生关系、建立环境友好型社会有重要的启发和借鉴意义。

中华文化博大精深，内涵丰富，其中包含着多方面的思想精华和智慧成果，可以从不同角度进行总结和概括。上面列举的六个方面，主要是从这样两个角度来把握中华文化的思想特质：前两点是揭示中华文化可久可大的精神动力，一曰自强不息、革新进取，二曰厚德载物、和谐包容，对此前贤早已言之，可谓不易之论；后面几点是彰显中华文化道德人文主义的性质和特点，从内修文德到治国理政、平天下、一天人的“外王”事业，无不体现了中华文化道德主义、和平主义的性格和“文明以止”的精神。当然，我们从“各美其美”的角度把它们当作“精华”来理解和阐扬，并不否认也有其自身存在的问题和局限性，如果没有这种自知之明，我们就不能在保持自身文明特性的同时虚心学习其他民族文化的优长而使自己不断更新发展。

二 “文明以止”：中华文化的根本精神

关于中华文化的根本精神，我们认为可以用《周易大传》中的“文明以止”一语来准确、生动地概括，即认为“文明”不是无限度地开发、利用和对外扩张，而是要有所节制，“止”其所当止，内修文德以化成天下。这种文明理念在面临着许多威胁人类生存和发展的全球性难题的当今世界显得尤其富有价值，有很强的现实意义。众所周知，这些全球性难题在很大程度上都是与不恰当的文明理念联系在一起的，比如怀着人类中心主义的心态，对自然资源进行无限制地开发、利用、征服和掠夺，从而造成了种种严重的环境问题和生态危机；或者由于不同文明价值观之间的差异，特别是怀着普世主义价值心态的人大搞文明扩张和霸权主义，从而引发了不同国家、民族和地区之间的对抗、冲突和战争。这些都是威胁着全人类可持续地生存和发展的严峻的世界性问题。我们认为，为了回应当今世界人类共同面对的问题，充分彰显中华文化“文明以止”的理念，不仅有助于深刻认识自己的文化特性，提高本民族的文化自觉，而且对于人类文明未来的健康发展亦能做出积极而独特的重要贡献。

诚如英国学者马丁·雅克所言：“中国和西方虽然在传统上有着些许相似之处，最明显的就是二者都相信普世哲学，都有一脉相承的优越感，但二者在本质上却是迥异的。”① 那么，中华文明与西方文明在本质上的差异到底是什么呢？这是一个颇为耐人寻味、值得引起深思的问题。

如上文所言，“文化中国”的信念内含着一种以华夏民族的礼义文明来引领、融合与统一不同民族、不同地域风俗习性之多样性差异的文化理想，而在追求实现这一文化理想的过程中，无论是“用夏变夷”还是内部整合，其理想的方式都不是通过粗暴干涉和军事征服来达到文化扩张的目的，而是通过文化示范和道德感化的方式来实现中华礼义文明的和平传播与自愿接受。这与中华民族的人文化成观和“文明以止”的理念是分不开的。

《周易·贲卦·彖传》说：“刚柔交错，天文也；文明以止，人文也。观乎天文，以察时变；观乎人文，以化成天下。”所谓“天文”是指阴阳迭运、刚柔交错的自然变化过程及其法则，而“人文”则是指人类制作的礼乐典章制度及其对人的行为的规范教化作用。由“人文”与“天文”并举对称可知，“人文”与“天文”并不是相隔相离、互相对立的，而是二者紧密地联系在一起。对于天下之治理化成而言，治国平天下者既要“观乎天文，以察时序之变化”，又要“观乎人文，以化成天下之人”。② 两者相资为用，不可偏废。也就是说，中华民族虽然重视和强调以“人文”化成天下，但其“人文”

① ［英］马丁·雅克：《当中国统治世界：中国的崛起和西方世界的衰落》，张莉、刘曲译，中信出版社2010年版，第209页。

② 高亨：《周易大传今注》，齐鲁书社1979年版，第227页。

意识并不是以支配自然或逆天而行为前提，相反，“天文”或天道自然法则乃是人类应当取象效法的对象，而取象效法“天文”又须以人文化成为目的。因此，在中华民族的“人文化成”观念中，特别强调人之德行应效法天地、顺应时变而普施博化，或者是“其德刚健而文明，应乎天而时行”（《周易・大有卦・彖传》），或者是虽“蒙大难”，却能“内文明而外柔顺”（《周易・明夷卦・彖传》），或者是如“汤武革命，顺乎天而应乎人”，故能“文明以说，大亨以正”（《周易・革卦・彖传》）。“文明”一词在《周易大传》中凡六见，其一见于《乾文言》，其余皆见于《彖传》。《彖传》的作者可以说是揭示和阐发了一种极富中国特色的“文明”观念，而其中“文明以止”的说法尤其值得重视，在我们看来，用这一说法来概括中华文化的精神特性和文明意识的本质特征是再恰当不过了。

所谓“文明以止”，其本义是说如果一个人（特别是统治者）的德行能够像天地日月一样正大而光明，并用礼乐来教化世人，那么，天下的人民就会被他的光明之德所感召和指引而遵从礼义，以至行其所当行、止其所当止。因此，在中华民族的这一“人文”观念和“文明”意识中，重要的不是通过霸道强权的治理方式来追求实现国家富强的目标或强制人民服从，而是通过充分发挥礼乐对人的文明教化作用来引导人民过一种道德化的伦理文明生活，从而实现社会治理的目标；不是通过武力扩张或威服的方式来胁迫异族人民认同和接受自己的文化，而是通过中国式文明典范的内在吸引力和“修文德以来远人”的方式引导对方实现文化上的自我转化与提升，从而达到“协和万邦”、天下一家的目标；不是通过征服自然或无止境地掠取和消耗自然资源的方式来满足自己不断膨胀的欲望和需求，而是通过节制自身欲望、协调天人的方式来实现物与欲“两者相持而长”（《荀子・礼论》），从而达到人与自然万物可持续地和谐共生的目标。

由此可见，霸道的强权、武力的滥用、自然的征服和文明的扩张皆不为中华民族所称道，反之，中华民族所心仪向往的是敬德保民的治道理念、“以德行仁”的王道理想、天人合一的生命学问、人文化成的道德化境。[①] 相对于霸道强权的文明扩张理念，中华民族“文明以止”的文化性格和人文意识具有一种“止其身有所不为”的道德主义、和平主义的性质，所谓“化成天下”之所以为“化”者即在于此。

对于中华文化崇仁义、贵王道和“尚文不尚武”的道德主义、和平主义性质，许多中外思想家都作过清楚的阐述。雷海宗先生在《中国文化与中国的兵》一书中说：“中国自东汉以降为无兵的文化。”梁漱溟先生进而认为中国历史上为“无兵之国”，他说这是中国文化的一大特征。[②] 中国历代诗歌中都有反战、厌战的作品，古诗十九首、杜甫的《兵车行》等都是代表作。也有一些诗歌是歌颂反侵略战争的，别人侵略你，起来防御自卫是正义的。“万里长城”是自卫防御工事，而不是对外侵略的象征。许多西方思想家也看到了这一点。明朝万历年间来华的意大利传教士利玛窦指出，明朝的军队是他所见到过的装备最精良的军队，但他发现这支军队完全是防御性的，中国人没有想到过要用这支军队去侵略别的国家。美国学者费正清说：“中国历史上没有可与英国伊丽莎白时代或者日本的海上冒险海盗制度相比拟的时期，致使中央政府通过海上掠夺而富强。”[③] 他发现中国的武力问题基本上是维持国内秩序的“警察问题”。日本学者池田大作也说：“中国投入的战争都属于自卫战争，只要不首先侵犯中国，中国是从不先发制人的。”对中国文化有精深了解的英国科学史家李约

① 如汉儒刘向曰：“圣人之治天下也，先文德而后武力。”（《说苑·指武》）“礼乐者，行化之大者也。孔子曰：‘移风易俗，莫善于乐；安上治民，莫善于礼。’是故圣王修礼文，设庠序，陈钟鼓。天子辟雍，诸侯泮宫，所以行德化。”（《说苑·修文》）

② 梁漱溟：《中国文化要义》，学林出版社 1987 年版，第 20、164 页。

③ ［美］费正清：《美国与中国》，孙瑞芹、陈泽宪译，商务印书馆 1973 年版，第 50—51 页。

瑟曾指出：中国长期形成了一种“尚文不尚武”的传统。[①] 马克斯·韦伯也明确地说：“儒教的理性本质上具有和平主义的性质。”[②] 只要不带偏见，尊重基本的历史事实，中外学者得出这些结论来都是自然而然的。总之，反对扩张性的霸权主义，主张通过内修文德的方式来“讲信修睦”“协和万邦”，实现国家、民族之间的和平共处，通过行仁政“来远人”“王天下”，以达到“兵革不试，五刑不用，百姓无患”的目的，这可以说是对中华文化“文明以止”理念的最好注解和诠释。

基于中华文化的上述精神特性，我们可以将《周易大传》中具有特定含义的“文明”一词转换成今天一般意义上的或作为“文化实体”意义上[③]的“文明”一词来理解。那么，所谓“文明以止”，以今语释之就是：人类文明的发展和进步不是无节制、无限度的，也不是漫无方向的发展，而是应该有所“止”：“止于至善”的价值目标，止于人与自然、社会、他人的和谐相处，止于有益于人类自身可持续地生存和发展的事业，这就是所谓“止其所当止”。“文明以止”并不是反对人类推动社会进步的文明行为，而是要把这种行为限制在符合天道、人性的范围内，越出这个范围的行为就是不文明的了。只有“顺乎天而应乎人”，才能以“人文”化成天下。在中华文化中，这一“文明”理念实具有一种枢轴性的意义，它赋予中华文化以既开放进取又克己内敛、既有文化优越感又有包容平和心态、中道而平衡的内涵、特征和色彩，它贯穿于我们前面所列举的一系列中华文化的思想精华、价值理念和民族精神的方方面面，诸如“贵和尚中”“崇德重教”“仁民爱物”等等思想观念，都充分体现了“文明以止”的根本精神。

---

① ［英］李约瑟：《四海之内：东方和西方的对话》，劳陇译，生活·读书·新知三联书店 1987 年版，第 32 页。

② ［德］马克斯·韦伯：《儒教与道教》，洪天富译，江苏人民出版社 1993 年版，第 195 页。

③ ［美］塞缪尔·亨廷顿：《文明的冲突与世界秩序的重建》，周琪等译，新华出版社 1999 年版，第 24—25 页。

从对自身文化和文明的普世性价值的自信及其一脉相承的优越感出发，中华民族在历史上不断拓展对周边地区、民族和国家的辐射性影响，但其影响主要是文化上的，而且这种影响力或同化力主要是与周边地区、民族和国家自觉自愿地认同和接受中华文化密不可分的，正因为如此，尽管中国与周边地区的国家和民族在历史上也曾经发生过不少军事上的冲突和战争，但所谓“东亚中国（儒家）文化圈”却是通过和平传播的方式而历史地形成的。与之不同，从对自身文化和文明的普世性价值的自信及其一脉相承的优越感出发，西方文明发展呈现出的却是一种傲慢、自负而极具扩张性的普世主义心态，而且其文化和文明的传播常常伴随着军事上的殖民扩张和武力侵略，如亨廷顿所言：“西方的普世主义信念断定全世界人民都应当信奉西方的价值观、体制和文化，因为它们包含了人类最高级、最进步、最自由、最理性、最现代和最文明的思想。”而“帝国主义是普世主义的必然逻辑结果”。因此，“西方的普世主义对于世界来说是危险的，因为它可能导致核心国家之间的重大文明间战争；它对于西方来说又是危险的，因为它可能导致西方的失败”。①

“文明以止”与无限制的文明扩张是两种根本不同的文明观，二者的区别恰恰是中西两种文化和文明之分水岭，是它们的本质区别之所在。中西文化各自植根于性质迥异的两种人文精神，一种是天人合一、物我交融、仁民爱物的人文精神，一种是人类中心主义的征服自然、以“动力衡决天下”的人文精神②。以“动力衡决天下”的文明扩张，必然导致文化殖民主义和“文明间的冲突”；而富有反求诸己

---

① ［美］塞缪尔·亨廷顿：《文明的冲突与世界秩序的重建》，周琪等译，新华出版社 1999 年版，第 358—359 页。

② 如杜维明先生所言：“西方启蒙心态的人文精神，其实是一个强烈的人类中心主义，一方面反神权，另一方面是征服自然，实现自然的人化，把自然变成人类的资源。用梁启超的话来说，这一套思潮是以‘动力衡决天下’。”（《儒家传统与文明对话》，彭国翔编译，人民出版社 2010 年版，第 226 页）

的道德理性、“己所不欲，勿施于人”的恕道美德与“和而不同”的和谐理念的“文明以止”，则会“十分自然地从文明的角度来思考问题，并且把世界看作是一个具有各种不同文明的、而且有时是相互竞争的文明的世界”①，乃至努力寻求一种不同国家和民族和平相处的“全球伦理”，通过“文明的对话”来化解“文明的冲突”。西方近代启蒙理性由于对人类自身认知能力的过度自信和“致命的自负”，不但以自然界的立法者自居，而且不断膨胀控制、征服自然的欲望，必然导致人与自然的疏离，对自然资源的贪婪掠夺和攫取，以致造成对自然生态环境的严重破坏而危及人类自身的生存。与之不同，一些中国古代哲人却对人类自身的知识理性持有一种怀疑态度，对人类逐物求知而无限膨胀的物欲抱有天然的警惕意识，对人类文明无限制地发展和进步进行了深刻的自我反思和批判，而希望人类能够“知止不殆”（《老子》第四十四章）、“知止其所不知”（《庄子·齐物论》），乃至能止乎自然本性而不“求外无已”。儒家学者则出于“民胞物与”“与天地万物为一体”的仁者情怀，希望人类能够参赞天地之化育而“止于至善”。显然，具有这样一种人文精神和情怀的民族必然会更乐于把宇宙万物都看成是人类的伙伴和朋友，也自然会乐于善待自然万物而与之和谐相处。

当然，需要说明的是，我们既不是狭隘的民族主义者，也不是文化决定论者，我们只是本着唤醒中华民族“文化自觉”的目的，来总结、反思和梳理中华文化的思想精华和精神特性，以期能够在客观认知与同情了解的基础上获得一种“自知之明”。而且，我们也只是从“各美其美”的角度来阐扬中华文化的精华与精神，既不是为了美化本民族的文化而排斥其他民族的优秀文化，也不是“发思古之幽情”和为了达到“文化回归”的目的，而是旨在把它们作为一种有正面价

① ［美］塞缪尔·亨廷顿：《文明的冲突与世界秩序的重建》，周琪等译，新华出版社1999年版，中文版序言。

值的文化资源，用来促进本民族文化和人类文明的健康发展。而就我们上面所阐述的中华文化的“文明”理念和根本精神而言，也只是从“理想型”的意义上来讲的，历史和现实情况则要复杂得多。如所周知，西方文化已经开始反省和调整自己的文明发展路向，中国文化和文明的现实发展状况也并非尽如人意。因此，无论是中国还是西方，都应该加强文化自觉意识，倍加珍惜地球这个我们共同的生存家园，走保护生态环境的可持续发展之路，重建人与自然之间的和谐共生关系；不同文化和文明之间应该互相尊重、互相学习和交流对话，以期形成“各美其美，美人之美，美美与共，和而不同”的理想文明格局，把我们共同生活的家园建设成为一个持久和平、共同繁荣的和谐世界。

（与林存光合作，系提交2011年5月在苏州召开的太湖文化论坛首届年会“加强文明对话与合作，促进世界和谐与发展”研讨会的报告论文。原载《中国文化的综合创新之路》，中国社会科学出版社2012年版。部分内容曾以《“文明以止”：中华民族理性的文明发展观》为题分两次刊发于《中国社会科学报》2012年6月4日与6月11日）

关于儒家的精华

儒学中有一些对自然现象的观察和认识，但自然科学非其所长。古人讲“正德、利用、厚生”三事，后二者也非儒学之所长。儒学主要是一种“正德”之学，是一种道德伦理、政治和教育学说。

也可以说儒学是一种“人学”，是教人如何做人的学问，包括怎样修身律己、成就理想人格，怎样善待他人、和谐人际关系，怎样治国理政、使天下长治久安。儒学中包含着我们的先哲探索宇宙、社会、人生真谛的丰富智慧成果，其中有许多是可以批判继承、古为今用的思想精华。

儒学的精华、精义、精髓是什么？可以从以下四个方面去认识和把握。

一　儒学是一种修身立德、培养高尚情操、成就理想人格的人生哲学

儒家最讲求修身做人之道。修身的目的在于以德润身、“以美其身”，培养高尚的道德情操，成就理想人格。个人的修身需要反求诸己，“吾日三省吾身”，“深造之以道而自得”，所以儒家的修身立德之学，也就是所谓的“为己之学”。如孔子讲“修己以敬”、涵养智仁勇“三达德”，孟子讲存心养性、善养浩然之气，《大学》讲“正心诚意”，《中庸》讲“至诚尽性”，荀子讲“以诚养心、以礼正身”，

等等，都体现了儒家反求诸己、以德润身的修身为己之学的精义。儒家要求“士志于道”“居仁由义”，具有博施济众、仁民爱物、“先天下之忧而忧，后天下之乐而乐”的博大胸怀和历史使命感，以经世济民为职志，以担当道义为己任；具有“三军可夺帅也，匹夫不可夺志也”“富贵不能淫，贫贱不能移，威武不能屈”的独立人格和坚强意志，以及杀身成仁、舍生取义的大智大勇，为实现社会、人生理想而不懈奋斗。历代志士仁人包括一些近现代革命家都深受儒家人生哲学的影响，吸取并践行了其中的思想精华，为国家、民族以至为人类做出了巨大贡献。刘少奇同志在《论共产党员的修养》中也借鉴了儒家“慎独”“吾日三省吾身”等修养方法，说明这些方法运用于个人德性修养具有一定的普遍适用性。在社会主义精神文明建设特别是在我们的干部教育中，儒家人生哲学中的优质资源，经过创造性的转化仍然可以为我所用。

二　儒学是一种宅心于仁、善待他人、和谐人际关系的社会伦理学说

儒家重视“礼”即社会制度建设，但“礼”不只是外在的形式，而是要以“仁”为内在精神。“仁”是一种本源于孝亲之心的关心人、爱护人、体恤人的感情和态度，在与他人相处时要与人为善、成人之美，“己欲立而立人，己欲达而达人”，“己所不欲，勿施于人”。“礼”是按照“仁”的精神制定一系列社会制度、规范和道德原则，来明分定伦，处理各种人际关系，达到社会和谐的目的。比如在家庭中，如能做到父慈子孝、兄友弟恭、夫义妇顺，这个家庭就和睦了。扩大到社会，就是要建立起“父子有亲，君臣有义，夫妇有别，长幼有序，朋友有信”的基本伦常秩序，每个人都要按其名分尽到一定的道德责任，如君有君德，臣有臣德，父有父德，子有子德，朋友有交友之道。从事各种职业的人也有职业道德，如为政者有政德，从商者

有商德，教师有师德，医生有医德等等。每个人各守其分，各尽其责，依礼而行，整个社会就能够和谐安定。孔子的弟子有若说："礼之用，和为贵。"儒家最看重的是社会人际关系的和谐，认为"天时不如地利，地利不如人和"，"众心成城，人和为贵"。"和"是儒家追求的最高价值目标。这种以"仁"为魂、以"礼"为体、以"和"为用的社会伦理学说，虽然有其特定的时代和阶级内涵，但它所体现的道德理性精神，包括善待他人的仁爱精神、尊重秩序的守礼原则、以和为贵的价值追求，经过科学阐释和现代转换，在社会主义和谐社会建设中亦能发挥重要的积极意义。

三　儒学是一种修己安人、以德治国、富有民本思想传统的政治学说

儒家经典《大学》提出了"三纲领""八条目"的系统的政治学说。三纲领即"明明德、亲民、止于至善"，八条目即"格物、致知、正心、诚意、修身、齐家、治国、平天下"。这是一个"壹是皆以修身为本"、由内圣而外王、以德治国的路线图。政者正也。在孔子看来，正人先要正己，君子"修己"，近可以"安人"，远可以"安百姓"，乃至博施于民而济众，才是一个好的政治家。孟子主张保障民生的"仁政"，以德服人的"王道"，荀子主张"养人之欲，给人之求"的礼治，特别是古典儒家的那种旨在"以善养人"、提升国民道德品质与文明教养的教化治国理念，都可以说是一种道德政治。这种政治要求统治者"君"给予被统治者"民"以一定的道德关怀，怀着"爱民如子，视民如伤"的感情，采取一些"惠民""安民""富民""恤民""与民休息"的政策和措施，减轻老百姓的负担，让他们能够生活得下去，从根本上来说也是符合其长远统治利益的。这就是儒家的民本主义政治观。许多儒家学者都认识到了"君者舟也，民者水也，水能载舟，亦能覆舟""得民心者得天下""民惟邦本，

本固邦宁”的道理，先后提出了“民贵君轻”“民本君末”“天下为主君为客”等君臣关系理论，虽然目的都是“存社稷、固君位、达邦宁”，但客观上对于改善人民的生存状况、发展社会生产力也有一定的好处，不能否认其中包含着民主性的精华。儒家“以德治国”“民为邦本”的治国理念，经过批判改造和创造性发展，可以成为中国特色社会主义民主政治建设理论的重要历史来源之一。

四 儒学是一种尊师重教、学思结合、知行统一的教育学说

尊重知识，尊重人才，把教育看作是化民成俗、提高人的素质、推动社会进步的重要手段，是儒学的一大特点。历史上有影响的儒家学者大都是著名的教育家，他们通过长期教学实践所总结出来的教育经验和方法，包含许多超越时空的真知灼见。儒家“六艺”之教注意德、智、体、美全面发展，但强调“德教为先”，首先要教会学生如何做人。教师必须具备丰富的知识和高尚的品德，身教重于言教，“经师易得，（既会教书又会育人的）人师难求”。历代儒家学者总结出了许多卓有成效的教育和教学方法，如有教无类、因材施教、举一反三、循序渐进、温故知新、由博返约、学思结合、知行统一、教学相长、寓教于乐等等，都在一定程度上反映了教育和认识发生发展的规律，不会因为时代变迁和教育对象发生变化而失去其价值和意义。比如学与思的关系，孔子说：“学而不思则罔，思而不学则殆”，认为学是思的基础，思是学的深化包括所学知识的融会贯通，主张学思结合、学思并重，其真理性至今不能否认。我们注意到，匡亚明同志和谷牧同志提出的“三分法”，在讲到可以“直取而用之”的儒学精华时，所举例子多为关于教育和学习方面的精湛论述。在现代教育的综合创新中，应该更加注意吸收儒家传统教育思想中的合理内容。

由于儒学是流传了两千多年、经历了若干重要发展阶段、包含许

多不同学说和学派的复杂思想体系，其中既有精华，也有糟粕，而且精华与糟粕往往是纠缠在一起的，所以我们在讲儒学的精华时，不能忽视它的具体表现形态一般都打上了阶级的烙印，具有明显的时代局限性。比如儒家的民本思想与王权主义就有着复杂而微妙的关系，我们必须采取具体问题具体分析、有扬有弃的批判继承态度。

虽然儒学主要是一种道德伦理、政治和教育学说，但在中国古代社会中，它作为长期占统治地位的意识形态，其价值观念已经渗透到社会生活的一切方面，包括文学艺术和民间习俗等领域，形成了一套全面安排人间秩序的思想系统，所以要讲儒学的精华，也不只限于上述几个主要方面，在儒学涉及的各个思想领域，都是精华与糟粕并存，只要采取分析的态度，从中都能找到一些有价值的思想精华。比如儒家哲学是“天人合一”之学，固然有以“天人感应”“性天相通，天人合德”来解说“天人合一”的，儒学中也有一派是以“天”为自然界，认为人不但可以认识自然规律，而且可以通过人的实践力量来引导、调节自然的变化，即所谓“参赞”“裁成”“辅相”之说。这种天人协调论就是儒学中的精华，既积极改造自然、发展生产，又注意保持生态平衡，与我们今天建设环境友好型社会的思想颇能契合，可惜它并没有成为中国古代“天人合一”思想的主流。又如儒学的宇宙发展观，既有“天不变道亦不变”的形而上学思想，也有主张“一阴一阳之谓道”“阴阳相推而生变化”“生生日新”“相反相成”“与时偕行”的朴素辩证法思想传统。后者就是儒学中的精华，对于推动中华民族生生不息地进步发展、革故鼎新起了重要作用。儒家贵义贱利、重道轻器的价值观虽然不利于科学技术和社会经济的发展，但在儒家经济伦理中也不乏勤劳节俭、诚实守信、“和气生财”、重教尚贤、精英管理、团队意识等有正面价值的思想资源。有人认为“儒商精神”不但造就了“东亚四小龙”的经济奇迹，而且也是当代中国经济发展的主要推动力量。我赞成儒家伦理对于东亚国家经济发展是助缘而不纯粹是阻力的观点，但对其作用的评价要实事求是、恰如其分。另外，儒家一直怀抱着“为万世开太平”“天下大同”的政治理想，在处理国家、民族关系问题时主张“协和万邦”“天下一家”，在处理不同文化之间的关系时主张互相尊重、互相学习、“和而不同”，这是我国政府提倡建设和谐世界的重要本土历史资源，当然也是儒学的精华。从建设和谐社会到建设和谐世界，是儒家不懈的政治追求，我们也可以把它看作是儒家“修齐治平”的政治学说的一部分。

【作者附记】

去年9月，有位朋友出了一个题目：“我们今天研究儒学，要取其精华、弃其糟粕，儒学中到底有些什么精华，方教授你是怎么看的，学术界都有一些什么看法?”为了回答他的问题，我写了这个文稿。

我历来主张：对儒学要作一分为二的分析和评价，既要看到它是在中国长期封建社会中占统治地位的意识形态，是为那个时代的经济基础、社会关系和政治制度服务的，从总体上来说已不适合今天社会的需要；又要看到它作为中华文化的重要载体，其中包含着我们民族认识宇宙、社会、人生的许多根源性的智慧，有些是能够“与当代社会相适应、与现代文明相协调”的，经过批判改造和创造性的转换，这些内容是可以作为古为今用的历史资源，融化到中国特色社会主义新文化中去的。正是在这个意义上，我们高度重视儒学中有价值的人生智慧、政治智慧和教育经验，把它们当作“民主性的精华”与需要剔除的“封建性的糟粕”区别开来，把它们当作民族文化的优秀传统自觉地传承下来。这就是我们今天研究儒学的重要的现实意义之所在。

（2010年4月20日）

（原载《哲学与宗教》第5辑，上海人民出版社2011年版）

儒学给人智慧

从一定意义上说，儒学是一种“人学”，就是教导人们如何做人的学问。儒学有丰富的思想，在许多方面能给人以智慧和启迪。

注重修身立德，成就理想人格。儒家讲究修身做人之道。修身的目的，在于培养高尚的人格和道德情操。修身重在反思自己，所谓“吾日三省吾身”。孔子讲“修己以敬”，涵养智仁勇“三达德”；孟子讲存心养性，养浩然之气；荀子讲“以诚养心、以礼正身”，这些都体现了儒家修身之学的基本精神。儒家要求君子具有博施济众、仁民爱物，先天下之忧而忧、后天下之乐而乐的博大胸怀和历史使命感，以经世济民为志向，以担当道义为己任，具有“富贵不能淫，贫贱不能移，威武不能屈”的独立人格和坚强意志，以及杀身成仁、舍生取义的大智大勇，为实现社会、人生理想而不懈奋斗。我国历代许多仁人志士都深受儒家人生哲学的影响，吸取并践行其中的思想精华，为国家和民族作出了贡献。

倡导善待他人，营造和谐人际关系。儒家所提倡的“礼”不只是外在礼仪形式，更重要的是它的内核“仁”。“仁”是从人的本性发展出来的，是一种关心人、爱护人、体恤人的感情和态度，在与他人相处时表现为与人为善、成人之美。“礼”是按照“仁”的精神制定的一系列社会制度、规范和道德原则。“礼”的作用在于定分止争，协调人际关系，促进社会和谐。在家庭中，如能做到父慈子孝、兄友弟恭、夫义妇顺，家庭就和睦了。扩大到社会，就是要建立父子有亲、君臣有义、夫妇有别、长幼有序、朋友有信的基本伦常秩序。每个人各守其分、各尽其责、依礼而行，整个社会就能安定有序。这种以“仁”为魂、以“礼”为体、以“和”为用的社会伦理学说，包含着善待他人的仁爱精神、尊重秩序的守礼原则、以和为贵的价值追求。

主张以德治国，强调民为邦本。《大学》提出“明明德”“亲民”“止于至善”，又要求读书人“格物”“致知”“正心”“诚意”“修身”“齐家”“治国”“平天下”。这其实是主张以修身为本，由内圣而外王，最终实现以德治国。在儒家看来，正人先要正己；君子“修己”，近可以“安人”，远可以“安百姓”，这样才能成为一个好的政治家。古典儒家提倡的正是通过提升国民道德品质与文明素养来治国的理念。这要求统治者怀着爱民如子的感情，采取惠民、安民、富民、恤民的政策和措施，减轻老百姓的负担，让他们能够安稳生活。许多儒家学者都认识到得民心者得天下、“民惟邦本，本固邦宁”的道理，先后提出民贵君轻、民本君末等君臣关系理论，虽然目的大都是“存社稷、固君位、达邦宁”，但客观上对于改善人民的生存状况、发展社会生产也有积极作用。

提倡尊师重教，注重学行统一。尊重知识、尊重人才，把教育作为提高人的素质、推动社会进步的重要手段，是儒学的一大特点。历史上许多著名儒家学者也是教育家，他们通过长期教学实践总结的教育经验和方法，包含许多真知灼见。儒家“六艺”之教注重德、智、体、美全面发展，但强调“德教为先”，首先教学生如何做人，并且要求学行一致、知行统一。历代儒家学者总结了许多卓有成效的教育方法，如有教无类、因材施教、循序渐进、温故知新、学思结合、教学相长等等，都在一定程度上反映了教育和认识发生发展的规律。在现代教育的综合创新中，应重视吸收这些传统教育思想的合理内容。

儒学是在中国古代社会长期占统治地位的意识形态，一些方面已经不适应今天社会的需要。但儒学作为中华文化的重要载体，其中包含着中华民族认识宇宙、社会、人生的许多成果，经过科学辨析和选择，进行创造性转化和创新性发展，很多内容可以成为当今时代的文化资源。

（原载《人民日报》2016 年 9 月 2 日）

船山学与湘学研究

船山学的回顾与展望

船山学作为一门以王船山的学术思想和生平活动为研究对象的专门学问，有它产生和发展的历史。追溯其源，可以说这门学问从1692年王船山逝世以后就开始了，至今已有290年的历史。回顾它的发展历程，大体可以分为三个阶段。

第一个阶段是从船山去世到19世纪末，即从1692年到1892年这二百年间，是船山学早期发展阶段。这个时期做的工作，主要是刊印船山著作，介绍船山生平，宣传船山思想。这个时期治船山学的学者，基本上是封建地主阶级的学者，而且主要是湘籍学者或在湖广地区主持学政的官僚。他们中虽不乏有识之士，但封建学者抬出王船山来，甚至对他顶礼膜拜的目的，并不是要对船山学说作全面的研究，汲取其民主性的精华和唯物主义的战斗精神，而主要是歪曲利用船山学说中讲仁讲礼的部分，用来为巩固封建统治服务。当然，他们的工作也不是毫无意义的，至少是保存和传布了船山的著作，使后人可能由此了解船山的思想，去发现真正有价值的东西。

第二阶段是从19世纪末到1949年中华人民共和国成立以前，基本上是资产阶级学者治船山学的阶段。同时利用王船山这个光辉的名字大唱读经救国，宣传封建毒素的也大有人在。船山学说在这个时期的作用就比较复杂些了。

19世纪末20世纪初，谭嗣同、梁启超、章太炎等人大力宣传船山之学，或鼓吹变法维新，或鼓吹排满革命。王船山的民族主义和爱国主义思想受到公开的推崇，他的反封建理学的启蒙思想也受到一定的注意。船山学说的民主性精华，在这一特定时期起到了进步的历史作用。辛亥革命后，湖南的一部分文人，在原思贤讲舍的基础上创立了船山学社，这是一个专门研究船山思想的学术团体。1921 年至 1923 年，毛泽东、何叔衡同志曾利用船山学社，创办自修大学，把它变成我党训练革命干部和传播马列主义的公开阵地，后被反动派用暴力扼杀。1931 年改组后的船山学社，则变成一个提倡尊孔读经、露骨地反共反人民的反动文化组织，根本谈不上对船山学说的研究和探讨。

资产阶级学者治船山学的成绩也是微乎其微的。20 年代以后，虽然有些人开始用新的观念和方法来研究船山思想，和封建时代专讲船山的仁礼之学不同，但是他们对王船山的唯物主义哲学和朴素的辩证法思想，都未能作出正确的评价，而且往往是用资产阶级的唯心论或庸俗进化论来歪曲船山哲学。

第三个阶段是从中华人民共和国成立直到现今，就指导思想来说，大多数学者是力图用马克思主义的观点和方法来研究船山学的。王船山作为中国哲学史上一个重要的唯物主义哲学家，越来越引起人们的重视，他的主要哲学著作大都重新标点出版，有关研究成果，不论质量或数量，都大大超过了解放以前。特别是 1962 年船山逝世 270 周年之际，在长沙召开了大型的学术讨论会，把船山学的研究推向一个崭新的阶段。这次会议不仅在中国内地，而且在台湾、香港地区以及日本、欧美都引起了广泛的影响，船山学逐渐成为一门世界性的学问。

十年“文革”期间，船山学的研究受到严重干扰，基本上陷于停顿。

粉碎“四人帮”后，随着拨乱反正，学术研究重新走上正轨，船山学的研究也逐渐得到了恢复，并有新的发展，近年来发表了不少质量较高的文章。今年是王船山逝世 290 周年，11 月将在湖南召开第二次全国性的大型学术讨论会，目前各地学者正在进行着紧张的准备工作，预计有相当数量的一批学术论文和专著将在会上拿出来。

至于船山学将来的发展，我们现在还很难作长远的精确的预测，但根据目前的研究状况和发展水平，以及最近20年的发展趋势，可以预计在今后的十年，船山学将会有一个大的发展。这需要做以下几个方面的工作。

（1）出版新的《船山遗书》或《船山全书》。船山遗著的数量很大，共有一百多种，四百多卷，约八百万字。解放前上海太平洋书局排印本《船山遗书》，也只收集了其中的百分之八十。我们应该把凡是已经搜集到的遗稿都补充进去，争取出全集，并且是用科学的方法重新分类整理和重新标点校勘过的。

（2）对船山思想进行多方面的、深入的研究，其中主要的当然是他的哲学思想和史论。另外，船山的经济思想、政治思想、爱国主义和民族思想、诗论和美学思想，以及其学术思想的阶级属性，它的学术渊源关系问题等，都应该作专门的深入的研究。

（3）对船山生活的时代，他的生平事迹，他的家世和师友，他的著作年代和版本，他的活动地域等进行调查研究，做一些必要的考证工作，也是很有意义的。

（4）建立船山学研究中心，这个中心理所当然地是在中国。现在湖南已经重建船山学社，并决定出版《船山学刊》。建立全国性的船山学研究团体也势在必行。1972年台湾成立了“船山学会”，香港和国外的船山学研究也正在迅速发展。我们希望在船山逝世三百周年的时候，海峡两岸和世界各国的船山学者能够欢聚一堂，进行学术交流，共庆船山学研究的新丰收。

（摘自韩强《天津举行王船山学术报告会》一文，原载《国内哲学动态》1982年第7期）

关于建立和发展船山学问题

船山学是一门以我国17世纪著名唯物主义思想家王夫之的生平活动和学术思想为研究对象的新学问。它的发展可分为三个阶段：从1692年船山逝世到19世纪末，是船山学早期发展阶段；从19世纪末到1949年建国以前，是它的第二个发展阶段；建国以后至今，是第三阶段，也是这门学问发展历史上最重要的一个阶段。只有无产阶级才是我们民族优秀文化的真正继承者和发扬者，只有用马克思主义观点和方法才能科学地整理和研究历史遗产，船山学说的价值也只有在今天才能被人们正确地认识和理解。30多年来，特别是1962年以来，我国船山学研究所取得的丰硕成果就是证明。

在世界哲学史中，封建时代的哲学以中国发展得最为完善、最为成熟、最具有典型意义，而船山哲学又代表了中国封建时代哲学的最高成就，由他高度发展了的朴素唯物主义和朴素辩证法相结合的哲学形态，不仅在中国，而且在世界哲学史上都具有典型意义，在整个人类认识史上是不可缺少的重要一环，是一系列圆圈中的一个应该用粗线画的圆圈。船山学不仅是中国人民的宝贵的历史遗产，而且是全人类共同的思想财富。王船山应该是一个世界性的人物。现在各国学者要召开“国际黑格尔学大会”“国际朱子学大会”，可以预计在不久的将来，世界各国的船山学者也会坐到一起来，召开国际船山学术会议，共同发掘船山学说中所蕴含的丰富的思想宝藏。

关于船山学将来的发展，我们很难作长远的精确的预测，但就最近20年的发展趋势来看，可以预计在今后的10年，这门学问还会有一个大的发展。在纪念船山逝世三百周年的时候，这门学问在研究的深度和广度、提高和普及等方面，都会出现一个新局面，真正走上它的成熟的发展阶段。这需要我们大家共同努力。

（本文是作者1982年11月10日在衡阳召开的王船山学术思想讨论会上的发言摘要。原载《王船山学术思想讨论会简报》第4期）

王船山道器论浅析

在中国古代哲学史上，恐怕没有哪一个哲学家比王船山更明确地提出过“天下惟器”的命题了。“惟器”论实即“唯物”论，“器”就是具体存在的个别事物。肯定世界上只存在着各种各样的具体事物，这就没有给神和各种超物质的精神实体留下任何地盘，在本体论上真正恢复了唯物主义的权威。

“天下惟器”是王船山研究我国传统哲学中的道器关系问题所得出来的最高结论。对王船山的道器论作肯定的评价，在学术界似乎没有异议，但是，对这一丰富而深刻的学说的内容作不分层次的简单分析的情况是确乎存在的。简单地指出这一学说的唯物主义实质，我们并不能深刻了解它作为认识史的总结、总计的意义，即不能了解它是怎样把前人在这方面的一切积极的认识成果都囊括于其中，把它们作为一个一个认识阶段和环节的。不区分王船山道器论的不同层次和道器范畴的不同涵义，我们也很难解释这个体系中的“自相矛盾”：例如，他有时说“器体道用”，有时又说“道体器用”；有时说“据器而道存，离器而道毁”，有时又说“器敝而道未尝息”。其实这些在极深研几的思想家王船山那里是并不矛盾的。因此，我们就有必要用逻辑和历史相一致的方法，对王船山的道器论作一分层次的具体剖析，而本文所作的只不过是“浅析”而已。

表现规律和事物关系的“道器”范畴

“道”和“器”作为一对范畴，始见于《周易·系辞传》：“形而上者谓之道，形而下者谓之器。”在这里，道和器的区别是形而上和形而下，即无形和有形的区别。形而上之道是没有形象的、不能用感觉来把握的抽象的东西，一般指规律、道理、原则等等；形而下之器则是指有形象的、可以为人的耳目感官所直接感知的具体事物。道器关系问题即抽象的规律、道理、原则和具体事物的关系问题，简单说就是规律和事物的关系问题。这是道器范畴的本来意义，也是长期论争中未尝偏离的基本涵义。

《系辞传》的作者虽然对道器范畴作了区别，但是并没有对二者的关系作详细的论述，并没有得出何者为第一性、何者为第二性的结论。而且，该作者似乎没有把道和器、形而上和形而下绝对分割开来，“形”本身就是联结上、下的纽带。《系辞传》又有“一阴一阳之谓道”的说法，这有把形而上之道看作是阴阳气化的规律的意思，即肯定道不离阴阳。

对《周易》中“形而上者谓之道，形而下者谓之器”这样简单的两句话，历来注家作了各种各样的解释和发挥，道器关系于是成为唯物主义和唯心主义两条哲学路线斗争的一个重要问题。它之所以重要，是因为我国古代哲学家常常把“道”和“器”当作在本体论方面回答哲学基本问题的一对主要范畴，尤其是宋以后，这对范畴具有特殊重要的意义。

程朱派理学家首先接过“道”和“器”这对范畴，对它作了客观唯心主义的解释。他们把道器关系等同于理和气、太极和阴阳的关系。程颐说：“阴阳，气也。气是形而下者，道是形而上者。”（《河南程氏遗书》卷十五）朱熹也说：“阴阳，气也，形而下者也；所以一阴一阳者，理也，形而上者也。道即理之谓也。”（《通书解》）他们所说的“道”或“理”，就其本义说，都有规律和常则的意义。朱熹说：“凡言道者，皆谓事物当然之理，人之所共由者也。”（《论语集注》卷一）“天下之物，则必各有所以然之故与其所当然之则，所谓理也。”（《大学或问》卷一）他们所说的“器”，则是指有形有象、有情有状的具体事物。道器关系问题实质上还是规律和事物的关系问题。但是，他们利用人类在抽象思维过程中将世界二重化的可能性，把事物所固有的规律和事物本身割裂开来，并且把它变成决定事物之所以是如此的独立实体。脱离具体事物的规律，本来是不存在的，它只能是纯粹虚构的抽象概念。这样，道器关系就被他们扭曲成主观虚构的精神本体和客观存在的具体事物之间的关系了。例如，程颐在对道和阴阳作了形而上下的区分之后，说：“形而上者则是密也。”（《河南程氏遗书》卷十五）即肯定了道对于器的本根和始原的地位。朱熹更明确地说：

> 天地之间，有理有气。理也者，形而上之道也，生物之本也。气也者，形而下之器也，生物之具也。（《答黄道夫》）
>
> 凡有形有象者，皆器也；所以为是器之理者，则道也。（《答陆子静》）
>
> 形器之本体而离乎形器，则谓之道；就形器而言，则谓之器。（《朱子语类》卷七十五）

在他看来，形而上之道是“生物之本”，是可以离开形器而独立存在的“形器之本体”，是“所以为是器”之理。也就是说，“道”是第一性的、根本的东西，“器”是第二性的、被决定的东西。这种道可离器、道在器先、道本器末的唯心主义理论，是在王船山以前占统治地位的一种道器论。

作为宋明理学的批判者和终结者，王船山担当起了在哲学上全面清算道学唯心主义的任务，其中一个重要课题就是清算程朱的唯心主义的道器论。他采取传注经典的形式，对《周易》中“形而上者谓之道，形而下者谓之器”的古老命题，从自己的哲学立场出发，给予了新的解释，有力驳斥了“离器而言道”的种种唯心主义谬论，创立了远比前人正确和深刻的唯物主义道器论。王船山首先把被程朱歪曲为世界精神本体的“道”还原为事物的规律，把道器关系还原为物质世界本身的问题。关于这个方面的论述，可以列出以下主要观点。

一 “道器无易体”，“统之乎一形”

程朱都把道和器、形而上和形而下截然分割开来，这是他们把“道”变成超越的精神实体的第一步。朱熹说：“形是这形质，以上便是道，以下便是器，这个分别得最亲切。故明道云：‘惟此语截得上下最分明。’形而上底虚，浑是道理；形而下底实，便是器。”（《朱子语类》卷七十五）道器之分是体用、本末、上下、虚实之分，总之，“道器之间，分际甚明，不可乱也”（《答黄道夫》）。王船山准确地把握了唯心主义的思辨途径，首先抓住这个要害问题，使其割裂道器的阴谋不能得逞。他坚决否定在形而上和形而下之间有一条绝对的界限，认为道和器不是截然分割的两体，而是统一于一体中的，即统一于“一阴一阳之和而成”的“物之体”中。“物之体则是形。”（《读四书大全说》卷二）所以也可以说形而上和形而下均“统之乎一形”。王船山说：

> 统此一物，形而上则谓之道，形而下则谓之器，无非一阴一阳之和而成。（《思问录·内篇》）
>
> 形而上者谓之道，形而下者谓之器，统之乎一形，非以相致而何容相舍乎？（《周易外传》卷五）

在船山看来，道和器本来就统一在一个形体之中，而不是人为地把它们互相结合（“相致”）在一起，那么，自然也就不能人为地把它们互相分离（“相舍”）。船山进而解释“形而上者谓之道，形而下者谓之器”两句话说：“谓之者，从其谓而立之名也。上下者，初无定界，从乎所拟议而施之谓也。然则上下无殊畛，而道器无易体，明矣。”（《周易外传》卷五）这就是说，形而上和形而下之间本来并没有固定不变的界限，上下的区别本来是相对的，只是由于人们考虑和谈论问题的角度不同，才给以不同的名称。船山从“上下无殊畛”合乎逻辑地推导出“道器无易体”，即“道器一体”的结论。既然形而上和形而下之间没有特殊的界限，那么由此而区分的道器二者就不是存在于两个不同的形体里面，而是“统之乎一形”的。可见，王船山的道器一体论和朱熹的道器分立论，体现了在道器关系上辩证法和形而上学的鲜明对立。

二 “有形而后有形而上”，“形而上不离乎形”

王船山从“道器无易体”“统之乎一形”必然得出的结论：有形然后才有形而上和形而下，无形无上，无形无下。针对朱熹所谓形而上之道是可以离乎形器的“形器之本体”的说法，王船山特别强调形而上是不能离开“形”的，目的在于否定有脱离具体事物而独立存在的本体。他说：

> 形而上者隐也，形而下者显也。才说个形而上，早有一“形”字为可按之迹，可指求之主名。(《读四书大全说》卷二)
>
> 形而上者，非无形之谓。即有形矣，有形而后有形而上。无形之上，亘古今，通万变，穷天穷地，穷人穷物，皆所未有者也。(《周易外传》卷五)
>
> 器而后有形，形而后有上。无形无下，人所言也。无形无上，显然易见之理，而邪说者淫曼以衍之而不知惭，则君子所深鉴其愚而恶其妄也。(《周易外传》卷五)

王船山认为形而上者是“隐于形之中而不显”（《周易内传》卷五）的东西，并不是脱离形的真正“无形”（指不依赖于形）的东西。故说：“形而上者，亦有形之词，而非无形之谓。”（《读四书大全说》卷二）为了批判朱熹的道可离器、道先器后说，他曾有“器而后有形，形而后有上”的提法，又说“形而上者为形之所自生”（《张子正蒙注》卷三），这些都是强调形而上之道必须依赖于具体的形器，而不能离开形器单独存在。王船山并不是要在“器”“形”“道”之间规定先后秩序和派生关系，“道”“器”“形”实际上是统一不可分的，有形就有形而上和形而下；所谓“自生”乃是自己固有的意思，不是先有一个东西，然后派生另外一个东西。

关于形而上、下和形的关系问题，王船山还通过对道、器范畴的具体规定来进一步加以说明。他在《周易内传》中说：

> 形而上者，当其未形，而隐然有不可逾之天则，天以之化，而人以为心之作用，形之所自生，隐然未见者也。及其形之既成，而形可见，形之所可用以效其当然之能者，如车之所以可载，器之所以可盛，乃至父子之有孝慈，君臣之有忠礼，皆隐于形之中而不显二者，则所谓当然之道也，形而上者也。形而下即形之已成乎物而可见可循者也，形而上之道隐矣，乃必有其形，而后前乎所以成之者之良能著，后乎所以用之者之功效定，故谓之形而上而不离乎形，道与器不相离。（《周易内传》卷五）

在这段话中，船山对道、器范畴的内涵作了非常明确的规定。所谓形而上者，就是指形之所必循的当然之道和形之所可用而有功效的当然之能，也就是形的性质、功能和必须遵循的规律。这就是“道”的涵义。道虽然不能离开形而独立存在，但是它又为形之所必循，表现为一种“隐然不可逾”的内在必然性，这种为形之所必循不可逾的性质，和块然之形器自然是有区别的，故名之曰形而上者。而所谓形而下者，则是指“形之已成乎物而可见可循者”，即具有形状和广延性，可闻可见、可称可量的具体事物。在这里，道器关系是隐和显的关系。隐而不显的道是“隐于形之中而不显”，而“非无形之谓”。总之，“道”和“器”都离不开“形”，不过有形上和形下的区别罢了。所以王船山得出结论说：“形而上而不离乎形，道与器不相离。”这就是说，事物的规律和性质、功能都不能离开具体事物而孤立存在，规律和事物是不可分离的。

三　“道者器之道，器者不可谓之道之器”

王船山在阐明了道器一体不二、不可分离的关系之后，还需进一步阐明道和器何者是根本的、第一性的东西，何者是从属的、派生的东西，这样才能确定他的道器论的性质，和程朱的唯心主义理论划清界限。

朱熹在讲具体事物时，也十分强调道器相依不离的关系，例如他说：“道未尝离乎器，道亦只是器之理。”（《朱子语类》卷七十七）“且如这竹椅固是一器，到适用处便有个道在其中。”（《朱子语类》卷九十四）“愚谓道器之名虽异，然其实一物也。”（《杂学辨 · 苏黄门老子解》）不可否认这些是朱熹道器论中包含的合理因素，王船山道器不离的思想对它也有所批判继承。但是，在朱熹的思辨哲学体系中，道器不离是绝对本体“道”或“理”派生具体事物之后，才在具体事物中表现出来的，而要从本原上推究道器之体用、本末、先后，朱熹则总是毫不含糊地断言：道体器用、道本器末、道先器后，顽强地表现出他的客观唯心主义的哲学立场。

针对朱熹的折衷颠倒的唯心主义道器观，王船山清醒地提出了“道者器之道，器者不可谓之道之器”的命题，摆正了道和器即规律和事物之间的体用、本末关系。他认为器是体，道是用；器是本，道是末。规律只能说是具体事物的规律，而具体事物却不能说是规律（派生）的事物。不是事物从属于规律，而是规律从属于事物。只有各种各样的具体事物才是“确然凝立”的实体，而规律只是实体表现出来的作用。所以，“道者器之道，器者不可谓之道之器”这两句话，也可以说成是“道者器之用，器者不可谓之道之用，而当谓之道之体”。

王船山列举了大量实例来说明器体道用的观点。例如他说：“无车何乘？无器何贮？故曰体以致用；不贮非器，不乘非车，故曰用以备体。”（《周易外传》卷五）在这里，“车”“器”是体，“乘”“贮”是用。他又举例说：“故聪明者耳目也，睿知者心思也，仁者人也，义者事也，中和者乐也，大公至正者刑赏也，利用者水火金土也，厚生者谷蓏丝麻也，正德者君臣父子也。如其舍此而求诸未有器之先，亘古今，通万变，穷天穷地，穷人穷物，而不能为之名，而况得有其实乎？”（《周易外传》卷五）在这里，耳目、心思（指思维的器官）、人（指人的行为和关系）、事（指人对事情的处理）、礼乐、刑赏、水火金木、谷蓏丝麻、君臣父子等等都是器，是体；而聪明、睿知、仁、义、中和、大公至正、利用、厚生、正德等等是道，是用。王船山认为离开具体事物之体而要在它们之外去找什么先天的道理或作用，那是无论如何也找不到的，甚至要给它们确定一个名称都不可能。在他的著作中，凡是把“道”作为规律来理解的，他都明确肯定是器体的作用。如说：“道者，天之大用所流行，其必由之路也。”（《读四书大全说》卷三）“道者，天地精粹之用，与天地并行，而未有先后者也。”（《周易外传》卷一）在这里，“天”或“天地”是体，作为自然规律的道是其“大用”或“精粹之用”。在王船山的著作中，还常有器以“载道”、道“丽乎器”之类的提法，都明确肯定了器是道的承担者，道必须依存于器这种“器体道用”的关系。

四 “无其器则无其道”

明确了“道者器之道，器者不可谓之道之器”，即器体道用的关系之后，我们自然就只能说“无其器则无其道”，而不能反过来说“无其道则无其器”。因为这两个相反的命题是以对道器之体用、本末、先后问题的不同解决为前提的。“无其器则无其道”的命题是王船山器体道用的唯物主义理论的进一步深化。他在《周易外传》中说：

> 无其道则无其器，人类能言之。虽然，苟有其器矣，岂患无道哉？……无其器则无其道，人鲜能言之，而固其诚然者也。洪荒无揖让之道，唐虞无吊伐之道，汉唐无今日之道，则今日无他年之道者多矣。未有弓矢而无射道，未有车马而无御道，未有牢醴璧币、钟磬管弦而无礼乐之道，则未有子而无父道，未有弟而无兄道，道之可有而且无者多矣。故无其器则无其道，诚然之言也，而人特未之察耳。(《周易外传》卷五)

这一段有破有立的精彩议论，鲜明地体现了王船山尊重“固其诚然”的客观真理的唯物主义立场。“无其道则无其器”，这是程朱所鼓吹的颠倒的唯心主义道器观。如朱熹说：“未有天地之先，毕竟是先有理。”“有此理便有此天地，如无此理，便无天地，无人无物，都无该载了。”（《朱子语类》卷一）在有健全理智的人看来，这些当然只能是“热昏的胡话”。王船山把这个荒谬的命题再颠倒过来，认为不是“无其道则无其器”，而是“无其器则无其道”，不是事物依存于规律，而是规律依存于事物。道对于器的依存性表现为“据器而道存，离器而道毁”（《周易外传》卷二），世界上“终无有虚悬孤致之道”（《周易外传》卷三），即没有脱离事物而孤立存在的规律。他举的例子是浅显、生动的，然而又是十分具有说服力的。没有弓箭就没有射箭的道理，没有车马就没有驾驭车马的道理，没有儿子就没有做父亲的道理，没有弟弟就没有做哥哥的道理，这些都是人类生活中显而易见、“固其诚然”的事实，王船山不过如实地陈述出来罢了，而唯心主义者却硬是睁着眼睛不予承认。

王船山“无其器则无其道”的命题之所以是光辉的，不仅在于他卓越地坚持了道器关系的唯物论，而且在于他深刻地表述了“器变则道变”的辩证法思想。当他用“无其器则无其道”的观点去考察社会历史现象时，他看到随着时代条件的发展变化，治理社会的道理、原则、方法，包括政治法律制度等等都必然要不断地更新推移，像朱熹讲的那种“亘古亘今长存不灭”的道是不存在的。朱熹说过：“夫人只是这个人，道只是这个道，岂有三代汉唐之别。”（《答陈同甫》）“吾道一以贯之，此圣人之道，所以为大中至正之极，亘万世而不弊者也。”（《杂学辨・苏黄门老子解》）王船山不无针对性地指出，在太古洪荒时代，就没有唐虞时代才有的“揖让之道”；而在唐虞时代，又没有汤武革命时代才有的“吊伐之道”。同样，在汉唐时代没有今天的“道”，在今天也没有而将来必定出现的“道”还多着哩！可见，“道因时而万殊也”（《周易外传》卷七），正统派儒家所宣扬的那种万世无弊、亘古不灭、凌驾于整个社会历史之上的所谓“治国平天下之道”是没有的。这是他从自己的道器论引申出来的进步的社会历史观点，和朱熹复古倒退的社会历史观正好形成了鲜明的对照。

五　“天下惟器”，“道在器中”

王船山的唯物主义道器观，最后归结到一个重要观点：天下惟器，道在器中。他说：“盈天地之间皆器矣”，“天下惟器而已矣”，“君子之道，尽夫器而已矣”（《周易外传》卷五），“尽器则道在其中”（《思问录・内篇》）。就是说，世界上充满着的只有具体存在的事物，即器，而道就存在于具体事物之中。人们只要把具体事物研究透彻了，自然也就把握了其中的规律“道”。

既然天下存在着的只有具体事物，那么人的实践活动的对象也只能是具体事物，而不能是抽象的道。于是王船山又提出了“能治器而不能治道”（《周易外传》卷五）的观点。治，治理，包含制作、创造的意思。这句话是说，人们只能制作某个具体事物，而不能去创造事物的规律。对于隐藏于具体事物中的规律，只有通过治器的活动才能发现它、把握它。治器必须遵循一定的方法，必须按照客观规律去做才能获得成功，这就是“道”。所以王船山又说：“治器者则谓之道。”（《周易外传》卷五）很明显，你如果能制造弓箭，自然懂得了弓箭的道理；你如果能制造车子，自然懂得了造车和驾车的道理。他在这里强调的还是不能离开治器的活动去单纯地去追求道，以此论证道是不能离开器的。船山不仅从本体论上，而且从认识论上，不仅从“尽器”，而且从“治器”的角度来论证道在器中，这是他的独特的理论贡献，说明他对人的自觉的能动性，比以往的唯物主义哲学家有更为深刻的认识，因此能够更严密地堵塞通向唯心主义的道路。

通过以上论述，王船山基本上讲清楚了道和器，即规律和事物之间的关系问题。他是站在唯物主义的立场上，按照客观世界的本来面目去考察和论述这个问题的，为了坚持客观真理，他同时对程朱歪曲问题的本质、颠倒道器关系的客观唯心主义理论采取了毫不留情的批判态度。程朱把道即事物的规律和具体事物本身分割开来，对立起来，把它变成超乎形器之上，在形器之外、之前就独立存在的精神本体，而把具体的事物、形器说成是道所派生和决定的东西。王船山的任务则是要把这个神化了的“道”还原为事物的规律，还原为“器之道”，恢复客观世界的本来面目。他明确地肯定：器是体，道是用，道不离器，道在器中。这就摆正了道和器，即规律和事物之间的关系，为两千年来关于这个问题的哲学论争作了一个比较好的总结。从理论上来说，无论批判和论证，王船山都远比前辈唯物主义者深刻，达到了中国古典唯物主义的最高水平。

表现本体和现象关系的道器范畴

王船山的道器论，肯定“天下惟器”，肯定世界上存在着的只有各种具体的事物，否定有离开具体事物而独立存在的“道”，即否定了唯心主义所虚构的本体，那么，他是不是只看到众多个别存在的事物，而看不到万物的共同本质呢？事实并非如此。王船山继承和发扬了我国历史上的气一元论学说，肯定世界统一于物质性的气，充满整个宇宙空间的阴阳二气就是构成万物的共同的物质实体，唯物主义地解决了本体和现象的关系问题，用唯物主义的元气本体论来对抗“以无为本”“以理为本”或“以心为本”的唯心主义本体论。王船山对本体和现象关系的探讨，主要还是沿用道器、体用这些传统哲学范畴，因此他的道器论不只是解决规律和事物的关系问题，而是具有多重涵义和更加丰富的内容，其中一个重要涵义和内容就是论述本体和现象的关系问题。

王船山注意探讨本体和现象的关系问题，这一方面是由于理论斗争的需要，另一方面也是人类认识发展深化的需要。从魏晋以来，唯心主义者惯于采用割裂本体和现象的手法来向唯物主义进攻。他们并不否认世界上众多物质现象的存在，但是又力图在物质现象之外、之上去寻找一个超越的精神实体，把它看作天下万有存在和发展的根据，并用以说明物质现象的多样性。不论是魏晋玄学、隋唐佛学，还是宋明理学，他们构筑起一套又一套思辨哲学体系，其基本的诡辩手法都是如此。因此，唯物主义者要从本体论上挫败唯心主义，就不能回避本体和现象的关系问题，必须回答纷纭万象的物质世界有没有一个统一的基础，这个统一的基础是什么，也就是说，必须建立起能够正确说明本体和现象关系的唯物主义本体论学说来。在王船山以前，不少唯物主义哲学家曾为此作出了努力，其中以张载的贡献最为突出。他提出“知太虚即气则无无”（《正蒙·太和》）的著名命题，断然否定世界是从虚无中产生的，即否定了唯心主义关于本体的虚构，而把世界的共同本质归结为物质性的气。但是，张载在论述气之本体和万物的关系时又有把二者割裂开来的倾向。他说：“气不能不聚而为万物，万物不能不散而为太虚。”（《正蒙·太和》）似乎在天地万物产生之前，已经有一个“太虚”之气的本体世界存在那里，万物是从那里出来，复又回到那里去。这种肯定本体（气）可以脱离现象

（万物）而独立存在的论点，自然很难驳倒“离器而言道”的唯心主义。直到王船山以前，唯物主义者都未能完满地解决世界的物质实体和纷繁的物质现象之间的关系，即所谓“一本”和“万殊”的关系问题。因此，摆在王船山面前的任务，一方面要揭露唯心主义的本体虚构，另一方面还要克服先前的唯物主义者的理论缺陷，唯物而又尽可能是辩证地解决本体和现象的关系问题。

解决本体和现象的关系问题，建立唯物主义“本体”或“实体”范畴，也是人类对世界的认识发展深化的需要。列宁说：“概念在存在中揭露本质——整个人类认识的真正一般进程就是如此。”[①] 实体即一切存在的共同本质，黑格尔把它叫作“任何存在中的存在”[②]。从现象（存在）进到本质，形成“实体”范畴，在认识史上的意义就在于：“一方面，应该从认识物质深入到认识（理解）实体，以便探求现象的原因。另一方面，真正地认识原因，就是使我们的认识从现象的外在性深入到实体。”正是在这个意义上，列宁把“实体”范畴看作是“人类对自然界和物质认识的发展过程中的重要阶段”。[③] 王船山通过对道器关系的探讨，已经接触到本体和现象的关系，即“从现象的外在性深入到实体”这个深刻的辩证法问题了。他在前人长期探索的基础上，对这个问题作出了比较接近客观真理的解决，说明他所代表的中国古典唯物主义哲学已经达到了相当高的理论思维水平。

王船山是怎样通过道器关系的探讨，来解决本体和现象的关系问题的呢？我们从以下几个方面来揭示它的主要内容。

---

① 《列宁全集》第38卷，人民出版社1960年版，第355页。

② 转引自列宁《哲学笔记》，见《列宁全集》第38卷，人民出版社1960年版，第167页。

③ 《列宁全集》第38卷，人民出版社1960年版，第167—168页。

一　道即太极，万物“资始资生之本体”

在王船山的著作中，“道”这个范畴，我们常见其有规律的涵义，如说：

> 道者，天地人物之通理。（《张子正蒙注》卷一）
>
> 道者，日用事物当行之理。（《四书训义》卷二）
>
> 道犹路也，人物各循共性之自然，则其日用事物之间，莫不有当行之路。（《四书训义》卷一）
>
> 阴阳具于太虚絪緼之中，其一阴一阳，或动或静，相与摩荡，乘其时位以著其功能，五行万物之融结流止，飞潜植物各自成其条理而不妄，……皆循此以为当然之则，于此言之则谓之道。（《张子正蒙注》卷一）

作为规律的“道”，不论是指物质的普遍规律，还是指具体事物的特殊规律，都是不能离开“器”的，“无其器则无其道”，“道者器之道”。

在王船山那里，“道”这个范畴，除了规律之外，还有标志“物质一般”的物质本体、实体的意义。他曾经给“道”下过一个比较完全的定义：

> 道者，物所众著而共由者也。物之所著，惟其有可见之实也；物之所由，惟其有可循之恒也。既盈两间而无不可见，盈两间而无不可循，故盈两间皆道也。（《周易外传》卷五）

“物所众著”就是一切事物所共同表现的，到处可以看见它的实际存在，这就是普遍的物质实体。“物所共由”就是一切事物所共同遵循的，表现为必由而不可逾之常则，这就是普遍规律。普遍的物质实体和普遍规律都叫作“道”，所以说“盈两间皆道”。关于作为规律的“道”和具体事物的“器”的关系，我们在上文中已经详细论述过了，这里着重考察作为物质实体的“道”的具体涵义。

王船山发挥了张载“太和所谓道”（《正蒙·太和》）的学说，认为“道”是充满两间的物质实体，它不是别的，就是阴阳二气之和合，也就是“太极”。他又称之为“太虚之气”或“太和絪缊之本体”。他说：“阴阳之本体，絪缊相得，和同而化，充塞于两间，此所谓太极也，张子谓之太和。”（《周易内传》卷五）由于太极内部“一阴一阳”、往来不齐的矛盾运动，于是产生了天下的万事万物，也就是说，作为“本体”的道是众多事物现象产生的原因。船山在解释“一阴一阳之谓道”时说：

> 道，谓天道也。阴阳者，太极所有之实也。……合之则为太极，分之则谓之阴阳，不可强同而不相悖害谓之太和，皆以言乎阴阳静存之体，而动发亦不失也。然阴阳充满乎两间，而盈天地之间惟阴阳而已矣。一一云者，相合以成主持而分剂之谓也。无有阴而无阳，无有阳而无阴，两相倚而不离也，随其隐见、一彼一此之往来，虽多寡之不齐，必交代已成也。……此太极之所以出生万物、成万理而起万事者也，资始资生之本体也，故谓之道。亘古今，统天人，摄人物，皆受成于此。（《周易内传》卷五）

船山在解释张载所谓“气本之虚，则湛而无形；感而生，则聚而有象”时又说：

> 言太和絪缊为太虚，以有体无形为性，可以资广生大，生而无所倚，道之本体也。二气之动，交感而生，凝滞而成物我之万象，虽即太和不容已之大用，而与本体之虚湛异矣。（《张子正蒙注》卷一）

在这里，船山建立起来的与“物我万象”相对应的“本体”概念，就是所谓“道”。它是一个明显的唯物主义的本体概念，因为它的内容是物质的气。无论称为“道”，还是称为“太极”“太和”“太虚”，都是指不离乎阴阳二气的“一实之府”（“阴阳者，太极所有之实也”）。所以船山又说：“道以阴阳为体，阴阳以道为体，交与为体，终无有虚悬孤致之道。”（《周易外传》卷三）这就和企图在物质现象之外去寻找“虚悬孤致之道”，并把它归结为精神本体的唯心主义本体论对立起来，而是把物我万象的本体归结为物质世界自身。

在王船山看来，作为本体的道“虽无形迹而非无实”（《张子正蒙注》卷三）。太虚之气的“无形”，是同眼睛看得见的物体（“器”）相对而言的，而其实：“无形，非无形也，人之目力穷于微，遂见为无也。”（《张子正蒙注》卷一）太虚之气虽然不能为人的耳目感官所直接感知，但如果“存神以穷之，则其富有而非无者自见”（《张子正蒙注》卷四），即肯定它是可以为人的思维所把握的真实的客观存在。在这个意义上，船山又说“道”就是“诚”或“实有”，二者乃“异名而同实者也”（《尚书引义》卷五）。至此，我们看到王船山确实是建立了一个唯物主义的本体范畴。

二 “器敝而道未尝息”

作为气之本体的道，和它所产生的物我万象的关系，王船山也用“道”和“器”、“形而上”和“形而下”这些范畴来说明。例如他说：

> 形而上，即所谓清通而不可象者也。器有成毁，而不可象者寓于器以起用，未尝成，亦不可毁，器敝而道未尝息也。（《张子正蒙注》卷一）

所谓“清通而不可象者”，就是指虚湛无形的气之本体，即“太和絪缊之真体”，它就是形而上之“道”。作为气之本体的道在空间上是普遍无限的，在时间上是永恒不灭的，他根本就没有什么“始终”“生灭”“成毁”。在这个意义上，船山又说：“形而上者，亘生死、通昼夜而常伸。”（《张子正蒙注》卷三）“终古而奠者如斯，则道者一成而不可易也。”（《周易外传》卷一）与之相反，由道体即阴阳二气交感凝聚而成的物我万象，即一个一个具体存在的物体、器物，却是有始有终、有生有灭、有成有毁的。船山认为，“未尝成，亦不可毁”的道即寓于一切“有成毁”的器之中，具体的器物敝坏毁灭了，但作为气之本体的道却永恒存在和不停息地运动着。船山又举例论证说：“车薪之火，一烈而尽，而为焰、为烟、为烬，木者仍归木，水者仍归水，土者仍归土，特希微而人不见尔。一甑之炊，湿热之气，蓬蓬勃勃，必有所归；若盦盖严密，则郁而不散。汞见火则飞，不知何往，而究归于地。有形者且然，况其絪缊不可象者乎?”（《张子正蒙注》卷一）在这里，船山阐述了物质不灭的唯物主义思想。他认为薪火、蒸气、水银等“有形”的物质尚且不能“一旦悉化为乌有”，更何况“絪缊不可象”的气之本体呢？世界上只有具体物质形态的相互转化，而作为它们的共同本质的物质实体是永远不能创生和消灭的。

这里产生了一个问题：王船山在强调作为规律的“道”对于具体事物“器”的依赖关系时，曾经提出过“据器而道存，离器而道毁”的命题，而在这里又说“器敝而道未尝息”，“无恒器而有恒道”（《思问录·外篇》），这不是明显的自相矛盾吗？要解决这个“矛盾”，就必须分清两个命题中道器范畴的不同涵义，前者是讲规律和事物的关系，规律是随着具体事物的变化而变化的；而后者是讲本体和现象的关系，物质实体并不随着个别物质现象的消灭而消灭。如果把这两个问题、两重涵义混淆在一起，王船山的道器论自然就显得支离悖谬，成为叫人不可理解的“杂学”了。

三 “道体器用”，“道本器末”

如果不分清王船山道器范畴的不同涵义，那么，在他的道器论中所显示出来的“矛盾”，莫过于他对道器之体用、本末关系的看法了。

王船山在反对朱熹的“道体器用”说时，曾着力论证“道者器之道，器者不可谓之道之器”，即是说，作为具体事物的“器”是体，而作为事物的规律、道理、原则的“道”是用。“群有之器，皆与道为体者矣。”（《周易外传》卷二）这种“器体道用”说，其实并不是王船山的独创，而是传统的唯物主义道器论的基本观点。例如，唐朝的崔憬在解释《周易》“形而上者谓之道，形而下者谓之器”时就说过：“凡天地万物，皆有形质，就形质之中，有体有用。体者，即形质也；用者，即形质之妙用也。言有妙理之用以扶其体，则是道也。其体比用，若器之于物，则是体为形之下，谓之为器也。”他还举例说：“假令天地圆盖方轸为体为器，以万物资始资生为用为道；动物以形驱为体为器，以灵识为用为道；植物以枝干为器为体，以生性为道为用。”（李鼎祚《周易集解》引）这里讲的体用关系是实体（形质）和它的作用（功能、属性）的关系，器和道，即事物和规律的关系就是如此。

可是，当船山用道器范畴来说明本体和现象的关系时，他又以道为体，器为用，多次论述过“道体器用”的观点。例如，在前面曾经引述过的一段话中，他以太和细缊之气为道之本体，而以物我万象为“太和不容已之大用”（《张子正蒙注》卷一）。他在解释张载所谓“中涵浮沉升降动静相感之性，是生细缊相荡胜负屈伸之始”时也说：“中涵者其体，是生者其用也。……此言天地人物消长死生自然之数，皆太和必有之几。”（《张子正蒙注》卷一）作为气之本体的道，即蕴涵、体现在一切个别的物质现象之中，而物我万象都是它所产生的，或者说是它表现出来的各种具体形态。所以，船山又说：

道，体乎物之中以生天下之用者也。(《周易外传》卷一)

若夫道，含万物而入万物，方往方来，方来方往，蜿蟺希微，固不穷已。(《老子衍》)

在诸如此类的论述中，船山都把道和万物的关系看作是本体和现象的关系，他称之为体用关系。事实上，他在这里所使用的体用范畴，和前面讲“器体道用”时的涵义也是有差别的，在那里是讲实体和作用（功能、属性）的关系，而在这里是讲本体（本质）和现象的关系。这两重意义是相通的，但是在用同一对体用范畴来论述不同的问题时，特别是碰到像“道体器用”和“器体道用”这样尖锐的“矛盾”时，我们就不能不注意其涵义的差别了。这里我们看到，像道器、体用这类中国传统哲学范畴，往往具有多义性的特点，哲学家们使用这些范畴也是灵活的，因此我们在分析古代哲学思想时，坚持实事求是和具体问题具体分析的原则就显得格外重要。

在中国哲学史上，通常还用“本”和“末”这对范畴来说明本体和现象的关系，而自魏晋以来，本末和体用这两对范畴就常常是并用的。王船山不仅把作为气之本体的道和具体事物（器）的关系说成是体用关系，而且直截了当地说成是本末关系。如他说：

道为器之本，器为道之末，此本末一贯之说也。(《读四书大全说》卷七)

很明显，这里所讲的“道”和“器”，就无论如何不能理解为规律和事物的关系了，否则就会模糊王船山的哲学立场，而和朱熹的“道体器用”“道本器末”论划不清界限。

四 “体用相函”，“本末一贯”

王船山在论述作为气之本体的道和具体事物现象的关系时，虽然提出了和朱熹字面相同“道体器用”“道本器末”的命题，但是他决没有像朱熹那样把道说成是可以“离乎形器”的“形器之本体”，而是始终坚持本体和现象不可分离，世界的物质实体就存在于一切具体事物现象之中，没有离开物质现象而孤立存在的实体的观点。这就是他的“体用相函”“本末一贯”论，也就是他反复论明的“道器一体”论，其中包含着深刻的对立统一的辩证思想。

船山在论“道本器末”的时候，特别强调：“物之有本末，本者必末之本，末者必本之末。”（《读四书大全说》卷七）本质一定是现象的本质，而现象一定是本质表现出来的现象。这就是所谓“本末一贯之说”。

船山在讲“道”和“器”的体用关系时，更加注意论述二者的“相因”“相函”，即对立统一关系。如说：

> 体用相函者也。……体者致用，用以备体。（《周易外传》卷五）
>
> 无体不用，无用非其体。（《周易内传》卷一）
>
> 凡言体用，初非二致。有是体则必有是用，有是用必固有是体，是言体而用固在，言用而体固存矣。（《读四书大全说》卷七）
>
> 当其有体用已现，及其用之无非体，盖用者用其体，而即以此体为用也。故曰“天地絪缊，万物化生”。天地之絪缊，而万物之化生即于此也。（《读四书大全说》卷八）
>
> 体用元不可分作两截。（《读四书大全说》卷一）

这些都是讲体用互相依存、互相包含而不可离析的关系。体是用的基础，用是体的表现。“用者必有体而后可用”（《张子正蒙注》卷三），“岂待可用而始乃有体乎”（《周易内传·发例》），这就是说，无体之用是不存在的。“夫无体者，惟死为近之。”（《周易外传》卷二）同样，无用之体也是不存在的。“无用之体，则痿痹不仁之体而已。”（《周易内传》卷二）他又说：“用则有，而不用则无也。”（《尚书引义》卷一）“用既废，则体亦无实。”（《思问录·内篇》）无用之体实际上就是“虚无”。这正是揭露了佛老和宋明道学唯心主义所虚构的超越本体的实质。船山曾以“天道”为例，着重说明不能离用以言体的道理。他说：

> 《中庸》一部书，大纲在用上说，即有言体者，亦用之体也。乃至言天，亦言天之用，即言天体，亦天用之体。大率圣贤言天，必不舍用，与后儒所谓“太虚”者不同。若未有用之体，则不可言“诚者天之道”矣。舍此化育流行之外，别问窅窅空空之太虚，虽未尝有妄，而亦无所谓诚。佛老二家，都向那畔去说，所以尽着钻研，只是捏谎。（《读四书大全说》卷三）

这一段话，不仅批判了“立体而废用”“据体而蔑用”的佛老唯心主义，而且实际上还批评了张载“由太虚，有天之名”的提法。张载把“天”看成是太虚，似乎太虚本体可以离开万物化育流行的作用而独立存在，船山认为这是违背客观真理的，因为天道本来就在化育流行之中，不是离开化育流行，“别有一清虚自然无为之天”。这就是“体用合一之旨”（《读四书大全说》卷四）。那种割裂本体和现象的错误倾向，必然要通向唯心主义。

通过对体用之间对立统一关系的考察，王船山得出了“体用胥有而相需以实”（《周易外传》卷二）的结论。他认为“天下之用，皆其有者也”，“桐非梓，梓非桐；狐非狸，狸非狐。……冬不可使炎，夏不可使寒；蓡不可使杀，砒不可使活”（《周易外传》卷二）。千差万别的事物现象，以及它们的性质和作用，都是确确实实客观存在的，具有质的规定性而不可随意改变的。作为它们的本体的道，“虽无形迹而非无实”，也是确确实实客观存在的。何以知之？船山回答说：“吾从其用而知其体之有。”（《周易外传》卷二）即从天下的事物现象及其性质和作用的实有推知本体的实有。他认为只有采取这种“由用以得体”的方法，才能“致曲有诚”，“左右逢源而皆其真体”(《思问录·内篇》)。这里我们看到，王船山的体用论也在一定程度上把朴素的唯物主义和自发辩证法结合起来了。

五 天下无相外之道

王船山在论明了“体用相函”“本末一贯”的学说后，应该说已经基本上讲清楚了本体和现象的关系。他坚决反对佛老和宋明道学唯心主义脱离具体事物现象去虚悬一个超越的精神本体的企图，同时也批评了先前的唯物主义者设想在天地万物产生以前就有独立存在的物质本体的错误理论，他的体用论的最大特点，就是始终坚持本体和现象的统一。

关于道和万物的关系，还存在一个问题：道或太极，既然是“所以出生万物、成万理而起万事者”，为万物“资始资生之本体”，那么，这是不是说，道生万物就像父生子一样，是派生者和被派生者，即第一性和第二性的关系呢？王船山的回答是否定的。他专门就这个问题作了说明。

王船山在解说《周易·系辞传》中“易有太极，是生两仪，两仪生四象，四象生八卦”这段话时，曾对其中的“生”字作了别开生面的阐释。他说：

> 生者，非所生者为子，生之者为父之谓。使然，则有有太极无两仪，有两仪无四象，有四象无八卦之日矣。生者，于上发生也。如人面生耳目口鼻，自然赅具，分而言之，谓之生耳。……要而言之，太极即两仪，两仪即四象，四象即八卦。犹人面即耳目口鼻，特于上所生而固有者，分言之则为两、为四、为八耳。(《周易稗疏》卷三)

在这里，“太极”喻本体，“两仪”“四象”“八卦”喻天下事物，即各种具体的事物现象。他把太极和万物、本体和现象的关系比喻为人的面孔和耳目口鼻的关系，耳目口鼻生长在面孔上，如果说成是“父生子”一样，先有一个无耳目口鼻的面孔，然后才生出耳目口鼻等器官来那就荒谬至极了。同样道理，太极本体和万物的关系也不是父子关系。太极生两仪、四象、八卦，这里所谓“生”是“于上发生”的意思，是“于上所生而固有”的意思，“非太极为父，两仪为子之谓也”（《周易内传》卷五）。船山又专门解释“是生两仪”的“是生”二字说：“是生者，立于此而生，非待推于彼而生，则明魄同轮而源流一水也。”（《周易内传》卷五）“立于此而生”也是“于上发生”、表现出来的意思。就像明和魄是同一月光的表现，源和流是同一水的表现一样，太极本体和万物也是不可分离的。“固合两仪、四象、八卦而为太极，而非别有一太极，以为仪象卦爻之父，明矣。”（《周易内传》卷五）

王船山还进一步把天下万物包含着太极本体说成是“固有”“同有”，把太极生万物说成是“俱生”。他说：

> 易有太极，固有之也，同有之也。太极生两仪，两仪生四象，四象生八卦，固有之则生，同有之则俱生矣。（《周易内传》卷五）

在这里，“易”代表天地万物的整体。“固有之”是说万物本来具有太极本体，“同有之”是说太极和万物同时存在。“固有之则生”，是说太极生万物是固有之而必然“于上发生”，而不是由此推彼地生出别一物来。“同有之则俱生”，是说太极和万物同时发生，而不是先有太极后生万物。

通过以上解说和论证，王船山坚决否认太极本体可以脱离天地万物而独立存在，从而克服了张载等人的理论缺陷，进一步论证了本体和现象统一不离的观点。他还把这个观点概括为“天下无象外之道”，认为“道”和“象”，即本体和现象不可“相与为两”，而只能“相与为一”。他说：

> 天下无象外之道，何也？有外则相与为两，即甚亲而亦如父之于子也。无外则相与为一，虽有异名而亦若耳目之于聪明也。父生子而各自有形，父死而子继。不曰道生象而各自为体，道逝而象留。然则象外无道，欲详道而略象，奚可哉？（《周易外传》卷六）

在这里，他也明确否认“道生象”是“各自有形”“各自为体”的父子关系，因为把它们看作父子关系，就是“相与为两”了。而他的一贯主张正是“象外无道”，离开现象无所谓本体。他强调本体和现象不是“相与为两”的两体，而是“相与为一”的一体。这就是他的“道器一体”论。

王船山关于本体和现象的关系的学说，大大丰富了传统的唯物主义道器论的内容。他不仅把被唯心主义抽象化为世界精神本体的“道”还原为事物的规律，对规律和事物的关系作了一个很好的总结，而且注意“从现象的外在性深入到实体”，进而探讨了世界的物质本体和具体事物现象的关系问题，以“天下无象外之道”的鲜明结论，有力地打击了自魏晋以来十分猖獗的唯心主义本体论。在这个问题上，他继承了张载气本体论的唯物主义思想，同时又批评了张载割裂“太虚”本体和天地万物的错误理论，始终坚持本体和现象的统一，这样才能更好地坚持唯物主义，避免滑向唯心主义。在中国漫长的中世纪，唯物主义和唯心主义围绕着本体和现象的关系问题进行了长期的尖锐复杂的斗争，可以说到王船山作了一个总结，用唯物主义的本体论战胜了唯心主义的本体论。综观王船山的道器论，它在这个方面的理论成就，甚至超过了对规律和事物的关系问题的总结。

表现一般和个别关系的“道器”范畴

不少论者指出，在王船山那里，道器关系问题实质上就是一般和个别的关系问题。这个论断是完全正确的。形而上之道，不论是指事物的规律，还是指物质实体，都是“一般”，都是只有在抽象思维中才能把握的事物的共同本质。形而下之器，不论是指具体事物，还是指事物的现象形态，都是“个别”，都是人们可以感觉到实际存在的个别、特殊的事物。道器关系问题，不论是从规律和事物的关系的意义来说，还是从本体和现象的意义来说，都是讲的一般和个别的关系问题。王船山的道器论无非是阐明世界的普遍物质实体及其运动规律不能脱离个别、特殊的事物而独立存在，即一般寓于个别之中的道理。

从中外哲学史以及整个人类认识史来看，一切唯心主义产生的认识根源，都是在于不能正确解决一般和个别的关系问题。列宁说：

> 原始的唯心主义认为：一般（概念、观念）是单个的存在物。这看起来是野蛮的、骇人听闻的（确切地说：幼稚的）、荒谬的。可是现代的唯心主义，康德、黑格尔以及神的观点难道不正是这样的（完全是这样的）吗？桌子、椅子和桌子观念、椅子观念；世界和世界观念（神）；物和“本体”、不可认识的“自在之物”；地球和太阳、整个自然界的联系——以及规律、逻各斯、神。人类认识的二重化和唯心主义（=宗教）的可能性已经存在于最初的，最简单的抽象中。①

列宁举的是西方哲学史上的例子，在中国哲学史上，情况也完全

① 《列宁全集》第38卷，人民出版社1960年版，第420—421页。

像列宁讲的一样。当朱熹说，离开具体的蒲扇、团扇、芭蕉扇、鹅毛扇等等，还有一个抽象的“扇子底道理”（《朱子语类》卷六十二）作为“单个的存在物”和具体的蒲扇、团扇等等并列，并且成为它们“是如此做，合当如此用”（《朱子语类》卷六十二）的根据的时候，我们不是看到了一个将世界二重化，并由此通向唯心主义的绝妙例证吗？列宁所举的将世界二重化的各种现象，以及中国哲学史上出现的将世界二重化的各种现象，归根到底，就是把一般和个别、道和器割裂开来，然后把抽象的一般“发展（膨胀、扩大）为脱离了物质、脱离了自然的、神化了的绝对”①，即王船山所说的“标离器之名以自神”的“虚悬孤致之道”。这就是通向唯心主义的一条现实的思维途径。王船山通过批判总结我国几千年来的传统思想，特别是在反对宋明道学唯心主义的斗争中，深刻地洞察到了一切唯心主义的这一共同的认识根源和思辨秘密，因此能够准确地抓住道和器，即一般和个别的关系这个实质性问题，从规律和事物、本体和现象等方面进行深入剖析，得出一个共同结论，即一般寓于个别之中，没有离开个别而作为“单个的存在物”的一般。这就从根本上动摇了唯心主义本体论的基础，把老子所谓“先天地生”的道，王弼所谓“寂然无体”、为万物之宗的无，佛教所谓“离妄反真”的真如，程朱所谓“离乎形器”的道、理、太极等等，统统从“天国”打落下来，指出它们不过是利用人类认识的二重化而在主观思维中制造的“幻想”而已。王船山的道器论是唯物主义在反对唯心主义本体论的长期斗争中所取得的一项带总结性的思想成果。

为了战胜唯心主义，就必须唯物而且是辩证地解决一般和个别的关系问题，王船山在时代条件所许可的范围内，虽是自发的，确是努力沿着这条正确思路前进的。他的道器论的一些基本命题，不仅对后世谭嗣同等人产生过深远影响，而且在今天仍然闪耀着辩证法的光芒。

---

① 《列宁全集》第38卷，人民出版社1960年版，第411页。

“天下惟器”，“盈天下皆象”。这是说世界上只存在着个别的事物和现象，任何个别的事物都具有特殊本质，即个性，又具有同类事物的共同本质，即共性。任何个别事物都是一般和个别的统一，“天下惟器”的结论正是肯定了个别存在的事物（“器”）是一般和个别统一的基础。

“道在器中”，“无其器则无其道”，“天下无象外之道”。这是说一般只能在个别中存在，只能通过个别而存在，没有离开个别而单独存在的一般，没有个别就没有一般。王船山反复论述了一般寓于个别之中的道理，认为“不可象者即在象中”（《张子正蒙注》卷一），他有时还直接用了“寓于”这两个字，如说：

> 不可象者寓于器以起用。（《张子正蒙注》卷一）
>
> 道者，天地精粹之用，与天地并行而未有先后者也。使先天地以生，则有有道而无天地之日矣，彼何寓哉？（《周易外传》卷一）

离开了个别的“器”，一般的“道”就无所寓，也就不可能存在。诸如此类的论述，都体现了唯物论和辩证法的统一。

“道者器之道，器者不可谓之道之器。”这是说个别包含一般，任何一般都是个别的一部分、一方面或本质，而任何个别都不可能完全包入一般之中。一般和个别是对立的统一，但不是完全等同，个别的内容比一般丰富得多。

王船山在论述道和器、一般和个别的对立统一时，不仅强调了它们的相互联结、不可分割，而且也注意到了二者在一定条件下的相互转化。就是说，在一定范围内是“道”，是一般的东西，在更大的范围内又可以看作是“器”或“象”，看作个别或特殊的东西。例如，船山在《周易外传》卷六中说：“今夫象：玄黄纯杂，因以得文；长短纵横，因以得度；坚脆动止，因以得质；大小同异，因以得情；日月星辰，因以得明；坟埴垆壤，因以得产；草木华实，因以得财；风雨散润，因以得节。”（《周易外传》卷六）在这里，“文”“度”“质”“情”“明”“产”“财”“节”，对于玄黄纯杂、长短纵横等等具体事物现象来说，是“道”，是一般。但是，对于总的《易》理来说，它们又只是个别的、特殊的道理，又成为不胜其多的“象”了。不仅“文”“度”“质”“情”等较低层次的概念是“象”，而且“《诗》之比兴，《书》之政事，《春秋》之名分，《礼》之仪，《乐》之律，莫非象也”（《周易外传》卷六）。只有“统会其理”的《易》才是最高的“道”。这里接触到一个深刻的辩证法思想，就是人类对事物本质的认识是分层次的，是不断地由初级本质进到高一级本质的过程，因此道和器（象），一般和个别的范畴就不是凝固的、僵死不变的，而是相对的、可变的、可以相互转化的。

搞清楚一般和个别的辩证法，在认识论上具有重要的意义。当然王船山还只是从朴素的唯物主义立场出发，自发地把“尽器”“治器”即接触具体事物当作整个认识的基础。他在这方面也有一些相当精彩的论述。

“尽器则道在其中”，“尽器则道无不贯”（《思问录·内篇》）。这就是说，人们只有先认识了各种具体事务的特殊本质，然后才能掌握它们的共同本质，因为作为一般规律和共同本质的“道”就存在于一切个别、特殊的事物之中。“尽器贯道”，实即从个别上升到一般的认识方法。王船山的道器论，归结到“天下惟器”“盈天下皆象”，所以他强调认识只能从具体的事物现象入手，“因物而见理，因器而见道”（《四书训义》卷七）。离开了“器”“物”“象”，就无从认识“道”和“理”。与此相联系，他在方法论上还提倡“善言道者，由用以得体”（《周易外传》卷二）、“观物象以推道，循末以测本也”（《张子正蒙注》卷三）、“求之于显以知其隐，则隐者自显”（《读四书大全说》卷二）。这些，实质上都是从个别上升到一般，即从现象的外在性深入到规律、实体的认识方法。

另一方面，王船山又指出："尽道所以审器"（《思问录·内篇》），"人或昧于其道者，其器不成"（《周易外传》卷五）。这就是说，掌握了事物的一般规律和共同本质，又可以加深对具体事物的认识和了解；就做一件具体事情来说，如果不懂得它的规律和道理，那件事情就做不成功。这里又肯定了理性认识的指导作用，即认识了一般，可以指导对个别事物的认识和实践。认识还必须从一般回到个别，不仅是为了指导个别，而且要用个别去检验、丰富和发展对一般的认识。

从一定意义上说，王船山已经把"从个别到一般"和"从一般到个别"两个过程联结起来，这是他的深刻之处，是他在认识论上超迈前人的卓越贡献。但是，他不可能懂得这两个过程是统一在社会实践的基础上的。基于他的唯器论，同时是为了反对宋明以来那种脱离实际、空谈道德性命，即"离器而言道"的空疏学风，他着重强调的还是前一方面，即强调从个别到一般，认识"器"是认识"道"的基础。王船山通过总结历史经验和自己大半生的实际体会，在晚年还提出了"尽器难矣"的深刻见解。他说："圣人之所不知不能者，器也；夫妇之所与知与能者，道也。故尽器难矣！"（《思问录·内篇》）具体事物是十分复杂的，要完全认识、把握它是很不容易的，即使是"圣人"也有所"不知不能"。相对来说，把握抽象的道理、原则要容易得多，普通老百姓也可以"与知与能"。因此，他勉励人们致力于具体事物的认识和研究，通过对具体事物的透彻认识去掌握一般的道，这就是所谓"勇于德而道凝"（《思问录·内篇》）。相反，如果撇开具体事物，专门去追求抽象原则的道，并且用这种"道"去指导实践，那么就只会造成危害天下的结果。所以他又说："勇于道则道为天下病矣！"（《思问录·内篇》）后者正是对"离器而言道""详道而略象""据体而蔑用"的唯心主义者的尖锐批判。他要人们牢记崇尚空谈、不务实际导致亡国的沉痛历史教训，"欲尽废古今虚妙之说而反之实"（王敔《姜斋公行述》），在自己的哲学批判中寄托着深切的抱负。

以上我们从规律和事物、本体和现象、一般和个别三层涵义上分析了王船山道器论的主要内容和理论成就，现在不难得出结论，它确实是一个内容十分丰富、思想深刻精湛的完整的唯物主义本体论学说，它是在前辈唯物主义者所进行的反对唯心主义本体论的长期斗争的基础上，通过王船山的创造性的理论活动而建立起来的。从历史的发展和逻辑的发展这两个角度看，王船山的道器论都到了总结的阶段，而它也确实无愧于总结者的地位。

本体论的问题，在西方古典哲学中是讨论得很多的。有人认为中国古典哲学，特别是儒家哲学很少涉及这方面的问题，因为他们注意的主要是道德伦理，而不甚注意纯哲学范围内的认识论和本体论问题。这种看法是片面的。事实上，中国古典哲学从最早讨论的天道观问题开始，就已经涉及本体论的问题了。特别是到了魏晋时期，体用、本末问题成为当时哲学论争的中心，唯心主义本体论的建立促进了中国古代哲学认识的深化。从魏晋玄学、隋唐佛教直到宋明理学，基本上都是采取割裂和颠倒体用、本末关系的手法，肯定作为天下万有存在和变化根据的，是“无”“空”“理”“太极”之类精神性的本体。在相当长的历史时期里，唯心主义的本体论一直统治着中国的哲学思想界。这就决定了唯物主义反对唯心主义本体论的斗争也是长期的，而且是十分艰难的。把世界的共同本质归结为某种特殊本质的古代朴素唯物主义，它本身就混淆了一般和个别、本质和现象的界限，显然不能和唯心主义本体论抗衡。从汉代开始发展起来的元气说，认为混沌未分的元气是天地万物产生的根源，天地元气产生万物，就像“夫妇合气，子自生矣”（王充《论衡·自然篇》）一样，这也未能正确解决世界的物质始基和万物的关系问题。张载建立的唯物主义的元气本体论学说，虽然有力地批判了佛老“体用殊绝”的错误，把被唯心主义颠倒了的体用、本末关系扶正过来。但是，他又认为，作为世界的物质本体的“气”或“太虚”，也可以在天地万物之前就独立存在，这又不能和“体用殊绝”的唯心主义彻底划清界限。张载的后继者罗钦顺、王廷相等人，也未能克服以上的局限性。因此，要把反对唯心主义本体论的斗争进行到底，取得决定性的胜利，就亟待有人出来正确解决一般和个别、本体和现象的关系问题，发展和完善唯物主义的本体论学说。这个任务正是由王船山来完成的。他之所以能够完成这个任务，在很大程度上是因为能够把唯物主义和辩证法结合起来。只有运用对立统一的辩证观点，才能正确解决一般和个别、本体和现象的关系问题。王船山虽然使用的还是道器、体用之类陈旧的哲学术语，但是他解决上述问题的辩证思路还是很清晰的。他的成功不但在于能够准确地抓住唯心主义本体论的要害，而且在于善于从前辈唯物主义者的失足处吸取教训，故能打开理论斗争的新局面。

王船山的道器论自然也是有其局限性的。能够运用辩证思维是他比前辈唯物主义者高明的地方，但是这种辩证法的思维是自发的，带有直观和猜测的性质。他的唯物主义是不彻底的，特别是当他把本体论问题和社会道德伦理问题混淆在一起的时候，就不能把重“器”、重“用”的唯物主义道器论贯彻到底，而是鼓吹“君子之所贵者道也”（《思问录 · 内篇》），把“治器”“尽器”看作是卑下的小人之事。这种局限性是由于他所处的时代和阶级地位所决定的。尽管如此，王船山的道器论仍然是这位先哲给我们留下的一份宝贵的、丰厚的哲学遗产，我们应该用马克思主义的观点去分析和总结，批判地继承其合理部分。

［本文是作者提交 1982 年 11 月在衡阳召开的“王船山学术思想讨论会”的论文。收入《王船山学术思想讨论集》（湖南人民出版社 1985 年版）时编者作了若干删节，这里刊出的是全文］

湘学研究的对象、范围和意义

1998 年 9 月，我在参加湘潭大学四十周年校庆活动时提出了建立湘学研究所的建议。当时提出的理由主要有二：一是考虑到湘潭大学中国哲学学科的发展，除了要加强整体实力之外，一定要有自己的特色。而湘学作为一种具有鲜明个性特征的地方学术传承，湖南地区的学者对它进行研究，具有其他地区不可比拟的优势。事实上湘大哲史学院在这方面已经做了不少工作，已有了较好的研究基础。二是考虑到湘潭本来就是湖湘学派最早的发源地，在湘大建立湘学研究所有历史和地缘的根据。从南宋建炎四年（1130）胡安国父子在湘潭创立碧泉书院，到乾道元年（1165）刘珙重修岳麓书院，聘请张栻为主教，30 余年间碧泉书院一直是早期湖湘学派的学术和教育中心，其在湘学发展史上的重要地位应该受到历史的尊重。

开展湘学研究必须对这个学科有一个准确的定位，首先必须解决研究的对象、范围和意义等问题。我在这里把自己的一些初步想法提出来，与学界同道共同探讨。

“湖湘学”“湖湘文化”与“湘学”

在湖南地域文化研究中，过去曾用“湖湘学”“湖湘学派”“湖湘文化”“湖南学”“湘学”“潭学”等概念来说明这门学问的性质和特征。事实上这些概念所标示的研究对象和范围并不是完全相同的，也就是说，它们属于不同层次的学问或学科。我们可以将这些概念大体上分为三个层次。

第一个层次是“湖湘学”。它是指南宋时期与朱熹的“闽学”、陆象山的“江西之学”、吕祖谦的“婺学”大致同时代的，以胡安国、胡宏父子和张栻为代表的，在湖南地区产生和传承的一个主张“体用合一”、内圣与外王并重的理学学派。它的名称实际上是当时的著名学者朱熹给取的，在《朱子语类》和《文集》中，常有“湖湘学者”“湖南一派”“湖南学”之类的提法，后来黄宗羲、全祖望等人编纂《宋元学案》时即沿用了“湖湘学派”的名称。这个学派在南宋时期的阵容和影响相当大，南宋后期的理学家真德秀曾指出：“窃惟方今学术源流之盛，未有出湖湘之右者。”黄宗羲也认为：“湖南一派，当时为最盛。”《宋元学案》为这个学派就专门列了六个学案，即《武夷学案》《衡麓学案》《五峰学案》《南轩学案》《岳麓诸儒学案》《二江诸儒学案》，为该派学者个人列传的有数十人之多。但至南宋末年，这个学派已呈衰微之势。德祐二年（1276），元军攻陷长沙，湖湘弟子“荷戈登陴，十亡其九”，此后这个学派就不再称闻于世了。“湖湘学”作为一个特定历史时期的学理和学派概念，它所指称的范围是明确的、有限的，虽然后世湘学都曾受到它的深刻影响，但是在严格的意义上说，连船山学都不能包括在“湖湘学”的范畴之内，更不用说近世湘学了。

第二个层次是“湘学”。我没有考证过这个概念是谁最先提出来的，从接触到的有限文献资料来看，它在19世纪和20世纪之交已被广泛使用。杨毓麟在《新湖南》中说：“胜国以来，船山王氏以其坚贞刻苦之身，进退宋儒，自立宗主，当时阳明学说遍天下，而湘学独奋然自异焉。”[1] 这里“湘学”是指船山学。船山学无疑属于湘学，是湘学的一部分而不是其全部，它在更多的情况下是被当作一个标示

---

① 饶怀民编：《杨毓麟集》，岳麓书社2001年版，第35页。

湖南地区的学术传承的学术思想史概念。戴德诚说：“三闾以孤愤沉湘，元公以伊尹为志，遂开湘学仁侠之大宗。”（《湘学类纂·湖南宜善守旧》）这是以屈原、周敦颐为湘学发展史上的两个开创性人物。前者为文学巨匠，后者为理学开山，二人相去千余年，象征着湘学发展的两个不同的历史阶段。叶德辉说：“湘学肇于鬻熊，成于三闾。宋则濂溪为道学之宗，明则船山抱高蹈之节。”（《郎园书札·答人书》）他甚至把湘学的源头上溯到了被封为楚祖的鬻熊，但重点是表彰宋明时期的周敦颐和王船山。叶昌炽在《缘督庐日记钞》中记载：“焕彬自长沙来信，极论湘学渊源，上自船山，下逮曾文正、郭筠仙，今之湘绮、葵园，……洋洋十余纸。”叶德辉，字焕彬，他在此信中论湘学又把重点放在了船山以后的近代湘学上。古代湘学前后两个阶段的发展情况也是极不平衡的，宋以前虽有一定的学术思想上的连续性和地域共同性，但却没有明显的传承统绪；具有比较严格的学理意义和学术传承意义的湘学实际上始于宋代，胡安国父子开创的湖湘学派才使它成为一种有着鲜明的学术个性和全国性影响的地域文化，唐宋以前相对落后的湖南也一跃而成为后来的“理学之邦”。湖南道州人周敦颐在宋初的影响本来并不大，只是由于胡宏、张栻、朱熹等人的大力推崇，他才获得了“道学宗主”的地位，并成为湘学发展史上的一位象征性人物。上个世纪40年代，湖南大学教授李肖聃著《湘学略》，即以“濂溪学略”为第一，接着才讲胡安国开创的湖湘学派，朱熹和王阳明在湖南的影响，王船山的贞晦深沈之学，一直讲到近世湖南诸贤在学术和事功上的贡献。因此，广义地说，湘学史就是湖南地区的学术思想发展史，特别是宋以后的湖南学术史，湖湘学派倡导的理学精神和务实学风一直贯穿于其中。由于湘学还是属于“国学”即中国传统学术的一部分，我们可以将其下限大致地确定在清末民初之际，湘学精神的现代转换与改造就具有新的时代意涵而不属于传统湘学的范畴了。

第三个层次是“湖湘文化”。这是一个涵盖面非常广的概念，不仅包括哲学、伦理、政治、法律、文学、艺术、宗教等精神文化的内容，而且包括民风、民俗、民族心理等所谓“俗文化”，甚至将饮食文化、服饰文化、建筑文化、历史遗存、江山胜境、湖南地区的土特产等物质文化的内容都包括在内。

以上三个层次概念的研究对象和范围都不同。湖湘学是一个比较窄的学派概念，湖湘文化是一个比较宽泛的大文化（广义文化）概念，湘学则居于二者之间。湖湘学是湘学的重要内容而后者并不仅限于湖湘学，它还包括船山学和近代湘学等内容。作为学术观念形态的湘学是湖湘文化的精神内核，所以有的学者又把它称为“核心湖湘文化”或“狭义湖湘文化”。在这三个互相联系、互相包含的概念中，我认为选择湘学作为我们这个学科的研究对象比较合适。它是中国传统学术的重要组成部分，具有鲜明的地域文化特征和比较深厚的历史传统，作为一门思想性、学理性较强的学科，研究对象明确，学术内容丰富。湘学精神的继承和改造与现代化事业息息相关，我相信它一定会引起湖南省和全国学术界的重视，并且很有可能在不久的将来会走向世界。

“湘中之学”与“湘人之学”

要准确地把握湘学研究的对象和范围，还必须处理好“湘中之学”与“湘人之学”的关系问题。

湘学是在湖南这个地方产生和传承的一种学术或学问，称它为“湘中之学”或“湘中学术”应该是没有问题的。但是湘中之学并不一定就是“湘人之学”，湘学并不都是湖南人创造的。李肖聃《湘学略》的最后一篇为“流寓学略”，专门记载了非湘籍人士对湖南地区学术文化的发展所作出的贡献。他指出：“屈子楚人，非生于湘中，第被放至此耳。然流风所被，化及千年，此州之士，尽洗蛮风，登诸华琰。然后昌黎开南岳之云，子厚揽永州之胜，胡安国讲学于碧泉，朱、张宣道于岳麓。大贤所至，群彦景从，过化存神之妙，有非浅人所能共喻者。”[①] 这里反映的历史事实是，湖南在古代是荒蛮锢塞之域，直到唐朝还是安置贬官谪吏的地方，在历史上的多次人口迁徙与民族融合中，先后受到楚文化和中原文化的影响，才逐渐形成了有鲜明的个性特征、相对稳定并有历史传承性的地域文化形态。湘学的形成和发展与国内多民族文化的交流融合是分不开的，许多非湘籍人士都为它做出了不可磨灭的贡献。屈原的《天问》和柳宗元的《天对》，是中国哲学史上最重要的关于“天”的哲学追问和朴素唯物主义的回答，据传都是他们在被流放或被贬黜于湖南期间写作的，因此也是湘学史上的光彩篇章。湖湘学派的开创者胡安国父子是福建人，其光大者张栻是四川人，但这个学派确实是在湖南地区产生和传承的，并对后世湘学的发展产生了深远影响，因此不能抹杀他们在湘学发展史上的重要地位。

湘中之学并非皆是湘人之学，另一方面，湘人之学也不尽在湘中。走出湖南，走向全国甚至走向世界的湘籍人士，他们在学术和事功上所取得的成就，能够体现湘学精神、继承和弘扬湘学传统的，是不是也可以包括在“湘学”的范畴之内，作为湘学研究的对象呢？我认为是可以的。这表明湘学不是封闭的而是开放的，它是与整个中国文化、中国哲学结合在一起的，在一定意义上说它已经走向全国、走向世界。近代以来湖南人走出本省，在外省和全国范围内干事业的人多得很，他们中的不少士人，接受的是湖湘传统教育，其人生观和社会价值观，其思维方式和行为方式，都受到湖湘学统的深刻影响；他们在学术和事功上的成就，可以说正是湘学精神的继承和发扬。譬如清朝嘉道年间曾任安徽巡抚、江苏巡抚和两江总督的湖南安化人陶澍，其理学经世思想就直接来源于湖湘学统，并将其运用于整肃吏治和改革河工、漕运、盐政的实践，成为近代前夜著名的地主阶级改革

① 钱基博、李肖聃：《近百年湖南学风 湘学略》，岳麓书社 1985 年版，第 232 页。

家。陶澍改革成功的范例，又支持和促进了魏源、贺长龄、贺熙龄、汤鹏、唐鉴、邓显鹤、李星沅等一大批湖湘经世派人士的崛起，并对近代经世大吏左宗棠、胡林翼、曾国藩等人产生了深刻影响。这些人的活动地域并不限于湖南，但其思想和行为都体现出了尊崇理学、经世致用、重视践履、关心国事等湘学的特点，因此不能否认他们也是近代湘学的重要代表人物。有些近代湘学人物如郭嵩焘、曾纪泽、唐才常、陈天华、杨毓麟、黄兴、蔡锷、宋教仁、杨昌济等人已经走向世界，能够用世界眼光来考虑中国的发展问题。这也说明湘学并不将自己局限于一种地域文化，而是具有与时俱进、面向中国、面向世界的开放性品格。

走出湖南的湘人之学，当然也不能统统列入“湘学”的范畴，即使是人文学术，也要看其是否能接续湖湘学统，弘扬湘学精神，有独立见解，能“开风气以自名家”。钱基博在《近百年湖南学风》一书的“余论”中，专门回答了王先谦与王闿运并称“二王”，前者亦一时显学，成书数千卷，著籍弟子且千人，为何独以王闿运为湘学，而不以王先谦为湘学的问题。他说：“昔王益吾（先谦）先生以博学通人督江苏学政，提倡古学，整饬士习，有贤声。然文章方、姚，经学惠、戴，头没头出于当日风气，不过导扬皖吴之学，而非湘之所以为学也。王闿运之人之学，老辈颇多绳弹，然有其独到以成其湘学。益吾先生，博涉多通，不啻过之，而无独到。”又说：“王闿运文章不为桐城，今文经亦非当行，然能开风气以自名家。益吾先生，文章桐城，训诂休宁，无不内行入格，然不能名家。而在吾苏，则贤学政也，异日《江苏通志·名宦传》，必有一席。”[①] 这虽然只是钱基博的一家之言，李肖聃《湘学略》中就有“葵园学略”，仍给王先谦在湘学史上以一定地位，但钱氏所言乃治学术思想史之一般原则，亦应引

① 钱基博、李肖聃：《近百年湖南学风 湘学略》，岳麓书社 1985 年版，第 104—105 页。

起湘学研究者的重视，至少“二王”在湘学史上的贡献大小和不同地位是可以比较的。

从历史现象看，古代湘学并非尽为湘人之学，近代湘学倒是以有着强烈的国家民族意识的湖湘士人为主体；古代湘学一般来说即是湘中之学，近代湘学则不一定为湘地所限。这就决定了我们不能把湘学研究的对象简单地界定为“湘中之学”或“湘人之学”，而是要将二者适当地兼顾、结合，这样湘学研究的空间就大了，它完全可以成为一个有着丰富内容的学术思想史研究领域。

“湘学精神”与“湖南人精神”

关于湘学研究的意义，可以从不同角度、从多方面来阐论，这里仅从其学术思想史意义和现实意义两个方面略作说明。

一　湘学研究的学术思想史意义

中国传统学术包括儒、道、佛诸多学派而以儒学为主体。宋明理学是儒学的最高理论形态或完成形态，因为它完成了吸收佛、道的思辨哲学而给予儒家政治伦理的合理性以精致的哲学本体论论证的任务，也就是说，完成了儒学史上最重要的一次“综合创新”。

宋明理学中有不同的学术派别，流行的观点是将其划分为程朱理学和陆王心学两大派，还有一种比较流行的观点是在哲学上将其划分为“理本论”“心本论”“气本论”三派。这些观点都忽略了在宋明理学中还有对朱熹哲学产生过重要影响、后来又成为朱熹之论敌的、在黄宗羲看来“当时为最盛”的湖湘学派，忽略了在哲学上围绕着当时讨论的主要问题——理气、心性问题，除了程朱的“理本论”、陆王的“心本论”和张载的“气本论”之外，还有以胡宏为代表的“性本论”一派。正如黄宗羲在评论朱陆异同时所说的，宋明理学中的各派实际上是“同植纲常，同扶名教”，它们维护儒家的伦理纲常，企图为儒家伦理的合理性作哲学论证的学术宗旨是完全一致的，共同的；也正如朱熹在给张栻写的祭文中所说的，他们二人是“志同而心契”，“同归而一致”。各派学术观点之异不过是在论证儒家伦理的合理性时，所采取的途径、方法、视角不同而已，其实相互之间有着很大程度的互补性。

作为宋明理学中重要一派的湖湘学派，由于曾经受到朱熹一派的严厉批评，而程朱理学后来又被历代统治者推崇为“正宗”，故前者在理学中只有“旁枝”的地位而不受重视，胡宏的“性本论”在哲学史上也没有程朱的“理本论”和陆王的“心本论”那样显赫的地位，甚至被其遮蔽而湮没无闻。但是，历史选择了程朱理学的结果，儒家“内圣外王”的理想并没有得到真正的落实，而是出现了“内圣强而外王弱”的情况，湖湘学者批评的那种“多寻空言，不究实用”的学风发展到极端，甚至出现了“平居袖手谈心性，临危一死报君王”的可悲局面。“心性徒开道学门，空谈未救金元辱。”正统派理学的这种致命弱点，反而凸显了以倡导“体用合一”、心性之学与经世之学相结合、内圣与外王并重为特征的湖湘学的价值。人们不禁要问：到底是正统派理学，还是被贬为“旁枝”的这种“得其体必得其用”的实学，能更准确地体现“圣人之道”即传统儒学的真精神？现代新儒家学者牟宗三可谓慧眼独具，他在梳理宋明理学时，首先将这桩学术史上的公案翻过来，认为不是伊川朱子系，也不是象山阳明系，而是五峰蕺山系，才真正继承了孔孟道统和周敦颐、张载、程颢所开创的理学“圆教模型”之真传。朱熹将形而上与形而下、性与情、存有与活动分裂开来，违背了“圆教模型”，所以不能成为宋明理学的嫡系，而是“别子为宗”。[①] 牟宗三的宋明理学三系说，大大提高了以胡宏为代表的湖湘学在宋明理学、孔孟儒学以及整个中国思想文化史中的地位，为改变“湖湘学统为朱子所压伏，后世无传”

① 见牟宗三《心体与性体》上册，上海古籍出版社 1999 年版，第 39 页。

的状况做出了重要贡献。

正确认识和评价湖湘学在宋明理学中的地位，对于湘学研究具有十分重要的意义，因为它是湖湘学统，亦即湘学之有“统”的真正源头。那些受程朱理学正统观念影响较深的学者，往往有意无意地忽视了这一点，如钱基博在《近百年湖南学风》的“导言”中，“上推周敦颐、王夫之两贤以端其趣”[①]，极力表彰二先生在湘学发展中的贡献，而只字未提及开创湖湘学统的胡氏父子，以及南宋湖湘学派对近代湖南学风的深刻影响。在湘学人物中，王船山作为中国古代朴素唯物主义哲学之集大成者的地位，以及他作为宋明理学之继承者和终结者的地位，可以说在20世纪已经基本上得到确立；魏源、曾国藩、谭嗣同等人在中国近代思想史中的重要地位亦为学界所公认，相对说来，南宋湖湘学派在宋明理学和中国思想史中应有的地位，胡宏的“性本论”在中国哲学史中应有的地位，至今尚未得到客观、公正的评价，牟宗三的“宋明理学三系说”还远不是学术界的共识。我认为这是目前湘学研究中，也是中国哲学史、中国学术思想史研究中应该特别予以关注，重点加以探讨、解决的一个问题。

从周敦颐、胡宏、王船山、魏源、曾国藩到谭嗣同，有着近千年历史的湘学传承，不仅学术内涵极其丰富，而且通过岳麓书院和湖南地区其他书院的师弟传授，使其有了学统上的连续性，表现出在学术思想上和学风上有某些前后比较一致的共同特点，形成了一种学术精神传统，深刻地影响了该地区的民风民俗和政治、经济、文化的发展。这种情况在其他地域文化或学术传统中是很少有的。关学、洛学、闽学、江西之学在宋明理学中都是“显学”，但学统深厚如湘学者，传至近代仍能以其“学”名家，在中国近代思想史上仍然占有不容忽视的重要地位的，可能没有一个。在我国目前的地域文化研究中，徽学可谓一枝独秀，安徽大学徽学研究中心得到了教育部“普通

① 钱基博、李肖聃：《近百年湖南学风 湘学略》，岳麓书社1985年版，第4页。

高等学校人文社会科学重点研究基地”的殊荣。但徽学研究的对象和范围与湘学有很大的差异，它是以20世纪50年代以来发现的大量徽州文书为基础，并与典籍文献和地面地下文物遗存结合起来，研究徽州地区的历史文化，特别是明清时期徽州的经济、政治、社会和文化的一门综合性的学问。它涉及徽商、徽州佃仆制度、徽州宗族、徽州教育、新安理学、徽派朴学、徽派建筑、徽雕、徽州戏曲、新安画派、新安医学、徽州刻书等广泛的内容，在一定意义上说与“湖湘文化”研究的对象和范围约略相当而又各有特点。相对而言，专以湖南地区的学术思想发展为研究对象的湘学，比徽学研究的范围要狭窄得多，也线索清晰和内涵确定得多。作为一个学术思想史概念，湘学倒是与关学、洛学、闽学等比较接近而又有更长的传承历史。

湘学研究不仅在宋明理学史、中国儒学史、中国哲学史、中国近代思想史、中国地域文化研究中占有十分重要的地位，而且正如有的学者所指出的，它对于中西文化比较与交流、中国教育史等学科的研究也有着不容忽视的重要意义，我们在此不作详细论述。

二　湘学研究的现实意义

湘学作为中国传统学术的重要组成部分，已经成为历史上的东西，但是湘学的精神传统却可以是活的，经过现代转换仍然可以为我们今天的革命、建设和改革事业服务。阐明湘学研究的现实意义，主要就是要解决湘学精神的现代继承、弘扬、改造和转换问题。

关于湖湘学派所开启的湘学传统，它在学术思想和学风方面表现出了一些什么共同特点，所谓“湘学精神”到底有些什么主要内涵，湖南地区的学者已经作过不少研究，发表了一些有理有据的、很有启发性的见解。有的学者将其概括为“推崇理学”“强调经世致用”“主张躬行实践”三大特点；有的学者认为湘学的根本特点就是把性理哲学与经世之学结合起来，坚持内圣修养与外王事功的统一；有的学者更加看重和突出湖湘学者以天下为己任的强烈的社会责任感，以及强烈的民族忧患意识和爱国主义精神；有的学者还注意到了湖湘学统中有不囿成见、广征博取、兼容并蓄、宽厚大气的开放性的学术品格，如此等等。我认为这些研究都是很有价值的，有助于我们对湘学精神的深入开掘和准确把握。

近代以来，由于湖南成为中国社会各种矛盾聚焦的地区之一，因此一直处于社会变革和政治风暴的中心，“近世湖南人材之盛，国中恐无出其右者”。陶澍、魏源等晚清理学经世派，曾国藩、左宗棠等发起洋务新政的湘军大臣，谭嗣同、唐才常等维新派人士，黄兴、陈天华等资产阶级革命派，几个重要人才群体的相继崛起，把近代湘学推进到了一个前所未有的高峰，“近代湖南学风”也成为学者们颇为关注的一个问题。有的学者在探讨这个问题时，一方面十分重视历史文化传承特别是湖湘学统的深刻影响，另一方面也注意从湖南特殊的地理环境去探讨“民性倔强”的原因，以至有人专门提出了“湖南人精神”这个概念。钱基博在《近百年湖南学风》中指出：

> 湖南之为省，北阻大江，南薄五岭，西接黔蜀，群苗所萃，盖四塞之国。其地水少而山多，重山叠岭，滩河峻激，而舟车不易为交通。顽石赭土，地质刚坚，而民性多流于倔强。以故风气锢塞，常不为中原人文所被。抑亦风气自创，能别于中原人物以独立。人杰地灵，大儒迭起，前不见古人，后不见来者，宏识孤怀，涵今茹古，罔不有独立自由之思想，有坚强不磨之志节。湛深古学而能自辟蹊径，不为古学所囿。义以淑群，行必厉己，以开一代之风气，盖地理使之然也。①

这里揭示了湖湘学风与其地理、“民性”之间的联系。他认为近代湖南先贤之所以能在学问和事功上取得巨大成就，新旧相劘，问学

① 钱基博、李肖聃：《近百年湖南学风 湘学略》，岳麓书社1985年版，第1页。

殊途，“要之有独立自由之思想，有坚强不磨之志节”。这也就是所谓“湖南人精神”的实质意涵之所在。

杨毓麟称这种精神为湖南人的“特别独立之根性”。他在《新湖南》中历举周敦颐、王船山、魏源、王闿运、郭嵩焘、谭嗣同等人“无所依傍，浩然独往”的自由创造精神和突出的学术成就，力图说明“我湖南有特别独立之根性”，“其岸异之处，颇能自振于他省之外”。

陈独秀在1920年发表过一篇题为《欢迎湖南人底精神》的文章，他满腔热情地写道：“湖南人底精神是什么？‘若道中华国果亡，除非湖南人尽死。’……湖南人这种奋斗精神，却不是杨度说大话，确实可以拿历史证明的。二百几十年前的王船山先生，是何等艰苦奋斗的学者！几十年前的曾国藩、罗泽南等一班人，是何等‘扎硬寨’、‘打死战’的书生！黄克强历尽艰难，带一旅湖南兵，在汉阳抵挡清军大队人马；蔡松坡带病亲领子弹不足的两千云南兵，和十万袁军打死战，他们是何等坚忍不拔的军人！”[①] 毛泽东在青年时代也主张要“充分发挥湖南人之精神，造一种湖南文明于湖南领域以内”。[②] 陈独秀所表彰的湖南人的奋斗精神，其中已包含着一种为后人“造桥”的精神。他说：“我们欢迎湖南人的精神，是欢迎他们的奋斗精神，欢迎他们奋斗造桥的精神，欢迎他们造的桥，比王船山、曾国藩、罗泽南、黄克强、蔡松坡所造的还要雄大精美得多。”[③] 这种为后人“造桥”，为了创造新文明而不畏艰难困苦、流血牺牲、前仆后继的奋斗精神，表现了湖南人的“坚强不磨之志节”，不仅在挽救民族危亡、推动近世革命中起了十分关键的作用，而且在今天更加繁难的改革和现代化建设事业中，仍然具有积极的现实意义，是我们应该继承和弘扬的一笔宝贵的精神财富。

---

① 《陈独秀文章选编》上册，生活·读书·新知三联书店1984年版，第480页。

② 《毛泽东早期文稿》，湖南人民出版社1990年版，第488页。

③ 《陈独秀文章选编》上册，生活·读书·新知三联书店1984年版，第481页。

“湘学精神”和“湖南人精神”是两个有着密切联系而又有不同内涵和外延的概念，有的研究者往往将二者不加区分，笼统地用来说明湘学的精神特质，因而显得有欠严谨。这是在今后的研究中应该加以改进的。我们在探讨湘学研究的现实意义时，不论是对湘学传统还是对“湖南人精神”，都要采取“一分为二”的分析态度，从今天的现实需要出发，区分开哪些是积极的有价值的精神资源，哪些是消极的无益甚至有害的精神负担，批判地继承，做到有“扬”有“弃”，即该扬的扬，该弃的弃，将其改造、转换成为现代新文明的有机组成部分。

在封建时代，主张经世务实的湘学，由于理学的包袱较重，往往容易流于保守。曾国藩、左宗棠等人因创办湘军、兴办洋务、抵御沙俄侵略等事功而成为“中兴名将”，但其理学家立场又使他们成为死心塌地维护腐朽的封建制度和垂死的清王朝的“忠臣”。湘学的经世取向使一部分湖湘士人具有了通变精神而成为著名的维新派，而同样由湖湘学统培育出来的那些守旧派经学家却顽固地反对“新学”“新政”。湘学的这种两重影响，使湖南在近代经常成为维新与反维新、革命与反革命激烈搏斗的战场。传统湘学以政治伦理为中心的价值取向十分明显，由湖湘学统所培育出来的人才，多为政治家、军事家、哲学家，而少有杰出的自然科学家、工程技术专家和实业家，这与今天以经济建设为中心的人才需求格局是很不适应的。

所谓“湖南人精神”也并非都是积极正面的东西。左宗棠曾经说过：“吾湘之人，厌声华而耐坚苦，数千年古风未改。惟其厌声华，故朴；惟其耐坚苦，故强。惟其朴也，故塞而鲜通；惟其强也，故执而不达。”[①] 这样看问题是比较辩证的。人们常用“骡子精神”“霸蛮精神”或“挺经”的故事来形容湖南的民性，这一方面是肯定其有

① 转引自钱基博、李肖聃《近百年湖南学风 湘学略》，岳麓书社 1985 年版，第 42 页。

坚忍不拔的意志，有刚毅敢为人先、敢打死战、敢撞地雷阵、不达目的誓不罢休的奋斗精神；另一方面也反映了这种民性中有过于执拗倔犟、固塞难通、好胜尚气等弱点，在处理人际关系时往往表现为直傲不屈于人，缺乏合作精神。后者显然是不适应今天社会需要的，这种“民性”就有用现代文明来加以改造的必要。

深入开展湘学研究，可以揭示湖南地区深厚的文化底蕴，为社会主义现代化建设提供丰富的传统精神资源。湘学虽然主要产生、传承、发展于湖南，但它不仅只是一时一地之学，正如先前有的研究者所指出的：“其人为天下士，为事亦天下事。”周敦颐、胡宏、王船山、魏源、曾国藩、谭嗣同其人其事其学，是中国思想史不可或缺的重要组成部分，决不能仅以一种地域文化视之。因此，我们开展湘学研究，亦应采取这样的态度：“张皇湖南，而不为湖南，为天下；诵说先贤，而不为先贤，为今人。”① “景行前徽”是为了“匡饬时贤”。我们还应有这样的认识：湘学虽然是中国传统学术的一部分，但经过方向正确的批判继承和现代转换，它也可以为新时期中国先进文化的建设做出重要的贡献。毛泽东对湖湘学统的吸取、继承、改造和转换就给我们提供了一个最好的范例。现代湘学研究者除了要在实践中沿着毛泽东所开辟的批判继承、综合创新的道路继续前进之外，还应该加强对湘学的历史和学理的研究，为这门学科的建设和发展做出不愧于时代的新贡献。

［原载《湘学》第 2 辑，湖南人民出版社 2002 年版。本文之一部分内容曾以《“湘学精神”与“湖南人精神”》为题发表于《文史哲》2005 年第 1 期，并曾作为《湘学史》（湖南人民出版社 2008 年版）之代序“湖湘文库”］

① 钱基博、李肖聃：《近百年湖南学风 湘学略》，岳麓书社 1985 年版，第 104 页。

千年湘学的历史意义和现代价值

湖南卫视给我出了一个题目：湖湘文化怎样走向世界？

湖湘文化是一种地域文化。在经济全球化的时代，地域文化能不能走向世界？怎样走向世界？

在经济全球化的推动下，文化的全球化也是一种必然的趋势。但是文化的全球化并不能取消或者消解文化的民族性和多元性，也不能消解文化的地域性。在今天，全球化与本土化、一体化与多元化、现代性与根源性是同时并存的两种趋势。但并不是说所有的民族文化、地域文化都能在这样一个充满激烈竞争的时代自在地、没有任何忧患地生存和发展。事实上文化的先进与落后的差别是存在的，先进文化取代落后文化也是一个必然规律，一种必然的趋势。在全球化时代，只有那些文化底蕴深厚，有独特的精神价值，而且能够与时俱进，历史证明它是具有强大的生命力的这样一种文化，才有可能融入到文化的全球化中间去，继续发光并为人类文明做出贡献。在一种民族文化当中的地域文化，同样也有这个问题。地域文化是否有生命力，要看它是否有独特的精神价值，有很鲜明的地方特色，同时其中也蕴含着普世的意义和价值，能够为人类文明增添精神财富，这种文化才有生命力。

我们来看一看湖湘文化作为伟大的中华文化的一部分，是不是具有这样一种精神价值呢？湖湘文化要走向世界，成为世界文化百花园中的一朵鲜艳的花朵，主要靠什么？我认为湖湘文化中间最重要的精神资源，就是千年湘学传统和千年湖湘书院教育传统，以及由这种传统所培育出来的大批湖湘优秀人士，即所谓“惟楚有材，于斯为盛”。他们所贡献出来的精神产品是完全可以在世界文化史中占有一席之地的。像周濂溪、胡五峰、王船山这样一些湘学代表人物，在他们生活的时代，都不愧为世界级的大思想家。但由于我们研究和宣传得不够，目前还没有产生其应有的世界性的影响。

与湘菜、湘绣、花鼓戏、南岳衡山等其他湖湘特色文化相比，湘学是湖湘文化中间最深层的属于精神内核的东西，它已将湖湘文化的精神特质上升到了一种学术观念的形态。我们今天讲湖湘文化走向世界，不仅要宣传湖南的山川胜境、丰富物产、特色文化，吸引世界各国人民到三湘大地来旅游；不仅要把湖南的优特产品推向世界市场，发展本地区的经济，而且要加强对湘学的研究和宣传，让湘学的精神传统，让周濂溪、胡五峰、王船山、谭嗣同等这些湘学代表人物的学术思想和成就，能够为世界所知晓，这本身就是对人类文化的一个重要贡献。

“湘学”这个概念在一个世纪以前就提出来了。杨毓麟在《新湖南》中说：“胜国以来，船山王氏以其坚贞刻苦之身，进退宋儒，自立宗主，当时阳明学说遍天下，而湘学独奋然自异焉。”① 这里“湘学”是指船山学。他还未必是最早提出“湘学”这个概念的人。20世纪40年代，湖南大学教授李肖聃写过一本《湘学略》，概述了千年湘学的发展历程，其远源可以追溯到屈原，而以“濂溪学略”为第一即以宋代的周敦颐为湘学的实际开创人物。千年湘学大体上是指从两宋至清末这一段时间，在湖南地区产生和发展的一种将儒家的心性哲学与经世之学相结合，主张体用合一、内圣与外王并重的学术传统。它是一种地域性的学术传统，有自己鲜明的学术特色，是一个伟大的精神传统，是非常值得珍视的一笔宝贵的精神财富。

我们可以从以下几个方面来认识湘学这种学术传统。

---

① 饶怀民编：《杨毓麟集》，岳麓书社2001年版，第35页。

一是，它传承千年，内容丰富，高潮迭起，大家辈出。

湖南地区的学术文化，在唐宋以前受中原文化的影响不大，表现出了比较明显的楚文化的特征，屈原就是一个代表。中国文化的重心南移、儒学地域化的趋势出现之后，湘学作为儒学中的重要一脉才有可能形成和发展。周敦颐是宋明理学的开山，也是湘学发展史上的一位象征性人物，讲湘学源流就从他开始。在南宋时期，以胡安国、胡宏父子和张栻为代表的湖湘学派，是与朱熹的“闽学”、陆象山的“江西之学”、吕祖谦的“婺学”即浙东学派并列的四大理学学派之一，在当时的势力和影响相当大。南宋后期的理学家真德秀说：“窃惟方今学术源流之盛，未有出湖湘之右者。”写《宋元学案》的黄宗羲也认为：“湖南一派，当时为最盛。”那个时代的青年学子甚至以“不得卒业湖湘为恨”，就像今天没有读上北大、清华一样感到遗憾。但到南宋末年，这一派就逐渐分化、离析而式微了。明清之际湖南出了大思想家王船山，湘学得以重光。船山之学渊源于周（濂溪）、张（横渠），与南宋的湖湘学派也有明显的思想继承关系。可以说王船山是从古代湘学过渡到近代湘学的一个关键人物。近代湘学是相对独立的一个发展阶段，这个时期更是人才辈出。近代中国历史的几个重要转折关头，湘学人物都起了十分关键的作用，并相应地涌现出了几个人才群体。一个是在鸦片战争前后，清朝嘉（庆）道（光）年间，出现了以陶澍、魏源、贺长龄、贺熙龄、汤鹏、唐鉴等人为代表的倡导经世实学的地主阶级改革派人才群体。后来到咸丰同治年间，又出现了以曾国藩、左宗棠、胡林翼、罗泽南、郭嵩焘等人为代表的湘军儒将集团，他们同时也是当时洋务新政的提倡者和推行者。再往后，到19世纪末，又出现了以谭嗣同、唐才常、熊希龄、沈荩等人为代表的维新派人才群体。20世纪初，辛亥革命前，湖南又出现了以黄兴、蔡锷、陈天华、杨毓麟、宋教仁、章士钊等人为代表的资产阶级革命派人才群体。他们都是中国近代史上的重要人物，许多出身于岳麓、城南等书院，深受湖湘学统的影响，也在新的历史时期发展了湘学的学理和学风，使近代湘学达到了一个新的高峰。我讲湘学就讲到这里为止，讲到清朝末年为止，清末是它的下限。

二是，它有鲜明的学术特色，并且前后相继，有很强的传承性。

首先，湘学作为在特定历史时空中产生和发展着的一种学术传统，它是中国传统学术即“国学”的一部分，是中国儒学、宋明理学中的一个学派。从两宋到清末，湘学学者都认同当时的主流意识形态，尊崇宋明理学，坚持儒家道统，这是决定其学说、学派性质的一个基本特点。南宋湖湘学派虽然在学理和学风上与朱熹的理学有一些歧异，曾经受到朱熹一派的批评和挤兑，但这只是理学内部的分歧，在“同植纲常，同扶名教”，也就是用儒家的心性哲学来为封建政治伦理的合理性作论证这一点上，他们是完全一致的。正如朱熹在给张栻写的祭文中所说的，他们二人是“志同而心契”，“同归而一致”。后世湖湘学者一般都以朱熹、张栻的理学为“正学”，以其为“学之本”，其“守死善道”的理论坚定性不仅表现在有强烈的原道精神，而且有一种殉道精神，湖南也因此而成为著名的“理学之邦”。可以说尊崇宋明理学、坚持儒家道统是湘学与理学其他各派的共性。

其次，湘学又有自己的独特个性，这主要表现在它反对“多寻空言，不究实用”，倡导“得其体必得其用”，主张“体用合一”、内圣与外王并重、把儒家的心性哲学与经世之学结合起来的实学特征。当时理学主流派的一些思想家，讲道德心性之学往往讲得头头是道，但在实际事功方面却相当薄弱，即所谓“内圣强而外王弱”。在宋朝内忧外患，金兵、元兵不断侵犯边界的时候，这些道学先生们一点本事也没有，“平居袖手谈心性，临危一死报君王”。他们既无匡时救国之策，也不能带兵到前线去冲锋陷阵，最后只有以死来报效宋王朝。这种情况可能还是好的，至少是言行一致的。有些人平常讲理学、讲道学，到关键时刻却成了投降派，这就是十足的“伪道学”了。湖湘学派的学者完全不是这种风格。他们平常就“多留心经济之学”，认为治道要以养民、恤民为本，在国家民族有难的时候，儒家学者更加有责任出来“康济时艰”。湖湘学派的开创者胡安国把《春秋》看作是一部“经世大典”，倾毕生心血著《春秋传》30卷，专门讲《春秋》“大一统”“尊王攘夷”“夷夏之防”的大义，为抗金复国、复兴民族文化制造舆论。他的两个儿子胡寅、胡宏，都不接受投降派秦桧的召用，隐居讲学、传授弟子，并曾先后上书皇帝，坚决主张抗金救国，收复中原失地，雪靖康之耻。胡宏的学生张栻曾随其父、抗战派名将张浚率师北伐，参赞军务，在地方官任上也做了许多为民兴利除弊的实事。在他们的影响下，湖湘学派的学者都重视经世致用之学，积极参与现实的政治、经济、军事、教育等方面的活动，涌现出了许多著名的政治活动家、社会改革家和抗金名将。例如张栻的学生、衡山人赵方，在开禧北伐中多次大败金兵，屡建奇功。他的父亲赵棠是胡宏的学生，他的儿子赵范、赵葵和孙子赵淮都是抗金、抗元名将。湘学的经世思想在王船山那里得到了继承和发展。他青年时代曾在衡山举兵抗清，失败后长期隐居著书，总结明亡的历史经验教训。他强调治史必“见诸行事之征”“推之而可行”，才能成为“经世之大略”。船山的经世致用思想又深刻地影响了近代湘学。魏源等人在湖南倡导今文经学，进一步弘扬了儒学中的通经致用传统。曾国藩反复强调“经济”（经邦济世）之学与“义理”之学的统一，成为理学经世派的一个理论纲领。近代中国面临着如何走向世界的问题，从魏源提出“师夷长技以制夷”的口号，到发展成为学习西方制造技术的“洋务运动”，应该说传统的经世致用思想也起了重要的推动作用。

其三，湘学的实学特征在学风上则表现为主张“学贵力行”“践履务实”，强调知与行的统一。朱熹曾批评湖湘学派“只说践履，而不务穷理，亦非小病”。这里说的“践履”，主要是指践行“君臣”“父子”之道即封建伦理道德的行为，但也反映了两派在学风上的基本分歧。湘学重践履、重力行的思想传统，从胡宏、张栻到王船山、魏源，可以说是前后相继、一脉相承的，他们在知行观上的主张有许多相近相似之处。

其四，湘学中有特别丰富的民族主义思想资源。这是由于湘学兴盛的几个历史时期——南宋、明清之际和近代，都是民族矛盾异常尖锐复杂的时代，许多学者亲身遭逢了国亡家破的惨重民族灾难，创剧痛深，而传统儒学中的《春秋》大义又给他们提供了龟鉴，因此在他们的思想和行动中，往往表现出了强烈的民族忧患意识和爱国主义的悲情。德祐二年（1276），元军攻陷长沙之时，岳麓诸生“荷戈登陴，十亡其九”。王船山冒着杀头危险，抗拒清朝的“薙发令”，在穷乡僻壤东躲西藏，终于“完发以殁身”。谭嗣同为救国保种、变法图强而血溅菜市口。写《警世钟》的陈天华，写《新湖南》的杨毓麟，为抗议帝国主义的无理和清政府的无能而分别在日本和英国蹈海殉国。湘学史上的这些慷慨悲歌的故事，至今仍然是爱国主义教材中的重要内容。

当然还可以列举出湘学的其他一些特点，比如从精神气质来说，湖湘学者富有“无所依傍，浩然独往”的自由创造精神，又有“不主一门，不私一说”、兼取各家学说之长的开放性传统。杨毓麟说湖南人有一种“特别独立之根性”，它首先表现在学术方面，并列举出周敦颐、王船山、魏源、王闿运、郭嵩焘、谭嗣同等人的突出贡献和独创性成就，来说明湘学的“奋然自异”之处。湘学的开放精神也有许多表现，比如张栻把他的朋友也是论敌的朱熹请到岳麓书院来讲学，搞“朱张会讲”，各抒己见，互相辩难。湖湘弟子也把朱熹当作自己的老师。近代中国最早睁眼看世界、主张向西方学习的就有魏源、郭嵩焘等湘学代表人物。这种开放的心胸和兼容的气度，与具有独立创造精神一样，在学术发展中都是非常难能可贵的。

三是，千年湘学的学术成就很高，对中国学术思想的发展，以至对中国社会的发展都产生了重要的影响。

周敦颐是宋明理学的开山，他所创立的“濂学”也被视为湘学之始。周子著《太极图说》和《通书》，推阴阳五行之理，探天命人性之原，为儒学创立了一个完整的宇宙论体系。也就是说，在天道和人道、宇宙和人生的大本大源问题上，儒学借助于周敦颐创造的哲学体系，不但可以与佛、老相抗衡，而且重新取得了意识形态的主导地位。因此周敦颐在中国儒学史中的地位是相当高的，被认为是儒学衰微千年之后，能够“得圣贤不传之学”、接续孔孟道统的“道学宗主”。胡宏是湖湘学派的主要理论奠基者，他在《知言》中提出了一种重要的哲学理论，就是以“性”为天下之大本，即所谓“性本论”哲学。它在理论上既不同于“理本论”也不同于“心本论”，而是开创了一派主张“非性无物”“性体心用”的新的理学学说。但是很遗憾，后来的研究者们却对它重视不够。其实《知言》在当时是一本很了不起的著作，吕祖谦认为它的水平在张载的《正蒙》之上，朱熹专门写《知言疑义》同它进行辩论。从思想史的意义来说，主张“性本论”的《知言》与主张“气本论”的《正蒙》至少是可以并驾齐驱的。王船山这位产生于湖湘大地的思想巨人，不仅在湘学史和宋明理学史上占有极其重要的地位，而且可以说是整个中国古典哲学的批判继承者和总结者、终结者。他的问题意识还是来自传统哲学，他也没有离开儒学的基本立场，但在船山生活的那个时代，能够对天人、理气、道器、有无、动静、两一、能所、知行、理势等一系列传统哲学问题作出系统的朴素唯物主义和辩证法的回答，确实达到了其所可能达到的最高水平，成为中国古典哲学的一个高峰。宋明理学的开创者周敦颐和总结者王船山都是湖湘学者，可见湘学在宋明理学中的地位非同一般。近代湘学在道学思想、经世思想、对外开放思想、民族主义思想等方面都有重要的发展，特别是湖湘学者不尚空谈、勇于实践的精神，在近代历史的每一个转折关头都有淋漓尽致的表现，在一定意义上可以说这些湘学代表人物决定着或主导着近代中国的命运。杨度说“中国如今是希腊，湖南当作斯巴达”，“若道中华国果亡，除非湖南人尽死”，就是激扬湘人的这种敢于作为的奋斗精神。

四是，千年湘学传承与千年湖湘书院教育传统是紧密结合在一起的。

湘学的发展并非一帆风顺，它也是时盛时衰，我们经常提到南宋的湖湘学派、明清之际的船山学和近代湘学，这是湘学发展的几个高峰，其实中间也有相当长的低潮时期。但有一个基本事实，就是湘学在湖南地区传承千年而统绪未断。它为什么能够千年传承下来？我认为有一个重要原因，就是靠这个地区非常发达的书院教育传统的支持。古代没有报纸、杂志和电脑网络等现代传媒手段，书籍印刷、收藏和流传也没有现在这么方便，知识传播主要靠学校教育、师弟传授。宋代经济、政治中心南移后，湖南地区的教育事业一直比较发达。长沙岳麓书院始建于公元 976 年，衡阳石鼓书院建立于 997 年，它们与江西庐山白鹿洞书院、河南睢阳应天书院并称为宋代的四大书院。宋代湖南共建书院 64 所，除岳麓、石鼓之外，还有长沙的城南书院，湘潭的碧泉书院、主一书院，湘乡的涟滨书院，衡山的南岳书院等等。清代湖南共建书院 387 所，至清末尚存 217 所。这些书院教育的内容，主要就是传承湘学的学理、学说和学风，即所谓“溯五峰（胡宏）之道脉，缅广汉（张栻）之流风”。如此代代相传，就形成了一种学术传统，即所谓“湖湘学统”。由湖湘学统所培育出来的人才，有一个共同特点，就是都十分重视“求仁履实”“经世致用”之学，这正体现了书院办学的宗旨：“盖欲成就人才，将以传斯道而济斯民也。”《宋元学案》给湖湘学派立了六个学案，涉及数十位学者，他们之间都有师弟传承关系，都在碧泉、岳麓等书院随胡氏父子和张栻求道问学过。王船山青年时代也曾肄业于岳麓书院，并与友人结成“行社”，关心国家大事，主张躬行实践。他求学时代岳麓书院的山长（校长）是忠实传承湖湘学统的吴道行先生。近代湘学的一些重要人物、大思想家，也差不多都在岳麓书院、城南书院、湘水校经书院等著名学府学习过，直接受到湖湘学统的熏陶，他们后来又成为湖湘学统的重要传人。

以上我们从时空范围、主要内容、学术性质和特点、思想成就和影响、传承方式等几个方面对千年湘学作了概略的描述，由此不难得出结论：湘学确实是一个思想内涵丰富、学术特色鲜明、发展线索清晰、成就和影响巨大的地方学术传统，是千年传承的一个伟大的精神传统。它不仅在宋明理学史、中国儒学史、中国哲学史、中国经学史、中国教育史和中国地域文化研究中占有十分重要的地位，而且在人类思想史中也应该有其一定的地位。我们说要让千年湘学走向世界，这个“走向世界”的含义，主要就是要为人类思想史作出贡献，贡献给人类有价值的东西。比如说湘学中的“道”论，从周敦颐的《太极图说》到胡宏的《知言》，从王船山的《正蒙注》到谭嗣同的《仁学》，它们不仅是中国哲学史中最重要的篇章，而且其中所表达的中华民族特有的哲学智慧，与世界各民族的形上智慧本质上是可以相通的。湘学中的一些重要人物，完全可以称得上是世界级的大思想家、大哲学家。例如梁启超在讲到王船山的哲学贡献时，指出他不仅重视本体论，而且能够从认识论的角度来为本体论找根据，注意探讨“我们为什么能知有宇宙”“知识的来源在哪里”“知识怎么样才算正确”等问题。梁启超说：“这种讲哲学法，欧洲是康德以后才有的。夫之生在康德前一百年，却在东方已倡此论了。”[①] 这一比较就把王船山在世界哲学史中应有的地位给凸显出来了。又如《东方杂志》第3卷第10期曾发表一篇题为《王船山学说多与斯密暗合说》的文章，指出王船山“奖自由而恶干涉”的经济思想，竟与斯密《原富》中的生计自由之论不谋而合，从而形成了“东西辉映”。[②] 他们还只是就个别问题、个别方面涉及船山思想的评价，实际上提出了一个更具普遍性的问题：我们对王船山在人类思想史上应有地位的认识是否到位了呢？显然，过去很少有人从这个角度去思考问题。杨度把湖南比作希腊的斯巴达，德意志的普鲁士，是表彰湖南人意志坚强、卓厉敢

---

① 梁启超：《明清之交中国思想界及其代表人物》，见《梁启超全集》第14卷，北京出版社1999年版，第4249页。

② 勇立：《王船山学说多与斯密暗合说》，《东方杂志》第3卷第10期，1906年11月。

死的奋斗精神，若从思想史上做一个比较，我们也可以在湘学与德国古典哲学之间找到某些相似之处。德国古典哲学的辉煌，不就是由于有康德、黑格尔、费尔巴哈等哲学大师吗？在湘学传统里也有周敦颐、胡宏、王船山、谭嗣同这样一些大思想家、大哲学家。德国古典哲学孕育出了马克思这样伟大的思想巨人，改变了人类历史的命运；在湘学传统的影响下也产生了毛泽东这样伟大的思想家和革命家，改变了近代中国的命运。这种比较只是为了说明湘学在中国思想史和人类思想史中的重要地位，当然也有一些不可比之处，很难要求它完全贴切和恰当。

但是，对于湘学这样一个重要的地方学术传统，过去除了李肖聃等少数学者外，学术界并没有给予足够的重视，有关研究成果很少，解放后甚至没有人再使用“湘学”这个概念了，也没有人用新的学术史观来对它重新进行研究。这种情况近年来才开始有所改变。湘潭碧泉书院是湖湘学派的发源地。湘潭大学哲史学院的一些学者，为了继承历史传统，创造性地转化传统，为现代文明建设服务，专门成立了湘学研究所，并出版《湘学》辑刊，有组织有计划地大力开展对湘学的研究。千年学府岳麓书院历来是湘学研究和教育的中心。设在岳麓书院的湖南大学中国文化研究所，多年来致力于湖湘学派、湖湘文化和中国书院文化的研究，成果丰硕，他们也完全认同“湘学”这个概念，朱汉民教授最近出版的《湘学原道录》一书就是新时期湘学研究的一项重要成果。湖南和全国各地（包括台湾省）都有一些热心于湘学研究的学者。这一研究也引起了外国学者的重视，例如日本学者高畑常信著的《宋代湖南学研究》就是一本内容扎实、有自己独立见解的学术著作。在文化全球化与多样化两种趋势并存、弘扬民族优秀文化受到格外重视、地域文化研究在国内普遍兴起的形势下，我认为推进湘学研究在今天得到了一个很好的历史机遇，只要领导重视，大家共同努力，在不久的将来收获一批有较高质量的研究成果是完全可能的。

湘学的思想成果可以为人类文明增添精神财富，所以我们主张要让湘学走向世界。但是开展湘学研究的根本目的还是要为中国的现代化建设事业服务，让传统精神资源产生积极的现实影响和作用。我认为湘学中的一些精神传统，在今天仍然有着强烈的现实意义，经过批判继承和创造性的转换，仍然可以在现代文明建设中发挥重要的积极作用。比如湘学中有一种注重探讨宇宙人生之大本大源问题的原道精神传统，不论是宇宙法则之道、人文理想之道还是个人安身立命之道，湘学学者都喜欢穷根究底，溯其本源，先立乎其大者，取得“道”的合法性根据。用我们今天的话来说，就是首先要解决世界观、人生观、价值观的问题。这种重视哲学理论思维的传统，是湘学的一个突出优点，也是可以拿它来与德国古典哲学相比拟的地方。恩格斯说：“一个民族想要站在科学的最高峰，就一刻也不能没有理论思维。”① 在我们这样一个比较注重实用理性的民族，发扬湘学重视形上之“道”的哲学理论思维的传统就有着特殊重要的意义。当然，正如王船山所说的，“道者器之道”，“无其器则无其道”，不同时代有不同的“道”，我们还要把原道精神和与时俱进的精神结合起来。湘学注重“经世致用”和“践履笃行”的实学学风也是中国文化的一个优良传统。尽管各个时代实践、实行、实习、实用、实事的内容不同，但是倡导知行统一、理论与实践一致、心性修养与外在事功并重的原则是具有普遍的积极意义的。湘学的实学特征非常明显，在这方面有许多精彩议论和大量典型事例，可以给现代人提供有益的借鉴。另外，湘学中坚持民族大义的爱国主义思想传统，不囿成见、兼容并包的开放气度和与时偕行、通变求新的精神，经过批判继承和创造性地转化，都可以成为现代先进文化建设的重要精神资源。我们对这些精神资源，当然不可能是原封不动地拿过来，而是要经过现代转换。毛泽东对湘学传统的批判继承和创造性转换就给我们提供了一个典范。举例来说，

---

① 《马克思恩格斯选集》第3卷，人民出版社1972年版，第467页。

“实事求是”也是湘学的一个重要传统，曾国藩将实事求是解释为朱熹讲的“即物穷理”，毛泽东则把它改造成为一个辩证唯物主义认识论的命题，使它获得了新的意义，于是就具有了普遍性的现代价值。

前面已经提到，千年湘学传承是与宋、元、明、清时期湖南地区比较发达的书院教育传统分不开的。湖湘学统培育出了一代又一代有人文理想、有经世之才而又“行必厉己”的湖湘士人，其中不少成为著名的政治家、军事家、教育家和湘学代表人物，不能否认传统的书院教育也有一些成功经验是值得认真总结和借鉴的。岳麓书院是当时中国的最高学府，也是世界上最早的高等学校之一，它的历史比英国的牛津大学、意大利的博洛尼亚大学还要悠久。张栻和朱熹在岳麓书院教育学生的方法是以义理修养为核心，注重讲明义理，躬行实践；个人自学、集中讲解和质疑问难相结合，尤重读书指导；邀请不同学派的学者来讲学，建立会讲制度；师生以道相交，切磋学问，砥砺品行，把做人和做学问统一起来。这就不同于那种只重视知识传授而不注重德性培养的教育取向。我们要建立有中国特色的社会主义教育体系，也应该批判地继承和吸收传统书院教育的某些长处。我认为总结一下从孔夫子教育七十二弟子，到宋代朱熹、张栻办的书院，再到20世纪20年代办清华国学研究院的经验，至少对我们今天的研究生教育是很有启发的，甚至是有直接的借鉴意义的。宋代湖南还有所谓“潭州三学”：“州学生月积分高等，升湘西书院生；又积分高等，升岳麓书院生。潭人号为‘三学生’。”潭州州学生、湘西书院生、岳麓书院生是递升的三个等级，这有点类似于今天高等教育中的“学士”“硕士”“博士”三级学位，或者说已有其雏形，可见当时的高等教育体系已相当完善和成熟。从教育理念、教育方法和培养人才的规律来说，我们都不应排除从历史经验中获得某些有益借鉴的可能性。

最后再简单地讲一下湘学传统的历史局限性。

湘学是中国传统学术的一部分，是宋明理学中的一个学派或一种地域性的学术传统，因此它还是维护封建统治的一种意识形态。笃信宋明理学、有强烈的道统观念是这派学者的共同特点，反映了这派学说的本质。近代湘学的一些重要代表人物，比如说曾国藩，在经世事功方面做了不少事情，但是由于他的坚定的理学家立场，竭诚效忠清王朝，所以这些事功并不一定都是推动历史前进的。他镇压了太平天国农民起义，其效果就是延长了封建王朝的统治寿命。至于对曾国藩这个人应该怎样全面评价，那是另外一个问题。

湘学的经世务实思想对于空谈道德心性之学来说是一种批判，一种矫正，但它也有两重性。如果按照“世异则事变”的发展观点来贯彻经世致用的原则，那么它本身就包含着一种趋时更新的通变精神。“师夷长技以制夷”“变法维新”甚至“反满革命”的口号都是适应自己时代经世致用的需要而提出来的。另一方面，站在守旧立场上的人士强调经世务实，往往又把它变成了反对变革、反对“新政”和“新学”的口实。经世思想的这种两重性在近代湘学中表现得特别明显，因此湖南往往成为进步与保守、开放与封闭、维新与反维新、革命与反革命激烈较量的战场。还有一点也毋庸讳言：由于湘学产生于农业文明的基础之上，湖南又处于“四塞之国”的内陆地理环境，民性强悍而偏于保守，这对一些湘学代表人物的思想和品格也是有影响的。王船山生活在湖南的偏僻山区，他对工商业的发展推动社会经济基础变化的意义就认识不足，而不可能像同时代的黄宗羲、顾炎武等人那样明确地提出“工商皆本”的口号。这不能不说是他的一种时代的也是地域的局限性。

许多学者都已注意到，传统湘学主要是一种人文学术，其价值取向是以政治、伦理为中心。由湖湘学统所培育出来的人才，有许多著名的政治家、军事家、教育家和哲学家，而少有杰出的自然科学家、工程技术专家和很有影响的实业家。我们今天要以经济建设为中心，如果还是固守这样一种价值取向，不能造就出时代所需要的各方面的优秀之才，那么继承和发扬湘学传统的意义就要大打折扣了。所以在今天开展对湘学的研究，一方面要大力弘扬它所包含的优秀的精神传统，同时也要扬弃或者改造它的一些负面的东西，使湘学研究更好地为推动现代文明建设服务。

千年湘学与千年湖湘书院教育传统是中国人民特别是湖南人民的一笔宝贵的精神财富，我希望它能为推动湖南的社会主义现代化建设、教育文化发展起到更大的作用，同时为世界文明作出自己独特的贡献。

（本文是作者2002年11月11日在湖南卫视“千年论坛”节目中的主题演讲。原载《湘学》第4辑，湖南人民出版社2007年版）

王船山：从古代湘学过渡到近代湘学的关键人物

王船山是中国哲学史、思想史、学术史上最重要的人物之一。他虽然一生主要活动在湖南地区，但其在思想史上的地位和影响决不只限于湖南，甚至不只限于中国，他在整个人类思想史上也应占有一定的地位。例如梁启超在讲到王船山的哲学贡献时指出，他不仅重视本体论，而且不同于一般理学家，能够从认识论的角度来为本体论找根据，注意探讨“我们为什么能知有宇宙”“知识的来源在哪里”“知识怎么样才算正确”等问题。“这种讲哲学法，欧洲是康德以后才有的。夫之生在康德前一百年，却在东方已倡此论了。”① 这一比较就把王船山在世界哲学史上的重要地位突显出来了。又如《东方杂志》第3卷第10期曾发表一篇题为《王船山学说多与斯密暗合说》的文章，指出王船山“奖自由而恶干涉”的经济思想，竟与斯密《原富》中的生计自由之论不谋而合，从而形成“东西辉映”。只可惜中国的士大夫不了解船山学说的意义，更不能措诸政事，因而造成了中国与欧美的国势之异。② 这些都说明，对于船山学在人类思想史上的积极价

① 梁启超：《明清之交中国思想界及其代表人物》，见《梁启超全集》第14卷，北京出版社1999年版，第4249页。

② 勇立：《王船山学说多与斯密暗合说》，《东方杂志》第3卷第10期，1906年11月。

值和应有地位我们的认识可能还远未到位。

另一方面，王船山虽然是一个在中国思想史、人类思想史上有重要地位和影响的人物，但他又是生活、成长、奋斗于一定的具体时空环境之中。他一生除了曾在武昌、南昌、肇庆、桂林、梧州等地短暂流寓之外，大部分时间是在湖南度过的，他的思想不能不受到湖南地区的学术传统和学风的深刻影响；他在成为中国和人类思想史上的一个大学者、大思想家之后，其思想学说产生影响也首先是在湖南地区，然后才由近及远，逐渐将其影响播及中国和世界。因此，要全面了解船山思想的产生、发展、历史地位和影响，就有必要把船山学与湘学的关系作为一个重要课题来研究，首先弄清楚王船山在湘学发展史上占有什么地位。这就是本文所试图回答的问题。

一

在中国传统学术中，湘学是将学术思辨、心性修养和经邦治国的外在事功结合为一体，在学术和事功两个方面都有突出成就，在历史上出现过许多有全国性影响的重要人物的地方学术传统，已经越来越引起学术界的重视，湘学研究也成为地域文化研究中的一枝奇艳的新葩。王船山无疑是湘学史上最重要的代表人物之一，他的人格和学术、事业成就为湘学史增添了夺目的光彩。

在湘学发展史上有两个十分重要的时期，先后出现了“人才辈出，有非它郡国所可及”的鼎盛局面，在中国历史上产生了重要影响。

一个是南宋时期，由胡安国、胡宏父子创立的湖湘学派，经张栻等人在岳麓、城南等书院讲学传播，培养了一大批坚信理学、注重经世致用和践履笃行的湖湘学者，《宋元学案》为这一派就专门列有六个学案，分别为其列传的学者有数十人之多。朱熹对“湖南一派”十分推重，早期学术思想曾受其深刻影响，后来又把它作为主要论战对手之一。湖湘学派在当时不仅是与“闽学”“江西之学”“婺学”并列的四大理学学派之一，而且正如南宋后期的理学家真德秀所指出的：“窃惟方今学术源流之盛，未有出湖湘之右者。”当时的学子们都“以不得卒业湖湘为恨”，可见其学术地位之高、人气之旺。

另一个重要时期是近代。鸦片战争前后，湖南就出现了以陶澎、魏源、贺长龄等人为代表的理学经世派群体，他们都深受湖湘学统的影响，努力倡导一种“通经学古而致诸用”的学风。接着又相继出现了以曾国藩、左宗棠、胡林翼、罗泽南、郭嵩焘等人为代表的湘军儒将集团（他们也是洋务新政的积极推行者），以谭嗣同、唐才常、熊希龄等人为代表的维新派人才群体，以黄兴、陈天华、宋教仁、蔡锷、章士钊等人为代表的资产阶级革命派人才群体，他们都继承和发展了“体用合一”、内圣与外王并重的湘学传统，是湘学精神的积极宣传者和忠诚实践者。近代湘学在中国近代思想史上的重要地位是毋庸讳言的，可以说上述湘学代表人物在一定程度上主导着近代中国的命运。

南宋湖湘学派从 1130 年（建炎四年）胡安国在湘潭创办碧泉书院，到 1180 年（淳熙七年）张栻去世，其繁盛时期不过半个世纪。近代湘学从鸦片战争前后到清末民初之际，也不过七八十年时间。在 12 世纪和 19 世纪湘学发展的这两个高潮之间，湖湘学统之所以能够长期传承不绝，主要是靠湖南地区的书院教育。长沙的岳麓书院和城南书院，湘潭的碧泉书院和主一书院，还有衡山的南岳书院、湘乡的涟滨书院等，都是以“溯五峰（胡宏）之道脉，缅广汉（张栻）之流风”为办学宗旨，即长期以湖湘学的学理和学风教育士子，培养了一代又一代崇理学、重经世的湖湘人才。在这 700 年间，出了一个值得大书特书的重要人物，就是明末清初的王船山，他可以说是上承南宋湖湘学派、下启近代湘学的一个关键人物。

生活于 17 世纪的王船山，青年时代曾肄业于岳麓书院。在他受业期间，正值张栻高足吴猎的后裔、以湖湘学为宗的吴道行为山长，使他受到了湖湘学统与学风的直接教育和影响。船山学“浩瀚闳深，取精百家”，虽不能说是湖湘学之简单继承和重光，但在其“取精百家”的过程中，南宋湖湘学确实是其重要的思想来源之一。船山不仅十分了解胡安国、胡宏、张栻等湖湘学先贤的著作和思想，高度评价他们的学术贡献，更重要的是继承和发扬了湖湘学既重视性理哲学，又反对将其引向空疏，格外强调经世致用的实学传统，即在精神方面和学术宗旨上成为南宋湖湘学的真正继承者和发扬光大者。过去的学术史家常把船山学归宗于朱子之“正学”，认为“其为学也，由关而洛而闽，力砥殊途，归宿正轨”（《国朝学案小识》），实际上船山是以张载的气学为“正学”，对朱子学虽有所继承但并非一味信从，特别是在哲学上对其唯心主义的理本论进行了尖锐的批判。他对被朱熹贬抑排斥的湖湘学派倒是抱着一种非常同情的态度，在学理和学风上多有认同之处，以至梁启超在《儒家哲学》中把他直接归入了广义的湖湘学派，说“他这一派，叫着湖湘学派，在北宋时为周濂溪，在南宋时为张南轩，中间很销沉，至船山而复盛”①。由此可见，王船山作为南宋湖湘学之继承、复兴、光大者的地位，前人早已见及并且毫不隐讳。

湖湘学在元、明两代沉寂数百年后，经王船山继承、发扬而复盛，并且通过王船山而对近代湘学产生了很大的影响，这一点有大量历史事实可以证明。前述湖南近代出现的几个人才群体，大都十分推崇王船山，并深受其思想的影响。在谭嗣同看来：“五百年来学者，真通天人之故者，船山一人而已。”② 所以他不仅以“私淑船山”自称，而且十分自觉地学习其“精义之学”，在有关论著中经常引据、发挥其唯物主义的道器论和变化日新的辩证法思想。从曾国藩、郭嵩焘、王闿运、刘人熙、杨昌济等人的日记中都可以看出，《船山遗书》是他们的案头必备之书，经常从研读中吸取有关经学、哲学、史学、

---

① 梁启超：《儒家哲学》，见《梁启超全集》第 17 卷，北京出版社 1999 年版，第 4985 页。

② 转引自《梁启超全集》第 10 卷，北京出版社 1999 年版，第 3076 页。

文学、政治、经济等多方面的思想营养。特别是船山“严《春秋》夷夏之防，抱冠带沉沦之隐”的民族主义思想，在清末更成为一面反满革命的旗帜，不少革命志士皆因“少读船山遗书，慨然有兴汉灭满之志”。正如梁启超相当客观而概括地指出的：“船山在清初湮没不彰，咸同以后，因为刊行遗书，其学渐广，近世的曾文正、胡文忠都受他的熏陶，最近的谭嗣同、黄兴亦都受他的影响。清末民初之际，智识阶级没有不知道王船山的人，并且有许多青年作很热烈的研究，亦可谓潜德幽光、久而愈昌了。”[①] 船山学对近代湘学的影响，于此可见一斑。

二

王船山作为从南宋湖湘学过渡到近代湘学的主要中介人物或关键人物的地位，我们还可以从以下几个方面来进一步说明。

首先，是他对湘学精神和学风的继承与传递。

由南宋湖湘学派开创的湘学传统，其在精神特质和学风上所表现出来的最重要的特点，就是把性理哲学与经世之学结合起来，提倡“体用合一”、内圣与外王并重的实学。湖湘学派和同时代朱熹的“闽学”、吕祖谦的“婺学”、陆九渊的“江西之学”一样，都是二程理学的继承和发扬者，不过各派在学理上强调的重点与发展方向不同，同时在学风上也表现出有较大的差异而已。黄宗羲在评论朱陆异同时，指出他们是“同植纲常，同扶名教”，朱熹也认为他与张栻虽然学术见解有异，但二人是“志同而心契”，“同归而一致”。湖湘学派学者尊崇理学，力图将儒家伦理奠定在心性哲学基础上的学术立场是明确的、坚定的，而且在这方面有自己独特的理论贡献，即提出了

① 梁启超：《儒家哲学》，见《梁启超全集》第 17 卷，北京出版社 1999 年版，第 4985 页。

“性本论”的哲学体系，从“性为天下之大本”合乎逻辑地引申出了“性超善恶之上”“性为未发，心为已发”“性体心用”“先察识，后涵养”等一系列哲学观点，形成理学中的一个新的诠释体系，与“理本论”“心本论”“气本论”哲学在交流与交锋中互动互补，共同推动了理学的发展。与南宋时期的其他理学派别不同的是，湖湘学派强调儒家理学是一种经世致用的实学，作为超越本体的道德“仁心”，必须落实于外在的社会政治事功之中，“士选于庠塾，政令行乎世臣，学校起于乡行，财出于九赋，兵起于乡遂，然后政行乎百姓，而仁覆天下矣”（胡宏《知言·天命》）。也就是说，内圣与外王、体与用是统一的。在他们看来，“学圣人之道，得其体必得其用，有体而无用，与异端何辨？”（胡宏《与张敬夫》）这是批评当时的一些理学家把二程学说引向了“多寻空言，不究实用”的错误方向，实际上与佛、道等“异端”已没有多大差别。胡宏痛切地指出：“伊洛老师为人心切，标题‘天理人欲’一句，使人知所以保身、保家、保国、保天下之道。而后之学者多寻空言，不究实用，平居高谈性命之际，亹亹可听，临事茫然，不知性命之所在者，多矣。”（胡宏《与樊茂实书》）这确实切中了从整体上来说是“内圣强而外王弱”的宋明理学之要害。相对来说，湖湘学派是其中最注重由体达用的外王事功的一派，如张栻的弟子吴猎、彭龟年、游九言、游九功、赵方等人都是既能研经治学，又能经邦治国、带兵打仗的经世之才，而这一派却被朱熹批评为“只务践履”“气象迫狭”，不仅未能发展成为理学中的正统和大宗，而且在张栻去世后就开始分化和逐渐式微，以至到元明时期已经湮没无闻了，实殊为可惜。

500 年后而有王船山，湖湘学统与学风才得以继起和发扬，并且将其整合到明清之际的经世致用思潮中，把它向着更有哲理深度和更加务实的方向发展。

王船山和顾炎武、黄宗羲并称为清初三大儒，但他们的学术思想各有特色。梁启超说：“顾（炎武）、黄（宗羲）、王（船山）、颜

（习斋），同一王（阳明）学之反动也，而其反动所趋之方向各不同。黄氏始终不非王学，但是正其末流之空疏而已。顾、王两氏黜明存宋，而顾尊考证，王好名理。”[①] 顾炎武是清代考据学的开山，黄宗羲的主要贡献是批判封建君主专制主义，王船山则在性理哲学方面有深入研究和突出成就。他“希张横渠之正学”即站在张载“气本论”哲学的立场上，对宋明理学提出的一系列重要哲学问题和范畴都作了批判的总结与反思，创造性地构建了一个在中国古代条件下所可能达到的最高水平的朴素唯物主义哲学体系。在这方面，他继承了湖湘学派重视性理哲学的传统，虽不认同其“性本论”学说，但却吸收了其中重视践履、肯定“理欲同体”等合理因素，把它们熔铸到其唯物主义实学体系中去，成为明清之际经世致用思潮中最著名的哲学代表。王船山本人的经历也说明他非常重视经世之学。青年时代就与好友组织“行社”“匡社”，慨然有匡时救国之志。衡阳失陷后曾举兵抗清，败奔南明永历政权。以后长期隐居著书，以“哀其所败，原其所剧”的沉痛心情，总结明亡的历史经验教训。他不仅在哲学上有巨大成就，而且在政治、经济、史学、文学等方面也卓有建树，甚至对天文、历数、医理、兵法、质测之学等亦旁涉兼通。他治学强调“言必征实，义必切理”，反对“空谈玄理，附会老庄”。譬如治史，他认为必“见诸行事之征”“推之而可行”，才能成为“经世之大略”。可以说，王船山把湖湘经世致用之学的传统发展到了一个新的高峰。

由王船山接续并大大发展了的湖湘学统与学风，对近代湘学产生了极大的影响。湖南近代出现的几个人才群体，其重视经世致用，将“义理之学”与“经世之学”、内圣修养与外在事功结合起来的特征都是很明显的，并对近代中国的社会变革产生了不同的功效和作用。不过在近代湘学中，重视义理之学的传统是向着两个不同方向发展

---

① 梁启超：《清代学术概论》，见《梁启超全集》第 17 卷，北京出版社 1999 年版，第 3076 页。

的：一方面曾国藩等人的“崇理学”完全是笃守程朱正统派的政治伦理哲学，其表彰湖湘学派也是肯定张栻与朱熹思想一致的那些方面；另一方面谭嗣同等人则继承了王船山哲学中的“道不离器”“理在欲中”等朴素唯物主义“精义”，实际上是对宋明理学采取一种批判的态度。近代湘学中包含着复杂的内容和不同的发展方向，但将性理哲学与经世之学相结合这一共性是各派都有的，他们都自称是王船山的继承者。

三

其次，从学术思想的传承来看王船山在湘学发展中承上启下的地位。

我们仅以知行观和理欲观为例来具体说明这个问题。王船山的“行先知后”“行可兼知”“知行相资以为用”“知行并进而有功”的朴素唯物主义知行学说是对中国传统知行观的最接近于科学的最完备的理论总结，它是在批判宋明理学的“知先行后”“知行合一”说的基础上建立起来的。那么，它同宋明理学中的湖湘学派是什么关系呢？

宋儒关于知行先后的讨论，有两个方面的含义：一是在心性修养上涵养“未发”之本体和于“已发”处察识、体认道德本体哪一个为下手工夫的问题；二是在认识的来源上知是否必须依赖于行，或能否“离行以为知”的问题。在前一个问题上，湖湘学派有著名的“先察识，后涵养”的观点，即强调修养工夫要在日用酬酢处用功，据其已发而体察未发之本心，因此特别重视躬行实践，于动中操存辨察。朱熹早年受张栻影响也曾认同这一观点，但在“己丑之悟”后见解大变，在确立了“主敬致知”的学问宗旨后，一再批评湖湘学派“只说践履，而不务穷理，亦非小病”（《答詹体仁》）；“止以察识端倪为最初下手处，以故阙却平日涵养一段工夫”（《与湖南诸公论中和第一书》）。“先察识后涵养”即先知而后行，“涵养须用敬，进学在致知”则是先行而后知。这是道德修养上的工夫次第之争，与认识来源问题上的知行先后之争显然还不是一回事。

湖湘学派不仅在道德修养上重视日用酬酢的践履工夫，而且在认识的来源问题上也比较重视“力行”“实践”，认为知来源于行，非行莫由至。胡宏说：“夫人非生而知之，则其知皆缘事物而知。”（《复斋记》）“致知在格物，物不格则知不至。”（《知言·大学》）“必身亲格之，以致其知焉。”（《复斋记》）张栻说：“元晦所论知字乃是谓知至之知，要之，此非躬行实践莫由至。”（《答吴晦叔》）“若如今人之不践履，直是未尝真知耳。”（《答朱元晦》）因此，他们提出了“学贵力行”“学即行也，行之行之而又行之”的为学宗旨，对当时的一些学者“汲汲求所谓知，而于躬行则忽焉”的不良倾向提出了尖锐的批评。

王船山知行学说的一个重要特点就是强调“知非先，行非后，行有余力而求知”，有力地批判了一切主张“先知后行，划然离行以为知”（《尚书引义·说命中二》）的唯心主义知行观。他除了引据大量古代“圣贤”的言论来论证行先知后之外，还用日常生活中的一些经验事实来说明行先于知、知来源于行的道理，如食物的味道只有“饮之食之”才能知道，学下棋只有在与人对弈的实践中才能逐渐掌握“谱中谱外之理”，“行焉而后知其艰，非力行焉者不能知也”（《四书训义》卷十三）。他非常机智地用孔子自称“发愤忘食”的话来驳斥了朱熹“以尧、舜、孔子为生知”的观点。在肯定行先知后的基础上，王船山提出了“行可兼知，而知不可兼行”“行必统知，而知有不统行”的系统的知行统一学说。我们不难看出，这种重“行”的知行学说与湖湘学派“学贵力行”的知行观在方向上是基本一致的，特别是在认识的来源问题上，都肯定行先于知，由行而致知，否定有生而知之者。船山在肄业岳麓时期，就与少年同学成立“行社”，这个社团以“行”命名，就可以看出深受重践履的湖湘学风的影响。他对中国传统知行学说的总结和反思，正是继承了湖湘学派重践履、重力行的传统而将其发展到了一个新的理论高度。

船山知行理论的辩证性突出地表现在其“知行相资以为用”“知行并进而有功”的学说中，在一定意义上也可以将这一学说看作是张栻等人的“致知力行互相发”“行之力则知愈进，知之深则行愈达”（张栻《论语说序》）的思想的继续和深化。

由王船山发展到了高峰的重“力行”的湘学知行观对近代湘学所产生的影响，我们可以从魏源的有关思想和著作中看得出来。他坚持“及之而后知，履之而后艰”的行先知后说，否认世界上有“不行而能知”的人，并举例论证说：“披五岳之图，以为知山，不如樵夫之一足；谈沧溟之广，以为知海，不如估客之一瞥；疏八珍之谱，以为知味，不如庖丁之一啜。”（《默觚上·学篇二》）他认为“樵夫之一足”“估客之一瞥”“庖丁之一啜”远胜于那些从地图上知山、从传闻中知海、从菜谱里知味的人们，这就肯定了只有行才是知的真正来源，并且表现了对从事实际生产活动的人（“樵夫”“估客”“庖丁”）的某种尊重态度，这在他生活的时代是难能可贵的。

理欲之辨也是宋明理学的一个核心问题。正统派理学家都把天理和人欲绝对对立起来，认为天理是善，人欲是恶，强调“天理存则人欲亡，人欲胜则天理灭”，二者不可并存。湖湘学派的理论奠基者胡宏不同意这种天理人欲绝对对立的观点，提出了“天理人欲，同体而异用，同行而异情”（转引自朱熹《知言疑义》）的著名命题。作为理学家，他也主张对天理人欲“宜深别焉”，但却在理论上肯定了人欲存在的客观必然性，认为天理和人欲是共存于同一人体及其活动之中，二者都有其存在的终极性本体依据。他明确肯定：“夫人目于五色，耳于五声，口于五味，其性固然，非外来也。”（《知言·阴阳》）又说：“好恶，性也。小人好恶以己，君子好恶以道，察乎此，则天理人欲可知。”（转引自朱熹《知言疑义》）这就是说，好恶的感情为人性所本有，区分君子还是小人不在于好恶本身，而在于立足于什么去好恶。“好恶以己”就是人欲，“好恶以道”就是天理。理学的任务就是要在天理和人欲“同体”“同行”的情况下去辨别“异用”

“异情”，根据其不同的道德基础来作出价值观念上的判分。如果对人的好恶欲求不加区别地完全否定，那么实际上也就否定了与之“同体”“同行”的天理。这种带有感性主义色彩的理欲观在当时是为正统派理学家所不容的，故曾受到朱熹等人的质疑和批评。

在理欲关系问题上，王船山坚决否定了程朱理学“存理灭欲”的禁欲主义说教，明确地提出了“理欲皆自然”“有欲斯有理”“私欲之中，天理所寓”“终不离欲而别有理也”的自然人性论观点。在他看来，“天理充周，原不与人欲相为对垒。”（《读四书大全说》卷六）“人欲之各得，即天理之大同；天理之大同，无人欲之或异。”（《读四书大全说》卷六）天理和人欲并不是对立的，而是统一的，甚至是“相合”的，相互实现的。他多次直接引用胡宏“天理人欲，同行异情”的命题来说明自己的观点，如在《读四书大全说》中说：“五峰曰‘天理人欲，同行异情’，韪哉！能合颜、孟之学而一原者，其斯言也夫！”（《读四书大全说》卷八）又如，在《周易外传》中说：“然而天理人欲，同行异情。异情者异以变化之几，同行者同于形色之实，则非彼所能知也。”（《周易外传》卷一）王船山的“理欲合一”论较之胡宏的“理欲同体”论在学理深度上又有很大的发展，而且对宋明理学有更强的针对性和批判性，但是不能否认它同湖湘学派的思想确有直接的渊承关系。

梁启超高度评价了王船山的理欲学说在中国思想史上的贡献，指出：“其言‘天理即在人欲之中，无人欲则天理亦无从发现’（《正蒙注》），可谓发宋、元以来所未发，后此戴震学说实由兹衍出。”[①] 它的巨大的启蒙意义自然也对近代湘学产生了重要的影响。譬如，谭嗣同在《仁学》中就曾指出：“世俗小儒，以天理为善，以人欲为恶，不知无人欲，尚安得有天理？吾故悲夫世之妄生分别也。天理，善

---

① 梁启超：《清代学术概论》，见《梁启超全集》第17卷，北京出版社1999年版，第3076页。

也；人欲，亦善也。王船山有言曰：‘天理即在人欲之中，无人欲则天理亦无从发见。’适合乎佛说‘佛即众生，无明即真如’也。”《仁学》中另一处还再次引用王船山的同一句话，认为此言“最与《大学》之功夫次第合，非如紫阳人欲净尽之误于离，姚江满街圣人之误于混也”。[①] 谭嗣同作为激进的资产阶级改良派的思想代表，他对宋明理学的批判很明显地受到了船山思想的诸多启发。

四

再次，从民族主义思想的深厚传统来看王船山在湘学发展中的特殊重要地位。

湘学中有着深厚的民族主义思想资源和传统，这是许多非湘籍人士也清楚地看到了的。柳亚子说：“抑湖南者，民族主义之出产地也。明室之季，何腾蛟、堵允锡矢志抗满，百死而靡所惧。明既亡矣，王船山著书立说，乃力陈夷夏之防，为世昭鉴。曾静、周华，汲其余波，犹足使伪酋惶骇，渊源信有自哉！”[②] 他所说的“渊源有自”，实际上至少还可以上溯到南宋时期湖湘学派抗金救国的思想和行动，其渊源甚至可以追溯到屈原的爱国主义思想的深远影响。

湖湘学派产生于南宋初年。当时正值女真族入主中原，虏宋室徽、钦二帝北去，南宋王朝被迫偏寓江南，边境还不断受到侵犯，民族矛盾十分尖锐、激烈。胡安国父子及其湖湘弟子都是有着强烈的民族忧患意识，坚决主张抗金救国、收复中原、“雪靖康之耻”的主战派。胡安国晚年隐居湘潭碧泉，著《春秋传》三十卷，全面阐发《春秋》“大一统”“华夷之辨”“尊王攘夷”之大义，力图振兴“斯文”

---

① 谭嗣同：《仁学》，见《谭嗣同全集》，生活·读书·新知三联书店 1954 年版，第 16、50 页。

② 柳亚子：《湘狱》，见《柳亚子选集》，人民出版社 1989 年版，第 68—69 页。

即中华礼义文化，以达到“康济时艰”的现实目的。其子胡寅、胡宏正气凛然地拒绝了卖国擅权的秦桧的召用，宁愿在穷乡僻壤耕读授徒度日。他们曾分别写《上皇帝万言书》《上光尧皇帝书》，对“堂堂中华，戎马生之；赫赫帝国，敌骑营之”的衰败现实痛心疾首，亟谏皇上要“反求诸心，神而明之，施于有政，灭仇雠，诛叛逆，恢复中原，仁覆天下”。胡宏的弟子张栻与其父亲、抗金名将张浚一起参加过多年抗金斗争，“内赞密谋，外参庶务”，以“晓畅军务”而著称。他还鼓励弟子学习兵法，学生中有不少是能带兵打仗的军事家，如吴猎、赵方、彭龟年、游九功等人都亲自参加过抗金的军事斗争。特别是湖南衡山人赵方，在任京湖制置使兼知襄阳府期间，为了取得抗金的胜利，曾提出“合官、民、兵一体”的治边思想，在开禧北伐中多次大败金兵，屡建奇功。他的父亲赵棠（胡宏的学生），儿子赵范、赵葵，孙子赵淮等几代人都是抗金、元名将，满门忠义，彪炳青史。1276年（宋德祐二年），元军攻陷长沙，岳麓书院、潭州州学等学堂学生数百人“荷戈登陴，十亡其九”。湖湘学派崇理学而又重致用、重笃行的特点，在民族危亡的关键时刻往往表现为卓厉敢死、前仆后继的大无畏牺牲精神，在中华民族发展史上屡屡写下可歌可泣的悲壮篇章。

王船山生活于明清鼎革之际，这是中国历史上的一个民族矛盾异常激化的时期。他亲身遭逢了国亡家破的惨重民族灾难，创剧痛深，故其一生的思想和行动，都表现出了强烈的民族主义感情和意志。他在抗清失败后还在清朝统治下生活了48年，始终坚持民族气节，以“有明遗臣”自称，不与清廷合作；并且冒着生命危险抗拒“薙发令”，终于得以“完发以殁身”。他的诗文著作中更是充满了民族主义的悲情和捍卫中华文明的皎然志节。章士钊说：“王船山者，亡国之一国民也，故其言皆亡国之音，所说多亡国之惨。”[①] 杨毓麟说：

---

① 章士钊：《王船山史说申义》，见《章士钊全集》第1卷，文汇出版社2000年版，第160页。

“王船山氏平生所著书，自经义、史论以至稗官小说，于种族之戚，家国之痛，呻吟呜咽，举笔不忘。”[①] 他的思想之所以对后世的爱国者极富感召力，在很大程度上就在于其高昂的民族主义。

船山民族思想的形成固然主要是时势使然，但也有深厚的思想根源，他自称“抱刘越石之孤愤”，即以刘琨等中华民族历史上坚持民族大义的志士为榜样，其中也包括对南宋湖湘学派思想的学习、研究和继承。他在《宋论》一书中写道：“尝读胡氏《春秋传》而有憾焉。是书也，著攘夷尊周之大义，入告高宗，出传天下，以正人心而雪靖康之耻，起建炎之衰，诚当时之龟鉴也。”（《宋论》卷十）王船山在高度评价胡安国《春秋传》一书的同时，也对他不察秦桧之奸有所批评。这反映了他评价历史人物确实是以民族大义为最高标准。他把民族利益看成是高于“一人之正义”“一时之正义”的“天下古今之通义”，包括一时的“君臣之义”也必须服从“古今之通义”。王船山与南宋湖湘学者一样，也十分重视研治《春秋》，明亡后他躲避清兵追缉的途中，还在湖南常宁、郴州一代大讲《春秋》之学，利用“华夷之辨”来宣传反清复明思想。他本人的《春秋》学著作就有四种之多。不过船山讲“华夷之辨”，虽然也从地理环境的不同来说明九州内外各民族风俗、气质、道德的差异，但主要是从“文野”即文化的先进与落后来区分华夷，而且认为文野、华夷之分是相对的，是可以互相转化的，并不是固执大汉族主义，一味歧视少数民族。正如熊十力所指出的：“船山民族思想，确不是狭隘的种界观念，他却纯从文化上着眼，以为中夏文化是最高尚的，是人道之所以别于禽兽的，故痛心于五胡、辽、金、元、清底暴力摧残。”[②] 王船山“扶长中夏以尽其材”的抱负，其核心的关怀是在“文化中国”，也就是要

① 杨笃生：《新湖南》，见《辛亥革命前十年间时论选集》第1卷下，生活·读书·新知三联书店1960年版，第616页。

② 熊十力：《十力语要》，中华书局1996年版，第410页。

护持华夏文明使其不至于中断和失落。

湘学中深厚的民族主义思想传统，可以说由王船山发展到了极致，并对近代湘学产生了极其巨大的影响。杨树达说："自王船山先生以后，湖南人笃信民族主义，因欲保持自己民族，故感觉外患最敏，吸收外来文化最力，且在全国为最先。如魏默深之志海国，郭筠仙、曾颉刚之赞欧化，光绪丁酉、戊戌之办新政，皆其例也。"[①] 这样的例子还可以举出很多，如谭嗣同为了救国保种、变法图强而不惜血洒菜市口；陈天华、杨毓麟在《警世钟》《猛回头》《新湖南》等著作中为唤醒国魂而大声疾呼，后来又因抗议帝国主义之无理和清政府之无能而分别在日本和英国愤然蹈海殉国；就连因镇压太平天国、延缓清朝灭亡而遭诟骂的湘军将领曾国藩、左宗棠、胡林翼等人，在实践"师夷治夷"方针、抵御外侮方面也表现出了强烈的民族独立意识，在一定意义上可以说他们都是船山民族思想的继承者、传播者和身体力行者。

在近代中国，民族矛盾有更加复杂的内容和多种表现形式，不仅有清朝统治者与各族人民的矛盾，而且有侵华帝国主义与中华民族的矛盾；反封建的民主革命与反满的民族革命是结合在一起的，清朝统治者对帝国主义的屈膝称臣又使它们共同成为自强救国的中国人民的革命对象。因此，传统民族主义思想在近代又有了新的发展，增加了反对帝国主义侵略的重要内容。正如杨昌济所指出的："王船山一生卓绝之处，在于主张民族主义，以汉族之受制于外来之民族为深耻极痛。此是船山之大节，吾辈所当知也。今者五族一家，船山所持狭义之民族主义，不复如前日之重要，然所谓外来民族如英、法、俄、德、美、日者，其压迫之甚，远过于汉族前日之所曾经验。故吾辈不

① 杨树达：《积微翁回忆录》，见《杨树达文集》（第十七册），上海古籍出版社 1986 年版，第 100—101 页。

得以五族一家，遂无须乎民族主义也。”[①] 历史地看待王船山的民族主义思想，可以更加清楚地认识它在中国思想史上的重要地位。

以上只是粗线条地描述和论证了王船山作为从古代湘学过渡到近代湘学的承上启下的关键人物的地位，至于在湘学发展的两个高潮之间，为什么会出现王船山这样一位极其重要的人物，使思想传承和发展、提升的线索清晰可见，使千年湘学成为最值得重视的地域学术传统之一，这还要从思想演进、社会发展和时代机缘等多方面去加以分析说明，也有赖于湘学研究在今后更加全面深入的开展。我们期待着船山学和湘学研究在新世纪将会有更多的收获。

（本文是作者提交2002年11月在湖南衡阳召开的“纪念王船山逝世310周年国际学术研讨会”的论文。原载《船山学刊》2003年第1期）

① 杨昌济：《世界主义与国家主义》，见《杨昌济文集》，湖南教育出版社1983年版，第212页。

《现代性问题与湘学研究之“论”的维度》读后

佑新教授：

拜读了发来的《现代性问题与湘学研究之“论”的维度》一文，很受启发。

记得去年我们在湘大曾讨论一个问题：能否将湘学的发展分为三个阶段，即古代湘学、近代湘学和现代湘学？这不仅关系到湘学的定义和湘学史的分期，而且其中蕴含着一个更加实质性的问题：20世纪湖南出了一个改变中国命运的伟人毛泽东，在其思想形成和发展过程中，确曾受到湘学传统的深刻影响，那么，对于毛泽东，究竟应给他在湘学发展史中以怎样的地位？能否把他看作是“现代湘学”的代表人物？

我在《湘学研究的对象、范围和意义》一文中实际上对这个问题作了一个回答：“广义地说，湘学史就是湖南地区的学术思想发展史，特别是宋以后的湖南学术史，湖湘学派倡导的理学精神和务实学风一直贯穿于其中。由于湘学还是属于‘国学’即中国传统学术的一部分，我们可以将其下限大致地确定在清末民初之际，湘学精神的现代转换与改造就具有新的时代意涵而不属于传统湘学的范畴了。”“湘学虽然是中国传统学术的一部分，但经过方向正确的批判继承和现代转换，它也可以为新时期中国先进文化的建设做出重要的贡献。毛泽东对湖湘学派的吸取、继承、改造和转换就给我们提供了一个最好的范例。”①

之所以把湘学的下限确定在清末民初之际，是因为直到毛泽东的老师杨昌济，在其思想中仍然表现出了尊崇理学，主张心性修养与经世致用、践履笃行并重等湘学的一般本质特征，他与大致同时代的资产阶级革命派人士杨毓麟、杨度、章士钊等人可以说是湘学的殿军。“五四”以后情况发生了很大变化，作为中国传统学术实即传统儒学一部分的湘学已不适应中国现代化的需要，而必然被新的意识形态所超越和取代。毛泽东早年虽曾受到湖湘学统的深刻影响，但“五四”以后世界观发生了根本转变，正如你在《毛泽东与曾国藩》一文中所指出的，其主导规范或“集中意识”已是马克思主义，湘学传统则转化为他后来进行各种创造性活动的“支援意识”。② 因此，我们就不能把作为中国化马克思主义的毛泽东思想归属于“湘学”的范畴，不能忽略它与传统湘学之间的本质区别。湘学传统对毛泽东的影响，毛泽东对湘学传统的批判继承和现代转换，无疑是湘学发展史中最重要的事件，如果说它开辟了湘学发展的新阶段的话，那么它已不是传统湘学的简单延续，而是对传统湘学的根本改造和超越。毛泽东把“实事求是”从宋儒和曾国藩讲的“即物穷理”改造成为一个马克思主义认识论的命题，为中国共产党确立了正确的思想路线，就是湘学内涵现代转化的一个典型例证。在这里，转化、转换就是根本改造。

大作从湘学如何面对现代性问题的角度，着重说明了湘学传统现代转化的必要性和可能性，其中也揭示了这种“转化”所实现的变革的深刻性。如对儒家“内圣外王”的政治哲学的评论，指出“最关键的是要改变内圣为本、外王为末的道德优先的文化价值观念结构”，

---

① 《湘学》第 2 辑，湖南人民出版社 2002 年版，第 5—6、16 页。

② 《湘学》第 2 辑，湖南人民出版社 2002 年版，第 472 页。

“将外王置于首要地位”，确立“制度结构对于心性结构的优先性”。这种内外本末观念结构的翻转或倒置，实即世界观的根本转变。大作指出湘学的最大特征是“内圣与外王并重”，有“强烈的外王经世倾向”，因此“在一定的历史情境中有可能导致外王优先的价值取向”，成为实现这个转变的一条可能的途径，一个中间过渡环节。我觉得需要补充一点，就是湘学显然还没有突破传统儒学的内外本末的价值观念结构的自觉意识，自觉地实现这一思想立场上的根本转变，乃是具有现代性问题意识的“现代人”的任务。

十多年前，我在评论现代新儒学时曾经说过这样一段话：“现代新儒学如果不改变其‘中体西用’、‘内圣外王’、‘道德优先’的思想格局，把基础（‘体’、‘本’）、重点从心性体验转换到现代化建设方面来，那么它就很难得到现代中国人的认同；如果真的实现了这一转换，那么它就不成其为现代新儒学了。”[①] 湘学也有类似情况。实现世界观和价值观念的根本转变，决不是一件容易的事情，不论是“外在的形式化制度结构的建构”，还是“历史地重建现代人的心性结构”，都需要我们付出长期艰苦的努力。

我赞成你的看法，湘学研究不能局限于纯粹的学术思想史的研究，否则就会缺乏时代感和现实感。我们还必须关注湘学精神或湘学传统的现代转化问题，传统思想资源怎样为当今中国和湖南的现代化建设事业服务的问题，在某种意义上说，它比湘学史的研究更能体现出这一工作的重要意义和价值。你把湘学传统的现代转化归结为湘学研究之“论”的维度，虽不十分确切但亦无不可。说“不确切”是因为其中也包括“史”的研究，如毛泽东就已经是一个历史人物；说“亦无不可”是指从总体上来说都是对现代性问题的回应，它体现的是湘学研究的现代立场。你提出“新湘学”“后儒学”“中国化的马克思主义哲学”三个概念来说明这种现代性思想学说的性质，这种立

① 方克立：《现代新儒学的发展历程（下）》，《南开学报》1990年第6期。

场我个人是完全同意的。

书不尽言，简复如上。顺颂

教祺!

方克立

2003 年 11 月 22 日

（原载《湘学》第 3 辑，湖南人民出版社 2004 年版）

湘学研究什么

湖南省委省政府对湘学研究这么重视，专门成立省湘学研究院来推进这一事业，我作为一个湖南人，自然非常高兴。湘学研究刚起步时也很困难，但是后来受到省里重视，支持力度较大，发展速度很快，现在是一片大好形势。王伟光同志用力推了一把，对促成这件事情贡献也很大。

自从上个世纪40年代李肖聃写了《湘学略》一书后，差不多半个世纪，湘学基本上无人问津。1998年我在参加湘潭大学40周年校庆活动时，讨论该校新建的中国哲学硕士点该怎样发展，我认为各个学校都应有自己的学科特色，考虑到湘大人文学科的整体力量还比较强，同时考虑到湘潭碧泉书院是湖湘学派最早的发源地，有一定的地缘优势，所以建议湘大中哲学科可以湘学研究作为重点和特色来发展。在具体做法上，我建议先编辑出版《湘学》辑刊，条件成熟了再成立湘学研究所，当时就得到潘长良校长和哲史学院领导的积极支持。湘大的同志真抓实干，1999年就出版了《湘学》第一辑，2001年成立湘学研究所，逐渐形成一个中青年学术团队。近十年来，他们编写出版了两卷本的《湘学史》（“湖湘文库”本），五本《湘学》辑刊，创办了“湘学研究”网，“湘学研究丛书”也在陆续出版中。这个时期，除了湘大之外，湖南大学岳麓书院、省社科院的王兴国等学者也在湘学研究方面做了许多工作，引起省里领导的重视，加上王伟光同志以中国社科院领导的身份予以支持和推动，才出现了今天湘学研究的大好形势。湖南省湘学研究院成立的时间不长，已经做了许多工作，刚才刘云波同志介绍了，朱有志院长也介绍了，提出的初步规划切实可行，我都很赞成。

我觉得今天这个座谈会的题目很好：湘学研究院研究什么？首先要搞清楚，湘学研究的对象、范围、内涵、外延是什么？明确了这个问题，研究工作才能开展，做工作才有抓手。对于这个问题，大家的看法可能并不完全一致。刚才朱院长讲有狭义的湘学，有广义的湘学，都需要界定清楚。湘学研究院研究什么？我讲三点看法。

一，严格的学理意义和作为一种地域学术传统的湘学，是指从两宋到清末，在湖南地区产生和发展的一种将儒家的性理哲学与经世之学相结合，主张体用合一、“内圣”与“外王”并重的学术形态，也就是我们通常所说的“千年湘学”“传统湘学”。这应该是湘学研究的主体内容和核心内容。

北宋的周敦颐是宋明理学的开山，也是湘学肇始的一个象征性人物。南宋时期以胡宏、张栻为代表的湖湘学派，是当时影响很大的四大理学学派之一。明清之际湖南出了大思想家王船山，他是中国传统哲学和文化的总结性人物，也是从古代湘学过渡到近代湘学的关键人物。在中国近代历史的几个重要关头，湘学人物都起了十分关键的作用，并相应地出现了几个人才群体。其中包括鸦片战争前后以陶澍、魏源等人为代表的地主阶级改革派人才群体，咸丰年间以曾国藩、左宗棠等人为代表的湘军儒将集团，19 世纪末以谭嗣同、唐才常等人为代表的维新派人才群体，20 世纪初以黄兴、蔡锷、陈天华、杨毓麟等人为代表的资产阶级革命派人才群体。他们大都出身于岳麓、城南等书院，深受湖湘学统的熏陶，也在新的历史时期发展了湘学的学理和学风。王伟光同志在湖南省湘学研究院成立大会上讲话的题目是《一本湘人奋斗篇，半部中国近代史》，这样讲有一定道理，湘学人物在中国近代史上的地位和作用确实是不可忽略的。

湘学是一个有特定内涵和时空范围的学术思想史概念。它是中国传统学术即“国学”的一部分，具体说是中国儒学、宋明理学的一部分，与濂、洛、关、闽、江西之学、浙江婺学等地域学术传统一样，都是属于宋明理学中的不同学派。从两宋到清末，湘学学者都认同当时的主流意识形态，尊崇宋明理学，坚持儒家道统，这是决定其学说、学派性质的一个基本特点。另一方面，湘学又有自己的独特个性，就是反对空谈道德心性，主张“学贵力行”、经世致用，提倡实事实功之学，它是宋明理学中很有特色的一个学派。当然湘学还有其它一些特点，但最主要的是这两点，所以说它是将儒家的性理哲学与经世实学相结合的一种学术形态。千年湘学的内容十分丰富，其中蕴藏着许多宝贵的精神财富，我们研究、挖掘得还很不够，在这方面今后要做的事情还很多。

二，除了研究千年湘学之外，还要做历史文化溯源的工作，包括考察古代南方楚文化的影响，以及屈原、贾谊、柳宗元、刘禹锡等宋以前流寓湖南地区学者所做出的贡献，甚至可以追溯到楚祖鬻熊，追溯到舜文化和炎帝文化。叶德辉说：“湘学肇于鬻熊，成于三闾。”（《郎园书札·答人书》）三闾大夫屈原是周敦颐以前古代湘学的另一个象征性人物，但是宋以前的湘学与宋以后的湘学情况非常不同，两个阶段有重要的差别。屈原等人可以纳入广义的湘学研究范畴，在某种意义上讲，宋以前并不存在宋以后那么一种有特定的学术内涵和学术传承特点的湘学，那时还没有形成所谓“湖湘学统”。宋代学术重心南移为湘学等地域性思想文化和学术传统的产生创造了条件，湘学的千年传承主要靠宋元明清时期在湖南地区非常发达的书院教育传统，一代一代书院学子，在他们的老师、包括山长的教育培养下，学习和传承的都是湘学的学理、学说与学风，即所谓“溯五峰（胡宏）之道脉，缅广汉（张栻）之流风”。这样代代相传，就形成了一种学术传统，就是我们通常所说的“湖湘学统”。湖南的书院教育传统对湘学的千年传承和发展贡献非常大，宋以前不存在这么一个条件，思想文化溯源的工作就要困难一些，自然也粗略得多。

三，要研究千年湘学、传统湘学的现代影响和现代意义，包括研究湘学精神的现代转化问题。这就是座谈会邀请函所提出的：“湘学研究如何促进当代发展？传统湘学如何焕发青春？”我认为用“传统湘学”这个概念是科学的、严谨的。这种研究主要是总结千年湘学中的积极内容和精神价值，充分发挥它对今天湖南经济社会发展和文化建设的促进作用。湘学研究必须为现实服务，为文化强省、文化强国作贡献，传统湘学可以提供许多有价值的精神资源。比如湘学中有一种注重探讨宇宙人生之大本大源问题的原道精神传统，湘学提倡知行统一、强调“学贵力行”和经世致用的实学学风也非常突出；另外，一些湘学人物还表现出了不囿成见、兼容并包的开放气度和与时偕行、变革求新的通变精神；在民族危亡的关键时刻，不论是南宋时期的湖湘学派，还是明清之际的王船山，都表现出了坚持民族大义的强烈的爱国主义情怀。这些宝贵的精神资源，是中国传统文化中的优秀部分，经过批判继承和创造性的转化，都可以为今天的现实服务，为今人提供思想启示和历史借鉴，有助于中国特色社会主义文化和社会主义核心价值体系建设。

在湘学研究中，有一个问题我们过去曾经讨论过，我觉得有必要在这里也提出来请大家考虑，就是要不要提“现代湘学”这个概念？有没有“现代湘学”？什么是“现代湘学”？传统湘学是一种前现代的理学型的学术文化，它能不能转化为某种现代学术形态？怎样转化？我个人认为回答这些问题要慎重，要根据事实说话。大家知道，毛泽东曾经深受湘学传统的影响，但是我们却不能把马克思主义中国化两大成果之一的毛泽东思想归属于“湘学”的范畴，因为它不是对传统湘学的简单继承和延伸，而是对传统湘学的根本改造和超越，二者有性质上的根本不同。比如“实事求是”是湘学的一个重要传统，曾国藩将实事求是解释为朱熹讲的“即物穷理”，就是把它理学化，毛泽东则把它改造成一个辩证唯物主义认识论的命题，使它获得了全新的意义和价值。能不能说毛泽东思想是“现代湘学”？我还没有听到有人明确这么讲，可见大家还是采取慎重态度。决不能把毛泽东思想归结为一种地域文化，就像不能说邓小平理论是“现代蜀学”、科学发展观是“现代徽学”一样。不但不能把毛泽东说成是“现代湘学”的代表人物，就是在不同程度上受到湖湘学统影响的李达、金岳霖、李泽厚等现代湘籍学者，也不能把他们的学术思想归结为“现代湘学”，因为不论是马克思主义、新实在论还是所谓“人类学本体论”，都是一种现代性的思想学说，不能将其框限在某种传统地域学术文化的范畴内。在座的学者，不少是湖南人，能够说你们做的学问是“现代湘学”吗？大概不好这么说。今天中国的几大思潮，代表人物中都有湖南人，他们之间的思想分歧和相互关系实际上是当代中国整个思想格局的反映。像濂学、洛学、关学、闽学、湘学、蜀学、浙学、徽学这样一些有特定时代内涵、表现出地域文化特征的传统学术概念，都不能随便延伸到现在，否则容易混淆传统学术与现代学术的界限。

刚才省湘学院的同志提出这样一个思路，就是打算利用湘学研究这个平台，适当扩大研究范围，把对湖南的历史文化、社会习俗、教育科技、名人名著、湖南人的精神特质等方面的研究都带动起来，为文化强省服务。我认为这个思路是可行的，它与湘学的概念界定还不是一回事。扩展研究范围也是有界限的，一是要在文化的范畴内，二是研究要有学术性，不能把与湖南有关的什么事情都和湘学挂在一起。“湘学”这个概念一定不能泛化，不能把它界定为研究古往今来的湘人湘事的学问。湖南人都是“湘人”，在湖南发生的事情都是“湘事”。我们不可能把古往今来、林林总总、大大小小的湘人湘事都作为湘学研究的对象，都纳入湘学研究的范围，那样就没法操作了。

我对湘学研究什么的三点看法，只是一家之言，提出来供大家讨论。

（该文系作者2013年1月16日在湖南省湘学研究院专家顾问北京座谈会上的发言。部分内容曾刊载于《光明日报》2013年5月30日《崇实重行　宏大湘学——专家学者热议湘学及其当代价值》一文中）

中医哲学研究

中医哲学研究的时代使命

尊敬的任（继愈）老、各位学者、各位朋友：

中国哲学史学会中医哲学专业委员会经国家民政部批准，今天正式宣告成立了。这是中国哲学界和中医学界的一件大事，也是关系到民族文化的传承和创新，关系到21世纪中国哲学与科学发展战略的一件大事。

中医哲学专业委员会酝酿和筹备的过程我基本上都了解，也颇有一些感触，在这里先给大家汇报一下。

2005年4月，以我院哲学所罗希文同志为首席专家的“中医典籍研究与英译工程”，在李长春、刘云山、李铁映、陈奎元等中央领导同志的直接关怀下，被确立为国家社科基金重大项目。这项工程得到了科技部、中国科学院、中国中医研究院、北京中医药大学等单位专家学者的大力支持与协作，特别是得到了科技部以贾谦同志为首的“中医药发展战略研究”课题组的积极支持与合作。中国哲学史学会中医哲学专业委员会就是在这些单位的哲学社会科学家和自然科学家们的共同倡议、共同努力下开始筹建的。2006年3月，中国哲学史学会首次向挂靠单位哲学所递交了设立该专业委员会的申请书，并上报中国社会科学院和国家民政部；到7月份，民政部就批下来了。在我的印象中，中国哲学史学会下属的各个分会，中医哲学专业委员会是申报时间最晚而批准得最快的一个。之所以会这样，我想自有其特殊的道理和意义。

大家知道，最近一个时期以来，学术界和社会上有所谓中医存废之争。这个争论不是第一次，而是多年来存在的一个问题，已经争论了多次，争论了好几十年。这本来是一个在理论和实践上都不成问题的问题，为什么几十年争论不休呢？关键是在哲学理论上出了问题，在思维方式上出了问题。就是西方重分析、重实证的思维方式被看作是唯一科学的思维方式，而把东方的系统整体思维、阴阳平衡理论看作是非科学的，甚至指责为“伪科学”。本来中西医并重、中西医结合是我们国家的基本国策，中央一再强调的就是这么一个发展战略。但是在西方中心论、西方文化霸权主义的主宰和横行下，长期以来中医事实上一直受到挤压，不断地被边缘化。所谓“废其医，存其药”，就是让中医理论失去“体”的地位，仅给中药保存一点“用”的价值，走进了“西体中用”的严重误区。现在以科学主义面目出现的西化派进一步提出了“取消中医”的口号，要让中国的医学成为西医的一统天下，可见问题已经严重到了何种地步！思想文化战线的形势已经到了不得不提出“保卫中医”的口号并且付诸行动的时候了！中医哲学专业委员会就是在这么一种严峻的形势下成立的，它确实有着特殊重要的理论意义和现实意义，它不得不承担起自己不可推卸的时代使命。

首先，中国哲学史学会下面成立这么一个专业委员会，就表明了中国哲学界，至少是中国哲学史界同仁的鲜明态度，不但明确地支持中医事业的存在，而且要为它的生存与发展提供强有力的历史文化支持和哲学理论支持。

其次，从中医哲学专业委员会筹备和成立的过程可以看出，它得到了许多中央领导同志的支持，得到了中国社会科学院、中国科学院、科技部、民政部等主管部门的大力支持，说明中央领导同志和有关主管部门是坚决贯彻执行中西医并重、中西医结合的基本国策的，是不赞成取消中医的。

最后我们来看民意，通过民意看人心。尽管西化派发动了万人签名要求取消中医，但是我们从网上、报刊上和广泛的社会舆论来看，反对的声音远远大于取消派的声音。千千万万受惠于中医、信赖中医、热爱中医药事业的广大干部和人民群众是坚决反对取消中医的。

学术界、中央主管部门和广大人民群众的态度都很鲜明，可以说形成了广泛的共识。所以我们有理由相信，取消中医是根本不可能的，中医药事业在我国是科学的、正义的、前途无限的阳光事业，是与中华民族的伟大复兴紧密联系在一起的事业。中医哲学专业委员会应该在这个事业中起到理论先导的作用，它一成立就非常明确自己的历史责任。

从中国哲学学科自身的建设发展来说，中医哲学专业委员会的成立也有非常重要的意义。中医哲学是中国哲学的一个重要组成部分，或者说是中国哲学的一个分支学科。《黄帝内经》是中医哲学的原典，也是中国哲学最重要的经典著作之一。过去有一种比较片面的认识，就是认为中国哲学主要是社会政治哲学、道德伦理哲学，而疏于对自然界的认识，没有很高明的自然哲学。其实中国古代的农学、医学、天文学、地理学、数学等都很发达，中国哲学有自己独特的“究天人之际，探阴阳之赜”的自然哲学和生命哲学。就拿中国医学对人体的研究，对天人关系的研究，对人的身心内外关系的研究来说，几千年来有非常丰富的理论和实践成果，对中华民族的生息繁衍、祛病延年做出了巨大贡献，也对整个人类文明做出了巨大贡献。我们过去对中医哲学的认识和研究还远远不够，没有把老祖宗给我们留下的好东西都继承下来。“尽弃自家无尽藏，沿门托钵效贫儿”是很可悲的，现在某些人对中医的取消主义态度确实很值得反省。中医存废之争也提醒了我们，中国哲学研究的视界还需要扩展，决不能把中医哲学这一块给疏忽了。实际上，不仅中医哲学探讨的天人关系、阴阳理论本来就是中国哲学的问题，而且它的主要概念、范畴和话语方式，特别是它的思维方式，与中国哲学是完全一致的。这就给我们提供了一个深入了解中国哲学特点和独特价值的具体角度，比如要深刻体会中国哲学的辩证思维方式，最好的途径之一就是去学习中医哲学。另外，中国哲学的创新发展也可以从中医哲学研究中开辟新的方向和道路。所以我认为，整个中国哲学史界都应该加强对中医哲学的学习和研究，我们需要有更多的中医哲学方面的专家，目前像在座的刘长林、张其成同志这样的中医哲学专家实在是太少了。当然我们也希望出现更多的像罗希文同志这样的专家，能够把中医哲学典籍翻译成外文，传播到世界上去。总之，中哲史界应该在研究和发展中医哲学方面更加积极有为一些，应该做出更多更大的贡献，这是我们义不容辞的责任。

中医哲学专业委员会成立后，要做的事情很多：一是要传承，二是要改革，三是要创新。这几个方面的任务都很繁重，需要哲学界和中医学界的朋友们通力合作，做大量具体的扎实的工作，付出长期的艰辛的劳动，甚至要经过几代人的努力，才能逐渐改变中医被边缘化的状况。中医哲学研究与我国中医药事业发展的整体状况自然是分不开的，但它可以用正确的理论、科学的思维方式、恰当的战略思想和政策建议，促使事情朝着有利于落实基本国策的方向发展。我认为这样定位是比较符合实际的，做每一件事情都要考虑到任务和目标整体的艰巨性，同时也不丧失信心。

我们要做的工作首先是传承，把先哲给我们留下来的祖国医学的宝贵遗产继承下来，传于后世，丰富人类科学文明特别是生命科学的宝库。有人说国学文献中三分之一以上是中医典籍，我不知道有没有这么大的比例，但数量相当大是可以肯定的。这些文献典籍不仅要精心保存，而且要有人读得懂，有人整理研究，有人做理论联系实际的现代阐释，有人做今译和普及工作，有人译成外文对外传播，当然也需要有人从中医哲学的角度去进行研究。目前能胜任这些工作的专业人才越来越少了，而培养这类人才主要靠中医院校。我听有同志介绍，现在中医院校开的课程，三分之一是公共课，三分之一是西医课，传授中医专业知识的课程也只占三分之一，加起来不过一年多时间。中医院校的学生，基本的中医典籍读得很少，像《黄帝内经》还不是必修课，有的学生连医古文都读不通。如果这是真实的普遍的情况，那么怎能指望这样的后继人才去传承博大精深的祖国医学和医术呢？我们要意识到，由于长期以来导向失误，目前人才培养的情况不容乐观。要采取切实措施解决这方面的问题，还要多渠道地培养人才，才能完成传承祖国医学遗产的紧迫任务。

其次是改革，主要是改革重西医、轻中医的不合理的中国医学体系和医药管理体制，包括经费投入和事业发展的严重不平衡，也包括医学教育中存在的问题，都需要以落实基本国策的精神去进行改革。改革中涉及许多具体政策问题，仅靠中医哲学研究还解决不了。但我们可以在科学理论和方法的指导下，首先对现状进行调查研究，然后提出如何发展中医药事业的前瞻性的战略思想，以及某些切实可行的政策建议，供中央决策时参考，就像贾谦同志领导的课题组所做的那样。要落实中央“并重”的方针，改变长期形成的中西医严重失衡的状况当然很不容易，有大量的改革工作需要去做。改革之难还在于要改变普遍存在的崇拜西方文化、轻视民族文化的观念，片面的科学主义观念和“现代化就是西化”的观念很不容易，中医的目前处境只是这种观念横行在一个方面的表现，因此改革在某种意义上说也是一场思想观念上的革命。

开展中医哲学研究的最终目的是要为中国人民的健康保障事业服务，为促进人类的自然健康服务，所以在继承传统医学精华的基础上还要创新发展，推动中医的现代化。处于弱势地位的中医虽然一直受到挤压，生存和发展都很困难，它需要自强，需要国家政策的支持和扶植，但是并不以西医为对手，也不需要排斥西医，而是要以“和而不同”“有容乃大”的宽阔胸怀，善于学习西医的优长来充实、强壮、发展自己。这是中国文化对待外来文化的一贯态度，中国医学应该继承和发扬这种优良传统。事实上，中医“悟道”的思维方式虽然有重视系统整体的优点，但是也有素朴性、直观性、个体经验性等历史的局限性。中医在现代化的过程中需要借鉴吸纳西医重实证、重定性定量分析的科学精神，克服笼统直观的毛病，在分析的基础上达到更高的综合和对事物的整体性认识，也就是对“道”的更深刻透彻的体认。可以说，这是一条在唯物辩证法的指导下既不丧失主体性又能有效地实现中西医结合的道路，是一条综合创新、会通以求超胜的道路，也是中国医学发展的康庄大道和必由之路。中西医并重、中西医结合是中央的方针和基本国策，我们走的这条道路与中央方针、基本国策是完全一致的，不管道路多么艰难和漫长，都要坚定不移地走下去。

要完成传承、改革和创新的任务，所有有志于振兴中医事业的同志都要做出巨大的努力，特别是中国哲学界和中医学界的朋友们要携起手来，团结奋斗。更扩大些说，整个哲学社会科学界和自然科学界都要结成联盟，这两支力量要成为推动中国科学文化和经济社会发展的“车之两轮”“鸟之双翼”。1984 年，中国科学院研究生院和中国社会科学院研究生院首次在香山联合召开了“现代自然科学与社会科学研讨会”，严济慈、马洪等前辈学者出席了那次会议。两个研究生院是 1978 年由邓小平等老一辈革命家亲自批准成立的。1998 年，在两院 20 周年院庆之际，又在中国科技会堂联合召开了“知识经济与国家创新体系研讨会”，旨在进一步推动哲学社会科学与自然科学的合作及联盟。我是这次研讨会的主持人之一，对此有直接的感受。今天，以国家社科基金课题“中医典籍研究与英译工程”和科技部“中医药发展战略研究”课题组为核心，多个单位学者参与共同发起成立的中国哲学史学会中医哲学专业委员会，是哲学社会科学家与自然科学家再次携起手来密切合作的一个重要举措。我们期待它会产生非常积极的成果，不仅在中医哲学研究方面，而且为中国人民的健康保障事业，为社会的和谐稳定，为科学技术和经济社会的可持续发展，做出我们应有的贡献。

（本文是作者 2007 年 1 月 29 日在中国哲学史学会中医哲学专业委员会成立大会上的讲话。原载张超中主编《中医哲学的时代使命》，中国中医药出版社 2009 年版）

《中华医藏》编纂工作应适时提上日程

听了前面三位领导同志的发言，我觉得很受鼓舞。不光是我们的学者非常关心中医哲学、中医文化和中医药产业的发展问题，我们的一些领导同志，他们对这个问题也非常重视，有些认识在我看来是很深刻、很到位的。如果能够按照这种思路来把我们的事业向前推进的话，那么中医文化和我国中医药事业发展的前景还是很乐观的。我希望有关主管部门、有关领导同志在这方面能够继续起积极的推动作用。

时间不多了，我在这里只简单地讲一个问题。

再过一个月，中国哲学史学会中医哲学专业委员会成立就整三年了。回忆成立大会那天，91 岁高龄的任继愈先生亲自到会支持，即席发言，思维非常清晰，讲话意味深长。他说："回想我们自己的爷爷，我们爷爷的爷爷是靠什么维持健康的呢？怎么治病的呢？就是靠中医。这是不能够忘本的。但今天忘本忘到了这么一个程度，竟然说中医不科学，这是不对的。怎么不科学？中国数千年的实践就证明中医是科学的。"他还说："研究中医，我们守土有责，对这个科学的领地不能轻易放弃。"这些话好像还在耳边回响，而任先生已经不在了，我们要永远记着他"不能忘本""守土有责"的教导。

我还想介绍一下任继愈先生生前对《中华医藏》编纂工作的关注。

大家都知道任先生是中国文化建设的大功臣，特别是对中国古代文化典籍的整理出版工作贡献很大。他亲自主持编纂和出版了《中华大藏经》，从立项到出齐 107 册，前后花了十三年时间。接着又组织编纂《中华大藏经·续编》，其规模更大，将收录典籍4000多种，装订成260巨册。此外，他还主持和领导了《中华大典》、《国家图书馆藏敦煌遗书》、新修《二十四史》等大型文化工程。

在酝酿成立中国哲学史学会中医哲学专业委员会的过程中，我曾与任先生讨论过编纂《中华医藏》的问题。中医典籍在中国古代文献中占有很大比例，国内图书馆收藏的中医书目就有一万三千多种，很有必要在进一步调查研究、科学整理的基础上，编纂一部《中华医藏》，保护和传承好这份珍贵的文化遗产。我们现在已经有"佛藏"（《中华大藏经》）、"道藏"（《中华道藏》），近年来又在编"儒藏"。儒、释、道、医四大"藏"集中体现了中国古代精神文明的特色和水平，也应该适时地把编纂《中华医藏》的工作提上日程。任先生同意我的看法，他说："这件事情迟早是要做的，但它不同于一般的古籍整理项目，需要有一批懂中医和中医学史的专家参与，去粗取精，去伪存真，才谈得上科学整理。现在能做这件事情的人已经不多了，是应该提醒有关主管部门，及早把这个项目列入国家重大文化建设工程。"他主张先做论证，然后提出可行性方案。任先生亲自主持的几项大型文化工程，不仅有文化传承的重要意义，而且都有切实的可行性论证，制定了非常具体的实施方案，一旦启动就必抵于成。他的这种既有远大眼光又严谨求实的做事风格非常值得我们学习。

中医哲学专业委员会成立三年来做了大量工作，成绩显著，在我看来作用与影响比预期的还要大。我也完全同意2009年度的工作安排。在这里只是想提请各位考虑，能不能把任继愈先生生前关注的《中华医藏》的编纂工作也作为一项列入计划，不是马上启动，而是积极准备，做调查研究和可行性论证，推动这个项目早日列入国家重大文化建设工程。明年就要制定国家的"十二五"规划，看我们的准备工作做得怎么样，能不能把这个项目列入"十二五"规划。我想这是在座的专家学者可以做也应该做的事情，主要是做准备工作，起推动作用。

刚才王国强副部长讲到，有的邻国还企图把我们国家中医药的发明权、话语权拿走，有所谓“韩医申遗”事件。产生于17世纪的《东医宝鉴》确实是一部重要的医学典籍，我们有的学者做了这样的工作，就是把它的出处一个一个考证出来，它的内容九成来自中医，是辑录80多种中医典籍分类编纂而成的。也就是说，在中医学的传承和发展中，它是“流”而不是“源”。我们如果把《中华医藏》编出来了，中华医道的传承与发展轨迹一清二楚，后人做辨章学术、考镜源流的工作，就有了切实的依据，谁也不能轻易地把中医药的发明权、话语权拿走了。

《中华医藏》如果能够作为国家重大文化工程立项，当然不是少数专家学者所能完成的，而是需要文化部、卫生部、国家中医药管理局、教育部、科技部、中国科学院、中国社会科学院、中国中医科学院、新闻出版总署等单位通力合作，设立由中医学专家和古典文献专业人士组成的工作班子来具体实施。当然，我们中医哲学专业委员会的专家们，在座的专家们，都可以在其中起重要作用。这是关系到我们中华民族健康地生存和发展的一件大事，也是关系到中国文化、特别是中医学的传承和创新的一件大事，不论任务多么艰巨，我们这一代人都有责任来完成它，应该以高度的责任感来完成它。

谢谢大家！

（本文是作者2009年12月26日在“弘扬中华文化与推进中医药理论发展研讨会暨中医影响世界论坛第二次会议”上的发言。原载《中国文化的综合创新之路》，中国社会科学出版社2012年版）

关于中医思维模式研究之我见

我对中医是外行，之所以对本次论坛主题“中医原创思维理论内涵与科学价值”也感兴趣，在很大程度上是受到王琦老师的启发和推动，他的大作前面两稿我都拜读过，促使我思考了一些相关的问题。刚才听了王老师的报告，我对他虚怀若谷、认真听取和吸收不同意见的合理因素、思想不断更新发展、不断追求真理的精神十分钦佩，他提出的“象数为用，形器为体，求故明理，气为一元”的十六字经，是一个新的模式，是他思考的新成果。我还来不及认真学习和消化体会，在这里只能做出初步的回应。

另外，从中国哲学专业的角度，我也意识到，准确把握中医思维模式对于深入了解中国哲学思维方式会有极大的帮助。中医是受中国传统哲学影响最深的一门具体科学，它的基本理论和思维方法，都与中国哲学有不解之缘，是中国古代气一元论、阴阳五行学说、象数思维、求故明理的逻辑思维方法在人体生命科学中的具体运用。中国传统哲学的优点和缺点，在中医的理论和实践中都有非常典型的，甚至是淋漓尽致的表现。所以我认为，要了解中国哲学思维方式，最有效的途径之一就是深入研究中医思维模式。

关于中医原创思维模式是什么，应该怎样来表述，在973课题组内外都有一些不同意见，有一些讨论。这是很正常的，说明我们过去对这个问题研究得不够，尚未形成共识。现在大家都意识到这是一个非常重要的问题，思维方式正确与否，思维方式是不是科学，是中医学创新发展的根基和命脉所在，不讨论清楚这个问题，就难以找到中医学创新发展的正确方向。

王老师的贡献是首先提出了中医原创思维模式这个问题，并且拿出了一个“象—形—气”的模型，引起大家的关注和讨论。我体会他的意图是要突出“象”思维在中医原创思维中的首要地位，基础和核心地位，这是很有见识的。中医的理论基础是气一元论和阴阳五行学说，而与气一元论最相匹配、最相适应的思维方式就是象思维。象思维不仅能反映有形可状之“形”，而且能把握无形不可状之“气”，用意象思维来把握气的流变性。在确认了象思维的基础和核心地位之后，他就试图从发生学的角度，说明“象”来源于“形”，它是依附于“形”的，而“形”与“象”的本质都是“气”。中医典籍中有大量资料说明“形为气之聚”，“人生有形，不离阴阳”（《素问·宝命全形论》）。“气聚（为形）而可见，故谓之象。”（朱震《汉上易传》）所以张载说：“凡可状，皆有也；凡有，皆象也；凡象，皆气也。”（《正蒙·乾称》）

从发生学的角度说明了“象”“形”“气”三者的生成关系和依存关系，是不是把中医思维模式研究中的所有重要问题都提纲挈领地讲清楚了，是不是还有一些重要方面没有关照到呢？对此大家主要从两个方面提出了问题。

一是从认识对象方面来说，人的生命现象除了“形”和“气”之外，还不能忽略“神”的重要地位和作用。中国道家、道教哲学特别强调人和一切生命现象都是“形”“气”“神”三者的统一，如《淮南子·精神训》在讲到三者关系时说：“夫形者，生之舍也；气者，生之充也；神者，生之制也。”在古代哲学和医学典籍中，论形质（体）神用、形神相即、二者不可分离的资料更是不胜枚举。中医学的理论和实践也完全证明了这一点。而“象—形—气”模式对精神（“神”）在生理、病理现象中的重要地位和作用却没有关照到，至少是没有像对“形”一样重视，所以有些学者从这个方面提出了不同看法。

另外一种不同看法是从认识的过程和基本环节来说，认为“象—形—气”模式注意到了对外在形体、形象、形器之“形”的认识，而没有深入到对内在规律之“理”的认识。也就是说，它解决了知其然的问题，而没有解决知其所以然（“故”），以及知其必然和当然（“理”）的问题。这就涉及象思维有没有局限性，需不需要用求故明理的逻辑思维来补充的问题了。当然这也是研究中医思维模式不可回避的一个重要问题。

关于什么是中医原创思维模式，这次会前至少有三种意见：一是王琦老师最初提出来的“象—形—气”模式，二是传统的“形”“气”“神”三者统一模式，三是一些学者提出的“象数—理—气”模式①。王老师今天又拿出来一个新模式，即“象数—形器—理—气”模式。这些都是我们开展讨论的参照系，还有没有别的提法，我就不知道了。

我想暂不考虑“原创”不原创的问题，关于中医思维模式的上述几种表述，到底哪一种更科学，更加符合思维演进的逻辑和中医学历史发展的实际呢？我觉得在学理上需要搞清楚两个问题：一是要搞清楚什么是思维模式，什么不是思维模式？思维模式的本质特征是什么？我们对“中医思维模式”和“中医原创思维模式”的讨论，都要以搞清楚“思维模式”这个概念为前提。

一般来说，所谓思维模式就是把思维主体在认识、把握客体（对象）时所运用的各种思维方法、形式、工具、手段加以整合，用某种较为固定的结构或程序表现出来，它体现了思维活动的有序性。显

---

① 本人基本上也持这种看法。在9月28日发给王琦教授的电子邮件中，有这样一段话：“我目前所了解的中医思维模式，是在中国传统气学（气一元论）的框架下，以象数思维为基础和主要特征，同时运用求故明理的逻辑思维方法，达到对人的生理、病理机制的某种规律性认识，并用以指导协调阴阳五行之气的医疗实践。这一思维模式，用简单几句话来表达就是：‘取象运数，天人比类；求故明理，阴阳一气。’将其概括为一个更简明的公式，就是‘象数—理—气’。”

然，中医也有认识、把握客体（对象）即人的生命活动的一些思维方法、形式、工具和手段，比如象数思维、意象思维、直觉思维，还有比类、求故、明理的逻辑思维等等。象、数、类、故、理等都是思维把握客体（对象）的形式和范畴，它们属于同一序列，在这些思维形式和范畴之间找到某种相对稳定的联系，就是中医的思维模式。这里有一点是明确的，就是思维模式必然关涉到主客体两个方面，特别是不可能有与思维主体无关的思维模式。不论思维的对象是主客二分的客体，还是“天人合一”的主客统一体，思维模式都不能外在于思维主体。用这个原则来衡量上述几种观点，那么首先，“形”“气”“神”三者统一的模式就要排除。因为“形”“气”“神”是认识对象（客体）自身的三个最重要的因素，它们是三个本体论的范畴，与思维主体的认识反映活动可以完全不发生关系。也就是说，没有主体的认识活动，“形”“气”“神”三者也是统一的，因此不能把它说成是一种思维模式。其次，在“象—形—气”的模式中，“象”无疑是一个认识论范畴，但是作为“象”认识、反映的对象之“形”（形体、形质、形器），也是可以脱离认识主体而独立存在的。“形”不是一个认识论范畴，也不是一种思维形式，所以把“形”作为中医原创思维模式的一个必要环节也是有问题的。而且从思维反映过程来说，“象”就是对“形”的反映，这是同一个过程，“形”与“象”不是两个认识环节。如果某个模式中有一个环节不符合思维主体对客体的反映这一原则，那么它在整体上能否成立也值得考虑，因为它是把不同序列的范畴组合在一起了。我们如果紧紧把握住思维模式是主体对客体的反映这个基本特征，那么一些不符合这个特征的模式或者环节就只能排除在外了。

我们在学理上需要搞清楚的第二个问题是什么是象思维，什么不是象思维？象思维能否涵括所有的思维方法和形式？

在关于中医思维模式的研究和讨论中，大家都充分肯定象思维的原创意义和价值，肯定它的基础和核心地位，在这一点上可以说有广泛的共识。但是如何界定象思维，如何评估它的作用和功能，象思维有没有局限性，需不需要用其他的思维方法和形式来补充，大家的认识就不尽一致了。

一种意见认为，象思维包括形象思维、意象思维、象数思维、具象思维、应象思维、直觉思维、灵感思维、悟道思维、取象比类等多种思维形式。取象比类中就已经包含有逻辑思维的内容，象数思维中的数思维，也有数字、符号的抽象逻辑推演。学者们更加看重的是其中所包含的直觉、意会、顿悟、与道同体等悟性思维的内容，认为这才是创造性的真正源泉所在。在他们看来，象思维虽然难以确切界定，但是却有神奇、神妙的功能，许多原始创新都是靠这种只能意会、不可言传的思维方式来实现的。这种看法基本上是在中医原创思维与象思维之间画等号，认为其中包含着极其丰富的内容，感性、理性、悟性、灵感思维等几乎无所不包，甚至已经“没有严格的感性与理性之分和观察与理论之别”。还有人说，它“犹如一张巨网，笼括着中国文化的全幅领域”①。持这种看法的学者对象思维的界定一般都比较笼统模糊，总名之曰系统整体思维。

另一种观点也承认象思维是中医思维模式的基础和核心，承认它有原始创新功能，但认为象思维不能涵括主体认识、把握客体（对象）的所有思维形式，科学研究的所有方法和手段，它也是有边界、有局限性的，需要用其他的思维方法、形式、工具和手段来补充。比如“取象比类”虽然接触到了逻辑思维的内容，“类”是中国古代逻辑的起点，中医天人比类的特点很明显，但不见得完全科学，象思维也不能把比类、求故、明理的逻辑思维方法全部涵括进去。要从现象深入到本质，把握事物的内在原因、根据、必然性和规律性，还得求助于求故明理的逻辑方法，这是象思维做不到的。再比如，中国古代有象数之学，易学中有象数学派，“物有定形，形有定数”，象与数是

① 汪裕雄：《意象与中国文化》，《中国社会科学》1993 年第 5 期。

分不开的（“象数相倚”），对事物的认识总是定性与定量相结合。人们对数的认识往往是从结绳记事、丈量土地等感性活动开始，数思维与象思维是有交叉、互相包含的。但是数思维的进一步发展，基本上是脱离了具体的形象，以抽象的数字、符号、图形为工具而逐步推演深化，所以象思维又不能涵括全部数思维。应该说二者有密切联系，但是也有很大区别。我们从中医学发展的历史和逻辑都可以看到，象思维的作用和功能不是无限的，还需要数思维、求故明理的逻辑思维来补充，才能像列宁讲的那样：“使我们的认识从现象的外在性深入到实体”，“以便探求现象的原因”。[①]

如果用这种开放的眼光来看象思维，中医学的未来发展，可能还要吸收西方的某些科学思维方法，来补充和完善中医原创思维模式，实现思维方法、模式的综合创新，为中医学的创新发展增添新的动力。所以，对于作为中医原创思维之核心内容的象思维，我们是界定得清晰明确一点好，还是界定得笼统模糊一点好，确实是一个值得认真思考和研究的问题。我们今天既要充分认识象思维的原创价值和意义，又要了解它的局限性，不能把它当作一个筐，什么都往里面装，这对中医思维方式的现代改造和创新发展是没有好处的。

上面两个问题，都要求我们在讨论中注意厘清一些基本概念：什么是思维模式，什么不是思维模式？什么是象思维，什么不是象思维？我们实际上还搁置下了一个重要问题，即什么是原创性，什么是原创思维？原创思维是一种异质思维，有时它能产生神奇的功效，那是更加接近科学性而不是远离科学性，是更加深刻地反映了事物的本质和规律。这种异质思维当然不是胡思乱想、异想天开，而是在大量知识、经验、观察、实践基础上实现的对事物认识的一种飞跃，是积渐既久而后达到一旦豁然贯通的认识境界。最近去世的创新天才乔布斯的人生格言是“求知若饥，虚心若愚”，他做研究的一个特点是十

① 《列宁全集》第38卷，人民出版社1960年版，第167—168页。

分注重细节，一丝不苟，“你得相信现在的点点滴滴今后会以某种方式联系在一起”，那就是“一旦豁然贯通”的境界。乔布斯提供了一个研究原创思维的很好的个案，几千年中医学的理论和实践也是一个异质于西方现代医学的、内涵极其丰富的整体性的个案，都非常有研究价值。

什么是思维模式，什么是原创思维，什么是象思维，这些基本概念搞清楚了，我们在讨论中可能就比较容易取得共识了。

我在网上也浏览过一些论述中医思维模式的文章，大都是讲象思维的，可以看出作者中有些是很有学问的中医学者。我有一个总的感觉，就是中医学界可能对哲学家和逻辑学家们十分看重的比类、求故、明理的逻辑思维方法重视得不够。“类”“故”“理”的范畴在先秦时期就已经提出来了，以后发展成为比较成熟的有中国特色的科学方法论，是中国古代科学方法的典型范式，对各门科学包括中医学的发展都产生过重要的积极影响。宋代以后，理学兴起对推动道家医学向儒家医学，或者说向“三教合一”的医学转型起了重要作用，这个时期的著名医家有许多强调“明理”“明医理”“循其理”之重要性的论述①，显然他们的认识已经不是仅仅局限于象思维了，而是增加了一些理性主义的因素。

李约瑟在研究中国科学技术史时指出，中国古代科技取得了那么高的成就，它必有自己非常高明的科学方法。在他看来，“当希腊人和印度人很早就仔细地考虑形式逻辑的时候，中国人则一直倾向于发

① 如张介宾说：“医者，理也，理透心明，斯至矣。夫扁鹊之目洞垣者，亦窥窍于理耳。故欲希扁鹊之神，必须明理。”（《类经图翼》“原序”）在他看来，“医理”与天地万物之理、治国用兵之理等等都是相通的，“使能明医理之纲目，则治平之道，如斯而已。能明医理之得失，则兴亡之机，如斯而已。能明医理之缓急，则战守之法，如斯而已。能明医理之趋舍，则出处之义，如斯而已。洞理气于胸中，则变化可以指计；运阴阳于掌上，则隔垣可以目窥。……身心人己，理通于一。”（《景岳全书》卷三“传忠录下”）

展辩证逻辑。"[①] 正是这种辩证逻辑的思维方法使中国人变得更聪明，在一个相当长的历史时期内，做出了遥遥领先于西方人和其他民族的伟大科技贡献。这种以阴阳消长、对立统一为核心的辩证逻辑思维方法，在中医学的发展中是不是也起了一定的积极作用呢？它与中医的"辨证论治"是什么关系呢？我想这也应该成为研究中医原创思维模式的一个重要内容，或者说本来就是其题中应有之义。李约瑟的中国科技史著作大家都比较熟悉，中国学者冯契先生也十分重视对中国古代辩证逻辑和科学方法的研究，包括对《黄帝内经》的辩证思维方法的研究，建议中医学界的朋友们也关注一下他的有关论著。[②]

关于中医思维模式的研究，中医学界与哲学界可以结成联盟，共同推进和深化这一课题研究。重点关注两个方面的研究成果，一是关于象思维的研究，二是关于中国古代辩证逻辑和科学方法的研究，中医原创思维的奥秘可能就在二者的结合中；用哲学的语言来说，就是经验主义、神秘主义[③]和理性主义的结合。

（本文是作者2011年10月9日在"第十七次中国科协论坛——中医原创思维理论内涵与科学价值"会议上的发言）

---

① ［英］李约瑟：《中国科学技术史》第3卷，科学出版社1978年版，第337页。

② 冯契：《论中国古代的科学方法和逻辑范畴》，见《中国哲学范畴集》，人民出版社1985年版；《中国古代辩证逻辑的产生》，《中国哲学史研究》1981年第3期；《智慧的民族特征——从中国传统哲学的特点看中国传统文化》，《同济大学学报》（人文社会科学版）1990年第1期。

③ 神秘主义的意涵，参见冯友兰《中国哲学中之神秘主义》一文（《三松堂全集》第11卷，河南人民出版社2001年版，第108—121页）。

中医哲学研究任重而道远

中国哲学史学会中医哲学专业委员会是2007年1月正式成立的，至今8年零10个月；如果从民政部批准的时间算起，还要早半年，至今是9年零4个月。也就是说，很快就要迎来它的十周年了。

在中国哲学史学会下面成立一个中医哲学专业委员会，这是在特殊历史背景下产生的一个不期而至的新生事物。我们原来并没有这么一个设计，要在中国哲学史学科大力开展中医哲学研究。十年前，有一股以科学主义面目出现的民族文化虚无主义思潮，发动万人签名要求取消中医，激起了中医学界，中国哲学史界，以及热爱中医和中华文化的广大干部、群众的强烈反应，由一些学者发起，建议成立这么一个群众性的学术团体，挂靠在中国哲学史学会下面。成立这么一个学会，当时目的很明确，就是要组织一场保卫中医、保卫民族文化的战斗。它得到了科技部、中国社会科学院、中国科学院、中国中医科学研究院、北京中医药大学等单位的大力支持，而且申报非常顺利，报告打上去3个月，民政部就批下来了，可见这个事业的正当性、正义性，它是符合时代精神和人民意愿的。

中医哲学专业委员会成立后，没想到在学术界、在社会上产生了那么强烈的反响，它近十年的发展，取得的成绩也是出乎意料的。一个是时代的需要，是形势使然；一个是中医哲学专业委员会的同志们积极主动地做了许多工作，比如得到国家社科基金的支持，组织中医典籍英译工程；《中华医藏》国家文化工程的提议、论证和立项；在社科院组织和实施中医药国情调研项目；通过两会等渠道向国家提出多项发展中医药事业的建设性意见，包括最近提交的2015—2030年国家中医药发展规划的初步建议方案；另外还组织了多项课题研究和学术研讨会，举办各种讲座和研修班等，总之是做了大量工作，我知道一些，但也讲不全。我对这个事业从感情和理智上都是支持的，但由于自己中医学专业知识的贫乏，所以参与的活动很少，怕在行家面前讲外行话。除了在中医哲学专业委员会成立大会上有一个讲话之外，我只参与了有限的几次活动，而且往往是在热心于这个事业的同志们的推动下，才跟着大家一起做了一点事情，而这对我来说，首先是一个学习、受益的过程。

这些年来，我参与的有关中医哲学的活动，有三件事情可以向大家汇报一下。

一是为程雅君的《中医哲学史》一书作序。程雅君是到社科院来做博士后研究的一个青年学者，他的合作导师是哲学所的罗希文研究员和胡孚琛研究员。由于他是住在研究生院的宿舍，有时也到我的办公室来坐一坐，谈一谈。谈的范围很广泛，从中医哲学的概念，中医哲学研究的主要内容和研究方法，中医哲学的特点，中医哲学史的分期，它的近现代境遇以及它的未来发展方向等，这些问题都谈论到了。这个年轻人的思想很敏锐。2006年我在中国现当代文化发展道路问题上提出了“马魂、中体、西用”的看法，他就试图用“魂、体、用”三元模式来理解中医哲学与儒、释、道三教的关系，认为中医哲学的成熟形态就是“儒魂、道体、释用”。于是就形成了这样一种中医哲学发展史观：先秦两汉时期是以“道医”为主，到魏晋至金元时期转型为“儒魂、道体、释用”，到明清时期这种“三教合一”的中医哲学形态定型化，再到近代西医传入中国后，对中医形成强烈冲击，以至多次出现中医存废之争，传统中医有从“道医”畸变为重术轻道的“术医”的危险性。他认为中医哲学的未来发展也必须走“马魂、中体、西用”的道路，就是要在马克思主义科学世界观和方法论的指导下，回归传统中医哲学的根基，回归中华医道之本，坚持民族文化的主体性，同时吸收西医的科学方法和成果为我所用，走“返本开新”的道路。这种从“儒魂、道体、释用”三教合一到“马魂、中体、西用”三流合一的思路[①]，成为他撰著《中医哲学史》一书的宏观指导思想。在该书第一卷出版之前，他要我写一个“序”，我就把在讨论中形成的一些粗浅看法写了出来，以求教于学术界的同志们。程雅君的书已经出了三卷，一直坚持这个基本思路。第四卷写近代中医哲学与西医、西学的交流、交融和交锋，以及如何在“返本开新”中走出一条中医哲学发展的正确道路来，内容更加丰富，也更具有现实性。他已经发表过一些这方面的文章，比如在川大学报发表的《重戡中医哲学》一文，就批评了余云岫的《灵枢商兑》[②]。一个青年学者有这样的眼光，有气魄写这样一部大书，我认为是很难得的，觉得应该支持。

二是在2009年的一个会议上，做了“《中华医藏》编纂工作应适时提上日程”的发言[③]。出席那次会议的大领导很多，讲话时间很长，轮到我发言时，已经到中午快吃饭的时间了，所以我只简短地讲了十来分钟，只是把问题提了出来。此前我与任继愈先生曾经议论过这个问题，任先生那年夏天去世了，我有责任把他的看法，也是我们共同的看法，在一个比较正式的场合提出来。其实这个看法我在给程雅君的书所写的“序”中已经提到过了。

提出编纂《中华医藏》的问题，最初是受到《儒藏》立项的启发。我们已经有“佛藏”（《中华大藏经》）、“道藏”（《中华道藏》），

---

① 程雅君：《从“三教合一”到“三流合一”——中医哲学发展史观》，《云南社会科学》2010年第1期。

② 程雅君：《返本开新：重戡中医哲学——以朱丹溪、余云岫为例》，《四川大学学报》2011年第5期。

③ 2009年12月26日，在北京社会主义学院召开的“弘扬中华文化与推进中医药理论发展研讨会暨中医影响世界论坛第二次会议”。

现在又在组织编“儒藏”。中国传统文化、古典文献中还有很大一块，就是中医药典籍。已经著录的国内图书馆藏的中医书目就有一万三千多种，肯定还不全，很有必要在进一步调查研究、科学整理的基础上，编纂一部《中华医藏》，保护和传承好这份珍贵的文化遗产。提出这个问题，我们想确立一个概念，就是儒、释、道、医四大“藏”的概念，四大“藏”集中体现了中国古代精神文明的特色和水平。在我们看来，是“四大金刚”而不是“三大金刚”。这就对中医药学、中华医道在中国传统文化中的地位，在我们的国学中的地位，做了一个定位。它与儒、释、道三教是并列的，但是又有区别，区别在于它不是“教”而是“学”，是“道”，是理论与实践相结合的治病救人之学，是传承了几千年、正在走向世界的博大精深的中华医道。它与儒、释、道三教互相影响，而与三教又有区别。这样一个定位，我想对于正确认识中医药学以及它的未来发展是有好处的。

提出编纂《中华医藏》的问题，还由于受到“韩医申遗”事件的刺激。朝鲜李朝御医许浚编纂的《东医宝鉴》，确实是一部重要的医学典籍，但它的内容九成来自中医，是辑录80多种中医典籍分类编纂而成的。在中医学的传承和发展中，它是“流”而不是“源”。我们如果把《中华医藏》编出来了，中医药学传承和发展的轨迹一清二楚，那么谁也不能轻易地把中医药的发明权、话语权拿走了。

我们在国家制定“十二五”规划之前及时提出了编纂《中华医藏》的建议，受到有关主管部门的重视。《中华医藏》首先列入了“‘十二五’古籍保护项目”，到2012年，文化部、国家中医药事业管理局等单位组织班子，正式启动了《中华医藏》编纂工程。应该说，在这个过程中，中医哲学业委员会有倡导和推动之功。

三是参与了973项目“中医原创思维模式研究”课题的部分研讨活动。从主观愿望来说，我确实是想为课题理论水平的提高出一点力，毫无保留地发表自己的意见，没想到最后会发展成为不认同课题结项成果的少数另类观点。在这个过程中，我颇有一些感触。一方面，有缘接触到了一些老、中、青年中医学行家，向他们学到了不少知识。另一方面，也感到存在一个问题，就是学科专业背景不同的人，知识结构、思维方式还是存在较大差异的，因此就更需要多坦诚交流，互相学习，取长补短。特别是不要回避认识的分歧，分歧的解决往往正是课题水平得到质的提高的关键。请不同学科的专家来参与课题研究和评审，不只是要人家来捧场，而是要善于从“一偏之见”“相反之论”中得到启发，收到“一本万殊”“和而不同”之效[①]。

从2010年到2012年，这个课题做了三年，中期总结时做出的结论是：中医原创思维模式就是“取象运数，形神一体，气为一元”三句话十二个字。2011年10月9日，我在香山会议上发表过一点不同的看法。[②] 中医哲学的发展，还是要有不同观点的讨论，甚至形成不同的学派，在健康的、活跃的学术讨论中来繁荣和发展学术。

在我看来，以“取象运数，形神一体，气为一元”为中医原创思维模式，至少存在两个问题：一是“象”“数”与“形”“神”、“气”不是一个序列的概念范畴。象、数是思维形式，是主体认识、把握思维对象、客体的工具、方法、手段。形、神、气不是思维形式，而是思维的内容，是中医思维研究的对象、客体，它们是不依赖于思维主体而独立存在的。任何一本形式逻辑教科书首先都要区分思维形式和思维内容，逻辑学是专门研究思维形式的科学，它不研究思维的内容。我们这个课题是做中医原创思维模式研究，思维模式就是思维形式，象、数是思维形式，类、故、理也是思维形式，是这个课题应该研究的；形、神、气不是思维形式，作为中医思维的对象和内容，它

① 黄宗羲说：“学问之道，以各人自用得者为真……此编所列，有一偏之见，有相反之论，学者于其不同处，正宜着眼理会，所谓一本而万殊也。”（《明儒学案·发凡》）

② 2011年10月9日，在香山饭店召开的“第十七次中国科协论坛——中医原创思维理论内涵与科学价值”会议。我的发言题为《关于中医思维模式研究之我见》，刊载于方克立《中国文化的综合创新之路》，中国社会科学出版社2012年版，第566—574页。

们应该由中医哲学的本体观、生命观、形神观去研究。

这个研究结论的第二个问题是，把中医原创思维模式仅仅归结为“取象运数”的象数思维，而把“察类”“求故”“明理”的逻辑思维排除在外，不仅有很大的片面性，而且对中医哲学和整个中医学的未来发展非常不利。李约瑟说：“当希腊人和印度人很早就仔细地考虑形式逻辑的时候，中国人则一直倾向于发展辩证逻辑。”[①] “察类”“求故”“明理”的逻辑思维，本来是中国古代辩证逻辑和科学方法的精髓、特色和优势所在，也是中医原创思维模式不可或缺的重要组成部分。从“取象运数”到“求故明理”，从感性经验到理性思维，体现了认识的深化。现在把“察类”“求故”“明理”的逻辑思维排除在中医原创思维模式之外，那么人们一提起中医，就会想到它的经验主义和神秘主义，而使它的理性主义精神和科学性内涵不能得到彰显，不被注意更不能积极地去发扬光大，这对中医学的发展当然是不利的。“求故明理”的理性主义精神是中医原创思维中本来就有的，宋明理学讲“理一分殊”，到戴震进一步讲要“察分理”，认识各类事物具体的规律性，按照这个思路发展下去，中医原创思维是有可能与西方重分析实验的科学方法接轨的。在中医原创思维模式研究中，是眼里只有“象思维”或者象数思维，还是同时重视发展体现科学理性的“察类”“求故”“明理”的逻辑思维；是只强调其经验性、意象性和模糊性，还是主张弄清楚病因、病理和药品的成分、性质、效用，对症下药，是引导中医药学朝哪个方向发展的问题。中医药学的现代化显然要求我们把力量更多地用在后一个方面。

“察类”“求故”“明理”的逻辑思维，对于中国古代各门科学的发展都起了十分重要的推动作用，中医学也是它们得到广泛运用和取得成果相当丰硕的一个学科领域。程雅君发表在《哲学研究》2014年第1期上的《中医原创思维的哲学意蕴》一文，列举了大量材料，

---

① ［英］李约瑟：《中国科学技术史》第3卷，科学出版社1978年版，第337页。

说明“察类”“求故”“明理”的逻辑思维在中医学中也得到了广泛运用。比如在《黄帝内经》中，就已经大量运用“取象比类”“天人比类”的思维方式，以人体脏器与天之阴阳五行、四时节气相类比，如“肝象木而曲直，心象火而炎上，脾象土而安静，肺象金而刚决，肾象水而润下”，等等。在古代医书中，“以类相推”“异类不比”“各从其类也”之类的提法比比皆是。先秦时期的科学方法是以“察类”为主，到汉唐时期就发展到以“求故”为主了。东汉的张仲景已大量运用求故思维，在《伤寒论》中，“故”字出现 73 次之多，“故也”连用也有 39 次，主要都是作为原因和根据来使用的。隋代巢元方的《诸病源候总论》，更能说明中医求故思维的重要性。根据《四库全书》电子版检索，“故”字在该书的 51 卷中共出现 1599 个匹配。也就是说，他对各种疾病的症候，都要求其“故”，找出患病的原因、根据、理由来。到宋明时期，理学兴起，对中医学的理论和方法也产生了巨大的影响，在这个时期的中医学典籍中，“明理”“穷理”“原其理”“循其理”是经常出现的概念，而且不是明一般的“理”，是要明“医理”。明代的张介宾就是一个代表人物，在他看来，“万事不能外乎理，而医之于理为尤切”（《景岳全书 · 明理篇》）。“医者，理也，理透心明，斯至矣。欲希扁鹊之神，必须明理。”（《类经图翼 · 序》）他明确肯定了“明理”在中医原创思维中的首要地位。

中医原创思维模式是一个包括感性经验思维、理性逻辑思维、悟性直觉思维在内的复杂系统，不能把它简单地归结为某一种思维形式。冯友兰先生曾经讲到过认识论中的三个主义：经验主义、理性主义和神秘主义。[①] 他所谓的神秘主义，是指一种通过直觉体认而达到“天人合一”的境界，作为思维方法，就是我们通常讲的“只能意会，不可言传”的直觉、心悟思维。经验主义、理性主义和神秘主义

① 参见冯友兰《中国哲学中之神秘主义》，《三松堂全集》第 11 卷，河南人民出版社 2001 年版，第 108—121 页。

三种方法，在中医原创思维中都是不可缺少的，是互相结合、互相补充、融为一体的。通过望、闻、切、问获得“象”的信息，是中医认识人体生命和生理现象的起点，这是基础，所以我们充分肯定“象思维”在中医原创思维中的重要地位和作用，看不到这一点是不对的。但是也不能只见其一，不见其二，讲“象思维”讲过了头，过分突出了经验主义和神秘主义，就有可能忽视或者削弱中医原创思维中的理性主义内涵，李约瑟特别看重的中国古代辩证逻辑的理性光芒就有可能被遮蔽，被消解。关于这个问题，我曾经建议中医学界的专家们要拜读一下哲学家冯契先生的《逻辑思维的辩证法》一书。这本书对“类”“故”“理”范畴在逻辑思维中的地位和作用做了很好的说明，指出“察类”就是知其然，“求故”是知其所以然，“明理”是知其必然和当然。中国古代科学家包括中医学家，正是由于善于运用这些逻辑思维的形式和工具，才使认识不断扩展和深化，取得了很高的科学成就。

中华医道、中医哲学已经有两千多年的历史，但是作为一个学科，它在近十年才有了比较明确的学科意识和学科自觉，过去只有少数学者在做这方面的研究工作，现在它已经成为许多人关注的一个热门学科了。这可能是十年前主张取消中医的人所没有想到的，没有那一场中医存废之争，中医哲学的学科自觉可能还不会这样明确和坚定。也就是说，坏事变成了好事。近十年中医哲学的发展，取得了多方面的成绩，但是十分厚重的学术成果还不多，深入的学术研讨也不够，从 2010 年至今的中医原创思维模式研究，可能是在此期间影响最大的一个中医哲学研究课题了，在我看来还没有达到十分理想的研究结果。客观地说，中医哲学的学科建设还刚刚起步，它不可能一帆风顺，更不可能一蹴而就，因此需要我们付出巨大的、多方面的努力。我希望在中医哲学研究中也能形成“同归而殊途，一致而百虑”的不同学派，在相反相成、对立互动中把这个学科发展到更高的水平。

中医哲学的内容非常丰富。程雅君的《中医哲学史》才出了三卷，就已经接近200万字了。研究中国传统学术中，中华医道与儒、道、释等各派中国哲学的关系，研究“哲理”与“医理”的相互影响，这只是中医哲学研究的一个角度，一个方面的内容。更重要的是要在马克思主义哲学的指导下，对中医哲学的基本理论和方法，以气一元论、阴阳五行学说为基础的一套完整的朴素唯物主义和辩证法理论，包括它的本体观、时空观、生命观、认识论、方法论和医学伦理思想等，做系统的分梳和清理，揭示其中所包含的科学内涵，阐明其独特的学术价值；同时也指出由于时代的局限，生产力和科学发展水平的限制，不可避免地存在着的一些用想象的联系代替真实的联系的现象，甚至存在着某些虚妄和迷信的成分。中医哲学作为中国传统文化的一部分，我们对它也要取其精华、弃其糟粕，经过创造性转换和创新性发展，把这种朴素唯物论和自发辩证法的理论提高到现代科学唯物论和辩证法的水平。这个任务当然是十分艰巨的。

第三，我们还要做中西医哲学比较研究，借鉴西医的理论和方法为我所用，发挥中医特有的优长，为人类卫生和健康事业服务。中西医结合是我们的基本国策，但是不能走到“中医西医化”或者“废医存药”“西体中用”的错误道路上去，而是要在坚持民族文化主体性的前提下，吸收西医和西方科学方法的优长，为我所用，综合创新。屠呦呦获得诺贝尔奖就是一个很好的例子，李克强总理明确肯定它是“中医药对人类健康事业作出的巨大贡献”。屠呦呦说，她和她的团队从黄花蒿的叶子中提炼出对于治疗疟疾有特效的青蒿素来，是受到葛洪《肘后备急方》的启发。但他们不是依赖传统、固步自封，而是用现代科学方法做了大量的科学实验，经过190多次失败才最后取得成功的。用传统中医一锅煮的熬汤药的方法，不但提炼不出青蒿素来，而且青蒿素在高温条件下还会失效。所以中医药事业的发展不能只靠传统经验，对现代科学技术要采取开放的态度。

第四，中医哲学研究要关注它对未来科技革命和人类命运所可能产生的影响。钱学森曾经指出：“中医这个东西不是现代科学意义上的所谓科学，它是一个哲学，或者说是在早年现代科学还没有形成的时候，所谓的自然哲学。”他断言：“中医的理论和实践，我们真正理解了、总结了以后，要改造现在的科学技术，要引起科学革命。”① 一般人可能还不敢讲这样的话，只有真正了解和掌握了现代科学技术前沿的大科学家，才有这样长远、深邃的眼光。

上面讲到的四个方面：中医哲学基本理论和方法研究，中医哲学史研究，中西医理论和方法比较研究，中医哲学与未来科技革命和人类命运关系研究，都是非常重要、非常艰巨的任务，都是需要付出巨大努力才能完成的，所以说中医哲学研究任重而道远。

（本文是作者2015年11月20日在中国哲学史学会中医哲学专业委员会2015年学术年会上的发言）

① 钱学森：《论人体科学与现代科技》，上海交通大学出版社1998年版，第164—165页。

要重视研究钱学森的中医哲学思想

中国哲学史学会中医哲学专业委员会是在一个非常特殊的历史条件下成立的。十年前，面对着网上万人签名要求取消中医，中医学界和中国哲学史界的一些朋友们，与热爱中医和中国文化的广大干部群众一样，心情都很不平静，感到很受压抑。他们在一起商量：应该怎么应对？我们怎样发声？有人建议写几篇有份量的文章，对虚无历史、以偏概全地要求取消中医的理由一一驳斥；也有人建议在网上发动挺中医派人士的更大规模的签名活动，看主流民意到底在哪个方面。我们其实很不愿意看到打口水仗和大规模群众对抗的情况，最后大家一致的意见是从长计议，先建立一个认真研究中医哲学、文化的历史和现状，认真研究中西医关系和中国医学发展的方向，以及中医对未来科技发展、人类命运的可能影响的群众性学术团体，推动这方面学术研究的深入开展，争取做到以理服人，逐渐取得共识。一个可行的方案是在中国哲学史学会下面成立一个中医哲学专业委员会。我们按照这个思路逐级向上打报告，没想到三个月民政部就批下来了，真是上下同心，得道多助！

中医哲学专业委员会十年来做了大量工作，它取得的成绩和所发挥的作用，比我们原来预想的要大得多。

十年来学会做的工作可以分为两个大的方面：一是推动中医哲学学科建设和这个方面学术研究的开展。比如组织申报并参与国家973重大项目“中医原创思维模式研究”，还有中医药与中华文明复兴研究、中医文化的核心价值观研究等课题，中医哲学专业委员会的同志们都起了重要作用。学会还协助博爱堂组织了四次“中医影响世界论坛”大型学术会议，与北京大学现代科学与哲学发展研究中心联合举办“健康复杂系统”学术研讨会等，自己独立或与其他单位联合举办了多届学术年会（比如2014年的年会就是与南京中医药大学联合举办的)，还办过几届中医哲学和文化方面的培训班或系列学术讲座，这些活动都对中医哲学和文化研究有积极的推动意义，这是一个方面。另一方面是配合国家大的形势，参与和推进我国中医药事业的发展。包括在社科院成立中医药国情调研组，进行了长达8年的中医药国情调研工作，有关同志到过22个省、自治区，通过社科院《要报》向党中央、国务院上报过许多材料，其中80%以上被采用，或得到中央领导同志的批示。还通过“两会”提交了发展中医药事业的一些重要提案，涉及中医药管理体制改革，中医药立法，如何发展中医药的第一、二、三产业，参与制定2015—2030中医药发展战略规划，等等；调研内容还包括发展中医药事业对“健康中国”建设的重要意义，具体到食品安全等方面，都做了一些实实在在的工作。在此期间，推动中医典籍英译工程立项和实施，倡议和促进《中华医藏》作为国家重大文化工程立项，中医哲学专业委员会的同志们都起了关键性的作用，有倡导和推动之功，受到有关主管部门的高度重视。

一个成立刚十年的群众性学术团体，名头也不大，不过是中国哲学史学会下面的一个二级学会，短短十年间，为什么能够做那么许多事情，产生那么大的影响呢？凡是关系到国家中医药事业发展、“健康中国”建设的事情，大到中医药立法、制定中长期中医药发展战略规划，小到民间中医的生存发展等问题，各个方面都来找它，希望得到它的支持，表示愿意合作：包括科技部、国家中医药事业管理局等政府主管部门，中国科学院、中国社会科学院、中国中医科学院等科研机构，北大、人大，特别是各地的中医药大学等高等院校，还有军队的有关部门，更不用说热心于中医药事业的民间社团组织了。这种形势是怎么造成的？中医哲学专业委员会为什么会成为一个被各方面看好的群众性学术团体，成为一块香饽饽呢？在我看来，一是客观形势使然。中医药事业的发展，中医哲学和文化的发展，这十年正处在一个非常有利的发展机遇期，特别是以习近平同志为核心的党中央大力提倡弘扬中华优秀传统文化，强调文化自觉与自信，与十年前的文化氛围大不一样了。我们并没有同废中医派人士正面交锋和辩论，但是取消中医的声音近年来已经很少听到了，也许还有一点，已经很微弱了。这就叫作“形势比人强”。二是由于我们的主观努力。中医哲学专业委员会是一个群众性学术团体，热心做事情的都是志愿者，他们怀着强烈的时代使命感和历史责任感，积极主动地做了许多工作，才取得了上述多方面的成绩，产生了积极的社会影响。这些年来我与其中一些同志有所接触，非常佩服他们忘我干事业的精神。

中医哲学专业委员会今后的工作，我认为还是要两条腿走路，不过要把主要精力放在本学科的建设发展和基础理论研究方面，让这个新兴学科更快地成长起来，这应该是学会工作的重点。当然我们也要担负社会责任，理论联系实际，促进国家中医药事业的发展，为“健康中国”建设做出我们应有的贡献。回顾、总结过去十年，我们适应形势发展需要，承担的社会义务较重，许多事情是不期而至的，都是别人找上门来的，我们也有义务去做，而且做的效果可能比关起门来搞学科建设的影响还要大一些。但相对来说，我们在自己的本职工作方面，在中医哲学自身的学科建设和基础理论研究方面，组织力量、下的功夫就显得有些不够，突出表现在这方面厚重的学术成果还不多，至今还没有中医哲学研究方面的专门刊物、专门网站。我曾经问张南秘书长：头一个十年，中医哲学研究方面标志性的学术成果有哪些？他拿来两本论文集和一本程雅君的《中医哲学史》。如果我们把主要精力放在这个方面，情况是不是会要好一些呢？今后我们要在正确思想指导下，组织一些推进本学科发展的重要课题，拿出一些更有份量的学术成果来。要使这方面学术研究和学术讨论的气氛更热烈、更活跃一些，在老专家带动下，能够涌现出一批年轻的学术骨干，在他们中能产生新一代领军人物。如能形成不同观点、各具特色、“和而不同”的若干个学派，争鸣互动，那么就更有利于这个学科的建设发展和成熟了。

中医哲学、中华医道几千年前就有了，但是作为一个现代学科，取得学科自觉，还是近代以来的事。多次中医存废之争，特别是十年前要求取消中医的万人签名，反而刺激和促进了中医哲学的学科自觉，使大家增强了学科意识，感到责任重大。在学科建设的起步阶段，我觉得把握正确的方向非常重要，在这方面，钱学森先生的中医哲学思想可以给我们重要的启发。

钱学森本人并不是中医药学专家，他是我国成就卓著的现代前沿科学家，“两弹一星”元勋，但是他也能够站在现代科学思想的最高峰，站在马克思主义哲学、辩证唯物主义的高度，就中医理论的学科性质、未来发展方向、对现代科技革命的意义等问题，发表了一系列重要的、富有启发性的见解，我认为对中医哲学的学科建设是非常重要的，值得我们高度重视。

钱学森认为，中医理论是经典意义上的自然哲学，而不是现代意义上的自然科学。人类认识自然界之初，必然有一个自然哲学的阶段，其中包含着人类智慧的珍宝。中医的特点是从整体、从系统来看问题。中医理论中的阴阳说和五行说，脏腑论和经络学说，十二干支，辨证论治，都是强调人体的整体观以及人与环境的整体观。他认为这些都是科学的，是符合辩证法的，其中包含着非常宝贵的科学真理。在他看来，中医的看法跟现代科学中最先进、最尖端的系统科学的看法是一致的，符合马克思主义哲学、辩证唯物主义的基本原理。中医思维方式的优点在于从整体上宏观认识人体，能够避免微观方法的因小失大。但是它也有局限性，应该看到它是从经验中概括出来的理论，还没有深入事物的深层次结构去找事物的本源，不讲细胞和人体各部分的结构、生理特征等，因此必然带有思辨的特征，包含着一些猜测、臆想的东西。中医把几千年的临床经验用阴阳、五行、干支的框架整理出来，这个框架一方面有用，它把复杂的关系明朗化了；另一方面也简单化了，久而久之就变得非常僵硬了。钱学森把中国传统医学这种主要从经验概括出来的理论叫作“唯象中医学”。

根据钱学森的系统科学理论，人体是一个开放的复杂巨系统，他认为研究开放的复杂巨系统，只能用从定性到定量的综合集成法。仅仅用中医传统的经验方法、唯象学的方法还不够，而是需要集中医、西医和各民族医学于一炉，多种方法综合集成，综合而扬弃。钱学森也是主张中西医结合的，但是他认为未来医学的发展方向，只能是以马克思主义哲学和系统论为指导，吸收现代科学的方法来论证中医的基本理论。也就是说要在马克思主义哲学的指导下走“中体西用”的道路，而不是走“西体中用”的道路。在他看来，经典的西医理论局限性太大，好多现象都讲不清楚。比如中医讲意识、精神、心理情绪的重要性，而这在西医那里却是大忌。而现代科学早已证明意识和精神不过是物质的大脑的活动而已，它又可以反作用于人的身体。他认为这些都是中医比西医高明的地方，所以说人体科学的方向是中医，而不是西医，医学发展的前途只能是中医现代化，西医也要走到中医系统整体观这条道路上来。他把人体科学看作现代科学技术的最高成果，是现代科学技术的珠穆朗玛峰，人体科学的任务就是要从机械唯物论的西医走到辩证唯物论的新医学，这个新医学就是现代化的中医。

毛泽东曾经说过：“中医是在农业、手工业的基础上发展起来的，西医是在近代工业的基础上发展起来的。中医宝贵的经验必须加以继承和发扬，对其不合理部分要去掉。西医也有不正确的地方，也有机械唯物论。将来发展只有一个医，应该是唯物辩证法指导的一个医。”钱学森的看法与毛泽东基本上是一致的，他们都认为中医是朴素唯物论、系统整体观的医学，西医是“头痛医头、脚痛医脚”、在哪里发现了癌细胞就要把它杀死的机械唯物论的医学，它们各有所长也各有所短，未来中国的新医学应该是吸收了西医重视微观研究和分析实验方法之长的，向中医系统整体观复归的辩证唯物论的医学。

我认为钱学森的中医哲学思想，是典型的“马魂、中体、西用”的思路。以马克思主义哲学的科学世界观和方法论为指导，才能站得高、看得远，看出中医的系统整体观要比西医“头痛医头、脚痛医脚”的思维方式高明，而且与现代科学中最先进的系统科学是一致的，代表了现代科学技术革命的方向。钱学森作为一个站在现代科学前沿的大科学家，他认为“马魂、中体、西用”才是现代医学发展的“正道”。这个方向性的论断非常重要，值得引起我们高度重视。中医学界过去可能更加重视一些国医大师的意见，对钱学森的中医哲学思想重视不够，在研究成果中很少提到钱学森。前些时张南同志参加了北大的“健康复杂系统论”学术研讨会，也参与了钱学森学派推动“健康系统工程”的系列学术讲座，在接触中有了一些新的认识。中医哲学专业委员会今后应该加强与钱学森学派的合作。

钱学森已经是一个历史人物，他的中医哲学思想非常了不起，在现当代中医哲学史上，他是一个不可或缺的重要人物。钱学森的思想站得很高，但也不一定十全十美，有些观点也是可以讨论的。比如我对他提出的“唯象中医学”这个概念就有点疑问：这个“唯”字是不是用得太绝对了？他把中医看作完全从现象概括、总结出来的理论，从思维方式来说就是经验思维、唯象思维，而看不到察类、求故、明理的逻辑思维在中医理论形成和发展过程中的作用。这与中医学界一些人只讲“象思维”、过分夸大“象思维”的作用和意义有些相似。其实学界还有李约瑟、冯契一派观点，他们非常重视中国古代的辩证逻辑，认为辩证的逻辑思维对于中国古代科学和哲学能够发展到很高的水平，具有关键意义。李约瑟说：“当希腊人和印度人很早就仔细地考虑形式逻辑的时候，中国人则一直倾向于发展辩证逻辑。”[①] 这

① ［英］李约瑟：《中国科学技术史》第3卷，科学出版社1978年版，第337页。

个论断得到了冯契先生的大力支持，他专门写了一本书《逻辑思维的辩证法》，对“类”“故”“理”的逻辑范畴，逻辑思维的辩证规律和方法，哲学、科学与逻辑的历史联系，辩证思维怎样从自发到自觉等等一系列问题做了系统研究，我想这对全面把握中医原创思维模式是有帮助的。钱学森把中医思维归结为唯象思维，李约瑟和冯契则更加重视辩证逻辑思维的作用，这表现了学界研究取向之不同。在中医原创思维模式研究中，我比较赞同这么一种观点：中医思维是感性经验思维、理性逻辑思维和悟性直觉思维多种形式互相交织、互相补充的一个复杂系统，就是冯友兰先生讲的“三个主义”：经验主义、神秘主义、理性主义。自从中西文化交流以来，中医思维虽然自成系统，但是也不能固步自封，而是需要用现代科学注重微观研究的精细分析方法来补充，在方法论上要达到的最高境界，就是钱学森讲的“从定性到定量的综合集成法”，显然这是一种考虑到事物复杂性的唯物辩证的研究方法。

我的看法不一定对，提出来供大家讨论。我这个发言总的意思是希望中医哲学专业委员会今后要加强对本学科基础理论的研究，在把握研究方向上要重视钱学森的中医哲学思想，特别是他的“要在马克思主义哲学指导下，把中外医学的好东西结合起来，用系统科学来促使中医现代化，即医学现代化”的思想。钱学森已经意识到“马魂、中体、西用”是中国现代医学发展的正道，如何在理论与实践的结合上加深这种认识、证明它的科学性是我们的责任。

（本文是作者2016年12月3日在“中国哲学史学会中医哲学专业委员会成立十周年座谈会暨2016年学术年会”上的发言。原载《中国哲学史》2018年第1期）

“中华思想通史”项目座谈会上的发言

《中华思想通史》第一卷《绪论》的设想*

一　中国思想史研究的对象和范围

什么是思想——人的自觉活动都是受思想支配的——思想史研究的对象广泛地涉及人类活动的一切方面——政治、经济、军事、社会、文化、哲学、宗教、伦理、科技、教育思想是思想史研究的主要对象

时空范围——学科范围

二　中国思想史的特点

中国社会历史的特点——中国文明发展的特殊路径——在中西比较中突显中国思想史的特点

---

* 2014年12月5日，“中华思想通史”项目第6次工作会决定聘请方克立先生担任《中华思想通史》编委会编委、封建社会编顾问。本卷收录了方先生参加的15次会议的书面意见以及发言内容。其中前3篇文章是书面意见，题目为方先生所拟；后18篇文章由韩国茹根据录音整理，题目亦为整理者所拟，同时为了方便读者阅读，增加了一些必要的脚注。在整理过程中，得到了“中华思想通史”办公室和周群编审的大力支持，谨此感谢！

三 中国思想史的发展历程和阶段划分

原始社会思想史——奴隶社会思想史——封建社会思想史——半殖民地半封建社会思想史——社会主义初级阶段思想史

关于中国社会史分期的讨论——本书采用分期法的根据——各个阶段思想史的基本问题——时代主题的转换反映了社会历史发展的规律性

四 中国思想史学科的历史和现状

《庄子·天下》《荀子·非十二子》《论六家要旨》对古代“百家争鸣”的总结——以《宋元学案》《明儒学案》为代表的传统学术史研究——梁启超、胡适等人用近代观念和方法对中国思想史与哲学史的研究——侯外庐等人用马克思主义观点对中国思想史的开创性研究——近半个世纪中国思想史研究的新进展（包括中国政治思想史、中国经济思想史、中国哲学思想史等分支学科的新成果）——对中国思想史研究中讨论过的重要问题之梳理

五 本书的产生背景和预期目标

产生时代——社会政治背景——学术文化背景

集大成之作，超越和创新之作——形成一个重要学派——准确把握五千年一以贯之的中国精神和主流价值观，为现实服务

六 达到预期目标的途径——（一）指导思想

坚持以马克思主义为指导——坚持思想史与社会史研究相结合的

方法——坚持人民思想史的写作思路——坚持开拓创新的原则——坚持以世界的眼光研究中国思想史——坚持古为今用、厚今薄古，努力为现实服务

详细阐明每一点，要有具体落实的措施，至少要有思路，并且互相照应。比如，在强调“以占统治地位的主流意识形态为主线”的情况下，怎样落实人民思想史的写作方针，怎样“把思想的历史还给人民”？

七　达到预期目标的途径——（二）写作策略

以占统治地位的主流意识形态为主线——说明（1）：同时也要写非主流意识形态、异端思想和下层人民的思想，每个时期的思想史都是一幅非常复杂的思想图画——说明（2）：以占统治地位的主流意识形态为主线，并不是以它为指导来写这段思想史

以哲学思想为统领，以政治、经济、军事、文化、宗教、伦理为主要部分——关于哲学史与思想史关系的讨论——介绍刘泽华的观点：政治思想是中国传统思想文化的中心，它一头直接反映和关联着社会政治实践，关联着社会史，另一头其背后深层的、形而上的学理根据就是哲学思想，以政治思想为中心来写可以较好地体现思想史与社会史的结合

八　一些普遍的思想史观和方法论问题

在中国思想史研究中，唯物史观与天命史观、圣贤史观、文化史观、道德史观、儒家道统论、历史倒退论、历史循环论的分歧和对立——中国古代有没有阶级，阶级分析方法的有效性问题——中国古代有没有唯物论与唯心论的分歧和斗争——区分思想遗产精华与糟粕的标准是什么——“抽象继承法”还是批判继承法——逻辑的与历史

的一致问题——“史”与“论”的关系问题——思想史料的范围问题，等等

九 若干有中国特色的思想史方法论问题

文化的道器、体用问题——“魂”与“体”、“文”与“质”的关系问题——阴阳组合结构问题（刘泽华）

十 中国思想史中一些重要问题的理论梳理

十一 中国思想史中一些核心概念范畴的准确界定与统一使用

十二 本书得出的一些重要研究结论，标志性的理论成果

以上是粗略想到的一些问题和方面，很不全面，仅供参考。

方克立

2014 年 12 月 9 日

（本文是作者写给《中华思想通史》编委会办公室的一封信中所附书面意见，对《绪论》的内容提出了设想）

中国当代思想史怎样写，建议专门开会讨论一次

2015年2月15日，王伟光同志在第8次工作会议的讲话中说："中华人民共和国编写出来要像思想史，而不是一般的国史、党史。"

伟光同志这话是针对提交那次会议讨论的《材料5　中华人民共和国卷资料长编提纲》说的。一年多过去了，我们没有看到过思路调整后的新提纲，也不知道实际进展情况如何。统共五年的《通史》工程，每一编的任务都很艰巨，当代编尤其是重中之重、难中之难，大家格外关心其研究进展情况也是很自然的。

怎样解决"像国史、党史，不像思想史"的问题，我有几点个人想法，提出来供讨论参考：

一，除了体现党的领袖、党的文献中的思想外，当代思想史研究还要深入到学科领域，资料长编应该是各个时期的政治思想、经济思想、军事思想、法律思想、社会思想、民族思想、外交思想、哲学思想、宗教思想、伦理思想、史学思想、文艺思想、教育思想、科技思想等之集成。至于《通史》正本怎么写，当然要根据历史实际，抓住重点，突出主线，彰显特色，不可能亦不必面面俱到。封建社会编资料长编摸索出来的编辑体例，我认为对以后各编各卷都原则上适用，包括当代编各卷。中华文艺思想史资料长编的当代部分，已经提供了一个如何深入到学科领域的范例。

二，"五四"后近百年的中国思想史，可考虑以自由主义、保守

主义、马克思主义三大思潮对立互动为基本线索来写。三大思潮要处理和解决的是中、西、马的关系这个时代的中心问题。进入新世纪后，思想格局更加多元化，三大思潮内部都有左、中、右的分化，错综复杂地交织在一起。形式上是三大思潮对立互动，实质上是两个阶级、两条道路的斗争，自由主义和保守主义（特别是其右翼）往往是联合在一起来反对主流意识形态的。长期的、反复的、国际和国内相结合的资产阶级自由化与坚持四项基本原则的斗争，和平演变与反和平演变的斗争，是中国当代思想史的主要特点。

三，对于重大政治思想事件（如“零八宪章”）、重大思想理论论争（如关于“普世价值”“宪政民主”“儒化中国”的争论）、重大思想文化成果（如“马克思主义理论研究和建设工程”的系列成果）、重大思想理论创新（如“三个世界”理论，“科学发展观”，“创新、协调、绿色、开放、共享”五大发展理念，“社会主义核心价值体系”的提出），以及群众性精神文明建设活动的重要成果，要讲清楚来龙去脉，讲清楚内容实质，讲清楚意义影响，明确其在中国当代思想史中的地位。

去年我参加过几次工作会议，前几次主要是讨论原始社会编和奴隶社会编的提纲，中间讨论过一次封建社会资料长编的编辑体例，5 月以后注意力一直集中在《绪论》提纲上，近代以后包括当代部分一次也没有讨论过。《通史》是一项全新的工程，难免要“摸着石头过河”，但更需要有好的“顶层设计”，善于“弹钢琴”，点面结合，有序整体推进。我认为专门开一次会来研究当代思想史的编撰工作是非常必要的。

方克立

2016 年 2 月 19 日

附　可供参考的部分中国当代思想史著作

当代中国政治思想史著作：

《中国当代政治思想史》，范小方、李永铭著，甘肃人民出版社，1996 年 7 月

《当代中国政治思想史》，翁有为等著，河南大学出版社，1999 年 6 月

《当代中国政治制度》，浦兴祖主编，复旦大学出版社，1999 年 8 月

《当代中国政治发展与制度创新》，李景治、熊光清等著，中国人民大学出版社，2009 年 8 月

当代中国经济思想史著作：

《当代中国经济思想史》，叶世昌著，上海人民出版社，1998 年

《当代中国经济思想史》，李占才著，河南大学出版社，1999 年 6 月

《中华人民共和国经济思想史纲：1949～2009》，赵晓雷著，首都经济贸易大学出版社，2009 年 10 月

《当代中国经济思想史断录》，苏东斌编，社会科学文献出版社，2009 年 12 月

《当代中国旅游经济思想史》，谭白英著，武汉大学出版社，2011 年 12 月

当代中国军事思想史著作：

《当代中国军事思想史》，于化民、胡哲峰著，河南大学出版社，1999 年 6 月

当代中国法律思想史著作：

《当代中国法律思想史》，陈景良主编，河南大学出版社，1999 年 6 月

《当代中国行政法奠基史》，关保英主编，中国政法大学出版社，2011 年

当代中国哲学思想史著作：

《中国当代哲学史稿》，刘梦义、陶德荣著，四川人民出版社，1987 年 1 月

《中国当代哲学》（1949—1990），樊瑞平、要兴磊等著，石油大学出版社，1990 年 12 月

《当代中国哲学纲要》，郭建宁著，北京大学出版社，1996 年 6 月

《中国当代哲学 40 年》，李振霞主编，华夏出版社，1997 年 8 月

《当代中国哲学思想史》，秦英君著，河南大学出版社，1999 年 6 月

《五十年中国哲学风云》，王炯华主编，湖北人民出版社，1999 年 9 月

《中国当代哲学史：1949—1999》（上、下卷），任俊明、安起民主编，社会科学文献出版社，1999 年 11 月

《20 世纪中国哲学导论》，郭庆堂等编著，中国矿业大学出版社，2002 年 1 月

《当代中国哲学》，郭建宁著，复旦大学出版社，2008 年 1 月

《当代中国哲学史学史》（上、下册），乔清举著，上海古籍出版社，2014 年 5 月

当代中国史学思想史著作：

《20 世纪中国史学学术编年》，陈力编，山东人民出版社，2001 年

《20 世纪中国史学发展分析》，瞿林东主编，北京师范大学出版社，2009 年 07 月

《二十世纪中国史学史论》，王学典、陈峰编，北京大学出版社，2010 年 1 月

《20 世纪中国史学编年》（1950 ~ 2000）（全四册），王学典主编，陈峰、姜萌编撰，商务印书馆，2014 年 12 月

当代中国文学思想史著作：

《当代中国文艺思想史》，李慈健、田锐生、宋伟著，河南大学出版社，1999 年 6 月

《中国当代文学史初稿》（上、下册），中国当代文学史初稿编委会著，人民文学出版社，1981 年 7 月

《中国当代文学思潮史》，朱寨主编，人民文学出版社，1987 年 5 月

《中国当代文学史》，特·赛音巴雅尔主编，民族出版社，1999 年，二版 2003 年

《中国当代文学史》，洪子诚著，北京大学出版社，2007 年 6 月

《中国当代文学史教程》，陈思和主编，复旦大学出版社，二版 2008 年

《中国当代文学史新稿》，董健、丁帆、王彬彬主编，北京师范大学出版社，2011 年 3 月

《中国当代文学六十年》，孟繁华、程光炜、陈晓明著，北京大学出版社，2015 年 12 月

当代中国教育思想史著作：

《当代中国教育思想史》，程凯主编，河南大学出版社，1999 年 6 月

《中国当代教育实验史》，熊明安、喻本伐主编，山东教育出版社，2005 年 4 月

《中国当代教育思想史》，朱永新著，中国人民大学出版社，2011 年 7 月

《嬗变与建构——中国当代教育思想史》，朱永新著，人民教育出版社，2004 年 8 月

此外还有：

江西百花洲文艺出版社出版的《二十世纪中国学术论辩丛书》，分哲学、史学、文学、艺术四个部分，共计 40 册。许纪霖著《二十

世纪中国思想史论》（上、下册），东方出版中心，2000 年 7 月出版，等等。其中二十世纪下半叶的内容，均属于中国当代思想史。

（本文是作者应《中华思想通史》编委会办公室之约，对怎样写中国当代思想史发表的书面意见）

要从国史、党史的思路调整到思想史的思路上来

当代部分在整个中华思想通史中的地位非常特殊，十分重要，而这一部分过去的研究基础（从思想史的角度看）又相对较差，写作难度很大。所以我说它是“重中之重，难中之难”。

封建社会编和当代编是《中华思想通史》的两个大头，两个重头戏，各七卷。封建社会是两千多年思想史写七卷，700 万字；当代部分是 68 年也要写七卷，也是 700 万字，而且要把思想史的内容写出来，难度可想而知。通史拿出来后，当代思想史可能是引起关注度最高的一部分，它写得成不成功，质量如何，对整部通史的社会评价和历史地位关系很大。

现在是编资料长编，为写思想史做准备工作，这个工作怎么做，也能体现我们写当代思想史的整个指导思想。目前需要解决的主要问题，可能还是王伟光院长讲的“像国史、党史，不像思想史”的问题。从外审专家对当代部分样稿的评论来看，王院长指出的问题还是在相当大的程度上存在着的。

比如，有的外审专家指出：“目前提纲对于政治运动、政治领导人的思想关注过多，对于知识精英的努力、民间思想的表达、国际思潮的影响表现较少。”

“第 15、16 卷的整体提纲，思想史的意味较轻，能否由做思想史研究的学者重新编写一下，把思想史与政治运动史、政策史做适当的

区分。提纲中的不少用词过于党史化了。”——建议由做思想史研究的学者重新编写整体提纲，应该说这个批评是相当重的。

有的专家指出，以十六大、十八大作为分期分卷的标志，是“以党史分期替代思想史分期，割裂了思想史自身发展的脉络”。“这样划分写中共党史”是可以的，但要叙述中国思想史，不大合适，因为“有些思潮论争是很难以党的某一次大会为界的”。这样就难免出现前后卷衔接不好，或者内容重复问题。——应该说，这个问题是确实存在的，但是要改变原来设计的改革开放以后四卷分期的根据，我看是不大可能了。

有的专家建议：“对这个时期哲学社会科学的重要学术观点（要）分门别类加以介绍，对重要思想理论著作（可以）做适当的论点摘编。”——这是针对当代思想史部分没有深入到各个学科领域说的。

有同志在审读意见中也认为，当代部分“思想史的味道没有出来，更接近国史的写法”。——这是他的整体印象、整体评价。

审读当代编样稿的专家们提出的这些意见，说明王院长一年前提出的“像国史、党史，不像思想史”的批评，确实是一个值得重视的问题。王院长主要是针对提交第 8 次工作会议讨论的《材料 5　中华人民共和国卷资料长编提纲》说的。他明确指出这个问题，是要引起我们高度重视，需要调整我们的研究思路，要从国史、党史的思路调整到思想史的思路上来。

这两天我把“外审文件汇编”中当代部分的两个实施细则拿来看了一下，觉得其中的有些提法还是可以推敲的，反映我们的编辑指导思想可能还是存在一些问题。我想说三点：

一、两个实施细则中的资料分类，都不是思想史的分类法，而是国史和党史的分类法，或者说是社会史的分类法。

《中华人民共和国编编纂工作实施细则》在“总体体例”中说，要“以历史演进的时序为经，以政治、经济、文化、社会、国防、外交的分类为纬”。写政府工作报告，大概可以按政治、经济、文化、社会、国防、外交这六大类的顺序来写，讲得比较全面。但这是一般社会史的分类，而不是思想史的分类。政治、经济等六个概念后面再加上“思想”二字，才能进入思想史的视野，进入思想史资料的范围。

下面讲“编选原则”，又强调要“以政治思想和哲学思想为重点”。前面的六大类中根本就没有哲学思想，你怎么把它写成“重点”？六大类中也没有宗教、伦理、文艺、史学、教育、科技思想，而这些都是思想史研究应该关照到的方面。要么就是把这些内容都放到“文化”中去，形成一个“大文化”概念。

《改革开放以来编编纂实施细则》也是分为六大类，与前面的分类略有不同，这一部分的提法是：“大体上按照经济建设、政治建设、文化建设、社会建设、生态建设和党的建设来分类。”写党代会工作报告，大概可以按照六大建设的顺序来写，前面讲到了各个方面的建设，最后要靠搞好党的建设来落实和保证。六大建设的提出在党史上确实是非常重要的，但这也不是思想史的分类法。关于六大建设的思想可以写进思想史，而六大建设本身，有的就不仅有思想成果，而且还有实实在在的物质成果，比如经济建设、社会建设、生态建设，有的还有制度建设的成果。——所以，以六大建设来作为思想史的分类也是不合适的。

什么是思想史的分类呢？我们可以参看《封建社会编资料长编实施细则》，它是要求“分别按照政治思想、哲学思想、经济思想、法律思想、军事思想、社会思想、民族思想、教育思想、史学思想、科技思想等十个方面进行归类”。这十个方面，再加上单独成编的宗教、文艺两部分，共计十二个方面，或者说十二类。——封建社会编资料长编的体例是经过项目组多次讨论、大家取得了基本共识的，对我们这部大思想史的研究对象和范围做了一个大致的规范，所以对其他各编也有参考价值。

有同志在审读意见中对封建社会编做了很高评价，认为“提纲很完整，分为十个方面，思想史的味道出来了，质量高，非常好”。他还说：“专门列出史学思想，非常必要。”——他评价当代部分时说“思想史的味道没有出来”，评价封建社会编的提纲就说“思想史的味道出来了”。在他的印象中为什么会有这么鲜明的对照呢？二者的区别在哪里呢？根本原因就在于国史、党史的思路与思想史的思路不同。

二，《改革开放以来编编纂实施细则》第 7 条在讲分类问题时，还提出了一个“宜粗不宜细”的原则。学术的发展是越到近现代分类越细。我们力图做到“厚今不薄古”，而事实上通史的总体安排，还是“详今略古”，越到近现代和当代，给的篇幅越多。所以我们这部思想通史到了当代部分，不论是分类，还是内容分析，都不宜提出“宜粗不宜细”的原则。

三，还有一个问题，即政治领袖、学者和思想家群体，还有人民群众，这三者在思想史中各处于什么地位？他们之间的关系如何？到底谁是主要理论创新主体？谁是思想史的主角？——这个问题可能需要全面地辩证地去看，在当代人民共和国时期，尤其是要重视和处理好三者之间的互动关系。党的领袖提出来的思想，必须符合人民群众的利益和愿望，有一个“从群众中来，到群众中去”的过程；我们党的重要创新思想历来都是集体智慧的结晶。因此在充分反映党的领袖的思想的同时，也要适当反映创造思想的学者和思想家群体、人民群众的思想，这样才能比较全面地反映这个时期思想史的总的面貌及其特点。

我们拿出来的六卷提纲（不包括港澳台卷），两个实施细则，送出去外审的第一批样稿，得到各方面的反馈意见，差不多是共同的：思想史的味道不浓，更像国史、党史而不像思想史。这就值得引起我们高度重视了，要总结、考虑我们前段的工作，在指导思想上有没有问题？在研究方法上有没有问题？要搞清楚国史、党史的研究思路和方法，与思想史的研究思路和方法有什么不同？怎样才能从国史、党史的思路调整到思想史的思路上来？

怎样解决这个问题，我有一个基本想法：就是要以国史、党史的研究为基础，向思想史研究的一些主要方面（学科）延伸，扩大我们的研究视野，也就是要扩大研究的对象和范围。思想史与社会史研究相结合是我们的一个基本指导原则，思想不能脱离社会存在，所以思想史研究不能脱离社会史而去搞纯粹思想的逻辑推演；另一方面，思想史研究也不能停止在社会史的层面上，而是首先要向这个时期关于社会存在的思想，即政治思想、经济思想、法律思想、社会思想、民族思想、军事（国防）思想、外交思想延伸，继而向这个时期关于社会意识的思想，即哲学思想、宗教思想、伦理思想、文艺思想、史学思想，以及介于二者之间的教育思想、科技思想延伸，这样就把思想史的丰富内容展现出来了。思想史研究的这两个板块，前者要以政治思想为中心，后者要以哲学思想为统领。思想史研究必须深入到文、史、哲等学科领域才有思想深度，也就是要触及这个时期在世界观、历史观、人生观、价值观方面的深层思想分歧与较量。当代思想研究如能从前面讲的两个分类（都是六类），延伸到六类思想，进而延伸到当时的哲学、文艺、史学、教育等思想，涵盖一些重要的思想史分支学科，那么思想史的味道一下子就出来了，以哲学思想为统领的精神也有可能得到落实了。

思想史学科在中国的发展还只有一百年。就思想史研究的对象和范围来说，大致分三个阶段。最早的中国思想史著作就是写哲学史，谢无量、胡适、冯友兰写的都是中国哲学史。侯外庐等人合作编著的第一部《中国思想通史》，侯序说是“综合了哲学思想、逻辑思想和社会思想在一起编著的”，实际上还是以哲学思想为主，但是已经提出和强调了思想史与社会史相结合这个重要原则；在社会思想中，还没有把政治思想、经济思想、法律思想、军事思想等分化出来。以后各个思想史分支学科都发展起来了，比如中国政治思想史，就不仅有吕振羽、萧公权的著作，还出了刘泽华主编的九卷本。发展到今天，思想史学科研究的对象和范围与侯外老时代又不一样了，大大扩展了，我们这部思想通史就要成为诸多思想史分支学科之集大成。第三阶段实际上已经形成“大思想史”的概念，哲学思想始终是其最核心的内容，政治思想则是与社会存在联系最紧密的部分。

所以，我认为封建社会编分为十个或十二个方面的思路是对的，这个思路要一直贯穿下来，当代思想史也要基本上接受这个分类法。当然涉及的方面（分支学科）还可以进一步规范，比如我刚才讲到的思想史学科的两个板块，有没有一定道理，还可以讨论。

当代思想史研究的对象和范围，研究思路和方法，如果要做上述调整，那么我们的工作量必然要加大，而且有些是我们过去不太熟悉的内容。这没有办法，既然已经承担了这项任务，就只能担当起来。好在当代思想史研究方面，前人也多少做过一些探索性的工作，虽然不如古代和近代思想史成果多，但也有一些著作可供借鉴和参考。我开过一个小书单，很不全，自己熟悉的就列得多一些，如当代中国哲学史著作，不熟悉的就列得比较少。我们这部思想通史作为集大成之作，一定要全面了解前人已经做过一些什么工作，尽量吸收其中有价值的思想成果，否则就谈不上“集大成”，更谈不上“超越”。

关于台港澳部分，我没有见到过提纲，也没有见到过样稿。外审专家意见说只写钱穆、韦政通、余英时不全面，我想大概是他们只看到了部分样稿的缘故。台港澳思想界的情况也是多元、复杂的。

台港新儒家——最重要的是熊十力的三大弟子唐君毅、牟宗三、徐复观，此外还有张君劢、钱穆、方东美等人。第三代有杜维明、刘述先、成中英、余英时、蔡仁厚、曾昭旭、王邦雄、李明辉、林安梧等人。

自由主义——胡适、雷震、殷海光、柏杨、李敖、韦政通、陈鼓应等人。

天主教新士林哲学（台湾“中国哲学会”由他们掌权）——罗光、吴经熊、李震、张振东、项退结、邬昆如、黎建球、沈清松、傅佩荣等人。

台湾佛教有四大宗派，佛光山星云法师的“人间佛教”非常有名，此外还有法鼓山的圣严法师，慈济功德会的证严法师，中台禅寺的惟觉法师。

台湾一贯道的势力也很大。

台湾的官方哲学——既要研究国民党的三民主义、“中华文化复兴运动”，也要研究“台独”理论的兴起和发展。

香港、澳门回归前后思想界的情况不同，港、澳两地情况也不同。

（本文是作者2016年3月31日在《中华思想通史》社会主义编第15、16卷及台港澳组联席会议上的发言，会前提供了书面意见）

《绪论》要独立成卷

原始社会卷，这个是两头之一：一个是当代社会思想史，一个是原始社会思想史，这两头难度都很大。所以我看到原始社会思想史的提纲，非常佩服。字数共计104万字，这个真正是填补空白。我们现在的思想史哪有从原始社会开始的？这一卷拿出来就是一个大的突破。所以从宽泛的内容来说，强调的是观念史，而不是一般的社会史、文化史，这很好。但有些很重要的观念，包括社会方面的一些观念，如真善美，以及这些观念的进一步发展，目前的提纲中没有涉及。原始社会这一卷能够写得这么充实，对我们后面几卷就提出了更高的要求。

另外，我还有一个想法，就是原始社会卷字数不一定要写那么多。将来我们的绪论卷有两种思路：一种是和原始社会思想史合成第一卷，再一种绪论卷也独立成卷，因为我们有很多很重要的问题要在那里呈现。过去有很多通史类的著作往往在第一卷的前面是“绪论”，有的写得少的两三万字，多的有四五万字。当然也有写得长一些的，现在已出版的一些著作，比如最近我参加南开大学刘泽华《中国政治思想通史》（全九卷）的发布会，他的绪论卷有80万字；葛兆光的三卷本《中国思想史》，也有一个绪论，是一小本儿，就是关于思想史怎么写、思想史观和方法论等一些重要问题。我想我们这样一部大书，绪论非常关键。伟光同志也提到了要挑选精兵强将写“绪论”，把重要的理论和方法论、思想史学科的发展和现状、中国思想史的特点、中国文明的特点等一些重要问题进行梳理。看到原始社会写成这样，我想《绪论》要独立成卷。[1] 我觉得非常有必要。我们不必像刘泽华那样写成 80 万字，40 万字也可以独立成卷。看了原始社会卷的提纲，我就产生了这个想法。

确实原始社会卷也是最引人注目的，但是，我们将来要成为一个重要的学派，思想史研究中的马克思主义学派，那很多东西就体现在《绪论》中。而且，将来一部 2000 万字的《中华思想通史》拿出来，谁会从头到尾看呀，都是各取所需，但是绪论卷都是会看的，从中可以看出这部书的特点是什么。因此，《绪论》独立成卷就非常有必要。

绪论卷当然对写作要求很高，我刚才讲精兵强将：一，要真懂思想史，真了解思想史，它的问题、它的实质也都了解；二，得有很高的理论水平，体现我们的指导思想——马克思主义学派；三，写文章也要是高手。这一卷其实要求是很高的，但是我们非常需要有这么一支队伍。实际上，在这五年中间，我们领导小组身边要有这么几个人，要研究这部书在写作过程中一些带有总体性的问题。

我是看到《中国社会科学报》发表的伟光同志的谈话才知道这个项目的，伟光谈话最后一句讲道："在我看来，从最古老的思想到今天的中国特色社会主义理论、社会主义核心价值观，中国精神都是一脉相承的，必须始终突出这一主流精神，不要割裂。"[2] 那么这实际上就提出一个很重要的问题，五千年一脉相承、一以贯之的中国精神是什么？我们现在是提出问题，还没有做回答，我们一部 2000 万字思想史写出来，连这个问题都没有回答行吗？事实上五千年一以贯之之道很多人都发表了意见，很多人都做了这个"原道"的工作。韩愈讲这个道是仁义道德。冯友兰的《新原道》说是"极高明而道中庸"的内

① 王伟光主编《中华思想通史绪论》（上下册）已由中国社会科学出版社、南开大学出版社 2020 年 11 月正式出版。

② 毛莉：《与五千年中华思想史对话：中国特色社会主义理论体系与中国优良传统思想文化一脉相承——访中国社会科学院院长王伟光教授》，《中国社会科学报》2014 年 10 月 20 日。

圣外王之道。杜国庠先生批判冯友兰的这个观点，以为中国哲学精神不是经虚涉旷而是实事求是。张申府先生将中国精神概括为三个字："实""活""中"，实是讲唯物，活是讲辩证，中是讲中道。张岱年先生概括中国文化基本精神就是《易传》那两句话：天行健，君子以自强不息；地势坤，君子以厚德载物。现在有些站在儒家立场的学者概括中国精神，就是一个字——仁义礼智的"仁"，就是人本位，人本主义，新仁学。有的人概括为一个字就是"和"，还有人概括为一个字就是"忠"。五千年一以贯之的中国精神，大家的理解是不一样的。习近平同志在一次会议讲话中也讲了一个意思：中国精神直截了当地说就是以爱国主义为核心的民族精神和以改革创新为核心的时代精神。[①] 讲的是核心，除此之外还有很多内容。我觉得像这样一些关键问题就需要有人进行研究，进行讨论，拿出我们的看法来。这个东西不是说我们16卷写出来了，中国精神自然就出来了，不是这样的。我们要研究，拿出我们的看法，而且这个看法要贯彻到我们16卷的写作中去。像这些带有总体性的问题，将来请写绪论卷的同志来着重研究。

涉及理论和方法的问题也非常多，我们坚持马克思主义的思想史观和方法论。实际上，很多问题现在看法是不一致的，比如继承的方针。现在有些人回顾前一段历史，就非常肯定冯友兰的抽象继承法；另一些同志就不同意这个观点，认为应该是批判继承。这样一些关键性问题实际上在我们的认识中是很不一致的，在写作过程中就非搞清楚不可，非要拿出我们的看法不可。

所以我赞成《绪论》要独立成卷。

（本文是作者2014年12月5日在《中华思想通史》第6次项目工作会议上的发言）

① 《习近平总书记系列重要讲话读本》，学习出版社、人民出版社2014年版，第31页。

资料长编与思想史的关系需要梳理清楚

看了王启发写的资料[①]，我觉得他非常用心，不仅把国内几套主要的资料都做了一些整理，而且还包括日本的几套资料。日本人做中国的资料做得非常细，有些比我们做得还细，但是他们有些做法跟我们不太一样。他还设计了好几套方案，说明他非常用心。另外，他做中国思想史非常专业，我们院有一个专门的思想史研究室，这些同志考虑得比我们更专业一些。比如侯外老，他当时是开拓性的，他做思想史就是把哲学思想、逻辑思想和社会思想综合起来，他就提了这三点。逻辑思想那么突出，从哲学里面单独提出来做一类，是因为杜国庠等都是逻辑大家，东西虽然不多，但是分量很重，所以侯外老一开始就提到了逻辑思想；还有社会思想。现在来看，那套思想史是比较笼统的，也没有区分政治思想、经济思想等，没有分那么细。现在思想史的研究非常深入了，启发这里考虑分十四个类，它们都是属于最一般的。实际上这十四类现在都有专门的通史，每一类差不多都有，而且有的分得更细，像文化思想史、文学思想史都要写十卷；又如艺术思想史、文艺思想史，还有美学思想史，叶朗他们编的也都是多卷本，

---

① 指《封建社会编资料长编·提纲》的相关资料，包括：一、国内出版的几种有关思想史资料集的基本情况；二、日本学界编辑出版的五套“思想大系”的基本情况；三、《中华思想通史资料长编·封建编基本体例与编选方式》（讨论稿）；四、《中华思想通史资料长编·秦汉卷编纂示例》（讨论稿）。

内容非常丰富；再如科技思想中提到了医学思想，光中医典籍就有三万多种，还只是初步统计，现在正在编《中华医藏》，那里面很多思想，我们现在还只能笼统地叫医学思想。所以现在学科分类实际上很细，而我们这部书要做成集大成之作，集大成也只能把最重要的东西反映出来，所以我觉得拿出这个《资料长编的基本体例与编选方式》很不简单。

这个事情难度相当大，我有一个想法，我们现在一年先把资料长编编出来，下面再做思想通史。我认为，这两个东西有关系，但是不是一回事。把资料长编作为非独立的专书做出来，[①] 还是仅仅配合思想通史？作为独立的资料长编做出来，就要考虑得比较全面、比较系统。如果我写到的地方就编进去，没写到的地方就不编，那这个书就没有权威性了。真的要做好资料长编，一年时间肯定不够，因为内容非常丰富。长编里面的思想，到写通史的时候，不一定都用，只能用最典型的。但是如果单独出资料长编，最主要的方面和部分都应该有，否则这个书就没有权威性。现在我们归纳的这些观念有些还只是举例子，但是还有其他的方面没有提到，因此还是比较粗。有些提出一个什么论，也很难操作。真正出资料长编要求是很高的，比如你提出什么论，在某种著作的什么篇，要拿出一些有代表性的资料。如果我有另外一条资料，比你这个更典型，那读者就会对你资料的水平有怀疑。所以做资料长编也是要非常有研究的，不是一件简单的事情。有些人长期做这个工作，很有积累。我们现在一年先把长编做完了，底下再写思想史。资料工作是给思想史打了一个基础，但是这两个事情的关系还要梳理得更清楚一点。

谈到梳理，我觉得大体上这样一个顺序是可以的，就是先按时代排列；断代底下根据学科和门类分类；再下一个层次就是思潮、学派、人物、专书；再下面是思想观念。大体上这个顺序是可以操作

① 《中华思想通史资料长编》（电子版）已经于2022年8月发布。

的，但是工作量非常大。现在启发可能是把封建社会编做了一个例子，其他编还没有，当然其他编不一定非要按照这个做，但是可以参考。

另外，如果从中华思想通史的资料来说，显然缺了一个部分——各个少数民族的资料。实际上现在也出了不少少数民族哲学、社会思想史资料选辑，我们看这部分怎么出。有的分得很细，55 个少数民族全有，有的把传说都整理出来了，像云南傣族这些都有。我们作为中华思想通史，还是要有这部分，我们要充分考虑这个问题。

（本文是作者 2015 年 1 月 9 日在《中华思想通史》第 7 次项目工作会议上的发言）

《绪论》写作的四点建议

上次参加会议以后，布置了作业，我考虑得很粗，不深入，大体上分这么几块。

第一，项目的学科定位。我想它的定位还是中国思想史。中华思想史和中国思想史的含义还不完全一样，从比较规范的学科来说，我觉得还是中国思想史比较顺。我们现在的学科分类中，历史学是一级学科，下面有中国史、世界史、考古学、专门史几个二级学科。我们的思想史等于已经是第三级了，中国思想史已经是第四级了，但是它研究的对象非常广泛，是一个很大的学科。

我们既然是一部集大成之作，那我们要言之有物，集谁的大成呢？要集过去中国思想史的研究成果之大成，拿出一部《中华思想通史》。如果没有前面的研究基础，我们也谈不上集大成。所以我考虑学科定位。中国思想史这个学科，从渊源来说，从《庄子・天下》、《荀子・非十二子》、司马谈《论六家要旨》，就已经开始做相关的总结和研究了。侯外庐做了一个他那个时代的代表作，是开创性的。经过半个世纪的发展，现在的中国思想史著作，要说比侯外庐有多大超越，也说不上。但是这个学科是铺开的，把哲学史、政治思想史、经济思想史等都涵盖其中，都是中国思想史，所以从这个角度来说成果非常多。

我有一个建议，既然是集大成之作，以前这个方面已有的成果都要了解，我们院图书馆文史资料方面也很强，所以我建议做一个已有成果的目录。比如光从哲学史角度来说，这几十年成果就很多，断代思想史，甚至老学史、庄学史、《论语》学史、易学史，都有专史。朱伯崑先生的《易学哲学史》就有四卷。这些都是先前的研究成果，既然我们提的是集大成之作，就至少要了解所有这些研究成果，尽可能吸收其精华，其中有很多东西可以为我所用。如果我们不了解，有些地方写得还不如人家，那多难看啊。所以至少这些东西都要了解，这是我考虑的一块。我的设想[①]中也提到，中国思想史的研究对象、范围、特点、发展历程、阶段划分、历史及现状都要搞清楚。

第二，我们这个课题要拿出一个很好的方案，解决一些指导思想方面的重大问题。在我参与这个课题之前，课题组已经经过了半年的酝酿、讨论，拿出了一个很好的方案，归纳出六大指导思想、三条写作策略，并构成了一个非常有机的整体。当然这里面有些问题要处理得更顺当些，我考虑到一些问题，如指导思想方面，既然我们提出要创建一个学派，那我们是旗帜鲜明的马克思主义学派，以唯物史观作为基本的理论和方法，这是非常明确的。另外之前的方案中还讲了几条，包括思想史的写作思路等，都提得非常好。

三条写作策略：一是根据社会史来进行思想史分析；二是以占统治地位的主流意识形态为主线；三是以哲学思想为统领，以政治、经济、军事、文化、宗教、伦理思想为主要部分。第一条，我们已经按照这个进行阶段划分了，我们的编就是按照社会形态划分的，已经落实了。

以占统治地位的主流意识形态为主线，这一条也是完全正确的。因为思想发展不看主流意识形态，那写什么？还有我们已有的思想史资料，绝大部分都是反映主流意识形态的，不反映这个你流传得下来吗？你想不以这个为主线写行吗？不可能。但是以占统治地位的主流意识形态为主线，同时也要解决好一些问题，比如我们要坚持人民思

---

① 即指《〈中华思想通史〉第一卷〈绪论〉的设想》。

想史的写作方针，那么如何体现人民思想史？当然可以说人民的力量对统治阶级思想有影响，让统治者意识到水能载舟亦能覆舟。但还要深入。另外，写主流意识形态，非主流意识形态、异端思想、下层人民思想也都要有反映。儒学里面也有以泰州学派为代表的平民学派，我们要把这些关系处理好。主线是占统治地位的主流意识形态，马克思也讲过这句话；同时我们要力图体现人民思想史的写作方针，把思想历史还给人民。我提出这个问题，希望把这些关系处理好。

还有一点，以占统治地位的主流意识形态为主线，并不是说以当时的主流意识形态为指导来写，我们是以马克思主义为指导的，各段思想史的指导思想都是马克思主义。侯外庐在《宋明理学史》的“序”中说得很清楚，我们写《宋明理学史》是以马克思主义的观点和方法为指导的，“如果以理学思想作为指导，以理学写理学，那是不能揭示历史发展的真实面貌的，而且还会扭曲这个历史过程”①。我们强调以主流意识形态为主线，并不是说就只能给这方面说好话、表扬，我们还是要反映历史发展规律，这是必需的。

还有一条写作策略，就是以哲学思想为统领。在过去的研究中，最突出的一个问题就是哲学史和思想史的关系，有过很多讨论。像侯外庐的思想史，他的提法就是哲学思想、逻辑思想、社会思想一起写。他学生编写的书也都是以哲学思想为主。钱穆先生的小册子，伟光同志读得很认真，认为他提出了很多很深刻的思想。但是我们现在的思想史与哲学史不是一个概念，研究对象、范围更加宽泛。我们现在有些编设计的提纲，比如王启发设计的提纲也是以哲学思想为首，一共十四个部分。去年10月17日，我在南开参加了《中国政治思想通史》的新书发布会。刘泽华从搞政治思想史的角度特别强调政治思想是整个思想史的中心，他认为政治思想一头直接反映和关联着社会

---

① 张岂之修订，侯外庐、邱汉生、张岂之主编：《宋明理学史》上，西北大学出版社2018年版，“序一”（侯外庐序）第4页。

政治实践，跟社会史的关系非常密切；另一头则是其背后深层的、形而上的学理根据，即哲学思想。我们讲政统、政道，一头和治统、治道相联系，一头和学统、学道相联系，刘泽华取了一个中间环节，政治思想在其间的地位非常重要。他突出这个，可以更好地体现社会史和思想史的结合。我觉得这也值得我们参考。刘泽华同志从 20 世纪 60 年代就开始研究政治思想史，半个世纪以来一直在摸索。过去没有政治学系，他在历史系，政治学系做政治思想史的思路跟他有些不同，刘泽华是从原始资料概括得出结论，即先做先秦，然后从一家一家的思想中抽取出来做概括。他说他的做法可能更加“土气”，其实也更接地气。

《中国社会科学报》1 月 7 号“学海观潮”有一篇刘泽华的采访。他这个九卷本，我觉得至少应该引起重视。

政治思想史过去有很多，梁启超、萧公权先生都有，但是刘泽华的书也算是政治思想史的一部集大成之作。所以要了解先前的研究成果，特别是出得比较近的成果，很有价值。

这是我考虑的第二块，怎么把方案里面的重要思想、指导思想、写作策略集大成，使写作更深入。

第三，要重视普遍的思想史观和方法论问题。其中最重要的就是我们是以唯物史观为基本理论和方法的。我们现在有一个提法非常好，问题是怎么贯彻：这就是三个分析——经济分析、阶级分析、利益分析，这是伟光同志的一个很大贡献。我最先了解伟光同志，就是看到他送给我的一本书——《利益论》，其中把唯物史观的方法运用到家了。思想和利益是什么关系，我们写思想史不能不解决这个问题。贯彻社会存在决定社会历史，归根到底是利益决定思想而不是反过来。现在有些研究，鼓吹天命史观、圣贤史观、文化史观、道德史观，鼓吹儒家道统论、历史倒退论、历史循环论等，当前学界这种现象多得很，如新儒家说圣贤是历史之魂、文化之本，普通人只能接受圣贤的教化，等等。《中华思想通史》中，我们的理论立场、方法非常明确，就是贯彻唯物史观，就是贯彻三个分析。当然反过来讲，思想与社会是互动的，也讲反作用，这是没有问题的，是符合辩证法的精神的。

阶级分析方法也是一个很关键的问题，是三个分析中的一个，但是很多人反对。之前伟光同志的文章有些人有意见，这是没有道理的。小平同志都讲大规模阶级斗争基本结束之后，并不是说没有阶级斗争，特别是思想领域的阶级斗争。习近平同志讲要敢于亮剑。阶级斗争在一定程度上、一定范围内，以一定形式存在，这是没问题的。回过来，我们搞古代思想史离开阶级斗争行吗？更不行。在这个问题上，有的人就认为中国没有阶级，中国古代社会特殊，有些思想史的作者就持这种观点。在中国哲学界，对恩格斯讲的哲学基本问题，有些研究者就持明确否定态度，认为中国哲学中不存在这些问题。如果说孔孟、程朱、陆王是唯心主义思想家，有些人是根本否定的。所以在这些问题上我们一定要坚定不移地坚持正确的观念。

还有一些重要问题，比如我们讲批判继承，讲扬弃，要取其精华、去其糟粕，这是从毛泽东到习近平一直在讲的。但是区分精华和糟粕的标准是什么，怎样做到扬精弃糟？其实我们的领导人以及前辈学者都提出了很多观点。比如匡亚明在《孔子评传》中提出了三分法："研究孔子思想应从三个方面加以剖析，即：一、对其封建性糟粕进行批判和清除；二、对其人民性精华进行继承和发扬；三、对其封建性和人民性相混杂的部分进行批判分析，去其糟粕，取其精华，即扬弃。这就是我所说的三分法。"① 谷牧在其回忆录中也提到一个三分法，从继承角度讲，认为有可以直取而用之的，就直接拿来为我所用；有可以剖取而用之的，则加以扬弃、借鉴运用；有可以借取而用之的。② 1958 年关锋也提出了扬弃三法，他是针对冯友兰的抽象继

① 匡亚明：《孔子评传》，南京大学出版社 1990 年版，第 9 页。

② 《谷牧回忆录》，中央文献出版社 2009 年版，第 453 页。

承法。现在关锋的说法不怎么提了，但是他当时还是用马克思主义的观点提出的，至少他的提法我们可以借鉴，要了解。我们对古代遗产的继承和扬弃，在这个问题上我们要有很明确的态度。如果人家提这个三法，那个三法，我们也要能概括出一个我们自己的方法，作为全书的指导。

比如抽象继承法，现在很多人说要反思过去的思想史，为冯友兰的抽象继承法说好话的人也很多。他的抽象继承法从《新理学》开始，认为共相是超越的，其新理学的思路是一贯的，没有这个渊源，他不会提出这个方法。应该说在原则上这还是不对的，正确的还应该是批判继承。这些理论是非现在都很不清楚。还有人说要重写哲学史，很多人表扬冯友兰的观点。还有史和论的关系，是论从史出，还是以史代论等，这些都是搞史学的老问题。刘泽华的研究方法就涉及史和论的方法，他的结论实际上就是从史料入手总结得出的。

思想史料的范围问题，也是一个大问题。葛兆光的《中国思想史》里面就专门讲了，他提出，话本、唱本等都应该是思想史的研究对象。[①] 这应该是对的。特别是考虑到人民思想史，有些话本、唱本反映的就是下层人民的思想，我们应当关注。所以像这类涉及思想史研究中的普遍的思想史观和方法论的问题，我们要拿出观点。总结过去在这些问题上的争论，有过一些什么观点，作为集大成之作，《中华思想通史》要对那些东西清清楚楚，提出我们的思路和看法。

另外我还提出中国思想史的特点、有中国特色的思想史方法论问题，比如道器体用问题。现在这个问题也一直有争论，但是体用范畴是中国哲学范畴，日本有相近的范畴，但西方不一定有这种范畴。特别是写近代思想史、现代思想史，离不开体用问题，是“中体西用”还是“西体中用”？体用源于中国哲学，对其理解的分歧，产生了不

---

① 见葛兆光《中国思想史·导论思想史的写法》，复旦大学出版社 2013 年版，第 87—100 页。

同的结论。体用这对范畴，通常从文化角度讲，是指本质和现象的关系，像宋代教育家胡瑗讲的体用，体是本质，用是表现，这就是道体器用的观点。但是体用范畴还有一个更原始、更根本的含义，就是实体和它的属性、作用、功能的关系，即器体道用，所以王船山说“无其器则无其道”。道体器用与器体道用之体是不一样的，二者的含义需要有明确的区分。张之洞讲“中体西用”，孔孟之道、纲常名教是体，西方的文化只能是器物；李泽厚主张“西体中用”，其体则指社会存在。二者一为道体器用之体，一为器体道用之体，看起来针锋相对的两个命题，实际上体用的含义并不一样。我们写近代思想史、现代思想史，张之洞和李泽厚都是不可回避的人物，就涉及体用问题。我最近把这两个体，即道体器用之体和器体道用之体，区分为主导性之体和主体性之体，道体器用之体、主导性之体、精神指导原则之体，我用了“魂”这个概念来表示；而主体性之体还继续用“体”这个概念。日本人讲“和魂洋才”也用了魂这个概念。文化的体用问题或者说中西体用之争就是中国特色的方法论问题。另外，理和事的关系、文和质的关系等都是有中国特色的。

我还要提一下刘泽华讲的阴阳组合结构问题，在《中国社会科学报》“学海观潮”栏目的那篇文章中就讲了这个问题。他通过研究，总结出中国古代思想史中有一个相当普遍的阴阳组合结构，“所谓阴阳组合结构是说一个命题一定有一个副命题来补充，形成相反相成的关系。”① 但这不是我们讲的阴阳互相转化，有的是不能转化的。比如三纲和五常，三纲就是刚性的，原则是不能变的，父为子纲就不能倒过来变为子为父纲，君臣关系、夫妻关系都不可能倒过来，这是刚性的。另外五常，仁义礼智信，这是柔性的，可以调适、缓冲矛盾，是一个调节器。封建社会的价值观最有代表性的就是三纲五常，三纲

---

① 张清俐：《洞察中国古代历史的王权主义本质——访南开大学荣誉教授刘泽华》，《中国社会科学报》2015年1月7日。

五常组成了一个阴阳组合结构，这也是我们中国思想史里特有的。所以说，思想史观和方法论问题有些是普遍性的，每个国家的思想史研究都普遍具有的，有些则是我们中国特有的。

第四，是对思想史研究中的一些重要问题的理论梳理、重要核心概念范畴的界定。我昨天看到王启发的提纲，他把十四个门类概括出来，哪些是什么观、什么观，很不简单，做得很专业。当然，有些不能划分开，但是能分得这么开也很不容易；有些思想也要有一个定位，这是专业工作者做出来的。但是大家提得也对，有些不能分得那么细。像这些问题的梳理，刘泽华的书用 80 万字来写综论，很多篇幅就是用来梳理这些重要的问题，确实有些问题还是思考得比较深入，对他的结论赞不赞成是另外一回事。当然我们的字数不一定要写这么多。

我昨天还看到卜宪群同志也提了一个很好的思路，即把各卷绪论卷浓缩成一章，这个想法很好。大家读各卷之前，有这样一部分，把研究的重要成果及结论都体现出来。他考虑的这个问题我就没考虑到。

（本文是作者 2015 年 1 月 10 日在《中华思想通史》第 7 次项目工作会议上的发言）

原始社会卷资料长编的两点想法

原始社会卷真是填补空白。我一接触到这个项目，就觉得我们的项目两头太难写了。中间这三个部分，包括奴隶社会、封建社会、半殖民地半封建社会，应该说思想史研究的基础都比较好。这两头，包括现当代，思想史研究基本上是空白。现当代东西很多，难度极大。当代人写当代史，哪儿那么容易？现在的思想，纷繁复杂，东西很多，目前我们拿出来的，往往就只有我们领导人的思想、中央文献，这样就更像国史和党史，写成思想史非常难。原始社会卷也要充分考虑到这一卷的特殊性。上次会议，封建社会编拿出了一个样板，基本上确定了以人物、专书为纲，以各方面的思想为目，这个体例对大多数卷是适用的，但可能对原始社会卷不太适用。原始社会有哪个人物、哪部专书？没有。整个漫长的历史时期就是一段，能够把主要的思想梳理出来就很不容易。人们最担心的就是写出来更像是考古发掘报告，而不像思想史。这段时期思想的特殊性在于，它都是以萌芽状态出现的，是一个人类思想从不知到知的转化过程。这些观念是怎样产生的，往往要通过物、要通过图像体现出来，不能离开考古基础。我们强调思想史要和社会史相结合，没有这些考古发掘作为基础，思想史就没有根了。我认为，主持做这段思想工作的同志做了很多的努力。我个人还是很认同他们目前的思路的。

刚才高翔同志讲得也很好，即要参考借鉴人类学和民族学的成果。思想的起源方面，可能我们少数民族的一些资料，其体现的思维发展还在那个阶段，我们在写这段思想史的时候，可能要做比较的工作，包括与世界其他民族的思想相比较。但资料长编，可能还是要有什么就编什么，这是在写这段思想史的时候要做到的。我有个朋友，南开大学教授刘文英，他有一个国家社科基金项目就是关于原始社会起源，出版了一本书，很厚，70 万字。[①] 其中很多东西就是借鉴了少数民族史研究的一些资料，因为他同时也在做中国少数民族史的研究，而那个研究讲的就是思想观念的起源问题。像这些资料，我们将来写的时候都可以借鉴，包括摩尔根、恩格斯的著作，都讲了这块儿。

我认为目前资料长编还是不错的，跟其他各卷不能都是一个模子，也不大可能做成一个模子。这是我的看法。

（本文是作者 2015 年 2 月 15 日在《中华思想通史》第 8 次项目工作会议上的发言）

① 刘文英：《漫长的历史源头：原始思维与原始文化新探》，中国社会科学出版社 1996 年版。

当代部分资料长编的几个问题

我们整个的思想史，奴隶社会、封建社会、半殖民地半封建社会这几部分，过去研究的基础都比较好，已有的研究成果我们可以借鉴、可以参考。这几部分的资料长编都很有分量，尽管也有点差异，分量也不完全一样，但可以参考。近代史部分的资料也还行，过去有长期做这方面研究的学者，成果也很多。

两头的难度就比较大。原始社会我们讨论的次数最多，大家好像心里都有底。当代史，1949 年以后，写到十九大，是 68 年，五六卷，这部分的研究在整个思想史研究中的比重比较大。比如我是做中国哲学史的，就我所知，当代中国哲学史的研究，近年国家社科基金列了一个重大项目“当代中国哲学史（1949—2009）”，由华东师范大学的陈卫平教授领衔；乔清举教授也出了一部《当代中国哲学史学史》，两大册。这是哲学史的情况。当代中国的经济学史、政治学史，包括当代中国史学史，像陈启泰他们都做了一些工作。但总的来说，这一段的研究基础跟前面几段没法相比。我们写这部书是要集大成，要总结人家的成果，目前有些地方还不是那么充实。照说这段思想应该是最丰富的，越到后面越丰富，但是过去的研究基础确实不足，所以我们做这个集大成的工作，难度确实比较大。有些东西不是说我们不努力，我们不想做好，但是，有时客观条件就存在不足。大家都在尽量想写出来更像思想史的东西，而不是一般的党史、国史，但是从目前看，提纲还是有问题的。我想现代思想史除了强调写邓、江、胡、习以及我们中央的文件这一主流以外，从学术这个角度来说，在哲学、经济学、历史学、政治学等这些学科中，马克思主义的学术已经形成了学派，也有很多的大家，都要重视。当代中国著名的哲学家、经济学家、政治学家、史学家、法学家等，都有很多，都要重视。

再一个，近现代以来，特别是五四以后，三大思潮，除了马克思主义以外，还有自由主义思潮、保守主义思潮，近现代思想很多源头已经讲到了它们的表现，在新时期，也有他们的言行和新的一些表现，而且和马克思主义的对立互动关系更加复杂。有些问题我们怎么处理？比如“零八宪章”，这在现代思想史上是很大一件事，它的目的很明确，要取代共产党，很多人签名，有国内学者，也包括海外学者。这是与国际思想斗争联系的。那么大的事情，我们的思想史里面要不要反映？“零八宪章”要不要收在我们的资料里？过去了这么多年，我们还没有拿出来公开批判，收了这个资料，正面批判它的东西要不要有？这个是很尖锐的。保守主义思潮的表现呢？现在大陆新儒家有一定势力，明确讲要用儒学取代马克思主义，要取得“王官学地位”，要确定其意识形态的统治地位。越到现代，思想斗争越复杂。我们这段思想史除了主流意识形态以外，这些情况恐怕都应该反映。如果现在不反映，那么几十年以后，人家看我们的思想史，就不权威。我想就像伟光同志讲的，要写得不行，我们不如不写。所以，.这段思想史的难度极大。我们都想写好，但是有的客观上确实存在困难。我们现在从编资料长编就开始有难度：编什么，不编什么？这一段资料多得不得了，比过去哪一段资料都多，但是，我们怎么选？这是给我们出的难题。相对来说前面几段应该说都好写，都好办一些，但包括我们写国史的，78 年以前这段与 78 年以后这段都存在这个问题。

关于当代思想史部分，建国后非主流的思想家的思想，我觉得非写不可，学界的思想不写不行。江西百花洲文艺出版社出了一套书，就是《二十世纪学术思想论辩丛书》，有四个系列：哲学、史学、文学、艺术，把一百年中所有的思想论战都进行了梳理。哲学部分我也参与了，一共有十三册，分时期把其中重大的思想论辩问题、各方的不同观点都进行了梳理，至少是一个可以参考的资料。近代也好、现代也好、当代也好，其中有很多资料，完全可以参考，当然我们不一定把每一次讨论都写出来。如果当代思想只写领袖的思想、中央的思想，文件决议就够了，文献出版社编得很多了。但是如果要涉及学界思想，就有主流也有非主流，会比较难写。

还有，我看到他们编写的文艺卷资料，讲到当代的时候，甚至每一年文艺方面的重要论文都有目录。我们这么重要的思想史，涉及那么多学科，这些东西最后编不编进去，也给我们提出了问题。

（本文是作者2015年2月15日在《中华思想通史》第8次项目工作会议上的发言）

要反映六经在中国思想文化中的地位

最近姜广辉出了一本书，就是《中国文化的根和魂》。现在根和魂的问题大家讲得很多。姜广辉讲经学是中华文化的根和魂。他批评胡适的思想史从老子、孔子讲起，认为这是截断众流，而在子学之前，经学是很重要的一块。实际上诸子的形成，很多人都是从六经里面吸取思想资源的。过去思想史从子学讲起，就把前面一块丢了。《诗经》《春秋》《尚书》里面的一些资料，我们在夏商周这一段还是要用到的，但是目前整体上没有反映出六经在中国思想文化史中的地位。六经在中国思想文化史中具有根和魂的地位，根就是源头、来源。经学里面反映出的价值和意义对中国后面的思想文化有深远的影响。我们现在这样一个体例里面没有反映出六经在中国思想文化史中占有什么地位，和后面的子学以及后来思想的关系。我看六经的资料用了很多，特别是文字资料，那么六经能不能够在中华思想史里面有所反映?

从中国思想史的整体来说，经学史的地位特别重要，特别对于巩固主流意识形态起着重要作用。而且经学史贯穿了整个中国思想史，特别是汉代以后，一直到清代，经学的问题都很重要。但是它的源头——六经，整体上在中国思想史中占有什么地位，我觉得光在《导论》里面讲一下还不够，要在我们整个思想结构里面有它的地位，或者说集中有一段对六经有一个介绍。当然每一部经的情况不一样，比如《乐经》，有些内容已经失传了，后来发现的东西很难反映原来的面貌。在辨别经学的过程中有很多问题值得讨论，但是它在思想史里有它的地位，而且源头要有所反映，光在《导论》里面提还不够。

（本文是作者2015年4月10日在《中华思想通史》第9次项目工作会议上的发言）

《绪论》要明确体现核心概念和主流精神

《绪论》上篇和中篇内容我觉得都还是比较合适的,[①] 这两部分体现了课题从一开始就提出的一些基本想法。之前我还不知道这个课题时，看到伟光同志的谈话，里面的基本思想，可以在中篇里讲清楚。当然经过这么多次讨论又有所深化，有些问题可能比过去更清楚了，可以表述得更明确。下篇也反映了通史的基本情况，可能比较麻烦的是核心概念那部分。我觉得提出的核心概念都是在思想史上比较重要的，影响比较大的。但是我们确定核心概念的标准是什么，这点不是很清楚。当然它很好地体现出我们的思想史确实是以政治思想为主，其中很多都是政治思想，也有些是哲学思想，如天理、人欲等，但是有些最重要的哲学思想，如究天人之际、通古今之变，以及一些历史观、世界观的根本问题没有反映出来。还有一些社会思想史的重要概念，比如涉及社会形态的大同和小康这些概念都没有。选取核心概念的标准是什么，要非常明确，这样在进行整体总结的时候，拿出来的东西对我们下面各卷才有指导意义，如果跟后面没有关系，那拿出来就没有意义。

---

① 2015 年 4 月 10 日下午主要讨论《中华思想通史绪论》提纲。周群首先汇报了《绪论》提纲的初步设想，即将《绪论》分成上、中、下三篇，解决三个方面的问题：基本概念和学术历史、研究前沿，作为上篇；中篇主要解决研究宗旨、编纂原则和学术特色；下篇是渊源流变、核心概念、时代价值、继承创新。

再一个问题，我刚才提到伟光同志的讲话，他非常强调一点，就是中华民族五千年一以贯之、一脉相承的中国精神、主流价值观，我们看了这部书以后这一点要非常清楚。我觉得应该在《绪论》里体现出来。这个认识现在可能还很难达到一致，却是研究的核心问题，目前我们没有花大力气研究它，所以在《绪论》里还很难拿出一个明确的看法。这个问题现在很多人都很关注，五千年中国文化一以贯之之道是什么？我们这么一部大书一定要有我们自己的看法，在写《绪论》的时候要写出来。伟光同志说要集中体现中华民族一脉相承、一以贯之的主流精神，并努力梳理出中华民族文化基因的密码，用它作为贯穿全书的灵魂。我们对这个灵魂现在是不是有准确的把握？在写的时候能贯穿到全书中去吗？我们要不要接触灵魂问题啊？这个问题可能比核心概念更重要，所以《绪论》的任务非常重，要花大力气。

我听伟光同志说《绪论》提纲定了以后还要请在座的各位来承担，当然社科院人才济济，在座的大家应该说是最合适的人选。但是我也感到有一个问题。这些同志都分别担任一些大卷的主编，任务非常繁重，思想、精力要集中于完成主体工作。还有些同志都是在职的所领导、党政领导，非常繁忙，又给他们加这么一个任务，负担相当重。我建议，我们院内是不是应该有一个小的专门班子，也是院里的精英，哪怕人不多，两三个人，要参与这个工程的全过程，了解我们主编最重要的思想，当然他自己也要熟悉中国思想史，了解国内外对这方面研究的情况，理论水平、文字水平都是一流的。我们院那么多人，找出两三个人来集中精力做《绪论》，这种思路是不是可行？我觉得比把各章分给大家写，最后再来集中更好。

（本文是作者2015年4月10日在《中华思想通史》第9次项目工作会议上的发言）

要重视思想史研究中的思想史观和方法论问题

这次《绪论》提纲比上次简洁了很多，我觉得提纲里有些内容删掉还是合适的，提纲线索清楚、简洁了以后，并不等于说内容不丰富，对有些很简洁的题目，下面的内容还是可以细化，可以充实。总体来说，我觉得绪论卷不能写得太单薄，要跟这部有一千六七百万字的通史相应。

另外还有几个问题，**一是，思想史研究的对象和范围问题**。这部大通史是一部集大成之作，那么就要对思想史这个学科，远的不说，起码一百年来、五四以来，它发展中碰到的一些重大理论和方法，拿出我们的解决方案或者解决思路，比如说思想史研究的对象和范围问题。过去经常讨论一个题目——思想史和哲学史的关系，思想史和哲学史是不同的，但是这个关系怎么摆？提出这个问题也说明哲学史这个学科相对成熟了，但实际上胡适的哲学史到现在也不到一百年。谢无量写的第一部《中国哲学史》是 1916 年出版的，到今年才 99 年。后面的一些思想史著作是以哲学史为参照，来讨论其与哲学史的关系问题。我们看到侯外老写的思想通史，他在 1961 年写的序里，还说这部思想史是综合了哲学思想、逻辑思想和社会思想的著作。这部思想通史中哲学思想是主要的，同时把逻辑思想提出来，那是因为里面的一些作者，像杜国庠先生、赵纪彬先生等都是长于逻辑学的。社会思想也没有分为政治思想、经济思想、法律思想，等等。当然，这还是属于学科建设的早期。侯外庐是马克思主义思想史的开创者，功劳很大，从学科的发展角度来看是这样的。

我们今天做这部思想史，研究对象、范围就大不一样了，像王启发同志整理的秦汉卷，是一个相对规范的东西，后面我看封建卷也跟它看齐了。这里面就涉及思想史的很多个分支学科，比较规范地来说就是分为政治、经济、法律、军事、社会、民族思想，等等，再就是哲学、宗教、伦理、文学、史学、教育、科技思想，等等。我看有12到15个学科，还有中外文化交流史、思想交流史。其中，经学放在哲学里面，当然有的部分还可以突出，经学史也是一个点；还有美学史，叶朗主编了多卷本的《中国美学史》，它跟文艺思想史、文学思想史，包括艺术，都存在交叉。我们现在的大思想史作为一个集大成的东西，涉及的范围太广，跟侯外老那个时候就不一样了，学科是发展的。

二是，《绪论》要集中说明我们学派的思想史观和方法论。我们提出要建立“中国思想史研究的当代中国学派”，那么我们的绪论卷就应该是这个学派的思想史观和方法论原则的集中展示，或者说是这个学派的思想史观和方法论的集中说明。所以绪论卷拿出来要非常有分量，要跟我们这样一部大部头的思想史相称，同时也要体现出思想史学科发展到今天，作为一部集大成之作，一百年来我们所碰到的问题要怎么解决，要有一个思路和方案。

我们提到建立“中华思想史研究的当代中国学派”，这个提法非常好，说明我们有一个很高远的目标。但是应该说我们社科院思想史研究学派是有侯外庐学派的，我们是在侯外庐学派的基础上的继承和发展，是当代的发展，这是一个很高的目标。所以我刚才说我们的《绪论》要把我们这个学派——当代的思想史学派，它的思想史观和方法论原则展示出来。

三是，通史涉及的思想史观和方法论问题。我们的定位当然是马克思主义的思想史，这里面涉及的思想史观和方法论的问题还是很多的。在思想史研究中，特别是在当代，在这个“道术为天下裂”的时代，其中的问题还是比较多的。首先，一个很突出的问题就是唯物史观和唯心史观的分歧和对立。当前，天命史观、圣贤史观、文化史观、道德史观、儒家道统论、历史倒退论、历史循环论等唯心史观，充斥着学术思想理论界和刊物。我们是唯物史观学派，这个问题我们要讲清楚。

其次，就是阶级斗争的问题。我们古代有没有阶级斗争？阶级分析方法在今天的思想史研究中还需不需要？是不是还有效？这一点大家的看法不是很一致，伟光同志提过他写过一本《利益论》，其中提出三个分析：经济分析、阶级分析、利益分析。我们做古代思想史研究，这是一个很重要的指导思想或者说是方法论原则，要对古代思想进行经济分析、阶级分析、利益分析。

再次，比如说中国古代到底有没有唯物论和唯心论的斗争？目前一些很主流的哲学家都是不认可的，都是否认的，这是思想史中一个很重要的原则问题。

又次，传统思想精华和糟粕的问题，标准是什么？中华传统文化的扬弃问题，扬和弃的标准是什么？现在把糟粕说成是精华、化腐朽为神奇的东西很多，标准不是很清楚。

再者，继承的方法到底是冯友兰的抽象继承法对，还是批判继承法对？现在写的当代思想史里面，肯定冯友兰的很多；现在儒学研究中有相当数量的文章是冯友兰的信奉者、追随者和践行者写的，很多儒学的研究文章都是用的抽象继承法。我们这部书对这些问题的观点应该都要很鲜明。

另外，涉及逻辑和历史一致的问题——这是黑格尔的观点，马克思进行了改造；史和论的关系问题；思想史料的范围问题：比如葛兆光提出一般知识、思想与信仰世界的思想史，他不仅写上层的精英文化，而且关注到一般思想、普遍性的思想，关注到小传统，认为思想史料的范围不能仅仅是我们讲的精英文化部分。普遍的思想史观和方法论问题，到了我们今天这个时代又有了很多突出表现，而我们的思想史正是在这个时代产生的，我们怎么回应这些问题？这些问题要不要在《绪论》中体现？

最后，还有一些有中国特色的思想史观、方法论，比如我们讲体用、道器问题以及阴阳组合结构等，都是很重要的问题。《绪论》要不要对这样一些重要的思想史观和方法论问题，拿出我们作为一个当今思想史学派的观点，旗帜鲜明地回应一些我们这个时代的错误观点？《绪论》最后一个题目里可以涵盖这个问题，中华思想的继承和创新，重点倒不在于讲有哪些精华、有哪些糟粕，而是要在思想史研究中表现我们的理论深度。

四是，《绪论》要讲清楚五千年中国思想文化的一以贯之之道。第一次参会的时候我就讲到了，我们这部书要集中体现中华民族一脉相承、一以贯之的主流精神，这是全书的灵魂。那《绪论》对全书的灵魂问题要不要拿出我们的看法？首先一脉相承、一以贯之的主流精神、主流价值观到底是什么？伟光同志的文章里提出了这个课题，但是怎么做回答？这个回答采用什么形式？是这么一部大部头的书写完结论就自然有了，还是现在就研究这个问题，拿出一个看法？如果现在不研究这个问题，没有拿出一个看法，那在《绪论》中，或者在后面讨论这个问题时，可能最后一千几百万字出来还是没有结论，问题还是问题，没有答案。所以我感到这个问题既然是全书的灵魂，又和我们今天如何正确弘扬中华优秀传统文化紧密相连，还是要拿出一个答案，要在《绪论》里讲清楚这个问题。一开始就很明确了，全书各个部分写作的时候就会把我们的观点贯穿下去，这才能真正显出它是这部书的灵魂。如果预先没有明确的看法，各写各的，材料五花八门，我们拿什么把它统一起来？提出这个问题非常重要，不过要给出一个非常明确的、肯定的答案，很困难。

这个问题很多人都试图回答，也拿出了各种回答。五千年中国思想文化的一以贯之之道，有人说这个道就是敬天法祖、仁民爱物；有人说这个道就是实事求是、经世致用；韩愈的《原道》认为这个道就是仁义道德，“仁与义为定名，道与德为虚位”；冯友兰的《新原道》讲这个道就是内圣外王之道；杜国庠就批判冯友兰的观点，认为内圣外王经虚涉旷，中国精神应该是实事求是；张申府概括为“实”“活”“中”，“实”就是唯物，“活”就是辩证法，“中”就是中道；张岱年概括为“自强不息，厚德载物”，等等。习近平同志在十二届人大一次会议闭幕会上的讲话，讲到中国精神就是以爱国主义为核心的民族精神和以改革创新为核心的时代精神。[①] 我们一以贯之、一脉相承的东西到底怎么概括？我们这部思想史通观五千年，提出了这个题目——主流精神、主流价值观，这对我们课题组还是一个很尖锐的问题，而且应该在《绪论》里拿出我们的看法。

整体来说，我觉得《绪论》的线索确实比较清晰，有些问题还是按照伟光同志的讲话，他讲得比较清楚；有些东西提纲反映一下还是比较好；还有一些问题需要再做研究。我们这部通史的绪论卷应该是有分量的，有水平的，有理论高度和时代高度的，当然这样做很不容易。

（本文是作者2015年5月28日在《中华思想通史》第10次项目工作会议上的发言）

① 《习近平总书记系列重要讲话读本》，学习出版社、人民出版社2014年版，第31页。

马克思主义中国思想史学派的渊源

我不建议《绪论》一上来就讲这部书为什么要写，要怎么写，因为实际上有一个学科背景，我们一开始要界定清楚思想史研究的范围，这个学科发展的历史和现状，现在写这部思想史是在怎样的背景下写的，这部思想史应该怎么定位，学术发展历史中它处于什么位置。我觉得这样写起来比较顺。《绪论》第一章比较客观地做一次学术描述，当然我们也是站在今天的角度去看过去的学术史。其中涉及像思想史和哲学史的关系，过去的讨论很多，在我们现在看来，它是一般和个体的关系，或者可以说是全体和部分的关系。我们现在强调思想史是多学科的集成，过去因为哲学史这个学科发展比较早，所以很多人拿思想史跟它比。实际上政治思想史、经济思想史等各个学科发展起来以后，都存在与思想史的关系问题，即一般和个体，或者一般和特殊、整体和部分的关系问题。这个问题我觉得上次王启发同志在秦汉卷作了一个相对规范的东西，我们现在都比较清楚。大体上这些学科有两块，一块是针对当时社会存在的思想——政治思想、法律思想、社会思想、民族思想、军事思想等，实际上各个历史时代都有；另一块就是针对那个时代的社会意识方面的一些思想，比如说哲学思想、宗教思想、伦理思想、经学、史学、文学、艺术。当然还有介于两者之间的教育思想、科技思想，还有在空间上展开的中外思想交流等，大概有 12 到 15 个学科。我觉得通过我们做秦汉这一段以后，思想史多学科集成的概念要慢慢形成。现当代这块，有的同志提出现在做得更像党史、国史，而不像思想史，就是因为没有把现代多学科集成的特点体现出来，还没有分别研究各个学科的思想。实际上越到现代，这些学科分化越细。不说远的，至少20世纪的思想史现在做了很多总结，有些做得很好，像史学思想史，20世纪史学思想史出了好几部书。实际上，我刚才讲的这十几个学科的当代思想史，都有很多著作。如果我们这个研究光把中央各个时期的重要文件写进去，而不涉及学科，就跟前面衔接不起来，多学科集成的特点也体现不出来。我们说了要厚今薄古嘛，越到现代应该越有体现。

思想史这个学科的发展演变，一直到我们讲的马克思主义中国思想史学派的形成之前，到写这一部大思想史之前，这个学科已经发展到什么情况？我们今天提出的任务是什么，为什么要写？我们是要在他们的基础上进一步做集大成的工作。因此，为什么要编《中华思想通史》，编这本书的学科背景，我觉得可以把它作为第一章。然后为什么写，怎么写，作为第二、第三章，我觉得这样写还是比较顺的。

另外，对于马克思主义中国思想史学派的形成与发展，当然最突出的是侯外庐学派，贡献很大。关于思想和社会的关系，侯外庐解决得非常好，从思想史和社会史的结合和互动，确立了唯物史观的基本原则，思想最终的根源要从社会存在中去找，侯外庐这方面讲得很清楚。当代中国思想史研究的马克思主义中国思想史学派，首先是继承和发展。我觉得眼界还可以更宽一些，实际上马克思主义中国思想史研究除了侯外庐学派，还有很多其他的一些成果，我们也需要继承。比如说，史学五老都是做思想史研究的，郭老就写了《青铜时代》等，吕振羽写了《中国政治思想史》，范文澜写了《中国经学史》等。马克思主义史学五老都很重视思想史。

其他一些学者的思想成果，我们也需要继承和发展，比如说张岱年先生的思想史研究，当然他更偏重在哲学史的角度。刚才大家讲“马魂中体西用”，其实这个思想先前的思想资料，就是以张岱年先生为代表的综合创新文化学。思想研究怎么对待先前的思想资料，“综合创新”派就提出要“古为今用，洋为中用，批判继承，综合创新”，这是一个基本态度。五四以来，就有中西马的关系问题。20 世纪 80 年代文化讨论中，张岱年提出综合创新文化观，现在成了一种主流的文化观点。实际上在 30 年代，就如何处理中西马的关系问题，张申府先生就讲过中西马三流合一；张岱年也接受辩证唯物论，他提出要将唯物、理想、解析综合于一，唯物是唯物论，理想是孔子的道德论，解析是罗素的观点，强调这样一种辩证的综合。隔了半个世纪，80 年代他提出文化综合创新论，我觉得在思想史研究中，这也是一个非常重要的学派。

我们当代中国思想史研究的马克思主义学派，最重要的资源，一个是以我们党的领袖——李大钊、毛泽东、邓小平、习近平这些中国共产党人，中国化马克思主义怎样对待思想文化问题，作为我们的基本方针。这方面是有很多思想资源的。中国共产党人既是中华优秀传统文化的忠实继承者和弘扬者，又是中国当代先进文化的代表，这两个很好地结合统一在了一起。除刚才讲的领袖人物以外，其他的一些共产党人，像张闻天、刘少奇、谷牧等，他们的思想都是很有价值的。当代中国思想史学派要继承党的优良传统。

另外在学术思想的角度，最值得重视的一个是侯外庐学派，一个是以张岱年为代表的综合创新学派。当然哲学界还有冯契先生，他在 20 世纪下半叶拿出了一个比较完整的思想体系，也是思想史研究的重要成果。但是最重要的是要继承侯外庐学派，和以张岱年为代表的综合创新学派的一些思想成果。

《绪论》中讲马克思主义重要思想史学派的代表人物和学术进展时，要注意这样一些马克思主义学者的意见，以及我们党内领袖，和我们党历次关于思想文化的决议，包括六中全会都讲思想文化问题，这里面有很多东西值得很好地总结。

（本文是作者 2015 年 6 月 30 日在《中华思想通史》第 11 次项目工作会议上的发言）

当代思想史要处理好政治领袖、思想家和人民群众思想的关系

我看了专家对于2015年资料长编的审读意见，他们说得都非常好，提的意见非常重要。我们要有忧患意识，就是我们做这个工作必须把质量做得很好。人家对我们整个工作的评价非常好，都非常肯定，期待也非常高。我们拿出来的东西要符合我们当初的基本预想，要达到那个效果。这个工作，我们实际做了以后才发现要比当初预想的难得多。现在看来，我们能够在2015、2016年花两年的时间把这个资料长编做好，就很了不起了。这不是说只是拿出来，而是要达到出版标准。中间可能出现的问题我们都得解决。

编委会办公室让大家提意见，我就提一个具体意见。我本人对当代部分非常重视，我从20世纪80年代开始搞现代哲学，最关注现当代部分。这段时期，思想斗争的情况确实非常复杂，思想史的资料也非常丰富。但是怎样把思想史写好，难度非常大。我记得我第一次参加这个会的时候提过，一个是原始社会，我们是填补空白。我看了那个提纲，印象很深。原始社会这一块儿，过去所有的思想史都没有考虑，我们这个确实是个创新，是从思想的源头开始，填补了一个空白。

再一个难度大的就是当代这一部分，不能说完全没有基础，但在某种意义上说，也是一种填补空白。很多思想史还没有像我们这样，提出要写到十九大；而且这一块儿我们的分量也很重，68年，要写七卷，封建社会两千年也是七卷，可以看出这一块分量多重，一般平

均十年左右就是一卷，一卷大概有一百万字。实际上，这部分思想史我们这批人多少都经历过，里边的内容和史料非常丰富，但怎么写出来？我只看到了提纲，样稿没有看到。目前看专家提出的问题里，仍然存在原先伟光同志提的意见。从整体来说，思想史的地位较轻，应该把思想史与政治运动史、政策史做适当的区分。对政治领导人的思想关注较多是应该的，对知识精英的努力、民间思想的表达、国际思潮的影响也要适当关注。从样稿的反馈意见来说，伟光同志提的问题还是存在。在我写的那个书面的简单意见[①]后面，还附了一个我接触到的已经出版的当代思想史，有一个目录。当然我看得不全，哲学史方面，我了解得比较多，至少现在已经出了十多种著作吧；其他学科知道得少一些，但是据我了解，像文学史、史学史，这些资料都很多，政治思想史也很多。

只是我们目前的这么一种思路，怎样从党史、国史的思路真正调整到思想史的思路上来。如果不调整到这个方面上来，将来会和我们整套思想史很不协调。前面几编我们资料长编已经做了比较细致的工作，我看提出来 10 个方面，再加上我们的宗教和文学一共是 12 个方面。这些实际上都体现了我们大思想史这个概念。因为我们这 100 年的思想发展，一开始都是做哲学史。从谢无量的《中国哲学史》开始，到胡适的，再到侯外庐的思想通史，还是哲学思想、逻辑思想和社会思想。侯外老很重视逻辑思想，把它从哲学思想中拿出来，但还没有把政治思想、经济思想等从社会思想中分化出来。发展到今天，我们做这个大思想史，问题细化到十多个重要的方面，非常值得注意。像刘泽华那部书，他就强调政治思想是中枢，我们实际上也吸收了他这个观点。我们的提法是以政治思想为中心，以哲学思想为统领。葛兆光的那个思想史，他研究的对象包括一般的知识、思想和信仰，其中有些东西就是我们讲的人民的思想史，包括所谓大传统、小

① 即《中国当代思想史怎么写，建议专门开会讨论一次》。

传统的内容，他都关注。他就是看到了思想史这个学科发展的趋势，比如说怎么处理政治领袖、思想家和人民群众的思想这几个主体之间的关系。如果主要写政治领袖和中央文件的思想，就跟我们前面所说的思想史不一样。当然，刚才有同志讲，过去的最高政治领袖就是皇帝。我们有些部分已经把皇帝的思想直接写进去了，但可能还不够。而我们这一部分呢，主要是我们政治领袖的思想，其他思想家的思想关注得不够。实际上，思想家反映的思想，就像马克思讲的，一个时代占统治地位的思想反映的是统治阶级的思想。人民的思想，也要通过思想家反映。所以，有的同志就提出这样的问题，怎么处理政治领导人的思想、思想家—知识精英的思想、民间的思想，这个问题提得很好。

还有国际思潮的影响问题。在当代部分，国内国际的思想影响，关系太密切了。这个时期，和平演变和反和平演变，颜色革命，很多问题要处理。如“零八宪章”，它拿出的是一个彻底的反党反社会主义的纲领，可是我们对它进行的解剖、批判实际上很不够，但其实它是一个具有国际影响的思想史事件。我们写这段思想史时要不要比较全面比较深刻地反映出来？我有个提议，当代思想这块是重中之重、难中之难，要专门开会研究。当代部分七卷，跟封建社会的七卷数量一样，很重啊。而那是两千多年，这是68年，而且是将来人们对我们这部思想通史最关注的一部分。人家将来看你这个思想通史，你要表达什么意图，当然都反映在你对现在的看法中。我们讲一以贯之、一脉相承的中国精神，都是为了落实到今天的思想。

这一年大家做得很努力，但是，问题也非常多。我越来越感到这个课题非常重要，非常有意义，同时也越来越感到压力，难度也比我预计的要大得多，可能大家要花更多的力量来共同把这个事情做好。

（本文是作者2016年3月10日在《中华思想通史》第15次项目工作会议上的发言）

创建中国思想史的马克思主义当代学派

一　要重视五经在中华思想通史中的地位

奴隶社会编与原始社会编一样，大量引用考古资料。在文献资料方面，我们过去也提到过，要关注五经的形成及其对先秦诸子的影响；因为春秋战国阶段主要讲先秦诸子的思想。关于五经，从时间来讲，有些是应该归属于前面一段的，特别是经的部分，当然《易传》的时间是靠后的。奴隶社会编的资料提到，《诗经》涉及历法、农业，但是除此之外，《诗经》的内容还是非常丰富的，比如文学等。关于五经在中华思想史中的地位，它们是先秦诸子共同的思想来源，因此它的形成和对诸子的影响，需要在这一段中反映出来。

整体上来说，春秋战国这一部分相对比较好，各个学派的资料来源于都比较清晰。而关于五经的问题，夏商周部分和春秋战国部分，这两个部分要注意衔接。五经在中国思想史上是一个很重要的问题，如果两边都不处理，将来会出问题。从诸子思想的来源来讲，有些可以放在西周，如《易经》中卦的产生时间很早，夏商西周时期就有了，《诗经》的形成也很早。春秋战国这段主要是学派的思想，就没有办法处理五经的形成问题，要有一个部分来处理这个衔接问题。当然也要考虑到五经成书年代不一致，《易经》中《经》和《传》也不一致。春秋战国的重点在儒家、道家、道家、法家等，现在的安排没有五经的地位，要把这个内容有个安排。

二 资料长编的编纂要放眼整部通史

封建社会是一个大头，七卷，一卷300万字，共2100万字，已经完成1800万字，这个部分可以成为资料长编的样板。有些问题讨论得比较细，比如制定了10个门类：政治思想、哲学思想、经济思想、法律思想、军事思想、社会思想、民族思想、教育思想、史学思想、科技思想，加上单独编的宗教和文艺，就有12个门类。各个门类的选编指导原则也制定得很好，包括哲学。这次提交的材料中，可作为样板的是政治思想和哲学思想。历史所抓得也很紧，这部分样稿做得比较好，比较规范。内容、体例方面，因为是古代部分，包括作者、作品简介，原文，注释，解说。封建社会很多材料不一定都要做注释，有的很长的不用作注释；有的则是用页下注，甚至还注了音。重点还应该是原文和出处。这里也发现有个问题，就是个别的内容与其他部分有些重复，如秦代哲学的法家背景，选用了《韩非子》的《解老》《喻老》这些篇章，跟春秋战国卷的有些内容重复，如《道论》部分中也选录了《解老》，其他部分也选了；而且选用的版本也不同，春秋战国卷用的是2010年上海古籍出版社出版的张觉的《韩非子校疏》本，秦汉卷用的是1998年中华书局钟哲点校的《韩非子集解》本。这个问题还是要处理一下，我认为，秦代哲学的法家背景部分可以不要，交给春秋战国卷。

还有一个问题，我们的指导思想是要选主流思想，那么有一个问题，人民的思想史怎样贯彻？各个部分都有这个问题，这方面的资料比较少，但要尽可能选出来，每一段都要选，整体上要落实我们的人民思想史立场。

最后，前面也提过，作为完整的通史，文艺和宗教都选得很好，但是将来怎样整合进去？

这一部分做得还不错，字数完成肯定不成问题，主要是要精心挑选，统一体例，达到出版标准——这是一个比较高的标准，但是基础做得很好。

三 现代卷资料长编提纲要审议，资料要注意精选

当代所张星星提的问题，值得重视："这一部分资料长编的编纂提纲没有经过编委会正式审议讨论，一些重大问题不好把握，希望编委会予以指导。"马研院的部分也提到这个问题："各卷的资料长编提交了，希望请相关专家进行审议，迫切希望编委会对这一部分的资料长编进一步审读，提出一些指导性意见。"这两部分都提出了这个问题。当代所和马研院也是7卷，把资料长编整个拿过来，打通了，提交编委会认真讨论，可以再请一些专家。再一个，这一部分拿出来的样本，跟其他部分不一样，不是一个味儿。如三个代表这部分，一个是中央文献，整篇整篇收录；领导的讲话，大量选录《江泽民文选》等；学者的文章，也是整篇整篇收入。其实可以挑出一段最精彩的，有启发就行。资料长编的字数当然可以很多。三个代表分别选一些最有代表性的段落，有四五万字就可以了，让读者读了以后就能把握三个代表的精义。

四 《绪论》的内容安排要体现逻辑性

《绪论》中有些概念：意义、价值、目标，含义互相有重复。比如说，价值的最后一部分"扩大中华文化的国际影响"，放在目标中也可以，这是我们的一个重要目标，既促进中国哲学社会科学的繁荣发展，又扩大其国际影响。有些提法和概念也有交叉，如"发掘中华思想文化的精华"与"弘扬中华思想文化的优良传统"，有些内容可能是一致的，差不多的。习近平总书记的一次公开讲话中说："中华

民族积蓄的能量太久了，要爆发出来去实现伟大的中国梦。”① 这个能量当然包括物质能量，但主要是讲精神能量、思想能量、文化能量。我们实际上就是要用一部2000万字的大书来诠释积蓄了很久的精神能量、思想能量、文化能量，这个意义很大。所以，首先应该要把这些思想内涵揭示出来，正确地加以诠释，如习近平总书记所讲为实现中国梦做出贡献。

另外，《绪论》最后一部分，写作中华思想史的背景，很多内容都是时代背景，但还有一个很重要的内容，就是学科背景也要讲。只讲时代背景，不讲学科背景，也是不行的。

五 以主流意识形态为主线与以马克思主义为指导

以主流意识形态为主线和以马克思主义为指导，这个问题一开始就存在。原来的提法是，强调主流意识形态是主线，是写作策略，这是没有问题的。我们写思想通史，如果主流意识形态不写，写什么？大量的思想史料都是关于这方面的。但是，主流意识形态不一定就是我们要弘扬的一以贯之、一脉相承的中国的主流思想、主流价值观。我们中国文化中很有价值的，甚至最有影响的东西，五千年一脉相承、一以贯之的东西，并不一定就是统治阶级的思想。各个时代占主流地位的，如儒学的经学化、玄学、佛学、理学，这些都是唯心主义的；但每个时代也都有一些唯物主义、辩证法、无神论、反神学的思想，这些往往是统治阶级中不同阶层的思想，还不一定是人民群众的思想。以主流意识形态为主线来写是对的，但我们不是站在各个时代的主流意识形态的立场来写，我们从头到尾都是站在马克思主义的立场来写，对于主流意识形态该批判就批判。我们过去写思想史，写谁就捧谁。我们以主流意识形态为主线来写，并不是来捧主流意识形

① 转引自《习近平的小康情怀》，人民出版社2022年版，第548页。

态。大家可以注意一下，侯外老在《宋明理学史》的“序”中说：“我认为，要符合历史实际地将理学产生和演变的历史写出来，研究者如果以理学思想作为指导，以理学写理学，那是不能揭示历史发展的真实面貌的，而且还会歪曲这个历史过程。……我们的研究必须严格地置于马克思主义理论的指导之下。马克思主义是科学的世界观和方法论。从‘五四’运动迄今六十多年的中国历史证明：只有以马克思主义、毛泽东思想作为指导，历史研究才能成为科学。只有以马克思主义、毛泽东思想作为指导，进行宋明理学史的研究，才能还它以本来面目，使我们了解它在中国思想史上的地位和作用。”[①] 这段话将来可以引用。我们以主流意识形态作为主线，我们写主流的思想也好、异端的思想也好、人民的草根思想也好，都要以马克思主义为立场和指导方法来写。

六　创建中国思想史的马克思主义当代学派

从学科概念而言，还应该是中国思想史。中华思想史是我们特有的概念，可以说是中国思想史这个学科发展的新阶段，是从中国思想史到中华思想史。可以这样定位我们的工作，而不要轻易改变中国思想史的学科概念，中国思想史，外国思想史，中国近代思想史，这些学科概念不要轻易改变。这样反而可以把我们的定位和特点更加显示出来了。把以前与中华思想史无关的东西现在都叫中华思想史，没必要，如把司马谈《论六家要旨》也说成是中华思想史的早期阶段，并不合适。

侯外庐学派肯定是我们的前驱，我们非常重视这个学派，但是视野可以更加放大一些。中国思想史研究领域中的思想家，也是我们的

---

① 侯外庐、邱汉生、张岂之主编：《宋明理学史》上，人民出版社 1984 年版，“序一”（侯外庐序）第 3 页。

先驱，比如史学界的五老，郭沫若郭老在1930年就出版了《中国古代社会研究》，后来又发表《十批判书》《青铜时代》；又如范文澜范老，他的经学史研究，曾经获得毛泽东主席的肯定；吕振羽也写过《中国政治思想史》。另外，其他领域的马克思主义先驱，例如中国经济思想史领域的王亚楠等；哲学史方面，比如张岱年先生，他有一个学派，有其特点。另外，冯契先生、任继愈先生都有其特殊的贡献。实际上，从李大钊开始，对于我们创建中国思想史的马克思主义当代学派都有贡献，都是我们的思想先驱，我们的学派都要继承，这样我们的眼界就更开阔。

（本文是作者2016年8月22—23日在《中华思想通史》第20次项目工作会议上的发言）

宗教文艺两卷与整个通史的整合问题

我们整个项目计划是五年，现在正好两年半。我感到后面的任务还是要抓紧，需要我们全体同志全力以赴。

这个《绪论》，花了一年多的功夫，伟光同志也一章章地来抓，大家讨论得很细。但是我们希望，最后整体出来以后，要好好地开会研讨。《绪论》的事情太关键了。将来那么一大部书出来以后，很多读者可能中间跳着读，但是一般都是要看《绪论》的；也可能其他都不看，也要翻一翻《绪论》。所以《绪论》是我们整个工程的一个大关键。我希望整体初稿完成以后，要专门开会研讨这个事。

资料长编的分量很大，我参加封建社会这一编，打算把七卷都翻一翻。当然，文字校对这些谁也不一定都能看的出来，但是，这个是很基础的工作，将来拿出来质量是要有保证的。一方面，它与我们的正文是配套的，是能够配合得很好的；另一方面，它也作为一个很重要的历史资料，一直流传下去。如果我们这套东西做得好，以后很多人做思想史，都能用且必须用我们这套书，那才能体现出我们的价值。如果我们这里边有很多错字，甚至断句都断错了，那就不成功，至少是一定程度上不成功。所以这方面的工作很细，也是非常重要的。

关于正本提纲，我觉得也要多征求意见，多讨论。可以请一些项目外的专家，组织些研讨会。比如说首都高校的魏晋南北朝这段的专家，请他们一起研讨。有些部分特别像涉及当代部分，也可以请一些领导同志，高校的、党校的教授来讨论。这个讨论也非常重要，底下就是要按照这个写。

我刚才翻当代编，有个想法。关于几百万字的问题，我觉得是个大约的数字，有的可能还超过，有的可能不到，也不一定要硬凑字数。我考虑，当初这么分编分卷的安排，从整个通史写作上还是体现了厚今薄古的意思。做历史研究都是为当代服务，所以越到这部分，给它的分量越重。封建社会有七卷，当代也是七卷。封建社会两千多年，当代才六十几年。我想这部分我们要体现的精神就是厚今薄古。这部分也是大家最关注的，写得好不好，是我们这套通史最受人关注的部分。

有些同志认为，重点写主流意识形态，是不是要写思想分歧，思想斗争？我想，这个问题如果不写就不是思想史了。但是怎么写？我们就从突出主流意识形态这个角度出发，批评错误的思潮，守土有责，敢于亮剑。这都体现了突出主流意识形态这种革命的批判精神，体现了人民性、时代性。所以这些部分在写作中间会有相当的难度。马上面临的正文提纲就涉及这些问题了，我认为这部分要写思想分歧是肯定的，但怎么写要好好研究。我刚看了一篇博士论文，题目就是《当代中国文化保守主义思潮研究》，问题很敏感。这是高校的一篇博士论文，其中当然涉及当代大陆一些专家如蒋庆他们的一些观点。这个博士对他们持一种批评态度。但是保守主义思潮的内容很复杂，有“崇儒反马”的，也有“崇儒”不“反马”的。作为一个思潮来写作，这个难度很大，是非常前沿的一个课题。我们高校的博士生都敢于写这种题目，说明它已经进入了我们思想史研究的视野。我们写当代思想史，难道能不涉及这些问题吗？

我还想到一个问题，就是我们的宗教和文艺两卷，和我们这个大通史怎么整合。当初我们的设计里面，把这两部分单独做两个通史，当然这两个独立地搞资料长编也好，写成通史也好，应该说都好操作。但是怎么和我们这个通史整合？我们的思想通史缺了宗教和文艺这两个部分，就不成为一部完整的思想通史了。我们各段在拟正文提纲的时候，怎么处理这个问题？像封建社会编已经编了十个部分，十个门类，就不包括宗教和文艺。将来我们专门写通史的时候，要不要写这两个部分？如果我们整个都完成了以后再来整合，不可能是剪刀加糨糊，把那两块儿搬到这里边来，那肯定是不协调的。那我们拟提纲的时候，各个段要不要把这两部分考虑进去？这个问题，我觉得将来是个很大的问题。如果完成了以后再把那两个部分合进来，那将是一次很大的返工，因为不可能只是把那两部分全部搬进来当作某一节，而且考虑到思想的连贯，要整合成一个有机的整体，可能工作量还很大。所以我们在拟正文提纲写作之前，要不要将这两部分跟主体的部分协调一下？我就觉得这两部分独立成卷，那还好办，主要是和大通史的关系怎样处理。

（本文是作者2017年7月3日在《中华思想通史》第26次项目工作会暨编委会年中全体会议上的发言）

建议提纲讨论通过后再写作

我们这个课题规模很大，任务也非常重，但是院领导、院党组非常重视。我听了各编完成的任务，应该说都不错，基本上完成了计划。但是我们这个课题原来计划五年完成，已经过去三年了，现在正处在一个攻坚的阶段。我们计划将来拿出来差不多20卷，每卷一百万字，就是2000万字的成果。在资料长编的基础上，各卷的提纲基本上都出来了。这里有一个很重要的环节，就是正本的提纲要加强讨论，将来拿出的东西和这个提纲关系很大。承担各编的学者要讨论，也要请院外的专家一起讨论。同时，我们整个编委会对各编的提纲也应该有一个把关。我最近参加马工程教材的修订工作，每本教材的修订提纲要报到领导小组，通过以后才按照这个提纲来做。我考虑，现在这个正本提纲需不需要有这样一个程序，要编委会或领导小组对这个正本提纲讨论通过以后，再开始写作?

我看到原始社会、奴隶社会发的材料上已经有了初步的提纲。再一个就是社会主义编，从17卷到20卷，初步翻了一下。初步印象，比如说，奴隶社会春秋战国这一编，我感到就比较成熟，这是因为思想史研究历来的重点就是这部分。过去的研究积累非常深厚，这部分相对来说就比较成熟。而社会主义初级阶段部分的思想史，由于我们是开创性的，还没人写过，所以看到这个提纲有些部分像思想史，有些部分就不那么像思想史。这个编该怎么写？当然这个开创工作的难度就要大得多，并且要与整部20卷思想史统一来考虑。所以我说我们就是完成一个攻坚的任务，中间这个环节要不要考虑？在动手写之前需不需要这么一个程序？

再一个，我们的《绪论》差不多花了两年时间，大家下了那么大的功夫，我今天还没有拿到《绪论》的本子。拿到以后我认为也要编委会全员讨论。

最后，资料长编那么大的规模，我们这么大的工程，院领导非常重视，做到这一步非常不容易，但是关键时刻我们还确实要再下把力。

（本文是作者2018年1月11日《中华思想通史》第34次项目工作会上的发言）

《绪论》要体现唯物史观和人民立场

我记得第一次参加这个会，我提了一个意见，就是建议绪论卷单独成卷。有人的想法可能是在第一卷的前面有几万字，当成绪论，一般的书大都是这样处理的，少则几万字，多则 10 万字，再长都可以。我当时想《绪论》单独成卷，主要是考虑它是我们全书的指导思想。但不必像我们其他卷一样，一百万字一卷，而是 30 万字、40 万字都行。

我没想到课题组对《绪论》这么重视，从 2014 年 12 月 5 日的会议上，让大家对《绪论》的纲目提出建议开始，我提出了那个想法，到现在三年多了，大家用了很大的精力在写《绪论》。

到今天，我们这几章基本上都写出来了。前天，通史办公室发来伟光同志《绪论》的电子版文本，我昨天看了一遍，很高兴。有了这个文本，对写好《绪论》，我觉得更有信心了。有一个很好的指导思想，对写好全书，就更有信心了。昨天，我也只是很粗略地看了一遍。这确实是一个旗帜鲜明的马克思主义哲学文献，特别是用历史唯物论指导中国思想史的研究。对马克思主义关于社会发展形态，社会历史发展规律以及社会存在决定社会意识，思想史研究必须以社会史为基础，而思想和社会又处在一种互动的关系中，这些道理都讲得非常清楚。伟光同志是研究马克思主义哲学的，而且他过去研究的重点就在历史唯物论。大家知道他有一本书——《利益论》，这是他很年轻的时候写的一本书，就把利益作为历史唯物主义的一个很重要的范畴提出来，我觉得这是一个很重要的贡献。我们看到他讲用马克思主义观点对社会历史现象做分析的时候，强调三个分析，即经济分析、阶级分析、利益分析，最后落到利益这个问题上。马克思主义哲学过去也有很多原理，也有很多范畴，但是伟光同志用一本《利益论》来论证这个问题，他当时也引证了古今中外的一些资料，像中国思想史中的一些利益关系，这都是很重要的。我们今天用历史唯物主义观点来指导我们的思想史研究，我们这本书写得好不好，这是一个关键的问题。《绪论》文本从唯物史观的基本立场、基本观点、基本方法这些角度都做了一些分析。所以我觉得它确实像刚才大家讲得很重要。

我也发现，有些问题的提法，三年来实际上也有一些变化，这就是一个思想的发展。比如，一方面强调以统治阶级思想为主线来写，另一方面强调要写成人民的思想史。这两个东西要讲圆融。写思想史，作为客观对象来说，不能不以统治阶级思想为主线。当时，被剥削被压迫的奴隶、农民阶级，甚至连字都不认得，怎么寻绎他们的思想主线？而且在历史上，被压迫阶级的思想，也受到统治阶级思想的影响。掌握着物质生产资料的阶级必然也掌握着精神思想层面，掌握着话语权，不以这个主线来写，那根本不可能，这个是我们研究的客观对象。而我们要写成人民的思想史，这是我们的研究立场。要站在人民的立场，就是要站在马克思主义的立场、唯物史观的立场来写思想史，就是站在人民的立场来写以统治阶级思想为主线的思想史。以统治阶级思想为主线，并不是说站在统治阶级的立场来写思想史。侯外庐在《宋明理学史》的“序”里面就讲，我们不能站在宋明理学的立场来写宋明理学史。现在有些人就是强调要站在儒家的立场来写儒学史，但不站在马克思主义的立场，是写不好中国儒学史的。这个稿子跟伟光同志过去的谈话，二者的位置就有些不同。比如说他在最后讲几条原则的时候，原来是把以统治阶级思想为主线这个原则放在前面，后面讲写人民的思想这个原则。现在他倒过来了，这个我的印象很深刻。现在他把立场放在前头，把研究对象放在后面。我昨天读到文本时，发现这个次序变了。研究的过程中思想进一步发展，和大家一起研究讨论的过程中，思想有了发展，我觉得很好。

还有些问题我也一直在思考，比如说，我们一直很重视梳理、提炼一以贯之、一脉相承的主流价值观、中国传统思想的精华。这里面有一段话：经过多年努力和积累，中华思想史的研究已经渐渐逼近中华思想的核心。就是说我们现在还没有把这个结论很准确地找出来，而是渐渐逼近中华思想的核心，开始向中华优秀传统思想的内核发起考问和探索。这也很实事求是，就是我们研究到这个阶段，已经逼近发现那个核心价值是什么；而且，我们向这个内核进行考问，进行探索，希望从这里发掘出中华民族最深层的精神追求，提炼出中华优秀思想的精神标志。这么一个重大的学术标志，从原始社会到十九大，我们这么一个班子，100 多人，应该是对这个问题研究得很透很深的，应该拿出我们对中华文化核心基因的认识。我们现在看的很多文章，有各种意见。比如说讲得比较多的，就是“讲仁义，重民本”那六句话，那也是个很好的概括。这是一个大家用得比较多的。学者们还有很多概括。那么我们这个中华思想通史课题组，是研究了整个通史的，研究过全史的各个方面的，对中华文化的核心基因，我们的概括是什么？上次在中山的高峰论坛我没有参加，那时候已经有这个问题，是不是有人概括我不知道，但是我觉得伟光同志这里讲的是我们已经渐渐逼近中华文化思想的核心，开始向它的内核发起考问，那这就是一个我们还没有完成的任务，还要继续把这个任务完成。这个问题如果我们不明确，我们写思想通史就不好写，实际上后面的写作，都为这个观点做论证嘛。

我们这三年多也有很大的成绩，大家也思考了很多问题，研究也在不断地深入，但是越到后面越艰难。但我们有哲学家伟光同志，他之后应该能够更多地投入我们这个项目。说实话，三年又四个月了，原来我们说五年的任务，现在看来完不成。伟光同志提出十年磨一剑，我们很多同志实际上都要把自己一生中非常宝贵的学术生命投入到我们的项目，做成了也非常值。所以读到这个东西我是很高兴的，我就希望大家在思想越来越明确的情况下把工作加紧推进。

（本文是作者2018年4月20日在《中华思想通史》第38次项目工作会暨第二季度编委会工作例会上的发言）

关于《绪论》第五章“导论”的两个问题

伟光同志给《绪论》第五章也写了一个长篇的“导论”，通史办发的电子文本，我昨天看了一遍，感到很佩服。伟光同志对思想通史确实非常投入。现在算来，有三年多了，他一直在抓，一直在学习，在研究，在思考，不回避我们碰到的一些难点，一些困难，亲力亲为，身先士卒，确实有这种精神。伟光同志在那么多工作的情况下，不光是《绪论》，又给第五章写了一个“导论”，这种精神在我们通史班子中很值得大家学习的。

这篇“导论”，一个是线索梳理得很清楚，特别是现代部分，再一个是不回避难点。我们讲一脉相承、一以贯之的价值观、思想精华、中华文化的基因、中华文化的密码，这个问题是我们这个课题的难点。大家讲得很多。我最先知道的是，2014 年 10 月 20 日伟光同志在《中国社会科学报》上的发言，讲要把一以贯之、一脉相承的价值观体现出来。到 2018 年 6 月 23 日，已经快 4 年了，我们一直在探讨中。我好像在会上也说过几次，我们这么大一个思想史，五千年的跨度，这么大一个班子，总得拿出我们的看法。现在讲得比较多的一些概括，包括总书记也讲过的，即“讲仁爱、重民本、守诚信、崇正义、尚和合、求大同”，这是讲得多的。最早概括为这 6 句话的，是刘云山同志在 2010 年《红旗文稿》上的一篇文章，就是这六句话。另外，学者也有概括，如张岂之提出了 12 条，陈来也有概括。那么我们思想通史对这个怎么概括？原来《绪论》第六章，就涉及这个问题，伟光同志从2014年以来一直在思考这个问题，这次拿出了一个初步的意见，把一以贯之、一脉相承的精华、文化基因概括出来了。我认为有些部分很精彩，特别是对自强不息的奋斗精神的梳理和概括，从古代到中国共产党，把一些典型的资料，都挖掘了出来，很用心，写得很精彩。但也有一个问题，张岱年先生在讲中国文化精神时，认为就是《易传》里面的两句话，“天行健，君子以自强不息；地势坤，君子以厚德载物。”张先生讲两句话，一方面讲自强不息，一方面讲厚德载物。中国思想的特点就是这样，“一阴一阳之谓道”，讲事情总是讲两面。刘泽华那部《中国政治思想通史》九卷本，导论中也提出了一个很重要的概念——阴阳组合结构，他发现，中国政治思想中，都是讲两面，如讲民本，实际上是为君本服务的。统治阶级提倡的一些思想，它的实质是什么，掩饰了什么，这就是阴阳两面。这个发现很重要，思想史中的阴阳结构很重要。刘老师很不幸已经过世了，他的学生张分田继承了他的学术观点。刘老师可以说是我的道友，实际上我跟他有些观念也不相同。所以，我认为，伟光同志的这个概括，自强不息的奋斗精神，抓住了主要方面，但是我们在表现中国思想特点的时候，往往要讲阴阳两面。张岱年先生概括的“自强不息，厚德载物”，包括清华校训，都是这个。这个概括作为一个问题，要怎么处理，大家要考虑。我觉得伟光同志的初步概括，涵盖了我们中华思想史的主要方面：政治思想——大一统的中央集权；经济思想——从重农到以农立国，以商复国，以工建国；哲学思想——主要是唯物主义和辩证法；宗教方面——讲两个本土宗教要和社会主义相适应，外来宗教要中国化；最重要的是核心价值观，其中最重要的又是自强不息的奋斗精神。我们课题组研究这个课题，伟光同志在第五章的“导论”中给出了一个初步的思路，基本上给我们的研究讨论提供了一个基础。有了这个基础，大家各种意见就可以发展，越来越完善。基础很重要。

另外，我读了以后，认为有些提法还值得斟酌。我主要讲两点。

一，“导论”第八页在讲到大陆新儒家“崇儒反马”这种思想倾向之后提到：“现代新儒学逐步接受马克思主义的指导，力图提炼中国传统儒学的精华，与中华优秀思想融合发展。而大陆新儒学则是一股反对马克思主义的错误思潮，不同于努力接受中国共产党领导的现代新儒学，完全走到了现代新儒学的反面。”这句话不仅将现代新儒学和大陆新儒学区分开来，而且认为它们是对立面。这里的现代新儒学指的什么？提出这个论断的事实根据是什么？文章中提到，现代新儒学是五四以来的三大思潮之一。一般来说，它有三个发展阶段，1919—1949 年，是前期发展阶段，主要代表人物是梁漱溟、熊十力、冯友兰、贺麟。讲现代新儒学，主要讲他们前一段的思想，解放后他们都有不同程度的思想转变，贺麟还入了党，成为共产党员，他后期思想肯定就不是现代新儒学。前期，他们对马克思主义基本上都是持批评态度的，如梁漱溟说：“我们政治上第一个不通的路——欧洲近代民主政治的路；我们政治上第二个不通的路——俄国共产党发明的路。我们经济上第一个不通的路——欧洲近代资本主义的路；我们经济上第二个不通的路——俄国共产党要走的路。”① 至少他们前期不能说接受了马克思主义的指导，只是后期有些人接受了马克思主义的指导方针。熊十力后期也有一些认同的说法，他作为新儒家，实际上主要是前期。第二代现代新儒家，就是在台港的，主要是熊十力的三个学生：唐君毅、牟宗三、徐复观，老一辈的当然还有张君劢、钱穆、方东美。这些人的立场肯定都是反共、反马的，牟宗三最突出，坚决反共、反马。第三代，杜维明、刘述先、成中英、余英时，以及台湾的蔡仁厚等。杜维明从哈佛退休以后，回到北大当高等人文研究院的院长，在跟大陆学界有更多的接触以后，他的思想和态度有一些变化。我跟杜维明认识四十年了，1978 年他来南开，学校让历史系的王玉哲、杨志玖和哲学系的我接待他。40 年中间，杜维明的思想当然有

① 梁漱溟：《中国民族自救运动之最后觉悟》，北平京城印书局 1932 年版，第 94 页。

变化。但是在对待儒学与马克思主义的关系问题上，从根本上他还是站在新儒学的立场。杜维明有一个很重要的比喻——文法和词汇，儒学是文法，马克思主义是词汇。在香港的一次会议上，他讲，马克思在中国不过是一个小小的湍流，儒学才是长江大河，认为讲马克思主义的儒学化，比讲儒学的马克思主义化，要合理得多。他的新儒学立场并没有改变。第三代新儒家有些人虽然回到大陆，不能说他们就接受了马克思主义。大陆新儒学的学者更加年轻、敢说，有些人公开地反对马克思主义。前不久出了一本《中国必须再儒化》，在新加坡出版的，反马立场非常鲜明。现在“新儒家”这个概念非常混乱，有的人也自称新儒家，有的人把很多学者都算进新儒家，如有的人称我为“红儒家”，概念非常混乱。所以，“现代新儒学逐步接受了中国共产党的领导”这个提法要斟酌，现代新儒家指的是什么，事实根据是什么？现代新儒学，在港台一般叫当代新儒学，现在有很多传人，像蔡仁厚、李明辉、李瑞全、杨祖汉、高柏园，这些人都在，他们在港台，当然不接受马克思主义。蔡仁厚先生非常明确的是反马列的，去年我们还给他颁发了“孔子文化奖”。当然，他年龄很大了，1930 年出生，88 岁，一生都在宣传儒学，所以给他一个“孔子文化奖”。

第二，“导论”概括了中华思想一贯的哲学思想主要是唯物主义和辩证法。一般地讲，《中华思想通史》主要写占统治地位的主流思想的发展史，那么在奴隶社会、封建社会、半殖民地半封建社会占统治思想的，比如说儒学，当时的统治阶级靠什么欺骗人民呢？难道靠唯物主义和辩证法来欺骗人民吗？儒学，孔孟儒学也好，汉代董仲舒的神学目的论也好，或者宋明理学或程朱理学、阳明心学也好，是占统治地位的思想，即正统思想，能够说是唯物主义和辩证法的吗？当然，中国哲学史上一直有唯物主义和唯心主义的斗争，也有一些杰出的唯物主义思想家，像荀子、王充、柳宗元、刘禹锡，以及后来的王夫之等。这些思想家，确实在思想上做出了很大的贡献，但是，就如侯外庐的书中所写，他们是“异端”，侯外老的做法就是要发掘“异端”，很多唯物主义者都是“异端”，不是正统思想。现代新儒家有些人就是要把西方资产阶级哲学与中国传统的正统思想相结合，即新程朱、新陆王，是正统思想。因此，整个中国思想史是唯物主义和唯心主义、辩证法和形而上学的斗争史，这是可以说的，是符合实际的。而弘扬中华优秀传统文化，就说唯物主义和辩证法在我们中国思想上是占主流的、主要的，在历史事实上和理论上都是值得斟酌的。

我就讲这两个问题。

（本文是作者2018年6月29日在《中华思想通史》编委会年中全体会议暨第42次项目工作会上的讲话）

应该写成《中华宗教思想通史》

从我们这部《中华思想通史》的宗旨来说，作为一部集大成的思想史巨著，我赞同伟光同志的意见，还是应该写成《中华宗教思想通史》。当然，封建社会宗教思想是它的主体，我们原来的基础做得很好。改了题目以后，工作量要加大，可能要增加一些力量，还要新研究一些问题，包括从宗教起源开始，一直到近现代的转换，特别是各个少数民族的宗教，以及外来的宗教怎么中国化，内容还是比较丰富的。我们整部巨著是《中华思想通史》，宗教部分非常重要，如果只写封建社会，跟整体的宗旨就有距离了。目前体现“通”最好的是文艺，文艺思想通史从古到今，特别是当代部分写得很充分。而从板块来说，作为思想史，封建社会的设计很重要。除了单独写的宗教和文艺以外，包括10个部分，政治思想、哲学思想、经济思想、法律思想、社会思想、军事思想、民族思想、史学思想、教育思想、科技思想，他们要写10个中国封建社会思想通史。宗教和文艺也是其中两个方面，因此一共就有12个思想通史。这种写法，过去没有。比如侯外老的思想通史，主要是哲学思想，其中的逻辑思想被单独拿出来，他特别重视，可能是因为杜国庠先生、赵纪彬先生都是逻辑学家。其他的方面都是社会思想，政治、经济、法律都包括在社会思想中。我们除了文艺和宗教以外，其他10个方面成果非常丰富，目前每一个方面都有思想通史，涉及的人物、著作、思想学说相当丰富。我看了提纲，不能说没有遗漏，但整体来说很细。我是搞哲学的，我们正在做马工程的《中国哲学史》教材，为了适应教学的需要，要砍掉一部分内容，一年的课程，不能讲那么多。到今天为止，我们70年没有编出一部中国哲学思想通史。任继愈先生主编的那部，没有写下来。至今没有一部10卷本或12卷本的通史。我们封建部分的7卷，内容远远比我看到的哲学史丰富，当然最后写出来什么样，现在还不知道，因为除了历史的呈现以外，还要体现思想的逻辑。我们把封建社会的10个方面，加上文艺和宗教共12个方面的思想通史呈现出来，就体现了我们的集大成，是真正的集大成。

但是，前面春秋战国时期，奴隶社会向封建社会过渡时期，后面半殖民地半封建社会时期109年，现在主要以思潮和学派为主，实际上也涉及各个方面的人物，但跟封建社会的写法不一样。我们目前的格局建议两种写法共存，不能把哪一种完全调整过去。把封建社会的也变成思潮和学派，也不符合逻辑，虽然中间存在学派和思潮的问题。春秋战国和近代部分也变成12个方面，也不大现实。12个方面本来是古今贯通的，包括到当代社会主义社会部分，这12个方面的思想史都是有很多成果的，但是目前不可能要求体例完全一致，大概也很难做到。所以具体到宗教部分，我赞成伟光同志的意见，还是要写《中华宗教思想通史》。在动笔以前都好办，已经写出稿子，再返工，就麻烦了。现在抓紧调整，增加力量，把这个东西完成，特别是在讨论提纲阶段，我们可以做到。

（本文是作者2019年1月4日在《中华思想通史》编委会年终全体会议暨第48次项目工作会上的发言）

提炼优秀传统文化的标识，贯彻大思想史和通史的思路

我到社科院25年了，这个是我看到的我们院组织的最大的一个科研项目，这么大的规模，100多人参加，原院领导亲自抓。这个事情我们应该做好。

我们这个项目的时代背景很清楚。今年3月4日，习近平总书记在看望参加政协会议的文艺界社科界委员时讲道：要认真研究总结提炼中华优秀传统文化的内容。党的十八大以来，习近平同志多次讲话，一再讲中华优秀传统文化，做了多次、很多方面的概括，今年仍然提出了这个问题。我们要认真总结，我们的概括是不是已经非常到位了？在总书记眼里，这个问题还要抓紧做。我们现在专门做"中华思想通史"，一定要通过通史的研究，拿出一个最有说服力的、非常有特点的说法。这些年我也老想这个问题，但不敢提出一个看法。我看了很多对这个问题的看法，包括张岂之讲的12条，别的同志概括的几条，以及伟光同志在"导论"中提出的12条。总书记今天还提这个问题，我们要认真研究总结，中华优秀传统文化的内容是什么。总书记强调我们要把优秀传统文化的标识提炼出来，展示出来，要把优秀传统文化具有当代价值、世界意义的文化精髓提炼出来，展示出来。总书记一再提这个问题，他自己也多次总结。比如在十八届中央政治局十三次集体学习时，讲了六句话：讲仁爱、重民本、守诚信、崇正义、尚和合、求大同。这六句话是人们讲得最多的。在另外的会

议上，有的提法与此稍有不同，如有两次讲的是：崇仁爱、重民本、守诚信、讲辩证、尚和合、求大同。另外，他还讲中华民族的修齐治平、尊时守位、知常达变、开物成务、建功立业。大家更熟悉的，是他在国际儒联纪念孔子诞辰 2565 周年时的讲话，讲了 15 条，道法自然、天人合一，等等，那次主要讲儒家。总书记这么多年一直讲，今年 3 月 4 日仍在讲。那么，我们做了那么多概括总结，是不是就到位了，讲得非常理想了？我希望我们做出最有说服力的、最有权威的结论。我们的稿子，伟光同志亲自在改。《绪论》把讨论稿拿出来，我们全体同志好好研究，好好讨论，拿出我们的结论。

“资料长编”差不多都快完成了，这是一个关键的资料，要选得好，选得准，用的版本也要是最好的。将来摆在书架上，一大排一大排的，如果挑出了错字，会很难堪。长编我们前期的工作做得很好。

正本提纲现在差不多都有了。我看了封建社会这一本，我感到封建社会编提纲，是很有章法的，除了宗教和文艺以外的 10 个方面，政治、经济、法律、军事、民族、社会、哲学、史学、教育、科技，从秦汉到清代，每一卷都有这 10 个方面的思想，这是真正的大思想史的思路。比侯外老的思想史全面的多，概括的方面全。侯外庐的思想史着重在哲学思想，他还强调逻辑思想，有几位作者如杜国庠、赵纪彬都是研究逻辑的，所以把逻辑单独提出来了，而其他方面笼统地叫社会思想。我们把宗教和文艺加上是 12 个方面。我们现在把宗教和文艺单独拿出来做思想通史，把封建社会宗教通史改成整个思想通史，让他们在几个月内换一个思路，非常难。我们思想通史、大思想史的思路，这些方面都是可以从头贯到尾的。但是根据中国社会发展的特点，春秋战国思想几百年处于社会大变动中，以学派为主；近代一百多年，也是变动时期，我们往往以思潮为主。实际上，这两个方面是交叉的，12 个方面同样有，只是写法不一样。比如在当代部分，12 个方面都要通到当代。将来怎么整合可能是个问题，特别是宗教和文艺单独拿出来，怎么跟整个思想通史整合。封建社会除了这两个方面以外，10 个方面都有，这两个方面怎么整合进去？通史的思路，全史的思路，要贯彻好。将来我们的工作还会有些具体问题。

目前的进展还是比较理想的，前面的工作做得很扎实。伟光同志讲的是十年磨一剑，还有五年，越到后面越艰苦。《绪论》搞了三年，将来 2000 万字的稿子，要磨得很精，磨得很好，不容易啊！很多同志，甚至要把终身的精力投入进去，特别是很多年轻同志参与，责任很大。我们这个项目有决心抓，肯定不会变成烂尾楼，但是要做成传世经典，大家还是要努力。我们的队伍有很多年轻人，他们要出大力。

（本文是作者 2019 年 3 月 29 日在《中华思想通史》2019 年第二季度编委会工作例会暨第 49 次项目工作会上的发言）

不必强求撰写体例、写作模式完全一致

《封建社会编正本提纲（征求意见稿）》的初稿我去年就看了，和有关同志也有一些交流，从整体上说，我是支持这样的写法的。封建社会的7卷在整个《中华思想通史》中的分量很重，时间从公元前221年秦始皇统一中国，到1840年，两千多年，这一段思想史是整个《中华思想通史》的主体部分。两头社会形态转换时期，春秋战国只有550年，半殖民地半封建时期只有110年。两千年的思想史，拿出来后，对整个思想通史是很重要的，而且这两千年的思想史，都是有文字记载的。虽然也有一些重要的典籍散失了，所以要辑佚，有些集解等书里面还保留了一些前人的思想，但整个来说，这两千年的思想史史料汗牛充栋，非常丰富。参加这个工作的同志很不简单，有些人还不是专门做思想史的，但几年下来，从看原始资料，编资料长编，已经成为思想史专家了，很不容易。要把整个思想线索归纳下来，这个提纲写成这样，是很不容易的。

这种写法是典型的思想通史和全史的写法。我自己做哲学史，实际上只涉及其中一个方面。过去经常讨论哲学史和思想史的关系问题，学界有长期讨论。哲学史是思想史的一个部分，当然是很重要的一个部分。像侯外老的思想史就是以哲学史为主，其中最强调逻辑思想，其他的政治、经济、法律等思想统统叫社会思想。我们现在这种写法，七卷都写的是10个部分，再加上文艺和宗教，实际上是12个部分，涉及12个分支学科。我们写出的思想史作为通史、全史，比侯外老的厉害多了，侯外老的不是全史，只涉及其中的一部分，很多部分都没写。从组成人员就可以看出来，杜国庠先生、赵纪彬先生是逻辑专家，逻辑思想在其中的地位就比较重要。而我们的逻辑部分不能单独拿出来作为一部分专门写，但真善美都涉及了，我们目前不可能把美学思想、伦理思想单独拿出来专门写。当然，美学思想，文艺思想中会涉及。因此，封建社会这一部分分量那么大，整个体现的是思想通史和全史的思路。即使跟其他部分写法不一样，但我们能做到这样，就应该坚持按这样写下去。

现在我觉得，文艺和宗教单独做通史，反而有问题。这两部分怎么整合到各段，怎么整合到封建社会编？不整合进来，不全了，12部分基本上是全的，少两个部分，只有10个部分，就不全了；整合进来，也有很多问题，它本身是完整的通史，整合进来的话，体例、取材、详略，都很难配合。我们设计搞两个专门的思想通史，也是一种尝试，但也增加了一个困难。当初设计时可能没有考虑到，既然可以写宗教和文艺两个思想通史，实际上我们就可以写12个思想通史。比如中国哲学，马工程《中国哲学史》教材的编写，只能写其中最主要的线索，因为学生课程需要，上下两本，已经很多了。跟通史相比，太简单了。人物也好，思想内容也好，通史要比哲学史教材丰富得多。哲学界也有人提出不同的看法，认为至少可以写10卷本，一点问题都没有，哲学所中国哲学研究室可以做这个工作。12个方面都可以写思想通史，那样就成了思想通史丛书，而不是一部完整的《中华思想通史》。

我听说有些人对我们的写法有不同看法，我认为，根据思想史的不同情况，可以按照不同的体例和思路来写。春秋战国这一段和半殖民地半封建社会这一段，即前面550年和后面的110年，可以按照学派和思潮的方式写。实际上，这两段也存在12个分支学科的问题。如，宗教思想通史通下来，也包括这两段，其他部分也是。目前的设计主要以思潮、学派为主来写，不强求统一。原始社会和奴隶社会，必须与考古资料相结合，有文字记载的资料相对较少，时间很长，思想观念处在萌芽的阶段。建国后 70 年，资料极其丰富，按照现在的方式写，也有问题，还是过去提的老问题，国史、党史的味道太浓，思想史的特点显示得不明显。这 70 年，12 个学科、12 个方面的内容极其丰富，著作出版得不少，可参考资料也是最多的，从思想论争、思想斗争的角度来说也是内容非常丰富的，当然主要是三大思潮互动。有些东西是非常应该写的，但在我看到的提纲中，这方面存在不足。如果以党史和国史为基础来写，可以体现它的特点，但与其他部分不协调，不过也没办法。我们现在是在分段讨论这些特点。

我们首先讨论封建社会的提纲，这个提纲很重要，我赞同就这样列，体现了我们最主体的部分。当然其中有些具体问题还可以讨论，比如我们过去很重视哲学史，现在看来政治思想史很重要，我们目前也放在很重要的地位，其中体现了中华民族的国家、政治制度的演变，非常重要。南开刘泽华同志的《中国政治思想通史》，有些内容很值得大家借鉴，尽管有些观念我们可能不完全赞同和采纳。他有一个统一思想，就是“王权主义批判理论”，以及政治思维方法论上提出的“阴阳组合结构”。“阴阳组合结构”其实也非常重要，它不光有政治思想的意义，也体现在哲学思想上，中国的矛盾学说和辩证法思想，受阴阳观念的影响非常大。这些一流的成果给我们提供了借鉴。

我的想法，不强求体例、写作模式完全一致。按照各自的特点来写，封建阶段，可以按照 10 个方面来写，要不然也很难写。还有些具体问题，也可以底下商量。例如每个部分都把史学放在教育和科技中间，我的想法史学要提到教育的前面。如果把宗教和文艺加进来的话，宗教放在哲学思想之后，然后文学、史学，再教育、科技，教育、科技不光是思想形态，还涉及制度方面。建议调整一下。

明代部分前面有导论，建议各卷前面都加导论。还有些具体问题，底下再交流，比如之前提到的轻重问题，如清代王船山是一目的地位，还是一章的地位，写作的时候再具体研究。承载封建社会编的同志都不简单，这几年成绩很大。

（本文是作者2019年8月21日在《中华思想通史》第54次项目工作会议上的发言）

本书出版获得中国社会科学院大学中央高校基本科研业务费的资助

方克立论著集

第六卷 序跋·书评

方克立 著

中国社会科学出版社

整理说明

本卷收入方克立先生所写的序跋和书评。其中，序跋共65篇，包括先生为自己的专著、主编类著作所写的“自序”“前言”“后记”，更多的则是为别人的书写的“序”。书评共6篇。相关情况说明如下。

一，《方克立序跋集》2016年由当代中国出版社出版，本卷所收序跋类文章得到了当代中国出版社的授权。根据《方克立论著集》的整体安排，《方克立序跋集》中有8篇代序曾经以论文形式先行发表过，这次整理按照论文内容分入各卷，分别是：①《二十世纪中国哲学的宏观审视——〈世纪之交的中国文化〉代序》，②《批判继承 综合创新——〈走向二十一世纪的中国文化〉代序》，③《“马魂、中体、西用”：中国文化发展的现实道路——〈中国哲学文化继承与创新研究〉代序》，④《开创二张研究的新局面——〈张申府张岱年集刊〉代序》，**收入第四卷**；⑤《全面评价冯友兰——在〈哲学与哲学史之间〉代序》，**收入第三卷**；⑥《〈湘学史〉序》，⑦《中国哲学史学：近代化与民族化的统一之路——〈梁启超中国哲学史研究评述〉代序》，⑧《关于儒学的精华——〈论语品读〉代序》，**收入第二卷**。同时，收入3篇2016年之后的序跋：1篇乃方先生为自己的一本书写的后记即《〈新世纪的文化思考〉后记》，和2篇为别人的书写的序，分别是《〈中国人的政治智慧〉序》和《〈张岱年伦理与文化思想研究〉序》。根据方先生在《方克立序跋集·编后》中的说明，《中国文化概论》和《中国哲学与辩证唯物主义》两本书的“后记”和其中一种“修订本后记”，以及署名而非执笔的文字，本次亦均不收入。而作为《现代新儒家学案》的“代序”之《现代新儒学的发展历程》则收入第二卷。

二，本次整理基本按照出版时间先后排序。

三，各篇序跋及书评尽量尊重发表时的原貌，对于序跋中所涉原书的文字，只核对原文，不再一一出注（如原来有脚注者，则保留）；其他引文，一方面进行核对，另一方面对原未注明出处者尽可能根据作者所依据的版本补充脚注，少数尚未查到原始出处的仍保留原貌。另，整理者核对了所有所涉原书的书名以及出版时间。

四，根据目前的编辑规范及统一体例的要求，进行了一些标点和用字等方面的修改。

由于编者的水平有限，如有缺漏或错误，应由整理者承担，恳请专家和读者批评指正。

韩国茹

2022 年 9 月

目录
contents

序跋

序　跋

《从孔夫子到孙中山》引言

中华民族有数千年悠久的历史文明，其中包括十分丰富的哲学遗产。早在四十多年前，毛泽东同志就指示我们：“从孔夫子到孙中山，我们应当给以总结，承继这一份珍贵的遗产。这对于指导当前的伟大的运动，是有重要的帮助的。”[①] 四十多年过去了，历史发生了巨变。“当前的伟大的运动”已经不再是争取抗日的胜利和建设一个新中国，而是要逐步实现四个现代化，把我国建设成为高度文明、高度民主的社会主义国家。但是，毛泽东同志的这一指示并未过时，我们今天读来仍感十分亲切，它在今天仍然具有巨大的现实意义。对于决心为祖国的四个现代化贡献青春的青年一代来说，迫切需要用人类几千年来积累的文化知识成果武装起来，其中当然也包括学习和继承我们的祖先自己创造的灿烂的古代文化和哲学遗产。我们正是遵照毛泽东同志的上述指示，想在帮助青年学习历史遗产方面做一些工作。

本书试图通过对我国历史上三十多位著名哲学家的生平活动和思想学说的简要评述，勾勒出从孔夫子到孙中山的一部中国哲学史的丰富内容和基本发展线索；但又不同于一般的哲学史教程，它没有形式的章节体系，突出要点而非面面俱到，力求把事实叙述得清楚明白，把道理讲解得浅显易懂，避免繁重的资料引据和千篇一律的叙述形

① 毛泽东：《中国共产党在民族战争中的地位》，《毛泽东选集》第2卷，人民出版社1966年版，第499页。

式，因为它的读者对象主要是青年。

对于青年朋友来说，学一点中国哲学史有什么现实意义呢？我们认为至少有以下三点。

第一，增长知识，了解我们的先哲是怎样思考和回答宇宙以及社会人生的各种重大问题的，从我国古代灿烂的精神文明中吸取对四化建设有用的东西，增强民族自信心和自豪感，培养崇高的爱国主义情操。

中国是世界文明古国之一，远在二千多年前，我国就有成系统的哲学理论体系出现，标志着中华民族很早就进入了高度抽象的哲学思维阶段。中国哲学经过漫长而曲折的发展历程，绵延数千年而从未中断过，这在世界历史上也是罕见的。希腊、罗马哲学，古代繁兴而后世消沉；英、法、德等国哲学，近代震赫而远古难考。中国哲学则不然，它不但源远，而且流长。在我国历史发展的各个时期，都涌现出了许多优秀的哲学家和重要的哲学派别，多次出现百花齐放和百家争鸣的学术繁荣局面。我国历史上遗留下来的哲学典籍和思想史料之宏富，也是世界上其他国家民族所无可比拟的。这是一份极其宝贵的精神财富，我们应当用马克思主义的方法加以批判地总结，吸取其中有民主性、科学性和真理性的东西，用来为社会主义现代化建设服务。中国哲学史是中华民族从古代到近代精神文明发展的一面镜子，我们是马克思主义的历史主义者，我们不应当割断历史，那么自然不能否认这面镜子对于今天的社会主义精神文明建设仍然有着十分重要的借鉴意义。

第二，通过总结前人理论思维的经验教训，锻炼和提高我们的理论思维能力，即进行科学的抽象思维以认识客观真理的能力，为攀登现代科学的高峰做出更大的贡献。

恩格斯说："一个民族想要站在科学的最高峰，就一刻也不能没有理论思维。"但理论思维的能力"必须加以发展和锻炼，而为了进行这种锻炼，除了学习以往的哲学，直到现在还没有别的手段”。[①]这是对于学习哲学史的意义的最透彻、最深刻的说明。哲学不同于各门具体科学，它是一门世界观的学问，是人们以理论思维形式表达的关于自然、社会和思维的一般规律的认识。在一定意义上说，哲学史“就是整个认识的历史”[②]，它记录了人类认识世界的艰难曲折的历程，其中包括许多理论思维的经验教训。学习哲学史，实际上就是把历史上的哲学家们思考过的各种问题重新思考一遍，这叫作历史的反思。我们当然不是站在他们原来的思想水平上，而是站在马克思主义哲学的高峰，去俯瞰人类认识从幼年、童年直到成年、壮年的发展过程，那么就能清楚地看到：哪些是沿着人类认识发展的康庄大道，合乎规律地必然出现的东西；哪些又走入了歧途，成为人类认识之树上的不结果实的花，它们失足的教训在哪里。正如人体解剖是猴体解剖的钥匙一样，我们也只有站在马克思主义哲学的高峰，才能理解在人类认识发展的低级阶段上所发生的一切事情。我们如果对中外哲学史有一个基本的了解，把其中各种典型的理论思维的经验教训都搞清楚了，正确地加以总结和记取，那么无疑地对于我们的理论思维能力是个极大的锻炼和提高，也十分有利于我们在新时期鉴别各种正确和错误的思想，使自己变得更加聪明和成熟起来。

第三，学一点中国哲学史还有助于加深对马列主义和中国具体实践相结合的毛泽东思想的理解，使我们更加自觉地把建设具有中国特色的社会主义、共产主义当作自己终生奋斗的目标。

马列主义、毛泽东思想是在总结无产阶级革命实践经验的基础上产生和发展的，同时它又未尝脱离整个人类文明发展的大道，是在总结和继承人类认识史上一切优秀成果的基础上产生和发展的。正如德国古典哲学是马克思主义的一个重要理论来源，没有从古希腊哲学到

① 《马克思恩格斯选集》第3卷，人民出版社1972年版，第467、465页。

② 《列宁全集》第38卷，人民出版社1959年版，第399页。

德国古典哲学的发展，就没有现代辩证唯物主义的世界观一样，毛泽东思想除了直接来源于对马列主义的学习之外，它在中国本土还有着深厚的思想根基，它和中华民族几千年形成的优秀的精神文明，和我国的传统哲学还有着深刻的联系。毛泽东同志的哲学名著《实践论》和《矛盾论》，既深刻地阐明了马克思主义认识论和唯物辩证法的真理，同时又对中国哲学史上长期讨论的知行问题和阴阳矛盾学说作了科学的总结。在毛泽东思想的其他奠基人，如周恩来、刘少奇、邓小平等同志的著作中，我们也可以看到许多批判地继承中国古代哲学遗产的范例。这些都说明，马列主义要在中国生根，就必须和中国的具体国情（包括历史文化传统和当前革命实际）结合起来，变成中国化的马列主义，才能成为中国革命和建设事业的具体指南。我们如果对中国哲学从古代到近代的发展有一个基本的了解，并且注意到中华民族有善于吸取外来思想文化为我所用的优良传统，那么就能对马列主义和中国具体实际相结合的毛泽东思想产生的必然性有更深刻的理解，并且清醒地认识到，在今后也只有坚持“结合”的方针，它才能在实践中进一步发展，具有永不枯竭的生命力。

从以上几个方面的理由来看，学习中国哲学史是很有必要的，是具有重大现实意义的，恐怕无人怀疑和反对。但是，一提起中国哲学史，许多青年同志都有一种畏难情绪，觉得自己的古汉语基础差，怕读不懂古书；面对着浩如烟海的古代文化典籍，翻开书中连篇累牍的“之、乎、者、也”，更是望而生畏，甚至视为不可越过的难关。我们认为，承认困难是实事求是的态度，但是它并非不可克服，更不是什么不可越过的难关。自学中国哲学史的青年同志，只要掌握了一定的方法和步骤，下长期刻苦攻读的功夫，不但古汉语的难关可以越过，而且深入中国哲学史的堂奥，为这个学科的科学化建设做出积极的贡献也是完全可能的。功夫不负有心人，掌握正确的方法和学习步骤将使我们更顺利地达到自己的目的。

一般说来，有志学习和研究中国哲学史的青年，必须经过“粗知”“入门”和“深研”三个阶段。从不知到粗知，是认识的一个飞跃。我们可以从阅读一两本通俗的中国哲学史、思想史著作入手，了解中国哲学思想发展的基本情况，知道有哪些重要的哲学家和哲学派别，他们都提出过一些什么哲学思想和学说，历史上唯物主义和唯心主义两条哲学路线的斗争是怎样展开的。通过初步的学习，我们或许会为这幅千岩竞秀、万壑争流的古代思想斗争的瑰丽图画所吸引，从而产生强烈的学习和探求的兴趣。

不满足于粗知，有志进一步掌握更加全面、系统的中国哲学史知识的青年，可选择一两种较好的中国哲学史教材（直到现在，任继愈主编的《中国哲学史》四卷本仍是内容比较详备、评析比较精当、叙述比较明白易懂的一种），作为上下贯通的基本线索；但在掌握每一个哲学家的思想学说的具体内容时，就不能满足于教科书上所引述的资料了，而必须接触第一手资料，直接阅读一些重要的古典哲学原著。应该读哪些书呢？自从“五四”后胡适为初学者开出《一个最低限度的国学书目》以来，近现代有不少学者都曾为青年开具过各种学习书目。这些书目，特别是一些马克思主义学者开具的中国哲学史、思想史的书目，都可以作为参考。古汉语难读怎么办？我们除了必须学会和经常使用有关工具书之外，在开始阅读古典哲学原著时，可先选读一些近人作的较好的今注或今译本，如高亨的《周易古经今注》和《周易大传今注》、杨伯峻的《论语译注》和《孟子译注》等。另外，专业哲学史工作者经过认真筛选，现已编辑出版了好几种中国哲学史资料选辑，一般都作了详注，有的还有今译，极便青年读者克服史籍浩繁难找和古书难读的困难。总之，只有接触原著，才能直接听到古代哲学家的心声，对他们的思想有一番真切的了解。不阅读原著是永远也不可能“入门”的。

基于对我国古代文化和哲学遗产的深入了解和深厚感情，有一部分青年可能将会步入专业的或业余的中国哲学史工作者的队伍，这是祖国的科学文化事业发展的需要。有志为中国哲学史的科学化建设做出贡献的青年，必须打好两方面的基本功：一是要全面地详细地占有资料，学会并且熟练地运用搜集和鉴别、审查史料的方法，去伪存真，去粗取精，在大量真实可靠的资料的基础上，才有可能引出合乎实际的结论来；二是要有坚实的马克思主义理论根底，有正确的哲学史观，善于用马克思主义的科学世界观和方法论，去分析历史上复杂的思想斗争现象，找出其中本质的规律来，而不为现象所迷惑。扎实打好这两个方面的基本功，并且善于把这两个方面结合起来，需要长期的学习和实践，还要涉及广泛的知识领域。但是，“世上无难事，只要肯登攀”。我们只要有强烈的事业心，有顽强的学习精神，善于开动思维的机器，就完全可能在这个学科领域做出超越前人的贡献。中国哲学史的繁兴和真正突破性的进展归根到底还要指望青年。

很明显，本书所承担的任务，只是为青年朋友粗知中国哲学史提供一些基本情况，或者说，提供一个引路的线索。由于本书是以三十多位哲学家的生平和思想评传的形式写作的，为了使青年读者对中国哲学史有一个整体的了解，我们有必要在此简单地勾勒一下中国哲学发展的诸阶段和两条路线斗争的基本线索。

中国哲学的发展，就各自区别的特殊形态来说，大体经过了先秦诸子学、两汉经学、魏晋玄学、隋唐佛学、宋明理学、近代新学几个重要阶段，它和中国社会历史发展阶段是大体相适应的，而其中自始至终贯穿着唯物主义和唯心主义两条哲学路线的斗争。

先秦哲学斗争主要是围绕着天人关系问题展开的。殷周时期的奴隶主贵族统治者，为了论证他们统治的合理性，把自己说成是“天”或上帝的儿子，而“天”“帝”则是至高无上的主宰者，自然界和人类社会的一切都是“天命”即上帝的意志的体现。这是最初支配人们意识的宗教唯心主义世界观。随着奴隶们的反抗斗争的发展，奴隶制陷入了深刻的危机，此时“天”也帮不了奴隶主贵族统治者的忙。正是在这种阶级斗争的历史背景下，开始出现了反天命的唯物主义无神论思想。用“五行”“阴阳”来说明世界物质构成的朴素唯物主义自然观，则是人们在生产斗争和生活实践中长期和客观对象打交道所取得的认识成果。

春秋战国是我国从奴隶制向封建制过渡的社会大变革时期，激烈的社会动荡反映在思想战线上出现了诸子百家争鸣的局面。第一个建立起独立的哲学体系的孔子，虽然还不敢公开触动维护西周奴隶制的天命观，但也显然受到春秋时期重“人道”思想的影响，不多谈“天道”问题，甚至对鬼神采取“敬而远之”的态度，他着重发挥了以“仁”为中心的重人道的政治伦理哲学。继孔子而起的墨子，则公开反对“天命”，主张强力从事，不过他又站在小生产者的立场上“尊天”“明鬼”，说明他还未能彻底摆脱传统的天神观念的束缚。战国中期的《老子》对殷周以来的天命观作了第一次突破性的冲击，用“天道自然无为”来否定有意志的人格神，但是它用来代替“天”、作为世界本原的“道”这一最高实体范畴，却不是物质，而是没有任何物质内容的思维虚构。《老子》提出的“有生于无”则是一个典型的唯心主义命题。孟轲和庄周，分别发展了孔子和《老子》的唯心主义哲学思想，他们从不同角度夸大了人的主观精神的能动作用，一个强调道德上的自觉，提出一条“尽心”“知性”“知天”的认识路线；一个追求绝对的精神自由，但在客观必然性面前又陷入了宿命论。战国末期的荀子，通过对以前各家哲学的批判总结，肯定了“天”即自然，天的运行是有规律的，强调物理可知，人有其治，在“明于天人之分”的基础上，提出了“制天命而用之”的光辉思想。荀子的唯物主义哲学，标志着先秦哲学发展圆圈的完成，它对先秦天人之辩也作了一个很好的总结。两汉时期，地主阶级中央集权统治已经形成，董仲舒适应巩固大一统封建统治的需要，重新提出“天人相与之际”的问题，建立了一套“天人感应”神学目的论的哲学体系，被封建统治者接受作为当时的官方正统理论。以王充为代表的寒门庶族思想家，则创造性地发展了先秦以来的元气说和“天道自然无为”的思想，用唯物主义的元气自然论来反对唯心主义的神学目的论。两汉哲学斗争和当时对儒家经典作不同解释的经学今古文之争有一定的联系，所以在学术史上又称为两汉经学时代。

魏晋时期，门阀士族的思想代表何晏、王弼等人接受了董仲舒的神学目的论被唯物主义元气自然论击败的教训，采取了新的唯心主义手法。他们主要是通过有无、本末、体用等所谓“纯哲学”问题的论辩，力图证明在世界现象之上、之后，还有一个更根本的本体存在，这个本体虽然看不见，但却是一切看得见的东西赖以存在的基础，天地万物都是它的体现。这个精神性的本体就是“无”。这种贵无论的唯心主义，受到了魏晋玄学中的另一派——以郭象为代表的“崇有”“独化”学说的批评，后者把庄子的唯心主义发展成为神秘主义的无因论，同样是为门阀士族的统治特权作辩护的。这个时期和玄学唯心主义对立的，有以杨泉、欧阳建等人为代表的唯物主义哲学路线。

在东晋南北朝得到广泛传播而在隋唐发展到鼎盛的佛教哲学，是中国哲学史的一个重要组成部分。佛教采取了和玄学本质上相同的唯心主义本体论的手法，极力论证现实世界是虚幻的现象，只有它们追求的“空”才是现象界背后的最高本体，极力诱骗人们抛弃尘世的生活，到佛教的精神虚构中去追求极乐世界。佛教神不灭论和因果报应说都是封建统治阶级用来压迫人民的精神锁链。战斗的无神论者范缜在反对佛教唯心主义的斗争中做出了卓越的理论贡献，他用形神相即、形质神用、形谢神灭的唯物主义严密论证，有力地打击了神不灭论，推进了思想领域的反佛斗争。唐朝的韩愈反佛也十分坚决，但他在哲学上却信奉儒家天命论。和他同时的唯物主义哲学家柳宗元和刘禹锡，继承和发展了王充的元气自然论，反对韩愈的天命论，在新的历史条件下又一次对天人之辩作了唯物主义的总结。不过，柳、刘却未能完成从理论上批判和战胜佛教唯心主义本体论的任务。

宋明理学是中国唯心主义哲学发展的一个更高的阶段，它直接承继孔孟儒学，同时吸取和改造了佛教和道家唯心主义的某些成分，构筑起一种适应后期封建社会统治阶级需要的新的统治思想形态。不论是二程、朱熹的理学，还是陆九渊、王守仁的心学，都是把封建的“三纲五常”抬高到宇宙本体即“天理”的地位，不过他们一个把“天理”说成是先于天地万物而存在、并作为天地万物所以生成的根据的绝对精神，一个则把“天理”装入人的心中，说它就是人心本来具有的“良知”。他们通过对理气、道器、心物、知行、性命等问题的讨论，把唯心主义本体论发展到高峰，成为中国封建地主阶级最完备、最系统的唯心主义理论。这个时期唯物主义在反对唯心主义的斗争中也得到锻炼和长足的发展，最突出的成就是由张载奠基、王廷相等人加以补充发展、最后由王夫之总其成，建立了元气本体论的朴素唯物主义哲学体系，它从自然观、认识论、人性论和道德修养学说等方面都对魏晋以来的唯心主义本体论进行了尖锐的批判，特别是着重清算了程朱、陆王的主、客观唯心主义的典型形态，把我国古代朴素唯物主义哲学推向了最高阶段。

1840 年鸦片战争后，由于帝国主义的入侵，中国沦为半殖民地半封建社会。近代哲学斗争和中国人民反帝反封建的革命斗争是紧密联系在一起的，它的主要内容是资产阶级的“新学”“西学”反对封建阶级极力维护的“旧学”“中学”的斗争。康有为、谭嗣同、严复、章太炎、孙中山等资产阶级的哲学代表，都是这个时代的政治风云人物，他们的思想之所以比较先进，是由于他们注意向西方学习，在哲学上搬来了西方的机械唯物论和庸俗进化论。但由于中国资产阶级本身的软弱和革命形势的急促发展，他们不可能创造出严密完整的唯物主义思想体系，而是在哲学上表现为可笑的动摇和矛盾混杂。历史证明，资产阶级世界观不能救中国，中国人民只有掌握了马克思列宁主义这一观察国家命运的工具，中国的面貌才发生了天翻地覆的变化。马列主义和中国实际相结合的毛泽东思想的产生，开辟了中国哲学史的一个崭新的阶段。

以上简略的叙述，旨在给青年读者一个关于中国哲学发展的整体印象。有了这个整体印象，我们在读各个哲学家的生平和思想评传时，就不会把他们看作是一个一个孤立的个人，而是看作整个思想发展链条中的各个有机环节，他们各自体现了时代的精神面貌，代表着中国哲学认识运动的一个一个发展阶段。用列宁的话来说，他们分别是中国哲学“思想发展的大圆圈（螺旋）上的一个圆圈”[①]。离开了历史上这些重要的哲学家，当然也就谈不上中国哲学发展的整个链条或大圆圈了。严格地说，中国哲学史的科学化建设，正是应以列宁上述关于“圆圈”的思想为指导，去揭示中国哲学发展的历史和逻辑的统一。但是我们做得还很不够，这是我们今后努力的方向。

（《从孔夫子到孙中山——中国哲学小史》，方克立主编，周德丰、韩强、盛家林、殷陆君编著，中国青年出版社 1984 年 7 月出版）

① 《列宁全集》第 38 卷，人民出版社 1959 年版，第 271 页。

《中国哲学史上的知行观》重印前言

这本书，发行已经两年多了。第一次印刷时既无“前言”，也无“后记”，于读者了解本书的内容和主旨实有所不便。借这次重印之机，把我在撰写此书前给人民出版社写的一个“设想”照录于此，以便和读者交流思想，获得有益的批评和帮助。

一，研究这个题目的目的是：以毛泽东的《实践论》为指导思想，系统地清理中国哲学史上的知行问题，用大量具体材料说明：“马克思以前的唯物论，离开人的社会性，离开人的历史发展，去观察认识问题，因此不能了解认识对社会实践的依赖关系，即认识对生产和阶级斗争的依赖关系”，“唯心论和机械唯物论，机会主义和冒险主义，都是以主观和客观相分裂，以认识和实践相脱离为特征的”。同时说明哲学史上的经验论和唯理论为什么是错误的，它们又是怎样失足的。也就是说，用中国哲学史的全部材料说明：只有“以科学的社会实践为特征的马克思列宁主义的认识论”，[1] 即实践论，才是唯一正确的认识理论，也是对于中国哲学史上的知行问题的科学总结。我们希望，这本书的写成，能够对广大读者学习和加深理解毛泽东的《实践论》有所帮助，至少提供一个历史的资料。

二，当然，不能把《实践论》诞生以前的中国知行学说史写成一部纯粹错误的思想和理论堆积的历史。前人虽然没有对知行问题作出

---

① 《毛泽东著作选读（甲种本)》，人民出版社 1965 年版，第 40、52—53、53 页。

科学的解决，但他们的探讨不是没有意义的，至少他们提出了问题，有的在不同方面、不同程度上对问题作出了接近真理的回答。他们的失足也为后人提供了宝贵的理论思维的经验教训。例如，马克思以前的唯物论（更不用说唯心论了），都“不能了解认识对社会实践的依赖关系”，但这并不是说，旧唯物主义者都没有提出过“行”或“实践”的概念，都没有把“行”和“知”联系起来，把“行”引进认识论。中国古代有不少哲学家提出了“行先于知”“由行而致知”“力行而后知之真”等命题，列宁甚至指出“费尔巴哈把人类实践的总和当作认识论的基础”[①]。关键在于，“由于剥削阶级的偏见”，“由于生产规模的狭小，限制了人们的眼界”，[②] 旧唯物主义者对行或实践的了解是片面的，因而不能把他们的认识论建立在科学的社会实践的基础上。尽管如此，主张“行先知后”“由行而致知”，批判“知先行后”“离行而言知”，总还是比较正确的认识理论，在哲学史上一般具有唯物主义反对唯心主义的意义。我们认为，用马克思主义观点研究中国知行学说史，注意从认识论方面去考察历史上的各种哲学形态，总结唯物主义和唯心主义斗争的规律，总结理论思维的经验教训，应是深入开展中国哲学史研究的一个重要方面。

三，知行问题研究的范围，狭义地说，就是研究知和行，即认识和实践的关系问题。中国哲学史上知行对称，提出二者的关系问题是很早的，但专门讨论知行先后、知行分合、知行轻重、知行难易等问题，大都在宋以后；宋以前的哲学家有的也接触到这个问题，但大都语焉不详，零碎片断，没有形成系统的学说和理论。广义地说，知行问题就是整个认识论，包括认识的本质、认识的源泉和动力、认识发展过程、检验认识真理性的标准等问题。毛泽东的《实践论》，副标题为“论认识和实践的关系——知和行的关系”，内容却是“辩证唯

---

① 《列宁选集》第2卷，人民出版社1972年版，第142页。

② 《毛泽东著作选读（甲种本）》，人民出版社1965年版，第41页。

物论的全部认识论”。所以，我们考虑，研究中国哲学史上的知行问题，不能把范围限制得太狭小，不能只是字面上讲到知行关系的才研究，而必须涉及认识论的所有重要问题。例如关于知识的来源问题，唯心主义认为来自本心的“良知”，或对“天理”的体认，都是离行而言知；旧唯物主义者认为来源于感觉经验，承认从外到内，但有直观性的缺陷，否认实践在认识中的作用；有的唯物主义者主张“行先知后”“由行而致知”，而把“行”主要了解为个人的道德行为或应事接物的活动。所以，关于知识来源问题上的各种理论，不论是完全错误的或有部分合理因素的，都和知行问题直接有关。关于真理标准问题也是一样，不论是否承认实践标准，都是提出了一种知行观。这样，关于知行问题的研究，就不能仅仅限于宋代以后，从孔夫子到孙中山，几乎所有重要的哲学家都涉及这个问题，一部知行学说史就成了中国认识论的专史。可是，我们又不希望把问题搞得太宽泛，还必须限定一个范围。凡是和知行问题直接相关的才写，关系不直接的就从略。如古代辩者关于思维的形式及规律的学说，佛教一些宗派对于人的意识现象的繁密分析等，都不拟展开详细论述。从这个意义上说，它又不是一部完整的认识论史，而只是一部知行学说史。

四，中国哲学史上的知行问题和伦理学、人性论关系密切，封建时代的哲学家们讨论知行问题，虽然也有一般认识论的意义，往往主要是讨论道德意识和道德行为的关系问题。剥削阶级总是心口不一、言行相违的，而他们的思想家又总是强调知行统一、言行一致，所以傅立叶说道德“就是行动上的软弱无力”。历史上关于性善、性恶的争论，涉及道德观念是先天固有的还是后天获得的问题，也和知识起源问题直接相关。这些问题怎样处理？我们考虑，这本书主要探索《实践论》的思想理论渊源，是专讲认识论问题的，和伦理学、人性论问题交叉混糅在一起的，主要也只从认识论角度来论述，尽可能划清二者的界限；纯属伦理学问题的则一概不讲。

五，这个题目虽属哲学史专题研究，我们考虑，写书时还是采取历史的叙述方式，写成一种专门问题或学说史，从孔夫子到孙中山，较有代表性的哲学家的知行学说一一论述。“知之匪艰，行之维艰”一语，虽出自伪《古文尚书》，然《左传》中也有“非知之实难，将在行之”（昭公十年）的同类思想，我们认为把它当作春秋时期流行的一句包含哲理的成语看待是合理的，是一种朴素的知行观，故在孔丘之前提到它。蒋介石的“力行哲学”以及其他一些人关于“知难行易”学说的发挥，都只在讲孙中山的知行学说时附带提一下，不再专章批判。我们把《实践论》看作是整个中国知行学说发展的必然结果和科学总结，它又是写作全书的指导思想和方法论原则，故不一般地从哲学史的角度来论述，而在“结束语”中突出它的历史地位和理论成就。

六，由于过去没有出过一本关于这个问题的专门研究著作，我们的尝试尚属草创，所以考虑尽可能多地引据一些重要的原始资料，以供后来的研究者参考，起个铺路的作用。当然，也不能写成一种纯粹的资料书，要有系统的叙述、分析和批判，要用观点统率材料。原著引证多了，更要为读者着想，尽可能做到叙述通俗易懂。

这个撰写设想，是应人民出版社编辑同志之约而写的，是向编者交底，交代出写书的目的、指导思想和对涉及有关问题的解决方案。曾刊载于国家出版事业管理局研究室编印的《出版工作》1978 年第 7 期。

书写成出版后，它到底在多大程度上实现了撰写设想中提出的任务和目标，读者自有评论。时隔六年，我的认识也有所发展，虽然自信在撰写设想中所提出的基本指导思想还是正确的，但是并非没有片面性的弊病，“左”的影响在书中亦有所表现。

中国哲学史上的知行问题，既有其一般的认识论的意义，又有其特殊的伦理学的意义。在中国古代哲人，“求知”和“为圣”是统一的，求知方法往往也是道德修养的方法。和伦理道德紧密联系在一起，是中国古代哲学的一大特点，也是中国古代知行学说的显著特点。有人因此认为中国哲学是“伦理型”的，没有系统的认识论和逻辑学，把传统哲学中的知行问题基本上看作是一个伦理道德问题，否认或贬低它的认识论意义。我是不同意这种看法的。本书强调要分清两重意义，认识它们的区别和联系，“不要把古人讲的知和行同现代人讲的认识和实践简单地画等号，也不要以为古人是讲道德上的知和行，就否定它有一般认识论的意义”。本书着重从认识论的角度，清理中国古代和近代的哲学家们在知识的来源、求知的方法和途径、真理的标准等问题上的各种观点和理论，它们构成了传统哲学中的知行学说的丰富内容。《实践论》所阐明的“辩证唯物论的知行统一观”，就其回答的问题来说，和传统哲学有着十分密切的联系，它是深深地植根于我国传统哲学的土壤中的。不看到这一点，不承认知行问题本质上是一个认识论问题，势必贬低中国传统哲学的价值及其在世界哲学史中的重要地位。

然而，问题还有另外一个方面。研究中国哲学史上的知行观、认识论问题，还必须充分注意到它的特点。我虽然也注意到中国传统哲学中的知行问题和伦理道德问题是紧密结合很难分开的，但是在指导思想上却是主要把它当作一个认识论问题来研究，尽量不涉及它的伦理学方面。这样有时就容易造成认识和评价上的片面性。例如，对于王阳明的“知行合一”说，着重从认识路线上揭露它混淆知行概念，“以知为行”“销行归知”的主观唯心主义实质，而对它作为一种道德修养学说的合理内容和积极意义却肯定不够。我也曾指出：“和程颐、朱熹的知先行后说比较起来，王阳明的知行合一说总的精神是更加重视‘行’”；他强调“真知即所以为行，不行不足谓之知”，“从反对‘徒悬空口耳讲说’的程朱理学来说，确实包含着一定的合理因素”。但这仍然是从认识论的角度来说的。如能再从伦理学的角度，适当说明“知行合一”在改过迁善、道德修养中的重要意义，并且看到它对我们民族的文化传统和思维方式曾经起过长期而深远的影响，那么对王阳明哲学的评价可能就要全面一些了。唯心论的先验论是应该批判的，但是要防止把哲学史研究简单化，应具体揭示一些思想命题的多重涵义和复杂联系。本书这方面的缺点，此次原版重印，尚不能加以克服，我期待着读者的严肃批评和指正。

还有一点需要说明。我在撰写设想中说“过去没有出过一本关于这个问题的专门研究著作”，这是不符合事实的，恰说明当时自己的孤陋寡闻。后来我看到了赵纪彬同志早年写的《中国知行学说简史》（中国文化服务社 1943 年版）一书，并曾亲自向赵老请教，得到了不少教益。赵老受写书时代的限制，没有提到《实践论》，而是把孙中山的知难行易说当作中国知行学说发展的最高成果。但他是自觉地把中国知行学说史当作认识论史来写的，这点对我很有启发。不幸本书问世之时，赵老已经永远离开了我们，对此我感到非常遗憾，非常沉痛。

“旧学商量加邃密，新知培养转深沉。”近年来报刊上发表了不少有关中国知行学说的新论著，对我亦颇多启发。如果有时间，我愿就这个问题继续研究和写出更好一点的东西来。

1984 年 12 月

（《中国哲学史上的知行观》，方克立著，人民出版社 1982 年 3 月初版，1986 年 9 月重印，1997 年 10 月收入“哲学史家文库”第三次印刷）

《现代新儒学研究论集》出版说明

随着文化讨论的深入开展，现代新儒学的问题，引起了海内外学术界的热切关注和普遍重视。这是因为，现代新儒学是在传统中国走向现代过程中出现的一种重要的文化和哲学思潮，它对传统文化和现代化的关系、中西文化的关系等问题所作出的回答，对中国社会、政治、文化发展的现实道路所作出的抉择，在今天仍有重新进行批判地审视和清理、总结、借鉴的必要。尤其是这一思潮还不是完全过去了的历史，它今天仍然活跃在港台和海外，在国内也有一定的影响，因此，我们对它的研究，就不仅具有思想史的价值，而且具有不容忽视的重要的现实意义。

1986 年 11 月，“现代新儒家思潮研究”课题被确定为国家哲学社会科学“七五”规划重点项目。1987 年 9 月，在安徽宣州召开了第一次全国性的“现代新儒家思潮”学术讨论会。一批热爱祖国的历史文化、关心人类的前途命运、学有根柢、富有探索精神的中青年学者积极地投入了这项研究工作。他们拿出的第一批思考和研究的成果，就是奉献于读者面前的本论集的各篇论文。它们可能还不十分成熟和完善，各篇论文所取的研究角度、研究方法、理论观点甚至情感态度也不尽一致，但都是诚实劳动和大胆探索的结果，各有新意，富于启发性，希望能引起读者的共鸣，以推动对现代新儒学的进一步深入研究和学术讨论。

1988 年 5 月

[《现代新儒学研究论集》（一），方克立、李锦全主编，中国社会科学出版社 1989 年 4 月出版]

《中国马克思主义哲学七十年》序

我从事教学与研究的专业方向是中国哲学史，过去一直把重心放在古代，近年来因承担了现代新儒学思潮研究的课题，始把注意力转向中国当代哲学。

现代新儒学只是现代中国的三大思潮之一，而且显然不占主流地位，对它作实事求是的科学研究和评价是必要的，但是却不能过高地估计它在中国现当代思想史上的地位和作用。西化思潮显然比“复兴儒学”的思潮要强大得多，因为现代化是时代发展的趋势，而现代化又往往是与“西化”联系在一起的。中国越是开放，社会越是进步，域外的特别是西方的东西肯定会进来得越多。然而，决定中国现当代历史进程的一种最重要的“西方”思潮却是马克思主义，由于它不仅总结和继承了西方文明发展的成果，而且善于和中国传统文化之精华，和中国革命与建设的具体实际相结合，所以才具有“改朝换代”、改天换地的巨大威力，它理所当然地成了中国三大思潮之主潮。研究现代新儒学不能离开这样一个总体的思想背景，不能离开中国现当代的其它思潮来孤立地进行研究，特别是在考察儒学的现代命运和未来前景时，不能不同时关涉着马克思主义在中国的传播和发展及其未来命运问题。所以，关于马克思主义哲学中国化的问题，它和中国传统哲学与文化的关系问题，它在中国未来新文化中的地位问题，也一直是我近年来最感兴趣的课题之一。

研究对象和一些外缘条件都刺激我不得不经常思考这些问题，必须对其作出正面的回答，否则在思想战线上就不能立于不败之地。具体说，这些刺激因素主要是：

一，杜维明等现代新儒家代表人物，近年来经常议论的一个中心主题就是关于儒学第三期发展的前景问题。他们期望着传统儒学经过“创造性的转化”后能够重新焕发出生机，不仅在当代世界多元文化中占有一席之地，与现在世界上各种主要思潮（包括马克思主义）能够平等地进行对话，而且不满足于“词汇”的地位，力图使之成为“文法”，即期盼着儒学能够成为未来世界的主导思想，或者说成为“人类走向未来所能依赖的唯一定盘针”。这里已经提出了儒学与马克思主义的关系问题，特别是在未来的中国文化和世界文化中，二者将会是怎样一种关系？谁将扮演主角色，指导人类文明发展的进程和方向？我们不能不加以认真的研究和回答。

二，在前些年资产阶级自由化思潮泛滥时期，国内有些学者，经常撰文论述所谓当代中国马克思主义的封建化或儒家化的问题。1988年新加坡“儒学发展的问题及前景”讨论会上，关于这个问题的辩论曾十分激烈。这里尖锐地提出了在当代中国的现实生活中，马克思主义和儒家思想到底是一种什么关系的问题。中国马克思主义者自觉地吸取和继承了包括儒学在内的传统思想文化的某些精华，从而丰富了马克思主义学说的内容，并使之取得“中国化”的形态。然而，儒学中的封建糟粕也确实残存在一些共产党人的头脑中，使他们的思想和行动背离了马克思主义的精神，或者严重地歪曲和糟踏了马克思主义。我们能否由此得出中国马克思主义已经封建化或儒家化的结论？回答来自这方面的挑战也是思想战线上的一项迫切任务。

三，近年来有机会出席几次国际学术会议，同一些港台和海外华裔学者进行直接的交流，热爱中华文化、关心祖国前途命运的共同立场很容易把我们连结在一起，但是在展望中国文化的未来前景时，却不可避免地会产生较大的认识分歧。分歧的关键还是马克思主义和中国文化的关系问题，马克思主义在中国新文化建设中的地位问题。把马克思主义看作夷狄文化“入主中国”“用夷变夏”，因而采取根本排拒态度的是极少数，但也确实存在着一些普遍的误解，如认为马克思主义只是一种西方文化传统，在中国文化中没有根，也不可能找到任何结合点；马克思主义只讲阶级斗争，与中国重和谐、“和为贵”的传统思想是根本对立的；马克思主义只讲物质决定论、经济决定论，而不重视人和人类精神的作用，同重“礼乐教化”的中国文化传统亦格格不入，等等。意识形态的分歧虽然不是短时期内所能解决的，但是我们必须正面回答他们提出的问题，科学地阐明马克思主义学说的本质内容及其与中国传统文化的关系，用历史事实说明二者的结合不仅是可能的，而且事实上已经成为中国现代多元文化中的一个重要组成部分，成为伟大中华文明复兴的最强有力的催化剂。考虑中国文化的未来发展，企图完全排除马克思主义的地位、作用和影响，至少是很不现实的。

当今国际形势风云变幻，马克思主义遇到了强劲的挑战，我深感这种挑战也来自思想战线的各个方面。马克思主义在中国的传播和发展，深刻地改变了这个古老国家的面貌，使20世纪成为中华民族获得新生的伟大的世纪。我们有责任从理论上说明这一历史巨变所以发生的原因，详细考察其现实的过程，说明马克思主义的生命力即来自同包括历史传统在内的各国的具体国情相结合。那种把马克思主义和中国传统文化看成是根本对立的观点，无论在理论上还是在事实上都是说不通的。那种企图抹煞马克思主义的革命批判精神，把它和传统之糟粕混为一谈的观点更是别有用心的。

由于有上述感受，我热切地期待着深刻阐述马克思主义在中国胜利行进七十年（同时这个过程也是充满艰难曲折的）的著作问世，回答来自各方面的挑战，给我们的人民以教育和鼓舞。当赵德志、王本浩同志把他们合著的这部《中国马克思主义哲学七十年》书稿交给我审读时，我很乐意地接受了，读得相当仔细，提了不少修改意见。他们尽其所能地作了修改，使本书大体上能反映出作为中国现代哲学之主线的马克思主义哲学七十年来的发展历程，这在国内还是第一本，开创之功不可没。当然，正如作者所说的，他们出版本书是为了起到抛砖引玉的作用，我们期盼着今后在这方面有更多有精深研究的佳作巨著问世。

1991 年 2 月 20 日

（《中国马克思主义哲学七十年》，赵德志、王本浩著，辽宁大学出版社 1991 年 2 月出版。序文曾以《马克思主义与中国传统文化的关系问题》为题发表于《毛泽东思想研究》1993 年第 3 期）

《周易与怀德海之间》序

我和唐力权先生初次相识，是 1987 年 7 月在美国加州圣地亚哥市召开的第五届国际中国哲学研讨会上。他对在世界范围内弘扬中国哲学的一片热忱，他的卓越的组织才能和脚踏实地的工作作风，给我留下了非常深刻的印象。

那次会后不久，他就被选为国际中国哲学会的会长，在两年任期内为该会的组织发展、规章制度建设、印刷物出版和开展学术活动等做了大量的工作。其中一项是编辑出版《国际中国哲学人名录》，唐先生委托我和汤一介同志负责收集整理中国大陆学者的资料。前后大约一年时间，我们之间有较频繁的书信往还，我对唐先生的工作作风之细致认真有了更加实际真切的体会，暗自庆幸国际中国哲学会之得人。没有这样一批志士仁人，推拓中国哲学于世界就只能是一句空话。

对于唐先生的学术造诣，我是通过他的大著《周易与怀德海之间——场有哲学序论》才真正了解的。他先已陆续寄来在《哲学与文化》上连载的大部分章节，后又寄来台湾黎明文化事业公司出版的单行本。这部极具独特风格的哲学著作，读后给人留下两个十分深刻的印象：一是它的太多的创新词语和过于迂回曲折的表达方式使人如入迷宫，开始真有点头晕目眩，没有一股韧劲恐怕是很难卒读的；二是在摸清它的思想理路后，又为它诱人的哲学智慧所吸引，这时你可以从那些独创名词中体会出无穷意味，也能逐渐了然那些“迂回曲折”

或许正是作者的经济手段之所在。一位在美国执教多年的华裔哲学家，他对中西哲学的融会贯通的理解，立足于现代而对“泰古哲学原意”执着地追求，经过十年苦思与探索所结出的哲学智慧成果，我想介绍给国内的读者是很有意义的，也一直在寻找着这种机会。

去年7月，我和唐先生有机会在夏威夷再次见面。他自幼年离开广东恩平老家后，四十多年没有到过中国大陆，早有重访故国家园的夙愿。我邀请唐先生到南开大学来讲学访问，他欣然答应了。今年暑假，唐先生携家眷回国旅游访问，先在南开大学讲学十日，讲的题目就是场有哲学。他很惊异南开的研究生们对他的哲学能有那么高的兴趣和那么深的慧解，情绪一直十分兴奋。适逢辽宁大学出版社的刘万泉社长来南开洽谈业务，我向他推荐了唐先生的《周易与怀德海之间》一书，刘社长识见不凡，双方很快达成协议，决定由辽大出版社出版该书的简体字本在国内发行。让国人分享海外华人的这一独特的哲学创造成果的意愿终于得以实现。

为了帮助读者了解唐先生其人和其书，我在这里就自己知道的情况和唐著要点再略作介述。

唐力权教授1935年10月26日生于广东省恩平县。早年毕业于香港金文泰中学，考入台湾大学电机工程系。一年后转到美国纽约大学学经济，毕业后在纽约大学研究院攻读经济学博士学位。当时是主修经济学，副修哲学。后转到纽约社会科学研究新校攻读哲学博士，1969年获博士学位。他的博士论文题目是《怀德海有机哲学之批判的解释》。同年到美国康州美田大学哲学系任教，讲授存在主义哲学和东方哲学等课程，直到现在。除《周易与怀德海之间》之外，他还著有哲理诗集《道》（英文本）和中西比较哲学论文数十篇。

正如作者在“自序”中所指出的：《周易与怀德海之间》严格说来“不能算是一本比较哲学的著作，当然更不是关于《周易》或怀德海哲学的专著”。因为作者的用意首先在于建构自己独特的哲学学说和提出一套自己独特的哲学观念。这样说来，该书的副标题“场有哲学序论”或许更有助于读者把握它的实质内涵。但是，这并不排除该书的内容充满了有关中西哲学特别是《周易》与怀德海哲学之比较和融通。这不仅在于作者认为书中的哲学观念系“通过对《周易》与怀德海哲学的反省而得来的”，而且在于作者申明它苦心积虑地提出的一套有关“场有哲学”的观念，其用心所在正是企图“为比较哲学本身建立理论的基础”。

按照唐先生的解释：“‘场有’就是依场而有的意思。一切存有都是场的存有。”此所谓“场”字乃是一哲学的观念，而非一数学或物理学的观念，它是就事物的相对性或相关性而言的。“‘场’就是事物底相对相关性的所在，也同时是此相对相关性之所以为可能的所在。”相对的含义就是没有绝对，可以说，“场有”就是对于“绝对”的否定。在场有哲学看来，没有绝对的一，也没有绝对的多；没有绝对的超越，也没有绝对的内在；没有绝对的创造者，也没有绝对的被创造者；没有绝对的主体，也没有绝对的客体，“所有相对的两极都是互为依存而非可以独立的存在”。显然，场有哲学所阐明的乃是一种相对性原理或称之为相关性原理。

确切地说，把“场有”界定为对于“绝对”的否定是不太准确的，而应当表述为对于绝对的实体观念的否定。所谓绝对的实体观念正是肯定宇宙间存在着一个孤立的存有，一个可以独立于其他存有之外的存有，一个无须“依场而有”的存有，而肯定这样一种“实体”的存在正是西方传统哲学最显著的特征。实体观念的绝对化、极端化不仅导致了西方传统的二元论和绝对主义，而且使哲学家们很容易产生一种误解，以为自己可以站在宇宙之外，从一个“绝对旁观者”的地位来看宇宙，好像他自己就是上帝似的。唐先生把这样一种哲学立场和态度称之为“场外观”。

从场有哲学的观点来看，上述绝对的、外在的观点（场外观）是根本站不住脚的。因为人不能站在宇宙之外，也根本没有“宇宙之外”可言。既然一切存有都是依场而有，那么“宇宙”乃是无限场有的名称，宇宙之外无所谓存有。在场有哲学看来，不可能有外在于宇宙的上帝，“上帝”或终极存有也无例外地属于场有的观念。场有是“无外”的，我们只能从“场内”的观点来看宇宙、看人生。唐先生认为，《周易》哲学和怀德海哲学之所以能够连在一起作对比研究，就是因为它们的一切观念都是由“场内观”所导出来的，它们基本上都是一种场有哲学。也就是说，场有思想即相对相关性思想是二者所共有的形上根据，也是它们共同的方法论——它们基本的思想形式。无论是《易传》里的“太极”，还是怀德海形上学里的“神”，都不是一超越万物而非与万物互为依存的独立实体或绝对存有。这种神与万物亦有相对相关性的思想，在西方传统的形上学里乃是不可想象的。

唐先生认为，任何思想进路或思维方式在其根源处都是一种“形上姿态”的表现，“场内观”与“场外观”的区别和对立亦不例外。“形上姿态”是贯穿唐著的一个中心观念。它指的是生存在场有之中的人面对宇宙人生所采取的基本态度，这个态度是就人与场有之终极关系而言的，它就是人的思想和行为方式之最后根据。在这里，“形上”是形以上或形之上的意思，“形上”和“形下”的分别也就是《易传》所谓“形而上者谓之道，形而下者谓之器”的区分。“姿态”显然是一主体性的概念，它是指作为主体的人面对周围世界所采取的回应和裁定的方式。形上姿态不是指人的形躯在现实时空中所呈现的姿态，而是指人的精神生命面对宇宙人生所采取的姿态（亦即根本观点和态度）。“形上”两字已被普遍地用来翻译西方哲学中的 metaphysics（亦即形上学）。Metaphysics 乃是一门探究“终极”哲学问题的学问，“我们在‘姿态’上面加上‘形上’两字为的正是这‘终极’的含义，因为我们所要表达的乃是人与场有之间的终极关系”。这些哲学语言虽然较富思辨性，但是我们仍然可以看出唐先生是十分重视世界观的决定意义和强调世界观与方法论之统一的。

发掘与重建蕴含于泰古哲学语言中的根身性相学，或许是唐先生这部著作中最有特色的部分，它也最典型地体现了本书的方法——回到人类经验源头的方法，代表了一种与现代解构主义、离中心主义相抗衡的“奠基主义”（foundationalism）的思想进路。

所谓“根身”即指我们这具能直立走路的形躯。唐先生认为，泰古哲学在本来的意义上也就是泰古人的“根身性相学”，即泰古人自我反省其根身生长变化的基本性相的学问。泰古人素朴的哲学思想乃是名副其实“脚踏实地”的哲学思想，因为它完全是以根身为出发点的。泰古哲学语言即“依形躯而起念”的哲学语言，它是有迹可寻的人类经验的历史源头。正是在这个意义上，唐先生认为《周易》去古未远（相对今天而言），其中还保留着某些泰古哲学语言的痕迹，可以作为研究泰古人的根身性相学的重要依据。他也是从这一特定的意义来对《周易》进行诠释的。

例如，对“易有太极，是生两仪，两仪生四象，四象生八卦”几句话，唐先生是这样解释的：在泰古哲学的素朴语言里，“太极”指的原是我们这具能直立走路的形躯。“太”的原意为大。直立的形躯乃是人的躯体生长发展的极端，所以“太”“大”和“极”原是同义语。“易”的概念原也是指我们这具形躯——这具能屈伸进退、动静变化的形躯。“易有太极”就是说屈伸进退、动静变化（易）乃是以直立的形躯（太极）为中心、为本的。而这具为“易”之本的直立形躯也同时是为形躯所本有或依形躯而有的一切相对性（如屈伸、曲直、上下、前后、左右、内外等等）的根源，所以在“易有太极”后面接着说“是生两仪”。“两仪”原是指屈伸或曲直——我们形躯的两个最基本的仪态。形躯之伸直则向上而朝天，形躯之屈或曲则向下而接地，由此又引出天地、乾坤的概念。天地、乾坤乃是一切相对性之根源，所以“两仪”也泛指一切以天地乾坤为本的相对性。人生活的环境就是由乾坤（两仪）相反相成的相对性所决定的，宇宙间的一切名相也是通过乾坤的相对相关性而开显的，所以《易传》说：“两仪生四象。”“四象”也就是“四方”之象。四方，即前后左右四个方向，它们是由直立的形躯而决定的。《易传》以“四方”来指以形躯为中心的环境，当人顶天立地般站立起来的时候，也同时是事物在他四周豁然开显的时候。那么，“四象生八卦”又是指的什么呢？唐先生认为，“卦”的原义就是“挂”，“挂”在天地之间的当然只能是我们四周所开显的现象了。所以在《周易》经、传中，“卦”和“象”是相通的，“八卦”即“八象”。“八卦”的原意不是指八种现象而是指“八方”之象，即四面八方所垂之象。“八方”乃是指东南西北四个方位和东南、西南、东北、西北四个方位之和。换句话说，“四象生八卦”这句话基本上是泰古人对方位经验的描述。把“八卦”说成是乾、坤、震、巽、坎、离、艮、兑八种符号，或天、地、雷、风、水、火、山、泽八种自然现象，父、母、长男、长女、中男、中女、少男、少女八种人伦关系等观念都是后来演变而成的。

经过这样的诠释，泰古人的哲学也就是他们的根身性相学，即反省其根身（形躯）生长变化的基本性相的学问。此根身性相学不仅涵摄一宇宙论，而且也涵摄了他们的心性论，因为在中国传统哲学中宇宙论和心性论是不可分的，而把这两方面联结起来的枢纽正是我们这具能屈伸变化的形躯。

在场有哲学中，“两仪”的“仪”字被赋予了更为普遍的意义，用它来指一切事物所表现的姿态和情状，此姿态和情状包括身、心和我们周围的事物，因为在泰古哲学语言中“身之仪”“心之仪”和“事物之仪”本是统一不可分的。唐先生通过分析《易传》的“阴阳”“刚柔”概念和《中庸》的“至诚”“致曲”概念来说明宇宙论和心性论的密切联系。“刚柔”是指形态直曲，“阴阳”是指光的向背，它们都是扣紧人的形躯的活动而言的。《中庸》所讲的“诚”乃是一心性论的概念，而“诚”的本来含义就是“直”。“诚”是人的生命里追求自我完成的力量，生命的自我完成乃是与活动的“一致性”联系在一起的，此所谓“一致性”就是指基本方向的始终如一和活动过程的持续不断，而这也正是“直”的涵义。只讲“至诚之道”还不够，《中庸》又讲“其次致曲”。“曲”原也是指形躯的状态而言。“曲”并非只有负面的价值，人的形躯的许多操作与活动必须依靠不同程度的弯曲状态才能完成。这就是《中庸》“致曲”之道的本义。以“至诚”为体，还须以“致曲”为用，才能真有所成。所以，《易传》所讲的“一阴一阳”之道和《中庸》所讲的“至诚”“致曲”之道原是相通的，所不同的是《易传》讲的是宇宙论，而《中庸》则是讲的心性论，其原初的意义都是与泰古人对于人的形躯的活动变化之观察、体验联系在一起的。

唐先生认为，身心不二、体用一如可以说是泰古哲学的不二法门。泰古人没有孤立的意识心的观念，在他们看来，心不过是依于形躯而有的一种灵明作用罢了。在后世哲学的发展中，只有中国哲学较多地保留了泰古哲学身心、身物、心物一体相连的中道精神，这尤其突出地表现在中国哲学有关根身与道身之关系的认识方面。“道身”是指人的精神生命，人所面对的意义世界乃是通过人的精神生命而开显的。由于每个人的精神生命所采取的形上姿态不同，它所开显的意义世界也就不同。按照中国哲学的观念，道身起于根身而超越根身，但在超越中仍与后者保持着相即不离的关系，唐先生称之为“超切”关系。“超切”即超越与依存的统一。道身与根身的相互依存表现在：一方面人的精神生命乃是建筑在根身的肉体生命之上，离开了肉体生命就无所谓精神生命可言；另一方面，人的精神生命又能够反过来影响人的肉体生命，儒家哲学中“以德润身”的修身思想和道家哲学中“复归其根”的养生思想，都是讲的后一层意思。

根身与道身的异化和二元对立，在西方和印度主流哲学的发展中都表现得十分突出，在具有此种倾向的哲学家们看来，人的精神生命（道身）的确立必然表现为对于肉体生命（根身）的敌视或卑视，而在中国哲学中，根身与道身的异化和两极对立不仅在儒家思想中不存在，在道家思想中亦不可见。以肉体形躯为“臭皮囊”的观念乃是来自佛家。唐先生认为，根身与道身相即不离的“超切”关系是中国哲学自《周易》以来的根深蒂固的观念，这一观念在某种意义上也决定了中国人文传统的基调。

通过发掘泰古哲学原意寻回自己精神生命之根，固然是唐先生建构场有哲学的重要依据，但是他也并非只是一味地向后看、“向万古回归”，事实上他也不能不关心现代文明的发展，特别是“五四”以来一直争论不休的中西哲学与文化的异同、中国传统文化的省思及其未来发展这些深具时代性的问题。全书最后一章，讲的是人类文明格局辩证的自觉，突出的是讲以“易印文明”为本位的中国文化传统，怎样在当今“大开大合”的时代吸收其他文明格局的精华而获得民主、科学与富强，使现代文明的基本条件在中国文化中生根。他以此为“场有哲学的归结”。这位华裔哲学家的一片苦心，他的真正关怀所在，我们还是可以看得相当清楚的。

唐先生关于文明格局辩证自觉的理论，建基于他的仁材交涉的人性论或心性论。他认为，仁性与材性是人性中的对立的两极。仁性就是生命自我肯定、自我承担和自我负责的本性，亦即孟子所谓的“良知良能”。材性除了荀子所说的“材性知能”含义外，也兼指作为材性知能的内在原动力的一切自然爱欲，包括占有欲、权利欲、权力欲等等。把“材知”和“爱欲”连结起来，这就是古希腊思想中“爱罗”（Eros）一语的含义，所以他又把材性称之为“爱罗心性”。唐先生认为，仁性与爱罗的分别可以归结于关怀之情与惊异之情的分别。对自己生命的关怀和对自己以外的一切生命的关怀及由此产生的责任感乃是仁的本质；爱罗惊异则起于对异己对象的神秘感和好奇心，并由此产生捕捉、征服、占有异己对象的欲望。与爱罗惊异联系在一起的对异己对象操纵控制的意图、深入探索的兴趣和由此磨炼出来的分析、把握异己对象的智慧，乃是科学发展的前提。不惟科学，西方近代以来的民主政治也是与以爱罗心性为基础的控制性智慧联系在一起的。近代西方人民主、自由、平等的思想乃是奠基于个体权利的观念，而个体权利观念正是材知爱欲（权利欲、权力欲）理性化的结果。

唐先生认为，仁性与材性（爱罗）是人性中相反相成的两个方面，如何认识和说明它们之间错综复杂的辩证关系乃是人性论的中心课题。遗憾的是历史上东西方哲学中的人性理论都难免有以偏概全的倾向，都是一种“半边人性论”。以儒、道、佛三家为代表的中国文化基本上走的是一条以仁性关怀为主体的道路，尽管它们对仁的理解及其确认的层次有很大的差异。由于片面着眼于从同体感通之仁的立场来考察人生，中国哲学对人性的另一面——爱罗心性（材性）缺乏深切的体认和客观的了解，更多的只是看到它的负面价值。然而，没有起于爱罗惊异的求知热情和探索精神，又怎么能有科学的发展？没有对实存个体的权利和欲望的尊重、肯定及合乎理性的限制，又怎么能有民主的开出？中国哲学以仁性关怀为主体的“半边人性论”自然有其广大高明之处，但它带来的负面影响也是十分明显的。

在西方文化的发展中，爱罗心性始终占主导地位。西方文化中自然科学与逻辑学的发达、对个体权利的尊重和以此为基础所确立的政治体制，可以说无不与爱罗心性的特质有关。但是，爱罗心性的过分膨胀也必然带来严重的危机，这种危机突出地表现在两个方面：一是“虚无的危机”即“意义的危机”，二是“暴力的危机”。爱罗心性是以对异己对象的追逐为能事的，在这种追逐中它永远无法得到满足，由此必然带来安身立命的无着和意义的虚无。另一方面，本能地倾向于以自我为中心，追求爱欲、占有欲、权利欲的满足的爱罗心性又是一切暴力的根源。

场有哲学所要建立的是一种“仁材并建”的人性论。这种人性论的建构之所以必要和可能，乃是由于“生命是一同体的事实，也是一异隔的事实，同体与异隔、感通与对执的相离相合、相反相成正是生命之所以为生命的特质”。一切文明创造，从心性的层次上说，都不过是仁性与材性在具体而特殊的社会环境和人文环境中的实现与落实，都不过是“仁材两极和光相配之事”。“半边人性论”只能代表

“有偏”的文明，“仁材并建”“无偏”的人性论的阐发和开显，乃是纠正中西文明的偏失，使之更趋于合理化、理性化的一个不可缺少的环节和方面。落实到中国文化来讲，中国传统人性论、心性论最大的缺陷就是未能把仁性与材性分开来看，因而也就未能深入探讨爱罗生命的本质。中国哲人往往是把材性的价值化约为仁性的价值，把基本上属于材性的问题当作仁性的问题来处理。唐先生认为，在中国文化和中国哲学的未来发展中，一个基本问题就是如何自觉地、辩证地在仁性关怀的本位精神上安立和成全（不是现代新儒家所讲的“开出”）爱罗生命，亦即正确地认识和处理材知爱欲的问题，缺少这一环节，科学和民主就很难在中国文化中生根和成长，从另一方面说，如何在充分地正视和发挥爱罗生命的创造力的同时，又成功地避免伴随着爱罗生命的自我扩张所可能出现的虚无和暴力的危机，也将是对中国文化的一个严峻考验。

唐先生的上述观点我不见得都能赞同，但是它确实为我们思考许多根本的哲学和文化问题提供了一条新的思路，成为卓然自成一家之言的哲学系统，读后颇能启人心智。场有辩证法虽然不如唯物辩证法全面深刻，但是它把时位观念和相对性原理格外突显出来，对于破除那种旧的形而上学的宇宙观和绝对主义的思想方法确实作出了重要贡献。它的不足是没有进一步说明相对和绝对的辩证关系，从而在理论上和相对主义划清界限。回到人类经验源头的根身性相学、仁材交涉的人性论等也都包含了不少合理因素，我们虽不见得都能同意唐先生对他所引述的“泰古哲学语言”的解释，但是肯定泰古人对周围世界的认识往往是从直接经验出发“近取诸身”，由近及远，这是符合人类认识发展的规律的。关于人性问题，马克思主义强调不能离开现实的人的具体的社会关系来抽象地考察和研究。在某种意义上来说，“仁材交涉”的人性论还是一种抽象人性论。但是，我们不能因此而完全否定它的理论价值，因为仅从阶级性出发并不能说明有关人性的一切问题，例如中西文化的差异和精神文明的不同类型的问题；揭示人性中有对立的两极和要求自觉地处理好二者的辩证关系，对于人的全面发展和人类文明的合理建构都是有重要意义的。唐先生是一位美籍华人，他即将在国内发表和出版的这部中文著作无疑地属于“中国哲学”的范畴，它以其独特的思想进路、创新的哲学语言和完整的理论系统而在现代中国哲学中确立了自己的一席之地。我们很高兴地看到现代中国哲学百花园中又增添了一朵异彩的奇葩。

场有哲学的构思显然受到怀德海哲学和海德格尔哲学较深的影响，它同时融合进去了大量中国传统哲学的智慧，作者运用追溯“泰古哲学原意”的方法也更多的是以《周易》《道德经》等中国哲学典籍为素材，因此使本书呈现出来的面貌是富有中国作风和中国气派的，也可以说是已经中国化了的。马克思主义哲学也有一个中国化的问题，它同中国传统哲学之精华是完全可以做到水乳交融地结合在一起的，惭愧的是我们过去在这方面并没有拿出多少够水准的研究成果来。相比之下，一些非马克思主义哲学家在将现代西方哲学和中国传统哲学相结合方面所做的工作，倒是可以作为我们的借镜。我过去提到过冯友兰的“新理学”，唐先生的“场有哲学”也是一个很好的范例。

对于相当一部分读者来说，阅读唐先生此书可能是不轻松的，主要困难之一在于书中有一整套作者自创的哲学名词、概念，不了解其涵义是很难把握本书独特的思想进路的。因此，最后我想提一个建议，希望唐先生本人或深契其思想的其他学人，能抽空编一本《场有哲学辞典》或《场有哲学名词解释》，帮助读者疏解阅读中的困难，那么它的哲理之光将能照亮更多人的心扉。

1990 年 8 月

（《周易与怀德海之间——场有哲学序论》，唐力权著，辽宁大学出版社 1991 年 3 月出版。序文曾节要发表于《周易研究》1992 年第 4 期）

《中华文化集粹丛书·哲人篇》序说

《中华文化集粹》丛书是为广大青少年编写的一套读物，其主旨是要阐扬中华文化之宏大精美，展示它的丰富内容，概述它的发展历程，帮助广大青少年了解祖国的历史文化，激发起他们强烈的民族自豪感和爱国主义热情，在继承前人优秀成果的基础上，去创造更加美好的新中华和中华新文化。

《哲人篇》作为这套丛书中的一种，它的内容就是要介绍中国历代先哲的思想，他们怎样以理论思维的方式去把握宇宙和人生的真理，把握时代精神的精华。中国哲学在中国文化中处于核心的地位，其他一切文化形式和文化产品，无不受到哲学思想的影响，无不体现了一定的哲学观念和方法。中国哲学本身也多不是纯粹的抽象思辨，而是和社会政治伦理、文学艺术、科学技术等紧密联系在一起的。

中国哲学源远流长，学派众多，哲人辈出，在两千多年的历史发展中留下了丰富的文献典籍和思想资料。这一本书应该怎样写？我反复考虑了很久。一般说来，给青少年的读物应该写得通俗生动些，最好多讲一些寓含哲理的故事，既可启迪智慧，又能引人入胜。但是这样写就不免挂一漏万，很难反映中国哲学发展的整体面貌，也不容易写出每个哲学家的独特贡献所在，而且有可能影响对其哲理深度的揭示。七年前，中国青年出版社已经出版过一本我主编的《从孔夫子到孙中山——中国哲学小史》，对于每一个哲学家，那本书就是从生动的故事开始写起的，但不可能全部讲故事，下面还是注意全面地介绍他的哲学思想，特别是突出他在哲学史上贡献了一些什么新的东西。这本书的内容，也是从孔夫子到孙中山，如果还那样写，就难免重复，所以我想尝试一种新的写法，即以介绍中国历史上著名哲学家的哲理名篇、名段、名句为主，让青少年朋友直接诵读先哲们最精彩的作品，直接倾听他们的心声，体味、欣赏他们深刻的思想。为了使青少年能够读懂、好记，我们所选的每篇、每段文字都不长，都有明确的主题，前面有对作者的“生平、著作、思想简介”，后面有对选文的“注释”“今译”和“简析”，并对选文中所包含的“主要哲学概念、命题”作一提示。通过这些辅助材料，自学者基本上能够读懂，把握住它的中心思想。

对于民族文化中最优秀的东西，我主张在青少年时期还是要尽可能地多记忆、背诵一些，把它们深深地印在脑海里，作为知识的据点，开拓新知的基础，这将是一辈子受用无穷的。背诵一些脍炙人口的古典诗词是这样，牢记一些包含着深邃智慧的哲理名篇、名段、名句、名言也是这样。诸如“知己知彼，百战不殆”“学而不思则罔，思而不学则殆”“祸兮福所倚，福兮祸所伏”“敌存灭祸，敌去召过”“世异则事异，事异则备变”“竞争生智慧”“行其所不知以致其知”等等，所教给我们的不仅是一种生活的智慧，而且还启示我们一种正确的思维方法，真正把握住了它的精神，我们就可以在行动上少犯错误，在各种事业中做出更大的成就。有些明显错误甚至违背常识的哲学命题，在历史上也很有名，例如“白马非马”“彼亦一是非，此亦一是非”“天不变道亦不变”“物不迁”“得意在忘象，得象在忘言”“宇宙便是吾心，吾心即是宇宙”等等，我们弄清楚它是怎样提出来的，是怎样进行论证的，其错误实质和论证方法上的诡辩何在，应该怎样去批判、克服它，那么我们就受到了一次极好的理论思维的锻炼，提高了判断和抵制错误思想的能力，这对于正在成长中的青少年来说，将是一笔十分宝贵的财富。哲学是在斗争中发展的，我们还可以直接从先哲们批判各种错误思想的斗争中学到许多东西，例如荀子、柳宗元、刘禹锡对天命论的批判，王充对天人感应神学目的论的批判，范缜对佛教神不灭论的批判，张载对追求虚无、空寂的佛道唯心主义的批判，陈亮对复古倒退历史观的批判，王廷相、王夫之、颜元、戴震对理学唯心主义的批判，李贽对假道学的批判，严复对中国封建主义旧学的批判，孙中山对“知易行难”和“知行合一”说的批判等等，都留下了一些精彩的哲学论战名篇，许多深刻的哲学思想、光辉的哲学命题，就是在这些传世名篇中阐发出来的，例如荀子“制天命而用之”的思想、范缜“形质神用，形谢神灭”的思想等等。此外，中国历史上各种典型的社会思想，诸如“民贵君轻”“民胞物与”“小国寡民”“兼相爱，交相利”等等；哲学史上一些著名的论争，例如禅宗传法偈之争、朱陆鹅湖之争等等，都不仅给我们以历史知识，而且包含着哲学智慧，熟知这些内容，对于提高我们的理论思维水平，开发、扩大知识领域都是十分有益的。总之，反映民族传统之精华和各个时代的时代精神之精华的哲学思想，将为广大青少年了解中华文化提供一些深层的最本质的东西，我希望他们通过学习、借鉴先哲们的思想遗产而变得更加聪明起来。

我邀请李兰芝副教授合作编写本书，她为此付出了辛勤劳动，做了许多基础性的工作。本书的总体框架和各篇、各段选文是由我确定的，全书文字最后亦由我斟酌定稿，所以，对于书中的缺点错误，我应负主要责任。杨志刚同志为本书画插图，他的妙笔为本书生色不少。本书的责任编辑李志刚同志，七年前也是《从孔夫子到孙中山》一书的责任编辑，他的热心推动和帮助是本书得以完成的重要因素之一。对于几位合作者我都表示衷心感谢。

1991年5月10日

（《中华文化集粹丛书·哲人篇》，方克立、李兰芝著，中国青年出版社1991年10月出版）

《道家、方士与王朝政治》序

1985年11月，在我的故乡湖南湘潭召开了首次全国老子学术思想讨论会。这次会议在学术史上的重要贡献之一，是突出地提出并讨论了老子和道家思想在中国传统文化中的地位问题。针对海内外颇为流行的“儒家主干说”和80年代重新泛起的“复兴儒学”的主张，部分学者根据历史事实，在会上大讲“儒道互补”，并明确提出了“儒、道两家思想共同构成了多源汇流的中国民族文化传统之主干”的论点[①]。在会上、会下和会后，这一论点得到了众多中国文化研究学者的认同。近年来，关于中国传统文化主干问题的讨论又有了新的发展，以陈鼓应先生为代表的若干学者，进而提出“道家主干说”[②]，已在国内学术界引起热烈讨论。在讨论中，这种观点亦被批评为“多少有些偏狭”[③]。“儒家主干说”“道家主干说”和“儒道同为主干说”，到底哪一说更符合中国思想史的实际呢？这对于正确认识中国传统文化的性质和特点，明确批判继承的任务，改造“国民性”，建设有中国特色的社会主义新文化，决不是一个可有可无的问题，很有必要就此展开深入讨论，以推动中国文化的研究。

---

① 参见方克立《儒、道两家思想构成了中国文化传统的主干》，《求索》1986年第1期。

② 陈鼓应：《论道家在中国哲学史上的主干地位——兼论道、儒、墨、法多元互补》，《哲学研究》1990年第1期。

③ 李存山：《道家“主干地位”说献疑》，《哲学研究》1990年第4期。

在湘潭会上，我读到了不少好文章，包括湘籍青年女学者吕锡琛写的《老子思想与贞观之治》一文。该文以唐初贞观君臣之言行等大量思想素材，具体而清晰地说明了老子“清静无为”的思想，在某些特定的历史条件下，能够对中国封建王朝政治产生重要的影响，取得与民休息、发展生产、繁荣经济、国泰民安的积极社会效果。汉初有“文景之治”，唐初有“贞观之治”，宋初、明初君主自觉推行道家的治平之术也在不同程度上取得了类似的社会效果。那次会议上的许多论文，还从政治、经济、科学技术、文学艺术、哲学思维方式、人生智慧等各个方面，具体论述了老子和道家思想对中国历史发展所作出的贡献及其某些消极的影响，这种多面展开的具体、专门的研究，对于正确认识道家思想在中国传统文化中的地位是很有益的。

我读了吕文之后，当时还谈过另一点感想，就是它启示我们：思想史研究应注意和社会政治史、经济史、科技史、文化史的研究相结合。列宁曾经说过：“从逻辑的一般概念和范畴的发展与运用的观点出发的思想史，这才是需要的东西！”① 这说明注意对思想的内在结构和逻辑演进，对概念、范畴之辩证发展和运用的研究是十分必要的。但是，我们也不能忘记：“观念的东西不外是移入人的头脑并在人的头脑中改造过的物质的东西而已。”② 思想、观念的源泉只能到客观物质世界和社会存在中去寻找。社会存在决定社会意识；社会意识一经产生，又会对社会存在发生反作用，促进或者阻碍社会的发展。从思想对社会存在的反映和反作用这两个角度，我们都应特别注意思想史和社会史之间的联系，通过社会政治史、经济史、科技史、文化史等等的研究，去说明一种思想、学说在特定历史条件下何以必然产生，它所反映的社会物质生活内容是什么，它在后世产生过何种影响和作用。这些都是就思想谈思想、对它进行纯逻辑的研究所不能

① 《列宁全集》第38卷，人民出版社1959年版，第188页。

② 《马克思恩格斯全集》第23卷，人民出版社1973年版，第24页。

解决的问题。思想史研究者应该扩大自己的视野，更多地学习和积累社会物质生活史和政治史等方面的知识，加强对这些方面的研究，这对更好地贯彻历史唯物主义原则、科学地说明各种思想史现象是有重要意义的。

湘潭会后，吕锡琛同志循着思想史和社会历史研究相结合的路子，就道家、道教、神仙方术和中国封建王朝政治的关系问题，进行了系统的资料搜集整理和研究工作，经过几载辛劳，终于写成一本近30 万字的专著。这一课题前人还没有做过，研究起来有相当的难度，本书作者表现出了勇敢的探索精神，不仅敢探新路，而且多有不同于前贤的见解发表。本书所说的道家，沿袭传统习惯包括道教在内，而道教和从古代巫术演化而来的神仙方术又有着密切的渊源关系。本书作者指出，曾经被当作儒家学说之一部分的天人感应论、灾祥说和谶纬迷信，事实上与这派学说更加接近，谶纬乃是从方士的思想、信仰、方术过渡到道教经书的一个重要中间环节。产生于中国本土的儒家、道家和神仙巫术，在后来的历史发展过程中有着错综复杂的互相渗透和融合关系，作者认为董仲舒的新儒学实质上就是一种“以巫史、方士的天人感应、阴阳五行思想为核心和骨架，以儒家君臣父子、仁政德化观念和黄老道法自然、君道无为宗旨为血肉”的“三合一”的思想体系。这些见解对于认识儒、道思想的历史地位和作用无疑都是有重要意义的，至少是提出了很值得重视的一家之言。由于本书论述的对象包括道家、道教和神仙方士的活动，道家中既包括老子、庄子的学说，也包括黄老新道家的理论，因此在考察其对封建王朝政治的影响时，作者十分注意具体问题具体分析，全面论述其正、反两个方面的效应和作用，一切结论都以充足、翔实的历史资料为依据，力图防止主观性和片面性。作为一个青年学者，我认为在其学术研究起步时所表现出来的学风是良好的。

本书是中国道家文化研究的一项颇具特色的最新成果，它的出版是值得庆贺的。关于道家思想在中国传统文化中的地位，它对中国历史发展所产生的积极和消极作用，对中华民族心理和性格形成的深刻影响，是一个值得进一步深入研究的课题，我期待着在这方面有更多优秀的专门研究论著问世。

1991 年 8 月 20 日

（《道家、方士与王朝政治》，吕锡琛著，湖南出版社 1991 年 12 月出版。序文曾发表于《管子学刊》1992 年第 1 期）

《儒家传统的现代转化》编序

一

杜维明，1940年生于云南省昆明市。1961年毕业于台湾东海大学。后获得哈佛—燕京奖学金赴美留学，1968年获哲学博士学位。曾先后任教于普林斯顿大学和加州大学伯克莱分校。1981年始任哈佛大学中国历史和哲学教授，并曾担任该校宗教研究委员会主席、东亚语言和文明系系主任。现任夏威夷东西文化交流研究中心主任。

杜维明先生是继唐君毅、徐复观、牟宗三之后的新一代现代新儒家的主要代表人物之一。他自称“1966年我决定全力从事对儒家的精神价值作长期的探索并以此作为自己专业研究工作”，又说：“我愿意把自己探索文化认同的努力刻画为具有‘儒家’特性的学术工作。”① 作为一名以探索和弘扬儒家思想的精神价值为己任并以儒学传统的新一代传人自居的现代学者，他有着一帆风顺的学术经历，受过良好的中西文化和哲学的训练，善于运用新的方法、语言和结合现代人的存在感受，对儒家思想进行一种现代诠释和阐发的工作。同时，他也是中国大陆学术界所最熟知的海外学人之一。

杜维明第一次来中国大陆进行学术交流是1978年秋。1980年他在北京师范大学历史系进修、讲学长达九个月。1985年春，他又

① 杜维明：《人性与自我修养》“导言”，胡军、于民雄译，中国和平出版社1988年版。

以富布莱特访问学者的身份到北京大学访问半年，在哲学系开设了一门“儒家哲学”课程。同时，他还曾到我国南北十几所大学和科研机构进行学术访问和讲学，并利用出席学术讨论会、座谈会、讲习班和发表文章、访谈等各种场合和方式，宣扬自己有关“儒学第三期发展”的主张，使“儒学复兴”说成为80年代中期文化讨论中的热门话题，并引起热烈争论。近年来，杜维明频繁出席在世界各地和中国大陆举行的有关中国哲学和中国文化的各种学术研讨会，在会上阐发自己的见解，正如他所表白的，这类见解的基本立场可以归属于“儒家”。

杜维明先生曾以研究宋明新儒家思想而成名，但是进入80年代以来，他讲得最多的还是儒家思想的现代意义和儒学第三期发展的前景问题，时间则以1982年夏天在新加坡和1985年在中国大陆期间最为集中。[①] 杜在中国大陆学术界的影响也主要在这一方面。在新儒家阵营中，在各种不同的场合以各种不同的形式、在与各种不同的对象（中老年学者和青年学者、专业学者和非专业学者乃至新加坡政府的高级官员）的对话中阐发儒家思想的现代意义和儒学第三期发展的前景问题，可以说是杜维明学术思想的一大特色。所以在这部“论著辑要”中，我们适当地突出了这方面的内容。

二

杜维明自述：他提出和探讨儒学第三期发展的前景问题，乃是“针对列文森在《儒教中国及其现代命运》一书中断定儒家传统业已

---

① 杜维明1982年夏天在新加坡期间的演讲、座谈等等，收入1989年生活·读书·新知三联书店出版的《新加坡的挑战：新儒家伦理与企业精神》（高专诚译）一书。1985年在中国大陆期间的有关文字，则收入1989年台湾联经出版事业公司出版的《儒学第三期发展的前景问题》一书。

死亡一结论而发”[①]。列文森（Joseph R. Levenson）是美国加州大学伯克莱分校历史系教授，他在三卷本巨著《儒教中国及其现代命运》中认为：儒家思想“在产生它并需要它的社会开始瓦解之后，它成为一片阴影，只栖息在一些人的心底，无所为地只在心底象古玩般地被珍爱着”[②]。杜认为，列文森的观点颇具代表性，因为“这是一条为许多治现代中国思想史的学者所遵循的思路”[③]。

显然，对儒家思想的现代命运及其未来走向的论定必定是基于对于历史上儒家学说的思想特质及其真髓的理解和把握。在杜维明看来，列文森把“儒家传统”和“儒教中国”混为一谈是不妥当的，因为“儒家传统和儒教中国既不属于同一类型的历史现象，又不属于同一层次的价值系统”[④]。“儒教中国”可以理解为“以政治化的儒家伦理为主导思想的中国传统封建社会的意识形态，及其在现代文化中各种曲折的表现”[⑤]。人们通常所说的“封建遗毒”就是指儒教中国而言。杜维明并不否认历史上儒教中国的形成和发展与儒家传统之间有着密切关系，他所强调的是：不可以把儒家传统归之于儒教中国（封建社会的意识形态及其遗毒）加以解释。他指出：尽管从发生学上来看，儒家传统的形成与以农业为基础的自然经济、以家长为标准的官僚制度和以家族为中心的社会关系密切，但却不可以把儒家思想还原为“以农立国论、家族主义或官僚主义”，因为那样就“忽略了

---

① 杜维明：《儒学第三期发展的前景问题》，台湾联经出版事业公司1989年版，第303页。

② 转引自杜维明《探究真实的存在——略论熊十力》，《近代中国思想人物论——保守主义》，台湾时报文化出版事业有限公司1980年版，第325页。

③ 杜维明：《探究真实的存在——略论熊十力》，《近代中国思想人物论——保守主义》，台湾时报文化出版事业有限公司1980年版，第326页。

④ 杜维明：《儒学第三期发展的前景问题》，台湾联经出版事业公司1989年版，第298页。

⑤ 杜维明：《儒学第三期发展的前景问题》，台湾联经出版事业公司1989年版，第296页。

其伦理宗教的性格”。作为中国历史思想的主流，儒家思想固然深深地植根于传统中国的经济、政治和社会之中，“然而，即使这些根柢全被摧毁，吾人亦不能就归结说，儒家思想因此而丧失其所有的人文关切”。人们在其中所发现的并不是某种一成不变的古代智慧，而是“人文睿智的宝藏”，“这些人文睿智对他们的存在是充满意义的，也关系到他们对现代世界之重要问题的认知”。[①]

儒家传统与儒教中国的区分，在于强调儒家传统具有历久常新的恒常价值，它不会伴随着儒教中国的解体而消亡。那么，应该怎样概括儒家传统的基本精神呢？杜维明指出：“儒学基本的精神方向，是以人为主的，它所代表的是一种涵盖性很强的人文主义。这种人文主义，和西方那种反自然、反神学的人文主义有很大不同，它提倡天人合一、万物一体。”这种人文主义，是入世的，要参与现实政治，但又不是现实政权势力的一个环节，它“有着相当深厚的批判精神，即力图通过道德理想来转化现实政治，这就是所谓‘圣王’的思想。从圣到王是儒学的真精神”[②]。像他的前辈们一样，杜维明强调内圣之学是儒家全部理论的核心和出发点，“儒学人道主义最关心的基本问题之一就是如何通过自我努力而成为圣人”[③]。儒家内圣之学的理论基础就是心性之学，因为“成圣（最可信、最真实、最诚实的人性）的理想的实现，依赖于对真实人性的本体论的理解”[④]，这种理解不仅仅把人看作一种生物的和社会的存在，而是把人的存在及其本质提

① 参见杜维明《探究真实的存在——略论熊十力》，《近代中国思想人物论——保守主义》，台湾时报文化出版事业有限公司 1980 年版，第 325 页。

② 杜维明：《儒学第三期发展的前景问题》，台湾联经出版事业公司 1989 年版，第 10 页。

③ 杜维明：《人性与自我修养》，胡军、于民雄译，中国和平出版社 1988 年版，第 102 页。

④ 杜维明：《人性与自我修养》，胡军、于民雄译，中国和平出版社 1988 年版，第 102 页。

升到道德宗教的层面加以探讨。

强调儒家内圣之学的超越性即宗教性内涵，在唐君毅、牟宗三等人的思想理论中已表现得十分突出，杜维明对于这一点亦有较多的论述。他认为在历史上儒家思想的发展中，“不仅孔子，包括孟子、荀子，都有相当强烈的宗教情操”[①]。儒学是一种人文主义、一种哲学人类学，但此种人文主义既不排斥超越层面的“天”，也不排斥现实层面的社会与自然，所以说它是“一种涵盖性很强的人文主义”。在天道与人道的相互关系上，儒家主张“超越而内在”而不是“超越而外在”，认为“你越能深入自己内在的泉源，你就越能超越”[②]，孟子把这一特定的理路称之为“掘井及泉”。在儒家思想中，超越性与现实性不可分割地联系在一起。儒家要通过现实世界来体现它广大高明的人文理想，而不是像基督教那样，主张离开这个现实的世界另造一个天国。所以，儒家思想一方面并不缺少超越的层面，另一方面又具有强烈的现实感和入世精神，力图通过社会实践和政治参与，“内在于现实世界并转化之”。

所谓“内在于现实世界并转化之”也就是“以道德理想转化政治”，这就是儒家的“圣王”理想。问题在于：“‘圣王’是中国儒家的最高理想，而实际上的表现，则是政治化的儒家，即不是用道德理想转化政治，而是在通过其他途径取得政治权力后，用政治来干预、歪曲学术，使‘道统’变为统治者对人民进行思想控制的工具。”[③]对历史上儒家思想的这一凄惨命运应该如何解释？儒家的人文理想为什么会在现实中落空？这与儒家思想的内在本质有无必然的联系？杜

① 杜维明：《儒学第三期发展的前景问题》，台湾联经出版事业公司 1989 年版，第 182 页。

② 杜维明：《儒学第三期发展的前景问题》，台湾联经出版事业公司 1989 年版，第 188 页。

③ 杜维明：《儒学第三期发展的前景问题》，台湾联经出版事业公司 1989 年版，第 10—11 页。

维明对这一问题并未作出令人信服的说明，他所强调的是必须厘清儒家的象征符号，把“以人文理想转化政权的儒家”和“政权化（或政治化）的儒家”严格地加以区分，认为后者只是儒家思想在现实的权力网络中遭到扭曲和利用的产物，这种扭曲和利用也是导致近代以来儒学衰微的直接原因。

杜维明认为，近代以来儒学受到了“明枪”“暗箭”的两面夹攻。所谓“明枪”是指“五四”以来中国第一流的知识分子对于孔家店“一而再、再而三地痛击”；“暗箭”则是指袁世凯等“借孔孟之名而行复辟之实”的反动军阀、政客对于儒学的利用、腐蚀。在他看来，倡导西化的知识分子对儒家传统的迎头痛击固然是今天儒门淡薄的原因之一，但使得孔孟之道一蹶不振的杀伤力与其说是来自学术文化的批判，不如说是来自非学术、非文化的腐蚀。因为“西化知识分子对儒家传统进行学术文化的批判，其结果对孔孟之道的精义不无厘清的积极作用。相反地，企图利用先圣先贤以维护既得利益的军阀政客，不仅没有达到推行孔教的目标，反而把儒家的象征符号污染了”①。正是以此种认识为基点，他宣称“我甚至把自己看作一个五四精神的继承者”②。作为新一代的新儒家学者，杜对于“五四”运动及“五四”精神的认识显然已与他的前辈们大不相同。

三

对于“五四”时期反传统运动的起因及其历史地位的某种同情的了解并不排斥杜维明对西化论者的批评，且在其思想理论中后一方面

---

① 杜维明：《儒学第三期发展的前景问题》，台湾联经出版事业公司1989年版，第278页。

② 杜维明：《新加坡的挑战：新儒家伦理与企业精神》，高专诚译，生活·读书·新知三联书店1989年版，第11页。

显然占有更突出的地位。

杜认为，“五四”以来西化论者在比较中西文化时，采取了一种地道的“弱者政策”。此所谓“弱者政策”乃是相对于某些欧美学者在文化比较中所尊奉的“强人政策”而言。所谓“强人政策”即指以本民族文化的精华与他民族文化的糟粕进行比较，以突出本民族文化的优越性。与此相反，“五四”以来的西化论者通常是以中国文化的糟粕与西方文化的精华相比较，以突出中国文化的劣根性，所以说是一种“弱者政策”。

是什么原因促使国人采取一种以己之短比人之长的“弱者政策”呢？杜认为，从认识层次上看，其原因有二：一是现代化与西化的混淆。当时还没有“现代化”的提法，“西化即是‘现代化’，这是当时知识分子的共识”①。这样一来，如何以西方现代文化为典范，尽可能迅速地由传统的中国社会进展到西方式的现代社会，就成了人们共同努力的目标。二是文化的有机整体观促使他们必然采取一种极端的立场。依据文化为有机整体的观点，“要拥抱西方现代文化就不能挑三拣四”，所谓“学其长处而去其缺陷”“取其精华而去其糟粕”，乃至“融会中西”都是“讨便宜”的心理在作祟。正是由于把20世纪的欧美社会理解为独一无二的现代化模式和把西方文化视为必须全盘接受的有机整体，所以“五四”以来的西化论者对传统文化采取了全盘否定的立场。

杜维明从“文化认同”的角度批评西化论者的主张。“认同”一词在英文中与逻辑术语“同一性”或“一致性”含义相当，20世纪50年代末期新弗洛伊德学派的艾律克森（E. Erikson）把它引入心理分析领域，认为青少年在人格发展过程中有一个“认同危机”特别强烈的阶段。到了60年代，“认同”概念在欧美学术界已被广泛地

---

① 杜维明：《儒学第三期发展的前景问题》，台湾联经出版事业公司1989年版，第284页。

应用于各种人文科学和社会科学研究领域。“文化认同”概念的提出，旨在说明文化的特殊性和具体性。由于把现代化等同于西化，倡导西化的知识分子们势必认为现代化的进程将把古今中西的差异熔为一炉，将来只有西方的现代文化而不可能有任何其他类型的现代文化。实际上，在现代化的进程中，英、法、德和美国都有其具体而特殊的文化认同，它们的现代文化也表现出差异性。所以，在现代化进程中，西方文化本身就是多元的，“西方多元化所代表的是一些特殊和具体的实例（各有各的文化认同）而不是放诸四海皆为准的一般原则”①。

从“文化认同”的角度来检视民族文化，自然会得出与西化论者截然不同的结论。杜认为，我们既不可以西方现代文化为标准来取舍民族文化，亦不可把传统文化当作业已死亡或僵化的历史陈迹，而应当对传统进行全面而深入的反思，认识其个性，了解其内容，体会其动源，掌握其来龙去脉，“如此方可争取到评价的资格，才能开展批判继承的文化事业。儒学第三期发展的前景问题就是以此为先决条件而提出的”②。

四

关于儒学发展三个时期的划分及第三期发展的使命和前景问题，是40年代末由牟宗三首先提出的（即认为孔、孟、荀至董仲舒为儒学发展第一期，宋明儒为第二期，今则进入第三期），杜维明基本上是接受牟的主张而发挥之，所不同的是：牟宗三是着眼于儒学自身发

---

① 杜维明：《儒学第三期发展的前景问题》，台湾联经出版事业公司1989年版，第293页。

② 杜维明：《儒学第三期发展的前景问题》，台湾联经出版事业公司1989年版，第294—295页。

展的内在联系及其精神方向，杜维明则把它放在世界文化发展的大背景下来加以考察。

关于儒学由先秦至两汉的发展，杜维明援引德国哲学家雅士柏斯（Karl Jaspers）提出的“轴心时代”概念来加以说明。40 年代，雅士柏斯重新考察塑造人类文化的几大精神传统，把印度、中国与成为欧美文化先驱的以色列、希腊相提并论，认为若以公元前 1000 年为上限，在古代的以色列、希腊、印度和中国几乎是同时进入了空前伟大的哲人时代，产生了苏格拉底、老子、孔子、释迦牟尼、犹太教的先知和兴都教的僧侣这样一些轴心文化的开拓者。而轴心文化经过了两三千年的发展已经成为人类文化的主要精神传统，对现代人进行全面而深入的反思就不能不溯源到以色列的犹太教、希腊哲学、中国的儒道两家和印度的兴都教与佛学。进入 70 年代以来，雅士柏斯的观点开始引起欧美学术界的重视。从杜维明的有关论述来看，雅士柏斯的观点对于儒学研究至少有两点启示：一是，“轴心时代”概念的提出及其探讨体现了欧美学者突破“欧洲中心论”和浅薄的“现代主义”之限制的决心，前者表现为他们开始试图把人类文明中主要的精神传统摆在同样的历史地位和学术水平上进行等量其观的探索，后者则表现为他们开始意识到，要深入而全面地理解现代人的生存意义，需要的不是对历史传统的妄自菲薄，而是一种追根溯源的研究和对历史传统全面而深刻的反思；二是，既然儒家思想乃是多元的轴心文化的组成部分，而儒家以外的其他几大精神文明在 20 世纪末期都还有“历久弥坚的生命力”，那么列文森所得出的儒学的生命力已伴随着儒教中国的解体而寿终正寝的论断显然就大可怀疑。

有关儒学第二期发展即宋明儒学的说明和定位，杜维明接受了岛田虔次的提法，认为：“宋明儒学首先可以说是东亚文明的体现，它使得儒学的主流传统从中国文化的主流变成了东亚文化中不可分割的部分，特别是在教育和政治方面。因此儒学可以说是一个在东亚影响相当大的主导思想。”[①] 他认为在人类文明发展史上，儒学在宋明时期的发展对东亚文明所产生的影响，可能比马丁·路德的宗教改革对西方文明的影响还要大。因为“它是使得东亚社会之所以成为东亚社会的主要动源”[②]。历史上儒学能够成功地回应印度佛学的挑战而有第二期之蓬勃发展，难道今天面对西方文化的挑战，就不能够作出创造性的回应而有第三期发展之光明前景吗？

儒学可以有第三期发展最重要的依据还在于儒家思想对于现代社会所具有的意义和价值。杜认为，现代思潮的发展及其趋势是以20世纪人类全体的生存条件、人生意义、社会及文化所面临的危机、未来的展望等课题为出发点的，这些问题的焦点是人的问题。如何对人的问题进行全盘的反省，人道与天道如何结合，也就是说如何建立“哲学的人学”，这已不仅是哲学课题，而且也成为宗教神学的课题。儒学对这一课题可以提供一条线索，这条线索对20世纪乃至21世纪人类的自我反省具有相当重要的启发意义。具体地说，人们曾经特别注意超越的宗教传统，它的重点不是从个人现实存在的具体环境出发，而是以上帝存在或如何达到“涅槃”境界的命题为起点立论的。如果要站在20世纪的基点上重新反省人的问题，就必须从现实具体的人所遇到的存在境遇出发，这正是儒家思想对于其他宗教传统所提出的挑战。因为只有儒家才有这样的信念：人是由各种不同的关系网络组织而成的，但又可以内在于这些关系网络而转化之；人可以在不断扩展的人际关系中实现一种自我超越，最终达到天人合一的境界。此所谓“超越”不是“超离”，而是一种扩展、提升，不断突破自我限制，这也就是所谓“超越而内在”的观念。此种超越而内在的观念

① 杜维明：《儒学第三期发展的前景问题》，台湾联经出版事业公司1989年版，第118页。

② 杜维明：《儒学第三期发展的前景问题》，台湾联经出版事业公司1989年版，第118页。

更能体现伴随着20世纪人类自我反省出现的新人文主义的基本精神。

那么，我们可以问，在现实社会的具体发展中，儒家思想的现代意义是否已经具有某些见证或已经引起人们的关注呢？杜维明的回答是肯定的。首先在中国大陆“已经看到了一些消息”，这就是：在经过了对封建意识长期、深入的批判以后，有一部分学者开始在比较平实的心态和深厚的学术基础上，从探求、发掘的角度对儒学进行有益的研究。杜确信：虽然现在参加的人数不多，但这支队伍会逐渐壮大，“像一些散离的萤光，最后布满了整个田野”。其次，在东亚社会，不少知识分子已意识到儒家传统在日本、韩国、新加坡等国家及台湾、香港地区的建设和生活中发挥了某种引导和调节的作用，如重视全面人才教育、提倡上下同心协力、刻苦耐劳的工作伦理和强调为子孙后代造福等方面，都不难看到儒家思想的影响。儒家传统所体现的勤劳、沉毅、坚忍和勇猛精进的品格更是这些国家和地区谋求进一步发展不可或缺的精神资源。第三，在欧美国家，儒学作为一种哲学的人学，不仅是学术界的科研课题，也是注意通才教育、道德伦理和人文精神之培养的知识分子所关注的学说。美国学术界、文化界和从事文化人类学、哲学、宗教学研究的人士，都有一种希望多了解一些儒家思想的强烈愿望，那种认为在美国这样一个基督教文明影响的社会里，它的基本精神不仅和儒家传统没有同构，而且可以说是完全不相干的看法，已经得到改变。

杜认为，儒学第三期必须经过相当曲折的道路，“儒学在二十世纪是否有生命办，主要取决于它是否能够经过纽约、巴黎、东京，最后回到中国”[1]。就是说，儒学必须直接面对当代美国文化、欧洲文化、东亚文化（即工业东亚）的挑战，并在这些文化中传播、生根，然后才能以新的姿态“康庄的”回到中国。他自称“我

---

① 杜维明：《儒学第三期发展的前景问题》，台湾联经出版事业公司1989年版，第24页。

对此相当乐观”[①]。

在如何推动儒学第三期发展的具体环节和努力方向问题上，杜维明的认识至少有两点与其前辈们不同：一是，他强调与西方杰出的思想家开展广泛而公平的对话的重要性。在他看来，“五四”以来对儒学传统的反思和重建，已经过了熊十力、梁漱溟、冯友兰、牟宗三、唐君毅、徐复观等人的努力，他们都是立足于中西文化比较来讲传统的，牟宗三对康德哲学的理解，唐君毅对黑格尔哲学的理解，都成为他们能够深刻地发掘和精确地把握儒家思想的重要原因。“但是，真正站在儒家的立场上和西方比较杰出的思想家进行公平的对话，这种现象目前还没有出现。”“因此，同国际学坛第一流的思想家进行彼此有益的对话，确是我们这一代人义不容辞的责任。”[②] 这类对话一方面可增加相互了解，另一方面因直接面对挑战，“强迫你把传统里应该发展的潜力全部调动起来，把它的内在的逻辑性完全展示出来”[③]，从而增进我们对于传统的理解和把握；同时，通过开展广泛而公平的对话，亦可促使西方思想家认识和了解儒家思想的内在义蕴和价值。

二是，牟宗三等人对西方文化的吸收主要着力于哲学的层面，杜维明则强调“除了哲学的重建外”，还必须从以下三个方面对西方文化加以吸收：第一，超越的层次，即西方以基督教为代表的宗教传统。儒家思想中并不缺少超越的层面，但“内在超越”的品格使它更易于在运作过程中流于政治化和庸俗化。所以“如果我们有志拓展儒家‘超越而内在’的道德形上学，我们应该吸取基督教神学中的智慧

---

① 杜维明：《儒学第三期发展的前景问题》，台湾联经出版事业公司 1989 年版，第 24 页。

② 杜维明：《儒学第三期发展的前景问题》，台湾联经出版事业公司 1989 年版，第 138—139 页。

③ 杜维明：《儒学第三期发展的前景问题》，台湾联经出版事业公司 1989 年版，第 140 页。

结晶，从当代基督教神学家中得到启示”[①]。这主要是指从他们那里领会对超越理想的执着追求和对现实世界的“抗议精神”。杜指出：“儒者应该具有基督徒的那种傲骨，那种牺牲精神，那种为理想而奋斗的绝对的反功利主义。”[②] 第二，社会政治经济的层次。杜认为，在西方思想家那里，这一层次的内容很丰富，其中比较重要的是马克思主义，“儒学是否能够和马克思主义进行深入的对话，并在其中找到结合点？这也是一个很重要的问题”[③]。第三，深度的心理学的层次。西方深度的心理学例如弗洛伊德的学说，对人性的阴暗面有比较深刻而全面的分析，对其有关思想加以吸收，正可以对治儒家对人性的阴暗面历来认识比较肤浅的缺陷。

对于当前儒学在中国的处境，杜维明事实上很不乐观，一再说最多只看见了“一阳来复”的希望。他强调儒学发展的关键不是靠政治力量来推动，而是要有足够数量的不同行业的“见证人”（即儒家思想的身体力行者），寄希望于知识分子群体自我批判意识的形成和强化。他把儒学第三期发展的希望推置到遥远的将来，认为“大概至少也得一百年后才能看出某些比较明显的迹象”[④]。这种对于现实发展的谨慎的推测，与其理论上常常表现出的乐观自信，适成对照。

五

杜维明一再强调“对传统要以开放的心灵进行反思”，他的许多

---

① 杜维明：《儒学第三期发展的前景问题》，台湾联经出版事业公司1989年版，第210—211页。

② 杜维明：《创造性的回应》，《书林》1986年第8期。

③ 杜维明：《儒学第三期发展的前景问题》，台湾联经出版事业公司1989年版，第28页。

④ 杜维明：《儒学第三期发展的前景问题》，台湾联经出版事业公司1989年版，第29页。

认识也确实较之他的前辈们更为开放、理智，这也反映出 80 年代新儒家的某些共同特征。从另一方面来看，作为新儒家的传人，他对于儒家思想的基本精神的把握和处理儒家思想的基本进路又与其前辈们（特别是唐君毅、牟宗三、徐复观等人）表现出某种实质上的一致，且在许多方面也仍然没有能够突破现代（当代）新儒家的理论学说所具有的某些基本限制。

在杜维明看来，人们常常把近代以来中国的落伍归因于历史上儒家思想的负面作用，这完全是一种误解。问题并不是出在儒家思想本身，而是由于儒家思想在运作过程中遭到了污染和扭曲，由此形成了“政权化”或“政治化”的儒家。所以他主张首先要厘清“儒家的象征符号”，即严格区分“政治化的儒家”和“以人文理想转化政权的儒家”。这种区分不能说全无意义，但杜的有关思想，至少有三点照顾不周：一是他虽然也抽象地肯定在“儒教中国”即“政治化的儒家”与“儒家传统”即作为人文理想的儒家之间“确有千丝万缕的联系”，但此种联系究竟主要表现在哪些方面，在这些方面儒家思想又究竟在什么意义上遭到了扭曲，这方面杜维明基本上没有论及；二是与此相联系，他把历史上儒家思想表现出的种种弊端和限制完全说成是儒家思想在现实生活中被政治化和庸俗化的结果，因而在他的思想理论中，对儒家思想本身的反省、检讨和批评显得十分薄弱，往往只是一笔带过；三是他指出“以人文理想转化政权”就是儒家的圣王理想，那么如何才能实现这一理想而又避免在现实生活中被扭曲的命运呢？“圣王”的理想如何避免成为“王圣”的现实呢？杜维明除了一般地强调增强知识分子群体的自我批判意识和“抗议精神”外，在理论上较之新儒家第二代并无实质性的突破。

根本问题似乎还是出在制约新儒家几代人的一个基本理路上，即认为儒家的基本义理是某种具有永恒价值的常理、常道，问题只是在于如何把它发掘出来，并为世人所认识。难道这就是中国文化现代化的实质意义？难道真像新儒家学者所认为的那样，实现中国现代化的关键只是在于如何接通儒家思想的“源头活水”？显然，这一根本的理路如不改变，无论怎样强调以开放的心灵反思传统文化和以平等的心态对待中西文化，其结果总是难以摆脱中国文化或儒家思想优越论的影响。杜维明的思想也不例外。

新儒家学者倡导儒学第三期发展的真实用意并不在于一般地指出儒学思想中包含有某些不容抹煞的积极意义和普遍价值，而是旨在重新确立儒家思想在中国文化乃至世界文化中的主导地位。他们确信：尽管儒家思想在其发展历程中经受了种种扭曲和挫折，但经过一种“创造的转化”的过程，它仍然可以在中国文化乃至世界文化的重构中居于“文法”的地位：一方面通过强化知识分子“群体的、批判的自我意识”使儒学自身得到“净化”，另一方面吸收外来文化作为“词汇”丰富儒学的内容。显然，制约新儒家有关思想的仍然是狭隘的道统观念，此道统观念使他们确信：儒家思想不仅代表了中国历史文化的正统和主流，而且中国文化乃至世界文化的未来发展也须以维护儒家思想的主导地位（文法地位）为前提。

杜维明、刘述先等人近来有一新提法，即认为中国未来的希望乃在于马列、西化和传统儒家人文思想三者健康的互动，三项资源形成良性循环。[①] 这种观点较之他们的前辈牟宗三等人确有明显改进。事实上，“五四”以来在思想文化的层面中国马克思主义、自由主义的西化派和现代新儒家之间，在对立斗争的同时也一直存在着不同程度的相互影响和渗透。从新儒家方面说，要真正实现所谓“健康的互动”和“良性循环”就必须彻底摈弃自我中心的道统观念，把自己摆在一个恰当的位置上，真正做到以开放的心灵、健康的心态对待马克思主义和西方文化。这也是决定现代新儒学思潮在其未来发展中能否真正有贡献于中国文化和世界文化的关键所在。

---

① 参见《当代》第39期，1989年7月；《明报》1990年6月4日。

六

这部“论著辑要”，辑入了杜维明先生在不同时期写的有关儒学研究和阐述儒家思想的现代意义的29篇学术论文、短论、书评、讲演和访谈记录。内容大体分四个部分：第一部分是他早年对儒家传统的承接，立定自己全部学术工作的精神方向；第二部分是他思想成熟时期对儒家传统的现代转化和儒学第三期发展的前景问题的集中阐发，也是他的思想中最有特色和最有影响力的部分；第三部分是他对传统儒学精神的体认和把握，这方面论著较多，只能择其少数典型篇章，以见现代新儒学与中国传统儒学的精神联系；第四部分是他对“五四”以后的现代新儒家思想的评介、表彰和阐论，由此也可以看到其思想之直接来源和学派继承关系。在这部“论著辑要”的编辑过程中，曾得到杜维明先生的热心支持和帮助，提供有关论著目录，寄赠刚出版的英文新书，使选编本辑要的资料能够相对完全，我们在此表示衷心感谢。

（本文与关东合作。《儒家传统的现代转化——杜维明新儒学论著辑要》，收入《现代新儒学辑要丛书》，杜维明著，岳华编，中国广播电视出版社1992年5月出版）

《现代新儒学辑要丛书》总序

五年前，“现代新儒学”或“现代新儒家”对于人们来说还是完全陌生的名词；在今天，它们不仅已经堂而皇之地出现在我们的报刊上、书册中，而且迅速地发展成为中国现代思想文化研究中的一个新领域、新热点。

现代新儒学本来是70年前就已经在中国大陆产生、经过了30年奠基和发展的一个学术思想派别，它的前期代表人物梁漱溟、熊十力、冯友兰等都在中国现代思想史上占有显赫的地位。解放后，作为一个思潮和学派来说，因其反对马克思主义和唯物主义的基本理论立场而不可能在中国大陆继续存在和发展，它的阵地遂转移到了港台和海外。而就整个中国现代思想史来说，现代新儒学并没有断绝薪火，在第二个30年它又经历了新的重要的发展阶段，进入20世纪80年代以后更有进一步走向世界、发展成为一种国际性思潮的趋势。由于海峡两岸隔绝30多年，国内的读者对这些情况均难以知悉，并在一再“批儒”的气氛中对这种思想感到十分隔膜。

随着中国大陆的改革开放，域外的各种思潮蜂拥而入，这种本来就是在中国土地上产生，并以维护中国民族文化精神为旗帜，以解决传统和现代化、中西文化关系问题为宗旨的思想学说，自然不会放过返归本土的机会。主要是通过一些海外华裔学者的努力，积极推动“儒学第三期发展”的“儒学复兴”说在80年代中国的文化讨论中俨然成为一派显学。文化讨论的现实感受加并不遥远的历史的回顾使人们很快地接受了“现代新儒学”和“现代新儒家”的概念。

关于现代新儒学，现在人们谈论得很多，但是由于研究刚刚起步，资料掌握还很不齐全，特别是对于港台和海外的新儒家学者，研究资料尤其匮乏，因此人们的认识难免是笼统浮泛的、很不一致的，包括现代新儒家的对象、范围、代表人物、发展阶段、思想特征、历史评价等问题，在认识上都颇多歧义。至于更深层次的问题，诸如现代新儒学对传统儒学的继承和开新，对近现代西学的融摄和“儒化”，对马克思主义中国化的敌视和某种意义上的启示；这个文化保守主义的思想派别是怎样和中国的马克思主义派、自由主义的西化派“在许多共同观念的同一架构里运作”的，它对中国文化现代化的贡献是什么而限制又是什么，它将会有怎样的发展前景，等等，都有待于在掌握大量资料的基础上逐步深入地研究和讨论，才有可能做出切实的回答。

对于一切研究者和关心中国现代文化发展的人来说，占有最基本的研究资料、原原本本地弄清现代新儒家学者都写了和说了些什么乃是首要的前提。为此我们编辑了这套“现代新儒学辑要丛书”，旨在为广大读者提供一套精选的系统的研究现代新儒学的第一手资料。它不同于国内已经出版的众多新儒学评论集、港台海外新儒家论文选集和新儒家个别著作的重印本，而是力图从反映整个思潮发展的角度，将现代新儒学各个阶段代表人物的主要代表作挑选出来，分别汇编成册，以便读者准确地把握其新儒家思想的实质及其个性特征。为了帮助青年读者正确认识复杂的思想文化现象，各册编者分别撰写了“编序”，除了介绍一些基本情况外，还用马克思主义观点对有关思想资料作了初步的分析和评论。

读者可以看到，我们是采取了广义理解的“现代新儒学”和“现代新儒家”概念，即超越了新儒家学者之间的师承、门户之见，把在现代条件下重新肯定儒家的价值系统，力图恢复儒家传统的本体和主导地位，并以此为基础来吸纳、融合、会通西学，以谋求中国文化和中国社会的现实出路的那些学者都看作是现代的新儒家。这套“辑要”所选的15位作者，涉及“五四”以来的三代人，他们之间的个性差异是相当明显的，但是都不乏上述“共性”。他们中的马一浮、方东美、余英时、成中英等人，能否归属于现代新儒家的范畴，学术界一直有不同看法。这里提供了一批反映其新儒学思想倾向的资料，特别是集中反映其现代新儒学的文化观和哲学思想，希望有助于对他们的思想特质和精神方向做出符合实际的定性判断。当然这决不是说，他们的思想不可能包含矛盾，不可能表现出多样的形态，但这些资料至少对了解他们思想的一个重要侧面是有帮助的。

我们研究现代新儒学的目的，不仅是要对“五四”以来中国思想文化论争的历史和现状有一个清晰的了解，作一种简单的是非评判，更重要的是通过总结历史经验，探索一条更有效的、更切实可行的中国文化和中国社会现代化的道路。马克思主义的指导地位和社会主义的方向不可动摇，怎样更好地结合中国的国情，更好地利用我们传统的资源，怎样更好地吸收别的国家现代化成功的经验和域外一切先进的思想文化，使中国的社会主义新文化成为包容性最大的、最富有民族特色和最能体现时代精神的文化，则是一个需要认真探索解决的问题。为此，我们必须以宽阔的胸襟和宽容的态度来对待一切致力于民族振兴、探索中国现代化道路，并且也确实在某一方面做出了独特贡献的思想派别，包括那些曾经批评和反对过马克思主义的思想派别。他们的思想主张中哪怕只包含着片面的真理，也应该加以厘清，加以肯定，批判地借鉴和吸收。现代新儒学在维护和弘扬中国民族文化传统、批判民族虚无主义、融合中西哲学和文化、探索传统文化现代化的道路等方面确实做出了重要的贡献，这份思想财富我们就应该用马克思主义的观点加以总结和批判地继承。所以，这套“辑要”决不只是为读者提供一套供批判用的“反面教材”，而应该看作是中国人的现代智慧的一部分，是一套中国现代思想文化的名著。所选15位作者在中国现代思想史上都堪称名家，把他们的代表作称为“名著”并非言过其实。当然，“名著”中所写的不见得都是真理，我们也不赞成“复兴儒学”的观点，但是完全可以把它作为一种有影响的思想学说来研究，包括它的错误亦能给人某种启迪。如果大家能同意这个看法，那么出版这一套书的价值和意义也就是不容置疑的了。

1990 年 11 月 8 日

（《现代新儒学辑要丛书》，方克立、张品兴主编，三辑十四册，中国广播电视出版社 1992—1996 年出版）

《现代新儒学研究丛书》主编的话

这是一套以现代新儒学为研究对象的学术丛书。

所谓现代新儒学，是指“五四”以来，在强烈的民族文化危机意识的刺激下，一部分以承续中国文化之慧命自任的知识分子，力图恢复儒学传统的本体和主导地位，重建宋明理学的“伦理精神象征”，并以此为基础来吸纳、融合、会通西学，建构起一种“继往开来”“中体西用”式的思想体系，以谋求中国文化和中国社会的现实出路。它主要是一种哲学和文化思潮，同时也包含着社会政治的内容。作为中国现代文化保守主义的主流派，70 年来它已有三代人薪火相传，形成了自己的学脉和传统，至今仍有一定的势力和影响。在中国现当代思想史上（就包括港澳台在内的整个中国而言），现代新儒学可以说是与马克思主义、自由主义的西化派鼎立的三大思潮之一，很有必要对它进行认真的深入的研究。

关于现代新儒学的前期发展，贺麟先生在《当代中国哲学》《儒家思想的新开展》等论著中已经作过初步的清理和总结。现代“新儒家思想”“新儒学运动”等概念就是贺先生最先明确提出来的。

1949 年以后，现代新儒学宗师熊十力先生的弟子唐君毅、牟宗三、徐复观等人在港台继续大力推进新儒学运动，他们的著作和思想日益受到学术界的重视。1972 年，美籍华裔学者张灏写成《新儒家与当代中国的思想危机》（最早刊出于1976 年出版的英文论著《变革的限制——论民国时代的保守主义》中）一文，开始从总体上对现代新儒学这种思想文化现象进行研究。他是站在自由主义的立场来对新儒学进行反省的，但并不只是简单的批评与否定。同样站在自由主义立场的台湾学者韦政通，这一年也撰有《现代中国儒家的挫折与复兴》一文，对现代新儒家的一些主要思想观念进行了批判的审视。把现代新儒学作为一个专门对象来进行研究的学术工作，在港台、海外可以说从70年代初就已经开始了。

中国大陆的现代新儒学研究，起步要晚得多。80年代中期，杜维明等海外华裔学者大力宣传“复兴儒学”和“儒学第三期发展”的主张，在文化讨论中俨然成为一派显学，大陆学界才对现代新儒学（特别是50年代以后它在港台和海外的发展）逐渐有所接触和了解，并开始对它进行研究。1986年11月，“现代新儒学思潮研究”课题被批准为国家哲学社会科学“七五”规划的重点项目之一，对这项研究工作是一个极为有力的支持和推动。课题组成员不得不从搜集、阅读最基本的图书资料开始，包括几代新儒家学者的著作和海内外的有关研究资料，任务相当艰巨。我们在“七五”期间完成的一项主要工程就是编撰《现代新儒家学案》（上、中、下三册），同时编辑出版了一套《现代新儒学辑要丛书》（共十五册），首先把克服种种困难多方搜集来的基本资料加以初步整理，比较系统地介绍给国内的读者。研究工作是在占有资料的基础上逐步开展起来的。在过去几年里，课题组成员除了已经出版《现代新儒学概论》（郑家栋）、《现代新儒家研究》（宋志明）、《熊十力与中国传统文化》（郭齐勇）、《冯友兰新理学研究》（田文军）等几部专著外，还在海内外报刊上发表了近200篇论文（包括收入《现代新儒学研究论集》第一、第二集中的文章）。这些初步的研究成果，不仅改变了大陆学术界对现代新儒学完全隔膜的情况，而且引起了港台、海外学者的密切关注和重视，甚至连新儒家学者也惊异地发现：“有些我们本来应该做的事情，他们却先做了”，并以“我们也要加紧做，不要放弃自己的责任”自励。海峡两岸的学术交流因此而有了较好的基础和条件。

撰著和出版一套包括专人研究和专题研究两个系列的《现代新儒学研究丛书》，是课题组下一步研究工作所要达致的目标。专人研究系列是对第一、第二代现代新儒家学者的新儒学思想，分别进行系统地研究和评述，重点是研究他们的古今、中西文化观和哲学、宗教、伦理思想；对于那些活跃于“学术与政治之间”的人物，则需同时注意研究他们的现代儒家政治思想。总之，既要揭示他们作为现代新儒家的共性，也要写出每个人思想的个性。专题研究系列是对现代新儒学进行多方面、多角度、多层次的分别专门研究，例如对其哲学本体论、方法论、历史观、宗教观、伦理观、人生哲学、文化哲学、社会政治学说等等，运用逻辑和历史一致的方法，分别进行较为深入的剖析和阐论。又如对现代新儒学与古今中外各种思想学说的承继渊源关系或对立互动关系，分别加以系统地考察，也可以作为专题研究的内容。这两个系列的论著都要求把研究工作做得更加细致、深入，加强理论分析，总结对现实有启迪的经验教训。我们希望这套丛书的写成和出版，能把国内的现代新儒学研究提高到一个新的水平。

需要说明的是，承担《现代新儒学研究丛书》写作任务的，大部分是80年代成长起来的优秀中青年学者，有的还是在读博士生（他们承担的研究课题往往就是他们的博士论文选题）。青年人精力充沛，思想敏锐，勇于开拓进取，富有探索精神，所以这一批研究成果大都各有创新见解，不落俗套，具有较高的学术价值。课题组始终十分强调两点：一是要详细占有资料，准确理解原意，这是实事求是地进行科学研究的基础和前提；二是要运用马克思主义的立场、观点和方法，对现代新儒学进行一分为二的分析评论，既不盲目崇扬，也不抹煞它的贡献和历史地位。所有作者都要朝着这个方向努力去做。应该说他们的工作是做得有成绩的，基本上达到了上述两个要求。但是也不必讳言，由于各位作者的马克思主义理论功底和学识水平不同，研究能力和所下的功夫不同，各册论著的水平也难免参差不齐，不成熟或不完善的地方，甚至错误失当的地方，都可能不同程度地存在着。

我们恳切地期望得到专家、读者的批评指正，让这套丛书在中国新文化建设中发挥更加积极的作用，也有利于锻炼造就一代学术新人。

天津人民出版社和辽宁大学出版社分别承担了本丛书的专人研究系列和专题研究系列的出版任务，给我们的工作以大力支持，在此表示衷心感谢。

1991 年 12 月 10 日

（本文与李锦全合作。《现代新儒学研究丛书》，方克立、李锦全主编。专题研究系列，辽宁大学出版社 1992—1994 年出版；专人研究系列，天津人民出版社 1993—2004 年出版）

《中国宋代哲学》序

1981 年 10 月，在杭州全国宋明理学讨论会上，我认识了老学长、宋史专家姚瀛艇教授，交谈之中，得知河南郑州、开封、新乡的几位学者正在合作研究宋代哲学史。以后在几次学术会议上，特别是 1988 年 4 月在全国洛学与传统文化学术讨论会上，我又陆续认识了这个科研集体中的几乎全体同志。他们十余年来精诚合作，继出版《北宋哲学史》（河南人民出版社 1987 年版）之后，又完成了百万字巨著《中国宋代哲学》，并计划继续合作编著《宋代儒学与现代精神文明》一书。河南同志敦厚笃实的学风，尤其是他们锲而不舍的钻研精神，给我留下了深刻印象，也由衷地感到敬佩。在中国现代学术史上，河南曾经出过冯友兰、嵇文甫、赵纪彬等著名哲学史、思想史家，他们的遗风犹在，我相信中州学者定能为中国哲学史学科的建设和发展作出更大的贡献。

宋代哲学在中国哲学发展史上占有重要地位。以儒、道为主干的中国传统哲学，经过汉晋隋唐时期外来佛教的冲击和交流融汇，至宋代形成一种既有精巧的思辨形态又有极为现实的纲常伦理内容的唯心主义理学（或称“道学”），成为后期封建社会统治思想的理论基础。它以复兴儒学的形式出现，实际上受到了佛、道思想的深刻影响，在哲学上突出地表现为重视本体论之建构和心性哲学中心地位之确立。本书作者指出，宋代哲学在北宋前期主要是讨论天人关系问题，北宋后期主要是讨论理气关系和心物关系问题。直到洛学创始人程颢、程颐，以“理”统摄天人，将“理”贯穿于自然观、认识论、人性论、伦理学等多个领域，使哲学中心问题由天人关系过渡到理气关系和心物关系，使自然观、伦理观融为一体，实现了由天命论到性理学的转变。这一论述是符合历史实际的。从天人之辩到理气、心物之辩是中国古代哲学的一次大的主题转换，是中国哲学发展阶段性的一个重要标志，它正好是在宋代完成的，因此，具体考察和阐明这一转变的根据、条件及其过程，无疑是中国哲学史研究的一个重要课题。本书作为研究宋代哲学的专著，所承当的正是这样一个任务，它把宏观的视野与微观的考索研究结合起来，力图描述中国哲学发展的这一历史轨迹和展示一代哲学纷陈斑驳的整体画面，为总结我们民族理论思维发展的规律和经验教训作出了自己的贡献。

对于宋代哲学和整个宋明理学的评价，学术界显然存在着不同的认识。我国学术界过去偏重揭露“存理灭欲”的理学作为封建专制主义的统治工具的实质，港台、海外新儒家则着重表彰它复活了先秦儒家的形上智慧，光畅了民族文化生命之本源大流，特别是表彰其充分发展的内圣心性之学是一种“哲学的人学”，具有普遍的价值和意义。80 年代以来，宋明理学研究在国内有新的进展，对理学的特点和本质有种种不同的提法。有的学者强调道学（理学）所讨论的都是关于“人”的问题，例如人在宇宙间的地位和义务，人与自然的关系，人与人之间的关系，人性和人的幸福等等，因此可以说道学即关于“人”的学问。有的学者着重论述了理学的理性主义特征，认为它发展了一种不同于西方科学理性、理论理性的道德理性或实践理性，理性本体的建立实质上是将伦理提高为本体，以重建人的哲学。有的学者认为理学以儒家的伦理纲常为中心，吸取了佛教、道教的修养方法，加上烦琐的思辨形式的论证，形成为一个体系严密、规模宏大的宗教神学结构，与其说是哲学，毋宁说是宗教。另有一些学者则不同意理学（儒学）是宗教的观点。这些讨论有助于对理学的本质和特点形成更加全面、深刻的认识。本书作者所持的理论立场，可以说基本上是“传统”的，即坚持用历史唯物主义观点来说明复杂的思想史现象，对理学产生的社会经济基础、阶级斗争背景、思想理论渊源和自然科学条件等均有所说明，指出这种“明于庶物，察于人伦，知尽性至命，必本于孝悌；穷神知化，由通于礼乐”的哲理化的儒学完全是为封建地主阶级的统治利益服务的，它是“神道之昭昭，人道之桎梏”，是在今天必须批判、否定的一种意识形态。同时，本书又十分注意克服形式主义和简单化批评之弊病，注意吸收海内外关于宋明理学研究的新成果，如通过对理学范畴系统的分析，充分肯定其理论思维水平之提高；指出这个时期不论是唯物主义还是唯心主义的哲学体系，都吸收了不少朴素辩证法思想和自然科学的新材料；对儒家心性之学给予应有的重视，不是扣上“唯心”的帽子就加以简单否定，并且注意到了它在宋明理学中的核心地位，等等。这种理论立场我是赞成的，虽然对某些具体问题的看法可能不尽一致，但对理学的总体评价和历史分析，我基本上赞成本书作者的观点。他们为此下了十年功夫，作了比较深入的研究并加以系统的阐明，所以我乐于看到本书的出版。

作为断代哲学史论著，本书的框架设计有自己的特色。中国哲学发展到宋代，在本体论方面有了新的突破，本书力图反映这一发展态势，以各种哲学本体论和学术流派设篇，把气本论、理本论、心本论三大派别放在中心位置，分别考察它们的形成、发展过程，相互之间的对立统一关系，以及对后世哲学发展的影响。这样就把宋代哲学的全貌清晰地展示在读者面前，使读者比较容易理解，为什么说宋代哲学是中国哲学发展史上的一个新阶段，它所取得的进展主要是在哪些方面；也使人们对哲学基本问题在中国哲学史研究中的意义看得更清楚了。

初涉本书，尚未深得其旨。难却石训等同志之盛意，草此小序，略抒己见。不当之处，请作者和读者批评指正。

1992 年 4 月 10 日

（《中国宋代哲学》，石训、姚瀛艇、刘象彬、李书增、李之鉴、卢连章、肖新生、李保林著，河南人民出版社 1992 年 12 月出版。序文曾发表于《中国哲学史》1993 年第 2 期)

《长路奉献给远方》序

今天的研究生，有许多是从校门到校门，没有或很少有机会接触家庭和学校以外的社会，不了解普通的工人、农民、战士、干部是怎样工作和生活的。对于以社会和人生为研究对象的文科研究生来说，缺少社会实践的锻炼更是一致命弱点，纯粹从书本上去汲取智慧总是存在着很大的局限性，脱离实际生活的理论是没有生命力的。

国家教委提出，社会实践要作为文科研究生的一门必修课程。这是很有战略眼光的提法。但是，在今天的办学条件下，组织文科研究生参加社会实践也碰到了许多实际问题。首先是经费问题，一个学校几百名研究生外出参加社会实践活动，仅旅费和宿费就是一笔不小的开支，学校实在难以承担。另外，社会实践活动内容的安排，基地的选择，接受单位的合作等等，均存在不少问题。所以，这门“必修课程”实际上并不落实，许多文科研究生三年中还是光同书本打交道，难得走出去一次。

去年春天，南开大学研究生院得到铁道部第十八工程局党委的大力支持，组织了部分文科研究生分赴十八局所属各工程处的若干工程点，和战斗在第一线的工人、干部同吃同住同劳动，采访、报道他们在平凡的劳动中所创造的不平凡的建设业绩，同时自身也受到了时代精神和人生价值观的深刻教育。

铁道部十八局的万余名职工，原是中国人民解放军铁道兵的一支英雄部队。1984 年兵改工后，转变成为一个靠投标承揽工程、自负盈亏、按劳分配的生产经营型企业。在社会主义市场经济条件下，他们既要在激烈的竞争中求得企业的生存和发展，又继续保持和发扬了革命军队的许多优良传统，首先是艰苦奋斗和打硬仗的传统，在“引滦入津”、大秦铁路、湖北清江隔河岩导流隧洞等建筑工程中创造了一个又一个新的纪录和人间奇迹。铁路建筑者们总是“走小路，修大路”，长年住在荒郊野外的工棚里，风餐露宿，沐雨栉风，把祖国的钢铁大动脉一寸一寸地向前延伸着。他们用最平凡的劳动，建立了造福后代的千秋功业。

在改革开放的新时期，还要不要发扬艰苦奋斗的精神，铁路建筑者们用自己的行动作了最好的回答。我们认为十八局所提供的各个工程点是对青年学生进行艰苦奋斗教育的最好的课堂。长期生活在大城市和高等学府里的研究生们，这次有机会走出校门，奔赴天津塘沽碱厂工地、陕北神木的蛇口峁工地（神朔线）、宁夏固原工地（宝中线）、山西阳城的桃坪隧道工地（侯月线）、山东威海的桃村工地（桃威线）、四川阿坝州的太平驿电站、湖北清江的隔河岩水利枢纽工程、河北唐山的大秦线工地、北京燕山石化工地，确实大开了眼界，在同铁路建筑者们朝夕相处中获得了许多新的人生体验，学到了许多在学校和书本里学不到的新鲜知识，这对他们今后的治学道路和人生里程来说都是一笔难得的经验和财富。

研究生们在各建筑工地只生活了短短一个月时间，已有许多真情实感的收获体会，他们把所见所闻和切身感受写出来，每篇文字都有感人之处，我读后颇为他们的收获和进步而高兴。这次社会实践活动应该说是很成功的，其经验值得很好地总结和推广。

我们非常感谢铁道部十八局党委对南开大学研究生社会实践活动的支持。不仅提供了最有教育意义的实践基地，而且把我们的学生像本单位职工一样对待，差旅费回局机关报销，食宿由基层工程队解决。

这样优厚的条件，在今天是很难得的。它是社会支持办学的一个显著例证。十八局党委之所以能这样做，是因为他们把培养研究生成为合格的社会主义事业接班人看作是自己应尽的责任，是分内事而不是分外事。他们这种宏远的识见和高尚的风格是十分令人敬佩的。

1993 年 7 月 20 日

（《长路奉献给远方》，南开大学研究生院、铁道部十八局党委编，南开大学出版社 1993 年 11 月出版）

《中国哲学大辞典》前言

中国哲学源远流长，学派众多，哲人辈出，在数千年漫长的发展历程中，留下了丰富的文献典籍和思想资料。一位西方哲学家曾经说过："一部没有中国哲学的世界哲学史最多只能算是半部。"无论从文献典籍之缺损或一种重要哲学类型之阙如的意义上来说，此话都一点也不为过。中国哲学之博大精深，已被越来越多的世界各国有识之士所认识、所欣赏和所追求。人们越来越趋于这样一种共识：未来世界最有生命力、最有光明发展前景的哲学必将是东（中）西哲学精神之融通和辩证的综合。

把中国哲学的丰富宝藏介绍给世界各国人士，也让我们的人民和青年珍惜"自家无尽藏"，从先辈的哲学创造中汲取有益的精神营养，是中国哲学史工作者应尽的义务和责任。天津市的中国哲学史工作者在制定"七五"社科规划时，决定依靠集体的力量，并求得全国同行的支援和帮助，合作编著一部《中国哲学大辞典》。这一工程经历六个寒暑终于完成了。集体作业虽然有集思广益、出成果快等优点，但也有水平参差不齐、组织协调困难等缺陷，本书成稿不到一年时间，但修改、审定费时却数倍于斯，虽经多次审改，但书中错误、不足仍在所难免。我们诚恳希望得到专家和广大读者的批评指正，以便在出修订本时使它更臻成熟、完善一些。

本书的编纂工作，得到了天津市哲学社会科学规划小组的支持和天津市社科基金会的资助，还得到了前天津市委书记、市长李瑞环同志的特别关照和鼓励。中国社会科学出版社一直热情支持本书的编写和出版工作。我们在此一并表示深切感谢。

1991 年 4 月

（《中国哲学大辞典》，方克立主编，中国社会科学出版社 1994 年 5 月出版）

《二十世纪中国哲学·人物志》跋

20 世纪已经到了最后几个年头，新的世纪即将来临。处在世纪之交的中国哲学工作者，有责任对过去一百年来中国哲学发展的艰难历程、时代课题、重大事件、丰硕成果和经验教训作一系统的回顾和总结，通过哲学的反思来更深刻地理解 20 世纪中国所发生的历史巨变，并为我们民族在被人们称为“太平洋世纪”的 21 世纪的腾飞找到坚实的理论根据，同时也为中国哲学在下个世纪的发展探索一条健全顺遂的道路。这是当今许多哲学界同仁都在思考和研究的问题。

1991 年，在制定哲学社会科学“八五”国家重点课题规划时，有人曾提议列入“20 世纪中国哲学史”一题，并且已上征求意见稿。后因此一课题研究的基础性工作尚无人系统地做，骤列国家重点怕质量难以保证，故在定稿时将其删去了。人们期待着现在就有人开始做这方面的资料准备工作，到制定“九五”（1996—2000）规划时再上此题，就水到渠成和顺理成章了。正在此时，山东聊城师范学院哲学研究所提出了编纂 20 世纪中国哲学“史记”的设想，包括大事记、人物志、论著述评、研究与论争概述四个部分，各约 100 万言。他们的宏阔气魄和开创、实干精神令人刮目相看。

我在那年 10 月收到了聊城师院哲学所寄来的约稿函，要我“找人代写一篇传记”；以后又收到《中国哲学史上的知行观》一书述评的约稿函。对于他们的工作，我是关注的，但开始并未成为积极的参与者。没料到经张岱年先生和其他学者推荐，后来我也被邀直接参与了这项工作。1992 年 10 月，趁去济南出席“牟宗三与当代新儒家”学术思想研讨会之便，我首次应邀访问了聊城师范学院，结识了张明、王其水等同志。我甚为他们身在鲁西北、心系神州环宇，纵论百年中国哲学大势的气魄所感动，并对以青年学者为主体的该院哲学所坚韧、笃实、开拓、进取的学风留下了深刻的印象。聊城的学术研究基础和资料、信息等条件自然远不如北京、天津、上海等城市，但我相信通过他们的扎实工作和坚韧不拔的努力，是能够完成这一世纪性的哲学总结工程的。

他们要求我做的第一件事是为该书联系出版单位。我很顺利地和华夏出版社取得了联系，首先得到责任编辑赵向东博士的热烈响应，以后又得到王智钧总编辑、林建初副总编辑的理解和大力支持，很快签订了出版合同。按照合同，先推出该书第二卷“人物志”和第三卷“论著述评”，要求在1993年底交稿。聊城师院的同志们为此进行了紧张的工作，基本上按期完成任务，于当年12月初和中旬分别将两部书稿送到我手里。

关于人物志稿，我赞成编者提出的“精选广收”“全面而不失”的原则，同时认为，也要有明确的收选标准，力争做到收与不收皆“得宜”。当然，最理想的效果应是“精重而得宜”与“全面而不失”的有机结合或统一。但在实际操作中，要做到这一点是很不容易的。例如，有些确有成就、理应入志的学者，由于本人谦虚，再三表示“学术思想未臻成熟”，不愿作传，编者自然也难以强求。还有少数学者，虽经四五次去函联系，仍无有回复；有的答应提供传稿而一直没有寄来。此外当然也有因编者见识不广所造成的疏漏。诸如此类问题的存在，就使“全面而不失”的原则难以完全落实，而出现了“应收入的学者未能全部收入”的情况。另一方面，恰当掌握收选标准，既注意“广收”，又做到“精选”和“得宜”，也决非易事。譬如，为了照顾到各地区哲学界有地位、有影响的学者，编者有选择地发了一批约稿信函，但传稿收到后，才发现并非所有学者都能以其哲学成就和独特贡献名“家”，于是就有了一个收或不收的筛选问题，而事实上这个标准也是很难掌握的。客观地说，如何处理好“精选”与

“广收”这一对矛盾，是摆在编者面前的一大难题。

由于人物传稿的作者众多，情况千差万别，因此各篇传稿的撰写体例、文字风格、内容详略、着墨重点，以至人物褒贬之评价标准、观点、感情、态度等均千差万别，编者统稿之难，可以想见，聊城师院的同志们为此付出了巨大的辛劳。

上述种种问题在交到我手中的成稿中，仍不同程度地存在着。我花了比预计多两倍的时间，在两个多月中，逐篇审读全部传稿，尽可能地做了一些统一体例、修订文字的工作，并请黄昭仪同志帮助对若干逻辑不顺、观点欠妥的稿子进行了局部的调整或改写。另一方面，组织南开的青年教师和研究生们补写了 20 余位重要哲学家的传稿，紧急发函又征集了 30 余位当今哲学家的传稿，包括国内学者和台港学者。其中，特别将目光投向现今已有一定成就、将成为跨世纪中国哲坛之中坚力量的一批优秀青年学者。选择标准也是严格的，他们全都已是教授，有的已成为博士生导师。同时，本着“精重而得宜”、对历史负责的原则，定稿时在入志人选上亦有所删略。

现在交付出版的人物志稿，经过多人的努力，质量有很大的提高，基本上能反映 20 世纪中国哲学家的阵容和这支队伍各方面的主要情况。但仍有一些不能尽如人意之处。我认为主要问题还是未能做到“全面而不失”，包括一些我所敬重的前辈哲学家，这次也未能全部入志，对此我心中感到十分不安。中国哲学还在发展中，到本世纪末、下世纪初，本卷（“人物志”）还有必要出一本“补编”，我想到那时或许能将现有的缺憾作一补正，以更全面地反映本世纪中国哲学家的奋斗历程和学术贡献。

1994 年 1 月 28 日

（《二十世纪中国哲学·人物志》，方克立、王其水主编，华夏出版社 1994 年 8 月出版）

《现代新儒家人物与著作》前言

近年来，现代新儒学研究成为国内中国哲学与中国文化研究的一个热门课题，不仅参与此项研究的学者不断增多，而且有更多的不是把新儒学作为专业对象的人，出于对中国文化问题的关心和兴趣，也希望对新儒家人物和学说有所了解，或有选择地阅读一些新儒家的著作。我们组织编写本书的目的，就在于为人们对现代新儒家的代表人物和主要著作有一大致的了解提供方便，并为深入的探究提供一个知识基础。

究竟哪些人物可归属于“现代新儒家”的范畴？这是一个分歧颇多且难以定论的问题。本书是在较为宽泛的涵义上使用“现代新儒家”的概念，即超越了新儒家学者之间的师承和门户之见，把在现代条件下重新肯定儒家的价值系统，力图恢复儒家传统的本体和主导地位，并以此为基础来吸纳、融合、会通西学，以谋求中国文化和中国社会的现实出路的那些学者，都看作是现代新儒家。对于其中认识分歧较大的人物，我们注意选取了较能反映其新儒家思想倾向和特征的著作。

此书具有“导读”的性质。参加编写者基本上是国家社会科学基金“七五”“八五”规划重点项目“现代新儒学思潮研究”课题组的成员，编写者对其所承担的部分均有较好的研究基础。但由于我们水平有限，缺点、疏漏乃至错误之处，恐亦在所难免，欢迎广大读者批评指正。

李翔海同志承担了本书文字和资料的部分校订工作。本书出版得到南开大学出版社的大力支持，对他们的辛勤劳动，谨致诚挚的谢意。

（《现代新儒家人物与著作》，方克立、郑家栋主编，南开大学出版社 1995 年 2 月出版）

《中国历代家训丛书》总序

我国古代文化典籍浩如烟海，品类繁多。其中，各种形式的“家训”“家诫”“家规”“家礼”，在普及传统文化、规范人们的生活和行为方式、整齐家风以至维持整个社会的谐调稳定方面，发挥了十分重要的作用。这一部分文化遗产很值得重视。

“三代而下，教详于家。”清代学者钱大昕这句话，概括地说明了我国古代具有重视家教的传统。“家训”“家诫”一类著作，起源于东汉而盛行于魏晋南北朝时期，它是当时世族社会教育制度的产物。人们十分熟悉的诸葛亮的《诫子书》，即产生于汉魏之际；而最早系统编撰成书的家训著作，当推南北朝时期颜之推的《颜氏家训》。作者撰写该书的直接目的在于“整齐门内，提撕子孙”，而其更深远的意义则是为了“轨物范世”“遗泽后昆”。这类著作以家族和家庭中长辈对晚辈耳提面命的谆谆教谕的形式，将传统伦理道德观念和儒家文化精神通俗地灌输、传授给子孙后代，使其“同言而信，信其所亲；同命而行，行其所服”，即利用血亲伦常关系和长辈对晚辈的绝对影响力、约束力，达到“助人君，明教化”的目的。各种家训中有关立志、勉学、修身养性、待人接物的训诫，无非是要求“养亲事君，忠孝为本”，“言则忠信，行则笃敬”，“慎言检迹，立身扬名”，以维持世族的社会地位。这种家教的传统之所以在我国古代社会一直延续下来，并且影响到近现代，是有其深刻的社会根源的。正如梁启超所说："吾中国社会之组织，以家族为单位，不以个人为单位。所谓家齐而后国治是也。周代宗法之制，在今日其形式虽废，其精神犹存也。"[①] 家族宗法制度的客观存在和历久不衰，就为家教传统的延续和"家训"一类著作的蕃衍提供了深厚的社会土壤。被视为"古今家训之祖"的《颜氏家训》一书问世后，曾辗转流布，反复梓刻，虽历千余年而不佚；在其影响示范之下，各种形式的家训、家教、家规、家约、治家格言之类著作层出不穷，无代无之。如若将这类著作加以汇集，恐怕有数百千家之多，显然这是一笔不容忽视的历史文化遗产。

从文化的视角来审察，我国两千多年的封建文化，其内容丰富而芜杂，但总的来说，占据主导地位的还是儒家文化。受这种文化氛围的熏陶，历代家训也深深地打上了儒家思想的印记，透过其或典雅精微或通俗易懂的言辞，其着力宣传之要旨大抵不外乎"正心、诚意、修身、齐家、治国、平天下"的"大学之道"，"立人""达人""爱人""谅人"的"忠恕之道"，以及"父慈子孝、兄友弟恭、朋友有信"的"絜矩之道"。也就是说，儒家所倡导的文化价值观念、理想人格模式和伦理道德规范，作为历代家训的主要精神支柱，是"儒者宣而明之"欲使其"家至而户说"的基本内容。当然，受释道思想文化的影响，古代家训中也夹杂着若干儒家文化以外的其他思想成分或因素，如道家之"无为"，佛家之心性修养等等，这也完全是事实。家训作为在历史上产生和发展的文化现象，它也不可能不带有其所经历的各个时代的烙印，但从实质和总体上来看，它还是以儒家的忠孝仁义为本，吸纳、融汇某些佛道思想，不过是作为达到忠孝仁义的手段而已。

显然，就思想内容而言，历代家训并非如前人所夸誉的那样，是

① 梁启超：《新大陆游记》，《梁启超全集》第四卷，北京出版社 1999 年版，第 1187 页。

“篇篇药石，言言龟鉴”，但它也绝不是一堆粪土，不是一堆完全有害无益的封建糟粕。对于家训这种既包含着糟粕，又包含着许多人生智慧和真、善、美的启示的历史文化遗产，我们应该像对待古今中外的各种文化一样，采取马克思主义的具体分析和批判继承的态度。任何一种文化体系作为完整的结构，都可以分解为不同的层面，每一层面又可以分解为若干要素；换言之，文化要素构成文化层面，文化层面构成文化系统。对它们是可以加以分析、分解的，也可以根据新时代的需要进行重组或新的综合。我们对待历代家训也要采取分析的态度，区别良莠，批判、剔除其封建性的糟粕，改造、继承、吸收其富有生命力的或在今天仍有启迪、借鉴意义的文化内容，使其成为社会主义新文化的重要构成要素。

既然古代家训是封建时代的产物，大多出自历代帝王、名臣仕宦、封建士大夫之手，而为封建统治阶级所倡导，它就不可能不带有封建地主阶级意识形态的特征，不可能不大量宣扬封建道德观念和剥削阶级的处世哲学。例如，历代家训中反复强调必须遵从封建的纲常名教，倡导愚忠愚孝的封建伦理道德；反复鼓吹“学而优则仕”“唯上智与下愚不移”和“万般皆下品，唯有读书高”的封建士大夫观念；反复提倡安常处顺、知足常乐、明哲保身的处世之道和保守思想，等等。毫无疑问，这些都属于封建思想的糟粕，是应该批判和舍弃的。这方面的思想流毒在今天仍不能忽视，还应继续做肃清流毒的工作。

另一方面，历代家训中还包含着相当多的思想精华和在今天仍有积极意义的内容，在教育后代如何处世做人的论训中，提供了前人丰富的人生经验和智慧，自觉或不自觉地宣传和弘扬了中华民族的传统美德，这些富有生命力的内容，都可供我们发现剔抉、含英咀华和借鉴吸收。从大的方面来说，至少可以举出以下几点：其一，鼓励立志。如诸葛亮《诫外甥书》说：“夫志当存高远，……若志不强毅，意不慷慨，徒碌碌滞于俗，默默束于情，永窜伏于凡庸，不免于下流矣!”《温氏母训》说：“岂有子孙专靠父祖过活之理！……若肯立志，大小自成结果。”其二，奖掖进学。如诸葛亮《诫子书》说：“才须学也，非学无以广才，非志无以成学。”《颜氏家训》说：“幼而学者，如日出之光；老而学者，如秉烛夜行。”其三，劝勉勤俭。《朱柏庐治家格言》说：“黎明即起，洒扫庭除。”“一粥一饭，当思来处不易；半丝半缕，恒念物力维艰。”明吴麟徵《家诫要言》说：“治家，舍节俭别无可经营。”“茹荼历辛，自是儒生本色。”其四，提倡清廉。《景氏家训》载胡康公诲诸子曰：“予居官四十余年，无他长，但‘清白’二字，平生守之不失。尔曹今日虽未有官守，务全名节，金帛易动人，远而勿亲。”高攀龙《家训》说：“世间惟财色二者，最迷惑人，最败坏人。”其五，导人行善。《朱柏庐治家格言》说：“勿贪意外之财，勿饮过量之酒。”“与肩挑贸易，毋占便宜；见贫苦亲邻，须加温恤。”《家诫要言》说：“待人要宽和，世事要练习。”“恶不在大，心术一坏，即入祸门。”《弟子规》说：“凡是人，皆须爱，天同覆，地同载。”“能亲仁，无限好，德日进，过日少。”此外，历代家训还在强调知行合一、学以致用、应世涉务、分阴惜时、遵守礼仪、尊敬师长、孝顺父母、慎择朋友、睦邻友好、克己让人等许多方面，都有一些精彩的议论和非凡的识见，有的至今仍能给人以真的启迪、善的讽劝和美的鉴赏，展示出永久的价值和魅力。这些积极的内容自然是我们今天建设社会主义精神文明所必须继承和发扬的。经过批判的分析和创造性的转化，完全可以用来作为对青少年进行思想品德教育的有益资粮和历史教材，倡导良好的家风亦有利于促进整个社会的安定团结和谐调发展。

《中国历代家训丛书》的主编夏家善同志，是我在二十年前刚调到南开大学工作时就已相识的老朋友。他长期研治中国文学，详熟古代文化典籍；近年来特别属意于历代家训的搜集、整理，用力甚勤，颇有心得。这套丛书就是他从我国历代家训中精选汇辑出来的，共计十二册，虽分类汇编而又构成一完整系统，有明确的指导思想，并邀请专家学者对各书分别加以标点、注释和说明，以便于读者准确地把握其思想内容，从中汲取智慧和力量。这是一件很有意义的工作。夏家善同志向我征序，作为老朋友，我觉得难以拒绝，于匆忙中写了上述粗浅的认识，不当之处请编者和读者批评指正。

1994 年 6 月 26 日

（《中国历代家训丛书》，共十二册，夏家善主编，天津古籍出版社 1995 年 7 月—1997 年 12 月出版）

《中国社会科学院研究生院教材》总序

中国社会科学院研究生院始建于1978年，是党中央、国务院批准建立的我国第一所人文社会科学研究生院。它作为中国社会科学院高级研究人员的教学基地，学科专业齐全，师资力量雄厚，现有博士学位授予学科专业50个，博士生导师232人；硕士学位授予学科专业74个，硕士生导师400余人。其中不少人在本学科领域处于全国领先地位，还有一批名重一时的专家学者，堪称一代宗师，享誉海内外。这种得天独厚的学术优势，极其有利于研究生教育的发展。17年来，我院开设了近400门研究生公共课、专业基础课、专业课和其他各类选修课，在培养大批高层次的优秀人才的同时，也促进了教材建设。不少导师富于创造性的学术论著就是在研究生院讲课稿的基础上形成的，出版后在海内外产生了广泛而深远的影响。只是由于主观（教材意识不强）和客观（经费来源不落实）等方面的原因，过去一直没有推出成型成套的研究生教材来，这不能不说是一件憾事。

为适应研究生教育发展的新形势，搞好我院各学科专业的教学规范化、现代化建设，也充分发挥我院的学术优势，为全国的文科研究生教育作出应有的贡献，我们决定在多年教学实践中形成的讲义、专题讲座的基础上，吸收导师们的最新研究成果，在本世纪末、下世纪初，即我院建院20周年（1998年）前后，陆续出版一套人文社会科学研究生教材。

这套教材包括公共课（文科博士生和硕士生的马克思主义理论

课，英、日、俄、德、法等语种作为第一外国语和第二外国语）、专业基础课和部分专业课教材，此外，还将推出一些重要的选修课教材。

研究生教材要求有一定的经典性，能够提供规范化的相对稳定的知识系统，同时又要体现出一定的先进性和创造性，要能反映本学科的最新研究成果和水平。作为教材，它在知识系统的完整性、理论观点的稳妥性、引据资料的准确性、文字表达的规范化和可读性等方面有比较严格的要求，同时也要尊重和保留编著者的学术个性。在世纪之交出版的这套教材，我们希望它有较高的学术质量和鲜明的时代特征。

最近国务院学位委员会决定进一步规范和推进在职人员以同等学力申请博士、硕士学位的工作，多渠道地培养社会主义现代化建设所需要的高级专门人才。这给研究生教材建设也提出了新的要求。如果没有成熟的研究生教材，在职人员的学位课程学习和考试就难以规范化地进行，学位授予质量也难以保证。

就我院今后的发展来说，提高研究生教育质量是始终不能放松的中心环节，研究生教材建设是一项亟待抓紧做好的重要工作。我们深知，组织编写和出版一套高质量的人文社会科学研究生教材，殊非易事。但我们也相信，只要院系（所）同心协力，充分调动全院导师和各方面专家学者的积极性，发挥他们的学术专长，经过扎实工作和艰苦努力，我们的目标一定能够达到。我们也诚恳地希望得到社会各界人士的支持和合作，欢迎各界人士对这一工作（或某本教材）提出批评或建设性的意见。

1995 年 6 月 15 日

（《中国社会科学院研究生院教材》，湖南出版社、经济科学出版社 1995 年 8 月起陆续出版）

《现代新儒家学案》前言

本书是“现代新儒家思潮研究”课题组在“七五”期间完成的一项主要工程。它采取我国传统史学的“学案”体例，力图为读者了解和研究现代新儒学的产生和发展，其主要代表人物的生平和学术思想，提供一套比较完整而系统的资料。所选 11 位案主，都是在中国现代新儒学思潮发展史上起过重大作用和有重要影响的人物，基本上属于现代新儒家的第一代和第二代。至于他们的第三代传人，学术规模尚未定型，为之立案还为时过早，只能俟诸续编。

每个学案的内容，均包括“评传”“新儒学思想资料选辑”“论著编年目录”三部分。

“评传”既要联系时代特点，扼要介绍案主的生平事迹和学术活动，又要运用马克思主义的立场、观点和方法，对其学术思想作出初步的实事求是的分析和评论。《明儒学案》的作者黄宗羲曾经说过：“大凡学有宗旨，是其人之得力处，亦是学者之入门处。”对于一个人的学术思想，最要紧的是把握其宗旨，“讲学而无宗旨，即有嘉言，是无头绪之乱丝也”。（《明儒学案·发凡》）这是写作学术思想评传首先要解决的问题，它才能起到为读者引领门径的作用。对于那些在解放后已经改变学术立场（宗旨）的新儒家学者，评传要介绍他们一生（或至今）的活动，但学术思想评析部分则只着重评介其前期的新儒学思想。

“新儒学思想资料选辑”是案主的重要著作或语录的选编。它是在通读案主的全部论著、把握其学术宗旨的基础上，直接从原著中纂要钩玄、精心挑选和编排起来的，是帮助读者真切地了解案主的学术思想的第一手资料。由于现代新儒学主要是一种哲学和文化思潮，所以选编资料的重点也放在古今、中西文化观和哲学、宗教、伦理思想方面。对于那些活跃于“学术与政治之间”的新儒家代表人物，也适当地辑录了一些反映其现代儒家政治思想的内容。

“论著编年目录”收进了案主公开发表和出版的全部中、外文著作、论文、译著、杂著和书信的篇目，按时代先后编年排列。欲对其思想进行全面、深入、彻底地研究的读者，可以循此找到全部或主要资料的线索。

我们想尽可能地把工作做得好一些，但是由于现代新儒学研究在国内起步较晚，基础很差，资料收集整理有诸多困难，加之编撰者自身学术理论水平的限制，所以不尽人意之处在所难免，甚至包含有严重的错误和缺失，我们恳切地期望得到专家、读者的批评和纠谬订误。

在本书完成付梓之际，我们衷心感谢全国哲学社会科学规划领导小组把本课题列为国家“七五”规划的重点项目之一，衷心感谢国家社会科学基金给予大力资助。我们也要衷心感谢热情地为课题组提供研究资料的各地图书馆的同志们、海内外的朋友们，衷心感谢全力支持本书出版的中国社会科学出版社总编辑和哲学编辑室的同志们。本书的编成和出版依靠了集体的力量，这个集体不只是课题组的几十个人，而是包括了众多关心中国学术发展和繁荣的人们，他们之功均不可没。

（《现代新儒家学案》，方克立、李锦全主编，中国社会科学出版社 1995 年 9 月出版）

《中国哲学名著选读》序

本书是在南开大学哲学系“中国哲学原著选读”课程多年教学实践经验基础上形成的教材。它的编选原则主要是考虑如何尽可能地适合教学需要，以便于初学者顺利地读懂原著，把握要旨，逐渐步入中国哲学的殿堂。

按照教学计划，“中国哲学原著选读”是配合“中国哲学史”课程教学开设的，共3学分，54课时。有限的课时决定了这门课的教学内容只能是少而精，而且必须充分考虑到教学对象的知识基础和接受能力，采取学生自学（课前预习）和课堂讲授相结合的教学方法。所编教材必须便于学生自学，起到疏通文字、引领门径的作用，再辅以课堂讲授和提问、讨论，学生就能较深刻地把握有关课文（原著）的思想内容。对于教材的实践检验，主要是看学生的反应：读不读得懂？在规定学时里读不读得完？读完每一篇是否都有所收获？理解深度如何？能否得出对现实有启迪的结论？读完全书后能否对中国哲学之博大精美及其发展全程有初步的了解和领悟？我们的教学目的首先要体现在教材中，所以编好教材对于开好这门课程有着至关重要的意义。

我们在多年教学实践中逐渐形成和确定了本教材的编写原则和体例，这就是：

一，考虑到学分和课时的要求，本教材只能精选各个历史时期最有代表性的、最能反映时代精神之精华的哲学名篇作为课文，从先秦到近代，共涉及 48 位哲学家，50 部著作。选文尽量保持其完整性，篇幅过长的适当节选，少数无完整篇章者，则按问题分类摘编。所选内容还考虑到要尽可能地和“中国哲学史”课程教学相配合。

二，每篇原文之前有“作者作品简介”，简要介绍作者的生平、时代背景、主要学术成就和贡献，所选作品在其著作和哲学思想中的地位，并从史料学的角度介绍有关著作的版本和流传情况。

三，原文之后分段注释。注释力求简明、准确，文字考订从略。生僻字标注读音和辞义，艰深句子适当加以串讲。

四，每篇课文后有“简析”，除阐明该文的中心思想，提示主要范畴、命题及其哲学义蕴之外，还按照文章的逻辑结构，将全文分为若干段，逐段解析其思想内涵并说明前后文之间的联系。“简析”文字要简明，每篇平均不超过 2000 字。它是学生在字面上读懂了课文之后，进一步去把握其哲学思想内容的引渡津梁。

本教材在 80 年代初就出过油印初稿本，十多年来在使用过程中不断听取学生的意见，作过多次修改和调整。实践证明它确实比较适合这门课程教学的需要，受到历届学生的欢迎。它也比较适合于一般具有高中以上文化水平的干部和青年读者，作为自学中国传统哲学名著名篇的入门读本。

我和李兰芝同志共同确定了本书的选目、编写原则和体例，而大量具体工作是由她承担的。十多年来共同切磋琢磨，她付出的心血精力最大。五年前，我们曾合作编著《中华文化集粹・哲人篇》（中国青年出版社 1991 年 10 月出版）一书，采取了类似的编辑体例，据反映效果还不错。本教材在程度上比那本书要深一些，保留了“简析”而略去了“今译”部分，因为读者对象已不是一般知识青年而是哲学系大学生，并且要更多地考虑到课堂教学的需要。本书在交付出版前，曾请中华书局哲学编辑室高流水同志校读了全稿，并做了一些文字修订工作。南开大学出版社张敬双、马光琅同志担任本书的责任编辑，他们认真负责的工作态度使本书的质量有很大的提高。对于上述同志的辛劳和诚挚帮助，我们表示由衷的感谢。

1996 年 6 月 28 日

（《中国哲学名著选读》，方克立、李兰芝编著，南开大学出版社 1996 年 10 月出版）

《二十世纪中国哲学·论著述评》后记

源远流长的中国哲学，发展到20世纪，进入了一个前所未有的大转折、大发展时期。西方各种哲学流派纷纷传入中国，并力图与中国的现实和传统相结合；中国传统哲学经过革命性变革和创造性转化，艰难地迈向了近现代。20世纪的中国哲学，无论哲学形态之丰富多样，哲学斗争之尖锐复杂，思想内容之广泛深刻，都是过去任何时代所不可比拟的。

20世纪的中国哲学论著，其品种数量之多，也超过了以往任何一个历史时代。本书仅对其中有重要学术价值和有重要影响的285种论著加以介绍和评述，力图从一个侧面反映20世纪中国哲学的整体面貌。由于编者水平所限以及其他各种原因，选目不一定完全恰当，有些该选入的论著尚暂付阙如；而且本书选目截止于1993年底，本世纪最后几年还会出版一些重要哲学论著，所以本卷（“论著述评”）到下世纪初还拟出一本“补编”，使这套资料更加完备而实用。由于本书系多人执笔编著，书稿质量难免参差不齐。有些是专家写的，确能把握所评述论著之精义，深入了解其产生时代的哲学水平，它作出了什么新贡献，以及它在本学科发展史上应有的地位。有些青年作者，确实很用功地研读了所评述之论著，写得很认真，相当客观、平实、准确地绍述了该论著之基本内容和主要贡献，评价也较中肯。不必讳言，也有部分述评稿尚欠功力，对所评述论著之写作背景和所要解决的主要问题缺乏深入的了解，只是一般地介绍各章节的主要内容，有述无评或难以评点到关节处。编者虽然作了很大的努力，但事实上不可能把这样一部多人合著的书稿编改得尽善尽美。

山东聊城师范学院王其水、丁祖豪、郭庆堂、张贵桥同志为本书选目、组稿、统稿、誊抄、编订做了大量工作，使本书有了基本的规模。1993 年 12 月中旬，他们就把 203 篇书稿送到我手里。只是由于本书第二卷（“人物志”）在出版过程中遇到了一点小麻烦，故本卷交付出版的时间推延了近一年半。在此期间，我们做了一些重要论著的拾遗补缺工作，这一工作主要是严正、李翔海同志组织南开大学哲学系的青年教师和研究生们共同完成的，共增补 82 篇。黄昭仪同志协助我审读了本卷全部书稿，并做了一些统一体例和修订文字的工作。责任编辑赵向东同志为本书出版付出了辛勤的劳动。对于上述同志的劳绩和贡献，不敢掠美，简志于此。

1995 年 7 月 10 日

（《二十世纪中国哲学·论著述评》，方克立、王其水主编，华夏出版社 1996 年 12 月出版）

《儒学本体论研究》序

本书是一位学习和研究中国哲学已有十五个年头的青年学者独立自得的思考和研究成果。与时下一些青年学者急于出成果、吸取积累少而产出数量多的学风迥然不同，本书作者不为职称、金钱等现实功利的诱惑所动，在高等学校简陋的生活和工作条件下，长年甘坐冷板凳，一本一本地啃中外古今哲学名著，苦苦思考哲学的功能与目的、人生的本体追求与自觉等问题，结合自己的生命感受，去研究历史和传统，将自得于心的东西写下来，本来也不是为了出版和发表，而只是自我精神反思和智慧求索的真实记录。这种学习和研究态度，在今天显得有些不合时宜，但却难能可贵。众所周知，一些有较高价值的智慧成果往往正是产生于这种不为现实功利所累的哲学创造活动之中。

20 世纪即将成为过去的历史，中国哲学的现代化问题、中西哲学的交融会通问题仍然是中国哲学界关注的焦点。如何认识中国哲学的本质特点和功能，如何借鉴西方现代哲学的方法来诠释传统哲学，是每一个中国哲学研究工作者必须思考和回答的问题。《儒学本体论研究》一书的作者经过多年的沉思，通过对以朱熹和王阳明为代表的宋明儒学本体论的具体剖析，对上述问题作出了自己的回答。这本书不是对中国儒学本体论的历史发展全程进行客观的描述，也不是对儒学本体论作某种形上学的批判，而是通过对现实人生的本体追求的解析，将西方现代哲学的解释方法和中国人生哲学的思考方式结合起来，提出了“历史本体”的范畴，将人的生活世界的历时性与共时性统一在人生的“生生”实践过程中。由此出发，作者将人生的本体追求过程展现为对传统哲学本体论的解释与解构过程，在对传统哲学的反省与批判中去实现人生的本体自觉。因此，本书不仅向我们展示了诠释传统哲学的一种新方式，而且给我们指出了一条人生本体自觉的具体途径。

《儒学本体论研究》一书的研究方法和叙事方式也有自己的特点。作者提出的历史本体范畴融合了西方的解释传统和中国哲学的生生精神，将历史与现实统一在人生的现实创造活动中，使历史的叙事和人生的创造实践合而为一。在这里，理解历史的过程就是重释历史的过程，就是创造历史的过程，哲学和历史研究的起源与目的都在这诠释过程中得到了回答和体现。这种研究模式超越了用西方哲学的结构和范式去衡论中国传统哲学的思维方式，也不同于以维护传统为目的的旧的中国哲学研究方法，而是深刻地把握住了中国哲学作为人生自觉的学问的精髓，将人生哲学的研究和哲学史的研究统一在对人生的历史本体的存在分析过程中。

从上述研究方法和原则出发，作者认为，对传统儒学本体论的批判不能以现代哲学的发展水平来检讨传统哲学的观点，进而评论其是非得失，而应将传统本体论作为现实人生历史本体的组成部分，从整个民族精神自觉的发展历程来评价其思想的意义和价值。因此，在对传统哲学的评价问题上，作者提出了一些自己独到的见解。例如，在如何评价道德直觉问题上，作者强调“人生实践当下是顺取，当下是逆觉，内外、表里、体用一时并了，这就是直觉，生命的直觉”。顺取和逆取并不是两个独立的认识过程，而只是人生本体自觉过程的两个基本属性。又如，作者认为“内圣”与“外王”也是一个过程，如果“将内圣与外王分开，实际上就是承认有脱离现实实践的道德修养过程；而将外王与内圣脱离关系，就是主张现实实践不是人类有意识的自觉创造活动，不是人生生命呈现的活动”。因此他认为“内圣如何开出外王”乃是一个虚妄的哲学问题。作者指出，哲学研究“将不再以构造体系为目的，不再为人生提供一种绝对完美的实现之路”，哲学研究作为人生的生活方式，它不负责给人生提供现实的选择，它不过是人生本体自觉的工具和引路人而已。这些有得于心的哲学慧解，代表了当代好学深思的青年学者对传统哲学的认识水平。

实事求是地说，本书也存在着明显的缺点和不足。过于偏重主观的体悟而对传统哲学所反映的社会存在的背景揭示不够，客观的社会政治批判显得不足；重点研究了宋明儒学本体论，而对早期儒学和现代新儒学缺乏详细的分析探讨，以及文字表达过于抽象思辨等，都是有待于在今后的研究工作中加以注意和改进的。我期待作者把哲学和哲学史研究与现实生活更紧密地结合起来，把握住时代的脉搏，以更加深刻和成熟的哲学思想成果贡献于世人。

1997 年 2 月 28 日

（《儒学本体论研究》，严正著，天津人民出版社 1997 年 10 月出版）

《现代新儒学与中国现代化》自序

本书是我十年来关于现代新儒学和中国文化问题研究的文字的结集。

我过去的教学与研究工作，和大多数中国哲学史学界的同仁一样，重点在中国古代哲学。十年前在一次座谈会上即席作了“要重视对现代新儒家的研究”的发言，人们说：“这个意见很好，你就来做这件事吧”，后来就把我推到了“现代新儒学思潮研究”课题组负责人的位置上。压上这副担子，可不同于在会上发几句议论、谈点个人看法，而是必须真抓实干，几乎是从零开始在中国大陆重新组织和推动对现代新儒学的研究；并且必须把握正确的研究方向，如期拿出有一定学术质量的研究成果来，才能对国家和人民有所交待。十年来主要依靠集体的力量完成了这一课题的研究任务，我本人也在这方面增加了一些知识，随着课题研究工作的进展陆续发表了一些文字。与课题组内其他同志深入的专人或专题研究不同，我关注的问题要宏观一些，涉猎较广而对每一个问题的研究都不十分深入，研究也缺乏系统性，这是自知其短的。但由于组织课题研究工作的需要，有些总体性问题甚或是涉及方向性的问题总得有人考虑，有人出来说话，这个角色往往只得由我来充任。所以，要从宏观上了解十年来中国大陆现代新儒学研究的始终伴随着思想论争的复杂曲折进程，我的这些文字可能还记录和保存了一些对后来的研究者有一定参考价值的资料。

我们一开始就意识到此一课题研究有着学术思想史研究和现实思想斗争两个方面的重要意义。课题工作是从中国现代学术思想史的角度来组织开展的，所以比较注意系统地编三代现代新儒家学者的学术资料，包括编“学案”和“论著辑要”，在此基础上分别进行较为深入的专人和专题研究。“课题组始终十分强调两点：一是要详细占有资料，准确理解原意，这是实事求是地进行科学研究的基础和前提；二是要运用马克思主义的立场、观点和方法，对现代新儒学进行一分为二的分析评论，既不盲目崇扬，也不抹煞它的贡献和历史地位。”（《现代新儒学研究丛书·主编的话》）这种研究态度得到了国内大多数学者的认同和不少港台海外学者的中肯评价，同时也受到了主要来自新儒家方面的批评。批评意见集中到一点，就是不满意我们强调在现代新儒学研究中要坚持马克思主义的立场、观点和方法。港台新儒家把以马克思主义为指导看作是大陆新儒学研究无法突破的“瓶颈”，认为“除非大陆学者能摆脱马列主义的教条和思想框框，他们对当代新儒学的研究不可能有真正的突破”。在他们看来，马克思主义已经过时了，“将来中华民族的方向、历史运会的方向必然是彻底的唯心论”，也就是中国新儒家的哲学。继而大陆新儒家也指责马克思主义是一种“先定原则”和“门户之见”，认为“中国文化和新儒家思想在马克思主义派那儿，是没有原则意义，没有体的层位的”，因而欠缺同情的了解，不可能真正做到“实事求是”。他们把“大陆马列派”和“西方自由派”捆在一起来进行批判。新儒家首先在意识形态方面对马克思主义表示不能相容并采取了进攻的姿态。而在我们看来，要对现代新儒学这种思想文化现象作出正确的历史说明和进行科学的理论分析，离开马克思主义的历史唯物论和辩证唯物论是根本不可能的。我们要坚持自信是正确的学术立场，把课题做下去并争取顺利完成，就不能对新儒家的批评视而不见听而不闻，而是必须作出回应，因而难免发生一些思想交锋。作为课题组的负责人，这项工作我做得比别的同志要多一些，所以受到的批评也最多最直接最尖锐。这是不得已之事，但也未尝不是一件好事，因为各种批评均不无教益，而且也是对我们所持的马克思主义学术立场的磨砺和考验。

一旦涉猎中国现代思想史的研究领域，才体会到为什么人们常说这项研究工作难做把它视为畏途，为什么"厚古薄今"的选择对学者来说相对比较安全较少麻烦。但是我们又不能忘记本世纪的伟人毛泽东的指示："对于近百年的中国史，应聚集人材，分工合作地去做，克服无组织的状态。应先作经济史、政治史、军事史、文化史几个部门的分析的研究，然后才有可能作综合的研究。"① 现代新儒学在近百年中国思想文化史中的地位是不容抹煞的，所以此一课题研究的意义和价值也是不容怀疑的；而且我们所采取的"聚集人材""分工合作"的研究方法也正符合毛泽东的指示精神，并已在实际工作中取得了明显的成效。这件事情总得有人去做，不论是谁去做，它都是我们这一代学者应尽的历史责任。

现代新儒学研究课题是在80年代的文化讨论中提出来的，它自然与回答和解决中国近现代文化讨论一以贯之的主题，即中国向何处去、中国文化向何处去的问题，或谓古今中西问题（传统与现代化的关系、中西文化关系问题）有着密切的联系，它不仅是一个思想史研究的课题，而且这一课题研究本身就是直接参与文化讨论，成为文化研究和文化讨论的一个重要组成部分。因此，在现代新儒学研究中不可避免地要涉及对近现代文化论争、中国现代三大思潮及其相互关系的看法，每个研究者都要表明自己的文化立场，从正面提出自己的文化主张。在本世纪以来的诸多文化派别和文化观点中，我比较倾心于张岱年先生倡导的"综合创新"论，认为"古为

---

① 毛泽东：《改造我们的学习》，《毛泽东选集》第3卷，人民出版社1991年版，第802页。

今用，洋为中用，批判继承，综合创新”四句话可以简要地概括马克思主义文化观的本质，也最适合中国的国情，代表了中国文化发展的正确方向。这也是我近十年来关注和议论得较多的话题之一。我们和现代新儒家在文化观上的分歧，正是在于“综合创新”与“中体西用”的区别和对立。

收入本书中的文字，据内容特征分为若干组。第一组是关于现代新儒学研究的综论性文章，按照写作时间先后排列，大体上可以反映十年来大陆现代新儒学研究的基本进展情况，这些文章反映出我的认识也有一个从抽象到具体的深化过程。第二组是关于现代新儒家代表人物及其思想、著作的个案研究文章，大都是出席有关学术会议的发言，只涉及某些方面的问题，并非全面系统的研究。其中最后两篇是为了回答两位大陆新儒家学者 1995 年 8 月在武昌“徐复观思想研讨会”上对我的批评，阐明我们之间的思想分歧所在而于近期写成的，也属于个案研讨性质。第三组是为两套现代新儒学研究或资料丛书写的“总序”，以及为《孔子大辞典》写的有关现代新儒学的几个辞条。第四组是我近十年来参与文化讨论，就中国文化发展的方向、方针、方法问题所发表的一些个人意见，中心是阐扬“综合创新”的文化观，批评文化保守主义和文化激进主义，有关文字也大都与现代新儒学研究有一定的联系。最后附录了几位同志写的访谈录，其内容和前面的文章是基本一致的，可以互相参证。

需要说明的是，本书中有几篇文章是我分别与曹跃明、郑家栋、李翔海同志合作完成的。他们曾是我指导的研究生，现在都已成为在现代新儒学研究方面有多种论著出版的颇有影响的青年学者。有一套丛书“主编的话”是我和李锦全同志合写的。所以，从一定意义上说，本书也是一项集体劳动的成果。“附录”部分更是包含了访谈和记录整理者的大量辛勤劳动在内。盛家林同志的提议、催促和帮助，天津人民出版社的大力支持，促成了本书的顺利编辑出版。对于上述同志的合作与友情，我在此表示衷心感谢。

1996 年 12 月 28 日

（《现代新儒学与中国现代化》，方克立著，天津人民出版社 1997 年 11 月出版）

《当代文化冲突与青年文化思潮》序

寒松的博士论文那么快就能够正式出版，我感到很高兴。这一方面说明该文达到了较高的学术水平，经专家推荐很快得到社会的认可；另一方面也说明《当代文化冲突与青年文化思潮》这一选题非常适合当今社会的需要，是青年工作领域人们十分关注而过去又没有人认真研究过的问题。

三年前，王寒松同志是在天津市团委副书记的岗位上考上南开大学博士研究生的，显然他不可能离开现职工作专门脱产学习，在工作任务繁重的情况下，他能否按时学完各门学位课程，写出一篇够水准的博士论文来，说实在话开始我心中是无数的。我知道他是一个工作责任感极强的人，有相当不错的学业功底，喜欢进行理论思考。考博前他到我这里来的次数不多，但每次来都要结合他所做的青年工作谈当前的思想文化动向和对一些热点理论问题的看法，比一般青年知识分子显得更加富于理性，在政治上更加成熟。入学攻博后他到我这里来的机会就比较多了，我发现他也是一个对待学业极其认真、一丝不苟的人。第一学年的外语课和马克思主义理论课，他虽然不可能每堂课都到，但尽可能做到不请假或少请假，所缺功课一定要另外抽时间补上。专业基础课和专业课布置的书目，他基本上都读了，而且作业写得相当认真。他交给我的两篇作业已先后推荐给《中国青年政治学院学报》发表。

他的博士论文选题是我们商量后共同确定的，主要基于两点考虑：首先，青年文化思潮是一个现实性极强，过去只有若干实证调查和对策性研究，而基本上没有纳入学术理论研究视野的课题，更没有把它放到“中西文化冲突”的大背景下来考察和研究。青年文化是社会整体文化的一部分，从总体上不能不受到社会主流文化的指导、影响和调控，同时青年人的思维方式又有求新求异的特点，不能排除其文化取向也有偏离甚至反叛主流文化的可能性，这种复杂性在我国 80—90 年代的青年文化思潮中充分地表现了出来。这是一个相当复杂、敏感因而难度较大的研究课题，同时又是一个有重要理论意义和现实意义的研究课题，在世纪之交，应该有人来做这件事。其次，考虑到寒松有完成这一课题研究的较好的条件。过去十多年来，他一直在做青年工作，熟悉自己的研究对象，尤其对在 80—90 年代青年文化思潮中起主导作用的青年知识分子十分熟悉。而且他本人也是在改革开放和社会主义现代化建设新时期成长起来的一个青年知识分子，一个有政治责任感和较高文化追求的青年干部，多年来在用正确的思想导向引导教育青年一代方面做了大量工作，并且一直关心青年文化问题的研究，思考过这方面的一些问题，积累了不少第一手资料，因此比一般青年学者更有条件做好这一课题的研究工作。

王寒松同志经过三个寒暑的拼搏完成的这篇博士论文，可以说基本上达到了预期的目标，即充分发挥了他特有的优势，在占有大量资料和深入思考的基础上，提交了一项理论联系实际的、富有鲜明的时代特征的、具有填补空白意义的创造性的研究成果。从学术研究的角度来说，我觉得以下几点比较值得注意，这些或许也正是作者的用心所在。

首先，作者把对新时期青年道德行为和精神文化取向的探讨纳入文化研究的范畴之中，这就增强了青年问题研究的理性色彩和理论意义。80 年代以来的文化研究和文化讨论，其内容之广泛，论题之多样，意见之纷纭，可谓前所未见。但是，把青年文化思潮当作文化研究的一个专门课题，一个特殊领域，特别是明确地把它看作是“有中国特色社会主义文化建设”的一部分，这是过去没有过的。作者以建设性的态度和前瞻性的眼光，始终把青年文化思潮置于改革开放和中西文化冲突的时代背景中去审视，从民族文化发展和一代新人培养的战略高度来阐发这一课题研究的意义，可谓视野宏阔，匠心独运。

从青年问题研究的角度来说，作者的独特视角则表现在，试图以文化思潮来涵盖新时期青年世界观、人生观、价值观的嬗变，并且力图把握和突出它的理性层面，从而摆脱了青年研究的某些庸俗化、功利化和片面政治化的倾向。这种从文化研究和青年问题研究的双重视角来交叉探讨考察同一主题的研究思路，在过去确实是不多见的。

其次，作者对此一课题的研究，始终是在“古为今用，洋为中用，批判继承，综合创新”的马克思主义文化观指导下进行的。开展这一课题研究的目的，是要为社会主义现代化建设培养一代新人服务，因此，作者在对 80—90 年代青年文化思潮的考察中，始终强调社会主义主流文化的指导作用，注意透过现象揭示本质，分清主流和支流。在纷繁复杂的青年文化现象中，作者总是肯定主流是积极的健康的，认为各种偏颇的出现均有其复杂原因，而其中主要是认识上的原因，并且坚持青年是积极上进的、可塑可变的观点。例如，对 80 年代各种西方哲学和文化思潮在我国青年中广为流传的现象，作者首先肯定其中包含着努力吸取全人类一切优秀思想文化成果的积极倾向，然后具体分析和指出某些消极影响，主张有责任心的学术工作者要多给青年提供一些科学地分析批判的读物，进行正确引导。这种研究结论就比较符合实际，而且坚持了正确的思想导向。事实上到 90 年代，许多青年经过学习和思考，在中西文化的天平上进行了调整，已经不再盲目追逐和信从西方思潮了。

第三，为了增强这一课题研究的科学性和理论价值，作者在马克思主义方法论的指导下，在研究和写作方法上作了一些新的探索，并力图加以归纳和自觉地去运用。这些方法主要有：①逻辑与历史统一的方法，即力图从 80—90 年代青年文化运动发展的历史过程中去揭示其内在逻辑和规律性；②理论探讨与实证研究相结合的方法，即以大量实证调查材料为基础，然后上升到哲学和文化学的高度去进行理论概括；③以实践为坐标的比较研究方法，即对中外青年文化和青年文化思潮，对不同时期、不同地域、不同类型青年群体的思想文化和价值取向，进行广泛地比较研究，而以实践作为比较的基本坐标；④从个别到一般的方法，即通过对许多具体的青年文化现象的考察，上升到“青年文化思潮”的一般意义来认识，从而打破了青年文化研究中的某些既成的西方理论的框囿；⑤整体贯通的研究方法，即对80年代和90年代两个十年的青年文化思潮，既注意考察其不同特征，又以“转进”来将二者贯通，揭示其内在联系，从整体上来把握新时期的青年文化思潮，全面评价其利弊得失。上述方法的自觉运用，显著地提高了这项研究的科学水平。

第四，通过对80—90年代青年文化思潮的研究，很自然地要接触到一些文化研究的一般理论问题，如中西文化冲突的本质、文化冲突与融合的关系、文化冲突的诸形态、文化冲突在青年文化思潮中的表现、文化讨论对青年文化思潮的影响、青年文化精英在文化研究和文化讨论中的角色及其作用、青年文化对社会主流文化的依附性和不一致性的双重特征、青年文化问题在文化研究中的地位等等，作者没有回避这些问题，而是以负责的态度在现有的水平上力图对这些问题作出自己的思考和回答。当然，对这些问题的深入探讨和研究，亦必将对一般文化理论研究有所贡献。

《当代文化冲突与青年文化思潮》是青年问题研究方面的一本视野开阔、有较深理论意蕴的别开生面之作，我相信它的出版首先会引起广大青年工作者的关注，受到他们的欢迎，因为它在用正确的思想导向教育引导青年方面提供了一本很有价值的参考书。从文化研究的角度来说，青年文化是一个特别值得重视的研究领域，因为它关系着文化的未来发展方向。本书所提供的大量信息，也是对各种文化主张的社会效果的一个检验。

我希望王寒松同志在今后的工作实践中继续重视理论学习，不断进行理论的思考和研究，以更优秀的理论联系实际的新作来贡献于伟大的时代。

1997 年 11 月 12 日

（《当代文化冲突与青年文化思潮》，王寒松著，中国青年出版社 1997 年 12 月出版）

《博士生谈自己》序

展现在读者面前的这本集子，其作者是一个特殊的群体。它是我院97级博士生三班即文史哲班全体同学的共同作品，作为班里组织的一项活动，通过每个同学回顾自己的成长经历和求学过程，来增进相互了解，加强团结和友谊，形成一个为共同理想而奋斗的和谐的集体。它同时也是同学们对党和人民的一次思想汇报。

这些同学来自祖国的四面八方，入学前有的已是大学里的教授、副教授、硕士生导师；有的曾在党和国家机关工作多年，担负过一定的领导职务；有的则是刚刚毕业的硕士研究生。其中年龄大的已45岁，年龄小的仅25岁。他们有着迥然不同的人生经历，但都有一颗献身于中国人文社会科学事业的赤诚之心，真正是为着一个共同的目标走到一起来了。他们之所以能够终于步入中国社会科学院这座神圣庄严的学术殿堂，成为令人称羡的时代骄子，是党和人民特别是各级教育工作者悉心培育的结果，也是与他们个人不懈的努力分不开的。收入本书中的每一篇自述文字，都真实地记载了他们多年来为了追求理想、实现理想而勤勉好学、不懈奋斗的过程，更是他们克服各种困难和不利条件，不断地充实自我、完善心智的生动写照。这些文章的感人的力量在于其真实，体现了一代跨世纪青年学者顽强拼搏、奋发向上的精神风貌。读了这些文章，使我们对中国人文社会科学的未来更加充满了信心。

出于高度的责任感和使命感，我院研究生在两年前就提出了“自加压力，志在一流”的口号，以“一流的品德，一流的修养，一流的视野，一流的学识，一流的能力，一流的体魄”来严格要求自己，决心把自己锻炼造就成为在政治、业务、道德人品等各个方面都是真正一流的国家栋梁之材。这正是体现了我们的培养目标，是我们希望在研究生院形成的优良传统。“六个一流”若能成为每个同学的自觉要求，成为我院研究生的共同品格和集体形象，学校的精神文明建设和教书育人、管理育人的工作就会上一个新台阶，党和人民对我们送出去的一批一批博士和硕士就会更加放心，他们也一定能为祖国的明天作出超越前辈的卓异贡献。

97 级博士生三班的同学们入校不过半年，就积极地投入了争创“六个一流”的活动，以党支部为核心，逐渐形成为一个思想活跃、团结向上的班集体。本书的编辑出版，正是该班同学集体主义团队精神的具体表现，也是我院管理育人的一个初步尝试。

对于广大读者特别是广大青年读者来说，博士研究生可能还是一个多少带有神秘色彩的知识群体，他们是怎样生活的？他们整天在思考些什么问题？尤其是，他们是怎样一步步成长起来的？本书将提供对这些问题的一个一个具体生动的回答，没有矫饰，坦诚无忌，它们或许能够对你有所启发，或具有一定的借鉴意义。我希望这本书能为广大读者所喜欢。

1998 年 2 月 20 日

［《博士生谈自己》（博士成功之路系列），栾贵川主编，黑龙江人民出版社 1998 年 4 月出版］

《寻求德性与理性的统一》序

以成中英先生的本体诠释学为研究对象的博士论文，过去还没有看见过，这可能是海内外的第一篇。我之所以同意李翔海同学选做此题，主要是基于以下几点考虑：

一，中西哲学交流、融合、会通是20世纪中国哲学最重要的特点。一方面，西方的各种哲学学说、流派纷纷传入中国，并力图与中国的现实和传统相结合；另一方面，中国哲学要走向世界和适应现代化的要求，也必须学习、借鉴西方哲学并实现自身的创造性转化。成中英作为一个美籍华裔学者，始终以“中国哲学的现代化与世界化”为职志，他所创立的本体诠释学，力图将中国原儒的本体论和现代西方哲学特别是当代诠释学的方法论融为一体，立足于中国哲学的整体意识，建立融合东西方哲学的世界整体哲学。不论它在多大程度上实现了这一目标，作为当代哲坛融合中西哲学的一种新的探索和尝试，20世纪中西结合的一种重要的哲学形态，都值得重视并加以认真研究。

二，成中英先生的本体诠释学，可以归属于广义的“现代新儒学”范畴。但是它却在一定意义上突破了正统派新儒家坚持“德性优先”立场，只重儒家心性之学的狭隘格局，力图整合知识与价值、理性与德性、科学主义与人文主义，特别是对知识理性之本体地位的肯定，不仅对儒家的价值系统作了重要的调整，而且给儒家哲学注入了新的生命活力，代表了今后儒学发展的一个可能的、比较健康的方向。本文作者把成中英的本体诠释学看作是现代新儒学发展中的“歧出转向”之新，肯定它对中国哲学内在理性形式的注重和兼具中西哲学之长的方法论体系，比其他的新儒家哲学更具现代性；同时又指出其理论视野仍囿限于思想和语言范围内，而忽略了生产方式等人类根本的存在方式，其价值取向上的后顾性说明它并没有完全摆脱现代新儒家“返本开新”的思想路线。这些分析和论断都是实事求是的，有充分的理据和坚实的资料基础，重在揭示这一理论体系的个性特征。我认为，从清理儒学和现代新儒学思想发展的脉络，以及展望儒学未来发展前景的意义上，成氏的本体诠释学也很值得研究。

三，成中英先生的本体诠释学，始创于 1985 年，在他近十年来发表的论文和著作中，对其基本观点和方法多有阐述，但尚未形成系统的理论体系。作为一种新的哲学理论，它还在创造和发展的过程之中。这既给研究者带来了难以准确把握这一理论体系的困难，同时也提供了积极参与创造这一理论体系的机遇。对它进行系统的研究和阐发，包括揭示其理论价值和指出它的某些不足之处，都有可能使其获得更加自觉的理论形态和更加成熟的表达方式，在某种意义上可以说，研究者也直接参与了这一当代哲学理论的创造。

当然，也是基于对李翔海同学的了解，我才敢于把这一难度较大的课题交给他去做。李君出身农家，为人忠诚朴实，学习极其刻苦努力。他于 1984 年考入南开大学哲学系，十年寒窗，连续完成了大学本科、硕士研究生、博士研究生三个阶段的学业。他的硕士论文选题为《牟宗三“良知自我坎陷说”评析》，博士论文选作成中英，实际上对现代新儒家三代人的思想都有所接触，做了比较全面的研究，几年来共发表新儒学研究论文 40 余篇。从他关于成中英本体诠释学研究的论文也可以看出，他对中西哲学传统及其现代走向，对前辈新儒家和成中英同时代人的思想，都有融会贯通的把握并注意做比较研究。他的理论洞见是与自己的勤奋努力分不开的。我们高兴地看到，一代学术新秀正在振兴中华的使命感驱动下和开放、宽松的学术环境中苗壮成长。

1996 年 9 月 16 日

（《寻求德性与理性的统一——成中英本体诠释学研究》，李翔海著，台湾文史哲出版社 1998 年 5 月出版）

《现代新儒学与宋明理学》序

现代新儒学是对传统儒学的继承和开新。在传统儒学中，它所接引的“源头活水”或直接理论来源主要是宋明理学的道德心性之学和“内圣外王”的思维模式。冯友兰说他的“新理学”是接着程朱理学讲的，熊十力、牟宗三等人的哲学则表现为现代的陆王心学。从一定意义上说，现代新儒学就是现代的宋明理学。不论是“新程朱”，还是“新陆王”，都是“接着”宋明理学讲的，是宋明理学在现代的复兴和重建。台湾新儒家的杂志取名为《鹅湖》，颇具有象征的意义。江西铅山鹅湖寺是历史上朱陆论辩的地方，提倡发扬鹅湖精神就是提倡宋明理学的精神。因此，弄清楚现代新儒学对于宋明理学的继承和发展关系，在现代新儒学研究中自然具有特殊重要的意义。

李道湘同志在南开大学攻读博士学位期间，选择现代新儒学与宋明理学的关系为博士论文题目，三年中阅读了大量文献资料，在前人研究成果的基础上，对这一思想发展脉络提出了自己系统的理解。论文通过对第一代新儒家思想的细微分析、历史考察和逻辑梳理，揭示了其精神方向与宋明理学的内在一致性，即他们都特重内圣心性之学，企图通过重建儒学心性本体论来贞定道德自我，以达到挽救社会危机和治国平天下的目的。除了对这一共性的揭示之外，论文还具体剖析了每一个新儒家代表人物是如何通过对宋明理学的批判吸收和改造来建立自己的思想体系的，其个性充分表现在中心概念之确立，及其推拓、泛化而形成的各自独特的哲学系统中，并且从思想传承的角度，将第一代新儒家分成陆王心学一系，包括梁漱溟、张君劢、熊十力、贺麟等人，和程朱理学一系，包括马一浮、冯友兰、钱穆等人，从纷繁复杂的学说形态中梳理出了一条清晰的新儒学思想发展线索。在对每个代表人物的考察中，既注意到他们所面临的共同课题，又注意到每人的家庭背景、师承教育、人生道路和个性品格的差异，从而对有人归宗心学、有人归宗理学的现象作了比较自然合理的说明。作者力图运用历史和逻辑统一的方法，通过对宋明理学的中心课题、理论困境及其在清代和近现代的发展的详细考察，来揭示现代新儒家选择宋明理学的历史必然性；同时说明宋明理学已为现代新儒学提供了主要的思想资源和直接的理论前提，即存在着由前者发展为后者的逻辑必然性。同时引入发生学方法，从新的角度对现代新儒学与宋明理学的关系进行探讨，力图更深刻地揭示它们之间的内在联系。全文坚持以马克思主义为指导，在对现代新儒家及其人物的评价上，既充分肯定他们为弘扬民族文化和中国哲学现代化所作的努力，又指出其固执传统儒学思维方式的非现代性，以及其他理论上的偏失和局限，表现出实事求是的态度。论文受到了评阅专家和答辩委员们的一致好评。

辽宁大学出版社在推出《现代新儒学研究丛书》专题研究系列之后，又决定出版李道湘同志的《现代新儒学与宋明理学》一书，无疑对推动现代新儒学研究向纵深发展具有重要意义。该书对现代新儒家思想体系的形成和发展所作的根源性研究，对传统儒学的现代转化问题所作的系统考察和创造性研究，必能给好学深思的读者以诸多启发；我认为它的具有普泛意义的价值主要还是在于可以帮助人们对现代新儒学的理论来源和思想实质得到一个比较清楚明确的认识。

1997 年 7 月 30 日

（《现代新儒学与宋明理学》，李道湘著，辽宁大学出版社1998 年 5 月出版）

《从这里走向辉煌》序

中国社会科学院研究生院即将迎来20周年校庆。回顾20年来走过的艰难曲折而又成绩斐然的办学历程，曾经在这里工作和学习过的全体师生员工，无不感到欣慰和自豪。特别是从这里毕业出去的500多名博士，2000多名硕士，还有在校学习的500名博士、硕士研究生，数千名校外研究生课程进修班学员，更是深情地期盼着这一天的到来，他们将以多种形式表达对母校的感激、热爱、支持和希望，因为他们是从这里走向辉煌或将要走向新的辉煌。

回首20年前，是邓小平、叶剑英等党中央领导同志亲自批准中国社会科学院建立研究生院，以解决“文革”后社科队伍青黄不接的紧迫问题。研究生院在没有校舍、没有教学队伍和设备的情况下仓促上马，白手起家，第一年就招收了400多名研究生。当时只能暂借北师大、十一学校、全总干校、解放军后勤学院甚至京郊骡马大店的房子住宿和办学，八个人住一间宿舍，以床板当书桌，也没有像样的教室、图书馆、食堂和运动场地。就是在这样艰苦的条件下，“文革”后重新获得求学机会的研究生们，废寝忘食地刻苦攻读，如饥似渴地吸吮着知识的营养。他们牢记首任院长周扬同志的教导：“我们在思想战线上要造就的不但是学者，而且首先是战士”，怀着崇高的使命感和责任感，认真研究我国两个文明建设中的重大理论和实际问题，在人文社会科学各个领域坚持和发展马克思主义，不负党中央的厚望，成为我国新时期社科研究队伍中的一支生力军。我院早期毕业的这批研究生，今天大都已成为社科院各级领导干部、科研骨干和学术带头人，分配到中央各部委、各省市、高等院校和各大报刊、出版社的毕业生，也都表现出色，现在多数担任了一定的领导职务。在艰难的环境中成长起来的这批研究生的精神和业绩，对以后入学的各届研究生起了很好的示范作用，刻苦攻读、勇于创新、理论联系实际已在研究生院蔚然成风，历届毕业生都以其综合素质好和成才率高而受到社会各界的普遍关注和高度评价。

经过20年的建设发展，社科院研究生院今天已成为一个学科门类齐全、师资力量雄厚、在国内外享有盛誉的人文社会科学高层次人才培养基地。它的办学规模虽然不大，办学条件也不如一般高等院校，但被公认为层次较高，在国内外有“中国人文社会科学最高学府”“中国的哈佛”之美誉。在人文社会科学方面，拥有50个博士点和300位博士生导师，74个硕士点和400多位硕士生导师，这在全国还是绝无仅有的。社科院优越的学术环境对有志攀登科学高峰的青年具有极大的吸引力，名师指点把他们引进了新的学问和人生境界。到这里来学习的研究生们一般都具有较强的社会责任感，他们提出了“自加压力，志在一流”的口号，以“一流的品德，一流的修养，一流的视野，一流的学识，一流的能力，一流的体魄”来严格要求自己，决心把自己锻炼造就成为在政治、业务、道德人品等各个方面都是真正一流的人才。从学校工作来说，中心环节也是要保证人才培养质量，在导师多、招生名额少的情况下，我们特别强调要精心教育、精心培养、严格要求、严格管理，强化素质教育和全面质量意识，力争从我们这里培养出来的博士和硕士，个个都是政治上和业务上合格的人文社会科学专家和实际工作者，其中要有相当一部分是能够堪当大任的国家栋梁之材。

我们越来越清楚地意识到，社科院研究生院的资源和优势，主要的就是两条：一是有一支实力特别雄厚的导师队伍；二是有大批脱颖而出、事业有成的毕业生。社科院研究生院在国内外的良好声誉，主要就是靠这两条得到的。社科院的导师知名度较高，各种媒体和文字资料常有介绍，社会各界多耳熟能详。我们的许多优秀毕业生的业绩，虽然在各部门各单位也经常受到表彰，但从办学单位来说，过去却存在着追踪调查了解不够、集中宣传介绍不够的缺点。在1991年受国家教委和国务院学位委员会表彰的有突出贡献的中国博士、硕士学位获得者中，我院毕业生就有13人入选。1997年2月，中宣部和司法部决定在全国司法行政系统学习优秀律师高宗泽同志的先进事迹，高宗泽同志就是我院法学系的毕业生。20年来，在各个方面做出了突出成绩的我院毕业生决不只是十几个人、几十个人，而是数以百计甚至更多。他们事业上的辉煌是与培育他们的母校分不开的，母校的声誉也同每一个毕业生的奋斗业绩息息相关。

为了庆祝建院20周年，这次由我院党委书记廖世伦和原党委副书记翁杰明主持，由本书执行编辑周勤勤及团委和研究生会负责组织，收集、采写了我院部分优秀毕业生的奋斗经历和业绩材料，编辑成册出版。通过这些材料可以大体上窥见社科院研究生的整体素质和一般精神风貌。由于多方面的原因，本书收集的材料还很不全面，还有许多优秀毕业生的先进事迹未能反映出来。我们将组织力量继续开展这项工作，今后还打算续编本书的第二册、第三册，让人们更多地了解我们的毕业生，了解培养他们的研究生院。中国人文社会科学的发展任重而道远，这是一个需要人才辈出的时代，相信今后还会有更多的优秀人才从这里走向辉煌。

1998年3月12日

（《从这里走向辉煌——中国社会科学院研究生院部分优秀毕业生事迹汇编》，廖世伦主编，社会科学文献出版社1998年6月出版）

努力培养更多的人文社会科学优秀人才

——《与改革开放同步》代序

中国社会科学院研究生院创立于1978年8月，到现在已经20周年了。在历史发展的长河中，20年只不过是短暂的一瞬；对于社科院研究生院来说，却经过了一个从早期艰苦创业到今天相对稳定发展的曲折历程。在庆祝研究生院20周年诞辰的时候，我们首先要向对创建研究生院作出英明决策和给予高度关切的党中央领导、社科院领导，以及对我们办学给予大力支持的国家教委领导致以崇高的敬意，向为研究生院的建设和发展付出了辛勤劳动的研究生院历届领导和全体师生员工表示诚挚的问候。

1978年2月，刚成立不到一年的中国社会科学院党组就作出决定，为了尽快改变“文革”后科研队伍青黄不接的严峻情况，立即恢复招收研究生的工作。《人民日报》《光明日报》《解放军报》《北京日报》刊登了中国社会科学院招收研究生的消息。当时，高等学校刚刚恢复招收本、专科大学生，研究生招生特别是文科研究生的招生工作大都尚未恢复，这一消息在全国社科界，在高等院校，在因“文革”中断了求学机会而又渴望深造的青年中引起了强烈的反响。原计划招生150名，全国报名人数竟多达5433人，后经国家计委和教育部批准共择优录取了448人。

同年8月19日，中国社会科学院向中共中央宣传部并国务院请示建立研究生院。报告称：“社会科学院在文化大革命中，由于受林彪、‘四人帮’的破坏，研究工作被迫停止十年，科研队伍青黄不接的情况非常严重。为了尽快改变这一情况，今年我们经国家计委、教育部批准，招收了四百多名研究生，今后计划每年也招收四百名研究生。毕业后，分配到我院和其他科研单位。研究生待遇，在职研究生由原单位负担工资，不在职研究生实行人民助学金。鉴于过去培养研究生限于导师个人带的方式，已不能适应今天的形势。为了发扬集体与个人相结合的培训优越性，拟参照中国科学院的办法，建立一所容纳 1200 名学生的研究生院。研究生院共需教职工 100 人。”1978 年 8 月 25 日，也就是在社科院的报告送上去不到一周的时间，当时主持中央工作的政治局委员邓小平、叶剑英、汪东兴、乌兰夫等同志审阅了上述请示报告，一致同意建立中国社会科学院研究生院，确定研究生院的任务是：为国家的现代化建设培养社会科学的理论研究人才。1978 年 10 月，中国社会科学院研究生院举行了隆重的建院和首届研究生开学典礼。它同中国科学院研究生院一起，成为在党中央的直接关怀下最早建立的两所研究生院。“文革”后的社科院，百废待兴，能够把恢复研究生招生工作提上日程，及时地作出建立研究生院的决定，表现了胡乔木等社科院领导在人才培养这一至关重要问题上的远见卓识，同时也表明党中央对我国社会科学研究和队伍建设的极其重视和关心。

根据中央确定的方针，社科院研究生院把培养掌握马克思主义的基本理论和方法，具备深厚的专业基础和宽广的现代科学文化知识，能够独立地从事社科理论和实际问题研究的高级专门人才作为自己的基本任务。社科院党委十分重视研究生院的办学方向问题。胡乔木、邓力群、周扬、马洪、胡绳等领导同志经常过问研究生院的工作，多次出席研究生院的开学典礼、毕业典礼并作重要讲话。首任院长周扬同志在研究生院成立大会和首届研究生开学典礼上，对办一个什么样的研究生院，培养什么样的哲学社会科学人才发表了重要讲话。他要求研究生们认真读书，独立思考，互相学习，自由辩论，在研究生院形成“实事求是，艰苦朴素”的校风，强调“我们在思想战线上要造就的不但是学者，而且首先是战士”，鼓励学生要有强烈的社会责任感和使命感，在学业上取得优异成绩，将来要能堪当大任。

在社科院党委的正确领导和国家教委、国务院学位委员会的指导下，经过研究生院历届领导和全院师生员工的共同努力，社科院研究生院已建成一所学科门类齐全、师资力量雄厚、在国内外享有盛誉的人文社会科学高层人才培养中心。1981 年 11 月，国务院批准中国社会科学院研究生院为首批博士、硕士学位授予单位。1983 年，国务院学位委员会公布我院第一批授予博士学位的学科专业共 39 个，博士生指导教师 71 人。经过 20 年的发展，我院的博士学位授予学科专业已达到 50 个，博士生导师 300 多人；硕士学位授予学科专业 74 个，硕士生导师 400 多人，在全国人文社会科学学位授予单位中居于前列。20 年来，我院共为国家培养了博士研究生 893 名，硕士研究生 2235 名。

社科院研究生院作为科研单位办的研究生院，与高等学校的研究生院比较，各有其优势和特点。我院依托社科院各研究所，实行集中办院，按所设系，分片教学。按照各专业的培养方案，研究生的学籍、学位、教学计划实施、思想政治工作和日常生活由研究生院统一管理，公共课由研究生院统一教学；专业基础课由哲学、经济学、法学、文学、史学、国际问题六个学科片（学部）负责组织；专业课、社会调查、学位论文由各系和导师负责安排和组织落实。社科院有 31 个研究所，3 个研究中心以及其他科研辅助机构，在哲学、经济学、历史学、考古学、文学、语言学、民族学、宗教学、法学、社会学、新闻学、政治学、人口学以及国际问题研究等方面都有很强的实力和相当坚实的基础，同时也不断有新兴学科和边缘学科崛起。社科院有科研业务人员 3200 余名，其中高级研究人员 1600 余名。他们当中有一批学术造诣精深，在国内外享有盛誉的著名专家学者，既有老一辈学术带头人，又有实力强劲的后起之秀。这些高级研究人员在完成科研任务的同时，积极地、十分负责地担当起了培养后继人才的重任。社科院学术风气良好，严谨求实，开拓进取，强调理论与实际相结合，这种学风很自然地影响了下一辈人。社科院还拥有丰富的图书资料，全院馆藏图书500万册以上，其中包括相当数量的善本、珍本和外文图书。改革开放以来，社科院的国际学术交流日益活跃，每年出访和接待来访学者2500人次。各研究所承担着大量国家社科规划重点研究课题，国家有关部门委托的经济与社会发展重大理论及实际问题的研究课题，学科发展前沿问题的研究课题，给研究生们提供了参与科学研究和社会实践的诸多良好机会。20年来，研究生院不断改善办学条件，加强教学管理，重视思想政治工作，制定和完善各种规章制度，尽管物质条件还存在不少困难，但是，社科院得天独厚的学术环境和一流的导师群体优势，使研究生院成为有利于人才成长的沃土，培养人文社会科学高层人才的摇篮。

研究生院的学生，也有一些与高等院校学生不同的特点。90年代以来逐渐以培养博士生为主，在职人员比例较高，入学时平均年龄较大（35岁），党员人数较多。他们的实践经验比较丰富，有的入学前已有相当的学业基础，在本学科领域已崭露头角。由于社科院的学术地位较高，历年报考我院研究生的人数较多，择优录取的考生综合素质较好。回顾研究生院成立初期，由于高校文科大都还未恢复招收研究生，社科院吸引了许多原来就是大学里品学兼优的学生前来报考。他们克服了许多困难，从全国各地奔向北京，殷殷求学之心令人感动。把“文革”损失的时间夺回来，为发展我国的人文社会科学事业贡献力量，成为激励他们学习的动力；工农兵生活的实际体验和社会阅历成了他们学习研究社会科学的丰富营养和资源。大家都很珍惜来之不易的学习机会，主动性、积极性很高，自学能力、自律能力很强。研究生院成立之初曾有七年没有自己的校舍，经过了一段借用北师大、十一学校、全总干校、解放军后勤学院甚至京郊骡马大店住宿和办学的艰难岁月，六个人甚至八个人住一间宿舍，以床板当书桌，就是在这样艰苦的条件下，培养出了值得我们引以自豪的“黄埔一期”、“二期”。1985 年以后研究生院虽然有了自己的新校舍，但条件仍远不如一般高等院校，远离市区，校园狭小拥挤，没有文体场所设施，宿舍、教室、图书馆三点一线，研究生的生活比较单调。这种环境却养成了学生认真读书、刻苦钻研、坐得住冷板凳的良好学习风气。另一方面“文革”后回京恢复科研和带研究生的导师们殷切地期望自己的弟子尽快成才，无不悉心教诲，循循善诱。他们在学位授予上严格把关，决不留情面。第一届招收的 448 名学生，通过论文答辩准予毕业的 437 人，学位评定委员会决定授予硕士学位的仅 310 人，占毕业生总数的 71%。实践证明，我院毕业研究生的整体质量和分配使用都比较好。首届毕业生 455 人（包括从中联部所属的苏东、西亚非、拉美三个研究部门转来的部分研究生在内），分配到中国社会科学院的 256 人（其中研究生院 19 人），中央各部委 129 人，各省市 26 人，为北师大、国家计委代培 44 人。这批毕业生在工作实践中很快脱颖而出，成为各个单位和各个方面的骨干力量。1991 年受国家教委表彰的有突出贡献的中国博士、硕士学位获得者名单中，我院有 13 名毕业生入选。在 1996 年出版的《中国人文社会科学硕士、博士论文文库》中，我院毕业生的优秀学位论文有 29 篇入选，占被选论文总数的 14.5%。1997 年由中国社科院经济研究所与广东经济出版社共同发起“影响新中国经济建设的 10 本经济学著作”的遴选论证工作，在待选的 50 本著作、56 位作者中，有社科院研究生院博士生导师 20 人，毕业生 10 人。研究生院毕业生在社科院各所和职能部门担任所局级领导工作的有数十人，早期毕业生大都已是研究员，已有 30 人成为博士生导师（截至 1996 年），不少人成为本学科领域的知名学者和学科带头人。分配到党政机关的毕业生绝大多数都是各个方面实际工作的骨干，不少已成为省部级、司局级领导干部，有的已是大学校长、研究所所长，各大报刊、出版社的社长、总编辑。由于我院毕业生整体质量高，大都在学术研究和实际工作中作出了突出成绩，为母校争了光，因此也使社科院研究生院在国内外赢得了“中国人文社会科学最高学府”“中国的哈佛”等良好声誉。我们也越来越认识到我院的资源和优势主要就是两条：一是有一支特别雄厚的师资队伍，二是有大批脱颖而出、事业有成的毕业生。

进入90年代以后，特别是近几年来，随着国家社会主义现代化建设事业的不断发展，“科教兴国”战略的提出和实施，人才问题在综合国力竞争中的重要性越来越受到普遍重视。国家教委和国务院学位委员会加强了对研究生工作的宏观指导，制订了一系列加强管理、提高培养质量的规定和措施。社科院对办好研究生院的指导思想也进一步明确和统一，在实际工作中增强了支持的力度。胡绳、王忍之、滕藤等院领导十分关心研究生院的建设和发展，一年一度的社科院工作会议多次强调要“办好研究生院”，社科院“九五”规划对研究生院的发展规模、主要任务、完成任务的措施都作了具体部署。研究生院坚持正确的政治方向和办学方向，稳定规模，优化结构，加强管理，提高质量，有步骤地推进教育和教学改革。学位授权点已按国务院学位委员会的要求进行调整；招生计划尽量符合国家经济社会发展和社科院学科建设及人才培养的需要；增开了多门按一级学科设置的“学部课程”（专业基础课），以拓宽专业口径；培养过程中注意发挥导师的群体作用和社科院多学科交叉的整体优势；研究生教材编写工作取得了突破性的进展，有的教材被国内同行广泛采用并获得好评；反映现实问题和介绍学科发展前沿的高水平的专题讲座和系列学术讲座经常举行；办学条件有所改善，管理水平逐步提高，校园文明和师生员工的思想面貌呈现出可喜的变化；加强了对外学术教育交流与合作，我院已正式获准招收攻读博士、硕士学位的外国留学生；开展了在职人员以同等学力申请博士、硕士学位的工作和研究生课程进修工作。特别要提到的是，我们在人才培养的指导思想上强化了对研究生的素质教育和全面质量意识，重视学生的思想政治表现和学术理论方向，把培养坚持马克思主义的“有理想、有道德、有文化、有纪律”的高层次人才的目标贯穿到全部教学活动中去。研究生的马列主义、毛泽东思想、邓小平理论教育和思想政治教育得到加强，“青年马克思主义研究会”的成立强化了自觉地进行理论学习和研讨的气氛；“自加压力，志在一流”活动深入开展并取得了明显成效；选派博士生到基层挂职锻炼，促进了理论与实际的结合，有利于正确的世界观、人生观、价值观的形成；党的思想建设和组织建设进一步加强，在校研究生要求加入党组织的越来越多。我院研究生的精神面貌积极向上，对祖国的未来充满信心。

当然，应当清醒地看到，以担负的任务来要求，我们还有不小的差距，还存在这样那样的困难和问题，尤其是办学体制和管理体制方面的问题，并不是那么容易解决的。但是，研究生院已有 20 年的办学历史，积累了不少正反经验教训，特别是有一支实力雄厚的研究生导师队伍（这是办学最重要的条件），我们相信，在社科院党委的正确领导和国家教委的指导、支持下，全体师生员工共同努力，我们一定能够克服前进道路上的种种困难，把研究生院办成一个独具特色的我国人文社会科学高层次人才的培养基地。

党的十五大高举邓小平理论的伟大旗帜，对建设有中国特色社会主义的战略目标和方针任务进行了全面部署。江泽民总书记在十五大报告中指出：“只有经济、政治、文化协调发展，只有两个文明都搞好，才是有中国特色社会主义。”“发展教育和科学，是文化建设的基础工程。培养同现代化要求相适应的数以亿计高素质的劳动者和数以千万计的专门人才，发挥我国巨大人才资源的优势，关系二十一世纪社会主义事业的全局。”十五大报告还指出：“积极发展哲学社会科学，这对于坚持马克思主义在我国意识形态领域的指导地位，对于探索有中国特色社会主义的发展规律，增强我们认识世界、改造世界的能力，有着重要意义。”[①] 中国社会科学院研究生院迎着“实事求是，解放思想”的曙光诞生，伴随着改革开放的步伐成长。可以预期，在高举邓小平理论的伟大旗帜，把建设有中国特色社会主义事业全面推向21世纪的新征途中，担负着发展哲学社会科学重要任务的中国社会科学院及其研究生院，在下个世纪必定会有一个新面貌和新发展，为国家提供更多的科研精品，培养出更多的优秀人才。

1998年2月

[本文与廖世伦合作。《与改革开放同步——中国社会科学院研究生院二十年（1978—1998）》，院庆筹委会编，中国经济出版社1998年7月出版]

① 江泽民：《高举邓小平理论伟大旗帜，把建设有中国特色社会主义事业全面推向二十一世纪——在中国共产党第十五次全国代表大会上的报告》，载《中国共产党第十五次全国代表大会文件汇编》，人民出版社1997年版，第36、37、38页。

《严谨治学　高尚做人》前言

中国社会科学院研究生院走过了20年的风雨历程。

20年前，在首届研究生开学典礼上，首任院长周扬同志就提出了“办一个什么样的研究生院，培养什么样的哲学社会科学人才”的问题。他明确地回答：我们要办的是为无产阶级政治服务的、为社会主义新时期的总任务服务的研究生院；我们要培养的哲学社会科学人才是马克思主义的理论人才，是为我们党和国家培养这种人才。他还特别强调：“我们在思想政治战线上要造就的不但是学者，而且首先是战士。”

20年来，中国社会科学院和研究生院的领导同志在历届研究生开学典礼和毕业典礼上都发表了重要讲话，深刻地阐明了我院的办院方针和培养目标，对研究生们如何治学和如何做人提出了明确的要求，进行了语重心长的亲切教诲，强调要在研究生院形成优良的学风和校风，提倡“认真读书，独立思考”，“实事求是，艰苦朴素”，“严谨治学，高尚做人”，“学行并重，德业双修”，“自加压力，志在一流”。另外，我院的导师也就学习和研究方法经常给研究生们作亲切指导和精彩讲话，无保留地传播他们的丰富学识和治学经验，对后来人寄予了殷切的期望。领导同志和导师们的这些讲话，是研究生院的宝贵精神财富，是我们认识自己的历史和传统的重要资料，也是今后办好研究生院的方向指南和思想基础。

为了庆祝中国社会科学院研究生院成立20周年，我们从《中国社会科学院研究生院学报》《中国社会科学院研究生院简报》保存的不完全资料中，选编了这本文集。希望它对总结我院20年的办学经验、特点和传统能够有所帮助，同时也有助于同国内外高等院校文科研究生教育的交流和相互借鉴。

1998年3月28日

（《严谨治学　高尚做人——中国社会科学院研究生院的学风与传统》，岳华编，中国经济出版社1998年7月出版）

《名师荟萃》序

清华大学老校长梅贻琦先生有一句名言："所谓大学者，非有大楼之谓也，乃有大师之谓也。"此言他是有感而发的。1926 年 5 月至 1928 年 8 月，梅贻琦曾以清华学校教务长的身份，接替吴宓主持清华国学研究院的工作两年有余。清华国学研究院只办了四年（1925—1929），聚集了王国维、梁启超、赵元任、陈寅恪、李济等一代名师，先后四届共招收培养了 70 余名研究生。他们秉承研究院追求"独立之精神，自由之思想"的学术传统，后来大都成为我国在文学、史学、哲学、语言学、古文字学、考古学等方面卓有建树的知名学者。这是中国现代学术史和教育史上的一大盛事。

中国社会科学院研究生院创立于 1978 年，至今只有 20 年的历史。它的办学规模不大，学生人数最多时也不过 800 多人，最近几年一直保持在 400—500 人的规模。由于社科院是一个主要靠国家养起来的科研单位，其所属研究生院的办学条件也较差，没有雄奇壮观的大楼和令人称羡的校园，研究生的待遇也不及一般高等学校。但是它却对有志从事人文社会科学研究和攀登的青年具有极大的吸引力，这种吸引力主要来自它有一批国内外知名的"大师"级的专家学者，因而它也提供了新一代"大师"孕育成长的最理想的环境和最重要的条件。于光远、任继愈、王明、贺麟、陈元晖、沈有鼎、孙冶方、许涤新、骆耕漠、杨坚白、巫宝三、严中平、钱俊瑞、陈翰笙、蒋一苇、宦乡、张友渔、温济泽、蔡仪、唐强、吴世昌、余冠英、傅懋勣、吕叔湘、卞之琳、冯至、罗大冈、夏鼐、苏秉琦、胡厚宣、张政烺、侯外庐、杨向奎、尹达、黎澍、刘大年、翁独健、陈述、刘思慕等学界名宿都曾在这里指导和培养研究生。他们学识渊博，道德高尚，在“传道、授业、解惑”中所表现出的大师风范，使其受业弟子如沐春风化雨中，得益终生受用无穷。继承他们事业的新一代导师大都是在新中国成长起来的人文社会科学学者，他们有强烈的社会责任感和扎实的学问功底，在改革开放的时代肩负着总结历史经验和承上启下、开拓创新的重任，今天已成为各个学科领域里“执牛耳”的人物，如学界所熟知的邢贲思、汝信、徐崇温、叶秀山、龚育之、黄心川、吕大吉、刘国光、董辅礽、吴敬琏、张卓元、李京文、周叔莲、汪海波、李琮、王家福、王叔文、陆学艺、靳辉明、喻权域、邵华泽、范敬宜、钱中文、濮良沛、张炯、邓绍基、吴元迈、李荣、刘坚、安志敏、王仲殊、徐苹芳、李学勤、林甘泉、蔡美彪、余绳武、王庆成、丁守和、张椿年、陈之骅等人皆是。研究生院 80 年代中期以来毕业的博士生，大都出自他们以及比他们更年轻一些的博士生导师的门下。在一代一代名师的言传身教和培育熏陶下，这里毕业的研究生们亦志存高远，有强烈的事业心和历史使命感，他们以“一流的学识，一流的品德，一流的修养，一流的视野，一流的能力，一流的体魄”来严格要求自己，许多人成长很快，在各自工作岗位上做出了令师长感到欣慰的突出贡献。留在社科院各研究所工作的毕业生也大都已成为各个学科领域的业务骨干，有些已成为研究生院博士生导师队伍中最年轻的一批成员，而且今后在导师队伍中所占比例势必会越来越大。社科院当初为解决人才“青黄不接”问题而创办研究生院的宗旨和目标正在逐步变成现实。

不难看到，由这样三代导师所组成的社科院研究生院教师队伍，在 52 个博士点和 65 个硕士点的学术舞台上，他们将在中国人文社会科学研究和教育领域发挥更加积极和巨大的作用，这种力量和作用自然是不可轻视的。这支导师队伍不仅实力雄厚，而且有着优良的学风和传统，这更是一笔无形的宝贵财富。我在这里只举一个例子：在研究生院创办之初，著名历史学家李新教授曾以范文澜同志在延安时期教导他们的“板凳要坐十年冷，文章不写半句空”两句话来勉励年轻一代的研究生们；16 年后，已经成为我国著名法学家、博士生导师的当年的研究生梁慧星教授，又在研究生院新学年的开学典礼上，满怀深情地复述了至今记忆犹新的李新教授当年讲的那些话，并以自己亲身的治学经验对这两句话作了深刻的诠释。范老当年倡导的“坐冷板凳”的治学精神，已经作为社科院的优良传统在研究生中一代一代地传了下来。古人说：“经师易得，人师难求。”社科院研究生院的资源和优势，正是在于拥有这样一批不仅学识渊博，而且能够为人师表，特别值得敬重的“人师”。

在庆祝研究生院建院 20 周年之际，我院教务处组织编辑了这本《名师荟萃——中国社会科学院研究生院博士生导师简介》，应该说这是一件很有意义的工作。由于时间仓促，组织工作有一定难度，本书还存在着一些明显的缺点：一是尚缺部分导师的资料，二是编写体例不一。有的传稿由受业弟子撰写，内容相对详尽充实；有的资料系导师本人提供，则大抵平实简要。好在我们的研究生教育事业还在不断发展前进的过程中，这项工作也没有完结，本书还拟组织编辑出版续篇，现有的缺憾在续篇中还有得到补正的机会。希望本书对于各界朋友特别是广大青年学子了解社科院的名师群体能够有所帮助，也希望本院导师和研究生们对本书的不足以及如何编好续篇提出批评或建设性的意见。

1998 年 7 月 20 日

（《名师荟萃——中国社会科学院研究生院博士生导师简介》，中国经济出版社 1998 年 9 月出版）

《本体与境界》序

在中国哲学发展史上，新儒学占有重要的地位。本文所谓的新儒学（Neo-Confucianism），指的是宋明时期的儒学。中国传统哲学是以儒、道为主干的，经过汉晋隋唐外来佛教的冲击和交流融汇，至宋明时期形成了一种不同于原始儒学、却又承续着原始儒学精神的新儒学。新儒学以复兴儒学的形式出现，它的“新”体现在对佛、道思想的吸收消化上，体现在以更为精致的思想体系去弘扬儒学的精神，在哲学上突出地表现为重视本体理论的建构和理想境界的追求。由于它能适时地反映并服务于其所在时代的社会存在，所以，它也曾是那个时代的“真正的哲学”，也曾作为“自己时代精神的精华”而存在过。但是，随着“自己时代”的逝去，特别是随着其所依托的政治经济制度和封建礼教遭到实践的批判和否定，它也丧失了其存在的历史合理性，从而丢掉了主流意识形态的地位。

然而，宋明新儒学作为中国传统文化的一个重要组成部分，对于我们今天正在建设的有中国特色社会主义事业来说，它仍然具有重要的借鉴意义。毛泽东同志早就提出过“古为今用”的主张。但是，“古”要为“今”所用，则必须经由批判的继承去实现。所以，我们对待传统文化的正确态度应该是：“同情地了解，客观地评价，批判地超越。”所谓“同情地了解”，就是要设想与所研究的对象——这里是新儒家处于同一境界，经由神思冥想去了解其所持理论的必然性，对其不得不如是之苦心孤诣能从理智上去理解，在情感上表同情。这是研究工作的第一步。只有做到“入乎其内”，才有可能进而“出乎其外”，去批评其学说的是非得失，做到客观的评价。宁新昌同志以《本体与境界——论新儒学的精神》为题写作博士论文，在其研究和写作过程中，给我留下最深刻印象的就是他在“同情地了解”方面所下的功夫。整篇论文的注意力都集中在对新儒家思想范畴、命题的判析和理解上，对于每一位新儒家思想的分析都是从其范畴、命题开始，并进而展示其思想的内在逻辑联系。不仅如此，作者还注意到了每一位新儒家代表人物个人的性格、气质乃至命运，设身处地去领会、体认他们的所思所想，从而深刻地挖掘出它的思想意义和把握其整个哲学风貌。

如何做到“客观地评价”，我以为是需要冷静的理性态度的。我们不赞成一味情感地去认同新儒家，同时也反对纯情绪性地排斥和简单地批判否定，因为只有理性才能把握事物的本质。本文作者认真而理性地探索了宋明新儒家本体理论的逻辑演进过程，不仅注意到了他们之间的师承关系，而且重点在于揭示他们之间的学说渊承关系，从而梳理清了新儒家本体思想的逻辑联系。与之相联系的则是对境界的剖析。如何展示宋明新儒家的境界学说，作者引用了新儒家所使用的范畴，如“自我”“私我”和“真我”，并对它们之间的关系作了辨析，从而准确地揭示出新儒学境界观之内涵。在对本体与境界的关系的讨论中，作者认为：“本体呈现的是一个本然的世界，境界则是这一本然世界的人生在世的展开”；本体“总是和人的在世密切相联的，并通过人的境界而展现出来”。这一评说不仅很有见地，而且也是符合思想史之实际的。

“批判地超越”是研究的最终目的。在批判超越方面，论文所持的基本立场是实践唯物主义。基于唯物主义，它分析了新儒学理论体系中的真和善的矛盾，指出新儒学常常是以善代真，善的价值遮盖了真的意义。从实践出发，它诠释了新儒学哲学思想所潜含的现代意义，明确地提出了“实践是源，传统是流，实践永远是传统的活水源头”的思想。这就回答了如何实现“古为今用”的问题。论文在结语中提到了冯契先生关于“自由个性本体论”的思想，认为冯契先生作为一名实践唯物主义者对传统文化的建设性改造，对于我们来说是有启发意义的，这也表明了作者对冯契思想立场的认同。

《本体与境界——论新儒学的精神》是一篇立论谨严、表述简明、颇见功力的中国哲学博士论文，在论文评审和答辩过程中，专家们一致地给予该文以较高的评价。事后，作者曾结合专家们的意见和自己的理解对论文作了若干修改，特别是改写了“结语”。但是，依我之见，总是希望青年学者在哲学和哲学史研究中，更加积极地面对现实，干预人生，使哲学研究的根基深植于现实的沃土之中。现实的沃土就是现实的社会存在，现实的经济基础。

总的来说，尽管这篇论文还有需要进一步完善和深入的地方，如在“批判地超越”方面尚需再作努力，但它仍不失为一篇有创见的博士学位论文，我相信它的学术价值将会在时间中得到验证。

1998 年 6 月 30 日

（《本体与境界——论新儒学的精神》，宁新昌著，陕西人民出版社 1999 年 5 月出版）

《中国文化的“外在超越”之路》序

改革开放以来，大陆学界开始接触和关注港台学术的发展，尤其是在总结20世纪的时候，港台学术更是整体的中国思想文化发展的不可缺少的一个组成部分。

我从80年代中期开始组织和投入现代新儒学课题的研究，同时注意到台湾岛内还有另外一个重要学派，其研究成果和学术群体均颇具实力，且亦以中国文化为主要话题。我与其中的主要人物亦逐渐有所交往和相互了解，并对他们扎实的传统学术素养留下了深刻的印象。这就是以台湾辅仁大学为中心的新士林学派的哲学。

在以主要精力投入现代新儒学研究的同时，我也一直在考虑如何开展对台湾新士林哲学研究的问题。1993年6月，辅大哲学系和国内几所大学的哲学系在台湾省花莲县联合举办了“中国哲学在中国历史的回顾与发展”学术研讨会，以天主教和新托马斯主义为背景的台湾新士林哲学与中国古代和现当代各种哲学思想进行了广泛的交流与对话。同年秋季，耿开君和樊志辉同时考入南开大学哲学系，跟随我攻读中国现当代哲学研究方向的博士学位。在确定博士论文选题时，我考虑到他们二人对中西文化比较、中国哲学与基督宗教均有一定的学识基础和研究兴趣，就建议二人同以台湾新士林哲学研究为题，并布置了一批参考书目让他们下去阅读。这在中国大陆是一件无人做过的开创性工作，连基本的图书资料都要从头找起，更无前人的研究成果可供参考。在搜集台湾新士林哲学家的著作时，他们得到了辅仁大学前任校长李震教授、学术交流室和哲学系、所的大力支持和帮助。大约花了一年半时间，在日夜兼程阅读浏览了主要的参考书之后，二人分别拿出了研究提纲，并顺利地通过了博士论文开题报告。二人作了分工，耿开君做专题，樊志辉做概论，实期有相互补充、相得益彰之效。

耿开君的论文以《中国文化的“外在超越”之路》为题，是抓住了台湾新士林哲学的根本特征的。中国文化一般被认为是一种“内在超越”型的文化，其价值之源虽也可归结于超越性的“天”，但却对“天”采取存而不论的态度，实则把它落实于人的心性之中。从孔子讲“为仁由己”，孟子讲“尽其心者知其性，知其性则知天”，到禅宗讲“灵山只在我心头”“担水砍柴无非妙道”，都是把天道与人性（人心）相贯通，显示出超越世界与现实世界有一种不即不离的关系。现代新儒家学者对中国文化的这种既超越又内在的特征最为津津乐道，为的是说明儒家思想“兼具宗教与道德的意味”，即不但具有宗教的终极关怀与理想性，而且这种终极关怀或理想性并不需要到人伦日用之外去求其实现。牟宗三干脆把它称之为“道德的宗教”。与新儒家不同，台湾新士林哲学家基于其天主教信仰的立场，更加注重的是中国文化中的“外在超越”的资源，如殷周时期对作为人格神的“帝”和“天”的信仰。他们力图从中国文化本身中开拓出一条一元神信仰的“外在超越”之路。至于对其进行形上学的本体论证明，更是新士林哲学家之所长，在这方面他们也进行了融通中西哲学的许多有价值的尝试。这是他们在天主教本土化方面所做的一项重要工作。探求中国文化的“外在超越”之路，对传统中国文化的超越向度是一种新的创造性的开掘，它对以“内在超越”为特征的中国文化不仅是一种补充，而且或许还有补偏救弊的意义，如更加容易接受现代性、现代科技而扬弃保守主义。这些在耿开君的论文中都有较平实的论述。

耿文所展现出的学术视野是比较开阔的。他把台湾新士林哲学首先理解为对中国文化出路问题的一种回应，而这正是中国近代以来各派知识分子所共同面对的问题。台湾新士林哲学代表了本世纪后半叶中国天主教知识分子对中国文化出路问题的一种解决方式，它无疑构成了多元发展的中国当代文化中不可或缺的重要一环。开展对台湾新士林哲学的研究，不仅有“他山之石可以攻玉”的作用，而且可以拓展我们审视中国文化的视野和对话的领域。其次，他从台湾新士林哲学研究中意识到并着重强调了中西比较方法论的重要意义。“比较首先是阅读”，“比较是诠释”，“比较是对话”，这些命题所包含的现代性内容已越来越被人们所了解和熟悉，并把它看作是现代中国哲学乃至现代汉语学术的最主要的特性之一。中西哲学比较方法也贯穿于作者对台湾新士林哲学的全部考察研究中。另外，耿开君还从对台湾新士林哲学的研究中引发出了现代中国哲学体系的建构问题，现代汉语学术语言的规范问题，中国基督宗教学术的存在价值问题，以及在中国建立学院派哲学的可能性等问题。这些当然都值得重视，提出问题本身也能给人以某种启迪。

台湾新士林哲学是一个涉及领域非常广的课题，而且作为其主要源头的中世纪经院哲学，又是中国大陆哲学界研究的薄弱环节，对中国士林哲学的研究更是需要从头做起，此课题研究的难度可想而知。我原来曾考虑挑选几名研究生从硕士阶段开始进入，连续攻读五六年，当能打下更扎实的研究基础。但这个计划一直未能实现。耿开君和樊志辉经过三年刻苦攻读，终于完成了中国大陆最早两篇关于台湾新士林哲学研究的博士论文，这是很不容易的。但三年时间毕竟太短，读完新士林哲学家的主要著作已属不易，很难要求都能仔细精读、完全消化并融会贯通。论文写作时间过于仓促，许多问题的研究还有待深入，目前的认识和结论难免给人有大而化之的印象。当然，作为抛砖引玉之作，我们也不能过于苛求，所以评阅专家和答辩委员们还是对论文给予了很高的评价，鼓励作者在这个领域所做的开创性工作。

最后，我在这里还要特别说明，耿开君和樊志辉在写作博士论文期间，曾应时任辅仁大学校长的李震教授之邀请，赴台访学一个月。此行不但补充收集了许多重要的第一手资料，而且得到了李震、项退结、邬昆如、沈清松等台湾新士林哲学家的热情接待、指导和帮助。这是大陆研究生首次赴台考察访问，曾成为海峡两岸学术与教育交流合作的一桩美谈。在《中国文化的“外在超越”之路——论台湾新士林哲学》一书出版之际，我的心情和作者一样，也要向海峡对岸支持中国现代学术文化建设的朋友们道一声“谢谢”。

1999 年 8 月 15 日

（《中国文化的“外在超越”之路——论台湾新士林哲学》，耿开君著，当代中国出版社 1999 年 9 月出版）

《二十世纪中国易学史》序

40年前我在初学中国哲学史时，最感兴趣的内容就是《周易》。我在报刊上发表的第一篇学术文章《研究〈周易〉不能援〈传〉于〈经〉》，是当时阅读《周易》经传及有关研究成果的一点粗浅认识，没想到由此引发了与李景春先生的一场讨论。我认为《易经》和《易传》是不同时代的作品，反映了不同的社会生活内容和理论思维水平，“只有把它们分别放在自己的时代中，分别解剖它们的哲学体系，才能认清《易经》和《易传》哲学的本来面目，为研究中国古代哲学发展的规律解开一个重要的纽结”①。

在中国古代文献中，有关《周易》文字注疏和义理阐释的著作数量很多，今日流传下来的就有近千种。我同意朱伯崑先生的看法，可将《周易》系统的典籍区分为经、传、学三部分，不仅要经传分开，而且要把汉代以来历代易学家们解释《周易》经传的“易学”与经传本身区别开来，用历史主义的态度来考察和说明经、传、学三者的区别和联系。在中国易学中，向来有象数派和义理派两大流派或两大传统，长期争论不休。这两派都把《周易》看作是儒家圣人之书，绝对不可批评和怀疑的，他们之间的争论属于传统经学家内部的门派之

---

① 方蠡：《研究〈周易〉不能援〈传〉于〈经〉》，《光明日报》1962年3月16日；李景春：《研究〈周易〉哲学应当以〈传〉解〈经〉》一文载《光明日报》1962年9月14日；方蠡：《坚持哲学史中的严格的历史性》一文载《哲学研究》1963年第3期。

争。其实两派虽研究方法和学风不同，但都对中国文化的发展作出了各自的贡献，他们之间既互相对立又互相影响，互相吸收对方的观点或思想资料来充实自己的理论体系，甚至可以说是一种互补互动的关系。我们应打破传统经学家的门户之见，全面认识中国易学的发展过程及其学术文化价值。

“五四”以来，一部分学者受到近代民主、科学思想的影响，开始冲破传统经学的藩篱，掀起了一股“疑古”之风。在《周易》研究方面，以顾颉刚为代表的“古史辨派”集中对《周易》经传成书的年代和作者作了考证，把它们从神圣的经书还原为古史文献，否定了“人更三圣，世历三古”的传统教条。继起的唯物史观派，更加注意从社会史和思想史的角度去揭示《易经》卦爻辞中所反映的社会生活内容，以及《易传》中的朴素辩证观念之展开。这些新的研究成果，对经学家的治易方法和传统是一大突破，对20世纪易学研究的影响很大。被请下经学神坛的《周易》，作为一个客观研究对象，被人们从哲学的、文学的、历史的、考古的、科学的等视角去进行多学科、多角度、多层面的研究和探讨，取得了前所未有的丰硕成果。20世纪的易学研究，有偏重于经传注释的，有偏重于古史考证的，有偏重于哲理阐释的，有偏重于易学史研究的，有以现代科学证《易》的，也有以新发现的考古材料研究《周易》的。总的说，这种研究大都以“求真”为目的，同时注意阐扬《周易》中所蕴涵的中华文化精神，如张岱年先生把《易传》中的“天行健，君子以自强不息；地势坤，君子以厚德载物”看作是中国传统文化的基本精神，就是一个典型的代表。

20世纪的中国易学史，是一个内容丰富，需要在掌握大量资料的基础上认真梳理，进行开拓性研究的学术课题。杨庆中博士勇于承担这一课题，为此付出了多年的辛劳，目前已拿出了初步的研究成果，即将付梓，这是值得庆贺的。作者坚持严格的历史性原则，站在时代思潮和社会变革的高度，以1949年为界，将本世纪中国易学的发展分为两大阶段。在前一阶段中，分别介绍了经学派、古史辨派、唯物史观派和新探索者的易学研究。在后一阶段，除了主要介绍中国大陆的易学研究之外，还介绍了台湾学者的研究成果。在大陆部分，又以党的十一届三中全会为标志，分为前后两个小阶段，着重详细地介绍了近20年来《周易》研究多方面的最新成果。作者从大量第一手资料出发，有自己明确的研究理念，努力贯彻学术史和思想史相统一的原则，注意比较各家各派的易学研究方法和成就，揭示它们之间的批判、继承和创新的关系。我认为这种努力方向是值得充分肯定的。

作为我国学术界第一部系统探讨和总结本世纪易学研究的专著，该书也难免有一些不足之处。可能是由于体例的限制，作者对20世纪易学研究中争论颇多的某些问题，如八卦的起源、孔子与《周易》经传的关系等问题，未能专门予以介绍；对民国时期个别虽影响不大但造诣颇高的易学家，如黄元炳、沈瓞民、胡朴安等人，亦有所忽略；对本世纪后20年易学研究中的某些热点问题，如《周易》与中国传统文化的关系问题，也未作充分的讨论。这些缺憾，希望作者在今后的研究中能够有所补足。

1999年12月20日

（《二十世纪中国易学史》，杨庆中著，人民出版社2000年2月出版）

《20世纪中国哲学与文化研究丛书》总序

风云激荡的20世纪即将成为历史，新的世纪即将来临。正如江泽民同志在党的十五大报告中所说的，20世纪“是中国发生翻天覆地变化的一百年”[①]。在这一百年中，中国人民在前进道路上经历了三次历史性的巨大变化。第一次是辛亥革命，推翻了统治中国几千年的君主专制制度。第二次是中华人民共和国成立，推翻了帝国主义、封建主义、官僚资本主义三座大山，并且从新民主主义走上社会主义道路，建立了社会主义制度，取得了建设社会主义的巨大成就。第三次是改革开放，成功地走出了一条建设有中国特色社会主义现代化的新道路。这三次历史巨变，从根本上改变了中国社会的面貌和中国人民的精神面貌，为中华民族的伟大复兴打下了坚实的基础。

在世纪之交，深入研究百年巨变的丰富内涵和历史进步的本质，系统总结20世纪以来中国在政治、经济、文化发展各个方面的经验和教训，为21世纪新的奋进指出正确的方向和道路，是社会各界共同关心的重大课题。这是一个规模宏大的系统工程，需要各个方面共同努力、分工协作来完成。其中，总结和反思百年中国的精神历程，对20世纪中国哲学和思想文化作一番系统的总结、反思和自我批判，

① 江泽民：《高举邓小平理论伟大旗帜，把建设有中国特色社会主义事业全面推向二十一世纪——在中国共产党第十五次全国代表大会上的报告》，载《中国共产党第十五次全国代表大会文件汇编》，人民出版社1997年版，第1页。

是这个大课题中的一个子课题。积极地从事这方面的研究，是中国的学术界、思想理论界义不容辞的责任。

文化是一定社会经济和政治的反映，全部文化又在哲学中得到集中体现。一般来说，哲学和思想文化的发展与社会历史的变迁是同步的，因此，20 世纪中国的三次历史巨变，自然地也就成为 20 世纪中国哲学和思想文化发展阶段性的基本标志。考虑到哲学和思想文化发展还有其自身的相对独立性，我们可以大致地把 20 世纪中国哲学和思想文化的发展划分为四个阶段。第一阶段是从 20 世纪初到五四运动，资产阶级革命派和改良派的思想论战是这个时期哲学、文化的重要内容，孙中山的三民主义哲学则是这个时期中国哲学的最高成果。第二阶段是从五四运动到中华人民共和国成立，在这个时期，中国思想界出现了马克思主义、自由主义的西化派和以现代新儒家为代表的文化保守主义三足鼎立、对立互动的局面，中国人民革命的胜利证明了真正代表时代精神之精华的哲学不是别的，它就是与中国实际相结合的马克思主义——毛泽东哲学思想。第三阶段是从建国初到 70 年代末，党的十一届三中全会以前，马克思主义及其哲学成为立国的指导思想，在中国大陆得到广泛传播和普及，推动了各方面事业的发展。但对它的简单化、教条化理解也限制了其自身的发展和创新。这一时期，在台港地区，哲学和思想文化发展则呈现出多元化的态势，三民主义哲学、天主教的新士林哲学、当代新儒家和各种西方哲学与文化思潮都各有一定的势力和影响。第四阶段是中国大陆改革开放后的二十年，在解放思想、实事求是的思想路线指引下，马克思主义哲学注意与当代实践和科学发展相结合，注意吸收中国传统哲学和西方哲学的合理因素来丰富自己，表现出了新的蓬勃的发展生机。这二十年也是海峡两岸以及中外哲学与文化交流互动最活跃的时期。所有这一切，构成了“20 世纪中国哲学与文化”的基本内容，无疑都应该在我们的研究视野之内。

我有这么一个看法，在世纪之交以至 21 世纪初的十年、二十年内，我们固然需要对 20 世纪中国哲学与文化作整体性的宏观审视和研究，弄清基本的学派分野，揭示其发展大势、规律和特点，总结出对后世有益的经验教训。但做好这一工作的前提，是必须对这一百年来中国哲学与文化发展所涉及的主要人物、著作、思潮、学派、问题、论战等各个方面，有比较全面和具体、深入的了解，掌握基本的思想史实，作出科学的分析和评论。因此，相对于整体研究来说，扎实的个案研究可能具有更加基础性的意义。我认为，在目前条件下，要写出一部成熟的、有深度的 20 世纪中国哲学史或思想文化史来，时机尚不成熟，因为许多基础性的工作还没有做过，一些重要的研究空白还需要填补，尤其是关于后五十年的中国哲学和思想文化史，研究基础更加薄弱。基于这样一种认识，本套丛书不着眼于宏观审视，而是拟就 20 世纪中国哲学与文化思潮、学派、人物、著作、刊物、社团、问题、学说、论战、事件等一个一个具体课题，展开多层面、多角度的个案研究，力求从第一手资料出发，研究有一定深度，基本上能把所涉及的问题讲清楚，得出符合实际的结论。为此，我们初拟了一百多个题目，如能通过大家的努力分工合作做出来，那就为总结 20 世纪中国哲学和思想文化的发展做了一件实实在在的基础性的工作，其价值自然会在 21 世纪的学术发展中显示出来。

在批判总结工作中，我们还会碰到一个学术立场、观点、方法的歧异问题。事实上，20 世纪 90 年代以来，中国的马克思主义者、自由主义的西化派和当代新儒家都在做 20 世纪中国哲学和思想文化的清理、总结和回顾工作，由于学术立场不同，得出的结论也大相径庭。学者们不仅在总体上对前后两个五十年、对后五十年中的“前三十年”和“后二十年”的评价有不同看法，而且在涉及一些具体人物、著作、思想学说、论争的分析评价时，意见分歧尤大。在世纪之交出现一个批判总结的高潮，“各是其所是而非其所非”，有思想的对立和交锋，亦可收互动互补之效，这是很自然的正常的现象。本套丛书力图站在马克思主义的学术立场上，以历史唯物主义和辩证唯物主义为指导原则和方法，来批判总结20世纪的中国哲学和思想文化，积极参与世纪之交的思想互动，为推进中国学术发展尽我们的一分力量。

最后需要说明的是，本套丛书是在几位中国哲学史界老前辈的指导下，组成了一个主要由国内十个中国哲学专业博士点中的中青年教授参加的编委会，他们分别联系的作者，大部分是八九十年代成长起来的优秀青年学者。年轻人精力充沛，思想敏锐，富有开拓创新和探索的精神。我们要求各位作者在详尽占有资料、准确理解原著的基础上，用正确的观点进行实事求是的分析和评述，力求有所创新，有所突破。至于学术风格则不强求一律，可以各有特色，各尽其长。毋庸讳言，由于各位作者的马克思主义理论功底和学识水平不同，研究能力和所下的功夫不同，各书的水平也难免参差不齐。我们真诚地希望得到专家、读者的批评和指正。

华东师范大学出版社承担了本套丛书的出版任务，对我们的工作给予了大力支持，在此深表感谢。

2000年3月5日

（《20世纪中国哲学与文化研究丛书》，共九种，方克立主编，华东师范大学出版社2000—2004年出版）

《台湾新士林哲学研究》序

马克思主义、自由主义和以现代新儒学为代表的文化保守主义三大思潮对立互动，构成了20世纪中国思想史的主线，这种看法已为海内外学术界普遍接受。当然，思想文化领域的情况是十分复杂的，有的思想方向虽与三大思潮有关，但又不能把它简单地纳入其中的某一种思潮，我们也不能忽略其在中国现代思想史上的应有地位。例如，以基督信仰为核心、谋求中国文化新的转向的宗教哲学思潮，仅就在后半个世纪影响较大者而言，在台湾有以辅仁大学为核心的天主教新士林哲学，已有四十多年的发展历史；80年代以来在中国大陆也出现了以刘小枫为代表的新教神学思潮，它们确实代表了现代中国人的一种精神取向，值得引起重视并认真研究。

1993—1996年，樊志辉和耿开君在南开大学攻读博士学位期间，根据他们的学业基础及研究兴趣，我建议他们同以台湾新士林哲学研究为博士论文选题，一个做概论，一个做专题，以期相互补充、相得益彰之效。经过三年刻苦攻读，他们终于完成了中国大陆最早两篇关于台湾新士林哲学研究的博士论文，得到海峡两岸学术界的好评。耿开君的论文《中国文化的“外在超越”之路——论台湾新士林哲学》已由当代中国出版社出版，樊志辉的论文《台湾新士林哲学研究》也即将由黑龙江人民出版社出版，我对他们能够为20世纪中国哲学研究和海峡两岸学术文化交流作出有价值的贡献而由衷地感到高兴。

樊志辉的《台湾新士林哲学研究》一书，全面系统地梳理了台湾新士林哲学的有关思想资料，从总体上揭示了其思想特征、义理规模和基本精神方向，给这种哲学在20世纪中国思想史上一个较准确的定位。全书分上下两编：上编从台湾新士林哲学的缘起、形上学、理性神学、理性与信仰的关系、有神论的人文主义、儒家思想与基督宗教的比较等方面来把握和阐明台湾新士林哲学的内在义理结构和思想实质；下编则具体地分析了于斌、吴经熊、罗光、李震、项退结、邬昆如、傅佩荣、沈清松等较有代表性的台湾新士林哲学家的思想演进及其个性特征。这种宏观审视与个案分析相结合的研究方法和叙述方法，使读者对台湾新士林哲学能够有一个较全面的了解，切实地把握它各个方面的主要思想内容。

樊志辉对台湾新士林哲学的研究，虽然是以概论的形式完成的，但并不是一般地泛泛而论。他从台湾新士林哲学的内在逻辑结构出发，渐次展开了它的各个思想层面，力图用历史唯物主义的观点和方法，对其作出初步的分析和评论。他认为这一流派是通过重新开启以圣多玛斯为核心的传统士林哲学的精神智慧来对当代的各种思潮以及中国传统思想加以分析与整合的。对于台湾新士林哲学家如何在当代文化语境中重建形上学以对治价值虚无，如何灵活运用中国传统形上学的思想资源；如何整合理性与信仰，深入挖掘和阐释中国文化中隐含的至上神信仰和古典理性精神；如何批判所谓“封闭的人文主义”，突显天主教“开放的人文主义”的意义，重新诠释中国的人文主义传统等方面，都作了比较深入的研究和探讨。他在掌握大量文本资料的基础上，经过缜密的分析，对台湾新士林哲学的基本精神特质作出了自己的把握。他认为：“台湾新士林哲学是在中国近代以来中西文化碰撞的大背景下形成的，是基于基督宗教中国化的传教需要和对当代中国的生存困境和文化危机的把握两方面的原因而形成的。这一流派的哲学家，以天主教信仰为精神取向，以中古士林哲学为其思想的基本架构和底蕴，力图融合中西两大文化传统以创造中国的天主教哲学，从而使天主教信仰真正本土化，使基督信仰降生在中国文化之中，成为中国文化的精神质素，从而提升和超拔中国文化。”一个青年学者，在没有更多依傍的条件下对台湾新士林哲学独立地进行研究而能够达到如此准确而全面的认识，我认为是难能可贵的。

在本书中，作者还通过自己的研究和思考，提出了一些前人之所未发的独到见解。比如他把中国文化传统和基督宗教传统看作是“功夫的传统”和“言的传统”的差异；认为中国近代以来向西方文化的学习与开放，不仅经历了器物层面、制度层面和文化层面，而今更进入了超越的宗教层面；他还提出，是否信仰基督宗教纯然是个人的事情，但对当代中国来说，无论认信与否都必须正视基督信仰的价值和意义。应该说，这些见解都能给人某种启发，值得引起重视。对于台湾新士林哲学的今后发展走向，樊志辉采取了比较谨慎的态度。他认为这派学者宣传和倡导的“外在超越”之路，只是中国文化多元发展的一种可能，而不能取代中国文化发展的其他方向和道路。这一流派只能存在于与中国马克思主义、自由主义和现代新儒学的多元互动之中，而不可能成为中国文化的必然选择。

如何深入研究基督宗教（以基督信仰为核心的宗教，包括天主教、东正教、新教等）和中国文化的关系，深刻阐明中国基督宗教哲学的特点及其文化价值，是中国现代哲学史研究的一个重要课题。这项研究涉及广泛的学术领域，除了西方和中国的基督宗教传统之外，还涉及作为其源头的中世纪经院哲学（亦称“士林哲学”）、现代西方哲学、中国传统哲学（特别是儒家哲学）和现代中国哲学，没有较广泛的学识基础是很难入手的。此项研究在中国大陆才刚刚起步，樊志辉的论文作为拓荒作之一，虽然难免还有某些疏漏和不足之处，但其学术价值是不容置疑的，因而得到了评阅专家和答辩委员们的充分肯定和高度评价。樊志辉有志在这一领域继续深入探索，目前正在做的“拒斥与承领——中国现代哲学思想与基督宗教精神”和“台湾新士林哲学与台湾新儒家比较研究”两个课题，就是此项研究的扩大和深化。

我们期待着他在这一领域贡献出更加成熟的研究成果来。

1999 年 12 月 5 日

（《台湾新士林哲学研究》，樊志辉著，黑龙江人民出版社 2001 年 1 月出版）

《中国人生智慧源流》序

中国哲学源远流长，学派众多，哲人辈出。在两千多年漫长的历史发展过程中，中国哲学以其独特的民族形式，曾广泛地涉及关于自然、社会、人生、人的认识及其相互关系的诸多问题，而其中人生理论则可以说是居于核心地位，形成为世界哲学之林中的一种影响深远的特殊的哲学类型。中国的先哲讨论宇宙人生问题，往往是就宇宙论人生，就人生谈宇宙。贯穿于中国哲学中的一个根本性观念是：人生的最高准则就是宇宙的根本原理，宇宙的本根也就是道德的根据和标准。这就是所谓“天人合一”的观念。张岱年先生说：“中国哲学家所思所议，三分之二都是关于人生问题的。世界上关于人生哲学的思想，实以中国为最富，其所触及的问题既多，其所达到的境界亦深。”[①] 因此，深入而系统地研究中国古代的人生哲学，把握其基本问题和源流演变的过程，具体分析各个不同时代、不同学派的哲学家们关于人的本质、人生理想、人生态度和人生修养的理论，对于我们从整体上理解中国哲学的特点，立足于现实批判地继承中国传统文化的精华，无疑是一件十分有意义的工作。

本书是一部以“人生哲学”为特定视角研究中国哲学的新著。该书共分二十章，除对中国古代人生哲学的基本问题、思想体系的框架、各部分理论的相互关系和发生发展过程等一般问题的论析外，特

---

① 张岱年：《中国哲学大纲》，中国社会科学出版社 1982 年版，第 165 页。

别就历史上最重要的哲学家的生平、著述、思想渊源、人生理论的基本观点和历史评价等问题，分别作了简要明晰的阐述，颇具系统性。先秦时代儒、墨、道、法等各家人生哲学自然是论述的一个重点，对于秦汉以后的中国人生哲学，除了占统治地位的儒家学派之外，作者对魏晋玄学、隋唐佛学以及道教的人生理论，也分别设有专章研究和论述，这样才能对“融释道入儒”的宋明理学道德心性之学的兴起和泛滥有一个源流清晰的说明。视野开阔，取材广博，基本上做到了从第一手资料出发，是本书的一个特点。面向正在人生道路上探索成长的青年一代，力图为他们提供历史之鉴，因此十分注意文字上的可读性，是本书的又一个特点。我想作者的努力和苦心定能得到广大读者的理解和积极的回应。

任何一门科学都有它所要解决的基本问题，这些基本问题实际上构成了该门科学的研究对象。人生哲学自然也是如此。然而，“人生哲学”面对的主要问题以及由其所规定的研究对象是什么？作为一个相对独立的学科，人生哲学与世界观理论、与其他研究人的学科的区别和联系是什么？怎样给“人生哲学”下一个比较确当的定义？这在目前的学术界还是众说纷纭、很难取得共识的问题。武东生同志在本书中把“人生哲学”作为哲学世界观的一个组成部分，将其界定为“理论化、系统化的人生观”，认为其研究对象是人的实际生活中的最一般的规律，主要回答“人是什么”、“人生理想”、“人生诸范畴”（如“个人与社会的关系”“努力与命运的关系”“精神生活与物质生活的关系”“生与死的关系”等）、“人生修养”等问题，而其核心是“人生理想”。这当然是一家之言。但是，作为一个青年学者，能取一特定视角，把中国古代哲学中的人生论作为一个相对独立的思想体系来讨论，揭示其包含的基本问题，并藉此对其内部逻辑系统做出分析和展衍，力图得到规律性的认识，并对现实有所启迪，这种积极探索的精神是值得充分肯定的。

对广大青年进行正确的世界观、人生观、价值观教育是社会主义精神文明建设的一项重要任务，为此就必须加强有中国特色的马克思主义人生哲学学科的建设。除了要全面挖掘马克思主义经典作家和毛泽东、周恩来、邓小平等人的人生哲学思想宝库，认真学习和借鉴外国进步的积极的健康的人生哲学思想之外，深入系统地研究中国历代先哲的思想，了解他们是以怎样的理论观点和思维方式去把握人生，追求真、善、美的境界的，去其封建性的糟粕，取其积极合理、精粹深刻的内容，并且结合时代的特点加以发展，使其发扬光大，是中国理论工作者义不容辞的责任，也是我们最有可能对这门学科的建设做出积极贡献的地方。从这个意义来说，武东生同志的努力也是应该肯定的，同时，我们希望有更多这方面的优秀学术成果面世。

1999 年 3 月 9 日

（《中国人生智慧源流》，武东生著，南开大学出版社 2001 年 4 月出版）

《中国人生哲学的重建》序

人生哲学是中国传统哲学的重要组成部分，甚至可以说是它的核心内容所在。张岱年先生说：“中国哲学家所思所议，三分之二都是关于人生问题的。世界上关于人生哲学的思想，实以中国为最富，其所触及的问题既多，其所达到的境界亦深。”① 这是符合历史实际的。以儒家思想为正统的中国传统人生哲学，由于其所依托的中国封建经济结构和政治制度的相对稳定性，在历史上曾经长期影响着中国人的生活和精神信仰，对于塑造所谓“国民性”或民族文化心理结构起了重要作用。

近代以来，由于西方殖民主义的入侵，中国社会出现了千年未有之大变局，封建经济结构和政治制度面临着解体的深刻危机，中国传统人生哲学和价值观也受到了严重挑战，从内容到形式都面临着如何通过批判、扬弃而更新、转生，以适应现代人的精神需要的问题，也就是说，面临着中国人生哲学的现代重建问题。这是一个历史过程，“五四”新文化运动是这个过程中的一个关键的转折时期。弄清楚近代以来特别是“五四”以来中国人生哲学的理论形态都发生了哪些变化，其内容和形式已具备了哪些现代性的特征，在各种具有现代形态的人生哲学中，有中国特色的马克思主义人生哲学为什么能够逐渐占据主导地位，决定着当代中国人生哲学的走向，是一个有着重要的理

① 张岱年：《中国哲学大纲》，中国社会科学出版社 1982 年版，第 165 页。

论意义和现实意义的课题。

刘长林同志1992—1993年在南开大学做访问学者期间，选择“陈独秀、胡适、梁漱溟人生哲学比较研究”作为研究课题，其意图很明显，就是以陈、胡、梁三人作为中国现代思想史上马克思主义、自由主义、现代新儒家三大思潮的代表，比较三派在最初形成和分野时期人生哲学之异同。三家人生哲学虽学术立场各异，但都面临着同样的时代问题，即如何对待中国传统人生哲学，如何重建现代人生哲学的问题。他们之间有同有异，有联合有分化，互相批评、论战而又互相影响、借鉴，展开了中国现代人生哲学的丰富内容。陈、胡、梁三人无疑在中国现代人生哲学发展史上占有不可或缺的重要地位。作为指导教师，我充分肯定这是一个很有理论价值而且能够做出新意的研究课题。

长林同志在访问研究期间阅读了大量文献资料，重点是研读陈、胡、梁三人的原著，把他们有关人生哲学的思想分别梳理出来，仔细加以比较辨析。在此基础上，他还以“中国传统人生哲学的现代转换与当代走向”为题申报了国家社会科学基金青年项目，幸获批准立项。若干年来，长林同志在承担繁重的教学任务之同时，一直没有放松这项研究工作，除已在学术刊物上发表十几篇论文外，还完成了这部近四十万字的专著。他的这种锲而不舍的研究精神是难能可贵的。

我粗读了长林同志寄来的书稿，感到这是一项内容相当扎实、富有实证研究精神，也有一定理论深度的研究成果。作者选择了对中国现代思想史有重要影响的三个代表人物，从理论渊源、个性特点、社会历史背景等多维视角，比较他们对与“中国问题”紧密相关的人生问题思考的异同、局限及各自的理论特征，说明三派在重建人生哲学问题上的贡献和对立互动关系；同时又与当时的社会现实相联系，指出中国人生哲学的重建，是在对传统人生哲学的批判、扬弃、创造性转换和重新阐释的基础上，紧密结合中国现代历史进程中需要解决的紧迫的人生问题来进行的。只有把问题的讨论严格地放在当时的历史背景中，才能对陈、胡、梁等人为什么特别关注重新评价孔子人生之道，揭示天人关系，辨析人性善恶，探索人生真义和价值，剖析人生态度，重塑理想人格，寻找人的解放道路等人生问题做出合乎历史实际的解释。我们看到，当时讨论的这些人生问题正是中国传统人生哲学的主要问题，人的本质、人生意义和价值、人生态度、人生理想等也是一般人生哲学都要涉及的基础理论问题。传统人生哲学的现代转换和中国人生哲学的重建都要集中到这些问题上来决不是偶然的，这里既体现出了它与传统人生哲学有一种历史的联系和贯通，同时也显示出了人生哲学问题及其概念之间的内在逻辑联系，可以说，逻辑的与历史的一致在现代中国人生哲学的重建中得到了生动的体现。

本书作者坚持马克思主义的学术立场和实事求是的学风，尊重基本的历史事实，对具体问题作具体分析，因此多有自己独到的心得体会，不苟同于学界的一些流行观点，对各家人生哲学的分析评价比较客观、中肯。譬如，作者通过对陈、胡、梁重估孔子人生之道的具体考察，不同意所谓“五四全盘反孔和反传统”的观点，指出他们在批判和重新诠释孔子人生之道时，已在不同程度上认识到孔子和儒家人生哲学是中国传统人生哲学的大宗和主流，不能全盘否定和摈弃，其反映普遍道德和符合社会需要的内容，可以而且应该继承发扬，作为重建中国现代人生哲学的基础和思想资源。又如，作者指出陈独秀等中国早期马克思主义者，由于掌握了辩证唯物主义和历史唯物主义的科学世界观，对现实人生问题的观察更加深刻，能够透析其产生的社会根源，把人生问题的解决同社会制度的变革联系起来；他们以唯物与辩证、历史与现实、科学与民主、个人与社会、物质与精神、主观与客观相结合为特点建构起来的现代人生哲学，比现代新儒家和自由主义派的人生哲学更具有科学性和现代性，更加适合现代社会的需要，因此能够在中国革命和中国现代化进程中逐渐占据主导地位。同时，作者也指出这一派人生哲学在形成和发展过程中，不能不受到时代条件和个人知识品格的限制，无论在内容体系上还是在理论深度上，都存在着一些不成熟或不完善之处，需要不断发展更新，不断丰富完善。这些都表现了作者的实事求是的研究态度。

我国正处在改革开放、确立社会主义市场经济体制的新时期，重视人生哲学的研究，充分发挥科学的、进步的人生哲学在确立人们的理想、信念和精神支柱方面的积极作用，具有十分重要的意义。我相信，刘长林同志此书的出版不仅对中国现代人生哲学发展史的研究是一个有力的推动，而且也为完善当代中国马克思主义人生哲学提供了有益的启示和理论借鉴。当然，“中国人生哲学的重建”课题还远未完成，我希望作者为此继续努力，争取做出新的更大的贡献。

2000 年 4 月 28 日

（《中国人生哲学的重建》，刘长林著，华东师范大学出版社 2001 年 5 月出版。序文曾以《重视人生哲学的研究》为题节要发表于《文汇报》2001 年 6 月 2 日第 9 版）

《生命的层级》序

冯友兰是20世纪中国最具影响力的哲学家之一。这种影响既缘于他“三史释古今，六书纪贞元”的学术成就，也与他一生“道术多变”，长期作为一个有争议的人物颇有关系，以至在他身后，“冯友兰现象”仍然是一个备受关注，需要认真地研究、解读、总结和反思的课题。冯友兰哲学思想的丰富性也为后人的研究留下了比较大的解释空间。

20世纪90年代以来，我指导的研究生中已有多人博士论文选做冯友兰，不过各人研究的问题、范围、角度、思路各不相同。在我看来，只要大方向正确，肯下扎实的工夫，都可以为冯学研究作出有价值的贡献，所以我对这些选题一般都是予以支持的。刘东超同学的博士论文《生命的层级——冯友兰人生境界说研究》就是其中的一篇，其细密的分析论说和独特的研究视角得到了评阅专家的一致好评。

人生境界说是冯友兰哲学思想的核心。关于哲学的作用与功能，他一再表述的基本看法是：“哲学不能增进人们对于实际的知识，但能提高人的精神境界。”① 他在晚年接受了恩格斯关于哲学可以发展、锻炼人的理论思维能力的观点，将上述看法补充、修改为：“哲学的作用有两方面，一是锻炼、发展人的理论思维的能力，一是丰富、提

① 冯友兰：《中国哲学史新编》第7册，人民出版社1982年版，第240页。

高人的精神境界。”[①] 他始终坚持哲学是供人“受用”的，哲学可以提高人的精神境界，给人一个“安身立命之地”这个传统哲学的基本观点。冯先生解放后对自己的旧哲学作过多次自我批判，明确地否弃了“新理学”的唯心主义，表示接受“理在事中”“共相寓于殊相之中”的唯物主义世界观；而对《新原人》的人生境界说，虽然也从哲学和政治上作了批判，但始终有所保留，认为它在认识论上还是抓住了生活中的一些特征，经过重新解释在新社会还是有用的。晚年冯先生在《新编·总结》中又重提《新原人》的四境界说，强调哲学的概念有“无用之大用”，就是可以提高人的精神境界。由此可见，冯友兰一生的哲学创作活动，他自己最看重、最钟情、最难以舍弃的思想成果就是人生境界说。这体现了他作为一个现代新儒家学者对中国传统哲学精神的深层理解与把握，也说明他的哲学最后还是归宿于个人的“内圣”修养之学、精神生命之学。对于冯先生哲学思想中的这一核心部分，从思想发展线索和理论内涵上对其进行系统梳理，联系时代特征作出得失评价，并试图探讨其理论拓展的可能性，无疑是一件十分有意义的工作。

刘东超同学在做这一工作时，已经注意到认识和评价的分歧是冯学研究的一大难点，所以首先试图在方法论上找到某些为大家都能接受的原则，作为研究和讨论的基础。他提出在思想史研究中至少应该分清“事实”与“扩展”（或“辐射”）、“实然”与“应然”两个层面，在前一层面上要搞清事件真实和文本真实是什么，在后一层面上进而揭示事件的影响和文本的重阐可能性。这两个层面其实是互相依赖、互相影响的，前一层面是后一层面的基础和前提，后一层面是前一层面的必要的逻辑延伸。二者缺一都不能说是完全的思想史研究，如果将二者混淆在一起也不利于厘清思想和事实的真相，并作出客观公正的评价。这一方法原则其实并不玄虚复杂，作者将其自觉地运用

---

① 冯友兰：《中国哲学史新编》第 1 册，人民出版社 1982 年版，第 27 页。

于对冯友兰人生境界说的研究中，就是主要从文本真实及其重阐可能性两个层面来把握与展开。在前一层面，首先要搞清的是《新原人》一书的表述真实和思想真实（二者往往并不完全一致），既阐明其中符合人生真实的深刻、高明之处，也揭露其理论架构中存在的问题和矛盾。在后一层面上，作者从今天的认识水平和现实需要出发，对冯氏的人生境界说进行了试验性的理论拓展与重阐，力图使其更具现实性和未来指向性。可以说论文在这两个方面都有一些新的创获，体现了作者不俗的思辨能力和理论见识。

论文的另一引人注目之处是专设一章，对冯友兰的人生境界说与克尔凯郭尔的三种生活方式说进行了比较研究。这实际上是换一个视角来对人生境界说的文本真实与重阐可能性进行考察，目的在于进一步打开人们的思路。大家知道，中西思想比较最忌简单化的表面比附，而本文的比较工作却做得相当细密和深入，对异中之同与同中之异都作了恰当的说明。在人生境界说与三种生活方式说的比较中，它不仅对二者的理论框架、结构进行了比较，指出冯氏人生境界说中的天地境界与克氏三种生活方式说中的宗教方式相对应，道德境界与伦理方式相对应，功利境界与美感方式的主要部分相对应，自然境界与美感方式的起始部分相对应；而且还对这两种学说中的一些重要观念进行了比较，指出了冯友兰的“我”与克尔凯郭尔的“自我”、冯友兰的“觉解”与克尔凯郭尔的“反思”等概念之间的异同。作者试图通过对这两种学说的比较、会通和整合工作，为从生命层级的角度来探讨和说明人的不同存在状态奠定更坚实的学理基础，虽然这还只是一种大胆的尝试，但确实可以拓宽冯学研究的眼界。

在近年来出版的冯学研究专著中，刘东超的这篇博士论文是较有深度、独具特色的，它的出版不仅对冯友兰哲学思想研究，而且对中国现代人生哲学的建构也有一定的启发和推动作用。当然这篇论文也有其不足之处。人们很自然地会提出一个问题：文中专设一章比较了冯友兰的人生境界说与克尔凯郭尔的生命层级理论之同异，为什么对本国学者的同类理论，比如唐君毅的“心灵九境”说，反而不做这样的比较研究呢？作者说明是因时间关系，也为了避免与别人工作重复而没有做，但这终究是一个遗憾，就全文整体理论格局来说是一个欠缺。这篇论文旁征博引了大量中外学术资料，包括马克思主义的经典论说，来阐析人生境界—生命层级理论，虽然其中不乏深刻、独到之处，但理解是否都十分准确，运用是否都很得当，还有必要细细斟酌，并需经受时间和历史实践的考验。我希望作者在初步研究成果的基础上，继续深入思考和探索，为在理论和实践上解决这一人生哲学的重大问题作出更切实的贡献。

2002 年 8 月 10 日

（《生命的层级——冯友兰人生境界说研究》，刘东超著，巴蜀书社 2002 年 10 月出版）

《现代新儒学与朱子学》序

朱子学是现代新儒学的重要理论来源。在现代新儒家中，不论是接着朱子讲的新程朱派，还是判朱子为“别子为宗”的新陆王派，都十分重视对朱子学的研究。在他们看来，朱子哲学所涉及的基本问题，包括理气观、心性论和工夫论，也包括天人关系、内圣外王、知识与道德的关系等问题，不仅是整个宋明理学都必须面对的问题，而且是一切时代，包括在今天也必须面对、必须回答的问题，实具有常理常道的意义。朱熹在当时对这些问题的回答，虽然取得了重要成就，但毕竟有历史的局限性，在今天必须扬弃其过时的特殊表现形式，保留朱子哲学中具有永恒价值的中心观念，予以现代诠释，用来解决现代的问题。刘述先借用朱子的语言，把这叫作“理一分殊”。

现代新儒家之所以仍以“儒家”自称或自居，就是因为他们是自觉地承接孔子和宋儒之统绪，其理一也；而其所以为“新”，则在于其分殊表现形式已不同于孔子或宋儒，有了新的时代内涵。现在有人自称“儒学四期”，我们在鉴别真伪时就要看其学是否自觉地认同和继承孔门一贯之常理常道，其分殊表现形式体现了什么新的时代特点，对今天仍在发展中的现代新儒学是否有真正的超越，而这种超越仍在儒学的范围之内。

现代新儒学对朱子学的继承、改造和超越，因学派而异，因人而异，情况比较复杂。冯友兰的“新理学”是接着程朱理学讲的，但已针对时代需要而重新提出问题，并用西方的逻辑分析方法对其进行了改造，因而具有了现代哲学的形态。钱穆系统地梳理了朱子庞大的思想体系，认为他已超越理学、心学之门户，成为孔子之后儒学的正宗和集大成者。牟宗三则持完全相反的观点，认为朱子不是宋明理学的正宗，而实为濂溪、横渠、明道之学的“歧出”，只能说是“别子为宗”。刘述先的《朱子哲学思想的发展与完成》一书总结了前辈新儒家的朱子学研究成果，并在此基础上提出了“理一分殊”的睿见。除此四人外，熊十力、贺麟、唐君毅、成中英、杜维明等新儒家学者也对朱子思想十分重视，发表过不少分析、研究、评论的文字。总之，理清现代新儒学对朱子学的批判继承关系，包括其内部的思想歧异与整合会通，并不是一件容易的事情，而这项工作又是深入研究现代新儒学的需要，也是对朱子学的现代价值的一次重要认识，有重要的理论意义和思想史意义。因此，当陈代湘提出要以《现代新儒学与朱子学》为题撰写博士论文时，我考虑到他过去曾著有《圣心苦雨——朱熹传》（北京燕山出版社 1997 年版）一书，对朱子学已有一定的研究基础，如能再在现代新儒学上下扎实的工夫，是有可能对此问题获得较全面、清晰的认识的，于是同意了他的研究计划。经过三年刻苦攻读，他的博士论文完成后，作为国内外第一本研究此课题的专著，受到了评阅和答辩专家的较高评价，现在又将付梓出版，我自然感到十分高兴。

本书作者在仔细研读新儒家学者有关著作的基础上，发现他们对朱子学的重视程度，可以从对其所有核心问题都作了不同程度的研究这一点上充分反映出来，他们正是根据对这些问题的看法来衡定朱子的历史地位，并从中吸取建构自己的新儒学理论体系的思想资料。因此本书在写法上，就不是按人头逐个论列，分别对每个人的朱子学成果进行个案研究，作出得失评价，而是按照朱子哲学的内在逻辑结构，横向地深入研究新儒家学者对各主要问题的评述、阐扬和批导，客观地展示其学术立场、评价尺度和诠释方法之间的差异，整体地把握现代新儒学与朱子学的关系，也揭明了前者不同于后者的“新”之实质所在。由于这个工作做得比较细致深入，因此本书中多有前人所未及的新观察、新识见、新评说，如指出现代新儒家“内圣开出新外王”的理论正是循着朱子的致思方向而提出来的，包括对朱子颇有讥评的牟宗三的“良知自我坎陷”说，也与朱子哲学有直接的渊源关系；又如对知识与道德的关系问题格外予以关注，指出朱子重视知识性的“外王”是他区别于其他理学家的鲜明特征，现代新儒家中的“道问学”一系即由此开出，它在一定程度上起了整合知识与价值的作用；还有对朱子学中宇宙论和人生论并重，为什么到“接着讲”的现代新儒学中却人生论突显而宇宙论衰微之原因所作的探讨，试图以人的类本质和人类整体的功利为标准来重新诠释、评价儒家的人性善恶理论等等，都富有新意，有作者深造自得的体会，故能给人以诸多启发。本书涉及的问题和人物很多，作者在系统阅读、认真思考的基础上，大体上能把握各主要问题及其内在关联，对各家观点作出比较平实的评述和客观的评价，为理清现代新儒学与朱子学的关系打下了初步的基础。

本书在重点探讨现代新儒学与朱子学的关系之同时，也对儒学的本质特征、用世功能、现代命运、未来走向等问题进行了宏观的思考，如对儒学的“世界性特征”的揭示，主张从形上超越、政治伦理、日用习俗三个层面来分别阐明儒学中的“尊德性”派和“道问学”派在未来社会所可能起的作用等等，都有独到见地，表现了作者深切的人文关怀。但有些看法还是可以讨论的，如在说明儒学的“世界性特征”时，引用了冯友兰先生认为“中国哲学不合于救中国，它却足以救世界而有余”，“因为它是为了世界组织而有的哲学”的一段话，而在论证这一观点时，却主要是说儒学“难与进取，可与守成”，它“是治世安民之术，而非乱世争斗之法”，这是讲儒学的守成性，面对并非只有和平稳定而没有争斗的世界的局限性，并不能说明它因此而有了“世界性特征”。生长在中国的儒学如果不能救中国，它真的能够救远比中国的事情复杂得多的世界吗？我认为可以说儒学是一种有救世情怀的哲学，但至今还不能证明它“足以救世界而有余”。有关对儒学和现代新儒学的评价，书中还有一些提法，与我的认识并不完全一致，但是应该允许不同意见存在，尊重每个人的独立思考，在相互切磋中学术才能得到发展。

中国大陆的现代新儒学研究，今天已没有十年前那样的热闹，但却需要对一些重要问题作冷静的深入研究，提高整体认识水平；同时关注现代新儒学的新近发展态势，把它作为思考中国文化发展问题的一个重要参照。代湘此书就是这方面的一本力作，希望它能引起学术界对现代新儒学的继续重视和研究兴趣。

2002 年 10 月 5 日

（《现代新儒学与朱子学》，陈代湘著，湖南人民出版社 2003 年 1 月出版）

《制度化儒家及其解体》序

在19世纪末到20世纪初的短短30多年时间里，儒学由中国人安身立命的基础和社会秩序合法性的基础，转变为新派知识分子眼中走向民主和自由的障碍物，中国人的心灵经历了一场深刻的震荡和认同危机。对于儒学来说，其所遇到的挑战之严峻远不是佛教和明末清初的基督教所可比拟的。从废除科举到推翻君主制度，中国社会就其主导的价值和制度设置来说，已经从一个传统社会进入了现代社会。

干春松的新作《制度化儒家及其解体》，重点就是研究清末以降，制度化儒家面对外来的冲击和日益激化的内在矛盾，逐渐失去其作为合法性依据的地位而走向解体的过程。不言而喻，在儒学的现代价值日益成为热门话题的今天，此一课题研究有重要的理论意义和现实意义。

本书作者没有采取通常流行的仅从观念史的角度来研究儒学和儒家的做法，而是结合一种制度分析的社会学方法，来揭示儒学思想如何在统治权力的支持下，通过将孔子圣人化、儒学经典经学化、选举制度儒家化等制度设计而成为一种独尊的官方意识形态，同时，各种具体的制度安排如法律制度、地方管理制度等亦逐步渗透着儒家的理念；指出儒家之所以影响中国长达几千年，除了思想的内在因素之外，这些制度安排也是非常重要的。

本书的重点是从儒家观念体系的危机、科举的衰落和废除、现代教育制度与现代政治法律制度的建立来考察儒家秩序的崩溃过程，其意义是能够从更深的层次上来解释儒家在近代所遭遇的挑战和它进退失据的困境。儒家在近代中国所面临的冲击是多方面的，甚至可以说是全方位的，但本书强调原先的制度设置逐渐衰落和瓦解则是儒家失去对中国社会的控制力的根本原因。

我认为本书至少有两个方面值得重视。

其一，是对儒学和儒家研究的方法论意义。

历来的儒学研究都存在着过分观念化、逻辑化的倾向。本书从制度化的角度来考察儒学，在哲学史研究中可谓开一新生面。其实，运用知识社会学和社会史的方法来处理思想史问题，在学术界并不鲜见。就国内学术界而言，侯外庐等人的中国思想史研究就十分注重思想与社会之间的互动关系，这也是唯物史观的基本要求。另一方面，或许是受海外汉学研究的影响，国内学者也越来越多地引入这种方法，从类似的角度来处理思想史问题，如对儒学地域化的研究等。就对制度化儒家的研究来说，余英时、金耀基等人已在这方面做了一些基础性的工作，许多历史学者对于某些具体的制度与儒家之间的关系做了认真细致的考察，如瞿同祖对法律儒家化的研究，王德昭、何怀宏对科举制度的研究等。但是从整体上对于制度化儒家进行概念厘定和框架分析，将其上升为一个专门的思想史课题，却自本书始。这体现了作者的学术敏感，也展现了作者从哲学的高度来驾驭史料的能力。

在具体分析处理中，本书所涉及的诸如经学、科举等虽然都是大家熟悉的话题，但采取的特定视角是将其作为儒家的制度性设置，正是由于有这些设置存在，才构成了权力、利益和真理的稳定联系，从而确保了儒家作为社会秩序之合理性依据的权威性，以及对于这种权威的服从所能带来的利益。从这个角度来分析制度化儒家的解体，有助于我们了解近代中国知识精英对于儒家思想的复杂态度，以及近百年来儒学在中国的坎坷命运。儒家之解体与花果飘零固然有其观念上的原因，但是不能否认制度变革是导致儒家失去其安身立命之所的真正原因，这显然比简单地讨论激进或保守更具有说服力。

其二，是这种研究可以为我们了解儒家提供多元的视角。

儒家在春秋战国时期只是诸子百家争鸣中的一个学派，它在汉代被意识形态化之后，才逐渐建立起一套保护其独尊性的制度体系。这样，儒生也就成为与权力最接近的一个群体。因此，我们不能简单地把儒生看作是纯粹的知识精英，他们也构成了中国传统的官吏阶层的主体。也正因为如此，我们就不能用哲学家或用西方知识分子的模式套在中国的儒生身上，这也意味着我们在讲儒家对于权力的“独立性”时还必须掌握一定的限度。尽管我们可以对儒家思想进行“创造性的转化”，但这并不意味着可以不对传统儒学联系其所服务的制度进行深刻的批判，只要经过简单“改装”就能适用于今天。

当然，对于作者所涉足的研究课题来说，本书还只是一个初步的成果。儒家的制度化及其解体是一个涉及面非常广泛的课题，其中的每一种制度设置都包含着相当复杂的历史内容，其解体过程也是为多种内外因素所决定的。这就给作者提出了巨大的挑战。我们不难发现，本书对一些具体的制度设置的论述还显得过于笼统，在史料的掌握上也有待于进一步补充完善。希望作者在已有认识的基础上，把这项研究继续推向深化。

2002 年 10 月 12 日

（《制度化儒家及其解体》，干春松著，中国人民大学出版社 2003 年 3 月出版。序文曾发表于《中国图书评论》2003 年第 8 期）

《日本近代儒学研究》序

在刘岳兵的博士论文即将出版之际，我想起了几件往事。这些事情或许对读者了解这篇论文的写作过程及其主旨会有所助益。

1996年春，我应邀到日本京都国际日本文化研究中心做客座研究，在三个月的研究计划即将完成之际，中心的芳贺徹教授帮助我筹划了一次中日两国学者关于“中国哲学研究的现状及对21世纪的展望”的研讨会。这次研讨会有幸请来了日本最有代表性的中国哲学研究专家和学者，包括京都大学的名誉教授岛田虔次、中国哲学史研究室主任教授内山俊彦、副教授池田秀三（早就已经升为教授了）；东京大学中国哲学（思想文化学）研究室的三代主任教授户川芳郎、沟口雄三、池田知久；还有关西大学的吾妻重二教授、爱知大学的加加美光行教授等人。我在会上以《二十世纪中国哲学研究的回顾与展望》和《现代新儒学研究在中国》为题先后作了两次报告，日本学者则对明治以来日本的中国学及中国哲学研究的历史与现状，包括对东京大学和京都学派中国哲学研究的传统、特点与新动向，进行了全面的回顾、总结和评估。会上还就中日两国中国哲学研究的交流与互动问题展开了热烈的讨论。芳贺徹教授把这次会议组织得井井有条，发言热烈而且讨论深入，对我来说确实受益匪浅。刘岳兵当时正在东京的立教大学留学，我也请他出席了这次会议，并作为会议工作人员做了一些具体工作。这次会议的综述就是他执笔写的，曾发表于《哲学研究》1996年第9期。会上议及的一些日本近代著名的哲学家，如服部宇之吉、狩野直喜、小岛祐马等人，后来都成了刘岳兵博士论文的研究对象。

我当时心存一个问题：日本近现代是不是也有类似中国的现代新儒学这样的学说或学派？现在刘岳兵完成的博士论文，可以说已在一定程度上给了我一个回答。

刘岳兵在南开大学攻读硕士期间，研究方向是中国近现代哲学，对中国的现代新儒学已经下过一番功夫，对其有了较为全面的了解。他是 1996 年 4 月去日本留学的。临行之前，他对我说想利用这次机会重点了解和摸清日本学界对中国近现代哲学的研究情况。我表示赞成和支持，并建议他首先系统地收集整理这方面的资料。他到日本后，几乎隔一两周就会给我来一次国际长途电话，报告收集资料的情况。有一天，他在电话里欣喜地告诉我说，找到了一些与中国的现代新儒学观点相近的文章。我鼓励他继续搜索，并注意比较明治以后的日本近现代儒学，在问题意识和研究态度、方法上与中国的近现代儒学有什么同和异。又过了一段时间，在对日本近现代思想史资料有了较多积累的基础上，他提出想做“日本近代儒学思想研究”这个题目，不久就收到了他寄来的研究提纲。我在详细了解日本学界此方面的研究情况后，意识到这一课题很可能具有填补学术空白的意义。1998 年秋，刘岳兵来中国社会科学院研究生院攻读博士学位，我决定同意他用这个题目做博士论文。我一向鼓励学生在研究中自己去发现问题、提出问题，经过探索自己找到解决问题的途径。导师的作用是帮助学生判断此一课题研究的价值、意义与可行性，并指出可能突破与创新的关键所在。这样的问题因为是学生自己体会出来的，才能成为他自己的问题。这样的研究对他来说才能真正“有所得”，并形成自己的特色。

为了进一步确定这一选题的意义，刘岳兵入学后不久，又有一次随我到日本作短期访问的机会。其间曾就这一选题与东京、名古屋和关西地区的日本学者广泛地交流了意见，得到一些著名的思想史研究专家的支持和指导，于是更增强了他做这一课题的信心。在论文写作期间，他又得到日本国际交流基金的资助，到我的老朋友、东京大学池田知久教授门下作一年专题研究，也得到了一次更全面地收集、整理、消化有关原始资料，系统地清理研究思路的机会。池田教授向以立论严谨和对学生要求严格著称，刘岳兵过去不是没有尝过他的“厉害”，这次他同意做刘岳兵的指导教授就意味着对其研究态度、能力，包括对其论文选题的肯认。这也使我更放心了，因为此一课题研究的价值和意义在更大的程度上需要得到日本学界的认可，才能在日本思想史研究领域产生影响。刘岳兵以其勤奋与创造性劳动最后完成的博士论文，虽然只是做了几个人物的个案研究，但已足可说明日本近代儒学是日本儒学史上的一个具有独立意义的发展阶段和形态，是日本近代思想史研究中不可或缺的一个重要方面或环节。他没有辜负池田先生和中日学界的期望，这从池田先生对其论文的评价和专程从日本赶来参加他的博士论文答辩会就可以看得出来。

刘岳兵目前对日本近代儒学的研究，尚属基础性的个案研究。只有把这种基础性的研究工作做扎实了，今后进行理论提升和概括才有依据。当然不是说，这种基础性的研究就不需要理论指导了，儒学与时代的关系是他始终注意把握的一条主线。刘岳兵对日本近代儒学的研究还刚刚开始，我希望他在这方面继续努力，再多做一些个案研究，比如宇野哲人、西晋一郎、吉川幸次郎等思想家，都值得下一番功夫，甚至安冈正笃、大川周明等人也具有一定的代表性。在这些个案研究的基础上，再写出《日本近代儒学概论》《中日儒学比较》等著作，那才是中日学界的真切期望。以刘岳兵的学术功底与勤勉学风，我相信这一目标是可以达到的。我也希望他编辑的《日本学者论二十世纪中国哲学思想》一书能够早日出版面世。

（《日本近代儒学研究》，刘岳兵著，商务印书馆2003年3月出版）

《有无之辨》序

在中国哲学史上，魏晋玄学是上承汉代的儒学和道家思想，下启东晋、南北朝、隋唐时期的佛学，以至对宋明理学的产生也有深刻影响的一个重要发展阶段。玄学所言谈和辩论的有无、本末、一多、动静、言意、名教与自然等问题，在理论形式上比较幽深玄远，具有较强的思辨性，但不离“天人之际”这个中国哲学的主题，涉及了宇宙本体和人之本性等较深刻的哲学问题。这些问题直到今天仍有一定的理论意义和思想价值。

1940 年，前辈学者汤用彤先生发表了《魏晋玄学流别略论》一文，认为“汉代寓天道于物理，魏晋黜天道而究本体”，指出“夫玄学者，乃本体之学，为本末有无之辨”。[①] 汤先生关于魏晋玄学是本体之学的看法，为尔后的玄学研究开拓了方向。从 20 世纪 40 年代到 60 年代中期，以汤先生的这一思想为代表，学术界在魏晋玄学研究方面多有创获。“文革”后，随着政治上的拨乱反正，包括魏晋玄学研究在内的整个中国哲学史研究又重现生机，以汤一介的《郭象与魏晋玄学》、许抗生等人的《魏晋玄学史》等为代表的一批魏晋玄学研究专著应运而生。同时，在许多中国哲学史、思想史著作中，也有专题、专章研究和讨论魏晋玄学问题。1984 年 11 月和 1994 年 5 月，分别在北京香山和太湖之滨召开了两次全国性的魏晋玄学学术研讨会，

---

① 汤用彤：《魏晋玄学论稿》，人民出版社 1957 年版，第 48、49 页。

就玄学的思想主题、哲学实质、逻辑进程、作用意义等问题进行了广泛、深入的讨论，大大推进了对这一段哲学史的研究。目前，魏晋玄学研究正在进一步向纵深发展。

如何研究包括魏晋玄学在内的中国古代哲学思想的发展？这首先关系到如何来解读已往时代的哲学思想的问题。每一历史时代都有反映该时代精神之精华的哲学思想。每一时代的哲学思想都要以文字的形式反映出来，并因而得以保存下来，这就是文本。后代的人如何来认识和理解前代的哲学思想呢？这自然就要对其文本作解读。而任何解读都不能不带有解读者所处时代的印记，这其实就是解读者用自己时代的哲学概念和思想来重新演义过去时代的文本中的哲学思想。一般来说，对已往哲学思想的解读有两种方式：一种是历史的方式，一种是逻辑的亦即哲学的方式。它们构成了通常所谓“哲学史”的两个不可或缺的层面，只是侧重点有所不同而已。前者是以“史”为纲，重在史料的发掘与梳理，旨在对已往哲学思想的实存性提出可靠的证实或证否。后者是以“哲学思想”为宗，重在从人类思想史发展的一般逻辑性出发，探寻以往某一时代哲学思想发展的逻辑轨迹，并力图揭示其规律性。这后一种意义上的解读本身就已经是一种思想的再生产或再创造了，需要有较高的哲学慧识。应该说，在魏晋玄学研究中，历史的解读方式和哲学的解读方式都是有必要的，二者可收互补之效。

摆在我们面前的《有无之辨——魏晋玄学本体思想再解读》一书，就是康中乾对魏晋玄学思想的一种解读。其解读的对象是魏晋玄学中的本体思想，方法是侧重于哲学思想的发掘与梳理。通览全书，可以看出他在哲学地解读魏晋玄学本体思想时确实读出了若干新意，给我印象最深刻的主要是以下两点：

一是对王弼哲学中的本体范畴“无”的涵义作了详细的分疏，将其归纳为三种五个方面的涵义，并指出在王弼的“无”本论中，实已伏就了以后整个魏晋玄学思想发展的逻辑线索。本书作者认为，“无”

本论的抽象义逻辑地要求将“无”进一步向上趋进而进入精神自由一途，以嵇康、阮籍为代表的竹林玄学就是承此而来的；而“无”本论的生成义则逻辑地要求将“无”向下趋入于具体的现象界一途，遂有以裴頠为代表的玄学崇“有”论的出现。但无论“无”本论向上或向下趋进，只是进一步暴露或展开了“无”本论中抽象与具体、一般与个别的矛盾，而并没有解决这一矛盾。这一矛盾的运动及其解决的方式则在“无”的功能义上。从功能义来看“无”，所谓以“无”为本的实质就是揭示了事物之存在的自然就是必然，所是就是其所以是，所然就是其所以然，即现象就是本体，这就有了郭象的“独化”论。在本书作者看来，东晋张湛的“至虚”论只是玄学本体思想发展的一个尾声，僧肇的“空”论则将玄学本体论过渡到佛学本体论了。

二是对郭象“独化”论之现象学意蕴的分析。关于郭象的“独化”论，研究者历来众说纷纭，或指其为神秘，或说其唯心，或批评它表现了一种无可奈何的心境，或认为其肤浅，如此等等。作者在本书中用了较多的笔墨分析指出，郭象的“独化”论并不是神秘的痴语，而是自有其深刻之处，在一定意义上可以说它已具有现代西方哲学中现象学的思想意义。所谓“独化”，即以事物如此存在的存在现象显现、表现、开显、敞露出了其本体、本质性，亦即事物的如此存在就是其如此必然地存在，或曰现象就是本体。对郭象的“独化”论作这样的理解，不仅发前人之所未发，而且揭示了魏晋玄学思想所蕴含的人类哲学智慧的某种普遍性形式，因此可以说这种再解读也是一种思想创新。

正因为本书主要是从哲学思想方面来对魏晋玄学本体思想作解读，与那种重史料梳理的解读方式相比，它本身还有一个如何被读者理解和再解读的问题。读者是否肯承认、接受作者的分析，首先要解读出作者的思想理路和哲学意趣，否则就会仁智各见而有了不同的意见。我们不能不看到，立足于哲学理论和逻辑上的圆融来解读魏晋玄学的本体思想，这与魏晋玄学本身的历史发展就难免会有一定的距离，要真正做到逻辑的和历史的一致是很不容易的。本书的不足之处可能也正是在这里。例如，对王弼“无”本论的三种五个方面涵义的揭示是否准确？如何理解它们之间的逻辑关系？如何理解哲学理论、概念的一般性、抽象性与其所反映的个别事物的特殊性、具体性之间的关系？如何理解郭象“独化”论的现象学意蕴？“相因”与“独化”是一种什么关系？诸如此类问题，均有待认识的进一步深化。作者在本书中只是提出了一种个人的看法，不妥或不完善之处尚待包括作者在内的魏晋玄学研究者继续探索，甚至再创新说以补足之。

本书是康中乾在其博士论文的基础上，听取了专家们的评审意见后修改而成的，在一定意义上也可以说是他近二十年来学习中国哲学的一个阶段性的总结。我认识康中乾已经很久了，但在一起的时间并不长。他 1987 年考进南开大学，跟我攻读中国哲学硕士学位。一年后就因家庭困难而转回陕西师范大学，但仍在学业上与我保持着较密切的联系，经常可以收到他寄来的关于中国哲学或其他方面的哲学理论文章。康中乾性格内向，不苟言谈，但善于读书和思考，所写文章多有新意与哲理深度。1999 年，他又考回南开在刘文英教授的指导下攻读中国哲学博士学位，三年后终于高质量地完成了这篇博士论文。时光匆匆，十五个春秋转眼就过去了，他现在已步入中年。古人云：“艰难困苦，玉汝以成。”在艰难的生活岁月中，康中乾能走到今天这一步实在不易。以他不俗的天资与功力，我相信他今后一定会在中国哲学研究方面取得更优异的成绩。

2002 年 12 月 15 日

（《有无之辨——魏晋玄学本体思想再解读》，康中乾著，人民出版社 2003 年 5 月出版）

《第十二届国际中国哲学大会论文集》序

1999 年 7 月，在台湾召开的第十一届国际中国哲学会议上，我接受了两年后在北京主办第十二届国际中国哲学大会的任务。国际中国哲学会自 1975 年在夏威夷注册成立以来，它的最重要的一项活动就是每两年举行一次国际性的中国哲学会议，通过这一活动联络和团结世界各国各地区热爱中国哲学、热心于中国哲学研究的学者，为推动中国哲学的现代化和世界化，使其为人类文明作出更大的贡献而共同奋斗。前七届会议都是在美欧国家召开的，1993 年的第八届会议首次回到中国哲学的故乡，会址选定在北京。我作为那次大会组委会的副主任曾参与一些具体工作，深感这一事业前途无限。以后三次会议分别在波士顿、汉城和台北—嘉义召开，东西方学者之间加强了交流与合作，中国哲学研究队伍也不断有新人参加。各国学者普遍认为，新世纪人类面临着诸多问题和矛盾，其前景不应是如某些西方学者所预言的“文明的冲突”及其所造成的灾难，倒是主张“和而不同”的中国哲学所指出的多种文明的共存之道更符合全人类的愿望，也更具有现实性。在新世纪，中国哲学智慧应该受到更多的尊重，中西两种哲学传统的平等交流、对话、互补与融合很可能会进入一个新阶段。因此，将于新世纪头一年召开的第十二届国际中国哲学会议就具有特别重要的象征意义，大家希望这次会议能在中国的首都北京召开。多年来一直热心推动这一事业的成中英教授说：“从第一届国际中国哲学会议到第十二届大会，可以说是一种精神的回归，象征着中国哲学回归本原。面向新世纪，这次大会又是一个新的起点，站在这块伟大的土地上，中国哲学走向世界的步伐将迈得更加坚实而有力。”他的话代表了各国中国哲学研究学者的共同心声。

经过一年多紧张的筹备工作，2001 年 7 月 21—24 日，由国际中国哲学会、中国哲学史学会和中国社会科学院研究生院联合主办的第十二届国际中国哲学大会在北京顺利召开了。来自美国、加拿大、英国、德国、奥地利、瑞典、斯洛文尼西、巴西、澳大利亚、新加坡、泰国、越南、日本、韩国、中国大陆与港、澳、台地区的 300 多位学者出席了这次盛会，共提交学术论文 250 余篇。除了大会开幕式和闭幕式之外，召开了 4 次全体大会，52 场次分组会议，204 位学者在大会或分组会上报告了论文。各国学者围绕着本届大会主题“中国哲学与 21 世纪文明走向”，就中国哲学的特点及其普遍价值、儒道佛墨易学哲学的原创性贡献及其现代意义、经典与诠释、世界伦理与生态伦理、中外哲学比较与会通、中国哲学的近现代转型、中国哲学史研究方法反思、21 世纪中国哲学走向、文明对话与文明冲突等问题展开了广泛而热烈的讨论，会议取得了丰硕的学术成果。正如刘文英教授在大会总结发言中所指出的：“这次大会的规模之大，其内容的广度和深度都是前所未有的。中国哲学在世界上受到如此广泛而隆重的关注，它表明古老的中国哲学正在焕发新的生命，将对中国现代文明和世界现代文明做出新的更大的贡献。”

2001 年对于中国来说是具有重要意义的一年。我国政府经过 15 年艰苦努力，终于在这一年正式加入了世界贸易组织，今后中国将在更大范围和更深程度上参与经济全球化的进程；就在第十二届国际中国哲学大会召开前一周（7 月 13 日），北京申办 2008 年奥运会取得了成功，表明中国和世界各国人民的友好交往已经得到并将进一步加强；在世界局势复杂多变、全球经济明显减速的情况下，2001 年中国经济继续保持着快增长、高效益、低通胀的良好态势，国内生产总值比上年增长 7.4%。中国经济的持续、稳定、快速发展和国际地位的日益提高，不仅大大振奋了包括海外华人在内的全体中国人民的民族精神，也使古老的中华文化重新引起了世界各国人民的极大关注和研究兴趣。历史实践证明，人类的“轴心时代”涌现出来的几大文明在今天都有着不衰的生命力，今后的世界仍将是一个文化多元化的时代。因此，人们有理由相信，产生于“轴心时代”的中华文明也将再次迎来它的春天，21 世纪很可能就是伟大的中华文明复兴的世纪。作为中华文化之核心的哲学智慧在这个时候受到人们的特别关注是毫不奇怪的。

然而，正当人们对新世纪充满美好希望和憧憬之时，2001 年却发生了不幸的“9·11”恐怖袭击事件，接着美国飞机连续两个月在阿富汗的土地上狂轰滥炸，在摧垮塔利班政权的同时，也炸死炸伤了数千无辜平民。文明冲突所造成的巨大灾难使全世界人民怵目惊心，永难忘记。人们更为以暴制暴、冤冤相报有可能使这个世界永无宁日而深感忧虑。当今人类面临的另一严重问题，就是地球资源的过度开发、环境污染和生态破坏，已经直接威胁到我们以及后代的生存与发展。20 世纪 70 年代以来，世界各国政府和人民都高度重视环境问题，共同制定了一系列保护环境和资源的协议、公约与宣言，要求全人类共同遵守，特别是要求那些消耗自然资源最多、造成环境恶化责任最大的发达国家首先遵守。但是，2001 年 3 月，全球温室气体排放量最大的美国却单方面宣布退出防止地球气候变暖的《京都议定书》，使这一国际公约不能生效因而也得不到全面贯彻实行。以上提到的都是在新世纪、新千年的头一年，也就是第十二届国际中国哲学大会召开的这一年所发生的事情。

面对着困扰当今人类的这两大难题——生态破坏与文明冲突，人们在思考、探讨对应之策时惊喜地发现，古老的中国哲学早已为此提供了富有启发性的智慧成果，或者说其中早已蕴含着解决这些矛盾和冲突的正确的思想原则，这就是“天人合一”与“和而不同”的智慧。并不是说我们的先哲早就预见到了今天的人类会面临如此严峻的生态危机和文明冲突问题，而是在他们的时代也必须面对这些矛盾、冲突的萌芽或原始形态，也必须思考如何解决人与自然的关系，人与人之间的关系，不同国家、民族、文化之间的关系问题，并因此而提出了各种不同的理论、学说和主张，不过在中国哲学中主张人与自然协调发展的“天人合一”论、主张多元文化和谐共存的“和而不同”论始终占主导地位而已。中国传统哲学对“天人合一”也有各种不同的理解与诠释，其中不乏神秘主义和道德主义的说教，但其中心价值确实是阐明一种人与自然和谐统一、“民胞物与”、“万物并育而不相害”的宇宙观。中国的先哲早就认识到：“不违农时，谷不可胜食也；数罟不入洿池，鱼鳖不可胜食也；斧斤以时入山林，材木不可胜用也。”（《孟子·梁惠王上》）因此，在中国古代，“天人合一”就不只是一个人文主义的思想原则，而且还必须落实到善待自然、保护生态环境的具体行为中去，这从我国上古时期就设有“虞师”之类的生态环境保护官员，战国时期就有了《田律》之类的自然资源保护法，以及《礼记·月令》中一系列保护自然生态的制度性规定都可以看得出来。在人类生存环境日益恶化的今天，这种古老的生态智慧尤其显得弥足珍贵，对现代人仍极富启发意义。中国哲学中的这些关系到人类命运与文明走向的重要的思想资源，自然是本次大会各国学者关注的重点，在会上有许多精彩的阐析和发挥。

为了把本次大会的主要学术成果保留下来，大会组委会决定编辑出版会议论文集。论文集共四册，其中英文一册，中文三册。英文一册即以大会主题《中国哲学与21世纪文明走向》为书名，由张丰乾博士负责选编。中文论文按其内容分别编入《中国传统哲学的现代诠释》《中西会通与中国哲学的近现代转换》《21世纪中国哲学走向》三册中，吴卫国博士、谢荷生博士、高全喜博士分别负责三册的选编工作。由于篇幅的限制，本次大会收到的论文中还有近百篇未能入编论文集，我们除了向作者表示歉意之外，也要对他们的积极参与和为会议所做出的贡献表示感谢。久负盛名的商务印书馆承担了论文集的出版工作，我们深感荣幸，也不胜感谢。最后我还要提一句：一位不愿透露姓名的卓越知识分子，成功的科学家、事业家，中国文化的守护人，也是本次大会的与会代表，为会议的成功召开和本论文集的出版做出了无私奉献，在这里，我要以大会主席的名义对他深表敬意。

2002 年 7 月 20 日

（《第十二届国际中国哲学大会论文集》，共四册，方克立主编，商务印书馆 2003 年 6 月出版）

《唯物辩证法论战研究》序

20世纪30年代的唯物辩证法论战是中国现代哲学史上的一个重大事件，也是马克思主义哲学在中国传播与发展历史进程中的一个重大事件。虽名曰“唯物辩证法”论战，其实它是围绕着唯物辩证法的实质和作用、哲学能否消灭、科学与哲学的关系、物质与精神的关系、辩证法与形式逻辑的关系，以及宇宙观、认识论、历史观、人生观等一系列问题而展开的一场关于“新哲学”（即马克思主义哲学）的真理性和有效性的大论战。与在此前后发生的多次哲学论战（如问题与主义论战、科学与玄学论战等等）相比，它持续的时间最长，涉及的问题最广泛，参与论战的人数最多，思想阵线也最为错综复杂。这次论战对于马克思主义哲学在中国现代哲学中的主潮地位之确立，并奠定中国革命走向胜利之途的世界观基础，可以说起到了关键的作用。

然而遗憾的是，在以往的中国马克思主义哲学史和中国现代哲学史研究中，关于唯物辩证法论战的研究恰恰是一个薄弱环节，至今没有出过一本这方面的研究专著，也无人对散见于30年代各报刊的有关这次论战的文献资料做系统的搜集整理工作。以至人们对“唯物辩证法论战”的认识，至今还是停留在一些教科书所定性的马克思主义与反马克思主义（张东荪等人）、马克思主义与假马克思主义（叶青）的斗争的意义和范围内，而不能展开其全部丰富内容，总结和汲取多方面的经验教训，为中国哲学的未来发展提供宝贵的思想资源。

之所以会出现这种情况，我认为主要有两个原因。一是时下的学术风气和取向：在中国现代哲学史、思想史研究领域，自由主义、实证哲学和现代新儒学研究都颇受青睐，而对马克思主义哲学在中国的传播与发展却缺少热情，选做这方面课题的学者非常少；与科玄论战、东西文化论战等等相比，有兴趣研究唯物辩证法论战的学者尤为寥寥。对这次论战的重要意义和深远影响认识不足恐怕还是根本原因。二是畏其艰难：首先是资料搜集之难；其次是问题梳理与弄清错综复杂的思想阵线及其背景之难；再次要克服先前过于简单化、政治化的研究结论之影响，对论战的性质、特点、规律、经验教训等做出准确的理论概括，对论战主要参与者的政治态度、理论观点分别给予实事求是的评价，也有一定的难度。因此在已经过去的 20 世纪，此一课题研究的整体状况尚不能令人满意，不论是在研究的广度还是深度上，都期待着在新世纪能够有新的突破。

耿彦君同志以《唯物辩证法论战研究》为博士论文选题，针对某些人质疑马克思主义哲学在中国的主导地位之确立，完全是依靠政权的力量进行强制推行的结果的看法，决心认真研究发生在建国前的这次重要哲学论战，以无可否认的历史事实说明：马克思主义在中国的胜利，并不仅仅是依靠"枪杆子里面出政权"的力量，而是同时也依靠这种理论自身的真理性，击败了它的敌人的一次又一次挑战和进攻、歪曲和诬蔑，并与中国革命实际、优秀民族文化传统相结合，才赢得了中国人民的信赖和广泛认同的。作者是非常自觉地在为马克思主义哲学在中国的显学地位之"合理性"而辩护，应该说在当今中国学术界，这种理论识见和勇气是难能可贵的。还有一点也是值得称道的，就是作者不畏艰难，扎扎实实地从搜集整理关于这次论战的原始资料入手，并参阅了先前的所有相关研究成果，为此而跑遍了北京的各大图书馆，社科院各有关研究所的资料室。在现行图书资料管理体制下，20 世纪 30 年代的书刊往往不得外借，不让复印，而只能坐在图书馆里一本本、一页页地翻阅和摘抄，作者不得不为此而付出了大量辛劳。然而，工夫不负有心人，经过三年孜孜不懈的努力，他终于写出了第一篇全面、系统地研究唯物辩证法论战的博士论文，今日得以出版，又成为海内外第一本这方面的研究专著，为推进中国马克思主义哲学史和中国现代哲学史研究与学科建设做出了重要贡献。

耿著《唯物辩证法论战研究》的学风和文风可以用“平实”二字来概括，并表现为求实与出新的统一。它没有多少惊人之论和隽永之语，只是以比较开阔的视野和求实的心态，力图客观地叙述清楚这次论战的背景和展开的全过程，梳理清楚讨论的问题和各方的主要观点，并做出适当的评价，总结对今日有启迪的经验教训。只要坚持这种实事求是的态度，就必然会得出一些不同于过去的研究结论，在学术上表现出一定的新意。也就是说，求实必然出新。它在学术上之“新”，突出地表现在以下几个方面：

一，过去对唯物辩证法论战的研究，人们往往只注意到邓云特(邓拓)、陈伯达等人对张东荪一派攻击唯物辩证法的批判，以及艾思奇、沈志远等人对叶青的“哲学消灭论”和“心物综合论”的批判，并从政治上将这次论战的性质判定为马克思主义与反马克思主义的斗争，以及真假马克思主义之间的斗争。这虽然抓住了论战的主要方面和基本内容，但却未能将论战各方互相交叉辩难、彼此错综纠结的复杂情况充分展现出来。耿著依据对大量论战资料的掌握和客观清理，将其大致地分为六条“战线”，其一，马克思主义派学者与张东荪一派的论战；其二，叶青对张东荪、傅统先等人攻击唯物辩证法的批判；其三，马克思主义派学者与叶青的论战；其四，社会各界学者与艾思奇围绕着《哲学讲话》所进行的讨论和对话；其五，叶青对张东荪《新哲学论丛》的批判及其与南庶熙的论战；其六，马克思主义派学者和进步知识分子内部就唯物辩证法与形式逻辑的关系等问题所进行的讨论。对横向展开的这六条“战线”分别进行深入细致的纵向考察，就大体呈现了这次论战的全幅规模和彼此交织的错综复杂情况。也就是说，除了马克思主义与非马克思主义的斗争以及真假马克思主义的斗争的政治意识形态意义之外，过去被看作是“狗咬狗”的假马克思主义与非马克思主义之间的论战，以及马克思主义学术阵营内部就“新哲学”一系列问题所展开的理论争鸣和讨论，也被纳入这场哲学大论战的范围来加以考察，因为它们辩论的问题都是以马克思主义的“新哲学”为核心的，都对马克思主义哲学理论水平的提高并取得中国现代哲学之主潮地位起了重要的推动作用。与此相联系，作者对论战之时间界限的看法也与许多论者不同。他认为 1931 年 4 月雷仲坚发表《辩证法与进化论在历史上及在理论上之比较的研究》一文批判胡适对唯物辩证法的曲解和指责，可谓这场论战之“揭幕战”；其结束时间则以 30 年代末、40 年代初艾思奇发表《怎样研究辩证唯物论》《论中国的特殊性》《抗战以来的几种重要哲学思想评述》等总结性文章为标志，前后约 10 年时间。这就不同于一些论者将论战限定于 1930—1937 年，以毛泽东发表的《矛盾论》《实践论》为论战之总结和结束标志的观点。它同时也指出唯物辩证法论战为毛泽东的“两论”即中国化马克思主义哲学的产生和发展起了扫清理论障碍的作用。应该说这种视野是比较开阔的，也是符合历史实际的。

二，作者指出唯物辩证法论战是一场“把学术与政治融为一体”的论战，这也是中国近代以来发生的多次思想文化论战的共同特征。那些以“纯哲学”“纯学术”或“非政治”“非意识形态”相标榜的论者，实际上无不有其明确的政治意图或意识形态动机，其学术完全是为其现实的政治需要服务的。因此在中国现代哲学史、思想史研究中，正确总结在学术与政治的关系问题上的经验教训就具有特别重要的意义，耿著正是在这一点上用力颇多，得出了一系列富有启发性的重要结论。20 世纪 30 年代初，以捍卫“纯粹哲学”自居的张东荪、傅统先、牟宗三等“职业哲学家”为什么要发起对唯物辩证法的猖狂进攻，乃是由于他们慑于唯物辩证法的“风靡”之势（或谓“满坑满谷”之势），出于一种“卫道式的激愤”，力图在“纯粹哲学”“专业哲学”与这种变革社会现实的“实践哲学”“革命哲学”之间挖一道鸿沟，为自己保留一块生存地盘。年轻的马克思主义者艾思奇、邓拓、张岱年等人在学习和运用“新哲学”的过程中奋起回击，他们在学理上并没有让那些资产阶级的“职业哲学家”们占到丝毫的上风。正如本书作者所指出的，这并不是由于张东荪们的哲学理论水平不高，也不是如他们所说的唯物辩证法的“欺骗性”有多大，应该说，马克思主义哲学本身的真理性才是在论战中起了决定胜负之关键作用的因素。这也说明在具体历史条件下，只有那些能够满足时代需要的哲学才能得到生存和发展，哲学的“时代性”优于哲学的“超越性”，而“超越性”不能取代“时代性”。作者还指出：“这场论战不仅是如何处理哲学的超越性和时代性之间关系的讨论，而且也是中国究竟需要一种什么样的哲学之争。理论上的胜利与否决定着何种世界观能在现代中国确立指导地位，从而发挥其哲学整合功能；而理论是否能转化为实践，则决定着中国的前途和命运。”这当然是再重要不过的结论了。正是从为现实服务和为今后哲学发展提供理论借鉴的目的出发，本书认真总结了这场论战在学术与政治、“纯粹哲学”与“实践哲学”、“超越性”与“时代性”、理论与实践、理性与信仰以及哲学的阶级性、批判性等问题上的历史经验教训，确能给人以理论、历史与现实有机地融合在一起的深切感受。

三，坚持以实事求是的态度研究唯物辩证法论战，就要充分考虑到论战的各种复杂情况，用发展变化的眼光去观察和评价各方面代表人物及其理论观点，动态地而不是静止地去研究这场不断向深广发展的哲学大论战。本书作者在这方面也表现出了可贵的求实精神。例如，关于唯物辩证法的科学性问题，马克思主义派学者与张东荪等人进行了多个回合的反复论辩。论战不断地向着纵深发展，这不仅是指马克思主义派学者批判的全面性和深刻性而言，事实上挑战者张东荪一派在受到马克思主义者的批驳后，也对马克思主义哲学著作做了更认真的研读，对辩证唯物论有了进一步的了解，因此在后期提出的问题越来越广泛和深入，越来越尖锐和复杂，也越来越难以应对。当然这也给年轻的马克思主义学者提出了新的考验，迫使他们必须提高自己的理论水平，才能解决和澄清那些更加深广、更具尖锐性和复杂性的理论问题。对叶青在论战中的作用的评价，也要有实事求是和具体问题具体分析的态度，而不宜以“假马列真反共”一语简单概括论定之。本书作者认为，论战前期叶青对张东荪一派挑战唯物辩证法的回应和批判，客观上是站在马克思主义理论阵线方面的，不能否定有一定的积极意义；到后期他以“新哲学”创造者的心态来阐释其“哲学消灭论”“心物综合论”和“思维科学建立论”时，才完全沦为一个假马克思主义的反共理论家。也就是说，对叶青的“批判哲学”（《张东荪哲学批判》《胡适批判》）和“体系哲学”还要作适当的区别。论战中马克思主义哲学阵营的情况同样是复杂多变的。总的说年轻的中国马克思主义者在论战中经受了锻炼，提高了理论水平，击退了各方论敌的一次又一次挑战和进攻、歪曲和诬蔑，捍卫了马克思主义的理论阵线，全面推进了马克思主义哲学中国化的历史进程。但是，在学习和运用马克思主义哲学的过程中，在仓促上阵的哲学论战中，他们也难免会有一些不成熟甚至理论失误之处，在认识上产生分歧互相辩难的情况也是常有的。在特定历史条件下走到同一战线的人员情况也十分复杂，有始终坚定地信仰和实践马克思主义的革命理论战士，有真诚地服膺马克思主义学说真理性的学院派哲学家，也有一些是马克思主义的“同路人”：当年论战的重要参与者中有的后来蜕变成了托派，也有的在建国前选择了去台湾或定居国外。力图对这些复杂多变的情况作具体的历史分析和评价，也是本书的一个特点，是它求实出新的又一个方面的重要表现。

作为全面系统地研究唯物辩证法论战的第一本学术专著，耿著自然不可能是完美无缺的。它还是一个初步的、综述和概论式的研究成果，一些专题研究和重要人物的个案研究还有待深入，有些认识和结论也是可以讨论的。特别是耿彦君在三年攻博期间，虽然研读了关于唯物辩证法论战的大量主要文献资料，但是并没有网罗无余地搜集到有关这次论战的全部原始资料，如有些论战文章从别人引证中知其作者、题目和出处，但经多方努力也找不到刊出该文的原报纸杂志，这些资料在研究中就只能暂付阙如。作者本来想为七八十位论战参与者每人编写一个生平和学术小传，供读者和研究者参考，结果有相当一部分人的资料难以查找，有的笔名与本人都对不上号，因而这项工作也只能俟诸来日。为了继续推进这一课题研究，我认为当务之急是要编辑出版一套《唯物辩证法论战资料大全》，尽可能完整地再现当年论战的历史面貌，为今后继续深入研究打下扎实的文献基础。这项工作要靠有组织的科研力量来做，在资料搜集整理和成果出版方面需要得到国家的支持，依靠个别人的力量是很难成其事、竟其功的。这项工作如果今天不做，时日越久有关文献资料散失的可能性就越大，历史原貌越难恢复。为马克思主义哲学中国化历史进程中的如此重大事件进行科研立项和花大气力是值得的，有重要意义的，希望社科院或重点高校能把这项工作承担起来。耿彦君同志以其现已掌握的资料基础可以在这项工作中发挥重要作用，当然我也期望他在唯物辩证法论战的历史和理论研究方面继续有新成果问世。

2005 年 7 月 10 日

（《唯物辩证法论战研究》，耿彦君著，社会科学文献出版社 2005 年 9 月出版）

《牟宗三哲学思想研究》序

王兴国同志在南开大学攻读博士学位期间，下四年苦功认真研读牟宗三先生的著作，写出了60余万字的博士论文《从逻辑思辨到哲学架构——牟宗三哲学思想研究》。因篇幅太长，论文答辩时只印出了其中的部分内容。现在全文作为两本书分别由光明日报出版社和人民出版社出版，前者书名为《契接中西哲学之主流——牟宗三哲学思想渊源探要》，后者即本书。二书实为姊妹篇，当合观之。在我看来，这是近年来现代新儒学研究特别是牟学研究的一项较厚实的研究成果，有明显的优长也有不足之处。

牟宗三先生不仅是现代新儒家第二代中最重要的代表人物，而且也是整个现代新儒家学派中最具关键性的代表人物，是20世纪中国少数几个具有世界性影响的唯心主义哲学大师之一。有数千年历史传承的中国哲学近百年来遭遇到了前所未有的“合法性”危机，牟先生给自己提出的任务就是要“哲学地重建中国哲学”。与冯友兰、贺麟等前辈新儒家学者一样，他重建中国哲学也是走的一条融通中西哲学即“以西洋的正宗哲学发挥中国的正宗哲学”的路子，力图在二者中找到“东圣西圣，心同理同”之处，来证明中国哲学具有普世价值。不过牟先生的思想进路有着更明晰的从逻辑思辨到哲学架构的特点，而这正是西方哲学的传统与理性精神之所在。之所以会呈现出这一特点，显然与他早年曾受到西方哲学、逻辑、数学的长期熏炙和严格训练是分不开的。同时牟先生也有着更强烈的“重建中国哲学”，即以儒家哲学为最高价值真理来融会中西哲学智慧的问题意识，这又是与他中年以后有着特殊的时代的感受，更加自觉坚定地以儒学为“生命的学问”分不开的。他以康德的“自由自律的道德意志”释儒家的“本心”概念，以此作为沟通中西哲学、重建儒家式人文精神的桥梁，并在思辨结构上借鉴了佛家“一心开二门”的方法论，独辟蹊径地构建了一个体大思精、自身圆融的现代唯心论哲学体系。就其自觉的历史意识来说，他的工作不仅是为了“儒家思想的新开展”，而且也是为了推动整个中国哲学的现代化和世界化，并试图在理论上为中国社会和中国文化的现代化探索一条可行之路。不管他的探索是否成功，对改变世界和中国现实有多大影响，我们都不能否认牟宗三哲学是20世纪中国哲人创造的最具有原创性、思想最有深度和影响最大的理论思维成果之一，因此，读懂、消化和超越牟宗三哲学就成为中国现代哲学史研究特别是现代新儒学研究不可回避和逾越的一个课题。

自20世纪80年代中期以来，大陆学界开展对现代新儒学的研究已经有20年了，牟宗三哲学始终是一个研究的重点、热点，也是一个难点。已有多位青年学者迎难而上，主动选择这个富有挑战性的课题作为研究对象，或作为博士论文选题，也在这方面推出了一些很有价值的研究成果。但从总体上来说，牟学研究的水平还有待提高。从已有的成果来看，既存在着研究立场即通常所说的哲学党性方面的问题，也存在着功夫下得不够、研究和批判都缺乏深度的问题；对于牟宗三这样一个大家来说，还难免有对其哲学的全幅规模和动态进程认识把握不足的问题。一个较普遍的问题是，多数研究者都是主要着眼于牟宗三晚期（50岁以后）的著作和思想，讲来讲去不外乎现象与物自身、智的直觉与自由无限心、两层存有论、良知自我坎陷等道德形上学的哲学架构，而很少有人认真地钻研过其《逻辑典范》《认识心之批判》等早中期著作，也很少有人下功夫研究过他的逻辑思想和知识论系统，因而难以把握牟宗三从逻辑思辨到哲学架构的整个思想进路，也不可能真正了解他最后完成的道德形上学的哲学体系，乃是一个融逻辑、知识论和形上学为一体的即真、即善、即美的圆融境界。可以说，王兴国的牟学研究，正是在这一点上有了新的进展和突破。他在研究中有两点重要体会：一，牟宗三哲学不仅是中国数千年哲学发展的产物，而且也是消融近现代西方哲学、逻辑与科学成就的结果。众多西方哲学家、逻辑学家、数学家和科学家都对牟宗三产生过重要影响，成为其不可或缺的思想来源，而不止于人们通常所了解的康德哲学。二，牟宗三哲学规模宏大，体系完备，脉络清晰，结构严密，是一个有机的整体。他晚期的思想是由其早中期思想逻辑地发展演变而来的，如果对其早中期著作没有系统深入的研究，甚至只要忽视了其中的一环，就很难透彻地理解他晚期的思想，更谈不上全面准确地认识和把握牟宗三哲学了。基于这样的认识，他的工作就从梳理牟宗三哲学的多重思想来源和背景入手，按照其学思历程的本来进路，首先研究他的逻辑思想，弄清其逻辑起点和前逻辑起点，然后揭示牟宗三是如何通过逻辑而进入康德哲学，以康德的理路来融摄各派西方哲学的。为此他不得不下大气力来研读颇为艰涩难懂的《逻辑典范》《理则学》和《认识心之批判》等牟宗三早中期著作，对他在逻辑哲学、数学哲学和知识论等方面所做的工作及其所取得的成就有一个基本的了解。在下过这番苦功之后，再来研究牟宗三晚期的著作和思想，就有一种豁然贯通的感觉：原来牟宗三是以他自己的“康德学”来打通中西哲学，建构起规模宏阔、自身圆融的道德的形上学哲学系统的。这个哲学架构的完成正是得益于他早年训练有素的逻辑思辨的功夫。

通过对牟宗三哲学的研究，作者得出一个结论：中国哲学在坚持实践的智慧学的精神方向之同时，还必须学习和消化西方哲学的思辨架构、逻辑分析与论证、概念清晰厘定以及严密完备的系统性的优长，中国哲学工作者必须加强这方面的哲学训练，而关键在于逻辑的训练。这与冯友兰先生把逻辑分析方法看作是“点石成金”的手指头，张岱年先生把“析其辞命意谓，察其条理系统”的逻辑解析法与辩证法共同看作是治哲学的基本方法，在认识上是完全一致的，自然应该引起我们的高度重视。逻辑思辨对于治哲学者的重要性，我们从牟宗三的哲学思想进路中应能得到一些有益的启示。

关于这篇论文的不足之处，我在最后审读时只说了一句话：“同情地理解有余而批判地超越不足。”这句话的分量是不轻的，其深意作者亦能理解。我对这篇论文所下的功夫深表赞赏，但是并不同意它的某些研究结论，在论文写作过程中已多有提示，作者充分注意到了这些提示而仍坚持自己的学术观点，作为独立完成的创造性的研究成果，应该也是可以允许的，导师当以宽容的态度对待之。这句批评的话就权当是对作者今后的希望吧！

牟宗三哲学无疑是20世纪中国哲学的一大硕果，从儒家心学的角度来说，它确实为中国哲学的现代转换并与西方主流哲学接轨作出了重要贡献，在思想史上有不容忽视的地位。但牟宗三哲学也有自己的问题，其建立在“心本论”基础上的道德的形上学的哲学架构并不能代表中国哲学现代化和世界化的正确方向，连其后学中都已有人指出它太向内心发展，脱离了现实生活世界和历史社会总体的根本缺陷，明确提出了“从牟宗三回到熊十力，再回到王船山”，建立“走向生活世界的儒学”的口号。认为牟宗三哲学不能超越，只能去诠释和落实的只是“护教的新儒学”一派的观点。大陆的牟学研究更加呈现出了多元化的特点。多数研究者都不赞成牟宗三的“彻底的唯心论”的哲学立场，从多个角度对其思想学说作了或深或浅但皆有理有据的分析和批判，其中也不乏对其哲学解悟力和思辨架构的能力十分欣赏和高度评价者，并不否认他作为贯通古今中西的哲学大师的地位。另外，大陆学者中既有从维护西方哲学本真面目的角度批评牟宗三“误读”康德者，也有从儒家原教旨主义立场批评牟宗三会通中西哲学是“以西释中”“以夷变夏”“文化歧出”者。同时不可否认的是，“护教的新儒学”在大陆学界也有一定的市场。牟学研究的这种多元化的形势从一个侧面反映了当今中国哲学界的复杂现状。恐怕在今后相当长一个时期内，马克思主义、自由主义和文化保守主义三大思潮对立互动的格局还不会有大的改变，每个研究者在这一格局中都有一客观的定位，不过有人自觉有人并不十分自觉罢了。王兴国同志在本书中也表示了对当代中国马克思主义的文化“综合创新”论的认同，并表示要继续深入研究牟宗三先生的哲学思想，我希望他在已有的牟学研究成果的基础上，以马克思主义批判继承、综合创新的观点进一步消化牟宗三，批判地超越牟宗三，在牟学研究中取得新的更高水平的学术成就。

2006 年 11 月 28 日

（《牟宗三哲学思想研究——从逻辑思辨到哲学架构》，王兴国著，人民出版社 2007 年 2 月出版）

《陈序经政治哲学研究》序

陈序经是20世纪中国思想史上的一个重要人物，众所周知他是主张“全盘西化”论最力的一个人。如果说“五四”以来的中国现代思想史是以马克思主义、自由主义西化派和文化保守主义“鼎足而三”为基本格局的话，那么陈序经在这一格局中应占有什么地位是显而易见的，其重要性也是不言而喻的。

张世保同志近年来一直致力于用马克思主义观点研究中国的西化思潮。其博士论文《从西化到全球化——20世纪前50年西化思潮研究》（东方出版社2004年3月版）以问题为中心，把20世纪前50年的西化思潮纳入“20世纪中国哲学史”的范畴中来考察，拓展了其研究领域，丰富了20世纪中国哲学史的内容。其稍后出版的专著《西化思潮的源流与评价》（华东师范大学出版社2005年2月版）则对从明清之际到20世纪末，近四百年来西化思潮在中国的兴起与流变作了系统的历史考察，指出了其追求现代性的合理性和缺乏“反思现代性”的局限性。可以说，张世保同志是近年来对西化思潮研究得最多、用力最勤、成果最丰硕的青年学者之一，经过他的工作，西化思潮的丰富内涵和哲学意蕴已经得到了初步的揭示。

2003年8月，张世保同志到中国社会科学院从事博士后研究工作，我是他的指导教师。在商量博士后工作计划和论文选题时，考虑到他此前对西化思潮的研究，基本上是从宏观着眼，而缺乏对西化派人物深入的个案研究，于是决定让他重点研究陈序经，力图更深层次地揭示其自由主义西化思潮的本质。在研究过程中，他注意到过去学界主要关注的是陈序经的文化学、教育学、社会学思想，而对其早年的主攻方向政治学重视不够，很少有人提及其博士论文《现代主权论》，而政治哲学恰恰是陈序经自认为“比较有点心得”并且长期兴致所在的一个研究方向，是他的整个学术思想包括“全盘西化”思想的基础和核心。有了这一认识，张世保的博士后研究工作的重点自然地就转到这个方面来。他用了很大功夫将陈序经早年用英文撰写的博士论文《现代主权论》翻译出来，并阅读了大量20世纪国内外政治学论著和有关研究资料，完成了博士后出站报告“陈序经政治哲学研究”。2006年2月，该出站报告通过了专家评审。本书就是在出站报告的基础上，吸纳了专家的宝贵意见后修改而成的。

通观全书内容，我认为在以下几个方面对推进陈序经思想研究是有实质意义的：

第一，开展对陈序经政治哲学的研究，可以说填补了陈序经思想研究的一个空白；而确立政治哲学在陈序经整个学术思想体系中的中心地位，则把对陈序经思想的研究推进到了一个新阶段。在中国现代思想史研究中，陈序经曾经是一个长期被忽视的人物，因为他主张“全盘西化”论，似乎就只具有“反面教员”的价值。20世纪90年代以来，情况已有所改观，人们开始注意比较客观、公正、全面地评价陈序经的学术思想，但主要还是把他当作一个教育家和文化学家，以文化学为中心来展开对其思想的研究，而对他在政治学、法学、经济学、社会学、历史学、民族学、人类学等多方面的学术贡献重视不够，也缺乏对其思想整体的动态的考察。本书以翔实的资料，说明陈序经解放前学术研究的重心一直是主权论和中国工业化道路问题，文化学论著不过是他的“副产品”，他对中国文化发展方向的关注是与其对中国政治、经济发展道路的研究紧密联系在一起的。这样就能更全面准确地把握陈序经的学术思想面貌。

第二，本书在文献资料的运用上也有新贡献。陈序经的一些著述如《中国文化的出路》《东西文化观》《文化学概观》《乡村建设运动》《疍民的研究》《大学教育论文集》等都较常见，常被研究者引用，而他在1928年完成的博士论文《现代主权论》，由于是用英文撰写的，虽然1929年已在中国广州出版，但现在很难找到，很少有人据以研究陈序经早年的政治思想。张世保同志首次将《现代主权论》翻译成中文，并在认真解读的基础上深入剖析他的政治哲学，为陈序经思想研究开一新生面，这可以说是在文献资料上的一个突破。另外，本书作者在陈序经未刊手稿的利用和散篇文章的搜求上，也下了很大的功夫，力求用可靠的第一手资料说话，论必有据。

第三，对陈序经的政治哲学进行了全方位的研究，并试图对其特点作出概括的说明。全书从陈序经的主权思想、对个人主义的提倡、对民主宪政的提倡等几个方面论析了他的政治哲学思想，同时对其在中国政治思想史研究中的偏颇观点也进行了评析，力图较全面地揭示陈序经政治哲学的基本内容。本书还将陈序经政治哲学的特征概括为三个方面：在自由与平等之间、主权与人权的双重诉求、一元与多元的辩证结合。指出陈序经把自由放在第一位，但是也不排斥结果的平等；他认为维护国家主权是理所当然的，但个体的主权（人权）更具有优先性，二者相辅而相成；陈序经政治哲学的基本特征是多元主义，但并没有陷入相对主义，而是奠定在一元主义基础之上的多元主义。这些看法对深入研究我国近现代的政治思想和政治哲学是有启发的。

第四，探讨了陈序经的政治哲学与其文化学、教育学、社会学、历史学的关系，说明他在这些领域的学术研究都曾受到其政治哲学思想的深刻影响，或者说在这些领域的论说中都包含着他的政治哲学思想，从而进一步证实了政治哲学是陈序经的整个学术思想体系的基础与核心这一论断。

第五，在全面论析了陈序经的政治哲学思想之后，作者试图解读出陈序经“全盘西化”论的确义即其基本精神，认为他所说的“全盘西化”并不是主张全盘资本主义化，而是要在中国确立现代性的精神。陈序经晚年对“全盘西化”论也有所反省，意识到它“很片面，不切实际”，但本书作者不赞成所谓“晚年变法”的说法，因为陈序经终生都没有放弃对现代性的追求，缺失在于采取了全盘反传统的方式，没有把现代性与民族性很好地结合起来。这当然是一个值得进一步讨论的问题，提出这个问题本身就促进了对陈序经和中国西化思潮研究的深化。

政治哲学是当今中国哲学界关注的一个热点，包括对马克思主义政治哲学、西方政治哲学、中国传统政治哲学和近现代政治哲学的研究，分别是中、西、马各界哲学学者研讨的重要课题，彼此间也有所交流、比较和互动。特别是在中国近现代政治哲学中，自由主义是一重要谱系，它本身就是中西融合的产物，我们也不可能从单一的视角去进行研究。《陈序经政治哲学研究》一书在此时出版，自有其特殊的理论价值和现实意义，它不仅给不断升温的政治哲学研究增添了一项新成果，为中国现代政治思想史填补了一个重要环节，而且也为建立综合创新的中国特色社会主义政治哲学体系提供了有借鉴意义的思想资源。

张世保同志的博士后研究工作用了两年半时间，在此期间他还承担着学校（中南民族大学）的教学任务，时间、精力毕竟有限。所以这项研究虽有视角转换的重要意义，但做得还不够深入和细致，无论是在资料运用还是哲理评析方面，都为在现有成果基础上的进一步开掘留下了可能的空间。比如在文献资料上，陈序经留德期间写的《新政治》和1945年在美国耶鲁大学主讲“主权论”时的讲稿如能找到，那么人们对其政治哲学的了解可能会更加全面和到位。另外，我国学术界对中国近现代政治思想史研究的总体水平也制约了对陈序经思想研究的深入，有些问题是需要具备一定条件才能作出恰当评价与合理解决的。张世保同志是一位从鄂西山区走出来的优秀土家族青年学者，我相信以其特殊的勤奋和执著，一定能克服各种主客观条件的困难，在陈序经和西化思潮研究以及中国哲学其他领域的研究中，不断推出更加成熟、更有深度的研究成果来。

2007 年 2 月 8 日

（《陈序经政治哲学研究》，张世保著，人民出版社 2007 年 8 月出版）

《老子道德经新编》序

几年前就知道董京泉同志正在做老子《道德经》新编的工作，最近才看到其结项研究成果。京泉同志要求我以“评审专家”的身份来审读这部书稿，我读后觉得收获很大，并且颇为作者对中华民族文化的挚爱、站在时代高度的学术创新精神和严谨求实的治学态度所打动，愿意在这里谈一点自己读后的感受，以求教于作者与学界同仁。

一，这项工作的意义首先是对《道德经》的章节次序进行了重新编排，或者说对其文本结构进行了一次“重构”，力图使新编本更全面准确地反映这一旷世经典的思想内涵和内在逻辑联系，为后人提供一种更容易理解老子哲学思想及其时代意义的新文本。

“重构”之所以必要和可能，首先在于通行本《老子》（王弼本）并非最早的古本，它是经后人加工整理甚至改造过的，分上、下两篇八十一章的篇章结构就是汉代人确定下来的。马王堆帛书本《老子》（甲、乙两种）是“德经”在前，“道经”在后，而且不分章节，其文本结构与通行本明显不同。马王堆帛书本是1973年出土的汉代文物，它还不一定是《老子》最早的古本。也就是说，通行本的篇章结构已经对古本作了变革和改造，它是否完全合理，是否能准确反映老子哲学的本来面目，已经是一个难以考证清楚的问题。通行本问世一千七百多年来，后人解老、注老的著作汗牛充栋，其中不乏见解深刻、考证精严之力作，对于正确解读老子哲学思想是有助益的；加之新出土的帛书本和竹简本等又提供了许多可资参证的材料，这就为综合前人的研究成果，在深刻理解老子思想体系和内在逻辑的基础上重构《老子》的文本结构，使其更加接近本真面貌，也使后人更容易理解提供了可能。本来一部中国古代思想史就是通过不断地注经解经、不断地诠释解读而向前发展的历史，文本结构是意义解读的前提，文本重构自然也是一种重要的重新解读的方法。但是，可能是由于受到旧的历史观和治学方法的限制，对于《老子》传世文本，过去似乎还没有人这样想过和做过。本书作者站在时代的高度，以中国历史文化和人类思想发展史的宏阔视野为背景，在反复研读、思考和扎实的文献考证的基础上，首次对《老子》通行本的篇章结构进行了大胆“重构”的尝试，经过多年努力，终于拿出了一个四篇八十八章的《道德经》新编文本（将通行本中内容不相属的七章“一分为二”，因此比通行本多了七章），这件事情的方法论意义不仅在中国老学史上，而且在整个中国古代哲学史、思想史、经典诠释史上都是不可忽视的。

董著《道德经》新编本共分四篇：一是“道论篇”，主要阐述道的实有性及其不可穷竭的作用，道的性状、基本特点和运行规律，道的本体义和宇宙生成义，如何认识和把握道等问题；二是“德论篇”，主要论述德的本质、特性及其与道的关系，修德的原则，修德有成者的标志和样态；三是“修身篇”，主要论述尊道贵德对于修身处世的意义，依道修身的基本守则和内容，依道修身有成者即“得道者”的样态；四是“治国篇”，主要论述尊道贵德对于治国用兵的意义，治国的基本原则，治国的策略，治国者应有的素质，治国的理想目标，战争观和军事思想等内容。这样的篇章结构，比通行本更清晰地呈现出了老子哲学作为“尊道贵德、内圣外王”之学的本来面貌，不仅突出了“道论”的形上哲学地位，而且将其落实到了指导“侯王”依道修身治国的人生哲学和政治哲学上，甚至“《老子》是一部兵书”“《老子》是一部养生宝典”之类的论断都能在其中找到适当的位置。从这个意义上说，新编本又是一部对于前人的老学研究成果的总结和集成性的著作。

二，董著认真比较研究了八十余种古今最有代表性的、影响较大的《老子》版本、注释本和研究性著作，在文字比勘、考释和意义解读方面下了很大的功夫，并且密切联系历史经验和社会现实问题，对老子哲学思想作了许多富有新意的创造性诠释，颇能自成一家之言，给人以厚重的历史感，也有现实的启迪意义。

“道”是老子哲学的最高范畴，也是老子整个思想体系的基础、核心和逻辑起点。如何准确地把握与界定“道”是历来老学研究者面临的首要课题，也是人们认识分歧较大的一个问题。董著在相关章节的辨析中，特别是在附录《老子“道”的定义及实质之我见》一文中集中讨论了这个问题。作者给出的定义是：“道”是既超越又内在于天地万物及社会人生的形而上的存在本体和价值本体，它的实质是矛盾法则或对立统一规律，对立面的协调和谐或转化是其落脚点，自然无为是道的根本特性，在价值观上道是超凡脱俗的精神境界。这个定义包含了三层意思：（1）它否定了“道”是物质性实体的观点，同时又肯定它作为形上实体，体现了形上性与实有性的统一，超越性与内在性的统一。（2）老子对天地万物形上本体的追溯与他对社会人生的价值思考是结合在一起的，所以这个“道”又是形上本体与价值本体的统一。（3）作为形上本体和价值本体的“道”，之所以能够成为天地万物及社会人生得以生成和发展变化的根据，起决定作用的是内在于其中的矛盾法则或对立统一规律。这就是说，道体及其内在本性矛盾法则也是统一的。这个定义虽然仍属一家之言，但它力图克服半个多世纪以来在老子研究中过于强调唯物唯心之争所带来的某些认识偏颇，更加客观、理性、全面地揭示老子“道”论的实质内容；它虽然是用现代哲学语言表述出来的，却能更真实地反映老子哲学所达到的理论思维水平及其不可避免的局限性。

董著新编本在原文、注释、译文、述评之外特设“辨析”一栏，对各章的思想主旨和各个难点，特别是古今注家认识分歧较大的一些文字校诂和意义解读问题，一一详加分析考辨，对前人的研究成果择善而从，不赞成的也讲出自己的道理来，这是作者用力最大也是全书中最精彩、最富有创造性价值的部分。作者对“道”“德”“自然”“无为”等概念、范畴思想内涵的分析，大到老子哲学主要是为理想的侯王即“得道明君”提供治国理政的政治智慧的论断，小到为什么将第八章（通行本第三十七章）“侯王若能守之，万物将自化”句中的“万物”理解为“万民”，为什么将第六十五章（通行本第五十九章）“治人、事天、莫若啬”句中的“啬”字解读为稼穑之“穑”，因而是重农而不是吝啬的意思，都在“辨析”中有详细的考释和论述。为了论证自己的观点，作者旁征博引，古今贯通，甚至引据今天现实生活中的实例来说明老子哲学命题所具有的普遍意义，比如第十四章（通行本第四十二章上段）就引证毛泽东的《论十大关系》和江泽民在《社会主义现代化建设中的若干重大关系问题》中讲的十二个关系，来说明“万物负阴而抱阳，冲气以为和”的辩证原理的普遍性。

为了全面准确地把握老子思想体系和章句文义，作者在反复研读和比较各种《老子》文本之同时，对同时期的先秦文献典籍和训诂校勘之学都下过很大的功夫，故能做到引申触类，六通四辟，把自己的观点建立在严格校诂的基础之上。但他认为首先应坚持“以老解老”的原则，相信从《老子》书中能找到解决主要难点的答案，对全书作出上下贯通、前后圆融的解释。我想这可能正是作者自信通过文本重构和章句、思想辨析能够再现一个更加接近真实的老子的理据之所在。

三，《老子》本来是一部哲理诗。“道之为物，惟恍惟惚。惚兮恍兮，其中有象；恍兮惚兮，其中有物；窈兮冥兮，其中有精；其精甚真，其中有信。”“五色令人目盲，五音令人耳聋，五味令人口爽。驰骋田猎，令人心发狂；难得之货，令人行妨。”这些文句读起来都琅琅上口，能给人以反复吟咏、深思和回味的无穷意境。为了便于今人特别是青少年学习和理解《老子》的思想内涵，近代以来开始出现各种各样的今译本。但是除了诗人公木（张松如）先生《老子校读》中的译文基本押韵之外，多数今译本都是将《老子》章句译成了散文，因而未能再现出其哲理诗的本来风貌。董著新编本注意到了这个问题，作者除了在文本重构和思想辨析方面下了大功夫之外，还在译文的准确、简练、精美和符合现代汉语韵律方面反复用心，推敲琢磨，力图尽可能地保持《老子》作为一部哲理诗的风格，使它在后世流传中不减其诱人的魅力。我们知道，用典雅、规范的现代语言译出准确、优美的哲理诗来是很不容易的，作者有这种自觉意识并且努力这样做了就很值得称道。

拜读董京泉同志的大作对我来说也是一个重新学习老子哲学思想的过程，实际上对我的帮助也很大。在 25 年前出版的《中国哲学史上的知行观》一书中，我是把老子“不行而知”的知行观当作在知识来源问题上排斥实践和感觉经验的唯心主义先验论来批评的。读了董京泉同志对《老子》第十九章（通行本第四十七章）的“辨析”后，我觉得他把“不出户，知天下”的认识主体限定在“圣人”即得道明君身上也是有一定道理的。他指出，既然是真正得道并能依道治国的最理想、最圣明的君王，“这样的君王当然有条件掌握全国最权威、最全面的信息资源，也最有能力提炼加工这些信息，从而把握它的本质，况且在他身边还有三公六卿等高级官员和专管出谋划策的‘谋主’可资利用，所以不一定非得以自己的耳目之知为知，以自己的区区之察为明不可”。这并不是一般地否定认识来源于实践，而是说要洞察“天下”事物的本质仅靠直接经验是不够的。《老子》书中的认识论思想，很重要一个方面的内容是讲如何得到对于作为形上本体和价值本体之“道”的认识，即如何“体”道、“悟”道，在它看来只能靠“玄览”即直觉、内省的认识方法。这并不是一般人所具有的认识能力，具有这种认识能力的认识主体也只能是理想的圣王。毋庸讳言，关于一般的人应通过什么途径来获得正确的认识，社会实践和感觉经验在认识过程中起什么作用，理性认识与感性认识是什么关系，得道明君的“玄览”即直觉方法需不需要有以往的知识经验作为基础，或者说对感性认识和理性认识有无依赖关系，这些问题在《老子》书中都找不到明确的答案，或许根本就不在作者考虑的范围之内。我认为如实地指出老子哲学思想的局限性也是很有必要的，京泉同志也提到他“对感觉经验重视不够，有唯理论的倾向”，但我的感觉是，作者总体上还是同情地理解多而对老子思想中所包含的内在矛盾揭示不够，或者说批判地超越的眼光还有些不足。

以上是我初读董著《老子道德经新编》后的几点直接感受，还来不及细读，思考也不深入，写出来仅供作者和读者参考。我认为这部著作在中国老学史上有重要的解释学意义和方法论创新意义。一千年后人们还要重读《老子》，后人将不会忽略21世纪初年有这么一个新编本对于他们进入老子的思想世界曾经起过引路的作用；也许以后有人受其启发还会按照不同的思路来重编《老子》章句，那么它就是通行本问世一千七百多年以来的第一个重编本了，其文献价值同样不可忽视。重构《老子》文本是一件十分严肃也十分艰难的工作，做这件事情的目的是要使中华民族的这一哲学瑰宝放射出更加耀眼的光芒，烛照和开启人们智慧的心灵。董著新编本在多大程度上实现了这一目标，那就只有经过历史的检验后由后人去评说了。

2007年6月10日

（《老子道德经新编》，董京泉著，中国社会科学出版社2008年10月出版。序文曾以《老子研究的一部创新之作》为题发表于《文史哲》2008年第5期）

《中医哲学史》序

中国哲学史学会中医哲学专业委员会自2007年1月正式成立，至今已近两年。一方面，它在新一轮中医存废之争中，为保卫中医、从学理上论证中医存在的“合法性”与合理性举起了一面鲜明的旗帜，有力地推动了中医哲学和中医文化的研究，推动了中医产业的国情调研和振兴中医的对策研究，引起国家决策层的重视，在学术界和社会上产生了广泛的影响；另一方面，积极推动这项工作的同志在大好形势下又深感力不从心，需要做的事情太多而骨干力量太少，主要是缺少一支既懂中医又懂中国哲学的专业队伍，中医哲学学科建设落后的情况影响了人们对中华医道的内容、特色、优势和发展方向的认识，因而也影响了振兴中医药事业的积极开展和全面推进。

中医哲学专业人员的奇缺，在很大程度上是由于我们的学科体制没有一条培养这方面人才的顺畅渠道造成的，当然，最根本的原因还在于近现代中医被边缘化，有关方面对开展中医哲学研究和培养这方面人才的意义认识不足，因而也没有采取积极有力的措施。中医哲学是中国哲学的一个分支学科，但在过去是一个非常薄弱的学科，研究对象、范围、方法等都不甚明确，从事相关研究的专家学者屈指可数。中国哲学研究者需要有哲学、宗教、历史和中国文化方面的知识背景，但如果对中医没有由“术”到“道”的了解乃至“道”进于“技”的体验，他就很难成为一个中医哲学研究的专家。另一方面，学中医出身的人，即使对中医古籍和中医学史亦有相当根柢，但如果对儒、道、释哲学（中）、西方科学哲学（西）和马克思主义哲学（马）没有深入研究和相契的理解，也很难把握中华医道之根本精神和未来发展方向。

正在大家感慨这方面人才难得之时，一位青年学者不期然地来到了我们中间，他就是去年到中国社会科学院哲学所做二期博士后研究的程雅君同志。他的两位合作导师分别是中医哲学专业委员会会长罗希文研究员和中国老子道学文化研究会会长胡孚琛研究员。

有段时间雅君住在研究生院，经常到我的办公室来谈谈，谈他的求学经历，谈对中医哲学的理解，特别是谈写作四卷本《中医哲学史》的计划和基本思路。他认为奠基于先秦两汉时期而成熟于金元时期的传统中医哲学是以儒为魂，以道为体，以释为用，从而形成了“三教合一”的中医哲学理论体系；未来中医哲学的发展方向应该是以马克思主义哲学为魂，以传统中医哲学为体，而以西方近现代医学与科学哲学的方法为用，走中、西、马“三流合一”、综合创新的道路。他说这个思路受到了我提出的“魂”“体”“用”三元模式的启发，从“三教合一”到“三流合一”就是综合创新的文化发展规律在中医哲学史上的具体体现。这是我没有想到的，也促使我更加关注传统中医哲学中的儒、释、道三教关系问题，并进一步思考如何以唯物辩证法为指导，更好地贯彻落实“中西医结合”的基本国策，使中医走上综合创新的康庄大道。雅君过人的聪慧在于一下子就能把握住中医哲学的要领和主要脉络，当然这种领悟也是建立在他长期的资料积累和学术探索工作基础上的。

他后来回到四川，住进一所佛教寺庙，决心以“三年不窥园”的精神专心致志地写《中医哲学史》。他计划写四卷：第一卷先秦两汉时期，是中医和中医哲学的奠基时期，除了《黄帝内经》这部重要的奠基之作外，中药学经典《神农本草经》和开创中医辨证论治之先河的《伤寒杂病论》也成书于两汉时期；第二卷魏晋至金元时期，是中医和中医哲学进入多元互动、“百家争鸣”的时期，金元四大医家的思想已经明显地表现出了“三教合一”的趋向；第三卷明清时期，是中医和传统中医哲学“定型”的时期，如清朝政府组织编写的《医宗金鉴》，就已具有统一的中医学教科书的性质；第四卷近现代时期，西医、西方哲学和西方文化的传入对中医形成强烈的冲击，中医不仅有从“道医”畸化为“术医”之虞，而且多次出现“存废之争”，中医和中医哲学要摆脱这种尴尬处境，就必须挺立民族文化的主体性，走综合创新的道路。作者的雄心是要写出中国（也是世界上的）第一部原创性的中医哲学史，力图为该学科的建设发展奠定较为坚实的学理和史料基础。全书计划写 200 万字，从已完成的第一卷已逾 60 万字来看，其整体规模大概不会少于这个字数。

人们可能会问：一个初出茅庐的青年学者，动辄要写 200 万字的巨著，他是何方神仙？我是从两个方面来看这个问题的：一是时代呼唤中医哲学的重建，加速该学科建设（包括中医哲学史）的工作总要有人来做；二是要看作者有没有足够的学术准备和研究基础。

中医本来是民族文化的瑰宝，国学的重要组成部分，然而它在近现代却遭到了如此不堪的命运，以至到今天，中医一方面为解除人民群众的病痛作出了巨大贡献，一方面还要受到“中医不科学”“取消中医”之类噪音的干扰和羞辱。这种极不正常的状况，必然会“激”起有识之士的不平之鸣，“逼”出反映历史本来面目的求真之作来。我以为这就是《中医哲学史》产生的社会历史背景。再从作者本人来看，雅君出身于有中医背景的家庭，从小耳濡目染，对中医药及其疗效已有所粗知；以后又接受了十一年中医科班教育，在成都中医药大学先后获得医学硕士、博士学位；他在来中国社会科学院哲学所做二站博士后之前，已在四川大学道教与宗教文化研究所做过一站博士后研究，师从该所所长李刚教授研究道家医学和哲学。医学与哲学两个方面的专业基础和研究视野结合在一起，使他确定了中医哲学这个研究方向。今年 36 岁的程雅君已出版《金元四大医家与道家道教》（巴蜀书社 2006 年 12 月出版）和《医道还元注疏》（与程雅群合著，巴蜀书社2008年4月出版）两部专著，在《哲学研究》《世界宗教研究》等学术刊物发表论文四十余篇，从内容看，多数都在中医哲学和中医哲学史的范围内。雅君对中医的近现代境遇有着深沉的忧患意识，有振兴中医的强烈事业心和责任感，他是把中医哲学当作自己的“生命的学问”、付出全部心血来进行研究的，所以我相信有志者事竟成并且乐观其成。

我大略地翻阅过他的第一卷书稿，联系平日交谈和在电子邮件中讨论的一些问题，觉得以下几点对中医哲学学科发展是具有建设性意义的，至少作为一家之言亦应引起重视。

一　关于中医和中医哲学概念

作者认为作为一种学问的中医就是“中华医道”。《黄帝内经素问》记载了一段黄帝与雷公关于“医道”的对话：“黄帝坐明堂，召雷公而问之曰：‘子知医之道乎？’雷公对曰：‘诵而颇能解，解而未能别，别而未能明，明而未能彰，足以治群僚，不足至侯王。愿得受树天之度，四时阴阳合之，别星辰与日月光，以彰经术，后世益明。上通神农，著至教疑于二皇。’帝曰：‘善。无失之。此皆阴阳、表里、上下、雌雄相输应也。而道，上知天文，下知地理，中知人事，可以长久以教众庶，亦不疑殆。医道论篇，可传后世，可以为宝。’”（《黄帝内经素问》卷二十三“著至教论篇第七十五”）这段问答至少说明了两个问题：其一，“医之道”需“上知天文，下知地理，中知人事”，也就是说，中医之道必须结合天文、地理、人事等诸方面因素，对人的生理、病理现象作整体系统分析。其二，掌握医道必须经过“诵”“解”“别”“明”“彰”五个循序渐进的认识步骤，才有可能学到神农之教。这种“可传后世，可以为宝”的医道，就是现代所谓的中医学。

怎样认识中医这门学问之博大精深，做一个精通医道的“大医”需要有怎样的“习业”即学术素养呢？唐代著名医药学家孙思邈有一段名言：“凡欲为大医，必须谙《素问》、《甲乙》、《黄帝针经》、《明堂流注》、十二经脉、三部九候、五脏六腑、表里孔穴、本草药对，张仲景、王叔和、阮河南、范东阳、张苗、靳邵等诸部经方。又须妙解阴阳禄命、诸家相法，及灼龟五兆、《周易》六壬，并须精熟，如此乃得为大医。若不尔者，如无目夜游，动致颠殒。次须熟读此方，寻思妙理，留意钻研，始可与言医道者矣。又须涉猎群书，何者？若不读五经，不知有仁义之道；不读三史，不知有古今之事；不读诸子，睹事则不能默而识之；不读内经，则不知有慈悲喜舍之德；不读《庄》、《老》，不能任真体运，则吉凶拘忌，触涂而生。至于五行休王，七耀天文，并须探赜。若能具而学之，则于医道无所滞碍，尽善尽美矣。”（《备急千金要方》卷一“论大医习业第一”）这里谈到了“大医”即医道之大成者必须具备的五个方面的学识素养：一是要熟悉《素问》《甲乙》《黄帝针经》《神农本草》等中医药经典，以及张仲景、王叔和等历代名医的诸部经方；二是要熟读“此方”即孙思邈著的《备急千金要方》；三是要灵活理解和运用阴阳家、易家的诸家相法和筮法；四是要广泛涉猎五经、三史、诸子、老庄、佛经等各种传世文化典籍；五是要具有天文、地理、历算等方面的基本知识。由此可见，中医不仅是中国传统文化的重要组成部分，而且是以国学的多学科知识为其产生和发展背景的，体现了科学性与人文性的结合。当然，在古代科学尚不发达的情况下，它也难免掺杂某些用想象的联系代替真实的联系，乃至虚妄、迷信的成分。

内容如此丰富复杂的中医学，大体上可以分为形而上之“道”和形而下之“术”两个层面。中华医道的特点是以道御术，以术载道，道术并重，这就是传统所谓的“道医”或“哲医”，而不同于近现代失落了传统中医精神、重术轻道的“术医”。传统中医学是包含着深刻的哲学内容的，“哲理”和“医理”互相贯通，互相发明，彼此形成良性互动。二者均属于形而上之“道”的范畴，不过前者的抽象层次更高，后者与医疗实践活动有着较为直接的联系。如何从“医理”

以究“哲理”，又从“哲理”以竟“医理”，是中医哲学研究的核心内容。概言之，中医哲学就是研究中医学中的形而上之“道”的一门学问。我认为作者对中医哲学的研究对象和学科性质的这一定位是确当的，研究者也可得门径而入。

二 中医哲学的研究内容

根据对中医哲学研究对象的把握，作者认为这门学科的研究内容主要包括以下四个方面：（一）中华医道中的生命观、本体观、认识论、方法论、医学伦理思想等哲学性内容。中国哲学对“人”的认识，除了人群（社会）、人生（性情、人生理想、道德修养、成人之道）、人心（精神、思维、认识、心理）之外，还十分注重研究人体（人的生理和生命现象）。从整体看，中国哲学可以说是一种“生命哲学”，这是与人们在医疗养生实践中对生命现象的长期观察、体认分不开的，是中国古代“究天人之际”“探阴阳之赜”的自然哲学的一个重要组成部分。（二）中华医道与儒、道、释等各派中国哲学的关系。在中国传统学术中，“哲理”和“医理”的互动突出表现在儒、道、释三教哲学都对中医学的发展产生了重要影响，中医在不同时期融摄不同的哲理入医，从而具备了不同的哲学特征，形成为不同的医学流派。因此，作者把清理儒、道、释哲学对各派中医学说的影响看作是中医哲学研究的一项基础性工作，同时也在一些章节里论述了中医理论和实践对哲学转型的推动作用。（三）中医哲学与西医哲学之比较。人们一般都注意到了中医注重整体的思维方式与西医还元分析方法的不同，但若把中医整体观仅仅理解为空间整体，那么还是难免落入西学之窠臼。作者指出，中医整体观应包括“时间整体”“空间整体”和“时空整体”三个维度，我们的先哲十分重视“天时”，并形成了以时间统摄空间的“动静合一”的时空整体观，只有这种整体观才能充分体现中医的特色和优势。（四）中医哲学对未来科学技术发展的影响。钱学森先生曾经指出：“中医这个东西不是现代科学意义上的所谓科学，它是一个哲学，或者说是在早年现代科学还没有形成的时候，所谓的自然哲学。”他断言：“中医的理论和实践，我们真正理解了、总结了以后，要改造现在的科学技术，要引起科学革命。”[①] 关注现代科技的这一发展趋势自然也是中医哲学研究的题中应有之义。

三　中医哲学的研究方法

中医哲学是一门交叉科学，从业人员既要懂中医，又要懂哲学，需要有自然科学和人文社会科学两个方面的基本功。作者认为，近现代中医危机的一个突出表现就是“重其术而略其道”，把中医看作是一种纯粹的实用科学技术，而忽视其哲理基础和人文精神，不了解其孕育、成长和发展的中国文化背景。针对这种情况，作者强调在今天，应更加注重用人文社会科学的方法来研究中医和中医哲学。在他看来，文史哲的研究取向皆不可少：文献是基础，史学是宽度，哲学是深度。比如，中医典籍在中国古代文献中占有很大比例，但一直缺少系统规范的整理，在我国有“佛藏”（《中华大藏经》）、“道藏”（《中华道藏》），近年来又在编“儒藏”，然而编纂《中华医藏》的工作却迟迟没有提上日程。显然，整理编纂“医藏”的工作需要中医学专家与古典文献专业人士的通力合作。中医哲学是中国哲学的一个分支学科，中医哲学史更需要有中国社会史、文化史、思想史、哲学史、科学技术史的宽阔背景，所以我认为作者突出强调该学科研究方法的人文取向是很有现实意义的。其次，作者还将逻辑与历史统一的方法运用到《中医哲学史》的写作中去。该书原计划写三卷：（1）“道医卷”（相当于先秦两汉时期）；（2）“儒医卷”（相当于魏晋至金元和明清时期）；（3）“术医卷”（相当于近现代时期）。他在形成了从

① 钱学森：《用马列主义哲学阐述中医理论》，《论人体科学与现代科技》，上海交通大学出版社 1998 年版，第 165 页。

“三教合一”到“三流合一”的思路后，改为现在的四卷，将“分类治史”与“分期治史”较好地结合起来。此外，中医哲学研究还要运用中西哲学比较的方法、科技哲学的方法和其他交叉科学的方法，比如要扩大其国际影响就要借鉴文化传播学的方法等。研究对象的历史含量、哲理深度和交叉科学的特点决定了研究方法的多样性。

四 中医哲学的“返本”与“开新”

从“三教合一”到“三流合一”是本书最重要的结论，是作者考察了全部中医哲学史后得出的规律性认识，为中医哲学学科今后的发展指出了方向。在西学和西医传入前，传统中医学虽然也有自己的发展轨迹，其哲理基础有从以道家、道教、道学为主到以儒为魂、以道为体、以释为用的“三教合一”的演变，但始终没有丢掉以道御术、以术载道的“道医”或“哲医”精神。这种精神就是中华医道之“本”。在西学和西医的冲击下，近现代陷入“西体中用”困境的中医一方面丢掉了传统的哲理基础，另一方面又难以与西医之“道”接轨，因而在“术”的层面也日渐萎缩，并一再受到“废除”之声的威吓和打压。中医要摆脱这种困境，就不但要有民族文化的自觉，而且还需找到一条“返本开新”的现实道路。在本书作者看来，这条道路就是从“三教合一”到“三流合一”。“返本”并不是要回到历史上的某一家或某一派中医学说，而是要回归以道御术、以术载道、道术并重的中华医道精神，是从“术医”向“道医”的回归，是中医哲学的重建。“开新”则更需具有中华民族伟大复兴时代的时代精神和世界眼光，开拓中医哲学面向现代化、面向世界、面向未来的新境界。

关于当代中国文化发展道路问题，我曾经讲过“马学为魂，中学为体，西学为用，三流合一，综合创新”[①] 几句话，很高兴能得到雅君的认同，并把它运用到中医哲学史的研究中去。就中医哲学学科的

---

① 方克立：《关于文化的体用问题》，《社会科学战线》2006 年第 4 期。

建设和发展来说，“马学为魂”就是以马克思主义哲学的科学世界观和方法论为指导，特别是要把握唯物辩证法的精髓，坚持当代先进文化的前进方向；“中学为体”是以传统中医哲学为根基，以有着数千年历史积淀的中华医道为中华民族医药卫生事业传承、创新、接受外来文化滋养因而得以生生不息、日新发展的主体，坚持民族文化主体性的原则；“西学为用”是以西方以及世界各民族生命科学和医疗实践的丰富资源为“他山之石”，为有选择地学习借鉴的对象，不但不排斥而且积极吸收人类文明一切合理成果为我所用。马魂、中体、西用“三流合一”是比儒、道、释“三教合一”层次更高、范围更广、意义更为深远的一次综合创新，是中医哲学发展的一个新阶段，当然也是需要付出巨大努力才能达到的目标。

雅君的大著即将出版，我所看重的是它对中医哲学学科建设的推动意义。新一轮中医存废之争后，近两年的舆论环境总的来说是有利于中医复兴和中医药事业新发展的，包括前国务院副总理吴仪和现任卫生部长陈竺在内的许多有识之士都明确表态支持“中西医并重、结合”的基本国策，主张突破中西医学之间的壁垒，在唯物辩证法的指导下，建立融中西医学思想于一体的21世纪新医学。学术界也多次召开关于中医哲学和中医文化的研讨会，一些重大科研课题和国情调研项目正在规划和实施过程中，要出成果显然尚需时日。在人们期待的目光中，《中医哲学史》的出版可谓正当其时，它提供的大量资料和关于中医哲学的研究思路，将对中医哲学的重建和这个学科今后的发展产生重要影响，为后来者提供一个可资比较、借鉴的参照物亦功莫大焉。

本书中的一些具体学术问题，作者也多有独到见解。比如，关于《黄帝内经》的成书年代，作者既不同意“远古说”和“战国说”，也不同意“西汉说”，因为我们现在看到的《黄帝内经》主要是经过齐梁间医家全元起注、唐王冰次注、宋林亿、高保衡等校正的本子，王冰补入七篇大论对中医学的贡献很大，林亿等校正本“正谬误者六千余字，增注义者二千余条”亦功不可没，所以作者认为《黄帝内经》是“成篇于先秦，成编于两汉，大成于唐宋”的中医学奠基之作。当然，此类学术问题还可以进一步研究和讨论，但我们相信，符合历史实际的认识总会逐渐成为共识。本书中的一些观点和材料，后人如果提出这样或那样的不同看法，那也是很正常的，并能体现出本书推动学术进步的作用与价值。

在今天，中医哲学已经意识到了自己的历史使命，正处于“返本开新”的关键时期，我相信学术界会非常欢迎这部《中医哲学史》的出版，也希望作者再接再厉，按计划把后面几卷及时地顺利地推出来。

2008 年 12 月 24 日

（《中医哲学史》第一卷，程雅君著，四川出版集团、巴蜀书社 2009 年 3 月出版。该书第二卷已于 2010 年 12 月出版，第三卷已于 2015 年 9 月出版，每一卷前面都刊有这篇序文）

《河汾道统》序

亡友刘文英教授临走前交给我一个任务，让我把他指导的最后一个博士生带完。这个博士生就是常裕同志。

为了全力照顾病中的刘老师，常裕在一年多时间里放下自己的学业，为挽救老师的生命做了最大的努力。这种师生情谊十分难得，其行为令人感动。我满口答应了文英的嘱托，让他放心而去。

在最后一年完成博士论文的过程中，常裕也表现出良好的学术素养和强烈的事业心，愿意为传承和弘扬民族文化做一些基础性的工作，也有不为前人的先见所囿、敢于实事求是的学术创新精神。他做的题目是《河汾道统——河东学派考论》，重点研究在儒学重心南移后人们关注较少的北方理学的发展，以明初河东学派为中心，并追溯“河汾道统”之传承及其在中国学术史上应有的地位。这个课题不仅对地域文化研究有重要意义，而且关系到对中国思想史、哲学史和儒学史中若干关键环节的认识和评价，我认为是很值得做的。

众所周知，黄河流域是华夏民族的发祥地，也是中华文明的摇篮。在历史上，黄河以东山西境内（特别是晋南）又是人口相对集中的地区，先民们在这里生长繁衍，创造了辉煌的华夏民族文化。考古学家苏秉琦先生说：“晋南地方是当时的帝王都所。帝王都所曰‘中’，故曰‘中国’，而‘中国’一词的出现正在此时。帝王都所意味着古河东地区曾经是华夏民族的先祖创建和发展华夏文明的活动中心。”考古发现古代的“夏墟”就在山西的夏县和平陆，传说禹都于夏县西北。此后，历代多把这里当作地方治所，是地区经济、政治、文化发展的中心。历史上这个地区也鸿儒辈出，学术传统深厚，并有多种宗教和学术文化交流融会、兼容并包的优良传统。儒、释、道三家的互融互通不仅表现在有关文献记载中，而且在山西的历史遗迹中也被完整地保存下来。比如在悬空寺中就有“三神殿”，里面同时供奉着孔子、老子和释迦牟尼三位圣祖，表现出了中国传统文化的博大情怀和开放性品格。

河东之学在中国哲学史、儒学史上的重要地位，主要体现在河东学派哲学思想的形成和传承发展上。从历史渊源来说，提出“三教可一”的隋朝大儒王通和主张“统合儒释”的唐代哲学家、文学家柳宗元都对其产生过重要影响。明代河东学派是理学发展的必然产物，其中心人物是学宗朱子而又促成了明初理学转向的薛瑄。河东后学即薛氏之再传和三传弟子在思想上分化之轨迹，也顺应了明代理学发展的必然趋势。

常裕将河东学派研究的主题确定为薛瑄哲学思想评价和明初理学的转向，并附论“河汾道统”问题，应该说是抓住了关节点的。这两个问题在学术史上都有争议，作者通过翔实的资料考释和深入的思想分析，力图对其作出符合历史实际的回答，若能达此目的，此项研究的意义也就充分显示出来了。

薛瑄是明代北方理学最重要的代表人物之一。《四库全书总目》说：“大抵朱、陆分门以后，至明而朱之传流为河东，陆之传流为姚江，其余或出或入，总往来于二派之间。”明代著名学者高攀龙在比较（河东）薛瑄之学与（姚江）阳明之学的不同时指出，他们“俱是大儒，薛瑄之学严密而无流弊，阳明之学未免稍有放松处。究其原因，薛瑄之学病于实，阳明之学病于虚。只是实病易消，虚病难补”。因此，朱熹之后，高攀龙只佩服薛瑄之学。

然而薛瑄及河东学派在后世却未能受到应有的重视，究其原因，与黄宗羲在《明儒学案》中对薛瑄的评价关系甚大。黄宗羲认为：

“河东之学，悃愊无华，恪守宋人矩矱。故数传之后，其议论设施，不问而可知其出于河东也。”（《明儒学案 · 河东学案》）这一评价是有偏失的，未能摆脱王学的门户之见。《四库全书总目》指出：“宗羲生于姚江，欲抑王尊薛则不甘，抑薛尊王则不敢，故于薛之徒阳为引重而阴致微词，于王之徒外示排击而中从调护。”黄宗羲师事明末王学大师刘宗周，其说多本于“师说”。刘宗周就曾批评薛瑄“多困于流俗”，“先生于道，于古人全体大用，尽多缺陷”（《明儒学案 · 师说》）。黄宗羲受其影响较深，故在学术上表现出尊王抑薛的倾向是不足为奇的。《明儒学案》从篇卷编排到文字内容都是以王学为中心，诚如梁启超所言：“《明儒学案》，实不啻王氏学案也。前夫子王子者，皆王学之先河；后夫子王子者，皆王学之与裔；其并时者，或相发明（如甘泉之类），或相非难（如整庵之类），而其中心点则王学也。”①

本书作者指出，站在王学门户之见的立场上，对薛瑄的河东之学作出“多困于流俗”“悃愊无华，恪守宋人矩矱”的评价，显然是不公正的。在他看来，薛瑄恰恰是一位富有独创精神的哲学家，不是“恪守宋人矩矱”，而是对程朱理学特别是朱子学进行了颇有特色的批判和改造，为中国哲学的发展作出了巨大贡献，实开明初理学转向之端绪。薛瑄学宗朱子，但并不盲从朱子。在理气关系问题上，他批评了朱子“理在气先”和“理气决是二物”的理气观，得出了“理气无先后”“理气不相离”的结论，揭露了朱子哲学的内在矛盾，促进了朱子哲学的分化。他在朱子理气二元论的基础上更多地吸取了其“以气为本”的思想，继承和发扬了张载“太虚即气”的理论，得出了“统天地万物，一气之变化”的结论，直接影响和促进了罗钦顺、王廷相等人气本论哲学思想的形成和发展。

作为明代初期的理学大师，在阐发和实践“性理”方面，薛瑄自

① 梁启超：《节本明儒学案 · 例言》，上海：商务印书馆1925年版，第2页。

称“七十六年无一事，此心惟觉性天通”，认为千古圣贤修己教人之根本就是“复性”二字。薛氏“复性”论的特点是夹“理气”以论“心性”，有将“心性”实体化的倾向，从而否定了其超越的形上存在意义，而赋予它更多的作为“识心”的认识论意义。如果说理学中有理性主义思想，应该说它是经过薛瑄等人而得到发展的，这也是薛瑄对理学的一个重要修正和发展，对后来罗钦顺、王夫之等人的思想产生了重大影响。关于“心”的操守和“敬”的功夫，薛瑄主张维护朱子的“心学”，但他所说的“心学”是“虚其心”“存其心”“专一意志以穷理”的意思，而不同于“心即理”“心体即性”的心本论。这样，薛瑄就明确地强调了认识的主体性，把朱子哲学向“心学”方向实即将其向客观化的方向推进了。

薛瑄在明初首先倡导“务实理”“求实用”的实学思想和学风，以“学贵践履”的“实践之儒”著称于世，被时人誉为“笃实践履之学”。如果说薛瑄的“复性”说是寻求理之“所当然”，是侧重于“求善”，那么他的实学理论则是寻求理之“所以然”，是侧重于“求真”。薛瑄强调外在的认识，而不是自我直觉、自我体验和自我超越，表现出对现实问题的关注，同时也有一定的理性批判精神。可以说，薛瑄的实学理论和实践，促进了明清经世实学思潮的兴起和形成。

正是由于薛瑄有上述思想转向，才使得北方“关学”得以中兴。明代冯从吾编撰的《关学编》，把薛敬之、吕柟等人看作是张载关学的承继者，实际上，薛敬之、吕柟等人皆出于河东学派，而与张载并无师承关系。之所以被称为“关学”，除了由于薛敬之等人多为关中人氏外，主要是因为河东学派在思想上着力融合张载与朱熹，修正了程朱的“理本论”，在本体论上更接近于张载的“气本论”；在心性论上又特别强调躬行践履和人伦日用功夫，注重上学下达，提倡笃实践履的朴实学风，这些思想特点与张载所开创的关学学风比较接近，故为关中学者所认同和提倡。其实，冯从吾《关学编》所列明代 15 人，其中有 9 人为河东学派，5 人为三原学派。按照“关学大概宗薛氏，三原又其别派也，其门下多以气节著”的说法，三原学派也是河东学派的支派。《四库全书总目提要》也说：“关中之学，大抵源出河东三原，无矜奇吊诡之习。”由此可见，明代关中之学，包括三原学派“皆自河东来”，其学风也与河东学派一样“崇尚气节，不为空谈”。明代关学的中兴正是河东学派的思想在当时有较大影响的真实写照。

薛瑄及其河东学派不仅在北方地区有较大影响，而且其弟子遍布秦、楚、吴、越大地，仅《河津县志》开列的河东弟子及从游者就有七十多人。由薛瑄开启的明初理学的转向，至其后学的思想分化和多元化发展就看得更清楚了。除了一部分与关学合流并向实学化方向发展之外，也有一些人受时代思潮的影响，在传承薛瑄的心性修养学说时，由躬行践履之“下学”而转向静坐涵养的“上达”，表现出调和朱陆、折衷儒佛的特点，用吕柟弟子杨天游的话来说就是：“静坐者，或流于禅定；操存者，或误于调息；主敬者，或妄以为惺惺；格物穷理者，或自溺于圆觉；存心养性者，或陷于即心见性。”（《明儒学案·河东学案》）事实上在河东后学中也出现了或投身于北方王门，或列名于甘泉学派的情况。这些都说明河东学派并非简单地继承朱熹的理学思想，“恪守宋人矩矱”，而是创造性地开启并顺应了明初理学转向的必然趋势。

关于薛瑄在中国儒学发展史上的重要地位，从清代学者孙奇逢、魏裔介等人都把他列入儒家道统的传承谱系就可以看得出来。孙奇逢在《理学宗传》中，“录周子、二程子、张子、邵子、朱子、陆九渊、薛瑄、王守仁、罗洪先、顾宪成十一人，以为直接道统之传”。魏裔介著《孝经注义》，把伏羲、神农、黄帝、尧、舜、禹、皋陶、汤、伊尹、莱朱、文王、太公望、宜生、周公、孔子、颜子、曾子、子思、孟子、周子、二程子、张子、朱子、许衡、薛瑄 26 人列入其传道系统，用以说明儒家思想的发展脉络。我们知道，能被列为儒家圣圣相传的“道”之直接传人在思想史上是一件非常了不起的事情，这里引发出一个问题：历史上曾被列入儒家道统的河东学者还不止薛瑄一人，在他之前，早已有人把隋朝的王通也列为儒家道统的重要传人之一，并有相传千年的“河汾道统”之说。这个问题后来成为思想史上一桩颇有争议的公案，本书作者也试图对此给予一个比较客观且有充分史实根据的回答。

关于“河汾道统”的争论，主要是由于对王通著作《中说》之真伪而引起的。梁启超在《中国历史研究法》中曾激烈批评说：“有虚构伪事而自著书以实之者。此类事在史中殊不多觏，其最著之一例则隋末有人曰王通者，自比孔子，而将一时将相若贺若弼、李密、房玄龄……等皆攀认为其门弟子，乃自作或假手于其子弟以作所谓《文中子》者，历叙通与诸人问答语，一若实有其事。此种病狂之人，妖诬之书，实人类所罕见。而千年来所谓‘河汾道统’者，竟深入大多数俗儒脑中，变为真史迹矣。”[①] 此语一出，竟使相传千年的“河汾道统”之说在责伪声中湮没，对王通思想的研究亦裹足不前，直到今人尹协理、魏明著《王通论》为之钩沉，事实真相才大体上得以揭明，但梁启超之说在学界的影响仍不可忽视。

儒家道统之说是韩愈在《原道》中最先明确提出来的，其目的是要用儒家的先王之道来对抗“老与佛之道”。在他看来，儒家先王之道的核心内容就是孔孟的仁义学说。“尧以是传之舜，舜以是传之禹，禹以是传之汤，汤以是传之文、武、周公，周公传之孔子，孔子传之孟轲。轲之死，不得其传焉。”朱熹将儒家圣圣相传的道统概括为“人心惟危，道心惟微，惟精惟一，允执厥中”16个字，并以周敦颐、二程、张载为孟子之后道统的隔世传人。他同时对荀（卿）、扬（雄）、王（通）、韩（愈）等人在儒学发展史中的地位和作用亦有所评说，特别是对王通在《中说》中继承发挥《中庸》的思想，将儒家之道概括为一个“中”字极为赞赏，认为：“此卷论圣贤相传之统

---

① 梁启超：《中国历史研究法》，上海古籍出版社1998年版，第97页。

而诸子附焉，断自唐虞尧舜禹汤文武周公，道统相传至于孔子。孔子传之颜曾，曾子传之子思，子思传之孟子，遂无传焉。于是楚有荀卿，汉有毛苌、董仲舒、扬雄、诸葛亮，隋有王通，唐有韩愈，虽未能传斯道之统，然其立言立事有补于世教，皆所当考也。迨于本朝，人文再辟，则周子唱之，二程子、张子推广之，而圣学复明，道统复续，故备著之。”（《近思录》卷十四）显然，朱熹在“十六字心传”中所揭明的“允执厥中”之道，与王通在《中说》中所阐明的“大哉，惟变所适，惟义所在”的“中”道是完全一致的。

王通虽然没有明确讲过“道统”问题，但是他在儒学衰微之时，力倡恢复尧、舜、周公、孔子之道，以周孔之传人自居，有着高度自觉的弘道意识，因此后世才有“河汾道统”之说。唐末皮日休在讲到儒家道统的传道谱系时说：“夫孟子、荀卿翼传孔道，以至于文中子。……文中子之道，旷百祀而得室授者，惟昌黎文公焉。”（《皮子文薮》卷九）他是以孔子—孟子—荀子—王通—韩愈为儒家的传道系统。宋初的柳开也对儒家的传道系统作过论述，他说：“昔先师夫子，大圣人也。……厥后寖微，杨、墨交乱，圣人之道复将坠矣。孟轲氏出而佐之，辞而辟之，圣人之道复存焉。……孟轲氏没，圣人之道火于秦，黄老于汉。天知其是也，再生扬雄氏以正之，圣人之道复明焉。……扬雄氏没，佛于魏、隋之间，讹乱纷纷，……重生王通氏以明之。……出百余年，俾韩愈氏骤登其区，广开以辟，圣人之道复大明于唐焉。”（《河东集》卷六）他是以孔子—孟子—扬雄—王通—韩愈为传道世系。不论是皮日休还是柳开，他们所认定的“道统”中都包括王通。另外，被称为“宋初三先生”之一的石介也认为，尧舜之道就是经过孔子、孟子、扬雄、王通、韩愈五人而传下来的。宋代哲学家邵雍、程颐、叶适、陈亮、陆九渊等人都对王通的学问有很高的评价，认为他讲道河汾，培养了大批有王佐之才的高弟，为传承和弘扬儒家学说作出了重要贡献。程颐认为王通的学问在荀子、扬雄之上，薛瑄则把王通比作河东的“伊川子”。明嘉靖九年，经给事中张九功和大学士张璁提议，后由礼部裁定，把王通增入从祀孔庙之列，从祀的次序是：“董仲舒、后苍、杜之春、王通、韩愈、胡瑗、周敦颐、程颢、欧阳修、邵雍、张载、司马光、程颐、扬时、胡安国、朱熹、张栻、陆九渊、吕祖谦、蔡沈、真德秀、许衡。”（《明史》卷五十《礼记四》）王通入祀孔庙，说明他的儒学思想及其所开创的“河汾道统”得到了官方的认可，这种历史地位和影响绝不是一句“虚构伪事”所能简单地否定掉的。

本书作者不仅用大量历史事实说明了“河汾道统”的存在及其千年影响之不可磨灭，有力地回应了梁启超的“虚构”说，而且指出王通的道统观是建立在肯定“三教可一”，即以“中道”思想来对待儒、佛、道三教关系的相对开放的弘道观念基础上的，而不同于韩愈的那种企图通过排斥佛道（“人其人，火其书，庐其居”）来确立自家正统地位的十分褊狭的道统论。就这一点而言，王通实为宋明理学吸纳佛道思想、推进儒学的综合创新开了先河。应该说，作者对中国学术文化发展大势的这一观察和评论是冷静理智的。

河东地区在历史上先后出现了王通、司马光、薛瑄等人从祀孔庙，他们在中国儒学发展史上都是有着重要地位和影响的人物，照理说应该引起思想史研究者的格外重视，然而事实却不是这样，无论是河东学派还是“河汾道统”，在中国哲学史、思想史研究中一直都是薄弱环节。其原因是多方面的，不能否认与学术史上两桩著名的公案也有很大关系。一篇青年学者的博士论文，竟然向黄宗羲、梁启超两位学术史权威发起挑战，力图恢复历史的本来面貌，开辟河东之学研究的新局面。不论它在多大程度上实现了预期的目标，这件事情在中国思想史、儒学史和地域文化史研究中的意义都是不可低估的。文英兄当年支持常裕做这个题目，自然也包含着他对北方理学发展的关注在内。作者论文的完成和出版也是对先师最好的纪念。当然，关于薛瑄哲学思想和明初理学转向的研究还需要深入，特别是河东后学思想分化所反映的时代思潮嬗变的轨迹，更是需要通过翔实的资料和细致的思想梳理辨析去加以具体阐明，在这方面还有许多工作要做。我希望作者利用回晋工作的有利条件，将此一课题研究不断推向新的高度和深度。

2008 年 1 月 10 日

（《河汾道统——河东学派考论》，常裕著，人民出版社 2009 年 4 月出版）

《天人视界：先秦诸子发生学研究》序

《天人视界：先秦诸子发生学研究》是刘绪义同志的博士论文，我是通过评阅这篇论文而认识作者的。初读后的印象是：作者有很好的文史功底，对先秦诸子文献相当熟悉，而又没有受到中国古代哲学史、思想史教科书的框囿，在人们习焉而不察地按照儒、墨、道、法等各家来梳理先秦思想时，产生了需要从发生学的角度来重新厘清中国哲学和文化观念的起源及其实质的强烈的问题意识。其基本结论是：先秦诸子是一个“和而不同”的统一整体，当时有“儒”而没有儒家，有道论而没有道家，有名学而没有名家，儒、墨、道、法、名、阴阳等“六家”或“十家”的学派划分是汉人为研究先秦诸子思想方便起见而进行的学术分类，并不能真切地反映诸子“蜂起”时的生存境遇和“争鸣”中的相互关系。中国哲学史、思想史研究如果从源头上就存在着观念上的误区，那么必然要影响到对其后世发展轨迹的清理特别是整体上的规律性认识，这就不能不说是一个涉及哲学史观和方法论的大问题了。

春秋战国时期正值人类思想史上的“轴心时代”，在我国出现了诸子蜂起、百家争鸣的盛况，与两希文明、印度文明不但可以媲美并且互相辉映。作者认为，按照基本的历史事实和学术文化自然演进的规律，发生在这个时期的“百家争鸣”实际上是“百子争鸣”，在当时并没有形成明确的和自觉的学派观念。在一定意义上可以说“诸子皆儒”，不过这个“儒”并不是后来所说的儒家，而是一种以“相礼”为职业的术士，即传授礼乐文化的知识分子。比如，在孔子之前就已有“君子儒”“小人儒”“俗儒”“贱儒”之类的区分，后来的庄子虽然名为“道家”，在当时也有称他为“小儒”的。诸子“皆忧世之乱而思有以救之，故其学皆应时而发”，他们从各自的生存处境出发对天下的思考，虽仅“得一察焉”，但合起来就构成了中国文化的早期传统，形成一前后承接而又相互联系的思想家群体。《诗》《书》《礼》《乐》《易》《春秋》等“六经”则是他们共同继承和利用的文化经典。在对先秦诸子做了这样一番“正名”工作之后，作者认为不能按照后来形成的学派观念，采取由后向前倒推回溯的方法来整理先秦诸子的思想。因为“一种思想学说或者一种文化的产生与形成固然有着它根底上的原因，但是它的产生与形成不是一朝一夕而是一个逐渐发生与发展到最后生成的长期过程，在这个过程中，某一个环节都有可能改变一种思想学说的面貌甚至精神，那么如果仅仅依据此后形成的思想学说的面貌去作回溯性的分析，很有可能走岔了路，偏离了原来的方向”。也就是说，不能根据后来发展出来的或最后生成的东西来论定先前的思想，这是历史主义的起码要求。

20 世纪 60 年代，我国哲学界曾经有过一场关于《周易》研究方法论的讨论。起因是如何处理经传关系、能否“援传于经”的问题，后来发展到要防止用现代思想去改铸古人的问题。本来，《易传》是对《易经》的解释与发挥，二者有思想上的联系是不言而喻的。但我们不能说《易传》中的内容就是《易经》作者已经具有的思想，因为二者产生的年代毕竟相距好几百年，它们是反映了不同时代生活内容和理论思维水平的两个不同的思想体系。从这场讨论中得出来的最重要的方法论结论就是：必须“坚持哲学史中的严格的历史性”①，特别是要精心保护古代哲学的“生动性、新颖性、素朴性和历史的完

① 《列宁全集》第 38 卷，人民出版社 1959 年版，第 272 页。

整性"[①]；"对于过去的哲学，我们只应归给它那些直接给予我们的材料"[②]，而不能"把我们所能了解的而古人事实上还没有的一种思想的'发展'硬挂到他们名下"[③]。重温这一最基本的方法论原则，对于我们今天研究先秦诸子思想亦有重要的指导意义。

怎样按照"严格的历史性"原则，不是从后来形成的学派观念出发，而是从"直接给予我们的材料"出发来研究先秦诸子思想呢？作者试图运用发生学的原理和方法，从思想发展的源头入手，依其自然萌芽、分化和形成的历史作用力，顺流而下，疏通每一个重要的逻辑环节，在相互联系中建立起先秦诸子的纵横坐标体系。具体来说，作者详细考察了先秦诸子与前诸子时代的巫史、礼乐传统的联系，以及他们对天人、性命、道德、礼法等宇宙人生根本问题的基本看法，力图从结构生成的角度对先秦诸子思想作一整体观照，从而确立本书的基本结论，并将诸子之学得以发生成立的深层原因归结为人的"文化自觉"。应该说，这在方法论上是一个大胆的创新，同时也是一项颇有难度的学术探索工作。我们知道，人类知识结构的生成研究不同于对知识结果的静态研究，也不同于在历史时间中绝对化的起源研究，它要求在主客体的相互作用中把握认识的发生发展过程及其内在本质和规律，因而更加具有客观性并能体现出历史性。春秋战国时期长达五百多年，百家争鸣不可能如太史公"论六家要旨"在一个平面上进行，弄清楚先秦诸子多维度、多层面争鸣互动的历史生成过程显然比任何点、线、面的静态研究都要复杂和困难得多。然而，一个不容否认的事实是，随着思想史研究的深入，人们越来越趋向于接受辩证历史观和系统整体观，现代备受重视的新出土文献如郭店楚简、上博楚

---

① 《列宁全集》第 38 卷，人民出版社 1959 年版，第 396 页。

② 黑格尔：《哲学史讲演录》第 1 卷，生活·读书·新知三联书店 1956 年版，第 46 页。

③ 《列宁全集》第 38 卷，人民出版社 1959 年版，第 272 页。

简、马王堆帛书等似乎也越来越支持作者的观点。

发生学研究必然是跨学科的研究，因为人的认识发生发展过程与社会历史环境的发展变化是密切联系分不开的，对其进行研究必然要涉及人文社会科学的诸多学科领域。作者也充分注意到了这一点，在以天人、性命、道德、礼法等问题为主线对先秦诸子思想进行动态的历史—发生学分析时，并不是把它仅仅看作一个哲学史问题，而是综合运用了史学、文学、语言学、宗教学、社会学、经济学等多学科知识，力图以“究天人之际，通古今之变”为核心比较全面地反映这个时期的思想面貌。作者对中西有关前沿学术理论如文化人类学、思想考古学等均有所涵摄，故使这一古典研究亦能透显出某种现代气息。本书虽然是以两千多年前的先秦诸子为研究对象，但作者有明确的问题意识和强烈的现实关怀，选做这一课题即旨在厘清中国学术文化之“源”和“流”，为正确把握民族精神、找准中国文化发展的现实道路提供历史的根据。作者关注前人和今人的有关研究成果，不回避存在分歧的一些理论和方法问题，坦率地发表自己的见解，在研究和讨论中表现出了实事求是的良好学风。

作为先秦诸子发生学研究的开创之作，本书不可避免地也有一些不足之处，有一些需要进一步思考和解决的问题。我在作者博士论文评阅意见中曾经提出这样一个看法：先秦诸子是一个“和而不同”的统一整体、当时还没有明显的学派之分的结论可以成立，但似乎也应该考虑到另一面，即先秦诸子已经孕育着儒、墨、道、法等学派的产生，或者说这些学派在先秦时期已在生成过程中。司马谈、班固不是凭空将先秦诸子分为“六家”或“十家”，战国后期《庄子·天下》《荀子·非十二子》《韩非子·显学》也论述了这个时期各家“取舍相反不同”以及互相论辩的情况，从不同之“学”到不同学派之间应该没有绝对的界线。我的意思是说，阐明从不同之“学”发展演变到不同学派的历史过程，亦应是先秦诸子发生学研究的题中应有之义。作者在本书第八、第九章专门论述了两汉与先秦的对接和嬗变问题，但侧重于必然与偶然的学理分析，而对这一发展演变的具体历史过程有意略而不详，要讲清楚这个过程，实际上还是有不少思想史资料可以利用的。重视对前人和当代人的思想进行总结性的研究是中国思想史的一个优良传统，这个传统从先秦时期就开始了。我们在做先秦诸子发生学研究时，自然也应该重视时人和后人对这段思想史的总结性研究成果，并且很好地利用这些学术资源，得出更加符合历史辩证法的结论。这也可以说是我对作者今后进一步开展此一课题研究时的一点希望。

刘绪义同志的博士论文将由人民出版社出版，嘉惠学林，应该表示祝贺。作者要求以我的评阅意见为序。甚愧当年阅读不细，议论空泛，但对新成果、新方法的推介之意还是很明显的。为了支持青年学者，遂将评阅意见略为扩充，权且代序，读者视为一篇读书心得可也。

2008 年 11 月 28 日

（《天人视界：先秦诸子发生学研究》，刘绪义著，人民出版社 2009 年 4 月出版。序文曾以《天人视界下中国思想文化源流的最新探索》为题发表于《中国文学研究》2009 年第 3 期）

贺辞

——《经学与中国哲学》代序

中国哲学史学会与四川师范大学等单位联合主办的“经学与中国哲学”国际学术研讨会即将召开，我因身体原因不能出席，在此请假并对大会的顺利举办表示祝贺！

经学是中国传统学术文化的核心和正宗，在古代社会不仅承载着意识形态的功能，而且也是中华文明传承和创新的一种重要形式、一条重要途径。作为其基础的那些文化原典，提供了中国人认识宇宙、历史、人生的最初的意义和价值之源，对中国社会和文化发展产生了深远影响；其中具有普世意义和体现中华民族精神的内容，在今天仍有积极正面的价值。不论是古文经学的实事求是传统，还是今文经学的经世致用传统，都与中国哲学发展有密切关系，经学思维方式的缺陷也在中国哲学的近现代转换中充分表现出来。希望这些内容在会上都能得到深入研讨，推动经学和中国哲学研究迈上新台阶。

当代中国新文化建设要以马克思主义为指导，又要挺立民族文化的主体性，怎样把二者有机地结合起来，我很赞成张岱年先生的思路，就是把它们放到“马魂、中体、西用”三流合一的模式中去，以社会主义价值观来综合中西文化之所长而创新中国文化。马克思主义与中国文化优秀传统相结合应是中国文化发展的主要方向。在这个前提下来开展经学研究，探讨经学与中国哲学的关系，比较中西经典诠释学之异同，就能发掘出传统经学中有价值的合理成分，清除其糟粕，为中国新文化建设提供古为今用的历史资源，让这份宝贵的文化遗产在综合创新中焕发出新生命。

祝大会圆满成功，取得丰硕的学术成果！

2008 年 9 月 4 日

（《经学与中国哲学》，蔡方鹿主编，华东师范大学出版社 2009 年 6 月出版）

《亲证中国哲学大智慧》序

刘仲林教授要我为他主编的《亲证中国哲学大智慧》一书写几句话，同时纪念张岱年先生百岁诞辰，不料“两弹一星”元勋钱学森院士亦于近日辞世，我很自然地把这三件事情联系在一起来思考，中心是如何培养创新型人才。

在举国悼念钱老去世的这些日子里，人们谈论得最多的一个问题是：中国今天的教育，能否再培养出钱学森这样的科学巨星？这恰恰也是钱老晚年最关心的一个问题：“为什么我们的学校总是培养不出杰出人才？”——它已被人们称为振聋发聩的“钱学森之问”。

2005 年 7 月 29 日，钱老对来看望他的温家宝总理说：“现在中国没有完全发展起来，一个重要原因是没有一所大学能够按照培养科学技术发明创造人才的模式去办学，没有自己独特的、创新的东西，老是‘冒’不出杰出人才。这是很大的问题。”在此之前（同年 3 月 29 日），他曾就此问题有一次系统谈话，回顾自己上个世纪 30 年代去美国留学，在加州理工学院所受创新教育和创新学风的熏陶：“创新的学风弥漫在整个校园……在这里，你必须想别人没有想到的东西，说别人没有说过的话。拔尖的人才很多，我得和他们竞赛，才能跑在前沿。这里的创新还不能是一般的，迈小步可不行，你很快就会被别人超过。你所想的、做的，要比别人高出一大截才行。”在民主而又活跃的学术氛围中，年轻人大受教益、大开眼界，激发了他们的科技创新精神和能力。加州理工学院还鼓励理工科学生提高艺术素养，因为科学上的创新光靠严密的逻辑思维不行，创新的思想往往开始于形象思维，从大跨度的联想中得到启迪，然后再用严密的逻辑加以论证。考虑到中国长远的发展，钱老语重心长地说："今天我们办学，一定要有加州理工学院的那种科技创新精神，培养会动脑筋、具有非凡创造能力的人才。我回国这么多年，感到中国还没有一所这样的学校，都是些一般的，别人说过的才说，没说过的就不敢说，这样是培养不出顶尖帅才的。我们国家应该解决这个问题。"①

如何培养会动脑筋、具有非凡创造能力的人才，钱老进行了长期的思考，他在深入研究了当今社会与科学技术发展的趋势后，提出了"大成智慧教育"的设想。所谓大成智慧教育就是在知识爆炸、信息如潮的时代，以马克思主义的辩证唯物论为指导，教育、引导青年人形成正确的世界观、人生观和价值观，培养高尚的品德和情操，熟悉科学技术的体系，善于利用现代信息网络、人机结合以人为主的方式，集古今中外有关信息、经验、知识、智慧之大成，迅速而有效地提高人的智能和创新能力的一种教育模式。大成智慧教育的核心是要打通各行各业、各学科的界限，把科学与艺术、逻辑思维与形象思维、哲学与科学技术以及微观与宏观、部分与整体有机地结合起来，把理论与实践结合起来，总揽全局，洞察关系，实现大跨度的触类旁通和综合创新。按照钱老的设计，在现代科学技术条件下培养创新型人才，学制可以缩短，经过八年一贯制的初级教育、五年（高中加大学）大成智慧教育和一年实习后就可以成为硕士。"这样的大成智慧硕士，可以进入任何一项工作，如不在行，弄一个星期就可以成为行家。以后如工作需要，改行也毫无困难。当然，他也可以再深造为博士，那主要是搞科学技术研究，开拓知识领域。"大成智慧硕士应具备以下条件：①掌握马克思主义哲学，熟悉现代科学技术的体系；

① 涂元季、顾吉环、李明整理：《钱学森 大学要有创新精神》，《创新科技》2009年第11期。

②理、工、文、艺结合，德、智、体、美、劳五育齐发展；③熟悉信息网络，善于用电子计算机处理各种知识。这就要求加强全面素质教育，改革现行的应试教育的制度、方法和教学内容，目的是让受教育者学得更多、更好，也学得更轻松、更有效率。作为一项教育改革的系统工程，钱老的设想在今天可能还不能被人们普遍接受，但至少可以开始搞试点，做可行性研究，也可以在探索实践中加以改进或提出新的思路，我相信一二十年后，会有越来越多的人认识到钱老思想的前瞻性和科学性。

“大成智慧学”是钱学森科学与哲学思想的最高理论结晶，同时也吸收了前人和同时代人的有关认识成果。比如我国明末清初的思想家方以智就提出了“坐集千古之智，折衷其间”（方以智《通雅·音义杂论》）的集大成思想，他不但主张融合儒、释、道三教，而且致力于中西文化的会通，要把古今中外的学问当作药材一样汇集于一炉，加以烹炮烧煮，然后以此药方来医治天下人的千疾百病。在他看来，“尚大全”“集大成”正是以孔子为代表的中国文化的优良传统。钱老十分重视传统文化中有价值的思想资源，他在思考、形成“大成智慧学”的时候，也参考了我国现代哲学家熊十力的“量智性智”说、张岱年的“综合创新”论和冯契的“转识成智”说，特别是对比他年长两岁、少年时代同在北师大附中学习的张岱年先生十分敬重，不但完全赞同其“综合创新”文化观，而且在课题研究中碰到有关传统文化的问题时，常叫助手去向张岱老请教。这一文哲一理工两位老人的世纪友谊突出地表现在学术理念的相通和互相支持上。

在上个世纪30年代钱学森去美国留学的时候，张岱年（字季同）已是国内哲坛上一位相当活跃的青年哲学家。受其兄张申府影响，他早年就接受了马克思主义的辩证唯物论哲学，并且对罗素提倡的逻辑分析方法十分赞佩。1936年他明确提出：“今后哲学之一个新路，当是将唯物、理想、解析，综合于一。”① 即以辩证唯物论为基础而吸收中国传统哲学中的理想主义和西方哲学的逻辑分析方法，建立一种适应现代中国需要的中、西、马“三流合一”的新综合哲学。张岱年还积极参加了上个世纪30年代的文化讨论，他既不赞成“全盘西化”论，也反对文化复古主义和“平庸的调和”（折衷主义），而是主张兼综中西文化之长，创造出一种新的社会主义的中国文化。他把这种文化主张叫作“创造的综合”或“文化的创造主义”。也可以说此时在他的思想中已形成了“综合创新”文化观的雏形。

半个世纪后，中国出现了新一轮文化大讨论，其基本格局仍然是自由主义的“全盘西化”派、保守主义的“儒学复兴”派和马克思主义的“综合创新”派三派对峙，或者说三大思潮对立互动。在80年代文化讨论中首先举起“文化综合创新论”旗帜的不是别人，正是已届耄耋之年的张岱年先生。1987年，78岁的张岱老在《综合、创新，建立社会主义新文化》一文中主张，对中国传统文化和西方文化都要做具体分析，对二者的优点和缺点都要有明确的认识，然后根据我国的国情，将两个方面的优点综合起来，创造出一种新的更高的文化。他说：“什么是创新？创新意味与中国传统文化和近代西方文化都不相同。因为它是具有中国特色的社会主义的新文化，是人类文化史上高度民主、高度科学的新文化。近几年，针对文化问题，我写了一些研究文章，自己撰了一个名词：‘文化综合创新论’。”② 对于建立中国的新文化来说，他认为“综合”与“创新”都是很重要的。因为在他看来，文化并不是整全不可分的，文化系统的解构与重构，都是既有分析又有综合，各种不同成分、要素重新组合，就创造出一个新东西。所以，综合前人的文化成果，本身就有所创造，有所创新。在社会主义原则基础上实现古今中外多项有价值的文化要素的辩

① 《张岱年全集》第1卷，河北人民出版社1996年版，第262页。
② 《张岱年全集》第6卷，河北人民出版社1996年版，第252页。

证综合，本身就是一项伟大的创造性工程。

钱学森和张岱年两位世纪老人，一个重点关注科技创新，一个着眼于文化创新，他们都有人类文明的大视野，关心中国现实的发展，在先进世界观指导下，共同得出了“集大成，得智慧”和“批判继承，综合创新”的结论，可谓殊途同归，成为我们这个时代创新思想的领跑者。他们的创新思想内容非常丰富，需要在理论上深入研究、系统总结和正确宣传，使其为广大群众所掌握，变成他们自觉的创造实践活动，并在实践中进一步领悟作为人的最高本质的创造之“道”。本书主编和作者们在这方面所做的探索，对我们很有启发。

刘仲林教授大学本科学物理，研究生读科技哲学，上个世纪 80 年代主要从事创造学和交叉科学的教学与研究，90 年代跟随张岱年先生学习中国哲学和文化，对其“天人本至”的哲学思想和“综合创新”文化观深有体会，高度认同，用心考察了张岱老将这种新文化观贡献给 20 世纪中国学术界的“起”“承”“转”“合”四个阶段，并将其核心思想和一贯原则概括为一个“创”字，得到张岱老本人的肯定和赞许。近十年来，他在研究和宣传、普及这种新文化观方面做了大量工作，先后出版了《新精神》《新思维》《新认识》《中国传统文化综合与创新》《中华文化人生亲证》等著作，并在中国科技大学的课堂上和校内外的各种讲座、演说中大力阐扬“综合创新”文化观，引导青年人学习和领悟中国传统文化精华，把握人生创造之道。本书是其上述探索的又一项新成果，书名叫作《亲证中国哲学大智慧》，但其内容和形式却与以往的中国哲学著作迥然不同。它不是一般的哲学史知识传授和中国哲学思想的理论分析，而是一份“中国文化亲证（体验）式教学”的实践报告，是刘仲林教授多年来在科大讲授中国哲学与文化公共课程，从学员们写的三千多篇作业中选编出来的一个通俗哲学读本。本书的一百多位作者，大都是理工科博士、硕士研究生和本科学生，他们从生活、学习、科研、人际交往等各种视角亲身体悟中国哲学智慧，才真正懂得了“道，行之而成”（《庄子·齐物论》)、“纸上得来终觉浅，绝知此事要躬行”(陆游《冬夜读书示子聿》)的道理，提高了思想水平和人生境界，不论他们将来从事何种工作，都会感到终身受益。全书鲜明地体现出了中国哲学“知行合一”的追求，是中国文化精华和“综合创新”思想大众化、实践化的一个可贵尝试。

读到《亲证中国哲学大智慧》中的一篇篇学生习作，我仿佛又回到了中国科大校园内。我在该校曾有一段兼职经历，与科大学生有过一些接触。在我的印象中，他们大都聪明朴实，基本素质很好，肯动脑筋想问题，思想非常活跃，只要教育、引导得法，是一个能出杰出人才的地方。2001 年 4 月，我在水上报告厅作过一次关于 20 世纪中国文化思潮的学术报告，其中也介绍了张岱年先生的“综合创新”论，认为它代表了当代中国文化发展的正确方向。在最后半小时互动环节，学生提问十分踊跃，也问得有一定水平，我很乐意与他们交流对话。后来科大网上还就此问题继续讨论，有同学提出：“到底怎样综合创新?”希望提供可操作的方法与思路。这促使我从理论、历史、方法等层面进一步思考如何深化对“综合创新”文化观研究的问题，还就此问题回答过一次记者访谈，发表在《哲学动态》2002 年第 4 期。[①] 这件事情也说明，中国科大是一个思想活跃、能够通过交流对话激发创造性思维的地方。

中国科学技术大学是郭沫若、严济慈、华罗庚、钱学森等老一辈科学家创办的一所新型大学，是为国家培养尖端科技人才的地方。钱学森是该校力学专业的主要创办者，他不但亲自讲课、作学术报告、指导人才培养和学科发展，而且兼任力学系系主任长达 20 年之久。他曾多次表示希望把中国科大办成美国加州理工学院那样的创新型大学。但从钱老晚年说“我回国这么多年，感到中国还没有一所这样的学校”的话来看，现实与理想之间还有一定的差距。差距在哪里？主

① 《深化对“综合创新”文化观的研究》,《哲学动态》2002 年第 4 期。

要就在于人文精神的缺失或不足，事实上钱老也看到并指出了这一点。2008 年 1 月 28 日，他在复函视贺中国科大 50 年办学成就的同时，还提出殷切期望：“我想，过去科大所走的‘理工结合’的道路是正确的。今后还要进一步发展，走理工文相结合的道路，在理工科大学做到科学与艺术的结合。我相信在未来，中国科大一定能为我国培养出‘世界一流科学家和科技领军人才’。”如何在办学指导思想上深刻领会钱老的教导，真正实现从“理工结合”向“理工文相结合”的转型，并在教育体制、学科发展、舆论环境和资源分配等方面切实改变长期以来形成的“重理工、轻人文”的观念，改变人文学科在学校里的“二等公民”的地位，站在时代的高度来认识文化软实力与科技、经济硬实力之间的相互促进关系，是科大今后能否实现跨越式发展的关键。在这个时候读到《亲证中国哲学大智慧》一书，看到刘仲林教授多年来默默耕耘，在科大学生的心田中播种人文精神的种子，已经有了初步的成果，确实感到非常高兴。我希望他们所走的这条科技与人文相结合的道路能够越走越宽广，参与实践亲证式教学的师生越来越多，同时积极探索人文素质教育的多种有效方法与途经，在全校形成有利于创新人才成长的良好生态环境，让钱学森等老一辈科学家的遗愿早日变成现实。

2009 年 11 月 21 日

（《亲证中国哲学大智慧》，刘仲林主编，中国科学技术大学出版社 2009 年 12 月出版。序文曾以《钱学森之问与创新人才培养》为题发表于《天津师范大学学报》2010 年第 4 期）

《中国古典哲学名著品评丛书》总序

这是一套为广大干部编写的中国哲学经典读本。

为了提高中国共产党的执政能力，领导全国人民胜利完成建设中国特色社会主义的伟大历史任务，党中央最近突出地提出了建设学习型政党、建设学习型社会的问题，号召各级干部特别是领导干部要爱读书、勤读书、读好书、善读书，在读书学习中增长知识，开阔视野，提高思想水平，增强工作能力，完善知识结构，提升精神境界。关于读书学习的重要性，大家都知道列宁的名言：“只有了解人类创造的一切财富以丰富自己的头脑，才能成为共产主义者。”“一定要给自己提出这样的任务：第一是学习，第二是学习，第三还是学习。”①领导干部不仅要从提高自身素质和能力的角度来认识读书学习的重要性，而且要有强烈的社会责任感，通过自己好读书、善学习的自觉实践和表率作用，带动全社会形成崇尚知识、热爱读书的良好风气，促进全党、全民族思想文化素质的提高。

书籍是人类知识的载体、智慧的结晶和进步的阶梯。在古今中外汗牛充栋的书籍中，我们应该怎样有选择地读书呢？一般来说，领导干部最需要读的是以下三个方面的书：为了提高思想水平，重点要学习马克思主义基本理论特别是马克思主义中国化的最新理论成果，认真读这方面的书；为了增强工作能力，完善知识结构，重点要读做好

---

① 《列宁选集》第4卷，人民出版社1995年版，第285、786页。

领导工作所必需的各种知识书籍，包括经济、法律、科技、文化、管理、国际和信息网络等方面的专业知识书籍；为了提升精神境界，则很有必要多读一些中外优秀传统文化方面的经典名著，特别是本民族的传世文化经典。多读这方面的书，经常接受优秀传统文化的熏陶，可以提高人文素养，增强对人与自然、人与社会、人与人之间关系的认识和把握能力，正确处理义与利、己与他、权与民、物质享乐与精神享受的关系，做一个脱离了低级趣味的高尚的人，做一个党和人民信得过的好干部。

“经”本来是指纺织物的纵线，引申为常行的道路、义理、法则。“典”是“尊藏之册”即具有典范性的书籍。所谓经典就是文化共同体中经过时间的考验而最终被人们选择和流传下来的，涵蕴着宇宙、历史、人生之常理常道的原创性的典范之作，也是人类文化中恒久的、素朴的、直探人性本源的、最有价值和意义的精华部分。阅读经典是学习和掌握人类文明优秀成果的一条捷径，是站在巨人的肩膀上攀登。如何“了解人类创造的一切财富以丰富自己的头脑”呢？最有效的途径就是多读中外优秀传统文化经典名著。通过经典阅读我们得到的不仅是知识，而且是一种文化教养、高尚的精神气质和积极的人生态度，得到的是共同体赖以生生不息地延续和发展的优质文化基因。当然这不是一日两日之功，不是浅尝辄止即可生效的，而是一个长期濡化即所谓“变化气质”的过程。许多个体的气质都经过学习而发生了积极的变化，那么整个社会的风气也会随之而改变。

中华民族有五千年文明史，先辈给我们留下了丰厚的文化遗产，其中最有价值的部分之一，就是包括四书五经、先秦诸子、《史记》和《资治通鉴》、唐宋诗文、四大古典小说等等在内的传世经典名著。世代中国人通过经典阅读而汲取了多方面的营养，传承了中华文化，创造了新的生活经验。它在今天也仍然是我们的干部提高自身素质、保持民族自信的一条有效途径。在各类经典中，读一点以先秦诸子为代表的中国古代哲学经典，对于提高干部的思想水平和治国理政能力很有帮助。因为先秦诸子的哲学辩论，“皆务为治也”，即都是围绕着如何治国平天下而展开的，他们思考的问题和提出的应对之策，对今人也有启发和借鉴意义。我想，这大概就是中国民主法制出版社策划并编辑出版这套丛书的初衷。

恩格斯曾经说过：“在希腊哲学的多种多样的形式中，几乎可以发现以后的所有观点的胚胎、萌芽。”[①] 中国哲学也有类似情况：在先秦时期诸子蜂起、百家争鸣的哲学大论辩中，差不多可以找到后世各种思想学说的胚胎和萌芽。中国哲学所关注的“究天人之际”“探阴阳之赜”“通古今之变”“乐成人之道”“求致知之方”五大问题，都在先秦哲学中有其发端并表现出多种多样的、最初的天然纯朴的形式。所以，要学习、了解中国哲学，首先必须阅读以孔、墨、老、庄、孟、荀、韩等为代表的先秦哲学原典，因为它是体认本民族的哲学智慧、进行传承和综合创新的基础。

本丛书正是力图为读者提供一套既能反映先秦哲学的整体面貌，又能体现诸子思想的个性特征及其错综的相互关系的、比较简明实用的经典读本。考虑到先秦诸子哲学文本都是用古文写成的，编著者做了注释、今译以帮助读者疏通文字；每部著作前面都有一篇“导言”，详细介绍成书时代、著者生平、主要思想内容和历史影响；各篇章都有“题解”，带有导读的性质。这套丛书最有特色的地方，是专设佳句“品评”一栏，把那些富于哲理、影响深远的名句放在历史与现实交融的语境中来加以分析和品评，帮助读者把握其思想精义。这样，它就成为一套可读性较强的、十分便于干部自学的经典读本，在我看来，对于那些喜欢中国哲学的大学生和青年读者也很适用，可以成为引导他们进入中国哲学殿堂的入门阶梯。

本丛书的主要编著者都是中国哲学专业博士，有多年教学与科研经验的教授（研究员）。他们做这项工作的态度是很认真的，有很强

---

① 《马克思恩格斯选集》第 4 卷，人民出版社 1995 年版，第 287 页。

的社会责任感，并且能够把专业训练、学识与责任很好地结合起来，工作做得很细，处处为读者着想。首先他们自己是带着感情来品读经典、与先哲进行心灵沟通的，多有独到的心得体会，然后用平实的语言表达出来，与读者进行交流，这样就能拉近历史与现实的距离，帮助读者更容易进入古代先哲的思想世界。一套好的经典品评丛书应能起到引渡之津梁的作用，质量要求是很高的，社会责任也重。本丛书的编著者们力图这样做了，但社会效果如何，还需接受历史实践的检验。我希望它是一套经得起实践检验的、受广大干部和青年读者欢迎的中国哲学经典品读丛书。

2009 年 8 月 9 日

（《中国古典哲学名著品评丛书》，共十种，张加才主编，中国民主法制出版社 2010 年 1 月出版）

《中国文化的综合创新之路》自序

1997 年，我的《现代新儒学与中国现代化》一书由天津人民出版社出版。其中主要收入了此前十年我在现代新儒学研究方面写的文章，也有部分文章是直接参与当年的文化大讨论，明确支持张岱年先生倡导的“文化综合创新”论，并将其概括为“古为今用，洋为中用，批判继承，综合创新”[①] 四句话，把它当作 20 世纪中国三大思潮中马克思主义文化观的代表。此后我就上述主题又陆续写了一些东西，对儒学和现代新儒学研究继续有所关注，而重心则转向了对“综合创新”文化观和中国文化现实发展道路的探讨。有关文字多为提交学术会议的论文或主题发言，也有学习中央文件的体会、为他人著作写的“序”或书评、就当前文化问题与朋友的通信，以及回答记者访谈等多种形式。南开学友强华同志建议我再编一本文集，在内容上与《现代新儒学与中国现代化》一书有连续性，而侧重点有所不同，故将书名定为《中国文化的综合创新之路》。现在奉献给读者的就是这本文集。

收入本书的长短文章共计 47 篇，按内容分为四组。

第一组的主题是中国哲学和文化对人类文明的贡献，收入文章 12 篇。其中比较重要的有：2001 年，我在北京主持召开了第十二届国

---

① 关东：《现代新儒学研究的回顾与展望——访方克立教授》，《哲学研究》1990 年第 3 期。

际中国哲学大会，面对困扰当今人类的两大难题——生态破坏和文明冲突，这次会议在广泛的论题中，确定以阐扬中国哲学中的“天人合一”与“和而不同”智慧为重点，得到了各国学者的热烈响应。这个时期我就这两个论题也分别写了文章，肯定“天人合一”是处理人与自然关系的正确思想原则，同时又指出，中国虽然是一个有着深厚的“天人合一”思想传统的国家，但并不等于已从理论和实践上解决了发展社会生产力与保护自然环境的关系问题，生态破坏在中国也是古已有之，我们今天面临的生态问题亦十分严峻。在阐述“和而不同”文化观时，借鉴古代的思想资源是为了解决现实的文明关系课题，我以为这不只是一个方法问题，而首先要有正确的文化立场、态度和宏阔的文化视野。现代学者费孝通先生的“文化自觉”理论在这方面给予我们很多启示，我在领会费老思想的基础上也有一些自己的新思考。

1997 年我在新加坡“儒学与世界文明”国际学术会议上的发言，为了回应美国学者亨廷顿的“文明冲突论”，着重阐明了中国儒家文化的道德主义、和平主义性质，并从人与自然的关系、人与人的关系、不同国家民族的关系、不同文化的关系、人的身心内外关系五个方面，论述了儒家“贵和”思想的意义和价值，特别是指出它对解决当今世界面临的各种问题、矛盾和冲突，有着不可忽视的现实意义。2011 年我与林存光共同提交太湖文化论坛首届年会的论文，除了从两个视角对中华文化精华做了六点概括外，还指出《周易大传》中的“文明以止”一语，是对中华民族理性的文明发展观之准确、生动的概括，即认为“文明”不是无限度地开发、利用和对外扩张，而是要有所节制，“止”其所当止。在全球性生态危机和文明冲突问题十分严峻的当今世界，深刻理解、阐扬和大力宣传、提倡“文明以止”的文明发展观，对于人类和文明的可持续发展来说无疑是一个福音。

第二组的主题是中国哲学和文化的综合创新之路，收入文章 17 篇。

2004年张岱年先生辞世是我国思想界、学术界的一大损失。他在20世纪30年代就与其兄张申府先生一起倡导“列宁、孔子、罗素，三流合一”[①]、“将唯物、理想、解析，综合于一”[②] 的新综合哲学，在80年代的文化讨论中又明确提出了“文化综合创新”论，认为“文化的综合创新的核心是马克思主义与中国文化的优秀传统的结合”[③]。历史实践证明，他指出的这条中、西、马“三流合一”、综合创新之路，不仅代表了20世纪中国哲学和文化发展的正确方向，而且在新世纪仍具有重要的现实指导意义，是发展繁荣中国特色社会主义文化的必由之路。这是我十多年来反复阐述的一个基本观点，特别是张先生去世后，加强了对其哲学和文化思想的研究，认为“综合创新”这面文化旗帜一定不能倒，而要继续高举并将其本质内涵不断发展和深化。

2006年，我在学习张先生的哲学和文化思想的基础上提出了“马魂、中体、西用”论，力图突破体用二元思维模式的局限性，把主导性之“体”（魂）与主体性之“体”、“道体器用”之“体”与“器体道用”之“体”区分开来，用“魂、体、用”三元模式更加准确地说明中、西、马三种文化资源在当代中国文化建设中的地位和相互关系，把坚持马克思主义的指导思想地位、挺立民族文化的主体性和坚持对外开放的方针三者有机地统一起来。可以说，关于中、西、马三“学”的兼和之道，是我近年来思考、撰文、发言的一个中心议题。党的十七届六中全会文件明确提出社会主义核心价值体系是“兴国之魂”，马克思主义指导思想在社会主义核心价值体系中又居于“灵魂”地位，也就是说，它是“魂中之魂”；文件中也有“以民族

---

① 参见《张岱年全集》第1卷，河北人民出版社1996年版，第133页；第8卷，河北人民出版社1996年版，第549、585页；《张申府文集》第3卷，河北人民出版社2005年版，第434页。

② 《张岱年全集》第1卷，河北人民出版社1996年版，第262页。

③ 《张岱年全集》第8卷，河北人民出版社1996年版，第526页。

文化为主体”的论述，在讲吸收外来有益文化时，强调必须坚持“以我为主，为我所用”的原则。在最近发表的《当代中国文化的“魂”、“体”、“用”关系》一文中，我把这些论述看作是对“马魂、中体、西用”论最有力的支持。

第三组的主题是儒学和现代新儒学研究，收入文章 10 篇。

20 世纪 90 年代中期以后，我在儒学和新儒学研究方面做的工作不多，但还是继续有所关注，而且发现越来越触及我国思想文化领域的一些深层次问题，虽然发言不多，但是想得很多、感触很深。特别是2004 年出现了一股公开主张“立儒教为国教”“以儒学取代马克思主义”“儒化共产党”“儒化中国”的大陆新儒学思潮，召开“文化保守主义峰会”，创办标榜“儒家立场、儒学理念、儒教事业”的网站，大搞尊孔祭孔活动，推行读经运动，其代表人物还提出了以“通儒院”“庶民院”“国体院”三院制取代我国的人民代表大会制度的所谓“王道政治”方案，声称要用“儒化”的办法把社会主义中国和平演变成一个“儒士共同体专政”的国家。作为一个从事思想文化工作的共产党员，我不能不表明自己的态度，于是才有《甲申之年的文化反思——关于大陆新儒学问题的三封信》和《马克思主义研究》记者访谈《大陆新儒学的马克思主义分析》的公开发表。对于儒学，我一贯主张采取一分为二、扬精弃糟的态度，认为它作为一个全面维护封建经济基础、政治上层建筑、社会伦理秩序的庞大的意识形态体系，绝无可能在现代社会全面“复兴”；同时又肯定它作为中华文化的重要载体，其中包含着我们民族认识宇宙、社会、人生的大量智慧成果，经过科学地总结、清理、改造和重释，是可以将其中的一些有价值的内容吸收、转化为社会主义新文化的宝贵历史资源的。只要坚持实事求是的原则，就不会出现有人担心的“糟粕何其多，精华何其少”的情况。

我曾经说过，如何处理当今中国的主导意识形态马克思主义与在两千多年封建社会中长期居于主导意识形态地位的儒学的关系问题，是当代儒学研究的“第一课题”，也是社会主义意识形态建设不可回避的前沿课题。目前在这个问题上的思想乱象有目共睹：有从极右和极“左”两个方向固执的“儒马不两立”论、“取代”论；有认为马克思主义是国家意识形态、儒学是民族终极价值的“儒马二元并立”论、“平行”论；有立足点不同、取舍不同和程度有别的各种“儒马结合”论、“合则两利、离则两伤”论。比如都讲体用结合，“儒体马用”论与“马体儒用”论就有本质的区别；有人把“马克思主义中国化”说成是“儒学化”或“儒家化”，有人甚至提出了“儒化马克思主义”的口号；有人认为“马克思主义儒学化”和“儒学马克思主义化”是同一个过程，力图通过“儒马互化”来消弭二者的分歧和差别；有人接过新儒家以儒学为“常理”“常道”的观点，认为马克思主义不过是中国儒学发展的一个阶段。貌似公正、不分轻重主次地讲“儒马结合”的也大有人在，此外还有形形色色的关于“儒家社会主义”的各种论说。2008 年，我在中央党校召开的“马克思主义与儒学高层论坛”的简短发言中，表明了自己对这个问题的基本看法：“当代中国马克思主义已经从理论和实践上找到了一条解决马克思主义与儒学关系问题的正确途径，不论是中国特色社会主义理论体系还是社会主义核心价值体系，都从包括儒学在内的中国传统文化中吸取了不少思想资源作为古为今用的支援意识。……马克思主义与儒学的关系是主导意识与支援意识的关系。”“‘主导意识与支援意识关系’说主要是从古今关系立论，从坚持先进文化的前进方向立论，强调立足现实，顺应历史发展规律，而又不割断历史，将有价值的历史资源转化为支援意识，古为今用。……不是把儒学看成是完全消极过时的负面意识，而是把它的积极内容转化为支援意识，这对社会主义意识形态建设是有利的。”在此前发表的《综合创新之路的探索与前瞻》一文中，我是从“一元主导与多元兼容”的角度提出“主导意识”和“支援意识”两个概念的，着眼点是“兼和”与“综合创新”，“支援意识”也是从正面积极意义讲的。

第四组是“其他”，收入文章8篇。主要涉及两个论域，一个是湘学研究，一个是中医哲学研究，都是近年来新发展起来的学术方向。传统国学是一座蕴藏丰富的宝库，其中的资源未见得都已充分开发利用，包括一些很重要的学术资源，都需要我们用现代眼光去做返本开新的挖掘、清理和总结工作，扬精弃糟，古为今用。

湘学是一种有鲜明特色的地域学术传统，它的千年发展给我们留下了许多有价值的精神遗产。20世纪40年代后，这方面的研究已无人问津。1998年，我在参加湘潭大学四十周年校庆活动时，建议该校发挥地缘优势（湘潭碧泉书院是湖湘学派的发源地）和人文学科优势，组织力量开展湘学研究，有幸得到学校领导和哲学历史学院的大力支持。2002年该校成立湘学研究所，我受聘兼任所长，主要依靠湘大同志的努力，陆续编辑出版了《湘学》辑刊五册，《湘学史》二卷（“湖湘文库”本，湖南人民出版社2007年版），引起学术界对这一研究领域的重视。在此过程中我也写了一点东西，主要是讨论湘学研究的对象、范围和意义，千年湘学的成就、特点和局限性，王船山在湘学发展史中的特殊重要地位，湘学现代转换的可能方向等，希望能对这项研究的深入开展起到一点抛砖引玉的作用。

六年前，为了回应网上要求“取消中医”的万人签名，哲学界和中医学界的一些朋友，建议在中国哲学史学会下面成立一个中医哲学专业委员会，以推动对中医哲学和中医文化的研究。当时我在中国哲学史学会会长任上，明确坚定地支持了这一动议。有关组织工作和民政部审批注册工作都进行得十分顺利，2007年1月，在社科院召开了中国哲学史学会中医哲学专业委员会成立大会。我于中医是外行，但对作为祖国传统文化的重要组成部分、为中华民族生存发展做出了巨大贡献的中华医道充满敬意，非常高兴看到近年来中医哲学研究和有关国情调研蓬勃开展，中医药事业得到国家领导人和社会各界人士的高度重视。我在几个会上的发言和为一位青年同志的著作《中医哲学史》所写的“序”，谈了一点自己的粗浅学习体会，更主要的是表示支持中医哲学研究的态度。

今日中国经济发展，文化繁荣，思想多元、自由、开放。在各种思潮交流、交融、交锋日益频繁的情况下，社会需要主流价值观来引导，学者担负着更大的文化责任。新旧世纪之交我在哲学和文化方面发表的看法，基本上是秉持促进马克思主义与中华文化精华相结合的一贯宗旨，认定“马魂、中体、西用”三流合一、综合创新是一条正确道路，所论如果有偏或有不到位之处，期盼得到读者批评指正。

需要说明的是，本书中有两篇文章是我分别与林存光、陆信礼同志合作完成的，三篇记者访谈都包含着记者同志的辛勤劳动在内。强华同志是编辑本书的提议者，中国社会科学出版社的赵剑英、冯春凤同志对本书的出版给予了大力支持。我在此对上述同志表示诚挚感谢。

2012 年 1 月 30 日

（《中国文化的综合创新之路》，方克立著，中国社会科学出版社 2012 年 9 月出版）

《中国哲学史上的知行观》韩文本序

去年 12 月，我收到在韩国延世大学留学的胡静同学来函，告知“延世大学哲学系的李光虎教授最近翻译了您的书《中国哲学史上的知行观》准备出版，想先征求您的同意”。我复函向李教授表示感谢，接着又收到李教授的大函，才知道他是“和延世大学的学生们用一个学期的时间”讲读了《知行观》一书后，才决定翻译出版的，“现在翻译草稿基本上已经完成”。李教授表示：“如果您能为韩国的读者题上几句话的话，那就再感谢不过了。”一本 30 年前出版的旧著，今天还能得到韩国读者的惠顾，把它当作教材师生共同研读，这完全出乎我的意料之外。我想借韩文本出版的机会，向读者交待一下这本书的写作背景、它的不足之处和我今天对这个问题的认识。

这本书写作和出版于一个特殊的历史年代。“文革”时期，中国的高校已无法进行正常的教学和研究工作，我所在的南开大学哲学系为了让大家还能做一点事情，确定以毛泽东哲学思想为全系教学科研的重点和中心，不仅马哲教研室要集中做这方面的研究，其他教研室的科研选题也要围绕这个中心。中哲教研室当时报了两个题目：一个是《实践论》与中国哲学史上的知行学说，一个是《矛盾论》与中国哲学史上的辩证法思想。前者分工由我来做，有关知行问题的资料就是那个时候搜集整理的。“文革”后百废待兴，既要开新课，又要搞科研，我决定把知行观这个课题继续做下去，得到了校系领导和人民出版社的大力支持。《知行观》一书的编写设想曾发表于人民出版社的《编辑工作简报》和国家出版事业管理局编印的《出版工作》1978 年第 7 期。

编写设想讲得很清楚，这本书是以毛泽东的《实践论》为指导思想，来系统地清理中国哲学史上的知行学说，主要是把它当作一个认识论问题来研究，在一定意义上可以说是一部中国认识论的专史。当时我已意识到，这种单一视角是有缺欠的，因为在中国传统哲学中，知行关系不单纯是一个认识论问题，它还有其特殊的伦理学的意义，如何做人、道德上知善与行善的关系往往成为讨论的主题。如果仅从认识论的角度去研究，就难免产生认识和评价上的片面性。有此问题意识为什么没有调整研究思路？是考虑到这本书的主要任务是要探讨《实践论》与中国传统哲学的关系，挖掘它所阐明的“辩证唯物论的知行统一观”的本土思想资源，提供马克思主义哲学如何接着中国传统哲学问题讲、从而实现中国化的一个重要范例。《实践论》的副标题是“论认识和实践的关系——知和行的关系”，即表明它是接着中国传统哲学知行问题讲的，是用辩证唯物主义认识论观点对中国哲学史上知行学说的批判继承和科学总结。我认为，只要把这个思想发展线索讲清楚了，就基本上达到了预期目的，其他内容都可以作为这个逻辑主线之外的偶然因素或外在形式而暂时予以割舍，俟诸来日，包括它的浓重的道德伦理色彩。这个编写设想得到了出版社的认可，本书写作和出版都比较顺利，出版后又重印过两次（1984 年，1997 年）。

由于写作时代和预设目标的限制，本书的不足之处也是显而易见的。我在 1984 年写的《重印前言》中以对王阳明“知行合一”说的评价为例，指出仅从认识路线上揭露它混淆知行概念、“以知为行”、“销行归知”的主观唯心主义实质，而对其批判程朱理学空谈性命、“终身不行，亦遂终身不知”的补偏救弊之功，以及唤起人们为善去恶的道德良知、强调“真知即所以为行，不行不足谓之知”的积极意义肯定不够，就有明显的片面性。这还是就个别人物和学说的评价而言，从整体上说，我的这项研究存在着对中国传统哲学“合知行”

“同真善”的特点重视和强调不够的问题，因为在我看来，它所体现的哲学精神虽然有可称道之处，但对中国哲学的发展也起了不容忽视的消极负面作用。正如张岱年先生所指出的：西方哲学是“爱智”之学，以求真为目的；中国哲学是“闻道”之学，“道”既是宇宙的根本法则，又是人生的至善准则，因此求“道”就是求真与求善的统一，“爱智”与“希贤”的统一。在中国传统哲学中，“穷理即是尽性，崇德亦是致知”，认识论与修养论、真理论与价值论之间并没有截然分明的界限。这种求“道”精神塑造了中国哲人重仁义、崇理想、有“内圣外王”抱负的特殊品格，也是中国古代科学理性和逻辑分析工具不发达、缺乏自由探索精神，在近代落后于西方的重要原因。

知和行是人类特有的两种能动性。知就是认识世界，是人对世界的主观认知；行就是改变世界，是主观见之于客观的人的活动。知和行不是人生来就有的“良知良能”，而是后天习得的和不断发展的。知和行互相联系，互相促进，并进发展，永无止境。知和行的水平是人类文明进步的标尺。中国哲学史上的知行学说包含着非常丰富的内容，它提供了大量有关“行先于知，由行致知”“知之明也，因知进行”“以行验知，以行证知”“知行并进，相资为用”等有价值的思想资料，也提供了一些违背人类认识规律的反面资料，可以帮助我们通过比较和总结经验教训，来深刻认识“知和行的具体的历史的统一”过程和发展规律。在中国古代，由于生产规模的狭小，限制了哲学家的眼界，更主要的是由于剥削阶级的偏见，从维护封建统治利益出发，往往将知行问题归结为个人认识和践行封建道德的关系，脱离生产斗争、阶级斗争和科学实验等社会实践活动，脱离人民群众这个知和行的主体，因此不能正确揭示认识的本质及其发展规律，把知行学说建立在科学的社会实践的基础之上。直到近代，孙中山等人才在一定程度上超越了这一狭隘眼界，把资产阶级的革命实践和科学观察、试验等内容也包括到“行”中去。一些近现代哲学家也看到了传统知行观的这种局限性，比如贺麟在《知行合一新论》中说：“不批评地研究知行问题，而直谈道德，所得必为武断的伦理学。因为道德学研究行为的准则，善的概念，若不研究与行为相关的知识，与善相关的真，当然会陷于无本的独断。”[①] 应该看到，认识论问题与道德修养问题纠结在一起确实是中国古代知行学说的一个特点，但未见得是优点，毋宁说正是其局限性之所在，因为它限制了人们认识世界和改造世界活动的范围和眼界，限制了人的主观能动性的全面自由发挥。历史实践证明，不摆脱封建道德论的束缚，科学的知行观和认识论就不可能在中国得到长足发展。

哲学有什么用？冯友兰先生说过，哲学不能给人们增加实际的知识，但是能提高人的精神境界。冯契先生指出了哲学如何提高人的精神境界的两条具体途径，即“化理论为方法，化理论为德性”。我们注意到，研究从“知之非艰，行之惟艰”的古训到毛泽东《实践论》的中国知行学说史，不仅从认识论、方法论的角度给我们提供了丰富的思想资源和理论启示，而且在德性论、修养论方面也有一些可以吸收、借鉴的东西。比如，经过研究得出“主观和客观、理论和实践、知和行的具体的历史的统一”的结论，就突出地体现了“知行合（统）一”理论的方法论价值，而知行一致、言行相顾作为做人的一个基本要求，则集中体现了它的德性论价值。从这两个方面都可以看到正确的知行学说对于提高人的精神境界的重要作用和意义。

李光虎教授在来函中说：“我很关注儒学的真理观和学问观，……我也很关注处理客观事实认识问题的自然科学。因此我一直在思考着应该怎样区别和联系科学的认识和人文学的认识这一课题，我认为圣人的学问和科学家的学问是为了人类文化的均衡发展而必不可少的两门学问。”我们今天研究知行问题，非常需要有这样的眼光，一方面批判地继承先哲的思想成果，同时还要超越其历史局限性，在经济、

① 贺麟：《五十年来的中国哲学》，商务印书馆 2002 年版，第 130 页。

社会日益现代化的时代，促进科学理性与道德人文均衡发展。在一定意义上说，这也是我研究中国哲学史上知行学说的初衷，不过在30年前的这本旧著中做得不够好，我诚恳地期盼得到中韩读者的批评和指正。

2012年2月25日

（附记：2012年，本文应韩国延世大学李光虎教授之邀而写。《中国哲学史上的知行观》韩文译本因故至今尚未出版。序文反映了作者30年后对该书的一些认识，把它作为一个历史存在保留在本书中）

《心理之间：朱子心性论研究》序

朱熹是孔子后中国最重要的儒学思想家。钱穆先生说："在中国历史上，前古有孔子，近古有朱子，此两人，皆在中国学术思想史及中国文化史上发出莫大声光，留下莫大影响。旷观全史，恐无第三人堪与伦比。"[①] 生活于 12 世纪的朱熹，作为宋代理学的集大成者，其思想学说一直是此后 700 年间的官方正统意识形态，对中国近古社会产生了广泛而深远的影响。20 世纪以降，儒学不再是中国社会的主流意识形态，但朱熹思想仍受到学界的重视，特别是现代新儒家中的"道问学"与"尊德性"两系，都把朱子哲学当作重要的学术资源，力图在现代语境下对它进行新的诠释与解读。马克思主义哲学史家也从总结理论思维经验教训的角度，十分重视朱熹这个研究对象。综观 20 世纪的朱子学研究，虽然不乏精心剖析之作，但也存在着两个较为普遍的问题：一是受西方哲学研究范式影响，忽视朱熹哲学在本质上并非理性思辨的产物，而是建立在道德修养实践和自身生命体验基础之上的特点，对于作为其思想之核心的心性论并未充分重视，往往重视其理气论、认识论更甚于心性论；二是由于儒学内部存在着不同派别的门户之见，有些研究者实际上是站在心学的立场来解读和研究朱子哲学，因而不是批评它"析心与理为二"，就是在"同情理解"的姿态下把它心学化，不能对其做出客

① 钱穆：《朱子新学案》上册，巴蜀书社 1986 年版，第 1 页。

观公正的评价。

杨俊峰以“朱子心性论研究”为博士论文选题，是在认真研读朱熹哲学原著和充分了解有关研究成果的基础上，对上述两个问题有深切感受和清醒认识，才确定了自己思想探索和理论突破的方向。这就是：（一）力图从朱熹的生命实践和哲学思想形成、发展的实际过程出发，如实地以心性论为中心来展开他的整个学说体系，这不仅体现了逻辑与历史的一致性，而且在其道德修养实践中能够得到有效印证，决不是“学不见道，枉费精神”；（二）注意到儒家心性之学中有程朱理学与陆王心学两派之分歧和论争，为了准确揭示朱子心性论的本来面目、精神实质和价值意义，就必须防止将其心学化的倾向。从近年来大陆学者的相关研究成果来看，有些已逐渐摆脱为港台新儒家“反哺”而来的心学偏见，正视和强调朱熹心性论思想的真正精神与特色，价值与有效性。但不能否认的是，仍有一些对于朱熹思想的“同情研究”，在不同程度上存在着将其心学化的倾向，从心学心性论的角度来诠释朱熹的思想，甚至认为朱熹的心性论与陆王心学没有实质的区别。历史的经验值得注意，从朱熹学派与陆王学派的相互评价来看，这种做法显然是不符合思想史实际的。从这种角度来肯定朱熹心性论的合理性与价值意义，不但未能触及这种心性论思想的实质，甚至是南辕而北辙，根本不理解朱熹对重建儒家道德本体论的贡献。杨俊峰带着上述问题意识而提出的两条研究预设，反映了他对朱熹心性论的基本认知与评判，既坚持了同情理解的研究立场，又自觉地拒斥心学化的歧途，可以说是一种比较客观中肯的研究态度。

从这种研究态度出发，作者在儒学特别是宋代理学的发展脉络中对朱熹心性论思想的形成、发展和基本特征进行了宏观审视和细致梳理。他认为，理学的兴起始于儒家价值本体的重建。自二程之后，基于儒家价值本体之上的工夫论逐渐分化，形成了以道南学派与湖湘学派为代表的两大派别，分别主张“体验未发”和“察识端倪”两种不同的工夫路向。朱熹本人则深受这两大思想流派的影响，通过对“中和”问题的苦思，在自身工夫实践和总结北宋以来理学发展成果的基础上，超越道南与湖湘的“动静之争”，创立了以“中和新说”为标志的心性论学说。朱熹哲学思想体系宏大而繁杂，学界对于这一思想体系的梳理，通常区分为理气论（或本体论）、心性论和工夫论（或认识论）。在本书中，作者明确肯定了心性论在朱熹哲学思想中的核心地位，而心与理的关系则是朱熹心性论的中心问题。“心”是道德修养的现实主体，“理”是道德修养的价值本体，两者以“性”为中介而达到统一。与此相应，本书对朱熹心性论的研究主要包括“心论”“理论”和“性论”三部分。在这三部分中，“性论”是对心与理统一关系的直接探讨，可以说居于枢要地位，而“心论”和“理论”则是“性论”的准备和前提。在学界的同类研究中，朱熹的“性”概念固然历来都是重要研究对象，但像本书这样将其提到沟通心与理的高度，作为心与理统一性的中介来强调和研究，可以说是前所未见的。

由于采用了心、性、理的诠释框架，本书对朱熹心性论的分析与研究，多有自己的独到见解，往往不拘成说，能够独辟蹊径。比如，认为心是先验性与经验性并存的现实主体概念，具有“为主而不为客”的绝对主体性；提出理在朱熹思想中存在着角度与意义的两重性分化问题；认为性既有客观意义又有主观意义，既是价值本体，又是现实主体的主导与构成因素，具有超自觉的呈现性；认为主敬涵养具有呈现价值本体的意义，而格物致知则是主敬涵养的延伸与完善，两种工夫在实践中可以统一；提出朱熹的工夫论具有“主知”的特色，是一种以超自觉、超道德为最终目的的工夫论体系。这些诠释和论述在思路和术语上都具有个人的独创性，不管最终能否得到学界普遍接受和认同，作者这种不甘心倚门傍户、勇于探索创新的精神是值得赞赏的。通过这些新的探索与分析，作者明确认为，朱熹思想不存在“析心与理为二”的问题。心与理在朱熹思想中具有理论和实践上的统一性：在现实意义上两者具有偶然的统一性，在本然和应然的意义上则完全统一。这种统一既是现实的，又是未完成的，朱熹所倡导的工夫论就是由现实的心与理之偶然统一上升到心与理之完全统一的过程。在思想史上，朱熹心性论历来受到“析心与理为二”的质疑和批评，虽然有些学者不同意这种批评，但对于心与理在朱熹思想中如何统一的问题，并未有思路清晰和逻辑一贯的说明，有的学者在解释这个问题时甚至又不自觉地滑向了陆王“心即理”的模式。在本书中，杨俊峰通过大量查考和引证文献资料，对朱熹思想中心与理统一的问题给出了自己细致而独特的说明。他既始终肯定心与理对于朱熹而言不是“二”，同时也坚决拒斥心学因素在这个问题上的干扰，强调“与心学思想的这种近似而又不同之处，正是朱子心性论之根本精神与特色所在”。应该说这种看法是更加接近于思想史之实际的。

在对朱熹心性论思想做出新诠释的基础上，作者又对朱陆异同问题进行了再探讨。除了有专章论述这个问题外，在对朱熹心性论的分析中也时时提及，甚至可以说作为一种问题意识而贯穿全书。如此重视这个问题，不仅是为了排除心学因素的干扰，同时也是正确阐明朱熹心性论思想自身的需要。正如作者所说，陆王心学与朱熹思想一样也是北宋以来理学思潮发展的产物，在先秦儒学中已有其渊源。朱熹心性论与陆王心学虽属不同的发展方向，但也有非常密切的联系，两家思想展现出来的明显分歧与对立，甚至仅仅源于某些极为细微的差别。只有在与陆王心学联系与对比的视野中，才能对朱熹心性论思想做出完整准确的说明。因此，将朱陆异同问题纳入朱熹心性论研究的视野，作为一个重要的研究维度，显示了作者的深思熟虑和全面考量。他结合前人丰富的研究成果，从本体差异、工夫分歧、自律与他律、价值与功能、动机与效果乃至历史演变等多个角度，对朱陆异同问题进行了全方位的考察，提出了一些前人所未言或罕言的新见解，有助于对这个问题研究的深入。

本书在方法论上也有一些自己的特点。在现代学术背景下，如何处理借鉴西方学术范式与尊重传统思想本来面目的关系是一个不可回避的问题。作者清醒地意识到，由于中西思想存在着显著的差异，在借用西方哲学思维模式和范畴体系来诠释中国传统思想时，往往会导致对中国传统思想内在理路的歪曲和背离。因此，他提出要“始终对我们自身早已生存其中、习焉而不察的西方哲学思维模式保持一份警醒与自觉，始终对朱子心性论自身的特性保持一份理解的同情和倾听的敬意”。从这种自觉意识出发，本书的研究力图围绕朱熹心性论自身的问题意识和本有语境而展开，始终强调要尊重这一思想体系的本来面目。这种研究路向近年来已得到越来越多学者的认同。从马克思主义的观点来看，哲学思想处于上层建筑的顶端，它与经济基础的联系往往是间接的和迂回的，因而有其相对的独立性。注重思想发展的内在逻辑并不违背马克思主义的历史分析方法，毋宁说是进行历史与阶级分析的必要前提。只有在搞清楚一种哲学思想内在逻辑的基础上，我们才能对它的性质、地位和历史意义做出更加准确的判断。但是，在现代学术背景下，要想完全摆脱西方哲学的范式和话语体系，回到传统思想的内在逻辑和语境中去，事实上又是不可能的，也没有这个必要。在这种情况下，如何既利用西方哲学范式又不为其局限，便是一个需要认真思考和面对的问题。

杨俊峰硕士阶段学的是西方哲学，有过这方面的专业训练，所以在本课题研究中，他能够有意识地借鉴西方哲学的某些观念和方法，来与朱熹思想进行比较研究，比如将现象学“始终面向事实本身”的原则，成功地运用到朱熹心性论研究中来，就是一个例证。这种中西比较的视野与方法，有助于阐明和深化对问题本质的认识。不过，他特别强调：“中西哲学之比较，决不能仅看到相似性，尤当注意差别性，只有这样才能准确把握各自的特质与真义。”由于异质的文化背景和不同的问题意识，不管中西思想在表面上具有多少相似性，在这种相似性之下也必然同时会有某些差异性，甚至是本质的差异。只有正视这种差异性，才能准确地把握两种思想各自的真面目，而不至于将一种思想当成另一种异质思想的简单翻版或注脚，从而导致严重的歪曲和误读。本书在将朱熹思想与西方思想进行比较时，特别重视挖掘和阐发相似性中的差异性，纠正了相关研究中的一些简单化失误，有助于更准确地还原和揭示朱熹心性论的本来面貌。

习近平同志指出："孔子创立的儒家学说以及在此基础上发展起来的儒家思想，对中华文明产生了深刻影响，是中国传统文化的重要组成部分。儒家思想同中华民族形成和发展过程中所产生的其他思想文化一道，记载了中华民族自古以来在建设家园的奋斗中开展的精神活动、进行的理性思维、创造的文化成果，反映了中华民族的精神追求，是中华民族生生不息、发展壮大的重要滋养。"① 作为一种"人学"，儒学是教人如何做人的学问，包括怎样修身律己、成就理想人格，怎样善待他人、和谐人际关系，怎样治国理政、使天下长治久安。儒学中包含着我们的先哲探索宇宙、社会、人生真谛的丰富智慧成果，其中有许多是可以批判继承、古为今用的思想精华。朱熹的心性论思想是中国儒学的一个重要组成部分，本书的成果对于推动儒学研究的深化具有积极意义。同时，朱熹的心性论本质上是一种修身养性之学，作者这种注重思想内在逻辑的研究方法也有助于还原朱熹心性论本有的道德修养意义，可以为我们今天的道德建设提供有价值的思想借鉴。

杨俊峰的博士论文经过专家评审，被推荐到"中国社会科学博士论文文库"出版。这是对他的学业根底和独立思考精神的肯定，也是对他在学术道路上继续踏实奋进的鼓励。当然，从更严格的要求来说，本书也有不足之处。比如作者提出了"内在批判"与"外在批判"并重的原则，而在研究和写作过程中，实际上更多地用力于对朱

---

① 习近平：《在纪念孔子诞辰2565周年国际学术研讨会暨国际儒学联合会第五届会员大会开幕会上的讲话》，《光明日报》2014年9月25日第2版。

熹心性论内在逻辑理路的梳理，这是非常必要的，但在对其时代背景、历史地位、思想局限等问题的客观研究即“外在批判”方面，却稍显薄弱。作者已经意识到这个问题，相信他在今后的研究中，会把这个关系处理得更好。

（《心理之间：朱子心性论研究》，杨俊峰著，“中国社会科学博士文库”之一种，中国社会科学出版社 2014 年 12 月出版）

《现代新儒学与船山学》序

船山学作为一门以我国17世纪伟大思想家王船山的生平、著作和思想为研究对象的学问，已经有三百多年历史。但在前二百年，由于船山思想有着强烈的反清复明的民族情绪，而当时又是清朝文字狱盛行的时期，所以“其道未能著明于世”，其人其书亦鲜为人知。只有少数船山后人和在湖广地区主持学政的有识之士，在致力于搜集保管、点校编辑、刊刻印行船山著作，介绍船山生平和有限地宣传船山思想的工作。正是由于他们的工作，才为后来船山思想广为流传，并成为哲学、史学、文学等学科的重要研究对象，以致“船山学”能够发展成为一门独立学科，一门“显学”，创造了必要的前提条件。

19世纪末20世纪初，湮没了两百年之久的船山思想，特别是在其史论、政论著作中突出表现出来的“严春秋夷夏之防，抱冠带沉沦之隐”的民族主义思想，在救亡图存、变法维新、反清革命的民族民主革命运动中，“像电气一般，把许多青年的心弦震得直跳，蓦地把二百年麻木不仁的民族意识觉醒转来”（梁启超语），起到了“振起国魂”、鼓动排满革命的特殊作用，船山之学亦渐为人知，船山精神终于流注人间。

“五四”后中国思想界出现了自由主义、以现代新儒学为代表的文化保守主义和马克思主义三大思潮对立互动的格局，其中的两派——现代新儒学和马克思主义，对王船山的学问与人格都很推崇，并从不同方向研究和诠释船山思想，发展了各自的船山学。现代新儒家把王船山看作是孔孟和宋明儒学的忠实传人，认为他“纯然是儒者德性之学的立场”，大力表彰他的民族文化意识，而对其重气、重器、重形色、重践行的哲学思想，则尽量弱化其实在性的内容，强调是受“气之理”和“气之灵”主宰的，否定其具有朴素唯物论的思想倾向。马克思主义船山学从唯物史观出发，注意考察 17 世纪中国社会经济关系的变化和启蒙思想的特点，把王船山视为“早期启蒙思想的哲学代表”。他们对船山排拒佛老、批判陆王、修正程朱、宗主横渠的哲学思想进行了全面系统的研究，认为它是对宋明道学乃至整个中国传统哲学的批判总结，是中国古代朴素唯物论和辩证法思想发展的最高峰。这两派对船山重视人文精神和社会历史哲学都给予了充分肯定，但在船山哲学性质是唯物还是唯心这个核心问题上，却存在着原则的分歧。这种情况与船山思想本身具有“继往”与“开新”的两面性，以及试图在总结、综合中超越和创新传统的特点是分不开的，因此就有可能使一些人比较欣赏其继承和维护传统的一面，另一些人则更加注重其“六经责我开生面”“推故而别致其新”的一面。

上述两派似乎是向着完全不同的方向发展，而事实上他们也互相影响，互相借鉴，甚至在一定程度上向着相反的方面转化，最引人注目的例子是林安梧和陈来的船山学研究。作为第三代新儒家代表人物之一的林安梧，提出了“从牟宗三回到熊十力、再从熊十力回到王船山”的口号，就是要从道德形上的心性儒学转向更加重视具体性、物质性和历史社会总体的生活世界的儒学，从“本体论的唯心论”转向“方法论的唯物论”，他甚至提出了“儒家型马克思主义”的构想。大陆学者陈来则力图从道学的问题意识和道学史的视野来重读王船山，把他还原到其儒学思想的本来体系中来加以理解和诠释，因此其研究结论比较接近于不赞成过分拔高船山思想的马克思主义学者嵇文甫。在两派船山学研究中，本来就存在着不尽相同的研究取向，在双方的交流、交锋和交融中，这种多元化的倾向又有进一步的发展。应该说，这在客观上是有利于克服认识的片面性、更加接近于真实的船山的，也有利于充分发掘船山思想中的丰富资源，为促进中国的现实发展服务。事实上，船山学已成为两派交流互动的一个重要平台。

以上对船山学研究概况的大致描述，是方红姣在《现代新儒学与船山学》一书中提供给我们的。此前还没有哪一本著作对现代新儒家学派的“船山学”做过这么全面、系统、深入的研究，而如果缺少对这一块的了解，也不可能对船山学研究的整体面貌有一个全面的、清晰的认识。在这个意义上，我们可以把该书视为船山学研究的一项最新前沿成果。

半个多世纪以来，现代新儒家的几代人都很重视王船山，这个思想史现象引起了作者的特别关注。熊十力一生心契于阳明、船山之学。“文革”前他在书房里贴有三副军师贴，中间是孔子，两边是王阳明和王船山。这是他供的牌位，并作一联：“衰年心事如雪窖，姜斋千载是同参。”无独有偶，贺麟也称“王船山是王阳明以后第一人”，认为他在中国哲学史上的地位远高于同时代的顾炎武、黄宗羲。贺麟写过专论船山历史哲学的文章，在他论“知行合一”的文章中，也认为王船山是王阳明之后对知行问题有重大贡献的哲学家。唐君毅是第一个系统研究船山的天道论、天道性命关系论、人性论、人道论、人文化成论的新儒家学者，他坦言自己的文化哲学体系就是“直承船山之重气精神”而来的。唐君毅已注意到“船山之学，归在论史”，牟宗三则盛赞“其论历史，亦古今无两”。他将船山的两大史论著作《读通鉴论》和《宋论》称为“先贤讲历史中之绝响”，其《历史哲学》一书即以此“两论”为重要思想来源之一。唐、牟学生辈的曾昭旭、林安梧都以船山哲学为博士、硕士学位论文选题，他们既受老师思想的影响，也对老师的思想有所反思和超越。从林安梧的《王船山人性史哲学之研究》到《儒学革命论》，可以清楚地看到一个后来者在时代思潮激荡中儒学思想演变的轨迹。

为什么三代现代新儒家学者都很重视王船山？以“新程朱”“新陆王”为旗帜的现代新儒学，与船山思想到底有多大的相关度？“回到船山”为什么能够成为现代新儒学发展的一个可能路向？它对儒学的发展将具有怎样的意义？这些问题始终萦回在作者的脑际，本书试图从三个方面给予回答：一是儒家立场的定位。现代新儒家都把王船山看作是儒学传统中人，他虽然“力反阳明、上诋程朱”，但在熊十力看来，“其骨子里自是宋学精神”。包括林安梧在内，都认为“船山学是道地的儒学”。二是时代悲情的感通。特别是有“中国文化花果飘零”之叹的港台新儒家，对船山深沉的历史文化危机意识更是感同身受，在思想上产生了强烈的共鸣。三是从船山独特的思想资源中得到借鉴和启发，为现代新儒学摆脱困境探索一条“返本开新”之路。熊十力已注意到船山“尊生”“明有”“主动”“率性”四大观念“足为近代思想开一路向”，到再传弟子林安梧，则把“回到船山”的“儒学革命”意义阐发得更清楚、更透彻、更显豁了。也就是说，现代新儒学是在寻求自身发展的过程中，逐渐发现和认识到船山思想之独特价值的。

几代现代新儒家学者都很重视船山学研究，但他们每个人关注的问题和方面各不相同，研究的轻重详略也各不相同。总体来说，他们关注的重点集中在两个方面：一是船山即气言体、“乾坤并建”的形上本体论思想，二是船山的历史哲学思想。熊十力认为船山“尊生”“明有”“主动”等思想均源于《大易》，是《大易》思想之精髓所在，但他对作为船山易学之宗纲的“乾坤并建”说却多有批评，自称《新唯识论》之作即为救“乾坤并建”说之失。贺麟、牟宗三尤其注重阐释和发挥船山的历史哲学思想，并将其与黑格尔相提并论，或表彰其富于辩证法思想，或认为在以道德精神之表现来讲历史文化这一点上，王船山比黑格尔更纯正。牟宗三肯定王船山是具体解悟力特别强的哲学家，但他始终不能正视船山“气”论的意义。林安梧的船山学研究，主要是建立了一套强调历史与人性互动的“人性史哲学”，它当然也有自然史的基础，这个哲学体系的逻辑起点是“气”这个范畴。林安梧是第一个全面肯定船山“乾坤并建”的哲学建构，高度评价其对具体性、社会性、历史性和物质性的重视，并将其与现代新儒学的未来发展联系起来的现代新儒家学者。如果说牟宗三依然重在道德形而上的建构的话，林安梧的儒学思想已转向对道德形而上的解构，并期望通过解构道德的形上学，使儒学重回“生活世界”，重回“历史社会总体”，走出狭隘的心性儒学。

本书专设一章来论述林安梧以“回到船山”为特征的“后新儒学”思想，亦即所谓“批判的新儒学”思想，可见作者对其船山学之“儒学革命”意义的特别重视。林安梧高度评价乃师牟宗三对现代新儒学的贡献，同时也对其过分心学化的道德的形上学进行了深刻的反思，认为他讲“智的直觉”和“良知自我坎陷”，“越讲越绝对、越形式化”，最后势必要发生回归生活世界、回归社会历史存在的转向。正是在这个意义上，他说牟宗三是最大的“别子为宗”。所以一进入“后牟宗三时代”，林安梧就冒着“护教的新儒学”群起而攻之的风险，旗帜鲜明地提出了“从牟宗三回到熊十力、再从熊十力回到王船山”的口号，力图为现代新儒学也为整个儒学的发展探索一条“返本开新”之路。他把传统儒学定位为宗法的、血缘的、咒术的、专制的社会的儒学，把现（当）代新儒学定位为市民的、契约的、现代的、开放的社会的儒学，而把后新儒学定位为自由的、人类的、后现代社会的儒学，也说明他是在为儒学的未来发展谋求一条新的出路。本书作者指出，林安梧的思路虽然已与乃师大不相同，但他做的仍然是为现代新儒学“继志述事、创造转化”的工作，所以其儒家立场和现代新儒家的身份是毫无疑义的。

经过对现代新儒家学派之船山学的整体分析，我们可以看到，从熊十力对船山《大易》思想的注重，到牟宗三对船山历史哲学的高度评价，再到林安梧将船山的气论、人性论和历史哲学打通，强调回归生活世界的人性史哲学，这个逻辑发展过程体现了这样一个趋势，即现代新儒家学派越来越重视船山在坚持实存道德主体的前提下凸显历史文化、历史社会总体和生活世界价值的思想，作者认为这正是船山思想最有价值也最具特色之所在。

除了重点研究现代新儒家学派的船山学之外，本书还对它与中国马克思主义的船山学做了比较研究，细心考察两派之同异和交流互动。

早在20世纪40年代，侯外庐与熊十力之间就有过书信论辩，讨论王船山是一个唯物论者，还是一个理学家的问题，结果谁也没有说服谁（见侯外庐《船山学案》新版序）。50年代以后，海峡两岸有过一段互相隔绝的时期。这个时期冯友兰的船山学研究，基本上是大陆马克思主义派的同调，认为王船山有丰富的朴素唯物主义和辩证法思想，这是船山哲学思想的主要方面。不过他在《中国哲学史新编》一书中，还是把船山哲学体系定位为“后期道学的高峰”。80年代以后中国进入改革开放的新时期，大陆学界与港台、海外的学术交流日益频繁。杜维明、林安梧等第三代新儒家学者，都经常到中国大陆来开会、讲学和进行学术交流，在这边有很深的学缘。中国大陆是以马克思主义为指导的社会主义国家，因此他们对待马克思主义的态度，与唐、牟等老师辈已有很大区别，不是绝对排斥而是能够在一定程度上同情理解与包容。也就是说，他们已较少受到政治情绪的左右，而是能够更多地从学理上来考虑中国文化的发展前途问题。林安梧提出的“儒家型马克思主义”的构想，认为马克思主义的“革命实践”、法兰克福学派的“社会批判”和中国儒家传统的“道德省察”，三者是可以熔铸为一体的，就是一个很有代表性的新思路。杜维明也主张儒学要与马克思主义对话，特别是在“社会政治经济”的层次，他认为马克思主义是不可逾越的“显学”，能否与马克思主义进行深入对话并在其中找到结合点，是儒学在今天能否取得新发展、迎来更广阔前景的关键。

半个多世纪以来，船山学在中国大陆持续繁荣，学术成果十分丰硕。这在很大程度上是由于人们已经形成这样一个共识：王船山是中国历史上民族气节最坚贞、传统学问最渊博、哲学慧识最高卓的一座思想高峰，不仅封建时代无人能超过他，近代中国也得益于他开启的思想曙光，甚至他也是辩证唯物论在中国传播和发展最重要的“内应”之一。马克思主义的船山学无疑在中国大陆居于主导地位，本书选取嵇文甫、侯外庐、张岱年、萧萐父、朱伯崑等人为代表，围绕着理气观、性命论、知行观、历史哲学和易学观，对他们的船山学成果进行了系统梳理，并与现代新儒家学派的船山学进行比较研究。作者在人物选择上注意到了代表性，比如既介绍了以侯外庐、萧萐父为代表的认为王船山是我国明清之际早期启蒙思潮的哲学代表，高度评价其朴素唯物论和辩证法思想贡献的一派主流观点，也介绍了不赞成从反理学的角度来定位王船山，认为宗主横渠的船山哲学思想仍然是“在道学范围内的一种唯物主义传统”的嵇文甫一派观点，冯友兰的船山学观点实际上可以归入这一派。又比如朱伯崑的船山易学研究也受到了应有的重视。前面已经提到，现代新儒家的几代人都把《大易》当作船山哲学的源头和根基，马克思主义派学者朱伯崑也在扎实的文本研究的基础上，对船山易学哲学体系进行了独辟蹊径的系统学理研究，其成就决不在现代新儒家学者之下。经过对两派船山学的比较研究，作者得出结论：两派虽然在理论和方法上存在着许多分歧，但是也有一些共通之处，因此，在双方之间进行沟通和理性对话不仅是可能的，而且是非常必要的，这对两派的健康发展都能起到积极作用。

无论是对船山思想本身，还是对现代新儒家和马克思主义的船山学，本书的分析和评论都比较客观公正，比较实事求是，这个看法大概能够得到多数读者的认同，至少可以看出作者是力图这么做的。本书还有一个特点，就是所有研究结论都是在认真研究读原著、查核第一手资料的基础上形成的，并以朴实的语言风格表达出来。作者这种勤勉、踏实、严谨的学风，在对“船山学”概念来源的考察上给我留下了深刻印象。

书中提到了 1982 年我在王船山学术思想讨论会上所做的《关于

建立和发展船山学问题》的发言，当时我只是从学术发展的形势和需要出发提出这个看法，而没有考证过“船山学”概念的来源。本书却以翔实的资料指出，“船山学”的提法最早见于晚清经学家王闿运的“日记”，之后又陆续出现于梁启超、熊十力等人的论著中。王闿运在同治八年（1869）二月初五的日记中写道：“船山学在毛西河伯仲之间，尚不及阎伯诗、顾亭林也，于湖南得为风气之先耳。明学至陋，故至兵起，八股废，而后学人稍出。”[①] 王闿运对船山学的评价并不高，在与同时代的毛奇龄、阎若璩、顾炎武等人学问的比较中，他并没有特别推重船山之学，甚至语带贬义。这与他一贯的学术立场不无关系。梁启超在《近代学风之地理的分布》（大约作于1902年）一文中说：“浏阳谭复生与其友同县唐绂丞共学。谭嗣同少治龚魏之学，好今文家言，又研究船山学，能为深沉之思。”这是他对谭嗣同学术思想渊源的分析，肯定“船山学”对谭嗣同曾经产生过深刻影响。熊十力的处女作《心书》作于1916年夏，首篇《船山学自记》说：“余曩治船山学，颇好之。”“船山书凡三百二十卷，学者或苦其浩瀚，未达旨归。余以暗昧，幸值斯文，嘉其启予，爰为纂缉，岁星一周，始告录成，遂成船山学。”[②] 上述三条资料，“船山学”都是指船山本人之学，而不是指后世以王船山的生平、著作和思想为研究对象的专门学问。诚如作者所言，古往今来的思想者何其多矣，唯有其思想能自成一体，影响深远，后世方以“学”称之。正是由于船山之学博大精微、自成一体、影响深远，它在后世才会受到持久的关注，成为人们的研究对象，发展成为一门独立的学问。由此可见，“船山学”概念的双重涵义，既有区别，又有内在联系。

仅仅过去了30多年，关于“建立和发展船山学”的意义，在今天已是一个不成问题的问题。对最近半个世纪船山学研究的新进展，

---

① 王闿运：《湘绮楼日记》第1卷，岳麓书社1997年版，第15页。

② 《熊十力全集》第1卷，湖北教育出版社2001年版，第5页。

王兴国等同志已经做了很好的总结。“回到船山”的口号颇具象征意义，它预示着人们将把目光更多地投向这位中国中世纪末期的伟大思想家，不同学派之间的交流互动也是船山学持续繁荣的重要条件，我相信这门学问在今后还有非常广阔的发展前景。

《现代新儒学与船山学》一书是作者在博士论文的基础上积数年之力修订完成的，它体现了年轻一代学者对船山学以及现代新儒学与船山思想之内在关系的深入思考。该书即将由中国社会科学出版社出版，作者要我为它作“序”，我觉得自己也有推介的责任，就把上述看法作为阅读心得写出来，与作者、读者也与学界的朋友们进行交流。

2015 年 1 月 15 日

（《现代新儒学与船山学》，方红姣著，中国社会科学出版社 2015 年 2 月出版。序文曾以《船山学研究的最新前沿成果》为题发表于《船山学刊》2015 年第 4 期）

《中国文化与马克思主义》序

1994 年，已年过四十、有副教授职称的张允熠同志到南开大学来攻读中国哲学博士学位，当时他正承担着一项国家社科基金课题“中国传统文化与中国特色社会主义”。在商量博士论文选题时，他有意与国家社科基金课题结合起来，以“儒学与马克思主义”或“中国文化与马克思主义”为题。我考虑到他比一般年轻博士生学识基础宽阔、厚实，又有青年人的朝气和锐气，具备做这个课题的基本条件，就表示支持他的选题意向。我同时指出：这是当前中国学术思想领域里的一个前沿课题和尖端课题，人们的认识很不一致，要用正确的观点把这个问题讲清楚，讲出一点新意和理论深度来很不容易。他有知难而进的精神，这是我很高兴，也是我所期待的。

三年后，他写出了 30 万字的博士论文，颇受评阅与答辩专家好评。1999 年初，《中国文化与马克思主义》一书正式出版，德高望重的张岱年先生为它作“序”，指出这是“一个十分重大的问题”，“长期以来，国内还没有系统研究这一问题的著作”，肯定它有重要理论价值并具有填补空白的意义。没有想到该书的出版以及此前发表的《试论马克思主义的中国学脉渊承》一文，被一些人曲解为所谓“马克思主义中源说”，在《哲学研究》等报刊上引起争鸣，形成为一场不大不小的学术风波。其实张著并没有否定列宁关于“马克思主义的三个来源和三个组成部分”的论断，也没有说过中国文化是“马克思主义的第四个来源”，只是力图在中西文化交流的大背景下，加强对中国传统文化对欧洲近代思想界以及马克思主义创始人的影响的研究，说明马克思主义是一种吸收和改造了包括中国文化在内的人类文明发展中一切有价值的成果的思想体系。这与列宁在《关于无产阶级文化》一文中论述的精神是完全一致的。

此后十多年来，允熠一直没有放松对这个问题的研究。为了深入考察中国文化对欧洲近代思想的影响，他还与其弟子一起编译了《中国：欧洲的样板——启蒙时期儒学西传欧洲》（黄山书社 2010 年 7 月出版）一书，在掌握中西文化交流史的第一手资料方面下了扎实的工夫，认识也比以前更加清晰和深刻了。时间证明了《中国文化与马克思主义》一书的价值。它这次由人民出版社再版，作者又增补了 6 万多字的第十章，实际上主要是对原书第四章“学脉的渊承”内容的拓展与深化，展现了他十多年来的一些新的研究成果。近日我重新翻阅此书，并重点阅读了增补文稿，觉得以下几点是值得注意的。

一　把马克思主义中国化放到中西文化交流与融合的历史背景中来考察，确认它是四百年中西文化交流互动的最高成果

近百年来，诞生于西方的马克思主义，在一个东方大国取得了如此巨大的成功，以至成为当今世界马克思主义和社会主义最重要的根据地和马克思主义民族化、时代化、大众化的典范，这个历史现象引人深思，也非常需要得到合理的解释。本书作者认为，马克思主义中国化的主要动因和机制是中国革命实践对理论的需求，以及马克思主义基本原理与中国具体实际相结合，而在更深的层次上，则是马克思主义与中国优秀传统文化的结合。马克思主义之所以能够实现中国化，除了因应中国社会变革、中国革命实践的历史性需求之外，另一个根本性的原因，就是四百年来中西哲学与文化长期双向交流互动的历史性选择的结果。这是贯穿于全书的一条思想主线。因为在作者看来，中国传统的主流意识形态即儒家思想在晚明时期已呈衰落之势，中国主流文化转型的内在动因在那时就已经开始发酵了。比如当时儒

学内部就有人发出了“实学救世”的呼声，许多有识之士都尖锐地批评了阳明心学末流空疏误国的学风。适逢其时，西方来华的耶稣会士带来了西方的科学技术与哲学、逻辑学。由于当时西方近代自然科学尚未问世，传教士带来的这些知识大都是源于文艺复兴时期重新发现的希腊文化，如欧几里得的几何学、托勒密的天文学，还有亚里士多德的哲学和逻辑学等，但对于中国的知识界来说，这些都是闻所未闻的“新学”。也就是说，中西文化交流与融合的序幕在16世纪明朝中叶就拉开了。面对西方文化，深受触动的是当时中国的士大夫知识阶层，比如徐光启就提出了“欲求超胜，务必会通”的主张，此后数百年间，包括戴震的“西学中源”说，魏源的“师夷长技”说，冯桂芬、张之洞等人的“中体西用”说，王韬的“中西融会贯通”说，蔡元培的“中西兼收并用”说等等，无不是主张一方面向西方学习，一方面寻求融通中西文化之道。马克思主义正是在中国主流文化亟待转型和“西学东渐”的大潮中传入中国的，而且在与西方各种思潮的比较中显示出了其巨大的优越性，所以被先进的中国人所接受并开始了马克思主义中国化的伟大历程。“为什么在万卉纷呈的西方思想的园地中，中国人最终选择了马克思主义?”——作者在《自序》中提出的这个问题，答案只能从四百年中西文化交流会通的历史过程中去寻找，并且要注意挖掘其深层的文化背景和学理渊源。

二　坚持认为马克思主义是吸收了人类一切有价值的思想文化成果的科学真理，在逻辑和事实上其中也包括中国文化的要素

关于马克思主义的思想理论来源问题，国内外的研究者都表达过一些富有启发性的看法，但国内学术界一些人却孤立、静止地理解列宁关于马克思主义“三个来源和三个组成部分”的提法，认为有了这个结论就不能根据历史事实对马克思主义的思想文化来源问题做视野更宽阔、内容更深入的探索研究。实际上，列宁讲的“三个来源”主要是指马克思主义产生时的三个直接的思想理论来源，即德国古典哲

学、英国古典政治经济学和法国空想社会主义，这三个直接的来源基本上是比马克思稍早（18 世纪后期）和与马克思同时代（19 世纪）产生的欧洲思想文化成果，并未包括“资产阶级时代”的一切“最宝贵的成就”，也不能包括马克思主义生长于其上的深厚的人类思想文化渊源和一些间接的理论来源。正因为如此，列宁又指出：“马克思主义这一革命无产阶级的思想体系赢得了世界历史性的意义，是因为它并没有抛弃资产阶级时代最宝贵的成就，相反却吸收和改造了两千多年来人类思想和文化发展中一切有价值的东西。”[①] 列宁的这段话，是对他的“三个来源”说的合理性与有效性的补充。既然“三个来源”指的是直接来源，那么，“两千多年来人类思想和文化发展中一切有价值的东西”就是指更广泛的人类思想文化根源，也包括一切间接的来源。在这里，列宁只是指出了探讨这一问题的方向，并没有具体展开论述，“两千多年来人类思想和文化发展中一切有价值的东西”，它所包含的探索研究空间是很大的。《中国文化与马克思主义》一书旨在说明马克思主义产生的深厚的人类思想文化根源和间接理论来源中也包括中国文化的因素，并在中西文化交流史中找到大量证据，做了一些具体的史料搜集和考释工作。应该说，这个工作是非常有意义的，有利于说明马克思主义的科学真理与包括中国文化在内的人类思想文化成果的内在血脉联系，也有利于推进马克思主义中国化的事业，推进马克思主义与中华文化精华的进一步深度结合。

三 深入挖掘在欧洲近两个世纪的“中国热”中，中国哲学对欧洲近代哲学形成的潜移默化影响，以说明它对马克思主义哲学的间接影响

对于中西文化交流史，人们谈论最多的是“西学东渐”，这是近代以来每一个中国人都能深切感受到的客观现实。但是，如果只是把

① 《列宁选集》第 4 卷，人民出版社 1995 年版，第 299 页。

中国定位在文化双向交流的被动接受的一方，显然也是有违历史事实的。“全盘西化”论者认为中国文化一无是处，民族文化虚无主义者连中国的“四大发明”对人类的贡献都要刻意抹杀，他们更不愿正视中国文化在“中学西传”中对西方文化的影响了。事实上，从 16 世纪末到 18 世纪，来华的耶稣会士已把中国悠久的历史文化，包括儒道的主要经典都传译到了西方，在欧洲形成了将近两个世纪的“中国热”。许多第一流思想家都高度重视甚至迷恋中国文化，“一直到 18 世纪中叶，一般都认为中国远胜于欧洲”，“有关中国的知识已成为文化界的常识”[1]。中国哲学对欧洲近代哲学的形成和发展产生了无可否认的深刻影响，至少已成为 17—18 世纪欧洲近代哲学形成的一个重要因素。朱谦之先生曾经指出，中国哲学传入欧洲促成了欧洲文化由神学时代进入哲学时代，这个促成文化转型的历史性贡献是非常值得重视的。他在《中国哲学对欧洲的影响》一书中对此做了粗线条的介绍，但未展开深入论证。张允熠在《中国文化与马克思主义》一书的第四章中，尤其是在后来增补的第十章中，不仅补充了大量最新资料，而且还对西方近代哲学中的自然神论、有机论哲学、实践哲学、理性与纯粹理性、绝对理念、“正反合”辩证法等主要理论观念，进行了深入挖掘和探赜溯源，具体揭示其所受中国哲学的影响，广征博引，有理有据，具有很强的逻辑性和说服力。该书还提到了 1998 年英国出版的《剑桥十七世纪哲学史》，这部完全由英美人编写的权威性哲学史著作，在其《导言》中把欧洲哲学对中国哲学的回应，当作欧洲 17 世纪哲学形成的三大背景和前提性条件之一，从而还原了欧洲近代哲学形成过程中深受中国哲学影响的基本事实。还原这一哲学史实的重要意义在于，它揭示了马克思主义产生的西方文化背景中有不容忽视的中国因素，突出地表现在中国哲学对欧洲近代哲学的潜移默化的影响，这种影响也表现在由“莱布尼茨—沃尔夫”学派所开创

① ［美］埃德蒙·莱特斯：《哲学家统治者》，《中国哲学史研究》1989 年第 1 期。

的德国哲学传统中。从莱布尼茨、沃尔夫到康德、黑格尔，中国哲学元素实际上已经内化即“欧洲化”为西方近代哲学的有机组成部分了。中国哲学通过欧洲近代哲学特别是德国古典哲学对马克思主义哲学产生的间接影响，应该说是有迹可寻的，这一研究的重要意义应给予充分肯定。

四 “补论”对马克思中国观的研究，比以前更加丰富和深入了，有助于中国人民了解马克思这个世界历史伟人，进一步推进马克思主义中国化的事业

从16世纪开始的“东学西渐”进程，到19世纪，由于中国在经济、军事、文化、科技实力和社会制度等方面均已落后于西方，一般欧洲人的潜意识已由崇拜中国转变为鄙视中国，马克思主义创始人也不能不受到这种“中国观”的影响。他们对中国的专制政治制度和宗法道德都有一些尖锐的负面评论。但是，作为世界无产阶级革命导师的马克思和恩格斯始终关心中国人民的命运，注意研究中国社会的发展变化，谴责帝国主义对中国的侵略，预言中国革命将会对世界革命做出先导性的贡献。关于这方面的研究，人民出版社曾经出过《马克思恩格斯论中国》资料摘编，有的学者围绕着马克思的东方社会理论，也发表过一些关于马恩论中国近代重大历史事件（如鸦片战争和太平天国运动）的文章，但是像张允熠这样，根据大量第一手资料，对马克思、恩格斯的“中国观”进行全面系统研究的成果，过去确实还没有见到过。他引用的马恩原话均来源于马恩全集，其中许多是《马克思恩格斯论中国》不曾收录的。比如，我们从中获知马恩在特定条件下提到的“中国人”三个字，通常就是指“孔夫子”，像“完善的中国人才是共产主义者”，即是说孔夫子才是共产主义者。马恩在《德意志意识形态》中曾引用法国人卡贝的一段话：“请听！我不来对你们谈及许多实行过财产共有制的古代民族！也不来谈及希伯来人……莱喀古士和毕达哥拉斯……孔夫子和琐罗亚斯德，最后两人之

中，前者在中国宣布了这个原则，后者在波斯宣布了这个原则！”在这里，他们又一次把孔子当作共产主义思想的奠基者。张著还让读者了解到，恩格斯早在1839年就指出孔子哲学与黑格尔哲学具有相似性——同属“泛神论”。比如他说：“现代泛神论，也就是说，黑格尔，在中国人（孔夫子）和袄教徒那里已经可以找到……”[①] 由此可见，马克思和恩格斯在1850年说“中国的社会主义跟欧洲的社会主义像中国哲学跟黑格尔哲学一样具有共同之点”[②]，并非偶然，因为他们早就注意对这两种哲学做比较研究了。马克思和恩格斯有关中国的言论，大多散布在他们不同时期的著述中，虽然是一些零星议论或只言片语，但汇集起来就能反映出马恩中国观的概貌及其形成的心路历程。有意思的是，该书还让读者了解到，中国文化元素甚至已融入马克思的家庭生活中：他给自己的两个爱女分别取了两个中国绰号，大女儿小燕妮叫“高贵的中国人”，小女儿爱琳娜叫“中国皇太子古古”。马克思、恩格斯有关中国的议论，即使是对中国人道德的一些负面议论，今天的中国人读来仍感触尤深，我们如能从这些负面议论中汲取有正面价值的东西，那么对于正确扬弃中国传统文化、推进当前的社会主义核心价值观教育，必能起到非常积极的作用。

马克思主义与中国文化的关系问题是国内外学术界都十分关切的一个世纪之问。它包含的内容极其丰富，理论、历史、现实交织在一起，需要多方面、多角度、多层次地进行立体研究。一方面“理论在一个国家的实现程度，决定于理论满足这个国家的需要的程度”，马克思主义在中国的成功绝不是偶然的，需要做出科学合理的说明；另一方面，马克思主义在中国扎根、落户又需要有丰厚的文化土壤来培植和滋养，马克思主义之“魂”必须被中国文化之“体”所接受，才能在中国的新文化建设中起到指导思想的作用。中国传统文化的扬

---

① 《马克思恩格斯全集》第41卷，人民出版社1992年版，第545页。

② 《马克思恩格斯全集》第7卷，人民出版社1959年版，第265页。

弃与新生也需要当代先进文化来引领，在马克思主义科学世界观指导下激活其科学性与民主性的精华，批判和清除其封建性的糟粕，马克思主义中国化还在途中，因此这一研究也没有止境。张允熠对这个问题的富有个性特征的研究，已经在学术史上留下鲜明的足迹，他的大著增订新版问世，将继续经受历史的检验，包括接受学术界的批判审视，不论它将得到怎样的评价，我认为都是对这一课题研究的有益推进。他以坚持真理、修正错误的态度，对这个课题进行二十多年持续研究的精神是难能可贵的。

马克思主义与中国文化的关系也是我多年来思考和研究的一个中心课题。我是从“五四”后中、西、马三“学”的关系来切入这个问题的，认为“马学为魂，中学为体，西学为用，三流合一，综合创新”是近百年来中国现当代文化发展的一条现实道路。正如张岱年先生所指出的：“文化的综合创新的核心是马克思主义与中国文化的优秀传统的结合”[①]，因此马克思主义与中国文化的关系也是文化综合创新论和“马魂、中体、西用”论的核心问题。

“马魂、中体、西用”论与我们党一贯的文化建设指导方针是高度一致的。比如在党的十七届六中全会通过的《中共中央关于深化文化体制改革 推动社会主义文化大发展大繁荣若干重大问题的决定》中，就明确指出社会主义核心价值体系是“兴国之魂”，马克思主义指导思想是社会主义核心价值体系的四项基本内容之一，在分别为“灵魂、主题、精髓、基础”的完整理论体系中居于“灵魂”的地位。文件中也有“以民族文化为主体，吸收外来有益文化，推动中华文化走向世界”的论述。在讲学习借鉴国外优秀文化成果时，强调要坚持“以我为主，为我所用”的方针。也就是说，在这个重要文件中，“马魂”“中体”“西用”都讲到了，马、中、西分别处于“灵魂”“主体”和为我所用的“他山之石”的地位。

① 《张岱年全集》第8卷，河北人民出版社1996年版，第526页。

党的十八大以来，习近平同志关于思想文化问题有一系列重要论述，其基本精神也是“马魂、中体、西用”，特别是强调中国共产党人既是马克思主义者，也是中国优秀传统文化的忠实继承者和弘扬者，是二者的有机结合、辩证统一。他是从加强党的意识形态建设的战略高度来看这个问题的，一再讲马克思主义、共产主义信仰是共产党人的命脉和灵魂，理想信念是共产党人精神上的“钙”，学好马克思主义基本理论是共产党干部的看家本领。同时他又强调，中国特色社会主义植根于中华文化沃土，反映中国人民意愿，适应时代发展进步要求，有着深厚历史渊源和广泛现实基础。我们要坚持从历史走向未来，在延续民族文化血脉中开拓前进，坚持民族文化的主体性。科学对待民族传统文化，科学对待世界各国文化，坚持古为今用、洋为中用，用人类创造的一切优秀思想文化成果武装自己，才会有中国特色社会主义文化的大发展、大繁荣。这些论述，对于讲清楚马克思主义与中国文化的关系问题，有着重要的指导意义。

张允熠对马克思主义与中国文化关系问题的研究，与上述精神是完全契合的，体现了马克思主义理论立场（坚持“马学为魂”）与中国文化本位立场（坚持“中学为体”）的统一。这种研究立场，除了本书外，在他的《马魂、中体、西用：传统话语转换中的新拓展》[《上海师范大学学报》（哲学社会科学版）2007 年第 6 期]、《中国文化哲学构建的三大话语平台》（《学术界》2008 年第 4 期）等文章中也有充分体现。我希望他把这个做了二十多年探索性研究的课题继续深入下去，更加切近中国现当代思想史的实际，具有更加宏阔的理论眼光，为深刻回答人们普遍关心的这个“世纪之问”做出更大的贡献。

2015 年 5 月 30 日

（《中国文化与马克思主义》，张允熠著，人民出版社 2015 年 9 月出版）

《马魂中体西用》序

“马魂、中体、西用”论提出已经九年了。它得到学术界不少朋友的赞同、响应和支持，也听到一些批评和质疑的声音。在“道术为天下裂”的时代，提倡“会通”“兼和”精神的文化主张很难得到一致认同，这也是意料中之事。“马魂、中体、西用”三流合一、综合创新只不过是“五四”后中国现当代文化发展道路选择的一种主张，一家之言，持不同文化道路选择的还大有人在。

“全盘西化”“复兴儒学”“中体西用”“西体中用”等文化道路选择，都把马克思主义这个重要维度排除在外，或者把它仅仅看作是一种“西学”，不承认它在中国现当代文化发展中起了决定方向的作用。从这个意义来说，“马学为魂”受到的挑战是最严峻的。但是，俄国十月革命后传入中国的马克思主义，近百年来，与中国革命、建设、改革实践相结合，不仅从根本上改变了中国的面貌，而且至今还是社会主义中国的主导意识形态，把它完全排除在中国现当代文化之外，不是与客观历史事实相去太远了吗?

马克思主义要在现当代中国文化中起到“魂”即指导思想的作用，必须被中国文化之“体”所接受，与中国文化形成一种“魂体相依”的关系。这是我们要着力阐明和论证的一个主要观点。提出“运作主体”“生命主体”“创造主体”“接受主体”四个概念，前所未有地突出了中国文化的主体性，突出了它的主体和载体地位，也与晚清张之洞等人的“中体西用”论本质地区别开来。正如张岱年先生所指出的："文化的综合创新的核心是马克思主义与中国文化的优秀传统的结合。"①

"西学为用"体现了中国现当代文化的开放性特征，而且是全方位地开放，"坐集千古之智"（方以智《通雅·音义杂论》）为我所用。但是，在经济、文化、信息全球化的时代，开放性也可能带来一些负面效应，所以还需加强文化的主体性建设，包括加强已融入中国文化之"体"中的马学之"魂"的指导和引领作用。

"马魂、中体、西用"论把马克思主义的指导思想地位、中国文化的主体地位和外来文化的"他山之石"地位三者有机地统一起来，"三学合一"，综合创新，是中国现当代文化发展的一条康庄大道，也是唯一现实可行的一条正道。这个结论，已被近百年来的历史实践所证明。之所以现实可行，在很大程度上是由于它与领导中国革命、建设、改革事业的中国共产党的文化建设指导方针是完全一致的。

在理论渊源上，"马魂、中体、西用"论与20世纪30年代张申府先生的中、西、马"三流合一"思想，以及80年代张岱年先生的"文化综合创新论"，有直接的思想继承和延伸、发展的关系。特别是张岱年有"中华民族是建设社会主义中国新文化的主体，而社会主义是中国新文化的指导原则。科学技术等等都是为这个民族主体服务的，也都是为社会主义服务的"② 的论述，在我们看来，它离"马魂、中体、西用"论就只有一步之遥了。不过他还是在体用二元模式中来论述这个问题，我们则试图用"魂、体、用"三元模式来更加准确地界定马、中、西三"学"的地位和相互关系。

中国传统哲学中的体用范畴，有本体（实体）与其作用、功能、属性的关系，以及本体（本质）与现象的关系两种主要涵义，表现为"器体道用"与"道体器用"之异。因此，在运用传统体用范畴来讨

① 《张岱年全集》第8卷，河北人民出版社1996年版，第526页。
② 《张岱年全集》第6卷，河北人民出版社1996年版，第129页。

论文化问题时，往往歧义丛生，“中体西用”与“西体中用”之争就存在着对体用范畴涵义的歧解问题。面对“五四”后中、西、马三“学”并存和对立互动的格局，体用二元模式已捉襟见肘，丧失了解释效力，“魂、体、用”三元模式应运而生。后者是在前者的基础上变通、发展而来的，形成“魂、体、用”三元模式的关键，是把主导性之“体”与主体性之“体”区分开来，亦即把“道体器用”之“体”与“器体道用”之“体”区分开来，分别用“魂”和“体”两个概念来表示。

“魂、体、用”三元模式有没有客观依据和一定的普遍适用性呢？我们借助于王船山讲的“形而上者谓之道，形而下者谓之器，统之乎一形”和“上下无殊畛，道器无易体”（《周易外传》卷五）、“物之体则是形”（《读四书大全说》卷二）的思想，认为“道”（魂）、“形”（体）、“器”（用）三元模式是可以成立的。世界上的事物、现象和关系是复杂多样的，有的可以用“体用”二元模式来说明，有些“一分为三”的事物，就需要用“魂、体、用”三元模式来说明。它们各有一定的适用范围，在这个范围内才具有解释效力。指出中国儒学有“以仁为魂，以礼为体，以和为用”的文化价值体系，就是“魂、体、用”三元模式具有一定的普遍适用性之一例。

“马魂、中体、西用”不仅是“五四”以来中国文化发展的唯一现实道路，而且也是当今中国人文社会科学发展的一种主导的学术范式，即以马克思主义为世界观和方法论的指导，而其问题意识、主要学术资源和话语体系都是来自中国的现实与历史文化，同时以其他民族一切有价值的文明成果为资粮和借鉴。这实际上是指出了一条马克思主义中国化的普遍有效的学术路径。20 世纪中国一些成就卓著的马克思主义学者，都是走的这么一条“三学合一”的学术道路，他们的成功经验对后学有很强的示范意义。

本书的编者谢青松同志曾作为“西部之光”访问学者到社科院访学一年，他敏锐地意识到“马魂、中体、西用”论具有重要的理论意义和方法论价值，不但从学术范式的角度进行了创造性的研究，而且还对有关学术成果做了系统整理和综述，并在此基础上编辑了本书。收入本书乙篇中的24篇文章，分别从基本内涵、学术渊源、理论价值、现实意义、范式应用等方面对“马魂、中体、西用”论做了具体阐析与点评，其中有许多富有启发性的真知灼见。特别是有的文章还指出了这一理论的若干不完善之处，这对于推进研究的深化大有裨益。我对编者和各位作者表示衷心感谢。

附录中还收入了杨承训先生的《中国经济学的发展方向》一文。是他在这篇文章中最先提出了“马魂、中体、西用”的概念，我们都是后继者和追随者。杨先生的开创之功不可没。

70多年前，张申府先生在《家常话》中说：“我始终相信，孔子、列宁、罗素是可合而一之的。我也始终希望，合孔子、列宁、罗素而一之。……合孔子、罗素、列宁而一之的新体系定是新世界中的新中国的新指标、新象征。”① 应该说，他的这个预言已经变成现实，“马魂、中体、西用”三流合一的新体系已经成为中国特色社会主义文化的主流和“新指标、新象征”。我们要以高度的责任感来巩固它的主流地位，让它在社会主义文化大发展大繁荣中发挥更大的作用。

2015年5月24日

（《马魂中体西用——中国文化发展的现实道路》，谢青松编，方克立等著，人民出版社2015年12月出版。序文曾发表于《云梦学刊》2016年第5期）

---

① 张申府：《家常话》，《张申府文集》第3卷，河北人民出版社2005年版，第434页。

《刘鄂培文集》序

为庆贺刘鄂培先生九十大寿，杜运辉同志编的《刘鄂培文集》即将出版，著者和编者都希望我写一个“序”，我感觉到情不容辞。

我与鄂培先生原来不认识，由于对张岱年先生的哲学和文化思想高度认同并有传承弘扬的共同志趣，而逐渐认识、有所交往，进而成为学术上的同道与知音。他是张岱老最忠实的学生、私交很深的朋友和工作上的得力助手，因而有时又成为我与张先生之间联系的桥梁。比如他在信中尝言：“德阳儒学会议，岱老和我是诚心地邀请兄光临。孔会已发正式邀请函，岱老嘱我再作书面邀请。”“得悉《中国唯物论史》已获基金批准，岱老为此十分高兴，嘱我写信代他致谢。”“大作[①]高瞻远瞩，我已送去给岱老看过，岱老很高兴，说写得好。”

学习、研究和阐扬张岱年先生的学术思想是我与鄂培先生交往的主要内容，在这方面我们有较多共同语言。在当今中国学者中，对于张岱老的生平、著作和思想，鄂培先生是了解最全面、体察最深入、把握最准确的人之一，我从他那里学到了许多东西，也得到他的不少支持和鼓励。

比如他的一个重要贡献是发现并指出将辩证唯物论与中国传统哲学辩证思维相结合的“兼和”范畴，是张岱年先生的一个创见，是张岱年哲学的核心范畴，也是其哲学精髓之所在；张先生倡导的“综合

① 指2003年2月11日发表在《光明日报》上的《中国哲学的综合创新之路》一文。

创新”文化观，即以唯物辩证法中国化的“兼和”范畴为其哲学基础。

用“兼和”范畴将张先生的哲学思想与“综合创新”文化观贯通起来，确实是一个发前人之所未发的卓见。当我读到他写的《“兼和”——张岱年先生哲学思想的精髓》一文时，立即决定发表于《中国社会科学院研究生院学报》2000 年第 4 期。后来我也写过《学习张岱年先生的“兼和”思想与品格》一文，从“凝道成德”的角度说明“兼和”是最高的价值准则，体现了中国文化的基本精神，最初就是得到鄂培先生的启发。

我写的多篇关于张岱年哲学思想研究的文章，都得到了他的支持和鼓励。比如《大力宣传我们的文化主张——“综合创新”论》和《中国哲学的综合创新之路》二文，曾以“读书心得二则”为题发表于他与衷尔钜共同主编的《张岱年研究》① 一书。特别是 2004 年 4 月张岱老去世后，我在悲痛中写成《张岱年在 20 世纪中国哲学史中应有之地位》一文，鄂培先生读后于 8 月 2 日给我写了一封 5 页长信，表示“内心无比高兴。在 38℃酷暑中，读到此文，像饮用了一杯清凉剂，浑身舒畅”。“近十数年来，我已拜读过的有关岱老思想研究的论文，不下百篇。而方兄之大作我认为是水平最高的一篇。因为它‘思之深’而又‘言之切’。”“方兄在大手术之后，冒酷热，完成长达一万六千字的高质量论文，为宏扬岱老的学术思想付出了艰辛劳动，我深为敬佩。”信中表示赞同我的主要观点，也指出有个别提法尚可商酌，态度十分诚恳。2006 年春，鄂培先生邀我参加在长沙岳麓书院召开的纪念张岱年先生逝世两周年学术研讨会，我因主客观条件不允许而未能赴会，但在请他转交给会议的贺信中首次在学习张先生文化思想的基础上，提出了“马学为魂，中学为体，西学为用，三流合一，综合创新”的构想，得到他和一些与会学者的支持，这就是试图总结百年中国文化发展道路和揭示当今中国主导学术范式的“马魂、中体、西用”论。

① 刘鄂培、衷尔钜编：《张岱年研究》，清华大学出版社 2004 年版，第 16—24 页。

上个世纪70年代末，张岱年先生在北大给研究生开“中国哲学史史料学”和“中国哲学史方法论”两门课程，每堂课都是由年过半百的早年学生鄂培先生陪同、接送，并随堂听课。这种尊师重道精神给听课的年轻人留下了深刻印象。1987年6月，中华孔子研究所在山东济宁召开学术年会，张岱年先生作主题发言，鄂培先生根据发言整理成《综合、创新，建立社会主义新文化》一文，发表于7月10日《北京日报》。这就是80年代文化讨论中不同于“全盘西化”“复兴儒学”“中体西用”“西体中用”等文化主张的马克思主义“综合创新”论正式问世的标志。在张岱年先生主编的《中国唯物论史》[①]一书中，鄂培先生担任第一副主编，他不仅完成了自己承担的先秦部分的撰写、编辑任务，而且还为全书的组织协调做了大量具体工作。长期以来，他为张岱老学术著作的出版，为研究、宣传、阐扬张先生的学术思想殚精竭虑，不遗余力。比如，他是清华大学出版社出版的《张岱年文集》六卷本的主要编者和组织者之一，还是《综合创新——张岱年先生学记》《张岱年研究》等研究著作的主编。张岱老去世后，他积极筹建张岱年学术思想研究会，而且跟我说过早有编《张岱年先生学谱》的打算，但由于年事已高实在有点力不从心了。经过中国哲学史学会诸位同志的共同努力，“张岱年哲学专业委员会”终于作为中国哲学史学会的二级学会经民政部批准正式成立了，鄂培先生被推举为首任会长。2007年4月13日，在清华大学召开的纪念张岱年先生逝世三周年暨张岱年哲学专业委员成立座谈会上，我推荐为人忠厚、勤奋踏实的南开大学博士生杜运辉给鄂培先生当助手，协助他编撰《张岱年先生学谱》，他们的有效合作使这部48万字的著作得以于2010年1月由昆仑出版社出版。鄂培先生出席了2009年在北京召开的纪念张岱年先生诞辰一百周年学术研讨会，但是他的身体情况已经不允许他出席2011年在石家庄召开的以他为“名誉主任”的

① 张岱年主编：《中国唯物论史》，河南人民出版社1993年版。

张申府张岱年研究中心成立大会了。

鄂培先生大力宣传张岱老的哲学思想，还有一件事情值得一提，就是2008年北京奥运会开幕前夕，经北京奥组委授权，由华夏文化纽带工程组委会与北京市密云县人民政府共同建设的“中国印”巨型摩崖石刻在云蒙山落成揭幕。鄂培先生曾建议将《“中国印”摩崖石刻记》“颂”文中的“相得益彰”改为“兼和益彰”，以弘扬张岱年“兼和”思想所彰显的中国文化精神。他还将颂文评注缘起用整齐划一的隶书精心撰写出来。

可以说，鄂培先生把自己的后半生都执着地奉献给了研究、宣传、阐扬张岱老的哲学与文化思想的事业，这不仅是由于思想上的高度认同和数十年的师生情谊，而且还由于他们有相似的坎坷经历和积极的人生态度，学生感到老师的境界又更胜一筹，发自内心地由衷敬佩。在《张岱年文集》第一卷《编者的话》中，鄂培先生写过这样一段话：“1982年9月，季同师约我至其寓所，话间，我谈到：‘历次政治运动的冲击，和我个人遭遇坎坷的磨炼，有如河床上的卵石，棱角早已磨光，而我却十分欣赏古人诗句：‘取象于钱外圆内方’，棱角虽然已无，却永保内心方正。’季同师闻之，默然不语，思之良久，取笔直书‘直道而行’四字以赠。此时，我深感自愧。季同师与我有相同的坎坷遭遇，他的精神境界如此之高，相形之下，我确实太渺小了。”[①] 他体悟到“直道而行”就是“诚”，即做人要诚实、诚恳、以诚相待，为学、为道要尊重事物及其规律的客观实在性，无论处于顺境还是逆境，这是为人、治学所应取之基本态度。张岱年先生就是老一辈知识分子中“直道而行”的人格典范，他的亲近学生刘鄂培先生也有见贤思齐的君子之风。

关于鄂培先生的家世与早年经历，我过去知之不详。从他较为浓重的乡音我早就知道他是湖南人，也听说过他曾被错划为“右派”，

① 见《张岱年文集》第1卷，清华大学出版社1989年版，第382页。

在见面次数不多的交谈中，自然不会去触及这个痛处。2002 年冬我寄给他一本《湘学》第二辑[①]，并约他参加“湘学笔谈”。他读了辑刊上的文章后表示很感兴趣，在电话中说他的父亲也是湖南的文化人，与李淑一的父亲、写《湘学略》的李肖聃先生很熟，老人家已在香港去世。他很快就寄来一篇手书大作《谈湖南人的“驴”脾气》，以生动的笔触揭示了湖南人精神特质的一个方面，并做了恰当的得失评论。我已将该文发表于《湘学》第三辑[②]。

最近通过鄂培先生夫人竺老师提供的资料，我才知道其父刘茂华先生在上海美专学过美术，在长沙教书时又师从李肖聃研究国学，金陵大学研究院毕业后，参加过北伐军，以后从政十年，当过资兴县长、邵阳县长、湘西行署主任秘书、山东省主席主任秘书，1948 年底去香港，后半生一直从事教育工作，长期担任浸会大学中文系教授、图书馆研究员，与我后来认识的香港树仁大学校长钟期荣夫妇等人都有密切交往，1988 年因病辞世，享年 87 岁。鄂培先生早年随父母辗转于长沙、宁乡、安化、资兴、耒阳、邵阳、沅陵等地上小学和中学，1949 年考入清华大学哲学系。1951 年后与在香港的父亲失去联系，1980 年才得以骨肉团聚。鄂培先生长期在清华大学学习、工作，1958 年被错划为“右派”，先后调到校刊、校务处、清华附中等处工作，1979 年平反改正，重新回到教学科研工作岗位。他的学术成就基本上都是此后 30 年甘坐冷板凳、辛勤耕耘所取得的。

如前所述，鄂培先生学术工作的重点是研究、阐扬张岱年先生的“兼和”哲学与“综合创新”文化观，在这方面反复研索，多有精辟论述，《刘鄂培文集》中这一部分的内容也最为丰富，篇幅占全书三分之一以上。同时他还有多篇文章阐述和评析金岳霖、冯友兰等清华大学哲学系前辈老师的思想，以自己的亲知亲闻，说明他们解放后从

---

① 方克立主编：《湘学》（第二辑），湖南人民出版社 2002 年版。

② 方克立主编：《湘学》（第三辑），湖南人民出版社 2004 年版，第 13—16 页。

唯心主义到唯物主义的转变，并非由于政治压力完全被动的思想改造，而且也是在社会实践的基础上，扬弃原来不符合实际的错误认识，自觉地接受客观真理的过程，是符合思想发展内在逻辑的水到渠成的转变。他明确表态不赞成蔡仲德先生关于冯友兰思想的三阶段论和“回归”说，因为冯先生并没有从“理在事中”回到“理在事先”，没有从“具体的共相”回到前期的抽象共相观念。

在中国思想史研究方面，鄂培先生下功夫最大、最有心得体会的是孟子思想研究，曾著有《孟子选讲》和《孟子大传》二书，分别由北京古籍出版社和清华大学出版社出版。张岱年先生给两本著作都写了“序”，他中肯地评价说：“刘鄂培君研究中国哲学史，造诣甚深，对于孟子学说钻研尤深，曾著《孟子选讲》一书，得到学术界的好评。近又著《孟子大传》，对于孟子的生平事迹及思想学说作了详细的考证与深入的剖析。在孟子生平事迹方面，恪守科学考据的原则，不取‘演义’的方式；在孟子的思想学说方面，力图发微辨幽，将孟子的精粹思想阐发出来。”① 除了孟子思想研究之外，鄂培先生关于孔子、老子和《周易》哲学思想研究的文章，关于朱熹和戴震思想研究的文章，都已收入文集“中国传统哲学研究”一组中。我记得在主编《中国社会科学院研究生院学报》时，还发表过鄂培先生的《中国古代天人观的发展与柳宗元、刘禹锡论自然与人的关系》② 一文，可见他对中国传统哲学的主要问题和代表人物，研究的视野还是比较宽阔的。

《刘鄂培文集》中还有一组散文，一组诗词，集中表现了作者对祖国、对人民、对中国文化、对大自然的挚爱之情，对亲情、友情、师生之情的重视，对真善美的价值和独立人格的追求。鄂培先生有深厚的中国文史哲功底，业余爱好诗词和金石篆刻艺术，崇尚秦汉古印

① 《张岱年全集》第 8 卷，河北人民出版社 1996 年版，第 321 页。

② 刘鹗培：《中国古代天人观的发展与柳宗元、刘禹锡论自然与人的关系》，《中国社会科学院研究生院学报》1999 年第 2 期。

的自然、古朴、高雅之风。他写文章既有清晰的逻辑理路，又特别注重运用史论结合、夹叙夹议、情理交融的表达方式，为的是让青年读者容易接受，便于同他们心灵沟通。

1980年初，鄂培先生的右派问题改正不久，他携妻女去香港探亲，不少清华同事预言“刘君此去将不复返也”。他的夫人是清华建筑设计研究院的专家，到香港工作不找自来，待遇优厚；凭着父亲几十年的人脉，给他在香港谋个教职也不成问题。但他们还是如期返回北京，报效祖国，报效清华，临别时对父亲说：“我们回去把国家建设好了，你们在香港才能挺起腰杆做人。”这里反映了一个深受中国传统文化影响的当代进步知识分子的家国价值观。孟子讲的“乐以天下，忧以天下”，范仲淹讲的“先天下之忧而忧，后天下之乐而乐”，顾炎武讲的“天下兴亡，匹夫有责”，对于鄂培先生来说都不是空泛的说教，而是刻骨铭心的绝对命令，必须身体力行的切己之学。虽然在过去的政治运动中受过委曲，但他对自己的祖国还是一片深情，不离不弃，把建设好国家当作自己义不容辞的责任，也是实现自己的价值（包括让自己的亲人在香港能挺起腰杆做人）的根本途径。他的工作岗位是在思想文化领域，30多年来，大力弘扬中华优秀传统文化，大力倡导符合时代需要的“兼和”哲学与“综合创新”文化观，就是他为自己的祖国所做出的最有价值的贡献。

刘鄂培先生是一个有过曲折经历而又始终保持着一颗爱国兢业之心，为社会主义新文化建设做出了重要贡献的、值得尊敬的党外知识分子。我衷心祝愿他康宁长寿，并略述在与他交往过程中的上述感受，来祝贺《刘鄂培文集》的出版。

2016年5月6日

（《刘鄂培文集》，刘鄂培著，杜运辉编，长春出版社2016年11月出版）

《方克立序跋集》编后

在过去写的文字中，有一类是书的序跋，包括为自己写的书、编的书写的“自序”“前言”“后记”，也包括为别人的书写的“序”，以及别人以我的文字为其书之“代序”。把这类文字集合起来，就是奉献给读者的这本序跋集。

自己写的书、编的书要向读者交待写作缘起、编辑宗旨、主要内容、核心观念、编著经过和体例等情况，这是作者、编者应尽之义务，要对读者和社会负责任。受邀为别人的书写序是一件更加困难而严肃的事情，一是这些原来并不在自己的工作计划之内，都是不期而至的“额外任务”，要与计划内的工作协调好；二是你必须对其人其书有真切的了解，认真读过并且有自得于心的体会，能够做出客观中肯的介绍和评论，不敷衍应付、言不及义，不过度褒扬、评价失当，因为你不仅要对作者负责任，而且更要对读者、社会和历史负责任。

由于他序比自序更难写，所以我有时也自知力所不逮，很抱歉地婉拒了一些朋友的美意，不敢给自己对其学术内容不太熟悉的著作，或对其学术思想评价分寸难以掌握的著作写序。有一部已故朋友的著作集，已经发到我的电子邮箱里，我说其中有些论著还没有读过，编辑负责人说你主要写与他过去的交往就行了，我说那不行，对于一个学者，不全面了解他的学术思想就没有资格为其著作集写序。唯一不能拒绝的是自己学生的博士论文要出版了，要求导师写一个序，我一般都会答应。因为从论文选题到形成写作思路，研究过程特别是攻坚克难的过程，到论文完成答辩通过，我都是参与者，对这篇论文的创见和学术价值，以及尚存不足之处，应该说都是了解的，有责任向读者客观介绍，也鼓励青年学者以此起步充满信心地走上学术道路。事实上他们许多都已成为今日学术界的中坚，早已做出“青出于蓝而胜于蓝”的贡献。要说这本序跋集有什么特点的话，其中约有三分之一是给自己学生的著作写的序，笔端多带鼓励和深切期望之情，也指出其不足之处，可能是一个较为显著的特点，这大概也是许多教育工作者的共同特点。

序跋之文，没有固定的规格和模式，夹叙夹议，可长可短。有的偏重于对其人其书的客观介绍和评述，有的更多的是写作者的主观感受和论议，有的还会借题发挥说点“闲话”，甚至有离题另讲一套的。总之，这是一种比较个性化的写作形式，作者学识、才情、学风和文风的差异在序跋之文中尽显出来。好的序跋高瞻远瞩，能够引导读者畅游于书里书外，去领略本于原著又高于原著的意义世界，叫人读来深受启发。我虽心向往之，但自知达不到那种境界，只给自己提出两点要求：一是要真诚，二是要平实，把自己对该书的认识如实地传达给读者。如能基本做到这两点，那么这本序跋集也从一个侧面反映了作者 30 多年的学思历程，其内容涉及知行观和中国哲学范畴研究，现代新儒学研究，综合创新文化观研究和“马魂、中体、西用”论，以及兼及的湘学研究和中医哲学研究等方面，与友人论学和指导学生写作博士论文的题材则更广泛一些，也有几篇是与研究生教育管理工作有关的。序跋往往放在“杂著”一类，它是作者学术思想和学术生命的一部分，与作者的其他学术论著是互相关联、互相印证的，因而其思想史的意义也被一些学者所看重。

这本序跋集采取了最简单的编排方式，即大体上按照写作时间先后排列，写作时间与著作出版时间基本上是一致的。这样就没有把自序和他序类分开来。这本书也不是把我有关“序”和“跋”、“前言”和“后记”的所有文字都收进去了。比如《现代新儒家学案》的

“前言”和“代序”都是我写的，“代序”是一篇4万多字的长文《现代新儒学的发展历程》，考虑到占的篇幅太多，就没有收进去，而只收进了1000多字“前言”。又如上个世纪90年代，我按照教育部的要求，在张岱年先生指导下主编了高等学校人文素质教育课程公用教材《中国文化概论》和马克思主义哲学教学参考用书《中国哲学与辩证唯物主义》，两本书的“后记”和其中一种的“修订本后记”都是我写的，除了简要说明编著宗旨和现实必要性之外，主要是介绍编书的过程与各章作者分工等情况，就没有收入本书中。再如有一套丛书的“主编前言”，虽然也署上了我的名字，但主要执笔者不是我，我只参加了讨论和做过一些文字修改工作，也没有收入本书之中。

需要说明的是，本书中有的文字也包含了友人的劳动在内，或者是受到了他们思想的启发。30多年来我的工作都是在学术群体中，和大家一起做课题，与学界的朋友们交流很多。带研究生也是一个教学相长的过程，没有这个过程许多序文就写不出来。所以我对课题的合作者们，学业有成的研究生们，一直怀有感激之情，十分珍惜这种缘分。

本书的出版得到了当代中国出版社的大力支持，在此表示衷心感谢。

2016年7月20日

（《方克立序跋集》，方克立著，当代中国出版社2016年10月出版）

《我相信中国》序

《我相信中国》是曾经是中共创始人之一的著名爱国民主人士张申府先生的一本文集，由他的女儿、全国政协文史和学习委员会办公室副主任张燕妮同志选编，精选了他各个时期的86篇文章，真实地反映了他丰富曲折的人生经历和主要的哲学、政治、社会、文化和人生思想。书名突出了这本书的爱国主义主题，它也是这个大起大落的传奇性人物一切思考和言行的出发点，是他给后人留下的最宝贵的精神财富。

张申府先生名崧年，生于1893年，卒于1986年，享年93岁。他是河北省献县小垛庄（现属沧县杜生镇）人，出身于传统书香世家，早年在家乡受过良好的私塾教育。1906年到北京，1908年入读顺天中学堂。1914考上北京大学哲学系，后转数学系。1917年毕业，留校教预科的数学和逻辑。在北大与李大钊、陈独秀等人有较多接触和交往，是《新青年》杂志的经常撰稿人之一，后为编委。1918年冬又与陈独秀、李大钊共同创办颇有影响的进步刊物《每周评论》，并参与进步社团少年中国学会和新潮社的活动。在“五四”新文化运动时期，他受李大钊、陈独秀的影响，积极学习、研究和译介马克思主义，很快成为一个共产主义的信仰者，明确表示：“对于社会主义自然要绝对的信奉。共产主义是社会主义的精华，对于共产主义自然要更绝对的信奉。”①

---

① 《编辑室杂记》，《新青年》1922年7月1日第9卷第6号。

1920 年 4 月，共产国际远东局代表魏金斯基一行到北京，最先与李大钊和张申府商谈建党问题。同年 8 月，已经转移到上海的陈独秀在致张申府的信中说："建党的事情在北京只有李大钊和你两个人可以谈"[①]，并就党的名称问题与二人商议。李大钊和张申府建议叫"共产党"，并得到魏金斯基同意，陈独秀遂将党的名称定为"中国共产党"。上海的共产党早期组织当月就在陈独秀的主持下于《新青年》编辑部成立。10 月，北京的共产主义小组也在北大图书馆李大钊的办公室正式成立，李大钊、张申府、张国焘是三个最早的成员。在此期间，张申府还曾去上海迎接来华讲学的罗素，住在陈独秀家里，两人就建党问题进行了多次详谈，回京后他把上海方面的情况向李大钊作了详细介绍。也就是说，为创建中国共产党，他在"南陈北李"之间还起了奔走串联的桥梁作用。

1920 年底，张申府以蔡元培秘书的名义赴法国里昂中法大学任教，并受陈独秀、李大钊委托在留法勤工俭学学生中建立党组织，先后吸收刘清扬、周恩来入党。1922 年又在德国与周恩来一起介绍朱德加入中国共产党。他是中共旅欧总支部的主要创建者和领导人。张申府于 1923 年底回国，过年后去广州，参加了黄埔军校的筹建工作，是中共从事军事工作最早的党员之一。5 月被孙中山任命为黄埔军校政治部副主任。后来他又力荐周恩来等十多位优秀共产党员到该校任职和任教。

在中共建党时期，张申府发表了不少阐明共产党的性质和奋斗目标、解释马列主义建党原则的文章。他明确指出："共产党是劳动阶级的代表，是劳动阶级的先驱，是要使人人都得其所的，是不许一人逾其分的。共产党主张的，因此绝不是少数人的利害。"[②] 在 1922 年发表于《少年》第 2 号的《今日共产党之真谛何在》一文中，他还

① 《张申府文集》第 3 卷，河北人民出版社 2005 年版，第 474 页。

② R:《胡适等之政治主张与我们》,《少年》1922 年第 2 号。

特别强调“纪律是共产党之魂”，“共产党之所以强在此，共产党之能成功在此，共产党与其他政党之不同，此其重要点之一”。[1] 这些文章在建党过程中起了正确的思想导向作用。

1925 年 1 月，中共四大在上海召开，在讨论党的纲领时，张申府因不赞成共产国际要求中国共产党人加入国民党的指示，坚持党的独立性原则而与一些代表发生激烈争执。会上和会后，他不顾周恩来、李大钊等人的劝阻而执意退出了亲自参与创建的中国共产党。后来他才意识到，这种“宁折不弯”“合则留，不合则去”的自由知识分子脾性，使他在人生道路上付出了多么沉重的代价。

张申府虽然负气退党，但他还是心向着党的。在此后 20 多年里，他一直遵守对李大钊作出的“在党外帮助党”的承诺，积极支持与配合党领导的民族民主革命运动和爱国统一战线，成为一个著名的爱国民主人士，一个始终与党保持着友谊关系的老朋友。

1931 年，张申府被清华大学聘为哲学教授。“九一八”事变后，他经常利用课堂、讲坛和报刊宣传爱国主义，积极投身于抗日运动。1935 年，他发起成立“文化劳动者同盟”，并与姚依林等人一起担任“一二·九”爱国运动的总指挥，掀起了全民族抗日救亡运动的新高潮。1936 年 2 月，他与刘清扬一起被国民党当局逮捕，经冯玉祥保释出狱后，不久清华大学也迫于压力将他解聘。他仍矢志不渝地推动成立北平文化界救国会、平津文化职业者协会和华北各界救国联合会，继续从事爱国救亡运动，发表了大量宣传抗日的文章。“七七”事变后，张申府先后到武汉、重庆等地从事抗日统一战线工作，创办《战时文化》半月刊，积极参加中国共产党发起的“宪政座谈会”。他是中国民主政团同盟（中国民主同盟的前身）的重要领导人之一，积极参加反对国民党独裁统治的民主运动。1946 年 1 月作为民盟的代表出席了在重庆召开的政治协商会议。他的所有这些奋斗经历，都是作为

---

① R:《今日共产党之真谛何在》，《少年》1922 年第 2 号。

党的朋友，密切配合党的工作，力图对党实现民族民主革命的奋斗目标有所帮助。

张申府虽然退出了共产党，但是他对马克思主义的理论信仰并没有改变，所以在思想文化战线上，他也能够与中国共产党人合作，成为同一个战壕里的战友。最突出的例子就是他积极响应和支持了陈伯达、艾思奇等人发起的新启蒙运动，成为党外参与和推动这个运动的一员主将。新启蒙运动是一场在党的领导下联合一切爱国知识分子，共同反对日本帝国主义的文化侵略和国民党文化专制主义的文化救亡运动和思想解放运动，是党的统一战线政策在思想文化领域的体现。张申府在《什么是新启蒙运动》一文中说：所谓启蒙就是“打破欺蒙，扫除蒙蔽，廓清蒙昧”，“凡是启蒙运动必然反迷信，反武断，反盲从，反权威，反传统。而历史上的启蒙运动尤其在于反封建”。[①] 作为哲学家的张先生特别强调新启蒙运动的精神是“实”与“理性”，“在救亡上，尤其特别需要的，就是实，就是切实，就是脚踏实地，就是实干，就是下实力，作实工夫”[②]。他还强调：“这个启蒙运动必是理性运动”，“理性的要义则在对于事物不只从一方面着想，不只作一方面的认识”，反对“笼统幻想，任凭感情冲动”。“理性的极致是辩证与解析。唯物，客观，辩证，解析，便是现代科学法的观点和内容，在这个新启蒙运动中应该特别表现的。”[③] 在《五四纪念与新启蒙运动》一文中，张申府还指出，新启蒙运动对于五四新文化运动不仅仅是一种继承，而且更应该是一种扬弃。比如他提出“打倒孔家店，救出孔夫子”的口号，就是对于五四新文化运动的一种扬弃，一种超越。以“继承五四、超越五四”的“第二次新文化运动”姿态出现的新启蒙运动，其目的不但是要“破”，而且要“立”，就是

① 张申府：《什么是新启蒙运动?》，《实报》1937 年 5 月 23 日第 1 版。

② 张申府：《实!》，《北平新报》1937 年 7 月 25 日第 1 版。

③ 张申府：《五四纪念与新启蒙运动》，《认识月刊》1937 年 6 月 15 日创刊号。

要建立中国的新文化。张申府强调它是一个真正“新”的“综合”的文化运动，其“所要造的文化不应该只是毁弃中国传统文化，而接受外来西洋文化，当然更不应该是固守中国文化，而拒斥西洋文化；乃应该是各种现有文化的一种辩证的或有机的综合”。这种辩证综合的新文化，“庶几可以接受那因自然科学的发达与辩证唯物论的开展而产生的一种最新潮流，就是科学与社会的结合”。[①] 在这里，人们已不难看到从中透露出来的社会主义新文化的曙光。

出入于学术与政治之间的张申府先生，他投身于社会政治运动是有着明确的理论与科学思想作为指导的，另一方面他的学术研究又是为改造中国的现实目的和需要服务的，他是那个时代思想视野最宽阔的中国人之一。他在“五四”时期就接受了马克思主义，此后对辩证唯物论的真理性始终坚信不疑；同时他又终生保持着对罗素的敬意和研究兴趣，认为西方的逻辑与科学法对改造中国人笼统模糊的思维方式非常有益；而对于本民族的传统文化，他也有着相当深厚的根基和生命根处的深情。这三个东西在一些人看来是互相牴牾、互不相容的思想体系，而在张申府看来，它们的思想精华是相通互补的，完全可以熔为一炉创造出一个更高形态的新文化。他在 1932 年 10 月就提出了“百提（罗素），伊里奇（列宁），仲尼（孔子），三流合一”[②] 的思想，在写于 1941—1942 年的《家常话》中，他又说：“我始终相信，孔子、列宁、罗素是可合而一之的。我也始终希望，合孔子、列宁、罗素而一之。”“三者之间，不但并无敌对冲突；三者之间，而且正待相补相充。”“合孔子、罗素、列宁而一之的新体系定是新世界中的新中国的新指标、新象征。”[③] 在他看来，孔子、罗素、列宁分别

---

① 张申府：《五四纪念与新启蒙运动》，《认识月刊》1937 年 6 月 15 日创刊号。

② 《编余》，《大公报》1932 年 10 月 22 日第 8 版《世界思潮》第 8 期。

③ 张申府：《家常话》，《张申府文集》第 3 卷，河北人民出版社 2005 年版，第 434 页。

是中、西、马三种文化传统的代表。在现代中国，中、西、马“三流合一”何以可能呢？他是用相反相成的辩证法原理来加以说明的。比如他把逻辑解析方法看作是对唯物辩证法的一种补充，二者的“合一”就形成了一种“解析的辩证唯物论”的新哲学形态；他从辩证唯物论的理论视角出发，把中国传统哲学的精髓概括为“实”“活”“中”三个字，认为“辩证唯物本是中国真正传统的见解”；他对“仁”与“科学法”的论述，则体现了中西哲学互补的精神。众所周知，如何处理中、西、马三“学”（三种文化资源、三大知识体系）的关系，是“五四”后近百年来中国文化发展道路之争的关键问题。在人们往往只看到三者之间的分歧和对立、“道不同不相为谋”这一面的时候，张申府先生却看到了“三流合一”的可能性，他是第一个主张将中、西、马三者的思想精华辩证综合、熔为一炉的思想家，并且坚信中国未来的新文化必定是中、西、马“三流合一”、综合创新的产物。“五四”以来近百年的历史实践证明，“全盘西化”“复兴儒学”“中体西用”“西体中用”等文化道路选择在中国都行不通，只有在中国共产党的领导下，建设“马魂、中体、西用”有机统一的新民主主义文化和中国特色社会主义文化，才在现当代中国具有历史的必然性和现实可行性，实际上这就是张申府先生当年倡导的中、西、马“三流合一”、综合创新的文化发展道路。

极富前瞻性地提出“三流合一”的思想是张申府先生对中国现代思想史的最大贡献。这一思想后来又被他的胞弟、著名哲学家张岱年先生发展为系统、成熟的马克思主义“综合创新”文化观，成为在当今中国得到最广泛认同的一种文化理论。在“相反而相成，矛盾之谐和”[①] 的辩证法思想指导下，张申府在哲学上还有许多富有个性特征的新思考、新创获、新表述，除了“解析的辩证唯物论”被孙道昇当

① 张申府：《所思》序，神州国光社 1931 年版，第 1 页。

作新唯物论中的重要一派，肯定这种“具有批判的，分析的精神”[①]的哲学是最值得注意、最有发展前途的之外，他试图唯物辩证地解决主客关系问题的“大客观”思想，欲达辩证解析之极致的“具体相对论”的真理论，以“实”“活”“中”“仁”“生”“易”“通”为核心范畴的中国哲学精髓论，以及对马克思主义哲学中国化、具体化、大众化的探索等等，都是可以而且应该载入20世纪中国哲学史册的。

1948年10月在《观察》杂志上发表不合时宜的《呼吁和平》一文，是张申府人生道路上的第二次重大转折。他再次为自己不识大局、自以为是、率性而为的自由知识分子脾性付出了沉重的代价，其后果是使他从此淡出了中国的政治舞台，成为一个早年轰轰烈烈、蜚声士林，晚年孤寂遗世、默默无闻的人。

半个多世纪以来，在中国革命史、中共党史和中国现代民主政治史著作中都很少见到张申府的身影，连他为中共建党所做出的突出贡献亦语焉不详。他为中国现当代文化发展指出了正确方向的“三流合一”思想，不但没有受到应有的重视，甚至被有些人指责为模糊思想阵线的折衷主义。张申府先生在新启蒙运动中呼唤的“实”与“理性”精神，在今天仍然值得大力提倡。尊重历史，实事求是，理性地总结过去，才能满怀信心地开创未来。所幸的是，以2011年河北师范大学成立“张申府张岱年研究中心”、2013年6月为纪念张申府先生诞辰120周年召开的“张申府与20世纪中国”学术研讨会为契机，上述情况正在逐渐得到改变。张先生不平凡的一生，他在哲学、政治、社会、文化和人生方面留下的丰富精神遗产，已经引起越来越多学界人士的关注和研究兴趣，广大干部、群众和青年也需要更多地了解这位先贤，《我相信中国》一书的出版正当其时，正好满足了当今中国社会的这种需要。

---

① 孙道昇：《现代中国哲学界之解剖》，《国闻周报》1935年第12卷第45期。

十年前，河北人民出版社出版了张燕妮同志编辑的《张申府文集》四卷本，至今仍是人们了解和研究张申府生平与学术思想最基本的资料。近年来随着研究的深入，张先生发表于解放前各报刊而未收入文集的文字陆续被发现，包括一些“零金碎玉”式的短论，有的也有重要的文献价值和思想史意义。比如今天人们十分重视的“三流合一”思想，就是最早出现于1932年10月22日他主编的天津《大公报·世界思潮》副刊的一则“编余”中。在2013年召开的“张申府与20世纪中国”学术研讨会上，不少学者都认为有编辑出版搜罗齐全、校勘精审的《张申府全集》之必要，为中国现代政治史和思想史保存一份完整的学术资料。在社会主义文化大发展大繁荣中，我们还有许多工作可以做。就张申府这个历史人物来说，在已有四卷本文集的基础上，一方面选编出版更精要的普及本《我相信中国》，一方面推动全集的编辑工作早日提上日程，这两项工作都是非常必要的，共同把对他的研究和历史定位推向一个新阶段。

2015年5月10日

（《我相信中国》，张申府著，张燕妮选编，广西师范大学出版社2017年8月出版）

《张岱年伦理与文化思想研究》序

早就注意到迟成勇同志热心于张岱年学术思想的研究，去年6月在石家庄召开的“‘综合创新’与马克思主义中国化”学术研讨会上才有缘认识。今年6月13日，他来函说为了纪念张岱年先生110周年诞辰，准备将2006年以来发表的关于张先生学术思想研究的20多篇论文汇集起来，分五个部分，出一本论文集，并且希望我给该书写一个“序”。7月16日，成勇同志来京面谈两个多小时，我才知道他在郭广银教授指导下写的博士论文《中华民族精神的文化观照与历史嬗变》[①]，就深受张岱年先生关于中华民族精神研究的启发，高度认同张先生以“自强不息”“厚德载物”为中华民族精神之核心和集中体现的观点。以后他持续地研究张先生的道德哲学、人生哲学、价值哲学和文化哲学思想，一个专题、一个专题地写出研究论文，研究细致深入且有一定的系统性，所以本书并不叫人感到有“拼盘”之感，而是近年来不可多得的一本关于张先生伦理和文化思想研究的学术专著。

本书的研究对象张岱年先生，是一个青年时代就接受了马克思主义世界观，终身信持辩证唯物论和社会主义的好学深思的学者，虽然经历过抗日战争时期的艰困和解放后被错划为右派的心灵创伤，但初心不改，始终坚持用马克思主义观点研究哲学、哲学史、伦理学和文化问题，“直道而行”“修辞立其诚”，为马克思主义中国化做出了多

---

① 迟成勇：《中华民族精神的文化观照与历史嬗变》，南京大学出版社2013年版。

方面的理论贡献，为后人留下了丰厚的学术思想遗产。比如他在上个世纪30年代，就试图以辩证唯物论为指导，以中国哲学为主要思想和话语资源，借鉴西方的逻辑分析方法，创造一个“将唯物、理想、解析综合于一”的“天人新论”的中国化马克思主义哲学体系。在1936年（27岁）写成的《中国哲学大纲》一书中，已经形成一个“天论”“人论”“知论”的大框架；1948年在《天人简论》中，又将其主要内容概括为“天人本至”“物统事理”“物原心流”“永恒两一”“大化三极”“知通内外”“真知三表”“群己一体”“人群三事”“拟议新德”十个论题。他在抗战时期陆续写成的《哲学思维论》《知实论》《事理论》《品德论》几部论稿[①]，“所成不及原初设想之半”，这部鸿篇巨制可惜因外缘条件不具备而未能完成。张岱年先生的哲学史研究，以挖掘和揭示中国哲学史中的唯物主义和辩证法思想传统为主要特点，力图为辩证唯物论在中国哲学中“寻根”，说明这种哲学并不完全是外来的，它在中国传统哲学中也有其“内应”，甚至可以说有深厚根基。比如他试图创立的“天人新论”哲学体系，“对于西洋哲学方面说，可以说是新唯物论之更进的引申；对于中国哲学方面说，可以说是王船山、颜习斋、戴东原的哲学之再度的发展”[②]。因为在他看来，以王船山、颜习斋、戴东原为代表的中国近三百年哲学，“实以唯物为主潮”[③]。张岱年先生的马克思主义文化观，在30年代就以“创造的综合”“文化的创造主义”问世，到80年代终于定型为“在马克思列宁主义原则的指导下，以社会主义的价值观来综合中西文化之长而创新中国文化”的“文化综合创新论”[④]。它已成为在当今中国得到广泛认同的一种主流文化理论，“综合创新”

---

① 张岱年：《真与善的探索》，齐鲁书社1988年版。
② 《张岱年全集》第1卷，河北人民出版社1996年版，第277—278页。
③ 《张岱年全集》第1卷，河北人民出版社1996年版，第273页。
④ 《张岱年全集》第6卷，河北人民出版社1996年版，第252、253—254页。

也成为百年中国马克思主义文化观的一个标识性概念，张先生被公认为是高擎“综合创新”文化大旗的旗手。

以上三个方面，即张先生在哲学、哲学史和文化研究方面所做出的贡献，早已为学术界所关注，有关研究成果也比较多。比如，河北师范大学编的《张申府张岱年研究集刊》已出版四辑，每一辑都有“‘天人新论’研究”“中国哲学史研究”“综合创新文化观研究”三个栏目，就反映了上述实际情况。而作为中国第一代马克思主义伦理学家的张岱年先生，他在道德哲学、人生哲学、价值哲学等方面所做出的理论贡献，对其进行专门和系统研究的学者就比较少，有关研究论文也往往是放在对其哲学或哲学史研究的成果中。当然这也不无道理。因为包括人性论、人生境界论、品德论等在内的“人论”，本身就是张先生的“天人新论”哲学的一部分。他创造地“将唯物、理想、解析综合于一”，即马、中、西“三流合一”的新综合哲学，就是以道德理想主义为中国哲学的特点和象征。研究这种新综合哲学，当然要研究“立成人之道”即如何培养理想人格的学说。人生哲学是中国哲学的重要组成部分，正如张先生所说的：“中国哲学家所思所议，三分之二都是关于人生问题的。世界上关于人生哲学的思想，实以中国为最富，其所触及的问题既多，其所达到的境界亦深。”① 正因为如此，他也特别重视研究中国伦理思想的丰富内涵、发展规律和基本理论问题，在这方面为发展中国化马克思主义哲学做出了许多开创性的贡献。迟成勇同志正是有见于此，把研究视角主要聚焦于张先生的伦理思想，这部论著不但为张岱年学术思想研究开一新生面，而且也是对其哲学和哲学史思想研究的拓展与深化。

关于中国伦理思想和学说，张岱年先生曾将其概括为八个基本理论问题：一是人性问题，即道德的起源问题；二是道德的最高原则与道德规范问题；三是礼义与衣食的关系问题，即道德与社会经济的关

① 《张岱年全集》第 2 卷，河北人民出版社 1996 年版，第 194 页。

系问题；四是“义利”“理欲”问题，即公利与私利的关系以及道德理想与物质利益的关系问题；五是“力命”“义命”问题，即客观必然性与主观意志自由的关系问题；六是“志功”问题，即动机与效果的关系问题；七是道德在天地之间的意义，即伦理学与本体论的关系问题；八是修养方法问题，即道德修养及其最高境界的问题。[①] 迟著指出，对于这些问题，张先生都力图用辩证唯物论和历史唯物论观点来解释和回答，批判统治阶级宣传的唯心主义道德论，而肯定“仓廪实则知礼节，衣食足则知荣辱”之类以物质生活为礼义道德之基础的观点；同时他又认为精神生活高于物质生活，强调加强道德修养、提高人的精神境界亦具有重要意义。对于中国古代的各种伦理思想和学说，张先生都是采取具体分析、批判继承、科学扬弃的态度，比如对于维护封建尊卑等级秩序的“三纲”，他认为必须彻底否定，而“五常”则含有合理性伦理思想，应该批判继承并结合时代精神予以创新发展。

迟著还注意到，张岱年先生早年和晚年都十分重视中国的新道德建设问题。在1936年发表的《生活理想之四原则》一文中，他就提出了“理生合一”“与群合一”“义命合一”“动的天人合一”四个中国化马克思主义的人生哲学原则，受到学术界的重视。[②] 以后在《品德论》《天人简论》等论著中，他又把“理生合一”进一步表述为“充生以达理、胜乖以达和”，即充实发展人的内在生命力，克服生活中的冲突，以达到和谐的道德理想境界；把“与群为一”表述为“群己一体”，认为个人皆系群体之一员，实赖群体之社会而存在，群己关系是全与分的关系，群己为不可分离之一体。在张先生看来，“理生合一”“群己一体”是人生理想的根本原则，也体现了新道德

① 参见《张岱年全集》第3卷，河北人民出版社1996年版，第508页。

② 参见方克立《青年张岱年的哲学睿识》，《中国社会科学院研究生院学报》2014年第6期。

的根本精神。他批判和解构了“君为臣纲、父为子纲、夫为妻纲”的旧三纲说，而提出了适应时代需要的“新三纲说”。他说：“古人所讲三纲，久已腐矣，今日应讲新三纲。一、群为己纲——个人服从集体，群之利益即己之利益；二、智为愚纲——无知听从有知；三、众为寡纲——少数服从多数。”① “新三纲说”可谓新道德观之纲领，而以“兼善天下，以人群为一体”为最高境界。新中国成立后，特别是“文革”后，张先生极其重视中国社会主义新道德建设的问题，他曾根据时代发展将“新三纲说”再次更新为“（1）爱国主义；（2）为人民服务的集体主义；（3）社会主义人道主义”② 三个基本原则，认为这是今日必须确立的“新三纲”。关于新道德的具体规范，1948 年张先生在《天人简论》中曾提出“六达德”（公忠、任恤、信诚、谦让、廉立、勇毅）和“六基德”（孝亲、慈幼、勤劳、节俭、爱护公物、知耻）之说，1992 年在《试论新时代的道德规范建设》一文中又提出公忠、仁爱（任恤）、信诚、廉耻、礼让、孝慈、勤俭、勇敢、刚直“九德”说③，1993 年在《建设新道德与弘扬美德》一文中将“九德”调整为“（1）忠（区别忠君之忠，可以称之为公忠），（2）信（诚实），（3）慈（泛爱），（4）孝（爱敬父母），（5）廉（亦可称为廉耻），（6）礼（礼节），（7）勤（勤劳），（8）俭（节俭），（9）勇（勇毅）”④。可以看出，这些道德规范既有对传统美德的继承，又有对传统道德的改造与更新。对于学界前辈张岱年先生为中国的新道德建设而殚思极虑，不断贡献出自己的新思考，迟著都详细加以介绍，深入分析阐释，认为这正表现了张先生热爱祖国、热爱人民、具有坚定的马克思主义理论信仰和社会主义信念的高尚品格。

---

① 《张岱年全集》第 1 卷，河北人民出版社 1996 年版，第 462 页。

② 《张岱年全集》第 7 卷，河北人民出版社 1996 年版，第 427、488 页；张岱年：《晚思集》，新世界出版社 2002 年版，第 15 页。

③ 《张岱年全集》第 7 卷，河北人民出版社 1996 年版，第 237 页。

④ 《张岱年全集》第 7 卷，河北人民出版社 1996 年版，第 428 页。

张岱年先生的人生哲学思想，迟著认为在其早年写的《生活理想之四原则》中就有鲜明体现，以后不断得到充实和发展。它是以马克思主义为指导，以中国传统人生论为批判继承的主要资源，同时也借鉴了西方理性主义和生命哲学中的某些合理因素，“综旧典而开新风”，进行了革命的改造与转换，既批判了中国传统人生论“重理轻生”的唯心主义，也不同于西方近代以个人为本位的人生哲学，而以“理生合一”“群己一体”为人生理想之根本原则，本质上是一种辩证唯物论的人生哲学，社会主义的人生哲学，革命的科学的人生哲学。张先生认为“生之圆满”即人生理想的实现与通过革命实现“天下为公”、人人平等的社会理想是统一的。他特别强调伟大理想的实现必须依靠人们改造自然、变革社会、改善现实的奋斗，要充分发挥人的创造精神。中国古人有“正德、利用、厚生”三事之说，张先生在《天人简论》中又提出了一个新三事说：“一曰御天，二曰革制，三曰化性。御天者改变自然，革制者改革社会，化性者改变人生。三方俱改，然后可达人生之理想境界。”[①] 由此可见，这种人生哲学充分体现了马克思主义哲学的实践唯物主义品格。

迟著还指出，在上个世纪八九十年代，张岱年先生是首倡价值哲学研究的学者。他认为中国古代哲学中有着丰富的价值思想，特别重视人的价值和人格独立，开展这方面的研究有助于推动思想解放运动。比如《左传》中有“立德、立功、立言”的“三不朽”说，就是对人生价值尤其是人的社会价值的积极肯定；《孝经》记述孔子有“天地之性人为贵”之说，则是对人类在宇宙中的崇高地位的肯定。荀子说：“水火有气而无生，草木有生而无知，禽兽有知而无义，人有气有生有知亦且有义，故最为天下贵。”（《荀子·王制》）这是他对人类之所以具有崇高价值的论证，所谓“义”即道德的观念和行为。孔子说：“三军可夺帅也，匹夫不可夺志也。”（《论语·子罕》）

---

① 《张岱年全集》第3卷，河北人民出版社1996年版，第224页。

他承认包括“匹夫”在内的每个人都有独立的意志与人格，这是对人的价值的进一步肯定，认为每个人的自我价值都应该得到尊重。重视人的道德价值和独立人格，对中华民族精神的培育和发展具有重要意义。张先生重视儒家的内在价值论，同时也注意到中国古代价值观的多元性，并指出传统价值观重视人的价值而忽视物的价值，也有不利于科学技术发展的消极方面。

张岱年先生也是在学术界最早开展中华民族精神研究的学者，旨在通过这一研究加强爱国主义教育，推动社会主义精神文明建设。在他看来，以“自强不息”“厚德载物”为核心和集中体现的中华民族精神，也是中国文化的基本精神，所以迟著是把张先生的中华民族精神论放到其文化哲学中来论述的。这样安排自有其道理，因为张先生自己就说过：关于文化问题，我提出了“综合创新论”和“中华精神论”[①]。当然，我们也可以换个角度来看这个问题，即把中华民族精神论看作是张先生伦理思想的一项重要内容，一个重要组成部分。因为“自强不息”的刚健有为精神和“厚德载物”的兼容并包精神，都是中华民族的传统美德，不仅是个人的优秀品德，而且是推动整个民族发展进步的“大德”，维护多民族统一国家虽历经磨难而不倒也不散的伟大伦理精神。这样考虑问题，那么张先生伦理思想的内容就更丰富了，精神层次也更高了。迟著还高度评价张先生倡导的“综合创新”文化观的重要理论价值和现实意义，并兼及张先生的国学观、读书观和为人为学态度，理论探讨与现实人生紧密结合、互相印证，显示了作者宽阔的研究视野和论集内容的丰富性。但我还是愿意把本书看作是一本主要研究和评述张先生伦理思想的专著。

我已年过八十，手头还有一些更加紧要的工作任务，对于并不十分了解的作者，本来是不敢答应为其大著写序的。成勇同志十多年锲

---

① 参见《张岱年自选集·学术自传》，重庆出版社1999年版，第5页；张岱年：《通往爱智之门》，北京大学出版社2011年版，第245页。

而不舍地研究张岱年学术思想的精神感动了我，破例答应为其论集写序，但却不能不读其书而发几句空泛议论。拜读了他发来的书稿电子文本后，确实感到还是有所收获，主要是对张先生为发展中国化马克思主义伦理学做出的贡献有了更加全面真切的认知。他精通中国伦理思想史，对于伦理学的一些基本理论问题，也用马克思主义观点做出了创造性的诠释和回答，特别是在中国的新道德建设、价值哲学和中华民族精神研究等方面有开创之功。在有关张岱年学术思想研究的成果中，学界过去对伦理学这个维度重视不够，很有必要加强这方面的研究。迟著可能是第一本系统研究张先生伦理思想的学术论著，所以值得推介。权且把我的这篇读后感作为代“序”奉献给作者和读者，不当之处请批评指正。

2018 年 10 月 5 日

（《张岱年伦理与文化思想研究》，迟成勇著，合肥工业大学出版社 2018 年 12 月出版）

《新世纪的文化思考》后记

今年是南开大学建校一百周年。从1973年初到1994年初，这21年我是地地道道的“南开人”。因工作需要调离后仍继续在南开招收和培养博士生，我带的最后一个博士生到2011年才毕业。也就是说，我在南开大学从教的经历共计有38年。这是我最重要的一段人生经历。作为“传道、授业、解惑”的一线教师，我主要是在南开大学尽了自己的一份社会责任。

我学的专业是马克思主义哲学，在南开教的课程是中国哲学史。给本科生讲中国哲学通史、中国哲学名著选读，给研究生开马克思主义哲学史观与方法论、中国哲学史史料学，以及中国哲学范畴研究、现代新儒学研究、20世纪中国文化思潮等课程。南开大学于1982年建立中国哲学专业硕士点，1986年建立博士点。2012年南开哲学院（系）建院50周年时统计，30年间，共培养中国哲学专业硕士150人，博士110人。他们大都已成为今日中国学术界的中坚力量，除了从事中国哲学史专业工作的之外，还有相当一部分人是各高校马克思主义学院的教师。

南开中国哲学专业有自己的学风和传统。坚持以当代先进文化马克思主义为指导，来从事中国哲学和文化的教学研究工作，可以说是其最根本的特点。用从这里毕业的一个学者的话来说，就是“以马克思主义之理来弘扬中国文化之道”[1]。在一次访谈中，我曾坦言：“我在青年时代就接受了马克思主义哲学世界观和方法论的教育，深为服膺，以后从事的又是中国哲学和文化方面的教学研究工作，可以说，如何把马克思主义与中国哲学和文化精华相结合是我的终生职志。我写的东西都是在朝着这个方向努力，我也是这样教育自己的学生的。”[2] 南开中哲学子大都非常熟悉这些要求：“精读原典，确知其意，辨名析理，要在会通”；“同情地了解，客观地评价，批判地超越”；“古为今用，洋为中用，批判继承，综合创新”；“学行并重，德业双修”；“做人要平实，做学问要平实，写文章也要平实”，等等。这就是要求树立实事求是的马克思主义学风和传统，扎扎实实地学到一些东西，用学理化的知识和智慧来报效祖国、报效人民。

在这种学风和传统影响下，改革开放以来，南开中哲学科在教书育人和学术研究等方面都勇于担当，敬业乐群，做了大量实实在在的工作。就拿教材建设来说，我们编写出版了《中国哲学史》（南开大学出版社 2002 年版）、《中国哲学名著选读》（南开大学出版社 1996 年版）、《中国哲学史史料学》（高等教育出版社 2002 年版）等系列教材，还参与或主持了一些全国性教材的编写工作，如九校本《中国哲学史》（人民出版社 1982—1983 年版）、《中国哲学史自学考试大纲》（红旗出版社 1988 年版）、《中国文化概论》（北京师范大学出版社 1994 年版）、《中国哲学与辩证唯物主义》（高等教育出版社 1998 年版）、马工程教材《中国哲学史》（人民出版社 2012 年版），等等。包括优秀博士论文在内的一批师生的学术专著先后出版，有的得到了较高的社会评价。此外还编写出版了《中国哲学大辞典》（中国社会科学出版社 1994 年版）、《中国哲学史论文索引》（中华书局 1986—

---

① 周可真：《哲学与文化研究·后记》，江苏人民出版社 2005 年版，第 345 页。

② 《探索中、西、马三“学”的综合创新之道》，《马克思主义研究》2010 年第 12 期。

1994 年版）等工具书，为该学科的发展做出了多方面的贡献。

我非常珍视自己在南开大学的这一段经历，包括 1976 年唐山大地震后在抗震棚里住了近一年的情景皆记忆犹新。我在南开的努力主要是与中国哲学学科的建设和发展联系在一起的。“文革”后几乎是白手起家，到建立起一个能够适应教学与科研需要的学术团队，经过几代人的接力奋斗，才使中国哲学逐渐成为一个比较成熟的学科，成为南开马克思主义学科体系中不可或缺的一个重要组成部分。按照我的理解，“马魂中体西用”的当代中国哲学社会科学，不能缺少对本民族文化的科学清理与弘扬，以马克思主义为指导来总结我们的先辈“究天人之际”“通古今之变”“立成人之道”的宝贵经验教训，鉴古知今，学史明智，才能为新时代中国特色社会主义文化建设注入新活力、增添新动能。

在南开大学百年校庆即将莅临之际，我收到了“南开大学马克思主义研究文库”编委会的邀请函，要求我提供一本论文集或专著，收入“文库”集中出版。我很感谢主事者没有忘记我这个老南开人，不到一周就把文集编了出来。为了不与 2005 年出版的《方克立文集》（“中国社会科学院学术委员文库”之一，上海辞书出版社出版）过多重复，这本文集主要选入了我在本世纪发表的大小文章 32 篇，大都围绕着马克思主义与中西文化的关系这个主题，突出讲我最近十多年来倡导的“马魂中体西用”论。纯粹中国哲学史研究的论文和其他文字则一概没有收入。收入文章大体上按照发表时间先后次序排列。另外还附录了两篇南开师生写的文章，概述了我在南开大学所做的工作和学术思想。我对作者表示衷心感谢。

南开大学是一所有着光荣的爱国主义传统的百年名校。周恩来、于方舟等先辈早年曾在这里传播马克思主义，建国后党和国家领导人多次视察南开并十分关心学校的建设和发展。我能把自己一生最好的时光，贡献给南开大学教书育人的事业，宣传和捍卫马克思主义的事业，亦感到无上荣光。我的一家都是南开人，我们是爱南开的。但愿南开的新百年，能够更高地举起爱国主义和社会主义的旗帜，公能日新，不断创造新辉煌。

2019 年 1 月 20 日

（《新世纪的文化思考》，方克立著，南开大学出版社2019 年7 月出版）

《中国人的政治智慧》序

中国共产党已经走过了95年艰苦卓绝、成就辉煌的奋斗历程，作为执政党治理当今世界上最大的社会主义国家也已经67年。

中国共产党人是坚定的马克思主义者，同时也是中华优秀传统文化的忠实继承者和弘扬者。毛泽东、习近平等中共领导人都深知“明镜所以照形，古事所以知今”的道理，清楚地意识到今天的中国是从昨天和前天的中国发展而来的，历史的发展既有变革性的一面，也有继承性、连续性的一面，要治理好今天的中国，需要对我国的历史和传统文化有深入的了解，也需要对我国古代治国理政的探索和智慧进行积极总结，为提高执政党的治理能力提供历史镜鉴。毛泽东读“鉴于往事，有资于治道”的《资治通鉴》就读了十七遍，可见他对中国古代治国理政的历史经验是多么重视，又熟悉到了何等程度。比毛泽东晚诞生一个甲子的中共新一代领导人习近平，也十分重视学习和借鉴历史经验。2014年10月13日，他在中共中央政治局第十八次集体学习时指出，一个国家的治理体系和治理能力是与这个国家的历史传承和文化传统密切相关的，解决中国的问题只能在中国大地上探寻适合自己的道路和办法。在漫长的历史进程中，中华民族创造了独树一帜的灿烂文化，积累了丰富的治国理政经验，其中既包括升平之世社会发展进步的成功经验，也有衰乱之世社会动荡的深刻教训。我国古代主张民惟邦本、政得其民，礼法合治、德主刑辅，为政之要莫先于得人、治国先治吏，为政以德、正己修身，居安思危、改易更化，等等，这些都能给人们以重要启示。对于古代的成功经验，我们要本着择其善者而从之、其不善者而去之的科学态度，牢记历史经验、牢记历史教训、牢记历史警示，为推进国家治理体系和治理能力现代化提供有益借鉴。

礼法合治、德主刑辅是中国古代治国理政的基本经验，也可以说是其精髓要旨之所在。在如何处理礼与法、德与刑的关系问题上，中国古代政治家、思想家经过长期探索、争论和实践，形成了一套比较成熟的、普遍践行的治理理论，就是礼法合治、德主刑辅。以孔子为代表的儒家认为："道之以政，齐之以刑，民免而无耻；道之以德，齐之以礼，有耻且格。"他们提出了一套崇尚礼乐教化、仁政王道、以德治国、省刑慎罚的政治学说。法家则打出了明法贵公的旗帜，主张"不别亲疏，不殊贵贱，一断于法"。儒法两家虽然长期争论不休，但是德礼与刑法作为封建统治者对待、驾驭臣民的软硬两手，历来在国家和社会治理中是同时并用或交替使用的，这就是所谓"阳儒阴法""霸王道杂之"，毛泽东讲"百代都行秦政法"也是讲的这个历史事实。汉武帝虽然号称"独尊儒术"，实际上采取的是董仲舒所制定的德主刑辅、先德后刑的统治策略。《唐律疏议》开篇就说"德礼为政教之本，刑罚为政教之用"，《大明律》要求"明礼以导民，定律以绳顽"。所谓"礼者禁于将然之前，而法者禁于已然之后"，是说德礼与刑法的作用不同，惩戒于已然的刑法只能治标，而防患于未然的德礼可以治本。只有礼法合治、德主刑辅才能标本兼治，二者相辅相成、相得益彰。

今天执政党与人民群众的关系、干群关系以及上下级关系已经与封建时代根本不同，但是历史上礼法合治、德主刑辅的思想和经验仍能给我们以重要启示，或提供有益借鉴。习近平同志多次引用郑板桥的诗："衙斋卧听萧萧竹，疑是民间疾苦声。些小吾曹州县吏，一枝一叶总关情。"即旨在告诫共产党的干部，我们对人民群众的疾苦亦应有这样的情怀，要有仁爱之心、关爱之情，更多地关心困难群众，不断提高全体人民的生活水平。2013 年 11 月 26 日，他在山东菏泽召开座谈会时，还给市、县委书记们念了河南省内乡县衙三省堂前的一副对联："吃百姓之饭，穿百姓之衣，莫道百姓可欺，自己也是百姓；得一官不荣，失一官不辱，勿说一官无用，地方全靠一官。"这副对联是清康熙年间内乡知县高以永写的，他把这副对联挂在自己办公室的门口，就是时刻提醒自己要做个善待百姓、为民造福的好官。习近平同志说，封建时代的官吏尚且能有这样的认识，全心全意为人民服务的共产党人应该比这个思想境界高得多。也就是说，为政以德首先要提高共产党人立党为公、执政为民的觉悟、修养和境界，做一个像白求恩、张思德那样的高尚的人、纯粹的人、脱离了低级趣味的人。

党的十八届四中全会专门研究了依法治国的问题，在此前后习近平同志也曾多次引证中国古代思想家关于法治的论述，为建设中国特色社会主义法治理论、法治体系和法治国家，全面推进依法治国、厉行法治提供历史经验与借鉴。比如他引证《韩非子·有度》中的话："国无常强，无常弱。奉法者强则国强，奉法者弱则国弱"，和王符《潜夫论·述赦》中的话："法令行则国治，法令弛则国乱"，来说明是否"奉法"即实行法治是国家强弱、治乱的关键。又如引证《淮南子·泰族训》中的话："有道以统之，法虽少，足以化矣；无道以行之，法虽众，足以乱矣"，来说明全面推进依法治国，方向要正确，政治保证要坚强，也就是要"以道统法"，社会主义法治必须坚持党的领导。他还引证张居正的话："天下之事，不难于立法，而难于法之必行"，即强调法律的生命力在于实施，法律的权威也在于实施。如果有了法律而不实施、束之高阁，或者实施不力、做表面文章，那么制定再多的法律也无济于事。因此，全面推进依法治国的重点应该是保证法律严格实施，做到如王勃讲的"法立，有犯而必施；令出，唯行而不返"（《上刘右相书》）。这些都是他善于学习古人的智慧来为今天治国理政提供启示和借鉴的范例。

中国古代治国理政智慧包含着十分丰富的内容。林存光教授主编的这本大著，以非常专业化而又深入浅出、通俗易懂的形式，将其概括为天下为公、法天合德，民惟邦本、本固邦宁，道法自然、无为而治，为政以德、王道仁政，纳言听谏、君道天职，选贤与能、科举取士，礼法合治、德主刑辅，公正廉明、官品政德，以史为鉴、居安思危，持中贵和、有容乃大，文明以止、天下大同十一个方面，追本溯源，鉴往知来，为读者提供了这方面系统而深入、具体的知识。作者把握住了中国思想史上儒、墨、道、法等各家“皆务为治也”这个特点，即注意到各家虽然都仅“得一察焉”，但都为治国理政贡献出了自己的智慧，所以不是只关注一家一派，而是把各家的智慧都总结提炼出来，集中起来，这样才能全面展现中华民族政治思维和治理学说的历史成就。比如，它不仅重视总结儒法两家为政以德、礼法合治的历史经验，而且也注意研究道家“无为而治”思想、墨家“兼爱”“非攻”“尚贤”思想在中国政治思想史中的作用与影响。对于中国古代治国理政智慧，作者不仅正面肯定其积极价值，而且也指出其为封建统治阶级服务的局限性。就其内容来说，把“文明以止”当作一种治国理政的大智慧提揭出来，这是本书作者的卓见特识，前人鲜有言之者。我们在《习近平谈治国理政》一书中看到，他对生态文明、绿色发展是多么重视，在国际关系中反对霸权主义和文明冲突论，大力提倡文明交流互鉴和人类命运共同体观念，其所体现的就是与西方“以动力横决天下”的发展观根本不同的“文明以止”这一中华民族理性的文明发展观。党的十八届五中全会提出的“创新、协调、绿色、开放、共享”五大发展理念，也是“文明以止”发展观的现代延伸，谁说这不是一种治国理政的大智慧？

总之，我认为这是一本“以道统之”的非常有特点的著作，相信读者能够从中得到诸多有益启示。

2016 年 8 月 2 日

（《中国人的政治智慧》，林存光主编，“理解中国”丛书，中国社会科学出版社 2023 年 1 月出版）

书　评

评《中国文化概论》

“近几年席卷全国的文化讨论热潮，激动了无数年轻的心灵，引发了不少异彩纷呈的议论。轰轰烈烈，沸沸扬扬，大凡有点文化的人，都在谈论文化！都要谈论文化！都可谈论文化！可谓充分体现了文化的‘民族性’和社会性。”——这是李宗桂同志在《中国文化概论》一书中对近年来在全国范围内热烈开展的文化讨论的一段生动的描述。持续数年的“文化热”，近来虽然有些“降温”，但是并没有也不会真正“冷”下来。因为，随着经济、政治体制改革的深入，必然日益深刻地触及人们灵魂深处的文化心理结构问题，文化观念的冲突和变革，势不可免。它不仅引发了学者们持久的研究兴趣，而且受到全社会广泛的关注。

大家都在谈论文化，并不等于说所有的人都有明确的文化概念，都能正确回答什么是文化，什么是中国传统文化，它的基本特质是什么，应该怎样认识和解决传统文化和现代化的关系等问题。概念混乱不清的问题，在文化讨论中已经明显地表现出来了。至于认识、观点的歧异，本来是正常现象，但却给关心文化而又不十分入门的人一种眼花缭乱、无所适从之感。因此，现在很需要有一本书，能够对文化讨论中的各派观点，以及它们所涉及的文化学理论问题，中国文化的基本特质、主体内容、发展流变、未来前景等问题，作一概括性的介绍和评述，为关心文化讨论的人们提供一个入门的向导。李宗桂同志的《中国文化概论》在此时应运而生，必然受到广大读者的欢迎；特别是它本来就是教学相长、集思广益的产物，已在课堂上引起青年学子的强烈共鸣，它的出版将产生的社会效果就是不难预料的了。

什么是文化？什么是中国传统文化？历来中外学者就有不同的理解和界说。有人认为，文化是人类所创造的物质文明和精神文明的总和，它有物质的、制度的、心理的诸层面。传统文化不仅表现在各种程式化了的理论形态方面，而且广泛地表现在人们的风俗习惯、生活方式、心理特征、审美情趣、价值观念等非理论形态方面。作者本人倾向于从观念形态的角度来界定“文化”，不同意把它的内涵讲得过于宽泛。他所理解的中国传统文化，是指中国古代思想家所提炼出的理论化和非理论化的，并转而影响整个社会的、具有稳定结构的共同精神、心理状态、思维方式和价值取向等精神成果的总和。正是根据对文化和中国传统文化概念的这种理解，作者精心地安排了全书的内容结构：“上篇”除了概述中国文化的流变和分期之外，着重具体分析了中国文明发展的特殊道路和作为它的深刻背景的中国封建社会经济结构和政治结构的基本特征；“中篇”展开了对中国传统文化的主体内容——儒、道、墨、法、佛教各家思想的“史”的阐述和“论”的解析，并对对中国民族心理、社会习俗、知识分子人格模式产生了重要影响的尊先王、重传统的观念、科举取士的制度等等都作了细致的分析；“下篇”则在分门别类考察的基础上，从总体上对中国传统文化的结构、核心、类型、特点和基本精神，作一批判的审视，最后落脚到对传统文化和现代化关系问题的理性回答。不难看出，这一结构体系中蕴涵了十分丰富的理论观点和知识内容，不同文化层次的读者都可以从中获得许多教益。

若仅从书名来看，《中国文化概论》作为一部高校的通识性教材，似乎还不太像一部严格意义的学术专著。但如果考虑到四十年来国内还没有出版过一本同类的教材和专著，那么，作者开创的辛劳和探索的收获就比较容易被人们理解和重视了。作者在研究文化学理论和中国文化问题的过程中，有不少独到的心得和体会，都贯注进了本书的内容之中。因此，这本书不是一般的教材，而兼有学术专著的性质。例如，作者在将“文化”这一概念界定在观念形态的范围之后，具体探索了它在中国思想史上的源头，认为《周易》“贲”卦《彖传》讲的“观乎人文，以化成天下”，已经具有从观念形态谈文化的意味。中国传统“以文教化”“以文化辑和于内”的思想，虽然和西方近代所说的“文化”概念涵义不尽相同，但是却有着非常久远的历史渊源。又如，作者在列举了当前关于中国传统理想人格讨论的五种观点之后，提出了与众说皆不同的个人独立见解，即认为中国传统理想人格是“君子”。这种君子人格是由传统文化主体内容的儒、道、墨、法、佛诸家人生哲学相互碰撞、相互渗透而熔铸出来的，其中又以儒家圣贤理想人格为根基。其主要内容有：深沉的历史责任感；自强不息；关心他人；讲求道义；注意整体利益；强调个体价值等等，这实际上就是汉民族的理想人格。作者的这一体认，当然也是以先前的思想资料为立论基础的。

《中国文化概论》用了一半篇幅来概述中国传统文化中各重要流派及其代表性人物的哲学、政治、伦理思想，而这些内容在一般“中国哲学史”“中国政治思想史”“中国伦理学说史”教科书中是讲得相当详细的。怎样从文化的视角，即从它所表现出来的精神风貌、心理状态、思维方式和价值取向，能够反映出一定时代本民族的理论思维水平的角度，准确地抓住每一种学说的思想精义和本质特征，以及它在中国传统文化心理结构中的特定地位，并不是一件容易的事情。重复上述教科书的内容或者在其中挑挑拣拣，都不能把握文化精神的精华。李宗桂同志严格按照他给传统文化所下的定义，在这方面进行了大胆的探索。譬如，在讨论儒家时，他着重分析了孔子的“仁学”、孟子的“性善论”和荀子“隆礼重法”的思想，认为它们共同表现了人情化的伦理亲情的特点和对主体道德完善的追求的倾向。儒家学说经过长期的社会选择，以及与其它学说的相互斗争和融合，最后终于凝聚为民族精神的主体内容，对我们民族的理想人格、思维方式、价值取向等均产生了极为深远的影响。又如对道家的论述，他在揭示了道家代表人物的精神风貌和概述了道家思想在各个时期的发展流变之后，特辟一节专门探讨了“儒道互补”的内在原因，从阳刚和阴柔、进取和退守、庙堂和山林、群体和个体、恒常和变动、肯定和否定的互补即相反相成，肯定道家思想也有其特定的精神价值。它在伦理哲学的理想境界和人生态度方面，填补了儒家思想留下的空缺；它提供了一种抗拒逆境的精神力量和消融精神苦闷的途径，从而抑制了宗教因素在中国固有文化中的滋长；它使中国文化具有很强的涵容、理解和消化外来文化的能力等等。这些论述都是富有启发性的，对于把握中国文化的精神特质有重要意义，它使本书具有不同于一般中国哲学史、思想史教科书的特有的魅力。

“一切历史都是现代史。”——作者在书中最后一章引用了克罗齐的这句话。意在指出，前面所论述的中国文化的各个方面，并不是已经没有生命的、供人赏玩的古董，而是至今仍深刻影响着我们国家民族发展的精神因素，它在今天的现代化建设中仍然起着适应、促进和冲突、阻碍的两重性巨大作用。作者回顾了“五四”以来关于东西文化、传统文化和现代化关系的各派观点，指出了近年来出现的“文化断层论”和“儒学复兴说”的不切实际和思想谬误，特别是对产生于20世纪20年代、至今仍有相当势力和影响的现代新儒学思潮，作了比较详细的分析和介绍。作者肯定现代新儒家在如何使传统中国走向现代化、中国文化怎样和西方文化结合这两个基本点上，既不因袭传统，又不全盘否定传统，力图保持民族文化的积极精神，树立自尊自守的独立人格，自信自强的主体意识，有不少值得借鉴的地方。同时又指出他们鼓吹的“儒学复兴”说与当代中国发展的趋势是相悖的，把这种理论作为中国未来思想文化发展方向的蓝图，存在着诸多问题：第一，把内涵丰富的中国文化简单地归结为儒家文化，是一种“以偏概全”的做法；第二，过分强调文化因素在社会发展中的作用，仍局限于传统文化“借思想文化以解决问题”的旧框架，是传统的“重道轻器”思维方式的重现；第三，贬低甚至否定了“五四”新文化运动批判封建主义的正确方向和启蒙意义，忽视了儒家思想对中国社会发展的消极影响的一面。所以，“儒学复兴”说不符合当代中国社会的实际，因而是行不通的。这种基于当前研究成果和客观冷静分析之上所得出的结论，是比较具有说服力的。

本书的一个突出优点，就是它的作者以一个青年学者特有的敏感和明快，善于及时捕捉文化讨论中的各种最新信息和资料，把它们充实到自己的论著中去，使之具有强烈的现实感和较大的可读性。书中论述的每一个题目，几乎都是文化讨论中的热门话题。作者尽量将过去和当前学术界流行的各种观点汇集起来，扼要地介绍给读者，包括港台和海外学者关于中国传统文化的论述。如在“中国传统文化结构诸说”一节中，就介绍了八种流行的观点，充分展现了当前学术界对这个问题的研究现状和水平。由于它成书于文化讨论开始数年后的今天，作者的介绍比较全面，对一些问题的探讨已经摆脱了文化讨论早期曾经出现过的简单化倾向，这无疑对广大青年学习、研究中国传统文化问题是非常有益的。当然，本书除了介绍各种观点之外，作者也博取众长，断以己意，在前人研究成果的基础上，提出了自己对中国文化诸问题的系统看法，在这个意义上也可以说本书是在文化讨论中交出的一份总结性的答卷。中山大学出版社适时地出版了这本书，表现了编者敏锐的眼光，也为文化研究的繁荣做了一件有意义的工作。至于这本书它应该得多少分？评阅人是广大的读者，我们期待着社会对它的评判。我们相信，文化问题的研究还会深入下去。李宗桂同志的《中国文化概论》仅是一种努力和尝试，今后必将有更多新的答卷和研究成果不断问世。

（本文与曹跃明合作，原载《哲学研究》1989 年第 1 期）

寻演轨迹把住命脉

——读《中国文化史纲》

中华文化博大精深，源远流长。站在历史的高度，以科学的方法寻演出中华文化发展的轨迹，把握住民族精神的生命脉搏，的确是艰深的学术问题，陈寒鸣同志的新著《中国文化史纲》（江苏人民出版社 1993 年 6 月第一版，以下简称《史纲》）在这方面作出了可贵的探索。

伴随着中国近（现）代化的进程，文化研究几度成为思想理论界的热点。“五四”以来，对中、西文化的种种比较分析，对中国文化特征的种种归纳与评估，以及对传统文化与现代化关系的不同层次的思考等等，聚讼纷纭。《史纲》认为出现这种复杂的格局，当首推论者们各自代表的阶级或阶层利益及其所持守的政治立场。但若仅从纯学术的角度看，则主要是由于未曾真正掌握较为科学的文化研究方法。基于这种思考，《史纲》作者十分注重突出科学的文化研究方法。而这正成为《史纲》的重要特点之一，亦是其最可贵之处。作者以马克思主义的唯物史观来透视各种文化现象，认为制度文化和观念文化总是随着人们的生产、生活方式这个最为深刻的文化基础的变化而变化的。而具有很大稳定性的生产、生活方式又是在始终处于动态中的日常的社会生产、生活实践中形成、发展和演变的。把握了这一点，才能准确揭示和正确评估包括中华民族在内的人类各民族文化的特质；才能对传统与现代化的关系问题作出比较科学的回答。

作者认为：人类文化发展的总方向是不断探求个体与群体的关系，以期建设个体与群体相和谐的社会，并在此社会土壤上形成、发展起两者有机协调的文化。至于在以群体性生产、生活方式为主体的传统社会里形成发展起来的文化必然具有鲜明的群体本位的特征。这样，中国传统文化的最基本的特性就在于其是一种以群体为本位的文化。作者立足现实，反思历史，展望未来，指出：中华民族一定能够运用这种群体智慧吸取一切外域文化之长，形成发展起我们自己的将独立个体与民族以至人类整体有机结合起来，符合我国亿万民众发展自身物质与精神需求的社会主义新文化。

作者坚持运用唯物史观的科学方法，以时代顺序为经，以狭义文化所涵盖的人的精神创造活动及其成果为纬，将中国文化史分为发生（远古—西周）、形成（春秋—东汉）、发展成熟（魏晋—元）、总结批判（明—鸦片战争前的清代）四个时期，自成体系。且文字清新流畅，具有较强的普及性和相当的学术水平。在科学的方法论指导下，《史纲》自有其值得我们注意的特色。

黄宣民、姜广辉二位先生对该书有较好的评价。在为《史纲》所作序中曾指出："贯穿本书的一条红线是侯外庐先生的历史观点，它不是就文化而谈文化，而是十分重视文化与社会的关系。"从远古文化中的神话传说、宗教信仰，一直到明清之际的学风士气、启蒙思潮，《史纲》都能紧紧围绕着文化与社会的关系问题，展开论析，遂使中华文化的大厦牢固地构筑在现实社会的坚实基础上，既亲切感人，又真实可信。

《史纲》在中国古代文明途径和明清启蒙思想两大问题上着墨较重，也最能见出作者的用心与功底。尤其从明代中叶王阳明心学对儒学的革新开始，经晚明平民儒学思潮和"异端"运动的推荡，到明清之际以至清代中叶社会价值观的变动、商业伦理的产生等，详尽地分析和揭示了中国早期启蒙文化的曲折发展历程。

对于早期启蒙文化思潮的研究，是《史纲》的重心，也是全书最为精彩的部分。关于早期启蒙思潮的定性、特质，早期启蒙学者对封建文化的批判总结，中西早期启蒙文化的比较，以及这股思潮在明清之际勃起后到18世纪折入坎坷之途及其原因等等，作者都提出了许多精辟的见解。其中，将一些以往并不太为学者关注的问题（如崔述的疑古史学等）置于早期启蒙文化的宏观场景上予以论析，确能给人以不少有价值的启悟。作者认为：中华民族要挣脱中世纪封建枷锁的束缚，走向“近代化”的发展道路，就必须首先否定儒家宗法伦理，冲破它与封建王权专制共同构织而成的人伦罗网。明清之际的早期启蒙思想家们已经开始认识到这一点，并做了一定的努力。他们不仅具有理性主义的批判意识，而且具有理想主义的创造精神。他们的思想闪烁着有着近代意义的民主与科学思想的光辉。正是由他们鼓荡而成的早期启蒙文化思潮，敲响了绵延两千余年的封建思想文化的丧钟，揭开了中国文化走出中世纪、迈向近代化历史进程的序幕。

总之，我们认为这是一部比较成功的文化史著作。当然，由于作者采取以时代顺序为经的写作体例与框架，注重呈现各时代历史横断面的文化轨迹与风貌，而对于各种思想（如对于民族文化—心理结构的形成有很大影响的道家思想）内在的发展脉络展示得略嫌不够充分。《史纲》所存在的缺憾并不能抹煞其自身的水平与价值。我们衷心期待作者再接再厉、精益求精，在对中华文化广度和深度的把握和体悟上有更新的进展，更多的收获。

（本文与刘岳兵合作，原载《理论与现代化》1994年第9期）

评《文化忧思录——中国文化的历史走向》*

李振纲同志的《文化忧思录——中国文化的历史走向》一书，以清新的笔触，独特的视角，详细论说了中国文化从古代辉煌到近代危机的历史过程及其原因，强调了近现代文化反省的必然性和“五四”新文化运动的历史功绩，揭示了在这一历史转型期中国人所面临的文化矛盾，并以马克思主义观点为指导，指出今后中国文化的历史走向，必然是以民族主体性为根基，以社会主义为方向目标的中西文化综合创新之路。该书内容充实，观点正确，在目前歧见纷纭的文化讨论中起了正确的导向作用；它所表现出来的强烈的忧患意识和历史使命感、责任感，颇能打动青年读者的心，也是该书写得比较成功的地方。我认为《文化忧思录》是近年来出版的优秀的文化学著作之一。

（原载《中国图书评论》1995 年第 7 期）

---

* 李振纲：《文化忧思录——中国文化的历史走向》，河北大学出版社 1994 年版。

“侯外庐学派”的最新代表作

——读《中国儒学发展史》

最近，中国文史出版社推出了一部三卷本的《中国儒学发展史》(以下简称《发展史》)。这部220万言的皇皇巨著，是由已故学者黄宣民同志与其弟子陈寒鸣共同主编的。该书的产生过程极不平凡。它从最初酝酿到最终出版，历时达20余年，倾注了作者们特别是编者的大量心血。初读该书，笔者感触最深的是其鲜明的学派特色。黄宣民、陈寒鸣两位同志都是在海内外享有盛誉的“侯外庐学派”的重要传人①，他们在这部书中亦自觉地贯彻了该学派“社会史研究与思想史研究相结合”的研究原则和方法。在我们看来，“社会史研究与思想史研究相结合”的原则和方法，实际上体现的就是唯物史观的基本思想。侯外庐本人曾明确地说：“从历史唯物主义观点来看，思想是

① “侯外庐学派”是由马克思主义历史学家侯外庐先生开创的学术派别，其基本主张是用以唯物史观为核心的马克思主义世界观和方法论来研究中国思想的发展，强调思想史研究与社会史研究相结合，可以说是中国思想史研究中的唯物史观派。该学派已有三代人薪火相传，具体说就是：第一代是以该学派创始人侯外庐为代表的老一辈马克思主义学者，包括赵纪彬、杜国庠、邱汉生等人，代表作是他们共同编撰的多卷本《中国思想通史》；第二代是解放后随侯外老一起编著《中国思想通史》第四卷的“诸青”，以及侯外老在“文革”前培养的研究生和助手，如张岂之、李学勤、黄宣民、卢钟锋等人，代表作是《宋明理学史》和《中国近代哲学史》；第三代是侯外庐在“文革”后招收培养的研究生以及第二代学者培养的学生，其代表人物有姜广辉、陈寒鸣等人，代表作是姜广辉主编的《中国经学思想史》和这部《中国儒学发展史》。

存在的反映。历史从哪里开始，思想进程也应从哪里开始。因此，社会历史的演进与社会思潮的发展是相一致的。……我的具体方法是，在研究社会史的基础上，注重对社会思潮作比较全面的考察，力图把握社会思潮与社会历史的联系及其所反映的时代特点，进而研究不同学派及其代表人物的思想特色和历史地位。"① 这已成为侯外庐学派共同的研究原则和方法。该书就是一部自觉地以唯物史观为指导来总结中国儒学发展史的力作。它的这种理论立场和方法，突出地表现在以下几个方面。

首先，着重从思想与社会互动的角度探讨儒学发展与社会变革之间的相互作用、相互影响，明确指出："儒学经历了漫长的岁月，而且随着社会历史的变化不断地改变其自身。社会变革对于儒学的影响是巨大的。反之，儒学在其演变中又不同程度地影响着社会变革。"② 该论断所强调的内容主要包括两个方面。

其一，社会变革对儒学发展有决定性的影响。关于儒学的起源及其在各个时期的发展，该书都是结合着当时的政治、经济、社会发展状况来加以探讨的。政治生活对儒学的发展有着直接和深刻的影响，比如在讲到朱熹理学思想得到官方认可的过程时说："有宋一代，党争与学禁交织一起。学术之隆替与政治势力之消长紧密相连。尤其是程、朱理学，迭经元祐党争与庆元学禁的打击，终于在南宋理宗时得到了朝廷的尊崇，此后，成为元、明、清三朝的官方思想。"③ 与此同时，该书也十分关注社会经济生活对儒学发展的影响，比如在讲到明后期平民儒学产生的原因时指出："明中叶以后，由于商品市场经济在沿海和长江流域获得了较大的发展，引起了社会生活的新变化。而此时盛行的阳明心学，对'愚夫愚妇'即普通民众也产生了吸引力，

① 侯外庐：《侯外庐史学论文选集》（上），人民出版社1987年版，第12页。

② 黄宣民、陈寒鸣主编：《中国儒学发展史》，中国文史出版社2009年版，第3页。

③ 黄宣民、陈寒鸣主编：《中国儒学发展史》，中国文史出版社2009年版，第8页。

出现了以泰州学派为代表的平民儒学，这是两汉以来所没有的。”①

其二，儒学演变对于社会变革亦有不同方面、不同程度的影响。关于儒学演变对社会变革的影响，该书是从正反两个方面来加以论述的。比如，在总结汉代儒学的正面作用时说：“汉代儒学不仅有助于稳定汉代社会的统治秩序，而且有助于汉朝文官制度的建立，由此而言，汉儒实践了先秦儒家的经世理想，而且获得了很大的成功。”②对南北朝时期北朝儒学推动社会发展的作用，该书也给以高度评价，指出：“儒学推动了当时北朝少数民族地区的社会改革及其与汉族的文化融合，最后是民族大融合。”③ 关于儒学发展对社会政治的负面影响，《发展史》也不回避，而是如实加以阐明。比如在评价汉代经学思潮时说：“汉代所形成的儒家经学思想权威与现实的专制王权政治权威一体化，作为一种独具中国特色的传统，在历史上发生了持久而又极其恶劣的影响。”④

以上两个方面，可以说是《发展史》一书力图贯彻唯物史观理论立场的最有力的说明。因为唯物史观的基本原则有两点，一是社会存在决定社会意识，二是社会意识对于社会存在的反作用。《发展史》一书深入探讨了社会变革与儒学演变的交互影响，既坚持了唯物史观的基本原则，也完全符合中国社会和思想发展的实际。这比那些仅从思想的逻辑演进去写儒学史的著作来说更具有科学性，因为“用历史去解释思想的唯物史观要比用思想来解释历史的唯心史观正确、有效和优越得多”⑤。

其次，较为全面地总结了几千年来中国儒学发生发展的过程，注

---

① 黄宣民、陈寒鸣主编：《中国儒学发展史》，中国文史出版社 2009 年版，第 8 页。

② 黄宣民、陈寒鸣主编：《中国儒学发展史》，中国文史出版社 2009 年版，第 6 页。

③ 黄宣民、陈寒鸣主编：《中国儒学发展史》，中国文史出版社 2009 年版，第 7 页。

④ 黄宣民、陈寒鸣主编：《中国儒学发展史》，中国文史出版社 2009 年版，第 463 页。

⑤ 方克立：《现代新儒学与中国现代化》，天津人民出版社 1997 年版，第 407 页。

意到儒学作为一个复杂的思想体系，历史上不同的社会力量都企图从中寻找对自己有益的思想资源，对其作了不同向度的发展。要写出客观的科学的儒学史，就必须对这些不同的向度均给以一定的关注，这样自然就扩大了儒学史的研究范围。

其一，以往的一些思想史和儒学史著作，关注的主要是历史上的精英思想家，而对在社会上占据统治地位的官方思想以及在下层社会具有广泛影响的民间思想却关注不够，因此写出来的只能是不完整的精英思想史或儒学史，而不能全面反映儒学发展的整体面貌。《发展史》突破了这一局限，除了关注以往儒学史中的重点人物之外，还把居于统治地位的“庙堂儒学”和在民间发展的“平民儒学”（或称为“山林儒学”）亦纳入其研究的视野。

就“庙堂儒学”来说，该书一方面考察了中国历史上的一些封建君主如汉武帝、朱元璋、朱棣、康熙帝等人的儒学思想，另一方面也评述了王安石、张居正等重要官方学者的儒学思想。“统治阶级的思想在每一时代都是占统治地位的思想。这就是说，一个阶级是社会上占统治地位的物质力量，同时也是社会上占统治地位的精神力量。”① 儒学作为在中国封建社会长期占统治地位的意识形态，官方思想对其发展趋向有着不可忽视的重要影响，要客观全面地揭示儒学的发展脉络，对统治阶级的官方思想不予关注、不深入研究是不行的。该书在这方面的贡献可以说具有开创性。

在“平民儒学”研究方面，该书除了用相当的篇幅对明代以王艮、颜钧、韩贞、罗汝芳、焦竑等人为代表的泰州学派的儒学思想进行了系统研究之外，还对南宋以及明朝后期的“学派儒学”也做了概括性的评述。对平民儒学的特别关注，是该书的一大特点，尤其是体现了两位主编共同的学术旨趣，也是他们认真贯彻唯物史观的一个重要方面，因为唯物史观的一个基本思想就是重视人民群众在历史上的

① 《马克思恩格斯全集》第3卷，人民出版社1960年版，第52页。

作用。历史学家郭沫若曾提出过历史研究要坚持人民本位的主张，该书作者的研究实践也可以说是在自觉地贯彻“人民本位”的思想。

其二，在关注学界研究现状的同时，还发掘出儒学发展史上一些人们不甚关注的新论题和新人物。郭店楚简的出土对中国思想史研究来说是一件大事，它为人们了解战国早期儒学的发展提供了新的文献根据。该书有专门章节对此加以论述。就新论题来说，该书评述的“敦煌儒学”也为先前的儒学史著作所未涉及。另外，该书还继承和发扬了侯外庐学派独立自得的“阐微”精神，从文献资料中发掘出一些不被前人重视的儒学思想家，比如对程敏政和鹿善继两位明代学者在儒学史上地位之确立就是显著例证。该书认为，程敏政对了解王阳明思想的来源关涉极大，因为他提出的朱、陆“早异晚同”论，“实为阳明《朱子晚年定论》之滥觞”[①]；鹿善继不但是晚明北方王学的重镇，而且他所开创的“燕南王学”，以躬行实践为主要特色，并没有“阳儒阴释”“玄虚空疏”的理论缺陷，对全面正确了解晚明王学亦有重要意义。

再次，该书从当今中国社会的现实出发，对如何实现儒学的现代转型问题做了积极的思考和探索，提出了一些富有建设性的思路。众所周知，唯物史观作为马克思主义哲学的重要组成部分，除了具有高度的科学性之外，还具有革命实践的品格，它不仅是认识世界的工具，而且也是变革现实的思想武器。因此，用唯物史观来研究中国的儒学发展史，除了要对其加以客观的了解之外，还需要结合中国当前社会发展的实际，批判其中阻碍社会主义现代化的封建糟粕，继承和弘扬其中能够“与当代社会相适应、与现代文明相协调”的那部分思想内容，以促成其现代转化。为此，《发展史》作了以下探索性的尝试。

---

① 黄宣民、陈寒鸣主编：《中国儒学发展史》，中国文史出版社2009年版，第1370页。

其一，“切实体认儒学固有的内在精神，重振儒学的内在生命力”①。该书认为，“经世致用”是儒学固有的内在精神。“历史上，真正的儒者倡扬的乃是同现实社会实际生活紧密联系的体用兼赅之学，而‘经世致用’、‘学以致用’的实践理性或实用理性则是儒学固有的内在精神。”② 同时指出，“不断创新和自我改造”是儒学的内在生命力。正是在“经世致用”精神的激励下，历代的儒家学者自觉地随着社会发展的变化而对儒学不断进行改造、完善和创新，使其显示出历久常新的内在生命力。“我们分析、研究、评价儒学，必须看到它并非一成不变，而是不断创新、自我改造和发展完善的开放性思想体系。”③ 该书对儒学现代化问题所进行的建设性探索，可以说是儒学这两大优良传统在现代的继承和发展。

其二，“依据当代中国社会生活实践来开辟儒学的发展新路”④。对此，该书提出了三点探索性的意见：一，“基于对当代中国社会生产生活实践的体认，调整、转换儒学的生长基点和思想内容”⑤。该书认为，伴随着中国社会从传统农业类型向现代工业类型的转换，儒学的生长点也需从家庭转变为企业，它要想获得现代性的发展并进而在现代生活中发挥作用，就必须实现其整个思想体系的创造性转换，即将儒家传统的宗法（宗族）伦理转化成为现代工业社会所必须的企业伦理、市场伦理和经济社会伦理。二，“将儒学作为一种重要的传

---

① 黄宣民、陈寒鸣主编：《中国儒学发展史》，中国文史出版社 2009 年版，第 2063 页。

② 黄宣民、陈寒鸣主编：《中国儒学发展史》，中国文史出版社 2009 年版，第 2063 页。

③ 黄宣民、陈寒鸣主编：《中国儒学发展史》，中国文史出版社 2009 年版，第 34 页。

④ 黄宣民、陈寒鸣主编：《中国儒学发展史》，中国文史出版社 2009 年版，第 2063 页。

⑤ 黄宣民、陈寒鸣主编：《中国儒学发展史》，中国文史出版社 2009 年版，第 2063 页。

统资源投置到当代社会主义民主政治建设之中，使儒学能在现实的社会政治生活中发挥一定的作用”①。该书在从儒学史中发掘可能转化为现代民主的“民本”思想资源的同时，也揭示了“民本”思想不能“一线”开出民主政治的具体原因，即它在传统中国农业—宗法社会与王权专制主义之一体两面、深度结合。基于这种理论立场，该书还大力表彰了明清之际的早期启蒙思想和近代以来的民主启蒙思想。三，“将儒学融通到社会生活的方方面面，以使其多层面地满足当代社会的现实需要”②。具体说就是，将儒家“爱人”和“爱物”相结合的仁的思想渗透到现实社会之中，使当代中国人克服个人与社会、人与自然、人与人、公与私等方面的不和谐现象，形成与自然和谐共生的现代生态文明观念。

如何在马克思主义世界观和方法论的指导下写出科学的中国思想史或儒学史，侯外老在《宋明理学史·序》中讲的一段话对我们很有启发，他指出：“我认为，要符合历史实际地将理学产生和演变的历史写出来，研究者如果以理学思想作为指导，以理学写理学，那是不能揭示历史发展的真实面貌的，而且还会歪曲这个历史过程。如果只是停留在封建社会里进步学者的水平，象黄宗羲、全祖望那样，充其量只能编纂出象《宋元学案》这样的思想史著作；这在清代是了不起的事，但在今天来看，它只是历史编纂学，还远远不是科学的思想史，不是科学的理学史。如果我们采用资产阶级史学观点和方法，写出象梁启超的《中国近三百年学术史》那样的著作，同样不能算是一部科学的理学史。我们的研究必须严格地置于马克思主义理论的指导之下。马克思主义是科学的世界观和方法论。从‘五四’运动迄今六

① 黄宣民、陈寒鸣主编：《中国儒学发展史》，中国文史出版社 2009 年版，第 2064 页。

② 黄宣民、陈寒鸣主编：《中国儒学发展史》，中国文史出版社 2009 年版，第 2066 页。

十多年的中国历史证明：只有以马克思主义、毛泽东思想作为指导，历史研究才能成为科学。只有以马克思主义、毛泽东思想作为指导，进行宋明理学史的研究，才能还它以本来面目，使我们了解它在中国思想史上的地位和作用。”①

侯外老的这一段话，对于当前包括儒学研究和国学研究在内的整个中国思想史研究来说，都具有重要的指导意义。在当前的“儒学热”中，一些人自称儒家，“以儒学写儒学”，完全脱离开儒学产生的经济基础和社会制度根源，正如侯外老所指出的，这只能是一种“头足倒置”的观念史。在20世纪30年代初，郭沫若曾发出这样的呼吁：“谈‘国故’的夫子们哟！你们除饱读戴东原、王念孙、章学诚之外，也应该知道还有马克思、恩格斯的著作，没有辩证唯物论的观念，连‘国故’都不好让你们轻谈。”② 80年过去了，今天的儒学和国学研究者也不应该忘记郭老的警策之言！今天倡导“新国学”的学者，有的仍然主张走梁启超、王国维等人当年所走的与世界汉学研究接轨的新国学之路，即用西方的科学方法来整理国故的新国学之路，从文化观来说仍然属于“中体西用”的范畴。侯外老当年也很推崇王国维的近代研究方法，但是并没有停留在他那里，而是提升到了马克思主义的水平，他自己说，一个重要原因就是接受了马克思《资本论》方法的熏陶。我们今天也不能停留在以资产阶级世界观和方法论为指导来研究国学的阶段，而是要像侯外老指出的那样，把这种研究“严格地置于马克思主义理论的指导之下”，创建适应社会主义时代需要的新国学。

侯外庐学派的最新代表作《中国儒学发展史》在当前的“儒学热”中出版，以其鲜明的马克思主义理论立场和扎实的史料根基而成

① 侯外庐、邱汉生、张岂之主编：《宋明理学史》上卷，人民出版社1984年版，第3页。

② 郭沫若：《郭沫若全集·历史编》第1卷，人民出版社1982年版，第9页。

为颇为引人注目的一家之言，在我们看来实具有导正儒学研究之航向的作用。正是由于坚持以唯物史观为指导来研究中国儒学史，它才能作出上述诸多创新性的贡献。由于该书是多人分工执笔在 20 多年间陆续修改定稿的，第一主编黄宣民同志又不幸过早地辞世，使该书也留下了一些遗憾，比如整体结构比较松散，思想前后关照不够，内容详略安排失衡等。特别是插进去 16 篇“附录”，难免有架漏牵补之嫌，若能将其与有关章节的内容有机地融合在一起就好了。另外校对不精、错字较多也是一个遗憾。尽管有这些不足之处，但该书的学术贡献是主要的，因为只有坚持以唯物史观为指导才能使中国儒学史研究真正成为科学。

（本文与陆信礼合作，原载《中国社会科学院研究生院学报》2010 年第 2 期）

守自己的庄稼　流自己的汗

——读丁为祥《学术性格与思想谱系——朱子的哲学视野及其历史影响的发生学考察》

一

钱穆先生说："在中国历史上，前古有孔子，近古有朱子，此两人，皆在中国学术思想及中国文化史上发出莫大的声光，留下莫大的影响。旷观全史，恐无第三人堪与伦比。"① 与此类似的评论还有蔡尚思先生的"东周出孔丘，南宋有朱熹，中国古文化，泰山与武夷"②。两位先生的评论不一定完全准确，但在说明朱子对中国思想文化的重要影响与作用上并非没有道理。

两宋时代，儒学复兴，代表人物有周（敦颐）、张（载）、程（颢、颐）、朱（熹），朱熹可以说是两宋儒学之集大成者。在宋以后中国官方意识形态的建构中，朱熹哲学的作用甚大，它被视为"致广大，尽精微，综罗百代"的思想体系，其所著《四书集注》被规定为科举考试的法定教科书。此书不仅是儒家经典，而且也体现了朱熹

---

① 钱穆：《朱子学提纲》，生活·读书·新知三联书店2002年版，第1页。

② 转引自丁为祥《学术性格与思想谱系——朱子的哲学视野及其历史影响的发生学考察》，人民出版社2012年版，第1页。

成熟期的哲学思想。对于以科举仕进为主要追求的世俗社会来说，朱熹思想的影响自然不可忽视。

到了20世纪，随着社会政治结构的深刻变革，儒学逐渐失去了主流意识形态的地位，但在思想文化层面仍对中国社会发挥着广泛而深刻的影响。一些有文化责任感的知识分子，仍秉承儒者的使命，努力接续儒家的传统，并积极探索儒学的当代价值，其中也包括对朱熹哲学在现代语境下进行新的解读与诠释。就对朱熹哲学的研究而言，80年代以前的主要成果有冯友兰的《中国哲学史》《新理学》《中国哲学史新编》，钱穆的《朱子新学案》，牟宗三的《心体与性体》，陈荣捷的《朱学论集》《朱子新探索》。80年代以后，关于朱熹哲学研究的成果更为丰硕，相继有刘述先的《朱子哲学思想的发展与完成》、张立文的《朱熹思想研究》、蒙培元的《理学的演变》、陈来的《朱子哲学研究》《朱子书信编年考证》、束景南的《朱熹年谱长编》、金春峰的《朱熹哲学思想》、田浩的《朱熹的思维世界》、余英时的《朱熹的历史世界》等等。所有这些成果，在拓展人们的研究视野、推进和深化对朱子哲学的认识方面均发挥了重要作用。尽管每个研究者都有自己的学术立场和价值追求，人们也不一定认同他们的观点，但这些研究成果总能为人们的思考提供启发和借鉴。

在这种背景下，要超越前人的相关研究成果就不是一件容易的事。如果想在朱子哲学研究方面做出一点像样的成绩来，就不仅必须静下心来，一股脑儿钻进去，以只问耕耘、莫问收获的精神，全神贯注，潜心研究，而且必须正视并充分吸收前人的研究成果，在此基础上独立思考、综合创新，才有可能形成新的研究思路和达到新的进境。

丁为祥教授的《学术性格与思想谱系——朱子的哲学视野及其历史影响的发生学考察》一书，就是他对朱熹哲学深入钻研的成果。上个世纪末，他就把注意力转向了朱熹，开始资料的收集整理工作，并拜访了不少相关的专家学者。新世纪伊始，他的朱子哲学研究计划得到了国家社科基金的支持；到这一成果正式出版，则又过去了11年。

在此期间，他把主要精力放在思考如何进入朱子的思想世界，如何接近他的那种生成着、发展着的哲学视野，并进一步从现实人生的角度对其理论的形成、发展作出符合其生存心态和学术性格的说明。显然，在问题意识上，他就既借鉴又有异于先前的研究者。作者在认真阅读朱子及相关思想家第一手资料的基础上，充分注意到并吸收了前人有价值的研究成果，经过辛勤的思想探索之旅，终于写出了有自己独到见解的朱子哲学研究专著。十余载耕耘得此收获，说来也实在不易。

二

我们在拜读丁著之后，深感这是一部颇有分量的中国哲学研究力作，从中受到不少启发。在此，想结合书中的几个关键问题，谈一点我们的体会。

首先，作者着力探讨了朱熹的学术性格及其形成过程，认为它才是"'思想世界'的真正主体"。一般说来，所谓性格往往是指人们比较稳定的生活态度和行为方式。由于每个人的气质禀赋、成长环境和生存阅历的不同，因而也就形成了不同的性格。该书所说的学术性格虽然也与人的性格有关，但又不尽相同，它"既不是一个人与生俱来的气质之性，也不是纯粹至善的天地之性，同时也不是其双重人性之具体统一于现实人生中的直接表现，而是此气质之性作为双重人性之直接统一与一定的为学实践之积淀以及二者之具体统一在学术活动中的表现，是其'思想世界'的真正主体或生发之源"①。换句话说，学术性格就是人之自然气质、性格与学术实践相结合所表现出来的一种人格品质。它既表现于人的现实存在，又根源于现实的人生实践，可以说是一种"天生人成"的因素，亦可以说是"现实的人生"与

① 丁为祥：《学术性格与思想谱系——朱子的哲学视野及其历史影响的发生学考察》，人民出版社2012年版，第9页。

“人生的现实”。因为在作者看来，“真正的哲学总是产生于现实的人生并密切地关涉着人生的现实”[①]。不论是“现实的人生”，还是“人生的现实”，两者的有机统一才是真正的“现实”。读到这里，我们不禁想起了马克思的名言：“在其现实性上，人是一切社会关系的总和。”[②] 人总是存在于一定的社会关系之中的，虽然社会关系纷繁复杂，但基本关系则有经济的、政治的、文化的，或金钱的、权力的、物化的等等。这样说也许稍显抽象，具体就朱熹来说，他出身于“业儒”与“仕进”之家，“弱冠”即中进士，24 岁成为同安主簿，但此后 50 年间的为政生涯，却总是受到官僚集团的排挤和打压，所以其一生也就遭遇了“五十年间，历事四朝，仕于外者仅九考，立于朝者四十日”（黄榦《朱文公行状》）的独特经历。到了晚年，又遭到“庆元党禁”的打击，因而确实是一个“权力世界中的理学家”。虽然他不像明代的王阳明那样遭受了诸多的人生磨难，但其“相对顺适”的环境也只是在其青年时期。纵观其一生，官场中“欺慢、非笑、毁谤、荣辱”（借用王阳明语）等等遭遇，以及“今之朋友，择其善柔以相与，拍肩执袂以为气合，一言不合，怒气相加”（借用张载语）的状况，他遇到的肯定不会少。在我们看来，这就是“权力世界”中的“人生的现实”或“现实的人生”。而所有这些，既是朱熹所必须面对的，也是他无所逃遁地不得不参与其中的。

朱熹自称“资质鲁钝”，实乃一种谦辞。他有良好的家教，也不懈于探索，任同安主簿时，又拜延平为师，虽不契于延平之教，但他并未放弃对学问的追求。以后他又与湖湘学派的张栻，江西陆氏兄弟，浙东学派的吕祖谦、陈亮等人进行学问切磋，并反复致辩。所有这些，不仅成就了他的学问，也成就了他的人格。他的学问不是学院式的，

---

① 丁为祥：《学术性格与思想谱系——朱子的哲学视野及其历史影响的发生学考察》，人民出版社 2012 年版，第 3 页。

② 《马克思恩格斯选集》第 1 卷，人民出版社 1972 年版，第 18 页。

不是从书本到书本，从概念到概念，而是他的人生实践与为政经验的总结，是从他的人生经历中体验得来的，并可印证于他的为学实践。可以说，他的学术性格和研究进路就是这样现实地生成与发展着的。

牟宗三说朱熹的哲学是一种“实在论心态”，刘述先则认为朱熹的哲学是典型的“宇宙论进路”。在本书中，作者把朱熹的学术性格定位为“生存实在论”，并对此作出了说明。他认为所谓“实在”，“首先是指人的生存实在，而这种生存实在虽然也具有一定的客观性，但却并不是或者说首先不是作为认知对象的客观实在，毋宁说主要是指从个体到群体再到宇宙万物之一体相关性的生存实在。至于其所谓认知，也不是要探讨关于对象世界之所谓纯客观的知识，而首先是由个体之生存实在所必然关涉的带有群体性或人伦普遍性的人生知识或人生道理”[①]。这一段话，比较清楚地说明了作者“生存实在论”的具体意涵，即它既不同于西方哲学中所说的以指谓纯粹客观的“理念”实在（中世纪的唯实论），也不同于“逻辑”实在（近代的逻辑经验主义等），而是人之个体、群体，以及万物一体的生存实在，简单地说，这个“实在”首先就是人的生存实在。不过，这种“实在”“根本就不是一种对象性的存在，而首先是人与人，人与物以及主体与客体的一种共在”[②]。作者对“实在”的这种“生存性”理解，的确与冯友兰、牟宗三等人不同。可以说，从生存实在论的角度对朱熹哲学进行分析和评论，这是本书的一大特点。

其次，在澄清朱子学术性格的基础上，作者又认真梳理了朱子哲学的思想谱系。作者认为：“严格说来，中国其实只存在两种基本的思想谱系，……这两种思想谱系主要就指中国历史上最早形成思想流

① 丁为祥：《学术性格与思想谱系——朱子的哲学视野及其历史影响的发生学考察》，人民出版社2012年版，第82页。

② 丁为祥：《学术性格与思想谱系——朱子的哲学视野及其历史影响的发生学考察》，人民出版社2012年版，第81页。

派的儒家和道家。”① 此后，由于佛教的传入，又经过隋唐时代的三教并行，于是“‘有’、‘无’、‘空’这三个概念也就成为儒佛道三教及其思想谱系的代表了，而本体论、宇宙论与人生修养论也将成为儒学重新崛起所必须首先面对的问题”②。具体到朱熹来说，其思想谱系主要是在对北宋五子的继承与拣择中形成的。朱熹作为两宋理学的集大成者，周敦颐、张载、二程对他都有重要影响。周敦颐的“无极而太极”，被朱熹诠释为“无形而有理”。同时，他又借鉴张载的“心统性情”，以诠释自己的哲学思想，不过他所理解的“心”与张载不同，张载的“心”含有形上与绝对的意义，“大其心则能体天下之物”，“物有未体则心为有外”。而朱熹的“心”却主要是指“气之灵”，为“性情之主”。他师从李侗，其父朱松原本就与李侗同出道南一脉，均受教于罗从彦。可见，不论是其自幼的家学，还是以后的从师之学，朱熹都深受程颢一系思想的影响和熏陶。为此，他也非常努力，常听老师教诲，“默坐澄心，体认天理”，“以验夫喜怒哀乐未发之前气象如何，而求所谓中者”③，“必也体之于身，实见是理”④，从而形成了自己的“中和旧说”：“凡感之而通，触之而觉，盖有浑然全体应物而不穷者。是乃天命流行，生生不已之机，虽一日之间，万起万灭，而其寂然之本体则未尝不寂然也。所谓未发，如是而已！”⑤ 即认为“未发”乃“寂然不动”，“未发”存在于“已发”之

① 丁为祥：《学术性格与思想谱系——朱子的哲学视野及其历史影响的发生学考察》，人民出版社2012年版，第90页。

② 丁为祥：《学术性格与思想谱系——朱子的哲学视野及其历史影响的发生学考察》，人民出版社2012年版，第100页。

③ 丁为祥：《学术性格与思想谱系——朱子的哲学视野及其历史影响的发生学考察》，人民出版社2012年版，第69页。

④ 丁为祥：《学术性格与思想谱系——朱子的哲学视野及其历史影响的发生学考察》，人民出版社2012年版，第70页。

⑤ 丁为祥：《学术性格与思想谱系——朱子的哲学视野及其历史影响的发生学考察》，人民出版社2012年版，第76页。

中。这样的理解并无不对，但其“旧说”也存在一个问题，即在“不与事接之际”，尝试求之“未发”，“则泯然无觉之中，邪暗郁塞，似非虚明应物之体，而几微之际一有觉焉，则又便为已发，而非寂然之谓”。也就是说，上述体会似乎无法“退而验之于日用之间”[①]。对于这一怀疑，作者认为此“构成了其问题形成的根源”，因为他是“从宇宙之大化流行的角度来说明所谓未发已发的”[②]。我们的理解与作者还不尽相同。应该说“中和旧说”还有李侗思想的印迹，即“必也体之于身，实见天理”。而且，这一思想也的确含有程颐思想的因素，即“退而验之于日用之间”实乃“已发”，也就是程颐讲的“存养于喜怒哀乐已发之时”，“若言求中于喜怒哀乐未发之前，则不可”（《河南程氏遗书》卷十八），若求就是“已发”了。至于对朱熹所说的“天理流行，生生不已之机”，既可以从宇宙论的角度理解，也可以从心性论的角度理解。我们认为，朱熹在此主要还是从心性论角度来说明的。

不过，朱熹的认知方式却是“顺取”式的，这也是构成他与其他理学家，如程颢、陆九渊的不同之所在。他承认自己继承的是程颐的学问，“复取程子书，平心静气而徐读之，未及数行，冻解冰释，然后知性情之本然”[③]。不论是在学问上，还是在人格精神上，程颐对朱熹都有更深的影响。程颐性格冷峻，崇尚天理，对于皇帝，敢于以师道自居；朱熹也属于“不通世故”者，敢于直言，带头弹劾外戚韩侂胄，最终招致“庆元党案”的打击，但仍不忘培养弟子，承传道统，这些与他的性格也不无关系。

就朱熹的思想规模来说，作者主要从三个方面展开论述，即“从

① 丁为祥：《学术性格与思想谱系——朱子的哲学视野及其历史影响的发生学考察》，人民出版社2012年版，第76页。

② 丁为祥：《学术性格与思想谱系——朱子的哲学视野及其历史影响的发生学考察》，人民出版社2012年版，第76页。

③ 丁为祥：《学术性格与思想谱系——朱子的哲学视野及其历史影响的发生学考察》，人民出版社2012年版，第78页。

存有论角度展开的理气心性论、从认知角度展开的格物致知论（也包括读书穷理）以及从道德修养角度展开的涵养践行论”[①]。由于在存有意义上朱子的“理”是“只存有而不活动”——“净洁空阔”的宇宙本体，因而牟宗三将朱子定位为所谓“别子为宗”。显然，作者从理论上重复这一公案，表明他在一定程度上认可了牟宗三的观点。[②] 对于格物致知，朱熹认为通过不断地格物，从而达到主观的诚意正心，并在格物过程中实现主客观绝对统一的“豁然贯通”。最后，这一任务又主要落实于涵养践行论中，落实于涵养、致知、力行诸环节的统一之中。

朱子的思想在其后学中得到了继承和发展，如其高足兼女婿黄榦、孙婿赵师复，都是其思想的忠实继承者。元代的赵复、姚枢，特别是许衡和吴澄，对于朱子学的推广都起了重要作用，使朱子学逐渐成为官方的主流意识形态与民间的主流文化，甚至成为百姓的精神信仰。明代朱子学的代表则有曹端、薛瑄、罗钦顺等人。明代心学的出现，其实与朱子学也有渊源关系，陈白沙也好，王阳明也好，皆莫例外。到了清代的戴震，其所继承的仍然是“朱子道问学的传统，——不过是将道问学推进于考据与训诂的领域而已”[③]。到了近代，随着中西文化的冲撞、交流与互动，朱子学也呈现出多元化的研究趋势。在本书中，作者特意选取了冯友兰的逻辑理性、钱穆的历史理性以及牟宗三超越理性的朱子学研究作为代表，由此亦可以概观其在20世纪的影响与发展走向。

再次，作者的朱子学研究，主要运用了发生学的方法。为何要选用此方法，他有自己的考虑。因为“哲学”一词属于舶来品，而中国

---

① 丁为祥：《学术性格与思想谱系——朱子的哲学视野及其历史影响的发生学考察》，人民出版社2012年版，第142页。

② 丁为祥：《学术性格与思想谱系——朱子的哲学视野及其历史影响的发生学考察》，人民出版社2012年版，第145页。

③ 丁为祥：《学术性格与思想谱系——朱子的哲学视野及其历史影响的发生学考察》，人民出版社2012年版，第472页。

哲学学科的建立，也主要是借鉴了西方哲学的范式，由此不可避免地打上西方哲学的印迹。我们知道，在西方哲学发展过程中，占主流地位的是理性主义，理性主义对于西方的历史文化影响深远。可以说，近代意义上的科学就是建立在理性主义基础上的，这里所说的理性主义包括了近代的唯理论和经验论。理性主义的基本特点是注重理性与逻辑。20 世纪在这样的框架下建立起来的中国哲学学科，自然有“以理论自雄”（借用梁漱溟语）的特点，即把哲学道理充分地理论化、系统化了，同时也被抽象化了，而不太重视哲学家对于生活的体悟。如果不警惕这种思维方式的局限性，哲学就有可能疏离于人生，疏离于人的实践生活。

正是基于这样一种考虑，作者选择了发生学的方法，并以此研究朱熹哲学的生成、演化及其内在机理和外部因缘。与以往不同的是，作者要进一步深入到历史后面的生成环节之中，弄清问题的发生、事件（思想）的原委、社会的语境、当事者的立场，以及个人的内心世界。实际上，作者对方法的这种选择无疑受到了余英时《朱熹的历史世界》一书的影响，所不同的是，余英时是以政治关怀消解理学家的道统追求，而作者却是试图从发生学的角度去还原朱子“现实的人生”与“人生的现实”，并从其“现实的人生”出发去探讨朱熹学术主张与道统意识的具体生成。

在本书作者看来，所谓发生学的起点，就是“任何一个个体的人生起点，当然也是其哲学的起点”[①]。朱熹也不例外。所以，他要还原朱熹，甚或将其还原到南宋普通士人的人生起点上，进而“分析其人生的转进与思想的生成”。在作者看来，“如果人生就仅仅是一种由实然生性之自然流淌或任意挥洒所显现出来的生命，那么这种生命说到底也就不过是一种‘人与物等’——‘人化物’而已，所谓‘人

---

① 丁为祥：《学术性格与思想谱系——朱子的哲学视野及其历史影响的发生学考察》，人民出版社 2012 年版，第 6 页。

化物也者，灭天理而穷人欲也’，因而还不能算是真正属于人的生命。所谓真正人的生命，是随着其人对‘天之所与我者’之充分自觉与不断追求展开的”[①]。这说明，人要由实然的人生进展到真正的人生，就不应当是生命的自然流淌，也不是其情感的任意挥洒，更不是其思想的随意而为，而必须是对于“天之所与我者”的充分自觉，以及对于“天理”的不断追求与展开。

要实现对“天之所与我者”的充分自觉，就必须从教育入手，教育是启蒙、自觉的最好路径。朱熹有比较好的家教，父亲朱松对他影响不小，可惜，其英年早逝。不过，他又有机会师从“武夷三君子”：胡宪、刘勉之、刘子翚。刘勉之后来成为朱熹的岳父，刘子翚的兄长刘子羽对朱松负有托孤之任，对朱熹亦有影响。由于当时“三君子”的教育主要是“以举子见期”，在某种意义上说，这还不是真正的教育。我们认为，朱熹真正走向学术（即接受真正的教育）是从师事李侗开始的。虽然他不能契于李侗的学问，也常有负过之疚，他检讨自身的原因是“资质鲁钝”，好于词章、训诂，故对“默坐澄心”之类难以进入。延平去世后，朱子仍积极主动地与学界同仁切磋学问，特别是与张栻有关“心”“性”与“仁说”的讨论，使其学问规模逐渐形成。以后他与陆氏兄弟、吕祖谦、陈亮的论辩，则进一步坚持了自己的理论立场，阐扬了自己比较成熟的哲学学说。所有这些，都是就朱子思想发生、发展的内在机理或内在逻辑而言的。

另外，发生学也要探讨一种思想得以形成的外部环境。朱子思想形成的外部环境，可以从两个方面来说明。一方面，宋代的学术语境与以往有所不同，比之以往，宋代士大夫们有比较高的政治热情，他们有“先天下之忧而忧”的人生情怀，有“为天地立心，为生民立

① 丁为祥：《学术性格与思想谱系——朱子的哲学视野及其历史影响的发生学考察》，人民出版社2012年版，第7页。

命，为往圣继绝学，为万世开太平”的远大抱负，有“得君行道”的政治追求，乞望皇帝能“与士大夫共治天下”，以便实现“君臣共治”的政治理想。但另一方面，人生的“遇命”也可纳入广义的外部环境，因为它是不以人的意志为转移的。在朱熹的幼年，“伊川之学”就遭到禁罢，而其早年丧父，中年为官屡遭排挤，晚年又罹“庆元党案”之祸。所有这些，不仅对朱熹的人生有影响，而且对他的思想学说也有深刻的影响。

所以，作者叙事式的研究，就使得一个活化了的朱熹呈现于人们面前，这是一个有血有肉、有情感、有信念的人，他勤奋努力、执著理想，但却生活坎坷、命运多舛。朱子的思想世界中也有诸多矛盾、冲突和曲折。他对李侗有负疚之感，但并没有放弃自己的哲学追求；他比较尊崇程颐，并继承和发展了其学说；他与张栻交往密切，但不同意他的学术观点；他不认可陆氏兄弟的思想，批评他们疏于道问学的工夫；他与吕祖谦是密友，长子也拜吕祖谦为师，但他和吕祖谦在学问上也有分歧；在朱熹与陈亮的辩论中，他更加激烈地反对陈亮“王霸并用，义利双行”的主张。总之，朱熹一辈子都在探索，他的人生实践从来没有离开过学术思考和探索。他的思想体系的发生与形成就建立在其人生实践的基础上，思想发生、发展的过程也就是其生命的展开过程。他不断地在叩问人生，探求天理，努力寻找两者的内在统一。

我们的最后一点体会是，作者始终坚持着自己的独立思考，没有人云亦云，更没有随波逐流。对于朱熹，作者有自己的独立思考、研究与表达。如上面提到的把朱熹的学术性格定位为“生存实在论”，就与前贤的研究视角有所不同。还有他对朱熹哲学横向展开与纵向落实的研究思路，认为“一旦豁然贯通”就是纵向落实等看法，都有独到之处。作者的研究和表述不仅有学问思辨，而且也有生活语言，其中生活语言是叙述式的，目的是更好地展示历史的原貌。更为难得的是，作者还为自己做了这样一个定位：“守自己的庄稼，流自己的汗，粜自家的山货，换自己的盐。”他坦言：“这一守则不仅是我的职分，也是我的乐趣所在。我原本就是种庄稼的出身，现在则依然像种庄稼的老农一样守着自己的山坳，自己的土地。我并不羡慕那些千亩、万亩的‘大农场’，也不寄望于所谓‘试验田’，只是希望能在自己的山坳、自己的土地上，用自己的笨办法种出几茬可意的庄稼而已。”[①]我们以为，作为读者，在看完本书之后，也许你不一定同意作者的观点，也不一定认可他的“庄稼”，但不得不承认其学问和“庄稼”确实都是他自己的，是他自己流汗种出来的，其中既有他的学术性格，也有他的人格。

三

我们在认真拜读丁著、十分赞赏其“生存实在论”研究进路之平实亦不乏哲理深度之同时，对书中的某些观点也有不能完全相契之处，下面提出两点来与作者切磋讨论。

（一）对朱熹哲学的认识与评断有值得商酌之处。作者认为，朱子“将儒家做人的道理对象化、事理化了，从而总是作为一种平面的、等值的外在事理来推寻”[②]。又说：“因为他把文本把得太死，把文理看得太重。从大的方面看，这就已经决定了他对文本世界的对象性视角；而从具体认知的角度看，他又严格地杜绝自我体究式的主体介入方式，从而也就排除了主体与文本‘融液一体’之可能。”[③] 还有，朱子“不仅要自觉地将‘我’与圣人分开，而且还要将圣人与

---

① 丁为祥：《学术性格与思想谱系——朱子的哲学视野及其历史影响的发生学考察》，人民出版社2012年版，第743页。

② 丁为祥：《学术性格与思想谱系——朱子的哲学视野及其历史影响的发生学考察》，人民出版社2012年版，第58页。

③ 丁为祥：《学术性格与思想谱系——朱子的哲学视野及其历史影响的发生学考察》，人民出版社2012年版，第65—66页。

道理分开，——圣人也不过是‘发愤忘食’、‘求道之切’而已。如此一来，所谓的文本也就真正成为他的对象世界了”[1]。如此等等的论断，我们认为还可以再加斟酌。朱熹的确是以“顺取”的认知方式来研究人物之理的，他的“格物”也带有对象化的色彩，——通过对象性的格物穷理，以实现人之思想境界的提升。朱熹这样做是否也有一定的合理性呢？因为在形而下的意义上来说，人就是对象性的动物，人能认识到对象的存在，把自己与对象区别开来，不仅如此，人还能从对象中反观到自己的存在。这种对象性认知虽然有其局限性，但我们不能因此而完全否定对象认知的合理性。再者，朱熹是不是自觉地将我与圣人分开，将圣人与道理分开，作者并没有提供见之于其著述中的第一手资料，而只是从朱熹与李侗的对话以及李侗对朱熹的批评中分析出来的结论。显然，这种推理性的结论与朱子的思想体系有相悖之处，首先与“性即理”相悖，其次与“天即人，人即天”（《朱子语类》卷十七）相悖，再次也与“一旦豁然贯通”相悖。

（二）对冯友兰哲学的评价有欠客观。冯友兰的学问由“逻辑悟入”，通过逻辑建立自己的新理学体系，他想借鉴新实在论的方法建立一种“纯客观论”的哲学。而他的境界理论，则体现了他对现代哲学、心理学成果的吸收。在这一背景下，冯友兰认为中国哲学的缺陷是没有将“我”与“非我”完全分开，故知识问题未成为中国哲学上的至大问题。[2] 与此相联系，他认为中西文化的差异实际上是“古今之异”，即社会进化上的差别。在作者看来，这些都表现了冯友兰与传统精神的脱节。当然，我们不否认冯友兰哲学有其自身的局限性。但是，纵观冯氏一生的学术思想，其中有变的因素，也有不变的

---

① 丁为祥：《学术性格与思想谱系——朱子的哲学视野及其历史影响的发生学考察》，人民出版社2012年版，第66页。

② 丁为祥：《学术性格与思想谱系——朱子的哲学视野及其历史影响的发生学考察》，人民出版社2012年版，第527页。

因素。从早期的新理学唯心主义转变到唯物主义立场是其“变”，不变的则是其共相与殊相理论。冯友兰用这一理论（共相与殊相）解释了理与气、真际与实际，以及“理一”与“分殊”的关系，认为“理”“真际”是共相，“气”“实际”是殊相，它们的关系是体与用的关系。作者认为冯友兰只是从存在论（事实存在）和认识论的角度分析，而不是像传统儒学那样从存有论（本体论）的角度展开，并认为这种平面化的分析，使得对作为本体的“理”缺了敬畏感[①]，也少了超越感[②]。对于这个问题，我们认为还不能这样评断。西方哲学中的上帝不也是由逻辑来证明的吗？所谓“第一推动力”“纯形式”等等，不仍然是超越的存在，并给予信众以敬畏吗？而且，认为冯友兰否定“理”的超越性很可能是误读了这位前辈。冯友兰的“理”是超越，也是“大全”，“大全”包括了天与人，它是“思”的对象，又非“思”的对象，即“思而知有大全”，“知大全不可思”，这里说的就是超越性。“理”落实于人生就是“义理之性”，人进入“天地境界”，就是对于宇宙“天理”即“大全”的完全觉解。“觉解”有两层意思：一是理解，二是自觉（悟）。在理解和自觉“大全”的基础上，人才能进入“天地境界”。“天地境界”就是超越的存在在人的精神世界中的最高体现。

另外，冯友兰所说的“理先气后”既是逻辑上的，也是体用上的，就是“本来如此”。作者认为，冯氏借用了传统的真际与实际来解决理与气的关系问题，但“如果缺乏传统的视角和精神，那么即使使用了传统的概念，也仍然无法真正解决传统的问题”[③]。这里所谓

---

① 丁为祥：《学术性格与思想谱系——朱子的哲学视野及其历史影响的发生学考察》，人民出版社2012年版，第525页。

② 丁为祥：《学术性格与思想谱系——朱子的哲学视野及其历史影响的发生学考察》，人民出版社2012年版，第522页。

③ 丁为祥：《学术性格与思想谱系——朱子的哲学视野及其历史影响的发生学考察》，人民出版社2012年版，第520页。

“传统的视角”，就是“理与气之纵向超越的关系”[①]，这实际上是心学家的立场。我们认为这种批评立场是有问题的。因为心学不是儒学的全部，心学家的立场并不能完全代表儒家的立场。还有，作者认为“对象性的视角，认知性的追寻始终在制约着冯友兰，使他根本就没有真正进入朱子与宋明理学的论域中”[②]，“当冯友兰对朱子的理气关系做出这样的诠释（引者注：认识论的）时，他也就更加远离中国哲学的精神，更远离其具体性智慧了”[③]。在我们看来，这些讲法都太绝对了，程朱不也是横摄系统吗？我们不能因此说程朱就不属于宋明理学之列，也不能说他们远离了儒家的论域。

以上是我们读《学术性格与思想谱系——朱子的哲学视野及其历史影响的发生学考察》一书后的一些感受和理解，坦率直言，意在提出问题，与作者和学界同仁共同探讨。

（本文与宁新昌合作，原载《人文杂志》2014 年第 2 期）

---

① 丁为祥：《学术性格与思想谱系——朱子的哲学视野及其历史影响的发生学考察》，人民出版社 2012 年版，第 522 页。

② 丁为祥：《学术性格与思想谱系——朱子的哲学视野及其历史影响的发生学考察》，人民出版社 2012 年版，第 531 页。

③ 丁为祥：《学术性格与思想谱系——朱子的哲学视野及其历史影响的发生学考察》，人民出版社 2012 年版，第 533 页。

探赜索隐　慧眼独具

——读《王通评传》

王通（580—617 年）是中国儒学史上的一个重要人物。他是在中国封建社会由农奴制向自由租佃的地主制转变的关键时期，适应新时代的要求，抛弃了原来作为统治思想的天人感应论和谶纬迷信，提出了以“道”和“理”为核心的新思想、新哲学，为创建新儒学即宋明理学做出了重要贡献的一位先驱思想家。他虽然只活了 38 岁，但是才学过人，志向很高，决心做中国历史上的第二个孔子，曾用九年时间模仿《六经》著《续六经》，后在龙门县的黄颊山聚徒讲学，门人模仿《论语》，将其与弟子、朋友的对话整理成书，因其思想学说的核心是“大中之道”，故取名为《中说》，他也被尊谥为“文中子”。据《中说》记载，唐初名臣魏征、房玄龄、李靖、杜如晦、窦威、杜淹、陈叔达、温大雅、温彦博等人都是王通的学生，应该说他在隋末唐初的影响是很大的。但是在魏征担任总编的《隋书》中，却没有给王通立传，甚至连一个字也没有提到他。由于这个现象得不到合理的解释，于是有人怀疑历史上是否真有王通其人，《中说》是不是伪书？如洪迈在《容斋随笔》中说：“王氏《中说》所载门人，多贞观时知名卿相，而无一人能振师之道者，故议者往往致疑。”这就成为中国学术史上聚讼千年的一桩公案。

自从北宋初年宋咸作《过〈文中子〉》十卷、《驳〈中说〉二十二事》以来，认为王通“乃后人所假托”者代有其人，至近世梁启超的尖锐批评而达到了顶峰。梁启超在《中国历史研究法》中说："有虚构伪事而自著书以实之者，此类事在史中殊不多见，其最著之一例则隋末有人曰王通者，自比孔子，而将一时将相若贺若弼、李密、房玄龄、魏征、李勣等，皆攀认为其门弟子，乃自作或假手于其子弟以作所谓《文中子》者，历叙通与诸门人问答语，一若实有其事。此种病狂之人，妖诬之书，实人类所罕见。而千年来所谓'河汾道统'者，竟深入大多数俗儒脑中，变为真史迹矣。"这就不仅使得王通其人其书的真实性被完全否定，而且也很自然地使得对王通其人其学的研究裹足不前。尽管宋咸以前许多人的著作中都提到过王通，肯定实有其人其学；尽管朱熹、王阳明等儒学宗师都对王氏之学评价甚高，如朱熹说："王仲淹生乎百世之下，读古圣贤之书而粗识其用，则于道之未尝亡者盖有意焉。而于明德新民之学亦不可谓无其志矣。"（《王氏续经说》）尽管20世纪30年代以来，汪吟龙、王立中、余嘉锡等学者都对王通其人其书进行过考证，取得了一些有价值的学术成果，但是这个千古历史之谜始终没有完全解开。直到上个世纪80年代，尹协理、魏明合著《王通论》（中国社会科学出版社1984年版）为之钩沉，有关王通其人其书的事实真相，才大体揭明于世。

尹协理并没有满足于已经取得的成果，近三十余年来，进一步潜心深入研究王通的生平、著作和思想，又有不少新的创获。他与刘海兰合著的近45万言《王通评传》，已于2016年8月由北岳文艺出版社出版。初读该书，我们认为这是一部下了扎实功夫的很有特点的学术专著。它主要做了两个方面的工作：一是力图破解王通被封杀的历史之谜，二是阐明王通之学的主要内容和思想史价值。

我们先来看该书在破解王通被封杀的历史之谜、为平反中国儒学史上这桩最大的冤假错案所做的工作。

首先，这部新著探赜索隐，条分缕析，以丰富翔实的文献资料确证王通其人其书是真实存在的。

王通其人其书是否真实存在过？这本来不是问题，在有唐一代以至宋初宋咸以前的四百年中，并没有人对此怀疑过。《王通评传》列举出26例38人的有关文献资料，来详细论证和确切说明这个问题。尤其是其中的几个主要人物：王通的弟弟王绩是著名的隐士和诗人，儿子王福畤在历史上也有记载，孙子王勃和王勃的朋友杨炯更是“唐初四杰”之一，弟子薛收官至天策府记室参军，好友陈叔达贞观中当了礼部尚书。这几个人都留下了关于王通的真实记载，并且对王通的评价都很高，完全可以说明“在宋咸之前和同时期，没有人怀疑王通的真实存在。宋咸说王通‘实无其人’，实在是无视历史事实的‘瞽说’”①。应该说这种史迹考辨是很有力的。

在确证王通其人其书真实存在的基础上，作者又结合实地调查资料，对其生平行事进行了梳理和叙述：王通出生于北周静帝大象二年（580年），家乡在“疏属之南，汾河之曲”的龙门县万春乡，即今山西省万荣县通化镇。他少年时代游学四方，成年后考中秀才，曾在蜀州做过几个月的小官，辞官后向隋文帝面呈《太平十二策》，因未被采纳而回家乡隐居，著述讲学，培养了一批颇有学识的人才。《续六经》即为其乡居期间自著，而《中说》中的部分人名和事迹虽有其子王福畤作伪之处，但其中的主要言论和思想是王通的。至于流传至今的《元经》，并不是阮逸摘录《晋书》而伪造，基本上还是王通著作的原貌。《王通评传》中这样一些有理有据的结论性观点，是完全可以成立的，关于王通其人其书的真伪问题，应该说至此已基本上得到解决。

其次，通过考察隋至北宋时期时代思潮的复杂演变情况，说明王通其人其学的坎坷命运并非偶然，而是有一定的历史必然性。

在严谨辨析王通其人其书真实性的过程中，两位作者发现了一个耐人寻味的现象，即从王通河汾讲学到北宋理学形成，王通其人其学的历史命运经历了“正常讲学—被封杀—被复活—被热炒—被还原”

---

① 尹协理、刘海兰：《王通评传》，北岳文艺出版社2016年版，第25页。

五个阶段，犹如“被”坐了一次“过山车”一样。具体表现为：王通的仁政、王道之学本来是适合隋唐封建统一王朝之需要的，但从唐初至唐中期的刘蕡之前，王通却像是犯了什么大忌，除了其家人、门人如王绩、王勃和他们的朋友之外，几乎没有人提及王通，包括撰写《隋书》的那些人。这个曾一度很有影响的思想家好像从人间“蒸发”了似的。到了唐代中后期的刘蕡，也许是实在憋不住了，便冒出来把王通大骂了一通。但从李翱、刘禹锡开始，人们又忽然不断地提及王通，像是发现了什么“宝藏”。至唐末，从皮日休开始，直至宋初的柳开、孙何和释契嵩，人们越来越推崇王通及其著作，以致把他捧为重新接续儒家道统的“圣人”，契嵩甚至把王通说得比孔子还要伟大。经过一阵疯狂的“王通热”之后，人们逐渐冷静下来，试图客观理性地正确认识和评价王通，司马光的《文中子补传》就是这种冷静、理性评价的一个标志。[①]

透过上述历史现象，作者分析了王通之学被封杀和湮没的原因，认为主要是由于“唐初的思想潮流有两个方向：一是创建新儒学；一是回到古文经学”[②]，这两个方向、两种思潮较量的结果。正如作者所指出的：本来，思想史发展到隋唐，由于天人感应论和谶纬迷信已经不适应时代的潮流，应该沿着王通的道路，逐步创建新的儒学了。但是，唐初古文经学的兴盛，不但压制了王通思想的传播，更是阻断了新儒学的创建进程。再加上后来佛教的泛滥，使我们十分遗憾地发现，在韩愈等人发起的古文运动之前，除了唐初的吕才之外，几乎没有出现过一个有影响的儒学思想家，儒学沉浸在以《五经》章句训诂为主要内容的科举考试中，只见章句，不见思想。儒学思想的沉寂，给佛教让出了极大的空间，使具有丰富哲学思维的佛教乘机崛起。佛教的泛滥，又进一步压制了儒学的前进步伐。作者十分感慨地说：

---

① 尹协理、刘海兰：《王通评传》，北岳文艺出版社2016年版，第25—26页。
② 尹协理、刘海兰：《王通评传》，北岳文艺出版社2016年版，第41页。

“在这种社会氛围中，王通的新儒学思想怎么能摆脱被‘封杀’的命运呢?”[①] 把王通之学的坎坷命运，放在这种宏观的思想史背景下来考察，显然比只强调某些个人和偶然的因素要深刻和可信得多。

再次，作者进而指出，《隋书》不给王通立传的根本原因，是由于受到正统派经学家颜师古、孔颖达等人的刻意封杀。

王通之子王福畤曾把《隋书》未给王通立传归咎于长孙无忌，认为是王通的兄弟王凝直言弹劾侯君集而得罪了长孙无忌，致使长孙无忌排斥王氏一家人。此说早已遭到司马光的怀疑，《王通评传》的作者在司马光《文中子补传》所述基础上进一步加以辨析，认为《隋书》未给王通立传虽与长孙无忌有一定关系，但其影响“应该是间接，而不是直接的”[②]。

那么《隋书》不给王通立传的直接原因是什么呢？作者认为《新唐书》卷一九六《王绩传》所说的王通“不为诸儒称道”一语，抓住了问题的要害；并认为这里所说的“诸儒”，就是指在唐初掌握着思想文化领导权和话语权的正统派经学家颜师古、孔颖达等人，他们也是唐初儒林的“公认领袖”。与王通同时代又有差不多资历的颜师古和孔颖达，为什么在《隋书》中“刻意不给王通立传”呢？作者注意到晁公武《郡斋读书志》卷三上的一段话：“通行事于史无考焉，《隋唐通录》称其有秽行，为史臣所削。今观《中说》，其迹往往僭圣人，模拟窜窃，有深可怪笑者。”并对之分析道：这里所说的“秽行”，应该不是指“偷鸡摸狗”之类的事，因为没有任何记载表明王通有这一类秽行。那么这个“秽行”就只能是指“其迹往往僭圣人，模拟窜窃，有深可怪笑者”。这在正统派儒学家看来，应当是比“偷鸡摸狗”更严重的“秽行”，所以王通的名字和事迹就自然会被“史臣”，即《隋书》的主要执笔者颜师古和孔颖达等人删削了。

---

① 尹协理、刘海兰：《王通评传》，北岳文艺出版社 2016 年版，第 42 页。

② 尹协理、刘海兰：《王通评传》，北岳文艺出版社 2016 年版，第 29 页。

通过对王通思想的深入研究，并将其与颜师古、孔颖达的思想倾向比较，作者指出："颜师古和孔颖达都是正统的经学家，而王通号称'王孔子'，这在与孔子、颜回有血缘关系的颜师古和孔颖达听来，可能特别刺耳。王通模仿《六经》作《续六经》；王通更是一反传统的'华夷之辨'，居然将鲜卑族的北魏孝文帝作为中国的正统皇帝。这种企图与孔子平起平坐的做法，以及颠倒'华夷'关系的言论，在正统的儒学家们看来，简直不可思议，更无法接受。像这样的人，怎么能为他立传呢？"[①]

在揭示王通被封杀的真实原因之同时，该书也对《隋书》总编魏征的态度和责任做了分析，其结论是："在众儒不愿意在《隋书》中为王通列传的情况下，与王通交往不深，又没有深刻掌握王通思想精髓，并且与侯君集关系十分密切的魏征，没有执意坚持为王通列传，也就不奇怪了。"[②] 也就是说，魏征并非王通的亲近弟子，他也没有掌握王氏之学的精髓，自然不会为了王通而去得罪那些当权派儒学家。

我们看到，为了破解一个具有适应时代需要的儒学创新思想的青年思想家长期被封杀、以后又聚讼千年的历史之谜，本书作者可以说是尽了最大的努力，在可资利用的历史资料十分有限的情况下，探赜索隐，不放过任何蛛丝马迹，尽可能地做了能够接近历史真实而又合情入理的分析。比如对《隋书》不给王通列传的分析，不是简单地指责某些人未能"振师之道"，而是注意到封建时代在儒学内部，革新与保守两条思想路线的斗争也是十分激烈和严酷的，归根到底它反映的是不同利益集团之间的矛盾和冲突。

期待破解上述历史之谜，无疑是读者对《王通评传》一书关注的焦点。

为了进一步说明王通的儒学创新思想的重要意义和价值，确立他

---

① 尹协理、刘海兰：《王通评传》，北岳文艺出版社2016年版，第32页。

② 尹协理、刘海兰：《王通评传》，北岳文艺出版社2016年版，第37页。

在中国思想史上应有的地位，该书还对王通的哲学、宗教、政治、伦理、教育、文化思想做了系统深入的研究，力图说明其所反映的正是那个时代的时代精神之精华。

该书指出：王通思想的哲学基础是“中”，即中道、中庸。他最早把尧、舜、禹、汤、文、武、周公的“十六字心传”，即所谓“人心惟危，道心惟微，惟精惟一，允执厥中”作为其哲学基础，而后来的宋明理学家们也都是这样做的。王通的大弟子魏收、姚义在整理乃师与门人、朋友的对话时，就将这部对话录命名为“中说”，正反映了“中”的思想在王通学说中的核心地位。王通在天人观上抛弃了秦汉以来的天人感应论和谶纬迷信，重新建立起以人为本的新型天人观。他的名言“封禅之废非古也，徒以夸天下，其秦汉之侈心乎”，被王应麟称誉为“河汾笃论”。在王通看来，决定人们吉凶福祸的不是神秘的天命，而是周孔之道即仁义道德，“顺之则吉，逆之则亡”，至于所谓天命实际上都是人们“自作”，即由自己的行为造成的。

在政治思想上，王通重新提出了“王道”和“仁政”学说，这并不是对先秦孔孟儒学的简单回归，而是赋予了新的时代精神和思想内容，如“不以天下易一民之命”的民命至上观；“不知道，无以为人臣，况君乎”的道德史观；“天命不于常，唯归乃有德”“天地有奉，生民有庇，即吾君”的君权可变论；极力主张大臣要“遗身、无私、至公，以天下为心”，然后用“诤谏”的方式来“正主庇民”，规范皇帝的行为，若不奏效，也可以废立皇帝的君臣观；以及“戎狄之德，黎民怀之，三才（天地人）其舍诸”的民族平等观，等等，这些都是极具创意的惊人之论。王通对自己提出的这些创新思想充满自信，曾说：“吾视千载已上，圣人在上者，未有若周公者，其道则一而经制大备，后之为政者有所持循。吾视千载而下，未有若仲尼焉，其道则一而述作大明，后之修文者，有所折中矣。千载而下，有申周公之事者，吾不得而见也；千载而下，有绍宣尼之业者，吾不得而让也。”（《中说》卷二《天地篇》）

在伦理思想上，王通最早倡言“性即理”，提出“穷理尽性”的观念，主张“行之以恭，守之以道”“推之以诚，镇之以敬”，要“以性制情”。他还主张要在以人为本的基础上恢复必要的礼制。他的这些思想主张为宋儒继承和发展，成为后世理学的主要内容。在文学理论上，王通力反空谈，明确提倡“文以明理”“文以济义”，为唐初文风的改变和唐中叶的古文运动开启了思想理论先河。后人对此曾予以高度评价，如明代王阳明说：“退之，文人之雄耳；文中子，贤儒也。后人徒以文词之故，推尊退之，其实退之去文中子远甚。”（《传习录》卷上）即认为王通的贡献实远高于韩愈。在教育思想上，王通认为“仁义”乃“教之本”，因而主张“学以贯道”“学以进道”。他认为，学而优则仕，但“仕也以行其道”，真正儒者的使命乃在于著述明道，讲学传道，不仅要使周公、孔子的王道思想大明于天下，而且要更加适应时代的要求，以便有朝一日能被明主贤臣所用。王通还将这些教育思想付诸实践，亲自聚徒讲学，“往来授业者，不可胜数，盖千余人”（《文中子世家》）。“堂奥所容，达者几乎七十”（薛收《文中子碣铭》），培养造就了一大批志士人才，对唐代贞观之治的形成产生了重要影响。在文化思想上，王通主张包容与吸纳外来文化，“通其变”以“共叙九畴”。如对佛教，既要知其弊，又要知其不可废，切不可一味地“灭佛”“毁佛”，因为这“适足推波助澜，纵风止燎耳”。他在中国历史上第一次明确提出了以儒为主，儒、佛、道“三教可一”的重要思想，这不仅有力地促进了三教的融合，而且为宋明时期创建新儒学提供了必不可少的新途径。

系统阐明王通的上述儒学创新思想，人们可以更清楚地看到王通之学在中国儒学史上的重要地位，那么解决聚讼千年的这桩学术公案，也就具有更加紧迫的思想史意义了。

最后，我们还想特别向读者诸君推荐一下《王通评传》的研究方法。该书把王通其人其学放在特定社会历史背景下来研究的方法，坚持了思想史与社会史研究相结合的原则，坚持了社会存在决定社会意识的历史唯物主义基本原理，在我们看来，这正是该书最显明、最重要的特色，也是它能够取得较高学术成就的根本原因。

王通所处的隋代，正是中国封建社会从以人身依附为特征的农奴制向以自由租佃为特征的地主制转变的时代。从秦代到隋初，中国封建社会是以按人丁强制征收定额课租和存在着严格人身依附关系的农奴劳动为主要特征的农奴制经济，而从隋唐至 1840 年鸦片战争前，则是以土地征收田租和解除了严格人身依附关系的农民劳动为主要特征的自由租佃的地主制经济。隋代前后，正是这种转变的关键时期。同经济上这种转变相伴随的政治上的变化则表现为：从秦代至隋以前是农奴制的政治，其主要特征是皇室农奴主（包括为其服务的各级政府官吏）与豪强农奴主互相结合，共同统治整个社会，预防和制止农奴的反抗和社会的动乱，同时，两个农奴主集团之间也不停地进行着争权夺利的斗争，并由此引发出了诸如禅让、门阀士族、坞壁堡垒等只有在这一阶段才有的特殊社会现象。隋代以后到 1840 年鸦片战争前，则由原来的两个农奴主集团共同统治的社会变成了单一的地主阶级统治，其主要特征是地主阶级通过它们的政治代表——王权主义的国家政权来实施对全社会的统治，而在整个地主阶级内部则实现着相对“平等”的制度，共同预防和制止农民的反抗和社会的动乱。当然，地王阶级内部也充满着各阶层之间、官僚地主与经营地主之间、大地主与中小地主之间以及朝野之间等等的矛盾和斗争，但这些矛盾和斗争远不如此前农奴制阶段两个农奴主集团之间的矛盾斗争那样尖锐激烈。而隋代又正是这种政治上变化的关键时期。与社会经济和政治的变化相适应，隋代前后在思想文化上也开始和日益发生着重大的变化。这主要表现为天人感应论和谶纬神学的衰落；佛教、道教的日渐兴盛及其对儒学生存空间和社会影响的挤压与冲击，并使得儒学思想的统治地位陷入危机之境；为应对释老二氏的挑战，化解儒学的现实危机，重新强化儒家的思想统治，开始出现了打着复兴孔子学术的旗号而鼓倡仁政、王道之学的社会思潮。如南北朝时期西魏的苏绰

（498—546 年）就揭橥“王道仁政”之帜，提倡“洗心革面”，主张以道德仁义之教来“移风易俗”。王通身处社会经济、政治和思想文化变化的隋代，其思想是中国封建社会历史转变时期的时代精神的反映。因此，不了解隋代前后所出现的社会经济、政治和思想文化上的变化，不把握这种变化所反映出的变革时期的时代精神，就无法真正了解和认识并进而正确评价王通的学说思想。

这显然是一种会通思想史与社会史，从社会经济基础及与之相应的上层建筑的变化来论析具体思想家思想学说的研究方法。本书作者以此方法来分析研究王通其人其学，提出了一系列符合历史实际的观点，令人信服。如说：“王通生活在由农奴制向自由租佃的地主制转变的时代，又是经历了几百年暴政和动乱以后的时代。随着农奴制的逐步瓦解，新的社会制度正在逐步解除原来束缚劳动力的人身依附枷锁，要求用仁政和德治的新手段维系社会的和谐与稳定。经历长期的暴政与动乱的百姓和新的自由租佃地主阶级也都希望结束过去的残暴政治而实现王道，实行仁政与德治。因此，王通所处的隋代，与春秋战国至秦汉极为相似，对王道政治的要求也与那时相似，而比秦汉以后的任何时候都更为强烈。中国古代在由农奴制向封建农奴制转变的战国秦汉时代，出现了呼唤王道政治的孔子、孟子和荀子，形成了以西汉董仲舒为代表的天人感应论，统治了农奴制时代几百年。在由农奴制向自由租佃的地主制转变的时代，则出现了从王通开始的强调王道政治的新儒学的创建潮流，一直到北宋儒学的诞生，成为直至鸦片战争才终结的理学统治思想。而这个新时代强调王道政治的新儒学的开创者正是王通。”①

这种研究方法可以说是马克思主义唯物史观在中国思想史研究领域的具体运用。中国马克思主义史学的开创者之一，著名思想家、史学家侯外庐先生始终以会通社会史与思想史为最基本和最主要的研究

① 尹协理、刘海兰：《王通评传》，北岳文艺出版社 2016 年版，第 272 页。

方法，他晚年总结平生学术历程时说：

> 我在《中国古代思想学说史》序言中为自己规定，在学术研究工作中探寻真理，必须注意下列问题："社会历史的演进与社会思想的发展，关系何在？人类的新旧范畴与思想的具体变革，结合何存？人类思想自身的过程与一时代学说的个别形成，环炼何系？学派同化与学派批判相反相成，其间吸收排斥，脉络何分？学说理想与理想术语，表面恒常掩蔽着内容，其间主观客观，背向何定？方法论犹剪尺，世界观犹灯塔，现实的裁成与远景的仰慕恒常相为矛盾，其间何者从属而何者主导，何以为断？"这些问题，用今天的话明白地概括起来，就是：一、社会历史阶段的演进，与思想史阶段的演进，存在着什么关系。二、思想史、哲学史出现的范畴、概念，同它所代表的具体思想，在历史的发展过程中，有怎样的先后不同。范畴，往往掩盖着思想实质，如何分清主观思想与客观范畴之间的区别。三、人类思想的发展与某一时代个别思想学说的形成，其间有什么关系。四、各学派之间的相互批判与吸收，如何分析究明其条理。五、世界观与方法论相关联，但是有时也会出现矛盾，如何明确其间的主导与从属的关系。①

侯外庐先生与以其为核心的著名的"侯外庐学派"，带着上述明确的问题意识，以马克思主义思想史观和方法论为指导，进行了数十年锲而不舍的开创性研究，终于完成了皇皇巨著《中国思想通史》，建立了一个比较完整的马克思主义的中国思想史体系。正如侯外老所说的："我们在史学研究中所注重的不是自己的'体系'，而是如何

① 侯外庐：《韧的追求》，见《侯外庐著作与思想研究》第1卷，长春出版社2016年版，第209—210页。

运用马克思主义历史科学的理论和方法，总结中国悠久而丰富的历史遗产”，因此，“运用马克思主义特别是政治经济学理论，分析社会史以至思想史，说明经济基础与上层建筑、意识形态之间的辩证关系，是我们这部思想通史紧紧掌握的原则。把思想家及其思想放在一定的历史范围内进行分析研究，把思想家及其思想看成根于社会土壤之中的有血有肉的东西，人是社会的人，思想是社会的思想，而不是作孤立的抽象的考察”。[①] 这种马克思主义的科学理论与研究方法，已经在我国学术界产生了越来越广泛和深刻的影响。

不难看出，尹协理、刘海兰自觉地运用了这种马克思主义的科学理论与方法，在对王通其人其学进行研究时特别注意揭示深藏于其中的社会经济、政治和思想文化根源，因此才能准确地确立王通在中国思想史上应有的地位，指出：“王通是天人感应论和谶纬迷信的终结者、援佛入儒重要思想的提出者、文以载道思想的先行者、新儒学即理学的开创者。”[②] 这较之主要基于对王氏“世业家学”的考察而把王通“看成是北朝一大家族学问的收束或完成”，或者“更扩大来说，王通甚至可以说是北朝最后一位儒者，代表北朝儒学的终结”[③]，显然更加符合历史实际。由此而使我们想到近些年来，学术界对于具体历史人物的研究虽然比以前细致了，但一些研究者却因此而忽视了对该时代社会和思想背景的全面考察和总体把握。这就失掉了历史的尺度。就此来看《王通评传》所坚持运用的科学方法及其取得的卓异成果，应该是能给学者一些有益启迪的。

（本文与陈寒鸣合作，原载《理论与现代化》2018年第2期）

---

① 侯外庐：《韧的追求》，见《侯外庐著作与思想研究》第1卷，长春出版社2016年版，第257页。

② 尹协理、刘海兰：《王通评传》，北岳文艺出版社2016年版，第455页。

③ 龚鹏程：《唐代思潮》，商务印书馆2007年版，第12页。

本书出版获得中国社会科学院大学中央高校基本科研业务费的资助

方克立论著集

第五卷 忆往与教育

方克立 著

中国社会科学出版社

整理说明

本卷是著者方克立先生忆往和教育两方面的论著选辑，分甲、乙两编，甲编为忆往，乙编为教育。

甲编论著分为三组。第一组是回忆父母的，有3篇，其中的《方壮猷先生年谱》系首次公开发表。第二组是回忆师长和朋友的，有13篇。第三组是回忆在中国人民大学的同学和同事的，有6篇，著者曾将此组文章定名为“赞同门”，因为著者和文章所表彰者同属中国哲学史研究的“人大学派”的第二代，皆为该派的创派人石峻先生的学生，即“石门弟子”。

乙编论著也分为三组。第一组是著者关于本科优异生培养及研究生教育管理方面的论文、讲话和发言等，有27篇。第二组是著者在中国社会科学院研究生院工作期间接受的几次访谈，有6篇。这两组选辑的文字是著者教育思想和教育实践的最直接反映。第三组有附录性文章14篇，其中的12篇是对著者教育言论和事迹的报道，1篇中国社会科学院研究生院各单位代表欢送著者离职的座谈会纪要，1篇是著者在南开大学的老学生写的关于著者教育教学工作的文章。该组文字是了解著者教育思想和教育实践的重要补充。

本卷论著虽分两编，然事实上却为一体。甲编忆往文字中所涉人物均为教育工作者，与著者教育思想和实践有密切关联，对帮助了解著者教育思想的来源及学习工作经历颇有助益。就此而言，本卷论著皆可归为教育类。著者作为当代中国的教育家，生前确有出版《教育文选》之计划，并有亲编目录一份。因本论著集编辑需要，著作所编目录中所列的一些文章被移入他卷。全面把握著者的教育思想和实践，应将诸卷相关论述合观之。

因整理者水平所限，本卷的遗漏、舛误之处在所难免，恳请专家和读者不吝批评指正！

陆信礼　刘博智

2022 年 9 月

目录

contents

甲编　忆往

甲编

忆往

方壮猷传略

方壮猷教授是我国老一辈的历史学家，民族史和宋辽金元史专家。他为祖国学术文化事业的繁荣辛勤地工作了四十余年，在十年浩劫中遭受迫害，不幸去世。今天，党和人民给予了这位勤勉、正直的学者以公正的评价，他的忠魂当可笑慰九泉。

方壮猷，原名方彰修，学名方兴，字欣安，或作欣庵、新安、心安。湖南省湘潭县十四都环山乡（今青山桥区环山人民公社彭何大队）人。一九〇二年六月二十八日（清光绪二十八年五月二十三日）出生于故乡。祖父方彩成是贫农。父方瑞清因家境贫寒，青年时代即外出谋生，到湘潭县城裕华长、裕成厚等土产行当炊事员，后为店员，历三十余年。方壮猷幼年时跟祖母讨过饭，七八岁就上山打柴，给地主放牛。十岁始入方氏族立明伦小学读书。一九一六年考入湘潭县第七区立振铎高等小学堂，因其学习成绩优异，得到校长方鹤卿（前清秀才、留日学生）的赏识，帮助他从本族祠堂祭田学谷中得到每年借贷数石的津贴。一九一八年小学毕业后，在家乡教了几个月蒙馆。翌年随方鹤卿到长沙岳云中学（鹤卿到该校任国文教员）附设工厂为学徒。旋即考入湖南省立第一师范学校。此时正值学生爱国运动高涨时期，毛泽东在一师附小任主事（即校长），领导全省青年学生和各界人民的爱国运动。方壮猷在一师学习期间，曾参加湖南省学生联合会的工作，负责编辑学联周刊，并且积极参加了毛泽东领导的驱逐北洋军阀张敬尧的运动，反对本省军阀赵恒惕的联省自治运动，反对湖南省议会的自治制宪运动，以及抵制日货运动，等等。此时他爱好文学，在《小说月报》上发表过文艺批评的文章，还和教师冯三昧，同学刘梦苇、张文亮、龚业光等组织飞鸟文学社，出版《飞鸟》文学杂志（一九二二年上海出版）。一九二二年考入北京师范大学，未卒业，又于一九二五年考入清华大学国学研究院，受业于梁启超、王国维、陈寅恪诸史学大师。在北京求学期间，也曾多次参加进步的学生运动。一九二五年六月三日，北京学联组织声援上海人民"五卅"反帝爱国运动的示威游行，并发表宣言。宣言由师大学生会负责起草，方壮猷是执笔起草人之一。一九二六年三月十八日又参加了北京学联组织的反对段祺瑞执政府对日妥协投降的示威游行，当日反动军警枪杀刘和珍等四十七人，此即著名的"三·一八"惨案。

在旧中国，一个穷学生，能够读到大学以至研究院毕业，是很不容易的。除了他报考的都是湖南一师、北京师大之类公费学校之外，在十年求学期间，还一直向家乡族学借贷，就业后逐渐还清。另外，还要靠半工半读来补贴自己的学习生活费用。在长沙，方壮猷通过同学家长的关系，经常利用夜间为报社做抄写、校对工作，赚取微薄收入，在北京，也是一面学习，一面在校外兼课，不得不为生活而奔波。穷苦也教会人发愤，故能以四年完成中学学业，二年完成大学学业，一年完成研究生学业，并以获得奖学金一百元的优异成绩毕业于研究院。

一九二六年清华研究院毕业后，经导师梁任公介绍，方壮猷给当时的地质调查所所长丁文江当过几个月秘书，帮助丁标点《徐霞客游记》和撰写《徐霞客年谱》初稿，此书后来由商务印书馆出版。一九二七年通过原湖南一师国文教员夏丏尊（时任暨南大学中文系主任兼开明书店编译所所长）介绍，在上海暨南大学、复旦大学、交通大学、音乐学院等校任兼职讲师，讲授中国古代史、中国文学史等课程。一九二九年赴日本东京留学，从东京大学文学部东洋史研究室白鸟库吉教授研究东方民族史。翌年（即"九·一八"事变的前一年）

因不满于日本军国主义日益暴露的侵华野心，愤然弃学回国。到北京，经原师大教师陈垣、黎锦熙等介绍，在北京大学、师范大学、燕京大学、辅仁大学等校任兼职讲师，讲授宋辽金元史和日本史两门课程。此时决心留学法国继续专攻东方民族史，一面多方兼课积蓄旅费，一面补习法文。一九三三年到南京，任中央大学历史系讲师，同时办理赴法留学手续。明年赴欧，入巴黎大学研究院，从伯希和（D. Pelliot）教授研究东方民族史。一九三六年学成归国，任武汉大学历史系教授，直到全国解放。其间，还曾于一九四五年到东北大学（四川三台），一九四七年到兰州大学和西北师范学院，一九四八年到湖南大学短期兼课。

方壮猷早年的治学方向，受其导师王国维的影响较深，着重研究我国北方少数民族的语言和史地，赴日赴法留学亦专攻东方民族史。这个时期写了不少有价值的学术论文，显示了这个青年学者的渊博学识和奋发精神，颇受学术界的重视。这些论文主要有《室韦考》《契丹民族考》《鞑靼起源考》《匈奴王号考》《匈奴语言考》《鲜卑语言考》《三种古西域语之发见及其考释》，等等，分别发表于《北京大学国学季刊》《燕京学报》《辅仁学志》《女师大学术季刊》等杂志上。另外，他还将白鸟库吉的《东胡民族考》一书译成中文，一九三四年由商务印书馆出版。

日本侵略中国的“九·一八”事变发生后，方壮猷曾和余逊、徐中舒等合著《东北史纲》一书，用三千年无可辩驳的历史事实证明：“渤海三面皆是中土文化发祥地，辽东一带，永为中国之郡县，白山黑水久为中国之藩封，永乐奠定东北，直括今俄东海阿穆尔省，满洲本大明之臣仆，原在职贡之域，亦即属国之人”，有力地驳斥了日本军国主义者所谓“满蒙在历史上非支那领土”的谬论。此书第一卷由余逊执笔，具名傅斯年，一九三二年十月由中央研究院历史语言研究所出版，方壮猷执笔写的第二卷（“隋至元末之东北”）和以后各卷，均因抗战事起而未正式出版。后来，金毓黼在其所著《东北通史》中曾引及《东北史纲》第二卷稿本。

抗日战争时期，方壮猷随武汉大学迁至四川乐山，任历史系主任并一度代理文学院长。他在这个时期的学术研究方向是主攻宋史。以元修《宋史》之芜陋，曾建议组织力量修新宋史。积多年之力，整理出《宋史资料分类长编》数十巨册，并将编纂《宋史类编》和《宋史校注》的计划公诸于世，寻求赞助。后因各方面条件的限制，这一计划未能实现。这方面的部分研究成果，如《南宋编年史家二李年谱》《辽金元科举年表》等，曾发表于《说文月刊》《武汉大学文哲学报》等杂志上；《宋元经济史稿》《宋三百年学术年谱》等均未正式出版。方壮猷在武汉大学除主讲宋辽金元史之外，还开设过史学概论、中国史学史、中国社会史等课程，都编有讲义。中国社会史重点是讲中国封建社会的土地所有制和农奴制度。一九四五年到东北大学兼课时，结识了赵纪彬等左派进步教授，初步接触到唯物史观和社会发展史的观点，以后即力图贯彻到他所讲授的中国社会史等课程中去。中国史学史讲录成稿于一九四三年，经邓广铭介绍并作序，一九四七年由中国文化服务社出版，书名《中国史学概要》。

方壮猷在抗日战争时期还两次参加我国西南地区少数民族的调查研究工作，一次是中英庚款董事会组织的川康科学考察团，一次是边区建设研究会组织的雷波、马边、屏山、峨边、沐川、犍为、峨眉、乐山八县彝族调查工作，重点调查研究四川西部大小凉山彝族的奴隶社会制度，写成《凉山罗族系谱》《雷波屏山沐川等县土司家谱》《蛮夷司文等九土司家谱》等调查报告，发表在蒙藏委员会编辑出版的《边政公论》杂念上。这是他的民族史研究工作的继续，并且把史籍考证和实际调查研究结合起来。

一九四六年武汉大学从四川乐山迁回武昌。一九四九年五月十六日武汉解放，方壮猷于四月十日从长沙（当时在湖南大学任特约教授）返回武昌，迎接解放。

新中国成立后，他服从革命需要，改行做文化行政领导工作。一九五〇年任中南军政委员会文化部文物处副处长，一九五一年兼任中南图书馆（即今湖北省图书馆）馆长。一九五五年任湖北省文化局局长。一九五八年任武汉哲学社会科学研究所研究员。一九六五年任湖北省文物管理委员会副主任委员。

他对党和人民交给自己的工作，始终兢兢业业，任劳任怨，埋头苦干，不敢稍懈。在中南文化部工作期间，努力贯彻第一次全国文物工作会议关于在全国建立图书馆网、博物馆网、文物工作委员会和文物工作站网的方针。一九五一年接收前湖北省图书馆改为中南图书馆，大力购置图书，由接收时的二十万册到一九五五年即已扩大到一百万册以上。方壮猷还通过和中南地区的一些著名藏书家和古玩商人的广泛联系，为国家收购了大量有价值的图书、字画、敦煌写经和古器物，动员其中的一些人或其子女无偿捐献给国家。他在领导中南图书馆的工作中，特别注意大力收购各省的地方志，大力补充解放前的旧杂志，曾主编《中南图书馆馆藏方志目录》和《武汉地区各大图书馆馆藏期刊综合目录》，这些工具书至今对学术研究工作仍有重要的参考作用。

一九五七年三月，方壮猷以党外人士身份被邀参加中共中央召开的全国宣传工作会议，亲自聆听了毛泽东同志所作的《关于正确处理人民内部矛盾的问题》和《在中国共产党全国宣传工作会议上的讲话》两个重要报告，铭感至深，回省后不仅在文化工作中努力贯彻两个报告的精神，而且结合自己的史学专业，先后撰成《宋代百家争鸣初探》和《中国古代学术史上的百家争鸣》二文，通过历史规律的探索，以表示对党提出的“百花齐放、百家争鸣”方针的拥护之诚。一九五八年调到武汉哲学社会科学研究所工作以后，党组织提出要厚今薄古，要以研究现代革命史为重点。他虽然多年研究古代史，现代史非其听长，但仍欣然服从党的需要，领导历史组全体同志着重研究湖北地区的现代革命史。方壮猷不顾六十高龄，和青年同志一起到红安、麻城等老革命根据地调查搜集史料，集体编撰成《第一次国内革命战争时期湖北革命史稿》《第二次国内革命战争时期鄂豫皖根据地革命大事记》《收回汉口九江英租界史料汇编》等书稿，其中有的已经正式出版。一九六二年到呼和浩特参加纪念成吉思汗诞生八百周年蒙古史科学讨论会，在会上发表《从元代农业生产力的发展看忽必烈的重农政策》的论文。一九六四年在《考古》第七期上发表《战国以来中国步犁发展问题试探》一文。解放后他发表的学术论著虽然不多，但是都有深刻精到的见解，得到学术界的好评。

方壮猷晚年在领导湖北省文物考古工作中，着重从文献资料和地下发掘的结合上来研究楚国史，收集大量资料，拟撰《楚国史稿》一书。一九六五年冬在江陵楚墓中发现越王勾践剑等大量珍贵文物，是我国考古学的一大收获。方壮猷曾亲自到江陵领导发掘工作，就越王勾践剑的厘定问题，和郭沫若、夏鼐、苏秉琦、唐兰、陈梦家、徐中舒、商承祚等专家书信商讨，后编成《楚墓通讯集》一册，原件今存湖北省博物馆。遗作《初论江陵望山楚墓的年代与墓主》发表在一九八〇年出版的《江汉考古》创刊号上。

方壮猷出身贫寒，在旧社会先是借债求学，后来是教书还债，对世道艰难有深切的感受。他虽然走的是一条教书做学问的道路，但是同情人民革命斗争，寄希望于毛泽东领导的中国共产党，最后终于看清只有共产党才能救中国。抗战胜利后，当时任法国巴黎大学中国学院院长的肖瑜①曾邀请他到巴黎大学去当教授，他明确表态谢绝了。解放前夕，一些人劝他携眷南走，他不但没有这样做，反而从长沙赶回武汉迎接解放。解放后，他衷心拥护中国共产党的领导，在党的领导下积极工作，对社会主义祖国的前途充满信心。就是在“文化大革

① 肖瑜，字子升，湖南湘乡人。和毛泽东、蔡和森等在湖南一师同学，新民学会会员，留法勤工俭学学生，后来成为李石曾派。他的母亲姓方，是方壮猷的同族姑母；他的大姐嫁给了方壮猷的堂兄方圆（也是留法勤工俭学学生）。因有中表之亲，方壮猷在北京教书和留学法国期间和他往来较为密切。

命”中受到不公正待遇的那些日子里，他也相信群众相信党，在“牛棚”里写了大量学习马列主义、毛泽东思想的心得笔记。党和人民也给予了他很大的信任和荣誉。他在一九五七年被选为湖北省政协常委，一九五八年被选为湖北省人民代表大会代表，一九六四年被选为第三届全国人民代表大会代表。一九七〇年三月三十日，方壮猷不幸病逝于武昌，享年六十九岁。

方壮猷一生酷爱书籍，工薪和稿酬收入除还债外，大部分用于购书，注意搜求善本和珍贵史籍，家中藏书甚丰。一九三八年武汉大学迁蜀时，曾将藏书四十箱寄存于汉口，全部焚于战火。新中国成立后改行搞文化行政领导工作，为使自己的藏书能为人民所用，曾于一九五一年捐赠图书数千册给武大图书馆和中南图书馆。一九七〇年去世后，其子女又将家藏的全部图书、碑帖、字画、古器物等捐赠给湖北省博物馆。方壮猷把自己的一生献给了人民，献给了祖国的学术文化事业。

方壮猷主要论著、译著目录

《室韦考》（1930 年，《辅仁学志》第 2 卷第 2 期）

《契丹民族考》（1930 年，《女师大学术季刊》第 1 卷第 2、3 期）

《匈奴王号考》（1930 年，《燕京学报》第 8 期）

《鲜卑语言考》（1930 年，《燕京学报》第 8 期）

《匈奴语言考》（1930 年，《北京大学国学季刊》第 2 卷第 4 期）

《三种古西域语之发见及其考释》（1930 年，《女师大学术季刊》第 1 卷第 4 期）

《龟兹国语及其研究之端绪》（〔法〕Sylvain Levi 著，方壮猷译，1930 年，《女师大学术季刊》第 1 卷第 4 期）

《所谓东伊兰语即于阗国语考》（〔挪〕Sten Konow 著，方壮猷译，1930 年，《女师大学术季刊》第 1 卷第 4 期）

《鞑靼起源考》（1932 年，《北京大学国学季刊》第 3 卷第 2 期）

《东胡民族考》（〔日〕白鸟库吉著，方壮猷译，1934 年，商务印书馆出版）

《中国第一次奴隶解放运动》（1940 年，《责善》半月刊第 1 卷第 18 期）

《中国社会基础的特质》（1941 年，《星期评论》第 20 期）

《谈葬制》（1941 年，《说文月刊》第 3 卷第 4 期）

《宋史类编及宋史校注》（1942 年，《斯文》第 2 卷第 23、24 期，又见《说文月刊》第 3 卷第 11 期）

《中国古代商业的发展及抑商政策的实施》（1942 年，《黄埔季刊》第 3 卷第 3、4 期，第 4 卷第 1 期续完）

《南宋编年史家二李年谱》（1944 年，《说文月刊》第 4 卷合订本，又见《史学史研究》1981 年第 1 期）

《辽金元科举年表》（1944 年，《武汉大学文哲学报》第 7 卷第 3 期）

《雷波屏山沐川等县土司家谱》（1945 年，《边政公论》第 4 卷第 4—6 期）

《蛮夷司文等九土司家谱》（1945 年，《边政公论》第 4 卷第 7、8 期）

《凉山㑩族系谱》（1945 年，《边政公论》第 4 卷第 9—12 期，第 5 卷第 2 期续完）

《中国史学概要》（1947 年，中国文化服务社出版）

《中央农民运动讲习所史料剪辑》（1959 年，《理论战线》第 11 期）

《宋代百家争鸣初探》（1962 年，《中国哲学》第 8 辑）

《从元代农业生产力的发展看忽必烈的重农政策》（1962 年，《纪念成吉思汗诞生八百周年蒙古史科学讨论会集刊》）

《战国以来中国步犁发展问题试探》（1964 年，《考古》第 7 期）

《初论江陵望山楚墓的年代与墓主》（1966 年，《江汉考古》1980

年第 1 期）

未刊著作、讲义主要有：

《尚书学讲义》（1929 年暨南大学铅印本，与徐中舒合编）

《东北史纲》第二卷（1932 年）

《中国社会史》（1947 年武汉大学铅印讲义，1948 年湖南大学油印讲义）

《宋元经济史稿》（1954 年武汉大学油印讲义）

《宋史资料分类长编》（1942 年）

《宋三百年学术年谱》（1944 年）

（原载《史学史研究》1982 年第 1 期，署名“岳华”）

方壮猷先生年谱

一九〇二年（清光绪二十八年壬寅），一岁。

六月二十八日（旧历五月二十三日）亥时，生于湖南省湘潭县十四都环山乡（今青山桥区分水乡）葫芦村罗家屋堂。

据族谱记载，湘潭方氏的始祖方秩（字天序），元末参加抗元农民起义军，明洪武初以军功授潭州卫千户所世袭百户职，遂由茶陵迁居湘潭县十四都环山乡。这是地处湘潭、湘乡、衡山三县交界处的一个十分偏僻落后的山沟地区，距湘潭县城一百三十里，距衡山县城一百里，距湘乡县城五十里。他的后裔在这里世代繁衍，至清末已嗣二十余代，每代都有家祠，每祠都有祭田数亩至数十亩不等。在封建的旧中国，同为一姓，亦有阶级之分，有的世代为地主，有的破产为农民。湘潭环山方氏也是封建宗法社会的一个细胞。

祖父方荣黻（字彩成），时年四十九；祖母陈氏，时年三十九。贫农，佃耕罗家屋堂地主方福昌的土地。

父方华崧（字瑞清），时年十九；母左氏（重慈），时年二十。在家务农。

一九〇三年（清光绪二十九年癸卯），二岁。

一九〇四年（清光绪三十年甲辰），三岁。

九月，妹仲章生于罗家屋堂。

一九〇五年（清光绪三十一年乙巳），四岁。

是年，祖父方荣黻因交不起方福昌的租而被迫退佃，求人帮忙说情，改为佃耕戴家湾陈姓地主的田。

一九〇六年（清光绪三十二年丙午），五岁。

一九〇七年（清光绪三十三年丁未），六岁。

是年，弟方四伢出生。

一九〇八年（清光绪三十四年戊申），七岁。

七八岁时就随祖母外出讨饭。

在佃耕戴家湾陈姓地主的田的这几年，天灾连年，减产奇重，连租谷都缴不清，年年欠债，家境日益衰落，常常无米无炊。

一九〇九年（清宣统元年己酉），八岁。

小时候就参加农业劳动和家务劳动，上山打柴，给地主放牛。在和祖父上山打柴时，曾听祖父说："我年轻时家无隔宿粮，每天早晨上山打柴，挑到地主、富农家换点米，才能回家煮早饭。有时在地主家讨碗米汤喝，说是解渴，实为充饥。"

一九一〇年（清宣统二年庚戌），九岁。

是年，祖父方荣黻又被迫退了戴家湾的佃。退佃后，搬到尚德堂租住祠堂公屋，佃耕祠堂公田三亩。

一九一一年（清宣统三年辛亥），十岁。

七月，妹淑章生于尚德堂。

是年，父方华崧因家贫无立锥之地，跑到湘潭县城去谋生。开始在莫元兴土菓行（土产商店）当炊事员，后来到裕成厚、裕华长等土菓行当学徒，出师后为店员。裕成厚、裕华长的店主都是方姓，因家族关系才得以入店。这是一种以经营棉花为主要商品的土产商店，有时夜间加班，在一种极简单的轧花机上除掉棉籽。每月固定工资和加班费共计银币十元左右（当时乡村粮食价格每石稻谷三元左右）。为了一家糊口，他有时晚饭后还要到码头上去挑脚，赚取计件工资，以补贴家用。

同年，叔父方华桓（字淇清）也到湘潭县城一家裁缝店去当学徒。

一九一二年（民国元年壬子），十一岁。

三月八日，始入私立明伦小学读书。这是一所初级小学校，系方氏族学，由本族各大小祠堂祭田租谷中抽取十分之一，作为族学经费，每年聘请教师一二人，工资以谷计。教师多从私塾转来，每天上午讲点国文、算术，下午读四书五经，实际上和私塾差不多。同学后来多在家乡务农，也有担任农村小学教师的。

是年，弟方四伢因病无钱医治而早夭。

一九一三年（民国二年癸丑），十二岁。

肄业于明伦小学。

一九一四年（民国三年甲寅），十三岁。

肄业于明伦小学。

是年，尚德堂经理要公屋，祖父方荣瀫率全家搬到泥固场，租住地主方薰生的几间破旧茅屋。

一九一五年（民国四年乙卯），十四岁。

肄业于明伦小学。

三月，弟季平生于泥固场。

一九一六年（民国五年丙辰），十五岁。

七月，毕业于明伦小学。

八月，考入都昌镇湘潭县第七区立振铎高等小学堂。这个学校的水平比明伦初级小学要高一些，学科也完备一些，但仍以国文课为主。

校长方宗钠（字鹤卿，1851—1930）是湖南近代教育家，本族曾祖。初名先伟，晚号蟹山老人。六岁丧母，七岁入乡塾。光绪元年补博士弟子员。戊戌后肆力于政治地理，旁及泰西诸学，绝意仕进，以授徒为业。1905 年于乡里创立振铎高等小学堂，坚持办学二十余载。1907 年（五十七岁）游学日本，入曲町法政大学，听讲六月而归。1908 年主办县立昭潭学校。1919 年任长沙岳云中学、湘潭中学国文历史讲席。1926 年子荣杲（旭芝）迎养于哈尔滨，居岁余归。1930 年 1 月卒于长沙。著有《春秋经汇》《三传义略》《诗经大义》《通鉴大事纪要》《希腊罗马史志略》《蟹山堂诗文稿》。晚年旁参禅理，日诵《楞严经》，曰“吾以习静而已，非真耽禅悦也”。临殁时端坐合掌，容颜如旧。

振铎高小的教师有五六人，国文教师多是秀才或举人，理科教师多是初级师范或中学毕业生。除学习教科书的内容之外，还读过一些《昭明文选》《宋元学案》之类的书。此时正值第一次世界大战期间，有的教师看报后，也讲一点时事，鼓吹爱国思想。国文教师也选读过一些《续富国策》之类的书刊，介绍近代资产阶级思想。这是先生接受新式教育的开端。

同学后来多为农村小学教师，也有少数任大中学教师的，如朱先煌，曾任武汉大学教授、山西太谷农学院教授兼教务主任；赵亦吾，曾任湖南省常宁县一中美术教员。

一九一七年（民国六年丁巳），十六岁。

肄业于振铎高小。

因学习成绩优异，得到校长方鹤卿的赏识。方鹤卿帮助先生从祠堂祭田学谷中每年借贷数石，作为学费。族长方春汀、祠堂经理方春堂亦予以方便。本族地主阶级愿意借谷的根本原因，是因为方姓在一场与朱姓、赵姓的官司中吃了大亏，对方有官府做后台，有得力的辩护律师。他们从失败中得到教训：必须培养本族学法政、将来能做官的知识分子，遂决定从方氏祠堂族学中拿出一部分经费，培养对象读高小一年可以借四石谷子，读中学借六石，读大学借八石。被选中的大多数是地主子弟，他们将来做了官可以不还钱，而农民子弟是要还钱的。先生是被选中的极少数农民子弟之一，因其祖父是贫农，父亲是店员，叔父是手工业者，将来学成后是要还钱的。方鹤卿还照顾他半工半读，除白天上课外，晚上替学校刻写、油印讲义，赚取微薄收入，以补贴学费。

一九一八年（民国七年戊午），十七岁。

七月，毕业于振铎高小。

八月，到荫棠村地主方薰生家教蒙馆（私塾）。此时家境极蹇，经常无米为炊，每天只吃两顿饭：一顿干饭，一顿稀饭。中午学生吃午饭（带饭去蒸热吃）的时候，不好意思坐在那里，只好回家走一趟，挨过午餐时间再去上课，一直要到下午放学回家才有饭吃。有一次方薰生的小老婆知道他中午没吃饭，端来一碗米饭，夹点腌菜给他吃，他笑着推辞了。

一九一九年（民国八年己未），十八岁。

七月，赴长沙，入私立岳云中学附设工场为学徒。是年，原振铎高小校长方鹤卿应聘为长沙岳云中学国文教员，带其孙方华新去该校附设工场当学徒。方华新是先生高小的同班同学，先生知道后要求一起去，方鹤卿答应了。先生先考取了一所中学，因交不起学膳费，所以只好再考师范。

十月，考入湖南省立第一师范学校，被编在一年级第十八班。学膳费由公家供给，仍得到家乡族学借谷的补助。同时，通过同班同学朱起鹏的父亲、长沙大公报经理朱峤的帮助，利用夜间为该报做些抄写、校对工作，聊补学习生活费用。

是年，妹仲章（汝孚）适赵少卿。因家境穷困，不得不早婚，年仅十五就出嫁了。

一九二〇年（民国九年庚申），十九岁。

肄业于湖南一师。

此时正值“五四”运动之后，学生爱国运动高涨之际。“衡山西，岳麓东，城南讲学峙其中。人可铸，金可熔，丽泽绍高风。多材自昔夸熊封。男儿努力，蔚为万夫雄。”《湖南省立第一师范学校校歌》中的这些雄迈的歌词激励着一批又一批有理想、有抱负的青年投身到爱国救亡运动中去。毛泽东当时在一师附小任主事（校长），领导全省青年学生和各界人民的爱国运动。受当时革命形势影响，先生曾代表一师学生会参加湖南省学联，负责宣传工作，编辑学联周刊；并且积极参加了毛泽东领导的驱逐北洋军阀张敬尧的运动，反对本省军阀赵恒惕的联省自治运动，反对湖南省议会的自治制宪运动，抵制日货运动，等等。

周世钊在《湘江的怒吼》（载《青年运动回忆录》第二集）一文中说：一九二〇年到一九二一年这段时间，湖南一师的改革是很多的。驱逐张敬尧后，一师教员代表团的领导人之一易培基被任为湖南省教育委员会的委员长，兼一师校长。一九二〇年秋季开学前，他就先从北京、上海、杭州、武汉等地聘请来有新思想的教员十多人，又在省内选聘一些新从北京大学和北京高师毕业的学生担任各科教员。

此时在一师任教、且与先生比较接近的教员有：国文教师夏丏尊、生物教师辛树帜以及冯三昧、沈仲九等人。同班同学有刘梦苇、张文亮（后来曾跟毛泽东到上海工作过，早已牺牲）、龚业光（曾任民革湘潭市支部负责人）、曹孟君（曾在全国妇联工作过）、程星龄（曾任湖南省副省长）等人。

一九二一年（民国十年辛酉），二十岁。

肄业于湖南一师。

一九二二年（民国十一年壬戌），二十一岁。

肄业于湖南一师。

六月，送老师夏丏尊回浙，曾合影留念。

此时爱好文学，曾写过新诗、小说、剧本和文艺评论。《“商人妇”与“缀网劳蛛”的批评》一文发表于是年九月十日出版的《小说月报》第十三卷第九期上。还和教师冯三昧，同学刘梦苇、龚业光、王三辛等组织飞鸟文学社，编辑出版过一期《飞鸟》文学杂志（一九二二年上海出版）。周世钊在《湘江的怒吼》中说：“飞鸟社则是教员和学生共同组织的，出过名叫《飞鸟》的刊物，内容多属小资产阶级感叹人生的作品。”[①]

---

① 周世钊：《湘江的怒吼》，载萧三等《青年运动回忆录——五四运动专集》（第二集），中国青年出版社 1979 年版，第 79 页。

是年，祖父方荣黻因长期贫困，焦急操劳过度而得癫疾，晚上不睡觉，常点火抽烟，地主方薰生怕烧掉他的几间茅屋，就强令限期搬家。不得已求助于外祖父左集生，搬到广林桥上大屋，租住左家的二间公屋。

一九二三年（民国十二年癸亥），二十二岁。

六月十三日（旧历四月二十九日），祖父方荣黻病卒于广林桥上大屋。

七月，毕业于湖南省立第一师范学校。欲北上继续求学，父亲和乡族前辈多不赞成，幸得族曾祖、早年恩师方鹤卿的支持，终于成行。

八月，赴北京，考入国立北京师范大学（原名北京高师）预科。校长范源廉，湖南湘阴人，曾任北洋军阀政府教育次长、总长，一九二〇年任北京师范大学第一任校长。董事长梁启超，教务长查良钊，总务长陈裕光。教师中比较接近的有历史教师陈垣、国文教师杨树达、黎锦熙等人。同学有杨人楩（曾任武汉大学、北京大学教授）、王重民（曾任北京大学教授）、孙楷第（曾任中国科学院文学研究所研究员）、刘汝霖（曾任北京图书馆研究员）、朱木美（曾任华中工学院电机系教授）、邵式平（曾任江西省省长）以及黄少谷（曾任台湾国民党政府“行政院”副院长）等人。

北京高师原来学膳费完全由公家供给，改为师大后，每月要收膳费三元。此时，先生只能一方面继续向家乡族学告贷，每年借谷增至十石，由在长辛店任扶抡中学教师的方云锦负责拨兑；另一方面通过同学朱达之（在张恨水通讯社当记者）的介绍，利用晚间给这家私人通讯社做些抄写、校对工作，以弥补学费。

是年八月，曾和赴北京的飞鸟社成员刘梦苇、龚业光等七人聚会、合影。

一九二四年（民国十三年甲子），二十三岁。

肄业于北京师大。

五月，先生因患风湿性软脚病住协和医院。

七月，先生回湘休养。

九月，先生病愈，再赴北京续学。

此时师大和北大闹对立，反对北大教授陶孟和来任师大校长。先生曾和一部分同学在陶然亭开会，反对这种狭隘意识。

是年，广林桥上大屋经理要公屋，催促搬家，父方华崧率全家迁居到彭何观罗家屋堂，租住地主方仁圃的房子。

一九二五年（民国十四年乙丑），二十四岁。

五月三十日，上海工人、学生和各界人民在中国共产党领导下发起“五卅”反帝爱国运动。

六月三日，北京学生起而响应，在市学联组织领导下举行示威游行，并发表宣言。宣言由师大学生会负责起草，先生是执笔起草人之一。

七月六、七、八日，参加清华学校国学研究院招生考试。

七月，暑假期间，王国维应清华学生会邀请作题为《最近二三十年中国新发现之学问》的公开讲演。先生所作之记录后发表于是年《女师大学术季刊》第一卷第四期。

袁英光、刘寅生编著的《王国维年谱长编（1877—1927）》记载：“7 月，为清华学校暑期补习学校演讲《最近二三十年中国新发见之学问》一题。由研究院研究生方壮猷笔记，据称：‘民国十四年暑假期间，清华学校创办研究院，延静安先生主讲，于未开学之前，全校学生会请先生公开讲演，先生允之，为讲此题。’大略说：‘古来新学问大都由于新发现，有孔子壁中书出，而后有汉以来古文家之学；有赵宋古器出，而后有宋以来古器物古文字之学。……然则中国纸上之学问，赖于地下之学问者，固不自今日始矣。自汉以来，中国学问上之最大发现有三：一为孔子壁中书，二为汲冢竹书，三则今之殷虚甲骨文字，敦煌塞上及西域各处之汉晋木简，敦煌千佛洞之六朝及唐人写本书卷，内阁大库之元明以来书籍档册，此四者之一，已足当孔壁汲冢所出，而各地零星发现之金石书籍，于学术有大关系者尚不与焉！’是讲分五目讲述：一、殷虚甲骨文字；二、敦煌塞上及西域各地之简牍；三、敦煌千佛洞之六朝唐人所书卷轴；四、内阁大库之书籍档案；五、中国境内之古外族遗文。前三者，先生皆曾创通之，考释之，所以这次讲演可以说是自道其研究的经历。”[①] 据陈鸿祥《王国维年谱》说：此记录稿“旋经王氏改定，……相继刊于《学衡》（四十五期）、《东北文化月报》（四期）、《国学论丛》（一期）、《科学》（十一卷六期），以及日本《怀德》杂志（四期）。盖王氏此讲要点，虽亦散见于前所撰《殷虚书契考释序》、《雪堂校刊群书叙录序》、《库书楼记》诸文，至是而得以系统化、理论化；且所论五大发见中之殷虚卜辞、汉晋简牍、敦煌卷轴，皆王氏亲所研究，故论说透剔精到，成学界名文”[②]。

季羡林在《陈寅恪先生的道德文章》中引证了先生记注的这篇王国维谈新材料之发现的演讲，认为静安先生把“新发见”归纳为五类，这个总结“完全是实事求是的，是非常正确的”[③]。

八月一日，清华学校国学研究院公布首届研究生录取名单。正取三十名，备取二名，他们是：刘盼遂、吴其昌（子馨）、程憬（仰之）、徐中舒、余永梁（华生生），杨鸿烈（宪武）、王庸（以中）、关文瑛、刘纪泽、周传儒（书昤）、杨筠如（德昭）、孔德（肖云）、方壮猷（欣庵）、蒋传官（柱筠）、王镜第（芙生）、高亨（晋生）、裴学海（会川）、李绳熙（念祖）、杜钢百、闻惕（惕生）、史椿龄（静池）、赵邦彦（良翰）、陈拔（晓岭）、王竞（啸苏）、冯德清（永轩）、李鸿樾（玉林）、姚名达（达人）、黄淬伯（涧松）、谢星

① 袁英光、刘寅生编著：《王国维年谱长编（1877—1927）》，天津人民出版社1996年版，第445—446页。

② 陈鸿祥：《王国维年谱》，齐鲁书社1991年版，第293页。

③ 季羡林研究所编：当代中国出版社2006年版，第115页。

朗（明霄）、余戴海（环宇）、何士骥（乐夫）、汪吟龙（衣云）。[①]

当时清华学校的校长是曹云祥，教务长是张彭春，国学研究院主任是吴宓，研究院指导教师有梁启超、王国维、陈寅恪、赵元任、李济之，被誉为“五星聚奎”。

九月二十六日，国学研究院学生选定研究题目，先生选的题目是《诗三百篇之文学的研究》。

因家庭经济困难，无力按月缴纳膳费，经研究院办公室介绍（注），同时给当时任地质调查所所长的丁文江当私人秘书[②]，接受标点《徐霞客游记》和撰写《徐霞客年谱》初稿的任务，每月报酬二十元，由地质调查所支付。标点本《徐霞客游记》和《徐霞客年谱》合装在一起，于一九二八年由上海商务印书馆出版。丁文江在民国十六年七月七日所作的《重印徐霞客游记及新著年谱序》中提到：“计自十二年起，至十五年冬，始克竣事，而标点尚为闻君齐、赵君志新、方君壮猷及余四人所分任，故符号运用往往不能一律。……盖余困于职务，苦不得暇，非诸君之助，则至今亦不能成书也。”[③]

一九二六年（民国十五年丙寅），二十五岁。

三月十八日，北京学生在共产党人李大钊、陈毅、王一飞等人组织领导下，举行声势浩大的示威游行，反对北洋军阀段祺瑞执政府对日妥协投降的政策。反动军警开枪镇压，刘和珍等二十六人当场牺牲，数百人受伤被送进医院，又有二十一人死亡。此即著名的“三·一八惨案”。先生亲自参加了这次示威游行活动，因曾患风湿病，右腿不良于行，反动军警开枪镇压时，于混乱中被挤倒在地，压在人群

---

① 孙敦恒：《清华国学研究院纪事》，刊于《清华汉学研究》第一辑，清华大学出版社 1994 年版，第 280 页。

② 周传儒在《史学大师梁启超与王国维》一文中也提到“介绍方壮猷做丁文江的秘书”，是作为导师“关心师友、门生”“奖掖后进”的一个具体例证《社会科学战线》1981 年第 1 期。

③ 欧阳哲生主编：《丁文江文集》第四卷，湖南教育出版社 2008 年版，第 344 页。

下面，几乎丧生。在北京负责拨兑学费的本族地主阶级代表、当时在长辛店扶轮中学任教的方云锦知道此事后，曾对借款求学、不专心学业而参加学生运动提出严重警告，以如不痛改前非、埋头求学，不但以后不能续付借款，即过去借款也要本利还清相要挟。

三月，清华学校为纪念建校十五周年，出版《清华十五周年纪念增刊》一册，其中刊有先生的《中国文艺的起源》一文（第 248—256 页）。

六月二十一日，清华国学研究院举行第十一次教务会议，决定给成绩优秀的学生杨筠如、余永梁、程憬、吴其昌、刘盼遂、周传儒、王庸、徐中舒、方壮猷、高亨、王镜第、刘纪泽、何士骥、姚名达、蒋传官、孔德十六人颁发奖学金，每人一百元。

六月二十三日，研究院办公室公布“毕业生名单及成绩等级表”，先生为甲等第九名。“毕业生成绩一览表”中所列先生提交的学术成果为《儒家的人性论》《章实斋先生传》和《中国文学史论》（载《国学论丛》第一卷第一号，又见孙敦恒《清华国学研究院纪事》）。先生青年时代喜好文学，但在清华研究院学习期间，受梁、王二导师的影响较深，从梁治中国文化史，从王治边疆史地。他后来专攻东方民族史和开设中国史学史等课程，都与这个时期所受教育不无关系。

陈平原注意到，在清华研究院第一届学生中，论文题目涉及文学的，只有先生一人。他在题为《大师的意义以及弟子的位置——解读作为神话的“清华国学院”》的演讲中说：“谈论清华研究院的‘四大导师’，有一个误区，往往把这些学者的所有成绩，一股脑都算进来。其实，应该考虑他们在清华开设的课程，以及指导学生的范围，还有日后学生的发展方向。学术史上的王国维、陈寅恪，和清华国学院导师王国维、陈寅恪，不是一回事。举个例子，……王国维在清华所开课程，跟《红楼梦》或宋元戏曲，没有任何联系。再看第一届 32 名学生，毕业论文中涉及文学的，只有方壮猷，他做的是‘儒家的人性论’、‘章实斋先生传’和‘中国文学史论’，只有第三个作业跟文学有关系。”①

六月二十五日，清华国学研究院举行第一届毕业典礼。

八月十一日，清华国学研究院举行教务会议，议决录取新生二十四名，备取二名，后实到二十四名。他们是：谢国桢（刚主）、刘节（子植）、陆侃如（珩庐）、毕相辉、郑宗棨、陈守寔（漱石）、高镜芹（远公）、侯堮（芹圻）、朱芳圃（耘僧）、谢念灰、王耘庄、陈邦炜（彤伯）、宋玉嘉、戴家祥、吴金鼎（禹铭）、司秋沄（庸帆）、王力（了一）、全哲（雪帆）、朱广福（右白）、颜虚心、龚澹明、冯国瑞（仲翔）、卫聚贤、管效先。开学后又补考录取了徐继荣、黄绶（元贲）、姜寅清（亮夫）、陶国贤（元麟）四名。因研究院规定，上届学生论文获奖学金一百元者可留校继续研究一年，所以先生是年暑假虽已毕业，但到明年暑假才在上海正式找工作。这一年中仍参加清华研究院的部分活动，与第二届同学亦有同窗之谊。

是年五月，丁文江调任淞沪商埠督办公署总办，又委托先生代编《民国军事近纪》下册。七月，先生赴上海，在威海卫路住了几个月，以助理秘书的名义在淞沪商埠督办公署领了几个月工资，每月三十元。

一九二七年（民国十六年丁卯），二十六岁。

一月，完成《民国军事近纪》下册书稿，离沪返京。返京前，丁文江让其将书稿和《徐霞客游记》的参考资料等一并转移到他担任董事长的天津北票煤矿公司董事会。

二月，任北京农科大学、美术专科学校中国文学讲师。

农科大学校长肖瑜（1894—1976，字子昇），湖南湘乡人，早年和毛泽东、蔡和森等在湖南一师同学，新民学会会员，留法勤工俭学学生，后来成为李石曾派。他的母亲方玉清是湘潭县石冲坝人，当地名医方荫臣之女，系先生的同族堂姑母；他的长姊嫁给了先生的堂兄方圆（字碧丛，也是留法勤工俭学学生），算是堂嫂。因有中表之亲，

① 陈平原：《大学何为》，北京大学出版社2006年版，第32页。

所以关系比较密切。美专总务长王代之，也是湖南同乡，法国留学生，其妻弟朱达之又是先生的老同学，故在工作上对先生给予照顾。

二月二十八日，梁启超在《给孩子们书》中说："我已经立定主意，于最近期间内发表我政治上全部的具体主张，现在先在清华讲堂上讲起，分经济制度问题、政治组织问题、社会组织问题、教育问题四项。每礼拜一晚在旧礼堂讲演，已经讲过两回，今日赶回学校，也专为此。以这两回听讲情形而论，像还很好。第二次比前一次听众增加，内中国民党员乃至共产党员听了（研究院便有共产党二人，国民党七八人），像都首肯。现在同学颇有人想自组织一精神最紧密之团体（周传儒、方壮猷等），一面讲学，一面作政治运动，我只好听他们做去再看。"①

六月二日，导师王国维自沉于颐和园昆明湖。先生在京参加了清华国学研究院师生的悼念活动。

七月，先生赴上海。

同学徐中舒在上海撰有《追忆王静安先生》一文，文末称："余病中草此文，属稿方成，适至友方闾园君新从北京来，代为迻录整理。此文之得早日付印，皆方君之力也。书此以志谢忱！"② "方闾园"即先生也。

撰写《王静庵先生年谱》。据 hi. baidu. com/nalangui/blog/item/7d0f32b. html 网站报导，汉口徐徐堂收藏有先生民国十六年（1927）撰写的《王静庵先生年谱》稿本二种，共二册。稿本记载撰作缘起曰："先生弃世之后一月，余由北京南旋，遇友人徐君中舒于沪上。适徐君应《东方杂志》之请，为先生撰传。时徐君方抱恙未愈，余又旅居多暇，遂代为搜集材料，凡先生所有著作，及其平生事迹，无不

① 丁文江、赵丰田编：《梁启超年谱长编》，上海人民出版社 1983 年版，第 1118 页。

② 徐中舒：《追忆王静安先生》，载《文学周报》第五卷第一、二期合刊《王国维先生追悼号》，上海开明书店 1927 年 8 月 27 日出版。

旁求博访。从事数日，所得遂多，以列传体例所限，不能将所得资料悉数收入；乃为之编其年月次第，排比而整理之，遂成是谱，此本书所由作也。”

在“丁卯初夏”编印的《清华学校研究院同学录》中有先生的照片，其生平事略为同学吴其昌所撰，文曰：“方君字闿元，一字欣盦，湘潭人。幼生长于潭邑南鄙之都昌镇。其地与湘乡之荷塘都比邻。荷塘都者，曾文正公之汤沐地也。故君生平学养得力于曾、罗、胡、左诸贤者独多。少入家塾，受群经卒业。民国五年，入邑之振铎高小，始习近世普通科学，然已即浏览曾、罗、胡、左诸贤之遗书，论其世，学其为人，慨然思振其流风，欲有所建白，为磊落慷慨奇男子，然外又以和易隐之，温柔敦厚，人目之为妇人女子，君笑颔而已。七年，入长沙第一师范，值世所谓新文化运动者崛起，君之学又转而之他，浸淫于西洋文学，凡诗歌、小说、剧本无不毕嗜，亦时有创作，然君自言自娱而已，非示人者，随即脱手焚之。后此治毛诗，攻中国文学，其机发于此，盖君得于诗教者独深也。十一年，入北京师范大学，又转其志于社会科学，凡政治、社会、经济、法律、宗教、心理、哲学诸书无不攻读，且及于吾国史汉、通鉴、通考及纪事本末、宋元明学案诸籍，益期有所成。十五年，来研究院，治文史之学。著《中国文艺史》十四卷、《太平天国志》若干卷，此外积稿尚多，然君素不表暴，扃诸箧而已。君今年二十四，与余同年生，日月后于余。故其亲予也，亦殊异于他人云。”①

先生则为徐中舒、龚澹明二人撰写了小传。

蓝文徵在《清华国学研究院始末》一文中说：“研究院的特点，是治学和做人并重，各位先生传业态度的庄严恳挚，诸同学问道心志的诚敬殷切，穆然有鹅湖、鹿洞遗风。每当春秋佳日，随侍诸师，徜徉

---

① 吴其昌：《清华学校研究院同学剪影》，载吴其昌著，吴令华编《诗词文在》，三晋出版社 2009 年版，第 148 页。

湖山，俯仰吟啸，无限春风舞雩之乐，院中都以学问道义相期，故师弟之间，恩若骨肉，同门之谊，亲如手足，常引起许多人的羡慕。因同学分研中国文、史、哲诸学，故皆酷爱中国历史文化，视同性命。”①

八月，经上海暨南大学中国文学系主任兼开明书店编译所所长、原湖南一师国文教师夏丏尊介绍，先生任暨南大学历史社会系中国古代史讲师，复旦大学、音乐学院中国文学史讲师，中华艺术大学中国戏曲史讲师，住在上海闸北区宝山路宝山里 60 号开明书店宿舍。当时在大学上课大约每个钟点报酬五元，奔波于多所大学兼课主要是为生计和为留学积攒旅费。

夏丏尊（1886—1946，浙江上虞人），现代著名教育家、文学家。他是鲁迅的同学，在上海时常与鲁迅在内山书店相会；他和弘一法师（即在日本留学时扮演茶花女的李叔同）也很要好，曾为弘一法师募捐修庙。他翻译的《爱的教育》一书在当时影响很大。因有师生之谊，所以关系较为密切。先生后来打算去日本留学，一度想以译书为职业，也受到夏的影响。

当时在开明书店编译所任职的还有叶圣陶，任《中学生》杂志主编。其长子叶至善是夏丏尊的女婿，往来亦较密切。

此时同事如陈望道，新中国成立后曾任复旦大学校长。复旦大学学生如马彦祥（其父马衡是老朋友），新中国成立后曾任文化部顾问。音乐学院学生如冼星海，是我国著名的人民音乐家；丁善德，曾任上海音乐学院副院长；黄力丁，曾任湖北省委宣传部文艺处处长。

十二月，所撰《词的起源和发展》一文发表于《一般》杂志第 3 卷。

一九二八年（民国十七年戊辰），二十七岁。

任上海复旦大学、暨南大学、南洋大学（后改为交通大学）讲

---

① 蓝文徵：《清华国学研究院始末》，见夏晓虹：吴令华编《清华同学与学术薪传》，生活·读书·新知三联书店 2009 年版，第 390 页。

师，同时兼做商务印书馆编辑工作，为《万有文库》组编文稿。曾任中国社会科学院副院长的宦乡当时就是南洋大学的学生。

钱穆在《师友杂忆》中说："一九二八年春，是为余任教苏中之第二学期。方壮猷曾毕业于清华大学之研究所，并为胡适之《章实斋年谱》作补编。一日，自沪上来苏州相访。告余，顷正为商务印书馆编《万有文库》，尚有两书，一《墨子》，一《王守仁》，未约定编撰者。余告以可由余一手任之。方君谓，出版在即，能勿延时否。余告当尽速一周成一书，可乎。方君欣然，遂定约。余即在是年春成此两书，今皆印《万有文库》中。"①

四月，游杭州。

七月，回湘省亲，宴请亲族长辈于宗祠，方鹤卿等莅临。

秋季学期，在暨南大学兼课期间与徐中舒合编《尚书学讲义》，有暨南大学 1929 年 10 月铅印本，全一册，184 页。上海图书馆和上海社会科学院图书馆各藏有一册。讲义署名"方欣安辑"，由四部分组成，依次为徐中舒《尚书讲义》40 页，王国维《尚书讲义》54 页，方欣安《尚书讲义第一编》24 页，方欣安选《尚书学讲义》66 页。

葛剑雄著《悠悠长水：谭其骧前传》记载：一九二七年暑假后，谭其骧考入暨南大学中文系。第二年秋季开学，再也不愿在中文系读的谭其骧转入外文系。但在两星期后，他再转历史社会系，主修历史，兼修社会学。在历史社会系念书期间，教师有黄凌霜、陈憬、许德珩、孙本文、邓初民、潘光旦、周传儒、王庸、徐中舒、方壮猷等人。徐中舒、王庸、方壮猷均出身于清华大学国学研究所，深受王国维、梁启超的学术思想和学风的熏陶，使谭其骧受到考据方法和史学理论方面的训练。②

---

① 钱穆：《八十忆双亲·师友杂忆》，生活·读书·新知三联书店 2005 年版，第 137 页。

② 葛剑雄：《悠悠长水：谭其骧前传》，华东师范大学出版社 1997 年版，第 13—19 页。

十月二十四日，《白话小说起源考》发表于《国立中山大学语言历史研究所周刊》第5集第52期（第1—13页）。

十二月一日，在沪的清华研究院同学徐中舒、程憬、方壮猷、杨鸿烈、陆侃如、刘纪泽、周传儒、姚名达联名致函导师梁启超："任师夫子大人钧鉴：自别道范，相从南来，河山虽隔，系念常殷。每度京津同学有道出沪上者，辄相与把臂促膝问津门起居。闻师座清恙大减，则粲然色喜；若闻玉体违和，则相与蹙额浩叹矣。客岁党军占领江南，南北之音问遂疏，师座因历史关系，为各方所注目，邮电往来常被检查，用不便径修书候；然间接因同门诸子传达状况，耑颂起居者，盖无时或缺焉。暑假中得刚主信，称师座近况佳善，息影著书，私心窃喜，以为稍养数月，或能全愈矣。今为时不过三月，乃报忽载病重入协和医院之说。诚然此信非虚。惟此间同门所急欲知者，即师座病为旧疾复发耶，抑新恙乍添耶？饮食行动尚能如常否？尚祈师座有以示之。师座以一身关系国家前途，文化前途。今政治方面虽较黯淡，而全国学术待师座之整理，全国学子待师座之指导者极多；即就政治方面言，初，亦非全然绝望，惟暂时不得不权安缄默耳。他日春雷陡起，万象或能更苏矣。尚望师座节忧寡虑，清心静养，留得梁木，为他日用。此间同门有足为师座告者，即全体俱能安心向学，无一轻率浮动者；且社会各方面皆相推重，是悉由师座曩日训诲之功也。专此敬禀，即叩钧安。"① 表达了弟子们对导师的恳切慰问，颇致仰望祷祝之诚。

一九二九年（民国十八年己巳），二十八岁。

任上海复旦大学、南洋大学讲师。

一月十九日，清华国学研究院导师梁启超病故于北平协和医院。

---

① 《致任师夫子大人书》，据孙敦恒《清华国学研究院纪事》，刊于《清华汉学研究》第一辑，清华大学出版社1994年版，第335—336页；丁文江、赵丰田编《梁启超年谱长编》，上海人民出版社1983年版，第1197页。

六月底，清华国学研究院正式宣告结束。前后四年时间，共培养四届七十多名研究生。毕业后或执教，或从事研究工作，后来大都成为我国在语言学、史学、哲学、古文字学、考古学等方面的著名专家学者，为国学的继往开来做出了重要贡献。

夏晓虹在《温厚情谊，薪火相传》一文中说：

一般而言，学界印象中的清华国学院几近“神话”。这包括了著名的“四大导师”，即梁启超、王国维、陈寅恪与赵元任的倾心指授，也与毕业诸同学后来的学术成就密不可分。如以收录颇丰的《中国现代社会科学家大辞典》（高增德主编，书海出版社 1994 年版）为据，列有条目的清华国学院同学共二十七人，所分布的学科大体为——

历史学：周传儒、方壮猷、谢国桢、刘节、陈守寔、卫聚贤、蓝文徵

历史地理学：王庸

考古学：吴其昌、朱芳圃、吴金鼎

考古学、古文字学、历史学：徐中舒

考古学、古文字学：余永梁

金文甲骨学：戴家祥

经学、历史学：杜钢百

中国哲学史：高亨

目录学、历史学：姚名达

目录学：刘纪泽

民族学、民族语言学：王静如

语言学：黄淬伯、王力、姜亮夫

音韵学：裴学海

古典文学研究、语言学：刘盼遂

古典文学研究：陆侃如

文学批评史：罗根泽
法律史学：杨鸿烈

上述诸人在各自的学科领域中，均为一时之选。……在上列诸家之外，本编另外补充的程憬、赵邦彦、王竞（啸苏）、冯德清（永轩）、冯国瑞、黄绶、蒋天枢、储皖峰、裴占荣各位，也大抵都以治学为安身立命之所，尽管著述多少不等，其中仍不乏传世之作。即便未能找到传记资料的毕业生，其著作也仍有一印再印、沾溉学界者。如杨筠如之《尚书覈诂》，便先有王国维、后有李学勤作序，1934 年初版本问世后，又由陕西人民出版社于 1959 与 2005 年两度排版印行。

恰如陈平原在一篇副题为《解读作为“神话”的清华国学院》文中所说：“谈及国学院的贡献，大家都着力表彰四大导师，这当然没错；可我认为，国学院能有今天的名声，与众弟子的努力分不开。弟子们的贡献，包括日后各自在专业领域取得的巨大成绩，也包括对导师的一往情深，更包括那种强烈的集体荣誉感。”（《大师的意义以及弟子的位置》，《现代中国》6 辑，2005 年 12 月）也即是说，清华国学院的耀眼光辉，正是由四大导师与毕业同学的辉煌成果合力构成。①

七月，与张芹芬女士订婚于上海环龙路泰辰里七号。张芹芬（字近芬），一九〇五年十月七日生于浙江省新昌县城关镇汉庐。其父张宗江是清朝末年秀才，早年号召剪发放足，提倡男女平等，变卖祖先产业，创办尚素小学和振闺女学，自任两校校长。张芹芬毕业于振闺女学和绍兴女子师范学校，在女师附小当过教员，此时在上海开明书店当校对，并跟夏丏尊学习日语，是夏的干女儿。订婚的介绍人就是夏丏尊先生。

同月，回湘省亲，同时筹备赴日留学。

八月，赴日本东京，住本乡区第三初音馆。入东京帝国大学文学

① 夏晓虹：《燕园学文录》，复旦大学出版社 2011 年版，第 314—315 页。

部，从东洋史研究室白鸟库吉教授研究东方民族史。

白鸟库吉（1865—1942）是日本著名的历史学家、东洋史学的奠基人。他运用近代历史研究方法研究亚洲史，特别是西域、满、蒙、朝鲜等民族的历史、语言、神话、传说、民俗、宗教、考古学，取得了许多独创性的研究成果。其主要著作有：《契丹女真西夏文字考》（1898）、《蒙古民族的起源》（1907）、《西域史新研究》（1911）、《东胡民族考》（1911—1912）、《室韦考》（1919）、《可汗及可敦名号考》（1921）、《粟特国考》（1924）等。1969—1971 年间，日本岩波书店出版了 10 卷本《白鸟库吉全集》。

留学日本的介绍人是商务印书馆编译所史地部主任傅运森（1872—1946，湖南宁乡人）。傅住在闸北宝山路宝山里，和开明书店经理章锡琛是邻居，又是老同事，来往密切。先生此时住在开明书店编译所宿舍，也在宝山里，经章锡琛介绍认识后，常向傅了解日本史学界和东京的生活情况。因为是湖南同乡，又是搞历史的同行，所以共同语言较多，赴日留学亦得到他的帮助和鼓励。傅运森与东京大学东洋史教授白鸟库吉是老同学，通过他的介绍先生与白鸟教授相识。

在东京，除在帝国大学听课外，还经常到帝大图书馆和上野公园的帝国图书馆、东洋文库等处读书。这个时期写成了《匈奴王号考》、《契丹民族考》等论文，并将白鸟库吉的《东胡民族考》一书翻译成中文，约二十万字。

先生在东京交往的中国留学生有：王俊杰（东京文理大学外语系学生）、郑推先（医科大学学生，张芹芬中学同学）、魏瑞芝（张芹芬中学同学）、姚宝贤、毛健如等人。

十二月三日，张芹芬女士亦赴日，与先生在东京结婚。

一九三〇年（民国十九年庚午），二十九岁。

一月二十九日，早年恩师、本族曾祖方鹤卿先生逝世。

二月底，只身回国，在北平，与师友商量学业和人生去向问题，此时已有弃学归国的意向。

三月一日，先生在北平寓所设位祭拜方鹤卿先生，并撰《先师族曾祖鹤卿公祭文》。这篇情文并茂的祭文，透露出先生早年求学之难和得贵人相助之幸，以及对恩师的深情感激和怀念，其文如下：

维民国十有九年一月二十九日，乃我先师族曾祖鹤老府君仙逝之期也。既逾月，而受业族曾孙彰猷始归自东瀛，惊闻噩耗，卒然若呆。以未及奔丧，乃择三月一日设位于北平寓舍，备馔焚香以告于我先师族曾祖鹤公之神位前曰：呜呼，我祖竟溘然而长逝耶，今而后猷复何从而聆我祖之训诲耶！

忆自壬子猷始奉家祖命负笈族校，至甲寅岁，我祖掌教于斯，而猷始得亲聆训诲，猥以愚钝，谬承奖许。然不多时，而我祖遂长乡校振铎，犹复谆谆以猷升学为嘱，知猷家贫无以供膏伙，乃并嘱族中父老春汀、春堂祖等设法助之。丙辰，猷始得就学振铎，自是亲随左右，日接謦欬者亘二载。课余灯下，寒暑假期，犹循循为猷讲授经史、诸子及古今文学，不稍切至于此极耶！今而后将复何从而得指导殷勤培植恳切如我祖者耶！

己未秋，我祖就养省会并掌教岳云中学，猷亦以是时奉命考入城南师范，课余假日，盖无时不随我祖左右，猷之稍知学问途径，皆赖我祖循循善诱之所致也。呜呼，今而后将复何从而得诲我之殷如我祖者耶！

癸亥夏，猷将北来升学，而不幸值家祖弃养，复值临城匪案，举国惊疑，家父及乡族前辈皆不欲猷成行，唯我祖毅然谓猷曰：“吾为汝占卜，吉则汝行，否则暂止，可也?”幸卜之曰吉，猷遂得北来升学。家贫膏伙无所出，我祖复与春堂祖等为谋，于公私筹垫四年学费所需，俾猷得终其业。呜呼，我祖逝矣，猷将复何从而得培植之挚切如我祖者耶！

丙寅猷供职沪署，而我祖亦避兵匪就养于东省，猷以金华火腿寄奉，而我祖即赐之以诗，若不胜其欣慰者。丁卯猷复掌沪学，适我祖自东省南归，道经沪滨，虽足弱不良于行，而精神矍铄，饮食如常。时猷为学课所羁，欲护送而未能，而我祖亦欣然，教猷以宜尽职守，毋事世俗之应酬。

戊辰夏，猷以省亲返里，宴亲族长辈于宗祠，我祖亦欣然亲临，且时引先年卜占事，谓冥冥中有默助者。时我祖扶杖已能行，而精神胜常，饮食有加，猷亦以我祖生平修养之富，必能臻耄耋而享期颐。

呜呼，孰谓此短时间之晤叙，遂为最后之永别耶！

己巳秋，猷负笈东渡，而公之子旭祖亦携眷归湘，迎养我祖于省会，且将为我祖八旬高龄称觞，而猷亦请收辑我祖生平著作，刻印淑世以为寿。呜呼，孰知不数月而猷甫抵国门，即遽闻我祖永别之耗耶！猷于去国之前曾集我祖所赐手训数十通，汇订成册，并函恳赐以序言，以为终身服膺之资，闻之旭祖函示，我祖病中犹时以序言未撰为念。呜呼，是何我祖待猷之厚耶！今抚泽而迥诵，念音容之莫睹，诚不禁涕泗之滂沱矣夫！

以我祖之高龄硕德，孙曾林立，如旭祖之道德学问文章，皆足以继我祖之后，且将有以光而大之，是我祖之逝也复何憾？独后生之待我祖之训诲培植者，一旦失所凭依为可哀耳！我祖道德学问，夙为社会矜式，文章著述，足字为后世典型，猷当上禀旭祖之命，任校雠之役，俾早行世。猷以愚钝，得我祖训诲有方，稍知学问门径，今而后当益发愤，以期若干之成，以慰我祖在天之灵。

呜呼，云天远隔，请益无从，是惟赖我祖在天之灵之默佑矣！哀哉，敬陈薄奠，藉表愚忱，伏维尚飨！

四月五日，先生与杨树达等同去西山卧佛寺谒拜梁启超墓。杨树达在《积微翁回忆录》中记载：1930 年 4 月 5 日，“清明，偕胡石青（汝麟）、郑舜徽（晟礼）、方欣安（壮猷）同到西山卧佛寺拜任公师墓”①。

四月中旬去日本。

六月，携妻从日本东京回国。

“九一八”事变前，日本军国主义侵略中国东北的野心业已暴露，东京学术界附和日本军国主义侵略政策的论调也甚嚣尘上。是年，白鸟库吉为他的学生箭内亘著的《蒙古史研究》写了一篇长序，序文中把中国分为南方的文化国和北方的游牧民两大部分，鼓吹“南北对抗”是贯穿中国历史的“纲领”，企图挑拨中国的民族团结，为日本军国主义的侵略和战争政策制造舆论。比如他说：“距今几千年以前，太古时代，亚细亚大陆，有如何民族？占据如何方面？其后又经过如何变迁？乃成历史时代之形势状态，现在之科学程度尚不足以究此。然体力智力皆甚优秀之民族，占领气候温暖，土地丰腴，最适于人类生活之地域；劣等民族，被逐至寒气严烈之旷野沙漠，实自然之势也。占据亚细亚南部之文化人之祖先，为优胜者；住于北部之游牧民族之祖先，为劣败者；则不需历史证明之事实也。于是南方之文化益开，国家益盛。北方民族，仍停顿于太古之状态，与禽兽作共同生活。其无关于世界之大势也，固已久矣。及时代推移，形势渐变，南方因人智进化，财货丰富，人民流于奢侈游惰，而终陷于文弱。北方之住民，居寒热极端之旷野，以游牧田猎为生业，以掠夺争斗为常事，遂成身体强健，气质慓悍之骑马民族。此民族一旦戴勇将而攻入南方，南人无论如何严重防备，无论如何征集兵卒，欲击退之，终非易事。于是南方之文化国，北方之游牧民，只能维持势力之平均。若欲断绝战争，殆不可能。是故上下三四千年之亚洲历史，关系于南方诸国之兴亡安危者，大半为与戎狄之战争。要之，南北对抗，乃贯亚细亚历

① 杨树达：《积微翁回忆录·积微居诗文钞》，上海古籍出版社2006年版，第45页。

史之‘纲领’。此老大陆之命运，实视其胜败而决者也。”[1] 这种言论不但严重歪曲了中国历史，而且也极大地伤害了先生的民族感情。此时日本一些人敌视中国的情绪和做法也越来越明显，思想警察经常到中国留学生宿舍盘问，先生心情很不舒畅，故决定弃学提前回国。

先生夫妻二人在东京一年，过的是工人水平的生活，与原来在上海的生活水平差不多。张芹芬女士自己烧饭，每月伙食三十元，房租二十元，零用三十元，来回旅费约三百元，共计二千多元。这笔资金的来源，一是上海教书时之积蓄，二是师友借贷，如湖南一师时的老师夏丏尊、清华研究院同学徐中舒等都曾予以资助。

回国后，在北京住在石驸马大街。

六月三十日，长子克强生于北平协和医院。

六月，《契丹民族考》发表于《女师大学术季刊》第一卷第二期（六月）和第三期（九月）。

七月，任国立北京女子师范大学讲师，兼文史研究所研究员。

通过原北师大老师陈垣、黎锦熙、杨树达等人介绍，先后在北京大学、燕京大学、辅仁大学等校任兼职讲师，讲授宋辽金元史和日本史两门课程。此时已有留学法国继续研究东方民族史的打算，故一面学习法语，一面忙碌兼课赚钱，为留法蓄积旅费。

九月，《室韦考》发表于《辅仁学志》第二卷第二期（第1—59页）。作者在《附言》中说明：

> 本文内容虽多自抒己见之处，然取材于白鸟博士《室韦考》之说者亦甚多，该文原见东京出版之史学杂志第三十编，该杂志国内各大图书馆多有之，望读者取以比较参考。再者，白鸟博士为日本现代东洋史学界之一重镇，其研究之关于西域史、北狄

---

① ［日］箭内亘：《蒙古史研究》，陈捷、陈清泉译，商务印书馆1932年版，白鸟库吉序。

史、朝鲜史者，贡献尤大。其关于西域史之论著如《乌孙考》、《康居考》、《大月氏考》、《粟特国考》等，关于北狄史者如《蒙古民族起源考》、《东胡民族考》等，关于朝鲜史者如《朝鲜古代王号考》、《朝鲜语与 Ural-Altai 语之比较研究》诸文，皆能自创新说，而详征博引，以证实之，诚不朽之盛业，吾人所极钦羡者也。撰者近治东北史地，曾根据博士《东胡民族考》及《蒙古民族之起源》二文之一部分，亦间附以己见，为《匈奴语言考》、《鲜卑语言考》、《契丹民族考》三文以介绍博士之新学说，顾原以充讲习之用，匆遽属草，颇多未尽之处，印刷上亦不免有误漏之点，深以为憾。近已得暇将《蒙古民族之起源》及《东胡民族考》二文全行译出，别出单行本，并附博士小传及著作目录等，刻正在印刷中也。

十二月，《匈奴王号考》《鲜卑语言考》发表于《燕京学报》第八期（第 1417—1428 页，第 1429—1468 页）。《匈奴语言考》发表于《北京大学国学季刊》第二卷第四期。《三种古西域语之发见及其考释》以及译文《龟兹国语及其研究之端绪》（法 Levi 著）、《所谓东伊兰语即于阗国语考》（挪 Konow 著）和王国维讲演《近三十年中国学问之新发现》的记录稿四文同时发表于《女师大学术季刊》第一卷第四期。

《20 世纪蒙古族源流研究回顾》一文介绍和评述了匈奴说、突厥说、吐蕃说、蒙汉同源说、混合说、白狄说、东胡说、蒙朝同源说、蟒图腾说、东夷说十种关于蒙古族起源问题的学术观点，指出：“蒙古起源匈奴说曾经是学术界的主流观点。其中坚持最力者是国外学者，蒙古族史学家拉西朋斯克最早认为匈奴人就是蒙古人。俄国东方学家 H. R. 俾丘林根据匈奴和蒙古住地相同为由，认为匈奴是蒙古人古时族名，并提出匈奴、东胡均为蒙古族的前身。日本学者白鸟库吉则是从比较语言的角度进行考察，从语言词汇的相同来论证蒙古族与匈奴的关系。西方其他学者如帕拉斯、道尔吉苏荣也持这种观点。中国学者持之最力的是方壮猷，他在《匈奴语言考》中考释出 26 个匈奴语词汇，认为匈奴语和今蒙古语通则相似，由此认定匈奴为蒙古种之元祖。黄文弼则从人类学的角度，比较匈奴人像，综合语言和形貌，得出了同样的结论，但认为蒙古血统中也有东胡和汉人的因素。佟柱臣、谢再善也主张蒙古源于匈奴。”①

季羡林在《浮屠与佛》一文中说：“法国学者烈维（Sylvain Lévi）发现最早汉译佛经所用的术语多半不是直接由梵文译过来的，而是间接经过一个媒介。他因而推论到佛教最初不是直接由印度传到中国来的，而是间接由西域传来。（参阅 Sylvain Lévi，Le《Tokharien B》Langue de Koutcha，*Journal Asiatique* 1913，Sept. -oct. p. 311 – 38。此文冯承钧译为中文：《所谓乙种吐火罗语即龟兹国语考》，载《女师大学术季刊》，第一卷，第四期。同期方壮猷《三种古西域语之发见及其考释》，有的地方也取材于此文。）……他这样一说，我们对佛教入华的过程最少得到一个清楚的概念。一直到现在，学者也都承认这说法，没有人说过反对或修正的话。”②

是年，父方华崧因长期劳累过度，患严重的气喘病，从湘潭县城回乡下务农。

一九三一年（民国二十年辛未），三十岁。

任北京大学、师范大学、燕京大学、辅仁大学兼职讲师。

牛大勇在《北京大学史学系沿革纪略》中提到：“20 年代末期至 30 年代中期，北大史学系专任教师以及为史学系授课的校内外学者有（以姓氏笔划为序）：马裕藻（经学史）、邓之诚（中国通史）、毛子水（科学发达史、思想自由发达史、地理学通论、地图学、历学

---

① 见《铁血社区 · 历史风云》，http://bbs.tiexue.net/post_3321700_1.html。

② 季羡林著，王岳川编：《季羡林学术精粹》第二卷，山东友谊出版社 2006 年版，第 28 页。

等）、王辑五（日本史等）、方壮猷（辽金元史）、……”[①]

二月，妹淑章（汝淑）适唐远景。

四月，父母携弟季平到北平。

十月，父回湘。

十二月十一日，先生之次子克定生于北平协和医院。

一九三二年（民国二十一年壬申），三十一岁。

任北京大学、师范大学、燕京大学、辅仁大学兼职讲师。

一月，写成《东北史纲》第二卷，即《隋至元末之东北》部分。是年国际联盟就日本侵占东北、成立伪满洲国事件组织调查团，以英人李顿为团长，来解决东北问题。在国联调查团来华之前，国民党政府外交部委托中央研究院语言历史研究所所长傅斯年组织编写《东北史纲》一书，并译成英文，供国联调查团参考。傅斯年把这一任务交给北大历史系教师分工撰写，先生当时正在北大兼课，亦被邀请参加编写组，负责编写唐宋元部分。第一卷《古代之东北》由北大历史系教师余逊（字让之，余嘉锡之子）执笔，后来署名傅斯年、方壮猷、徐中舒、萧一山、蒋廷黻合著，于是年十月由中央研究院语言历史研究所出版。据《中研院史语所所藏档案》元 63 – 14 徐中舒 1933 年 4 月 13 日致傅斯年函云：“弟近正从事修改《东北史纲》之明清部分，欣安的仍在校印中。”可知先生执笔写的第二卷（《隋至元末之东北》）当时已经付印，但不知何故未能出版。以后各卷（共五卷）均未出版。后来金毓黻在其所著《东北通史》（1941 年初版）中曾引及《东北史纲》第二卷稿本。

《东北史纲》一书卷首的“引语”申明了几位作者的写作宗旨，是要用三千年无可辩驳的历史事实证明：“渤海三面皆是中土文化发祥地；辽东一带，永为中国之郡县，白山黑水久为中国之藩封；永乐

---

① 牛大勇：《北京大学史学系沿革纪略》（一），《北大史学》第 1 辑，北京大学出版社 1993 年版，第 262 页。

奠定东北，直括今俄东海滨阿穆尔省，满洲本大明之臣仆，原在职贡之域，亦即属国之人”，有力地驳斥了日本军国主义所谓“满蒙在历史上非支那领土”的谬论。[①] 郑天挺先生曾回忆说，这本书的立场是正确的，在当时影响是很好的，日本帝国主义很害怕。

欧阳哲生在《〈新潮〉主将，“五四”指挥——傅斯年》一文中介绍了该书所起的作用和影响：“‘九一八’事变后，日本帝国主义侵占东北。日本京都大学教授矢野仁一发表一篇《满蒙藏本来并非中国领土》的论文，别有用心地鼓吹出身东北的满洲皇帝理应有权回到他的故地建立一个独立国家，以为其支持满洲国提供依据。傅斯年闻讯心急如焚，忧愤交加，他在百忙之中，组织方壮猷、徐中舒、萧一山、蒋廷黻一起编写《东北史纲》，专驳日本人‘满蒙藏在历史上非中国领土’的谬论。该书第一卷于1932年10月在北平出版。‘这部用民族学，语言学的眼光和旧籍的史地知识，来证明东北原来是我们中国的郡县；我们的文化种族和这一块地方有着不可分离的关系。’（陈槃语）此书曾经李济节译成英文送交国际联盟李顿调查团，后来李顿调查团的报告书中表示东北是中国的领土，显然接受了该书的观点。”[②]

宋德金在《东北地域文化三题》中也明确肯定了该书作者的立场。他说：“关于这个地域的文化，论者所给的称呼很多，如东北文化、关东文化、长白文化、辽海文化、龙江文化、边外文化、满洲文化等等。一个概念或名称，应该简单明了、准确周延。以上诸名称中，长白文化、辽海文化、龙江文化、边外文化等命名，就其内涵、外延而言，似乎都不能恰当涵盖东北文化，而‘满洲文化’则尤为不妥。早在20世纪30年代，傅斯年在他与方壮猷、徐中舒、萧一山、

---

① 傅斯年：《东北史纲》，上海三联书店2017年版，第2—3页。

② 欧阳哲生：《〈新潮〉主将“五四”指挥——傅斯年》，载萧超然主编《巍巍上庠 百年星辰——名人与北大》，北京大学出版社1998年版，第403页。

蒋廷黻合著的《东北史纲》卷首引语中说：‘日本及西洋人之图籍中，称东三省曰满洲，此一错误至为浅显，而致此错误之用心则至深。满洲一词，本非地名，满洲源流考辩之已详。又非政治区域名，从来未有以满洲名政治区域者。’至于目前较流行的‘东北文化’与‘关东文化’，何者更为简单明了、准确周延？我认为应该是东北文化。”①

四月，赴洛阳参加“国难会议”。会期是四月七日至十二日。会后和肖瑜（此时任农矿部次长）、王代之（北平艺术学院总务长）、杨堃（北平中法大学教授）等人同游西安、咸阳、三原等地名胜古迹。当时杨虎城正在三原县东里堡养病，派人到洛阳请上海名医施今墨去给他看病，先生一行也跟施今墨一起去见过杨虎城将军。

五月，游山西大同，参观云冈石窟。

六月，《鞑靼起源考》发表于《北京大学国学季刊》第三卷第二期。

先生早年发表的关于我国北方民族、语言、史地研究之“七考”（《室韦考》《契丹民族考》《匈奴语言考》《匈奴王号考》《鲜卑语言考》《鞑靼起源考》及《三种古西域语之发见及其考释》），在中国古代史特别是民族史研究方面做出了重要贡献，起了推动学术发展的积极作用。比如黑龙江人民出版社 1989 年 4 月出版的孙进己著《东北民族源流》一书，就在第 16、17、32、51、56、75、80、86、92、94、95、96、99、111 页，分别引用了这些文章的观点和资料。但那个时期先生还是一个初出茅庐的青年学者，在学术规范方面也有不够严谨之处，在成长道路上留下了深刻教训。

八月，祖母陈氏殁于家乡。母左氏（重慈）携弟季平回湘奔丧。

十月，举家迁南京，住高楼门。

是年冬，父方华崧购入白石乡石黄台水田十二亩和住宅数间。田宅价银约六百元，大部分靠先生寄回乡的工薪收入，小部分为父亲在

① 宋德金：《东北地域文化三题》，《光明日报》2009 年 7 月 14 日。

湘潭当店员时的积蓄，另外还借贷了一部分。

一九三三年（民国二十二年癸酉），三十二岁。

一月，送妻儿回浙江新昌。

三月，回湘。

四月三日，在长沙拜访杨树达。据《积微翁回忆录》记载：1933年4月3日，“方欣安归里，余以《老》、《易》二古义及《汉书札记》托其呈赵藏生先生（启霖）。先生于清末弹劾权要，高节素所钦仰。欣安，先生弟子也。”[①] 同年10月4日又记载：“赵藏老《澥园集》寄到，盖答余赠书也。诗文皆佳，湘中老辈此为第一人也。”[②]

赵启霖（1859—1935），清朝监察御史。字芷荪，号澥园。出生于湘潭县十四都梅家冲（今明道乡森梅村）一农家。1892年中进士，选庶吉士，授翰林院编修。后假归，主讲永州泸溪、萍洲书院。1906年起，任河南道、江苏道、山西道监察御史。任职期间，曾多次上疏，吁请澄清吏治，禁绝鸦片，改革教育，赈济灾黎。曾请将王夫之、顾炎武、黄宗羲三大儒从祀文庙并获准。1907年上疏弹劾专擅夤缘的段芝贵等人，被革职。朝野愤愤不平，御史们抗疏辞职，清廷迫于群愤，收回成命，复御史职。1909年任湖南高等学堂监督，旋署理四川提学使，整顿学风，革除陋习，同僚题赠“铁面耆臣”匾额一方。次年以母老乞养，辞职归乡。他关心地方教育，倡办伍赵福田学堂、伍赵福田女子职业中学，捐谷40石在青山桥设育婴堂。1918年张勋复辟，应召赴京任北京政府国史馆馆长，旋归。曾任湖南船山学社社长多年，著述终生。著有《澥园集》六卷。

赵启霖为同里前辈，先生之恩师方鹤卿的至交。他曾为鹤卿作“像赞”曰：“绮岁文场扫万夫，当时海内尚清娱，问君濯足扶桑日，曾见蓬莱水浅无？横舍纷纭遍八垠，凤毛麟角费殷勤，斫轮老手岿然

---

① 杨树达：《积微翁回忆录·积微居诗文钞》，上海古籍出版社2006年版，第69页。

② 杨树达：《积微翁回忆录·积微居诗文钞》，上海古籍出版社2006年版，第75页。

在，须发如银较百分。”（丁巳立春后五日）鹤卿去世后，赵又为之作《蟹山老人传》，末署“庚午四月同里赵启霖撰”。先生虽然没有直接从学赵启霖的经历，但颇受这位同里前辈的赏识，有缘多次向其问学，对其执弟子礼。桑兵在《民国学界的老辈》一文中说“方壮猷为赵启霖弟子”[①]，其根据可能就是杨树达《积微翁回忆录》中“欣安，先生弟子也”之记述。

八月，任国立中央大学历史系讲师，专讲宋元史。介绍人是原湖南一师教师辛树帜和原清华研究院导师陈寅恪。当时中央大学的校长是罗家伦，过去曾任清华大学校长。

去南京教书的一个重要目的是办理出国留学的手续，向教育部领出国留学证书，向外交部领出国护照。

辛树帜（1894—1977，湖南临澧县人）是原湖南一师的生物、生理学教师，后留学德国，回国后任国立编译馆馆长。他虽专攻生物，但也爱好中国古代史地，著有《禹贡新证》《古代农书研究》等多种，见面时常讨论古代史地问题。他对先生的留法计划很支持，承担自费留学的保证人，还曾借款作为旅费。

中央大学历史系主任是朱希祖教授，同事有谢国桢、缪凤林、顾谷宜、徐子明、姚公书、郑鹤声、黄季刚、汪旭初、胡小石等人。

一九三四年（民国二十三年甲戌），三十三岁。

四月，去上海。

五月，赴法国巴黎，入巴黎大学法兰西学院和民族学院，从伯希和、马乐伯、葛兰言教授研究东方民族史。

伯希和（P. Pellioi，1878—1945），字中立，法国汉学家，西方研究“中国学”“东方学”的权威学者。他精通汉语和英语、德语、俄语、波斯语、阿拉伯语、土耳其语、藏语、蒙语、吐火罗语等十多种语言文字，曾从巴黎出发，经过俄国和中亚，到中国的新疆和敦煌石

① 桑兵：《民国学界的老辈》，《历史研究》2005 年第 5 期。

窟等地探险，廉价买走了大批珍贵的敦煌文物，今藏法国国家图书馆和博物馆。他作为法国驻中国公使馆的外交官，在北京工作过十多年，与北京学术界人士有很多接触，清华教师中就有不少与他相识的。伯希和的著作有《摩尼教流行中国考》《元朝秘史》《蒙古与教廷》《吐火罗语考》《西藏古代史》《中国印刷术之起源》《马可波罗游记诠释》《卡尔梅克史评注》《中古时代中亚及远东之基督教》等数十种，他主编的法文《通报》，是研究东方民族史的权威杂志。外国人到巴黎研究东方民族史，没有不向他求教的。

介绍先生与伯希和相识的是陈寅恪和冯承钧二位。陈寅恪是清华研究院的导师，在北京与伯希和有较多交往。冯承钧（1887—1946）是留法学生，与伯希和是老同学、老朋友。先生在北京时曾跟他学习法文，他的长子又是先生所任教的辅仁大学历史系的学生。赴法前冯曾专门写信给伯希和，帮助先生与之建立了联系。

先生刚去法国时，法语水平还不高，因伯希和精通汉语文，所以交流也较便利。伯希和当时还兼任巴黎大学中国学院（西方学生学习中国语文历史的多在此院）教授，通过他的介绍，先生在该院兼做一些查考中国书籍、整理中文资料的工作，取得部分报酬，以弥补学费。

桑兵在《伯希和与近代中国学术界》一文中说，伯希和主讲于巴黎大学中国学院，“极为欧美汉学家之所瞩目”。当时欧洲研究中国文化者虽日益增多，但像中国学院这样大规模的研究和传播机关，尚属罕见。中国学生来院听课者，大都是在巴黎大学预备论文。“先后得到伯希和亲炙的中国学人有方壮猷、王静如、郭麟阁、韩儒林等。”①

留学法国时的同学有王重民（曾任北京大学教授）、陆侃如、冯沅君（曾任山东大学教授）、徐寿轩（曾任吉林省副省长）、刘叔鹤（曾任湖北大学教授）等。

---

① 桑兵：《伯希和与近代中国学术界》，载桑兵《国学与汉学——近代中外学界交往录》，浙江人民出版社 1999 年版，第 120 页。

《东胡民族考》一书于是年九月由商务印书馆出版，前面有傅运森写的序。

一九三五年（民国二十四年乙亥），三十四岁。

留学法国巴黎大学。

六月，游英国首都伦敦。

七月，游比利时首都布鲁塞尔。

八月，游德国首都柏林以及埃森、科隆、波恩、科布伦次、威尔巴登、美因兹、法兰克福等莱茵河流域诸名城。

此时法共正在和法国社会党搞统一战线，叫做“人民阵线”。中共巴黎支部负责人晋寿峰也和留法的反蒋各派搞统一战线，反对蒋介石的卖国投降政策，和拥蒋的复兴社派留学生陈介生、左铎等人展开了尖锐的斗争。统一战线的基地是留法学生组织的中国书报社。是年在中国书报社的基础上，成立留法中国学生会。在学生会进行选举时，两派斗争激烈，甚至互相开枪射击（法国法律规定：身上有六百法郎的就可以带枪），被警察干涉解散。中共领导的反蒋统一战线在留法中国学生会中占主导地位，骨干除共产党员晋寿峰等人外，还有民盟的徐寿轩，国民党左派的王海镜，胡汉民派的陈傑、袁冠新，李石曾派的肖瑜、彭襄等人。反蒋统一战线还编辑出版一种名叫《大道之行》的油印刊物，由徐寿轩等主编。先生在留学法国期间，经常到中国书报社去阅读新出版的中国书报杂志，曾参加中国学生会的选举和其他反蒋会议，并被邀请参加《大道之行》周刊的编审工作。周刊只出版过三期或四期就停刊了。

在巴黎与肖瑜（子昇）、肖化（子风）兄弟往来较为密切，以有中表之亲故也。

是年，父方华崧因购田时负债，多年未偿清，少子季平在湖南省立农科专门学校上学，负担也很重，于是出卖石黄台田宅。同年，叔父方华桓分家出去。分家后，方华崧一家迁居刘家老屋，租住地主方辉南的房子。

一九三六年（民国二十五年丙子），三十五岁。

四月，游瑞士日内瓦，意大利罗马、那不勒斯、庞培、佛罗伦萨、威尼斯，南斯拉夫贝尔格莱德，匈牙利布达佩斯，奥地利维也纳，德国明兴、柏林等城市。

五月，取道苏联莫斯科、西伯利亚回国。

六月，到我国东北满洲里，经哈尔滨、长春、沈阳到达北京，住在清华同学会。

七月，赴浙江新昌接妻儿。

八月，先生到武昌，任国立武汉大学历史系教授。回国后，先生本拟在北京找工作，因当时武大教务长皮宗石委托北大教授皮名举代聘教师，皮名举是先生在清华的同学，他推荐先生去武大，先生就同意了。先生到武大工作，还得力于老同学吴其昌的推荐。吴其昌之女吴令华在《勾践剑与方壮猷》一文中说："一天，父亲和母亲说起在北平时与宾四（钱穆）、欣安等同游长城的趣事，两人大笑。父亲顺便提道：'欣安从法国回来了，景况还不好，我对某某（指当时担任武大历史系主任的李剑农教授）说了，请他来武大教书。'又过了些日子，方携全家来访。"①

当年入学的武大历史系学生、毕业后长期留校任教的马同勋教授在《怀念恩师欣安方壮猷教授》一文中说："聆听先生第一堂课，至今记忆犹新。"他具体忆述当时的情形："1936 年 9 月的一个下午，先生给我们班讲授宋辽金元史。简短自我介绍后，就开始讲授宋史。先生说：学习宋史不像学习秦汉史、唐史那样令人扬眉吐气，激发民族自豪感，却往往使人惊问：为什么宋王朝长期受异族欺凌侵略，积弱积贫导致亡国？这里先从两个问题加以论述：一是过于重文轻武，二是坚持建都开封。……先生讲课年代清楚，史实环环相扣，将唐末五代十国以及宋初纷乱如麻的历史表述得一目了然。严谨之中又不失

① 吴令华：《勾践剑与方壮猷》，《文汇报》2006 年 10 月 15 日。

风趣。连续110分钟讲演将我们带进波涛汹涌的历史长河，使我们沐浴着温馨的春风，时隔70余年，依然回味无穷。”①

武汉大学历史系薛国中教授在《怀念方壮猷老师》一文中说：“一九三六年先生来武大任教时，正值日本帝国主义侵占了我东北领土。这年先生讲授《辽金元史》，详细介绍了建立辽金元王朝的契丹族、女真族和蒙古族发源于中国东北地区和蒙古地区的史实，论证满蒙地区自古就是中国的领土，日本帝国主义占领东北是不可容忍的侵略，用以教育和激发青年学生的爱国热情，奋起抗日，收复失地。”②

是年，武汉大学排印先生的《元史讲义》216页（注明“国43二十五年印”）。

先生留学法国期间生活十分艰苦。中国留学生有三种情况：资本家子弟一个月花上千元，一般子弟花三百元，穷学生花一百元。先生是典型的穷学生，只能省吃俭用。午餐去犹太人的饭馆，3法郎一顿。一般工人和学生是5法郎一顿。晚餐花2法郎买个面包，不吃菜。住宿情况是：一等的住旅馆，二等的住公寓，三等的住旧楼房的“天堂”（无电梯）、“地狱”（地印子间、无阳光），一个月房租40法郎。在那里呆的时间短的留学生是不可能考文凭、拿学位的，因为中国学生法文写作不熟练，写论文须花钱请人修改文句，加上印刷、给教授送礼等都要花钱，所以先生留学法国没有拿博士学位。留法三年共计费用约五千元，来回旅费二千元，在法期间生活费月均百元左右。经费来源：一是北京教书积蓄；二是《东胡民族考》一书的稿酬；三是师友借贷，其中徐中舒借助一千元，辛树帜借助七百元，王

① 马同勋：《怀念恩师欣安方壮猷教授》，《武大校友通讯》2010年第1辑，武汉大学出版社2010年版，第51—53页。

② 在1987年3月30日“方壮猷同志纪念会”上的发言，载《湖北省档案馆馆藏档案》（SZ120全宗，6目录，216案卷）。

重民借助回国旅费数百元。

徐中舒（1898—1991，安徽怀宁人），先生在清华研究院的同学。出身贫寒，父亲是木匠，早亡；母亲抚孤守寡，靠针织为生。徐青少年时代极苦，亦半工半读起家，因出身处境相似，从同学时起关系就十分密切，患难相济，友谊至深。

一九三七年（民国二十六年丁丑），三十六岁。

任武汉大学历史系教授。

吴令华在《勾践剑与方壮猷》一文中记载了这年暑假期间其父吴其昌和方壮猷与知识界一些人士的交往情况。她说："记得 1937 年夏，父亲大病初愈，老同学戴家祥出川，特意到珞珈山探望，方壮猷设宴，父亲作陪。过了一个月，日寇入侵，平津陷落，一大批文化人逃出北平南下，叔叔吴世昌夫妇也来到我家。一天，沈从文、杨刚、萧乾同来我家访父亲和叔叔。父亲专门从汉口订了'北平烤鸭'，也请方壮猷作陪。"[①] 戴家祥在《怀念英年早谢的吴其昌同学》一文中也提到：一九三七年暑假，时任四川大学中文系副教授的他"道出武昌，特地到珞珈山访问子馨，他正患肋膜炎卧床，闻讯，强病迎见。越三日，方壮猷（欣庵）兄设宴招待，邀他作陪"[②]。

七月七日卢沟桥事变，日军发动侵华战争。

七月，赴南京，办理武汉大学、中央大学、浙江大学三校联合招生事宜，评阅考生试卷和录取新生。

八月十二日，离开南京。

八月十三日，日军进攻上海。

九月，武大历史系学生傅盛勋赴延安，行前先生曾予以鼓励。"八一三"上海战争爆发后，蒋介石仍坚持消极抗日、积极反共的

① 吴令华：《勾践剑与方壮猷》，《文汇报》2006 年 10 月 15 日。

② 戴家祥：《怀念英年早谢的吴其昌同学》，载夏晓虹、吴令华编《清华同学与学术薪传》，生活·读书·新知三联书店 2009 年版，第 32 页。

方针，武大学生刘西尧、刘天明、刘真、潘琪、陶扬、罗明、何伟等纷纷离开学校参加革命，傅盛勋也是其中的一个。傅新中国成立之初任昆明市文教局长，赴京开会路过武汉，曾专门来先生家拜访致意。

十二月，送眷属自武昌回湖南湘潭原籍。到长沙，住南门外天鹅塘；到湘潭，住城内板石巷；回乡下老家，住刘家老屋。

是年，武汉大学排印《金史讲义》98 页（注明“武 1 二十六年印”）。

一九三八年（民国二十七年戊寅），三十七岁。

任武汉大学历史系教授。

一月，住湘潭老家。

二月，自湖南至武昌。

二月二十六日，武汉大学第 323 次校务会议议决：成立迁校委员会，推定杨端六、邵逸周、方壮猷、刘迺诚、曾昭安、郭霖、叶雅各为委员，杨端六为委员长。①

三月，由武昌至四川成都。入蜀前，曾将藏书四十箱寄存于汉口平和洋行，后来在战乱中全部丢失。

三月二十三日，迁校委员会杨端六、刘迺诚、曾昭安、方壮猷在重庆召开第一次迁校会议，决定师生的住宿安排，人员的分工等。

四月，由成都至嘉定乐山。迁校委员会在乐山连续召开十四次迁校工作会议，议决迁校委员的分工，安排各项具体工作。先生与曾昭安分工负责购置器具等事宜。②

六月，武大成立“抗战史料编辑委员会”，郭斌佳教授为主任委

---

① 徐正榜：《武汉大学西迁乐山大事记》，载骆郁廷主编《乐山的回响：武汉大学西迁乐山七十周年纪念文集》，武汉大学出版社 2008 年版，第 465 页。

② 徐正榜：《武汉大学西迁乐山大事记》，载骆郁廷主编《乐山的回响：武汉大学西迁乐山七十周年纪念文集》，武汉大学出版社 2008 年版，第 466—468 页。

员，李剑农、方壮猷、吴其昌、陈祖源、刘秉麟、陈源、周鲠生、杨端六、伍启元、刘迺诚等教授为委员。

六月二十八日，三男克立生于湖南省湘潭县十四都思古堂。妻儿回乡后，人口增加，刘家老屋住不下，思古堂是借住原武大教师赵家寰在湘潭老家的房子。赵家寰为湘中耆儒赵启霖之子，思古堂即赵启霖的故居，此时他已辞世三年了。

七月，游峨眉山。

九月十五日，武大迁校委员会乐山鼓楼街49号召开第二十九次（最后一次）迁校会议，报告迁校委员会的收支概况，决定结束迁校委员会的工作，将议事录、支票、图章及收支报告等呈交给校长。

十二月二十七日，先生被聘为历史系代理系主任。武大迁川时，原历史系主任李剑农教授因受“少不入广，老不入蜀”的习俗影响，回故乡改就湖南师范学院教职。他临走时推荐先生代理系主任一职。

一九三九年（民国二十八年己卯），三十八岁。

任武汉大学教授、历史系代主任。

七月，参加中英庚款董事会组织的川康科学考察团，任社会历史考古组副组长。由四川乐山出发，到川西和西康省的雅安、芦山、天全、荥经、汉源、泸定、康定等县进行调查研究，历时半年以上。

考察团团长兼工业组组长是邵逸周教授，留英学生，武大工学院院长。副团长兼地质地理组组长黄国璋，西北大学地理系主任。农业组组长叶雅各，武大农学院院长。经济组组长伍启元，武大经济系主任。社会历史考古组组长冯汉骥，四川大学历史系教授兼四川省博物馆馆长。冯分管历史考古，先生分管少数民族社会调查。社会历史考古组成员还有梁瓯弟，广东中山大学研究生；谭英华，武汉大学研究生；以及张显丰等武大毕业生五人。少数民族调查工作分两组进行：一组主要调查四川省乐山专区和西康省西昌专区以大小凉山为中心的彝族奴隶社会制度；另一组主要调查西康省雅安专区、康定专区的藏族封建社会制度。

八月十九日，日机疯狂轰炸乐山，3500 多栋房屋被焚毁，死亡 4000 余人。散居在乐山城内的武大师生，也有 15 人惨死在日寇炸弹之下，8 人被炸成重伤，10 余人轻伤。

九月，组织部分历史系学生开始共同编纂《宋史类编》一书。

马同勋教授在《怀念恩师欣安方壮猷教授》一文中说："1939 年 9 月，四川乐山遭受日寇大轰炸后，先生召集史学系学生孙秉莹、解毓才、邓人撰、马同勋四人座谈研究整理《宋史》一事。先生认为，《宋史》是一部内容多达 496 卷的纪传体巨著，由于元朝脱脱主持修史时间只有 3 年（1343—1345），因而在资料剪裁、史实考订等方面讹舛之处颇多，如志、表、传之间互相矛盾、一人两传、有目无文等；但《宋史》也保存了不少已散失的原始资料，具有一定的史料价值，值得后来的史学工作者去整理校勘以还原历史的真相。因此，先生希望我们几个人在课余时间共同参加《宋史》的整理工作，出版一部《宋史类编》。先生当时拿出自己珍藏的一部线装本《宋史》分给我们四人剪裁（线装书系单面印刷，可以剪裁）。在先生指导下，经过讨论，初步按照政治、军事、官制、兵制、法制、科举、赋税、农业、手工业、矿冶、商贾、经学、文学、史学、艺术、对外关系、农民起义等大类进行剪裁。然后将各类资料分章节进行认真梳理，著文成篇，最后由先生审核定稿。"①

孙秉莹教授在《深切的悼念——纪念恩师方壮猷先生》一文中说："抗日战争爆发后，武汉大学迁至四川乐山。这时方先生教我们班上的'宋辽金元史'，并担任系主任工作。方先生教课最大的特点是：除课堂讲授之外，还要我们跟他一起搞科学研究工作，使我们学到了许多在课堂上学不到的东西。方先生指导我们学习是非常认真的，为了让我们学习好这门课，他买了一套《宋史》，专门让我们剪

① 马同勋：《怀念恩师方壮猷教授》，《武大校友通讯》2010 年第 1 辑，武汉大学出版社 2010 年版，第 53 页。

贴。在他的指导下，不但大大增加了我们的专业知识，并使我们初步掌握了写文章的方法。”①

另据吴其昌先生的女儿吴令华回忆：“方壮猷在武大授课，有自己的特点，很受学生欢迎。有一位学生说：他讲《宋史》，准备了两套书，发给学生，让学生按不同专题整理剪贴，剪贴完了，一部《宋史资料分类长编》的雏形也出来了。学生们则学到了一种治学方法，受益匪浅。”②

十一月二十二日，王星拱校长正式聘任先生为历史学系主任。

是年，武汉大学排印先生的《元史讲义附录》61 页（注明“乐47 二十八年印”）。

一九四〇年（民国二十九年庚辰），三十九岁。

任武汉大学教授、历史系主任。

一月二十日，随川康科学考察团返校。

三月，《史学季刊》第一卷第一期由史学季刊社出版，齐鲁大学国学研究所顾颉刚作“发刊词”，74 位发起人名单中有先生的名字。该期“国内外史学消息”栏报导：“国立武汉大学史学系主任李剑农先生，自武大迁川后，即返湘家居，努力著述，期于最近完成其伟著《中国经济史》。主任一职现由方欣庵教授担任。”

三月四日上午，日军抢劫汉栈，武大存栈物资被劫。

五月，先生之妹夫唐远景护送先生之妻张芹芬女士和子克强、克定由湖南湘潭原籍到达四川乐山。因长江沿线日机轰炸，旅途极为艰难，先生之幼子克立仍留湘，由其祖父母抚养。

七月，提议将是年毕业的历史系学生孙秉莹、解毓才、邓人撰三人留校任研究助理（类似研究生），为期二年，继续完成《宋史类

---

① 致“方壮猷同志纪念会”文，载湖北省档案馆馆藏档案（SZ120 全宗，6 目录，216 案卷）。

② 吴令华：《勾践剑与方壮猷》，《文汇报》2006 年 10 月 15 日。

编》的编纂工作。

八月，吴其昌主编的《中华民族复兴论》由黄埔出版社出版。其中收入了先生写的《从历史上观察中华民族复兴问题》一文（第23—33页）。

十二月，《中国第一次奴隶解放运动》一文发表于《责善》半月刊第一卷第十八期。同月，《四川的崖墓》发表于《春秋》第一卷第七期。

一九四一年（民国三十年辛巳），四十岁。

任武汉大学历史系教授。

三月十四日，《所谓蛮洞》发表于《星期评论》第十五期。

四月十八日，《中国社会基础的特质》发表于《星期评论》第二十期。

六月，《星期评论》第二十八期发表先生的《中国的崖葬制》一文，并附《方欣安来函》。

十月，《谈葬制》发表于《说文月刊》第三卷第四期。

周大鸣在《中国民族考古学的形成与考古学的本土化》一文中说："早期民族考古学活动主要表现在几个专题上，试举几例。一是西南地区发现的悬棺葬（或称'岩葬'）的研究。20世纪20～40年代，在我国西南地区发现一种与中原不同的葬俗——悬棺葬。对于这种时代延续长而发现于中原以外的考古学遗物，研究者确认这是古代某民族的葬俗。但究竟是哪个民族的葬俗呢？于是一些学者从古代文献中寻找有关民族活动的记载，调查这种葬俗分布区域的现代民族的风俗（主要是葬俗）与悬棺葬的联系，用以证实其族属。葛维汉、郑德昆等认为是白人，向达认为是苗族的葬制，而方欣安认为最早起于埃及和波斯，后传入中国西南。"该文还说："这种以'考古证民族史'的方法多为后来历史考据学家仿效，讨论的问题主要集中在古代民族的形成来源上。……其代表人物有孟世杰、方壮猷、胡厚宣、徐炳旭、卫聚贤、蒙文通、杨向奎、罗香林等等。”①

是年，武大历史系主任一职由吴其昌教授接任。

一九四二年（民国三十一年壬午），四十一岁。

任武汉大学历史系教授。

八月，兼任武汉大学文科研究所指导教授。

十月六日，小女克明生于四川乐山文林庙街高望楼。

十二月一日，《宋史类编及宋史校注》发表于《斯文》第二卷第二十三、二十四期。这个时期，先生重点研究宋史，以元修《宋史》之芜陋，拟修新宋史。他在该文中谈到自己已做的工作和将来的计划，说：“余自民国十五年即以宋辽金元四史讲授于南北各大学，迄今十有余载。日将四史分类剪贴，混合为编，已成初稿数十巨册。此后并拟扩大范围，更将《宋会要稿》、《续通鉴长编》、《系年要录》、《朝野杂记》、《文献通考》宋代之部、子攸《皇朝实录》、彭百川《太平治迹统类》、徐梦莘《三朝北盟会编》、黄全二氏《宋元学案》、陆心源《宋史翼》等重要史籍，依前所为分类，剪贴编排，合为长编，以为新史之主要资料。其次，当蒐集宋人杂记约二百种，文集约四百种，凡与上述史料有关者，分类采择，以为新史之辅助资料。长编既成，然后仿顾栋高《春秋大事表》之体例而变通之，将其中重要史料统筹分配，尽撰为表，其数可至数百，以为新史之经。次当仿纪事本末之体例而损益之，于各表之后，悉附以详细考证，或说明（或曰志，或曰考），以为新史之纬。……新史既成之后，旧史原列为历代正史之一，仍不能废，则当利用新史所得之资料，为旧史撰一详细注释，以便学界。是又此项工作计划中之副产物。”这一庞大计划，势非一人之力所能为功，文章最后向“政府当轴、社会贤达、学术机关、文社团体”发出呼吁，希望获得广泛赞助。在国民党政府统治

① 周大鸣：《中国民族考古学的形成与考古学的本土化》，《东南文化》2001年第3期。

下，纵有良好愿望，而“赞助”事实上是得不到的，这一计划终于未能实现。

《中国古代商业的起源及抑商政策的影响》发表于《黄埔季刊》第三卷第三、四期，第四卷第一期。

是年，刘家老屋倒塌了几间，所幸人未伤亡。父方华崧购入环山乡寺冲（又叫干冲子）下中农方福祥的几间小屋，并水田十亩。

一九四三年（民国三十二年癸未），四十二岁。

任武汉大学历史系教授。

一月四日，武汉大学成立政治学部，校内委员有刘迺诚、鲍杨廷、方壮猷、吴其昌；校外委员有萧公权、樊德芬。

一月，重庆《读书通讯》第三卷第五十八期发表宗牧写的报导《方壮猷氏倡议重修宋史》。文中说：“《宋史》为二十四史中卷帙最多之一种，然其书实仓卒修成，既极芜杂，且多疏漏。明清两代均曾有人从事改作，其刊布者仅何维骐《宋史新编》二百卷，顾亦极不餍学者之望。年来邓广铭氏曾取两宋各家类书、史乘、文集、笔记等，将宋史各志详校一过，扶原正误，颇费钩稽之力，其《职官志考正》闻即将刊载于历史语言研究所集刊中。近武汉大学教授方壮猷氏亦感于《宋史》纂修之不善，倡议重修，其计划为：取《宋会要稿》、《续通鉴长编》迄于《宋史翼》等书，分类剪贴，重行比次，先合为长编；次仿《春秋大事表》例，将重要史料尽谱为表，以为新史之经；次仿纪事本末之体，于各表后附以详细考证或说明，或曰志，或曰考，以为新史之纬。废去纪传旧体，务求别开生面。现正向各方学人征取意见，广求赞助，以期能群策群力共襄厥成云。”

马同勋教授在《怀念恩师欣安方壮猷教授》一文中说：“师从先生16年，我深深体会先生爱生如子、恨铁不成钢的慈祥胸怀。……1943年8月，教育部规定各大学增开文法学院‘中国通史’课，先生和吴其昌恩师推荐我担任教学。当时，我刚毕业一年，同一时间讲授该课的又是名师梁园东、唐长孺教授，我自愧学疏识浅，不敢从命。后在先生和吴师鼓励指导下我勉强讲授，且效果较好，大受学生欢迎，大大增强了我从事教学的信心。”[①]

十月，《中国史学概要》一书写成，由复旦大学（校址在四川北碚）教师邓广铭（字恭三）介绍给中国文化服务社出版。此书原为在武大讲授中国史学史的讲录，部分已油印，后因学校经济困难，油印中断，乃送出版社付梓。

先生在武大除开设史学概论、中国史学史、宋辽金元史等课程外，还主讲中国社会史一课，自己编有讲义，出过油印本，也出过铅印本。

十一月，《宋史类编和宋史校注》一文再次发表于《说文月刊》第三卷第十一期。

先生在宋辽金元史方面所做的教学与研究工作，国内史学界多有了解，如王川在《现代著名藏书家李思纯与陈寅恪交往述论》一文中说：“抗战期间，浙江大学文学院史地系教授陈乐素多次对程光裕等人介绍本系教授‘姚从吾、牟润孙、李哲生、方壮猷等先生有关宋辽金元史方面之研究成果’。”[②] 陈乐素是先生在北师大读书时的老师陈垣之子，与之亦有所交往。

一九四四年（民国三十三年甲申），四十三岁。

任武汉大学历史系教授。

二月二十三日，武大历史系主任吴其昌教授因病逝世。吴是先生在清华国学研究院的同班同学，后来又是武大同事，交谊甚笃，不幸早亡，先生甚为悲戚。

三月五日，所撰《吴其昌教授事略》发表于重庆《大公报》，

① 马同勋：《怀念恩师欣安方壮猷教授》，《武大校友通讯》2010 年第 1 辑，武汉大学出版社 2010 年版，第 54 页。

② 王川：《现代著名藏书家李思纯与陈寅恪交往述论》，《西藏大学学报》（社会科学版）2010 年第 1 期。

文曰：

吴子馨先生文名播海内，交游遍朝野，一旦病逝，同深惋惜，多愿恤其遗孤，且欲知厥病原。函电纷询，势难遍复。余经营其丧葬事毕，因复撰次其事略于左，藉当总答。惟以时间仓卒，材料未备，阙所不知，留待君弟子臧之增订焉。

君姓吴，讳其昌，字子馨，浙江海宁人。清光绪三十年甲辰四月二十六日生于邑西北之硖石镇。自幼颖敏异常儿，五岁知书，十岁能文，乡里称为神童。天性至孝，民国四年乙卯，丁母忧，君年十二，而哀毁逾成人。家愈贫而学愈力，或夜以继日，或坐以待旦，以是成就极早，而体质亦弱。八年己卯，君年十六，复失怙。不能续读，乃应聘赴广西某中学任国文教席。诸生年或长于其师，而莫不服其博辩，爱敬逾恒。自奉俭薄，积束修所得，复于十一年壬戌入无锡国学馆，从唐茹经先生游，学益猛进，成绩常冠伦辈。十三年甲子完婚，得内助贤能，家务有所付托，遂于次年复入国立清华大学研究院，从海宁王观堂先生治甲骨金文及古史，复从新会梁饮冰先生治文化学术史，备受二先生之奖掖。十七年戊辰，遂由梁先生之介，任天津私立南开大学文史教席。十九年庚午转任清华大学史学讲师，旋迎家属至燕，并送其弟世昌君入燕京大学，妻诸湘女士入美术专校。明年九月，沈阳事变爆发，东北数省相继不守。君“苦懑烦悲，不可忍堪”（引《金文世族谱自叙》中语），乃率家属绝食赴京谒当局，请求明令讨伐。虽经当局多方安慰而后复食，然自是国势日危，君之忧思亦日深。二十一年壬申，始任国立武汉大学教授，益肆力于甲骨金文之学，著有《殷虚解诂》十卷、《金文历朔疏证》五卷，《金文年表》三卷，《金文氏族疏证》六卷，《金文世族谱》四卷，《金文名象疏证》四卷，拟撰而未成者有《金文方国疏证》、《金文职官疏证》、《金文礼制疏证》、《金文习语疏证》等若干种。其所著述，尝“自比于屈子《哀郢》，韩非《孤愤》之笺注”云云（《金文世族谱自叙》中语），可概见其志矣。体益弱而学益勤，忧益殷，积劳积忧，久而成疾。二十六年丁丑，肋膜炎发，虽经武昌同仁医院治愈，而医嘱必须长期休养。旋国难骤起，君则兴奋异常，讲演撰文，口诛笔伐，不遗余力。次年武汉大学西迁，君随校徙居蜀西之乐山，渐患呕血之症。常于吐血之后，发炎之际，工作不辍，偶或晕倒，而稍息即强起工作如常。家属友好有劝其节劳静养者，辄以“国难严重，前方将士，效命疆场，后方教授，当尽瘁于讲坛”为辞。盖君实一热血沸腾，而不及自计之爱国志士也。三十二年癸未春，犹力疾赴陪都出席史学会成立大会，并参加青年团代表大会，病由是日剧，因以不起。三十三年甲申二月二十三日卒于乐山寓庐，年仅四十有一耳。三月五日，暂厝于乐山德胜门外武汉大学公墓。遗妻一女一，身后萧条，状极凄惨。

以君天资之敏，好学之笃，倘得享高龄，则其对于学术之贡献，将复何限？奈天夺其年，致君赍志以殁，岂非学术界之一大损失哉！嗟乎，使国难不作，则君或不病。使君病而常得静养，则或可不死。顾自入蜀以来，物价指数率增至三五百倍而有加无已，大学教授薪津所得，远不逮贩夫走卒之差足供温饱。学课之余，卖文售艺，力竭声嘶，犹不足糊口腹，赡妻子，更何暇乎节劳养疾之足云哉！更何暇乎节劳养疾之足云哉！

夫建国抗战，需才孔亟。政府培植后进，计画周详，而独于既成之才，弃之若敝屣，悉任其贫病潦倒，点缀国殇。前乎君者，既繁有徒（武汉大学教授先君而卒者为郭泽五、王进展、黄方刚三君，其余讲师助教死者尤多）。踵乎君者，恐更将接十连百而未已也！是岂国家前途之幸哉！是岂国家前途之幸哉！

内迁四川乐山的几年，武大师生学习、工作、生活条件都十分艰苦，先生亦然。当时是租借私人的房屋居住，设施简陋，家里只有一张床，其他人都睡在地板上。由于国难当头，物价飞涨，法币年年跌，早晨领了工资马上去换银元，不然头天可以买四石米，到第二天就只能买三石了。俸薪又不能按期足额发放，所以多数人都营养不良，面黄肌瘦，次子克定患肺炎亦无法医治。

是年夏初，将《宋史类编》稿本十余册送交重庆正中书局出版。抗战胜利后，此书稿竟下落不明。马同勋教授回忆此事时说："1944 年夏初（记得在吴其昌先生仙逝后不久），先生通过清华国学研究院老同学卫聚贤先生的介绍，将《宋史类编》送交重庆正中书局出版。此书从策划至成书历时 5 年。1945 年抗战胜利，出版情况就无从考查了。此书在乐山时期极端艰苦的情况下，先生组织部分门生边学习边实践，出版《宋史类编》巨著，彰显出学用结合的道理，令人怀念不已。"①

五月，《南宋编年史家二李（李焘、李心传）年谱》发表于《说文月刊》第四卷合刊本。

六月六日，为武大教授陈源的女儿陈小滢题词："会当临绝顶，一览众山小。——小莹（滢）天资颖敏，前程远大，书此勉之。心安，一九四四年六月六日。"在陈小滢纪念册上的另一题词为："居天下之广居，立天下之正位，行天下之大道。方心安。"② 表现了对青年的勉励与厚望。

七月，参加边区建设研究会组织的雷波、马边、屏山、峨边、沐川、犍为、峨眉、乐山八县彝族调查工作，任研究会副主任。研究会主任是乐山警备司令韩文源，以八县参议会议长为当然委员，利用他

---

① 马同勋：《怀念恩师欣安方壮猷教授》，《武大校友通讯》2010 年第 1 辑，武汉大学出版社 2010 年版。

② 陈小滢讲述，高艳华记录编选：《散落的珍珠——小滢的纪念册》，天津百花文艺出版社 2008 年版，第 135 页。

们和彝族头人的交往，给调查工作创造一些便利条件。调查方式主要是通过各县参议会专办彝务的秘书，介绍进城的彝族头人谈话，了解情况，结合抄录县政府和县参议会所保存的有关档案材料，然后整理成调查报告。

韩文源，贵州安顺人。经武大校长王星拱介绍与先生相识，聘先生为他的历史教师。他同时聘请武大外文系主任方重为英文教师，中文系徐震为太极拳教师。韩自称母亲有苗族血统，故对少数民族问题有兴趣，发起组织边区建设研究会。当时先生同意参加该会的目的是想进一步研究彝族的奴隶社会制度，为撰写中国社会史（特别是古代奴隶社会史）搜集第一手资料。

这次调查研究工作时间约半年。

九月，《辽金元科举年表》发表于《武汉大学文哲学报》第七卷第三期。

是年，《中国中古时期之门阀》发表于《中山文化季刊》第一卷第四期。

王亚南在《中国官僚政治研究》第七篇《官僚贵族化与门阀》中说："大约从汉末历魏晋南北朝以至唐之初叶，中国典型的专制官僚统治，发生了种种变态，照应着当时封建局面的离心化，官僚贵族化的色彩愈变愈加浓厚了。古代初期封建制度下的世卿世禄在名义上虽不曾恢复过来，而其代替物的门阀，却正好是这个时期的产物。门阀究竟在如何表演着贵族的场面呢？方壮猷先生曾对此有一段颇概括而精辟的说明：'在这个时代的门阀的力量，无论在经济上社会上政治上都充分的表现他们的优势。就经济方面观之，他们不但领有广大的土地，而且庇荫着多数的部曲、随身、典计，佃客、衣食客之类，替他们从事生产劳动，对国家不纳税，亦不当差。就社会方面言，他们从官位名地上造出血统优越的传说，自高自夸，与一般平民隔绝，不肯与庶姓通婚，亦不肯与寒族交际应酬。就政治方面言，他们凭藉祖先的余荫，不但垄断官吏选举之权，凡州郡掌管选举诠叙的官吏，如中正、主簿、功曹之类，都非由他们中择人任用不可，而且由中央到地方的高级官亦由他们包揽独占，使一般平民不易在参加的机会。’（《中国中古时期之门阀》，《中山文化季刊》，第一卷第四期）”① 该书在第九篇《支持官僚政治高度发展的第二大杠杆——科举制》中也引证了先生这篇文章的观点和资料。

一九四五年（民国三十四年乙酉），四十四岁。

任武汉大学历史系教授。

五月，应老同学、东北大学文学院长陆侃如教授之约，先生到四川三台东北大学兼课三个月，讲授宋辽金元史。

五月二十五日到成都，二十八日到绵阳，二十九日到三台。

在东北大学兼课期间，与赵纪彬、杨荣国等进步教授相往还，初步接触到唯物史观和社会发展史的观点，此后即力图贯彻到所讲授的中国社会史等课程中去。先生到东北大学兼课的原因之一，是由于在国民党统治区，通货膨胀，物价暴涨，法币贬值，大学教授的工资难以维持一家人的生活，故多有到校外去兼课挣钱养家糊口的情况。

杨向奎先生在《赵纪彬文集·序言》中有一段文字写道：“回忆在四川三台东北大学时真是‘万方多难’，但我们友朋之间的往还，使我们的生活丰富多彩，冯沅君、陆侃如两教授当时也在东大教书，他们的住处比较宽大，每星期六晚，董每戡教授，杨荣国教授，叶丁易教授，姚雪垠教授，王般若教授和纪彬教授夫妇还有我，就到陆、冯家中去吃茶谈天，往往至深夜……当时因物价上涨，生活苦，但这一晚的茶会，使我们乐而忘忧。”②

六月，《雷波屏山沐川等县土司家谱》一文发表于《边政公论》第四卷第四—六期。

八月，《蛮夷司文等九土司家谱》发表于《边政公论》第四卷第

---

① 王亚南：《中国官僚政治研究》，商务印书馆2010年版，第78—79页。

② 《赵纪彬文集》第一卷，河南人民出版社1985年版，杨向奎序第3页。

七、八期。

同月，马占山部军官刘泽来乐山，要求学习历史。先生曾和他携次子克定同游峨眉山，住大峨寺约半月。访道人钱柏心（前清举人，长于医学，民国初年入峨眉山修道，已三十余载）于卧云庵。

九月一日，武大成立“复校委员会”，推举杨端六、刘迺诚、葛扬焕、徐贤恭、曾昭安、赵师梅、方壮猷、张宝龄、缪恩钊、熊国藻、董永森为委员，并通过复校组织大纲。

十月，《凉山偬族系谱》发表于《边政公论》第四卷第九、十、十一、十二期合刊。第五卷第二期续完。

广西民族学院李绍明教授在《略论中国人类学的华西学派》一文中说：“抗战时期迁到四川乐山的武汉大学方壮猷在人类学方面亦有一些佳作。比如他曾赴川南小凉山彝区调查，著有《雷波屏山沐川等县土司家谱》、《蛮夷司文等九土司家谱》和《凉山偬族系谱》等，均引起了当时的关注。”①

一九四六年（民国三十五年丙戌），四十五岁。

任武汉大学历史系教授。

二月五日，离开四川乐山，随武汉大学复原。

二月六日，到内江。

二月七日，到重庆，住林森路招商局宿舍。

二月十九日，参加武大复校委员会第五次会议，讨论复校仪器、图书、人员行走路线。

三月二十一日，全家回到武汉。因武大校舍驻军未撤，暂住武昌东厂口原武昌高师旧址。

四月至七月，任武汉临时大学补习班历史教师兼训导处主任。班主任刘迺诚，教务主任曾昭安，总务主任毕长林。补习班招生四百六十余人，四月底开学，七月底结业，共三个月。地点在武昌东厂口原

---

① 李绍明：《略论中国人类学的华西学派》，《广西民族研究》2007 年第 3 期。

武昌高师旧址，由武汉大学组织人力代为管理。

五月，妻芹芬回湘，接小儿克立到武昌。先住武大教工宿舍新二区，后来搬到一区（十八栋）十二号。

是年，武大历史系主任一职由刚从美国留学归国的吴于廑教授接任。

一九四七年（民国三十六年丁亥），四十六岁。

任武汉大学历史系教授。

一月，回湘省亲。

四月，《中国史学概要》一书由中国文化服务社出版。邓广铭（1907—1998，字恭三）教授为该书写了序言，其中写道："中国史籍，浩如烟海，在昔学人已多有无从读起之叹，今者世事之纷纭错杂，学术内蕴之扩充离析，均什百倍于曩昔，对此繁赜之乙部图书，其几何而不使人愈益望之却步耶？况夫各史所载，重见叠出，利病互陈，即就正史而论，班马固多复沓，陈范岂无雷同？欲学人之周览，旷日废时犹多不能窥得其窍要，是则举撮各书之纲要，略论得失之所在，俾初学之人得即类求书，循作途辙，如方心安先生壮猷《中国史学概要》之作，固最足应时代之需求，予士子以便利者矣。"

又说："方先生精究宋辽金元诸代之史，夙著声名，十余年来，掌教于南北各大学，近岁则主国立武汉大学史席。为导史系学子以先路，于所专精部门之外，复旁及史学概论及中国史学史诸科，嗣复综汇二者著为讲稿，名曰《中国史学概要》，以史体为经，时次为纬，条析绳贯，区为章节，各章后又附载后人考校、注释、订补诸作。汇万殊于一编，驭繁碎于简要。另识心裁，既非专言目录者所可几及；参稽评骘，亦多《史通》等书之所未备。有志治史之士，手此一编，遵彼权衡而知所取舍，斯可因其指引而奠厥始基。若济巨川，此其津梁；若作远游，此其南针。日力可借兹而省，兴会可油然以生。行见莘莘学子群兴而致志乎史学之途，则吾国史学之前途有非往哲成就之所可限量者矣。然则方先生兹编之作，其为功顾不伟哉。”①

牛润珍在《20世纪中国史学史著作述评》中说：从中国史学史专著的编纂体例和内容来看，20世纪上半叶基本上有四种情况，其中第二种情况是：“从中国历史文献学的角度探讨史学的起源和发展，此以方壮猷《中国史学概要》为代表，全书七章，曰：中国史学之起源、纪传史上、纪传史下、编年史、纪事本末、制度文物史、方志与家谱。”②

五至九月，应兰州大学校长辛树帜和西北师范学院院长黎锦熙之聘，先生到二校任特约教授四个月，在兰大主讲宋辽金元史，在西北师院主讲中国社会史。

辛树帜是先生读湖南一师时的生物教师。抗战胜利后创办国立兰州大学，任校长。据兰州大学校史记载：“辛校长还缩短暑假、延长寒假，利用夏季兰州的凉爽气候，延请裴文中、方壮猷、郑集、朱炳海等一些外地著名学者，来校短期讲学。”③

黎锦熙（1890—1978）是先生读北师大时的国文教师，湖南湘潭县人。1937年随北京师范大学迁往西安，后来又辗转至汉中、兰州等地任教，此时任西北师范学院院长。1948年回到北京，任北京师范大学文学院院长兼国文系主任。

五月二日，先生到兰州。同行的有武大生物系教授石声汉（1907—1971，湖南湘潭人），他是去西北农学院任教。

六月一日，国民党军警枪杀武大学生三人，逮捕教师五人，此即著名的“六一惨案”。先生在兰州闻讯后，即与石声汉教授联名电函武汉大学学生会和教授会，分别吊唁死难烈士和慰问被捕教师。

先生七月八日赴青海，九日到西宁。十一日游塔尔寺，十三日游

---

① 方壮猷：《中国史学概要》，武汉大学出版社2011年版，邓广铭序。

② 牛润珍：《20世纪中国史学史著作述评》，《中国史研究动态》2001年第8期。

③ 张克非主编：《兰州大学校史》上编（1909—1976），兰州大学出版社2009年版，第131页。

大通。十五日返回兰州。

八月三日，应邀参加兴隆山旅行集会，游成吉思汗陵墓。兴隆山在兰州市之东，是著名风景区，抗战时期成吉思汗石棺从蒙古伊克昭盟迁到这里。

九月十六日，从兰州回到武昌。

吴小如在《五十一年前的一张名片——忆沈从文先生》一文中说：1947 年下半年，其弟吴同宾南下，沈从文让他带给在武汉的金克木教授一张名片，称："克木兄：有朋友吴同宾来汉，特介绍他来看看您。他本在清华读书，能写极好文章，两昆仲和我都极熟。还盼您当他个小弟弟看待。北方事从他口中可知道一些。您工作不知还顺手没有？雨生、雪林、登恪、壮猷、袁杨诸先生均望便中道意。北平已成一死城，大家守在这个孤立据点上，情形比武汉似不同些！"[①] 下面逐一介绍了名片上几位先生的情况："雨生"即吴宓，字雨僧，亦作"雨生"。"雪林"即苏雪林，久居台湾。"登恪"即陈登恪，是陈寅恪最小的弟弟，留法学生，当时在武大中文系任教。"壮猷"即方壮猷，当时是武大历史系教授。袁、杨两位是一对夫妇，杨是杨端六，时任武大法学院院长，经济系教授；袁是袁昌英，一位著名女作家，留法学生，当时任武大外文系教授。

一九四八年（民国三十七年戊子），四十七岁。

任武汉大学历史系教授。

一月，父方华崧出卖寺冲水田，购入环山乡鹧鸪冲茅屋湾住屋半栋（四间），附田土二十亩，由父与弟亲耕。弟季平（戡时）毕业于湖南省立农科专门学校，曾任省农业改进所技佐，后回家乡湘潭教书，任私立民兴中学生物教员，拟自办小型农场，试种棉花等经济作物，以改变家乡地少人多，专靠种稻为生，农民生活长期贫困的状

---

① 吴小如：《五十一年前的一张名片——忆沈从文先生》，载《文汇读书周刊》，收入《常谈一束：吴小如学术随笔自选集》，福建教育出版社 2000 年版，第 172—173 页。

况。购买田宅价银千余元，一半为出售原来田宅所得，一半是贴入兄弟二人的工薪收入，也有部分借贷（借赵家和、赵少卿、方晋丰等人的）。支持购买田宅的一个动机，是因为双亲均已年迈，多年来屡受迁居之苦，想给他们找个安定的环境度过晚年。

七月，长子克强考入武汉大学化学系。

八月，赴长沙，任湖南大学特约教授兼史学系主任，定期一年。

一九三九年，原武汉大学教务长皮宗石（字皓白，长沙人）调任湖南大学校长时，就发来聘书约请先生兼课，当时曾推荐清华同学杨筠如代之。是年，湖南大学教务长任凯南（字拱辰，湘阴县人）再次约请先生兼课，恰值武汉大学有休假一年的待遇，先生便应聘了。在湖南大学主讲中国社会史，内容和武大、西北师院相同，重新印有讲义。

湖南大学同事有李达、余志宏、肖傑五等人。

一九四九年（民国三十八年己丑），四十八岁。

任武汉大学历史系教授、湖南大学特约教授。

二月，由长沙回湘潭省亲。

四月十日，从湖南大学请假回到武昌，迎接解放。

中国共产党领导的人民解放战争节节胜利，知识分子中的政治分野十分明显。当时湖大教师中，有的劝先生把家属接回长沙或湘潭，也有的劝他回武汉迎接解放。当时先生和经济系教授、地下党员肖傑五最为接近，几乎每天晚饭后在一起散步，听从他的劝告，提前回汉迎接解放。

五月十六日，武汉解放。

六月中旬，武汉市军管会派工作组接管武汉大学。

九月，在武大历史系开“史部目录学”和“宋史”等课程。当时的一年级学生、武汉大学历史系薛国中教授说：“印象比较深的是史部目录学，为我对史学方面主要著作的了解打下了基础。他不但注重古代的，还介绍了不少现代的，讲了不少经典著作，如列宁、斯大林的著作。”[1] 他在《怀念方壮猷老师》一文中也说：“《史部目录学》这门课，是讲述中国历史书籍的名称、成书年代、编著者、史籍分类、体例和彼此承继和发展等等。先生不仅在课堂上对上述内容作了详细介绍，还带领学生到图书馆藏书楼进行实地考察，将各类史书进行比较，这种教学方法，使学生对中国历代史籍有切实而具体的认识，为今后在学习和研究中收集和运用史料，奠定了初步的基础。”[2] 比他早一年入学的李植枏教授说：“方先生讲宋史是在现在的数学系、当时的文学院。他在宋史方面很早就发表了很有份量的文章，在国内史学界是很有名望的宋史专家。从 49 年下半年到 50 年上半年，讲了一学期，他讲得很细，也很专，讲的问题有根有据，印象是他在宋史研究方面很有见地。”[3]

十一月，捐赠《汉州志》《嘉定府志》《崇祯存实钞》《夷门广牍》等书籍五百余册给武汉大学图书馆。

薛国中教授在《怀念方壮猷老师》一文中说：“先生从事教育和科学文化工作多年，生活简朴，却不惜以重金收集许多有价值的文物图书。一九四九年新中国成立后不久，在中国共产党的领导下，为办好人民的教育和科学研究，先生把自己珍藏的古籍书四百三十余册，无私地捐献给武汉大学图书馆，其中有史料价值较高的《汉州志》、《嘉定府志》及其他县志和地理志，景明刻本《纪录汇编》、《崇祯存实录》等等，丰富了武汉大学的教学与科研条件。”[4]

---

① 见 1987 年 1 月 10 日的《武汉大学怀念方壮猷教授座谈会记录》，载方克强、方克定、方克立方克明编，《高风楚天阔》，2011 年自印本，第 75 页。

② 在 1987 年 3 月 30 日“方壮猷同志纪念会”上的发言，载湖北省档案馆馆藏档案（SZ120 全宗，6 目录，216 案卷）。

③ 见 1987 年 1 月 10 日的《武汉大学怀念方壮猷教授座谈会记录》，载方克强、方克定、方克立、方克明编《高风楚天阔》，2011 年自印本，第 76—77 页。

④ 在 1987 年 3 月 30 日“方壮猷同志纪念会”上的发言，原载湖北省档案馆馆藏档案（SZ120 全宗，6 目录，216 案卷）。

因政治上靠拢党，长子克强新中国成立前参加地下工作，次子克定在新中国一成立就参加了青年团，是年曾收到特务的恐吓信，扬言要毁灭全家。先生将信交给了武汉军管会派驻武大工作组的吴斌同志（原名赵隆侃，原武大学生）。

是年入学的武大副校长童懋林说：“方克强参加民歌社，在国民党时期抛头露面，有逮捕的危险，是很显眼的。作为一个教授，让儿子参加这些活动，我们对方先生都很敬佩。方先生解放前就是进步教授，他一家都很进步，方克强我们都熟悉得很。”[①]

女儿方克明在《忆父亲》一文中说：“武汉解放前夕，大哥方克强冒着白色恐怖，在武汉大学参加了我地下党组织的‘新青社’，从事革命宣传和护校保产活动，有时把传单收藏到家里，我家因此收到过恐吓信，国民党特务半夜还来敲门。尽管父母提心吊胆，但从未阻拦过儿子的正义行动。”[②]

是年，马克思主义史学家吕振羽（1900—1980，湖南武冈人）同志参与接管武大的工作，先生与之有较多交往。吕振羽后来调任大连大学校长，彼此之间仍有书信往还。

是年，曾鼓励留学美国的原武大学生孙秉莹回国工作。孙秉莹在《深切的悼念——纪念恩师方壮猷先生》一文中说：“方先生奖掖后进、热爱青年的精神，特别使人仰慕。在解放前毕业即失业，大学毕业后要想找到一个适当的工作是非常困难的，不少才学兼优的青年困于生活，坎坷终生。方先生对青年十分同情，能帮的无不热心帮助。我 1940 年在武大毕业后留校任职，便是方先生推荐的。1947 年我去美国留学，前往武大办理部分出国手续，又蒙方先生劳神。特别是

① 见 1987 年 1 月 10 日的《武汉大学怀念方壮猷教授座谈会记录》，载方克强、方克定、方克立、方克明编《高风楚天阔》，2011 年自印本，第 78 页。

② 在 1987 年 3 月 30 日“方壮猷同志纪念会”上的发言，载湖北省档案馆馆藏档案（SZ120 全宗，6 目录，216 案卷）。

1949年我在美国华盛顿大学读完硕士学位之时，正值全国解放，许多留美学生激于爱国热情，渴望回国为社会主义新中国服务之际，方先生与我寄来一张湖南大学教授的聘书，使我下定了回国的决心。我回到湖南大学时，方先生业已离开湖南大学。数月之后才有机会和方先生见了一面，他当时行色匆匆，未及详谈，只送他到江边，不想这次一别竟成永诀。”①

一九五〇年（庚寅），四十九岁。

《武汉大学历史系大事纪要》：“1950年，时有58名学生，7名教职员：唐长孺、吴于廑、方壮猷、张继平、朱士嘉、邓启东、梁园东。开设的课程有：中国通史、世界通史、历史唯物主义、经典作家史学名著选、史部目录学、中国地理学、宋史、明清经济史、中国革命史、中国近百年学术思想史、考古学通论等。”

一月，参加武汉市高等教育联合会主办的寒假讲习班，学习马列主义、毛泽东思想。

三月，加入武汉市教育工会。

同月二十四日，长子克强在学校加入中国共产党。先生作为家长被邀参加入党宣誓仪式，并在会上讲话鼓励。

四月，调任中南军政委员会文化部文物处副处长。

初，武大校务委员会主任邬保良和教务长何定杰通知，调任中南军政委员会文化部文物处处长，先生以多年搞古代史，不熟悉近现代革命史；刚参加革命工作，没有行政管理经验；不熟悉党的文物政策，难以胜任此职等为由固辞。经校方和文化部领导联系后，重新委任先生为文物处副处长，专管古代文物，正处长由中南文化部副部长许凌青兼任，负责近现代革命文物，下设文物科、图书馆科、博物馆科分工负责，这样才勉强接受任职。

---

① 致“方壮猷同志纪念会”文，载方克强、方克定、方克立、方克明编：《高风楚天阔》，2011年自印本，第51—52页。

方克明在《忆父亲》一文中说："一九五〇年，他接受了政府的调动，离开武汉大学，去中南军政委员会文化部工作。这一变动，意味着放弃珞珈山舒适的住所和幽静的环境，放弃二级教授优厚的工薪和自我提高、著书立说的机会，放弃中国史学史、社会史、宋辽金元史等钻研了二十几年的专业方向。这一变动，还使我们家整个拆开了：父亲把大批书籍先后捐赠给武大图书馆和中南图书馆，带着随身衣物搬到机关安了家；母亲带着我，也搬进了机关的集体宿舍。八、九年过去了，父亲的工作单位变动了好几次，但一直没有改变住办公室、吃集体伙食的生活方式，我们也一直没有一个'家'的概念。"①

五月五日，先生所撰文《历史上海南岛及其光荣斗争传统》发表于《大刚报》。

七月，次子克定考入北京大学地质系。

暑假以前，虽已到中南文化部（汉口）上班，但仍以在武大教课为主。暑假以后，文物处分配来几位大学历史系毕业生（包括今中山大学哲学系教授李锦全），人员大体齐备，先生才正式离开武大，到中南文化部就职。

十月五日，赴北京出席第一次全国文物工作会议。会议确定了在全国建立图书馆网、博物馆网、文物管理委员会和文物工作队（站）网的"三网"方针。此时在中央文化部主持文物工作的是郑振铎和王冶秋同志。

十一月，《文物工作的方向——出席中央文物处长会议的报告》发表于中南文化部工作简报。

谭维四在《方壮猷先生与湖北的文物考古事业》一文中说："建国伊始，百废待兴，文物事业也不例外，矛盾重重，首先抓什么？他敏锐地指出：必须权衡轻重缓急，确定工作重点，明确工作方向。一

---

① 在1987年3月30日"方壮猷同志纪念会"上的发言，载湖北省档案馆馆藏档案（SZ120全宗，6目录，216案卷）。

九五〇年十一月，他在《文物工作的方向》一文中写道：‘我们今日的文物工作是要以新的观点来整理旧文物，不但包括古代的，而且包括现代的，不但包括阶级斗争的，而且要包括自然斗争的，因此不是死的而是活的，不是孤立的而是与各种事业相互联系、相互配合的，不是供少数特权阶级消遣而是与工农兵大众生活息息相关的。要做好普及与提高的工作，用以发扬爱国主义与国际主义精神。’他以这样的思想指导着自己的行动，使中南地区的文物工作一开始就在党的领导下走着一条正确的道路。他和同志们一道，下力气抓文物立法，除及时转发贯彻中央人民政府发布的一系列文物法令外，还结合中南地区的实际情况，起草并通过政府颁布了一系列地方性文物法规；抓文物古籍的征集收藏，动员各地在社会改革运动（如土地改革）中收集保护文物，千方百计为国家收购古籍图书，为中南地区博物馆、图书馆积累了大量文物藏品和藏书；抓配合基建工程的科学考古发掘，如治淮工程、荆江分洪水利工程等，他都亲自组织力量进行配合，从而防止了工程中的文物破坏，获得了大量的考古资料；尤其是抓专业干部队伍的建设与培训，如举办图书馆干部训练班、组织六省二市文物干部到长沙，成立长沙近郊古墓葬清理工作队，边发掘，边训练，并亲自去授课，为各省市培训了一批业务骨干等等。这一切对中南六省二市文物工作的开展起到了开拓奠基的作用。……在中南文化部任职期间，他的足迹遍及六省二市的许多城、乡和考古发掘工地。”①

十二月二十日，赴长沙考察文物工作情况。

是年，又捐赠一批书籍给武大图书馆。

是年秋，中国人民志愿军赴朝鲜作战，拉开了抗美援朝战争序幕。到冬季，全国开展青年参军参干、抗美援朝、保家卫国运动。次

---

① 谭维四：《方壮猷先生与湖北的文物考古事业——纪念方老逝世十七周年》，《江汉考古》1987年第2期。

子克定、长子克强先后于所在大学报名，得到先生和先生之妻张芹芬女士的鼓励和支持。在两个哥哥的影响下，先生之三子克立也于次年六月要求参干，先生之妻、支持孩子参军参干的“光荣妈妈”张芹芬女士在《孩子们都走到妈妈的前面去了》中讲了这件事，她写道：“自从去年十月他的第二个哥哥方克定在北京大学报名参加志愿援朝工作以后，他便表示如果他的年龄够格，他也愿意参加的。去年十二月他的大哥读武大化学系也志愿参加了中南空军，他更感到兴奋。后来看到他的大哥哥假日中回家来，身体长得很健壮，精神显得很愉快，他表示更坚定了他参加军事干校的信心”。[①]

武汉大学历史系薛国中教授在《怀念方壮猷老师》一文中说：“一九五〇年美帝国主义悍然发动侵朝战争，矛头指向新诞生的中华人民共和国。举国愤慨，青年学生纷纷响应党的号召，投笔从戎，抗美援朝，保家卫国。方壮猷老师和夫人张芹芬师母虽疼爱自己的儿子，但更热爱伟大的祖国，两老坚决支持三个儿子同时报名参军，最后亲自把长子方克强同志（武大化学系学生）送入了中国人民解放军抗美援朝的队伍，为武汉人民树立了光辉榜样。”[②]

一九五一年（辛卯），五十岁。

任中南文化部文物处副处长，后又担任社会文化处处长。

九月一日，中南图书馆正式成立，兼任代馆长。

为贯彻文物工作的“三网”方针，是年中南文化部接收湖北省图书馆改为中南图书馆，作为中南地区图书馆网的中心。同时拟接收河南省博物馆改为中南博物馆，作为中南地区博物馆网的中心，但这一计划后来并未实现。

---

① 光荣妈妈张芹芬：《孩子们都走到妈妈的前面去了》，《大刚报》1951 年 6 月 13 日第五版。

② 在 1987 年 3 月 30 日“方壮猷同志纪念会”上的发言，载湖北省档案馆馆藏档案（SZ120 全宗，6 目录，216 案卷）。

通过和中南地区以及北京、上海等地一些大藏书家和古玩商人的广泛联系，为中南文化部、中南图书馆收购大量古版图书、字画、敦煌写经、古器物等珍贵文物，其中仅各省地方志就收集了数千种之多。比如大藏书家徐行可，藏书逾千箱，近十万册，为保护他的图书，接受其子徐孝宓为中南图书馆馆员（后来升任副馆长），徐家藏书大部分捐赠该馆。

出于爱国热情，也为了做出榜样动员一些人把藏书捐献给国家，先生于是年主动将自己的大部分藏书捐献给中南图书馆和武汉大学图书馆。在其带动下，不少人主动捐献，国家无偿得到的图书、文物达数百箱之多。

孙式礼、徐孝宓在《湖北省图书馆的藏书建设》一文中说："一九五一年，我馆收购了湖北蒲圻张氏所藏的中国地方志，这一次得到的志书有七五四部，以后年年不断补充，现在已经积累有三三〇〇种，五五一一部，五万六千多册。我馆所藏品种占全国方志联合目录所载八千多种的百分之三十强，成为馆藏特色。"①

据《湖北省图书馆百年纪事》（1904—2004）记载：本年，"收购刘卓云旧藏。刘氏家境殷实，生前藏书颇丰。其所藏数十种古籍，经馆长方壮猷努力，约在本年辗转从中南银行某氏以贱值购得。刘卓云字绍炎，民国人，黄冈人。"②

十月，赴湖南零陵，参加天字地乡的土改工作，任中南工作组组长。副组长是中南文化部新闻局的刘元全同志。与零陵地委组织部长贾魁、县委宣传部长徐波、区委书记赵明、县妇联主任李志英等共同组成该乡的土改工作委员会。天字地乡是零陵县近郊的一个大地主较

① 孙式礼、徐孝宓：《湖北省图书馆的藏书建设》，载《湖北省图书馆建馆八十周年》（1904—1984），论文部分第 64 页。

② 万群华、张冀明主编：《湖北省图书馆百年纪事》，北京图书馆出版社 2004 年版，第 50 页。

多，并有李、吕两大族长期闹宗派械斗的地区，阶级斗争情况比较复杂，故被确定为该县土改工作的重点。在实际斗争中，先生受到了深刻的阶级教育。

是年家乡土改时，父方华崧被划为“小地主”。支持弟季平（戡时）写信向上级申诉，实事求是地说明购买茅屋湾田宅的时间是一九四八年初，从来没有出租过土地，但因家中劳力不足，于农忙时曾雇请过月工和零工，亦有少量剥削行为。后来家乡土改复查时，父母的阶级成分改为“小土地经营者”。

一九五二年（壬辰），五十一岁。

任中南文化部社会文化处处长、文物处副处长兼中南图书馆馆长。

三月，从湖南零陵土改工作队回到武汉。在离开零陵的前一天，曾专门寻访柳宗元《永州八记》所载名胜古迹，但多湮没无存。

四月，参加中南文化部的“三反”运动，担任一个打“虎”小组的组长。

九月，赴广州、潮州考察文物工作。

十月，父方华崧殁于家乡。

十二月六日，方志学家张国淦（字乾若，湖北蒲圻人。1953 年任中国科学院近代史研究所研究员、全国政协委员）致函先生：“奉到 11 月 21 日来函悉。私藏图书自当公诸人民，况武汉家乡。早年即拟捐赠武大，因无人接洽。今幸得归中南图书馆，实获我心，不足言谢。”① 另据《湖北省图书馆收名家藏书纪事》记载：“一九五二年中南图书馆馆长方壮猷教授呈请中南文化部购买张氏无倦斋所藏中国地方志，后经中南文化部出资三亿六千万元（旧人民币）购得，由上海运回湖北，拨交中南图书馆收藏。张氏无倦斋所藏全国各省地方志，

① 万群华、张冀明主编：《湖北省图书馆百年纪事》，北京图书馆出版社 2004 年版，第 52 页。

计一千六百九十八部，一万八千六百九十六册。”①

去年冬，夏鼐领导的中国科学院考古研究所长沙工作队，配合基本建设工程对长沙近郊的古墓葬进行了考古发掘工作。是年六月，先生组织中南地区的一些考古工作者前去支援，同时在发掘工作实践中培养人才，如把顾铁符、商承祚等专家都派去了。到年底，共清理发掘古墓405座，其中春秋战国时期楚墓150余座，颜家岭乙35号墓出土有狩猎纹漆卮、玉具铁剑、铜砝码等。

谭维四在《深切怀念方壮猷先生》一文中说：“我初识先生是五十年代初在中南文化部所组织的长沙近郊古墓葬清理工作队。那时，中南各地大规模基本建设工程的开展，大批古墓葬被揭露出来，苦于掌握田野考古科学技术的人才奇缺，为了解决这个尖锐的矛盾，当务之急是要培训专业人才。中南文化部调集了一批业务工作人员到长沙，组成了长沙近郊古墓葬清理工作队，由考古学家、当时中南文化部文物处文物科科长顾铁符先生主持，采取边工作、边学习培训的办法，在完成古墓发掘任务的同时，为各地培训业务骨干。方先生亲自到长沙给我们讲课、谈话，做思想工作。以他渊博的学识，海内外的见闻，从我国悠久的历史、灿烂的古代文明及其在世界文明史上的重要地位，阐述文物考古的重要意义，向我们进行爱国主义教育，激发我们热爱文物考古事业的热情；并绘声绘色地描绘考古发现的重要意义及其研究工作的远大前途，启发我们树立坚定的专业思想。他还千方百计从各方面请专家来给我们讲课，给工作队立了一个规矩，凡有来参观考察的学者专家，热情接待的同时，必请他们讲课，在他的热情邀约下，中山大学的商承祚、湖南大学的杨树达等先生都来讲过课。他和顾铁符先生，还动员组织工作队的同志们能者为师，互教互学。后来的实践证明，从这里学习和工作出来的这批年轻

① 《湖北省图书馆收名家藏书纪事》，载《湖北省图书馆建馆八十周年》（1904—1984），附录第4页。

人，都成了各地文博部门的业务骨干或领导干部。方先生的苦心，终于结出了硕果。”①

程欣人回忆说：“我 1952 年夏认识方老，那时挖荆江分洪工程，方老就主张‘指挥部下设文物管理处’，派我们去了，这是我省第一次配合水利工程搞文物考古工作。那次虽然没有发现什么东西，但后来在唐家山发现一个墓，说明荆州有楚墓葬。在方老这个指导思想下，荆州地区果然陆续挖出了许多大墓。同年，方老又派我去湖南长沙支援考古队，也是围绕楚文化做工作。可见方老在湖北是以荆州为中心，在湖南是以长沙为中心，开展楚文化研究工作的。1953 年方老回湖南奔丧时，去看望了我们。听取了大家的意见后，方老就向湖南省文化局提出，要湖南配备力量，组建自己的文物考古队伍，逐步带会后，就把我们抽出来。于是我们 1953 年回到了湖北。”②

1952—1955 年，中央文化部社会文化事业管理局、中国科学院考古研究所、北京大学联合举办了四期“全国考古工作人员训练班”，先生积极选派中南地区六省二市的青年文物考古工作者前去学习，先后由中南文化部和湖北省派去的就有刘启益、李锦全、程欣人、白绍芝、谭维四、王劲、丁安民等多人。该训练班的班主任是裴文中，任课教师有贾兰坡、安志敏、夏鼐、郭宝钧、梁思成、向达、王仲殊、闫文儒、宿白、唐兰、张政烺、陈万里等专家，课堂讲授与田野考古调查相结合，曾组织学员到大同、云冈、洛阳、郑州、西安等地参观实习。训练班学员后来大都成为各地区文物考古工作的骨干。谭维四讲到这件事情时说：“湖北省解放前考古工作基本是个空白点。后来在方老的直接领导下，第一期北京考古学习班派了程欣人去，程现在是我省科学考古的元老；第二期有白绍芝；第三期有我和王劲；第四

---

① 谭维四：《深切怀念方壮猷先生》，《文物天地》1987 年第 5 期。

② 见 1981 年 12 月 7 日的《湖北省博物馆怀念方壮猷教授座谈会记录》，载方克强，方克定、方克立、方克明编《高风楚天阔》，2011 年自印本，第 71 页。

期是丁安民。所以我省考古的这支队伍，是解放后在方老领导下培养建立起来的。”①

一九五三年（癸巳），五十二岁。

任中南文化部社会文化处处长、文物处副处长兼中南图书馆馆长。

一月，赴北京，参加文化部文物局召开的工作会议。

二月，中南图书馆成立旧书组，整理占馆藏五分之四的线装书。重视地方志的收藏和整理工作成为该馆的一大特色。

同月，赴河南新乡、安阳考察文物工作。

三月一日，到开封。

三月七日，回武汉。

四月，赴湖南衡阳、衡山考察文物工作。

同月，接母左氏（重慈）到武昌，租住武昌熊廷弼路七十五号（中南图书馆附近）的一间民房。

八月，赴庐山避暑。

据《湖北省图书馆百年纪事》记载，是年“编定《中南图书馆中文图书分类法（简表）》。……‘1000’类（类名为‘马克思列宁主义’）为馆长方壮猷亲自编定”。②

一九五四年（甲午），五十三岁。

任中南文化部社会文化处处长、文物处副处长兼中南图书馆馆长。

一月，完成馆藏地方志 2591 种，4.67 万册的清理、分编工作。编制出中南区六省二市所属方志书目《中南图书馆馆藏方志目录》十八册，收书 6000 余种，其中本馆所藏 2000 余种。1956 年又编制、油印《方志目录补编》，收书 31 种。

---

① 见 1981 年 12 月 7 日的《湖北省博物馆怀念方壮猷教授座谈会记录》，载方克强、方克定、方克立、方克明编《高风楚天阔》，2011 年自印本，第 70 页。

② 万群华、张冀明主编：《湖北省图书馆百年纪事》，北京图书馆出版社 2004 年版，第 55 页。

程欣人说："方老在省图书馆工作期间，一次华东局文化局来一个记者，要搜集李时珍的资料。后来要我领他去找方老。方老桌上就摆着几本馆藏方志目录，一下子就答复了全国各大图书馆收藏李时珍资料的情况，这事给我留下了很深的印象。"①

二月，赴广东惠州、和泰、应州一带慰问中国人民解放军。

五月二十日至二十一日，接待云南省图书馆参观团，主持本馆有关人员与来访客人的座谈会。

九月，组织本馆工作人员分别赴东北二省三市图书馆参观学习。

十月十五日至翌年一月八日，受中南文化部委托，主持举办第一届中南地区图书馆干部训练班。参加学习的有中南六省、市图书馆在职干部三十余人，先生任班主任。曾请湖北省教育厅厅长史子荣、省文委秘书长黄力丁作报告，请皮高品、吕绍虞、桂质柏、甘莲笙、程千帆、刘绶松等专家学者讲课。十二月结业后，组织训练班学员赴山东、北京等地参观学习。

是年，中南大区撤销，中南图书馆移交给湖北省文化局，改名为"湖北省图书馆"。先生出席交接仪式并讲话。

谭维四说："方老可以说是湖北省研究楚文化的先驱者，这不光表现在60年代。1954年在接待西德的艾克斯时，就提出要研究楚文化了。"②

武汉大学资深教授冯天瑜在《精神的家园——献给湖北省图书馆》一文中说："20世纪50、60年代的湖北省图书馆可谓藏龙卧虎之地，少时我在馆里见过的老馆长方壮猷、杨开道等都是硕学鸿儒。方先生50年代初任湖北省图书馆馆长，是卓有贡献的历史学家，与

---

① 见1981年12月7日的《湖北省博物馆怀念方壮猷教授座谈会记录》，载方克强、方克定、方克立、方克明编《高风楚天阔》，2011年自印本，第71—72页。

② 见1981年12月7日的《湖北省博物馆怀念方壮猷教授座谈会记录》，载方克强、方克定、方克立、方克明编《高风楚天阔》，2011年自印本，第68页。

我父亲冯永轩（1897—1979）在清华国学研究院第一期同学，受业于梁启超、王国维等国学大师。方先生一次巡视阅览室，发现成人读者中有一个小孩（按规定，小孩不能入成人阅览室），便上前亲切询问，馆员介绍：‘这是张老师的儿子’，方先生马上用浓重的湖南乡音说：‘那不是永轩兄的公子嘛，好，好，他这么好学，将来一定可以继承乃父事业’。方先生这番不经意的话，我记了一辈子。”①

一九五五年（乙未），五十四岁。

二月，调任湖北省文化局局长。

同月，在与钱运铎副局长共同视察湖北剧场建筑工程时，由于眼睛高度近视，不慎从三楼跌下来，所幸仅四肢受伤，但此后每遇天气变化，四肢即感疼痛。先生早年就有风湿性软脚病，此后病情更加严重了。

四月，主持召开专县文化科长会议。

五月十二日，赴京出席国务院文教工作会议，住西郊宾馆。湖北组组长为史子荣，组员有薄怀奇、柳野青、伍禾、蔡光炎、鲁永兴等人。会议至六月中旬结束。

十二月六日至十三日，赴京参加中央文化部召开的全国文化局长会议。同时出席会议的有省文化局办公室主任张空凌、武汉市文化局长巴南岗等人。这次会议的主要精神是批判右倾保守思想，迎接文化建设的高潮。回省后给机关党委写有关于这次会议情况的书面报告。

是年，湖北省汉剧团排演《屈原》，应其团长邀请，曾到该团作关于屈原的时代和生平事迹的报告。

《湖北省图书馆收藏名家藏书纪事》说：“湖北侨居北京之学人，倦念故乡，从事收集和研究湖北地方文献，其地设在北京背阴胡同之‘楚学精庐’。一九五五年，湖北省文化局局长方壮猷教授去北京征集

---

① 冯天瑜：《精神的家园——献给湖北省图书馆》，载胡银仿主编《精神家园——我与湖北省图书馆》，北京图书馆出版社2004年出版，第4页。

湖北地方文献，经张国淦介绍，与当时主持其事者刘文嘉（契园）、石荣暲老先生洽商，两先生以此批图书本为研究楚国之事而收集，楚人得之，今宜归于楚，遂慨然允诺，将‘楚学精庐’所藏湖北地方文献资料捐献本馆，供研究者之需要。一九五六年六月，刘、石两先生专函寄上捐赠图书启事；九月书自北京运抵武汉，共计五百二十七种，六千七百三十六册。其中包括‘楚学精庐’传抄、未经刊刻之《湖北旧闻录》，清禁毁书明袁宏道之《瓶花斋集》，明刊本郝敬之《山草堂集》和陈文烛之《二酉堂诗文集》等，都是很难得的版本。另外，石荣暲老先生还将他私人所藏图书四百余种，一千四百一十三册也同时捐赠本馆。”①

一九五六年（丙申），五十五岁。

任湖北省文化局局长。

一月二十五日，主持召开湖北省文化工作会议，至二月二日结束。

三月一日，到应城县和黄滩区胜利农业社检查农村文化工作。

三月八日，到鄂城县和樊口区旭光农业社检查农村文化工作。

三月中旬，主持召开专署文化科长会议，讨论建立农村俱乐部网的问题。

七月九日，赴庐山，参加湖北省委举办的第三期高级干部理论自修班。住在中七路三三二号。

在庐山理论自修班，主要学习马克思主义哲学，以毛泽东的《实践论》《矛盾论》为主要内容，同时系统地阅读了恩格斯的《费尔巴哈和德国古典哲学的终结》《反杜林论》，列宁的《唯物主义和经验批判主义》，斯大林的《辩证唯物主义与历史唯物主义》等经典著

---

① 《湖北省图书馆收藏名家藏书纪事》，载《湖北省图书馆建馆八十周年》（1904—1984），附录第5页；又见徐孝宓《湖北省藏书家纪事》，载《〈文艺志〉资料选辑》第四辑，《湖北省志·文艺志》编辑组编，1984年版。

作。在学习期间，正值中共召开第八次全国代表大会，听了不少重要的传达报告，湖北省委书记张平化还亲自到庐山学习班作了关于八大主要精神的报告。

七月，之三子克立考入中国人民大学哲学系。

方克立在一次访谈中曾谈到升学之事及父亲对他的影响：“我出生于知识分子家庭，在知识和教养方面自然要受到家庭的影响，但在我成长过程中，给我影响更大的是历史时代、学校的集体生活、老师和党团组织的教育。”

我的父亲是历史学家，但他并不希望子继父业，而是鼓励自己的子女学自然科学和工程技术科学。我高中毕业那年也是准备考理工科大学的，有天班主任老师把我叫去，很严肃地说：中国人民大学提前招生，你是学生干部，文理科基础都较好，最适合学哲学，学校已决定推荐你报考。我想多一次应考机会也无坏处，赶紧复习了几天历史、地理就上了考场，结果在统考前收到了人大的录取通知书，并告知不得再参加统考。我就是这样带着很大的盲目性进入人大哲学系的。父亲后来说：家长多年教育引导不如学校老师的一句话。

“我从事的学术和教育工作与父亲的学科专业是有联系的，但由于他过早地辞世，我直接从他那里得到的学术资源并不多，无形中受到影响的倒是他的治学态度和方法。一是对史料特别重视。我从有关父亲的资料中知道他过去治学特别刻苦勤奋，在我直接同他接触的那些年月里，他已主要从事文化行政领导工作，但回家一有时间，就伏案披阅史书，摘抄文献资料，思考和研究学术问题，所以仍不断有史学成果发表。历史学家的勤奋和严谨特别表现在言必有据、不发空论上，这一点给我留下了深刻印象。二是重视对唯物史观的学习和运用。父亲所受教育无疑还是唯心史观，抗战时期他在四川三台东北大学兼课时，与赵纪彬、杨荣国等教授共事，初步接触到唯物史观，此后他在编写《中国社会史》讲义时，就比较重视土地所有制和农奴制度等问题，试图运用生产力决定生产关系、经济基础决定上层建筑的原理来说明中国社会的发展过程。”“新中国成立后，他更加重视对马克思主义理论的学习，家里马列经典著作很齐全，许多书上都有密密麻麻的各种阅读记号和批语，说明他真下过工夫，这一点给我的印象也很深。要说家学渊源，我想真正起作用的可能还是这些无形的东西。”①

十一月，主持召开湖北省第一届戏曲观摩演出大会，共演出二十九场，一百一十九个节目，包括京、汉、楚、南、荆河、巴陵、高腔、靠山簧、花鼓戏、黄梅戏、高台曲、文曲、灯剧、傩剧、越调等三十多个剧种。评委会主委是巴南岗。著名剧作家田汉亲自来武汉观摩指导。

是年，多次到省歌剧团，帮助解决办团方针和剧本等问题。该团一直为方针、方向问题争论不休，先生在一次讲话中说：地方歌剧必须有地方特点。我省戏曲有两大派：一派是在城市产生的，是适应城市人民的需要而发展起来的，以汉剧为代表，包括荆河剧、南剧、越调、巴陵剧等皮黄戏都属于这一派；一派是从农村产生的，是适应农村人民的需要而发展起来的，以楚剧为代表，包括各县的花鼓剧以及民歌、民间小调等都属于这一派。省汉剧团应该吸收各省汉剧（汉剧流行于九个省）的精华而改造成为一种“新汉剧”。市楚剧团应该吸收各县花鼓剧以及民间歌舞的精华而改造成为一种“新楚剧”。我们歌剧团要同汉剧团、楚剧团一起，共同完成改造新汉剧和新楚剧的任务。将来新汉剧和新楚剧结婚，生下一个胖娃娃，这就是我心目中的湖北省地方新歌剧。

对于剧团要求文化局组织创作力量，帮助解决剧本问题，先生答复说：剧本问题主要应该由剧团自己解决。我举一个例子：莎士比亚小学毕业后在他父亲开的小店里当店员，因打猎误入地主庄园，闯了

---

① 张天行：《方克立：为人治学崇平实》，载中国社会科学院青年人文社会科学研究中心编《学问有道——学部委员访谈录》上册，方志出版社2007年版，第4—5页。

大祸，才被迫离家出走，流落到伦敦的一个剧院当服务员，偶尔也充数当个群众演员。他对演戏感兴趣后，开始修改旧剧本，演出效果不错，他又创作新剧本。莎士比亚就是这样一步一步地成为大剧作家的。他全集中的三十六剧本，迄今仍是西方国家乃至世界各国常演的保留节目。由此可见剧团出剧本不仅是可能的，而且是必要的，我们在艺术生活实践中也应能产生自己的莎士比亚。这番话在剧团引起了强烈反响，有人赞成，也有人不赞成，但对打消一些人的等、靠、要思想，调动演职人员的积极性，显然起到了积极的作用。

是年，湖北省公布了第一批文物保护单位名单。

是年，曾向党组织递交入党申请书。方克明在《忆父亲》一文中说："父亲为自己加入了工会而万分高兴，并两次递交入党申请书。在一九五六年的申请书中写道：'固然在今日党的事业全面胜利之后，冒着丧失自由和生命的危险的机会太少了，但是我保证：如果出于偶然的原因，而必须冒着牺牲一切的危险时，我是万死不辞的。'父亲就是这样，一直热烈而赤诚地追随着党的事业，一心把自己锻炼成为一名无产阶级的先锋战士。"①

一九五七年（丁酉），五十六岁。

任湖北省文化局局长。

二月三日，拜访湖北省人民政府参事、辛亥老人朱峙三。朱峙三在其《日记》中记载："今日下午一时，方局长壮猷来谈，正下去为予印《日记》及《太平天国历变记》等书，办理书画展览会事，云与政协、统战部均接洽成熟，俟天暖将约予同访部长一谈云云。"②

三月五日，赴北京，应邀列席中共中央召开的全国宣传工作会议，住西郊万寿庄。

---

① 在 1987 年 3 月 30 日"方壮猷同志纪念会"上的发言，载湖北省档案馆馆藏档案（SZ120 全宗，6 目录，216 案卷）。

② 朱峙三：《朱峙三日记》第 17 册，国家图书馆出版社 2011 年版，第 296 页。

三月六日，在全国宣传工作会议开幕式上，听了毛泽东主席《关于正确处理人民内部矛盾的问题》讲话的录音报告。

三月十三日，毛泽东主席亲自出席大会闭幕式，并且作了《在中国共产党全国宣传工作会议上的讲话》的重要报告。

在湖北小组会上作《一点体会和几个问题》的发言，主要谈如何正确处理湖北省文化工作中的内部矛盾问题。

会议期间著名剧作家田汉（1898—1968，湖南长沙人）曾邀请先生到其家，盛筵招待。田汉 1921 年至 1922 年在湖南一师任国文教员，其时先生正在一师上学（1919—1923），所以也是师生关系。这次谈话的内容之一是关于湖北省文化局段梦晖副局长的癌病治疗问题。段是田的学生，田对其病情十分关切。

四月，主持召开湖北省文化工作会议，布置在全省范围内调查研究文化工作中存在的内部矛盾。根据与会干部的要求，经上级党委批准，在会上传达了毛泽东主席在最高国务会议上的讲话（即《关于正确处理人民内部矛盾的问题》的录音报告）。

五月，赴沙市参加沙市文化局主持召开的城市文化工作现场会议，着重研究解决城市文化工作中的内部矛盾问题。

程欣人说："一次我去荆州开小型文物工作座谈会，方老去沙市开城市文化工作会议。在我们这边会上，一位科长不同意文化馆管文物工作，于是我请示了方老。方老决定第二天亲自到我们会上解决问题。地委闻讯后，第二天便派了宣传部的同志来了。方老去后风趣地说：'你们是相信科长的话，还是相信局长的话?!'问题一下子顺利解决了。"①

六月上旬，赴天门岳口参加荆州专署文化科主持召开的农村文化工作现场会议，研究农村文化工作中的内部矛盾问题。

---

① 见 1981 年 12 月 7 日的《湖北省博物馆怀念方壮猷教授座谈会记录》，原载方克强、方克定、方克立、方克明编《高风楚天阔》，2011 年自印本，第 72 页。

六月下旬，回到武汉，参加湖北省委在东湖召开的鸣放座谈会，旋又参加省文化局党组召开的文化系统鸣放座谈会，均未发言。

七月七日，在《湖北日报》上发表《站稳立场，划清界限》一文，驳斥右派分子攻击党和污蔑社会主义制度的言论。

同月，还写了《坚决击退右派分子向文化艺术事业的进攻》一文，以新中国成立八年来湖北省文化工作的成就批驳右派分子的攻击。

七月，陪同康生参观湖北省博物馆。康生提出要做毛主席在武汉主办的农民运动讲习所旧址的复原工作，强调保护现代革命文物的重要性。此后立即布署研究开展这项工作。

同月，在武汉长江大桥通车典礼上，建筑学家梁思成提出要拆迁蛇山上的电信局大楼，重建新黄鹤楼，后未果。

是年，省汉剧团排演《光绪与珍妃》，曾应邀到该团作关于戊戌政变和义和团运动等有关历史问题的报告。

是年，在湖北省政协全体会议上，被选为省政协常委。

是年筹建中国科学院武汉分院，被指定为筹备委员会委员之一。

一九五八年（戊戌），五十七岁。

一月，赴襄阳、均县、枣阳参观水利工程并检查文化工作。

三月十日至四月十四日，参加湖北省委组织的春耕生产检查团，到宜昌专区的当阳、远安、宜都、宜昌、枝江等县学习并检查春耕工作。

四月十五日至二十四日，参加中国科学院武汉分院制订五年规划的工作会议。

四月二十五日，参加湖北省政协第二十九次会议，听谢威副部长作整风工作报告。

五月，调任中国科学院武汉分院哲学社会科学研究所研究员，担任历史组负责人。湖北省文化局长一职由下放来省工作的全国作协副秘书长黎辛接任。

中国科学院武汉哲学社会科学研究所是湖北省社会科学院的前

身。湖北省社会科学院副院长金德万在《五十年院事闻见备乘》一文中说："1958 年 6 月正式成立中国科学院武汉哲学社会科学研究所，著名哲学家、武汉大学校长、中国哲学学会会长、中国科学院学部委员李达兼任所长，时任中南财经学院院长的著名经济学家朱剑农调入任副所长，后调入董耡平任副所长。研究所下设五个专业研究组和图书资料室，经济组由朱剑农兼任负责外，哲学组、历史组由分别调入的原任武汉市政府副秘书长夏世农，全国人大代表、原任湖北省博物馆馆长、湖北省文化局局长方壮猷负责，还有担任秘书长的陈仲莱，这些负责人既有名声，又孚人望，学养深湛，均是一时之选。"①

武汉大学历史系薛国中教授在《怀念方壮猷老师》一文中说："一九五八年春，方壮猷先生从湖北省文化局调任中国科学院武汉哲学社会科学研究所历史学科研究员。武汉哲学社会科学研究所历史学科的任务，是研究五四运动以来的中国现代史。方先生多年一直从事中国古代史和民族史的研究，但为了党的需要，也全力投入中国现代史的研究，并在这项工作中发挥其丰富的史学研究的经验。湖北省在中国近现代革命史上处于重要地位。辛亥革命，武昌首举义旗；第一次国内革命战争时期，武汉是革命首都；第二次国内革命战争时期，有中国共产党领导的鄂豫皖、湘鄂赣、湘鄂西等大片红色根据地。除文字记载者外，群众中蕴藏着丰富的革命史料。方壮猷先生和其他史学工作者一道，积极向中共湖北省委宣传部建议，组织力量进行革命史料的普查，得到省委领导的赞同与支持。一九五八至一九五九年，武汉有关大专院校历史学科师生参加的湖北全省党史调查，就是由此开始的，成为中国史学工作的一次创举，产生了广泛的影响，受到党中央的注意。年近花甲的方老，也于一九五八年秋冬之际，亲自带领一些人徒步到湖北麻城县乘马区革命根据地，深入群众进行访问调

① 金德万：《五十年院事闻见备乘》，见湖北省社会科学院网站 http://www.hbsky58.net/pages/contentshow.asp? id=5088。

查，收集了大量第二次国内革命战争时期的第一手资料。方老具体指导整理这些宝贵史料，强调要尽量保持口述史料的原始性以保证史料的真实性，编成了《麻城革命史料》两辑。一九五八至一九六〇年，方老又领导和指导收集第一、二次国内革命战争时期的报刊文字资料千百万字，编成《第一次国内革命战争时期湖北革命史稿》（油印本）、《收回汉口九江英租界史料汇编》（已出版）、《第二次国内革命战争时期鄂豫皖根据地大事记》（油印本）。他自己还撰写并发表了《武汉农讲所史料剪辑》。以上这些是方壮猷先生对党的历史科学作出的新贡献。"[①]

六月五日至七月三十日，参加湖北省政协组织的厅局长以上民主人士交心座谈会，会议要求与会人员写交心大字报和分析批判提纲，制定自我改造规划。先生在会上批判了"厚古薄今"的科研方向，决定服从组织安排，今后转为以研究近现代革命史为重点。

八月五日至三十日，赴红安县七里坪区调查老根据地革命史料，回来后写成《湖北省红安县七里坪区革命根据地史料调查纪录》。

九月七日，赴河南信阳专区西平县卫星人民公社参观亩产小麦"二十万斤"试验田。接着又赴信阳县鸡公山人民公社参观大炼钢铁。

是年秋，夫人张芹芬女士从汉口武汉市直属机关健康幼儿园调任中国科学院武汉分院幼儿园主任，全家搬到小洪山 8 号楼一号门宿舍，才结束了八年分别住所在机关办公室或宿舍、吃集体伙食、没有"家"的生活。

十月二十五日，赴麻城县乘马岗区调查老根据地革命史料，后编成《麻城革命史简编》一书。

十一月底，回到武汉。

十二月一日，当选为湖北省第二届人民代表大会代表，由谷城县

---

① 在 1987 年 3 月 30 日"方壮猷同志纪念会"上的发言，载湖北省档案馆馆藏档案（SZ120 全宗，6 目录，216 案卷）。

人民代表大会选举推荐。

是年，将1944年调查凉山彝族奴隶社会制度的原始资料无条件地提供给西南民族学院教师陈宗祥研究参考。陈宗祥是经原武大历史系学生、四川大学历史系教授谭英华介绍而与先生联络上的。

方克明在《忆父亲》一文中说："一九五八年，西南民族学院打算开设彝族简史课程，该院任课教师来信要求指点，并希望提供彝族史研究资料。父亲当即翻箱索柜，把四十年代去西南少数民族地区几次考察积累下来的、川康边境八县实地采访的原始资料，无保留地寄送给了对方。"他"对于自己搜集的专题资料，从不视为私有财产……不图个人名利，一心一意为着搞好党的工作"。[①]

先生在主持中南图书馆工作期间开始组织编纂的《武汉地区各大图书馆馆藏期刊联合目录》三册于是年正式出版。

一九五九年（己亥），五十八岁。

任武汉哲学社会科学研究所研究员。

六月，主持历史组集体写成《第二次国内革命战争时期鄂豫皖老根据地革命大事记》一书初稿。

八月，写成《中央农民运动讲习所史料剪辑》一文，发表于《理论战线》1959年第11期。

九月八日，周恩来总理就八月二十五日印军侵入我西藏朗久地区，向我边防军开枪射击事件致信印度总理尼赫鲁，明确指出中印边界问题是历史遗留下来的复杂问题，处理这个问题时不能不考虑到英国在统治印度时期对中国进行侵略的历史背景。中国政府的立场是：在中印边界问题解决之前，绝不片面改变两国边界久已存在的状况，要求印度方面立即采取措施，撤回越境的印度军队和行政人员。

---

① 在1987年3月30日"方壮猷同志纪念会"上的发言，载湖北省档案馆馆藏档案（SZ120全宗，6目录，216案卷）。

九月十五日，先生写信给陈毅外交部长，附送几种关于中印边界的历史地图并作详细说明，支持我国政府在中印边界问题上的正义立场。

十月十日，再次写信给陈毅部长，提供有关资料。

十月十七日，外交部复信表示感谢。

武汉大学历史系薛国中教授在《怀念方壮猷老师》一文中说：“一九五九年，印度扩张主义者继承英帝国主义的政策，遣军越过中印边界，侵占我西南边陲领土。中国人民奋起反击。方壮猷先生对印度扩张主义非常义愤，为揭露其侵略罪行，于一九五九年九、十两月，连续写信给我国外交部陈毅部长，介绍有关中印边界的地图和资料，受到外交部高度重视和称赞，回信说：‘颇有参考价值。’先生的这些进步思想和行为，为我后辈楷模，当努力效法。”①

十月十五日至十一月十五日，下放到红安县七里坪区柳林河人民公社经堂岗生产大队王家洼生产队参加集体生产劳动。先生在“文革”中的一次《思想汇报》中提到：“1959 年我主动申请参加红安县七里坪区经堂岗生产大队王家洼生产队的集体生产劳动，经科学院党委批准，在下放中得到了贫下中农的不少帮助和启发，对自己的思想改造有很大帮助。”（1968 年 2 月 24 日）

一九六〇年（庚子），五十九岁。

任武汉哲学社会科学研究所研究员。

一月，先生主持写成《第一次国内革命战争时期湖北革命史稿》。

七月，先生的小女克明考入武汉大学化学系。

七月二十日至九月五日，参加湖北省政协组织的东北参观团，先后到沈阳、抚顺、鞍山、哈尔滨、长春、永吉、大连、旅顺、天津、北京等城市参观学习。团员六十余人，分三个组，任第一组召集人。

---

① 在 1987 年 3 月 30 日“方壮猷同志纪念会”上的发言，原载湖北省档案馆馆藏档案（SZ120 全宗，6 目录，216 案卷）

历时一个半月。

九月，主持写成《武汉市东方红人民公社调查报告》。

十月，参加第二届湖北省人民代表大会第三次会议，在会上提出《要求增加儿童粮食定量标准》的提案，被采纳，后由省人委办公厅发文实行。

三年困难时期，湖北省委、省政府对党外民主人士和高级知识分子有一些特殊照顾，比如每月发几张票可到指定饭店去改善生活，先生经常放弃这些优惠条件，与人民群众同甘共苦。他得知四川省粮食定量标准较低，还多次给老友徐中舒先生家里寄粮票。

一九六一年（辛丑），六十岁。

任武汉哲学社会科学研究所研究员。

一月，主持历史组编成《收回汉口九江英租界史料汇编》九册。

五月七日至十三日，赴广州出席在越秀宾馆召开的中南五省历史学界《中国史稿》（郭沫若主编）初稿讨论会，任古代史（原始社会和奴隶社会）组召集人。与会者有李尔重、王阑西、刘导生、杨向奎、杨荣国、刘节、梁方仲、唐长孺、朱杰勤、朱绍侯、姜伯勤等一百二十余人。被推举在十三日闭幕式上发言。

据五月十四日编印的《中南区中国历史初稿讨论会情况简报》第七期报道："方壮猷同志在讲话中对'初稿'和这次会议的重大成就作了全面的评价，并表示希望这样的学术讨论会，今后能相继在各省召开，以加强各省区同志的协作和经验交流，共同繁荣学术发展学术。"该期《简报》还报道："昨天记者继续走访了中国科学院武汉哲学社会科学研究所研究员方壮猷同志。他认为这次会议是成功的，基本上达到了它的目的，既对'初稿'提出了具体修改意见，也推动了大争鸣。这次会议的争论相当热烈，尤其是很多不同论点都提出来了，例如中国奴隶社会与封建社会分期及封建社会内部分期问题，不但有同意'初稿'的分法的，也有人提出西周封建说、魏晋封建说，说明大家都是勇于争鸣，这都是贯彻了党的'百家争鸣'方针的结果。他认为讨论通史也可以推动专史的发展，过去往往通史与专史挂不上钩，在继续讨论、研究‘初稿’中，就会促进专史进一步提高，并且充实通史的内容。方壮猷同志还说：从这次会议也可以看到青年同志的敏感和勇敢的精神，他们毫无顾虑地提出自己的意见和看法，这些意见不管是否正确，但总是值得注意的。”

在广州开会期间，曾去中山大学看望清华研究院的老师陈寅恪先生。陈先生双目失明，但一听讲话声音就知道来客是谁，谈得非常相契。回武汉后对家人说，中大对陈先生很关照，在其所住院子里专门修了一条白色的水泥路，让他能以微弱视力辨识散步。

七月二十日至八月十九日，参加湖北省政协组织的江西参观团，先后到九江、南昌、临川、南丰、瑞金、雩都、赣州、泰和、井冈山、吉安等地参观访问。

八月十六日，母左氏（重慈）殁于武昌高家湾湖北医学院附属医院，次日火化于武昌莲溪寺。同月十九日，闻耗由井冈山赶回奔丧。

十月十日，出席在汉口江汉饭店召开的纪念辛亥革命五十周年学术讨论会，为大会主席团成员之一。

是年，还曾参加中国史学史学科建设和教材编写问题学术讨论会。王记录在《五十年来中国史学史分期研究述评》一文中说：“1961 年，教育部召开文科教材会议，史学史被列入教材计划。以此为契机，史学史学科的建设引起史学界关注。北京、上海、广州、济南、武汉、西安等地高校、史学会及研究机构先后召开了多次学术座谈会，就史学史研究的对象、内容，研究的目的、意义等问题进行研讨，其中关于中国史学史的分期，是讨论的热点之一。老一代史学家白寿彝、齐思和、刘节、贺昌群、陈千钧、方壮猷、王毓铨、尹达、孙毓棠、何兹全、郑天挺、郑鹤声、胡厚宣、侯外庐、柴德庚、韩儒林、周谷城、耿淡如、周予同、吴泽、余兆梓、李平心、田汝康、郭圣铭等都发表了对中国史学史基本问题的看法，对中国史学史的阶段性分期以及分期的标准，提出了不同的见解。”[①]

一九六二年（壬寅），六十一岁。

任武汉哲学社会科学研究所研究员。

四月二十日，写成《论忽必烈》一文。

六月二十日，动身到内蒙古呼和浩特市参加纪念成吉思汗诞生八百周年蒙古史科学讨论会。

六月二十一日，到北京。子克强、克定、克立在西长安街全聚德餐厅设宴，庆祝先生的六旬寿诞。

六月二十二日至二十九日，蒙古史学术讨论会在呼和浩特市召开。二十七日，在会上作《从元代农业生产力的发展看忽必烈的重农政策》的发言。发言稿全文发表于《纪念成吉思汗诞生八百周年蒙古史科学讨论会集刊》。

从《集刊》的报道看，先生对这次会上热烈讨论的关于成吉思汗的评价问题、关于十二至十三世纪蒙古社会的性质问题都发表了自己的看法。他不赞成对成吉思汗全盘否定和全盘肯定的观点，认为对成吉思汗这样杰出的人物，在蒙古民族发展史上的作用应该肯定，不只看到蒙古民族发展的必然性，也要看到个人因素，诸如雄才大略、知人善用，等等，主客观因素都要估计到。同时也要看到其局限性。从报上看到，有人替成吉思汗的战争破坏辩护，这不能说服人。说没有局限性，这不符合历史规律。一个封建帝王哪能十全十美呢?[②] 关于蒙古社会性质，先生认为以1206年为界，此后进入了早期封建社会。漠北两千多年来农业始终发展不起来，游牧是主要的。牧业劳动者如果以奴隶为主，他们会不会带着牲畜逃跑呢？可能奴隶制不利于牧业

---

① 王记录：《五十年来中国史学史分期研究述评》，《中国史研究动态》2002年第6期。

② 方壮猷：《从元代农业生产力的发展看忽必烈的重农政策》，见《纪念成吉思汗诞生八百周年蒙古史科学讨论会集刊》，内蒙古历史学会编印，1962年，第177—178页。

经营。蒙古的奴隶制度和大凉山彝族的奴隶制度是不一样的，如木华黎、者勒蔑等人都是奴隶出身，但后来成为大将，成为贵族，成为统治阶级的上层人物。关于十二至十三世纪奴隶劳动在蒙古社会的作用问题，可能还要争鸣十年八年才能解决。①

先生在二十七日的发言中对忽必烈的重农政策做了全面分析：第一部分从七个方面说明元代的农业生产确实有发展；第二部分列出十四项措施阐述忽必烈的重农政策包括一些什么内容；第三部分论析忽必烈为什么要实行重农政策；第四部分讲忽必烈重农政策的局限性。北京史学会和内蒙古历史学会计划在一九六五年八月召开纪念忽必烈汗诞生七百五十周年蒙古史学术讨论会，故请先生就忽必烈的评价问题预先做一个发言。

据《内蒙古大事记》记载：6 月 22 ~ 29 日，“自治区历史学会举行蒙古史学术讨论会，探讨正确评价成吉思汗在历史上的作用和 12 世纪、13 世纪蒙古社会性质等问题。全国著名蒙古史学家翁独健、邵循正、金灿然、马长寿、陶克涛、方壮猷、杨志玖等应邀参加讨论会。”②

南开大学历史系杨志玖教授后来回忆说：“我和方老相识虽晚（一九六二年夏在呼和浩特），但他的著作我早已拜读，对他渊博的学识和精辟的见解非常钦佩。在呼和浩特，我有幸和他同住一室，大慰夙愿。方老平易近人，不以我的年轻而菲薄我，对我无话不谈，使我大受教益。那愉快的时光，至今想来，仍回味无穷；方老的音容笑貌，依然历历在目。”③

十一月，商务印书馆出版的冯承钧译的《西域南海史地考证译

① 方壮猷：《从元代农业生产力的发展看忽必烈的重农政策》，见《纪念成吉思汗诞生八百周年蒙古史科学讨论会集刊》，内蒙古历史学会编印，1962 年，第 178 页。

② 内蒙古自治区地方志编纂委员会办公室编：《内蒙古大事记》，内蒙古人民出版社 1997 年版，第 572 页。

③ 致“方壮猷同志纪念会”函，载湖北省档案馆馆藏档案（SZ120 全宗，6 目录，216 案卷）。

丛》第二卷第八编，其中刊有《关于西域语之讨论——冯子衡致方欣安书》。[①]

一九六三年（癸卯），六十二岁。

任武汉哲学社会科学研究所研究员。

一月，在湖北省历史学会年会上提交《宋代百家争鸣初探》一文，得到较好评价。湖北省委宣传部副部长密加凡建议在此基础上扩充写成《中国历史上的百家争鸣》。

四月，参加所里的“五反”运动。

十二月十日，参加湖北省哲学社会科学联合会会议，当选为湖北省哲学社会科学联合会委员，湖北省历史学会副会长。

十二月，中央文物局陈滋德处长来武汉视察纪南城，同时洽谈编纂《楚国史》的问题。研究楚国史是先生晚年学术工作的重心，他为此收集了大量历史文献资料，准备结合中南地区丰富的地下考古文物发现，撰写出一部《楚国史》来。可惜这项工作正在进行中，就赶上了“文化大革命”。先生为准备撰写《楚国史》而收集的资料，大部分都保存在湖北省博物馆资料室。在为纪念先生而召开的座谈会上，丁永芳说：“我是搞图书资料室工作的，在通史陈列部，我看过方老的资料。在楚史方面，有上十本史料，没有成书，主要是从各种古书中摘下来的，有的我们还看不大懂。另外还剪辑贴了战国史编年资料上十本。这两套比较完整。这是方老刚开始搜集的资料，后来文化大革命一来就停下来了。我看了这些史料后，感到方老基本功扎实，治学严谨，在资料上做了大量工作。如果不是文化大革命，大部头早就出来了。”[②]

---

① 冯承钧译：《西域南海史地考证译丛》第二卷，第八编，商务印书馆 1962 年版，第 118 页。

② 见 1981 年 12 月 7 日的《湖北省博物馆怀念方壮猷教授座谈会记录》，载方克强、方克定、方克立、方克明编《高风中楚天阔》，2011 年自印本，第 71 页。

是年，三子克立在《哲学研究》杂志发表《坚持哲学史中的严格的历史性》（署名“方蠡”，第三期）、《关于孔子“仁”的研究中的一个方法论问题——与冯友兰先生商榷》（第四期）、《实质的分歧是什么？——答冯友兰先生》（第六期）等文章，先生曾给予鼓励，并请著名金石篆刻家、湖北省文史馆副馆长唐醉石先生刻“方蠡”印章一方（侧署“七十八翁唐醉石”）。

一九六四年（甲辰），六十三岁。

任武汉哲学社会科学研究所研究员。

春节期间，曾出席国家副主席董必武在武昌洪山宾馆召开的湖北省部分民主人士座谈会。

七月十五日，湖北省人大常委会议决定调先生任湖北省文物管理委员会副主任委员，主任委员由孟夫唐副省长兼任。

七月，《战国以来中国步犁发展问题试探》一文发表于《考古》1964 年第 7 期。

九月一日，在湖北省人代会上当选为第三届全国人民代表大会代表。

十二月十五日，赴京出席第三届全国人民代表大会第一次会议，住在京西宾馆。

开会前，准备了一份发言稿：《十五年来湖北省文物工作的成就和存在的问题》；一份提案：《武昌阅马场红楼已列为国务院颁布的全国重点文物保护单位之一，应请湖北省政协让出，移交湖北省革命博物馆筹备处接收，加速筹备开馆，进行革命历史教育案》，提交给大会。

参加湖北代表团第三小组的活动。在讨论周恩来总理政府工作报告中关于各级机关和干部革命化问题时，先生表示自愿减薪一半。会后还向本单位党组织递交了自愿减薪一半的书面申请。

在京开会期间，曾到中央党校拜访老朋友赵纪彬教授。

是年，写成《中国学术史上的百家争鸣》《宋代中国人口发展问题试探》等论文。

一九六五年（乙巳），六十四岁。

任湖北省文物管理委员会副主任委员。

一月三日，第三届全国人民代表大会第一次会议闭幕。

一月七日，带孙方初（克强之子）回武汉。

四月一日，到湖北省文物管理委员会正式报到就职。

先生在“文革”中写的一份交待材料中说：“大约是1964年，我曾到孟夫唐家里请示文物管理委员会的编制问题，他同意向省编制委员会反映。一年后才由省人委告知，编委已批准文管会增加秘书三名：一名负责革命文物的调查、征集和革命旧址的维修工作，一名负责地上文物的调查、征集和古建筑的维修工作，一名负责地下文物的调查、清理和发掘工作。但是这三名增加的编制迄今未分别派人来进行工作。”（《关于旧省委》）

谭维四回忆起当时的情况说：“当时方老找到我，说成立一个办公室，设一个秘书长，有七个编制。方老要我当秘书长，或者叫办公室主任。但我们刚开始修房子、搞车子，准备把方老的家搬来，以便将班子搭齐了，牌子就挂出去。结果文化大革命来了，一切都停下来，这个计划没有实现，确实损失很大。不然我们的工作会好办多了。”①

四月二十九日至八月三十日，参加湖北省委统战部组织的政治学习班，历时四个月，住在首义路招待所。先生所作的清理思想的题目是：《历史唯心主义对我的危害》。曾作诗表明态度：“形而上学固可憎，唯心史观毒更深，景阳冈上拦路虎，除害必须学武松。”同时写成学习心得：《毛主席对历史唯物主义理论宝库的伟大贡献——重读〈关于正确处理人民内部矛盾的问题〉和〈在中国共产党全国宣传工作会议上的讲话〉的体会》。

① 见1981年12月7日《湖北省博物馆怀念方壮猷教授座谈会记录》，载方克强、方克定、方克立、方克明编《高风楚天阔》，2011年自印本，第70页。

十月，赴江陵领导楚墓发掘工作。为配合漳河水库第二干渠的修建工程，在江陵城西北望山寺地区清理了三座较为大型的楚墓，出土文物一千多件，其中有极其珍贵的越王勾践剑一具。靠近剑隔处有八字鸟篆铭文，初步辨识其中的六个字为“越王□□自乍（作）用鐱（剑）”，中间二字尚难辨识，但亦可初步判断是该剑主人的名字，而且有可能是古越国的某个“王”。参照二号墓的两方烙印章文，可以确定该墓的主人姓“邵”，因此先生将剑铭中间的两个字初释为“邵滑”，并推测他可能就是史载越王无疆的儿子越王玉。

曾参与发掘工作的陈振裕说：“越王勾践剑是在发掘纪南城望山一号到四号墓的时候发现的。最初我判断它是一个贵族墓。挖的时候，我负责清理头箱和棺室，当我取出剑的时候，上面还套着剑鞘。第二天，工作人员清洗完以后，发现上面有八个字：‘越王□□自乍（作）用鐱（剑）’。其中六个字被正在工地上的历史学家方壮猷先生认出，但人名却难以确定。”①

主持江陵楚墓发掘工作时先生已六十多岁，在十分艰苦的条件下，他以饱满的工作热情，高度负责的精神和严谨的学风，与青年考古工作者同甘共苦，指导他们把考古发掘工作做细做好。许多参与这项工作的同志都深情地回忆了这一段经历。

郭德维说：“我和方老具体接触是在1965年江陵发掘望山楚墓时，当时方老带了许多资料去证实，他把我们的工作资料逐一详细进行了检查和审阅，重要处还作了笔记，方老亲自动手搞了《江陵楚墓》与《江陵宋墓》两本集子。在江陵，条件相当艰苦。方老高龄，眼睛又高度近视，晚上却总是搞到很晚，住在一间小房子里。他总是亲自到工地，一去就关心有没有出土竹简。当时住的太晖观与现场相隔很远，方老就上午搭公共汽车去，下午搭粮食局运粮的汽车回。方老对我们的资料要求总是提得很具体，哪些资料整理得好，

---

① 《考古发掘专家陈振裕：让勾践剑重见天日》，《新京报》2008年10月3日。

哪些地方有不足，都给指了出来。……记得当时考古经费有困难，到了年终，又准备再挖下一个更大的楚墓。正巧文化局钱远铎局长来江陵，于是方老就与钱局长联名打电报给省文化局，解决了五千多元经费问题。不幸的是‘文化大革命’来得太早了，我们的愿望没有得以实现。”①

陈振裕说：“我 1965 年毕业分配到这里，去江陵就遇见了方老。给我的第一个印象是：十一级干部，文化局长，武大教授，怎么住到工地上来了，竟没有一点架子！后来每次挖墓（望山墓），方老都去。那段路颠簸不平，我们看见方老去了，就赶紧同卡车司机打招呼，把方老带回住地。方老真是活到老、学到老、学无止境的楷模。在太晖观，总是晚上灯不到十二点不灭，白天黑夜搞材料。现在许多材料就是在那段时间搞的。方老抓工作对我们指导很具体，常说：‘你们在清理时一定要注意，长沙的帛书就与古尸在一起。’……表现方老眼光看得远的还有一件事：在我们挖大冢坡时，方老把珠江电影制片厂的同志请来，拍了三天胶卷拷贝，留下了珍贵资料的镜头。这部拷贝现在还保藏着。当时方老费了很大劲，通过了副省长。拍科教片，这是我们七、八十年代才注意到的问题，但六十年代方老就这样做了。回馆后，方老在二楼中间一间办公室里，日日夜夜进行研究工作，指导我们写研究报告。”他还说：“在工地时，方老凡见有专家来，就请他们作报告。如苏秉琦、王振铎、谢元珞三位专家都讲过。回馆后，商承祚也来作过报告。这对于我们开阔眼界有很大帮助。我们有了一点长进，确实与方老的热心指导是分不开的。”②

丁安民说：“每次我们出去，方老就提线索。如大、小李王墓

---

① 见 1981 年 12 月 7 日的《湖北省博物馆怀念方壮猷教授座谈会记录》，载方克强、方克定、方克立、方克明编《高风楚天阔》，2011 年自印本，第 65 页。

② 见 1981 年 12 月 7 日《湖北省博物馆怀念方壮猷教授座谈会记录》，载方克强、方克定、方克立、方克明编《高风楚天阔》，2011 年自印本，第 67—69 页。

（唐太宗孙子），就是方老1966年提的线索，开始进行调查的。到1972年就出了成果，登在《江汉考古》第二期上。方老很关心文物资料，走到哪里就记到哪里。如徐霞客的武当山记、沙市宝塔等，都亲自做了笔记。方老搞的方志目录，对我们搞调查非常有用处，朱士嘉也感兴趣。我们出去，先看看方志，工作起来就方便多了，很多都兑了现。”①

谭维四还讲到江陵考古发掘工作中的一件具体事情：“1965年冬，我就陪他在楚郢都纪南故城周围的江陵、荆门、当阳三县境内，跑了几十个小山丘，踏勘了上百座古塚。有一次为寻找楚庄王陵墓，骤遇天雨，时近黄昏，吉普车抛锚，被困在江陵、荆门、当阳三县交界处一个山村，幸得不远处一所乡村小学教师们的相助，深夜留宿，课堂当卧房，课桌当铺板，围炉向火，烤饼充饥，方得安然度过寒夜。而就在这时，他仍不忘访寻古墓所在。请来山乡老人，夜半促膝谈心，终于取得了不少新线索，高兴之余，他诙谐地说：‘天不作美人作美，冻饿反招来新音，乐在其中也！真是妙哉！’后来，他把这些调查勘察与文献资料汇集辑成《楚国墓葬》资料好几大本，为后人的楚文化考古研究，提供了有价值的学术资料。”②

在江陵楚墓发掘工作中，先生不但与青年考古工作人员同甘共苦，而且十分关心他们的工作与生活。有一次晚上下暴雨，工地出现了塌方，考古队员们赶紧起床去开沟疏导流水。由于考古工地消息闭塞，看不到当天的报纸，也听不到当天的广播，先生就用他一个月的工资184元，买了一台当时最好的“飞乐”牌收音机，让大家在工地上既能听到有关国家大事的广播，又能听到当天的气象预报，使考古

---

① 见1981年12月7日《湖北省博物馆怀念方壮猷教授座谈会记录》，载方克强、方克定、方克立、方克明编《高风楚天阔》，2011年自印本，第66页。

② 谭维四：《深切怀念方壮猷先生》，《文物天地》1987年第5期。

发掘工作进展得更加顺利。[1]

女儿方克明在《忆父亲》一文中说："我明显觉察到，这个时期是父亲最焕发活力的岁月之一，他每次回家，一谈到楚墓，就格外兴致勃勃，他早年就有心于楚文化的研究，现在终于时机成熟，因此常常见到父亲坐在写字台前，摘下眼镜，把精心剪贴过的竹简照片捧在手上，一看就是几个小时，真是爱不释手。父亲认为：经过对竹简的辨认、拼接和考释，可以发现竹书。可惜好景不长，文化革命的政治风暴席卷了全国，即使在那样困难的时刻，父亲在接受'审查'、'批判'之余，仍见缝插针、不遗余力地致力于文物研究，终以身殉。"[2]

一九六六年（丙午），六十五岁。

自去年年底开始，就江陵出土剑铭之辨识问题，致书郭沫若、夏鼐、唐兰、陈梦家、于省吾、徐中舒、容庚、商承祚、罗福颐、苏秉琦、胡厚宣、王振铎、顾铁符、朱芳圃、马承源等国内著名的考古学家、古文字学家和历史学家，提出自己的初步看法，并附剑上铭文的临摹、拓片和照片，征求专家们的意见，"请予鉴定"。先生寄出之信函得到了专家们的热烈响应，"一场以剑铭考释为中心同时还涉及有关这批墓葬考古的其他问题的学术讨论，以来往通讯为主要方式在这些著名学者之间热烈展开。从元月上旬到 2 月中旬，不到两个月时间，除方先生发出的十几封信不计外，收到上述十几位学者的来信达 40 多封，他们各述已见，百家争鸣。……到元月底，2 月初，方壮猷先生综合研究了各方来信，并对经过现场保养清理，字形更加清晰的剑铭，再次作了临摹、拓片与照相，又经仔细辨认，认为'邵滑之说，似乎必须放弃'，八字鸟篆铭文为'越王九浅自作用鐱'，九浅

① 见 1981 年 12 月 7 日的《湖北省博物馆怀念方壮猷教授座谈会记录》中丁安民、陈振裕的发言，载方克强、方克定、方克立、方克明编《高风楚天阔》，2011 年自印本，第 66—69 页。

② 在 1987 年 3 月 30 日"方壮猷同志纪念会"上的发言，载湖北省档案馆馆藏档案（SZ120 全宗，6 目录，216 案卷）。

二字也可以看成鳩浅，和越王句践之子剑的句践二字作九浅者极相似”[①]。著名学者郭沫若一月六日复函先生曾表示赞成邵滑之说（“邵滑确如所释”）。二月十日，先生再次致函郭老，告知各位学者对江陵望山一号墓所出越王剑为“句践自作用鐱”的认识已趋于一致，并寄去清晰的拓片和放大照片，认为：“邵滑之说，乃初次拓本不甚清晰之故，以后照相放大，字形清楚可辨，争论已趋一致。”二月二十八日，郭老复函：“越王剑，细审确是句践之剑。”郭老此言可谓一锤定音，标志着这场历时两个月的书信讨论得到了具有广泛共识的令人满意的结果，越王勾践剑的出土也作为新中国考古事业的重大成果之一而被载入史册。

事后先生将各位专家来函汇编成《楚墓通讯集》一册，其中包括：

唐兰一月五日、一月六日（复先生一九六五年十二月二十八日函）、一月十九日（复一月十日函）来函；

郭沫若一月六日（复先生元旦函）、一月二十三日（复一月十日两函）、二月二十八日（复二月十日函）来函；

陈梦家一月八日（复夏鼐转示先生元旦函）、一月十二日、一月十九日（复一月十日函）、四月三十日来函；

徐中舒一月八日（复先生一九六五年十二月二十八、二十九日函）、一月十七日（复一月十日、十一日函）、二月十七日（复二月十日函）、四月二十一日、八月二十七日来函；

夏鼐一月十日（复先生元旦函）、一月十七日（复一月十日两函）、二月二十日、二月二十五日来函；

苏秉琦二月二日（复先生一月十日函）、三月十九日来函；

商承祚一月十六日（复先生前后三函）、二月二十四日（复一月三十一日、二月十五日函）、二月二十八日、三月七日、七月七日、

① 谭维四：《关于越王勾践剑铭文的考释经过》，载《江陵望山沙塚楚墓》，文物出版社 1996 年版，第 314—317 页。

八月七日、八月二十一日、九月一日、十月一日来函；

于省吾一月十八日（复先生前后两函）、一月二十日、二月十二日（复一月三十日函）、二月二十六日（复二月十八日函）来函；

马承源一月十八日、四月二十六日来函；

朱芳圃一月三十一日来函；

罗福颐二月六日、四月二十一日来函；

殷涤非二月七日（复先生一月三十日函）来函；

陈滋德二月八日来函；

史树青二月二十五日（复先生二月二十日函）来函；

胡厚宣二月二十六日来函；

容庚三月一日来函；

顾铁符五月一日来函。

另外，《通讯集》还收入了湖北省副省长张旺午一月十日（复先生元旦函）来函，湖北省委文教部副部长肖慧纳（王任重夫人）一月十一日来函。先生致函省委、省政府领导，除了汇报工作之外，一个重要目的是为江陵考古发掘工程争取追加经费，以推动工程进展，扩大考古发掘战果。

先生将各方来鸿编辑整理成册，妥为保存，即使在“文革”中受到冲击和迫害的那些日子，亦未散失。一九七〇年先生去世后，其子女按照先生的遗愿，将这批珍贵信函原件捐赠给了湖北省博物馆。遗憾的是，先生发出去求教和商讨的信函，由于没有存底，《通讯集》中恰恰缺少这方面的资料。20 世纪八十年代后期，先生的至交好友徐中舒令其子安石将先生一九六五年十二月二十八日、二十九日，一九六六年一月十日（两封）、十一日、二月十日给他的六封信函原件寄给了先生之子克立，俾使这次书信讨论的发起者和组织者先生之敬业精神和虚心求教、从善如流的人格风范得窥一斑。

一月，写成《初论望山楚墓的年代与墓主》一文，对江陵望山一号、二号楚墓发掘情况和对其年代与墓主初步研究的结果进行总结，此文后来发表于一九八〇年出版的《江汉考古》创刊号。

二月，通过湖北省委向在武汉开会的中央政治局领导同志汇报了越王勾践剑出土的情况，中央领导十分重视，让湖北省委通知荆州地委立即派专车把越王勾践剑等重要出土文物运到武昌。在武汉的中央领导彭真、陆定一、康生、吴冷西等先后参观了这批重要文物，称其为“国宝”“无价之宝”，对湖北省的文物考古工作做了很高评价。

原湖北省博物馆馆长谭维四在《方壮猷先生与湖北的文物考古事业——纪念方老逝世十七周年》一文中写道：“那是一九六六年春，我们在江陵发掘望山一号楚墓时，出土了一柄刻有铭文的青铜剑。在工地指导工作的方先生十分高兴，当即进行考释。在工地没有资料可资借鉴的情况下，剑身上两行八字鸟篆铭文中，有六字清晰可认，为‘越王自乍（作）用鐱（剑）’。这是首次在湖北境内发现的越王文物，具有极重要的历史、科学价值，大家都为之欣喜。但越国从越王允常得楚国扶助，于公元前五一〇年开始称王起，到公元前三三四年被楚所灭止，历代君王先后有九位。此剑为哪一代越王所‘自作’呢？只有认准剑上所铭刻的越王之名，才能作出结论。且弄清了这一点，还可以进一步为这批墓葬的断代提供重要的依据。因此，虽只两个字的考释，在学术上却有着重要意义。兴奋的心情和对事业的责任感驱使着他，方先生立即动手亲笔给我国老一辈知名的古文字学家、历史学家、文物考古学家写去了大批信件，寄去了铭文的照片与拓片，征询意见，开展讨论，得到了广泛的响应与热情的支持。我国已故著名学者郭沫若、夏鼐、于省吾、唐兰、容庚、陈梦家、罗福颐，以及现仍健在的许多著名学者如商承祚、苏秉琦、徐中舒、王振铎、胡厚宣、顾铁符、史树青、马承源等，都从四面八方纷纷回信，少则一、二封，多则七、八封，发表自己的见解，相互切磋。到这一年的二月上旬，各方意见大体一致，另两字应为‘鸠浅’，即‘勾践’。方先生遂于二月十日向郭沫若先生发出了第三封信，综合告知了讨论的情况，谈了自己的看法，认为系勾践剑无疑。二月二十八日郭老给他回信说：‘二月十日信收到，……越王剑，细审确是勾践之剑’。至此，历时两月的切磋争鸣，终于取得了一致的结论。此后，他将各方来信集于一册，题名《楚墓通讯》，妥为珍藏。即使在十年浩劫最混乱的日子里，他自己受到了残酷的迫害，这本通讯集仍被他巧妙地珍藏了下来，无一散失。一九七〇年三月三十日，方老先生不幸去世之后，他的子女遵照先生生前的夙愿，将此通讯集连同他所整理编撰的史料文稿，悉数捐献给了湖北省博物馆，给后人留下了一大笔珍贵的历史文化遗产。”①

薛继军在电影脚本《王者之剑》中更为具体生动地写道：

“1965 年，年逾 60 的考古学家方壮猷教授受命主持宝剑的研究工作。他要破解的是 2500 年前一个血雨腥风的故事，这个故事，埋藏于地下超过 2000 年！

“究竟，这把宝剑的背后隐藏了一个怎样的秘密？中国考古界的所有专家们都在焦急地等待结果的出现。……

“1965 年底，方壮猷教授把信与照片寄给了全国十几位最著名的考古学家、古文字学家及历史学家，破解剑主人之谜的研究工作以一种最传统的方式在全国展开了。邮递员手中的求助信，顿时把全国考古界的关注吸引到了湖北武汉市。

“没过多久，第一批学者对宝剑的研究结果陆续反馈了回来，其中最引人注目的是著名学者郭沫若的研究。郭沫若，被人称为三百年来中国最有才气的学者之一，他因对甲骨文的解读而天下知名。在信中，他赞同方壮猷初步的研究结果，认为此剑中不能确定的两字为‘邵滑’，甚至认为邵滑是越王玉的名字。

“1966 年 1 月 5 日、6 日两天，方壮猷又收到了来自故宫博物院的信件。唐兰，这位早年曾学商从医的老人，是中国认识甲骨文最多

---

① 谭维四：《方壮猷先生与湖北的文物考古事业——纪念方老逝世十七周年》，《江汉考古》1987 年第 2 期。

的学者，他与郭沫若相交至深，然而在学术研究上，却往往有不同的见解。唐兰指出，此剑的主人不是别人，正是中国历史上最具传奇色彩的君王之一：越王勾践。

唐兰的字形分析犹如一场比赛智力的猜字游戏，这是一个费尽脑汁的旅程。他先用铭文推出了一个很奇怪的名字——鸠浅，而‘鸠浅’正是‘勾践’两字的通假字。

“唐兰的研究结果在学术界引起轩然大波，经过两个多月的书信交流、切磋研讨，连郭沫若也改变了自己原来的看法，他在2月28日的复信中写道：‘越王剑，细审确是勾践之剑’。

“至此，越王剑剑主之谜终于得到了破解。”①

五月十六日，中共中央政治局通过《中国共产党中央委员会通知》，即“五·一六通知”，发出了“无产阶级文化大革命”的动员令。

六月一日，《人民日报》发表社论《横扫一切牛鬼蛇神》，号召“亿万工农兵、广大革命干部和革命知识分子，以毛泽东思想为武器，横扫盘踞在思想文化阵地上的大量牛鬼蛇神，把所谓的资产阶级的‘专家’、‘学者’、‘权威’、‘祖师爷’打得落花流水，使他们威风扫地”。此后在各地开展的“文化大革命”运动中，多数党政领导干部被打倒、被批斗，许多知识分子受到冲击。先生也被打成“走资本主义道路的当权派”“资产阶级反动学术权威”“修正主义文艺黑线在湖北省的代表人物”，受到抄家、批斗、关“牛棚”、隔离审查、强制劳动等各种不公正的待遇。

刘彬徽说：“在江陵，我先在纪南城，后在二号墓。而方老在一号墓较多。在二号墓出土了些文字，方老马上进行了考证，研究墓主是否昭鱼。而当时我们只顾挖墓，根本没有水平来研究墓主是谁的问题。方老是权威，我们很高兴在方老手下工作。方老对人亲切，谈天

---

① 薛继军：《王者之剑》，见豆丁网，http://www.docin.com/p-1163433.htm/，2003年6月。

时对他可以无话不谈，十分平易近人。方老给我们留下了许多资料，如按楚王编年的资料。要不是‘文化大革命’，我们完全可以把楚国编年史最早搞出来的。方老过早去世，是个很大的损失。在资料室，我还看到方老署名捐的三大杂志：《文物》、《考古》、《考古学报》。文化大革命给方老安上‘反动学术权威’的罪名，其实何罪之有?!”①

从“文革”开始，到去世前的近四年时间里，先生作为湖北省文博系统的头号打倒对象，始终处于被审查、被批斗、被专政的地位。但他自知没有重大的政治历史问题，解放后做文化行政工作中虽有错误也是执行问题，相信党和人民最后总会给予全面公正的评价，所以心态一直比较豁达，“认罪”态度较好，住“牛棚”、参加各种劳动、交待问题等都非常配合，在完全孤立无援的情况下，表现出有较强的自我保护能力。老伴张芹芬的情况就不同了。她解放后参加工作，一直是妇联系统和幼教工作的先进人物，“文革”前担任中国科学院中南分院武汉办事处幼儿园园长、湖北省政协委员，是备受师生、家长和办事处机关干部爱戴的“张妈妈”。“文革”初不仅本单位贴了她的大字报，而且回到家里，因先生的问题而被抄家，书柜和书箱上都贴了封条，家门口和楼道里贴满了“打倒”的标语和大字报，使她的精神受到很大的刺激，一下子就病倒了。医院诊断为脑动脉硬化症和帕金森氏综合征，实际上已得了神经分裂症，整天喃喃自语，要“向毛主席请罪”。四个子女中只有女儿克明在身边。她不但要带母亲去医院看病、治病，在先生关“牛棚”的那些日子里，还要每周骑自行车到东湖湖北省博物馆，给父亲送去换洗的衣服和水果等食物。先生被允许周末回家后，也要承担照顾家里病人的任务。“文革”使这个原来充满了革命、进步、和谐氛围的家庭陷入了深重的灾难。

---

① 见1981年12月7日的《湖北省博物馆怀念方壮猷教授座谈会记录》，载方克强、方克定、方克立、方克明编《高风楚天阔》，2011年自印本，第70页。

一九六七年（丁未），六十六岁。

七月，克明陪母亲去北京治病，先后住克强、克定家。

十一月二十四至二十七日，按照本单位勤务组的安排，与高、杨等人赴黄冈林家大院参观林彪故居和濬新小学旧址，与林梓南老人以及林彪的亲侄林二琳等人谈话。原计划多住几天，进一步调查林彪旧宅藏书散失问题和研究筹建革命纪念馆的问题，后因肝炎病复发而提前回汉。先生后来多次检讨自己在主持湖北省文物工作期间，没有把林彪故居当作重要革命文物保护好，是严重的失职，一再向林副主席“请罪”！

谭维四在《深切怀念方壮猷先生》一文中说：“十年动乱期间，1967 年他奉命赴黄冈县回龙山林彪的家乡搞所谓‘革命旧址调查’，有人企图把这里搞成第二个‘红太阳升起的地方’，他提出异议，说不能搞得象韶山一样，要实事求是。这些铿锵之言，后来竟成了挨批受斗的‘罪证’。直到林彪摔死以后，才得以平反。”①

丁安民说：“有一次，方老去过林家大湾一趟，说了句实话：‘林彪家是地主’，这一下回来就变成‘攻击林副主席’的罪名，受到了很大的冲击。还有，因方老将各种聘书装订在一起，便于保存，有人就指责他‘把林副主席发的与蒋介石发的订在一起了’，说什么‘国民党、共产党不分’。这都是莫须有的罪名！”②

程欣人说：“‘文化大革命’中，方老曾说过：‘这么多一小撮，就不是一小撮了。’”③

十一月二十七日，江青在出席首都工人座谈会时说：“在整个无产阶级文化大革命的过程中，都要逐渐地清理阶级队伍，有党内，也

---

① 谭维四：《深切怀念方壮猷先生》，《文物天地》1987 年第 5 期。

② 见 1981 年 12 月 7 日的《湖北省博物馆怀念方壮猷教授座谈会记录》，载方克强、方克定、方克立、方克明编《高风楚天阔》，2011 年自印本，第 67 页。

③ 见 1981 年 12 月 7 日的《湖北省博物馆怀念方壮猷教授座谈会记录》，载方克强、方克定、方克立、方克明编《高风楚天阔》，2011 年自印本，第 72 页。

有党外。”一个月后，“两报一刊”发表元旦社论，提出要彻底清查混在革命队伍内部的一小撮叛徒、特务、走资派以及没有改造好的地、富、反、坏、右分子，要充分发动群众，彻底清查，坚决处理。

十二月初，先生被本单位的群众组织“砸三旧兵团”再次“揪”出来，成为重点清查对象。在这以后，他不但要写各种交待材料，而且还要定期给勤务组写《思想汇报》，汇报近期参加的劳动、会议，接触的人和事，对国内外大事的看法，以及自己的活思想，等等。

一九六八年（戊申），六十七岁。

二月十二日，先生在《思想汇报》中说：“近两星期，我有些思想包袱，因为我的爱人病势加剧。她的病是由脑动脉硬化症引起的，近日天气寒冻，血液凝结，不能流通，原来手足神经麻痹症发展成为手足神经痉挛症，最近更发展成精神分裂状态，神智失常。我回家后，一面当护士，一面和她共同学习伟大领袖毛主席关于和病魔作斗争的教导，对她有所帮助。”

三月十三日，为了回应群众组织提出的“老朽滚蛋”的口号，先生写了题为《关于老朽滚蛋问题》的思想汇报，全文如下：

有人问我，对“老朽滚蛋”这个口号作何感想，有没有抵触？

我说：没有抵触。

为什么？

我说：老朽有两类。一类是老而不朽或老而未朽，还要作具体分析；一类是老而且朽，应该打倒。我就属于第二类。

何以见得？

我说：第一，我有二千度以上的近视眼，又有老花、散光，又有白内障，近于失明；第二，我的双耳听觉不灵；第三，我的四肢长期以来患严重的风湿性关节炎症，遇气候变化就发生疼痛，长期贴伤湿止痛膏，也不解决问题，右足跟又长了两根骨刺，这些都是1955年检查湖北剧场基建工程时，从三楼跌下时受伤的，当时有钱运铎等同志在场，可以作证；第四，我患动脉硬化症，受寒则血液流通更为不畅，这是由于长期高血压、高血磷脂、高血胆固醇等症积渐而来的；第五，我曾患肝炎症，已经好了，近又复发；第六，我近来头脑日益糊涂，这是由于长期的失眠症、神经衰弱症、记忆力衰退症等所致。由于学习方法不对，脑子里像一个废料仓库，或者说像一个垃圾堆，装满了乱七八糟的东西，有人忽然追问一个问题，一时记不起来，追得越急就越糊涂。

根据以上情况，我认为自己已成为废物，确是既老且朽，应该滚蛋。

丁安民说：“‘文化大革命’中，方老什么组织都不参加，不介入派性斗争。”[①]

先生在《两年多来的思想动态》中坦陈了自己的活思想：“两派分裂以后，两个勤务组对立时期，深感派性斗争问题如不解决，自己的问题也不可能得到解决，因而力求避免被卷到派性斗争的漩涡里去。因此在写交待材料和思想汇报时都写两份，两派都交，在请假看病和其他问题上则只找专政小组，避免和其他同志接触。”（1969 年 1 月 15 日）

五月二十五日，中共中央、中央文化大革命小组发出《转发毛主席关于〈北京新华印刷厂军管会发动群众开展对敌斗争的经验〉的批示的通知》，要求各地学习新华印刷厂开展对敌斗争的经验，在清理厂矿、机关和文教系统中的教职员工的阶级队伍的工作中，要进行深入细致的调查研究工作，区别两类不同性质的矛盾，稳准狠地打击一小撮阶级敌人。此后，在全国陆续开展了“清理阶级队伍”的运动。

---

① 见 1981 年 12 月 7 日的《湖北省博物馆怀念方壮猷教授座谈会记录》，载方克强、方克定、方克立、方克明编《高风楚天阔》，2011 年自印本，第 67 页。

此后，湖北省文博系统“文革”运动的重点也转向清理阶级队伍。从本年七月到次年三月，在半年多时间里，先生按照专案组的要求，写了大量有关自己历史问题的交待材料，其内容与过去写的材料亦多有重复。同时也写了部分被要求回答的外调材料。这些材料都坚持了实事求是的原则，但在自我批判时也有上纲过高的问题。

十二月二十一日，写大字报《热烈欢迎工宣队和军代表》，欢迎工人毛泽东思想宣传队和军代表进驻湖北省博物馆，“领导无产阶级文化大革命和今后的一切工作”。

丁安民说：“‘文化大革命’中，1967、1968 年方老多次向省委写报告，愿将自己工资的百分之几交给国家。”①

一九六九年（己酉），六十八岁。

四至九月，湖北省文化系统（包括博物馆工作人员）集中到孝昌县花园镇去搞“斗、批、改”运动，先生也一起去了。

郭德维说：“‘文化大革命’期间，方老受的迫害不少，住牛棚，去花园搞斗批改。因受迫害后，方老受到刺激，原来在江陵不吃肥肉、蛋黄，不抽烟，到花园后就什么都吃，也不考虑胆固醇高不高了，这客观上对方老的身体会带来影响的。‘文化大革命’中，×××、×××对方老搞了几次，也使方老受到刺激。方老十分向往着再搞考古，有次晚饭后散步，我问方老：‘方老，你招研究生的话，我就做你的研究生。’我是半认真、半开玩笑说的，方老却一点也不反感。”②

丁永芳说：“方老给我们的印象一直都是很好的，我们都很尊敬方老。在花园时，我和方老在一起，见他总是沉默寡言。方老的去

---

① 见 1981 年 12 月 7 日的《湖北省博物馆怀念方壮猷教授座谈会记录》，载方克强、方克定、方克立、方克明编《高风楚天阔》，2011 年自印本，第 67 页。

② 见 1981 年 12 月 7 日的《湖北省博物馆怀念方壮猷教授座谈会记录》，载方克强、方克定、方克立、方克明编《高风楚天阔》，2011 年自印本，第 65—66 页。

世，确实与‘文化大革命’有很大关系，这是湖北省文化界的一个损失。”①

一九七〇年（庚戌），六十九岁。

三月十二日，写《我为什么写信给李振凡》（注：李振凡“文革”前是湖北省博物馆的副馆长）。

三月十三日，写《再次向林副主席请罪》。

这是先生辞世前给驻馆工宣队和斗、批、改领导小组写的最后两份交待材料。作为专政对象他长期处在这种被压抑的心态中，身体有病也得不到负责任的诊断和治疗。他相信这种局面一定会得到改变而终于没有盼到这一天。

三月三十日二十点五十分，先生因患动脉硬化性心肌梗塞症，病逝于湖北医学院第二附属医院。

四月二日，湖北省文物管理委员会、湖北省博物馆发表公告：

> 全国人民代表大会代表、省政协常委、原省文物管理委员会副主任委员方壮猷先生，因患动脉硬化性心脏病，医治无效，于一九七〇年三月三十日二十时五十分逝世。享年六十九岁。现订于四月三日下午二时在武昌殡仪馆（地址：武昌街道口）举行追悼会，向方先生遗体告别。特此讣告。

四月三日，在武昌殡仪馆举行的追悼会上，驻湖北省博物馆工人毛泽东思想宣传队、湖北省博物馆斗、批、改领导小组代表发表《悼方壮猷先生》的讲话，全文如下：

> 全国人民代表大会代表、湖北省人民代表大会代表、省政协

① 见1981年12月7日的《湖北省博物馆怀念方壮猷教授座谈会记录》，载方克强、方克定、方克立、方克明编《高风楚天阔》，2011年自印本，第70—71页。

常委、原省文物管理委员会副主任委员方壮猷先生，因患动脉硬化性心脏病，医治无效，于1970年3月30日20点50分不幸逝世。享年六十九岁！

方壮猷先生1902年出生于湖南省湘潭县。早年就读于北京师范大学和清华大学，留学日本和法国。解放前以教书为职业，先后在上海、南京、武汉等地任大学讲师、教授。

全国解放后，方壮猷先生接受了党的教育，参加了革命工作。1950年4月任中南军政委员会文化部文物处副处长。自1952年起，并兼任前中南图书馆（即今湖北省图书馆）馆长。这期间，方壮猷先生遵照毛主席“必须到群众中去”、“到火热的斗争中去”的教导，响应党的号召，投入了轰轰烈烈的土地改革运动，参加了湖南省零陵县的土地改革工作，受到了阶级教育。

1955年2月至1958年4月，方壮猷先生调任湖北省文化局局长。1957年3月，他荣幸地列席参加了“中国共产党全国宣传工作会议”。在3月6日开幕会议上，敬听了伟大领袖毛主席《关于正确处理人民内部矛盾的问题》的录音报告；3月13日，又万分幸福地听到了伟大领袖毛主席亲自作的《在中国共产党全国宣传工作会议上的讲话》的伟大报告，受到了极其深刻的毛泽东思想的教育。

1958年5月，方壮猷先生被调到中国科学院武汉分院哲学社会科学研究所任研究员。曾多次到老革命根据地进行过革命历史的调查工作。1965年7月，方先生任湖北省文物管理委员会副主任委员，在湖北省博物馆办公，和湖北省博物馆革命文博工作者在一起，从事党的文物保护工作，曾多次到我省各地调查了解文物保护情况，还参加了一些考古发掘和研究。

1957年，方壮猷先生被推选为省政协常委。1959年被选为省人民代表大会代表。1964年被省人民代表大会推选为全国人民代表大会代表，出席了中华人民共和国第三届全国人民代表大会第一次会议。在任人大代表和政协常委期间，曾多次到我省农村、工厂，检查生产，了解情况。

在党的领导下，在毛泽东思想的指引下，十多年来，方壮猷先生为人民做了有益的工作，贡献了自己的力量。

在伟大领袖毛主席亲自发动和领导的这场史无前例的无产阶级文化大革命运动中，方壮猷先生在湖北省博物馆参加运动，在轰轰烈烈的群众运动中，经受了阶级斗争的考验和锻炼，提高了思想觉悟。

对于方壮猷先生的不幸病逝，我们表示深切的哀悼！

对于方老先生的亲属，谨致以亲切的慰问。希望方老先生的亲属化悲痛为力量，紧跟伟大领袖毛主席继续革命，为人民立新功！

四月四日，《湖北日报》第六版发布《方壮猷先生逝世》的简短消息：

全国人民代表大会代表、湖北省政协常委、原湖北省文物管理委员会副主任委员方壮猷先生，因患病医治无效，于一九七〇年三月三十日二十时五十分逝世，终年六十九岁。

四月初，子女回武汉奔丧时，湖北省博物馆院内还贴了许多批判先生的大字报。方克强在《关于为方壮猷彻底平反问题》的信中说：“先父去世后，我们前往奔丧，曾去省博物馆，还看到对他进行所谓‘大批判’的大字报和‘方壮猷欲盖弥彰’之类的大标语，墨迹犹新，贴满了博物馆的墙壁。显然，他是在受‘批判’中含冤去世的。看到这一切，我们便心酸地匆匆离去了。”（1986 年 5 月 29 日）

五月二十八日，夫人张芹芬女士因患脑动脉硬化症，久经治疗无效，病逝于湖北医学院第二附属医院，享年六十五岁。

一九七一年（辛亥）

七月二十日，先生与夫人张芹芬女士合葬于武昌九峰山革命烈士公墓。

【续编】

一九八〇年（庚申）

《初论望山楚墓的年代和墓主》发表于《江汉考古》创刊号（第59—61页）。

一九八一年（辛酉）

《南宋编年史家二李年谱》于抗战时期发表于《说文月刊》第四卷，经白寿彝先生提议，又重新发表于北京师范大学史学研究所编辑的《史学史研究》一九八一年第一期（第24—50页）。“编者按”说：“本文作者方壮猷（1901—1970），字欣安，湖南省湘潭县人。早年毕业于湖南长沙第一师范，后入北京师范大学预科。结业后，考入清华大学国学研究院，从梁启超学习儒家哲学和历史研究法。在研究院毕业后，赴法留学。回国后，历任北京师范大学、武汉大学、暨南大学、湖南大学等校历史系教授。解放后，任武汉大学历史系教授、湖北省文化局局长、湖北省图书馆馆长，并当选为第三届全国人民代表大会代表。十年浩劫中遭受迫害，不幸去世。著有《东胡民族考》、《鞑靼起源考》、《契丹民族考》、《中国史学概要》、《宋史类编及宋史校注》等。本文资料翔实，很见功力。原刊《说文月刊》第四卷。原件用土纸印刷，字迹模糊，排印错漏者很多。《说文月刊》原印份数不多，流传不广，现为重新校印，供本刊读者研究参考。”

十二月七日，湖北省博物馆召开“怀念方壮猷教授座谈会”，家属代表方克明被邀出席座谈会。

一九八二年（壬戌）

岳华写的《方壮猷传略》发表于《史学史研究》1982年第1期，第69—73页。

十月，《宋代百家争鸣初探》发表于《中国哲学》第八辑，生活·读书·新知三联书店 1982 年出版，第 65—98 页。方克立在《附记》中说："先父方壮猷教授早年毕业于清华大学研究院，曾就学于梁启超、王国维、陈寅恪诸大师。新中国成立前数十年，先后执教于南北各大学史学系；新中国成立后从事文化行政领导工作。一九五七年三月以党外人士身份被邀参加中共中央召开的全国宣传工作会议，亲自聆听了毛泽东同志作的《关于正确处理人民内部矛盾的问题》（录音）和《在中国共产党全国宣传工作会议上的讲话》两个报告，铭感至深，旋即撰成《中国学术史上的百家争鸣》和《宋代百家争鸣初探》二文，通过历史规律的探索，以表示对党提出的'百花齐放，百家争鸣'方针的拥护之诚。《宋代百家争鸣初探》一文后来经过修改，曾作为湖北省历史学会一九六二年年会论文报告并内部印发。在先父故去十一周年之际，承友人厚意，同意将此文在《中国哲学》杂志上公开发表，提供一个学术资料，也作为对先人的纪念。"①

一九八三年（癸亥）

四月，来新夏著《近三百年人物年谱知见录》由上海人民出版社出版。在卷六附录一"知而未见录"中，著录有：

> 《胡文忠公年谱》方壮猷编稿本
>
> 李士涛：《中国历代人物年谱目录》著录。
>
> 梁廷灿：《年谱考略》著录，并称"著者今人方壮猷"。
>
> 杭州大学图书馆：《中国历代人物年谱集目》，据梁考著录。②

一九九二年十一月中华书局出版谢巍编撰的《中国历代人物年谱

① 中国社会科学院历史研究所《中国哲学》编辑部《中国哲学》第八辑，生活·读书·新知三联书店 1982 年版，第 97—98 页。

② 来新夏：《近三百年人物年谱知见录》，上海人民出版社 1983 年版，第 318 页。

考录》，在正编第九卷“清代”部分，亦著录有：

《胡文忠公年谱》

【编者】湘潭（近）方壮猷（欣庵）

【版本】稿本〈著录〉据梁廷灿《年谱考略》。

【备考】林翼，道光十六年进士，授编修，累官至湖北巡抚。著有《读史兵略》、《奏议》、《书牍》、《胡文忠公全集》。[①]

七月，书目文献出版社出版了北京图书馆《文献》编辑部、吉林省图书馆学会会刊编辑部合编的《中国当代社会科学家》第五辑，其中刊有岳华的《方壮猷传略》一文（第11—19页）。

一九八五年（乙丑）

九月，山西人民出版社出版了《晋阳学刊》编辑部编的《中国现代社会科学家传略》第七辑，其中刊有岳华的《方壮猷传略》一文（第48—54页）。

一九八六年（丙寅）

五月二十九日，长子方克强（离休干部，原广州军区空军司令部办公室主任）征得弟弟方克定（地质矿产部政策研究室主任）、方克立（南开大学教授、中国哲学研究室主任）和妹妹方克明（武汉化工研究所工程师）的同意，给湖北省委统战部、湖北省文化厅领导写信，提出为在“文革”中受到迫害、含冤去世的方壮猷先生彻底平反、重新做出全面结论和公正评价的问题。这封信也抄报湖北省委办公厅、宣传部、湖北省人民政府办公厅、湖北省政协、湖北省博物馆等单位，引起了省委、省政府的高度重视。

谭维四的文章《奇宝渊源——越王勾践剑与吴王夫差矛琐记》《文物天地》1986年第5期发表（第27—30页）。

① 谢巍编撰：《中国历代人物年谱考录》，中华书局1992年版，第541页。

十月，甘肃人民出版社出版的《中国社会科学家辞典》（现代卷）有“方壮猷”辞条（第40—41页）。

一九八七年（丁卯）

一月十日下午，武汉大学召开怀念方壮猷教授座谈会，童懋林副校长出席并主持会议。

三月二十一日，中共湖北省文化厅党组作出《关于进一步为方壮猷同志落实政策的决定》（鄂文〔87〕第16号）（以下简称《决定》），比较公正地评价了他一生的学术成就、革命工作贡献和高尚品德。《决定》指出：“方壮猷同志为人正直，廉洁奉公，勤奋好学，诲人不倦，在他的身上集中了我国老一辈知识分子的许多美德。他追求真理，追求光明，热爱祖国，热爱党，热爱社会主义，为祖国学术文化事业的繁荣辛勤地工作了四十余年。他的一生是革命的一生，奋斗的一生。他为党和人民做了许多有益和可贵的工作，值得我们永远怀念。在方壮猷同志去世之时，由于历史条件的限制，在悼词中对他一生的贡献以及‘文化大革命’中所遭受的迫害和诬蔑不实之词，未能作出公正的评价。”

《决定》还说：

> 鉴于方壮猷同志在世时是我国知名的历史学家—民族史和宋辽金元史专家、全国人大代表、省政协常委，经研究特决定如下：
>
> 一、召开方壮猷同志纪念会，对方壮猷同志在“文化大革命”中所遭受的迫害，予以彻底平反，推倒一切诬蔑不实之词，对其一生的贡献重新作出评价。会后，请报刊发纪念会消息，同时发表纪念文章。
>
> 二、以湖北省文物管理委员会名义树立墓碑。
>
> 三、对方壮猷同志捐赠给省博物馆的文物、资料逐件进行清理登记，与其亲属正式办理交接手续。对要求退还的，予以退还；对目前查无下落的，由省博物馆负责继续认真查找。

四、认真清查被查抄财物，对查无下落的给予经济补偿。

五、按国家有关文件规定，补发抚恤费。

三月三十日，湖北省党政领导机关和各界人士130多人在洪山礼堂举行“方壮猷同志纪念会”。给纪念会发来的函、电、诗、文的有：

中共中央办公厅主任温家宝特急明传电报：

发湖北省文化厅政治处转方壮猷同志纪念会：

值此方壮猷教授纪念会召开之际，谨对方老表示深切的怀念，并对他的家属致以亲切的慰问。方老高尚的革命精神和严谨的治学态度永远值得学习，他在史学领域做出的杰出贡献永远值得纪念。

中央办公厅　温家宝　1987年3月28日于北京

前中共中央顾问委员会常务委员、全国政协副主席何长工秘书长途电话：

“何长工同志向方壮猷同志的亲属表示慰问。”(3月28日上午)

全国政协副主席、中央文史馆长叶圣陶秘书来函：

湖北省文化厅方老纪念会：

来电念给叶老听了。叶老说方壮猷先生得到落实政策，悲欣交集，无以名状。无奈仍在病中，不能写文章表达他的怀念之情。请代向方先生家属致意。此致敬礼！

秘书姚兀真复　3月27日

中共中央委员、国家经委副主任、中国人民大学校长袁宝华来函：

湖北省文化厅转方壮猷同志纪念会：

方壮猷同志是我国著名历史学家，他在史学领域的科研和教学中，在文化战线的行政领导工作中，以毕生精力作出了巨大贡献。这次纪念会的召开，对学习他的革命精神和严谨的治学态度，进一步落实党的知识分子政策具有重要意义。

特此电达，并预祝纪念会获得成功。

敬礼！

袁宝华 1987. 3. 26

中共中央委员、地质矿产部部长朱训电：

湖北省文化厅政治处转方壮猷同志纪念会：

方壮猷教授是我国老一辈的历史学家，他为祖国学术文化事业的繁荣辛勤地工作四十余年，不幸在十年浩劫中遭受迫害，过早地离开了我们。对于方教授在史学研究和文化领域作出的贡献，不仅受到史学界和文化界的赞扬，也为广大科学界所推崇。方教授对科学研究的钻研和奋发精神，是值得广大科学工作者学习的。值此你省召开方壮猷教授纪念会之际，特致电对方教授表示深切的怀念和崇高的敬意。

朱训一九八七年三月二十七日

中共中央顾问委员会委员、地质矿产部前部长孙大光，全国人大常委会委员、地质矿产部顾问许杰亦致电表示深切的怀念和崇高的敬意。

全国人大常委会委员、国务院学位委员会委员、北京师范大学历史系教授白寿彝口头致意。

全国人大代表、国务院学位委员会委员、四川大学历史系教授徐中舒电：

湖北省文化厅政治处转方壮猷同志纪念会：

高风楚天阔，

文章江汉永。

纪念方壮猷同志逝世十七周年。

徐中舒

中国历史博物馆研究员王振铎，中国历史博物馆研究员、国务院学位委员会委员史树青电：

湖北省文化厅政治处方壮猷先生纪念会：

方先生毕生劬学道德文章和对祖国文化事业的贡献值得纪念和学习。我们因事不能亲往，谨电致敬。

王振铎、史树青

文化部离休干部、文化部文物处前处长陈滋德函：

湖北省文化厅政治处转方壮猷同志纪念会：

对方壮猷同志的悼词

方壮猷同志的亡故已经十六年了。作为他的后辈，我也年过七旬，成为昏庸残废的老年病人。但有一事始终耿耿于怀。目前谈楚文化者，莫不以湖北为中心。但在十多年前，由于楚文化在鄂未曾大显，因越王勾践剑之出土，各方名士的考证，才逐渐暴露于世。我记得壮猷同志是当时的积极分子，曾数次求教，谈及楚文化之在鄂，似应为中心，目前要在学术上做好一切准备工作。惜不久所谓“文化大革命”起，于是一切中断。其后鄂中陆续有所发现，但楚文化地位的确定，使史籍与考古工作互相得以印证，这是开始。今后来日方长，希望后人不忘前人开路之功，努力于兹，我想那就可以告慰于壮猷同志灵前了。

陈滋德　鞠躬

故宫博物院研究员顾铁符诗：

忆欣安教授

您是著名的历史学家，
桃李遍布是您的业迹。
以火红般的革命热情，
为了社会主义的明日！
把最后一段生命，
决心献给文物管理事业。
忘掉了已过半百的老师，
勿顾病魔缠绕的体质。
不辞劳苦，废寝忘日，
为了这一项崭新的事业。
正待树木成林的时候，
在风雨晦明中遽告永别！
忝为当年追随过您的伙伴，
今天将含泪告诉您说：
安息吧！
您燃起的火并没有熄灭。
撒在这块土地上的种子，
已在不断地开花结实！

顾铁符一九八七年三月于北京

中国社会科学院历史所研究员胡厚宣电：

湖北省文化厅：

纪念方壮猷教授，不胜缅怀和崇敬之忱。

胡厚宣

中国社会科学院经济所研究员彭泽益电：

湖北省文化厅政治处转：

纪念方壮猷教授，学习他诲人不倦精神。

彭泽益

中国社会科学院哲学所研究员王玖兴电：

湖北省文化厅政治处转方壮猷同志纪念会：

不能前来参加纪念会，深以为憾。在从事科研教学和革命工作的献身精神上，方老师永远是我的老师。

社科院王玖兴

中国人民大学历史系教授郑昌淦电：

湖北省文化厅政治处转方壮猷纪念会：

永铭教诲，

不忘师训。

郑昌淦

四川大学历史系教授谭英华电：

湖北省文化厅政治处转方壮猷同志纪念会：

欣安师：

诲我成才，涓埃未报。

抚今追昔，惭感莫名。

临风遥奠，聊表哀思。

谭英华叩川大历史系

郑州大学历史系教授孙秉莹文：

湖北省文化厅政治处转方壮猷同志纪念会：

深切的悼念

——纪念恩师方壮猷先生

我首次看到方老师是在1936年，当时我是武汉大学历史系的新生，方先生是历史系新来的教授。在迎新会上我第一次听到方先生的讲话，内容已记不清楚，但方先生和蔼可亲的学者态度，在我的脑海中留下了一个鲜明的印象，至今记忆犹新。

抗日战争爆发后，武汉大学迁至四川乐山。这时方先生教我们班上的“宋辽金元史”，并担任系主任工作。方先生教课最大的特点是：除课堂讲授之外，还要我们跟他一起搞科学研究工作，使我们学到了许多在课堂上学不到的东西。方先生指导我们学习是非常认真的，为了让我们学习好这门课，他买了一套《宋史》，专门让我们剪贴。在他的指导下，不但大大增加了我们的专业知识，并使我们初步掌握了写文章的方法。

方先生的学识特别渊博，他先在清华大学跟王国维、梁启超等著名学者学习，后来又到欧洲考察。诸凡重大的历史问题，不论是中国的，还是外国的，只要和我们的专业有关，他可以说是无所不知的，都能讲得头头是道，使听者神往。

方先生奖掖后进、热爱青年的精神，特别使人仰慕。在解放前毕业即失业，大学毕业后要想找到一个适当的工作是非常困难的，不少才学兼优的青年困于生活，坎坷终生。方先生对青年十分同情，能帮的无不热心帮助。我1940年在武大毕业后留校任职，便是方先生推荐的。1947年我去美国留学，前往武大办理部分出国手续，又蒙方先生劳神。特别是1949年我在美国华盛顿大学读完硕士学位之时，正值全国解放，许多留美学生激于爱国热情，渴望回国为社会主义新中国服务之际，方先生给我寄来一张湖南大学教授的聘书，使我下定了回国的决心。

我回到湖南大学时，方先生业已离开湖南大学。数月之后才有机会和方先生见了一面，他当时行色匆匆，未及详谈，只送他到江边，不想这次一别竟成永诀。1970年方先生去世时，我听到了消息。但当时身在牛棚，无法表达哀悼之情。

这次湖北文化厅为方先生举行纪念会，缅怀方先生在史学领域和文化战线所作的贡献，学习他的革命精神，这是极为必要的。我衷心感谢湖北文化厅举办的纪念活动。我数月来染病在身，势难前往参加。但我对恩师的怀念是与日俱增的，特别是当自己已是古稀老人的时候，回想起青年时代的事情，倍觉怅然。

方老师，我向你表示深切的哀悼！

孙秉莹

1987.3.25

南开大学历史系教授王玉哲电：

湖北省文化厅政治处转方壮猷同志纪念会：

文章惊海内，功业耀士林。

方老诞辰（85）周年纪念。

南开大学王玉哲

南开大学历史系教授杨志玖函：

文化厅政治处转方壮猷同志纪念会诸同志：

接奉来示，知你们将举行方壮猷同志纪念会，这是一件很值得做的好事，特向你们表示感谢和支持。

我和方老相识虽晚（一九六二年夏在呼和浩特），但他的著作我早已拜读，对他渊博的学识和精辟的见解非常钦佩。在呼和浩特，我有幸和他同住一室，大慰夙愿。方老平易近人，不以我的年轻而菲薄我，对我无话不谈，使我大受教益。那愉快的时光，至今想来，仍回味无穷；方老的音容笑貌，依然历历在目。

方老在学术领域，在文化战线，都作出了重要的贡献，理应受到尊重和纪念。我们应学习他孜孜不倦的治学精神和勤勤恳恳的工作作风。

方老离开我们已十七年。所堪告慰的是，方老的哲嗣克立同志在哲学研究方面已经取得很大的成就，得到学术界的承认。我和他是同事，经常见面，这可说是和方老友谊的延续吧。

杨志玖

一九八七年三月二十七日于南开大学

全国人大代表、中国科学院学部委员、武汉大学化学系教授查全性及其夫人、武汉大学化学系教授张婉惠函：

克强、克定、克明同志：

收到文化厅寄来关于30日上午召开方伯伯纪念会的通知。但由于我今天出差去贵阳，要4月初才能回汉，无法前来参加了，十分遗憾！

方伯伯是我们尊敬的老长辈，晚年适逢乱世，境遇与家父等相近，思之令人不胜悲切。希望他们长眠九峰地下，也能为今日拨乱反正后的局面而欣慰。

谨向你致真切的慰问。

查全性、张婉惠同具

3 月 27 日

另外还有未到会的孙子方彤、方浩，孙女方晓等人发来电、函。

出席纪念会的有：湖北省委顾问委员会主任许道琦，湖北省政协副主席、湖北省委统战部部长穆常生，湖北省委宣传部部长王重农，湖北省委宣传部副部长张芃，湖北省人大常委会副秘书长彭岚，湖北省政协副秘书长雷万春，湖北省社会科学院顾问、湖北省委宣传部前副部长密加凡，武汉军区空军前副司令员肖健章，湖北省文化厅顾问、湖北省文化厅前厅长韩光表，湖北省政协副秘书长、湖北省民革副主委、湖北省文化厅前副厅长钱远铎，湖北省文化厅副厅长胡美洲，湖北省文化厅副厅长舒志超，武汉大学顾问、武汉大学前副校长蒋蒲，武汉大学历史系教授吴于廑，武汉大学历史系教授唐长孺，华中师范大学历史文献研究室教授张舜徽，湖北大学历史系教授冯天瑜，湖北省文史馆馆长、武汉大学图书馆前馆长朱士嘉，湖北省图书馆前馆长孙式礼，湖北省图书馆前副馆长徐效宓，湖北省博物馆馆长、党委书记陈迺成，湖北省博物馆前副馆长谭维四，湖北省博物馆前副馆长李慕白，湖北省博物馆前副馆长王劲等生前友好，以及先生的亲属等各界人士 130 余人。

中共湖北省委宣传部部长王重农同志代表湖北省委、省政府在纪念会上讲话，全文如下：

同志们：

著名历史学家、湖北省第一、二、三届政协常委、第三届全国人民代表大会代表、原湖北省文化局局长、湖北省文物管理委员会副主任方壮猷同志，在“文化大革命”中横遭迫害，身心受到极大摧残，不幸于十七年前的今天，含冤离开了人世，使我省历史学界和文化界失去了一位学识渊博的专家和领导。今天，我代表湖北省委宣传部，对方壮猷同志表示深切的怀念，并向方壮猷同志的亲属致以亲切的慰问。

文化厅党组作出《关于进一步为方壮猷同志落实政策的决定》，武汉地区有关部门的党政领导、各界人士和方老的亲属集会一堂，对方壮猷同志在“文化大革命”中所遭受的迫害，予以彻底平反，推倒一切诬蔑不实之词，对他一生的贡献重新作出公正的评价，是完全必要的，正确的。方壮猷同志品德高尚，学识渊博，热爱中国共产党，热爱社会主义祖国，为我省的学术文化事业作出了重要贡献。他的一生是追求革命的一生，勤奋治学的一生，值得我们学习和怀念。

方壮猷同志在青年时代，就追求真理，向往革命，积极参加救国救民活动，是我党的热烈追随者。

方壮猷同志一生勤奋好学，治学严谨，在史学领域的科研和教学中，作出了贡献，取得了成就，是我国老一辈的著名历史学家。

方壮猷同志担任我省文化行政领导工作多年。任职期间，他努力学习马克思主义、列宁主义、毛泽东思想，坚决执行党的方针政策，工作勤奋，任劳任怨，是一位勤勤恳恳的人民公仆。

方壮猷同志把自己的毕生精力和智慧，献给了党，献给了人民。我们纪念方壮猷同志，就要学习和发扬方老的革命精神，学习他为人正直，廉洁奉公，勤奋好学，诲人不倦的美德。在新的历史时期，我们一定要象方壮猷同志等在中国历史进程中献身于人民事业的先进知识分子那样，充分发挥自己的聪明才智，自觉坚持四项基本原则，反对资产阶级自由化，坚定不移地走社会主义道路，完成老一辈革命知识分子未竟的事业，为建设具有中国特色的社会主义现代化强国而奋斗。

中共湖北省顾问委员会主任许道琦同志也在纪念会上发表讲话：

同志们：

我们今天聚集在这里，隆重纪念曾经为我省文化事业作出了重大贡献的前省文化局局长、省文物管理委员会副主任方壮猷同志逝世十七周年，大家的心情都很不平静。回顾那动乱的十年，多少老干部、老知识分子遭受打击，方壮猷同志就是其中的一位。本来他还能为国家工作许多年，却过早地离开了我们，这是很不幸的。

方壮猷同志是从旧社会过来的老一辈专家，在学术上有很高的造诣。解放前执教于国内各大学，桃李盈门。建国之初，他听从党的召唤，转行从事文化行政领导工作，无论对我省和中南地区的文化、文物、图书馆、博物馆事业，都全力以赴，积极开拓。他严于律己，励精求实，没有高级知识分子的架子，不管在机关，还是下基层，都能同群众打成一片，与他共过事的同志，至今仍深深地怀念他的忠厚长者风度。在受任主持全省文物管理工作以后，他深入第一线，领导和参加了江陵楚墓的发掘和考证活动，为揭示江陵纪南城作为楚文化中心的历史地位作了开创性的工作。直到去世之前，在极端困难的情况下，还孜孜不倦于楚简（楚墓中发掘出来的大量竹简）的研究考释工作。作为一个党外知识分子，方壮猷同志热爱党，热爱社会主义，以服从革命需要为己任，是我们建设社会主义精神文明应该学习的一个典范，值得永远纪念和崇敬。

方壮猷同志以半生精力奉献给了我省的文化教育事业，而他作为著名历史学家和全国人大代表，又有着超越省界的广泛影响。在文化大革命前夕，为厘定江陵楚墓中出土的越王勾践剑，方老发起与全国各地的专家、学者进行了几十人次的富有成果的通信研讨；在他谢世十七年后的今天，纪念会收到的来自各方的几十封慰问函、电，都说明方老不仅是属于湖北省的，也是属于全国的。从这里我们更深地感受到他的早逝所造成的损失是何等沉重。

值得欣悦的是，在这十七年的后十年里，在我们党的领导下，国家和民族的命运发生了顺应历史潮流的巨大转折，坚持四项基本原则，坚持改革、开放、搞活，全国进入了社会主义四化建设的新时期，我省的文化、学术事业欣欣向荣，前景喜人。这是可以告慰于方壮猷同志在天之灵的。

安息吧，尊敬的方壮猷同志！

许道琦同志当天还在纪念会上题词：

忠厚长者，历史学家；励精求实，接近群众。纪念方壮猷同志逝世十七周年。许道琦谨书

在纪念会上题词的还有：

学习方壮猷先生严谨的治学态度和高尚的为人道德。密加凡，一九八七．三．三十

忠厚长者，您永远活在我们的心中。纪念方壮猷同志逝世十七周年。韩光表，一九八七．三．三十

八年相处，笃厚深沉；临变不炅，爱憎分明。纪念方壮猷同志逝世十七周年。彭展谨书（彭展是湖北省委党校顾问、省委党校前副校长、湖北省哲学社会科学研究所副所长）

学习方老热爱祖国、热爱党、热爱社会主义的精神，继承他的遗志，坚持四项基本原则，反对资产阶级自由化。纪念方老逝世十七周年。钱远铎，一九八七年三月三十日

早岁蜚声燕北，暮年抱璞荆南。壮猷先生逝世十七周年。吴于廑，八七．三．三十

学习欣安先生尽心教育，治学广博，为革命工作的精神。唐长孺

学习方壮猷先生治学的严谨态度和办事的负责精神，这种精神永垂不朽。张舜徽，八七年三月三十日

方先生培养后学不遗余力，为人师表，素所敬仰，是我学习的榜样。朱士嘉，一九八七年三月三十日

在此前和此后题词的有：

方壮猷先生早岁致力于蒙古史，曾亲莅蒙疆考察，凡所述作，多发前人所未发，名震北京学术界。暮年来主湖北省图书馆，留意收集海内善本，所聚各省、府、州、县志五、六千种，对当前修志工作，提供重要参考。厥功甚伟。适值方公八十五岁冥寿之期，书此以志永念！南皮张遵俭　87.3.18（张遵俭是湖北省图书馆前副馆长，中南文化部文物处副科长）

方壮猷先生在湖北文化教育界的建树可为后来者的风范，永垂不朽。何定华敬题，一九八七年春，时年七十又九于武昌（何定华是湖北省委统战部顾问、湖北省委统战部前部长）

方壮猷教授是我国著名历史学家，我有幸与他为邻，相处十余载。他不幸在文革中遭受迫害，含恨去世，至今已十七年矣。欣闻为他开纪念会，又因在京参加政协会议，未能参加为憾。今闻纪念会上，对先生的文章道德作出了高度的评价，可以告慰于先生地下之灵。方俊，一九八七．四．二十（方俊是中国科学院院士、中国科学院武汉分院测地所研究员、前所长）

方壮猷先生是文化教育界的前辈。学习他严谨的治学精神，学习他为人师表，为革命贡献终生的高尚品德。张芄，1987.4.30

方壮猷教授是武大的名教授，学识渊博，治学严密，是我们学习的好榜样。高尚荫，一九八七年四月三十日（高尚荫是中国

科学院院士、武汉大学生物系教授）

学习方老师革命精神，治学精神，负责作风，纯朴道德，高尚风格，永垂不朽。学生蒋蒲，1987.4.30

忠诚党的文化事业，热爱社会主义祖国，共产党的忠诚朋友，对同志团结而友爱。纪念方壮猷同志逝世十七周年。曹建国敬书，1987年5月3日于同济医院（曹建国是湖北省广播电视厅前厅长、湖北省文化局党组书记、副局长）

筚路蓝缕，功绩永在；学诲不倦，遗风常香。志方壮猷同志在湖北省图书馆。孙式礼，一九八七年五月九日

四月一日，《湖北日报》在第二版发表消息《著名历史学家方壮猷同志纪念会在汉举行》，全文如下：

本报讯　已故著名历史学家，湖北省第一、二、三届政协常委，第三届全国人大代表，原湖北省文化局局长，湖北省文物管理委员会副主任方壮猷同志纪念会于3月30日在武昌洪山礼堂举行。武汉地区有关部门的党政负责同志、各界人士和方壮猷同志亲属共130多人出席了纪念会。中共湖北省委顾问委员会主任许道琦、省委宣传部部长王重农到会并讲了话。

许道琦同志在讲话中说，方壮猷同志是从旧社会过来的老一辈专家，在学术上有很高的造诣。他热爱党，热爱社会主义祖国，他的半生精力奉献给了我省的文化教育事业，值得永远怀念和崇敬。王重农同志说，方壮猷同志在“文化大革命”中横遭迫害，不幸于17年前的今天含冤去世。文化厅党组作出《关于进一步为方壮猷同志落实政策的决定》，对方壮猷同志在“文化大革命”中所遭受的迫害，予以彻底平反，推倒一切诬蔑不实之词，对他一生的贡献重新作出公正的评价，是完全必要的、正确的。

中共中央委员、地质矿产部部长朱训，中共中央办公厅主任

温家宝，中共中央顾问委员会委员孙大光，全国人大常委会委员许杰，中央文史馆馆长叶圣陶等著名学者及方壮猷同志生前友好何长工、袁宝华等，分别向方壮猷同志的亲属发来慰问电。

四月十二日，《中国文化报》在第一版发表消息《湖北省隆重纪念方壮猷同志》，全文如下：

本报讯（记者非阳）3 月 30 日，湖北各界在武汉隆重集会，纪念著名历史学家、原湖北省文化局局长、湖北省文物管理委员会副主任方壮猷同志，并对方壮猷同志在“文化大革命”中遭受的迫害，予以彻底平反，对方壮猷同志的一生重新作出了公正的评价。

方壮猷原名方彰修，湖南湘潭县人。1902 年 6 月 28 日出生在一店员家庭，先后就读于湖南省立第一师范学校、北京师范大学、清华大学国学研究院，曾受业于梁启超、王国维、陈寅恪等史学大师。1929 年、1934 年分别赴日本、法国留学，研究东方民族史。曾在上海暨南大学、复旦大学、交通大学、北京大学、北京师范大学、武汉大学等任教。解放后，他服从革命需要，从事文化行政领导工作，先后任中南军政委员会文化部文物处副处长、社会文化处处长、中南图书馆馆长、湖北省文化局局长、湖北省文物管理委员会副主任、武汉哲学社会科学研究所研究员等职，并当选为第三届全国人大代表，湖北省第一、二、三届政协常委，湖北省第二、第三届人大代表。

方壮猷同志是一位爱国知识分子。学生时代，他就投身于学生运动。在日本求学期间，由于痛恨日本军国主义的侵略野心，他愤然弃学回国，并和余逊、徐中舒等合著《东北史纲》，以无可争辩的历史事实，驳斥了日本侵略者所谓“满蒙在历史上非支那领土”的谬论。方壮猷同志是我国老一辈历史学家，治学严谨，著述甚丰，在民族史、宋辽金元史、楚史等方面多有建树，颇受史学界重视。他亲自领导和参加了江陵楚墓的发掘考证工作，为确定江陵作为楚文化中心的历史地位作了开创性工作。在中南图书馆工作期间，他积极搜求珍贵图书，并把自己珍藏的数千册图书无私地捐赠给中南图书馆和武汉大学图书馆。

“文化大革命”中，方壮猷同志惨遭迫害，身心受到摧残，1970 年 3 月 30 日，不幸去世。

1987 年 3 月 21 日，湖北省文化厅党组作出决定，为方壮猷同志彻底平反，推倒一切诬蔑不实之词，对其一生重新作出了公正的评价，并于 3 月 30 日召开了方壮猷同志纪念会。

湖北省顾问委员会主任许道琦、湖北省委宣传部部长王重农参加了纪念会并讲了话。国家经委副主任、中国人民大学校长袁宝华、地质矿产部部长朱训及何长工、叶圣陶、温家宝、白寿彝、孙大光、徐中舒等给纪念会发来了唁电、唁函。

在武汉的方壮猷同志的生前友好参加了纪念会。

五月三十日，《湖北文化简讯》第 8 期发表署名湖北省文化厅政治处写的详细报导《方壮猷同志纪念会在武汉举行》（第 14—16 页），有关大会情况的记载摘刊如下：

1987 年 3 月 30 日，方壮猷同志纪念会在武昌洪山礼堂隆重举行。中共湖北省委顾问委员会主任许道琦，省政协副主席、省委统战部长穆常生，省委宣传部长王重农、副部长张芃，省人大常委会副秘书长彭岚，省政协副秘书长雷万春等负责同志出席了纪念会。到会的还有湖北省社会科学院顾问密加凡，原武汉军区空军副司令肖健章，省民革副主任委员钱远铎，武汉大学顾问蒋葥，武汉大学历史系教授吴于廑、唐长孺，华中师范大学历史系教授张舜徽，湖北大学历史系教授冯天瑜，省文史馆馆长朱士嘉等各界人士共 130 多人。方壮猷同志的家属出席了纪念会。湖北省文化厅副厅长胡美洲宣读了省文化厅党组《关于进一步为方壮猷同志落实政策的决定》。许道琦、王重农同志在会上讲了话。……省委宣传部长王重农说，我们纪念方壮猷同志，就要学习和发扬方壮猷同志的革命精神，学习他为人正直，廉洁奉公，勤奋好学，诲人不倦的美德。在新的历史时期，我们要像方壮猷同志等在中国历史进程中献身于人民事业的先进知识分子那样，充分发挥聪明才智，为建设具有中国特色的社会主义现代化强国而奋斗。在纪念会上发言的还有，武汉大学历史系副教授薛国中，省博物馆顾问谭维四，方壮猷同志亲属代表方克明。

向纪念会发慰问函、电的有：何长工、叶圣陶、袁宝华、孙大光、朱训、温家宝、许杰、徐中舒、史树青、王振铎、顾铁符、胡厚宣、孙秉莹、谭英华等。

为纪念会题辞的有：许道琦、何定华、密加凡、张芃、彭展、曹建国、高尚荫、朱士嘉、唐长孺、吴于廑、张舜徽、韩光表、钱远铎等。

会前，许道琦、王重农以及省文化厅胡美洲、舒志超等领导同志看望了方壮猷同志的亲属，并一起合影留念。

《江汉考古》1987 年第 2 期发表湖北省博物馆谭维四的文章《方壮猷先生与湖北的文物考古事业——纪念方老逝世十七周年》，以及湖北省文化厅政治处彭家吉写的报导《著名历史学家方壮猷同志纪念会在汉举行》。

《文物天地》1987 年第 5 期发表谭维四的文章《深切怀念方壮猷先生》。

七月，江西人民出版社出版京声、溪泉编撰的《新中国名人录》，其中有“方壮猷”辞条（第 71 页）。

一九八九年（己巳）

四月，中国国际广播出版社出版李盛平主编的《中国近现代人名大辞典》，其中有“方壮猷”辞条（第 72 页）。

九月，中国经济出版社出版王乃庄、王树德主编的《中华人民共和国人物辞典》，其中有“方壮猷”辞条（第 58 页）。

一九九〇年（庚午）

《中国边疆史地研究导报》1990 年第 6 期发表易约（中国社会科学院民族研究所编审邢宇皓）的文章《学识渊博的方壮猷教授》。

九月，河北教育出版社出版邱树森主编的《中国史学家辞典》，其中有“方壮猷”辞条（第 53 页）。

一九九三年（癸酉）

五月，浙江古籍出版社出版陈玉堂编著的《中国近现代人物名号大辞典》，其中有“方壮猷”辞条（第 69 页）。

十一月，档案出版社出版马洪武、王德宝、孙其明主编的《中国近现代名人辞典》，其中有“方壮猷”辞条（第 72—73 页）。

十二月，西北大学出版社出版周伟洲主编的《中国当代历史学学者辞典》，其中有“方壮猷”辞条（第 300—301 页）。

一九九四年（甲戌）

五月，书海出版社出版高增德主编的《中国现代社会科学家大辞典》，其中有“方壮猷”辞条（第 243 页）。

一九九五年（乙亥）

一月，新华出版社出版禹舜主编的《湖南大辞典》，在人物栏内有“方壮猷”辞条（第 669 页）。

十二月，湖南出版社出版的《湘潭县志》卷三十五在“人物”栏有“方壮猷”辞条，配照片，约千字（第 857 页）。

一九九六年（丙子）

四月，湖北省文物考古研究所谭维四、陈振裕主编的《江陵望山沙塚楚墓》由文物出版社出版。其中“附录四”是谭维四写的《关于越王勾践剑铭文的考释经过》（手写体，第 313—318 页）一文，详细介绍了著名历史学家、湖北省文物管理委员会副主任委员方壮猷教授主持这一工作，亲自动手，“一场以剑铭考释为中心同时还涉及到有关这批墓葬考古的其他问题的学术讨论，以来往通讯为主要方式在这些著名学者之间热烈展开”，最后“得到了最具权威性的答案”的过程。

同月，《湘潭市志》6由中国文史出版社出版，其中有“方壮猷”辞条。

一九九七年（丁丑）

《图书馆界》1997年第4期发表夕羊的文章《方壮猷：从学者到馆长》。

二〇〇五年（乙酉）

六月，岭南美术出版社出版《陈寅恪先生遗墨》，在第132页所收“借书附记”上有这样一行字：“方壮猷转冯承钧 Meillet：Linguistique。”其书名不全。“Linguistique”是指梅耶（Antoine Meillet，1866—1936）的文集《历史语言学和普通语言学》上卷（Linguisitique historique et linguisitique générale，1921）。梅耶是法国著名的印欧比较语言学家，其主要著作《历史语言学中的比较方法》，有岑麒祥（1903—1989）的中译本，1957年科学出版社出版，2008年世界图书出版公司重印。

二〇〇六年（丙戌）

十月十五日，《文汇报》发表吴令华的文章《勾践剑与方壮猷》。

二〇〇七年（丁亥）

三月，《中华方氏全族统谱》由中国新闻出版社出版。在上册“卷之五·名贤篇”载有：“方壮猷（1902—1970），湖南湘潭人。原名方彰修。留学法国。历任大学讲师、教授。新中国成立后，历任中南图书馆馆长、湖北省文化局局长、省文物管理委员会副主任、省政协常委等职。著名历史学家。著有《东胡民族考》、《中国史学概要》等。”①

四月十九日，《湘潭县文史》第三辑刊载《历史学家方壮猷》一文。

---

① 《中华方氏全族统谱》，中国新闻出版社2007年版，第450页。

二〇〇八年（戊子）

一月，天津百花文艺出版社出版《散落的珍珠——小滢的纪念册》，其中有吴令华写的《我所了解的方伯伯》（第137—140页）一文。

二〇〇九年（己丑）

四月，中国文史出版社出版湘潭市人民政府编的《湘潭地名志》，在“名人故居”栏内有“方壮猷”条目，其故居在“湘潭县分水乡彭何观村”（第248—249页）。

七月，生活·读书·新知三联书店出版夏晓虹、吴令华编的《清华同学与学术薪传》，其中收入了先生写的《吴其昌教授事略》（第22—24页）和岳华写的《方壮猷传略》（第102—108页）。

十月，山西出版集团·三晋出版社出版吴令华主编的《吴其昌文集》。在第五册《诗词文在》中收入了吴其昌1927年写的《清华学校研究院同学剪影》，其中有给先生写的题为《方壮猷》的小传（第148页）。也收入了先生1944年写的《吴其昌教授事略》（第349—350页）。

一九八一年初稿，二〇〇九年修订

（原载作者与其兄妹合编的自印本《高风楚天阔》）

参观平屋感念父母的恩师

这次有机会到上虞来，我对热情接待的朋友说，这里好山好水的游览佳境很多，我别的地方都不是非去不可，白马湖畔的春晖中学一定要去看一下。因为那里是先父母的恩师夏丏尊先生和朱自清、丰子恺、李叔同等文学艺术大师执教和居住过的地方，在中国教育史上久负盛名，到了上虞不去看一下将遗憾终生。

四月七日下午，检察院的张科长陪我们驱车前往春晖中学，从上虞宾馆出发二十分钟就到了。车春萌老师到校门口来接我们。进校门不远就是“春晖三贤”的铸像，车老师详细介绍了陈春澜、经亨颐、王佐三人在创办春晖学堂和春晖中学过程中的贡献，没有他们的合力开创之功，就没有该校后来的百年辉煌。

穿过教学楼和各项设施都是现代一流的新校区，来到由老图书馆改成的校史陈列馆。通过其中丰富的展品，我们得知夏丏尊、朱自清、丰子恺、朱光潜、刘熏宇、匡互生、王任叔、范寿康、黄树滋、杨贤江、张孟闻、吴梦非等人都曾在这里任教，蔡元培、何香凝、陈望道、张闻天、俞平伯、柳亚子、黄炎培、叶圣陶、胡愈之、李叔同、张大千、黄宾虹等社会名流都在白马湖畔留下了足迹。这里培养出来的学生中也有许多为国家做出了重要贡献的各界精英人才。

老图书馆（校史馆）附近还有曲院、长廊、科学馆、一字楼、仰山楼等老建筑物，其中西结合的建筑理念，在 20 世纪 20 年代就是很先进的了。从老校门出来，过了春晖桥，一条小路自西往东，路边有一排各有院墙的房屋，这就是我们此行的重要目的地——春晖名人园。这排房屋都是坐北朝南，背靠象山，面对白马湖，湖光山色相映成趣，一代文星比邻而居，在我们眼前呈现出一幅自然美与人文美交融在一起的图画。

已过下午四点，管理名人园的徐老师不在现场，车老师打电话专门把他请过来。我们在最东头夏丏尊先生的故居“平屋”前等候。徐老师来打开院门，拉闸点亮屋内的电灯，我们才得以进去参观。

这确实是一幢极平凡的普通住宅，它是夏先生 1921 年决定来春晖任教后自己出资建造的。他在《平屋杂文》自序中说：“自从祖宅出卖以后，我就没有自己的屋住。白马湖几间小平屋的造成，在我要算是一生值得纪念的大事。”① 在他的名文《白马湖之冬》中，是这样介绍平屋的：“屋宇虽系新建，构造却极粗率，风从门窗隙缝中来，分外尖削。把门缝窗隙厚厚地用纸糊了，椽缝中却仍有透入。风刮的厉害的时候，天未夜就把大门关上，全家吃毕夜饭即睡入被窝里，静听寒风的怒号，湖水的澎湃。”② 活灵活现地写出了旧中国一个平民知识分子的生活状况，这还是条件较好的、有自己住屋的导师级人物的生活状况。取名“平屋”不仅因为它是平房，而且寓有平凡、平淡、平实、平民住屋之意。在夏先生看来，“高山不如平地大。平的东西却有大的涵义。或者可以竟说平的就是大的。人生不单因少数的英雄圣贤而表现，实因了蚩蚩平凡的民众而表现的。啊，平凡的伟大啊。”③ 一个“平”字集中表现了夏先生的平民人格和他对宇宙、社会、人生的看法。

四间简单粗率的平房，现在大部分用来做夏先生生平事迹的展

---

① 夏丏尊：《平屋杂文》自序，北京师范大学出版社 2012 年版。

② 夏丏尊：《平屋杂文》，北京师范大学出版社 2012 年版，第 133—134 页。

③ 夏丏尊：《读书与瞑想》，见夏丏尊《白马湖之冬》，新世纪出版社 1998 年版，第 26 页。

室，也保留了部分当年的原物。最引起我注意的是西厢夏先生卧室后面不足六平方米的小书房，朝北的窗下放着一张书桌，一把椅子，他的名著《爱的教育》就是春晖课余在这里翻译出来的。夏先生也有回忆这间书房的文字：“靠山的小后轩，算是我的书斋，在全屋子中风最少的一间，我常把头上的罗宋帽拉得低低地，在洋灯下工作至夜深。松涛如吼，霜月当窗，饥鼠吱吱在承尘上奔窜。”生动地记述了他当年的工作环境和灯下著译的情况。

《爱的教育》是根据日译本转译的意大利作家亚米契斯的小说，原名《考莱》，意大利语是“心”的意思。夏先生不用原文的音译和意译，而“以己意改为《爱的教育》”，不但准确地表达了原作的精神实质，而且注入了译者针对时弊的教育革新思想。夏先生终生都在宣传“爱的教育”思想并将其付诸实践，有人把它叫做“妈妈的教育”。夏先生在春晖任教之时，不但在学业上对学生认真负责，率直开导，严格要求，诲人不倦，而且在生活上对学生关怀备至，如同父母对待自己的子女一样。每逢周日，他经常守候在学校大门口，叮嘱外出的学生要“早些回来，勿可吃酒”，还要加上一句：“铜钿少用些。”他在学生心田中撒下的“爱的教育”的种子，日后一定会开花结果，产生深远的影响。

我们在平屋待的时间最长。在感念不已的心情下，我给陪同参观的车老师、徐老师和张科长讲了先父母受教受惠于夏先生的故事。

“五四”运动前，夏先生是在经亨颐任校长的浙江第一师范学校任教。他和陈望道、刘大白、李次九被称为倡导新文化、支持学生革命思想和行动的“四大金刚”，受到反动当局和守旧顽固分子的嫉恨。1920 年，省教育局以该校学生写了《非孝》一文为由撤换经校长，“四大金刚”也先后被迫离校。

是年秋，夏先生应湖南第一师范学校校长易培基之邀赴长沙任教。当时我的父亲方壮猷正在湖南一师上学，夏先生是他的国文老师。在夏先生的影响下，他比较爱好文学，曾与一师教师冯三昧[1]，同学刘梦苇、龚业光、王三辛等人组织飞鸟文学社，编辑出版过一期《飞鸟》文学杂志（1922 年上海出版）。夏先生 1921 年就答应经亨颐去春晖任教，但实际离开湖南一师是在 1922 年。父亲有一张 1922 年 6 月的照片，上面注明是“欢送夏丏尊先生回沪时作”。春晖中学是 1922 年秋季才开始招生办学的。

我的母亲张芹芬是浙江新昌人，1926 年毕业于绍兴女子师范学校。先在浙江五师附小当教员，1927 年去上海，在开明书店做校对工作，并跟随开明书店编辑所长夏丏尊先生补习日文。夏先生很喜欢这个上进的小同乡，认她为干女儿。

父亲 1923 年从湖南一师毕业后，考上北京师范大学预料，两年后又考上清华国学研究院，受业于梁启超、王国维、陈寅恪等导师。清华毕业后去上海，给时任淞沪商埠办公署总办的丁文江当秘书，帮助他标点《徐霞客游记》和撰写《徐霞客年谱》初稿。1927 年 8 月，经兼任暨南大学中国文学系主任的夏丏尊先生介绍，到暨南大学历史社会系当讲师，同时在复旦大学、音乐学院等校兼课，住在闸北区宝山路开明书店的宿舍。我的父母就是在上海经夏先生介绍而认识的，后来又是夏先生当他们订婚的证婚人。1929 年他们一起去日本留学，也得到夏先生的鼓励和支持。

父母以后的经历中与夏先生见面的机会虽然不多，但他们一直对先生十分尊敬，与人谈话中经常提到恩师夏丏尊先生。家里有老版本的《爱的教育》，我在小学时就读过这本书。他们对“爱的教育”思想深为服膺并真诚地贯彻到自己的教育工作实践中去，这里我想各举一个例子。

父亲解放前在南北各大学任教，其中在武汉大学工作的时间最长。武汉大学历史学院现年 97 高龄的马同勋教授在《怀念恩师方壮

① 冯三昧（1899—1969），浙江义乌人，后来也曾在春晖中学任教。

猷教授》一文中写道："师从先生 16 年，我深深体会先生爱生如子、恨铁不成钢的慈悲胸怀。孙秉莹，河南荥阳人；解毓才，山西汾阳人；邓人撰，江西奉新人；我是河南洛阳人，都是家在沦陷区流亡四川乐山的学生，举目无亲，生活相当艰苦。先生和师母殷切教导之外，时时关心我们的生活。每逢传统佳节，总要邀我们至方府美餐，在与师弟克强、克定和小妹克明的相聚中，享受有若天伦之乐的温馨。先生在传道授业之余，对我们的工作和前途也非常关心。1940 年，孙秉莹、解毓才、邓人撰三人毕业，先生想办法留他们担任文学院研究助理，边工作边编写《宋史类编》。1942 年研究助理期满后，介绍孙秉莹到西安第八战区司令部任上校秘书，并向老同学卫聚贤（清华国学研究院同班同学，时任中央银行秘书）推荐解毓才担任乐山中央银行秘书。中华人民共和国成立后，又推荐孙、解二人任教湖南大学。"① 他对学生的菩萨心肠，于此可见一斑。

母亲新中国成立后长期从事幼儿教育工作。在她执教的幼儿园中，小朋友、老师、工作人员和学生家长，都叫她"张妈妈"，而不叫"张园长"。小朋友长大了，已经是小学生、中学生了，路上见到都会喊"张妈妈"。20 世纪 60 年代，在湖北省政协会议上，有一位省委领导同志见到她，也亲切地叫她"张妈妈"。因为他的孩子解放初就是母亲任教的武汉市第一机关幼儿园的小朋友。她以自己的爱心和实际行动，对"妈妈的教育"做了具体生动的诠释，使这一观念深入人心，甚至已与她的人格结合在一起。从父母的人生经历和教育工作实践中，我们可以看到夏先生"爱的教育"的思想对他们产生了多么深刻的影响。

从夏先生的平屋出来，我们还参观了隔壁朱自清先生的故居，以及距离不远的丰子恺先生的"小杨柳居"和李叔同先生的"晚晴山

① 马同勋：《怀念恩师方壮猷教授》，载武汉大学校友总会编《校友通讯》2010 年第 1 辑，武汉大学出版社 2010 年版，第 54 页。

房”。抗战时期在西迁四川乐山的武汉大学，丰子恺先生曾到我们家来作客，他还为我的两个哥哥（克强、克定）画过一幅“努力惜春华”的小画。参观其故居和生平展览，我自然感到十分亲切。

春晖中学是浙江省的爱国主义教育基地，它不仅对青少年富有教育意义，我这个75岁的老人，此行也受到了一次难得的中国近现代革命历史教育。经亨颐、夏丏尊等产生于本土的爱国、进步教育家，20世纪为教育救国、改造社会付出了艰辛的努力，创办了这所有光荣革命历史和丰硕教育成果的学校。他们所倡导的实事求是、与时俱进、真情真爱、教书育人的教育理念，继承传统精华，体现教育本质，符合时代潮流，在今天仍然具有重要的现实意义，将继续激励后人为实现民族振兴、国家富强的“中国梦”而不懈奋斗。

（本文写于2013年4月20日。原载《春晖报》【浙江上虞春晖中学主办】第155期）

贺李锦全教授八十大寿

宗桂、海文同志：

李锦全老师今年八十大寿，我一直想着要写点什么，但既无吟诗填词之才，又难以用简要语言准确地概括李老师在文史哲诸领域的多方面学术成就，所以迟迟没有动笔。去年 12 月宗桂来京面晤时，我曾谈到自己与李老师以及中大哲学系近半个世纪的“缘分”，你说有些情况过去还真不知道。我想就在这里讲一点往事吧，以表达对李老师的敬意、感谢与祝贺。

李老师 1951 年暑假毕业于中山大学历史系，被分配到中南军政委员会文化部文物处工作。当时主持该处工作的正是先父方壮猷教授。他也是服从组织分配刚从武大历史系调去不久，新分去的几个大学生就成了他所依靠的最早的工作班子，新中国（中南地区）的文物事业就是这样起步的。他们共事了约三年时间，1954 年中南大行政区撤销，先父专任中南图书馆（即今湖北省图书馆）馆长（此前已兼任此职），李老师则调回中大历史系任教。

1956 年，李老师开始随杨荣国教授研究、讲授中国古代思想史，1960 年又一起从历史系调到新成立的哲学系，杨为首任系主任。抗日战争时期先父与杨荣国教授曾在四川三台东北大学共事，二人又是湖南同乡，关系较为密切。1962 年我毕业于中国人民大学哲学系，此前学习兴趣已转向中国哲学史，先父有意让我毕业后去中大师从杨荣国先生，杨先生也答应了。我正在准备毕业南下之时，人大哲学系新任系主任张腾霄同志在应届毕业生中选留青年教师，没想到把我这个在“反右”运动中犯过错误、当时还带着“团内警告”处分的学生也选上了（1979 年才平反改正）。我说自己的政治条件不好，留在人大恐怕不合适，还是让我去中大吧！腾霄同志很诚恳地说：“你的那些情况组织上都了解，我们都认真研究过了的。你不要背政治包袱，留下来好好工作!”那年人大哲学系的毕业分配方案中确有一个去中山大学的名额，后来把我班的吴启文同学分去了。就这样我失去了一次与李老师以及诸位成为中大同事的机会。

我留在人大工作了整整十年，大部分时间是参加农村“四清”运动，回校参加“文化大革命”和“斗批改”，去“五七”干校劳动锻炼。“文革”中人大解散，我调到天津南开大学哲学系任教。1978 年，教育部委托萧萐父、李锦全两位老师主持编写高等学校的《中国哲学史》教材，南开大学是参与合作单位之一。当时南大哲学系中国哲学史教研室只有三位教师，除了王兴华、李庆两位讲师之外，就只有我一个助教。为了保证王、李二位全力投入集体编写教材的工作，那几年我一个人承担起了校内的全部中国哲学史课程教学任务，如给 1976 级学生连续讲了两个学期中国哲学通史共计 150 学时，就是在那个时期。我也算是以自己的实际行动支持了萧、李二师主持的教材编写工作。以后国内的学术气氛逐渐活跃了起来，我有机会在多次学术会议和研究生学位答辩会上与李老师见面交流，向他学习请教，李老师的渊博学识、深刻的洞察力和为人处事的平和心态给我留下了深刻印象。

1986 年 3 月，国家教委邀请部分学者在北京召开哲学社会科学“七五”科研规划咨询会议，我在会上作了“要重视对现代新儒家的研究”的发言，有幸得到教委社科司李长征等同志的大力支持。“现代新儒家思潮研究”后来成了教委“七五”社科规划的招标课题，有多所高校申报了这个课题。7 月开课题评审会时，教委社科司建议整合各高校的科研力量，以此课题申报全国哲学社会科学“七五”规划重点项目，让我牵头。当时申报此课题的有多所全国重点高校，南开只是其中之一，我建议至少再安排一个主持人，并提名中大李锦全教授，社科司负责人同意了。在申报国家社科基金课题时，高校系统组织了阵容强大的“现代新儒学思潮研究”课题组，11 月顺利地通过审批，并列入重点支持项目。1992 年此课题又被批准为全国哲学社会科学“八五”规划重点项目。我与李老师有缘在共同主持这个为期 10 年的大型科研项目中齐心协力，精诚合作，实在是一段非常难得的宝贵经历。首先，我十分敬佩李老师的学问和为人，他的敦厚长者之风，这是课题组能够团结稳定的重要因素；其次，我也高度认同李老师自觉坚持唯物史观和辩证分析方法的为学取向，他在《现代新儒学思潮的历史评价》一文中所表述的基本观点，可以说代表了课题组的共同立场。由于互相理解和完全信任，在大方向一致的前提下，李老师无需太多过问课题的具体组织工作与操作过程，我多承担一点具体工作是责无旁贷的。当然大的问题我都要与李老师商量甚至在课题组的会议上集体研究，如课题组在安徽宣城、天津、广州、镜泊湖等地召开的学术研讨和工作会议，李老师都亲自出席指导；我们还一起在武汉通改过书稿，李老师的把关对保证书稿的质量也起了重要作用。20 年前，现代新儒学研究在中国是一个全新的课题，愿意涉足此一课题研究的大多为中青年同志，李老师是其中最年长的资深学者。如果说课题组在推出一批研究成果的同时也培养了一批学术新人，应该说李老师的言教和身教在当时起了关键的作用。

回顾半个多世纪以来，我与李老师不仅有两代人的交谊，而且以此为契机，为联系纽带，还由于专业上的共同性，我与中大哲学系中国哲学史教研室的几代学者都有这样或那样的交往，从比我年长的杨荣国、丁宝兰、李锦全、袁伟时、吴熙钊诸位老师，到已成为今日教学、科研究主力的你们二位和冯达文、黎红雷、陈少明、张丰乾等中青年学者，都曾在各种学术会议、相关科研项目、学科点建设、研究生论文指导和答辩等活动中互相支持和密切合作，好像 40 多年前未能实现的愿望使我对这个群体始终有一种特殊的感情。这里我还要提到若干年前发生的一件事情：2001 年，我曾把我的学生刘岳兵博士推荐给中大哲学系，黎红雷主任很痛快地答应了，并已签订书面协议；后来岳兵又因专业兴趣决定去浙江大学日本文化研究所，红雷虽然不太高兴，但还是宽容地放行了。翌年我又把社科院毕业的张丰乾博士推荐给红雷，他不计前嫌，再一次欣然接受了（听说丰乾以其扎实功底和勤奋努力已得到中大师生的认可，正在成长为教学、科研骨干之一，这当然是大家都很高兴的事情）。通过这件事情，我也对红雷的大度和兢兢业业办系、热心栽培后学的精神留下了深刻的印象。

中大哲学系始终在我心目中有重要位置。去年我给二位写的那封信能以“中山大学马克思主义哲学与中国现代化研究所兼职教授”的身份在《中山大学学报》上发表①，这是我的荣幸。这封信的内容及其所表明的立场可以说是“现代新儒学思潮研究”课题的继续，是对这一思潮的新近发展态势的跟踪研究。它在思想界已引起较强烈反响，我很高兴文章是在我国南方的这个重要的马克思主义思想阵地上发表的。李老师 1947 年入读中大历史系，到明年整整 60 年了。他是这个有着光荣革命传统和近代学术传统的南方学府成长起来的知名学者，而且始终站在当代中国先进文化的旗帜下。我以为你们两位都已注意到的“矛盾融合，承传创新”的哲学史观是李老师对本学科的最大贡献，是他在长期的中国哲学史教学与科研实践中对历史辩证法的深切体会和总结出来的规律性认识，对该学科的建设发展具有重要的方法论意义。仅此一点，就足以确立李老师作为当代中国最有成就的马克思主义中国哲学史家之一的地位。

---

① 编者按：此文亦即发表在《中山大学学报》社会科学版 2005 年第 6 期的《甲申之年的文化反思——评大陆新儒学“浮出水面”和保守主义“儒化”论》，已被《中国社会科学文摘》2006 年第 1 期以及《高等学校文科学术文摘》2006 年第 1 期重点转载。

在李老师八十大寿之际，请你们两位转达我对他的诚挚祝贺，祝他健康长寿，永葆学术青春，培养出更多的优秀后辈人才！

专此顺颂

教祺

方克立

2006 年 3 月 15 日

（原载黎红雷、李宗桂、杨海文主编《春风讲席：李锦全教授八十寿辰纪念文集》，中山大学出版社 2008 年版，第 37—40 页）

贺韩树英教授九十华诞

今天参加这个会，我主要是来祝贺韩树英老师九十大寿的，与会议主题相关的其他内容就不讲了。

从“十月革命一声炮响”算起，马克思主义哲学在中国的传播和发展还不到一百年，韩老师为这一事业就整整奉献了七十个春秋，思想不断与时俱进，在各个时期都做出了重要贡献，一直是哲学界晚辈景仰的人物。

20 世纪 60 年代初，我记得是 1962 年，人大哲学系一年制进修班、三年制研究班和五年制本科班，大家一起读刚出版的艾思奇主编的《辩证唯物主义历史唯物主义》，单科独进，其他课都停了，师生一起学习、讨论这本新教材，整整一个学期。期末统考是闭卷笔试，据说本科班成绩最佳，到底年轻记忆力好，卷子答得比较准确翔实。我们那时就知道韩树英老师，还有我们的肖前老师，都是这本教材的主要作者。大学几年，除了马列经典著作外，艾本是我们读得最认真、收获也最大的一本教材。我们是把它当作中国化马克思主义哲学教材的“范本”来读的，它对我们走上哲学道路有重要影响。当然，随着时代的进步，老师学生都要与时俱进，不能一直停止在那个水平上。

80 年代中期以后，我参加了国务院学位委员会哲学评议组的工作，以及国家社科基金哲学课题的评审工作，多次会议都与韩老师在一起。我是晚辈，有韩老师，还有任继愈、肖前等老师在那里坐镇，我们心里就比较踏实。在我的印象中，韩老师非常讲原则，对我国哲学事业的发展有高度的责任感，特别强调要坚持正确的学术理论方向；同时他又非常实事求是，热情支持那些发展得好的单位和学科，支持理论方向正确和理论联系实际的课题。韩老师对党校系统的情况比较熟悉，在这方面发言有权威性，我们一般都听他的。应该说，他为党校系统哲学学科的发展、哲学研究生教育的发展做出了很大的贡献。以后杨春贵同志接任也是这样。参与这些工作，在我们的脑子里，“五大系统”的意识就比较强了，就是除了高校、社科院之外，党校系统也是非常值得重视的一支哲学社会科学教学科研力量，而且在自觉贯彻党中央的路线、方针、政策，理论联系实际方面有它的优势。

2003 年，有一个朋友告诉我，韩老师对我的一篇文章给予了表扬，说写得好。这篇文章是讲中国古代生态问题的，一方面，“天人合一”提供了处理人与自然关系的正确思想原则，中国古代也有不少保护自然生态环境的思想、理论和制度性的规定；另一方面，中国古代又未能在理论和实践上真正解决好发展生产力与保护自然生态环境之间的关系问题，生态破坏也是古已有之，而且相当严重，给我们今天留下了生态文明建设的严峻而巨大的课题。当时韩老师已年过 80，我没有想到他会注意到这篇文章。十八大把生态文明建设摆到了“五位一体”总体布局的重要地位，现在大家都很重视。其实韩老师早就关注到了这个全球性的问题，也是我国社会主义现代化建设的关键性问题，曾经指导他的学生写生态环境问题和环境哲学方面的博士论文。

韩老师长期从事马克思主义哲学教育工作，他主编的《通俗哲学》和《马克思主义哲学纲要》两本书，在干部群众中有广泛影响，发行量达数百万册之多。《通俗哲学》被誉为新时期的《大众哲学》，为马克思主义哲学中国化、时代化、大众化做出了重要贡献。

韩老师学识渊博，对中外哲学史、自然辩证法、国外马克思主义哲学都很熟悉，非常重视哲学史的研究。1957 年在北大中哲史讨论会上，他提交了一篇关于哲学史对象的论文，虽然基本观点还是维护日丹诺夫的哲学史定义，但其中也有一些具有前瞻性的真知灼见。比如他认为，一方面要看到哲学史是阶级思想及其相互斗争的历史，另一方面又要看到它是人类认识发展的历史，在哲学史研究中要贯彻逻辑的与历史的一致的原则。我们注意到，冯契、萧萐父等学者 20 多年后出版的中国哲学史著作，就是以此为指导思想来写的，用认识史模式代替“两军对战”模式，强调逻辑与历史的一致，讲认识发展的“圆圈”，重视哲学范畴的研究。又比如韩老师在那篇文章中说，中外哲学史的研究对象和范围应该是相同的，都是探讨和回答宇宙、社会、人生和人的思维中的一些根本性问题，大本大源问题，只是表现形式不同，或者侧重点有所不同。如果能明确地确立这个观点，大家形成共识，那么面对 40 多年后出现的中国哲学“合法性”质疑，我们就很容易回应和解决了。既然中西哲学研究的对象、基本问题和范围是相同的，那么，为什么西方哲学探讨和回答这些问题（宇宙观—本体论、发展观、社会历史观、人生观、认识论）就是哲学，具有“合法性”，而中国哲学探讨和回答这些问题（“究天人之际”“探阴阳之赜”“通古今之变”“立成人之道”“求致知之方”）就不是哲学，不具有“合法性”呢？这在逻辑上讲不通呀！做哲学史工作必须要有正确的哲学观和哲学史观。韩老师当时还是一个 30 多岁的青年学者，由于他认真研读过列宁的《哲学笔记》，对其哲学史思想的精义把握得比较准确，所以能对中国哲学史学科发展提出建设性的见解。

1987 年，我们在党校开了一个中国现代哲学史学术讨论会，梁漱溟、贺麟、张岱年、任继愈、石峻等老一辈学者都出席了。我在会上做了关于现代新儒学研究的发言，当时这项研究刚启动，成为会上讨论的热点问题之一。这个会上还正式成立了中国现代哲学史研究会，从此这方面研究在全国蓬勃开展起来。我们都知道，这个会议就是在时任党校副校长的韩树英老师的支持下召开的，他还给会后出版的论文集写了“序”。多年来中央党校一直是中国现代哲学史研究的重镇和中心之一，李振霞同志跟我讲过，她在党校从事中国现代哲学史研究，一直得到韩校长的大力支持。

韩树英老师70年来为马克思主义哲学教学和研究所做出的贡献，已经载入中国当代哲学史和教育史册，后辈永远不会忘记。我们衷心祝福韩老师健康长寿，青松挺拔，笑迎百龄。

（本文是作者2012年12月22日在中央党校召开的“开创马克思主义哲学教学与研究新局面——庆贺韩树英教授90华诞暨从事哲学研究与教学70周年”理论研讨会上的发言）

学有根柢而无常师

——纪念杨柳桥先生

杨柳桥先生是天津市中国哲学史学会的第一、二任会长，全国中哲史学会顾问，对天津市中国哲学史学科的发展作出了重要贡献。杨柳桥先生是有全国性影响的知名学者，他在50年代提出的老子哲学唯心论的观点，受到了毛泽东主席的重视。杨柳桥先生的辞世，是我国学术事业的一个损失，更是天津市中哲史界的一大损失。

杨先生在学术上的贡献，出名的是对老子的研究。而实际上他对先秦诸子哲学和先秦典籍整理也有多方面的成就，尤其是对《周易》，他研究了半个世纪，有许多独特的心得体会，但其主要成果却一直难以面世。80年代初，我曾请他到南开大学为中国哲学专业研究生讲周易哲学，并且把他的《先秦易学精义述稿》作为讲义打印出来。这是他这本动笔于50年代的呕心沥血之作首次刊行于世，尽管只印了一百部。在杨先生临终之前，他的弟子李超元、韩强等又把其易学研究的主要成果之一，45万多字的《周易绎传》付梓出版。

我认为杨先生治学有这样一些特点：

第一，学有根而无常师，独立钻研，自成一系。杨先生没有进过正规大学，不是出自名门大师，常说自己是“行伍出身”而不是科班出身。他在复杂多变、条件一直不太优裕的生活环境中，完全是靠刻苦自学，打下了比较深厚的中国文化的根柢，并且由于对中国传统文化的挚爱，而不懈地钻研、理解和创发新意。他不迷信权威，也不迷信古人，研究古代思想和典籍时往往是旁征博引，八面会通，断以己意而别出新见，敢于发表自己的独立见解，形成了极有个性的学术风格。对于他的学术见解和治学方法，我们可以作出不同的评价，但是他的刻苦钻研精神，不唯书、不唯上、不随风转的独立学术人格，大家一致敬佩，认为是在今天很难得的一种学者品格，或者说是学者的风骨。

第二，自觉地学习、运用马克思主义哲学观点和方法，来指导自己的科学研究。杨先生是在旧社会自学成才的知识分子，新中国成立之初曾到华北大学学习过。他在学习了辩证唯物主义和历史唯物主义的基本观点和方法后，就自觉地运用到中国哲学史的研究中去。例如最初成稿于50年代的《先秦易学精义述稿》，就努力发掘《周易》哲学中的朴素唯物主义和自发辩证法思想，引证了许多马列经典和毛主席著作中的话来加以比较阐论。他关于易有“简易”“反易”“交易”“变易”四大涵义的理论，旨在充分肯定和系统阐发《周易》中所包涵的朴素辩证法思想，确有许多发前人之所未发的深刻见解和精彩议论，可惜他的这一理论直到今天也未受到学术界的充分重视。很明显，杨先生是力图用马克思主义哲学观点来指导周易研究，更加深刻、更加科学地揭示其哲学义蕴。他在主观上是很自觉地这样去做的，自觉地做一个马克思主义者。他一生坎坷，新中国成立后也受到过一些不公正待遇，但是他始终相信马列主义，政治上相信党，跟党走，并在晚年实现了理想的夙愿，成为一名真正的共产党员。杨先生热爱中国民族文化，终身为弘扬民族优秀文化而奋斗，从爱国主义走到共产主义，这正是许多正直的老一辈知识分子所走过的共同道路。

杨先生治学的第三个特点，就是在中国古代思想史研究中，训诂和义理并重，力图把中国传统的治学方法和现代科学方法结合起来。作为老一辈学者，杨先生有较好的国学根柢，虽然是自学成才，但是在他早年就比较熟悉中国古代经典文献以及包括文字、音韵、训诂、校勘等等在内的一套传统治学方法。新中国成立后他又学习了马列主义，学习了现代哲学社会科学的各种理论和方法，他力图将这两者结合起来，于是就形成了自己独特的治学方法和风格，其中也有他特有的某种优势。我认为杨先生在先秦典籍整理和中国哲学研究方面所作出的成绩和贡献，是与他的修养，与他的这种研究方法分不开的。我们年轻一辈学者，比起老一辈来，相对地缺乏这种国学根柢和文字考据功夫。这是我们的不足，应该虚心向老一辈学习。要完成继承和弘扬民族优秀文化的任务，没有这种功夫是不行的。

我们要学习他勤奋治学的精神，刚直不阿的人格，继承他的遗志，在中国哲学研究和弘扬民族文化方面作出更大更好的成绩。

（本文是作者在天津中哲史学会与天津社科院哲学所联合召开的杨柳桥先生纪念会上的发言。原载《光明日报》1993 年 4 月 19 日）

温济泽同志与研究生院

我于1994年初调任中国社会科学院研究生院院长。这个学校在外面名气很大，培养出了不少高素质的人才，但我万万没有想到，它的校园面积只有25200平方米（37.8亩），办学条件远不如一般高等学校；内外体制不顺严重地制约了它的发展，社科院丰富的教育资源未能充分利用，上千名导师教书育人的积极性不能正常发挥。建院已经十六年了，为什么会是这么一种情况，这个学校今后将怎样发展，我感到有些困惑。

同老院长温济泽同志的第一次见面，是在1994年春天的一次离退休老干部会上。温老握着我的手说："非常遗憾，给你们留下了这么一个不理想的摊子，有些困难就要靠你们去克服了。有什么我能做的事，我一定尽力去做。"说话态度十分诚恳。接着他向我介绍了当年建校的艰难曲折历程，"没想到比八年抗战还要困难"。他说，研究生院院址选择和建设原来是考虑到了21世纪发展的需要，设计规格比较高的，后因物价上涨，预算经费不够了，他曾找到当时的国家计委主任宋平同志，要求增加建院经费。宋平同志答应追加2000万元，但他回来向社科院党组汇报后，主事人拖延不办，结果错失了良机。后来改由一家郊区设计公司降低规格重新设计，就因陋就简地建成了现在这个样子。研究生院是第一家搬到西八间房这个地方来的单位，当时周围有许多可征空地，地价也不高，社科院就是不肯出钱多征一些地。紧邻我院家属宿舍的一片空地，给我们留了十几年，社科院不要，后来也给人家买走了。言谈间他对当时的社科院领导不重视办学表示十分遗憾和无奈，也透露出我院早期办学的艰辛。

温老是研究生院名副其实的开拓者和创业人。1978 年建院时，周扬同志兼任第一任院长，具体工作主要是由副院长温济泽同志来做的。1982 年周扬同志不再兼任院长，温济泽同志成为我院的第二任院长，直到 1985 年初离休。在我院开创时期最艰难的前七年中，温老倾注了他的全部心血，从租房办学到选址建院，从行政管理到各项规章制度建设，从教学到学生思想政治工作，他都亲自过问，亲自参与，不知疲倦地忘我工作。我常听到研究生院的老职工和早期毕业生讲起，在租借北师大、十一学校等单位房子办学的那些年月里，年过六旬的温老，始终与全院师生员工摸爬滚打在一起，同甘共苦，团结战斗。他常年住在学校的办公室里，每周只回家一两次，晚上经常工作到深夜，有时也到学生宿舍去走一走，坐一坐，与同学们亲切谈心。作为革命前辈和忠厚长者，他常以“实事求是，艰苦朴素”的延安精神鼓励同学们刻苦学习，立志成才。温老阅历丰富，学识渊博，思想开放，讲课、作报告极富感召力。我院早期毕业生都对温老留下了深刻的印象，对他十分敬重。去年我院在人民大会堂举行建院二十周年庆典大会，全院师生员工和历届校友欢聚一堂，当大会主席介绍温老莅临时，全场响起了经久不息的热烈掌声，工作人员把温老从轮椅上扶起三次掌声仍不止。这充分反映了温老在我院师生心目中的崇高地位。他对研究生院的开创功不可没。

温老离休后，仍十分关心研究生院的建设和发展。我来时他已八十高龄，凡是院里组织的离退休老干部活动，只要身体允许，他总是积极参加，毫无保留地发表自己的意见。我们还请他为申请入党的研究生们讲过党课，对青年进行革命传统教育。去年在筹备二十周年院庆期间，涉及院史中的各种问题，我们经常向温老请教，他总是不厌其详地予以回答，或提供线索，并且亲自撰写了回忆建院初期情况的文章。温老去年不仅出席了我院的二十周年庆典大会，而且还坐着轮椅先后出席了部分校友返校座谈会、新闻系建系二十周年庆祝会和我院与中科院研究生院联合主办的“面向知识经济的国家创新体系学术研讨会”，多次发表热情洋溢的讲话，以表达他的“芳林新叶催陈叶，流水前波让后波”，祝愿研究生院越办越好的心情。

温老对研究生院建设发展的关心，有一件事给我留下十分深刻的印象，这就是他为新闻系申报博士点而作的不懈努力。温老是新中国新闻广播事业的创始人之一，也是我院新闻系的创始人和早期导师之一。我院新闻系在二十年间，与《人民日报》社密切合作，共培养出了600多名硕士研究生，为新时期的中国新闻事业作出了重要的贡献。去年申报博士点时，新闻系同志向温老了解该系的历史情况，温老深表歉意地说：“1981年社科院学位委员会讨论申报博士点时，我谦虚了一下，说新闻系还很年轻，学科建设还有待加强，石西民说那就先不上吧！没想到这一让就推迟了十七年，影响了这个学科向高层次的发展。这次一定要把早已成熟的新闻学博士点拿下来。”他给我打电话也说了这个意思，要研究生院大力支持新闻系的申报工作。据说他还给新闻界的许多朋友打过电话，申说社科院建立新闻学博士点的特殊重要意义，它将极有利于我国新闻理论、新闻业务、新闻教育高层次人才的培养，是新世纪我国新闻事业发展的迫切需要。当他得知我院新闻学博士点获准设立时，又打电话给我说：“我这才觉得还了十多年前欠的一笔债。”

温老为研究生院的建设发展呕心沥血，不止是前七年，二十多年一贯如此。

温老在长期革命经历中，曾经受到多次挫折和委屈，但始终有着坚定的革命信念，勤奋地为党工作。在改革开放新时期，他不仅为创办研究生院付出了大量心血，而且还做了大量的科研组织工作和文字编辑工作。如受胡乔木同志委托，组织编写了10卷本《革命烈士传》和编辑出版了14卷本《瞿秋白文集》等。离休后他仍笔耕不辍，写了不少文稿。温老先后送给我《王实味冤案平反纪实》和《征鸿片羽集》两本书，前者是他主编并撰写主要部分的一本小册子，后者是精选他半个世纪以来文章的一本文集。最近我又收到了有温老亲笔签名的“作为最后的纪念”的《第一个平反的“右派”——温济泽自述》一书。读着其中秉笔直书的文字，我想起了有人评论一位著名哲学家的话：“他是用血来写作的。”温老在垂暮之年写的这本《自述》，也可以说是“用血写出来的”。记得今年 4 月 1 日，我到医院去看望躺在病榻上的温老时，他还对我说要在这本书里增补一些内容，还谈到出院后新的研究和写作计划，没想到半个月后他就永远离开了我们。温老确实如他在书中所写的：“离而未休，笔耕不停，一息尚存，工作不止，鞠躬尽瘁，死而后已。”这就是作为我们的革命前辈和人生楷模的老院长。

中国社会科学院研究生院经过了二十一年的曲折发展历程，到九十年代中期已经走出低谷，恢复元气，进入了一个新的相对稳定发展的时期。二十周年院庆活动充分显示了这所学校的雄厚实力和蓬勃生机。1998 年 9 月 1 日，江泽民同志为我院题词：“把中国社会科学院研究生院办成一流的人文社会科学人才培养基地”，给我们提出了新的更高的建设发展目标。李铁映同志兼任中国社会科学院院长后，十分重视和关心研究生院的建设与发展，对我院的改革和发展作了一系列指示。在党中央和社科院党组的关怀下，我院的办学条件已逐步有所改善，扩大了校园面积，建设现代化学校的问题也有望解决。我们一定要抓住这个难得的历史机遇，努力完成研究生院的“第二次创业”，让它以“一流人才培养基地”的崭新姿态出现于新世纪。我们此时特别怀念我院“第一次创业”的主要功臣温济泽同志，一定要学习他忠诚于党的教育事业、不知疲倦地忘我工作的革命精神，努力实现他创办研究生院的初衷，把它建成为中国以至世界一流的名校和培育人文社会科学大师的摇篮。

（本文写于 1999 年夏。原载方实、杨兆麟主编《永远的怀念：温济泽纪念文集》，中国国际广播出版社 2002 年版，第 89—93 页）

怀念可亲可敬的温老

温老离开我们已经15年了。我是1994年到社科院研究生院工作的，在与温老相处的5年中，对这位胸怀坦荡、待人诚恳，生命不止、奋斗不息的革命前辈留下了非常深刻的印象，也对他一生奋斗、坎坷，最后作出“我是一个好党员”的自我评价非常理解，非常认同，也非常钦佩。

温老是中国社会科学院研究生院的主要开拓者和创始人，特别是在建院初期最艰难的七年，他与全院师生员工一起同甘共苦、艰苦奋斗，从租房办学到选址建院，从行政管理到各项规章制度建设，从教学工作到学生的思想政治工作，他都亲自参与，亲自过问，都当作自己的分内事。他还担任新闻、哲学两个专业的硕士生导师，给研究生开出了《新闻学理论》和《毛泽东哲学思想》两门课程。那几年他经常奔波于北师大、十一学校、人民日报社等办学点，经常住在办公室，工作和写作到深夜，每周只回家一两次。他对党交给的每一项工作都满腔热情，想方设法尽力做好，表现出高度的事业心和责任感。我经常听到我院的老职工和早期毕业生，深情地回忆温老为办好研究生院而呕心沥血、不知疲倦地工作的情形，大家对这位革命老人都既感到亲切又充满敬意。

温老离休后，仍然十分关心研究生院的建设和发展。凡是院里组织的离退休老干部活动，只要他身体允许，抽得出时间，总是积极参加，在各种会议上毫无保留地发表自己的意见。他在办学过程中有一些很好的想法，但在岗工作时限于条件，未能实现，或者做得不够理想，他都毫无保留地交待给继任者，并且全力帮助争取实现。

我与温老第一次见面，是1994年春天在研究生院的一次离退休老干部会上，老人热情坦诚，真是一见如故。他紧紧握住我的手说："没想到建设研究生院，比八年抗战还要困难！"从1978年开始筹建研究生院，到1985年基本上建成望京校园，可不是花了七八年时间。接着他详细介绍了建院的曲折过程：原来是考虑到21世纪教育发展的需要，打算建成一所高规格的研究生院的。后来因为物价上涨，预算的建院经费不够了，他曾找到当时的国家计委主任宋平同志，争取到了2000万元追加经费。但是由于社科院领导不重视，没有抓紧落实，结果错失了良机。他对此感到十分遗憾和无奈。后来研究生院只能降低规格、因陋就简地建成现在这个样子（指望京校园）。他很抱歉地说："没有给你们留下一个好的工作环境"，同时又表示：今后如果有什么需要，他还会尽力帮助我们。

还有一件事情给我的印象特别深刻，就是1998年申报新闻学博士点的时候，温老对此事特别在意，为申报成功做了许多工作。他说这是为了"还债"。温老跟我说："1981年社科院学位委员会讨论申报博士点的时候，我在会上谦虚了一下，说新闻系还很年轻，学科建设还有待加强，主持会议的石西民同志说那就先不上吧！没想到这一让就推迟了十七年，影响了这个学科向高层次的发展。"当时我院新闻系是与人民日报社和新华社联合办学，研究生导师力量非常强。按照规定，申报博士点的学科一般要有三个正高职称导师，我院新闻系正高职称导师何止三个，十个八个都有，只要按正常程序申报，拿下首批博士学位授予权是完全有可能的。1981年我国刚建立学位制度，一些老先生对有无学位授予权对学科建设发展的意义还不太了解。比如我院有中国思想史大家侯外庐先生在，首批却没有申报中国思想史专业博士点，这个博士点是90年代以后才建立起来的；而首批拿到全国第一个中国思想史博士点的，却是侯外庐先生的学生。又如我院任继愈先生参加了国务院学位委员会的工作，比较了解情况，他一个人首批就拿到了“中国哲学史”和“宗教学”两个博士点，对我院这两个专业的学科建设和发展就非常有利。温老作为我院学位与研究生教育工作的主要负责人之一，对有无博士学位授予权对学科建设的重要意义自然十分清楚，但是他却一再谦让，以至到他离休时我院还没有拿到新闻学博士点。他对此有很深的负疚感，总觉得是欠了一笔债，一直在找机会弥补这个遗憾，所以在 1998 年我院再次申报新闻学博士点的时候，他老人家特别上心，不但多次给我打电话，要研究生院全力支持这件事情；而且还给新闻界的一些老朋友打电话，为社科院新闻学博士点申报成功做出了特殊贡献。从这件事情也可以看出温老先人后己的品格和对事业的执着与责任感。

温老离休后的 14 年，还做了许多事情，确实像他自己讲的，是“离而不休”。继续关心研究生院的建设和发展，是温老“离而不休”一个方面的表现。另一方面，温老离休后还参加了许多社会活动，有许多社会兼职，他还做了大量文字编辑工作，写了不少东西，也就是他所说的“笔耕不停”。比如编辑 14 卷本《瞿秋白文集》，10 卷本《革命烈士传》，都花费了大量时间精力。这是受胡乔木同志委托做的，也是完成党交给的重要工作任务。离休后温老还出了几本书：《温济泽科普文选》（1988 年，科学普及出版社），《“九·一八”和“一·二八”时期抗日运动史》（1991 年，中国工人出版社），《王实味冤案平反纪实》（1993 年，群众出版社），《征鸿片羽集》（1995 年，当代中国出版社）。最后一本是《第一个平反的“右派”——温济泽自述》（1999 年，中国青年出版社），他在送给我的书上亲笔签名并写了一句话：“作为最后的纪念。”不久温老就因病住院了。1999 年 4 月 1 日，我到医院去看望老人家时，他还说要在《自述》中增补一些内容，还谈到出院后新的研究和写作计划。没想到半个月后他就永远离开了我们。

温老 70 年的革命生涯，证明他确实是一个好党员，一个忠诚的共产党人。我觉得这主要表现在两个方面：一是他对党的事业，对党交给的工作，始终满腔热情，全心全意、不遗余力地去做好，表现了高度的事业心和责任感；二是为了党和人民的利益，始终对党交真心，讲真话，坚持实事求是，即使不被理解，即使受到委屈，也不改初衷，表现了一个老党员的高风亮节。温老对人非常热情、诚恳，雷锋精神讲“对待同志要像春天般的温暖”，我觉得温老就是这样。他认为对待革命同志要讲温情、讲友谊，很不赞成过去政治运动中的那种“残酷斗争、无情打击”的做法。在新时期他为平反冤假错案做了许多工作，认为我们党在这方面的教训应该好好总结和记取。在共产党人身上应该体现出革命与温情、党性与人性的统一，我觉得温老本人就是这样一个典范。他既是一个革命意志坚定、百折不挠、坚贞不渝的共产党人，又是一个很有人情味的共产党人。在他百岁诞辰和离开我们15周年之际，我们深切地缅怀这位可亲可敬的革命前辈。

（本文是作者2014年4月18日在温济泽百年诞辰纪念会暨“温济泽同志新闻与教育思想研讨会”上的发言）

永远的师长

——深切怀念张岱年先生

最早接触张岱年先生的著作和文章，是在20世纪60年代初。我读过那本署名“宇同”的《中国哲学大纲》，当时就知道是北大张岱年教授写的，只因“右派”问题而不能署真名。读后留下两点十分深刻的印象：一是作者特别重视并表彰中国哲学中的唯物论和辩证法思想传统，与那些推崇中国传统正宗哲学的著作大不相同；二是该书对中国哲学问题、概念、范畴梳理得相当清楚，引据资料典型、丰富，必要时可以把它当作工具书来使用。

与张岱年先生实际有所接触已经到了80年代。张先生是中国哲学史学会前三届会长，十年间为推动该学科发展做了大量工作。我们在各种学术会议上都有近距离地接触他、感受其渊博学识和忠厚长者之风的机会。如1981年在杭州召开的全国宋明理学讨论会，1982年在衡阳召开的王船山学术思想讨论会，1983年在西安召开的中国哲学范畴讨论会，1985年在庐山召开的中国哲学史学术讨论会，1986年在宁波召开的国际黄宗羲学术讨论会，1988年在洛阳召开的洛学与传统文化学术讨论会等等，张先生都亲自与会并作大会发言，我们在会上会下获益匪浅。1986年4月在中国哲学史学会第三届理事会上，我被选为副会长之一，此后几年学会的一些具体工作，张先生要我配合秘书长多承担一些，也对他为学会发展所付出的操劳有了更深切的体会。80年代编《中国大百科全书》哲学卷，我在张先生领导的中国哲学史编写组工作过一段时间，他的严谨学风和既顾全大局又认真负责的态度给我留下了深刻印象。

学界都知道张先生对青年学者的扶持和帮助是不遗余力的，我们都是受惠者，都有亲身感受。1982 年我在南开大学开始招收培养中国哲学专业硕士研究生，为了引导学生认真读原著，不但从天津社科院请来杨柳桥先生讲《周易》，卢育三先生讲《老子》，而且从北京请来石峻先生讲《肇论》，方立天先生讲《华严金师子章》，张岱年先生讲《正蒙》，蒙培元先生讲《北溪字义》。张先生当时已过 70 高龄，但还是欣然来津授课。那一周南开师生得以与先生朝夕相处，促膝交流，充分领受大师之学识与风采，机会实在难得！听说 1984 年教育部特批教授时，南开师资处还曾派人专程去北京，请张先生和石峻先生为我写推荐材料。自己的成长进步确实是与前辈的扶植、帮助分不开的。

张先生遽然离开了我们，二十多年来的许多记忆闪现于脑际。在这篇有限的缅怀文字里，不可能具体记述所有事情的过程与情节，我想集中讲一下张先生在学术上对我的指导和帮助，说明为什么在当今学者中我最认同张先生的学术思想和理论方向，20 年来自己做的工作与他有什么关系。

中国哲学范畴研究：跟着先行者的足迹

20 世纪 80 年代初在中国哲学史界掀起了“范畴热”，这与那个时代哲学史观的转换有直接关系。范畴研究即列宁所说的“从逻辑的一般概念和范畴的发展与运用的观点出发的思想史”，正好适应了“文革”后哲学史研究从“两个对子”向“认识史”视角的转换。

张先生在 30 年代就写成《中国哲学大纲》一书，是中国哲学范畴研究的先行者。他在新时期开展中国哲学范畴研究、推动哲学史模式转换中实际上也起了领军的作用。如在《中国哲学史研究》1982

年第1期发表《开展中国固有哲学概念范畴的研究》一文，并指导该刊特设“中国哲学史主要范畴和概念简释”专栏，几年内连续发表了数十篇研究、介绍中国哲学范畴的文章。后集结为《中国哲学史主要范畴概念简释》（浙江人民出版社1988年版）一书出版时，张先生又专门为它撰写了《论研究范畴的重要意义》一文。1983年他出席了在西安召开的中国哲学范畴讨论会，在会上发表《略论中国哲学范畴的演变》（见《张岱年全集》第5卷）的主题演讲，对中国古代哲学范畴的特点作了深刻分析。此后他又写成《中国古典哲学概念范畴要论》（中国社会科学出版社1989年版）一书，对中国古代哲学范畴体系作了总结性的研究。这些论著对中国哲学史界开展范畴研究起了重要的推动作用。

80年代初我在中国哲学范畴研究方面也做了一些工作，在很大程度上是由于认同这么一个观念，即哲学史是总结哲学理论思维之经验教训的科学，总结理论思维经验教训就离不开范畴研究。我的这种认识也是与张先生的影响分不开的。这段时间我重读了张先生的《中国哲学大纲》一书和他在50年代发表的《中国古代哲学中若干基本概念的起源与演变》等文章，对中国哲学范畴研究的意义、主要内容、特点和方法等有了更深入的理解，因而也更增强了参与这一工作的自觉意识。

除了《中国哲学史上的知行观》（人民出版社1982年版）曾被评论为第一本中国哲学范畴（“知行”）研究专著之外，这几年我在范畴研究方面还做了以下几件事情：一、在1981年杭州宋明理学讨论会上，配合《中国社会科学》杂志副总编辑丁伟志同志，组织部分学者召开了一次关于中国哲学范畴问题的座谈会，会后由我整理的座谈纪要《关于研究中国传统哲学范畴问题的讨论》，发表于《中国社会科学》1982年第1期（署名“岳华”）。二、1982年6月，在南京召开的《中国哲学史稿》讨论会上，我就开展中国哲学范畴研究与揭示中国哲学特点的关系问题作了一个发言，会后汪子嵩同志要我整理成一篇文章，这就是发表于1982年9月3日《人民日报》上的《开展中国哲学史范畴的研究》一文。三、我在80年代初招的几届硕士研究生即以“中国哲学范畴研究”为培养方向，一批新生力量迅速成长起来。1983年我带四名研究生出席在西安召开的中国哲学范畴讨论会，他们都发表了论文，颇引起与会学者的关注，如当时年仅19岁的研究生严正提交的论文《试述中国古代性情范畴之发展》，就曾得到张岱年、杜维明等学者的褒扬。四、80年代我曾主持一项天津市哲学社会科学“七五”规划项目《中国哲学大辞典》，从指导思想来说，就明确“其重点是介绍中国哲学的概念、范畴，在这方面设立较多条目和分配较多字数，这是它区别于其他同类工具书的主要特点”①。这一特点几篇书评都注意到了，它也反映了编撰时代的学术取向。五、除了“知行”范畴之外，这个时期我还对中国哲学中的“体用”“理气”“道器”等范畴作过一些研究，有关研究成果分别发表于各报刊，如《“理”与“气”》一文就被收入《中国哲学史研究》编辑部编的《中国哲学史主要范畴概念简释》一书中。80年代后期重点转入现代新儒学研究后，我还对张先生的《中国哲学大纲》与唐君毅先生的《中国哲学原论》做了一点比较研究，认为二位先生在中国哲学范畴研究方面的开创性贡献都应予以历史的肯定。

我的这些工作虽然没有都向张先生汇报，但他还是关注的并时而有所鼓励，如编《中国大百科全书》哲学卷时他曾嘱我多承担一些中国哲学范畴词条的撰稿任务。有一次他表扬我关于“体用”范畴的文章②写得好，其实这篇文章就曾得到过张先生的具体指导和帮助。特别是关于《荀子·富国》中“万物同宇而异体，无宜而有用，为人数也”一句之断句，杨倞与王念孙的读法到底谁对的问题，我在文章中作了谨慎处理，后来又专门向张先生请教。张先生1985年1月26

① 《中国哲学大辞典》“内容提要”，中国社会科学出版社1994年版。

② 方克立：《论中国哲学中的体用范畴》，《中国社会科学》1984年第5期。

日给我复信时表示了他的明确意见：

> 《荀子·富国》“万物同宇而异体，无宜而有用，为人数也”，我不赞成王念孙的读法。在训诂上，虽有“为”、“于”通之例，但此处不适用。我同意杨倞注的断句法。“为人数也”意谓人生而为人，人作为人而存在，是符合客观规律的。照王氏读法，“无宜而有用于人，数也”，“数也”二字亦颇难解。“为人数也”是承上启下之句，与“人伦并处”联贯。

《荀子·富国》中的这个提法可以说是先秦典籍中“体”“用”并举之始，但还没有魏晋以后“体用”范畴的哲学涵义。正确诠释这条史料对于说明中国哲学中体用范畴的起源及其涵义的衍变具有关键的意义，张先生的看法当然是十分值得重视的。张先生在《中国哲学大纲》中就阐明了中西“本体”范畴之区别，这对我厘清中国哲学中体用范畴的多重涵义及其相互关系很有帮助。我在这篇文章中专门辨析了体用范畴是否“本乎释氏”“出于佛书”的问题，认为它是一对极富中华民族理论思维方式特点的哲学范畴，张先生对此表示赞成，也是他对这篇文章比较满意的地方。

现代新儒学研究：从批评到赞成和鼓励

20世纪80年代中期以后，我的精力主要转向现代新儒学研究。由于承担了一项国家社科基金重点课题“现代新儒学思潮研究”，要把握正确的学术方向，如期拿出有一定学术质量的研究成果来向国家和人民有所交待，自己感到压力还是比较大的。压力还来自认识的歧异与海内外各个方面的批评，包括新儒家的批评和学界同志、朋友的批评，最使我感到紧张的是由于同张先生沟通不够而听到了他的批评意见。

我的《要重视对现代新儒家的研究》一文发表于《天津社会科学》1986 年第 5 期，其中简述了现代新儒学的发展历程，在讲其前期发展阶段的代表人物时，提到了梁漱溟、熊十力、冯友兰、贺麟几位先生。同年 11 月 10 日，张先生在中央党校作题为《中国传统哲学的批判继承》的学术报告，其中讲道："西方人所说的'新儒家'有两个意思：一个是指宋明理学，宋明理学亦称'新孔学'。另一个是指所谓儒学的第三期发展。在国内又有人把五四运动到解放前的四位重要学者即梁漱溟、熊十力、冯友兰和贺麟先生说成是'新儒家'。这个观点我不同意。"① 1988 年 7 月 11 日他在《光明日报》上发表《谈中国传统哲学与自我实现》一文，其中也说："近年海外一些华裔学者谈论儒学新发展的可能性，国内也有人把几个老学者称为'新儒家'。我不同意儒学新发展的议论，也不同意把一些老学者称为'新儒家'。"② 同类批评还见于《中国现代哲学是中国哲学史发展的新阶段》③ 等文章和《中国文化与文化论争》一书中④。

张先生之所以会产生这种看法，可能是由于在过去人们的观念中，"儒家""新儒家"之类称谓都带有很深的贬义，而梁、熊、冯、贺几位都是值得我们尊敬的前辈学者，解放后他们已在不同程度上转变立场，接受或认同马克思主义，贺麟先生还加入了中国共产党。如果称他们为"现代新儒家"，显然已不符合今天的实际，而且似乎有些不恭。很有意思的是，港台新儒家代表人物刘述先在《平心论冯友兰》一文中也坚决否认冯友兰、贺麟是新儒家，理由是"大陆易手之后，冯贺都已接受了马列思想，根本否定了他们以前的观点，对于海

---

① 《张岱年全集》第 6 卷，河北人民出版社 1996 年版，第 212 页。

② 《张岱年全集》第 6 卷，河北人民出版社 1996 年版，第 305 页。

③ 《张岱年全集》第 6 卷，河北人民出版社 1996 年版，第 335—336 页。

④ 张岱年、程宜山：《中国文化与文化论争》，中国人民大学出版社 1990 年版，第 382－383 页。

外新儒家思潮的发展更不是一个因素，当然不在考虑之列”①。“新儒家”在他那里恰恰是褒称而认为冯、贺没有资格得此称谓。

“新儒家”之名不符合冯、贺解放后思想之实，看来大家的意见是一致的。“新儒家”之名是否符合冯、贺抗战时期思想之实呢？能否分阶段给他们的思想定性和定位呢？按照“现代新儒学思潮研究”课题组的思路，是可以这样来认识的。它在对现代新儒学这一文化保守主义思潮作思想史的考察时，特别是在考察其前期发展阶段（1919—1949 年）时，不可避免地要涉及梁、熊、冯、贺几位的思想及其历史作用，如实地将其归属于“现代新儒家”其实并没有褒贬的意义，而只是说明他们当时所持思想学说之性质和地位。他们后来思想的变化就另当别论了。

上述认识的不同我相信通过交流、沟通是不难解决的。1988 年 8 月，在呼和浩特召开的中国哲学史学会第四届年会上，我提交了题为《现代新儒学的产生、发展及其基本特征》的论文。在将论文送给张先生请他指教时，我详细汇报了“现代新儒学思潮研究”课题组的工作及其在海内外引起的反响，着重说明把现代新儒学放到三大思潮对立互动的格局中来研究的思路，以及从新儒学发展史的角度把梁、熊、冯、贺列为第一代现代新儒家的理由，并说明历史地反映其前期思想与对他们作全面评价还不是一回事。我诚惶诚恐地等待着八旬老人的批评，但张先生这次没有批评，而是很有兴趣地问了学术界关于这个问题讨论的一些情况。他说了一句对我们来说非常重要，而且是带有指导性的话：“看来你们做的这个课题影响很大。对现代新儒学一分为二是对的。”

《哲学研究》1990 年第 6 期发表了张岱年先生《关于新儒学研究的信》。他真诚地写道：“近几年来国内的现代新儒学研究取得了较大进展。”“我现在认为，‘五四’以后确实形成了一个新儒家学派，这

---

① 刘述先：《平心论冯友兰》：《当代》1989 年 3 月第 35 期。

个学派的形成和发展有一个过程。”“《哲学研究》上发表的那篇方克立同志谈近年来的新儒学研究的访问记[①]我读过，其中所表述的基本立场和观点我完全同意。对新儒家的研究还是要坚持以马克思主义的立场、观点和方法为指导，对新儒家学派的思想理论和学术成果，应当给予客观的分析和公正的评价，应当肯定新儒家不是顽固派，他们对西方哲学也很了解，对西学并不一般地采取拒斥的态度；另一方面，对他们主张唯心主义，反对马克思主义，反对唯物史观和唯物辩证法的立场和观点，我们当然不能同意。”

我读了这封经张先生同意公开发表的信函非常感动。张先生是中国哲学史界的权威学者，在学术上与别人有不同看法完全是正常现象。他经常以“修辞立其诚”的态度坚持自己的独立见解，如《庄子·逍遥游》所云“举世誉之而不加劝，举世非之而不加沮”。但在现代新儒学研究问题上，他尊重历史事实和学术研究的新进展，勇于修正自己的观点，更表现了他的“寻求客观真理之诚心”[②]，因而也就更值得我们尊敬。张先生后来还发表过《现代新儒家思想的展示——评介〈当代新儒学八大家集〉》（1994 年 10 月）等文章，明确肯定“30 年代以至 80 年代，确有一批学者可以称为现代新儒家”；“程朱是宋代新儒学，接着程朱讲的当然可以称为现代新儒学了”；“现代中国新儒家，在这八家之外，还有马一浮、贺麟，也都是值得研究的”[③]。这说明他对现代新儒学研究确已转为实际支持的态度。张先生关于研究现代新儒学要坚持以马克思主义的立场、观点和方法为指导的指示，更增强了我按照既定的方针、方向、方法把该课题做好的决心。

---

① 指《哲学研究》1990 年第 3 期发表的关东《现代新儒学研究的回顾与展望——访方克立教授》一文。

② 《张岱年全集》第 1 卷，河北人民出版社 1996 年版，第 358 页。

③ 《张岱年全集》第 8 卷，河北人民出版社 1996 年版，第 435、435、436 页。

大力阐扬“综合创新”文化观

20 世纪 80 年代中期国内出现了所谓“文化热”，各派文化观点都提出了自己的文化口号，涌现出了若干著名代表人物。当时有人将其概括为“儒学复兴”“彻底重建”“西体中用”“哲学启蒙”四派，还有人概括为五派或六派，加上了“新启蒙”派、“回归原典”派等等。马克思主义的文化主张虽然为许多老、中、青年学者所认同，但一讲“批判继承”，就被讥为老生常谈，在文化讨论初期反而不能形成为一个有较大影响的文化派别，更不用说“主流派”了。1987 年秋，张岱年先生明确提出了“文化综合创新论”，逐渐成为马克思主义文化派的一面旗帜，为推动中国特色社会主义文化建设作出了重要贡献。

在当时诸多文化主张中，我曾表示自己最能心契和赞同的还是张先生所阐明的“综合创新”之义。我认为这不仅是他个人的文化主张，而且代表了中国马克思主义文化派的基本立场，与中国共产党一贯倡导的文化方针是相一致的。1990 年春，我在一次访谈中，首次从 20 世纪“三大思潮对立互动”的角度去考察 80 年代文化讨论中的不同思想派别，首次将“综合创新”文化观与我们党一贯倡导的“批判继承”“古为今用，洋为中用”的文化方针联系在一起，作为中国马克思主义文化派的旗帜和口号。“我认为，自由主义的‘全盘西化’派、保守主义的‘儒学复兴’派和马克思主义的‘古为今用，洋为中用，批判继承，综合创新’派（可简称为‘综合创新’派），是 80 年代文化讨论中三个最主要的思想派别，它们之间的对立斗争和统一关系，仍然没有超出‘五四’时期业已形成的思想格局，是 70 年来的文化论争在新的历史条件下的继续和延伸。”[①] 在我的心目

① 关东：《现代新儒学研究的回顾与展望——访方克立教授》，《哲学研究》1990 年第 3 期。

中，“综合创新”就是在80年代文化讨论中提出来的最有代表性的马克思主义文化口号，张先生就是这派文化观点的一面旗帜。

这个时期，我和张先生之间有较多的思想沟通。1991年10月21日，张先生在给我的信中写道：

> 我们主张“综合创新论”，既符合马克思主义，又符合国情，但响应的人似乎不多。美籍华人学者林毓生提出“创造性的转化”，却受到多人注意。外来的和尚会念经，自古如此。希望您大力宣传“综合创新”之义。

在此之前我虽然已在一些文章和谈话中注意宣传“综合创新”文化观，但主要还是个人观点的相契；此后可以说是受张先生之托，就更加自觉地去做这方面的工作了。1992年1月27日，《光明日报》发表了我的《大力宣传我们的文化主张——“综合创新”论》一文，这是我读张先生与程宜山同志合著的《中国文化与文化论争》一书后的读后感。文中直言：“在现今出版的诸多文化学论著中，我很看重这本书。我认为它的价值主要在于正确地阐明和大力宣传了马克思主义的文化‘综合创新’论。”我将文章复印件寄给张先生，他于1992年2月3日复函说：

> 来函敬悉，十分高兴！“综合创新”承大力加以鼓吹，非常感谢！实则此论非个人见解，乃吾侪之共识，愿今后更共同加以发挥，期文化建设日益昌盛耳。

1994年9月，在北京召开的“东方文化与社会发展”国际研讨会上，我作了题为《批判继承综合创新》的发言，主旨也是宣传、阐明“综合创新”文化观。这个发言后来发表于《传统文化与现代化》1995年第3期。在正式发表前，我曾将发言稿寄给张先生审阅，张先生 1995 年 4 月 5 日来函说：

> 收到大函及大作《批判继承，综合创新》，十分高兴！十分欣慰！这一发言稿内容非常精辟，我完全同意，读后深受鼓舞！未知在何处正式发表？

1994 年 5 月，北京师范大学出版社出版了张先生和我共同主编的《中国文化概论》一书。这是国家教委高教司组织十多所高校的专家学者共同研讨、编写的一本全国高等学校人文素质教育公用教材，我被委托做编书的具体组织工作和最后统稿定稿工作。教委负责人明确向我交待：这本教材要以我党一贯倡导的文化方针和张岱年先生的“综合创新”文化观为指导思想，在人文素质教育中坚持正确的导向，对大学生进行增强民族自尊心和自信心的爱国主义教育。张先生非常关心这本书的编写工作，亲自审阅并首肯了编写大纲，还多次询问编写工作进展情况。在“国家教委推荐教材”中把“综合创新”论当作全国高校学生学习中国文化的指导思想，这件事情的意义和影响是广泛而深远的。

20 世纪 90 年代以来，我在各种学术会议上都把阐扬“综合创新”之义当作自己的一种职责，在已发表的多篇文章中都讲到了这方面的内容。《哲学动态》2002 年第 4 期发表了该刊记者对我的专访《深化对“综合创新”文化观的研究》，《光明日报》2003 年 2 月 11 日发表了我的《中国哲学的综合创新之路》一文，都是企图把对“综合创新”文化观的研究推向深入。这两篇文章张先生都看到了，都曾表示比较满意。他在《文化传统和综合创新》（《江海学刊》2003 年第 5 期）一文中也提到了我的工作。年过 90 的张先生说自己再没有精力写东西了，希望我辈、更希望新生代学人加强这方面的研究，他深信中国哲学和中国文化必有光明之前途。遵照张先生的指示，我也注意引导青年学者开展对“综合创新”文化观的研究，如于惠玲在 2003 年通过了题为

《“综合创新”文化观的历史考察》的博士论文，干春松博士也以《张岱年与“综合创新”文化观》为题申请到一个国家社科基金资助项目。从他们身上更能看到这一事业的前途和希望。

对“国学热”要作具体分析

前年出了一本叫作《浮生论学》（华夏出版社 2002 年版）的书，其中对张先生多有微词，有一处讲到“他与方克立有过一封通信”，曾使某人“耿耿于怀”[①] 云云。这到底是怎么一回事呢?

这是指 1995 年 4 月，社科院科研局在一期内部编印的《学术动态》中刊登了我的《评第二次文化热的“话语转换”》一文和张先生就此问题给我的一封信。对于当时有人批评“国学热”是“国粹主义、复古主义思潮”，我的看法是：在“国学热”中，大多数学者还是力图用马克思主义观点来正确分析、认识中国传统文化，弘扬民族文化之精华，批判继承，综合创新，创造有中国特色的社会主义新文化。我不同意把“国学热”和国粹主义、复古主义简单地画等号。值得注意的倒是有人提出了所谓第二次“文化热”的“话语转换”问题，即“放弃激进的社会/政治批判话语，转而采取文化上的保守主义话语”，“对政治激进主义进行再认识”，要反思包括辛亥革命、“49 年的革命”在内的整个中国近代史，明确提出了“告别革命”的口号。[②] 如果说 90 年代出现了一股文化保守主义思潮的话，那么它关心的主要不是中国传统文化，而是批判激进主义和否定革命。

张先生对我的上述意见表示“完全同意”。他说：“近月有人对于国学提出疑问，认为讲国学就是复古，这也令人惊异。前年北大刊

---

① 李泽厚、陈明：《浮生论学》，华夏出版社 2002 年版，第 176 页。

② 参见李泽厚、王德胜《关于文化现状、道德重建的对话》，《东方》1994 年第 5、6 期。

印了《国学研究》杂志，《人民日报》发表了一篇文章，说国学在燕园兴起，未免有吹嘘国学之意。我当时颇担心会引起误解，果然引起误解了，认为讲国学就是复古。事实上，正如您所说，‘大多数学者还是力图用马克思主义观点正确分析、认识中国传统文化。”同时他也指出：“近年以来，不少人鼓吹反传统，其所谓反传统含有反对革命传统的意义，既贬低辛亥革命，也不赞成新民主主义革命。其实辛亥革命具有伟大的意义，新民主主义革命开辟了中国历史的新纪元。反对革命传统，确实是错误思潮。”“一种‘反思中国近代史’的思潮确实值得注意！”（1995 年 3 月 17 日复信）

近年来形成了一个习惯，碰到这类重要的认识问题，我常通过信函或当面向张先生请教。本来也没有打算公开发表，因与某位同志谈起，他认为此问题有重要理论意义和现实意义，建议内部刊出以引起有关方面重视。这是刊载于《学术动态》的起因。后来《高校理论战线》杂志表示愿在该刊公开发表，我写信征求张先生的意见，张先生 1995 年 4 月 14 日回信说：“来信收到。前信亦可发表，但在公开信中批评某一个人不甚好，故删去两句，请考虑为盼！”我把这个情况告诉了《高校理论战线》编辑部，他们决定充分尊重张先生的意见，不让他感到半点为难，就在该刊 1995 年第 5 期只发表了我的《评第二次文化热的“话语转换”》一文，而没有发表张先生的信。事情经过就是这样，没想到《学术动态》内刊也传了出去，引起《浮生论学》作者对张先生的猛烈攻击！我觉得这件事情很对不起张先生，曾同刘鄂培等同志商量：该书出版之事就不要告诉 90 高龄的老人家了，以免增添他的不快。其实事情也不奇怪，一个“中体西用”论者与一个“西体中用”论者的对谈，二人都不满意张先生的“综合创新”论，这本是意料中事。张先生早年就“不妄以中学与西学对待”“也不妄谈什么体用”①，一贯主张超越中西对立、体用二元

① 《张岱年全集》第 1 卷，河北人民出版社 1996 年版，第 247 页。

的思维方式，对“中体西用”论和“西体中用”论都有所批评，自然难免引起一些人的不满和不快了。这里反映的正是两种不同的文化观之间的分歧和对立。

在冯友兰评价问题上看法一致

1995 年 12 月 19 日，我在清华大学召开的纪念冯友兰先生百年诞辰“中西哲学与文化的融合与创新”国际学术讨论会闭幕式上作了题为《全面评价冯友兰》的发言，引发了与蔡仲德等学者关于冯友兰思想评价问题的一场学术争论。争论的焦点有二：一、蔡仲德先生认为，冯友兰一生的思想历程可分为“实现自我”（1918—1948 年）、“失落自我”（1949—1976 年）、“回归自我”（1977—1990 年）三个阶段。我不同意说冯先生解放后接受马克思主义、从唯心主义转变到唯物主义哲学立场上来是“失落自我”，这种转变应该看作他追求真理、服从真理的思想进步的表现。冯先生晚年确有部分地思想回归的现象，但并不是全面复归“新理学”，他始终没有从“理在事中”的唯物主义观点再倒退回去。因此我认为，冯先生的思想历程从大阶段来划分，还是应该分为解放前后两个阶段（前后期都可以再分为若干个小阶段）。二、冯先生在《中国哲学史新编》结语中说：“在中国古典哲学中，张载把辩证法的规律归纳为四句话：‘有象斯有对，对必反其为；有反斯有仇，仇必和而解。’（《正蒙·太和篇》）这四句话中的前三句是马克思主义辩证法思想也同意的，但第四句马克思主义就不会这样说了。它怎么说呢？我还没有看到现成的话可以引用。照我的推测，它可能会说：‘仇必仇到底。’”① 我认为这至少是对马克思主义辩证法的一种误解，蔡先生则认为“既非误解，更非歪曲，

---

① 冯友兰：《中国现代哲学史》，中华书局（香港）有限公司 1992 年版，第 258 页；《三松堂全集》第 10 卷，河南人民出版社 2001 年版，第 207 页。

而有其充分的依据”[①]。

在此之前，我与张先生曾就冯友兰晚年思想变化进行过一些讨论，明确表示不同意他将马克思主义辩证法歪曲为“仇必仇到底”的斗争哲学。1995 年 4 月 5 日，张先生在给我的复信中写道：

冯著第七册第 81 章所谓“仇必仇到底”，主要是指毛主席的观点，其实并不恰当。冯老晚年确有复归旧观点的迹象。回忆 80 年我与匡亚明同志同访冯老，冯老说“我近来又有回到新理学的想法”。我当即说，您最好不要又回过去。冯老九十以后再三讲四境界说，可谓一项回归。但是尚未重新肯定“理在事先”观点。

您想写一篇“全面评价冯友兰”，甚好甚好！也十分需要。冯老在批林批孔潮流中有曲学阿世之嫌。后来他自己也后悔了。如何公正评价他的这些变化，由您写篇文章最好。

《全面评价冯友兰》是早就想写的一篇文章而一直没有动笔，没想到最后以冯先生百年诞辰学术讨论会闭幕式上发言的形式发表出来！有的问题是早有看法而在这次会上首次公开发表，如对《新编》结语中“两种辩证法”理论的批评，此问题之敏感性从当场就有人提出“到底是冯友兰先生误解了马克思主义辩证法，还是方克立先生误解了冯友兰先生”的质疑就可以看得出来。文章试图说明“冯友兰现象”本身的复杂性，进而说明“研究者主观情感的爱恶极大地影响了研究结论的公正性和全面性”，即评价的歧异主要源于评价者哲学、政治立场的歧异。对于会上若干观点的回应是临时加上去的，发言稿写得相当仓促，加上发言时间的限制，许多问题只能点到而已，论证很不深入，很不充分。文章迟迟没有发表的原因是想重新整理一番，

---

① 蔡仲德：《关于冯友兰思想历程的几个问题——答方克立先生》，《哲学研究》1998 年第 10 期。

增补若干内容，把问题讲得更清楚一些，后因这个发言已引起相当强烈的反响，甚至激烈的争论，所以两年后在《哲学研究》（1997 年第 11 期）发表时还是保持了当初发言稿之原貌。我将发表后的文章寄给张先生，他于 1998 年 1 月 23 日回信说：

> 承惠寄大作，甚感！大作的观点很正确，我同意。人们对冯先生的评价，颇多分歧，这表现了哲学的党派性，更表现了政治的党派性。
>
> 冯先生认为马克思主义的观点是“仇必仇到底”，确属误解。斗争哲学可以说是仇必仇到底，而马、恩、列的学说尚不能归结为斗争哲学。

张先生指出冯友兰评价的分歧主要“表现了哲学的党派性，更表现了政治的党派性”，可以说是抓住了问题的实质和关键。其实这类认识分歧由来已久。1990 年 12 月，在北大召开的“冯友兰思想国际学术研讨会”上，我曾针对国内一些学者高度评价冯先生解放前的哲学思想而极力贬低他解放后的哲学成就（港台学者有此类看法就不足为奇了）发表不同意见。1991 年 2 月 8 日，张先生在给我的信中写道：

> 您在冯老讨论会上的发言，我完全同意。关于冯先生的哲学思想，我高度评价他的思想转变。冯老从“理在事先”转到“理在事中”，这是一项巨大进步，表现了冯老追求真理的真诚愿望。不足的是，冯老《贞元六书》自成一家之言，后来的哲学转变，在哲学上不是自成一家之言了。所以有人赞扬冯老前一阶段。但在哲学史上，《新编》亦可谓自成一家之言。港台之士对冯老多有微词，主要是因为他们不同意社会主义革命，由此可见，哲学上的党性还是明显的。

在冯友兰思想评价问题上，张先生一再讲“哲学的党性”，对我很有启发。在这个问题上，张先生自己就是自觉贯彻哲学党性原则的典范。我们知道，张先生 1933 年毕业于北师大教育系，是冯先生和金岳霖先生把他引荐到清华大学哲学系来任教的。张先生与冯先生还有姻亲关系，平生交谊甚笃。二人俱治中国哲学，在学问上互相理解，互相尊重。但在解放前，二人之学问路向根本不同：冯先生是“接着程朱理学讲”的著名的唯心主义哲学大师，而张先生从早年起就信持辩证唯物论，于中国传统哲学则主张“应继续王（夫之）、颜（元）、戴（震）未竟之绪而更加扩展”[①]。张先生在 30 年代就写了《谭“理”》一文批评冯先生所阐述的唯心主义观点，他在 40 年代写的《事理论》也与冯先生《新理学》的观点迥然异趣。对于冯先生解放后从唯心主义转变到唯物主义哲学立场上来，正如张先生自己所说的，他是由衷欢迎，高度评价。在张先生看来，冯先生解放后的思想转变是“超越自我”[②] 而不是“失落自我”，是“真诚的自觉的转变”[③] 而不是违心的、被迫的转变，是冯先生服从真理、随着时代前进的表现，而不是如某些人所说的是“良知的迷失”“人格的堕落”。张先生认为冯友兰晚年用马克思主义立场、观点、方法撰写的《中国哲学史新编》是“当代的哲学史研究的最高成就”[④]，而不是如某些人所说的“是完全没有学术价值的东西”。对于冯先生晚年的某些思想回归现象，张先生的态度是劝他“最好不要又回过去”，而不是如某些人那样极力表扬他“回归自我”。对于冯先生在《新编》结语中将马克思主义辩证法曲解为“仇必仇到底”的斗争哲学，张先生曾多次指出其“不恰当”“确属误解”，而不是肯定它“有其充分的依

① 《张岱年全集》第 1 卷，河北人民出版社 1996 年版，第 273 页。
② 《张岱年全集》第 8 卷，河北人民出版社 1996 年版，第 485 页。
③ 《张岱年全集》第 8 卷，河北人民出版社 1996 年版，第 477 页。
④ 《张岱年全集》第 8 卷，河北人民出版社 1996 年版，第 563 页。

据”。在冯友兰评价问题上，哲学党性原则在不同的人身上表现得如此之鲜明！张先生确实给我们树立了一个榜样，说明只有站在正确的哲学立场上，才能真正做到“全面评价冯友兰”。

全力支持马克思主义哲学中国化的新探索

1998 年 8 月，由教育部组织编写的《中国哲学与辩证唯物主义》一书由高等教育出版社出版。这是时任国务院副总理的李岚清同志亲自出题目，提出明确的指导思想，教育部社科司组织有关专家学者进行研讨，集体编著而成的一本全国高等学校马克思主义哲学教学参考用书。编委会成员包括国内十余位知名的马克思主义哲学和中国哲学专家，张岱年先生任编委会主任。下设由六所重点高校优秀中青年教授组成的编写组，指定我为主编。编写该书的目的，是以中国古代丰富的朴素唯物论和辩证法思想为桥梁，帮助青年学生更好地接受辩证唯物主义世界观，同时受到历史文化和爱国主义的思想教育。当然，这也是在世纪之交推进马克思主义哲学中国化的一个重要举措。

众所周知，毛泽东的《实践论》《矛盾论》是马克思主义哲学与中国革命实践相结合的典范，也是继承和发扬中国优秀哲学遗产的典范。但很少有人知道，张岱年先生在 30 年代就致力于以辩证唯物论为指导，去发掘中国古典哲学中的唯物论和辩证法思想传统的工作，在 40 年代写的“天人五论”中，又力图建构一个对中国传统哲学中的“天人”“理事”“心物”“知实”等问题给以辩证唯物主义的回答的中国现代新唯物论哲学体系，为马克思主义哲学中国化作出了重要贡献。该书请张先生当编委会主任，实有要把毛泽东和他所开创的事业继续下去并加以发展推进的意思。

1996 年 11 月，在北京召开了首次编委会扩大会议。会前我曾到张先生家里，向他详细汇报了 9 月 6 日和 12 日李岚清同志两次召见首都部分学者时的谈话精神，并就编写大纲的初步设想听取他的意见。张先生对这项工作表示全力支持。他说，恩格斯说过一句话："德国的工人运动是德国古典哲学的继承者。"我们中国的工人阶级如果只继承德国古典哲学恐怕就不够了，还应该继承中国古代哲学中唯物论和辩证法的优秀传统。加强对辩证唯物主义与中国哲学优秀传统的比较研究和二者相结合的研究是有重要意义的。我在汇报编写大纲初步设想时，谈到想设两章专讲社会历史观和人生价值观问题，以体现辩证唯物主义和历史唯物主义是"一块整钢"。张先生对这点也表示同意，并说到《中国哲学大纲》和"天人五论"的重要缺点之一就是对历史观重视不够。

在《中国哲学与辩证唯物主义》一书编写过程中，张先生始终十分重视，十分关心。1997 年 2 月 23 日，他来信对编写大纲第三稿提出了两条具体修改意见。一条是第二章第三节标题："诚即实有，体用胥有：对世界的客观实在性的明确肯认"。张先生指出："体用胥有是对的，诚即实有不够准确。近年很多同志认为王船山所谓诚是实有之意，实乃误解。王船山所谓诚指'实有其理'，指实在性与规律性的统一。朱子说'真实无妄之谓诚'，王船山仍承认朱说，不过又加以发挥而已。"另一条是第七章第四节标题："以理制欲，修身成德：道德自律和修养方法"。张先生指出："'制欲'的制字太重，不如用导字。荀子讲'导欲'、'节欲'，比较合适。"

1998 年 9 月 19 日，张先生在给我的信中说他已收到教育部寄去的《中国哲学与辩证唯物主义》一书，对"大功告成"表示十分高兴，"可喜可贺"！

该书出版后，对高等学校的马克思主义哲学教学改革，对促进马克思主义哲学研究与中国哲学研究相结合，都起了一定的积极作用。它曾获中宣部第七届"五个一工程"一本好书奖，但也受到了"马克思主义哲学中源说"的批评。2000 年春，有一次我同张先生谈起这个问题，认为"中源说"的批评有点强加于人。因为该书并不否定而是明确肯定了马克思主义哲学的直接理论来源是德国古典哲学，只是在讲到其形成和发展的广义的“历史文化基础”时，才认为应把全人类的哲学智慧成果，包括中国哲学的智慧成果也包括在内。这与明清时期的“西学中源”说根本不同。张先生说，20 世纪以来还没有出过一本像《中国哲学与辩证唯物主义》这样全面论述中国哲学与马克思主义哲学关系的书，它的成就是不容否定的。李岚清同志抓的这本教材，不仅对高等学校政治课教学改革有重要意义，而且对中国哲学今后的发展，对如何实现马克思主义哲学的中国化，也有重要的启发意义和指示方向的作用。这本教材吸收了一些近年来的研究成果，它的观点还不能归结为马克思主义哲学“中源”说。有不同意见是正常现象，可以百家争鸣，不要强加于人。这一席话使我感到心中踏实了许多。

“志同道合”：不忘前辈的鼓励和鞭策

1999 年 5 月，在张先生 90 大寿之际，北大哲学系准备举办隆重的寿庆纪念活动。我收到邀请函后给张先生写了一封信，说明因已安排出访任务不能参加，请张先生原谅，并寄去一篇文章请他指教。张先生 6 月 1 日复信说：

> 来信和大作都收到，非常欣慰！您的哲学观点和文化观点，和我的哲学观点和文化观点基本相同，我十分高兴！十分感谢！我晚年又得一同调和知音，实属莫大的荣幸！《中国文化概论》主要是您大力主编，将我也列为主编，《中国哲学与辩证唯物主义》书题下也列上我的名字，实不敢当！您如此谦逊，愚益感敬佩！我因病于 4 月 6 日住进协和医院，5 月 21 日始出院，回家后才看到来信，奉复稽迟，请原谅！

2001 年 3 月 21 日，在筹备召开第十二届国际中国哲学大会期间，我又收到张先生的一封热情诚挚的复信，他说：

> 第十二届国际中国哲学大会的通知早已收到，因年老力衰，以致迟复。尚请宥谅！
>
> 大会由您主持，我十分高兴！我不能提交论文，但愿出席开幕式，参加庆祝。多年以来关于中国哲学史，关于文化问题，鄙见与您的见解，完全一致，可谓志同道合，我十分高兴！我年过九十，衰颓日甚，已无力写作，但仍能阅读佳作，祝愿中国哲学的研究在您的领导之下日益取得丰富的成果！

张先生待人诚恳，尤其对于晚辈，更是扶植、关爱、呵护备至，寄予殷切期望。他从来不以长辈、权威自居，总是以礼相待，平等对人。根据我的经验，张先生是每信必复，亲自执笔，字迹端正，言简意赅。因此没有十分必要之事，我平时轻易不敢写信打扰他老人家，打电话或去他家拜访也是这样，次数并不多。2003 年 3 月我寄去一篇文章和一短信，没有收到回复，我知道老人家亲自动笔已比较困难了，但后来仍通过其他朋友得悉了张先生对这篇文章的肯定评价。

作为晚辈，对于“志同道合”“同调和知音”这样的鼓励，我实不敢当，能被张先生认可为一个合格的学生就已经很荣幸了！

张先生早年就确然坚信辩证唯物论是“当代最伟大的哲学”①，终生致力于马克思主义哲学与中国哲学优秀传统相结合，即马克思主义哲学中国化和中国哲学现代化的事业，并为此而探索出了一条中国哲学和中国文化的综合创新之路。他的坎坷人生反映了“直道而行”的中国知识分子的悲剧命运，但个人之顺蹇、毁誉、荣辱并不能改变其理想和信念（其言曰“非敢立异于时贤，不欲自违其所信耳”②）。

① 《张岱年全集》第 1 卷，河北人民出版社 1996 年版，“自序”，第 3 页。

② 《张岱年全集》第 3 卷，河北人民出版社 1996 年版，第 114 页。

他将“自强不息”“厚德载物”的中华民族精神内化为自己的人格，故能潜心于学术研究并在多方面取得巨大成就，成为20世纪中国先进思想文化的一面旗帜。我之所以在不惑之年愿意成为张先生的一个学生和追随者，首先是由于学术理论方向的认同，其次则是出于对其人格的敬重。回顾20世纪中国思想文化发展的艰难曲折历程，我认为张先生所认定的方向是最有前瞻性、也最现实可行的，因此在有关中国哲学和中国文化的一系列问题上，我的观点与张先生“基本相同”甚至“完全一致”就是很自然的了。这种“相同”和“一致”，当然首先是我对张先生思想的学习、理解和认同，然后才试图有所阐扬和发挥，以推进作为“吾侪之共识”的马克思主义学术文化事业。在此过程中受到最严重考验的就是“哲学的党性”即理论的持守问题，为了坚持原则，连德高望重的张先生都难免要受到某些非议，要为其“直道而行”付出沉重代价。如果没有“举世誉之而不加劝，举世非之而不加沮”（《庄子·逍遥游》）的勇气，就很难成为他的一名合格学生，站在这面思想文化旗帜下有所作为。也就是说，认同张先生的学术思想与学习他的道德人格是完全一致的。正是由于张先生终生所信持的理论的真理性，他倡导的“综合创新”论既符合文化发展规律又符合中国的国情，所以才得到了越来越多的人的赞同、支持、拥护和追随，张先生在晚年才能欣慰地说“吾道不孤”“我学有传人”。

张岱年先生的思想和事业是不朽的。它将激励后辈学人为实现马克思主义哲学的中国化，为中国哲学和中国文化的综合创新而不懈奋斗！

（原载陈来主编《不息集——回忆张岱年先生》，北京大学出版社2005年版，第131—149页）

悼萧萐父老师

武汉大学哲学学院：

惊悉萧萐父教授不幸辞世，中国哲学史界失去了一位领军人物和卓有成就的前辈学者，对我个人来说，则失去了一位相交相知近半个世纪的老师与学长，伤悲之情，难以抑制，难于言表！

萧老师是马克思主义理论功底深厚的中国哲学史学专家，他与李锦全教授共同主编的《中国哲学史》教材已成为一个时代的范本，所谓中国哲学“合法性危机”的质疑也不能颠覆它。萧老师创立和领导的中国哲学史学的珞珈学派，已成为我国学术界的中坚力量之一，今天又承担起了中国哲学史教材“马研工程”首席专家单位的重任，我相信萧老师一贯坚持的马克思主义哲学史观和方法论原则，一定会在新教材中继续得到坚持和发展。

难以忘记与萧老师在多次国内外学术会议上共同商讨，应对各种挑战，共同维护中国文化的尊严、维护学会的团结等情形；感谢萧老师对我的信任，多次邀请我出席他指导的硕士生和博士生的学位论文答辩会。与萧老师同游慕尼黑、海德堡、波士顿，在巴黎共同会见法国汉学家谢和耐、汪德迈等情景犹历历在目。

我最后一次见到萧老师，是 2003 年出席在武大召开的第二次徐复观思想会议时去他府上看望，不过此后还收到了他亲笔题赠的《缀玉集》《萧氏文心》等大著。

半个世纪的师恩和友谊永难忘怀。萧老师作为一个学富五车而又富有正义感的中国知识分子的形象将永远留在我们心中。

哲人其萎，其思想和精神风范长存！

方克立

2008 年 9 月 19 日

我所认识的任继愈先生

去年8月31日，任继愈先生在电话中告诉我，他手术后身体恢复的情况不错，现在每天上午散步半小时，已经能够做一些工作。我以自己的经验跟他说，动手术到底伤了元气，还是要多休养一段时间。后来听说任先生已恢复每周去国家图书馆上班两个半天，我真佩服这位九旬老人旺盛的生命力和强烈的事业心，心想有这二者的相互支撑，老人家说不定还会创造出什么事业和生命的奇迹来哩！不料今年春天先生因肺炎住院后，最后还是原来的癌病夺去了他的生命。老人家是带着一些遗憾走的，他正在主持编纂的《中华大典》、《中华大藏经续编》还没有完成，他还有一部三十万字的、总结自己研究心得的《中国哲学史》没有来得及写，这位不知疲倦地工作的老人想做的事情还很多很多。

听到任先生去世的消息后，我在唁函中写了这样几句话："我国学术界又失去了一位坚持用马克思主义观点创造性地研究中国哲学、宗教和文化的前辈学者，失去了一位高瞻远瞩的学术文化事业的组织者和领导人，失去了一位热心教导和扶植青年的导师，这个损失是难以弥补的。"之所以这样说，是因为在我看来，像任先生这样出身于非无产阶级家庭，在社会变革实践中真正接受了马克思主义世界观、人生观和价值观，并且把它内化为自己的道德人格和观察处理问题的思维方式及行为方式，包括治学的方法论，在多个岗位上为国家、人民做出了突出贡献的知识分子确实是"凤毛麟角"，在斯人离去之时，他确实无愧于覆盖在他遗体上的那面鲜红的党旗。他是一个真正无产阶级化了的知识分子，是马克思主义的革命精神与中国文化的优良传统相结合的典范。

现实生活中的任先生，其思想、言行并不是十全十美完全无可非议的，他不是圣人。在学术问题上，许多学者都发表过与他不同的意见；他曾四写老子，不断修正和深化自己的认识。然而观其一生的历史贡献和人格风范，我以为对他作上述评价是符合实际的和公允的。

科学的中国哲学史学的探索者和奠基人之一

我大学后期学习兴趣转向中国哲学史。20 世纪 60 年代初，学术界关于孔子、老子、庄子、《周易》哲学性质及其阶级属性等问题有许多讨论，我们除了在课堂上学习之外，还有机会向参与讨论的诸位先生学习，从他们的文章中学到许多中国哲学的知识和研究方法。在我的印象中，冯友兰、任继愈和关锋是当时最活跃的三大家，冯、关往往是对立的两端，而任先生常能另辟蹊径，根据自己对中国哲学的理解而提出一些独到见解。我当时有点不知天高地厚，曾在一篇谈《周易》经传关系的文章中举例批评过冯先生和任先生的观点，两位先生对年轻人都采取了十分宽厚、包容的态度。

记得是 1963 年秋，北京市哲学会在人民大学召开中国哲学讨论会，主题是讨论孔子思想。任先生主持会议，开场白后他就点名让我发言，面对着许多老师，我有点紧张但还是简要地谈了自己的观点，并说明主要是来向前辈们学习的。那天冯友兰先生也到会了，我也是第一次与他个别交谈并向他当面请教。会后任先生鼓励我说“讲得很好”。

60 年代初教育部组织编写《中国哲学史》教材，编写班子集中了北京大学、中国人民大学中国哲学史教研室和中国科学院哲学研究所中国哲学史研究室三个单位的主要教学科研力量，而以任先生为主编。这件事情并非如任先生谦虚地所说的“谁都能干”，从最后成果看主编确实已有一套如何运用马克思主义哲学史观和方法论原则来研究中国哲学的基本思路，对中国哲学史有全面系统的看法和初步的规律性认识，是建国以来至“文革”前中国哲学史学科建设的最有代表性的成果，作为教材培养、影响了几代中国哲学史工作者。我人大毕业后留校任教，石峻先生给哲学系四年级学生开中国哲学通史课，我和方立天等做辅导，用的就是这套教材。对于其中的观点和资料，当时我是用心学习和推敲过的，虽不见得完全赞同但收获颇丰，因为它从总体上来说确实贯彻了实事求是的编书宗旨，是那个时代所能写出的最好的教材。任先生受到毛主席表扬的关于隋唐佛教宗派哲学的几篇文章，我也是那个时期读的，可以感受到他是力图把中国佛教哲学纳入中国哲学史的主流之中，文章写得清新平实，晓畅易懂，对初学者确能起到引渡之津梁的作用。

任先生后来根据毛主席关于“研究宗教”“批判神学”的指示组建中国科学院（后为中国社会科学院）世界宗教研究所，开创了中国的马克思主义宗教学学科，对宗教、无神论理论和世界三大宗教及本土宗教进行全面研究。这个时期他个人的研究工作是与学术组织工作紧密结合在一起的，并且表现出以下特点：一是继续重视和深入开展中国哲学史研究，在他的主持下编撰了多卷本《中国哲学发展史》（共七卷，已出版四卷），另外还出版了《老子全译》《墨子与墨家》《中国哲学史论》《天人之际》等个人专著；二是对中国哲学、宗教和文化进行整体思考与综合研究，对儒、释、道三教关系及其相互影响进行研究，他不但主持编写了《中国佛教史》《中国道教史》等著作，而且提出了“儒教是宗教”的著名论点，实际上反映了他对中国传统文化的一种总体性认识，在学术界产生了广泛而深远的影响；三是坚持马克思主义的宗教观，以唯物史观为指导来认识宗教这种社会现象，在进行宗教研究的同时提倡研究和宣传无神论。任先生明确地说：“我研究宗教，但我不信神。”他既是中国宗教学会会长，也是中国无神论学会的理事长；既是《世界宗教研究》杂志的创办者，也是《科学与无神论》杂志的创办者。

我出席了1978年12月在南京召开的中国无神论学术讨论会，这次会议是社科院宗教所和南京大学哲学系联合主办的，任先生在会上作了《开展无神论研究，促进社会主义现代化》的主题报告。他通过总结历史上无神论与有神论斗争的经验，以及反思“文革”中出现新宗教和现代迷信的情况，强调了批判宗教神学、批判封建主义和信仰主义、开展无神论研究的必要性和迫切性。会上他已提出“儒教是宗教”的观点，但没有充分展开，这个问题也没有成为那次会议讨论的焦点。1982年6月也是在南京召开的孙叔平《中国哲学史稿》讨论会上，任先生在讲“中国哲学的特点”时就着重阐述了封建社会哲学与宗教不分家的观点，系统地阐明了他的“儒教”说。

这个问题曾引起学术界持久的讨论。在学理上我并不完全赞同任先生的观点，但充分理解他为中国现代化的前途着想而对国情做出如此重要判断的良苦用心，他确实是力图贯彻历史唯物主义的基本原则，从中国封建社会的特点出发来说明中国古代哲学和宗教的特点，揭露在当时占统治地位的意识形态的宗教神秘主义、信仰主义和禁欲主义的实质，看到了其流毒之长久深远，对我国现代化建设事业的巨大危害。与现在有些人主张“重建儒教”以抵制民主、科学和现代化的潮流根本不同，任先生明确指出儒教带给我们的是灾难，是桎梏，是毒瘤，为了中华民族的生存和发展，早日实现现代化，就应当废除儒教。也正是由于认识到了封建社会哲学与宗教不分家的特点，任先生对毛主席讲的“不批判神学就不能写好哲学史”有深刻体会，儒教问题成为他用马克思主义观点研究中国哲学史与宗教学的一个最好的契合点。另外，在这一讨论中，我对任先生“举世誉之而不加劝，举世非之而不加沮”的特立独行、坚持真理的精神也非常钦佩，有自己的独立见解、决不人云亦云正是他一贯的治学态度和作风。

我赞成正统儒学具有宗教的若干主要特征和功能的观点，但认为在中国流传了两千多年、经历了若干重要发展阶段、包含着许多不同学说和学派的儒学，它本身具有复杂性，表现出多重面相，在思想特征和理论内容上互相冲突的情况也是常有的。比如既有正统儒学也有非正统儒学，有的表现出了露骨的宗教神学信仰主义、僧侣主义、禁欲主义的特征，有的则包含着较多的人文主义、现世主义、理性主义的内容。就正统儒学来说，既然是“哲学与宗教不分家”，那么说它是“亦哲学亦宗教”或“亦道德亦宗教”是比较确切的，不论是“道问学”还是“尊德性”，都不能完全归结为宗教神学信仰主义，不能忽略后期儒学也有作为世俗的道德伦理、政治和教育学说的一面。这是我个人的看法，同任先生也讲起过，并与他讨论过港台新儒家特别是牟宗三先生关于儒学宗教性的观点。他要我写文章，我说还没有考虑成熟，以后也一直没有写。

1978 年以来我与任先生共同出席的中国哲学史学术会议至少有十多个，他是大家，主办单位一般都会邀请他做主题报告或大会重点发言。任先生总是有所准备，讲话言之有物，而且只讲自己思考过的、想清楚了的问题，多有清新、独到的见解。他从来不请秘书或别人代写发言稿，也不敷衍应付，不讲大话、空话、套话，表现出一个学者的真诚和严谨的学风。他有时也即席发言，话不多，但常能说到要害处，用非常平实的，甚至带点幽默的语言表达出来，与大家自然、融洽地进行交流。“望之俨然，即之也温”是许多学者对任先生的共同印象。

我在这里要特别提到 2001 年 7 月在北京召开的第十二届国际中国哲学大会。这次会议是由国际中国哲学会与中国哲学史学会联合主办，而由中国社会科学院研究生院承办的。从确定会议主题、选择开会地点到大会日程安排，我都与任先生商量过，得到他的具体指导。任先生在会上作了题为《瞻望 21 世纪的中国哲学》的主题演讲，从哲学的本性、中西哲学之同与异，讲到中国哲学如何走向世界，为解决人类面临的困惑做出自己应有的贡献，既高瞻远瞩，又清醒冷静。

他指出：由分散到综合，跨学科、多学科协作是21世纪学术发展的大趋势，中国哲学喜欢综合、从整体考察的思维方式重新引起人们的重视。但对中国哲学来说，我们不能安于中世纪原始状态的浑沌、综合，认为比西方的分析更高明，这是一种误解。现代社会所要求的综合、整体观，是在科学分析和精细分工基础上的更高一级的综合，这个否定之否定的认识步骤必不可少。21世纪的中国哲学只有顺应这一大势才能发展到一个新的更高的阶段。

2002年4月中国哲学史学会与南昌大学哲学系联合主办“中国哲学史研究回顾与展望”学术研讨会。按照任继愈会长的部署，我和刘文英、周桂钿同志担任这个年度的执行会长，负责与承办单位联系和共同组织开会。难得的是86岁高龄的任先生由秘书李劲同志陪同亲自出席了在井冈山召开的这次会议，并在会上做重要发言。他指出：中国哲学中的许多思想，过去为维护中华民族的团结和统一起了十分重要的作用，但现在其中的不少东西已成为现代化的障碍。我们要在世界众多的流派中间找到自己的位置，以创新的精神来进行中国哲学史的研究，使我们的思想现代化。另外他还就中国哲学史人才培养问题发表了十分中肯的意见。由于我和任先生紧接着都要出席在北京召开的国家社科基金评审会议，20日下午南昌大学邵鸿副校长（现任九三学社中央副主席）陪我们提前下山，途中参观了文天祥纪念馆，当天晚上住在吉安市。次日乘10点半的K134次列车返京前，邵校长还安排我们去青原山参观了净居禅寺。在返京的列车上，我与任先生同坐一个包厢，一路上他很健谈，吃饭、睡觉都好。任先生说这两天我们谈的话比过去任何一次都多。除了谈到许多哲学界的人和事之外，任先生还首次同我谈到他的家庭。他家原为山东大户，父亲青年时期上保定军官学校，在国民党军队里做到了少将，新中国成立后住在西安，“文革”中去世。他的兄长早逝，大弟是商业部退休干部，小弟在兰州大学做牧草研究，是中国工程院院士。他说只有把个人的命运与国家、民族的前途命运联系在一起人生才有意义。这一路交谈使我对任先生的思想和人格有了更多、更深入的了解。

杰出的学术文化事业的组织者和领导人

任先生西南联大研究生毕业后，先后在三个单位工作各长达二十年以上，在每个岗位上都兢兢业业，表现出了杰出的组织和领导才能，为我国学术文化和教育事业的发展做出了重要贡献。这种才能从根本上来说是得益于其强烈的事业心和高瞻远瞩的学术眼光。

1942—1964 年他先在西南联大后在北大从事中国哲学史的教学与研究工作，在此期间不但打下了坚实的学问基础，而且完成了世界观的根本转变。他在 1956 年加入中国共产党后更加自觉地把自己的工作与党的事业紧密联系在一起。60 年代初任先生主编了供全国高等学校使用的四卷本《中国哲学史》教材，据说这部教材也是毛泽东的案头必备书之一。前面已经提到，这部教材是组织北京三个单位的中国哲学史界同仁集体编写的，时间紧，任务重，主编付出的辛劳可想而知。当然教育部选聘主编更看重的是他的真才实学、学术理论方向和组织协调能力。

1964 年他受命组建中国科学院世界宗教研究所，至 1987 调任北京图书馆（后改为国家图书馆）馆长前，任所长 23 年（后两年任名誉所长）。在此期间，他除了牢牢把握宗教学研究的马克思主义方向之外，下力气最大的是学术资料建设和人才引进与培养两件事情。任先生把积累资料看作是学术研究的基本功，要求研究人员都要重视第一手资料，并且自己带头做资料工作。他主持编纂了《宗教词典》《宗教大辞典》《道藏提要》《佛教大辞典》《中华大藏经（汉文部分）》等资料和工具书，嘉惠学林。就拿《中华大藏经》来说，从立项开始编纂工作到出齐 107 册，前后花了十三年工夫，任先生的敬业、实干精神和凝聚力在其中起了关键的作用。在人才建设方面，任先生领导的宗教所先后引进和培养了朱谦之、徐梵澄、郭朋、杜继文、余敦康、孔繁、吕大吉、金宜久、唐逸、杨曾文等著名专家，“文革”后通过招收研究生又培养了一大批优秀的中青年后继人才，使该所成为名副其实的全国宗教学的研究中心。

任先生71岁调任国家图书馆馆长，至2005年退居二线，时年89岁。最后几年担任名誉馆长但仍坚持每周二、四上午去馆内上班。这位现代哲人似乎是重复了古代先哲老子任“周守藏室之史”的经历，而他主持的现代图书管理事业的宏大规模和先进手段则是老子时代所不可比拟的。国家图书馆承担着收藏、保护和传承中华民族历史文化的重任，任先生以一个百科全书式学者的身份出任馆长，当然是再合适不过的了。在他任职期间，建成了国家图书馆新馆和数字图书馆，大力加强馆内人才队伍建设、基础业务工作和读者服务工作，积极推动国内外图书馆的交流与合作，使国家图书馆迈入了世界先进图书馆的行列。晚年任先生特别重视传世文化典籍的保护、抢救、整理和出版工作，亲自主持和领导了《中华大典》、《中华大藏经（汉文部分）续编》、《国家图书馆藏敦煌遗书》、新修《二十四史》等大型文化工程。他说现在的青年人读古书已经比较吃力了，我们这一辈人做古籍整理还有一点优势，所以要抓紧做这项“前人栽树，后人乘凉”的工作，以迎接社会主义文化建设高潮的到来。

北大开始《儒藏》编纂工程后，在酝酿成立中国哲学史学会中医哲学专业委员会的过程中，我曾同任先生议论：中医典籍在中国古代文献中占有很大比例，国内图书馆收藏的中医书目就有一万三千多种，很有必要在进一步调查研究、科学整理的基础上，编纂一部《中华医藏》，保护和传承好这份珍贵的文化遗产。儒、释、道、医四大“藏”集中体现了中国古代精神文明的特色和水平，我们现在已经有“佛藏”（《中华大藏经》）、“道藏”（《中华道藏》），近年来又在编“儒藏”，编纂《中华医藏》的工作也应适时提上日程。任先生同意我的看法，他说：“这件事情迟早是要做的，但它不同于一般的古籍整理项目，需要有一批懂中医和中医学史的专家参与，去粗取精，去伪存真，才谈得上科学整理。现在能做这件事情的人已经不多了，是应该提醒有关主管部门，及早把这个项目列入国家重大文化建设工程。”他主张先做论证，然后提出可行性方案。任先生亲自主持的几项文化工程，不仅有文化传承的重要意义，而且都有切实的可行性论证，制定了非常具体的实施方案，一旦启动就必抵于成。他的这种既有远大眼光又严谨求实的做事风格非常值得我们学习。

除了上述重要岗位的本职工作之外，任先生还承担了大量社会工作，比如他曾担任国务院学位委员会哲学评议组召集人、国家社科基金宗教学评审组召集人、国家古籍整理和出版规划小组成员、中国哲学史学会会长、中国宗教学会会长、中国无神论学会理事长、中国西藏佛教研究会会长等职务。就像不当“挂名主编”一样，在这些社会工作岗位上他都尽心尽力、真抓实干，为我国学术文化事业和有关学科建设做了许多实事。80 年代中期以来，我在中国哲学史学会的工作中与任先生有较多接触，对他满腔热忱、不辞辛劳地为学会的建设和发展而无私奉献的精神有一些真切具体的感受。

学会作为一个群众性学术团体，其职责就是为本学科的学术发展服务，为业内同仁服务，本来并不牵涉多少利害关系。中国哲学史学会是成立于 1979 年的一个全国性专业学会，《中国哲学史》（原名《中国哲学史研究》）是学会办的一个刊物，没有固定经费来源，办得相当艰难。过去十多年来学会出现过两次“危机”，恰恰都与学刊有关。学会领导为筹措办刊经费、提高刊物质量费了九牛二虎之力，而掌握刊物的个别工作人员却拒不执行学会决议，以至两次闹到需要重新登记注册、宣布原来的刊号和公章作废的地步。有一次还出现了同一期刊物印出两个版本的严重违规情况。面对这些十分棘手的问题、困难和矛盾，两次都是由任先生出面，亲自去新闻出版署说明情况，做自我批评，提出今后整改的措施，才使学刊得以保存下来。该刊至今已连续出版 20 多年，学术水平不断提高，越来越得到国内外同行的认可，这与任先生的长期关心、呵护和指导是分不开的。

2004 年学会换届时，任先生考虑到自己年事已高，主动提出不再担任会长。为了学会的长治久安，他曾提出一个仿照山东墨子学会、请挂靠单位主要负责人出任中国哲学史学会会长的方案，先分别与我和方立天同志商量，我们都尊重他的意见，表示同意这样做；但在继续征求意见的过程中，一些年轻的副会长多不赞成。任先生做事从来不独断专行，在这种情况下更加谨慎从事，认真听取不同意见。会前他发现有人急于干预学会的换届事宜，本人不是常务理事却多次打电话要求出席讨论换届工作的常务理事会议，并且送来盖着挂靠单位公章的人选建议名单。经过听取多方面意见和全面慎重考虑，任先生毅然决定采取民主程序顺利地完成了换届工作，使学会避免了一次新的震荡。

中国哲学史是任先生一生从业的主要学科领域。中国哲学史学会成立三十年来，他一直担任副会长（前十年是张岱年先生任会长）、会长和名誉会长的重要职务，为这个学会的建设和发展付出了大量心血与精力。在他担任会长期间，学会的多次工作会议都是在国家图书馆召开的，任先生胸中有大局，全面安排各项工作，出了许多好主意，工作做得很细。每次会后他都安排了午餐，而自己从来不去吃，最多让秘书陪同。他的组织和领导才能突出地表现在关键时刻总是能够把握正确方向，解决一道一道难题，遇事沉着冷静，常能顺势化险为夷。因此，他在中国哲学史界同仁中有很高的威信，这种威信不仅来源于其学术成就、地位和影响，也来源于其敬业乐群、为共同事业而竭诚效力的精神。

诲人不倦、严格要求、循循善诱的青年导师

“文革”前，任先生在北大做过 20 多年教师工作。“文革”后，他是中国社会科学院研究生院的第一批硕士生导师和博士生导师，也是招收培养研究生最多的导师之一。无论是在宗教研究所还是在国家

图书馆，他都十分重视人才培养工作，尽力为青年科研人员和图书馆工作人员创造学习深造的条件，不但使员工素质普遍有所提高，而且把他们中的一些人培养成为专家。做古籍整理工作也是这样，既要出成果，也是一个培养这方面专门人才的过程。任先生常说：以往国家间的竞争，主要是自然资源的竞争；今天和未来的竞争，则主要是人才的竞争。自然资源是有限的，而人的创造潜力是无限的。他把人才培养和教育工作上升到了综合国力竞争的高度来认识。

任先生是一个大师级学者，也是一个学而不厌、诲人不倦、对青年寄予厚望、期盼学生超过自己的无私的教育家，一个严格要求、循循善诱的青年导师。在他看来，教育的最终目的在于育人。人是社会的成员，社会培养他成长，成长起来后又将其聪明才智反馈于社会。对社会有用的人，不仅要有丰富的知识，还要关心国家大事，熟悉祖国的历史，对世界大势有所了解；除了专业分工之外，还要对人间的善恶、美丑、真伪有辨别能力。他常用老师熊十力先生的话来鼓励青年学子：“做学问就要立志做第一流的学者，要像上战场一样，义无反顾，宝贵利禄不能动其心，艰难挫折不能乱其志。”同时他也继承了中国古代教育“德教为先”的优良传统，告诫今天的研究生不要只想着个人前途，以多挣钱为动力，而要想着为国家争光，怎样为国家、人民多做贡献。他以自己一生爱国、敬业、求实、勤奋、淡泊名利、无私奉献的实际行动，展现了一个既掌握现代先进思想又具有传统士人美德的知识分子的人格风貌，对后辈学人特别是对其亲炙弟子有很大的示范作用，这种身教之无言的影响力显然比言教还要巨大和深远得多。

在任先生面前，我首先是一个学生，从青年时代起就是读着他主编的教材和其他论著而跨进中国哲学史门槛的。任先生是业师石峻先生的同庚、同窗、同行、同道挚友，石先生也谈起过他们在北大和西南联大为报国救世而求学的经历。两人都受汤用彤先生影响而研究佛教，但他们一生做的都是入世的学问。因为在任先生看来，不关注人、不关注社会的学问是假学问。他们经常强调的这个思想，对我们这代学人影响很大。“文革”中我从人大调到南开，许多朋友都劝我要慎重考虑，任先生却明确表示支持。他说：“南开中国哲学史学科的力量比较薄弱，年轻人应该勇于去挑重担，都扎堆挤在北京有什么好处?”我到南开后他来过两封信，主要是介绍天津某高校一位有志研究中国哲学与宗教、经常给他去信的青年教师，要他就近与我讨论一些问题，帮助他学业上提高。任先生这种成人之美的好意，我当然不能拒绝。1984 年特批教授，1985 年我被遴选为国务院学位委员会哲学评议组成员，都得到了任先生的支持，当时他是这个学科评议组的召集人。

我们成长于一个特殊年代，在最好的青春年华赶上了蔑视知识和文化的“文化大革命”，灾难过后已人到中年，来不及认真补课就挑起了教学、科研、带研究生等多付担子，心里总是觉得底气不足。任先生有一次对我说：“你们这个年龄正是读书做学问的黄金时代。人一般都是在干中学，而不是学好了再干。‘文革’耽误了读书是坏事，但也是一种难得的人生经历，可以对中国的社会、历史、文化有更深刻的了解，对研究中国哲学史的人来说也是好事。”这是他的真切体会，任先生对中国“儒教”的认识就是通过反思“文革”而形成和深化的。

1994 年我调到社科院研究生院工作，从院史中了解到任先生是本院早期最重要的导师之一。1978 年首次招生，任先生一人就招收了 11 名研究生，研究方向分别为宗教学、佛教、道教和中国哲学史。他上的中国哲学史、古代汉语、宗教研究方法论等课程，一些其他专业的研究生也去听课。他在 1981 年 4 月 13 日给我的信中，讲到了当年的招生情况：“今年计划招研究生，我这里共分四个专业：①道教；②佛教；③儒教（中国哲学史后期）；④藏传佛教（考藏文）。人数不限，但可能比过去更严一些。除专业课外，还要根据报考专业考外语、古汉语、哲学原理、中国通史。考藏语的免试古汉语。到时会在全国登报的。”由此可见他对研究生培养工作之重视，考虑之细致周到。

社科院研究生院是国务院学位委员会批准的首批博士学位授予单位之一，从 1983 年开始招收培养博士研究生。其中的中国哲学史和宗教学两个博士点，都是以任先生为主申报而获得批准的，他也是这两个专业的第一位博士生导师。80 年代他共指导培养了 38 名硕士研究生，6 名博士研究生，其中的不少人如李申、方广锠、潘桂明、赖永海、何光沪等都已成为我国著名的宗教学和中国哲学研究专家。比如这里提到的前三位，就是任先生亲自选定的《中华大藏经（汉文部分）续编》的三位副主编。他们将继承先师的遗志，继续主持完成这部收录典籍 4000 多种、装订成 260 册的大型丛书的编辑出版工作。当年如果不大力抓研究生教育培养工作，就不可能有今天后继有人、人才辈出的大好局面。

1995 年研究生院确定了一批资深博导，不受年龄限制，只要身体许可、本人愿意，就可以继续招收培养博士生。这个名单中也包括任先生。我打电话征求他的意见，他表示可以考虑，条件是要求考生具有较好的学业基础，已经是副教授，在攻读博士学位的同时能协助做些工作。第二年我们按照这个要求进行了招生工作，有一名考生基本符合要求，考试通过后发了录取通知书。开学前我接到任先生的电话，他说这个考生的条件不错，但其学术专长和志向与自己目前做的工作不太一致，他还是决定不带了。已经 80 高龄的任先生这样考虑问题是可以理解的，也是一种实事求是的、对学生负责的态度。学生已经招进来，后来只好挂在我的名下。这个学生很努力，不但顺利完成了学业，而且以后的发展也不错，早已是教授、博导。任先生一直记挂着这个学生，去年在电话中还问起他，要他推动江苏编辑出版《顾炎武全集》。任先生说：“明清之际三大儒，王船山、黄宗羲的全集都出来了，江苏的经济基础比湖南要好得多，也应该把顾炎武的全集编出来。”前几天我在网上看到这个学生写的悼念任先生的文章，他虽然无缘成为先生的亲炙弟子但有缘得到其关心和指导亦深怀感激和敬仰之情。

任先生对青年学子的关心、爱护和教导不限于在学期间，许多学生毕业参加工作后，一直与他保持着深厚的师生情谊，经常得到他多方面的帮助和指导，把他当作永远的学术上和人生的导师。在他早期和晚期弟子中，都有曾因经济困难而得到过其无私接济的，他们对恩师更是感念终生。

任先生是学位与研究生教育的先行者，是老前辈。我们在交谈中，他对近年来研究生教育质量下滑的趋势甚感忧虑。国家图书馆设有收藏全国博士论文的文库，他有选择地读过一些，发现有的文章语句不通，有的标点符号都用错了，关键是缺乏独立思考，感觉到近年来博士生论文水平下降得很严重。他认为这是由于多方面原因造成的：一是90年代以后博士点、硕士点数量增加太多、太快，审批权下放和条件掌握越来越宽，研究生指导教师的整体水平已不如80年代；二是研究生培养中有些硬性的量化规定很不合理，比如要求研究生在读期间必须在核心刊物上发表几篇文章，有的人写不出来就东拼西凑，甚至取巧抄袭，托关系、交版面费发表文章的情况也很普遍，这样不利于引导他们认真读书、打好基本功；三是我们的研究生教育都是一个模式，批量生产，缺乏竞争机制，淘汰率很低甚至接近于零，这样不利于充分调动研究生的学习主动性和创造性，只能培养出大批规格差不多的中等人才，而难出拔尖人才。另外，对于领导干部年轻化、在职攻读学位的越来越多的现象，任先生也是一则以喜、一则以忧。他认为领导干部学历层次提高是好事，但一定要抵制“权学交易”的不正之风。领导干部需要名牌大学的“博士”头衔作为进一步升迁的资本，学校也需要有权有势的“校友”来光门面和获得项目、经费等方面的好处。这一“牵手”可不得了，什么规章制度和学业要求都可以网开一面，听说有的人一次校门都没进过就拿到了某大学的博士学位。正是由于对现实中“博士贬值”现象的忧虑，任先生才提出了建立严格选拔的“国家博士”制度的设想，在我看来这一设想未必可行，但却能起到提醒人们严重关注研究生培养质量问题的作用。任先生提出的上述看法，都非常值得我国教育主管部门和研究生培养单位重视，因为这是关系到在未来的人才竞争中我们是否能够“拉得出，用得上，打得赢”的问题，也是关系到学风建设和整个社会风气的重要问题。

与任先生交往近半个世纪以来，我一直把他当作学问上的老师和做人的楷模。在学问上首先是要学习他“先立乎其大者”的宏观视野，从青年时代起就把自己的学术方向与国家、人民的命运紧密联系在一起，在接受了马克思主义的先进思想后真学、真信、真用，将其转化为自己的世界观、人生观和方法论，并且坚定不移、持守终生；其次是要学习他重视第一手资料，从最基础的点校、注释、今译工作做起，有几分证据说几分话，从来不讲自己没有弄懂、没有想明白的话的实事求是的学风，而像他那样主持多项大型文化工程所需要的学识、眼光和组织领导能力，则不是什么人都能学得到的。在做人上主要是学习他的平实、真诚、勤谨、通达、从容、低调的为人风格，就拿他给自己规定的“不过生日、不出全集、不吃宴请”的三不原则来说，正是说明他对自己的历史、成就、荣誉有十分清醒的认识，严于自律，决不顺随世俗人情而迷失自己；当然，这也表现了其性格中特立独行的一面。

新中国成立六十年来，任先生是思想先进、贡献巨大、品行高洁的知识分子的一个杰出代表。当然是伟大的时代和事业发展需要造就了这样一个杰出人物，但与他个人的努力、主动适应时代的需要也是分不开的。他走过近百年人生历程的足迹清晰可见，不仅其至亲友好、后辈弟子学人会永远记着他，而且在中国现代学术思想史和文化建设史上，“任继愈”都将是一个不可缺席的重要名字。

（本文写于2009年9月。原载《我们心中的任继愈》，中华书局2010年版，第215—226页）

缅怀恩师石峻先生

从“中哲史界的人大学派”说起

五年前，我出席了在人民大学召开的纪念石峻先生诞辰90周年学术座谈会。2006年12月19日，《光明日报》一篇报导提到了我的发言：

> 方克立教授说，石先生是中国哲学界学识渊博的前辈学者，也是中国哲学史界教书育人最有成就的教授之一。他不论在中国哲学史学科建设还是中国哲学史队伍建设上都做出了重要贡献。而且，如果中国哲学史的人民大学学派这个概念成立的话，那么石先生就是这一学派的开创者，是中国近现代哲学史研究和我国马克思主义中国哲学研究的奠基人之一。

在另一篇学术综述中，则有这样一段话：

> 方克立教授谈到，石峻先生非常重视探讨中国哲学史研究中的方法论问题，他学贯中、西、印，重视中西哲学的会通和比较研究，强调以马克思主义为指导是研究中国哲学史的正确方法。杨宪邦教授、朱德生教授等与会学者，也对石峻先生的这一立场和观点给予了高度肯定。方克立教授基于此，提出石峻先生创立

了中国哲学史研究的“人大学派”。石峻先生在人民大学哲学系任教40年，形成了自己独具特色的学术观点和学派风格，在他的带领下，中国人民大学哲学系（院）中国哲学史教研室已成为独具风格的全国第一流的专业队伍。张立文教授对此深表认同，并表示要努力使人大学派光大起来并传承下去。（《中国人民大学学报》2006 年第 6 期）

我的这个看法，不久就听到了异议。有人说：“你看人大的中哲史队伍，倒是大家辈出，各搞一摊，思想与学风差异甚大，哪有同一个学派的气象呢?”对此我也有自己的思考和理解：人大的中哲史队伍，自从 1955 年石峻、杨宪邦两位先生从北大调来创建该学科，至今已逾半个世纪。在几十年风雨兼程中，包括经历了“文革”那样的动荡，这支队伍在石、杨两位先生带领下，始终坚守在中国哲学教学科研岗位上，培养了大批专业人才，在学术上做了多方面的开创性研究，成果累累，早已成为国内最有实力的中国哲学重镇之一。它是我国建立学位制度后获得批准的首批中国哲学博士点，石峻先生是首批中国哲学专业博士生导师。这种学术地位在全国范围内也是得到肯认的，石峻先生长期担任中国哲学史学会副会长、中国现代哲学史研究会会长，杨宪邦先生担任中国哲学史学会秘书长，都为学会建设做出了重要贡献。在石、杨两位先生带领、指导和扶助下，一批 60 年代初加入这个队伍的青年学者也迅速成长起来，方立天、张立文同志 1984 年就被教育部特批为教授（全国哲学界只有 5 人），2009 年又被评为人民大学首批一级教授（全校只有 14 人），已成为同侪中出类拔萃的学术大家。这个队伍的第三代人是“文革”后培养的一批优秀中青年学者，他们大都是前两代导师的亲炙弟子；为了避免近亲繁殖，也引进了一些毕业于其他高校或有留学背景的博士。他们在更加优越的条件下成长，知识结构更加合理，目前已成为教学科研的主力军。石先生的第一个博士生宋志明同志已成为中国现代哲学史研究的新一代领军人物，在老师开辟的道路上继续前进。我本人是从人大中哲史教研室走出来的，亲身经历了它的前期发展阶段，石峻等先生是我的恩师，与同辈学者已有数十年的友谊，第三代人中也有我指导培养的研究生。所以这个学术队伍半个多世纪的发展与我不是无干的，我对它怀有特殊感情并寄予厚望，期待它能为中国的学术事业做出更大的贡献。

我所谓“中哲史界的人大学派”，当然不只是就人大的中哲史教师队伍说的，同时也是指曾受业于人大、受到人大学术传统的影响、在全国各地从事中国哲学教学研究工作的学者群体。“文革”前中国哲学界的基本生态是：从事马克思主义哲学教学研究的多出身于人大，从事中外哲学史教学研究的多出身于北大。1952 年院系调整把全国的哲学教授都集中到北大哲学系，1956 年才在人大、武大、复旦新建或重建三个哲学系。我 1956 年入读人大哲学系时，只有一个专业，即辩证唯物主义和历史唯物主义。但也有中外哲学史课程，而且是必修课，所以必须建设这方面的专业教学队伍。石峻先生当时是哲学史教研室主任（中外哲学史在一个教研室），是人大中国哲学史学科的开创者。听过他授课的学生分布于全国各地，除了大部分教马克思主义哲学外，也有一部分后来从事中国哲学史的教学研究工作。“文革”后成立全国性的中国哲学史学会，有相当一部分理事是人大哲学系的毕业生，要说“学脉”和“师承”，他们很自然地会以石峻先生为“宗师”。我 1973 年调到南开大学哲学系，先后在该系教中国哲学和伦理学的王兴华、温克勤、刘文英都出身于人大。在全国各地，业内人士都熟悉的还有吉林的陈庆坤，山东的周立升、王德敏，安徽的乐寿明，河南的崔大华，江苏的李书有，湖南的王兴国、唐凯麟、冯正刚，云南的伍雄武，四川的贾顺先，北京的葛荣晋、傅云龙、陈瑛等人。这些学者都是石门弟子，在中哲史界是一支不算很小的力量。他们在各种学术会议上相聚时，也有人友善地称其为“人大学派”。这些学者治中国哲学有一个共同特点，就是都有较好的马克思主义哲学功底，注意概念的清晰明确，长于理论分析，坚持唯物史观的研究方法，这与他们在人大所受到的学术训练是分不开的，在他们身上也能看到石峻等先生学术思想与学风的影响。这批学者属于“人大学派”的第二代，这个群体的出现在一定程度上改变了中哲史界出身单一的状况。

“文革”后研究生培养和学位授予单位多元化，使学术界的生态环境进一步得到改变，有利于形成多种学术风格并存和百家争鸣的局面。在我看来，出现学派现象并不是坏事，比如在宋明理学中，正是由于濂、洛、关、闽，湘学、蜀学、江西之学、浙东之学等不同学派之间的交流与交锋，才促进了当时学术的繁荣和发展。在 80 年代的中哲史界，张岱年、任继愈、石峻先生是公认的三大导师，他们都在北京，是中国哲学史学会的主要领导人；从学派归属来说，他们都是马克思主义的中国哲学史学的奠基人。但三位先生又各有不同的治学特点，带领自己的学术队伍分别进行着创造性的教学研究工作，他们之间的关系也是“和而不同”。除了北京这个全国性学术中心外，在京外也形成了一些各具特色的中国哲学教学研究中心。我在过去的文字中曾经提到过中哲史的“珞珈学派”，也十分看好上海的“冯契学派”，当然还有其他一些已经形成或正在形成的学派。所以我认为，“人大学派”这个概念并不是凭空提出来的，但不宜作过分死板的界定，它是在一定意义上说的，关键是要把握它的中心学术观念和独特的学术风格。

中国传统学术是重视师承和学派现象的，历代学案记述的就是一个个以案主为中心的大小学派。中哲史界的“人大学派”无疑是以石峻先生为宗师和开创者，因此他的学术思想与学风对后来者就具有示范意义和广泛深刻的影响力。

我个人认为，石先生治中国哲学史有以下特点：（一）中国哲学史研究必须坚持以马克思主义为指导，但又要反对本本主义，反对将马克思主义简单化、庸俗化、教条化、公式化。对哲学思想进行阶级分析不是给哲学家划阶级成分，哲学上的唯物、唯心与政治上的进步、反动不能画等号。马列经典著作不能提供解决中国哲学史具体问题的现成答案，要将马克思主义的普遍原理与中国哲学的具体实际结合起来。（二）所谓实事求是、具体问题具体分析的研究方法，运用到中国哲学史研究中，就是要从大量经过批判审查的思想史料出发，史论结合，全面分析，从中引出符合历史实际的结论。有一分证据说一分话，切忌主观臆断、望文生义和断章取义。他鼓励青年同志要认真研读中国哲学原著，还要掌握一些目录、版本、训诂、校勘等方面的专门知识，打下扎实的学问基础。（三）要重视和加强中国近现代哲学史的研究。近现代哲学是近现代社会矛盾的反映，又是古今中西各种思想学说的交汇点，哲学思想复杂多变，新旧交替十分频繁，总结其发展规律和经验教训，对于当今中国哲学发展有更切近的借鉴意义。学习中国哲学史要从源头开始，从古到今，古今贯通；研究中国哲学史应以近现代为重点，厚今薄古，古为今用。（四）中国哲学受佛教影响很大，不懂得佛学就不能理解中国哲学，尤其是不能理解宋明理学。研究佛学不是提倡宗教信仰，而是科学地认识一种人类文化现象，从中提炼出有价值的理论思维成果。要研究佛教与中国本土思想文化的相互影响即互动关系，以及佛教是怎样在同反佛教思想论争中发展和改变自己的。儒、释、道三教关系是中国哲学研究的一个重要课题。（五）中国传统“天人之学”虽然也研究天地万物的本原、构成和大化流行等问题，但哲学家们更多的是关注人的生存意义、人性善恶、理想人格、精神情操、道德修养等问题。要把伦理道德问题上升到哲学高度来理解和解决，伦理学是中国哲学（“天人之学”）不可分割的一个组成部分。（六）研究中国哲学不能闭门造车、闭关自守，而要放眼世界，注意吸收外国哲学的先进成果，进行中西、中印比较研究，提高中国哲学的理论水平。要处理好普遍性与特殊性的关系，既要反对否定中国有哲学，或把中国哲学当作西方哲学附庸和特例的民族虚无主义，也要反对过分强调中国哲学的特殊性，认为它远比西方哲学高明的国粹派观点。中国哲学走向世界、走向未来、走向现代化是不可改变的历史发展必然趋势。

石峻先生在课堂上、各种学术会议上、文章著作中和师友谈话中反复阐述的这些学术思想，不仅为人大弟子与后辈学人深切感受和高度认同，而且在中国哲学史界有广泛的影响。因为他讲的都是自己几十年治学的真切体会，是一些最朴实的道理，完全符合中国哲学史学科发展的实际。

我有幸听了石先生开的两门课

我在人大哲学系学习期间，给我们上中国哲学史课的是李馡（先秦）、杨宪邦（汉唐）、孙长江（宋元明清）、尹明（近代）四位老师。他们的教学态度都很认真，而且各人讲的都是自己最熟悉、下功夫最大、研究最深入的一段，所以教学效果总体上说相当不错，同学们学得很有兴趣，对中国哲学史有了整体、全程的基本了解。有的老师还引导我们关注当时的学术讨论，我在《光明日报》上发表的《研究〈周易〉不能援〈传〉于〈经〉》一文，就是在李馡老师的启发和帮助下写出来的。

石峻先生没有给我所在的这个年级上中哲史课，当时觉得是一个遗憾。他只是在我们刚入学时见过一面。那是在徐琳老师的辩证唯物主义课堂上，为了让我们这些与哲学刚结缘的青年学生了解辩证唯物主义的来源，曾请专家大略地介绍中西哲学发展的概况。西方哲学概况是苗力田先生讲的，到介绍中国哲学概况时，石峻先生代表吴玉章校长给我们请来了中国思想史大家、中科院历史所的侯外庐先生。他先对侯先生作了简单介绍，我们都怀着崇敬的心情来听权威讲课，侯先生讲话山西口音较重，有些字音听不准，杨宪邦老师就把讲到的重要名词概念写在黑板上。后来听说系里没有安排石先生给我们上中哲史课，也是事出有因。当时人大正在搞教学检查，石先生是哲学史教研室检查的重点对象之一，在政治上受到一定的伤害，此后他的言行就更加谨慎了，文章也写得少了。

我1962年毕业留校工作，先跟随系主任张腾霄老师读了一年马恩早期著作，翌年暑假后同意我去中哲史教研室。教研室给我安排的第一个工作，就是给石峻先生讲课当辅导助教。1963—1964学年石先生给哲学系本科60级讲中国哲学通史，我与方立天、张静贤三人担任辅导教师。这个年级共有五个班，我负责三班和四班（美学班）。没想到学生时代的遗憾参加工作不久就得以弥补，使我有机会系统地听石峻先生讲中国哲学史，领略名师讲课之风采，真是大合吾意。

石先生学识渊博，思想深邃，一部中国哲学史都在他的心中，讲授起来挥洒自如，要简能简，要繁能繁。他特别重视本科的基础课教学，认为在有限的课时里，要把最基本的准确可靠、切实有用的知识传授给学生，帮助他们掌握正确的学习方法，因此不能满堂灌，一定要少而精。石先生讲课条理清楚，内容精当，表达深入浅出，语速不快，让学生能听得懂、思维跟得上、笔记得下来。每堂课他都作了精心准备，但没有写详细教案，从不照本宣科，而是只有一个讲授提纲，重点讲清楚基本线索和基本思想、概念、命题，注意总结理论思维规律和经验教训。他对古典哲学文献非常熟悉，许多名言名句都能背下来，脱口而出，但在课堂上并不过多铺陈史料，尽量避免念大段引文，有些必须介绍的重要资料，则将其分解后通过串讲把思想要点揭示出来。同学们都反映石先生的课内容很实，没有废话，富有思想性和启发性，确实达到了很高的教学水平。

这一年我随堂听课，有幸跟石先生又学了一遍中国哲学史。给学生布置的参考教材是任继愈先生主编、人大中哲史教研室老师也参与编著的那套《中国哲学史》，当时已出版第一、二册，第三册印出了内部征求意见稿。我同时也认真研读了这套教材，因为它代表了当时国内中哲史教学研究的最好水平，做辅导时学生提的问题有些也是来自这个教材。我们每周到学生宿舍去辅导一个晚上，一般是个别辅导；三至四周做一次集体辅导，主要是配合课程进度，领读和讲解石先生布置的重要原著，比如《庄子·齐物论》、《荀子·天论》、僧肇《物不迁论》、范缜《神灭论》等篇章，我都在集体辅导时讲过。让助教讲解、导读原著，这也是老一辈培养锻炼青年教师的一种方法。这一年是那个时代还能读一点书的难得机会，虽然也有一些别的事情干扰，但首先要保证完成教学任务，对学生要负责任。到考试前辅导任务也加重了，不是每周到学生中去一次，而是两次、三次。回想起来，我做助教 17 年，真正名副其实地履行助教的职责、实际参与教学工作的，也就只有这一年。

1964 年 10 月，我就与人大哲学系师生一起去湖南参加农村社教（“四清”）运动，此后十多年基本上与教学科研工作无缘。“文革”的前七年我也是在人大度过的。为了解决与家属两地分居的问题，1973 年我调到了天津南开大学。1978 年高校恢复招收研究生时，我的年龄还在考研范围内，有朋友建议我回人大去读石峻先生的中哲史研究生，但家里两个小孩需要有人照顾，只得作罢。1981 年，我在南开大学评上副教授，学校安排第二年就要带中哲史研究生，而实际上学术准备是不足的，这点自己心里有数。就在这一年，石峻先生给人大中哲史研究生开中国哲学史史料学课，这是一个再次向老师求教问学的好机会，于是我将在南开的工作适当安排开，每周从天津到北京去一次，与冯禹、郑万耕、那薇等同学，听石先生讲授中国哲学史史料学。除了个别特殊情况外，我基本上把这门课坚持听完了，这对我后来的研究生教学工作有很大帮助。

1981 年上半年石先生在人大开史料学课时，已出版的同类著作只有冯友兰的《中国哲学史史料学初稿》（上海人民出版社 1962 年版）一种。张岱年先生 70 年代末给北大研究生开过史料学课，但其《中国哲学史史料学》一书是 1982 年出版（生活·读书·新知三联书店）的。冯、张二书的主体内容都是逐章介绍历代重要哲学史料，分别加以考订，确定其历史年代和史料价值。石先生的史料学课有与其不同的特点，它的重点不是具体介绍历代哲学史料，而是论述在马克思主义实事求是精神指导下，如何利用中国传统文献学的成果，对思想史料进行科学整理和批判审查的方法，包括目录、版本、校勘、训诂、辨伪、辑佚等基本知识，以及如何使用工具书等。这些就是过去所说的国学基本功，而在现代知识背景下成长起来的青年已十分隔膜，包括中哲史研究生，给他们补一些这方面的知识是有必要的。石先生不仅把这些收集、整理、分析、鉴别史料的方法讲得非常清楚，而且用大量具体例证，说明将其运用于中国哲学史研究的意义和价值、必要性和重要性。最后他讲了一下哲学理论与思想史料的关系，回顾了中国哲学史学从古代到近现代的发展历程，指出其发展方向是要建立以马克思主义为指导的科学的中国哲学史学。由于课时有限，石先生在课堂上没有具体介绍历代哲学史料，而是布置参考书让研究生自学，要他们在具体课题研究（如写硕、博士论文）中学会收集、整理、分析、鉴别、使用史料的方法。

石先生讲史料学的思路与冯、张二先生不尽相同，但也有共同之处。关于目录、辨伪、辑佚、校勘、训诂等整理史料的方法，张先生是在另一门课“中国哲学史方法论”中讲的。80 年代编《中国大百科全书》，张先生是中国哲学史编写组的主编，“中国哲学史史料学”这个重要辞条，他就是请石峻先生写的。可见石先生关于史料学的对象、范围、任务、方法的基本看法，张先生也是同意的。我后来在南开讲史料学，力图把几位先生讲的内容综合起来，除绪论外，分三部分：（一）整理哲学史料的基本方法；（二）历代哲学史料举要；（三）中国哲学史学史概述。这个思路主要是受到石先生的启发，也可以说，听他的课给了我后来敢开这门课的底气。

难得的世交情和师生谊

石峻先生 1948—1952 年在武汉大学工作，任哲学系副教授兼校图书馆主任，与我的父母都认识，并有较多交往。先父方壮猷先生当时是武大历史系教授，1950 年调到中南文化部文物处工作，1951 年兼任中南图书馆（即今湖北省图书馆）馆长。他与石先生除了是湖南同乡和史学同行之外，还在图书馆事业上有一些业务交往。1949 年 11 月，新中国刚成立不久，先父出于爱国热情，曾将一批珍藏古籍捐给武大图书馆，其中包括《汉州志》《嘉定府志》《崇祯存实钞》《夷门广牍》等近 500 册。与他洽谈此事的就是石峻先生。他兼任中南图书馆馆长后，为了动员中南地区的一些大藏书家将图书捐献给国家，又带头将自己的大部分藏书捐给中南图书馆；同时，他听从石先生的建议，也将其中的一部分再次捐给武大图书馆。那时他们是武汉地区最大的两家图书馆的馆长，工作上有一定联系，在业务上有共同语言，关系比较融洽。我的一个堂叔曾在武大图书馆工作，也得到石先生的关照，新中国成立后参加了人民解放军。石先生当时是单身，在我们家里吃过饭，与我的母亲也熟悉，后来他在与研究生谈话时还提到过我的母亲。

以上情况大都是 1957 年春我寒假回家时听父母说的。返校后奉父母之命，我去拜访过一次石先生，转达他们的问候。石先生非常高兴，讲了一些我的父母和武大的事情，但更多的是讲哲学这门学问的重要，在人类知识体系中的地位，强调学哲学要有开阔的眼界，汲收古今中外人类知识的精华，因此要下苦功夫，要多读书。他说我今后在学习和生活上有任何问题都可以去找他。这次见面后，那年夏天学校就开展了整风反右运动，我在政治上犯了错误，受到团内警告处分。接着是双反交心，下放农村劳动锻炼，我因病而休学一年。我在系里是一个落后学生，所以不好意思再去见石先生。直到 1962 年我留校工作，特别是第二年到教研室给他当助教，才重新有了较密切的联系。石先生是哲学系的老师，对我挨批评、受处分的情况肯定是知道的，但他从来没有跟我提起过这件事情。

“文革”中我与石峻先生在同一个群众组织参加学习等活动。当时人大两派斗得很厉害，特别是在“清理阶级队伍”阶段，有时半夜里大喇叭突然会喊把某某“大特务”（或“大叛徒”“历史反革命分子”）揪出来，搞得人心惶惶。两派互相揪的对象主要是站在对方组织一边的老干部、老教师，主要是抓他们的政治历史问题，因此群众组织对本派的老同志也要做一些调查了解，以便心中有数。我被安排去了解本教研室石峻、杨宪邦两位先生的政治历史情况，方法是先同他们直接交谈，有什么问题搞不清楚，必要时再做外调。我分别给两位老师说明来意后，他们都很理解、很配合，交谈得十分顺利。这些谈话对我来说，其实是一次深入了解老一辈知识分子丰富的人生阅历，学习他们追求真理、追求进步的执着精神的好机会。

我找石先生谈过两次，第一次谈得比较系统、详细，他还给我看了一份自撰简历的存稿；第二次将简历还给他时，又补充谈了一些情况。通过这次谈话，我才知道石先生出身于下层劳动人民，家庭成份是下中农，亲戚关系也多为贫下中农；个人经历非常简单，除了读书就是教书，一直没有离开学校；从未参加过任何反动政党、社团、会道门之类组织，政治历史非常清白；思想上同情人民革命，关心国家进步，在北大上学时参加过“一二·九”学生爱国运动，解放前夕在武大参加了党领导的进步组织“新民主主义教育协会”，为迎接解放、协助解放军接管武大做了许多工作；新中国成立后认真学习马列主义、毛泽东思想，用以指导教学和研究，是新中国最早用马克思主义观点讲授中国近代思想史的高校教师。我给哲学系群众组织负责人汇报说：“你们完全可以放心，石峻先生一点问题也没有。在从旧社会走过来的知识分子中，像他这样政治历史清白无瑕的恐怕还不多见。”通过这次谈话，石先生在我的心目中也变得更加可亲可敬了，相互间来往更加密切了。除了常在一起散步聊天外，他在“文革”期间还请我吃过饭，那时他一个人，亲自买菜下厨。我印象最深的一个菜是苦瓜肉圆，即把苦瓜洗净切成寸段，挖掉中间的瓜瓤，塞进调味好的肉末，放在蒸锅里蒸熟，吃起来清香可口。湖南人爱吃苦瓜，这可能是他家乡的一个传统菜。

我在“文革”后期调离了人民大学。在南开大学工作期间，我在学术上或教学工作中碰到什么问题，总是首先想到去求教求助于自己的老师石峻先生，他也总是尽可能地帮助解决。80 年代初，为了引导中哲史研究生重视研读古典哲学原著，我曾请京津地区的一些专家，各用一周左右时间给南开中哲史研究生讲《周易》《老子》《肇论》《华严金师子章》《正蒙》《北溪字义》等名著。其中的《肇论》就是请石峻先生讲的。他的渊博学识和平易近人的作风给那批研究生留下了深刻印象，他们后来一直与石先生保持着联系。我早期带的研究生撰写的博士论文，也大都请石先生评阅过，请他帮助把关。他读得非常仔细认真，用工整小楷写的评语多以鼓励为主，有的学生把先生的评语珍藏至今。1991 年南开大学授予日本茶道里千家第十五代家元千宗室论文博士学位，其博士论文《〈茶经〉与日本茶道的历史意义》，我也请石先生帮助评审，并请他和朱伯崑先生来津参加博士论文答辩会。由于这是我国授予外国人的第一个论文博士学位，所以答辩和学位授予仪式都搞得十分隆重。

我在学术研究中得到石先生的指导和帮助，突出地表现在把握现代新儒学研究的正确方向这个问题上。石先生十分关注我承担的“现代新儒学思潮研究”这个课题，多次跟我说一定要用马克思主义立场、观点、方法来研究中国现代思想史，研究现代新儒学。在探索中国传统思想的现代价值方面，现代新儒学有一定贡献，但它毕竟不是中国现代思想发展的主流和正确方向。现代新儒学是把封建正统思想（程朱、陆王）与外来的资产阶级思想结合在一起，融为一体，其作用是复杂的、多方面的，一个很重要的作用就是抵制马克思主义在中国的传播与发展。要防止抬高资产阶级哲学、贬低中国的马克思主义哲学的倾向。有些青年学者没有思想史的全局观念，研究谁就抬高谁、吹捧谁，把牟宗三等港台新儒家抬到不适当的地步，其实也是对他的老师熊十力先生的不尊重。1987 年 12 月我在中央党校召开的中国现代哲学史首届全国学术讨论会上的发言（题为《关于现代新儒家研究的几个问题》），其中就吸收了石峻先生的一些观点。石先生对我在现代新儒学研究中所持的理论立场是明确支持的，有次跟他的研究生说我写的《全面评价冯友兰》是一篇重要文章，蔡仲德不了解张岱年为冯先生曲为解说的苦心，把冯新中国成立后的努力说成是反面的了。石先生跟我也讲过一些对冯友兰的看法。他说有些人为冯的“贞元六书”辩护，显然站错了立场。《新事论》是反“五四”的，《新世训》后来代替了国民党的党训。冯友兰甚至比胡适还要落后，胡适不写《中国哲学史大纲》下册，是因为其反封建的立场不能捧宋明理学，所以不写，只写反理学，新儒家却吹捧宋明理学。他说研究“贞元六书”要读胡绳的文章，他了解情况，其看法是正确的。

石先生对我的关心、扶持和帮助是多方面的，不可能在此一一列举，但不能不提到 1984 年我被评为特批教授时他和张岱年先生给我写推荐书一事。什么叫师恩深厚？我当时真是深有体会，感动不已。一切都发生在我出差外地的一周之内。如果没有上面的特殊政策、老一辈倾力扶植和各级评委的大度，这个结果是根本不可想象的。我也自知学养资质不足而只能加倍努力，以不辜负党和政府、学界前辈对我的鼓励和信任。

我与石先生有 40 多年的交往，其中包含着世交情，但更主要的是师生谊。我是石先生培养出来的从事中国哲学专业工作的学生之一，受到他的诸多教育、指导、关怀和帮助，对石先生理应以师父事之。学界同仁包括前辈和后学都称他为“石公”，我在朋友交谈时也随众这样称呼，写信抬头亦称“石公吾师”，但当面却无论如何也叫不出来，总是喊他“石老师”，觉得师长的辈分不宜模糊。我感到十分惭愧的是在石师暮年衰病之际，不能给他以实质性的帮助。病中的石先生仍十分关心国家和学术的发展，我们每次去看望他时，他都兴奋不已，说话很多，而且新话题不断，临别亦不愿终止。老人家已不能下楼，只能拄着扶圈送到家门口。回头看到他那无限留恋这人世间生活的眼神，总是止不住一阵心酸。石先生原来身体底子是不错的，从来不去医院看病，如果晚年整体生活状况更理想一些，饮食起居有人精心照顾调理，他就不至于那么早病倒，完全有可能更长寿。无奈命运不遂人意！

一个质朴的有特殊风格的学者

许多师友都讲到了石先生平生之最爱是书。他爱读书，爱买书，每周必去书店，工薪收入大部分用来买书。他藏书甚丰，精心保管，其中多有善本精品，包括一些国内很难见到的外文书籍。这些藏书已成为他生命的一部分，所以他的临终遗言也是“保书”。石先生不是一般的藏书家，他是我所见到的真正爱书、懂书、嗜书如命的读书人。关于这一点，与石先生交谊至深的任继愈先生在《石峻文存》“序”中有生动具体的描述，凡是去过石先生家的人都会有共同感受。那是一个凝聚着石先生数十年心血的收藏宏富、品位甚高的专业图书馆，造访者无不叹为观止。

石先生生活习惯中的另一个特点是喜欢散步。正常情况下，每天散步两次，上下午各一次，每次一小时左右。他到海淀和魏公村书店看书买书，来回都是步行。当然更多的情况下是在校园内散步。走路散步是他唯一的运动，有时走得很远，出人大校门往南一直走到紫竹院，这说明他的身体情况确实不错。他也经常在散步时思考问题，因此难免出现“目中无人”的情况。散步还是他人际交往的一种重要方式，弟子门生、校内友人都知道他有爱散步的习惯，并且很有规律，所以都喜欢陪他散步聊天、求教问学，无意中散步又成了一个特殊的课堂。80 年代以后到外地参加学术会议的机会比较多，石先生也经常在住地周围的街道、里弄、广场、河边散步，有时还去参观当地的早市，了解风土人情，这种散步又有扩大见闻、汲取新知的意义。

与此相联系，就要说到石先生爱旅游的特点了。我虽然没听说过他有“读万卷书，行万里路”的目标，但他实际上是这样做的。任继愈先生说他“喜旅游，全国名山大川，他没有去过的地方不多；他履幽谷深涧不怕险阻，有似徐霞客”，确为知友之言。“文革”期间（1969—1972），我和石先生等一起下放到江西余江人大“五七”干校，他不仅遍游江西境内的庐山、井冈山、龙虎山，而且利用每年休假探亲时间，选择不同路线游览沿线没去过的城市和名山古刹、现代革命纪念地。“文革”后在各地召开的学术会议，一般都有游览当地名胜古迹的节目，石先生不顾年事已高，总是热心参加，行远登高都不输中青年学者。我与石先生同游过的地方就有山东曲阜、济南趵突泉、烟台蓬莱阁，浙江杭州西湖，湖南长沙岳麓书院、衡阳湘西草堂（船山故居），广西桂林七星岩，海南海口海瑞墓、三亚天涯海角，内蒙古呼和浩特大召寺等处。1993 年 6 月，石先生同我们一起去台湾花莲参加辅仁大学与内地四所大学联合举办的中国哲学研讨会，会后游览了台东太鲁阁、南部的垦丁公园和台北故宫博物院。那年他已 77 岁，是同行人中最年长者。此后他还曾去美国探亲，在那里住了几个月，由其哲嗣石山陪同访问了多所美国著名大学、图书馆和博物馆，饱览大洋彼岸的异国风光，回国后给我们看了一厚册在美拍摄的照片。

石先生在自述中讲到，他在青年时代还有一个爱好，就是爱听名家讲课。北大的学风很自由，各系教授的课堂都是开放的，石先生除了听本系教授的课之外，还选听了中文、历史等系许多名教授的课。大学毕业后也是这样，在西南联大一面承担教学工作，一面选听著名学者的课程和讲座，继续当学生。他认为名师讲授的都是他们学问的精华，融会贯通了大量知识成果，讲授出来深入浅出，富有启发性。听名家讲课是了解一门学问的捷径。

石先生爱交友也是大家都知道的，有些故事已在学界被传为佳话。其实在人际交往上，无论是师长、朋友还是学生，石先生都以诚相待，与人为善，叫人觉得这个人可交可信。他尊师重道，敬业爱生，扶掖后学不遗余力，在学界受到普遍赞誉和尊重。汤用彤先生是他的老师，石先生在佛学方面的深厚功底主要得益于汤先生的教育和传授，他对汤先生亦敬服、感念终生。其真挚感情集中表现在《〈肇论〉思想研究》的“附记”和《汤用彤先生的治学与为人》《回忆汤用彤先生的治学精神及其两篇遗稿》等文章中。任继愈先生是石先生的同庚、同窗、同事、同行，相交相知大半个世纪。从任先生后来写的评价客观、褒贬适度的纪念文字，可以看出二人友谊之纯洁、真诚。据我观察，他们之间来往的密度并不大，有君子之交的特点，但持久、坚固，友谊终生不渝。哲学界的老辈都知道，石先生与北大的康德专家齐良骥先生是好朋友。他们也是北大同学，西南联大和后来北大的同事，不过齐先生高一班。石先生结婚较晚，长期单身生活，星期天除了与书为伴，也经常散步到朋友家去聊天，去得最多的就是齐先生家。有时在那里吃饭、午休，下午再走回来。他们趣味相投，性格相合，互相理解，亲如兄弟，曾相邀一起去山西大同游云冈石窟。石先生对晚辈后学的无私帮助、提携和关照，我和方立天、张立文等同志都有深切体会，我们能够在人大那样的环境中成长起来，与受到石先生学问和人格的影响是绝对分不开的。至于像宋志明、向世陵、杨庆中等后来直接受业于石先生的哲学博士，在新时期受到了更加系统严格规范的专业学术训练，就获益更大感受更深了。他们目前正年富力强，也更有条件准确把握老师学问的精髓，将其传之后世并发扬光大。

所有与石先生有过交往的人，都认为他是一个非常质朴的老实人、厚道人。但在人际交往和现实生活中，他也并非十全十美，无所偏失。最遗憾的是他未能安排好自己的家庭生活，以至出现了晚年孤病无人照顾的情况。石先生 46 岁才结婚，夫人王大夫是江苏连云港医院的主治医师，第二年就有了儿子石山，由王大夫一个人带着。石先生 1963 年就已在人大评为教授，而且是校务委员会委员，是学校里重要的统战对象。只要积极争取，由统战部门出面，在“文革”前把王大夫调到北京是完全有可能的。但石先生对此事不太上心，一拖再拖，拖到“文革”也没有解决。70年代后期王大夫才调来北京，此时儿子已上高中。石先生独身生活惯了，一家人团聚后也没有用心去经营这个家庭，还是按照自己的方式生活，不管家里的事情。王大夫觉得跟这样的人在一起过日子没有意思，在北医三院工作时就念外语准备出国进修。儿子一考上大学，她就去美国了。石先生去世后，我们去看望王大夫，她也说石先生是个好人，但与好人在一起不一定就能过好日子。有两句话给我的印象特别深，她说石先生“一生没有存款，一生没有病历”。生活在现代社会，这真是叫人不可想象！石先生解放前就已是副教授，新中国成立后工资水平也不低，他长期一个人生活，竟然是那么潇洒地有多少花多少（主要是买书），没有积蓄。他从来不去医院看病，身体里的隐患一无所知，也一无所虑；不适当的饮食习惯已经使他得了致命的疾病，而他却从不吃药，毫不防范。石先生就是这样一个有满肚子学问而又有点不食人间烟火的知识分子。王大夫的两句话，是对石先生率性自然的一面的典型描述，也是对一些朋友所讲的“魏晋风度”的最好诠释。

但石先生并不是超然物外的闲云野鹤式的人物，也不是不通世情的书呆子，他的学问是为现实服务的，有明确的理论立场和政治方向。他研究佛学、玄学和理学，都注意揭露它们是怎样为当时的现实政治服务而成为中国封建统治思想一部分的。石先生在政治上一贯要求进步，晚年加入了中国共产党。

如所周知，石先生的学术风格是积蕴丰厚，思想深沉，厚积薄发，惜墨如金。他特重学术资料建设，其主持编著的《中国近代思想史参考资料简编》《中国佛教思想资料选编》《现代中国思想论著选粹》《汉英对照中国哲学名著选读》等书，为中国哲学史学科建设做出了奠基性的贡献。他虽然述多著少，但并非述而不作，身后由弟子门人收集、挖掘整理出来的《石峻文存》，集中了他一生学问的精华，将长久地启迪后人、嘉惠学林。

石先生离开我们已经 12 年了，他永远是我心中可亲可敬的师长，其音容笑貌和反复讲的一些道理也永远难以忘记。在现代市场经济社会，像石先生这样进步、博学、理性、有古人之风的知识分子已经很难见到了，整个社会向钱看和学术界的浮躁之风日益严重，此时我们更加缅怀这位品行高洁、值得尊敬的前辈学者。12 年后之所以觉得还有必要写一点纪念文字，是希望有更多的学者关注、了解和学习石先生，以他为榜样，做一个朴实真率的人和做朴实求真的学问。

（原载中国人民大学哲学院中国哲学教研室编《石峻文脉》，华夏出版社 2012 年版，第 163—179 页）

腾霄同志改变了我的命运

我是怀着一种感恩的心情来参加这个追思会的。在我青年时代最困难无助、不知前途在哪里的时候，是腾霄同志以宽阔的胸怀、高瞻远瞩的眼光，给我指出了一条前进道路，使我以后多少能为党和人民做一点述学立论、教书育人的工作。可以说，他的指引、提携和帮助，改变了我的命运。

我 1956 年入读人大哲学系，那年 18 岁。第二年就赶上了整风反右群众运动。由于毫无政治生活经验，我稀里糊涂就犯了错误，受到团内警告处分。这件事情的严重性我开始还不知道，但在以后 20 多年的生活实践中深有体会。在那个政治挂帅的年代里，受到组织处分就等于在政治上划入了另册，无论你怎么努力学习，积极参加社会实践和劳动锻炼，自觉改造主观世界，你永远都是这个群体里的落后分子和边缘人物，永远是批评和改造的对象。有一年学“毛选”四卷，期末考试是各个年级，包括本科、研究班、进修班统一命题，各个小组民主评卷给分。在评议我的答卷时，也有人说了一些好话，有个同学发言批评我没有理论联系实际。每个小组至少要评出一个 3 分来，结果这个小组唯一的一个 3 分就给了我，别人都是 4 分、5 分。那时我们 56 级同学有些已提前毕业当老师，后来有人告诉我，教研室抽查试卷时对我的卷子评价很高，认为“回答内容全面，逻辑清晰，表述准确，接近于标准答案”。就是这张试卷，当年得的是 3 分。我也没有感到特别委屈，已经习以为常了，要评出一个 3 分来，不给我给谁呢？

郑文林同志在一篇回忆文章中，讲到 1962 年秋天，时任哲学系主任的张腾霄同志在教工团支部有一个关于红专关系问题的讲话，他说：“‘红’是什么？就是爱国，为人民服务。拿什么去爱国，为人民服务？就要有本领，有业务，就要有‘专’。没有本领，没有业务，没有‘专’，光喊‘红’、‘为人民服务’，都是空的。”这个讲话在青年教师中产生了持久深远的影响。我 1962 年刚毕业，可能被认为是腾霄同志按照他的这种指导思想，在应届毕业生中选留青年教师的一个实例。后来听说，那一年先是由年级党支部推荐了 12 个人。正好那年 3 月 16 日，《光明日报》发表了我写的《研究〈周易〉不能援“传”于“经”》一文，所以把我也列名其中。系里对这些人的政治、业务素质进行了全面考查，确定 5 个候选人。有一天通知这 5 个人，要调阅他们平时的读书笔记，没有读书笔记的交一份课堂听课笔记也可以。这可能是考查你平时的学习态度和学习方法。最后系里通知，决定我和年级团支部书记霍伟光同志两个人留校。

其实当时我并不想留校，我想到中山大学去跟杨荣国先生学习中国哲学史。因为大学几年过得并不愉快，感到很受压抑，我想换一个环境。腾霄同志第一次找我谈话时，我说我的政治条件不好，现在还受着团内警告处分，让我留校恐怕不合适。他说：“有什么不合适？你的情况我们都知道，政审早就通过了。你不就是 57 年画了一张漫画吗？马奇说‘这小子画得还挺像的哩’！……”然后咯、咯、咯……地直笑。他要我放下思想包袱，留下来好好工作。我没有想到多少年来对于我来说是天大的事，那么沉重的包袱，这些老革命、老领导竟然会那么宽容地对待，只当是十几岁的小青年做了一件不知深浅的错事，并没有在政治上看得那么严重。当年的哲学系党总支书记齐一同志后来也跟我说过：“当时委屈你们这些小青年了，不然你们会发展得更好、更顺利、更有成就的。”

一个带着政治处分的人，居然被留校工作，我没有想到，大概许多人都没有想到。这不合乎政治挂帅年代的常态，腾霄同志就是一位敢于实事求是、不把常态凝固化、善于充分调动人的积极性的领导。

我留校后，腾霄同志知道我的兴趣在中国哲学史，但是他安排我和霍伟光先跟他读一年马恩早期著作，读《神圣家族》和《德意志意识形态》两本书。当时系里还没有老师能讲这两本经典著作，腾霄同志准备亲自迎难而上。他跟我说，打好马克思主义哲学理论基础，对搞哲学史也很有好处，哲学史搞得好的，都是理论水平高、分析能力强的。

1962—1963 学年，我和霍伟光、靳晖明跟着腾霄同志读了一年马恩早期著作。先读《神圣家族》，碰到难点他还请何思敬老师给我们辅导，比如涉及《巴黎的秘密》这本书，我们都没有接触过原著，何老就根据法文本给我们介绍它的基本内容，在铁一号何老家里，陈先达老师有时也跟我们一起听何老讲解。读完《神圣家族》，然后再逐章逐节地读《德意志意识形态》。我们首先力求读懂，把握书中的主要思想脉络，在马恩早年合著的这两本书中，他们是如何批判费尔巴哈和鲍威尔、施蒂纳的唯心主义世界观和历史观的，又是如何阐发辩证唯物主义和历史唯物主义的基本原理的。当时我们的水平不高，能够“照着讲”、讲得基本上符合原意就很不错了。我们上半年读书，下半年分工合作写了一个讲稿，1963—1964 学年腾霄同志就在哲学系研究班开出了这门课。他也践行了对我的承诺，第二年就让我到了中国哲学史教研室。石峻老师那一年给 1960 级学生开中国哲学通史课，我跟着做了一年辅导。

60 年代初冯友兰先生在《中国哲学史新编》第一册中，引证《德意志意识形》中关于思想的“普遍性形式”的话，来论证孔子“仁”的思想的超阶级性。我根据自己的学习体会写文章同他进行商榷，文章发表在《哲学研究》上。冯友兰先生写了《方克立同志和我的分歧》一文进行回应，我又答以《实质的分歧是什么》一文。通过学习、研究和讨论，使我对哲学史观和方法论问题在哲学史研究中的重要意义有了进一步的认识，从机缘来说，这要感谢腾霄同志。他带领我们读了一年马恩早期著作，这是一个非常难得的学习提高机会。

我留校工作的头两年还读了一点书，做了一点教学工作。1964年10月到湖南去搞四清，第二年又到北京郊区搞四清，1966年就开始了史无前例的无产阶级文化大革命。运动一开始，哲学系以腾霄同志为首的“张肖黑帮”就被揪了出来，受到革命群众的多次批斗。我也成了他们“招降纳叛”、“培养修正主义黑苗子”的一个典型，几次批斗腾霄同志都把我和霍伟光叫上去陪斗。那些日子腾霄同志真是受苦了，有一次我亲自听见他说“腰要折（shé）了”，但是我也没有办法去帮助他，因为自己也在台上陪斗，心里真是难受！

“文革”中我和霍伟光先后调离了人民大学。他先走，是跟着他爱人所在单位南京电子管厂到江西去办分厂，他从厂革委会工作人员到主要负责人，后来做到了九江市副市长、市政协主席。这个同志能做学问，也会做实际工作，会当领导，各个方面都很优秀，很受腾霄同志器重和爱护。有段时间他得了肝炎，腾霄同志让他住在自己家里养病。我是到江西人大“五七”干校劳动锻炼三年后，为了解决家属两地分居问题而调到了天津南开大学。

腾霄同志想把我也调回人大工作，为此他还亲自去过天津一趟。方华老师也去天津同南开大学有关部门具体协商过，南开以工作需要为由不同意放我走。我当然也想回腾霄等熟悉的领导同志主持工作的人大，但客观地说，南开大学中国哲学史学科建设可能更需要我留在那里。80年代南开中哲学科先后建立了硕士点和博士点，2012年南开哲学院50周年院庆时统计，这个学科30年间共培养了110名中哲博士和150名中哲硕士，我为自己能够为之出一份力而感到欣慰。我在南开的政治环境也有所改善。1979年人大党委给南开党委发去一封公函，宣布给我平反纠错；人大团委也发去一函，撤销对我的团内警告处分。1983年我在南开大学入了党，那一年已经45岁。

1994年我调到社科院工作，1995年春节到人大去给老师拜年。

第一个就是到腾霄同志家，他对我调回北京工作非常高兴。接着去看望肖前老师（很遗憾另一位导师李秀林老师已经去世了），以及石峻先生和杨宪邦先生。我是人大哲学系培养出来的，这些老师对于我真是恩重如山，没有他们的教诲和亲切关怀帮助，就没有我的今天。以后我也常去人大看望这些老师和其他老师。2003 年李冠英同志组织的那次庆祝腾霄同志“米寿”的活动，我也去参加了。

腾霄同志以 102 岁高龄离开了我们，真是应了“仁者寿”这句孔子的名言。清代学者方苞说：“气之温和，质之慈良，量之宽和，言之缄默，故仁者寿。”腾霄同志是老革命、老领导、老教育家，他一心为公，一心为民，终生献身革命，坦荡无私。他心地善良，待人宽和，自己生活十分俭朴，但却慷慨帮助别人。他讲的话都是真话、大实话，从来不搞虚的一套，而且疾恶如仇、疾虚如仇。在以阶级斗争为纲的年代，他讲的话、做的事情，有的也不合时宜，所以他也多次挨整。1959 年被打成“右倾机会主义分子”，“文革”中又成为哲学系的头号被打倒对象。但是大家都知道腾霄同志是个好人，朴实正直，无私无畏，叫他去农场能赶大车，叫他回来就勤勤恳恳地工作，忠诚党的教育事业。腾霄同志受到所有与他相处过的人的尊敬和爱戴，他能享寿过百大家都认为是好人应得的回报。

每个人的人生道路都不可能一帆风顺。每个人都不可能孤立地生活在这个社会，都需要师友的提携、扶持和帮助。我在人生起步时就摔了跟头，腾霄同志是指引、提携、帮助我的第一个贵人。以后几十年他对我和我的家人一直都很好，此恩此德我终生不会忘记。我衷心期望，腾霄同志的崇高精神风范，能够在人大、在哲学院，薪火相传，发扬光大。

（本文是作者 2017 年 3 月 7 日在中国人民大学“张腾霄同志追思会”上的发言）

书与会的缘分

——怀念韦政通先生

一向身体、心态都很健康的韦政通先生，走得实在太突然了：一场完全意想不到的车祸，竟然夺走了当代中国一位学识渊博、性情率真的独立思想家的生命，真是不亦悲乎！

我与韦政通先生相识，是一九八八年八月底九月初于新加坡召开的“儒学发展的问题及前景”学术研讨会上。此前我已经接触过他的几本书，特别是他独著的《中国哲学辞典》和他主编的《中国哲学辞典大全》。能以一人之力编一部辞典已经了得，后者更是邀请了一流的中国哲学研究专家来撰写其最专长的部分，如请陈荣捷写宋明理学、余英时写清代哲学、霍韬晦写中国佛教哲学等，在当时都是不二人选。这部辞书很特别，就是在各位作者承担的范围内，辞条和撰写方式均由作者自定，不求形式的划一。所以，有的条目仅数百字，有的写成了几千字的长篇专论，有的条目则分时段或流派由多人写的多段论述。八十年代我与天津市中哲史界同仁也合作编过一部《中国哲学大辞典》（中国社会科学出版社一九九四年版），受此前中国哲学范畴研究热潮之启发，这部辞书以概念、范畴条目数量多和内容翔实为特点，在辞条设计和编写过程中，韦政通的两本辞典都是重要的参考书。

那次新加坡的儒学会议是由新加坡东亚哲学研究所主办的，杜维明任大会主席。与会的有中国大陆、台湾、香港，以及美国、加拿大和新加坡本地的四十位儒学研究者。由于杜维明介绍我是中国国家社科基金支持的“现代新儒学思潮研究”课题的负责人，我提交的发言提纲又是《略论现代新儒家之得失》，所以被认为是大陆新儒学研究的主流观点，受到了较多关注和批判的审视。我的发言从“五四”以来三大思潮对立互动的角度，肯定现代新儒学是当代中国最有影响力与生命活力的思想派别之一，现代新儒家也是主张中国要现代化的，不过选择了一条“儒家资本主义”的发展道路；认为其根本精神不在于复古，而是要畅通民族文化生命的本源大流，高度评价其为保持民族文化主体性所做的努力。而且认为，“在肯定民族文化主体性这一点上，马克思主义和现代新儒家并没有根本的分歧”，因为“马克思主义作为一种外来文化，要在中国生根发展，不能没有中国文化这个接受主体”。我的发言对现代新儒家之“失”，主要指出两点：一是“中体西用”的基本态度，二是泛道德主义的价值取向。这两点批评引起了与会的新儒家学者的强烈反应，尤其是泛道德主义或“伦理本位主义”“伦理至上主义”是否产生了“异化”现象，对中国政治文化有没有影响，对中国科学理性的发展有没有限制的问题，成为这次会议争论的焦点之一。

会下我与韦先生有一次长谈。他对大陆的新儒学研究非常关心，详细询问了课题研究的缘起，有哪些学者参加，研究思路、计划和目标等问题。我都一一回答，如实相告。由于大陆与外界长期隔绝，我们对五十年代以后新儒学在港台地区和海外的发展都一无所知。我是一九七八年杜维明到访天津南开大学时，学校安排历史系的王玉哲、杨志玖教授和哲学系的我三人接待他，在交谈中才知道港台海外有一派学者在推动“儒学的第三期发展”。一九八一年在杭州宋明理学讨论会上，我又认识了第三代新儒家的另一重要人物刘述先。以后陆续看了一些资料，并感受到国内思想文化氛围的变化，才意识到“五四”以来与马克思主义、自由主义“鼎足为三”的现代新儒学，至今已有三代人薪火相传，是中国现代思想史上不可忽视的一个重要派别，一种重要思潮，它对改革开放后的中国思想界也产生了越来越显著的影响。

韦先生对我在会上的发言好像并没有新儒家那么强烈的反应，倒是颇能同情地理解。他说他与牟宗三、唐君毅、徐复观等港台新儒家学者都很熟悉，高度评价他们的学问和学者风度，但也认为他们对中国传统的看法过于执著和保守，有强烈的卫道和续统情结，不能从他者的角度来批判和反省传统，从现代化的角度来转化传统。我在会上对新儒家的两点批评，他认为并不过分。“中体西用”就是中国文化优越论，以中国之“道”为“体”，西方之“器”为“用”；认为“道”是不变的“常道”，可变的只是“器”。中国文化有“重德”的传统并非坏事，但是把道德的作用和地位无限扩张，凌驾于政治、经济和一切文化领域之上，政治、经济、文学等等都成了表达道德的工具，这就把“重德”变成“泛道德主义”了。特别是政治伦理化、伦理政治化给中国的政治文化带来了许多弊端，影响十分深远。

我告诉他自己学的是马克思主义哲学专业，后来教中国哲学，信持马克思主义的世界观、历史观和方法论，十分关心它与中国传统哲学和文化的关系问题。马克思主义中国化离不开中国文化这个接受主体，这片文化土壤里有不少好东西可以给马克思主义提供资源和营养，但是有些坏的习惯势力也会污染中国的马克思主义，使之异化和失真。某些学者在会上讲的一些现象确实是存在的，但是我不同意他们得出的中国马克思主义已经“儒家化”的结论。

这次交谈两人都很坦率。韦先生在我心目中是台湾学者中没有党派和学派偏执的独立思想家，有强烈的社会关怀，看问题比较理性和客观。比如他提交会议的论文是讲儒家与台湾的民主运动，认为台湾四十年民主运动的法理基础还是由张君劢一九四六年起草的《中华民国宪法》奠定的，但张君劢那时明确表示，儒家的思想传统并不能提供民主的精神基础，今后中国要建立民主的文化“应出于新创”。张君劢后来转向主张复兴儒学，才从思想史的角度试图调和儒家传统与民主的关系。这样具体分析，就比较有说服力。

新加坡会议使我与韦先生彼此有了基本的了解，以后就成为互相惦念着的老朋友了。翌年在北京香山卧佛寺召开的“五四”国际学术研讨会上，我们又见了面，但那次会议参加的人多，热情的韦先生经常应接不暇，我们没有在新加坡那样深谈的机会，我送给他一篇新写的文章《现代新儒学与中国现代化》。他与傅伟勋合作主编了一套《世界哲学家丛书》，傅先生来南开讲学时也曾问我能否写一本，我因为要全力应对现代新儒学思潮研究课题而没有参与。后来我从南开大学调到中国社会科学院研究生院工作，韦先生也是知道的，他好像并不认为做行政工作对学者来说是一件好事，但还是几次托人转达问候，包括与他关系非常密切的青年才俊欧崇敬，给我传达韦先生的信息最多、最具体。

二〇〇〇年七月，我随中华炎黄文化研究会的一个代表团访问台湾。七月十日，欧崇敬夫妇陪我一起去看望韦先生。一见面我就说他寄的《无限风光在险峰》一书没有收到，韦先生立即又拿出一本来送给我。话题自然就讲到他的毛泽东研究。他认为毛泽东是中国近现代历史上最伟大的一个人物，青年时代就立志改造中国，经过几十年的艰苦奋斗，终于改变了中国落后挨打的命运，成为一个谁也不敢藐视的独立自主的国家。这样的人物在中国和世界历史上都不可多得。但毛泽东也是一个人，人的各种特性（社会性、阶级性、自然性，知识、感情、意志、优点、缺点）在他身上表现得最丰富、最生动也最典型，非常值得深入研究。韦先生说他计划写一系列研究毛泽东的著作，《无限风光在险峰》只是第一本，后面三本分别是写“毛泽东与‘文革”（《一阵风雷惊世界》）、“毛泽东与孔子”、“毛泽东与知识分子”。在他看来，国共两党领袖中，毛泽东是最了解中国的历史文化、读书最多、学识最渊博的人，同时也是受儒家传统影响最深的人，他的盖世功勋和后来“文革”的失误都与此相关。

毛泽东确实一生都与孔子和儒家有不解之缘。早年读过几年儒家经书，青年时代转变成为一个资产阶级民主主义者，但仍推崇孔子为“圣人”。他在成为一个马克思主义者后，在政治上对作为旧制度维护者的孔子是批判和否定的，但对作为教育家和文化传承者的孔子多有肯定的评价；在哲学上批判其唯心论和形而上学，但也肯定其中包含着若干片面真理，有辩证法的因素。作为中共领袖的毛泽东承认孔子是中国历史上的伟大人物，但他毕竟生活在两千多年前，其思想中有消极的东西，也有积极的东西，只能把它当作历史遗产，批判地继承和发扬。这是毛泽东评孔的主流观点。他晚年批判“孔子名高实秕糠”，发动批林批孔运动，有着特殊的政治背景，背离了实事求是的思想路线。毛泽东古书读得多，对中国传统思想文化有深入了解，这是他的过人之处，但在某种意义上说也成了他的一个负担。所以，客观全面地认识毛泽东与儒家传统的关系，确实是研究马克思主义中国化的一个重要课题。可惜韦先生研究“毛泽东与孔子”的《六亿神州尽舜尧》一书因手疾而没有写下去，我们也无法了解他通过对这个问题的深度分析会得出一些什么结论。

韦先生晚年经常到大陆来讲学。他作为一个自学成才、勤奋治学而有大成的学者，一个不迷信任何权威、敢于突破传统和不断创新的思想家，一个有社会责任感和道德良知的知识分子的丰富人生经历，本身就是一部生动的教材，教育和感染了许多青年人。在中国现代三大思潮对立互动中，不少论者都把韦先生定位为自由主义思想家，我则更愿意把他看作一位没有或较少学派和党派偏执、坚持“走自己的路”、努力“做我自己”的独立思想家。

（原载《读书》2018 年第 1 期）

怀念老友泽华兄

2014年在南开见到泽华兄时他还谈笑风生，没想到今年（2018年）5月8日他在美国西雅图与世长辞了。第二天我就得知了这一不幸消息，因为我的长子与他的小女儿及女婿在南大附中都是同学，他从微信群中得知此事后立即告诉了我，哀痛与怀念之情自然难以自已。

这些日子，我与泽华兄在南开大学二十一年交往中的许多往事不断浮现于脑际。特别是读了他去年寄送的《八十自述：走在思考的路上》一书后，有些我们共同经历过的事情，或者我亦有所知悉的事情，在脑子中的记忆也越来越清晰了。泽华兄作为南开文科的一个重要代表人物，他的思想、性格、行事方式确实有一些不同于其他学者的特点，其学术贡献也是特殊时代造就的，不是一般人所能比拟的。可以写的事情很多，我首先想到了以下两个题目。

我们这代人的曲折经历

1973年初我从中国人民大学调到南开，是从江西余江人大“五七”干校劳动锻炼三年后回京不久。当时人大还处在动荡中，这时南开已招收两届工农兵学员。我一到南开，立即投入了久违的但还是比较熟悉的高校教研生活。20世纪70年代前期学校组织的“批林批孔”“评法批儒”等活动，把文史哲各系师生，包括我和泽华兄都卷进去了。他还作为天津市的一个代表人物，出席了1974年7月在北京召开的长达一个月的“法家著作注释会议”。1974 年 11 月，天津人民出版社出版了一本三十万字的《法家文选》，编著者为“南开大学法家著作译注组”。它是学校组织文、史、哲、经等系师生集体译注的，我和泽华兄等中青年教师是主力，记得当时把中文系的王达津老先生等也请来参与和指导。北京法家著作会议后四个月该书就正式出版了，可见当时“紧跟”的步伐之快。这是学校党委布置的政治任务，我们谁也不敢说不参加，还自以为是在贯彻执行毛主席的无产阶级革命路线。

泽华兄在《八十自述》中还讲到一件往事：1973 年底，《南开大学学报》准备复刊，由于第 1 期刊登了他的一篇《论秦始皇的历史作用》的文章，没有跟上从批林彪“极左”转变为批其“极右”的形势，结果把印好的八千册杂志统统送造纸厂销毁，“化为纸浆”，“不留一本”①。泽华兄可能不知道，我这里至今还保留着两本该期杂志，即《南开大学学报》1974 年第 1 期。其中确实有他写的《论秦始皇的评价问题——兼论儒法政治思想上两条路线的斗争》一文，大概是因为该期杂志同时也刊登了我论先秦儒法斗争的一篇文章，还刊出了我与陈晏清以“田凯”之名合写的《历史上劳动人民的反孔斗争》一文，所以编辑部送给了我两本样刊，后来也没有人找我要求收回去，故而成了漏网之鱼。南开大学校史馆如果想找已经绝版的这一期杂志，我可以提供出来作为研究资料。

“四人帮”垮台后，饱受十年动乱之苦的知识分子都弹冠相庆，我们又积极投入了批判“四人帮”的斗争。我与泽华兄等也合写过一些文章。比如《南开大学学报》1976 年第 6 期发表的署名“田凯”的《一场大规模的反革命舆论准备——评“四人帮”的“评法批儒”》一文，就是刘泽华、陈晏清与我合写的。“田凯”是“天津南

① 刘泽华：《八十自述——走在思考的路上》，生活·读书·新知三联书店 2017 年版，第 209 页。

开”简称之谐音，当时是“南开大学写作组”常用的笔名之一。现在回想起来，写这篇文章的时候，我们还住在唐山大地震后简易的抗震棚里哩！《南开大学学报》1977 年第 2 期还刊登了《颠覆无产阶级专政的反革命策略——评“四人帮”的“清君侧”》一文，作者署的是“刘泽华、王连升、方克立”三个名字。这篇文章后来又以《评“四人帮”的“清君侧”》为题，发表于同年 6 月 15 日的《光明日报》上，只是署名改为“田凯”罢了。泽华兄后来反省，其实当时我们还是用“文革”思维来批“四人帮”，思想解放很不彻底。应该说这也是事实，它反映了我们的思想正处在逐渐转变的过程中。

70 年代（“文革”后期）泽华兄做的一件主要工作，就是成功地组织编写并出版了一部百万字的《中国古代史》教材。名义上是与工农兵“三结合”的产物，实际上主要是调动了古代史教研室包括“四大教授”在内的实力雄厚的老、中、青年教师的积极性，恰当地处理了农民起义和“让步政策”、儒法斗争等问题，表现出反潮流的勇气，该教材在“文革”后才仍能立足的。我在哲学系按照学校的要求，也做了一些类似的工作。先是受命带领六名 1971 级工农兵学员去曲阜考察，回来后写了一本《我国历史上劳动人民的反孔斗争》的小册子，作为“学点历史丛书”之一由人民出版社于 1974 年 9 月出版。以后又和中国哲学史教研室的两位老师，带领部分 1972 级工农兵学员，与天津重型机器厂工人、杨村某部队官兵“三结合”，编写了一部《中国哲学史》教材，上、下两册，初稿计约 60 万字。后来响应毛主席“学一点中国哲学史”的号召，又将其改写成十多万字的通俗简要本，曾以“天重、杨炮、南哲兵”之名在《南开大学学报》上连载。天津人民出版社也已排印出清样，拟以《学一点中国哲学史》为书名出版。党的十一届三中全会后，我意识到这部书稿尚未完全摆脱儒法斗争思维模式的影响，所以主动撤回没有付梓。虽然同是“三结合”的产物，两本教材的不同命运，真实地反映了当时的实际情况：一是写作班子的实力无法相比，二是思想解放的程度也有差距。我很佩服泽华兄在那种特殊的历史条件下，还能带领大家做成这么一件大事。

改革开放后，我们分别投入到中国哲学史和中国政治思想史两个学科的教学与研究工作。其实这是中国思想史中最重要的两个组成部分，或者说最重要的两个分支学科，相互关联十分密切。泽华兄是历史系最重视哲学、重视理论思维和思想史研究的学者之一，中国政治思想史又是最需要重建和创新的学科之一，因此那时我们之间的交流互动也比较多。比如在 20 世纪 80 年代“文化热”中，南开文科组织的一系列学术沙龙活动，泽华兄都是主要推动者和组织者之一。我也参加过几次活动，还被邀请主讲过现代新儒学问题。由于泽华兄在中国思想史研究中的成就和影响是众所周知的，1986 年南开大学申报中国哲学专业博士点时，由于哲学系导师队伍力量不足，我们特邀泽华兄加盟作为主要成员之一，得到学科评议组的认可，所以该博士点才能顺利通过。这是泽华兄对南开中国哲学史学科建设的一大支持。以后我们两个专业的研究生也互相听课，比如我开的“中国哲学史史料学”一课，就有多位他的研究生选修。他还接受了我的一个研究生毕业后到历史系工作。也有他的硕士研究生在博士阶段跟我攻读中国哲学的，比如后来在中国政治哲学研究方面取得了突出成就的泰山学者林存光教授，就是走的这么一条学研之路。

90 年代初，我和泽华兄还一起参加了范曾主编的《中华文化集粹》丛书的编撰工作，当时南开文科的精萃力量大都汇聚于此。丛书出版时范曾已寓居法国巴黎，所以这套丛书没有署主编的名字。1993 年春夏之交，我受法国高等实验研究院汪德迈教授之邀去法国讲学两个月，曾到范曾巴黎寓所会晤，范曾夫妇也曾邀约我和正在法国访问的冯尔康教授同游枫丹白露。此时他已有归国的意向，我即写信给母国光校长建议南开大学采取欢迎态度，同时向正在巴黎开联合国教科文组织会议的国家教委副主任滕藤同志当面汇报，认为我们不仅应该欢迎范曾回国，而且建议我驻法使馆配合做好他归国的各项工作。5

月 4 日，范曾在巴黎寓所召开新闻发布会，宣读了他的《归国声明》。在场的我和中央戏剧学院周志龙副教授代表国内学界致辞表示欢迎。他回国时，冯尔康、宁宗一教授专程去北京机场迎接，刘泽华、魏宏运和老校长滕维藻等也在校内举行了各种民间欢迎活动。当时上面实际上是采取了一些限制措施的，比如范曾出国期间南开大学东方艺术系主任的位置一直空着，却在他回国前夕匆忙任命了一位新系主任。看来对他的内部禁忌也是逐渐放开的。1994 年 10 月，《中华英才》第 19 期刊登了我和范曾、冯尔康在巴黎合影的照片，大概意味着此时有关禁忌已经基本上解除了。我想，对于这件事情，南开教授们的共同心情是：争取一个有才华的艺术家回国服务总是一件好事。

学术思想上的互相理解和支持

除了哲学系的同事和学生外，我在南开二十一年，与泽华兄可以说是交往较多的朋友之一。由于不在一个系，其实日常性的交往也并不多，好像我连他的家里都没有去过。泽华兄有收藏古钱币的雅好，我就从来没有参观过他的那些藏品。1994 年我调离后，我们之间也有多年没有联系，只是通过学生时而互相问候一下，真可谓“君子之交淡如水”也。但在关键时刻，在学术界争论的一些热点问题上，我们的看法往往又是比较接近的，或者互相支持的，这当然还是基于在南开多年的相互了解。有这么几件事情值得一提：

（一）刘泽华学派与《原道》派之争是唯物史观与文化史观之争

2004 年被称为“文化保守主义年”。这一年 4 月，《原道》辑刊主编、大陆新儒家代表人物陈明到南开发表《文化保守主义在当代中国思想版图的位置和意义》的演讲，集中批评刘泽华的“王权主义叙事”是把法家的理论强加在儒家头上，称其为“东方专制主义的偏见与机械马克思主义意识形态理论的混合”[1]。当场就有刘门弟子起来反驳，我的一个博士生也发表了不同意见，以后双方又在网上持续地展开辩论。那一年我正在生病，这些情况都不知道。翌年我在《甲申之年的文化反思》一文中对这场争论做了一个简要评论：“刘泽华学派的基本观点是在认同唯物史观的基础上强调思想与社会的互动，这场争论可以说是唯物史观与文化史观之争。”[2]

关于陈明和《原道》派的文化史观，十年前我就在一篇文章中指出：

> 《原道》第一辑刊有一篇题为《无本者竭，有本者昌——湘军、太平军与文化传统》的文章，其基本观点是：曾国藩指挥的湘军认同儒家文化，代表中国文化传统，所以能取得这场战争的胜利。它将这场战争提升为“保卫文化认同感之战”，这一提升，就使湘军立于不败之地。而洪秀全领导的太平天国，用西方基督教来动员群众，背离了中国文化传统，为渊驱鱼，为丛驱雀，结果必然失败。这篇文章立足于儒家正统观念，把曾国藩所说的“无本者竭，有本者昌”说成是“文化发展的一般规律”，并以此去剪裁和歪曲历史。无独有偶，该刊同期还有一篇题为《政治与经济：以文化为旗帜——台湾“中华文化复兴运动”述评》的文章，说国民党在大陆时期，背离了儒家的仁政、王道，“尧舜三王周公孔子所传之道，未尝一日得行于天地之间”，因此必然失败。“只是一败再败，退居一隅，痛定思痛，才终有所悟而回心向道”，“效法先王力行仁政”，所以才取得了今天的成功。

---

① 参见陈明《儒学的现实意义与历史作用略说——兼驳刘泽华所谓王权主义叙事》，《学术界》2008 年第 11 期。

② 方克立：《甲申之年的文化反思——评大陆新儒学“浮出水面”和保守主义“儒化”论》，《中山大学学报》2005 年第 6 期。

> “得道者昌，逆道者亡”，这就是“台湾中华文化复兴运动带来的最重要的启示”。这篇文章的立论很明确：“以文化价值作为政治运作的轴心”，这是典型的文化决定论命题。[①]

双方的理论立场都很鲜明，看来这一场论战的发生并不是偶然的。

（二）我们都不赞成将国学设立为一级学科

21 世纪初，许多高校建立了国学院，不少学者包括一些著名大学的校长都发表文章，力图推动将“国学”设立为与文、史、哲并列的一级学科。同时也有一些不同的声音。2010 年 2 月 11 日，《中国社会科学报》发表了南开大学刘泽华、宁宗一、冯尔康、魏宏运、刘健清、李喜所的“六教授建言”——《把国学列为一级学科不妥》。公开发表这么鲜明的反对观点，当时在学界是一件颇为引人注目的事情。其实此前《历史教学》2009 年第 5 期发表的刘泽华《关于倡导国学几个问题的质疑》一文，就已经在《光明日报》“国学版”上引起一场辩论。

“国学”是一个广为流行而又涵义并不十分确定的概念，学术界对它有不同看法是很正常的。2008 年 7 月 4 日，在社科院召开的第一次“国学研究论坛”上，我作了题为《创建适应时代需要的新国学》的发言，其中有一段明确地讲：

> 我不赞成将国学与文学、史学、哲学等并列设立为一级学科。因为国学不是一个学科，而是一个学科体系，一个不同于现代学科体系的传统学科体系。它有自己独特的学术分类，现代学科体系是从它转型发展而来的，因此就学术内涵来说，二者大量地是

---

① 方克立：《要注意研究 90 年代出现的文化保守主义思潮》，《高校理论战线》1996 年第 2 期。

> 交叉重合的。国学中除了有小学、经学、文学、史学、哲学等传统人文学科的内容之外，还包括政治学、经济学、法学、军事学、民俗学等社会科学，天文、地理、历法、算学、医学等自然科学，农学、水利、工艺、建筑等实用技术科学的内容，甚至把琴、棋、书、画，诗、词、歌、赋，京剧等传统艺术和武术、杂技等等都包括在内。如果将国学与文、史、哲并列设为一级学科，似乎连逻辑上的种属关系都忽略了，不是提高而是降低了国学的地位。如果国学只是一个与文、史、哲并列的“一级学科”，其学科范围势必要大大窄化，难以将国语、国文、国史、国医、国剧、国画等等都涵括于其中，不能使人们对国学有一个全面的认识。①

这个看法，我后来一直没有改变。《中州儒学文化》2018 年第 1 期刊发了九篇国际儒联拜访顾问纪实，我在访谈中再次发表了“解决国学的‘户口’问题要全面慎重考虑”② 的意见。有人开玩笑说：要是你还留在南开任教，大概就不是“六教授建言”而是“七教授建言”了。

（三）出席《中国政治思想通史》新书发布会

泽华兄一生主攻中国政治思想史，著述丰富，创获颇多，而且自成一家之言，有“南开学派”和“刘泽华学派”之称。2014 年由中国人民大学出版社出版的《中国政治思想通史》九卷本，可以说是这方面学术研究之成果的集大成者。2014 年 10 月 17 日，该书新书发布会暨学术研讨会在南开大学召开。9 月中旬我就收到了学生转发过来的泽华兄的电子邮件：“老方：多年不见了，友情如故。……特别

---

① 方克立：《创建适应时代需要的新国学》，《高校理论战线》2008 年第 8 期。

② 《在综合创新中实现中华文化的现代复兴——拜访方克立顾问纪实》，《中州儒学文化》2018 年第 1 期。

希望你能与会支持，不管你多忙，看在老朋友的份上，一定来增光。我想学者首先请你讲。”国庆节期间才收到九卷大著，无论如何也来不及通读了。我很震惊老刘亲自主持的《综论卷》就写了八十万字，十多天时间主要翻阅了这一卷，17 日发言即以这一卷中所阐明的思想原则、方法、理论成就为主要依据，当然老刘的研究思路我原来还是比较熟悉的。

在我看来，“政治权力支配整个社会”的王权主义理论和“阴阳组合结构”的中国传统政治思维方法论，是刘泽华学派的两大历史发现。这两大发现不仅揭露了中国古代社会和统治阶级意识形态的本质，而且使中国政治思想史学科才真正建立在唯物史观和历史辩证法的基础之上。前面提到，他是南开历史系最重视理论思维的学者之一，同时他也继承了历史系老先生们特别重视掌握第一手资料，所有研究结论都要建立在大量可靠的思想史料基础之上的学风和传统。其学生张分田教授还大力提倡“以罗列事实为主的研究方法”[①]。这就是泽华兄常说的自己做学问比较“土气”。正是这种朴实、“土气”的学风和研究方法，使他们的研究成果更富于原创性，也更加接近历史真实。我那天的发言以《为“刘泽华学派”赞一个》为题发表于《天津社会科学》2015 年第 2 期，对于这部大著的重要学术价值和社会影响来说，只能说是敲敲边鼓而已。

（四）一致反对崇儒反马、颂古非今的大陆新儒学

2018 年 1 月，张世保、谢青松编的《大陆新儒学评论（2017 卷)》由中国社会科学出版社出版。其中收入了我的《当代中国大陆新儒学思潮评析》一文，以及我与张世保、林存光、张小平、刘东超的学术对话《大陆新儒学思潮平议》，也收入了刘泽华与张分田、李

---

① 张分田：《民本思想与中国古代统治思想》，南开大学出版社 2009 年版，第 20—24 页。

宪堂、林存光的学术对话《让孔子直通古今是不现实的——从中国政治思想史视野看“儒家宪政”论思潮》，还收入了《马克思主义研究》记者对张分田的访谈《科学认识儒学　正确判断本质》，《中国社会科学报》记者对张分田的访谈《专制与等差是孔孟之道的核心》，张颐、林存光的《重新发现儒家？——秋风式“儒家论述”评析》，林存光的《试评“回到康有为”之谬说》和《试谈儒学复兴的未来前景》，张师伟的《大陆新儒家“托古改制”平议》，以及谢青松、张师伟等人的《大陆新儒家的变异和虚幻》等文章。不难看出，在反对崇儒反马、复古更化、要求重新回到王权主义时代的大陆新儒学这一点上，刘泽华学派的理论立场和态度是十分鲜明的，我们之间有较多的共同语言。

泽华兄比我年长三岁，我们基本上是同时代人。我们这代人都不同程度地走过了曲折的人生道路。总的来说，我们还是幸运的，亲历了我们的国家从“站起来”到“富起来”到“强起来”的伟大发展过程。这个过程不是一帆风顺的，而是包含着不少痛苦、磨难甚至荒谬于其中。小时候我们都经历过抗日战争，也见证过国民党统治时期的民生凋敝。不过那时我们还年幼无知，承受苦难的主要是我们的父辈。新中国成立后我们都热烈拥护中国共产党，紧跟党和党的领袖，在包括“文革”在内的一系列政治运动中犯过思想政治路线的错误，自己也曾经是错误路线的受害者。改革开放后我们才能独立思考做点学问，但此时已人到中年，家庭、事业、社会工作的负担都很重，有的人身体还出了大毛病。泽华兄是我们这代人中肯思考、敢直言、在学术上做出了较大成就的一个代表人物，他的思想经历具有一定的典型性，同时也表现出了鲜明的独特个性。

在南开，泽华兄一直是文科的一个中心人物，我则处于相对比较边缘的地位。他在南开土生土长，入学前就是党员，入学后当过党支部书记，只上了一年学就提前留校当助教。“文革”中担任中国古代史教研室主任，还曾被抽调到天津市革委会文教组大批判组写文章，参加过北京法家著作注释会议。“文革”后他最早破格晋升副教授，当选为历史系主任，还连续当了两届天津市人民代表。他为人正派，敢讲真话，在南开颇有人望，但有时也要捅点娄子，1989 年事件后免职了系主任。这倒为他以后专心做学问创造了有利条件。

我在南开是外来户，“文革”中调来时不但不是党员，而且还带着中国人民大学给我的团内警告处分。直到 1979 年，人大党委来一封信，说给我 1957 年的问题平反；人大团委也来一封信，说撤销对我的团内警告处分。1983 年我才在南开入党，党龄比泽华兄整整晚了 30 年。我在人大学的是马克思主义哲学专业，有幸跟着老师认真读了几本马列经典著作，真诚服膺它所阐明的关于宇宙、社会、人生的科学真理，逐渐找到了自己学思知行的定盘针。我的人生道路虽然并不平坦，但归宿必然还是要走到党的事业中来。

我在写这篇怀旧和纪念文字时，心里多少感到有点沉重。泽华兄在送给我的《八十自述：走在思考的路上》一书的扉页上写道：“克立兄教正：‘文革’中的‘日记’全删了，‘思考’中断。万幸，总算出来了，幸哉！幸哉!”这种一吐为快的心情，大概与发表《我在“文革”中的思想历程》时的心情是一样的。在我看来，作为一个有六十五年党龄的老共产党员，他的“一吐为快”还应该是有底线的，一是要以基本的历史事实为依据，二是要以不损害党和人民的利益为原则。

有人批评泽华兄的“启蒙史学”有自由主义倾向，我曾多次为他辩护，认为他是在“认同唯物史观的基础上强调思想与社会的互动”①，赞成葛荃将其定位为“马克思主义历史学流派的新发展”②。泽华兄在给我的电子邮件中，以及公开发表的文字中，经常强调两点：一是

---

① 方克立：《甲申之年的文化反思——评大陆新儒学“浮出水面”和保守主义“儒化”论》，《中山大学学报》2005 年第 6 期。

② 方克立：《为“刘泽华学派”赞一个》，《天津社会科学》2015 年第 2 期。

说他仍然赞成“大社会主义”，因为这是一个很古老的理想，但他不认同某个（些）人所给予的规定性；二是他不自称马克思主义者，而是讲“马克思主义在我心中”，并不回避这是“上帝在我心中”的一种演化。[1] 这使我多少有点尴尬，意识到我们的马克思主义观既有基本方向的一致，也有理论和实践的差距。我是学哲学的，马克思主义在我心中就是科学的世界观、历史观和人生价值观，正确认识和改造世界的方法论，人类解放和人的自由全面发展的学说。马克思主义是中国共产党的指导思想，过去政治运动中的那些过“左”或右的做法，恰恰是背离了马克思主义。为认识这一点，我们曾经付出很大的代价。泽华兄比我更加注重现实批判和历史批判，力图从切身体验中分清真假马克思主义的界限，对打着马克思主义旗号搞现代封建主义和宗教迷信的现象深恶痛绝，其批判锋芒在“文革”日记中有淋漓尽致的表现。“日记”是个人内心的自白，有人愿意公开，有人不愿意公开。作者对公开的日记要负责任，人们也可以对它作各种评论。对于泽华兄的“文革”日记，我希望不要仅仅从其批判形式而把它看成是完全消极负面的东西[2]，也要看到这笔遗产作为发展创新马克思主义的推动力量之积极方面。

[本文写于 2018 年 5 月 9 日。原载阎铁铮、刘琰、刘珞编《中国政治思想的反思者：刘泽华先生纪念文集》（追忆卷），南开大学出版社 2022 年版，第 17—25 页]

---

① 刘泽华：《八十自述——走在思考的路上》，生活·读书·新知三联书店 2017 年版，第 245 页。

② 刘泽华曾极而言之自嘲“一九七六年的‘日记’颇具‘反动性’”。参见《八十自述——走在思考的路上》，生活·读书·新知三联书店 2017 年版，第 366 页。

任先生是马克思主义中国哲学史学奠基人之一

本报记者　魏长宝

7 月 11 日，国家图书馆名誉馆长任继愈先生和北京大学资深教授季羡林先生相继逝世。为表示对两位学术大家的敬仰缅怀之情，本报将陆续发表专题文章。敬请读者关注。——编者

2009 年 7 月 12 日上午，本报记者采访了中国社会科学院学部委员、研究生院教授、博士生导师、中国哲学史学会前会长方克立先生。

记者：任老是中国哲学史界的老前辈，先生仙逝后，您在第一时间给先生生前所在的国家图书馆和先生的亲人、家属发去了唁电。请问您是怎么评价任老的？

方克立：我主要讲了三句话。任先生逝世，我国哲学界失去了一位坚持用马克思主义观点创造性地研究中国哲学、中国宗教和中国文化的权威学者；失去了一位德高望重的学术文化事业的组织者和领导人；失去了一位热心教导和扶持青年的导师。这个损失是难以弥补的。

记者：任老为中国哲学史学科的发展做了许多开创性的工作，您作为一名老中国哲学史工作者，怎么理解任老在这方面所作的学术贡献？

方克立：任先生是马克思主义中国哲学史学的奠基人之一。张岱老、侯外老也是奠基人。他主编的中国哲学史教材，如 4 卷本《中国哲学史》和 7 卷本《中国哲学发展史》（已出 4 卷），培育了几代中国

哲学史工作者，实际上，包括我自己，就是读的他的教材。他的书比较早，我在人大任教时，石峻先生讲课，我做辅导，用的就是他的书。

记者：我在南开上学时，用的是萧萐父、李锦全先生的教材，但任老的四卷本《中国哲学史》，仍是我们必读的参考书。

方克立：你和我也算是两代人了，所以说他的教材培育了几代中国哲学史工作者。

记者：任老长期主持中国哲学史学会的领导工作，您也曾担任过中国哲学史学会会长，您怎么看待先生在学会所做的工作？

方克立：中国哲学史学会今年正好成立30年了。长期以来，任先生一直担任学会副会长、会长、名誉会长的职务，对学会的建设和发展作出了巨大贡献。有一段时间，学会的刊物《中国哲学史研究》遇到困难，差点被取消刊号，是任先生亲自到国家新闻出版署做疏通工作，刊物才得以保留。他的面子大，这个作用是别人都代替不了的。他对学会的工作，对中国哲学、文化的振兴繁荣作出了巨大贡献。

记者：您和任老的交往中，有什么印象深刻的事情吗？

方克立：任先生有几次亲自给我打过电话。有一件事情我一直记得很清楚。那是2006年，任先生刚从会长的位置上退下来，我接任会长不久。我们想给他庆祝90大寿，他是1916年生的。我找李申他们商量这个事。李申说，任老80大寿时，他们想给他祝寿，被任先生骂了一顿。

记者：为什么呢？

方克立：任先生比较低调，他不愿意突出自己。他开玩笑地说，这样吧，到100岁的时候你们再为我祝寿。我说，100岁当然是要祝寿的，但90岁也应该祝寿。任先生拒绝了，态度很坚决。我们又想以学会的名义开个纪念会，哪怕规模小一些也好，但他一律不准。我们只好恭敬不如从命。这件事没做成，至今觉得遗憾。

（原载《中国社会科学报》2009年7月14日第009版）

实至名归

伍雄武教授是我的老同学。他是我们同辈人中最具活力的学者之一。

记得上大学时他就是系、校排球队的队员，参加工作后每年都是云南师范大学校运动会上的中长跑冠军，从教工青年组冠军到中年组冠军到老年组冠军。

在学术上，他也始终朝气蓬勃，精力充沛，勇于探索，不断进取，在马克思主义哲学、中国哲学史、逻辑学、伦理学、宗教与无神论、体育学等学科领域都有研究成果，尤其在以下两个方面做出了突出贡献。

一是少数民族哲学思想研究。伍雄武根据在云南地区工作的特点，较早地把主攻方向确定为中国少数民族哲学思想史研究。上个世纪 80 年代初，他就组织编写了 6 辑《云南少数民族哲学社会思想资料选辑》。1982 年 11 月主持召开了云南少数民族哲学社会思想史讨论会，我第一次去云南就是出席这个会议。此后他和他的团队编写出版了大量关于云南傣族、彝族、白族、纳西族、哈尼族、佤族、高山族等少数民族哲学、伦理、社会思想研究的专著、通论性著作、论集和资料汇编，有力地推动了云南地区民族文化的发展，也产生了一定的全国性影响。1986 年，伍雄武成为国家社科基金“七五”规划重点项目《中国少数民族哲学史》（安徽人民出版社 1992 年版）的主编之一；2010 年，他又被推举为国家社会科学重大招标项目《中国少数民族哲学史》的首席专家。伍雄武钟情于少数民族哲学思想研究 30 余年，他不仅是这方面研究的开创者之一，而且已成为这个学术领域的全国性领军人物。

二是中华民族形成、凝聚和民族精神研究。在长期从事少数民族哲学思想史研究的过程中，伍雄武十分注意从各民族的文化形态中去揭示其基本精神和核心观念，并将其上升到世界观、人生观和价值观的高度。在他看来，各民族一定有鼓舞自己奋进的精神力量，一定有维系民族群体的精神纽带，这种精神力量和精神纽带就是民族精神。多元一体的中华民族是我国境内各民族在长期交融实践中凝聚而成的一个伟大的民族实体，中华民族所以能够形成并牢固确立，在于她有凝聚亿万中华儿女的伟大民族精神。中华民族精神在整合各民族文化和民族精神，促进多民族凝聚、融合与认同过程中发挥了巨大作用。他这方面的研究成果，集中体现在《中华民族的形成与凝聚新论》（云南人民出版社 2000 年版）、《中华民族精神》（云南民族出版社 2004 年版）、《西部少数民族与中华民族的凝聚——以云南为个案的研究》（国家社科基金西部项目，2010）几部著作中。

从学科专业来说，伍雄武的主要研究领域是哲学思想史。有人囿于传统的哲学史观念，认为通过少数民族的诗歌（如创世史诗、叙事长诗）、文学和历史著作、宗教和道德习俗来研究其哲学思想算不上是真正的哲学史研究。伍雄武指出，哲学史不仅是阶级意识形态斗争史，也不仅是科学认识的发展史，而且还是文化史，是民族文化的基本精神和核心观念的发展史。从各民族形成和凝聚过程中，从其多种文化形态中总结、升华其价值观、历史观、人生观，这正是哲学史研究的应有之义。应该说，注意到“文化哲学”这个视角，并不是离经叛道，而是对马克思主义哲学史观的丰富和发展。伍雄武与我们时代许多优秀的哲学家一样，都是走的一条“马魂、中体、西用”的学术道路。

欣悉雄武兄在云南荣获王中文化奖，作为老朋友和历史见证人之一，我认为是实至名归，并对他表示衷心祝贺！

（本文写于 2014 年 1 月 14 日。原载《云南文史》2014 年第 1 期）

哭文英

文英兄，你走了三天啦，学生们和家人一直好意地瞒着我。昨天从外地一个朋友的电话中才偶然得悉噩耗，我惊奇地问："给谁发唁电?"他对我不知道这一消息也感到意外，直说"大意失言"，表示"不该"!

我们真是难兄难弟，去年春天几乎同时住进了京津的医院，先后动了手术。昭仪、田玉和学生们大概是商量好了：不让我到天津去看你，也不让我们互通电话，大家都不在我们面前转告彼此的病情。去年你还打算参加学生的博士论文答辩会，我一直以为情况还比较乐观，没想到无情的病魔给你留下的时间竟是这么短暂!

12 年前我把你从兰州大学请到南开来，接了我的那一摊工作，主持中国哲学学科，我才能放心地走上新的工作岗位。你是不是因为这些年工作太辛苦、太操劳才累倒了？我心里一直感到歉疚并自责。后来听田玉和朋友们说，你来天津后总的来说条件有所改善，环境也逐渐适应了，能专心做学问、带研究生，也有了更大的学术活动空间，心情是舒畅的。我这才觉得稍稍宽慰一些。我们这代人身体底子不好，与少年时代吃过苦，以后又长期各方面压力较大很有关系，而我们这些人往往又不善于保护自己，等得了病再吃后悔药就已经来不及了。这是我们留给后来人的沉痛教训。

从南开大学中国哲学学科来说，12 年前能把你请来真是莫大的幸运!"文革"前是温公颐先生在系里开这门课。我在"文革"期间调来，1982 年建立了中国哲学专业硕士点，1986 年建成博士点，1993 年被评为天津市高等学校首批重点学科，为其进一步发展搭建了一个较有利的平台。但在 1994 年初我调离之时，一批青年学者还没有成长起来，你适时来到南开，使该学科又有了主心骨。这 10 年真是太烦劳你了，成绩也有目共睹。除了你的科研成果曾多次获奖，为南开争了光之外，在中国哲学史学科建设方面，也做了十分出色的工作。你主持编写的《中国哲学史》和《中国哲学史史料学》两部教材，与早先出版的《中国哲学名著选读》等教材一起，使南开大学中国哲学学科有了较完整的教材体系。10 年来你培养了近 20 名博士，指导出了《有无之辨——魏晋玄学再解读》（康中乾著）这样享有全国性盛誉的优秀博士论文，这些都是你为该学科发展立下的永远的丰碑。

从人大同窗时算起，我们已有近半个世纪的友谊。我是休学后才插进你们班的，上学时与你的交往其实并不多，只知道你是班里最用功的同学之一，各门功课考试成绩全优。我们之间真正互相有所了解还是后来在学术上的交往。你远在兰州，最早引起我注意的是读到你关于屈原《天问》的一篇文章，考辨深入，论析精详，新意迭出，我才惊异地发现同行老同学中还有这么一个优秀人才。以后你陆续寄给我《中国古代时空观念的产生和发展》《中国古代意识观念的产生和发展》两本书，与我那个时期出版的《中国哲学史上的知行观》一书在治学思路上十分接近，都是从中国哲学的问题、范畴着手，疏理它们的形成和发展演变过程，力图总结理论思维的规律和经验教训。20 世纪 80 年代初，我们在推动国内的范畴研究方面共同做了一些事情。以后我的主要精力转向现代新儒学研究和现当代哲学与文化研究，而你却在意识理论、梦的研究、原始思维和精神哲学研究方面继续深入开掘而有大成，我为你在科研课题立项和成果评奖中也尽了一点促成之力。90 年代初，我们在通信中曾讨论过中国哲学史教学内容改革的问题，有意共同主编一本以中国哲学问题为纲，而以大时段（先秦、汉唐、宋元明清、近代）分别论述其发展演进的中国哲学史教材，后来虽然调到了一起，却因错失机缘而终于未能实施这一计划。你率领教研室同仁编写的《中国哲学史》教材，还是只能大体上适应这门课程传统教学方式的需要，可见改革教学内容也不是一件容易的事情。

过去人们常常议论：人大哲学系毕业生的强项是马克思主义哲学，北大哲学系毕业生的优势在中外哲学史。你确实有人大毕业生的特点，马克思主义哲学的基本功非常扎实，到兰州大学还教过十多年马克思主义哲学原理，主编过甘肃本《简明马克思主义哲学原理》教材。你后来转到中国哲学史学科来，最大的优势就是理论功底好，有明确的问题意识，有很强的理论思维和分析能力，善于运用中国哲学史的丰富资料，去探索人类意识和精神文化产生的秘密，做出了中国人特有的理论贡献。你的成功确实应了这句话：只有优秀的哲学家才能成为第一流的哲学史家。我们这一代哲学史工作者都为你的卓越成就而感到骄傲！人大和北大培养人才的基本经验都是要注意史论结合、中西马结合，现在哲学人才培养主体多元化了，所有培养单位都要重视这条基本经验。

文英兄，你走得实在太早了！你还有一些重要的研究计划没有完成，学生们也期盼着从你那里学到更多的东西，中国哲学界更对你寄予着厚望。你的离去是中国哲学界的重大损失，更是南开大学中国哲学学科不可弥补的损失！好在一批青年学者已在你的指导、帮助下成长起来，他们已经能够承担起本学科教学与科研的重任。你交待给我的任务——帮你带完最后一个博士生，我一定会勉力去做，不会叫你失望的。人生苦短，你已经为事业、为国家、为学校、为青年学子、为家庭贡献得很多很多，后来者一定会十分珍惜你留下的精神遗产，去做好他们应该做的事情。你放心地走吧，文英兄！

哲人其萎，志业长存！

（本文写于2005年5月1日，原载《南开大学报》2005年5月20日）

潜心治学而有大成的典范

今天参加这个会，看到那么多领导、宗教界人士、学界朋友都来祝贺方立天同志执教五十周年，看到会场气氛那么热烈，我也颇受感染，愿意讲几句话。

方立天同志以其在佛学研究、宗教研究方面的突出成就，包括对“宗教必须与社会主义社会相适应”的马克思主义宗教观的深刻理解和认真贯彻实行，得到了我国宗教事业主管部门、各大宗教领袖和学术界的高度评价；同时也以其在教书育人方面的突出成就，得到了教育部领导、学校和学院领导以及广大师生的高度评价。这确实是实至名归，我们都是见证人。

我与方立天同志交往近半个世纪，前十年在一个教研室共事，了解他有很好的学问功底，包括哲学理论功底和文史功底，思维缜密，文字表达简洁准确；也了解他做事为人的风格，性格沉稳，很有主见，决不人云亦云。所以他能取得今天的成就，我认为决不是偶然的。在这里谈两点个人的看法。

一，方立天同志是我们同辈人中勤奋治学、锲而不舍、在学术上有所大成的典范。

方立天同志到人大中哲史教研室后，就选择了与佛教有不解之缘的魏晋南北朝隋唐哲学作为主要钻研方向，教研室派他到中国佛学院去进修了一段时间，受到周叔迦等佛学大师的亲自指导。“文革”前他在佛学研究方面就已崭露头角，可以看出起点较高，潜力很大。

“文革”十年我们耽误了最好的青春年华，所以“文革”后都有一种紧迫感。这时我已调离人大。1978 年我的老伴回人大读研究生，她跟我说，在图书馆阅览室里每天都能看到方立天老师，背个布书包，端个大茶缸，整天在那里读书写作，天天如此，常年如此，成了人大图书馆的一道风景线。我说此公不得了，将来必有大成。那时我在南开教学任务比较重，还担任一个年级的班导师，在家里要管小孩吃饭、上学，时间精力很分散。我说学术上要有所成就，还得看我在人大的几位老兄。人大过去历来是政治风云之地，复校后好像环境宽松多了，方立天同志就是在人大的环境中成长起来的甘坐冷板凳、专心治学而有所建树的一个典范。

二，方立天同志的主要学术成就是在佛教哲学方面，除了勤奋之外，还需要有正确的研究态度、理论和方法，这是他取得成功的更重要的一个方面，也是今天更值得认真总结的一个方面。

大家知道，佛教哲学这个研究对象可是一个庞然大物，典籍浩繁，学派、学说、名相众多，如果没有正确的理论和方法，钻进去了可能一辈子也走不出来。我们这代人的成长，是直接受教于张岱年、任继愈、石峻等前辈学者，他们的哲学观和哲学史观，他们的治学态度和方法，对我们影响很大。当然更前辈的学者如冯友兰、汤用彤、陈寅恪等先生，对我们也有影响。这些学者不论是做佛学研究，还是做儒学研究，都不是信仰的态度，而是力求客观、理性的学术研究的态度。到我们的老师张岱年、任继愈、石峻等先生，都已经是坚定的马克思主义者了，在理论和方法上更加自觉地贯彻实事求是的原则。方立天同志继承了老一辈的优良传统，在佛教哲学研究中将这些正确的理论、方法和原则加以具体运用，应该说他已经做出了青出于蓝而胜于蓝的贡献。比如“问题解析体”的研究思路和写作方法，很明显地就是受到张岱年《中国哲学大纲》的启发，他自己也说《中国佛教哲学要义》是《中国哲学问题发展史》的姊妹篇。他和任继愈等先生一样，坚持唯物史观的观点和方法，对中国佛教发展与中国社会经济、政治、文化、世俗生活的联系看得非常清楚，对佛教哲学的宗教唯心主义性质也有非常清醒的认识，但他不是简单地批判否定，而是把它当作一种历史文化现象，看到其中包含着丰富的人类智慧和理论思维成果，对中国的哲学思想、思维方式、精神气质、民族心理都有深刻影响。因此研究者要以同情理解的态度，设身处地，虚心体察，默应相契，才能入乎其内、窥其堂奥，才能真正把握佛教哲学的精义和要义。做中国的学问，不能只是做文字考证的功夫，或者只是把它当作一个知识对象去考察，而是要有内在的心性修养和体验，通过修为实践来感悟其生命智慧，提高精神境界。对于中国哲学来说，功夫与境界是统一的。当然，今天的研究者不能只是入乎其内，还要能够出乎其外，这就是还要有批判地超越的眼光和态度，体现出这项研究的科学性、理论的深刻性和它的现实意义。方立天同志在这一方面也做得非常好。在佛学研究方面，他是能够做到“同情地了解，客观地评价，批判地超越”的真正高水平的哲学家。

方立天同志的成功可能有多方面因素，我认为最重要的是两条：一是勤奋，二是有正确的立场、观点和方法，有正确的研究态度。二者相结合，才使他能够做出超越前贤的贡献。“超越前贤”这话是我们说的，他自己从来没有说过，不论是对作为研究对象的佛教古德，还是对我们的前辈学者，他首先都是采取虚心学习的态度，在他身上就体现了学习、继承与超越、创新的统一。

《中国佛教哲学要义》是方立天同志“十五年磨一剑”的鸿篇巨制，在我们今天的评价机制中，我认为对这样的优秀成果给予高度评价是完全应该的。

（本文是作者2011年9月17日在中国人民大学“方立天教授执教50周年庆祝大会”上的发言）

我们时代能不能出学术大家？

中国人民大学出版社推出新版十卷本《方立天文集》，给学术界奉献了一份厚重的礼物。我们在这里向方立天同志表示祝贺，也对人大出版社表示感谢。

去年在方立天同志执教50周年庆祝大会上，我讲了两点自己的感受和看法：一是非常佩服他勤奋不怠和锲而不舍的治学精神，二是认为他在学问上之所以能有所大成，除了勤奋之外，与有正确的理论、方法和求真的研究态度是分不开的，这一点尤其重要。非常勤奋但做不出大学问来的情况并不鲜见，学问很大但有所偏失的情况也是有的，方立天同志则是把勤奋与正确的理论、方法结合得很好的一个典范。

我们经常听到一种议论，说是20世纪二三十年代、三四十年代中国能出学术大家，新中国成立后就再也出不了学术大家了。因为马克思主义的僵化教条禁锢了学者的思想，如果不面向西方，不回归国学，中国的学术就没有出路。这种说法有没有道理呢？是否符合实际情况呢？

上个世纪前半纪中国能出学术大家，也是由于引进了西学，引进了马克思主义，这些引进的学说适应了国家独立、民族解放的需要，极大地解放了人们的思想，所以才在中国受到欢迎，造就了那个时代的一批学术大家。如果没有受到科学、民主和社会主义新思想的洗礼，不论是王国维、梁启超、胡适、冯友兰，还是鲁迅、郭沫若、侯外庐、张岱年，都不可能成为一代思想巨人或学术大家。

新中国成立后我们确实经过了一段全面学习苏联，知识分子思想改造，强行灌输马克思主义的时期，教条主义对中国学术的发展确实产生过严重的负面影响，这种负面影响到“文革”发展到极端，就开始走向反面。全体中国人民包括知识分子都从这一物极必反的历史运动中受到了深刻教育。十一届三中全会以后的思想解放运动，改革开放三十多年来的实践探索和跨越式发展，又给中国创造了一个能出学术大家的有利环境，包括舆论环境、政策导向、物质保障，学者只要有求真理之诚心，把握正确的学术方向，能够蹋下心来，抓紧时间，埋头苦干实干，就有可能成为学术大家。在我们身边就有不少这样的范例。我是从人大哲学系走出来的，在我比较熟悉的人大哲学系就涌现出了陈先达、罗国杰、方立天等学术大家。北大哲学系百年系庆时也表彰了一些学术大家。他们都在各自的学科领域里做出了超越前贤的贡献。

今天参加这个出版座谈会，我考虑的一个问题是，在我们生活的时代，像方立天同志这样在学术上有很大成就的学者，有那么多著作摆在那里，就会成为后人学习、研究的对象，或者通过他的著作去学习、研究中国哲学和佛学。它提供的不只是一些具体的知识，他的学术研究工作，他走过的学术道路，至少从一个侧面反映了我们这个时代学术发展的特点，一条实践证明是成功的学术道路，总是能在一定程度上代表学术发展的正确方向，这对后辈学人来说是最有启发意义的，可以学习借鉴的。综观一个学者走过的学术道路，不是简单地梳理他求学、任职、课题研究、著作出版的经历，而是要看他对关系到学术发展方向的一些重大问题是怎样处理的，比如马克思主义，中国哲学、宗教和文化，还有西方文化三种学术资源，在他们的学问中和学术道路上各占有什么地位，分别起了什么作用？他们是怎样处理传统与现代、民族性与时代性的关系问题的？理论、历史和现实三者，分别对他们学问的关切度有多大？是什么样的知识结构和学术品格，成就了他们的大学问？在这些问题中，如何处理中、西、马的关系又是道路选择和道路自觉的关键。

我和方立天同志是同辈人，我们都是上个世纪 50 年代中期开始与哲学结缘的，大学毕业后在同一个教研室共事了十年。以后仍然是同行、同道，特别是在中国哲学史学会一起协助张岱年、任继愈两位会长工作了很长时间。所以总结回顾方立天同志走过的学术道路，我感到比较熟悉、亲切、自然，有些是我们共同的经历和感受。他是我们同辈人中的杰出者，是我们学习的榜样。

首先，马克思主义对于我们这一代学者的学术道路和学术生命有什么意义？我们一开始就是响应党的“向科学进军”的号召，在学校里无条件地接受了马克思主义世界观、历史观和方法论的教育，可以说，马克思主义已成为我们的学术底色，也就是解释学中讲的“先见”，马克思主义也是我们观察世界和思考问题的基本认知框架和分析工具。我们最初学到的马克思主义，优点是认真读了一些基本的经典著作，老师教导我们重点是要学习、体会马克思主义经典作家观察处理问题的立场、观点、方法，应该说这还是受益终生的，当然我们也难免受到五六十年代教条主义和极“左”思潮的影响。经过总结反思半个多世纪正反两个方面的历史经验教训，特别是“文革”的教训，许多学者都抛弃了对马克思主义的僵化教条理解，以及对它的“左”或右的偏离，认识到只有实事求是、与时俱进的马克思主义才是有生命力的科学真理。是否学到了马克思主义的精髓和真义，关键在于运用，就是要结合世情、国情、党情解决我们今天面临的问题，实践检验是最有说服力的，所以我们都高度认同党的创新理论——中国特色社会主义理论体系。比如方立天同志对马克思主义宗教观的认识，就有一个从“鸦片论”“斗争论”到“文化论”“适应论”“引导论”的转变过程。“适应论”“引导论”还是肯定了马克思主义的主导地位，但对宗教的本质、价值和社会作用有了一些新的认识。我们这一代学者，与我们的老师张岱年、任继愈、石峻等先生一样，一直都是把马克思主义当作我们学术工作的指导思想、灵魂和“伟大的认识工具”。虽然半个多世纪以来我们的马克思主义观也有这样或那样的变化，但基本的理论信仰没变，从来不存在“改旗易帜”的问题。

其次，中国哲学、宗教和文化在我们的学术道路和学术生命中占有什么地位？半个世纪以来，我们的主要研究对象就是中国哲学、宗教和文化，长期浸润于其中。这是一个博大精深的知识宝库，维系着我们民族的精神血脉，关系到中国文化的未来走向。今天的中国文化与历史上的中国文化不是断裂的，而是血脉相通、有历史连续性的活的精神生命整体。由于我们就是生活在这种文化之中，所以它对我们来说就是主体文化，或者说母体文化、本位文化。民族文化的主体性在我们的学术研究中也从来没有疑问，是明确坚定、不可动摇的。张岱年先生在许多文章中都反复讲文化的民族主体性问题，强调要加强民族主体意识，方立天同志也说他的研究秉持的是“中国本位”立场。强调民族文化的主体性、本位性一点也不带有保守的意味，不是把某个历史阶段、某种特定形态的中国文化（比如“三纲五常”）看成是不变之“体”，中国文化本身就是一个自强不息、变化日新的生命主体和创造主体，对于外来文化来说又是一个厚德载物、有容乃大的接受主体。

第三，怎样看待西方文化和其他民族的文化？在全球化时代，像有些文化民族主义者那样完全排拒西方文化是不可能的。改革开放就是打开中国的大门，不论经济、政治、社会、文化都采取对外开放的方针，学习借鉴人类文明中一切有价值的东西“为我所用”。改革开放也为学者创造了走出国门开展对外学术交流的条件，方立天同志的中国哲学和佛学研究，与港台、日本、南亚、欧美学界都有许多交流，他的研究成果中也包含了不少新思想、新观念，比如运用现代的多元化方法对佛教哲学和佛教文化进行分析研究。

上面讲的三个方面：一是坚持以马克思主义为指导，二是坚持民族文化的主体性，三是坚持对外开放的方针，把这三个方面结合起来，有机地统一起来，就是我们时代一些成就卓著的学者所走过的学术道路。方立天同志可以说是一个代表。我们的老师张岱年、任继愈、石峻先生，以至前辈马克思主义学者郭沫若、范文澜、侯外庐等先生，都是走的这么一条学术道路。我把它叫做“马学为魂，中学为体，西学为用，三流合一，综合创新”的学术道路。不是走“中体西用”的道路，也不是走“西体中用”的道路，而是走“马魂、中体、西用”三者有机统一以实现综合创新的道路。这种与“中体西用”“西体中用”“全盘西化”“全盘儒化”都不同的综合创新文化观，为中国特色社会主义文化的健康发展指出了方向，提供了学理依据，但我们对它的理论阐释和宣传工作做得还很不够。一个较为普遍的误解是，有人自觉或不自觉地把马克思主义的指导地位与中国文化的主体地位对立起来，认为二者不能并存。新儒家持这种观点，是想排斥马克思主义，但有些人并非本意如此，而是分不清中国传统体用范畴的两重涵义，不理解马克思主义与中国文化怎能同时居于“体”的地位。要消除这种误解，就需要厘清具有多义性的传统体用范畴的两重主要涵义，把主导性之“体”（“魂”）与主体性之“体”区分开来，把“道体器用”之“体”与“器体道用”之“体”区分开来，那么对“马魂、中体、西用”有机统一这种新文化观就很容易理解了。正如张岱年先生所指出的：“文化综合创新的核心是马克思主义与中国文化的优秀传统的综合。”只要把在这个核心问题上的认识障碍清除了，就会有更多的学者自觉走上“马魂、中体、西用”的学术道路。当代中国文化不论是整体还是学者个人，都需要加强对这条必由之路的道路自觉和道路自信。

（本文是作者2012年12月1日在中国人民大学《方立天文集》出版座谈会上的发言。2012年12月3日刊发于“张申府张岱年研究中心”网）

默默耕耘成大家

河南省社会科学院哲学与中原文化研究所
高秀昌同志：

欣悉贵所要举办“《儒学的现代命运》出版暨崔大华先生学术思想研讨会”，非常高兴。我因健康原因不能前往赴会，请你转达我对大华兄的诚挚祝贺。

在从事哲学史工作的老同学中，我最佩服两个人：一个是已故的刘文英教授，一个就是大华兄。他们都有重视理论和方法这个人大学派的共同特点，同时又在哲学史料的搜集、整理、训释、考辨方面下了扎实的功夫，每项研究都有明确的问题意识，都注意用事实材料说话，都有创新的思想或亮点，改革开放以来贡献出了多部精品力作，得到学术界的高度评价。他们是我辈中最优秀的哲学史家。

大华兄师从侯外老读研究生时的处女作《南宋陆学》，就以准确的思想辨析见长，纠正了学界一些似是而非的评论，得到前辈学者张岱年先生的肯定评价。80 年代他集中精力于庄子研究，推出了《庄子歧解》和《庄学研究》两部大著。前者显示了他在文献学方面的深厚功力，兼取义解、考据之长而避其短，在前人注《庄》的基础上活用歧解法，有助于揭示《庄子》思想的深邃意境和确切涵义。后者不仅在考论其人其书的基础上梳理了庄子思想的丰富内容、内在联系和逻辑结构，而且揭示了它在中国传统思想形成和发展中的重要地位和影响，指出它是中国哲学和文化某些基本特征和内容的最早的观念渊源。该书是20世纪最有新意和理论深度的一部道家思想研究专著。

90年代以后，大华兄的研究重点转向中国传统思想文化之主流的儒学，面对这样一个背景复杂、时间漫长、形态和层面众多的研究对象，他下的功夫更大，《儒学引论》和《儒学的现代命运》就是他前后两个十年交出的厚重答卷。前者通过历史分析、结构分析和比较分析，较完整地揭示了儒学的历史面貌、理论规模和思想特质，指出儒学是一个以伦理道德思想为核心的多层面的观念体系，它在历史上曾具有国家意识形态的性质，同时又是中华民族特有的一种文化类型和生活方式。后者着眼于中国现代化进程中儒学的生存境遇、理论反思、价值定位和创造性回应，认为作为中华文化主体形态和精神特征的儒学，在今天仍然具有能够与现代社会生活和人类思想理念接榫的不竭的文化生命力，它能为中国的现代化提供动力因素、秩序因素和适应能力，也能为我们国家正在进行的精神文明建设、公民道德建设、培育和弘扬民族精神提供学术理论的支持。正是基于对中华文明能够自立于未来世界民族文化之林的自信和理论自觉，他才决心要对儒学的现代命运这个前沿学术课题进行深入探讨，其研究成果也非一般简单肤浅的议论所可比拟。

大华兄之所以能取得如此巨大的成就，与他视学术事业为生命、对复兴民族文化有高度的责任感是分不开的。我们这代人生活在一个特殊的历史年代，“文革”耽误了宝贵的青春年华，他40岁才得到读研究生的机会，所以在学业和事业上都有一种紧迫感。他原籍安徽，大学和读研在北京，1982年毕业分配到河南后，即以河南为家，埋头苦干三十年，无怨无悔。他甘于寂寞，淡泊名利，为人低调，做事认真，特别在学术上有很高的追求和勇攀高峰的精神。在老同学、老朋友看来，他的成功乃意料中之事，因为他的学术功底和为人风范摆在那里，是功到自然成，是实至名归。当然，他的成功也得益于思想解放、改革创新的时代。大华兄曾多次获得国家社科基金的资助，河南省社科院为他提供了做学问的优越条件，有关出版社亦慧眼识珠大力推介其学术成果，这些都是学术大家能够脱颖而出的助缘条件。

在《儒学的现代命运》一书出版之际，认真总结和大力宣传崔大华同志的治学精神和为人风范，对于教育启示青年学者、推动哲学社会科学发展很有意义。祝研讨会取得圆满成功！

方克立

2012 年 10 月 12 日

（主要内容曾刊载于《中国社会科学报》2012 年 11 月 30 日 B04 版）

用实学的精神和学风做实学的学问

在葛荣晋教授80大寿和执教55周年之际，我作为老同学、老同事和半个多世纪的同行朋友，自然要来表示祝贺。

葛荣晋是中国实学研究的领军人物，他从研究王廷相到研究明清实学思潮，到研究中国实学史和中、日、韩实学比较研究，到近年来集中精力研究一门务实的学问——中国管理哲学，目标专一，勤奋耕耘，成果丰硕，著作等身。

我在有关湘学的研究中也接触到了实学，因为“崇实重行”是湘学的一个重要特点，但是没有对实学做过专门研究。实学研究的进展我是关注的，也注意到在实学的概念界定、学科定位、研究对象和范围等问题上，都有一些不同看法，有一些讨论。讨论的中心问题是实学与宋明理学的关系问题。

中国实学研究肇始于“明清实学”这个概念的提出。一般认为，明清实学是为了纠正宋明理学的空疏学风而产生的。针对“以明心见性之空言，代修己治人之实学”，“平居袖手谈心性，临危一死报君恩”的迂阔现象，特别是王学末流束书空谈，几近狂禅，流入佛、老的“虚无寂灭之学”，一些有社会责任感的学者，站出来提倡经世济民的实学，重实证，贵实行，务实事，求实功，形成一种实事求是、崇实黜虚、经世致用的时代新风。这是学术界对明清实学作高度肯定评价的一派观点，并且把明清实学当作与先秦子学、两汉经学、魏晋玄学、隋唐佛学、宋明理学并列的一种学术形态，一种学术思潮，认为它是从宋明理学过渡到近代新学的一个必经阶段，一个不可缺少的中间环节。

大家在研究中注意到，宋明理学中的程朱学派也说自己是实学，——“唯理为实。”朱熹说：“如释氏便只说空，老氏便只说无，却不知道莫实于理。”陆王学派也把心本论与实理论结合起来，主张“一意实学，不事空言”。这样在宋明理学中就有三派实学，都是“实体致用之学”，但是其“体”有实理、实心、实气之别，也就是说，在本体论上差别和分歧很大。因此学界有一派观点认为，在宋元明清时期，实际上只有一种学术形态，就是宋明理学，其中又有理学、心学、气学三派，都可以称为实学：“实理实学”“实心实学”和“实气实学”。也就是说，实学不过是宋明理学的另一个名称而已，并没有一个超越于宋明理学之外的独立的实学学术形态。比如王船山、曾国藩都提倡实学，但是在哲学上，曾国藩还是尊崇程朱理学，船山哲学也归属于宋明理学的范畴，属于宋明理学中的气学派。

有的实学研究者不受宋明理学的限制，再往前追溯：王充主张“事莫明于有效，论莫定于有征”，他的“疾虚妄”、重效验的论衡之学是不是实学？刘德说“好古修学，实事求是”是不是实学？孔子“知之为知之，不知为不知”“不语怪力乱神”的务实之学是不是实学？从某种意义上讲，先秦诸子之学都有治世目的，都是经世之学。这样就需要探讨整个中国思想史中的实学思想传统，广义地来理解“实学”这个概念。

从产生时代来讲，狭义的实学是指明清实学，中义的实学是指始于北宋的宋明理学，广义的实学可以涵盖整个中国思想史。

还有对学科性质、范围的不同理解。我们很难把实学界定为一种什么哲学形态，上面讲到，它在本体论上就有“实理”“实心”“实气”的区别。在中国古人看来，凡是切实有用的学问都是实学。经世济民的学问是实学，正德利用厚生的学问是实学，经济学、考据学、质测之学、格致之学都是实学，以至天文、地理、经史、典章、制度、吏治、兵农、赋役、漕运等学问莫不是实学。明清时期的文学中也有实学。近代兴实业，实业救国，当然要以实学为基础。近代的富国强兵之学即是实学。那么，我们很难说实学是一门什么学问，明确界定它的学科性质。

在学术研究中有不同意见是正常现象。有问题，有不同意见，有认识分歧，就会推动学术研究不断深入，使这门学问有了新的生长点，有了推进到一个新阶段的可能性。实学研究怎样回应上述问题和不同看法呢？我的看法是，实学之实是“真实”“笃实”之实，它不是一个对象性的东西。实学主要是一种学风，一种学术精神，一种“为学之方”，一种治学态度。杜国庠先生有一篇文章，讲玄虚不是中国哲学的精神，经虚涉旷不是中国哲学的精神，他认为中国哲学的精神是“实事求是”。实事求是不仅是中国哲学的精神，而且是整个中国学术、中国文化的精神，是我们今天讲的“中国精神”中的一个重要内容。实事求是、崇实黜虚、经世致用、学贵力行的学风和学术精神，显然是与唯物主义的思想路线联系在一起的，是一条从实事到实知、到实行、到实功的认识路线，又以实功、实效检验是否真知、实知。从这个意义来说，应该肯定实学是中国哲学和文化的一个优良传统，对它进行研究是有重要价值和意义的。葛荣晋对它进行了多年锲而不舍的研究，应该说功不可没；他能够成为中国实学研究的领军人物，是一件很光荣的事情。实学无疑是中国哲学和文化中的正能量，我们今天还要继承和弘扬实学的优良传统，马克思主义哲学中国化就是要与实事求是、崇实黜虚的实学精神传统相结合。毛泽东写《实践论》，邓小平恢复实事求是的思想路线，习近平讲“空谈误国，实干兴邦”，又讲“三严三实”，都是对中国实学精神传统的继承和发扬。

葛荣晋同志出生于农村，是贫下中农的后代。我们知道中国的农民是最实在的，勤劳务实，不尚虚华。葛荣晋把这个好的基因继承下来，在治学中发扬光大，用实学的精神和学风做实学的学问，踏踏实实，一步一个脚印，认定目标，长期坚持，所以能够取得丰硕成果，做出突出成绩。这是非常难能可贵、值得我们学习的。我们这些人已经不行了，年岁大了，想实干也干不动了，所以我希望在座的青年同志们，学界朝气蓬勃的新生力量，要好好向葛老师学习。

（本文是作者2014年6月28日在中国人民大学“葛荣晋教授从教五十五周年庆祝大会暨哲学创新论坛”的发言）

乙编

教育

努力创造使拔尖人才脱颖而出的环境

在改革、开放、搞活经济的大好形势下，突出地提出了“尊重知识、尊重人才”的口号。学校是专门研究学问、传授知识、培养人才的地方，今后各方面的工作任务都很重。这里我想就邓小平同志提出的“要创造一种环境，使拔尖人才能够脱颖而出”[①] 的问题，谈两点意见。

首先，要创造一种良好的政治环境，使优秀知识分子能够理直气壮地在业务上冒尖。我认为关键是要搞好学校的整党，进一步清除“左”的思想影响，打破压抑知识分子积极性的种种精神枷锁，真正达到解放生产力的目的。一些历史上形成的不利于优秀人才脱颖而出的错误观念也必须改变，例如：把勤奋学习、刻苦钻研业务看成是“只专不红”，把遇事不苟同、敢于发表独立见解看成是“骄傲自大”，如此等等。对优秀知识分子要看本质和主流，不要求全责备，更不应该放大地去看他们的缺点。要造成一种风气，大家都尊重知识、尊重科学、尊重人才，都一心为社会主义现代化建设事业作贡献，使那些嫉贤妒能的闲言碎语没有市场，相反，把党的关怀、集体的温暖送到优秀知识分子的心中，成为促进他们成才、冒尖的动力。

其次，要打破平均主义，敢于给少数拔尖的学生和中青年教师创造一些特殊的（实际上也是必须的）学习和工作条件。平均主义是

---

① 《邓小平文选》第 3 卷，人民出版社 1993 年版，第 109 页。

“左”的一种表现，它是阻碍拔尖人才脱颖而出的大敌。过去我们有许多这方面的经验教训，值得认真总结和记取。对优异学生，要因材施教，指定有经验的教师重点培养，在做实验、借阅图书资料、参加学术会议等方面提供比一般学生更优越的条件，允许不听课以自学为主，允许跳级和提前毕业，免试录取为硕士或博士研究生，有的还可以选送出国深造。对优秀的中青年教师，要大胆使用，鼓励他们到科学的前沿去探索。同时提供必要的实验设备、图书资料和教学科研经费，由他们自己挑选助手和合作者，充分发挥其创造才能。重点改善这部分教师的居住条件和其他的待遇，解除他们的后顾之忧，也是领导者应该考虑到的。

四化的成败，国家的兴盛，关键在于人才。学校工作的好坏，南开的毁誉，关键也在于能否培养出大批优秀人才。优秀人才的成长，主要靠他们自己的献身精神和主观努力，但也离不开良好的社会环境，包括党的关怀，师长的扶植和培育，周围同志的帮助。让我们在校党委的领导下，大家共同来创造一个使拔尖人才能够脱颖而出的环境。

（原载《南开周报》1985 年 4 月 15 日）

教师在培养优异生方面应该做些什么工作

——浅谈我在培养优异生方面的体会

殷陆君是近年来我校文科涌现出来的少数拔尖学生之一。他1978年考进我校哲学系，1982年毕业留校，今年9月赴美攻读比较哲学和比较宗教学博士研究生。在校学习期间，他曾三次获得哲学系学生“五四”优秀论文一等奖，一次获天津市大学生优秀论文一等奖，在报刊上发表论文七篇。目前他正式发表和出版的论著总计已超过二十万字，译著近三十万字。就科研成果的数量和质量来说，不低于某些文科副教授的水平。他的出色成绩和卓越才能，已经引起国内知名的中国哲学史专家张岱年、任继愈、石峻、庞朴、汤一介等人的重视，认为他有可能成为我们期待的那种立足马列、学贯古今、兼通中外的新型哲学史专门人才的一个代表。美国学者哈佛大学教授杜维明、伯克莱加州大学教授韦克曼、斯坦福大学教授英格尔斯等都很欣赏殷陆君的才华，认为他知识渊博，思想富于创造性，曾积极地为他出国深造奔走出力。殷陆君的“冒尖”，是党的十一届三中全会以来的正确路线、方针、政策的结果，也是南开的光荣，他和其他优秀青年的迅速成长，使我们看到了南开今后勃兴的希望之光。

殷陆君为什么能比一般青年学生更快地成才呢？他的成才之路给了我们一些什么普遍性的启示呢？不能否认，他的才华和个人的主观努力是决定因素。同时我们也要看到学校、家庭和整个社会对青年学生的重要影响，我们的校长、系主任、总支书记、班导师、政治辅导员，特别是任课教师，都对那些优异学生能否成才起了十分重要的作用，有时还是关键的作用。真正优秀的人才是很难得的，培养、扶植他们早日成才是我们大家的责任。在学校里不仅有漠视人才的官僚主义，有的人还自觉不自觉地干着打击、压制甚至扼杀人才的蠢事。所以，扶植、培养优异生并不是一件容易的工作，不仅要善于识别人才，引导他们走上正确的成才之路；而且要冲破某些习惯势力和传统观念，顶住来自各方面的压力，给他们成才创造必要的条件。下面即以殷陆君为例，谈谈我的一些做法和体会。

小殷入校不久就提出要求转系，因为他的兴趣在文史，而不在哲学。当时学校的制度卡得很死，不让转系。有一天，他们的政治辅导员拿来一篇文章叫我评阅，我看后颇有点吃惊：一个一年级学生，能写出一篇关于《周易》的文章，而且思路清晰，文理通顺，从文章看出训诂也有一定基础，是很不容易的。我请辅导员找作者来谈一谈，他就是殷陆君。从谈话中我知道了他的身世和坎坷经历：父母都被错划为“右派”，自己很小就要参加劳动补贴家庭生活，后来当过汽车司机、机关小办事员，但是怀着强烈的学习愿望，在新疆曾从一个和他的父母同样遭难的知识分子那里借阅过大量历史、文学书籍，对祖国的历史文化有着深沉的爱。1977 年高等学校恢复考试招生制度，他非常想上大学，但因父母的“右派”问题尚未改正而不得报考。第二年才考进我们学校。当然，我同情他的身世和遭遇，也很欣赏他的才华，但是首先感受到的是这个青年有一颗热烈的求知之心，一颗永不满足地去追求各种知识，要用知识来报效祖国的火热的心。他正在为选择专业而彷徨和苦恼，我作为教师，怎样帮助他呢？至少可以起个参谋的作用吧！于是，我同他商量：既然转系不成，是否可以在哲学系安下心来，选择中国哲学史作为专业方向。因为中国古代文化本来是浑然一体，文史哲很难分家的，通晓哲理，掌握我们民族特有的思维方式，对于深刻理解祖国的历史文化只有好处没有坏处。他接受了我的建议，以后阅读了大量有关中国哲学的书，并且接触到中国哲学中最艰深的部分——佛学，钻研的兴趣越来越浓。

第二学年，他应一位在《新疆大学学报》任编辑工作的朋友之约，拟写一篇关于鸠摩罗什的文章。鸠摩罗什是我国东晋时期著名的佛经翻译家，他所传译的佛经和他自己的著作都是相当难读的。小殷能写好这篇文章吗？我当时很有点怀疑。但他表示愿意试试。我于是给他介绍了有关鸠摩罗什的生平和著作的一些主要资料，并给校图书馆开了特许他借阅《大藏经》和其他佛教典籍的证明信。以后图书馆的殷礼训同志跟我说："你这个学生真不简单，一个多月几乎天天坐在这里读《大藏经》，这部书校内教师也很少利用的。"小殷果真写出了一篇题为《略论鸠摩罗什》的文章，除了生平事迹的介绍外，对他的哲学思想——物质观、运动观、认识论等几个部分，都理得很清楚，也讲出了其哲学思想的特点。为了鼓励他，系学术委员会给他这篇文章评了第一届"五四"优秀论文一等奖，后来又在《新疆大学学报》上正式发表了。

通过这篇文章的写作，我更加意识到小殷不是一个一般的学生，而是青年学生中的一个特异人才。除了那种不知疲倦地刻苦读书的钻劲之外，我还发现他很善于学习，会进行科学研究，会使用工具书，对于艰深难懂的佛经，他钻得进去，还能出得来，基本上用现代哲学方法去分析和评述。这篇文章标志着殷陆君搞中国哲学史已经逐渐上路了，不论就思想水平和哲学深度来说都比上篇《周易》的文章强得多。以后他不断提出新的研究课题，大量积累资料，写得好的论文，推荐给学术刊物，多数都顺利地发表了。他的兴趣相当广泛，不仅研究古代的《周易》和佛学，而且研究近代的严复、梁启超和郭沫若，研究中国哲学中的一些基本范畴。他在《中国哲学》杂志上介绍了我校图书馆藏的严复《天演论》的一个较早刻本，为学术界过去所不知，就连王栻写的《严复传》也没有提到过。他写的《郭沫若早期哲学思想研究》一文，否定郭老自称早期思想为泛神论的论断，从思想来源和理论实质两个方面判定并论证其为主观唯心论。这篇三万五千字的文章在《文学评论丛刊》第十七辑发表后，引起了哲学界和文艺界一些专家的重视。另外，殷陆君还把眼光转向西方，努力学习英语，注意西方哲学和中外学术文化的交流。对于他的这种发展，我曾有所担忧，怕他博而不专，不能在某一方面扎根很深，作出突出的成就。后来逐渐意识到，这可能是用我们走过的老路去要求现代青年学者。现代青年眼界开阔，面向世界，面向未来，这是好事而不是坏事。他们的知识结构是开放型的，这正是长于我们的地方。小殷的学术道路应该怎样走？我过去走的路基本上是由论到史，研究中国哲学而不太了解西方；中学和大学都是学的俄文，搞中国哲学很难用得上，对外学术交流也感到困难。我们培养新型的哲学史专门人才，一定要克服自己身上的这些缺陷，使他们的知识结构更合理些，将来能作出远远超过我们的更大的贡献。

1981 年 11 月，在桂林召开了第一次全国性的比较哲学讨论会。开展中外哲学比较研究，是近年来我国哲学史界开始重视起来的一个新的研究方向。根据殷陆君的特点，我认为他致力于这个方面的研究可能是有前途的。同他交换意见后，他表示十分乐意。于是我同会议的组织者商定，请小殷整理一个解放前国内学者关于中西哲学比较言论的资料，由《光明日报》内部刊印作为会议文件之一。会议破例地给一个在校大学生发了正式邀请信。我带小殷参加了桂林会议，使他接触到了一个新的研究领域，大大开阔了眼界，在会上结识了一批国内知名的专家学者，他又得到了许多好老师。这次会议对殷陆君进一步确定自己的治学方向起了关键的作用。以后他更加发奋学习英语，决心掌握这种语言工具，为进行中西哲学比较研究扫清前进路上的障碍。他是很有志气的，下过很大功夫去摸索学好外文的方法，例如他曾背过字典。毕业后又参加了我校外籍教师主讲的外语学习班。为了训练自己的口语，他曾给在天津大学工作的一个外国专家用英语讲佛学，每周二小时。他还结合自己的专业，自编《英汉哲学词汇手册》（384 页，系内刊印）。经过两年努力，他的英语基本上过了关，做到会看、会听、会写、会讲，能够中英互译，去年在教育部 EPT 考试中获得了 128 分的好成绩。经过大学几年的学习和探索，他终于选定了自己的治学道路，就是立足中国哲学，去进行中外哲学和学术文化其他方面的比较研究。他去美国斯坦福大学攻读博士学位，选择的专业就是比较哲学和比较宗教学。他有强烈的爱国心，出国前了解到和他同时同专业学习的还有一个欧洲人，两个美国人，他想，自己决不能给中国人丢脸，比较来说，自己在佛教、道教和儒家思想方面基础较好，而对西方的基督教不太熟悉，这个薄弱环节一定要补上。于是他在出国前花了几个月时间专门阅读有关基督教的中外文资料，并且整理出了一本十多万字的《基督教史稿》（179 页，系内打印），作为学习的总结。顺便说一句，这也反映了小殷学习的一个特点：在学习过程中不断进行总结，一步一个脚印，学一个东西总要拿出不同形式的总结性成果来。

殷陆君 1978 年考进南开，到现在不过六年时间，他迅速地从一个普通的社会青年成长为一个学有根底、有专长、有一定成就的青年学者，这是南开大学的领导、政工干部、任课教师共同培育的结果。他的成长道路也是多所曲折的。业务上的冒尖会引起一些人的嫉妒、不满和攻击，甚至为某些师长头脑里的陈腐观念所不容。他也是有缺点的，由于过分集中精力于学习，有时会忘记参加班里的集体活动和政治学习。他显得不那么合群，看不惯一些人的俗气，骨子里有骄傲情绪。对于这些缺点，一方面要批评帮助，另一方面也要看得恰如其分。在这个问题上人们的认识分歧很大。有的人就是认为此人政治表现不好，在他留校、出国等问题上想不通，其思路还是过去批“白专道路”那一套，虽然没有说出来，实际上总是把政治和业务看成是对立的，看不到小殷努力钻研业务背后的那颗报效祖国的心。我比较理解殷陆君，六年来我也是批评他最多最严厉的一个人。他愿意在我面前暴露真实思想，从政治、学术直到个人的生活问题。十一届三中全会前后，他也曾受到当时某些时尚的社会和文艺思潮的影响，我跟他谈自己的人生经验和体会，劝他减少和社会上一些人的交往，专心读书做学问。他留校后，也有政治学习缺席的情况，还有一次政治学习时看外文，我都严肃地批评了他。他在政治上是有进步的，后来比较关心集体的事业，努力完成领导交给的各项工作，并且提出了入党的要求。哲学系在殷陆君问题上看法分歧争论最大的时候，除了一部分教师，主管教学的系领导能够坚持全面地看待他，肯定他的主导方面。殷陆君的留校和出国深造还得到了校领导的大力支持，否则这样一个优秀人才是不一定能留在南开的。

殷陆君是我们的优秀学生中的一个比较突出的代表。这样优秀的学生，是不可多得的，但也不是唯一的。十一届三中全会以后，我教过哲学系三届本科生的中国哲学史课程，带过八名中国哲学史专业研究生，还担任过 78、79 两个年级的班导师工作。在教学和工作实践中，我感到我们的学生中有许多素质相当好的人才，既有强烈的事业心，也很有才华。经过精心培养，他们将来都能做出重大成绩，都会超过我们这一代人。中国青年出版社最近出版了一本由我主编的小书，书名叫做《从孔夫子到孙中山》。四位作者都是我校哲学系的学生，有两名工农兵学员，两名 77、78 级学生，写书时他们还在校学习。我接受出版社的约稿，主要目的也在于培养、锻炼青年，通过一本书的写作，一项科研任务的完成，可以带出一批青年来。我们招进来的一些研究生也是很不错的。去年 11 月在西安召开中国哲学范畴讨论会，我带五名研究生参加了会议，他们都提交了论文，由于写得比较认真，受到与会专家的好评。其中入校时还不满十八岁的研究生严正的论文《试述中国古代性情观之发展》，受到美国哈佛大学杜维明教授和其他国内专家的赞扬，并被选进人民出版社编辑出版的论文集。青年人有很大的学习积极性和创造才能，教师有责任帮助他们充分发挥出来。除了认真负责地教好全体学生之外，对于其中少数确实有才华的、各方面素质都较好的优秀学生，因材施教，精心培育，使他们更快地成才，培养成各种类型的高水平的专才或通才，这是符合党和人民的利益的，也是国家四化建设所迫切需要的。

识才是育才的前提。怎样识别优异生？或者说，优异生必须具备一些什么条件呢？在这个问题上，各人的看法可能不一，不同专业的要求和标准也不一，但有一点是共同的，就是识别优异生要靠教师对学生的深入了解，而不是光看他们表面的考试成绩。我所看重的学生，一般要求具备以下条件和素质：

一，读书刻苦勤奋，有强烈的求知欲。有为振兴民族文化而干一番事业的抱负和历史责任感。

二，不是被动地跟着教学计划走，善于积极主动地去学习，有自己独立的读书和研究计划，思想富于创造性。

三，专业基础扎实，重视理论，知识渊博。搞中国哲学的，我主张论史并重，中外兼通，文史哲兼通。

四，有比较清晰的逻辑思维头脑，有较好的文字表达能力。

要承认人的素质是有差别的。对于外界事物，有的人头脑反应快一些，有的人反应慢一些；有的人思维的创造性强一些，有的人就差一些。所谓优异生，当然是指那些素质好的学生。素质好也包括政治素质和身体素质等方面。这不是搞“天才论”，而是实事求是，唯物主义地承认人的差别。我们也不是只讲人的天生差别，而是十分重视后天的培养，所以才有我们今天讲的因材施教、培养优异生的问题。

教师在培养优异生方面应该做些什么工作？我还谈不上总结“经验”，只就自己实际做的谈点体会。

一，教师必须和学生做知心朋友。当你确认这是一个优异生时，你必然会在他身上看到一些好的东西，强烈的事业心和求知欲，不知疲倦地刻苦学习的精神，他的才能也会使你感到惊讶和激动不已。这时，你是真正地爱上这个青年了，一种为祖国培养英才的责任感也会油然而生。教师决不能害怕学生超过自己，而是要欢迎和鼓励学生超过自己，这样才能毫无保留地把自己的知识、经验传授给他。教师对学生真正关心和爱护，才能得到学生的尊敬和信任，建立一种既是师生之情又是同志之谊的新关系。学生不仅向老师学知识，而且学为人之道，主要就是靠的这种关系。没有这一点，没有得到学生起码的信任，就根本谈不上培养优异生。

二，对优异生，在学业上的帮助主要不是传授具体知识，而是指路子、教方法。优异生要学好各门功课，但对优异生的培养主要不是在课堂。课堂讲授的知识总是有限的，要教给他们去掌握无限的知识的方法。所以，共同商讨选择专业方向、研究课题，指点阅读书目，教会使用工具书，教给积累资料、做笔记、写卡片的方法，讨论文章写作提纲，批改文章或作业，等等，都能给学生以方法的启示。优异生比一般学生聪明些，在他们最关心的这些学业问题上，往往是一点就通，并不一定要花费很多时间。这里有一点需注意：师生关系密切了，经常在一起讨论学术问题，一定要采取真理面前人人平等的态度，老师讲的不一定对，学生敢于提出和老师不同的看法，进行平等的讨论，是师生关系密切和正常的一个重要标志。

三，着重能力的培养。优异生优于一般学生的地方，不仅在于他们读书多、知识渊博、专业基础扎实，而且在于他们学得活，善于把学得的知识运用到实际中去，在教学、科研和社会调查的实践中去学习新知识。所以，我比较注意在这方面培养、锻炼青年人，经常给他们出题目、压担子。例如，接受出版社的写书任务，要求拿出提交学术会议的论文，要求研究生写读书报告等。对于优秀青年教师，我就推动他们早上讲台，不论专攻哪一段或哪一方面，首先都要求能讲中国哲学通史，能讲原著选读。当然，教书写文章都不能没有质量要求。我还结合专业组织一定的社会调查，如曾在 78 级学生中组织一个小组调查梁启超天津“饮冰室”故居的沿革，向天津市委和国家文物局打报告论证建立纪念室的文化史意义和旅游价值，引起有关领导的重视。参加这个小组活动的，除了殷陆君之外，另两名后来都考上了中国哲学史研究生。

四，平时严格要求，在他们遇到困难时敢于旗帜鲜明地予以扶植和支持。优异生成长的道路往往是曲折的。他们在业务上超群出众，经常受到领导和师长的表扬，主观上容易产生骄傲情绪；客观上也总有人忌贤妒能，不买他的账，并且放大地去看他的毛病，有时关系搞得很紧张。一些受“左”的思想影响较深的教师干部，也总是看着这些学生不顺眼。因此在评三好学生、评奖学金、入团入党、毕业分配、出国深造等问题上，他们往往成为分歧和争论的焦点。我很看重一个学生的基本素质，优异生不仅学业出众，而且也要政治素质好。只要是真正有事业心的，把学得的知识倾心用来为人民服务的，就是有较高的政治觉悟，就不能说他政治上不好。他有骄傲自大、脱离群众等毛病，平时要多进行批评帮助。对优异生比一般学生要求更严格些是对的，但不能以他的缺点掩盖、抹煞他的主导方面。在他们成为争论的焦点，他们的成功之路碰到种种阻力和危机的时候，特别需要师长的保护和支持，否则优秀人才就可能被埋没或变形发展。二十多年来，这方面的经验教训难道还少吗？有个学生说：“老师使我最佩服最感激的有两点：一是希望学生超过自己的殷切心情，二是在困难的时候支持我扶植我的胆识。”

对于我们可爱的非常有希望的青年一代，我实际上给予他们的帮助是太少了。我接触的学生很有限，有的学生我看出很有才华，但是由于专业的关系，具体帮助很不够，只有一般的鼓励。如果全体教师都来做培养优异生的工作，那么就不难出现一个人才辈出，群星灿烂的新局面。现在学校领导把培养优异生当作一个战略性的工作任务来抓，我认为是很有眼光的。

（本文写于 1984 年 12 月，是作者 1985 年 1 月 18 日在南开大学教学研讨会上的发言。原载南开大学教务处编《南开教学经验材料选编》，1985 年 4 月印行，第 3—7 页；后又刊于《南开教育论丛》1986 年第 1 期，第 33—37 页）

《中国哲学史史料学》教学大纲

课程名称：中国哲学史史料学

课程编号：

任课教师及职务：方克立教授

学时：72

学分：4

本课程性质特点和教学目的要求：

中国哲学史史料学是一门以历史上留存下来的哲学史料为研究对象的专门学问，它的任务是考其源流，辨其真伪，评判其科学价值，为中国哲学史研究提供可靠的史料依据。通过本课程的学习，要使学生初步了解掌握中国哲学史料的基本方法，熟悉各个历史时期哲学史料的基本情况，以及中国哲学史学的大致发展过程。本课程是中国哲学史研究生的专业基础课，实际上是由中国古典文献学、中国哲学史史料学、中国哲学史学史三门课程的内容组合而成。

授课方式：

讲授和自学相结合，辅以参观图书馆和写毕业论文的“史料报告”等教学实践环节。

教学内容和学时分配：

一，绪论：中国哲学史史料学的性质、任务和范围（讲授3学时）。

二，掌握、整理古代哲学史料的基本知识和手段（讲授18学时）。

1. 目录

2. 版本

3. 校勘

4. 训诂

5. 辨伪和辑佚

6. 有关工具书及其使用方法

三，历代哲学史料介绍（根据教学对象的知识基础和学时安排之不同，区分两种情况：一是系统讲授，计 36 学时；二是指定教材和参考书目自学）。

1. 殷、西周哲学史料

2. 春秋哲学史料

3. 战国哲学史料（上）

4. 战国哲学史料（下）

5. 秦汉哲学史料

6. 魏晋、南北期哲学史料

7. 隋唐哲学史料

8. 宋元哲学史料

9. 明清哲学史料（上）

10. 明清哲学史料（下）

11. 近代哲学史料

12. 现代哲学史料

自学指定教材为张岱年《中国哲学史史料学》（生活·读书·新知三联书店 1982 年版），参考教材为冯友兰《中国哲学史史料学初稿》（上海人民出版社 1962 年版）和刘建国《中国哲学史史料学概要》（吉林人民出版社 1983 年版）。

四，中国哲学史学史概述（讲授 6 学时）。

五，学期中，教师带学生到校图书馆线装书库、善本室、库本室、文史哲参考阅览室参观一次。具体指点和讲解有关图书资料的收藏情况和使用方法（3 学时）。

参考书目：

除上述指定教材和参考教材外，还可参阅：

余嘉锡：《目录学发微》，中华书局 1963 年版。
《目录学概论》，武汉大学、北京大学编书组，中华书局 1982 年版。
钱基博：《版本通义》，古籍出版社 1957 年版。
陈垣：《校勘学释例》，中华书局 1959 年版。
陆宗达：《训诂简论》，北京出版社 1980 年版。
张心澂：《伪书通考》，上海商务印书馆 1957 年版。
梁启超：《古书真伪及其年代》，中华书局 1955 年版。
《文史哲工具书简介》，南京大学编，天津人民出版社 1980 年版。
商聚德、卢育三等：《中国哲学名著简介》，河北人民出版社 1985 年版。

考试考查方式：第六学期提交有关硕士论文选题的史料报告。

（载《南开大学哲学系硕士研究生教学方案与课程大纲汇编》上册，1990 年 6 月印行）

严师出高徒

——在南开大学研究生教育经验交流会上的讲话

老师们，同志们：

非常感谢几位同志为我们提供了那么许多好的经验，当然首先要感谢的是他们的出色的工作。这些同志不仅讲得好，对我们深有启发，而且首先是他们做得好，在研究生教育、管理工作中付出了很大辛劳，在工作中做出了突出的成绩。他们用非常朴素的语言，只讲出了他们的心得体会之万一，各从一个角度总结了多年从事研究生教育、管理工作的经验。这些经验对我们来说十分重要，是一笔宝贵的财富，今后还要继续发扬光大。正是靠他们，以及在座的全体研究生指导教师、管理干部的共同努力，我校的研究生教育工作才能在过去的十三年里取得一定的成绩，才会有今天这样一个蓬勃发展的局面。

下面我简单地汇报一下十三年来我校研究生教育的情况。

从 1978 年恢复研究生招生制度以来，1978—1990 年，我校共招收硕士研究生十三届共 3666 人，招收研究生班学生 384 人。1981 年《中华人民共和国学位条例》颁布后，当年我校就开始招收博士研究生，1981—1990 年，共招收博士生十届共计 303 人。截至今年 11 月底，我校已授予博士学位 82 人，授予硕士学位 2244 人。也就是说，我们为国家培养了成批的合格的高级专门人才。

“文革”前十七年，南开大学共招收研究生 200 多人，没有授予学位，没有招收培养过博士研究生。仅就硕士生数量来说，最近十三年培养的人才，相当于“文革”前十七年的20倍。

这些研究生毕业后，相当大一部分分配到高等学校和科研机构工作，成为这些单位的工作骨干，对十年动乱造成的“人才断档，青黄不接”起了一定的缓解作用。也有一部分毕业后分到中央和省市机关、企业事业单位工作，现在已经成为我国政治、经济、科技、教育、文化等各条战线上的生力军。最近研究生院作了一次毕业研究生的跟踪调查，据各单位反映，我们的毕业生政治思想、业务能力、工作态度表现好的和比较好的占90%左右，其中有三分之一比较优秀，成为本单位的业务骨干，多次受到表彰，有一部分已晋升高级职称。另外，也有10%左右表现一般或比较差。差的大约占2%—3%，主要是不安心工作，有的想出国，只念外文，本职工作不好好干，在工作单位反映不好。总的说，我们为国家培养了大批合格人才，但是工作也有缺点，突出的是政治思想教育工作还有差距，还要加一把力。

我校研究生教育工作的成绩，第二个方面的表现就是十年来学科建设有了很大发展，为研究生培养教育工作打下了坚实的基础。从1981年以来，国务院学位委员会搞了四次博士点、硕士点和博士生导师评审工作，我校自己搞了硕士生导师遴选制度。现在我校已有35个博士点、75位博士生导师（不算已故去的4位博士生导师）；69个硕士点、445位硕士生导师。从培养研究生的导师队伍来说，这个数字不算很小了，但是比较一些先进兄弟院校还有差距。在全国综合性大学中，我校博士点和博士生导师数量排名第四，位于北京大学、复旦大学、南京大学之后。我们的博士生导师水平还是相当高的，但是年龄偏大。第四批博士生导师批下来后，平均年龄从67.4岁降到了63.2岁，下降了4岁多。但是63.2岁也还是偏高。所以，我们希望有更多的中青年教师能更快地成长起来，赶快接上班，那么我校研究生教育的前景就更加光明了。

在讲学科建设的成绩时还必须提到，我校的35个博士点中，已有11个被评为全国重点学科，其中文科6个，理科5个。有两个国家级重点实验室，经国家科委批准建立了两个博士后科研流动站，已先后接受10余位青年学者来我校做博士后研究工作。全国重点学科、重点实验室、博士后流动站是高层次研究生教育的一个重要标志，我们今后还要努力创造条件，争取更多地建点、建室、建站。

十多年来，我校研究生教育还取得了其他许多成绩，包括加强政治思想工作，建立和健全了一系列必要的规章制度，围绕提高培养质量，采取了一些经实践证明是行之有效的措施，等等。例如中期筛选，有的老师曾有不同看法，但从三年实践效果看，还是对调动研究生的学习自觉性、提高培养质量起了一定积极作用的。三年共评出校级优秀硕士生56人，优秀博士生3人。优秀硕士生可以提前攻博，优秀博士生工作分配优先。三年共评出差等硕士生12人，差等博士生4人。差等生不但不给学位，而且必须中止学习，以肄业分配工作。今年我们又作了一项改进，有的在定差等生之前，还给一次机会，叫做“黄牌警告”，半年内有明显改进，则可以不定差等生，继续培养下去。这些措施经实践证明是有积极效果的，我们就要坚持下去，做得不好的地方当然还可以不断改进。

我们在对外开放、国内外联合培养博士生方面也取得了一定的成绩，但是也很明显地存在一些问题。有些是大气候造成的，我们只能在政策允许的范围内尽力做好工作。从1984年到1989年，我校共派出博士生43人，分别到美国、英国、日本、加拿大等13个国家和地区进行联合培养，现在已有7人回国，都顺利地通过了论文答辩，获得博士学位。其他同学有的逾期不归，有的还未到期，估计还有一部分会回来的。逾期不归的怎么办，我们现在还没有一个比较好的办法。

总之，十三年来我校研究生教育工作的成绩还是很明显的。应该说明这些成绩都是全校教师、干部，特别是在座各位同志共同努力得来的，是你们辛勤劳动的成果。我们今天来总结经验，就是为了巩固和发扬成绩，今后继续努力，把我校的研究生教育工作推上一个新的台阶。

第二个问题，我想简单地讲一下大家总结出来的研究生培养教育工作的主要经验。

大家讲了许多，讲得非常具体生动，因为都是亲身经历，都有真切感受。因为时间关系，许多同志来不及在大会上讲，他们的材料也写得非常好。全部经验材料我通读了一遍，受到很大启发帮助。许多老师的工作比我做得好，想的办法多，在研究生身上付出的心血多，因此取得的成绩也比较大。

这次同志们总结经验，涉及了研究生教育的各个方面。有的在政治思想工作方面，特别是指导教师在既教书又育人，以身作则、身教重于言教方面作出了突出成绩；有的老师为提高研究生的业务能力、科研能力和社会实践能力，严格要求，付出了大量心血；有的在指导研究生读书方面，有的在开好研究生的学位课程方面，或者办好课堂讨论班方面，有一些很好的做法和经验。坚持多年做得好的，培养出来的一批学生都很优秀。至于在指导研究生写好博士论文、硕士论文方面，可以说每位导师都有自己独特的心得体会。研究生的每一篇论文获得通过，得到发表，里面都融注了导师的丰富学识和治学经验，有不少是经过导师字斟句酌亲自动笔修改过的。在管理工作方面，大家也有许多好的做法和经验。许多同志做学生工作都是晓之以理，动之以情，像对自己的子女一样关心爱护。研究生们和导师、管理干部建立了亲密的同志之情、师生之谊，不少人毕业后还同学校的老师保持着经常的联系。为国家培养大批优秀合格人才的任务，确实是我们大家一起来完成的。

我想，大家的经验，能否用这样一句话来概括，那就是“严师出高徒”。不论是对研究生的学位课程学习，还是指导他们写作学位论文；不论是政治思想品德方面的要求，还是日常的管理工作，包括宿舍管理、课余活动，等等，老师对学生严格要求，都是对他们最大的爱护，是他们成才过程中最大的助力或推动力量。许多同志的经验都体现在一个“严”字上，严格教育，严格管理，严格要求。对学生严格要求，老师们就要付出更多的辛勤劳动，你要布置，要检查，要找学生谈话，要占去许多本来可以搞自己业务的宝贵时间。这些老师就是凭着对党的教育事业的忠诚，把培养学生的事看作理所当然的自己的分内事，认真负责，一丝不苟。有的老师平常时间抓得非常紧，但学生来请教问题总是来者不拒，有问必答。严格要求学生首先就要以身作则，不仅言教，更重要的是身教，所谓道德文章，为人师表。导师不仅把知识和做学问的方法传授给学生，而且也要用高尚的师德来浸润、感染学生。学生敬佩老师的不仅是学问，而且崇敬老师高尚的品德，以老师为榜样，学习怎样做人和做学问。我校的不少老师和学生之间都建立了这样一种亲密的关系。事实证明，那些在政治上、业务上、品德学风上对学生严格要求的老师，他自己治学的态度也一定是比较严谨的，培养出来的学生素质就是高，很快成才，受到用人单位的欢迎。严师出高徒，这是被许多人的实践所证明了的。

我们学校在上学期抓了一下学风、教风问题，已有一些明显的成效，但这方面的问题必须继续抓、经常抓。现在大学里的学风是不太好，新的“读书无用论”抬头，一些大学生，也包括部分研究生不用功读书，而分数、文凭却很容易拿到手。这说明我们有些老师对学生要求也不严格。许多老师到过国外都知道，在美国读研究生比我们这里苦，一个礼拜要布置读三四百页书，还要交读书报告，你不交，到最后这门课成绩得不到 A，有几门课不是 A，下学期的奖学金就成问题了。我们这里有些老师，给研究生布置的参考书很少，很不具体，也不检查。有的文科研究生三年下来没有认真念过几本书，理科研究生做实验比过去减少了，很明显地这样培养质量就会下降，出现质量滑坡。在今天学风、教风还普遍地存在一些问题的情况下，这次报告经验的同志们，能够从各个方面严格要求学生，实际上也是严格要求自己，表现出高尚的师德，这是非常难能可贵的，是值得我们大家学习的。我们在今天要特别提倡这种对学生严格要求的做法和精神。

“严师出高徒”，这不仅是被历史的经验和我们自己的实践所一再证明的事实，而且也可以说是研究生教育的一条规律，一条总经验。南开大学研究生教育就是要提倡“严师出高徒”，严格教育，严格管理，严格要求学生，实际上也是严格要求自己。如果我们的五百多位博士生导师、硕士生导师都成为“严师”，那么我们的学生中就会出现更多的“高足”、“高徒”，我们就能为中国的教育科学文化事业做出更大的贡献，当然这也是我们应该做出的贡献。我讲的“严”，不仅是业务上要求严，而且也包括政治思想品德上要求严，这样才能保证我们送出去的“高徒”是全面合格的高质量的专门人才。

关于“经验”，我就讲这么一句话。至于各方面的具体经验，同志们总结得很多，总结得很好，我们还要很好地学习、研究、消化，用来推动我们今后的工作。

最后，关于如何改进我校今后的研究生教育工作，这里提出几点初步的设想。

关于研究生教育，国家教委提出了“坚持方向，稳定规模，调整结构，加强规划，改善条件，保证质量”的方针。这六句话可以说是讲得很全面了，但都是原则性的意见，我们要结合南开大学的情况来具体落实。学校搞了“综合改革纲要”，最近正在进一步调查研究、规划、落实，研究生教育是落实学校综合改革纲要的很重要的一个部分。南开要办成高层次的研究型大学，今后研究生的比例将逐渐扩大，研究生教育的任务也会越来越重要，学校领导十分重视这一方面的工作。

首先要“坚持方向”，就是要加强研究生的思想政治工作，把德育放在首位，坚持办学的社会主义方向。学校党委决定在研究生院成立政治思想工作处，前不久召开了全校研究生政治思想工作会议，党委发了〔1990〕13 号文件，即《关于加强研究生思想政治工作的几点意见》，正在逐步落实施行。同志们看到这一年来，研究生会、博士生会又逐渐活跃起来了，经常组织各种专题学术报告会，开展文体活动，组织深入社会实践的活动。我们还打算进一步发挥研究生指导教师在德育方面的积极作用，今后要求各系所，定期召开党政管理干部和研究生指导教师的联席会议，交流沟通情况，分析研究问题，一起来抓研究生的思想教育工作。这样的会不一定开得很多，每学期开一两次总是可以的。

其次，关于“稳定规模，调整结构”。国家教委要求，从今年开始的三年内，学校招生规模大体不变，我校学生总数为 8400 人。但本科生和研究生的比例可以适当调整。今后我校要适当增加研究生的招生人数，特别是要增加博士生在研究生中的比例。我校现有本专科学生 5498 人，研究生 1589 人，比例是 3.4∶1。研究生中，博士生只有 100 多人，占的比例很小。国外有的著名大学，研究生和本专科学生的比例已达到 1∶1，甚至研究生多于本专科学生。我们现在还不是这种情况，只能创造条件，逐步增加研究生的比例。第四批博士生导师批下来后，我们希望明年能招收博士生 100 人左右，而今年只招到 60 人。

调整结构还包括专业的调整，既要发挥我校基础学科雄厚、齐全的优势，又要按教委要求注意发展应用学科，统筹安排，稳妥发展。今后各专业研究生招生数字、指标还是要从研究生院下达，有些长线专业可能就要少招、缓招或者隔年招生。过去招收研究生往往看教师情况，有这方面的教师就招收这个专业的研究生，没人就不招，现在还要看需要，国家迫切需要的，我们学校学科建设需要的，没有人就要延聘人才，也可以鼓励专业相近的教师转行，使人才培养更加适合国家的需要。当然这方面的调整要十分慎重，什么叫“长线专业”也有不同的理解，报考人数少、分配有一定困难的也不见得就是不需要。我们可以少招、隔年招，甚至暂时停招，但不轻易砍掉某个专业。

再次，关于“加强规划，改善条件”。我校“综合改革纲要”提出要以学科建设为龙头，带动学校各方面的工作，这是一个很重要的办学思想，具有战略意义。学科建设包括重点学科建设、博士点建设、硕士点建设、博士生导师梯队建设，等等，都和研究生教育关系密切，学科建设搞上去了，研究生教育的规模和质量就能够得到提高。今后研究生院的工作，很重要的一个内容就是抓学科建设。

学科建设涉及各方面的条件，包括人、财、物、房子、仪器设备，等等，这次搞学科调查，各单位都提出来了，学校要统一规划，一项一项逐步落实。把学科建设搞上去的关键还是人，主要是师资队伍建设问题。这次我们分文理科两个组，到各系逐个专业摸了一下情况，发现问题还是不少的。当然职称晋升是一个问题，老学校积压人才很多，不能适时晋升影响了一部分教师的积极性。最近学校正在做这一工作，以后职称晋升转入正常就好办了。我们希望提高高级职称教师的比例，这对发展研究生教育是有利的。同时我们也希望担任研究生指导教师的教授、副教授都是真正高水平的，所以也不能不注意质量。改善条件的其他方面，钱财物的方面，我们正在多渠道地想办法、作努力，但改善条件也只可能是逐步的。

最后，关于“保证质量”，即保证研究生培养教育的质量，我们还有许多工作要做。前面讲的落实下来，都是为了保证培养质量，要使我们送出去的研究生在政治上、业务上都是合格的、高质量的。为了保证质量，在研究生培养管理工作中还有许多环节要抓好。按专业制定研究生培养方案，就一定要切实可行，按照方案执行。必修课要在二级学科的水平上开，不能谁爱开什么课就开什么课，爱讲什么就讲什么，要对学生负责，给他们一定深度和广度的专业知识。过去管理不严格，曾出现一些弊病，例如不同系所招收的同一专业研究生，开的必修课甚至没有一门是相同的，这就很不正常。以后不能不管，培养方案要协调，至少必修课要统一。还有些没有硕士授予权的专业，过去挂靠在相近的专业招生和授予单位，今后这种情况也不允许了。跨学科考入本专业的研究生，今后必须补修这个专业本科的主干课程，否则培养出来的研究生连本专业的基础知识都没有，那怎么谈得上保证质量？总之过去培养教育和管理不严格的地方，今后都要改进，在各方面都要突出一个“严”字。这样做归根到底是对学生负责，也是对国家人民负责。

今后的研究生教育工作，还是要靠大家来共同努力，研究生院的工作也要靠大家来支持。我在这里谢谢大家。

（本文是作者 1990 年 12 月 12 日在南开大学研究生教育经验交流会上的发言。原载南开大学研究生院编《严师出高徒》，1990 年 12 月印行，第 4—12 页）

千宗室博士学位论文答辩委员会决议

千宗室先生的论文《〈茶经〉与日本茶道的历史意义》，是一部系统研究日本茶道源流及其所体现的文化精神的学术专著，也是一部以茶为主题的中日文化交流史专著。从文化史和思想史的角度来看，该论文在以下几个方面有比较突出的建树：

一、确认中国的茶文化是日本茶道的源头，被后世尊为“茶圣”的唐代陆羽的《茶经》，是中日两国茶人所共奉之最早和最高的经典著作。不仅日本的茶种，种茶、制茶、煮茶、饮茶的方法，以及茶器、道具等皆源于中国，而且中国文人、僧侣于饮茶时所形成的“他界观念的意境”，那种对幽洁、高远情趣的体味和追求，也提供了日本茶道精神的原型。中国古代的佛教、道教和儒家思想，均对日本茶道的理念和世界观有深刻影响。

二、指出日本茶道虽源于中国，但是又绝非中国茶文化的简单移植或翻版。中国的茶文化传到日本后，又在日本特殊的社会环境和文化氛围中经过了再创造的过程，把点茶、饮茶的活动升华为茶道，形成为一种综合文化体系，具有鲜明的民族特色和风格，对日本人民的世俗生活和精神生活产生了广泛深远的影响。这种比较分析方法，揭示了不同民族文化交流发展的规律，对研究有关文化交流问题均有指导意义。

三、具体地历史地考察了日本茶文化的发展演变过程，把它概括为三种类型或三个阶段：追求理想境界的幻想型、重视实物性能的养生型和升华为宗教审美意境的理念型，并指出后者是前二者的综合，把对茶的他界观念性幻想和对茶的具体实物性认识综合起来乃是日本茶道之精义所在。文章还从日本平安时代以来社会、经济、政治的变迁，分析了不同时期茶文化流行的社会基础，即从贵族、僧侣茶到书院茶，再到庶民茶或草庵茶的过程；从文化交流发展的角度来说，这是一个从一味仿效中国到逐渐消化外来文化，到创造有日本特色的茶文化的过程。

四、对日本茶道集大成者千力休的茶道思想作了深刻的剖析和诠释，指出千氏因主要受禅宗思想影响而提出的“和、敬、清、寂”的茶道理念，目的在于引导人们“飞向以茶为媒介的宗教性的自由境地”，由此说明茶汤不仅是一种娱乐性活动，而且内含了极其高度的精神文化，具有浓厚的理想主义色彩。在物质文明高度发达、世俗功利主义盛行的今天，弘扬茶道文化精神有着重要的现实意义。

文章征引了丰富的历史资料，取材审慎，考证精确，注意史论结合，通过历史的回顾，阐明茶道的真精神；叙述清晰、简明、生动，具有较强的可读性。答辩委员们一致认为，千宗室先生的专著为日本茶道和中日茶文化史研究作出了重要贡献，是这方面的一项有价值的创造性成果，具有较高的学术水平。答辩委员们对千宗室先生在答辩中能够正确地回答各有关问题也表示满意。答辩委员会全体成员经过认真评议，并且无记名投票表决，一致通过《〈茶经〉与日本茶道的历史意义》为博士学位论文，建议授予千宗室先生南开大学哲学博士学位。

答辩委员会主席方克立

答辩委员会委员吴廷璆

石　峻

朱伯崑

俞辛焞

1991 年 5 月 5 日

附：

千宗室先生申请南开大学博士学位始末

千宗室先生是日本茶道里千家第十五代家元，日本茶道奠基人千力休（1522—1591）居士的后裔。他不仅为日本茶道的传承和弘扬作出了杰出贡献，而且十分重视茶道文化的学术研究，热心推行茶道国际化，在日本和国外都享有崇高的声誉。

千宗室先生对中国人民怀有极其友好的感情，曾经四十余次组织日本茶道里千家友好代表团访问中国，积极促进中日文化交流。他曾多次在北京人民大会堂举行茶会，招待过邓小平、王震、万里等我国家领导人。

一九八七年，千宗室先生担任了我校东方文化艺术系的顾问教授。他十分关心该系的建设和发展，曾给新建的东方文化艺术大楼捐赠一个茶室（取名为“丰乐庵”），包括全套设备和道具；并为该系培训青年教师，赠送有关茶道的图书资料。一九九〇年，千宗室先生提交《〈茶经〉与日本茶道的历史意义》一书，作为博士论文，申请南开大学博士学位。他在来信中恳切地说：“此论文是我在繁忙的工作中，经过多年潜心研究写成的。如能在《茶经》的故乡中国，作为博士论文得到审查，对我而言，是十分荣幸之事。”

我国学位制度建立不久，授予外国学者论文博士学位尚无先例，而千宗室先生的真诚又是难以回绝的。经请示国务院学位委员会办公室，得到有关领导同志的批准，一九九一年三月，由我校研究生院副院长方克立教授率团去日本考察了日本茶道的学术研究状况、研究水平，千宗室先生在日本茶道中的地位及其独特贡献。校学位委员会和国务院学位办公室在听取了方克立等的详细汇报后，决定接受千宗室先生的博士学位申请。

一九九一年五月，千宗室先生专程来中国天津南开大学出席了博士学位论文答辩会。答辩委员会成员由我国著名的中国哲学专家和日本文化史专家方克立、吴廷璆、石峻、朱伯崑、俞辛焞五位教授、博士导师组成。博士论文答辩顺利通过，并获较高评价（详见《千宗室博士学位论文答辩委员会决议》）。同年六月，南开大学学位委员会通过授予千宗室哲学博士学位的决议。同年十一月，千宗室先生率第四十七次日本茶道里千家友好代表团一行四十二人访问中国，出席了在南开大学隆重举行的授予千宗室哲学博士学位典礼，并为新落成的“丰乐庵”茶室剪彩。他在庆祝大会上兴奋地说：“我很荣幸成为得到中国权威学者和学位评定机构承认的授予外国人的第一个论文博士。今后我将以余生为中日两国学术文化交流，为中日两国人民世世代代地友好下去，尽最大的努力，不惜贡献出自己的一切。”

千宗室先生作为一个“南开人”，一直和学校保持着密切的联系。

南开大学学位办公室

1992 年 10 月

（《千宗室博士学位论文答辩委员会决议》由作者起草并获一致通过，和南开大学学位办公室写的《千宗室先生申请南开大学博士学位始末》同载南开大学出版社 1992 年 12 月出版的《〈茶经〉与日本茶道的历史意义》一书）

提高业务水平，适应时代发展的需要

——在94级在职硕士研究生课程班开学典礼上的讲话

你们是中国社会科学院研究生院培训中心招收的第三届在职硕士研究生课程班学员。同志们抱着求学求知的极大热忱，从祖国各地来到北京，拜中国社会科学院的一些著名的专家学者为师，将要进行系统的硕士研究生课程的学习。我代表研究生院和培训中心的全体教职工，欢迎你们到我院来学习。我们的任务是要做好教学组织和服务工作，力争使同志们学习收获更大些，要让这两年的学习生活成为你们人生经历中难忘的一段，成为你们在专业上向新的高峰攀登的重要的阶梯。

硕士研究生课程班不是一种正式的学历和学位教育，它是为在职人员申请学位课程考试做准备而产生和发展起来的一种办学形式，可以把它叫做“学位前教育”或“学位课程考试准备教育”。1991年，国务院学位委员会颁发了在职人员申请硕士、博士学位的《暂行规定》和《实施细则》，其中要求申请学位的在职人员，在论文答辩之前必须通过若干门学位课程考试，考试内容须符合相应学科、专业攻读硕士、博士学位研究生培养方案的要求，应达到该学科、专业毕业研究生的水平。举办研究生课程进修班，就是为了帮助已经达到研究生毕业同等学力的在职人员，系统掌握学位课程的基本内容，提高业务水平，为申请学位课程考试作准备。提高专业水平，提高业务素质，从根本上来说，是为了适应改革开放和经济发展对高层次人才的需要，因此，同志们为提高自己的学历、学位所做的努力，和时代的需要也是一致的。

基于这样的办学目的，在职硕士研究生课程班的培养方案和我院相应学科、专业硕士研究生学位课程部分的培养方案是完全一致的，所开设的课程、教学内容、学时、参考书目都是一致的，多数课程的主讲教师也是同一个。你们只要认真完成教学计划，学好各门课程，参加在职人员申请学位的课程考试，应该是没有问题的。

考虑到同志们不是全脱产学习，而是在职学习的特点，我们采取了集中课堂面授和分散在岗自学相结合的教学方法。每年集中两个月在北京听老师系统授课，其余时间回原地原单位一面工作，一面按照培养方案和老师指定的书目进行自学，消化、理解课堂所学知识，全面掌握有关课程的知识内容。每学完一门课，下次来京面试时进行考试。各科考试成绩合格者，两年学习期满后，发给结业证书。

国务院学位委员会 1993 年第 58 号文件讲得很明确："研究生课程进修班作为在职人员进修、提高业务水平的一种教学形式，不直接与授予硕士学位挂钩。课程成绩合格者，可由办班单位发给研究生课程进修班结业证书。这类人员若申请硕士学位，需严格按照学位〔1991〕7 号文件的有关规定办理。"1991 年 7 号文件就是关于贯彻实施《国务院学位委员会关于授予具有研究生毕业同等学力的在职人员硕士、博士学位暂行规定》及其《实施细则》的通知。其中规定，申请人应在学位授予单位同意接受申请后半年内，通过全部学位课程考试。如有一门学位课程考试不及格，允许补考一次，补考须在全部学位课程考试结束后两个月内进行。补考后仍不及格者，本次申请无效。关于在职人员申请学位的几个文件，特别是《暂行规定》和《实施细则》，以及我院关于在职人员申请硕士、博士学位的具体条例，将要印发给你们每一个人，严格按照有关文件规定去做。根据我们过去的办学经验，严格按照国家教委和国务院学位办的有关规定去做，认真贯彻"坚持标准，严格要求，保证质量"的原则，我们就能培养出高质量的人才，学员的努力目标明确，学习积极性很高，并能持之以恒；另一方面，我们的办学也就越来越规范化，取得良好的社会效益和信誉。以我院培训中心举办的第一届在职研究生课程班为例，尽管那届课程班是处在一个很特殊的政治动荡的环境里（1989—1991），尽管当时我们办学的经验还不足，但经过大家的努力，还是培养了一批十分优秀的人才。初步统计，第一届获得结业证书的200多名学员中，已有19人按照国务院学位委员会关于在职人员申请学位的规定，取得了硕士学位。还有3人经过艰苦努力，在职取得了博士学位。截至去年，那届学员中已有34人考取了我院、北大、人大、中央党校的博士研究生，其中历年考取我院博士生的有24人，今年又有9人报考。这就是说，他们经过两年学习，专业水平确实得到了很大提高，基本上掌握了本学科、专业硕士学位课程的知识内容，在参加在职人员申请硕士学位的课程考试时，有很强的适应能力；在以同等学力报考博士研究生时，也有一定的竞争能力，并不一定都比计划内正规硕士研究生差。实践已经证明，这种为申请学位课程考试作准备的“学位前教育”，只要认真贯彻坚持标准、保证质量的原则，是可以做得很有成效的，不论是否拿到学位，考取博士生，所有学员经过两年系统学习，都提高了专业水平和整体业务素质，更好地适应了改革开放和经济快速发展的时代对高层次人才的需要。许多同志在工作岗位上做出了突出的成绩，有的受到表彰，有的提升了职务，多数成为业务骨干。应该说，这就实现了我们的办学宗旨。

我院培训中心举办在职硕士研究生课程班，已经积累了一定的经验，逐步趋于规范化，培养方案和教学计划的制定，教师配备和教材建设等都走上了程序，教学管理和生活管理也比过去有所改善，可以更好地为大家服务。同志们有什么要求，还可以提出来，合理的一定采纳，不断改进我们的工作。

同志们多数都有大本学历，一部分有大专学历，离开学校参加几年工作后，都有“学而后知不足”“行而后知不足”的体会，迫切要求提高自己的专业水平和知识层次；有的同志已经担任了领导干部，这种体会可能就更加深切。今天重新得到读书学习的机会，应该特别珍惜。尤其是从事人文、社会科学教学、研究、管理的同志，能够到大家云集、名师荟萃的中国社会科学院来学习，更是难得的机会。我在这里也对同志们提出几点希望：

一，来京集中面授时，要认真听老师讲课，勤于记听课笔记，虚心向老师问学。有限的面授时间一定不要虚掷。

二，回原单位在岗自学，也要抓紧时间，按照本学科、专业的培养方案和教学计划，读完老师指定的书目，包括必读书和参考书，认真消化、理解，理论联系实际。

三，要重视学位课程中公共课的学习。不只是应付考试，它们将使你们终身受用无穷。从事人文、社会科学研究的学者，马克思主义是必须掌握的基本理论和方法。最近江泽民同志题词，要把中国社会科学院办成“马克思主义的坚强阵地”。这是中国社会科学院的办院宗旨，也是中国社会科学院研究生院的办学宗旨。办研究生课程班同样要贯彻这一指导思想，我们的任务就是要在人文、社会科学领域，培养新一代马克思主义者。外语学习也很重要。对于在职人员来说，外语学习可能困难更大些。你们来念硕士研究生课程班，就要下决心过外语这一关。

四，你们到学校来学习，还要遵守学习纪律，遵守学校的各种规章制度，和授课老师、职工、在校博士、硕士研究生搞好团结，融洽相处。不管你是什么领导干部，什么公司的老板，到学校来一视同仁，一律以学员看待，严格教育、严格管理，目的是为了出高质量人才。

五，最后，祝愿大家在这两年学习中真正有所收获，而且收获比较大，成为你们事业发展中的一个重要阶段，成为今后值得回忆的一段紧张而有意义的生活。

（本文是作者 1994 年 3 月 20 日在中国社会科学院研究生院 94 级在职硕士研究生课程班开学典礼上的讲话）

为中韩合作和东亚崛起培养大批优秀人才

——在启明大学国际大学院成立大会上的发言

尊敬的申一熙校长

尊敬的院长

女士们，先生们：

四个月前，我在北京愉快地接待了以申一熙校长为首的韩国启明大学代表团。在短短几天里，我们除加深了相互了解之外，还成功地签署了中国社会科学院研究生院和韩国启明大学合作意向书，我们两校之间的交流合作已经有了一个良好的开端。今天，我又荣幸地被邀请到贵校参观访问，并且正值启明大学国际大学院开院典礼的喜庆日子，我能够出席这样一个隆重的庆典，并在大会上发言，是一件十分光荣的事情。请允许我代表中国社会科学院研究生院和中国教育界的同行们，对贵校国际大学院的成立表示最热烈的祝贺。祝愿你们的国际大学和大学院办得越来越好，祝愿我们两国、两校在研究生教育方面的交流与合作越来越密切，取得良好的实效，为中韩合作、为东亚崛起培养大批优秀后继人才。

中国社会科学院研究生院是中国社会科学院直属的一所专门培养人文社会科学博士、硕士的高等学府。它的师资力量和导师队伍，主要依托于中国社会科学院各研究所的数千名高级研究人员，就其实力之雄厚来说，在中国人文社会科学方面是首屈一指的。研究生院现设哲学、经济学、法学、文学、史学、国际问题六个教学研究部，下含

33个系，系和所是合一的。我院的国际学部和贵校的国际大学院学科性质相近，共设有8个系，即世界政治与经济系、美国研究系、日本研究系、西欧研究系、东欧中亚研究系、西亚非洲研究系、拉丁美洲研究系、亚洲太平洋地区研究系。这8个系就是中国社会科学院的8个研究所，有的是对世界政治经济进行总体研究，多数是分别进行地区和国别研究。它们主要是研究各国各地区当今的政治、经济和文化；关于世界各国历史研究，在历史学部还另有世界历史系。此外，在中国社会科学院还专门设有一个韩国问题研究中心。

贵校的国际大学院也设有美国、德国、法国、日本、中国研究等系，还有国际商学系。我们两校的国际学部（院）之间具有对口交流与合作的良好条件。有关美国研究、日本研究、欧洲研究的系（所）是完全对口的。我们也愿意为贵校的中国学系提供学习汉语和中国文化，以及进一步对中国的历史和现实，包括政治、经济、文化等方面进行深入研究的条件，中国社会科学院的哲学、历史、文学、语言、宗教、考古、民族等研究所都是具有雄厚实力的。贵校的国际商学系也可以和我院的经济学部各系（所）进行对口交流。

中韩两国是近邻，在历史上有着文化交流的悠久传统。面对21世纪，我们又有着振兴亚洲经济、复兴东方文化、参与世界一体化进程的共同使命。加强两国在学术文化和教育方面的交流合作，是两国人民特别是两国知识界的共同愿望。启明大学的领导人具有远见卓识，已经和中国的多所高等学校进行了富有成效的交流与合作，我们两校之间的合作也有了一个很好的开端。目前，贵校的十多名学生正在我院学习汉语，我院的李存光教授正在贵校中文系授课，贵校的赵寿星教授也曾在我院访问一年，出色地完成了她的研究课题。按照我们两校的合作协议，今后还要在学者和学生交流、教育经验交流、学术资料交流、共同完成研究课题、举办学术会议等方面，积极而稳步地向前推进。我们双方都有交流合作的诚意，而且都重视交流合作的实效，这是我们能够把这件事情做好的前提和保证。

最后，让我再一次对启明大学国际大学院的成立表示热烈的祝贺。祝我们两校的交流合作取得积极的成果和健康的进展，祝中韩两国人民世世代代友好下去！

谢谢大会给我发言的机会。

（本文是作者1995年3月3日在韩国启明大学国际大学院成立大会上的发言，题目为编者所拟）

走提高质量的内涵发展道路

——在一九九五届毕业典礼上的讲话

各位领导、各位来宾、老师们、同学们：

今天，我们在这里隆重举行95届博士生毕业典礼、学位授予仪式，同时颁发首届“金时光”奖学金、首届研究生优秀科研成果奖，这在研究生院的发展历史上是一件前所未有的盛事。我们建院17年来，虽然已有2000多名毕业生分别获得博士和硕士学位，但这是首次让全体学位获得者穿上国家统一制作的、标志着学识和品德的博士服，在庄严的学位授予仪式上颁发学位证书。同时，我院也是首次给在校研究生颁发奖学金，颁发优秀科研成果奖，这两项活动分别得到了北京金时光电讯设备有限责任公司和北京科商科技文化发展中心的资助。这说明我们的办学日益规范和成熟，越来越得到社会各界的理解和支持。再过两个月，145位95级新生入学后，我院就有完整的三届博士生、三届硕士生了，在校研究生达到400人的规模，渡过了建院以来的最低谷，进入了一个相对稳定发展的时期。到本世纪末，研究生院的发展将主要不是扩大规模，而是提高质量，利用社科院的师资、人才和学术优势，精心培养政治上和业务上都合格的人文社会科学博士和硕士。研究生院的办学水平要不断提高，规模不大但要是真正的高水平、高层次，学校的发展主要是走内涵发展的道路。

我院始建于1978年，和中国科学院研究生院同时，是党中央、国务院最早批准建立的两个研究生院之一。17年来，我们走过了艰难、曲折的发展道路。起初没有校舍，借用其他学校和机关的房子办学，条件十分艰苦。前辈领导说，“比延安窑洞的条件好多了”，鼓励大家克服困难，努力学习。我们以“实事求是，艰苦朴素”为校训，在艰难的环境中培养了大批优秀人才。研究生院在发展中也遇到过重大挫折，1989 年后停招四届硕士生，学校能不能办下去都成了问题。经过社科院领导、全院研究人员和研究生院师生的共同努力，我们克服了生存危机，克服了经费不足和办学条件远不如其他高等院校的困难，把研究生院办下来了，办成今天这个样子，是很不容易的。尽管直到今天社科院内外还有不同认识，但是实践已经证明，高级科研院所办学，充分发挥其教育功能，出成果和出人才并重，是十分必要的，这个方向是完全正确的。研究生院源源不断地为社科院各所输送后备科研人员，今天大都已成为各个学科的骨干和有生力量，使我们的社科事业后继有人，老专家的学问有人传承，他们的学术生命可以通过亲炙弟子来延长和发射出新的光辉。我院输送到国家机关、企事业单位、高等院校和其他各部门的毕业生中，也有许多优秀人才，在各自的工作岗位上做出了突出成绩，扩大了社科院和研究生院的影响。我们的许多校友已成为部长、省长、市长、司局长，高等院校的校长、系主任，报社和出版社的社长、总编辑，大公司的董事长、总经理。他们的脱颖而出，为研究生院争了光，因为我们的培养质量最终是靠实践来检验、来证明。许多校友都愿意为母校和社科院的建设发展作贡献，这是一个非常宝贵的资源。社科院办学不能目光太短浅，除了给本院各研究所培养科研后备人才之外，为我们国家人文社会科学事业的发展、为这方面高级专业人才的培养多作贡献，是作为国家级社科研究机构应尽的责任和义务。同时，我们得到的回报，社会对我们的理解和支持，至少也是对等的，甚至多方面的回报还要远远大于我们的付出和投入。我认为社科院应坚定不移地走科研与教育并重、出成果与培养人才并重的道路，要从“一个中心”变成“两个中心”，不仅是科研中心，而且要成为中国人文社会科学高级专门人才的培养教育中心。近年来，社科院领导多次说过，要下决心办好研究生院，我认为这个决策是非常正确的。

研究生院目前办学的条件还比较差，校园太小，连学生体育锻炼的运动场地都没有；校舍紧张，大批培训班、汉语进修班学员不得不借住周围学校的宿舍。还有科研单位办学，国家不计划单列拨款，因此不可能有十分充足的经费，许多办学条件都只能因陋就简。社科院领导一再指示，研究生院的办学规模，只能控制在400左右，大概到本世纪末都只能如此。这是从实际出发的实事求是的态度。

另一方面，我们也有自己的优势。我们的优势就是有在国内人文社会科学方面最强的学术阵容，学科专业齐全，师资力量雄厚。我院现有50个博士点，232位博士生导师；74个硕士点，400多位硕士生导师。在人文社会科学方面，我院导师的质量和数量，可以说是国内任何一所重点大学都不能相比的。此外，社科院的图书资料、对外学术交流、获得最新学术信息、了解和进入学科前沿的条件都十分优越，得天独厚。我们要充分利用这些优越条件，使我们的办学有自己鲜明的特色，这就是要精心培养高质量人才，不追求数量而重点提高培养质量。

我院招生人数不多，首先要把好入学关，挑选政治素质和业务素质都比较好、矢志献身于社科事业、真正有培养前途的青年入学。从最近几年的情况来看，我们的生源相当好，录取考生比重点高校还要严格一些。其次，我们要抓好学位课程学习、学位论文写作等环节，健全学分制、硕士生中期考核、博士论文选题报告等教学管理制度，严格要求，促使学生在校期间勤奋学习，掌握马克思主义基本理论和坚实的专业知识基础，学会科学研究的方法，写出理论联系实际的高水平的学位论文来。现在国内出版的文科博士论文，公认以胡绳同志主编的“中国社会科学博士论文文库”层次最高、水平最高，我院博士生的学位论文，应该在其中占有一个相当的比例。在我院的毕业生中，应该出中国人文社会科学方面的名家、大家。名师出高徒，后来人应该胜过前辈，到我院来学习的研究生应该有大的抱负，不是追求个人成名成家，而是对中国人文社会科学的未来发展负有重大责任。当然，这也要求学校和老师们对你们更加严格要求，严格教育，严格管理。另外，从学校来说，我们也要在各方面努力，不断改善育人环境，包括改善教学设施，加强思想政治工作，设立奖学金，重视社会实践环节，加强国内外学术交流，包括举办各种学术讲座，请国内外知名专家学者来讲学，为同学们出席国内外学术会议以至出国访学深造提供更多的机会。我们正在集资盖一栋留学生楼，争取在建院 20 周年时能招收外国留学生，将我院办成一所具有国际先进水平的、对外开放的研究生院。我们今天所做的工作，要为研究生院在 21 世纪的发展打下一个良好的基础，为中国人文社会科学在 21 世纪的新发展、大发展做准备。

在今天这样一个隆重的庆典上，我没有对获得博士学位和获得奖学金的同学们讲多少表扬的话和提出希望、要求的话，而是就我们这所学校的特殊地位、过去的历史、今天的处境和未来的发展前景，作了一个粗略的概述，每个同学作为这个学校的一员，作为在校生或毕业生，都应该明白自己的责任和地位，所担负的历史使命，应该为我们国家的现代化建设，为中国人文社会科学的发展做些什么。我刚才说，社科院人才济济，大家、名师辈出，他们怎样才能后继有人？很大的期望就是放在你们这些亲炙弟子身上。你们有这样好的老师，应该把他们的学问和优良品格学到手，道德文章，都要好好学。要意识到你们的责任重大，一代新的著名的马克思主义哲学家、经济学家、法学家、文学家、历史学家、国际问题专家应该从你们中间产生。你们代表着中国人文社会科学的未来，今天获得博士学位、获得奖学金的同学都应该朝着这个方面努力进取。

最后，我向今天获得博士学位，获得金时光奖学金，获得首届研究生优秀成果奖的同学们表示衷心的、热烈的祝贺，同时向辛勤培育他们的导师、社科院领导、研究生院全体教职工表示衷心感谢，向支持我们办学的社会各界人士，特别是向北京金时光电讯设备有限责任公司和北京科商科技文化发展中心的领导和全体职工表示衷心感谢。

（本文是作者 1995 年 7 月 12 日上午在 1995 届毕业典礼上的讲话。讲话稿曾摘要载于《中国社会科学院研究生院简报》1995 年第 6 期；全文载于作者编的《严谨治学　高尚做人——中国社会科学院研究生院的学风与传统》，中国经济出版社 1998 年版，第 140—145 页）

发扬“实事求是，艰苦奋斗”的精神

——在中国社会科学院研究生院1995年开学典礼上的讲话

在学校工作的人，都有这样的感受：每到新学年开学迎新，学校都是一派节日的喜庆景象。一批新同学入校，一批新面孔出现，使学校充满新的活泼生机。两个月前，我们刚举行过毕业典礼和隆重的学位授予仪式，送走了50名1992级博士。今天举行开学典礼，我们迎来的是145名95级的博士和硕士研究生。这一出一进，在校研究生人数净增95名。1989年后，我院停招四届硕士生，到1993年才获准恢复招生，现在我们已有完整的三届博士生、三届硕士生同时在校学习了，在校研究生达到400人的规模，可以说我们学校目前已进入一个新的相对稳定发展的时期。

同学们能到中国社会科学院研究生院来学习，应该说是很幸运的，因为你们是在激烈的竞争中，五六个考生中才能录取一个的情况下考进来的，你们是竞争的优胜者。这说明中国人文社会科学最高学府的声誉对有志青年还是颇有吸引力的，是优秀青年学子向往的地方。它的特点是规模不大而层次较高。研究生院没有大学本科，依托科研机构办研究生教育，办学经费、校舍和其他物质条件、设备等都不如重点高校。那么，社科院研究生院对优秀青年学子的吸引力在哪里呢？吸引力主要在于它有特别雄厚的师资力量，以及十分优越的做学问和成才的环境。社科院一批海内外知名的专家学者，在一些学科领域里执牛耳的学术带头人，都是我们的博士生导师或硕士生导师，同学们能够成为他们的亲炙弟子，成为他们的学术传人，是很幸运的。在我们这个很小的学校，却有 50 个博士点，200 多位博士生导师；70 多个硕士点，500 多位硕士生导师。在人文社会科学方面，我们的导师，不论数量还是质量，都是国内任何一所重点大学不能相比的。另外，社科院的图书资料、对外学术交流、获得最新学术信息、了解和进入学科前沿的条件都十分优越，在国内可以说是得天独厚。同学们到这里来学习，要充分利用这些有利条件，以高标准来严格要求自己，经过三年学习，不仅是要拿个博士或硕士学位，而且要接好你们老师的班，立志成为中国人文社会科学的新一代学术带头人。两个月前我在 1995 届毕业典礼上说，社科院人才济济，大家、名师辈出；社科院研究生院应该出未来的名家、大家，一代新的著名的马克思主义哲学家、经济学家、法学家、文学家、历史学家、国际问题专家应该从你们中间产生。你们代表着中国人文社会科学的未来。这不是一般地讲鼓励的话，确实也是现实的需要。到本世纪末，不仅老一辈专家学者，而且“文革”前毕业的大学生都到了退休年龄。“文革”前的那个社科院，可以说已经不存在了，人员全部换班了。2000 年后社科院的在岗人员，全部都是 80 年代以后进院的新人了。你们正是跨世纪的一代，应该意识到自己接班的担子很重。今年入校的同学，1998 年毕业，那时香港已经回归祖国，再隔一年，澳门也要回归；进入 21 世纪以后，正是你们大显身手的时候。所以我希望你们在校学习期间，要把基础打得非常扎实，要刻苦读书，把专业学好；要学好外文，掌握计算机的基本技能；从事人文社会科学研究的青年学者，还必须学好马克思主义的基本理论的方法，善于把它运用到科学研究和实际工作中去。党和国家、社科院领导、学校老师都对你们寄以很高的期望，所以在各个方面都要对你们严格要求，严格教育，严格管理。严师出高徒，这是人才培养的规律。社科院师资力量雄厚，但是招生人数不多，在今后若干年内，大概到本世纪末，研究生院的发展都主要不是扩大规模，而是走内涵发展的道路。我们强调要严格要求，精心培养，争取培养一个成才一个，期望你们中的一些人能成大才、成大器，为中国人文社会科学的发展作出重要的贡献。作为中国人文社会科学的最高科研机构，中国社会科学院应该出高水平的科研成果，也应该出高质量的人才；研究生院就是承担着出高质量人才的任务，特别是高质量人才的选材和前期培养，进行基础素质训练，研究生教育阶段起着关键的作用。

同学们到这里来学习，要意识到自己责任重大，在各方面对自己严格要求。当然我们也要努力为大家创造成才的条件，创造更加良好的学习环境。有些客观物质条件一时还不具备，大家要互相理解。我们现在的办学条件比研究生院初创时期好多了，那时没有校舍，要租人家的房子住，教室也要租人家的，条件十分艰苦，但是师生员工的精神状态特别好，在艰难环境中培养了大批优秀人才。从今天看，我校“黄埔一期、二期”是出人才最多的，这个经验值得好好总结。我们在今天还是要发扬校训所提倡的“实事求是，艰苦奋斗”的精神，用这种精神来办好我们的学校。

最后，我代表学校党政领导和全体教职员工，对145位新同学表示热烈欢迎，欢迎你们加入到我们这个大家庭中来；并且希望你们很快适应学校的环境，投入紧张而有序的学习生活。从现在起，你们就是研究生院的主人了，大家都要以主人翁的态度，共同把研究生院办得更好。

（本文是作者1995年9月6日在中国社会科学院研究生院1995年开学典礼上的讲话，题目为编者所拟）

为中国经济和经济科学的发展做出应有的贡献

——在中国社会科学院经济学博士发展研究中心成立大会上的讲话

各位来宾、各位朋友：

中国社会科学院经济学博士发展研究中心今天正式成立了，在成立大会召开之际，我代表中国社会科学院研究生院向中心的成立表示衷心的祝贺。

众所周知，中国社会科学院云集了众多的国内外著名经济学家，这些学者大多是我们研究生院的经济学博士生导师，此外，国务院发展研究中心和国家计委的一些著名经济学家，也在我院兼任经济学博士生导师。目前我们研究生院共有经济类学系 8 个，有博士学位授予权的经济类学科专业 14 个，经国务院学位委员会审定的经济学博士生导师 70 余人。学校成立以来，已先后为国家培养经济学博士 185 名，其中不少人已成为学识过人、成果丰硕的中青年经济学家和经济学科学术带头人，有的已成为富于开拓创新精神、成绩卓著的实际工作部门的业务骨干。我院在校博士生中，经济学博士生约占 1/3，经济学博士生已成为研究生院的重要组成部分和中坚力量。为了加强在校经济学博士生与已毕业的经济学博士的联系，更好地发挥经济学博士的特长和综合优势，促进经济学术研究的发展，经过一段时间筹备，中国社会科学院经济学博士发展研究中心终于成立了。

中国社会科学院经济学博士发展研究中心是隶属于中国社会科学院研究生院，以研究生院在读和已毕业的经济类博士为主，以及在中国社会科学院各研究所工作的经济学博士，并吸收外单位部分自愿加入的经济学博士组成的，依法成立并具有法人资格的学术团体。中心以马克思主义、毛泽东思想和邓小平建设有中国特色的社会主义理论为指导，遵循党的基本路线，坚持以经济建设为中心，支持改革开放，在研究生院领导下，在导师和学长的指导和带领下，大力开发各项学术资源，开展学术活动，充分挖掘经济学博士的潜力，面向社会，服务于社会。

我们今天正处于世纪交替的重要时期，未来 15 年，我国将出现两个具有全局意义的根本性转变，一是经济体制从传统的计划经济体制向社会主义市场经济体制转变，二是经济增长方式从粗放型向集约型转变，促进国民经济持续、快速、健康发展和社会全面进步。时代的发展为中国经济学的发展提供了不可多得的历史机遇，同时每一个严肃的爱国的经济学家也面临挑战和压力。一位曾经荣获诺贝尔经济学奖的西方学者说过：谁弄懂了中国经济问题，谁就能得诺贝尔经济学奖。由此可见，中国经济学的发展，不仅是社会经济发展现实的要求和呼唤，而且还是对世界经济科学发展的重要贡献。我希望中心的每一位经济学博士，都能应认清自己肩负的历史使命，做出自己应有的贡献。我也希望经济学博士发展研究中心能理论联系实际，积极组织经济学理论研究与学术交流，组织开发经济理论课题研究，组织开展调查研究和实地考察，充分发挥中心门类齐全、人才济济的整体优势，促进经济科学的发展，为解决改革和发展中的重大理论问题和实际问题献计献策。我们研究生院愿意为中心的发展和业务活动的开展，提供积极的力所能及的支持和帮助。

中国社会科学院经济学博士发展研究中心是年青的经济学博士施展才华的地方，是年轻人干事业的一个舞台。同时，我也希望社会各界能够理解它，支持它，特别希望老一辈经济学家对它多多给予精心指导和帮助。因为年轻人不仅关系到国家的现在，更关系到国家的未来，我们应该把年轻人的事业作为我们自己事业的一部分，使年轻人能够茁壮成长。

最后，我预祝中国社会科学院经济学博士发展研究中心事业成功，发展壮大，为中国经济的发展和经济科学的发展做出应有的贡献，为把我国建设成社会主义现代化强国而不懈努力。年青的经济学博士们，为这个神圣的事业而努力奋斗吧！

（本文是作者 1995 年 10 月 22 日在中国社会科学院经济学博士发展研究中心成立大会上的讲话，题目为编者所拟）

全面提高研究生培养质量

——在中国社会科学院研究生院1996年毕业典礼上的讲话

各位领导、各位来宾、老师们、同学们：

今天，我们在本院新落成的学术报告厅举行隆重的96届研究生毕业典礼和学位授予仪式，并颁发首届陈忠联人文科学奖学金、第二届金时光奖学金、第二届研究生优秀科研成果奖，宣布首批获中流文教基金会奖助金的我院研究生名单，大家都很高兴，对于研究生院来说，这是一个重要的喜庆的日子。我们非常感谢社科院副院长汝信同志、滕藤同志、刘吉同志，我们研究生院的老院长温济泽同志、江流同志，我们的许多博士生导师、硕士生导师，以及其他贵宾，包括热心支持研究生教育事业的陈忠联先生，北京金时光电讯设备有限责任公司和北京科商科技文化发展中心的代表，兄弟院校的负责人和各新闻单位的朋友们，冒着暑热前来出席会议，您们的光临使这个盛会更增添光彩，今天获得博士、硕士学位的同学们，获得各项奖学金的同学们，更加感到无上荣光。

中国社会科学院研究生院建院18年来，已经为国家培养了448名博士，2053名硕士。他们中有许多优秀人才，从总体上说我们的培养质量是比较高的，为我国的社会主义现代化建设，特别是为中国人文社会科学的发展做出了重要的贡献。今天毕业授予学位的共有83名博士，53名硕士。在83名博士中，有76名是1993级博士生，6名是因各种原因延迟答辩和授予学位的往届博士研究生；还有一位朴起舜先生，是以同等学力申请我院博士学位，经过严格的学位课程考试和学位论文答辩，经国务院学位办公室审核，完全符合我国博士学位要求的韩国高级进修生。在53名硕士中，有52名是1993年我院恢复招生后入学的首届硕士研究生，1名是在职人员以同等学力申请我院硕士学位，也完全符合标准。这136名博士和硕士，今天穿上了国家统一制作的、标志着品德和学识的、庄重的中华人民共和国学位服，将在这里接受国家颁予你们的博士和硕士学位证书。这是一件非常光荣的事情。我代表研究生院的全体师生员工，向你们致以最热烈的祝贺，希望你们毕业后，不辜负母校和老师们对你们的培养教育，在各个工作岗位上做出优异的成绩，为母校争光。

我们这个研究生院规模不大，但是层次较高。它是我国最高社会科学研究机构设立的培养高级专门人才的基地，拥有这方面最雄厚的师资力量和国内最优越的学术信息资源，它的声誉也吸引了大批优秀青年来报考，所以历年来学生素质较好，培养质量也较高。我们的办学条件不如很多高等学校，但是社科院也作了最大的努力来支持我们办学，今天能在研究生院自己的学术报告厅举行毕业典礼，完全是靠社科院的支持，这是建院18年来的第一次。我们正在想办法克服各种困难逐步改善办学条件。除了今年新建成的学术报告厅之外，我们还在盖一栋4000平方米的留学生楼，争取在建院20周年前能解决招收外国留学生的问题。在学术报告厅的东侧，正在建一个标准篮球场和一个排球场，以解决同学们锻炼身体场地之急需。在现在汽车队的位置，我们还打算盖一栋多功能的高层建筑，包括新的计算机房和一部分教室，逐步改善办学条件。我们一方面要保持艰苦奋斗的优良传统，同时也要积极创造条件，以适应教育现代化的需要。前年我刚来研究生院的时候，全院总共只有8台计算机，而且多数是286，滕藤同志说连个重点中学都不如。在社科院领导、兄弟单位和各方面人士的关心和支持下，两年来我院新添置了70余台计算机，多数是486，计算机房为研究生教学上机提供了最起码的条件。两年前，我院一项研究生奖学金也没有，缺少激励机制，研究生的生活非常清苦。事在人为，经过努力，我们今天给同学们颁发的就有四项奖学金和奖助金，而且社会对研究生教育事业的理解和支持的形势还会越来越好。我们的许多同学都是从全国各地的著名高等学府考来的，我很感谢同学们对社科院比较简陋的办学条件不是埋怨，而是理解，大家共同克服困难办好学校，因为同学们到这里来不是追求排场和享受，而是追求知识和学问，我们的同学主要是冲着社科院的学术声誉和众多名师而来的。不少同学都有这样的感受：往往是学成离校之后，才更加深刻地感受到这几年学习机会的珍贵。

研究生院的建设和发展，除了要创造必要的物质条件之外，更主要的是要加强教学管理和思想政治工作，全面提高培养质量。这两年我们在大力抓各学科专业的博士和硕士学位课程建设工作，修订培养方案，编写各门课程的教学大纲，编写和出版成套的文科研究生教材，经济、法学各专业还陆续制作了考试题库，完全用计算机管理。教学规范化不仅是正规研究生教育的需要，而且也是开展在职人员以同等学力申请博士和硕士学位工作的迫切需要，我院应该为多渠道地培养人文社会科学高级人才作出自己的贡献。例如我们已经出版的《社会主义市场经济学》教材，就很受社会关注，已被许多高等学校选用作为研究生教材。我们的考试题库建设和计算机管理软件设计，也在全国高校中处于领先地位，北京市学位委员会准备在我院召开现场经验介绍会。为了提高研究生培养质量，我们还准备实行一些新的改革措施，主要是博士生教育的改革措施。今后要适当增加博士生学位课程的学分，以解决博士生知识面偏窄，即所谓“博士不博”的问题。除了过去规定的一门马克思主义理论课、两门外语、一门专业基础课、一至二门专业课之外，还要根据改善知识结构的需要，要求每个博士生选修一门跨学科课程，比如学文学的选修一门哲学课，学哲学的选修一门经济课，学经济学的选修一门法学课，如此等等。可以选修本院开设的硕士课程，计算学分。博士论文答辩前要增加一次综合考试，看你是否已经达到博士学位所要求的知识水平，包括知识面和知识深度。这实际上是一次资格考试。对博士论文也要严格要求，要保证有充足的时间来写作博士论文，不能拖到最后一年才动手，仓促写成，草率通过。在第三学期必须作论文选题报告，经过导师指导小组和研究室专家共同审核，选题通过计 2 学分。这样博士学位课程的总学分就从原来的 12 学分增加到 16 学分，比较硕士学位课程 36 学分还是不到一半。今后还要求博士生必须在国内外学术刊物上发表过与博士论文选题相关的专业学术论文，作为答辩资格审核的条件之一。人文社会科学博士写不出高质量的文章是说不过去的，在校学习期间就要加强科学研究的训练。所有这些改革措施都是为了提高博士生的培养质量。这是初步设想，如何操作还要广泛征求意见，包括听取已经毕业的同学根据亲身实践的体会提供的宝贵意见。现在各重点高校都以不同方式或在不同程度上实施了类似的博士生教育改革措施，这也是全国研究生工作会议的要求。我们还准备采取一些措施来鼓励同学们勤奋学习，积极开展科学研究，除了每年评研究生优秀科研成果奖之外，学报还开辟了“研究生文摘”专栏，专门摘登我院研究生在校学习期间发表于国内外学术刊物上的论文中的有重要学术价值的创新观点。被学报摘登也是评研究生优秀论文的条件之一。我院的优秀博士论文，要推荐给“中国社会科学博士论文文库”出版。大家都知道，由胡绳同志主编的这套文库，是目前国内声誉最高，公认是最高水平、最高层次的一套人文社会科学博士文库。上周汝信同志专门召开了文库编委会，会上做出两条决定：一，今后这套文库出书力度要加大，数量要适当增加，从平均每年出版 4 本增加到 10 本左右；二，今后选书要以社科院自己培养的博士生的优秀论文为主，从过去约占 1/3 的比例增加到 2/3。也就是说，今后每年出 10 本书，要从我院的优秀博士论文中选 6 到 7 本。这套文库今后选题的学科专业面要扩大，要照顾到人文社会科学的各个学科。这就为我院博士生获得这项最高荣誉创造了十分优越的条件，希望大家积极支持这套文库的出版。另外，我们也在努力创造条件为同学们参加社会实践、出席国内外学术会议，以至出国访学深造提供更多的机会。总之，各个方面都在关注着你们的成长，对你们寄予很高的期望，同学们只要勤奋学习，坚持正确的政治方向和学术理论方向，就能出成绩，有比较大的进步，更快地成才以至在学术界脱颖而出。实践是检验真理的标准，研究生教育的目的就是要出高质量的人才，我们的一切工作都是以提高研究生培养教育质量为中心。

再过两年，就到我院建院 20 周年了。我们已经在全院师生员工中动员开展 20 周年校庆的筹备工作。通过筹备校庆总结 20 年来办学的成绩和经验，鼓舞和增强信心；联络校友，加强凝聚力；同时找出差距，改进我们的工作，为研究生院在下个世纪有一个更大的发展打下良好的基础。同学们毕业以后，分散到全国各地的各个工作岗位，希望你们在取得优异的工作成绩的同时，继续关心母校的建设和发展，欢迎你们两年后回校参加 20 周年校庆的隆重庆祝活动。

（本文是作者 1996 年 7 月 8 日在中国社会科学院研究生院 1996 年毕业典礼上的讲话，题目为编者所拟）

要加强德育教育

从1986年到1996年，党中央发了两个关于精神文明建设的《决议》，这说明党对这个问题非常重视，说明精神文明建设关系到整个民族的素质。所以，一定要解决好物质文明与精神文明的协调发展和一手软一手硬的问题。必须牢牢坚持以经济建设为中心，同时要有一个正确的指导方向，否则精神文明就会滑坡。所以我们要特别强调两个文明协调发展，“利”和“义”要统一。两个文明的协调发展对我们国家的发展有重要的意义。

从教育这个角度来说，我们要克服智育一手强、德育一手软的情况。小平同志讲，我们的失误主要是教育，实际上，主要是思想政治教育。“文革”后，读书无用论没有了市场，大家读书的热情很高，出现了重视、突出智育，相对忽略德育的情况。现在我们的教育基本是以升学教育为主导。孩子们功课重，没有欢乐的童年，很难做到德、智、体、美全面发展。这样培养出来的孩子就不是我们要求的“四有”新人，至少有很大的欠缺。另外，我们现在的学校很早就分文理科，这对我们后一代的培养也是不利的，如学理科的就比较缺少人文素养。所以，我觉得，思想道德教育，包括文化素质的教育非常重要。现在学生读到硕士、博士，好像马上就成才了，其实这里边也有一些人文化素养不高。有的业务素质不错，但缺乏做人的起码的道德和修养。中国的传统非常重视德育，强调修身。我认为要加强这方面的教育。

（原载《中国文化报》1997年6月7日）

坚持正确方向　提高办刊质量

《中国社会科学院研究生院学报》自 1981 年创办以来，至今已历 17 载，出刊已届百期。它初名《学习与思考》，1985 年后改为现名。作为研究生院的学报，它始终以培育新一代好学深思、学术根柢扎实的马克思主义哲学家、经济学家、法学家、文学家、历史学家、国际问题专家作为自己的主要使命，同时也为我国哲学社会科学的繁荣作出自己应有的贡献。可以说，研究生院的全部工作，全体导师和工作人员的辛劳，都是在为完成这一历史使命而竭诚尽力。

在历届社科院领导、研究生院领导的亲切关怀和指导下，在全院师生与学界同仁的厚爱和大力支持下，经过百期耕耘，研究生院学报这一新生学术园地已经枝繁叶茂、繁花似锦，17 年来共发表了 1000 余篇本院导师和研究生的优秀科研成果，也发表了部分院外专家学者的精湛之作，产生了广泛的社会影响和学术效应。最近几年的有关统计资料表明，本院学报发表的文章，被国内其他报刊摘转率一般都在 70% 以上，在全国高校文科学报中位居前列。我们对全体作者和编辑人员的辛勤劳动，对全国学术界的支持与厚爱表示衷心感谢。

我院作为中国社会科学院专门培养学术后备人才的教学基地，办好一个综合性的哲学社会科学学报，本应是情理中事。因为我院有学科专业齐全、师资力量雄厚、文科博士学位授权点和博士生导师数量均位居全国第一的优势，在这一“名师”云集、“高徒”众多的学术“富矿”里，蕴藏着取之不尽、用之不竭的高质量稿源，只要善于开掘利用，办好学报应是不成问题的，办得不好反倒是不正常了。然而事实上过去的学报工作仍存在着相当大的差距，我们并没有充分利用好这些学术资源，今后为提高办刊质量还有许多有待改进的环节和方面。

“百尺竿头，更进一步。”“而今迈步从头越”，百期学报是一个新的起点。我们要坚决贯彻执行本刊一贯的办刊宗旨：坚持以马克思列宁主义、毛泽东思想、邓小平建设有中国特色的社会主义理论为指导，坚持理论联系实际的原则，把研究当前的理论问题和实际问题，总结社会主义改革和现代化建设的实践经验放在优先地位；同时重视基础理论研究，重视对本民族和全人类优秀文化遗产的批判继承，注意划清一些重大的理论是非界限，认真贯彻党的“双百”方针，为建设有中国特色的社会主义经济、政治、文化，加强和巩固社会主义意识形态作出贡献。我们要继续发扬学术理论研究与研究生教育相结合的特点和传统，除发表本院导师的优秀教学、科研成果和治学经验之外，每期都要以相当的篇幅发表研究生的好学深思之作，包括博士、硕士论文节要和平时的优秀习作，鼓励有价值的学术创新见解，使学报永远充满青春活力。我们还要采取切实措施，提高编辑人员的素质和敬业精神，多走出去、请进来，加强与新老作者的联系，千方百计组织优秀稿源，进一步提高刊物质量并保持学术上的高品位，把真正的精品送到全院师生和广大读者手里。在新世纪即将到来之际，我们决心以更加勤奋的工作，把下一个百期学报办得更好，不辜负各位领导、前辈、学界同仁、全体作者和读者对本刊的关心、支持与期望。

（原载《中国社会科学院研究生院学报》1997 年第 4 期）

精心教育　严格管理　培养一流的社科英才

——在1997年开学典礼暨教师节庆祝大会上的讲话

各位领导、各位来宾、老师们、同学们：

在全党全国人民期盼的“十五大”召开的前夕，我院97/98新学年开学了。我院创建于1978年，今天我们迎来的是建院以来的第二十届研究生。这届新生共有182名，今年也是我院90年代以来招生最多的一年。在这182名新生中，有120名博士生，47名硕士生，还有我院首次正式招收的15名攻读博士学位、硕士学位的外国留学生。在胡绳院长的亲自关怀下，国家教委于今年7月7日正式批复，同意我院选择若干专业进行招收外国留学研究生的试点工作。我们从7月10日开始启动，经过报名、资格审查、笔试、面试的严格程序，在中国哲学、中国古代史、中国现当代文学、汉语言文字学四个专业首次招收了10名外国博士研究生、5名外国硕士研究生。我院在这方面取得经验后，还要逐渐扩大招收外国留学生的学科专业和规模，中国社会科学院应该在招收培养国内外人文社会科学研究生方面为国家多作出一些贡献。我在这里向全体新同学表示热烈的欢迎！

今天也是我国的第十三个教师节。我在这里也向我院全体博士生导师、硕士生导师、全体教职员工致以节日的祝贺！非常感谢你们为我院研究生教育的发展所付出的辛勤劳动和所作出的巨大贡献。我院是以培养博士生为主，在今天这个具有开学典礼和教师节庆典双重意义的大会上，我们请了几位优秀的博士生导师，请他们介绍如何精心培养教育博士生的经验和体会，以此来庆祝教师节。我相信他们的发言对在座的全体教师和研究生，都会很有启发和教益。今后我院的工作就是要在提高研究生培养质量上狠下功夫，努力使我院培养出来的博士和硕士都是真正高质量的国家的栋梁之才。

我们这个研究生院规模不大，但是层次较高。它是我国最高社会科学研究机构中国社会科学院所设立的培养高级专门人才的教学基地。我院的建制是按所设系，所系结合，它所依托的是中国社科院三十几个国家级研究所和人民日报社、国家语委、国家计委投资所等单位，有雄厚的师资力量，有站在科研前沿的学术优势，有丰富的学术信息和图书资料。在人文社会科学方面，拥有 50 个博士点和 300 位博士生导师，这在全国还是绝无仅有的。1999 年按调整后的学科专业目录招生，我院部分学科专业合并后还有 44 个博士点，文、史、哲、经、法五大类都有条件争取按一级学科招生。社科院的名声和如此优越的学习条件吸引了大批优秀青年前来报考，今年是七个考生中才能录取一个，所以在座的新同学是幸运的，你们应该特别珍惜这个来之不易的学习机会。

同国内许多名牌大学相比，社科院研究生院是一所很年轻的学校，到明年才二十个年头。我院 1981 年开始有第一届毕业研究生，到今年暑假，已毕业了 535 名博士，2089 名硕士。从总体上说，我们的培养质量是比较高的，为我国的社会主义建设事业和人文社会科学的发展作出了重要贡献。我们的毕业生有许多已成为党政机关、事业单位的领导骨干，有不少已是省部级干部、司局级干部，高等学校、科研机构的校长、系主任、所长、研究室主任，人文社会科学各个学科领域的教授、研究员、博士生导师、学科带头人，各大报刊、出版社的社长、总编辑、高级记者、编审，也有一部分成为大公司、高级金融机构的董事长、总经理，在各个方面担负起领导责任和发挥骨干作用。就拿今日的社科院来说，现有在岗研究人员 4000 多人，其中有 1000 多人是研究生院毕业的博士和硕士，各所正副所长、博导中都有不少是研究生院的毕业生。社科院最近举办了两期跨世纪优秀青年业务骨干培训班，据统计学员中85%以上是研究生院毕业的博士和硕士。社科院有无必要办研究生院曾经有过争论，现在事实已经作出了最好的回答。研究生院在国内外的名声和影响之所以越来越大，当然首先是社科院的地位和影响在起作用，另一方面就是我们培养的学生总体上说质量较高，成才较快，在各个地区、各个部门不断地脱颖而出，以他们杰出的工作成绩为母校争得了越来越高的声誉。实践是检验真理的唯一标准，我们的教育质量最终是靠毕业生在实际工作中的能力和表现来检验的。国外有的著名大学，规模也不大，但是一翻它的历史，可以说出培养了多少个总统，多少个部长，多少个著名学者，甚至多少个诺贝尔奖奖金获得者。这是最值得引以自豪的地方，也是他们办学的最重要、最宝贵的资源。社科院研究生院办学的历史不长，毕业学生已有今天这样的成绩记录，应该说前景是越来越看好的。只要我们始终抓住提高培养质量这个中心环节，强调精心教育，精心培养，研究生院就一定会越办越好，对国家的贡献也会越来越大。

经过激烈竞争考到我校来学习的研究生一般都有较好的素质，是同龄人中的佼佼者。而且我院研究生也有较强的社会责任感，意识到自己所处的地位和所承担的时代责任，有决心把自己锻炼造就成为在政治、业务、道德人品等各个方面都是真正一流的人才。这从我院研究生中日益深入开展的“自加压力，志在一流”的活动就可以看得出来。同学们提出了“六个一流”的口号，很能代表社科院研究生的集体精神风貌。“六个一流”就是在我们办公楼门厅墙壁上用镀金大字写着的：“一流的品德，一流的修养，一流的视野，一流的体魄，一流的学识，一流的能力。”研究生院党委和全体教职工对在研究生中开展的“自加压力，六个一流”的活动是全力支持的，因为“六个一流”正是体现了我们的培养目标，是我们希望在研究生院形成的优良传统，是我院研究生的共同品格和集体形象。人家一提到社科院毕业的博士或硕士，就会想到他们都具有这些共同的品格和特色，产生一种信任感。

“六个一流”的活动已经在我院开展了两年多时间，取得了许多积极的成果。在两个月前召开的97届毕业典礼上，我曾经把它的内容具体归纳为三个方面，作为对我院研究生的基本要求。今天有182位新同学入学，我想把这个看法重复地说一下。这三个方面就是：

第一，热爱祖国，坚持马列，有很强的事业心和社会责任感，为民族的振兴和社会主义在中国和全世界的实现而不懈奋斗。这是社科院研究生应该具有的政治素质。江泽民同志给社科院题词，要求把中国社会科学院建设成为马克思主义的坚强阵地。我们研究生院的任务就是要培养、造就新一代优秀的马克思主义哲学家、经济学家、法学家、文学家、历史学家、国际问题专家。具有正确的政治方向和学术理论方向，对于新一代人文社会科学工作者来说是至关重要的。古人说做人做学问要“先立乎其大者”，所谓“先立乎其大者”，就是要首先把握正确的方向，你做人做学问才立定了脚跟。我们在研究生教育中非常重视这一点，强调人文社会科学研究生必须打好马克思主义理论的基本功，认真学习马列主义、毛泽东思想、邓小平建设有中国特色社会主义理论，真正把它变成自己的世界观和方法论，运用到各个学科领域里去，这样你在专业领域里才可能有所作为。在这方面，我们的许多导师都以亲身的治学经验言传身教，使同学们受到了很深的教育和很大的启发。研究生院这几年的政治气氛一直很好。我们的博士生在考进来的时候，党员一般占一半左右，硕士生中党员比例小一些。入学以后，80%以上的非党员同学都积极要求入党，党组织也非常重视在学生中培养发展新党员。就拿刚毕业的1994级研究生来说，三年来在博士生中发展新党员22人，毕业时党员比例达到70%左右；三年来在硕士生中发展新党员11人，毕业时党员比例也超了40%。我院研究生们还自己组织了青年马克思主义研究会，提倡认真读马列原著，举办各种学术讲座和理论研讨班，自觉地在马克思主义理论指导下发展和繁荣社会科学。同学们在这个方面的功底打得好不好，对你们今后事业的发展和成就大小关系极为密切。

第二，希望我院研究生在业务上做到知识渊博、学风扎实，重视理论联系实际，能够创造性地研究和解决有关学科领域里的理论、历史和现实问题。这是社科院研究生应该具备的优良的业务素质。要成为新一代好学深思的马克思主义学者，各个方面的骨干和领袖人物，必须有扎实的业务功底和创造性地进行科学研究的能力。我曾经讲过：社科院研究生院应该出未来的名家、大家，因为你们的导师都是国内人文社会科学各个学科的名家、大家，有些还是国内外知名的权威学者、学界泰斗。将来应该由谁来接他们的班？他们当然希望自己的亲炙弟子能接上班，而且希望你们能够青出于蓝而胜于蓝，为中国社会科学的未来发展作出超越前辈的贡献。为了在下个世纪担负起这样的学术重任，你们在今天就必须打好学业基础，所以我们对同学们的马克思主义基本理论学习，基础课和专业课学习，扩大知识面的跨学科课程选修，外文的读、写、听、说能力，以及在学期间发表论文，等等，都提出了比较严格的要求。学位课程一点也不能含糊，学位论文必须要求高质量，要称得上是创造性的成果。除了提倡认真读书，打好专业基础之外，我们还十分重视社会实践环节。理论联系实际是培养人文社会科学学者的基本方法，具体途径可以多种多样。这几年我们正在探索一条途径，就是派研究生到基层去挂职锻炼，过去曾经派博士生到陕西商洛地区、贵州六盘山地区挂职担任副县长、副区长、市长助理等职务，一般是半年到一年，比较深入地接触实际，受到全面的锻炼。今年暑假我们采取了一个比较大的举措，就是派出了一个 39 人的博士生服务团到重庆市去挂职锻炼，担任市、区、县、局或更加基层的副职，我们希望通过这个活动取得在研究生教育中加强社会实践环节的更加成熟的经验。社科院培养出来的研究生要有很好的业务功底，知识渊博，学风扎实，但又不是书呆子，在理论联系实际、创造性地进行科学研究方面有自己的特点和优势。

第三，我们对社科院的研究生还提出一个要求，就是要学行并重、德业双修，十分注意个人的品德修养，谦虚谨慎，善于和周围的同志合作共事，把做人和做学问很好地统一起来。我希望这也成为社科院研究生的一个特色，成为我们的共同形象。中国传统文化十分重视“尊德性”和“道问学”、做人和做学问的统一，强调“德教为先”，“修身为本”，“三分学问，七分做人”。我们已经读到了博士、硕士，应该说学问已经做得很好了，但是我们如果连基本的做人的道理都不懂，那就与博士、硕士的称号很不相称了。在这方面，我们也要向一些德高望重的导师们学习。他们不仅学问好，而且道德人格高尚，道德文章都堪称楷模。你们在他们的言传身教中，不仅学知识、学做学问的方法，而且可以感受到一种人格的力量。真正有学问的学者都非常谦逊，严于律己，宽以待人。但我们也看到个别青年学者，人很聪明，学业上也有一定的成就，但是不能正确地估价自己，甚至目空一切，为了达到个人名利的目的，可以不择手段去打击别人，抬高自己。这种人在我们一些学问根底很深的老一辈学者面前就显得非常浅薄，他如果没有自知之明，不思改过，最终在学术界也是站不住脚的。我们的研究生都应该引以为戒，在学期间、毕业以后都要十分注意自己的品德修养，学行一致，在我们的身上要真正体现中国传统文化的精华，这也是马克思主义的基本要求。

以上我把“六个一流”的精神具体化为三个方面，就是在政治上、业务上、个人品德修养上，对同学们提出一些基本的要求，我希望它能够成为社科院研究生的共同品格和特色，成为我们的集体形象。“自加压力，志在一流”的口号是研究生们自己提出来的，我们希望这个活动能在我院持续地深入地开展下去，一届一届新同学进来以后，通过学生党总支、团委、研究生会组织的各种活动，使大家逐渐了解它的意义，自觉地投入争创一流的活动中去，形成一种良好的校风。

从学校和教师方面来说，为了把同学们培养成为在政治、业务、道德人品上都是真正一流的人才，我们强调要精心教育，精心培养，严格要求，严格管理。今天要作大会发言的几个同志，都是在这方面做得比较好的老师。有一句话叫做“名师出高徒”，社科院研究生院可以说是“名师”云集，“高徒”众多。但是名师门下的弟子，如果自己不努力，或者老师要求不严格，培养出来的也不见得个个都是高徒。所以我更赞成另外一句话，就是“严师出高徒”。我希望社科院的“名师”都能成为对学生严格要求、严格管理，在教书育人方面对学生非常负责任的“严师”。研究生院的教学、管理工作，都要强调一个“严”字。从招生、学籍管理、学位课程学习、学位论文写作和答辩、学位授予、思想政治工作到生活管理，都要严格要求，严格管理。学校的老师对学生严格要求，实际上是对学生最大的爱护，是青年学子成才过程中最大的助力或推动力量。老师对学生严格要求，实际上也是严格要求自己的表现，它意味着要对学生负更多的责任，为学生付出更大的辛劳，这正是崇高师德的表现。这样的“严师”是更值得尊敬的。

在这方面，我们过去的工作中也有一些薄弱环节。社科院的老师知名度很高，科研任务和社会活动繁忙，出国、外出开会讲学的时间比较多，少数导师在学生身上花的时间精力不够的情况是确实存在的。我同研究生聊天，经常问他们：你的导师是怎样指导的？有没有定期见面的制度？你这个专业有没有老师指导下的讨论班？老师布置的参考书多不多？书目具体不具体？检查不检查你的读书笔记？等等。我得到的回答是很不一样的。有的老师非常负责任，也有的老师相当放任，学生一年见不到老师几次面的情况也是有的。各位导师指导培养学生的方法、风格可以不同，但是前提必须对学生负责任，否则就不是我们所要求的精心教育、精心培养。有的导师要求招生的积极性很高，而招到学生以后又不怎么负责任，这就使我们必须从教书育人的实际效果来考虑今后的招生安排了。同高校相比，教委给我们的招生名额很少，特别是硕士生招的更少，每个专业一两个，这使我们在学位课程教学规范化方面增加了难度，但也有我们自己管理不严格的地方。就是马列、外语公共课，我们过去教学中也存在一些问题。最近我要来96级博士生的英语成绩单，看后非常吃惊，一共73人，有8人缺考没有成绩，有16人总分不及格。我问了一下情况，这些同学参加了期末考试，但是缺写作课或听力课的成绩，加起来总分就不及格了。有的人不来上课，你水平高不上课可以，但是必须参加规定的学位课程考试。有一门学位课程没有成绩或成绩不及格就不能进入论文写作阶段。我们可以给你补考的机会，也可以跟下一个年级的同学一起学习和考试，但是作为学位课程不能没有成绩，在这个问题上一点也不能含糊，不能通融，各教研室和教务处要严格把关。博士、硕士学位论文必须够水平才能允许答辩，导师和学位办要严格把关。个别同学的博士论文答辩通过以后，有人反映有抄袭问题，经查证落实确实有问题，这就是老师把关不严。这类问题，不论什么时候揭发出来，一定要严肃处理。博士论文必须是诚实的创造性劳动的成果，绝不允许投机取巧的抄袭行为，同学们在学习阶段一定要树立良好的学风。到我们这里来学习的研究生的经历、背景很不一样，但作为学位课程、学位论文的要求是完全一样的，就是要达到国务院学位条例的要求，达不到培养规格要求的不能授予学位。在我们这里没有特殊学生。根据我院委培生、院内外在职博士生比较多的特点，我们特别强调要加强管理，今后在这方面还要认真地抓一下。严格要求、严格管理不仅是对国家、人民负责，归根到底也是对学生负责任。在这方面，我们的许多导师、管理干部付出了辛勤的劳动，他们在教书育人方面有高度的责任感，也有许多好的做法和经验。我们应该感谢他们，向他们学习，向他们表示敬意！

我今天讲的主要是两点：一是高度评价在我院研究生中开展的“自加压力，志在一流”的活动；二是提出今后进一步严格教育、严格管理的要求。我希望全院师生共同努力，把我们这个颇受各方面关注的研究生院办得更好。明年这个时候，我们将要举行建校20周年的隆重庆典。在这关键的一年里，我们要用“迎校庆”来促进各个方面的工作，争取各项工作都有新的较大的起色。二十岁的研究生院应该朝气蓬勃，同时在各方面显示出更加成熟。她在下个世纪一定能够为我国人文社会科学研究生教育事业作出更大的贡献。

（本文是作者 1997 年 9 月 10 日在中国社会科学院研究生院 1997 年开学典礼暨教师节庆祝大会上的讲话。原载《中国社会科学院研究生院学报》1997 年第 6 期）

中韩学术教育交流的回顾与展望

今年是中韩建交五周年，此时召开这次会议有继往开来的重要意义。

建交五年来，中韩两国在政治、经济、文化、学术、教育领域的交流合作关系有了迅速发展。两国领导人接触和会晤日趋频繁，双方不断就共同关心的重大国际问题交换看法。双边经济往来在建交前民间经贸关系的基础上发展尤其迅猛。韩国是新兴的工业国家，有较强的经济和技术实力，而改革开放和经济高速增长的中国，不仅有广阔的市场，同时需要技术和投资。中韩经济的互补性架构，为两国经济关系的进一步发展提供了很好的条件。如今，韩国的不少大公司进入中国，发展很快并收到了良好的经济效益，像三星、大宇、现代等品牌在中国已经是家喻户晓了。

我在这里要着重讲一下中韩两国间的学术文化和教育交流。

五年来，中韩两国的人员来往和文化交流有了长足的发展。韩国各界关心中国问题的人越来越多，不少高校开设了中文课。许多青年学生到中国来学习或进行汉语培训。韩国的一些部门还成立了专门研究中国的机构，韩国学者纷纷到中国来考察讲学。在韩国可以说出现了一股“中国热”。在中国，学习韩语、去韩国公司工作也一度成为时髦：普通中国人对韩国的了解进一步加深，逐渐对这个国度有了较为客观的认识。中国学者也加强了对韩国政治、经济和历史文化的研究，和韩国学者的交流日益频繁。

中国社会科学院研究生院是一所专门培养人文社会科学博士和硕士的高等学府。她依托社科院的三十几个国家级研究所，有雄厚的师资力量，有丰富的学术信息和图书资料，有站在各学科前沿的学术优势，成为青年学子十分向往的学术殿堂，培养人文社会科学高级专门人才的重要教育基地。由于中国社会科学院在海内外享有崇高的学术声誉，社科院研究生院对外国留学生也具有极大的吸引力，许多留学生希望到这里来学习深造。今年国家教委正式批准社科院招收攻读博士和硕士学位的外国留学生。经过报名、资格审查、笔试、口试等严格程序，首次在中国哲学、中国古代史、中国现当代文学、汉语言文字学四个专业招收了 10 名外国博士生，5 名外国硕士生。事情很凑巧，这次被录取的 15 名外国研究生全部都是韩国人。其原因是多方面的。一是招生时间紧促（教委 7 月 7 日下文，我院 7 月 10 日起动），已经来不及通报美、日等国家，只有已在京的部分外国留学生得到社科院招生的信息。虽然也有少量印度、加拿大等国家的留学生报名，但考试结果，录取的全部是韩国学生。不过这也说明目前在华学习的韩国留学生数量最多，而且中国文化根底较好，所以符合录取条件的人数也多。这批韩国学生现已正式注册入学，在社科院的专家指导下开始了严格的专业学习和训练。在此之前，韩国在华企业工作人员朴起舜先生通过在职人员以同等学力申请学位的途径，已于 1996 年 6 月正式获得中国社会科学院研究生院经济学博士学位，这也是我院授予外国人博士学位的第一例。

除了这批攻读博士、硕士学位的外国留学生之外，我院自 90 年代以来还举办了多期外国留学生汉语培训班，已有数百名留学生在我院先后接受过长期或短期汉语培训，其中人数最多的也是韩国学生。这些学生在中韩经济、政治、文化、教育交流中已经发挥了重要的桥梁作用。

近年来，我院还同韩国许多大学建立了学术、教育交流合作关系，特别是在文科研究生教育方面，双方有许多可以互相学习借鉴的地方。1994 年 11 月，韩国启明大学申一熙校长率团来我校访问，两校正式签订了校际交流合作的协议。1995 年 3 月，我在代表社科院研究生院回访启明大学期间，双方又进一步作出了“每年轮流在两校召开中韩学术研讨会”的决定。1995 年 11 月，以“中韩现代化对两国政治、经济、文化和社会的影响”为主题的第一届中韩学术讨论会在韩国启明大学召开，此次会议期间，还隆重举行了授予我院汝信副院长启明大学名誉哲学博士学位的仪式。1997 年 11 月，以“儒学在中韩两国近现代化中的作用”为主题的第二届中韩学术讨论会在我院顺利召开，启明大学白承均副校长率团出席了会议。这两次研讨会都获得了圆满成功。

另外，我院还和韩国汉阳大学达成了学术、教育交流与合作的协议。协议内容包括教授、研究员之间的互访，韩国研究生暑期来华实习安排等。其中还有一项重要内容，就是共同设立“中韩研究生论坛”，推进两国以青年人为中心的学术文化交流。

近年来，两国高校教授之间的交流互访、进修讲学活动也日趋频繁，不少知名韩国学者在我院作过学术讲演，他们的讲演稿有的还发表在研究生院学报上。值得特别向大家报告的是，昨天下午，我院隆重举行了授予本届中韩论坛韩方代表团重要成员金荣国、金弘明先生中国社会科学院研究生院名誉教授的仪式，以表彰他们为中韩学术文化交流所作出的突出贡献。

总之，我院与韩国大学院校之间的交流合作已经取得了一些可喜的成绩，为了更好地促进两国学术文化和教育交流的发展，我们在今后准备采取一些更为切实的措施：

一，开展多层次多渠道的交流活动。我们不仅要同韩国的大学院校之间建立交流合作关系，而且还可以拓展到韩国的一些学术研究机构。除了教授学者之间的交流外，还要创造条件让我们的研究生有到韩国去进修学习的机会。

二，我们不限于对韩国留学生进行短期语言培训，还要逐渐扩大招收攻读博士、硕士学位的外国留学生的学科专业和招生规模，使包括韩国学生在内的更多外国留学生有到我院来学习深造的机会。我院明年除继续在文史哲学科专业招生外，还计划在经济学科开始招收外国留学生，下个月就要和招收国内研究生同步启动报名考试工作。目前韩国学生来中国学习的很多，而我们的学生去韩国学习的很少，不能形成相对平衡的双向交流运动，这种情况以后要争取有所改观。我们的学生不要只盯住欧美国家，其实韩国也有很多值得我们学习借鉴的地方，特别是在传统文化的现代转换和市场经济运作方面。

三，要进一步推动两国学者之间的学术交流以及在科学研究方面的合作。双方举行定期或不定期的学术讨论会，互派进修访问学者，互聘教授长期（一年、半年）或短期（一月、半月、一周）讲学，两国教授共同完成某些科学研究课题，等等，都是可以采取的有效形式，这些对于学术交流的进一步拓展和深入都大有好处。

我们相信，通过两国民间机构的共同努力，通过我们院校之间的交流合作，到下个世纪，中韩两国的学术、文化和教育交流一定会达到一个新的水平。这是对我们双方都有利的事情，特别是为下一代的友好交流与合作创造条件，为中韩两国人民世代友好下去打好基础，我们何乐而不为呢？中韩友好合作将为东亚的腾飞作出积极的贡献。

（本文是作者1997年11月6日在第六次中韩论坛的发言。原载《当代韩国》1997年第4期）

强化教育功能，把社科院从一个中心变成两个中心

研究生院是社科院的一部分，它的职能是做学位和研究生教育工作。研究生教育在社科院建设发展中的作用，在今天已经看得很清楚了。社科院现有在岗工作人员 4000 人，其中有 1000 多人是研究生院毕业的博士和硕士，许多已成为各单位的领导和业务骨干。学位工作也很重要，社科院如果没有那么多博士点和硕士点，那么强的博导阵容，它在我国人文社会科学方面的学术优势和领先地位就不能充分显示出来；学位工作对我院的学科建设也起了积极促进的作用。

研究生院经过 20 年的建设和发展，在今天已具有一定的规模，在国内外的影响越来越大。主要是它培养的 500 多名博士、2000 多名硕士已大批脱颖而出，越来越成气候。研究生院过去 20 年走过了艰难曲折的发展道路，最初七年没有自己的校舍，靠借别人的房子来办学，条件十分艰苦。办学道路的曲折突出地表现在发展规模的大起大落上：第一届招收硕士生 400 多人，89 年只招收硕士生 2 人，接着停招三年硕士生；研究生院规模最大的时候曾经达到 800 多人，90 年代初全校只有 100 多名学生，显得十分萧条。我 94 年来的时候，院领导指示，研究生院在本世纪就稳定在 400 人左右的规模，95 年秋季以后就达到这个规模了。今年计划招收博士生 120 人，硕士生 60 人，外国留学生 20 人，加起来是 200 人。如果明后年招生也是这个数字，那么到世纪之交，在校研究生就可以达到 600 人的规模。就我们现有

的办学条件来说，这个数字已经达到极限了。研究生院这几年处在一个相对稳定发展的时期，招生数量逐年有所增加，招收培养外国留学生的权利拿下来了，校外研究生课程班的发展势头很好，教材建设、题库建设等教学规范化建设也取得了较大进展。但是我们办学中的矛盾和困难也很多。最大的问题是办学体制不顺，严重地影响和制约了我院研究生教育的发展。原国家教委在指导思想上不支持科研单位独立办学，强调必须和高等学校联合，而以高校为主。教委至今不承认我院是正式备案的研究生院，甚至不承认是高等学校。我院是 1978 年经党中央、国务院批准建立的，教委也不能取消，但是在招生名额、设立专业学位等方面给予很多限制。教委强调科研单位招研究生就是为本单位培养科研后备力量，为社会培养人才是高等学校的任务，因此给的招生名额就很少；也不给办工商管理硕士（MBA）、法学专业硕士的权利，为社会培养这类应用型人才也是高等学校的专利。我们办学和一般高校不同，不是按在校学生人数由国家计划单列拨款，而是从社科院有限的科研经费中拿出一部分来办学，招的学生越多社科院就赔钱越多。经费短缺和办学的物质条件太差也严重地制约了我院研究生教育的发展。以上讲的是我们的现实情况。

我今天主要想讲两点意见。一点意见是，就面向 21 世纪的社科院发展的前景来说，我主张要充分发挥社科院的人才智力优势，强化其教育培养人才的功能，把社科院从一个中心变成两个中心。94 年我第一次参加社科院工作会议，胡绳院长在工作报告中提到，要把社科院建成全国人文社会科学的研究中心。当时我就想，许多重点高校都提两个中心，既是教育中心又是科研中心，科研与教学相互促进。社科院作为全国人文社会科学研究中心是理所当然、不成问题的，我们为什么不同时提出也要成为人文社会科学人才的教育培养中心呢？以后这个问题继续存在着。我个人认为，“两个中心”的提法比较好些，位置可以与重点高校不同，人家把教育中心放在前面，我们可以把科研中心放在前面。事实上社科院也应该同时具有这两种功能，出科研成果和出人才并重。搞科研和教育培养人才是可以互相促进、相辅相成的。科研人员参加一些教学实践活动，经常和青年接触、讨论，学术思想可以增加活力，永葆青春，他的学问也有人传承。另一方面，科研水平高，对提高教育质量也有直接帮助。所以我主张社科院在今后的发展中，要进一步强化它的教育培养人才的功能，明确提出“两个中心”的口号，让我们的高级研究人员，既在社科研究中，也在教书育人方面，充分发挥他们的积极作用。

第二点意见，怎样强化社科院的教育功能，把它同时建成一个人文社会科学高层次人才的教育培养中心？我提出两种思路、两个方案。

一种思路是以已经办学 20 年的研究生院为基础，社科院独立创建或者与北京某一所或几所文科高校联合共建一所中国社会科学大学。类似中科院办的中国科技大学，争取由国家计划单列拨款，办成一所名符其实的高等学校，这样就不受教委关于科研单位办学的限制，可以与其他高校平等竞争了。我们可以办成一所研究型的大学，本科生和研究生的比例为 1∶1，与国外某些高层次的大学相似。社科院是完全有条件办好这样一所大学的。清华大学老校长梅贻琦先生有一句名言：“大学者，非大楼之谓也，乃大师之谓也。”社科院办学的物质条件不好，但是大师级的学者很多，这是办大学最重要的条件。物质条件总是可以争取慢慢改善的。我希望社科院在 21 世纪能够形成一个包括大学本科、硕士研究生、博士研究生、博士后在内的成龙配套的高层次人才培养教育体系，形成良好的机制，出大批优秀人才，社科院将来在国内外的影响必然会越来越大。

第二种思路是基本维持现状，局部改善研究生院的办学条件，适当扩大研究生招生规模。到本世纪末，学生达到 600 人，现有办学条件就饱和了；到下个世纪，再要扩大办学规模，譬如达到 1000 名在校生，就要再盖房子。研究生院校园只有 37.8 亩，占地面积连一所普通中学都不如，没有学生运动场地等起码的办学条件。现在还剩下最后一块地皮，就是现在的车库所在地，我们希望院里支持，拨专款在那里盖一栋高层的研究生教学综合楼，加上现有房屋适当调整，还可以多招一些学生。不过，基本上维持现状的方案，办学经费还要社科院出，还是不符合教委关于办研究生院的规定，还是不能摆脱对科研单位办学的那些限制，只能在许可的范围内来求生存和发展。

以上两种思路、两个方案，办社科大学的方案难度要大一些，办成了前景就比较好；后一个方案相对来说难度小一些，但也要经过努力。我们希望新一届社科院领导下决心实现第一方案，退而求其次再考虑第二方案；也可以先实行第二方案，再进一步争取实现第一方案。不论实行哪一个方案，我都希望社科院能够明确提出“两个中心”的口号，强化教育培养人才的功能。我们今天落实“科教兴国”的战略，社科院在科研和教育两个方面都是可以大有作为的。21 世纪的社科院，如能成为既是人文社会科学研究中心，又是人文社会科学高层次人才教育培养中心，它对我国社会主义现代化建设必将作出更大的贡献。

（本文是作者 1998 年 4 月 17 日在中国社会科学院所局长、党委书记会上的发言）

以院庆作为推动改革与发展的契机

——在一九九八届研究生毕业典礼上的讲话

各位领导、各位来宾、老师们、同学们：

在研究生院即将迎来20周年院庆的前夕，我院又有162位研究生顺利地完成了学业，分别获得了博士和硕士学位。今天我们在这里隆重举行1998届研究生毕业典礼和学位授予仪式，同时颁发几项奖学金，这是一个大家都很高兴的日子。我们感到特别高兴的是，中共中央政治局委员、中国社会科学院院长李铁映同志今天也光临研究生院，出席我们的毕业典礼和学位授予仪式；我们也十分感谢忍之书记、汝信副院长、滕藤副院长、永枢副院长和李英唐等社科院领导同志的光临，感谢各位导师和各系负责同志的光临。对于全体毕业生和学位获得者来说，你们的光临将使今天这个本来就是收获和喜庆的日子，变得更加富有意义，更加令人鼓舞和难以忘怀。

今天获得博士学位的共有118人，除了两位是以同等学力申请博士学位的在职人员之外，大多数都是我院1995级博士研究生，也有几位是延长学籍的往届博士生。今天获得硕士学位的共有44人，其中本院1995级硕士研究生32人，我院和香港树仁学院联合培养的社会学硕士研究生班学员6人，在职人员以同等学力申请硕士学位的6人。以上博士、硕士学位获得者都经过了全部学位课程学习、考试，学位论文答辩，系、院学位资格审查的严格程序，完全符合国家学位条例的规定，才分别获得博士和硕士学位的。这是他们经过三年或多年苦读，付出了艰辛的劳动和作出了多方面的牺牲，所取得的光荣成果，也是党和人民、各级领导、全体导师和教职员工关心爱护和精心培育的结果。我在这里向全体毕业生和学位获得者表示热烈的祝贺，向各级领导和全体导师、教职员工表示衷心的感谢。

再过两个月，我院就要迎来20周年院庆，全院师生员工、我们的校友和社会各界都非常关心这件事情。已有十多家报纸刊登了我们的院庆通告，有的报纸还以“与改革开放同步”“人才辈出的20年”为专栏标题开始发表纪念文章；院史陈列馆经过紧张的筹备和制作，今天已经开放预展；一套系列资料书和一部大型纪念画册近期也将陆续出版。“20周年院庆一定要好好搞一搞”，这是全院师生员工、特别是广大校友的强烈愿望。他们为什么会有这种愿望呢？一位毕业多年、现在已是社科院一个所的负责人的老校友对我说：“我们当年作为社科院研究生院的毕业生感到非常自豪，这种自豪感现在不说没有但至少是减弱了。党中央批准我们建立研究生院时确定的规模是1200人，现在规模上不去，办学条件也上不去，教委对我们有许多政策性限制，社科院支持的力度也不够大，研究生院在国内外的声誉和影响远不如原来预期的那样高。大家都希望通过这次院庆活动，好好总结、宣传一下20年来的办学成绩，提高研究生院的知名度；同时也总结、反思一下办学中存在的问题，争取在下个世纪以一种新的姿态和面貌出现于中国，出现于世界。”这位校友的话有一定的代表性，代表了广大校友和在校师生员工的心情。北大今年百年校庆搞得很红火，很有气派，一位北大教授在《读书》杂志上发表一篇文章：《想起76年前的纪念》，在一片庆贺声中，他提出要把生日同时当作“反省日”“忏悔节”来过。我院许多同志在迎院庆时是有这种“反省”“反思”精神的，这种“反省”“反思”精神中就内含着一种改革精神、发奋图强的精神，而不只是庆祝成绩、评功摆好、歌舞升平。铁映同志最近也指示我们：20周年院庆要好好搞一搞，趁此机会把办学条件、管理制度改善一下，能社会化的尽量社会化。要提高研究生院的规格、声誉、水平，有声誉才能得到支持。这一指示也是贯彻了改革的精神，是对我们的鞭策和鼓励。我们面临着信息化和知识经济的时代，必须按照现代化的要求和管理模式来办研究生院，才能办出新水平，办出高规格，才能在国内外有良好的声誉。“有声誉才能得到支持”，我认为这句话说到点子上了。我们总是希望得到各方面更多更大的支持，但首先自己要做好工作，取得显著的成绩，提高声誉和规格、档次，人家才乐意支持你。不能老是要人来“扶贫”。“有声誉才能得到支持”，得到支持就可以把工作做得更好，这样才能形成良性循环。记得铁映同志去年在社科院工作会议上还说过一句话：“有为才能有位。”我们总是呼吁要提高人文社会科学的地位，怎样提高地位呢？首先我们自己要有所作为，多出社科精品，在科教兴国和两个文明建设中显示出你有不可或缺的重要地位。“有为才能有位”“有声誉才能得到支持”，这两句话都包含着辩证法的道理。

研究生院办学20年当然是有成绩的，到今年暑假前，我们已经为国家培养了653名人文社会科学博士，2135名硕士，还有几百名在校博士生和硕士生。和高校相比，这个数量并不算多，但是我们的毕业生成才率是比较高的，涌现出来各方面的优秀人才比较多，层次比较高，这是得到社会公认的。研究生院依托于社科院30几个国家级研究所办学，学科专业齐全，导师力量雄厚，文科博士点和博导数量都位居全国第一，这个优势是我们特有的。还有一点，就是研究生院是一个有着优良的学风和传统的学校，从首任院长周扬同志开始，就强调要继承和发扬我们党一贯倡导的“实事求是，艰苦朴素”的传统；历届社科院领导和研究生院领导都教导研究生们要打好马列主义、毛泽东思想、邓小平理论的基本功，坚持理论联系实际，以研究、解决中国的实际问题为主；社科院的传统特别强调认真读书，刻苦钻研，“板凳要坐十年冷，文章不写半句空”，当年范老讲的这句话一代一代地传了下来；我们还提倡“学行并重，德业双修”“严谨治学，高尚做人”，要把做人和做学问很好地统一起来。这些好的传统发展到今天，才会有在研究生中自觉地开展的争创“六个一流”的活动。总结20年的办学成绩，我们对继续办好研究生院是有信心的。

同时我们也清楚地意识到，20年的办学道路并不平坦。正如院庆通告中所说的：“艰辛与业绩并存。”研究生院早期有七年没有自己的校舍，靠租借别人的房子来办学，条件十分艰苦；中期曾经有过一次严重的生存危机，1989年后停招四届硕士生，90年代初期全校只有100多名在校生，显得十分萧条，研究生院能不能办下去都成了问题；直到最近几年，才又恢复到正常状态，进入了一个新的相对稳定发展的时期，稳定在400至500人的规模，招收外国留学生的权利也拿下来了，为今后的发展打下了一个比较好的基础。正是在这个发展时期，一些本来就存在的矛盾更加尖锐地暴露出来了，突出地表现为社科院的导师多和招生名额少的矛盾。这几年研究生招生名额虽然已经逐年有所增加，但与我院雄厚的导师力量还是很不相称，每个导师平均三年才能招到一个学生，大约相当于高校导师平均招生数量的五分之一。各系导师教书育人的积极性很高，但是不能充分发挥出来，这在一定意义上说是教育资源的浪费。由于招生人数少，我院一些很有特色的、有传统优势的学科多年招不到学生，逐渐萎缩甚至断后，国务院学位委员会进行学科评估时评为不合格，甚至要撤销学位点，或者亮黄牌警告。造成我院招生人数少、办学规模上不去、教育资源浪费的原因是多方面的，但主要还是由于办学体制不顺包括投资渠道不顺造成的。借用一句政治经济学的术语来说，就是生产关系束缚了生产力的发展，在今天就要通过改革来解放生产力，把社科院丰富的教育资源所蕴藏的能量释放出来，使它在下个世纪能够为我国人文社会科学研究生教育事业作出更大的贡献。

铁映同志最近对研究生院的工作作了许多重要指示，对研究生院在下个世纪的发展提出了很高的要求。他讲话的一个中心思想，就是在我们这个研究生院，要培养中国人文社会科学的“大家”。要努力创造条件，争取在下个世纪能够出一批像郭沫若、钱锺书、夏鼐这样的学术大家。“大家”的胚子就要靠研究生院来选材、来培养造就。他有个提法：硕士以基础深厚取士，博士以论文优秀取士。要提倡跨学科深造，社科院研究生院可以招理工科大学的优秀毕业生；大学本科学文学的，硕士阶段可以读经济，再读一点哲学或者法学，具有两三个学科的专业知识基础，造就学识渊博的“大家”的胚子。硕士重基础，博士就要看论文了。博士论文必须在学科前沿有所创造，有所创新，而不能只是搞综述。博士就应该是国家知识创新体系中的重要的创新人才。二十七八岁拿到博士学位，再苦干十年就有可能成为“大家”。铁映同志还强调，研究生院一定要解决办学条件现代化的问题，要办成最先进的国际化的高等研究学院，计算机要普及，外语要彻底过关，请外国教授来直接讲课，可以搞单科独进。总之，一切着眼于为国家培养第一流的优秀人才。我们要很好地领会铁映同志的这些办学思想。他的重要指示对研究生院的工作是极大的支持、鞭策和鼓舞，同时也代表了社科院领导对研究生院工作全力支持的态度。

20 周年院庆是一个很好的转折的契机。我们要抓住这个机遇，着重考虑一下面向 21 世纪的研究生院的发展战略问题，在总结过去工作的基础上，根据新的时代的要求，考虑如何充分利用发挥社科院的资源和优势，找到解决我们办学中的困难和问题的办法，提出下一步的奋斗目标。知识经济时代呼唤大批有创新意识和创新能力的人文社会科学专家，在国家知识创新体系中发挥其特有的、科学技术专家所不能替代的功能和作用；社科院又具有为国家培养更多的人文社会科学高层次人才的能力，主要是有得天独厚的导师资源，浪费掉是很可惜的；而不适应现代化要求的管理制度和相对落后的办学条件，通过人的努力总是可以改变的。所以我们对研究生院的未来充满信心，经过努力，不但 20 年前确定的 1200 人的办学规模可以实现，而且还有可能为国家培养更多的社科优秀人才。

同学们，你们大多数是 1995 年入学的，在研究生院相对稳定发展的时期在这里学习了三年，你们对这个学校的优势和问题、困难都有一定的了解，在某些方面甚至还有很深切的感受，大家都很关心母校的建设和发展，希望临别时留下你们宝贵的批评或建设性的意见，作为对20周年院庆的献礼。你们在20周年院庆的前夕离开了母校，我也衷心希望你们能够继承研究生院的光荣传统，像以往各届出色的毕业校友一样，在各条战线、各自的工作岗位上做出突出的成绩，为母校增添荣光。希望你们把“六个一流”的精神，带到各自的工作岗位上去，带到终生的工作实践中去。记得在去年毕业典礼上，一位在校研究生代表发言说：“今天，我们以作为中国人文社会科学最高学府的学生而自豪；明天，研究生院将以有我们这样的学生而感到骄傲!”这句话说得很好，我希望每个同学在今后都能做出令母校感到骄傲的业绩。这句话也说明，每一个同学和研究生院，研究生院和每一个同学，永远都是联系在一起分不开的。我作为院长，临别时最后要说的一句话是：祝同学们鹏程万里！

谢谢大家。

（本文是作者1998年7月9日在中国社会科学院研究生院1998届研究生毕业典礼上的讲话）

努力培养知识经济时代需要的人文社会科学创新人才

——在人文社会科学研究生教学与教材研讨会上的讲话

各位专家、各位老师、各位从事研究生教育工作的同行朋友们：

正值中国社会科学院研究生院庆祝建院20周年之际，你们从全国各地来到我院，参加由我院主办、经济科学出版社协办的“人文社会科学研究生教学与教材研讨会”，共同探讨人文社会科学研究生教育、培养和教材建设等问题，为我国面向21世纪的研究生教学与教材建设献计献策。我们想借这次群贤毕至的机会，虚心学习兄弟院校成功的办学经验，提高我院的研究生培养质量，努力培养知识经济时代需要的人文社会科学创新人才，为21世纪中华民族的伟大复兴作出应有的贡献。

中国社会科学院研究生院成立于1978年，与中科院研究生院一起是我国最早成立的一所人文社会科学研究生院。她的诞生，不仅是中国社会科学院的一件大事，而且也有利于我国人文社会科学高级研究人才培养工作的发展。

20年来，在中国社会科学院党委的领导下，在教育部和国务院学位委员会的指导下，紧密依靠中国社会科学院的著名专家群体，经过全院师生员工的共同努力，我院目前已成为我国培养人文社会科学研究生学科专业最多、师资力量最雄厚的研究生院之一。我院拥有哲学、文学、史学、经济学、法学五大学科门类，有博士学位授权专业

47 个，指导教师 300 多人；硕士学位授权专业 58 个，指导教师 400 多人。目前已毕业 653 名博士，2135 名硕士和一定数量的在职研究生课程班学员，他们已经成为或正在成为各个领域里的优秀人才。我院从 97 年开始获准招收外国留学生，去年招收外国留学研究生 15 名，今年又新招了 24 名。现在，我院已形成为有一定的招生规模、层次结构相对合理、培养质量较高的人文社会科学研究生院。

20 年来，对于如何办好人文社会科学研究生院，高质量地培养人文社会科学的理论研究和实践人才，我们作了一些探索，历届社科院领导和研究生院领导都十分重视研究生院的办学方向问题，学风和传统问题，培养质量问题，提出过很多重要意见。我们在研究生教学组织管理和教材建设方向也做了一些工作，积累了一些经验。有些做法是适合我院特点的，不一定有共性。现归纳为几条，与大家共同研讨。

一，始终重视和十分强调对研究生进行马克思主义基本理论教育的重要性。我们培养的是人文社会科学研究生，是我国人文社会科学教学理论研究的后备人才，是社会主义两个文明建设的骨干力量，因此，他们的世界观、人生观和价值观，他们的马克思主义基本理论素养如何，直接关系到我国社会主义现代化建设事业的成败，关系到党和国家的兴衰。因此，提高研究生的马克思主义理论水平，不仅是马列课的任务，而且也是三年研究生教育中各个环节的共同任务，是我们坚定不移的、一以贯之的教育方针。具体而言，我们重点做了以下几项工作。

第一，重视马克思主义理论课的课堂教学，从实际出发，不断更新教学内容，改革授课与考试方法。马列课是硕士和博士研究生的公共必修课，授课对象不同，教学内容和教学方法也有区别。硕士生重点研读马列原著，理解原著的精义；博士生主要学会运用马克思主义的基本观点、方法，分析和解决各种理论与实际问题。博士生的马列课《马克思主义与当代社会思潮》我院是分专题进行讲授，每个专题均聘请院内外著名专家学者讲授。讲授中间穿插几次课堂讨论，培养研究生运用马列原理进行独立思考和分析问题的能力。硕士、博士的马列课不只是交篇作业就了了，考试分口试和笔试，分别记分。口试抽题分布面大，学生要全面复习准备。考试方法的改革，也增强了研究生学马列的积极性。

第二，十五大以后，全国掀起了学习邓小平理论的热潮，我院及时对研究生马列课的内容进行了适当调整，增加了邓小平理论的内容，把学习党的十五大文件与研究生的马列课教学紧密地结合起来。

第三，在专业课的教学中，加深研究生对马克思主义基本原理的理解和实际运用。我院所设专业都是人文社会科学专业，各学课从基本理论到研究方法都与马克思主义紧密联系，息息相关。可以说，研究生们将来要在自己的专业领域里作出较大的成绩，没有深厚的马克思主义理论功底是不行的。因此，我院要求导师在讲授专业课时，结合本专业的知识内容和研究方法，继续加强对研究生的马克思主义理论教育，使之真正化为他们的世界观和方法论，来自觉指导今后的人文学术研究和人生实践。

二，在研究生教育与培养过程中，重点抓“三个环节，一个关键因素”。“三个环节”是指招生、培养和学位论文，“一个关键因素”是导师的指导。在招生中，我们坚持宁缺毋滥的原则，严把入学关，把德才兼备、具有培养前途的有为青年，招进我院。为了全面考察考生的情况，除笔试外，我们还建立了院、系两次面试制度，由研究生院对考生进行全面素质的考核。看实际水平，笔试成绩合格者，到系里经过专业知识的面试后，系里还要派人到考生所在单位进行政审，确保考生全面优秀。研究生入校后，要进行为期一周的入学教育，学习一些重要文件和学校的规章制度。在研究生培养阶段，我们主要做了以下工作：第一，拓宽研究生的知识面，要求专与博相结合。根据学科门类和我院特点，设置了哲学、文学、史学、经济学、法学和国际学科六个学部，学部各系共同开设专业基础课；各系开设专业课。

我们要求研究生至少要选修一门跨学课程，记学分。第二，严格课堂教学纪律和考试制度，对违纪和考试作弊的研究生严肃教育，认真处理。第三，培养研究生的知识创新能力。文科研究生就是读书，同时要善于思考，研究问题，要勤于动笔写作，写文章可以使思维精密化，系统化，受到思维创新的训练。我们鼓励研究生在完成学位课程之余，发表专业学术论文，并设有优秀科研成果奖，每年评一次。学报设有“研究生文摘”专栏，摘要介绍研究生们在各报刊发表的优秀论文。第四，社会实践是文科研究生的一门必修课。我们规定须至少有八周（两个月）社会实践的到课时间，有多种形式，老师带出去搞社会调查，一些地区的城市的经济社会发规划，我们也尝试建立社会实践基地，有的没有坚持了下来。社会实践有许多问题，包括经费问题人家欢迎不欢迎，关键是你要对社会作贡献，用专业知识为地方经济社会发展服务，人家就欢迎经费也好解决，另一方面，社会实践要对我们培养研究生有实际帮助，有助于全面系统，有助于专业学习我院在学生社会实践方面作了一些尝试。前几年，我院曾选派少量博士生到贵州省六盘水地区、陕西省商洛地区挂职锻炼，在积累经验的基础上，去年七月，我院派出了 39 位博士生服务团到重庆市挂职锻炼，时间半年到一年，最后一批本旬下旬回来。总的来说，这次活动的效果是不错的，他们在完成学业的同时，人生也得到了一次难得的经历，为他们毕业后走向社会打下了良好的基础。当然，半年或一年挂职锻炼也会在一定程度上影响这些同学的专业学习和论文写作，我们正在考虑是否适当延长他们的学习时间，采取弹性的学制，以保证有充分的时间学习专业知识和写作博士论文。探讨培养研究生的模式是改革开放为我们提出的新的课题，我们认为，我国培养的人文社会科学研究生应当有两个基本的知识结构，一个是要有中国传统的人文素养，一个是要对中国的现实问题有较深刻的认识。很难想象一个对中国传统文化没有深入了解的研究生能够写出优秀的文、史、哲方面的论文，也很难想象一个对中国改革实践没有切身经历的研究生能写出优秀的经济学、法学论文。第五，学位论文是衡量研究生学习期间专业水平的一个主要依据，也是检验培养教育质量和学校教学管理水平的主要指标。博士论文要求创造性成果，论文写作是培养研究生创新能力的重要手段。我们在抓学位论文质量方面做了三件工作。第一件工作是建立博士学位论文开题报告制度。要求博士生在第二学年的第一学期写出论文开题报告，由各系组成的专家组对其开题报告进行审议，博士生应就其论文的选题，资料搜集情况，国内外目前对该课题的研究现状，论文的结构框架，论文的创新之处作出说明，专家组根据博士生的以上情况，作出是否通过的决定，开题报告通过之后，才能正式开始写作。第二件工作是严格论文答辩制度和论文评定审查制度。博士和硕士论文答辩委员会的成员，由系学位评定委员会统一研究决定。导师自己请同行朋友就难免投情面票。系学位评定委员会和院学位评定委员会严把论文质量关，未达水平的论文决不让其通过，我院每年都有 1—2 名毕业生未通过论文答辩，或虽通过论文答辩而未授予学位。第三件工作是评选优秀学位论文，并予以表彰，将优秀的博士学位论文推荐给中国社会科学出版社或其他出版社出版。第六，建立硕士生中期筛选制度。我院硕士生数量不多，从 93 年开始建立中期筛选制度。学位课程学完后，根据硕士生的学习成绩、平时表现及科研能力，对他们进行一次全面的中期考核，推荐优秀硕士生免试攻读博士学位，对不合格者劝其退学，发给肄业证书。这项制度的实施，大大促进了硕士生的学习积极性，也进一步强化了教学管理。

在研究生培养中，导师是关键因素，我院博士、硕士研究生都是实行导师制。导师的人格和学识对学生有潜移默化的深刻影响。导师对研究生要求是否严格，也影响研究生的培养质量，有两句话：名师出高徒，严师出高徒。都有道理，后一句更反映培养人才的规律性。社科院集中了全国人文社会科学领域的一批名师，总的说，培养出来的学生素质是比较好的，毕业生中成才率高，人才层次高。在他们的言传身教下，一批批青年学子深受其惠，逐渐成长为新一代学科带头人。由于我院是所系合一体制，学生住宿地与导师所在的研究所不在一起，给导师与学生的接触带来了一些不便，但我们尽量给予学生提供一些方便，如每月发给一笔交通费，要求学生与导师每星期见面一次。导师要给学生布置一定数量的阅读书目，并且要定期检查阅读效果和读书笔记。同时，我们也鼓励研究生参加导师的研究课题，在与导师的合作研究中，了解最新的理论动态和最新的改革政策，培养研究生的合作精神，开阔研究生的学术视野，提高他们的科研能力。

三，硕士研究生教材建设是我院近几年着重抓的一项工作，已初见成效。我院招收硕士生人数较少，有的系一年只招1—2名硕士生，给硕士生的课程教学带来了一些难度，我们想通过教材建设来规范硕士生学位课程的知识内容和教学要求。同时，校外研究生课程进修班的教学和题库考试也需要有规范化的教材作为依据，保证其教学质量。这是一项探索性的工作，没有以往的经验可借鉴，我们在教材建设中力图做到以下几点：1. 统一规划，根据硕士生的学位课程来确定教材名称，统一制定编写要求，做到每本教材体例统一，装帧设计一致；2. 教材主编由我院各学科博士生导师担任，主要编写人员为我院导师和各所研究人员；3. 教材内容要系统、科学、准确，客观知识的介绍要有理论深度，要反映目前国内外的最新理论动态，同时也适当保留作者的学术个性。我们计划在今年底推出10—15本教材。从已出的几本教材来看，各方面反映还不错，《社会主义市场经济学》已被全国一些高校选用作为研究生教材，已出第二版，现正在进行第三次修订，准备明年出第三版。各位来我院参加这次研讨会，还请多提宝贵意见，帮助我们把这项工作做得更好。除了经济类教材外，我们还将重点推出一批公共性较强的文史哲学科教材。

20世纪即将过去，21世纪即将到来，科学技术的迅速发展给人类社会带来了巨大变化，深刻地影响到政治经济和社会文化，也对我们研究生的教育带来了挑战与机遇。如何迎接知识经济时代的到来，在21世纪培养出更多合格的人文社会科学研究生，是我们教育工作者必须认真考虑的问题。我们认为，面向21世纪的人文社会科学研究生培养与教育工作，应把握以下几点：

第一，在当前和今后，文科研究生教育必须把深入学习和深刻领会邓小平理论放在重要地位。邓小平理论是当代中国的马克思主义，每一个人文社会科学研究生都应当在认真研读邓小平著作的基础上，结合我国改革开放的伟大实践，深刻领会邓小平理论的精髓，用邓小平理论来指导人文社会科学研究和自己的人生实践。

第二，要不断更新研究生课堂教学的内容。研究生的课堂教学，尤其是硕士研究生的课堂教学，导师授课之前要认真备课，教学内容要不断更新，要能反映目前学术界的最新动态和理论前沿。在教学方式上，师生共同研讨的方式比较适合研究生教育的特点和要求，讨论前要求学生在认真读书的基础上有所准备，在研讨中鼓励发表不同的意见，激发学生的创造性思维，调动他们深入研讨问题的积极性，培养独立思考的能力。

第三，研究生教育要着重培养学生的知识创新能力。“周虽旧邦，其命维新。”创新能力是一个民族得以生存繁衍的重要保证。世界正进入知识经济的时代，知识经济的一个重要特征就是在传统知识的基础不断创新、不断突破，从而形成新的知识体系。人文社会科学领域的知识创新，主要表现为，在不断总结人类物质文明和精神文明成果的基础上，创造性地提出对我们的改革实践具有指导意义的正确理论、观点和方法。研究生正值人生思维活动最敏锐的时期，较少受陈见的束缚，具有理论创新的勇气。因此，学校和导师都要引导研究生开展理论创新活动，鼓励他们发表具有创见性的学术成果。

第四，要全面提高研究生的素质，做到博通与专精相结合。素质教育已成为我国教育改革的一项重要内容，研究生的素质教育应把知和行统一起来，把做人与做学问统一起来，在他们增长专业知识的同时，全面提高他们的综合素质。现代社会需要的是具有广博知识的专业人才，在研究生培养中，应增加跨专业选修课的分量，人文社会科学研究生都要能熟练地操作电脑，还应学一些自然科学的基本知识。我们准备在今后增开现代科学技术基础知识讲座，以及有关人文社会科学与自然科学相结合的课程，改善我院研究生的知识结构。

在人文社会科学研究生培养方面，在座各位同行都有丰富的实践经验，都有许多好的做法和体会，我们愿在这两三天时间里，恭听大家的意见。这次会议主要是想为大家提供一个交流的机会，让我们共同为国家培养新一代德才兼备的人文社会科学专家而努力。我们研究生院条件简陋，会议期间照顾不周之处，请各位原谅。祝大家身体健康。

最后祝这次研讨会圆满成功。谢谢大家。

（本文是作者 1998 年 7 月 13 日在人文社会科学研究生教学与教材研讨会上的讲话）

努力培养大批优秀的新闻学后备人才

——在新闻系博士生导师研讨班的讲话

【原编者按】 我院新闻系今年新设博士点，他们首先对博士生导师进行培训的做法，值得推广。方院长在新闻系博士生导师研讨班的讲话，对各系博士生培养工作，尤其对各系新上岗的博士生导师，都很有参考价值。

我院新闻系办学的特点是新闻教学、新闻研究和新闻实践三结合。经过 20 年的建设发展，新闻系办学取得了很大的成绩，培养了 600 多名硕士，为我国新闻事业的发展做出了重要贡献。20 年后发展到一个新阶段，建立了博士点，开始培养新闻学博士研究生。就办学单位来说，这是一个质的飞跃。

我们非常感谢人大方汉奇教授、复旦丁淦林教授对新闻系办学的支持。这种感谢不只是一种形式，而应是实质性的。我们要培养出大批优秀的新闻学的后备人才，大批合乎规格的博士、硕士，为新闻学科和新闻事业的发展做出更大的贡献，这才是一种真正的感谢。

关于博士生培养工作，我谈几个值得注意的问题。

一，严把招生关。我们培养的博士是最高层次的专业人才。就新闻学来说，将来培养出来的都应该是我们新闻战线的骨干，新闻业务、新闻理论研究、新闻教学的骨干，有些人可能成为这些方面的顶尖人物。所以选才非常重要。一定要把那些政治素质、业务素质都比较好的青年同志选拔出来，招进来。我们知道，现在的报考者各种动机都有，有的人考研就是为了考户口，转换工作性质。

我国的学位有三个层次：学士、硕士、博士。在办学实践中，我们感觉到有的学生培养出来不理想，博士不博。“博”的问题实际上在读博士生的三年中是不可能完全解决的，主要靠原来打下的基础。所以选才就非常重要，一开始就要注意考察学生的基本素质和专业基础，知识面是否宽广、扎实，是否是博学多识的可造就之士。

学士只是专业入门，硕士就要系统地掌握本专业各方面的情况和资料，对本专业所属的主要学科都能有一个基本的了解。博士主要是能够在某些问题上提出创造性的见解，而且这些创造性的见解要在学术上能够站得住脚，对实际是有用的、有效的，才达到了博士的水平。博士生必须有独立研究的能力。所以在选才上，学生的知识面是否宽广，是否对本专业一些最基本的知识、最基本的资料有所了解，很重要。特别是对有些跨学科的考生，更应该注意考察他是否具有本专业的一些基本知识，否则进来后补课的任务太重，做博士论文的时间就不够了。

博士生的入学考试，除了笔试之外，还必须面试。导师应该和考生直接接触，对他有比较全面的了解。导师一定要看学生的硕士论文，要看他过去已经发表过的科研成果，哪怕是读书笔记，也可以看出他做学问是否入门了。我觉得同考生直接见面、谈话是很重要的，学生的知识基础如何，思维能力怎样，是否有点灵气，是否有点悟性，在谈话中都可以感受到。另外，学生的政治素质、学术理论倾向和道德人品也是很重要的，入学前的政审重点要了解这些方面的情况。

实践证明，在严把招生关这一点上做得不认真，最后苦果还是我们自己吃。学生的素质好一些，带起来就不费劲，你一点就灵。有的学生基础较差，你就是很费劲也难帮上去，老师和学生都很痛苦。所以招生有一条重要原则：“宁缺毋滥。”

二，因材施教，制订切实可行的培养计划。我在带博士生的时候，要求学生尽可能早些确定博士论文选题，至少明确选题的大方向。博士生三年一般学位课程集中在第一年，要用两年时间来准备和写作博士论文。博士论文必须是创造性劳动的成果。论文是学生是否达到博士水平的一个主要标志。导师在了解学生的学业基础的时候，同时就要了解他在攻博期间准备进一步研究的方向。有的学生早就有论文选题的设想，有的不一定有具体设想，只有一个大体的意向。有的博士论文选题就是他的硕士论文研究课题的深化，这也是可以的，他的研究积累就不是三年，而是有六年功夫在里面。

论文选题一般是学生自己选择，然后和导师商量。导师要帮助学生判断这个题目是否具有前沿性，有没有可能有所突破，有所创新。当然这个选题如果和导师的研究方向比较接近，甚至很一致时，导师可能会更好地发挥其指导作用。但是有的学生的选题可能是导师不熟悉的，导师只能从宏观上判断这个选题是否能够做出新意，对它的意义一般能够比学生有更全面的了解和把握。但要指导学生做好这个题目，自己必须首先学习、研究，就是方汉奇教授讲的“早半拍”。往往有这么几种情况：一种是学生的选题，导师认为基本上可以；一种是导师帮助学生做过某些调整和改进；第三种是导师认为学生的选题基本上不可行，推翻重新进行选题；第四种是学生要求导师帮助出一个题目。

因此，在选题上，我认为还是早一点确定比较好，这同制订培养计划是直接相关的。题目初步确定后，导师组的组成就可以根据学生的选题方向来确定人选。比如某个题目，导师本人不太熟悉，他就可以请另外一位对这个题目熟悉的专家参加导师组，共同来指导学生的学业和博士论文。

针对每一个博士生，都要有符合实际、切实可行的培养方案。每个学生的培养计划不可能同别人是完全一样的。导师要根据学生的特点、基础、知识结构和博士论文的选题方向来安排设计他的课程。专业课的设置一般都同学生研究的方向相关，加深、拓宽他的知识基础，使其在博士论文写作时左右逢源，有可能达到一个新的认识高度。博士生的专业课每个人都不一样，很难规范一套固定的课程体系。

三，博士学位课程的授课方式与考试、考查方式。公共课、专业基础课都有相对统一的要求。专业课一般不采取课堂讲授的形式，而是布置必读书和一批参考书目，让学生自学。布置的必读书一般都是精选这一领域最先进的学术研究成果，包括国外的一些成果。在对博士生的读书要求方面，国外一些大学非常严格，导师布置阅读书目数量很大，而且要求写十几篇甚至几十篇读书报告。我们的做法，一般布置必读书 20 本左右，其他参考书 50 本左右。书目要具体，某一单元读哪些书，要提出时间要求，布置后要检查。

讨论班是一种很好的培养研究生的形式。讨论班可以是某一门课程的讨论班，也可以是经常性的，定期的或非定期的讨论班。每次讨论都事先确定主题，指定一个同学重点准备，由他重点发言。大家可以提问、质疑、争论，最后由老师做总结。老师可以介绍对这个问题现在最新的一些研究成果和最新的资料，特别是要在方法论上作指导，学生才知道怎样进一步去研究和解决这个问题。这是一种师生互学、同学之间互学的好形式。博士生的学位课程跟本科和硕士生都有较大区别，是以自学为主，充分调动学生学习的主动性和创造性。

博士生学位课程的考查、考试，一般不采用闭卷笔试的方式，主要是写论文、读书报告。在这个过程中，培养他们的科研能力。我们研究生院要求博士生在校期间必须发表一定数量的科研成果，至少在国内外报刊上发表两篇学术论文。我院学报上设有“研究生文摘”专栏，就是专门发表本校研究生在报刊上发表的比较具有学术价值的论文文摘。同时，学校每年还开展优秀科研成果评奖活动，也是为了促进学生科学研究的积极性。他们发表的东西有些就是博士论文的前期研究成果。

四，博士论文必须高标准、严要求。博士生阶段的主要工作是写作论文。博士论文是一个人在学术上是否成熟的里程碑。年轻人精力充沛，知识达到这个程度以后，创造精神可以充分发挥出来，博士论文是可以作得非常好的。有的人一辈子的成果都没有超过他的博士论文，这成为他学术光辉的一个顶点。当然，按正常情况，知识不断积累，经验更加丰富，以后应该做出更高水平的研究成果来。但事实上，并不完全如此。工作条件不允许，各方面负担重，不能像读博士那样集中几年搞科学研究，这种情况也是常有的。博士论文是学生学术上成长的一个非常重要的标志。博士论文是在他的广博的知识基础上的专精。博士论文的灵魂是创新，要有知识创新和理论创新。学位条例明确规定，博士论文必须是创造性的成果，应该对本学科的发展作出新的贡献。学生必须为此付出辛勤的劳动，导师也要付出大量的心血。

开题报告制度是作好博士论文的重要环节。开题报告的时间一般安排在第三学期末，最晚在第四学期，是在学生对这个问题的有关资料的收集、整理、理解有了一个相当好的基础上才能够进行的。学生不仅要做课题论证，论证论文选题的意义，而且要对这个问题的国内外研究的现状了如指掌。只有这样，他才知道，在这个问题上，我在哪里可能有所创新，有所突破。要明确我这篇论文的新观点是什么，完成这篇论文，还有什么困难，需要在哪些方面继续下功夫。开题报告时学生往往已经拿出来一个论文的纲要，甚至章节目录都有了，提出来请大家评论。我在南开的做法是整个教研室的人都参加，包括本专业的教授、教师、博士生、硕士生，大家一起来评论。有的意见提得很尖锐，但对写论文的同志非常有好处。论文写作时间不少于一年，最关键的是第五个学期。第六个学期主要是修改、打印，提出答辩申请。在这个过程中，导师不仅帮助学生确定论文选题，审查他的开题报告，对论文大纲的制订参与意见，而且论文的初稿完成后，导师还要认真地阅读，提出指导性的修改意见，有的导师甚至亲自动笔修改。

我院明确规定，论文答辩委员会组成由系学位委员会确定。导师不作为答辩委员会的成员，可以列席会议，但不参加投票。有的学校开始搞预答辩，只要不流于形式，对把好论文质量关能起积极作用，我认为是可以做的，我们也可以搞一些试点。在博士论文答辩中，答辩委员的提问和指导对学生有重要的实质性的帮助。论文的缺点、问题的指出，对提高论文的质量，修改论文以至今后的出版都有很大的帮助。论文答辩通过授予学位后，要三个月才公布，就是给社会各界一个提出问题的时间。对发现有抄袭行为的论文一定要严肃处理。

五，我们在研究生培养中还非常重视社会实践环节。有人民日报社的支持，新闻系硕士生新闻业务实践的条件非常好，和高校相比，我们可谓得天独厚。新闻学博士生的培养也要安排一定的社会实践活动。这次我院组织 39 名博士生去重庆挂职锻炼，他们的学识、才干充分显示出来，为地方做出了重要贡献，社会效果非常好。从培养人的角度也可以总结出许多好经验。对人文社会科学研究生来说，社会实践是必修课，除了学习书本文献知识外，还要读社会、人生这本大书，上好这门大课。社会实践课要记学分，缺这门课的成绩是不能毕业的。

最后谈一点体会。我们在培养博士生过程中，导师和学生一定要成为朋友。培养人才是一种责任，要下相当大的功夫。同时作为老师来说，能够得天下之英才而教之，也是一种最大的愉快和人生的追求。首先要有责任感，老师对学生就像家长对孩子一样，不计较付出多少，也不指望回报。学生不仅是在校三年，毕业后他这一辈子都和导师有不解之缘，他找工作、评职称、申请科研项目、发表论文和出版著作，等等，你都不可能不关心。同时，导师和学生又是一种平等的同志的关系。学生尊敬老师，老师爱护学生，老师对学生严格要求是对他最大的爱护。在学术上，则更多地表现为平等的关系，要提倡学术民主，自由讨论，师生互学，取长补短，“闻道有先后，术业有专攻”，“师不必贤于弟子，弟子不必不如师”。老师要鼓励学生超过自己，这样，我们的学术事业才能发展，才能前进。导师的言教、身教都很重要，道德文章、人格力量都会对学生起到长远的影响作用。

就新闻学专业来说，目前国内的博士点还不多。应该说我们社科院研究生院的新闻系还是办得有特点的。过去培养的600多名硕士，现在已经发挥了很好的作用。以后，新闻系要培养博士、硕士并重，发挥新闻教学、理论研究和业务实践三结合的优势，形成我们自己办学的特点、风格和传统。三结合是我们的优势，但在教学组织和管理规范化方面也存在不少问题；我院培养新闻学博士生刚刚起步，还缺少经验。在这些方面都要好好向人大新闻系和复旦新闻学院学习。

（本文是作者1998年8月22日在中国社会科学院研究生院新闻系博士生导师研讨班的讲话，题目为编者所拟）

为把我院办成一流的人文社会科学人才培养基地而努力奋斗

——在中国社会科学院研究生院建院二十周年庆典上的讲话

各位领导、各位嘉宾、各位校友、老师们、同学们：

今天我们在这里隆重集会，热烈庆祝中国社会科学院研究生院建院二十周年。首先，我们要深切缅怀和感谢邓小平、叶剑英等老一辈无产阶级革命家，二十年前在我国拨乱反正、改革开放的关键时刻，亲自批准中国社会科学院建立研究生院，明确我院的任务是为国家的现代化建设培养社会科学的理论研究人才。同时，我们也要感谢以江泽民同志为首的党中央，感谢胡乔木、马洪、胡绳、李铁映等历届社科院领导，教育部和国务院学位委员会领导，对我院研究生教育始终一贯的关心、支持和指导。江总书记最近还在全国抗洪救灾决胜的紧要关头，抽暇为我院题词："把中国社会科学院研究生院办成一流的人文社会科学人才培养基地。"这是对我们极大的关怀、鞭策和鼓励。全院师生员工决心要用我们的实际行为，创建一流的研究生院，培养更多一流的人文社会科学高层次人才，为改革开放提供理论支持，为现代化建设输送大批生力军，以不辜负江总书记、党中央和全国人民对我们的殷切期望。

中国社会科学院研究生院建院二十年，是白手起家、艰苦奋斗、自强不息、成绩卓著的二十年，是与我们国家改革开放同步的二十年，是与中国社会科学院、与我国的人文社会科学事业同步发展的二十年，也是与我国的学位和研究生教育事业同步发展的二十年。中国社会科学院研究生院始终与祖国人民共命运，随着社会和时代前进的步伐而不断发展奋进。

回顾二十年前，刚成立不久的社科院为解决科研人才“青黄不接”的问题，向党中央、国务院申请建立研究生院，报告送上去不到一周就得到了批准。中国社会科学院研究生院是我国第一所人文社会科学研究生院，她的诞生，标志着我国人文社会科学高级专门人才的培养开始走上正轨。研究生院建院之初，“地无咫尺，房无片瓦”，靠租借多家兄弟单位的房屋来分散办学，条件简陋艰苦，迁徙流动不定。直到1985年秋才迁入现址，学生宿舍楼、餐厅、教学楼、图书馆、办公楼和教职工宿舍楼相继落成；即使直到今天，我院办学的基本物质条件仍不充分，但较之建院初期，毕竟已大为改观。建院初期，我院只有十几个工作人员，后来逐渐形成了一支从事教学组织、管理、思想政治工作和后勤服务的职工干部队伍，以及由院部上公共课、学部上专业基础课和各系（所）上专业课的专兼职相结合的教师队伍。二十年来，我们从招生、教学管理到学位授予、毕业分配，已经积累了一套办学经验，制定和完善了一系列规章制度，各学科专业的博士生、硕士生培养方案和教学大纲日臻成熟，并且编写出版了一批有较高质量的研究生教材。我们重视研究生的思想政治教育工作，重视社会实践环节的重要意义和作用，在这些方面也取得了一些成功的经验。所有这些，都为今后继续办好研究生院打下了比较坚实的基础。

我院是中国社会科学院办的一所研究生院。中国社会科学院作为全国最高人文社会科学研究机构，它的学科和人才智力优势为我院的研究生教育提供了最宝贵的资源，特别是保证了作为办学首要条件的高质量的师资队伍。二十年来，我院一直是在中国社会科学院党委的领导下，实行“集中办院、按所设系、分片教学”的管理体制，研究生招生、学籍管理、教学组织、学位授予、思想政治工作、生活服务等由研究生院统一安排，各学科专业的博士生导师和硕士生导师则主要由各所的高级研究人员来担任。研究生可以通过导师的言传身教和参加导师或所里的研究工作，获得有关学科前沿的最新信息和科研成果，迅速提高自己的学识和研究能力。学科专业齐全、师资力量雄厚、科研成果丰硕是我院研究生教育最突出的优势和特点。正是由于有这种学术优势，我院师生不论是在人文社会科学的基础理论建设方面还是在直接为改革开放、两个文明建设的现实服务方面，都做出了比较突出的成绩。建院之初，我院师生就积极参加了关于“实践是检验真理的唯一标准”的讨论，成为当时思想解放的先锋力量；以后不论是在确立社会主义市场经济体制的理论探索方面，还是在依法治国、论证社会主义民主和法治的实现机制方面，或者在建设有中国特色的社会主义文化，抵制和批判各种错误思潮方面，我院师生都走在前面，为在新时期发展马克思主义、繁荣我国的人文社会科学作出了重要的贡献。

我院走过的二十年，也是我国学位制度建设发展的二十年。1981年我国学位制度刚刚建立之时，中国社会科学院研究生院就是国务院首批批准的博士、硕士学位授予单位之一。1982 年，我院授予硕士学位的人数，占当时全国授予人文社会科学硕士学位总人数的 28%。1983 年，国务院学位委员会公布我院第一批授予博士学位的学科专业有 39 个，博士生指导教师 71 人，在人文社会科学方面，博士点和博士生导师数量都居全国第一位。经过二十年的发展，我院博士学位授予学科专业已达到 50 多个，博士生导师 300 多人；硕士学位授予学科专业 70 多个，硕士生导师 400 多人。今年 6 月，在第十六次国务院学位委员会上，我院哲学、理论经济学、应用经济学、文学、历史学五个学科都被通过可以按一级学科招收培养博士和硕士研究生，也就是说，为今后人文社会科学高层次人才的培养开辟了更加广阔的天地。

二十年来，我院已为国家培养了653名人文社会科学博士，2135名硕士，目前在校学习的还有381名博士研究生，149名硕士研究生。与高校相比，我院研究生招生的数量不多，但历年生源都比较充裕，所以招进来的考生从整体上来说政治素质和业务素质都比较好。他们有强烈的事业心和社会责任感，入校后经过社科院优良的学风和传统的熏陶，导师们的精心教育和培养，在校学习期间一般进步成长较快，毕业后成才率也较高。从我院已毕业的近三千名博士和硕士来看，他们的总体质量确实是比较好的，多数都已成为所在单位的业务骨干和各级领导，其中还涌现出一批出类拔萃的栋梁之才，为我国人文社会科学和各项事业的发展做出了突出的贡献。研究生院作为人文社会科学人才培养基地的作用，在过去二十年中已经充分显示出来，今后我们要按照江总书记的指示，朝着“一流”的目标继续努力奋进。

同志们，朋友们，我院在过去二十年中，在党中央的亲切关怀下，在社科院和教育部领导的指导和大力支持下，经过全院师生员工的共同努力，已经取得了一定的成绩，所以才有今天朝气蓬勃、欣欣向荣的局面。同时，我们也清楚地意识到，研究生院的现状与党中央、江总书记对我们的要求，离“一流的人文社会科学人才培养基地”的目标，还有相当大的差距。李铁映同志最近指示我们，要按照高标准、高规格来办研究生院，研究生院要培养中国未来人文社会科学的“大家”。要把研究生院办成先进的国际化的高等研究学院。这就要求我们进一步解放思想，真正树立“一流”意识，以二十周年院庆为新的起点，努力去创造下个世纪研究生院新的辉煌。

首先，我们要牢记党中央给我院明确规定的任务，坚持我院一贯的办学方针，以马克思列宁主义、毛泽东思想、邓小平理论为指导，把研究我国改革开放和现代化建设中的理论和实际问题摆在优先地位，同时重视研究我国的历史遗产和外国的先进经验，发扬实事求是、理论联系实际的学风，以培养新一代学识渊博、思想解放、能够创造性地运用和发展马克思主义的人文社会科学专家为己任。突出这一办院特色和宗旨是我院之所以能够办成“一流”的根据和生命力所在。江泽民同志曾经给社科院题词，要求把中国社会科学院建设成为马克思主义的坚强阵地。研究生院的主要任务之一就是为社科院培养和输送后备研究人才，他们在校学习期间必须打好马克思主义理论的基本功，解决好政治方向、学术理论方向和科研方向问题；同时树立优良的学风，不是只会背诵马克思主义书本上的词句，而是要善于运用马克思主义的立场、观点、方法去研究和解决中国的现实问题。在今天，我们尤其要把学习、研究、阐释当代中国的马克思主义——邓小平理论放在首要地位，用邓小平理论来武装一代跨世纪的青年马克思主义者。

其次，为了迎接知识经济时代的到来和适应未来社会对创新人才的迫切需要，我们在研究生教育中，要更加重视对学生的全面素质和知识创新、文化创新能力的培养，研究生院应该成为培养创新人才的重要基地。以知识信息的创造、加工、传播、应用以及这些环节的整合为主要生长点的知识经济，对知识生产者的知识基础和创新能力提出了很高的要求。而我们过去的研究生教育，学科专业划分过细，学生的知识面太窄，不利于创新人才的培养和成长。为了解决“博士不博”的问题，我院已经采取了增加跨学科选修课、大量开设多学科学术讲座、加强社会实践环节等措施，今后还准备在自然科学和社会科学相互渗透、东西方文化交流融汇等方面进一步拓宽学生的知识基础，在学科交叉和知识整合中激发他们的创新意识和创造能力。总之，研究生院在今后要把培养一流的知识创新和文化创新人才当作我们的一项主要任务。

第三，为了贯彻落实江总书记题词的精神，我们不但要以培养一流的人文社会科学人才为己任，而且要努力把我院建设成为一流的高等学府，一流的研究生院，一流的人文社会科学人才培养基地。当然，这需要我们用各个方面一流的工作去实现，同时也需要得到上级主管部门更多的支持和帮助。其中一个比较突出的问题是，我们这个有着一流的导师群体和学术实力的研究生院，由于在办学的管理体制和投资渠道方面还存在着一些问题，目前基本的物质条件仍较差，限制了招生数量和办学规模效益的正常发挥，在一定意义上可以说造成了教育资源的浪费。目前我院博士生导师人数与在校博士生人数的比例大体上是1∶1，硕士生导师人数与在校硕士生人数的比例是3∶1，也就是说，每个博士生导师平均三年才招收培养一个博士生，每个硕士生导师平均九年才招收培养一个硕士生，应该说这种情况是不太正常的。知识经济的时代要求教育和科研更紧密的结合，高级科研单位应该在教育培养创新人才方面发挥更大的作用。我想这个问题只要得到有关方面的重视，解决研究生院办学条件完善和现代化的问题并不是十分困难的。一流的人文社会科学人才培养基地对我们各个方面的工作都提出了更高的要求，包括教职工队伍素质的提高，教学组织和管理科学化，教材与教学内容的更新，加强国际学术交流与合作等等，我们一定要按照“一流”的标准，在新的世纪把研究生院办得更好，办出真正的高规格和高水平。

老师们，同学们，同志们，朋友们，让我们以江总书记的题词为继续奋进的动力，团结一致，积极进取，为把我院办成一流的人文社会科学人才培养基地，为发展和繁荣我国的人文社会科学事业，为把我国建设成为富强、民主、文明的社会主义现代化国家而努力奋斗！

（原载《中国社会科学院研究生院学报》1998年第6期）

加强全面素质教育　培养一流社科人才

——在一九九九届毕业典礼上的讲话

各位领导、各位来宾、老师们、同学们：

今天，我们在这里隆重举行99届研究生毕业典礼、学位授予仪式，暨1999年度优秀研究生、优秀研究生干部和陈忠联人文科学奖颁奖大会。我们非常感谢中共中央政治局委员、中国社会科学院院长李铁映同志在百忙中光临大会，也非常感谢李慎明等社科院领导同志、教育部学生司副司长韩建华同志光临大会，到我院来指导工作。各位领导的光临，使全体毕业生和学位获得者、全体获奖研究生和研究生干部受到极大的鼓舞，他们将永远记住这个不平常的日子。

今天获得博士学位的共有111人，除了两位是以同等学力申请博士学位的在职人员之外，大多数是我院1996级博士研究生。今天获得硕士学位的共有83人，其中本院1996级硕士研究生43人，我院与香港树仁学院联合培养的社会学专业硕士研究生4人，以同等学力申请硕士学位的在职人员35人，是我院开展这项工作以来授予在职人员硕士学位最多的一年。他们都通过了各门学位课程的考试，完成了学位论文答辩，经系、院学位委员会审查完全合格才获得学位的。我在这里向全体学位获得者表示热烈的祝贺，向辛勤培育他们的全体导师和教职员工表示衷心的感谢。

今天获得博士、硕士学位的194位同志，大多数是1996年入学的研究生。你们在校学习的三年，正是我院进入一个新的相对稳定的发展时期，在办学指导思想上强调要精心教育，严格管理，全面提高研究生的政治、业务和思想品德素质，学校的发展主要不是扩大规模，而是走提高质量的内涵发展的道路，围绕着这个中心提出了一系列教育和教学改革措施，进行了大胆的探索和试验这样一个时期。你们都是学校改革和发展的见证人。这种办学指导思想是否正确，这些改革试验是否成功，正是通过你们的实践而得到了检验。从这个意义上说，你们对学校的改革和发展贡献是很大的。

大家知道，我们学校曾经走过一段曲折的发展道路，1989 年以后停招四届硕士生，博士生每年只招三四十人，90 年代初在校研究生加起来也只有 100 多人，学校显得十分萧条。1993 年开始恢复招收硕士生，到 1995 年秋季，才有完整的三届博士生、三届硕士生，在校研究生达到 400 人的规模。由于办学条件的限制，当时社科院领导要求我们把办学规模就控制在 400 人左右，所以 1995 年以后我们就提出了“走内涵发展道路”的口号。所谓走内涵发展道路，就是以提高培养质量为中心，学校规模不大，但培养出来的人才要是真正高规格、高水平的。为此我们强调要精心教育，精心培养，严格要求，严格管理，强调“严师出高徒”，争取培养一个成才一个。为了提高教育质量，我们认真抓了各学科专业培养计划、教学大纲的修订工作，组织编写和出版了成套的文科研究生教材。我们一些重要的教育制度建设，譬如硕士生中期筛选制度，博士论文开题报告制度，全面实行学分制，等等，都是这个时期提出来的。为了改变“博士不博”的情况，我们要求每个博士生都要选修一门跨学科课程，博士学位课程总学分从 12 学分增加到 18 学分，其中包括社会实践 2 学分。还要求博士生在校学习期间加强科学研究的训练，博士论文答辩前必须在国内外学术刊物上发表过本专业学术论文。这些新的制度和规定都是从 1996 级开始试行的，试行的效果如何，可以从你们的实践中得到直接的检验。

我们在学位课程学习和学位论文写作上都强调要严格要求，严格管理。记得我在 1997 年开学典礼上讲过这样一件事情：上个学期末，我要来 1996 级博士生的英语成绩单，看后非常吃惊，一共 73 人，有 8 人缺考没有成绩，有 16 人总分不及格。我问了一下情况，这些同学参加了期末考试，但是缺写作课或听力课的成绩，加起来总分就不及格了。我要求任课老师和教务处对同学们上课学习和学位课程考试要严格要求，严格管理。据说那次讲话后，在 1996 级同学中引起了较大的震动，对 1997、1998 级同学也产生了积极的影响，外语老师反映此后上课情况好多了。最近我又问外语教研室主任，那些缺考和不及格的同学是不是都补考了，成绩是否都合格了？她回答说：除个别同学延期毕业外，都经过补考拿到合格成绩才准予毕业。这在学校是起码的要求，按照学位条例规定，有一门学位课程没有成绩或成绩不及格就不能进入论文写作阶段。这种严格要求对同学们是有好处的。

1996 级同学在研究生院的历史上还留下了浓墨重彩的一笔。这就是从 1997 年秋季开始，有 30 几位同学到重庆市去挂职锻炼，为探索文科研究生的培养道路和模式做出了重要的贡献。社会实践是文科研究生的必修课，怎样上好这门课，学习社会，体验人生，理论联系实际，可以有多种方式和途径。实践证明，到基层挂职锻炼是一种好形式，下去锻炼的同学都收获很大，增长了知识和才干，也为地方做出了贡献。但是这种社会实践方式也存在一些问题，下去锻炼多长时间合适，怎样处理好学业和挂职锻炼的关系，我们还要总结经验。最近我也向教务处、学位办问了一下情况，除了个别同学论文没有做完，需要延期毕业外，到重庆去挂职锻炼的同学多数都按期完成了论文，通过了博士论文答辩。我曾经到重庆去看望过这些同学，从各方面反映的情况来看，他们确实干得非常出色，深受重庆市委领导和各级干部、群众的欢迎和表彰。他们今天也要在这里获得博士学位，我向他们特别表示祝贺。

1996 级同学在校学习期间，我院还大力开展了“自加压力，志在一流”的活动。“六个一流”（“一流的品德，一流的修养，一流的学识，一流的视野，一流的能力，一流的体魄”）的口号是同学们自己提出来的，这表明社科院的研究生有一种高度的责任感和历史使命感，自觉地努力把自己造就成为在知识、能力、政治觉悟、思想品德等各个方面都是一流的人才。我在 1997 年毕业典礼上曾经把“六个一流”的内容具体化为三个方面：第一，热爱祖国，坚持马列，有很强的事业心和社会责任感，为民族的振兴和社会主义在中国和全世界的实现而不懈奋斗。这是社科院研究生应该具有的政治素质。第二，知识渊博，学风扎实，重视理论联系实际，能够创造性地研究和解决有关学科的理论、历史和现实问题。这是社科院研究生应该具备的优良的业务素质。第三，学行并重，德业双修，十分注意个人的品德修养，谦虚谨慎，善于和周围的同志合作共事，把做人和做学问很好地统一起来。我希望这也成为社科院研究生的一个特色，成为我们的共同品格和形象。同学们在校学习三年期间，“六个一流”的口号深入人心，大家都以“争创一流”的精神对待学习和各项工作。我们看到许多同学都取得了明显的进步，有的入了党，有的学业提高很快，老师反映论文写得很好。通过三年在校学习，综合素质普遍有所提高。最近全国教育工作会议强调要全面推进素质教育，各级各类学校都要贯彻这一精神。在研究生教育阶段，如何进一步加强素质教育，是一个需要认真研究的问题。我们以提高培养质量为中心的办学指导思想，以及一系列教育改革的措施，是符合素质教育的精神的，今后还要在这方面不断探索和实践。

李铁映同志到社科院工作后，对我院的研究生教育非常关心，对如何办好研究生院，提高研究生的综合素质，培养未来人文社会科学的“大家”，作过许多重要指示。他主张研究生的知识面要宽一些，提倡跨学科深造，社科院可以招一些理工科的优秀毕业生来学习研究人文社会科学，培养知识结构更合理的复合型人才。他还提倡研究生要有自律精神，自我教育，自我管理，学校要给研究生多设一些勤工助学岗位，让他们通过一面学习、一面工作实践来提高综合素质。在铁映同志的关怀下，这一年来我院的办学条件有了明显的改善，同学们已经可以使用图书馆新建的多媒体阅览室和电脑检索系统，我院的计算机教室也改建和扩大了。为了在下个世纪能够把研究生院建成真正一流的高等学府，铁映同志更加关心的是我院的选址重建问题，我们大家正在为此而作多方面的努力。在我看来，要办成一流高等学府，至少必须具备以下条件：一是要有一流的教师队伍，二是要有一流的办学条件，三是要有一流的管理水平，四是要有一流的生源。教师水平高，有一批“大师”级的学者是办一流大学最重要的条件，这个条件应该说社科院是具备的，甚至可以说得天独厚。一流的办学条件主要是指硬件，有一个很好的校园，不仅建筑、设备是现代化的、一流的，而且环境幽美，是适宜于读书做学问的好地方。对文科学校来说，一流的办学条件必须包括有一个一流的图书馆。一流的管理水平是指软件，首先要求有一流的管理人员，学校的教学管理、生活管理、招生分配管理、学位管理、外事管理、思想政治工作等等都应该是高水平的，这方面我们的差距还很远。一流的生源也很重要，包括国内生源和国际生源。现在世界上一流的大学和研究生院，外国留学生占的比例都很高。英国牛津大学、剑桥大学的研究生都在 5000 人左右，其中外国留学生大体上占一半或一半多一点，伦敦经济政治学院研究生中 60% 是外国留学生。我们学校从 1997 年开始招收外国留学生，今年暑假后攻读博士和硕士学位的外国留学生共有 69 人，大约占在校研究生的 1/10。我院要办成国内一流高等学府，今后外国留学生的比例还要继续扩大。一流的生源同前面几个“一流”是联系在一起的，你有一流的教师，一流的办学条件，一流的管理水平，学校的名气越大，就越能吸收来国内外的优秀学生。我院目前最大的问题是硬件不行，解决校园问题是当务之急，是在下个世纪进一步建设发展的基础和前提。我相信有党中央的关怀，社科院领导的支持，全院教职工的努力，这个问题总是能够解决的。我们提出了“第二次创业”的口号，20 年前研究生院在那样艰苦的条件下都办下来了，我们今天的条件要好得多，当然今天的目标也要高得多，这个目标就是江总书记题词所要求的建设“一流的人文社会科学人才培养基地”。我们的“第二次创业”就是要为实现江总书记给我们指出的目标而奋斗。

1996级同学在校学习期间，我院举行了纪念建院20周年的系列庆祝活动，同学们都身临其境。通过亲身参与，对我院艰辛与辉煌并存的历史有了深切的感受，并为社会各界对我院的关怀和厚爱，特别是为江总书记的题词而倍受鼓舞，大家都以能够作为社科院的博士和硕士而感到自豪。社科院的博士、硕士这顶沉甸甸的帽子，首先意味着一种责任，你们走上工作岗位后，人们都期待着你们表现出出色的工作能力和业务水平，把“六个一流”的承诺落实到今后的实践中去。从96级同学在校学习期间的表现，特别是从部分同学在重庆挂职锻炼期间的出色表现，我相信你们毕业后一定会干得很好，我和学校的老师们都期待着不断听到你们在各地各条战线上做出突出成绩的喜报。就像我们的校友杨义、梁慧星等同志在学术上做出突出成绩那样，像高宗泽同志在法律界做出突出成绩那样，像艾丰、王晨等同志在新闻界做出突出成绩那样，像楼继伟、李剑阁、郭树清等同志在党政工作岗位上做出突出成绩那样，你们也将以自己的奋斗业绩证明不愧为社科院毕业的博士和硕士。社科院研究生院应该成为名副其实的一流人才的摇篮。

我希望同学们毕业后继续关心母校的建设和发展，研究生院的声誉和未来前途也和你们每个人的事业息息相关。我相信，在江总书记和党中央的亲切关怀下，在铁映同志和社科院党组的直接领导下，经过全院师生员工“第二次创业”的共同努力，我们研究生院在下个世纪一定能够创造新的辉煌，建设成为真正一流的人文社会科学人才培养基地，为国家培养更多的栋梁之才。

我的话完了，谢谢大家。

（本文是作者1999年7月在中国社会科学院研究生院1999届毕业典礼上的讲话）

多层次地培养人才　为国家多做点贡献

——在1999级江西金融学在职研究生课程进修班开学上的讲话（摘要）

我很高兴能够出席我院培训中心和江西省社会科学院合作举办的1999级金融学在职研究生课程进修班的开学典礼。几天前，我们已经开始上课了。我听到反映，大家对我院派来的两位老师讲课的评价很好。就我的了解，社科院的老师是有学问的，他们的教学态度也是很认真的，跟他们学习，肯定能够学到不少新知识。我想要办好这个班，一方面要以负责的态度，尽可能地派好老师来上课，其中包括一些一流的老师；另一方面我们也希望全体学员、合作办班单位经常给我们的工作提出一些批评或建设性的意见，帮助我们改进工作。我们既然是合作，就需要大家共同努力来把这个班办好。

这个班之所以能够开办，首先要感谢江西省社科院同志的积极推动和全力支持。李院长1997年就来我院商量办这个班的问题，经过两年的努力，做了很细致的工作，今天终于把这个班很规范地办起来了。江西省委省政府对这个班也很支持，这是在地方上办学很重要的条件。首先对研究生课程进修班的性质、学历层次要有一个明确的定位。根据教育部和国务院学位委员会文件规定，研究生课程进修班不是一个独立的学历层次，但也不能把它完全排除在我们的教育体系之外，它也体现了一种知识水准，在某种意义上可以说是一个相对独立的学历层次。我把高中毕业以后的知识结构大致分成这么七个层次：

第一层次大专；第二层次大本；第三层次硕士研究生班或研究生课程进修班，这种班结业在日本叫做“硕士课程修了”；第四层次取得硕士学位；第五层次学完博士学位课程，即日本所谓“博士课程修了”；第六层次取得博士学位；第七层次博士后。所以我们这个班的学员，拿到结业证书以后，就相当于第三个层次。我注意到咱们这个班的学历结构，大本毕业有学士学位的是多数，我很希望大家通过这个学习，通过进一步的努力，有一部分的同志能够争取拿到硕士学位。近年来，在社科院研究生院每年毕业典礼和学位授予仪式上，都有相当一批在职人员以同等学力取得硕士学位，他们基本上都是研究生课程进修班的学员。

我们研究生院的培训中心作为合作办学的一方，主要是负责教学工作，包括制定教学计划，派老师来上课，组织考试考核，以及最后颁发结业证书。你们参加这个班学习，实际上也就成为中国社科院研究生院的一员，你们结业以后，都是我们学校的校友。最近，《中国经济时报》有一个题为“为了共和国的繁荣”的系列报道，连续报道中国社科院研究生院毕业生中取得比较突出成绩的代表人物，其中有的是研究生课程进修班的学员。我们研究生院是社科院办的一所学校，任务是专门培养人文社会科学博士和硕士。我院有 58 个学科可以授予博士学位，68 个学科可以授予硕士学位；有 400 位博士生导师，600 位硕士生导师。导师力量在国内来说是一流的，称得上是“名师荟萃”，有一些非常著名的学者都在我院培养研究生。这个学校有很好的学风和传统，它是改革开放后邓小平等党中央领导同志亲自批准建立的一所文科研究生院，主要是培养以马克思主义为指导的、理论联系实际的高级人文社会科学专家，所以到这个学校学习的同学，包括我们研究生课程进修班的同学，都对自己提出了很高要求。我们在校研究生提出一个口号，叫做“自加压力，志在一流”。他们提出六个一流：一流的学识，一流的品德，一流的修养，一流的视野，一流的能力，一流的体魄。“自加压力，志在一流”的活动在研究生中多年持续地开展下来，取得了丰硕成果，促进了他们更快地成才。

正是这样，党中央对这个学校一直是很重视的。在去年我院 20 周年院庆之际，江总书记亲自题词："把中国社会科学院研究生院办成一流的人文社会科学人才培养基地。"这是对我们的鼓励，也是对我们今后办学提出的一个很高的要求。去年李铁映同志到社科院工作后，对研究生院非常重视，非常关心，对学校的改革和发展作了许多具体指示。所以我们这个学校目前有一个很好的发展形势，在 21 世纪在为我们国家培养高层次人才方面应该发挥更加重要的作用，作出更大的贡献。

通过 20 年的办学，特别是最近 10 年的实践，我们感到多层次地培养人才，特别是办好研究生课程进修班，做好在职干部的继续教育工作，也是我院工作的一个很重要的方面。广大干部接受继续教育，特别是高层次的继续教育，是当今一个迫切的需要。终身教育的观念，越来越被人们所重视，被人们所接受。今天的社会发展日新月异，现代科学技术、知识经济、信息社会对人才的知识结构提出了越来越高的要求。许多同志走出校门后，深感学而后知不足，行而后知不足。通过一段工作实践，更迫切感到需要继续学习，学经济、学法律、学现代管理，所以举办这样的研究生课程进修班非常受欢迎。从中国社科院来说，我们也有能力、有条件多办一些这样的研究生课程班。因为我院目前正规研究生的数量比较少，我们很多老师，他们的知识、才能、教书育人的热情并没有得到充分的发挥，让这些同志在社会办学方面为国家多做点贡献是完全可能的。这两方面的需要结合起来，我们的事业就一定能够很好地发展。

关于研究生课程进修班的教学方式，与在校研究生有同也有异。它的培养方案、教学计划和我院相应学科专业硕士生的学位课程是完全一样的，讲课的教师很多也是一样的。课程班和在校学习的不同，主要是要考虑在职学习的特点，所以采取集中课堂面授和分散在岗自学相结合这么一种形式。除了外语之外，大概要学八到十门硕士学位课程。这样对你所学的专业，比如金融学专业，你的知识结构就比较全面，相对地比较合理了，为今后深入研究这方面的问题就打下了一个基础，也为运用这些知识去解决实际问题打下了一个很好的基础。我昨天听李院长说，我们江西的同志学习热情非常高，有些同志克服困难、坚持学习的事迹非常感人。有这么一种学习劲头，我想你们将来一定能够取得优良成绩，一定会在专业知识上进到一个新的层次，提高自己的全面素质，在我们国家的社会主义现代化建设中，特别是为江西革命老区的建设，做出骄人的成绩和重要的贡献。

（本文是作者1999年10月10日在中国社会科学院研究生院1999级江西金融学在职研究生课程进修班开学上的讲话。讲话稿曾于1999年10月15日摘要刊载在《江西社科院》第66期第一版、第三版。本卷收录的为摘要版。题目为编者所拟）

愧对全体导师

——2000 年新春感言

我到研究生院工作已经六年了。在新的一年到来之际，我心里最想说的一句话就是：愧对全体导师。

不能说六年来研究生院的工作一无进展。在校研究生已由 1994 年初的 236 人发展到今年的 686 人；我院争取了十多年的招收外国留学生资格终于在 1997 年拿下来了，并获准在今年开始招收港澳台研究生；我院的哲学、理论经济学、应用经济学、中国语言文学、历史学五个学科已经可以按一级学科招收培养博士生和硕士生，等等。这些进展的取得都不容易，都付出了不少艰辛。但是，由于受校园太小、办学经费太少、内外办学体制不顺、职工队伍整体素质较差等条件的制约，我院研究生教育的面貌并没有得到根本的改变。我常自愧没有能力解决上述制约研究生院发展的几个根本性问题，尤其感到对不起支撑我院研究生教育的全体博士生导师和硕士生导师。由于招生名额太少，广大导师教书育人的积极性得不到充分发挥；导师的待遇太低，他们在完成科研任务之外兼职承担的研究生教育工作几乎是义务劳动。导师们并不计较这一点，把培养后继人才看作自己应尽的一种责任，但从按劳付酬的社会分配原则来说，忽视导师的基本权益就是对他们劳动的不尊重，甚至可以说是对他们劳动的一种剥夺。我多年做教育工作，自己也带研究生，从高等学校到社科院，对此有深切感受。六年来我一直心里不安，一方面十分感谢导师们对我院研究生教育的支持，另一方面也深感愧对全体导师，不知要如何来谢罪。

我到研究生院不久，根据社科院导师队伍的情况，曾提出研究生院的办学规模以2000人左右为宜的设想。但由于校园校舍等办学条件的限制，也由于教育部给的招生名额的限制，这个目标在当时只能是一种远不可及的畅想。上届社科院党委明确指示，研究生院的办学规模，在本世纪内应保持在400人左右。经过多方争取和挖掘潜力，这几年招生人数事实上逐年有所增加，早已超过400人的规模。但与高校相比，我院导师培养研究生的积极性远未能得到正常发挥，每个导师平均招生人数大约只有重点高校的五分之一，还有许多具备指导研究生能力的研究人员不能成为导师，造成了教育资源的闲置和浪费。十天前我请北大哲学系楼宇烈教授来参加一个学生的博士论文开题报告会，问他目前带了几个中外博士生，他回答说“18个”。而同时在场的我院宗教系博士生导师杨曾文教授，自1992年以来就没有招到过博士生，有几年因系里招生名额少而轮空，有两年轮到他招生，均因考生外语不及格而未能录取。如此强烈的对比和反差，使我感到了问题的严重性，也深感惭愧，当场表示今年一定要千方百计为杨老师招到学生。这个问题的根本解决，有赖于我院建成新校园，大幅度地扩大招生和办学规模，从战略上实现社科院出科研成果与教育培养人才并重的目标。我们已把解决校园问题看作是研究生院改革与发展的“重中之重”，正在为此而作不懈的努力，期望在李铁映院长的支持下有重大的进展和突破。

导师待遇问题也是我羞言的一大难题。1994年社科院拨给研究生院办学经费280万元，除了人头费、公务费、设备购置费、修缮费等等之外，业务费中用在发放教师讲课酬金和指导费上不过10万元。那时的酬金标准是：指导一名博士生三年只有600元（辅导专业学习400元，指导论文200元），培养一个硕士生包括学位课程讲授三年共支出2370元（专业基础课和专业课21学分，每个学分100元；辅导学习120元，指导论文150元），公共课教师讲课酬金半天只有

30— 40 元。不但整个酬金标准很低，而且对博士生导师的劳动尤其不够尊重。以后虽然将指导博士生的酬金提高到了 1200 元，但还是远远不能体现导师劳动的价值。与近年来招生规模不断扩大相应，去年我院办学经费已增加到 580 万元，由财政部计划单列拨款，通过社科院戴帽下达。其中用于 60 多位离退休老干部的工资福利就占去 100 万元，办学经费仍然十分紧张。去年实际用于支付教师讲课酬金和指导费只有 30 多万元。

在目前的招生规模和办学体制下，我院导师待遇低的问题确实很难解决。李铁映院长明确指出："580 万元办学经费太少。"这是制约研究生院发展的根本原因之一。研究生院在去年 9 月提交社科院院务会议讨论的"改革与发展方案"中提出：在目前的招生规模和办学体制未变的情况下，请求社科院在预算经费中每年给研究生院补贴 500 万元。这笔钱除了 100 万元用于支付离退休老干部的工资福利之外，其余 400 万元全部用来改善各系（所）导师的待遇，专款专用。这就有可能做到，给我院博士生导师的待遇提高 10 倍，即指导一个博士生，三年补贴导师 1. 2 万元。同时相应地提高硕士生导师和其他授课教师的待遇。博士生导师如能每年招到一个学生（同时指导三人在校学习)，除了工资和科研课题费之外，他还可以每月得到博导津贴 1000 元。这个数字比北大、清华教授年薪 5 万、4 万、3 万相比还是相差甚远，但与我院过去极度亏待导师的情况相比总算是一个进步。这也是我们不容再拖延、不能不采取的一个改革措施，希望得到社科院领导的理解和大力支持。我最近获悉，中国科学院党组决定连续五年，每年支持中科院研究生院 1000 万元，大幅度地改善研究生院老师的待遇。形势逼人，提高社科院导师的待遇已成为当务之急，我们一定要用最大的努力去做成这件事情。

研究生院工作中还存在着其他许多问题和缺点，如近年来招生考试中的外语试卷太难，卡住了大部分考生，给导师选择的余地很小；学位课程中的专业课很不规范，对教学没有明确的要求和实质性的检查；研究生院教学管理人员的工作方式简单、生硬，对各系（所）同志和导师缺少理解和尊重，等等。导师们提出了许多中肯的批评意见和建设性的意见，我们一定要认真研究并提出可行的整改措施，切实改进我院的研究生教育工作。社科院有如此强大的导师阵容，优越的学术环境，只要政策和措施得当，充分调动广大导师从事科研和教书育人两个积极性，就一定能在新世纪为繁荣我国的人文社会科学和培养这方面的高层次人才作出更大的贡献，发挥“一流人才培养基地”的重要作用。

（原载《中国社会科学院研究生院简报》2000 年第 19 期，总第 210 期）

要有一种强烈的责任意识

——在 2000 年毕业典礼上的讲话

各位领导、各位来宾、老师们、同学们：

今天我们在这里隆重举行 2000 年毕业典礼和学位授予仪式，铁映同志在百忙中抽出时间亲自出席会议，王洛林同志、李慎明同志、江蓝生同志、耿学超同志等社科院和北京市教委领导也光临指导，我们感到非常高兴、非常荣幸。领导同志的光临体现了党和国家对我们的关怀，对我们的殷切期望。我们表示衷心感谢。

今天在这里授予学位的共有 197 人，其中博士学位获得者 116 人，包括 97 级应届毕业生 93 人，因各种原因延长学籍的往届博士生 6 人，98 级博士生提前毕业的 11 人，在职人员以同等学力申请博士学位的 6 人。今天获得硕士学位的共有 81 人，其中 97 级应届毕业生 45 人，98 级硕士生提前毕业的 2 人，在职人员以同等学力申请硕士学位的 34 人。还有一个情况需要特别报告一下：我院从 1997 年开始招收外国留学研究生，今年首次有了毕业生，其中获得博士学位者 3 人，获得硕士学位者 4 人。在这里，我们向获得博士学位和硕士学位的全体中外研究生与在职人员表示热烈的祝贺！向辛勤培育他们的全体导师、全院教职员工表示衷心的感谢！

对于获得博士学位和硕士学位的全体同志来说，今天是一个令人难忘、值得纪念的日子。在社科院研究生院获得博士学位和硕士学位，这是一种光荣，同时也是一种责任。社科院是全国人文社会科学研究的最高机构，江总书记题词给社科院研究生院的定位是，要把它办成一流的人文社会科学人才培养基地。你们在这里获得博士和硕士学位，大家是把你们当作一流人才基地培养出来的一流人才来看待、来使用的，用人单位、社会各界都对你们有很高的期望值。所以，作为社科院毕业的博士和硕士，你们要有一种责任意识，今后时时处处要以高标准来严格要求自己，用你们的知识和才能回报社会，奉献人民。由于有了这样的出身，你们今后在事业上的发展，你们的成败荣辱，已经和社科院研究生院的声誉不可分割地联系在一起。我记得前年毕业典礼上一位在校研究生代表发言说："今天，我们以作为中国人文社会科学最高学府的学生而自豪；明天，研究生院将以有我们这样的学生而感到骄傲!"我认为这句话讲得很好，这说明许多同学一入学就对自己作为社科院研究生的地位和责任有一种明确的自觉意识，这种自觉意识、责任意识不仅成为他们在校期间刻苦学习、追求进步的动力，而且决心要把它贯彻到今后的工作实践中去，将来一定要做出使母校感到骄傲的业绩来。我想这位同学表达的正是在座诸位的心声。

三年前在你们入学时，我在开学典礼上有一个讲话，主要讲了两个意思。一是向新同学介绍在校研究生开展的"自加压力，志在一流"的活动，鼓励同学们积极投入这个活动，以"六个一流"来严格要求自己，并且对"六个一流"从政治、业务、道德人品三个方面作了诠释。那次讲话的另一个重点就是向全体导师和教学管理干部提出了精心培养、严格管理的要求。只有严格要求、严格管理才能出高质量的人才，我认为"严师出高徒"这句话比"名师出高徒"说得更中肯。

党和人民把你们送到这所学校来学习，我们就感到有一种责任。因为考到我院来学习的研究生基本政治素质和业务素质都是相当好的，是成才的好坯子、好苗子。经过三年学习培养，结果到底怎么样？是政治上学业上更成熟了，还是思想困惑更多了，甚至增加了一些坏毛病？完成学业、拿到学位是一次检验，可以说明产品基本上是合格的，培养是成功的。但是对培养人才的检验最终还是要靠历史的社会实践。所以我们对同学们毕业后的表现，你们事业上成就如何、社会反映怎样十分关心，因为这才是对我们培养质量的实践检验。从历史经验来看，社科院研究生院培养出来的博士和硕士绝大多数是好的，在政治、经济、思想文化、教育、科研等各个方面都出了许多优秀人才，这使母校的师长感到欣慰。从我们的经验和感受来说，真可以说是“捷报频传”。譬如最新消息：我院新闻系毕业生王晨同志最近被任命为中宣部副部长，哲学系毕业生钟阳胜同志最近被任命为广东省委常委、宣传部长……我们经常可以听到这样的好消息。这些都说明我们的毕业生在社会主义现代化建设中已经发挥了和正在发挥着重要的作用，这就是对我们培养质量的一种实践检验。同时，实践也证明，我们培养的人才也不都是成功的，在两个文明建设中，特别是在思想文化领域，并不是都起了正面的积极的作用。例如，今年春天，《光明日报》发表一位研究生的来信，反映有个别学者跑到高校的学术讲坛上去大肆鼓吹个人主义，批判集体主义；鼓吹西方资产阶级腐朽思想，批判毛泽东及其战友们开创的中国社会主义道路。这位学者就是我们研究生院的毕业生。当前思想政治领域的情况还是相当复杂的，在我院毕业生中，许多同志表现非常好，真正坚持了先进文化的前进方向。但是也出了个别鼓吹自由主义和个人主义的代表人物，鼓吹新儒学和文化保守主义的代表人物，还有鼓吹所谓“人间正道私有化”的代表人物，在学术界和社会上造成了很坏的影响。这就值得引起我们的高度重视。我们是不是应该认真总结反思一下：他们在校学习期间，我们到底是用什么思想来培养教育他们的？我们当时的思想政治工作是怎样做的？当然这也要具体分析。为什么同样是这个学校培养出来的学生，有的好，有的不好？他个人还是要负主要责任。因为学校不可能与社会完全隔离，学校教育不能代替、不能隔绝包括新闻出版在内的大的社会舆论环境的影响。但是从我们来说，确实有一个需要认真总结经验教训的问题。你培养出来的学生成了某些错误思潮的代表人物，学校不能没有一定的责任。作为培养人文社会科学高层次人才的学校，社科院研究生院这种特殊的地位，我们确实感到责任很重，担子很重。同学们在校学习期间我们感到责任很重，这是教育培养的责任；同学们离校以后，你们表现如何，你们事业的成就如何，你们发表的学术成果受到社会怎样的评价，我们都非常关心，因为这些都是对我们培养质量的实践检验，我们都负有一种责任。

在你们毕业的时候，我讲这些话，是希望你们自己也要有一种强烈的责任意识，要用你们今后的实践，为母校争光，不要让师长为你们的表现而感到沉重。

怎样加强责任意识？我希望同学们毕业后还能够经常记得你们非常熟悉的几句话。

一是“六个一流”，这是三年学习期间你们都已经耳熟能详的。“一流的品德，一流的修养，一流的学识，一流的视野，一流的能力，一流的体魄”，这是同学们自己提出的努力目标，是社科院研究生对自己的地位和责任的一种自觉意识，也是你们对党和人民作出的一种承诺。我希望你们在今后的实践中，还能够记住这一承诺，把它当作终生的追求和奋斗目标。

作为社科院培养出来的人文社会科学博士和硕士，我还希望你们能记住我院的老院长周扬同志在首届开学典礼上讲过的一句话：“我们在思想政治战线上要造就的不但是学者，而且首先是战士。”① 你们终生都有宣传马克思主义、捍卫马克思主义的责任，这也是你们作为社科院研究生的地位所决定的。

---

① 周扬：《我们要造就的不但是学者，而且首先是战士——在首届研究生开学典礼上的讲话（1978 年 10 月 11 日）》，载岳华编《严谨治学　高尚做人——中国社会科学院的学风与传统》，中国经济出版社 1998 年版，第 3 页。

三是希望你们认真领会和牢记江总书记最近关于“三个代表”的重要论述。在座的同学半数以上都是党员。“三个代表”不仅是对党的性质和宗旨的深刻论述，而且也给愿意作为这个先锋队成员的每一个人指出了人生和事业的最高追求与目标。是否代表先进生产力的发展要求，是否代表先进文化的前进方向，是否代表最广大人民的根本利益，就是检验我们言行的最高标准。作为人文社会科学博士和硕士，你们的言行，你们的学术研究成果，是否代表中国先进文化的前进方向？还是代表某些落后的甚至腐朽的思想文化？这个问题就特别重要。因为你们的一切言行，一切作为，最后都要经受历史的检验。

作为给同学们的毕业赠言，我就讲这么几句话：牢记“六个一流”的承诺，牢记老院长关于“我们要造就的不但是学者，而且首先是战士”的教导，牢记江总书记关于“三个代表”的重要论述。殷切盼望你们为母校争光，为21世纪中国人文社会科学的发展作出无愧于前人的杰出贡献。

（本文是作者2000年7月在中国社会科学院研究生院2000年毕业典礼上的讲话，题目为编者所拟）

总结经验　加强管理　提高质量　力争研究生课程进修班工作再上新台阶

同志们：

去年夏天，中国社会科学院研究生院曾邀请全国各合作办班单位的负责同志齐集春城昆明，共同总结交流几年来搞好研究生课程班工作的经验教训，会议集思广益，获得了圆满的成功。今天，在美丽的西部城市乌鲁木齐，全国各合作办班单位的负责同志又与各研究所（各系）负责课程班教学管理的同志共济一堂，大家将对过去一年的研究生课程班的办学工作进行总结，并研究下一步的工作思路。在这里，我代表中国社会科学院研究生院，对来自全国各合作单位的负责同志表示热烈欢迎，对在过去一年为研究生课程进修班工作付出大量心血的所有教学管理人员表示衷心的感谢！

大家知道，研究生课程进修班是国家政策规定为在职人员申请学位课程考试作准备而产生和发展起来的一种办学形式，是国家全日制学历和学位教育的补充。举办研究生课程进修班，一方面可以帮助在职人员系统掌握学位课程的基本内容，使他们达到研究生毕业的同等知识水平，为申请学位课程考试作准备；另一方面，则可以适应社会发展对继续教育的需要，提高在职人员的业务水平，为社会主义市场经济建设的大局服务。毋需讳言，课程进修班还可以提高办学单位的教学水平、改善办学条件。这些年来，我院确立了课程进修班的培养目标，那就是：坚持安排与相应学科、相应专业硕士研究生学位课程的培养方案完全一致的在职研究生课程的培养方案，安排一致的课程、教学内容、学时和参考书目，多数课程的主讲教师是同一个专家、学者，同时还安排了不少国内外著名的学者、博士生导师为课程班授课。在高标准的培养目标下，经过 1989 年至 1990 年的尝试阶段，1991 年至 1992 年的调整阶段，1993 年至 1994 年的起飞阶段和 1996 年后的大发展阶段，目前我院的研究生课程班工作已经取得了长远的进步，逐步形成了一整套较完善的管理组织、管理制度和管理经验，建立了一支相对稳定、颇具实力的教师队伍，确定和编著了一批适用的在职研究生教育教材。实践证明，我院的研究生课程教育不但达到了高标准培养目标的要求，而且也取得了令人欣喜的成绩。学员普遍反映，通过两年的系统学习，他们基本掌握了本学科、本专业硕士学位课程的知识内容，专业理论水平有了很大提高，增长了知识，开拓了思路，掌握了方法，为今后的发展打下了重要的基础。研究生院的研究生课程进修班工作能够取得如此令人鼓舞的成绩，离不开参加过我们的开学和毕业典礼的党和国家领导人以及地方党政领导人的关心，教育部、国务院学位委员会和中国社科院以及有关部门的大力支持和具体指导，离不开培训中心工作人员的共同努力、任课教师的辛勤劳动、广大学员的密切配合，尤其离不开全国各合作办班单位的通力合作、各系教学管理人员的默默奉献。这是昆明工作会大家一致的共识，也是我院研究生课程进修班的工作基础。

过去的一年中，中国社会科学院研究生院研究生课程进修班的工作，在去年昆明工作会议形成的共识基础上、在大家齐心协力的共同努力下，又取得了新的进步。我认为，过去一年的工作可以归纳为这样一些方面。

（一）牢固树立质量第一的意识，以质量求生存，以质量促进发展，有效地改进和完善教学质量，提高了各个方面的办学工作。

过去一年中，我们进一步认识到，随着我国经济体制改革与教育体制改革的不断深入，教育的产业化与市场化已是大势所趋，正如同在市场经济条件下产品的质量是企业的生命线一样，教学质量的好坏直接关系到我们能否在我国教育市场上始终占有一席之地，直接关系到我们能否在日趋激烈的教育市场竞争环境中不断求得发展和壮大、直接关系到研究生院和各兄弟合作单位的切身利益。因此对于教学质量问题，中国社科院的领导都给予了高度重视。在具体的办学工作中我们认为应做好以下几方面的工作。

第一，不断加强教师队伍建设，精心选派具有较高学术水平、丰富教学经验和较高授课艺术的教师参与教学。

在教师的选派上，我们明确了这样的认识：教师是办学单位与学员之间的桥梁和纽带，学员对办学单位教学质量的认知主要是在他们身上得以体现的。因此，授课教师自身业务水平与授课效果的好坏是决定教学质量和学校声誉的最重要的因素。特别是，在研究生课程班学习的学员不同于在高校全日制学习的研究生，他们大多有着丰富的实际工作经验，有相当多的学员还是国家机关、企事业单位的各级领导和业务骨干。在知识更新速度不断加快的形势下，他们是带着对新的、有价值的知识的渴望而挤时间来学习的，是带着问题和对复杂的社会现实的困惑而来学习的，是带着能把他们平时的工作经验加以升华和系统化并对未来的工作提供科学的指导的预期而来学习的，是带着更新观念、解放思想以不断适应新形势需要的美好愿望而来学习的。如果我们的任课教师不能够满足学员们的要求，那么我们就会逐渐丧失竞争优势，同时也违背了研究生课程班“通过继续教育的方式来培养高层次人才”的办学宗旨。对此，研究生院各级领导和培训中心的有关工作人员始终保持清醒的认识。在过去一年中，培训中心把选派优秀老师的工作提高到事关研究生课程班生死存亡的高度来认识，即使在市场需求过热、培训任务十分繁重的情况下，也决不降低对任课教师的选派标准，并随时对他们的授课情况进行考查，择优汰劣。我们选派的教师中有我国乃至世界上知名的学者和专家；有长期在国外留学并学成归国的知名学者；有在改革开放中新涌现出的中青年专家和学术带头人。这些教师有的年事已高，有的承担着国家的重要研究课题和各级领导工作，有的是具有丰富教学经验的博士、硕士生导师。有很多教师，即便是我院在校的硕士生和博士生也很难听得到他们的讲课并接受他们的指导。在过去一年中，我们绝大多数的任课教师以他们渊博的知识和娴熟的讲课艺术博得了广大学员的一致好评，为我院赢得了良好声誉。

第二，克服困难，精心组织，重视教材建设。

在我国人文社会科学的研究生培养工作中，教材问题一直是个较难解决的问题。由于研究生教育是一种高层次的、专业性很强的教育，同时国家的体制改革也是一个逐步深入的过程。在体制转轨时期，很多社会经济问题并没有在理论上得到很好的解决，因此编写教材就成为一个既很重要又很困难的事情。目前，绝大多数高校的人文社会科学专业的研究生教学还都没有统一的教材。由于参加研究生课程班学习的同志都是不脱产的，而且只是集中一段时间听课，要真正掌握各门课程的学习内容，仅靠听老师讲课，还是远远不够的。因此，教材建设就显得尤为重要和紧迫。研究生院对课程进修班的教材编写工作十分重视，在绝大多数课程已经有了教材的条件下，在过去一年中，我们又邀请我国著名的专家学者、该研究领域的权威，按照教材所涵盖知识既符合研究生教育标准，同时又要适应国家社会经济形势变化的要求，进行了教材的新编、改编、再版和更换的工作，过去一年中编写和精选更换的教材都分别达到了10余种。

第三，不断加强培训中心的内部管理，研究生课程班的管理工作纳入了规范发展的轨道。

随着培训任务的日益繁重，培训中心已由原来职能较为单一的培训处发展为今天的内部机构设置较为合理、岗位齐全、教学设施与人员配备较为得当的综合管理部门，从而也为研究生课程班的教学组织和教学管理奠定了良好的基础。研究生院的各级领导十分重视培训中心的内部管理与教学管理人员的队伍建设，建立了较为完善的内部员工的考核与激励约束机制。过去一年中，在培训中心各级员工中，服务意识、团结合作意识、效率意识和勇于开拓、争创一流的意识明显提高，尽管在我们的管理工作中还存在一些问题，但我们决心尽快把研究生课程进修班的教学管理水平提高到一个新的水平。

（二）加强与中国社会科学院各研究所的协作，充分挖掘了中国社科院的人才智力优势。

众所周知，中国社会科学院是我国人文社会科学的研究中心，是国家经济社会发展战略决策的智囊团，她聚集了一大批享誉海内外的专家、学者和研究人员，其综合研究实力是国内任何其他高校和研究单位所无法比拟的。论物质条件与硬件设施，研究生院是比较落后的，但她之所以能成为我国有志于从事人文社会科学研究的学子们心目中的一块圣地，就在于她有这样一种依托，这是我们办学的最大优势和最大特色之所在。在过去一年中，在中国社科院的统一领导下，在教师的选派、教材的编写、专业的设置与教学改革等方面，研究生院与各研究所密切协作，并且进一步明确了加强这种协作关系，是研究生课程班生存与发展的根本所在，从而为课程班的发展奠定了更扎实的基础。

（三）加强沟通与合作，密切了与各兄弟办学点的联系。

研究生院之外所设的研究生课程班是一种联合办学的模式。研究生院负责选派教师和选择教材，制订教学考核计划与相关的政策，颁发证书并进行必要的宏观管理，大量的具体细致的管理工作是靠各兄弟合作单位的同志去推动的。在过去一年的日常管理工作中，我们始终加强联系，互通情况，充分协商，使我院研究生课程班的工作越做越好。

在多年联合办学的过程中，我们深深感受到各兄弟合作单位同志们的工作是十分辛苦的，也是卓有成效的。绝大多数的合作单位都有一套严格的教学管理制度、考勤制度、考试制度、班主任工作制度等，有一套行之有效的组织教学的办法，在广大学员中有很强的威信和凝聚力。同时，各合作单位对我们的任课教师和工作人员热情招待与服务，为他们提供了良好的教学环境。所有这些都给我们的教师和管理人员留下了很深、很好的印象。我们知道，广大学员对大家的工作是十分满意的。他们说，在研究生课程班学习，不仅收获了新的知识，增长了理论水平，而且在从学校毕业多年后再一次感受到了班集体的温暖。通过上课、相互讨论问题和班集体组织的各种活动，很多素不相识的学员成了好朋友和业务上合作的伙伴，从而拓宽了社会交往的视野，所有这些都是与合作办学单位同志们的辛勤工作分不开的。

在这里我要对各兄弟办学点的同志们说，尽管我们分别隶属于不同的地区或部门单位，但共同的事业把我们连在了一起。过去一年中，我们在多年联合办学中所结下的深厚的友谊随着我们之间真诚而富有成效的合作进一步得到了升华，各合作办学单位就专业设置、教师选派、发展前景及我院培训中心工作中所提的意见和建议为我们进一步开展好工作提供了极大的帮助，希望我们之间的友谊和密切合作永远保持下去。

（四）适时调整专业设置，以满足国家经济建设和人才需求不断变化的需要。

经济与社会的发展必然带动经济与社会结构的变化，作为理论化、系统化的知识结构必须适应这种变化，否则就没有实际意义、没有市场竞争优势。专业设置结构一定要与市场需求结构相匹配，按市场需求的变化不断地及时地调整专业设置，这是一条我们必须一以贯之的办学方针。在这一点上，培训中心做了大量的工作，也取得了一定的成效。过去一年中，针对知识经济时代到来给人们带来的挑战，针对国家经济结构高速发展的现实与趋势，我们新增了证券管理、保险、物业管理、电子商务、网络经济等与现实经济密切结合的新兴热门专业，下一步我院还将陆续推出更多的新的课程设置。

总之，在过去一年中，我院在举办研究生课程进修班过程中积极学习、贯彻落实党和国家的有关方针、政策，正确处理经济效益与社会效益的关系，工作取得了一定的成绩，也获得了许多有益的经验，这为我们今后的工作打下了良好的基础。

当前，以高新技术为核心的新经济在国家经济发展中将逐渐占据主导地位，国家综合国力和国家竞争能力越来越取决于教育发展、科学技术发展和知识创新水平，这对劳动者的素质提出了越来越高的要求，也决定了教育必须始终处于优先发展的战略地位。随着市场经济的不断发展、中国开放程度的不断提高、劳动力市场竞争的日益激烈，终身教育必将成为教育发展与社会进步的共同要求。在不久的将来，教育就会成为中国最大的产业之一，这意味着我们所从事的工作是一场大有前景、颇具潜力的事业。与此同时，我们也须看到，许多名牌大学已经成功地举办了较大规模的研究生课程进修班，给我院的这项工作造成了很大的压力。对此，我们大家必须要有一个清醒的认识和充分的准备。针对当前的研究生课程班所面临的形势，根据我院自身的特点，总结已有的经验，在今后的工作中，我们应该树立“以社会需求为导向，以质量求发展，整体推进素质教育，发挥优势，加强协作，共同发展”的指导思想。以社会需求为导向，就是要在专业设置和课程安排上必须满足不断变化的经济社会发展对人才的知识结构的需要；以质量求发展，就是要通过不断改进专业课程设置、加强教师队伍建设，强化各项管理和改善服务来提高竞争力，以确保自己在激烈竞争的市场上，不但能够立于不败之地，而且能够不断发展壮大自己；发挥优势，就是要进一步加强与中国社会科学院各研究所的密切合作，不断挖掘人才智力优势，为办学的长远发展提供强大的后盾力量；加强协作、共同发展，就是要在总结经验的基础上进一步加强同各兄弟合作办学单位的协作关系，逐步建立更为有效而紧密的联动机制，使研究生院在埠外开办的研究生课程班的工作日臻完善。

应该说，经过多年办学实践的摸索，再加上去年昆明工作会议的总结提高，在办学的指导思想上，我们的目标是比较明确的，也是比较符合实际的，但如何把这一指导思想具体落实到今后的工作中去，则需要大家进一步共同探讨。全国各合作办班单位的负责同志和各系负责教学管理的同志聚集在一起探讨今后的工作，这在我们研究生课程班工作中来说还是首次，这是一次非常难得的交流提高的机会，因为从某种意义上讲，这两方面的同志都是最了解研究生课程班工作的同志，也应该是对今后如何进一步发展壮大这项工作最有发言权的同志，希望大家集思广益，畅所欲言，为今后如何搞好这项工作献计献策。

同志们，回顾过去一年我们取得的成绩，我们对未来充满了信心。让我们同心协力、加强合作，携起手来认真贯彻党和国家的教育方针和政策，为今后开创我院研究生课程进修班工作及各类形式的培训工作新局面，为把研究生院办成一流的人文社会科学人才培养基地而共同奋斗，谢谢大家。

（本文写于2000年8月2日，是作者在全国研究生课程进修班工作会议上的发言）

普遍认同不易　真正落实更难

江总书记4月28日在中国人民大学的重要讲话，重申了去年8月7日在北戴河与国防科技和社会科学专家座谈时讲的四个“同样重要”，即哲学社会科学与自然科学同样重要，培养高水平的哲学社会科学家与培养高水平的自然科学家同样重要，提高全民族的哲学社会科学水平与提高全民族的自然科学水平同样重要，任用好哲学社会科学人才与任用好自然科学人才同样重要。他说：“对这‘四个同样重要’，大家都很认同，现在的关键在于落实。”

这里提出了两个问题：一个“认同”问题，一个“落实”问题。认识、认同是“知”的问题，贯彻落实是“行”的问题。古人说：“知是行之始，行是知之成。”“知之深则行之笃。”都是强调知与行的统一。

江总书记“八七”讲话发表后，广大哲学社会科学工作者倍受鼓舞，热烈响应，高度认同，各级党委和政府以及全社会都在一定程度上提高了对哲学社会科学的重要性的认识。但是不能否认，哲学社会科学工作者和一般干部群众对“四个同样重要”的认识（知）是有深浅之别的，他们的认同程度也是不一样的。由于“重理轻文”的偏见长期主导着社会心理和舆论，甚至形成为一种根深蒂固的传统观念；由于历史上形成的对哲学社会科学的一些体制性歧视问题至今还没有解决，要全社会深刻认识、普遍认同“四个同样重要”并不是一件容易的事情，真正贯彻落实则更加困难。没有深刻的认识是很难自觉地去贯彻落实的。“知而不行，只是未知。”所以关键在于落实，在于行。

我们对于落实“四个同样重要”的困难要有充分的估计，要做大量的工作，首先还是要解决广大干部、群众的思想认识问题。

近年来一些原来的理工科大学都在向综合性发展，其文科基础一般是原来从事公共政治课教学的马列教研室，后来发展成为社科部，进而发展成为人文学院和经管学院。这种发展趋势一方面说明人文社会科学在国家建设发展中的作用越来越受到重视，但是只要同这些学校的文科教师一接触，一交谈，就会发现他们普遍都有一种在学校里属于“三等公民”或“四等公民”的感觉，文科在办学条件、教学科研经费、人员编制、职称晋升等方面都远不如理工科优越，学科歧视现象屡有发生。这些学校理工科出身的领导要是真正树立起了“四个同样重要”的观念，就应该对这些原本基础相对薄弱，而又对学校的发展具有重要意义的学科专业给予更多的支持和扶植。

我是学哲学的。据我所知，现在各大学哲学系招收的学生，绝大多数都不是第一志愿考生，这使我们不能不对哲学这门“智慧学”的发展前景感到忧虑。我国目前升学的行情，优秀学生多数还是报考理工科，报考文科的也以偏向实用的经济管理类和法学类专业为最热门。传统的“重理轻文”观念还是普遍地在学生和家长中占据着主导地位，决定着他们的专业选择和未来的就业方向。这显然是不利于哲学社会科学事业的发展的。我们不能设想一个伟大的民族没有先进的哲学，没有最优秀的哲学家，整个民族精神素质的提高有赖于哲学的创新发展和繁荣。一个民族文明程度的高低与普遍的社会心理密切相关。如果全社会都能认同“四个同样重要”，重理轻文和轻视理论的偏向得到有效的克服，我相信中国哲学的前途还是非常光明的。

中国社会科学院是我国哲学社会科学的最高研究机构，作为一个事业单位，它在办院经费和政策上得到了党和国家的大力支持。但是，如果真正以“四个同样重要”的认识为指导，社科院就有可能得到更加有利的发展条件。比如，几年前中国科学院启动了知识创新工程，报载国家曾给予48个亿的经费支持。然而这项国家级的知识创新工程却不包括哲学社会科学在内，社科院也失去了一次与中科院全面合作，通过参与该项工程来发展自己的好机会。

一些由于历史原因而积习下来的不合理的体制也严重地制约了哲学社会科学的发展。如建国50多年了，至今有全国科协而没有全国社科联；自然科学、工程技术科学有院士制而哲学社会科学没有；自然科学有多项国家级奖励，而哲学社会科学一项也没有；国家社会科学基金的总金额还不及国家自然科学基金的一个零头，如此等等。我们今天的社会评价体系往往正是以这些所谓的“硬指标”为依据，如有多少两院院士，获得过多少国家级奖项，有多少科研经费等。在有关评比中文科院校很明显地就要吃亏。这些制度安排根本不能体现出哲学社会科学与自然科学“同样重要”，哲学社会科学家与自然科学家“同样重要”。我认为今天已经到了解决这些体制性问题和矛盾的时候了。

江总书记关于“四个同样重要”的论述，以及这次在人民大学讲话中提出的五个“高度重视”，确实是高瞻远瞩，站在时代的高度，从科学的本性及其相互联系着眼，深刻地阐明了哲学社会科学在治党治国和建设有中国特色社会主义事业中不可替代的重要作用。不仅广大哲学社会科学工作者要认真学习，深刻体会，坚决贯彻落实；全党全国人民，包括自然科学家和工程技术专家，特别是各级党政领导干部，都要认真学习，深刻领会，作为共同的事业，坚决贯彻落实。江总书记要求各级党委和政府都要关心哲学社会科学的发展，积极创造支持科学探索、鼓励学术创新的社会环境和学术氛围，大力促进我国哲学社会科学事业的繁荣，其深远意义就是要为中华民族的伟大复兴谱写新的篇章。

落实“四个同样重要”是全党全国人民的共同任务，其中哲学社会科学工作者更负有特殊重要的责任。我们正处在一个大有作为的时代，“四个同样重要”又为哲学社会科学工作者创造了将“有为才能有位”和“有位才能有为”更好地统一起来的条件。我们要努力按照江总书记提出的“五点希望”去做，坚持马克思主义与时俱进的理论品格，坚持严谨治学、实事求是、民主求是的学风，批判继承人类文明的一切优秀成果，深入改革开放和现代化建设的实践，运用马克思主义的立场、观点和方法，对人民群众创造的新鲜经验进行科学总结和理论概括，不断深化对当代中国经济社会发展规律的认识，为党和政府的决策服务，为改革开放和现代化建设服务。只有这样，才不辜负于我们这个伟大的时代。

（本文写于 2002 年 5 月 15 日）

方克立荐书

方克立，1938年6月出生于湖南省湘潭县。1962年毕业于中国人民大学哲学系，同年留校任助教。1973年调到南开大学哲学系，1979年晋升为讲师，1981年晋升为副教授，1984年由教育部特批为教授。1988年获“国家级有突出贡献专家”称号。1994年2月调任中国社会科学院研究生院院长，2000年8月离任。现任中国社会科学院学术委员会委员、研究生院教授、博士生导师，国务院学位委员会哲学评议组召集人，中国科技大学人文与社会科学学院院长，湘潭大学湘学研究所所长，中华炎黄文化研究会常务副会长，中国哲学史学会常务副会长等职务。

40年来，方克立教授一直在高等学校从事中国哲学与文化方面的教学和科研工作，先后开过中国哲学通史、中国哲学名著选读、马克思主义哲学史观和方法论、中国哲学史史料学、中国哲学范畴通论、中国文化概论、现代新儒学概论、20世纪中国哲学与文化思潮等课程。1982年以来，他已指导培养中国哲学专业硕士研究生15名，博士研究生36名。他的主要代表作有：《中国哲学史上的知行观》（人民出版社1982年版）、《现代新儒学与中国现代化》（天津人民出版社1997年版），主编《从孔夫子到孙中山》（中国青年出版社1984年版）、《中国哲学大辞典》（中国社会科学出版社1994年版）、《中国文化概论》（北京师范大学出版社1994年版）、《现代新儒家学案》（中国社会科学出版社1995年版）、《二十世纪中国哲学》（华夏出版社1995年版)、《中国哲学与辩证唯物主义》（高等教育出版社1998年版)、《21世纪中国哲学走向》（商务印书馆2003年版）等。他写道：

我院几位硕士研究生发起成立的“三思工作室”，最近向院内百名博士生导师发出问卷调查，向老师们请教两个问题：一是“在您的读书、学习、教学生涯中，哪些书籍曾对您的学术成就、为人师表等方面产生过重要的影响？或者就您所研究的领域，请您推荐值得一读的书籍”。二是“为什么是这些书？请您列出简短的理由”。

我过去还真没有认真地考虑过这个问题。我院研究生提出的这个很有意义的调研项目，无疑地应该支持，应该参与。最近完成了手头的一件工作，来考虑做这个答卷，倒是促使我对近半个世纪以来走过的求学和教学、科研道路进行一次总结、反思，发现有些阅读确实是终身受益，有的阅读改变或决定了自己的学术方向，有的阅读虽尚未完成，但却影响着未来的研究计划。不少学者都有这样的体会：开卷有益。如能加强读书的目的性与计划性，收益当会更大一些。下面按“三思工作室”的要求，列出五本书籍。

1.《路德维希·费尔巴哈和德国古典哲学的终结》（恩格斯）

这是我学习马克思主义哲学的入门书。1956年，我考入中国人民大学哲学系，所学专业是辩证唯物主义和历史唯物主义。人大十分重视马克思主义经典著作的学习，我们入学后认真读的第一本书就是《路德维希·费尔巴哈和德国古典哲学的终结》。领读这本书的是乐燕平老师，除了介绍写作背景及其在马克思主义哲学发展中的地位之外，他逐章、逐节、逐段、逐句地讲解该书的内容，交待有关背景材料，解说主要名词、概念，阐释其哲学意蕴，使我们对马克思主义哲学与德国古典哲学，特别是与黑格尔、费尔巴哈哲学的关系，马克思主义哲学产生的自然科学前提和社会历史条件，辩证唯物主义和历史唯物主义的基本原理有了初步的了解。以后阅读《反杜林论》哲学篇、《自然辩证法》、《唯物主义和经验批判主义》、《哲学笔记》等经典著作，也都是采取这种学习方法。1962 年我留校工作后，张腾霄老师带领我们读马恩早期著作《神圣家族》和《德意志意识形态》，也是逐章、逐节、逐段、逐句地下功夫，有关背景情况常请何思敬老师讲解和辅导，直到基本读懂为止。学习马克思主义哲学需要有广博的知识背景，还需结合中国革命和建设的实际，但读懂原著、认真领会其精义是基础，然后才谈得上结合、运用与发展。青年时代对马克思主义哲学经典著作所下的这种“笨”功夫，以后才感觉到是受益、受用终生。

2. 《中国思想通史》（侯外庐等）

1959—1960 学年，我因病休学在家。这是我大学 6 年中读书最多的一年。前半年，我曾仿照普列汉诺夫《论一元论历史观之发展》的方法，试图做一课题：“论科学物质观之发展。”为此阅读了大量哲学史和自然科学史著作及相关资料，写了数十万字资料长编式的读书笔记。这项工作做到恩格斯写作《自然辩证法》的时代，以至到列宁写作《唯物主义和经验批判主义》的时代，大体上还能把握其思想发展线索，但到相对论、量子论、原子物理与核物理产生之后，人类对物质的认识，就很难仅凭哲学宏观地去把握，而必须有坚实的自然科学知识基础。从此我放弃了自学现代自然科学和主攻自然辩证法的念头。在失望和彷徨之际，我读了一套《沫若文集》，从自传体小说、诗歌、历史剧，一直读到《十批判书》《青铜时代》等史学著作，本来是作为消遣，没想到郭老的古代思想史研究却给了我很大的启发：作为一个将在中国从事哲学工作的人，为什么不把主要精力放到研究、整理本国的哲学遗产上去，使其在现时代放出新的光彩呢？接着我又花了两个多月时间，初读了一遍侯外庐等人合著的《中国思想通史》，虽然并不都懂，但确实感受到了中国哲学之内涵丰富、博大精美，它在人类思想史上占有不可忽视的重要地位；这一领域存疑的问题很多，众说纷纭，而又与正确揭示中国哲学发展之轨迹和规律密切相关，极有研究价值。此后，我的学习和研究兴趣逐渐转到中国哲学史方面来，而且终生都受到郭沫若、侯外庐的唯物史观的中国思想史研究方法的深刻影响。

3.《哲学史讲演录》（黑格尔）

哲学史不是一大堆在时间中产生和表现出来的哲学意见的罗列和陈述。只有能够掌握理念系统发展的那一种哲学史，才够得上科学的名称。历史上的那些哲学系统的次序，与理念里的那些概念规定的逻辑推演的次序是相同的。因此可以说，“哲学史的研究就是哲学本身的研究”。——关于哲学史这门学问的对象和任务，它的内在本性和研究哲学史的意义，我是通过学习黑格尔的《哲学史讲演录》一书特别是反复地读其“导言”，并学习马恩和列宁的有关批判性论述而得到初步了解的。我以后之所以特别重视对中国哲学范畴的研究，特别认同列宁关于“从逻辑的一般概念和范畴的发展与运用的观点出发的思想史——这才是需要的东西”的经典性指示，与学习、研究黑格尔的哲学史著作有很大关系。回顾自己近 40 年的哲学史工作，在哲学史观和方法论上影响至深的两点就是：社会存在决定社会意识的唯物史观和逻辑与历史一致的方法论原则。

4.《中国哲学大纲》（张岱年）

此书 1958 年商务版我在 60 年代就读过了，很欣赏它对中国哲学问题的疏理，遇到有关问题也常到该书中寻找资料线索，但当时对张岱年先生其人还没有深入的了解。80 年代初专注于中国传统哲学范畴研究，我又重读了此书。当时我已年过 40，而张先生是在 26 岁时开始写作此书的，28 岁完成。我们在“文革”中耽误了十多年宝贵时光，自愧在学识上还不如一个比自己年轻得多的青年学者。我是抱着一种虚心学习的态度，通过阅读该书确实得到了对中国哲学问题、范畴及其相互关系的一种“大纲”式的了解，并把它与唐君毅的《中国哲学原论》作了初步的比较研究。我第三次读这本书是在90年代，此时我对张先生早年提出的“将唯物、理想、解析，综合于一”的哲学思想发生兴趣，意识到他在30年代完成的《中国哲学大纲》，与40年代完成的《天人五论》（包括《哲学思维论》《知实论》《事理论》《品德论》《天人简论》五本书），共同构成了一个史论结合、互为表里的广大深微的中国“新唯物论”哲学体系。这是中国学者试图综合中、西、马而创新中国哲学的最早自觉探索，代表了现代中国哲学发展的正确方向。此时，我对张先生为什么在《中国哲学大纲》中特别注意发掘中国历史上的唯物论和辩证法思想，注意阐述中国古代关于人生理想的各种学说，不但更加理解也更加钦佩了。

5. 《船山全书》（王夫之）

王船山是中国古代最渊博、最深邃的思想家之一，他不但是宋明理学，甚至也可以说是整个中国古典哲学的总结者和终结者。我很欣赏侯外庐把他比做中国的费尔巴哈，对其思想和人格有一种特殊的敬重。《船山全（遗）书》卷帙浩繁，我至今也没有通读过一遍，但对其主要哲学著作如《张子正蒙注》《思问录》《周易内传》《周易外传》《尚书引义》《四书训义》《读四书大全说》《老子衍》《庄子通》《读通鉴论》等是经常要阅读和引据的。80年代初，我对船山的“知行”和“道器”范畴做过一些考察，也曾有系统地研究船山哲学范畴体系的计划，后因重点转向现代新儒学研究而未能实现。我在纪念船山逝世290周年学术研讨会上提出了“船山学”这个概念，以后又把它看作是“湘学”的一个重要环节与组成部分，去年写了《王船山——从古代湘学过渡到近代湘学的关键人物》（发表于《船山学刊》2003年第1期）一文，对船山在中国哲学史和人类思想史上的重要地位有了更深切的体认。研究中国哲学，能读懂、吃透、消化王船山这样一个重要人物，就可谓功力不凡了。吾老矣，不知道还能做多少事情！在完成已承担的一项研究计划之后，如有时间和精力，很希望能回到王船山，与《船山全书》相伴终老。

（原载三思工作室编《博导书榜——影响中国社会科学院博导的五种书》，中国社会科学出版社2004年版，第62—66页）

与研究生谈读书、治学和做人

你们报到入学已有一周。这个学校的校园很小，教学管理和教学运行方式与一般高校有点不同，但也不复杂，你们很快就会熟悉了。社科院的优势是有一批在人文社会科学各学科最前沿的学者，他们都是研究生院的导师，你们要善于利用这个宝贵“资源”，从他们那里学到最前沿的东西。

有一本书叫《严谨治学　高尚做人——中国社会科学院研究生院的学风与传统》，是这个学校的历届领导、前辈学者给研究生们讲话的汇编，包括周扬、胡绳、许涤新、刘国光等同志的讲话，集中反映了这个学校办学的特点，你们可以找来读一读。党中央要求把中国社会科学院建设成为“马克思主义的坚强阵地”，社科院研究生院也始终强调要坚持马克思主义的学术方向，坚持理论联系实际的学风。首任院长周扬同志明确提出：“我们在思想战线上要造就的不但是学者，而且首先是战士。”就是把培养什么人的问题放在第一位来考虑。在这个学校，老一辈学者范文澜同志讲的“板凳要坐十年冷，文章不写半句空”已成为代代相传的格言。范文澜的学生和助手李新同志曾用这句话来教育我们的研究生，我校早期研究生、现在的博导梁慧星教授在开学典礼上又用这句话来激励新入学的研究生。把握正确的学术方向和树立优良的学风，是社科院研究生院的传统，也是每一个研究生能否成才的关键。你们要体会老一辈的殷切期望，不要看作是一般的说教。

第一次同你们就学业问题交换意见，我想主要讲三个问题。

第一个问题：中国哲学博士生需要具备哪些专业知识基础？

你们攻读博士学位一般是三年。在有限的时间内，一要打好学科专业基础，二要写出一篇合格的博士学位论文，三要做好走入社会，独立地从事中国哲学教学研究工作与其他相关工作的准备。你们正是“三十而立”的年龄，立不立得起来，可以说关键就在读博的这几年。你们中有的还不是中国哲学专业科班出身，攻博期间实际上还有补课的任务，所以三年时间并不宽松，一定要抓紧，要有来打一场硬仗的思想准备。

从这个学科的专业基础来说，一般在大学本科已经学过“中国哲学通史”和“中国哲学名著选读”，对中国哲学的基本内容已有一些大概的了解。在硕士生阶段，你们应该已经上过“马克思主义哲学史观和方法论”、“中国哲学史史料学”（包括训诂、校勘、辨伪、辑佚、目录、版本、工具书使用等文献学的基本知识）等课程，读过一些最重要的中国古典哲学原著。我在南开时要求硕士生第一学年至少要精读《论语》、《孟子》、《老子》、《庄子》（内篇）、《周易》五本书，有的请老师专门讲授，有的是布置适当的注释本和参考书让学生自学。另外，还曾请石峻先生到南开讲过《肇论》，请方立天先生讲过《华严金师子章》，请张岱年先生讲过《正蒙》，请蒙培元先生讲过《北溪字义》，都是为了帮助研究生读懂原著，掌握其精义。对于中国哲学专业研究生来说，读哲学原典、直接领会先哲的思想是最重要的，这是最基本的专业训练和积累。你们在做硕士学位论文时可能已有体会，自己研读原典的理解和心得是最真切有用的，别人的研究成果、第二手资料都只能作为参考和借鉴。

另外，中国哲学专业研究生还要求有较好的马克思主义哲学理论功底和西方哲学史（包括现代西方哲学）功底，前者可以提供“一览众山小”的认识高度和理论分析工具，后者则提供了比较的视野和参照物。这样才能把中国哲学当作整个人类认识史的一部分来研究。我们经常碰到这样的情况：研究者面对的文献资料往往都差不多，而成果水平高低则决定于思想高度和理论分析的深度。黑格尔说“在哲学史里我们研究的就是哲学本身”，只有高水平的哲学家才能成为优秀的哲学史家。

上面说的都是你们在攻读中国哲学博士之前就应该已经具备的专业知识基础。人贵有自知之明，每个人都要认真考虑：我的专业知识基础是否已经完备和充分？还有什么欠缺？计划怎样补上去？包括读过中国哲学硕士课程的同学也要找差距，意识到自己还有不足之处，也有一个“补课”的问题。怎样补？本校开的合适的硕士学位课程可以去选修，除了哲学系、宗教系的课程外，过去有的同学还选修过文学系的“古典文献学”，有的选修过社会学系的“文化人类学”，有的选修“日语”作为第二外国语，这些对于加深拓宽研治中国哲学的专业基础都是有益的。还有一些基础知识方面的欠缺，就不能靠听课，而只能靠读书自学来补上了。每个人都要根据自己的实际情况制定一个学习计划，交上来后我分别同你们进行讨论，提出供参考的意见。

博士阶段的学位课程并不多，除了公共课之外，专业课设置往往与你们的博士论文选题方向相联系，每个人开的课可能都不一样。博士学位课程一般只安排一年，必须修满学分才能进入论文写作阶段。

第二个问题：怎样写博士论文?

攻博阶段最重要的任务是写出一篇至少是合格的、尽量争取是高质量的博士学位论文。从论文选题、收集资料、形成自己的观点和思路、完成并通过开题报告，到进入写作攻坚阶段、完成论文初稿、征求专家意见、修改定稿和进行论文答辩，这是一个完整的科学研究工作训练的过程。可以说，独立完成并通过博士学位论文，即标志着一个人在学术上的成熟，对于他来说这是一个具有里程碑意义的事件。你们在最年富力强，思想最活跃、最富有创造性，还没有很重的工作和家庭负担的情况下来做这件事情，来完成一个证明自己的学术能力的富有挑战性的任务，应该说是幸运的，希望你们以高度的自觉性来把这件事情做好。

博士论文的基本要求是作者独立完成的，有创造性的。博士生应该具有独立从事科学研究工作的能力，这种能力是在掌握了本专业坚实宽广的基础理论和系统深入的专门知识后才具有的，它还包括熟悉和自觉遵守学术规范，有较强的逻辑思维能力和文字表达能力等素质，这些在博士论文中都应能充分体现出来。但是，决定博士论文成败和水平高低的主要还在于它有没有创新的学术价值，在材料或观点、理论或方法上有无新进展、新突破，对本学科的发展有无积极的推进意义。我们要求博士论文必须是创造性的研究成果，就不能简单重复前人已有的研究结论，也不能写成一篇学术综述文章，而是要在前人工作和已有成果的基础上，有你自己的新思考、新发现、新创造，至少要有新的亮点，能够为本学科的发展添砖加瓦。这是判断是否已经达到博士论文水平的主要根据。

要写出一篇合格的博士学位论文，论文选题十分关键。选题有无学术价值，能否做出新意，你的学力达不达得到，事先都要有非常客观、确当的估量。为选好论文题目，研究生的学习主动性和导师的指导作用都要充分发挥出来。

你们入学后马上就碰到了博士论文选题问题。每个人都要认真思考，有的可能还要经过一段时间，翻阅一些文献资料，要尽可能早地确定博士论文题目。选题时要考虑的主要因素有：这个题目的理论意义、思想史意义和现实意义；前人已经做了哪些工作，还有多大创新空间，在哪些方面可能有新的学术生长点；课题涉及的范围和难度，自己的学业基础和能力，三年时间能否做得出来。你们的选题意向要与导师交流，导师有责任根据本学科的现状和发展趋向，以及你们的学术素质和特点，帮助你们对论文选题做可行性判断，提出参考意见。通常可能会出现几种情况：一是论文选题成熟可行，很快得到导师同意。个别考生长期对研究某个问题感兴趣，考博就是为了实现自己的夙愿；有的同学在做硕士论文时就已有深入研究某个相关课题的打算，并做了一定的理论准备和资料积累。当然也有考虑选题较晚，但想得比较周全，很快就能将题目确定下来的。二是此前还没有认真考虑过博士论文选题问题，经初步思考，现在只能提出一个或若干个选题意向。与导师交流后，可能会相对集中到一个问题上来，下去再读书、思考，逐渐明确所研究问题的意义和范围。这个过程要长一些，中间可能还会发生一些变化，比如将原先想做的题目调整为只做其中的一部分。三是学生要求导师帮助出题目。导师根据学科发展需要，该生的学业基础和特长，并且尽可能地结合自己的研究方向，帮学生考虑一个题目。经商量确定下来后，艰苦的研究工作要靠学生自己去做，导师也要给予一些具体指导。在我过去带的研究生中，这几种情况都出现过，第二种情况是多数，一、三两种情况加起来约占一半。

论文选题确定后，就要集中精力去做研究，搜集、阅读与本课题相关的全部原始资料，以及别人研究这个问题的第二手资料，要尽可能做到“竭泽而渔”，才不至于发生你的研究结论别人早已说过的尴尬情况。论文的观点和思路就是在阅读和研究中逐渐形成的。

开题报告是博士论文写作过程中的一个重要环节，研究生院要求在第三学期末或第四学期初完成。开题报告的内容应包括：选题意义；国内外研究状况及得失评价；本文的预期目标和主要创新点；研究思路和方法；存在问题和困难；主要参考文献。开题报告要通过老师和同行专家评审，专家们从不同角度提问题、挑毛病，提出建设性的意见，往往对作者的帮助很大，开阔了思路，找到了薄弱环节和改进方向。个别人的开题报告没有通过推倒重来的情况也是有的，那么在时间上就相当紧张了。

第四、五两个学期是博士论文写作的攻坚阶段，在高度紧张的思维运转和写作过程中，你们可能要尝到一点食不甘味、寝不安席的滋味。这也是人生的一“搏”，挺过去就柳暗花明了。博士论文抓得紧、完成早的同学总是比较主动，不但减轻了心理压力，而且可以留出充裕的时间来征求意见，反复修改提高。有个别同学拖到论文答辩前才仓促完稿，本人急得不得了，给整个答辩和结业工作也带来不少麻烦。

博士论文答辩是你们人生中的一件大事，各方面都很重视，有严格的程序和要求，有关注意事项以后会给你们详细讲。你们要意识到，从现在起，你们所做的一切努力都与提高博士论文的质量密切相关。我们首先是要求写出一篇合格的博士论文，然后希望你们写出尽可能高水平的博士论文。新世纪以来，国务院学位委员会每年都要组织评选全国百篇优秀博士论文，我也参与了这项工作，接触到一些参评的论文，确实达到了较高水平。这些优秀论文的共同特点是：作者的专业知识基础扎实深厚；有很强的创新意识，善于抓有重大理论价值和现实意义的创新点；都下了大功夫，治学严谨，连小的错误都较少发现。“百篇”代表了中国研究生教育的最高水平，也是全国博士生见贤思齐的榜样。但是我认为还是要以平和的心态实事求是地来看待这件事情，有的参评论文的作者已经是教授，要求比他小 20 岁的青年博士生也达到同样水平显然是不实际的。所以我鼓励你们力争上游的精神，但并不以“争上百篇”作为一般要求。写出一篇真正合格的博士论文已不容易，只要努力了，学业上有明显的成长进步我就很高兴。

第三个问题：怎样处理做学问与做人的关系?

为什么与你们头一次见面交谈要讲这个问题？一是因为你们学的是中国哲学专业，中国哲学不但要“究天人之际，通古今之变”，而且最善言、乐言“成人之道”，也就是不仅要讲世界观、历史观问题，而且特别重视人生价值观的问题。中国哲学是“为己之学”“成德之教”，而不是“口耳之学”，光讲给别人听的。“为己之学”是要用知识来成就道德，自己一定要身体力行，这样才能学到中国哲学的精髓。你们既然已经选择中国哲学作为自己的专业方向，这个道理一定要深刻体会，一定要处理好学问与德行的关系。二是关于这个问题，我在自己20多年的研究生教育工作实践中有一些切身的体会，认识有一个发展深化的过程，这些认识和体会，我也愿意与你们分享，并在今后的相处中共勉。

中国哲学包含着非常丰富的内容，其中有精华也有糟粕，我们要取其精华，弃其糟粕，批判继承，综合创新，就一方面要掌握科学的世界观和方法论，同时对民族文化的优秀传统要有深厚感情，常存敬畏之心，唯恐其中的精华没有得到很好的继承和弘扬，成为先哲的不肖子孙。中国哲学学者在做人的内在气质上和学问成果的外在表现上都要把这两个方面完满地结合起来。

中国传统哲学的精华，集中表现在它的人生智慧中。张岱年先生说：“中国哲学家所思所议，三分之二都是关于人生问题的。”① 这是实际的情况。中国哲学的中心内容就是讲如何做人的学问，而且有一个特点：宇宙论与人生论不分，以“天人合一”“天人不二”为最高境界。这种人生智慧也就是宇宙的根本原理，有“天道”与“天命”的根据，所以有的学者把中国哲学又叫做“哲学的人学”。这种学问还有一个特点，就是“知行合一”“学行不二”。在孔子儒家学派看来：“贤贤易色；事父母，能竭其力；事君，能致其身；与朋友交，言而有信。虽曰未学，吾必谓之学矣。”（《论语·学而》）就是说“学”与“行”是统一的，德行上做到了，就说明已经学好了。它把“行”放在比“学”更重要、更优先的位置上，“行有余力，则以学文”（《论语·学而》）。“君子”不是说得多、做得少，而是要“敏于事而慎于言”（《论语·学而》）。最要不得的是言过其行、学而不

① 《张岱年全集》第2卷，河北人民出版社1996年版，第194页。

行，所以说“古者言之不出，耻躬之不逮也”（《论语·里仁》），“君子耻其言而过其行”（《论语·宪问》）。这种重行的“学行统一”思想，无疑属于中国哲学中的优秀部分，历来对于造就那些具有“脊梁”品格的中国知识分子都起了重要的作用。我们学习中国哲学，不仅要在道理上懂得它，而且要诚心服膺，化为自己的血脉，变成内在的德性，随时随地体现在自己的行动上，做一个言行一致、学行统一的人。这样人们才认为你是一个真懂中国哲学的学者。

中国哲学讲了那么许多做人的道理，其实就是要求我们做每一件事情，都要符合你在各种社会关系中的既定角色所应遵守的基本道德规范，比如父慈子孝，兄友弟恭，夫妻和敬，尊师爱生，严己宽人，与朋友交言而有信，作为一个公民要遵纪守法，等等。对于一个有道德教养、有道德责任心的人来说，做到这些其实并不困难，是自然而然不需勉强的。因为他从小所受到的家庭和学校教育，就已经灌输给了他一系列如何做人的基本道德规范，形成了是非、善恶的价值观念，知道什么是应该做的，什么是不应该做的。文化传统、教育和环境造就了我们作为一个社会的人、道德的人所应具备的基本素养，学习中国哲学可以对此有更深刻的理解，行为更加自觉自愿。有的人之所以在做人上出了问题，重要原因之一就是这方面所受到的教养不够，或者只从书本上、“口耳之学”的意义上懂得了如何做人的道理，而根本不联系自己的思想实际，不准备付诸行动。有这方面的问题、不注意自己德行修养的人，在求学期间虽然也有一些不正常的表现，比如说自私自利，与同学相处关系紧张，等等，但只要不做太出格的事，也很容易被他其他方面的一些优点（比如学业成绩较好）所遮蔽，三年时间很短，老师和同学们都不会去深究。这样的人走上社会后，如果继续我行我素，不注意自己的品德修养，在求职、升职、提薪、评奖、出国进修、申请科研经费等各方面的激烈竞争中，他在人格方面的某些弱点就有可能放大地表现出来，甚至为了达到个人目的而不择手段，走上犯错误的道路。事实证明，我们培养的研究生绝大多数都是好的，是学行一致的，他们毕业后的表现充分地说明了这一点。但是也有个别人走上了邪路，表现出学问与人格的严重脱节，没有达到我们培养人才的目的，甚至留下了反面的教训。历史的经验值得重视。所以在你们刚入学的时候，我要专门讲一下这个问题，预先敲一下警钟，我想对你们今后的学术和人生道路是有好处的。

对于在读研究生，20 多年前我就明确提出了“学行并重，德业双修”的要求，并以“平实”二字作为做人、做学问、写文章的基本经验传授给他们。许多同学是听进去了的，在他们后来出版的著作的“后记”和其他文字中都一再地提到了这几句话，认为对其一生的学术和人生道路都有重要影响。① 20 世纪 90 年代初，一个我在业务上十分看好并且已留校工作的学生，连续做了几件令人感到十分意外的事情，反映出其人品有较大问题，给我的思想以极大的震撼。比如，为了晋升职称而挖空心思去搜集资料打击别人（竞争者）；为了分房子而闹到要与有不同意见的同志“拼刀子”的地步；为了抬高自己而篡改别人写的学术会议纪要，竟瞒着原作者私自寄到台湾发表了出来。中国哲学有一条最基本的做人准则：“己所不欲，勿施于人。”对别人（同志、同学、同事）怎能这样不厚道呢？关键是都牵涉到了自己的利益，利益扭曲了人性。几件事情出来后在南开师生中引起了强烈的反响，党组织也出面对当事人进行批评教育，我不得不认真反省自己的教育思想和实践有什么失当之处，考虑应该怎样调整改进。

① 如王寒松在《当代文化冲突与青年文化思潮》一书的《后记》中说：“方师对门下弟子仅有八字要求：‘学行并重，德业双修。’这八个字在学习期间时时警策着我，今后我将继续将其奉于座右，终身躬行。”（中国青年出版社 1997 年 12 月版，第 281 页）又如周可真在《新起点》一文中说：“南开的三年，导师方克立先生的为人和为学风范，对我产生了深刻而久远的影响，使我懂得了为人与治学的一致性道理，并从他那里学到了‘平实’二字，亦即：做人要平实，学问要平实，文章也要平实。‘平实’二字，实在是我终生可以行之的要道。”（载栾贵川主编《博士生谈自己》，黑龙江人民出版社 1998 年版，第 7 页）

90 年代中期以后，我虽然还是以“学行并重，德业双修”作为对研究生的基本要求，但是更经常地给他们讲的是另一句话：“三分学问，七分做人。”[①] 这是就学者一生来说的。特别是以学习、研究中国哲学为终生志业的学者，应该要求他们把做一个有道德的人放在更重要的位置上。一个人一辈子写了几本书并没有什么了不起，难的是一辈子做一个高尚的人，一个有道德的人，一个脱离了低级趣味的人。像毛主席表扬的能够做到“毫不利己、专门利人”的白求恩、张思德、雷锋等人，就可以说是我们这个时代的“圣人”了。

冯友兰先生的人生四境界说，依次讲的是自然境界、功利境界、道德境界和天地境界，如果摒弃掉其中的某些神秘主义因素，它还是有一定的现实生活依据的，在今天对我们如何做人仍有启发意义。在现实生活中，每个人都面临着一个义利关系问题，包括知识分子：不能摆脱个人名利的纠缠就是还停留在功利境界，能够以义制利、义以为上的才真正进入了道德境界。有的中国哲学学者，平时可以放言高论“为天地立心，为生民立命，为往圣继绝学，为万世开太平”，大讲“内在超越”和“天地境界”，而在实际生活中的表现却说明他还没有脱离功利境界，连做人的起码道德准则都不遵守，那么怎能叫人相信他真的是以这种学问为自己的“安身立命之学”呢？

这里讲的虽然只是个别情况，但是值得每个中国哲学学者引以为戒。我们在学习、研究、传授这种“为己之学”“成人之道”的时候，不能只是把它当作一种知识和学问，与自己的人格不相干。你们在攻博期间，也不能光顾读书、写论文、做学问，而放松了在做人上

---

① 如张小平在《感悟生活》一文中说：“中国社会科学院是全国社会科学最高层次的研究机构，这里名师云集、学子荟萃，我能来到这里深造并且受教于著名哲学家方克立教授，庆幸之余，深感任重而道远。‘三分学问，七分做人’、‘板凳要坐十年冷，文章不写半句空’是前辈导师做人做学问的写照，也是对晚生的严格要求。我自当认真做人，严谨治学，不负前辈导师所望。”（载栾贵川主编《博士生谈自己》，黑龙江人民出版社 1898 年版，第 250 页）

对自己的要求，特别是在学问上有优异表现的同学，在做人上更应该严格要求自己。

还有一点值得注意，就是在做学问的过程中也有一个做人的问题。做学问是一件很艰苦的事情，需要踏踏实实，进行创造性的劳动。书要一本一本地读，问题要一个一个地深入思考，文章要一句一句、一节一节地往下写，都是硬功夫，一点也偷懒偷巧不得。前辈学者说的“板凳要坐十年冷，文章不写半句空”，就是要求在做学问的过程中体现出良好的学风，良好的人格素质。前面讲到博士论文必须是研究生独立完成的创造性的研究成果，就一定要下功夫，要有自己的独立见解，不能只是重复前人已经说过的话，当然更不允许出现抄袭的情况。研究生院过去不但处理过考试作弊的学生，也有博士论文被揭发出来有抄袭问题的，都受到了严肃处理，有的还取消了博士学位。现在的社会风气很不好，有在网上登广告招揽代做论文的，明码标价。这是戕害文明和毁灭人性的极其恶劣的行为，必须坚决抵制，有关方面应该予以严厉打击。你们有通过刻苦攻读取得优异成绩的强烈愿望，那么在校学习期间就要重视学风和文风问题。俗话说“文如其人”，学风和文风可以体现一个人的做人风范。我当然希望你们中间能够出天才，但包括我在内的大多数人都不是什么“天才”，能做出一点成绩来主要靠勤奋。所以我还是讲一句老话：做人、做学问和写文章，能够做到“平实”二字就很不错了。平实不是平庸，它并不抹杀创造性，创造性的成果也要以平常之心实事求是地表现出来。

这几年你们能在比较平静的环境中读书做学问，机会非常难得，值得倍加珍惜。当然也不可能像董仲舒“三年不窥园”那样，两耳不闻窗外事，一心只读圣贤书。现在已是信息时代，各种传播媒介那么发达，你总不能连美国攻打伊拉克，印度洋发生大海啸，伊朗、朝鲜核危机都不知道，连党中央号召建设和谐社会、和谐文化也不知道吧。我们这个专业与思想文化领域的联系非常密切。现在有“国学热”“儒学热”，主流是弘扬优秀民族文化，为推进中国的社会主义现代化建设服务。但是也有人要以儒学取代马克思主义作为主导意识形态的地位，要把中国变成一个“政教合一”的儒教国家。“儒化”和“西化”两种思潮在当今中国都有相当的势力和影响，共同挑战主流意识形态。在社会文化领域，特别是网络媒体上，告别革命、消解崇高、丑化英雄、低俗恶搞之风甚嚣尘上。一个有社会责任感的知识分子，怎能对此视而不见、听而不闻、无动于衷呢？我当然赞成你们关心国家大事，关心思想文化动向，但是这几年你们的主要任务还是要完成学业，为做一个坚强的思想文化战士做好知识和理论准备。要全面理解周扬同志讲的“学者”与“战士”的关系：做学问首先要把握正确方向，在学问中也要体现出战士的品格；而打好学问基础又是成为一个优秀的思想文化战士的必要前提。

现在各种网络论坛上的活跃人物，有相当一部分是在校研究生。年轻人思想活跃，勇于发表意见，有积极向上的一面；但也有思想不成熟，缺乏社会责任意识，偏颇失当的一面。有的人在网络这个自由空间用网名发言非常随意，跟着感觉走，难以把握正确方向；有的人喜欢搞轰动效应，不踏实钻研学问，学风和文风也不好。更值得注意的是有的人在学术思想和政治上表现出来的不良倾向，很难说他们将成为社会主义事业的接班人还是掘墓人。我并不反对你们在网上发表自己的意见，但态度一定要严肃认真，对社会、对别人、对自己都要负责任，就像用实名在报刊上发表文章一样负责任。每个人的历史都是用自己的言行写成的，在网络上发言也是在写自己的历史，是他的学问、学风和人格的一部分。尊重自己历史的人就会慎重地对待这件事情。

初次见面交谈，我先做一个发言，对你们提了许多要求；你们还可以提问题，也可以对我提要求，今天提或以后个别交谈时再提都可以。师生关系是一种缘分，特别是个别指导的研究生，这种缘分更加难解难分。包括已经毕业了 20 多年的学生，他们的工作、生活、学术思想发展等都时刻牵动着我的心，为他们取得的成绩和进步而高兴，也为个别人的失足而痛心，不能推卸老师应承担的那份责任。现在入学的博士生与我的年龄差距越来越大了，我也对你们更加寄予厚望，在表现形式上可能有点“菩萨心，婆婆嘴”，希望你们能够理解。

［原载中国社会科学院老专家协会编《学问人生——中国社会科学院名家谈》（下），高等教育出版社 2007 年版，第 382—391 页，原题为《与博士生一夕谈》。发表时有删节，本卷刊出的是全文］

方克立　中国哲学学者

做中国传统学问也要强调做人，不仅学问做得好，首先做人得做得好。中国哲学是“为己之学”，而不仅仅是“口耳之学”，要真正学到中国哲学的精华应该体验到这一点。

方克立

按说，在中国社会科学院研究生院这个高级学术机构里，负责全面管理工作是一件很荣耀的事情。然而在中国社会科学院研究生院院长方克立教授看来，他更愿意把精力用在研究和教学上，因为他觉得学术研究是他的本份，而培养青年学生更是他一生的乐事。

解说：方克立教授是我国哲学界知名的马克思主义学者，他出生于湖南湘潭一个知识分子家庭，他的父亲是我国著名历史学家方壮猷。80 年代中期，方克立开创了中国大陆的现代新儒学的研究，并成为“现代新儒学思潮研究”这项国家哲学社会科学“七五”和“八五”规划重点课题的负责人。今年 59 岁的方克立，是中国社会科学院研究生院院长，博士生导师。

主持人：方教授，您作为从事中国哲学史研究的教授，在管理像社会科学院研究生院这样一个在全国都是最著名的高等学府的时候，最注重的是对学生人格修养的培养，这种培养主要是从哪些方面入手？

方克立：我国的中国哲学学者在进一步研究传统，强调“学行并重，德业双修”。

主持人：这是您做博士生导师给学生提出来的要求？

方克立：这个是说，做中国传统学问也要强调做人，不仅学问做得好，首先做人得做得好。中国哲学是“为己之学”，而不仅仅是“口耳之学”，要真正学到中国哲学的精华应该体验到这一点。

主持人：您觉得，学习中国哲学的学生可以遵循您提出的做学问和做人的这个标准去要求自己，学习其他专业的学生，是不是也必须按照您这样的标准去要求？

方克立：当然是这样。实际上，我对我带的研究生是这个要求，我对所有的研究生也是这个要求，而且要求老师在这方面对学生严格要求，“严师出高徒”。

主持人：您觉不觉得今天提出这样的要求对不学中国哲学史的学生来说可能有些过高了？

方克立：这不是过高的要求。我觉得，应该说这是中国学问的精华，这是我们的很好的传统。

主持人：像您这样年龄的教授，最初系统接触的是属于哪个思潮的文化？

方克立：从上大学开始接触的是马克思主义。

主持人：方教授，您当时接受马克思主义，是以意识形态接受下来的，还是把它作为一种科学的理论接受下来的？

方克立：我感觉是把它作为科学的世界观和方法论接受下来的。

主持人：把它作为方法论、世界观接受下来的同时是不是把它作为一个人的信仰？

方克立：是，我觉得是这样。所以在研究任何问题的时候，他自然地就会站在这么一种观点和立场上，或者运用这种方法再去研究。比如说对文化问题的研究，对新儒学的研究，一开始很自然地也是很自觉地就站到了这个立场。

主持人： 这里面有没有一个问题，就是说这可能是起到一个先入为主的作用？

方克立： 这可以说是一种先见，这对一个人很重要的。

主持人： 非常重要的。

方克立： 我认为，坚持马克思主义立场是和坚持实事求是这个原则一致的。它不是永远不变的，它是坚持用辩证的、发展的观点看待一切事情的。

主持人： 您认为在您所打下的马克思主义功底里面，最精华的内容是什么？

方克立： 作为世界观和方法论，我特别重视所观察的社会、人生、历史。必须用历史的观点观察或回答才能找到比较科学的答案。

主持人： 您在大学里做了这么多年的教授，一直接触年轻人，今天我们的很多年轻人可能经历了或者正在经历信仰基督的问题，您年轻的时候有没有过这样的经历？

方克立： 我感到我们那一代人，即使是走了一段曲折的道路，但今天对一些基本问题的认识也都是比较好的，包括我的在各个学校工作的很多同学，在一些大的问题上我们的看法基本上都是一致的。

主持人： 可不可以说，回想起来您从来没有对自己的信念产生过怀疑？

方克立： 可以这么说，我在基本的信念上没有动摇过。

主持人： 做到这一点容易吗？

方克立： 我感到很自然，从我们来说，很自然。

主持人： 怎么来理解呢？

方克立： 因为我们是从事思想理论工作的，对问题不会受到一种情绪一种感情的左右，对一切问题都要用理性的眼光来审视来判断。按照我们既定的这么一种立场、观点、方法审视一切问题，就会得出一种认识，这是比较一贯的。

主持人：这是不是能理解为您在年轻的时候已经打下了坚实的马克思主义的功底。

方克立：我觉得，在人民大学学到的马克思主义理论对我是终生受用无穷的。

主持人：从马克思主义立场看，中国传统文化中的精华到底是哪些？

方克立：有的评论家看问题比较片面，他们把中国传统文化的内容仅仅定位为儒学。实际上，中国传统文化的内容是比较丰富的，其中一些精华未见得都在儒学里面，但儒家里面注重现实人生，重视道德，重视人的德行修养，重视教育，这都是我们的传统文化。

主持人：表现在您个人的人生观、世界观中，您很清楚地意识到有哪些方面来自中国传统的精华？

方克立：这些东西有时候弄不清楚。比如说，我这么一个知识分子家庭出生的人，自然也有些东西是潜移默化地接受的，或者是遗传来的。我父亲是历史学家，他不赞成我学文科，只希望我学数理化，后来是阴错阳差了……

主持人：您能理解他是什么心情吗？

方克立：他们这一代人的传统文化根底很深。

主持人：那您有没有反省，生活在他的身边，在这样的一个家庭中长大，却没有受到传统文化的熏陶……

方克立：主要还是受学校教育的影响更大一些，家庭还有其他文化的素养……我的人格的养成在这些方面都潜移默化地受了些影响，但基本的观点、理念的形成，可能都是受到当时党的教育的结果。

主持人：传统思想中的“学而优则仕”这个思想对您有影响吗？

方克立：说实话，在这方面我不光是没心情，我也没有这方面的能力。事实上我是做不好的，现在用我这个人不是用得最好的地方。

主持人：受了什么样的思想的支配，您在1994年做了研究生院院长这么一个工作？

方克立： 我们这些人都比较听话，感到是一种责任，是党组织的安排。

主持人： 对您来讲，现在的这个工作岗位并不是一个合适的岗位，那您认为什么岗位是您最合适的岗位？

方克立： 我现在觉得学校的教授也好，研究人员也好，做出了一些成就就非要把他放在一个领导岗位上，使有些学者没有了充分发挥专业能力的机会和时间，这可能是我们现在出不了大家的一个很重要的原因。

（本文是中央电视台“东方之子”栏目组对作者的采访稿。主持人邵滨鸿，编辑徐斌、张文华。播出日期是1997年5月28日。采访稿原载于时间、张光途主编的《精神的田园——东方之子访谈录·文化学人卷》，华夏出版社2000年版，第115—120页）

肩负重任　综合创新

——访中国社会科学院研究生院院长、著名学者方克立

苏　娟

位于北京东郊的中国社会科学院研究生院，即将迎来她的20周岁生日（9月25日）。在全院上下紧张而又精心地准备庆典的时候，记者走访了现任研究生院院长、著名学者方克立教授。

记者：中国社会科学院研究生院是为国家培养高级人才的地方，20年来，她取得了哪些成就？

方克立：在研究生院艰苦创业的过程中，得到中国社会科学院历届领导和各研究所的极大关怀与全力支持。在原国家教委和国务院学位委员会的指导下，研究生院依靠中国社会科学院各研究所众多知名专家学者，较圆满地完成了社会科学学位制度的建设工作，为培养这方面的高级人才奠定了坚实的基础。20年艰辛的耕耘带来丰收的硕果，共培养893名博士、2235名硕士和众多在职研究生进修班学员。从这里走出的一批批学子，成才率高，在现代化建设的实践中担当了重要的角色；在人文社会科学领域的科研中，相当一批人成为开拓进取的学术带头人。研究生院现已建成我国培养人文社会科学研究生学科专业最多、师资力量最雄厚的教育机构，拥有哲学、经济学、法学、文学、历史学五大学科门类，有权授予博士学位学科专业50个，指导教师300多人；授予硕士学位学科专业74个，指导教师400多人。

记者：请您谈谈研究生院还存在哪些问题，它的发展前景如何？

方克立：我们已取得了一些成绩，但面对 21 世纪，研究生院如何更好发展，跃上新的台阶，亟待解决的问题还很多，有的是与一般高校共同面对的，有的则是我们独具的。例如，研究生院办学的优势在于学科专业齐全，师资力量雄厚，导师们很有教学的积极性，并且社科院各所还有很多高级研究员有教学能力而没有教学舞台，所以作为学校今后的发展前景，争取在社科院主持下，办一所以培养研究生为主、本科生为基础的中国社会科学大学，以培养更多高级专业人才。我们正朝着这一方向努力，迫切需要上上下下各方面的支持。

记者：据我所知，您不仅肩负繁重的行政职务，还是研究中国哲学的著名学者。80 年代您积极参加文化讨论，并通过研究将马克思主义的文化观概括为“古为今用，洋为中用，批判继承，综合创新”四句话，这是否可以说是中国新文化建设应采取的正确态度？

方克立：这几句话都不是我概括出来的，而是马克思主义的先贤们早就说过了的。在对待古今中西文化问题上，综合创新论之所以比各种偏颇或折衷的文化理论高明，是由于它始终贯彻了唯物辩证法的方法论原则。纵观 16 世纪以来的各种文化主张，大体上不外四种类型：一是国粹主义；二是全盘西化；三是在这两个极端之间折衷调和；四是主张发扬民族主体精神，综合中西文化之长，创造新的中国文化。这四种类型的主张中，前三种在方法论上都是形而上学的，固执中西对立、体用二元的思维模式，各走极端，或者折衷调和；唯有第四种辩证的综合创新论是正确的。事实上，从明末开始中西文化交流以来，就有人主张以开放的胸襟，走会通中西即综合中西文化之长的道路，如徐兴启等人提出的“会通以求超胜”论。20 世纪三四十年代，中国共产党人和党外的马克思主义者（如鲁迅等人）提出“民族的科学的大众的文化”的主张，也包含着发扬民族主体精神，“大量吸收外国先进文化”，批判地继承古代文化，“剔除其封建性的糟粕，吸收其民主性的精华”等内容。尽管前些年有的论者只看到“新启蒙”“彻底重建”“西体中用”“儒学复兴”等说热闹一时，而对“综合创新”论视而不见或毫无热情，但事实上这派观点在文化讨论中始终占主导地位，也最有群众基础。因为它既坚持了马克思主义的文化观，又最符合中国的国情，适应了建设有中国特色社会主义文化的需要。在文化讨论中，国内的多数论者，实际上都是站在“古为今用，洋为中用，批判继承，综合创新”的马克思主义文化旗帜下，在不同程度上抵制和批评了各种错误的偏颇的文化思潮，形成为当代中国文化发展的主流派。张岱年先生可以说是这派观点的一个代表。“综合创新”论是在总结正反两方面历史经验的基础上，继承和发展了上述方向正确的文化理论，特别是其中所体现的辩证法精神，是社会主义现代化建设新时期中国文化发展的正确道路。

记者：建设有中国特色的社会主义文化是一项宏伟而复杂的工作。请您站在社会科学界的角度，谈谈对新闻媒体在宣传中国文化方面的建议或意见。

方克立：这个问题只能谈点不成熟的意见供新闻界的朋友们参考。就我的感觉，新闻界对宣传报道中国文化已给予了一定的重视并做了不少的工作，可以说是很好的开端，当然还有待进一步加强。

宣传报道中国文化不是孤立的，而是要站在社会主义现代化的立场上。这就需要与学术界发生联系或合作，以反映学术界的最新成果或动态。新闻界聚焦什么学术文化问题、人物，传播什么观点，都有一个选择的问题。要做到准确、恰当，给大众以积极正确的导向，并不是一件容易的事。为了做到这一点，新闻界人士就有一个提高自身素质，了解中国学术思想界的任务。我想，科研单位、学术机构的活动是会真诚欢迎新闻界朋友们参加的。

（原载《中国新闻报》1998 年 7 月 2 日第一、二版）

做好面向21世纪的研究生培养与教育工作

——访研究生院院长方克立

曹苏红

我院研究生院作为国内第一所人文社会科学研究生院，建院20年来为国家培养了一大批高素质的人文社会科学人才，研究生院自身也以学科齐全、师资雄厚而著称。在研究生院庆祝建院20周年之际，记者走访了方克立院长。

问：研究生院建院20年来，在如何办好人文社会科学研究生院，高质量地培养人文社会科学的理论研究和实践人才方面作了哪些积极探索？

答：研究生院办学20年来成绩是应当肯定的。至今，我们已经为国家培养了653名人文社会科学博士，2135名硕士，还有几百名在校博士生和硕士生。和高校相比，这个数量并不算多，但是我们的毕业生成才率比较高，涌现出各方面的优秀人才比较多，这是得到社会公认的。目前我院有博士学位授权专业50个，指导教师300多人，硕士生学位授权专业74个，指导教师400多人。

研究生院依托社科院30多个国家级研究所办学，学科专业齐全，导师力量雄厚，文科博士点和博导数量都位居全国第一，这个优势是我们特有的。此外，研究生院是一个有着优良学风和传统的学校，从首任院长周扬同志开始，就强调要继承和发扬我们党一贯倡导的“实事求是，艰苦朴素”的传统；历届社科院领导和研究生院领导都教导研究生们要打好马列主义、毛泽东思想、邓小平理论的基本功，坚持理论联系实际，以研究、解决中国的实际问题为主。我们还提倡“学行并重，德业双修”“严谨治学，高尚做人”，把做人和做学问很好地统一起来。

我们在研究生教学管理和教材建设中也做了一些工作，积累了一些经验。一是始终重视和强调对研究生进行马克思主义基本理论的教育。二是在研究生教学与培养过程中，重点抓招生、培养和学位论文三个环节，导师指导一个关键因素。三是近几年着重抓硕士研究生教材建设。从已出的几本教材来看，各方面反映不错，《社会主义市场经济学》已被全国一些高校选用作为研究生教材。我们计划在今年底推出10—15本教材。

问：目前研究生院所面临的主要问题和难点是什么？

答：研究生院在建设发展中也存在着不少问题和困难。由于它是科研机构办学，国家按计划拨给高校的生均经费研究生院是没有的，社科院只能从本来就很拮据的科研经费中拿出一部分钱来办学，因此招生规模不可能很大，办学的物质条件也较差。科研单位办学主要是为本单位培养科研后备人才，不承担为社会培养人才的任务。因此我们每年的招生名额都很少，博士生导师平均三年才能招到一名学生，大约是重点高校招生数量的1/5。我们只能在现有的条件下尽量做好工作。

问：科学技术的迅速发展深刻地影响到政治经济和社会文化，也对研究生教育带来了挑战与机遇，您对如何迎接知识经济时代的到来，在21世纪培养出更多合格的人文社会科学人才有何见解？

答：20年来，历届社科院领导和研究生院领导对如何办好研究生院，培养高质量人才都提出过很多重要意见。铁映同志最近对研究生院的工作作了许多重要指示，其中心思想就是研究生院要培养中国人文社会科学的“大家”。要努力创造条件，争取在下个世纪能够出一批像郭沫若、钱锺书、夏鼐这样的学术大家。他有个提法：硕士以基础深厚取士，博士以论文优秀取士。博士论文必须在学科前沿有所创新。铁映同志还强调，研究生院一定要解决办学条件现代化的问题，要办成最先进的国际化的高等研究学院。总之，一切着眼于为国家培养第一流的优秀人才。我们要很好地领会铁映同志的这些办学思想。

我们认为，面向21世纪的人文社会科学研究生培养与教育工作，应把握以下几点：第一，研究生教育必须把深入学习和深刻领会邓小平理论放在重要地位。第二，不断更新研究生课堂教学的内容。第三，着重培养研究生的知识创新能力。第四，全面提高研究生的素质，做到博通与专精相结合。

（原载《中国社会科学院通讯》1998年8月10日）

名师荟萃　人才辈出

——访中国社会科学院研究生院院长方克立教授

曹建海　赵福贵

[**原编者按**] 江泽民同志在中央党校省部级干部金融研究班上对广大党员干部发出了"学习、学习、再学习"的号召和要求，掀起了各级党政干部、企业管理人员进修学习的热潮。借中国社会科学院研究生院建院20周年之机，本刊特约记者采访了该院院长、著名哲学家方克立教授，请他就有"中国的哈佛"之誉的中国社会科学院研究生院基本情况及研究生课程进修班的有关情况进行了解答。

记者：据我所知，中国社会科学院研究生院是中国人文社会科学的最高学府，人称"中国的哈佛"，您对此有何看法?

方克立：中国社会科学院研究生院是中国国家级哲学社会科学综合研究中心——"中国社会科学院"直属的一所高等学府，成立于1978年，是中国最早建立的以培养人文社会科学各学科博士、硕士为主要任务的文科研究生院，我们只进行研究生以上的学历教育，故办学规模不大，称我们是"中国的哈佛"，我们不敢妄领，但从办学层次、办学质量上来看，中国社会科学院研究生院作为"华夏人文第一院"是当之无愧的。

记者：据说，1978年中国社会科学院招收研究生的消息在首都主要报纸刊载后，在全国引起了极大反响，社科院从5000多名考生中，招收了448名研究生，为建立研究生院奠定了雄厚的人才基础。

方克立：不错，面对如此之多的经过基层锻炼的优秀考生，众多专家学者无不为学术事业后继有人感到欣慰和鼓舞，中国社会科学院院长胡乔木等领导当即决定扩大招生规模，由原定的150人扩招到448人。为克服过去培养研究生方式的局限性，发挥集体与个人相结合的培养方式优势，1978年8月19日，中国社会科学院向国务院请示建立研究生院，8月25日中央领导同意，中国第一所人文科学研究生院——中国社会科学院研究生院正式成立。

记者：中国社会科学院研究生院从批准到建院20周年，受到了党和国家领导人的高度重视和热情关怀，请您具体介绍一下好吗？

方克立：中国社会科学院申请建院时，在京主持工作的叶剑英、邓小平、汪东兴、乌兰夫等党和国家领导人当即批准，前后时间不到6天，堪称高效率的典范，这也从另一角度反映了党和国家领导人扭转“文革”后人文社会科学科研人才“青黄不接、后继乏人”局面的紧迫感。中国社会科学院研究生院建院20周年之际，中共中央总书记、国家主席江泽民为我院题词：“把中国社会科学院研究院办成一流的人文社会科学人才培养基地”，给我们以极大的鞭策和鼓舞，为我们今后发展指明了方向。中共中央政治局委员、中国社会科学院院长李铁映不仅为院庆题词，还亲自接见1998届博士研究生，参加1998届研究生毕业典礼和在人民大会堂举行的中国社会科学院研究生院建院20周年庆祝大会。

记者：中国社会科学院研究生院创办时，办学设施和条件并不好，研究生待遇也不及一般院校，但是它却对有志于从事人文社会科学研究的青年有着极大的吸引力，这是什么原因呢？

方克立：我记得清华大学老校长梅贻琦先生有一句名言：“所谓大学者，非谓有大楼之谓也，有大师之谓也。”① 中国社会科学院研

① 刘述礼、黄延复编：《梅贻奇教育论著选》，人民教育出版社1993年版，第10页。

究生院所具有的极大的吸引力，来自它有一批国内外知名的“大师”级的专家学者，名宿学者如于光远、任继愈、孙冶方、许涤新、骆耕漠、杨坚白、巫宝三、严中平、陈翰笙、蒋一苇、宦乡、张友渔、钱锺书、蔡仪、唐弢、吕叔湘、冯至、罗大冈等都曾在这里指导和培养研究生；新一代“大师”、今天在各个学科领域“执牛耳”的人物，如邢贲思、汝信、叶秀山、刘国光、董辅礽、吴敬琏、张卓元、李京文、周叔莲、汪海波、李琮、王叔文、陆学艺、靳辉明、喻权域、邵华泽、范敬宜、邓绍基、吴元迈、李学勤，等等，都是研究生院的博士生导师；此外，还有出自上述名师门下的80年代以来的更年轻一些的博士生导师。1986年以前，我院博士生导师与全国博士生导师的数目与比例如下：哲学，全国65人，我院28人，占43%；经济学，全国145人，我院50人，占34%；法学，全国70人，我院8人，占11%；文学，全国131人，我院25人，占18%；历史学，全国112人，我院32人，占28%；按照“集中办院，按所设系，分片教学”的原则，我院现下设6个教学研究部，内含33个系，几乎囊括了人文社会科学的所有学科门类。拥有有权授予博士学位的学科专业50个，指导教师300多人；授予硕士学位的学科专业70多个，指导教师400多人，师资教学力量之雄厚，在国内可谓是首屈一指。

记者：研究生院建院20年来，培养了多少研究生？突出的有哪些？

方克立：研究生院建院20年来，已培养了近千名博士、两千多名硕士和几千名研究生课程班学员，他们把从研究生院学到的知识应用于理论研究和实践，在工作中取得了显著的成就，如现任国家开发银行行长陈元，财政部常务副部长楼继伟，国务院研究室副主任李剑阁，贵州省副省长郭树清，四川省副省长李达昌，中国社会科学院副院长江蓝生、陈佳贵，《光明日报》总编辑王晨，《经济日报》总编辑艾丰，《人民日报》副总编于宁等，还有一大批毕业生现在担任中国社会科学院和其他国家级科研机构，以及高等学校的所长、校长和学术带头人，另有一大批出色的企业家以及其他行业的优秀人才。他们不仅成为现代社会的佼佼者，更是研究生院的骄傲。

记者：您能否介绍一下中国社会科学院研究生院开办的研究生课程进修班的情况？

方克立：研究生课程进修班是对具有大学专科或同等学力人员进行继续教育的一种重要形式，它在国家实施“科教兴国”战略、迎接知识经济的到来，适应社会主义市场经济的发展培养高层次人才中发挥着重要的作用。它同时也为拥有学士学位的在职人员以同等学力申请硕士学位打下基础。我院自 1989 年开办在职研究生课程班以来，已经培养了几千名人文社会科学高层次人才，他们当中包括一些省部级、厅局级干部，还有众多的基层干部和各个层次的企业家，他们在工作之余学习理论，更新知识结构，并把学到的理论应用于实际工作，取得了显著的成绩。同时，还有许多学员在继续努力后取得了硕士学位和博士学位，研究生院研究生课程进修班有关工作由培训中心负责，每年定期招生一次。凡大学本科毕业，或大专毕业 5 年以上，或大专毕业并具有中级以上职称的人员，均可报名，经研究生院考试和审查通过后，即成为中国社会科学院研究生院的一员，拥有学士学位的还可申请硕士学位。欢迎广大有志于学习和研究人文社会科学的各级干部报考我院研究生课程进修班。另外，为了方便河北符合条件的同志报名，我院特在石家庄市华都大厦 10 楼设立了报名咨询处。

记者：谢谢方院长，衷心祝愿中国社会科学院研究生院成为世界一流的人文社会科学人才培养基地。

（原载《干部党员人才》1999 年第 7 期〔总第 120 期〕，第 39—40 页）

为人治学崇平实

张天行

我与方老师认识多年，正式访谈却还是第一次。接受任务后，我先按青年人文社会科学研究中心规定的访谈要求，结合自己对方老师的了解，拟定了一个较详细的访谈提纲，发到方老师的电子信箱。几天后电话沟通时，方老师说："我正在像小学生做作业一样准备回答你的问题。"我暗想：有门，访谈会有一些新看点了。3 月 28 日上午，我们如约在研究生院会议室见面，一落座，方老师就有条不紊地讲开了。

"先立乎其大者"

张天行（以下简称张）：您的父亲方壮猷先生是一位历史学家，早年在清华研究院受业于王国维、梁启超等国学大师，后留学日本、法国，回国后长期在武汉大学等高校任教，您的学术工作是否深受家学的影响？有些什么影响？

方克立（以下简称方）：我出生于知识分子家庭，在知识和教养方面自然要受到家庭的影响，但在我成长过程中，给我影响更大的是历史时代、学校的集体生活、老师和党团组织的教育。

我的父亲是历史学家，但他并不希望子继父业，而是鼓励自己的子女学自然科学和工程技术科学。我高中毕业那年也是准备考理工科大学的，有天班主任老师把我叫去，很严肃地说：中国人民大学提前招生，你是学生干部，文理科基础都较好，最适合学哲学，学校已决定推荐你报考。我想多一次应考机会也无坏处，赶紧复习了几天历史、地理就上了考场，结果在统考前收到了人大的录取通知书，并告知不得再参加统考。我就是这样带着很大的盲目性进入人大哲学系的。父亲后来说：家长多年教育引导不如学校老师的一句话。

我从事的学术和教育工作与父亲的学科专业是有联系的，但由于他过早地辞世，我直接从他那里得到的学术资源并不多，无形中受到影响的倒是他的治学态度和方法。一是对史料的特别重视。我从有关父亲的资料中知道他过去治学特别刻苦勤奋，在我直接同他接触的那些年月里，他已主要从事文化行政领导工作，但回家一有时间，就伏案披阅史书，摘抄文献资料，思考和研究学术问题，所以仍不断有史学成果发表。历史学家的勤奋和严谨特别表现在言必有据、不发空论上，这一点给我留下了深刻印象。二是重视对唯物史观的学习和运用。父亲所受教育无疑还是唯心史观，抗战时期他在四川三台东北大学兼课时，与赵纪彬、杨荣国等教授共事，初步接触到唯物史观，此后他在编写《中国社会史》讲义时，就比较重视土地所有制和农奴制度等问题，试图运用生产力决定生产关系、经济基础决定上层建筑的原理来说明中国社会的发展过程。

新中国成立后他更加重视对马克思主义理论的学习，家里马列经典著作很齐全，许多书上都有密密麻麻的各种阅读记号和批语，说明他真下过功夫，这一点给我的印象也很深。要说家学渊源，我想真正起作用的可能还是这些无形的东西。

张：20 世纪 90 年代初，我听我的导师石公（石峻先生）谈到您的父母，他讲到，您的母亲很有组织能力，这是否也影响到您？

方：这大概是指新中国成立初期，我的母亲曾担任武汉大学妇女工作团团长，组织教职工家属参加各种社会活动，配合推进新中国的各项革命和建设事业。石峻先生 1948—1952 年在武大工作，他大概了解这些情况。

母亲除了生活上对我们的关爱之外，还有良好的家庭教育，不只是为家庭也是为国家培养后代。她深明大义，抗美援朝时期毅然送正在武大化学系读书的我的大哥参军，成为武汉市闻名的“光荣妈妈”。后来武汉市政府派她去接管帝国主义残害中国儿童的武昌花园山育婴堂，此后十多年她一直从事新中国的幼儿教育工作。假期回家我陪母亲走在路上，不断听到各种不同年龄的人亲切地叫她“张妈妈”，他们大都是她教过的学生和学生家长，她把母爱给予了更多的人。家庭的这种熏陶当然尽在无言之中。

张：您有那么好的家庭环境，听说您读书的中小学也很好，您的成长是否一帆风顺呢？学生时代的精神面貌如何？您从什么时候开始对中国哲学感兴趣的？

方：我的人生道路也不是一帆风顺。总的说，上大学前相当顺利，学习成绩比较好，一直是少先队、共青团的干部，被认为是一个开朗上进的阳光少年，其实思想非常单纯幼稚。上大学不到一年，就赶上了1957年的反右派运动。就像温室里生长的花草经不起暴风骤雨的吹打一样，我在这场政治风暴中稀里糊涂就犯了错误，受到组织上的严厉批评，并给予团内警告处分。组织处分虽然在1979年平反撤销了，但这次挫折却成为我人生的一个重要转折点。

我开始懂得，作为一个社会的人，没有正确的政治观点就等于没有灵魂。一个人要“先立乎其大者”，就是首先要树立正确的世界观、人生观和价值观。从此开始了我漫长的思想改造过程。

这个过程是通过相互联系的三个环节来实现的：一是读书学习。人大哲学系系统的马克思主义哲学经典著作教育使我受益很大，使我诚心地服膺它所阐明的正确认识宇宙、社会、人生本质及其发展规律的科学真理。二是社会实践。1958年我们就下放到京郊农村劳动锻炼半年，参加大炼钢铁、深翻土地和人民公社化运动；1964—1965年我连续参加了两期农村社会主义教育（“四清”）运动；1969—1972

年又到江西省余江县中国人民大学“五七”干校劳动锻炼三年。中间还有多次短期接触社会的机会。通过社会实践，使我对中国的国情和社会的主体劳动人民有了最基本的了解，补上了哲学社会科学工作者不可缺少的这门功课。三是自觉地改造主观世界。知识分子有了一点知识，往往自以为是，从不自以为非，所以难以超越自我。我在人生的起点上就摔了跟头，十几岁的小孩子就要去妄谈什么“三害”（官僚主义、宗派主义、主观主义）的根源问题，从概念到概念地抽象推演，完全不了解问题的本质及其社会现实意义。这说明我没有起码的知识，有什么资格自以为是呢？承认自己不论学识还是经验都很欠缺，都有弱点，勇于自以为非，这样才有不断学习进步的动力。

此后20多年在复杂多变的政治环境中，我虽然难免还会说错话、做错事，但有这三个方面的历练并相互结合，终于帮助我完成了世界观、人生观、价值观的根本转变，为我后来的学术和教育工作打下了一个较好的基础。

至于我何时对中国哲学开始感兴趣，选择它作为自己学术研究的主要方向，我在回答《博导书榜》编者提问时已有所说明，在这里就不重复了。

范畴研究：“我很看重这项工作的意义”

张：《中国哲学史上的知行观》是您的第一部专著，是“文化大革命”后中国哲学史界出版的第一部著作，可以说是“报春花”。这本书是1982年出版的，研究、写作主要是在“文化大革命”期间，当时出于什么考虑选择这一题目？那时生活、研究的条件如何？

方：我们这一代人，真正有条件做点学术工作，是在党的十一届三中全会以后，这时我已经40岁了。过去的青春岁月，受到实际锻炼不少，而学业基础并不算好。“文化大革命”后高校教师青黄不接，我们被立即推上讲台，接着就开始招收培养研究生，成为教学科研的主力，同时还要做一些行政管理工作和其他社会工作。客观上有这个需要，自己主观上也有紧迫感，所以那些年往往超负荷运转，首先付出的代价是健康，其次受到影响的是自己的学术研究工作。现在要谈学术成就，我觉得很难为情，因为能够集中精力做学术研究的时间并不多，只能在特定条件下，按照当时工作的需要，做一些力所能及的研究工作。

《中国哲学史上的知行观》这本书的写作背景是这样的：70 年代中期，南开大学哲学系确定以毛泽东哲学思想为全系教学科研工作的重心和中心，不仅马哲教研室要集中做这方面的研究，其他教研室的科研选题也要围绕这个中心。当时中哲史教研室确定了两个选题：一个是《矛盾论》与中国哲学史上的辩证法思想，由李庆老师承担；一个是《实践论》与中国哲学史上的知行学说，分工由我来做。《中国哲学史上的知行观》一书就是该课题研究的结项成果，也是完成系里的科研计划后来得以出版的少数几项成果之一。

“报春花”之誉不敢当，但它确实是“文化大革命”后出版得较早的一本中国哲学史方面的学术专著。

张：这本书出版之时，中国哲学史界正在兴起一股范畴研究热，所以人们又把这本书视为第一本中国哲学范畴研究专著。

方：是这样。因为它系统地考察了“知行”范畴的源起和流变，各个时代围绕着知行先后、分合、难易、重轻等问题展开的哲学论争，并与毛泽东在《实践论》中所阐明的“辩证唯物论的知行统一观”衔接起来，可以说是一部中国“知行”范畴史。

关于《中国哲学史上的知行观》这本书，还有一点可以一提，就是它曾获天津市首届哲学社会科学优秀成果一等奖，评选委员会在“评语”中说：“该书撰写之初，就明确以毛泽东同志的《实践论》为指导思想，来清理中国哲学史上的知行问题。作者始终坚持这一宗旨，不为前些年出现的一股怀疑和贬低毛泽东思想的倾向所动摇，表现了一个哲学工作者坚定的马列主义立场。”这是在学术理论方向上对我的肯定和鼓励。

张：20世纪80年代初兴起范畴研究，您是重要的推动者之一，也得到张岱年等老一辈学者的支持，当时出于什么考虑？这一研究后来没有有效地开展起来，可能有外在的原因，比如文化热兴起，吸引人们投向新的热点。从当时的研究来看，有无什么经验教训？

方：80年代初有一股不大不小的中国哲学范畴研究的热潮，它的兴起适应了“文化大革命”后中国哲学史研究从“两军对战”的简单化模式向认识史模式的转换，也是为了落实列宁关于“从逻辑的一般概念和范畴的发展与运用的观点出发的思想史——这才是需要的东西”的指示，以提高中国哲学史研究的整体理论水平。张岱年、冯契、萧萐父、汤一介等学者都在推动中国哲学范畴研究方面起了重要作用，我也参与做了一些工作。除了组织一些会议、论证范畴研究的意义和应坚持的原则之外，那个时期，我比较深入地考察了中国哲学中的体用范畴[①]和王夫之哲学中的道器范畴[②]，试图通过这些典型的传统哲学范畴来呈现中华民族理论思维方式的特点。比如我对体用范畴的基本含义及其发展演变的考察，对近代以来中西对立、体用二元的形而上学思维方式的批评，关于将传统体用论中的合理内容熔铸到唯物辩证法的科学体系中去的意见，都在学界得到了较高程度的认可。

范畴研究后来没有有效地开展起来，外在原因确实是由于20世纪80年代中期紧接着出现了文化热，很快成为人们集中关注的新热点。我本人也在1986年将主要精力转向现代新儒学研究，有些关于范畴研究的计划后来都没有实现。

在中国哲学范畴研究方面，学术界后来也出了几本书，基本上是进行历史的梳理与阐析，对深化中国哲学史研究当然也有意义，但缺

---

① 方克立：《论中国哲学中的体用范畴》，《中国社会科学》1984年第5期。

② 方克立：《王船山道器论浅析》，载《方克立文集》，上海辞书出版社2005年版，第113—145页。

乏对古今中西哲学范畴进行比较和会通的研究，未能使传统哲学范畴焕发出新的生命。张岱年先生40年代写“天人新论”，用辩证唯物论的基本观点，来回答中国传统哲学中的天人、理事、心物、反复、两一、知实、能所、群己、义命等问题，是将马克思主义哲学与中国传统哲学相结合的一个有益尝试，如果做得很成功，传统哲学范畴就活转出了有现代意义的新生命。可惜张先生的工作没做完就“存而不论”了，他本人和后人都没有接着做下去。我很看重这项工作的意义，但自己也没有能力现在更没有精力去做这件事情。

现代新儒学研究：“总体上应该怎样定位，似乎不是更清楚而是更模糊了”

张：大家都知道，您是现代新儒学研究的倡导者、推动者，领导一个数十人的课题组，出版了系列的研究成果，在中国内地和海外影响都很大。您以前接受这方面的访谈也比较多，目前来看，您认为这一研究处于什么状况？有些什么问题值得注意？

方：内地学界开展现代新儒学研究，至今已整整20年了。从一度的“绝学”到成为内地学界耳熟能详的“显学”，这个时间过程并不长。我在前十年为此做了一些工作，后十年就主要是靠一些更年轻的同志在推动了。

在学术上，现代新儒学这个中国现代思想史上的重要流派在今天已受到足够的重视，重视程度似乎比其他两派——马克思主义和自由主义西化派还要高些，至少从研究成果的数量来看是这样。

“现代新儒学思潮研究”作为国家社科基金“七五”“八五”规划的重点课题，我觉得责任很重，除了开拓了一个新的研究领域、明朗了中国现代三大思潮对立互动的基本格局之外，在当今中国多元复杂的思想环境中，还必须坚持课题研究的正确方向。课题组的指导思想很明确，就是要用马克思主义的立场、观点、方法来对现代新儒学进行一分为二的分析和评论，既不盲目崇扬，也不抹杀它的贡献和历史地位。这种客观、理性、平正的研究态度，得到了海内外许多学者的肯定，但也受到来自文化保守主义和文化激进主义两个方面的批评，特别是90年代以来，内地也出现了形形色色的“新儒家”，有人公开打出了“文化保守主义”的旗帜，课题组内部也发生了思想分化，新儒学研究中的意识形态分歧已不可避免。如果说前十年课题组还能主导内地新儒学研究的话，那么后十年情况就复杂得多了，这项研究在局部虽有所深入而在总体上应该怎样定位，似乎不是更清楚而是更模糊了，因为已经出现指导思想多元化的情况。

这个时期，港台海外新儒学对内地进行“反哺”即思想渗透的力度在加大，内地学界的保守氛围在加浓。甲申（2004）年要求“以儒学取代马克思主义”的大陆新儒家学派之所以能够公开出场，需要有一定文化氛围的铺垫，港台及海外新儒学的接引和“反哺”也起了重要作用。由此可见，如何认识和评价新儒学并不是一个单纯的学术问题，而是对中国现实发展道路的一种政治和文化选择。做这项研究头脑不清醒是不行的。

“我们还是要走‘三流合一’、综合创新之路”

张：文化讨论最后的指向是要解决中国文化的发展方向问题，您认同并丰富发展了张岱年先生的“文化综合创新论”，在学界产生了很大的影响。作为文化建设的方针，它无疑是正确的，这一方针是否还有一个进一步明确化的问题呢？

方：现代新儒学研究是在80年代“文化热”中起动的，它本身也是当时的文化研究和文化讨论的一部分。做这项研究首先要确立自己的文化立场，不自立宗主，在研究中就无所适从，甚至容易迷向。事实上有些没有根柢的研究者后来就跟着研究对象跑了，完全迷失了自我。

我是把现代新儒学放在中国现代三大思潮中来定位的，我也是从三大思潮对立互动的角度来观察、认识80年代的文化论争，即认为当时的论争主要是发生在自由主义的“全盘西化”派、保守主义的“儒学复兴”派和马克思主义的“综合创新”派三派之间。我本人是认同以张岱年先生为代表的综合创新派的文化主张的，并将这一派的基本观点概括为“古为今用，洋为中用，批判继承，综合创新”四句话。我在多篇文章和谈话中都表示既不赞成文化激进主义，也不赞成文化保守主义，而是认同文化的综合创新主义（论）。基于这样的文化立场，我认为“全盘西化”和“复古儒化”之路在中国都行不通，而对张申府、张岱年兄弟在70多年前提出的中、西、马“三流合一”之见非常赞赏，认为今天同样有一个如何对待中国文化、西方文化和马克思主义三种文化资源的问题，我们还是要走“三流合一”、综合创新之路。

如何处理中学、西学、马学这“三学”（“三流”）的关系，最近我提出了“马魂、中体、西用”的设想，主要是想解决坚持以马克思主义为指导与挺立民族文化主体性二者统一、相结合的问题。综合创新文化观在大方向上是对的，得到了许多人的认同，正如你所说的，它在内容上还需要深化和明晰化。关于如何深化对综合创新文化观的研究，几年前我在接受《哲学动态》记者访谈时提出了一些思路，认为每个方面都需要深入研究，需要有人下功夫去做。我指导的研究生有的已从某一角度做了一些历史探索和资料整理工作，也有人着重考虑理论分析和方法操作问题，我想通过大家的共同努力，这种文化理论会更加成熟起来，它在中国特色社会主义新文化建设中将会发挥越来越大的积极作用。

张：您从研究生院院长岗位退下来后，承担了国家社科基金重点课题《中国传统哲学的走向》，您做这个课题的基本思路是什么？目前进展情况如何？

方：20世纪90年代我的主要精力用在做研究生教育管理工作上

了，退下来后很想静下心来做一点学术研究工作，但身体不争气，心有余而力不足了。这个课题我是请周德丰、康中乾两位教授同我一起做的，目前已完成初稿，正在修改准备结项。关于中国传统哲学的基本内容，我们是从“究天人之际”“探阴阳之赜”“通古今之变”“乐成人之道”“求致知之方”五个方面去把握的，这些都是中国哲学自身的问题，但与西方哲学的本体论（宇宙观）、辩证法（发展观）、历史观、人生观、认识论也可以比较和会通。近代西方哲学与科学传入后，中国传统哲学以自己的方式去应对并吸收它的某些内容而发生了深刻转型。20 世纪又传入了马克思主义并形成三大思潮对立互动的格局，马克思主义哲学中国化与中国哲学现代化的一致性激活了传统哲学中符合世界本来面目的那部分内容，使马克思主义哲学与中国哲学精粹思想相互结合成为可能，同时也使中国传统哲学实现了真正意义上的革命变革。我们在《中国哲学与辩证唯物主义》一书中曾讲到“从朴素唯物主义到现代唯物主义”“从自发辩证法到自觉辩证法”“从直观反映论到能动的革命的反映论”“从‘通古今之变’的传统历史观到唯物史观”“从传统的圣贤、君子人格到全面发展的新人”五个方面的转变，正是传统哲学“究天人之际”等五个方面问题在中国现代的最新发展。关于中国传统哲学的未来走向，我们认为“综合创新”指出了一条中华文明伟大复兴、继续前行的光明大道。

张：周可真在《哲学与文化研究》一书的《后记》中说，以马克思主义之理来弘扬中国文化之道是您为人为学的一贯宗旨，是您的中和心性的表现。能不能说数十年来您治学的主要目标，或者说主要的兴奋点，就是力图把马克思主义哲学与中国哲学和文化精华相结合，让中国哲学为人类文明做出更大的贡献？

方：谢谢你做出这样的概括。周可真、李翔海、杨庆中、陆信礼等博士的类似看法可以说深得吾意。在长期共同切磋学问、砥砺品行的过程中，我的一些学生对我有很深的了解，我也向他们学到了许多东西。我在回答《博导书榜》提问时讲到，自己求学之初就试图把学习马克思主义哲学与学习中国哲学结合起来，早期引导我走上这条道路的郭沫若、侯外庐、张岱年等前辈学者都是马克思主义的中国思想史、哲学史专家。特别是张岱年先生，我后来有较多直接向他学习请教的机会，对他的“三流合一”、综合创新的学术思想亦深表赞同。20 世纪 90 年代教育部让我协助张先生主编《中国文化概论》和《中国哲学与辩证唯物主义》两本全国公用教材，就是力图贯彻马克思主义与中国哲学和文化精华相结合的指导思想，用科学世界观和民族优秀文化来教育青年一代。在我的学术研究中，也是把探索马克思主义哲学中国化，特别是马克思主义与中国传统哲学的关系、如何使两者相结合当作一个重点，不论是对知行、体用问题的研究，还是对“天人合一”“和而不同”的研究，以及儒学和新儒学研究，都是如此。毛泽东的“两论”、张岱年的“天人本至”论与“兼和”说、冯契的“转识成智”说等都是这方面成功的典范。他们的工作需要有人接着去做，我虽自知学力不逮，但仍把继承他们的事业当作自己奋斗不止的努力方向。

“把教书育人放在第一位”

张：您大学毕业后就留在中国人民大学工作，一生可以说与教育事业相联系，以教书育人为乐事。我看到过一个报道，其中讲您到中国社会科学院研究生院后，除了担任行政领导工作外，还坚持带研究生，作为导师，在中国社科院和南开大学同时指导着七八个博士生，给北京的博士生上课一般安排在晚上，给天津的博士生上课则安排在周末，那不是太紧张了吗？

方：我从教至今 45 年了，可以说这一生的主要工作就是当教师。“聚天下英才而教之”是教师的天职，也是教师最大的幸福和快乐。

就我个人来说，要给教学工作与学术研究排位的话，还是要把教书育人放在第一位。学校的工作是以学生为本，学生的事情是一点也马虎不得的。我做的学术工作许多都是为教学服务的，如《中国哲学史上的知行观》就是我在南开大学哲学系开的选修课，编著《中国文化概论》《中国哲学与辩证唯物主义》二书为教学服务的目的更加明确。我给本科生开过中国哲学通史和中国哲学名著选读等课程，给研究生、进修生、外国留学生也开过一些课程。20 世纪 80 年代以后主要精力用在带研究生上了，90 年代中后期确实有你讲的那种情况，在本院和南开大学同时指导多名博士生。那时白天要做院里的行政工作，给学生上课和讨论一般安排在晚上，双休日就可以去南开。我指导的研究生已有 15 人取得硕士学位，35 人取得博士学位，他们大多已成为各高校的教学与科研骨干，一半以上已是教授、博导，有 6 人被教育部评为全国优秀青年教师。

想到我自己 41 岁才晋升为讲师，而我的许多学生在 30 多岁就当了教授、博导，真是很有意思，也感到十分欣慰！他们将比我们这一代人为学术和教育事业发展作出更大的贡献。

张：1994 年初您调任我院研究生院院长，那时研究生院正处于困难时期，六年半后您卸任时情况已大为改观，您是怎样做的，有些什么经验和体会？

方：做行政管理工作本来非我所长，党组织做了这样的安排，我也只能竭尽全力去做好。1993 年秋研究生院在停招四届硕士生后刚恢复全面招生，各方面困难很多，内外管理体制不顺，办学条件差，经费拮据到连办公用的复印纸都买不起的地步；与高校相比，我院的导师力量很强，但在课程和教学管理规范化方面仍有差距。能否有效地解决办学中的这些问题，是对我和共事同仁的严峻考验。

在研究生院工作中，我关注的重点在以下几个方面：一是把握正确的办学方向，随时不敢忘记培养社会主义事业的合格接班人而不是掘墓人这个历史责任；二是以提高培养质量为中心，认真抓从招生、学位课程规范化、教学大纲与教材建设、阅读指导、科研训练、社会实践到论文答辩、学位授予等各个环节，维护和提升我院研究生的品牌声誉；三是多渠道筹集经费，改善办学条件。我们有一个团结合作的工作班子，党委书记廖世伦同志着重抓教职工队伍内部管理和全院师生的思想政治工作，几位年轻的副院长、副书记都很能干，各有所长，大家与全院教师干部齐心协力，共同奋斗，终于使研究生院走出了低谷，进入一个相对平稳而较快发展的新时期。这六年半确实是我觉得最累心而又对我有特殊意义的一个人生阶段。

张：在我的印象中，您到研究生院工作后，讲“学行并重、德业双修”育人原则比较多。您是什么时候提出、为什么要提出这一思想的？

方：最近院里编了一本社科院学者谈读书、治学和做人的书，我提交了一篇与研究生谈话的文稿，其中也讲到了“学行并重、德业双修”的育人原则。这是 1982 年我在南开大学开始带硕士生时就提出来的，它不仅是对青年学子的一般要求，对中国哲学专业研究生来说，更应该强调学行统一，这样才能学到作为“为己之学”“成德之教”的中国哲学的精髓。在教育实践中我发现要切实贯彻这一原则并不容易，学生中也出现了个别在业务上有突出表现而在德行上有较大问题的人，所以 90 年代中期以后我又常对研究生们讲另一句话：“三分学问，七分做人”，重心明显地向做人方面倾斜了。这是符合中国哲学“德教为先”“行有余力，则以学文”的重行精神的。在今天利益竞争十分激烈的时代，做人要有一个基本的准则，对青年适当加强“义以为上”“天下己任”的君子人格教育是很有必要的。

我经常对学生说，当老师的最大愿望就是学生后来居上，青出于蓝而胜于蓝，这样整个学术事业才能不断向前发展。但后来者要脚踏实地，一步一个脚印，不能急功近利，更不能投机取巧。在学术上取得成就或许有天才的因素，但主要靠勤奋。我认为做人、做学问和写文章，能做到“平实”二字就不错了。我从一些前辈的学风和文风中常能感受到“平实”二字，平实不是平庸，从平实中能看到他们高尚的人格和深邃的思想。这可能是一条切近而致远的成才道路。

张：我想到费尔巴哈的一句话：真正的哲学不是创作书而是创作人。我理解，哲学工作者首先要言行一致，为人与为学统一，这样作品才有感染力，而不只是书的形式。现在，哲学社会科学界青年研究人才可以说是成批地涌现，成长得也很快，您对他们讲几句话吧！

方：我想引用两句前辈学者的话来与青年研究人员共勉。一句是周扬同志在我院研究生院首届开学典礼上讲的“我们在思想战线上要造就的不但是学者，而且首先是战士”。这是说哲学社会科学工作者首先要明确自己所从事的学术工作的性质、特点、方向和责任，也就是我所理解的“先立乎其大者”。如果方向模糊甚至在这方面出了问题，那么就达不到认识世界、传承文明、咨政育人、服务社会的目的，而且甚至会起相反的作用。另一句是范文澜同志说的“板凳要坐十年冷，文章不写半句空”，这是要求我们树立不畏艰难、刻苦攻读、勤于思考、实事求是、不发空论的优良学风。做学问就是要有一点郑板桥所说的“咬定青山不放松，立根原在破岩中，千磨万击还坚劲，任尔东西南北风”的精神，只要根扎正了，功夫下足了，我相信你们一定能够有所成就。

（本文是中国社会科学院青年学者张利民 2007 年 3 月 28 日上午对作者的访谈稿。原载《学问有道——学部委员访谈录》，方志出版社 2007 年版，第 4—14 页）

坚持正确的办学方向，努力培养一流社科人才

——访中国社会科学院学部委员、研究生院前院长　方克立

文学国　刘　强

方克立同志于1994年2月至2000年8月担任中国社会科学院研究生院院长，是研究生院第六任院长。在研究生院建校30周年之际，2008年6月13日上午，方克立同志在办公室接受了我们的采访。下面是采访内容。

问：您来研究生院工作前，一直在南开大学任教，曾任南开大学研究生院副院长。您能介绍一下当时调任研究生院院长时的情况吗？

方克立：我是1994年2月调来研究生院工作的。此前是在天津南开大学工作，曾任南开大学研究生院分管文科的副院长。滕藤同志过去在教育部工作，他到社科院后，把我调来当研究生院院长，在我之前还调来曾任兰州大学党委副书记的廖世伦同志任研究生院党委书记。我们二人都有在高校从事教学和管理工作的经验，调我们来可能正是考虑到这一点。其实我过去主要是当老师、上课、带研究生，行政工作只是分管一个方面，缺乏全面管理一个学校的经验。当院长对我来说是一个很大的挑战。

1993年秋研究生院刚恢复全面招生，此前曾停招四届硕士生，学校能否办下去都成为问题。刚恢复全面办学的研究生院确实困难重

重，内外管理体制不顺，办学条件很差，经费拮据到连办公用的复印纸都买不起的地步。那时一年的经费只有 280 万元，还包括教职工和离退休人员的工资在内，用到教学和相关事业上的经费非常有限。党组织把我放在这个岗位上，是希望我能和大家一起从困难中走出来，使研究生院走上一条正规发展的道路，进而办成一所能充分发挥社科院的优势、培养出一批拔尖人才的名牌研究生院。怎样才能不辱使命，除了兢兢业业地工作之外，确实还要有正确的办学思路。

问：您在任期间的办院思路是什么？主要做了哪些工作？

方克立：高校办学最重要的是教学，研究生教育也是这样，能否提高教学质量、培养出优秀人才是教育成败的标志。社科院的优势是科研力量强，各所最优秀的研究人员都是研究生院的导师，有些还是大师级的人物。这是我们办好研究生教育最有利的条件。但是，由于教学组织管理上存在一些问题，我们的优势并没有充分发挥出来。比如有的导师水平很高，名气很大，业务工作和社会事务都比较繁忙，如果没有严格的制度规定和保障，学生可能一年都见不了导师几次面，更别说经常性的指导了。社科院的研究生教育与高校有所不同，学生跟导师做课题的机会比较多，科研能力比较强，而课程学习就不如高校系统、规范。我一来就做了一点调查研究，主要是看硕士生的专业基础课是怎么上的，发现许多课程不但没有教材，而且没有教学大纲，由于学生人数少，往往是学生到老师家里去，泡杯茶，一面上课一面聊天，授课时间、次数、内容等都没有严格规定。有的课程表上写明 60 学时的课程，学生说只上过两次课。负责的老师还布置一些参考书让学生自学，有的让学生交篇作业给个分数就算这门课的成绩。这种情况说明抓教学管理是当务之急，也是提高研究生教育质量的关键环节之一。所以有段时间我着重抓了一下硕士生各门基础课教学大纲的编写工作，就是这么一件事情也很不容易，花了好几年时间，直到 20 周年校庆时教务处才编出一本各系各专业硕士课程教学大纲的汇编。有了教学大纲，对老师、对学生都是一个制约，老师知道这门课应该教给学生一些什么内容，学生也知道自己应该掌握一些什么知识。除了教学大纲外，我们从 1995 年就开始抓重点研究生教材的编写工作，李茂生、郑秉文等编的几本教材当时在院内外影响都很大，特别是那些年办的研究生课程班都用上了。为什么先抓硕士生的专业基础课教材？因为硕士生是以课程学习为主，打好专业基础十分重要；博士生是以自学、研究、写论文为主，我们只抓了几门公共课教材的编写工作。我院教学管理这个环节比较薄弱，只能维持全院教学基本的运转，严格、规范的管理制度过去一直没有建立起来。所以，除了抓教学大纲和教材编写之外，我们还陆续建立了学分制、博士论文开题报告制度、论文答辩导师回避（邀请导师列席但不作为答辩委员会成员）制度、中期筛选和推荐优秀硕士生免试攻博、奖学金评选、优秀论文评选等一系列教学管理方面的规章制度，使这方面的工作逐渐走上了轨道。

学位与研究生教育管理也是一门大学问，我们过去在这方面下的工夫很不够，这项工作需要教育专家来做。社科院有许多高水平的研究人员，但不一定都能做好研究生教育管理工作。做这项工作的人最好本人是研究生导师，至少有完整地指导培养过一届博士或硕士研究生的经验，对从招生、课程设置、思想政治教育到论文答辩、学位授予等各个环节都比较熟悉；作为这方面的专门工作人员，还要认真研究优秀人才成长的规律，除了在实践中锻炼成长之外，研究生教育阶段给了他们一些什么关键性的影响，我们应该心中有数，在关键处切实用力。一些校友的总结、回忆给我们提供了许多这方面的资料，很有参考价值。我院建校 30 年了，作为全国哲学社会科学最高研究机构办的一所研究生院，我们有责任为社科院，也为全国高校和国家各部门培养更多、更优秀的高层次人才，使研究生教育工作能够与中央对社科院的“三个定位”相适应。

问：您长期从事研究生教育培养和管理工作，从 1985 年至今，一直是国务院学位委员会学科评议组成员，先后在两个研究生院担任过领导工作，还曾担任北京市学位委员会副主任委员。您在研究生教育和管理工作中最深切的体会是什么？

方克立：我刚才讲到，研究生教育要与党中央对社科院的“三个定位”相适应。党中央明确要求把社科院办成马克思主义的坚强阵地，我国哲学社会科学的最高殿堂，党中央国务院重要的思想库和智囊团。研究生院作为社科院的一部分，作为它的后备人才教育基地，也要把培养社会主义事业的合格接班人，新一代优秀的马克思主义哲学家、文学家、史学家、经济学家、法学家、国际问题专家作为我们办学的目标。30 年来，我们总的来说是在努力贯彻这一办学方针，这从我们的“产品”——几千名毕业生中可以得到实践检验。我们经常讲毕业生中出了多少中央委员和候补委员，多少省部级干部，多少学部委员，多少校长、院长、系主任，多少企业老总，这确实反映了我们办学的成绩，成绩确实是主要的；同时也要看到，在 20 世纪 80 年代以来我国思想战线上的各种风波中，这个地方都不平静，一些有影响的错误思潮的代表人物也是我院毕业生。20 世纪 90 年代我在香港杂志上看到一篇介绍内地自由化知识精英的文章，其中有相当比例就是毕业于社科院研究生院。这说明研究生院也不是一方净土，它与整个社会大环境是联系在一起的。这是培养高级人才的地方，所以各个方面都很重视，我们的课堂、学生的阅读领域等都成了争夺青年的战场。如果我们没有培养社会主义事业接班人的明确办学目标，脑子里不是经常有这根弦，加强正面教育和引导，让错误思潮有了市场，那么培养出来的是社会主义接班人还是掘墓人就很难说了。由于社科院的特殊地位，我觉得负责研究生院工作责任特别重，时刻不敢掉以轻心，与个人做研究、写文章或者带几个学生大不一样，我在南开大学做研究生院工作时也没有这么重的心理负担。

问：您的这种责任意识使我们很受教育。前面您曾谈到刚来研究生院时，经费拮据，办学条件很差，这些问题后来是怎样解决的？

方克立：来之前我确实没想到鼎鼎大名的社科院研究生院会是这

个样子。校园还不如一所普通中学大，当时全院只有 8 台电脑，1 台 386，7 台 286，首先要用来保证教学。我院的研究生教育处在一个新的起步阶段，这些问题都要面对，都要想办法去解决。国外大学校长的一个重要任务就是筹集办学经费。由于现实困难摆在面前，我们也不得不为此作了多方面的努力。一是逐渐扩大招生规模，争取国家财政按生均拨款，逐年有所增加。有段时间大家有个误解，以为研究生院招生越多社科院负担就越重，其实不是这样的，研究生院一直是国家专项拨款，通过社科院下达。二是争取国内企业界人士、香港友人和国外基金对我院办学的支持，比如先后设立了金时光奖学金、陈忠联奖学金，改变了此前我院研究生一项奖学金也没有的状况；又如香港爱国人士方润华先生一次就捐赠 100 台电脑，在我院图书馆设立“树华电子智源中心”，大大改善了研究生的学习条件；还有日本国际交流基金、哈佛—燕京学社等机构也为我院研究生赴日、赴美留学提供了经费支持，如此等等，这些都要一项一项地去争取和落实。三是通过社会办学创收，自力更生改善办学条件。特别是 1996—1998 年间在全国各地办的研究生课程班，既培养了人才，扩大了社科院的影响，也有较好的经济效益，对改善研究生院的办学条件和职工待遇起了关键的作用。这个时机如果没有抓住，研究生院今天的情况可能就不是这样了。当然，这些工作都是大家一起做的，在共事中我感到研究生院的许多同志都非常能干，非常敬业，包括各系的老师也作出了贡献。

问：我们注意到您在《学问有道》一书的访谈中，概括作为院长抓研究生院工作的三个重点：一是把握正确的办学方向；二是以提高培养质量为中心，认真抓各个教学环节；三是多渠道筹集经费，改善办学条件。这三点您今天都讲到了。我们还想提一个问题：十多年前您曾经对我院的办学规模和培养教育模式发表过一些看法，今天是怎样考虑这个问题的？

方克立：我来研究生院时只有 1990 年代初期的三届在校博士生

和刚进校的1993级硕士生，共计236人。社科院领导指示我院的办学规模为400人。我当时思考过这个问题：办学要有一定的规模效应，否则就会造成教育资源的浪费。我院导师多，学生少，导师教书育人的积极性不能充分发挥出来，实际上就是一种资源浪费。我们的办学规模在当时还受到教育部指令性招生指标的限制，从自身来说也受到校园、校舍等办学条件的限制。记得我来院后第一次同全院教职工谈话，谈自己一个月的感受和办学思路，曾讲到这样一个看法：党中央1978年批准社科院办一所1200人规模的研究生院，我认为指导思想是宏阔的，在当时是符合实际的，但研究生院一直没有达到这一办学规模，这是我们在今后一个时期内应争取达到的目标；如果从“三个面向”（面向现代化、面向世界、面向未来）来考虑，我院在21世纪发展到2000名研究生应无问题，既充分利用社科院的教育资源，又考虑到科研人员不同于高校教师工作的特点。这就是当时一些同志所说的“方院长的畅想曲”。在我任职期间，招生人数事实上逐年有所增加，到2000年包括留学生在内已达到900人。我院校园小、教室宿舍紧张的矛盾此时已开始显露出来。当时我们还有个思路，就是买下现在“大名门”那栋高楼（当时还是毛坯房），利用邵逸夫捐款在现在车队位置再盖一栋高楼，以后逐步改建现有的校舍，办一所容纳一两千学生的研究生院还是没有问题的。这是从现实出发的一种考虑，当时曾受到香港树仁大学办学的启发。1998年李铁映同志主持社科院工作后，十分关心研究生院的建设和发展，而且他有更宏阔的办学思路，于是才有今天的新校园建设问题。经过10年努力，新校园建设已经动工，改善办学条件指日可待，我院将进入一个新的令人鼓舞的发展阶段。现在已经达到1600人的办学规模，今后发展的空间还很大。我觉得这个时候倒要认真考虑一下如何继续贯彻“精品教育”方针的问题了，社科院导师不能像有些高校那样，一个人同时带数十名研究生，不能采取那么粗放的培养模式。并不是说办学规模越大越好，我们的目标还是要培养高规格、高质量的人才。我个人认为，社科院导师的科研任务很重，带研究生都是兼职，从这一实际情况考虑，以平均每人每年招一名研究生为宜，如果有 1000 名导师在岗，那么就达到 3000 人的办学规模了。另外我们还可以利用老校园扩招留学生，办 MPA 和各种专业学位班、课程班，加强国际合作与社会办学的力度，这也是发展我院教育事业的一个重要方面。

“三十而立”的研究生院是从艰难曲折中走过来的，它已经更加成熟和对未来充满信心。邓小平等老一辈革命家亲自批准建院，江泽民同志 20 周年亲笔题词，胡绳、李铁映等党和国家领导人亲自兼任院长，都说明这个学校在我国教育史上具有特殊重要的地位，我们只能把它越办越好，才能不辜负党和人民的期望。

（原载中国社会科学院研究生院编《春风第一枝：中国社会科学院研究生院建校 30 周年》下卷，社会科学文献出版社 2008 年版，第 8—12 页）

这样的教学，我们最欢迎！

桐　迅

在哲学系的一间教室里，围坐着一群同学，大家兴致勃勃，争相发言，气氛好不热烈！原来七六级的学生代表正在召开中国哲学史教学质量检查座谈会。同学们一致赞扬主讲教师方克立同志教学态度认真，教学方法得当，教学效果很好。

中国哲学有数千年的发展史，有众多的哲学家和丰富的哲学思想，怎样才能使同学们学好呢？方老师为此花费了大量心血！在总体安排上，他努力抓住哲学发展的整个链条以及每一个基本环节，分清主次，统筹兼顾，精心安排。凡是重要的哲学家他都精讲细讲，条分缕析；对次要的哲学家则以派别带动人物，扼要地讲解他们在哲学史上的突出之点。这样，给人以清晰的总体印象，避免了不分轻重、平分秋色，甚至喧宾夺主的毛病。

为了讲清中国哲学发展的规律，方老师注意在分析哲学家思想的时候，尽可能地讲清其思想渊源、来龙去脉，从中阐发作为认识史的哲学史的发展规律。同学们对此极表赞扬，认为："听了课，线索清楚了，感到中国哲学史不再像一团乱麻，而是一个有机的整体；各个哲学家不是孤立的个人，而是一根完整的链条了。"

在具体讲授哲学思想的过程中，方老师着力剖析主要哲学范畴和命题。他认为哲学范畴是哲学家思想的结晶，是思想中最有亮色之处，也是教学中的难点和重点。因此他大胆尝试，通过讲解若干哲学范畴和命题的方式，介绍哲学思想。另外，针对某些古代哲学家提出的思想比较琐碎，尚未形成一个凝练、准确的范畴这种情况，他从哲学家思想原貌出发，力求用几个概念比较准确地概括出他们的思想。同学们反映，这种讲法可以化难为易，便于把握。有的听课教师反映，这样讲突出了哲学思想的分析，有理论深度。

方老师在讲授中，还重视引导同学注意分析哲学理论思维的经验教训。如对庄子走向相对主义认识论的途径，荀子陷入形而上学真理凝止观的原因，康有为从唯物论倒向唯心论的转机，谭嗣同跌入唯心主义不可知论的缘由，等等，他都做了精细的、令人信服的分析，使同学们深受启发，培养了他们理论思维的能力，提高了他们分析问题、解决问题的本领。

方老师的课堂阶段小结和课程总结，还十分注重归纳综合，力求以简驭繁，以少统多，使同学们能够做到线索明晰、提纲挈领，使教学内容做到杂而不乱、多而不散。这是特别受到同学们所一致赞扬的。

在座谈会上，同学们一致表示："这样的教学，我们最欢迎！这样的老师，我们最欢迎！"

（原载《南开大学》1980 年 1 月 7 日第二版）

为了祖国学术文化的繁荣

——访天津市哲学社会科学优秀成果（专著）一等奖获得者、哲学系副教授方克立

本刊记者

我校哲学系中国哲学研究室主任方克立副教授撰写的《中国哲学史上的知行观》一书，不久前荣获天津市哲学社会科学优秀成果专著一等奖。他是如何取得这一成果的呢？带着这个问题，我最近访问了他。

求深出新重开拓

方克立在家里热情地接待了我，他，四十六岁，头发稀疏间白，温文尔雅。当谈起获奖一事时，他谦虚而诚恳地说："这是领导和同志们的鼓励。这本书缺点还不少，还有待加强深度，我自己并不十分满意。"

方克立对祖国哲学遗产怀有深厚感情。他从青年时代起，就致力于中国哲学史的研究，在"文革"前发表的文章已有相当影响。近年来，他感到中国哲学史研究不能停留在一般地描述中国哲学发展线索的水平上，所以较早地在学术界倡导开展中国哲学范畴的研究。为此，他积极筹建中国哲学研究室，在全国首先招收专攻中国哲学范畴研究的硕士生，在这个领域一直进行艰苦的探索。到了 1978 年，他

就着手撰写《知行观》一书，在将近一年的时间里，他笔耕不辍，终于按预定计划完成了这部近三十万字的书稿。天津市社联在成果评语中对此书作了高度评价，认为“该书是国内出版的第一部中国哲学范畴史专著，在这方面做了一件开拓性的工作”，“该书以毛泽东同志的《实践论》为指导思想，总结、清理中国哲学史上的知行问题，作者始终坚持这一宗旨，不为前些年社会上出现的一股怀疑和贬低毛泽东思想的倾向所动摇，表现了一个哲学工作者的坚定的马列主义立场”。

人到中年百事忙

采访中，我了解到，几乎在研究撰写《知行观》一书的同时，方克立还担任着76级中国哲学史课程。当时，这门课是“文革”后第一次走向正轨，时间很紧，他只能备课与讲课同时进行。他平均每两天要写出约一万字的讲稿。在连续八个月、共150个学时的课程中，他共写出50余万字的讲稿，这书写在20个笔记本上的50余万字，容纳了他长期研究的心得和成果。同时，他还承担了教研室的工作和编辑《中国哲学史论文索引》等任务。

近几年，除科研任务外，方克立还带了八名硕士研究生，主动承担指导青年教师的义务，筹建中国哲学研究室，在校外还担任中国哲学史学会常务理事等职务。此外，他还参加《中国大百科全书·哲学卷》的通稿工作。

甘做“人梯”奖掖后进

“中国哲学史的繁兴和突破性的进展，归根到底还要指望青年。”这是方克立在一本书的序言中写的一句话，也是他多年来注重扶植培养青年的体会。他连续担任过哲学系78、79级的班导师，学生们经常登门求教，要求指导论文、探讨学术问题；有时候，社会上素不相识的自学青年也会叩门而入，或寄来信件和论文。每逢这种情况，他总是来者不拒，耐心给以指导。对研究生，他针对每个人的不同特点，分别给以指导，特别注重能力培养。

78级学生殷陆君刚入学时兴趣在文史，入校后不久提出要求转系。方克立得知后，找他谈心，建议他在学好各门课程的基础上，专攻中国哲学史，这样就找到了一个文史哲的结合点。小殷很受应发，确定了治学方向。后来，在方克立的悉心指导下，小殷进步很快，上学期间就在刊物上发表了八篇文章，其中三篇获学校“五四”论文一等奖。前不久，小殷已赴美攻读比较哲学和比较宗教学的博士研究生。

青年教师周德丰，论学历是个“工农兵学员”，但他好学上进，方克立就悉心指导他进修深造，同时大胆使用他，让他多上课、早上课，并在讲授、辅导等教学环节和科研上中肯地给予指导，使他很快熟悉了专业，开出了中国哲学通史和原著选读课程，教学效果良好。去年他写的一篇论文获得天津优秀成果三等奖。1982年，他被破格晋升为讲师。

方克立的生活是坎坷的，但他一直把共产主义作为终生信仰和精神支柱，把个人的遭遇同祖国的命运联系在一起。他说：“我个人生活道路上的几次逆境，都出现在党和国家蒙难的时候；我们的党坚定地克服困难走向胜利，我个人才能获得新生。”去年，他孜孜追求二十多年的夙愿终于实现了，光荣地加入了中国共产党。他表示，今后要更加奋发努力，为祖国学术文化的繁兴竭尽全力。

（原载《南开大学》1984年10月26日第二版）

乐在开拓研究、教书育人中

——记南开大学中国哲学研究室主任方克立

本刊记者　高　湛

在迎接第一个教师节的日子里，我来到姹紫嫣红、生机勃勃的南开园。在这里，我为周恩来等老一辈同志的革命活动所激励，同时，也为当代人民教师的动人事迹所鼓舞。在南开大学有较高学术水平和教学水平的教师队伍中，有一位勇于开拓前进、鼓浪而行的中年教师。他就是天津市劳动模范、南开大学哲学系中国哲学研究室主任方克立。

年仅四十七岁的方克立，在教学、科研等方面的成绩是显著的。他有两个突出的事迹，为校内外的人们所称赞：一是在中国哲学范畴的研究上有新的突破，一是培养了一批从事这个领域研究工作的专门人才。我怀着对一个刚过不惑之年而做出这样显著成绩的中年知识分子的极大兴趣，走访了教师、学生、系领导以及方克立本人。

开辟中国哲学史研究的新领域

年富力强的方克立承担着繁重的教学、科研和各种社会工作。他是在认真做好教学工作的同时，坚持开展中国哲学史的研究，获得了许多富有创造性的成果。

多年来，方克立一直思索着如何把中国哲学史的研究引向深入这个问题，并酝酿着开辟新的领域。

方克立认为，中国哲学史这门古老的学科，自从郭沫若、侯外庐等学者用马克思主义观点作了新的开拓性的研究以来，涌现出一大批人才，研究力量比较雄厚。但是，过去的研究工作，大多是概论式的，未能摆脱“列传体”“几大块”的模式。要突破这个局面，只有加强对断代哲学史的研究，加强对专人、专题、专书的研究，在深入对“部分”研究的基础上，再进行新的综合，使对“整体”的认识提高到一个新的水平。而开展对中国哲学范畴的研究，正是把中国哲学史的研究引向深入的一条重要途径。

访问方克立时，我提出了研究中国传统哲学范畴究竟有什么意义这一问题。他简洁地答道：“范畴是认识之网上的纽结，是人类认识世界过程中的一些小阶段。只有抓住纽结，提纲挈领，才能把握整个认识之网。研究中国哲学史的最终目的，是要揭示中国哲学发展的规律，总结理论思维的经验教训，提高中华民族的理论思维水平。我们如果把中国哲学发展的各个阶段依次出现过哪些重要的概念和范畴，它们的涵义由抽象到具体、由简单到复杂、由贫乏到丰富的发展过程，以及它们之间的联系、对立、依存和转化，前后递进和继承、扬弃的关系都搞清楚了，那么中国哲学发展的内在逻辑和规律性也就揭示出来了。”

认定了这个研究方向，方克立一直进行艰苦的探索，他深入研究了辩证唯物主义范畴理论，具体地考察了知行、体用、天人、理气、道器等中国传统哲学范畴的源起流变，撰写了《中国哲学史上的知行观》（人民出版社 1982 年 3 月出版）、《论中国哲学中的体用范畴》（载《中国社会科学》1985 年第 5 期）等论著，有力地推动了这个方面的研究。方克立的这些研究成果，尤以他多年潜心研究的结晶《中国哲学史上的知行观》一书的成就最为突出。他对知与行这对传统哲学范畴作了系统的、历史的考察，从孔夫子到孙中山、毛泽东，把古和今联结起来，把中国哲学史研究同马克思主义哲学基本理论的研究结合起来，用马克思主义认识论的观点深刻地分析和总结中国传统哲学中的知行问题，既是对《实践论》的思想渊源的史的探索，又使哲学史研究具有强烈的现实感。在这部专著中，方克立有不少独到的见解。比如，他精微地剖析了隋唐佛教的四大宗派在知行问题上的观点，指出天台宗是主张止观并重，法相宗强调循序渐进的宗教修进，华严宗偏重于宗教义理的领悟，禅宗的“顿悟”说则有知行合一的倾向。它们虽有差异，但都只是唯心主义内部的分歧而已。又比如，方克立对王阳明“知行合一”说的思想渊源的分析，指出并非来源于陆象山，而是同程颐“有一定的渊源关系”。方克立的这些独创见解和扎实功力，受到学术界的称赞，该书曾荣获天津市哲学社会科学优秀成果一等奖。《中国社会科学》、香港《文汇报》等报刊也纷纷发表书评，认为作者“在中国哲学范畴的研究方面，做了开拓性的工作”。并指出：“这部著作的问世，除了它自身的学术价值外，对中国哲学的研究，它预兆着一个新的富有生命力的研究方向。”

值得一提的是，正当方克立撰写《知行观》时，社会上出现了一股怀疑和贬低毛泽东思想的思潮，但是他仍坚持以马克思主义基本原理、毛泽东同志的《实践论》为指导思想，清理和总结中国哲学史上的知行问题，表现了一个哲学工作者的马克思主义立场的坚定性。

方克立不仅自己在这个新的领域中辛勤地耕耘，而且还从各个方面积极倡导和推动中国哲学范畴研究工作的开展。1982 年 9 月，他曾以《开展中国哲学范畴的研究》为题，在《人民日报》上发表文章，指出：“开展和加强对我国传统哲学范畴的研究，必将会帮助我们更加清晰地认识中国哲学的特点，深入探索中国哲学发展的规律，并为丰富和发展马克思主义哲学作出积极的贡献。”

精心培育高质量的专门人才

方克立在倡导和深入开展中国哲学范畴研究工作的活动中，极为注重培养这个领域的专门人才。十一届三中全会以来，他承担哲学系三届本科生的中国哲学史课程的讲授任务，在他的影响和精心培育下，造就出了一批热爱祖国的历史文化、决心献身于中国哲学史研究事业的优秀人才。他还在全国首先招收以中国哲学范畴研究为专业方向的研究生八名；在南开大学积极组建中国哲学研究室，主持编写《从孔夫子到孙中山》（中国青年出版社 1984 年 7 月出版）、《中国哲学辞典》等书稿，都是把培养、锻炼青年哲学史工作者作为一个重要工作基点。

方克立在短短几年里培养出一大批从事中国哲学史研究的高质量的专门人才，这里灌注了他的大量心血，确有不少可贵的经验。我们从七八级学生殷陆君的成长历程，可以见到方克立不仅有识才之眼、爱才之心，还有一般人缺乏的容才之量、育才之法。

帮助确定专业方向。殷陆君一向对文史有浓厚兴趣，入学后不久提出要求转系。方克立从他写的一篇关于《周易》的文章，发现这个学生很有才华，于是热情地找他谈心："你转系不成，是否可以在哲学系安下心来，选择中国哲学史作为专业方向？因为中国古代文化本来就是浑然一体，文史哲很难分家的。"殷陆军接受了方老师的建议，选择了文史哲的结合点——中国哲学史作为自己的专业方向。到他三年级时，方克立又根据殷陆君知识面宽也很重视西方文化和外语学习的特点，建议他把专业方向更具体地确定为中西哲学比较研究，带他出席了 1981 年 11 月在桂林召开的全国比较哲学讨论会。殷陆君沿着这个方向成长很快，去年他已去美国斯坦福大学攻读比较哲学和比较宗教学博士学位。

具体指导写作，提高科研能力。殷陆君初涉《周易》后，下决心钻研中国哲学中最艰深的部分——佛学。他在遇到困难时，总是得到方老师及时指导和帮助。方老师曾不只一次地为殷陆君从学校图书馆借阅《大藏经》及其他佛教典籍而奔忙。殷陆君的《略论鸠摩罗什》《晋宋间佛教般若学与魏晋玄学哲学思想的歧异》等论文，都是在方老师的具体指导下写出来的。方克立善于在指导学生写作时，同学生商讨研究课题，指点阅读书目，教会使用工具书，教给积累资料、做笔记、写卡片的方法，这些都能给学生以方法上的启示，提高学生的研究能力。殷陆君在方老师的指导和帮助下，不断扩大知识面，开阔自己的视野，从研究古代哲学到研究严复、郭沫若等近代思想家，从研究中国哲学到研究中西文化的比较和交流。五年来，他已发表论著二十万字，译著近三十万字，成为国内外学术界颇受瞩目的优秀人才。

平时严格要求，在人才成长道路上遇到险阻时敢于旗帜鲜明地予以扶植和支持。殷陆君从一个普通的社会青年迅速地成长为一个学有根底、有专长、有一定成就的哲学史工作者，道路并不是笔直平坦的。业务上的冒尖往往会引起一些人的嫉妒、不满和攻击。一些受“左”的思想影响较深的人，也还在自觉和不自觉地干着妨碍人才成长的蠢事。像殷陆君这样的学生，当然也是有缺点的，比如对政治不大关心及骄傲情绪等，方克立把这些都看在眼里，除了业务上精心帮助、指导外，在政治上也严格要求，毫不留情地批评他的缺点和过失。殷陆君很愿意在方克立老师面前暴露自己的思想，争取老师的帮助。方克立始终坚持要看他的本质和主流，这就是热爱社会主义祖国，有强烈的事业心，决心学到真本事来报效国家和人民。因此，在种种困难、阻力和闲言琐语面前，方克立都支持和保护了他，使一个优秀人才不致被埋没或畸形发展。在方克立的帮助下，殷陆君在政治上进步也很快，已经提出了入党的要求。

在南开大学哲学系，不只一个殷陆君深得方老师的厚爱，迅速成长为有用之才。我在同青年教师的谈话中，在和研究生的座谈中，在对一些已毕业离校的学生的采访中，都听到了方克立的许多殚精竭虑培育青年的动人事迹。他们讲得是那么真挚，感激之情溢于言表。

采访结束时，我想起外国一位文学家说过的：“一个人以学术许身，便再没有权利同普通人一样的生活。”多少年来，方克立老师为了祖国学术文化的发展，为了后继有人，他食不甘味，夜不成寐。我想，历史上每个哲学家都有自己的时代精神，我可以说，献身于民族振兴，努力创造第一流的科研成果和培养第一流的人才，正是包括方克立在内的我国千百万中年知识分子的可贵的时代精神。

（原载《中国高等教育》1985 年第 9 期，第 22—43 页）

为有源头活水来

——访南开大学中国哲学研究室主任方克立教授

卢盘卿

在 1984 年天津市哲学社会科学优秀成果评奖大会上，《中国哲学史上的知行观》一书荣获专著一等奖。天津市社联在成果评语中写道："该书是国内出版的第一部中国哲学范畴史专著，在这方面做了一件开拓性的工作。该书以毛泽东同志的《实践论》为指导思想，总结、清理中国哲学史上的知行问题，作者始终坚持这一宗旨，不为前些年社会上出现的一股怀疑和贬低毛泽东思想的倾向所动摇，表现了一个哲学工作者的坚定的马列主义立场。"这部著作不仅在国内，在海外也有点名气。香港《文汇报》等报刊发表书评，指出："这部著作的问世，除了它自身的学术价值外，对中国哲学的研究，它预兆着一个新的富有生命力的研究方向。"

俗话说，文如其人。我们访问这本书的作者方克立教授后，觉得书评中所写的"开拓性工作""坚定的马列主义立场"，不只是评价他的著作，就是用来说明方教授本人的立身行世也十分贴切。可方教授为什么能做到这两点——对于哲学、社会科学工作者来说是非常重要的两点的呢？访问就紧紧围绕这个问题展开了。

"谈到这个问题，我首先得感谢母校。是母校的培养、教育，使我较系统地掌握了马列主义的理论基础。有了这个基础，在政治、理论风云变幻的时候，我才能明辨是非、站稳脚跟，也才敢于开拓创新。"

“我 1956 年考入中国人民大学哲学系。这个学校有优良的革命传统，始终把马克思主义基本理论教育放在第一位。哲学系更是如此。马克思主义哲学经典著作《费尔巴哈论》《反杜林论》《哥达纲领批判》《唯物主义和经验批判主义》《哲学笔记》《国家与革命》《矛盾论》《实践论》，等等，我们都是一本书一本书地啃，每章每节都抠得很细。为了掌握精神实质，必须把重点、难点都搞清楚，首先要把书读懂，然后才谈得上‘精义入神’，进而才谈得上把理论运用于实际。现在看来，当时的学习方法虽有些死，但那时打下的基本功对我们却是终生受用无穷的。搞历史科学，掌握第一手材料十分重要，但掌握马克思主义的理论和方法更重要。面对着同样的历史资料，有的人能作深入的理论分析，得出符合历史实际的科学结论，并且总结出对现实富有启迪的规律性的东西来，有的人则不行。在这里，关键是看谁的马列主义水平高。从事哲学社会科学工作，正确的立场、观点、方法是灵魂，否则就会迷失方向。1978 年，我着手写《中国哲学史上的知行观》一书的时候，社会上有些人以思想解放为名，怀疑和贬低毛泽东思想。有人说《实践论》是狭隘经验论，你还为它唱赞歌，把它当作中国知行学说发展的最高成果，以它为指导思想来总结历史，这样写出的书能出吗？我进行了认真的思考。毛泽东同志虽然晚年有错误，但他毕竟是中国历史上的巨人，是伟大的无产阶级革命家。毛泽东思想是包括毛泽东在内的我国老一辈无产阶级革命家集体智慧的结晶，是马列主义思想宝库中的珍贵财富。《实践论》和《矛盾论》是在和党内‘左’右倾错误斗争中产生的成熟的马列主义著作，它的基本观点没有错。于是，我坚持了原来的宗旨，把书继续写下去。现在看来，这本书有一定的价值，重要一点是它揭示了毛泽东思想和我国传统哲学内在的本质的联系。”

坚持真理、勇于开拓的精神，对方教授来说可以追溯到他在人民大学学习和工作期间。他 1962 年毕业留校，先是协助张腾霄同志搞马克思、恩格斯早期著作的研究和教学工作。第二年转到中国哲学史教研室。这一年，他在《哲学研究》上发表了和哲学界老前辈李景春、冯友兰教授商讨《周易》和孔子研究方法论的文章，力图把在校学习到的马克思主义基本理论和方法，运用到哲学史研究的实际中去。一个刚出校门的青年敢于和老教授“争辩”，这在某些人眼中岂不是“大胆”“狂妄”。然而，初出茅庐的方克立却没有这么多包袱。他认为，在学术研究上没有老少之分，大家都应服从真理，谁握有马列主义的真理就应向谁学习。

尽管在人生道路上方克立历经坎坷：1957 年被划成“中右”，受到团内警告处分，“文化大革命”中被诬为“修正主义的黑苗子”；追随党数十年，直到 1983 年才被批准，迈进党组织大门。可是他在青年时就确定的马列主义信仰，却不为一次又一次的政治风浪和个人的逆境所动摇，而是“仰之弥高，信之弥坚”。在生活的激流中，有的人像河底的鹅卵石，有的人却像矗立在激浪中的礁石。方克立就是后一种人。不管生活怎么折磨他，他决不做墙头草。他不惧邪恶，不信权势，唯信真理。

“文化大革命”以后，方克立才得以重操旧业——从事中国哲学史的研究。这是一个研究基础比较深厚的学科领域。但方克立认为，三十年来的中国哲学史研究工作，大多是概论式的，未能摆脱“列传体”“几大块”的模式。要突破这个局面，只有加强对断代哲学史的研究，加强对专人、专题、专书的研究，在深入对“部分”研究的基础上，再进行新的综合，使对“整体”的认识提高到一个新的水平。他同时认为，过去的中国哲学史研究和马克思主义哲学基本理论的研究总是两张皮，搭不上界，应在这两个研究领域寻找“结合点”。中国哲学史研究理应为发展中国的马克思主义哲学作出自己的贡献。基于这种认识，方克立积极提倡开展和加强对中国哲学范畴的研究，并亲自在这个领域里开拓实践。他在全国首先招收了以“中国古代哲学范畴研究”为专业方向的研究生，开设了这方面的系列课程。他深入研究了辩证唯物主义的范畴理论，具体地考察了知行、体用、天人、理气、道器等中国传统哲学范畴的源起流变。他在这方面的研究成果，体现在一系列论著中，其中《中国哲学史上的知行观》和《论中国哲学中的体用范畴》曾先后荣获天津市第一届、第二届哲学社会科学优秀成果一等奖。目前，他正在撰著的《中国哲学范畴通论》一书和他主编的《中国哲学大辞典》，都是这方面研究成果的系统总结和进一步深化。我们期待着这些哲学新葩喷发出的诱人的芳香。

近年来，在我国的文化研讨热潮中，方克立教授又敏锐地抓住和开拓了一个新的研究方向，这就是关于现代新儒学思潮的研究。如果说，中国哲学范畴的研究是把“史”和“论”联系起来的话，那么，现代新儒学的研究则立意要把“古”和“今”联系起来。中国哲学史本来是一门极富有现实感的科学，可是长期以来有“厚古薄今”的传统，对近代和现代思想反而缺少深入的研究。现代新儒学是“五四”以来客观存在的一个主要学术思想流派，并在当代政治生活和学术思想领域继续发挥着不容忽视的影响和作用。重视和加强对它的研究，有着重要的理论意义和现实意义。由方克立和中山大学李锦全教授主持，全国四十多位学者参加的“现代新儒学思潮研究”课题，去年被确定为国家哲学社会科学“七五”规划重点项目，已经引起国内外思想界的广泛注意。在这项研究中，方克立同样坚持必须以马列主义的立场、观点、方法为指导。正如他在课题论证中所写的：“全盘西化的路在中国是走不通的。中国的马克思主义者也决不会接受所谓‘儒家资本主义’的道路。所谓‘儒学的复兴’、‘儒学的第三期发展’在现代社会是没有前途的。”

新的研究领域就需要大批新的专门人才。方克立不仅自己努力开拓实践，而且极为重视这方面人才的培养。在培养人才方面，他也有自己的开拓性。七八级学生殷陆君，在考入哲学系不久就提出要求转系。方克立从他写的一篇关于《周易》的文章中，发现这个学生很有才华，就找他谈心，劝他安心在本系学习，并帮助他选择中国哲学史作为专业方向。到殷陆君三年级时，方克立又根据他的特点，更具体地建议他把专业方向确定为中西哲学比较研究。方克立为他答疑解惑，指示门径，甚至亲自为他借书，教给他使用工具书、积累资料、做笔记、写卡片的方法。在方老师的精心指导下，殷陆君进步很快，在大学本科学习期间就发表了七篇论文，受到国内学术前辈的重视。殷陆君毕业留校后，方克立又继续为他创造条件，补习外语，赴美深造。目前，他正在斯坦福大学读博士学位，并不断以出色的成绩向老师、母校和祖国汇报。对于人才，人们往往有不同的看法。有的人出于嫉妒或受“左”的思想影响，总是看他们的缺点多，甚至进行攻击和诽谤，使其成长的道路曲折而困难。在这种情况下，方克立首先看到的是殷陆君热爱中华，奋力拼搏，决心以知识报效祖国的赤诚的心。因此，他坚决抵制流言蜚语、造谣中伤，保护这株嫩苗。同时，他又严格要求，热情指出并帮助殷陆君改正缺点和不足。在方克立的扶持和帮助下，殷陆君各方面进步都很快，不仅业务突出，政治上进步也很快，提出了入党申请。一个优秀人才终于脱颖而出，并且越来越成熟了。在方克立的学生中，不仅是一个殷陆君受到人们的格外注目，周德丰、韩强、严正、苏学增等人的学术论文都逐渐为学术界所知晓，有的被评为优秀社科论文，有的受到香港读者的来函表扬。方老师是严师又是慈爱的长者，对学生只有无私的奉献。这种品格由亲炙弟子们一传十、十传百，每年报考他的研究生的人都很多，向他通信求教的“私淑弟子”也不少。仅给青年复信，就花去他不少时间。但他认为，集天下之英才而教之，这不仅是教师的天职，而且是真正的快乐。

方克立今年48岁，正处于知识分子的“黄金年代”，他除了承担繁重的教学和科研任务外，还有许多社会工作。他是国务院学位委员会哲学评议组成员，全国高等教育自学考试指导委员会哲学专业委员会委员，中国哲学史学会副会长，天津市哲学社会科学联合会副主席，南开大学校党委委员、校务委员会委员、校学术委员会委员，等等。对于他这样年龄的人来说，这些当然不能只是“挂名”，而必须实打实地去干。他常年超负荷“运行”，曾不只一次晕倒在课堂上和写字台边。然而，他每天又都在默默地埋头工作。在他的日程表中很少有休息和娱乐的时间，连我们采访他也是通过“关系”，抓住一个“有利”时机。他真是太忙了。谈到这些，他苦笑着说：“都是革命工作，都需要有人去做。我们研究马列、信仰马列的人，一定要照老祖宗要求的去干。‘马列主义上刺刀——对人不对己’，这样的人不是真正的马列主义者。”

我们仔细品味着他的话，思绪在飞旋、升华。坚定的革命信仰，丰硕的科研成果，孺子牛似的工作精神，谦虚谨慎、平易近人的作风……这一切一切都源于何处呢？

学的是马列，信的是马列，行的是马列。母校培育他的“乳汁”，就是这一切一切的“源头”吧。

（原载中国人民大学校刊编辑部编《人民共和国的建设者——中国人民大学校友专访录》，1987 年 9 月出版，第 123—128 页）

方克立教授和他的弟子们

——记中国哲学研究室的师生

越　冰

在主楼四层一个极不起眼的小房间，几乎每个星期天的晚上都有这样一群人在此坐而论道。他们不是论的生意之经、发财之道，而是涉及天地人生、古今中西的文化之脉、学术之道。他们的智慧给这个小小的空间以极大的容量，他们津津乐道的精神使这里充满生机活力。这里就是我校中国哲学研究室，这群人就是哲学系中国哲学专业的教授和研究生们。

室主任、哲学史家方克立教授说："从 1982 年开始，这样的活动我们已经坚持十余年了。"

十余年来，这里培养了 11 名博士、22 名硕士，他们在学术界都十分活跃，相继在国内外刊物上发表论文百余篇，出版专著近十部。目前，这里已成为国内外现代新儒学研究的中心，他们的成果为学术界所瞩目。

为了进一步活跃学术空气，方克立教授还专门从自己的科研经费中出资组织该专业在校研究生成立《劝学》编辑部，每学期一刊，已出到第四期。《劝学》得到了许多前辈学者的肯定和鼓励，认为其刊载的文章大多具有很高的学术价值。他们在思索着传统与现代化的种种问题，正如发刊词所言："它的主人是一群关心中国文化未来发展的青年。他们心怀忧患与热诚，却毫无偏执狭隘的道统气。他们尽心智于中国文化与哲学的研究和创造，却绝不想作一心只读圣贤书的迂腐夫子。”他们正理论联系实际，把乐学的精神熔铸在强烈的社会责任感中，朝气蓬勃地走向未来，去开拓现代哲学与文化的新天地。

（原载《南开周报》1993 年 11 月 1 日。作者“越冰”即现任南开大学日本研究院院长刘岳兵教授）

方克立：目光瞄准 21 世纪的院长

谢仲礼

一位美国主管教育的官员把中国社会科学院研究生院比作“中国的哈佛”。在这里当院长，应该说是一件荣耀的事情；可是方克立却说他更愿意把精力放在学术研究上。他不仅是一位出色的哲学家，而且还是一位目光远大的教育家。

并不理想的岗位

今年 1 月，中央组织部一纸调令，将南开大学教授、博士生导师方克立调到北京，任中国社会科学院研究生院院长。

当记者如约来采访时，首先对他新任院长表示祝贺。没想到，他却淡淡地说：“对我来说，这并不算是一个理想的岗位。我在大学里教了几十年书，研究了几十年中国哲学。从内心说，我更愿意专心做学问、带研究生；再说我也不长于做行政工作，和人打交道远不如和书本打交道应付自如。不过，既然把我安排在这个岗位上，我自然要尽全力去做好。”

班主任的建议

1938 年 6 月，方克立出生于一个知识分子家庭。他的父亲方壮猷是我国老一辈著名历史学家，解放前长期担任武汉大学等校教授。新中国成立后出任湖北省文化局局长、省文物管理委员会副主任等职。记者想当然地以为方克立后来潜心研究中国哲学史，是受父亲的影响，其实不然。

方克立的父亲认为新中国急需发展现代科学技术，希望儿子成为一名科学家。中学时代的方克立各门功课的成绩都很好，可是将来要干什么，他并没有十分明确的目标。1956 年高中毕业时，他准备报考理工科，实现父亲的期望。临考前，中国人民大学到武汉提前招生，班主任对多年担任团干部的得意门生说："你的文科和理科基础都不错，最好去学哲学。"就这样，方克立与智慧之学结下了不解之缘。

引发"范畴热"

1962 年，方克立大学毕业，因品学兼优而留校任教，开始了他长达 30 余年的教学、研究生涯。

毕业之初，方克立在学术研究方面就崭露出才华，就哲学史方法论问题发表了几篇很有影响的文章。他一方面努力掌握中国哲学史料，一方面自觉学习和运用马克思主义理论，几篇论文都有独到的见解。他本人也被学界前辈看作是很有发展前途的青年哲学家。

可是，天不遂人愿。先是"四清"，紧接着又是那不堪回首的"文革"，十多年宝贵时光就这样白白流逝了。

1973 年，为了解决夫妻两地分居问题，方克立从北京调到天津南开大学，在南开一干就是 20 年。80 年代初，方克立和张岱年、汤一介等学者率先倡导开展中国哲学范畴的研究，力图突破传统哲学史研究的简单模式。一时间，范畴研究成为中国哲学史以至众多学科领域的一个热门课题，被学术界称为"范畴热"。

“批判继承，综合创新”

80年代中期，国内兴起了一股“文化热”，学术界对“五四”运动以来出现的以梁漱溟、熊十力等为代表的现代新儒学思潮重新引起了人们的兴趣。海外有的学者也积极倡导“儒学复兴”，并把台湾、香港、新加坡、韩国经济的快速发展看作是“儒家资本主义”的胜利，这一思潮在国内产生了一定的影响。

方克立立即敏锐地意识到现代新儒学研究在中国现当代哲学研究中的重要性。他和中山大学李锦全教授积极倡导，成立了全国性的“现代新儒学思潮研究”课题组。这个课题连续被列为全国哲学社会科学“七五”和“八五”规划重点项目。为了把这个课题卓有成效地进行下去，方克立不仅自己进行深入研究，取得了令人瞩目的成就，而且带动、培养了一大批优秀的中青年学者，他们大多已成为中国文化研究的生力军，方克立为此倾注了大量心血。

1988年，全球40位华人学者汇聚新加坡，讨论“儒学发展的问题及前景”。会上方克立以其扎实的研究成果引起与会学者的重视并受到尊重。会后著名美国学者余英时对“美国之音”发表评论：“在这次会上，中国国内的三大学术潮流都有杰出的代言人。……像方克立先生，可以说代表一种马克思主义的观点。但是，不管什么观点，基本上都是从学术的角度来讨论问题。”

聚天下英才而教之

1981年，方克立在当了17年助教和2年讲师后提升为副教授，第二年开始招收培养硕士研究生；1984年方克立被原教育部特批为教授，同时被国务院学位委员会批准为博士生导师，这年他46岁，是当时全国最年轻的博士生导师之一。

从 1982 年至今，方克立已成功地为国家培养了 15 位硕士和 11 位博士，他们目前都已成为教学、科研骨干，其中不少已晋升高级职称。谈到这里，这位从事教育工作达 32 年之久的教育家不无自豪地说："我一生以弘扬中国文化、培养青年学生为己任。聚天下英才而教之乃平生最大乐事。"

在教学工作中，方克立强调"德业双修，学行并重"，强调为人与做学问的统一，把教书与育人很好地结合起来，为培养新一代学术英才尽心尽力。

10 多年来，方门弟子有一个很好的传统——隔周举行一次"中国哲学研习会"，全体博士生、硕士生和已毕业参加工作的青年教师都踊跃参加。大家有备而来，把学习、研究心得和新的学术观点毫无保留地拿来与大家讨论、交流。作为导师，方克立只要在学校一般都来参加，他说："这种活动不仅能开阔视野，促进创造性思维，而且能活跃学术气氛，推动大家共同进步。我也从中学到了不少东西，真正起到了教学相长的作用。"方克立还从中国哲学研究室的经费中拿出一部分来资助同学们出版自办刊物《劝学》，为青年教师和研究生提供了一块发表论文、交流心得的园地。

方克立在学业上对学生严格要求的同时，还积极组织他们参加社会实践活动，全方位地提高青年学生的素质。他曾组织南开大学的研究生到铁道部十八局各工地考察，与工人同吃同住同劳动。他们回校后写出了一部报告文学集《长路奉献给远方》，由南开大学出版社出版发行。这一活动受到铁道部十八局和南开大学领导的高度赞扬。

目光瞄准 21 世纪

方克立就任中国社会科学院研究生院院长已有半年。当记者请他谈他对研究生院的总体印象和未来设想时，方克立显得有些激动，一反谈自己学术研究时的谦虚。

他首先讲了一个故事。研究生院的一位硕士毕业后去美国留学，经过多年努力，在美国当了一名令人羡慕的律师。他把自己的经历写成纪实小说《我在美国当律师》，该书现在国内十分畅销。评论界认为，比起《北京人在纽约》《曼哈顿的中国女人》，该书体现了作者对美国社会具有独到的理性分析，是目前留学生文学作品的杰出之作。书中写到他在美国办理大学入学手续时，主管教育的官员得知他是中国社会科学院研究生院的毕业生时，连忙说："这所大学很有名，相当于美国的哈佛大学！"于是一路绿灯，他很顺利地办妥了一切入学手续。

接着方克立深有感触地说："中国社会科学院是全世界最大的社会科学研究机构，在国际上享有很高的声望。我们拥有极其优越的人才智力优势：全院共有50个人文社会科学博士点，184位博士生导师，硕士生导师更是数以千计，而且学科专业门类相当齐全。这是世界上任何大学、任何研究机构都无法比拟的。我们应该充分利用这一优势，努力创造条件，扩大办学规模，提高教育质量和办学效益，继续走规范化办学和多层次办学、联合办学的道路。我们要把目光瞄准21世纪，着眼于为21世纪培养一大批全国乃至世界一流的人文社会科学专门人才。只有这样，才能永远无愧于'中国哈佛'的美誉。"

在方克立的积极推动下，近半年来社科院研究生院在多层次办学和联合办学方面颇有起色。目前他们正与清华大学联合培养马克思主义哲学、中国哲学、历史文献学和世界经济4个专业的博士研究生，与香港树仁学院联合招收培养社会学专业在职硕士研究生，还与北京语言学院、汕头大学、香港大学、澳门大学等院校进行了有关合作项目的洽谈，社科院也接收了一些来自韩国、日本、美国、加拿大、法国等国家的进修生和访问学者。方克立说，多层次办学和联合办学很有必要，只有这样才能充分发挥社科院的人才智力优势和教育功能，向外发展，形成强大的辐射态势，为国内外培养更多的高级专门人才。

但是，方克立也清醒地意识到研究生院面临的困难，并苦苦思索解决的办法。他说，目前的困难很大程度上是由于教育、科研分离的体制所造成的，研究生院是中国社会科学院成立之初，为解决人才断层而兴办的学校，办学经费是从社科院有限的科研经费中拨出来的，而不是由财政部按教委所属重点院校的标准按培养学生人数拨款。经费不足是目前办学最大的困难。物价连年上涨、经费多年不增，造成办学可用经费实际上不断减少。另外，争取国家教委和国务院学位委员会对我们办学的理解和支持也很重要。社科院应该也完全可以为中国人文社会科学教育事业的发展做出较大贡献。从任院长那天起，方克立就下决心在任期内努力解决这些问题。他说他准备向国家有关领导反映这些问题，争取支持，解决由体制、经费等带来的困难，使研究生院真正成为面向21 世纪的全国乃至全世界一流的高等学府。

四枚南开校徽

30 多年来，方克立不仅在学校教育方面卓有成效，而且在家庭教育上的成功也是令人羡慕的。

方克立的夫人也是学哲学的，“文革”期间毕业于中国人民大学，但在当时的条件下，她不能从事专业研究工作。好在 1978 年恢复招收研究生，她以优异的成绩考回母校，成为著名哲学家肖前的硕士研究生。研究生毕业后，她到南开大学任教，现为副教授，从事马克思主义哲学的教学和研究工作。方克立对夫人赞赏有加：“我们在学术上、工作上都是互相理解、互相支持的。我的不少论著，她是第一个读者，也是一个严厉的批评家。”

方克立的两个儿子是幸运的，他们从小在良好的家庭环境中成长。大儿子毕业于南开大学社会学系，从事社会心理学的实际调查测试和理论研究工作。小儿子是南开大学数学系三年级的高材生，志向是在数学领域继续学习深造。方克立很为两个儿子骄傲，他说：“孩子们比我们幸运，他们学习的环境很好。只要有志为国家做些有益的事，我们都让其自由发展。”这个一家四口都戴南开大学校徽的家庭曾让多少人羡慕不已！只是今年起，他们中的三人已离开了南开，到了首都北京。

（原载《中华英才》1994 年第 19 期，总 103 期，第 46—47 页）

科研单位办学出路何在？

——访中国社会科学院研究生院院长方克立

本报记者　李红艳

1978 年 8 月 25 日，中国第一所人文社会科学研究生院——中国社会科学院研究生院在邓小平等党中央领导同志的关怀下成立了。作为中国人文社会科学最高研究机构直属的一所研究生院、作为有着优良学风和传统的、以培养高层次科研人才为目标的一个特殊的“办学”单位，今年将迎来它的 20 岁生日。为此，记者采访了研究生院院长方克立教授。

方院长说，研究生院在特定的历史时期产生，曾经给“文革”中耽误了多年学业的许多有志青年提供了很好的求学机会。1978 年春，当社科院恢复招收研究生的消息在报纸上公布后，报名人数多达 5433 人，原计划招生 150 人，结果择优录取了 400 多人。由于研究生院依托于社科院、三十几个国家级研究所，是社科院培养人文社会科学高层次人才的基地，学科专业齐全，师资力量雄厚，文科博士学位授权点和博士生导师数量在全国学位授予单位中都是最多的，因此历年生源都非常好，录取考生层次较高。研究生院的规模不大，我们提出要走以提高培养质量为主的内涵发展的道路，强调要精心教育，精心培养，严格管理，严格要求，争取培养一个成才一个。从首任院长周扬开始，就强调“我们在思想战线上要造就的不但是学者，而且首先是战士”，要求学生在学好马克思主义基本理论的基础上，具备深厚的专业基础和宽广的现代科学文化知识，要把主要兴趣放在研究中国的实际问题上，培养既具有强烈的社会责任感，又具有创新意识和创新能力的优秀的人文社会科学专家。20 年来在我校形成了良好的学风和传统。老一辈教导的“实事求是、艰苦朴素”“严谨治学、高尚做人”“板凳要坐十年冷，文章不写半句空”，一代一代传下来了。因此 20 年来，社科院研究生院已经为国家培养了 600 多名人文社会科学博士、2000 多名硕士。实践证明我院毕业的成才率是比较高的。

但是，研究生院在建设发展中也存在着不少问题和困难。由于它是科研机构办学，国家按计划拨给高校的生均经费研究生院是没有的，社科院只能从本来就很拮据的科研经费中拿出一部分钱来办学，因此招生规模不可能很大，办学的物质条件也较差；另一方面，教育部对科研单位办学采取限制政策，强调要与国际接轨，学位与研究生教育主要由高等院校承担，科研单位招收研究生是为本单位培养科研后备人才，而不承担为社会培养人才的任务。因此，教育部每年给社科院研究生院的招生名额都很少，博士生导师平均三年才能招到一个学生，大约是重点高校招生数量的 1/5。这样实际上造成了教育资源的极大浪费。

面对这种利弊都很明显的状况，方院长说，我们只能在现有的条件下尽量做好工作，一方面，努力争取社科院和教育部对我们办学的更大支持，另一方面也要自力更生。但是研究生院的健康正常发展，最根本的还是要得到一些政策性的支持，例如把社科院丰富的导师资源充分利用起来发展我国的人文社会科学、研究生教育，应该说是一件大好事，不必严加限制。办学最重要的是人，是要有好教师。清华大学老校长梅贻琦先生曾经说过：“大学者非大楼之谓也，乃大师之谓也。”我们为什么不能充分利用社科院这丰富的教育资源而任其白白浪费掉呢？另外，研究生院办学的投资体制应与高校趋同，每年预算经费也可以通过社科院的名义下达。

方院长的话不可谓不诚恳，方院长的急切也表露无遗。科教兴国的根本目标要靠大批具有创新思维的优秀人才，而人才的培养又非一朝一夕之事，它是一个艰巨、漫长、持续不断的工程，如果我们“遗忘”了这现成的丰富的人才和教育资源，而只是考虑如何照着外国的模式去做，或者只是从某些眼前的实效、实利出发，那我们浪费的就将不仅仅是社科院的人才和教育资源，我们将很可能失去许多进入新世纪的竞争机会和挑战资格。

中国社会科学院研究生院的院庆就要到来，也很快就会过去，它留下的问题却不会一下子消失，为了中国人文社会科学事业的未来，我们希望有关领导部门能够重视方院长提出的问题，并给予一定的解决。

（原载《人民政协报》1998 年 7 月 22 日）

欢送方克立同志离职座谈会纪要

时间：2000 年 9 月 8 日下午 4：00—6：30

地点：研究生院 202 会议室

出席人员：晋保平、邹东涛、王清海、郑秉文、马胜杰、吕　静、俞燕民、栾贵川、许振中、杨　燕、苏燕华、李存光、李尚英、王树才、徐　薇、张广亮、王淑珍、黄小洪、林启祥、方克立

晋保平（党委书记）：铁映同志出国前给李慎明同志交待：宣布方克立同志离职后要开一个座谈会，一起吃顿饭，代表他感谢克立同志六年多来为研究生院的建设、改革和发展所作出的贡献。慎明同志今天有事不能来，委托我代表铁映同志和他召开这个座谈会。下面哪一位同志发言？……还是请方院长先讲几句吧！

方克立：新陈代谢是宇宙的普遍规律，人不能抗拒它而只能顺应它。人老了离职退下来，是一件十分正常、自自然然的事情。首先我要感谢社科院领导、研究生院全体教职工，特别是在座的各位同志（中层以上干部），多年来对我的信任、理解、支持与合作。我这个人教师出身，行政管理工作能力不强，所以只能“以勤补拙”。虽然花费时间精力不少，但工作成效并不理想。六年半来做了一些事情，研究生院也有一定的发展变化，这主要是各位同志支持和共同努力的结果。研究生院建设发展中的一些大的难题，如校园太小，经费太少，

办学条件太差，内外体制不顺等，我虽然很想解决，但没有能力解决。铁映同志兼任院长确实是研究生院建设发展史上的一个难得的历史机遇。我衷心祝愿各位在铁映同志领导下，顺利建成新校园，开创21世纪研究生院工作的新局面。我在任职期间工作上有许多缺点错误，有些该做的事情没有做，有的做得不到位；对同志们的工作、生活、级别待遇等问题普遍地关心不够，有些该解决的问题还没有解决。同志们对我很真诚，有的批评我“软”，就是看到了存在的一些问题还没有魄力去解决。这种情况是确实存在的，不仅是“软”，也有能力问题，有事业心、责任心不强的问题。诚恳地希望同志们多对我进行批评和帮助。

晋保平：我下面还有别的事情，要先走，这里先讲几点想法。我来研究生院两年多，与方院长共事，感到收获很大，从他身上学到了很多好的经验，好的品质。一，方院长是国内外知名专家学者，是大学问家，但是非常谦虚谨慎，平易近人，没有一点架子。他学风严谨，办事讲究原则性，而又符合情理，处处表现出长者风范。有些人总是不能把自己的位置摆对，方院长能做到这样，很不容易。二，方院长给我们留下一个很好的传统，就是作为学校的领导者，始终把握坚定正确的政治方向，在办学中就是要解决好“培养什么人”“为谁培养人”的问题。他在各种场合不只一次地讲这个问题，提醒我们年轻同志注意。我最近读了《人民日报》内参上连载两期的一篇文章，摘要介绍雅柯夫列夫的自白《一杯苦酒》，很有感触。这个人早就是坚决反社会主义、反马克思主义的民主派，却当了解体前苏共的意识形态领袖。他也是苏联培养出来的，可见怎样培养人的问题非常重要。22年来，我院培养出了不少优秀人才，但是也有深刻的历史教训，确实应该引起高度重视。三，方院长比我们年长，是老师辈，但是在班子里能够模范地贯彻执行民主集中制。他有什么想法总是在会上讲，工作中和大家随时交换意见，态度非常诚恳。作为一院之长，有儒将之风，可以说是“儒帅”。四，最近一个多月来，克立同志已经知道即将离开院长岗位，但在假期中还是坚持领导工作，参加各种会议，站好最后一班岗。直到今天上午他在开学典礼上的讲话，仍深切关心研究生院的未来发展，留下语重心长的嘱托，大家听了很受感动。方院长虽然从领导岗位上退下来了，他作为一个老同志、老党员、老学者所表现出来的敬业精神，永远值得我们学习。方院长并没有退休，他还担任一些重要的学术职务，希望方院长今后继续关心、支持和指导研究生院的工作。

郑秉文（副院长）：我在研究生院学习、工作十七年，先后经历了六届领导，在方院长领导下工作的时间最长，接触最多，感情也最深。他既是领导又是我的老师，是良师益友，于公于私我都受益匪浅，从心底里感谢方老师。我永远不会忘记，1995 年 3 月我从法国回来，方院长为挽留我在德意楼请我吃的那顿饭，他花了 107 元，在那时不是一个小数字。我说了多次要加倍回请，但直到今天也没有实现。他现在要退了，真有点依依不舍。方院长有良好的职业道德，高尚的人品，自己做人坦坦荡荡，光明磊落，对同志诚恳友好，谦和宽容。在他领导下工作感到心情很舒畅。他对你是既严肃又有师长的关爱之情，对他的批评感到可以接受，批评风格是既严肃又慈祥，是发自内心地对你好。方院长领导研究生院长达六年半，我认为这届领导班子工作最有力度，成绩非常显著。一是抓住了办研究生课程班这个历史机遇，使研究生院在经济上翻了个大身，改变了当年连复印纸都买不起的窘况。作为一院之长，在战略上重视这件事情起了关键作用。现在大家的待遇不错，这要感谢老院长，我也是受益者。大家都知道研究生院的经济基础是那时打下的。二是带领研究生院走出低谷，重新振作起来，现在在校研究生规模达到近 900 人，超过了 80 年代中期的最高水平。当年有的同志说方院长对研究生院发展前景的设想是“畅想曲”，现在它已经部分地变成了现实。三是研究生院为招收外国留学生，至少经过了十年努力，在方院长的领导下终于成功了，可以说是实现了零的突破。今年又招收了港澳台研究生，我院在海内外的影响越来越大。四是研究生院目前的硬件水平，也是历史上最好的时期，人均占有空调量、电脑量是社科院各所局中最高的。有些职能局副局长以上办公室才装空调，我院各处室办公室都装了空调；电脑做到了教职工人均一台，图书馆电脑室向学生开放，学生反映也很好。方院长人品好，学问好，科研方向也好，学术理论观点正确、坚定，得到了社科院领导和院内外同行专家的一致高度评价。他工作很深入，直接插到处室，和一般干部平等交谈，了解情况，解决问题，平易近人。学位和研究生教育中的各种问题，他是真正的行家，主管副院长和处长都不能糊弄他。我 1988 年进研究生院党委，出国回来后又进了党委，在方院长、廖书记这届党委领导下工作心情舒畅，合作愉快。朱佳木说人生有两大幸事：一是有好领导，二是有好老婆。老婆就不说了，我确实碰到了难得的好领导，这段工作的美好回忆要永远保留下来。我很看重这份师生之情、上下级友谊。我今年毛岁 46，不管以后进退如何，都要把老领导的美德，作为做人的楷模，作为精神财富，永远保留在记忆中。做学问首先要做人。我在社科院十七年，接触到许多同志、朋友，大家都有这个共同体会。方院长的人格力量无形地教育着我们，晚上七八点钟还在办公室工作，看到那灯光你能无动于衷吗？我们要学习方院长，做个好人，做好学问。祝贺方院长“安全着陆”，我还能工作十四年，希望到时候也能安全着陆。

徐振中（教务处长）：我在研究生院二十多年，不会说恭维话，今天只说点个人感受。与方院长相处六年多，确实感触很深，他可以说是一身正气，满腔热忱。方院长是大学问家，在学界的知名度很高。今天上午开学典礼上的掌声，就很能说明问题，他在学界的地位和影响，连刚入学的新同学也有所耳闻。除了学术声望之外，他的影响很重要的一点是为人。我在研究生院说不清已经历了多少届领导，有的没有多少接触，与方院长的接触最多，对他印象也最深。我同方院长第一次见面是参加社科院的一个会议，我坐方院长的车回来，一路交谈，发现这个院长与其他院长不一样，非常平易近人，同他谈话一点也不紧张。我有事找他，敲门时心里不打鼓，每次感觉都很好。我们在年龄、级别、学问上都差得远，但他却像老朋友一样同你谈话，我特别感动，好像不是到领导那里去，进门就轻松下来。有时谈话时间很长，谈得很深入。向他请示工作总是有回答，指导很具体，一时解决不了也给你指出解决问题的方向，让你放开手脚去做。我从许多学者和我院的研究生中都听到反映，知道方院长在学术界的影响相当大，他做学问的一个特点是始终坚持正确的政治方向和学术理论方向。这些年哲学界风风雨雨，方院长的学术观点一直很正，不随风转。他工作深入实际，常到各办公室转一转，同每一个工作人员都很熟。我们的工作设想、要求，只要是合理可行的，他总是给予支持，有时还帮我们争一争。不像有的领导，给他说完就没有下文了。方院长对我们的工作、科研、职称、生活都很关心，千方百计想办法帮助解决。我评正高的事，方院长来以前根本不敢想。他找我谈了几次话，鼓励我努力，没想到一次就评上了。去年他又鼓励我们留校的几个老同学招研究生，考虑到我们年岁大了，做了一辈子管理工作，也应该自己带几个学生。方院长知道自己就要离开领导岗位了，最近同我谈话，还鼓励我在做好工作的同时，多写几本书，在业务上也不放松。在这里以我个人的名义，也以教务处全体同志的名义，向方院长表示敬意和谢意。方院长退下来以后，肯定还闲不着，各方面都会来找他，希望他给自己适当地减点负，注意保重身体。

苏燕华（学位办副主任）： 我非常同意以上几个同志的看法。方院长来研究生院就职的时候，那个会我没有参加。他亲自到各处室走一走，和大家谈一谈，到了学位办公室，我才认识他，谈话中感到这个院长非常平易近人。以后关于学位工作常向方院长汇报、请示，他对这方面的业务知识非常熟悉，包括学科建设、学位点申报、学位授予、博导增补等，都能给我们非常具体的指导。他对学位工作坚持高标准、严要求，我们感到压力比较大，但有方院长指导心里总是感到比较踏实。学位办的工作本来就比较具体繁忙，有时领导还交给我们一些非常棘手的任务，方院长知道后，出来帮我们排忧解难。他的这种敢于实事求是的精神是很令人敬佩的。方院长从南开调来时头发还是黑的，眼看着半年后就开始花白了，人也见老了、瘦了，他确实是为研究生院呕心沥血。方院长自己也带博士生，他是以一个普通博导的身份，模范地遵守执行各种规章制度，什么时候该交培养计划，什么时候完成博士论文开题报告，以至填交各种表格，他都按时完成，以身作则，一点也不搞特殊化。有时还为自己的学生亲自到学位办来处理一些具体事情。我在方院长领导下工作的感受是，他是这方面真正的专家，又给下面一个非常宽松的工作环境。我们工作中有什么问题都愿意同他谈一谈，不仅因为他是专家，还由于他的人品魅力。六年多来方院长对学位办的工作帮助非常大，学位办的同志们不能都出席今天的座谈会，他们委托我向方院长表示感谢。

李存光（外事处长）：李白诗云："眼前有景道不得，崔颢题诗在上头。"我今天也有此感受，主要内容大家都谈过了，也能代表我的想法。秉文、振中、燕华都谈得很有感情，又相当客观，符合实际。方院长在研究生院任职时间最长，有六年半；其次是胡绳同志，他兼任研究生院院长有五年。可以说方院长是对研究生院工作最专注、全心全意地投入的一位院长，他也是第一位纯学者院长。以往的院长有的也很有造诣，但更多的是社会活动家。方院长的工作态度、作风、工作热情、开拓精神、与群众的关系，等等，大家发言都作了中肯的评价，我完全同意。回顾六年前，方院长接手时的研究生院刚刚摆脱生存危机的阴影，何去何从，这是一个关键时期。浦山、杨润时同志卸任后才交底：他们来的任务就是要撤销研究生院。后来没有撤销，方院长、廖书记来后要把研究生院带到一条什么道路上去，大家都很关注。事实证明这届领导班子对研究生院的工作有巨大的开拓和发展，事业上有重大建树，成绩是非常明显的。方院长说有很多事还没有做成，这更多的是由于客观环境不允许，纵有回天之力，有些事你也是做不成的。我别的不说，只就招收外国留学生和港澳台研究生这件事情来说，就是研究生院事业发展史上的一个巨大的开拓和突破，它的重要意义今后会越来越清楚地显示出来。方院长在这方面的开拓之功不可没。他在学科建设、教学和教育制度建设、导师队伍建设等方面也做了大量工作，对研究生院走上规范化的发展道路贡献很大。他胸怀宽广，用人不疑，不失大家风范，有大学校长的气质。方院长退下来后，还在研究生院工作。他明年要主持召开第十二届国际中国哲学大会，这是一件能够提高研究生院在国内外声誉的大事，我们有责任、有义务全力支持他开好这次大会。现在报告已经打上去，待外交部、中宣部批准，届时要有一些同志参加进去。这不是方院长个人的事，而是研究生院的大事。我们要做一些实事来提高研究生院的声誉，比如下周二要在我院举行授予诺贝尔奖获得者克莱因名誉教授的仪式，这对新生来说是认识自己学校的很好的一堂课，通过这样的活动可以提高研究生院的声誉。李铁映同志兼任院长后，我们同他的距离不可能像方院长这么近。以方院长的头脑和工作精力来说，本来再干几年完全没有问题，现在强调培养年轻人，这也是对的。我自己最多再干一年，就让年轻人来挑担子。

王树才（马列教研室主任）：我完全同意上面几位同志对方院长的评价。在坚持正确的政治方向和学术理论方向方面，方院长是楷模；在严谨治学方面，方院长在研究生院也做出了榜样。我感受最深的有两点：一是他对马列主义教研室工作的支持，虽然是陈东琪副院长主管，许多重要问题方院长都亲自过问。譬如谢荷生要调走，方院长亲自出面挽留，解决了他的住房问题，稳住了一个骨干教师。他多次爬五楼到马列教研室来同我们研究工作，我说你打个电话就行了，我们下去多方便。真是一个平易近人的老专家、老学者、老领导！二是他从南开调来后，研究生院发生了一系列巨大、深刻的变化。我在这里不知经历了多少任院长，有的院长向他请示工作，听完也就完了。我和方院长还有一层特殊关系，他在南开工作了二十年，我是南开的学生，虽然方院长去的时候我已毕业，但我对南开老师一直怀着一种尊重、崇敬的心情，在心里也把方院长当作我的老师。他也确实是看到我的每一点进步都很高兴，看到我的不足便及时指点，有一种师生之情。我要是早就认识方院长，当年一定会跟他讲不要到这里来，研究生院那时是一个多么难搞的烂摊子啊！方院长受命于危难之际，这些年研究生院的变化真是太大了，他为此付出了多少心血可想而知。方院长在各方面都是我们的楷模。下午在教师节座谈会上，我说如何对得起“老师”这个称号，我们还要努力。我们努力的方向就是向方院长学习。

李尚英（学报编辑部主任）：我本来不想发言，马光、赵俊让我一定要代表他们说几句。我院学报由一把手当主编的只有方院长一人，能对学报的编辑思想、编辑业务、编辑技能各方面加以具体指导的也只有方院长一人。方院长的思想、学问、人品都没的说，是我们尊敬的师长，也可以说是朋友。他一再强调学报在政治上不能出问题，学术水准上要办成一流刊物。这几年在高校学报“百强”中我们一直排名第四，去年马光到东北开会，只有我院学报和北大学报两家被评为一等奖。这些都是与方院长的具体指导分不开的。他在学报稿件质量上严格把关，坚持原则，有时我们推荐的照顾稿多一点，好几次都被方院长撤掉。他也不是完全不讲灵活性，而是体现出了原则性和灵活性相结合。方院长对人诚恳，平易近人。我是因社科出版社总编辑王俊义老师的关系而认识方院长的，有次他要我带一封信给方院长，我不敢去，我这个人对领导一向是敬而远之。到方院长那里，他一点架子也没有，谈话中关心我们的工作、生活和专业研究情况，我感到很放松自然。以后因工作关系常去找方院长，有时不敲门就撞进去，没有任何顾虑。方院长真是忠厚长者，那年我因为陈院长不批准我去东北开会，在方院长面前讲了几句不好听的话，心想以后怕很难相处了。有的领导就是这样，你得罪他一点，他记你一辈子没完。方院长不是这样，对人宽宏大度，君子不记小人过，我们以后一直相处得很好。这种在领导岗位上而没有任何架子，完全以诚待人的人真不多见。方院长的学问也很好，文章写得好，他有思想，有头脑，文笔相当漂亮。他写文章从来不粗制滥造，有一篇是一篇，发表出去都有相当影响，经常被《新华文摘》等报刊转载。我当编辑见到的文章多了，像方院长这种水平的文章并不多见。六年多来，研究生院在方院长的领导下发生了很大变化，这一点人所共知，功劳是主要的；有些想法没有实现，主要是受到体制的限制。从 90 年代初的生存危机中走出来，在“弹丸之地”办到了 900 人的规模，这是很不容易的。研究生院在国内外的声望得到了很大的提高，外国留学生刚开始不愿意到这里来，因为我们的学位在国外不被承认。方院长领导我们开创了新局面，现在社科院研究生院的学位在国外也得到承认了，到这里来留学的外国学生越来越多。

邹东涛（常务副院长）：我来研究生院之前就知道方院长，知道他是国内知名的思想文化史专家。第一次见面是在首都机场，他有一种中国古代儒士的风度和形象。这一年来我给他当助手，一来就交给我几项工作，包括院办公室的工作，方院长都表现出很强的原则性。记得有一次讨论招生工作，有个不合格考生表示愿意出 20 万，方院长说“不行”，“出 100 万也不行”。他坚持正确的办学方向，多次说社科院研究生院要培养新一代马克思主义学者，而不能培养社会主义的掘墓人。他非常重视马列教学，今年初各报介绍了国防大学许志功教授“用心传播马列”的先进事迹，方院长给王教授手书指示：要认真学习，开会讨论。我和方院长都参加了那次学习讨论会。他当六年院长，始终以学者身份和同志们相处，没有一点官场架子。他白天忙于工作，就利用晚上时间指导研究生。有天晚上我见 206 会议室灯火通明，问李峰是怎么回事，原来是方院长在给他的学生上课。方院长今年 62 岁，身体很好，其实不必退，铁映同志来兼任院长是一个特殊情况。党组负责人明确说他离职不退休，进社科院学术委员会，这是高层次学术组织，院学术委员都是“大家”。研究生院学位评定委员会主席、学报主编这些职务其实方院长还可以继续干，他提出来都不做了，我们都觉得担当不起。如这次评博导，委员们意见纷纭，有的情绪很大，主席很不好当，而方院长是稳坐钓鱼台。要我们无奈来挑这副担子，感到实在太重。方院长不在位了，以后有什么事，我们要全力支持。只要是我主管的工作，方院长开口，我们就照办。希望方院长继续关心、支持研究生院的工作，我们也要经常请教，大家是非常尊敬方院长的。现在流行一种说法："一个中心，两个基本点"——以健康为中心，活得轻松一点，潇洒一点。祝愿方院长健康长寿！

马胜杰（院长助理、培训中心主任）：越往后越难发言，好多话前面都说过了，不宜再重复。我当面从来没有喊过"方院长"，一直是叫"方老师"。我认识方院长最早，在教委工作时就知道方老师是国内中国哲学史的学科带头人，1984 年就当了博导。教委领导、司里同志都把他当作"大家"，这个学科张岱年以下，就数方老师了。原先曾听说要调他到南京大学去当校长，后来因为同江苏省没协调好而未去，来了这里。南大是国内排名前几位的学校，要是一般的人是不会作出这种安排的。忍之、滕藤同志请他到社科院来，滕藤亲自去南开做母校长、洪书记的工作。开始没敢让他直接来研究生院，通知他先参加社科院工作会议，通知是我发出去的。上面本来已经决定要撤销研究生院，后来不撤销了，社科院领导决定调方老师、廖书记来。有一次廖书记对滕藤同志说："你可把我扔到火坑里头了！"方老师刚来时还年轻，六七年后头发都白了，确实非常操心。但这六七年的变化也特别大，研究生院从衰落到兴盛，从弱到强，可以说这届领导功绩卓著，树了一个里程碑。方老师作为一院之长、法人代表，研究生院的这些变化是与他的领导、操心分不开的。作为个人来说，他是忠厚长者，培训中心那些小青年都说："方院长真是个好老头，那么慈祥，和蔼可亲。"在工作上，他的原则性很强，把握坚定正确的政治方向，包括办学方向和学术研究方向，真是把握得非常好，非常明确坚定，毫不含糊。这在教育界、学术界是得到大家公认的。研究生院在他主政期间，没有出现过大的政治方向问题，在每年的开学典礼、毕业典礼讲话中，他都要提醒大家注意这个问题，非常明确自己承担的这份工作所应负的政治责任。方老师的勤政、廉洁在研究生院也是很突出的，非常廉洁，有些应该要的东西也不要。可以说是一杯白水，两袖清风，淡泊名利，洁身自好。他待人宽厚、包容，做工作讲究方式方法，勇于承担责任，有时也很讲究策略，用包容的方法把一些问题解决了。这几年研究生院工作的成绩是很明显的，大家的积极性越来越高。方老师退下来后还有很重的学术任务。好在他身体不错，这次去新疆，大家都佩服他跟我们一起坐火车，一天颠簸七八百公里。身体好就是福气。他的弟子满天下，走到哪里都受尊敬，都欢迎他去。希望今后他多带博士生，多到各地作学术讲演。您永远是我们的师长，今后有什么事，包括生活等各方面，我们要尽力照顾好。明年的国际中国哲学大会一定要开好，这不是方老师一个人的事，而是研究生院的集体荣誉，我们会全力以赴，不给方老师丢脸。

王清海（副院长）：首先我要对方院长表示歉意，我当助手的时间最长，工作没有做好，助手没有当好。当年我院后勤工作相当困难，连续三年国拨经费只有 280 万元，主要用于人头费和公务费，老干部的医药费报销不了，连办公复印纸都买不起。党委找了几个同志，都不肯出来当总务处长。方院长亲自跑到五楼我的宿舍，苦口婆心地做工作，我完全是被他的诚意感动才答应的。方院长在研究生院当院长的时间最长，研究生院发生的变化也最大。我想至少有以下五点：一，在校研究生规模达到历史最高水平，超过了 1985 年。不要忘记这是从 90 年代初的不景气中一步一步走过来的。二，第一次招收了外国留学生和港澳台研究生。取得这个权利是不容易的，方院长为此亲自起草报告，写得很长；后来请胡绳院长出面，终于得到教育部的批准。三，第一次不花国家一分钱盖起了留学生楼。要回院服务中心已经打好地基的这块地皮也很不容易，方院长也是亲自查历史资料，给社科院领导写信。这种精神感动了上天，院领导到研究生院来开现场会，我记得是在206会议室，王忍之同志最后拍的板。这个期间还建成了学术报告厅，从改善办学条件来说，也是一个里程碑。四，第一次大幅度地提高了研究生院全体教职工的待遇。方院长一上任就很重视办学经费问题，他看准办研究生课程班是一件既有社会效益又有经济效益的事，支持培训中心放手去干，出了问题自己承担责任。我院的办学经费这几年得到好转，才能维持学校正常运转，提高职工待遇，稳住了人心。五，第一次较大幅度地改善了办学条件，包括购置大批计算机、改善图书馆等教学设备、装修办公楼和学生宿舍等，这也是有了一定的经济基础才能做到的。这五个方面的变化都非常明显，我从行政后勤工作的角度感受特别深。方院长在班子里非常民主，凡事不轻易拍板，多听大家的意见，我们在他面前也敢于讲话，愿意把自己的想法讲出来。以后铁映同志当院长，我们轻易见不着，有不同想法也不敢说。我总觉得校园问题难度太大，找国家要六七个亿，能给吗？我一直主张在现校址，买下对面那栋楼，在现车队位置再盖一个新图书馆，盖一栋综合教学楼，也能把学办下去。（郑秉文插话：我也是这个意见。）要是立项不批、新校园盖不成怎么交待？（马胜杰插话：立完项才开研究生工作会议。）今年经费要1000万，你要就能给吗？我感到下一步压力特别大，太难办。方院长退下来后，过两年我也差不多了。这些日子知道方院长就要离任，心里确实有点恋恋不舍。这些年他对我各方面都很关心，帮助很大，非常感谢。

方克立：听了同志们情真意切的发言，我很感动，也很惭愧。我只是按照党的要求，在这个岗位上做了应该做的一些平平常常的事情，有的还没有做好，却受到大家这么过奖的评价，确实心里有愧。也许是人之常情：在人要离开的时候，总是想到他好的方面，缺点错误就很宽容地忽略不计了。当事人应有自知之明，恰当地总结反思自己的这一段人生道路，并确定新的努力目标。滕藤同志知道我从院长岗位上退下来后，有一次在电话中问我："你对来研究生院后不后悔?”我回答说：“不后悔。”人生道路的转折并不都是自己精心安排的，往往会出现一些偶然的机遇和变数，除了个人的意愿之外，还要考虑组织的需要。不管在哪里工作，都要有一定的做人原则和生活态度，在哪里工作都能学到许多新的东西，得到许多新的人生体验，有奉献也一定会有收获，不会后悔也不必后悔。我 1962 年从人大毕业，先留校工作十年；后来调到南开大学，一干就是二十一年；1994 年初到社科院，至今才六年半。看来以后退休也就在这个单位了。我的大学同学，有的毕业后分到一个单位工作，现在退休了还在这个单位，从一而终。我觉得人生经历还是丰富一点好，现在回过头来看，我在南开待的时间似乎太长了一点，十年左右换一个单位比较理想。一辈子在一个单位从事某一专业的工作，好处是在业务上有可能做出比较扎实的成绩来。我虽然一直没有离开学校，但是蹋下心来做自己的专业工作的时间并不长，成绩也不大，这是感到很遗憾的。今后有可能在这方面再做一些工作，做一些自己多年来想做的课题；同时带点学生，尽一个教师的天职。今后我还在研究生院工作，做一个普通教师，与大家继续共事，在各个方面还需要得到大家的支持和帮助。我在这里谢谢大家，谢谢党委组织召开这个座谈会，谢谢铁映同志的关照！

方克立：尽师之天职　立帅之风范

——中国社会科学最高研究机构目击实录

何海清

今年9月8日，在中国社会科学院研究生院的开学典礼上，一位白发长者的致辞多次获得热烈的掌声。他一开头就说："今天的开学典礼，主要是欢迎345位新同学，欢迎你们加入到研究生院这个大家庭中来。在你们报名、考试、招生录取的全过程中，我还是这个学院的院长；今天不做院长了，但还在这里当教授，带博士生，仍然是研究生院这个大家庭中的一员，是和你们共同学习、生活在一起的朋友。"

在研究生院22年历史中做了6年半院长的方克立教授，就在这一刻卸任了。此刻，他的面前是一张张依依不舍的脸庞和一束束芳馨的花朵。

这天下午，根据正在国外访问的新任院长李铁映的指示，研究生院党委组织召开了一个欢送方院长离职的座谈会。出席会议的主要是院内的中层以上干部，许多不能出席会议的教职工都委托本单位的基层领导，一定要代表他们在会上说几句感谢和敬重老院长的话。座谈会从下午4点一直开到6点半，食堂准备好的告别便宴（根据李铁映的指示）已经等了一个钟头，主持人才宣布暂时散会，有什么话到饭桌上去继续叙说。

记者有幸看到了这个座谈会的纪要，可以感受到他们用什么话语都难以充分表达对老院长的敬重、热爱和依恋。大家一致的看法是：

研究生院这6年半的巨大变化就是老院长工作业绩的最真实的写照。

筚路蓝缕　呕心沥血

中国社科院研究生院是1978年经党中央、国务院批准建立的中国第一所人文社会科学研究生院。研究生院20周年院庆之际，江泽民主席曾欣然题词："把中国社会科学院研究生院办成一流的人文社会科学人才培养基地。"

研究生院22年的发展历程有过很大的曲折。80年代末、90年代初，连续停招四届硕士生，博士生招生数量也很少，在校研究生一度只有100多人，学校能否办下去都成了问题。方克立就是在这个时候走马上任的。

总结过去的历史经验，方克立清楚地意识到：必须坚持正确的办学方向，才能为我国人文社会科学培养高层次人才，学校才有发展前途。在回顾这段历史时，院党委书记晋保平说："22年来，我院培养出了不少优秀人才，但是也有深刻的历史教训。方院长给我们留下一个很好的传统，就是作为学校的领导者，要始终把握坚定正确的政治方向，在办学中就是要解决好'培养什么人'、'为谁培养人'的问题。"院长助理、培训中心主任马胜杰说："方老师在办学方向和学术理论方向上把握得非常好，非常明确坚定。这在教育界、学术界是得到大家公认的。研究生院在他主政期间，没有出现过大的政治方向问题，他一直非常明确自己承担的这份工作所应负的政治责任。"

社科院研究生院依托于社科院三十几个国家级研究所的科研力量办学，有很强的导师队伍和学科优势，但是也有办学条件较差、学位课程和教学管理不够规范等弱点。当年社科院领导从高等学校调进几个干部就是想借鉴高校的研究生教育管理经验，办好研究生院。

王清海副院长还清楚地记得方院长第一次在研究生院全体教职工大会上的讲话，他说要一手抓教学规范化和提高教育质量，一手抓办学经费改善办学条件。

教务处正副处长许振中和杨燕都说："方院长一来就抓各系各专业博士生、硕士生培养方案以及各门课程教学大纲的制定、修改和配套，我们同分散的各系打交道相当困难，直到20周年院庆前夕才将两大本培养方案和教学大纲编印出来。1995年他又开始抓研究生教育系列教材的编写和出版工作，已出版的十几种研究生教材已被全国各高校广泛采用。我院的一系列研究生教育管理制度都是方院长来了以后制定和实施的，现在都已经形成规范化的制度，大大提高了我院的研究生教学管理水平。"

当时任社科院副院长滕藤秘书的马胜杰介绍说："社科院领导决定调方老师来，不敢让他先到研究生院，通知他先参加1994年年度的社科院工作会议。给他讲清楚情况，让他有了一定思想准备后再去研究生院。"方克立一上任，经费困难问题就给了他一个下马威：学校只有8台计算机，除一台386外，其余都是286。就连办公用的复印纸都买不起了。连续三年国家下拨经费不足300万元，支付完人头费和公务费后已所剩无几，离退休老干部长期报销不了医药费。那时社科院研究生一项奖学金都没有，有的同学吃饭都相当困难。

长期做教师工作的方克立，意识到要当好院长还必须抓办学经费。他向主管部门申请，向海内外各方贤达求助，抓院内办学实体和服务部门创收。1996年前后，他看准办研究生课程进修班是一件既符合国家政策又能发挥社科院的智力优势，既有社会效益又有经济效益的事，就支持培训中心放手去干，出了问题自己承担责任。这一举措从根本上改变了研究生院经费匮乏的窘况，不但不花国家一分钱盖起了留学生楼，所有教室和办公室都安装了空调，计算机做到教职工人均一台，图书馆的电脑室向全体学生开放，大大改善了办学条件，同时还较大幅度地提高了研究生院全体教职工的待遇，为学生设立了多种奖学金，每年至少有三分之一的优秀研究生可以享受到各种类别的奖学金资助。

受命于危难之际的方克立，到他离职时研究生院的面貌已大为改观：把研究生院从90年代初的低谷中带出来，现在已发展到900名在校研究生的规模，达到历史最高水平；研究生院争取了十多年的招收外国留学生的权利，在方院长任上终于拿下来了。目前在读外国留学生已近百人，今年又开始招收港澳台研究生；研究生院盖起了新的留学生楼和学术报告厅，图书馆、教学楼、办公楼、学生宿舍、食堂、澡堂都进行了改造和装修，大大改善了工作和学习条件……

在讲到这一切变化时，副院长郑秉文、学位办副主任苏燕华等都动情地说："方院长从南开调来时头发还是黑的，眼看着慢慢花白了，人也老了、瘦了；六七年过去，他的头发全白了。方院长真是在为研究生院呕心沥血！方院长的人格力量无形地教育着我们。"

资深教授李存光说："方院长是在研究生院历史上任职时间最长的院长，他也是第一位纯学者院长，是对研究生院工作最关注、最投入的一位院长。这届领导班子对研究生院的工作有巨大的开拓和发展，事业上有重大建树，成绩是非常明显的。"

方克立除了做学校的行政领导工作之外，还自己带研究生。作为导师，他在社科院和南开大学同时指导着十来个博士生，给北京的博士生上课一般安排在晚上，给天津的博士生上课则安排在双休日。此外他还承担了大量社会工作，还要见缝插针地挤时间做自己的学术研究。过度的劳累和超负荷的运转，使他在1996年和1997年曾两次因心脏病发作住院抢救，学生和朋友们都对他的健康十分担心。当他离开院长岗位的消息传出后，许多朋友都打电话来表示"庆贺"，中华炎黄文化研究会的几位副会长还专门设宴，为他能够"减负"感到欣慰。

学行并重　德业双修

今年4月，根据党中央的部署，教育部派出一个工作小组到一些大学调查了解高校人文社会科学和思想意识形态领域的问题和现状。在南开大学开座谈会时，他们发现有几位青年教师思想敏锐，头脑清醒，能够旗帜鲜明地坚持马克思主义，对当前存在的一些问题认识和分析比较深刻。后经了解，他们是现任南开大学马克思主义理论教育学院院长李毅教授（37 岁），副院长兼德育教研室主任武东生教授（39 岁），现任哲学系党总支书记李翔海教授（38 岁），这几位都是方克立指导培养出来的哲学博士。当校党委负责人把这一情况向天津市委负责高校思想政治教育工作的教卫工委副书记王寒松汇报时，他微笑着点头说："我知道这个情况。"原来王寒松（42 岁）也是方克立指导培养出来的博士。

方克立从 1982 年开始带研究生，在 80 年代培养出了 15 名哲学硕士；1986 年开始带博士生，至今已指导培养了 32 名博士。他们中已有 8 人晋升为教授，其余大多数是副教授。这些年轻有为的博士、硕士，有的在学术上卓有建树，有的开始步入学校的各级领导岗位，有的被评为全国高校思想政治教育先进工作者，有的还入选教育部"跨世纪优秀人才培养计划"。记者采访了他们中的几位，发现他们都对方克立有着特别深厚的感情，每个人都讲述了一些方克立教育、培养和帮助他们的动人故事。

李毅说："在我还不是方老师的学生时，有一次冒昧地写信向他求教一个问题。没想到他见信后打听到了我的宿舍，亲自到宿舍来为我释疑解惑。那一个下午，他没顾上喝一口水，一直与我讨论到 6 点多，并对我今后的学习和研究方向提出了指导性的意见。望着他远去的背影，我激动了好半天。"

李毅的博士论文初稿写了 30 万字，方克立在批阅过程中，不仅对框架结构和具体观点、资料提出了许多中肯的修改意见，而且对其中的错别字和标点符号也一一给予纠正。他把论文退还给李毅并要求寒假后交上来。寒假期间，李毅每天到办公室改论文时，发现方克立办公室总开着门；有时工作晚了，看到方克立办公室的灯也亮着。后来李毅明白了："方老师时间抓得很紧，他固然是忙，但更是以这种无言的方式来教育我、鼓励我。"

李毅深情地说："方老师德业双馨，对我的教育和帮助令我终生难忘。在师从方老师攻读博士学位前后，他根据我工作的特点和教学任务，建议我从事中国马克思主义和现代文化思潮的研究，由此奠定了我后来科研的基础和方向。在他的指导和帮助下，我先后出版了《中国马克思主义与现代新儒学》和《中国马克思主义与当代文化保守主义思潮研究》两本专著，分别获得了'中国图书奖'和天津市优秀社会科学著作奖。我在学术上和政治上的成长都是和方老师的指导分不开的。"

南开大学哲学系的韩强教授告诉了记者他在方克立帮助下三考硕士研究生的故事。

> 是方老师改变了我的一生。我从 1973 年进入南开大学哲学系读书就认识了方老师，那时我才 20 多岁，方老师 30 多岁，他经常到学生宿舍和我们聊天，有时还一起打扑克。当时正值"文革"，盛行读书无用论。方老师却经常对我们说：书还是要读的，知识是有用的，你们现在年轻，应该抓紧时间多读书。我听了方老师的话，也有了学习的劲头，这为我后来考研究生打下了基础。

1980 年韩强准备考研究生，有一天晚上，方克立骑自行车带他到一位老教授家里，向老教授详细介绍了他的学习情况。为了帮助韩强考研究生，方克立还亲自到图书馆为他借参考书。可惜因为他的外语不好，那一年没有考上。

1982 年方克立开始招研究生，韩强报了名，还是因为外语不及格没有考上。这时许多朋友都劝他不要再考了，别闹出"范进中举"的笑话。可是方克立仍鼓励他："你还年轻，30 多岁，再努一把力，还是有可能成功的。”韩强下功夫读了一年外语，终于在 1983 年考取了方克立的硕士研究生，以后又考取了他的博士研究生，顺利地完成了学业，走上了做学问的道路。

18 岁就师从方克立攻读硕士学位的严正现在已是中国经学史研究方面颇有影响的学者，他在回忆方克立早期培养研究生的情况时说：“先生带研究生是非常辛苦的。那时刚设置中国哲学专业硕士点，我们这一届招收了 4 个硕士生，下一届又招了 4 个，这样先生两年间就收了 8 名弟子。他根据每个弟子的素质和兴趣，亲自安排每个人的学习计划，并独自承担了教学计划中规定的所有中国哲学专业学位课程，其工作量之大可想而知。同时先生还广延名师，把许多知名学者如张岱年、石峻、杨柳桥、方立天等都请到南开来给我们上课。还有海外学者杜维明、傅伟勋、成中英等人，都到南开来讲过学。经过这样短短时间的努力，南开的中国哲学专业成为当时哲学学术研究的中心之一，我们的学术水平和眼界也得到了极大地提高。特别值得一提的是，由于我们当时的研究方向是‘中国古代哲学范畴研究’，先生非常关注我们对西方哲学的学习。当时研究‘西方哲学范畴史’的学者谢庆绵，与先生素不相识，但先生见到他的著作后，便盛情邀请他来南开讲学，令他非常惊讶和感动，不仅欣然来访，而且与先生成为莫逆之交。这成了当时学术界的一段佳话。”

方克立带研究生，不但注意给他们打下坚实宽广的学识基础，还特别注意教他们如何做人，在政治上和道德修养上严格要求。不少学生经方克立指引在攻读学位期间入了党。许多学生都牢记着方老师“学行并重，德业双修”“三分学问，七分做人”的教导，并意识到：要学到中国传统哲学的精华，就要把方老师关于做人和做学问统一的教导贯彻到自己终生的实践中去。

苏州大学政治与公共管理学院副院长周可真教授深有体会地说：“我在南开 3 年的最大收获，就是从方老师那里学到了‘平实’二字，即做人要平实，做学问要平实，写文章也要平实。”“平实”二字，也可以说是方克立教授为人和治学的要领。

批判继承　综合创新

方克立现任国际中国哲学会会长、中国哲学史学会常务副会长。他还是国务院学位委员会哲学评议组、国家社科基金哲学评审组、全国博士后管委会专家组中中国哲学学科的唯一代表。在这个学科领域里，他自称是张岱年、任继愈等学术大家的学生，只不过是在他们的指导下做一些具体工作。

方克立特别赞佩张岱年在30年代就认定辩证唯物论是“当代最伟大的哲学”，并在这种哲学指导下提出了“综合创新”的文化观。90年代以来，方克立在许多文章中都自觉地认同和大力宣传、阐扬综合创新之义，认为这种文化观不但在方法论上是正确的，而且代表了对待古今中西文化问题的一种最健康的心态，完全符合中国先进文化的前进方向。在他受国家教委委托，和张岱年共同主编的全国高等学校通用教材《中国文化概论》中，就明确肯定“古为今用，洋为中用，批判继承，综合创新”是建设有中国特色社会主义新文化的正确方针和必然道路。后来教育部又委托方克立在李岚清同志和以张岱年为主任的编委会的指导下，主编了《中国哲学与辩证唯物主义》一书，力图用中国古代丰富的唯物论和辩证法思想来证明辩证唯物主义的真理性，使青年学生在思想感情上容易产生共鸣，帮助他们更好地接受这种科学的世界观。

在张岱年90大寿之际，方克立曾致函祝寿，张岱年复信说：“您的哲学观点和文化观点，与我的哲学观点和文化观点基本相同，我十分高兴！十分感谢！我晚年又得一同调和知音，实属莫大的荣幸！”由此可见两代学者的薪火传承与心心相印。

方克立走过的学术道路表明，他从青年时代起，就十分注意把握正确的学术理论方向，自觉地认同马克思主义哲学世界观和方法论，并把它贯彻到治学和论史中去。他以其敏锐的学术洞察力提出的一些新的研究领域和课题，之后都成了学术界研究和讨论的热点。

80 年代初，方克立和张岱年、汤一介等学者在国内首先倡导开展中国哲学范畴的研究，学术界曾一度出现“范畴热”。方克立的《中国哲学史上的知行观》一书是“文革”后出版的第一部中国哲学范畴研究专著，此书曾获天津市首届哲学社会科学优秀成果专著一等奖。

80 年代中期，方克立率先在中国大陆倡导和组织开展对现代新儒学思潮的研究，新中国成立后在大陆沉寂了 30 多年的现代新儒学再次成为“显学”，受到了思想文化界的普遍关注。方克立的《现代新儒学与中国现代化》一书被认为是中国大陆“现代新儒学研究的里程碑”，它的影响不仅早已波及港台地区，还传播到日本、韩国和欧美一些国家。

90 年代初，方克立就已注意对 20 世纪中国哲学进行总结研究。他写的《二十世纪中国哲学的宏观审视》《二十世纪中国哲学史研究的回顾与展望》等论文，在学术界产生了较大的影响。他和王其水共同主编的大型资料书《二十世纪中国哲学》，现已出版“人物志”和“论著述评”两卷四册，另外两卷正在出版过程中。他主编的着力于个案研究的《20 世纪中国哲学与文化研究丛书》，最近已由华东师范大学出版社出版第一批，全套丛书计划撰写出版百种以上。最近他还和邢贲思、黄楠森共同主编了一部十卷本《20 世纪中国哲学大论辩》，试图从“论战”“论辩”的角度来总结和展现中国哲学的百年历程。这些工作都是世纪之交的哲学家们所共同关注的，也可以说代表了一种潮流或学术走向。

90 年代中期，方克立曾提出要注意研究 90 年代出现的文化保守主义思潮，最近他又提出要注意研究在 90 年代最后几年渐成气候的中国自由主义思潮。他认为文化保守主义和文化激进主义都偏离了中国文化发展的正确方向，主张在 21 世纪要淡化“东化”与“西化”

之争，以辩证思维方法和不卑不亢的健康心态来建设有中国特色的社会主义新文化。他的这些意见引起了学术界和有关方面的高度重视。

在中国哲学史和文化研究界，方克立的学术研究方向和成果备受同行特别是青年学者关注，因为它往往预示着某种新的研究领域和热点的兴起，所以他有资格被称为领导潮流的哲学家。

有学者指出，方克立的哲学和文化研究，既坚持了学术操守而又平实、开放，全面而不偏颇，深刻而不偏激，融宽和、刚健、圆润、锋锐于一体。这种学术风范，是一笔足以滋润后学的宝贵财富。

方克立虽然从研究生院院长的岗位上退下来了，但是他还身兼多种学术和社会职务，最近中国科技大学又聘请他担任该校首任人文社会科学院院长。他在社科院和南开大学还带了10名在读博士生，还有多项研究课题在做。他目前的兴奋点在明年7月将于北京召开的第十二届国际中国哲学大会，会议主题是“中国哲学与21世纪文明走向”。作为大会主席，他希望这次学术盛会开得热烈而隆重，学术品味和含量高，为中国哲学走向未来、走向世界作出新的贡献。

（原载《中华英才》2000年第21期，总249期）

谈“于丹现象”

钟　华

《于丹〈论语〉心得》推出后，不仅引起学界的热烈讨论，而且引起广大群众对传统文化和经典著作的空前关注，这也促使人们进一步思考如何传承和弘扬传统文化的问题。为了解学者群体对“于丹现象”以及如何传承和发扬传统文化和经典这一问题的看法，《科学时报》记者钟华采访了张岂之、汤一介、方克立、刘梦溪四位著名学者，他们对记者提出的问题作了相应回答。方克立先生主要回答了以下三方面的问题：

对于传承和弘扬传统文化现实意义问题，方先生说：“经典的教育非常重要，特别是过去的100多年，我们文化发展中确实有一些问题，我们过去的文化取向太过于向西方倾斜，年轻人感兴趣的都是西方的东西，对我们传统的东西，特别是经典就更陌生了。青年人特别需要加强这方面的教育，对广大群众也要进行这方面的普及。于丹的书我一本也没看过，但是我知道她在社会上引起了强烈的反响，也有一些很尖锐的批评。从这个现象看，至少说明广大群众的阅读兴趣和热情在向传统文化、传统经典倾斜和转移，我觉得总的来说这是件好事。于丹的工作至少推动了这么一种向传统文化、传统经典的倾斜和转移。我虽然没读过于丹的书，但是我觉得如果这个‘于丹现象’能够说明广大群众的阅读兴趣和热情的这种转移的话，我认为是不能完全否定的。”

如何看待经典阐释中的分歧？方先生认为：“对于经典的解读、传承，针对不同的读者群应该有不同的层次，读者的需要也是有不同的层次，有非常严肃的学术研究著作，也有向群众普及性的著作，还有些是给中小学生的一些基本知识的读本，我倒觉得都需要。只要是以严谨的学术研究作为前提、有学术研究的根底，在这个基础上，对经典的解读可以是多样化的。有人指出于丹的文字训解有错误，甚至说有硬伤，很中肯、善意地指出，那当然可以；但有一些不一定是硬伤，各人可以有不同理解的，是可以加以发挥，一家之言还是可以存在的。”

当前应当如何开展中国传统文化的普及工作？方先生指出，现在针对大众经典普及的读物还是挺多的，包括像南怀瑾的《论语别裁》都是很通俗易懂的，钱逊编的《〈论语〉读本》是国际儒联组织编写的面向大众的读本，由中华书局今年出版，这些都是挺好的面向大众的读本。他说：“我们要提倡对经典的尊重，要严肃认真地先读懂原著的文字，把它的真意、精髓真正把握了。然后在忠实于文本的前提下，可以提倡经典解读的多样化、多层次，让我们的文化阅读领域有一种比较健康、理性、和谐的生态环境。”

（本文摘自《科学时报》记者钟华就“于丹现象”对张岂之、汤一介、方克立、刘梦溪四位著名学者的采访稿。原载《科学时报》2007 年 3 月 22 日。题目是编者加的）

我把自己主要定位于一名教师

王子忠　刘婷婷

学问有道系列学术论坛举行第二讲

本报讯　9月20日，在我院研究生院建院30周年之际，由我院文史哲学部主办，研究生院、青年人文社会科学研究中心、院团委联合承办的“学问有道·名师论坛2008”系列学术论坛第二讲在研究生院开讲。我院学部委员、研究生院教授方克立作了题为“我把自己主要定位于一名教师”的报告。

方克立从人生观和价值观的确立、学术方向的把握、教书育人的体验等三个方面阐释了做人、做事和治学之道，并结合自己的人生经历，向青年学者提出了四点希望：树立正确的人生观、价值观和世界观；打好学术基础；关注现实问题，注重本学科的基础理论和学术前沿；坚持“板凳要坐十年冷，文章不写半句空”，耐住寂寞，做到平实无华。最后，方克立与青年学者就中国文化的体与用、教师的社会责任、学术大家的产生等问题进行了广泛而热烈的交流。

研究生院党委书记黄晓勇，哲学所副研究员张利民，马克思主义研究院副研究员张小平，以及院青年中心理事、院团委委员、院属各单位青年学者和研究生院师生近百人参加会议。

（本文是作者2008年9月20日于中国社会科学院“学问有道·名师论坛”上所做同名报告的新闻报道）

三十八载勤耕耘　桃李芬芳满园春

——访方克立先生

林　红　李　卓

在南开哲学学科的发展历史上，方克立先生的贡献是不可磨灭的。方先生把自己一生最宝贵的年华全都奉献给了南开，他筚路蓝缕、辛苦耕耘，开创了新时期的南开中国哲学学科，培养了大批优秀的中青年学者和社会精英，确立了学界公认的南开中哲研究的学术传统。尽管身在北京，方先生一直关心着南开哲学学科的发展，听说南开哲学院五十周年院庆要进行“老教授访谈”活动，他欣然应允。2012 年 5 月 16 日上午，在北京他的办公室里，方先生与每一位来访者亲切握手，笑称“老家来人了”！谈起在南开的岁月，方先生滔滔不绝，细数着点点滴滴，品咂着个中滋味，俨然不像一个年逾七十的老人，仿佛又回到了那个风华正茂的年代。

“南开哲学系给了我实现自己价值的舞台”

1973 年，方克立先生调入南开大学哲学系，直到 2011 年他在南开指导的最后一个博士生毕业，他为南开哲学学科整整奉献了三十八个春秋。谈起这段时光，方先生总结道：“从 35 岁到 73 岁，我与南开结缘三十八年。这三十八年在人生中是不可重复的。现在年轻人喜欢讲实现自我价值，我在想，我这个人，应该说是南开哲学系给了我实现自己价值的舞台。是南开哲学系给了我上讲台的机会，给我安排了科研课题，这对我后来能够做出一点成绩、得到社会认可，具有重要意义。”

方先生的人生道路并不平坦，如果不是他讲起，很少有人知道他是带着处分来南开的。1957 年，在反右运动中，还是人大哲学系一年级学生的他稀里糊涂就犯了错误，受到团内警告处分。1973 年他调入南开大学哲学系时，依旧带着这个处分。直到 1979 年，人大党委、团委分别来信给他平反，才撤销了处分。多年后的今天，重提往事，他神情微凝：“你们可以想象，在那个最讲政治的年代，一个带着政治处分的人，会是怎样的处境？”

1983 年，平反后的方先生在南开加入中国共产党，尹一耕、李兰芝两位老师是他的入党介绍人。这标志着他“政治上的转折”。1986 年，他就被选为南开大学校党委候补委员，一年后转为正式委员。有人戏称，方先生是南开历史上党龄最短的校党委委员。

方先生说，南开大学在帮助他实现“政治上转折”的同时，也给了他在第一线从事中国哲学史教学与科研工作的机会。

方先生真正走上讲台，是高考恢复招生后 1978 年到 1979 年间的事。当时，南开大学哲学系参与了教育部组织的由武汉大学、中山大学等九所院校共同编写的中国哲学史教材。系里安排李庆、王兴华两位资深教师承担教材编写任务，这样，本系的专业课教学任务就全落在方先生一人身上，而他当时还是助教。那一学年，他全身心投在教学上，连续授课 150 学时，给 1976 级工农兵学员完整地讲了一遍中国哲学通史。那时，他的夫人在人大读研究生，儿子正上南大附小，他得一面备课教学，同时还要照顾孩子的生活起居，日子过得非常清苦。听者感叹不已，方先生笑着说：“也过来了！”

“文革”后首次开中哲史课，没有现成的教材，方先生就只能自编讲义，边写边讲、边讲边写。每个礼拜都要写出一讲来，从先秦一直讲到孙中山，最后第 42 讲是总结“中国哲学的特色”。他的弟子们在回忆时，总感慨76级“赶上了好时候”，不但能听到方先生的课而且还能听上一整学年，没听到的年级则觉得是一大憾事。方先生在开这门课时，周德丰、李兰芝等老师都全程听课、认真记录，校外也有不少人慕名而来，教室里座无虚席。1980年1月6日，《南开大学报》专门刊登了方先生讲课的照片①，次日还发表了题为《这样的教学，我们最欢迎》② 的表彰文章。

后来到给1978级、1980级学生上课时，方先生就不必讲通史了，而是跟周德丰、李兰芝等老师分段讲。教学任务相对轻松一些后，他就能腾出时间来搞科研，这就产生了他的第一本专著《中国哲学史上的知行观》。

这本书缘起于“文革”期间系里安排的政治任务。当时南开大学哲学系确定以毛泽东哲学思想为全系教学科研工作的中心，所有教研室都要围绕这个中心，中哲教研室也不例外。当时中哲教研室确定了两个选题：一个是“《实践论》与中国哲学史上的知行学说”，一个是“《矛盾论》与中国哲学史上的辩证法思想”，前者分工由方先生来做，后者交由李庆老师承担。当时逻辑教研室温公颐老先生做的题目是“毛泽东逻辑思想研究”。

方先生的课题结项后，形成了《中国哲学史上的知行观》一书，1982年由人民出版社出版。1984年天津市举办首届哲学社会科学优秀成果评奖，该书荣获专著一等奖。正当此时，中哲史界出现了一股“范畴研究”的热潮，方先生的这本书因此也被视为“文革”后出版的第一本中国哲学范畴研究专著，有“报春花”之誉。这一年，他46岁，已经成为在学术界有点名气的中青年专家。

早年受屈，中年以后脱颖而出，方先生此后的发展连他自己也没有想到。1984年他被教育部特批为教授，同年获得“天津市劳动模

① 《南开大学（报）》1981年1月6日（星期二）第二版。

② 《南开大学（报）》1980年1月7日（星期一）第二版。

范”称号，1988 年又被国家人事部评为“有突出贡献中青年专家”。他先后担任全国高等教育自学考试指导委员会哲学专业委员会委员、国务院学位委员会哲学评议组成员和召集人、国家社科基金哲学学科评审组成员、全国博士后管理委员会哲学专家组成员等职务。1986 年，48 岁的方克立先生当选为全国中国哲学史学会副会长。那届会长是张岱年先生，副会长有王明、冯契、石峻、任继愈、萧萐父等著名学者，在这些先生中，如今健在的只有最年轻的方先生一人了。后来，方先生还曾担任国际中国哲学会（ISCP）会长、中国哲学史学会会长和名誉会长，在海内外学界享有很高的声誉。

“我在南开的工作，主要是建设和发展中国哲学学科”

在访谈中，方克立先生追忆起在南开的点点滴滴，如同历数家珍一般，而最使他梦寐萦怀的是南开中哲学科的建设和发展。

方先生说，南开中哲学科的历史也应该从五十年前重建哲学系时算起，这个学科的开创人是首届系主任温公颐先生。“文革”前只有温先生一人能开这门课，年轻教师都只能做辅导。方先生 1973 年调到南开时，系里还没有给工农兵学员开中国哲学史课，但也参与了社会上的一些“批林批孔”“评法批儒”的活动。比如，1974 年夏天，方先生曾带六名 1971 级工农兵学员到山东曲阜去做调查研究，回来后写了一本题为《我国历史上劳动人民的反孔斗争》的小册子。1975 年，为了响应毛主席“学一点哲学史”的号召，他和中哲教研室的老师又带了十来位 1972 级工农兵学员，到天津重型机器厂和杨村某部队去和工人师傅、解放军官兵“三结合”，合作编写了一套《中国哲学史》教材，油印本上下两册。当然，这些工作都难免打上时代的烙印，还不能算是真正意义上的中国哲学研究。

进入 20 世纪 80 年代，学科发展进入了新时期，中国哲学课程开设和研究生培养也逐渐步入正轨。南开大学在 1982 年建立了中国哲学专业硕士点，1986 年建立了中国哲学专业博士点，是该学科建设发展史上具有标志性意义的两件大事。

说起南开中国哲学博士点的建立，其申报过程还经历了一番曲折。按照国家规定，一个专业必须有三位或三位以上教授才能申报博士点。而南开哲学系除了方先生外，只有年迈的温公颐教授符合条件，不得已又请了历史系的刘泽华教授、天津市社科院的卢育三研究员（兼职教授），才把队伍“凑”齐，有幸申报成功。方先生说：“南开中哲博士点建立还是比较早的，在全国能排进前十，跟武大、中山是同一批。比我们早的只有北大、人大、社科院、复旦、华东师大、南京大学几家。”

博士点申报成功后，实际上这个队伍中的另外三位教授都只能作为“后盾”，招收培养研究生和所有课程开设、论文指导的工作都落在方先生一人身上。多年来他为这个学科的建设发展和人才培养呕心沥血，倾注了全力。1993 年，南开中哲学科与马哲学科一起被评为天津市首批重点学科。

据统计，南开中哲学科三十年来共培养硕士研究生 150 余人，博士研究生 110 余人。谈到这里，方先生显然有些激动，他说：“80 年代初，全国中哲史专业队伍也不过几百人，现在光南开中哲专业就培养了两百多名研究生，这在以前是根本想不到的。”在已经毕业的博士、硕士研究生中，不少人已成为中国哲学领域的知名学者，还有一些毕业生在事业上也取得了骄人的成绩，这其中很大一部分都是方先生的亲炙弟子。比如他在 1986 年招的两名中哲硕士生，杨庆中现在是人大国学院教授、经学研究所所长，他的《二十世纪中国易学史》《周易经传研究》两本书连续获得大奖；余新华现在是《中国社会科学》杂志和《中国社会科学报》的副总编辑，重任在身。这样的例子还可以举出很多。方先生曾经说过：“聚天下英才而教之，是教师最大的幸福和快乐。”看到自己带出来的一批批弟子成长为学术上的专家、社会上的精英，他心中充满了欣慰。

方先生清楚地意识到，一个学科要想在学术界产生影响，必须有明确的学术方向和具有实力的研究队伍，必须站在学科前沿并做出具有自身特色的研究成果来。在这一点上方先生以他的远见卓识引领着南开中哲学科始终走在全国同行的前列。

80 年代初期，中国哲学界力图通过范畴研究来提高理论思维水平，初创的南开中哲学科就积极投入了这一领域的研究，前面提到先生的《中国哲学史上的知行观》一书就有开启之功。1983 年 11 月，在西安召开全国中国哲学范畴讨论会，方先生带领严正、韩强等五名研究生出席，每人都提交了论文。当时参加会议的都是国内知名学者，张岱年、冯契、王明、萧萐父、汤一介、杜维明、成中英等人都在。与会的青年学者不多，南开的五名研究生在会上格外引人注意。严正那年才十九岁，他写的《中国古代性情范畴》一文受到了张岱年、杜维明等大家的赏识。会议期间，南开研究生还主动帮助做会务工作，外出参观时热心照顾老先生们，给大家留下了极好的印象。会后结集出版的论文集《中国哲学范畴集》，17 篇文章中只有三篇青年的作品，南开研究生就占了两篇，一篇是严正的，一篇是韩强的。方先生三十年后谈起这件往事时，眼角眉梢都是笑意，自己的学生初出茅庐便得到名家学者的认可，他比谁都高兴。

1986 年，南开中哲学科建设日趋完善之时，方先生以其敏锐的洞察力，又适时地从“范畴研究”转向“现代新儒学研究”。那年 3 月，他在国家教委召开的科研咨询会上作了《要重视对现代新儒家的研究》的发言。11 月，他同李锦全教授主持的“现代新儒学思潮研究”课题被确立为国家社科基金“七五”规划重点项目。80—90 年代，他同课题组成员专心致力于现代新儒学研究，出版了一系列研究丛书、学案、论著辑要和论文集，共计三十多册。这些研究成果使现代新儒学在中国大陆从“绝学”变为“显学”，名动海内外，方先生也因此而成为国内学界在马克思主义指导下开展现代新儒学研究的领军人物。他提出的在中国现代三大思潮对立互动中把握现代新儒学的基本特征和内在问题的研究思路，得到了海内外同行的广泛认可；他提出的“同情地理解、客观地评价、批判地超越”的研究态度和方法，已成为大陆学界开展现代新儒学研究的基本指导原则。随着课题的展开，南开哲学系也随之而成为国内现代新儒学研究的一大重镇，许多研究生的博士论文都收入方先生主持的研究丛书出版，一批青年学术骨干在现代新儒学研究中脱颖而出，有的已成为当今中国哲学界的知名专家。

截至今日，大陆学界开展现代新儒学研究已有二十多年，这项研究对于国内学界的中国哲学研究产生了深远影响。回想这个过程，若没有方先生的适时倡导、引领和组织研究工作的开展，大陆学界在与港台海外新儒家的对话中很难具有对等的话语权，更谈不上在理论、方法和资料掌握上的优势了。而今天情况与二十多年前已大不一样。新方向、新研究领域的开辟，对于南开中哲学科的发展来说尤其具有重要意义，在相当长一段时间里，南开中哲因研究现代新儒学而久负盛名，直到现在依然余韵犹存，他的弟子以及后学仍在延续着这个学术传统开展深入的研究工作。

讲到南开中哲学科的发展，方先生说，我们确立了自己的重点研究方向，但学科建设必须是全面的，要全面打好学科发展的基础。南开中哲虽然早期在范畴研究、后来在现代新儒学研究方面下的功夫比较大，在学界有一定影响，但是也要注意发展其他的学术方向，比如严正的博士论文就是做五经哲学，林存光做汉代儒学的意识形态化，宁新昌做宋明理学，张铁勇做沈括的自然哲学，学生的论文选题和研究方向是多元化的。1993 年刘文英调来后，又着重发展了道家哲学、精神哲学等方向。方先生强调一个中哲史学术队伍，至少要有一位佛学研究专家，南开中哲教研室先有卢升法教授，后来又引进吴学国教授，他们对该学科的建设发展贡献很大。南开中哲学科现在的发展格局是全面开放的，从时代来说，有古代哲学、近代哲学、现当代哲学；从学派和思潮来说，有做儒学、道家道教、佛教、周易、玄学等方向的；从学科分支来说，自然哲学、政治哲学、经济哲学、文化哲学、人生哲学等都有人研究。这不是可以一蹴而就的，而是三十年来学术积累的自然结果。

方先生跟南开中哲的渊源，用他自己的一句话来概括最为贴切，他对来访者说："我在南开的工作，主要还是用力在建设和发展中国哲学学科上。"讲这话时，他怀着极大的热忱述说着南开中哲曾经的辉煌。

"学行并重，德业双修"

讲起他在南开的弟子，方先生总是情有独钟。他对每个学生都寄予厚望，在每个学生身上都下了很大的功夫。严正老师也不断插话，回忆他们当年在南开是怎样受到了最好的教育，先生是怎样严格要求学生的，师生关系又是如何的亲密无间。

对于中哲专业研究生，方先生特别强调要读原典，通过这种阅读、体会、涵泳与先哲直接进行心灵对话。他要求中哲硕士生必须精读《论语》、《孟子》、《老子》、《庄子》（内篇）、《周易》五本书，趁年轻时记忆力好，最好能把名篇、名段、名句背诵下来。为了帮助研究生读懂原著，掌握其精义，方先生还把京津地区的许多知名专家请到南开来讲课，比如请杨柳桥先生讲《周易》，请卢育三先生讲《老子》，请石峻先生讲《肇论》，请方立天先生讲《华严金师子章》，请张岱年先生讲《正蒙》，请蒙培元先生讲《北溪字义》。早期研究生享受到的这些哲学精品大餐，令后来的师弟师妹们羡慕不已，但重视读原典已作为一种学风和传统在南开中哲学科传承下来了。当年在这方面表现得比较突出的严正教授对自己的学生也提出了同样的要求。

方先生在南开任教那段时期，除了请国内名家来讲课外，还曾邀请杜维明、成中英、傅伟勋、唐力权、李绍崑、池田知久、魏格林

（德）等海外知名学者，陈鼓应、李震等台湾知名学者到南开来访问和讲学，介绍国外和港台中国哲学研究的情况与前沿成果，大大开阔了研究生们的眼界。他甚至还邀请研究西方哲学范畴史的专家江西师范大学谢庆绵教授到南开来给中哲研究生讲课，帮助他们通过中西比较深入进行哲学范畴研究。这些不出校门（“请进来”）的学术交流活动，给研究生们留下了许多终生难忘的印象。

讲到南开中哲学科研究生教育的特色，方先生说：“我们一直注意把握正确的学术方向，重视马克思主义哲学史观与方法论、中国哲学史史料学等课程的开设，旨在引导研究生学会收集、整理哲学史料和独立地进行科学研究的方法。另一方面，我们也非常重视研究生的思想品德修养，对他们提出了‘学行并重，德业双修’的要求。中国哲学是‘为己之学’‘成德之教’，要用知识来成就道德，做到知与行、学问与做人的统一，这样才能真正学到中国哲学的精髓。”

“学行并重，德业双修”的要求是方先生在1982年就提出来的，以后历届研究生都把它当作治学为人的基本准则。比如现任兰州大学党委书记的王寒松在其博士论文“后记”中写道：“方师对门下弟子仅有八字要求：‘学行并重，德业双修。’这八个字在学习期间时时警策着我，今后我将继续将其奉于座右，终身躬行。”[①] 苏州大学教授、博士生导师周可真则记住了先生的另一教导，他在《新起点》一文中说：“南开的三年，导师方克立先生的为人和为学风范，对我产生了深刻而久远的影响，使我懂得了为人与治学的一致性道理，并从他那里学到了‘平实’二字，亦即：做人要平实，做学问要平实，写文章也要平实。‘平实’二字，实在是我终生可以行之的要道。”[②] 对此方先生解释说：我们都是普通人，而不是什么“天才”，做人做学问都

① 王寒松、吴书杰：《当代文化冲突与青年文化思潮》，中国青年出版社1997年版，第281页。

② 栾贵川主编：《博士生谈自己》，黑龙江人民出版社1998年版，第7页。

要通过自己扎扎实实的努力，能够做到“平实”二字就很不错了。不用说我们，就是中国哲学界的大家，像前辈冯友兰先生、张岱年先生，他们写的文章都朴实无华，用大家都能懂的语言，讲出深刻的哲学道理来。故作艰深的文风往往是为了文饰其浅陋。我们不能把哲学搞成“玄学”，文风也是学风和人格的表现。

方先生的南开弟子，大都牢记着他“学行并重，德业双修”的教导，所以毕业后在学问和事业上都有不俗的表现。但是也有个别人，虽有较好的业务能力但不注重品德修养，后来终于走上邪道。这对方先生是极大的刺激，他不但诚恳地反思自己的教育思想和实际贯彻情况是不是还有问题，而且后来又经常给弟子们讲另一句话：“三分学问，七分做人。”很明显的是把重心向后者倾斜了。这说明他在教育实践中对作为“为己之学”“成德之教”的中国哲学的精神有了更深刻的理解，他的新认识也作为南开中哲学科的一笔财富被后来者继承下来。

“我的根脉还在南开”

在方先生的回忆中，南开的那段岁月既艰辛而又充满了快乐。前十多年，他们一家住在十宿舍一间十多平方米的房子里。1976 年地震时，门都震歪了很难打开，筒子楼的楼道里放满了蜂窝煤、炉子和自行车，有的倒在地上，全楼停电一片漆黑，他和夫人跌跌撞撞地把孩子抱了出来。就在他住的那一层，有一位化学系老师不幸被倒塌的烟囱砸死了。震后一年多，他们一家都住在临建棚里。大家都是这样，他也没有觉得什么苦不苦的。

方先生评上教授后，南开提供的条件也很有限。一次他生病要去医院，当时学校里还没有条件派车送去，只好由严正找系里老师借了一辆三轮车，蹬车把先生送到医院。每当回忆起这件事，严正总是笑着对人说：“我很荣幸就是那次学会了蹬三轮！”还有一件非常遗憾的事情，就是1983年请张岱年先生来南开讲课时，他想抽空去看望天津的亲戚，但是学校里派不出车来，只好请这位七十多岁的老人坐周德丰自行车的“二等座”颠簸往返。每忆及此，方先生和南开师生都觉得很过意不去。

尽管在这样艰苦的条件下，方先生带领的南开中哲团队在学术上依然孜孜以求、毫不放松。方先生同中哲教研室的老师和博、硕士研究生，形成了隔周的周一晚上聚会讨论的制度，大家谈读书体会，讨论学术热点以至社会热点问题，哪位老师外出开会了，回来就要介绍会议内容、学界动态。这种类似“沙龙”的活动，扩展了大家的视野，活跃了思想，参加者都觉得受益很大。1989年政治风波前后，“中哲读书会”也经常讨论当时的社会热点问题，在老师的引导下，同学们大多能正确、理性地对待。那时美籍华裔学者李绍崑先生正在南开讲“墨学新论”，包括“六四”那一天，中哲课堂也没有停课。这可能是整个南开甚至京津高校的一个特例，母国光校长为此专门设宴招待李绍崑先生，方先生陪同。李先生后来在一本书的“后记”中还专门提到了这件事情。

1994年年初，方先生调任中国社会科学院研究生院院长，但仍在南开兼职指导博士研究生。他在社科院也带博士生，但主要精力是用在行政工作和教学管理业务上，工作十分繁忙。他往往白天要参加各种会议和处理研究生院的日常行政事务，只能晚上给社科院的研究生上课，周末则到天津来给南开的研究生上课和指导论文，两地奔波十分辛苦。他常抱歉地对南开晚期弟子说，由于自己不在天津，对他们的指导就不可能像早期弟子那么细了，好在南开中哲学科是一个很好的集体，方先生要他们多向其他老师学习请教。电子邮件成为他与南开学生沟通的一个重要渠道，有的学生把先生多年的信函视为一笔十分宝贵的精神财富。

方先生在南开执教三十八年，与南开中哲学科五十年历史中的大部分时间同步，为该学科的建设发展作出了关键性的贡献。他大致地梳理了南开中哲学科的发展历程，指出至今已有四代人薪火传承：出生于20世纪初的温公颐先生是第一代；出生于30年代的他和刘文英、王兴华、李庆等人是第二代；出生于60年代前后的有一大批人，都受过正规的中国哲学专业研究生教育，属于第三代，目前是学科发展的中坚；更年轻的卢兴等八零后则是第四代，代表着南开中哲学科的未来。经统计，方先生在南开共指导培养了29名博士研究生，15名硕士研究生，其中有出生于40年代后期的，也有出生于80年代的，这一代人都是先生学问与人格的继承者和发扬光大者。他们分布于京津和全国各地，把南开中哲学科的学风和传统广泛地传播开去。

方先生与南开弟子们苦乐与共地长期相处，形成了一种亦师亦友的师生关系模式。他从不以师长自居，而是真诚地希望学生“青出于蓝而胜于蓝”，所以更得到他们的敬重。早期弟子回忆，那时没有电话，先生有事就亲自跑到宿舍去通知他们，或谈各种问题，平时也十分关心他们的生活。1984年先生被评为天津市劳动模范，得到一张自行车票的奖励，他把这张票送给最年轻的弟子严正。严正说我的生活就是“宿舍、食堂、图书馆三点一线”，用不着自行车，又把这张票给了别人。几十年过去了，先生一直关心着每个学生的成长和事业上的发展，无论是找工作、评职称、申报课题、发表论文、著作写序或生活上的困难，先生都尽可能地给予各种帮助，以至对他们的子女和学生都关爱有加，所以许多弟子对先生都怀着一种亦师亦父的真挚感情。

方先生说，他在社科院研究生院任职期间，主要是做行政管理工作，虽然也带了一些学生，但都不可能留在研究生院。研究生院只有少量公共课教师编制，大部分是教学管理干部，专业人员一般都在各研究所。“在我身边没有一支自己的学术队伍，在业务工作上我是孤家寡人。”所以他说：“我的根基、学脉还在南开。每次回到南开，都有一种回家的感觉。”现在南开哲学院里，中哲教研室的严正、韩强、周德丰、曹跃明，逻辑教研室的李继东等都是他的学生；南开马克思主义教育学院的李毅、武东生、寇清杰、汪先全，天津师大的张铁勇、于惠玲等也是他的学生。如今，他们都继承了先生的事业，各自取得了令人瞩目的成绩，其中多数已早早成为教授、博导，带出了新一代学术传人，桃李遍布五湖四海。方先生现在很少承担大的课题，如果需要助手与合作者，或者需要有人帮助实现某个研究计划，他总是首先想到南开的弟子们。比如教育部《思想理论教育导刊》请他组织一组论马克思主义与儒学关系的文章，作者基本上都是他的学生。

方先生不但缔造了南开中哲学科过去的辉煌，而且时时刻刻关心着这个学科现今和未来的发展。康中乾获得全国百篇优秀博士论文奖，赵建永获得提名奖，卢兴、杜运辉被评为“南开十杰”，他都非常高兴。谁的博士论文出版了，谁在重要报刊上发表了什么文章，他都一清二楚。他特别把目光放在青年博士身上，认为南开中哲的未来要靠他们。对于南开中哲队伍近年来发生的人事变化，潜在的“青黄不接”危机，他比谁都着急，多次请求学校和哲学院领导帮助解决中哲学科的可持续发展问题。他认为补充优秀的青年教师是当务之急，也要争取引进个别业务上成熟的骨干教师。他鼓励中哲教研室的在岗教师多出高质量的学术成果，带好研究生，努力创造南开中哲新的辉煌。

三十八年悠悠岁月，一个风华正茂的青年已经成为两鬓斑白的老者，他把人生中最美好的时光都奉献给了南开哲学学科，他的心永远牵挂着南开——这片艰苦创业、辛勤耕耘的热土。

[原载《难忘的岁月——纪念南开大学哲学系（院）重建五十周年（1962—2012）》，南开大学哲学院，2012 年 10 月出版]

我们的德业之师

——方克立先生

周德丰

院庆之际，莘莘学子喜聚校园，都在追思自己就读南开的点点滴滴，更不能忘怀当年殷勤执教的诸师。教泽绵绵，师恩难忘，师友之情，常萦于心。这是南开哲学人的优良传统，也是每一位后学的赤子之心。

我深受哲学系师友的恩惠。我是 1972 级的学生，当年称“工农兵学员”，毕业后留校工作，至今已有 40 年了。在南开，我先做学生，后做先生，做了先生仍继续做学生。如今，我虽已年过花甲，仍能挥动教鞭，余勇可贾。这一切皆离不开师友相助，同事相帮。

在学业和品德方面，许多老师的言教身教使我终身受益，永驻心头。温公颐先生的博学鸿儒之形象，冒从虎先生的谈笑风生之神情，冯桂贤老师平易近人之态度，刘文英先生温文尔雅之风貌，仍栩栩如在目前。作为一名后学，在教学方面，我深味诸家之长：陈晏清先生思维清澈，逻辑缜密；车铭洲先生游刃有余，举重若轻；封毓昌先生思辨性强，深邃精致；杨瑞森先生气势宏大，善于交流；温克勤老师厚重淳朴，内涵充实；吴振海先生中规中矩，合乎仪范；童坦先生宽松睿智，幽默风趣。这一切都成为我可资借鉴的宝贵资源，我竭力效法，用于教学活动。虽不能尽至，然心向往之。

诸师之中，对我指导最多、最力，对我关爱最亲、最密的，当属方克立先生。我衷心以为，结识方先生，在他的引领下工作、成长，可以说是我人生的最大幸运。

记得毕业之初，我留校安排在“毛哲”教研室，我的第一任“师傅”是杨瑞森老师。杨老师为人急公好义，古道热肠，人缘极好，我很喜欢他。我们师徒二人曾在1975年那个寒冬调研于山西昔阳，我们同住在黄土高原的一孔窑洞里，同吃一锅饭，同睡一个炕，他的许许多多优良品格深深地感染教育着我。后来系里师资队伍有所调整，我由于喜爱中国哲学，便向杨老师提出申请“转型”，没承想杨老师得知我的愿望后，慨然应允，并力荐我拜方先生为师，他原话说：“方克立在我们人大前前后后的同学中，是最优异的人才。你跟他比跟我强，希望你处处多多地尊重他。愿你早日成长。”于是我就归队“中哲”教研室，从此追随敬爱的方先生了。

方克立先生教我从事中国哲学史教学

1978年方先生以一人之力承担中国哲学通史教学，那可是实实在在的历时一年之久、总共150个课时的“单科独进”的课程。以我的见闻，这种超负荷的工作量，在全国各大院校哲学史教学中都是罕见的，而且方先生每一讲都写出宛若一篇优质文章的讲稿。讲课结束时一统计，他讲了42讲，写满了42本笔记本。课堂上，方先生神情专注，娓娓讲论，细致分析，不时还以工整书法在黑板上奋笔疾书。听课人不仅有76级学生，还不断吸引很多校内外的老师，大家一致体会到方先生学术根底之深，教学责任心之强以及授课之美。课程结束时，系主任温公颐先生专门认真听取了汇报，并以一语论定：“克立同志的教学准备充分，功力深厚，特重哲学范畴的剖析，细腻深刻，理论性强。这是一门非常成功的专业课。”这种成功在我看来绝非偶然幸致。记得开课之先，方先生就曾问我：温老讲课有何特色，南开同人讲课各自有何优长？我仅就个人的观察谈了自己的看法，方先生不断颔首，谨记心头，由此可见他的虚怀和博采。先生当时正值年富力强，可是一日晨起如厕蹲起之间竟摔倒在地上，由此亦可见他在教学中投入之多，和当时生活状态之艰辛！

就在这门课程教学过程中，方先生已开始对我进行有计划的栽培。首先他明确让我做他的“助教”，全程负责对学生的辅导、阅卷、评作业等工作。在一个学年之中，方先生一门心思扑在教学上，我经常随侍左右，亲炙他的教导，不断领略汲取他的精深学识和崇高人品。就这样，我又当学生，又当“助教”，到头来比任何人学的都多。先生大概也看出我“孺子可教”。随后即布置我为77级以后的各年级讲断代哲学史，一段一段地讲，不久我居然也讲全了通史，而且颇受好评。后来，先生又安排我讲授原著选读和其他一些选修课，又大胆启用我参加硕士生教学，还把他本人受邀讲学的机会让给我，让我到天津大学人文系、师范专科学院等单位给硕士生或本科生上专业课。在我从事这些教学活动的过程中，我每遇疑难必随时请益先生，先生也都给我细致满意的回应，并且不断给我勉励，给我信心，使我最终成为南开哲学系的一名中哲专业的骨干教师。大约经过十年左右，先生和其他老师一步步把我扶上讲师、副教授的岗位，使我在专业领域立足、成长并得到了安身立命的根基。我认识到：生我者父母，教我者老师、朋友、同道也。每思至此，辄感先生的哺育之恩，激动之情，不能自已。

方克立先生教我从事中国哲学研究

方先生在中国哲学研究方面是一位领军人物，李翔海君曾撰《在综合创新中实现中华文化的现代复兴》一文，对方先生率领科研团队卓有成效地研治现代新儒学、与张岱年先生共同倡导综合创新的新文化观，并在21世纪积极推进中国文化与哲学之世界化这几个方面的理论贡献、学术思想以及创新意识，都给予了客观、公允、翔实的评价，值得一读。我仅从个人感受的角度略抒情怀。

我到大学毕业时还不懂中国哲学的科学研究为何物，也谈不到“问题意识”和论文写作的技巧。而方先生在大学时代就有高水平的学术论文发表，他的科研意识是很强的，且是公认的文字高手。他经常嘱咐我要学习写文章，要多读名家的文章，要争取发表学术性的论文。1980 年天津市中哲史学会召开老子哲学讨论会，我按照学会领导的要求写了一篇关于老子哲学思想的综述，有几万字。方先生看到后及时点拨我：这只是资料性的东西，应该以此为基础，寻找合适的角度写一篇论文。我一点即醒，立即着手撰写带有专题性、有一定深度的论文。几个月后，一篇题为《老子本体论的几个重要范畴剖析》的论文终于在《南开学报》发表。在此前后，我又撰写了关于张载、朱熹、蔡元培的学术性的论文，陆续在一些学术刊物上发表。那时我还在校刊《南开大学报》上发表很多论思论学的短文。方先生看后很高兴，给我很多肯定和鼓励，在此过程中我也初步感受到写文章的快乐，多少体会到方先生所说“写文章上瘾”的况味。

大约在 1984 年，中国青年出版社盛邀方先生写一本通俗易懂的中国哲学史。这一任务如果由方先生独自来做，由于他刚刚写完中国哲学史的讲义，将会较为容易。但他却想把这一任务当作培养青年学者的良机，他把任务分配给韩强、盛宗林、殷陆君诸同志和我四人分做。我们在方先生的指导下各自完稿，先生则一字一句通读通改，蓝笔是我们的原稿，朱笔是先生的改定、修琢和润色，我们几人都感知先生的用力之多，运思之深，在此书出版之际，我们却看到“后记”中，先生赫然写道：“这本书是我写给青年的，它的作者也是青年，周、韩、盛、殷诸君为完成这一课题，精心结撰，三易其稿，表现出严谨的治学精神和较高的学术水准……”先生对自己只字未提，却把我们青年教师推介出去了。先生的为人，无人能及。在这本书的写作中，我们几人都得到了锻炼，也得到了成长。此后四人之中，韩强同志攻读博士学位，很早评为教授、博导，殷陆君写出非常有影响力的学术论文和译著，盛家林成为著名的编辑和出版家。

80 年代末，由李瑞环市长特批，方克立先生获得一个科研项目，编写《中国哲学大辞典》，此项目规模较大，成书时约有 200 万字。透过这个项目我看到先生在学界的号召力：因为这是一部工具书，务必寻学术有专攻的人士撰稿。先生写了很多信函，在全国范围内邀请撰稿人；凡先生所邀请者，无论老、中、青，无不积极襄赞，乐观其成。令我铭念很深的是，先生不论资格，打破情面，破格擢升我当该辞书的副主编，这令我大出意外，同时也大为振奋，我只能勿拂先生举荐之意，做好工作，回报先生而已。

此后先生承担主持教育部重点科研项目《中国文化概论》《中国哲学与辩证唯物主义》，先生都邀我参与。我看到参编作者都是部属名校的著名教授，大概只有我一人是副教授，先生的美意我当然是心领神会。该项目出版之后，凡有获奖证书，先生都主动专门给我邮寄一个复印件，我知道先生心里想的是什么，他希望为我的晋升多创造一个条件，那份关爱与温馨只有身历其境者才能深深体味。

2000 年前后我配合吕希晨教授做科研项目，撰写《中国现代文化哲学》《中国现代人生哲学》，这两个项目都任副主编和主要撰稿人；此后我又在李翔海教授、杨龙教授的帮助下出版《中国近代哲学研究》。方先生看到后，总是说："好极啦！好极啦！"奖掖之情，溢于言表。方先生也不断地把他自己的著作、论文寄送给我，这些我都视为学术的指引，精神的激励！现在，我也忝列教授之列，并担任博士生导师的工作，没有先生的一步步指引，哪有我今天在科研方面的成果。

方克立先生在南开创立中国哲学专业硕士点、博士点，使中国哲学专业成为重点学科，带领我们先后培养硕士、博士超过双百。在研究生教育中，他倡导的"学行并重，德业双修"的培养方针，在学术研究中他提出的"同情地理解，客观地评价，批判地超越"的方法和态度，在文化批判上他与张岱年先生一起标举"古为今用，洋为中用，批判继承，综合创新"的方针，都具有深刻长久的影响。在我看来，方先生不仅是一位哲学家，也是一位教育家。他重视学科建设，重视人才培养，他取材当地当时，善于团结各方面人士，用人不拘一格，他长于带领科研团队，他毕生践履学问和道德的合一。他的德业得到了老一辈学者如张岱年、石峻、任继愈、萧萐父等先生的信任，得到了他同一辈的学者如方立天、汤一介、刘文英等先生的敬重，更得到了比他年轻一辈学者如周桂钿、郭齐勇、陈卫平、杨国荣等先生的信赖，当年在天津杨柳桥、卢高三、吕希晨皆与方先生有深厚交谊。中国哲学学科领域，无论识与不识，皆称赞方先生。至于他得到了我们南开学子的一致爱戴，更是情理之中的事。

古人云：凡德业是以益人者，人不能忘之。这篇尊师重道之作，如果由韩强、严正、翔海、东升、可真诸君来做，当会更好；因为诸君与先生交谊更深更多，诸君与先生有更感人的故事和更真诚的心音。我也经常听到他们默念先生崇高的涵养和人格。听说大家推举我来写，我就不揣浅陋，代表大家写了以上不成敬意的文字，不足以表达大家的情愫于万一。既然此情此意，彼此心同，那就让我们同声一呼：敬爱的方先生，我们深切地感谢您，您是我们永远的德业之师！

言之不足则嗟叹之，嗟叹之不足则咏歌之，成诗一首敬献方先生：

辛苦耕耘四十秋，
奉献南开意未休。
杏坛桃李绽艳丽，
哲苑精彩献朋俦。
群贤心悦赞宏业，
诸生诚服尊大酋。
敬祈先生执牛耳，
长率吾侪战神州。

［原载《难忘的岁月——纪念南开大学哲学系（院）重建五十周年（1962—2012）》，南开大学哲学院，2012 年 10 月出版］

本书出版获得中国社会科学院大学中央高校基本科研业务费的资助

方克立论著集

第三卷 现代新儒学研究

方克立 著

中国社会科学出版社

整理说明

本卷收入方克立先生关于“现代新儒学”的研究论文、学术评论和专题访谈。整理者所做的工作和需要说明的事项如下。

一，本卷标题中的“现代新儒学”取广义，包括了20世纪90年代以来的“大陆新儒学”，遵从方先生的判断，将后者视为“现代新儒学运动的第四个阶段”。

二，本卷所收文章分为四类：现代新儒学总论16篇、现代新儒家个案研究7篇、大陆新儒学评议8篇、学术访谈4篇。为避免重复，相关删节文章、日文文章不再收入。每类内的文章按发表时间排序。

三，根据《方克立论著集》的整体安排，方克立先生为现代新儒学研究的丛书、专著所作的序和前言，均收入第六卷《序跋·书评》。

四，整理者对文中所征引的古籍文献和今人著述进行了校对，对原未注明出处的引文尽可能根据作者所依据的版本补充出处，少数尚未查到原始出处的引文仍保留原貌。

五，文章尽量保持正式发表时的原貌，根据目前的编辑规范及统一体例的要求，进行了一些标点和用字方面的修改。需要特别说明的是，为尊重历史，本卷中的“南朝鲜”予以保留。

卢兴

2022年9月

目
contents 录

一　现代新儒学总论

二 现代新儒家个案研究

三 大陆新儒学评议

四 学术访谈

一

现代新儒学总论

要重视对现代新儒家的研究

在当前的文化讨论中，有一种观点颇为引人注目，并有进一步发展和滋蔓的趋势，这就是复兴儒学或所谓“儒学第三期发展”的主张。

“弘扬儒家学术”，“重建儒家的价值系统”，推动“儒学第三期发展”，本来是50年代后期以来港台和海外的现代新儒家学者提出和一直坚持的口号。随着对外开放和海内外学术交流的发展，国内个别学者也接受了这个口号，并把“第三期发展”解释为儒家思想和马克思主义的结合。近年来，一些海外华裔学者先后应邀回国讲学，也有人大力宣传这种新儒学的主张（并非人人如此，也不见得是多数）。曾经是现代新儒家的先驱者的几位长期生活在国内的老先生，怀着对“周孔教化”和传统儒学的“敬意”，重登讲坛，继续宣传当年鼓吹过的中国精神文明优越论，提倡发扬民族传统精神，甚至主张把宋明理学当作社会主义精神文明的一个重要来源。由于这些都是知名度很高的学者，备受青年的尊敬和仰慕，加上报刊的宣传，因此，对于他们思想的影响是不可低估的。学术观念的变化可能最能说明问题。近30年来港台现代新儒家著作中最常见的一些基本观念，诸如“天人合一”“道德理性”“个体人格”“儒家人文主义”等等，过去我们是很少讲的，近年来纷纷出现于我们的报刊上和学术论著中，甚至成为最热门的研究课题和时尚观念。新儒学似乎已经成为现代学术思想战线上不可忽视的一个重要派别，尽管目前国内还没有人公开打出“现代新儒家”的旗帜。

中国正处在从传统走向现代的又一个关键时刻，现代新儒家思想的重新泛起，值得引起我们的注意。因为从历史上说，现代新儒家就是在中西文化冲突中，为了回答中国向何处去，中国要不要实现现代化和怎样实现现代化的问题而产生的一个学术思想派别，他们提出的理论，早已受到中国的前辈马克思主义学者的严肃批评，并且被实践证明是行不通的和根本错误的。在今天，中国更紧迫地面临着实现现代化的历史任务，古今、中西文化的矛盾冲突问题依然存在，而且更加直接、尖锐。中国是走社会主义现代化的道路呢，还是应该走西方资本主义现代化的道路，抑或是走如某些人所鼓吹的“东方式工业文明”或“儒家资本主义”的道路？这是今天人们思考、探索和实际争论的问题。现代新儒家的主张在这个时候重新有了一定的市场，应该说是不奇怪的，甚至可以说是一件必然发生的事情。争取在不太长的时期内，把中国建设成为一个高度文明、高度民主的社会主义现代化强国，是绝大多数中国人民的强烈愿望。这个愿望能不能靠复兴儒学，或以现代新儒学为指导思想来实现？自然是一个重大的原则问题。在这样重大的原则问题上，我们的同志一般不会糊涂；但是在一些似乎是纯粹的学术问题上，例如怎样认识中国文化的特质，怎样评价儒家思想在中国文化中的地位和在今天的价值与作用，怎样解决中国传统文化和西方文化的关系，等等，我们一些同志发表的见解，却很难和现代新儒家划清界限，有的甚至是径直地从港台和海外的新儒学著作中引进来的。这就容易在思想界造成混乱，特别是使一些青年同志在抽象的谈论中分辨不清是非。殊不知现代新儒家在上述“学术”问题上的观点和他们对中国前途的根本看法也是紧密地联系在一起的。

现代新儒家作为本世纪中国学术思想战线上重要的思想流派之一，我们过去对它没有做过系统的深入的研究，甚至缺乏基本的了解。对“五四”以来的前期“新儒家”思想，研究成果已属寥寥；

对50年代以后在港台掀起的儒学复兴运动，现代新儒家的新的更重要的发展阶段，它的主要代表人物及其论著，国内人士更鲜有所知，也极少正面接触和思想交锋。以至今天人家的一些思想观点传播、渗透进来，哪怕是在五六十年代泛滥的东西，我们都觉得很新鲜，有的人还把它当作新发明奉献给国内读者。其实，只要翻一翻现代新儒家的前辈们在解放前出版的著作，我们就很容易发现，这些思想观点有许多并不“新”，不过是老调重弹或改头换面而已。我们吃亏在于不太了解过去的历史情况，也不了解最近30年来港台和海外学术思想界的情况，所以难免认识不清。在当前的文化讨论中，在日益频繁的国内外学术交流活动中，许多同志都深深感到，目前的这种状况亟待改变。我们要重视和加强对现代新儒家的研究，弄清它产生的时代背景和发展的诸阶段，对其主要代表人物的思想和著作，用马克思主义观点进行实事求是的分析和评论，并且一定要把它放到中国现代思想斗争的总的潮流中来考察。经过若干年的努力，我们的认识当会更清楚一些。下面谈谈我的一些初步了解和看法。

现代新儒家是在本世纪20年代产生的以接续儒家“道统”为己任，以服膺宋明儒学为主要特征，力图用儒家学说融合、会通西学以谋求现代化的一个学术思想流派。因为区别于先秦儒学的宋明儒学在历史上被称为“新儒家”，所以把本世纪以复兴儒学为职志的这个流派称为“现代新儒家”，或“当代新儒家”。先秦儒家，宋明新儒家，现代新儒家，这就是他们所说的儒家学术发展的三个阶段。现代新儒家所致力的就是“儒学第三期发展”的工作。

19世纪中叶以来，中国在西方帝国主义的侵略和压迫下，经济、政治、军事和社会的状况日趋恶化，“师夷制夷”的多次努力相继失败，这就使中国先进的知识分子逐渐意识到，为了找到中国从传统走向现代化的正确道路，就必须进行文化和社会的全面改造，特别是要对支配整个社会意识形态的传统文化进行深刻的反思。于是，在“五四”前后出现了以打倒孔教迷信、提倡科学和民主为特征的新文化运动。这个时期的学术思想界非常活跃，出现了否定传统的全盘西化派，固守传统的保皇、保教和国粹派，以及各种形式的中西折衷、调和、会通派，展开了一场关于东西文化特别是中西文化关系问题的持续数十年的文化论战。现代新儒家就是在这个时期应运而生的。它是中国人对于中西文化冲突的一种很重要的回应方式，即代表了在这个冲突中力图保持中国传统文化的本体或主导地位，并以此为基础来会通西学、折衷中西的一种努力。在一片西化声浪中，它勇于站出来维护传统；和顽固的保守主义者相比，它又并不绝对排拒西学。它表面上很“全面”“公正”，实质上还是属于中体西用派，华夏优越论是其骨髓深处的精神支柱。这种中国本位的文化立场，比较容易为具有民族危机感而又不太了解世情的中国人在感情上所接受。同时，我们也应看到，现代新儒家是现代中国思想斗争的产物，它是站在一定阶级的立场来维护传统、会通西学的，也就是说，对于中学和西学都是有选择的。它所维护的是儒家伦理本位和心性之学的唯心主义传统，所会通的也是现代西方的各种资产阶级唯心主义哲学，从柏格森的生命哲学到新实在论、新黑格尔主义等等。中国哲学（包括儒家哲学）中的唯物主义和无神论传统，它是视而不见也不可能去继承和发扬的；西方传来的马克思主义，它又视若洪水猛兽唯恐其深入中国人民的心中。所以，在中国现代思想战线上，现代新儒家又是作为马克思主义的对立面而出现的，是反对、阻碍马克思主义在中国传播和发展的一个思想流派。

现代新儒家自产生以来，至今已有 60 多年的历史。随着现代中国社会历史的变迁，现代新儒家也有不同的发展阶段。中华人民共和国成立以前是它的前期发展阶段，主要代表人物有梁漱溟、张君劢、冯友兰、贺麟、熊十力等人。

梁漱溟在 1922 年就出版了《东西文化及其哲学》一书。他认为东西文化差异是“人生路向”上的根本不同，并以“意欲”向前、向后与调和持中为先验根据，将西方、印度、中国三大文化系统归结为三条不同的路向，认为只有以孔子为代表的儒家思想才是人类文化的理想归宿，断言“世界未来文化就是中国文化的复兴”。在“五四”时期反孔教、反儒学运动达到高潮的时候，他就公开竖起儒家旗帜，开始提倡新孔学，鼓吹走“中国的路，孔家的路”。可以说，梁漱溟是现代新儒家最早的开启者和第一个重要代表人物。

抗日战争时期，中国处在民族危亡的严重时刻，全民团结、一致抗日是当时最急迫的任务，复兴民族文化、发扬民族精神成为空前响亮的口号，这又为现代儒学复兴运动带来一个大好时机。“九一八”事变后，曾经在科玄论战中代表传统派（玄学派）的张君劢就写出了《民族复兴之学术基础》等论著，其主旨无非是提倡发扬民族传统文化精神，重振儒家学说，以配合国民党推行的新生活运动。冯友兰在抗战时期写出了《新理学》等“贞元六书”，公开声明他的新理学是“接着”宋明理学讲的，而不是“照着”宋明理学讲的。它的“新”就在于用西方的新实在论来改铸宋明理学，重造一个新形上学的系统。同一时期，贺麟则倡导新心学。这种主观唯心主义哲学是西方的新黑格尔主义和中国的陆王心学相结合的产物。他在《儒家思想的新开展》一文中，明确地提出了“以儒家精神为体，以西洋文化为用”的主张，系统地阐明了现代新儒学运动的宗旨。熊十力早年是一个革命家，中年尝从欧阳竟无学习法相唯识之学，后由佛归儒，以大《易》为宗，独创“新唯识论”的哲学体系。他又曾受到西方哲学的影响，治学主张“贵在会通”，“于中国、印度、西洋三方面必不可偏废”，然而主要致力于建立中国哲学的唯心主义本体论，提倡发扬儒家易理所示的刚健精神。熊十力哲学在国内的影响本来并不大，但是由于他的一些学生在港台和海外广为宣传，近 30 年来，其地位被越抬越高，已俨然成为前期“新儒家”的精神象征。

中华人民共和国成立以后，马克思列宁主义、毛泽东思想是指导我们进行社会主义革命和社会主义建设的思想理论基础，现代新儒家思想在国内已经没有市场。上面提到的前期新儒家的几位主要代表人物，解放后多数留在国内，他们热爱祖国，拥护共产党的领导，赞成走社会主义道路，思想都有不同程度的转变。有的经过学习和认真的自我批判，已经转变成为马克思主义哲学家，在学术上继续作出重要贡献。我们党也允许一些老先生保留自己的学术观点，例如，熊十力先生解放后还出版了《原儒》《体用论》《明心篇》《乾坤衍》等著作，梁漱溟先生也出版了《人心与人生》一书。

50 年代以后，现代新儒家并没有断绝薪火，而是在港台地区又得到了新的重要的发展，并且达到了它的鼎盛阶段。这个阶段的主要代表人物有唐君毅、牟宗三、徐复观、方东美等人，他们可以说是现代新儒家的第二代。其中的唐君毅、牟宗三二人，年相若，早年都是熊十力的学生，在五六十年代，尤为推进现代新儒学运动的得力人物，在港台被称为“大儒”。

1958 年元旦，张君劢、唐君毅、牟宗三、徐复观四人联名在香港《民主评论》和台湾《再生》杂志上发表题为《中国文化与世界》（副题为《我们对中国学术研究及中国文化与世界文化前途之共同认识》）的“宣言”，系统地阐述了他们对中国文化的过去、现在和未来，以及中西文化关系等问题的基本观点和立场，提出了现代新儒家“返本开新”的思想纲领。自此以后，他们分别发表了大量的论文和演说，撰写了卷帙浩繁的著作，来宣传、充实、发挥、论证新儒家的理论。其中较重要的有唐君毅的《中国文化之精神价值》《人文精神之重建》《中国哲学原论》，牟宗三的《道德的理想主义》《心体与性体》，徐复观的《中国人性论史》等。经过 30 年的努力，现代新儒家已经成为在港台地区传播较广、影响较大的学术思想派别之一，拥有众多的倡导者和信从者，并且与台湾当局倡导的“中华文化复兴运动”相配合，通过在高中和大学开设《论语》《孟子》等课程来进一步扩大儒家思想的影响。

在五六十年代，港台现代新儒家大力宣传的基本思想和理论观点，可以简要地归纳概括为以下几点：

一，攻击“五四”新文化运动破坏多、建设少，全盘否定了中国的民族文化传统，亦不重视西方文化中的宗教精神，因此失落了文化中最高的精神理念层次；片面地提倡科学和民主，是有“术”而无“道”，结果陷入了空头民主和浅薄的科学主义。

二，强调中国文化的“一本性”和优越性，肯定中国文化中有一脉相承的“道统”存在，即肯定中国历史文化精神为一活的生命，它是客观的精神实体的表现，或者说，“历史文化是圣贤豪杰精神之表现”。因此，对于中国的历史文化，就不能抱着“客观冷静的态度”去研究，而必须首先抱有“同情”和“敬意”，才能真正了解。

三，中国文化的最高理想就是儒家人文主义，它是道德理性和宗教精神的统一。心性之学是中国学术文化的本原和核心，由此决定中国哲学发展的方向是道德的形上学，只能通过道德实践才能对其有亲切的体认。儒家心性之学则是“中国文化之神髓所在”。

四，只有在对传统文化价值“认同”的基础上，才谈得上对西方现代新潮的“适应”。儒家传统与科学、民主并不矛盾。中国古代就讲“正德、利用、厚生”，并有“人皆可以为尧舜”的大平等精神，科学与民主正是中国文化中的道德精神自身发展之必然的内在的要求。这就是所谓由“内圣”（儒家心性之学）开出新“外王”（科学、民主），或谓之“返本开新”（返传统儒学之本，开科学、民主之新）。

五，儒家的伦理道德和文化理想可以解决“后工业文明”所面临的诸多社会问题，世界文化的未来，将是“儒学第三期之发扬”。西方人应该学习以儒家思想为代表的东方智慧，诸如“天人合一”的宗教道德理想，成圣成贤的心性义理之学，悠久无疆的历史意识，天下一家的情怀，恻怛悲悯之情和“圆而神”的智慧等等。

现代新儒家清楚地意识到，他们面临的时代课题是在西方文化的强烈冲击下，怎样把传统中国推向现代。对于这个问题的回答，他们首先强调必须认同传统文化，强调民族文化精神的自觉，只有畅通民族文化的本源大流，才能适应和消融西方的文化冲击。用他们的话来说，就是要“挺立自家传统，融会西方新潮”，“承续儒家内圣之教，开出当代外王之学”。至于由儒家的心性之学怎样“开出”民主与科学的“外王”事业来，现代新儒家的学者们还提出了种种理论，例如，有由“理性的作用表现”转为“理性的架构表现”之说；有由道德主体转出认知主体和政治主体，当其为认知主体和政治主体之时，则须暂忘其为道德主体的所谓“暂忘”说；还有知性（认知主体）是由良知（道德主体）自我坎陷而成的所谓“自我坎陷”说，如此等等。所有这些，正如一位西方华裔学者所说的，都没有摆脱传统儒家的“道德主体优位性”立场，即把政治民主和科学知识的开发都放在儒家心性论的基础上。1937 年卢沟桥事变前夕，中国哲学会在南京召开第三届年会，有人就曾预言，今后将要复兴的中国哲学只能是“穷理尽性的唯心论大系统”。从唐君毅、牟宗三等人在五六十年代对儒家心性之学的大力阐扬和对孟子、陆王心学的特别推崇来看，那个预言可谓不幸而言中了。

现代新儒家所倡导的儒学复兴运动，在今天，其影响已远不止于港台地区，而是已经发展成为带有一定国际性的学术思潮，特别是在海外华人世界和长期受儒学传统影响的一些东亚国家和地区，其影响均显著地存在。最近20 年来，由于日本和所谓“东亚四小龙”（指南朝鲜、台湾、香港、新加坡）在经济上超常的快速发展，人们非常感兴趣的一个问题是：这些深受儒学传统影响的国家和地区，为什么比亚洲其它受儒学传统影响较小的国家和地区（例如印度、斯里兰卡、泰国、菲律宾等）能够更快地在经济上起飞？儒家伦理对于这些地区的工业化和现代化到底起了什么作用？是否并未成为阻力，反而构成一种助因？现代新儒家的回答是肯定的，并以此为事实根据，提出工业文明是多元的，应该有“东方式的工业文明”或所谓“儒家资本主义”的主张。他们还借助于所谓“韦伯理论”，强调宗教和伦理等意识形态能够对经济发展起正面的积极作用，儒家思想在现代还有巨大的价值和存在的理由。在上述国家和地区，现代新儒家都有相当的势力和影响，有的还由政府出面大力提倡儒学，组织编写《儒家伦理》教程，指定为中小学生的必读课本，例如新加坡。另外，还有一部分海外华裔学者，由于长期受中国文化的熏陶，从生活习惯到思维方式都保留着中国人的根性，难免在西方社会生活中感到“孤寂”和处处不相契入，因而在心理上产生一种强烈的“寻根”意识，并且渴望中国文化的精彩、优越能够得到西方人士的了解和承认，以改善自身的生存处境。在这些人中，有的也成为现代新儒学运动的积极鼓吹者和支持者，进一步扩大了这种学术思潮在世界范围内的影响。

进入 80 年代以来，现代新儒家的第二代年龄都已老化，有的已经故去，代之而起的是港台和海外的一批思想活跃的中青年学者。他们大都是唐君毅、牟宗三的学生，受过良好的现代西方文化教育，知识赅博，思想开放，在一些国际性的学术组织里和学术会议上，已经形成一定的力量和势头。他们中的一些人，对祖国有深厚的感情，赞成我们的开放政策，近年来多次回国讲学，在海内外学术交流中起了积极的桥梁作用。他们宣传的新儒学观点，我们虽不赞成，但是作为学术问题可以探讨和争论，在讨论中他们的思想也不是一无变化的。在这些学者中，较为国内读者熟悉的有美国哈佛大学教授杜维明、香港中文大学教授刘述先等人，他们可以说是现代新儒家第三代的代表人物。

以上简述了现代新儒家作为在中西文化冲突中出现的一个重要学术思想派别，在本世纪产生和发展演变的过程，也附带说明了目前国内重新出现儒学热的外部影响即国际条件。当然，目前国内出现的文化研讨热潮，包括提高孔子、儒家思想和中国传统文化的地位的努力，并不只是由于外来的影响，或者更确切地说，主要不是由于外来的影响，而是由于中国社会经济、政治改革的深入，必然会引起一个对传统文化进行反思和再估价，探讨传统文化和现代化的关系的思想运动，其中自然会出现各种不同的观点，包括更多地肯定传统文化和儒家思想在今天的价值和积极作用的观点。我们似乎还应考虑到，

“文化大革命”中“四人帮”批孔批儒所引起的逆反心理，可能也是使孔子和儒家在今天地位上升的一个原因。然而，不论对孔子和儒家思想作多么高的估价，只要坚持以马克思主义的批判继承的方针，肯定中国只能走社会主义现代化的道路，那么和主张“儒学第三期发展”的现代新儒家毕竟还是有原则区别的。

古今、中西文化冲突问题将贯彻整个20世纪之始终。在20世纪的中国思想界，除了马克思主义这个最强大的思想潮流之外，较有影响的和生命力较长久的，还有西化派和中体西用派。现代新儒家就是本世纪中体西用派的主要代表。它从20年代产生以来，至今已有60多年的历史，预计到本世纪末以至下个世纪，还会有一定的影响。研究20世纪的中国思想史，这个流派是绝对不能忽略的，何况我们对它的研究就是对当前思想斗争的现实实际情况的研究。

开展对现代新儒家的研究，确实有一定的困难，因为它的研究对象有许多是在世的学者，和当前的政治联系更加密切，也涉及一些政策问题。它不同于一般的思想史研究，要具有更加严谨的科学态度，详细占有资料，分析批判都要以理服人，更好地做到革命性和科学性的统一。像对待中国和外国的其它资产阶级学术流派一样，对现代新儒家学者的思想和著作，也要采取分析的态度，对其中所包含的合理的思想成分，有益的思维成果，都应予以肯定并且虚心地学习和借鉴。例如，近年来国内一些学者十分重视对中国传统哲学范畴的研究，试图由此找到一条更深刻地揭示哲学思想发展的内在逻辑、使哲学史研究更有助于提高人们的理论思维能力的途径。而对中国哲学范畴的研究，不但古代已有先行者，如宋代陈淳著有《北溪字义》，清代戴震著有《孟子字义疏证》；现代新儒家学者在这方面也作出了重要贡献，如唐君毅所著六大卷《中国哲学原论》，实际上就是一部中国哲学范畴研究的专著。作者运用了某些近乎西方哲学的分析方法，对中国哲学中涵义最广、运用最普遍的一些概念、范畴，如“道”“理”“心”“性”“命”“太极”“名辩”“格物致知”等等，作了系统的疏理和详尽的阐释，引据资料相当丰富，对于我们的研究无疑是有参考价值的。现代新儒家从唯心主义历史观出发，把心性之学当作中国学术文化的本源大流，以孟子和陆王的心性论为正统，并吸摄融化了康德的“道德形上学”和黑格尔的“精神哲学”中的某些唯心主义思想，建构起心性哲学的系统理论。而我们过去对中国哲学的心性论是重视不够的，不说没有人写出过如港台出版的大部头专著，就连这方面的研究论文也很少。这个情况启示我们，要把握中国哲学的特质及其发展的真实过程，分清什么是精华和糟粕，对唯心主义也要进行认真、深入的研究。中国哲学心性论的内容非常丰富，除了儒家心性论之外，还有佛教心性论和道家、墨家的心性论等等；儒家中除了孟子和宋明儒家的唯心主义心性论之外，还有荀子和王夫之、戴震等人多少带有唯物主义因素或倾向的心性论。用马克思主义观点和包括近代心理学在内的科学方法，对中国心性之学进行系统的深入研究，正确说明道德的基础和本质、知和行的关系、真和善的关系等问题，是我们义不容辞的责任，也是现代学术发展的需要。现代新儒家在这方面所做的大量工作，不是对我们也有启发和促进作用吗？

与现代新儒家的新道统论和中国本位（或主位）的文化立场不同，马克思主义不是某种狭隘的宗派，而是以往人类文化史上一切优秀成果的合理继承者和发扬者。我们十分重视批判地继承和发扬民族文化传统中的那些优秀的东西，努力使自己的理论具有为中国人民所喜闻乐见的民族形式。但是，由于立场不同，我们和现代新儒家对什么是民族文化传统中的精华、什么是糟粕的看法显然是不一样的，并且决不允许用传统来拖住我们的前进步伐。中国的马克思主义者也不拒绝学习外国的优秀文化，他们以海纳百川的气魄，实行开放的文化政策，睁开眼睛看世界，对东方和西方各民族一切优秀的历史文化，近代先进的科技成就，均采取兼容并包、为我所用的态度，当然这同样是一个“取其精华、弃其糟粕”的过程。实行文化上的开放政策，就难免精华、糟粕一起进来，对于无所畏惧的马克思主义者来说，这并不可怕，用科学的方法加以鉴别和取舍就是了，并且最后都要经受实践的检验。我们对西方的各种资产阶级学术思想流派都采取开放的态度，更何况对在港台和海外流行的现代新儒家思想呢！所以，现代新儒家思想传播、渗透到国内来，并引起一些人的共鸣，得到一定的流传，这也并不可怕。我们要加强对它的研究，首先就要了解它，把现代新儒家的著作找来读一读，仔细推敲和认真比较分析；了解、研究得深入了，把它的本质暴露出来，告诉广大人民群众，人民群众自然会采取正确的取舍态度。

（本文是作者 1986 年 3 月 27 日在国家教委召开的“七五”科研规划咨询会上的发言。原载《天津社会科学》1986 年第 5 期）

关于现代新儒家研究的几个问题

一年来，关于现代新儒家的研究已经引起学术界的普遍关注和重视，见诸报刊的论文不下十数篇，各种不同观点都摆了出来。“现代新儒家思潮研究”课题被列入国家哲学社会科学“七五”规划重点项目，已有十多个省市的数十名学者积极地投入了这项研究工作。今年9月，在安徽宣州召开了第一次全国性的“现代新儒家思潮”学术讨论会，围绕着现代新儒家的定义（对象、范围）、产生背景、阶段划分、理论特征、历史评价等问题，展开了热烈的讨论。这里，我想就现代新儒家研究的几个问题，结合讨论中的各种意见，谈点我个人的看法。

现代新儒家的界定

这项研究尚处于起步的阶段，我们无意于也没有能力给“现代新儒家”下一个大家都能接受的完善而准确的定义。但是，它首先涉及研究的对象和范围问题，事实上由于对现代新儒家的概念和标准的理解不同，人们对哪些人是现代新儒家、哪些人不是都未能取得一致的意见。有的学者认为熊十力、梁漱溟、冯友兰、牟宗三是现代新儒家最典型的代表[①]，有的学者则选择了熊十力、方东美、唐君毅、牟宗

① 李泽厚：《略论现代新儒家》，《文化：中国与世界》第3辑，生活·读书·新知三联书店1987年版，第1—47页。

三四人作为主要论述对象[①]，有的学者认为方东美不是新儒家[②]，还有的学者认为说梁漱溟、熊十力、冯友兰、贺麟是现代新儒家是“不妥当”的[③]。有的文章论述现代新儒学的演变，上溯到康有为、梁启超企图把封建儒学转换成资产阶级儒学的尝试；有的文章则把现代新儒家的上限明确地界定为“五四”以后，论述了它在60多年历史演进中的三个发展阶段；还有的文章着重评介了以余英时、杜维明为代表的当代海外新儒学的思想[④]。总之，学术界对现代新儒家的定义、标准、范围的看法是很不一致的，有的甚至大相径庭。不把这个问题讨论清楚，作为一个统一课题的研究工作就无法开展，至少在我们课题组内应该有一个基本上一致的意见。

经过讨论，我们得到了初步的共识，即认为：现代新儒家是产生于本世纪20年代、至今仍有一定生命力的，以接续儒家“道统”、复兴儒学为己任，以服膺宋明理学（特别是儒家心性之学）为主要特征，力图以儒家学说为主体为本位，来吸纳、融合、会通西学，以寻求中国现代化道路的一个学术思想流派，也可以说是一种文化思潮。根据这一认识，我们在界定现代新儒家时，不能不考虑到以下几个方面：

（一）从学脉传承来说，现代新儒家是现代中国的儒家，具有尊孔崇儒、以儒家学说为中国文化的正统和主干、以继承儒家道统、弘扬儒家学术为已任等儒家的一般基本特征。他们有感于儒学在近代的衰落，怀着“为往圣继绝学，为万世开太平”的强烈的使命感，力图上承孔孟程朱陆王之“道统”，重建儒家的价值系统，使儒学在当今得到“第三期之发扬”。所谓“第三期”是针对“第一期”（先秦儒学）和“第二期”（宋明新儒学）而言的，即是指现代新儒学的发展

---

① 刘述先：《当代新儒家的探索》，《传习录》1986年第5期。

② 陈鼓应先生持这种观点。

③ 张岱年：《中国传统哲学的批判继承》，《理论月刊》1987年第1期。

④ 何新：《对现代化与传统文化的再思考——评海外新儒学》，《社会科学辑刊》1987年第2期。

阶段。儒学发展三期论正是其道统观念之最明显的写照。现代新儒家的代表人物在致思趋向和哲学观念上也表现出千差万别，但在尊孔崇儒、以儒家圣贤自命这一点上是共同的，这正是决定其为现代中国的儒家而不是墨家、道家或其他什么“家”的根本原因所在。

（二）尊崇宋明理学是现代新儒家的共同精神取向。他们所理解的儒学的基本精神，其实就是宋明理学的精神，即以儒家心性之学为中国学术文化之本源大流，强调以“内圣”驭“外王”，通过提高道德以追求“天人合一”的精神境界。现代新儒家的主流派（从熊十力到牟宗三）似乎是更重视宋明理学中的陆王心学一派，但却不能以是否推重陆王心学为绝对标准，冯友兰的新理学就是“接着”程朱讲的，方东美也更推重程朱理学，不能否认他们也是现代新儒家的重要代表人物。有的学者如熊十力，曾宣称“余平生于宋学无甚好感”①，但是他极力阐扬、绍述的“尽己性以尽物性”的“圣学血脉”②，正是体现了宋明理学的根本精神。现代新儒学和宋明理学（新儒学）之同一个“新”字，一是指它们皆非简单地复归先秦儒学，而是表现了能够融合佛道以至会通西学的开放性；二是指它们都特重儒家“内圣”之学，不离“内圣”为体、“外王”为用的思想路数。

（三）从时代特征来看，现代新儒家区别于先秦儒家亦区别于宋明新儒家，它生活在20世纪的中国，深切地感受到西方文化的挑战和中国面临着迫切的现代化问题，其对应现实的方法是力图以儒家思想为主体为本位，来吸收、融合、改造西方近现代的思想和文化，力图找到一条使传统中国通向现代化的较平稳的道路。它一方面认同传统文化，一方面迎接西方新潮，以适应时代需要。港台新儒家提出了“返本开新”的思想纲领，所谓“返本”就是返传统儒学之本，所谓“开新”就是开当代科学、民主之新。现代新儒家的代表人物都在不

---

① 熊十力：《乾坤衍》，1961年自印本，下册第58页。

② 熊十力：《新唯识论》壬辰本，癸巳赘语。

同程度上受到西方近代哲学和文化的影响，“援西学入儒”“儒化（华化）西洋文化”是他们共同致力的工作，而且后来者在接受西学方面表现出越来越开放的态度。

（四）从时间界限来说，我们认为现代新儒家思潮产生于本世纪20年代初，它是对于“五四”新文化运动激烈反传统的一种保守的回应，也代表了中国传统哲学力图适应现代、走向世界的一种努力。这个时间界限与我们通常所说的从“五四”开始的中国现代思想史是一致的，所以叫“现代新儒家”可能比称“当代新儒家”更确当一些①。我们在考虑现代新儒家产生的文化背景时，自然不能忽略他们和康有为、梁启超等人的思想联系，但康、梁在戊戌以后的保守思想却不能归入现代新儒家的范畴，辛亥前后的国粹派同它也有显著的思想特征的差异。至于下限，谁也不能否认，现代新儒家在今天仍然是一个活着的思想派别。恐怕在整个社会主义初级阶段，在社会主义制度的优越性充分显示出来之前，不仅“全盘西化”论总会有一定市场，希望中国走“儒家资本主义”道路的理论也总会有人欣赏。

（五）现代新儒家是现代中国的一个重要学术流派，是一种广泛的文化思潮，而不仅仅是一种哲学思潮。有的学者认为钱穆是史学家，徐复观是思想史家，张君劢是政治家，都不能算是现代新儒家的代表人物。这是把现代新儒家仅仅看作是一种哲学思潮，甚至以是否重视终极关怀、安身立命问题为主要选择标准。我们认为这样理解就太狭窄了。例如，钱穆先生虽然是一个史学家，但是他首先提出中国历史文化精神为一活的生命，这就是儒家的精神；他极其推崇宋明理学，以宋明理学为指导思想来编纂历史，同时又以叙述历史的方式来阐发宋明理学的基本思想。他无疑是广义的现代新儒家学派的重要代表人物之一。把现代新儒家作为一个完整的“思潮”来研究，似乎很

① “当代”一般指1949年中华人民共和国建立以后。海外称“当代新儒家”，虽然也提到梁漱溟、熊十力等前期代表人物，但主要是突出50年代以后港台新儒家的地位。

难越过梁漱溟、熊十力、冯友兰、贺麟等前期代表人物，研究他们前期的新儒家思想，并不等于对其一生的学术活动作结论，也不否定他们后来学术思想的转变和进步。

正是根据对“现代新儒家”概念的上述理解，我们课题组初步确定以梁漱溟、张君劢、熊十力、冯友兰、贺麟、钱穆、方东美、唐君毅、牟宗三、徐复观十人为重点研究对象。他们基本上属于现代新儒家的第一代和第二代，有的则是跨两代的人物（如张君劢、钱穆等）。1976 年在傅乐诗编的《变革的限制——论民国时代的保守主义》一书中提到的“新儒家”的代表人物，1982 年在台湾《中国论坛》召开的“当代新儒家和中国现代化”座谈会上所提到的代表人物，大体上均不出此范围。至于现代新儒家的第三代，大都活跃在当今港台和海外学术思想界，他们的思想表现出更多新的特点，并且正在发展变化中，研究他们可能更饶有兴味和更富现实意义，但只能俟诸来日。

现代新儒家在中国现代哲学史中的地位

前面已经提到，现代新儒家不仅是一种哲学思潮，而有更加广泛的文化意义。但是必须肯定，现代新儒家的代表人物都是有哲学的，其实尊崇宋明理学就是一种哲学倾向，也是一种哲学观点。他们中不少人都有重要的哲学创造，自成体系，堪称大家；加上他们在哲学路线、倾向上的共同性，以及相互之间表现出某种内在的逻辑联系，使这派哲学在中国现代哲学史上具有不可忽略的重要地位。

20 世纪的中国处在激剧的变动之中，作为社会政治、经济变动的反映的思想文化领域，也呈现出十分复杂的情况。

西方资产阶级学者通常把中国近现代思想概括为激进主义、自由主义、保守主义三大流派。激进主义是对马克思主义的攻击，通常提到的有李大钊、陈独秀等人。自由主义是指以胡适、吴稚晖等人为代表的西化派。现代新儒家则被归属于保守主义，并且提出一个新名词，叫作“文化的保守主义”，以区别于所谓“社会政治的保守主义”。保守主义除了现代新儒家之外，还包括孔教派、国粹派以至国民党戴季陶、陈立夫的哲学。

在20世纪的中国，马克思主义是最强大的思想潮流，马克思主义和中国革命的具体实践相结合，从根本上改变了中国的面貌，并从而影响了整个人类的历史进程。尽管学者们对马克思主义是不是中国现代哲学发展的“主线”还有争论，对马克思主义中国化过程中的成功经验和失败教训正在从不同角度进行探索和总结，但是，经过70年的传播和发展，马克思主义以其强大的政治优势和最终胜利而占据了中国现代历史舞台的中心这一事实，却是有目共睹、谁也否认不了的。只有正确地解决了中国现代社会的主要矛盾、正确地回答了“中国向何处去”这个历史课题的哲学，才能够称得上是时代精神的精华。

除了马克思主义之外，西方近现代的各种资产阶级哲学和社会政治学说都先后传入中国，其中主要有实用主义、马赫主义、新实在主义、柏格森的生命哲学、尼采的权力意志论、新康德主义、新黑格尔主义、逻辑实证主义等等。对于这些流派在中国现代哲学中的地位和作用，需要进行实事求是的具体分析。其中有的确如过眼烟云，稍现即逝，其影响所及，始终没有超出几所大学的讲坛。有的被现代新儒家学者吸收和改造，成为他们铸造自己的中西合璧的哲学体系的要素和有机组成部分。值得指出的是，实证主义思潮在中国的传播和发展，从严复、胡适到金岳霖，似乎可以找到一条前后可循的线索，他们在研究认识论和逻辑学问题、改变中国传统思维方式方面作出了自己独特的贡献。但是，从总体上来说，相对于马克思主义这种“西学”，上述思想流派的力量、作用和影响都可以说是微不足道的，“自由主义在中国始终没能创造出自己的真正独立的哲学”①，我们不能

① 李泽厚：《略论现代新儒家》，《文化：中国与世界》第3辑，生活·读书·新知三联书店1987年版，第2页。

把它在中国现代哲学史上的地位和作用估计过高。

站在保守主义立场上的保皇派、本位文化派、戴季陶主义、陈立夫的唯生论、蒋介石的力行哲学等等，不但政治上的落后性和反动性十分明显，而且在理论上也谈不上有什么重要创造，因而在学术界的影响不大。

可以说，在现代中国的各种思想潮流中，除了马克思主义之外，比较具有继往开来意义、在理论上有一定的创造性、影响较大而且生命力较长久的，唯有现代新儒家。这是一个很值得研究的现象，其原因恐怕在于它比西化派和顽固守旧派都更好地解决了传统和现代的关系问题。任何植根深厚并能有效地发挥其现实功能的哲学，都不能完全抛弃传统，“全盘西化”在中国是根本不可能的。但是如果不把传统推进到现代，使之有创造性的转换，那么它就只能成为阻碍历史前进的包袱。从维护儒家传统、反对全盘西化（也反对马克思主义）这个意义来说，现代新儒家属于保守主义的传统派；但是它又并不绝对排拒西学，而是主张在认同儒学传统的基础上，有选择地吸收西方哲学和文化，以适应时代发展的需要。从这个意义来说，现代新儒家又不同于孔教会、国粹派等其他保守主义的派别。它在本质上属于中体西用派，比各执一端的西化派和顽固守旧派具有更大的号召力，因而其影响和作用也是这些派别所不可比拟的。

有的同志提出了现代新儒家哲学是“‘五四’以后地主资产阶级思想体系的主线或主干”的命题，认为“‘五四’以来的地主资产阶级思想体系并不是一团没有头绪的乱麻，而是有一条主线贯穿其中的，这条主线就是‘新儒家’哲学”；“如果把‘五四’以来的地主资产阶级思想体系比作一棵大树，其他流派好比枝杈，‘新儒家’哲学才是主干”①。这是有一定道理的。早在 40 多年前，贺麟先生在

① 宋志明：《五四以来的“新儒家”哲学思想研究》，中国人民大学，博士学位论文，1986 年，油印本。

《儒家思想的新开展》一文中曾经写道："根据对于中国现代的文化动向和思想趋势的观察，我敢断言，广义的儒家思想的发展或儒家思想的新开展，就是中国现代思潮的主潮。"[①] 主线论或主潮论可能渊源于此。贺麟先生当时是站在现代新儒家的立场，在观察、总结"五四"以来的中国现代思想史时，有意忽视和否定马克思主义思潮的威力和影响；但是这一概括和总结，如果仅就"五四"以来的中国资产阶级哲学来说，把现代新儒家看作是主线或主潮，还不能说是毫无根据的。贺先生作为一个通晓西方哲学、努力译介黑格尔和新黑格尔主义的学者，他看到了，任何西方传入的思想学说，如果不和中国传统思想相结合，就不可能在中国扎根，得到广泛深入的传播和发展。他在抗日战争时期力图把新黑格尔主义和陆王心学结合起来，以谋求"儒家思想的新开展"；他还系统地总结了"五四"以来新儒家思潮的发展状况和理论得失，确立了它在中国现代资产阶级哲学中的"主潮"的地位。如能排除对马克思主义的偏见，用这种观点去清理中国现代哲学史，是有可能把脉络搞得更清楚一些的。当然，作为一个勇于追求真理、不断进步的学者，贺先生早已改变了自己的哲学立场，但不能否认他在40年前的论断仍包含着部分的真理。

明确现代新儒家在中国现代资产阶级哲学中的主线或主潮的地位，对于深入开展中国现代哲学史的研究是有重要意义的。它可以改变过去那种把五四以后的地主资产阶级哲学一概看成是腐朽的没落的，把反马克思主义和非马克思主义的思想流派一概说成是反动的简单僵化观念；它可以使我们的研究更注意那些融合中西、富有中国特色因而也更具有世界意义的独创性的哲学体系，更注意我们民族传统思维方式向现代转换过程中的哲学创造和理论思维经验教训；它可以帮助我们了解今日思想战线的复杂情况，了解各种思潮的来龙去脉，

---

① 贺麟：《文化与人生》，商务印书馆1947年版，第1页。

预计今后的发展趋势，以便采取正确的态度和方针。特别是现代新儒家思潮在今天还不能算是完全过去了的历史，它还活着，还在发展，我们对它进行历史性的研究就具有更加重要的现实意义。

关于研究的态度和方法

“现代新儒家思潮研究”课题一上马，就碰到了为什么要开展这项研究和怎样开展研究的问题，前者在“课题论证”中初步解决后，研究的态度和方法问题便突出了起来。经过讨论，我们认为在研究中要注意以下几个问题。

（一）老老实实地从搜集、整理资料的基础工作做起。

起初，曾有同志提出，这是一项极有意义的开拓性工作，目前人们对什么是现代新儒家，有哪些代表人物和主要理论观点，其产生背景、发展阶段和今后趋势如何等均不甚了了，如能组织一个精干的班子，分工合作，两三年内就能写出一本《现代新儒学概论》或《现代新儒家思潮史》之类的专著来。我们认为，这不失为一条早出成果、早见效益的“捷径”，但目前这方面的研究基础很差，没有扎实的资料准备，没有一批专人专题的局部研究成果做基础，要写出真正有科学性的“概论”或“思潮史”来，事实上是不可能的，至少目前条件还不成熟。对于梁漱溟、熊十力、冯友兰等现代新儒家前期代表人物，近年来才有人开始注意研究，还没有拿出系统的研究成果来；而对 50 年代以后在港台大力宣传新儒学的唐君毅、牟宗三等人，大陆学界因多年隔绝，知之甚少，近年来进口了一批港台版图书，对他们始有所知，但掌握的资料仍很不完全。因此，我们的工作必须从最基础的资料收集整理做起，按照统一计划，分工协作，一个人一个人、一个专题一个专题地分别收集、整理第一手资料，包括必要的调查访问，编写传记、年谱等，通过“知人论世”进而研究其思想学说，写出专人专题研究的系列论著来，在局部、微观研究基础上，然后才有可能宏观地把握整个思潮和弄清一些更深刻的本质问题。我们期以十年，通过课题组全体成员的扎实工作，将陆续推出《现代新儒学研究丛书》《现代新儒学研究论集》《现代新儒家学案》等成果来，为后来者更高层次的研究打下一个基础。

（二）要以马克思主义的立场、观点、方法为指导。

对于现代新儒家的研究、分析和评论，可以有不同的立场和态度。有批评的态度，也有赞赏的态度或完全认同的态度。在批评的态度中，有站在西化派立场的批评，有站在更保守的国粹派立场的批评，也有站在马克思主义立场上的力求客观、实事求是的批评。提倡哲学史研究的多层次、多角度、多方法、多途径，并不意味着肯定真理多元论，而是力图把握真理的全面性。过去那种简单僵化的哲学史研究模式，是不符合真理的客观性和全面性的要求的，也从根本上违背了马克思主义辩证法的精神。

要正确揭示现代新儒家思潮的实质、产生根源、社会作用和发展前景，离开马克思主义的阶级分析方法，离开社会存在决定社会意识的历史唯物主义基本原则是不行的。因为它确实是在阶级社会和复杂的阶级斗争背景下产生的一种思想文化现象，相信它宣传的抽象人性、超越的道德本体、不变的“历史文化精神”等等是幼稚的。我们还是要把现代新儒家放到中国现代社会和思想斗争中来考察，从它所代表的阶级的特殊利益来了解它所提出的各种思想主张，肯定其中所包含的有价值的理论创造，合理的思想成分，批评其错误和保守落后的方面。对于它的文化保守主义的实质、中体西用的基本态度、唯心主义的历史观和道统论、高扬道德理性的伦理本位主义，以及攻击“五四”运动、反对马列主义、诋毁大陆中共的政策、鼓吹走“儒家资本主义”道路等等，我们当然不能肯定，而是必须加以批评。现在有一种倾向，似乎马克思主义的阶级分析方法已经过时了，对于现代新儒家和其他有成就的资产阶级学者，都只能捧而不能批评，否则就会被指责为“左”和“僵化”。这是很不正常的。哲学社会科学包括历史科学的研究，离开从社会存在到思想观念的历史唯物主义原则，就很容易走到邪路上去。

（三）要重视现代新儒家为解决传统和现代化关系问题所作的探索和贡献。

现代新儒家学者有一共同特点，就是爱国主义，热爱中国的历史文化，念念不忘民族文化的复兴。他们又都是具有时代感的学者，并不拒绝学习外国的先进文化，都在连结传统和现代、融合中西文化方面做了一些探索和试验，其中有许多宝贵的经验教训是值得总结和借鉴的。马克思主义者也重视民族文化传统的批判继承，并且主张学习一切外来的优秀文化，明确提出了“古为今用，洋为中用”的方针。尽管二者对历史传统和外来文化的选择标准不同（区分“精华”和“糟粕”的标准不同），处理古今、中西关系问题也有辩证综合和折衷调和的差异，但是，时代课题的共同性和解决继往开来问题态度上的某些相似性，使这两个学派有了互相借鉴的可能。例如，现代新儒家学者对“现代化即等于西化”观点的批评，在马克思主义者看来，有的也是说得相当中肯的，不无借鉴意义。

特别值得注意的是现代新儒家在传统哲学现代化和西方哲学中国化方面所作的探索和贡献。例如，冯友兰的新理学，它是“接着”程朱理学讲的，讲的是中国传统哲学的问题，用的是“理”“气”“道体”“大全”等传统哲学概念、范畴，而他用以架构新理学哲学体系的方法，主要是新实在论的逻辑分析方法，因此使这种哲学就在很大程度上克服了传统哲学的那种缺乏严密的逻辑论证和形式系统的弱点。在理论观点上，它还吸收了柏拉图的理念论、亚里士多德的“四因”说、斯宾诺莎的实体学说、杜威的实用主义真理论等西方哲学要义，以及中国名家、道家、禅宗、玄学的某些思想，共同熔铸到新理学的客观唯心主义体系中去。应该说，它是融合中西哲学的一次成功的尝试，无论在内容上还是在形式上，都超越了传统哲学，取得了现代哲学的属性，而它又是连接着传统、不离传统的。其他现代新儒家学者的论著，如唐君毅的《中国哲学原论》、牟宗三的《心体与性体》等，都采用了近乎西方哲学的方法，来分析讲论中国哲学问题，都有某种程度的创造，因而有其一定的学术价值。马克思主义哲学也有一个中国化的问题，它要和中国革命与建设的具体实践相结合，也要和中国哲学优良传统相结合，在内容和形式上都成为真正是中国化的马克思主义。显然，在这方面，现代新儒家学者在探索中创造的经验，有些对我们是有启发的，不应加以抹煞或视而不见。例如，我国现在通行的马克思主义哲学教科书，有哪一本在中国化（包括批判继承中国传统哲学遗产）方面是十分成功的呢？仅就“中国化”这一点来说，有哪一本能超过冯友兰的《新理学》这本解放前的“大学教程”呢？由此可见，学习和借鉴不是耻辱，而是提高自己的最好方法。

（四）克服各种主观情绪的偏执，尽量客观、科学地分析和评价。

“现代新儒家思潮研究”课题确立后，有几位长辈学者，听说我们把唐君毅、牟宗三等人列进了研究计划，很不以为然地说：他们在解放前都是二三流的学者，其学术地位比留在大陆的一些成绩卓著、思想进步的学者低得多，现在把他们列为重点研究对象，写专论，立学案，不是过分地抬高了他们的地位吗？这种意见有其合理的方面，但也有偏狭之处。我们是把现代新儒学作为一个学术思潮来研究，而唐、牟等人是这个思潮发展中一个阶段的重要代表人物，1958 年著名的港台新儒家“宣言”，就是由他们几人联名发表的；30 年来，他们在港台和海外出版了大量著作，培养了一大批学生，使新儒学的影响远及东南亚和全世界，以至“儒家资本主义”在今天成为海内外关注的一个热门话题，从学术思潮史和现实思想斗争这两个角度，无疑地都应该加强对他们的研究。当然，对他们的研究和评价应该实事求是，不故意抬高，也不故意贬低，恰当地评估他们在现代新儒家思潮发展史中的地位和作用，并且摆到整个中国现代思想史中来作横向比较，那么，他们和一些进步的马克思主义学者的比较就不是什么学术地位高低的问题了，我们完全不必顾虑有失公正。同时，为了推进中国现代哲学史学科的发展，我认为也应该加强对中国大陆现、当代哲学家的研究，在研究中同样应坚持实事求是的原则。

主观情绪的偏执往往来自各个方面。在哲学史研究中，我们还要注意一种所谓“解释学的成见”，那就是专门研究某个思想家，往往就自觉不自觉地过分强调他的地位和作用，评价中有过多的溢美之词，不能完全客观公允。这是由于在研究过程中熟悉了解而注入了主观的感情，如对其人格的仰慕，身世遭遇的同情，哲学倾向的认同等，有的还带有对乡邦先哲的表彰之意，或者也有见木不见林的认识偏颇。总之，这些主观情绪的因素都有可能影响客观的科学的评价，我们在对现代新儒家的研究中也要特别加以注意。众所周知，现代新儒家是一个敏感的问题，它牵涉到中国人的传统文化心理，牵涉到过去的政治运动（如“批林批孔”）的观念影响，牵涉到一些在世的学者，也牵涉到某些现行政策问题，因此，我们的研究更要科学严谨，不为各种情绪的偏执所左右，才能使我们交出的答卷经得起历史的检验。

现代新儒家研究是一个新课题，对它感兴趣的人很多，许多同行都在进行扎实的研究工作，并且已经拿出一些很有见地的学术论著来。我们热切地期望和所有同行同好进行这方面的交流与合作，特别希望得到专门研究中国现代哲学史的在座诸君的指导和帮助。课题组组织编辑出版的《现代新儒学研究论集》和《现代新儒学研究丛书》，不仅发表、出版本课题成员的研究成果，而且也将为诸位和全国同好的精湛之作提供园地。我们还希望和港台以及海外的同行同好加强联系与交流。把现代新儒学这个带有一定国际性的思潮放到国际范围来研究，对它的现实意义和历史命运当会有更深一层的认识。

［本文是作者 1987 年 12 月 28 日在中国现代哲学史首届全国学术讨论会上的发言，曾引起热烈讨论。本文原载《天津社会科学》1988 年第 4 期；又载《现代新儒学研究论集》（一），中国社会科学出版社 1989 年版］

现代新儒学的产生、发展及其基本特征

近年来，在我国广泛而热烈地开展的文化讨论中，有一种“复兴儒学”或所谓“儒学第三期发展”的主张。其代表人物是一批思想活跃、在海内外有相当影响的港台和海外华裔学者。他们为重新确立儒学价值所作的努力，在国内也颇引起一些人的共鸣。

什么是“儒学第三期发展”？在他们看来，作为中国文化的核心主流和基本命脉的儒家学说，代表着一个不变的“常道”，它在各个时代可以有不同的表现或发展。两千多年来，儒学的发展可以分为三个时期。第一时期是先秦儒学，以孔、孟、荀为代表，他们的开创之功在于：一是彰显了人之所以为人的道德理性，二是确立了中国之所以为中国的文化理想。先秦儒学的发展到汉代以经学的形式表现出来，直到东汉末年，它就不再向前发展了。也就是说，从这个时候开始“峰回路转”，儒学主流失坠，玄学、佛教统治中国思想界达数百年。第二期是宋明理学即“新儒学”，是儒学主流重新确立和发扬光大的时期。宋儒排拒佛老，力斥异端，回到先秦儒学本源，直接通过《论》《孟》《大学》《中庸》《易传》来讲宇宙论和心性论。他们对儒学的创造性重建，突出表现在吸收、消融了佛教心性论，把做圣贤的工夫即挺立道德主体性放在第一位，认为只有贞定人之所以为人的人性尊严，才能显发为“治国平天下”的“外王”事业，维护中国之所以为中国的民族文化生命。所谓“儒学第三期发展”就是相对并承接“第一期”和“第二期”而言的。它是指西学东渐、传统儒学受到巨大冲击而显著衰落之后，为了重新复活儒学，确立它在现代生活中的主导地位的一种努力，这就是本文所要着重评介的“现代新儒学”的发展阶段。

现代新儒学作为一种学术文化思潮，已有60多年的历史，它在中国现代思想史上形成为一个不可忽视的重要派别，其代表人物就是“现代新儒家”。

现代新儒学思潮产生于本世纪20年代初，它是对于“五四”激烈反传统的一种保守的回应，也是对于当时已在中国流传开来的科学主义思潮的一种反抗。

在“五四”时期反孔教、反儒学运动达到高潮的时候，在一片“打倒孔家店”的声浪中，梁漱溟首先站出来捍卫孔子学说，公开竖起儒家旗帜。他抱着儒家圣贤的使命感，不无忧戚地说：“今天的中国，西学有人提倡，佛学有人提倡，只有谈到孔子羞涩不能出口，……孔子之真，若非我出头倡导，可有哪个出头?”① 1922年10月首次印行、1922年由商务印书馆正式出版的《东西文化及其哲学》一书，可以说是现代新儒学的开山之作。在该书中，他第一次把中国文化纳入世界文化架构中来平等地加以讨论，并且断言，只有中国文化所表现的人生态度于现实最合理，可以拯救西方人在功利竞争中的精神烦恼，“世界未来文化就是中国文化的复兴”。梁漱溟虽始终眷恋佛教，但他一生的事业实际上都是致力于儒家文化的复兴，所以他也被当作“以圣贤自居的儒学殿军”或“最后的儒家”而载入史册。

1923年发生的“科学与玄学论战”，在现代新儒学思潮形成和发展史上有十分重要的意义。本世纪初从西方传入的科学主义思潮，其特征是过分夸大科学的功能，鼓吹“科学是没有界限的”，“科学方法万能”。在“科学派”看来，科学不仅能提供无所不包的自然系统的知识，而且也能解决社会和人生观问题。以张君劢为代

① 梁漱溟：《东西文化及其哲学》，北京财政部印刷局1921年版，“自序”第3页。

表的“玄学派”则认为：“人生观问题之解决，决非科学所能为力，惟赖诸人类之自身而已。”[①] 这也可以说是现代新儒家的共同立场，即认为科学只在解释物理方面有效，至于更高层次的宇宙本体人生道德的真实，或所谓“玄学的真理”，那是靠科学的思维方式所不能把握的，而只能靠认识主体的直觉解悟。此后，中国资产阶级哲学的发展，大体上沿着两条道路：一条是科学的、实证哲学的道路，一条是玄学的、道德形上学的道路。现代新儒家哲学显然是沿着后一条道路发展的。

发端于20年代的现代新儒学，到抗日战争时期发展到了比较成熟的阶段。这是因为民族危亡的严重局势，刺激了那些主张发扬民族精神、复兴民族文化的思想学说的发展，为它们提供了有利的舆论环境。同时也由于经过较长时间的理论准备，包括对西学的学习、了解、消化和吸收，现代新儒家的代表人物已有可能创造出比较完整、系统的理论体系，明确提出自己的纲领和口号。例如，熊十力的“新唯识论”的哲学体系，酝酿于20年代，1932年出版文言文本，抗日战争时期改写成语体文本，1944年由重庆商务印书馆出版。其间经过20多年的思考、研究、修改、磨砺，才把这部独运匠心的现代新儒学的哲学经典传之于世。除了熊十力的“新唯识论”之外，抗战时期冯友兰还创造了继承和发展程朱理学并融入西方新实在论的“新理学”哲学体系，贺麟也力图创造一个以西方“苏格拉底、柏拉图、亚里士多德、康德、黑格尔之哲学，与中国孔、孟、程、朱、陆、王之哲学会合融贯”的理想唯心论哲学体系。他们都是站在抗日民族统一战线队伍中的知识分子。贺麟1941年发表的《儒家思想的新开展》一文，可以看作是中国前期现代新儒家的宣言。他宣称：“根据对于中国现代的文化动向和思想趋势的观察，我敢断言，广义的新儒家思想的发展或儒家思想的新开展，就是中国现代思潮的主潮。……自觉

① 张君劢：《人生观》，收入《科学与人生观》，亚东图书馆1924年版，第9页。

地正式地发挥新儒家思想，蔚成新儒学运动，只是时间早迟、学力充分不充分的问题。”① 他还明确提出了“以儒家精神为体，以西洋文化为用”“儒化（华化）西洋文化”的口号，说明现代新儒家既区别于盲目崇洋的“全盘西化”派，亦区别于抱残守缺的“国粹派”，但最终还是走上了“中体西用”的老路。

1949 年中华人民共和国成立，在现代新儒学思潮发展史上具有划时代的转折意义。它雄辩地说明，民族复兴的大业不能靠复兴儒学来完成，而只能靠马克思主义指导下的人民民主革命，并使中国走上社会主义现代化的道路。上述前期新儒家的代表人物，也多数从爱国、尊重客观历史规律进而转变成为社会主义、共产主义的信从者，超越了昨日的新儒家立场，向着真理前进了一大步。但是，历史发展的道路是曲折而复杂的，中国的现代新儒学思潮并没有从此断绝薪火。50 年代以后，它在港台地区继续传播和发展，并在特殊的政治境遇和文化氛围中掀起了一个新的高潮。1958 年初，现代新儒家的老将张君劢和熊门弟子唐君毅、牟宗三、徐复观三人，在香港《民主评论》杂志联名发表了一篇题为《中国文化与世界》（副题为《我们对中国学术研究及中国文化与世界文化前途之共同认识》）的“宣言”，系统地阐述了他们对中国文化的过去、现在和未来，以及中西文化关系等问题的基本观点和立场，提出了当代新儒家“返本开新”的思想纲领。他们强调中国历史文化为一活的精神生命存在，儒家的道德理想和宗教精神对人类社会具有普遍的意义。它与现代科学、民主非但不矛盾，而且相反，科学与民主正是中国文化中的道德精神自身发展之必然的内在要求，这就是所谓由“内圣”开出新“外王”。六七十年代，港台新儒家所反复咀嚼的不外乎是“宣言”中的上述基本观点。他们为此发表了大量文章和演说，出版了卷帙浩繁的论著，并且通过行政指令在高中和大学开设《论语》《孟子》等课程来扩大

---

① 贺麟：《儒家思想的新开展》，《文化与人生》，商务印书馆 1947 年版，第 1—2 页。

儒家思想的影响。以至现代新儒学至今仍然是港台地区传播较广、势力不小的一个学术思想流派。

港台和海外新儒学到 80 年代仍流传不衰，甚至有进一步向世界发展，成为一种带有国际性的学术思潮的趋势，并且也深刻地渗入并影响了国内的文化讨论。这主要是由于 70 年代以来，包括我国台湾、香港在内的“亚洲四小龙”在经济上的起飞，启示人们去重新思考传统儒家思想和现代工业文明的关系问题；同时西方人士对中国传统文化的认识和评价也有某种程度的转变，并把它和克服西方现代文明的弊端联系在一起，这就使一些人似乎是看到了重振儒学的希望，他们从“文化多元论”“第三种工业文明”出发进而提出了“儒家资本主义”的概念。这种当代文化思潮是不可轻忽的。它实际上是向我们的社会主义初级阶段的理论提出了挑战。当然，我们在中国社会发展的现实道路问题上对其作了针锋相对的回答之后，并不排拒它对传统文化和现代化所作思考中的那些合理因素，包括对中国近百年来“现代化”不成功的历史经验的反省，和对日本、“亚洲四小龙”现代化成功经验的学习和借鉴。

通过上述简略的历史回顾，我们不难看出，现代新儒家确实是中国现代思想史上有明确一贯的宗旨，富有传承性特色，至今仍然活着的一个思想流派。它不仅是一种学术文化思潮，而且首先是一种社会政治思潮。因为它所关注和回答的始终不离“中国向何处去”这个时代的课题。因此，我们对它的研究，就不只是具有思想史的价值，而且有着重要的现实意义。

70 年代中期，某些西方学者开始研究现代新儒家和所谓当代中国的思想危机问题，80 年代初台湾思想界围绕着“传统与现代化”问题对现代新儒家和现代新儒学思潮进行了比较广泛的研究和讨论。其主流是颂扬和肯定，也有不同的批评意见。

我们对现代新儒家的研究，可以说近年来才刚刚起步，但是它很快就引起全国学术界的普遍关注和重视。“现代新儒家思潮研究”课题被列入国家哲学社会科学“七五”规划重点项目，去年在安徽召开了第一次全国性的“现代新儒家思潮”学术讨论会，系统的资料整理和专人专题的深入研究正在有计划有步骤地进行。从报刊上已发表的文章来看，学者们对现代新儒家的定义（对象、范围）、产生背景、阶段划分、理论特征、历史评价等问题都有不同的看法，充分体现了“百家争鸣”的精神和学术民主、繁荣的气象。在这些问题中，我认为把握现代新儒家的基本特征是最重要的，下面就这个问题谈谈我的粗浅看法。

一般地说，“现代新儒家”这个概念本身的含义就显示了它有如下的基本特征：第一，它是现代中国的“儒家”，就必然具有尊孔崇儒，以儒家学说为中国文化的正统和主干，以继承儒家“道统”、弘扬儒家学术为已任等儒家的一般共同特征；第二，它是现代中国的“新儒家”，即主要是继承和发扬了宋明理学的精神，以儒家心性之学为其所要接引的“源头活水”，强调以“内圣”驭“外王”，表现出明显的泛道德主义的倾向；第三，它具有区别于先秦儒家和宋明新儒家的“现代”特征，这就是“援西学入儒”，一方面认同传统儒学，一方面适应现代新潮，走融合中西、“返本开新”的特殊道路。

这种一般的认识当然是正确的。但是，我们还可以从多种角度来进一步揭示、描述现代新儒家的思想性格，下面仅从文化心态和思维取向的角度略予展示。

一 民族本位的文化立场

从现代新儒学产生和发展的历程可以看出，不论是“五四”狂飙时代，还是抗日救亡时期，更不用说50年代以后港台和海外新儒家“天涯流落儿”的特殊境遇，这种思潮都是深刻的民族文化危机意识的产物。正是由于感到传统价值观念和形上世界的失落，才强烈地要求“寻根”，要求认同传统文化。所以它格外强调文化的民族性和继承性，并且用民族文化主体性去对抗“全盘西化”和贬低、否定中国文化的论调。例如，1958年港台新儒家“宣言”，首先针对某些西方学者认为中国文化已经死亡的谬见，强调中国历史文化为一活的生命，有其一贯之统绪或所谓“一本性”，它不但不会死亡，而且有许多值得西方人学习的深刻智慧永不可磨。现代新儒家的代表人物都有强烈的使命感，“深念旧文化崩溃之势日剧，誓以身心奉诸先圣”。民族文化危机越严重，他们维护传统和民族自尊心的心理则越强烈。西方学者曾分析过这种特殊的文化心态，认为它是落后民族在现代化过程中普遍存在的全球性保守反应的一部分，它通常是同民族主义联系在一起的。我们阅读现代新儒家学者的论著时，常为其真切的爱国热忱而感动，但也不能不指出其文化保守主义的实质。

二 中体西用的基本态度

现代新儒家不仅有维护传统、“誓以身心奉诸先圣”的保守的一面，而且还有适应时代需要的开放的一面。他们生活在20世纪的中国，深切地感受到中国面临着迫切的现代化问题，意识到民主和科学是不可抗拒的潮流，所以对西学不是采取绝对排拒的态度，而是有选择地吸收、改造，用以作为重新建构儒学体系的有机组成部分，就像宋明理学吸收、消融佛学一样。“援西学入儒”“儒化（华化）西洋文化”成为现代新儒学的一个重要特征。从早期的梁漱溟、熊十力，到80年代的海外新儒家，无一例外都是中西文化的融合论者，他们各以其独特方式探索西方哲学和儒学相结合的途径，并且后来者在吸纳西学方面表现出越来越开放的态度。然而，他们的中西融合，是以中为主，强调“以儒家精神为体，以西洋文化为用”，这里已预设中国文化优越于西方，在吸收西学时更难免有“六经注我”式的曲解和比附。和这种“中体西用”的基本态度相联系，他们为了联结传统和现代而自觉地提出了“返本开新”的口号。这个“本”就是传统儒学，就是“中体”；所开之“新”是指科学和民主，也就是“西用”。这说明现代新儒家的开放性是有限度的，怎样“开放”也不能脱离和超越儒学这个“本体”。

三　道德形上的哲学追求

现代新儒家与中国现代实证主义思潮的根本歧异，就是否定科学万能，主张科学与哲学分途。他们认为，哲学探讨的是宇宙本体和人生道德的真实，这是属于形而上的问题，是科学所不能企及的。科学的任务是求真，而哲学的功能在于求善。“哲学只能提高人的境界，而不在于获得具体知识”，它是“使人成为圣贤”的学问。这正是继承了宋明理学的传统。宋明理学“以理来贯通天与人、太极与人极，而人道人文，遂皆一一有形而上的究极的意义”。这种将天道与人性统一起来的道德形上学的追求，也正是现代新儒家的主要致思趋向。所以他们格外注重研究儒家特别是宋儒的心性理论，认为它是建立在道德实践基础上的道德主体性学说，即所谓“内圣”之学。人只有挺立了道德主体性，才能由“内圣”通“外王”，由此道德主体转出知性主体、政治主体、审美主体……开出科学、民主等“外王”事业来。这种“内圣外王”之道，被认为是传统儒学的精义所在，也是现代新儒家始终不能突破的思想格局。因此它的各种理论包括认识论、本体论、宗教观等等都深刻地打上了泛道德主义的烙印。例如，他们十分重视的终极关怀问题，实际上就是要建立一种通过“天人合一”由内在接通超越、由有限体证无限的“道德的宗教”。

四　推重直觉的思维方式

现代新儒学的上述基本特征，表现在哲学方法上就是推重直觉。重直觉了悟而不重逻辑论证是中国哲学的一大特色，儒、道、佛三家都是如此。坚持民族本位的现代新儒家正是继承了这一中国特色的思维传统。另一方面，它也受到西方 20 世纪以来的非理性主义思潮的影响，例如柏格森哲学对梁漱溟、张君劢、熊十力和早期冯友兰的思想都曾起过重要的作用。把哲学看作是一种体悟心性本体、培养圣贤人格的学问，也必然要求思维向内用力，因为只有直觉玄思才是达到形上本体、实现天道与人性合一的唯一途径。直觉作为“反实证论的思考模式”而受到现代新儒家的格外重视，也说明这是同实证主义或科学主义思潮分歧的焦点之一。从梁漱溟的“本能的直觉”、熊十力的“本心之自觉自证”、冯友兰的“负的方法”，一直到牟宗三的“智的直觉”，我们可以看到一条清晰的线索，并由此去把握现代新儒家的思维特征。他们对中西哲学直觉思维方式的自觉探究有助于揭示人类认识的丰富内容和多种机制，对于其中唯心主义、非理性主义的思想倾向则应进行恰当的分析和批判。

（本文写于 1988 年 5 月，原载《实事求是》1988 年第 6 期）

略论现代新儒家之得失

（一）在“五四”以来的中国现代思想史上，现代新儒家无疑是最具有影响力和生命活力的思想派别之一。它和马克思主义以及自由主义的西化派可谓鼎足而三，是在反对“全盘西化”、抵制马克思主义在中国的胜利行进中产生和发展起来的一个思想派别。这三个派别都主张中国要现代化，但各自选择的道路不同：马克思主义者坚持走社会主义现代化的道路，并在实践探索中把“中国特色”放到了越来越重要的地位；自由主义者主张照搬照抄西方经验，走西方工业文明即西方资本主义国家发展的老路；现代新儒家则批判了“现代化即等于西化”的口号，向往一条东方式工业文明即“儒家资本主义”的道路。70 年代以来日本、南朝鲜、台湾、香港、新加坡等东亚国家和地区经济迅速发展的事实，似乎是为“儒家资本主义”道路的可行性提供了某种例证，因此这派学说在 80 年代显得十分活跃。现代新儒家思潮在当今比本世纪 20 年代、40 年代和 60 年代实有更加广泛而深刻的影响。

（二）现代新儒家主张“复兴儒家文化”“重建儒家的价值系统”，呼唤和推进“儒学第三期发展”，其根本精神不在于复古，而是要畅通民族文化生命的本源大流，使之不至于割断和失坠，保存中华民族文化的主体性。尽管以儒学来涵盖中国民族文化传统未免偏狭，把儒学传统仅仅归结为道德心性之学亦有失全面、客观，但就对民族文化传统有强烈的自我意识，对发扬民族精神、复兴中华文明有高度的责任感，坚决反对宣扬民族虚无主义、文化投降主义的“全盘西化”论这一点来说，现代新儒家的功绩是不可抹煞的。在对待历史遗产的问题上，马克思主义从来不主张割断传统，而是明确宣称：“无产阶级文化应当是人类在资本主义社会、地主社会和官僚社会压迫下创造出来的全部知识发展的必然结果。”① “中国现时的新文化也是从古代的旧文化发展而来的，因此我们必须尊重自己的历史，决不能割断历史。”② 现代新儒家指责“五四”运动反传统造成了民族文化认同的危机，它的严重后果之一就是马列主义的乘虚而入，而西方传入的马列主义似乎是与中国传统绝对不相容的。这至少是一种误解。马克思主义对于中国文化的优良传统，不但不是敌视和对立的，而且力求和它相结合，否则它就不能在中国生根。我们从李大钊、瞿秋白、毛泽东、周恩来、刘少奇、邓小平这些中国的马克思主义者身上都可以看到将马克思主义和中国传统相结合的努力。当然，他们对传统不可能全面认同，而是强调“必须将古代封建统治阶级的一切腐朽的东西和古代优秀的人民文化即多少带有民主性和革命性的东西区别开来”，“剔除其封建性的糟粕，吸取其民主性的精华”，③ 批判地继承，为现代化建设服务，明确地提出了“古为今用，洋为中用”的口号。马克思主义的传入不是中国文化的危机，而是给伟大中华文明的复兴带来了生机。马克思主义只是提供一种新的世界观和方法论，为人类文明发展指出一条通向大同的道路，它并不否定也不能代替民族文化的主体性。马克思主义作为一种外来文化，要在中国生根发展，不能没有中国文化这个接受主体。在肯定民族文化主体性这一点上，马克思主义和现代新儒家并没有根本的分歧。在马克思主义和中

① 列宁：《青年团的任务》，《列宁全集》第31卷，人民出版社1960年版，第254页。

② 毛泽东：《新民主主义论》，《毛泽东选集》第2卷，人民出版社1952年版，第668页。

③ 毛泽东：《新民主主义论》，《毛泽东选集》第2卷，人民出版社1952年版，第667页。

国实际（包括传统文化）相结合的过程中，曾经走过曲折的道路，也有过像“文革”那样重大的失误，现代新儒家的批评不无针砭作用。

（三）现代新儒家除了有认同传统的一面之外，还有适应时代潮流的一面，其主要表现就是援西学入儒，提出了“返本开新”的思想纲领。所谓“返本”是返传统儒学之本，所谓“开新”是开当代科学、民主之新。从早期的梁漱溟、熊十力，一直到80年代的海外新儒家，无一不是中西融合论者，而且后来者在吸纳西学方面表现出越来越开放的态度。这一方面是时势使然，在当今的世界，任何抗拒科学、民主和现代化潮流的思想学说决无生存的可能。另一方面也说明儒学有其开放性、包容性和适应性的一面。在现代新儒家学者看来，儒学不仅具有“常道”性格，而且还有“时中”之义，它可以随着时代的变迁，因时制宜而有所因革、有所损益。故宋明新儒家之“援佛道入儒”和现代新儒家之“援西学入儒”都是其适应性和开放性的表现。至于它能开放到什么程度，“返本”和“开新”的实质关系是什么，我们看到，现代新儒家仍然摆脱不了“中体西用”的思想格局，传统儒学之“体”大大限制了对西学的全面选择、吸收、消化和利用，因此也就实际上阻碍了中国的现代化进程。

（四）现代新儒家理论中最具有中国特色的是它的哲学观。从这个学派产生之日起，就同本世纪传入中国的科学主义、实证哲学思潮在哲学的对象、功能、方法等问题上鲜明地对立起来，双方展开了持久的论战。现代新儒家的一个基本出发点是：科学研究的目的在于认识客观自然世界，获得关于外界事物的具体知识，只能采取理智的、逻辑的、实证的方法；哲学探求的则是更高层次的宇宙本体、人生道德的真实，即所谓“玄学的真理”，是科学的思维方式所不可企及的，而只能靠认识主体的直觉证悟。哲学的功能不在于帮助人们获得关于外部世界的某些具体知识，增强改造自然的技能，而在于提高人生境界，成就理想人格，以达到所谓“圣贤”之域。现代新儒家坚持传统儒学特别是宋明理学的道德理性主义立场，通过重建心性本体论使儒家所要开发的道德良知具有形而上的究极意义，并且通过内在超越性的论证，着重阐发了儒家将天道落实于人性之中的成德之教所具有的宗教精神，把解决终极关怀、安身立命问题看作是这种哲学的最高智慧所在。在今天西方物质文明高度发达，人类已经掌握了有可能毁灭自身以及整个生态系统的科学技术，对自然无限制的征服、利用已经危害到人类自身的时候，这种“亲亲”“仁民”“爱物”的哲学，建立在内圣修养工夫基础上的“天人合一”、生生而和谐的宇宙观，似乎又重新具有了诱人的魅力和某些现实性，好像中国人早已为建立未来世界秩序提供了一种最合理的思维方式。中国传统哲学中的直觉思维，也因同现代科学的某些重大发现联系在一起而引起人们的格外注目，由此而出现了“现代物理学与东方神秘主义”一类有趣的论题。这一切很难说是中国人的骄傲，儒家哲学的骄傲。现代新儒家抓住了人类精神生活中某些带有普遍意义的东西，把它加以无限夸大，使之变成“脱离了物质的绝对”，因此也就不能用它来解释现实的人类生活，包括人类的精神生活了。新儒家道德形上学体系的建立，虽然也吸收了西方哲学的某些内容和方法，但主要是继承和发扬了中国古代的儒家传统，它把中国传统哲学的特点（包括优点和缺点）也格外地凸显了出来。现代新儒家对中西哲学思维方式之异有比较清晰的认识，而世界哲学的未来发展总是趋向于中西融合，理智的和直觉的、科学实证的和道德人本的互补。显然，在这种新的综合中，现代新儒家哲学将要被克服，同时它也将作为一个重要方面、一种重要因素被保留。

（五）现代新儒家在理论上遇到的最大难题，就是如何说明长期为封建统治阶级服务、并作为封建社会官方意识形态的儒家思想，在现代社会依然有其存在的根据。它和产生于近代资本主义社会、属于完全不同的价值系统、以科学和民主为标志的近代文化如何能够相容，并从自身中“开出”后者来？他们对这个问题的解决，一般采取两种方法。其一是把儒家思想的基本精神和实质，脱离开一定的具体历史时代，也不从属于某一个特定的阶级或民族，变成一个抽象的精神实体，永恒不变的“常道”，这就是所谓“仁心”。它是内在于每一个人并且超越地涵盖自然宇宙和人类社会的普遍的道德真常心，各个时代、各个民族的历史文化都不过是这个普遍而超越的道德精神实体之不同的表现或开展。因此，它不仅可以适用于封建时代，而且也可以为近代文化以至未来文化发展提供永不枯竭的精神源泉。其二是采取“古已有之”的惯用手法，认为科学、民主等等并不是西方人的专利，它们早已包含在中国古老的儒学传统中，或者说开出科学民主“正是中国文化之道德精神求其自身之完成与升进所应有之事”[①]。有的学者反问：“儒家明明以社会教化为本，以人民为本，如何会成为反民主?”传统的“民本”思想和“正德、利用、厚生”之类的古训都被用来作为中国古代已有民主、科学思想的证明。这些除了暴露其唯心、独断和牵强、比附等理论弱点之外，并不能真正帮助他们解决内在难题。现代新儒家也清楚地意识到怎样从传统儒家内圣之学“开出”科学、民主的“新”外王事功来是他们的理论难点。因为在传统儒学中，内圣和外王是统一的，“君臣父子、仁义礼乐，历世不可变者，其体也；……举而措之天下，能润泽斯民，归于皇极者，其用也”（《宋元学案·安定学案》），体和用、内圣和外王都属于同一个价值系统。今天既要沿用“内圣外王”的思维模式，又要把属于两个不同价值系统的东西联结起来，自然感到困难重重。他们为此费尽心机，曲为解说，提出了“三统”开出说、良知“自我坎陷”说、“暂忘”说等种种新论，但都因为不能揭示事物的本质联系，因而缺乏理论的说服力。

（六）现代新儒家的文化心态，遭人非议最多的有两点：一是“中体西用”的基本态度，二是泛道德主义的价值取向。我认为这两点都值得引起深刻反省。尽管新儒家对“体”和“用”的内涵规定

---

① 唐君毅等：《中国文化与世界》，《民主评论》（香港）第9卷第1期，1958年1月。

已不同于上个世纪的洋务派，但提出“以儒家精神为体，以西洋文化为用”的口号，实际上仍然是中国精神文明优越论的老调重弹。现代新儒家学者具有强烈的民族文化意识值得称道，然而盲目的民族自大心理和过度的华夏优越感却应该抛弃，否则就会阻碍我们去虚心地学习其他民族的一切优秀文化成果（包括其“体”和“用”）。肯定民族文化的主体性和我族中心主义的“中体西用”论不是一回事，这点务必分辨清楚。泛道德主义的倾向曾经限制了儒家哲学在自然观、认识论、逻辑学等方面的开拓发展，“天人合一”的心性修养学说导致了“知识愈广而人欲愈滋，才力愈多而天理愈蔽”（王阳明《传习录上》）的反科学的极端结论，它使中国的政治也长期处在只有人治而没有法治、最适宜“圣君明主”专制统治的时期。现代新儒家仍然把树立人的道德主体放在第一位，然后由此道德主体转出知性主体、政治主体、审美主体……把人的一切活动的价值取向伦理化。在要求人的个性特征和创造精神全面发展的现时代，这显然是一种缺乏“现代化”精神的落后的思想学说。现代新儒家如果不能克服“中体西用”的态度和泛道德主义的倾向，它的作用和影响就会受到极大的限制。

（本文是作者提交1988年8月在新加坡召开的“儒学发展的问题及前景”国际学术讨论会的论文提纲）

第三代新儒家掠影

现代新儒家作为一个富有传承性特色的学派，至今已有三代人薪火相传。20—40 年代以梁漱溟、熊十力为代表的第一代，和 50—70 年代以唐君毅、牟宗三为代表的第二代，其阵容、规模、成就均已定型，作为研究对象，人们的认识分歧不会很大。至于 80 年代崛起的现代新儒家的第三代，由于它有一些新的特点，而且正在发展变化之中，因此研究者们见仁见智，认识的差异就相当大了。

我在一篇文章中曾提到杜维明和刘述先两个名字[①]，因为他们都是当今较有影响的学者，而且有着鲜明的新儒家立场，并不讳言自己是新儒家的传人。另外有的论者以杜维明和余英时二人为当代海外新儒家的代表[②]，也有人同时提出杜维明、余英时、刘述先、成中英四位成名于海外的学者，认为他们是第三代新儒家中最值得看重的人物[③]。我曾与成中英教授谈到过这个问题，他说："如果以熊、牟为正统来界定新儒家，我不属于这个派别；如果把方东美先生也划进新儒家的阵容，我是方的学生，也可以算是新儒家。"这是对问题的相当中肯的说明。我们似应抓住这个派别以儒家思想和中国传统文化为

---

① 方克立：《要重视对现代新儒家的研究》，《天津社会科学》1986 年第 5 期。

② 何新：《对现代化与传统文化的再思考——评海外新儒学》，《社会科学辑刊》1987 年第 2 期。

③ 黄克剑：《大洋彼岸的当代新儒家》，《危机与选择——当代西方文化名著十评》，上海文艺出版社 1988 年版。

主要的价值之源，坚持“返本开新”“中体西用”的文化立场等共同本质特征，而不宜过分强调其内部差异和所谓“正统”“非正统”之争。

第三代新儒家的知名代表人物多在海外，而它的大本营却是在港台。

去年12月在香港召开“唐君毅思想国际会议”，同时举办三项展览，除了为纪念唐君毅先生逝世十周年而展出的他的“生活照片”和“著作手稿”之外，还有一项是“新儒家著作展”。展出著作的新儒家代表人物，除了属于第一代和第二代的梁漱溟、熊十力、钱穆、方东美、唐君毅、牟宗三、徐复观等人之外，还有一批师承他们或在他们的影响之下从事著述的新一代新儒家学者。列入这个名单中的有杜维明、刘述先、霍韬晦、唐端正、李杜、黄振华、蔡仁厚、王邦雄、曾昭旭、杨祖汉、高柏园、岑溢成、袁保新、郑志明、李明辉、林安梧等人。他们大都是这次会议的主办者和参加者，如此鲜明地亮出自己的“新儒家”身份，是对其文化立场和学术事业有高度自信的一种表现，也使我们对第三代新儒家的阵容、处境和心态有了一个更加全面、适切的了解。

在这个名单中，前述几位知名的海外学者并没有都列进去，也就是说，他们并非都被宗派性很强的港台新儒家所认同。除了几位海外学者外，这个阵容主要由两部分人组成：一是以唐门弟子为主体的香港“法住”派，二是以牟门弟子为主体的台湾“鹅湖”派。香港的唐门弟子均出身新亚，目前虽然多在中文大学等校任教，但其活动阵地主要是佛教法住学会和下属的法住文化学院，霍韬晦任会长和院长，唐端正任副会长。这次，“唐君毅思想国际会议”就是由法住文化学院筹办和主持召开的。台湾的第三代新儒家人物，基本上集合在《鹅湖》月刊社的周围，形成一个以文会友的学术小团体。他们中年长一点的如中国文化大学哲学研究所所长黄振华教授、东海大学哲学系蔡仁厚教授，在学术界已有相当的地位；中年骨干如王邦雄、曾昭旭，也已出版了多种论著，他们是十多年前创办《鹅湖》时的主要领导人。现任《鹅湖》月刊社社长杨祖汉、总编辑高柏园、编委林安梧、郑志明等是一批30出头的青年学者，他们有的已是大学的副教授，有的还在攻读博士学位，但都有相当不错的学问根底，能写善辩，思想敏锐，在这次会上也显得十分活跃。

出席这次会议的还有被他们引为同调、经常在《鹅湖》月刊上撰稿的新加坡东亚哲学研究所刘国强、香港中文大学冯耀明等人，在一定意义上也可以把他们列入新一代新儒家的阵容。

由上可见新儒学作为一种当代学术文化思潮，在港台和海外还是有一定势力和影响的，现代新儒家还有其新一代的传人。那么，怎样来估计新儒家在港台和海外的势力和影响呢？他们在今天的处境到底如何呢？我们过去是隔岸观火，了解得并不真切，往往把它的作用和影响估计得过大过高。在这次会议上，台湾学生书局总编辑、淡江大学中文系主任龚鹏程教授提交一篇论文，题为《我看新儒家面对的处境与批评》，立场是维护新儒家的，但其中透露的消息说明新儒家在港台也并不那么行时，其作用和影响非常有限。我们应如实地看待这一思想文化现象，当然并不抹煞新儒家提出的文化理想有其一定的社会意义。

龚文指出，新儒家在台湾远不是什么主流派，而是“主流之外的儒家”。新一代新儒家学者虽然多在各大学任教，但他们的讲学布道活动却是在民间，往往采取一种师友讲习、情谊润渍的学术小团体的形式，始终“无法堂堂皇皇宣讲‘正理’于台大、师大、中研院等地”，“一直无法介入正规教育体制的人事、权力、制度结构之中，去发挥影响力”。即使在民间，他们的影响也很小，并未真正推拓于社会，形成一种什么“运动”（他们是以“儒学运动”自期的），发生“风行草偃”的效果。其影响甚至不如某些宗教团体，“反倒是新儒家的讲学，有时还必须依附于民间教团或其他文化团体之中，方得进行”。例如，《鹅湖》月刊社编印的《论语义理疏解》等书，就是为各地寺庙筹办国学研习会开讲“四书”而编写的；这次唐君毅思想国际会议，也赖香港佛教法住学会主办。这些都说明宗教团体在保存和传播传统文化方面，力量大过新儒家，故新儒家不得不借其势。

造成这种局面的原因，一是由于新儒家的“反时代潮流”的思想倾向所致，二是由于他们特殊的气质所决定的。现代新儒家并不反对民主、科学和现代化，但却对在历史上长期为封建统治阶级服务、强化权威观念的儒学，采取一种无批判的认同态度，甚至抱着一种宗教式的温情和崇敬，因此很自然地容易被视为保守势力，至少是一种文化的保守主义。他们讲的“内圣”之学，作为师友劝善互勉、提撕人心的道德修养学说，或许还有一定的价值，但它在事实上开不出现代民主、科学等“外王”事业来，因此难免被讥为“袖手空谈心性”“迂远不切事情”。他们继承着玄学派重视谈人生、谈精神价值、谈生命的学问的传统，而不满意于现代大学教育偏重知识的导向，分科结构又接近西方理念和组织的一套做法，这也是他们始终疏离于正规教育体制之外的原因。

在精神气质上，新儒家一方面有着强烈的民族文化危机意识，有一种悲情，以拯救民族文化、拯救此一沦丧时代的救世主自居，因此都有一些英杰豪霸的味道。另一方面，“在慨当以陈、攘臂揎袖的同时，新儒家似乎仍自甘于时代正统主流之外的地位，往往只扮演着一个消极抗议者的角色，维持在野者的身份，保持不妥协者的姿势，狷介自喜，山林气极重”。正是这种霸气和山林气并存的特殊气质，决定了他们在实际事功方面难有开展，对现实社会政治难以发生重要的影响。新儒家的理想也许很好，他们对解决传统和现代化的关系问题也并非一无所见，但由于有上述致命弱点，故始终疏离于社会之外，其学问也只在小团体内受用，尽管他们热心布道传教，却起不了转化社会政治的作用。

以上所述可能较真实地反映了港台新儒家的问题和处境。在港台，由社会经济政治制度所决定的文化环境和意识形态，居于主流地位的显然是西方的自由、民主和商业精神等价值观念，儒学传统只不过是作为点缀而已。台湾当局也提倡什么“中华文化复兴运动”，不过那属于杜维明讲的“儒教中国”或“政权化的儒家”之所为，而不是“以人文理想转化政权的儒家”，现代新儒家是耻于与之为伍的。这种上不着天、下不着地的地位，使新儒家的处境相当为难，就是在学术界的影响也非常有限。在台湾哲学界，新儒家的势力和影响甚至远不如天主教的新士林哲学。“中国哲学会”实际上就控制在后者手里。

在海外的一些新儒家学者，所处地位相对自由，思想视野也要宽阔一些。他们能够正视“儒门淡薄”、儒学在今天已经成为“游魂”的事实，看到重振儒学并不是一厢情愿的事情，而必须经过几百年的艰苦努力，更长远地着眼于未来的后现代化社会。他们对儒学的提倡也不只限于少数师友润渍的狭小圈子，而是广泛地造舆论，参加各种国际学术会议，主张现代儒家学者要同各种人对话，特别是要同当今世界上第一流的思想家对话，对西方文化的挑战作出有创见性的回应。对于扩大现代新儒学的世界影响来说，他们的贡献可能要更大一些。

第三代新儒家学者的组成情况比较复杂，所处环境亦不同，他们之间有这样那样的思想差异是不奇怪的。但一般说来，作为新时代下的儒家传人，他们都坚信儒学本身还有生命力，能够对付西方文化的挑战，在现代社会获得新的创造性的发展。在“返本开新”的口号下，他们强调从儒家精神的本根处（即树立道德主体）是能够开出现代民主和科学来的。在这次香港唐君毅思想国际会议上，就有好几篇文章对去年8月新加坡“儒学发展的问题及前景”讨论会上林毓生等人批评新儒家的文章①作出回应，指责其批评之“无根据”。这说明新一代新儒家学者为了捍卫自己的理想，其战斗性还是相当强的。不过他们在理论上也并没有很好地解决“返本”和“开新”之间的不

① 林毓生：《新儒家在中国推展民主与科学的理论所面临的困境》，1988年8月提交新加坡“儒学发展的问题及前景”学术讨论会论文。

相应问题，在这一点上并没有超克其前辈的困窘。

随着时代的前进，总的说来，第三代新儒家学者的思想表现出比其前辈有更大的开放性和灵活性，也不像其前辈那样受强烈的政治情绪纠结所左右，看问题是要相对客观和理智得多了。这次唐君毅思想会议，第一天安排了牟宗三、杜维明、墨子刻（Metzger）三位教授作主题演讲。牟宗三是第二代新儒家的重要代表人物，年逾80，讲话中气很足，但不无观念和情绪的偏执。他的思想，可以说从50年代以来，30多年基本未变，在这次会上还是大骂中共，骂马克思主义是“魔道”，甚至诅咒中共领导人“应该去自杀”。他在观念上的落后，还突出地表现在：（一）以儒学传统代替中国文化传统，认为中国文化中只有儒家讲的才是“常道”，由孔孟开发出来，到东汉“峰回路转”，儒学主流失坠，四百年岔出去，宋以后才“柳暗花明又一村”。明末以后，中国文化生命再次受到摧残，“刘蕺山死，中国文化就没有了”。（二）还是认为中国文化优于西方文化，重弹“西法中源”的旧调。他认为“法国大革命、美国独立宣言的主要理想都是从孟子来的”，“（宋明）理学家的境界早超过西方人了”，“我们现在是消化西学，科学、民主那是小玩意儿”。（三）认为西方文化发展到康德已经到头了，“消化康德就等于消化西方文化”，“好好念康德就行了，你去念什么海德格、萨特尔……干什么！”马克思主义更被他排斥在人类文明发展的康庄大道之外。接着他发言的是第三代新儒家的代表人物、美国哈佛大学教授杜维明，两人的发言恰好形成一个对照。杜维明不像牟宗三那样只讲“消化康德”，他提出的问题是：“为了儒学传统的进一步传播、发展和深化，应如何全方位、深层次地引进西方文化？”他认为儒学要有创造性的发展，必须是在多元文化背景下的发展，而不可能是“一枝独秀”。因此他主张现代儒家学者要同基督教徒对话，同佛教徒对话，也要同马克思主义者对话。第三代新儒家学者的胸襟，显然比其前辈要开阔多了，至少他们中有一些人能面向世界、面向未来、面向现代化和后现代化来考虑儒学发展的前景问题，这就在一定程度上克服了盲目的华夏优越感和民族自大心理所造成的思想局限。

第三代新儒家在 80 年代的崛起，恐怕不仅是由于师承相传的自然年龄的换代或接棒的需要，而且也是时代给予的发展机缘所造成的。一是当今的世界正处在一个由现代化向现代以后转型的时期，西方文明的偏失和局限似乎为中国儒家传统的重估和再生提供了机会。二是中国面临着更加迫切的现代化问题（它与“球籍问题”紧密联系在一起），一百多年来中国现代化的屡次挫败，促使人们重新思考和回到现代化的模式、道路问题的讨论上来，而且“东亚四小龙”近 20 年的发展也提供了一种参照，使“儒家资本主义”的理论在今天有了更加广泛的市场。第三代新儒家学者正是抓住了这些机缘，使自己的理论具有某些不同于前辈人的特点，也具有更加强烈的时代感和现实性。但是，他们的问题首先还是在于所立之“本”（儒家传统）能否摆脱产生它的那个时代的限制而具有永恒、超越的价值，这是它能否“开新”的关键。在这个问题上，我们还看不出他们对其前辈有什么新的突破。

这次唐君毅思想会议是对第三代新儒家的阵容的一次检阅，他们几乎全体出席会议并且展出自己的著作，说明他们是唐、牟一代的自觉的传人，决心把新儒家的事业继承下去并且发扬光大。这次会议还有一个新的特点，就是大陆某些学者提交的论文，也表现出对现代新儒学的某种程度的认同。这是必然的早已存在的一种趋势，但是我们现在还不能轻率地指谁是大陆现代新儒家的代表，或一般地肯定这个学派已在大陆存在。

（原载《文史哲》1989 年第 3 期）

现代新儒学与中国现代化

关于现代新儒学的问题，已经成为当今中国文化讨论的一个热点。

作为中国现代思想史上的一个重要思潮和学术流派，现代新儒学从“五四”以来一直存在，至今仍有一定的生命力，这恐怕是一个不容否认的基本事实。不过自50年代以后，它的中心从中国大陆转移到了港台和海外，今天大力宣传新儒学和主张“儒学第三期发展”的，也基本上是港台和海外的新儒家学者。

80年代中期以来，中国大陆又掀起了一场规模宏大的古今中西文化之争，港台和海外的一些华裔学者，亦十分关切和实际上参与了这场文化大讨论。现代新儒家的“儒学复兴”说，就是文化讨论中非常引人注目的一派。[①] 对于这派观点，国内学者褒贬不一，评价各异。从报刊上已发表的文章来看，多数对现代新儒学持批评和商榷的态度，而批评的出发点、角度、方法和持论激烈程度又很不一样。不少青年人一听到“新儒学”就很反感，认为在今天讲复兴儒学是十足的保守、落后、倒退，“是对历史的一个反动”，把现代新儒学看作是同中国现代化完全逆向的一种精神力量。反映在思想界，就有一派激烈批评新儒学、与其势不两立的观点，他们往往被称为“彻底

---

① 参见郭齐勇《现代化与中国传统文化刍议》，《武汉大学学报》1986年第5期。除了“儒学复兴”说之外，他认为在这场文化讨论中较有影响的还有“彻底重建”说、“西体中用”说和“哲学启蒙”说等。

的反传统派”。

国内也有一些学者，在对“批林批孔”“评法批儒”的非理性运动作了痛切的反思之后，对孔子、儒家和传统文化怀有较多的温情和敬意，在思想感情和理论观点上和现代新儒家颇有共鸣和相通之处。不过他们仍小心谨慎地和新儒家保持着距离，特别是在敏感的政治问题和中国现代化道路的现实选择问题上。但有个别学者写的文章，已经表现出全面认同新儒学的倾向。在他们看来，只有现代新儒家才是中国传统文化之精华的继承者，它“对中国文化与现代化等问题的看法较为公允合理”，或者说“在处理儒学与现代化的关系中有全面的高成就的贡献”，中国的现代化应该按着现代新儒家的思想理路来实现。

在一个新的历史转折时期，出现各种思想的分歧和争鸣是必然的，也是正常的现象。回顾70年的历史，我们发现今天的文化讨论和“五四”时期的文化论争有一些基本的相似之处，至少各派观点的传承和发展可以找到一条清晰可见的线索。今天文化讨论中主要的各派观点，都像是自觉地接过先辈们曾经举起的旗帜，在新的历史条件下重新论证自己的文化选择和救国方案的正确性。本文要评述当今的新儒学和对待新儒学的各派观点，也不能不从“五四”讲起。

中国现代三大思潮之间错综的对立统一关系

对“五四”以来的中国现代思想史，学者们有不同的分期、分派和分析评论。我认为应该把从“五四”至今的70年，包括大陆、台湾、香港在内作为一个整体来考察，才能捋清中国现代思想发展的线索和全面把握它的丰富内涵。

西方学者往往用“激进主义”“自由主义”“保守主义”的三分法来划分近现代中国和其他国家的思想派别。就中国来说，“激进主义”是对社会主义、马克思主义思想派别的攻击，通常提到的有陈独秀、李大钊等人，中国共产党人自然也被指为激进主义者。“自由主义”是指以胡适、吴稚晖等人为代表的西化派，他们是资产阶级的自由主义者。“保守主义”是指抵抗“全盘西化”，也反对共产主义的各种派别，总的说以维护传统为特征。这里面情况又非常复杂。他们提出了一个“文化保守主义”的概念，以区别于极力维护社会政治现状的“社会政治的保守主义”。“文化保守主义”是指那种立足于传统文化，力图融会古今，也有选择地吸纳外来文化，以适应时代需要的思想倾向或思想派别。他们在政治上可以很进步、很革命，甚至十分激进，但是对待民族文化传统却很谨慎、很保守，温情脉脉，谨守先业，唯恐“弃我故常”。有这种心态的人，在中国近现代思想史上可谓屡见不鲜，章太炎是一个例子，曾经参加过辛亥革命的现代新儒家的精神领袖熊十力也是一个典型的例子。

如果以走出中世纪、实现现代化为标志来界定近现代思想，那么在“五四”以来的中国思想史上，有三个派别均属于这一范畴，而且它们反映着当今世界发展潮流和国内阶级力量的对比，70 年来虽互有消长但都有不衰的生命力，相互之间展开了错综复杂的思想斗争，有时也有局部的一致、联盟关系。这三派就是中国的马克思主义者、自由主义的西化派和现代新儒家。国民党右派哲学无论就其势力和影响或其思想之缺少现代性格来说都不在现代中国思想史上占重要地位。

上述三个派别在“五四”时期均已登上中国的思想舞台，在今天中国思想界最活跃的还是这三个派别或三大思潮。70 年来鼎足而三的形势，很值得我们去认真地思考、总结和研究。

我不同意把现代新儒家看作是同中国现代化完全逆向的精神力量，甚至认为它是“反现代化”的观点。我认为上述三个派别都是主张中国要现代化的，不过各自选择的道路不同。马克思主义者坚持社会主义现代化的方向和道路，并在实践探索中把“中国特色”放到了越来越重要的地位；自由主义者主张照搬照抄西方经验，走西方工业文明即西方资本主义发达国家曾经走过的老路；现代新儒家则批判了“现代化即等于西化”的口号，向往一条东方式工业文明即“儒家资本主义”的道路。这种东方精神文明加西方物质文明的理想蓝图，如果说在其前辈代表人物梁漱溟、熊十力、冯友兰等人那里还比较模糊和朦胧的话，那么最近20年来日本和“东亚四小龙”经济迅速发展的事实，则被认为是为“儒家资本主义”道路的可行性提供了有力的例证。这也是现代新儒学思潮在今天重新抬头和发生广泛影响的原因。

回顾70年的中国现代史，其间曾发生过多次思想文化论战，可以说主要是在马克思主义、自由主义的西化派和现代新儒家三派之间发生的，展现了它们之间错综复杂的思想关系。问题与主义论战，是在马克思主义者李大钊和西化派胡适之间展开的。科学与玄学论战，玄学派的立场实际上就是现代新儒家的立场，科学派的主将丁文江、胡适、吴稚晖等人都是自由主义的西化派。马克思主义者陈独秀、瞿秋白、邓中夏等人也介入了这场论战，他们对双方不是各打五十大板，而是更多地肯定和支持了科学派的进步主张。20—30年代的东西文化论战，也是三派都亮相了。东方文化派的主将即是现代新儒家梁漱溟，胡适、陈序经等人则明确提出了“全盘西化”的口号。马克思主义者李大钊在偏于“灵”的第一文明（指东方精神文明）和偏于“肉”的第二文明（指西方物质文明）之外，表示了对“第三新文明”的向往，他认为这种理想的文明是“灵肉一致之文明”。[①] 瞿秋白也超越东方文化派和“全盘西化”派，指出社会主义新文明是一种“艺术文明”，认为它是自由、正义和真美的统一。[②] 40年代，现代新儒家学者创造了“新理学”“新心学”等哲学体系，马克思主义学者曾著文同他们进行论战，主要是批评其唯心主义的宇宙观和方法论。50年代以后，马克思主义在中国大陆占统治地位，曾发动过对西化派胡适和现代新儒家梁漱溟等人的思想批判运动。而在港台，现代新儒家和西化派都是反对马克思主义的，但在他们之间也有斗争，

---

① 《李大钊文集》上卷，人民出版社1984年版，第184页。

② 《瞿秋白选集》，人民出版社1985年版，第109页。

例如60年代台湾就发生过西化派李敖同包括现代新儒家在内的传统派之间的激烈论战。今天的情况仍然是这样，大陆、港台和海外的中国学界（特别是华裔思想界）越来越联系成为一个整体，三大思潮互相冲撞激荡，既有斗争又有联合，形成内外交织、色彩斑斓的思想斗争画面。从根本上来说，它们代表着当今世界上三种现代化模式的不同选择和冲突。恐怕在整个社会主义初级阶段，在社会主义的优越性还没有充分显示出来之前，即使在国内，不仅“全盘西化”论总会有一定市场，希望中国走“儒家资本主义”道路的理论也总会有人欣赏。三大思潮并存和对峙的格局大概还会延续相当长一段时间，我们不能回避和无视这一基本的现实。

就三派复杂的思想关系来说，西化派和现代新儒家似乎是互相水火，他们之间发生过多次激烈的中西文化论战。但他们在反对社会主义、共产主义，要求走资本主义道路这一点上是共同的，不过各自选择的发展模式不同而已。他们都是中国现代的资产阶级思想流派。①从人类历史发展的进程来看，社会主义是高于资本主义的一种文明形式。尽管社会主义现代化道路的现实历程充满艰难和曲折，但是它代表历史进步的方向，符合最大多数人民的利益，所以成为饱受封建压迫和帝国主义掠夺之苦的绝大多数中国人民的现实选择。在中西文化问题上，马克思主义者没有陷入简单化的中西对立、体用二元的思维模式，对民族文化和外来文化均持取其精华、弃其糟粕、批判继承、

① 关于现代新儒家的阶级属性，过去有的论者笼统地说是“代表地主资产阶级的思想”，有的更直接地指为“封建复古主义”。邓中夏在总结科玄论战时曾经说过：“东方文化派可说是代表农业手工业的封建思想（或称宗法思想），科学方法派可说是代表新式工业的资产阶级思想，唯物史观派可说是代表新式工业的无产阶级思想。”（《中国现代的思想界》，《中国青年》第6期，1923年11月。）这在当时可能有一定的道理，因为“东方文化派”的成分相当复杂。但是他没有看到现代新儒家学派后来的发展趋势，特别是在今天明确提出了“儒家资本主义”的道路和口号。所以，从总体上应该肯定现代新儒家是一个资产阶级的思想派别。

综合创新的态度，对各执一端的西化派和现代新儒家都有所批评，也部分地肯定和认同他们提出的某些合理的思想观点。例如，现代新儒家对西化派的民族虚无主义和“现代化即等于西化”观点的批评，西化派对现代新儒家的文化保守主义和“中体西用”的基本态度的批评，在马克思主义者看来，都有合理之处，有些还说得相当中肯。这就决定了马克思主义和这些流派之间有时也有思想上的统一战线关系。

放在这样一个大的思想斗争背景下，我们就不难看清今天对待新儒学的各派不同观点的理论实质。

现代新儒学之“新”及其现代性格

用“儒学复兴”说来概括现代新儒家的思想主张其实过于简单化，也不十分准确。这容易使人们产生一种误会，以为现代新儒家就是逆潮流而动的纯粹的封建复古主义者，那么它和中国现代化之不相应甚至背道而驰就是不言而喻的了。许多人对现代新儒学并不了解但一听就很反感大概根由于此。

“复兴儒家文化”，“重建儒家的价值系统”，呼唤和推进“儒学第三期发展”，确实是现代新儒家提出的口号。但其根本精神不在于复古，而是企图以此畅通民族文化生命的本源大流，使之不至于割断和失坠，保存中华民族文化的主体性。尽管以儒学来涵盖中国民族文化传统未免偏狭，把儒学传统的内在资源仅仅归结为道德心性之学也有失于片面、武断，但就对民族文化传统有强烈的自我意识，对发扬民族精神、复兴中华文明有高度的责任感，坚决反对宣扬民族虚无主义、文化投降主义的“全盘西化”论这一点来说，现代新儒家的功绩是不可抹煞的。有着强烈的民族文化危机意识，力图对传统文化之精华“好自护持，毋令断绝”，而并非只是一种怀旧和思古之幽情，这恐怕是现代新儒家的共同心态。熊十力对“清末以来，国人恒自卑，视固有学术都不成为学术”，“五四运动以后，菲薄固有，完全西化之倾向”深感“未安”[①]，对“中学精意随其末流之弊，以俱被摧残，如蒜精之美，不幸随其臭气而为人唾弃”甚为“惶惧”[②]，故强调对民族文化要“掘发其固有宝藏，涵养其自尊自信之毅力”，如良医“谨其攻伐而善护其元气”，才能“消其郁滞，则痼疾自除，而生命力乃日益充沛”[③]。港台新儒家唐、牟、徐、张在1958年发表的联名“宣言”中，也突出地表现了这种“忧患”意识。他们尤其深受“在许多西方人与中国人之心目中，中国文化已经死了”的看法之刺激，竭力论证几千年的中国历史文化为一活的精神生命存在，它今天“正在生病”，但“仍有活的生命”，“我们要治病，先要肯定病人生命之存在”[④]。他们对民族文化传统，怀抱着生命根处的深情，把维护和延续中国文化之慧命看作是自己神圣的历史责任。我们没有理由把这种热爱民族历史文化的真挚感情斥之为“复古主义”。

对于现代新儒家所要恢复的儒家传统是什么，怎样去恢复，我们也有必要弄清楚。

儒学是一种产生于古代社会、长期为封建统治阶级服务的意识形态，现代新儒家学者也很清楚地了解这一点。他们极力厘清“儒家的象征符号”，区别儒家中具有普遍、永恒价值的部分和与时推移的部分，作为人文理想的层面和现实制度的层面，认为制度化的儒学或“儒教中国”已经死亡了，而摆脱了封建制度躯壳的纯净化了的儒学则可以得到新生。这种认为社会意识可以脱离社会存在、观念和制度可以截然二分的观点当然不可取。但是我们可以看到，现代新儒家提倡儒学决不是要恢复封建制度，回到“儒教中国”去，笼统地批评它“复古倒退”也不是有的放矢。

---

① 熊十力：《十力语要》卷三，湖北“十力丛书”印本1948年版，第2页。

② 熊十力：《十力语要》卷一，湖北“十力丛书”印本1948年版，第51页。

③ 熊十力：《十力语要初续》，香港东升印务局1949年版，第14页。

④ 唐君毅等：《中国文化与世界》，《民主评论》（香港）第9卷第1期，1958年1月。

被现代新儒家视为儒学中最宝贵的内在资源，可以万古常新的部分是它的道德心性之学，或谓“内圣”为己之学，这一学说发端于孔孟，而由宋明理学家吸收佛道思想建构成一系统的形上学体系，所以宋明理学已被称为“新儒学”①。现代新儒家继承和发扬的儒学传统，正是宋明理学中的这一思想学说，同时对它加以“新”论证，把它和现代哲学中的主体性学说结合起来，例如和康德的道德的形上学相结合，强调树立道德主体是人之为人的第一义。这里确实体现了儒家学说不断吸收外来营养、自求完善、更新发展的开放性的一面。“现代新儒学和宋明理学（新儒学）之同一个‘新’字，一是指它们皆非简单地复归先秦儒学，而是表现了能够融合佛道以至会通西学的开放性，二是指它们都特重儒家‘内圣’之学，不离‘内圣’为体、‘外王’为用的思想格局。”②

现代新儒学之“新”如果仅仅表现为回到宋明理学的“内圣外王”之道，那么就很难说它有什么“现代”性格。心性之学是它所要“返”的儒学之“本”，除了“返本”之外，它还要“开新”。“开新”就是要适应现代化社会的需要，开出科学和民主。现代新儒家学者已经注意到了宋明理学“内圣强、外王弱”的毛病，所以特别强调要从儒家内圣之学开出科学、民主的“新外王”事功来。

高度发达的科学技术和民主政治是现代化的重要标志。现代新儒家不但不反对科学和民主，而且从它的第一个重要代表人物梁漱溟开始，就认为西方的科学精神和德莫克拉西精神“完全是对的”，中国人应该“全盘承受”，“引进这两种精神实在是当务之急”③。他们承认中国过去的历史文化中，“缺乏西方之近代民主制度之建立，

① “新儒学”是相对于先秦儒学即孔孟原始儒学而言的，通常指宋明理学，但有的学者已经把董仲舒的学说称为“汉代新儒学”。

② 方克立：《关于现代新儒家研究的几个问题》，《天津社会科学》1988 年第 4 期。

③ 梁漱溟：《东西文化及其哲学》，商务印书馆 1922 年版，第 269 页。

与西方之科学及现代之各种实用技术，致使中国未能真正的现代化、工业化”[①]，并在一定程度上探讨了中国之所以缺乏科学和民主的原因。因此，他们格外强调：“儒家的理性主义在今天这个时代，要求新的外王，才能充分地表现。今天这个时代所要求的新外王，即是科学与民主政治。”“新外王要求藏天下于天下、开放的社会、民主政治、事功的保证、科学知识，这就是现代化。”[②] 在这个问题上，我们和现代新儒家的分歧在于从传统儒家的价值系统中能否开出科学和民主来，在理论和实践上能否解决从儒家心性之学到现代科技和民主政治的必然过渡问题，而并不怀疑他们要求科学、民主之真诚，不能否认他们提倡的是富有现代意识、具有“现代”性格的儒学，或现代化之儒学。当然我们也应看到，他们肯定科学和民主也有被动地适应现代化的一面。这种肯定和接受是有条件、有限度的，它不能超越儒学之“本”，不能违背传统儒家的价值。对于高举“科学”“民主”大旗，英勇反传统、“打倒孔家店”的“五四”健将们，现代新儒家是很不宽容的，不仅指责他们提倡的科学、民主是“科学一层论”和“空头民主”，甚至直骂他们反对传统文化是“庶孽无知”“丧心病狂”。这表现了新儒家在对待科学、民主问题上的矛盾心理。

对科学和民主的态度实际上也就是对待西方文化的态度。现代新儒家继承了中国儒家“和而不同”，善于吸纳、融摄外来思想学说以丰富发展自己的开放传统，在中西文化冲突中，能够以比较健康的心态，主张在肯定民族文化主体性的基础上，尽量吸收西方文化之优长，以补中国文化之不足。熊十力说：“中西之学，当互济而不可偏废”；“中西文化，宜互相融合”，“合之两美，离则两伤”。[③] 他高度

---

① 唐君毅等：《中国文化与世界》，《民主评论》（香港）第9卷第1期，1958年1月。

② 牟宗三：《从儒家的当前使命说中国文化的现代意义》，《中国文化论文集》（二），台湾幼狮文化事业公司1985年版。

③ 熊十力：《十力语要初续》，香港东升印务局1949年版，第30页。

评价了西方科学民主对于人类的伟大贡献，认为建立在科学精神基础上的西方哲学有许多值得中国哲学学习、吸收的地方。“西洋哲学，其发源即富于科学精神，故能基实测以游玄，庶无空幻之患，由解析而会通，方免粗疏之失。西学之长不可掩，吾人尽量吸收犹恐不及，孰谓可一切拒之以自安固陋哉!”① 主张尽量吸收西方文化之优长，“融化西洋学术之大者”，以实现中国哲学、中国文化的现代化和世界化，可以说是现代新儒家几代人的共同理想。从梁、熊一代到唐、牟一代，再到今天的第三代，所受西学教养越来越深厚，对它的优长和缺失之认识也越来越深刻，所以他们的中西文化观并不完全是感情用事的“我族中心主义”，而是以一定的理性分析和判断为基础的。不过由于他们对传统儒学价值之执着地维护，几乎带有一种宗教信仰的性质，因此在诠释西学、评判中西文化优劣时，往往还是以中国文化之精神理念为标准，这就难免重新走上“中体西用”的老路。

总之，我认为不能把现代新儒学完全看成是复古主义，应该看到它也有适应现代社会需要的一面，不应忽视和抹煞它的“现代”性格或“现代”特征。对于儒家传统，杜维明等人十分强调“批判的继承”和“创造的转化”，强调它今天是在多元文化背景下的发展，必须同当今世界上各种有生命力的思想学说交流对话，接受现代文明的洗礼，作出创见性的回应。这不是用“复古倒退”“对历史的反动”所能简单否定的，而必须承认是富有历史意识的一种探索，至于探索的结果如何，那是另外一回事。

现代新儒学的理论难题和现实困境

中西文化问题，传统和现代化的关系问题，一直是 70 年来文化讨论的主题，今天仍然是这样。现代新儒家力图在这方面有所建树，

---

① 熊十力：《读经示要》，重庆南方印书馆 1945 年版，第 130—131 页。

他们的探索也给我们许多有益的启发，但是能不能说他们已经完满地解决了这个问题，“在处理儒学与现代化的关系中有全面的高成就的贡献”呢？我看还不能这样说。这种全面肯定、认同新儒学的倾向，我们也不能赞同。

事实上，关于儒学和现代化的关系问题，现代新儒家似乎是作了一种调适或融通的解决，其实并没有解决它们之间的根本内在矛盾，最多不过是折衷调和而已，这突出表现在他们所说的“返本”与“开新”之脱节，“内圣”与“新外王”之不相应。为了解决这一理论难题，他们曾经作过不少努力，但至今成绩不佳。

现代新儒学作为一种“返本开新”的文化运动，它的重心无疑是在“返本”，即回到儒家精神的本根处，确认儒家道统在中国文化中的“一本性”。这种确认是非历史的。传统儒学的精神被说成是一个可以超越一切历史时代，也不从属于某一特定阶级或民族的永恒不变的“常道”，这就是所谓“仁心”。它是内在于每一个人并且超越地涵盖自然宇宙和人类社会的普遍的道德真常心，各个时代、各个民族的历史文化都不过是这个普遍而超越的道德精神实体之不同的表现或开展。因此它不仅可以适用于封建时代，而且也可以为近、现代文化以至未来文化发展提供永不枯竭的源头活水。这也是他们认为从传统儒学之“本”必然可以开出现代科学、民主之“新”的根据。

然而这种理论是根本站不住脚的。如果脱离中国封建社会以农业为基础的自然经济和宗法等级制度的现实，就根本无从谈儒学的基本精神，即便是孔子“仁”学中反映的原始人道主义和家庭血缘亲情，也打上了那个时代和阶级的烙印。那个作为儒家之“常道”的抽象精神实体是不存在的。首先肯定儒家道统的一本性不可移易，儒学之本具有永恒价值，然后推论从儒学之“本”中必能开出科学民主来；为了论证固有之本的永恒价值，甚至说开出科学民主“正是中国文化之道德精神求其自身之完成与升进所应有之事”①。这种论证方法的非科学性是非常明显的，不是从事实出发，而是从抽象的原则出发，一切结论都早已包含在抽象的原则之中；不是从现代化的需要出发去衡定传统儒学的价值，而是在肯定儒学永恒价值的基础上给它装进现代化的内容。正因为传统儒学的价值和现代化的内容（科学、民主）都是具体的，它们又属于不同的价值系统，所以现代新儒家根本无法克服“返本”和“开新”之间的矛盾。

他们所要返的儒学之“本”，就是树立人的道德主体性的心性之学。“此心性之学，乃通于人之生活之内、人之与外、及人与天之枢纽所在，亦即通贯社会之伦理礼法、内心修养、宗教精神及形上学等而一之者。”② 这是一种通过道德实践体证天道与人性合一使人成圣成贤的学问，可谓拟议甚高，又称为“内圣”之学。以此“内圣”心性之学为形上基础的正统儒学，其基本的价值观念是贵义贱利，重道轻器，与之相关还有存理去欲、好古贱今、重农轻商、重家国轻个体、重义务轻权利、重人治轻法治、重和谐轻竞争、重守成轻进取、重道德轻知识、重理想轻事功、“道不同不相为谋”、“不患寡而患不均”等等。这些显然与以科学、民主为标志的近代文化的价值观念大异其趣，甚至可以说在基本的方面都是对立的。企图保持传统儒学的基本价值观念不变，并从其核心“内圣”心性之学中疏导出现代意义的科学和民主来，这在事实上是很难做到的。现代新儒家所立之“本”如果没有一个根本的转换，那么它就很难开出适应现代化需要之“新”来。

儒家心性之学和现代科学民主，是他们企图连结起来的传统和现

---

① 唐君毅等：《中国文化与世界》，《民主评论》（香港）第9卷第1期，1958年1月。

② 唐君毅等：《中国文化与世界》，《民主评论》（香港）第9卷第1期，1958年1月。

代化、“返本”和“开新”的两个方面，连结的桥梁即是“内圣外王”的思维框架。正是这个“内圣外王”的框架，暴露了传统儒学和现代化之难以相应。牟宗三已经看到了这一点。他说：“以往二千年来，从儒家的传统看外王，外王是内圣的直接延长”，但是，“在以前可以说是如此，在现在则是不够，修身齐家在这个时代，不能直接推出治国平天下，不能由内圣直接推出外王，这就显出现代化的意义。以前从修身齐家一直可以推展到治国平天下，那就是非现代化”。[①] 这就是说，在传统儒学中，内圣和外王、修己和治人是统一的。“君臣父子，仁义礼乐，历世不可变者，其体也；……举而措之天下，能润泽斯民，归于皇极者，其用也。”（《宋元学案·安定学案》）体和用、内圣和外王都属于同一个价值系统。今天既要沿袭“内圣外王”的思维模式，又要把两个属于不同价值系统的东西连结起来，自然难免暴露出体用两橛、“不能由内圣直接推出外王”的困窘。牟氏的话说明传统的“内圣外王”在今天已不适用，它是一种“非现代化”的思维模式。然而牟氏和其他新儒家代表人物，仍然在“内圣外王”的框子里大做文章，要求非现代化的“内圣”之学，开出现代化的“新外王”事业来，这就叫人十分不解，感到他们对爱之甚深的传统儒学似乎是要求太苛刻了一些。

为了解决“返本”和“开新”、“内圣”和“新外王”的脱节问题，现代新儒家力图在中国古老的文化传统中去寻找科学、民主的因素或“种子”[②]，例如儒家的民本思想和“正德、利用、厚生”的古训都被用来作为“古已有之”的证明。近似或貌似的思想材料还有许多，这里需要的是历史的具体的分析和基本价值取向的衡定。民本思想从来没有突破儒家德治主义的框子，它和以权利观念为基石的现代

---

① 牟宗三：《中国文化的省察》，台湾联经出版事业公司 1983 年版，第 36—37 页。

② 唐君毅等人一方面承认中国古代缺少西方近现代的科学和民主，一方面又认为中国文化传统并不反科学、反民主，而有许多和科学、民主相通的部分。

民主是有原则区别的。“正德、利用、厚生”的古训正说明先儒把道德人格的完善放在认识和改造客观世界的活动之上，连唐君毅等人也承认，在“正德”和“利用、厚生”之间，缺少了一个理论科学的环节，这是中国古代自然科学不发达的原因[①]，脱节问题还是没有解决。

现代新儒家也充分意识到了自己的理论困难，为此他们费尽心机，曲为解说，提出了“三统”开出说、良知“自我坎陷”说、“暂忘”说、“理性的作用表现”转为“理性的架构表现”之说等种种新论，力图解决“由体达用”即从儒家心性之学到现代科学民主过渡的逻辑必然性问题。例如，儒家心性之学要求人首先成为道德的主体，由此道德的主体怎样转变成为科学认知的主体呢？唐君毅等人说：“此道德的主体之要求建立其自身之兼为一认识的主体时，此道德主体须暂忘其为道德的主体，即此道德之主体，须暂退归于此认识之主体之后，成为认识主体的支持者。直俟此认识的主体完成其认识之任务后，然后再施其价值判断，从事道德之实践，并引发其实用之活动。”[②] 同样，道德主体转为建立民主制度之政治主体，也须“暂忘”和谦退。从表面看，这种理论把科学民主精神均涵摄于道德理性中，认识主体之建立不过是自作主宰的道德主体之必然升进和自我完成，实际上它却反映了道德主体在科学认知和民主政治建设活动中的完全无用和无能，它不得不退避三舍，待其事竟后再出来指手划脚，“施其价值判断”。这种不切实际的怪诞的理论，竟被作为最新科学成果郑重其事地向世界人士宣告，实在有损中国文化的理论形象。

在儒学和现代化的关系问题上，现代新儒家力图有一个调适或融通的解决，但由于基点选择的错误，他们不可能作出“全面的高成就的贡献”，而是始终不能摆脱理论上的困窘。他们还不可避免地要受到两点指责：一是“中体西用”的基本态度，二是泛道德主义的价值

---

① 唐君毅等：《中国文化与世界》，《民主评论》（香港）第9卷第1期，1958年1月。
② 唐君毅等：《中国文化与世界》，《民主评论》（香港）第9卷第1期，1958年1月。

取向。在西化思潮的严重挑激下，“返本”始终是现代新儒学的理论重心，“本”通常是和“体”“道”等概念联系在一起的。儒家“内圣外王”之学本来就是以“内圣”为体，“外王”为用。新儒家提出“返本开新”“由内圣开出新外王”的口号，仍是沿袭“体用”模式，较直接的就是“中体西用”思想的翻版。贺麟先生在40年代提出“以儒家精神为体，以西洋文化为用”的口号，十分准确地概括了现代新儒学的精神方向。过于偏重道德的价值取向曾经限制了儒家哲学在自然观、认识论、逻辑学等方面的开拓进展，德治主义政治使中国长期处于只有人治而没有法治、最适宜“圣君明主”专制统治的时期。现代新儒家仍然把树立人的道德主体性放在第一位，然后由此道德主体转出认知主体、政治主体、审美主体……把人的一切活动的价值取向伦理化。在要求人的个性特征和创造精神全面发展的现时代，这显然是一种缺乏“现代化”精神的落伍的思想学说。

直到80年代的今天，仍然坚持儒家“道统论”不变，还是以孔孟程朱陆王为“正统”，把墨、道、法、释诸家排除在民族文化传统之外，把儒家中真正富有人文主义精神和唯物主义的思想学说也排除在儒家传统之外，这种思想史观应该说是相当落后的。“儒学三期论”集中表现了他们的续统意识，也突出地表现了其唯心史观。

由于现代新儒家未能处理好儒学和现代化的关系问题，他们提出的道德理想陈义过高，不切实际，因此在中国现代化的过程中实际上回声很小。70年来，现代新儒家学派中不乏硕学鸿儒，他们一个个著作等身，名扬海内外，但是在中国始终没有形成一个真正有群众基础的“新儒学运动”（这是他们自期的），新儒家的影响基本上还是停留在学院内和少数知识分子中间，一般老百姓是根本不管你那一套“内圣外王”“返本开新”的。由于他们实际上也未能提供出一套对组织现代化的生产、经济运作、政治管理有效的外王学问，所以不论在大陆，还是在港台，新儒学都是不受当局重视的，最多因弘扬民族文化有功而受到一定的褒扬。任何理论在一个国家的实现程度，都决定于它满足这个国家现实需要的程度，现代新儒学在今日中国之受冷遇，恐怕还是要从它能否适应和满足现代化的需要这个方面去反省。有人把新儒学看作是一种针对现代化弊病的批判理论，认为它的意义将主要在“后现代化”社会表现出来。从作为世界公民来说，关切人类未来发展前景固然表现了崇高意境（不说传统儒学和“后现代化”到底有无实质的一致之处），但是如果它对中国今天的现代化进程没有现实的指导和促进作用，那么提倡这种学说又有什么意义呢？

要正视“儒家资本主义”的经验和挑战

进入 80 年代以后，有人开始从另一角度去理解和阐述提倡新儒学的现实意义，这就是认为它给中国指出了一条“儒家资本主义”的发展道路。其背景很清楚，就是所谓“工业东亚”或“亚洲五龙”的兴起。日本、南朝鲜、台湾、香港、新加坡等东亚国家和地区近二十年来经济迅速发展的事实，为我国的现代化建设提供了一些值得借鉴的成功经验，也对我们的社会主义初级阶段理论提出了严重的挑战。在海内外思想界，出现从肯定“儒家资本主义”的意义上去认同现代新儒学的现象不是偶然的。

儒家伦理和东亚经济发展的关系是 80 年代学术界最感兴趣的研讨课题之一。一些学者首先重评了韦伯关于儒家伦理的否定性价值判断，认为它正在受到“巨大的经验现象的挑战”。他们并不反对而是接受了韦伯关于近代资本主义的发展并非只是由于物质的经济的原因，而同时必须凭借一些精神的条件如政治法律的、伦理道德的和宗教的力量的观点，但是却不赞成韦伯在《中国的宗教》一书中关于儒家伦理只是对世界的“理性的适应”而不是“理性的主宰”，因而不能推动传统中国社会走上资本主义发展道路的论断，认为工业东亚的兴起是对韦伯这一论断最有力的驳难。在他们看来，东亚现代化的根源必须从宗教衍发出来的伦理中去穷究原委，儒家伦理即是东亚现代化的源头活水，或者说，“东亚社会经济之谜的文化解释在于儒家伦理”。

关于工业东亚经济起飞的原因，显然不能仅从思想文化去解释，把它归结为儒家伦理价值观的积极作用，或者如现代新儒家那样，把东亚经济发展说成是儒家“内圣”之学合乎逻辑地开出的“外王”事功。促成这些国家和地区经济迅速发展的原因是多方面的，除了同一定的历史文化背景有关之外，更重要的是由于它们利用了特定的国际环境和国际资本的支持，发挥了有利的地理条件的优势，实行了适合本地情况的经济发展战略和政策，善于借鉴和消化外国技术，提高生产效率等等。仅就影响经济发展的文化环境来说，这些国家和地区除了受到儒家文化的影响之外，还有本地的文化传统，在近代更多的是接受了西方的政经制度和文化观念，只把儒家伦理格外突出出来至少是以偏概全。许多学者已经指出了这种论点之片面武断，例如美国坦普尔大学傅伟勋教授就曾指出：“我们不能只就表面去看儒家伦理与经济发展之间可能存在着的因果关联，还该进一步探讨五个地区除了儒家伦理之外，分别具有着的本身独特的意识形态结构。”他举例说，香港与新加坡都长期受有英国人在政策制定、公司组织、企业管理等方面的示范与影响，而又具有得天独厚的优越地理条件（如充当东西交通的重要港口）；日本与南朝鲜都有强烈的集体团结精神，集体精神乃是促成战后日本经济奇迹的一大因素，加上德川幕府以来的“商人之道”精神与明治维新以来的资本主义财阀意识等等，日本早已具有顺利配合经济发展的意识形态结构。至于台湾，如无偏居一岛的生存危机感，如无邻邦日本的经济冲击，如无美国的大市场可供产品推销等内外条件，则是否能在这20年内逐步造成今天的经济成就，也是不无疑问的。[①] 这种具体分析各个地区的特殊情况和内外条件，否定以偏概全的笼统结论的方法和态度是可取的。

---

① 傅伟勋：《儒家思想的时代课题及其解决线索》，《知识分子》（美国）1986年夏季号。

简单地以儒家伦理为“因”，以东亚经济发展为“果”的观点也不符合历史事实。新加坡是一个由政府出面推行儒家伦理的国家，新加坡政府为什么要推行儒家伦理呢？新加坡国立大学社会学系主任郭振羽教授著文指出：这个国家从60年代初开始推进工业化、都市化政策，到70年代后期即已在经济和社会发展方面取得足以自傲的成就，但是也带来一系列社会问题和“道德危机”。经济发展使家庭结构趋于松散，三代同堂的大家庭为核心家庭所取代，削弱了东方传统中最根本的孝道精神；一般人太过注重物质的享受，太过重视金钱和地位，一些传统美德如勤俭朴素、刻苦耐劳等都被冲淡了；工业化带动社会组织和社会价值观的蜕变，导致理性化、机械化以及极端个人主义的趋向，人际关系变得冷漠而功利；西方文化腐败、颓废风尚的入侵，使犯罪、嗜毒、色情、嬉皮、离婚、堕胎等社会问题随之而生且日趋严重。正是为了“克服现代化与西化带来的道德危机”，“匡救现代都市社会重功利、重个人利益、过度强调工具性理性主义的弊病”，新加坡政府领导人和社会有识之士才感到有发动“文化再生运动”的必要，早在70年代后期，就已经推行过全国性的礼貌运动、敬老运动和华语运动，1982年正式把“儒家伦理”列入中学课程，以后更进而推广为普遍的社会运动。① 这一分析表明，新加坡经济发展并不是推行儒家伦理的结果，倒是经济发展以后，工业化现代化带来种种社会问题是要求推行儒家伦理的原因。现代新儒家正好是倒因为果、倒果为因，完全颠倒了历史的因果联系。

当然，上述历史事实的陈述，并不是说儒家伦理对于促进现代经济发展一无作用。新加坡政府通过“儒家伦理”教育，固然主要想在道德上精神上教育新加坡青年，使他们避免走上颓废和物质主义的道路，同时也看到了东方传统注重学习、敬业乐群、遵守纪律、刻苦耐

① 郭振羽：《新加坡推广儒家伦理化的社会背景和条件》，《当代》（台湾）第25期，1988年5月。

劳的精神，对于提高人的素质、培养良好的工作态度，因而对于促进社会经济文化发展亦有积极作用，儒家强调“以礼待人”、和谐人际关系、提倡上下合作精神也符合现代企业管理的原则。这说明传统文化中的某些内容经过转化、改造是能够与现代化相容并起到一定促进作用的。不过学术界关于这个问题尚有争论，有的学者认为像刻苦耐劳、勤俭节约、遵守纪律等等已不属于儒家伦理的范畴，而是老百姓日常生活中的“工作伦理”；有的学者说在东亚经济发展中起作用的不是一般意义上的儒家伦理，而是“俗世化的儒家伦理”或“庸俗化的传统家族伦理”。不管怎样界定，其所指内容均属于传统文化的范畴，是东亚地区原有的区别于外来西方文化的东方传统资源，是造成东亚经济发展的特殊文化背景的一个重要组成部分。工业东亚的经验是在工业化、现代化的过程中，不是完全抛弃而是注意保存这些带有民族特色的优良的传统价值，使之与现代化生产和经济发展相适应，力求有机结合。工业东亚的经验说明现代化有共同的规律和进程，但在各个国家可以采取不同的发展模式，有别于西方的独特的“东亚发展模式”的出现，加深了人们对文化多元论的认识。这种东亚发展模式能否一般地概括为“儒家资本主义”呢？学者们之间在看法上也有较大分歧。许多日本学者就拒绝接受这一概念，认为仅用儒学来概括日本发展资本主义的文化背景十分不当。就是在属于中国国土的台湾、香港现代化的过程中，儒家思想到底起了多大作用，有多少人承认它的作用，也是大可值得怀疑的。肯定工业东亚的经验不等于肯定现代新儒家的基本观念，不等于承认和接受他们的“内圣外王”的思想理路。

中国和上述经济发达的东亚国家和地区地理位置相近或相连，有相同或相似的历史文化背景，同属中国人或亚洲人种，工业东亚的经验自然对我们有极大的参考价值。与这些国家和地区不同的是中国是一个社会主义国家，国家大，人口多，底子薄，要使十亿人民走上共同富裕的社会主义现代化道路，自然困难得多。谁也不能否认 40 年来中国已经有了巨大进步，但是由于建设社会主义是前无古人的事业，谁也没有经验，还由于这个事业的缔造者本身的局限，造成一系列认识和政策上的失误，使我们40年的道路走得非常艰难曲折，以至今天成绩仍然不够理想，和上述东亚国家和地区的发展有较大的差距。有人把这归咎于社会主义制度，主张中国“全盘西化”或走“儒家资本主义”的道路，这是不符合中国国情的极不现实的设想。社会主义是中国近现代历史发展的必然归趋，是不可逆转的历史前进方向，中国社会生产力和经济发展水平之不足，只能通过改革、开放、发展社会主义商品经济来逐步解决，而不可设想另起炉灶搞什么“儒家资本主义”，否则将会使中国重新陷入混乱，延误发展时机，铸成历史的大错。工业东亚的经验对我们极有启发的是，现代化不等于西化，各国现代化都要研究自己的国情，注意民族特色，不能割断传统。社会主义现代化也是这样，有苏联东欧模式，也理应有中国模式，所以中国共产党十二大以来特别提出要建设有中国特色的社会主义。

现代新儒学作为中国现代化过程中的一派思想学说，在解决传统和现代化的关系问题上提出过一些有价值的意见，为传统的创造性转化、连结传统和现代作出了一定贡献，但是偏于保守的文化立场也给中国现代化带来了若干消极负面的影响，它显然不能代表中国新文化运动的健全的正确的方向。中国文化的未来发展，必然要扬弃和超越现代新儒家及其“劲敌”全盘西化派，同时吸收、包容他们思想中的合理因素，对于民族文化和外来文化，都要从中国社会主义现代化建设的实际需要出发，审慎地选择，历史地科学地分析，批判地继承和扬弃，走综合创新的道路。中华优秀文明和包括马克思主义在内的世界先进文明的最佳结合将给这个古老的国家带来新的蓬勃生机。

（本文是作者1989年5月提交全国高校纪念“五四”七十周年“中国新文化运动的回顾与前瞻”学术讨论会的报告论文。原载《南开学报》1989年第4期）

现代新儒学的发展历程

儒家文化传统和现代生活能否协调？儒学对现代化是只能起消极阻碍作用，还是也能起到一定的积极作用，甚或认为它就是中国和东亚现代化的指导思想和理论基础？传统儒学经过“批判地继承”和“创造地发展”，能否开出民主、科学的现代化事业来而获得“第三期发展”之光明前景？这是70年来中国和海外华裔思想界一直关心和热烈讨论的问题。在这个讨论中，有一批热爱中国文化、执着地认为儒家思想包含着普遍的永恒的价值、在现代必能有新开展并能有大贡献于世界未来文化的学者，和全盘否定中国文化传统的西化论者进行了激烈的持久的论战，他们被称为“现代新儒家”或“当代新儒家”，形成为“五四”以来中国现代思想史上足以和马克思主义派、自由主义的西化派鼎足而三的一个重要的学术思想派别。70年来，这个学派已有三代人薪火相传，在今天仍有一定的生命力和不可低估的现实影响。

关于现代新儒学的发展历程，被公认是第三代新儒家领袖人物之一的杜维明曾多次谈到：以儒学为基础的哲学反省，在“五四”时代就已经开始了，到今天已包含了三代人的努力。“梁漱溟、冯友兰、熊十力、张君劢、贺麟属于第一代人。”“继续着他们的事业的学者，有熊十力在海外的一些学生，像牟宗三、徐复观、唐君毅等人。”“我们则属于第三代人。”①

这一发展轮廓的描述，我是基本赞同的。三代人的努力，也代表着现代新儒学发展的三个阶段。如果从时间上来划分，从“五四”到中华人民共和国成立，这30年是现代新儒学发展的第一阶段；从50年代初到70年代末，以1978年唐君毅先生去世和延续几个月的“悼唐风波”为其终结的标志，大约也是30年，是现代新儒学发展的第二阶段；从80年代开始的第三阶段，至今还只有十年，还在发展过程中。杜维明说：“我们现在继续着前人的事业，这一工作怎样推动？儒学能否很健康地发展？会发展成什么形态？能产生什么力量？这些都是未知数。”② 这不仅是就第三阶段说，而且也是就整个现代新儒学的发展前景来说的。正因为是一个“未知数”，所以才有探讨的必要，也引发了人们研究这一课题的兴趣。

要解决这个问题，作一种历史的回顾和发展规律性的探索似乎是有必要的。弄清现代新儒学产生的历史背景、它所要解决的时代课题、针对中国和世界时局变化的因应及其目前的处境和发展趋势，有助于预计它的未来前景和对它的历史地位和作用进行全面的评价。本文所能做到的，只是极为粗略地概述现代新儒学之发展历程，并对其中的一些问题提出自己的理解。

1920—1949：现代新儒学发展的第一阶段

一般认为，现代新儒学产生于本世纪20年代初，也就是作为中国现代史之开端的“五四”时代。有的研究者把现代新儒学的发端追

① 杜维明：《创造的转化——批判继承儒家传统的难题》，《中报月刊》1987年5、6、7、8、9号。

② 杜维明：《创造的转化——批判继承儒家传统的难题》，《中报月刊》1987年5、6、7、8、9号。

溯到上个世纪末康有为的儒学改良运动，则似乎忽略了一些重要的时代和思想特征的差异。康有为是企图用资产阶级思想来“改造”儒学，他站在今文经学家立场上对旧儒学所作的批判，适足构成了反传统主义的一个逻辑环节。现代新儒家是在儒学遭到空前“厄运”（如杜维明所谓“儒门淡薄，收拾不住”）的情况下力图“重建”和“复兴”儒学，使之在现代生活和世界文化对话中仍保持一定的地位。康有为企图通过“托古改制”把孔子近代化、资产阶级化，现代新儒家则力图保持孔子和儒家学说的真精神（“返本”）来接引现代科学民主（“开新”）。前者的努力可以说是彻底失败了，而后者却取得了一定程度的发展势头。

把现代新儒学看作是“五四”新文化运动的产物和这个运动的一个有机组成部分，在理论上和历史事实上还得到这样一个观点的支持，即无论在西方，还是在中国，保守主义、自由主义、激进主义总是作为一个不可分离的整体而大致同时出现的。在18世纪末、19世纪初的欧洲，正是由于对法国大革命的不同态度而产生了这种一分为三的思想格局，至今已经持续两个世纪。在中国，正是在“五四”新文化运动中才明显地产生了类似的思想分野。投身到这个运动中的主要思想领袖们，胡适是资产阶级自由派的代表，李大钊、陈独秀等人成为马克思主义者，梁启超、梁漱溟等人则倾向于保守主义。这三派思想家都有救亡图存的强烈的爱国主义激情，都力图向西方寻找真理，来解决中国社会、经济、政治、文化的现实出路问题，而又都想避免已经暴露出来的西方文明的弊端。可以说他们是“在许多共同观念的同一架构里运作”①，不过对同一问题的解决采取了不同的途径和方式而已。他们之间的分歧和冲突推动了现代中国历史的进程，这三派思想共同构成了“五四”时期文化启蒙的真实内容。

① 史华慈：《论保守主义》，《近代中国思想人物论——保守主义》，台湾时报文化出版事业有限公司1980年版，第20页。

“五四”时期的保守主义思潮并不是只有以梁漱溟、张君劢为代表的现代新儒家。旅欧归来发表《欧游心影录》、鼓吹东方文化救世思想的梁启超；积极参加东西文化论战、主张折衷调和论的《东方杂志》主编杜亚泉及其同调；以“昌明国粹，融化新知”为宗旨的吴宓、梅光迪等“学衡派”人士，都在当时的文化反省中力图用西方的学理来维护中国传统的价值，互相唱和，同声相应，但属于互不统属的各自系统。在20年代，以《学衡》杂志为阵地曾聚集了一批相当优秀的知识分子，颇有实力和影响，但该杂志也仅维持十余年就办不下去了。在现代中国的保守主义思想派别中，能够保持一贯的宗旨，70年传承不绝，始终和马克思主义、自由主义的西化派形成鼎足之势的，唯有现代新儒家。所以说它当之无愧地可以被称为中国现代保守主义思潮的主流派。

梁漱溟首先标举“新孔学”

梁漱溟之所以被看作是为现代新儒家开创山林的人物，显然是因为他在“五四”后不久就出版了那本“震古铄今之著作”[①]《东西文化及其哲学》。在“五四”新文化运动以雷霆万钧之势，批孔、批儒、反传统，“打倒孔家店”的呼声响彻云霄的时候，他敢于挺身而出，公开维护和提倡孔子儒家的学说，特别是孔子的人生哲学和道德伦理学说，这确实是需要有大无畏的反潮流勇气的。

《东西文化及其哲学》一书第一次把中国文化纳入世界文化架构中来平等地加以讨论，认为中、西、印三大文化系统是根源于人类生存“意欲”之发用流行，而表现为三种不同的生活态度，走了三条不同的路向。西方文化是以意欲向前要求为其根本精神的，中国文化是以意欲自为调合持中为其根本精神的，印度文化是以意欲反身向后要

① 蒋方震致梁启超信中语，见丁文江、赵丰田编《梁启超年谱长编》，上海人民出版社1983年版，第941页。

求为其根本精神的。在它们之间不能作高下优劣的比较，它们都对人类有自己独特的贡献。但是，梁漱溟认为，根据现实和世界文化发展的趋势，可以确认哪一种文化于当前最合时宜。在他看来，印度人反身向后要求的路，那是遥远的将来的事情，现在必须加以排斥。在今天，只有以孔子为代表的中国文化所表现的人生态度于现实最合理，它可以拯救西方人在功利竞争中的精神烦恼，因此是最可取的。于是他断言“世界未来文化就是中国文化的复兴”①，西方人也正在改变向前逐求的人生态度而向中国调合持中的态度靠拢，他们也不得不走“中国的路，孔家的路”。梁漱溟在“自序”中申明他写作该书的目的，就是要把中国人和西洋人都导向“至美至好的孔子路上来”。

在西学东渐、西风劲吹的形势下，他肯定了中国文化和东方文化的价值，特别是肯定了孔子儒家学说的生命和智慧，这就确立了现代新儒家学派尊孔崇儒的精神方向。牟宗三在谈到梁漱溟对现代新儒学的贡献时曾说：“在新文化运动中反孔鼎盛的时候，……他独能生命化了孔子，使吾人可以与孔子的真实生命及智慧相照面，而孔子的生命与智慧亦重新活转而披露于人间。同时，我们也可以说他开启了宋明儒学复兴之门，使吾人能接上宋明儒者之生命与智慧。”② 现代新儒家所要接引的源头活水，正是要通过宋明儒学而遥契孔孟先秦儒学，梁漱溟自觉地开启了这一方向，这对后来者是有重要意义的。就他所接引的宋明儒学来说，主要是王阳明心学和泰州学派王艮父子的学说，这种学说的唯意志论和主观唯心主义的色彩是非常明显的。

梁漱溟提出了“生命”“意欲”“直觉”等重要概念，来诠释孔子儒家的学说，实际上他是吸取了西方哲学特别是柏格森哲学的观念和方法，正如冯友兰所说：“他是用一种西方哲学的观点对于中国旧

---

① 梁漱溟：《东西文化及其哲学》，商务印书馆1922年版，第199页。

② 牟宗三：《生命的学问》，台湾三民书局1970年版，第112页。

文化作一同情的理解。”① 所以，他所提倡的孔学、儒学已经不是历史上的原来面貌，而是用西方哲学改造过了的新孔学、新儒学。在现代新儒家的第一个重要代表人物那里，就鲜明地表现了“援西学入儒”、融合中西哲学的特点。

梁漱溟决不是一个封建复古主义者。他充分肯定西方科学、民主的价值，主张对西方文化要“全盘承受”，不过“对其态度要改一改”②，认为中国今天要走的路应是“以中国的态度走西方的路”。贺麟先生在40年代就指出：“他一面重新提出儒家的态度，而一面主张全盘接受西方科学和民主，亦未完全逃出‘中学为体，西学为用’的圈套。”③ 这个评价是中肯的。现代新儒家学派作为中国现代文化保守主义的主要代表，自然也属于史华慈、艾恺等人所说的“全球性的保守反应”中的一部分，在观念上很难摆脱“体”“用”二分、以本国的精神文明来消融外来的物质文明的思维模式，或谓“体用情结”。以这种或那种形式重蹈“中体西用”论的覆辙是不可避免的，作为现代新儒家的贺麟也不能例外。

张君劢与“科玄论战”

发生在1923年的科学与人生观论战，在现代新儒学思潮形成和发展史上有十分重要的意义。它确立了现代新儒家学派的另一重要的精神方向，即不仅是对于“五四”反传统主义的保守回应，而且是对于当时颇为盛行的科学主义的反抗；在哲学上不是以对客观世界的科学认知，而是以对人生价值的体认、道德形上的追求为终极目标。

科学主义和人本主义是现代西方哲学的两大潮流，本世纪也先后传入中国。在“五四”新文化运动中，由于高扬民主与科学，“科

① 冯友兰：《四十年的回顾》，科学出版社1959年版，第81页。
② 梁漱溟：《东西文化及其哲学》，商务印书馆1922年版，第202页。
③ 贺麟：《当代中国哲学》，胜利出版公司1947年版，第12页。

学”一词实具有无上尊严的地位，没有人敢对它表示轻蔑的态度。随之主张“科学救国”“科学万能”的舆论也甚为流行。1920年梁启超旅欧归来始有“欧洲人做了一场科学万能的大梦，到如今却叫起科学破产来”[①] 的惊人信息，科学方法的普遍适用性开始受到怀疑。接着由曾随梁启超访欧的张君劢主动挑起了这场关于科学与人生观问题的论战。

张君劢曾从倭伊铿学习哲学，与柏格森也讨论过中西哲学比较问题。他是站在人本主义的立场上来反对科学万能论的。在他看来，科学与人生观有不同的特点：科学为客观的，人生观为主观的；科学为论理的方法所支配，而人生观则起于直觉；科学从分析方法下手，而人生观则为综合的；科学为因果律所支配，而人生观则为自由意志的；科学起于对象之相同现象，而人生观起于人格之单一性。于是得出结论：“故科学无论如何发达，而人生观问题之解决，绝非科学所能为力，惟赖诸人类自身而已。”[②] 他的理论基础是唯心主义的自由意志论，在哲学本体论上确认“心为实在”，在认识论上提倡直觉主义，这种学说是西方唯心主义哲学和中国宋明理学唯心主义的结合。张君劢明确提出：“心性之发展，为形上的真理之启示，故当提倡新宋学。”“诚欲求发聋振聩之药，惟在新宋学之复活。”又说：“若夫心为实在之说，则赖宋明理学家而其说大昌。”“吾则以为柏氏、倭氏言有与理学足资发明者，此正东西人心之冥合。”[③] 在融合中西唯心主义哲学、复兴儒家学说，特别是在提倡“新宋学”这一点上，张君劢和梁漱溟的思路是完全一致的，并且比梁提得更加明确。

由于张君劢提倡的玄学或“新宋学”在当时是站在否定现代科学

---

① 梁启超：《欧游心影录》，《饮冰室合集》专集之23，上海中华书局1936年版，第12页。

② 张君劢：《人生观》，《科学与人生观》，上海亚东图书馆1923年版，第9页。

③ 张君劢：《再论人生观与科学并答丁在君》，《科学与人生观》，上海亚东图书馆1923年版，第97、94、93、94页。

文明、反对社会进步的方面，所以受到了以丁文江、胡适为代表的科学派和马克思主义者陈独秀、瞿秋白等人的批判，后者用唯物史观科学地说明了社会现象的因果律以及必然与自由的关系等问题，使玄学派理论上的错误暴露无遗，也就清扫和减少了它的影响。玄学派在这场论战中虽然失败了，但是不能否认他们提出的问题是有重要意义的。科学发展不能完全解决人的生存价值问题，“工具理性”不能代替“价值理性”，直到今天还是哲学家们关注探讨的一大课题。无论在西方，还是在中国，人本主义与科学主义之争并没有结束。张君劢在科玄论战中所提倡的哲学与科学分途，科学不能解决人生观问题、只有心性哲学才能揭示形上真理的基本主张，为后来的新儒家学者所继承和发扬，这个学派一直走着一条与科学的、实证哲学的道路相抗颉的人本的、道德形上学的道路。

熊十力和他的《新唯识论》

熊十力1922年冬开始在北大讲唯识学，初印《唯识学讲义》仍忠实于佛家本义，次年尽毁前稿，开始草创以儒家精神为根本义的“新唯识论”哲学体系，历十年而成，于1932年出版《新唯识论》文言文本。又历十二年，至1944年才出版全本语体文本。

熊十力和梁漱溟、张君劢基本上是同时代人。与梁、张相比，他可说是大器晚成。熊的“新唯识论”体系成熟并发生影响已经到了抗战前后，但他被公认是现代新儒家学派的一位更重要的人物，有人说是实际的精神领袖，有人说是“中心启导人物”[①]。这是因为梁、张虽然开启了现代新儒学的精神方向，但是他们都没有为这个学派构建起一套精致的哲学体系，他们都是不甘于纯粹的哲学玄思而是更加热衷于实际运动的人物。为现代新儒家构造一套博大谨严的哲学体系的

① 见“当代新儒家与中国的现代化”座谈会上刘述先的发言，《中国论坛》第15卷第1期，1982年10月。

任务，是由熊十力经过多年苦学精思、周察审虑而完成的。他是一位对儒家精神有独特的生命体悟的哲学家，思想和著作极具感召力，对后继者影响甚大。唐君毅、牟宗三等人在哲学上的建树，都是以熊十力为起点的。

和梁漱溟主要是讨论文化哲学不同，熊十力的目标是重建中国儒学本体论，他的兴趣是讨论心物、体用、性智量智一类纯哲学问题。“体用不二”是熊十力哲学之纲宗。他所说的“体”（“本体”“实体”），“非是离自心外在境界及非知识所行境界”[①]，“吾心与万物本体，无二无别”[②]，这显然是承接陆王心学而来。同时他又强调指出，这个“体”决非空寂虚无，它就是《大易》所说的生生不已的大化流行。流行即是主宰，即是本体，大化流行之外别无本体。譬如大海水，显现为腾跃不已的众沤，即众沤外无大海水。他通过对本体的能动本性、“翕辟成变”、“体用不二”的反复圆融的论证，给这种哲学注入了积极、主动、活泼泼的辩证法精神。根据儒家哲学的一元本体论（即心本论），他还对佛教和西洋哲学中割裂本体与现象、本体与功用的种种“谬说”进行了尖锐的批评，有些是反对客观唯心论和神道迷信，有些则是针对唯物主义的。

和他的本体论学说相联系，熊十力在方法论上严格区分“性智”和“量智”。“量智”即一般人所谓的知识或“理智”，是以见闻之知为基础的理性思维方法，为求得科学知识所必不可少者。“性智”是超越理性思维之上的直觉体悟，是不待外求的“本心之自觉自证”，因此也可以说“性智是本心之异名，亦即是本体之异名”[③]。本体非离心而外在，故非量智所能认识，只有靠性智即本心之自我发现。这完全是哲学范围内的事，不能靠向外求知而只能靠内在的道德修养和

---

① 熊十力：《新唯识论》，中华书局 1985 年版，第 43 页。

② 熊十力：《新唯识论》，中华书局 1985 年版，第 252 页。

③ 熊十力：《新唯识论》，中华书局 1985 年版，第 676 页。

觉悟。梁漱溟在评判中西文化优劣时，曾经提出过直觉为“体”、理智为“用”的观点，熊十力也认为：“中学以发明心地为一大事（借用宗门语，心地谓性智），西学唯是量智的发展，如使双方互相了解，而以涵养性智立天下之大本，则量智皆成性智之妙用。”① 他们都是强调理智（量智）不可废，中学西学需相互结合，但观念深处还是认为中学优于西学，应以中学（直觉、性智）为体，西学（理智、量智）为用。

在中国现代哲学史上，《新唯识论》被视为一部“奇书”，得到不少学人的赞叹和欣赏，也受到来自不同方面的批评与驳难。由于它是一部纯粹谈玄说理的著作，在当时中国社会上和思想界的实际影响是很小的，在哲学界的地位也不高。60 年代以后，熊的思想和著作在港台受到极高的推崇和赞美，这固然是由于现代新儒学发展到了一个新的阶段，有必要对他的思想的价值加以重新肯认，同时也是与他的后继者们有其“续统”的需要而故意大肆宣传、抬捧分不开的。

冯友兰的“新理学”和贺麟的“新心学”

发端于20 年代的现代新儒学，到抗日战争时期有了新的重要的发展，也可以说它自身已经发育到了比较成熟的阶段。这是因为民族危亡的严重局势，刺激了那些主张发扬民族精神、复兴民族文化的思想学说的发展，“全民团结、一致抗日”的舆论环境，有利于现代儒学复兴运动打开一个新局面。从现代新儒学自身的发展来说，由于经过了较长时期的理论准备，包括对西学的学习、了解、消化和吸收，现代新儒家的代表人物已有可能创造出比较完整系统的理论体系，明确提出自己的纲领和口号。上述熊十力的“新唯识论”哲学体系，就是在抗战时期最后完成和传世的。此外，这个时期冯友兰还创造了“新理学”哲学体系，贺麟也企图创造一个“新心学”或“理想唯心

① 熊十力：《新唯识论》，中华书局 1985 年版，第 678 页。

论”哲学体系，都在现代新儒学思潮发展史上占有不可抹煞的重要地位。

港台学者因为冯、贺后来改变政治立场和哲学信仰，就把他们排除在当代新儒家之外，国内有的学者则认为说他们是“新儒家”似乎有点不恭。我们应尊重历史的辩证发展，冯、贺前期的思想已经构成了现代新儒学思潮发展的一个重要逻辑环节，承认不承认都是客观存在。历史地考察和评析他们前期的新儒学思想，并不否定他们后期的思想转变和进步，倒是更有利于说明这一转变和进步的轨迹。在这个问题上，一些海外学者的看法似乎要更客观些，如陈荣捷在50年代出版的《现代中国的宗教趋势》一书中讲到现代儒学时，就主要评介了以熊十力为代表的“唯识论新儒家”和以冯友兰为主要代表的“理性主义新儒家”两派思想；傅乐诗、杜维明等人的论文也不否认冯友兰是中国现代新儒家的重镇。

冯友兰20年代在东西文化论战中就已亮相，他当时的观点显然是倾向于东方文化派的。但是他之所以被看作是现代新儒学的一个重要代表人物，主要是他在抗战期间写作和出版了《新理学》《新事论》《新世训》《新原人》《新原道》《新知言》六本书，总称为“贞元之际所著书”，创制了一个庞大的“新理学”哲学体系。他明确宣称，“新理学”是“接着”程朱理学讲的，而不是“照着讲”的。如果是“照着讲”，那就不是“新”理学而是“旧”理学。这是他标出自己的“道统”，自命继承了正统中国哲学的精神，“代表中国哲学的复兴，同时又象征中国民族的复兴”①。现代新儒家中有许多派系，同尊宋明儒学，有的是“接着”程朱理学讲的，有的则是“接着”陆王心学讲的。在牟宗三这个新陆王学派看来，连朱熹都只不过是“别子为宗”，冯友兰自命接续程朱理学之“正统”，就更不知隔着几

---

① 冯友兰：《中国哲学小史》，转引自陈荣捷《现代中国的宗教趋势》，台湾文殊出版社1987年版，第53—54页。

重公案了。这是门户之见。不能说只有新陆王派才能叫作“新儒家”，新程朱派就不是“新儒家”。

“新理学”讨论的还是理气、道器（它称为“真际”和“实际”）一类传统哲学问题，和程朱理学一样，它也犯了割裂共相和殊相、一般和特殊，主张“理在事先”“理在事上”的错误。不过冯友兰采取了比较细密的逻辑分析方法，对上述论点进行一层一层的哲学论证，在理论深度上无疑大大超过了传统哲学，也在很大程度上克服了中国传统哲学笼统、直观，缺乏严密的逻辑论证和形式系统的缺点。这当然是受惠于他的西方哲学、逻辑学的根底和训练。“新理学”之“新”还在于它是用西方新实在论的观点来诠释、重构程朱理学。另外西方哲学中如柏拉图的理念论、亚里士多德的“四因说”、斯宾诺莎的实体学说、杜威的实用主义真理论，中国名家、道家、玄学、禅宗的某些思想，也都被熔铸到这个客观唯心主义的庞大体系之中，它融合中西哲学的特点是非常明显的。

冯友兰和熊十力虽然一个是新程朱派，一个是新陆王派，但是他们都是讲的儒家“内圣外王”之道，强调以“内圣”驭“外王”，以提高人的精神境界、塑造完美的人格为哲学的根本任务。冯友兰的人生四境界说在现代新儒学的人生哲学中颇具典型意义。他讲的最高境界——“天地境界”——就是儒家所追求的“天人合一”的理想精神境界，被认为是人的终极关怀或“安身立命之地”。在哲学方法上，冯的《新理学》主要用的是一种知性的逻辑分析方法，以后他也认识到直觉方法的重要，他叫作“负的方法”。《新知言》一书就是专门讨论哲学方法的，据冯后来解释，它主要是讨论哲学中不可思议、不可言说的问题，这和梁、熊对直觉思维的重视也接近起来了。不是说他们没有差异，而是说现代新儒家哲学的一些共同基本特征，冯友兰的“新理学”也是完全具备的。

精通黑格尔哲学的贺麟则在抗战时期企图建立一个“新心学”哲学体系。从主要方面说，他是站在新黑格尔主义的主观唯心主义哲学立场来承接、发挥陆王心学的理论，这从他对“心为物之体，物为心之用；心为物的本质，物为心的表现”以及“知永远决定行，故为主；行永远为知所决定，故为从”[①] 等命题的着力论证就可以清楚地看出来。然而他的视野实际上更加开阔，他是确信“西哲东哲，心同理同”的，因此力图建立一个“以西洋之正宗哲学发挥中国之正宗哲学”，即以西方苏格拉底、柏拉图、亚里士多德、康德、黑格尔之哲学，与中国孔、孟、程、朱、陆、王之哲学“会合融贯”的“理想唯心论”哲学体系，来实现他所谓的儒家思想之新开展，建立能够发扬民族精神的新儒家哲学。对于这一目标来说，他只写出部分论文而没有拿出像冯友兰那样系统的哲学论著来，因此其影响自然就要小得多了。

和其他几位前期新儒家学者相比，贺麟更加强调中国哲学必须吸收、消化西方哲学，“大规模的输入”，“真正彻底、源源本本地了解并把握西方文化”[②]，给中国哲学注入新鲜血液。这样既可补偏救弊，亦有助于挖掘中国传统哲学的内蕴价值，激发其新的生命活力。他认为应吸收的主要就是西方哲学和文化中的理性、民主和科学精神。例如，对于中国传统哲学中的直觉思维方式，贺麟力图把它说成是不反理性的，用“理性的直觉”（或“理智的直觉”）这个概念把二者调和起来。在他看来，陆象山教人“复其本心，以为主宰”和朱熹教人先“格物穷理”后“明心见性”，只是“先理智的直觉”和“后理智的直觉”的区别，二者都是理性地把握宇宙本体的有效方法。也就是说，他企图用西方哲学的理性主义精神，把直觉“从狂诞的简捷的反理性主义救治过来，回复其正当的地位，发挥其应有的效能”[③]。他把中西哲学之融合看作是中国哲学新生之路。

① 贺麟：《近代唯心论简释》，独立出版社 1943 年版，第 3、66 页。
② 贺麟：《文化与人生》，商务印书馆 1947 年版，第 3 页。
③ 贺麟：《近代唯心论简释》，独立出版社 1943 年版，第 98 页。

另外应该提到的是，贺麟 1941 年 8 月在《思想与时代》杂志创刊号上发表的《儒家思想的新开展》一文，可以说是中国前期现代新儒家的一篇纲领性文字。他宣称："根据对于中国现代的文化动向和思想趋势的观察，我敢断言，广义的新儒家思想的发展或儒家思想的新开展，就是中国现代思潮的主潮。……自觉地正式地发挥新儒家思想，蔚成新儒学运动，只是时间早迟、学力充分不充分的问题。"①现代"新儒家思想""新儒学运动"的概念就是在这里正式地明确地提出来的。他还明确提出了"以儒家精神为体，以西洋文化为用""儒化（华化）西洋文化"的口号，这不是偶然的而是由现代新儒学的本质决定必然要提出来的，它说明这派思想和"中体西用"的模式确有不解之缘。

钱穆——现代新儒学的史学代表

也是在《思想与时代》杂志，1944 年 4 月出版的第 33 期上发表了钱穆写的《中国近代儒学趋势》一文，认为历史上儒家学术的发展实以"和会融通"和"剖析驳辨"为两翼而互为共成，这也是中国近代儒家发展所应取之进路。在欧风东渐、人心"昧昧然不信我之犹有可以自立之地，而失心强颜以游心于群强众富之列"的今日，他强调"能立然后能行，有我而后有同"，即只有树立起民族文化的主体性，然后才谈得上对外来文化的辨析与和会融通。

钱穆可以说是在史学领域高举现代新儒学旗帜，反对"尽废故常"的历史虚无主义，维护中国历史文化精神的第一人。提倡反传统的西化派在史学领域里掀起了疑古思潮，以乾嘉学派的考据方法为科学方法，不但否定了大部分的中国上古史，而且对宋学义理也表示极为轻蔑。钱穆在 1937 年出版的《中国近三百年学术史》中就反对固执汉宋疆域，指出明末清初之实学即导源于宋学，乾嘉汉学中也仍保

① 贺麟：《文化与人生》，商务印书馆 1947 年版，第 1—2 页。

存有宋学的传统，不知宋学则亦不能知汉学，更无以平汉宋之是非。他认为宋儒提倡的“为天地立心，为生民立命”、以天下为己任的精神才是中国历史的真精神。

在抗战时期极端艰困的条件下，钱穆又著《国史大纲》（1940年出版）一书，针对将中国今日之贫弱落后一切诿卸于古人的偏激的虚无主义，提倡对本国已往的历史必须怀有“温情与敬意”，只有对以往历史有“真实之了解”和“深厚之爱情”，才能对现在有深刻认识和“真实之改进”。他用全部中国历史说明，创造了五千年优秀文化的中华民族为一统贯的生命，它有可久可大的“坚强的持续性与强大的同化力”，虽屡经内忧外患、盛衰变迁而永远不会断绝灭亡。当此抗战建国之际，我国家民族复兴之前途“仍将于我先民文化所贻自身内部获得其生机”[①]。该书的《引论》着重论述了中国历史文化生命之所寄及其成长、发展的特殊道路，指出“治国史之第一任务，在能于国家民族之内部自身，求得其独特精神之所在”。有人称此文为“当代新儒学的史学宣言”[②]，可见不容忽视。对中国民族历史文化一往情深，力图把历史中好的东西发掘出来，固然表现了可贵的爱国情操，但是发掘历史的结果却是中国二千年的专制不是专制，今天也不必改变传统政制实行民主，这就不仅是“文化的保守主义”，而几乎走到“社会政治的保守主义”立场上去了。对《国史大纲》一书怎样全面评价，不是本文的任务，这里只是说明钱穆在前期现代新儒学的发展历程中也应占有一定的地位。50年代以后，特别是在新亚书院时期，他在推进中国现代新儒学运动中继续起着举足轻重的作用，这在下文还会提到。

---

① 钱穆：《国史大纲》上册，台湾商务印书馆1947年版，第31页。

② 罗义俊：《论当代新儒家的历程与地位》，《现代新儒学研究论集》（一），中国社会科学出版社1989年版，第33页。

三大书院和鹅湖精神

经过20多年的开创和苦心经营，现代新儒家学派到抗战时期已经形成了一定的势力和影响，虽然还是在少数知识分子圈内。几位开创人物及其追随者，除了个人努力著述外，还通过讲学、办杂志等方式来扩大宣传自己的主张，培养新一代现代新儒学运动的接棒人。

引人注目的是抗战时期新儒家在大后方开办的三大书院。1939年，和梁漱溟、熊十力一起被称为“现代新儒家三圣”的马一浮主讲于四川乐山乌尤寺的复性书院。马自幼饱读诗书，青年时代曾游学美国、欧洲、日本，学贯中西，亦精通老庄、佛法，然讲学以儒家六艺为主，重道德修养和心性体验，体现了宋明理学的精神。他在复性书院讲学、刻书凡六年，著有《复性书院讲录》《尔雅台答问》等书，培养了一批热爱中国文化、有志弘扬儒家精神的弟子。1940年，梁漱溟在重庆北碚金刚碑创办勉仁中学和勉仁书院，后者以研究中国当前文化问题为旨趣，培养继起之研究人才。他在40年代的主要著作《中国文化要义》就是在这里讲授并写定的。复性书院和勉仁书院都曾请熊十力去讲学，把他拜为大师。1940年10月，张君劢在云南大理创办民族文化书院，以张横渠“为天地立心，为生民立命，为往圣继绝学，为万世开太平”的名言为书院宗旨，沟通中西学术，致力身心存养，以期担负中国民族文化复兴之大任。三大书院继承宋明儒者自由讲学之风，仿照中国古代书院的办学形式，也吸收现代大学、研究院办学方法之优点，强调知识学问与道德人格并进，这是现代新儒家为实现自己的理想而致力于人才培养的重要的教育实践。

抗战时期现代新儒学还没有自己独立的学术舆论阵地，但是他们已经很注意办杂志，或利用已有报刊宣传自己的主张。前述由浙江大学张其昀、谢幼伟等人主办的《思想与时代》杂志，就经常刊载钱穆、贺麟、熊十力、冯友兰等新儒家学者的文章。另外，冯友兰在抗战前后一直主编《哲学评论》（原为尚志学会主办，1936年后成为中国哲学会的会刊）杂志，张君劢先后创办《再生》《自由钟》等杂志，熊十力的学生牟宗三也曾一度在北京主编过《再生》杂志，唐君毅、周辅成等人抗战中又在重庆创办《理想与文化》杂志，这些都是推进现代新儒学运动的可资利用的学术舆论阵地。

抗战胜利后，成长中的第二代新儒家也开始活跃于中国现代思想舞台，和他们的老师们一起承担“复活中国历史文化精神”的任务。1947 年 1 月，牟宗三和钱穆的弟子姚汉源在南京创办《历史与文化》杂志，明确提出要对中国近代特别是“五四”以来的全盘西化和反传统思潮进行深刻的反省，认为今日国家政治问题实是一个文化问题，只有实现民族文化的自我觉醒才能从根本上解决。同年 4 月，已经成为熊十力新儒学信徒的退役陆军少将徐复观在南京创办《学原》月刊，大量发表熊十力、钱穆、唐君毅、牟宗三等人的文章，成为宣传现代新儒学的一个重要基地。1948 年，熊十力的弟子程兆熊接受牟宗三的建议，在当年朱陆之争的旧地江西铅山鹅湖寺重建鹅湖书院，同时创办《理想·历史·文化》杂志。牟宗三等人亲自起草了《鹅湖书院缘起》，这年暑假唐君毅也专程去鹅湖讲学。他们想在这个偏僻的山区恢复师友讲习和耕读之风，重振鹅湖所体现的儒家精神。这是和中国当时革命形势的发展极不相适应的，所以这一“理想”很快就化作了泡影。

到了 80 年代，“儒学第三期发展”成了一个热门话题。杜维明一再著文讨论“儒家第三期发展的前景问题”，大陆学者汤一介在第十七届世界哲学大会上的发言也以《儒学第三期发展可能性的探讨》为题。其实“儒学三期论”是牟宗三等人在 40 年前就已明确提出来的。在《鹅湖书院缘起》中，他们认定孔孟荀董为儒学发展的第一期，程朱陆王为儒学的第二期，现时则应到达了儒学发展的第三期。更早一些，1937 年 1 月，著名逻辑学家沈有鼎在中国哲学会第三届年会宣读的《中国哲学今后的开展》一文中就提出了“第三期文化”的概念，认为“第三期文化的产生是要以儒家哲学的自觉为动因的”。这在现代新儒学的发展中可以说是知音和同调，但是他对中国文化的三期划分和牟等的“儒家三期论”并不完全是一回事，不应加以混淆。

第一代新儒家留下了什么遗产

1949 年中华人民共和国成立即标志着中国结束了一百多年受帝国主义侵略掠夺和封建地主、官僚资本剥削压迫的半殖民地半封建社会的历史。历史对“五四”以来的东西文化论争也作了一次结论：不论是全盘西化还是复兴儒学，都不能把中国从百年来屈辱的境地中解救出来，中国新民主主义革命的胜利也就是马克思主义和中国革命具体实践相结合的胜利。

当此之时，现代新儒学也结束了它第一阶段的发展历程。在思想路线上，它是全盘西化论的劲敌，同时也把马克思主义当作一种西化思潮来加以反对。梁漱溟就曾明确说过：“我们政治上第一个不通的路——欧洲近代民主政治的路；我们政治上第二个不通的路——俄国共产党发明的路。我们经济上第一个不通的路——欧洲近代资本主义的路；我们经济上第二个不通的路——俄国共产党要走的路。”① 历史无情地宣告了他的这一预言的失败，他本人后来也转变立场成为共产党的诤友、同盟者和社会主义的拥护者。

现代新儒学已走完了第一阶段的行程，已经成为思想史上的陈迹，它给后人留下了一些什么遗产呢？

首先，它留下的是一种可贵的救亡图存的民族爱国精神，不甘目睹几千年中国文化在欧风美雨的冲击下而一朝覆亡、尽弃故常，力图说明它有无限的生命力并有其可大、可久的根据。它有今天的挫败，在于国人一意自卑而丧失民族自信心，因此当务之急是重新阐扬传统文化的真精神，及其中所包含的普遍的恒久的价值，树立民族文化的主体性。

---

① 梁漱溟：《中国民族自救运动之最后觉悟》，北平京城印书局 1932 年版，第 94 页。

其次，它在世界性的对于现代化的保守反应中，提供了中国现代文化保守主义的一个样板。因为它竭力维护中国传统中的“正宗”思想、儒家“道统”，特别要复活宋明理学，以它为主体来引进、吸收、改造近代西方哲学和文化，仍固执中国道德文明优于西方科学技术文明，没有摆脱“中体西用”的思考模式。

再次，它留下了两个系统的现代儒家唯心论哲学体系，这就是熊十力重建儒家心性本体论的“新唯识论”哲学体系和冯友兰重释程朱理学共相殊相说的“新理学”哲学体系。它们是用现代哲学方法来诠释、发扬传统儒学精神的重要成果，在过去 30 年的整个中国哲学界都可以说是最富有创造性的两朵奇葩。

最后要指出的是，它为现代新儒学的连续发展培养了一批传薪接棒的人才，特别是熊十力的弟子唐君毅、牟宗三、徐复观等人，以后成为第二代现代新儒学的中流砥柱，接过先辈的旗帜继续开拓前进。当然，没有他们的老师所做的开启性工作，也不会有他们后来的事业和成就。

1950—1979：现代新儒学发展的第二阶段

中华人民共和国成立以后，几位前期现代新儒家的主要代表人物，如被称为“三圣”的梁漱溟、熊十力和马一浮，还有著名哲学家冯友兰、贺麟等人，都留在中国大陆，为建设中国的新文化再作重要贡献。这是有思想基础的。首先他们有强烈的爱国主义思想，几十年中和自己的国家与人民一起饱受内忧外患之苦，寄希望于独立的新中国将会有繁荣昌盛和民族文化振兴之日。其次他们都是追求真理、尊重历史发展客观规律的学者，思想绝不停滞，愿意学习新鲜事物，随着时代的前进而不断转变和进步。加上当时中国共产党人成功的工作，对他们极为尊重和给予很高的礼遇，争取了这批知名的知识分子。在他们的后半生中，虽然仍有坎坷经历，但都始终拥护共产党，赞成走社会主义道路，学术思想也有不同程度的转变。有的经过学习和认真的自我批判，已经放弃唯心论立场而转变成为马克思主义哲学家，贺麟在晚年还加入了中国共产党。党也允许一些老先生保留自己的学术观点，例如熊十力在解放后还出版《原儒》《体用论》《明心篇》《乾坤衍》等著作，继续发挥“体用不二”的新儒家哲学思想，同时他也提倡“马列主义宜中国化”。

总的说，中国大陆在解放后，以马列主义为社会主义革命和社会主义建设的指导思想，现代新儒学已没有生存和发展的土壤，也没有了传播的市场。熊十力在董必武、郭沫若等人的特别关照下出版的几本书，不但印数很少，影响范围极小，而且也孤鸣无应，实在只是体现政策的一个特例而已。和现代新儒学在大陆的沉寂相反，50 年代以后，特别是大陆卷入“文化大革命”期间，在港台和海外又掀起了一个大规模的儒学复兴运动。就整个中国来说，现代新儒学并没有断绝薪火，因为香港、台湾亦是中国的一部分。现代新儒学第二阶段的发展，中心已经转移到港台，起骨干作用的是从大陆流亡过去的另一批新儒家学者，如钱穆、唐君毅、牟宗三、徐复观、方东美等人，他们是在一种失去故国家园的“天涯流落儿”的特殊心态下为中国文化和儒家精神的延续而艰苦奋斗的。

新亚书院和人文学会

50 年代初，退居香港、台湾的新儒家学者继承了抗战时期的传统，十分重视办书院和办杂志，建立研究中国文化、弘扬儒家精神的学术阵地。

1950 年，在香港前亚洲文商学院的基础上，钱穆、唐君毅、张丕介、程兆熊等人联合创办了新亚书院。这是在香港这块殖民地上建立的一个研究、传播中国文化的重要堡垒。“其特点在上溯宋元书院讲学精神，旁采西欧学府导师制度，以沟通东西文化、谋求人类福利和平为旨”①，培养能够继承、弘扬传统儒家精神的人才。新亚书院后来成为香港中文大学的一部分，由于内部人士纠纷，1975 年唐君毅又率新亚研究所独立。60 年代后期，牟宗三、徐复观亦先后到新亚研究所任教。新亚书院可以说是第二阶段现代新儒家传道授业的一个大本营，这个时期在香港有两个杂志和新亚书院互相配合，成为现代新儒家自由发言的阵地。这就是徐复观于 1949 年夏天创办的《民主评论》杂志和王道于 1951 年初创办的《人生》杂志。二者都是半月刊，分别出刊到 1966 年和 1968 年。钱穆、唐君毅、牟宗三、徐复观等均是主要撰稿人，他们这个时期的论著大都分别在这两个杂志上刊出过。

50 年代，牟宗三主要在台湾师范学院（今师大）和台中东海大学任教。1954 年他在师院发起成立人文学会，每两周举行一次“人文讲座”，由他主讲和答疑，内容涉及中西文化而以阐明儒家思想为立国之本为主旨。“人文讲座”的记录稿按期在香港《人生》杂志连载。1956 年牟宗三转到东海大学任教，和去年已到东大任中文系主任的徐复观共同推进中国文化研究和新儒学运动，也组织过类似的师友讲习和聚会。

这种“以文会友，以友辅仁”的讲会，唐君毅在香港新亚书院亦十分热心。1950 年他就倡设文化讲座，除亲自主讲外，还邀请文化界名宿担任，先后计有一百多次。1956—1958 年在桂林街时有“人学讲会”，1959 年 7 月改为“哲学会”，以唐君毅为核心，牟宗三、谢幼伟、程兆熊等亦参与指导，共举办讲座 52 次，坚持四年半时间。

1962 年，唐君毅、牟宗三等人更在香港发起成立一个世界性的“东方人文学会”，得到在美国、台湾、南朝鲜、日本、欧洲、澳洲研究中国哲学的著名学者张君劢、梅贻宝、陈荣捷、徐复观、李相殷、

① 《介绍新亚书院》，《人生》（香港）第 3 卷第 1 期，1953 年 1 月。

宇野哲人等的支持，8 月 26 日（孔子 2513 年诞辰前夕）在香港正式注册成立。学会宗旨以尊崇孔子发扬儒家精神为主，并谋求中国及东方文化在世界上的发展，使孔子真正成为世界的孔子，能够有力地影响世界人类文化之前途。

这些组织的成立及其所开展的学术活动，对于扩大中国文化和现代新儒学的影响无疑起了重要作用。但是，沿袭古代儒家的传统，采取这种师友讲习、情谊润渍的学术小团体的形式，在现代科技、资讯高度发达的社会里，终究是曲高和寡，影响范围非常有限。牟宗三、唐君毅分别在台、港搞的人文讲会，经常听讲的只有二三十人；即使号称世界性的东方人文学会，也只有会员 70 余人，开展活动时间不过几年。他们在民间狭小圈子里的布道传教活动，同他们自期的“儒学运动”要从“内圣之学”开出新外王事业，“以人文理想转化社会政治”的宏愿实在还有相当大的距离。

港台新儒家的文化宣言

1958 年元旦，唐君毅、牟宗三、徐复观和张君劢联名发表《为中国文化敬告世界人士宣言——我们对中国学术研究及中国文化与世界文化前途之共同认识》（又名《中国文化与世界》），无疑是现代新儒学第二阶段发展历程中最重大的事件。它标志着第二代新儒家经过历史的巨大转折，抚今追昔，用心反思，重新贞定了自己的哲学和文化立场，而再度活跃于中国现代思想舞台上；同时它也反映了现代新儒学力图走向世界的努力和雄心。

此宣言酝酿于 1957 年唐君毅访美之时，他与旅居美国的张君劢长谈，共同感到西方人士研究中国学术文化的态度，或为传教士式的格义与曲解，或为汉学家式的收藏古董的好奇心，或为近代史研究者的过于现实功利的动机，均不能对中国历史文化之活的精神生命有真切的了解。他们尤其深受“在许多西方人与中国人之心目中，中国文化已经死了”，抱着一种凭吊古迹的态度来研究中国文化的看法和做法之刺激，觉得有必要写一篇文章，阐明中国文化之过去、现在和可以展望的未来，为一从未断绝的活的精神生命之存在，并有其所以长久不死的理由，有对世界文化做出特殊贡献和值得西方人学习的地方，借此正告世界人士，什么是研究中国学术文化应取的正确方向和态度，并表明对世界文化之期望。于是由唐君毅起草，张君劢致函在台湾的牟宗三、徐复观，征求同意联名发表后，再由张、牟、徐修改，往复函商定稿。据说当时也曾征求钱穆的意见，钱因不同意他们的某些意见而拒绝在宣言上签字。① 中文稿成后于1958年1月先在香港《民主评论》和台湾《再生》杂志同时发表，英译文后刊于台湾中国文化学院出版的《中国文化季刊》。

这篇文章四人联名以“宣言”的形式发表，自然有其特别重要的意义，它被看作是代表第二代新儒家集体思想取向的一个纲领性的文献。唐、牟、徐等人在这个时期发表的大量著作、论文和演讲，无非就是进一步宣传、论证、充实、发挥“宣言”中所阐述的基本思想。

除了上面谈到的写作动机和过程之外，我认为“宣言”中的下述观点都是很值得重视的，是能够反映这个阶段现代新儒学之本质特征的：

一，中国历史文化为一活的生命存在，它是人类客观的精神生命之表现，或者如牟宗三所说，“历史文化是圣贤豪杰精神之表现，是他们精神所贯注”②。这是现代新儒家对历史的基本看法，我们称之为唯心史观。它是黑格尔的“历史之精神发展观”的翻版，自然和英国新黑格尔主义者柯林伍德（R. G. Collingwood）所谓“全部历史都是思想史”的观点也是很容易合辙的。

二，认为中国民族文化历史之所以能够长久，与其说是其他外在

---

① 参见“当代新儒家与中国现代化”座谈会上余英时的发言，《中国论坛》第15卷第1期，1982年10月。

② 牟宗三：《道德的理想主义》，台湾东海大学1959年版，第227页。

原因的自然结果，不如说是因为在中国学术思想中，原有种种自觉的人生观念。“中国整个民族文化之所以能久，则由于中国人民之各种求久的思想。”① 这可以说是上述唯心史观之应用的一个具体例证。

三，研究人类之历史文化，不同于客观外在的自然物，首先须有我们自己的生命心灵的“同情”与“敬意”。“敬意向前伸展增加一分，智慧的运用，亦随之增加一分，了解亦随之增加一分。”② 这是钱穆所说对本国以往历史的研究须有“温情与敬意”之移植。这种较强的主观感情色彩，很难避免引出民族自大的我族中心主义的结论。

四，强调中国文化的“一本性”，有其一脉相承之统绪，肯定儒家的“道统”之说。目的之一是为现代新儒家的续统或“新统”寻找历史和理论的根据。

五，突出心性之学即儒家“内圣”之学在中国文化和中国哲学中的地位，认为“此心性之学，正为中国学术思想之核心，亦是中国思想中之所以有天人合德之说之真正理由所在”③。这说明现代新儒家所要承接的哲学传统，主要就是由孔孟至宋明儒的心性之学。此心性之学中包含一形上学，它是以人的道德实践为基础的，不同于西方传统的形上学，亦不同于西方的认识论和心理学。今人如能了解此心性之学，就是把握了中国哲学之特点和中国文化之神髓。

六，强调中国文化特别是儒家伦理中并不缺少宗教性的超越感情或宗教精神，中国思想家历来重视“天人合一”的观念就是明证。牟宗三认为儒家人文主义即体现了道德理性和宗教精神的统一，他称儒家为“人文教”，也就是“道德的宗教”。

---

① 唐君毅等：《中国文化与世界》，《中国文化的危机与展望——当代研究与趋向》，台湾时报文化出版事业有限公司 1981 年版，第 127 页。

② 唐君毅等：《中国文化与世界》，《中国文化的危机与展望——当代研究与趋向》，台湾时报文化出版事业有限公司 1981 年版，第 111 页。

③ 唐君毅等：《中国文化与世界》，《中国文化的危机与展望——当代研究与趋向》，台湾时报文化出版事业有限公司 1981 年版，第 120 页。

七，承认中国文化历史中缺乏西方近代民主制度与科学技术，也承认中国思想之过重道德的实践，是中国人缺乏科学精神之症结所在。同时又认为中国文化中已有民主思想的种子，儒家道德人格平等思想之必然发展既是民主制度之肯定；中国文化也不反科学，而且历来重视实用技术。并认为建立科学知识系统和民主政治制度，正是中国文化之道德精神自身发展的内在要求和理当开出之事。

八，中国文化的缺点，是在“正德”（道德修养）与“利用厚生”（实用技术活动）之间，缺少了一个理论科学的环节作为中介。要克服此缺点，中国人当在自觉成为一道德的主体时，兼求自觉地成为一认识的主体，即此道德主体，“须暂忘其为道德的主体”，“须暂退归于此认识之主体之后，成为认识主体的支持者。直俟此认识的主体完成其认识之任务后，然后再施其价值判断，从事道德之实践，并引发其实用之活动”①。这就是所谓“暂忘”说。它还是肯定道德优先，道德主体的活动超越地涵盖并引发了政治主体、认识主体、实用技术主体等的其他一切活动。

九，东西方文化应平等互视，互相敬重，互相欣赏，互相学习，互相融合。东方人应学习希腊文化中之重理智、理性的精神，希伯来的宗教精神和近代民主政治的精神，西方人应学习东方文化中之“天人合一”的宗教道德理想，成圣成贤的心性义理之学，圆而神的智慧，悠久无疆的历史意识和天下一家的情怀，并力求二者之会通。同时又鼓吹真正树立自作主宰的人的主体存在的所谓“立人极之学”，才是旋乾转坤的学问、人类的最高智慧，“此即中国儒者所谓心性之学，或义理之学，或圣学”②。这里还是预设中学优于、高于西学。

---

① 唐君毅等：《中国文化与世界》，《中国文化的危机与展望——当代研究与趋势》，台湾时报文化出版事业有限公司 1981 年版，第 134 页。

② 唐君毅等：《中国文化与世界》，《中国文化的危机与展望——当代研究与趋势》，台湾时报文化出版事业有限公司 1981 年版，第 158 页。

此外，“宣言”有浓厚的反共政治色彩，把八年前中国人民革命的胜利看作是中国文化的大灾难，断言马列主义在中国“总是要归于被否定”。这里表现了现代新儒学的鲜明的阶级属性和党派性。在这一点上，新儒家和在港台的自由主义思想派别是没有多大差别的。

唐君毅和牟宗三的哲学创造活动

唐君毅和牟宗三是第二代新儒家中两个最重要的人物。二人年相若，都是哲学专业科班出身，解放前在中央大学同过事，50 年代以后分别到香港和台湾任教，70 年代初又在香港新亚研究所共事，友谊甚笃。他们都是纯粹书生、学者型的哲学家，一生从事讲学、著述和办杂志、办书院之类的文化事业，著作颇丰。解放前他们虽然已有著作出版，但到底年轻，追随梁、熊而泛滥于中西哲学、逻辑学之中。他们思想的成熟和产生较大影响是在 50 年代以后，到晚年都形成了自己独特的儒家哲学思想体系，并各有一批追随者而形成了自己的门派。当然，二人的学术思想、治学路径以至人格风范的差异也是很明显的。他们都推尊宋明心性之学，而牟宗三把宋明儒学分为三系的说法唐君毅就不表同意，牟宗三则批评唐君毅晚年的哲学研究不够“精纯”。唐性情敦笃宽厚而牟性情冷清峻急，他们的弟子颂评一个为“仁者型”，一个为“智者型”。

50 年代唐、牟到港台后，首先都集中反省现代新儒学遭受挫折的原因，重新认识、疏导中国文化的基本精神、生命历程和今日处境，力图找到一条“返本开新”的道路。唐君毅着重宏观地考察了中西人文精神之发展，包括中西文化中的科学、民主建国、道德、宗教、艺术等问题，中心思想是要肯定中国传统文化的精神价值，在今日之科学世界，人文理想尤其重要可贵，指出中西古今人文思想之会通即是中国文化返本开新之路。他讲的人文精神是以道德理性为基础的理想主义、唯心主义，包括宗教精神，公开声明是反对唯物主义、马列主义的。他在这个时期写的几本书都是围绕同一主题，而以《中国文化之精神价值》一书最重要，影响最大。

同一时期牟宗三写了《道德的理想主义》《历史哲学》《政道与治道》三本书，着重要回答怎样本于传统儒家的内圣心性之学，开出现代新外王事功来的问题，因为这是现代新儒学能否生存、发展的关键所在。作者自创了“综合的尽理精神”“综合的尽气精神”与“分解的尽理精神”，理性之“运用表现”与“架构表现”，理性之“内容表现”与“外延表现”等目眩的新名词，目的都在于要实现“儒家的现代化”“保内圣，开外王”。他在“怎样开出”上做了很多文章，又是“活转”，又是“曲通”，又是良知的“自我坎陷”，但是并未解决传统内圣之学“能否开出”新外王来这一理论前提，对新旧两种价值体系的内在矛盾不敢深入论究。因此，玄虚的哲学名词并不能解决人们心头的疑问，它的实际影响也不可能很大。有人已经指出，牟宗三“欲本内圣之学以解决外王问题”的义理体系，其根本思路仍然是黑格尔的“精神的内在有机发展观”的唯心主义本质论的进路。①

60年代以后，也就是唐、牟50岁以后，二人都收敛精神，更加用心创制自己的哲学体系，而采取的进路都是从中国哲学入手，详细疏导儒、道、释三家哲学义理，深入展露作为中国学术思想之核心的心性之学的丰富内涵。在哲学方法上，二人都是善于融摄西方哲学而以儒学为最高判教标准的高手。

唐君毅在60年代初出版了《哲学概论》上下两册。和其他同类著作均以西方哲学材料为主论述不同，作者的主观意图是以中国哲学材料为主，而以西方、印度哲学材料为辅，直接证成中国哲学传统中之若干要义。结果虽然不甚理想，但这一用心是值得嘉许的。此后他用了十余年时间，专门研究中国传统哲学中的基本概念、范畴，疏导其义理及其历史发展、相互关联，写出了《中国哲学原论》六册巨

① 陈忠信：《新儒家“民主开出论”的检讨》，《台湾社会研究》第1卷第4期，1988年12月。

著。除“导论”外，主要三书分别名“原性”“原道”“原教”，意契《中庸》兼重“性”“道”“教”（“天命之谓性，率性之谓道，修道之谓教”）之旨，实为一有机联系之整体，力图合之以体现中国传统儒学之真精神。唐君毅逝世前不久出版的《生命存在和心灵境界》一书（上下两册），是他一生进行哲学思考的最后结晶。它综合了中西印哲学对于心性的了解，建立起一个以人的生命存在为先在的，展示人的心灵活动之不同层面、不同境界的系统的哲学体系，并把一切有关科学知识、道德实践、宗教反省、文学艺术等问题统摄其中。所谓“心灵九境”包括客观、主观和超主客境界，它自称是一“超越的唯心论”哲学体系。第九境即最高境界是“天德流行境”，是中国儒家思想依人的道德实践生活所展现的超越境界，即“尽心知性以知天”的“天人合一”的境界。这个哲学体系显然还是以儒家思想为核心和归趋的，说明唐君毅一生的学术活动始终忠于这一文化理想。

牟宗三晚期的哲学研究也以疏导中国哲学中的心性之学为主，尤其对宋明理学进行了较为深入的研究。他这个时期出版的著作有《才性与玄理》《佛性与般若》《心性与性体》《从陆象山到刘蕺山》等。前二书是研究魏晋玄学和隋唐佛教心性论的专著，而他用功最大的是《心性与性体》一书，共三册，历时八载而成。该书与后来续写的《从陆象山到刘蕺山》对宋明理学的义理系统拿出了一个新的纲脉，即在程（伊川）朱与陆王二系之外，认为还有胡五峰、刘蕺山一系，后者上承北宋周濂溪、张横渠、程明道三家之学，和陆王一系均不离先秦孔孟儒学之正宗，唯伊川、朱子为歧出，转成一主智主义的他律道德系统。这说明牟宗三的新儒学是认同孔孟陆王而贬抑程（伊川）朱的。不管这一结论是否正确，他对宋明理学诸大家的分析研究确实是比较细密深邃，相对而言，唐君毅专门论述宋明儒学思想之发展的《中国哲学原论·原教篇》，在观念之清晰和理论之深度上都显然要逊色一些。

牟宗三晚期哲学著作还有《智的直觉与中国哲学》和《现象与

物自身》。他一生研究中国哲学与康德哲学，经过四十年的学思，自觉对二者已有了融通的了解，决定把自己的哲学思想体系化地表现出来。康德区分现象与物自身，认为物自身只有靠智的直觉才能洞见，而智的直觉专属上帝所有。牟宗三反观中国哲学，无论儒释道都肯定人有智的直觉，否则成圣成佛俱不可能。他是借助康德哲学的概念和思想架构，来理解和诠释中国哲学，力图把其中蕴含的深刻义理透显出来，系统化、条理化地明确表达出来；而他在评析康德哲学和其他西方哲学时，又十分自觉地、旗帜鲜明地以中国的儒家思想为标准。这与唐君毅的判教态度和标准是完全一致的。作为他们晚年定论的哲学体系虽然形态各异，但均属于现代新儒学范畴，为这派哲学增添了新的重要内容。

两位“学术与政治之间”的人物

港台新儒家“宣言”的另两位签名者张君劢和徐复观，都是著名的“学术与政治之间”的人物，他们不像唐、牟那样专心追求形而上的哲学思辨，而是更加注意儒家思想之落实于现实政治的局面。

50年代以前，张君劢是讲学、著述、办学和组党、参政、制宪等多面展开，相对来说，政治活动更为畸重，但他的政治思想是以现代新儒家的学术观念为基础和核心的。50年代以后，他旅居国外，主要是在美国，专门讲学著述，弘扬儒家思想，推展现代新儒学运动于世界。他在这个时期最重要的著作是用英文写的两卷本《新儒家思想史》，分别于1957年和1962年在纽约出版。

宋明理学之称为“新儒学”，冯友兰在30年代写的《中国哲学史》中已偶尔使用，虽然他经常用的是“道学”一词。后来美国人卜德将冯著《中国哲学史》翻译成英文出版，把“道学”一词译成Neo-Confucianism，中文意思就是“新儒学”。张君劢也采用这一译名，他的《新儒家思想史》出版后，这个概念逐渐在国外流行，并且反馈回国内，为大家所接受。它的含义和范围大体上就是指现代新儒家称为“第二期儒学”的宋明理学。在张著出版之前，用英文讲中国哲学的书只有冯著《中国哲学史》之英译本，《新儒家思想史》的出版为英文世界了解儒家思想的发展和宋明理学的精神价值增加了一本重要的参考书，对中国哲学走向世界作出了不可抹煞的贡献。张君劢这个时期的其他论著和学术讲演，都是以复兴儒学和儒家思想的现代化为主题的，他对现实政治的关怀也始终贯注于这些论著和讲演中。

徐复观解放前是国民党的军政要员，1943 年在重庆勉仁书院拜谒熊十力后，始有回归中国文化研究之志。他曾先后主办《学原》和《民主评论》杂志，为现代新儒家提供有力的舆论阵地。后在台湾东海大学、香港新亚研究所任教，专门从事学术著述，并撰写了大量时评和杂文。他的学术研究，以中国古代思想史为主，旁及文学艺术，主要著作有《中国人性论史》、《两汉思想史》（三卷）、《中国艺术精神》等。

在第二代新儒家中，徐复观是一个有鲜明个性的人物。他在思想上归宗孔孟，肯定孔孟儒家思想为中国文化之命脉所在，临终前还以未能赴曲阜亲谒孔陵为憾。他对儒家政治思想的肯定，是包含着深刻的历史意识和现实感受在内的，肯定儒家的人文教化精神和“道尊于势”的传统，而决不肯定封建帝王的专制政治，为此他还曾尖锐地批评过钱穆“假史学之名，以期达到维护专制之实”[①] 的言论。在徐复观看来，儒家思想的基本精神和民主自由、人权、法治的观念并不矛盾，如“天下为公”“民贵君轻”的政治理想，“为仁由己”“当仁不让于师”的自作主宰精神，独立于朝廷之外的民间讲学传统和是非标准，这些和近代自由主义者追求的目标是一致的。在思想史研究中，他努力阐扬的正是儒家思想中的这些“好的一面”，并记述和赞颂历代儒者敢于向专制政权挑战的高尚品格和思想业绩。在时评和政论

① 徐复观：《良知的迷惘》，《儒家政治思想与民主自由人权》，八十年代出版社 1979 年版，第 171 页。

中，他是“自由民主的斗士”[1]，其思想之自由主义色彩则更加浓厚。有人用“以传统主义卫道，以自由主义论政”[2] 来概括徐复观一生的志业，确能反映他的新儒家思想是与自由主义结合在一起的特点。

方东美独举一帜

方东美是不是现代新儒家？学术界一直有不同看法。这首先牵涉到对现代新儒家这个概念的界定和理解。按照狭义的理解，现代新儒家不仅是民族文化本位论者，而且必以儒家思想为中国文化之正统，有着强烈的道统观念和续统意识，自觉地通过宋明理学（程朱、陆王）上承孔孟儒学，循“内圣外王”思路来解决从传统过渡到现代的问题。而方东美恰恰不是这样一个心量狭窄的人，他一生不立门户，最反对虚构出一个偏狭的道统观念，昧着学术良心，盲目地在那里“卫道”。他的思想不是只认同儒家，归本于宋明儒的内圣心性之学，而是以恢宏之气度，综赅古今中外的哲学智慧，并且熔科学、哲学、艺术与人生为一炉。在他的比较哲学架构中，讲的是世界上四个伟大的哲学传统：希腊、近代欧洲、印度和中国。关于中国哲学精神之发展，他也概括为四大传统，即原始儒家、道家、大乘佛学和宋以后的新儒家哲学，认为它们汇合融贯而成为中国文化之集体智慧（“共命慧”[3]），我们应该一体欣赏，均视为“对于整个民族文化有光荣与伟大贡献之思想”。从这个角度来看，方东美既不是新程朱，也不是新陆王，因此不能把他归入现代新儒家的范畴。

另一方面，我们也应看到，方东美在研究了世界上的各种哲学传统之后，经过比较，认为最健康的生命情调毕竟还是中国哲学所展示

---

① 梅广：《徐复观先生的遗产》，《徐复观教授纪念文集》，台湾时报文化出版事业有限公司 1984 年版，第 239 页。

② 韦政通：《以传统主义卫道，以自由主义论政——徐复观先生的志业》，《中国论坛》第 265 期，1986 年 10 月。

③ 方东美：《中国哲学之精神及其发展》，台湾成均出版社 1984 年版，第 31 页。

的宇宙人生智慧，特别是原始儒家所阐扬的“生生”与“和谐”之旨。他认为儒家的生命情调最富于现实的精神，真正体现儒家精神的“圣人”，一定要在身体力行中来表现哲学的智慧，他的“圣者气象”即属于现在世界这一阶段，只有站在现在世界来利用过去的智慧基础和针对将来说话，才能把哲学说成一套富有生命和内容的思想体系。方东美认为：“中国民族生命之特征可以老、孔、墨为代表，老显道之妙用，孔演易之‘元理’，墨申爱之圣情，贯通老、墨得中道者厥为孔子。”唯“圣之时者”孔子的儒家之道为至中至正，表现一种具有巨大包容性和创造力的饱满无缺的生命情调与精神，它不仅可以消融老、墨和后来的佛教思想，而且可以吸收兼取希腊、欧洲和印度的智慧，创造一广大的“生生而和谐”的境界，以有限的生命去体证无限的存在与价值。①

对于宋明新儒家，方东美虽然不满意其心量狭窄，互相攻讦，但是肯定在中国哲学的曲折发展过程中，“到北宋初年，中国哲学本位的思想才复兴，就是北宋五子的理学，至南宋、明朝转变成心学”②，肯定这个时期出现了许多大思想家，把中国哲学传统中之形上学发展到了一个高峰。方东美说：“自余观之，新儒家乃是融摄众流，而一是以儒学为本，如百川汇海，万流归宗。”③ 他虽然不像唐、牟那样以传承某派衣钵自居和自限，但他对宋明新儒家思想之成就还是极备欣赏的。总之，在方东美看来，“中国思想中，主要是儒家指导中国人的生活”④，“我们还是要真正培养儒家的优点成为中国民族精神的重镇”⑤。从这个角度来看，他可以说是广义的现代新儒家学派的一个代表人物，但却是不同于正统派新儒家的一个胸襟宽阔、境界超卓

---

① 方东美：《哲学三慧》，台湾三民书局 1984 年版，第 6 页。
② 方东美：《原始儒家道家哲学》，台湾黎明文化事业公司 1983 年版，第 8 页。
③ 方东美：《中国哲学之精神及其发展》，台湾成均出版社 1984 年版，第 41 页。
④ 方东美：《原始儒家道家哲学》，台湾黎明文化事业公司 1983 年版，第 41 页。
⑤ 《方东美先生演讲集》，台湾黎明文化事业公司 1978 年版，第 268 页。

的现代儒家。对于传统儒家思想，他认为不能掩饰其因袭、保守的一面，也不能湮没其重大的创造精神。

其次，也要考虑方东美在现代新儒学思潮发展史中的特殊地位和影响。他曾经是唐君毅的老师，和熊十力、冯友兰、贺麟等第一代新儒家都是朋友。不过他早年的兴趣主要在西方哲学，抗战时期才转到中国哲学方面来，此后即以阐发弘扬民族文化中的哲学精神为职志。他真正发生重要影响是在50年代以后，主持台湾大学哲学讲席25年，以后又到辅仁大学任教，培养了一批有志传承中国文化思想的后继者，有些已经成为第三代新儒家的中坚力量。他深研西方哲学然后回归中国哲学的学术道路也给一些弟子很大影响。例如成中英说："方师智慧的灵光给了我很大的指导，使我热爱中国哲学……下决心更深入西方哲学的核心，把握西方的逻辑和科学方法，再更进一步的去发挥、去阐扬中国哲学的智慧和精神，使它在西方生根，并提供人类存在和价值问题的解决途径和目标。"① 第三代新儒家的一些中坚人物，之所以胸襟比较开放，更加具有世界性的眼光，和方东美等人的影响是分不开的。

方东美早期哲学著作有《科学哲学与人生》（1936年出版）。后期阐扬中国哲学的主要著作《中国人生哲学》（1957年出版）和《中国哲学之精神及其发展》（1976年完成），都是用英文写作和发表的。这是由于受到印度哲学家拉达克里希南一席话的刺激，决心用英文写中国哲学之发展源流，使其慧识"宏布西方，以增正解"。

"悼唐"风波引起的反省和新开展

现代新儒学第二阶段之发展，从50年代初开始，到70年代末、80年代初，几位重要代表人物相继去世（方东美——1977年；唐君

---

① 成中英：《山高水长怀师恩》，《方东美先生纪念集》，台湾正中书局1982年版，第142页。

毅——1978年；徐复观——1982年），也就大体告一段落。尤其是1978年唐君毅逝世后，港台各界发表悼念文章近百篇，并且因为徐訏的一篇文章而引发了一场“悼唐”风波。各方论战文字不仅涉及对唐君毅个人的学问、事业和人格之评价，而且讨论了什么是“新亚精神”以及当代新儒家的时代承担和历史地位等问题，实际上就是对现代新儒学的发展历程，特别是第二阶段之历程作了一次总结和反省。有的文章提出：“新儒家在当代思想上扮演了一个重要角色”，“他们是勇敢的，但也是寂寞的”，现在“该是表彰新儒家的时候了！”①

实际上，对新儒学在中国现代思想史上所扮演角色之总体研究，海外在70年代中期就已经开始了。1976年美国出版傅乐诗编的《变革的限制——论民国时代的保守主义》一书，其中收入了张灏写的《新儒家与当代中国的思想危机》一文（同时还收入了艾恺论梁漱溟和杜维明论熊十力的文章），就是一篇从总体上来研究这个中国现代文化保守主义主流派的产生背景和独特精神取向的文章。对现代新儒学兴起之思想背景的解释，它从比较表面的“文化认同”危机深入“意义的危机”，包括“道德迷失”“存在迷失”“形上迷失”所造成的深刻的精神危机，这样才能解释其何以特重儒家的道德理想和宗教精神，始终认同和维护宋明理学的“伦理精神象征”，作为其“意义的追求”之主要内容。

对于现代新儒学第二阶段历程之反省和未来道路之拓展，在70年代和80年代之交，引起了许多人的关注。1982年8月，台湾《中国论坛》杂志社专门召开了一个题为“当代新儒家与中国现代化”的座谈会，就当代新儒家的名称、范围、代表人物、思想特征、贡献与缺失、作用与影响、历史地位、发展前途等问题进行了广泛的讨论。与会者有的是第二代新儒家的及门弟子，自然对其前辈有非

---

① 林镇国：《寂寞的新儒家》，《唐君毅先生纪念集》，台湾学生书局1979年版，第564—568页。

常同情的了解，也有的是站在自由主义者的立场对新儒家有所批评。这些讨论对认识当代新儒家在中国现代化过程中的地位和作用是很有帮助的。

回过头来看1978年的“悼唐”风波。其实徐訏的那篇《忆唐君毅先生与他的文化运动》对死者虽稍有微词，但悼念的感情还是很真挚的，几点批评也无伤大雅。[①] 正如余英时所说：“唐先生在他的笔下也的确没有‘圣化’，只是真实世界上所见得到的一个人而已。”[②] 这就叫他的弟子们很有些受不了，要起来维护师道尊严。在当时发表的那批“悼唐”文章中，劳思光对新儒家的两点批评，倒是很值得重视的，也可以说是抓住了现代新儒学运动之所以不能成功地推拓之要害。这就是：第一，“就基本观念说，我常常觉得一个能成功的中国文化运动，必从以克服传统文化的缺点为基本观念之一，以配合弘扬传统文化优点的观念。倘若不重视克服缺点一义，则振兴中国文化的要求，在当前历史阶段中即无法落实”[③]。这是指唐君毅一辈新儒家，对传统儒学缺乏分析和批判的精神，有过多的温情和敬意，甚至抱着一种宗教崇拜的心理，因此不能扬弃儒学中的糟粕，好的东西也不能发扬。第二，就是如何在行动层面上建立客观普遍规范的问题。新儒家重视内在的心性工夫，舍事而求理，建立普遍性的观念理想是其所长，但是如何把普遍理想客观化为外在的规法，外在的客观尺度，即在事中显理，他们实在还没有找到一条切实可行的道路。“于是爱憎之情、亲疏之隔等等排拒普遍性的因素都会发挥作用，终会使一个运

① 有的批评是对的，如指出唐君毅一篇尊孔的文章，反映出他的思想与学说，“还不是同清末的‘中学为体，西学为用’的说法一样的份量！”见《唐君毅怀念集》，台湾牧童出版社1978年版，第153页。

② 余英时：《有感于“悼唐”风波》，《唐君毅怀念集》，台湾牧童出版社1978年版，第217页。

③ 劳思光：《成败之外与成败之间》，《唐君毅先生纪念集》，台湾学生书局1979年版，第266页。

动在行动层面上自限为一个小圈子。”[①] 现代新儒学运动发展到了第二个阶段，这个问题仍然非常严重地存在着。

第二代新儒家在理论和实践上当然还有其他一些问题，与他们年辈相近而稍晚的劳思光独指出这两点，显然是要提醒他们的后继者，应从哪些方面超越前辈、继续前进。第三代新儒家也确能在一定程度上接受经验教训，有一些与其前辈不同的表现。

1980 — ：现代新儒学发展的第三阶段

时代机缘

进入 80 年代以后，现代新儒学发展到了第三阶段。这不仅是由于自然年龄的换代之客观情势使然，势必把新一代人推上接棒的地位，而且也是由于世界历史和时代思潮之发展，为现代新儒学进一步受到世界性的重视造成了一些前所未有的机缘。

首先是在世界范围内，从西欧开始的现代化进程在政治、经济、社会、教育、文化等方面出现了一系列严重问题，科技的高度发展给人类带来的并非都是幸福，同时也带来生态环境的破坏、核战的威胁和能源的危机，特别是人的生存意义和价值有被极端的物质化、机械化、工具化取代或否定的倾向，人际关系变得冷漠而功利，嗜毒、色情、凶杀、嬉皮、同性恋等社会问题日趋严重。于是首先在西方，然后遍及全世界出现了一个批判、反思现代化的运动，要求重估近代西方思想，特别是着重抨击实证主义、科学主义片面发展“工具理性”，使人失去完整的理性心态；同时也要求重新认识传统，包括东方和其他民族国家的历史文化传统，认为肯定传统是了解、批判现在和创造

① 劳思光：《成败之外与成败之间》，《唐君毅先生纪念集》，台湾学生书局 1979 年版，第 267—268 页。

未来的不可缺少的条件或基础。肤浅的现代主义和狭隘的欧洲中心论已经不适合今日之世界潮流，西方哲学关注的重点从自然转向人，在“工具理性”之外，也要寻求“价值理性”的合理发展，重新建构以人道为基础的新哲学。在这种情况下一些人的目光转向东方，一贯关怀“人”的问题、充分肯定人性价值的中国传统哲学，特别是孔子儒家的哲学，被认为是能够医治现代病的灵丹妙药，而受到国际哲学界的格外重视。在当代继承儒家道统、竭力阐扬儒家人文价值的主要是现代新儒家，有人把他们看作是代表中国传统文化的生命价值在现代的延续，因此现代新儒家和现代新儒学也越来越引起国际学术界的关注和重视。80 年代举行的多次国际学术会议，例如 1982 年在夏威夷举行的国际朱子学会议，1983 年在多伦多举行的国际中国哲学会第三届年会，1988 年在新加坡举行的“儒学发展的问题及前景”学术讨论会，都曾热烈讨论牟宗三、唐君毅等人的新儒家哲学思想；“当代新儒家与中国现代化”成为近年来海内外多次学术会议的共同主题。这说明现代新儒学的影响正在日益扩大，它正在走向世界，并且得到了国际学术界的积极的回响。

其次我们还应注意到，“五四”时代现代化即等于西化的单一模式，到 80 年代早已为现代化的多元模式所取代。特别是最近 20 年日本和“东亚四小龙”经济的迅速发展，以及泰国、马来西亚、印度尼西亚和菲律宾华人集团在经济上取得的成功，被认为在事实上已经创造了一种现代化和工业化的东亚模式，也就是说，现代工业文明至少已有西欧美国、苏联东欧和东亚三种发展模式，并且不能排除今后还可能有其他模式出现。这对“现代化即等于西化”的理论是一个沉重的现实的打击。工业东亚的出现引起人们去认真探讨这一地区经济快速发展的原因，特别是和它们共有的儒家文化背景到底有什么关系；同时也引起人们去重新审视韦伯（Max Weber）的现代化理论，试图正面评价儒家伦理和现代经济增长的关系。有的西方学者研究后认为，儒家注重对人的培养，比西方社会更加强调人际关系的协调，这种文化在今天可能更能适应现代化的需要。这种为新儒家十分乐意接受的观点似乎在工业东亚的经验中得到了事实的证明，至少作为尚待证明的观点引起人们持续的研究兴趣，亦有利于扩大现代新儒学的世界影响。应该说，现代新儒学在80年代之所以能够获得新的发展生机，时代给予的这一机缘是非常重要的。

此外，当然还有其他一些助缘或条件，例如，萌动于美国并迅速遍及全球的“寻根”意识，加强了某些海外华裔学者的文化认同感和根源感，使他们有可能成为现代新儒学的信奉者和积极的研究、宣传者。又如在中国大陆，虽然还没有人自称“新儒家”，但是“四人帮”批孔批儒所引起的逆反心理已使孔子和儒家的地位日益上升，在思想感情和理论观点上和现代新儒家共鸣或相通者实不乏其人。这些都说明第三阶段新儒学的生存和发展环境明显地优于前两个阶段。

代表人物

第三代新儒家有些什么人？谁是主要代表人物？这是一个至少还要十年甚至二十年才能确切回答的问题。因为现代新儒学第三阶段之历程还只有短短十年，它正在发展过程之中，目前还望不见其终结之迹象。就过去十年的情况作一初步论断，人们的看法可以说是相当分歧混乱的。

一是从师承相继、门派出身来看第三代新儒家。狭义的观点认为只有正统牟门、唐门弟子才是新儒家，而钱门、方门弟子则非是。国内的研究者往往从一种广义理解的新儒家概念出发，把钱门弟子余英时、方门弟子成中英等都看作是现代新儒家的代表人物。[①]

---

① 例如，何新在《对现代化与传统文化的再思考——评海外新儒学》（《社会科学辑刊》1987年第2期）一文中，以余英时、杜维明为当代海外新儒学的代表；黄克剑在《大洋彼岸的当代新儒家》（载《危机与选择——当代西方文化名著十评》，上海文艺出版社1988年版）一文中，则以杜维明、余英时、刘述先、成中英四人为第三代新儒家的代表。

二是从本人声明、自我认同来判别是否新儒家。被论者指为“新儒家”的人，并不见得本人都愿意承认、接受。例如余英时就声明自己不是新儒家，而只是历史学者、思想史研究者。杜维明、刘述先都不否认自己是前辈新儒家的传人。成中英则说：“如果以熊、牟为正统来界定新儒家，我不属于这个派别；如果把方东美先生也划进新儒家的阵容，我是方的学生，也可以算是新儒家。”应该说这是相当中肯的实事求是的说明。

1988 年 12 月，在香港召开的“唐君毅思想国际会议”上，曾举办一项“新儒家著作展”。展出著作的新儒家学者，除了属于第一、二代的梁漱溟、熊十力、钱穆、方东美、唐君毅、牟宗三、徐复观等人之外，还有一批师承他们或在他们的影响之下从事著述的新一代新儒家学者。列入这个名单中的有杜维明、刘述先、霍韬晦、唐端正、李杜、黄振华、蔡仁厚、王邦雄、曾昭旭、杨祖汉、高柏园、岑溢成、袁保新、郑志明、李明辉、林安梧等人。他们大都是这次会议的主办者和参加者，如此鲜明地肯认和亮出自己的“新儒家”身份，使我们对第三代新儒家的阵容有了一个大体的了解。上述名单中的人，主要属于牟派和唐派。以牟门弟子为主体的台湾第三代新儒家，基本上集合在《鹅湖》月刊社的周围，形成一个以文会友的学术小团体。香港的唐门弟子则以霍韬晦主持的佛教法住学会为重要活动阵地，去年纪念唐君毅逝世十周年的国际学术会议，就是由法住学会主办的。

此外，还有一种缺乏明确标准、宽泛而无当的新儒家概念。例如，有的论者把参加 1982 年台湾《中国论坛》社召开的新儒家座谈会的人，如余英时、刘述先、林毓生、张灏等，还有未与会的劳思光、傅伟勋等人，都说成是较年轻一辈的新儒家。[①] 其实有些人明显的不是。如林毓生、张灏是明确地站在自由主义的立场上来评论新儒

① 吕武吉、杜维明对谈：《现阶段儒家发展与现代化问题》，《中国论坛》第 19 卷第 6、7 期，1984 年 12 月、1985 年 1 月。

家的，傅伟勋对新儒家也多有批评，怎能把他们归到他们所批评的、基本上不赞同的学术阵营中去呢？国内学者还有说金耀基是新儒家、罗光有新儒家倾向的[①]，这些都需要通过认真研究来谨慎地定性判断。

我认为，界定现代新儒家的标准，主要不能看师承出身，也不能看本人声明，而是要看他的思想、言论、著作所表现的基本学术立场。现代新儒家不仅是中国文化本位论者，而且是儒学复兴论者、儒学现代化论者，即认为儒学在中国文化中居于主导或核心的地位，以继承、阐扬传统儒学中所包含的哲学和人生智慧为职志，并通过吸纳、融合、会通西学来使它取得现代形态，以期在现在和将来的中国文化中继续保持主导地位。这是从现代新儒家的共同本质特征立论，而不考虑其内部差异和门派之争，可以说是属于广义理解的现代新儒家概念。

现在还很难断言谁是第三代新儒家的主要代表人物。我想那些只会阐释、传述师说，在新的时代条件下缺乏创意的学者大概难当此任。为了使本文这部分论述的内容不致过于单薄，下面略述杜维明、刘述先二人的思想。因为他们不论在广义、狭义或自我肯认的意义上都是现代的新儒家，而且是过去十年中思想比较活跃、在海内外影响较大的学者，他们为儒学第三期发展所作的努力也确实反映了一些新的时代特点。

杜维明为创造性重建儒学所作的努力

杜维明是 80 年代推动现代新儒学运动最有力的学者之一。他在台湾东海大学念书时是牟宗三、徐复观的学生，那时就已确定以儒家身心性命之学为终极关切。60 年代赴美留学并定居美国任教，在西方世界传播儒学和中国文化的种子。80 年代以来，他频繁地往来于

---

① 《“现代新儒家思潮研究”的由来和宣州会议的争鸣》，《现代新儒学研究论集》（一），中国社会科学出版社 1989 年版，第 335 页。

中国大陆、台湾、香港和新加坡、美国、欧洲等地，应邀作学术讲演，出席各种学术会议，积极宣传新儒学的主张，影响范围甚广。现代新儒学在中国大陆绝响30年后重新引起人们的注意和兴趣，在很大程度上和杜维明的讲学和宣传活动是分不开的。

杜维明之所以要提出儒学第三期发展的前景问题，是由于受到列文森（J. R. Levenson）的《儒教中国及其现代命运》一书的刺激。该书断言儒家传统在现代中国业已死亡。杜维明不同意这个悲观的结论，决定从分析列文森所谓儒家传统必然死亡的那些现代条件入手，证明作为政治化的儒家之代表的“儒教中国”死亡以后，被厘清了的、表现中国人文理想的真正的儒家传统不但不会死亡，而且可以获得新生，使儒学有第三期发展之光明前景。他的儒学三期论直接地是对列文森的挑战的回应。

杜维明强调首先要厘清儒家的象征符号，把“儒家传统”和“儒教中国”、“以人文理想转化政权的儒家”和“政权化（或政治化）的儒家”区别开来。他承认儒学在现代中国遭到了“明枪”（“五四”优秀知识分子的批判）、“暗箭”（袁世凯等反动军阀的利用、腐蚀）的两面夹攻，正处在“儒门淡薄，收拾不住”的艰困境地。但是他又指出：“五四时代这些先进思想家对儒家所作的批判，事实上对儒家传统有一种澄清或厘清的作用”[①]，把消极面都暴露出来，非常有利于儒学今后健康的发展。很明显，他在这里已接受了劳思光对前辈新儒家之批评的教训，并不讳言儒家的缺点，肯定“五四”先进知识分子批儒有积极意义，甚至把他们说成是儒家的功臣。

关于儒学传统的真精神是什么，杜维明的了解和前辈新儒家的看法没有什么不同，都是肯定儒学的价值在于其人文理想，它是一种身心性命之学，除了道德实践的意义之外，还有着深厚的宗教内涵。杜维明把这种学问叫作“哲学的人学”。关于儒学的三期发展，三期之

① 杜维明：《五四的困境与今天的突破》，《九十年代》月刊1989年3月号。

划分和具体内涵也是从牟宗三那里来的，不过杜维明把三期儒学都放在世界文化架构中的一定位置上，这是他思想开阔和有创意之处。第一期孔、孟、荀的儒学，他用雅士柏斯（Karl Jaspers）的“轴心时代”概念来说明，指出它是那时各显精彩的人类几大文明之一的中国文明的集中体现。第二期儒学即宋明理学，他也不仅把它看作是中国的文明，而是接受了岛田虔次的提法，认为它是公元11—19世纪中国、日本、朝鲜、越南等国共同的政治文化，是整个东亚文明的体现。至于儒学的第三期发展，它是对于西方文化的挑战所作出的回应，其世界性的普遍意义就更大了。杜维明作出了今后儒学可能要走经由纽约、巴黎、东京返回北京的路线的推断，这样的世界大旅行到底有多少现实可能性，我们虽然可以提出疑问，但最后还是只有等待实践来作回答。

关于儒学在中国的当前处境，杜维明事实上是很不乐观的，一再说最多只看见了“一阳来复”的希望。他强调儒学发展的关键不是靠政治力量来推动，而是要有足够数量、足够强大的各行各业的“见证者”，寄希望于知识分子群体自我批判意识的形成和壮大。这显然是就儒学复兴的现实力量来说的。在思想理论方面，他强调汲取西方文化的精华是儒学发展的先决条件，主张现代儒家要同西方第一流的思想家对话，对西方文化的挑战作出创见性的回应。具体说，在超越的层次要同基督教对话，在社会政治经济的层次要同马克思主义对话，在深度心理学的层次要同弗洛伊德主义对话，当然还包括其他有价值的思想学说，都可以为儒学的创造性重建作出贡献，这里表现出来的胸襟是开阔的，但杜维明未曾考虑，儒学在世界文化对话中是否如他所设想的必定能保持主体或“文法”的地位，而不会仅仅成为一个“词汇”，在考虑儒学发展的前景问题时，他理性上过于乐观，和面对现实的不太乐观恰好形成一个对照。理性上的乐观是基于这样的信念：人类轴心时代的几大文明，如欧洲的希腊文明、以色列的犹太教（以及后来演化出的基督教和回教），印度的兴都教和佛教，在现代都有顽强的生命力，难道独有儒学注定沉沦而不复起？在历史上儒学能够成功地回应印度佛教的挑战，而得到第二期之蓬勃发展，难道今天面对西方文化的强劲挑战，就不能作出更有力的回应而有第三期发展之光明前景？但是，这种信念到底显得过于凿空而抽象，它不能代替对儒学复兴的现实条件之具体分析，而使多数人建立起同样的信念。

刘述先论儒学的资源和负担

刘述先在台大上学时是方东美的高足，以后到东海大学任教，又深受牟宗三思想的影响。他并且通过其父刘静窗和熊十力交谊的家学渊源而与这位现代新儒学的前期开创人物在精神上接上了头。在治学途径和方法上他受方东美的影响较大，十分重视对现代西方哲学、文化哲学和比较哲学的研究，力图用现代方式去恢复和重新表达传统哲学的睿识；而在最基本的学术观念上，他显然是取熊、牟的现代新儒学进路，继承孔孟和宋明儒学主流思想，以体证“生生而和谐”的天道和人性为最高理想。“生生而和谐”也是方东美所把握的儒学根本精神，所以刘述先是最坚决地主张把他的这位老师也归入现代新儒家阵营的一个人。

作为现代人，刘述先对现代社会的弊病有深切的感受，他从哲学和文化的观点把这些弊病概括为：（1）意义失落的感受，（2）非人性化的倾向，（3）戡天役物的措施，（4）普遍商业化的风气，（5）集团人主宰的趋势。根本地说就是人失去了生命的意义和价值，不知道应该把这生命安顿在什么地方。他认为医治时代病的最好药方，就是“恢复我们传统中已经开发的慧解”①。这就是由内在仁心的亲切体征，建立生生而和谐的世界观，每个人都能在自己的心性泉源中“当下即是，不假外求”地找到自己生命的意义和价值。他认为这一解决

---

① 刘述先：《中国哲学与现代化》，台湾时报文化出版事业有限公司1980年版，第61页。

人的终极关怀问题的智慧，就是传统儒学的主要资源，所谓复兴儒学根本就是要恢复这一睿识，守住它不使失坠。他并且断言，在由现代向“现代以后”转型的当今世界，“这就是人类走向未来所能依赖的唯一的定盘针”①。这可能是迄今为止对传统儒学的价值所作的最高评价，比梁漱溟说“世界未来文化就是中国文化的复兴”还要讲得更加肯定和绝对。

刘述先不是只讲儒家的资源，他也常讲儒家的负担，主张“把传统的资源用得最大，把传统的负担减到最小”。例如过时了的纲常礼法、典章制度，还有如汉儒的阴阳五行那一套，他就主张要“解纽”“解构”，这样才能保住儒学最核心的本质。另外，对传统儒学中可以利用的资源，如民本思想，他强调必须脱胎换骨地加以改造，否则和现代民主是接不上头的。现代新儒家必须学习、接受西方的民主科学观念，但他不轻易讲从内圣之学“开出”民主和科学，甚至指出传统儒家“内圣外王”的说法也有毛病，认为道德修养并不是齐家、治国、平天下的充足和必要条件。他也强调儒家思想必须和现代西方哲学对话，并且比较具体地分析了儒学和英美分析哲学、欧陆存在主义与现象学交流会通的可能性，指出交流会通的结果必将是一种“新的综合”“新的创造”。这些都表现了第三代新儒家思想观念的开放性，考虑问题比牟宗三等前辈更加客观全面，更加符合新的时代潮流。

走向世界的新儒学

1949 年以后，现代新儒学被迫离开了自己的母国而飘流到港台和海外，几十年来一直是在“花果飘零”的处境下艰难地发展，但是也为它走向世界创造了一些有利的客观条件。1958 年“宣言”就是面向全世界的，第二代新儒家的几位代表人物后来都成为世界性的知

---

① 刘述先：《中国哲学与现代化》，台湾时报文化出版事业有限公司 1980 年版，第 71 页。

名学者，经常出席各种国际学术会议，被邀到世界各地讲学。特别是1964年在夏威夷举行的第四届东西哲学会议，方东美、唐君毅、陈荣捷、梅贻宝、谢幼伟、吴经熊等人均出席并发表论文，年轻一辈也有成中英、刘述先等人参加，显示中国哲学在海外亦有相当的实力，那次方东美舌战芬德莱（Findlay）还一直被传为佳话。到1969年开第五届东西哲学会议时，方东美、唐君毅、成中英、刘述先、杜维明等人在会间座谈筹备组织“中华哲学学人联谊会”，经过几年努力，至1975年正式注册成立了“国际中国哲学会”。该会每两年召开一次国际中国哲学大会，今年夏天已开过第六届年会。会员已由开始时的30多人发展到300多人，包括中国大陆、台湾、香港，以及新加坡、日本、南朝鲜、美国、加拿大、西德、英国、法国、澳洲等国家和地区的中国哲学研究者和爱好者。学会还有自己的英文刊物《中国哲学研究》季刊。中国哲学走向世界并不等于现代新儒学走向世界，但事实上传统儒学和现代新儒学都是中国哲学中不可或缺的重要组成部分，而且推动中国哲学走向世界的许多都是现代新儒家学者，自然也就逐渐扩大了现代新儒学的世界影响。就拿国际中国哲学会来说，创始人和第一任会长是成中英，第三任会长是刘述先，第三代新儒家学者许多都是其会员，在历届国际中国哲学年会上都有重要的表现。如在第三届年会上刘国强、梁燕城分别宣读论文介绍唐君毅、牟宗三的哲学思想，曾引起热烈讨论；1989年刚开过的第六届年会，以“中西哲学中的心、性、理”为主题，涉及现代新儒学理论之核心的心性问题，各方面学者的交流、讨论、质疑、争辩就更加热烈。

第三代新儒家学者有的是在海外任教，以其比较超脱的立场，和中国大陆学者交往也比较方便，他们是较早地回国讲学和把现代新儒学反馈和渗回大陆的主要力量。同时由于中国大陆采取开放政策，海峡两岸以及国内外学术交流有了较快发展和较多的渠道，特别是有关儒学研究的国际学术会议近年来在曲阜、台北、新加坡、香港、北京等地相继举行，这种形势对现代新儒学的发展自然是十分有利的。

第三代新儒家也有自己的学术及舆论阵地。在台湾主要有《鹅湖》月刊。从刊名就可以看出它的宗旨是要“重续先贤之志”，重建“鹅湖精神”即宋明理学的精神。它以“探索宇宙人生的真谛”“肯定人生的意义与价值”“促使中国传统所特重的道德精神普及于今日”“为这一飘荡的时代树立一精神之基柱”[①] 为目标和使命，从1975 年创刊以来一直进行着坚韧孤往的奋斗。这是一份台湾第三代新儒家的同仁刊物，学术性较强，所刊文章大部分持有鲜明的现代新儒学立场。1979 年创刊、由台湾东海大学主办的《中国文化月刊》也是现代新儒家的一个学术阵地。它试图“经由对人性与道德的发扬，来抵消机械式的僵化和无情，以和谐及仁爱代替斗争和分裂”[②]，把儒家精神和基督教精神调和起来。1986 年创刊、由香港佛教法住学会主办、霍韬晦主编的《法言》季刊（今年改为月刊），是第三代新儒家的一个新阵地。它所体现的精神是儒家与佛教的调和，并以二者的现代化为目标。此外，台湾的《当代》杂志（杜维明是社长）、香港的《九州学刊》、美国的《中国哲学研究》季刊等也经常刊登现代新儒家学者的文章。

第三代新儒家的进境和局限

第三代新儒家是活跃在当代学术思想领域的一代中青年骨干。他们大都有较好的国学根底，又受过西方文化的陶养，有一些人还带着继承、改造、再释、重建中国传统哲学的志愿，对现代西方哲学进行过比较深入的钻研。长期生活在西方社会的那些学者，自然对西方文化的优长和缺失也有比较深切的体验。对于中国现代政治历史的变迁，他们的感受没有老一辈人那么深刻和强烈，政治情绪化的因素也要少一些。这些都决定了第三代新儒家可能有更开放的心灵，可以更

---

① 《鹅湖精神的重建》，《鹅湖》月刊创刊号，1975 年 8 月。

② 《中国文化月刊》第 3 期刊头语，1980 年 1 月。

加客观、理智地去思考一些历史和现实问题，超克前辈的局限，在思想上达到新的境界。例如，如前所述，杜维明、刘述先都不是对传统儒家持一种无批判的认同态度，并不隐讳儒家的缺点和阴暗面，敢于承认“传统中国文化的主调的确是后顾的”，“儒家的理想人格和现代化所提倡的企业家开创性心灵有明显的冲突”[①]。与此相联系，对于“五四”先进知识分子提倡科学与民主，激烈地批儒反传统，他们的评价也比较客观一些，不像牟宗三等人动辄骂“庶孽无知”“丧心病狂”。刘述先认为“五四”只看到传统的缺陷，完全看不到传统的优点，自有其偏颇处，但是“五四”提出德先生、赛先生的口号，要我们向西方学习，“眼光一点也没有错”，至少是“大方向并无差错”[②]。杜维明肯定“五四”批儒“有其很健康的意义”[③]，把儒家的缺点、弱点充分暴露出来，对儒学的真精神“有净化作用的功能”[④]，或者说“有一种澄清或厘清的作用”[⑤]。再如，对待马克思主义，他们虽然也不赞同，但却不像牟宗三那样开口就骂“魔道”，而是主张区分马克思主义作为社会历史科学理论的层面和作为政治意识形态的层面，认为对前者不能完全否定，现代新儒家要发展自己的理论使之适应现时代，也需要同马克思主义对话，特别应该认真研究马克思主义何以会在中国取得成功以及它在中国的未来命运问题。这些都说明第三代新儒家的眼光和胸襟的确超迈了他们的前辈，用这种开放的心态去研究历史和现实，就有可能在学术上取得

---

① 刘述先：《中国哲学与现代化》，台湾时报文化出版事业有限公司 1980 年版，第 41 页。

② 刘述先：《中国哲学与现代化》，台湾时报文化出版事业有限公司 1980 年版，第 44、74 页。

③ 杜维明：《儒家传统的现代转化》，纽约《知识分子》1985 年秋季号。

④ 杜维明：《从世界思潮的几个侧面看儒学研究的新动向》，《九州学刊》创刊号，1986 年 9 月。

⑤ 杜维明：《五四的困境与今天的突破》，《九十年代》1989 年 3 月号。

比前辈更大的成就。

可能由于时间还只有十年的缘故，也由于第三代新儒家学者一般还比较年轻，很遗憾，我们虽然很佩服他们的宣传与活动能力，但是至今还没有看见他们有重要的学术理论建树。不但没有人能拿出像熊十力的“新唯识论”、冯友兰的“新理学”，以及唐君毅、牟宗三晚期那样成熟的哲学体系，而且就是像工业东亚的兴起这样对他们极其有利的社会背景，也没有人作过全面深入的调查研究，用有力的证据说明这些国家和地区的经济发展与儒家文化渊源有必然的联系，令人信服地给人类指示一条有儒家特色的现代化道路。可能这些工作他们正在做，但愿在不久的将来能看到他们拿出比其前辈更出色的成果来。譬如刘述先正在探索的系统哲学的架构，基本思路是“要建立终极关怀以立体，必须取‘直贯’的方式；要开创文化事业以显用，必须走‘致曲’的道路”①，其现代新儒学的立场是很鲜明的，我们现在还不知道它在超克前辈理论的局限和儒学的现代化方面会有什么新的进境。

现代新儒学所碰到的一些根本难题，如从内圣心性之学怎样“开出”现代外王事业来，也就是传统儒家睿识怎样和现代科学、民主、法治接上头的问题，第三代新儒家学者也意识到了，肯定“在儒家现代化的进程中，最大的问题当然是制度建构的问题”②，承认他们的前辈在内圣学方面、在建立人的终极关怀方面有很大贡献，“可是没有一位新儒家提出过一套适合于现代的政治社会的构想”③，因此难以对现实社会发生影响力。这种情况他们自己去改变了没有呢？按

① 刘述先：《哲学探索的机缘背景与实存体证》，《中国论坛》第257、258期，1986年6月。

② 杜维明：《创造的转化——批判继承儒家传统的难题》，《中报月刊》1987年5、6、7、8、9月号。

③ 刘述先：《谈儒家传统与现代化》，《文化与哲学的探索》，台湾学生书局1986年版，第244页。

照“内圣外王”的思路是没有希望的，对西方科学、民主、法治只能采取学习、接受的态度，但他们也只是笼统地提出了“当前新儒家所亟需要的是在与传统的典章制度以及渣滓解纽之后，参照西方的经验，配合自己的国情，发展出一套新的政治经济、社会的体制，与其核心的仁（人）道创造的思想相配合”①，而把具体制度建设的任务交给“有政治、经济、社会专长的学者”去完成。如果这些学者不接受儒家的内圣之学和仁道观念呢？那么第三代新儒家所设想的制度建设还是不能落实，或者是建设起来的制度并不符合儒家的理想。

另外，像圈子太小、不能把现代新儒学推拓于社会，造成一个有群众基础的新儒学运动的问题，第三代新儒家同样不能解决。他们还是不能摆脱“寂寞孤怀”的境遇，在社会上甚至在学术思想界不被理解；他们的学问被视为“迂远不切事情”，也没有受到哪一个当权政府的真正重视。第三代新儒家作为当代中国的道德理想主义者，仍然是“寂寞的新儒家”。

结束语

现代新儒学已经走过了七十年的发展历程，和现代中国的其他主流思想相比，它不是长江大河，而是小小的溪流，但是连续不断，传承不绝。它的学术文化价值远胜于其社会政治的作用。在政治风云的巨大变幻中，它的力量和影响是十分微弱的；而在每一次大的文化论战中，它的地位就变得显赫起来。把它作为一个连续的思潮和学派来进行研究乃是最近几年的事，港台和海外虽然起步较早，但是也未见拿出十分重大的研究成果来。在 80 年代中后期的文化讨论中，关于现代新儒学的问题被突出地提了出来，这一研究目前在中国大陆正方

---

① 刘述先：《关于“儒家与政治学”的讨论》，《鹅湖》第 143 期，1987 年 5 月。

兴未艾。在结束本文之前，我还想谈几点粗浅的看法以表明自己研究这个问题的基本立场：

一，现代新儒学是适应时代的需要而产生的，作为中国现代文化保守主义的主流派，它和中国的马克思主义派、自由主义的西化派大致同时产生，并在错综复杂的对立统一关系中发展。中国现代化进程的长期性和艰巨性决定了现代新儒学在今天还有一定的生命力，它还会与上述两个派别并存发展，不断斗争较量，直到中国的社会主义现代化实现之日。现代新儒家所提倡的“儒家资本主义”的发展道路，在中国没有现实的可能性，因此作为一个学派它在社会上产生的回响是很小的。

二，现代新儒学如果不改变其“中体西用”“内圣外王”“道德优先”的思想格局，把基础（“体”“本”）、重点从心性体验转换到现代化建设方面来，那么它就很难得到现代中国人的认同；如果真的实现了这一转换，那么它就不成其为现代新儒学了。现代新儒家所设想的儒家思想“文艺复兴”的时代，让纽约、巴黎、东京、北京的居民都以儒家思想为走向未来的“唯一的定盘针”的时代大概不会到来。儒家思想作为人类多元文化中之一“元”或一“家”的地位和历史价值则将是永存的。

三，在中国的社会主义新文明以及未来的世界文明中，以儒学为代表的传统精神文明将作为一个部分、一种成素被继承、保留下来，不过这要清除糟粕，对精华也要经过“创造性的转化”。恐怕它扮演的只能是“词汇”的角色，而不可能是“文法”。我们所企盼的未来新文明将是东西方文化之精华的辩证综合，科学文明与道德文明、工具理性与价值理性的有机统一。

（本文完成于 1989 年 10—12 月访问新加坡期间，曾主讲于新加坡东亚哲学研究所主办的学术报告会。原载《南开学报》1990 年第 4、5、6 期，发表时作了若干删节）

论现代新儒学对传统儒学的继承、开新及其理论困限

现代新儒学是传统儒学的现代发展和现代转型。作为“五四”以来的新儒家学者融会中西、谋求儒学现代化的一种尝试和努力，它无论在形式上或在内容上都与传统儒学有着很大的差异，正是这种差异规定了现代新儒学的理论内涵和时代特征，使其成为一种与传统儒学既有区别又有联系的学术思潮和理论形态。

本文将着眼于现代新儒学与传统儒学的关系展开讨论，以期说明就其思想实质而言，现代新儒学究竟是在什么意义和层面上继承了传统儒学，又在哪些方面超越了或试图超越传统儒学，以及这样一种学说究竟具有怎样的理论意义和现实意义。

一

现代新儒学理论体系的建立，是以现代新儒家学者对于历史上的儒家思想的基本精神和理论内核的理解、把握和阐释、说明为前提的。

现代新儒家的思想纲领是“返本开新”。“返本”即返传统儒学之本，“开新”即开科学民主之新。所谓传统儒学之“本”，也就是指他们所理解的传统儒学的基本义理和基本精神。事实上，现代新儒家的代表人物们对传统儒学之基本精神的理解、把握并不完全相同。梁漱溟先生认为儒学的基本精神在于它是一种“不用理智打量、计

算，完全听凭于直觉”（良知、仁、“善的本能”）的人生态度，并认为儒家的义理归趣“似宗教非宗教，非艺术亦艺术”。这后一种概括与冯友兰先生把儒家思想的基本精神表述为“极高明而道中庸”十分相近，他们都指出在儒家思想中表现了出世与入世、宗教与道德、理想与现实的和谐统一。然而事实上，梁、冯二人有关儒家思想之基本精神的具体阐发仍然相去甚远。就总体而言，梁漱溟突出了直觉的层面，认为儒家理想的人生态度乃是出自完全排除了后天理智的分别作用，认为只有通过理智的“觉解”功夫，最终实现对宇宙大全的认识，并进而超越理智、概念的分别作用，回归于本然之善的直觉状态；冯友兰则突出了理智的层面，认为只有通过理智的“觉解”功夫，最终实现对宇宙大全的认识，并进而超越理智、概念的分别作用，达到“与宇宙大全浑然为一”的“天地境界”。熊十力的思想较近于梁漱溟，但他更强调后天的修养功夫，更突出儒家思想中积极入世的方面，因而也就对佛家的出世及道家的避世有更多的批评。

50年代后的港台新儒家认为，儒家思想的核心和真髓即在于它的心性之学。1958年元旦，牟宗三、唐君毅、徐复观、张君劢四人联名发表的《为中国文化敬告世界人士宣言》中明确指出：“中国之学术文化，当以心性之学为其本原。”“此心性之学，亦最为世之研究中国学术文化者，所忽略所误解的。而实则此心性之学，正为中国学术思想之核心，亦是中国思想中之所以有天人合德之说之真正理由所在。”① 在他们看来，心性之学（即内圣之学或称之为“内圣成德之教”）乃是儒家思想中一以贯之的“圣学血脉”，是中国文化永不枯竭的源头活水。儒家心性之学自孔孟以后，中间经历了魏晋、隋唐时期民族文化生命的“歧出”，“至宋明而后大盛”。但是自宋明以后，先是清代三百年学术重对书籍文物之考证训诂而不谈心性，继而西学

① 唐君毅等：《中国文化与世界》，《民主评论》（香港）第9卷第1期，1958年1月。

东渐，“五四”时期的中国思想界一方面倡导西方的科学与民主，另一方面也认为清代考据学中涵有科学方法，而推崇颜习斋、戴东原，反对宋明儒更成为一时风气。与儒家学术发展的情况不同，佛学在清以后的发展中更重心性之学，但佛家的心性之学与传统儒家的心性之学也有实质的区别。“故佛学家亦多不了解中国儒家心性之学。由是中国传统的心性之学，遂为数百年之中国思想界所忽视。”①

在现代新儒家看来，清代以来民族文化生命的日趋衰微和儒家心性之学沉晦不显的状况是相适应的。要弘扬民族文化生命，首先就必须重建儒家道统，光大儒家内圣之学，恢复先秦儒学和宋明儒学的“形上智慧”。他们就把这方面的努力和使命称之为“返本”。

儒学在历史上曾长期作为中国封建社会的意识形态，特别是经过“五四”时期激烈的反孔运动以后，儒学在某种意义上已经成为中国封建社会和封建专制主义的代名词。因此，要在新的历史条件下弘扬儒学，就不能不对“儒家的象征符号”做一种厘清的工作。现代新儒家在这方面所采取的一个基本进路是：区分封建化、政治化、制度化的儒学和作为文化理念、道德理想、人文精神的儒学。80 年代“儒学第三期发展”最有力的鼓吹者杜维明曾指出：“儒学基本的精神方向，是以人为主的，它所代表的是一种涵盖性很强的人文主义。……这种人文主义，是入世的，要参与现实政治，但是又不是现实政权势力的一个环节，有着相当深厚的批判精神，即力图通过道德理想来转化现实政治，这就是所谓‘圣王’的思想，是儒学的真精神。”② 在现代新儒家看来，儒学之作为一种文化理念、道德理想和人文精神乃是一种“常理”“常道”，具有超越于具体的社会形态和历史时期的普遍价值，而决不会随着制度化的儒学或“儒教中国”而一同归于消亡。

---

① 唐君毅等：《中国文化与世界》，《民主评论》（香港）第 9 卷第 1 期，1958 年 1 月。

② 杜维明：《儒家传统的现代转化》，纽约《知识分子》1985 年秋季号。

现代新儒家十分强调儒学的“常道”品格，所谓“返本”也就是要把儒学之作为“常道”的基本义理重新彰显出来。当然，这并不意味着对传统儒学的简单重复。事实上，现代新儒家特别是50年代后的港台新儒家在吸收西方哲学，对儒家心性之学进行现代诠释方面，着力甚多。这种现代诠释也包括在新的历史文化背景下重新界定儒学在人类思想文化史上的地位和价值。按照牟宗三等人的理解，儒家心性之学的真髓不仅在于它说明了道德实践的内在根据，而且在于它指出了一条达到宇宙真实的正确道路，指出了一条不同于西方、印度的哲学和宗教的超越之路，所以称之为“道德的形上学”，又称之为“道德宗教”或“成德之教”。他们认为，中西哲学、文化的差异并不在于是否承认超越世界的存在，就肯定“价值具有超越的源头”而言，它们并无差异。二者的差异在于如何说明超越世界与世俗世界的关系。中国哲人采取“六合之外，圣人存而不论”的态度，对超越的源头“只作肯定而不去穷究到底”。所以中国哲学的超越世界没有走上外在化、具体化、形式化的途径，没有出现“上帝之城”。西方哲学则不然，他们对于作为价值源头的超越世界穷追不舍，“最后非逼出一个至善的‘上帝’的观念不止”。中国哲学把重点放在每个人的内心自觉，“所以个人的修养或修持成为关键所在”。余英时称之为“内在超越”。在新儒家看来，“内在超越”体现了道德与宗教的完美统一，以“内在超越”为基本特征的儒家心性之学在现代社会中既可以发挥某种宗教的功能，又可以避免以舍离为首要义的佛教和以神为中心的基督教所带来的偏失。

二

弘扬儒家内圣之学（心性之学），坚持以儒家内圣之学为本来应付西方文化的挑战并重建中国哲学与文化，是现代新儒学之为儒学的主要之点，也是他们继承先秦和宋明儒学的主要之点。另一方面，现代新儒学作为20世纪的儒学，它又具有不同于传统儒学的“现代”品格，这主要表现在它一方面要返传统儒学之“本”，另一方面又要开科学民主之“新”。

按照牟宗三先生的说法，儒学第三期发展的使命在于：“一、道统之肯定，即肯定道德宗教之价值，护住孔孟所开辟之人生宇宙之本源。二、学统之开出，此即转出‘知性主体’以融纳希腊传统，开出学术之独立性。三、政统之继续，此即由认识政体之发展而肯定民主政治为必然。”[①] 这是对现代新儒家“返本开新”的思想纲领较为具体的阐述。“道统之肯定”也就是肯定儒家的“内圣成德之教”，“接续民族文化生命之本源大流”；“学统之开出”和“政统之继续”则是要把儒家的道德精神落实到外王事业上，开出“新外王”，即发展科学与民主。

科学与民主本是儒家思想在具体而特殊的历史环境中所遭遇的问题，现代新儒家将其纳入“内圣外王”的思想框架来加以阐发和处理，并由此出发回答传统文化与现代化的关系问题。“返本开新”（保内圣，开外王）反映了新儒家在中国现代化问题上既不同于传统的守旧派，也区别于自由主义的西化派的特殊进路。

关于科学、民主与传统文化特别是儒家思想的关系，现代新儒家不满足于“古已有之”的论调，他们的新外王开出论乃是基于一种自觉意识，这就是：科学与民主（指科学精神和民主制度）是中国历史文化中所缺少的，而又为我们民族走向近代化和现代化之所必需。所以问题的焦点不在于是否需要吸收西方的科学与民主，而在于如何吸收西方的科学与民主，“新儒家自觉民主与科学是不可抗拒的时代潮流，问题是在如何让它生根生长”[②]。使科学与民主在中国的土地上

---

① 牟宗三：《道德的理想主义·序》，台湾学生书局1985年版。

② 王邦雄：《从中国现代化过程中看当代新儒家的精神开展》，《鹅湖》第100期，1983年10月。

“生根成长”，这是新一代儒者谋求解决的中心课题。牟宗三指出：“儒家学术第三期发展，所应负的责任即是要开这个时代所需要的外王，亦即开新的外王。”[①] 这里我们同样可以看到保守主义与自由主义之间的某种“同构”，他们理论的兴奋点可以说都在于如何吸收西方的科学与民主。新儒家从不否认首先出现于西方社会的科学与民主的普遍价值和对于我们民族存在与发展的重要意义，他们所强调的是：吸收西方的科学与民主不可以采取外在的“添加法”，而必须经过民族文化的自我调整，要从民族文化生命内部开显出来。

牟宗三等人认为，在道德宗教的层面，中国文化达到了很高的境界，但就文化生命的特质及其发展的限度而言，也存在着较为严重的缺陷，这主要表现在以下两个方面：一是“科学之精神，毕竟为中国先哲之所缺”；二是“中国文化历史中，缺乏西方近代之民主制度之建立”。[②] 按照牟的说法，中国文化“在全幅人性的表现上，从知识方面说，它缺少了‘知性’这一环，因而也不出现逻辑数学与科学；从客观实践方面说，它缺少了‘政道’之建立这一环，因而也不出现民主政治，不出现近代化的国家政治与法律”[③]。这就是所谓“有道统而无学统与政统”。

上述情况在儒学发展的历程中一直没有得到改变。宋明儒者在扭转魏晋、隋唐时期中国文化生命的“歧出”、复活和光大先秦儒学的形上智慧方面作出了重要贡献。但是，“宋明儒者的成就和贡献，毕竟偏重于内圣一面，外王事功方面，则缺少积极的讲论和表现，此即所谓‘内圣强而外王弱’”[④]。后来虽有顾亭林、黄梨洲、王船山等人在外王方面的努力，但由于清朝的统治，这条思想线索亦未能延续

---

① 牟宗三：《从儒家的当前使命说中国文化的现代意义》，《时代与感受》，台湾鹅湖出版社 1984 年版，第 309 页。

② 唐君毅等：《中国文化与世界》，《民主评论》（香港）第 9 卷第 1 期，1958 年 1 月。

③ 牟宗三：《历史哲学》，台湾学生书局 1984 年版，第 191 页。

④ 蔡仁厚：《新儒家的精神方向》，台湾学生书局 1984 年版，第 18 页。

下来。

内圣外王本是儒家思想的全体大用、全幅规模，外王方面的不足即表明了文化生命的不圆满。在牟宗三看来，与内圣方面的生命智慧相比，知性方面的逻辑、数学、科学与客观实践方面的国家政治法律制度等并不属于最高境界中之事，而是“中间架构性”的东西，“然而在人间实践过程中实现价值上，实现道德理性上，这中间架构性的东西却是不可少的。而中国文化生命在以往的发展却正少了这中间一层”[①]。由于缺少了“中间一层”，使道德理性不能向外活动、向外表现、向外打通（或谓向下落实、向下撑开），不能积极地客观地实现出来，只能内缩于个人的道德实践中而有“窒息之虞”。

现代新儒家承认由于缺少知识层面的开展和客观政治法律制度的建立，中国历史文化在表现形态上有缺陷、不圆满，但他们并不承认中国文化具有本源上的不足。这是因为在“本源形态”上，中国文化乃是一客观的道德精神的表现，所谓天道、心体、性体、“仁且智的精神实体”、良知、道德理性等等，从根源上讲都是指这一客观的道德精神而言。这一客观的道德精神或“仁且智的精神实体”本无所谓欠缺，而且在历史行程中，它“必须要披露于个人以外之社会及天地万物而充实其自己、彰著其自己，即必须要客观化其自己，且绝对化其自己。客观化其自己，即须披露于国家政治及法律”[②]。这中间所包含的必然性，“既不是逻辑的必然性，也不是科学里边那个机械的因果律。这种必然性，就叫做辩证的必然性”[③]。此所谓“辩证的必然性”也就是如黑格尔所说的精神的“内在有机发展”的必然性。依据这种精神之内在有机发展的“辩证的必然性”，科学与民主以及体现于其背后的基本精神一定会从中国历史文化生命中开显出来，因

① 牟宗三：《历史哲学》，台湾学生书局1984年版，第193页。
② 牟宗三：《历史哲学》，台湾学生书局1984年版，第118页。
③ 牟宗三：《中国哲学十九讲》，台湾学生书局1983年版，第12页。

为“仁且智的精神实体”“注定要在历史发展中完成其自己”，所以“以前没有开出来，将来都要开出来，这里决定没有不相容的地方”①。

按照这种认识，儒家思想与现代化的关系并不是外在的、消极的适应。对于儒家思想来说，作为现代化的基本特征的民主和科学并不是某种异质的、不相容的东西，而是为儒家思想本身所要求的。所以，“儒家与现代化并不冲突，儒家亦不只是消极地取‘适应’、‘凑合’现代化，它更要在此中积极地尽它的责任”。“从儒家内部的生命中即积极地要求这个东西，而且能促进、实现这个东西，亦即从儒家的‘内在目的’就要发出这个东西、要求这个东西。所以儒家之于现代化，不能看成个‘适应’的问题，而应看成‘实现’的问题。”②

现代新儒家解决内圣开出新外王问题的唯心主义思路是非常明显的。这里需要说明的是：新儒家历来认为，科学和民主并不是文化发展的全部内容，也不是衡量某种文化高下优劣的唯一尺度，因为每一种文化都有其超越的层面，都有其道德理想和宗教精神，他们认为这后一方面是更本质的。既然如此，何以又把实现科学与民主（开出新外王）作为中国现代化的基本内容？这是因为在他们看来，儒学作为一种道德宗教乃是“常道”，具有超越于具体的历史时期和社会形态的永恒价值，因而无所谓现代化可言，“现代化不能从内圣之学方面去讲”③。所以“本中国内圣之学解决外王问题”即“开新外王”，就成为新一代儒者必须解决的问题，也就是他们所要担负的文化使命。

---

① 牟宗三：《儒家学术之发展及其使命》，《中国文化论文集》（一），台湾幼狮文化事业公司 1979 年版，第 53 页。

② 牟宗三：《从儒家的当前使命说中国文化的现代意义》，《时代与感受》，台湾鹅湖出版社 1984 年版，第 300 页。

③ 蔡仁厚：《儒家思想与中国现代化》，《中国文化论文集》（五），台湾幼狮文化事业公司 1984 年版，第 107 页。

三

对于现代新儒家来说，仅只是一般地指出儒家思想和现代化并不是不相容的，或者强调说现代化正是儒家思想自身所要求的，显然是不够的。从他们的思想纲领和自视所承担的使命来看，他们还必须具体回答在历史上儒家内圣之学何以没有能够开出科学与民主，儒家思想在其发展中又如何能够克服自身的限制，实现对“新外王”的涵摄和建构的问题。这后一方面理应成为现代新儒家思想理论的重心所在，但恰恰在这一关节点上，新儒家陷入了难以克服的理论矛盾和难以摆脱的思想困境。

现代新儒家对于中国传统文化的缺陷不乏深刻的认识。牟宗三指出：历史上的中国文化乃是一“仁智合一而以仁为笼罩者”的文化系统，在此文化系统中，“仁一面特别彰著”，“而智一面则始终未独立地彰著出来”[①]，“故对于知识以及成知识的‘知性’从未予以注意”[②]。而在一个文化生命里，“如果转不出智之知性形态，则逻辑数学科学无由出现”[③]。这是中国历史文化中有道统而无学统的原因所在。在政治方面，历史上的中国文化“其用心唯是以成圣贤人格为终极目的，因而政治方面亦只成为圣君贤相之形态”[④]。在此种形态中，君乃是一个“无限制的超越体”，限制君的唯一办法就是德与“天命靡常”的警戒。人民则永远是处在被动的潜伏状态中，不能够在政治上自觉地站立起来而成为有个性的个体，只是一个伦常上“道德的存在”，而不能成为一个“政治的存在”，所以不能起来对皇帝有一客

① 牟宗三：《历史哲学》，台湾学生书局1984年版，第165页。
② 牟宗三：《历史哲学》，台湾学生书局1984年版，第177页。
③ 牟宗三：《历史哲学》，台湾学生书局1984年版，第180页。
④ 牟宗三：《历史哲学》，台湾学生书局1984年版，第183—184页。

观上政治法律形态的回应和限制，中国政治也就终不能走向民主一途。

怎样弥补传统文化忽视知识与知性的缺陷呢？牟宗三提出了他的“道德良知自我坎陷”说。所谓道德良知的自我坎陷是指道德良知通过自我否定而自觉地从“无执”转为“有执”。对此牟宗三的高足蔡仁厚有个解释，他说：良知的自我坎陷就是良知的“自我打开”，“使自己开为两层：一层是道德心（德性主体），亦即良知自己；一层是认知心（知性主体），这是良知自觉地坎陷自己而转出来的”①。道德心是“与物无对”的，它要追求与天地万物为一体的境界，其表现和作用是完成德性人格；认知心是“与物有对”的，它是在“主客对列”的关系中发挥作用，去认识外在对象，其表现和作用是成就知识与科学。牟宗三认为，在儒家仁智统一的境界中，本也包含了“智”的作用，但是此所谓“智”只是“停在圣贤人格中的直觉形态上”，是圣贤人格中的神智妙用，是“仁心之智慧”。他称之为“神智”“圆智”或“智之直觉形态”。这种智是“无事的”，即它并不在主客分别的关系中发挥认知的功能，因而与概念心灵的知性之智具有实质的区别，他称后者为“智之知性形态”。道德良知的自我坎陷所要转出的就是这种“知性形态”之智。

牟宗三又称良知的自我坎陷为“精神表现之一曲折”，并且认为“逻辑、数学、科学，以及近代化的国家、政治、法律，俱在此一曲折层上安立”②。至于精神（道德理性、良知）何以会表现出“此一曲折”，这就又回到了我们前面论及的“精神的内在有机发展”这一形而上的根据上来了。牟认为，精神的内在有机发展所包含的“辩证的必然性”使它可以“要求一个与其本性相违反的东西”③，以便使

① 蔡仁厚：《新儒家的精神方向》，台湾学生书局1984年版，第27页。

② 牟宗三：《历史哲学》，台湾学生书局1984年版，第38页。

③ 牟宗三：《政道与治道》，台湾广文书局1961年版，第57页。

自己更圆满地实现出来。

与良知坎陷说相类似的还有唐君毅等人提出的“暂忘”说。所谓“暂忘”是指“道德的主体之要求建立其自身之兼为一认识主体时，此道德主体须暂忘其为道德的主体，即此道德之主体，须暂退归于此认识之主体之后，成为认识主体的支持者。直俟此认识的主体完成其认识之任务后，然后再施其价值判断，从事道德之实践，并引发其实用之活动”①。

牟宗三等人提出“良知自我坎陷”说和“暂忘”说的本意在于改正和弥补传统儒学“以仁为笼罩，以智为隶属”、忽视知识与知性、缺少对概念心灵的探求和知性主体的安立的缺陷和不足，以便“开出学术之独立性”，为吸收西方的科学知识提供内在依据。遗憾的是，他们所采取的理路适足以说明他们仍然没有突破“以仁为笼罩，以智为隶属”的思维架构。无论是积极的“坎陷”还是消极的“暂忘”，都不过是道德良知的自我转化和自我完善。道德仍然优于知识，前者是第一义的，是体，是本；后者是第二义的，是用，是末。对此，海外学者亦有尖锐的批评，傅伟勋就曾指出：牟宗三使用“自我坎陷”“有执”等等负面字眼来重建儒家知识论，仍有泛道德主义倾向之嫌，“仍令人感到，‘自我坎陷’说的形成，还是由于当代新儒家为了应付尊重‘知性探求’独立自主性的西方科学和哲学的强烈挑激，而被迫谋求儒家思想的自我转折与充实的思维结果，仍不过是张之洞以来带有华夏优越感的‘中学为体，西学为用’这老调的一种现代式翻版而已，仍突破不了泛道德主义的知识论框架，而创造地发展合乎新时代需求的儒家知识论出来”②。

现代新儒家关于中国政治现代化（民主）问题的认识也存在着类似的弊端。牟宗三称历史上儒家由修身、齐家到治国、平天下的进路

---

① 唐君毅等：《中国文化与世界》，《民主评论》（香港）第9卷第1期，1958年1月。

② 傅伟勋：《儒家思想的时代课题及其解决线索》，《哲学与文化》第13卷第2期。

为“外王之直接形态”，即认为外王可以由内圣直接推出来，认为尽心、尽性、尽伦、尽制即可直接推出外王。他认为：“在以前可以说是如此，在现在则是不够，修身齐家在这个时代，不能直接推出治国平天下，不能由内圣直接推出外王，这就显出现代化的意义。以前从修身齐家一直可以推展到治国平天下，那就是非现代化。”① 在他看来，对于现代化来说，“直接形态的外王是不够的”，外王之积极地、充分地、客观地实现，必须经过一个曲折，“转一个弯，而建立一个政道，一个制度，而为间接的实现：此为外王之间接形态”②。中国政治的现代化也就意味着从“外王之直接形态”转向“外王之间接形态”。

问题在于，这个所谓“间接形态”的外王仍须以儒家内圣之学为依据，牟宗三、唐君毅等人正是依据属于儒家内圣层面的道德理念来说明实现民主制度的可能性和必然性。他们认为：“从儒家之肯定天下非一人之天下，并一贯相信在道德上，人皆可以为尧舜为贤圣，及民之所好好之，民之所恶恶之等来看，此中之天下为公、人格平等之思想，即为民主政治思想根源之所在，至少亦为民主政治思想之种子所在。”③ 认为：“从中国历史文化之重道德主体之树立，即必当发展为政治上之民主制度。”④ 企望由道德主体转出政治主体，由人格平等推出政治平等或由人格平等证成政治平等，这显然仍然是一种传统的德治、人治观念而不是现代民主、法治观念。尽管新儒家的理论确实经过了一番“曲折”“转弯”“活通”的处理，但就思想实质而言，仍然不免落入了“从修身齐家一直推展到治国平天下”的窠臼，因而也就不可能找到一条实现中国政治现代化的正确道路。

---

① 牟宗三：《中国文化的省察》，台湾联经出版事业公司 1983 年版，第 37 页。

② 牟宗三：《历史哲学》，台湾学生书局 1984 年版，第 192 页。

③ 唐君毅等：《中国文化与世界》，《民主评论》（香港）第 9 卷第 1 期，1958 年 1 月。

④ 唐君毅等：《中国文化与世界》，《民主评论》（香港）第 9 卷第 1 期，1958 年 1 月。

现代新儒家在中国文化遭遇空前危机的历史条件下，怀着强烈的危机意识和使命感，起而维护和弘扬民族文化，批判民族虚无主义和全盘西化论。半个多世纪以来，他们在研究、整理和阐发、弘扬传统文化方面所作出的贡献是不应该抹煞的，他们在融会中西、谋求中国哲学与文化现代化方面所作的有益的尝试，也为我们提供了大量可资借鉴的理论思维成果和经验教训。但是，由于没有能够摆脱泛道德主义的基本立场和中体西用思维方式的限制，也由于他们始终坚持把儒家的“伦理精神象征”视为推动社会历史发展的永恒的形上实体的道德史观、唯心史观，因而其理论亦有难以克服的局限性。也正因为如此，尽管现代新儒家学者在道德理想和文化理念方面陈义甚高，且他们当中也不乏著作等身、名扬海内外的硕学鸿儒，但他们的思想理论对中国现代化的实际进程所发生的影响却始终是非常有限的。我们在有关研究中一方面固然不能够采取简单化的态度和做法，另一方面也不能够简单地认为现代新儒家即代表了中国传统文化现代化的正确方向，而应当在批判地吸收其理论成果的基础上，坚持马克思主义的立场、观点和方法，以更加开放的胸襟去探求中国文化现代化的道路。

（本文是作者与郑家栋合作，原载《社会科学战线》1990 年第 4 期）

展望儒学的未来前景必须正视的两个问题

20 世纪进入了最后的十年，儒学在 21 世纪将会有怎样的发展前景，是我们大家共同关心的问题。

在整个 20 世纪，儒学的现代命运始终是中国思想界最为困扰的问题之一。一次又一次文化论争提出了各种各样的意见，众说纷纭，莫衷一是。这一讨论还会继续下去。作为参与者我们总是希望得出的结论越来越接近于真理，越来越接近于客观进程的实际，逐渐在学人中建立起共识，最终目的还是促进中国的现代化建设，有利于建构中国的现代新文化。为此就有必要注意一下研究和讨论中的方法问题，力图准确地抓住分歧的实质和关键，如能在此获得共识，大家往一个方向用力，那么研究和讨论的成果可能就会更丰硕些。当前和今后的讨论应正视什么问题，我提出两点看法，与海内外关心儒学命运的同道商量并虚心求教。

儒学的本质是什么？

一提起儒学的现代命运，人们就会想起“五四”，想起“文化大革命”。“打倒孔家店”和“批林批孔”“评法批儒”自然都是从总体上否定儒学的口号，但二者的背景理由、实质内涵和作用影响却不容混为一谈。在 20 世纪的中国，“儒门淡薄，收拾不住”乃是不争的事实，在狂热的革命激情被煽动起来的时候，儒学甚至处于“老鼠过街，人人喊打”的尴尬境地。对儒学命运的悲观看法，也反映在一些外国人写的著作中，最有代表性的就是列文森教授的《儒教中国及其现代命运》（加利福尼亚大学出版社1968年版）一书。他断言代表中国传统思想的儒学，在近代经过一系列沉重打击之后已经寿终正寝，它只能作为博物馆中的陈列品供人们鉴赏，而再不可能有现实的说服力和生命力。

列文森在本世纪60年代提出的儒学业已死亡的论点，在80年代受到了杜维明等现代新儒家学者的强劲挑战。杜维明以东亚工业文明的兴起为背景提出了儒学第三期发展的前景问题，有的学者则明确提出了“儒学复兴”的口号，认为只有复兴儒学才是解决当前中国大陆种种问题的唯一出路①，它也是“人类走向未来的所能依赖的唯一的定盘针”②。与“打倒孔家店”“批孔批儒”的口号相反，“复兴儒学”则是一个从总体上肯定儒学的口号。

从总体上肯定或否定儒学并不等于对其全盘肯定或全盘否定。例如，“五四”时期激烈批判孔学的陈独秀，亦“非谓温良恭俭让、信义廉耻诸德及忠恕之道不足取，不过谓此等道德名词乃世界普遍实践道德，不认为孔教自矜独有者耳”③。在他看来，“儒术孔道，非无优点，而缺点则正多，尤与近世文明社会不相容者，其一贯伦理政治之纲常阶级说也。此不攻破，吾国之政治、法律、社会道德，俱无由出黑暗而入光明”④。显然，对孔学他也不是全盘否定，而是在对其作了一分为二的分析之后，指出其严重的缺点正是中国社会进步之主要

---

① 蒋庆：《中国大陆复兴儒学的现实意义及其面临的问题》，《鹅湖》第15卷第2、3期，1989年8、9月。

② 刘述先：《中国哲学与现代化》，台湾时报文化出版事业有限公司1980年版，第71页。

③ 陈独秀：《答〈新青年〉爱读者（孔教）》，《新青年》第3卷第5号，1917年7月1日。

④ 陈独秀：《答吴又陵（孔教）》，《新青年》第2卷第5号，1917年1月1日。

桎梏，是儒学的本质方面，因此必须从总体上否定之。今天的儒学复兴论者，不同于过去的国粹派和封建复古主义者，而是向往走一条“儒家资本主义”的发展道路，因此也不可能全盘肯定儒学中的封建糟粕。他们同样借助于“一分为二”的方法，强调必须区分儒学中的资源和负担，主张“把传统的资源用得最大，把传统的负担减到最小”。譬如对过时了的纲常礼法、典章制度就要“解纽”“解构”，这样才能保住儒学中最核心的本质。这个最核心的本质，在他们看来就是“内在仁心的亲切体证”①，就是儒家的“内圣之教”即身心性命之学。他们从总体上肯定儒学就是要肯定儒学的这个“真精神”。

由此看来，对于儒学的现代命运的两种截然相反的观点，并不在于对儒学的当前处境的不同现象描述和经验概括，也不完全在于思想方法上的形而上学片面性，而是在于对儒学的本质认识不同，对“什么是儒学”“什么是儒学的真精神”“什么是儒学的本质”这些最基本的问题，看法未能取得一致。去年八月台湾清华大学与《鹅湖》月刊社联合举办“当代儒学之现状与发展研讨会”，会上李明辉发言抓住了儒学的本质问题，对前年新加坡“儒学发展的问题及前景”讨论会上余英时、余敦康等人的论文提出异议，特别是对余敦康将儒学定义为“封建宗法主义”大不以为然，认为应将儒学的本质界定为“内圣之学”“成德之教”，“儒学的本质应当定在‘仁’字所涵摄的精神价值上”②。这里的分歧是带有实质意义的，我认为提出这个问题来讨论很有益，讨论清楚了有可能帮助我们对儒学的现代命运与未来前景问题得到科学的认识和解决，至少也能帮助我们认清分歧的理论实质与哲学意义何在。

---

① 刘述先：《中国哲学与现代化》，台湾时报文化出版事业有限公司1980年版，第65页。

② “当代儒学之现状与发展研讨会”上李明辉的发言，《鹅湖》第15卷第6期，1989年12月。

杜维明在否定列文森对儒学命运的悲观结论时提出了他对儒学本质的看法。他强调要区分儒学的两个层面，应把“儒家传统”和“儒教中国”分疏开来。所谓“儒教中国”乃是指“以政治化的儒家伦理为主导思想的中国传统封建社会的意识形态及其在现代文化中各种曲折的表现”①，也就是人们通常所说的“封建遗毒”。他认为儒家思想的这一部分，确实深深地根连于传统中国的经济、政治和社会。“然而，即使这些根抵全被摧毁，吾人亦不能就归结说，儒家思想因此而丧失其所有的人文关切。”② 这里所谓“人文关切”或“人文睿智的宝藏”，就是他认为应该和“儒教中国”区分开来的“儒家传统”。儒学中的这一部分，不会随着封建经济、政治、社会的解体而消亡，而是具有历久常新的永恒价值，它已经成为中华民族文化认同的基础和源头活水。杜维明在论述儒家传统的基本精神时说：“儒学基本的精神方向，是以人为主的，它所代表的是一种涵盖性很强的人文主义。这种人文主义，和西方那种反自然、反神学的人文主义有很大不同，它提倡天人合一、万物一体。这种人文主义，是入世的，要参与现实政治，但是又不是现实政权势力的一个环节，有着相当深厚的批判精神，即力图通过道德理想来转化现实政治，这就是所谓‘圣王’的思想。从圣到王是儒学的真精神。”③ 我们知道，半个世纪前冯友兰就曾将中国哲学的精神归结为“极高明而道中庸”的“内圣外王之道”，后来唐君毅、牟宗三更加强调内圣心性之学的主体特征和超越价值，杜维明对儒学基本精神的认识和把握，同前辈新儒家并没有什么实质的不同。

---

① 杜维明：《儒学第三期发展的前景问题》，台湾联经出版事业公司 1989 年版，第 296 页。

② 杜维明：《探究真实的存在：略论熊十力》，《当代新儒家》，生活·读书·新知三联书店 1989 年版，第 247 页。

③ 杜维明：《儒学第三期发展的前景问题》，台湾联经出版事业公司 1989 年版，第 10 页。

如果有这么一个超离于“封建意识形态”的儒家传统或儒学真精神的话，余英时认为，在“制度化的儒学”死亡之后，这个儒学真精神就变成了一个“游魂”。[①] 人们不禁要问：这个无体可附的“游魂”能够代表儒学的本质吗？

为了回答儒学的本质问题，首先必须弄清楚儒学是一种什么性质的学问。作为两千年中国封建社会占统治地位的意识形态，它无疑是一个复杂的思想体系。“儒学不只是一种单纯的哲学或宗教，而是一套全面安排人间秩序的思想系统。从一个人自生至死的整个历程，到家、国、天下的构成，都在儒学的范围之内。”[②] 儒学中很少涉及自然科学的内容，它基本上是一种哲学社会政治伦理学说，因此不能不是对一定的社会经济基础和政治制度的自觉反映。杜维明也说：“从发生学上看来，儒学与以农业为基础的经济、以家长为标准的官僚制度和以家族为核心的社会，关系密切。”但是他又说，如果“将儒家观点还原为以农立国论、家族主义或官僚主义的说法，那就是忽略了其伦理宗教的性格”。[③] 简单的还原当然是对儒学的社会功能和能动性的否定，但是，作为哲学、宗教、伦理学说的儒学，同社会经济基础的联系虽然没有政治、法律思想那么直接，难道不也是一定社会存在的反映、为一定阶级的政治利益和经济利益服务的社会意识形态吗？把它们从“封建意识形态”中分疏出来是可能的吗？在阶级社会里，作为社会意识形态，它的本质特征就是直接或间接地反映一定社会的经济和政治特点，体现一定阶级的利益和要求，为保持或改变现存的社会制度服务。儒学的本质也不例外。因为在封建社会里，儒学提供了一整套维护封建经济政治制度的思想观点和理论学说，它渗透

---

① 余英时：《现代儒学的困境》，《中国时报》副刊，1989年8月29日。

② 余英时：《现代儒学的困境》，《中国时报》副刊，1989年8月29日。

③ 杜维明：《探究真实的存在：略论熊十力》，《当代新儒家》，生活·读书·新知三联书店1989年版，第247页。

到社会生活的每一个角落，以至用它的价值观念和行为方式影响到社会的风俗习惯，然而其不变的核心却始终是纲常名教。儒学的本质正是由其自身这一相对稳定的具有根本意义的内容所决定的。

无论是从发生学的意义来说，还是从其实质内涵和功能作用来说，儒学作为“封建意识形态”的性质和地位都是不容置疑的。问题是还有没有一个超离于这种封建意识形态之上和之外的“儒家传统”？内圣外王之道（从格物、致知、正心、诚意、修身到齐家、治国、平天下）难道不正是这种封建意识形态的主要内容吗？杜维明说：“儒家思想既不只是一种政治的意识形态，也不只是一种社会经济的伦理，而主要是宗教性的哲学。”① 在这里，他把“意识形态”概念仅仅和“政治”画等号，而把哲学、宗教、伦理等内容都排除在社会意识形态之外，也就是说把它们非意识形态化，那么哲学、宗教等等就变成了一些超阶级、超历史时代的精神原则，“主要是宗教性的哲学”的儒学自然就具有了永恒的价值和意义。这种把哲学非意识形态化、将哲学和政治完全分割开来的观点是很难成立的。作为封建意识形态的儒学，是一个包括哲学、宗教、伦理、法律、政治、教育、文艺等多种形式多方面内容的庞大思想体系，它们共同的基本功能和作用就是维护封建制度的存在和协调发展，相互间既区别又联系，互相配合起来形成一种广泛影响社会的强大精神力量。不能设想离开这些儒家学说的基本内容另外还有一个什么“儒家传统”。儒家传统应该就是这些思想学说和文化经验的传承和积累，特别是那些不变的中心观念长期延续发展形成的思想传统。

把儒学定性为封建意识形态（在中国封建社会长期占统治地位的意识形态）并不是全盘否定它的历史价值和现代意义。封建意识形态和“封建遗毒”“封建糟粕”不能画等号。社会意识的发展具有历史

---

① 杜维明：《探究真实的存在：略论熊十力》，《当代新儒家》，生活·读书·新知三联书店 1989 年版，第 251 页。

的继承性，每一历史时代的意识形态都包含了对以往的意识形态成果的继承。因此历史上的任何一种意识形态，特别是那些长期占据统治地位，内涵丰富、影响深远的意识形态，都不可能完全被历史所遗弃，都有可供后来者选择、继承的文化成果和思想资料，也就是说都有“精华”。作为封建意识形态的儒学，固然主要是封建社会现实存在的反映，同时它也保存了以往社会的、包括从原始社会沿袭下来的一些风俗习惯和道德传统，诸如敬老慈幼、诚实和睦、团结互助等等，这些中国人民的传统美德在今天仍然应该继承和发扬。儒学中还包含了大量人们在封建时代对宇宙、社会、人生的积极认识成果，如重视现实的人生，不去追求来世的幸福和解脱，重视道德修养和伦理教化，以此来和谐人际关系，求得社会的稳定；重视继承历史传统，肯定经验、理性和文化知识的价值，等等。它们是人对自身（人和人的世界）认识深化、具有全人类普遍意义的积极认识成果，同时也反映了中国人思维方式的特点，成为中华民族文化认同的重要内容。这一份宝贵的遗产，我们当然应该十分珍视，把它批判地继承下来，作为铸造新的意识形态和精神文明的重要传统资源。这方面内容或许可以用“人文关切”或“儒家人文主义”来概括，但儒学中的资源并不止这些，例如悠久深厚的朴素辩证思维传统就不一定能概括得进去。只要对儒学在两千年发展中的多方面内容进行认真的具体的辨析和研究，就不至于出现杜维明担心的“糟粕何其多、精华何其少”的情况。

就意识形态（思想体系）的承继关系来说，每一种新的意识形态总是对先前的意识形态的扬弃和否定，同时又继承和保留了其中的某些合理因素，把它们消融成为自己的有机组成部分。资产阶级意识形态对封建意识形态不能不从总体上加以否定，共产主义意识形态又是对资产阶级等一切剥削阶级意识形态的否定。这个否定中包含着部分的继承、肯定，不是搞历史虚无主义。我们对儒学的现代价值就是从这个意义上去理解的。因此在预计它的未来前景时，我们不认为它有重新成为中国的主导思想，以至成为人类走向未来的“唯一的定盘针”的可能，但却认为它的一些思想富有积极合理的价值，是人类思想史上的宝贵财富，对今后中国和世界文明的发展仍将有重要的影响。借用杜维明教授的话来说，我们认为儒学在未来文明格局中只能扮演“词汇”的角色，而不可能成为“文法”。这个结论同他的看法正好相反，关键在于对儒学的本质认识不同。

关于儒学本质的讨论最后可能要归结到历史观：是思想决定历史的进程还是社会存在决定社会意识？一种思想学说的本质是从思想自身去找，还是要用它所反映的社会存在的内容来说明？这涉及我们与一些新儒家学者的根本认识分歧，在讨论中必然会越来越明朗，然而分歧的明朗化可能正是科学地认识和解决问题的必要前提。

儒家人文主义能否在现代多元文化中占有一席之地？

它怎样与其他思潮在健康的互动中发展？

我注意到杜维明、刘述先教授最近都有这样的提法：中国未来的希望乃在于马列、西化和传统儒家人文思想三者健康的互动，三项资源形成良性循环。[①] 这是从中国现代思想实际出发的很有识见的提法。虽然在三者怎样“互动”、何谓“良性循环”问题上我们的看法未见得都能一致，但是对于儒学的现代命运和未来前景，不能离开它和当代其他思潮的相互关系来孤立地考察，这在方法上是完全正确的。

在现代已经没有了本来意义上的儒学，高举“儒家人文主义”旗帜、主张走“儒家资本主义”道路的现代新儒学在本质上是一种资产阶级的意识形态。它需要“儒家”这个象征符号，以便用来同彻底反传统、宣扬民族虚无主义的“全盘西化”论者相对抗。它所利用的儒学中的资源，已经不是反映其本质特征的“三纲五常”那一套，而主

① 《当代》第 39 期，1989 年 7 月；《明报》1990 年 6 月 4 日。

要是能够和现代民主制度沾点边或至少是不直接发生冲突的那些东西。它实际上是主张用现代民主制度来代替传统儒学所极力维护的封建等级制度，因此在一定意义上说现代新儒学是对传统儒学的否定，它们是两种根本不同的意识形态。那么为什么又要自称现代儒家呢？除了需要利用这个中华民族文化认同的象征符号之外，他们和传统儒家有一个重要的精神上的联系或相通之处，这就是“道统”的观念，其中固然包含有文化传承的意识，而实质的继承是唯心主义历史观。现代新儒家解释说，他们所要传承的现实的“道”，和孔孟之“道”、宋明理学之“道”（“理”）是同一个东西，它是永恒天道和人性的体现，“天不变道亦不变”。在确立儒学的“常道”性格、以儒家“道统”的继承人自居这一点上，他们是地地道道的现代儒家。儒家人文思想中确实有不少合理的内容，由于和这种唯心主义历史观纠缠在一起，不能不使其合理性打了很大的折扣。然而，在现代的各种思潮中，多少能够代表传统儒学的价值，使儒家人文主义在唯科学主义、物质主义泛滥，工具理性压倒一切的现代社会里还不至于完全淹没，并且不怕复古、倒退、保守之讥的，毕竟只有现代新儒家。建构现代新文化需要利用各种资源，包括传统的资源，现代新儒家可以在这方面做出自己特殊的贡献。

近年来，我曾多次发表过这样的意见：在“五四”以来的中国现代思想史上，马克思主义派、自由主义的西化派和现代新儒家是三个最主要的思想派别，70 年来虽互有消长但都有不衰的生命力，相互之间展开了错综复杂的思想斗争，同时也有局部的一致、联盟关系。这三派都是主张中国要现代化的（不存在封建主义的复古派），不过各自选择的道路不同。和其他主流思想相比，现代新儒学不是长江大河，而不过是小小的溪流，只在少数学者中传承，社会影响十分微弱，但是它也连续不断，传承不绝，其学术文化价值远胜于其社会政治的作用。这种鼎足而三的局面，还会相当长时间地继续下去，直到中国的社会主义现代化实现之日。认识今天的中国思想界，我们自然不能忽略这种三分的格局，80 年代的文化讨论仍然是在自由主义的“全盘西化”派、保守主义的“儒学复兴”派和马克思主义的“古为今用，洋为中用，批判继承，综合创新”派之间的对峙，就是明证。展望中国思想文化的未来发展，不能离开这个现实的基础。①

对 80 年代国内学术界情况颇为熟悉的杜维明教授，曾以“平实”二字评价这种观点。他说：“自从一九八五年以来大陆的学坛，特别是中国哲学史界已对儒家传统形成了新理解、新共识：‘五四’后的这七十年，除了西化思潮和马列主义之外，还有‘儒学复兴’这派学说也必须列入考虑。较平实的提法是把儒学、西化及马列看作三个鼎立的、互相抗衡的价值系统。”② 从他后来主张马列、西化和儒家人文思想三者互动的观点来看，显然他也接受了这种“较平实的提法”。站在合乎实际的现实基础上再来进行前瞻性的探讨和研究，大家就比较容易形成共识或至少找到某些一致的地方。

回顾“五四”以来的中国思想史，我们很容易从一次一次“论战”中发现三派思想之间的分歧和对立，而不大注意它们之间一致或接近的地方，事实上它们在论战中也是互相补充、互相吸摄和互相渗透的。首先我们应重视史华慈所说的它们是“在许多共同观念的同一架构里运作”③ 这句话。三派思想从起源来说就有许多共同点：他们所思考和企图解决的大体上都是如何对待传统、如何引介西方、如何建设中国的新文化等问题；他们都带有强烈的民族主义情绪，救亡图存、振兴中华成为共同的压倒一切的中心主题；他们都向西方寻求真理，但

---

① 参见方克立：《略论现代新儒家之得失》，新加坡“儒学发展的问题及前景”讨论会论文，1988 年 8 月；方克立：《现代新儒学与中国现代化》，《南开学报》1989 年第 4 期；方克立：《现代新儒学研究的回顾与展望》，《哲学研究》1990 年第 3 期；方克立：《现代新儒学的发展历程》，《南开学报》1990 年第 4、5、6 期。

② 杜维明：《大陆儒学新动向的涵意》，《中国论坛》第 319 期，1989 年 1 月。

③ 史华慈：《论保守主义》，《近代中国思想人物论——保守主义》，台湾时报文化出版事业有限公司 1980 年版，第 20 页。

又都想避免西方文明发展所暴露出来的种种矛盾和严重缺点；他们都希望中国走出中世纪，迈向现代化，在思想上都具有文化启蒙的性质和特点。不过三派所选择的具体道路和所表现的方式不同，它们在同一层面上所形成的紧张和冲突，事实上对推动上述问题的解决有非常积极的作用。其次，三派思想并不是绝对互相排斥的。例如新儒家就并不拒绝学习西方，并以融合中西为其思想的一大特点；而西化派也不可能完全漠视中国传统，有些西化派学者的思维方式事实上就十分传统。站在自由主义立场上的林毓生教授还专门著书讨论“中国传统的创造性转化”问题[①]，显然他就不主张彻底抛弃传统。中国的马克思主义者对待传统和西方文化具有更加健康的心态，提出“古为今用，洋为中用”的口号就说明对古代和域外的一切优秀文化成果是采取兼容并收、积极继承的方针，不过要经过分析、批判、扬弃的过程，要把综合、吸收和创新、发展结合起来，要用来为中国革命和建设的实践服务。再次，我们也看到了三派思想经过交流会通取得某些共识的可能性。例如，对待历史遗产的批判继承的方针，是马克思主义者最先明确提出来的，现在无论是杜维明、刘述先等新儒家，还是林毓生、韦政通等自由主义者，以及傅伟勋等关心中国文化发展的学者，都大讲“批判地继承”和“创造地转化（发展）”，把这当作不言而喻的真理。这就是在对待传统的问题上达成了某种共识，大家都不赞成彻底抛弃传统和无批判地固守传统两种极端态度，而是要分析、批判、选择、创造，使传统的资源重新具有活力。当然，在“继承”“转化”的具体内容和方法上，他们之间难免还会有这样或那样的思想歧异。

现代中国的三大思想流派——马列、西化和新儒家，如果说各占有一定的资源优势的话，那么它们之间的关系，就不必一定只有冲突和紧张，而是有可能同时建立一种互补或互动的关系。特别是

---

① 林毓生：《中国传统的创造性转化》，生活·读书·新知三联书店1988年版。

在不涉及现代化道路选择等政治分歧的文化层面，交流、对话、互动发展的前景还是比较乐观的。社会经济政治制度选择的分歧需要经过长期实践的检验，不可能在短时期内解决，难道三派思想就只能永远冲突、对抗下去，或者“老死不相往来”吗？这样是不利于中国文化的发展的。交流、对话、互动发展是大家的共同愿望，至于能否做到真正是“健康的互动”，形成“良性循环”，则有赖于三个方面的共同努力。

在对现代新儒学的历史地位和作用作了上述肯定的评价之后，儒家人文主义能否在现代世界多元文化中占有一席之地这个问题的答案也就不言自明了。现代新儒学所能贡献于世界多元文化的，说到底就只有所谓“儒家人文主义”，其资源要到传统儒学中去找，它不过是其现代发掘者和阐释者而已。此外，民主、科学等等则均非其所长。

科学主义和人文主义是现代西方哲学的两大思潮，在本世纪初也先后传到中国，20 年代发生了一场科学与玄学的论战。中国的现代新儒家从一开始就是站在人文主义的立场上，否定科学万能，主张哲学与科学分途，认为科学不能解决人生观的问题，揭露宇宙人生的真实只能靠玄学即哲学。他们把西方的人文主义和中国传统儒家的人文主义思想结合起来，走上一条与科学的、实证哲学相抗衡的人本的、道德形上学的道路。儒家人文主义和西方近现代的人文主义思想虽然有许多相异之处，但是它们都关心人的问题，肯定人的生存价值和意义，认为“工具理性”不能完全代替“价值理性”。因此，挖掘并发扬传统儒学中这方面的思想资源，对于加强现代人文主义思潮的力量和影响，遏制科学主义片面发展“工具理性”所造成的种种现代弊病，可以起到一定的积极作用。从这个意义上说，中国古代的人文智慧，包括儒家的人文思想，并不是完全没有现实意义的、只有观赏价值的博物馆中的陈列品，而是可以给予现代人以相当重要的启迪，越是科技高度发达的社会，儒家的人文关切和“天人合一”的理想对人类的启迪和警示作用则越大。

儒家人文主义要起到上述的积极作用，就必须摆脱“三纲五常”等封建宗法的思想和制度的束缚，也必须摆脱“道统”说之类的唯心主义历史观的纠缠，清除历史的尘垢，作为反映人生普遍真理的思想原则而得到现代人的认同。现代新儒家要在这方面做出自己的特殊贡献，就必须克服自身的一些根本限制，在与其他思潮的互动中表现出更加健全的心态，否则贡献出来的也不可能是这种思想的真正精华。我在这里主要指的是“道统”观念。现代新儒家经常抱怨人家不能以平等地位来看待它，对马列“入主中国”和西化狂风劲吹十分不满，但是他们自己却固执“道统”观念，表现出强烈的续统意识，自居“正统”，认为唯有儒学才是神圣天道的体现，而把别的思想学说都看作是异端邪说、旁门左道，以孟子“辟杨墨”的态度排拒之。像牟宗三对马列主义开口就骂“魔道”，摆出不共戴天的姿态，这样怎么能谈得上“健康的互动”呢？所以，现代新儒学要与中国现代其他思潮互动发展，首先要摈弃自我中心的“道统”观念，把自己摆在一个恰当的位置上。我们注意到杜维明等海外新一代现代新儒学传人，比起牟、唐及其在台港的一些弟子心量就要宽阔得多，虽然也有自觉的续统意识，但是强调儒学必须以平等的姿态和世界上其他伟大的思想传统对话，现代儒学家要同西方第一流的思想家对话，包括在社会政治经济层次要同马克思主义者对话。在国内，主张马列、西化、儒家人文思想三者互动也是一种值得赞赏的积极的姿态。

儒家人文主义不是现代新儒家的私有财产，而是中华民族和全人类共同的财富。马克思主义者也十分重视研究儒家的人文思想，注意吸收其中的合理因素。中国的马克思主义者应该在这方面做出杰出的工作，其成绩应该不逊于现代新儒家。他们是儒学中糟粕的最彻底的批判者，也应该是其中精华的最坚决的继承者。过去可能还有如杜维明所说的“该扬弃的没有扬弃，该继承的没有继承”的情况，改变这种情况正是马克思主义者的责任。马克思主义以解放全人类、实现人的全面自由的发展为自己的奋斗目标，因此可以说是一种最伟大的人文主义思想；同时它也提供了一种正确认识自然、社会和人类思维发展普遍规律的科学世界观，因此又可以说它是科学主义和人文主义的有机结合或统一。儒家思想缺少科学的认识论，其人文思想也是有片面性的，我们不能把它简单地移植到现代或未来社会，而只能把它吸收消融成为更高级的思想型态中的一个组成部分。

（本文是作者提交1990年12月17—21日在澳门举行的“儒学国际研讨会”的报告论文。原载《天津社会科学》1991年第1期）

现代新儒学研究的自我回省

——敬答诸位批评者

现代新儒学自本世纪20年代初产生以来，已经过了70余年的发展历程。直到70年代末唐君毅先生去世之时，它还难免“寂寞孤怀”的命运，被称为“寂寞的新儒家”①。进入80年代以后，它的命运有了较大的转机。不仅在台港地区，新儒家借“东亚四小龙”经济起飞极力扩大自己的影响，提出了“儒家资本主义”的道路和口号，而且在国内于80年代中期兴起的文化讨论中，“儒学复兴”说重新泛起，并且俨然成为一派“显学”，引起了人们的重视。关于现代新儒学的研究也在大陆断顿30多年后重新开展和活跃起来。大陆学界对现代新儒学的重视和有关研究成果的大量发表，对于改变新儒学“寂寞孤怀”的命运发生了奇妙的戏剧性的功效，因为它在台港也没有如此受人青睐，被提到“中国现代三大思潮”之一的地位更是它从来没有受过的荣誉。台港和海外新儒家也因此而大受鼓舞，近来关于现代新儒学的国际学术会议在台港和新加坡等地频繁召开，儒学和现代新儒学的发展前景问题成为海内外学人最感兴趣的课题之一。

大陆学界对现代新儒学的研究起步较晚，但从一开始它就同传统和现代化的关系这个文化讨论的中心主题紧密地联系在一起，引起了

---

① 参见林镇国《寂寞的新儒家》，《唐君毅先生纪念集》，台湾学生书局1979年版。

人们的极大兴趣。“现代新儒学思潮研究”课题受到了全国哲学社会科学规划领导小组和国家社会科学基金会的重视和支持，有力地促进了这项研究工作的开展。几年来，除了课题组编辑、撰著的《现代新儒家学案》《现代新儒学辑要丛书》《现代新儒学研究丛书》《现代新儒学研究论集》正在陆续出版外，全国各地报刊已发表有关现代新儒学研究的论文四百余篇，出版专著十余种。现在人们对“现代新儒学”和“现代新儒家”已经不再感到陌生，研究中国现当代思想文化的论著没有不提到它的，各高校研究生选做这方面的博士或硕士论文题目的也越来越多。

大陆学者的现代新儒学研究以其功夫扎实、态度客观受到了海内外学术界的普遍赞誉，仅台港报刊发表的有关报导和评论文章就有十多篇，连新儒家学者也感慨地说：“有些我们本来应该做的事情，他们却先做了”，并以“我们也要加紧做，不要放弃自己的责任”自励。国内学者对我们所持的学术立场和研究态度、方法多表示赞同，这方面鼓励的话讲得很多，也对我们提出了更高的要求。同时我们也受到了来自国内外不同方面的批评。我今天想着重谈谈这一方面的问题。因为各种批评意见不管中肯与否，都对我们改正研究工作中的缺点、提高研究水平有积极作用，提撕警醒使我们避免东倒西歪也是对我们的极大帮助。

在这项研究的初始阶段，国内有些学者对我们提出“现代新儒家”这个概念不甚理解，表示不能接受。随着研究工作的进展，有关学术成果的大量发表，这个问题已经基本上解决了。因为在20世纪的中国学术思想史上，存在着现代新儒家这个学派乃是一个事实问题，叫不叫“新儒家”都不能否定这个学派的客观历史存在。由于大陆长期批儒影响甚深，“儒家”和“新儒家”之类名词都带有贬义，有的学者主要考虑怕对解放后留在国内、思想有很大转变的几位老先生不恭，故不赞成“现代新儒家”的提法。例如涂又光先生就极不赞成把冯友兰归属于新儒家[①]（对他的看法郑家栋、李宗桂曾专门撰文进行讨论[②]）。我们尊敬的张岱年先生也在一次讲演中说："有人把'五四'运动到解放前四位重要学者即梁漱溟、熊十力、冯友兰和贺麟先生说成是'新儒家'，这个观点我不同意。"[③] 但是几年后张先生满腔热情地支持我们的现代新儒学研究，并对这项研究提出了许多指导性的意见，使我们深受教育和鼓舞。他说："我现在认为，'五四'以后确实形成了一个新儒家学派，这个学派的形成和发展有一个过程。……《哲学研究》上发表的那篇方克立同志谈近年来的新儒家研究的访问记我读过，其中所表达的基本立场和观点我完全同意。"[④] 他强调要坚持以马克思主义的立场、观点和方法为指导，对新儒家学派的思想理论和学术成果，给予客观的分析和公正的评价。这就为现代新儒学研究指出了正确的方向。

海内外学者都对我们的研究工作提出了不少善意的、含有建设性的批评意见，使我们受益匪浅，有的已经接受并在后来的研究中作了改进，有的正在认真理解、消化和改进的过程中。譬如，有的评论者批评我们对新儒家思想缺乏同情的了解，介绍不够全面、准确，对泛道德主义和"内圣开出新外王"说的批评失之于肤浅，以至在理解上还有"不相应"的地方。这种情况在早期发表的某些论著中确实存在，我们亦应有自知之明。有关批评只能促使我们更加认真地研读新儒家的原著，力求准确理解，进行更加深入的分析研究，得出符合实际的结论。我们要力争拿出一些更有深度的研究论著来。上述批评即使是新儒家学者提出来的，难免有色眼镜的折光，我们还是可以从中吸取合理、中肯的意涵，以利于提高研究水平。也有一些大陆学者写

---

① 参见涂又光《现代新儒家概念质疑》，《理论信息报》1988 年 2 月 1 日。

② 郑家栋：《现代新儒家概念及其它——与涂又光先生商榷》，《中国哲学史研究》1988 年第 4 期；李宗桂：《"现代新儒家"辨义》，《学习与探索》1988 年第 5 期。

③ 张岱年：《中国传统哲学的批判继承》，《理论月刊》1987 年第 1 期。

④ 张岱年：《关于新儒学研究的信》，《哲学研究》1990 年第 6 期。

的文章，对现代新儒学同情地了解有余，而批评的眼光不够。我就亲耳听见一位台湾学者（非新儒家学派）感慨地说：“没想到大陆也有人对新儒家这样捧场的！”他表示对某些大陆学者写的评述现代新儒学的文章“实在没法读下去”。来自这一方面的批评，也是很值得我们深思和警醒的。

有些台港学者对我们的研究工作提出过一些很好的批评和建议。例如，我们原计划编纂第一、第二代十位现代新儒家学者的学案，十人中不包括马一浮。台湾东海大学蔡仁厚教授批评说：“我对十位人选有意见，也问过为什么没有马一浮，他们说这是经过讨论而决定的，马一浮被视为传统儒家，所以未予选列云。”[①] 我们在制定《现代新儒家学案》编纂计划时原来就有不同的看法，因拿不准而没有把马一浮包括进去。后来我们接受了蔡仁厚教授的意见，增加了《马浮学案》，促使我们对马一浮新儒学思想的研究更加深入了，同时也促使我们加强了对如何准确界定现代新儒家的研究，以及对现代新儒学思潮整体特征的了解。

在来自各个方面的批评中，也有一些并非善意的，而是带有很明显的故意歪曲和攻击的性质。例如，香港《法言》杂志 1991 年 2 月号（第 3 卷第 1 期）刊载一篇文章，把大陆学者的现代新儒学研究说成是中共搞的“统战”把戏，是“打着儒家反儒家”的“红儒家”，要台港新儒家提高政治警觉性，不要误引为同调。这种攻击是十分荒唐可笑的。我们主张对儒学和现代新儒学进行实事求是的科学研究，从来不以“儒家”自称和自居，怎么能把研究儒学的人与其研究对象（“儒家”）混为一谈呢？对于这种毫无学术探讨之诚意而只有政治谩骂的所谓“批评”，完全可以不予理睬。该文已经发表近两年了，我们什么话也没有说。最近李宗桂同志在《文化批判与文化重构》（陕西人民出版社 1992 年版）一书中就有一节对这位作者作了回敬，许

---

① 蔡仁厚：《新加坡儒家会议志感》，台湾《鹅湖》月刊第 159 期，1988 年 9 月。

多人还不知道是怎么回事，所以有必要在这里把情况通报一下。

相对来说，我们比较重视来自以下两个方面的批评，因为它们涉及根本学术方向和研究态度与方法问题。

在台港年轻一辈新儒家中，李明辉是思辨能力较强也是最有战斗性的学者之一。去年他写了一篇评大陆现代新儒学研究的文章，其中比较客观地介绍了一些情况，也指出了我们早期研究成果中确实存在着一些问题与不足之处。但是，他站在新儒家的立场，指责大陆学者的新儒学研究主要是在进行一种意识形态的斗争，企图以此来贬低有关研究成果的学术价值。在他看来，“中国大陆新儒学研究的最大阻碍在于马列主义意识形态的限制”，“除非大陆学者能摆脱马列主义的教条和思想框框，他们对当代新儒学的研究不可能有真正的突破”。[①] 姑且不论这种批评是否符合实际，显然这已超出作者所申明的主张“学术多元化”“不同学术思想的对话和互动”的立场，要求大陆学者放弃马列主义，认同新儒学，以实现他们所期待的“突破”。这种要求似乎也太狂妄和太不现实了。

还有一种来自完全相反方向的批评。去年第 12 期《党校论坛》杂志发表一篇文章，题目是《应重视“互动”背后的挑战——也谈马列主义与现代新儒学的互动关系》。这篇文章指责我们讲交流、对话、互动是忽视了马列主义和现代新儒学的对立和斗争，“对现代新儒学的腐蚀性警惕不够”。该文强调指出，现代新儒学的“要害”就是否定马列主义，力图“复辟资本主义”。

两篇文章从相反的两个方面对我们提出了尖锐批评。从一定意义上说，两篇文章正好互相作了回答，说明我们既没有忽视马克思主义和现代新儒学这两种意识形态之间的差别和对立斗争，也没有把这种斗争僵化和绝对化，而是同时注意到了它们之间相互渗透、

---

① 李明辉：《中国大陆关于当代新儒学的研究：背景、成果与评价》，台湾《当代》1991 年 7 月号。

影响、统一、联结、互动的一面。从现实实际情况考虑，我们对于在当代颇有影响的新儒学，只讲斗争不讲互动，或者只讲互动不讲斗争，都是不行的。

这两篇文章的观点我不见得都同意，但是我非常欢迎这两篇文章的发表。因为它对于清醒我们的头脑，避免在根本立场上的东倒西歪非常有好处，我们可以从中获得许多教益。

李明辉把大陆学者的现代新儒学研究归结为一种并非出于学术动机，而是完全服从于实用政治目的的意识形态斗争，这是不符合客观实际的。他无视大陆学者从 80 年代中期起，在新儒学已在大陆销声匿迹 30 多年后，从无到有地做这方面的拓荒工作，从一点一滴地搜集整理资料开始，逐渐扩大研究领域和加强研究深度，以至推出系列的学术研究成果来；同时还要在国内一次一次批儒所造成的隔膜的气氛中，帮助人们了解什么是现代新儒学，认识它的历史存在和意义价值，接受“现代新儒学”这个概念，为此而做了大量的工作。我想，态度稍微客观一点的台港海外学者，都是能够看到并且承认这些学术工作的价值和意义的。有的台港学者亲自对我们说，他对大陆学术界能够有组织有计划地系统研究现代新儒学，推出那么多研究成果来，表示“非常钦佩”。现代新儒学的大本营在台港，但是他们却出不了《现代新儒家学案》和成套的《现代新儒学论著辑要》，甚至也没有写出一本《现代新儒学概论》或《现代新儒学发展史》来。李明辉的文章也承认郑家栋所著《现代新儒学概论》是“海内外第一部”。

六年来，大陆学者在现代新儒学研究方面做了那么许多工作，一句话归结为只是意识形态斗争的需要，甚至说成是未能“摆脱政治力量之控制，以建立学术的自主性”的表现，这一评价很难说是公允的。

李明辉的批评倒引起我们的自我反省，反省我们过去是怎样对待马克思主义和现代新儒学这两种意识形态之间的斗争问题的。

现代新儒学是 20 世纪中国的一种重要的哲学思潮、文化思潮、学术流派，同时它也是一种有影响的社会思潮和政治思想流派，必须回答“中国向何处去”这个时代的中心问题，有自己鲜明的阶级属性和社会政治主张。这个派别一产生就和马克思主义处在对立的地位，其开山鼻祖梁漱溟即宣称：“我们政治上第一个不通的路——欧洲近代民主政治的路；我们政治上第二个不通的路——俄国共产党发明的路。我们经济上第一个不通的路——欧洲近代资本主义的路；我们经济上第二个不通的路——俄国共产党要走的路。”① 中国向何处？新儒家的回答是要走第三条道路。梁漱溟为此而提出了乡村建设理论，张君劢以儒家思想为理论基础提出了“修正的民主政治”方案。到了80年代，后辈新儒家学者把这条道路明确地概括为“儒家资本主义”的道路。新儒家并不反对现代化。在中国现代化要走什么道路的问题上，他们所主张的“儒家资本主义”同我们坚持的“有中国特色的社会主义”，显然是两条不同的道路。在要不要无产阶级专政、要不要共产党的领导、要不要以马克思主义为指导的问题上，新儒家的态度一贯很明确，今天台港新儒家也是明确地坚持反共反马列的。我们和现代新儒家在政治意识形态上的分歧是不言而喻的。现代新儒学虽然主要是一种哲学和文化思潮，同时它也有明确的社会政治观点，有很强的意识形态功能，看不到这一点就是政治上的糊涂虫。

我们在研究现代新儒学时，并不是没有看到这一点，而是觉得没有必要多讲这些不言而喻的基本事实，力图尽量多地从新儒学中挖掘出一些积极的有价值的东西。许多同志写的文章和论著，都是主要从学术层面、以学术眼光立论，多讨论哲学、宗教、伦理和古今中西文化观问题，很少涉及现代新儒家的社会政治思想和现实反共言论，甚至有意回避和新儒家有明显冲突的一些敏感的政治意识形态问题。例如郑家栋著《现代新儒学概论》一书，上篇综论现代新儒学的特质，三章分别讨论“作为文化思潮的新儒学”“作为哲学思潮的新儒学”

---

① 梁漱溟：《中国民族自救运动之最后觉悟》，北平京城印书局1932年版，第94页。

和“作为学术思潮的新儒学”。从整体上全面把握现代新儒学，实际上很有必要增写“作为社会政治思潮的新儒学”一章，把它在中国现代政治变迁中的地位、处境和观点、立场鲜明地揭示出来，因为这也是认识其“特质”的一个重要方面。可以说，我们过去相对忽视对现代新儒学之社会政治层面（他们所谓的“外王学”）的研究，甚至是有意回避，怕人家认为我们的意识形态味道太浓，尽量减少政治色彩。就是这样，在李明辉看来，大陆学者的现代新儒学研究还是主要搞意识形态的斗争。你只要用马克思主义观点来分析研究问题，就肯定无法实现他们所要求的“突破”，可见意识形态的分歧是想回避也回避不了的。

李明辉的批评给我们一个很大的启示，就是大陆学者还不能完全忽略和放弃意识形态的斗争。因为你不斗争，他要斗你，他的斗争性比你要强得多。不仅台港新儒家是坚决反共反马列的，在大陆主张“复兴儒学”的人也提出了明确的反马列的政治纲领。例如，蒋庆在台湾《鹅湖》杂志上发表的文章，认为“中国大陆当前最大的问题是复兴儒学问题”，“儒学理应取代马列主义成为当今中国的正统思想”。他还攻击公有制、无产阶级专政“违背人性”，直接反对中国大陆现行的政治经济制度。① 这是80年代文化讨论中大陆学者发表的最明确的“复兴儒学”的主张，受到了台港新儒家的喝彩，我们难道不应表明自己的态度吗？这难道还是一个“纯学术”问题吗？李明辉对我在一次谈话中点到这个问题②非常不满，认为是“毫不掩饰地”表露了大陆学者搞意识形态斗争的动机。看过蒋庆文章的人都会明白，到底是谁在挑起这场意识形态的斗争。事实上我在那次谈话中也

---

① 蒋庆：《中国大陆复兴儒学的现实意义及其面临的问题》，台湾《鹅湖》月刊第170、171期，1989年8、9月。

② 关东：《现代新儒学研究的回顾与展望——访方克立教授》，《哲学研究》1990年第3期。

只是“点到”而已，旨在引起人们的注意。蒋庆的文章已经问世三年多了，大陆学者没有发表过一篇正面同他讨论、交锋的文章，直到最近李宗桂在《文化批判与文化重构》一书中才对其有所辩驳。大陆学者到底是意识形态性太强还是太弱，倒真是一个值得我们自己反省的问题。综观几年来中国大陆的现代新儒学研究，检阅已出版和已发表的研究成果，毫无疑义的，主要是在做一种严肃的学术探讨和学术研究的工作。“大陆学者在有关研究中所表现出的客观、平实、公正、宽容、理智的态度，实为以前所罕见。”①

再说《党校论坛》上的那篇批评文章。它提出的基本命题——“应重视‘互动’背后的挑战”，无疑是正确的，也和我前面说的精神一致。但是它未能准确把握批评对象的理论偏失所在，没有细想加给人家的罪名是否符合实际，因此除了面孔显得过“左”外，还有点无的放矢之嫌。我们讲中国现代三大思潮，相互间既有对立斗争，也有局部的一致、统一、相互借鉴和相互影响，在一定条件下可以互补和互动发展。讲互动并没有否定对立斗争，而是在对立斗争基础上的互动。我在《现代新儒学与中国现代化》一文中有一节专门讲中国现代三大思潮之间错综的对立统一关系，从问题与主义论战、科玄论战一直讲到现在，并且指出：“恐怕在整个社会主义初级阶段，即使在国内，不仅‘全盘西化’论总会有一定市场，希望中国走‘儒家资本主义’道路的理论也总会有人欣赏。三大思潮并存和对峙的格局大概还会延续相当长一段时间，我们不能回避和无视这一基本的现实。”②

大概不能说我们只强调了马克思主义和现代新儒学的互动关系而看不见它们之间的对立斗争。有意思的是，批评文章引证了一些资料，以说明现代新儒学反马列主义的实质，例如蔡仁厚说马列主义不

---

① 郑家栋：《大陆近年来的新儒学研究与我的一点认识》，《当代新儒学论文集·总论篇》，台湾文津出版社1991年版，第472页。

② 方克立：《现代新儒学与中国现代化》，《南开学报》1989年第4期。

是中国文化的“慧命”，蒋庆提出要用儒学取代马列主义作为中国大陆的“正统”思想，从引文出处看，都是出自我们的文章，作者可能连原始资料都没有接触过，反而用这些转引资料来批评我们忽视两种意识形态的斗争，“对现代新儒学的腐蚀性警惕不够”，这叫我们只能愕然无言以对。

该文对现代新儒学的实质和“要害”有一种论断，即认为新儒家讲互动，“无非是一种手段和策略”，其目的是要“超越”“战胜”马列主义，最后取而代之，这样“它们复辟资本主义的目标就容易实现了”。叫我们十分不解的是，该文编者在特别提请人们注意的“编后”语中，又把现代新儒学归结为“封建主义残余思想的影响”，与文章作者的观点显然不一致，看来不作深入研究、进行简单化的阶级分析是不能准确地揭示事物的本质的。

在《党校论坛》的文章发表之前，在国内讲三大思潮“互动”的主要是我。我在这里就“互动”问题再多说几句。

通观20世纪中国现当代思想史，指出马克思主义、自由主义的西化派和现代新儒家是三大主流思潮的观点，已被海内外学者所普遍接受。较早提出三大思潮“互动”之说的，是杜维明、刘述先等第三代新儒家学者。他们从中国现实出发，虽然不赞成马克思主义，但是不能否认马克思主义在中国大陆已是40多年占主导地位的意识形态这个基本的事实，因此提出了中国未来的希望乃在于马列、西化和传统儒家人文思想三者“健康的互动”，三项资源形成良性循环的观点。[1]

1990年12月，我在澳门“儒学国际研讨会”上提交一篇论文，明确肯定“互动”说“是从中国现代思想实际出发的很有识见的提法，虽然在三者怎样‘互动’、何谓‘良性循环’问题上我们的看法未见得都能一致，但是对于儒学的现代命运和未来前景，不能离开它和

---

① 参见台湾《当代》杂志第39期，1989年7月；香港《明报》1990年6月4日。

当代其他思潮的相互关系来孤立地考察，这在方法上是完全正确的”①。这篇文章着重论述了三派互补、互动的可能根据，提出在今天，三派思想之间不必一定只有冲突和紧张，也不能“老死不相往来”，而是可能而且应该互相交流、对话、互补、互动，这样才有利于中国文化的健康发展。

新儒家和西化派都反对马克思主义，有对立和紧张是不言而喻的。但是，新儒家强调继承民族文化传统，西化派主张大力吸收西方先进文化，都包含着一些合理的思想因素。马克思主义者应有宽阔的胸襟，凡是合理的思想就肯定、吸纳、借鉴。马克思主义是古今中外人类文明一切优秀成果的合理继承者，这其中就包括民族文化传统中的精华，也包括西方的先进文化，因此与新儒家、西化派在某些问题、某一点上有可能形成共识，这就是互动发展的基础。肯定“互动”说并不是丧失立场，肯定“互动”说也不是搞什么“统战”把戏，而是发展中国新文化的需要，也是发展马克思主义的需要，或者说是内在要求。

三派学者都可以讲“互动”，承认交流、对话是必要的，都可以从别的思想学说中学习、借鉴一些东西，但是目的、内容并不一样。新儒家中的一些人，如蔡仁厚，思想就比较僵硬，明确反对“互动”说。他认为马克思主义和西化派思想都绝对不能接受，因为“只有当代新儒学才是顺通中华民族的文化生命而开显出来的中国的智慧方向”②。杜维明、刘述先作为第三代新儒家的代表，比蔡仁厚先生就要高明一些，他们提出“互动”说，我们为什么要反对呢？一定就只能讲斗争，而绝对不能讲一致、统一、互动这一面？那不是和蔡仁厚先生的

---

① 方克立：《展望儒学的未来前景必须正视的两个问题》，《天津社会科学》1991年第1期。

② 蔡仁厚：《从“我们还是信孔子”说起》，台湾《鹅湖》月刊第186期，1990年2月。

思想方法完全一样了吗？讲互动并不是否定对立斗争，学术在斗争中发展也包括吸收对方思想中合理的东西，前提就是要肯定对方思想中有可以被吸收的合理的东西，这就是肯定有一致、同一的一面。

在今天改革开放的形势下，海峡两岸以及国内外学术交流的渠道日益畅通，与新儒家学者直接打交道的机会也越来越多，我们如果还是只会搞“斗争哲学”，拒绝和各种不同的思想学说交流、对话、互动发展，那么和时代精神也相去太远了。我认为在今天多元开放的时代，承认三大思潮并存的现实，并且估计到这种并存格局还会延续相当长一个历史时期，我们在坚持自己的理论立场的前提下，加强三大思潮之间的交流对话，促进它们的互动发展，对中国现代化和中国学术文化的发展都是有利的。因此，我个人认为，在现代新儒学研究中，肯定和提倡“互动”说也是有积极意义的。

今年暑假，台湾东吴大学副教授叶海烟先生来南开大学访问，我们作了一次很友好、坦诚的交谈。在谈到大陆学者是以一种什么心态来研究现代新儒学时，我讲了三句话：同情地了解，客观地评价，批判地超越。他对这三句话很感兴趣，欲知其详，我作了如下的解释：

“同情地了解”是指，我们许多同志在开始接触现代新儒家的著作时，对于他们坚持民族本位的文化立场，在西化思潮盛行、民族文化危机之时，大声疾呼“中国文化没有死亡”，为护持和承续中华文化之慧命，贯注了满腔热忱，为之奋斗终生，都不由得产生共鸣和敬佩之情。因为我们对中华优秀文化也有深厚的感情，不赞成民族虚无主义的观点，所以愿意以同情了解的态度去读新儒家的著作，希望从中找到共识。这种情感上的共鸣可能是我们能够比较容易理解新儒家思想的一个重要原因。现代新儒学被称为“生命的学问”，强调时代的悲情和存在的感受，没有同情地理解的态度，没有很强的历史文化意识，是很难把握其思想义理之真髓的。正确的了解是科学研究的起点，要能“入乎其内”，才能窥其堂奥，可以说课题组内不少同志经过努力已经达到这一境界。

“客观地评价”是指，我们把现代新儒学作为科学研究的对象。必须实事求是地、客观地、全面地去分析和评价它，而不能以主观感情的好恶为尺度。这就要结合现代新儒学产生的社会历史背景，把它放到中国现当代思想文化发展的整体联系中去考察，分别研究新儒学的哲学、文化思想和政治、经济主张，及其所产生的社会效果和影响，并且预计它的发展前景。不论是作一种思想史的研究，还是作为当代思潮来研究都力求客观，得出的结论要符合实际。

“批判地超越”是指，在全面研究、系统了解的基础上，对现代新儒学理论之是非得失有了客观的合乎实际的结论，我们就应该站得更高些，努力克服新儒学理论的局限性，指出中国哲学和中国文化发展的正确方向。譬如，建立在唯心主义历史观基础上的道统论和心性本体论，脱离中国现实的道德主义，文化保守主义的立场和中体西用的态度等等，我们就是不能赞同的，当然不能跟着新儒家亦步亦趋，而是要批判地超越它。批判就是超越。我们对现代新儒学如果不能采取一种理性的批判的态度，那么整个研究工作就只能说是失败的。

“同情地了解、客观地评价、批判地超越”三句话，能不能概括地表达大陆学者研究现代新儒学的基本态度，概括得准不准确，我没有把握，请大家评议和修正。三句话也可以说是我们认识和研究现代新儒学的三个阶段，所达到的三种境界或层次。不能同情地了解就很难达到后两个层次，但是，如果只有同情地了解而不能客观地评价和批判地超越，入乎其内而不能出乎其外，那么就有可能成为新儒家的崇拜者和追随者，把现代新儒学从研究对象变成了信仰对象。国内个别学者所走的路已提供了这方面的经验教训。所以，三句话要联系起来作为一个整体，才能反映我们对待现代新儒学的基本态度，孤立强调某一句话则难免要出偏差。

中国大陆的现代新儒学研究要在今后取得更大的进展和作出突破性的贡献，必须十分重视方法论问题，进行研究方向、态度和方法的反省。我今天主要讲的就是这方面的问题，这要感谢诸位批评者从不同角度给予我们的重要启示。

（本文是作者 1992 年 10 月 18 日在山东济南“牟宗三与当代新儒家”学术研讨会闭幕式上的发言。原载《南开学报》1993 年第 2 期）

现代新儒学的意识形态特征*

一

去年10月，“现代新儒学思潮研究”课题组和山东大学哲学系等单位联合发起，在济南举办了“牟宗三与当代新儒家”学术思想研讨会。这个会议的一个突出特点，就是首次出现了少数大陆学者，毫不隐讳自己的现代新儒学立场，自始至终为回护港台新儒学宗师牟宗三的思想理论而同其他持批判分析态度的学者展开激烈的辩论。他们甚至认为，不能说“批判地超越”新儒家，“你要超越他，心态就不对”，“只能从生命存在的意义上去理解，契入新儒家”。这种现象的出现，自然与目前中国大陆改革开放的形势，与会议主办者民主、宽容的态度是分不开的，同时也说明目前国内思

---

* 本文写于1993年2月7日，原为“现代新儒学研究参考资料”第一辑《现代新儒学的意识形态特征》的“编序”。1993年3月，在杭州召开的“马一浮国际学术研讨会”上，罗义俊先生“恳切”表示，他并不反对课题组用马克思主义立场、观点、方法研究现代新儒学，经课题组与会同志建议和协商，决定撤去这篇“编序”。但是，此后罗义俊不仅将批评“大陆马列派”的《近十余年当代新儒学的研究与所谓门户问题》一文在台湾刊出，而且作为《理性与生命——当代新儒学文萃》（一）的“代序”在大陆公开发表（1994年4月）。这表明大陆新儒家固有的学术立场是不那么容易改变的，我们之间的分歧并非个人之事。现将这篇未刊的“编序”发表出来，以反映现代新儒学研究过程中一段思想论争的史实。

想界的情况已经变得更加纷繁复杂，学术多元化以至政治思想多元化的格局正在形成。

中国大陆出现了公开亮明旗帜的新儒家，这件事情本身的文化意义和政治意义就是十分耐人寻味的。

济南会议后，出席会议的傅成纶先生（他在抗战时期是牟宗三执教华西大学时的学生）给在香港的牟宗三先生写了一封长信，介绍会议的有关情况。12 月 20 日，牟宗三在台湾《联合报》发表长篇谈话记录《鹅湖之会——中国文化发展中的大综合与中西传统的融会》，借济南会议和傅成纶的信大做文章，宣称“延安的彻底的唯物论”即马列主义已经“彻底失败”，断言“将来支配中国命运的”只能是新儒家的“彻底的唯心论”。

出席济南会议的罗义俊先生，会后为台北“第二届当代新儒学国际会议”写了一篇长文，题为《近十余年当代新儒学的研究与所谓门户问题》，首次公开了他作为牟宗三的“入室弟子”的身份，对“西方自由派”和“大陆马列派”的当代新儒学研究从整体上作了否定性的评论，同时对港台新儒学颂扬备至，特别对被他目为“道成肉身”的菩萨、金刚牟宗三先生更是顶礼膜拜，五体投地。

罗文也报导和评述了济南会议。作者站在全面认同和护持牟宗三新儒学的立场上，自然认为其他学者对牟氏良知自我坎陷说等等的批评都是“不相应”的。他抱怨在中国大陆“新儒学的意见还是处在受压抑的地位”，自己“会上的观点很难被传媒所反映”，所以要跑到台湾去发表声明，“亦在保留我的发言权”。他像前辈新儒家一样抱着满腔悲剧情怀，一再自叹“这是何等的悲壮”！

一个只有 30 余人出席的小型学术研讨会，没想到首先在海峡对岸产生了如此巨大的反响，引起新儒家阵营如此之注重。事实上，并非如罗义俊先生所说，他在会上发表的观点“很难被传媒所反映”。在李翔海写的会议“纪要”中，就用不少篇幅比较忠实地介绍了罗义俊及其同道的观点，全面报导了会议讨论的情况。[1] 济南会议确实有特殊的历史意义，它标志着大陆新儒家首次公开亮相，或者说，港台新儒家的大陆分店正式挂牌营业。罗义俊先生的文章是这一行动的继续和对其学派性的进一步明确认定，大陆新儒家处在与港台新儒家不同的学术和政治环境，其首要任务就是要对“大陆马列派”的现代新儒家研究（特别是对其“不相应”的批评）做一种“澄清”工作；同时要善于争取其中某些“口宣马列”而“对新儒家的认识与评价，其趋向接近港台新儒学系”的学者，以扩大自己的队伍，扩大新儒学在大陆的影响。济南会议上出现的情况，自然也包含着这样的意义：它标志着“现代新儒学思潮研究”课题组的一次分化和改组。

罗义俊先生曾经是“现代新儒学思潮研究”课题组的成员。在第一次宣州会议（1987 年 9 月）上，他主张以人格标准作为界定现代新儒家的一个重要特征，就和课题组其他成员在认识上产生了明显的分歧。但是他那时并不反对课题组的宗旨——以马克思主义的立场、观点、方法为指导，对现代新儒学进行具体的、历史的、实事求是的分析和评论，既不盲目崇扬，也不抹煞它的贡献和历史地位，因此才有以后合作共事的基础。他参与了课题组的系列资料编辑整理工作，编撰了《钱穆学案》和《钱穆新儒学论著辑要》，为《现代新儒家人物与著作》撰写了有关钱穆的条目。他还在《现代新儒学研究论集》第一、二集各发一篇文章，观点基本上是中性的，不讲马克思主义，也不反对马克思主义。在与课题组的宗旨不发生直接冲突的前提下，应该说，我们的合作还是很不错的，罗先生的工作是做得很认真、很有成效的。他有儒者的真诚，其学问和人格得到我本人和课题组内许多同志的敬重，尽管在思想观点上存在着明显的分歧。据我了解，罗义俊先生早有认同新儒学的倾向，而真正成为一个“新儒家”，抱着

① 李翔海：《“牟宗三与当代新儒家”学术思想研讨会纪要》，《鹅湖》1993 年第 5 期。

宗教徒般的热忱，以捍卫儒学和新儒学为自觉的历史承担和终生职志，则是他于1991年12月在香港“拜谒”牟宗三先生，即“登堂入室”成为传统意义上的“牟门弟子”之后。在此前后他有两点比较显著的变化：一是从主要研究、褒扬钱穆的学术思想转向更加推崇、仰慕牟宗三的思想和人格；二是对马克思主义从中立转向批评的立场，后来对“大陆马列派”的现代新儒学研究亦持整体上否定的态度。他自称“海内孤儒”，对于课题组的宗旨，从“不反对，也不认同”转变为格格不入，以至最后走到了根本对立的方面。济南会议的争论和《近十余年当代新儒学的研究与所谓门户问题》一文的发表看来都是势之必然，我们不得不被迫接受这一（课题组分化的）事实，因为已经出现的思想分歧是根本性的，不可调和的。当然，我相信罗义俊先生今后仍然可以成为课题组的一位诚挚的诤友。

二

从逻辑上说，“大陆新儒家”的存在乃是不合法的。因为坚持四项基本原则已被写进中华人民共和国宪法，是对每一个公民的基本政治要求。自觉地站在新儒家的立场，就必然要坚持和宣传唯心主义（坚持和宣扬文化决定论、道德本体论、抽象人性论等等），反对历史唯物主义和辩证唯物主义，对马克思主义采取批判和否定的态度。在政治上，港台新儒家是坚决反共、反社会主义、反无产阶级专政的，他们在大陆的同道会采取什么态度呢？如果说罗义俊还只是在思想上批评和反对“大陆马列派”的话，那么蒋庆在《中国大陆复兴儒学的现实意义及其面临的问题》[1] 一文中所表明的立场就更加值得注意了。该文作者大声疾呼：

① 蒋庆：《中国大陆复兴儒学的现实意义及其面临的问题》，《鹅湖》第170、171期，1989年8、9月。

> 在当今的中国大陆，一种外来的异族文化——马列主义——在国家权力的保护下取得了“国教”的独尊地位，而这种异族文化既不能安立中华民族的民族生命，又不能表现中华民族的民族精神，这使中华民族近百年来生命无处安立、精神彻底丧失的局面发展到了最高极点。

在他看来，“马列主义不是历史必然性的客观表述，不是见天道的东西”；“马列主义只是一种个人理性构想出来的偏激的意识形态”，只是一种“具有破坏性的社会批判学说”。因此他得出的结论就是：“儒学理应取代马列主义，恢复其历史上固有的崇高地位，成为当今中国大陆代表中华民族民族生命与民族精神的正统思想。”

该文作者还说：

> 无产阶级专政已经强化到了极点，非但没有在中国实现民主，反而使中国陷入了更大的专制。……中国大陆要想实现民主政治，就必须复兴儒学。
>
> 公有制从本质上说是违背人性的，缺乏人性的基础，非但不会促进经济的发展，反而会窒息社会的经济生活。……公有制的要害是毁灭人性物性，使天地人物不能得其性命之正，使万事万物失其应得之所，违背了儒家尽性立命的伟大抱负。儒学在中国大陆的使命就是……必须改变现在的公有制结构，以一种符合人性物性的所有制结构取而代之。
>
> 中国大陆30年来的教育完全是失败的，因为这一教育不是培养出造反派就是培养出奴才。……在当今的中国大陆，儒学必须占领教育阵地，必须取代大陆教育上仍有影响的毛泽东思想，必须在中国大陆的德性教育中起主导作用，必须恢复孔子至圣先师的伟大教师地位。

大陆新儒家所要求的“复兴儒学”，到底在政治上意味着什么，这些明确的语言可以使我们的头脑清醒许多。在20世纪的中国，反对马列主义、毛泽东思想不是一孤立的思想现象，而是政治上反共、反社会主义、反无产阶级专政的思想基础。这一点在港台新儒家那里是完全统一的。大陆新儒家与他们灵犀相通，但表现形式毕竟不完全一样，各人思想、性格、学养的差异也会使其表现为多样形态。

有人极力否认儒学在本质上是“封建意识形态”，同时也否认现代新儒学是一种资产阶级意识形态。他们把儒学和新儒学看成是一种抽象的人的学说，或谓“哲学的人学”，认为它是神圣天道和永恒人性的体现，因此具有神圣性、普遍性和永恒性。例如蒋庆说：“儒学绝不是意识形态，儒学是天道的体现”，“儒学是人类生命对神圣天道的体证，是人类精神对形上本源的把握”，它“具有普遍的真理性，永远不会被历史超越”。

我们不必说儒学在中国长期封建社会所表现出来的巨大的意识形态功能，就说被罗义俊称为“一无凭依”、作为“一个毫无内外政治集团势力背景与依傍的平民学派与文化思潮”的现代新儒学，在其前辈代表人物和后辈新进、包括其大陆弟子中，哪一个不对中国现实政治和中国现代化的道路、前景表现出密切的关注和积极的参与，哪一个对现代新儒学作为现代资产阶级意识形态的功能没有高度的自觉性？早在本世纪30年代，梁漱溟即宣称：“我们政治上第一个不通的路——欧洲近代民主政治的路；我们政治上第二个不通的路——俄国共产党发明的路。我们经济上第一个不通的路——欧洲近代资本主义的路；我们经济上第二个不通的路——俄国共产党要走的路。”① 中国向何处去？新儒家的回答是要走第三条道路。梁漱溟为此而提出了

① 梁漱溟：《中国民族自救运动之最后觉悟》，北平京城印书局1932年出版，第94页。

乡村建设理论，张君劢以儒家思想为理论基础提出了“修正的民主政治”方案；到了80年代，后辈新儒家学者把这条道路更明确地概括为“儒家资本主义”的道路。新儒家并不反对现代化，在中国现代化要走什么道路的问题上，他们所主张的“儒家资本主义”同我们所坚持的“有中国特色的社会主义”显然是两条不同的道路，在一定意义上正是代表了两种意识形态的对立。罗义俊在《儒学、新儒学和中国现代化的方向》一文中，对当代新儒学“内圣开出新外王”“本内圣之学的根据以确定中国现代化的方向”的文化理路的明确肯定，实际上就是对“有中国特色的社会主义”道路的否定，这里是一点折衷、调和的余地也没有的。不论是港台新儒家还是大陆新儒家，都十分重视并且一有机会就要强烈地表现新儒学的政治意识形态功能，他们打着传承和弘扬中国文化、体现神圣天道的旗号，实际上所要达到的只是资产阶级狭隘功利的目的，对于其他阶级及其意识形态则具有很强的排他性。牟宗三在30年代就是反共反马列的老手，直到最近大陆改革开放，在有两岸学者共同出席的学术会议上，他还是用最尖刻、恶毒的语言，肆无忌惮地攻击共产党、党的领袖和某些知名的大陆学者，一讲到马列主义就骂“魔道”，态度极其武断和情绪化。这哪里还有一点中国传统儒者的风度！但是，如果从新儒学的政治意识形态功能表现的角度来考虑，这一切又都是毫不足怪的。

本书选编了几篇港台和大陆新儒家学者近年来发表的文章，旨在帮助我们的同志对现代新儒学以及那种主张在中国大陆“复兴儒学”的学说的本质，它们所固有的意识形态特征，有一个更加全面深刻的认识。

三

“现代新儒学思潮研究”课题组自1987年春组建以来，已经历六个寒暑。我们做了一些基础性研究和系统的资料编辑整理工作，也发表过一些文章投入当前思想意识形态领域的斗争。这两个方面又是互相关联的，只有研究深入了，才能更好地发挥意识形态领域斗争的作用。总的说，我们后一方面的工作是做得很不够、很不得力的，首先是认识上缺乏高度的自觉性，同时也有研究不够深入的问题。我们发表了不少文章，但是在理论上能够深入触及新儒学的要害，分析入木三分，并能用创造性的理论建构批判地超越、取代之的精湛之作并不多，以至在罗义俊先生看来，大陆马列派在批判新儒家的基本义理系统上，并未超过西方自由派，甚至“与其完全一致”。我们当然不必以新儒家的评价自贬，也不会因为他们说“不相应”就低估我们所做的批判和研究工作的价值。但是我们应该反省，过去确实有把现代新儒学研究主要当作一种思想史研究或纯学术研究的倾向，而相对忽视这个领域存在着的尖锐的现实意识形态的斗争，至少在一部分同志中存在着这种认识上的偏颇。罗义俊指出课题组内实际上存在着不同的思想倾向，“有持激进观点整体否定新儒家的，有肯定新儒家的内圣学而否定其外王学的，也有态度平和、坚持立场而又表示要力求实事求是的，甚至还有渗杂着他们所理解的西方自由主义观点的”；“课题组内外亦有口宣马列的学者对新儒家的认识和评价，其趋向接近港台新儒学系”。应该说这一观察也并非无见，值得引起我们的重视，课题组自身的思想建设对于我们能否顺利地完成国家课题的研究任务具有至关重要的意义。

六年来的工作取得了显著的成绩，对此海内外学者都有公正的评价。我们也受到了来自海内外的许多善意或并非善意的批评。“各种批评意见不管中肯与否，都对我们改正研究工作中的缺点、提高研究水平有积极作用，提撕警醒使我们避免东倒西歪也是对我们的极大帮助。”[①] 对于我们的现代新儒学研究，从整体上进行否定性评价的，

---

① 方克立：《现代新儒学研究的自我回省——敬答诸位批评者》，《南开学报》1993 年第 2 期。

主要是新儒家。不仅大陆新儒家罗义俊把“大陆马列派”和“西方自由派”捆在一起进行整体上否定性的评论，港台新儒家也对大陆学者的现代新儒学研究作了基本上否定性的评价，李明辉的《中国大陆关于当代新儒学的研究：背景、成果与评价》① 一文即可作为一个代表。

李明辉对大陆新儒学研究的批评，集中到一点，就是指责我们是以马克思主义的立场、观点和方法为指导。“今天在中国大陆研究当代新儒家的学者，不论其个人对新儒家的评价如何，多半不能摆脱马列主义意识形态的影响。”而在他看来，这正是“中国大陆新儒学研究的最大阻碍”。“除非大陆学者能摆脱马列主义的教条和思想框框，他们对当代新儒学的研究不可能有真正的突破。”港台新儒家并不关注我们推出了多少研究成果，是什么样的研究成果，只要是以马克思主义为指导，他们就认为“欠缺同情的了解”，或根本“不相应”，认定不可能有什么真正的学术水准。与我们反省自己过去意识形态斗争的自觉性不够的认识正好相反，李明辉在大陆学者发表的新儒学研究论文中，却处处看到的是意识形态斗争的动机，他认为这些文章大都不是出于学术动机而是完全服从于实用政治的目的，“是中共当局有意引导的结果”，或者说，是未能“摆脱政治力量之控制，以建立学术的自主性”的表现。就实际情况而言，我们的同志在政治意识形态斗争方面并没有这么高的自觉性，有的还是小心翼翼地怕接触到政治意识形态分歧的问题，回避之唯恐不及。相对来说，新儒家的政治警觉性和自觉性实在要比我们强得多。这或许从反面能促进人们提高对这个问题的认识。因为你只要用马克思主义观点来分析研究问题，他就认为你是在搞意识形态斗争，可见意识形态的分歧是想回避也回避不了的。

---

① 李明辉：《中国大陆关于当代新儒学的研究：背景、成果与评价》，台湾《当代》1991年7月号。

现代新儒学一方面十分注意发挥和强化自己的意识形态功能，另一方面又极力否认自己的意识形态性。“意识形态”本来是一个中性名词，或者说是一个客观描述性的概念，并无褒贬的价值涵义。有反映先进阶级的利益、对社会发展起促进作用的进步的意识形态，也有反映腐朽制度和反动阶级的利益、对社会发展起阻碍或延缓作用的落后的意识形态，它们都是对于社会存在的反映，而且都是发展变化着的。有人故意把意识形态变成一个贬义词，将 ideology 翻译成“意缔牢结”，让读者望文生义地把它理解为一种思想牢笼①，从而产生厌恶反感的情绪。实际上，那些对于他们所反对的意识形态大加鞭挞、大肆贬抑的人，也正是在顽强地表现自己特有的意识形态性，而不是证明了他的非意识形态性。意识形态的斗争并非神话，对于“意识形态”概念的歪曲应该予以澄清。

在思想意识形态领域里，为了巩固马克思主义和社会主义意识形态的阵地，前几年我们着重批评了宣扬民族虚无主义、主张照搬西方资本主义现代化模式的“全盘西化”论，而对在弘扬中国传统文化的旗号下，主张走“儒家资本主义”道路，同样反对马克思主义和社会主义的现代新儒学（“儒学复兴”说）却重视不够，批评不力。这种情况应该得到改变，有人以为新儒学不过是一种不合时宜的复古论调，偌大中国，有那么几个人发发思古之幽情，没有什么了不起的，也不必去管它。这是对现代新儒学的意识形态特征和功能缺乏认识的表现。读了本书选入的几篇港台新儒家和大陆新儒家写的文章，这些同志或许会得到一种新的认识。

马克思主义和现代新儒学是在当代中国有重要影响的两种意识形态。本资料选编的十几篇文章，主要是反映大陆马列派和现代新儒家在一些问题上的思想交流和交锋。这两派争论的焦点有三：一是哲学

① 有人著文即以《中国文化的意识形态牢笼》为题，见香港《二十一世纪》杂志 1992 年 2 月号。

世界观上的唯物与唯心之争，二是文化观上的“综合创新”与“中体西用”之争，三是中国现代化道路选择问题上的社会主义与资本主义之争。而在重视民族文化传统之继承与弘扬、反对“全盘西化”这一点上，两派之间又有某些相近或相似之处。马克思主义与现代新儒学的对立互动关系是一个值得认真研讨的新课题，我们希望本资料能够对于正确认识和回答这一问题有所帮助。

（本文写于1993年2月7日，原为“现代新儒学研究参考资料”第一辑《现代新儒学的意识形态特征》的“编序”，后收入《现代新儒学与中国现代化》，天津人民出版社1997年版）

现代新儒学发展的逻辑与趋向

从本世纪20年代至今，现代新儒学已经过了三代人、70余年的发展历程。现代新儒家遥承原始儒家与宋明新儒家，以谋求儒学的第三期发展为己任，希望通过儒家思想的现代转化和新开展，使之重新成为中国思想文化的主导力量。经过半个多世纪的努力，现代新儒学不仅已经成为中国现代思潮的三大主流之一，而且面向21世纪，它依然表现出不衰的生命力。处在世纪之交的今天，对儒学的现代走向和未来命运之回顾与展望，无疑应成为中国哲学批判继承、综合创新的重要内容。本文试图对现代新儒学发展的内在逻辑从总体上加以梳理，并在此基础上探讨所谓儒学现代化的问题。

一

不可否认，儒学在传统中国社会乃至东亚社会中都曾经有过重大的影响，作为诞生于人类文明奠基期的悠久文化传统之一，它也确有其自立于世界民族文化之林的独异特质。然而，当它步入近现代并与以民主、科学为标志的现代西方文明遭遇之后，却陷入了急速的衰落之中。这一历史事实清楚地说明了儒家传统与现代社会之不相应。现代新儒学是为了救治传统儒学的衰败疲敝而兴起的，因而如何既承接儒家传统之精神，又使儒学与现代社会相衔接，就成为现代新儒家所面对的基本问题。

现代新儒家大多以“人文精神”来标识儒家传统，这一认识不可谓无见。尽管作为现实社会中的一定的思想文化，儒学总是有其特定的意识形态性，但它同时也有着超越的一面。在一定的意义上，可以将儒学的超越面界定为以“生生而和谐”为标的的人文主义。由于价值取向上的偏失，传统儒家的人文主义过于偏重德性或曰价值理性的一面，而轻忽了理智理性或曰工具理性的一面。而现代社会正是一个理性主义的生活实体，理智理性的发达成为其基本特征之一。儒学对德性的偏重与现代社会中理智理性的突显，成为儒学主导下的中国传统社会与现代文明相冲突的基本原因。正是由于传统中国文化无力对治现代社会中的人生与社会问题，从本世纪初起，在中国思想文化界逐渐形成了唯科学主义思潮。对科学精神与科学方法的信仰被夸大成为一种绝对化的、唯一正确的世界观和人生观，成为判定一切思想文化之是非对错的最终标准。

正如传统儒学对价值理性的偏重是一种片面性一样，现代唯科学主义片面强调工具理性也是偏于一隅。在发生学的意义上，现代新儒学正是作为唯科学主义的直接对立面而出现的。但是，由于现代新儒家所谋求的是儒家思想在现代的新开展，他们也不可能完全拒斥科学精神和理智理性，而只能是力图在保守儒家传统之基本精神的前提下，对于人文精神与工具理性，或曰道德理性与理智理性的关系作一调适。

承继传统儒学“内圣外王”的思维模式，现代新儒家提出了“内圣开出新外王”的思想纲领。这里所谓“内圣”就是作为价值之源的仁心或仁性，所谓“外王”则是以民主、科学为代表的现代文明。显然，这里的实质性问题关涉到道德理性与理智理性的联结或贯通问题。如何从传统的心性之学中开出民主、科学来呢？现代新儒家明确反对通过“添加法”来嫁接产生于西方文化中的民主与科学，而是力图在儒学中为民主与科学找到内在的根据。因此，如何在儒家传统中显发出理论理性，开发出认知传统，就被认定是解决这一问题的个中关键。现代新儒家认为，民主与科学尽管表现的领域与方式均有不同，但它们都是认知主体的产物，在本质上都根源于同一认知理性精神。正是由于认知理性的发用，认识活动中才有主客、能所的对待与对立，在政治活动中人民也才能“因其政治上的自觉而成为‘敌体’”，从而使“对待关系与对立之局成”，由此成就逻辑、数学、科学与近代意义的民主国家、政治法律。[①] 与此相应，认知主体的缺乏不仅是儒家文化中没有发展出理论科学的重要原因，而且中国传统的政体一直未能出现民主也与它有着密切的关系。因此，如何从儒家内在的理论立场出发来贯通道德理性与理智理性，如何从素重德性的儒学传统中发展出知性主体，以为理智理性在儒学传统中确立内在根据，就成为现代新儒学既保守儒家的基本精神，又使儒学与现代社会相衔接的关键之所在，从而也内在地决定了现代新儒学之发展嬗变。

二

处理道德理性与理智理性的关系虽然是现代新儒家的共同课题，但就贯通德性与理性的方式而言，新儒家之间又是见仁见智、互有差异的。据此可以把现代新儒家分为两个发展系统，相承于传统儒学的发展，可以把他们分别名之为“尊德性”一系与“道问学”一系。

现代新儒学中“尊德性”路向的代表是熊十力一系，包括熊十力及其弟子唐君毅、牟宗三以及第三代新儒家中的刘述先、杜维明等人。这一系的基本特点在于：他们虽然也希图在儒家传统中为知识理性确立内在根据，但同时又较为严格地坚持了传统儒学“德性优先”的理论立场，因而，认知理性虽然也在儒学中获得了某种定位，但却依然处在“第二义”的位置。换言之，知识理性在儒家思想中依然没有取得独立地位。

---

① 参见牟宗三《政道与治道》，台湾学生书局1983年版，第53页。

在现代新儒学的发展中，尽管梁漱溟首先举起了“复兴孔学”的大旗，张君劢在“科玄论战”中进一步贞定了新儒家的精神方向，而新儒家哲学体系的最初建构者则当推熊十力。熊氏立足于深厚的人生体验，奋其极为宏富的理论原创力，沉潜研修，坚心创制，不仅在现代新儒学中，而且在整个儒学发展史上第一次赋予了儒家哲学以体系化的形态。熊十力鲜明地坚持传统儒家“德性优先”的理论立场，他多次强调指出：“吾学贵在见体。”其哲学的根本宗旨，就是要重新显发儒学中所涵盖的事关宇宙人生的“大本大源”。在他看来，哲学就是本体论。那么，“本体”究竟何指呢？他认为，纵观中外一切哲学，唯有儒学所发明的“本心”最能恰当于“本体”。“仁者本心也，即吾人与天地万物所同具之本体也。”“盖自孔孟以迄宋明诸师，无不直指本心之仁，以为万化之原、万有之基。”① 这个本体既是人生的本质，也是宇宙的根基，更是生生不息、万化流行的最终动源。发明本心也就意味着为人生指明了意义与价值。

不同于传统儒者认为发明本心就已经“千了百当”，熊十力则认识到了理智理性的重要性。相对于作为本体的性智，他将知性之知名为量智，并明确肯定量智的意义。他说：“玄学要不可遮拨量智者，见体以后，大有事在。若谓直透本体，便已千了百当，以此为学，终是沦空滞寂，隳废大用，毕竟与本体不相应。”② 为了在儒家思想中给知识理性定位，他借用了佛学“一心开二门”的思维理路，尝试着在理论上联结性智与量智，从而为第二代新儒家进一步贯通德性与理性提供了一条可资借鉴的理论线索。

熊十力哲学无疑是迄今为止现代新儒家哲学中影响最巨者。究其

---

① 熊十力：《新唯识论》（语体文本）卷下之一，湖北“十力丛书”印本1947年版，第79—80页。

② 熊十力：《新唯识论》（语体文本）卷下之二，湖北“十力丛书”印本1947年版，第63页。

原因，除了熊氏本人的理论成就之外，其弟子唐君毅、牟宗三等人均能绍述师说而又有所创进，也是一个重要的原因。如果说熊十力为心学的现代发展创制规模、奠定基础、确立了基本的精神方向，那么，经过唐君毅、牟宗三等人的努力，现代心学则可谓具有了比较成熟的理论形态。限于篇幅，这里仅以牟宗三哲学为例，对他们的理论创获作一概观。作为熊氏之得意弟子，牟宗三继承了其师的有关思想并作了进一步的发展。尽管熊十力哲学力图为现代人生显发价值与意义之大本大源，但它却没有具体地揭明儒家德性世界与现代理性世界如何联结的问题。熊十力哲学主要承袭了张君劢以来新儒家关于价值世界与事实世界两分的理论立场，而要持守儒家“内圣外王”的义理纲维、完成儒家心学的现代建构，就必须贯通价值世界与事实世界，牟宗三正是在这方面作了进一步的探索。

为了实现德性与理性的具体联结，统一价值世界与事实世界，牟氏提出了“良知自我坎陷”说。这里“良知”亦即本心、仁体，“坎陷”则约略相当于黑格尔所说的“异化”。借助于黑格尔关于绝对理念自我异化，不断变现为自然、社会与精神的“精神之内在有机发展”观，牟宗三认为，历史中贯彻着一个原始的精神实体或曰“常道”“仁心”，人类的历史文化都不过是这一普遍而超越的“道德精神实体”的不断变现。为了充分实现自己的内在要求，不使自己“枯萎而退缩”，道德精神实体的辩证发展必然包含了知性主体的坎陷或开显。因此，“我们将依那道德的同时亦是形上学的绝对实体的自我坎陷而开出识心之执（感性与知性）”[①]。具体言之，“由动态的成德之道德理性转为静态的成知识之观解理性这一步转，我们可以说是道德理性之自我坎陷（自我否定）：经此坎陷，从动态转为静态，从无对转为有对，从践履上的直贯转为理解上的横列”[②]。道德良知“经

① 牟宗三：《现象与物自身》，台湾学生书局 1984 年版，第 39 页。
② 牟宗三：《政道与治道》，台湾学生书局 1984 年版，第 58 页。

由自我坎陷转为知性，它始能解决那属于人的一切特殊的问题，而其道德的心愿亦始能畅达无阻”①。

由于牟氏借助于佛家的概念将现象归结为“识心之执”，良知经过自我否定，就不仅从德性主体中开显出了知性主体，而且从本体界中开显出了现象界。由此，牟宗三认定，通过良知的自我坎陷不仅联结了德性主体与知性主体，而且贯通了价值世界与事实世界。这样，现代新儒学“就‘学’而言，是道德的形上学，就儒者之教而言，是内圣外王之教”②。

从儒家心学的内在立场来看，牟宗三正是继承了“心外无物”的传统，既摄物归心又推心及物，既摄知归德又扩德成知，从而将知识理性在儒家心学中予以了定位。在较为严格地坚持儒家心学基本立场的同时，牟氏也以其颇具思辨特色的哲学方法和哲学语言，赋予了儒家心性之学以现代的逻辑理性形式。因此，可以说，以“道德的形上学”为标志，儒家心学已经具备了较为成熟的现代形态。虽然其后第三代新儒家中的刘述先、杜维明等均表现出了更理智、更开放的心态，并力图在现代人类文化的整体背景下尝试着进行了一些颇有新意的理论创造，但就其总体而言，对于前辈新儒家他们是继承多于创新，很难说是已经超迈了前贤。

需要指出的是，儒家心学的现代建构虽然取得了一定的理论成就，但如何在儒家心学中为知识理性确立独立地位的问题仍没有得到真正解决。熊十力早就认定，“量智”只是“性智的发用”，尽管具有一些“卒别于性智”的特质，但它最终仍然要为“性智所涵摄”③。唐君毅等人也认为，从德性主体中开出知性主体，是作为主宰的德性

---

① 牟宗三：《现象与物自身》，台湾学生书局1984年版，第123页。

② 牟宗三：《现象与物自身》，台湾学生书局1984年版，第40页。

③ 参见熊十力《新唯识论》（语体文本）卷上，湖北“十力丛书”印本1947年版，第3页。

主体之“暂时退位”，德性主体最终仍要“主宰认识的主体自身之进退”①。刘述先虽然认定“这个时代是一个方法论的时代”②，并力图为儒家哲学的现代重建确立“新方法论基础”，但他依然要将这一切收摄到仁心、仁性之中，因为“人生的首要意义就是要实现本心，本心显然是透过人类历史文化理想的创获而表现的，但是它的确内在于人心，它便是仁与一切创造的根源，也是人生的意义与价值独一无二的保障”③。杜维明虽然提出了“道、学、政”的理念架构，但其学与政也依然是被收摄于作为儒学之常道的心性之中的。不难看出，知识理性在其中并无本体的独立地位。

在这一点上表现得最为突出的依然要推牟宗三。在他看来，通过良知自我坎陷，“外而现象，内而逻辑性，皆是识心之执之痉挛或抽搐”④；“现象的全部由识心之执所挑起，它们可间接地统摄于无限心（引者按：亦即良知）而为其权用。心外无物，识心之外无现象”⑤。可见，在认知活动中，无论是外在的认知对象还是内在的认知主体，它们都源自良知坎陷后的“识心之执”，而“识心之执”又仅仅只是良知的“权用”。因此，在“道德的形上学”中，整个知性活动不仅来源于德性世界，而且只是德性世界的“权用”，因而科学理性也就只能是自身没有形上根据的“虚执”。显然，在“道德的形上学”实现了德性与理性的贯通之后，根本没有科学理性与知性世界的独立地位，现代新儒学发展中的关键与难局并没有得到真正的突破。

---

① 参见唐君毅等《中国文化与世界》，《民主评论》（香港）第9卷第1期，1958年1月。

② 刘述先：《中西哲学论文集·自序》，台湾学生书局1987年版。

③ 刘述先：《新时代哲学的信念与方法》，台湾商务印书馆1980年版，第270页。

④ 牟宗三：《现象与物自身》，台湾学生书局1984年版，第210页。

⑤ 牟宗三：《现象与物自身》，台湾学生书局1984年版，第40页。

三

在“尊德性”之外，另一些现代新儒家则采取了“道问学”的思想理路，力图为理智理性在儒家思想中谋求一根本性的地位。这些新儒家学者主要包括冯友兰、贺麟、方东美、成中英、余英时等人。

在现代新儒学的发展中，冯友兰哲学最早以其理性主义特质而引起广泛的关注。冯氏主要把哲学当作一种知性的活动，认为哲学是“自纯思之观点，对于经验作理智底分析、总结及解释，而又以名言说出之者”①。与此相应，其哲学体系是以逻辑分析为主要方法的。即使是“负的方法”，也是通过将逻辑的方法发挥到极致而逼出来的。同样，理、气、道体、大全等新理学的“主要底观念”之所以不可思议，也是通过将逻辑的方法发挥到极致而作出说明的。新理学的根本特点正表现为对儒家哲学的理性重建。可以说，它在儒学从概念范畴到整体体系的理性重建中所取得的理论成就，不仅前无古人，而且也足以垂范后学。

在很大程度上，对新理学的毁与誉都来自其鲜明的理性主义特质。鲜明的理性主义特质也是一些人反对将冯氏认作现代新儒家的重要原因。应当看到，新理学谋求儒学的现代化，使其具有理性主义特质，正是适应了现代理性主义生活实体的时代要求。尽管冯友兰主要以一种知性的态度来讲论哲学是有偏颇的，但他事实上并不是要把儒学完全变成一种知性学说。他不仅明确强调新理学在“辨名”之外还要“析理”，而且自认新理学是“承接宋明道学中之理学一派”讲的，并以张载“为天地立心，为生民立命，为往圣继绝学，为万世开太平”的名言作为自己哲学活动的宗旨。因此，逻辑化的新理学虽然是“空灵”的，但却依然落脚于“内圣外王之道”。新理学完全可以

① 冯友兰：《三松堂全集》（四），河南人民出版社1986年版，第7页。

归之于广义的现代新儒学。尽管由于注重理性而相对轻忽德性，缺乏对哲学之一般性更为完整与深刻的反省等原因，新理学并没有能够解决儒家哲学的时代课题，但它充分突显理性的作用与意义却代表了儒家哲学现代化的正确方向。

不同于冯友兰接续程朱、以儒家哲学形式的理性重建为特征，贺麟则宗主陆王，力图在哲学本体的层面为儒学充实新的内容。这首先见之于他对“心”与“理”的规定。虽然贺麟仍承续陆王“心外无物”的传统，其理论落脚点也依然是“人同此心，心同此理”，但其“理”已经不同于陆王之“理”。贺麟将心区分为“心理意义的心”与“逻辑意义的心”，认为前者是物，后者即理。“逻辑意义的心，乃一理想的超经验的精神原则，但为经验知识以及评价之主体。此心乃经验的统摄者，行为的主宰者，知识的组织者，价值的评价者。”[①] 显然，贺麟之“心”已经涵括了康德所谓纯粹理性、实践理性与判断力的功能。它与陆王之“心”的显著差别，就在于将认知理性的功能也引入了“心”中。与此相应，贺氏还在哲学方法、知行关系等方面进行了新探索，尝试着为儒学确立现代知识论基础。他明确指出，之所以要“以西洋的哲学发挥儒家的理学”，正是要“使儒家的哲学内容更为丰富，体系更为严谨，条理更为清楚，不仅可作道德可能的理论基础，且可奠定科学可能的理论基础”[②]。

贺麟哲学代表了现代新儒家第一次真正尝试在哲学内容上扩展心学从而赋予认知理性以本体地位的理论努力。它着重于心学内容的突破，与新理学偏重于儒学形式的理性化可以看作是推进儒学现代化的一车之二轮。但是，在贺麟哲学中并没有充分突显确立认知理性本体地位的理论意义，贺氏本人似乎也对此缺乏足够的理论自觉。因此，他既没有以一种系统化的形态来阐述这些变革性的内容，也没有明确

① 贺麟：《哲学与哲学史论文集》，商务印书馆1990年版，第131页。
② 贺麟：《文化与人生》，商务印书馆1988年版，第8页。

而深刻地揭示德性与理性之间内在而本质的关联。

随着现代新儒学的发展，以成中英、余英时为代表的第三代新儒家在这个问题上又有了新的创获。成、余对于知识理性在儒学的现代开展中所具有的重要性均有较明确的认识。余英时指出："在传统中国文化中，儒学一向占据着主导的地位。但儒学目前正面临着一次最严重的历史考验，即如何处理客观知识的问题。儒学将来能否重新成为中国文化的领导力量，恐怕就得看它怎样应付这个新的考验。"①基于此，他一反时论，充分强调了具有某种智识主义特征的清代考据学的重要意义。他指出："有清一代的'道问学'传统正可以代表儒学发展的最新面貌。尤其重要的是这种新的发展恰好为儒学从传统到现代的过渡提供了一个始点"，因而，"其历史的意义决不在宋明理学的'尊德性'之下"。②

作为一个致力于儒家哲学之现代重建的新儒家学者，成中英对德性与理性或曰价值与知识的关系问题作了较为系统的理论阐述。他所创立的"本体诠释学"，就是围绕着"知识与价值"及其关系问题而展开的，这典型地代表了他对解决儒学时代课题的理论自觉。成中英指出："哲学乃是缘知以求志、缘志以求知的过程。"③ 具体言之，"哲学应该是自生命的肯定，产生生命的价值与知识，再进而对知识的反省来探讨价值，从价值的反省来寻绎知识，并从两者交互的反省中来彼此充实与重建"④。知识与价值在生命存在的层面又根植于理性与意志。因而，不仅理性与意志"同为生命存在的两个层面，也是完成生命的两大动力"⑤。而且"知识对价值的重要性正如价值对知

---

① 余英时：《历史与思想》，台湾联经出版事业公司1986年版，第163页。

② 余英时：《历史与思想》，台湾联经出版事业公司1986年版，第162页。

③ 成中英：《世纪之交的抉择》，知识出版社1991年版，第364页。

④ 成中英：《中国文化的现代化与世界化》，中国和平出版社1988年版，第237页。

⑤ 成中英：《中国文化的现代化与世界化》，中国和平出版社1988年版，第235页。

识的重要性，乃两相依持，不分轩轾”①。由于“理性与意志是不可分的，两者在生命发展的过程中具有自然的辩证关系”②，因而知识与价值之间也具有内在统一性与原始统一性，成为哲学思考中“背向同体”的基本要素③。

成中英把本体诠释学的哲学创获归根于传统儒家的哲学慧识，在他看来，早在原始儒家的道德哲学中，就已经为包含知识与价值的“本体理性”提供了一个完整的模型④，他进而指出，儒学从孔子之“知”到朱子之“理”的发展，表现了“儒家发展的线索以及其包括的重大的人生智慧——亦即人的心性之学是以知识与理性为基础的，而知识与理性又是以心性之学为起点的”。这也就是说，“只有在道德与知识相互支持及彼此推动下，知识才能成为更深沉的知识，而道德也才成为更落实的道德，生命的广大面及高明面，精微面及中庸面，才因而得以发挥”。这不仅是本体诠释学的理论目标，而且“也是儒家最高、最后的理想”⑤。

需要指出的是，成中英的有关思想与其师方东美有着明显的承继关系。由于方东美将哲学视为“衡情度理”的活动，将生命的本质认作“含情契理”，就其思想的理论涵括力而言，已经在生命与哲学的本体中肯定了“理”的意义。但是，方东美所注重的实际上是“理”的客观理则义而非“理”的理性能力义。就“情”与“理”相较而言，方东美更加注重的是“情”而不是“理”，其哲学也以“生命情调”见长。⑥ 因此，方东美哲学并没有自觉地突出认知理性的重要

① 成中英：《中国文化的现代化与世界化》，中国和平出版社 1988 年版，第 232 页。
② 成中英：《中国文化的现代化与世界化》，中国和平出版社 1988 年版，第 234 页。
③ 参见成中英《世纪之交的抉择》，知识出版社 1991 年版，第 366 页。
④ 参见成中英《文化·伦理与管理》，贵州人民出版社 1991 年版，第 98 页。
⑤ 成中英：《文化·伦理与管理》，贵州人民出版社 1991 年版，第 102 页。
⑥ 参见方东美在《科学哲学与人生》中的有关论述，台湾黎明文化事业公司 1980 年版。

性，成中英则在继承乃师的同时，进一步对其有关思想作了切合时代要求的新发展。

四

尽管“尊德性”与“道问学”两系新儒家在处理德性与理性的关系问题上表现出了不尽相同的思维理路，然而他们都谋求儒家思想在现代的新开展，都以儒家“生生而和谐”的人文理想作为自己终极关怀的归趋与学问的宗主，并以儒学的现代重建为职志，积极投身于“复兴儒学”的理论与实践活动。因此，尽管他们之间乃至某系内部都是差异互见甚至时有纷争的，但就其本质而言他们均应被视为儒家的现代传人。

事实上，从其奠基时期起，儒学内部就存在着两条基本的义理之路。它们一以孟子为代表，强调道德的先验性，以纵贯、内省为特征；一以荀子为代表，强调道德的后天人为，以横贯、外观为特征。这一差别经过宋明理学的发展，最终形成了注重明心见性的陆王心学与强调格物穷理的程朱理学之分野。现代新儒学中的“尊德性”与“道问学”两系正是顺承前贤而有进一步的推展。因此，它们分别与陆王心学或程朱理学有着更为直接、密切的关联。但是现代新儒学的内在开展，又不是传统儒学两个统系的简单重复，而是表现出了新的时代特点。这主要表现在以下几个方面：

第一，不同于传统儒学，现代新儒学所面对的是一个以理性主义为基本特征的现代生活实体。尽管新儒家对现代社会中工具理性的“独大”之势作了许多切中时弊的批评，但是他们又不能不承认认知理性对于儒学现代开展的重要意义，并力图在儒家思想中为认知理性予以定位。这就使得现代新儒学的理论视野与理论涵括力都不能不在事实上突破传统儒学主要局限于道德领域的封畛。

第二，与此相关联，生长于现代理性主义生活实体之中的现代新儒家已在一定程度上实现了儒学发展中的根本变革。这集中体现在“道问学”一系的发展中。“道问学”一系的现代新儒家更为注重认知理性并力图在儒学中真正为认知理性确立本体地位。经过数十年的努力，终于得以以一种颇具理论化、系统化的形态，突破了传统儒家“德性优先”与“泛道德主义”的封畛，鲜明地倡导德性与理性并重，赋予理性以与德性同等的本体地位，并深刻地揭示了德性与理性“背向同体”的辩证关系。这就从儒家的内在立场对儒学的价值系统作了基本的改变，实现了儒学发展中的根本性变革。

第三，中西文化交流会通的时代特征，使得大多数现代新儒家都不再孜孜于在儒学内部区分所谓“主流”与“旁枝”，而是在中西文化比较的整体背景下整合心学与理学，并从根本上反省儒学。因此，现代新儒学中“尊德性”与“道问学”的区分已经不再仅仅是传统的心学与理学之分，而主要是就现代新儒家处理德性与理性的不同方式而言的区分。正是在这个意义上，尽管贺麟的“理想唯心论”属于“新心学”，本文仍然将他归于“道问学”一系。

五

纵观现代新儒学的发展历程，可以认为，其中“尊德性”一系的理路在现时代已经开拓到了尽头，而“道问学”一系在实现了根本性变革之后，却为儒学的发展注入了新的生命活力。

前文已经述及，在经过从熊十力到牟宗三的理论建构以后，现代心学已经取得了较为成熟的存在形态。但是由于“尊德性”一系的新儒家像传统儒家那样，依然将知识理性置放在道德主体的绝对优位性之下，这就根本不可能在儒学中为知识理性确立真正的独立地位，从而也就限制了儒家精神与现代理性主义生活实体的真正衔接。迄今为止，他们虽然以其强烈的民族文化意识在某些知识分子的心灵中产生了一定程度的感召与共鸣，但却根本不可能在广大民众中产生多少实际的影响。

“道问学”的理路则在一定程度上冲破了“尊德性”难以在儒学中为知识理性确立独立地位之困局。由于它明确肯定了理智理性在生命存在与哲学本体中的根本地位，可以看作是现代儒学发展中的“歧出转向”之新。在一定的意义上，它不仅推进了儒学的现代化，而且使儒学获得了崭新的存在形态。人们通常将当今世界的种种哲学流派区分为科学主义与人文主义两大阵营。前者重科学理性，后者重人文精神，而人文精神与科学理性的有机结合，正是当代哲学所面临的时代课题。现代新儒学发展中“歧出转向”之新的理论意义，就在于站在儒学的立场上为统一德性与理性、整合人文主义与科学主义作了可贵的尝试。应当说，这是儒学的现代开展所取得的重要理论成就。儒学在实现了“歧出转向”之新后，由于对理性的突显正与现代社会的理性主义特质相吻合，对知识与价值的整合也直接关涉到了人类现代文明的症结与焦点，因此在理论内涵上将更有现代性与世界性。我们有理由相信，一个以东方哲学慧识为理论背景而又较为充分地展示了西方哲学的理性主义特质的、以人文主义为体认基础而又涵括了科学主义合理成分的现代哲学理论，是有深厚而长久的理论生命力的。

问题在于，现代儒学发展中的“歧出转向”之新在为儒学注入新的生命活力的同时，也对儒学的价值系统作了基本的改变。对于一个不再坚持“德性优位性”的理论学说，可否依然把它视为“儒学”呢？

这就涉及如何看待儒学的特质的问题。前文已经指出，就其超越的一面而言，可以将儒学界定为“生生而和谐”的人文主义。它以大宇长宙之生命理性为本体，而大力宏扬人为天地立心的尊贵性。与此同时，这种对人之尊贵性的高扬却又是即内在即超越、即理想即现实的。它一方面要面对大宇长宙的生生之流，肯定人之存在的意义与价值，同时又追求个人与天地、个人与社会、个人与他人以及个人之身心之和谐统一。在这个意义上，可以认为，“德性优位性”是儒学实现“生生而和谐”理想的手段而非其目的。儒学从孔子那里起，的确就表现出了“德性优先”的立场。在依然带有原始血亲关系遗迹的德治社会中，它或许是达致“生生而和谐”的最佳方法。但是，自宋明以来，儒学尽管依然鲜明地坚持了“德性优先”的理论立场，“生生而和谐”的理想却已经难以实现。进入现代社会以后，一个自绝于理性宇宙之外的理论学说更是不可能起到达致“生生而和谐”从而安身立命的作用的。这正是现代新儒学中的“尊德性”一系之所以很难真正切入现代生活的根本原因。因此，为了实现儒学“生生而和谐”的理想，而对其实现的手段予以某种修正，就既是合理的，也是必要的。

另一方面，“道问学”一系对于“德性优先”的立场是调适，并非根本的背离。就“道问学”一系的根本理论旨趣来看，它并不是要将儒家哲学改造成为纯粹的知识哲学。为理智理性确立本体地位虽然弱化了传统儒学中德性的独大之势，但却并没有完全改变德性在儒学中的根本地位，即以成中英的本体诠释学而言，它也一如传统儒学，依然是以“生命理性”作为哲学的本体。所不同的是，在传统儒学中，生命理性被等同于道德理性，而本体诠释学则将生命理性的内涵加以扩充，使之不仅包括道德理性，而且涵具理智理性，两者共同构成了生命理性一体之二元。这样，通过知识与价值、科学精神与人文理想的整合，它不仅保留了儒学作为生命的学问所具有的安身立命的功能，而且为之确立了更为宽广的基础。我们有理由把一种既赋予了理智理性以本体地位又保守了德性之根本地位，同时又以追求“生生而和谐”为标的的学说依然称之为“儒学”。

由此，我们也有理由相信，作为中国文化传统的主流之一，儒学在实现了人文理想与科学理性的整合之后，必定会在世纪之交的中西文化融合中继续展现其生命活力。当然，这并不是说儒学的未来开展没有其内在的限制。从产生之日起，现代新儒学就在两个方面表现出了突出的非现代性。第一是“中体西用”的文化心态。现代新儒家往往着力强调中华文化的优越性而对西方文化的内在之体实际体认不够。第二是后顾性的文化价值取向。在现代新儒家看来，儒家所提揭的仁心、仁性是宇宙人生的价值之源，人类社会的一切均是仁心、仁性的不断变现，人类的光明未来正在于从现时代的无根无向中向仁心、仁性之“常道”的复归。这两方面的非现代性，即使是在成熟形态的“尊德性”与“道问学”理论系统中，也都有明显的表现。在牟宗三看来，将来支配中国乃至人类命运的，是所谓“彻底的唯心论”，而“西方哲学里面没有唯心论”，“只有中国才有唯心论”，因而人类未来的价值理想与前途命运都维系于以思孟、陆王为主流的中国心学系统。[①] 成中英则认为，早在先秦儒家那里就已经形成了一个整合知识与价值的本体理性之完整模型，中国哲学在原点上就表现为一种完整的整体性，而“西方哲学的开始点是基于一种对立、分裂与冲突的历史和人生经验”[②]。基于此，成中英大力倡导现代哲学向中国哲学的原点回归。

文化心态上过于偏狭的保守性与价值取向上的后顾性，必然影响现代新儒家对于其他人类优秀文化成果的融摄汲取，也不可能使儒家的文化理想与时代的发展之间建立一种真正良性的互动关系。因此，如何彻底地克服文化心态上过于偏狭的保守性与价值取向上的后顾性，是现代新儒家在今后进一步推进儒学现代化与世界化所不能不面对的两个难题。

不仅如此，现代新儒家要想根本改变“儒门淡薄，收拾不住”的状况，就必须重新发扬传统儒家修己体认、躬行践履的精神品格。人类的生命是一知行的综合体。如果说“德性优先”不一定是儒学的根本特质，那么与此相关联的修己体认、躬行践履，则代表了儒学作为一种“生命的学问”的本质要求。一个完全意义上的儒者不仅应该以

---

① 参见牟宗三《鹅湖之会——中国文化发展中的大综合与中西传统的融合》，台湾《联合报》1992 年 10 月 20 日。

② 成中英：《世纪之交的抉择》，知识出版社 1991 年版，第 310 页。

儒家义理为其学问的宗主，而且也应该以儒家基本的价值系统为其人生实践的行为规范与信仰的归趋。但是，进入现代以来，儒家注重修己体认、躬行践履的传统在现代新儒家中并没有真正得到继承与发扬。不少以复兴儒学为己任的现代学人，实际上只能做到在形而上的层面上依然以儒学为归趣，而在人生实践上却并非真正以儒家基本的价值系统为圭臬，有的甚至完全采用的是现代西方的价值观念与生活方式。可以理解的是，在一个大开大合的时代，儒家之现代行为规范的确立必然是漫长而艰难的。在这个意义上，可以把现代新儒家迄今为止的学术开展看作是为现代儒家的人生实践作了“知”的准备。现代新儒学在一定程度上突破了传统儒学“泛道德主义”的封畛，将理性融入生命存在之中，强调理性与存在的统一①，也可以理解为是为人生实践提供了更为完满与广大也更符合时代要求的基础。儒学如果要想在21世纪保持它作为“生命的学问”所应有的本色与自期的生命力，现代新儒家就必须从自己修己体认、躬行践履做起，向人们昭示一种既有儒家特色，同时又合时合理，因而更为健全的人生实践准则与生活方式。

（本文是作者与李翔海合作，原载《中国社会科学院研究生院学报》1995年第3期）

---

① 具体论述参见成中英“On Unity of Reason and Being: Back to the Future from Kant to Confucius via Heidegger”，《中西哲学与文化》（第一辑），河北人民出版社1992年版。

现代新儒学研究在中国

我这次到日本来，关注的问题之一是系统搜集日本学者研究现代新儒学的成果，了解他们的观点和研究方法，以便学习与借鉴，并进行这方面的学术交流。包括在座的日本学者的研究成果，如岛田虔次教授关于熊十力哲学的研究，吾妻重二教授关于冯友兰哲学的研究，沟口雄三教授最近关于梁漱溟思想的研究，我都非常感兴趣。我今天讲的题目是“现代新儒学研究在中国”，首先简单地介绍一下中国海峡两岸的研究情况，重点是介绍中国大陆方面的研究情况、特点和新近动向，很愿意听到日本学者的异国观感与评价。

作为中国现代三大思潮之一的现代新儒学

所谓现代新儒学，简单地说，就是中国历史进入现代阶段以后，一般是指“五四”以后，主张保存和发扬中国传统，重新确立儒学的本体和主导地位，既有选择地学习西方又反对全盘西化和马克思主义的一种文化保守主义思潮。它主要是一种哲学文化思潮，同时也包含着社会政治的内容。

“五四”以后，中国出现了类似西方那样的“三分”的思想格局，即所谓自由主义、激进主义、保守主义之三足鼎立。不过由于中国国情的特殊性，各派的表现形态、发展程度和力量对比与西方国家不尽相同而已。以胡适为代表的自由主义思想路线，之所以没有在中国得到充分发展，主要是由于旧中国经济落后（几乎没有什么现代工业），中产阶级力量十分薄弱的缘故。俄国十月革命后，马克思主义传到中国，迅速发展成为现代中国最强大的思想潮流，这也是为中国的国情所决定的。深受帝国主义、封建主义和官僚资本主义“三座大山”压迫的中国人民，迫切需要一种理论给自己指明解放的道路，并解决民族独立和国家统一的问题。马克思主义的社会革命理论正好适应了这种需要，它一旦和中国的实际相结合，就在变革社会的实践中取得了很大的成功。在旧中国，政治上的保守势力一直是很顽固、很强大的，但是文化上的保守主义还不同于社会政治的保守主义。它主要表现为对传统文化的留恋和维护，既可以为政治上的保守势力所利用，也可以与之保持相当的距离，甚至可以指责现政权违背“先王之道”而为“革命”制造舆论。由于中国历史文化传统深厚，尽管“五四”反传统十分激烈，但是反抗“反传统”的文化保守主义的力量也不可低估。它在“五四”以后虽非主流，却一直是可以与其他两派相抗衡的一条思想路线。

中国现代文化保守主义的思想派别，除了本世纪初以康有为为代表的孔教派，以章太炎、刘师培为代表的国粹派，20 年代以吴宓、梅光迪为代表的学衡派，30 年代的“中国本位文化”派之外，最有势力和影响的，传承时间最长的，也最有创造性活力和生命力的，就是我们所说的现代新儒家学派，它可以说是中国现代文化保守主义的主流派。

现代新儒学发展的三个阶段及其代表人物

现代新儒学从“五四”时期产生以来，70 余年传承不绝，至今已有三代人薪火相传。现代新儒学的发展也大致经过了三个阶段。

从“五四”至新中国成立前的 30 年，是现代新儒学发展的第一个阶段，或曰前（早）期发展阶段。这个时期，现代新儒家学派的创立和发展及其影响都是在中国大陆。早期新儒家代表人物主要有梁漱溟、张君劢、熊十力、冯友兰、贺麟、钱穆等人。梁漱溟 1921 年出版《东西文化及其哲学》一书，在“打倒孔家店”的“五四”狂飙时代公开提倡新孔学，他可以说是现代新儒学的开山人物。张君劢在科玄论战中反对唯科学主义，强调中国传统人文主义的价值，代表了现代新儒学的另一个精神方向。在抗战时期，熊十力出佛入儒，创立“新唯识论”哲学体系；冯友兰写“贞元六书”，创立“新理学”哲学体系；贺麟也力图建立一个“新心学”哲学体系。钱穆则是现代新儒学在史学领域的主要代表人物。第一代新儒家大都是富有原创精神、在中国现代思想史上不可磨灭的人物。

1949 年以后，中国成为以马克思主义为指导理论的国家，反对西化也反对马克思主义的现代新儒学在大陆失去了生存和发展的条件。它的主要阵地遂转移到港台，由熊十力的弟子唐君毅、牟宗三、徐复观等人继续推进新儒学运动。一直到 70 年代末、80 年代初，唐、徐等人相继去世，其间大约也是 30 年，可以说是现代新儒学的第二个发展阶段。在这个阶段中，唐、牟、徐和在美国的张君劢于 1958 年元旦联名发表《为中国文化敬告世界人士宣言》（即“港台新儒家宣言”）是一重大事件，它说明港台新儒家确实为保存和发扬中国文化苦心孤诣，奔走呼号，作出了难能可贵的贡献。

80 年代以后，现代新儒学进入了第三个发展阶段。推动这一发展的主要是唐、牟、徐的弟子，还有钱穆和方东美的一些弟子，代表人物有杜维明、刘述先、余英时等人。台湾《鹅湖》杂志和香港法住学院是第三代新儒家的两个重要基地。这个时期新儒学发展的重要机缘是，有共同儒家文化背景的“东亚四小龙”的崛起，以及中国大陆改革开放，改变了“文革”时期那种对儒学绝对排斥的态度。现代新儒学因此而获得了新的生机，并有进一步发展成为一种世界性思潮的趋势。至少儒学已获得与世界各大思潮平起平坐的地位，以至有的西方思想家把儒教和伊斯兰教一起看作是 21 世纪基督教文化的主要对手。人们对现代新儒学的重视和开展这方面的研究，就是在这种背景下才可能出现的一种学术态势。

起步较早的港台、海外新儒学研究

1976 年，美国出版了傅乐诗主编的《变革的限制——论民国时代的保守主义》一书，其中在“新儒家”的栏目下收入了张灏的《新儒家与当代中国的思想危机》一文，同时还收入了艾恺论梁漱溟和杜维明论熊十力的两篇文章。这是海外最早发表的一组研究现代新儒学的文章。尤其是张灏的文章，把“新儒学”作为一个独立的研究对象提出来，把它放进中国现代思想史的范畴，显然具有开创性的意义。

1978 年，港台新儒家的重要领袖人物之一唐君毅先生去世，港台各界发表悼念文章近百篇，同时引发了一场“悼唐”风波。各方争论文字不仅涉及对唐的学问、事业和道德人格的评价，而且也广泛地论及当代新儒家的时代承担和历史地位等问题。有人提出“是该重视新儒家的时候了”，开展和加强对新儒学研究的问题在港台被正式提了出来。

1982 年 8 月，台湾《中国论坛》杂志社在台北召开了一次题为“当代新儒学与中国现代化”的座谈会，包括新儒家学者在内的各派学者，就当代新儒学的名称、范围、代表人物、思想特征、历史地位、发展前景等问题进行了广泛的讨论，发表了各种不同的意见。这次会议标志着台港地区对新儒学的研究进入了一个新阶段。

50 年代以后，台港地区是现代新儒学的大本营，第二代新儒家学者的主要代表人物都在这里著述讲学，传道授业，培养了一批能够传承他们的思想和事业的弟子。他们相继去世后，弟子们召开各种纪念会和学术研讨会，表彰老师的业绩与贡献，阐扬他们的新儒学思想，还陆续整理出版先师的著作，使之传承于后世。这些都加强和厚实了港台新儒学的研究基础。

中国大陆现代新儒学研究的兴起和十年来的成绩

从1949年到80年代中期，现代新儒学在中国大陆中断了30多年，成为名副其实的“绝学”。留在大陆的早期新儒家代表人物，如梁漱溟、熊十力、冯友兰、贺麟等，即使不改变学术立场，也不可能继续研究和宣传新儒学了。这一时期，大陆学者对现代新儒学在港台地区的继续传播和发展，都渺无所知，处在完全隔膜的状态。

现代新儒学研究在中国大陆重新兴起，是在80年代中期文化讨论开展以后。由于改革开放，大陆学术界和港台海外学者逐渐有了交流的机会，港台新儒家的著作也逐渐流传到大陆来，这是外缘的因素。另一方面，通过对“文革”的批判反思，大陆学术界对儒学的态度也有所改变，能够对它进行实事求是的科学研究了。有了这个内在的因素，把现代新儒学作为一个学术研究对象而不只是作为批判对象才有可能。到80年代中期，“儒学复兴”说已经作为一派观点，公开参与文化大讨论，并引起学术界的重视。当时宣传这种观点的，主要是海外来华讲学的新儒家学者，杜维明起了重要的作用。他提出“儒学第三期发展的可能性”问题，引起了国内学者很大的兴趣。在这种情况下，大陆学者才开始注意对港台、海外新儒家的观点和著作进行研究，并对整个现代新儒学的发展作一种历史追溯即思想史的研究。

我在1986年发表《要重视对现代新儒家的研究》一文，同年争取在“七五”国家社科规划重点项目中确立了“现代新儒学思潮研究”课题。这一课题吸引了国内各大学和研究所的数十名优秀的中青年学者来参加。大家分工合作，从搜集、整理原始资料开始，逐步开展对现代新儒学的整体宏观研究和分别的个案研究。这一课题在制定“八五”国家社科规划时又继续被确定为重点，作为一个集体项目进行了整整十年的合作研究。今天看来，它的成效还是很明显的。课题组不但自己编辑、撰写、出版了数量相当可观的一批学术资料、专著和论文，而且带动了全国范围内的现代新儒学研究，甚至有人说最近十年在中国大陆出现了“新儒学热”。现代新儒学从断顿30多年的“绝学”变成名噪一时的“显学”，这是过去完全没有预料到的。

现代新儒学思潮研究课题组十年来的研究成果主要有：①在资料整理方面，出版了《现代新儒家学案》上、中、下三册，计200余万字；《现代新儒学辑要丛书》15册（现已出版14册），总计600万字。这些著作不只是资料书，也包含有我们的研究成果在内，如学案中的“评传”，辑要中的“编序”，就阐发了我们对现代新儒学的一些基本观点。②在思想研究方面，出版了《现代新儒学研究论集》二册，计划出版《现代新儒学研究丛书》23册（现已出版12册）。研究丛书分专人研究和专题研究两个系列，分别由天津人民出版社和辽宁大学出版社出版。作者多为中青年学者，有的著作就是他们的“博士论文”。

课题组成员中有骨干20余人，他们还发表和出版了许多个人的研究成果，如郑家栋的《现代新儒学概论》、宋志明的《现代新儒家研究》、郭齐勇的《熊十力及其哲学》、田文军的《冯友兰新理学研究》、景海峰的《梁漱溟评传》、郑大华的《梁漱溟与现代新儒家》、韩强的《文化意识与道德理性》、李翔海的《成中英本体诠释学研究》等等。十年间中国大陆报纸杂志发表新儒学研究论文600余篇，其中近半数是课题组成员的作品。

作为国家课题所显示的集体优势与对其他研究者的示范和带动作用是很明显的。十年前，连“现代新儒学”“现代新儒家”这样的名词、概念都没有在大陆出现过，现在中国的人文学者，特别是从事中国思想文化研究的学者，没有不知道和不讲现代新儒学的，大学文科研究生纷纷以现代新儒学为博士或硕士论文选题，专题研究和个案研究都有。

目前中国大陆出版的现代新儒学资料选集，除了课题组编辑的《学案》和《辑要》之外，还有黄克剑主编的《新儒家八大集》，罗义俊、陈克艰编的《理性与生命——当代新儒学文萃》等。1949年后留在大陆的老一辈新儒家学者，现在都已去世，他们的著作正在系统整理出版，如《梁漱溟全集》、《熊十力论著集》、冯友兰《三松堂全集》、《马一浮全集》等。港台海外新儒家的一些个别著作，不少已在大陆各出版社分别出版。近十年来中国大陆出版的有关现代新儒学研究的专著已不下五六十种，仅梁漱溟的评传、年谱、访谈录、思想研究的论著就有十余种，包括郑大华、景海峰、马勇、曹跃明、汪东林等人的研究成果；关于冯友兰的生平传记和思想研究著作、论文集等也出版了十余种。两岸开放后，还有一些大陆学者写的新儒学研究论著是拿到台湾去出版的，例如至今出版的唯一的一本关于牟宗三思想研究的专著《整合与重铸——当代大儒牟宗三先生思想研究》，就是我们课题组的成员、山东大学青年学者颜炳罡写的，牟先生去世前由台湾学生书局出版。前面提到的郑大华的博士论文《梁漱溟与现代新儒家》，也是列入“大陆地区博士论文丛书”在台湾出版的。

总之，经过十年努力，现代新儒学这一重要学术思想流派，在中国大陆已经不再是无人问津的“绝学”，而是已被学术界普遍了解，它在中国现代思想史上应有的地位已经得到确认，对它已经有了一定的研究基础。不论是从思想史研究的意义上，还是从现实思想斗争的意义上，它今后都会继续得到重视，进一步深入研究，我想这是肯定无疑的。

海峡两岸新儒学研究的交流和互动

中国大陆和港台、海外的新儒学研究有一个时间差。起步较晚的大陆新儒学研究，自然要受到港台、海外多方面的影响，特别是必须利用港台新儒家提供的思想资料，借鉴已有的研究成果。在这方面港台、海外学者曾给我们提供不少实际的帮助。但是大陆的新儒学研究从一开始就有明确的宗旨，特别是作为国家课题的“现代新儒学思潮研究”课题组，一开始就明确提出要以马克思主义的立场、观点、方法为指导，来总结、研究现代新儒学的发展历程及其理论是非得失，这又使大陆的现代新儒学研究与港台的研究有了明显的区别。港台学者对大陆兴起的新儒学研究，表示了“一则以喜，一则以忧”的心情，喜的是儒学和新儒学在大陆受到批判和压抑三十多年后，终于摆脱现实政治的直接影响，可以作为一种学术思想来进行研究了；忧的是大陆新儒学研究一旦取得发言权后，就会成为舆论导向上的“先见”。一些新儒家学者认为这是很严重的事，因此呼吁港台地区也要加强对当代新儒学的研究，有些工作像编学案、出版研究丛书等等，“我们自己也应该做”。事实上大陆重视和开展新儒学研究以后，对港台新儒学的发展起了很大的促进和推动作用。本来港台新儒学只是在一个很小的学术圈子里发生影响，不被当权势力重视，也不被广大群众认同的学术思想流派，大陆对新儒学的重视和大规模地开展研究，使他们受宠若惊，身价百倍，一下子“牛”气起来了，近年来十分活跃，多次召开当代新儒学国际研讨会。他们还以大陆新儒学研究受到国家社科基金支持为理由，向台湾当局申请到一笔数量不小的资助，开展“当代儒学主题研究计划”。海峡两岸的新儒学研究事实上起到了一种相互竞赛和相互促进的作用。

当然，由于学术立场和研究方法不同，大陆和港台的新儒学研究在相互交流中也不可避免地会有思想分歧和交锋，这在一些学术会议上，以及各种报刊发表的文章中，都反映了出来。1988 年 9 月，在新加坡召开“儒学发展的问题及前景”学术讨论会，中国大陆、台湾、香港以及新加坡、美国、加拿大的 40 位华人学者，包括马克思主义、自由主义和新儒家三派代表人物，坐在一起讨论儒学和新儒学的当代发展问题。那次会议开得很活跃，既有友好交流，也有思想交锋，应该说开得很成功。以后在台港、海外和中国大陆召开过多次有关新儒学的国际学术会议，海峡两岸学者共同参加，进行不同学术观点的交流和相互讨论、相互批评，有的争论相当激烈。但是，大家逐渐适应了这种对话、讨论、尊重对方发言的权利的交流方式以后，都觉得这很正常，这种交流和交锋对学术的发展非常有益。海峡两岸学者之间有没有意识形态分歧的问题？当然是有的。例如，牟宗三先生开口发言必骂马列主义是“魔道”，简直是不共戴天。我们也不回避和新儒家在一些根本理论问题上的分歧，如在哲学上不能赞成其伦理精神至上的泛道德主义的唯心史观，在文化观上不赞成其“中体西用”的主张，等等。但是在要继承和弘扬中华民族文化传统，肯定民族文化的主体性，反对全盘西化等问题上，我们和新儒家也有共识，对他们在这方面的贡献充分肯定，高度评价。大陆学者在现代新儒学研究中表现出的态度客观公正、理智宽容，得到许多港台、海外学者的赞赏和肯定评价。在交流中，也有个别港台学者要求我们放弃马克思主义的立场、观点和方法，完全认同新儒学，我们则明确表示做不到。事实上有些港台新儒家学者的意识形态性比大陆学者要强烈得多。

大陆现代新儒学研究的特点和新近的思想动向

最近十年大陆现代新儒学研究蓬勃开展，它也包含着不同的思想方向。作为主流派的是以“现代新儒学思潮研究”课题组为代表的马克思主义派学者，另外也有少数学者是站在西方自由派的立场或者完全站在新儒家的立场来发表意见的。中国大陆思想界本身也呈现出纷繁复杂的局面。下面我们讲大陆新儒学研究的特点，主要是就占主导地位的马克思主义派来说的，这些特点可以概括为以下几点。

一，大陆学者主要是把现代新儒学当作一个思潮和学派来研究，把它放在现代中国社会和思想文化发展的总的联系和关系中，来考察它的实质、社会作用和发展趋势。我们是采取广义理解的“现代新儒学”和“现代新儒家”概念，即超越了新儒家学者的师承、门户之见，把在现代条件下重新肯定儒家的价值系统，力图恢复儒学传统的本体和主导地位，并以此为基础吸纳、融合、会通西学，以谋求中国社会和中国文化的现实出路的那些学者，都看作是现代的新儒家。这一点和港台、海外的新儒学研究有很大的不同。

二，大陆学者的新儒学研究，是自觉地以马克思主义的立场、观点、方法为指导，力图在掌握大量原始资料的基础上，对现代新儒学进行一分为二的实事求是的分析评论，所以表现出相当平实、客观、公允，虽不同意新儒家的一些基本观点，但是也能对他们有同情的了解，决不抹煞其成就和贡献。大陆的新儒学研究基本上是一种学术的探讨和研究，而不是搞政治批判或过去的那种学术批判，有不同的认识也是学术观点上的不同认识。

三，大陆的新儒学研究，由于一开始就组织了一个得到国家社科规划确认和国家社科基金资助的课题组，所以能够进行有组织、有计划、有统一宗旨、有分工合作的集体研究，规模大，进展快，出成果较多，很快造成一定的声势，带动和促进了全国范围内的现代新儒学研究，在港台、海外也产生了较大影响。有组织的集体研究是大陆学术界独有的优势，港台、海外学者多为个人研究，个人推动，形成不了这种整体优势。

四，大陆的新儒学研究直接受惠于中国的改革开放。如果没有改革开放，我们可能到今天还对港台、海外新儒学渺无所知；没有改革开放，我们也读不到港台、海外新儒家学者的著作，更不可能和他们直接交流对话。今天我们能够在同研究对象的直接交流对话中，更真切地、更准确地认识它的思想面貌，这也是大陆新儒学研究的一个特点。有这个条件与没这个条件只接触书本文献是大不相同的。

五，大陆的新儒学研究始终和中国 80—90 年代的文化研究与文化讨论紧密联系在一起，和中国的新文化建设紧密地结合在一起。现代新儒学研究课题是在 80 年代文化讨论中提出来的，它本身也是文化研究和文化讨论的一个组成部分，这项研究又推动了当代中国的文化研究和文化讨论向着纵深发展。这说明它不是一种纯学术史或思想史的研究，而且有着重要的时代特征和现实意义。

关于中国大陆现代新儒学研究的特点，我初步考虑了以上五点，可能很不全面，当然还可以从其他方面、角度去进行概括和总结。

中国新儒学研究十年，我是过来人，颇有始料不及的感慨。十年前大陆学人连“现代新儒学”的名词都没有听说过，今天它已不是少数人了解、掌握的学问，不仅一般人文学者都耳熟能详，而且连大学生都可以通过原始资料直接进入这一研究领域。大陆学者也是从不同的学术立场出发来研究现代新儒学的，现在研究者多了，更加表现出多元化的倾向。在此，我想介绍一下中国 90 年代出现的一种新的思想动向，这就是文化保守主义的抬头。这大概是对 80 年代激进反传统和西化思潮的一种反动。有人公开打出了“大陆新儒家”的旗号，主张在中国大陆“复兴儒学”，要用儒学取代马列主义作为中国现代化的指导思想。也有的学者，并不从正面反对马列，但在学术立场上接受了儒家的“道统”论，提出要重新“原道”，这个“道”就是新儒家所说的“民族文化之常道”，或曰五千年中国文化一以贯之之道。也有人十分欣赏丹尼尔·贝尔所说的“文化上的保守主义，政治上的自由主义，经济上的社会主义”三结合的模式，主张儒学和社会主义结合，提出了“儒家社会主义”或“社会主义新儒学”的设想。文化保守主义思想的抬头，也可以说是在中国大陆开展现代新儒学研究所产生的一种负面效应，说明我们在研究工作中马克思主义的批判旗帜举得还不高，理论分析缺乏深度和力度，还不能充分说服人。当然，一种思想产生的原因很复杂，即使我们的工作做得很好，道理讲得很充分，人家也可以不听你的。“大陆新儒家”的产生还有着更深刻的现实政治和学术思想等方面的原因。在今天，大陆的马列派学者不仅要同港台、海外新儒家打交道，而且还直接地面临着和“大陆新儒家”的辩论和交锋，一方面要说明儒家文化的积极内容我们还要继承和发扬，另一方面又不能赞成“复兴儒学”，在中国再搞一次“独尊儒术”。可以预见，世纪之交的中国思想界将变得更加错综复杂，也更富有生机活力。

[本文是作者1996年5月16日在日本京都“中国哲学研究的现状及对21世纪的展望”研讨会上的发言。原载《中国哲学的继承与创新——石峻教授80华诞纪念论文集》，中国人民大学出版社1997年版；曾以《中國における現代新儒学研究》为题，发表于《東アジア地域研究》，筑波大学東アジア地域研究会编（通号6），1999年7月，第1—7页]

现代新儒家

现代新儒家是产生于20世纪20年代初，力图恢复儒家思想的主导地位，重建儒家的价值系统，并以此为基础来吸纳、融合、会通西学，以谋求中国文化和社会现代化的一个学术思想流派。与马克思主义派、自由主义的西化派并称为中国现代三大思潮，是中国现代文化保守主义的主要代表。长期以来同全盘西化论者分庭抗礼，强调民族文化的主体性，反对将现代化等同于“西化”，向往一条“儒家资本主义”的发展道路。注意研究中国哲学和文化的特点，极力突出儒家人文主义的价值，认为其对于西方现代文化有补偏救弊之功。但过于执着儒家的“道统”观念，把儒学的基本义理看作是某种超时空的、体现永恒天道和人性的“常理”“常道”，坚持道德精神推动社会历史前进的唯心史观；其“返本开新”（返传统儒学之本，开民主、科学之新）、“以儒家精神为体，以西洋文化为用”的文化立场，仍然没有超脱出“中体西用”论的窠臼。与现代中国的其他主流思想相比，现代新儒学的社会影响很小，只在少数学者中传承，但是它也连续不断，其学术文化价值远胜于其社会政治的作用。70多年来，经过了三个发展阶段：20年代初至40年代末，是其前期发展阶段，主要代表人物有梁漱溟、张君劢、熊十力、冯友兰、贺麟、钱穆等人。在“全盘西化”和唯科学主义思潮盛行、传统思想受到沉重打击的情况下，主张复兴民族文化，“掘发其固有宝藏，涵养其自尊自信之毅力”（熊十力）；并认为“民族文化的复兴，主要的潮流，根本的成份，就是儒家思想的复兴”（贺麟）。从梁漱溟提倡“新孔学”，张君劢提倡“玄学”即“新宋学”，到抗日战争时期熊十力完成“新唯识论”的哲学体系，冯友兰建立“新理学”的哲学体系，现代新儒学已经确立了自己的人本主义的、道德形上学的精神方向，在理论上基本成熟，力图创造一种民族本位的、融纳现代民主科学的中西合璧的新哲学、新文化。50 年代初至 70 年代末，现代新儒学主要在港台地区得到发展，其第二代传人有唐君毅、牟宗三、徐复观等人。1958 年元旦，港台新儒家发表了《为中国文化敬告世界人士宣言》，全面阐述了他们对中国文化的过去、现在和未来，以及中西文化关系等问题的看法，明确提出了“返本开新”的思想纲领。认为儒家心性之学是中国文化的核心，也是人类的最高智慧，由此内圣心性之学开出民主、科学的外王事业来乃是中国文化自身发展的必然的内在的要求。唐、牟等人在吸摄、融通西方康德、黑格尔哲学，详细疏解儒家心性哲学方面做了大量的工作。80 年代以来，东亚某些国家和地区经济的迅速发展，为“儒学复兴”提供了新的刺激和动力。以杜维明、刘述先等人为代表的第三代新儒家，积极倡导儒家思想的现代化、世界化和“儒学第三期发展”，试图使儒家思想成为“人类走向未来所能依赖的唯一的定盘针”。这个时期，现代新儒家不仅传播于港台和海外，而且对中国大陆的思想文化界也产生了一定影响。现代新儒家提倡的“儒家资本主义”发展道路，在中国没有现实的可能性，但在社会主义和资本主义两种社会制度并存的历史条件下，在中国的社会主义现代化还没有完全实现之前，这派思想还会相当长时期地存在，并继续发挥其多方面的影响。

（本文为作者为张岱年主编的《孔子大辞典》撰写的条目，该书由上海辞书出版社 1993 年 12 月出版）

儒学第三期发展

儒学第三期发展是现代新儒家对儒学的现今发展阶段和可以展望的未来前景，及其在儒学发展史中的地位所提出的一种看法。1948年，牟宗三等在《鹅湖书院缘起》中已提到“儒学三期论”，认为孔孟荀董为儒学第一期，程朱陆王为儒学第二期，现时则到达了儒学发展的第三期。儒学第三期之文化使命为“三统并建”，即重开生命的学问以光大道统，完成民主建国的任务以继续政统，开出科学知识以建立学统。30多年后，牟宗三更明确地说：“儒家在过去两千多年中的发展，大体说来，可分成两个阶段，今天则属儒家学术的第三阶段。”“儒家学术的第一阶段，是由先秦儒家开始，发展到东汉末年。”“魏晋南北朝隋唐这一个长时期，照中国文化的主流，照儒家的学术而言，这一大段时间算是歧出，叉出去了。”“宋明理学是儒家学术发展的第二阶段，就是对着前一个时期的歧出而转回到儒家的主流。”“理学家偏重于内圣一面，故外王一面就很不够。”“儒家学术第三期的发展，所应负的责任即是要开这个时代所需要的外王，亦即开新的外王。”这就是牟宗三所说的“儒家的当前使命”。他认为，“新外王要求藏天下于天下、开放的社会、民主政治、事功的保障、科学知识，这就是现代化”（《从儒家的当前使命说中国文化的现代意义》）。80年代以来，杜维明经常谈论“儒学第三期发展的前景问题”，认为：“儒家的第三期发展，从五四以来，虽然经过了三代人的努力，但从整个宏观的发展进程上讲，现在还处于初期，还是‘一阳来复’。”“儒学第三期的发展，大概至少也得一百年后才能看出某些比较明显的迹象。从现在起到二十一世纪，东亚的知识分子能否形成一个群体批判的自我意识，他们之间的交流能否形成一种共识，这是问题的关键。”“儒学要进一步发展，必须先在国外的某些地方发生影响，要经过纽约、巴黎、东京，在外面取得了发言权，再回到中国来才比较有说服力。”（《儒学第三期发展的前景问题》）有些学者则认为儒学当前最紧迫的任务不是走向世界，而是应该返回中国大陆，极力论证在中国大陆复兴儒学的可能性和现实意义。（见《鹅湖》第170、171期）个别大陆学者也探讨了“儒学第三期发展的可能性”问题，试图将儒学精华和马克思主义结合起来。

（本文为作者为张岱年主编的《孔子大辞典》撰写的条目，该书由上海辞书出版社1993年12月出版）

儒家资本主义

儒家资本主义，又称为“第三种现代化模式”或“东亚工业文明”。现代新儒家设想的以儒家文化为背景或以儒家思想为指导来实现资本主义现代化的发展道路或模式。它不同于西欧北美和苏联东欧实现工业化、现代化的道路或模式。现代新儒家认为，近20年来日本、南朝鲜、台湾、香港、新加坡等东亚国家和地区经济的迅速发展，否定了韦伯的“世俗化理论”，即认为并非只有新教伦理才能促进资本主义的发展，儒家伦理也有其特定的宗教性和世俗化功能，它是造成“工业东亚”经济奇迹的一个重要原因。杜维明强调儒家传统在工业东亚发挥了“导引和调节的作用”，具体地说，“儒家传统从重视全面人才教育、提倡上下同心协力、培养刻苦耐劳的工作伦理，和强调为后代造福等方面，树立了一个东亚企业精神的典范”（《儒学第三期发展的前景问题》）。另外一些学者则认为，探讨东亚部分国家和地区经济迅速发展的原因，主要不能从思想文化去解释，把它归结为儒家伦理价值观积极作用的结果；不能像现代新儒家那样，把东亚经济发展说成是儒家“内圣”之学合乎逻辑地开出的“外王”事功。在中国能否经过“儒家资本主义”道路以实现现代化的问题上，学者间的分歧亦很大。

（本文为作者为张岱年主编的《孔子大辞典》撰写的条目，该书由上海辞书出版社1993年12月出版）

二

现代新儒家个案研究

梁漱溟非理性主义哲学思想述评

梁漱溟无疑是“五四”以来最有影响的思想家之一。他的哲学具有多元、矛盾混杂、调和折衷的特点，但其主要倾向是保守的。有的西方学者把他称为“文化保守主义”的代表，并非毫无道理。

梁漱溟于1922年出版了其代表作《东西文化及其哲学》，在当时引起了很大的反响。李石岑在《民铎》杂志上写道：“《东西文化及其哲学》一书出版一年，销售十余万册，有近百篇论文和几十个小册子同他辩论，大打笔墨官司。翻成了十二国文字，把东西两半球的学者闹个无宁日。五年之内同他通讯的信札有五千以上。”[①] 到1929年，该书已经印行八版，把近代以来的古今中西之争推向了一个新高潮。

梁漱溟在思想界的影响，除了他的东西文化观之外，还在于他的独到的哲学思想。梁漱溟的哲学汇合了中西印三方的思想，并以中国传统思想和西方现代哲学中的非理性主义为根基，建立起自己的哲学体系。其思想中非理性主义倾向与理性主义的矛盾，反映了当时社会思想斗争的一个侧面。本文试图通过对梁漱溟早期哲学思想的评述，来着重揭示其非理性主义之特征。

---

① 李石岑：《评〈东西文化及其哲学〉——在中国公学讲演》，《民铎》第3卷第3期，1922年3月。

社会背景和理论来源

自鸦片战争以来，中国的先进分子无一不是向西方探求救国救民的真理，向往西方进步的科学技术和政治制度。但是，经过半个多世纪的探索和奋斗，到辛亥革命以后，中国的现状仍然是封建势力占据统治地位，民主政治徒有其表，军阀横行，世道黑暗。另外，从世界范围来说，到19世纪末20世纪初，资本主义制度的各种弊端已经充分暴露出来。国内国外的各种局面，不能不引起人们对资本主义道路的怀疑。

由于当时西方资本主义是科学与民主的象征，所以，对西方道路的怀疑必然引起一部分人对科学进步作用的怀疑。这种思想在当时中国社会上形成为一种思潮。新文化运动中的激进民主主义者，由信仰资本主义转变为对它的怀疑之后，接受了马克思主义，决心走俄国十月革命的道路。另一部分人则与此相反，抛弃了“科学”和“民主”的口号，企图从反科学的非理性主义中寻找出路。资产阶级革命派章太炎针对资本主义文明的弊病，提出了“俱分进化”的理论，认为人类的文明无所谓进步与倒退、好与坏、光明与黑暗、幸福与苦难，善恶、苦乐等等都是同时进化、等量发展的。因此，他对人类的前途不抱乐观的态度，终于折入了提倡保存国粹的道路。梁启超、梁漱溟等人，借口西方资产阶级在经济上和思想上发生的危机，鼓吹“科学破产”，认为人们信仰民主、崇拜科学是做了一场大梦。他们认为，科学不是万能的，对于有些问题，比如人生、社会，是用科学和理性解释不了的，只能采取非理性的方法。“玄学鬼”张君劢说：“个人心理与社会生活超出科学之外也若此，故我从而断之曰：人生观，主观的也，直觉的也，综合的也，自由意志的也，起于人格之单一性者也。”①

① 张君劢：《人生观之论战序》，《人生观之论战》，泰东图书馆1923年版，第9页。

（《人生观之论战序》）

梁漱溟在那场“科玄论战”中虽然没有直接参战，但由于他的《东西文化及其哲学》一书的观点，同写了《欧游心影录》从而挑起这场论战的梁启超比较接近，因而同被视为“玄学派”的精神领袖。在《东西文化及其哲学》《中国文化要义》以及其它一些著作中，他从宇宙观、认识论等多方面阐明了其建立在非理性主义基础上的反科学的哲学体系。梁漱溟否认客观世界的存在，同时也否认人类的理性具有对真正的实在——“生命”的认识的可能，从而得出了这样的结论：人类的发展前途只能走所谓“东方的路”，即抛弃科学的真理和方法，放弃在自然界和人类社会中所进行的生产斗争和阶级斗争，走反身内求、祈求主观感情上的满足这一条倒退的道路。

必须指出的是，“五四”以后马克思主义在中国的迅速传播，也是梁漱溟等人反对科学的思维方法，反对走所谓“西方的路”的重要原因之一。梁漱溟曾明确地说：“我们政治上第一个不通的路——欧洲近代民主政治的路；我们政治上第二个不通的路——俄国共产党发明的路。我们经济上第一个不通的路——欧洲近代资本主义的路；我们经济上第二个不通的路——俄国共产党要走的路。”① 他认为，从理论上说，西方资产阶级和共产党的道路都是建立在向外索取的基础之上的，与中国注重内省的所谓“东方道路”不同，因而不符合中国的国情。梁漱溟的非理性主义哲学思想，在客观上起了阻止马克思主义在中国传播的作用。

但梁漱溟并不是一个顽固的守旧派，在政治态度上他基本上是一个改良主义者。他在 1922 年 5 月同蔡元培、胡适、王宠惠等人共同签名发表的《我们的政治主张》中声明：“我们以为现在不谈政治则已，若谈政治应该有一个切实的、明瞭的、人人都能了解的目标。我们以为国内的优秀分子，无论他们理想中的政治组织是什么，现在都

① 梁漱溟：《中国民族自救运动之最后觉悟》，北平京城印书局 1932 年版，第 94 页。

应该平心降格的公认‘好政府’一个目标，作为现在改革中国政治的最低限度的要求。我们应该同心协力的拿这共同的目标来向中国的恶势力作战。”① 他们提出“好政府”主义，反对用任何强制的手段对社会进行改革。针对当时南北势力的对立，他说：我“反对在唤起同情获得了解外，用任何手段为自己主张之进行。用手段的不应该，差不多人人都可以觉知。但仍有人凭藉他的权势去推行发展他的主张，……照理说去，这样行为可批评点很多”②。这是不分青红皂白地反对一切暴力行动，自然不利于革命力量的发展。梁漱溟在其著作中，除了对资本主义社会的弊病做了种种揭露之外，还对中国封建社会遗留下来的陈规陋习也做了很多剖析，在一定程度上起到了揭露封建主义的作用。梁漱溟虽然反对走西方资产阶级民主政治的道路，但他对于西方资本主义所取得的成就，以及科学技术在历史上所发挥的作用，却无法一笔抹煞，这就使他的思想呈现出一种矛盾的状态：从根本上否认科学和理性的作用，但有时又不得不在表面上承认它。这种矛盾贯穿在梁漱溟思想的各个部分，成为其非理性主义哲学的一个重要特征。

关于梁漱溟思想的理论来源，他自称：“中国儒家、西洋生命派哲学和医学三者，是我思想所从来之根柢。”③

中国近现代的思想家，几乎没有一个不受外来的思想影响，但同样是受外来思想影响，不同的人所选择和接受的却大不相同。梁漱溟所接受的西洋哲学，除了他所说的生命派哲学之外，还有叔本华的唯意志主义、实用主义和无政府主义者克鲁泡特金的思想。其宇宙观和社会历史观反映出生命哲学、唯意志论等思想的影响，直觉主义和实用主义则是他的非理性主义认识论的主要组成部分。

---

① 蔡元培等：《我们的政治主张》，《努力周报》1922年5月14日。

② 梁漱溟：《漱溟卅前文录》，商务印书馆1923年版，第239页。

③ 梁漱溟：《朝话》，山东邹平乡村书店1937年版，第137页。

梁漱溟思想中的中国儒家传统影响，要从两点去说明：

第一，他继承了儒家哲学的性善论传统，这其中包括孟子的性善论和王阳明及其门人的良知说。梁漱溟全部哲学的根本概念是意志，即他所说的人心。他认为人心之体即为“良知”，不仅外在的一切皆为人心之发用流行，而且认识也完全归本“良知”。外在的一切皆无客观标准，只由这个“良知”知恶能善，厚亲薄疏，一切全凭本能，浑然无所为而为。有人评论梁漱溟的哲学说：“细绎梁君所说，全部都以‘性善’的假定为根基。”① 此话确有道理。

但梁漱溟唯意志论的主要倾向是意志自由论。在这里，他忽略了儒家性善论的主要内涵是先天道德规范，是先验论而不是自由意志。梁漱溟对中国传统哲学不是走解经注经的老路，而是采用“六经注我”的方法。他说：“我是先有自己一套思想再来看孔家诸经的；看了孔经，先有自己意思再来看宋明人书的，始终拿自己思想作主。”②梁漱溟在这条路上大概是走得远了一点，以致有人说他搞学问不是基于传统的学术思想，而是本着自己的社会经验感受。③

第二，他接受了儒家哲学中注重反省内求的认识路线，并同柏格森哲学的直觉主义结合起来，构成其认识论的基础。所谓反省内求的认识路线，有两个意义：一是说认识的对象不是外在的客观世界，而是人心；二是说认识的方法是神秘的直觉和体验，而普通的认识方法则是靠不住的。

中国哲学中的天人合一思想，到孟子那里便带有片面强调认识主体能动性的倾向。孟子以主观唯心主义的观点来解释天人关系，发挥了孔子思想中的“我欲仁，斯仁至矣”（《论语·述而》）的主观主义

---

① 严既澄：《评〈东西文化及其哲学〉》，《民铎》第3卷第3期，1922年3月。

② 梁漱溟：《东西文化及其哲学》，商务印书馆1922年版，第316页。

③ 见韦政通等《中国现代思想家》第8辑《梁漱溟 傅斯年》，台湾巨人出版社1978年版。

思想，认为“体道”在于“明乎善”，“知天”在于“尽心”。孟子说：“尽其心者，知其性也；知其性，则知天矣。”（《孟子·尽心上》）把对客观世界的认识归结为对认识主体的体验，开创了中国哲学史上反省内求的认识方法。王阳明继承了孟子的思想，提出“良知说”，认为无心外之物，无心外之理，人心只是一个灵明，也就是良知，充塞天地之间的只有这个灵明。所以，在王阳明看来，认识的源泉不在客观世界，而在心内，人心不仅是认识的主体，同时也是认识的对象。梁漱溟继承了孟子和王阳明的思想，认为世界只是生命即人心的发用流行，是生命所衍生出的表象世界，所以真正的认识不是对外在世界的描述，而是对人心的体验，体验那种人心之情，即先天的道德观念；而那种对外界的理智认知，只具有方便实用的意义，是虚幻的。所以认识是内省，而不是外求。

梁漱溟在谈到他的思想来源及其转变情况时说：“我曾有一个时期致力于佛学，然后转到儒家。……使我得门而入的，是明儒王心斋先生。他最称颂自然，我便由此而对儒家的意思有所理会。”① 明代王门后学王艮继承了王阳明“致良知”的思想，建立起泰州学派。他把“致良知”的思想同自己的“格物说”结合起来，提出了“复初说”。他认为：

> 治天下有体，身之谓也。本必端。端本，诚其心而已矣。诚心，复其不善之功而已矣。……知不善之功而复之，乃所谓致良知以复其初也。（《遗集》卷一《语录》）

王艮从性善论出发，认为治天下要从“端本”即“诚心”开始，回复本心的善即为“复初”，这样就能达到“正己而物正”的目的。王艮在论述知行问题时，描绘了一条从主观到主观、反身内省的彻底

---

① 梁漱溟：《朝话》，山东邹平乡村书店1937年版，第184页。

的主观唯心主义的认识路线。

王艮还提出“不假安排”的认识方法。他把人的主观意识的一切活动都看成是良知的体现，把人的本能反应看成是对真理的认识。有人问他如何进行思想修养，把失去的良知找回来。“先生呼之，即应。先生曰：尔心见（现）在，更何求乎?”王艮十分强调那种“不假安排”的本能反应。他说：“天理者，天然自有之理也。才欲安排如何，便是人欲。”（《遗集》卷一《语录》）这便是梁漱溟所说的“称颂自然”。我们由此可以看出，梁漱溟所理解的儒家哲学的精神，即是不仅强调主观主义基础上的主客体无差别的同一，而且还提倡一种非理性主义的认识方法。梁漱溟在讲完他如何由佛而儒后接着说：“后来再与西洋哲学印证，觉得最能发挥尽致，使我深感兴趣的是生命哲学，其主要代表为柏格森。”① 他正是把中国儒家哲学注重内省的认识方法，同柏格森哲学中的生命主义和直觉主义结合起来，构成其哲学体系的主要内容。

应该看到，虽然信仰佛学是梁漱溟思想发展初期的事，但佛教理论对他整个思想的影响是很大的。佛教中比较精致的唯识学说，在梁漱溟思想中占有相当重要的地位。唯识学认为，“一切唯心”，“万法唯识”，一切外在的事物皆由“识”所变现。人心分为能认识的“见分”和被认识的“相分”两部分。所谓“相分”即是“识”所变现出来的形相的部分，由此构成整个外在世界。梁漱溟基于“生命”“生活”的唯心主义宇宙观，与唯识宗的世界构成论有着本质的联系。

另外，梁漱溟认为自己的思想还得力于中医，他认为：“西医是科学，所讲的多是固定的现象；中医是玄学，所讲的是一，是整体，而且是发展变化的本体。”② 西医看病是就身体中具体器官来诊治，中医则只靠猜测，“美其名亦可叫直观”。两者截然不同。比如讲到

---

① 梁漱溟：《朝话》，山东邹平乡村书店1937年版，第185页。

② 梁漱溟：《东西文化及其哲学》，商务印书馆1922年版，第45页。

气，西医指的就是呼吸的空气，讲到血，就是指血管里流的血，而这些在中医那里只是一种不可名状的、变动不居的东西。从中医同西医的区别中，梁漱溟引申出西洋哲学与中国哲学的不同之处在于：

第一，问题不同。一个为具体的事物，一个是抽象的意味。

第二，方法不同。一个用静的观点看问题，一个用运动变化的眼光认识主体。

由于问题和方法不同，相应地所使用的工具也不相同。认识具体的静止的事物，运用理智；认识抽象的意味和变化的本体，则必须靠直觉去体会玩味。

总而言之，对于中外哲学思想，梁漱溟虽然也接受了其中一些合理的因素，比如中国哲学注重事物的运动变化和整体性的观点，但他把这些合理的东西绝对化了，把动与静、抽象与具体、整体与部分、理智与感情绝对地对立起来，并由此走向不可知主义和非理性主义。

生命、生活、宇宙

——梁漱溟的形而上哲学

1. “尽宇宙是一生活”的宇宙观

梁漱溟的宇宙观是唯心主义的生命哲学。他说：“我们批评的方法即因此对于生活的见解而来。”① 可见“生活”这个概念在梁漱溟哲学中地位的重要。

生活是什么？梁漱溟说：“生活即是在某范围的，‘事的相续’。这个‘事’是什么？照我们的意思，一问一答即唯识家所谓‘见分’、‘相分’——是为‘一事’，一事一事又一事。……如此涌出不已，是为‘相续’。为什么这样连续的涌出不已呢？因为我们问之不

---

① 梁漱溟：《东西文化及其哲学》，商务印书馆1922年版，第72页。

已——追寻不已。”“照我们的意思，尽宇宙是一生活，只是生活，初无宇宙。由生活相续，故尔宇宙似乎恒在，其实宇宙是多的相续，不似一的宛在，宇宙实成于生活之上，托乎生活而在者也。这样的生活是生活的真象，生活的直解。”① 从梁漱溟的这段话中，我们可以看出他的宇宙观的实质。

宇宙，即客观世界是怎样的？梁漱溟认为，宇宙是由“生活”所组成，而生活是由连续不断产生的“事”构成的。所谓“事”并不是客观存在的事实和由此所引起的东西，它完全是主观的东西，是所谓“一问一答”，生生不已，即是生活。只这样说似乎不好理解。梁漱溟便又用唯识宗的理论来解释。唯识学“八识说”认为，外在世界并不是客观地存在着的，而是由于精神性的“识”起作用而产生的。唯识宗把人心分成两部分，能认识的部分为“见分”，被认识的部分为“相分”，二者皆为“识”所现起。“八识”中的前六识，眼、耳、鼻、舌、身、意各具有“见”“相”二分，它们进行活动时，变现出被认识的对象“相分”，然后再用“见分”去认识。这就是“识”所起到的对外界的了别、认识作用。梁漱溟认为，这种方法便是我们自己的一问一答变现世界。这就形成“事”，进而形成“生活”，形成宇宙。他还用体用关系来说明生命与生活的关系，“于体则曰生命，于用则曰生活，究其实则一”②。生命为体，生活为用，生命的发用流行就是生活。同唯识宗八识说的前六识并不是指人的肉体器官一样，梁漱溟所谓生命，也不是指肉体生命活动，而是指精神性的意志、欲望。所以，梁漱溟又说：“生活是什么呢？生活就是没尽的意欲（will），和那不断的满足与不满足罢了。”③ 总之，不管是以“事”为人的主观上的一问一答，“识”所变现的“相分”，还是以“生活”

① 梁漱溟：《东西文化及其哲学》，商务印书馆1922年版，第70—71页。
② 梁漱溟：《人心与人生》，学林出版社1984年版，第3页。
③ 梁漱溟：《东西文化及其哲学》，商务印书馆1922年版，第34页。

为意欲的发用流行，都是说的同一个意思，即认为外在世界是由人的主观精神所产生的。

梁漱溟还接受了法国哲学家柏格森的生命学说。柏格森认为，一种神秘的力量，生命冲动，是宇宙万物的创造者；一切事物，不管是有生命的，还是无生命的，都是这种力量所产生的。生命冲动有两种不同的倾向，一种是生命的自然运动，即生命冲动的向上喷发，它产生一切生命形式；一种是生命冲动的自然逆转，即向下坠落，它产生物质。这两种倾向互相对立，互相抑制。生命冲动向上的运动总是企图克服下坠的倾向，克服物质对生命的阻碍。生命只有克服物质的阻碍才能得以进化，才可能获得自由，而只有人的生命才可以做到这一点。梁漱溟接受了柏格森生命冲动派生一切的观点，认为世界是由所谓“前此的我”和“现在的我”所构成的。他说：“这个差不多已成定局的宇宙，是由前此的自己而成为这样的；这个东西可以叫‘前此的我’或‘已成的我’，而现在的意欲就是‘现在的我’。所以我们所说小范围生活的解释即是‘现在的我’对于‘前此的我’之一种奋斗努力。”什么是“前此的我”和“现在的我”呢？梁漱溟说：“所谓‘前此的我’或‘已成的我’就是物质世界能为我们所得到的，如白色、声响、坚硬等，皆感觉对他现出来的影子呈露我们之前者。而这时有一种看不见、听不到、摸不着的非物质的东西，就是所谓‘现在的我’，这个‘现在的我’大家或谓之‘心’或‘精神’，就是当下向前的一活动，是与‘已成的我’——物质——相对待的。”① 这就是说，“前此的我”是由我的生命、意志奋斗所产生的被动的物质世界；“现在的我”是正在派生出这个物质世界的主动的生命意志。进化就是生命或意欲的向前奋斗，不断地克服它所造成的物质世界的障碍。同柏格森一样，梁漱溟也贬低物质抬高生命或意欲，用这种神秘的奋进来解释他的宇宙生成和进化学说。

---

① 梁漱溟：《东西文化及其哲学》，商务印书馆 1922 年版，第 72 页。

2. 梁漱溟的多元论思想

梁漱溟把物质世界看作生命奋进的“碍”，认为生命的发展就是不断地克服这种外在的障碍。但他认为这种“碍”有的是可以通过主观努力改变的，而有些则是主观意识无能为力的。他举例说：“为碍的不单是物质世界——已成的我，还有另外一个东西——就是其他的有情（引者按：指其他人的生命或意志）……真正为碍的是在其他的有情的‘他心’，而不在其根身。譬如我要求他人之见爱，或提出一种意见要求旁人同我一致，这时为碍的即是‘他心’。”[①] 梁漱溟认为这时“他心”是否能被我改造还不好说，因为这时的主动权不全在我这里而亦在“他心”上。

另外，梁漱溟认为，“为碍”的不仅有其他的“有情”，还有一种很深隐为人所不留意，但却躲避不开的东西，这就是宇宙间的必然因果法则。这个法则是必须遵循的，有因必有果，如吃砒霜则一定要死人，人老了也是要死的。不能说因为你不愿死就可以不死。梁漱溟叫它为“必至的自然律”。他不仅承认每个人有自己的一个宇宙，还承认宇宙间有不以人的意志为转移的客观规律。这些都表现出了他的思想的多元论倾向。

3. 梁漱溟的“形而上学”

梁漱溟受到西方现代资产阶级哲学思潮的影响，认为传统哲学所关心的形而上学问题，即论证世界本体的有无、唯心唯物问题已没有实际的意义，传统的形而上学方法已行不通。在《东西文化及其哲学》一书第四章中，他花了不少篇幅，对中西印各种哲学流派作了一个大概的比较，我们由此可以看出他对哲学基本问题的观点和态度。

梁漱溟认为，西方在古希腊哲学发端时，各种思想都非常发达，哲学家向各种方向用力的都有，但后来对于自然的研究渐渐发展，最

---

① 梁漱溟：《东西文化及其哲学》，商务印书馆1922年版，第74页。

后只剩下向外面用力的一条路，成就一种追求宇宙本体的趋势。一直到大陆理性派笛卡尔、斯宾诺莎等皆为这一个传统。以后经验哲学兴起，一直到贝克莱、休谟，产生对人的认识能力的怀疑。等发展到康德哲学，“知识论遂获大成，独断论于是绝迹”。康德揭示了各种认识形式的区别和局限，认为对现象以外的世界不仅感觉不到而且判断也不适用。梁漱溟认为，康德虽然承认了“物自体”的存在，但这种承认，明明是一种隐晦的否认。以后从孔德一直到詹姆士、杜威的实证主义思潮，皆反对作形而上学的研究，宣称自己凌驾于唯心主义和唯物主义的对立之上。

是不是形而上学从此便不可研究了呢？梁漱溟认为不是如此。至少有两家哲学为形而上学开辟出了新方法，使这个问题变得柳暗花明。

第一个哲学家是法国的生命哲学家柏格森，他把被康德分隔的宇宙本体和认识主体再搭一个桥接通。柏格森用直觉主义解决了人的认识能力的局限性的问题。他认为，宇宙的本体不是静止的一件一件的东西，而是“生命”“绵延”。人的理智只适于认识由生命派生出来的现象世界，如要认识生命本体则非感觉理智所能胜任，只有直觉才能担当这个任务。梁漱溟认为柏格森开辟了认识形而上学的新方法。

另一个为研究形而上学开辟道路的是佛教唯识宗。梁漱溟认为，唯识宗同柏格森的直觉主义不同，它是从经验出发的，佛学叫“现量”，完全固守着经验的路。唯识宗研究形而上学的方法分为两步。第一步，从人的感觉出发。梁漱溟认为平常人们所说的感觉经验实际上大多是指知觉。唯识宗排斥混入感觉经验的其它成分，就可以发现，纯粹无私的感觉（现量）其实甚微甚暂。怎样才能做到这一步呢？这就需要分割开物质与运动。比如看飞鸟只见鸟而不见飞，看幡只见幡而不见动。第二步，还是抓住现量，进一步排斥杂念，做到无私静观，这时就会发现一切空无所见，山河大地皆不现起。这就达到了唯识宗的“根本智证真如”。为什么能做到这一步呢？这是因为一切影像皆六识所现。梁漱溟说：“影像之后尚有本质，则常人所指为客观的物质世界也。但其实不然。七识执什么以为我呢？七转识——七识并前六识——所变影像何自来呢？与此之本质皆在阿赖耶识……唯一的物件只此阿赖耶识，东看西看，上看下看，内看外看，所碰到的都是他。”①

这就是唯识宗的形而上学方法及其理论根据。梁漱溟认为这是为不可经验的形而上学开辟出一条经验的路来。

梁漱溟认为唯识宗与柏格森的哲学有许多密合之处，因为它们都是研究同一个东西——生命。虽然它们的方法不同，一个用经验，一个用直觉，但最终殊途同归。这个结果与中国儒家哲学也有共同之处，生命、阿赖耶识、良知良能和心都是同一性质的东西，它就是真正的实在。

梁漱溟受当代西方资产阶级哲学的影响，反对马克思主义以唯物主义和唯心主义作为划分哲学派别的标准，声称自己超出了传统的哲学范畴。但他并不否认世界有一个本质和基础，只是认为以往的哲学家寻找世界本源的方法错了。世界的真正本源不是物质，也不是精神，而是超乎二者之上的生命。他无限夸大了生命现象的意义和作用，认为它是一种最直接最真实的存在，是一切事物的本质、存在的基础和发展的动力。这样看来，梁漱溟的哲学应该是一种多元论，他承认每个人都有自己的一个世界，彼此之间皆不相同。但由于“生命”的概念在他那里是指人的意志和主观欲望，所以归根结底他的哲学还是唯心主义的一元论。

另外，“生命”在梁漱溟那里并不是一件存在的东西而只是纯运动，同柏格森一样是指“绵延”。他不是把运动当作物质存在的形式，而是使它等同于存在，世界上除了生命这个纯运动以外，其它一切都是不真实的。“前此的我”只是那个瞬息万变的“现在的我”的衍生物，是虚假的存在。梁漱溟借口强调事物的运动变化，把运动同物质

---

① 梁漱溟：《东西文化及其哲学》，商务印书馆1922年版，第124页。

割裂开来，用这种相对主义的方法否认了物质的实在性，得出了唯心主义的结论。

尽管梁漱溟也不否认客观世界的存在，但他基本上是采用了一种放任的、实用主义的态度。在他的宇宙观中分别论证的是世界的精神性质和物质性质，然后从根本上否定这两种观点有任何意义。在他那里，真正的本体是那个具有精神性质的生命、意志（梁曾说他的意欲就等于叔本华的意志）。梁漱溟吸收了唯意志论、唯识学和柏格森的“绵延”的思想，形成了他的具有非理性主义倾向的主观唯心主义的本体论哲学。

直觉与理智

——两条不同的认识路线

如前所述，梁漱溟认识论的理论来源主要有两个：

第一，他继承了中国传统哲学中的反省内求的认识路线和神秘的认识方法。如孟子的性善论和“尽心、知性、知天”的认识论思想，以及王阳明的“良知论”和王艮的“不假安排”的认识方法。

第二，梁漱溟接受了柏格森哲学中的直觉主义。柏格森认为，生命和物质是相对立的、完全不同的两个世界，所以，人的认识也分属于两个不同的系统，一个属于科学，一个属于心意。人类理性的知识具有纯粹相对的、外在的意义，它们与事物内在的东西格格不入。要用理智去认识生命，用概念、知觉去表达和描述实在，都只能在实在的外围打转。这如同我们不管从一切可能的角度去拍摄一个城市的照片，获得的都将只是这个城市的表面现象，无法得到它的真相一样。因为用理智所得出的概念，“永远不过是对象的一种人工构造，它们只能用符号表示对象的某些一般的、在某种程度上可以说是非个性的方面。以为我们可以藉它们把握一种实在，那是枉然的；它们所提供给我们的不过是这种实在的阴影而已”①。这是因为“心灵和语言之间没有任何共同的尺度”②。所以，对真正的实在的认识只能靠直觉。梁漱溟接受了这种思想，也认为人的理智只能对外在的静态世界作描述，而无从反映实在——人的内里生命。这种变动不居的生活之体只能靠直觉去把握。同这后一种认识相比，理智的静以观物只具有方便假设的意义。基于以上的观点，形成了他的具有双重结构的认识论。

梁漱溟说：“浑括以言人类生命，则曰人心；剖之为二，则曰知与行；析之为三，则曰知情意，其间感情波动以至冲动属情，意志所向坚持不挠属意，是则又就行分别言之也。”③ 王阳明“知行合一”说认为：“见好色属知，好好色属行；闻恶臭属知，恶恶臭属行。”“我今说个知行合一，正是要人晓得一念发动处即是行了。”（《传习录》）这是把人的主观感情活动也当作行。梁漱溟所讲的行同样是指人心的感情、意志，并把它同人心知的方面，即理智对立起来。这样，他就把人心分为“知”——也就是“理智”和“情”——也就是“理性”（梁漱溟的“理性”与哲学上一般讲的“理性”不同，具有非理性的意义）两部分，由此出发构成了他的双重知识结构。

1. 人心之理智的部分

梁漱溟认为，理智的对象是外在的世界。理智所得到的知识叫作物理。但这种认识并不是对真理的认识，而是一种对现象世界的描述，含有很大的主观成分。我们从梁漱溟对各种认识形式和认识方法的分析中，便可以看出他的关于“理智”的观点。

①现量、比量、非量

梁漱溟借用佛学的术语来说明人的认识活动。他认为人心有三种作用，一切知识皆是此三种作用之结果。这实际是说人的三种不同的

---

① 柏格森：《形而上学导言》，刘放桐译，商务印书馆 1963 年版，第 8—9 页。
② 柏格森：《时间与自由意志》，吴仕栋译，商务印书馆 1989 年版，第 112 页。
③ 梁漱溟：《人心与人生》，学林出版社 1984 年版，第 83 页。

认识形式。用佛学唯识宗的语言说，这三种作用就叫“现量”“比量”和“非量”，即是通常所说的感觉、思维和直觉。

先看“现量”。梁漱溟认为，“现量”就是感觉。“譬如我们喝茶时品到的茶味，或我看桌上白布所得到的白色”等等，都是“现量”。他认为感觉是人的三种认识形式中最可靠的，是成就知识的最主要的形式。感觉所得到的认识，照唯识家的话说是为“性境”。所谓“性境”，佛学指的是事物的本质。达到“性境”要符合两个条件：“第一条件是有‘影’（亲相分）有‘质’（本质）；第二条件是影要如其质。”① 他用“相分”来解释“影”，说明“影”是一种派生的现象。“有影有质”和“影如其质”都是说现象要反映事物的本质。但这并不是唯物主义反映论所讲的现象与本质的关系。所谓“性境”，梁漱溟认为就是白布的白、茶味的香等等由外界事物的刺激作用所产生的感觉。“有影有质”就是“故白实出主观所造，非布固有。然必有布，始生白觉”。“影必如其质”就是“布的白否固不可知，而实有使我们生白的影像之能力；所以我产生的影像，要如布所刺激而变生，才没有错。假如对于能生黑的影像之本质的刺激而变生白的影像，就是谬误，即为影不如其质”②。至于是否有布存在，存在着的布是否为白色，我们无从得知。这一点他讲得很清楚：“‘白’是我的影像，我所以觉得‘白’是由视神经对于外界刺激而反映者。至于白布的自己，唯识家谓之‘本质’，其是白非白，我们无从而知；因为无论什么人都不能不用眼睛看，用眼睛看时，所得即为我眼识所变现，而非布之本质。盖吾人觉官为对外探问之工具，每一感觉即一探问，而所感觉则其所为答或报告也。”梁漱溟在这里提出这样一个观点：每一种感觉都是由外界刺激我们的感官才发生的，即是他所谓“用眼看时，即为眼识所变现，用耳听时，即为耳识所变现”，所以我

① 梁漱溟：《东西文化及其哲学》，商务印书馆1922年版，第102页。
② 梁漱溟：《东西文化及其哲学》，商务印书馆1922年版，第102页。

们得到的并非事物的本质。这实际上就是哲学史上怀疑论和不可知论者从生理学角度对唯物主义反映论所作的一种责难。这种“生理学的唯心主义者”认为，客观世界也可能是存在着的，但它只能是康德所谓的“自在之物”。反映外在事物的感性认识，无论如何总是要经过人的感觉器官，是经过人的主观加工过了的东西，你怎么能证明你所得到的感觉就是真的呢？对于这种不可知论的观点，单单从理论上是很难将其驳倒的，只有辩证唯物主义的实践论才能完成这个任务。恩格斯在《路德维希·费尔巴哈和德国古典哲学的终结》中说：“对于这些以及其它一切哲学上的怪论的最令人信服的驳斥是实践，即实验和工业。既然我们能够自己制造出某一自然过程，使它按照它的条件产生出来，并使它为我们的目的服务，从而证明我们对这一过程的理解是正确的，那么康德的不可捉摸的‘自在之物’就完结了。”①

其次“比量”，也就是理智。这种知识是我们用心理方面的“简”“综”（也就是分析与综合）两种方法去构成的。梁漱溟说：“譬如我对于茶之知识是怎样得来构成的呢？就是看见、喝过多少次的茶，从所有非茶的东西……分别开来，而从种种的茶——红茶、绿茶、清茶、浓茶……抽出其共同的意义，这就是对于茶的概念最清晰、明白、确定的时候。……此中认识作用所认识的是什么呢？就是意义——概念——即唯识家所谓‘共相’。”② 他还认为：“我们构成知识第一凭藉现量，但如单凭现量——感觉——所得的仍不过凌乱杂多的影像，毫没有一点头绪，所以还必须有比量智将种种感觉综合其所同，简别其所异，然后才能构成正确明了的概念。”③ 到此为止，梁漱溟对于理性思维的认识是正确的。第一，他认为知识是由感性认识和理性认识构成的，感性认识是基础，但得到的只是对初步的、零

① 《马克思恩格斯选集》第4卷，人民出版社1972年版，第221页。

② 梁漱溟：《东西文化及其哲学》，商务印书馆1922年版，第103—104页。

③ 梁漱溟：《东西文化及其哲学》，商务印书馆1922年版，第104页。

散的现象的认识，还没达到更高级的抽象。第二，理性认识是从“自相”中得出的“共相”，也就是从个别事物中抽象出的一般的、反映事物本质的概念。但梁漱溟认为，“比量智”所达到的境界为“独影境”。所谓“独影境”，就是“有影无质”，只是一种影像，并不反映本质。他说：“当我心中作‘茶’之一念时，其所缘念亦为一影像，然此影像无质为伴而与‘见分’同种生；照直说，就是非藉于客观事物才发生的，而是我们心所自生私有的。”[①] 他认为，所谓“茶”的概念，并不反映作为“茶”这个事物的本质，它只是一种意义，一种影像，实际上“茶”是根本不存在的。梁漱溟不了解这个道理，即由人的理性思维能力抽象出来的某一类事物的概念，可以更深刻地反映这一事物的本质。他只看到了作为具体事物的抽象概念是不存在的这个事实，所以力图区别二者的不同，把反映事物本质的概念说成是认识主体自生私有的，只是一种虚幻的影像，结果从根本上否认了人的理性思维能力在认识活动中所起的作用。

再来看梁漱溟所讲的“非量”。所谓“非量”，就是直觉。他认为，在感觉和理智中间还应该有一个阶段，就是直觉认识的阶段。他解释说：“在现量与比量之间，另外有一种作用，就是附于感觉之‘受’、‘想’二心所。‘受’、‘想’二心所是能得到一种不甚清楚而且说不出来的意味的，……‘受’、‘想’二心所对于意味的认识就是直觉。”[②] “受”是指人心随感官生起的苦、乐、忧、喜等情感；“想”是指人心的意象作用，也就是一种想像的能力。梁漱溟认为，所谓“意味”，也可以叫“妙味”，是“客观之所无主观之所增，……譬如我们听见声音觉得甚妙，看见绘画觉得甚美，吃糖觉得好吃，其实声音自身无所谓妙，绘画自身无所谓美，糖的自身无所谓好吃；所有

① 梁漱溟：《东西文化及其哲学》，商务印书馆 1922 年版，第 104 页。
② 梁漱溟：《东西文化及其哲学》，商务印书馆 1922 年版，第 105 页。

妙、美、好吃等等意味都是由人的直觉所妄添的”①。所以说，“直觉”只是一种主观自生的认识，是所谓“带质境”，也就是“有影有质而影不如其质”。比如听音乐觉得很妙，其中声音为质，妙味为影，二者缺一不能成其为直觉认识，所以叫“有影有质”。但妙味是人心自己体会出来的，不是声音自身所带有的，所以又叫“影不如其质”。

对于客观世界的认识，“直觉”是完全无能为力的。这种认识的主要对象不是客观世界而是真正的本体——“生活”与“生命”。相对客观世界而言，直觉只是一种不可靠的认识能力，所以才叫“非量”。到了这里，我们才明白为什么梁漱溟对柏格森的直觉主义有时也表示不满。他曾说过：“然而我们对他（引者按：指柏格森）实难承认，因他的方法可疑。直觉是主观的、情感的，绝不是无私的、离却主观的，如何能得真呢？所以直觉实为非量如前所说。我们必要静观无私的才敢信任。”②

从以上梁漱溟对三种认识能力的分析，我们可以看出他对科学思维的看法。梁漱溟认为，人类对客观世界的认识是无能为力的。所谓客观世界，也许它存在于人们的主观意识之外，但人们不能认识它。人们所认识的，只是认识主体所产生的虚假幻觉。对于那个真正的实在来说，这种认识只是为了方便实用而假设的。

②“静观”的认识方法

梁漱溟认为，两种不同的认识有不同的认识方法。适用于人心之理智这一部分，也就是对外在世界的认识方法，是所谓“静观”的方法。

所谓“静观”，在梁漱溟那里，有两个意义。其一是客观的意思，也就是力求在认识活动中排除主体中的各种干扰，求得其真。梁漱溟认为，在人类刚刚从动物界脱离开来之时，为严酷的生活现实所迫，

---

① 梁漱溟：《东西文化及其哲学》，商务印书馆1922年版，第106页。

② 梁漱溟：《东西文化及其哲学》，商务印书馆1922年版，第115页。

一切认识皆产生于刺激反映之间，离不开人的身体本能和主观感觉。而这是产生不出真知识来的。“劳攘于现实问题之中，是产生不出什么深刻见解思想底；还要超出其外，静心观之才行。”① “认识物理靠后天的经验，有待冷静观察。”② “静观”的这个意思，类似于先秦道家提倡的“涤除玄览”“虚一而静”的认识方法。但“静观”的这个意思多见于梁漱溟中期以后的著作中，如《中国文化要义》和《人心与人生》等书中。

“静观”的另一个意思是在运动和静止这个意义上而言。柏格森认为，作为宇宙本体的“生命”或“绵延”是绝对在运动变化着的，它没有静止。实在就是运动，运动就是实在。他把空间与时间截然分剖开来。在他看来，空间是绝对的间断性，没有连续；时间则是纯粹的不间断性。前一个是物质的特性，后一个是实在的特性；前一个是虚假的，后一个才是真实的。梁漱溟接受了生命哲学的这个观点，认为：“从吾人感觉知觉开始，即若有‘物质’的观念之形成，用以概括所接触到的一切。即遇有不大适用者，亦方便假借于一时。此与广大空间之展现有关。物体既占有空间位置，物体移动亦借空间而得辨。物质观念之形成与空间观念之形成要不可分。宇宙万象方在流转变化不定，殊难加以掌握。然不求逼真而略举其大略。节取一时所现者固定化之，以便掌握为规划设计之所资，实属必要。”③ 梁漱溟认为，科学的认识就是要把运动中的事物截取其片段，作静态的认识，这样认识才能完成，如同在活动的电影中截取其中的一张胶片。但这种认识是不适用于那个变动不居的本体的。静态的认识无法获得运动的实体的真相。这种认识是表面的、虚幻的。真正的本体是那个永远流转变化的生命，只有直觉才能把握它，理智对其任何认识，都至多

① 梁漱溟：《中国文化要义·自序》，成都路明书店1949年版，第3页。

② 梁漱溟：《人心与人生》，学林出版社1984年版，第45页。

③ 梁漱溟：《人心与人生》，学林出版社1984年版，第112页。

是近似的。

柏格森、梁漱溟等非理性主义者对认识运动的事物的看法有其合理之处。他们确实看到了人的认识都是对整体事物的零碎认识，对运动变化的事物的静止认识，而这就难免有僵化孤立之嫌。列宁说："思维对运动的描述，总是粗糙化、僵化。不仅思维是这样，而且感觉也是这样；不仅对运动是这样，而且对任何概念也都是这样。"尽管如此，也不能因此就否定人类的认识活动。列宁还说："如果不把不间断的东西割断，不使活生生的东西简单化、粗糙化，不加以割碎，不使之僵化；那么我们就不能想象、表达、测量、描述运动。"[①]如果没有分析，没有对整体的分解，从整体中分出个别的环节和某个方面，没有从运动的事物中摘取某个片段，人的思维、认识是不可能进行的。梁漱溟看不到思维本身如何在实践的基础上，归根结底是在自己的运动中了解整体；看不到人类的认识如何在自己的辩证运动中反映出客观实在运动的辩证法，而是对思维采取轻视的态度，认为理性思维的逻辑只适于描述物理学中的静物，而对认识活生生的人的活动完全无能为力。梁漱溟不懂实践在认识中的作用，不了解概念的辩证法，所以对这种"静观"的认识得出了错误的结论。

梁漱溟以他的不可知论为基础，对认识的各种形式和认识的方法进行了批判，从而对人类的思维能力得出了否定的结论。那么什么是真正的认识呢？他认为是直觉，只有直觉对生命本体的认识才是可能的，才是真正的认识。

2. 人心之情的部分

与人心之"知"的部分相对立的是所谓"情"的部分，"情"是指与理智相对立的主观感情，以及从属于它的直觉的认识方法和以人的本能面目出现的道德伦理观念等等，它有以下几个内容和意义。

---

① 列宁：《哲学笔记》，人民出版社 1974 年版，第 285 页。

①理性与情理

罗素把人心分为三部分：本能、理智和灵性（spirit 精神）。梁漱溟受到启发，在理智以外设立了一个“理性”来与理智相对。他说：“既然本能、理智的两分法失于简单，不足以说明问题，于是我乃于理智之外增用理性一词代表那从动物本能解放出来的人心之情义方面。”[①] 理智为人心之能知的一面，理性为人心之感情的一面。但梁漱溟并不是将理智与理性同等看待，平分秋色。他认为：“理智者人心之妙用；理性者人心之美德。后者为体，前者为用。虽体用不二，而为了认识人心有必要分别指出之。”[②] 理性为人心之本体，理智则为本体之发用，这样理智与感情孰轻孰重就一清二楚了。

前面说过，梁漱溟认为理智是向外用力的，对象是外在的世界，所认识的对象是“物理”。与理智相反，理性是向内用力的，认识的对象是生命、人心，其所得叫作“情理”。这是两种从认识对象到认识方法皆迥然不同的认识。

一般说来，作为理性所得之“情理”，与“物理”相比，有以下几个特点：

一，主观性和先验性的统一。梁漱溟说：“我们从一种观察客观情理的方法产生出知识见解以为我们生活中的工具，许多常识和学术都是如此。但见师当敬、出言必信之理则非客观的情理，而为主观的情理。此理出于良知直觉，与知识见解由后天得来者根本不同。”[③]

他认为人的认识有两个来源，一个是人们后天观察得来，是对客观世界的认识；另一个则是先天存在的良知良能，此良知良能非由外入，乃发自人心，为纯粹主观的认识。

二，从它的内容上看，与科学定律等“物理”不同，“情理”的

---

① 梁漱溟：《人心与人生》，学林出版社 1984 年版，第 83 页。

② 梁漱溟：《人心与人生》，学林出版社 1984 年版，第 85 页。

③ 梁漱溟：《漱溟卅前文录》，商务印书馆 1923 年版，第 242—243 页。

实质是一种道德伦理信条，即所谓“见师当敬、出言必信”之理。梁漱溟举例说：“譬如学校考试，学生将考题答错，是一种错误——智能上的错误；若在考试上舞弊行欺，则又另是一种错误——行为上的错误。”[①] 他认为前一种错误是由“理智”对物理的认识产生，后一种是由理性对“情理”的认识所来；前一种错误属智能问题，后一种则属品行问题，是由两种不同的认识而来的不同性质的错误。情理的先验性和主观性的统一即体现在这种道德伦理信条之内。把对客观世界的认识排除在人类的认识之外，仅仅把认识归结为道德品行的修养，是中国哲学史上许多哲学家认识论思想的缺陷，梁漱溟便继承了这一点并用来为自己的非理性主义认识论作论证。

三，两种“理”的认识方法不同。梁漱溟说：“总起来说，两种不同的理，分出两种不同的认识，即不欺好恶而判断自然明切者是谓之理性；必须废除感情之后其认识乃锐入者是谓理智。”[②] 所谓“不欺好恶而自然明切”即是一种非理性的认识方法，梁漱溟认为这就是直觉的认识。

②良知与直觉

人心之本体为理性，理性的认识对象为情理，认识的方法为直觉。前面曾经说过，梁漱溟认为，直觉在对外在世界的认识中所起的作用是可疑的，因为它不同于静观的认识方法；但是在对本体即对生命的认识中，只有直觉才能担当此任。

直觉也有两方面的意义。它在某种程度上等于理性，有本体的意义；另一个意义为认识的工具。这两个方面是相连的体用关系。梁漱溟把直觉比作良知，他说：“‘天命之谓性，率性之谓道’，只要你率性就好了，所以就又说这是夫妇之愚可以与知与能的。这个知与能也就是孟子所说的不虑而知的‘良知’，不学而能的‘良能’，在今日我们

① 梁漱溟：《中国文化要义》，成都路明书店1949年版，第141页。

② 梁漱溟：《中国文化要义》，成都路明书店1949年版，第141页。

谓之直觉。”这是因为良知在王阳明那里也同样有这样的两重意义。他还认为，直觉就是孔子的“仁”，是一种排斥了理智的人心情感。“仁”是一种心理状态，它包括两种情况：第一是“寂——像是顶平静而默默生息的样子”；第二是“感——最敏锐而易感且很强”。[①]“寂”为体，敏锐易感为其用。换一种说法就是，直觉为体，而直觉的敏锐明利为其用。这种体用关系就是直觉作为本体和认识工具的双重意义。

直觉是以先天具有的伦理道德规范为内容的，而这种先验的道德规范又表现为个人的本能好恶之情。“是非止是个好恶，止好恶就尽了是非。”这种好或者恶并不是用理智的眼光去区别认定好抑或恶，它只是人的本能，如同身体感觉到痛痒一样。梁漱溟认为，只要顺着人的本能去顺延，就自然可以达到认识的目的。他说，“大家要晓得，天理不是认定的一个客观道理，如臣当忠、子当孝之类；是我自己生命自然变化流行之理”，所以人只要“完全听凭直觉活动自如，他自能不失规矩，就谓之‘合天理’”。[②]

由于直觉的认识是一种先天的本能活动，所以这种认识在形式上便表现为一种神秘的顿悟和飞跃。生命哲学家柏格森这样解释直觉认识：“所谓直觉，就是一种理智的交融，这种交融使人们置身于对象之内，以便与其中独特的，从而是无法表达的东西相符合。”[③] 梁漱溟也说：“直觉所得到的意思是一种本能的得到，初度一次就得到如此的意思，圆满具足无少无缺。”[④] 唯物辩证法并不一般地否认直觉，只是没有使直觉超出以经验为基础的理性思维的范畴，把它看成是理性思维的一种特殊形式。它是一种在经验积累的基础上，借助理性思维而产生的对客体认识中的飞跃和连续性的中断。而柏格森的“交

① 梁漱溟：《东西文化及其哲学》，商务印书馆1922年版，第189页。
② 梁漱溟：《东西文化及其哲学》，商务印书馆1922年版，第187页。
③ 柏格森：《形而上学导言》，刘放桐译，商务印书馆1963年版，第3—4页。
④ 梁漱溟：《漱溟卅前文录》，商务印书馆1923年版，第171页。

融”和梁漱溟的“得到”乃是超越实践、超越感性，乃至超越理性思维的一种内心体验，是一种非理性主义的神秘的认识。

梁漱溟直觉主义认识论的另一个特点是以主观感情的满足作为认识的标准，在他看来，这个世界上没有什么客观的标准，无所谓正确与错误，只要能满足我的主观感情就是好的。这就是所谓“不认定”的态度和“求心安”的标准。他说：“认定一条道理顺着往下去推就成了极端，就不合乎中。……在我的直觉上对亲族是情厚些，就厚些；对于旁人略差些，就略差些；对于生物又差些，就又差些；对于木石更差了，就更差些。你若判定情厚、多爱为定理而以理智往下推算，把它当成客观道理而秉持之，反倒成了形式，没有真情，谬戾可笑，何如完全听凭直觉。”这种道理发展到极端，便是儒家的做法，即他所谓“一般人是要讲道理的，孔子是不讲理的；一般人是求其通的，孔子则简直不通!”① 这就是说，至于得出什么结果，那是无所谓的，只要我的“心安”，就是好的。这是梁漱溟非理性主义思想的极端表现。在梁漱溟的非理性主义哲学中，只求主观情感上的满足，是一个非常显著的特点。

梁漱溟的直觉主义认识论在认识形式上是一种神秘的内心体验和顿悟；在内容上是一种表现为人的本能的先天道德判断。它否认任何客观事实标准，只强调主观情感上的满足。总而言之，这是一种排斥人的理性思维能力的不可知论和神秘主义独断论的混合体。直觉主义的认识论是梁漱溟非理性主义思想的突出表现。

向外与向内

——新中体西用的文化观

古今中西之争是近代以来思想家们所必涉及的一个问题，因为它

① 梁漱溟：《东西文化及其哲学》，商务印书馆1922年版，第181—182页。

关系着中国的前途和命运，是中国向何处去这样一个重大问题在理论战线上的体现。有关这个问题的争论，制约和推动了中国近现代哲学的发展，成为近现代哲学发展的重要线索之一。

自从严复以其“体用合一”说批判了洋务派的“中学为体，西学为用”的思想以来，许多思想家都力辨中西之异。尤其新文化运动时期的一些先进的思想家，痛感国运蔽微，对这个问题更加关注。中西文明之异的争论，从早年的声光电化、船坚炮利到科学技术，从政治思想的不同到伦理道德观念之异，一直到后来许多人力图从哲学的高度上总结这个问题，但一般只是用“动”“静”，“实利”“虚文”之类抽象名词和枝节问题来区分中西之异，不免使人有隔靴搔痒之感。瞿秋白用经济史观的方法正确地解释了这个问题，认为东西文化的差异只不过是时间上的前后发展快慢问题，并无性质上的差别。但他的解释忽略了中西文化确有很大的不同之处，各有其民族特点的一面。这时梁漱溟发表了《东西文化及其哲学》，以全新的角度解释了中西文化之异的原因。他从主观唯心主义和非理性主义的观点出发，在其可能达到的哲学高度上，阐明了中西文化分歧之由来，并把以往的多种观点包容在他的这个学说中。《东西文化及其哲学》一书在当时引起的反响，其他论著是不能比拟的，无怪当时有人评论说：“倾见梁漱溟东西文化一书，此亦迩来震古铄今之著作。”①

1. 梁漱溟文化观的基本观点

“五四”以后，随着马克思主义在中国的传播，加上第一次世界大战给人们带来的阴影，中西文化之争出现两个新问题：一是所谓西方文化的蕴涵是否要重新理解？如何理解？二是研讨中西文化的方法是否要重新选择？梁漱溟的《东西文化及其哲学》应运而生，它以独特的思想和方法反映出当时社会上对这两个问题的一种重要的思想倾

---

① 蒋方震致梁启超信中语，见丁文江、赵丰田编《梁任公先生年谱长编初稿》下册，台湾世界书局 1958 年版，第 604 页。

向和情绪。

梁漱溟的文化观基本上是其哲学宇宙观的一种延伸。他说："我们批评的方法，即因此对于生活的见解而来。"他又说："文化并非别的，乃是人类生活的样法。""通是个民族，通是个生活，何以它那表现出来的生活的样法成了两异的彩色？不过是它那为生的样法最初本因的意欲分出两异的方向，所以发挥出来的便两样罢了。然则你去求一家文化的根本或本源，你只要去看那文化根源的意欲。"[①] 梁漱溟认为生活就是意欲的发用流行，所以根据意欲发挥的不同方向，他把世界上的民族、国家分成三种形式：

第一种：西方文化，是以意欲向前要求为其根本精神的。

第二种：中国文化，是以意欲自为调合持中为其根本精神的。

第三种：印度文化，是以意欲反身向后要求为其根本精神的。

这便是世界文化的三种形式，三条道路，西方人走的是第一条路，中国人走的是第二条路，印度人走的是第三条路。至于印度的反身向后要求的路，梁漱溟认为是将来的事，在当时则必须坚决排斥，毫不能留。他后来谈中西之异说，中西学术根本方向不同，"一则向外，一则向内"，这是两条相反的路，各有不同的生活样法。第一条路，即向外的路，梁漱溟认为它是人类本来的路向。"就是奋力取得所要求的东西，设法满足他的要求；换一句话说，就是奋斗的态度，遇到问题都是对前面去下手，这种下手的结果就是改造局面，使其可以满足我们的要求。"第二条路是"遇到问题不去要求解决，改造局面，就是在这种境地上求得我自己的满足，……他并不想奋斗的改造局面，而是回想的随遇而安。他所持应付问题的方法只是自己的意欲调和罢了"。[②] 所以梁漱溟认为，中国同西方所走的路是根本方向的不同，而不是说在一条路上谁走得快些、谁走得慢些的问题，中国如

---

① 梁漱溟：《东西文化及其哲学》，商务印书馆1922年版，第34页。

② 梁漱溟：《东西文化及其哲学》，商务印书馆1922年版，第78—79页。

果按照自己本来的样子走下去，就是一千年也不会出现西方资本主义的状况。

区分了中西文化之由来不同以后，他便来评判双方之优劣了。他认为西方文化的精神在于：(1) 征服自然的精神；(2) 科学的方法；(3) 民主精神。而中国人的精神只是一个“自得”，即主观精神上的自我满足，以孔子为代表的儒家精神为恰到好处。

梁漱溟认为，一种文化就是一个民族各方面的生活，统而言之，其中主要不外三个方面，即物质生活、社会生活和精神生活。所谓比较文化，便只能从这三个方面去比。在他看来，虽然中国人在物质生活方面不如西方人，“中国人的车不如西方人的车，中国人的船不如西方人的船”，但中国人在物质上所享受的幸福，实在倒比西洋人多，这是因为中国人的享受不在所享受的东西上，而在能享受这件事上；也就是说，不在你想要享受什么东西，而在你对你所享受的东西如何认为。西方人虽然物质发达，但精神苦闷，用梁漱溟的话来说，就是“穿锦绣的未必便愉快，穿破衣的或许很乐”。

在社会生活方面，虽然中国人饱受封建伦理教条的压迫，但与西方人的理智态度，处处都要打量计算的功利主义相比，中国社会家庭之间的“相与之情厚”的重情倾向，反倒是处处能得到一种情趣，不至落到处处的敌对、冷漠、计算的地步。

在精神生活方面，他认为中国人反倒不如西洋人。这不是因为别的，而是因为孔子的思想未能流行于世，如果不是这个原因，中国的思想文化亦可以与西方相匹敌。

总结以上三个方面，梁漱溟认为，虽然在物质生活上，即以对外索取的眼光看来，中国人不能算幸福；但在主观精神和伦理感情上，却是幸福和美堪称上乘。基于这种看法，他认为中国今后应走的路是：

第一，要排斥印度的态度，丝毫不能容留。

第二，对于西方的文化是全盘承受，而根本改过，就是对其态度要改一改。

第三，批评的把中国原来态度重新拿出来。[①]

梁漱溟这里所说的“态度”，就是意欲之所向，虽然这种态度是经“批评”之后重新拾起，但意欲的方向并没有改变。所以我们可以看出，梁漱溟的文化观仍是属于当时所谓“东方文化派”的。

2. 梁漱溟文化观的调合倾向

虽然在基本的倾向上梁漱溟对西方文化的那种科学精神、民主气象和征服欲望是持排斥态度的，但他实际上对中西两种文化有浓厚的调合倾向，这表现在以下两个方面。

①梁漱溟从根本态度上区分了两种文化的不同，认为它们永远不能达到一致，甚至也不能融合。但他同时又认为西洋、中国和印度的三种路向是世界历史发展的三个不同的阶段。西方文化的路是第一阶段，西方人所走的路是人类社会早期所必经之路。那时人类社会技术落后，生产不发达，只有先走这第一条路，并把它充分发展之后，达到社会发达物质充沛，才能为人类走第二条路打下基础。所以西方的路是社会发展必不可少的一个环节。

②他提出中国今后所走的路应是“以中国的态度走西方的路”，这明显是一个折衷的方案。他认为，就世界范围看，西方人所走的路还未走完，应该继续走下去；就中国现状看，之所以闹到这种破碎飘零的局面，就是因为没有经历这第一条路的阶段。所以时下对于西方的东西虽然必须“根本改过”，但也要“全盘接受”。

须知梁漱溟对西方文化的接受是不包括“态度”的。这实际上是一种调合矛盾的做法，并没有解决它。那种类似“精神胜利法”的“意欲自为调合”的态度，无论如何也是同科学民主的精神合不到一

① 梁漱溟：《东西文化及其哲学》，商务印书馆 1922 年版，第 298 页。

起的。所以说，梁漱溟的文化观仍然是一种新的“中体西用”论。

3. 梁漱溟文化观批判

梁漱溟注意到了中国传统文化的独特之处，提出了一些有价值的观点，在总结中国文化的特色上做出了一定的贡献，但梁漱溟的文化观的基本倾向是倒退的，理论是错误的。下面我们就他的文化观的基本倾向和理论观点作一些评析。

①倒退的社会历史观

梁漱溟的三路向说认为，第一路向的本质是人心向外探求和索取，其结果是人心发达了一种分别计较利害得失之心。这是因为人类发达了理智意识之后，对人类的社会本能起到了一种抑制的作用。所以形成这种处处与他人为敌的心理。

梁漱溟接受了克鲁泡特金的“互助论”观点，认为人与动物共同存在着一种社会互助的本能。这种本能表现为个体自愿为群体做出牺牲和群体内的互助行为等等。从“互助论”出发，便得出这样一个结论：人的社会道德并不是后天得来的，而是先天存在的，就如同我们的嗅觉和触觉一样。到人类的意识发达起来后，这种本能反倒被压抑了。

相比之下，儒家文化的“性善论”同这种观点有颇多相似之处。它们都认为人类的道德伦理规范不是后天形成的，而是一种人的本能。梁漱溟认为，东方文化正是由这种本能直接发出，没有受到后天意识的污染和压抑，形成了这种从人的感情出发的、崇尚自然的一种社会。“天命之谓性，率性之谓道”，“对这个问题就是告诉你最好不要操心。你根本错误就在找个道理打量计算着去走。若是打量计算着去走……无论怎样都不对；你不打量计算着走，就通通对了。人自然会走对的路，原不须你操心打量的。”[1] 这样的做法就是第二条路的

① 梁漱溟：《东西文化及其哲学》，商务印书馆 1922 年版，第 183—184 页。

做法，也就是我们未来社会所需要的人生态度。所以说，人类理智的发达是社会发展不充分的表现，依仗本能反倒是人类的进化。梁漱溟这种崇尚本能、贬低理性的倒退的社会历史观，是其非理性主义文化观的一个突出表现。

②意欲是社会发展的动力

梁漱溟在解释“生活”时认为，“生活”不过是“那没尽的意欲的满足与不满足罢了”。他所说的“意欲”，略同于叔本华的“意志”。叔本华的唯意志论认为，生物最珍惜的就是生命，最重要的就是求得生存，作为万物之源的是“生存意志”，它是世界的本源、基础，世界只不过是它的表象。梁漱溟也认为，宇宙就是意欲的发用流行，意欲（生命）是世界的本源。意欲（意志）还有物质欲求的意义。在这个意义上，它是社会发展的根本动力。他说：“生产力的发展是由于人们的物质生活的欲求，而物质生活的欲求是人所不能自已的，……但其实这物质生活的欲求难道不是出在精神上吗？……所以我认为人的精神生活是能决定经济现象的。”[1] 这种精神上的欲望，就是“意欲”，是决定生产力发展的最高动因，社会发展的根本动力。本来用物质的需求来解释生产力的发展，有一定的合理性，但他把物质需要说成是“意欲”的需求，因而是精神上的需求，这不仅是历史唯心主义，而且是唯意志论。

“意欲”在梁漱溟那里，不仅是社会发展速度的决定力量，同时还决定着社会发展的方向。正是因为意欲要求的方向不同才形成了不同的社会形式。向前要求形成了西方资本主义，反身向后要求形成了印度社会，调合持中形成了中国封建社会。照此说，改变一个社会的型态无需他求，只要把社会中人的“意欲”“态度”改变一下就可以了。这是纯粹的主观决定论。

同叔本华的悲观主义不同，梁漱溟的唯意志论最后得出了乐天的

---

① 梁漱溟：《东西文化及其哲学》，商务印书馆1922年版，第68—69页。

结论。叔本华认为，人生是痛苦。这是因为人生是由意志，也就是由欲望所支配的，而欲望的实质就是痛苦，因为欲望是无穷无尽的，它的满足只是有限的和暂时的。欲望永远无法满足，这就是痛苦。叔本华认为解除痛苦的方法只有抑制欲望，用禁欲的手段来否定生命，最后达到佛教的涅槃境界，乃至毁灭人类才能摆脱痛苦。叔本华所描述的悲观主义，正好符合梁漱溟所说的第一条路的文化所带来的必然结果。梁漱溟认为这种结果并不是欲望本身的过错，而只是它选择的方向错了。因此解决问题的方法不是叔本华所说的否定欲望，否定生命，而是顺从人类的自然本性，调整意欲所要求的方向。从向外追逐来达到欲望的满足转变为向内求得主观感情上的自我满足就可以了。只有这样才能把人类从精神痛苦中解救出来。在梁漱溟看来，最重要的是主观上的满足感，这样就在感情上得到了一种慰藉，而这正是人生的真谛，也是梁漱溟唯意志论思想的必然逻辑推论。情感问题在梁漱溟哲学中占有十分重要的地位，也是他的非理性思想倾向的重要表现。下面我们专门谈谈这个问题。

③梁漱溟的“唯情主义”

梁漱溟说，“理性、理智为心思作用之两面。知的一面曰理智，情的一面曰理性”，而“人类的特征在理性”。[①] 人之所以为人，就是因其有“理性”，也就是感情。因此他认为，人的行为并不是建立在理智的基础上，靠理智的指导去动作的，而是建立在感情和欲望之上，凭本能去动作的。理智只能指出问题之所在，但问题的解决却要我们感觉到问题的重要才能去作。比如说，要求自由并不是计算着自由有多大好处才去争取的，而是自己觉着不自由的心不安才去争取的。这就如同孟子所说的：“乍见孺子将入于井，皆有怵惕恻隐之心，非所以内交于孺子之父母也，非所以要誉于乡党朋友也”，这只是因为我们的感情见了此事不安所为，就如同自己身上痒了要搔、痛了要

① 梁漱溟：《中国文化要义》，成都路明书店1949年版，第138、139页。

抚一样，完全是为一种本能的感情所支配。

另外梁漱溟还认为，社会的进步，不在科学技术的发展，不在人的理智的进化，也不在物质之丰富与否。西方人“以为圆满了物质生活就圆满了人生；但要经济情况如他们的理想，得到了改善，人类就得到了丰美的生活，就成了黄金世界。……误以为生活的丰美在于被动的享受上，其实生活的丰美满足只能得之于内，不能得之于外的”①。因为“人类只有主观上的不贪，绝没有客观的满足不需要之事”②。所以他认为不能以生产是否进步、物质是否丰富来评价一个社会是否进步。这个标准只能是主观上的。主观感情上的满足和丰富便是社会发展的极则，这种社会的理想便是梁漱溟所说的“伦理本位”的社会。何谓“伦理本位”的社会？就是整个社会都是从家庭伦理关系出发，其特点就是“相与之情厚”。具体说来，“所谓伦理者，无它义，就是要人认清楚人生相关系之理，而于彼此相关系中，互相以对方为重”③。做母亲的在亲子之情中忘却自己，做子女的在孝亲之情中着眼的是双亲。由这种做法总结出来的就是，在社会中“根本不应立一客观的标准令人循从”，社会关系中的各方只考虑自己所应尽的义务，不要总想着自己的权利，“彼此以对方为重”。这样，在一片和气与温情中，什么问题都解决了。

感情问题是梁漱溟哲学中的主要部分和目的。其本体论的内容就是人心之情；人们认识的目的是要认识“情理”。同感情相比，理智只不过是人的第二机能，是外在的、非本质的东西。

鉴于资本主义社会中的科学技术至上主义和拜金主义所带来的人的精神苍白、孤独、虚无等社会弊病，梁漱溟提出其“伦理本位”的社会模式，确有合理的一面。但他笼统地捏出一个抽象的、毫无内容

---

① 梁漱溟：《东西文化及其哲学》，商务印书馆 1922 年版，第 184 页。

② 梁漱溟：《中国民族自救运动之最后觉悟》，村治月刊社 1932 年版，第 81 页。

③ 梁漱溟：《中国文化要义》，成都路明书店 1949 年版，第 97 页。

的“感情”来作为社会遵循的根本原则，则是荒谬的。在不同的社会经济政治条件下，不同阶级的人们，具有不同的甚至根本对立的感情。梁漱溟用“伦理本位”总结中国社会的特点，实际上是肯定封建宗法社会的“亲亲”、“尊尊”、父慈子孝的道德观念。他完全回避开这些道德观念的具体的社会阶级内容，提出一个抽象的“感情”作为东方文化的特点，这只不过是对封建伦理道德的一种美化。退一步说，就算是可以把感情的社会历史内容抛开抽象地谈论，他也把人的感情绝对化了，认为感情生活是人生的唯一目的，是社会中应遵循的唯一标准和规范，用来取代建立在人类理性基础之上的其他一切方面，包括法律、政治制度乃至道德规范等等。这便陷入了荒谬的“唯情主义”。

总之，梁漱溟的文化观虽然含有某些合理因素，但在理论上排斥理性、科学的作用，片面强调人的本能、欲望、意志和感情，它的唯心主义性质和非理性主义特征是十分明显的。

单的路与双的路

——梁漱溟走向非理性主义的方法

罗素在谈到柏格森哲学时说：“柏格森的哲学同以往大多数哲学体系不同，是二元论的。在他看来，世界分成两个根本相异的部分，一方面是生命，另一个方面是物质，或者不如说是被理智看成物质的某种无自动力的东西。”① 在这一点上，梁漱溟的哲学与之非常相似。他也把世界看成是一个具有两异性质的东西。在其宇宙观中，本体的生命、生活之流表现为虚幻的“事的相续”；在他的认识论中，人的理智所注视的是作为表象的世界，只有直觉才能体验作为实体的生命之流。同样，他把社会的发展也分为两条不同的路向——向外与向

① 罗素：《西方哲学史》下册，马元德译，商务印书馆1982年版，第347页。

内。这些都体现了他哲学体系中的矛盾。梁漱溟形而上学地把人的认识活动和实践活动分成两条截然不同的路线，分属于两个不同的系统。他之所以要作这种区分，正是为了肯定一条而否定另一条路线，从而达到非理性主义的结论。

对梁漱溟的思想产生影响的有许多中外哲学流派，但其中柏格森哲学、实用主义和佛教唯识宗的思想方法对梁漱溟哲学起到了特殊的作用，即工具的作用。梁漱溟以这三种哲学为工具构成了他的哲学体系。下面分别作些具体分析。

实用主义的经验论和实在论认为，作为构成世界基本要素的“经验”，是人的有机体和环境相互作用的一个统一的整体。它包括与人的活动相关的一切东西。杜威说：“经验变成首先是做的事，有机体并不是像米考伯那样，静等着事情的发生。……有机体是按照它自己的简单或复杂的构造对外境发挥作用的。其结果，环境所造成的变化又反过来对有机体及其活动起反作用。生物受着自己的行为后果的影响。行动和遭遇之间的这种密切联系，就形成了我们所谓经验。没有联系的遭遇都不成其为经验。”① 他认为经验只是与人主观相联系的事物，凡与主体没有联系遭遇的都不是经验，也不存在。实用主义认为，包罗万有的经验就是最终的实在，实在是人在活动中创造出来的，与人无关的便不是实在。美洲大陆是实在，因为哥伦布航海发现了它。在没有被发现以前，它便构不成实在。胡适在解释实用主义的实在论时说：“因为所注意的部分不同，所以各人心目中的实在也就不同。一个诗人和一个植物学者同时走出门游玩，那诗人眼里只见得日朗风轻，花明鸟媚；那植物学者只见得道边长的什么草，篱上开的什么花，河边栽的什么树，这两个人的宇宙是大不相同。”② 总之，在实用主义者那里，实在完全是人造的，因人而异的。至于实在之外

① 杜威：《经验与自然》，傅统先译，商务印书馆1960年版，第45—46页。
② 胡适：《实验主义》，《新青年》第6卷第4号，1919年4月15日。

还存在着什么，那是无关紧要的。

梁漱溟则认为，所谓宇宙，即由生活组成，而生活是由每个人的主观向外所作的发问和回答，一问一答便构成“事”。由连续的“事”组成的生活之流便是宇宙。由于问答是每一个人自己的事，所以每人便形成自己的一个世界，“各自有各自的宇宙，我宇宙与他宇宙非一”。梁漱溟的实在论也呈现出建立在主观主义之上的多元色彩。至于个人的宇宙之外是否还有一个不以人的意志为转移的客观世界，那就不可知了。实用主义者把他们的实在论同真理观连在一起，由主观主义走向不可知论。梁漱溟也是这样，在论述宇宙存在的主观性之后，就用否认人的认识能力的方法排斥了现实世界的可知性，从主观主义和不可知论两方面论证了外在世界的虚幻性。

梁漱溟还否认人们可以认识人类社会发展的规律，进而否认这种规律的存在。实用主义认为，社会是无定形的，可以作各种不同的解释。唯物主义者有权从社会经济关系去解释社会，把社会当作某种经济共同体；唯心主义者也可以从思想观念出发，把社会解释为观念、思想的体现。总之，一切由这种或那种观念，这种或那种共同利益结合起来的个人的组织，都可以称为社会。社会不是一元的，而是多元的。不存在着一种根本决定社会性质和运动的力量。梁漱溟也认为，社会中存在着许多层次的许多问题，每一个社会历史学的原理只能适用、解释其中的一个问题。他赞同这样一种观点：就人类社会的生存问题来讲，就至少存在着一养、一保、一安，即发展生产力以求生存、自保自卫和内部相安以求对外三个问题，而唯物史观却只能解决一养的问题。所以，梁漱溟反对唯物史观用经济的方法来解释社会发展的原因。他说：“凡想要把握历史动因——贯乎历史全程底一个动因——而在历史文化研究上建立一个普遍适用的理论，恐不免都是妄想。”[①] 这是他在历史观上表现出来的实用主义的不可知论的思想。

① 梁漱溟：《中国文化要义》，成都路明书店1949年版，第259页。

在接受实用主义思想的同时，梁漱溟还接受了柏格森的哲学方法。前面我们说过，柏格森认为，真正的实在是生命之流，是“绵延”，而对生命之流的认识只能由直觉来完成。直觉对生命本体的认识，不分阶段，没有等级，是所谓“一种理智的交融，这种交融使人们置身于对象之内，以便与其中独特的，从而是无法表达的东西相符合”。梁漱溟对这种方法则讲得更为直截了当。他说：“直觉所得到的意思是一种本能的得到，初度一次就得到如此的意思，圆满具足无少无缺。”把这种认识方法抬到尽善尽美的地步，成为一种神秘主义的独断论。

梁漱溟之所以能接受这两种看上去似乎矛盾的哲学，不是没有原因的。实用主义同生命哲学本来就有许多相通之处。生命哲学对实用主义有很深的影响。实用主义的代表人物詹姆士十分欣赏柏格森的著作《创化论》，认为自己晚年能看到日本打败俄国和《创化论》的出版，是两大快事。他还认为，正是柏格森使他冲破无尽的黑暗，得以从理智的迷宫中走出。为什么詹姆士如此崇拜柏格森呢？M. 怀特在《分析的时代》一书中说：“因为柏格森在攻击属于柏拉图和笛卡尔传统的唯理论和唯智论上，走得比黑格尔要远得多。他走得如此之远，以至威廉·詹姆士手舞足蹈地欢迎《创化论》一书的出版。”[①]如此看来，实用主义正是在反对理性主义这一点上同生命哲学站到一起了。同时应看到，柏格森哲学中的实用主义成分也很大。他的直觉认识排除了一切实际的利益和实际的目的，“为了进行直觉，必须对直觉以外的一切都无动于衷”。这看上去似乎是缩小了他的哲学的应用范围，但实际上是为任意解释一切打下了基础，照他自己的话说，就是“可以无限地扩大其研究领域”，成为随机应变，成事于不知不觉之中，非常实用的一种哲学。这使得它与实用主义相当接近。梁漱

---

① M. 怀特：《分析的时代——二十世纪的哲学家》，杜任之译，商务印书馆 1981 年版，第 64 页。

溟正是在这两种哲学有内在的相同之处的基础上，融合了它们不同的方法，用实用主义的不可知论来否定理性的功用，为其直觉主义铺平道路。

佛教唯识宗的相对主义方法也是梁漱溟用来达到这个目的的一个工具，他非常赞赏唯识宗的“现量”直证本体真如的方法，这种方法认为，从我们的感觉到能认识本体的“现量”，可分为两步：第一步证实事物的运动是不存在的，只见鸟不见飞，只见幡不见动；第二步证明不仅运动不存在，而且事物也是不存在的。一块石头不是一块存在的石头，而只是许多虚幻的石头之相续，“现量”到了这一步便可发现空无一切，只剩下一个“八识”，也就是真如本体。用唯识宗的相对主义经验论的方法，梁漱溟同样可以达到他的独断论的结论。

实用主义、生命哲学和唯识宗就是梁漱溟构成其哲学体系的三个工具。用这三个工具，他从主观唯心主义走向不可知论，又从不可知论走到神秘的直觉主义的独断论，构成了他的具有中国特色的非理性主义哲学。

以上论述了梁漱溟哲学的本质是否认科学和理性作用的非理性主义。但需要指出的是，梁漱溟哲学又有很重的折衷主义的倾向。梁漱溟并非对理性的作用一概否定，他认为有时也需要用理智来对直觉做一个补充。梁漱溟在论述儒家哲学时讲到，孔子生活的态度主要是不认定和任直觉。这两方面是一致的，不认定就是不用理智和逻辑的方法执着一个道理往下推；任直觉则是直接把握那个终极的“天理”，“当下随感而应”。“这随感而应，通是对的，……我们人的生活便是流行之体，他自然走他那最对、最妥帖、最适当的路”[①]，即便是逻辑上讲不通也不要紧，所以梁漱溟说：“一般人是求其通的，孔子则简直不通！”[②] 但他又认为，如果只凭直觉来进行认识的话，则很容

① 梁漱溟：《东西文化及其哲学》，商务印书馆1922年版，第184页。
② 梁漱溟：《东西文化及其哲学》，商务印书馆1922年版，第182页。

易陷入偏执，如墨子的兼爱和佛教的慈悲，都是只凭直觉，前一个成了无等差的泛爱，后一个走向舍弃生活，这便都走到一偏了。要是一个不肖的人，只凭着直觉本能去做，那就一定会纵欲不止，走到邪路上去。所以梁漱溟提出了“中庸”的路。什么是“中庸”的路呢？他说：“若直接任这一个直觉走下去，很容易偏，有时且非常危险，于是最好自己有一个回省；……这明明于自然的直觉求中之外，更以理智有一种拣择的求中。……他不走单的路，而走双的路；单就怕偏了，双则得一调合平衡。这双的路可以表示如下：（一）似可以说是由乎内的，一任直觉的，直对前境的，自然流行而求中的，只是一往的；（二）似可以说是兼顾外的，兼用理智的，离开前境的，有所拣择而求中的，一往一返的。”①

“走双的路”便是梁漱溟哲学的根本态度和方法。在他思想的每一部分中，都没有认为某一种方法或道路绝对的不行，而是尽可能在不违背他的基本观点和方法的前提下调和矛盾，使不同的方法统一起来，这就是梁漱溟的“极高明而道中庸”的调和主义的方法论。他曾说：“中国这一套东西，……有一个为大家所公认的中心意思，就是‘调和’。……凡是现出来的东西都是相对、双、中庸、平衡、调合。一切的存在，都是如此。”② 所以，在梁漱溟的哲学里，不管是生命还是宇宙，直觉还是理智，情理还是物理，东方的路还是西方的路，……都可以放到一起，亦即亦离，圆融无碍。

梁漱溟的调合主义思想同他的非理性主义的基本倾向并不矛盾。他认为，这种观点“看似与前冲突而其实不然。……盖孔子虽一面有其根本态度，而做起事来，固无所不可，所谓中行是也。不认定与道中庸皆为照看外边时所持的态度”。虽然“做事无所不可”，但根本态度是不会改变的。这是不同层次的问题，那种理智的态度与做法仅

① 梁漱溟：《东西文化及其哲学》，商务印书馆 1922 年版，第 212 页。
② 梁漱溟：《东西文化及其哲学》，商务印书馆 1922 年版，第 173 页。

仅适用于外在的虚幻世界，真正的认识还是要靠“向内用力”的直觉，这才是“经”，而以上的方法只不过是“权”。非理性主义仍然是梁漱溟哲学的基本倾向。

结束语

美国研究中国思想史的专家列文森教授，曾谈到中国近代的一些知识分子，在理智上倾向未来，接受西方的东西，但在感情上却怀念传统，流连过去。他们处于这样一种矛盾的心境之中：面对西方列强由科学进步所带来的强大经济力量和军事力量，在理智上不得不承认西方的现代资产阶级文化。然而传统的作用以及大战后资本主义世界的现状又使他们在感情上与中国传统文化割舍不开。梁漱溟正是一个典型的代表。他既不同于那些代表着未来的、敢于接受西方新思想的先进知识分子，也与死守着封建教条的遗老们相异，梁漱溟的思想正好是当时半殖民地半封建社会现状的一个反映。它代表了处于大变革时期一部分中国知识分子的矛盾心理，也暴露出中国民族资产阶级的弱点。

总的说来，梁漱溟基本上是站在守旧的立场来回答中国向何处去这个时代的中心问题，他认为上述矛盾是用理性解决不了的，因而否定理性的功能，藏身于感情的帷幕之后，走向非理性主义。面对着矛盾的现实，他从根本上否定了它的存在，以求得主观上的“心安”。在哲学基本问题上，梁漱溟同样落入了近代以来资产阶级哲学家的主观唯心主义旧套。尽管他对中西文化的比较有一些真知灼见，但终未脱出“中体西用”的窠臼。

（本文是作者与曹跃明合作，原载台湾《中国论坛》第26卷第7—8期，1988年7月）

中国哲学范畴研究的宏篇巨制

——唐君毅《中国哲学原论》评介

从80年代的“范畴热”谈起

六七年前，我国（大陆）哲学界曾掀起一股范畴研究的不大不小的热潮。它起因于一部分哲学史工作者，不满足于过去那种“列传体”“四大块”“两军对战”的简单的哲学史研究模式，力图探寻一条新路，通过哲学范畴史的研究来揭示人类认识发展的一般进程，各民族理论思维的特点和诸哲学系统的深层逻辑结构。它的终极目的不仅是为哲学的繁荣和哲学史学科的科学化建设，而且也是为提高全民族的思想素质、促进思维方式的现代化服务。这股范畴研究热，从中、外哲学史学科开其端，以后又扩展到唯物辩证法和辩证逻辑范畴体系的研究，哲学各分支学科如逻辑学、伦理学、美学基本范畴的研究；以至影响了某些从事具体的自然科学和社会科学研究的学者，也注意从范畴研究的角度来加强本学科的基本理论建设。范畴研究作为一种方法，它的第一要义就是要坚持逻辑的和历史的一致的原则，辩证逻辑的范畴推演进程应该和哲学史上范畴发展的历史进程相吻合，各门科学的逻辑系统和它在历史上的发展进程也大体是相一致的。只要真正坚持这一方向原则，范畴研究方法的推广运用，对各门理论科学的建设和发展无疑地会起到积极的推动作用。

80 年代前期的这股“范畴热”，大约持续了三四年时间，接着就被一场更大规模的、席卷全国的文化研讨热潮所冲击、掩盖和取代，近年来显然已经不那么“热”了。但是，仍有一部分学者在这方面进行锲而不舍的研究，并且已经取得相当可观的研究成果。仅就中、外哲学史学科来说，近年来出版的范畴研究专著就有谢庆绵的《西方哲学范畴史》（江西人民出版社 1987 年版）、李武林等人主编的《欧洲哲学范畴简史》（山东人民出版社 1986 年版）、葛荣晋的《中国哲学范畴史》（黑龙江人民出版社 1987 年版）、张立文的《中国哲学范畴发展史（天道篇）》（中国人民大学出版社 1988 年版）、童浩主编的《哲学范畴史》（上、下两册，河南人民出版社 1987 年版）、冯契等人的《中国哲学范畴集》（人民出版社 1985 年版）、《中国哲学史研究》编辑部编的《中国哲学史主要范畴概念简释》（浙江人民出版社 1988 年版）、陈远宁等人的《王船山认识论范畴研究》（湖南人民出版社 1982 年版）、刘象彬的《二程理学基本范畴研究》（河南大学出版社 1987 年版）、张传开的《古希腊哲学范畴的逻辑发展》（南京大学出版社 1987 年版）等十余种。另外还有一些中、外哲学史著作，虽然不是范畴研究的专著，但也是以范畴研究作为一种主要方法，从而大大加深了它的科学内容。这一类著作我们可以举出冯契的《中国古代哲学的逻辑发展》（上、中、下三册，上海人民出版社 1983—1985 年版）和汪子嵩等人的《古希腊哲学史》（第一卷，人民出版社 1988 年版）作为代表。

应该指出的是，国内学者对中国哲学范畴史的研究，除了受到马克思、列宁和黑格尔关于要辩证地研究人类认识史、包括思维工具（范畴）的发展史的思想启发之外，还十分注意借鉴和吸取我们的先哲在中国传统哲学范畴研究方面已经取得的经验和丰硕成果，从前人对凝结着各个时代哲学智慧的范畴体系的总结性研究中，去探寻更加接近历史真实的中国哲学发展进程。因此，先秦的《尚书 · 洪范》《荀子 · 正名》《墨辩》，汉代的《白虎通义》，宋代陈淳的《北溪字义》、程端蒙的《性理字训》，清代戴震的《孟子字义疏证》、阮元的《性命古训》，近代刘师培的《理学字义疏证》、熊十力的《佛家名相通释》等著作，都引起了人们的格外关注，从范畴研究的角度去重新发现它们的价值。中国哲学范畴研究的先行者们的这些著作，有的已经重新整理出版。

也是在这个时候，人们“重新发现”了张岱年先生40多年前写的一部旧著《中国哲学大纲》。因为它不同于一般的中国哲学史教科书，以时代先后顺序来论述中国哲学的发展过程，而是以问题为纲，来揭示中国哲学的整个条理系统。哲学问题总是和一些基本的哲学名辞、概念、范畴联系在一起，所以该书的一个重要方法，就是“析其辞命意谓”，对中国传统哲学中的根本概念之确切意谓，加以精确的解析，尤其注意其对立者之互转，概念意谓之变迁与转移、分解与融合。作者当时就已明确意识到：“考察概念学说之发展与其对立互转，这可以说是辩证法（Dialectical Method）在中国哲学上之应用。”[①] 这部50余万字的著作，既是一部系统的中国哲学问题史，也是一部内容丰富的中国哲学范畴史。正由于它的价值生命之被重新发现，该书于1982年由中国社会科学出版社修订重印出版，这对当时方兴未艾的范畴研究热潮是一个有力的推动。

30年代，试图从哲学问题、概念、范畴的角度去整理中国哲学之条理系统，以揭示其丰富意蕴的，并不只张岱年一人，当时在南京中央大学哲学系任教的唐君毅先生，也曾开设过“中国哲学问题”课程，并印发过部分讲义。这一课程，“欲就中国哲学诸问题，分别加以论述，意在以哲学义理发展之线索为本，而以历史资料为之佐证”[②]，以揭示整个中国哲学之面目。此宗旨与张岱年1934—1936年撰著《中国哲学大纲》（一名《中国哲学问题史》）的旨趣十分接

---

① 张岱年：《中国哲学大纲》，中国社会科学出版社1982年版，第19页。

② 唐君毅：《中国哲学原论·导论篇》，台湾学生书局1984年版，第1页。

近，只不过唐先生当时思想尚未成熟稳定，“继感一家思想之各方面，颇难分别孤立而论，遂弃置其事”[①]。直到30年后，他才深感写一部依名辞与问题为中心，以贯论中国哲学的书，实在较之写一部中国哲学史教科书更为当务之急，故有《中国哲学原论》之作。也可以说，开拓这样一条中国哲学研究的新思路，是唐先生30年来一直探索未尝或忘的心愿。

六卷本巨著《中国哲学原论》，出版于1966—1975年，正值中国大陆十年“文革”灾难时期。知识和知识分子受到史无前例的践踏，学术园地亦显一片荒芜。港台和海外学人的研究成果，大陆学者皆封闭而不得知。进入80年代以后，随着改革和对外开放政策的实行，港台版图书逐渐流行于大陆。热心中国哲学范畴研究的学者，从港台同仁的研究成果中，惊喜地发现了唐君毅先生的这部巨著，细读之后，不仅赞叹他的用力之勤，解析之精，而且从唐先生“知解名相”、研究中国传统哲学范畴的方法中受到诸多启示。《中国哲学原论》也成为我们今天研究中国哲学范畴史的一个重要的先行思想资料。

清理我们民族丰富的哲学遗产，揭示它们的历史价值和普遍意义，使之成为今天综合创新、建立新哲学的一个重要思想来源，是海峡两岸和海内外中国哲学研究学者的共同使命。经过30多年隔绝之后，我们感到有更多地学习、了解海峡彼岸同仁的学术研究成果的必要。

《中国哲学原论》简介

唐君毅先生是中国现代著名学者，现代新儒家学派第二代的主要代表人之一。他生于1909年，四川省宜宾县人。1932年毕业于中央大学哲学系，曾任中央大学助教、讲师、教授。大陆解放前夕移居香港，与钱穆、张丕介等共同创办新亚书院，任教务长；后新亚书院并

---

① 唐君毅：《中国哲学原论·导论篇》，台湾学生书局1984年版，第1页。

入香港中文大学，任讲座教授。1974 年从中文大学退休，又任独立后的新亚研究所所长。1978 年在港去世。

唐君毅一生著述宏富，按照他自己的归纳，其著作约可分为四类：第一类是泛论人生、文化、道德理性的著作，如《人生之体验》《道德自我之建立》《心物与人生》《文化意识与道德理性》等；第二类是评论中西文化、阐扬人文精神的著作，如《中国文化之精神价值》《人文精神之重建》《中国人文精神之发展》《中华人文与当今世界》等；第三类是表述他个人对哲学信念之理解的纯哲学理论著作，有《哲学概念》和《生命存在与心灵境界》二书；第四类是专论中国哲学的基本观念及其历史发展的著作，这就是《中国哲学原论》的《导论篇》《原性篇》《原道篇》《原教篇》四书。

《中国哲学原论》四书共六册，总计逾 200 万字。初无一全盘之写作计划，后由一书而扩展为二书以至最后写成系列四书；但却有一贯之宗趣，这就是力图对中国哲学中涵义最广的名辞，关涉面最大的问题，作一分析的思辨与历史发展的论述，以充分展示中国哲学义理的丰富内容。它实际上就是要写成一种“中国哲学问题史”或“中国哲学范畴史”之类的著作。之所以叫作“原论”，“原”之义在于作者揭示中国哲学义理的方法，重在“察其问题之原，名辞义训之原，思想义理次第孳生之原，而于诸家言之异义者，亦略迹原心，乐推原其本旨之所存，一一探异说之义理之原”①。这种推原究本的方法，正是哲学史范畴研究的基本特点。作者曾经这样说明：“吾《原论》诸文，皆分别就中国哲学之一问题，以论述先哲于此所陈之义理，要在力求少用外来语，以析其所用之名言之诸义，明其演生之迹，观其会通之途，以使学者得循序契入，由平易以渐达于高明，由卑近以渐趋于广大，而且此中国哲学中之义理，实丰富而多端，自合成一独立而自足之义理世界，亦未尝不可旁通于殊方异域之哲人之所

① 唐君毅：《中国哲学原论·导论篇》，台湾学生书局 1984 年版，第 3—4 页。

思，以具其普遍而永恒之价值。”①《原论》诸书的写作目的和基本方法，于此可见大端。

《导论篇》一册，1966 年人生出版社初版。本篇诸文，大皆十余年来已分别发表于《新亚学报》《新亚学术季刊》《清华学报》等刊物，后略加修改、重加编订而成。缘中国哲学史中之名辞，而说明其义理，清理其问题，此为最初之尝试。他首先选择了理与心、名辩与致知、天道与天命三方面问题，包括“理”“心”“名”“辩”“言”“默”“格物致知”“道”“太极”“命”等重要范畴，一方面根据古代文献加以训释考核，一方面就其义理加以疏通界定，力求充分揭示这些中国哲学范畴所已有的涵义和可能包含的意义，并指出其义理之极限所在。作者认为，中国哲学中这三方面的问题，与西方哲学之论理性的心灵、知识论、形上学三个方面约略相当，由此说明“中国哲学自有其各方面之义理，亦有其内在之一套问题，初具一独立的自足性，亦不碍其可旁通于世界之哲学”②。

《原性篇》一册，1968 年新亚研究所初版。此书原为补《导论篇》言心性之不足，初意只写四五万字，不料下笔后竟不能自休，一气呵成 20 余万言的初稿，以后陆续修订补正，另为一册。此书又名《中国哲学中人性思想之发展》，乃通贯整个中国哲学史以疏论各种人性思想的涵义，辨析各说义理之所本和彼此分际之所在，力求对中国传统哲学中的人性问题有一适切的全面的了解，并找到一条克服各种偏颇、消解异说纠纷的途径。他把中国先哲言性的全部思想义理，都归摄到“从心从生之性字”的义涵之内，从人的生命心灵的整体去把握这个“性”字。在对中国人性思想的发展作了全面的历史的考察之后，最后总论性之诸义，概括出中国先哲言性之“四基型”和提出所谓“五性”说。

---

① 唐君毅：《中国哲学原论·原性篇》，台湾学生书局 1984 年版，第 1 页。
② 唐君毅：《中国哲学原论·导论篇》，台湾学生书局 1984 年版，第 9 页。

《原道篇》共三册，1973 年新亚研究所初版。此书对中国古代下至隋唐各家对“道”的了解，亦即唐以前中国哲学所开出的诸方向之“道”，作了广泛的研究和论述。“道”是中国传统哲学中概括性最大、关连面最广的哲学范畴，“理”“心”“性”“命”等范畴都可容摄于其中。唐君毅认为：“道虽亦及于天道、物道、佛道二家之教中之出世超世道，然其始点，则在人之生命心灵之活动所共行之道。”[①] 因此，“论道之要，要在于诸方向之道，知其皆始于吾人生命心灵活动诸方向，如星鱼六爪，出于一体”[②]。这就决定了他所论述的中国哲学诸方向之“道”，主要是指人道，指人生、人性、人的生命心灵活动的各种境界。该书大体依历史顺序，从孔子的“仁道”、墨子的“义道”开始，一直讲到隋唐佛教的解脱灭度之道和判教之道，以展开中国哲学智慧的丰富内容及其次第升进的历程，但难免对肯定“道”为独立于人的心灵之外而客观存在的各种哲学观点有所忽略。

《原教篇》一册，1975 年新亚研究所初版。此书是《原道篇》的续篇，专论宋明以降儒者对“道”的不同了解，又名《宋明儒学思想之发展》。作者认为，宋明儒学虽重明天道、人道之大本大原，然尤重学者之如何本其身心以自体道、自修道的工夫，要在见诸行事，而不仅以对道之本原作思辨观解为满足。也就是说，宋明儒者所言之道，归在修道之道。修道之道，固原是道，而凡对人说道，亦皆是教，故《中庸》曰：“修道之谓教。”此书篇名正取此义，以明宋明儒学重在为世立教，而原道原教，本为一事，二名实可互通。“原性”“原道”“原教”三书，正契《中庸》兼重“性”“道”“教”（“天命之谓性，率性之谓道，修道之谓教”）之旨，实为一有机联系者也，合之即能体现中国儒学之真精神。《原论》的这种体系安排，确实表现了一个现代儒家学者对中国传统儒学精神的真切体认。

---

① 唐君毅：《中国哲学原论·原道篇》卷一，台湾学生书局 1984 年版，第 5—6 页。
② 唐君毅：《中国哲学原论·原道篇》卷一，台湾学生书局 1984 年版，第 19 页。

与《原性》《原道》皆为作者在二三年内一气呵成的系统论著不同，《原教》一书大部分是修改已发表和未发表的关于宋明理学的旧稿而成，只有几章为编辑出书前数月所补写。“然此书亦非杂凑而成，而实意在合此诸文，以彰显吾所见之整个宋明儒学之发展。”① 此书与《导论篇》中的“原太极”“原命”诸文，《原性篇》中述及宋明儒学心性之论，在内容上可以互相发明参证，以把握宋明新儒家关于心性、天人之学的实质涵义。

《中国哲学原论》的范畴研究方法

从上面对《中国哲学原论》一书的简介中可以得知，该书不是一部一般的中国哲学史著作，也不是一部讲纯哲学理论的书。正如作者所指出的，其性质在哲学与哲学史之间。“其大体顺时代之序而论述，类哲学史；其重在辨析有关此诸道之义理之异同及关联之际，则有近乎纯哲学之论述，而亦有不必尽依时代之先后而为论者。”② 张岱年的《中国哲学大纲》和近年来出版的多种中、外哲学范畴史论著，大都属于这种“性质在哲学与哲学史之间”的著作。在这类著作中，唐著是规模最大的一部，它包含着作者 20 多年潜心研究的思维成果和经验总结，除了它的丰富内容给人类认识史留下的知识财富之外，在方法论上它也给后人留下了一些富有启发意义的值得借鉴的东西。这里就我读唐著的体会，谈谈《中国哲学原论》一书的方法（研究方法和论述方式）。

（一）“即哲学史以言哲学、本哲学以言哲学史”。

黑格尔曾经说过，哲学史不应该是对于一大堆在时间中产生和表

---

① 唐君毅：《中国哲学原论·原教篇》，台湾学生书局 1984 年版，第 3 页。

② 唐君毅：《中国哲学原论·原道篇》卷一，台湾学生书局 1984 年版，第 5 页。

现出来的哲学意见的罗列和陈述，它所表现的是具有丰富具体内容的精神、理念自身发展的过程，在这个意义上也可以说“哲学史的研究就是哲学本身的研究”①。唐君毅对中国哲学的研究，最注重的也是中国哲学精神生命的发展。他认为中国哲学上下数千年，慧命相续，自古至今未尝断，而自成一独立自足的义理世界，并有其可旁通于世界哲学义理之普遍而永恒的价值，是一笔宝贵的精神财富，我们应助成其不息不已于未来世界。因此他感到清理中国哲学的名辞（概念、范畴）和问题，揭示中国哲学义理之发展乃当务之急。这种研究从其归趣来说当然是一种哲学的研究，但是他所采取的方法却是一种下学而上达的方法。他把这种方法概括为“即名求义”或“即哲学史以论哲学”。何谓“即名求义”？他说：“名之所在，即有义存焉，即其名而究其义之通乎哲理者，皆无不可自为一中心论题，并以其他之名之义为辅而环绕之，以说其义之次第孳生。”② 这就是以中国哲学史中的若干基本概念、范畴为中心，或通全史以为论，或选数家之言、以至一家之言以为论，探求其原义、引绎出来的哲学意义及其涵义之发展演变，分别其不同的方面、种类和层次，与其他概念、范畴涵义相涉入者则详略互见，旨在揭示中国哲学义理的丰富内容及其对人类哲学智慧的具有永久、普遍意义的贡献。这种范畴研究的方法，“唯是即哲学思想之发展，以言哲学义理之种种方面与其关联之者，故其论述之方式，亦可谓之即哲学史以言哲学，或本哲学以言哲学史之方式也”③。在另一处他又说：“所谓即哲学史以论哲学者，即就哲学义理之表现于哲人之言之历史秩序，以见永恒的哲学义理之不同形态，而合以论述此哲学义理之流行之谓。”④ 总之，他把揭示哲学义理的

---

① 黑格尔：《哲学史讲演录》卷一，生活·读书·新知三联书店1956年版，第34页。
② 唐君毅：《中国哲学原论·导论篇》，台湾学生书局1984年版，第14页。
③ 唐君毅：《中国哲学原论·原性篇》，台湾学生书局1984年版，第4页。
④ 唐君毅：《中国哲学原论·原性篇》，台湾学生书局1984年版，第7页。

发展当作目的，范畴研究不过是一种手段。

唐君毅在《中国哲学研究之一新方向》一文中，把他的范畴研究方法简称为“义通”或“义贯”的研究方法。其顺序而进的八个步骤，前七步分别为辞义、义涵、义系、义旨、义趣、义用、义比之研究，最后一步是揭示“诸哲学在历史中相续出现而相承、或相反、或相融、或分化之迹相，及其中所表现之哲学精神之生长转易、凝聚与开辟之迹”。他认为这样的研究才表现为一“更完善的客观研究态度”，才称得上是“真正之哲学史，或黑格尔所谓哲学”。[①]

（二）文字训诂与疏通义理并重。

中国传统哲学范畴和汉语言文字密切相关，与西方哲学范畴有些明显不同的特点，因此在研究方法上也不能照搬西方。唐君毅提出，研究中国哲学范畴，“一方固当本诸文献之考订，及名辞之诂训，一方亦当克就义理之本身，以疏通其滞碍，而实见其归趣”[②]。清代的朴学家尝言“训诂明而后义理明”，强调考核为义理之原。他认为这是有一定道理的，但是仅限于名辞训诂和文献考订并不能充分揭示哲学范畴的丰富而深刻的涵义，所以他认为应补充一句：“义理明而后训诂明”，义理亦考核之原矣！因为义理之滞碍不除，归趣未见，名辞之训诂将隔滞难通，而文献之考订亦不免徒劳而寡功。他正是根据后一原则，重新考察、评论了朱熹和陆九渊关于《太极图说》的争论，其中涉及“太极”一名的训诂问题，陆九渊训“极”为“中”，而朱熹坚持“极”为“至极”之义。唐君毅正确地指出：“此实则牵涉二家思想之理论本身之异同，而非辩‘极’之一字之诂训之当何若所能解决者。”[③] 朱、陆之考证和训诂不同，正由于二人所见之哲学

---

① 唐君毅：《中国哲学原论·导论篇》，台湾学生书局1984年版，第2页。

② 唐君毅：《中国哲学原论·导论篇》，台湾学生书局1984年版，第2页。

③ 唐君毅：《中国哲学原论·导论篇》，台湾学生书局1984年版，第408页。

义理不同；因此，欲评判二人考证训诂之得失，正有待于先明二人所见之哲学义理。这是“义理明而后训诂明”的一个典型例证。唐君毅认为哲学义理具有普遍性和永恒性，初无古今中外之隔，中国哲学义理亦可旁通他方异域之哲学义理，但“吾人又不能徒取他方之哲学义理，或个人心思所及之义理，为预定之型模，而宰割昔贤之言，加以炮制，以为填充，使中国哲学徒为他方哲学之附庸，或吾一人之哲学之注脚”[①]。欲去此中之弊，唯有采取训诂与义理并重的方法，既本文献，以探哲学名辞之原始义训，又不限于文字训诂，充分抒发其引申和发展的诸哲学义理，这样方可期有下学而上达之功。

（三）注意到中国哲学范畴具有多义性、历史性、矛盾性等特点，试图从“吾人心思之运用”中找到矛盾消解融和之道。

唐君毅指出，西方哲学著述注重形式系统，对其所用之一一名言，必一一予以指定之定义，并将其所述之内容加以类分而使纲目具足。就这点来说，中国哲学似乎缺少这种形式的系统性。然一名言不必只有一指定之定义，而可有多方面的意义，人们用此同一名言，由于心思运用的方向不同，观入的深度和层次不同，或观之之观点不同，而实有不同的涵义。“一名多义”在中国哲学中是普遍现象，而且往往呈现出矛盾性，对立的学派对同一名辞、概念的解释往往就不同甚至针锋相对；不同的时代哲人们所注重的义理亦不同，哲学名辞、概念的涵义往往有一个历史演变过程。《中国哲学原论》对于它所疏论的每一个重要概念、范畴，各本诸文献对其作训诂上的考订、义理上的辨析和历史发展的论述。例如，“原理”篇考核和确定中国哲学思想言“理”之六义，即“文理”“名理”“空理”“性理”“事理”“物理”，初皆可从先秦诸子思想中找到发端或萌芽，而以后各个时代哲学所重的义理各不同：先秦经籍重“文理”，魏晋玄学重

① 唐君毅：《中国哲学原论·导论篇》，台湾学生书局1984年版，第2页。

“名理”，隋唐佛学重“空理”，宋明理学重“性理”，清代学者重“事理”，近代受西方思想影响后则重“物理”。这样分析对于揭示“理”范畴的丰富义涵和了解中国哲学言“理”之全貌是很有帮助的。该书对“心”“道”“太极”“性”“命”等范畴，也用大体相似的方法对其作了多种涵义和历史演变的考察。

唐君毅基于不同的哲学义理皆始于吾人生命心灵活动之不同方向的观点，得出了诸家异议可并行不悖，一切矛盾皆可消解的结论。在他看来，“唯有人之善自旋转其心思之运用之方向，方能实见得一切真实不虚之义理，其宛然之冲突矛盾，皆只是宛然而暂有，无不可终归于消解，以交光互映而并存于一义理世界中”①。这里存在两个问题：第一，他不承认思想义理的矛盾乃是客观矛盾的反映；第二，他不能像张岱年先生那样，用“对立之互转”的辩证法观点来说明中国哲学范畴的矛盾运动。因此，他只能在思想上消除矛盾而不能真正解决哲学史上的这些矛盾。但是，他关于中国哲学义理为一互相涵摄的有机系统的观点是正确的。缺乏“类分使纲目具足”的形式系统，并不等于没有依义理之次序先后、层位高下而连结成之系统，而且他指出系统还有直接系统与圆周系统、单一系统与交摄系统之分，这实际上是试图用辩证的整体观和系统观来说明中国哲学的内在逻辑结构。

（四）重视中西哲学范畴比较研究，反对以西方哲学为标准来衡论中国哲学。

唐君毅认为中国哲学义理为一独立自足的系统，然亦有可会通于世界哲学义理之普遍意义。“当观一哲学义理，如何贯于异时异地之贤哲之心，以见东西南北海，与千百世之上、千百世之下，人之此心

① 唐君毅：《中国哲学原论·原性篇》，台湾学生书局1984年版，第9页。

此理，既以同而异，亦以异而同，此即比较哲学之所为。”[①] 在范畴研究中，他经常运用这种比较同异的方法，如在《导论篇》中，认为中国哲学中的“理”与“心”二范畴，约略相当于西方古典哲学中的“理体”（Logos）与“理性的心灵”（Rational Soul）；“名辩与致知”篇讲的略同于西方哲学所谓逻辑、语意学和知识论的问题；“天道与天命”篇讲的则类似西方哲学所谓形上学的问题。中国哲学中的“太极”“理”“气”等范畴，其地位相似于西方形上学中的“上帝”“理型”“心”“质料”等究极的普遍概念，“其涵义皆幽深玄远，而牵涉至广，其言之难于妥善，亦相类”[②]。但是，唐君毅强调进行中西哲学比较主要是为了显示出中国哲学的固有特点与价值，而不是借他方之思想以自重，使中国哲学徒为他方哲学之附庸。他尖锐地批评有些人“唯以西方之思想为标准，幸中国前哲所言者与之偶合，而论中国前哲之思想”的奴隶主义态度和学风，认为中西思想“非谓必不可比较而观其会通，然要须先识得此独立传统之存在，然后可再有此比较之事”[③]。在《原道篇》一书中，他检讨了自己在写作《导论篇》时，以“原名”“原辩”“原致知格物”为先，仍未能摆脱西方哲学必先名学、知识论，后宇宙论或形上学，再到人生、文化、政治、社会哲学的格套，这仍然是以西方哲学为标准来论述中国哲学系统。他认为任何哲学观念都可以作为一个系统的始点，就中国传统哲学的实际情况来说，应该“以有关人生之事之学之观念为始点”[④]，先有人生哲学，再进而有宇宙论、知识论和名学，而不必和西方哲学的系统次序相同。

在进行中西哲学范畴比较研究时，他既看到异中之同，更注意同

① 唐君毅：《中国哲学原论·导论篇》，台湾学生书局 1984 年版，第 15 页。
② 唐君毅：《中国哲学原论·导论篇》，台湾学生书局 1984 年版，第 8 页。
③ 唐君毅：《中国哲学原论·原道篇》，台湾学生书局 1984 年版，第 9 页。
④ 唐君毅：《中国哲学原论·原道篇》，台湾学生书局 1984 年版，第 21 页。

中之异。例如，朱熹论理气关系，曾说理是“生物之本”，气是“生物之具”，有的人把这种关系说成是类似亚里士多德讲的“形式”与“质料”的关系。唐君毅则指出，朱熹讲的“生生之理”和亚氏讲的“形式之理”实不同，朱熹讲的“气”也和亚氏讲的“质料”不同。因为亚氏讲的形式之理是“自始先在”，他讲的质料是“分别承载各形式之理者”，如果“理”和“气”是这种关系，那么就很难理解朱熹的“理不离气”的命题或所谓“理气不离不杂”之义了。显然，这种比较是建立在对中西哲学精神和具体内容的正确把握、深刻理解的基础之上的。中国传统哲学有自己独立的一套名言即概念、范畴系统，我们今天在解析名言、研究传统哲学概念、范畴时，难免要用一些今世流行的名言，而它们有许多是西方哲学的译名，其涵义也是由西方哲学规定的。有的新译名和旧名用同一个字或词，其涵义最容易混淆。唐君毅强调在观名用名之时，必须了解“新成之译名之义与旧名之义之别”。例如“本体”一名，西方 Substance 的本义为“客观的站立于下”，故恒指一客观存在之实体，而在中国，“本”初指枝叶之本，“体”初指人之身体，合为哲学中“本体”之一名，恒指吾人生命心灵之主体。如果译中国哲学中主体义之本体为 Reality，则当知在西方 Reality 乃与“现象”或“幻象”相对，这同中国哲学中“本”只与“末”对，“体”只与“用”对，而不与“幻象”对亦不同。此类例证，不胜枚举。为免于混乱计，唐君毅主张在论中国哲学时，要尽量少用新名和外来语，不得已而用之时，则必须厘清新旧名涵义之区别。

（五）把语义学、分析哲学的方法引进中国哲学范畴研究。

中国哲学范畴研究如果仅局限于传统的释义学、训诂学和考据学方法，就很难取得新的突破性的进展。马克思主义哲学指出了一条辩证地研究人类思维和认识发展史的途径，对中国哲学范畴研究也有重要的指导意义。另外，现代西方哲学中出现了许多以语言分析作为哲学方法的派别，有的则把意义、理解和解释等问题提到方法论或本体论的高度来研究。其中情况非常复杂，有糟粕也有精华，撇开其哲学结论不说，其强调概念分析或语言分析的方法，有些对我们是有借鉴意义的。唐君毅在研究中国哲学范畴时，也颇受现代西方哲学的启发。例如，他在研究荀子的“正名”论时，指出它“不重命题之构造与相涵关系之讨论，不重推理之原则规律之提出，而重论名言与其所表之意及事物之状，与所指之实之关系之讨论，及如何成就人与人之相喻；其名学思想，与其说属于西方所谓逻辑，实不如说为更近于所谓语意学者”[①]。这是很有见地的。中国先秦名辩思想，自梁启超、胡适以来，学者们往往以西方亚氏传统逻辑或印度因明相比附，而没有考虑到它所使用的语言符号主要是自然语言而不是人工语言，其所注重的是语词内涵之分析而不是其外延关系的特点。语言分析的方法，包括语形、语义、语用的分析，对于历史悠久、词义丰富、变化多歧的汉语来说，可以说是一个也不可少的，所以在中国发展了不同于西方形式逻辑的内涵语言逻辑。唐君毅还注意到中国文字的表意性对汉民族思维模式的影响，某些中国哲学的基本名言，从其字形就可以窥见其所象征而导向的哲学义理的基本方向，这也是范畴研究所不可忽略的。我们不仅要善于学习、吸收、运用现代西方哲学的语言分析方法，而且要逐步建立适合中国文化传统和汉语言文字特点的语义学和解释学。

关于《中国哲学原论》的方法，作者在各书“自序”中多有论述，这里评介的不可能全面，也不一定都符合作者的原意，好在读者可以就读原书去获得直接的真切的体会。

略论该书的不足之处

唐著以其思想深度和宏大规模，在中国哲学范畴史的研究中占有

① 唐君毅：《中国哲学原论·导论篇》，台湾学生书局 1984 年版，第 142 页。

不可忽视的重要地位，它给后来者留下了丰富的可资借鉴的思想资料和诸多方法论的启示，在今天，企图超越而完全不理睬它已是根本不可能的了。有唐著和其它同类论著作为先行思想资料基础，可以期待，进一步深入开展中国哲学范畴研究使之更接近科学形态的前景将是乐观的。

当然，《中国哲学原论》作为一部开拓研究的著作，它也不可能尽善尽美，一无缺点。我认为它的不足之处主要有以下几点。

一，由于它是作者在20余年中陆续写出来的，初无一全盘之计划，各书体例和论述方式皆不尽一致，内容繁简轻重不均，既有所疏漏，亦不免有重复之处。它只详细考察了“道”“理”“心”“性”“命”等少数基本范畴，而对“天”“气”“有无”“体用”“形神”“知行”等中国哲学中的重要问题和范畴，都没有详论或仅附带论及甚至根本未曾提到；在重点疏论的范畴中，有的是通中国哲学之全史以为论，有的则不是，如“原心”只论及先秦四家之言，秦汉以后言心之义，部分地见于《原性》，而该书并非以论“心”为中心，自然也不可能全面系统地疏论与“心”有关之一切哲学问题。所以，《中国哲学原论》还不是一部完整的系统的中国哲学范畴史论著。《原道》《原教》二书，“道”的涵义过泛，且繁辞广说，内容涉及中国哲学的诸多方面，已类同于一般中国哲学思想史之论著，而显示不出多少“即名求义”的范畴研究专著的特点。

二，此书本旨在通过对若干基本范畴的多方面、多层次的研究，以展示中国哲学义理的多种形态和丰富内容，而合之又足以见中国哲学之全貌。但是，它事实上并未能提供一个大体上符合历史演进次序的中国哲学范畴的整体逻辑系统。对每一个基本范畴，都可以贯中国哲学史以为论，但却未必能揭示它在整个中国哲学范畴体系中作为一个发展阶段和环节的地位。它的必然产生和向更高形态范畴的转化，它与诸相关范畴的横向和纵向联系，都只有放到整个系统中才能看得清楚。近年来国内出版的中、外哲学范畴史论著，也大都是就一个一个或一对一对哲学范畴，贯全史以论其产生、发展和涵义演变、丰富的历程，彼此孤立平列，而不是把它们分别作为联系和发展的环节，构成一个有机的逻辑系统。这种情况反映出我们的哲学范畴史研究还处在一个水平较低的发展阶段。但也并非一无突破。我们看到谢庆绵著《西方哲学范畴史》一书，就力图继承黑格尔和马克思的事业，初步描绘了一幅西方哲学认识史中，怎样从古代的本体论诸范畴，演进到近代的认识论诸范畴，再到马克思主义哲学实践论范畴的辩证发展图景，在这里，范畴推移的逻辑进程和西方哲学史的实际基本上是相符合的，我们在一堆音符中已经听见了音乐。《中国哲学原论》对某些个别范畴的研究和论述，自觉或不自觉地遵循了逻辑的和历史的一致的原则，因而有较高的科学价值。但是它却未能据此原则建立起中国哲学范畴推演的完整逻辑体系。《导论篇》的尝试应该说是不成功的，以“理”与“心”为逻辑起点，既不符合中国哲学史的实际，也难以体现哲学认识从低级到高级、从简单到复杂、从抽象到具体的发展规律。唐君毅后来意识到了这一点，可惜他的“以有关人生之事之学之观念为始点”的中国哲学范畴体系的新构想尚未全面展开和系统地陈述出来。

三，唐君毅作为现代新儒家的主要代表人物之一，有自己鲜明的哲学立场。《中国哲学原论》和他前后所著诸书一样，都是坚持和贯彻一个中心观念，即肯定“生命世界在物质世界之上，而心灵世界又在生命世界之上，而为自然宇宙之中心”①。《原论》一书通过范畴研究以揭示中国哲学之义理世界为宗趣，“若乎最上一机，乃复悟得上所言之义理之世界，无论如何广大高明，皆原在吾心之昭明灵觉之内，亦未尝不下彻于吾之现实生命与日常生活之中”②。故一切中国哲学之“道”，无不是吾人生命心灵活动的表现。这就完全否定了哲

① 李杜：《唐君毅先生的哲学》，台湾学生书局1982年版，第20页。

② 唐君毅：《中国哲学原论·导论篇》，台湾学生书局1984年版，第15页。

学思想发展的客观基础，哲学范畴研究的意义也只在于了解人的生命心灵活动的诸方式。从这种哲学立场出发，对于反映不依赖于人而客观独立存在的自然世界的诸范畴，以及外在超越的神灵世界的诸范畴，自然不会予以重视，甚至难免有意抹煞和曲解。唐君毅也像列宁批评的黑格尔《哲学史讲演录》一书那样，“像后母一样”对待中国历史上的唯物主义哲学家，把他们的许多有价值的哲学创造排除在中国哲学思想史之外。他对辩证法思想也持否定态度，认为“一切西方哲学中之批判论辩证论，重在破而不重立者，皆类乎佛家之言空理之论”[①]。在这种偏颇观念的影响下，《原论》一书对中国哲学史上丰富的辩证法思想范畴如和同、两一、常变、动静等也未予以应有的重视。上述哲学立场限制了他对中国哲学史进行更加全面深刻的认识，得出更加符合历史实际的结论。

［本文是作者 1988 年 12 月 25 日在香港“唐君毅思想国际会议”上的报告论文。原载《唐君毅思想国际会议论文集》（三），香港法住出版社 1991 年版；主要内容又曾刊载于《中国哲学史研究》1989 年第 3 期］

① 唐君毅：《中国哲学原论·导论篇》，台湾学生书局 1984 年版，第 68 页。

冯友兰与中国哲学现代化

1915 年，冯友兰入北京大学中国哲学门学习，直到 1990 年辞世，他在中国哲学舞台上整整活动了四分之三个世纪。冯友兰的哲学道路可以说是 20 世纪中国哲学的一个缩影。

冯先生的思想具有“多变”的特点，褒者誉之为“与时偕行，为道屡迁”，贬者讥之为没有学术持守，未脱功利境界。冯先生自己对这个问题的回答则是：“若惊道术多迁变，请向兴亡事里寻。”[①] 只要对中国现代政治变迁和知识分子的特殊处境有一定的了解，就不会对这位已故老人的艰难历程作过分的道德谴责，而能予以较多宽容的理解，并对他“阐旧邦以辅新命”，为中国哲学现代化所作的努力给予客观的正面的评价。

“阐旧邦以辅新命，余平生志事盖在斯矣”

在《三松堂学术文集》自序中，冯友兰先生总结他一生的工作，所要解决的问题，“就是以哲学史为中心的东西文化问题”[②]。

哲学史是他的专业工作。他一生的学术活动在很大程度上都是围

---

① 冯友兰：《赠王浩》，《三松堂全集》第 1 卷，河南人民出版社 1985 年版，第 291 页。

② 冯友兰：《三松堂学术文集》，北京大学出版社 1984 年版，“自序”第 2 页。

绕着对中国传统哲学的清理和反思来进行的。在他看来，任何一种哲学都是接着哲学史讲的，他的“新理学”也不例外，自认是“接着”程朱理学讲的。他后期所认同的马克思主义哲学，可以说是接着德国古典哲学讲的；同理，要在中国建立新的哲学即中国化的马克思主义哲学，也必须以中国古典哲学作为一个重要来源——这是他晚年阐发的一个主要观点。

东西文化问题则是时代的问题。冯先生说：“我生在一个不同文化的矛盾和斗争的时期，怎样处理这个矛盾，怎样处理这个斗争，以及我在这个斗争中何以自处，这一类的问题，是我所正面解决和回答的问题。”① 他对这个问题的解决，依据了他对哲学史的清理和理解，即把一般和个别、共相和殊相的关系问题看作是一个真正的哲学问题，他把东西文化问题也放在一般和特殊的关系中来解决。和梁漱溟等人主要强调东西文化之异不同，冯友兰则肯定东西文化有共同趋向，因而有相互理解、沟通的可能性。他说：“我们现在所注意的是东西文化的相互阐明，而不是它们的相互批评。应该看到这两种文化都说明了人类发展的共同趋势和人性的共同原则，所以东西文化不仅是相互联系的，而且是相互统一的。”② 依据这种认识，他在哲学领域的工作就是努力做中西哲学相互阐明、相互补充、相互融合的工作。就中国哲学的发展来说，努力吸收西方哲学中的理性主义和逻辑分析方法，来弥补其逻辑上的欠缺和理智分析之不足，这正是实现中国哲学现代化的一个重要方面或一条重要途径。

冯先生还一再明确表示，他的这一工作就是“阐旧邦以辅新命”。这说明他是怀着一种强烈的社会责任感和历史使命感来做这一工作的。因为在他看来：“中国就是旧邦而有新命，新命就是现代化。我

---

① 冯友兰：《三松堂学术文集》，北京大学出版社 1984 年版，“自序” 第 2 页。

② 冯友兰：《中国现代哲学》，钱耕森译，《三松堂学术文集》，北京大学出版社 1984 年版，第 289 页。

的努力是保持旧邦的同一性和个性，又同时促进实现新命。”① 他看到了现代化是现时代各民族的共同趋势，古老的旧邦中国如不实现现代化，就没有前途。他的工作就是要在哲学领域促进实现新命，既肯定中国哲学有恒久的价值，又努力促进中国哲学的现代化。这是他一生念兹在兹的志业，他也确实是这样做的。

对中国哲学精神之执着地维护

冯先生一生的工作，都是和中国哲学史分不开的。他对中国哲学有着特殊深厚的感情，始终相信中国哲学能够为民族复兴大业和人类精神文明作出伟大的贡献。他说：“在振兴中华的伟大事业中，每一个中华民族的成员，都应该尽其力之所及做一点事，我所能做的事，就是把中国古典哲学中的有永久价值的东西阐发出来，以作为中国哲学发展的养料。”② 既然是“有永久价值的东西”，那么就不仅可以作为中国哲学发展的养料，而且可以对于未来世界哲学的发展有所贡献。

中国哲学对于未来世界哲学可以有何贡献呢？冯友兰在 1948 年发表的《中国哲学与未来世界哲学》一文中，着重讲了两点：“一点是哲学使用的方法，一点是由哲学达到的理想人生。”③

冯友兰一贯主张，哲学的作用主要就是提高人的精神境界。在他看来，科学可以增加人的积极知识，但不能提高人的境界；哲学可以提高人的境界，但不能增加人的积极知识。“哲学是可以使人得到最

---

① 冯友兰：《三松堂自序》，《三松堂全集》第 1 卷，河南人民出版社 1985 年版，第 343 页。

② 冯友兰：《三松堂自序》，《三松堂全集》第 1 卷，河南人民出版社 1985 年版，第 345 页。

③ 冯友兰：《中国哲学与未来世界哲学》，《冯友兰学术论著自选集》，北京师范学院出版社 1992 年版，第 550 页。

高境界的学问，不是使人增加实际底知识及才能底学问。”[①] 哲学虽然是一种空虚之学，但是它却能给人有所受用，这种“受用”就是给人一种精神境界。“用中国的一句老话说，哲学可以给人一个‘安身立命之地’。就是说，哲学可以给人一种精神境界，人可以在其中‘心安理得’地生活下去。”[②] 这个观点冯先生始终坚持，解放后也没有放弃，不过后期对人生境界说重新作了诠释而已。他认为通过哲学的反思和领悟，追求理想的人生境界，正是中国哲学之所长，也是中国哲学主要传统和精神所在。正是在这一点上，中国哲学可以对世界未来哲学有所贡献。《新原道》一书专论中国哲学的精神，通过对孔孟、老庄、名家、玄学、禅宗、宋明道学各家的考察，指出“极高明而道中庸”乃是中国哲学所追求的最高境界。“这种境界是最高底，但又是不离乎人伦日用底。”[③] 它把理想与现实、高明与中庸、出世与入世以及内与外、本与末、精与粗、动与静等对立面都统一起来，可以说是达到了一种最高的哲学智慧，也是一种最高的人生境界。在冯友兰看来，“一个真正的哲学既是出世的，又是入世的，强调在人类生活的日常事务中实现最高的生活境界”[④]，而这正是中国哲学传统的主要目的和主要问题，是从孔子直到今天中国哲学进展的中心；也可以说，这是中国哲学对于人类精神的一个主要贡献。

中国哲学可以有所贡献于未来世界哲学的另一点是哲学方法，即冯友兰认为在西方哲学中没有得到充分发展的直觉体悟的方法，他称之为“负的方法”。西方哲学长于逻辑分析方法，这是以理性思维对形上学命题、范畴进行逻辑分析和推演，从正面阐释形上学的方法，

---

① 冯友兰：《新原道》，《三松堂全集》第 5 卷，河南人民出版社 1986 年版，第 157 页。

② 冯友兰：《中国哲学史新编》，人民出版社 1982 年版，“绪论”第 27 页。

③ 冯友兰：《新原道》，《三松堂全集》第 5 卷，河南人民出版社 1986 年版，第 6 页。

④ 冯友兰：《中国哲学与未来世界哲学》，《冯友兰学术论著自选集》，北京师范学院出版社 1992 年版，第 559 页。

他称之为“正的方法”。然而，要把握形上学的对象，还有“讲形上学不能讲”的一面。“想要描述彼岸的东西，就是想要用语言说出不可能也不应该用语言表达的东西。不能说它是什么，只能说它不是什么，这就是负的方法的精髓。”[①] 冯友兰认为，正是在中国的道家和禅宗哲学中充分发展了这种负的方法，即通过直觉思维去体认、领悟那不可思议、不可言说的形上学对象。在他看来：“一个完全的形上学系统，应当始于正的方法，而终于负的方法。如果它不终于负的方法，它就不能达到哲学的最后顶点。”[②] 他正是想用在中国哲学中充分发展了的直觉思维方法，去补西方哲学纯粹分析之不足，克服其重分而不重合的局限和弊端。他认为，只有正、负两种方法结合、互补，才能产生真正完善的形上学系统。因此，负的方法也是中国哲学对于人类的一个永久的贡献。

冯先生直到耄耋之年还孜孜不倦地写作《中国哲学史新编》，就是因为他坚信，中国传统哲学中一些有永久性价值的东西，是人类精神财富中不可或缺的一部分，应该挖掘、阐发出来为中国实现新命服务，也为建构未来世界哲学提供资源。他的这一信念十分执着，故能为此呕出心肝，用生命来写作，直到最后一息。

引进西方的理性主义和逻辑分析方法

冯友兰是一个学贯中西的学者。他对中国哲学的挚爱是建立在对其系统清理和理性反省的基础上的，故知其所长，亦知其所短。他清理和反省中国传统哲学的方法，主要是参考、借鉴西方哲学，在中西

---

① 冯友兰：《中国哲学与未来世界哲学》，《冯友兰学术论著自选集》，北京师范学院出版社 1992 年版，第 554 页。

② 冯友兰：《中国哲学简史》，《三松堂全集》第 6 卷，河南人民出版社 1989 年版，第 305 页。

哲学比较中去认识其长短得失。取西方哲学之所长补中国哲学之所短，是冯友兰为推进中国哲学现代化所采取的十分自觉的行动。

在冯友兰看来，中国实只有上古和中古哲学，而没有近代哲学形态，西方近代哲学的成就，主要是理性主义和逻辑分析方法，这恰是中国传统哲学所缺少的。中国哲学追求“天人合一”的境界，习惯于用整体直观的思维方式去把握对象，没有把“我”与“非我”、主观与客观严格区分开来，不注意研究“我”如何认识“非我”的问题，也不注重研究思辨的逻辑程序和方法，知识论和逻辑学没有得到充分发展。中国哲学家虽然也讲“为学之方”，但重点在论述道德修养的方法，旨在求善而不在求真，与西方的知识论、方法论明显不同。中国哲学家讲“内圣外王”，注重“立德”“立功”，而不重“立言”，因此大都没有留下精心结撰、首尾贯穿、体系谨严的哲学著作。冯友兰认为，哲学观念和思维方式的滞后是中国哲学未能步入近代的主要原因。因此，他把引进西方的理性主义和逻辑分析方法当作自己和他那一代中国哲学家的主要任务。1935 年，在中国哲学年会的开会词中，冯说：“中国最缺乏理性主义的训练，我们应多介绍理性主义。”① 1948 年，他又说：“过去二十年中，我的同事和我，努力将逻辑方法引进中国哲学，使中国哲学更理性主义一些。”② 这是指他在创立“新理学”体系时期所做的工作和金岳霖等先生的努力，体现了那一代中国哲学家的历史自觉。

众所周知，冯友兰先生在抗战时期所创立的新理学哲学体系，是在比较完全的意义上中西哲学结合的一次自觉的尝试，在某种意义上说也是一次较成功的尝试。它的特点就是运用西方哲学的逻辑分析方

① 冯友兰：《在中国哲学会年会上的开会词》，《三松堂学术文集》，北京大学出版社 1984 年版，第 297 页。

② 冯友兰：《中国哲学与未来世界哲学》，《冯友兰学术论著自选集》，北京师范学院出版社 1992 年版，第 555 页。

法来重建儒家哲学的形上学，使中国哲学在理性化、逻辑化、体系化方面向前大大迈进了一步。

冯友兰说："新理学的工作，是要经过维也那学派的经验主义，而重新建立形上学。"[①] 所谓"经过维也那学派的经验主义"，就是吸收、借用被维也那学派高度发展了的逻辑分析方法，来建构新理学的逻辑范畴体系。但是，冯友兰并不同意维也那学派通过逻辑语言分析取消形上学的观点，而主张由"辨名"而"析理"，即运用逻辑分析方法来达到重建形上学的目的。他说："照我们的看法，逻辑分析法，就是辨名析理的方法。这一句话，就表示我们与维也那学派的不同。我们认为析理必表示于辨名，而辨名必归极于析理。维也那学派则认为只有名可辨，无理可析。"[②] 这反映了冯友兰和维也那学派对哲学的对象和功能的认识不同。在冯看来，"形上学是哲学中底最重要底一部分，因为它代表对于人生底最后觉解"[③]，不但不能取消，而且是哲学探究的终极目的，逻辑分析方法不过是达到此一目的的一种手段。中国哲学并不缺少形上智慧，也不缺乏通过直觉体悟形上本体的方法，但是缺少通过纯粹的逻辑思辨从正面去阐释形上学的方法，今天要向西方学习、借鉴的就是这种方法。冯友兰说："重要的是这个方法，不是西方哲学的现成结论。"[④] 逻辑分析方法是西方哲学几千年发展的重要成果，冯称之为西方哲学家"点石成金"的手指头，中国人要的正是这个"手指头"。用清晰的逻辑思辨和确定的概念范畴

① 冯友兰：《新知言》，《三松堂全集》第5卷，河南人民出版社1986年版，第223页。

② 冯友兰：《新知言》，《三松堂全集》第5卷，河南人民出版社1986年版，第233页。

③ 冯友兰：《新知言》，《三松堂全集》第5卷，河南人民出版社1986年版，第167页。

④ 冯友兰：《中国哲学简史》，《三松堂全集》第6卷，河南人民出版社1989年版，第293页。

来改造中国传统哲学笼统直观的思维方式和模糊多义的表达方式，是中国哲学现代化的一项重要任务，冯先生的新理学可以说在这方面作出了突出的贡献。它第一次用西方的逻辑分析方法证明了儒家的形上学，尽管其内容还有非现代化的方面，但是不能否认它已具备了现代哲学的形态。

中西哲学结合的新阶段

解放后，冯友兰先生转变哲学立场，对“新理学”的唯心主义作了多次自我批判，转变到马克思主义哲学唯物主义的立场上来，即从“理在事先”“理在事上”转变到符合人类经验和常识的“理在事中”的观点上来。这是从谬误向真理的转变，是冯先生思想的一大进步。此后他为马克思主义哲学中国化所作的努力，可以说是他终生致力的中西哲学结合的一个新阶段。

冯先生通过系统清理和总结中西哲学发展的全部历史，发现有一个贯穿于其中的基本问题，就是一般与个别、共相与殊相的关系问题。“程朱理学和新理学，都是主张理在事先和理在事上”①，即把一般、共相看作是可以脱离个别、殊相而独立存在的东西。他后来认识到：“关于共相和殊相的关系问题，正确的回答是理在事中，这就是说，共相寓于殊相之中。”② 在他看来：“每一个普通名词所指的都是一个具体的共相，它的内涵就是‘理’，它的外延就是‘事’，内涵和外延，本来就是合在一起的，只是人的思维对它们加以分析，才显出它们的分别和对立。这是一个关于认识的问题，并不是一个关于存

① 冯友兰：《三松堂自序》，《三松堂全集》第1卷，河南人民出版社1985年版，第234页。

② 冯友兰：《三松堂自序》，《三松堂全集》第1卷，河南人民出版社1985年版，第235页。

在的问题。就存在说，本来没有谁先谁后、谁上谁下的问题，其所以有这些问题，就是因为把关于认识的问题与关于存在的问题混淆了。”① 他对新旧理学的错误的认识根源的揭示，表现了服从真理的实事求是的态度。冯先生从程朱理学的“理在事先”“理在事上”说转变到王船山的“理在事中”说，进而肯定毛泽东关于“矛盾的普遍性即寓于矛盾的特殊性之中”的思想是对于中国传统哲学一般与特殊关系问题的科学解决，这是一哲学立场的根本转变，用他自己的话来说，是“脱胎换骨”。解放后他的思想虽然也有一些反复，在共殊关系上有时不自觉地抬高共相的意义和作用，但是他主观上决不从“理在事中”倒退到“理在事先”和“理在事上”的观点去。对于一般和个别、共相和殊相的关系这个真正的哲学问题，“理在事中”“具体的共相”就是他的晚年定论。

这一哲学立场的转变，从冯先生接受的西方哲学来说，就是从新实在主义的客观唯心论转变到马克思主义哲学的唯物主义立场上来。解放前他力图将新实在论和中国儒家正统哲学相结合，解放后他也力图将马克思主义哲学和中国传统哲学相结合，为马克思主义哲学的中国化尽自己的一分力量。如果说，他过去所做的中西哲学结合工作，主要是引进西方的理性主义和逻辑分析方法的话，那么，他在后期所做的中西哲学结合工作，则主要是运用马克思主义哲学的观点和方法，重新清理中国古代哲学遗产，并在传统哲学中为马克思主义哲学在中国生根、发展寻找结合点。他特别重视中国化的马克思主义哲学毛泽东哲学思想的历史来源问题，50 年代初写的《〈实践论〉——马列主义底发展与中国哲学传统问题底解决》一文，就探讨了《实践论》和中国传统哲学知行问题的直接渊源关系，意思也就是说，《实践论》是接着中国传统哲学知行问题讲的。晚年他更加明确地提出：

① 冯友兰：《三松堂自序》，《三松堂全集》第 1 卷，河南人民出版社 1985 年版，第 236 页。

“马克思主义有三个来源，其一就是德国古典哲学。为现代中国服务的包括各个方面的广泛的哲学体系，会需要中国古典哲学作为它的来源之一吗？我看，它会需要的。”① 他认为“毛泽东的哲学实际上也是接着中国古典哲学讲的”，“毛的《矛盾论》、《实践论》讲矛盾的普遍性寓于特殊性之中，其思想归结起来是‘一般寓于特殊之中’，这个‘寓’字从前人不常用，而这个思想也就是‘理在事中’；所谓‘实事求是’，就是在事上求理”。② 他不仅把毛泽东的《实践论》《矛盾论》同中国古代哲学讨论的知行问题、共殊关系问题接上了，而且进而认为，有一些真正的哲学问题，古今中外的人都可能有所见，因为客观真理只有一个，马克思主义对客观真理的揭示必然是与前人的认识成果相通的，马克思主义哲学也是接着中外哲学史讲的。这是他一生研究哲学史所得出的最重要的结论，即把人类认识史上一切好的东西都打通了，认为一切好东西都可以吸收包容到马克思主义哲学中来。

冯先生在写“贞元六书”的时候，确有继承儒家道统的意思，因而成为现代新儒家的一个重要代表人物。晚年写作《中国哲学史新编》时，他明确说已经没有这个意思了。因为对他来说，一切好东西都是相通的，他不再偏执儒家，“儒家也好，道家也好，这个界限对我来说已经打通了”③。应该指出的是，冯先生的“新编”和旧著相比，还有一个显著不同的特点，就是对历代唯物主义哲学家如王充、范缜、刘禹锡、张载、王廷相、王夫之等人的思想作了较详细的论述，更全面地揭示了中国古代哲学遗产中的精华和丰富内容。寻找马克思主义和中国古典哲学的结合点，可以更多地从中国哲学传统的这些优秀部分中去找到。

---

① 冯友兰：《三松堂自序》，《三松堂全集》第1卷，河南人民出版社1985年版，第342页。

② 陈来：《默然而观冯友兰》，《读书》1990年第1期。

③ 陈来：《默然而观冯友兰》，《读书》1990年第1期。

冯先生晚年对哲学的对象与功能的认识也比以前更加全面了，不仅认为“哲学是对于人生的有系统的反思的思想”，而且把哲学反思所关涉的对象，更全面地指出有三部分：“一部分是自然，一部分是社会，一部分是人生”，肯定“人类的生活，无论是精神的或物质的，都是和‘天人之际’有关系的，所以中国哲学认为‘天人之际’是哲学的主要对象”。[①] 关于哲学的价值和作用，他除了继续认为哲学可以提高人的精神境界、给人以“安身立命之地”外，还认为哲学反思可以发展、锻炼人的理论思维能力。这是接受了恩格斯的观点，并解释说：“学习哲学的活动，是对于人的精神活动作反思，在这种反思中锻炼人的理论思维能力。”[②] 和其他现代新儒家一样，冯友兰在前期将哲学和科学截然分作两途，认为“哲学之目的在求好，而科学之目的在求真”[③]，二者性质完全不同。后期他把科学研究也包括在哲学反思的人类精神活动之内，并且把科学看作是哲学发展的重要基础，强调二者有不可分割的联系。这些认识当然都更接近于真理，也更符合哲学现代化的要求。可见冯先生确实是抱着一种追求真理的态度，不断修正自己的认识，努力促进中国哲学现代化的进程。

1982 年，冯友兰先生到美国哥伦比亚大学接受名誉文学博士学位，在答辞中，他简要地回顾了自己几十年来的学术经历，并且比较 1946—1947 年那次访美的感受时说：“我这次到美国，虽然讲的也是中国的东西，但是心情完全不同了，自卑感变成了自豪感，不舒服变成了舒服。”[④] 这不仅反映了新旧中国地位的变化，而且也反映了

---

① 冯友兰：《三松堂自序》，《三松堂全集》第 1 卷，河南人民出版社 1985 年版，第 230—231 页。

② 冯友兰：《中国哲学史新编》，人民出版社 1982 年版，“绪论”第 27 页。

③ 冯友兰：《对于哲学及哲学史之一见》，《太平洋》杂志第 4 卷第 10 期，1925 年 6 月。

④ 冯友兰：《三松堂自序》，《三松堂全集》第 1 卷，河南人民出版社 1985 年版，第 345 页。

“脱胎换骨”后的冯友兰的崭新的精神面貌，他终生挚爱中国哲学并且对其未来前景充满信心。

对未来世界哲学的瞻望

冯友兰先生始终抱着中西哲学可以互相阐明、互相结合、互相补充的观点来看未来的世界哲学。他说：“在我看来，未来世界哲学一定比中国传统哲学更理性主义一些，比西方传统哲学更神秘主义一些。只有理性主义和神秘主义的统一才能造成与整个未来世界相称的哲学。”① 又说：“我们期望不久以后，欧洲的哲学思想将由中国的直觉和体会来予以补充，同时中国的哲学思想也由欧洲的逻辑和清晰的思维来予以阐明。”② 这里所谓“神秘主义”，他专门有一个说明，即指一种哲学，“承认有所谓‘万物一体’之境界者；在此境界中，个人与‘全’（宇宙之全），合而为一；所谓主观客观、人我内外之分，俱已不存”③，这就是指中国古代“天人合一”的哲学。这种哲学和欧洲的理性主义，中国哲学中的直觉思维方法和欧洲哲学中的逻辑分析方法，都可以形成互补，他断言新的未来世界哲学必将在这一互补中产生。

晚年他又说，中国和世界今天都需要一个包括新文明各个方面的广泛的哲学体系，融合一切有价值的哲学认识成果，吸收各个方面的养料。“这个新的广泛的哲学体系出现了，不同的文化在中国的矛盾也就解决了。……这是一个终结，以前的调节不同的文化的种种努力

---

① 冯友兰：《中国哲学与未来世界哲学》，《冯友兰学术论著自选集》，北京师范学院出版社 1992 年版，第 555 页。

② 冯友兰：《中国现代哲学》，钱耕森译，《三松堂学术文集》，北京大学出版社 1984 年版，第 289 页。

③ 冯友兰：《中国哲学中之神秘主义》，《三松堂学术文集》，北京大学出版社 1984 年版，第 49 页。

都不过是一个开始。我们现在的努力虽不是终结的开始，但它可以是开始的终结。”①

冯先生所指出的中西哲学结合、互补的方向无疑是正确的，但是他所期望的解决了各种文化矛盾的作为“终结”的统一的哲学体系却未必能够出现。这里反映了他一生的哲学追求，也有许多不现实的地方，这可能是造成他的生命和哲学的悲剧性格的一个重要原因。冯友兰虽然是20世纪中国的一个大哲学家，然而我们对他的认识和评价，也必须一分为二。本文着重论述了冯先生哲学的成就和贡献，而批评地反省其缺失和局限，不是这篇短文的主要任务。

（本文是作者1993年6月21日在台湾“中国哲学在中国历史的回顾与发展”研讨会上的报告论文。原载《中国文化研究》1994年夏之卷）

---

① 冯友兰：《三松堂自序》，《三松堂全集》第1卷，河南人民出版社1985年版，第343页。

杜维明新儒家思想述评

一

杜维明，1940 年生于云南省昆明市。1961 年毕业于台湾东海大学。后获得哈佛—燕京奖学金赴美留学，1968 年获哲学博士学位。曾先后任教于普林斯顿大学和加州大学伯克莱分校。1981 年始任哈佛大学中国历史和哲学教授，并曾担任该校宗教研究委员会主席、东亚语言和文明系主任。现任夏威夷东西文化交流研究中心主任。

杜维明先生是继唐君毅、徐复观、牟宗三之后的新一代现代新儒家的主要代表人物之一。他自称“1966 年我决定全力从事对儒家的精神价值作长期的探索并以此作为自己的专业研究工作”[①]。又说：“我愿意把自己探索文化认同的努力刻画为具有‘儒家’特性的学术工作。”[②] 作为一名以探索和弘扬儒家思想的精神价值为己任并以儒学传统的新一代传人自居的现代学者，他有着一帆风顺的学术经历，受过良好的中西文化和哲学的训练，善于运用新的方法、语言和结合

---

① 杜维明：《人性与自我修养》，胡军、于民雄译，中国和平出版社 1988 年版，“导言”第 4 页。

② 杜维明：《人性与自我修养》，胡军、于民雄译，中国和平出版社 1988 年版，“导言”第 3 页。

现代人的存在感受，对儒家思想进行一种现代诠释和阐发的工作。同时，他也是中国大陆学术界最熟知的海外学人之一。

杜维明第一次来中国大陆进行学术交流是1978年秋。1980年他在北京师范大学历史系进修、讲学长达九个月。1985年春，他又以富布莱特访问学者的身份到北京大学访问半年，在哲学系开设了一门“儒家哲学”课程。同时，他还曾到我国南北的十几所大学和科研机构进行学术访问和讲学，并利用出席学术讨论会、座谈会、讲习班和发表文章、访谈等各种场合和方式，宣扬自己有关“儒学第三期发展”的主张，使“儒学复兴”说成为80年代文化讨论中的一派显学，并引起热烈的争论。近年来，杜维明频繁出席在世界各地和中国大陆举行的有关中国哲学和中国文化的各种学术研讨会，在会上阐发自己的见解，正如他所表白的，这类见解的基本立场可以归属于“儒家”。

杜维明先生曾以研究宋明新儒家思想而成名，但是进入80年代以来，他讲得最多的还是儒家思想的现代意义和儒学第三期发展的前景问题，时间则以1982年夏天在新加坡和1985年在中国大陆期间最为集中。① 杜在中国大陆学术界的影响也主要在这一方面。在新儒家阵营中，在各种不同的场合以各种不同的形式、在与各种不同的对象（中老年学者和青年学者、专业学者和非专业学者乃至新加坡政府的高级官员）的对话中阐发儒家思想的现代意义和儒学第三期发展的前景问题，可以说是杜维明学术思想的一大特色。所以在这部“论著辑要”中，我们适当地突出了这方面的内容。

---

① 杜维明1982年夏天再新加坡期间的讲演、座谈等等，收入1989年生活·读书·新知三联书店出版的《新加坡的挑战：新儒家伦理与企业精神》（高专诚译）一书。1985年在中国大陆期间的有关文字，则收入1989年台湾联经出版事业公司出版的《儒学第三期发展的前景问题》一书。

二

杜维明自述，他提出和探讨儒学第三期发展的前景问题，乃是“针对列文森在《儒教中国及其现代命运》一书中断定儒家传统业已死亡一结论而发”①。列文森（Joseph R. Levenson）是美国加州大学伯克莱分校历史系教授，他在三卷本巨著《儒教中国及其现代命运》中认为：儒家思想“在产生它并需要它的社会开始瓦解之后，它成为一片阴影，只栖息在一些人的心底，无所为地只在心底像古玩般地被珍爱着”②。杜认为，列文森的观点颇具代表性，因为“这是一条为许多治现代中国思想史的学者所遵循的思路”③。

显然，对儒家思想的现代命运及其未来走向的论定必定是基于对于历史上儒家学说的思想特质及其真髓的理解和把握。在杜维明看来，列文森把“儒家传统”和“儒教中国”混为一谈是不妥当的，因为“儒家传统和儒教中国既不属于同一类型的历史现象，又不属于同一层次的价值系统”④。“儒教中国”可以理解为“以政治化的儒家伦理为主导思想的中国传统封建社会的意识形态，及其在现代文化中各种曲折的表现”⑤。人们通常所说的“封建遗毒”就是指儒教中国而言。杜维明并不否认历史上儒教中国的形成和发展与儒家传统之间

---

① 杜维明：《儒家第三期发展的前景问题》，台湾联经出版事业公司1989年版，第303页。

② 转引自杜维明《探究真实的存在——略论熊十力》，载《近代中国思想人物论——保守主义》，台湾时报文化出版事业有限公司1980年版，第325页。

③ 转引自杜维明《探究真实的存在——略论熊十力》，载《近代中国思想人物论——保守主义》，台湾时报文化出版事业有限公司1980年版，第326页。

④ 杜维明：《儒家第三期发展的前景问题》，台湾联经出版事业公司1989年版，第298页。

⑤ 杜维明：《儒家第三期发展的前景问题》，台湾联经出版事业公司1989年版，第296页。

有着密切关系，他所强调的是：不可以把儒家传统归之于儒教中国（封建社会的意识形态及其遗毒）加以解释。他指出：尽管从发生学上来看，儒家传统的形成与以农业为基础的自然经济、以家长为标准的官僚制度和以家族为中心的社会关系密切，但却不可以把儒家思想还原为“以农立国论、家族主义或官僚主义”，因为那样就“忽略了其伦理宗教的性格”。作为中国历史思想的主流，儒家思想固然深深地植根于传统中国的经济、政治和社会之中，“然而，即使这些根柢全被摧毁，吾人亦不能就归结说，儒家思想因此而丧失其所有的人文关切”。人们在其中所发现的并不是某种一成不变的古代智慧，而是“人文睿智的宝藏”，“这些人文睿智对他们的存在是充满意义的，也关系到他们对现代世界之重要问题的认知”。[①]

儒家传统与儒教中国的区分，在于强调儒家传统具有历久常新的恒常价值，它不会伴随着儒教中国的解体而消亡。那么，应该怎样概括儒家传统的基本精神呢？杜维明指出：“儒学基本的精神方向，是以人为主的，它所代表的是一种涵盖性很强的人文主义。这种人文主义，和西方那种反自然、反神学的人文主义有很大不同，它提倡天人合一、万物一体。”这种人文主义，是入世的，要参与现实政治，但又不是现实政权势力的一个环节，它“有着相当深厚的批判精神，即力图通过道德理想来转化现实政治，这就是所谓‘圣王’的思想。从圣到王是儒学的真精神”。[②] 像他的前辈们一样，杜维明强调内圣之学是儒家全部理论的核心和出发点，“儒学人道主义最关心的基本问题之一就是如何通过自我努力而成为圣人”[③]。儒家内圣之学的理论

① 参见杜维明《探究真实的存在——略论熊十力》，载《近代中国思想人物论——保守主义》，台湾时报文化出版事业有限公司1980年版，第325页。

② 杜维明：《儒家第三期发展的前景问题》，台湾联经出版事业公司1989年版，第10页。

③ 杜维明：《人性与自我修养》，胡军、于民雄译，中国和平出版社1988年版，第102页。

基础就是心性之学，因为“成圣（最可信、最真实、最诚实的人性）的理想的实现，依赖于对真实人性的本体论的理解”[①]，这种理解不仅仅把人看作一种生物的和社会的存在，而是把人的存在及其本质提升到道德宗教的层面加以探讨。

强调儒家内圣之学的超越性即宗教性内涵，在唐君毅、牟宗三等人的思想理论中已表现得十分突出，杜维明对于这一点亦有较多的论述。他认为在历史上儒家思想的发展中，“不仅孔子，包括孟子、荀子，都有相当强烈的宗教情操”[②]。儒学是一种人文主义、一种哲学人类学，但此种人文主义既不排斥超越层面的“天”，也不排斥现实层面的社会与自然，所以说它是“一种涵盖性很强的人文主义”。在天道与人道的相互关系上，儒家主张“超越而内在”而不是“超越而外在”，认为“你越能深入自己内在的泉源，你就越能超越”[③]，孟子把这一特定的理路称之为“掘井及泉”。在儒家思想中，超越性与现实性不可分割地联系在一起。儒家要通过现实世界来体现它广大高明的人文理想，而不是像基督教那样，主张离开这个现实的世界另造一个天国。所以，儒家思想一方面并不缺少超越的层面，另一方面又具有强烈的现实感和入世精神，力图通过社会实践和政治参与，“内在于现实世界并转化之”。

所谓“内在于现实世界并转化之”也就是“以道德理想转化政治”，这就是儒家的“圣王”理想。问题在于：“‘圣王’是中国儒家的最高理想，而实际上的表现，则是政治化的儒家，即不是用道德理想转化政治，而是在通过其他途径取得政治权力后，用政治来干预、

---

① 杜维明：《人性与自我修养》，胡军、于民雄译，中国和平出版社1988年版，第102页。

② 杜维明：《儒家第三期发展的背景问题》，台湾联经出版事业公司1989年版，第182页。

③ 杜维明：《儒家第三期发展的背景问题》，台湾联经出版事业公司1989年版，第188页。

歪曲学术，使‘道统’变为统治者对人民进行思想控制的工具。”[①] 对历史上儒家思想的这一凄惨命运应该如何解释？儒家的人文理想为什么会在现实中落空？这与儒家思想的内在本质有无必然的联系？杜维明对这一问题并未作出令人信服的说明，他所强调的是必须厘清儒家的象征符号，把“以人文理想转化政权的儒家”和“政权化（或政治化）的儒家”严格地加以区分，认为后者只是儒家思想在现实的权力网络中遭到扭曲和利用的产物，这种扭曲和利用也是导致近代以来儒学衰微的直接原因。

杜维明认为，近代以来儒学受到了“明枪”“暗箭”的两面夹攻。所谓“明枪”是指“五四”以来中国第一流的知识分子对于孔家店“一而再、再而三地痛击”；“暗箭”则是指袁世凯等“借孔孟之名而行复辟之实”的反动军阀、政客对于儒学的利用、腐蚀。在他看来，倡导西化的知识分子对儒家传统的迎头痛击固然是今天儒门淡薄的原因之一，但使得孔孟之道一蹶不振的杀伤力与其说是来自学术文化的批判，不如说是来自非学术、非文化的腐蚀。因为“西化知识分子对儒家传统进行学术文化的批判，其结果对孔孟之道的精义不无厘清的积极作用。相反地，企图利用先圣先贤以维护既得利益的军阀政客，不仅没有达到推行孔教的目标，反而把儒家的象征符号污染了”[②]。正是以此种认识为基点，他宣称“我甚至把自己看作一个五四精神的继承者”[③]。作为新一代的新儒家学者，杜对于“五四”运动及“五四”精神的认识显然已与他的前辈们大不相同。

---

① 杜维明：《儒家第三期发展的背景问题》，台湾联经出版事业公司 1989 年版，第 10—11 页。

② 杜维明：《儒家第三期发展的前景问题》，台湾联经出版事业公司 1989 年版，第 278 页。

③ 杜维明：《新加坡的挑战：新儒家伦理与企业精神》，高专诚译，生活·读书·新知三联书店 1989 年版，第 11 页。

三

对于“五四”时期反传统运动的起因及其历史地位的某种同情的了解并不排斥杜维明对西化论者的批评，而且在其思想理论中后一方面显然占有更突出的地位。

杜认为，“五四”以来西化论者在比较中西文化时，采取了一种地道的“弱者政策”。此所谓“弱者政策”乃是相对于某些欧美学者在文化比较中所尊奉的“强人政策”而言。所谓“强人政策”即是指以本民族文化的精华与他民族文化的糟粕进行比较，以突出本民族文化的优越性。与此相反，“五四”以来的西化论者通常是以中国文化的糟粕与西方文化的精华相比较，以突出中国文化的劣根性，所以说是一种“弱者政策”。

是什么原因促使国人采取一种以己之短比人之长的“弱者政策”呢？杜认为，从认识层次上看，其原因有二：一是现代化与西化的混淆。当时还没有“现代化”的提法，“西化即是‘现代化’，这是当时知识分子的共识”①。这样一来，如何以西方现代文化为典范，尽可能迅速地由传统的中国社会进展到西方式的现代社会，就成了人们共同努力的目标。二是文化的有机整体观促使他们必然采取一种极端的立场。依据文化为有机整体的观点，“要拥抱西方现代文化就不能挑三拣四”，所谓“学其长处而去其缺陷”，“取其精华而去其糟粕”，乃至“融会中西”等等都是“讨便宜”的心理在作祟。正是由于把20世纪的欧美社会理解为独一无二的现代化模式和把西方文化视为必须全盘接受的有机整体，所以“五四”以来的西化论者对传统文化采取了全盘否定的立场。

---

① 杜维明：《儒家第三期发展的前景问题》，台湾联经出版事业公司1989年版，第284页。

杜维明还从“文化认同”的角度批评西化论者的主张。“认同”一词在英文中与逻辑术语“同一性”或“一致性”涵义相当，50年代末期新弗洛伊德学派的艾律克森（E. Erikson）把它引入心理分析领域，认为青少年在人格发展过程中有一个“认同危机”特别强烈的阶段。到了60年代，“认同”概念在欧美学术界已被广泛地应用于各种人文科学和社会科学研究领域。“文化认同”概念的提出，旨在说明文化的特殊性和具体性。由于把现代化等同于西化，倡导西化的知识分子们势必认为现代化的进程将把古今中西的差异熔为一炉，将来只有西方的现代文化而不可能有任何其他类型的现代文化。实际上，在现代化的进程中，英、法、德和美国都有其具体而特殊的文化认同，它们的现代文化也表现出差异性。所以，在现代化进程中，西方文化本身就是多元的，“西方多元化所代表的是一些特殊和具体的实例（各有各的文化认同）而不是放诸四海者为准的一般原则”①。

从“文化认同”的角度来检视民族文化，自然会得出与西化论者截然不同的结论。杜认为，我们既不可以西方现代文化为标准来取舍民族文化，亦不可把传统文化当作业已死亡或僵化的历史陈迹，而应当对传统进行全面而深入的反思，认识其个性，了解其内容，体会其动源，掌握其来龙去脉，“如此方可争取到评价的资格，才能开展批判继承的文化事业。儒学第三期发展的前景问题就是以此为先决条件而提出的”②。

四

关于儒学发展三个时期的划分及第三期发展的使命和前景问题，

---

① 杜维明：《儒家第三期发展的前景问题》，台湾联经出版事业公司1989年版，第293页。

② 杜维明：《儒家第三期发展的前景问题》，台湾联经出版事业公司1989年版，第294—295页。

是40年代末由牟宗三等人首先提出来的（即认为孔、孟、荀至董仲舒为儒学发展第一期，宋明儒为第二期，今则进入第三期），杜维明基本上是接受牟的主张而发挥之；所不同的是，牟宗三是着眼于儒学自身发展的内在联系及其精神方向，杜维明则把它放在世界文化发展的大背景下来加以考察。

关于儒学由先秦至两汉的发展，杜维明援引德国哲学家雅士柏斯（Karl Jaspers）提出的“轴心时代”概念来加以说明。40年代，雅士柏斯重新考察塑造人类文化的几大精神传统，把印度、中国与成为欧美文化先驱的以色列、希腊相提并论，认为若以公元前一千年为上限，在古代的以色列、希腊、印度和中国几乎是同时进入了空前伟大的哲人时代，产生了苏格拉底、老子、孔子、释迦牟尼、犹太教的先知和兴都教的僧侣这样一些轴心文化的开拓者。而轴心文化经过了两三千年的发展已经成为人类文化的主要精神传统，对现代人进行全面而深入的反思就不能不溯源到以色列的犹太教、希腊哲学、中国的儒道两家和印度的兴都教与佛学。进入70年代以来，雅士柏斯的观点开始引起欧美学术界的重视。从杜维明的有关论述来看，雅士柏斯的观点对于儒学研究至少有两点启示：一是，“轴心时代”概念的提出及其探讨体现了欧美学者突破“欧洲中心论”和浅薄的“现代主义”之限制的决心，前者表现为他们开始试图把人类文明中主要的精神传统摆在同样的历史地位和学术水平上进行等量齐观的探索，后者则表现为他们开始意识到，要深入而全面地理解现代人的生存意义，需要的不是对历史传统的妄自菲薄，而是一种追根溯源的研究和对历史传统全面而深刻的反思；二是，既然儒家思想是多元的轴心文化的组成部分，而儒家以外的其它几大精神文明在20世纪末期都还有“历久弥坚的生命力”，那么列文森所得出的儒学的生命力已伴随着儒教中国的解体而寿终正寝的论断显然就大可怀疑。

有关儒学第二期发展即宋明儒学的说明和定位，杜维明接受了岛田虔次的提法，认为：“宋明儒学首先可以说是东亚文明的体现，它使得儒学的主流传统从中国文化的主流变成了东亚文化中不可分割的部分，特别是在教育和政治方面，因此儒学可以说是一个在东亚影响相当大的主导思想。”① 他认为在人类文明发展史上，儒学在宋明时期的发展对东亚文明所产生的影响，可能比马丁·路德的宗教改革对西方文明的影响还要大。因为“它是使得东亚社会之所以成为东亚社会的主要动源”②。历史上儒学能够成功地回应印度佛学的挑战而有第二期之蓬勃发展，难道今天面对西方文化的挑战，就不能够作出创造性的回应而有第三期发展之光明前景吗?

儒学可以有第三期发展最重要的依据还在于儒家思想对于现代社会所具有的意义和价值。杜认为，现代思潮的发展及其趋势是以 20 世纪人类全体的生存条件、人生意义、社会及文化面临的危机、未来的展望等等课题为出发点的，这些问题的焦点是人的问题。如何对人的问题进行全盘的反省，人道与天道如何结合，也就是说如何建立“哲学的人学”，这已不仅是哲学课题，而且也成为宗教神学的课题。儒学对这一课题可以提供一条线索，这条线索对 20 世纪乃至 21 世纪人类的自我反省具有相当重要的启发意义。具体地说，人们曾经特别注意超越的宗教传统，它的重点不是从个人现实存在的具体环境出发，而是以上帝存在或如何达到“涅槃”境界的命题为起点立论的。如果要站在 20 世纪的基点上重新反省人的问题，就必须从现实具体的人所遇到的存在境遇出发，这正是儒家思想对于其它宗教传统所提出的挑战。因为只有儒家才有这样的信念：人是由各种不同的关系网络组织而成的，但又可以内在于这些关系网络而转化之；人可以在不断扩展的人际关系中实现一种自我超越，最终达到天人合一的境界。

---

① 杜维明:《儒家第三期发展的前景问题》，台湾联经出版事业公司 1989 年版，第 118 页。

② 杜维明:《儒家第三期发展的前景问题》，台湾联经出版事业公司 1989 年版，第 118 页。

此所谓“超越”不是“超离”，而是一种扩展、提升，不断突破自我限制，这也就是所谓“超越而内在”的观念。此种超越而内在的观念更能体现伴随着20世纪人类自我反省出现的新人文主义的基本精神。

那么，我们可以问在现实社会的具体发展中，儒家思想的现代意义是否已经具有某些见证或已经引起人们的关注呢？杜维明的回答是肯定的。首先在中国大陆“已经看到了一些消息”，这就是：在经过了对封建意识长期、深入的批判以后，有一部分学者开始在比较平实的心态和深厚的学术基础上面，从探求、发掘的角度对儒学进行有益的研究。杜确信，虽然现在参加的人数不多，但这支队伍会逐渐壮大，“像一些散离的萤光，最后布满了整个田野”。其次，在东亚社会不少知识分子已意识到儒家传统在日本、南朝鲜、台湾、香港、新加坡等国家和地区的建设和生活中发挥了某种引导和调节的作用，如重视全面人才教育、提倡上下同心协力、刻苦耐劳的工作伦理和强调为子孙后代造福等方面，都不难看到儒家思想的影响。儒家传统所体现的勤劳、沉毅、坚忍和勇猛精进的品格更是这些国家和地区谋求进一步发展不可或缺的精神资源。第三，在欧美国家，儒学作为一种哲学的人学，不仅是学术界的科研课题，也是注意通才教育、道德伦理和人文精神之培养的知识分子所关注的学说。美国学术界、文化界和从事文化人类学、哲学、宗教学研究的人士，都有一种希望多了解一些儒家思想的强烈愿望，那种认为在美国这样一个基督教文明影响的社会里，它的基本精神不仅和儒家传统没有同构，而且可以说是完全不相干的看法，已经得到改变。

杜认为，儒学的第三期发展必须经过相当曲折的道路，“儒学在二十世纪是否有生命力，主要取决于它是否能够经过纽约、巴黎、东京，最后回到中国”[①]。就是说，儒学必须直接面对当代美国文化、

---

① 杜维明：《儒家第三期发展的前景问题》，台湾联经出版事业公司1989年版，第24页。

欧洲文化、东亚文化（即工业东亚）的挑战，并在这些文化中传播、生根，然后才能以新的姿态“康庄的”回到中国。他自称“我对此相当乐观”[①]。

在如何推动儒学第三期发展的具体环节和努力方向问题上，杜维明的认识至少有两点与其前辈们不同：一是他强调与西方杰出的思想家开展广泛而公平的对话的重要性。在他看来，“五四”以来对儒学传统的反思和重建，已经过了熊十力、梁漱溟、冯友兰、牟宗三、唐君毅、徐复观等人的努力，他们都是立足于中西文化比较来讲传统的，牟宗三对康德哲学的理解，唐君毅对黑格尔哲学的理解，都成为他们能够深刻地发掘和精确地把握儒家思想的重要原因。“但是，真正站在儒家的立场上和西方比较杰出的思想家进行公平的对话，这种现象目前还没有出现。”“因此，同国际学坛第一流的思想家进行彼此有益的对话，确是我们这一代人义不容辞的责任。”[②] 这类对话一方面可增加相互了解，另一方面因直接面对挑战，“强迫你把传统里应该发展的潜力全部调动起来，把它的内在的逻辑性完全展示出来”[③]，从而增进我们对于传统的理解和把握；同时，通过开展广泛而公平的对话，亦可促使西方思想家认识和了解儒家思想的内在义蕴和价值。

二是，牟宗三等人对西方文化的吸收主要着力于哲学的层面，杜维明则强调“除了哲学的重建外”，还必须从以下三个方面对西方文化加以吸收：第一，超越的层次，即西方以基督教为代表的宗教传统。儒家思想中并不缺少超越的层面，但“内在超越”的品格使它更易于在运作过程中流于政治化和庸俗化。所以“如果我们有志拓展儒

---

① 杜维明：《儒家第三期发展的前景问题》，台湾联经出版事业公司1989年版，第24页。

② 杜维明：《儒家第三期发展的前景问题》，台湾联经出版事业公司1989年版，第138—139页。

③ 杜维明：《儒家第三期发展的前景问题》，台湾联经出版事业公司1989年版，第140页。

家‘超越而内在’的道德形上学，我们应该吸取基督教神学中的智慧结晶，从当代基督教神学家中得到启示”①。这主要是指从他们那里领会对超越理想的执着追求和对现实世界的“抗议精神”。杜指出，“儒者应该具有基督徒的那种傲骨，那种牺牲精神，那种为理想而奋斗的绝对的反功利主义”②。第二，社会政治经济的层次。杜认为，在西方思想家那里，这一层次的内容很丰富，其中比较重要的是马克思主义。“儒学是否能够和马克思主义进行深入的对话，并在其中找到结合点？这也是一个很重要的问题。”③ 第三，深度的心理学的层次。西方深度的心理学例如弗洛伊德的学说，对人性的阴暗面有比较深刻而全面的分析，对其有关思想加以吸收，正可以对治儒家对人性的阴暗面历来认识比较肤浅的缺陷。

对于当前儒学在中国的处境，杜维明事实上很不乐观，一再说最多只看见了“一阳来复”的希望。他强调儒学发展的关键不是靠政治力量来推动，而是要有足够数量的不同行业的“见证人”（即儒家思想的身体力行者），寄希望于知识分子群体自我批判意识的形成和强化。他把儒学第三期发展的希望推置到遥远的将来，认为“大概至少也得一百年后才能看出某些比较明显的迹象”④。这种对于现实发展的谨慎的推测，与其理论上常常表现出的乐观自信，适成对照。

五

杜维明一再强调“对传统要以开放的心灵进行反思”，他的许多

---

① 杜维明：《儒家第三期发展的前景问题》，台湾联经出版事业公司1989年版，第210—211页。

② 杜维明：《创造性的回应》，《书林》1986年第8期。

③ 杜维明：《儒家第三期发展的前景问题》，台湾联经出版事业公司1989年版，第28页。

④ 杜维明：《儒家第三期发展的前景问题》，台湾联经出版事业公司1989年版，第29页。

认识也确实较之他的前辈们更为开放、理智，这也反映出 80 年代新儒家的某些共同特征。从另一方面看，作为新儒家的传人，他对于儒家思想的基本精神的把握和处理儒家思想的基本进路又与其前辈们（特别是唐君毅、牟宗三、徐复观等人）表现出某种实质上的一致，且在许多方面也仍然没有能够突破现代新儒家的理论学说所具有的某些基本限制。

在杜维明看来，人们常常把近代以来中国的落伍归因于历史上儒家思想的负面作用，这完全是一种误解。问题并不是出在儒家思想本身，而是由于儒家思想在运作过程中遭到了污染和扭曲，由此形成了“政权化”或“政治化”的儒家。所以，他主张首先要厘清“儒家的象征符号”，即严格区分“政治化的儒家”和“以人文理想转化政权的儒家”。这种区分不能说全无意义，但杜的有关思想，至少有三点照顾不周：一是他虽然也抽象地肯定在“儒教中国”即“政治化的儒家”与“儒家传统”即作为人文理想的儒家之间“确有千丝万缕的联系”，但此种联系究竟主要表现在哪些方面，在这些方面儒家思想又究竟在什么意义上遭到了扭曲，这方面杜维明基本上没有论及；二是与此相联系，他把历史上儒家思想表现出的种种弊端和限制完全说成是儒家思想在现实生活中被政治化和庸俗化的结果，因而在他的思想理论中，对儒家思想本身的反省、检讨和批评显得十分薄弱，往往只是一笔带过；三是他指出“以人文理想转化政权”就是儒家的圣王理想，那么如何才能实现这一理想而又避免在现实生活中被扭曲的命运呢？“圣王”的理想如何避免成为“王圣”的现实呢？杜维明除了一般地强调增强知识分子群体自我批判意识和“抗议精神”外，在理论上较之新儒家第二代并无实质性的突破。

根本问题似乎还是出在制约新儒家几代人的一个基本理路上，即认为儒家的基本义理是某种具有永恒价值的常理、常道，问题只是在于如何将它发掘出来，并为世人所认识。难道这就是中国文化现代化的实质意义？难道真像新儒家学者所认为的那样，实现中国现代化的关键只是在于如何接通儒家思想的“源头活水”？显然，这一根本的理路如不改变，无论怎样强调以开放的心灵反思传统文化和以平等的心态对待中西文化，其结果总是难以摆脱中国文化或儒家思想优越论的影响。杜维明的思想也不例外。

新儒家学者倡导儒学第三期发展的真实用意并不在于一般地指出儒学思想中包含有某些不容抹煞的积极意义和普遍价值，而是旨在重新确立儒家思想在中国文化乃至世界文化中的主导地位。他们确信：尽管儒家思想在其发展历程中经受了种种扭曲和挫折，但经过一种“创造的转化”的过程，它仍然可以在中国文化乃至世界文化的重构中居于“文法”的地位：一方面通过强化知识分子“群体的、批判的自我意识”使儒学自身得到“净化”，另一方面吸收外来文化作为“词汇”丰富儒学的内容。显然，制约新儒家有关思想的仍然是狭隘的道统观念，此道统观念使他们确信：儒家思想不仅代表了中国历史文化的正统和主流，而且中国文化乃至世界文化的未来发展必须以维护儒家思想的主导地位（文法地位）为前提。

杜维明、刘述先等人近来有一新提法，即认为中国未来的希望乃在于马列、西化和传统儒家人文思想三者健康的互动，三项资源形成良性循环。[①] 此种观点较之他们的前辈牟宗三等人确有明显改进。事实上，“五四”以来在思想文化的层面中国马克思主义、自由主义的西化派和现代新儒家之间，在对立斗争的同时也一直存在着不同程度的相互影响和渗透。从新儒家方面说，要真正实现所谓“健康的互动”和“良性循环”就必须彻底摈弃自我中心的道统观念，把自己摆在一个恰当的位置上，真正做到以开放的心灵、健康的心态对待马克思主义和西方文化。这也是决定现代新儒家思潮在其未来发展中能否真正有贡献于中国文化和世界文化的关键所在。

---

① 参见《当代》第39期，1989年7月；《明报》1990年6月4日。

六

这部“论著辑要”，辑入了杜维明先生在不同时期写的有关儒学研究和阐述儒家思想的现代意义的 29 篇学术论文、短论、书评、演讲和访谈记录。内容大体分为四个部分：第一部分是他早年对儒家传统的承接，立定自己全部学术工作的精神方向；第二部分是他思想成熟时期对儒家传统的现代转化和儒学第三期发展的前景问题的集中阐发，也是他的思想中最有特色和最有影响力的部分；第三部分是他对传统儒学精神的体认和把握，这方面论著较多，只能择其少数典型篇章，以见现代新儒学与中国传统儒学的精神联系；第四部分是他对“五四”以后的现代新儒家思想的评介、表彰和阐论，由此也可以看到其思想之直接来源和学派继承关系。在这部“论著辑要”的编辑过程中，曾得到杜维明先生的热心支持和帮助，提供有关论著目录，寄赠刚出版的英文新书，使选编本辑要的资料能够相对完全，我们在此表示衷心感谢。

（本文是作者与郑家栋合作，原为《儒家传统的现代转化——杜维明新儒学论著辑要》的“编序”，中国广播电视出版社 1992 年版；又载《东岳论丛》1992 年第 1 期）

成中英新儒学思想述评

美籍华裔学者、夏威夷大学哲学系成中英教授是第三代现代新儒家的主要代表人物之一。他所走过的学思历程是一条“深入西方哲学的核心”以“重建中国哲学”的道路。数十年来，成中英一直致力于推进中国哲学的现代化和世界化。他不仅创办了英文《中国哲学季刊》，而且是国际中国哲学会和国际易经学会的主要创始人和领导者之一。80 年代中期以来，成中英先生多次来中国大陆讲学访问，出席学术会议，成为大陆学界所熟知的著名海外学者之一。为了扩大中国哲学在全世界的影响，促进中国哲学的现代化和世界化，推动中西哲学之交流融汇，成中英作了不懈的努力，取得了引人注目的成绩。“本体诠释学”的提出，在“世界哲学”的背景下尝试着重建中国哲学，即是成中英现代新儒学思想的主要理论贡献之所在。

一

成中英原籍湖北省阳新县，1935 年出生于江苏省南京市。其父从小精读古书并治旧学，“书香世家”给予了他深厚的中国传统文化之熏陶。1949 年底，成中英随父去台湾。1952 年入台湾大学外文系，1955 年毕业并考取台大哲学研究所研究生。1956 年底赴美留学，先就读于西雅图华盛顿大学，获哲学硕士学位；1958 年入哈佛大学哲学系继续深造，1963 年获哲学博士学位。后长期任教于美国夏威夷大学，现为该校哲学系教授。

在第三代现代新儒家学者中，成中英的特点是具有较深厚的西方哲学特别是现代西方哲学之素养，并一直专注于哲学的思考与创造。他自认："在哈佛的五年中，我的哲学生命受到了西方哲学最严格的陶冶和锤炼"，并且已经"深入西方哲学的核心"。[①]

作为一个自小饱受中国传统的熏陶而又深谙现代西方的时代精神、身处异域文化之中而又力图重建中国哲学的现代新儒家学者，成中英十分注重面对中西哲学发展之大势进行整体性的思考。在中西哲学的互诠互释中，成中英创立了自己颇具特色的哲学理论——本体诠释学，力图以之推进中国哲学的现代化与世界化，并进而创立未来统一的"世界哲学"。

成中英指出，与科技文化的世界化相呼应，"当代哲学的趋势是中西互诠和互释。这是一种比较的方法。它先求其异，后求其同，再彼此相互解释，最后趋向一个整体哲学的观念和系统"[②]。他从中西哲学的发展进程中分别揭示了出现这一趋势的内在必然性。

对方法重要性的认识以及对方法的自觉追求，是西方哲学的一个根本特点。在这样一个传统之下，方法的肯认，也就代表了理性的自觉，同时也开辟了哲学发展的道路。但在西方哲学的发展中，尚有一项重大的问题有待解决，这就是"如何在知识化的宇宙中安排价值的问题，亦即如何安排人的意志活动，如何安排人的理想、需求、目标，以及人所追索的生活意义"。"这个问题在西方哲学史中显然未曾明确把握。从笛卡尔到康德，从康德到黑格尔，从黑格尔到新康德学派，从新康德学派到逻辑实证论，直到其后英美的科学哲学，我们都

---

① 成中英：《世纪之交的抉择——论中西哲学的会通与融合》，知识出版社1991年版，第398页。

② 成中英：《世纪之交的抉择——论中西哲学的会通与融合》，知识出版社1991年版，第10页。

可看到一系列知识的突破、知识论的建立、知识系统的更新与扩张，以及精致化、广大化。然而价值问题却被视为人的主观性问题，因而不予以重视。”[①] 知识化、理性化的思考，虽然一方面开拓了新的知识领域，扩大了人类的生活境界，甚至改变了人类的生活世界，另一方面却也使得人类面临着生活目标的冲突、生活意义的失落和生命价值的空虚等一系列问题。因此，如何安顿价值，遂成为“西方哲学当前面临的最大问题”[②]。

不同于西方哲学，“中国哲学在本质上是价值哲学，是对宇宙价值、人生价值、人类价值、社会价值深沉的肯定与体验”[③]。由于价值是意志的投现与创造，也可以说，中国哲学是以肯定、实现生命的意志为中心，对生命的体验最为深刻也最为执着。在对生命的体验与执着下，理性的发展偏向于“实用理性”或“实践理性”，偏向于对生活有所裨益的“生命理性”，而对于理性偏向自身的反省与演化并不很重视，所以中国哲学缺少“纯粹理性”“理论理性”。这不仅是中国文化中没有发展出理论科学的重要原因，而且中国传统的政体中一直未能出现民主也与它有极为密切的关系。“我们传统的政治流向专制政体，不能突破为民主政体。这点可说是中国历史上最大的症结。当然此一症结是中国理性精神和仁爱精神的发展还未能充分配合所引起。中国历史强调仁爱精神，而对理性精神推展不够，所以还未能找到实现仁爱的一种客观形式。所以民主政治亦如科学，到了近代受西方影响才兴起。”[④] 因此，如何在价值宇宙中安顿知识遂成为中国文化所面临的严峻挑战。

进入现代以来，在中西哲学的相互交流与批评中，特别是在面对

---

① 成中英:《中国文化的现代化与世界化》，中国和平出版社 1988 年版，第 223 页。

② 成中英:《中国文化的现代化与世界化》，中国和平出版社 1988 年版，第 223 页。

③ 成中英:《中国文化的现代化与世界化》，中国和平出版社 1988 年版，第 230 页。

④ 成中英:《文化·伦理与管理——中国现代化的哲学省思》，贵州人民出版社 1991 年版，第 31—32 页。

人类的现代处境所进行的全面性反省中，中西哲学都对自己的缺失逐渐有了明确的自觉，并开始努力纠正自己的不足。这就表现为中西哲学的互诠互释。但是，时至今日，这一进程还远未达到理想的境地。“西方近代哲学逐渐重视价值问题，但其主流仍在知识之建立。现代中国哲学则逐渐重视知识的问题，但仍以对生命最基本的价值的体认为中心。”①

与此相关，西方哲学由于对方法的注重，分析性成为其思维方式之根本特点，注重分析差异，因而知分而不知合往往成为西方哲学家之痼癖。相反，中国哲学则有重合的传统，它重视整体的合谐，但对方法的重要性却没有足够的认识，因此易于知合而不知分。②

“本体诠释学”正是针对中西哲学面临着价值与知识之间既相分裂又相希求、整体理性面临着本体与方法之间既相互排斥又相互需要的矛盾而提出来的整体性思考。成中英把本体诠释学的“本体”归结为整体、本源与根源，它既具有西方哲学中客观实在的对象义，也兼括中国哲学中“体验的存在”或“验存”义。③ 诠释有别于解释，解释导向知识，而诠释则导向价值和意义。面对当代哲学中西僵化对立的基本格局，本体诠释学不仅要统一本体与方法，而且要整合知识与价值。面对差异和对立的双方，本体诠释学采取“兼取”的方针，同时肯定二者，力图通过二者的相互补充、相互影响、相互决定、相互批评，推动二者不断升进突破，在更高的境界上达成新的统一与互动。④

---

① 成中英：《中国文化的现代化与世界化》，中国和平出版社 1988 年版，第 235 页。

② 参见成中英《世纪之交的抉择——论中西哲学的会通与融合》，知识出版社 1991 年版，第 61 页。

③ 参见成中英《方法概念与本体诠释学——一个方法论的新建构》，台湾《中国论坛》第 217 期。

④ 参见成中英《世纪之交的抉择——论中西哲学的会通与融合》，知识出版社 1991 年版，第 61 页。

本体诠释学同时注重借助于中国哲学“和谐化辩证法”[①] 的智慧，通过在整体意识的观照下对更完全的本体的洞见，从差异中发现同一，从而深刻地揭示对立面之间相互促进、相互转化的内在根据，在内在性与超越性的统一中揭明事物不断向更高阶段转化的动态过程。从本体诠释学的终极目标来看，它“既是一种本体哲学，更是一种分析和综合的重建（再建构）的方法。它作为哲学建构的方法，包含了哲学分析和其它思维性活动，具有重建和实现世界哲学目标的潜力”[②]。中国哲学的现代化与世界化正是实现这一目标的重要组成部分。

从本体诠释学出发，成中英认定，中西哲学的未来走向恰恰相反：“西方哲学的问题是如何在知识宇宙中安排价值；中国哲学的问题则是如何在价值宇宙中建立知识。”[③] 这种相反又是相成的，体现了走向统一的“世界哲学”的互动。中国哲学现代化与世界化的基本方向“重点在认识中国哲学的价值基础，以及如何使中国哲学的价值经过知识的批判而明朗化、秩序化，呈现在理性的意识中”[④]。换言之，就是找出它的普遍理性形式。另一方面，必须“把我们的哲学智慧和精神贯注在现代人的生活之中，实际解决现代人所面临的无根无向的困扰，也去解决现实生活中专业化与机械化的种种问题”[⑤]。这两个方面构成了中国哲学现代化的基本内涵。

关于中国哲学现代化与世界化的途径问题，成中英倡导开展中西哲学之间的“哲学的批评”。就中国哲学而言，这一过程又包括“对中国哲学的批评”和“自中国哲学的批评”两个方面，也就是“吸

① 参见成中英《迈向和谐化辩证法的建立》，《知识与价值》，台湾联经出版事业公司 1989 年版。

② 成中英：《世纪之交的抉择——论中西哲学的会通与融合》，知识出版社 1991 年版，第 70 页。

③ 成中英：《中国哲学的现代化与世界化》，中国和平出版社 1988 年版，第 232 页。

④ 成中英：《中国哲学的现代化与世界化》，中国和平出版社 1988 年版，第 237 页。

⑤ 成中英：《中国哲学的现代化与世界化》，中国和平出版社 1988 年版，第 13 页。

收、理解西方哲学，借以解析、批评中国哲学，再用已现代化的中国哲学对西方哲学进行批评与解析”[①]。前者构成中国哲学再发展的必要条件，强调在自我调整的基础上，接受西方哲学的精华，用普遍的知识和理性的方法，表达适应现代人当前与未来生活的价值，创造发挥中国哲学所蕴含的价值。“这也就是在‘对中国哲学的批评’中，走向中国哲学的现代化，把中国哲学变成一套具有活力的哲学思考方法和过程。”[②] 以西方哲学来分析和批评中国哲学的终极目的，是使中国哲学能够接受西方哲学的挑战而作出反省和回应，由外在的批评达到分析的重建，从而开发中国哲学发展的内在动力，然后用中国哲学的眼光来观察世界，并从整体系统的立场对西方哲学展开批评，作出中国哲学的诠释和世界哲学整体系统的定位。

中国哲学的世界化，同时也就是世界哲学的中国化。这是一个一体两面的相互认同的过程。鉴于西方哲学所遭遇到的深刻的内在危机，基于中国哲学所特具的深厚的智慧和生活经验，中国哲学必将成为未来世界哲学不可或缺的主流之一。“这不但将是中国文化对世界文化的新贡献，而且也将是中国哲学对人类的前途、价值取向和文化发展的新贡献。这种贡献自然具有非常重大深远的意义。”[③]

二

成中英本体诠释学的创立，在推进中国哲学的现代化与世界化方面可以说是作了有益的尝试和探索。问题在于，我们有什么理由认定成中英是一个现代新儒家学者呢？

---

① 成中英：《中国哲学的现代化与世界化》，中国和平出版社 1988 年版，第 33 页。

② 成中英：《世纪之交的抉择——论中西哲学的会通与融合》，知识出版社 1991 年版，第 315 页。

③ 成中英：《世纪之交的抉择——论中西哲学的会通与融合》，知识出版社 1991 年版，第 347 页。

成中英力图站在一个比中西哲学更高的基点来融贯中西哲学，为未来世界哲学的发展指示方向。但是，他同时又认定：早在先秦时期，原始儒家的道德哲学就已经为包含知识与价值的整体理性提供了一个完整的模型。成中英指出，真正的道德都是仁智互用的志行。仁智如何互相为用，成为道德志行，则有待于心的综合智慧与整体慧识。“这一慧识，孟子谓之‘本心’、‘良知’，吾人则定名为本体之理性。”① 由于价值是仁之发用，知识是智之发用，因而本体理性兼括了知识与价值。“任何先秦儒家都重视此仁智互相为用的融合，而不偏执一端”，因此，“先秦儒家充分显示了此一本体理性的动能及其内涵，因之为本体理性提供了一个完整的模型”。② 在分析了儒家传统从孔子到朱子的发展历程之后，成中英强调说：“只有在对理性与知识的重要性的肯定中，我们才能掌握儒家发展的线索以及其包括的重大的人生智慧——亦即人的心性之学是以知识与理性为基础的，而知识与理性又是以心性之学为起点的。如果更进一层分析，我们可以看到儒家表现的道德（德性）是以知识（理性、理、知、学）为前提的，而知识（理性）却是以道德（良知、本心、本性）为依归的。只有在道德与知识相互支持及彼此推动下，知识才成为更深沉的知识，而道德也才成为更落实的道德，生命的广大面及高明面，精微面及中庸面，才因而得以发挥。……这也是儒家最高、最后的理想。”③ 由于成中英“把道德广义的定为生活求完美与生命求完成的需要”④，

① 成中英：《文化 · 伦理与管理——中国现代化的哲学省思》，贵州人民出版社1991年版，第98页。

② 成中英：《文化 · 伦理与管理——中国现代化的哲学省思》，贵州人民出版社1991年版，第98页。

③ 成中英：《文化 · 伦理与管理——中国现代化的哲学省思》，贵州人民出版社1991年版，第102页。

④ 成中英：《文化 · 伦理与管理——中国现代化的哲学省思》，贵州人民出版社1991年版，第111页。

“道德”在本质上实即“价值”，因此所谓“儒家最高、最后的理想”，也就是要建立知识与价值合一的“整体哲学”。在这个意义上，我们可以说，成中英提出本体诠释学的重要意旨，就是要在现代社会中实现儒家“最高、最后的理想”。

正是由于在根本的精神归趋上归宗于儒学，成中英的有关理论活动与整个现代新儒学具有本质的一致性。这主要表现在以下三个方面。

第一，成中英明确肯定儒学在中国文化传统中的主流地位，积极倡导儒学的现代重建。他说：“儒学是最具有中国文化生命的历史性的，其中心的地位更是文化的历史经验决定的，不待汉武帝定为政治上的一尊方始为文化上的主流。因而，我们可以在政治意识上推倒儒学，但我们在宇宙和文化意识上却不能不肯定儒学。”[①] 因此，“重建儒学是一种文化的需要，也同时是思想的需要。其重要理由是：儒家是根植在中国历史的和文化的土壤里的一种价值创造，也是中国文化的一项重要贡献。在当今的寻根和‘本源认同’的需要下，儒学的重建自我有继往开来的作用，以及‘立足中国，开创世界’的生命意义”[②]。

第二，如所周知，现代新儒学是作为本世纪初泛滥于中国的唯科学主义的理论对立面而出现的，以儒家人文精神所代表的价值理性来抗颉唯科学主义逾越本分的工具理性，这是现代新儒家的基本理论出发点之一。成中英创立本体诠释学，倡导整合价值与知识的整体哲学或世界哲学，其基本的理论意图也正是用以儒家为代表的中国哲学的人文精神或价值理性，来导引和润饰科学理性或工具理性，以对治因为科学理性或工具理性过分膨胀而带来的世界性的时代病。这就在基

---

① 成中英：《现代新儒学建立的基础：“仁学”与“人学”合一之道》，《当代新儒学论文集·内圣篇》，台湾文津出版社 1991 年版，第 123 页。

② 成中英：《现代新儒学建立的基础：“仁学”与“人学”合一之道》，《当代新儒学论文集·内圣篇》，台湾文津出版社 1991 年版，第 117 页。

本的精神方向上与整个现代新儒家学派保持了一致性。

第三，传统儒学中一直没有发展出现代形态的理论科学，这是现代新儒家学者共认的历史事实。因此，现代新儒家的一个极为重要的时代使命，就是要从传统儒学的德性主体中，发展出知性主体，为科学知识的发展在中国文化传统中找到内在根据。在儒家哲学的当代重建上，成中英指出，“如何自道德实践建立本体哲学”和“如何在天人合一的心性哲学基础上开拓出现代人社会生活的实践模式”这两个问题以及如何把这两方面的问题统合在一个体系之中，这是现代新儒学不可忽视的哲学课题。这就要求“吾人必须发展心性形上学为一整合的知识形上学和理性形上学”，使其兼具主体和客体两个面向或层次，而且又能融合为一体，“而不可划地自限地独立于理性思考的科学宇宙之外”①。尽管成中英并不像前辈新儒家学者牟宗三那样，主张在儒家“纵贯”的义理系统中，由德性主体“下开”知性主体，但他依然是力图扩展传统儒学的心性之学，以包容现代科学知识系统。这就表现出一种完成儒学发展的时代使命的理论自觉。

综上所述，成中英在根本的精神归趋上归宗于儒学，在基本的理论方向上与整个现代新儒家学派具有一致性。这正是我们认定成中英是一个现代新儒家学者的主要理由。作为一个既具有深厚的西方哲学理论素养、又具有丰富的异域文化经验感受，并且亲身参与了现代西方哲学发展进程的当代学人，成中英出乎中国哲学之外，而又入乎中国哲学之内，成为新一代现代新儒家的主要代表人物之一，这当中确有值得令人深思之处。

在成中英赴美留学前，其父为了提醒他不要驰入西学而不知返，特赠他一套《五经读本》，“令其阅览一过，俾知我先哲持躬淑世与

---

① 成中英：《现代新儒学建立的基础：“仁学”与“人学”合一之道》，《当代新儒学论文集·内圣篇》，台湾文津出版社1991年版，第130页。

夫治国平天下之至理要义”[①]。可以说，正是通过父亲的言传身教，儒学义理在耳濡目染中不知不觉地构成了成中英的“理解起点”，并在一定程度上规范了他以后对社会、人生乃至宇宙的理解以及对哲学的追求。

成中英成为儒家现代传人的一个更重要的缘由在于：在大学时代，他成为哲学大师方东美先生的及门弟子，并深为方氏的哲学思想所吸引和折服。正是方东美把成中英领进了哲学的大门。方东美对成中英的哲学启蒙不仅表现在哲学的根本方法和根本态度上，他的现代新儒学的基本理论立场以至他个人的哲学道路，也都深刻地影响了成中英。也正是由于深受方东美思想的影响，成中英自从赴美留学时起，就产生了“不入虎穴，焉得虎子”的留学心态，决心要深入西方哲学的核心，“先求理解西方，再回头重建传统”，作出真正光大中国文化和中国哲学传统的新贡献。他自称这种心态是“后五四建设性”的，并明确承认，这种心态也是认同于其师方东美的。[②] 方东美的哲学道路及其新儒家思想对成中英的深刻影响，成为成中英日后以现代新儒家自认的重要原因之一。[③]

三

成中英是一个深谙现代西方的时代精神、并亲身参与西方哲学发展进程的当代学者。他对西方哲学的接受，是在他对儒学传统还没有获得深刻的理性认识之前，因而他不是仅仅从中国民族传统的视角单向度地认同儒学，这就使得他能够从新的角度审视中国哲学传统及其

---

① 成中英：《世纪之交的抉择——论中西哲学的会通与融合》，知识出版社 1991 年版，第 384 页。

② 参见成中英《世纪之交的抉择——论中西哲学的会通与融合》，知识出版社 1991 年版，第 385 页。

③ 参见方克立《第三代新儒家掠影》，《文史哲》1989 年第 3 期。

当代走向，能够给现代新儒学带来新气息、新活力。

成中英新儒学思想的根本特点在于力图在“世界哲学”的背景下，推进中国哲学的现代化与世界化，表现出了超越新儒家与西化派简单对立的理论意向。中国哲学未来向何处去？西化派主张以西方哲学为标本来改铸中国哲学，前两代新儒家学者则主张以儒家哲学为主体来“华化”西方哲学，两者之间存在着尖锐的对立。本体诠释学的创立，其最终目标是建立整体的“世界哲学”，通过本体与方法的不断相互批评，将世界哲学的本体不断推拓到一个更高的层面、更广的范围。在哲学的实质内容上，它是知识与价值的统一，而知识与价值则分别代表了西方和中国这两大哲学传统的基本走向。因此，本体诠释学确有其力图超越与包容中西哲学、在更高的基点上重建未来哲学的雄心。由于成中英是在深入西方哲学的核心以后来展开中国哲学之重建的，他所认定并信守的“本体”已经或多或少地浸润了西方哲学乃至“世界哲学”的因子。不同于唐君毅、牟宗三等前辈新儒家一味强调中国哲学是与整个人类文化精神相合为一的，在成中英这里，以儒家哲学为归依和在“世界哲学”的广阔背景下重建中国哲学这两个看似矛盾的路向却是交织在一起的。这构成了成中英新儒家思想区别于前贤的一个重要特点。

也正因为如此，成中英能够更平实、更深入地凸显中国哲学的价值意义。在他看来，中国哲学传统与西方哲学传统一样，都可以对人类整体哲学作出自己的贡献而又都难免于一偏之失。这的确比牟宗三等人一味强调华夏文化的优越性、片面强调以华夏文化去拯救西方文化更平实，也更可信。“整体哲学”的理论背景、知识与价值的定位则在一个更为深刻的哲学层面上展示了中国哲学传统的现代意义和普遍意义。人们有理由相信，中国哲学不仅能够丰富现代世界哲学的语汇，而且能够增添人类哲学的智慧。

尝试着在哲学“本体”的层面肯认知识理性与情欲生命的价值意义，这是成中英新儒学思想的又一重要特点。成中英认为，知识与价值同为生命存在的两个层面，也是完成生命的两大动力。因此，作为生命的智慧的哲学，其本体应该包含知识与价值，它们构成了哲学“本体理性”的“一体”之“二元”。以此来观照中国哲学，其问题与西方哲学恰恰相反：西方哲学是如何在知识宇宙中安排价值，中国哲学则是如何在价值宇宙中建立知识。

与此相关联，成中英所说的“价值”也不完全等同于传统儒学的道德心性。在他看来，意志之动形成价值，意志本身又可以分为情感与欲望两个方面。情感和欲望虽然都注重行，两者都是行之所以可能的动力，但两者仍有迥异之处：情感注重精神、心灵的感受，欲望则偏向身体的需要及满足。就价值完全的涵义而言，它应当兼括情感和欲望两个方面。从这样的“价值”观出发，成中英抨击了宋明理学以来传统儒学漠视人的情欲生命的理论偏失，掘发了强调“天赋”情欲合理性与必要性的戴震哲学的历史意义①，力图在儒家哲学传统中确立情欲生命的地位，并把确立的依据归根于《易经》哲学②。

如所周知，由于长期以来压抑以至无视作为现实主体的人的情欲生命，儒家所提倡的文化理想很难在时代心灵中引起广泛的情感和生命体验的共鸣，从而无法在广大民众的心灵中扎根并形成恢宏民族文化生命的内在驱力，只能孤悬于精神理念层面而不能通畅地表现在全幅的文化层面。这是造成民族文化生命渐趋衰竭的重要原因。现代新儒家的前辈学者虽然一直试图在传统心性之学中包含现代知识论的内容，但是，不论是熊十力的“性智”发用为“量智”，还是牟宗三的“道德理性”坎陷出“知识理性”，以及唐君毅等人的“暂忘”说，都是以道德主体的绝对优位性作为理论前提的，知识理性并没有在哲

① 参见成中英《儒家思想的发展与戴震“善”的哲学》，《知识与价值》，台湾联经出版事业公司 1989 年版。

② 参见成中英《〈易经〉中的“理”与“气”》，《知识与价值》，台湾联经出版事业公司 1989 年版。

学的本体层面得到肯定。在这种“道德中心主义”的基本立场下，情欲生命自然更难于得到本体层面的肯认。相较之下，成中英试图在哲学本体的层面肯认知识理性和情欲生命的价值意义，这不仅是对前辈新儒家的超越，在一定的程度上，也表现出了突破传统儒学泛道德主义的理论意向。与此相应，在中国哲学与文化现代化的义理纲维上，成中英也不再明确倡言“内圣外王”之道，而是切实地讨论如何使中国哲学与文化具体地落实在伦理与管理的层面，从而更加切入现代社会与人生的生活实际。

成中英新儒学思想的另一特点，在于它能以比前辈新儒家学者更为客观的眼光来看待儒学在中国传统文化中的主流地位及其重建的现代意义。成中英虽然毫不犹豫地肯定儒学在中国文化传统中的主流地位，但是他并不偏执于儒家“道统”，在论及中国文化时，他经常儒道并提，认为这样才能更全面地代表中国哲学的传统。在他看来，“儒家之成就，乃在于其和谐辩证法之开展；道家之成就，则是其无所不包的创造流行的本体学之开展”。在论及中国哲学的世界化时，成中英也是将道家的自然本体论与儒家的人性论等观点，看作是中国哲学的两项基本观点。他着重指出，对于儒、道两家的成就，“中国哲学之重建大业自然须收摄之。当然，人类新文化之重建，更须涵摄两者，方能有所成就”[①]。既强调儒学在中国文化中的主流地位又不忘记道家的重要作用，并能在未来世界文化的建构中着意凸显道家的意义，这既符合历史的实际，也表现出了成中英作为儒家当代后学的更加开放的心态。

与这种开放的心态相一致，成中英也反对在儒学传统中区分所谓“主流”与“偏枝”，力图站在一个更高的视点来整合传统儒学。他指出，虽然自唐宋以来，孟学受到更多尊重，成为显学，荀学却遭歧

① 成中英：《世纪之交的抉择——论中西哲学的会通与融合》，知识出版社1991年版，第350页。

视，被视为偏枝；但是，事实上，孟学纵贯的道德心性先验之思想统绪与方法，是与荀子横贯的格物究理后验的思想统绪与方法同时并存、内外兼顾的。因此，“若问两者孰优孰劣，我站在整体思想的眼光，不能不指出，两者都是一偏”[①]。对比起成中英来，无论是“接着”程朱理学讲的冯友兰，还是宗陆王而贬程朱的牟宗三，其历史的局限性是显而易见的。

基于这种开放的心态，成中英对儒学重建在中国哲学重建中的历史地位，也估量得更为客观。尽管他十分强调重建儒学的重要性，但是他明确反对人为地将儒学在现代中国重新定为一尊。他指出，吾人“不必把儒学重建看成唯一的中国哲学重建工作，或使之重新定为一尊。现代新儒学的重新建立，是要在文化整体的内涵多元化的基础上进行。这样它才具备面对现实的警觉力和竞争力。而其主导的力量或主要的地位，是依其实际贡献和作用来决定的”[②]。不难看出，成中英对儒学传统及其重建的历史地位的认识是比许多前辈新儒家学者更为切实、更为理智的，在他那里我们看到的并不仅仅是“儒学中心论”的老调重弹。

成中英在基本的理论立场上是认同于现代新儒学的，并明确地以方东美新儒学思想的传人自认，尽管在他的思想中已有若干超越于前贤的慧识，但是他也难免于现代新儒学所共有的理论限制。如同其他新儒家学者一样，成中英也未能摆脱“返本”与“开新”的矛盾纠结。本体与方法、知识与价值之间为什么可以统一？又是怎样具体地统一的？如何消解本体与方法、知识与价值之间的矛盾张力？这些都有待于本体诠释学作出更加深入具体的理论说明。成中英对传统的现代诠

---

① 成中英：《现代新儒学建立的基础：“仁学”与“人学”合一之道》，《当代新儒学的论文集·内圣篇》，台湾文津出版社1991年版，第120—121页。

② 成中英：《现代新儒学建立的基础：“仁学”与“人学”合一之道》，《当代新儒学的论文集·内圣篇》，台湾文津出版社1991年版，第117—118页。

释，守护多于批判的反省，因此他重建中国哲学的工作也不能不表现出某种后顾的倾向。当然，人们更加关注的，是成中英新儒学思想的另一面，即它以更开放、更理智、更能契合中国文化的优秀传统和更加切近现代生活实际的优长，为现代新儒学所注入的新的生命活力。比起那些只会固守唐、牟之门户而思想缺乏创造力的港台新儒家来，成中英等海外新儒家学者可能更能代表现代新儒学的前途和方向。成中英的“本体诠释学”在今后将会有怎样的创造发展，它将为现代新儒学的未来发展带来怎样的影响，海内外的学人都在拭目以待。

（本文是作者与李翔海合作，原载《学术月刊》1993 年第 2 期）

全面评价冯友兰

刘述先教授写过一篇文章，题目叫作《平心（而）论冯友兰》；陈来教授写过一篇文章，题目叫作《默然而观冯友兰》。我觉得在今天很有必要做一篇文章：《全面评价冯友兰》。

冯友兰已经是一个历史人物，后人应该对他一生的哲学道路和学术成就，他的是非得失，他在中国现代哲学史上应有的地位，作一个全面的、客观公允的、实事求是的评价，包括总体评价和对其各个阶段学术思想的评价，包括对其哲学成就、政治态度、道德人格等各个方面的评价，用唯物的辩证的观点，也就是紧密结合20世纪中国社会变革的实践和中国哲学、文化发展的进程，用发展的观点和历史进步的眼光来对其进行全面评价。因为冯友兰是一个比较复杂的人物，所以全面评价就特别重要；用孤立的静止的观点，只从某一个角度、对其某一个阶段的工作，局部地、单向度地去进行评价，都不可能科学地说明“冯友兰现象”。《全面评价冯友兰》这篇文章要靠大家一起来做。实际上，这次会议提交的许多论文都在做这篇文章。前天我听了蔡仲德教授的发言，他写了三万多字的长文，就是很认真地在做这篇文章，听后很受启发，会后还准备认真拜读。我很愿意和大家一起来研究、讨论这个问题。

我在青年时代写过几篇文章，和冯友兰先生讨论思想的“普遍性形式”问题，即对传统哲学思想怎样继承、继承什么、用什么方法去继承的问题。我认为冯先生当时的思想状态是：主观上很努力学习马克思主义的经典著作，并且想用来解决哲学史研究中的一些实际问题；但是，他的“新理学”理论和方法，虽然经过多次自我批判，在思想深处并没有完全放弃，有些东西在潜意识中甚至相当坚持。所以他在50年代讲“抽象继承法”，在60年代讲思想的“普遍性形式”，最看重的还是那个抽象的“共相”。这似乎很矛盾！冯先生解放后的哲学立场确实有一个根本转变，这就是从“理在事先”“理在事上”的客观唯心主义哲学立场，转变到“理在事中”的唯物主义立场上来。早在50年代初，他就表示接受“共相寓于殊相之中”这个观点。这个观点在他晚年思想表现出一定程度的回归倾向时也没有改变，一再说“理在事中”就是具体的共相。但是作为方法论，他并没有真正解决好这个共殊关系问题，在讲传统哲学概念、命题的“抽象意义”或“普遍性形式”时，又不能把“具体的共相”“共相寓于殊相之中”的观点贯彻到底。全面地、客观地评价冯先生这个时期的哲学思想，我认为指出这一矛盾还是很有必要的。

前年在台湾召开的“中国哲学在中国历史的回顾与发展”研讨会上，我又提交了一篇关于冯先生的文章，题目叫作《冯友兰与中国哲学现代化》。台港学者对冯友兰解放后转变哲学立场，对他“道术多变”批评较多，有的批评相当尖锐，不仅表现了政治意识形态的分歧，而更多的是进行道德谴责，甚至人身攻击。我认为这是不公正的。从冯先生一生的工作来看，无疑地应该对他“阐旧邦以辅新命”，为中国哲学现代化所作的努力给予积极的正面的评价。我在那篇文章中，把冯友兰先生解放后力图将马克思主义哲学和中国传统哲学相结合，为马克思主义哲学中国化所作的努力，看作是他终生致力的中西哲学结合的一个新阶段。冯先生虽然一生“道术多变”，可以把他的思想分成若干个发展阶段，每个阶段思想中也包含着一些矛盾，但他终生所致力的，是推动中国哲学的现代化，促进中西哲学和文化的融合，坚持爱国立场而为“旧邦新命”服务。这才是一以贯之的东西，是冯先生的“大节”。季羡林先生说冯先生“大节不亏，晚节善终”，前一句话我是完全赞同的。在台湾的会上，我还提出一个看法，就是我们应该从中国大陆的政治现实和知识分子的实际处境出发，对冯友兰以及和他同样处境的老一辈知识分子以更多同情地了解，以更加宽容的态度来对待他们的思想矛盾和“尴尬”。我记得台大邬昆如教授在那次大会总结发言时，特别肯定了这一点。这说明海峡两岸知识分子（至少是其中的一部分人）对待历史问题也能逐渐形成某些共识。

冯友兰先生是20世纪中国最重要的哲学家之一，同时也是争议最多最大的哲学家之一。在他生前就有许多批评、辩难和讨论，如40年代马克思主义学者杜国庠、陈家康、胡绳等人对“新理学”唯心主义哲学思想的驳难；50年代大陆学术界关于哲学遗产继承方法等问题的讨论；60年代关于思想的“普遍性形式”问题的讨论；台港学者对冯友兰解放后转变哲学立场的尖锐批评；海内外学者对冯先生在“文革”中从尊孔转变为批孔立场的非议；以及对冯先生晚年发表的一些“非常可怪之论”的不同看法和评价等等。一个哲学家在生前就能引起那么多人的关注、评议和讨论，足见其影响之大。冯先生去世不过五年，“冯学”研究已经引起许多人的兴趣，站在不同哲学立场和政治立场的学者，对冯先生的学术思想和人生道路自然会作出不同的评价。在目前仍然存在着政治意识形态和哲学立场的明显分歧的情况下，“全面评价冯友兰”并不是一件容易的事。但我相信，随着研究和讨论的深入，海内外学者一定会在如何评价冯友兰这个问题上取得越来越多的共识，历史将会作出公正的结论，既不厚诬先哲，也不为其掩过饰非。

50年代以后，台港、海外学者对冯友兰先生多持批评的态度，其中尤以新儒家学者的批评最为尖锐、苛严。在早期，可以张君劢责冯的公开信为代表；到近年，评冯的文章逐渐增多，刘述先教授的《平心论冯友兰》一文具有一定的代表性。张信写于50年代初冯友兰参加土改工作、发表《一年学习的总结》之后，张在海外看到了，严厉指责其学术思想转变是以哲学为资生之具，而不以之为安心立命、身体力行的准则，是“将心看得太轻而将在外者看得太重”。刘文发表于80年代大陆学术界开展现代新儒学研究之后，针对大陆学者把冯友兰看作是前期新儒家代表人物之一的观点，坚决主张把冯排除在现代新儒家之外。大陆学者是从学术史的角度，认为冯友兰在抗战时期创立“新理学”哲学体系，既然是一客观存在的思想史实，并且已经发生影响，就应该客观地衡定它在中国现代新儒学思潮发展史上的地位；冯先生解放后转变学术立场是另一回事。其实不只大陆学者，海外学者陈荣捷、杜维明等人都不否认冯友兰是现代新儒家的重镇，例如陈荣捷先生在50年代出版的《现代中国的宗教趋势》一书中，讲到现代儒学思潮时，就主要地评介了以熊十力为代表的“唯识论新儒学”和以冯友兰为代表的“理性主义新儒学”两派思想。思想史的基本史实是抹煞和否认不了的。我觉得刘教授的“平心而论”一文有欠平实公允，对冯友兰先生欠缺同情的理解，有些批评用辞过于挖苦，如“变形虫”“无耻文人”“四大无耻”等等；有些批评也过于武断，如说“他撰写《中国哲学史新编》，是完全没有学术价值的东西”，认为冯先生解放后没有“任何正面的建树，有之只是负面的影响”等等。

对于冯友兰先生解放后转变哲学立场这样一个思想史现象，站在不同的政治立场、哲学立场上的人，自然会有不同的评价，这是不足为奇的。站在反共的政治立场、坚持新儒家的彻底唯心论哲学立场的人，自然会认为冯先生是倒退，甚至认为是堕落和背叛。而在冯先生看来，他抛弃“理在事先”的唯心主义观点，接受“理在事中”“共相寓于殊相之中”的唯物主义观点，则是从谬误向真理的转变。港台新儒家只是从道德人格上谴责他对新儒学的背离，而并没有从学理上评说他后来接受的“共相寓于殊相之中”的观点有什么不对。过于强烈的情绪反应，说明新儒家虽然都是学术圈中人，然其政治立场和哲学的党性色彩还是十分鲜明的。新儒家中本来就有门派之争，相互间有很深的门户之见。牟宗三是陆王心学的现代传人，他认为只有他这派哲学才是代表历史运会大方向的“彻底的唯心论”，而对以冯友兰为代表的新程朱派甚不以为然。他过去对冯氏就有所批评，50 年代以后对其转向唯物主义更是攻击之不遗余力，甚至在学术会议上公开骂冯友兰不懂中国哲学，指其哲学史著作为“脓包哲学”，“外皮明亮精光，挑破便是一团脓”。用这种学术的傲慢来污辱一代学术大师，实在是做得太过分了。

大陆学术界从 80 年代中期开展现代新儒学研究以来，也有少数学者强烈认同港台新儒学，对冯友兰先生持批评和否定的态度。例如上海社科院的罗义俊先生，就坚持认为新儒家主要是一人格生命形态，凡新儒家必对儒学抱一宗教感情一超越信仰，此感情此信仰乃不可易者，如果没有或者改变了这种信仰和感情，就没有资格被称为新儒家，“纵然研究儒学有成就也到不了新儒家的位格”。照此观点，他认为冯友兰和贺麟解放后已放弃新儒学立场，转而信仰马克思主义，他们前期在新儒学发展史上的地位也“不足论”，没有意义。这同刘述先等港台新儒家的看法是很接近的。

从上述学者对待冯友兰先生的态度，可以看出新儒家的宗派性、排他性很强，对于别的思想派别中的人很不宽容，对于像冯先生这样从新儒家阵营中走出来的人更加不能容忍，从 50 年代起就“鸣鼓而攻之”，一直攻到现在。在他们那里，历史都可以割断（冯、贺早年为发展现代新儒学所做的工作皆“不足论”），更何谈对冯、贺等人进行“全面评价”！但是，随着时间的流逝和学术研究的深入，对于已经成为历史人物的那一代人，我相信后辈学者将会以更加平实的心态去进行审视和品评，因此有可能得出更加符合实际的结论。我读了近年来一些台港、海外学者写的评冯文章，包括在座朋友的文章后，更增加了这种信念。事实上，在台港、海外学者中能够对冯先生持同情地了解的态度的人正在慢慢多起来，有的相当客观公正，研究也很有深度。这是冯学研究的一种积极的健康的发展趋势。

对于冯友兰先生解放后转变哲学立场，从唯心主义转变到唯物主义，自觉认同并努力学习马克思主义，力图为马克思主义哲学中国化作出自己的贡献，大陆学者多持欢迎的态度，认为这是冯友兰思想的一大进步。张岱年先生指出，像冯友兰先生和金岳霖先生这样自成一家之言的著名哲学家，实行如此深刻的转变，而且是“主动的自觉的转变”，是十分难能可贵的。就拿冯友兰先生来说，他的哲学转变也有一定的思想基础，在《新理学》理论体系中已“包含着转向唯物主义的内在契机”。蔡仲德先生指出，冯先生解放前已接受一些唯物史观和社会主义的思想，这在30年代讲“新三统五德论”时就已初步表现出来。在《新事论》的文化观中，我们同样可以看到唯物史观的某些影响。同时，大陆学者又曾批评冯先生在向唯物主义转变过程中的某些不彻底，指出他的“新理学”的唯心主义思想有时还会不自觉地流露出来。我认为这些批评许多都是实事求是的，是对冯先生的帮助；当然那些没有学术意义的政治批判则另当别论。

“文革”是一个特殊的历史时期，包括冯先生自己的文章和一些评冯文章都不能不受到当时“批林批孔”的政治大气候的影响，今天大家都能理解，不该责怪哪一个人。中国学术界应该共同来总结那段深刻的历史教训。

80年代以后，关于冯友兰思想研究和讨论的文章逐渐多起来，特别是冯先生去世以后，冯学研究成为中国现代哲学史研究的一个重要课题。除了对冯先生各个时期、各个方面哲学思想的分别研究和评析之外，对于冯友兰先生一生哲学道路的总结和分期，对于冯先生晚年哲学思想的评价，这两个相互关联的问题，已经成为学术界关注和讨论的热点。我本人对这个问题也非常感兴趣。

蔡仲德先生提出了总结冯友兰哲学道路的三阶段论，即“实现自我”（解放前）——“失落自我”（1949—1978年）——“回归自我”（1979—1990年）的思想历程。我个人不太同意这样一种思想分期法，认为冯先生的思想历程从大阶段来划分，还是应该分为解放前后两个阶段，后期又可以分为两个小阶段（前期实际上也可以再分阶段）。因为冯先生晚年只能说是在一定程度上、部分地向旧哲学回归，不能说他的《中国哲学史新编》就是回到“新理学”哲学体系，或者回到了30年代的《中国哲学史》。《新编》总的来说是以马克思主义的立场、观点、方法为指导来写的，这在他专门讲哲学史观和方法论的《全书绪论》中可以看得很清楚。他在该书《自序》中也明确地说：“我所希望的，就是用马克思主义的立场、观点和方法重新写一部《中国哲学史》。”① 所以，我们没有理由说这部书是以“新理学”的客观唯心主义观点和方法为指导写出来的，他在晚年也没有从“理在事中”的唯物主义观点倒退回去。《新编》和旧著（《中国哲学史》两卷本）在哲学史观和方法论上是有本质区别的。

但是，冯先生晚年思想中又确实有某些回归现象，这种回归在写作《新编》时也有所表现，特别是在第七册中，这是不容否认的。陈来是冯先生晚年的助手，他“默然而观冯友兰”，对此颇能心领神会。许多学者都看到了冯友兰思想的晚年回归现象，如《当代新儒家八大家集·冯友兰集》的编者指出：“诚然‘新理学’论主的‘道术’在50年代后多有‘迁变’，但至少，他的出版于1988年的自选集《冯友兰学术精华录》表明，他在他晚年又重新返回到大约半个世纪前的‘贞元六书’。”他到晚年“蓦然回首，对既经‘迁变’的‘道术’再作贞认”。②

我个人不太同意这种认为冯先生晚年重新回到了“贞元六书”，“对既经‘迁变’的‘道术’再作贞认”的观点。冯先生的晚年回归，决不是全面回归新儒学，全面回归“贞元六书”，全面回归他前期的“新理学”哲学体系，而只能说是一定程度地回归，部分地回归。冯先生说他晚年已经打通了儒释道，打通了中西哲学，因为人类

---

① 冯友兰：《中国哲学史新编》自序，人民出版社1982年版，第1页。

② 黄克剑：《当代新儒家八大家集》编纂旨趣，《当代新儒家八大家集·冯友兰集》，群言出版社1993年版，第3页。

认识史上一切好的东西都是相通的，应该把人类认识史上一切好的东西都吸收包容到马克思主义哲学中来。他说："儒家也好，道家也好，这个界限对我来说已经打通了。"[①] 他已经没有继承儒家道统、再回去当新儒家的意思，说他回归儒家已经没有意义。

对于冯友兰晚年的思想回归现象，应该做具体分析，哪些回归，哪些不回归，在什么意义上、在多大程度上回归，他的一些"非常可怪之论"也不能笼统地一概名之曰"回归"。对于冯友兰晚年的思想回归现象，站在不同哲学立场的学者，作出了不同的认识和评价。有欢迎、赞同和欣赏的态度，也有批评或表示有所遗憾的态度；有热烈的十分肯定的评价，也有持相当保留态度的一分为二的评价。许多学者对冯先生经过风风雨雨，晚年表示不再依傍别人，要"修辞立其诚"的态度是欢迎的；对他明确表示要用马克思主义的立场、观点和方法来写《中国哲学史新编》，但"只写自己在现有的马克思主义水平上所能见到的东西"这种实事求是的态度也是欢迎和肯定的；对他在宣称"打通了"人类文明一切好东西以后，对中国传统哲学中一些有价值的东西的提倡和弘扬，比如对儒家人生境界说的坚持和提倡，也适当给予肯定，至少肯定这个研究方向是有意义、有价值的；但是却对他在《新编》中所表述的某些观点，表示不赞成或者有保留，应该说这是完全正常的。在冯友兰晚年思想评价问题上，大陆学者和台港学者还会表现出一些思想分歧，这也是很自然的。例如，在这次会上，台湾成功大学唐亦男教授从她的认识立场出发，大力表彰冯友兰先生晚年"敢于突破马列教条，充分表现了义理之勇"。而我对冯先生在《新编》最后的结语《反思》中表述的一个基本观点就很不赞成，认为其所表现的"义理之勇"并不是都值得肯定的。相反，我认为冯先生学马克思主义哲学学了40年，最后却对马克思主义辩证法有一个很大很深的误解，这不能不说是一个遗憾。

---

① 参见陈来《默然而观冯友兰》，《读书》1990年第1期。

冯先生说："在中国古典哲学中，张载把辩证法的规律归纳为四句话：'有象斯有对，对必反其为；有反斯有仇，仇必和而解。'这四句话中的前三句是马克思主义辩证法思想也同意的，但第四句马克思主义就不会这样说了。它怎么说呢？我还没有看到现成的话可以引用。照我的推测，它可能会说：'仇必仇到底。'……马克思是革命家，他所组织和领导的共产党是革命的政党，马克思主义当然要主张'仇必仇到底'。"①

我认为，把马克思主义辩证法或者把它的对立统一规律归结为"仇必仇到底"的斗争哲学，这至少是一种误解。我们出了那么多讲马克思主义辩证法的书，有哪一本是只讲斗争、不讲统一，说过要"仇必仇到底"呢？马克思本人就对辩证法的实质作过精辟的科学的表述，指出它应该包括"共存""斗争""融合"三项内容，怎么能把它歪曲成"仇必仇到底"的斗争哲学呢？马克思的原话是："两个相互矛盾方面的共存、斗争以及融合成一个新范畴，就是辩证运动的实质。"②

冯友兰先生还说："'仇必和而解'是客观辩证法，不管人们的意思如何，现代的社会，特别是国际社会，是照着这个客观辩证法发展的。……现代历史是向着'仇必和而解'这个方向发展的。……人是最聪明、最有理性的动物，不会永远走'仇必仇到底'那样的道路，这就是中国哲学的传统和世界哲学的未来。"③

在这里，冯先生自觉或不自觉地把马克思主义哲学放到了和客观辩证法，和历史发展的方向对立的地位，和中国哲学传统以及世界哲学的未来相对立的地位。学了 40 年马克思主义哲学，如果最后得出

---

① 冯友兰：《中国现代哲学史》，中华书局（香港）有限公司 1992 年版，第 258 页。

② 马克思：《哲学的贫困》，《马克思恩格斯选集》第 1 卷，人民出版社 1972 年版，第 111 页。

③ 冯友兰：《中国现代哲学史》，中华书局（香港）有限公司 1992 年版，第 260—261 页。

的是这个结论，这可以算是他的“晚年定论”的话，那就只能叫人感到遗憾。从马克思主义哲学立场来说，就不能说冯先生“晚节善终”。

冯先生经过了“文革”的残酷现实，对“斗争哲学”深恶痛绝是可以理解的。但是他把马克思主义辩证法说成是“仇必仇到底”的斗争哲学显然是不对的。马克思主义哲学科学地阐明了矛盾的同一性和斗争性的关系，“文革”中一些人奉行“仇必仇到底”的斗争哲学，正是对马克思主义辩证法的歪曲和背离，这是应该分辨清楚的。

80 年代以来，把马克思主义哲学歪曲成为“仇必仇到底”的斗争哲学，主张用“和为贵”“仇必和而解”的调和哲学来取而代之，这并不是孤立的冯先生一个人的思想，而是当时的一股不大不小的社会思潮和学术文化思潮。前几年我们不时可以读到这样的文章，说马克思主义哲学作为西方文化主客二分的产物，是崇尚对立的斗争哲学，它只适用于破坏旧世界的革命，而无助于人类新生活的建设；中国古代哲学是崇尚统一的调和哲学，中国的调和哲学将成为未来人类文明的精神主导。因此，马克思主义的“斗争哲学”必须让位于中国的调和哲学。这种议论和冯先生《新编》的结语如出一辙，可见它们的产生有着相似的背景。冯先生是大人物，他的宏论一出，实际上对这种思潮起了推波助澜的作用。

我想，对冯友兰先生晚年的哲学思想，不只是有赞誉，同时也有批评与讨论，这是正常的，应该允许各种不同的观点对它进行研究和评论。事实上冯先生的著作和思想已经是一个客观历史存在，它就是提供给后人去研究和评论的，至于人们作何评论，那就见仁见智了。

我认为对冯友兰先生某一阶段思想、某一方面理论、某一本书分别进行深入研究是有必要的，但是在今天，我更主张要对冯友兰的哲学道路，对“冯友兰现象”进行整体的、宏观的、全面的研究。因为冯友兰的哲学道路是 20 世纪中国哲学的一个缩影，研究冯友兰现象可以提供给我们多方面的启示和经验教训。冯友兰之所以为冯友兰并不仅仅在于他创造了“新理学”哲学体系，以后他放弃“新理学”

体系就不成其为冯友兰了，只有到晚年回归才又重新成为冯友兰。冯友兰哲学的“自我”不是一成不变的，仅用新理学来界定其“自我”形象似不符合冯氏哲学复杂多变的特点。所谓“冯友兰现象”就是早年创立“新理学”的唯心主义哲学体系，后来放弃唯心主义转变到唯物主义哲学立场上来，晚年又在一定程度上部分地回归，而基本立场仍坚持“理在事中”的唯物主义这样一种复杂的哲学现象。如果冯友兰一以贯之地坚持唯心主义哲学立场，那就不是“冯友兰现象”而是“牟宗三现象”或别的什么现象了。冯友兰现象非常复杂，它和历史时代、社会政治变迁紧密联系在一起，个人道德人格的因素虽然也起了一定作用，但是远不如这些客观历史因素起的作用大。冯友兰每个时期的思想都不是单纯的，早期持唯心主义哲学立场，但也受到唯物史观的某些影响；后来转变到马克思主义唯物主义的哲学立场上来，潜存的“新理学”唯心主义观念仍时而有所流露；晚年虽然表现出了一定程度的回归倾向，但写作《新编》的总的指导思想还是马克思主义的哲学史观和方法论；《新编》绪论中讲了那么多马克思主义，在结语中又误解和批评马克思主义。总之，冯友兰现象非常复杂，对它进行研究和评论都不能简单化，所以我主张要“全面评价冯友兰”。

要全面评价冯友兰，就要全面研究冯友兰。冯先生终生挚爱中国哲学，认为中国哲学可以为人类精神文明作出伟大的贡献；他早年留学美国，在其前期和后期哲学创造活动中都十分注意引进西方哲学，特别是西方哲学中的理性主义和逻辑分析方法；另一方面，冯友兰先生的一生，也和马克思主义哲学结下了不解之缘。当代中国的三大学术潮流，三大哲学传统，冯先生都与之有密切关系，并且力图把几个哲学传统打通，适当地结合起来，所以我们应该全面研究冯友兰哲学与中国传统哲学的关系，冯友兰哲学与西方哲学的关系，冯友兰哲学与马克思主义哲学的关系。通过冯友兰哲学这面镜子，可以反映或折射出20世纪中国哲学的丰富内容、错综复杂的对立统一关系，以及和社会实践特别是与政治变迁之间的深刻联系。“冯友兰现象”是一个个案，但它在我们这个特定时代的思想史上颇具有典型性。对于这一客观存在的思想史现象，研究者主观情感的爱恶极大地影响了研究结论的公正性和全面性。冯先生一生提倡理性主义，我们也应该用理性主义的态度来研究冯友兰的哲学思想。我希望这次会议能够成为科学地、理性地研究冯友兰哲学的一个新的起点。

（本文是作者1995年12月19日在北京“中西哲学与文化的融合与创新——纪念冯友兰先生诞辰一百周年国际学术讨论会”闭幕式上的发言。原载《哲学研究》1997年第12期）

熊十力在中国传统哲学现代转换中的地位和作用

中国大陆的熊十力研究，如果从 1985 年纪念熊十力先生百年诞辰学术研讨会算起，至今不过 16 年。如果把此前的学术准备工作也考虑进去，比如 1983 年武大萧萐父教授和北大汤一介教授就已经指导他们的研究生开始做系统地收集整理熊十力学术资料的工作，对熊先生的思想进行了初步的研究。据郭齐勇同志统计，这一年（1983）大陆学界共发表了 4 篇研究熊十力的论文。从 1983 年至今，以《熊十力全集》的出版为标志，共计 18 年。这个时间可能比预期的要长一些，但是我们的工作做得比较扎实，反映出这个阶段大陆的熊十力研究还是富有成果的。怎样估计这个阶段工作的意义，我认为至少有这么两点：

1. 它是大陆现代新儒学研究之滥觞。“现代新儒学思潮研究”国家课题是 1986 年 11 月批下来的，此前已经开展的熊十力研究可以说是开风气之先，使大陆学界对现新儒学研究的意义和价值已经有了初步的认识。

2. 由于熊十力作为港台新儒家牟宗三、唐君毅、徐复观等人的精神导师的地位，1949 年以后，熊十力研究的中心一直是在港台；80 年代中期以后情况就不同了，可以说这个中心已经转移到了大陆，到了熊先生的故乡湖北武汉，两次会议在这里召开和《熊十力全集》在湖北出版就确定了这个地位。

《熊十力全集》的出版意味着这项研究在新世纪进入了一个新的阶段，我们今天要考虑的是如何用新的思路，从宏观到微观，从广度和深度来继续推进熊十力思想研究的问题。我想这次会议大家最关心的也是这个问题。为准备参加会议，我最近考虑了一个比较宏观的问题，就是熊十力在中国传统哲学的近现代转换中的地位和作用的问题。下面谈谈我的一些初步想法。

一般说来，中国传统哲学是指鸦片战争以前的中国古典哲学。如果从产生于殷周之际的《周易》算起，它已有 3000 年的历史；如果从春秋末年的孔子算起，也有近 2500 年的历史。而中国传统哲学的近现代转换至今不过 160 年。中国传统哲学源远流长，博大精深，为人类哲学智慧宝库增添了许多珍品；同时它的历史包袱也比较沉重，既保存精华又丢掉包袱的彻底转换并不容易。一方面，近代以来中国人“全盘西化”、崇洋媚外的思想相当严重，“沿门托钵效贫儿，尽弃自家无尽藏”。另一方面，传统的价值观念、思维方式对中国人的负面影响至今仍随处可见，不能说中国传统哲学近现代转换的任务已经完成。

鸦片战争至今的中国近现代史可以 1919 年的“五四”运动为标志大致地分为前后两个 80 年。在思想史上，前 80 年主要是中学与西学、新学与旧学之争，帝国主义的入侵、生产关系的变化和西学的引进是促成中国传统哲学的近代转换的根本原因，这个时期它也遇到了封建旧学的顽强抵抗。“五四”以后中国思想界形成了马克思主义、自由主义的西化派和以现代新儒家为代表的文化保守主义三大思潮对立互动的格局。马克思主义是引进西学中出现的一个新的因素，它产生于西方但又是反西方资本主义的思想体系，同中国传统哲学与文化自然也不是一回事，三者之间形成了错综复杂的对立统一关系。可以说，在后“五四”时期，中国传统哲学的现代转换的任务变得更加繁重、紧迫而艰巨。

熊十力先生生于 1885 年，卒于 1968 年。他早年从事革命活动，

34 岁决定弃政向学，此后半个世纪一直专心从事哲学研究。所以，他的学术活动基本上是在后“五四”时期，也就是中国近现代思想史上的后 80 年。

前 80 年，中学与西学之争、新学与旧学之争推动了中国传统哲学的近代转换。其中“中体西用”思潮起了很特殊的作用，我们对不同时期、不同社会力量在不同条件下提出来的“中体西用”思想要作具体分析、具体评价。在封建旧学笼罩着整个社会，引进任何西学都被视为“用夷变夏”、离经叛道的时代，“中体西用”是当时引进西学唯一可能的途径，挤开一条门缝西学才有可能进来。随着时代的发展，当西学的引进已从器物层面进到制度层面甚至思想层面的时候，“中体西用”就成为顽固守旧势力最常用的武器，企图用它来守住中学、旧学中那些最根本的东西，阻止西学的全面进入。

现代新儒学是后“五四”时期出现的一种文化现象，熊十力是其前期主要代表人物之一。一般来说新儒家都是持“中体西用”文化立场的，但熊十力等人对中学之“体”的解释已与张之洞明显不同。张之洞在《劝学篇》中所要维护的中学之“体”是指封建纲常名教，用以反对资产阶级的“民权之说”；而熊十力等现代新儒家所要维护的“中体”，主要是指被反传统思潮扫荡殆尽的儒家文化精神，或者说儒家的价值系统，即儒家的“内圣之教”。贺麟先生就明确提出过“以儒家精神为体，以西洋文化为用”的口号。熊十力也阐明过他对中西哲学关系的看法：“中学以发明心地为一大事（借用宗门语，心地谓性智），西学唯是量智的发展，如使两方互相了解，而以涵养性智为天下之大本，则量智皆成性智之妙用。”[①] 他主张以“发明心地”的性智为体，也就是把儒家的内圣之学放在最主要的位置上。

在后“五四”时期三大思潮对立互动的格局中，现代新儒家虽然是文化保守主义派的主要代表，但并不意味着它在中国传统哲学的现

① 熊十力：《新唯识论》，中华书局 1985 年版，第 676 页。

代转换中是完全扮演着维护中学、旧学，反对和抵制西学的保守角色，没有为中国哲学的现代转换做出过任何贡献。现代新儒家不同于前“五四”时期的封建顽固派，也不同于当年的洋务派，后“五四”时期思想斗争的格局也不是简单的中学与西学、新学与旧学之争，而是形成了中、西、马“三分”的思想格局，中国传统哲学的现代转换并不是在其中的一方推动、其他方面反对或阻挠，而是在三方的对立互动中实现的。因此应该肯定，包括现代新儒家在内的每一方都在中国传统哲学的现代转换中做出了自己的贡献。就拿熊十力来说，他半个世纪的哲学活动可以说都是在做中国传统哲学的现代转换工作，为此进行艰苦卓绝的奋斗，这就是他念兹在兹的志业所在。熊先生不仅个人穷思苦索，先后著书 20 多种，而且在解放前和解放后都多次建议创办中国哲学研究所，希望集合有志者共同来做这件事情。他是把中国哲学的现代转换当作一种事业来做的，其成功经验和局限、教训都对后来者有重要的启发意义。

下面我想讨论三个问题。

一　熊十力对中国传统哲学的现代转换之必要性的痛切认识

熊十力是一个革命家，在青年时代参加过辛亥革命和护法运动。同情人民革命，主张民主政治，反对封建专制主义，是他作为一个资产阶级革命家终生不变的立场。他从参加实际革命活动转向研究传统哲学的直接动机是：“余伤清季革命失败，又自度非事功才，誓研究中国哲学思想，欲明了过去群俗，认清中国何由停滞不进。”[①] 他研究中国传统哲学的目的很明确，就是要总结辛亥革命失败的教训，通过对“过去群俗”的研究和批判，“认清中国何由停滞不进”的深刻的历史原因。在他看来，中国的国情是“帝制久，奴性深”，当时的

① 熊十力：《乾坤衍》，台湾学生书局 1980 年版，第 15 页。

革命党人，“其潜意识还是从君主制度下所养成之一套思想”，他们除了争权夺利之外，“绝无在身心上做工夫者”。他痛感包括革命党人在内的国民素质低下是“革命终无善果”的根本原因，因此认为“革政不如革心”，想用扎实的学术研究工作，来改造人心，“导人群以正见”。

熊十力不论在早年还是在晚年，都对“二千年帝制专制之毒”和儒家思想在社会政治层面的负面影响进行了一贯的、尖锐的批判，他推崇王船山“尊生”“明有”“健动”“率性”的哲学，而对佛老、玄学和宋儒末流之溺寂、耽空、主静、窒欲十分不满，这些都说明熊十力对中国传统哲学的弊端，对其现代转换之必要性和必然性已有相当深刻的认识。他的思想批判主要是针对封建政治伦理的核心“三纲五常”，特别是对“王者以孝治天下”与“移孝作忠”等教条，对中国的宗法家庭伦理深恶痛绝，认为中国人“无国家观念，无民族观念，无公共观念，皆由于此，甚至无一切学术思想亦由此”。正是由于这种愚忠愚孝“奴化斯民”，才使得中国的封建专制制度“特别延长”。二千年的中国学术思想界，由于“直与皇帝专制之局相终始”，也深中“帝者专制之毒”，窒息了它的创造精神。知识分子没有独立地位和独立人格，因此也就没有真正的学术独立和思想自由。所以在他看来，“吾国人今日所急需者，思想独立，精神独立，一切依自不依他，高视阔步而游乎广天博地之间”。而要做到这一点，没有对封建专制主义和他所说的“奴儒”的坚决批判和彻底清算是根本不可能的。

二　关于中国传统哲学现代转换的途径

怎样实现中国传统哲学的现代转换呢？熊十力半个世纪的哲学探索可以给我们提供许多启示，也提供了丰富的经验教训。

（一）熊十力认为，要实现中国传统哲学的现代转换，首先必须确立民族哲学和文化的主体性，如果像全盘西化论者那样，“尽弃所有”，连根基都没有了，那还谈得上什么传统哲学的现代转换呢？

熊十力“弃政向学”之时，正是“五四”反传统主义和全盘西化思潮盛行的时代。这种思潮固然是当时深刻的民族文化危机的反映，但是它也说明当时中国西化的知识分子，不仅已经完全丧失了对民族文化的自信，而且也“渐无独立研究与自由发展之真精神”，只能“一意袭外人之肤表”，“于西学亦不穷其根柢”。熊十力对这种“菲薄固有，完全西化”的思想倾向深感忧惧，认真地考虑了中国传统哲学和文化如何在滋植固有根柢的基础上，适应世界潮流，完成其现代转型的问题。在他看来，“东方文化，其毒质至今已暴露殆尽，然其固有优质之待发扬者，吾不忍心不留意也”[①]。中国传统社会和传统文化就像一个“久病之夫”，如遇良医“谨其攻伐而善护其元气”，就能“消其郁滞，则锢疾自除”。要是遇到一个缺乏经验的医生，“将其横施攻泄，大伤根底”，则病夫立毙。对中国传统文化也是这样，只有“掘发其固有宝藏，涵养其自尊自信之毅力”，才能逐渐恢复元气，自立自强起来。他最担心的就是“中学精义随其末流之弊，以俱被摧残，如蒜精之美，不幸随其臭气而为人唾弃”[②]，所以他的工作就是要认真掘发并护持“中学精义”，重建中国人的精神支柱。怎样重建中国人的自尊自信呢？他认为最重要的就是要在哲学上重建本体论，重立宇宙人生之“大本大源”，这样也就重新树立起了中国文化的主体性。他半个世纪呕心沥血所从事的哲学工作，可以说都是在做这件最紧要的事情。

（二）熊十力主张，对传统要采取批判的分析态度，也就是我们通常所说的区分精华和糟粕，取其精华，弃其糟粕。从对待中国传统哲学和文化的心态来说，他强调既要认识其“固有根基甚美”，不应

---

① 熊十力：《十力语要》卷二《答朱进之》，中华书局 1996 年版，第 122 页。

② 熊十力：《十力语要》卷一《答张东荪》，中华书局 1996 年版，第 68 页。

妄自菲薄；又要看到它是中国两千年停滞不前的原因，因此更不能自讳其短。

熊十力对中国传统哲学和文化是做过全面研究的，他既要护持和发扬“根基甚美”的“中学精义”，又深知其“弊病太多太深”，努力做促其现代转换的工作，这两个方面不可避免地是有矛盾和张力的。他对中国传统学问做了一种很特别的分疏，就是把它区分为“天下为公”的大道学派和拥护“家天下”的小康学派。他认为只有上古圣王尧、舜和“五十以学《易》”以后的孔子两个半人属于大道学派，而五十岁以前的孔子，孔门七十二贤和弟子三千，孔子以后的儒家，包括孟、荀、董、韩、程、朱、陆、王等人在内，统统属于拥护“家天下”和封建专制主义的小康学派，都被他贬为“奴儒”。熊十力认为孔子的“大道之教”，主要体现在《大易》《春秋》《周官》《礼运》四部经典中，其中包括倡导科学（格物）、民主、革命、均平、社会主义等丰富的内容，这就是实现中国传统哲学的现代转换可以直接接引的源头活水。熊先生对内容宏富驳杂的中国传统文化显然作了过分简单化的分析，难免主观武断，牵强附会，但也反映了他一贯反对封建主义，真诚拥护革命、科学、民主和社会主义的思想立场。

怎样实现对传统的超越和现代转换？一种情况是用反传统、断裂传统的方式来求得超越和解放，还有一种情况是“以复古求解放”。熊十力显然是采取后一种方式，即通过回归孔子“大道之教”来实现对二千年封建政治和思想文化的超越。类似的超越和转换方式在中外思想史上是屡见不鲜的。

（三）熊十力认为，要实现中国传统哲学的现代转换，还必须“以平等心究观古今各大学派”，“融合中、西、印思想”，“析其异而观其通，舍其短而融其长”，力求做到“中西学术，合之两美”。

熊十力虽然不通西文，但是读过不少翻译过来的西方哲学著作，汤用彤说他比一般留学生更理解西方哲学。他的新唯识论，是在中国现代哲学史上企图将中国传统哲学与现代西方哲学融合起来的最初尝试。他曾经批评梁漱溟：“漱兄讨厌西方旧哲的理论，我觉得不应这般见地。”[①] 熊十力喜欢用西方哲学中的“本体论”“宇宙论”这些名词概念来谈论东方古哲的身心性命之学，梁漱溟、马一浮、欧阳竟无都不赞成。熊十力说：“本体论，宇宙论，这些名词我认为分得好，但西人的讲法，往往把宇宙人生划分了，那就不对。”[②] 可见他并不是盲目地照搬照抄西方哲学，而是批判地择取和会通。除了西学之外，熊十力对中国和印度的佛学也有所学习和借鉴，特别是从法相唯识学和因明学中吸取了缜密的分析方法，用以构筑自己的哲学体系，这也是他实现中国传统哲学现代转换的途径或方面之一，突出地表现在思维方式的转换方面。

三　如何评价熊十力在中国传统哲学的现代转换中的地位和作用？

我们可以从贡献和局限、经验和教训两个方面来考虑如何评价的问题。关于熊十力哲学的贡献，我想至少可以肯定这么两点。

（1）熊十力创造了 20 世纪中国哲学史上一个为数不多的、能够在当代世界哲坛上占有一席之地的、极具特色的现代哲学体系。所谓“极具特色”是指它具有鲜明的中国民族特色，是“宇宙人生不二”的中国传统哲学精神的继承和发扬。同时它的内容和形式又都是现代的，表现了古今中西哲学交融的特点，旨在解决中国近现代的文化危机和意义失落问题，重建民族精神支柱和中国文化的主体性。

（2）熊十力创立的新唯识论哲学体系，奠定了整个现代新儒学的

① 熊十力：《与林宰平、梁漱溟》（1958 年 7 月 22 日），《熊十力全集》第 8 卷，湖北教育出版社 2001 年版，第 765 页。

② 熊十力：《与梁漱溟》（1958 年 6 月 25 日），《熊十力全集》第 8 卷，湖北教育出版社 2001 年版，第 760 页。

哲学根基，同时也开创了现代新儒学中的一个重要学派。这个学派不论是被称为“唯识论新儒学”（陈荣捷），还是被称为“现代陆王心学”，它至今仍然是现代新儒学中的主流和大宗（冯友兰的“新理学”始终未能成为主流）。现代新儒学作为20世纪中国的三大学术思潮之一，同马克思主义与自由主义西化派一起共同推动着中国传统哲学的现代转化。李泽厚曾经说过：“自由主义在中国始终未能创造出真正属于自己的哲学。”[①] 而马克思主义在与中国传统哲学相结合，对其进行批判改造、创造性转换的过程中，至今还是以毛泽东的《实践论》和《矛盾论》做得最成功、最出色；本世纪三四十年代张岱年写“天人五论”，试图用新唯物论观点来清理中国传统哲学中的天人、理事、心物、两一、知实、能所、群己、义命等问题，可惜没有完成。因此，相对来说，现代新儒家对于中国传统哲学的现代转换，在三派中是最用心投入的，工作是做得最多的，成绩和贡献也是比较显著的，这里面不能不充分肯定熊十力的功劳。

关于熊十力哲学的局限和教训，这里也只讲两点。

（1）熊十力思想虽然前后变化较大，他也有与时俱进的一面，但总的来说，他是一个时代的落伍者。他的哲学创造具有重要的思想史价值，但是并不能代表先进文化的前进方向。熊先生的哲学活动主要是在后“五四”时期，正如一些学者所指出的，他所做的还是为辛亥革命进行“理论补课”的工作。后二十年他就更加脱离现实生活，脱离人民群众的革命实践，是一个受到特别照顾的纯粹书斋哲学家。在思想批判运动一个接着一个的年代里，他可以被允许讲与主流意识形态不一致的唯心主义哲学，他写的书由政府帮助印一两百本保存下来，但并不对社会和学术思想界产生多大实际影响。他在解放后写的一些著作，完全用“六经”来讲立体、开用、成己、成物，从孔子的

---

① 李泽厚：《略论现代新儒家》，《文化：中国与世界》第3辑，生活·读书·新知三联书店1987年版，第2页。

“大道之教”中演绎出科学、民主、社会主义和现代社会生活中一切有价值的东西来，确实叫人有恍如隔世之感。脱离实际、落后于时代使熊十力在中国传统哲学的现代转换中难以发挥更大和更加积极的作用。

（2）熊十力在知识结构方面的局限性也是很明显的，他自己也充分意识到了，这就是西学和现代科学知识之不足。要做好中国传统哲学的现代转化工作，必须对现代西方哲学和西方的科学与哲学传统有深入的了解，才能取人之长补我所短。熊十力曾批评那些菲薄固有的西化论者“于西学亦不穷其根柢”，这不仅抓住了其病痛，而且也找到了如何超越他们的途径。但由于每个人的人生经历不同，熊十力没有像冯友兰、贺麟那样的出国留学机会，他又不通外文，这就使他在吸取西学营养方面受到了很大限制，因而不能在哲学上发出更大的光亮。他在 1958 年 6 月 25 日写给梁漱溟的信中说：“我相信，我如生在西洋，或少时喝了洋水，我有科学上的许多材料，哲学上有许多问题和理论，我敢断言，我出入百家，一定要本诸优厚的凭藉，而发出万丈的光芒。可惜我一无所藉，又当科学发展之今日，空论不可持，宇宙论当然难建立。”① 这是他对自己局限性的非常清醒和痛切的认识。西学之不足，也包括他对西方新起的先进理论马克思主义缺乏全面正确的认识，晚年熊十力虽然也主张“马克思主义宜中国化”，但是还不能自如地运用马克思主义哲学这种科学的世界观和方法论，在改造和转化中国传统哲学方面作出更大的贡献。

中国传统哲学的现代转换是需要许多世代的人们长期努力去完成的工作，思想观念和思维方式的转换对于中国文化与中国社会的现代化意义极大。虽然已经过去了 160 年，但这个任务还远未完成。熊十力曾经为此作出过毕生努力和重要贡献，但也有其局限性，因此这个

---

① 熊十力：《与梁漱溟》（1958 年 6 月 25 日），《熊十力全集》第 8 卷，湖北教育出版社 2001 年版，第 759 页。

问题是值得认真探讨的。我对这个问题的思考还只形成了一个粗纲，很希望通过阅读熊先生的《熊十力全集》，充实材料，深化认识，争取得出既符合实际又对今后继续做好中国传统哲学的现代转换工作有所启发的结论。

（本文是作者 2002 年 9 月 7 日在武汉大学召开的“熊十力与中国传统文化”国际学术研讨会上的发言）

三

大陆新儒学评议

评第二次文化热的“话语转换”

××同志：

寄来《“第二次文化热”悄然升温》[1] 一文已拜读。我同意你的看法，文中所说这次文化热的三个特点都还是表面现象。和80年代的文化热一样，所谓“第二次文化热”的情况也比较复杂。其中不乏为中国文化的建设和发展所做的真诚的努力，但也存在着别的动机，出现了某些值得人们认真思考和对待的思想倾向。《东方》杂志去年发表的李泽厚与王德胜的对话就是一篇很有代表性的文章。

李、王对话突出地提出了“话语转换”的问题。

王说：“90年代以来，中国知识分子努力在寻求一种新的文化策略，就是放弃激进的社会/政治批判话语，转而采取文化上的保守主义话语。不过，尽管策略改变了，但由于知识分子具有一种批判的天性，所以这种文化保守主义话语仍然隐喻了某种意识形态的企图。”

李答：“我赞成你的看法，即政治激进主义在80年代末被推到了极端。当时我就不乐观，也很担心，结果果然如此。我认为损失很大。当然，它有两个好的结果，一个就是你刚才说的，它让人反省，这个反省不仅是反省80年代，而且是反省整个中国近代史。这就是为什么现在海外也好，海内也好，都在对政治激进主义进行再认识。这是以前所没有的。我的看法是，谭嗣同是近代激进主义的开头。以前我曾专门研究过谭嗣同，我当时对他是百分之百的肯定。现在来

① 《中华读书报》第32期，1995年2月15日。

看，他所带来的负面效应也相当大，这一效应从谭嗣同影响到革命派，甚至可以说一直影响到现在。对于辛亥革命，我从‘文革’起开始怀疑，但没法发表文章，海峡两岸都会反对。我认为，辛亥革命是搞糟了，是激进主义思潮的结果。清朝的确是已经腐朽的王朝，但是这个形式存在仍有很大意义，宁可慢慢来，通过当时立宪派所主张的改良来逼着它迈上现代化和‘救亡’的道路；而一下子痛快地把它搞掉，反而糟了，必然军阀混乱。所以，自辛亥革命以后，就是不断革命：‘二次革命’、‘护国、护法’、‘大革命’，最后就是49年的革命，并且此后毛泽东还要不断革命。直到现在，‘革命’还是一个好名词、褒词，而‘改良’则成为一个贬词。现在应该把这个观念明确地倒过来：‘革命’在中国并不一定是好事情。我觉得，通过80年代末的剧变，中国有了一个很好的反思对象，是改变话语的时候了。”①

最近一个时期，我一直在思考这段话。李泽厚在80年代的文化热中是一面旗帜，港台报刊把他和方励之、金观涛、温元凯并称为“四大思想领袖”，号称“思想库”，颇受当时青年仰慕。他当时提出的主要观点是“西体中用”“救亡压倒启蒙”，基本上是西化派的观点。1989年以后他有很大转变，从西化派观点转向文化保守主义，公开声明愿意被称为“新儒家”②。在“第二次文化热”中，他仍然是一面旗帜，批判激进主义、否定“革命”的文化保守主义的旗帜。王德胜明确地说这一“话语转换”只是一种“策略改变”，后来采用的文化保守主义话语“仍然隐喻了某种意识形态的企图”。这种“意识形态的企图”到底是什么？和80年代文化热中的“意识形态的企图”有无实质的改变？

在近十年来一次又一次文化热的发动者看来，第一次文化热（80年代的文化热）的主调是西化和反传统，表现为一种政治激进主义的

---

① 李泽厚、王德胜：《关于文化现状、道德重建的对话》，《东方》1994年第5、6期。
② 见《李泽厚答问》，《原道》第1辑，中国社会科学出版社1994年版，第3页。

话语，李泽厚也认为“政治激进主义在80年代末被推到了极端”。第二次文化热（90年代“悄然兴起”“悄然升温”的文化热）的主调是批判激进主义和否定革命，转换为一种文化保守主义的话语。不难看出，在两次文化热的发动者那里，都有掩饰不住的明确的“意识形态的企图”。

80年代鼓吹西化的突出人物是方励之，其政治目的尽人皆知，就不去说它了。80年代的反传统有什么现实的政治目的呢？1988年我参加新加坡“儒学发展的问题及前景”学术讨论会，拜读了香港中文大学劳思光教授提交的一篇论文，受到很大启发。劳文写道：“他们所谓‘传统’的指涉究竟何在？……如果主观目的是为了推进现代化而反传统，而所谓‘传统’即以传统文化的价值规范、生活态度、习俗等等为其指涉，则……这种工作只如醉人向空中打鬼，徒劳无功。但如所谓‘传统’另有所指，则情况完全不同。从当代中国大陆反儒学的文字透漏的迹象看，我觉得他们显然在互传‘反传统’时，另有指涉的对象。……中共在大陆统治了近四十年，本身已形成一种‘传统’。一般群众，尤其是青年人，渐渐将当权的势力，看成某一意义的‘传统’的代表。……反儒学、反传统的人们，常常将中共当权势力与他们朦胧了解的中国传统文化合在一起，作为他们所用的‘传统’一词的指涉对象。……‘传统’的指涉对象若是如此，这种思潮的目的应如何陈述呢？它似乎是这样：由反儒学思潮唤起反传统意识，进而改变中共统治，以实现中国的现代化。”①

反儒学、反传统的醉翁之意原来不在于扬弃传统文化的价值规范、生活态度、习俗等等，而是以“中共当权势力”为指涉对象！

第二次文化热经过“策略改变”和“话语转换”，其批判激进主义、否定革命的指涉对象又是什么呢？从李泽厚的话来看，它不仅指

① 劳思光：《试论当代反儒学思潮——理据与功能的双重检讨》，1988年8月提交新加坡“儒学发展的问题及前景”讨论会论文。

向“49年的革命”“毛泽东的不断革命”，而且还指向辛亥革命。总之，本世纪以来中国的资产阶级旧民主主义革命、新民主主义革命和社会主义革命统统都搞错了，中国应该在腐朽的清王朝形式下搞君主立宪，经过慢慢改良来“迈上现代化”。如果孙中山、毛泽东和无数革命先烈地下有知，他们对这番狂言不知会作何感想！

李、王对话中还一再提到要“瓦解、解构正统意识形态”，“消解正统的那种控制、统治、主宰”，“消解主流文化的意识形态”，“对正统体制，对政教合一的中心体制的有效侵蚀和解构”，等等，其指涉对象是什么，或者说，其“意识形态的企图”是什么，作者、编者和读者都是十分清楚的。

有人说，第二次文化热主要是“国学热”，目前有一股国粹主义、复古主义思潮，想用孔夫子、董仲舒来抵制马克思主义，摒弃社会主义新文化于中国文化之外。我认为，不能排除某些人有这种企图，但在“国学热”中，大多数学者还是力图用马克思主义观点来正确分析、认识中国传统文化，弘扬民族文化之精华，批判继承，综合创新，创造有中国特色的社会主义新文化。我不同意把“国学热”和国粹主义、复古主义思潮简单地画等号。值得注意的倒是第二次文化热的“话语转换”，在今天，文化保守主义确乎已成为一种值得注意的“思潮”。但它关心的主要不是中国传统文化，而是要反思整个中国近代史。

××兄，我的上述看法，你觉得有一点道理吗？愿意听到你的高见。有空时我们找个时间好好交换一下意见。

专此　顺颂

春祺

方克立

1995年2月21日

（这是作者给友人写的一封信，原载《高校理论战线》1995年第5期）

要注意研究90年代出现的文化保守主义思潮

今年2月，我在给友人的一封信中提到：在90年代的“国学热”中，确实有人企图用孔夫子的儒学来抵制、排斥、否定和取代马克思主义，但不能把情况估计得过于严重，好像已经出现一股了不得的国粹主义、复古主义思潮。在“国学热”中，大多数学者还是力图用马克思主义观点来分析、认识中国传统文化，弘扬民族文化之精华，批判继承，综合创新，创造有中国特色的社会主义新文化。我不同意把“国学热”和国粹主义、复古主义思潮简单地画等号。值得注意的倒是90年代文化研究和文化讨论的所谓“话语转换”，即一些人所说的“放弃激进的社会/政治批判话语，转而采取文化上的保守主义话语”①。在今天，“文化保守主义”确乎已成为一种值得注意的思潮，但它关心的主要不是中国传统文化，而是要反思整个中国近代史。

我这样说有什么根据？今天想着重谈谈我对90年代出现的文化保守主义思潮的认识。

当今中国是否存在一股文化保守主义思潮?

我想首先用一些人文学者的实际感受来回答这个问题。我带来一

---

① 李泽厚、王德胜：《关于文化现状、道德重建的对话》，《东方》1994年第5、6期。

本杂志，其中有两篇文章，题目分别是《文化崩溃时代的逃亡与归依——九十年代文化的新保守主义精神》和《新保守精神：价值转型的表征》。

前一篇文章说：

> 我发现自九十年代开始，文化上新保守主义精神不作宣告地悄然形成了。……新文化保守主义的主要特征概括起来大致有如下三点：一是放弃激进的批判精神，实行温和而稳定的话语实践；二是放弃对共同处境的忧患、焦虑和怀疑，转变为对个人境遇的关怀和思考；三是放弃对终极价值、目标信仰的追求和提供，而是关注具体的局部问题的解决。显然，这是一次文化气质的大转型，对这一巨大的转变我们已有了明确的感知。①

后一篇文章说：

> 进入九十年代，中国大陆的文化发生了深刻的转型。人们都已注意到的一个文化现实是：一种新保守精神正在崛起，它已超越了80年代我们所熟悉的文化话语，在新的语境中发挥着越来越大的影响。……这种文化思潮既包涵着对80年代以来文化运作的反思，又有对“五四”以来激进话语的反思；而它的发展也与目前“冷战后”的新世界格局有密切的联系，可以说是这一格局的一种文化反应。“新保守精神”已涉及了文化的各个领域，在不同的文化空间中获得了不同的表现形式。②

---

① 孟繁华：《文化崩溃时代的逃亡与归依——九十年代文化的新保守主义精神》，《中国文化研究》1994年夏之卷。

② 张颐武：《新保守精神：价值转型的表征》，《中国文化研究》1994年夏之卷。

这是两位生活在国内的人文学者的体认和感受。我还想介绍一位现执教于英国伦敦大学东方学院的中国学者远在异国他乡的观察和评论。这位学者在阅读了近年来国内文化讨论的一些文章后说：

> 读完这些讨论，有一个局面已相当清楚：一个强大的新保守主义思潮正在中国知识界翻卷起来。新保守主义首先表现在对80年代文化热的忏悔自罪心情。……对80年代文化精神高扬的清算是新保守主义的一个共同倾向，不管讨论者是否自觉到这一点。新保守思潮表征之二是回归传统文化，“倾听压抑太久遗忘太久的人文主义传统的声音”。……从国内出版物的情况看，新国学的确已成为近年学术的中坚，文化关注点的确在转向。新保守主义潮流的最重要表征是自我唾弃精英地位或责任，转而与民间文化——俗文化认同。①

根据上述资料，说在当今中国存在着一股文化保守主义思潮，大概不至于被认为是一种虚构。它是许多学者“明确地感知”到的一种当代文化现象。

其次，我们不能忽视这样一个现实：文化保守主义已是一些学者和刊物公开亮明的旗帜，有人呼唤在大陆形成“新儒家群体”或新保守主义学派。

《原道》辑刊在第一辑的“编后”中写道：“××博士的自由主义、×××博士的解构主义与《原道》同人的‘保守主义’在理论层面是相冲突的，但在现实层面，它们却可以也必须互相制约补充。”② 这就是说，“保守主义”是《原道》同人公开亮明的旗帜和学术宗旨，这与该刊第一辑中一些主干文章的思想倾向确是一致的。首

---

① 赵毅衡：《“后学”与中国新保守主义》，《二十一世纪》1995年2月号。

② 《原道》第一辑，中国社会科学出版社1994年版，第386页。

篇《李泽厚答问》结尾一段话颇有意味：

问：……您信仰什么思想？

答：唔，什么都有一点吧。

问：如果把您称为新儒家，您愿意吗？

答：愿意。但不是现在港台那种新儒家。

问：……什么时候您能谈谈，如果大陆形成有异于港台地区的新儒家群体，那它将表现出一些怎样的特征？

答：这很值得探讨，但现在还有些为时过早吧！[①]

这段问答说明，在今天，不仅像李泽厚这样知名的学者表示愿意被称为“新儒家”，而且有人呼唤在大陆形成“有异于港台地区的新儒家群体”。而事实上，早就有人打出“大陆新儒家”的旗号了。

1992年6月，某大学的一位资深教授在四川德阳召开的“儒学及其现代意义”国际学术研讨会上提交了一篇论文，题曰《我的现代新儒学观》，公开“揭举大陆新儒学的旗帜”。1994年11月，在湖南岳阳召开的“国际‘儒家文化与当代文化走向’学术讨论会”上，他埋怨人们对他不重视，并作了一个很有意思的发言。他说他“发现”了“仁”是孔子思想的核心和基石。“五四以来，全盘西化论者，不论是全盘英美化派或全盘苏化派，都一味批孔。特别是后者，把这个光辉思想当作唯心论、天才论批判。即使真正尊孔的孔教派和现代新儒家的前辈、时贤，也没有特别看重这句话，竟让我这个无名之辈再发现了这块儒学的奠基石。从此，豁然贯通，形成系统的观点，自行摸进了新儒学的大门。我期待学界前辈或成名学者揭举大陆新儒学的旗帜，白等了好几年。‘蜀中无大将，廖化作先锋’，我只得在‘天下有道，丘不与易’的精神指导下，冒天下之大不韪，92年6

① 《李泽厚答问》，《原道》第一辑，中国社会科学出版社1994年版，第3页。

月在德阳‘儒学及其现代意义国际学术研讨会’上，申明我服膺现代新儒学，并阐述了我的观点。”

公开揭举“大陆新儒学”旗帜的，不仅有资深教授，也有青年学者。首都某大学的一位青年法学家著文说：“中国大陆新儒家的出现为势所必然。……没有大陆学人的传承和创新，没有在海外新儒家的薪火延续的基础上开出大陆新儒家，第三期儒学发展只能是半途失落的归鸟之梦。”他认为“中国大陆新儒家的形成标志不在于对传统儒学作系统的哲学文化诠释，此项工作实际上已由海外新儒家基本完成，而在于对传统儒学作创造性的政治法律转换”，因此“法学者肩负着推进中国大陆新儒家崛起的义不容辞的历史责任”。

“大陆新儒家”的呼唤，是文化保守主义已逐渐形成气候的一个重要标志，在80年代是听不到这种声音的。那时虽然也有个别大陆学者强烈认同新儒学，但其文章只能拿到港台报刊去发表，而在大陆发表不出来。90年代情况有了很大变化，在中国大陆自觉不自觉地站在文化保守主义立场的学者已不只是个别人。他们中有的是一种自觉的文化选择和“策略改变”，有的则主要是在学理上肯定“多元的文化保守主义”在文化研究与文化建设方面“显示出对于激进主义的优越性”，情况很不一样。

90年代文化保守主义的主要特征或表现

1. 反思和批判激进主义。

从反思80年代“文化热”中的激进主义到反省“五四”以来以至整个中国近代思想史中的激进主义，从批判文化激进主义到批判政治激进主义；反省、反思整个中国近代史，否定近代以来的历次中国人民革命，认为太平天国革命、辛亥革命和中国共产党领导的人民革命都是政治激进主义的产物，反帝反封建的人民革命阻碍了中国现代化的进程；中国应该走改良和“君主立宪”的道路。如李泽厚说：“我认为，辛亥革命是搞糟了，是激进主义思潮的结果。清朝的确是已经腐朽的王朝，但是这个形式存在仍有很大意义，宁可慢慢来，通过当时立宪派所主张的改良来逼着它迈上现代化和‘救亡’的道路；而一下子痛快地把它搞掉，反而糟了，必然军阀混战。所以，自辛亥革命以后，就是不断革命：‘二次革命’、‘护国、护法’、‘大革命’，最后就是49 年的革命，并且此后毛泽东还要不断革命。直到现在，‘革命’还是一个好名词、褒词，而‘改良’则成为一个贬词。现在应该把这个观念明确地倒过来：‘革命’在中国并不一定是好事情。”[①] 有的论者指责三元里人民的抗英斗争和鸦片战争后广州人民的反入城斗争也是激进主义，是一种“狭隘的传统型的爱国主义”，“它不利于促进中外经济、文化交流，不但与世界历史发展潮流背道而驰，也不利于中国自身的进步”，把阻碍中国开放、现代化的罪名加在抗英人民的头上。

在这种反思和批判激进主义思潮的影响下，在中国近现代史研究领域出现了不少翻案文章：褒扬曾国藩，贬低洪秀全和太平天国革命；褒扬洋务派和改良派，贬低资产阶级革命派；甚至褒扬袁世凯，贬低孙中山。一篇文章指责孙中山制定的《临时政府约法》和改总统制为责任内阁制，“是造成民初社会动乱、阁潮迭起、府院之争连绵不断的一个重要原因”，而表扬袁世凯推行的政治、经济、教育、外交政策，“正反映了当时社会历史发展的总趋势”。

在文化上批判激进主义主要是否定“五四”新文化运动，否定在思想领域批判封建主义和资产阶级意识形态的必要性，有的文章实际上是把马克思主义当作激进主义来批判。20 世纪的中国文化运动被看作是一直受激进主义所主导的，因此具有“反文化”的性质。20世纪的文化史成了一部反文化思潮占绝对统治地位的历史，成了一部

① 李泽厚、王德胜：《关于文化现状、道德重建的对话》，《东方》1994 年第 5、6 期。

“反文化史”。反文化思潮有两个突出表现：一是“经久不息的全盘否定传统倾向”，二是“持续的激烈反知识分子倾向”。20世纪被描绘为中国文化和知识分子最为悲哀的世纪。

2. 和中国近现代文化保守主义一样，当代文化保守主义也表现出一种回归传统的倾向。

在弘扬民族文化口号下，有人打出了“复兴儒学”和“大陆新儒家”的旗帜，宣称“21世纪是儒学的世纪”，主张以儒学为主体、为本位来融合中西文化，再造“国学”的辉煌。

80年代末，就有大陆学者著文论述“中国大陆复兴儒学的现实意义及其面临的问题”。这位作者认为，中国大陆当前最大的问题是复兴儒学的问题，因为“在当今的中国大陆，一种外来的异族文化——马列主义——在国家权力的保护下取得了‘国教’的独尊地位，而这种异族文化既不能安立中华民族的民族生命，又不能表现中华民族的民族精神，这使中华民族近百年来生命无处安立、精神彻底丧失的局面发展到了最高极点”。因此，“儒学理应取代马列主义，恢复其历史上固有的崇高地位，成为当今中国大陆代表中华民族的民族生命与民族精神的正统思想”。[①] 可见，“复兴儒学”的口号在中国大陆一提出来，就具有极强的针对性，具有极大的政治尖锐性。

对“国学热”应该进行具体分析。许多严肃的学者认真研究、清理中国传统文化，挖掘和弘扬优秀文化遗产，寻找中华民族的民族精神，对国人特别是对青少年进行爱国主义和历史文化知识的教育，这是应该充分肯定的。但是也有人借“国学热”搞复古怀旧，宣扬封建迷信，宣传唯心主义和神秘主义。借“国粹”来生财创收的更是大有人在。过分张扬“国学”的结果是在文化保守主义的氛围下出现了不少消极的社会文化现象。有人这样描述1993年的中国文化界：

---

① 蒋庆：《中国大陆复兴儒学的现实意义及其面临的问题》，《鹅湖》第170、171期，1989年8月、9月。

在文学界，《白鹿原》和《废都》成为1993年最重要的文学现象，……前者创造了一个现代的儒教圣人朱先生，以及他的俗家弟子白嘉轩，拜倒在传统文化脚下，期冀着在理想化了的儒家学说中栖息疲惫而脆弱的心灵；后者则是在历史转折、文化失范之际，放浪形骸，纵情女色，逃避现实，精神自戕，却也仍然是对中国传统文化的支脉，从魏晋的放诞名士到明清的无行文人的有意识的效仿。在更广泛的社会生活中，复古主义和传统文化的回潮，更是全方位的和多元化的。从大众传媒中的评书艺人说“杨家将”、“岳家军”、“三侠五义”、“小八义”，电视台连篇累牍地播放“唐明皇”、“杨贵妃”、“康熙”、“雍正”、“乾隆”、“慈禧”等宫廷戏，到著名影星刘晓庆、巩俐等纷纷出演“武则天”，到久盛不衰的“《易经》热”，蜂拥而上的白话今译经、史、子、集……从大量的仿古建筑，以“皇家花园”、“行宫”等命名住宅区，到所谓的宫廷秘传的占卜术、生男生女术，和以古代佳丽命名的美容护肤用品，乃至古代的房中术、推背图，以整理古籍为名出版的明清艳情小说……称本世纪以来，怀旧和复古思潮，于今为烈，大约不是妄断。从世纪初对传统文化的叛逆和决裂，到世纪末对传统文化的认同和回归，岂不令人感慨系之！①

这段集中放大的描述不免有些夸张，但它所指出的90年代“回归传统”的文化倾向，确实是值得人们深长思之的。

3. 在反思中国近代思想史时，一方面批判激进主义，另一方面则表现出对近现代文化保守主义的过分偏袒和钟爱。

这也显示了当代文化保守主义的渊源所自和思想承继关系。

---

① 沉风、志忠：《跨世纪之交：文学的困惑与选择》，《文学评论》1994年第6期。

“中体西用”是中国近现代文化保守主义的基本主张和最有代表性的口号。一篇文章提出要“为中体西用正名”，认为“中体西用语意明确，远非逻辑所能驳倒”。“在挑战应战的发展模式中，还有什么命题比中体西用更准确地把握了时代课题并作出了正确决策?”中体西用“是近代史留给我们的理论遗产”，我们“应该在中体西用的命题下驻足深思”，用这个命题来“继往开来”，“统一现代化的建设与传统文化的创造”。

《学衡》派因其反对“五四”新文化运动而成为中国现代文化保守主义的一个重要派别，过去的研究者多数站在“五四”启蒙立场上，对其批评否定较多，而对其人文价值肯定不够，今天重新研究、全面评价是有必要的。但是“重估《学衡》”成为一时之风尚，好像只有它所标举的“昌明国粹，融会新知”才代表了中国学术文化发展的正确方向，以此肯定文化保守主义的价值，这又走向另一偏了。对中国现代文化保守主义的表彰和推崇更主要的表现在对港台新儒家的态度上。大陆有的研究者拜倒在钱穆、牟宗三等新儒家的脚下，以能拜谒他们、“忝列其门墙”为荣，并且完全站在港台新儒家的立场上，赞扬其“壁立千仞的人格”，肯定其“崇高而内在的学术文化价值”，认为新儒家“在处理儒学与现代化的关系中有全面的高成就的贡献”，而批评“大陆马列派”的新儒学研究“实在是很不相应的”。有的人不仅认同港台新儒学，而且主张让港台新儒学“反哺大陆”，在大陆全面复兴儒学。作为中国现代文化保守主义的主流派，现代新儒家的影响远甚于其他文化派别，中国当代文化保守主义者愿意被称为“新儒家”，申言要“开出大陆新儒家”，这决不是偶然的。

在批判激进主义、表彰文化保守主义的氛围下，90年代出现了李泽厚所说的“思想家淡出，学术家凸显”的现象。“鲁迅、胡适、陈独秀等退居二线，王国维、陈寅恪、吴宓等则被抬上了天。”[①] 后

---

① 《李泽厚答问》，《原道》第一辑，中国社会科学出版社1994年版，第1页。

者大都具有文化保守主义的思想倾向。

4. 和近现代文化保守主义一脉相承，宣扬唯心主义的历史观和世界观。

最突出的表现就是宣传过分夸大精神、观念形态作用的文化决定论。《原道》第一辑刊有一篇题为《无本者竭，有本者昌——湘军、太平军与文化传统》的文章，其基本观点是：曾国藩指挥的湘军认同儒家文化，代表中国文化传统，所以能取得这场战争的胜利。它将这场战争提升为“保卫文化认同感之战”，这一提升，就使湘军立于不败之地。而洪秀全领导的太平天国，用西方基督教来动员群众，背离了中国文化传统，为渊驱鱼，为丛驱雀，结果必然失败。这篇文章立足于儒家正统观念，把曾国藩所说的“无本者竭，有本者昌”说成是“文化发展的一般规律”[①]，并以此去剪裁和歪曲历史。无独有偶，该刊同期还有一篇题为《政治与经济：以文化为旗帜——台湾“中华文化复兴运动”述评》的文章，说国民党在大陆时期，背离了儒家的仁政、王道，“尧舜三王周公孔子所传之道，未尝一日得行于天地之间”，因此必然失败。“只是一败再败，退居一隅，痛定思痛，才终有所悟而回心向道”，“效法先王力行仁政”，所以取得了今天的成功。“得道者昌，逆道者亡”，这就是“台湾中华文化复兴运动带来的最重要的启示”。这篇文章的立论很明确：“以文化价值作为政治运作的轴心。”[②] 这是典型的文化决定论命题。

文化保守主义者所要“保守”的传统文化之“本”、先圣所传之“道”到底是什么？它与董仲舒所说的“天不变道亦不变”之“道”有什么区别？一位儒学复兴论者在论述儒学和马列主义的区别与对立

---

① 辛岩：《无本者竭，有本者昌——湘军、太平军与文化传统》，《原道》第一辑，中国社会科学出版社 1994 年版，第 33—61 页。

② 澄之：《政治与经济：以文化为旗帜——台湾“中华文化复兴运动”述评》，《原道》第一辑，中国社会科学出版社 1994 年版，第 372—385 页。

时写道："儒学是天道的体现。我们知道，儒学是千百年来中国古代的圣哲们一代又一代对天道体认的总汇。这些古代的圣哲们在个人生命的痛苦与民族生命的危机中用自己的整个身心性命顶上去证悟天道——人生宇宙的最高实在，然后这些证悟所得自然而然地从他们心中流出来形成了语言文字，即儒学。……儒学是人类生命对神圣天道的体证，是人类精神对形上本源的把握，……儒学建立在天道上的基本精神具有神圣性、普遍性、永恒性。""马列主义是一种意识形态，……不是见天道的东西，……不是从神圣本源中产生出来的普遍真理，因此，马列主义没有神圣性、普遍性与永恒性。"[①] 这个神圣天道，这个超越的形上本源，和董仲舒所说的"天不变道亦不变"之"道"没有什么实质的区别。

5. 文化保守主义作为一种批判现代化的理论，与"后现代主义"有某些表现的契合之处。

中国当代文化保守主义对西方后现代思潮亦情有独钟，热衷于到这些最新时髦学说中去寻找理论根据和语言表达方式。一时间，"人人都'话语'，个个谈'解构'，'文本'不离口，'颠覆'不离手"，后现代主义成为90年代中国文化界特别是文学艺术界的一股风潮。前引现执教于英国的那位评论者困惑地写道："以后结构主义、后现代主义、后殖民主义为主的西方晚近文化研究潮流，一直被其反对者指责为'太激进'，而从未被指为'保守'。笔者感到非常惊奇的是，近年（具体说，1993、1994这两年）在中国知识界出现的新保守主义潮流，却常常引用这些理论作根据，或作佐证。"[②] 中国新保守主义的理论根据却是来自西方的激进学说，他认为这种文化现象很值得研究。

---

① 蒋庆：《中国大陆复兴儒学的现实意义及其面临的问题》，《鹅湖》第170、171期，1989年8月、9月。

② 赵毅衡：《"后学"与中国新保守主义》，《二十一世纪》1995年2月号。

6. 文化保守主义区别于“社会政治的保守主义”，它可以和政治上的保守势力相结合，也可以和其他政治倾向相结合。

中国近现代的一些文化保守主义者，文化取向是保守的，而政治上可以很进步、很革命。如国粹派领袖章太炎同时又是倡导反清革命的光复会和同盟会的主要领导人之一，现代新儒家的精神领袖熊十力早年也曾投身于辛亥革命和护法运动。文化保守主义也可以和自由主义结盟。如当今十分活跃的海外新儒家杜维明、余英时等人，文化上持保守主义立场，政治上都是自由主义者。老一辈新儒家中的徐复观，“以传统主义卫道，以自由主义论政”，也是文化上的保守主义和政治上的自由主义相结合。中国大陆的文化保守主义者中，有人非常欣赏丹尼尔·贝尔所设计的“文化上的保守主义、政治上的自由主义、经济上的社会主义”三者的结合，认为这样一个结合可以摆脱保守—激进两极的紧张关系，显示了人类未来的合理前景。也有人指出，文化保守主义和政治上的新权威主义有不解之缘。如有人在总结台湾“中华文化复兴运动”的经验时，认为好的文化理想“需要一个有力的‘好的’中央政府来保障它的实现”，“因此，新权威主义不仅无法回避，我们也必须承认它的某种合理性”。当今中国的文化保守主义思潮到底代表什么政治力量？它的阶级基础是什么？这还需要认真研究。一位评论者写道：“文化上的新保守主义精神体现的是‘中产阶级’的品格和欲望，然而它却在‘第三世界’的中国全面实现了，这究竟是个奇迹呢？还是历史的玩笑呢？”①

7. 主张以大众文化来消解主流意识形态。

前引评论已指出：“新保守主义潮流的最重要表征是自我唾弃精英地位或责任，转而与民间文化——俗文化认同。”“放弃对共同处境

---

① 孟繁华：《文化崩溃时代的逃亡与归依——九十年代文化的新保守主义精神》，《中国文化研究》1994 年夏之卷。

的忧患、焦虑和怀疑，转变为对个人境遇的关怀和思考；……放弃对终极价值、目标信仰的追求和提供，而是关注具体的局部问题的解决。”还有这样一种生活态度：“管它什么意义不意义，现在活得好就是了；最真实的实在就是我当下、即刻的感受或享受，管它历史、价值干什么？”[①] 有的论者肯定其“在当前的积极性、正面性的功能”就是“有从客观上瓦解、解构正统意识形态的作用”。“我们应当正视大众文化在当代中国文化变革中所起的那种潜移默化的消解作用——消解主流文化的意识形态。”“大众文化不考虑文化批判，唱卡拉 OK 的人根本不去考虑要改变什么东西，但这种态度却反而能改变一些东西，这就是……对正统体制、对政教合一的中心体制的有效的侵蚀和解构。”[②] 正因为大众文化有消解、瓦解正统意识形态的作用，所以有人积极主张知识分子文化和大众文化“合谋”、结成联盟，提倡学术民间化，“疏离”主流意识形态。

怎样认识和对待今日的文化保守主义思潮？

1. 要认真研究 90 年代文化保守主义思潮产生的国内国际背景、思想理论渊源和现实表现形态。

新保守主义思潮的产生首先与片面地总结 80 年代“文化热”的经验教训有直接关系。它是作为 80 年代的“全盘西化”、“新启蒙”、激进反传统和民族虚无主义思潮的对立物而出现的，“放弃激进的社会/政治批判话语，转而采取文化上的保守主义话语”，表现为回归传统、反对近现代社会变革、主张渐进改良、疏离主流文化的意识形态等等。这种“话语转换”对于一些人是自觉的“策略改变”，对于另一些人则是由于认识的片面性和简单逆反思维方式所造成的。

---

① 李泽厚、王德胜：《关于文化现状、道德重建的对话》，《东方》1994 年第 5、6 期。
② 李泽厚、王德胜：《关于文化现状、道德重建的对话》，《东方》1994 年第 5、6 期。

已有论者指出，90 年代新保守主义思潮的产生与“冷战后”的新世界格局有密切联系，是这一格局的一种文化反应。在某些西方思想家看来，苏东剧变标志着共产主义思想体系的失败，未来的世界冲突将不再是意识形态的冲突，而是不同的文明或文化集团之间的冲突。在马克思主义仍然是主导意识形态的中国，出现强调本民族文化传统、提倡复兴儒学、否定革命、疏离和淡化主流意识形态的文化保守主义思潮，决不是偶然的，而是有着深刻的国际背景，有些甚至是国内外互相配合的。如李泽厚说：“现在海外也好，海内也好，都在对政治激进主义进行再认识。”① 这是确实的。1988 年 9 月，海外新儒家代表人物、美国普林斯顿大学教授余英时在香港中文大学作了一次题为《中国近代思想史中的激进与保守》的讲演，认为一部中国近代思想史就是一个思想不断激进化的过程，“基本上中国近百年来是以‘变’：变革、变动、革命作为基本价值的”，过分微弱的保守力量几乎没有起到制衡的作用，中国为此付出了极大的代价，“文革”就是这种思想不断激进化的最高峰。这篇演说在海内外均造成较大影响，此后谴责激进主义、呼唤保守主义逐渐形成一股潮流。1992 年 4 月，有人在香港《二十一世纪》杂志撰文与余英时商榷，接着余又发表《再论中国现代思想中的激进与保守》一文。《二十一世纪》杂志就此展开了一场历时半年多的关于激进与保守的讨论，先后发表了近十位海内外学者的文章，主调就是批判激进主义。这一时期港台、海外的其他报刊也发表了不少批判激进主义、表扬保守主义的文章。大约一年以后，同类文章开始在中国大陆的报刊上出现。在有些文章中，批判激进主义已不仅是一种文化反省，而且成为政治声讨，成为要求改写中国近现代历史的一种强烈的呼声。李泽厚这几年一直在国外，他的思想显然受到余英时的影响。

文化保守主义并不是中国的特产，也不是到今天才有的。在西

---

① 李泽厚、王德胜：《关于文化现状、道德重建的对话》，《东方》1994 年第 5、6 期。

方，文化保守主义是伴随着西方的现代化运动——18 世纪的启蒙运动而出现的，代表人物有德国的哈曼、谢林、赫尔德，英国的柏克、卡莱尔等人。随着西方资本主义向非西方地区的扩展，文化保守主义思潮也在这些地区活跃起来，并且带有浓厚的民族主义色彩。其典型代表人物有印度的辨喜、泰戈尔，日本的冈仓觉三、西田几多郎等人。中国近现代思想史上也出现了文化保守主义思潮，主要有本世纪初以康有为为代表的“孔教派”，以章太炎、刘师培为代表的“国粹派”，20 年代以梅光迪、吴宓为代表的“学衡派”，以杜亚泉、章士钊等人为代表的“东方文化派”，30 年代以陶希圣等十教授为代表的“中国本位文化派”等；而作为 20 世纪中国文化保守主义之主流派的，则是产生于 20 年代初、至今已有三代人薪火相传、延续了 70 余年的现代新儒家学派，其主要代表人物有梁漱溟、熊十力、冯友兰、唐君毅、牟宗三、杜维明等人。90 年代的文化保守主义思潮是中国近现代文化保守主义的直接继承和发展，因此，我们要研究中国当代文化保守主义对近现代文化保守主义如国粹派、学衡派、现代新儒家的思想继承关系。应该看到，对待文化上的古今中西问题，他们确有独到见解，但实质上都是“中体西用”派。我们还要研究中国文化保守主义和从哈曼、柏克发端的西方文化保守主义思潮的区别和联系，同时与其他东方国家的文化保守主义思想进行比较研究。

更重要的是要研究中国当代文化保守主义的各种现实表现形态及其可能的影响和作用。我在前面谈了一些粗浅的看法，因接触资料有限，思考很不深入，不一定完全符合实际。这方面的研究应该有人具体地系统地去做。

2. 就一种思潮来说，其产生背景、思想实质、实际作用与影响都具有客观性和必然性；但就个案来说，情况却非常复杂。因此，对具体情况要作具体分析。

“国学热”的兴起与新保守主义的推波助澜是分不开的。但在

“国学热”中，许多学者的头脑还是清醒的，大力弘扬民族优秀文化而不赞成“复兴儒学”，更反对利用“《易经》”“气功”等来搞封建迷信和神秘主义。

反思和批判激进主义如果不是以否定革命和反对马克思主义为目的，从正面积极理解，对于我们清理“左”的思想根源、克服急性病和思想方法的片面性很有好处。

有的学者站在文化保守主义的立场上，对“全盘西化论”和民族虚无主义进行了尖锐的批判，有的讲得相当中肯，表现了炽热的爱国情怀。这还是应该充分肯定的。

在当今中国的新文化保守主义运动中，有的学者（以及有的刊物）呼吁建立学术规范，强调国学基本功的训练，提倡坐冷板凳的治学精神；重视人文关怀，肯定道德和宗教的价值，以克服社会转型期人文价值失落的危机，等等，都有一些合理因素，值得重视。

也要看到文化保守主义和当今中国的其他思想派别，既有对立紧张的一面，也有互动联结的一面。

站在文化保守主义立场上的学者情况复杂，动机各异，不可一概而论。特别要注意研究那些 80 年代的激进人物，为什么 90 年代又转到文化保守主义的立场上来，并结合近现代史上康有为、严复等人的思想经历，总结这一转变的规律和经验教训。

3. 要形成各种思想自由平等地讨论、对话、争鸣的良好的学术环境。

客观上存在着不同甚至相反的思想观点，不能只提倡宽容，同时要提倡坦诚地正面思想交锋，但不要搞过去那种大批判。大批判叫人反感，反而帮了批判对象的忙。也不要一听到不同意见，就指责对方“搞大批判”。这是一些人不让相反观点的人讲话的惯用手法。只准一些人成天讲“消解、解构正统意识形态”，而不准马克思主义者对他们主张的意识形态稍作讨论和批评，这是不公平的。“在真理面前人人平等”并不是对资产阶级有利的口号，而是掌握了真理的人最赞成的口号。要相信真理战胜错误是真理发展的规律，错误的思想只能用“百家争鸣”的方法来克服。

在所谓“后冷战”时代，不同意识形态之间的分歧和斗争并没有消灭。文化选择和意识形态斗争既有区别也有联系。鼓吹“淡化”意识形态的人实际上仍有其明确的“意识形态的企图”，这只要看某些人批判激进主义的情绪和语言是多么“激进”就十分清楚了。

这样看问题是不是将学术政治化？事实上，不论在80年代，还是90年代，有些人谈文化的目的并不在文化、学术本身，而是借文化谈政治，或是从文化问题直接引申出政治结论。我们如果看不到这一点，那就太书呆子气了。文化研究和文化讨论中有学术层面的问题，也有学术和政治结合在一起或混淆在一起的问题，我们只有如实地去认识才有可能将这两个层面的问题真正厘清。

我认为，90年代出现的当代文化保守主义思潮，它在学术的层面可能会有一些积极的价值，但在政治思想层面，它对一个多世纪以来中国人民反帝反封建的革命斗争持基本否定的态度，埋怨革命阻碍了中国现代化的进程，散布一种世纪末情绪，其对社会主义精神文明建设的冲击和消解作用不容忽视。对于这种有深刻背景和渊源的，还在继续发展中的文化思潮，我们应该重视并进行认真研究。

（本文是作者1995年5月11日在中国社会科学院召开的一个文化研讨会上的发言。原载《高校理论战线》1996年第2期）

评大陆新儒家推出的两本书

——《理性与生命》〔1〕、〔2〕

大陆新儒家：不容忽视的客观存在

我在 1986 年提出“要重视对现代新儒家的研究”，同年争取在“七五”国家社科规划重点项目中确立了“现代新儒学思潮研究”课题。十年来这项研究确有一定的进展，但有两个情况开始我却没有想到。一是没想到现代新儒学研究很快会在国内“热”起来，从断顿 30 余年的“绝学”变成一门“显学”。尽管有人说是“造显”，但当时确实没有想到会“显”起来，也没有“造”的意思，确实是“非始料所及也”。二是没想到今天会有一些大陆学者欣赏、认同以至归宗现代新儒学，自称“大陆新儒家”，和港台、海外新儒家形成联结、呼应之势，发表“宣言”、出版著作证明它在中国大陆已作为一个学派而存在。

最近几年，“大陆新儒家”的呼声，在一些学术会议上，在一些报刊发表的文章中，早已听到和见到过了。但这种呼声还是显得比较微弱和分散，而且有的倡导者素质不高，政治意图明显，情感宣泄重于理性探讨，所以没有引起学术界的重视和认真对待。有一篇被称为“大陆新儒家宣言”（与 1958 年的“港台新儒家宣言”略相对应）的重要文章，由于没有在大陆公开发表而是刊载于台湾的杂志上，大陆学界多不了解也很少作出回应，实未引起应有的重视。[①] 大陆新儒家这几年做的最切实的工作，就是整理出版了系统引介、宣传、推销港台新儒学的《理性与生命——当代新儒学文萃》〔1〕、〔2〕两本书（上海书店出版社，1994 年4 月、1993 年12 月出版）。这两本书能在中国大陆出版，就说明港台新儒学已真正“进军大陆”，占领了大陆的一部分图书市场和读者对象，在一定程度上实现了它“反哺大陆”的目的。当然，这两本书的出版，也说明大陆新儒家已有相当的势力和影响，其“能量”不可低估，我们已不能忽略它作为“学派”的存在意义。

在大陆不是早已出版过《现代新儒学辑要丛书》《新儒家八大集》等介绍现代新儒学的资料选集吗？为什么《理性与生命》二书的出版意义就那么重大那么特殊？我们从前面那些资料选集的《总序》《编纂旨趣》中可以看到，选编这些新儒家论著的目的，是为广大读者了解和研究现代新儒学提供系统的资料，而且，“为了帮助青年读者正确认识复杂的思想文化现象，各册编者分别撰写了‘编序’，除了介绍一些基本情况外，还用马克思主义观点对有关思想资料作了初步的分析和评论”。显然“编序”带有导读的性质，这是对大陆读者应有的负责的态度。

《理性与生命》二书则不然。从其《弁言》《代序》和卷前发表的文章中可以看到，编者对当代新儒学是采取全盘肯定、完全认同、颂扬备至、极力回护的态度，编辑出版此书的目的，是要让大陆读者了解当代新儒家“壁立千仞的人格”和“崇高而内在的学术文化价

---

① 蒋庆：《中国大陆复兴儒学的现实意义及其面临的问题》（台湾《鹅湖》月刊第170、171 期〔1989 年8、9 月〕）。大陆学术界对该文的反应，可参看关东《现代新儒学研究的回顾与展望——访方克立教授》（《哲学研究》1990 年第3 期），李宗桂：《文化批判与文化重构》（陕西人民出版社1992 年版，第211—219 页），方克立：《现代新儒学研究的自我回省——敬答诸位批评者》（《南开学报》1993 年第2 期），方克立：《要注意研究90 年代出现的文化保守主义思潮》（《高校理论战线》1996 年第2 期）。

值”，要求读者像他们一样“以自己的生命全幅投入”和“契接”当代新儒学，成为当代新儒学的信徒和崇拜者。它是布道书而不是提供学术研究资料，而且编者极力反对的正是把儒学和新儒学当作客观对象去研究的那种所谓“对象化”的研究方法。所以，此书不是一般地介绍新儒学，而是倾全力来引介、宣传和推销当代新儒学，是新儒学在中国大陆“复兴儒学”“反哺复位”的一个重要步骤。

我们研究现代新儒学只有10年历史，新一代大陆新儒家在港台新儒家的影响、支持和培育下成长也只有10年左右历史。一般说来这10年他们还处在学习、消化港台新儒学的阶段，还没有形成自己独立的思想和理论观点，因此，引介、宣传和推销港台新儒家的著作和思想就是现阶段他们所能做的最主要的工作，也是现阶段他们在大陆传播新儒学的一种主要方式。这就是所谓“反哺”的实质涵义。

《理性与生命》二书的编者都是我的朋友和熟人。罗义俊先生曾经是“现代新儒学思潮研究”课题组的成员，后因思想观点分歧而离开了课题组。我和陈克艰先生也在山东济南召开的“牟宗三与当代新儒家”学术思想研讨会上见过面。虽然学术立场不同，但对二位治学之勤勉和真诚，我还是很感佩的。这里所谓“真诚”是指他们对儒学和新儒学真诚信仰，确信它是“为中国文化开出未来道路的精神方向”，把它当作自己的“生命的学问”。我不赞成的主要是他们力图用儒学和新儒学来否定和取代马克思主义的思想理论方向。对于现代新儒学的学术文化价值，我们也作了充分的肯定，但认为仅从道德心性之学的意义上去理解、宣传和发展儒学和新儒学，不但十分片面，而且有可能把中国文化的方向引偏了。但是，只要双方都是为中国文化的未来着想，彼此就能从对方观点中找到可以理解的东西，找到某些合理因素，讨论总是对双方都有益的。

特征之一：公开批评“大陆马列派”

《理性与生命》〔1〕是选编第一代现代新儒家的论著，在《弁言》之后，刊载了罗义俊先生的长文《近十余年当代新儒学的研究与所谓门户问题》。此文原为作者提交1992年12月在台北召开的“第二届当代新儒学国际会议”的论文，曾刊载于台湾文津出版社出版的会议论文集《儒学与当今世界》（1994年12月）。经删节后重刊于《理性与生命》一书，是该文首次在大陆发表。

这篇文章的前一部分概述了近10年来海内外现代新儒学研究的大致情况，指出可因研究者的立场、观点、方法、态度之不同，而划分为“西方自由派”“大陆马列派”和“港台海外新儒家”三大系。作者写此文时还没有退出“现代新儒学思潮研究”课题组，但他是自外于“大陆马列派”的，文章明确地站在港台新儒家的立场上，对西方自由派和大陆马列派都多有批评，而实际上是以大陆马列派为主要批评对象。

这篇文章的后一部分是针对余英时先生的《钱穆与新儒家》一文，为熊、唐、牟、徐系正统派新儒家“辨诬”，否认新儒家建立了门户，有门户之见，认为“新儒家内无‘师障’，外亦无‘门障’”，“绝无任何个人的私欲意气”，“展示了博存众家、宽容开放的学术胸襟和文化精神”。罗义俊先生一再感叹新儒家的“悲壮”。他作为一个大陆学者，起而为港台正统派新儒家“辨诬”，对另一派新儒家“与战”，“这是何等的悲壮”！其“豪杰气概”得到港台正统派新儒家的欢呼，自是不难想见的。

罗文涉及的问题很多，我在这里只想对其针对“大陆马列派”的批评，作出几点回应。

一，“现代新儒学思潮研究”课题组的宗旨，罗义俊先生是了解的，过去并没有明确反对，所以才会成为这个课题组的成员。而此文却从根本上反对大陆学者以马克思主义立场、观点、方法为指导原则来研究现代新儒学，指责“这是一先定原则”。大陆学者提出要力求客观、实事求是地研究新儒学，罗义俊在“力求客观、实事求是”几个字上特别加了引号，意谓以马克思主义为指导，就不可能做到“客观”和“实事求是”。他还把马克思主义说成是一种根本不能和中国文化相契入的狭隘宗派，认为“马列系在研究新儒学时并没有失去他们的派别个性”，“凡出于门户之见，其评判结果是先定的”。他力辩新儒学非门户，而指责马克思主义是一种“先定”的“门户之见”，因此从整体上对大陆马列派的现代新儒学研究持根本否定的态度。

在罗义俊先生看来，根本就不能把儒学和现代新儒学当作一种在历史上存在的思想史现象或客观对象来研究，这种研究最多只有知识价值，而不可能把握儒学的本质和真精神。因为儒学根本只是一历史文化生命一精神实体即“本心”的体现，只有以自己的生命全幅投入，通过存在情境的感受，反求诸己，逆觉体证，才能体悟到儒学所显示的根本义谛即本心的真实。儒学作为“生命的学问”，只能作为内在体验和超越信仰的对象，而不能作为客观外在的科学研究的对象。这种把儒学仅仅归结为道德心性之学的观点，取消了对儒学思想体系作多角度、多层面研究的必要性，也取消了儒学思想史研究的必要性。我认为，现代陆王心学的真诚信仰者，自己尽可以去做“反求诸己，逆觉体证”的工夫，以“体验生命源头的晶莹、充实、光辉”，但却不宜以此自限和限人，反对对儒学和现代新儒学，作为特定时代的意识形态，作整体的和多角度、多层面的研究，以及对它的发展演变作学术思想史的研究。对于后者，我至今仍认为，用历史去解释思想的唯物史观要比用思想来解释历史的唯心史观正确、有效和优越得多。

二，罗义俊先生反对用马克思主义的立场、观点和方法来研究现代新儒学，还因为在他看来，“中国文化和新儒家思想在……马克思主义派那儿，是没有原则意义，没有体的层位的，其体是马列”。他又说："从文化体用论上看，自由派乃以西方文化为体，马列系则以马列为体，新儒家则以儒学为主脉的中国文化为体。"

文化上的体用问题相当复杂，各家各派的"体""用"涵义和界说也不一样。中国近代以来一直有中西文化体用之争，到本世纪，新儒家明确主张"中体西用"，西化派主张"西体西用"（全盘西化）或"西体中用"，马克思主义文化派则主张超越中西对立、体用二元的思维模式，提出中国的新文化建设，应该以马克思主义为指导，从社会主义现代化建设的实践需要出发，吸收古今中外一切有价值的文化成果，努力创造一种批判继承历史传统而又充分体现时代精神的，立足本国而又面向世界的，高度发达的社会主义精神文明。提出这一文化方针的本意就是要超越简单化的体用模式。如果硬要把这说成是"以马列为体"，那就是将文化之"体"界定为一种精神指导原则。贺麟先生在40年代曾经有过一个提法："以精神或理性为体，而以古今中外的文化为用。"他所说理性或精神是指"聚众理而应万事的自主的心"。他还赞成黑格尔的唯心主义历史观，认为"整个世界的文化就是绝对精神逐渐实现或显现其自身的历程"。我们不能接受这种文化体用观。如果说，体用范畴已为中国学人所习用，一定要把中国社会主义新文化建设方针套进一个体用模式的话，我认为首先应对"体""用"概念明确界定，从文化发展的源泉、动力和创造主体的角度来确立"体"的优先地位，那么或许可以说是"以中国社会主义现代化建设实践为体，而以古今中外的优秀文化为用"。这就对贺先生早先的唯心主义文化体用观作了唯物主义的改造。文化的创造主体和接受主体是人，是人的实践活动。中国文化不论怎样发展变化，接纳、包容多少异民族文化因素，接受主体始终是创造历史文化的中华民族。马克思主义作为中国社会主义新文化建设的指导原则，并非取代中国文化的创造主体和接受主体。以马克思主义为指导，并没有否定民族文化的主体性原则。

罗义俊在评述贺麟的新儒学思想时，肯定"提出文化的体用观为其突出哲学贡献”。贺先生的文化体用观虽然是唯心主义的，但是在文化取向上，他并不偏执于中国文化或西方文化，明确表示“我们无法赞成‘中国本位文化’的说法，因为文化乃人类的公产，为人人所取之不尽用之不竭的宝藏，不能以狭义的国家为本位”。“我们不要狭义的西洋文化，亦不要狭义的中国文化，……我们需要真实无妄、有体有用的活文化、真文化。”罗义俊先生到今天还坚持必须以中国文化为体、为本位的文化立场，实在是比贺麟先生当年的思想还要倒退了一大步。

三，罗文还提出一个看法：“其实就整体而言，大陆的马列派，虽然有反对西方自由主义的立场，但在批判新儒家的基本义理系统上，则与其完全一致。”这是从新儒家的立场出发，对来自各个方面的批评，只见其同而不见其异，同时又以这个“完全一致”来混淆不同哲学的性质和界线，达到贬低大陆学者的现代新儒学研究成绩和水平的目的。

从马克思主义观点来看，新儒家基本义理的失误，主要是用唯心史观来解释历史、道德、文化，把“本心”、“仁心”、道德理性、伦理精神看成是第一性的，历史文化不过是其外在显现或自我实现。新儒家的道德理想主义或道德形上学，即罗义俊所说的“本心即心即理的心动力论的道德主体性哲学”。大陆马列派学者从唯物史观出发对这种唯心主义哲学所作的批评，可以如罗义俊所说是一种根本性或本质性的否定立场。西方自由主义者也批判新儒家的泛道德主义，但并不是从唯物主义的哲学立场出发，因此同马列派的观点就不可能“完全一致”。罗义俊曾以林毓生先生为西方自由派批评新儒家的代表，并认为林的“质素论”本质上是一种“新实在论哲学”，那么林先生对新儒家的泛道德主义所作的批判，实质上就是用客观唯心主义来批判主观唯心主义，属于唯心主义哲学阵营内部的相互批评，其彻底性和来自唯物主义方面的本质性批判否定相比，自然是不可同日而语的。

罗文还提出一个很奇怪的看法：据说大陆马列派“高度赞扬以新实在论观点诠说儒家思想的冯友兰”，因此与林毓生的新实在论就有了“互通性”。这是有意混淆唯物主义哲学和唯心主义哲学的界线。针对某些港台学者否认冯友兰是新儒家的观点，我们认为冯友兰的“新理学”是现代新儒学的一个重要形态，在中国现代新儒学思潮发展史上应该占有一定地位，但并不是肯定“新理学”的唯心主义理论，也不是肯定他的新实在论观点，而是从辩证唯物主义哲学立场出发，对这种用新实在论观点诠说中国哲学的新理学理论体系，同样进行了具体的分析和批判。冯友兰先生解放后转变哲学立场，表现出追求真理的态度，马克思主义学者曾表示欢迎，但并不是“高度赞扬”他“以新实在论观点诠说儒家思想”，而是赞许他放弃新实在论的唯心主义哲学立场，转变到唯物主义立场上来。事情本来是十分清楚的，怎能随意混淆哲学的性质和界线呢?

特征之二：全面认同港台新儒家

《理性与生命》〔2〕是选编第二代现代新儒家的论著，以牟宗三为主，牟著占全书一半以上篇幅；另外还选编了唐君毅、徐复观、方东美的部分新儒学论著。牟宗三在整套《文萃》中的地位是最特殊的，两位编者在《弁言》《代序》等文字中也集中表彰、推崇、维护、礼赞这位港台新儒家的核心人物。罗义俊说：“牟先生是当代新儒家的灵魂，没有牟先生，就没有新儒家。”陈克艰说：“对此我亦深有同感。”罗文不仅赞叹牟宗三处于“四战之国”，而以“反‘反’以洗诬”的“与战”精神是“何等的悲壮”，而且对“牟先生的‘十字打开’的精神”，“挽既倒之狂澜，扶将倾之大厦”的“菩萨心肠”和“金刚手段”推崇颂扬备至。他甚至说：“牟先生道成肉身，纯然天真，毫无机心，……他本来就是法性无执的。”简直就是佛菩萨降世。陈文也对牟宗三的学问作了超常的高度评价，如说：“牟宗三学术，实在堪与当代世界诸大哲相比肩”，是与海德格尔、伽达默尔、蒂利希等西方哲人“处于同一精神层面的哲学”。还说，牟宗三对中国哲学的分疏和诠释，“其所表现出的洞察力之深刻与功力之深厚，我个人认为自有中国哲学史这一学科以来，无有出其右者”。在这两位大陆学者看来，牟宗三是一个道德学问上的完人，是一尊“道成肉身”的现代活菩萨，只能对他顶礼膜拜而不能说半个“不”字。我认为像这样向大陆读者介绍港台新儒家的代表人物是不恰当的，至少是不全面的。

近10年来我也读过一些牟宗三先生的著作，对其学识之渊博、思辨之缜密、哲学解悟力之强留下了深刻的印象。牟宗三哲学是20世纪中国唯心主义哲学所取得的最重要的理论成果之一，要消化它或批判它都是需要有相当的理论功力的，非一般人所能做到。去年4月，牟宗三先生在台北逝世，我曾发去简短唁电，高度评价他为中国传统哲学的疏理和现代诠释，为中西哲学会通所作出的重要贡献。去年8月，在美国波士顿召开的第9届国际中国哲学大会上，我曾以《追求真、善、美的统一——从两位中国现代哲学家说起》为题发言，肯定牟宗三先生和冯契先生都是现代中国的不可多得的大师级的哲学家，二位的去世是中国哲学界的重大损失。但是我却并不认为牟宗三先生是一个学问和道德上的完人。在过去发表的文章中，我曾表示不能赞同他的“彻底的唯心论”的哲学立场和思想体系，认为他的“良知自我坎陷”说并没有也不可能从理论上真正解决从道德理性如何开转出科学和民主的价值的问题。罗义俊说“方克立教授是从不隐瞒其马列主义立场的”，并以我的谈话记录稿《现代新儒学研究的回顾与展望》为例，认为我对新儒家的基本义理即唯心史观是持本质性的批判立场的，这大体上符合实际。

对于牟宗三先生的道德人格，我也不敢十分恭维。

我只在1988年12月在香港召开的“唐君毅思想国际会议”上见过牟先生一面，听过他的一次讲演。说实话那次讲演给我留下的印象相当不好。牟先生当着十来位大陆学者的面，开口就骂马列主义是“魔道”，骂共产党，骂毛泽东、邓小平，讲话十分尖刻和情绪化，毫无忠厚长者的儒雅风度。会下曾有学者邀约同去牟宅拜见，我却再也没有兴趣去见这位“当代儒家圣人”了。

1990 年 12 月在台北召开首届当代新儒学国际会议，我收到邀请而未能与会。牟在那次会议的讲演中，更是放肆骂人，贬低前贤，抬高自己。曾出席会议的一位辅大教授告诉我：牟宗三讲话“从头到尾都在骂人，实在骂得太不像话”！后来读整理发表的记录稿，虽然已经做过一些技术处理，但还是可以看出“从头到尾都在骂人”的基调。那次讲话骂胡适，骂冯友兰，骂毛子水，一直骂到李天命；说梁漱溟、马一浮学力都不够，连他的老师熊十力、老友唐君毅都加以贬抑，只有他一个人能成正果，学问做到了家。他骂人有些实在骂得太不像话，如说冯友兰哲学是“脓包哲学”，外皮明亮精光，挑破了便是一包脓。海内外学者都肯定冯友兰是现代中国一位重要哲学家，他创立的“新理学”哲学体系，是中西哲学结合的一项重要成果，为中国哲学的现代化作出了贡献，在现代新儒学发展史上亦有不容忽视的地位。陈荣捷在《现代中国的宗教趋势》一书中，认为中国现代新儒家创造了两个重要哲学体系，这就是熊十力的“唯识论新儒学”和冯友兰的“理性主义新儒学”。牟宗三出于学派性可以不赞成冯的观点，他站在陆王心学的主观唯心主义哲学立场上，可以不欣赏、不赞成“接着程朱讲”的冯友兰的客观唯心主义哲学思想，却不该用简单谩骂的方法来把它一笔抹煞，一概否定。用“脓包”之类粗俗语言来谩骂同属于唯心主义哲学阵营、同属于现代新儒学范畴的冯友兰哲学，只能说明他的学派成见有多深，毫无先儒“道并行而不悖”的雅量。可是罗义俊却说：“我看牟先生连门户之念亦俱无，哪里有什么门户之见！”

有人说口没遮拦、直抒胸臆正是牟宗三先生心地坦荡的表现，他心中只存一中国文化之“道”，通体光明，“绝无个人的私欲意气夹杂其中”。似乎他骂人都是“道”的宣示，挨骂的人都是“该骂”。牟宗三骂人难道真的没有一丝一毫泄个人私忿的意念吗？我看也不见得。牟先生那次讲话一开始就说到1985年在湖北召开的熊十力先生百年诞辰学术纪念会，攻击出席会议的海内外学者写的文章都不行，“只有一篇朱宝昌写得较好，而最差的是任继愈，其他则大体不甚相干，只报告一些事实”。牟宗三为什么对任继愈先生的文章贬抑最甚呢？查任先生那次发表的《熊十力先生的为人与治学》一文①，其中提到，熊十力当年十分欣赏牟宗三的哲学慧解，但对其生活上的不检点却不以为然。牟宗三便如此贬抑任先生的文章，这种反应不是太直接、太鲜明、太强烈一些了吗？从这件小事可以看出，把牟先生作为一个道德上的完人、大慈大悲的活菩萨介绍给大陆读者，显然是不够实事求是的。

牟宗三先生逝世后，台港报刊发表了许多表彰、纪念他的文章，其中有的文章突出地表彰他“一生爱国，一生反共”，指出他“这一生一世，除了教书、著书、治学之外，就是反对共产主义这一志事”，“六十年如一日，屹立不摇，是反共运动中的中流砥柱”，他“是真反共，也是最能坚持反共立场到底的人”。读牟宗三前期（解放前）和后期的著作，有一个突出的印象，就是他一贯地旗帜鲜明地反对中国共产党，反对马克思主义，反对唯物史观和唯物辩证法，反对共产主义和无产阶级专政，语言十分尖锐刻薄，大有不共戴天之势。我想如实地向大陆读者介绍港台新儒家的思想，对牟的这种鲜明的政治态度至少应该有所介绍和说明，使大陆读者对港台新儒家有全面的认识和了解，不致误以为新儒家都是些超阶级超政治的纯粹学者，可以和我们一起来建设社会主义精神文明。

50年代以后发展起来的港台新儒学，作为一种特定的意识形态，

---

① 任继愈：《熊十力先生的为人与为学》，载《回忆熊十力》，湖北人民出版社1989年版，第44页。

是适应港台地区政治经济发展的需要，为巩固其经济基础和政治制度服务的。不论怎样淡化意识形态，也不能完全抹煞它和坚持四项基本原则的社会主义意识形态的区别和界线。毫无分析批判地引介港台新儒学，无条件地在大陆宣传和推销港台新儒学，我认为是不正常的。这不仅表现了编者的学术政治立场，有关出版部门也负有一定的责任。

有异于港台新儒家的“另一派”大陆新儒家会崛起吗?

《理性与生命》二书表现了这一派大陆新儒家的基本特点：无条件地认同港台新儒家，认为对儒学和新儒学，只能用生命投入的方法去体认和契接，而不能把它作为客观对象来研究，因此也反对用马克思主义的立场、观点和方法来研究现代新儒学。在政治上，对港台新儒家鲜明的反共、反马克思主义、反社会主义立场亦不作批评，或者回避，甚或将其上述政治性言论也原封不动地端给大陆读者。罗义俊在该书第一册《弁言》中有一个说明：“鉴于已出版的《梁漱溟全集》（山东人民出版社）政治性字句概未删略的成例，本编对所选编者亦以尊重原著、存真为原则，一仍其旧。”援引《梁漱溟全集》为先例的理由是难以成立的，一是梁漱溟先生和港台新儒家的政治态度还有很大的差异；二是梁集名为“全集”，如加删略就不“全”了，而该书名为“文萃”，萃者精萃之谓也，是可以有所选择的，所选者应是新儒家文章中的精萃部分。把港台新儒家反共、反马列、反无产阶级专政的言论，也当作他们文章的精萃选进来，面向大陆读者，这显然是不恰当的。我们注意到，陈克艰先生选编的第二册与罗编第一册还有所区别，他说明：“由于一些原因，其中若干地方作了必要的删节。”编者注意对一些政治性文字作了处理，而不是如罗编那样“一仍其旧”，这就表现出了比较审慎的态度。

这一派强烈认同港台新儒家的“大陆新儒家”的形成和发展轨迹并不难寻绎。一般来说，他们在中国大陆改革开放后才接触到港台新儒家的著作，耽读浸润久之由欣赏而认同而崇奉而归宗，通过与港台新儒家通信求教而取得思想和感情上的联系，借出境开会的机会亲自拜谒，登堂入室成为亲炙弟子。罗义俊先生的经历颇具有代表性。陈克艰说："罗兄耽读新儒家的著作，已有十年之久。他最初是从钱穆先生的历史学进入的，钱先生生前曾回信答应认他为弟子。"陈是以罗义俊作为钱门弟子，而对牟宗三有那么高的评价（以牟为"当代新儒家的灵魂"），来说明他"完全不带家派门户之见"。这是只知其一不知其二。其实罗义俊早已进入牟门，在新儒家中，他有双重身份，既是钱门弟子，又是牟门弟子。在刊于《理性与生命》一书时已删略的《近十余年当代新儒学的研究与所谓门户问题》一文的原稿中，罗曾坦陈：他于 1991 年 12 月去香港开会时，"与明辉兄陪侍牟先生晚餐时，我曾当面向牟先生请益"①，那时即已正式成为牟的入室弟子。他还说："至于钱先生，和余文主要批评对象牟先生，按中国文化传统，可谓与我都有师生情谊（新儒家在大陆知识界尚未真脱掉'贬'称，故而在此坦然自说）。"② 罗的"坦然自说"正是对陈文的补充和修正。罗义俊在"现代新儒学思潮研究"课题组中（1987 年 4 月—1993 年 2 月）主要分工研究钱穆先生的新儒学思想，后来他对牟宗三先生的推崇，远过于钱先生，这是他自己也直言不讳的。由此我们可以看到，这一派大陆新儒家的形成和发展，是与港台新儒家的直接影响、支持、扶植、培育分不开的。

我在这里用了"这一派"大陆新儒家的提法，因为无条件地认同港台新儒家并不是所有大陆新儒家的共同特点，有人还呼唤在大陆"形成有异于港台地区的新儒家群体"③，也有人提出了建立"社会主

---

① 罗义俊：《近十余年当代新儒学的研究与所谓门户问题》，《儒学与当今世界》，台湾文津出版社 1994 年版，第 139 页。

② 罗义俊：《近十余年当代新儒学的研究与所谓门户问题》，《儒学与当今世界》，台湾文津出版社 1994 年版，第 130 页。

③ 《李泽厚答问》，《原道》第一辑，中国社会科学出版社 1994 年版，第 3 页。

义新儒学”的宏愿。“群体”是否已经形成，目前还很难作出明确肯定的判断，但它与前一派大陆新儒家有一个不同的特点已很清楚，即不是全面认同而是要“有异于”港台新儒家。这个“异”首先是要政治上不反对四项基本原则，它才有可能在社会主义的中国大陆合法地生存和发展。对于有异于港台新儒家的“大陆新儒家”来说，最大的课题就是要解决好儒学和马克思主义的关系问题，即解决二者的相容性问题。事实上还有一个更尖锐的问题：如果肯定二者有相容性，那么能相容的部分是两种学说的本质和核心，还是只能彼此容纳对方的一些非本质的部分？究竟应该以哪一种思想学说为主导原则，去吸收兼容另一种学说中的可相容的合理成分？我认为，如果不能对儒学的本质和核心，对其整个思想体系，以及对其产生背景、社会作用、历史发展等问题作出实事求是的科学分析，不能解决好批判继承的问题，而只是在二者之间找到一些表面的相似之处或所谓的“结合点”，那么这一派“大陆新儒学”的发展前景也是不容乐观的。坦率地说，我赞成吸取包括儒学在内的中国传统文化精华来丰富和发展中国化的马克思主义，而不相信在我国封建社会长期作为占统治地位的意识形态的儒学思想体系在今天能够全面“复兴”，并成为我国现代化的指导思想，我也很难理解所谓包容马克思主义的“大陆新儒家”或“社会主义新儒学”究竟是什么。

（本文写于1995年11月，改定于1996年3月，原载《晋阳学刊》1996年第3期）

评大陆新儒家“复兴儒学”的纲领

“复兴儒学”的政治宣言和思想纲领

1989年的政治风波之后不久，台湾《鹅湖》月刊分两期连载了大陆学者蒋庆写的3.5万字长文《中国大陆复兴儒学的现实意义及其面临的问题》[①]。翌年春天，我在一次谈话中曾提及这篇文章，以它为例说明：在今天，“‘儒学复兴’说决不只是为传统文化唱几声赞歌而已，它是针对中国今天的现实提出来的一种理论。国内外都有人借‘东亚四小龙’经济成功的例子，或明或暗地鼓吹中国应走‘儒家资本主义’的道路，向我们的社会主义初级阶段理论提出了挑战。我们对现代新儒学的研究，不能回避这些尖锐的现实问题”[②]。台湾学者李明辉先生在《中国大陆关于当代新儒学的研究：背景、成果与评价》一文中专门引出了我的这段谈话，认为它“毫不掩饰地”表露了大陆学者搞意识形态斗争的动机。[③] 后来我在《现代新儒学研究

---

① 蒋庆：《中国大陆复兴儒学的现实意义及其面临的问题》，台湾《鹅湖》第170、171期，1989年8、9月。下引该文不再加注。

② 关东：《现代新儒学研究的回顾与展望——访方克立教授》，《哲学研究》1990年第3期。

③ 李明辉：《中国大陆关于当代新儒学的研究：背景、成果与评价》，台湾《当代》1991年7月号。

的自我回省——敬答诸位批评者》一文中对其作了回应，指出：“看过蒋庆文章的人都会明白，到底是谁在挑起这场意识形态的斗争。事实上我在那次谈话中也只是‘点到’而已，旨在引起人们的注意。蒋庆的文章已经问世三年多了，大陆学者没有发表过一篇正面同他讨论、交锋的文章，直到最近李宗桂在《文化批判与文化重构》一书中才对其有所辩驳。大陆学者到底是意识形态性太强还是太弱，倒真是一个值得我们自己反省的问题。”① 说这话后又过去了四年时间，至今在大陆报刊上仍未见过一篇专门评论蒋庆“复兴儒学”纲领的文章，说明它并未引起大陆学术界的真正重视。

今天我为什么要重提七年前一位大陆学者发表在海峡对岸的这篇文章？主要是有感于当今中国的思想文化界，在“文化保守主义话语”盛行的氛围下，“复兴儒学”的思潮大有滋长蔓延之势，而一些人对“复兴儒学”与我们党倡导的弘扬民族优秀文化是什么关系，二者有何区别，认识得并不清楚，甚至有人误以为“复兴儒学”是建设有中国特色的社会主义文化的必要条件。蒋庆的文章可以帮助我们看清这种思想主张的实质，了解在中国大陆“复兴儒学”到底意味着什么，明乎此，一些对中国传统文化怀有好感而并非自觉地跟着这种思潮跑的人可能就会头脑清醒一些了。在文化研究中，包括在儒学和现代新儒学研究中，一些同志自觉或不自觉地淡化意识形态，看了蒋庆的文章后就会明白，主张复兴儒学的人绝不是淡化而是在极力强化意识形态，他们对马克思主义和社会主义意识形态是采取主动进攻的姿态，同时也充分暴露了其思想主张的资产阶级意识形态性。蒋庆的文章可以帮助我们看清楚文化研究、文化讨论和意识形态斗争到底是什么关系。

蒋庆文章发表之时，中国思想文化界正处在一个重要的转折时

① 方克立：《现代新儒学研究的自我回省——敬答诸位批评者》，《南开学报》1993 年第 2 期。

期。此前“复兴儒学”作为80年代文化讨论中的一派观点，其倡导者主要是港台、海外的新儒家学者，它在大陆学界虽然也引起了一些人思想上的共鸣，但在文化讨论中并未成为主流话语，在大陆学者中也没有出现自称为“新儒家”的代表人物。进入90年代以后，情况发生了很大的变化，“文化保守主义”作为80年代激进反传统的对立面而出现并逐渐扩大自己的影响，在中国大陆已经出现了公开标举现代新儒学旗帜的“大陆新儒家”①，各种各样的“复兴儒学”的观点纷纷发表出来。有人公开主张要用儒家的“天人合一”哲学、“仇必和而解”的调和哲学、“两端执中”的中庸哲学来取代马克思主义的辩证法（它被歪曲成为只讲斗争不讲统一的“斗争哲学”）；有人认为“以仁为体，以和为用”的儒家思想是东亚国家和地区实现现代化的主要思想资源，因此也可以作为中国现代化的思想基础和“动力源”；有人全盘肯定儒家伦理道德，认为它不是在个别方面，而是整个说来“在今天仍有用处”，主张以儒家伦理为基础，来重建今日中国的道德规范体系。有的大陆学者无条件地全面认同港台新儒学，主张让港台新儒学“反哺”大陆，以实现儒学“返乡复位”的目的；有的学者则呼唤在大陆形成“有异于港台地区的新儒家群体”，并认定“大陆新儒家的出现为势所必然”；还有个别学者提出了建立“马克思主义新儒学”或“社会主义新儒学”的构想。发表上述观点的学者的立场、感情、态度可能很不一样，但有一共同趋向，即高度评价儒学的现代意义和价值，认为它能够解决中国现代化的精神动力和指导思想问题，有人甚至乐观地估计21世纪将是“儒学的世纪”。如果真是这样，在中国大陆“复兴儒学”即将或将会成为现实，那么蒋庆在90年代前夕发表的“复兴儒学”的纲领就将成为一篇重要的“历史性文献”，谁也不能忽略它的重要意义；如果历史的实践恰是朝

① 参见拙文《要注意研究90年代出现的文化保守主义思潮》，《高校理论战线》1996年第2期。

着相反的方向走去，证明他的观点是错误的和完全不现实的，那么我们也可以从中总结、吸取经验教训，以便更准确地认识中国的国情（包括儒学的本质和功能），明确今后的文化方向。总之，我认为对蒋文给予必要的重视，有助于我们认清当今中国的一些重要的思想文化现象。

《中国大陆复兴儒学的现实意义及其面临的问题》一文共分三部分。第一部分论证“中国大陆当前最大的问题是复兴儒学的问题”，是讲现实意义和重要性；第二部分分析“中国大陆当前复兴儒学的可能性问题”，是讲可能转化为现实的条件；第三部分进一步说明在中国大陆复兴儒学所面临的各种问题，从六个方面分别论述了复兴儒学与中国大陆“马列主义问题”“虚无主义问题”“道德沦丧问题”“民主政治问题”“经济发展问题”“教育危机问题”的关系，说明儒学能够回应、对治和解决这些问题的根据和现实途径。从文章的纲目可以看出，这篇三万余言的长文实际上是新儒家在中国大陆“复兴儒学”的政治宣言和思想纲领，难怪有人把它和 1958 年在香港发表的“港台新儒家宣言”[①] 略相对应，称之为“大陆新儒家宣言”。

批判矛头直接指向“立国之本”

蒋庆认为，中国大陆当前最大的问题不是发展经济和政治民主问题，而是“民族生命无处安立”、“民族精神彻底丧失”（所谓“十亿中国人的精神无所归依，十亿颗灵魂四处飘荡”）的问题，表现为“儒家传统遭到普遍否定”，“中国大陆已经全盘西化”等等。他认为这才是中国走向现代化的最大障碍，也是中国近百年来政治上一直动荡不安的根本原因。

他又进一步提出问题：为什么中国近百年来民族生命会无处安

① 唐君毅等：《中国文化与世界》，《民主评论》（香港）第 9 卷第 1 期，1958 年 1 月。

立，民族精神会彻底丧失呢？分析到最后，他认为根本原因是：“在当今的中国大陆，一种外来的异族文化——马列主义——在国家权力的保护下取得了‘国教’的独尊地位，而这种异族文化既不能安立中华民族的民族生命，又不能表现中华民族的民族精神，这使中华民族近百年来生命无处安立、精神彻底丧失的局面发展到了最高极点。”因此，他得出了极其明确的结论：“儒学理应取代马列主义，恢复其历史上固有的崇高地位，成为当今中国代表中华民族的民族生命与民族精神的正统思想。”所谓“复兴儒学是中国大陆当前最大的问题”，其实质涵义就是要用儒学来取代马列主义。

中国大陆是以马克思列宁主义、毛泽东思想和邓小平建设有中国特色社会主义理论为立国之本或思想理论基础的社会主义国家。蒋庆清楚地意识到：“儒学的根本原则与大陆的国家意识形态相冲突，复兴儒学必然要同马列主义发生正面对抗。”他是自觉地来同马列主义“对抗”和“冲突”，主动挑起这场意识形态的斗争的，故将文章的主要批判、攻击矛头集中指向马列主义。这类歪曲、污蔑、攻击性言论在蒋文中比比皆是，诸如：

> 马列主义只是一种狭隘的个人学说，而不是从神圣本源中产生出来的普遍真理。……马列主义只是一种个人理性构想出来的偏激的意识形态。
>
> 马列主义不是正统的西方文化，……从本质上来看，马列主义是反传统反文化的，……在西方深厚的传统文化中马列主义没有根。马列主义表达的只是一种反对早期工业文明带来的后果的极端情绪。
>
> 马列主义是一种具有破坏性的社会批判学说。……马列主义不具备建设性的功能，既不能安立国人的生命，又不能维护社会的和谐。马列主义永远是一种具有破坏性的斗争学说。
>
> 马列主义是一种政治批判哲学，……而不是一种道德学说或

者说伦理思想，马列主义中没有安身立命、修道进德的成分，只有批判否定、造反革命的内容。所以，马列主义担当不起德性教育的任务。如果硬要用马列主义进行德性教育，培养出来的只能是“反潮流”“对着干”的造反派或天不怕的“白卷英雄”。

这些语言和西方资产阶级思想家攻击马克思主义的言论相比毫不逊色，而且表现出更加武断、更加极端、更加情绪化的特点，只有根本否定性的价值判断，而没有任何具体的分析论证。

稍有思想史常识的人都知道，任何思想学说作为精神产品，它的创造都离不开个别思想家的头脑，但其思想内容则具有客观性，它总是一定的社会存在的反映。马克思主义作为无产阶级的世界观及其自身解放的学说，具有最宽阔的襟怀和普遍真理性的品格，因为无产阶级没有自己特殊的利益，它以解放全人类作为自己解放的前提，为此就必须如实地科学地认识世界，并按照世界的客观规律来行动。马克思主义是人类一切优秀思想文化成果的合理继承者和集大成者，它在创立过程中就充分吸收了德国古典哲学、英国古典政治经济学和欧洲空想社会主义学说的积极成果，怎么能说马克思主义是反西方传统文化的呢？相反，它是深深地扎根于包括西方传统文化在内的人类文明之中，并根据各国无产阶级革命和建设的实践经验来不断发展和丰富自己的内容。马克思主义已不是隶属于哪一个民族的民族文化，而是代表各国无产阶级的共同利益，属于全世界无产阶级的科学理论，成为名副其实的“世界哲学”。把马克思主义当作一种“异族文化”来加以拒斥，只能损害这个国家的无产阶级和全体人民的根本利益。将近一个世纪以来，马克思主义成功地与中国实际相结合，指导中国革命和建设取得了历史性的胜利，改变了中国近代以来一直处于贫穷落后、备受欺凌的半殖民地半封建社会的地位，极大地振奋了中华民族的民族精神，“十亿神州尽舜尧”，全国人民满怀信心地要把我们的祖国建设成为一个文明富强的伟大的社会主义现代化国家。蒋庆无视这一基本事实，硬要说马克思主义的传入，“使中华民族近百年来生命无处安立、精神彻底丧失的局面发展到了最高极点”，这只能说明他是站在和绝大多数中国人民对立的立场上来观察问题，因此得出来的结论也与我们的看法截然相反。

蒋庆不仅把批判矛头指向马列主义，同时也指向中国大陆的现实政治经济制度。在他看来，儒学的发展已经到了“公开树起道德批判的旗帜，对中国大陆的社会与政治进行公开批判的时期”。在这种形势估计下，他乐作先锋，公开对中国大陆的社会主义经济、政治、教育、思想文化政策和制度进行了全面的批判和否定。

在经济上，他重点批判和否定中国大陆的社会主义公有制，指责它不符合人性和物性；另一方面，又用儒家学说极力论证私有制存在的“合理性”及其所谓“人性的基础”。他说：“中国大陆 1949 年用暴力消灭私有制，建立公有制后，中国大陆的经济生活就陷入了紊乱，畸型发展，不断出现严重的经济危机。这是因为公有制从本质上来说是违背人性的，缺乏人性的基础，非但不会促进经济的发展，反而会窒息社会的经济生活。”“公有制的最大弊病不是在于经济效益不高，而是在于违背了人性与物性。”儒家不是主张“性善论”吗？为什么体现社会公平的财产公有制反而不符合人性，肯定剥削与压迫的合理性、表现“人类的罪恶与堕落”（蒋庆语）的私有制倒有了“人性的基础”，成为“善”的象征和“天意的体现”呢？蒋文并没有讲清楚，而是根本回避了这个问题。这里可以看出他所主张的经济学说和人性理论到底是为哪个阶级的利益服务的。

在政治上，他把批判矛头集中指向中国大陆的无产阶级专政，认为“无产阶级专政已经强化到了极点，非但没有在中国实现民主，反而使中国陷入了更大的专制”。他所要求建立的民主制度，是不仅要学习西方民主政治的外在形式，而且要学习西方民主政治的内在精神，即以个人的基本人权和政府的道德责任为内在精神的彻底西化的资产阶级民主政治制度。

他还全盘否定中国大陆的教育制度和解放后我国教育工作所取得的巨大成绩，认为“中国大陆30年来的教育完全是失败的”，“中国大陆存在着严重的教育危机”，“中国大陆30年来一直到现在都未进行过真正的民族意识教育”。这类完全不顾事实的批判否定性言论，对中国教育事业的发展毫无建设性的意义，它和真正关心中国教育发展的人士指出我们教育工作中存在的问题，有时甚至提出很尖锐的批评，是性质根本不同的两回事。

关于儒学可以解决中国一切问题的神话

蒋庆为了论证中国大陆当前最大的问题是“复兴儒学”的问题，为了论证这个问题的重要性和紧迫性，他把社会主义中国大陆的现实描绘得一团漆黑，问题成堆，积重难返，只有等待儒学来解救。在他的笔下，中国大陆“经济停滞不前，人民贫困不堪”，“不断出现严重的经济危机”，“大陆人民30年来最基本的生存要求与正当的物质需要都得不到满足”；“大陆30年来实行专制统治”，“当政者们以权谋私、贪污索贿、投机官倒、侵吞民利已经到了无以复加的地步”，“当权者们互相暗算谋杀，其手段之狠毒，心计之卑鄙，可以说得上前无古人”，“这个社会每时每刻都面临着动乱崩溃的威胁与危险”；“在中国大地上无处可以宣讲天道的声音”，“邪说暴虐横行，私欲恶见膨胀，人的生命尊严与存在价值得不到最起码的尊重”，人们“道德沦丧”，“精神空虚，意志消沉，醉生梦死”，“现在生活在大陆的人们对道德的感受就像生活在罗马帝国灭亡时期的人们对道德的感受一样，彻底失去了，唯一的希望就是等待世界末日的来临”。他一再讲中国大陆已经到了“崩溃的边缘”，一再讲大陆人民“痛苦与失望到了最高极点”，显然是为了渲染和说明问题的严重性、紧迫性；而这一切严重的问题，在他看来，儒学都可以解决，也只有儒学才能够解决。“中国大陆不想实现民主政治则罢，中国大陆要想实现民主政治，就必须复兴儒学。”其他问题也是这样。他认为儒学完全能够对治和解决中国大陆的经济、政治、教育危机和道德沦丧、虚无主义等问题。那么，儒学为什么会具有这样的神力呢？我们来看他对儒学的本质和功能的论述。

蒋庆指责马列主义是一种意识形态，同时却极力否认儒学是一种“为剥削阶级服务的意识形态”。他说：“儒学绝不是意识形态，儒学是天道的体现。”“儒学绝不是个别人只用理性构想出来的观念体系，绝不是代表某些人或阶层私利的意识形态，儒学是人类生命对神圣天道的体证，是人类精神对形上本源的把握，……是世界上见天道的伟大宗教中的一种。”

马克思主义的意识形态理论认为，在阶级社会里，除少数人文学科外，大部分哲学社会科学都具有阶级性，都是为一定阶级的政治经济利益服务的，不是对社会发展起促进作用就是起阻碍或延缓作用的特定的意识形态。它们都是对于社会存在的反映，并且积极地反作用于现实社会。马克思主义作为一种哲学社会科学理论，公开声明自己是为世界无产阶级的政治经济利益服务的，而一切剥削阶级思想家都极力攻击这一理论，力图掩盖自己所主张的思想学说的阶级性或意识形态性，无例外地要赋予它以“普遍性的形式”，把它说成是“神圣天道”或“普遍人性”的体现。现代儒学的辩护者也是这样。他们竭力否认作为古代自然经济和宗法血缘关系产物的，在我国封建社会长期居于统治地位，为历代封建统治者所尊奉和利用的儒家学说具有意识形态的功能，不愿意承认儒学曾在我国历史上起过维护封建社会长期稳定发展和阻碍它向近代社会转变的作用，也不愿意承认儒学的一些基本观念已不适应现代社会生活的需要的事实，而只是片面地强调儒学作为一种“为己之学”，一种个人安身立命的学问的“历久常新”的价值，并把这种个人的道德修养学说说成是“天德”在人心中的体现，即作为最高精神实体、“形上本源”的“神圣天道”在人心中的体现。这个“神圣天道”，他们又说本来就是内在于人心中的，即所谓“道心”“本心”“性体”“吾性自足”“万物皆备于我”，等等。这样，儒学的本质就被归结为一种发源于人心的道德心性之学，只要进行个人的道德修养，变化气质，端正人心，就可以解决现实世界的一切问题，包括经济、政治、教育、思想文化等问题。蒋庆的看法正是这样。在他那里，中国大陆的一切问题都被归结、化约为一个道德问题，所有制问题被归结为是否符合人性物性的问题，民主政治问题被归结为培养道德精神和建立道德社会的问题，教育问题更被说成主要是一个德性教育问题。他认为儒学可以解决中国大陆的一切问题，实际上就是认为道德批判、道德教育可以解决今天中国的一切问题。这种颠倒现实经济、政治和道德的关系，神化意识形态的功能的理论，仍然是传统儒家道德中心主义的翻版。事实上，历代儒家宣扬的这一套理论并不能解决当时尖锐的社会矛盾，挽救封建社会必然归于灭亡的命运，阻止中国社会向着近现代化的方向前进，难道今天新儒家重新搬出这一套理论，就会给中国的前途带来一片光明吗？难道中国的经济发展和民主、法制建设等问题只要识得“本心”、体证“神圣天道”就能一切都迎刃而解吗？我想很少有人会相信这种神话。

把儒学看作是一种宗教，一种所谓“道德的宗教”，想依靠宗教信仰来解决中国今天的一切问题，显然也是不现实的。这种理论的根本错误是颠倒了社会意识和社会存在的关系。它不愿意承认儒学是一种意识形态，但却不能改变儒学（包括现代新儒学）归根到底还是要受社会存在决定和制约的命运，儒学和现代新儒学都抹不去它所从属的那个阶级的物质利益的印记。就拿蒋庆提出的“复兴儒学”的纲领来说，它反对社会主义公有制无非就是要恢复资本主义私有制，它反对无产阶级专政无非就是要建立西方国家那样的近代资产阶级民主政治制度，它打出的是“恢复中华民族的自尊、自信和自爱”的旗号，实际效果则只能是把中国变成国际资本主义的附庸。这正适应了帝国主义对中国推行和平演变战略和国内一些人力图复辟资本主义的需要。由此可见，这种理论的资产阶级意识形态性是想掩盖也掩盖不了的。

关于“复兴儒学”思潮产生的背景

蒋文第二部分是专门讨论“中国大陆当前复兴儒学的可能性问题”。在他看来，这种“可能性”不是抽象的可能性，而是一种现实的可能性。他认为儒学复兴在中国大陆已“出现了转机”，“曙光出现了，喷薄腾空的红日就不远了”，“只要我们不断努力，这一转机就会变为现实”。他的估计是否符合实际，在中国大陆“复兴儒学”是否已经出现了这样的大好形势，我们暂不加以讨论。蒋文的这一部分论述倒是对我们确切认识“复兴儒学”思潮产生的思想文化背景和内外条件颇有启发。他对“中国大陆当前复兴儒学的可能性问题”的三个方面的论述，正可以看作是“复兴儒学”思潮之所以能在中国大陆产生和滋长蔓延的三个方面的背景。

一，80 年代的文化讨论为“儒学复兴”说的出场提供了机会和舞台。蒋庆认为：“在当今的中国大陆，人们已经从民族文化崩溃的极度痛苦与失望中猛醒过来，开始认同中国文化的精神价值了。”这具体表现在“人们已经开始讨论儒学与现代化的关系问题”，“文学中出现了‘寻根热’，音乐中出现了‘西部歌曲’，学术界出现了‘文化热’等等”。70 年代末、80 年代初在我国思想文化界开始出现的认同民族文化的现象，作为对“文革”中全盘否定儒学和中国传统文化的对抗，确有“物极必反”的意义。“重新评价孔子、重新评价儒学”在那个时代是恢复实事求是的思想路线的一个重要标志，应该充分肯定它的积极意义。后来在学术界出现了“文化热”，人们开始讨论儒学与现代化的关系问题，这也完全是正常的。正是在这个讨论中，出现了一派主张“复兴儒学”的观点，它既反对全盘西化论，也反对马克思主义的“批判继承，综合创新”的文化方针，而是主张全面认同和恢复儒家文化的价值，以它为主导思想来推进中国实现现代化。虽然在 80 年代的文化讨论中这派观点并非主流，和偏激的主张西化和反传统的观点相比声音显得十分微弱，但是它毕竟已经出场，儒学在中国大陆受到批判和压抑30年后，终于有了发言的机会，并与其它两派主流思潮相抗衡，力图成为新的主流话语，这是在特定历史条件下才可能出现的一种思想文化现象。

二，所谓“信仰危机”为儒学复兴说的产生和滋蔓提供了最适宜的气候和土壤。

蒋庆认为：“中国大陆复兴儒学的可能性还在于中国大陆出现了‘信仰危机’。所谓‘信仰危机’是指中国大陆的人们普遍不再相信马列主义。……在现在的中国大陆，人们在精神上已处于空白状态，这无疑为复兴儒学提供了一个最大的可能性。”这一十分坦率的陈述启示我们，马克思主义理论教育的软弱无力和效果不佳，马克思主义指导地位的削弱，给包括“儒学复兴”说在内的种种反马克思主义和非马克思主义思潮的产生和滋长蔓延提供了最适宜的气候和土壤，提供了它们所需要的精神空间。它们特别寄希望于青年一代，希望他们对马克思主义疏远、冷淡以至“不再相信马列主义”，“在精神上处于空白状态”，各种反马克思主义和非马克思主义的意识形态就可以乘虚而入，迅速地去填充和占领这些精神空间。70年代末、80年代初在我国青年中流行的“尼采热”“萨特热”“弗洛伊德热”等等，曾被看作是那个时代“信仰危机”的表现；大陆和港台、海外新儒家也同样寄希望于马克思主义的“信仰危机”，认为这将为复兴儒学提供一个“最大的可能性”。蒋文的这一说明正是道出了儒学之“热”与马克思主义之“冷”、“复兴儒学”思潮与“信仰危机”之间的必然的内在的联系，他们努力进行这种精神空间争夺战正说明了其意识形态斗争的自觉性和主动性。

三，大陆“复兴儒学”思潮的兴起与港台、海外新儒学的积极传播和影响有密切关系，后者为前者提供了直接理论来源和一切可能的支持及帮助。

蒋庆指出：“复兴儒学不是现在才提出来的问题，早在本世纪初就有人提出来了，如梁漱溟先生。以后香港新儒家更是把复兴儒学作为己任，并引起国内人士的广泛关注。”“这几年通过杜维明、刘述先等儒家学者们的积极传播活动，儒家的文化价值逐渐被国人所认识。现在国内已有一些青年学者在港台及海外新儒家的影响之下能够自觉地认同中国儒家文化的精神价值。”应该说，他在这里讲的是一些基本的事实，说明当今中国大陆“复兴儒学”的思潮不是凭空产生的，而是有其思想理论来源和历史发展根据，也有现实的外缘条件。1949年以前，中国大陆本来就有“复兴儒学”的思潮，这是指梁漱溟、熊十力、冯友兰等老一辈新儒家学者在20—40年代所发起的新儒学运动，以及他们各具特色的理论创造。50年代以后，这种思潮在中国大陆已没有生存的环境和条件，但在港台、海外却继续得到传承和发展。经过唐、牟一代发展到以杜、刘为代表的第三代，现代新儒学已逐渐走向世界。此时中国大陆出现了改革开放的新形势。大陆学者是从80年代中期才开始重新接触和研究现代新儒学的，最初主要是进行一种思想史的研究，出学案，编资料，用马克思主义观点对其进行初步的理论分析和评论。十年来也有一些大陆学者在接触了港台新儒家的著作后，由于缺乏马克思主义的分析批判能力，耽读浸润久之由欣赏而认同而崇奉，以至完全成为现代新儒学的信徒，成为在大陆传播新儒学和主张“复兴儒学”的代表人物。从我们的工作来说，这是一个教训，在对外开放中介绍、引进种种资产阶级学术思想，必须结合中国今天的实际，加强马克思主义的分析和批判，否则就会给这些反马克思主义或非马克思主义的意识形态提供发展空间，削弱我们自己的思想阵地。另一方面，从意识形态斗争的规律来说，这也具有必然性，对于从外面引进来的任何一种思想学说，站在不同学术立场上的人，都必然会有赞成或反对、吸收或排拒、认同或批判等种种不同的态度，有认识上的差异和斗争总是不可避免的。

蒋庆把港台、海外新儒家在中国大陆积极传播儒学和新儒学的活动称之为“反哺”，高度评价这种文化“反哺”的意义。他说：“唐君毅先生在世时曾坚信总有一天海外的新儒家们会把中国的儒家文化‘反哺’进中国大陆，这一天终于来到了。”在一定意义上说，大陆“复兴儒学”思潮的出现，正是港台、海外新儒家进行“反哺”的结果。

蒋庆还提出了儒学的现代发展共分四期的看法：第一期为“守先待后期”，第二期为“讲明正学期”，第三期为“传播反哺期”，第四期为“返乡复位期”。其中“第三期传播反哺期的特征是儒家人物站在世界文化激荡的交会点上，将儒家思想传播于海外，反哺于国内，扩大儒学在国际国内的影响”。这就是指当今活跃于港台、海外的新儒家代表人物所进行的积极宣传和传播新儒学的活动。他们将重点放在面向大陆的学术文化界，频繁出席国内的各种学术会议，被邀到各地讲学和访问，也在港台、海外举办的各种学术会议上与大陆学者广泛接触，在进行正常的学术文化交流的同时，自然也要渗透他们的学术思想。特别是对少数像蒋庆这样对大陆的现实强烈不满、自觉认同港台新儒学的大陆学者，更是极力支持和扶植，为其创造出国开会、发表论著的机会和条件。有的大陆学者还能利用港台、海外提供的经费在大陆出版反映其利益和需要的刊物或丛书。这种文化“反哺”和渗透活动的重要成效之一，就是在中国大陆争取到了一批“道友”，出现了所谓“大陆新儒家”，影响、推动了大陆“复兴儒学”思潮的兴起和发展滋蔓。这对于他们所期待的“儒学在中国大陆本土全面复兴”来说，无疑是一线希望之光，但能否把它看作是红日喷薄腾空之前的“曙光”，则恐怕未必。因为“大陆新儒家”的出现，大陆“复兴儒学”思潮的出现，并不意味着儒学必然会在中国大陆“全面复兴”。儒学复兴作为少数人的愿望和在中国大陆成为客观现实毕竟还不是一回事。特别是像蒋庆所期望的那样，儒学复兴即意味着它在中国大陆取代马列主义“作为‘国教’的独尊地位”，重新成为正统思想，这种可能性是否存在，则大可怀疑。儒学在下个世纪的中国到底会有怎样的前景和命运，还是一有待研讨的课题。

儒学在21世纪的发展前景

关于儒学的发展前景问题，80年代以来，海外新儒家代表人物、哈佛大学杜维明教授是谈论得最多的学者之一。拿杜维明的有关言论同蒋庆“复兴儒学”的纲领作一比较是很有意思的。

杜维明从产生于“轴心时代”的人类几大文明在20世纪都有“历久弥坚的生命力”，推论出产生于同一时期的儒家文化亦将有“第三期发展”之光明前景的结论。但在具体谈到儒学在中国的现实处境时，他又一再说最多只看见了“一阳来复”的契机，“大概至少也得一百年后才能看出某些比较明显的迹象”[①]。他提出了“儒学要进一步发展，必须先在国外的某些地方发生影响，即……要经过纽约、巴黎、东京，在外面取得了发言权，再回到中国来”的构想，也就是说，对于儒学在中国的最近前景并不表示十分乐观。蒋庆的估计比杜维明要乐观得多。他看到的是“儒学复兴”从梁（漱溟）、熊（十力）开始，经过唐（君毅）、牟（宗三），一直到现在的杜（维明）、刘（述先）的“节节胜利”，认为儒学的当前使命不是走向世界，而是要回到自己的故乡中国大陆，“去实现其悲天悯人的崇高使命”。在他看来，“现在的儒学复兴已经发展到了返乡复位的关键时刻”，“整个儒学一百年来的第三次复兴运动……大功告成、圆满结束”的日子已经为期不远了。

要在中国大陆复兴儒学，就不能回避它同当今中国的主流意识形态马克思主义的关系问题。蒋庆提出了“取代”说，明确主张“儒学应取代马列主义成为中华民族的正统思想”。杜维明所谓“儒学第三期发展”的实质涵义是要使儒学在中国文化乃至世界文化的未来发展中取得“文法”的地位，这就意味着将要改变马克思主义作为主流

① 杜维明：《儒家传统的现代转化》，纽约《知识分子》1985年秋季号。

意识形态的今日中国文化格局，那么这种观点实质上也是一种“取代”说。但在谈到儒学与多元文化的关系时，杜维明主张儒学要同其他思想流派对话，包括在社会政治经济的层次要同马克思主义对话。“儒学是否能够和马克思主义进行深入的对话，并在其中找到结合点，这也是一个很重要的问题”[①]。他还表示过这样的看法：中国未来的希望乃在于马列、西化和传统儒家人文思想三者健康的互动，三项资源形成良性循环。[②] 这同蒋庆对马列主义放肆攻击、污蔑、曲解的态度还是有所区别的。

这两位新儒家学者对儒学在中国的发展前景的不同估计和设想，反映了他们从不同的生存处境和感受出发，考察“儒学复兴”问题的视角和结论都有相当大的差别。从其认识差别之大，也叫人怀疑他们所得出的结论到底有多少客观必然的根据，他们的主观愿望到底有多少变成现实的可能性。因为他们都是从儒学的本质是“哲学的人学”或“神圣天道的体现”的抽象命题出发来讲儒学的现代意义，推论其未来发展前景，即不是用历史来说明思想而是用思想来决定历史的进程。“复兴儒学”的愿望建立在这种唯心史观的基础之上，其前景如何确实是大可怀疑的。

我们认为，作为前现代的意识形态的儒学，决不可能在建设社会主义现代化国家的中国全面复兴，重新取得它在历史上曾经有过的正统或“独尊”地位，但并不是说对儒学要全面否定和抛弃，它在21世纪的中国文化格局中没有自己应有的地位。恰恰相反，我们在指出儒学的本质是封建意识形态的同时，又高度评价它作为中国传统文化的重要组成部分，包含着大量的人类智慧成果，并已融入中华民族精神，深刻地影响和塑造着每一个中国人，维系着社会的长期稳定和有序发展的巨大历史功能和精神力量，认为今天中国的一切发展都离不

---

① 杜维明：《儒家传统的现代转化》，纽约《知识分子》1985年秋季号。

② 参见台湾《中国论坛》第319期，1989年1月；《当代》第39期，1989年7月。

开传统的基础，包括马克思主义能在中国落户、生根、发芽、开花、结果，都离不开传统文化的基础；正确开掘和利用儒学的精神资源对于中国和世界的未来发展都有重要意义，当然也要防止它可能产生的负面作用。我赞成这样一种看法，儒学在21世纪的发展前景将会好于它命运多舛的20世纪。这是因为，在经过了深刻的社会转型和价值转换的世纪之后，人们对儒学不适应现代社会生活的弊端和完全断弃传统对国家民族所造成的危害均有了痛切的认识与感受，正反两个方面的经验教训可以帮助人们对儒学有一个比较全面正确的认识。放弃了重新取得正统地位、“独尊”地位或“文法”地位的奢望的儒学将成为21世纪多元文化中的重要的一元，以其特有的人文价值为合理的人类文化建构作出其它文明所不可替代的贡献。在中国大陆，以马克思主义为指导的有中国特色的社会主义文化建设，十分强调继承和弘扬包括儒学在内的中国传统文化精华，同时也要吸收世界文明的一切优秀成果，这一文化方针的特点是“古为今用，洋为中用，批判继承，综合创新”。处理好马克思主义和“国学”“西学”三者的关系仍然是21世纪中国文化建设的中心主题。我们和“儒学复兴”论者的分歧不在于要不要重视儒学，要不要研究儒学，要不要继承和弘扬儒家文化精华，而在于怎样认识儒学的本质，用什么标准来区分儒学中的精华和糟粕，在今日能否全面“复兴儒学”，让它在未来中国文化和世界文化格局中居于正统或主导地位。当然，这样提出问题本身就是对蒋庆所说的儒学的“神圣性”“普遍性”“永恒性”的亵渎。如果说儒学在历史上曾经起过准宗教的作用的话，那么我们在今天绝对不能赞成把儒学重新变成宗教。

（本文写于1996年4月，改定于1996年11月，原载《晋阳学刊》1997年第4期）

世纪之交儒学研究的若干观察与感受

来到会上，我看到《会议手册》中印的是由我作“大会总结报告”。这个任务我难以完成。因为我是到会上才拿到《论文汇编》的，没有时间拜读与会学者的论文。要作出有一点内容的学术总结，就要拜读全部论文至少是其中主要的论文，而不能一般地谈感想，归纳出大会有几点意义与成就。

我虽然不能作大会总结发言，但是愿意在这里谈一点个人与会的感受。因为我参加了 1995 年也是在武汉大学召开的第一次徐复观思想研讨会，时隔 8 年，在同一个地方召开第二次研讨会，两次会议就有一个比较，与会者也会有一些不同的感受。另外，我也愿意借此机会谈谈对世纪之交儒学研究的一些新的发展趋势的观察与理解。

这次会议的观感

这次会议反映出 8 年来徐复观思想研究有很大的进展，李维武教授的推动之功不可没。两次研讨会都是他主持召开的，在这期间他还编辑出版了五卷本《徐复观文集》，发表了大量徐复观思想研究成果，包括《徐复观与中国文化》一书。为了在徐复观先生百年诞辰之际召开第二次研讨会，他做了一年多准备工作，从筹集经费到组织论文，工作非常辛苦，也非常有成效。我在这里首先要对李教授表示敬意与感谢。

提交这次会议的论文数量可观，总的来说质量也较高。可以看出，除了少数论文是应急赶写出来的，多数都下了很大的工夫，有自己的研究心得，提出了徐复观思想研究和现代新儒学研究中的一些重要问题，视野比较开阔，可以启发深入的理论思考和方法论的反思。例如，李维武教授前天上午的发言，对徐复观消解形而上学思想发展的三个阶段，以及消解形而上学的意义和局限性，作了十分清晰的分梳，由此可以看出徐复观在哲学上与熊、牟一系主流派新儒家有不同的理路，道德中心主义在他的思想中并不突出，循着这条路线就有可能发展出走向生活世界的儒学。这件事情的理论意义当然是不可低估的。另外，徐复观新儒家思想的一个重要特点是政治上的自由主义与文化上的传统主义相结合，因此才有“儒家自由主义”这个概念。这次会议有好几篇论文都对这个问题进行了研究，探讨道德自由与政治自由的关系，结论虽不完全一致，但确实可以促进我们对这个问题的深入思考。这个问题不但在现代新儒学研究中有重要的理论意义，而且在一定程度上说有普遍意义。我看到一篇分析中国内地90年代新保守主义思潮的文章，归纳为三派，其中有一派就是“保守的自由主义”，即自由主义与保守主义两种思潮的合流。所以研究徐复观的“儒家自由主义”思想，对现实也是有启示意义的。

会议论文广泛地涉及了徐复观思想研究的各个主要方面，除了政治思想、儒学与文化哲学之外，还关注到他的中国思想史研究，包括两汉思想史和经学研究；中国人性论史和徐复观伦理思想研究；他的美学和文艺思想研究。徐复观的《中国艺术精神》可以说是一本中国现代美学和文艺学的经典著作，我很高兴看到中国内地哲学、文学、艺术界都有一些学者非常重视对这本书进行研究，高度评价他为将中国艺术精神推向世界所作的努力。

这次会议的主题是“徐复观与20世纪儒学发展”，会议论文自然是以徐复观为中心，同时也有一些论文对20世纪中国儒学和现代新儒学的发展作了总体的宏观审视，并指出了它在新世纪的可能发展前景。其中林安梧教授对20世纪“当代新儒学”的反省和关于“后新儒学”要从道德本心回到生活世界的建构思路很值得重视，因为林教授现任台湾《鹅湖》月刊主编，也是港台新儒学队伍中重要的一员，他的看法至少反映了港台新儒学也在发展变化之中，其中也包含着多种可能的发展路向。李翔海教授从后现代的视野来审视现代新儒学的理论内容，指出它是一个包含着前现代、现代性和“后现代”诸多因子的复合体的论断也富有新意，大家不久就可以读到他关于现代新儒学与西方后现代主义思潮比较研究的一本40多万字的新著。

还有一些论文是通过对梁漱溟、张君劢、唐君毅、杜维明、刘述先等人思想的个案研究来总结20世纪现代新儒学的发展，是从不同方面来体现会议主题。

我个人感觉，这次会议的学术内容是很丰富的，涉及徐复观思想和20世纪儒学发展的多个方面，提出了一些重要的理论问题，拓宽了研究思路和视野，在推进现代新儒学研究方面作出了积极的贡献。

这次会议在徐复观生平和思想研究中还有资料方面的新进展。大家注意到《论文汇编·续册》中最后一篇文章没有？作者陶一贞是徐复观先生的女儿，她的母亲陶玉育是国民党军队上层重要人物陶钧（字子钦）的女儿，1937年入党的中共地下党员，现住北京的离休老干部。徐、陶两家是近邻，是世交。昨天到浠水去祭扫徐复观墓，与他并排葬在一起的是王孺人。过去许多人都不知道还有一位陶夫人。徐武军现在同她有联系，称为“阿姨”。徐武军和陶一贞是同父异母的兄妹。

陶一贞的文章《徐复观与陶子钦、熊十力交往的点滴回忆》所提供的基本历史线索表明，徐复观前半生的经历，包括他到日本去留学，回国后在军队中的任职、调动和升迁，都是与陶钧分不开的；徐复观到延安去当驻十八集团军少将高级联络参谋，也是陶钧等人精心安排的。徐复观一生都很感激陶钧对他的器重，陶钧去世后墓碑上的祭文就是徐复观写的。

陶一贞的文章虽然不长，但有特殊价值，可以使我们对徐复观的生平和思想经历有更加贴近于实际的了解。为什么在他那一代港台新儒家中，只有徐先生一个人叫子女将他的骨灰迁回大陆安葬，叶落归根？这与他一贯的爱国爱乡情怀，依恋生养他的那片土地，依恋祖国的亲人，依恋在精神上滋养他的中国文化，都是分不开的。叶落归根是他离开故土、客居海岛挥之不去的恋母情结。

我们在徐复观先生百年诞辰之际，在武大召开第二次徐复观思想研讨会，海峡两岸学者共同参加，会议标题上虽然没有写“纪念”二字，实际上是含有纪念的意义的。我们昨天在徐复观墓前，全体代表三鞠躬，8 年前祭扫徐墓时是没有这个仪式的。8 年后，对徐复观思想和生平研究比以前深入了，国内形势也发生了很大的变化。特别是在今天，陈水扁一伙在台湾搞“台独”，企图搞“防卫性公投”，海峡两岸学者坐在一起共同召开徐复观思想研讨会，显然还有反对台独分裂、维护祖国统一的重要的政治意义。徐先生如果还在世，肯定是反对“台独”分裂的猛士。这是他一贯爱国思想的必然结论。只要海峡两岸的中国人一起来维护中国文化这个我们共同的根源和血脉，任何“台独”图谋都不可能得逞，祖国统一大业总有一天会实现。

我们在徐坳村口还看到一条大红幅标语：“发展新儒学，建设新浠水。”徐复观先生家乡的人民，包括基层党政领导，大概并不了解什么是现代新儒学，它的产生和发展背景是什么，有些什么基本思想和主张，在大陆提“发展新儒学”的口号是否合适？我们的学者有责任向他们宣传、普及一点这方面的基本知识，让他们正确认识产生于本土的徐复观这位现代思想家的意义和价值，让他们了解：建设新浠水还是要靠贯彻“三个代表”重要思想，发展社会主义市场经济和社会主义精神文明，而不能以“新儒学”为指导思想。

关于出席会议的观感，我就谈这些，不是“总结”。下面谈谈我对世纪之交儒学和新儒学研究若干新动向的看法。

世纪之交儒学研究的新动向

从20世纪80年代中期到90年代中期，我在现代新儒学研究方面做了一些工作。1996年底编了一本文集后，就基本上停止了这方面的工作。现代新儒学研究的新进展，主要靠一些年轻同志在推动。

本来这次会议我是不打算来的，因为没有做研究，没有写论文，就没有资格参加会议。李维武同志很宽容，动员我来，给了我一个学习和了解现代新儒学研究最新进展的机会。

最近六七年，我虽然关注的重点有所转移，但是对于港台新儒学的发展，对于国内现代新儒学研究的新进展，也不可能一点也不关心，还是多少有一些观察，有一些感受。我总的感觉是，90年代至今，我国思想界的情况发生了很大的变化，海峡两岸都出现了多元化的趋势。牟宗三先生去世后，港台新儒学中发展出了不同的思想方向；大陆新儒学研究队伍也发生了明显的分化。一个新的情况是，90年代出现了形形色色的大陆新儒家，公开标举“大陆新儒学”和“大陆新儒家”的旗帜，而且不只一派，有好多派，这种情况在80年代是没有的。

我想从8年前也是在武大召开的第一次徐复观思想研讨会说起。在那次会上，有两位大陆新儒家学者对我们“现代新儒学思潮研究”课题组的立场提出了质疑。他们大讲“生命体验”，大讲对儒学和新儒学“只能用生命去契入”，不能对它作客观的对象化的研究。我在那次会上不得不作一个回应，讲我对“生命的学问”的理解。不同立场的学者有不同的生命体验，一个世纪以来，几代中国马克思主义学者对儒学的研究和批判，是包含着他们对民族振兴的期盼、对历史文化的深切体认在内的。他们掌握了科学的世界观，就像冯契先生所说的：“化理论为方法，化理论为德性”，马克思主义就是他们的“生命的学问”。对于他们的儒学和新儒学研究工作是不能全盘否定的。

那次会后我才决定公开回答这两位大陆新儒家学者的批评，先后发表了《评大陆新儒家推出的两本书》《评大陆新儒家“复兴儒学”的纲领》两篇文章。这两位学者中，有一位原先还是我们课题组的成员。他开始并不反对我们的研究立场，几年后就在文章中公开批评“大陆马列派”。我们也不得不接受这一课题组分化的事实。

课题组的分化并没有到此为止，不但有第一次分化，而且有第二次分化。

也是在第一次徐复观思想研讨会召开的那一年，即 1995 年 12 月，又有一位课题组成员在台湾《鹅湖》月刊上发表文章，公开批评课题组的现代新儒学研究是纠缠于“唯物唯心”“姓社姓资”两个老问题，只凸显了儒学和新儒学的意识形态功能，而且有越来越政治化的趋势。这篇文章把大陆的新儒学研究群体分为三派：一是全盘认同派，二是理性分析派，三是意识形态派。它还公开打出了“大陆新儒学”“大陆新儒家”和“大陆新儒家学派”的旗帜，不过认为全盘认同派只是港台、海外新儒家的大陆追随者，是其“在中国大陆所引起的某种回应而已”，因此没有资格称为“大陆新儒家”；在它看来，只有超越于“唯物唯心”“姓社姓资”的理性分析派才是真正的大陆新儒家。

所谓“理性分析”派的立场，一是反对用马克思主义观点揭露现代新儒学的资产阶级意识形态特征和唯心主义哲学实质；二是强调要着重揭示儒学和新儒学的超越于社会历史的普遍意义和价值；三是宣称自己也“并不排斥对新儒家同情的了解”。后一句话是对全盘认同派说的。不难看出，“理性分析”派的批评矛头主要是针对大陆马列派的，其基本立场与全盘认同派并没有实质的区别。

就是同一个人，在 1990 年发表的文章中，还肯定课题组的研究“所表现出的客观、平实、公正、宽容、理智的态度，实为以前所罕见”，“如果把目前大陆学术界开展的新儒学研究与以前曾经出现过的那种纯粹政治性的批判相提并论，那就大错特错了”。5 年后他的看法就来了一个 180 度的大转弯，完全站到新儒家的立场，把课题组坚持全面的、辩证的研究态度歪曲为只是搞意识形态批判。

我们做了 10 年现代新儒学研究，没想到课题还没有结项，就分化出了两派“大陆新儒家”，使我们原来的研究计划不可能全面完成。国家社科基金课题后来虽然结项了，但结项成果并不完整，其中不能不包含着遗憾。

在上面提到的两派“大陆新儒家”中，所谓“理性分析”派显然更值得重视。因为全盘认同派既然是全盘认同港台新儒家，我们对港台新儒家已经有了一定的了解，那么对它主张什么也就大体上心里有数了。“理性分析”的名词很好听，很容易迷惑人，对于它到底主张什么和反对什么，就有必要做一些具体考察，否则是搞不清楚的。

理性分析派不仅打出了“大陆新儒学”和“大陆新儒家”的旗帜，而且还打出了一面“新传统主义”的旗帜。按照一般理解，所谓新传统主义也就是新保守主义。

有一套“新传统主义”丛书。这套丛书没有“总序”，没有说明什么是新传统主义，编辑出版这套丛书的宗旨是什么。它已经出了七八种，除了一本大陆学者写的《断裂中的传统》之外，其余都是港台、海外学者的著作，多数是新儒家的著作。把这些书编在一起是什么意思？是不是它们都有“新传统主义”的共同宗旨？搞不清楚。我觉得唯一由内地学者写的这本书很值得重视，它很可能是一本内地新儒家新保守主义（新传统主义）的代表作。

这本书的特点之一是通过总结、反思 50 年代以后中国内地的儒学和新儒学研究，全盘否定马克思主义关于思想史研究的一系列基本原理和方法论原则，包括马克思主义的意识形态理论，社会存在决定社会意识和社会意识的反作用原理，在哲学世界观和历史观中区分唯物主义和唯心主义的原则等；全盘否定几代中国马克思主义学者在儒学和现代新儒学研究方面所做的工作和所取得的成绩，特别是对于中国马克思主义的重要代表人物毛泽东，全书提到数十次，除了少数中性话语外，绝大多数是批判性、否定性的评论。这本书所谓传统的断裂，不是指“五四”时期的反传统，而是指50年代以后在中国内地完全中断了传统，包括中断了现代新儒家融会中西、谋求儒家思想之现代转化的传统；它所批判的“非理性”，也是指50年代以后中国内地的儒学和新儒学研究，完全是政治化、意识形态化的，因此是非理性的。这本书对中国马克思主义的批评，比许多港台新儒家都更激烈、更尖锐。

这本书的特点之二是不但高度评价港台新儒家的成就，而且高度认同他们的基本观点和思想方向。它为大陆新儒家设定的任务，就是要沿着港台新儒家开启的思想方向，进一步去做理论阐释和文化重建工作。例如，它认为前辈港台新儒家所做的工作，主要是在一个普遍性的层面上认同于儒学传统的价值，不断强调和凸显儒家思想的超越意识和宗教精神。而它为大陆新儒家提出的任务，也是要着力去揭示儒家思想超越于具体的历史时空和社会形态的普遍价值，跟着港台新儒家大讲“内在超越”“儒家思想的宗教性”“理性的理想主义”，等等。大陆新儒家认为，新一代儒者已清楚地意识到自己所从事的只是一种“学”，即对儒家思想的普遍意义的一种可能的诠释，这与港台新儒家分裂知与行、思想与历史的统一性，把儒学观念化、知识化的趋势是完全一致的。他们所关心的是那个“理想性”的孔子如何在现代存活的问题，而不是中国的“现代化”问题。

大陆新儒家同我们的研究立场的分歧是很明显的。他们在儒学和新儒学研究中设置两个禁区：一是在哲学上不能讲“唯物唯心”问题；二是不能揭露儒学和新儒学的意识形态功能和本质，只能讲它的普遍性和超越性价值。我们当然不受其所设置禁区的限制，在儒学和新儒学研究中还是要坚持全面的、辩证的观点，既要讲儒学作为一种文化传统，它积淀着我们民族的智慧，蕴含着深厚的人文精神，是我们建设现代精神文明非常宝贵的、不可或缺的传统思想资源；另一方面，我们也不能回避儒学作为我国封建社会长期占统治地位的意识形态这个基本事实，要用正确的观点去说明它的功能和本质，它产生和消解的历史过程。从哲学方面去研究儒学和新儒学，也不可能完全回避“唯物唯心”问题，叫我们去认同新儒家的“彻底的唯心论”。牟宗三先生说：“延安的彻底的唯物论已经彻底失败，将来支配中国命运的只能是新儒家的彻底的唯心论。”面对这么鲜明的观点，我们能不表明自己的态度吗？不是我们要纠缠“唯物唯心”，而是在儒学和新儒学研究中本来就有一个唯物唯心的问题，新儒家牟宗三就将唯物、唯心区分得很清楚。只准港台新儒家讲，而对大陆的研究者就要设置禁区，这公平吗？

上个世纪 90 年代，除了从课题组内部分化出了两派大陆新儒家之外，在社会上（包括学术界）还出现了形形色色的大陆新儒家，形成一股新保守主义的社会思潮和学术思潮。北大王东教授最近出了一部大书——《中华文明论》，在第三卷中，他是把主张“告别革命”、愿意被称为“新儒家”的李泽厚当作 90 年代大陆新儒家的主要代表人物。还有人宣称“自行摸进了新儒学的大门”，要冒天下之大不韪来揭举“大陆新儒学”的旗帜。有人写文章说：“海外新儒家已经完成了对传统儒学作系统的哲学文化诠释的工作，大陆新儒家的任务就是要对它作创造性的法律政治转换。”大陆新儒家最近还出了一本美化中国传统政治制度的书，叫作《政治儒学》。把它的作者称为“全盘认同派”其实已经很不确切，因为他对传统儒学的维护，已经从港台新儒家所强调的心性层面发展到了政治层面。

90 年代我国学术界的环境总的来说比较宽松，不但出现了形形色色的“大陆新儒家”，自由主义西化派在 90 年代后期也很活跃，大家都知道有所谓自由主义与“新左派”之争。我读到一篇台湾学者写的评论，他认为大陆的自由主义与“新左派”之争实际上是自由主义的右翼与左翼之争，总之情况比较复杂。我个人认为，在 90 年代，以至到新世纪，三大思潮对立互动的基本格局并没有改变，在儒学和新儒学研究中也是这样。在中国内地的研究者中，马克思主义观点还是占主导地位，形形色色的大陆新儒家并不能动摇这个主导地位。同时，自由派的儒学和新儒学研究也没有断档。有一本《新儒学批判》，大概可以算是自由派的新儒学研究的代表作。大陆新儒家中的一派张扬“政治儒学”，倒是自由派学者首先作出了回应，马上写了文章：《走出政治儒学》。我知道有不少学者都不同意《政治儒学》这本书的观点，但至今还没有读到很有分量的用马克思主义观点分析、评论这本书的文章。

我们注意到，90 年代港台新儒学的发展也出现了多元化的趋势。牟宗三先生去世后，港台新儒学进入了一个没有权威、没有精神领袖的时代，它的学者群体也发生了思想分化，最引人注目的就是有所谓“批判的新儒学”和“护教的新儒学”之判分。这些年我个人比较注意林安梧、冯耀明两位青年学者思想的发展变化。1988 年唐君毅思想会议后，我写了一篇《第三代新儒家掠影》，把他们两位的名字是都列进去了的。但到 90 年代读他们的文章，发现他们的思想有很大的变化，并不是完全认同和维护他们老师的观点，而是有批判的反省和超越。可以看出当今世界哲学的发展和海峡两岸学术交流对他们思想的成熟和发展都是有影响的。以林安梧先生为例，我很注意他的这样一些观点：他提出要摆脱道德中心主义的立场，对牟宗三的“良知自我坎陷”说和“内圣开出外王”说都有所批评；他认为“后新儒学”不能把基点放在心性体验上，而是要面对人的实际生活世界，面对社会历史总体，面对一具有物质性的世界，要注意包括生产力、生产关系、生产工具在内的广义的生产活动。他提出要从心性儒学走向生活世界的儒学；要从牟宗三回到熊十力，再从熊十力回到王船山；要从“本体论的唯心论”转向“方法论的唯物论”。这些提法所意味着的思想变革和转向是深刻的，所以他有一本书题名为《儒学革命论》。对于港台新儒家来说，这本书无疑是有巨大震撼力的。

我个人的观察和感受是，上个世纪 90 年代，大陆的新儒学研究队伍在分化，港台新儒家的队伍也在分化，这两个分化好像都有向着相反的方向发展的迹象。我们要关注这些重要的思想文化现象，认真分析研究，整体地了解和把握中国当代思想发展的走向。

从儒学和新儒学研究的角度来说，有几本新近出版的著作很值得重视：一本是《政治儒学——当代儒学的转向、特质与发展》（生活·读书·新知三联书店 2003 年 5 月出版），一本是《断裂中的传统——信念与理性之间》（中国社会科学出版社 2001 年 4 月出版），一本是林安梧先生的《儒学革命论——后新儒家哲学的问题向度》（台湾学生书局 1998 年 11 月出版），一本是吴江先生的《中国封建意识形态研究——儒家学说述评》（兰州大学出版社 2003 年 5 月出版）。尽管有人设置了不能揭露儒学的意识形态功能和本质的禁区，马列派学者并不受其限制，认为这方面的研究不但必要，而且应该做得更具体、深入一些。包括一些青年学者也有这样的认识。有两篇我指导的博士论文，今年都正式出版了。一本是林存光的《儒教中国的形成——早期儒学与中国政治文化的演进》（齐鲁书社 2003 年 10 月出版），一本是干春松的《制度化儒家及其解体》（中国人民大学出版社 2003 年 3 月出版）。这两本书都不是纯粹观念史的儒学研究，专门去阐扬儒家思想的普遍性、超越性价值，而是对儒学在历史上如何被意识形态化，成为为封建经济、政治服务的制度化儒家；以后又怎样随着社会历史的变迁，制度化儒家必然走向解体的过程，以唯物史观为指导去进行具体的分析和阐释。这同大陆新儒家就完全是两个研究路数。

在儒学和新儒学研究中，多元化的趋势是不可避免的；在当今国内和国际形势下，中国思想界主要还是三大思潮对立互动。我希望出现健康的“百家争鸣”、良性互动的局面，促进学术研究正常发展。

1996 年以后，我对儒学和新儒学没有作专门的研究，见识不广，有一些重要著作和文章可能没有看到，今天讲得不妥或不准确之处，请各位学者批评指正。谢谢大家！

（本文是作者2003年12月8日在武汉大学召开的“徐复观与20世纪儒学发展”海峡两岸学术研讨会闭幕式上的发言。原载张世保编《大陆新儒学评论》，线装书局2007年版）

甲申之年的文化反思

——关于大陆新儒学问题的三封信

甲申（2004）年被称为“文化保守主义年”。这一年发生了许多重要的文化事件，其中最具象征意义的就是经过十多年酝酿准备的大陆新儒学，以“南蒋北陈”为代表的各派经过整合，终于在7月贵阳儒学会讲（又称为“中国文化保守主义峰会”）中集体亮相，正式“浮出水面”。他们自称在中国的思想版图上已从“边缘”走到“中心”，不仅积极地出书、办杂志、办网站，应邀到各高校演讲，组织各种论坛会议，而且在媒体上引发了激烈的“读经之争”和“儒教之辨”，确乎已成为当今中国思想界不可忽视的一股力量，一种政治和文化思潮。不巧这一年我病倒了，大部分时间在住院和养病过程中，许多情况不知道。经过补课才意识到“甲申之年的文化反思”是一个有重要的思想史意义和现实意义的课题，但掌握的资料有限，也没有精力去做系统深入的研究，只在几封信中粗略地谈了自己的一些看法，感思所至，坦诚直言，不当之处尚祈读者批评指正。

一　致周济部长

周济部长：

去年4、5月，高等教育出版社出版了中华孔子学会组编、蒋庆选编的一套《中华文化经典基础教育诵本》（共12册）。这套“诵本”还注明是“中国教育学会十五申报课题实验用书”，有一个阵容强大的“顾问”和“学术专家委员会”班子指导在全国试点推行。另据蒋庆在《读经与中国文化的复兴》一文中说：“教育部决定2004年在高中开《中国文化经典课》课程，必修课，36学时，算学分，要考试，本人已应约编定教材交教育部。”可见在教育部支持和推动的这一项中华文化经典基础教育活动中，蒋庆扮演了一个十分重要的角色。

我相信教育部、中国教育学会、中华孔子学会和多数专家学者支持和推动中国文化经典诵读活动的目的，是要弘扬中华民族优秀文化，加强青少年的本民族文化素养和思想道德素养，培育有理想、有道德、有文化、有纪律的一代社会主义新人。但由于用人失察，误用大陆新儒家蒋庆作为这一活动的核心人物，被他引导到背离中国特色社会主义教育和文化建设的目标，作为新儒家“复兴儒学（教）”的基础性工程的错误方向，已经产生了严重的负面影响，值得引起我们高度重视，采取必要措施加以纠正。

儿童读经并不是蒋庆最早提倡的。台湾新儒家学者王财贵1993年就发起“少儿读经运动”，已在台湾推行了十多年，影响所及范围并不很大。十多年后这一运动在大陆数百万儿童中扩展开来，被港台新儒家看作是他们的“反哺”理念获得巨大成功的表现。

在大陆推行少儿读经运动的主要代表人物是蒋庆。他从王财贵那里接过这面旗帜，不仅编了儿童读经课本，而且还有一套“中国文化的复兴必须从娃娃抓起”的理论，企图把读经运动完全纳入新儒家否定中国近现代革命文化和社会主义文化，通过“复兴儒学（教）”来克服“文化歧出”的轨道。

在蒋庆看来，一部中国近代史就是中国亡文化的历史。一百多年来，中国一直走的是一条西化（现代化）的路，“文化歧出”的路，“以夷变夏”的路。“新民主主义同三民主义一样，不是中国文化的‘体’而是经俄国转手过来的西方文化的‘体’，至于‘用’也自然是西方文化的‘用’，这样‘体’和‘用’都是西方的了。”“1978

年以来中国的改革开放，所谓‘改革’就是学西方进行改革，所谓‘开放’就是向西方开放，所以改革开放仍然是沿着一百多年来文化歧出的路在走，中国文化仍然处在‘以夷变夏’的过程中。”他的结论是：一百多年过去了，中国“国”保了，“种”保了，但是“教”亡了，文化亡了。蒋庆一再用“礼崩乐坏、学绝道丧”八个字来形容今日中国的教育和文化现状，认为要克服百年来的“文化歧出”，解决亡教、亡文化的危机，就必须复兴儒学（教），“把儒教重新定为国教，建立一个儒教社会”，“重建儒教的解经系统，普及儒家经典教育”，“从目前来看，推广儿童读经应放在首位，因为今天的儿童就是明天复兴中国文化的担当者，时不我待，越早越好，应该从现在就抓起”。

中华文化经典基础教育“学术专家委员会”成员之一、另一位大陆新儒家代表人物康晓光在《“文化民族主义”随想》《我为什么主张“儒化”》等文章中也认为：近代以来中国走上了一条全盘西化的道路，要解决今日中国严重的政治合法性危机和文化危机，民主化或者说“再西方化”不是出路，而只能走“再中国化”即“儒化”之路。他提出的具体方案是：在上层要“儒化共产党”，“用儒学取代马列主义”；在基层要“儒化社会”，“立儒教为国教”。“儒家经典教育要进入正式学校教育体系，小学、中学都应该设置儒学基础课程”，“国家公务员考试应该增加儒学科目，建立一种新型的‘政教合一’体制”。

蒋庆、康晓光已把新儒家热心于儿童读经运动的目的讲得很清楚，就是要为“复兴儒学（教）”培养人才，服务于他们改变中国社会的性质、改变中国发展道路的政治需要。这与我们教育主管部门以及大多数专家学者弘扬民族优秀文化、提高青少年文化素质和思想道德素质的目的是根本不同的。

蒋庆要求儿童读经的理论根据是圣贤创造文化，圣人编定的经典是表达“天道性理”和“圣心王意”的永恒不变的普遍真理，凡人和儿童要无条件地接受圣人的教化。很难想象这样露骨的唯心史观

（圣贤史观）能为我们的专家学者和教育主管部门所接受！例如，蒋庆在《〈中华文化经典基础教育诵本〉说明》中说："圣贤是文化之本，文化由历代圣贤创造。中国的圣贤，除尧舜禹汤文武周公等古代圣王贤相外，孔子以后中国历代公认的大圣大贤不过颜子、曾子、子思子、孟子、荀子、董子、文中子、周子、二程子、张子、朱子、陆子、阳明子 14 人而已。"这符合中国历史和中国文化的实际吗?！又如，蒋庆在《读经与中国文化的复兴》一文中说："圣人的理性与凡人的理性是不平等的。圣人之心无私欲障蔽，理性清明虚静，能知善知恶而为善去恶；凡人之心受私欲缠缚，理性浑浊重滞，不能知善知恶，遑论为善去恶！职是之故，圣人有天然教化凡人的权利，曰'天赋圣权'，而凡人只有生来接受圣人教化的义务。所以，圣人讲的话、编的书——经典——就具有先在的权威性，凡人必须无条件接受，不存在凡人用理性审查同意不同意的问题，因为凡人的理性没有资格审查圣人的理性，相反，只能用圣人的理性来审查凡人的理性，来要求凡人接受。"这种观点，与劳动创造人和人类文化的唯物史观，与《国际歌》里唱的"从来就没有什么救世主"，与"教育者必先受教育"的理念，相去不啻有十万八千里！用这样的观点来指导读经运动，将把中华文化经典基础教育活动引向何方?

以上两个问题，在开展中国文化经典教育活动中都是大是大非问题，我们必须头脑清醒，不能跟着新儒家跑。在去年以来的读经之争中还涉及其他一些问题，如只读从"四书五经"到朱熹、王阳明的正统派儒家经书，而将《老子》《庄子》《史记》等文史哲经典名著排斥在外，这与"中华文化经典基础教育"之名是否相称?对以"三纲五常"为核心内容的儒家经典义理，是引导学生批判地接受，还是强制性灌输，让他们在不理解的情况下形成先入为主的观念?1912 年担任教育总长的蔡元培一上任就废除了小学"读经科"，2004 年高等教育出版社又出版了"当代大儒"蒋庆编的 12 册儿童读经课本，报载已在一些地方刮起一股新的尊孔读经风，这到底是历史的进步还是历史的倒退？……诸如此类的问题，已在报刊上和网上展开热烈争论。这场争论肯定还会继续下去，将在社会上和教育界产生重大影响。王财贵、蒋庆等人搞的儿童读经运动，如果只是一种民间行为，就像中、小学课外办的各种辅导班、兴趣班一样，教育主管部门并不承担多大责任。问题是新儒家倡导读经运动的目的，正是要把儒家经典教育列入我们的中、小学正规课程体系；蒋庆编的12册读经课本，正是为小学6年12个学期设计的。这套课本又由教育部主管的高等教育出版社出版，中国教育学会将其作为“十五”规划课题实验用书加以推荐，它就在很大程度上带有了政府导向的意义。因此，在这场涉及千家万户、具有重大社会影响的读经之争中，教育主管部门应表示明确态度，在“为什么要读”“读什么”“怎样读”的问题上与新儒家划清界限，采取措施消除重用蒋庆所造成的消极负面影响，将“中华文化经典基础教育”活动纳入中国特色社会主义教育事业的正确轨道。

我认为当务之急是要停止试用和推行蒋庆在完全错误的思想指导下编的儿童读经课本，组织精通古代经典文本、坚持马克思主义和社会主义学术立场的专家学者，重编能体现中国传统文化精华、适合于青少年成才需要的基础经典教育读本。有关指导思想和编选原则等问题，事前要讨论清楚，多听取教育专家和文史哲专家的意见。据我所知，现在的学术专家委员会中的一些学者也不满意过于倚重蒋庆的做法。他们中的多数人是支持中国特色社会主义教育和文化方向的，不赞成“复兴儒学”“用儒学取代马列主义”“立儒教为国教”等意识形态口号。因此，在今后开展中华文化经典教育活动中，还是可以继续发挥这些专家学者的积极作用的。

以上意见仅供参考。致

敬礼

方克立

2005年3月4日

【附记】教育部领导将这封信批转给了有关司局。6月20日，基础教育司课程发展处主管的“中小学语文课程标准研制工作组”发表了《关于“中小学设置儒学基础课程”流言的声明》，全文如下：

关于“中小学设置儒学基础课程”流言的声明

近来，在媒体和社会上刮起了一股鼓吹“少儿读经”之风，其代表人物蒋庆和康晓光等人主张“重建儒教的解经系统，普及儒家经典教育”，提出“儒家经典教育要进入正式学校教育体系，小学、中学都应该设置儒学基础课程”。尤其值得注意的是，蒋庆在《读经与中国文化的复兴》一文中说：“教育部决定2004年在高中开《中国文化经典课》课程，必修课，36学时，算学分，要考试，本人已应约编定教材交教育部。”试图造成教育部也认同“少儿读经”的主张，支持他们设置儒学基础课程的印象。这些做法混淆视听，蓄意误导社会舆论，把基础教育应继承和发扬中华民族的优秀传统的要求与“少儿读经”混为一谈，必须予以澄清。

（一）在国务院批准、教育部2001年公布的《基础教育课程改革纲要（试行）》中明确指出：“基础教育课程改革要以邓小平同志关于‘教育要面向现代化，面向世界，面向未来’和江泽民同志‘三个代表’重要思想为指导，全面贯彻党的教育方针，全面推进素质教育。”根据这一目标，《纲要》要求中小学教育要重视继承和发扬中华民族的优秀传统和革命传统，提高青少年学生的科学和人文素养，使他们成为有理想、有道德、有文化、有纪律的一代新人。这一目标要求，也体现在新的《全日制义务教育语文课程标准（实验稿）》中，把“认识中华文化的丰厚博大，吸收民族文化智慧，关心当代文化生活，尊重多样文化，吸收人类优秀文化的营养”列入了语文课程的总目标；在2003年公布的《普通高中语文课程标准（实验）》中也特别提出了“弘扬和培育民族精神，使学生受到优秀文化的熏陶，塑造热爱祖国和中华文明、献身人类进步事业的精神品格”，“体会中华文化的博大精深、源远流长，陶冶性情，追求高尚情趣，提高道德修养”等具有价值观导向的目标要求。语文课程的这些指导思想和目标要求，是以党的教育方针为指导，依据中央及中宣部、教育部关于加强未成年人思想道德教育的有关决定和要求确定的。这些重要文件是我们关于基础教育课程设置和教育内容选择的基本出发点。蒋庆等人要为实现“把儒教重新定为国教，建立一个儒教社会”而提倡少儿读经，这种严重偏离和违背教育改革指导思想和目标要求的教育主张，是我们坚决要反对的。

（二）语文课程改革主张加强科学和人文精神教育，重视优秀文化传统，继承和发扬中华文化遗产，其中当然也包括先秦原始儒家以及历代进步思想家的有价值的思想观点，只要古代思想家的理论观点有利于推动社会历史的前进，有利于提升民族的精神境界，就具有一定的合理性，后人就应该学习和研究，其中适合青少年的内容，也可以适当进入基础教育课程，选进教材，但这和蒋庆等人鼓吹“复兴儒学”、将儒家思想宗教化、神圣化的做法绝对不是一回事。语文课程标准对传统文化的关注，是以引导学生关心当代文化，尤其是参与当代先进文化的建设为核心的，而且是不排斥世界各国各民族的多样文化的。所以，课程标准在关于语文教材编写的建议部分要求“教材应体现时代特点和现代意识，关注人类，关注自然，理解和尊重多样文化，有助于学生树立正确的世界观、人生观、价值观”；“教材要注重继承与弘扬中华民族优秀文化，有助于增强学生的民族自尊心和爱国主义感情”。但蒋庆等人却主张“圣贤是文化之本，文化由历代圣贤创造”，孔子等“圣人”具有先在的权威性，凡人（包括学生）只有无条件接受“圣人”教化的资格，如照这样引导，怎么能够培养出具有创造精神和批判能力的一代新人？相反，只能使我们的青少年沦为古“圣贤”的奴隶！

（三）语文课程标准从提高学生的文化品位和审美情趣、增加积累出发，十分重视学习经典（包括文化论著和文学作品），但这决不等同于蒋庆等人所提倡的“读经”。义务教育语文课程标准要求将“具有典范性，文质兼美，富有文化内涵和时代气息”的作品选入教材，提倡学生背诵古今优秀诗文；高中语文课程标准要求“学习中国古代优秀作品，体会其中蕴涵的中华民族精神，为形成一定的传统文化底蕴奠定基础”，这可以理解为是提倡阅读经典。课程标准一方面重视给学生推荐那些具有稳定性的、为历史所选择的、为公众所承认的经典名著，另一方面又认为经典阅读当随时代变化而变化，应该常读常新、推陈出新，所以，课程标准紧接着强调指出：“学习从历史发展的角度理解古代作品的内容价值，从中汲取民族智慧；用现代观念审视作品，评价其积极意义与历史局限”，“学习用历史眼光和现代观念审视古代作品的内容和思想倾向，提出自己的看法”。在选修课设置上，课程标准确实有一个“文化论著研读”的系列，但这不是蒋庆等人所说的“读经”，设置这一课程的目标说得很清楚：“选读古今中外文化论著，拓宽文化视野和思维空间，培养科学精神，提高文化修养。以发展的眼光和开放的心态看待传统文化和外来文化，关注当代文化生活，能通过多种途径，开展文化专题研讨。”也就是说，我们主张引导学生以今人的眼光和时代的需要对待古代文化和文学经典，对它采取科学分析的态度，取其精华，弃其糟粕，做到古为今用，反对盲目崇拜古代经典，更不主张复古。而蒋庆等人所说的读经，是只读从“四书五经”到朱熹、王阳明的正统派儒家经书，连《老子》《庄子》《史记》等人们公认的古代文史哲经典名著都被排除在外，把经典仅仅限制在后世儒家以“三纲五常”为核心内容的正统经书范围内，而且只能顶礼膜拜，不许学生对古代经典有任何的怀疑和批判。这和我们提倡的阅读经典，相去何远！

（四）这里须着重指出的是，前述蒋庆所说的“教育部决定2004年在高中开《中国文化经典课》课程，必修课，36学时，算学分，要考试，本人已应约编定教材交教育部”，完全不符合事实，可以说是凭空捏造。真实的情况是，高中语文课程改革是从 2004 年下半年开始的，已经审查通过并在四个实验区使用的五种实验语文教科书，都按课程标准规定的“阅读与鉴赏”和“表达与交流”目标设计必修内容，必修课中并没有蒋庆所谓的《中国文化经典课》；在课程标准设置的选修课中确有“文化论著选读”系列，其中关于选修课程的举例，设想可以设《先秦诸子论著选读》《人间词话选读》《歌德谈话录选读》《中华文化寻根》《社区文化专题》等选修模块，可见其内容涵盖了古今中外、贯通了理论与实践两个方面；而且这些选修课的开设，可以根据学校的课程资源和学生的需求状况，由学校和教师对课程内容进行调整，并非蒋庆所说的是“教育部决定开《中国文化经典课》”。实际上，实验用语文选修课教材还刚刚进行审查，结果尚未公布，选修课的开设将是今年下半年以后的事，2004 年没有一个实验区学校开设这类选修课。至于“已应约编定教材交教育部”，则给人一种假象，似乎教育部认同蒋庆鼓吹的少儿读经运动，支持他来编写这类教材。事实上，高中实验教材，不管是必修还是选修，都要经过严格的申报程序，由教育部组织专家进行审查，通过后方能出版。据了解，有关部门根本没有收到过此类读经“教材”，“已交教育部”云云完全属子虚乌有。事实上，这类所谓的“教材”也绝对不可能通过教材审查委员会的审查。

另外，我们还要严肃地指出，蒋庆在关于“复兴儒学”的一些文章中，对一系列重大问题，散布了许多与党的基本理论路线和国家方针政策背道而驰的错误观点，有的论调在学理上非常荒谬，在政治上十分危险。

中小学语文课程标准研制工作组

2005 年 6 月 20 日

二 致郭齐勇、吴根友

第七届当代新儒学国际学术会议
郭齐勇、杨祖汉主席
吴根友、周博裕执行长：

收到了会议主办单位寄来的邀请函，谢谢。来函将我的名字也列入筹备委员会“顾问”之中，实不敢当！

我因身体情况欠佳，不能出席此次会议，请原谅。

关于新儒学研究，我有一点看法，愿意提出来与各位学者共同研讨。

中国的现代新儒学运动，从“五四”至今已有三代人薪火相传，大体上经历了三个发展阶段。我认为以甲申（2004）年7月贵阳阳明精舍儒学会讲（或谓“中国文化保守主义峰会”）为标志，它已进入了以蒋庆、康晓光、盛洪、陈明等人为代表的大陆新生代新儒家唱主角的阶段，或者说进入了整个现代新儒学运动的第四个阶段。因此我建议在继续推进对前三代新儒家思想研究之同时，还要开始重视对第四代新儒家（即大陆新生代新儒家）所倡导的“大陆新儒学”的研究，这一研究对儒学和新儒学的未来发展可能具有更加重要的现实意义。

开展对大陆新儒学的研究，我认为至少要关注以下问题：

1. 大陆新儒学与港台新儒学的关系

蒋庆早就将儒学的现代发展分为四期，其中第三期为“传播反哺期”，即港台新儒家“将儒家思想传播于海外，反哺于国内”的时期。在一定意义上说，大陆新儒学的出现，正是港台新儒家进行“反哺”的结果。《新原道》第一辑（《原道》第八辑）“编后”说：“港台新儒学是《新原道》同人从正面走近传统的接引者。最近与其代表者《鹅湖》杂志建立起了学术上的合作关系，乃是一件十分叫人兴奋的事。”这里不但坦言了大陆新儒学的思想来源，而且还表达了大陆新儒学与港台新儒学合作的意愿。然而大陆新儒学作为一个新的发展阶段，毕竟还有其不同于港台新儒学的特点，从目前的表现来看，它至少有两点“新发展”：其一是从“心性儒学”走向“政治儒学”；其二是从“复兴儒学”走向“复兴儒教”。二者都表现为从精神学理层面向实践操作层面、从个人修养领域向公共生活领域的大力推进，力图积极实现儒学转化政治、转化现实社会的功能。

2. 大陆新儒学与大陆主流意识形态的关系

十年前我在一篇文章中说：“对于有异于港台新儒家的‘大陆新儒家’来说，最大的课题就是如何解决儒学与马克思主义的关系问题。”这是关系到大陆新儒学能否在中国内地生存、发展的关键问题。蒋庆十六年前就明确主张：“儒学理应取代马列主义，恢复其在历史上固有的崇高地位，成为当今中国代表中华民族的民族生命与民族精神的正统思想。”康晓光最近在《我为什么主张“儒化”》一文中也提出了“用孔孟之道来替代马列主义”“儒化共产党”的主张，对主流意识形态采取公开挑战的态度。也有一些大陆新儒家学者比较认同杜维明的“马列、西化和儒家三者健康的互动，三项资源形成良性循环”的观点。他们虽然以“体制外”力量自居，但是还有一个在体制内生存和发展的问题，所以尽量避免与主流意识形态直接对抗，而更多的是采取打擦边球的策略。能否在认同和坚持四项基本原则（宪法要求）的前提下来发展儒学是对后者的一个考验。

3. 大陆新儒学与自由主义的关系

蒋庆一直批评中国近代以来走上了一条“以夷变夏”的西化道路，认为其结果是“国”保了、“种”保了，但是“教”亡了、文化亡了。康晓光也认为在中国，民主化是一个祸国殃民的选择，是一条走不通的路。他们都对自由主义西化派采取激烈批判的态度。自由主义派学者也频频抨击大陆新儒家的文化保守主义主张和作为，这两派之间可以说一直争论不断。但在去年的读经之争中，有一些“中道自由主义者”秉持哈耶克重视传统价值的理念，对大陆新儒家发动的读经运动表示了一定程度的支持。大陆新儒家立即抓住了这一牵手的契机，去年 12 月《原道》十周年座谈会即以“共同的传统——‘新左派’、‘自由派’与‘文化保守主义’视域中的儒学”为题。陈明自称“我是一个儒者，也是一个自由主义者”，认为“保守主义与自由主义需要携手并行，并育不相害”。也就是说，在这两派之间除了对立和紧张之外，也有相互融通、联合、一致的一面。

4. 大陆新儒家组成团队集体出场的政治文化背景

5. 大陆新儒家对中国未来的政治、经济、文化、制度设计及其实现的可能性

6. 大陆新儒家的运作方式及其影响

公开打出“大陆新儒学”和“文化保守主义”的旗帜，举办学术会议，出版著作和《原道》辑刊，创办标榜“儒家立场、儒学理念、儒教事业”的“儒学联合论坛”网站，推行读经运动，酝酿组织儒教团体，等等。他们很认同杜维明讲的“一定要储备社会资本，重视杂志、报刊、学术论坛这些不能量化的东西”的观点，目前主要就是在做“储备社会资本”的工作。其影响虽然没有他们自己估计的那么大，但已是当今中国思想文化界不可忽视的一股力量。

诸如此类的问题，都是值得认真研究的。大陆新儒学虽然是一新生事物，目前还缺乏成熟的表现和厚重的学术成果，但它已是一不容忽视的客观存在，并已表现出现代新儒学运动之新阶段的若干特征，特别是它不满足于道德文化建设的功能，而是力图改变中国现实发展道路（“以夏变夷”）的鲜明政治主张，必然会引起各方面的关注而成为一重要研究对象。新儒学研究也不能不适应这一客观进程而发展到一个新阶段。我希望参加这次会议的学者能注意到现代新儒学发展史和研究史中的这一重要转折而开始重视这一新的研究课题。

祝会议圆满成功，取得丰硕的学术成果！

方克立

2005 年 9 月 1 日

三 致李宗桂、杨海文

宗桂、海文同志：

海文来电话要我将致武汉会议的贺信扩写成一篇文章，交给中大学报发表。这表现了他作为一个编辑的敏锐和敬业。但我作为一个病号，却不敢再给自己加写大块文章的压力了，所以很抱歉没有答应。在养病期间，我有时也就所感所思比较随意地写点东西，因为人活着就需要表达和交流思想，但确实已无精力在占有大量资料的基础上去做系统深入的研究了。

去年被称为“文化保守主义年”。在这一年中发生的文化事件有：4月陈明挑战南开刘泽华学派，引发了刘门弟子与“原道”派的一场争论①；5月高等教育出版社出版中华孔子学会组编、蒋庆选编的《中华文化经典基础教育诵本》一套12册，并由此引发了持续数月的读经之争；7月蒋庆邀请陈明、盛洪、康晓光等大陆新儒家代表人物，以“儒学的当代命运”为题会讲于贵阳阳明精舍，又称为“中国文化保守主义峰会”；9月许嘉璐、季羡林、杨振宁、任继愈、王蒙等70余位文化名人签署并发表《甲申文化宣言》，引发了一场如何看待全球化时代的民族文化的思想论争，有人讥其为1935年“本位文化宣言”的翻版②；11月24日康晓光在中国社会科学院研究生院

① 刘泽华学派的基本观点是在认同唯物史观的基础上强调思想与社会的互动。这场争论可以说是唯物史观与文化史观之争。

② 2005年2月4日，我在一封信中谈了一点对《甲申文化宣言》的看法：“我认为发表该宣言的初衷是好的：在全球化时代强调各民族文化都有平等的权利，主张文明对话，反对文化霸权主义，捍卫世界文明的多样性。但有些理论问题讲得不全面，不通透，容易引起误解。如‘反对以优劣论文明’的提法就有问题。人们可以反问：难道文化没有优劣、先进与落后之分吗？不能否认文化是发展的，先进文化取代落后文化是历史规律，特别是在物质文化制度文化层面，我们不能拒绝接受现代先进文化。讲保护文明的多样性一定要同文化相对主义划清界线。”

作题为《我为什么主张“儒化”——关于中国未来政治发展的保守主义思考》的演讲，除继续宣传“立儒教为国教”的观点外，还明确提出了“用儒学取代马列主义”“儒化共产党”的主张；12 月号称“中国文化保守主义旗舰”的《原道》辑刊，以“共同的传统——‘新左派’、‘自由派’和‘保守派’视域中的儒学”为题举办创刊十周年纪念座谈会，并将其舆论阵地扩展到“原道”文丛、“原道”译丛和“儒学联合论坛”网站。有人还把去年 9 月 28 日曲阜首次官方祭孔和对外汉办计划在海外办 100 所孔子学院（对外汉语教学基地）也说成是“文化保守主义抬头”的表现。其实情况非常复杂，不可一概而论。不能把重视本土文化资源、弘扬民族文化的一切活动都叫作文化保守主义。文化保守主义是包含着一整套路线、方针、政策和观念体系的意识形态，在中外历史上都不罕见，它在中国再度活跃起来是有深刻的社会原因和背景的。2004 年文化保守主义“抬头”的最典型事件是大陆新儒家组成团队集体亮相的贵阳“峰会”。我从现代新儒学发展史的角度把它看作是中国的现代新儒学运动进入第四阶段的标志，也就是进入了大陆新生代新儒家唱主角的阶段。这派学者积极入世的姿态是很明显的，一出场就奋力争夺话语主导权，并且很受媒体青睐。甲申年的许多文化论争都是由他们引发的，起而与之对阵、与之互动的主要是自由派人士，马克思主义派学者反而处在比较边缘化的地位。

去年本应是中国马克思主义凯歌行进的一年：3 月中共中央发出了《关于进一步繁荣发展哲学社会科学的意见》，强调必须坚持马克思主义在哲学社会科学中的指导地位；接着中宣部又组织实施了规模宏大的马克思主义理论研究和建设工程，覆盖了哲学、政治经济学、科学社会主义和政治学、社会学、法学、史学、新闻学、文学等学科领域。马克思主义文化学者去年也召开过几次重要的文化会议，如 10 月在上海召开的“马克思主义与当代文化建设”学术研讨会。去年张岱年、王朝闻等前辈学者相继辞世，在有关纪念活动中也表彰了他们为马克思主义文化理论所作出的贡献。但是，在自由派与保守派争辩得热火朝天、备受媒体关注的那些文化论争（如读经之争、《甲申文化宣言》之争，等等）中，却很难听到马克思主义派学者的声音。也许他们都为完成重大工程著书立说去了，而无暇顾及这些现实的思想文化论争，但在意识形态领域里确实还有个“守土有责”的问题，有个争夺人心、争夺青年的问题，不巩固和强化自己的思想文化阵地，看着异己思潮坐大渐成气候，则更增加了中国特色社会主义先进文化建设的困难和复杂性。

在以马克思主义为主导意识形态的社会主义中国，在一些重要的学术思想领域里，马克思主义反而处于边缘化地位的还不是个别情况。刘国光同志最近有一个关于经济学教学和研究问题的重要谈话，从教育方针、教材、教师队伍和领导权四个方面，指出“西方经济学的影响上升，马克思主义经济学的指导地位削弱和边缘化的状况令人堪忧”。西方经济学特别是新自由主义经济学现在好像倒成了我国的主流经济学，不仅在高校的经济学教学中普遍存在这个问题，而且在我国的经济决策工作和经济研究工作中都有所渗透，“包括国家的财经系统的一些领导岗位特别是一些研究机构的领导岗位还掌握在非马克思主义者手里”，这当然就是关系到我国经济改革方向的一个大问题了。在经济学领域是新自由主义力图掌握话语主导权，在儒学和传统思想文化研究领域则表现为保守主义的势力和影响在上升，马克思主义的指导地位削弱甚至边缘化。通过总结历史经验，人们现在越来越重视本土文化资源的价值，一些人因此误认为马克思主义的唯物史观、阶级分析方法和批判继承的方针都不行了，文化保守主义、文化民族主义、儒家原教旨主义的主张纷纷登台并占有一定市场，他们断言中国只有走“儒化”之路才有民族复兴的光明前景。自由主义西化派、保守主义儒化派在我国的学术思想领域里各有其阵地和市场，马克思主义的指导地位受到严峻挑战，这种情况在其他学科也不同程度地存在着。这是我们不得不面对的现实。刘国光同志关于克服经济学领域一些倾向性问题的意见带有普遍意义，除了硬措施外，还要营造良好的学术氛围，马克思主义者要说得起话，要有阵地意识和责任意识，才能使中央关于繁荣发展哲学社会科学的意见能够得到有效的贯彻落实。

最近各单位都在开展保持共产党员先进性的教育活动。共产党员的先进性主要表现为有坚定的共产主义理想和中国特色社会主义事业必胜的信念，从事哲学社会科学工作的共产党员则应有坚定的马克思主义理论持守。我很奇怪我们同行中的一些共产党员也宣称自己是“儒家”。儒家是中国封建地主阶级知识分子的代表，其理想、信念、立场、世界观和价值观与共产党员能是一致的吗？过去人们避“儒”唯恐不及，现在当儒家又成了一种时髦，以至共产党员也要去赶这个时髦。共产党人应该怎样对待儒学和儒家呢？刘少奇同志在《论共产党员的修养》中批判地吸取和借鉴了儒家人生修养学说中的许多有价值的内容，这说明共产党人并不排斥而是十分珍视儒学中的精华。李一氓同志说：“马克思主义和孔子教义，无论如何是两个对立的体系，而不是可以调和的体系（折衷主义），或者并行不悖的体系（二元论）。我们无法把马克思主义的地位轻易地让给孔子，因为我们的世界观无法接受一个唯心主义的哲学体系。”[①] 这说明共产党人是不能认同和接受儒家的价值立场与世界观的。匡亚明同志在研究孔子思想时提出了一个“三分法”：一是对其封建性糟粕进行批判和清除；二是对其人民性精华进行继承和发扬；三是对其封建性和人民性相混杂的部分进行批判分析，去其糟粕，取其精华，即扬弃。[②] 这个“三分法”归根到底还是毛泽东讲的“剔除其封建性的糟粕，吸收其民主性的精华”的二分法。我们一贯主张对儒学要一分为二：对于作为封建意识形态的儒学，即直接为维护、巩固封建经济基础和宗法专

① 李一氓：《给蔡尚思教授的一封信》，《文汇报》1990 年 12 月 26 日。
② 匡亚明：《孔子评传》，南京大学出版社 1990 年版，第 9 页。

制统治秩序服务的那些东西，如“三纲六纪”，等等，绝不可能让它在现时代全面“复兴”，而是需要继续深入批判的封建主义的重要内容；对于作为中华文化载体的儒学，则要把它当作人类知识宝库的重要组成部分和民族文化的瑰宝倍加珍惜，精心保护，深入研究，批判继承，综合创新，使之成为建设中国特色社会主义先进文化的重要思想资源。“儒家”这个概念，是一种立场、观点、方法的人格化，或者说是一套世界观、历史观、人生观、价值观的人格化，它是与儒学的意识形态特征紧密联系在一起的。作为中华文化重要载体的儒学，则存留于包括文化典籍、生活方式和精神传统在内的大、小传统中，其内容博大精深，而又精糟并存，所以给我们留下了弃糟取精、批判继承的巨大任务。从事思想文化研究的共产党员、儒学研究中的马克思主义学派是可以在这项工作中大显身手、大有作为的。

现在再来谈谈武汉会议那封贺信。有人说我称蒋庆、康晓光等人为第四代新儒家是过分地抬举了他们，拔高了他们的历史地位。前面已经提到，我是从中国现代新儒学运动发展史的角度来考虑这个问题的。进入新世纪以来，港台、海外新儒学还在继续发展，但其基本格局、气象、规模已定，不可能有什么新的突破性进展了。新儒学归根到底是要解决中国的发展前途问题，中国文化的发展前途问题，考虑问题不能不以日渐强盛的中国内地为主体，为中心。在上个世纪90年代以来极其宽松的思想环境下，经港台新儒学“反哺”和十多年酝酿准备，大陆新儒学已渐成气候，其代表人物提出了一整套“儒化中国”的理论、方针、原则和策略，比港台新儒学显得更有创造性，也具有更强的意识形态性和现实针对性，实已成为当今中国保守主义的中心话语，成为一面政治和文化旗帜。所以我认为，中国的现代新儒学运动已进入大陆新生代新儒家唱主角的阶段，并相应地提出了现代新儒学研究的新课题和新任务。至于大陆新儒家代表人物是否已经成熟，是否应该有这样的历史地位，我想还是要发展地看问题，他们都还在发展变化之中嘛！从年龄来看，蒋庆、盛洪50出头，陈明、康晓光40多岁。20世纪80年代，第三代新儒家登台唱主角时，余英时50岁，杜维明40岁，刘述先、成中英都是40多岁。第二代新儒家代表人物牟宗三、唐君毅50年代初才40出头，1958年发表“港台新儒家宣言”时二人都是49岁。第一代新儒家就更早慧了：梁漱溟发表《东西文化及其哲学》时只有28岁，张君劢发表《人生观》演讲时是36岁；熊十力出版《新唯识论》（文言文本）时是47岁，冯友兰写贞元六书时也是40多岁。所以，不能说大陆新生代新儒家年轻稚嫩就不能当代表人物，而要看他们所起的实际历史作用。

大陆新儒学作为一个新阶段，也确实有新发展，有一些新的特点。一个重要特点就是把前辈新儒家力图从封建意识形态中解脱出来的儒学[①]，即心性化、形上化了的儒学，重新政治化和宗教化，强调要从“心性儒学”走向“政治儒学”，从“复兴儒学”走向“复兴儒教”。蒋庆1989年发表了政治性很强的《中国大陆复兴儒学的现实意义及其面临的问题》一文，以后几年他在公羊学方面下了一点工夫，致力于建构、论证、宣传他的“政治儒学”体系。[②] 他近年来发表的一些谈话也有很强的针对性，如用“王道政治三重合法性”理论来否定民主政治（包括社会主义民主）的合法性；用儒家文化先进论来否定中国特色社会主义文化先进论，否定中国共产党始终“代表着中国先进文化的前进方向”。他还企图用“通儒院”“庶民院”“国体院”三院制来取代我国的人民代表大会制度，认为只有儒家的“王道政治”才是当今中国政治发展的方向。康晓光也以大胆敢言著称。他在我所在学校发表了“儒化中国”的著名演讲，我竟一点也不知道，后来是在网上看到的。他也用儒家的“仁政”学说来否定我国现政权的

---

① 用他们的话来说是“解纽”。如杜维明将“儒家传统”与“儒教中国”区分开来。

② 他出版了两本书：《公羊学引论——儒家的政治智慧与历史信仰》，辽宁教育出版社1995年版；《政治儒学——当代儒学的转向、特质与发展》，生活·读书·新知三联书店2003年版。

合法性，明确提出了在中国实行“儒化”的原则和策略：“在上层，儒化共产党；在基层，儒化社会。”“儒化共产党”的关键是要“用孔孟之道来替代马列主义”，把共产党变成一个“儒士共同体”。“儒化社会”的关键是要“立儒教为国教”，包括把儒家经典课程纳入国民教育体系，等等。他明确地说：“儒化的原则就是和平演变。”一些人企图用“西化”的办法来把社会主义中国和平演变成一个资本主义国家，另一些人则企图用“儒化”的办法来把中国和平演变成一个“儒士共同体专政”的国家。大陆新儒家“儒化中国”的政治目标和行动方针是非常明确的。

“立儒教为国教”是康晓光前几年就提出的主张，近年来影响迅速扩大，蒋庆、陈明等人都起而响应，“复兴儒教”“重建儒教”的呼声很高。社科院今年成立了儒教研究中心，我没有参与其事，不知道它的宗旨是什么。社科院作为党中央要求的“马克思主义坚强阵地”，儒教研究也应坚持以马克思主义立场、观点、方法为指导，我想院领导会关注这个问题的。在宗教问题上，我党明确地提出了“积极引导宗教与社会主义社会相适应”的理论和方针，这是中国化马克思主义宗教观的最重要的内容，对任何宗教都适用。“儒教”要复兴，要重建，也首先要解决“与社会主义社会相适应”的问题。与社会主义社会相适应就要“拥护社会主义制度，拥护共产党的领导”[①]，而不是要社会主义社会来适应你，按照你的“儒化”原则来改造社会主义社会，改造共产党。康晓光的“儒化”论与我党的宗教政策显然是相冲突的。

儒学政治化和宗教化都表现了大陆新儒家对儒学改造社会和转化现实的功能的重视，表现了其积极有为的姿态，但这里面有一个要与马克思主义争指导地位的问题，要改变我们国家和社会性质的问题，

---

① 江泽民：《高度重视民族工作和宗教工作》，载《新时期宗教工作文献选编》，宗教文化出版社 1995 年版，第 254—255 页。

因此就不能抽象地肯定其实践功能的合理性了。大陆新儒家的积极有为还表现在他们对舆论宣传工作的极其重视，开会、出书、办杂志、办网站，应邀到各高校演讲，频繁接受媒体采访，善于利用儿童读经、弘扬国学、儒教讨论等活动来为自己造势，在各种文化论争中都是高调出场的一方，去年以来声势造得很大，吸引了一批青年和同情地理解传统文化的学者跟着他们走，拉一些知名专家来做“顾问”[①]，给人以崛起了一大“学派”的印象。有人把港台新儒家称为“寂寞的新儒家”[②]，大陆新儒家则是不甘寂寞的新儒家，是喧腾的新儒家和很会造势的新儒家。这也是大陆新儒学不同于港台新儒学的特点之一。

为什么甲申年会被称为“文化保守主义年”？为什么大陆新儒学一出场就影响那么大？这是因为很多人分不清弘扬优秀民族文化与“复兴儒学（教）”的界线，分不清在马克思主义指导下对传统文化批判继承、综合创新与无批判地认同传统、颂古非今的界线。有些媒体记者并不全面了解大陆新儒家代表人物的学术观点和政治主张，就廉价地做了他们的义务宣传员。许多同志对自由主义“西化”思潮有一定警惕，而对保守主义“儒化”思潮同样可以颠覆、毁灭社会主义却认识不足，警惕性不高。这种情况继续发展下去确实是十分令人担忧的。

武汉会议后，有人问我这个或那个学者是不是大陆新儒家，我说没有考虑过这个问题。我只关注了被邀参加贵阳“峰会”集体出场的几个代表人物，对他们的思想和言行做了一点考察，形成了一些初步的看法。我的认识还很不深入，所以提出来希望有更多的人关注和研究。大陆新生代新儒家作为现代新儒学第四阶段的代表人物虽有其特殊历史地位，但他们并不是十分成熟，还在发展变化之中；如同前三代新儒家一样，他们彼此之间也有差异，有不同的风格和个性。因此要求把研究工作做得更深入细致一些，宏观审视与个案研究都是需要

---

① 如蒋庆读经课本后面的“顾问”和“学术专家委员会”班子。

② 台湾学者林镇国有一篇纪念唐君毅先生的文章，题目就叫作《寂寞的新儒家》。

的。这个课题提出来，科学可靠的研究结论可能要到数十年后，大陆新儒学的命运也有待历史来证实，但对这个新生事物很有必要从现在起就给予关注，因为这不仅仅是一个思想史课题，而且还密切关联着现实的思想斗争。

去年我生病了，基本上没有参与外界活动，很多情况不知道。今年春天开始感到“甲申之年的文化反思”是一个重要课题，找了一些资料来看，陆续发表了一点意见。但人微言轻，并没有产生多大影响。身体状况也不允许我做很多事情，有时只能干着急。我希望有关主管部门和思想文化战线的共产党员能够重视这件事情，认真分析和对待当前意识形态领域里的复杂情况，加强阵地意识和责任意识，大家一起来改变目前这种不太正常的局面。在今天，我们要大力推动马克思主义指导下的儒学研究和中国传统文化研究，弘扬优秀民族文化；同时要旗帜鲜明地反对保守主义的“儒化”论，因为它是反民主反社会主义的。只有划清了这条界线，儒学研究和弘扬民族文化的活动才能健康地向前发展。

本来是想轻松自由地同你们聊聊天，没想到下笔难停写了好几千字，今天又加了几个“注”，虽意犹未尽也该打住了。很愿意听到你们的高见！

专此 顺颂

研祺

方克立

2005 年 9 月 20 日

[本文原载《中国社会科学院学术咨询委员会集刊（2005）》第 2 辑，社会科学文献出版社 2006 年版；《学术探索》2006 年第 2 期删节转载时将题目改为《关于当前大陆新儒学问题的三封信》。后收入张世保编《大陆新儒学评论》，线装书局 2007 年版，加前言并改为现题]

当代中国大陆新儒学思潮评析

程恩富同志给我出了一个题目：用马克思主义观点评析当代中国的复古主义思潮。2012 年 3 月 31 日，中国社会科学网发表了程恩富同志关于“正确对待七大思潮”的一个访谈，七大思潮中就有复古主义思潮。他说：“所谓复古主义，就是以古风、古言为真、善、美的价值标准，以‘先王’‘古圣’为最高人格理想，以古代社会为理想社会。复古主义几乎渗透到中国意识形态的每一个领域，成了一股强大的潜流。”既然是“一股强大的潜流”，就必须认真观察、研究和对待，而不能等闲视之。这些年来，这股复古主义潜流在我们的社会文化生活中是经常可以感受得到的，但是它的情况非常复杂，一定要作具体分析。

对于这股思潮，有的研究者又称为“文化保守主义”思潮，或“新文化保守主义”思潮。比如，2012 年 2 月 8 日，高翔同志在中国社会科学杂志社做了一次讲座，也是评析七种当代社会思潮，其中有一种是“新文化保守主义”思潮。又比如，中国社会科学出版社 2013 年 7 月出版了清华大学林泰教授主编的一本书：《问道——改革开放以来的社会思潮与青年思想政治教育研究》，最近张全景同志和一些主流学者都写文章推荐了这本书。其中第六章的题目是“当代中国文化保守主义思潮评析”，内容相当翔实，写了 5 万多字。

文化保守主义与复古主义还不是一个概念。文化保守主义者不一定在政治上也是保守主义，比如章太炎、熊十力，他们是文化上的保守主义者，但在政治上都是资产阶级革命派，不是保守派。在今大提出“复古更化”的路线，要求回到古代“仁政”“王道”的社会去，这主要是一种复古主义的政治思想，是文化保守主义的极端发展，可以说是文化保守主义的右翼。

还有的研究者不用“复古主义”或“文化保守主义”来标识这种社会思潮，而是直接称它为“大陆新儒学（家）思潮”，或者简称“新儒学（家）思潮”。比如2012年1月，社会科学文献出版社出版了马立诚的《当代中国八种社会思潮》一书，其中有一章的题目就是“大陆新儒家的政治诉求”。他是把大陆新儒家当作当代中国八种社会思潮之一，具体就是指从20世纪90年代开始酝酿，到21世纪初以团队形式登上中国思想舞台的大陆新生代新儒学思潮。

我们首先要明确这堂课评析的对象，它是作为文化保守主义之右翼的复古主义思潮，具体就是指至今在中国思想界仍相当活跃的大陆新儒学思潮。所以，这堂课的题目也可以叫作“当代中国大陆新儒学思潮评析”。

一

下面先介绍大陆新儒学思潮的由来，它的酝酿和形成过程，以及发展至今的一些情况。

“五四”以后，中国形成了自由主义的西化派、以现代新儒家为代表的文化保守主义和中国化马克思主义三大思潮对立互动的思想格局。今天的大陆新儒学思潮，它的直接思想来源、它所继承的精神方向，实际上就是20世纪的现代新儒学思潮，不过在新世纪又有新的发展，表现出了一些新的特点。

“五四”后的现代新儒学思潮，在上个世纪已有三代人薪火相传，经过了三个发展阶段。第一个阶段是新中国成立前的30年，以梁漱溟、熊十力、冯友兰、贺麟等人为代表的第一代新儒家，在中国大陆提倡新儒学、发展新儒学。这些学者 1949 年后大都留在大陆，思想发生了不同程度的变化。第二个阶段是 50 年代初到 70 年代末，大约也是 30 年。新儒学在以马克思主义为主导意识形态的中国大陆已经没有市场，一批学者到港台继续倡导和发展新儒学，最有影响力的是熊十力的三个学生唐君毅、牟宗三和徐复观，另外还有老一辈的钱穆、方东美等人。80 年代以后是现代新儒学发展的第三个阶段，主要代表人物是杜维明、刘述先、余英时、成中英等人，他们又是唐、牟、徐和钱穆、方东美的学生。这些学者不仅在港台，而且在海外，在更大的范围内传播新儒学。80 年代以后，中国大陆改革开放，他们与大陆学界的交流日益频繁，其中有的人，比如杜维明、成中英，现在都已在大陆的高校任职或兼职，杜维明是北大高等人文研究院的院长，成中英是人大的特聘教授。他们至少在主观愿望上，是愿意融入大陆学界的，现在也讲中、西、马互动互补。

我们今天要讲的大陆新儒学思潮，是上述三代现代新儒家的后辈，是指一批土生土长的大陆中青年学者，他们通过港台海外新儒学的接引，从开始学习、研究新儒学，到进而接受、认同和归宗新儒学，并以新儒家在大陆的新一代传人自居。他们比前辈走得更远，港台新儒家主要是讲心性儒学，大陆新生代新儒家则要求重建“政治儒学”；他们不但要复兴儒学，而且要“重建儒教”，要把中国变成一个“以儒教为国教”的政教合一国家。

大陆新儒学思潮有一个发端、酝酿和逐渐形成、登上思想舞台的过程，这个过程大约经过了十几年。它发端于 1989 年蒋庆在台湾《鹅湖》杂志发表的一篇 35000 字长文《中国大陆复兴儒学的现实意义及其面临的问题》。这篇文章对中国大陆的社会主义政治、经济、文化、教育制度进行了全面批判和否定，认为只有复兴儒学才能解决今天中国的一切问题。怎样复兴儒学呢？他寄希望于港台、海外新儒学“反哺”于中国大陆，让新儒学“返乡复位”，让儒学在中国大陆重新取得“独尊”地位、正统地位和“国教”地位。很明显，其批判矛头必然要指向作为当代中国“立国之本”的马克思主义。

20 世纪 90 年代中期，在中国大陆出现了一股批判激进主义、主张“告别革命”、要求回归传统的文化保守主义思潮。在这股思潮中，有一个《原道》辑刊特别引人注目，因为它公开亮出来的旗帜就是“保守主义”，并且呼唤在大陆形成“有异于港台地区的新儒家群体”。这个辑刊编委会的成员，基本上都是我们研究生院的毕业生与在读研究生，主编陈明是 1992 年毕业的博士，当时是宗教所的助理研究员。第一辑阐明宗旨的“开卷语”和“编后”都是他写的。第一辑中还有两篇他用笔名写的文章：一篇是表扬曾国藩镇压太平天国的胜利，是体现了“无本者竭，有本者昌”的“文化发展的一般规律”，认为在这场战争中，曾国藩“胜”就胜在他代表了中国文化传统，而洪秀全“败”就败在他用西方的基督教（“拜上帝会”）来动员群众，组织群众，背离了中国的文化传统，所以必然失败。另一篇文章是表扬台湾的“中华文化复兴运动”如何使国民党取得了成功，也是要说明：文化价值是政治运作成败的“轴心”。两篇文章都是露骨地宣扬文化决定论的唯心史观。

文化保守主义思想经过十多年酝酿、积累，到 2004 年 7 月，在贵阳阳明精舍担任“山长”的蒋庆，邀请陈明、康晓光、盛洪等几位国内保守主义的代表人物，到贵阳举行了一次“儒学会讲”。这次会讲活动又称为“中国文化保守主义峰会”，标志着大陆新儒家作为一个学派正式“浮出水面”，就是以“团队”的形式集体出场、集体亮相。用他们自己的话来说，这次活动也标志着文化保守主义从中国思想舞台的边缘走到了中心。

这一年的 11 月 24 日，康晓光在我们研究生院发表题为《我为什么主张“儒化”——关于中国未来政治发展的保守主义思考》的演讲，明确提出了“儒化中国”“儒化共产党”的口号，并且提出了“儒化”的原则和策略。他说：“儒化的原则和策略是什么？儒化的原则是‘和平演变’。儒化的策略是‘双管齐下’：在上层，儒化共产党；在基层，儒化社会。首先是儒化中共，用孔孟之道来替代马列主义。……有一天，儒学取代了马列主义，共产党变成了儒士共同体，仁政也就实现了。”他的目标是要把中国变成一个由“精英联盟”（由政治精英、经济精英和知识精英组成）统治的“儒士共同体专政”的国家。

这一年正是陈明的《原道》辑刊创刊十周年，他们邀请自由派、新左派学者一起召开了一次“共同的传统”座谈会，声势造得很大。这次活动表明大陆新儒家力图以“中国三大社会思潮”之一的身份，在思想舞台上占有一席之地。

2004 年还发生了读经之争和 70 多位文化名人签署《甲申文化宣言》等事件，所以这一年也被称为“文化保守主义年”。

2004 年至今已经过去了 9 个年头，大陆新儒学思潮的影响虽然没有他们自己期望的那么大，但是也不可忽视。特别是进入网络时代，各种思想主张都可以在网上自由表达。大陆新儒家也有自己的舆论阵地，主要通过《原道》辑刊、“儒学联合论坛”和“儒家中国”网站表达他们的思想主张。现在影响最大的是“儒家网”，是由“儒家中国”网改名而来的，它自称是“当代中国大陆新儒家的思想平台”。去年 10 月，中国政法大学出版社结集出版了他们编的“儒生文丛”三册，书名分别是《儒家回归》《儒教重建》《儒学复兴》。另外中国社会科学出版社还出版了他们编的《儒生》文集两卷。“文丛”和“文集”都是以蒋庆、陈明、康晓光、余樟法、秋风五个人为“学术委员”和“学术指导”，这几位也可以说是当代中国大陆新儒家的核心人物。新加入这个队伍中的秋风（姚中秋），本来是一个自由主义的代表人物，后来也积极主张复兴儒学，特别是大讲“儒家宪政主义”。余樟法是自由派“零八宪章”的签名者，他以大胆敢言著称，反共反马的立场十分鲜明，现在也是大陆新儒家的一个重要代表人物。

从 1989 年蒋庆发表《中国大陆复兴儒学的现实意义及其面临的问题》一文到现在已有 24 年，从 2004 年大陆新儒家学派正式登台亮相至今还不到 10 年，但它已是当今中国不可忽视的一种社会思潮。我们将通过它的主要代表人物来了解这一思潮的基本观点、思想实质和发展走向。

二

关于大陆新儒学的思想主张，我想分五点来做一简单介绍和初步分析。

（一）崇儒反马是大陆新儒学的本质特征

儒学是在中国封建社会长期占统治地位的意识形态，一百多年前的辛亥革命，永远地终结了它的这种历史地位。在今天要求“复兴儒学”，就是希望重新恢复儒学在历史上的“独尊”地位、正统思想地位，这就必然要同今天中国的主导意识形态发生冲突。因此，这实质上是一场争夺文化领导权、争夺主导意识形态地位的斗争。对于这一点，大陆新儒家是有高度自觉的，不但直言不讳，而且是主动挑起这场斗争。蒋庆在 1989 年发表的《中国大陆复兴儒学的现实意义及其面临的问题》一文中就清楚地意识到：“儒学的根本原则与大陆的国家意识形态相冲突，复兴儒学必然要同马列主义发生正面对抗。”他是自觉地、主动地来挑起这场意识形态“冲突”和“对抗”的。在这篇文章中，他明确主张：“儒学理应取代马列主义，恢复其在历史上固有的崇高地位，成为当今中国代表中华民族的民族生命与民族精神的正统思想。”

2005 年，在《关于重建中国儒教的构想》一文中，蒋庆更加直言不讳地提出了儒学（教）要与马克思主义争夺当今中国的“王官学”地位、“宪法原则”地位的政治主张。他说：要“通过儒者的学术活动与政治实践，将‘尧舜孔孟之道’作为国家的立国之本即国家的宪法原则写进宪法，上升为国家意识形态；也就是说，恢复儒教古代‘王官学’的地位，把儒教的义理价值尊奉为中国占主导地位的统治思想”。有的人在评论这种思潮时说得很含蓄、很客气，说“大陆新儒家有觊觎意识形态的企图”，其实何止是“觊觎”，明明是摆出了一副与当今中国的主导意识形态势不两立，要与它争夺“王官学”地位、“宪法原则”地位、“立国之本”地位的架势，用蒋庆的话来说就是“要马统则不能有儒统，要儒统则不能有马统，两者不可得兼”[①]。这就是他们的“儒马不两立”论。

康晓光在《我为什么主张“儒化”》的演讲中，也明确提出了“用孔孟之道来替代马列主义”，要“儒化共产党”“儒化中国”的主张。

陈明还提出了“鹊巢鸠占”说[②]，意思是中国的国家意识形态这个位子，本来应该是儒学的，现在被马克思主义这种外来文化占领了，所以他们极力要恢复儒学在中国的主导意识形态地位。

在崇儒反马这一点上，大陆新儒家的新起代表人物余樟法表现得更加激进，更加富有攻击性。他的网名叫“东海一枭”，自称“铁杆反马列派”。他说：“东海十年来有大量文章议论时政、‘问诸当路’，曾经以中国第一亡命徒自许，准备把自己给‘豁出去’；其次，思想文化责任则由作为意识形态的马克思主义去负，为此，东海也有不少文章剑指‘马家’”，就是把批判矛头直接指向马克思主义。在他看来，“马家进入和影响中国一个多世纪，高居‘宪位’大半纪”，是造成今天中国一切问题的根源。“什么‘中国特色社会主义道路’，万变不离其宗，还不是要抱住马列僵尸和特权主义不放。”“只要‘马家’‘在宪’，其流弊就未有穷期。”这些言论都充满了火药味。他公开表示“反对马克思主义现有的意识形态地位”，要求恢复儒学的正统地位。但是，考虑到马克思主义在中国已有一定的现实存在基础，包括有相当的群众基础，所以他提出也可以“争取让马克思主义

① 2006年6月20日《蒋庆等人谈当下儒学发展路线》。

② 见《天热，来点轻松的》一文的跟帖，“儒学联合论坛”网站，2008年8月6日。

成为中华文化的辅统之一”，“在一定的历史时期，‘儒主马辅’也不失为一种可以接受的现实选择”。可以看得很清楚，今天在儒马关系问题上的思想斗争，主要就是主导意识形态地位之争，是“儒主马辅”还是“马主儒辅”之争。余樟法的立场很明确，最多只能接受“儒主马辅”的格局，实际上他认为马克思主义连当“辅统”的资格都没有，让马克思主义当“辅统”只不过是权宜之计。这个人讲得很坦率，他说自己的工作就是要“不断强化‘去马克思主义化’的力度”，鼓动中共“去马归儒”，“总之，东海的一切努力都是为了儒化中共、儒化中国”。他的这个目标，他所提出的“儒化中共、儒化中国”的口号，与康晓光如出一口，一模一样。由于这个人崇儒反马立场的坚定性，发言肆无忌惮，攻击性强，所以在大陆新儒家中的地位越来越高，这个队伍中也需要有这样的“炮筒子”。

指出崇儒反马、“以儒代马”是大陆新儒学的本质特征，这一点非常重要。首先它符合基本的事实，也符合思想的逻辑。其次，在情况非常复杂的“国学热”“儒学热”中，我们需要厘清一些基本的思想界线。指出崇儒反马是大陆新儒学的本质特征，那么，一些崇儒而不反马，至少是不公开反对主流意识形态的儒学研究者、儒学信从者，就不能把他们归到“大陆新儒学（家）”的阵营中去。在今天中国，自觉地持崇儒反马、“以儒代马”立场的是极少数人，他们虽然很会造声势，希望拉拢或影响更多的人，但是中国儒学研究的主流学界，不是明确表示不赞成他们的观点，就是谨慎地与他们保持着距离，不愿意处在与主流意识形态公开对抗的地位。连第三代现代新儒家代表人物杜维明也不赞成蒋庆的观点，他作为北大高等人文研究院的院长，承担的一个研究课题就是儒学如何与马克思主义对话，而不是对抗。

（二）大陆新儒学是一股复古更化、逆历史潮流而动的政治思潮

前面讲到，大陆新儒家是通过港台新儒学的接引、“反哺”而走

上“复兴儒学”道路的，但是他们要在社会主义的中国大陆发展新儒学，碰到的政治思想环境与港台新儒家又很不一样。在他们看来，港台新儒家可以在那里隔靴搔痒地讲心性儒学、讲“内圣之学”；而我们在大陆就不能不直接面对今天中国的政治现实，不能不讲“外王学”和政治儒学。所以蒋庆对牟宗三等人也有所批判，而是把重点放在发展政治儒学上。他的政治儒学所接引的传统儒学资源主要是公羊学，而不是思孟学派和宋明儒家的心性学说。

大陆新儒家政治思想的一个显著特点是反对民主政治，既反对西方的民主政治制度，也反对中国的社会主义民主政治制度。蒋庆认为民主作为一种政治制度，是西方历史文化的产物，港台新儒家讲“内圣开出新外王”，把西方的科学、民主当作“新外王”的主要内容，当作追求的目标，这就是“变相西化”，使儒学沦为“西学附庸”。他认为现代儒学开出的“新外王”事业，不应该也不必是西方的民主制度，而应该是以儒家义理为基础、具有中国文化特色的政治礼法制度，应该开出儒家式的“外王大业”。他还批评民主政治有极端世俗化、人欲化、平庸化、无道德、无理想等缺点。

康晓光批判民主政治的态度更加激进。他明确说，民主化是一个祸国殃民的选择，中国应该拒绝民主化，而应该选择“儒化”。他说民主现在已经变成一种“迷信”，一种神圣不可侵犯的教条，而它的一些基本价值和逻辑前提都是错误的，在实践中是行不通的。在他看来，自由民主主义与共产主义一样，都是“乌托邦”。

大陆新儒家反对民主政治，他们提出了什么取代民主制度的“儒化”政治方案呢？蒋庆提出要用“王道政治”来改造、超越民主政治，为此他还提出了“王道政治三重合法性”理论，要用他设计的“三院制”来取代我国的人民代表大会制度。康晓光也提出了他的“仁政”理论，实际上是要推销他的“儒士共同体专政”。

蒋庆的所谓“三院制”，就是主张设立“通儒院”“庶民院”“国体院”。按照他的设计，“通儒院”议长由儒教公推的大儒担任，终身任职，本人可以不到位，委派代表主持院事，它代表超越神圣的合法性，代表“天意”。“庶民院”由普选和功能团体选举产生，代表人心民意的合法性（“民心”）。“国体院”议长由孔府衍圣公世袭，议员则由历代圣贤后裔、历代君主后裔、历代历史文化名人后裔、社会贤达以及各宗教界人士担任，代表历史文化的合法性。“天意”“民心”“历史文化合法性”，这就是所谓“三重合法性”。有人指出，蒋庆的三院制实际上是西方的议会民主制与东方的贵族世袭制、宗法制之混合体（吴光）。很明显，这个制度设计的特点就是格外突出了儒士、儒生在政治运作中举足轻重的地位，他们既代表“天意”（神圣天道），又代表历史文化合法性，这正是体现了“儒士共同体专政”的特点。

康晓光倒没有做出这样具体的制度设计，而是力图在理论上论证“儒士共同体专政”的必要性与合理性。他说：“在仁政里，由谁来执掌政权呢？儒家主张贤人治国。那么，谁是贤人呢？贤与不贤的标准是什么呢？贤人就是信仰并践行儒家理念的人。贤与不贤的标准就是是否信仰并践行儒家理念。这是因为，仁政是最好的政治，而儒士是实践仁政的人。说白了，仁政就是儒士共同体专政。”他并不讳言“仁政”属于权威主义的范畴，也是一种“专政”。什么人专什么人的政呢？他认为是贤人专不贤之人的政，有贤德的仁者、“儒士”专“儒士共同体之外的人”的政。他说：“在现实中，儒家认为人和人是不平等的，人和人之间有贤与不贤之分。儒家认为，大德应该统治小德，大贤应该统治小贤。也就是说，只有贤人才配有统治权。孟子说‘惟仁者宜在高位’。儒士就是有仁德的贤者，所以统治者只能由儒士共同体推举，而无需全体国民选举。”“尽管儒家主张儒士共同体之外的人没有统治的权利，但他们有获得良好统治的权利。”就是说，在这样的所谓“仁政”中，统治者与被统治者是天然不平等的，“儒士”、贤人有“天赋治权”，而在儒士共同体之外的多数人，就只有“获得良好统治的权利”。他居然把老百姓“被统治”“获得良好统治”也说成是一种“权利”。这种露骨的专制主义、蒙昧主义理论，在现代社会已很罕见。

蒋庆明确说他设计的王道政治方案是一条“儒化”当代中国政治秩序的“复古更化”路线。“复古更化”这个概念来自董仲舒。他要汉武帝改变秦朝的政制以恢复“三代之治”，就是所谓“复古更化”。康晓光则明确说他的“儒化”论是一种关于中国未来政治发展道路的保守主义理论。他们都不否认这条政治路线的复古主义和保守主义性质。

关于大陆新儒家的政治思想，还有一个情况值得注意，就是在近年来的“宪政民主”思潮中，有些大陆新儒家代表人物也大讲所谓“儒家宪政主义”。儒家政治思想本质上是为王权主义、为封建君主专制制度作论证、作辩护的，与西方资产阶级的宪政民主扯不上什么关系。宪政的核心是分权制约和坚持民主、法治。中国古代历来是“人治”，行政权与司法权是统一的。董仲舒忠心耿耿地为汉武帝出谋划策，但是汉武帝一句话就可以把他送进大牢，差点掉了脑袋。这哪里有一点“宪政民主”的影子呢？在古代文献中找出一些似是而非的词句，然后加以主观解释和比附，主要是与西方宪政民主相比附，这并不是真正的科学研究。

蒋庆批评港台新儒家的“内圣开出新外王”，是以西方的民主作为追求目标，是“变相西化”。现在他们自己又把西方的宪政民主嫁接到中国古代儒家的身上，这是不是“变相西化”，把儒学变成西学的“附庸”呢？

大陆新儒家是反对西方自由民主主义的，而实际上他们与西方自由主义又有不解之缘。我们可以把“儒家宪政主义”看作是大陆新儒家试图与西方自由主义结合、合流的一种表现。

当然，两千多年来以儒家思想为指导，在治国理政中也有一些好的经验值得总结和借鉴，比如礼法合治、德主刑辅等等，但是不能将其都归结为所谓“儒家宪政主义”，乱贴标签、以名乱实是不可取的。

（三）大陆新儒家的私有化经济主张

大陆新儒家在政治上支持“精英联盟”、少数贤德之人统治多数愚不肖之人，他们在经济上也支持少数人占有生产资料、剥削多数人的劳动剩余价值的私有制度，有的人还明确支持新自由主义的经济政策和主张。

蒋庆1989年的文章就批判社会主义公有制“违背了人性与物性”。他说：“中国大陆1949年用暴力消灭私有制，建立公有制后，中国大陆的经济生活就陷入了紊乱，畸型发展，不断出现严重的经济危机。这是因为公有制从本质上来说是违背人性的，缺乏人性的基础，非但不会促进经济的发展，反而会窒息社会的经济生活。”所以他极力要求恢复私有制，论证私有制的“合理性”，论证它的所谓“人性基础”。近年来，他提出了重建儒教的具体方案，有两条路线，所谓“上行路线”就是要立儒教为国教，为儒教争取“王官学”地位、“宪法原则”地位。他说在上行路线走不通的情况下，也可以走“下行路线”，作为权宜之计，作为争取达到最终目标的手段。他的所谓“下行路线”，就是要以“中国儒教协会”的名义，向代表社会主义公有制的国家大伸其手，要求种种政治、经济特权，比如要求国家给予土地与实物馈赠，要求国家定期拨款以维持儒教的日常运作，要求国家把“历代书院建筑与地产，文庙建筑与地产，孔庙建筑与地产，历代圣贤儒士之祠庙、地产、故居、坟茔、遗稿、遗物，历代圣贤儒士过化之文化古迹与各种文物，历代古圣王陵墓、陵寝、陵园，历代帝王之祠庙与忠烈祠、文昌阁、城隍庙等，统统拨归中国儒教协会所有、管理与经营”；“国家代儒教开征‘儒教遗产使用税’”；“凡以各种方式出版的营利性的儒教古籍、使用具有儒教内容与人物形象的商标、广告、公司企业名称、经贸旅游活动、以招商为目的的节庆活动、以儒教内容为题材的营利性的文艺作品与影视作品，均须向儒教交税”。好大的口气！在他要求恢复的私有制社会里，这个“中国儒教协会”无疑就是中国最大的地主集团了；现在他又要求社会主义公有制国家给它如此巨大的政治、经济特权，用大量国家财产和纳税人交的钱来无偿地供养这些“儒教”精神贵族。说大话可以，尽情“畅想”也可以，但是能够做得到吗？纳税人答应吗？这样为儒教精神贵族效劳的国家还能叫作社会主义国家吗？

大陆新儒家中还有专业的经济学家，盛洪是天则经济研究所所长，一个著名的新自由主义经济学代表人物。他与蒋庆主张“以儒治国”是一致的，在经济上主张私有制也是完全一致的。

（四）大陆新儒家的“文化民族主义”

大陆新儒家的文化主张集中体现在他们提出的“文化民族主义”这个概念中。

蒋庆认为一部中国近代史就是一部中国亡文化的历史。一百多年来，中国一直是在走一条西化的路，“文化歧出”的路，“以夷变夏”的路。他说：“新民主主义同三民主义一样，不是中国文化的‘体’而是经俄国转手过来的西方文化的‘体’，至于‘用’也自然是西方文化的‘用’，这样‘体’和‘用’都是西方的了。”又说：“1978年以来中国的改革开放，所谓‘改革’就是学西方进行改革，所谓‘开放’就是向西方开放，所以改革开放仍然是沿着一百多年来文化歧出的路在走，中国文化仍然处在‘以夷变夏’的过程中。”蒋庆的结论是：一百多年过去了，中国“国”保了，“种”保了，但是“教”亡了，文化亡了。他认为要克服百年来的“文化歧出”，解决亡教、亡文化的危机，就必须复兴儒学，重建儒教，建立一个儒教社会。

康晓光2002年写了《文化民族主义论纲》一文。他说文化民族主义不是一种理论，而是一种意识形态。在他看来，民族文化复兴就是儒学（教）复兴，所以文化民族主义实际上是一种复兴儒学（教）的意识形态。他提出文化民族主义必须完成的三大任务：整理国故、社会动员、制度化。为了实现这三大任务，他又提出了四项必要措施，其中第一项就是“儒学教育要进入正式学校教育体系。小学、中学应该设置儒学基础课程。在高等院校中，与公共管理有关的专业应该设置儒家经典课程。各级党校应该设置儒家经典课程。国家公务员考试应该增加儒学科目”。第二项措施是要求“立儒教为国教”。国家要支持儒教，通过立法保护儒教，给儒教组织税收优惠，向儒教组织购买社会服务，甚至要求国家直接给儒教提供财政支持。他没有蒋庆讲得那么具体，实际上蒋庆关于重建儒教的具体构想，是直接受到康晓光的启发，康的文化民族主义论纲写于 2002 年，蒋重建儒教的具体构想写于 2005 年。

在构想中，蒋庆进一步提出了建立新的科举制度和经典教育制度的方案，其主要内容有：①“国家成立各级政治考试中心，有志者必须通过《四书》《五经》的考试才能获得做官资格”；②“用儒教的经典取代各级党校、行政学院过时的意识形态经典，使其作为各级党政干部思想品德教育与历史文化教育的主要内容”；③“在国民教育系统中，恢复小学中学‘读经科’，将《四书》《五经》教育作为基础课与语、数、英同列；大学则恢复‘经学科’，作为大学通识教育的基础课程”。蒋庆直截了当地把马克思主义称为“过时的意识形态”，主张各级党校要用儒家经典教育来取代马克思主义经典著作学习，这可以说是大陆新儒家“儒化共产党”“和平演变共产党”的一手“高招”。

蒋庆不仅做了上述制度设计，而且还有具体行动。2004 年 4 月、5 月，高等教育出版社出版了蒋庆为小学 6 个年级 12 个学期编的一套《中华文化经典基础教育诵本》12 册，并且曾被中国教育学会等单位推荐为全国实验用书。后来教育部领导同志及时发现这套教材的编写指导思想有严重问题，教材内容和教学方法也不适合于我们的小学教育，所以才没让在全国范围内推广实施。

“重建儒教”“立儒教为国教”是大陆新儒家推行“文化民族主义”“儒化中国”的一个重要步骤，也可以说是其关键环节。康晓光最早提出“立儒教为国教”的主张，后来蒋庆、陈明等人也起而响应，一时“复兴儒教”“重建儒教”的呼声很高。2005 年在广东从化召开了“第一届全国儒教学术讨论会”，蒋庆《关于重建中国儒教的构想》就是在那个会上的发言。这次会议引发了一场有各派学者参加的儒教大讨论。在这场儒教讨论中，陈明于 2007 年提出了“公民宗教”说，它的特点是把儒教的宗教形式结构（神祇、经典、教士系统、祭祀活动等等）问题先搁置起来，强调着重发挥它的文化认同、身心安顿（终极关怀）、道德教化等宗教性的功能，着眼点在影响社会人心，而不是与政治体制直接结合，建立“政教合一”国家。也就是说，在儒教问题上，大陆新儒家内部看法也不完全一致。2005 年社科院宗教所成立了儒教研究中心，开始是陈明当秘书长，他调到首都师大后，这个研究中心就没有以前那么活跃了。

去年中国政法大学出版社出版的《儒生文丛》第一辑中，有一本《儒教重建——主张与回应》，收集了有关这个问题讨论的主要文章，可以参考。

（五）大陆新儒家在哲学上露骨地宣扬唯心史观

儒家哲学两千多年，占主导地位的是唯心主义，孔孟的天命论、程朱理学和陆王心学，都是唯心主义。当然也不是清一色，儒家哲学在两千多年发展中也出现了一些杰出的唯物主义思想家，比如荀子、王充、柳宗元、刘禹锡、王夫之、颜元、戴震等人，但是不占主导地位，不是正宗。20 世纪的现代新儒学继承的是正宗儒学，不论是新程朱，还是新陆王，都是正宗儒学与西方唯心主义哲学相结合的产物。大陆新儒家在哲学上继承的也是儒家哲学的唯心主义传统。蒋庆强调儒学是“神圣天道”在人心中的体现，是人类精神对形上本源的把握。作为“形上本源”的“神圣天道”，就是最高的精神实体。他把儒学看作是能够体证“神圣天道”的世界上的伟大宗教之一。蒋庆所谓“王道政治的三重合法性”，首先是“超越神圣的合法性”，这个政权必须符合“神圣天道”，符合“天意”。这还是古代“君权神授”天命论的继续，是一种典型的唯心主义社会历史观。

蒋庆在倡导读经活动时所宣传的理论观点也是典型的唯心史观。在《〈中华文化经典基础教育诵本〉说明》中，他说：“圣贤是文化之本，文化由历代圣贤创造。中国的圣贤，除尧舜禹汤文武周公等古代圣王贤相外，孔子以后中国历代公认的大圣大贤不过颜子、曾子、子思子、孟子、荀子、董子、文中子、周子、二程子、张子、朱子、陆子、阳明子 14 人而已。”宣传中国的历史文化是由少数圣贤创造的，这是露骨的圣贤史观，根本不符合历史实际。蒋庆在《读经与中国文化的复兴》一文中又说：“圣人的理性与凡人的理性是不平等的。圣人之心无私欲障蔽，理性清明虚静，能知善知恶而为善去恶；凡人之心受私欲缠缚，理性浑浊重滞，不能知善知恶，遑论为善去恶！职是之故，圣人有天然教化凡人的权利，曰‘天赋圣权’，而凡人只有生来接受圣人教化的义务。所以，圣人讲的话、编的书——经典——就具有先在的权威性，凡人必须无条件接受，不存在凡人用理性审查同意不同意的问题，因为凡人的理性没有资格审查圣人的理性，相反，只能用圣人的理性来审查凡人的理性，来要求凡人接受。”这种观点，与劳动创造人和人类文化的唯物史观，与《国际歌》里唱的“从来就没有什么救世主”，与“教育者必先受教育”的理念，相去不啻有十万八千里！用这样的观点来指导少儿读经，会把中华文化经典教育活动引导到什么方向去呢？

大陆新儒家代表人物发表的这类观点、言论还有很多。比如前面讲到的：康晓光认为有贤德的人有天然地统治不贤之人的权利，这不过是孟子“劳心者治人，劳力者治于人”的翻版；还有陈明鼓吹的文化决定论，认为文化是政治、经济、战争成败的决定因素。不是社会存在决定社会意识，而是思想、意识、文化决定社会存在。这些都是典型的唯心主义理论。通过以上举例，我们可以看出这股思潮不仅在政治上危害性很大，而且在学理上也是站不住脚的，有些观点非常武断，非常荒谬，违背基本的事实，也违背人的常识。有的辩论者说碰到这类观点很无奈，“只能无言”。但“无言”不是办法，我们还是需要下点功夫，在理论上认真清理这类错误观点。

三

大陆新儒学在当代中国意识形态格局中的地位和它的可能前景，我们可作如下的分析和预测。

胡锦涛同志在十八大报告中强调指出，我们党要领导全国人民坚定不移地走中国特色社会主义道路，既不走封闭僵化的老路，也不走改旗易帜的邪路。习近平同志近来一再讲我们不能犯颠覆性的错误。走封闭僵化的老路和走改旗易帜的邪路就是“犯颠覆性的错误”。

大家都知道，“封闭僵化的老路”是指反对改革开放、要求回到前30年，甚至为“文革”翻案的“极左”路线，这是干扰我们走中国特色社会主义道路的一条错误路线。什么是“改旗易帜的邪路”呢？新自由主义和西化派代表国际资本主义的利益，要在中国搞颜色革命，企图“西化”“分化”中国，这是一条改旗易帜的邪路。大陆新儒家在政治上要求“复古更化”，提出了种种“儒化中国”的政治方案，比如要用“三院制”取代我国的人民代表大会制度，要用“儒士共同体专政”取代人民民主专政，他们在经济上反对社会主义公有制，要求恢复私有制度，在思想上要求“以儒学取代马克思主义”的指导思想地位，这也是一条改旗易帜的邪路，也是一种颜色革命。

我们党领导全国人民取得民主革命、社会主义革命和改革的胜利不容易，中国有今天的国家独立、经济总量跃居世界第二位、十多亿人民基本得到温饱的现实情况也很不容易。所以，“西化”“分化”之路和“复古儒化”之路对中国人民来说都不是福音，而是灾难。老百姓不一定能讲出多少道理来，但是他们有亲身感受，有这种直觉。所以，我们党提出“不走改旗易帜的邪路”，就是既不走“西化”之路，也不走“儒化”之路，而是坚定不移地走中国特色社会主义的道路。

这是符合历史发展规律和时代潮流的，也是得到广大人民群众拥护的。

用历史的眼光，应该怎样评价大陆新儒学呢？我们认为，大陆新儒学在中国思想史上是很有特色的一个学派，它在中国21世纪思想史上将会占有一席之地，我想他们的这个愿望是可以达到的。但是由于这一派存在着一些根本性的问题：一是与主流意识形态相对抗；二是走“复古更化”之路违背历史发展潮流；三是站在少数“精英”的立场，维护少数人统治、教化多数人的社会制度，蔑视广大人民群众，所以没有群众基础。这些局限性决定它绝对成不了大气候，根本不可能实现通过和平演变“儒化中共”“儒化中国”的目标，也不可能实现“立儒教为国教”、把中国变成一个“政教合一”国家的目标。不仅蒋庆设计的上行路线（“立儒教为国教”）行不通，就是他讲的下行路线，要求国家将大量土地和实物无偿馈赠给“中国儒教协会”，还要给它种种政治、经济特权，包括儒学出版物、广告和音像制品都要给儒教交税，由国家代收，然后乖乖地打到他们小金库的账号上去。这些要求都太没谱了，根本不可能由全国人大专门立法，做出这样一些格外优惠儒教的政策规定。直到今天中国还没有什么“儒教”，国家承认的五大宗教中也不包括“儒教”，儒学是不是宗教还有很大争议，你到哪里去找什么“中国儒教协会”呢？这个莫须有的“中国儒教协会”，连中国佛教协会、中国道教协会的地位和待遇都没有，就伸手向国家要这个特权、那个特权，不是叫人觉得很可笑吗？康晓光说民主自由主义和共产主义都是“乌托邦”。实际上，他们提出这些毫无现实可能性的“复古更化”方案，为莫须有的“中国儒教协会”争地位、争特权，才真正是空想，是乌托邦。

由于大陆新儒家提出的一套“复古更化”的政治、经济、文化主张，空想的成分太大，根本没有现实可能性，所以它对中国的现实政治影响也很小，主流学界并不重视它，当局也不重视它，没有把它当一回事。最近习近平同志发表了要重视意识形态斗争的“8·19讲话”，中央报刊也发表了许多文章，主要是批评普世价值思潮、新自由主义思潮、宪政民主思潮、历史虚无主义思潮，矛头主要是针对自由主义，而没有提到大陆新儒学。大陆新儒学反对主流意识形态的立场那么鲜明，摆出一副“儒马不两立”的姿态，进攻性很强，而主流意识形态却没有把它太当一回事。因为它“崇儒反马”“复古更化”的错误立场大家都看得很清楚，没有多少人跟着跑。少数人在那里自说自话、自娱自乐，并不影响大局。在主流意识形态看来，真正的心腹之患还是自由主义，因为它同国际资本主义“西化”“分化”中国的图谋是完全一致的，是互相配合的。有苏联的前车之鉴，对自由主义的危害性有所警惕当然是正确的。

从发展趋势来看，可以肯定，在中国目前非常开放的舆论环境里，大陆新儒家还会继续表达自己的意见，继续制造舆论，也总会有些人欣赏他们“以道抗势”的勇气。一个人有“道义”担当当然很好，但是要看你所持守的这个“道”，是不是符合历史发展的规律，是不是符合广大人民群众的愿望，到底是“正道”还是“邪道”？我们党已经明确地说“不走改旗易帜的邪路”，所以大多数人对各种“邪路”“邪道”是有警惕的。今天走不通，到中国发展得更好、老百姓满意度更高以后，各种“邪路”“邪道”就更加走不通了。

许多同志都注意到大陆新儒家有一个特点，就是很会造舆论、造声势。他们打出“文化民族主义”的旗号，既反对全盘西化，也反对马克思主义，好像他们才是中国文化最纯正的代表，并且力图借“国学热”来扩大自己的影响，把提倡发展儒学、弘扬中国文化的功劳都记在自己的账上。

其实对于21世纪以来中国的“国学热”“儒学热”“传统文化热”，多数人都是能够全面正确地看待的。大家都很明白，如果没有改革开放以来中国的经济发展、国力上升，中国文化在世界上能有今天这样重要的地位吗？如果没有党的文化方针的指引和把握方向，“国学热”也不可能得到健康正常发展，出现今天这种全党全民族重视历史文化的氛围。党的许多重要文件，江泽民、胡锦涛、习近平同志的多次讲话，都强调要弘扬中华优秀传统文化，建设中华民族共有精神家园。十七届六中全会《决定》还提出要建设优秀传统文化传承体系。许多大学的国学院、儒学院，一些重要的中国文化研究团体，比如国际儒联、中国孔子基金会、中华炎黄文化研究会等等，还有一些重要的学术会议，都是在党和政府的支持下成立和召开的。也是在党和政府的支持下，在世界各国建立了几百所孔子学院。今天中国持续发展的“国学热”，应该肯定正面积极效果是主要的，对于树立中华民族的文化自觉和文化自信，对于推动中华文化走向世界，都起了积极正面的作用。同时也应该肯定，主要是党和政府、主流学界和热爱中华文化的广大人民群众，在“国学热”中发挥了正能量，是他们出力最大，坚持正确方向，保证了“国学热”的健康正常发展。

但同时，我们也要看到，“国学热”作为一个广泛的社会文化运动，也难免鱼龙混杂，泥沙俱下，情况非常复杂。我们肯定它的正面积极效应是主要的，同时不能忽视其中也出现了一些消极负面的现象。一是文化保守主义有一定程度的抬头，不能历史地、辩证地看待“古”和“今”的关系，特别是它的右翼，企图把“国学热”引导到“崇儒反马”“复古更化”“改旗易帜”的错误方向；二是有些人以弘扬“国学”为名，大搞封建迷信，出现了某些党政干部不信马列信鬼神的现象；三是把“国学”当作赚钱谋利的工具，比如有些高校办的高价老板班，通过媒体宣传社会影响很不好。这些都是“国学热”中出现的消极负面现象，发挥的是负能量，起的是反作用。

我们把大陆新儒学定位为文化保守主义的右翼，是因为并非所有有文化保守主义倾向的人都崇儒反马，都企图用儒学来同马克思主义争夺主导意识形态地位。有的学者认同儒学，推崇儒家，甚至自称现代儒家，但是他们崇儒并不反马。还有一些推崇儒家的学者，不但不反马，而且认为在今天，儒学可以而且应该与马克思主义交流对话，儒马可以结合，“合则两利，离则两伤”。所以在文化保守主义阵营中，实际上是有左、中、右之分的。

我举一个例子。大家都知道，前年（2011）年初发生了一场天安门孔子像之争。元旦之后不久，在国博北广场竖立起一座9.5米高的孔子像（象征“九五之尊”），引起舆论哗然。据说网上反对的声音占70%以上，同时也有一些学者出来挺孔像。最引人注目的是北京十三学者的联合声明，他们认为“立孔子像之举，符合国人心愿，适应时代潮流”，“有关部门如果急于介入正常的文化讨论，甚至被少数人的极端言论所绑架，而试图将其拆除，则将在世界上产生极为不良的后果和影响”。声明发表不久，孔子像就挪到国博院内的“中华名人雕塑园”去了。这叫十三学者非常被动，在网上受到不少奚落。客观地说，这些学者虽然有尊孔崇儒的倾向，与广大人民群众的心态不一样，但是他们并不反对主流意识形态，联合声明中明确地说：“当代中国文化建设，应是马克思主义、中华文化、西方文化，三者有机地结合。这三者的位置应当是：以马克思主义为指导，以中国文化为根基，吸收西方文化的营养，形成全新的中国特色社会主义文化体系。”应该说这种观点很不错嘛！但是却引起了文化保守主义之右翼的强烈不满。在大陆新儒家看来，你们肯定马克思主义的指导思想地位，就是丧失了儒家立场，犯了原则性的错误。余樟法又写文章把十三学者骂了一通，说他们是“认邪作正，认夷作华，是思想倒退、品性堕落”。从这件事情可以看出，同样有尊孔崇儒的倾向，但是在对待马克思主义的态度上又有明显分歧，文化保守主义之中、左翼与右翼在这个问题上的观点是不一样的。

国内有的学者非常欣赏美国社会学家丹尼尔·贝尔在《资本主义文化矛盾》一书“再版前言”中所说的：“本人在经济领域是社会主义者，在政治上是自由主义者，而在文化方面是保守主义者。”他们认为这样一种三结合、“三流合一”是可以存在的，也是最合理的。大陆新儒家显然不能接受这种保守主义可以与社会主义相结合的观点，他们反对社会主义公有制，坚持“儒马不两立”，与国内赞赏丹尼尔·贝尔观点的学者也有明显的思想分歧。

中国自“五四”以来就形成了马克思主义、自由主义和保守主义三大思潮对立互动的思想格局，这个基本格局直到今天也没有发生根本变化，不过相互之间的关系更加错综复杂了，突出地表现为三大思潮内部都有左、中、右的分化。不但文化保守主义有左、中、右之分，自由主义也有明显分化。20世纪90年代后期开始出现的“新左派”与自由派之争，实际上就是自由主义的左翼与右翼之争，或者说是“自由左派”与自由右派之争。当然，“新左派”是一个很难界定的概念，成分比较复杂，不都是一个模子里刻出来的，但主要成分是自由主义的左翼。中国原来的马克思主义队伍，经过改革开放也有明显的思想分化，“不走封闭僵化的老路”就指向过“左”的、不能与时俱进的传统马克思主义派，而“民主社会主义”则是右翼马克思主义举起的一面旗帜，对于科学社会主义来说，它实际上也是要“改旗易帜”。三大思潮都有左、中、右的思想分野，其中的各派又错综复杂地交织、纠结在一起，互相批评，也有各种形式的暂时联合、结盟，都希望能壮大自己的力量，影响中国的未来走向。这就是今天中国思想界的现实情况。

这堂课的任务只是对其中的一派大陆新儒学（家），即文化保守主义的右翼作点介绍和评述。主要是介绍一些情况，用马克思主义观点进行分析、评论做得很不够。有些问题还没有涉及，比如大陆新儒学与自由主义的关系、与历史虚无主义的关系，大陆新儒学与港台新儒学的关系，大陆新儒家思维方式和行为方式的实用主义、机会主义特点，等等，都是很重要的问题，也是一两句话讲不清楚的，需要做专门研究。给我的时间有限，这堂课先讲到这里。

（本文是作者2013年10月30日在中国社会科学院研究生院马克思主义理论课堂上的讲课记录整理稿。原载张世保、谢青松编《大陆新儒学评论·2017卷》，中国社会科学出版社2018年版）

大陆新儒学思潮平议

2004 年 7 月，当代中国的大陆新儒家学派通过贵阳儒学会讲公开集体亮相，标志着中国现代保守主义思潮发展进入一个新的阶段。十年来，这一派在中国的思想舞台上十分活跃，自称已从边缘走到了中心。对这样一个思潮究竟怎么看?

方克立：2004 年 7 月，当代中国的大陆新儒家学派通过贵阳儒学会讲公开集体亮相，成为中国现代保守主义思潮发展的新阶段、新形态。如果以 1989 年蒋庆在台湾《鹅湖》杂志发表《中国大陆复兴儒学的现实意义及其面临的问题》一文为大陆新儒学之发端，那么这种思潮客观存在已有 1/4 个世纪了。根据社会存在决定社会意识的原理，任何一种社会思潮的产生和发展，都不过是一定社会阶级或阶层的利益、意志和愿望的反映，大陆新儒学思潮也不例外。十年来，这一派在中国的思想舞台上十分活跃，自称已从边缘走到了中心，其影响不容忽视。

今天，我们想请各位就以下问题谈谈自己的看法：大陆新儒家学派提出了哪些政治、经济、文化、教育、社会主张，其核心理念和本质特征是什么？大陆新儒学与当代中国其他各派思想处在一种怎样的相互关系中，包括与主流意识形态的关系，与自由主义的关系，与港台海外新儒学的关系，与大陆学界崇儒而不反马的文化保守主义的关系？他们进行的舆论斗争和社会组织活动有什么特点，在今天中国思想界的影响如何，未来前景如何？今天，我们只能从总体上初步谈一谈，有些具体问题还需要日后深入分析和研究。

一 “崇儒反马”的基本立场

张世保： 公开宣称要以儒学、儒教取代马克思主义的主导意识形态地位、宪法确认的指导思想地位，是大陆新儒学最核心的思想观念，也是其最重要、最基本的思想特征。蒋庆在1989年发表的文章中写到，“在当今中国大陆，一种外来的异族文化——马列主义——在国家权力的保护下取得了‘国教’的独尊地位”，“儒学理应取代马列主义，恢复其历史上固有的崇高地位，成为当今中国代表中华民族的民族生命与民族精神的正统思想”①。2005年，蒋庆在《关于重建中国儒教的构想》一文中又说，要“将‘尧舜孔孟之道’作为国家的立国之本即国家的宪法原则写进宪法，上升为国家意识形态；也就是说，恢复儒教古代‘王官学’的地位，把儒教的义理价值尊奉为中国占主导地位的统治思想”②。

康晓光认为，用马克思主义理论来为共产党执政提供合法性，“实际上是非常困难的”。他提出了“用孔孟之道来替代马列主义”“儒化中国”的主张，并且提出“儒化的原则是‘和平演变’。儒化的策略是‘双管齐下’，在上层，儒化共产党；在基层，儒化社会”。“有一天，儒学取代了马列主义，共产党变成了儒士共同体，仁政也就实现了。”③ 陈明则提出“鹊巢鸠占”说，意指中国的主导意识形态这个位子本来应该是儒学的，现在却被马克思主义占去了，其不满

---

① 蒋庆：《中国大陆复兴儒学的现实意义及其面临的问题》，台湾《鹅湖》月刊第170、171期，1989年8、9月。

② 蒋庆：《关于重建中国儒教的构想》，载任重、刘明主编《儒教重建：主张与回应》，中国政法大学出版社2012年版。

③ 康晓光：《我为什么主张“儒化”——关于中国未来政治发展的保守主义思考》，这是其2004年11月在中国社会科学院研究生院所做的演讲。

情绪溢于言表。[1] 秋风认为，马克思主义意识形态在中国早已崩溃。一个世纪以来，中国人患上了严重的意识形态和后意识形态精神狂躁症，要治疗这种意识形态疾病，就必须根除马克思主义，回归儒家。以“铁杆反马列派”自称的余樟法态度更加激进，在他看来，“马克思主义从理论到实践都不对”，因此对“马家进入和影响中国一个多世纪，高居‘宪位’大半纪”的现实强烈不满，要求恢复儒学的正统地位。他寄希望于中共“去马归儒”“改邪归正”。

从大陆新儒家主要代表人物的上述言论可以看到，在“崇儒反马”这一点上，他们的立场高度一致。这种公开挑战主流意识形态的立场，虽然得到了一些人的“欣赏”，但其思想主张实在离现实太远，很难得到广泛认同。大陆新儒家十年经营，造势力度不小，但实际影响有限，这大概也是人们更加关注“普世价值”、“宪政民主”、历史虚无主义、新自由主义等思潮，眼下还没有足够重视大陆新儒学的一个重要原因。

大陆新儒家重视葛兰西关于“文化领导权”的思想，他们非常自觉地意识到自己做的一切工作，都是在为儒家争夺文化领导权。同谁争夺呢？当然是同今天中国掌握着文化领导权的主流意识形态“争”。

为了实现“以儒学取代马克思主义”的目标，大陆新儒家采取了“阵地战”策略，就是要占领网络、报刊、出版社、学校、社团、文艺舞台、新闻广播等文化阵地，把它们变成宣传大陆新儒学思想的工具。《阵地战》一书作者说，在中、西、马三方对阵的“三国演义”中，“官方的主流意识形态处于最弱势的状态”，“节节败退”，“一蹶不振”，儒家主要是在同西方文化争夺文化领导权。这是用讲大话的方法贬低掌握着文化领导权的主流意识形态。其实大陆新儒家一直都是把当今中国的主流意识形态当作争夺的主要对象和“阵地战”进攻的主要目标。西化自由主义不但不是大陆新儒家争夺文化领导权的主

---

① 见《天热，来点轻松的》一文的跟帖，“儒学联合论坛”网站，2008 年 8 月 6 日。

要对象，还是他们反对主流意识形态的同盟军。十年来，他们在这方面取得了相当的进展，不仅创办了“儒学联合论坛”“儒家中国”等网站，出版了《原道》《儒生》等辑刊和丛书，而且通过兴办书院、举办论坛等方式扩大自己的影响。这也反映出，我们的一些媒体和出版机构“守土有责”的意识比较薄弱。

方克立：有的大陆新儒家代表认为，习近平同志关于弘扬中华优秀传统文化的讲话，是中共“摒弃意识形态”“回归中华道统”的标志，是他们“去马归儒”“儒化中共”战略取得的一大胜利。这恐怕是他们一厢情愿的想法。其实，习近平同志的讲话传达了两个重要信息：一是新一届党中央非常重视弘扬中华优秀传统文化，指出中国特色社会主义植根于中华文化沃土，与源远流长的中华文化有着深厚的血脉联系，中国共产党人是中华优秀传统文化的忠实传承者和弘扬者；二是强调研究孔子、儒学和中国传统文化，必须坚持以马克思主义为指导，要用历史唯物主义基本观点和方法有鉴别地加以对待，有扬弃地予以继承，取其精华，去其糟粕，古为今用，推陈出新。这是一个鲜明的马克思主义的思想文化继承方针，与大陆新儒家“崇儒反马”“复古更化”“改旗易帜”的政治文化企求根本不是一回事。

二　“复古更化”的政治诉求

林存光：当代中国大陆新儒学思潮天然地带有一种强烈的政治意识形态色彩，除了“崇儒反马”外，还有一个特点，就是积极、明确地提出自己的政治主张和具体制度构想。这些政治主张和制度构想，是一种融文化主张、政治理念和宗教诉求为一体的，具有强烈的“复古更化”色彩和“儒化中国”性质的整体方案和行动纲领。

蒋庆的“政治儒学”极力鼓吹儒教“王道政治”的外王理想。他所谓的“王道政治”是一种“‘为民而王’的政治”，“不是由民作主，亦不是以民为本，而是为民众的利益而平治家国天下”。在制度架构上，他构想出了一种中国式三院制的“儒教宪政制度”，它由“庶民院”“通儒院”和“国体院”组成，分别代表民意、超越（天道）和历史文化三重合法性。蒋庆之所以提出上述中国式的“王道政治”主张和制度构想，主要目的是“复古更化”，即“在当今中国恢复古中国圣王之教”，“‘儒化’当今中国的政治秩序”。

康晓光把原始儒家的仁政学说改造成一种“现代仁政”理论。他说，在现实中，儒家认为人和人是不平等的，人和人之间有贤与不贤之分，只有贤人才配有统治权。因此他“反对‘主权在民’原则”，“主张政治精英垄断政治权力”，人民大众只能接受儒家精英的统治。康晓光不讳言“现代仁政”就是一种“专政”，他称之为“儒士共同体专政”，由有贤德的仁者、“儒士”专“儒士共同体之外的人”的政。

蒋庆、康晓光都主张“立儒教为国教”，建立“儒家（教）宪政制度”，最终建立一个政教合一的“儒教国家”。最喜欢讲“儒家宪政”的还有秋风，在他看来，儒家的政治义理从来都是宪政主义的。他特别推崇汉儒董仲舒“屈君而伸天”的“天道宪政主义”，强调儒家追求的政治理想是儒家士大夫与皇权共治天下，即所谓“虚君共和”。他认为，在过去两千年中，“中国正宗的政制理想就是儒家宪政”，它已“由儒家士大夫付诸实践”，形成了“中国的宪政主义政治传统”，近百年来，儒家宪政仍是“中国人构建现代国家之正道”，在今天，更应以儒家道统为“现代宪政的价值之源”，“以宪法延续、守护道统之理念”。

以上集中体现了当代大陆新儒家的政治主张与制度构想。尽管他们之间在具体观点上存在某些差异，但根本政治立场是一致的，其政治意图和诉求非常明显，就是试图重新恢复儒教的“国教”地位，将儒家道统确立为宪法的根本原则，并据此来为当今中国创制立法。蒋庆明确地说，他设计的王道政治方案是一条“儒化”当代中国政治秩序的“复古更化”路线。大陆新儒家所谓的“政治儒学”“王道政治”“现代仁政”“儒家宪政”，说到底，就是要改变我国现行的中国特色社会主义政治制度和政治路线，改旗易帜，“复古更化”，使中国走上“儒教中国”“儒士共同体专政”的回头路。

三 “圣人教化”的文化主张

张小平：大陆新儒学有着鲜明的政治保守主义、复古主义特征，正如林存光所说，他们的政治理念与文化主张、宗教诉求是融为一体的，是一个“复古更化”的整体方案和行动纲领。大陆新儒家的文化主张，突出地表现在以下几个方面。

第一，亡教亡文化论。蒋庆认为，一部中国近代史就是一部中国亡文化的历史。近代以来，中国一直在走一条西化的路，“文化歧出”的路，“以夷变夏”的路。一百多年过去了，中国“国”保了，“种”保了，但“教”亡了，文化亡了。他认为，要克服百年来的“文化歧出”，解决亡教亡文化危机，就必须复兴儒学，重建儒教，建立一个儒教社会。把中国近代史说成是一部亡文化的历史，这是典型的历史虚无主义观点。

第二，文化民族主义。有的大陆新儒家学者以拒斥一切意识形态的姿态出现，康晓光却坦承文化民族主义也是一种意识形态，它是一种反对西方化（包括反对马克思主义）、主张复兴儒学（教）、挺立民族文化主体性的意识形态，也可以说是一种“儒化”（儒化共产党、儒化中国）的意识形态。文化领导权争夺战实际上就是意识形态之间的较量。

第三，重建儒教。大陆新儒家认为，中国未来的出路在儒教复兴上。蒋庆提出了复兴儒教的两条路线，一是“上行路线”，走儒教与政治权力结合的道路，争取“立儒教为国教”。他们虽对此有所期待，但不敢抱太多希望，于是又提出了一条“下行路线”，即通过民间社会来重建儒教的道路，其具体做法是，“在民间社会中建立儒教社团法人，成立类似于中国佛教协会的‘中国儒教协会’，以儒教协会的组织形式来从事儒教复兴的事业”。

第四，儒化社会。康晓光说，文化民族主义必须完成整理国故、社会动员、制度化三大任务，才能把“儒化社会”落到实处。为此应该采取几项必要措施，除了以“立儒教为国教”为关键措施外，还特别强调“儒学教育要进入正式学校教育体系。小学、中学应该设置儒学基础课程。在高等院校中，与公共管理有关的专业应该设置儒家经典课程。各级党校应该设置儒家经典课程。国家公务员考试应该增加儒学科目”，把人的“儒化”放在首位。

第五，圣贤史观。蒋庆在提倡读经活动时说：“圣贤是文化之本，文化由历代圣贤创造。”在他看来，“圣人的理性与凡人的理性是不平等的。圣人之心无私欲障蔽，理性清明虚静，能知善知恶而为善去恶；凡人之心受私欲缠缚，理性浑浊重滞，不能知善知恶”，所以“圣人有天然教化凡人的权利，曰‘天赋圣权’，而凡人只有生来接受圣人教化的义务”。[①] 他就是用这种观点来指导少儿读经。

大陆新儒家以反对西方文化、复兴民族文化的代表姿态出现，既反对全盘西化，也反对马克思主义，宣称要以儒学挽救世道人心，“为万世开太平”。这对普通民众具有很大的迷惑性，好像马克思主义不灵了，只能从儒学、儒教中去找“立国之本”和重建民族精神的支柱。这与我们坚持走中国特色社会主义文化发展道路，在马克思主义指导下激活、萃取中国传统文化精华（包括儒学精华），让它在建设当代中华民族共有精神家园中发挥积极作用，完全是南辕而北辙，在两条道上跑的车。

四　保守主义的激进形态

刘东超：方老师曾多次阐述和论证中国现代自由主义、保守主义

---

① 蒋庆：《读经与中国文化的复兴》，“世纪中国”网站2004年9月2日。

和马克思主义三大思潮对立互动的基本格局。我们可以把当代大陆新儒学思潮放在这一格局中进行观察，这样可以较为准确地对它进行定位。

大陆新儒学思潮从属于这一格局中的保守主义，是其中的一个支派。当代中国保守主义主要包括两大潮流：一个是当代儒学思潮，一个是当代宗教思潮。就体量来说，后者远大于前者，其中任何一个传统宗教思潮都比当代儒学的社会影响和现实力量大得多。不过，宗教思潮大多不对现实政治问题发言，尤其不对意识形态主导权提出明确要求，因而与马克思主义、自由主义在政治思想上的对峙和竞争要少一些。当代儒学思潮中的少数人则有明确的政治意识形态诉求，所以也特别引人注意。

“五四”后的中国现代三大思潮，发展到今天，内部都有左、中、右之分野，当代儒学也是这样。所以在今天，三大思潮对立互动的格局比20世纪要错综复杂得多。就当代儒学来说，根据地域大致可分为两支：一支是港台和海外的新儒学，一支是大陆的儒学复兴思潮。前者主要由唐君毅、牟宗三、徐复观、方东美、钱穆等人的弟子和再传弟子为代表。后者则指从20世纪80年代以后在我国大陆开始出现的儒学复兴运动，其中又可以分为两个支派：一支是右翼激进派，即以蒋庆、康晓光等人为代表的大陆新儒家；另一支是中、左翼温和派，主要为大陆学界有文化保守主义思想倾向、尊孔崇儒但不反对主流意识形态的人士，其中不乏主张儒学与马克思主义“合则两利，离则两伤”者。他们不是与“崇儒反马”的大陆新儒学公开划清界限，就是谨慎地与其保持距离。“儒马”关系问题已成为当代儒学研究的一个前沿课题，依据对这个问题的不同回答，学界从左到右的学派分野十分明显。在中国大陆学者中，持马克思主义儒学观的还是多数。主张“复兴儒学”的文化保守派，对待主流意识形态的态度，也有温和与激进之分。当然，不能排除有游走于二者之间者，就是在大陆与港台和海外学者之间也有互相游走（交流）现象，如杜维明就担任了北京大学高等人文研究院的院长，也有港台学者在大陆高校兼职，或在民间开展读经工程活动的。

上述分析表明，即使在保守主义阵营中，以蒋庆、康晓光等人为代表的大陆新儒学激进派也是人数较少的一支，在自由主义、保守主义和马克思主义三派格局中，其力量显得更小。但他们的名声却并不太小，这与他们善于炒作、造势，好用大言、古语来自我标榜，喜以激烈观点、言辞吸引人们的注意有关。另外，他们具有比较强烈的团体意识，在一些问题上抱团出击，有时也能产生一些意想不到的效果。

方克立：我曾把大陆新儒学看作是现代新儒学运动的第四阶段，把蒋庆、康晓光等人称为第四代新儒家。[①] 就中国现代三大思潮格局中的发展谱系来说，大陆新儒学无疑是中国现代保守主义思想发展的一个新阶段，一种新形态，是前三代新儒学思想的继承和发展。其代表人物大都是通过阅读现代新儒家的著作，受到他们思想的启发和接引而归宗儒学的。但是，在不同的时代和生存环境中，它也确实表现出一些不同于前辈思想的特点，如从“心性儒学”到“政治儒学”，从“复兴儒学”到“重建儒教”，政治保守主义、复古主义的特征更加突出，批评港台新儒学是一种“西化”的儒学，要求更加纯粹的“中国性”，等等。

刘东超提到杜维明在北京大学任职，我注意到杜维明也曾多次批评蒋庆的“政治儒学”，将其视为儒学在大陆发展面临的最大威胁。蒋庆坚持“要马统则不能有儒统，要儒统则不能有马统，两者不可得兼”；杜维明20多年前就主张儒学要同马克思主义对话，最近他和汤一介共同主持一个“儒学与马克思主义”课题，力图在这两个伟大的

---

① 方克立：《致郭齐勇、吴根友》（2005年9月1日），发表时以《甲申之年的文化反思——关于大陆新儒学问题的三封信》为题，刊于《中国社会科学院学术咨询委员会集刊（2005）》第2辑，社会科学文献出版社2006年版。

人类思想成果之间找到相融相通之处，找到结合点。这是后辈比前辈更激进、前辈比后辈更理性的一个例子。

我们既要看到大陆新儒学与20世纪现代新儒学的学脉渊承关系，也要看到其鲜明的个性特征，在当代中国三大思潮对立互动的更加错综复杂的格局中对它进行准确定位。

（本文是作者与张世保、林存光、张小平、刘东超合作，原载《中国社会科学报》2014年7月30日）

四

学术访谈

现代新儒学研究的回顾与展望

——访方克立教授

关　东

现代新儒学研究在国内开展不过三四年时间，它很快成为文化讨论的一个热点，并在港台、海外产生强烈反响和引起极大关注。这项研究有何重要的现实意义和学术理论价值？怎样公正、平实地评价现代新儒学之是非得失？大陆和港台、海外这方面研究的实际进展和现状如何？今后可能会有怎样的发展趋势？笔者带着这些问题走访了最早在国内倡导开展这项研究的南开大学方克立教授，他也是国家“七五”规划重点科研项目“现代新儒家思潮研究”课题组的主持人之一。方教授热情地接谈了近五个小时，下面记录的是部分谈话内容。

关： 方教授，我的来意在前面已经讲过了，能否请您首先谈谈国内开展现代新儒学研究的背景、起因和几年来的进展情况，大家尤其对您和李锦全先生领导的课题组的工作甚感兴趣。

方： 现代新儒学是“五四”以后产生于国内的一股重要的学术文化思潮，解放以后转移到港台和海外。它在大陆沉寂了30多年后，于80年代中期重新引起国人的注意。这是由于在文化讨论中出现了一派主张“复兴儒学”的观点，其代表人物主要是港台和海外的新儒家学者。1985年，第三代新儒家的重要传人之一、美国哈佛大学教授杜维明作为富布赖特访问学者到北京大学讲学访问半年，并应邀到各种学术会议和讲习班作报告，接受记者访问发表谈话，积极宣传儒学在现代社会的价值及其“第三期发展”的前景，在国内知识界产生了较大影响。杜先生 1978 年就访问过南开，我们是相识多年的老朋友。他思想开阔，看问题也有一些很深刻的地方，但是我却不能赞同他的基本观点。1986 年 3 月，在国家教委召开的一次文科科研咨询会上，我作了“要重视对现代新儒家的研究”的发言，提出不论在中国现代思想史研究的意义上，还是在当代文化讨论和中国现代化道路的现实抉择的意义上，开展这一项研究都是十分必要的。这就是后来整理发表在《天津社会科学》1986 年第 5 期上的那篇文章。十分有意思的是，几乎同时，《北京社会科学》1986 年第 5 期发表了包遵信的《儒家思想和现代化》一文，台湾东吴大学《传习录》第 5 期发表了刘述先的《当代新儒家的探索》一文。包遵信是国内激进反传统派的代表，香港中文大学的刘述先教授是现代新儒家第三代的传人之一。三篇文章站在三种不同的学术立场上，但都强调了开展对现代新儒学的研究的重要性和迫切的现实意义。

1986 年 11 月，“现代新儒家思潮研究”课题被通过为国家哲学社会科学“七五”规划重点科研项目。课题的组织工作是从 1987 年初开始的，到现在也只有三年时间。在中国大陆，当时可以说这是一项从无到有的研究工作，我们不得不从搜集最基本的资料做起。课题组集中了一批热爱祖国的历史文化、学有根柢、富有探索精神的中青年学者，他们分布在南北各地的十几所大学和科研机构中，都以极大的热情投入了这项研究工作，使该课题研究在短短三年间取得了较大的进展。据不完全统计，自 1986 年以来，国内报刊已发表有关现代新儒学研究的学术论文 160 余篇，其中近半数是课题组成员写的。由课题组编辑的《现代新儒学研究论集》第一集已于去年 4 月出版，第二集也已编定。课题组成员已出版或即将面世的现代新儒学研究论著还有郭齐勇的《熊十力与中国文化》、郑家栋的《现代新儒学概论》等四种。一部约 150 万字的大型学术资料书《现代新儒家学案》的编撰工作已近尾声，将于今年内交出版社。三年来，课题组主持召开了

1987 年 9 月在安徽宣州举行的全国首次现代新儒家思潮学术讨论会和 1989 年 1 月在天津举行的“现代新儒家学案”研讨会；在 1987 年 12 月于北京召开的全国首届中国现代哲学史学术讨论会和 1989 年 8 月在镜泊湖召开的“20 世纪中国哲学与文化思潮”学术讨论会上，有关现代新儒学的内容也成为会议讨论的热点之一，其间的一些争论已反映在报纸杂志上，引起了人们的广泛注意。另外，南开大学、中山大学、武汉大学、吉林大学、复旦大学、中国人民大学等校都先后为本科生和研究生开设了有关现代新儒学的课程或讲座，课题组成员还在各种报告会和讲习班宣讲自己的研究心得。总之是靠大家的努力，做了一些我们力所能及的工作。

关：如您所说，现代新儒学研究课题的提出与 80 年代中期的文化讨论有密切关系，那么您认为此项研究的开展和取得的成果对于国内的文化研究，对于中国现代哲学史、思想史的研究又产生了怎样的影响呢？

方：80 年代中期文化讨论的中心是传统文化与现代化的关系问题，由于历史上儒家思想在传统文化中占有特殊的地位，因此上述问题的焦点在很大程度上又可以归结为儒家思想与现代化的关系问题，现代新儒家的思想观点受到重视和被提出加以讨论是很自然的。当然，从问题的出现到自觉地加以研究探讨是有一个过程的，这是问题的一个方面；另一方面，现代新儒学课题的提出和此项研究的全面开展，又从一个侧面反映了国内文化讨论和文化研究的深入。在一个时期内，文化讨论基本上停留在一般地议论古今中西哲学、文化的性质、特征，比较其长短优劣，直接得出现实价值取向的结论。这在当时是有一定意义的。但是，如果总是停留于这种一般的议论，讨论就很难深入。开展现代新儒学研究的意义首先在于：它把文化讨论从抽象地、泛泛地比较古今中西文化，引到了一个具体的研究对象。作为我们民族走向现代化过程中出现的一种重要的学术思潮和思想文化派别，现代新儒家的理论是紧紧围绕着传统文化和现代化、中西文化的关系问题展开的。对他们的理论进行系统的研究，总结他们的思维成果和经验教训，相信能够为我们现实的文化研究和讨论提供一个更切实的基点和更开阔的视野。近两年泛泛地议论中西文化的文章少了，有人说“文化热”冷下来了，而现代新儒学研究却呈方兴未艾之势，正在走向高潮，我认为这二者之间是有一种内在联系的。

现代新儒学研究是中国现代哲学史、思想史、文化史研究的一个重要组成部分，因而此项研究的进展对于促进这些学科的科学化建设将发生更直接的影响。其中一个重要问题就是如何对待“五四”以来的非马克思主义哲学和思想文化派别的问题。过去我们总是简单地将马克思主义和非马克思主义划分为进步和落后、革命和反动“两大阵营”，现在看来，就思想文化的层面而言，至少有三条发展线索值得好好研究，这就是中国的马克思主义、自由主义的西化派和以现代新儒家为主要代表的文化保守主义。这三派在“五四”时期均已登上中国的思想舞台，70 年来虽互有消长但都有不衰的生命力，相互之间展开了错综复杂的思想斗争，有时也有局部的一致、联盟的关系。思想文化战线上这种长期鼎足而三的形势，值得我们去认真地思考、总结和研究。

建国以来，中国哲学史、思想史研究领域的一个基本状况就是“厚古薄今”，对于“五四”以来的现代思想史，人们一般不愿碰或不敢碰。近年来这种局面正在得到改变。我们相信，深入开展对现代新儒学的研究，将会对根本扭转这种局面、引发人们研究现实的兴趣产生积极的影响。

关：四十年来，现代新儒学在港台和海外传承不绝，有一些新的重要发展，港台、海外对现代新儒学的研究也比我们起步早。大陆学者开展这项研究后，听说引起了港台、海外学术界的极大关注，您能否给我们介绍一些这方面的情况？

方：把现代新儒学自身的发展和把它作为研究对象进行研究加以区别是很有必要的。50 年代以后，在港台坚持和发展现代新儒学的有钱穆、唐君毅、牟宗三、徐复观、方东美等人，他们著书立说，兴办学校，出国开会和讲学，利用一切可能的机会宣传现代新儒学的主张，不仅在港台造成了一定的声势，而且在海外也有很大影响。进入80年代以后，现代新儒家的第三代传人杜维明、刘述先等，更是成了国际学术舞台上的一支十分活跃的力量。港台和海外对现代新儒学的研究，自然是与他们产生的实际影响分不开的。1976年，美国出版了傅乐诗主编的《变革的限制——论民国时代的保守主义》一书，其中在“新儒家”的栏目下收入了张灏写的《新儒家与当代中国的思想危机》一文，同时还收入了艾恺论梁漱溟和杜维明论熊十力的文章，这可能是海外研究现代新儒家最早的一组文章。1978年唐君毅逝世后，港台各界发表悼念文章近百篇，并引发了一场“悼唐”风波。各方论争文字不仅涉及对唐君毅个人的学问、事业和道德人格之评价，而且也广泛地论及当代新儒家的时代承担和历史地位等问题。1982年8月，台湾《中国论坛》杂志社召开了题为“当代新儒家与中国现代化”的座谈会，就当代新儒家的名称、范围、代表人物、思想特征、历史地位、发展前景等问题进行了广泛的讨论。这可以说标志着港台对新儒家的研究进入了一个新的阶段。

中国大陆学术界对现代新儒学的研究比港台、海外起步晚大约十年，但我们一开始就是有组织有计划进行的，声势大，进展快，很快就打开了局面。港台和海外学术界对我们的研究进展极其关注，尤其是新儒家学者，已经在许多报刊上发表了介绍和评述文章。他们对大陆学术界的研究进展是一则以喜，一则以忧：喜的是“大陆学者终于正视到新儒家的存在及其影响了，这总比置之不理要好些”；忧的是“他们做出来之后，也同时便取得了对新儒家的解释权，这是很严重的事”。我们的研究成果和思想观点无疑地将影响到人们对现代新儒学的理解和认识，这是他们所不情愿的。有人在香港《明报月刊》上发表文章说：“我们寄语方先生及新儒家研究小组，希望他们能打破框框，以更开放和同情的态度来研究新儒家。”我们所采取的立场、观点自然是他们所不能完全接受的，但这也提醒我们，在研究中应采取更加严谨的、客观的、分析的态度，力图准确地把握和科学地评价现代新儒家的思想学说。

关：方教授谈到研究者在立场、观点、方法上的差异和分歧，国内的学者基本上是站在马克思主义的立场上来进行研究，同作为研究对象的新儒家到底存在着哪些根本的分歧呢？

方：这是一个大题目，各个研究者由于视角不同，对这个问题的回答也不尽相同。这里我只能简略地谈谈个人的看法，当然这个看法也可能大体上反映了我们课题组的共同的基本立场。

我们和现代新儒家之间的思想分歧，说到底是中国现代化道路选择问题上的分歧。事实上在我们面前有三条道路：一是“全盘西化”论者所向往的西方资本主义国家的发展模式；二是现代新儒家所主张的东亚模式即“儒家资本主义”的道路；三是我们尚在探索中的有中国特色社会主义现代化道路。只要我们坚持走社会主义道路这个基本点，我们和新儒家之间的思想分歧就是不可避免的。

就理论形态自身而言，至少在以下三个方面我们不能赞同新儒家的立场和观点：

第一，我们不能赞同现代新儒家的文化保守主义的基本立场，因为就其实质而言，他们的思想主张仍然没有摆脱“中体西用”的格局，尽管他们对“体”“用”的理解和规定已与当年的洋务派相去甚远。20 年代，梁漱溟主张在坚持儒家人生态度的前提下，承受西方的科学与民主；40 年代，贺麟明确提出“以儒家精神为体，以西洋文化为用”；50 年代以后，港台新儒家又提出了“返本开新”的思想纲领。“本”即儒家内圣修己之学，是为体；“新”是指“新外王”，亦即现代科学与民主，是为用。二者之间的本末、体用关系，仍然没有超出“中体西用”的范畴。

第二，他们站在唯心主义的哲学立场上，把儒学的基本义理看作是某种超时空的、脱离具体社会文化背景的、体现永恒天道和人性的

“常理”“常道”，把儒家的伦理精神视为推动社会历史发展的根本力量，把它变成超越的形上实体，并由此出发，把一切都归结为道德精神的自我发展和自我实现。这种泛道德主义的唯心史观，自然是我们所不能苟同的。有的港台学者也指出，牟宗三等人“欲本内圣之学以解决外王问题”的义理体系，与黑格尔的“精神的内在有机发展观”的唯心主义本质论所取的正是同一进路。

第三，他们对“五四”精神的否定，对马列主义和社会主义的攻击，反映的是这派学说的阶级本质，与我们的分歧和对立是不可调和的。

关：是否可以这样说，明确指出我们和新儒家之间存在的根本分歧，并不排斥我们对其理论体系中所包含的合理因素加以肯定、扬弃、借鉴和吸收？

方：正是这样。我们研究现代新儒学的目的，决不只是简单地把它作为“反面教材”，作为批判对象。马克思主义不是某种狭隘的宗派，它不怕申明自己的理论立场，也不拒斥一切积极的、进步的、合理的思想和观念。我们在批评现代新儒家的某些错误的理论观点的同时，也要充分肯定他们在维护和发扬中国民族文化传统、谋求中国文化现代化方面所作出的努力和贡献，认真吸收他们所取得的理论思维成果，总结经验教训。至少有以下几个方面值得引起我们的重视：

首先，他们在中国文化遭遇到空前危机的情况下，反对全盘西化论者的民族虚无主义，强调民族文化的主体性和民族文化自身发展的连续性，这是应该肯定的。抗日战争时期，新儒家学者弘扬民族文化，对于振奋民族精神，增强国人的民族自信心，应该说是起了积极作用的。50 年代以后，港台新儒家对于传统文化的整理、研究、弘扬和表彰，对于纠正某些西方学者对中国文化的无知和偏见，增强港台和海外华人的民族认同感，也不无积极的影响和作用。当然，他们对传统文化中哪些是“资源”、哪些是“负担”的分析，他们认同于传统文化的角度、方面和层次，与我们的认识还是有一些实质的差异的。

其次，他们在哲学上认同于儒家的人文主义，对中国哲学的特质和现代意义作了较多的研究和探讨。过去我们的中国哲学史研究，或者是更多地受到西方哲学的影响，或者是运用马克思主义的方法而失之于简单化，而对中国哲学自身的特点认识和挖掘得不够。例如心性之学确实从一个侧面反映了中国哲学的特点，特别是对于理解和把握儒家思孟、陆王一系的思想学说很重要，过去往往因为已明确定性为主观唯心主义，就没有下功夫去认真深入研究。而港台新儒家却在这方面下了扎实的功夫，写出了《心体与性体》《中国哲学原论 · 原性篇》《中国人性论史》等多部有分量、有影响的著作，对我们开展这方面的研究是有启迪和借鉴作用的。

第三，在近代以来的古今中西之争中，不同的思想文化派别都做出了自己的回答，现代新儒家虽然是站在文化保守主义的立场上，其回答也不是全无可取之处。他们对如何承继和创造性地转化儒家传统，如何引介西方近代的科学与民主，如何建设有浓厚的中国特色的现代文化，都作了一些有益的探索，提出了一些值得重视的意见。例如，现代新儒家强调传统道德文明、人文价值的弘扬和重建，对于克服片面发展工具理性、唯科学主义盛行所造成的人生意义的失落和危机，自有补偏救弊之功。“五四”以来的三大思潮既有互相对立斗争的一面，相互之间也存在着某种互补的关系。可以说，它们都构成了20世纪中国文化启蒙的不可或缺的一个方面。中国的马克思主义者在哲学上更多的是接受了自由主义者所主张的科学主义思潮的影响，而对现代新儒家等文化保守主义派别的研究成果和理论建树似乎重视不够。1923年“科玄论战”中唯物史观派与科学派之间结成一定程度的联盟就颇能说明这一点。我认为，在马克思主义中国化的过程中，如何在思想文化层面上实现与民族文化优良传统的有机结合，是一个需要认真解决的课题。现代新儒家学者在融合中西、实现西方哲学中国化方面所作的探索和取得的成果，对我们有一定的借鉴意义。

关：我对现代新儒学的了解很少，听了方教授的上述评论，认为还是比较公正、平实的，表现了马列派学者坚持革命性与科学性统一的实事求是的态度。杜维明曾在一篇评介大陆儒学研究新动向的文章中，把您当作“发展马列”派的代表；余英时就新加坡儒学讨论会评论中国大陆的三大学术潮流，也认为您“代表一种马列主义观点”。对此您有什么看法？有什么话想说？

方：在大陆研究现代新儒学的学者中，站在“全盘西化”的立场上对新儒学持全盘否定态度的是极少数；完全认同新儒学、把“复兴儒学”看成是中国实现现代化的唯一希望的也是极少数；多数学者都是力图运用马克思主义的立场、观点和方法，把现代新儒学看作是在现代中国社会历史背景下必然产生的一种思想文化现象，对它进行具体的历史分析和理论分析，既不把它神圣化，也不抹煞它的历史地位。可以说，国内研究现代新儒学的学者，绝大多数属于马克思主义派，我不过是其中之一员而已。在不违背四项基本原则的前提下，我们提倡研究角度、方面、层次、方法的多元化，不同学术见解的存在和相互之间展开讨论、争鸣完全是正常现象。大陆对现代新儒学的研究开展不过几年时间，就已经引起港台、海外学术界如此之关注和重视，主要是由于他们听到了马克思主义主流派的声音。

前些年，有的同志曾把国内文化讨论中的不同观点归纳为“儒学复兴”“彻底重建”“西体中用”“哲学启蒙”四派，我总觉得很不全面，因为它没有给文化讨论中众多主张从中国社会主义现代化建设的实践需要出发，坚持以马克思主义为指导，批判地吸取古今中外一切优秀的文化成果，进行综合创新的一派观点以应有的地位。当然，主张以明清启蒙思想为中国传统文化与现代化之历史结合点的“哲学启蒙”说，也是力图用马克思主义观点解决古今中西之争的一种有益的具体的历史探索，但它还不能涵盖文化讨论中马克思主义派的全部主要观点。我认为，自由主义的“全盘西化”派、保守主义的“儒学复兴”派和马克思主义的“古为今用，洋为中用，批判继承，综合创新”派（可简称“综合创新”派），是80年代文化讨论中三个最主要的思想派别，它们之间的对立斗争和统一关系，仍然没有超出“五四”时期业已形成的思想格局，是70年来的文化论争在新的历史条件下的继续和延伸。在您提到的杜维明的那篇文章中，他也肯定“较平实的提法是把儒学、西化及马列看作三个鼎立的、互相抗衡的价值系统”；余英时所说的中国大陆“三大学术潮流”，具体是指“彻底西化”“复兴儒学”和“坚持马列”。海内外学者之所以能够形成这样一种共识，是因为它确实如实地反映了80年代中国文化讨论和思想斗争的实际。现代新儒学研究是80年代文化研究和讨论的一个重要方面与组成部分，对待新儒学的三种立场所反映的正是文化讨论中的三派观点。

关：最后一个问题，想请您谈谈今后几年在现代新儒学研究方面有些什么打算，您认为应该注意一些什么问题？

方：我主要谈两点想法：一是研究要深入；二是不能脱离现实思想斗争的实际。我们前几年走的路子基本上是对的，从扎扎实实地搜集、整理资料着手，强调认真阅读、理解新儒家的原著，然后才能取得一定的发言权。就总体而言，一般性地介绍、评述的阶段已经过去，我们写的东西再停留在这种水平上就不行了，要求研究深入下去，达到一个新的水平和高度。我们课题组在推出《现代新儒家学案》之后，重点要转入对专人专题的深入系统研究，写出一批比较有分量的专著，编入《现代新儒学研究丛书》出版。今后收入《现代新儒学研究论集》中的文章，也要求有更高的学术质量。我们和现代新儒家在理论上分歧较大的一些问题，如“内圣开出新外王”说（“良知自我坎陷”说）、唯心主义的道德决定论、保守主义的“中体西用”情结等等，要下功夫写出一些有理论深度、有较强说服力的文章来。就研究对象而言，重心将由现代新儒家的第一代逐渐转向第二代和第三代。

这项研究工作是开放性的，我们不可能脱离国内的文化讨论和国际间的学术思想斗争。今后与现代新儒家学者直接交流的机会将会日益增多，我们一方面同他们友好交往，同时不可避免地也会有思想碰撞与交锋，这就要求我们拿出真正高质量的研究成果来，并且有坚定的理论持守和过硬的学术功底。国内在反对资产阶级自由化的斗争中，对主张“全盘西化”、宣扬民族虚无主义的观点作了较多的批评，而对以弘扬民族传统文化为旗帜的“儒学复兴”说似乎重视不够，有人甚至误以为这是与加强爱国主义教育相一致的。去年台湾《鹅湖》杂志刊载了一位大陆学者写的长文，明确提出“中国大陆当前最大的问题是复兴儒学的问题”，“儒学理应取代马列主义成为当今中国大陆代表中华民族的民族生命与民族精神的正统思想”，并认为“公有制从本质上来说是违背人性的，缺乏人性的基础，非但不会促进经济的发展，反而会窒息社会的经济生活”；“无产阶级专政已经强化到了极点，非但没有在中国实现民主，反而使中国陷入了更大的专制”。其矛头所向，正是指向“四个坚持”。可见，“儒学复兴”说决不只是为传统文化唱几声赞歌而已，它是针对中国今天的现实提出来的一种理论。国内外都有人借“东亚四小龙”经济成功的例子，或明或暗地鼓吹中国应走“儒家资本主义”的道路，向我们的社会主义初级阶段理论提出了挑战。我们对现代新儒学的研究，不能回避这些尖锐的现实问题，而应以马克思主义为指导，认真研究儒家思想与社会经济发展、民主法制建设、精神文明建设的关系等问题，不但做出理论的说明，而且要作切实的调查研究，用事实、数据来说明理论观点。今后思想战线上这方面的斗争任务将会是越来越重的，我们不能推卸作为马克思主义理论工作者的责任。我在这里也呼吁有关领导和社会各界人士更加重视和支持对现代新儒学的研究。

（原载《哲学研究》1990 年第 3 期）

现代新儒学研究与文化讨论

——访方克立教授

汪先全　崔海教

有关现代新儒学的研究和现代新儒学在当代的发展已成为我国思想文化界关注的一个热点。南开园内，学人相聚，也颇多讨论。我们受《研究生论坛》的委托，带着大家了解现代新儒学研究的热切愿望，采访了南开大学研究生院副院长、中国哲学史专家方克立教授。方教授正忙于改定他的最新书稿，但仍然抽空热情地接待了我们。

问：非常感谢方教授在百忙中接受我们的采访。为了帮助大家通过本刊对现代新儒学研究的基本情况有所了解，方教授能否首先谈谈作为国家“七五”规划社科重点项目的该项研究的总体指导思想以及现代新儒学研究的意义？

答：关于该项研究的基本情况，包括来龙去脉，我们的立场和研究进展情况，在海内外引起的反响以及今后可能的发展趋势，在《哲学研究》1990 年第 3 期发表的那篇采访记中都有回答。据说它的反响很大。张岱年先生在他的关于现代新儒学研究的一封信中提到了它，表示完全同意我的观点。我们所接触到的老、中、青年学者，多数都对我们的立场和观点持赞同态度。台湾《鹅湖》杂志转载了这篇访谈记录。从港台和海外的反响来看，有些人认为我们的态度相当客观公正，也有人写文章提醒新儒家，说大陆研究现代新儒学实际上是在批新儒学，要他们不要糊涂，更不要引为同调。新儒家的感受是比较真切的，所以才有“一则以喜，一则以忧”的说法。这篇访谈记录大体上反映了我们在现代新儒学研究上的基本立场。这几年，我们的研究之所以进展比较快，并造成了一定的影响，其基本原因是我们把握了比较正确的研究方向。

国内的现代新儒学研究有不同的立场。有的人读了一些新儒家的书，认同感非常强，甚至完全赞同、追随新儒学，站在新儒家的立场来研究新儒家，赞扬多，批评少。又有些人是站在西化派的立场来研究新儒学，对它采取全盘否定的态度，如包遵信写的一些文章。我们的研究既不是简单认同，也不是全盘否定，而是坚持从马克思主义的立场、观点出发，从唯物史观出发，从时代思潮产生的社会背景和历史联系出发，实事求是地分析、研究、评价新儒家，力求客观、公允。比如，我们肯定现代新儒家在传统的现代转化方面作出了一些有意义的探索，肯定他们对全盘西化论的批判有些是击中了要害的。同时，对他们的文化保守主义倾向、唯心主义的哲学立场、政治上反共反社会主义的态度，我们当然不能赞同，而是要有所批评。有关现代新儒学研究的情况，大家是感兴趣的，但也有不少的误解。有的以为研究现代新儒学是在提倡新儒学，把研究与提倡相混同；有人说现在怎么又批判起儒学来了，这是把研究与批判相混同。不少人对现代新儒学研究的意义还不了解，我们应该多做宣传工作。我曾经说过，产生于“五四”时期的现代新儒学比西化派和顽固守旧派更好地解决了传统和现代化的关系问题，对它的研究可以使我们更加注意那些融合中西、富有中国特色因而也更具有世界意义的独创性的哲学体系，更注意我们民族思维方式向现代转换过程中的哲学创造和理论思维的经验教训，可以帮助我们了解今日思想战线的复杂情况，了解各种思潮的来龙去脉，预见今后的发展趋势，为社会主义现代化道路的选择提供借鉴。我希望大家多了解现代新儒学，但是并不希望形成一个什么“热”；希望今后有更加深入的研究，而不希望一哄而起，大家都来赶时髦。

问：方教授刚才提到的采访记我们已经读过。在那次采访中，您谈了大陆现代新儒学研究前三四年的情况。从那以后，至今已有一年多时间，您能谈谈一年来国内外这项研究的最新进展吗？

答：我们前几年做的一些基础性工作，这几年将要陆续结出一些果实来。继《现代新儒学研究论集》第一集于1989年4月出版之后，第二集将于近期出版。《现代新儒家学案》是课题组在“七五”期间完成的一项主要工程，分上、中、下三册，超过200万字，已全部编好交给出版社。《现代新儒学研究丛书》分专人研究和专题研究两个系列，将分别由天津人民出版社和辽宁大学出版社出版，共计20多本。还有一套《现代新儒学辑要丛书》，计划出15本，精选现代新儒家主要代表人物的新儒学思想代表作，为大家了解和研究现代新儒学提供最基本的资料。十年把基础工作做好，后人就有可能把这项研究推向更高水平。我们课题组的成员，大都是80年代毕业的博士生和硕士生，他们通过自己杰出的工作，在“七五”期间已有一半左右成为副教授、副研究员，估计“八五”期间可以全部获得高级职称，其中部分最优秀者可能晋升为教授。课题组不仅出了一批成果，而且带出了一批人才，这正是我们所期望的。

大陆的现代新儒学研究也提高了港台、海外这方面的研究兴趣和势头。本来新儒学在港台是受冷落的，新儒家根本进不了台大和“中央研究院”这些名牌大学和权威研究机构，登不了大雅之堂。大陆对新儒学的重视反而提高了它的地位，跻身于中国现代三大思潮是它从来没有享受过的荣誉。近年来新儒学在港台和海外似乎又有了新的生机，特别是“儒家资本主义”的口号又为他们添了一面新的旗帜。去年年底，在台北召开了“第一届当代新儒学国际研讨会”，规模相当可观（由于众所周知的原因，被邀大陆学者均未能与会）。这类会议近年来在港、澳、台、新加坡等地经常召开。国际中国哲学会的历次年会也把现代新儒学当作重要的讨论课题。

问：您在我们上面提到的那篇采访记中，曾提出要把现代新儒学研究同现实思想斗争结合起来，并提醒人们注意“儒学复兴”说与四项基本原则的对立。方教授能否谈谈您的观点在学术文化界所引起的反响，以及今后如何进一步推动这方面工作的开展？

答：这实际上涉及我们同现代新儒家的基本分歧，以及如何对待这些分歧的问题。我们同现代新儒家的分歧，归根到底是在中国现代化道路选择问题上的分歧。我曾经说过，新儒家提出“儒家资本主义”的道路和口号，对我们社会主义初级阶段理论是一种挑战，是对我们走社会主义道路的否定。他们并不是纯粹谈哲学文化问题，而是也经常从政治上谈论问题，他们要搞的“外王学”就是讲治国平天下的现实政治问题。

国内学术界现在对儒学唱赞歌的人越来越多，对新儒家提倡的“儒学复兴”说，有的人不但不批评，而且随声附和或与之共鸣。还有些人以为“儒学复兴”同我们讲的弘扬民族传统文化是同一个方向，甚至把它们等同起来。这是十分表面地看问题，没有搞清二者的目的根本不同。弘扬民族文化是针对民族文化虚无主义提出来的，民族虚无主义者要求全盘西化，即是要走西方资本主义的道路。“儒学复兴”说不同意现代化即等于西化的口号，认为中国大陆的出路是走“东亚四小龙”式的儒家资本主义道路。在要求搞资本主义这一点上，儒学复兴派和西化派是一致的。要了解儒学复兴派的基本政治主张，我推荐大家读一篇前年发表在台湾《鹅湖》杂志（总第170、171期）上的文章，作者是一位大陆学者。他明确提出今天中国如果不走复兴儒学的道路，就没有希望，明确主张以儒学代替马克思主义作为主导思想，重新确立儒学在中国的正统地位。该文还批判社会主义公有制和无产阶级专政。有人读了这篇文章，认为不可能是大陆学者写的，可能有人假冒，而事实上这位作者确实生活在中国大陆，他实际上就是一个大陆上的新儒家。我们课题组也有个别成员文化倾向不好，写的东西，缺少马克思主义的批判精神，甚至连台湾学者也说：想不到某些大陆学者写的文章，会把新儒家捧得那么高。当然，这不是主流，多数学者还是能够坚持正确的理论立场和方向的。前不久在北京举行的一次有关文化问题的讨论会上，不少学者都对“儒学复兴”说提出了批评。要搞社会主义现代化，就决不可能再把在封建社会作为主流意识形态的儒学抬出来作为我们的指导思想。当然从批判继承的角度提出儒学中还有一些积极的东西，从历史评价的角度提出全面看问题的观点，那是另外一回事。

问：您认为怎样才能使我们的研究达到一个新的理论高度呢？

答：我在前面说过，我不希望新儒学研究过分地热，而是希望有那么一些人，坐下来扎扎实实地读些书，用马克思主义的立场、观点和方法扎扎实实地进行研究，拿出一些像样的高水平的研究成果来。我们要站得高，就要掌握马克思主义的科学世界观和方法论，肯定现代新儒学中有价值的东西也好，批评它的失误和落后的方面也好，都要有一定的理论深度，要讲出一点道理来。

问：方教授，您怎样评价 80 年代的文化讨论所达到的理论水平？

答：80 年代的文化讨论确实拓展了我们的理论视野，取得了一定的成绩，但是很遗憾，在这个时期发表的大量文化论著中，马克思主义的文化观并没有得到深刻的阐述，倒是“西体中用”“全盘西化”和“儒学复兴”等等讲得很热闹。我们有些老一辈的学者，在文化讨论中能够始终坚持马克思主义的文化立场，批评各种错误的文化思潮，张岱年先生就是一个代表，是很值得我们尊敬的。国内的多数学者，基本上是站在马克思主义的文化立场上，写了一些文章，但旗帜还不如张先生鲜明，有的甚至羞于承认自己是马克思主义者。另外也有一些人，过去是讲马克思主义的，有的还相当“左”，但这些年却跟着港台和西方学者跑，去迎合他们，甚至在国际学术讨论会上发言，攻击、奚落马克思主义，宣扬社会主义失败论。他们提出的文化理论，一个基本倾向是要搞资本主义，用“新启蒙”“反封建”的口号来批判我们的社会主义制度。他们非常自觉地把文化讨论搞成政治讨论，而马列派学者开始还没有这种觉悟，在文化讨论中显得被动，不能旗帜鲜明地提出自己的主张，对抗各种时髦的错误思潮。有人将80年代文化讨论的阵容概括为“儒学复兴”“彻底重建”“西体中用”“哲学启蒙”四派，马克思主义的“古为今用，洋为中用，批判继承，综合创新”派却没有地位；还有人概括为五派、六派，加上了“回归原典”派、“五四运动”派等等，还是没有马克思主义文化派的地位。

这种情况表明，国内文化讨论和文化研究的方向是存在一定问题的，而且水平也不高，有些基本观念还停留在“五四”时期的水平上。主要是马克思主义的文化派缺少新的创获，在文化讨论中，没有很好地发挥主导作用。当然，这两年的情况有所变化，但“文化热”已经冷下来了，有新的建树的东西还不多。冷静、沉潜下来以后，再经过一段深入的反思和探讨，倒有可能出现一些有较高水平的东西。

问：方教授，您和李泽厚先生在前几年关于“西体中用”的那场争论颇引人注目，您批评李的文章最近还得了天津市社科优秀成果一等奖，能否谈谈您对李泽厚先生的看法？

答：李泽厚是一个很有才华的人，是才子型，不是严谨的学者型人物。我们是湖南同乡，多次在同一个学科组开会。四年前我写了一篇评“中体西用”和“西体中用”的文章，主要从学理上批评了李的“西体中用”观点。在曲阜召开的儒学讨论会上，我把文章送给他一份，他说欢迎批评，但是观点不变。我说愚见也不一定对，可以继续切磋讨论。没想到他跑到香港去造谣说，方某人要当“中共中央宣传部的官员了”，登在《明报月刊》[①] 上。这不是学者风度，在学术论战中不应该搞这种小动作。他的名气很大，被港台报刊吹捧为中国当代“四大思想领袖”之一，而且是“领袖的领袖”，说话影响很大。李泽厚有“思想库”之称，80年代思想文化界流行的许多理论，

---

① 参见杜耀明《李泽厚怎样走上独立思考之路——与中国思想领袖的一席话》，《明报月刊》1987年9月号。

例如哲学和文学中的主体性问题，“积淀说”，“西体中用”说，“救亡压倒启蒙”说等等，都是他提出来的；他还呼唤“中产阶级”，提出“打擦边球”的斗争策略，在资产阶级自由化思想泛滥时确实起了不好的作用。他在80年代出版的著作，寓含的政治意味越来越浓，已经不是纯粹的学术研究了。他在过去还是学马克思主义的，后来怀疑其中的一些东西。他说马克思主义中只有人活着要吃饭穿衣一条是真理，看来他相信的东西已经不多了。但是，港台、西方学者看他写的东西，还是觉得有马克思主义的味道。他这个人是才子，搞学术研究不严谨，从“西体中用”论我看出他对“体”“用”概念的涵义和来龙去脉都不清楚，使用这些概念有很大的随意性，论点前后自相矛盾。我指出他的这种体用观冯友兰在40年前就讲过了，他对此很恼火。他的“救亡压倒启蒙”说也是从史华慈那里抄来的，所以最不喜欢别人揭出这一点。李泽厚现在还在国内，还是全国人大代表。听说他给中央领导写信，找社科院负责同志谈话，表示要检讨过去的某些观点，重新研究一些问题，这个态度还是应该欢迎的。我认为李泽厚在思想史上的地位已经确定，他的名字是同“西体中用”论联系在一起的。正像陈序经先生，他早年提倡“全盘西化”论，后来当过我们学校的副校长，晚年研究西北少数民族的历史，我们学校最近还给他整理出版了《匈奴史稿》，但他在中国思想史上的地位，却是同“全盘西化”论联系在一起的。当然，一个人后来的转变的新的业绩也不应该抹煞，对人还是要全面评价。

问：方教授，您在文章和报告中，多次提出“五四”以来中国思想文化战线上长期鼎足而三的形势，即中国的马克思主义派、自由主义的西化派和以现代新儒家为主要代表的文化保守主义派三派之间的对立统一、交错互动。不知如何看待这三个流派在本世纪最后十年以至进入21世纪以后对中国现代化所起的作用？

答：三大思潮在文化上关注的中心问题始终都是“古今中西”问题。西化派主张全盘接受西方文化，彻底抛弃传统，它是中国20世纪一股强大的思想潮流。现代新儒家坚持中国本位、民族本位，主张重建儒家的价值系统，反对全盘西化，但也力图融合中西，力图说明儒家思想同标志着现代化的科学与民主并不矛盾。80 年代这派思潮在中国大陆也有一定影响。马克思主义派在本世纪一直是在中国占主导地位的思想流派。马克思主义派的文化主张，我把它概括为四句话："古为今用，洋为中用，批判继承，综合创新。"这四句话是一个整体，合在一起即马克思主义派对古今中西问题的完整回答，是缺一不可的。这一派可以简称为马克思主义的"综合创新"派。这三大思潮在本世纪最后十年以至下个世纪都将继续存在并且相当长时间地并存下去，只不过力量的消长和对比可能会发生变化罢了。只要中国的现代化问题没有解决，三派都会坚持自己的主张。这实际上是社会主义和资本主义两种制度的竞赛。只有当社会主义的优越性完全表现出来，并取得决定性胜利的时候，"儒学复兴"说和"全盘西化"论才会失去市场。这三派都是在中国走向现代化过程中产生的，又都表现出对中国现代化的强烈关切。三派之间虽有对立和冲突，但并不一定只有相互斗争和排斥，我们也要看到它们之间相互借鉴、相互吸纳的一面。只要对中国的现代化建设有利，提倡三派"健康的互动"是可取的。我们相信，未来的中国文化，既不可能全盘西化，也不可能完全复归传统，它将是中国的与世界的、传统的与现代的、科学的与人文的有机结合或统一。

问：最后一个问题是，在您的倡导下，南开大学图书馆建立了现代中国文化研究阅览室，引起了南开学人的极大兴趣。方教授能否告诉我们它与现代新儒学研究的关系以及它的发展设想？

答：这主要是图书馆的同志们做了大量的工作，我们中国哲学专业的研究生也付出了辛勤的劳动。大约经过一个学期的筹备，这个研究阅览室已经向读者开放。阅览室陈列了 20 世纪 200 个中国文化名人的主要著作以及有关他们的资料，但现在还很不完备，我们将继续努力使它逐步完备起来。说是现代中国文化研究阅览室，实际上是 20

世纪中国文化研究阅览室。辛亥革命时期以至上个世纪之交时期的一些人，如康有为、梁启超、章太炎、严复等人，与现代中国文化都有密切关系，所以，这些人的著作及有关资料也在收集之列。现代新儒学是在现代中国文化的大背景下产生的，与现代中国的各种文化思潮都有密切关系，现代新儒学研究的深入有赖于文化层面的拓展。所以，现代中国文化研究阅览室的创办和发展，必将对现代新儒学研究起到积极的推动作用，是对这一研究的有力支持。文化的范围非常广泛，因此，现代中国文化研究阅览室就其所涉及的内容而言将是广泛的和综合性的。随着它的资料的不断完备和有关方面研究力量的成长与壮大，我们期望在不久的将来把它发展成为包括历史、哲学、文学、艺术等在内的综合性的现代中国文化研究所。希望大家共同努力，也希望有关领导给予支持，使南开大学能够成为在国内外有影响的现代中国文化研究中心之一。

（1991 年 4 月 24 日访问，1991 年 4 月 28 日整理。原载南开大学《研究生论坛》1991 年春季号）

现代新儒学研究十年回顾

——方克立先生访谈录

邵汉明

著名学者方克立先生系中国社会科学院研究生院院长，博士生导师，国家“七五”“八五”社科规划重点课题“现代新儒学思潮研究”的负责人。1996 年底，方克立先生接受本刊特约记者的采访，一方面回顾了现代新儒学研究十年来的进展，另一方面就近年来文化研究中出现的一些值得注意的倾向发表了意见和看法。今将访谈的情况刊载于此，以飨读者。

记者：现代新儒学研究始于 1986 年，它的标志是“现代新儒学思潮研究”课题的确立。屈指算来，到现在已整整十年了。十年来，这一研究取得了怎样的进展？您作为该课题的负责人，请您谈谈课题组在这一研究中充当了什么角色？起了什么样的作用？

方先生：大陆的现代新儒学研究是在 80 年代中期的文化讨论中提出问题和开始起步的，由于一开始就得到国家社科基金的支持，所以它基本上是有计划有组织地开展起来的。1986 年 3 月，我在国家教委召开的文科科研咨询会上作了“要重视对现代新儒家的研究”的发言，随后《天津社会科学》杂志要我将发言的内容整理成文，发表于该刊 1986 年第 5 期。同年 11 月，“现代新儒学思潮研究”被确立为国家社科基金“七五”规划重点课题（1992 年初又被列为“八五”规划重点课题）。当时我们订的计划规模较大，先系统地搜集整理资料，然后进行专人和专题研究，计划编写和出版《现代新儒家学案》和《现代新儒学研究丛书》，并将初步研究成果分别写成文章，编辑成《现代新儒学研究论集》先行出版。现在看来基本上完成了预期的构想，计划中的几套丛书均已相继出版。其中，《现代新儒家学案》上、中、下三册，已由中国社会科学出版社出版；《现代新儒学研究丛书》专题研究系列，由辽宁大学出版社出版，已出 8 本；专人研究系列，由天津人民出版社出版，已出 5 本；《现代新儒学研究论集》由中国社会科学出版社出版，已出 2 集；《现代新儒学辑要丛书》由中国广播电视出版社出版，已出 14 本。另外，课题组骨干成员 20 多人，十年中还出版个人专著 10 多本，发表文章 300 余篇，约占这个时期大陆新儒学研究论文总数之一半。据初步估算，课题组成员计划内和计划外出版、发表论著总量在 1400 万字以上。这是讲的学术成果数量。从质量上说，现代新儒学研究中的各种观点、论证已见诸我们发表的论著、论文之中，我在这里不作具体介绍；我只想指出一点，我们在理论方向的把握、学术观点的阐述上还是比较慎重、比较客观、比较实事求是的，得到了海内外学者的普遍赞誉，有人用“客观、平实、公正、全面”几个字来加以评价。可以说，我们的研究至少在国内同仁中，乃至整个学术界得到了广泛的认同。

记者：不难看出，课题组的工作的确很有成效，单就成果的数量而言，亦十分可观。我们想进一步了解的是，您所主持的研究工作在海内外特别是在港台都产生了怎样的影响？

方先生：我们的工作的一个重要方面，是将现代新儒学的基本资料整理出来，包括 50 年代以后港台、海外新儒学的资料，这就为大陆的知识界、学术界从对港台新儒学的完全隔膜到有所了解提供了一些初步的分析、评判的条件，进而为进一步的研究打下了一个基础。另一方面，我们的研究从宏观到微观，从专人到专题，几乎涉猎到现代新儒学的所有领域，这样一种广泛而相对深入的研究在海内外都是罕见的，在作为新儒学大本营的港台也没有做过，因此它在学术上所产生的积极影响是显而易见的。众所周知，从50年代到1986年以前，现代新儒学在大陆已成为“绝学”。解放前，新儒学作为一种重要的学术文化思潮曾有相当的势力和影响；1949年以后，其主要阵地转移到了港台、海外；“文革”期间，批林批孔，评法批儒，新儒学研究在中国大陆更不可能得到开展。然而经过短短十年耕耘，现代新儒学已为大陆学人普遍认知，它已从“绝学”变成“显学”，今天大凡搞人文科学研究的学者几乎没有不知晓、不涉及新儒学的。同时，大陆的新儒学研究也刺激了港台、海外新儒学的发展，使其地位大大提高，成为被广泛研究的对象。本来，新儒学在港台并非思想界的主流，香港弥漫着殖民文化和西化思潮，新儒学不可能居于主导地位；而在台湾，新儒学的势力也不大，甚至难以与天主教的新士林哲学比肩而立。台湾的“中国哲学会”实际上是控制在新士林哲学一派手里，辅仁大学是其主要阵地。近年来，台湾大学、政治大学哲学系的学术领导权实际上也为新士林哲学家所掌握，如台大的邬昆如、傅佩荣，政大的项退结、沈清松等。新儒家过去在台湾既进不了“中央研究院”，也在台湾大学等重要高等学府站不住脚，而只能在二三流大学占有一席之位。用台湾学者自己的话来说，新儒学不是在庙堂，而是在山林；就是在民间，它的影响也远远赶不上天主教、佛教、道教等宗教势力的影响。大陆开展现代新儒学研究以后，港台新儒学身价倍增，港台新儒家也空前活跃起来。尤其是在台湾，他们连续召开了三次当代新儒学国际学术会议，并制定当代儒学主题研究计划，以大陆新儒学研究得到国家社科基金资助为由，游说当局，向台湾当局申请了1500万元新台币的经费资助，以推动新儒学的研究和进展。

记者：新儒家“复兴儒学”的主张与台湾当局提倡的文化政策如“中华文化复兴运动”似乎并不矛盾，应该有它的市场。

方先生：台湾的“中华文化复兴运动”是官方倡导的，与新儒学的民间性质迥然不同。新儒学要生存发展，固然不能不依附于执政的国民党，但他们又有以德抗位、特立独行的一面，试图保持一种民间的姿态和所谓学术的“纯洁性”。因此，新儒学在台湾之不受当局重视乃是情理中事。不过就其实质而言，新儒家也是维护现代资本主义制度和台湾当局的政治统治和政治利益的，并不是台湾政治上的真正的反对派，否则它也不可能生存。大陆的新儒学研究不仅激活了港台新儒学的生机，而且客观上也为他们在台湾谋求新的发展提供了某种契机。不仅如此，大陆的新儒学研究热也波及海外，推动了世界范围内新儒学研究的开展，近十年来召开的多次国际学术会议，包括国际中国哲学会的第五、第六、第七、第八、第九次大会，现代新儒学都是一个十分重要的议题。现在，新儒学研究不只在大陆，在港台、新加坡、日本、美国乃至整个世界汉学界，都普遍受到重视。试想倒转到十年前，特别是在“文革”期间，这简直是不可想象的。

记者：依我看，通过新儒学课题研究的开展，不仅出了许多成果，更重要的是培养了一批学术新进，这是一个很大的收获。

方先生：的确是这样。刚开展此项课题研究时，课题组中只有我和中山大学的李锦全教授等几个人比较年长，其余绝大多数成员都是青年讲师、助教乃至在读研究生。十年来，通过课题研究的实践和锻炼，这批青年学者都迅速地成长起来，现在已有半数成为教授，有的已是博士生导师，如郭齐勇、李维武、李宗桂、宋志明等；其他成员现在至少也是副教授了。当然，这还只是表面现象，重要的是通过课题研究的实践，使许多青年学者的学术责任心、理论素养、研究水准得到了很大的提高，从而在各单位的教学、科研中大显身手，成为骨干。这一点似乎已有目共睹。我想，这样一个具有较高学养和素质的学术群体的出现，对于现代新儒学研究的进一步深化，甚至对于未来中国哲学和中国文化的发展，都将起到不容忽视的积极作用。

记者：新儒学研究何以能够取得如此巨大的成绩，产生如此广泛的影响呢?

方先生：一个重要原因是改革开放的时代为该课题研究提供了十分有利的环境和条件。十一届三中全会以来，伴随着思想解放、实事求是思想路线的确立和改革开放政策的推行，文化讨论全面展开，各家各派观点广泛提出，海内外学术交流日益频繁，这就为我们了解港台、海外新儒学的进展和正式确立“现代新儒学思潮研究”课题提供了某种客观的可能。如前所说，此课题研究在十年前特别是“文革”时期是根本不可能的。另一个很重要的原因，是把握了正确的理论方向。我们自始至终强调要用马克思主义的立场、观点和方法来对现代新儒学进行实事求是的科学研究和一分为二的分析评价，首先详细占有资料，然后对新儒学的发展历程和理论观点作客观的认识和评析，既肯定其学术贡献，又批评其理论失误。我曾经提出这样三句话来概括我们研究新儒学的态度：“同情地了解，客观地评价，批判地超越。”从思想史的角度来看，凡是在历史上曾经发生过较大影响的思想流派，都一定有其存在的理由，新儒学也不例外。因此，我们在研究它时尽可能予以同情地了解。不过，仅仅做到这一点，显然是不够的，否则就会不自觉地成为所研究对象的俘虏。新儒家没有也不可能把中国哲学和中国文化的问题都解决了，因此，客观地评价和批判地超越就是绝对必需的。我们与港台新儒家之间，既有友好的交流，又有思想交锋和相互批评。就学术研讨而言，这是非常正常的现象。当然，课题组全体同志共同努力，勤奋工作，国家社科基金的支持，出版社、各地图书馆和各方面朋友的大力支持，也是课题研究能够顺利进行和取得较大成绩的重要原因。

记者：您认为我们与新儒家之间的理论分歧主要体现在哪些方面呢?

方先生：概括起来，有这样三个方面：（一）在哲学上，新儒家坚持彻底唯心论的立场特别是唯心史观，而我们是辩证唯物主义者，对待历史文化问题必须坚持唯物史观，这是学术立场上的根本分歧；（二）在文化观上，新儒家是典型的中体西用（“以儒家精神为体，以西洋文化为用”）论者，而我们则主张“古为今用，洋为中用，批判继承，综合创新”，以此来解决古今中西问题；（三）在中国现代化道路选择上，新儒家提倡“儒家资本主义”，我们则要走一条有中国特色的社会主义现代化道路。我们与港台、海外新儒家学者虽然有很多个人交往和友好的关系，我们对他们中一些人的道德人格和学术成就也很钦佩，但基本观点、立场却有着明显的歧异。我们是把现代新儒学作为研究的对象，这与把它作为信仰的对象不是一回事。近十年来新儒学在大陆已成为“显学”，但它是作为研究对象的显学，而不是作为信仰对象的显学；是作为知识学问意义上的一种学说，而不是作为生命形态意义上的一种学说。这是我们和新儒家的认识与态度之根本区别所在。

记者：十年来的现代新儒学研究取得了很大的成绩，产生了广泛的积极影响，这是主流，是人们有目共睹的。但在这一课题研究中是否也存在着一些不尽如人意的地方呢？

方先生：是的。现代新儒学研究过程中也曾出现一些值得注意的问题和倾向。研究工作上的前紧后松，致使有的“丛书”至今尚未出齐，这是遗憾。我们还要加紧工作，把预订的研究计划圆满完成。但更值得注意的问题是，尽管我们在研究过程中一再强调把握正确的学术理论方向，以保证课题的顺利开展和出高质量的成果，然而事实上课题组成员之间的认识也并非完全一致，并非所有的成员都能坚持原来的研究宗旨。个别成员对新儒学认同感非常强，同情地了解有余而批判地超越不足。有的专著写出来后，其所反映的观点并不符合课题组的宗旨，因此，就不能列入我们的“丛书”出版，大家注意到这些书有的已在台湾出版了。同样，有的文章也不适宜于在我们的《论集》中发表，它们也自有发表处。有的年轻学者，本来马克思主义的理论功底就不深，读了新儒家的著作后，对其学问、人格推崇备至，以至陷入评价上的片面性。研究一个人就推崇一个人，这是一种“解释学的偏见”，往往陷入而不自知。此外，在课题研究中，也有自觉或不自觉地回避意识形态问题，对新儒家反共、反马克思主义、反“五四”新文化运动、反唯物史观的鲜明立场，在应该表现出马克思主义的批判性、战斗性的地方，反而表现出淡化意识形态的所谓“高姿态”，以至有的台湾学者评论说，某某大陆学者的新儒学研究“已大体摆脱马列主义意识形态的纠缠”。在这方面走得更远的是上海社科院的罗义俊先生。罗先生在参加“现代新儒学思潮研究”课题组时，是认同我们的研究宗旨的，可是后来却完全站到港台新儒家的立场上去，公开批评“大陆马列派”，反对用马克思主义观点和方法来研究现代新儒学。他提交1992年12月在台北召开的“第二届当代新儒学国际学术会议”的论文《近十余年当代新儒学的研究与所谓门户问题》，即体现了其全面认同新儒学、拒斥和反对马列主义的立场和态度。理论立场上的分歧，使得罗先生走到了我们的对立面，也于1993年初离开了我们课题组。再一个不足，即是我们有些同志在一些重要的理论问题上，分析研究还不够深入，说理不够透彻、中肯，比如对新儒家泛道德主义的批评，有人指出我们的批评甚至没有超过西方自由主义者的批评的水平，因而也就不足以使新儒家真正信服。又如对新儒家的唯心史观，这应是要害问题，我们下的工夫也很不够，批评显得无力。特别是第二代新儒家的重镇牟宗三先生的唯心史观，本来是十分明显的，而我们的有些研究论著却对牟的理论肯定多，批评少，解剖也不够深刻。再如，对新儒家文化观上的保守主义立场，也缺少有力度的十分中肯的分析评论文章，甚至有个别大陆学者对其“中体西用”的态度还十分欣赏，要为其“正名”“翻案”。有的学者自觉不自觉地回避对新儒家的理论作阶级分析和政治分析，回避尖锐的意识形态分歧。固然，我们现在搞对外开放，开展学术文化交流，不一定刻意把这一点突出出来，但我们的头脑必须清醒，新儒家决不可能认同马克思主义、社会主义的意识形态，而是要顽强地表现其固有的意识形态性，并力图在大陆学者中寻找“道友”和同路人。我们如果没有这样的认识和自觉，那是很危险的。

记者：近几年，一些大陆学者欣赏、认同以至归宗现代新儒学，自称“大陆新儒家”，和港台、海外新儒家形成连结、呼应之势，从而具有某种“学派”的性质。先生能否就此作出若干具体的说明？

方先生：和1958年的“港台新儒家宣言”相对应，时隔31年后，大陆学者蒋庆发表长篇专文《中国大陆复兴儒学的现实意义及其面临的问题》（载台湾《鹅湖》月刊第170、171期），明确提出在中国大陆推行新儒学的必要性和现实可能性问题。这篇文章提出要用儒学来取代马列主义作为“国教”的地位，否定无产阶级专政和社会主义公有制，是一篇旗帜鲜明的“大陆新儒家宣言”，是他们的思想政治纲领。此外，在大陆召开的一些学术会议上，“大陆新儒家”的呼声也时有所闻。如1992年6月，在四川德阳召开的“儒学及其现代意义”国际学术讨论会上，某大学的一位资深教授提交一篇题为《我的现代新儒学观》的论文，公开揭举“大陆新儒学”的旗帜，申明他“服膺现代新儒学”，决心要“冒天下之大不韪”来在中国大陆复兴儒学。其后，首都某大学的一位青年法学家也著文说：“中国大陆新儒家的出现为势所必然，……没有大陆学人的传承和创新，没有在海外新儒家的薪火延续的基础上开出大陆新儒家，第三期儒学发展只能是半途失落的归鸟之梦。”[①] 1993、1994年，上海书店出版社先后出版了罗义俊等编的《理性与生命——当代新儒学文萃》〔1〕、〔2〕两本书，从其《弁言》《代序》及卷前文章看，编者对当代新儒学是采取全盘肯定、完全认同的态度。他们不是从学术研究的需要出发来向读者介绍新儒学，而是在竭力颂扬、宣传、推销新儒学；他们不仅要求人们高度肯认当代新儒家“壁立千仞的人格”和“崇高而内在的学术文化价值”，更主要的，还要求人们全身心地“投入”和“契接”当代新儒学，从而达到在中国大陆“复兴儒学”的目的。在90年代出现的一股文化保守主义思潮中，大陆新儒家起了重要的推波助澜的作用。他们已有相当的势力和影响，并力争在中国大陆作为一个

---

① 参见《要注意研究90年代出现的文化保守主义思潮》一文，载《高校理论战线》1996年第2期。

“学派”而存在。这就不能不引起人们的重视和思考，需要对其产生和形成的原因、背景及其理论特征、思想实质作出具体的剖析和说明，指出用儒学来解决中国现代化问题的非现实性，以克除它的误导所产生的消极影响。

记者：那么，新儒学的发展前景是否乐观？我们应如何看待儒学、港台新儒学和大陆新儒学呢？

方先生：儒学是中国文化的一个重要组成部分。儒学中既有消极落后的成分，也有积极进步的因素，不能一概加以否定。新儒家试图通过复兴儒学来复兴中国文化，解决中国现代化过程中碰到的一切问题，用心固然良苦，但是不切实际，前景亦不容乐观。现代新儒学特别是港台新儒学的发展，至去年牟宗三先生逝世以后，已经进入了一个没有权威的阶段。第三代新儒家大多十分推崇牟宗三，认为牟宗三先生把一切理论难题都解决了，剩下的问题只是要去落实，没有人能在理论上拿出什么新东西，举起一面新的旗帜来。其实指望用牟先生在唯心史观基础上提出的“良知自我坎陷”“内圣开出新外王”等一套理论来解决中国的现实问题是很可笑的。牟先生临终前似乎已经意识到了这一点，故而他曾表示，儒学未来的前途可能还是在大陆。大陆新儒家的出现及其努力似乎是在圆牟先生的梦。然而，儒学在中国大陆“返乡复位”的梦不是用历史倒退的办法所能圆的，而是必须对它作创造性的转换，即使对儒学精华也只能批判继承。应当说，并非所有的大陆新儒家都无条件地认同港台新儒学，也有人呼唤在大陆形成“有异于港台地区的新儒家群体”①，还有人提出了建立“社会主义新儒学”的设想。这个“不同”或“异”，在中国大陆首先必须是在认同四项基本原则的前提下来谋求新儒学的发展，否则它就不具有合法性。我个人认为，对马克思主义作僵化教条的理解，回到过去的

① 参见《李泽厚答问》，载《原道》第一辑，中国社会科学出版社1994年版，第3页。

老路上去，固然不行；全盘西化，走西方资本主义的道路，在中国也行不通；而企图将儒学上升到国家意识形态的高度，将其作为我国现代化的指导思想，也决不是正确的出路。儒学在将来的正确定位，在于使它的一些有价值的文化内容得到积极有效的发挥，并融合、融化到我们的新文化中去。大陆新儒学如果成立的话，必须解决好儒学与马克思主义的关系即二者的相容性问题。现在有不少文章讲儒学与马克思主义的“结合”，这个提法本身并无不妥，但就中实存在一个谁为主导的问题。这种“结合”可以是包含儒学精华的马克思主义，也可以如某些人所说是“吸收了马克思主义的儒学”，两种提法在立脚点上是根本不同的。事实上，中国的社会实践发展到今天，不可能以儒学为主导来建立现代新文化，这个态势已经很清楚。因此，我主张吸取包括儒学在内的中国传统文化精华来丰富和发展中国化的马克思主义，而既不赞成全面认同港台新儒学的大陆新儒学，也很怀疑所谓“吸收包容了马克思主义的大陆新儒学”会有多么光明的前景。

记者：今后的新儒学研究应如何深化，应注意哪些问题呢？

方先生：我认为，首先应注意从儒学思想史的角度来对现代新儒学的发展及其与传统儒学的关系作准确的定位。究而言之，汉以后的儒学都可以称之为“新儒学”，每个时代的儒学都有自己的时代特点。汉代董仲舒的新儒学不同于先秦孔孟荀儒学，唐代韩愈的新儒学不同于汉代董仲舒的儒学，宋明朱熹、王阳明的新儒学不同于董仲舒、韩愈的儒学，近代康有为、梁启超的新儒学不同于朱熹、王阳明的儒学，现代新儒学又有异于近代康、梁的儒学，这是显而易见的。历代儒学之发展有其“同”，也有时代之“异”，现代新儒学本质上不过是现代条件下的儒家心性之学，是现代唯心主义的一种特殊形态。只要我们本着历史主义的态度，其间的承传、发展关系是不难说明的。其次，要从现代思想史的角度注意对不同思想派别之间的差异、对立及其联结关系进行研究。我过去曾论述过中国现代思想史上的三大思潮或三大派别：一是自由主义的西化派，二是以现代新儒家为代表的文化保守主义派，三是马克思主义派。“五四”以来的文化论争或学术论战，基本上是在这三派之间展开的，关系错综复杂。我们过去比较注意马克思主义与非马克思主义思想派别之间的关系，强调二者的对立和区别，而看不到它们之间也有互动、联结的一面。事实上，在非马克思主义的两大派中，也有分歧和斗争，并非完全一致。我们对非马克思主义亦应作具体分析。非马克思主义与反马克思主义并不完全是一回事，对这些思想派别的学术贡献亦须进行实事求是的评估。故而在论述中国现代三大思潮时，我赞成“互动”这个概念。“互动”既包含正面的互补也包含反面的刺激，是对立统一规律在学术思想发展史中的生动体现。正因为不同学派之间的相互联结、相互斗争、相互补充和相互刺激，才使中国现代思想文化呈现出一种多姿多彩的格局和面貌。其三，在现代新儒学研究中，如果只有“同情地了解”而没有“客观地评价”和“批判地超越”，就必然要走错方向；如果做到了“同情地了解，客观地评价”，而不能“批判地超越”，这一研究也没有什么意义。前两步工作乃是搞好新儒学研究的前提和基础，后一步工作则是此项研究的终极目的或目标。其实这是一个统一的认知过程，不能截然分开的。对于“批判地超越”，港台新儒家显然是难以接受的，而有的大陆学者也认为根本不可能对新儒学“批判地超越”，因为他们已经完全站到新儒家的立场上去。马克思主义辩证法是革命的批判的学说，它不承认有固定不变的绝对不可超越的东西。其实，“批判”“超越”并不等于简单的否定，“批判地超越”乃是学术文化发展中的正常现象和普遍现象。现代新儒学本身对近代儒学来说就是一种超越，而有的大陆新儒家试图发展一种有异于港台新儒学的“大陆新儒学”，这种努力本身也正是企图超越港台新儒学的一种表现。现代新儒学并非已尽善尽美，它的基本理论和文化精神并不能代表中国文化未来发展的正确方向。因此，实现对现（当）代新儒学的超越乃是历史的必然。最后要指出的是，今后的新儒学研究要想深入下去，还必须在一些重大的理论问题上作更加全面、更加深入细致的研究，力争有所突破，作出令人信服的回答。目前的研究成绩固然应该充分肯定，但总的看还停留在介绍、评述、分别进行专人或专题研究等基础性工作的层次上，新儒学研究的真正高水平论著还没有出现。目前的缺点主要表现为理论水平不高，如前所说也存在理论方向的问题，但毕竟只是少数人。多数大陆学者还是把握住了正确的学术理论方向，不过研究水平有待提高。今后新儒学研究的进展主要依靠一代更年轻的学者，相信他们会在建设有中国特色社会主义的实践中，认准中国文化发展的正确方向，对包括新儒家在内的中国现代思想文化格局和各个派别，有一个更加全面、深刻的认识。

（访谈于 1996 年 12 月，刊载于《社会科学战线》1997 年第 2 期）

大陆新儒学的马克思主义分析

——访中国社会科学院马克思主义研究院特聘研究员方克立

本刊记者

记者：方先生，您在2005年9月致“第七届当代新儒学国际学术研讨会”的贺信中提出要重视对大陆新儒学的研究，去年2月又发表了包括这封信在内的《关于当前文化问题的三封信》[1]，对大陆新儒家编的读经课本、“儒化中国”的政治方案、“立儒教为国教”的主张进行了评论，在学术界和社会上引起了强烈的反响，有人赞成，有人反对，甚至在一些网站上受到崇儒反马派的围攻和谩骂。您为什么要提出这个问题？研究大陆新儒学有什么重要的现实意义？我们想请您就此谈一谈。

方克立：我对这个问题的关注并不是最近一两年的事情。大陆新儒学虽然是近年来才进入人们视野的，但这一要求以儒学取代马克思主义作为当今中国主导意识形态地位的思潮在上个世纪80年代后期就出现了，蒋庆1989年发表在台湾《鹅湖》杂志上的三万五千字长文《中国大陆复兴儒学的现实意义及其面临的问题》就是一篇代表作。90年代文化保守主义渐成气候，出现了形形色色的“大陆新儒

---

① 原载《中国社会科学院学术咨询委员会集刊（2005）》第2辑，社会科学文献出版社2006年版。《学术探索》2006年第2期删节转载时将题目改为《关于当前大陆新儒学问题的三封信》。

家”，被称为“文化保守主义旗舰”的《原道》辑刊就是1994年创刊的，至2004年已出刊10期。文化保守主义中也有不同的思想倾向，有些是纯粹做学问的，有些则有很大的政治抱负。经过十多年酝酿准备、分化整合，这一派中政治、文化倾向相近的“南蒋北陈”等人终于在2004年7月贵阳儒学会讲中以团队（学派）形式公开集体亮相，正式“浮出水面”。这次儒学会讲也被称为“中国文化保守主义峰会”。我把这次“峰会”看作是中国的现代新儒学运动进入第四阶段的标志，预计人们今后将把主要注意力从港台、海外新儒学转向更加切近中国现实的大陆新儒学，现代儒学复兴运动也进入了以大陆新生代新儒家唱主角的阶段。我之所以会有这样的认识，是与80年代中期以来在现代新儒学研究方面做过一些工作，与这一思潮的代表人物已经打过十多年交道，早有思想上的交锋分不开的。应该说，我对这一思潮的来龙去脉比较清楚，我也有责任就其思想主旨、政治目标、与当今中国其他各派思想的关系、历史地位和影响等问题提出自己的看法。当然，我是从一个马克思主义学者的立场来分析和认识这些问题的，因此难免会出现有人赞成、有人反对的情况。

记者：从您的介绍中，我有这么一个印象：大陆新儒学产生和早期发展的过程，与大陆学界开展对现代新儒学研究的过程大体上是同步的。您是大陆现代新儒学研究的开创者和主要学术带头人之一，对这一过程以及其中错综复杂的思想斗争比较了解，听说您领导的“现代新儒学思潮研究”课题组也发生了思想分化，有的人从港台新儒学的研究者变成了它的追随者，成为最早的“大陆新儒家”之一。您认为出现这些情况的关键原因是什么？

方克立：大陆新儒学产生的原因可以从多个角度来认识，其中一个重要原因，就是港台、海外新儒学的启蒙、接引和“反哺”。蒋庆在《中国大陆复兴儒学的现实意义及其面临的问题》一文中将儒学的现代发展分为四期，其中第三期为“传播反哺期”，就是港台、海外新儒家“将儒家思想传播于海外，反哺于国内，扩大儒学在国际国内的影响”的时期，然后才有他所期待的儒学在大陆重新取得正统地位的“返乡复位期”。在一定意义上说，大陆新儒学的出现正是港台、海外新儒家进行“反哺”的结果。《新原道》第1辑（《原道》第8辑）“编后”说：“港台新儒学是《新原道》同人从正面走近传统的接引者。最近与其代表者《鹅湖》杂志建立起了学术上的合作关系，乃是一件十分叫人兴奋的事。”这些话都讲得很坦率，并不回避大陆新儒学对港台新儒学的承接关系。

你的观察是符合实际的，大陆新儒家代表人物与大陆学界开始接触并研究港台、海外新儒学在时间上大体是同步的。改革开放后我们才读到唐君毅、牟宗三等人的著作，杜维明1985年在中国文化书院讲“儒学的第三期发展”时，大陆学界许多人都感到很新鲜。现代新儒学研究是“文革”后重新认识儒学的一个重要组成部分，但在研究中有不同的立场，在这个问题上产生了新的思想分野。“现代新儒学思潮研究”是国家社科基金“七五”“八五”规划重点项目，课题组的指导思想很明确，就是要用马克思主义的立场、观点、方法来对现代新儒学进行一分为二的分析和评论，既不盲目崇扬，也不抹煞它的贡献和历史地位。我们还确定了“同情地理解，客观地评价，批判地超越”的研究方针。这种客观、理性、平正的研究态度，得到了海内外许多学者的肯定，但也受到来自文化保守主义和文化激进主义两个方面的批评。批评集中到一点，就是反对我们的马克思主义研究立场。首先是与我们观点不同的港台学者，比如台湾的李明辉说：“今天在中国大陆研究当代新儒家的学者，不论其个人对新儒家的评价如何，多半不能摆脱马列主义的教条和思想框框。”“中国大陆新儒学研究的最大阻碍在于意识形态的限制，这项限制形成其研究工作无法突破的瓶颈。”接着大陆一些比较认同港台新儒学的学者，包括我们课题组中的个别人，也认为马克思主义是一“先定原则”，用马克思主义观点来研究新儒学就不可能做到“客观”和“实事求是”，因为“其评判结果是先定的”。有人还设置了不能批评新儒家哲学上的唯心主义、政治上主张走“儒家资本主义”道路的禁区，否则就指责为纠缠于“唯物唯心”“姓社姓资”两个意识形态的老问题。我们不得不在新儒学研究的指导思想问题上与自称或被称为“大陆新儒家”的学者展开论争。比如1995年8月，在武汉召开的“徐复观思想研讨会”上，两位大陆新儒家学者一起对课题组的研究立场提出质疑，我在会上做了一个回应，并于会后写了《评大陆新儒家推出的两本书》和《评大陆新儒家“复兴儒学”的纲领》两篇文章[①]，分别回答二人对“大陆马列派”的批评和质疑。大陆新儒学在其前期发展阶段就与其前辈（也是其直接的接引者）港台、海外新儒学既有共同之处也有自己的特点，共同处是都要求以儒学为主体、为本位、为主导意识形态来解决中国的发展前途问题，特点是大陆新儒学特殊的生存环境决定了它要“崇儒”就必然要“反马”，因为在大陆要求以儒学为主导意识形态就必然要与大陆现已写进宪法的主导意识形态马克思主义发生直接的冲突。

记者：大陆新儒学在前期发展阶段就表现出了崇儒反马的特点，它在2004年正式登上历史舞台后，是否还继续表现出这样的特点呢？有些什么主要表现？

方克立：这一特点既然反映的是其本质规定性，就必定有一贯性。以这一派的领袖人物蒋庆来说，他在1989年就明确提出：“儒学理应取代马列主义，恢复其历史上固有的崇高地位，成为当今中国代表中华民族的民族生命与民族精神的正统思想。”2005年，他在《关于重建中国儒教的构想》一文中，更加直言不讳地提出了儒学（教）要与马克思主义争夺当今中国的“王官学”地位、“宪法原则”地位的政治主张，他说：要“通过儒者的学术活动与政治实践，将‘尧舜孔孟之道’作为国家的立国之本即国家的宪法原则写进宪法，上升为国家意识形态；也就是说，恢复儒教古代‘王官学’的地位，把儒教

① 分别发表于《晋阳学刊》1996年第3期和1997年第4期。

的义理价值尊奉为中国占主导地位的统治思想”。这就不仅是像某些朋友所说的“大陆新儒家有觊觎意识形态的企图”，而且摆出了一副与当今中国的主流意识形态势不两立的架势，用蒋庆的话来说就是“要马统则不能有儒统，要儒统则不能有马统，两者不可得兼”（2006 年 6 月 20 日《蒋庆等人谈当下儒学发展路线》）。

另一位大陆新儒家代表人物康晓光 2004 年 11 月在我院研究生院所做的题为《我为什么主张“儒化”——关于中国未来政治发展的保守主义思考》的演讲中，也明确提出了“用孔孟之道来替代马列主义”“儒化共产党”的主张。在他看来，“有一天，儒学取代了马列主义，共产党变成了儒士共同体，仁政也就实现了”。他是把马克思主义当作一种“西化”思潮来反的，并且断言：“今后二十年到五十年内，儒家必将与西化派在政治和文化领域内进行决战。这是一场殊死的决战，因为它关系到中华民族的未来。”

学界把 2004（甲申）年称为“文化保守主义年”，某些大陆新儒家代表人物也自认为他们在中国的思想版图上已经“从边缘到了中心”，要当“主流”（主导意识形态）的心情更急迫、更强烈了，甚至用“不主流，毋宁死”之类激烈言辞来表示自己的决心，再看看康晓光“殊死决战”的姿态，我们对这场意识形态斗争的严重性、尖锐性难道还能视而不见、听而不闻吗？

记者：刚出场不久的大陆新儒家学派这些年的活动十分引人注目，但人们一般只看到了“读经之争”“儒教之辩”“施剧风波”等表面上的东西，意识到这是一场严重的思想斗争和政治斗争的人恐怕不多，您把要害问题实际上已经讲得很清楚了。看来大陆新儒学并不是一般的学术、文化思潮，而是有着明确的政治目标和一整套具体的政治、经济、文化、社会制度设计，力图影响中国未来政治发展方向的一种现实政治思潮，决不能低估它的作用和影响。请您再给我们介绍一些这方面的情况。

方克立：大陆新儒家关心的确实主要是政治问题。蒋庆讲的儒学重点是在“政治儒学”，不同于港台、海外新儒家讲的心性儒学。他所设计的重建儒教的“上行路线”，就明言是一条“儒化”当代中国政治秩序的“复古更化”路线。康晓光的“儒化”论也是一种关于中国未来政治发展道路的保守主义理论。他们都有高度的政治路线斗争的自觉性。

大陆新儒家为中国未来设计的政治方案，基本特点是反对民主政治（包括社会主义民主），要求回到儒家的“仁政”和“王道政治”，以实现他们所期望的“儒士共同体专政”。蒋庆提出了“王道政治三重合法性”理论。他批评民主政治是“民意合法性一重独大”，会造成政治权威产生过程中无道德和民主政治运作过程中无理想的情况，有极端世俗化、平庸化、人欲化的缺点。他要求的三重合法性除了“民意合法性”之外，还包括建立在天命论基础上的“天道合法性”和为历代帝王将相、儒家圣贤传宗接代的“历史文化合法性”。他设计了“通儒院”“庶民院”“国体院”三院制来取代我国的人民代表大会制度，以分别体现上述三重合法性，其中有些内容真是叫人感到不可思议，如“‘通儒院’议长由儒教公推之大儒担任，终身任职制，可不到位，委派代表主持院事”；“‘国体院’议长由孔府衍圣公世袭，议员则由衍圣公指定吾国历代圣贤后裔、历代君主后裔、历代历史文化名人后裔、社会贤达以及道教界、佛教界、回教界、喇嘛教界、基督教界人士产生”。这是为中国走向现代化、全球化时代设计的政治方案吗？历史能够这样倒退吗？从以上设计中只能感到这些“大儒”们的用世之心太迫切了。

康晓光的“仁政”给中国未来的政治又提供了什么希望呢？他说：“在仁政里，由谁来执掌政权呢？儒家主张贤人治国。那么，谁是贤人呢？贤与不贤的标准是什么呢？贤人就是信仰并践行儒家理念的人。贤与不贤的标准就是是否信仰并践行儒家理念。这是因为，仁政是最好的政治，而儒士是实践仁政的人。说白了，仁政就是儒士共同体专政。”他并不讳言“仁政”属于权威主义范畴，也是一种“专政”。什么人专什么人的政呢？他认为是贤人专不贤之人的政，有贤德的仁者、“儒士”专“儒士共同体之外的人”的政。他说：“在现实中，儒家认为人和人是不平等的，人和人之间有贤与不贤之分。儒家认为，大德应该统治小德，大贤应该统治小贤。也就是说，只有贤人才配有统治权。孟子说‘惟仁者宜在高位’。儒士就是有仁德的贤者，所以统治者只能由儒士共同体推举，而无需全体国民选举。”“尽管儒家主张儒士共同体之外的人没有统治的权利，但他们有获得良好统治的权利。”在现代民主社会里，这样露骨地鼓吹统治者与被统治者的天然不平等，“儒士”、贤人有“天赋治权”的专制主义、蒙昧主义理论已很罕见，对其逆历史潮流而动的实质也无需多加评说，读了蒋庆、康晓光的上述文字，我想对大陆新儒家的政治思想应能有一个基本的了解了。

记者：您不介绍还真不知道今天还有这样露骨的现代专制主义、蒙昧主义理论，这使我们对大陆新儒家“复古更化”的政治路线有了进一步的认识。儒家不是总讲“何必曰利”“正其谊不谋其利”吗？大陆新儒家在经济上有些什么要求、什么主张呢？

方克立：蒋庆1989年就批判社会主义公有制“违背了人性与物性”，极力论证私有制的“合理性”及其所谓的“人性基础”。近年来，他在重建儒教的“下行路线”中，又以“中国儒教协会”的名义，向代表社会主义公有制的国家大伸其手，要求种种政治、经济特权，比如要求国家给予土地与实物等馈赠及定期拨款以维持儒教的日常运作，“历代书院建筑与地产，文庙建筑与地产，孔庙建筑与地产，历代圣贤儒士之祠庙、地产、故居、坟茔、遗稿、遗物，历代圣贤儒士过化之文化古迹与各种文物，历代古圣王陵墓、陵寝、陵园，历代帝王之祠庙与忠烈祠、文昌阁、城隍庙等，统统拨归中国儒教协会所有、管理与经营”；“国家代儒教开征‘儒教遗产使用税’”；“凡以各种方式出版的营利性的儒教古籍、使用具有儒教内容与人物形象的商标、广告、公司企业名称、经贸旅游活动、以招商为目的的节庆活动、以儒教内容为题材的营利性的文艺作品与影视作品，均须向儒教交税”。蒋庆的“下行路线”还是儒教争取“王官学”地位、“宪法原则”地位不成功的情况下的权宜之计，在他主张的私有制社会里，这个“中国儒教协会”无疑已经是中国最大的地主集团了；现在他要求社会主义公有制国家给它如此巨大的经济特权，用大量国家财产和纳税人交的钱来无偿地供养这些“儒教”精神贵族，已经叫人咋舌，可以设想，要是它的“上行路线”能够成功，那不就完全实现了其“普天之下，莫非王土；率土之滨，莫非王臣”的美梦了吗？大陆新儒家中还有专业的经济学家，听说这位“经济新儒家”还是一个新自由主义经济学的代表人物，这与蒋庆在经济上主张私有制大概是一致的。我没有读过他们的经济学著作，也没有能力进一步发表这方面的评论。

记者：从最近几年大陆新儒家的活动及其影响来看，思想文化领域、意识形态领域无疑是他们工作的重点。他们编写读经课本、举办儒学（教）会议、办书院、办网站、出版书刊、到各地演讲、接受媒体采访，先后引发了“读经之争”“儒教之辩”和“施剧风波”，声势造得很大。您曾指出这是在做杜维明讲的“一定要储备社会资本，重视杂志、报刊、学术论坛这些不能量化的东西”的工作，也就是舆论先行的工作，看来确实是这样。为了达到以儒学（教）取代马克思主义作为国家意识形态的目的，在思想、文化、教育方面，他们还提出了一些什么具体主张呢？

方克立：康晓光提出了“文化民族主义”的概念。他说文化民族主义不是一种理论，而是一种意识形态。在他那里民族文化复兴就是儒学（教）复兴，所以文化民族主义实际上是一种复兴儒学（教）的意识形态。他提出了文化民族主义必须完成的三大任务（整理国故、社会动员、制度化）和四项必要措施，其中第一项就是“儒学教育要进入正式学校教育体系。小学、中学应该设置儒学基础课程。在高等院校中，与公共管理有关的专业应该设置儒家经典课程。各级党校应该设置儒家经典课程。国家公务员考试应该增加儒学科目”。蒋庆进一步提出了建立新的科举制度和经典教育制度的方案，其主要内容有：①“国家成立各级政治考试中心，有志者必须通过《四书》《五经》的考试才能获得做官资格”；②“用儒教的经典取代各级党校、行政学院过时的意识形态经典，使其作为各级党政干部思想品德教育与历史文化教育的主要内容”；③“在国民教育系统中，恢复小学中学‘读经科’，将《四书》《五经》教育作为基础课与语、数、英同列；大学则恢复‘经学科’，作为大学通识教育的基础课程”。蒋庆直截了当地把马克思主义称为“过时的意识形态”，主张各级党校要用儒家经典教育来取代马克思主义经典著作学习，这可以说是他和康晓光“儒化共产党”“和平演变共产党”的“高招”。

蒋庆不仅做了上述制度设计，而且有具体行动。2004 年 4、5 月，高等教育出版社出版了蒋庆为小学 6 个年级 12 个学期编的一套《中华文化经典基础教育诵本》12 册，并被中国教育学会等单位推荐为全国实验用书。2005 年 3 月 4 日，我在致教育部长周济同志的信中指出这套教材的编写指导思想有严重问题，教材内容和教学方法也不适宜于我们的小学教育，建议教育部“组织精通古代经典文本、坚持马克思主义和社会主义学术立场的专家学者，重编能体现中国传统文化精华、适合青少年成才需要的基础经典教育课本”。同年 6 月 20 日，教育部基础教育司课程发展处主管的“中小学语文课程标准研制工作组”也发表了《关于“中小学设置儒学基础课程”流言的声明》，批驳了大陆新儒家所谓“儒家经典教育要进入正式学校教育体系，小学、中学都应该设置儒学基础课程”的主张，蒋庆编的读经课本向全国推广的计划也暂时搁置起来了。我想事情总会越辩越明，对错误的东西不能视而不见、听而不闻，或者事不关己、高高挂起，总要有人出来说话，明辨是非，错误的东西也就起不到欺骗群众、阻碍社会进步的作用了。

记者：我很佩服方先生这种对事业负责的精神，现在对这些问题能看得清楚而且敢于出来说话的人实在是太少了。大陆新儒家推行的复兴儒学（教）的计划，不仅是一个意识形态工程、文化教育工程，而且是一个庞大的社会工程，比如康晓光讲到的三大任务中就包括“社会动员”和“制度化”问题。他们在这方面抓的关键问题是什么呢？

方克立：康晓光讲得很清楚，“儒化共产党”的关键是要用儒学来取代马列主义，把共产党变成一个“儒士共同体”；“儒化社会”的关键是要立儒教为国教，把中国变成一个“政教合一”的国家。这样双管齐下，“在上层，儒化共产党；在基层，儒化社会”，才能把中国和平演变成一个“儒教中国”。他认为复兴儒学（教）从本质上说是一场社会运动，必须按照社会化的方式来运作，而关键是“国家要支持儒教，将儒教定为国教”。同时，他还提出了儒教要有规范化的仪式、建筑与活动场所，要有自治的组织体系，为信众提供多元化的社会服务；要让儒教进入百姓的日常生活，成为全民宗教；通过非政府组织向海外传播儒教，形成全球范围内的文化传播体系等主张，这些都是社会化的工作。蒋庆讲到复兴儒教事业的十个方面内容，其中许多都是属于社会层面的，包括儒教的社会形态、儒教的组织形态、儒教的聚会形态、儒教的传播形态、儒教的慈善形态等等。康、蒋都是儒教国教论者，前提是要国家立法支持儒教，将儒教上升为国家意识形态，给它以其他宗教没有的种种特权。这就要根本改变以马克思主义为指导的中国特色社会主义国家的性质，与我党的宗教政策也是直接相冲突的。我党明确提出了“积极引导宗教与社会主义社会相适应”的理论和方针，儒教要在社会主义中国复兴或重建，也首先要解决“与社会主义社会相适应”的问题。与社会主义社会相适应就要“拥护社会主义制度，拥护共产党的领导”[①]，而不是要社会主义社会

---

① 江泽民：《高度重视民族工作和宗教工作》，《江泽民论有中国特色社会主义》（专题摘编），中央文献出版社2002年版，第370页。

来适应你，按照你的“儒化”原则来改造社会主义社会，改造共产党。所以从根本上来说，在今天提出“立儒教为国教”只是一种毫无现实可能性的复古梦。

大陆新儒家中的陈明与康、蒋不同，他是主张儒教“公民宗教”说的。历史上儒学与宗教的关系问题学界历来就有讨论，现实中民族文化认同的信仰基础也有不同的取向，而且出现了种种新情况、新问题，对此一些人表现出了强烈的忧患意识，我们应予以同情地理解。只要不是为某种明显的意识形态企图所支配，加强对儒教的学术研究和讨论是必要的，我们特别期待有在马克思主义历史观和宗教观指导下的高水平的儒教研究论著出现。

记者：方先生从政治、经济、文化、社会等多个方面介绍了大陆新儒学的基本主张，使我们对其反对中国特色社会主义事业，推行“复古更化”“儒化中国”路线的实质有了更清楚的了解，您实际上把开展大陆新儒学研究的现实意义也讲清楚了。今天由于时间关系，有些问题就不能继续请教了，比如大陆新儒家认为“中国文化是君子文化、西方文化是小人文化”的极端片面的看法；他们对中国历史的歪曲，对中国近现代革命和近现代文化的全盘否定；大陆新儒学如何接受港台新儒学的接引和“反哺”，以后在大陆的生存环境逐渐形成了自己的问题意识而又与港台新儒学区别开来；大陆新儒学与自由主义西化派既有尖锐的思想分歧又有一致、联合的关系；大陆新儒家对我党创新理论的攻击和歪曲；大陆新儒学的唯心主义世界观、历史观和文化观等等。最后我想请您介绍一下提出这个研究课题后各个方面的反应和目前这项研究进展的情况。

方克立：大陆新儒学正式登上历史舞台不过三年时间，但在中国思想界已造成相当大的影响，他们先后引发了“读经之争”“儒教之辩”和“施剧风波”，都是媒体乐于炒作的题目。我写三封信的时候，激烈的思想论争主要发生在自由派学者与大陆新儒家之间，而很少看到有马克思主义派学者站出来说话。从百家争鸣的角度来看，这种情况也是不正常的。在中国现代三大思潮的对立互动中，大陆新儒学主要是对马克思主义的主导意识形态地位发起挑战，它要当“王官学”，要你让位，马克思主义怎能不作出回应呢？随着思想斗争的深入，后来情况逐渐有所改变。一些马克思主义学者从“守土有责”的责任感出发，陆续写了一些文章，对大陆新儒学的政治儒学、重建儒教论、“儒化中国”论等进行了批评，最近线装书局出版的《大陆新儒学评论》一书，就是其中部分文章的汇编。对大陆新儒家要“以儒学取代马列主义”“儒化共产党”“儒化中国”的主张，一些共产党员实在看不下去了，觉得再也不能沉默了，正如武高寿同志所说的：“事关国运民生，沉默就是犯罪！”但有这种认识和感情的学者开始还不多。一些从事马克思主义理论研究的学者对儒学和传统思想文化研究领域的情况不太熟悉，一些专门研究儒学和传统文化的学者，本来对大陆新儒学的来龙去脉和思想主张是比较了解的，但又以“他们不是做学问”一句轻鄙的话来表示不值得去理它，甚至认为“越批评越帮它扩大影响”。没有“事关国运民生”的感受和“守土有责”的责任感，谁也没有兴趣去同这些不合时宜的“复古更化”派打交道。但现实是他们步步进逼，特别是利用网络这个自由空间发表了大量崇儒反马言论，他们的书在国内出版不了就拿到海外去出版，还打算将其著作翻译成外文进一步扩大影响，搞内外呼应。他们是在时刻准备着那场“殊死决战”的，我们怎能掉以轻心呢？现在已有越来越多的同志意识到这场斗争的严重性了，有些敏锐的杂志编辑开始主动约写这方面的文章；青年学者张世保同志申报的国家社科基金课题“20世纪90年代以来的大陆新儒学研究”去年被批准立项；一些重要的儒学研究团体都强调要把握正确方向，通过儒学研究来为中国特色社会主义事业服务，为世界和平与发展服务；有的学术组织还计划召开专门讨论儒学与马克思主义关系问题的学术研讨会。哲学社会科学如果不关心涉及中国前途命运的如此重大的现实问题和理论是非问题，党和人民培养我们这些人是干什么的呢？

我还可以介绍一点最近的情况。《大陆新儒学评论》一书今年3月出版后，崇儒反马派还没有看到书就在一些网站上发起攻击，号召大家赶快去买这本书，好组织写批驳文章。有个叫王达三的儒教网版主，竟说马克思主义学者对大陆新儒学的批评是马克思主义“行将退场”“青山遮不住，毕竟东流去”时的“最后的哀歌”，是“蚍蜉撼树，螳臂当车”“尔曹身与名俱灭，不废江河万古流”。听说这位王先生还是中国人民大学博士、某军校教员。这反映出我们的高等教育并没有真正解决好培养社会主义事业接班人还是掘墓人的问题。我们的军校培养出了方永刚这样坚定的马克思主义者，但也出现了个别像王达三这样断言马克思主义“行将退场”的人。值得注意的是，大陆新儒家的第二梯队已隐然呈现，这场斗争将不是短时期的。按照康晓光的估计，决战将发生在今后20年到50年内，马克思主义学者也要有长期作战的思想准备。我们这些人老了，做不了多少事情了，令人高兴的是，在党的培养教育下，以方永刚同志为代表的一批优秀的青年马克思主义者正在成长起来。我相信中国特色社会主义这面旗帜一定不会倒，“复古儒化”一定不会成功。

（本文是作者回答《马克思主义研究》编辑部记者提问时的访谈记录稿。原载《马克思主义研究》2007年第5期）

本书出版获得中国社会科学院大学中央高校基本科研业务费的资助

方克立论著集

第一卷 中国哲学史上的知行观

方克立 著

中国社会科学出版社

图书在版编目(CIP)数据

方克立论著集：全七卷／方克立著. —北京：中国社会科学出版社，2023.4

ISBN 978-7-5227-1639-8

Ⅰ.①方… Ⅱ.①方… Ⅲ.①哲学—中国—文集 Ⅳ.①B2-53

中国国家版本馆CIP数据核字(2023)第078659号

出 版 人　赵剑英
责任编辑　韩国茹
责任校对　谢　静
责任印制　张雪娇

出　　版　中国社会科学出版社
社　　址　北京鼓楼西大街甲158号
邮　　编　100720
网　　址　http://www.csspw.cn
发 行 部　010-84083685
门 市 部　010-84029450
经　　销　新华书店及其他书店

印刷装订　北京市十月印刷有限公司
版　　次　2023年4月第1版
印　　次　2023年4月第1次印刷

开　　本　710×1000　1/16
印　　张　227
插　　页　14
字　　数　3552千字
定　　价　1698.00元(全七卷)

出版缘起

方克立先生（1938—2020），中共党员，中国社会科学院学部委员。在中国人民大学哲学系、南开大学哲学系、中国社会科学院研究生院任教数十年，其间，曾被任命为南开大学哲学系中国哲学教研室主任、中国社会科学院研究生院院长等，兼任国务院学位委员会哲学学科评议组成员和召集人、中国哲学史学会会长、国际中国哲学学会会长等。

2021年7月，在赵剑英社长和魏长宝总编辑的关切和支持下，我社筹备出版《方克立论著集》（全七卷），方克立先生著作权继承人及其历届学生也积极推动。严正、周可真、余新华、杨庆中、李道湘、张允熠、张小平、刘岳兵等人在书稿编辑整理过程中给予了很大帮助；吕伟、杨俊峰、卢兴、郁有学、杜运辉、陆信礼、韩国茹，以及刘博智等在搜集整理、分类汇编、核对引文、统一体例方面做了大量的工作。本书的出版还获得中国社会科学院大学中央高校基本科研业务费的资助，在此表示衷心的感谢！

《方克立论著集》（全七卷）搜集、整理了方克立先生已刊和未刊文字、讲座录音、会议发言、书信，计三百余万字，按照专著、论文、序跋、书信等门类分卷。方克立先生的一些文字，尤其是书信，散落在外者应该还有不少，只能留待以后有机会再出续集。

中国社会科学出版社

2023年1月

整理说明

本卷收入方克立先生《中国哲学史上的知行观》一书。在整理过程中所做的工作如下：

一，《中国哲学史上的知行观》由人民出版社初版于 1982 年，1984 年重印，1997 年再版。为了准确地反映方克立先生早期中国哲学观的原貌，尽量按著作出版时的体例进行整理。

二，书中所涉及的古籍文献保留出版时的句读方式；少数尚未查到原始出处的引文仍保留原貌；今人文献尽量核对出版时间、版本与页码，并作页下注；改正了个别明显的错别字。

三，根据最新的标点符号使用规范，去掉连用的引号、书名号之间的顿号；大段引文使用仿宋字标示；对于公元纪年的写法作了统一。

吕　伟

2022 年 9 月

目录 contents

重印前言

这本书，发行已经两年多了。第一次印刷时既无“前言”，也无“后记”，于读者了解本书的内容和主旨实有所不便。借这次重印之机，把我在撰写此书前给人民出版社写的一个“设想”照录于此，以便和读者交流思想，获得有益的批评和帮助。

一，研究这个题目的目的是：以毛泽东的《实践论》为指导思想，系统地清理中国哲学史上的知行问题，用大量具体材料说明：“马克思以前的唯物论，离开人的社会性，离开人的历史发展，去观察认识问题，因此不能了解认识对社会实践的依赖关系，即认识对生产和阶级斗争的依赖关系”，“唯心论和机械唯物论，机会主义和冒险主义，都是以主观和客观相分裂，以认识和实践相脱离为特征的”。同时说明哲学史上的经验论和唯理论为什么是错误的，它们又是怎样失足的。也就是说，用中国哲学史的全部材料说明：只有“以科学的社会实践为特征的马克思列宁主义的认识论”,[①] 即实践论，才是唯一正确的认识理论，也是对于中国哲学史上的知行问题的科学总结。我们希望，这本书的写成，能够对广大读者学习和加深理解毛泽东的《实践论》有所帮助，至少提供一个历史的资料。

二，当然，不能把《实践论》诞生以前的中国知行学说史写成一

① 毛泽东《实践论》,《毛泽东著作选读》(甲种本)，中国青年出版社 1964 年版，第 40、52—53、53 页。

部纯粹错误的思想和理论堆积的历史。前人虽然没有对知行问题作出科学的解决，但他们的探讨不是没有意义的，至少他们提出了问题，有的在不同方面、不同程度上对问题作出了接近真理的回答。他们的失足也为后人提供了宝贵的理论思维的经验教训。例如，马克思以前的唯物论（更不用说唯心论了），都“不能了解认识对社会实践的依赖关系”①，但这并不是说，旧唯物主义者都没有提出过“行”或“实践”的概念，都没有把“行”和“知”联系起来，把“行”引进认识论。中国古代有不少哲学家提出了“行先于知”“由行而致知”“力行而后知之真”等命题，列宁甚至指出“费尔巴哈把人类实践的总和当作认识论的基础”②。关键在于，“由于剥削阶级的偏见”，“由于生产规模的狭小，限制了人们的眼界”③，旧唯物主义者对行或实践的了解是片面的，因而不能把他们的认识论建立在科学的社会实践的基础上。尽管如此，主张“行先知后”“由行而致知”，批判“知先行后”“离行而言知”，总还是比较正确的认识理论，在哲学史上一般具有唯物主义反对唯心主义的意义。我们认为，用马克思主义观点研究中国知行学说史，注意从认识论方面去考察历史上的各种哲学形态，总结唯物主义和唯心主义斗争的规律，总结理论思维的经验教训，应是深入开展中国哲学史研究的一个重要方面。

三，知行问题研究的范围，狭义地说，就是研究知和行，即认识和实践的关系问题。中国哲学史上知行对称，提出二者的关系问题是很早的，但专门讨论知行先后、知行分合、知行轻重、知行难易等问

---

① 毛泽东：《实践论》，《毛泽东著作选读》（甲种本），中国青年出版社 1964 年版，第 40 页。

② 列宁：《唯物主义和经验批判主义》，《列宁选集》第 2 卷，人民出版社 1972 年版，第 142 页。

③ 毛泽东：《实践论》，《毛泽东著作选读》（甲种本），中国青年出版社 1964 年版，第 41 页。

题，大都在宋以后；宋以前的哲学家有的也接触到这个问题，但大都语焉不详，零碎片断，没有形成系统的学说和理论。广义地说，知行问题就是整个认识论，包括认识的本质、认识的源泉和动力、认识发展过程、检验认识真理性的标准等问题，毛泽东的《实践论》，副标题为“论认识和实践的关系——知和行的关系”，内容却是“辩证唯物论的全部认识论”。所以，我们考虑，研究中国哲学史上的知行问题，不能把范围限制得太狭小，不能只是字面上讲到知行关系的才研究，而必须涉及认识论的所有重要问题。例如关于知识的来源问题，唯心主义认为来自本心的“良知”，或对“天理”的体认，都是离行而言知；旧唯物主义者认为来源于感觉经验，承认从外到内，但有直观性的缺陷，否认实践在认识中的作用；有的唯物主义者主张“行先知后”“由行而致知”，而把“行”主要了解为个人的道德行为或应事接物的活动。所以，关于知识来源问题上的各种理论，不论是完全错误的或有部分合理因素的，都和知行问题直接有关。关于真理标准问题也是一样，不论是否承认实践标准，都是提出了一种知行观。这样，关于知行问题的研究，就不能仅仅限于宋代以后，从孔夫子到孙中山，几乎所有重要的哲学家都涉及这个问题，一部知行学说史就成了中国认识论的专史。可是，我们又不希望把问题搞得太宽泛，还必须限定一个范围。凡是和知行问题直接相关的才写，关系不直接的就从略。如古代辩者关于思维的形式及规律的学说，佛教一些宗派对于人的意识现象的繁密分析等，都不拟展开详细论述。从这个意义上说，它又不是一部完整的认识论史，而只是一部知行学说史。

四，中国哲学史上的知行问题和伦理学、人性论关系密切，封建时代的哲学家们讨论知行问题，虽然也有一般认识论的意义，往往主要是讨论道德意识和道德行为的关系问题。剥削阶级总是心口不一、言行相违的，而他们的思想家又总是强调知行统一、言行一致，所以

傅立叶说道德“就是行动上的软弱无力”①。历史上关于性善、性恶的争论，涉及道德观念是先天固有的还是后天获得的问题，也和知识起源问题直接相关。这些问题怎样处理？我们考虑，这本书主要探索《实践论》的思想理论渊源，是专讲认识论问题的，和伦理学、人性论问题交叉混糅在一起的，主要也只从认识论角度来论述，尽可能划清二者的界限；纯属伦理学问题的则一概不讲。

五，这个题目虽属哲学史专题研究，我们考虑，写书时还是采取历史的叙述方式，写成一种专门问题或学说史，从孔夫子到孙中山，较有代表性的哲学家的知行学说一一论述。“知之非艰，行之惟艰”一语，虽出自伪《古文尚书》，然《左传》中也有“非知之实难，将在行之”（《左传》昭公十年）的同类思想，我们认为把它当作春秋时期流行的一句包含哲理的成语看待是合理的，是一种朴素的知行观，故在孔丘之前提到它。蒋介石的“力行哲学”以及其他一些人关于“知难行易”学说的发挥，都只在讲孙中山的知行学说时附带提一下，不再专章批判。我们把《实践论》看作整个中国知行学说发展的必然结果和科学总结，它又是写作全书的指导思想和方法论原则，故不一般地从哲学史的角度来论述，而在“结束语”中突出它的历史地位和理论成就。

六，由于过去没有出过一本关于这个问题的专门研究著作，我们的尝试尚属草创，所以考虑尽可能多地引据一些重要的原始资料，以供后来的研究者参考，起个铺路的作用。当然，也不能写成一种纯粹的资料书，要有系统的叙述、分析和批判，要用观点统率材料。原著引证多了，更要为读者着想，尽可能做到叙述通俗易懂。

这个撰写设想，是应人民出版社编辑同志之约而写的，是向编者

① 转引自列宁《马克思恩格斯〈神圣家族〉一书摘要》，《哲学笔记》，人民出版社 1974 年第 3 版，第 38 页。

交底，交代出写书的目的、指导思想和对涉及有关问题的解决方案。曾刊载于国家出版事业管理局研究室编印的《出版工作》1978 年第 7 期。

书写成出版后，它到底在多大程度上实现了撰写设想中提出的任务和目标，读者自有评论。时隔六年，我的认识也有所发展，虽然自信在撰写设想中所提出的基本指导思想还是正确的，但是并非没有片面性的弊病，“左”的影响在书中亦有所表现。

中国哲学史上的知行问题，既有其一般认识论的意义，又有其特殊的伦理学的意义。在中国古代哲人，“求知”和“为圣”是统一的，求知方法往往也是道德修养的方法。和伦理道德紧密联系在一起，是中国古代哲学的一大特点，也是中国古代知行学说的显著特点。有人因此认为中国哲学是“伦理型”的，没有系统的认识论和逻辑学，把传统哲学中的知行问题基本上看作是一个伦理道德问题，否认或贬低它的认识论意义。我是不同意这种看法的。本书强调要分清两重意义，认识它们的区别和联系，“不要把古人讲的知和行同现代人讲的认识和实践简单地画等号，也不要以为古人是讲道德上的知和行，就否定它有一般认识论的意义”（第 23—24 页）。本书着重从认识论的角度，清理中国古代和近代的哲学家们在知识的来源、求知的方法和途径、真理的标准等问题上的各种观点和理论，它们构成了传统哲学中的知行学说的丰富内容。《实践论》所阐明的“辩证唯物论的知行统一观”，就其回答的问题来说，和传统哲学有着十分密切的联系，它是深深地植根于我国传统哲学的土壤中的。不看到这一点，不承认知行问题本质上是一个认识论问题，势必贬低中国传统哲学的价值及其在世界哲学史中的重要地位。

然而，问题还有另外一个方面。研究中国哲学史上的知行观、认识论问题，还必须充分注意到它的特点。我虽然也注意到中国传统哲学中的知行问题和伦理道德问题是紧密结合很难分开的，但是在指导思想上却是主要把它当作一个认识论问题来研究，尽量不涉及它的伦理学方面。这样有时就容易造成认识和评价上的片面性。例如，对于

王阳明的“知行合一”说，着重从认识路线上揭露它混淆知行概念，“以知为行”“销行归知”的主观唯心主义实质，而对它作为一种道德修养学说的合理内容和积极意义却肯定不够。我也曾指出：“和程颐、朱熹的知先行后说比较起来，王阳明的知行合一说总的精神是更加重视‘行’”（第213页）；他强调“真知即所以为行，不行不足谓之知”，“从反对‘徒悬空口耳讲说’的程朱理学来说，确实包含着一定的合理因素”（第196页）。但这仍然是从认识论的角度来说的。如能再从伦理学的角度，适当说明“知行合一”在改过迁善、道德修养中的重要意义，并且看到它对我们民族的文化传统和思维方式曾经起过长期而深远的影响，那么对王阳明哲学的评价可能就要全面一些了。唯心论的先验论是应该批判的，但是要防止把哲学史研究简单化，应具体揭示一些思想命题的多重涵义和复杂联系。本书这方面的缺点，此次原版重印，尚不能加以克服，我期待着读者的严肃批评和指正。

还有一点需要说明。我在撰写设想中说“过去没有出过一本关于这个问题的专门研究著作”，这是不符合事实的，恰说明当时自己的孤陋寡闻。后来我看到了赵纪彬同志早年写的《中国知行学说简史》（中国文化服务社1943年版）一书，并曾亲自向赵老请教，得到了不少教益。赵老受写书时代的限制，没有提到《实践论》，而是把孙中山的知难行易说当作中国知行学说发展的最高成果。但他是自觉地把中国知行学说史当作认识论史来写的，这点对我很有启发。不幸本书问世之时，赵老已经永远离开了我们，对此我感到非常遗憾，非常沉痛。

“旧学商量加邃密，新知培养转深沉。”近年来报刊上发表了不少有关中国知行学说的新论著，对我亦颇多启发。如果有时间，我愿就这个问题继续研究和写出更好一点的东西来。

一九八四年十二月
于天津南开大学

第一章　“知之非艰，行之惟艰”

——古代朴素的知行观

1918年，孙中山先生作《心理建设》，提出“知难行易”作为他的学说的哲学理论基础，力辟传统的“知易行难”说之非。革命斗争的需要迫使他研究认识论问题。他在总结历史的经验教训时，曾沉痛地指出：

> 文奔走国事三十余年，……不图革命初成，党人即起异议，谓予所主张者理想太高，不适中国之用；众口铄金，一时风靡，同志之士亦悉惑焉。……溯夫吾党革命之初心，本以救国救种为志，欲出斯民于水火之中，而登之衽席之上也；今乃反令之陷水益深，蹈火益热，与革命初衷大相违背者，此固予之德薄无以化格同侪，予之能鲜不足驾驭群众，有以致之也。然而吾党之士，于革命宗旨，革命方略，亦难免有信仰不笃，奉行不力之咎也；而其所以然者，非尽关乎功成利达而移心，实多以思想错误而懈志也。此思想之错误为何？即“知之非艰，行之惟艰”之说也。此说始于傅说对武丁之言，由是数千年来，深中于中国之人心，已成牢不可破矣。故予之建设计划，一一皆为此说所打消也。呜呼！此说者予生平之最大敌也！其威力当万倍于满清。夫满清之威力，不过只能杀吾人之身耳，而不能夺吾人之志也。乃此敌之

威力，则不惟能夺吾人之志，且足以迷亿兆人之心也。……可畏哉此敌！可恨哉此敌！①

被孙中山如此疾视、不遗余力地攻击的“知易行难”说，到底是什么时代、什么人提出来的？作为一个哲学命题（或者，作为一句道德箴言），它的本来意义为何？它反映了什么样的社会存在？它对后世哲学思想的发展，以至对于中国人的社会心理，到底有些什么影响呢？这些是我们应该搞清楚的。

“知之非艰，行之惟艰”一语，出自儒家经典《尚书》的《说命中》篇，历来被认为是中国最早的知行学说。孙中山也沿袭了这种传统观点，故称“此说始于傅说对武丁之言”，毫不怀疑记载此说的历史文献的真实性，认真地相信“知易行难”是商朝的傅说最先提出来的。

自从清代学者考证出《尚书》除今文二十八篇以外的古文部分皆系伪作之后，“知易行难”说产生的时代就成为问题了。原来《尚书》有今文和古文的分别。汉文帝时济南伏生传授的二十八篇称为《今文尚书》。据说汉武帝末年在孔子住宅的壁中又发现一种《古文尚书》，比今文多了十六篇。这部书到东汉以后就失传了。东晋时，有个叫梅赜的人，自称得到了这部书，还附有一篇据说是孔安国作的《传》，这就是今存《古文尚书》。唐代孔颖达等撰《五经正义》，就是用的这个本子，成为当时官方颁行的《书经》的定本。南宋时朱熹的弟子蔡沈撰《书经集传》，也是兼采今古文，成为元代以后科举取士的标准经典之一。清代以前，虽然已有少数学者对梅赜所献的《古文尚书》和孔安国《传》表示怀疑，但证据不足。作为儒家经典，它仍具有不可动摇的权威地位，在当时的思想界产生过巨大影响。直到清代，阎若璩作《古文尚书疏证》，惠栋作《古文尚书考》，用种

① 《孙中山选集》上卷，人民出版社 1956 年版，第 104—105 页。

种考据方法，一一揭发其作伪的来源，学术界才公认梅赜所献书为伪书。

《说命中》就是伪《古文尚书》中的一篇。因此，“知之非艰，行之惟艰”提出的时代，就成了问题。

从哲学思想和一般文明发展的历史来看，在公元前13世纪，在殷高宗武丁和傅说生活的时代，提出“知之非艰，行之惟艰”这样普遍的哲学命题或道德箴言，绝无可能。我们知道，我国文字的发展到商朝后期已经基本成熟，甲骨卜辞和器物铭文中出现的字，数目已达四千五百个左右。甲骨文中“行”字作卝，象一个四通八达的十字路口，它的本义是道路。《说文》：“行，人之步趋也，从彳亍。”步趋、走路或走已经是行的引申义，进一步又引申为行动，实际地做或实践的意思。字义的引申意味着语言的变迁和丰富化，它同思维的发展是紧密联系在一起的。在甲骨文中，“行”字绝没有后来作为哲学范畴的“实践”或作为道德概念的“德行”的意思。甲骨卜辞中常见的“行”字，是祖甲时代一个贞人（占卜者）的名字。如《殷契粹编》第二七九片：“丁丑卜行贞：王宾父丁𥁰亡尤。”第三一〇片：“〔庚辰〕卜行贞：王宾兄庚□亡尤。”① “父丁”是指商王武丁（高宗），他是祖甲的父亲；“兄庚”是指祖庚，他是祖甲的哥哥。“行”和“尹”“旅”“即”等一样，都是祖甲时代卜人的名字。在甲骨文中，“行”字都是作名词用，没有作动词用的。《诗经·周南·卷耳》：“嗟我怀人，寘彼周行。”用的还是行字的本义。

甲骨文和金文中都没有“知”字，只有“智”字。古文智字写作𣉻。《说文》：“𣉻，识词也，从白从亏从知。”意义不甚明确。《殷虚书契前编》卷五第十七页有一智字，写作[illegible]，省白。当作知道、懂得、认识之意讲的“知”字，是后来才有的。

---

① 郭沫若：《殷契粹编》，科学出版社1965年版，第433、442页。

由此可见，在商朝以至西周时期，提出“知之非艰，行之惟艰”的命题是不可能的，因为那个时代甚至连个“知”字都没有，“行”字也没有后来引申发展出来的做或实践的含意。把“知之非艰，行之惟艰”托为傅说对武丁之言，乃是后人的造作，决不是历史的事实。

在商和西周时期，宗教天命观是占统治地位的意识形态，它完全抹煞人的认识和实践的能动性，因此一般说来，那个时代的人们还不可能提出知和行的关系这样的哲学问题。要抽象出作为认识论范畴的“知”和“行”的概念，并对知行关系提出一种见解，没有一定的抽象思维水平，显然是不可能的。思想如果不能从感性直观中超拔出来，人们就始终不能进入哲学的领域。商和西周还是哲学思想萌芽的时期，科学思维的萌芽同宗教、神话之类的幻想还有着不解之缘，真正意义上的哲学还没有产生。如果把一些当时还不可能产生的哲学思想硬要挂在那个时代的人的名下，那就是犯了黑格尔曾经批评过的“改铸古人”的错误；正是这一批评，列宁称赞黑格尔是“卓绝地坚持哲学史中的严格的历史性”①。

“知之非艰，行之惟艰”的命题，既然不可能产生于商朝，不可能是“始于傅说对武丁之言”，那么，我们能不能根据《古文尚书》是伪书，就全部否定它在思想史上的意义和影响呢？如果不能，这种知行学说到底是什么时代提出来的？它是什么样的社会存在的反映呢？

“知之非艰，行之惟艰”的提出，最迟不会晚于东晋，至少它在此后一千多年中国的思想界是产生过巨大影响的。这是人所共知的事实。清代学者揭发梅赜所献的《古文尚书》系伪书，一一指出其作伪的来源，这说明《古文尚书》中记载的一些历史人物、事件以至某些语言，也不全是无中生有、凭空捏造出来的。先秦许多著作中都引用

① 列宁：《黑格尔〈哲学史讲演录〉一书摘要》，《哲学笔记》，人民出版社 1974 年第 3 版，第 272 页。

过《尚书》中的话，如《礼记》中的《学记》《缁衣》《文王世子》诸篇，都曾引据“《兑命》曰”，《兑命》就是《说命》，可知《尚书》原有《说命》篇，伪《古文尚书·说命（上、中、下）》中的一些话也是有所自来的。所以，“知之非艰，行之惟艰”的命题，虽然不可能在商西周时期提出，但不一定晚出至东晋时代，这种思想有可能在秦汉以前就存在的。伪《古文尚书》的作者可能是抄袭古代典籍中的话，也可能是根据古代思想加工制作出来的。我们认为，这种思想有可能产生于奴隶制日趋瓦解和封建制逐渐生长的春秋时期，“知之非艰，行之惟艰”很可能已经是当时人们中普遍流行的一句成语，这从《左传》的记载中也有同类思想可以得到证明。

“知之非艰，行之惟艰”，这是说人们认识一件事情，懂得一个道理，并不困难；困难的是把它付诸实行，把主观认识变为客观实践的活动。伪《古文尚书·说命中》篇记载了一段殷高宗武丁和他的大臣傅说的对话，它的大意是说：傅说受命总理百官，于是竭尽忠诚，向武丁进言了一套治国的方案，其要点是要统治者奉行天道，因时立教，平时说话、动兵、赏罚要谨慎，办事情要深思熟虑、有备无患，不要伐善矜能、文过饰非，要任贤使能，不要引进私亲和宠倖之人，敬天祭祖不可失之过黩，也不可失之过繁等等。武丁听了这一番话后，很受感动，表示要照着他讲的去做。这时，傅说叩头再拜说：“非知之艰，行之惟艰。”紧接着又说：“王忱不艰。”只要君王您有真诚的态度，下决心去做，做到也是不困难的。

这段君臣对话，说的是如何巩固国家政权的问题，其中也涉及知行问题。治理国家的方针、政策、原则属知，贯彻实行这些方针、政策、原则属行。知和行之间本来没有一个绝对的谁难谁易的问题。武丁听了傅说进言的治国方案，表示知道了并准备实行。对于他来说，这种“知”是闻知，而不是亲知，是间接经验，而不是直接经验。从一定意义说，这种“知”得来是比较容易的，而要把它付诸实行就困难得多。如果他认识得并不真切，如果他没有实行的决心，那么

“知”就永远停留在主观认识阶段，或口头上，而不能变成实际行动，再好的方案也不能变成现实。这时傅说提出“知之非艰，行之惟艰”，强调“行”的困难，强调“行”的重要性，无疑是有实际意义的。

按照伪《古文尚书 · 说命中》篇的说法，“知易行难”也不是绝对的。“行之惟艰”可以转化为“不艰”，转化的条件是“王忱”，就是君王付诸实行的诚意和决心。这比后人把“知易行难”绝对化，比孙中山把“知难行易”和“知易行难”绝对对立起来的做法，还是包含较多的合理因素的。

“知之非艰，行之惟艰”是一种朴素的知行观，它一方面反映了知和行之间确实存在着矛盾，即存在着知行脱节的可能性；另一方面又着重提出了知行统一的要求，即要求知道了必须实行，说到必须做到，反对知而不行，空说不做。它是以“知易行难”的形式来表述的，强调行比知难，在改造自然和社会的斗争中，行具有更加重要的意义。

这种朴素的知行统一观，虽不必是商朝的傅说最先提出来的，但在春秋时期一些比较注重实际的政治家和思想家，确已达到了类似这样的认识。《左传》中记载了这样一个故事：

鲁昭公十年（公元前 532 年），晋平公卒，各诸侯国都按照传统礼节，派了大夫一级的使臣到晋国去参加葬礼。郑国大夫子皮“将以币行”，即打算在葬礼完毕后接着举行庆新君登基之礼，带着见新君的厚礼前往晋国。子产告诫他说：“丧，焉用币？用币必百两（辆），百两必千人。千人至，将不行。不行，必尽用之。几千人而国不亡！”子皮不听劝戒，“固请以行”。结果正如子产所言，晋平公的葬礼完毕后，各国大夫欲因见新君的要求遭到了有礼貌的拒绝，子皮一行“尽用其币”而归。子皮从这件事得到了教训，他很有感慨地对子羽说：“非知之实难，将在行之。夫子知之矣，我则不足。《书》曰：‘欲败度，纵败礼。’我之谓矣。夫子知度与礼矣。我实纵欲，而不能自克也。”

“非知之实难，将在行之”，同“非知之艰，行之惟艰”大体是一个意思，都是讲的认识一件事情、懂得一个道理并不困难，真正把它付诸行动就比较困难了，关键在于“行之”。只有“行之”，知或不知、真知或伪知才得到了检验。

从《左传》记载的这条材料，可知在春秋时期，最迟在春秋晚期，知易行难的思想就已经提出来了。当时人们对知行关系的了解，主要有两个方面：第一，要取得行为的成功，必须有知的指导。如说：“见可而进，知难而退，军之善政也。”（《左传》宣公十二年）“知难而有备，乃可以逞。”（《左传》成公元年）从这个意义可以说是知在行先。《左传》襄公二十五年记载：“子大叔问政于子产。子产曰：‘政如农功，日夜思之，思其始而成其终，朝夕而行之。行无越思，如农之有畔（杜预注：言有次），其过鲜矣。’”思之先，行之后，行无越思，就可以不犯或少犯错误。第二，知道了就要做到，反对知和行的脱节。在《左传》中，除昭公十年有“非知之实难，将在行之”的说法外，昭公三年也有“君子曰：弗知实难，知而弗从，祸莫大焉”的议论。对知行关系作这样两个方面的了解，虽然有很大的片面性（譬如，没有回答知识的来源问题，没有揭示行为知之因），但是也包含着局部的真理，尽管它是以朴素的形式表述出来的。“知之非艰，行之惟艰”的思想，有可能在这个时期产生，甚至可能是这个时期的人们中间普遍流传的一句成语，一句包含哲理的格言。人们说话时引据“君子曰”，就是说别人或前人已经说过这样的话了。伪《古文尚书》的作者托为傅说对武丁之言是没有根据的，但是他不会没有先行思想资料的借鉴而完全凭空杜撰出这句话来。

马克思说：“每个原理都有其出现的世纪。例如，与权威原理相适应的是 11 世纪，与个人主义原理相适应的是 18 世纪。……但是，如果为了顾全原理和历史，我们再进一步自问一下，为什么该原理出现在 11 世纪或者 18 世纪，而不出现在其他某一世纪，我们就必然要仔细研究一下：11 世纪的人们是怎样的，18 世纪的人们是怎样的，

在每个世纪中，人们的需求、生产力、生产方式以及生产中使用的原料是怎样的，最后，由这一切生存条件所产生的人与人之间的关系是怎样的。”① 任何一个思想、原理的提出，都不是任意的，偶然的，由某个思想家凭空创造出来的，而是一定的社会物质生活条件和关系的反映。为什么“知易行难”成为中国古代和中世纪的命题，而“知难行易”却成为资产阶级旧民主主义革命时期的命题，我们都只能从各该时代的社会物质生活条件，特别是由它所产生的人与人之间的关系中得到解答。我们说，“知之非艰，行之惟艰”的命题有可能产生于春秋时期，是因为这个时期已经存在着这样的事实，即在奴隶主阶级的人们当中，言行不一、知行脱节的现象是必然地大量地普遍地存在着的。奴隶主贵族为了维护自己的统治和调节本阶级成员之间的关系，制定了一整套等级礼仪和孝、悌、忠、信等道德原则，可是由他们的物质利益所决定的生活实践，却又处处违背和破坏这些礼仪和原则；特别是到了春秋末期，随着社会经济基础的变化，僭越和乱礼的现象更是层出不穷，出现了“礼坏乐崩”的严重局面。“知之非艰，行之惟艰”，正是对于这种原则和生活实践脱节的现象的哀叹，也是当时守旧的人们为了维护旧的上层建筑所作的一种努力，即要求人们在行动中继续遵守那些已知的礼仪和原则。“知之非艰，行之惟艰”，也反映了在这个变革的时代，旧的统治阶级的主观愿望和客观实践效果之间的矛盾已经达到了不可调和的程度。他们主观上总是想着怎样维护和巩固旧的统治秩序，幻想着“天命永在兹”，而他们主观上想的在客观实践中又总是做不到，达不到预期的效果，于是产生了“行难”的思想。托傅说之口说出来的话，可能正是春秋时期奴隶主贵族统治者的知和行已经无法统一或很难统一的反映，于是才有人突出地提出了知行统一的要求，把知行问题作为解决当时社会矛盾的

① 马克思：《哲学的贫困》，《马克思恩格斯全集》第 4 卷，人民出版社 1958 年版，第 148 页。

最迫切的理论问题。当然，也不排除一些人有可能对“知之非艰，行之惟艰”的命题作正确的理解和运用，去解决一些局部的实际问题。

恩格斯说：“文明时代所产生的一切都是两重的、口不应心的、分裂为二的、自相矛盾的。”① 言行不一，知行脱节，可以说是剥削阶级的通病。满嘴的仁义道德，满肚子的男盗女娼，正是一切剥削阶级理论和实践脱节的写照。所以，产生于奴隶制瓦解时期的“知之非艰，行之惟艰”的命题，在长期封建社会中仍然被看作是牢不可破的真理，因为它反映的客观矛盾的社会根源和阶级基础依然存在。一方面，从维护封建统治的长远利益出发，它可以成为要求人们言行一致、知行统一的思想武器；另一方面，它也可以成为封建统治阶级为自己的言行不一、知行脱节作辩解的理论根据。对它作积极的了解，可以鼓励人们重视实行，反对空说不做、空知不行的坏习气；对它作消极的了解，又可以成为卑怯的人们不肯下功夫去求知，又畏难不敢行的一个借口。“知之非艰，行之惟艰”这种朴素的知行观，以后确实曾被各种不同的人所利用，它所产生的影响也是多方面的。孙中山对“知易行难”说的消极影响作了淋漓尽致的揭露，但是他不了解这种思想产生和流行的社会物质根源，过分夸大了它对社会存在的反作用，甚至得出了“心之为用大矣哉！夫心也者，万事之本源也”② 的唯心主义结论。

“不是人们的意识决定人们的存在，相反，是人们的社会存在决定人们的意识。”③ 我们对“知易行难”说产生时代的分析和判断，不仅有前述历史材料作为基础，更主要的是依据了这条马克思主义的基本原理。

---

① 恩格斯：《家庭、私有制和国家的起源》，《马克思恩格斯选集》第 4 卷，人民出版社 1972 年版，第 62 页。

② 《孙中山选集》上卷，人民出版社 1956 年版，第 105 页。

③ 马克思：《〈政治经济学批判〉序言》，《马克思恩格斯选集》第 2 卷，人民出版社 1972 年版，第 82 页。

第二章　先秦诸子的知行学说

“知之非艰，行之惟艰”的古老格言，作为一种朴素的知行观，它涉及知行关系问题的某些方面，主要是既知之后，它要求行和知的统一，认为“行之”较“知之”为难，“行之”更重要。但是，它还远不是科学的知行观，没有涉及哲学上的知行问题的全部意义，甚至没有接触到问题的本质所在。

作为认识论上长期争论焦点之一的知行问题，本质的分歧不在于“知易行难”还是“知难行易”，而是在于：人的正确思想是从哪里来的？是从天上掉下来的吗？是自己的头脑里固有的吗？还是从社会实践中来的？也就是说，是知先于行，离行而言知；还是行先于知，由行而致知？这个关于知识的来源问题，以及同它相联系的致知的方法问题，检验知识真伪的标准问题，等等，是历来的哲学家们争论最激烈的问题，并因而形成了认识论上的两军对战。

这个关于知识的来源问题，是春秋末年的大思想家、第一个开创私家学派的孔丘首先提出来的。活跃于战国时期的各派哲学家们都对这个问题进行了探讨，从各自的哲学路线出发，提出了各种不同的知行观。恩格斯曾经指出：“在希腊哲学的多种多样的形式中，差不多可以找到以后各种观点的胚胎、萌芽。”① 中国也有类似的情况。在

① 恩格斯：《自然辩证法》，《马克思恩格斯选集》第3卷，人民出版社1972年版，第468页。

先秦哲学的纷繁复杂的形式中，差不多可以找到以后的各种哲学思想、学说的胚胎和萌芽。认识论上的先验论和朴素反映论的各种形式，差不多都可以在先秦哲学中找到其典型代表，它们对后世哲学思想的发展产生了深远的影响。因此，了解先秦诸子的知行学说，对于研究整个中国知行学说发展史都有着十分重要的意义。

一　儒家学派

甲　孔丘

我国古代第一个重要学派儒家的创始人孔丘（公元前 551—前 479 年），在后人为他记述的语录《论语》一书中，虽然没有建立起系统的哲学学说和认识理论，但是已经讨论到关于知识和教育的一系列问题，其中就包括了他的知行观。

孔丘生活于春秋末年，这是一个社会大变革的时代。他本人出身于旧奴隶主贵族家庭，曾受到传统思想文化的巨大影响和熏习，在思想感情上总是同情、留恋奴隶制的旧事物。但由于他一生的大部分时间是从事教育工作，接触到广泛的社会阶层，体察到时代脉搏的跳荡，因此他也不能不面对现实，接受和容纳一些新的东西。在孔丘的思想中，充满了新和旧、进步和保守、唯物和唯心的矛盾，他的知行观也表现出同样的矛盾性格。孔丘说：

> 生而知之者，上也；学而知之者，次也；困而学之，又其次也；困而不学，民斯为下矣。（《论语·季氏》）

这段话是他的认识论思想最集中最完整的表述，也可以说是他的认识论的纲领。

在这里，孔丘以知识为标准，把人划分为若干等级，其中提出了三条界限：一是能知和不能知的界限，二是生知和学知的界限，三是学知和困学的界限。这种等级划分，赤裸裸地暴露了他的阶级偏见。

第一，关于能知和不能知的界限。孔丘认为，只有奴隶主阶级才能成为认识的主体，才有获得知识的权利，而把广大奴隶和劳动人民污蔑为“困而不学”的下愚，认为他们根本没有学习的资格，不能成为认识的主体。孔丘还说：“民可使由之，不可使知之。”（《论语·泰伯》）就是说，老百姓只能听凭奴隶主统治者随意驱使，照着奴隶主的命令去做，而不能让他们知道为什么要这样做的道理。这是孔丘向统治者奉献的愚民政策。他明白地主张知和行的分离，认为“知”是奴隶主阶级专有的权利，广大奴隶和劳动人民只能“由之”，即照着“知”者的指示去做（行）。他根本否定从行中获得知的可能性，而实际上一切真知都是劳动人民从行即生产斗争和阶级斗争的实践中得来的。

孔丘还把劳动人民和最高奴隶主统治者的认识能力的差别绝对化、固定化，鼓吹“唯上智与下愚不移”（《论语·季氏》），否定不知可以转化为知，“愚”可以转化为“智”。这就是说，垄断了知识文化的奴隶主贵族永远是统治者，广大奴隶和劳动人民永远只能行而不知，永远是“知”者统治和奴役的对象，只能永远做牛马。这是为奴隶社会极端不合理的阶级统治关系作辩护的一种哲学理论。

第二，关于生知和学知的界限。孔丘提出了两种互相矛盾的知识起源说，即“生而知之”和“学而知之”。前者肯定上智的“圣人”的知识是先天固有、与生俱来的，这是明显的唯心论的先验论；后者则强调一般奴隶主贵族的知识还是来源于后天的学习，这似乎又是同先验论正相反对的经验论。对于这种“矛盾”，我们必须加以具体分析，才能认清孔丘的认识论的特点。

孔丘明确肯定有“生而知之”的人，并且认为这种先天获得的知识是最上等的。这同他的天命观是相一致的，是唯心主义先验论的露

骨的表现形式。但是，《论语》中提到许多历史人物，以及当时的诸侯、大夫、卿士、隐逸、诸弟子等，孔丘并没有许任何人为“生而知之”者；至于他自己，孔丘曾明确地说过：“我非生而知之者，好古敏以求之者也。”（《论语·述而》）就是说，他的知识、学问也是通过后天的学习得来的。关于孔丘的“好学”“博学”，《论语》中有许多记载，如说：

> 十室之邑，必有忠信如丘者焉，不如丘之好学也。（《论语·公冶长》）
>
> 若圣与仁，则吾岂敢？抑为之不厌，诲人不倦，则可谓云尔已矣。（《论语·述而》）①
>
> 吾十有五而志于学，三十而立，四十而不惑，五十而知天命，六十而耳顺，七十而从心所欲，不逾矩。（《论语·为政》）

这些都说明，孔丘认为自己的知识和学问，主要是通过“学知”的途径获得的。关于学习的重要，他曾对弟子子路（仲由）说过：“好仁不好学，其蔽也愚；好知不好学，其蔽也荡；好信不好学，其蔽也贼；好直不好学，其蔽也绞；好勇不好学，其蔽也乱；好刚不好学，其蔽也狂。”（《论语·阳货》）总之，一个人要有渊博的知识和完美的道德，不学习是不行的。他对“学知”的内容和方法有大量的具体论述。可见在孔丘那里，“生而知之”只是虚悬一格，他是更加重视“学而知之”这一知识的实际来源的。

第三，关于学知和困学的界限。孔丘把“上圣”（生而知之者）和“下愚”（困而不学者）之间的人叫做中等人，认为这种人是可以通过学习获得知识的，因而是可以教育的。但是，对这些人进行教

---

① “为之”即“学之”之意。《孟子·公孙丑上》记载孔丘的话是：“圣则吾不能，我学不厌而教不倦也。”

育，也要根据他们的天赋认识能力的差别。孔丘说：“中人以上，可以语上也；中人以下，不可以语上也。”（《论语·雍也》）资质禀赋好的，有学习的自觉性，而且一学就知道，这种人可以对他讲高深的学问；资质禀赋差的，没有迫切的求知欲，临事遇到困难才去学习，对这种人不能讲高深的学问。这就是区分所谓“中人以上”和“中人以下”的界限。孔丘把这两种人的认识能力的差别也绝对化、固定化了。“可以语上”和“不可以语上”的差别，同样是奴隶社会人的等级划分的反映。不过就认识的来源说，这两种人同属于“学而知之”的范畴。

现在需要着重研究的是孔丘所谓“学知”的具体内容。从《论语》的记载看，孔丘所谓“学”，内容很广泛。人们获得知识的具体途径是多种多样的，总起来就叫做“学而知之”。我们分几点说明如下：

一，孔丘所谓“学”，主要是“学文”，即学习书本知识，学习古代的文化典籍，包括《诗》《书》《礼》《乐》《易》《春秋》等等。孔丘是以博学著称的，当时人就说他“博于诗书，察于礼乐，详于万物”（《墨子·公孟》）。孔丘读《易》，“韦编三绝”，把连贯书简的绳子都磨断了三次。可见他本人是十分注意学习古代的历史知识的，这些也是他教育学生的主要内容。他的学生子路比较注重实际政事，曾当着孔丘的面，发表过这样一通议论：“有民人焉，有社稷焉，何必读书，然后为学?”孔丘气呼呼地指斥他为“佞者”（《论语·先进》）。这说明孔丘是把读书放在第一位的。

读书是获得知识的一个重要途径。合乎实际的书本知识，是前人生产斗争和阶级斗争经验的概括和总结，是人类文明的宝贵财富。但是，并非一切书本知识都是科学的真理。孔丘爱好的那些古典文献——《诗》《书》《礼》《乐》《易》《春秋》等所谓“六经”，一方面保存了古代的典章制度和历史文化，另一方面，它们都是按照奴隶主贵族的是非标准编纂而成的，其中也包含大量的糟粕。孔丘把被

奴隶主阶级的文化官们歪曲了的书本知识当作神圣的教条，叫人们学习，实际上是要用它来禁锢人们的头脑，培养为奴隶制效劳的人才。

书本知识是间接经验。由于脱离人民群众的生产斗争和阶级斗争实践，孔丘不可能懂得一切真知都是从直接经验发源的道理。不过，他在谈到古代的东西时，有时也要求能于现在得到证实，要求有充足的材料。如说："夏礼，吾能言之，杞不足征也；殷礼，吾能言之，宋不足征也。文献不足故也；足，则吾能征之矣。"（《论语·八佾》）这里所谓"文献"，和今日"文献"一词意义不尽相同，除指文字资料外，还包括了解历史的所谓"贤人"提供的资料。不论是文字资料，还是时贤提供的资料，都是间接经验，而不是直接经验。

二，孔丘所谓"学"，一个重要内容就是向别人学习。他的学生子贡说过："夫子焉不学，而亦何常师之有？"（《论语·子张》）就是说，孔丘没有一定的老师，凡是有一些特长的人，都可以做他的老师。孔丘自己也说："三人行，必有我师焉，择其善者而从之，其不善者而改之。"（《论语·述而》）他主张要向一切人学习，不但要向"善者"学习，而且要善于向"不善者"即反面教员学习。

向别人学习，就少不了问。《论语》中"问"字凡一百二十一见，"问"的内容和"学"的内容是完全一致的，如"问政""问智""问仁""问孝""问礼之本""问禘之说"等等。所以后来"学问"连称，成了一个专门名词。

孔丘注意向别人学习，很重视问。"子入太庙，每事问。"（《论语·八佾》）问的主要是祭祀的礼仪制度。有人就这件事评论说他不"知礼"，孔丘的看法是：不懂就问，这正是礼呀！毛泽东同志要我们"学个孔夫子的'每事问'"①，就是要学习他的这种勤学好问的精神，不以问人为耻，反以为礼。他主张不要怕向知识、才能不如自己的人

① 毛泽东：《反对本本主义》，《毛泽东著作选读》（甲种本），中国青年出版社1964年版，第21页。

学习，“以能问于不能，以多问于寡”（《论语·泰伯》），这种态度是学者应该具有的。他曾赞扬过子路“不耻下问”的精神，在回答子贡提出的“夫子何以谓之文也”的问题时，也说：“敏而好学，不耻下问，是以谓之文也。”（《论语·公冶长》）他把“下问”和“好学”联系在一起，认为“问”是“学”的一个重要方面。

“每事问”“无常师”的态度当然是好的。但是，由于奴隶主贵族的阶级本性，孔丘及其门徒实际上是不可能完全做到的。他们脱离劳动人民，甚至攻击劳动人民是“不可与同群”的“鸟兽”，怎么可能虚心向普通的老百姓求教，拜劳动人民为师呢？他们同劳动人民的对立到了这样的程度，甚至在耕作的农民面前，连一个渡口都问不出来，还怎么谈得上向劳动人民学习呢？

向别人学习，所得到的知识，也还是间接经验，不过比较学习古代经典，就更接近认识的直接来源了。

三，孔丘所谓“学”，也不排除“多闻”“多见”的直接感觉经验。他说：“盖有不知而作之者，我无是也。多闻，择其善者而从之，多见而识之，知之次也。”（《论语·述而》）通过“多闻”“多见”去获得知识，虽然比较“生而知之”是次一等的，但仍不失为知识的一个来源。对待闻见所得的知识，他还采取一种“阙疑”的态度，只讲或只去实行那些无可怀疑的部分，他认为这样就可以少犯错误。如说：“多闻阙疑，慎言其余，则寡尤；多见阙殆，慎行其余，则寡悔。”（《论语·为政》）对待闻见所得的知识采取分析的态度是应该的，但这段话也说明，孔丘对感觉经验的信任是有限度的。不仅如此，他更以奴隶主阶级的政治伦理规范“仁”和“礼”去限制人们的感觉、言论和行动，如“非礼勿视，非礼勿听，非礼勿言，非礼勿动”（《论语·颜渊》）的所谓“四勿”，就是限制人们正确地认识世界和改造世界的桎梏。这样，孔丘所允许的“见”和“闻”的范围，也仅局限于合乎“仁”和“礼”的要求的限界之内，而不是以无限丰富生动的整个客观物质世界为对象。

四，在一定意义上说，孔丘的所谓“学”，也包括“行”在内。这就直接涉及了他对知行关系的看法。孔丘说：

> 弟子入则孝，出则弟，谨而信，泛爱众而亲仁。行有余力，则以学文。（《论语·学而》）
>
> 贤贤易色，事父母能竭其力，事君能致其身，与朋友交言而有信，虽曰未学，吾必谓之学矣。（《论语·学而》）
>
> 君子食无求饱，居无求安，敏于事而慎于言，就有道而正焉，可谓好学也已。（《论语·学而》）
>
> 有颜回者好学，不迁怒，不贰过。（《论语·雍也》）

从这些话里可以看到，孔丘很重视“行”。从一定意义上说，他认为“行”比“学”更重要，“行”在“学”先（“行有余力，则以学文”）；或者说，“行”就是“学”，“学”里面就包括“行”，“学”好的标准就是“行”。只要道德修养好了，“虽曰未学，吾必谓之学矣”。

孔丘所谓“学”，实兼有“知”“行”二义。我们必须搞清楚，孔丘所说的“行”，不是我们通常说的“实践”的意思，不是指社会的生产斗争、阶级斗争和科学试验三大革命运动，而主要是指奴隶主贵族的道德修养，为了实现“忠”“孝”等道德原则的个人修身养性活动。实现这些奴隶主阶级的道德原则，是孔丘教学的主要内容之一。“子以四教：文、行、忠、信。”（《论语·述而》）除了学“文”一项外，其余三项都属于道德修养的范围。孔丘培养出来的高足，分别在“德行”“言语”“政事”“文学”等方面表现出出色才能的，不过十余人，而他最看重的是德行第一的颜渊。鲁哀公问：“弟子孰为好学？”孔丘答道：“有颜回者好学，不迁怒，不贰过。不幸短命死矣，今也则亡（无），未闻好学者也。”（《论语·雍也》）可见孔丘所谓“学”，很重要一部分内容是讲的道德修养问题。“学”兼“知”“行”二义，就是说，一方面它是求得知识的途径，另一方面是讲的

道德修养问题。在古希腊，“哲学”（Philosophy）原是爱智慧的意思。中国古代的哲学，除了这层意思外，还加上了一层修养成为圣人的意思，是“爱智”和“为圣”的统一。从孔丘开始，“好学”“致知”就不是单纯讲的认识论问题，它还有很大一部分内容是讲的伦理学问题，往往是两者混糅在一起。研究中国哲学史上的知行问题，不能不把握住这一特点。

孔丘所说的“行”，虽不能说和认识论一无关系，但从前述议论看，主要是讲道德修养问题，则是无疑的。有人说，《论语》中的“学”字，是与实践一体相连的范畴，它具有“由行而致知”“以实践为格物穷理的动力”的意义。这种意见，我们不敢苟同。孔丘确实很重视“行”，但他是格外注重奴隶主阶级的道德教育和实践，根本不是辩证唯物主义认识论的“实践第一”的观点。所谓“行有余力，则以学文”，这是把道德修养看得比读书学习更重要，虽然讲行和学文的秩序是行在学先，但并没有讲行和学文（知）之间有什么必然的内在的联系，更没有行是知的基础和来源的意思，“由行而致知”又从何谈起呢？

五，孔丘所谓“学”，把作为认识的真正来源的生产斗争和阶级斗争实践是根本排除在外的。孔丘极端鄙视生产劳动，据《论语》记载：

> 樊迟请学稼。子曰：“吾不如老农。”请学为圃。曰：“吾不如老圃。”樊迟出，子曰：“小人哉，樊须也！上好礼，则民莫敢不敬；上好义，则民莫敢不服；上好信，则民莫敢不用情。夫如是，则四方之民襁负其子而至矣，焉用稼？”（《论语·子路》）

这段记载，赤裸裸地暴露了孔丘鄙视生产劳动和劳动人民的“治人者”的观点。在他看来，只要掌握好了“礼”“义”“信”这些奴隶主阶级的政治道德原则，老百姓自然会乖乖地种出粮食和蔬菜来供统

治者享用，剥削阶级的“君子”是用不着亲自动手去干这类“鄙事”的。

孔丘不讳言自己在青年时期也干过一些体力劳动的技艺之事，但他对这些技能或才艺却持轻蔑的态度。他说：

> 吾少也贱，故多能鄙事。君子多乎哉？不多也。（《论语·子罕》）
>
> 吾不试，故艺。（《论语·子罕》）

何晏《论语集解》引郑玄注云：“试，用也。”“不试”就是不被见用、没有当官的意思。孔丘“多能鄙事”是在贫贱和倒霉时不得已才去干的事情。在他看来，技能或才艺乃是小人之事，“君子”和“多能”“多艺”是不相容的。所以，他对实际生活中的一切技能，如卜医、农圃、工艺、货殖、军旅等，一概斥之为“小道”“小知”而加以鄙弃。卫灵公问阵于孔丘，他以“军旅之事，未尝学也”（《论语·卫灵公》）支吾溜走。他的学生中以艺能著称并善于处理经济事务的，如冉求、子贡等，都曾多次受到他的警告或斥责。

毛泽东同志曾尖锐地批判孔丘和他的学生们“不喜欢什么生产运动”“不实行劳动”① 的剥削阶级思想和作风。创造物质财富的生产活动，是最基本的社会实践活动。人的认识，主要地依赖于物质的生产活动，脱离和反对生产实践，就不可能得到真正的知识。这正是孔丘认识论的致命弱点。这也使他不可能真正解决认识的来源问题。当时的劳动人民就骂孔丘一伙是“四体不勤，五谷不分”（《论语·微子》）的寄生虫，指出他们脱离实践，自命不凡，而实际上是最不懂得世界上的事情的人。

---

① 毛泽东：《青年运动的方向》，《毛泽东著作选读》（乙种本），中国青年出版社1964年版，第61页。

综上所述，孔丘所谓的“学”，除去伦理学的意义之外，它是一个以“多识前言往行”的间接经验为主要内容的认识论范畴。尽管他以“生知”为“上”，“学知”为“次”，但对于奴隶主阶级的一般成员来说，学习乃是获得知识的唯一的现实途径，不学习就得不到知识。由于孔丘极端贱视生产劳动，把实践根本排除在“学”即认识论的范围之外，他不可能认识到行是知的来源，提出“由行而致知”的命题。“学”作为一个后天经验的范畴，在孔丘那里，主要是间接经验；和轻视实践的态度相联系，他对直接感觉经验的信任是有限度的，且不注重自然事物的认识，所谓“多识鸟兽草木之名”（《论语·阳货》），并不是以自然为研究对象，而是一种比兴的方法。

孔丘也接触到理性思维在认识中的作用的问题，这就是他对于“学”和“思”，即感性认识和理性认识关系的探讨。

孔丘说：

> 学而不思则罔，思而不学则殆。（《论语·为政》）

这是说，在认识过程中要采取学思并重、学思结合的方法。只注意一个方面，忽视另一个方面，都达不到好的学习效果。在学和思二者的关系中，他看到了学是思的基础，离开经验的获得和积累，凭空去思索，是不会有什么收获的。故说：

> 吾尝终日不食，终夜不寝，以思，无益，不如学也。（《论语·卫灵公》）

他所说的“思”，和“学”相对立，即是认识论上讲的思考、思索、推理、研究，为认识过程中之一重要阶段。但是，在孔丘那里，和“学”一样，“思”往往也要受到奴隶主阶级的政治伦理的限制，即所谓“君子思不出其位”（《论语·宪问》）。他要求“视思明，听思

聪，色思温，貌思恭，言思忠，事思敬，疑思问，忿思难，见得思义”，“祭思敬，丧思哀”，“见贤思齐”，“见利思义”等等。这种“思”，就不是把感性认识提高到理性认识，对丰富的感觉材料加以分析综合，达到概念、判断、推理的认识阶段，而是用一系列先定的道德原则和规范来限制人们的感觉和实践，因此，这种“思”就具有内思反省的意义。

关于感觉经验如何提高到理性思维的方法，在孔丘那里实在是很贫乏的。他在教学过程中，经常运用一种“举一反三”的启发式，即基于感觉经验的类推法，这就是所谓“温故而知新”（《论语·为政》）、“告诸往而知来者”（《论语·学而》）、“举一隅而以三隅反”（《论语·述而》）、“闻一以知二”“闻一以知十”（《论语·公冶长》）的方法，运用到政治伦理上，就是“能近取譬”“推己及人”的方法。这种由此及彼的推理方法，虽然已经运用了思维的工夫，但还很难做到去粗取精、去伪存真、由表及里，深刻揭示事物的内在本质。

孔丘所说的“学”和“思”，均属于“学而知之”的范畴，是学知过程中不同的两个认识阶段，或互相联系的两种认识方法。对于“生而知之者”来说，当然不存在“学”和“思”的问题，因为他们是“不学而能”“不虑而知”（《孟子·尽心上》）的。提出认识过程中两个阶段的关系问题，对于知识的来源和致知的方法作了进一步的回答，这是孔丘在中国哲学史上的一个贡献。

为了全面了解孔丘的知行观，最后还有必要对他关于“言”和“行”的关系的论述作些考察。前面说过，孔丘是很重视“行”的，他讲的“行”主要是指奴隶主贵族的道德修养活动，即要求把“忠”“孝”“仁”“义”等道德原则贯彻到实际行动中去。这是符合统治阶级的长远利益的。但是，作为统治阶级成员的各个个人，由他们的特殊物质利益所决定的行动，又往往和这些道德原则相背驰。所以，代表这个阶级的长远利益的一些思想家，从理论上总是强调言行一致、知行统一的重要性，即反对把“忠”“孝”等原则停留在主观认识阶

段或口头上，而要求付诸实际行动。对奴隶制的旧事物怀有深厚感情的孔丘，在他的以道德教育为主的诸多言论中，自然会把言行一致的要求强调地提出来。他这方面的言论有：

> 君子耻其言之过其行也。（《论语·宪问》）
>
> 古者言之不出，耻躬之不逮也。（《论语·里仁》）
>
> 君子欲讷于言而敏于行。（《论语·里仁》）
>
> 君子……敏于事而慎于言。（《论语·学而》）
>
> 先行其言而后从之。（《论语·为政》）
>
> 听其言而观其行。（《论语·公冶长》）
>
> 君子名之必可言也，言之必可行也。君子于其言，无所苟而已矣。（《论语·子路》）

这些都是要求说到就必须做到，反对言过其行，言行不一。是否做到言行一致，是道德上划分“君子”和“小人”的一个重要标准。

有人说，孔丘关于言行问题的论述，纯属伦理学的范围，和认识论殊不相关。我们认为，言行一致固然是对理想的“君子”的道德要求，同时它和认识论上的知行问题有密切的联系。语言是思想的物质表现，言行关系问题归根到底也就是知行关系问题。言行不一是知行脱节的表现，要求言行一致也就是要求知和行的统一。

要求言行一致、知行统一的前提是承认“知”对“行”有指导意义。孔丘说：“不知命，无以为君子也；不知礼，无以立也；不知言，无以知人也。”（《论语·尧曰》）“知命”“知礼”等等乃是做人行事的准则，道德上的“言”和“行”离不开世界观的指导，离不开对自然和社会的认识。当然，“言行一致”的要求本身并没有解决道德上的“言”或“知”的来源问题，只是强调了要把这种“知”贯彻到实际行动中去，把“言”变成“行”。所以，它只涉及知行关系问题的一个方面，而不是全部。

对于奴隶主阶级来说，提出言行一致、知行统一的要求是一回事，能不能做到是另一回事，就连孔丘本人的行动也是常常违背自己宣布的原则的。例如，一个“信”字常常挂在他的嘴上，说什么“民无信不立”（《论语·颜渊》），“人而无信，不知其可也”（《论语·为政》）。可是行动又如何呢？有一次孔丘在蒲乡遭到群众的困围，他曾指天发誓，与蒲人订下盟约，保证不到卫国去。谁知刚一获释，他就直奔卫国，极力怂恿卫君出兵镇压蒲乡人民。这种背信弃义的行为，暴露了他的伪君子、两面派的面目。对于孔丘一类的剥削阶级思想家，我们如果“听其言而信其行”，那就不免要上当受骗；倒是他自己肯定过的“听其言而观其行”的方法，帮助我们认清了剥削阶级的种种道德言词的虚伪性。

在中国哲学史上，孔丘是第一个自觉地探讨了知行问题的思想家。他提出了人类知识的来源问题，并以其独特的解答方式，对后来哲学上两条认识路线的斗争和发展产生了深远影响。由于他脱离甚至反对劳动人民的生产实践，因此不可能了解认识对于社会实践的依赖关系。他的“生知”和“学知”并提的知识起源论，基调是唯心主义的，同时带有折衷主义、二元论的特征。不能否认，他对后天的学习的重视，是包含有唯物主义经验论的因素的。

孔丘哲学思想的矛盾是客观存在的。我们到处看到他调和唯物和唯心的企图，而始终不离殷周以来传统的宗教天命观的基础，正如他在政治上总是企图调和新和旧，而基本立脚点始终站在奴隶制一边一样。抹煞和回避矛盾是无济于事的，需要的是对这些客观存在的矛盾作出合乎历史实际的马克思主义的分析和回答。

从孔丘开始，中国哲学史上的知行问题就不单纯是一个认识论问题，道德上的知和行往往成为讨论的主题，它既有一般认识论的意义，同时又有特殊的伦理学的意义。我们要分清这两重意义，认识它们的区别和联系，不要把古人讲的知和行同现代人讲的认识和实践简单地画等号，也不要以为古人是讲道德上的知和行，就否定它有一般

认识论的意义。

乙 孟轲

孔丘开创的儒家学派，后来有很大分化。据《韩非子·显学》篇记载："自孔子之死也，有子张之儒，有子思之儒，有颜氏之儒，有孟氏之儒，有漆雕氏之儒，有仲良氏之儒，有孙氏之儒，有乐正氏之儒。"即所谓"儒家八派"。在战国时期，影响最大的主要有两派：一是以孟轲为代表的儒家正统派（即"孟氏之儒"），一是以荀况为代表的儒家非正统派（即"孙氏之儒"[①]）。他们都是从孔丘思想出发，而"取舍相反不同"，在儒家内部发展成为互相对立的学派。在认识论上，孔丘提出"生而知之"和"学而知之"两种知识起源说，就有可能被不同学派各抓住一个方面加以发展，而抛弃另一个方面，走上截然相反的道路。孟轲一派正是继承了孔丘"生而知之"的先验论，发展成为彻底的主观唯心主义的"良知""良能"说；荀况则继承和发展了"学而知之"的经验论因素，成为先秦朴素唯物主义的杰出代表。

孟轲（公元约前 390—前 305 年），战国中期邹国人，出身于破落贵族家庭，"受业子思之门人"（《史记·孟子荀卿列传》），是孔丘的四传弟子。他以学习孔丘为平生最大的志愿，成为孔丘事业的忠实继承人。后人也视他为儒家的正统派，把孔丘和他的思想合称为"孔孟之道"。

孟轲生活的时代，"秦用商君，富国强兵；楚魏用吴起，战胜弱敌；齐威王、宣王用孙子、田忌之徒，诸侯东面朝齐"（《史记·孟子荀卿列传》）。中国社会封建化的过程正在加速度地进行，行将被历

---

① "荀"之为"孙"，语音之转也。《荀子》书中自称"孙卿"或"孙卿子"。《韩非子·难三》"燕王子哙非孙卿"，也是指荀况。

史淘汰的阶级面临着一个何去何从的问题。奴隶主贵族中的一部分人，为了在这场社会变革中继续生存下去，不得不接受新的生产方式。同时，他们和奴隶制的旧传统又有较多的联系，和在耕战中起家的“暴发户”在利益上也有不可调和之势。这部分人属于地主阶级中的保守阶层。

孟轲企图调和当时尖锐的阶级矛盾，幻想统治者大发善心，不用暴力而用“仁政”的方法来统一天下。唯心主义的性善论是他的“仁政”学说的理论基础，也是他的整个唯心主义哲学体系的核心部分。他的先验主义的认识论就是通过性善论来发挥的。

孟轲认为，善是人的本性。小孩子生下来就会爱自己的父母，长大了就会尊敬自己的兄长，这是人类的天赋本性。他把这种天赋本性叫做“良知”“良能”。他说：

> 人之所不学而能者，其良能也；所不虑而知者，其良知也。孩提之童，无不知爱其亲也；及其长也，无不知敬其兄也。亲亲，仁也；敬长，义也。（《孟子·尽心上》）

这是把“仁”“义”一类道德观念的来源归结为人类的天赋本性，是典型的唯心主义的先验道德论。它的认识论前提就是，承认存在着一种先天的知识和才能，即“不虑而知”“不学而能”的“良知”“良能”。“仁”“义”等道德观念就是这种神秘的“良知”“良能”的主要内容。“不虑而知”“不学而能”，这是对孔丘所谓“生而知之”的具体说明和发挥，同时也是对“学而知之”的否定。孟轲的“良知”“良能”说只是片面地继承和发展了孔丘的“生知”说，而抛弃了他重视“学知”的合理内容，成为我国古代唯心主义先验论的更加彻底、更加典型的代表。

孟轲进一步说明，“仁”“义”这类先天道德观念是“非由外铄”“我固有之”的，它的源泉在内而不在外。人生来就有“恻隐之心”

“羞恶之心”“恭敬之心”“是非之心”等善性的发端，把它们扩充开来，就是“仁”“义”“礼”“智”四种道德。这是一个自内向外的扩充过程，就象火开始燃烧，不可扑灭，泉水开始喷出，不可遏止那样，外物最多只能起一种引发作用。孟轲把这种先验主义的道德起源论发挥得相当彻底，如说：

恻隐之心，人皆有之；羞恶之心，人皆有之；恭敬之心，人皆有之；是非之心，人皆有之。恻隐之心，仁也；羞恶之心，义也；恭敬之心，礼也；是非之心，智也。仁、义、礼、智，非由外铄我也，我固有之也。（《孟子·告子上》）

所谓人皆有不忍人之心者，今人乍见孺子将入于井，皆有怵惕恻隐之心，非所以内交于孺子之父母也，非所以要誉于乡党朋友也，非恶其声而然也。由是观之：无恻隐之心，非人也；无羞恶之心，非人也；无辞让之心，非人也；无是非之心，非人也。恻隐之心，仁之端也；羞恶之心，义之端也；辞让之心，礼之端也；是非之心，智之端也。人之有是四端也，犹其有四体也。……凡有四端于我者，知皆扩而充之矣，若火之始然，泉之始达。（《孟子·公孙丑上》）

孟轲为了把“仁”“义”“礼”“智”这些统治阶级所要求的道德观念说成是天生的人的本性，是人所共有的，在论证中采用了无类比附的诡辩伎俩，如把“四端”比作“四体”（四肢）。把道德观念和人的身体构造混为一谈，显然是荒谬绝伦的。他还以人的味觉、听觉、视觉的相同为例，来证明喜爱统治阶级的“理”“义”乃是人心之所同然。如说：

口之于味也，有同嗜焉；耳之于声也，有同听焉；目之于色也，有同美焉。至于心，独无所同然乎？心之所同然者何也？谓

理也、义也。圣人先得我心之所同然耳。故理、义之悦我心，犹刍豢之悦我口。(《孟子·告子上》)

味觉等是属于人的生理本能的一种感觉；至于美感，已不纯属于生理本能，而是属于意识形态的范畴。孟轲把二者混同起来，然后企图用人类味觉、听觉、视觉的相同来证明人的思想意识（“心”）的共同性，显然也是荒谬的。这一切奇谈怪论，都是为了说明有天赋道德观念，说明“仁”“义”“礼”“智”等统治阶级的道德是合乎人的本性的，是所谓共同的人性，各阶级的人们都要努力实现这些先天的道德原则，照着它们去修养自己。孟轲说，“仁”“义”等道德规范是上天赋予的，叫做“天爵”；只要修养好了“天爵”，就自然而然地可以得到公卿、大夫等“人爵”了（《孟子·告子上》）。这里透露了他所鼓吹的道德论的阶级实质。

很明显，在知行关系问题上，孟轲是明确地主张知先行后的。他根本否定人的知识（包括道德观念）是从客观实践中来的，否定认识对于社会的生产斗争和阶级斗争的依赖关系。在他看来，人的知识、才能都是天赋的，既不是向外界学习得来的，也不是由于外界的影响而引起思考的结果，而是本心所固有的。因此，求知的途径就不是向外界探索，通过实践去认识客观事物及其规律，而是通过内心的追求，去认识自己的先天本性，把那丧失了的先天本性找回来。这就是他所说的：“尽其心者，知其性也。”（《孟子·尽心上》）“求则得之，舍则失之。”“学问之道无他，求其放心而已矣。”（《孟子·告子上》）实践被根本排除在认识论之外。即知即行的道德修养活动，则完全是“良知”“良能”的派生物，是为了实现“仁”“义”“礼”“智”等先天道德原则的纯粹个人的活动。

其实，道德观念也是离不开社会实践的，它既不是什么神的启示，也不是人的本心固有的。“一切已往的道德论归根到底都是当时

的社会经济状况的产物。”“道德始终是阶级的道德。”[①] 各个阶级都是从自己的阶级斗争中形成道德观念，为本阶级的利益服务。否认道德观念对于社会实践的依赖关系，正是一切唯心主义道德论的共同特征。

孟轲还露骨地鼓吹知和行的分离。他是通过“耳目之官”和“心之官”的区分和对立，抬高“劳心者”的地位，贬低“劳力者”在认识世界和改造世界中的作用来加以论证的。

孟轲和他的学生公都子有一段对话：

> 公都子问曰：“钧（均）是人也，或为大人，或为小人，何也?”
>
> 孟子曰：“从其大体为大人，从其小体为小人。”
>
> 曰：“钧是人也，或从其大体，或从其小体，何也?”
>
> 曰：“耳目之官不思，而蔽于物。物交物，则引之而已矣。心之官则思，思则得之，不思则不得也。此天之所与我者。先立乎其大者，则其小者不能夺也。此为大人而已矣。”（《孟子·告子上》）

孟轲又说：

> 体有贵贱，有大小。无以小害大，无以贱害贵。养其小者为小人，养其大者为大人。……饮食之人，则人贱之矣，为其养小以失大也。饮食之人无有失也，则口腹岂适为尺寸之肤哉?（《孟子·告子上》）

① 恩格斯：《反杜林论》，《马克思恩格斯选集》第3卷，人民出版社1972年版，第134页。

他所谓“大体”是指人的思维器官——“心”[①]，所谓“小体”是指“心”以外的其他器官，主要指耳目等感觉器官和口腹之类。孟轲极端鄙视感觉器官，认为“耳目之官不思，而蔽于物”，它们没有反思的作用，不能帮助人们认识自己的先天本性，反而会被外物蒙蔽牵引而走上迷途，丧失自己的本心，成为认识的障碍。他把感性认识和满足口腹之欲的感性物质活动一律看成是低贱的有害的，要人们不要把注意力放在这些方面，他一再叫嚷“无以小害大，无以贱害贵”。孟轲对“心之官则思”即对“心”的思维功能虽然作了某些正确的说明，但是却否认理性认识对于感性认识的依赖关系，否认前者是从后者来的，这就使理性认识成了无源之水，无本之木，纯粹主观自生的东西了。正如毛泽东同志指出的：“如果以为理性认识可以不从感性认识得来，他就是一个唯心论者。”[②] 孟轲就是一个割裂了理性认识和感性认识的联系，颠倒了思维和存在的关系的唯心主义的唯理论者。

和这种唯心主义的认识论紧密联系，孟轲还编造了一套“从其大体为大人，从其小体为小人”“养其小者为小人，养其大者为大人”的谬论。在他看来，只有“大人”“君子”才能“先立乎其大者”，运用“心之官”的思虑作用，来认识自己的本心以至天下万物，成为“先知先觉”者；而“小人”，主要是指劳动人民，则只知满足口腹之欲，只会运用“耳目之官”，因而总是“蔽于物”，即不但不能认识外物，甚至连自己的本心也丧失了，成为低贱愚蠢的“后知后觉”者。孟轲鼓吹这种谬论，就是为了得出结论：“天之生斯民也，使先知觉后知，使先觉觉后觉。”（《孟子·万章下》）“或劳心，或劳力。

---

① 古人不了解人体的生理构造，不知道思想是大脑的功能，误认心脏是思维的器官。

② 毛泽东：《实践论》，《毛泽东著作选读》（甲种本），中国青年出版社 1964 年版，第 48 页。

劳心者治人，劳力者治于人；治于人者食人，治人者食于人——天下之通义也。”（《孟子·滕文公上》）这就是为剥削阶级的“大人”永远统治劳动人民制造理论根据。

孟轲把“大人”和“小人”、“劳心者”和“劳力者”绝对对立起来，实质上就是主张知和行的分离。在他看来，运用“心之官”进行思维，这是“大人之事”，他们是高贵的“知”者，是不必参加生产劳动等社会实践活动的。“小人”则只能运用“耳目之官”，追求口腹之欲的满足，往往被外物引入迷途，得不到关于性和天道的知识。他们是“劳力者”而不是“劳心者”，是行者而不是知者。孟轲说：“行之而不著焉，习矣而不察焉，终身由之而不知其道者，众也。”（《孟子·尽心上》）这是把广大劳动人民污蔑为只知饥食渴饮，光会干活而一辈子不明白其中道理的愚蠢的人，和孔丘宣扬“民可使由之，不可使知之”是一路货色。有人引据这段话来说明孟轲有“行先知后”的个别命题，真是风马牛不相及，难免牵强附会之讥。

综上所述，孟轲的知行观可归纳为两点，一，知先行后；二，知行分离。在一切比较彻底的唯心主义者那里，这两点都是统一的。孟轲的“良知”“良能”说在中国哲学史上有着深远的影响，特别是成为宋明道学中陆王一派主观唯心主义心学的直接理论渊源，从认识论上对它进行清算和批判是很有必要的。

丙　荀况

荀况字卿，战国末期赵国人，生卒年不详，政治、学术活动年代约在公元前298—前238年。他自称继承孔丘的儒家学说，但是，作为新兴地主阶级的思想家，荀况对先秦各家各派的学术思想，都进行了批判的总结，发展了朴素唯物主义哲学，成为我国先秦时期最杰出的唯物主义思想家。

孔丘提出“生而知之”和“学而知之”两种知识起源说，在人

性问题上又提出“性相近也，习相远也”（《论语・阳货》）的命题。孟轲抓住一个方面，把“生而知之”发展成为“良知”“良能”说，把“性相近”发展成为天赋性善论；荀况则抓住了另一个方面，强调后天的学习，强调环境习染对人性的教育改造作用，专门写了《劝学》《性恶》等文章，批判孟轲的性善论。

荀况继承了儒家重视礼义教化的传统，但是对“礼”“义”等社会道德规范的起源，作了和孟轲不同的回答。孟轲把“仁”“义”“礼”“智”一类道德观念的起源归结为人类的天赋本性，认为是人心中固有的善端扩充的结果，“非由外铄”，与社会实践毫无关系。为了批判这种先验主义的道德起源论，荀况提出了“性伪之分”的观点，认为对每个个人来说，“礼”“义”等道德观念不是先天固有的，而是后天形成的，是人为加工和社会环境教育的结果。他说：

> 凡性者，天之就也，不可学，不可事。礼义者，圣人之所生也，人之所学而能，所事而成者也。不可学、不可事而在人者谓之性，可学而能、可事而成之在人者谓之伪，是性伪之分也。（《荀子・性恶》）
>
> 性者，本始材朴也；伪者，文理隆盛也。无性则伪之无所加，无伪则性不能自美。（《荀子・礼论》）

荀况所谓“性”，是指人的自然本性，主要是指“目好色，耳好声，口好味，心好利，骨体肤理好愉佚”和“饥而欲饱，寒而欲温，劳而欲休”（《荀子・性恶》）等生理本能的要求，这些都是“不待学而能”“不待事而成”“生之所以然者”。他认为：“人之性恶，其善者伪也。”（《荀子・性恶》）好利、疾恶、好声色等乃是人的自然本性，善是后天形成的，“必且待事而后然”。荀况所谓“伪”，是指对人的自然本性加以人为的教育和改造，“师法之化”，“礼义之道”，然后才能具有“辞让”“忠信”和“礼义文理”等社会道德属性。所谓

“性伪之分”，实际上就是人的自然本性和社会属性的区别，是他的“明于天人之分”的思想在人性论上的表现。

荀况说：“生之所以然者谓之性。”（《荀子·正名》）这和告子说的“生之谓性”（《孟子·告子上》）没有什么区别。他和告子有相似之处，即都是把人性归结为人的生理本能，否认天赋道德的“性善论”。他批评孟轲“不察乎人之性伪之分”，因此不能真正了解“人之性”，也不能正确说明“礼义”等道德观念的起源。他的“性恶论”，虽然也是一种抽象的人性论，恰恰把人的本质属性——社会性排除在人性之外，在理论上是错误的；但是，他强调“注错习俗，可以化性”（《荀子·儒效》），强调社会环境和主观努力的“积靡”对于改造人性的作用，“隆积”（重视后天的学习积累）而不“隆性”（重视先天的本性），用“化性起伪”来说明“礼”“义”等道德观念是后起的，这对孟轲的天赋道德论是一个有力的打击。

荀况强调“性伪之分”，他提出的“伪”这个范畴是值得特别重视的。“伪”与“为”，古字相通。杨倞注曰：“伪，为也。凡非天性而人作为之者皆谓之伪，故伪字人傍为，亦会意字也。”（《荀子注》）“伪”就是人为的意思，是一种改变环境、包括改变人的自然本性的活动，是人的自觉的能动性的表现。荀况说：“心虑而能为之动谓之伪，虑积焉、能习焉而后成谓之伪。”（《荀子·正名》）可见它和“实践”这个概念有着本质的联系。但是，我们又决不能把它等同于马克思主义的社会实践。荀况所谓“化性起伪”，一方面是强调社会环境教育和改造人性的作用，“譬之越人安越，楚人安楚，君子安雅（夏），是非知能材性然也，是注错习俗之节异也”（《荀子·荣辱》）；另一方面是强调主观努力的“积靡”的作用，由量的积累可以逐渐达到质的改变，譬如，“积土成山”，“积水成渊”，“积善成德”。任何人，只要“真积力久”，“积善而全尽”，就可以成为“圣人”。“伪”是一个后天范畴。荀况提出“凡礼义者，是生于圣人之伪，非故生于人之性也”（《荀子·性恶》），对于批判孟轲的天赋性善论，无疑地

显示出了唯物主义的战斗性。但是，由于时代阶级的局限，他不了解人的社会本质，因此不可能有科学的社会实践概念，也不可能科学地说明人性问题和礼义道德的起源问题。他把礼义说成是“圣人”制作的，这就和18世纪法国唯物主义者一样陷入了理论困境。马克思曾经指出：“有一种唯物主义学说，认为人是环境和教育的产物，因而认为改变了的人是另一种环境和改变了的教育的产物，——这种学说忘记了：环境正是由人来改变的，而教育者本人一定是受教育的。因此，这种学说必然会把社会分成两部分，其中一部分高出于社会之上。”[①] 荀况正是把制定礼义的“圣人”看成“高出于社会之上”的人，对于这部分人来说，不是环境改造人性，而是由他们来“积思虑，习伪故，以生礼义而起法度”（《荀子·性恶》），由他们来决定环境和改造人性，这就在人性问题上最终陷入了唯心主义。

荀况在自然观上主张“制天命而用之”（《荀子·天论》），在人性论上强调“化性起伪”，“隆积”而不“隆性”，都高度赞颂了人的自觉的能动性，认为人在自然界（包括自己的自然本性）面前不是无能为力的。这是新兴地主阶级对于自己的力量和前途充满信心的表现。正是在肯定“可学而能”“可事而成”的人为（“伪”）的基础上，荀况提出了“知所必出”即认识的产生问题。他说：

> 性者，天之就也；情者，性之质也；欲者，情之应也。以所欲为可得而求之，情之所必不免也；以为可而道之，知所必出也。(《荀子·正名》)

这是说，性、情、欲等生理本能的要求，可以通过理性的选择、行为的调节而得到合理的满足，正确的认识就从这里产生了。

---

① 马克思：《关于费尔巴哈的提纲》，《马克思恩格斯选集》第1卷，人民出版社1972年版，第17页。

在一定意义上可以说，“知”“能”是从“伪”即人的作为中产生的，“求之而后得，为之而后成”（《荀子·儒效》），天生的知识和才能是没有的。从“性伪之分”到“知所必出”，荀况正是在他的人性学说的基础上引申出了认识论的诸范畴。他对“性”“情”“虑”“伪”“事”“行”“知”“能”等分别界说如下：

> 生之所以然者谓之性。性之和所生，精合感应，不事而自然谓之性。性之好、恶、喜、怒、哀、乐谓之情。情然而心为之择谓之虑。心虑而能为之动谓之伪。虑积焉、能习焉而后成谓之伪。正利而为谓之事。正义而为谓之行。所以知之在人者谓之知。知有所合谓之智。所以能之在人者谓之能。能有所合谓之能。（《荀子·儒效》）

这里所说的“行”，是指德行，而不是认识论上的“实践”概念。这里所说的“知”，已经涉及认识的本质问题。“所以知之在人者谓之知”，是说人本身具有认识的能力，即能知之材，指人有感觉器官和思维器官。它们都是“天就之也”，是人体自然具有的，又叫做“天官”和“天君”。所以说：“凡以知，人之性也。”（《荀子·解蔽》）光有能知之材性，不同所知的事物发生关系，还是不能构成认识。荀况又提出了“知有所合”的观点。他说：“可以知，物之理也。”（《荀子·解蔽》）客观事物及其规律是可以被认识的。人的主观认识和客观实际的道理相符合，才叫做“智”，才算是正确的认识。同样地，人本身具有从事某种活动的能力，这种主观的能动性也必须和客观实际的道理相符合，才成为现实的技能、才能。

区分“能知”和“所知”，承认“所知”是不依赖于“能知”而存在的客观事物，这是唯物主义认识论的基本前提。荀况对认识的本质的说明，即“知有所合”，主观必须符合客观的观点，也是唯物主义反映论的基本观点。

为了说明人的认识是怎样产生的，荀况进一步对“天官”和“天君”，即感觉和思维的关系问题进行了探讨，批判了那种排斥“耳目之官”的作用，轻视感觉经验、主张“闲居静思”的唯心主义先验论的观点，同时也批判了那种片面执着于感觉经验、轻视理性思维作用的狭隘经验论的观点，对感性认识和理性认识的关系作了比较正确的说明。

荀况认为，人的一切认识都开始于感官对于外界事物的接触，这叫做“缘天官”。不同的感官和不同种类的事物或事物的不同性质相接触后，就形成了不同的感觉。例如，“形体色理以目异，声音清浊、调竽奇声以耳异，甘苦咸淡、辛酸奇味以口异，香臭芬郁、腥臊洒酸奇臭以鼻异，疾养凔热、滑铍轻重以形体异”（《荀子·正名》）。“缘耳而知声可也，缘目而知形可也。”“耳、目、鼻、口、形能，各有接而不相能也。”（《荀子·天论》）它们的功能不能互相代替，这叫做“天官之当簿其类”，是人所以能够认识事物的同与异的缘故。荀况指出：“凡同类同情者，其天官之意物也同。”（《荀子·正名》）“意物”即是对事物模写、反映的意思。人的感官对同一种类、同一情态的事物产生的感觉印象也是相同的，这是形成概念、共同约定一个名称的基础。

列宁说：“认识论的第一个前提无疑地就是：感觉是我们知识的唯一泉源。”[1]“对象、物、物体是在我们之外，不依赖于我们而存在着的，我们的感觉是外部世界的映象。这个结论是由一切人的生动的人类实践中作出的，唯物主义自觉地把这个结论作为自己认识论的基础。”[2]荀况和一切唯物主义者一样，正是从生动的人类实践中认识

---

① 列宁：《唯物主义和经验批判主义》，《列宁选集》第2卷，人民出版社1960年第1版，第125页。

② 列宁：《唯物主义和经验批判主义》，《列宁选集》第2卷，人民出版社1960年第1版，第101页。

到感性认识是人的一切认识活动的基础。对于那些排斥一切感性活动、极端轻视感性认识的先验论者，他是很不以为然的，如说：

> 空石之中有人焉，其名曰觙。其为人也，善射以好思。耳目之欲接，则败其思；蚊虻之声闻，则挫其精。是以辟耳目之欲，而远蚊虻之声，闲居静思则通。思仁若是，可谓微乎？孟子恶败而出妻，可谓能自强矣，未及思也。有子恶卧而焠掌，可谓能自忍矣，未及好也。辟耳目之欲，而远蚊虻之声，可谓能自危矣，未可谓微也。夫微者至人也。至人也，何强！何忍！何危！（《荀子·解蔽》）

这里除指名批判了孟轲、有若等儒家之徒外，所谓“辟耳目之欲，而远蚊虻之声，闲居静思则通”的空石中人，似乎同时也是指主张“塞其兑，闭其门”“致虚极，守静笃”的道家之徒，他们都是极力排斥感性认识，压制感情欲望，主张静思冥想、闭门修养的唯心主义先验论者。荀况认为，排除耳目的欲望，远离蚊子、牛虻的声音，可以说够小心谨慎的了，但是未必能使认识达到精微的程度。“圣人”用不着排斥感性认识，压制感情欲望，而是合理地控制感情欲望，就可以得到对于客观事物及其规律的正确认识。

荀况肯定人的一切认识来源于感觉经验，但他并没有陷入狭隘经验论，而是清醒地看到了感性认识的局限性，强调“心”对五官，即理性思维对于感性认识的指导作用。他说：

> 心居中虚，以治五官，夫是之谓天君。（《荀子·天论》）
>
> 心者，形之君也而神明之主也。（《荀子·解蔽》）

“心”是思维的器官，居于胸腔中间，是整个形体包括五官的主宰者。心对五官的统帅和支配作用，突出地表现在心有“征知”，即积极地

指导五官去“当簿其类”，对五官“意物”得来的知识进行分类、辨别、取舍、检证的作用。荀况说：“征知，则缘耳而知声可也，缘目而知形可也。”（《荀子·正名》）就是把缘耳、目而得来的声、形的感觉，归入已知的关于声、形的类的知识中，关于声、形的知识又通过耳、目的感觉而得到了检证。他指出，如果不进行思维的发动，或者思维器官有了毛病，正常的感性认识也是不可能的。如说：

> 心不使焉，则白黑在前而目不见，雷鼓在侧而耳不闻。（《荀子·解蔽》）
>
> 心忧恐，则口衔刍豢而不知其味，耳闻钟鼓而不知其声，目视黼黻而不知其状，轻暖平簟而体不知其安。（《荀子·正名》）

这些都是说的思维对感性认识的指导作用。

荀况认为，心之所以能统率五官，理性认识之所以优越于感性认识，就在于它没有耳目等感官“各有接而不相能”的局限性，能够对事物进行整体的把握；它没有感觉因受一定的时间、地点、条件的限制而造成的种种偏于“一曲”的片面性，能够对事物及其规律进行全面的本质的认识。也就是说，心能知“道”。“夫道者，体常而尽变，一隅不足以举之”（《荀子·解蔽》），光凭感觉是不能认识的。“人何以知道？曰：心。”（《荀子·解蔽》）所以他说：“心也者，道之工宰也”（《荀子·正名》），心是认识道、掌握道的器官。

另外，心的能动作用还表现在它能调节和控制人的感情欲望的活动。如前所谓：“圣人纵其欲，兼其情，而制焉者理矣。”（《荀子·解蔽》）这个“理”就是心的理性指导。他还说：“欲过之而动不及，心止之也。心之所可中理，则欲虽多，奚伤于治！欲不及而动过之，心使之也。心之所可失理，则欲虽寡，奚止于乱！故治乱在于心之所可，亡于情之所欲。”（《荀子·正名》）这是在不排斥人的感情欲望的基础上，充分肯定心能制欲的能动作用。他认为社会的治乱不在于

人们情欲的多寡，而在于有没有正确的思想指导，也就是强调实行封建地主阶级的“礼法”的重要性。

正因为荀况重视“心”的理性思维的作用，所以他十分注意“养心之术”，即改善理性思维的方法。他把宋尹学派的“虚壹而静”加以新的解释，克服其轻视感性认识、主张消极静观的缺点，力求使思维的器官“心”保持宁静、清明，排除干扰、蒙蔽认识的一切障碍，使之充分发挥认识的能动作用。荀况认为，这样就可以做到：“万物莫形而不见，莫见而不论，莫论而失位。坐于室而见四海，处于今而论久远，疏观万物而知其情，参稽治乱而通其度，经纬天地而材官万物，制割大理而宇宙理矣。”（《荀子·解蔽》）这就是说，只有充分发挥理性认识的作用，人类才能掌握自然万物和社会治乱的规律。这种重理性的认识论，是为他的“制天命而用之”的宇宙观服务的。

荀况从认识论上批判了狭隘经验论的错误，指出他们在认识客观事物的时候，不发挥心的“征知”的作用，单凭感觉经验，往往受各种条件的限制，造成错觉。例如：

> 冥冥而行者，见寝石以为伏虎也，见植林以为后人也，冥冥蔽其明也。
>
> 醉者，越百步之沟，以为蹞步之浍也；俯而出城门，以为小之闺也，酒乱其神也。
>
> 厌目而视者，视一以为两；掩耳而听者，听漠漠而以为哅哅，埶乱其官也。
>
> 故从山上望牛者若羊，而求羊者不下牵也，远蔽其大也。
>
> 从山下望木者，十仞之木若箸，而求箸者不上折也，高蔽其长也。
>
> 水动而景摇，人不以定美恶，水埶玄也。
>
> 瞽者仰视而不见星，人不以定有无，用精惑也。

> 有人焉，以此时定物，则世之愚者也。彼愚者之定物，以疑决疑，决必不当。夫苟不当，安能无过乎！（《荀子·解蔽》）

他接着又讲了一个涓蜀梁见鬼的故事，深刻地揭露了有鬼论的认识论根源，正是在于以感觉与否以定有无的狭隘经验论。他说：

> 夏首之南有人焉，曰涓蜀梁。其为人也，愚而善畏。明月而宵行，俯见其影，以为伏鬼也；卬视其发，以为立魅也。背而走，比至其家，失气而死。岂不哀哉！
>
> 凡人之有鬼也，必以其感忽之间疑玄之时正之。此人之所以无有（认无为有）而有无（认有为无）之时也，而己以正事。（《荀子·解蔽》）

这种以感觉与否以定有无的狭隘经验论，就是墨翟在《明鬼》篇中所用的方法论。墨翟说："是与天下之所以察知有与无之道者，必以众之耳目之实，知有与亡为仪者也。请惑（或）闻之见之，则必以为有；莫闻莫见，则必以为无。"（《墨子·明鬼下》）他正是用这种方法论证了鬼神的存在，在认识史上提供了极为深刻的教训。荀况善于总结历史的经验和教训，因而能比前人较正确地说明感觉和思维在认识过程中的作用，既反对轻视感觉经验的先验论，又反对轻视理性思维的狭隘经验论。

荀况虽然不可能全面深刻地说明感性认识和理性认识的辩证关系，但是他已初步地洞察到：理性思维高于感性认识，而又必须以感性认识为基础。心有"征知"的作用。"然而征知，必将待天官之当簿其类然后可也。"（《荀子·正名》）这是讲的理性思维对于感性认识的依赖关系。没有感官和对象的直接接触，心就没有发挥"征知"作用的活动基础。

总之，荀况认为，人的知识是后起的，必须"缘天官"而获得感

性认识，还必须发挥理性思维的作用，进而把握事物的规律“道”。他肯定“凡以知，人之性也”，即肯定人有认识事物的能力，但是否定人有先天的知识，否定“生而知之”，否定“良知”“良能”。他强调系统的知识来源于学习和经验的积累。通过学习，人们可以增长知识和才干，后来者可以居上，这就好比“青，取之于蓝而青于蓝；冰，水为之而寒于水”（《荀子·劝学》）。只要刻苦地学习和修养，一点一滴地积累，一步一步地前进，普通人也可以成为“上智”“圣人”。所以他说：“圣人也者，人之所积也。”（《荀子·儒效》）荀况还认识到，人们长期从事某种专业的实践活动，经验积累得越多，人的知识就越丰富，就可以成为这方面的专门家。例如：“人积耨耕而为农夫，积斲削而为工匠，积反（贩）货而为商贾，积礼义而为君子。”（《荀子·儒效》）这些都是对唯心主义先验论的有力批判。在知识的来源问题上，荀况继承和发展了孔丘“学而知之”的经验论因素，而否弃了他的“生而知之”的先验论，比较彻底地贯彻了唯物主义的认识路线，同孟轲的主观唯心主义的“良知”“良能”说鲜明地对立起来。

荀况认识论的一个重要特点就是重视“行”。他所说的“行”，有些是指人的德行，有些则不限于一般道德修养活动，而是指个人的生活实践，包括人的一切作为和有目的的活动。他说：“不登高山，不知天之高也；不临深溪，不知地之厚也。”（《荀子·劝学》）强调行是获得知的基础。荀况把“行”引进认识论，对“知”和“行”的关系进行了自觉的探讨，对后来唯物主义知行观的发展有很大影响。他说：

> 不闻不若闻之，闻之不若见之，见之不若知之，知之不若行之，学至于行之而止矣。行之，明也；明之，为圣人。圣人也者，本仁义，当是非，齐言行，不失毫厘，无它道焉，已乎行之矣。故闻之而不见，虽博必谬；见之而不知，虽识必妄；知之而

不行，虽敦必困。不闻不见，则虽当，非仁也，其道百举而百陷也。(《荀子·儒效》)

这一段话，是了解荀况的知行观的关键，它包含以下几层意思：

第一，一切知识都来源于“闻之见之”的感性认识，从最后根源来说，“见之”（直接经验）又是“闻之”（间接经验）的基础，所以说：“闻之不若见之”，“闻之而不见，虽博必谬”。作为知识来源的感性认识，自然地成为检验各种知识是否符合实际，是否能有效地指导人的行动的一个尺度，“不闻不见，则虽当，非仁也，其道百举而百陷也”。荀况所说的“闻之见之”，虽然已经超出宋尹学派所谓“物至则应，过则舍矣”的“静因之道”的范围，和人的实践活动有一定的联系，但是他没有达到实践是认识的真正来源的结论。

第二，列宁说：“从生动的直观到抽象的思维，并从抽象的思维到实践，这就是认识真理、认识客观实在的辩证的途径。”[①] 荀况对认识过程的描述：从“闻之见之”到“知之”，再从“知之”到“行之”，同列宁揭示的认识真理的途径有大略相似之处。他认为理性思维高于感性认识，看见了的东西如果不能理解，虽有认识也是不深刻的，甚至是虚妄的；“行之”又高于“知之”，知道了而不去实行，即使知道得再多，也还是要陷于困境。他把“行之”当作认识的最高阶段，“学至于行之而止矣”，“圣人……已乎行之矣”。这就是说，重要的不在于学到很多东西，知道很多道理，而在于把这些知识和道理运用到实际中去，为人类的目的服务。“其于天地万物也，不务说其所以然，而致善用其材。”（《荀子·君道》）这显然又是为他的“制天命而用之”的思想提供认识论的根据。

第三，荀况以“行”为“知”的目的，强调“行之”的重要性，

---

① 列宁：《黑格尔〈逻辑学〉一书摘要》，《哲学笔记》，人民出版社 1974 年第 3 版，第 181 页。

同时他也十分重视“知”对“行”的指导作用，认为“知明”则“行无过矣”（《荀子·劝学》），所以说：“行之，明；明之，为圣人。”这里所谓“明”，不是别的，就是真正做到了“当是非，齐言行”，主观和客观、知和行的统一，成为他理想中的“圣人”。而“知明”又只有通过“行之”才能得到确实的证明。

第四，荀况对感性认识和理性认识的重要性都有所论述，对知和行的关系也持二者并重的主张，因此，在许多论述中，他强调学习的重要性，尤其强调要学以致用。他说：“君子之学也，入乎耳，箸乎心，布乎四体，形乎动静；端（读为‘喘’）而言，蝡而动，一可以为法则。小人之学也，入乎耳，出乎口。口耳之间则四寸耳，曷足以美七尺之躯哉！”（《荀子·劝学》）这两种学习态度的区别就在于：一个把学习得来的知识付诸实行，一个只尚空谈而从来不去实行它。荀况尖锐地批评那些“学杂识志、顺《诗》《书》”，把书本知识和客观实践脱离开来的人是最没有出息的，一辈子“不免为陋儒而已”（《荀子·劝学》）。他的重视学习和实践的精神，体现了新兴地主阶级政治上的朝气和进取心。

和知行关系问题密切联系的，还有一个检验人们的知识、言论真伪的标准问题。荀况说：“知有所合谓之智。”这里所谓“智”，就是我们现在说的“真理”或“真知”，“知有所合”就是主观认识和客观实际相符合的意思。这个真理的定义，和西方哲学史上古典的真理定义（“观念和客体一致”）可谓同出一辙，本质上是唯物主义的真理论。怎样知道主观认识和客观实际是否符合，我们的知识、言论是否具有真理性呢？荀况认为，检验真理的标准是有符验而可施行的。他说：“善言古者必有节于今，善言天者必有征于人。凡论者贵其有辨合，有符验；故坐而言之，起而可设，张而可施行。”（《荀子·性恶》）这里所谓“有节”“有征”“有辨合”“有符验”，都是说要有事实的检验，主要通过感觉经验来证明；所谓“起而可设”“张而可施行”，是说要能够实行、行之有效。在他看来，凡是有价值的知识

和言论，不仅要符合客观事实，而且要能够实际“施行”。这就是以感觉经验和行为效果为检验真理的标准。他用这个标准去批判、审察一切理论，凡是切实可行的就是正确的，凡是不切实不可行的就是错误的。例如，“今孟子曰：人之性善。无辨合符验，坐而言之，起而不可设，张而不可施行，岂不过甚矣哉！”（《荀子·性恶》）荀况关于真理标准的朴素唯物主义见解，是批判唯心主义和宗教迷信的锐利武器，对后来的唯物主义思想家如韩非、王充等人都有直接的影响。

从孔丘到孟轲、荀况，古代儒家的知行学说，向着相反的方向发展，形成了唯物主义和唯心主义两条认识路线的尖锐对立和斗争。荀况反对孟轲一派以及其他种种唯心主义先验论的斗争，充分体现了唯物主义的批判战斗的精神，反映了他所代表的封建地主阶级在其上升时期尚能尊重客观实际，尊重感觉经验，相信人的理性的力量，对人们征服自然和改造社会的斗争充满信心。他提倡“锲而不舍”的求学精神和学以致用、言行一致的学风，对于人们正确地认识世界和改造世界都有重要的指导意义，甚至今天仍可作为借鉴。但这并不是说，荀况的知行观就没有时代的和阶级的局限性了。这种局限性是不可避免地存在着的，它突出表现在以下几个方面：

第一，荀况过分夸大了心的能动作用。如说：“心者，形之君也而神明之主也，出令而无所受令。自禁也，自使也；自夺也，自取也；自行也，自止也。故口可劫而使墨云，形可劫而使诎申，心不可劫而使易意。”（《荀子·解蔽》）这就把心的思维活动说成是不受任何物质条件、客观环境的制约的绝对自由的活动，而背离了他的物质决定精神的唯物主义基本前提。

第二，他过分夸大了圣人或君子的“知”的作用，而有意贬低劳动人民创造物质财富的生产实践活动。如说：“农精于田而不可以为田师，贾精于市而不可以为贾师，工精于器而不可以为器师。有人也，不能此三技而可使治三官，曰：精于道者也，非精于物者也。”（《荀子·解蔽》）他又说：“相高下，视垸肥，序五种，君子不如农

人；通财货，相美恶，辨贵贱，君子不如贾人；设规矩，陈绳墨，便备用，君子不如工人。……若夫谲德而定次，量能而授官，使贤不肖皆得其位，能不能皆得其官，万物得其宜，事变得其应，慎、墨不得进其谈，惠施、邓析不敢窜其察，言必当理，事必当务，是然后君子之所长也。”（《荀子·儒效》）他认为“君子之所长”是“精于道”而“非精于物”，他们的任务是管理国家大事而不是从事农、工、商等生产劳动。荀况并因而区分“君子之知”和“小人之知”“役夫之知”，夸大君子的认识能力和办事本领（“言必当理，事必当务”），轻视劳动人民的认识和实践活动。这里充分暴露了他的剥削阶级的偏见，和孟轲“劳心者治人，劳力者治于人”的观点并没有本质的区别。

第三，他过分夸大了封建地主阶级的“礼义”的作用，把它当作判断人们的言论、行为是非的最高标准。如说：“非察是，是察非，谓合王制与不合王制也。天下有不以是为隆正也，然而犹有能分是非、治曲直者耶?”（《荀子·解蔽》）分辨是非、曲直的准则（“隆正”）是什么？他认为就是看是否符合圣王之制，即封建的礼义和法度。他把“其言有类，其行有礼”（《荀子·儒效》）视为“大儒”必需具备的品质。所以，荀况强调学习，其内容仍不外是“始乎诵经，终乎读礼”，认为“学至乎礼而止矣”（《荀子·劝学》）；他强调实行，也是要求遵循、实践封建的礼义。这里我们看到，把剥削阶级的政治道德标准和认识论上的真理标准混为一谈，就不能把唯物主义真理论贯彻到底，而必然要背离到达真理的道路。

第四，由于荀况离开人的社会性、离开人的历史发展去研究知行问题，他不了解千百万人民群众的社会历史实践对于人类认识发展的决定性作用，因此不能解决客观事物的无限丰富性和永久变动性同个人认识能力的有限性的矛盾，错误地提出了“学有所止”的形而上学观点。在他看来，一个人的认识，“其所以贯理焉虽亿万，已不足以浃万物之变”，所以说：“以可知人之性，求可以知物之理，而无所疑

（凝）止之，则没世穷年不能遍也。”（《荀子·解蔽》）他找不到解决这个主客观矛盾的途径，于是得出结论：“故学也者，固学止之也。恶乎止之？曰：止诸至足。曷谓至足？曰：圣王。圣也者，尽伦者也；王也者，尽制者也。两尽者足以为天下极矣。”（《荀子·解蔽》）他承认人类认识发展有所谓“至足”，认识的最终目的就是要成为彻底通晓人伦物理和治国之术的“圣王”。这就否认了人的认识的历史局限性，而把封建地主阶级的“礼义”“王制”宣布为“天下之极”即绝对真理。这种形而上学观点，无疑地限制了人们追求“物理”的认识活动，使人们在通向客观真理的道路上凝止不前。

荀况的知行观有这样那样的缺陷和错误是不足为奇的。他生活在两千多年前的古代，当时的社会实践所决定的人类认识水平还很低下；而且他是站在剥削阶级的立场上，从根本上说是脱离当时实践和认识的主体劳动人民的；他还深受儒家重人道的传统思想的影响，往往以统治阶级的道德论混同于认识论，这些都是使他的知行观不能到达于完全科学的原因。他也没有摆脱一般旧唯物主义的直观性的缺陷，因此不了解认识对于社会实践的依赖关系，实践是认识的真正来源和基础的道理，他对知行关系的论述还停留在十分片面、朴素的阶段上。

二　墨家学派

甲　墨翟

春秋战国之际，墨家是和儒家并称的著名学派。韩非说：“世之显学，儒、墨也。儒之所至，孔丘也；墨之所至，墨翟也。”（《韩非子·显学》）正如孔丘是儒家的圣人一样，墨家的开创者墨翟在先秦同样被尊为圣人，他们都是弟子“充满天下”，“后学显荣于天下者

众矣，不可胜数”（《吕氏春秋·当染》）只是到了秦汉以后，儒墨的历史命运才有了截然的分别。

墨翟，战国初年鲁国人，生卒年月不可确考，大约生于孔丘死的前后，死于孟轲生的前后。他出身卑贱，本人做过工匠，熟悉“农与工肆之人”的生活。后来做过宋国的大夫，自称“北方鄙臣”。据说他少年时代曾“学儒者之业，受孔子之术”（《淮南子·要略》），后来觉得儒家的礼太烦扰，一般老百姓不易实行，儒家的厚葬久丧既浪费财产，又伤生害事，于是背弃了儒家学说，另外开创了自己的学派。他的学说被目为“役夫之道”或“贱人之所为”，代表平民和小生产者阶层的利益，同孔丘的儒家学说形成了尖锐的对立。

墨翟的认识论是唯物主义的经验论。他的认识论的前提是承认“实”是第一性的，“名”是第二性的，必须根据“实”来决定“名”。他说：

> 今瞽曰“钜（皑）者白也，黔者黑也”，虽明目者无以易之。兼白黑，使瞽取焉，不能知也。故我曰瞽不知白黑者，非以其名也，以其取也。（《墨子·贵义》）

这是说，盲目的人虽然口中会说出白和黑，但是却不能在去取的行为中选择白和黑，所以说他并不知道白和黑。判断盲目的人是否知白黑，不是根据“名”，即他是怎样说的，而是根据“取”，即他实际上是怎样选择的。墨翟批评当时的一些所谓“君子”，光会称说仁义之名，而“不察其实”，“此譬犹盲者之与人，同命白黑之名，而不能分其物也，则岂谓有别哉”（《墨子·非攻下》）。他主张仁义之名必须取仁义之实，而不是随便主观地给予的，也不能不看本质而凭假象给予仁义之名。例如，儒家之徒公孟子说：“君子必古言服，然后仁。”墨翟反驳说：“昔者之商王纣、卿士费仲为天下之暴人，箕子、微子为天下之圣人，此同言而或仁不仁。周公旦为天下之圣人，关叔

（管叔）为天下之暴人，此同服或仁不仁。然则不在古服古言矣。”（《墨子·公孟》）古言古服只是“仁”的假象，而不是“仁之实”。什么是“仁之实”呢？他说：“仁人之事者，必务求兴天下之利，除天下之害。”（《墨子·兼爱下》）只有真正做到了兴天下之利，除天下之害，才能给予“仁”之名。这就是他的“取实予名”论。他认为概念是客观实在的反映，必须与客观实在相符合，这是朴素唯物主义的反映论，同孔丘的以名正实的唯心主义“正名”论是根本对立的。

我们认为，“非以其名也，以其取也”确是古代认识论的一个光辉命题，它不仅对名实关系问题作了比较正确的解决，而且在一定意义上说，也初步正确地解决了知和行的关系问题。它把行（“取”）看作是知（“名”）的基础和准则。判断一个人是否知白黑，就是看他在行为中是否能正确地分辨、选取白和黑，选取得正确就是知，选取得不正确就是不知。实践最有发言权，“取”是有决定意义的。这是朴素的唯物主义知行观。当然，墨翟对“知”和“行”的了解都有很大的局限性。他把“行”的内容了解为去取的简单的选择活动，那是最初级的，同马克思主义的科学的社会实践概念不能相提并论。

墨翟认识论的特点是以感觉经验为认识的唯一来源和认识真理性的标准。他说：

> 是与天下之所以察知有与无之道者，必以众之耳目之实，知有与亡为仪者也，请惑（或）闻之见之，则必以为有；莫闻莫见，则必以为无。（《墨子·明鬼下》）

这就是说，一切知识都来源于耳目等感觉器官对外界事物“闻之见之”的直接感觉经验，只有感官提供的知识才是可以信赖的，最真实可靠的。墨翟也不否认抽象概念（名）的存在和它在认识中的作用，他只是认为抽象的概念或认识，都来源于感觉经验，必须通过感觉经

验的检验，才能成为真的知识。墨翟的认识论基本上属于毛泽东同志所说的历史上的“经验论”，它承认“任何知识的来源，在于人的肉体感官对客观外界的感觉”[①]，这是唯物主义认识论的出发点。他用这种观点驳斥儒家天命论者说：“今天下之士君子，〔或以命为有〕，或以命为亡。我所以知命之有与亡者，以众人耳目之情，知有与亡。有闻之，有见之，谓之有；莫之闻，莫之见，谓之亡。然胡不尝考之百姓之情？自古以及今，生民以来者，亦尝见命之物，闻命之声者乎？则未尝有也。”（《墨子·非命中》）他用“众人”的直接感觉经验来证明，所谓“命”是不存在的。这种以“闻之见之”为有、“莫闻莫见”为无的朴素观点，实际上就是肯定了能见物闻声的可感觉的客观世界。

以感觉经验为认识的出发点，这无疑是正确的；但是，认识如果仅仅停留在感性阶段，否认上升到理性认识的必要性，否认理性思维的指导作用，那么就难免要犯狭隘经验论的错误。“这种理论的错误，在于不知道感觉材料固然是客观外界某些真实性的反映，……但它们仅是片面的和表面的东西，这种反映是不完全的，是没有反映事物本质的。”（《实践论》）墨翟正是提供了历史上这种狭隘经验论错误的一个典型。由于不了解事物的本质和现象的矛盾，他把人们的幻觉和错误的传闻也当作是真实的。同样用“闻之见之”为有、“莫闻莫见”为无的方法，一方面驳斥了天命的虚妄，另一方面却证明了鬼神的存在。他说，要知道鬼神是否实有，“何不尝入一乡一里而问之？自古以及今，生民以来者，亦有尝见鬼神之物，闻鬼神之声，则鬼神何谓无乎？”（《墨子·明鬼下》）墨翟认为“见鬼神之物，闻鬼神之声”的不是哪一个人，而是众人的同见同闻；不仅是今人的见闻，而且从历史文献的记载中也可以找到根据。他以《春秋》上记载的周宣

---

① 毛泽东：《实践论》，《毛泽东著作选读》（甲种本），中国青年出版社 1964 年版，第 46 页。

王杀其臣杜伯，三年后杜伯的鬼魂出现报仇的故事为例，说：“若以众之所同见，与众之所同闻，则若昔者杜伯是也。”（《墨子·明鬼下》）他就是根据这些虚假的感觉经验和错误的历史传闻，得出了“有鬼论”的荒谬结论。轻视理性的狭隘经验论不能彻底驳倒唯心论，反而会跌入宗教迷信和唯心论的泥坑，这个历史的教训是值得认真总结和深刻记取的。后期墨家和荀况、王充等唯物主义者都从墨翟的失足中吸取了教训，在不同程度上克服了经验论的局限性，进一步发展了唯物主义的认识论。

墨翟认识论的经验论倾向，还突出地表现在著名的“三表”（或“三法”）中，这就是他关于判断言论是非真伪的标准的学说。

在中国哲学史上，提出真理标准的问题，墨翟是第一人。他很重视辩论，认为统治者必须是仁且智者，不仅要“厚乎德行”，而且要“辩乎言谈”（《墨子·尚贤上》）。在辩论中必须树立一个客观的标准，才能衡量一种言论或学说的是非真伪。这就是他所说的：“言必立仪。言而毋仪，譬犹运钧之上而立朝夕者也，是非利害之辨，不可得而明知也。”（《墨子·非命上》）如果没有一个客观的标准，就象要在旋转的轮盘上测定早晚的日影一样，那是得不到任何结果的。他还把真理标准比做匠人的规矩、准绳，反复说明“立仪”的必要性和重要性。墨翟认为，判断言论是非真伪的标准有三个，即所谓“三表”或“三法”。他说：

> 故言有三表。何谓三表？子墨子言曰：有本之者，有原之者，有用之者。于何本之？上本之于古者圣王之事。于何原之？下原察百姓耳目之实。于何用之？发以为刑政，观其中国家百姓人民之利。此所谓言有三表也。（《墨子·非命上》）

另一篇记载说：

> 故使言有三法。三法者何也？有本之者，有原之者，有用之者。于其本之也，考之天鬼之志，圣王之事。于其原之也，征以先王之书。用之奈何？发而为刑（政）。此言之三法也。（《墨子·非命中》）

“表”和“法”都是标准、准则的意思。① 他所说的第一表：“上本之于古者圣王之事”，就是以前人的间接经验为根据。墨翟很注重历史，在辩论中，为了使自己的论证有力量，他经常引据《诗》《书》和尧、舜、禹、汤、文、武之事，从历史经验中寻找立论的事实根据。他所说的第二表：“下原察百姓耳目之实”，就是以群众的直接经验作为认识的本原。他注意的不只是个别人的经验，而是广大人民群众同见同闻的经验，这样可以避免认识的主观性和扩大认识的范围。墨翟说，一般人认为古代天子的视听能力特别神奇，其实并不神奇，他不过是运用了众人的经验而已。“非神也，夫唯使人之耳目，助己视听，……助视听者众，则其所闻见者远矣。”（《墨子·尚同中》）他所说的第三表：“发以为刑政，观其中国家百姓人民之利”，就是以运用于社会政治的实际效果作为检验认识是非、真假、好坏的标准。他认为一种好的学说或言论，必定是能够在实践中运用并且产生好的效果的。“用而不可，虽我亦将非之，且焉有善而不可用者?”（《墨子·兼爱下》）在实践中不能运用，或者运用而得不到好的效果的学说，那是不能成立也不值得提倡的。

墨翟的“三表”，以历史经验、众人的直接经验和社会政治的实际效果作为检验认识真伪的标准，它的基本精神就是从实际出发，反对没有事实和经验根据的主观论断和虚妄之言。在辩论中，他经常综合运用这三个方面作为立论和反驳的根据，判别言论是非真伪的标准，充分显示了唯物主义认识论的战斗性。墨翟讲的“三表”是统一

---

① 《经上》说：“法，所若而然也。”“所若而然”的东西就是标准。

的，其中的第二表，即众人“耳目之实”的直接经验是最主要的，是“三表”的基础和核心。他认为直接经验较之历史的间接经验更重要，反对儒家“述而不作”的泥古态度，如说：“吾以为古之善者则述之，今之善者则作之，欲善之益多也。”（《墨子·耕柱》）间接经验最后还是归结为古人他人的直接经验。第三表讲的社会政治效果，也是体现在直接经验中，通过耳闻目见的直接经验而使之具体化。墨翟把社会政治的实际效果当作检验真理的标准之一，处处从“国家之富，人民之众，刑政之治”立论，用是否能“兴天下之利，除天下之害”来评判一种学说的好坏，这确实是一种卓见，但是还不能把它等同于马克思主义关于实践是真理标准的学说，他的“三表法”基本上是一种粗糙的唯物主义经验论。

这里可以看出，经验论和实践论是有原则区别的。经验论恰恰表现了马克思所批判的旧唯物主义的主要缺点之一，即认识的直观性。墨翟所谓众人“耳目之实”的直接经验，不是把它当作人的实践活动，而是从耳目感官对外界事物的直观反映形式去理解的。他肯定认识来源于感觉经验，并且通过感觉经验而得到检验，这是唯物主义的。但是他不了解实践是认识的真正来源，“只有社会实践才能使人的认识开始发生，开始从客观外界得到感觉经验”[①]；他不了解人的认识的发展，是一个在实践的基础上，从感性认识而能动地发展到理性认识，又从理性认识而能动地指导革命实践的过程；他也不了解实践是检验真理的唯一标准的道理。他的“三表法”是经验论而不是实践论。正是由于经验论固有的上述局限性，他的“三表法”也成了论证“天志”“明鬼”等落后思想的工具。

墨翟虽然不可能了解人的认识对于社会实践的依赖关系，但是，作为“农与工肆之人”的代言人，在先秦思想家中，他还是比较注重

---

① 毛泽东：《实践论》，《毛泽东著作选读》（甲种本），中国青年出版社 1964 年版，第 48 页。

认识和生活实践的联系的。《墨子》书中多取材于男耕女织、百工、商贾的实际生活，以“百姓耳目之实”为认识的出发点，以是否“中国家百姓人民之利”为真理的标准之一。他要求认识必须成为实践的指针，“言必迁行”，反对空谈理论的“荡口”之言。他说：

> 言足以迁行者常（尚）之，不足以迁行者勿常。不足以迁行而常之，是荡口也。(《墨子·贵义》)
>
> 言足以复行者常之，不足以举行者勿常。不足以举行而常之，是荡口也。(《墨子·耕柱》)

“迁行”“举行”“复行”都是能够指导实践的意思，不能见之于“行”的“言”（理论、认识）只是毫无意义的空谈，是不值得提倡的。他提倡“信身而从事”（《墨子·尚同下》）的积极实践的态度，强调言行必须相符，反对理论和实践的脱节。他说：“言必信，行必果，使言行之合犹合符节也，无言而不行也。”（《墨子·兼爱下》）又据《公孟》篇记载：“告子曰（‘口’字之误）言义而行甚恶，……言谈甚辩。……告子谓子墨子曰：‘我〔能〕治国为政。’子墨子曰：‘政者，口言之，身必行之。今子口言之而身不行，是子之身乱也；子不能治子之身，恶能治国政？’”所以他说：“务言而缓行，虽辩必不听。”（《墨子·修身》）这些并不完全是讲道德上的言行关系问题，也是对认识论上知行统一原则的朴素的表达。

墨翟的认识论基本上是唯物主义的经验论，在反对唯心主义先验论的斗争中起了重要的作用。墨翟认识论的经验论特征，是由他所代表的平民和小生产者阶层的生活地位决定的。这个阶层的人们一般要依靠劳动和从事农、工、商业的实践活动来维持自己的生活，所以比较重视实际经验，对“百姓耳目之实”的可感觉的现实世界是不怀疑的，并且格外强调人类感觉的真实性。由于生产规模的狭小和个体劳动的局限性，他们又往往夸大了感觉经验而轻视了理性思维的作用，

看不到人类认识历史地辩证地发展的过程，容易犯狭隘经验论的错误。墨翟思想中一些消极落后的东西，都可以从这里找到认识论的根源。

乙　后期墨家

今存《墨子》五十三篇，是一部墨家著作的总集。其中的《经上》《经下》《经说上》《经说下》《大取》《小取》六篇，从形式到内容都和其它各篇显著不同，是后期墨家的著作。它们不是一个人所作，也非作于同一时代，大约最后编定成书于战国末期，一般称为《墨经》或《墨辩》。

墨翟死后，墨家学派也发生了分化。其中的一派，继承了墨翟的唯物主义思想和重视辩论的传统，着重研究了认识论、逻辑学和自然科学问题，在反对各种唯心主义和诡辩思潮的斗争中，建立了一个比较系统的唯物主义认识论和逻辑思想体系，在先秦哲学史上写下了光彩夺目的一页。《墨经》就是这一派学者的思想结晶。它反映了经济力量正在上升发展的那部分手工业者和商人阶层的利益，在当时，工商业的发展是有利于封建经济的成长的。

《墨经》以极其精练的语言，对认识的本质、认识的来源和过程、知识的分类和真理的标准等问题，都作出了朴素唯物主义的说明，达到了那个时代较高的水平，可以说是先秦最正确的知行观。

首先，关于认识的本质，《墨经》的作者说："夫辩者，……焉（乃）摹略万物之然。"（《墨子·小取》）这是说，认识乃是对客观事物的模写，反映。《经说上》："知也者，以其知过物而能貌之。""貌之"也就是"摹略"。《墨经》的一些重要章节，往往以"知"和"物"对举，以"万物之然""物之所以然"为"知"所探寻的对象，一切认识的基本源泉。这就是承认客观物质世界（"物"）是在人的主观意识（"知"）之外的第一性的存在，"知"是第二性的东西。后期墨家的认识论即建立在这一唯物主义基石之上。

其次，后期墨家对形成认识的诸要素和认识的过程作了具体的说明，这就是所谓“知材、虑求、知接、恕明”。今分疏如下：

> 知，材也。(《墨子·经上》)
>
> 知材：知也者，所以知也，而不必知[①]，若明。(《墨子·经说上》)

这是说人具有认识的能力，指感觉和思维的官能，是人用以认识事物的工具。“惟以五路知。”（《墨子·经说下》）人对外界事物的一切认识都必须通过眼、耳、鼻、舌、身五种感觉器官。但是，仅有这种认识的能力，即“所以知”的官能，还不一定能形成认识。例如，眼有“明”的功能，这是视物不可缺少的条件，但仅有这种功能，还未必形成视觉，即“见”的认识。

> 虑，求也。(《墨子·经上》)
>
> 虑：虑也者，以其知有求也，而不必得之，若睨。(《墨子·经说上》)

这是说认识是一种能动的活动，是人运用自己的能知之材向外物积极地探求，而不是“物来顺应”，如镜子般的消极的被动的反映。这里已经有心的思虑作用，同荀况所说的“情然而心为之择谓之虑”（《荀子·正名》）意思近似。但是，仅有这种认识主体的能动的探求，还不一定能得到对外物的认识。例如，眼睛寻视外物的活动（“睨”），还不一定形成“见”的认识，因为眼睛还未必同外物相接触，主观和客观未必发生关系。所以，“虑求”还仅仅是认识的主观条件。

---

① 原作“而必知”，从梁启超校改。

知，接也。(《墨子·经上》)

知：知也者，以其知过物而能貌之，若见。(《墨子·经说上》)

这是说认识就是人以能知之材与所知的外界事物相接触。认识主体的能动性，不仅表现在积极地向外物探求，而且表现在一经接触外界事物，就能“貌之”，即把事物的形象模写、反映到感觉器官中来。例如，眼睛接触外物，就能形成“见”即视觉，把外物的形象如照相似的印入眼中。后期墨家对认识的起源的说明是唯物主义的，它强调认识必须同外界事物相接触才能产生。《墨子·经上》说：“卧，知无知也。”前一个知，是“知材”之知；后一个知，是“知接”之知。如果不同外物接触，整天睡大觉，那是得不到任何知识的。毛泽东同志指出：“无论何人要认识什么事物，除了同那个事物接触，即生活于（实践于）那个事物的环境中，是没有法子解决的。”① 后期墨家强调认识开始于同外界事物的接触，这是鲜明的唯物主义认识论观点，但是他们还不了解“以其知过物”、同外物接触主要是在人的实践活动中实现的。

恕，明也。(《墨子·经上》)

恕：恕也者，以其知论物，而其知之也著，若明。(《墨子·经说上》)

“恕”，同“智”。“以其知过物而能貌之”，这是一种感性的认识，这种认识只能反映个别事物的形象和事物之间表面的外部的联系，而不能深刻地认识事物的本质和内部联系。进一步的认识是“以其知论物”，即运用心的思维的功夫，把感性的知识加以比较推度，综合考

① 毛泽东：《实践论》，《毛泽东著作选读》（甲种本），中国青年出版社 1964 年版，第 44 页。

核，形成深切著明的理性认识。这种认识虽然离开经验更远一些，但是却更加接近事物的本质，能够见“目”所不见的东西，所以说：“恕，明也。”“以其知过物”之知和“以其知论物”之知，都是指能知之材，不过前者是指耳目等感觉器官，后者是指思维的器官“心”。

后期墨家没有把认识停留在感性阶段上，而是在肯定“惟以五路知”、一切认识来源于感觉经验的基础上，主张把认识进一步推进到理性阶段，比较全面地论述了感觉和思维的作用，既坚持了唯物主义经验论，又在一定程度上克服了墨翟的狭隘经验论的错误倾向。《经上》说：“闻，耳之聪也。循所闻而得其意，心之察也。”“言，口之利也。执防言而意得见，心之辩也。”这是说，耳能听到声音，但要按照这声音去了解它的意义，则必须依靠心的思考、辩察的作用。后期墨家认为有些知识不是直接从当前的感觉得来的，而是以人们的感觉经验为基础，长期经验积累的结果。如《墨子·经下》说：“知而不以五路，说在久。”“久”是关于时间的知识，不用抽象思维是无法把握的，但它又是从长久的实践经验中抽象、概括出来的。所以《墨子·经说下》比喻说：“久，不当以目见，若以火见。”火光必须通过眼睛才能看见，而时间是眼睛看不见的，它必须经过时间相续的长久实践，人们才能得到关于时间的观念，就象“以火见火”一样。这些说明后期墨家对感觉器官和思维器官的功能和作用，以及二者之间的关系，都有了一定程度的认识，既重视五官的感觉经验，也重视心的辩察作用。

再次，《墨经》中把知识按其来源分为三类，即“亲知”“闻知”“说知”。这三类知识是互相联系的，“亲知”又是“闻知”和“说知”的基础。后期墨家的知识分类学说，突出地体现了它的认识论的唯物主义经验论的特征。这一学说的主要内容是：

> 知：闻、说、亲。（《墨子·经上》）
>
> 知：传授之，闻也；方不庫，说也；身观焉，亲也。（《墨

子·经说上》）

“亲知”是由感官亲历所得的直接经验的知识，所以说“身观焉”。毛泽东同志指出：“一切真知都是从直接经验发源的。但人不能事事直接经验，事实上多数的知识都是间接经验的东西，这就是一切古代的和外域的知识。”[①] 后期墨家亦有见于此，认识到“身观”是受时间、空间和其他种种条件的制约而有一定限度的，于是又提出“闻知”和“说知”来补足这个缺陷。“闻知”是由传授得来的知识，又分为“亲闻”和“传闻”两种。前者是直接听到别人的说话，后者是间接地辗转地听到某人的说话，从书本上得到某种知识也属于这一类。一切古代的和外域的知识，主要是通过语言、文字等方式传授给我们的。“说知”是由推理得来的知识，它不受地域（空间）的限制，所以说“方不瘴”。例如，从墙缝里看见角，就推知墙外有牛。说知就是从已知推到未知，它是我们求得知识的一条重要途径。从“方不瘴”的简单推理，到“以说出故”（《墨子·小取》）的复杂推论，以至构成一种哲学思想体系，都包括在说知的范围内。“亲知”是直接经验，“闻知”是间接经验，都属于感性认识；“说知”则已经进入理性认识的阶段。

在这三种知识中，后期墨家特别重视“亲知”，认为它是认识的开端和一切知识的基础，“闻知”和“说知”都离不开它。“闻知”是间接经验，不论“亲闻”或“传闻”，归根到底来源于直接经验，即他人的“亲知”。“说知”是推理的知识，推理必有已知的前提，这个前提就是原有的经验知识，亦即“亲知”。《墨子·经下》说：“闻所不知若所知，则两知之，说在告。”《墨子·经说下》解释说：例如有人看见室外某物为白色（“所知”），而不知室内某物的颜色

---

① 毛泽东：《实践论》，《毛泽东著作选读》（甲种本），中国青年出版社 1964 年版，第 45 页。

（“所不知”），现在别人告诉他：室内之物的颜色和室外之物的颜色是相同的（“闻所不知若所知”），他便可以推知室内某物也是白色（“两知之”）。这个人看见室外某物为白色是“亲知”，别人告诉他室内之物和室外之物的颜色相同是“闻知”，推出室内某物的颜色也是白的是“说知”。所以说：“室外，亲知也；室中，说知也。”（《墨子·经说下》）后期墨家对二者的关系作了这样的说明：“夫名，以所明正所不知，不以所不知疑所明，若以尺度所不知长。”（《墨子·经说下》）这就是以“亲知”为“说知”的基础和准则，从已知（“所明”）推到未知（“所不知”），就好象用尺（已知其长度）去衡量未知的长度一样。这种重视“亲知”、重视直接经验的认识论，继承和发展了墨翟的唯物主义经验论，又没有把认识停留在感性经验阶段，同时注意了属于理性认识的“说知”的重要意义和作用。

最后，在真理标准问题上，后期墨家也继承了墨翟重视直接经验和实际效果的观点。他们更加注意行为的动机和效果的统一，抛弃了墨翟“天志”“明鬼”的宗教迷信观念，发展了“三表”的思想。

关于认识和客观事物的关系，以及检验认识的方法，后期墨家提出了“名、实、合、为”（《墨子·经上》）四个概念。《墨子·经说上》解释说：“所以谓，名也；所谓，实也；名实耦，合也；志行，为也。”“名”是称谓对象的，是我们用以认识、说明对象的名词、概念。“实”是被认识、被称谓的对象。名实相符（“耦合”）才能成为真正的知识。“名实耦”是一般名辩思潮都主张的，但是，名实怎样相“耦”呢？是象孔丘那样“以名正实”，还是象墨翟那样“取实予名”呢？后期墨家是继承了其祖师的传统，明确地主张“以名举实”（《墨子·小取》）的。《墨子·经下》说：“举，拟实也。”名言是否正确，就看能不能“拟实”。譬如画虎，如实类虎就是好的；如果画虎类犬，就只能批评画家的技巧不高明，而不能反责虎不类犬。这就是所谓“名若画虎也”（《墨子·经说上》）。名的作用和意义就在于“举实拟实”，这是对思维和存在的关系问题的唯物主义的解决。

后期墨家重视实践的精神，表现在他们提出的“为”这个概念，把它当作认识的目的和检证。“为”包括两个方面：“志”即行为的主观动机，“行”或“功”即行为的客观效果。“为”是二者的统一。《墨经》把“为”分为六种：“存、亡、易、荡，治、化。”（《墨子·经上》）这是根据“志”的不同，区分“求存之为”“去（亡）病之为”“交易之为”“荡除之为”“顺治之为”和“变化之为”六种改造自然和社会的行为。墨翟注重行为的实际效果，也没有轻忽动机，曾经提出“合其志功而观焉”（《墨子·鲁问》）的主张，后期墨家就更加自觉地认识到人的一切行为都是有目的的，是动机和效果的统一。

后期墨家还进一步发挥了墨翟“非以其名也，以其取也”的思想，认为一种认识是否正确，要看在实践中能否作出“取去俱能”的实际选择。《经下》说：“知其所以不知，说在以名取。”《墨子·经说下》解释说：“知，杂所知与不知而问之，则必曰：是所知也，是所不知也。取去俱能之，是两知之也。”这就是说，光有“名”的知识还不能算是真正的知识，还必须能“以名取”，知名取实，名实兼察，取去俱能，才能算是真知识。这种在去取的行为中分辨“所知”与“所不知”的“两知”之法，是体现了墨家重视实践精神的一贯的方法论。

墨翟曾提出以“三表”或“三法”作为检验真理的标准，《墨经》在理论上对这一学说作了更深刻的阐发。《墨子·经上》说：“法，所若而然也。”《墨子·经说上》具体解释说：“法：意、规、员（圆），三也俱，可以为法。”从字的本义来说，“法”就是模型或模范，引申为标准、法则。譬如画圆，必须有“意”即圆的观念，“规”即画圆的工具，还必须有“圆”即实际画出来的圆形；三者俱备，才可以成为圆的法则。这里强调最后必须有实践（画圆）的检验，才能证明原先的理论（“意”）和实现这一理论的方法（“规”）是否正确。后期墨家的真理标准学说，它对理论和实践的关系的说

明，比较墨翟又有了很大的进步。

后期墨家主张以实践为检验认识的标准，就必然要承认客观真理。他们强调认识（辩论）的目的就在于“明是非之分”“明同异之处”（《墨子·小取》），坚决反对否定客观真理，取消是非、同异的相对主义诡辩。例如，庄周就曾主张，在辩论中无法判定谁是谁非，因为没有一个客观的是非标准，“彼亦一是非，此亦一是非”（《庄子·齐物论》），一切认识、理论都不可靠，客观真理是不存在的。后期墨家尖锐地批评了这种观点，认为：“以言为尽誖，誖。”（《墨子·经下》）就是说，把一切言论都说成是错误的，这才是绝大的错误。他们指出，说“言为尽誖”这句话的人，自身就陷入了逻辑矛盾。如果说这句话是正确的，那就承认还是有“非誖”的言论（至少有这句话）；如果说这句话是错误的，则“言为尽誖”的结论根本不能成立。战国时期的一些辩者，往往持“可不可而然不然，是不是而非不非”（《吕氏春秋·正名》）的非诽之辞，否定通过互相批评、辩论以明辨真理的意义。后期墨家也从逻辑上批驳了这种谬论，认为“非诽者誖”（《墨子·经下》）。就是说，把一切批评都说成是错误的，这个论断本身就是错误的。因为“非诽”本身也是一“诽”，也是一种批评；以一切批评（“诽”）为非，也就否定了这个论断本身。后期墨家认为，在辩论中，互相批评是不可避免的，但是，批评是否正确，不在于批评的多少，而在于是否应该批评。所以说：“诽之可否，不以众寡，说在可非。”（《墨子·经下》）这些都说明，后期墨家坚持真理的客观标准，反对种种唯心主义相对主义的诡辩，表现了尊重事实、明辨是非的科学态度，这也是他们在逻辑学的研究中所以能够取得较大成就的原因之一。

在先秦诸子的知行学说中，墨家是最重客观、最重实践、最重经验的，这和它比较接近下层人民、关心生产发展、注意自然科学的研究有关。在这样的生活实践的基础上，后期墨家的学者才有可能概括、形成了比较系统的唯物主义反映论的认识理论。虽然它还不可能

超出唯物主义经验论的水平，但确实达到了那个时代可能达到的最高成就。秦汉以后，由于墨家学说不适合封建统治阶级的胃口，曾经淹没了几千年，直到近代才被重新重视起来。《墨经》，作为中国古代哲学和科学思想的优秀成果，我们应该用马克思主义的方法给以科学的总结，批判地继承这份珍贵的历史遗产。

三 道家学派

甲 《老子》

道家是先秦诸子百家中的又一个重要学派。在孟轲生活的时代，“杨朱、墨翟之言盈天下，天下之言，不归杨则归墨”（《孟子·滕文公下》）。杨朱即早期道家的代表人物之一，可见当时道家已和儒家、墨家形成鼎足之势。

杨朱的思想保留下来的很少。先秦道家的主要代表著作是《老子》（又称《道德经》）和《庄子》。

相传道家的创始人是比孔丘略早的老子。老子的生平事迹已不可详考。今存《老子》一书，大约成书于战国时期，其中可能容纳了一些春秋末年的老子的思想，但大部分是反映战国时期道家的思想。

到了战国时期，封建制取代奴隶制的变革潮流已不可阻挡。有相当一部分旧奴隶主贵族，在这场变革中丧失了生产资料和过去的特权，成了破落户。他们对新兴的封建制度切齿痛恨，又无力挽回自己失去的“天堂”，于是诅咒人类的一切进步和文明，公开主张开历史倒车。道家就是这一部分没落的奴隶主贵族的代言人。

先秦道家的思想，和儒、墨的“有所为”相反，表现出消极颓废的特征。在现实斗争中彻底失败的阶级，只有到精神世界中去寻找安慰，相信精神万能。所以，以老庄为代表的先秦道家的世界观，一般

来说是唯心主义的，他们的认识论和知行观也表现为唯心主义的先验论。

《老子》虚构了一个以精神性的“道”为宇宙本原的客观唯心主义哲学体系，把天地万物都看成是“道”派生的、流变无常的、暂时存在的东西。它反对人们去认识无限丰富、无限生动的客观物质世界，认为认识的终极目的就在于认识那不变的“道”，即所谓“为道”、“体道”、“得道”（“德”）；只要得了“道”，就能“以道观物”，知道天地万物的一切了。《老子》的唯心主义认识论是和它的唯心主义宇宙观紧密联系在一起的。

《老子》认识论的先验主义本质，首先表现在它反对人们接触和认识外界事物，根本否定感觉和实践在认识过程中的作用，公然鼓吹“不行而知”“不出户，知天下”“塞其兑，闭其门”，把认识和外间世界完全隔绝开来。

耳目等感官是人的认识通向外间世界的门户，《老子》极力主张把这些门户关闭起来。因为在它看来：

> 五色令人目盲，五音令人耳聋，五味令人口爽，驰骋畋猎使人心发狂。（《老子》第十二章）

这就是说，过分地追求物质生活，享受各种颜色、声音、味道，就会使人目盲、耳聋、味口败坏。于是得出结论：感性认识和一切感性的物质欲望是必须绝对排斥的。它说：

> 塞其兑，闭其门，终身不勤。开其兑，济其事，终身不救。（《老子》第五十二章）

“兑”，穴窍也，指耳目鼻口等感觉器官。“门”同义。“勤”借为瘽，疾病也。这是说，把耳目等感官堵塞住、关闭住，不让它们接触外界

事物，就可以终身不病；如果开放耳目等感官，让它们去闻见，接物，那么就要落得不可救药的下场。

列宁说："感觉的确是意识和外部世界的直接联系，是外部刺激力向意识事实的转化。"[①] "塞其兑，闭其门"，就是要割断意识和外部世界的这种"直接联系"，从而把认识说成是纯粹主观自生的、超感觉经验的东西。列宁在批判唯心主义的感觉论时曾经指出："唯心主义哲学的诡辩就在于：它把感觉不是看作意识和外部世界的联系，而是看作隔离意识和外部世界的屏障、墙壁。"[②]《老子》的诡辩则在于：它是用"塞其兑，闭其门"即否定感觉的方法，来筑起一道"隔离意识和外部世界的屏障、墙壁"。一个强调感觉是"唯一的存在"，一个要摒弃、禁绝一切感觉，二者在形式上正好相反，而在实质上是完全一样的，都是要割断意识和外部世界的联系，否定唯物主义的反映论。

反对人们接触客观物质世界，否定感觉经验，必然要否定实践在认识中的作用。《老子》明确主张：

> 不出户，知天下；不窥牖，见天道。其出弥远，其知弥少。是以圣人不行而知，不见而名，不为而成。(《老子》第四十七章)

这就是说，对"道"和天下万物的认识，不应到客观世界中去追求，"知"不是从"行"即实践中来的。你越是深入到客观实际中去，你得到的知识就越少；相反，足不出户，眼睛不看窗外，闭目塞听，什么事情也不干，天下万物及其总根源、总规律"道"就明明白白地呈

① 列宁：《唯物主义和经验批判主义》，《列宁选集》第 2 卷，人民出版社 1960 年第 1 版，第 46 页。

② 列宁：《唯物主义和经验批判主义》，《列宁选集》第 2 卷，人民出版社 1960 年第 1 版，第 46 页。

现在我心里了。所以说“圣人”不参加实践就能知道一切，不看见事物就能叫出名称，不动手办事就能取得成功。这是地地道道的唯心主义先验论。

在知识来源问题上，《老子》坚决否认“知”来源于实践和感觉经验。在它看来，认识不是从外到内，从物到感觉和思想，而是从内到外，精神自生，并派生出外部物质世界。这是一条唯心主义的认识路线。《老子》的知行观是明确主张“不行而知”，完全离开“行”来谈“知”。它和孟轲的“良知良能”说相比并，同为先秦唯心主义知行观的典型代表。

《老子》否定感觉经验，它是不是强调理性思维，如某些人所说，是“中国哲学史上第一个唯理论的哲学家”呢？不是的。它不但否定感觉经验，而且也否定理性思维，否定人类全部正常的认识活动，主张抛弃一切知识和学问，“弃智”“绝学”，“知不知”“学不学”，即不知不学。剩下的只有对“道”的神秘主义的直观，即所谓“玄览”。它说：

> 涤除玄览，能无疵乎？（《老子》第十章）

这是说，你能够把人的心灵这面最深妙的镜子，打扫得干干净净，不受一点外物的玷污吗？这是认识“道”的必要条件。它又说：

> 致虚极，守静笃，万物并作，吾以观复。（《老子》第十六章）

如能保持内心最大的空虚，坚守住最确实的宁静，那么就能得“道”；以“道”去观察万物的循环往复，万物的多样性和生动性就会呈现在我的面前。

《老子》认为，“道”是视之不见、听之不闻、搏之不得的形而上的宇宙本体，不是人们的感觉和理性思维所能把握的，只能靠对它

的神秘的“玄览”、直观。“为道”和一般的“为学”不同。“为学日益，为道日损，损之又损，以至于无为。”（《老子》第四十八章）学习是为了增加知识，知识越积累越丰富。和一般的求学问相反，要求得对“道”的认识，就必须日益减少知识和欲望，减而又减，最后达到无知无欲、无所作为的地步，这样才能得“道”。这种无知无欲的状态就是：

> 沌沌兮，如婴儿之未孩。（《老子》第二十章）
> 常德不离，复归于婴儿。（《老子》第二十八章）
> 为天下浑其心，圣人皆孩之。（《老子》第四十九章）
> 含德之厚，比于赤子。（《老子》第五十五章）

这就是说，圣人要象婴儿那样浑浑噩噩，无知无欲，才能达到“致虚极，守静笃”的“玄览”的神秘境界，主观精神才能和客观精神“道”合一。

回到婴儿状态去！——这是《老子》提出来的蒙昧主义口号。它甚至认为回到婴儿状态还不够，还要回到“婴儿之未孩”的状态去。这就是主张摒弃一切知识、欲望和作为，“知不知”（《老子》第七十一章）、“学不学”“欲不欲”（《老子》第六十四章）、“味无味”“为无为”“事无事”（《老子》第六十三章）、“行无行”（《老子》第六十九章），即以“不知”为“知”，以“不学”为“学”，以“无欲”为“欲”，以“无为”为“为”，如此等等。它把知识和智慧当作了产生虚伪和一切罪恶的根源，认为“智慧出，有大伪”（《老子》第十八章），“民之难治，以其智多”（《老子》第六十五章）。所以，《老子》不仅在认识论上提出要“绝圣弃智”（《老子》第十九章）、“绝学无忧”（《老子》第二十章），象婴儿那样无知无欲，以“同于道”；而且在政治上露骨地鼓吹愚民政策，说“古之善为道者，非以明民，将以愚之”（《老子》第六十五章），要“常使民无知无欲”

（《老子》第三章），大家都回到无知无欲的婴儿状态去，天下就太平无事了。它的认识论就是这样为统治阶级的政治服务的。

在《老子》哲学中，感性认识是绝对被排斥的，认识不是从具体事物开始，认识“道”是认识具体事物的前提。因为天地万物都是“道”派生的，“道”和万物的关系是“母”和“子”的关系。“既得其母，以知其子；既知其子，复守其母。”（《老子》第五十二章）这就是说，认识了最高本体“道”，从“道”的高度去认识各别的具体事物，就是自然而然、很容易清楚明白的了。这叫做“以道观物”。《老子》第五十四章说：

> 修之于身，其德乃真；修之于家，其德乃余；修之于乡，其德乃长；修之于国，其德乃丰；修之于天下，其德乃普。故以身观身，以家观家，以乡观乡，以国观国，以天下观天下。吾何以知天下然哉？以此。

这段话的基本精神，不是什么“根据事物的本来面貌去认识事物”，而是讲的“以道观物”。所谓“修之于”，就是“修道于”；所谓“德”，就是得“道”；所谓“以此”，就是“以道”。即是说，认识身、家、乡、国、天下等具体事物，必须以得“道”为前提，然后把“道”贯彻到这些具体事物中去。所以说，“以身观身”就是“以道观身”，“以家观家”就是“以道观家”，“观乡”“观国”“观天下”都是“以此”即“以道”。很明显，这里讲的认识过程，不是从个别、特殊到一般，而是从神秘直观得到的先验范畴“道”到特殊事物。它再一次表明《老子》坚持的是一条唯心主义的认识路线。

《老子》把“以道观物”看作是一个根本排除实践的“静观”的过程。它说：

> 夫物芸芸，各复归其根，归根曰静，是谓复命。复命曰常，

知常曰明；不知常，妄作，凶。(《老子》第十六章)

这就是说，万物纷纷芸芸，最后都要复归于本根。宇宙是一个以“道”为本始，亦以“道”为归宿的循环过程。如果离开“道”而从各别的具体事物去求知，必使人愈陷于迷惑，所以说“其出弥远，其知弥少”(《老子》第四十七章)，“知者不博，博者不知”(《老子》第八十一章)。这叫做“不知常”。如能把握住绝对本体“道”，再来观察万物的循环往复，其奥妙就将一览无余了。这就叫做“知常”。这里用不着和具体事物接触，用不着参加改造自然和社会的实践活动，需要的是绝对“静观”的态度。以道观物，才能“知常”，才能保证自己在行动中不犯错误，不遭困危，“没身不殆”。

《老子》根据对“道”的这种认识，即从唯心主义的宇宙观和认识论出发，提出了自然无为的人生观和复古倒退的历史观，这是它所谓“知常曰明”的表现，是排除“不知常，妄作，凶”的根据。这里，《老子》并不否认知对于行（“作”）的指导作用。任何一种哲学都企图用一定阶级的世界观来改造世界，不过反动阶级的世界观根本违背客观规律，必然要在实践中碰钉子而已。实际上，不是它的哲学观点决定政治实践，恰恰相反，它的世界观正是由它的阶级地位和物质利益所决定的。

《老子》哲学中包含有比较丰富的朴素辩证法思想，但由于它是站在没落阶级的立场上，最终不可能正确地掌握和运用作为革命批判武器的辩证法，相反，却把辩证法歪曲成了玩弄权术的屈伸之道，宣扬安弱守雌、明哲保身的精神胜利法。譬如它说：

知其雄，守其雌，为天下谿；为天下谿，常德不离，复归于婴儿。知其白，守其黑，为天下式；为天下式，常德不忒，复归于无极。知其荣，守其辱，为天下谷；为天下谷，常德乃足，复归于朴。(《老子》第二十八章)

知雄守雌，知白守黑，知荣守辱，这是公开鼓吹知和行的分离，破坏知和行的统一。因为在它看来，知必然导致有为，只有摒弃知，实行（“守”）无为，才能保住“常德”，复归于“道”。也就是说，只有无为才能无不为。后世搞阴谋诡计的人，都推崇《老子》哲学，从中吸取精神营养，这决不是偶然的。

前面说过，一切比较彻底的唯心主义者，都是主张知先行后、知行分离的。《老子》也不例外。它提出“不行而知”“知雄守（行）雌”的知行观，同样表现了这种哲学唯心主义的彻底性，就是不仅在知识的来源问题上，而且在认识的目的、理论的命运、真理的标准等一系列认识论问题上，彻底地把知和行、认识和实践割裂开来，把知看成是完全主观自生、先验地存在的“玄之又玄”的东西，和客观实践没有一点关系。毛泽东同志指出：“辩证唯物论的认识论把实践提到第一的地位，认为人的认识一点也不能离开实践，排斥一切否认实践重要性、使认识离开实践的错误理论。”①《老子》的认识论正是我们必须批判和排斥的那种“否认实践重要性、使认识离开实践的错误理论”之一。《老子》排斥实践、摒弃人类知识和文明的错误理论，后来被庄周更进一步地发展，得出要根本取消人的认识的荒谬结论。

乙 庄周

庄周（约公元前369—前286年），宋国蒙人，做过漆园吏，是个破落的小贵族。现存《庄子》一书，分为内篇、外篇和杂篇。传统看法认为内篇七篇是庄周的著作，外、杂篇则出于庄周后学之手笔，有些也能反映庄周的思想。

庄周继承了《老子》关于“道”的唯心主义观念，并把它发展

---

① 毛泽东：《实践论》，《毛泽东著作选读》（甲种本），中国青年出版社1964年版，第42页。

成为主观唯心主义的哲学体系。庄周的全部哲学，从主观唯心主义、相对主义到绝对的虚无主义，都表现了没落阶级颓废绝望、无可奈何而从精神上寻找自我安慰的特征。

《老子》主张“不行而知”，否定认识来源于实践，否定感觉和理性思维，把认识归结为对“道”的神秘直观。庄周继承了这条唯心主义的认识路线，并把它加以彻底的发展，进而得出没有客观真理、认识是不可能的绝对怀疑论和不可知论的结论。在他看来：“名也者，相轧也；知也者，争之器也。二者凶器，非所以尽行也。”（《庄子·人间世》）知识是人们互相争斗的工具，只能败坏人们的德行，所以要彻底取消它。这就是庄周的知行观。

庄周是怎样达到要取消一切认识、知识的结论的呢？这就必须从理论上揭露他的相对主义的诡辩。

和《老子》一样，庄周也把“道”虚构为天地万物的本源，它是“无为无形”“自本自根”“生天生地”的永恒的绝对的存在，而万物都不过是道“物化”的暂时形态。它们变动不居，转瞬即逝，并非真实的存在，而只是不同“形”之相禅，循环变易，复归于道。他把万物的变化说成是绝对的、无常的，否定事物有质的相对稳定性。如说：

> 物之生也，若骤若驰，无动而不变，无时而不移。何为乎？何不为乎？夫固将自化。（《庄子·秋水》）
>
> 万物皆种也，以不同形相禅，始卒若环，莫得其伦，是谓天均。天均者，天倪也。（《庄子·寓言》）

人生也是这样：

> 一受其成形，不亡以待尽，与物相刃相靡，其行尽如驰，而莫之能止，不亦悲乎！（《庄子·齐物论》）

人生天地之间，若白驹之过郤（隙），忽然而已。（《庄子·知北游》）

在这变动不居的现象（“形”）世界中，没有什么确定的质的区别和界限，一切存在都是暂时的、相对的。这就正如古希腊辩证法家赫拉克利特的学生克拉底鲁所说的：“一切都在运动，关于任何东西都不可能说出什么来。”赫拉克利特曾经说过：“人不能两次走进同一条河流。”克拉底鲁却补充说：“连一次也不可能。”这就否定了事物本身的存在，同时也否定了认识事物的可能性。所以，列宁指出：“这位克拉底鲁把赫拉克利特的辩证法弄成了诡辩。”① 庄周的“始卒若环”的形形相禅论，就是这一类否定事物真实存在的相对主义诡辩。

为了否定人类的认识，庄周首先把作为认识对象的事物的性质说成是相对的，泯灭一切对立和差别，否定事物质的规定性。他认为，从“道”的观点来看，事物的大小、长短、贵贱、美丑、成毁等对立和差别都是不存在的，“物无非彼，物无非是”（没有对立），“万物一齐”，“道通为一”。这就是他的“齐物”之论。如说：

故为是举莛与楹，厉与西施，恢诡憰怪，道通为一。其分也成也，其成也毁也，凡物无成与毁，复通为一。（《庄子·齐物论》）

天下莫大于秋毫之末，而泰山为小；莫寿于殇子，而彭祖为夭。（《庄子·齐物论》）

以道观之，何贵何贱？……何少何多？……万物一齐，孰短孰长？（《庄子·秋水》）

---

① 列宁：《拉萨尔〈爱非斯的晦涩哲人赫拉克利特的哲学〉一书摘要》，《哲学笔记》，人民出版社 1974 年第 3 版，第 390 页。

在庄周看来，客观辩证法是不存在的。事物的对立和差别不在事物本身，而是主体从不同角度去观察、认识事物的结果。如果从“异”的方面去看事物，就是象肝与胆这样同在一体中的内脏，也会象楚国和越国那样相去遥远；如果从“同”的方面去看事物，那么也可以说万物一体，彼此都没有差别（《庄子·德充符》）。这就是说，事物没有客观的性质和特点，事物的“同”或“异”都是认识者主观加上去的。《秋水》篇中有一段话把这种违反常识的相对主义观点作了详细的发挥，它说：

> 以道观之，物无贵贱；以物观之，自贵而相贱。……以差观之，因其所大而大之，则万物莫不大；因其所小而小之，则万物莫不小。知天地之为稊米也，知毫末之为丘山也，则差数睹矣。以功观之，因其所有而有之，则万物莫不有；因其所无而无之，则万物莫不无。知东西之相反，而不可以相无，则功分定矣。以趣观之，因其所然而然之，则万物莫不然；因其所非而非之，则万物莫不非。知尧桀之自然而相非，则趣操睹矣。

总之，事物的贵贱、大小、有无、是非等差别都不是客观存在的，而完全是由人主观决定的，随人观察的角度不同而产生不同的性质和特点。

列宁说：“把相对主义作为认识论的基础，就必然使自己不是陷入绝对怀疑论、不可知论和诡辩，就是陷入主观主义。”① 庄周正是这样，他正是以对事物性质的相对主义理论为基础，来探究人的正确认识是否可能的问题，因此必然得出否定客观真理、否定人的认识能力的绝对怀疑论、不可知论的结论。

---

① 列宁：《唯物主义和经验批判主义》，《列宁选集》第2卷，人民出版社1960年第1版，第136页。

人的正确认识是否可能呢？人的认识能否对被认识的对象作出任何肯定或否定的判断呢？有没有一个证明人的认识真理性的客观标准呢？庄周的回答是否定的。他举例说：

> 且吾尝试问乎女：民湿寝则腰疾偏死，鳝然乎哉？木处则惴慄恂惧，猨猴然乎哉？三者孰知正处？民食刍豢，麋鹿食荐，蝍蛆甘带，鸱鸦嗜鼠，四者孰知正味？猨，猵狙以为雌，麋与鹿交，鳝与鱼游；毛嫱丽姬，人之所美也，鱼见之深入，鸟见之高飞，麋鹿见之决骤，四者孰知天下之正色哉？（《庄子·齐物论》）

庄周故意把不同类的东西拿来比较，认为根本无法判断人和泥鳅、猿猴、麋鹿等动物的认识究竟那个是正确的，从而否定有所谓“正处”“正味”“正色”，说明一切认识都是相对的，没有统一的认识标准。因为从他“齐物”的观点看来，本来就无所谓“类”的分别，异类不比的原则是可以不管的。他从认识标准的不确定性必然导致否定人能作出任何是非判断的不可知论，其结论是：“自我观之，仁义之端，是非之涂，樊然淆乱，吾恶能知其辩？”（《庄子·齐物论》）天下一切事情的是非都无法搞清楚，人的正确认识是不可能的。

庄周生活在百家争鸣的战国时代，他对当时儒、墨等各派的互相辩论，一概持否定的态度，认为根本辩论不出一个结果来。他们争是争非，孜孜求胜，结果谁也不能“正是非”，因为没有一个共同的是非标准，辩论有何意义？最好还是不要白费精神。他是这样提出问题的：

> 既使我与若辩矣，若胜我，我不若胜，若果是也，我果非也邪？我胜若，若不我胜，我果是也，而（尔）果非也邪？其或是也，其或非也邪？其俱是也，其俱非也邪？我与若不能相知也。则人固受其黮暗，吾谁使正之？使同乎若者正之，既与若同矣，

恶能正之？使同乎我者正之，既同乎我矣，恶能正之？使异乎我与若者正之，既异乎我与若矣，恶能正之？使同乎我与若者正之，既同乎我与若矣，恶能正之？然则我与若与人俱不能相知也，而待彼也邪？（《庄子·齐物论》）

庄周提出检验认识真理性的标准问题是很有意义的。他认为辩论的双方和第三者的主观意见都不能成为检验真理的标准。说到这里，他并没有错，因为“人的思维是否具有客观的真理性，这并不是一个理论的问题，而是一个实践的问题”①，庄周提出“而待彼也”的思想是深刻的。但是，他不懂得那个“彼也”是存在的，它就是客观的实践。毛泽东同志说：“真理只有一个，而究竟谁发现了真理，不依靠主观的夸张，而依靠客观的实践。”② 由于庄周根本否认行即实践在认识中的作用，他从否定主观标准不是走向客观真理论，而是走到了相对主义的不可知论，认为根本没有是非标准，认识有待于“彼”，那个“彼”是不存在的，要判明谁是谁非是不可能的。

庄周否定真理的客观标准，是为了抹煞是非、真伪的界限，否定当时百家争鸣的意义，并为他“不谴是非，以与世俗处”（《庄子·天下》）的实践态度提供理论根据。他认为，不但对辩论双方的意见无法判定谁是谁非，而且对辩论双方，我与若（你）、是（此）与彼的界限都很难分别清楚，去争论它们的谁是谁非又有什么意义呢？他说：

是亦彼也，彼亦是也。彼亦一是非，此亦一是非。果且有彼

① 马克思：《关于费尔巴哈的提纲》，《马克思恩格斯选集》第1卷，人民出版社1972年版，第16页。

② 毛泽东：《新民主主义论》，《毛泽东选集》第2卷，人民出版社1967年版，第623页。

是乎哉？果且无彼是乎哉？彼是莫得其偶，谓之道枢。枢始得其环中，以应无穷。是亦一无穷，非亦一无穷也。故曰：莫若以明。(《庄子·齐物论》)

道恶乎隐而伪？言恶乎隐而有是非？道恶乎往而不存？言恶乎存而不可？道隐于小成，言隐于荣华。故有儒墨之是非，以是其所非，而非其所是。欲是其所非，而非其所是，则莫若以明。(《庄子·齐物论》)

这就是说，彼此、是非的界限都是相对的。从“道”的观点来看，它们甚至不成其为对立面（“莫得其偶”）；唯其如此，才能“以应无穷”，以不辩为辩，以无是非为是非。如果斤斤于彼此、是非之分，则是非总是搞不清楚的（“莫若以明”）。在百家争鸣中，儒墨互相辩难，皆“欲是其所非而非其所是”，一定要争出个结果来，其实是不可能的（又是二个“莫若以明”）！庄周认为，唯一的办法就是：“和之以是非，而休乎天钧，是之谓两行。”“和之以天倪，因之以曼衍，所以穷年也。何谓和之以天倪？曰：是不是，然不然。”（《庄子·齐物论》）也就是用任其是非即无是非的办法去解决争论。有一个“三问三不知”的故事，讲的是：

啮缺问乎王倪曰：子知物之所同是乎？
曰：吾恶乎知之！
子知子之所不知邪？
曰：吾恶乎知之！
然则物无知邪？
曰：吾恶乎知之！……（《庄子·齐物论》）

这就是以不知为知，“和之以天倪”，“以应无穷”的典型。你再提出多少个问题，他都可以用“吾恶乎知之”来回答，真是可以“穷

年”也。

庄周从取消认识对象的彼此差别，到否定真理的是非标准，否定人们认识客观真理的可能性；他进而对主体的认识活动本身也表示怀疑，如在上面的故事中，认识者对自己是有知还是无知也是搞不清楚的。庄周的怀疑论和不可知论是彻底的，最后他对人究竟是醒着还是在做梦、人究竟是否可能有认识都表示怀疑，企图抹煞现实和梦幻的区别，把思维和存在等同起来。这就是所谓“齐物我”。他说：

梦饮酒者旦而哭泣，梦哭泣者旦而田猎。方其梦也，不知其梦也，梦之中又占其梦焉，觉而后知其梦也，且有大觉而后知此其大梦也。而愚者自以为觉，窃窃然知之。……丘也与汝皆梦也，予谓汝梦亦梦也。(《庄子·齐物论》)

昔者庄周梦为胡蝶，栩栩然胡蝶也，自喻适志与，不知周也；俄然觉，则蘧蘧然周也。不知周之梦为胡蝶与？胡蝶之梦为周与？周与胡蝶，则必有分矣，此之谓物化。(《庄子·齐物论》)

说到最后，觉与梦、庄周和胡蝶都是没有界限、没有区别的。从梦的立场看觉，觉也是梦；从觉的立场看梦，梦也是觉。到底是庄周做梦变为胡蝶，还是胡蝶做梦变为庄周，这也是不可知的。从“道”的观点看，其实都是一回事。它们的分别不过是物的幻化（“物化”），也就是不同形之相禅，是没有真实的存在的。

既然现实和梦幻没有什么区别，人们就不能把知识看得太认真，“窃窃然知之”。梦中所见所觉，起初以为是真实的，其实完全是虚幻的。人的认识未必不是这样，现实生活又何尝不是一场梦！庄周的结论是：认识现实世界是不可能的，最高的认识就是不认识，人们必须根本放弃认识活动，回到“古之人”的状态去。他说：

古之人其知有所至矣。恶乎至？有以为未始有物者，至矣，

> 尽矣，不可以加矣。其次，以为有物矣，而未始有封也。其次，以为有封焉，而未始有是非也。是非之彰也，道之所以亏也；道之所以亏，爱之所以成。果且有成与亏乎哉？果且无成与亏乎哉？有成与亏，故昭氏之鼓琴也；无成与亏，故昭氏之不鼓琴也。（《庄子·齐物论》）

这就是说，不知有物、不知有封、不知有是非的“古之人”的认识，才是至高无上的认识；一旦讲名言区别（有物、有封、有是非），“道”就有所亏损了。因为在庄周看来，“道”是全，不是一般的认识所能“知”的；必须否定一切认识，才能“知”道。昭文鼓琴，彰声而声遗，是有成之而实亏之；昭文不鼓琴，不彰声而声全，是不成而无所亏者也。他主张放弃一切认识活动，什么也不知，那么就“无成”也“无亏”了。

庄周鼓吹：“且有真人而后有真知。”（《庄子·大宗师》）他所谓“真知”就是无所知。他理想中的“真人”要求达到的精神境界，就是所谓“坐忘”，所谓“心斋”，所谓“朝彻”，也就是要求取消一切差别和对立，取消人的一切认识和实践活动，“堕肢体，黜聪明”（《庄子·大宗师》），“形固可使如槁木，而心固可使如死灰”（《庄子·齐物论》），完全恢复人的“天然”本性，这样才能得“道”，与“道”同体。所以，庄周的所谓“真知”，实为彻底的蒙昧主义的代名词。

恩格斯说：“人的思维是至上的，同样又是不至上的，它的认识能力是无限的，同样又是有限的。按它的本性、使命、可能和历史的终极目的来说，是至上的和无限的；按它的个别实现和每次的现实来说，又是不至上的和有限的。”① 这个认识论上的相对和绝对、有限

---

① 恩格斯：《反杜林论》，《马克思恩格斯选集》第 3 卷，人民出版社 1972 年版，第 126 页。

和无限的辩证法，马克思以前的哲学家们都是不懂得的，他们往往在这个问题上失足，不是陷入形而上学的绝境，就是掉进唯心主义和不可知论的泥坑。如前所述，荀况正是由于不能解决个人认识能力的有限性同客观事物的无限丰富性和永久变动性的矛盾，才提出了“学有所止”的形而上学错误理论，限制了人们追求客观真理的认识活动。庄周也看到并且利用了人的思维的至上性和非至上性的矛盾，从它引申出否定认识的可能和必要的更加错误的理论。他说：“吾生也有涯，而知也无涯，以有涯随无涯，殆已。已而为知者，殆而已矣。”（《庄子·养生主》）又说：“计人之所知，不若其所不知；其生之时，不若未生之时。以其至小求穷其至大之域，是故迷乱而不能自得也。”（《庄子·秋水》）这就是说，个人的生命是短促的，认识能力是有限的，而宇宙太广大了，知识是无穷的；以个人微小的认识能力，去追求无限广大的宇宙的知识，哪有不失败的呢？他认为汲汲求知只能“殆而已矣”，徒然劳形累心，而不会有任何收获，所以人们应该根本放弃这种认识活动。庄周说“吾生也有涯，而知也无涯”，这没有错，这是客观存在的现实矛盾，但是他不了解“这个矛盾只有在无限的前进过程中，在至少对我们来说实际上是无止境的人类世代更迭中才能得到解决”①，片面地夸大了人的认识的历史局限性，从而得出了“以有涯随无涯，殆已”的不可知论的错误结论。哲学史提供的这个理论思维的重要教训，是值得认真总结和记取的。

在否定人类的知识和文明的歧途上，庄周比《老子》走得更远。这反映无情的历史现实对没落奴隶主阶级的打击，比《老子》产生的时代更沉重了，所以庄周的思想也更消极、更颓丧、更反动。否定一切认识活动的结果，必然要否定一切革命的积极有为的实践活动，对自然和社会采取纯粹消极无为的态度。庄周的处世哲学，从下面一段

---

① 恩格斯：《反杜林论》，《马克思恩格斯选集》第 3 卷，人民出版社 1972 年版，第 126 页。

话可以看出来：

> 庄子行于山中，见大木，枝叶盛茂，伐木者止其旁而不取也。问其故；曰："无所可用。"庄子曰："此木以不材得其天年。"夫子出于山，舍于故人之家，故人喜，命竖子杀雁而烹之。竖子请曰："其一能鸣，其一不能鸣，请奚杀？"主人曰："杀不能鸣者。"明日，弟子问于庄子曰："昨日山中之木，以不材得终其天年；今主人之雁，以不材死，先生将何处？"庄子笑曰："周将处乎材与不材之间。材与不材之间，似之而非也，故未免乎累。若夫乘道德而浮游则不然，无誉无訾，一龙一蛇，与时俱化，而无肯专为；一上一下，以和为量，浮游乎万物之祖，物物而不物于物，则胡可得而累邪？"（《庄子·山木》）

他认为"处乎材与不材之间"还"未免乎累"，还不是保存自己最好的办法；最好的办法是"乘道德而浮游"，即超乎物质世界和人的实践活动之上之外的绝对精神自由，这样就可以把现实生活中的一切是非、得失、毁誉、贫富、贵贱、生死、寿夭，以至材与不材的分别，统统抛到九霄云外不去管它了。但是，这不过是主观意识的自我解脱，回到现实生活中来，他就采取了"不谴是非，以与世俗处""与其是尧而非桀也，不如两忘而化其道"（《庄子·大宗师》）的滑头主义、混世主义的态度。"彼且为婴儿，亦与之为婴儿；彼且为无町畦，亦与之为无町畦；彼且为无崖，亦与之为无崖。"（《庄子·人间世》）随变所适，得过且过，这就是在现实生活中免除灾难、保全自己的方法。庄周的这种实践态度，完全是没落阶级对自己的前途丧失信心的消极情绪的反映。道家的知行观之所以表现为露骨的蒙昧主义，反对知识和文明，反对人类以改造现实为目的的实践活动，反对发挥人的主观能动性，成为先秦最反动的知行观，归根到底是由它所代表的阶级的历史地位和政治态度所决定的。

四　法家学派

春秋战国时期，法家是代表新兴地主阶级利益的一个学派。法家思想起源较早，如在春秋末期，郑国子产作刑书，公布了成文法（公元前536年），晋国“铸刑鼎，著范宣子所为刑书焉”（公元前513年），就是“法治”思想的萌芽。战国早期和中期，魏国李悝著《法经》，楚国吴起“明法审令”，秦国商鞅变法，都是适应封建生产关系发展的进步主张和措施；此外还有申不害的重“术”，慎到的主“势”，亦旨在加强封建君主的集权统治。到了战国末期，著名的新兴地主阶级思想家韩非集前期法家思想之大成，创立了封建地主阶级专政的系统的理论和方法，完成了法家思想体系，直接为秦始皇统一中国、建立第一个中央集权制封建国家提供了理论基础。韩非是先秦法家最重要的代表人物。这里论述法家的知行观，也以韩非为代表。

韩非（约公元前280—前233年）是荀况的学生，原为韩国公子，曾向韩王建议变法，未被采纳；后到秦国，企图推行他的学说和主张，却遭到李斯等人的陷害，被迫自杀于狱中。他的著作有《韩非子》一书。

韩非的宇宙观和认识论，主要是继承荀况的唯物主义思想，同时批判地改造和吸取了《老子》哲学中的一些范畴，从地主阶级的功利主义出发，而有一定的创造和发展。

韩非和荀况一样，充分肯定人的认识能力和感觉、思维等认识活动。他说：

> 聪明睿智，天也；动静思虑，人也。人也者，乘于天明以视，寄于天聪以听，托于天智以思虑。（《韩非子·解老》）

这里说的“天明”“天聪”和“天智”，就是荀况说的“天官”和

“天君”，指人类的感觉器官和思维器官。人的视、听、思虑等认识活动，就是凭借这些天生的认识器官，去辨别、审察客观事物的颜色、声音和得失的规律。他一方面贯彻了“天人之分”的原则，另一方面又强调了人的认识对天然形成的认识器官的依赖关系，指出“目不明则不能决黑白之分，耳不聪则不能别清浊之声，智识乱则不能审得失之地”（《韩非子 · 解老》），这就坚持了精神没有独立的存在、物质决定精神的唯物主义观点。

以上是就“能知”方面说，再从“所知”方面看，韩非认为客观世界有其发展规律，它们是可以被人认识的。韩非批判地改造了《老子》的“道”，把“道”看成是自然界本身及其总规律，如说：“道者，万物之所然也，万理之所稽也。”（《韩非子 · 解老》）他又创造性地提出了“理”这个范畴，认为“理”就是各种事物借以互相区别的特殊规律。“万物各异理，而道尽稽万物之理。”（《韩非子 · 解老》）就是说，万物各有自己的规律、条理，互相不能混淆，而“道”则是万物之理的总汇和综合。韩非对“万物之理”作了具体分析，他说：

> 凡理者，方圆、长短、粗靡、坚脆之分也，故理定而后物可得道也；故理定有存亡、有死生、有盛衰。（《韩非子 · 解老》）
>
> 凡物之有形者，易裁也，易割也。何以论之？有形则有短长，有短长则有小大，有小大则有方圆，有方圆则有坚脆，有坚脆则有轻重，有轻重则有白黑。短长、大小、方圆、坚脆、轻重、白黑之谓理，理定而物易割也。（《韩非子 · 解老》）

这里着重说明，所谓“理”，就是长短、大小、方圆、坚脆等事物的性质和特征，以及盛衰、生死、存亡等事物发展变化的规律，它们和客观事物是不可分的，是事物借以互相区别（裁割）和被人认识、称道出来的根据。有物则有理，“理定而物易割”，“理定而后物可得

道”，这是在客观规律性问题上的明确的唯物主义观点。韩非对“万物之理”的具体分析，以及关于“道”和“理”的关系，即自然界的总规律和特殊规律的关系的理论，说明人类抽象思维水平有了很大的提高，对客观物质世界及其规律性的认识比以往更深入了。正是在这一理论的基础之上，建立了他的“缘道理”的唯物主义认识论。

韩非认为，“道”和“理”都是可以被人认识的。既然“理”就在事物之中，是事物借以互相区别的东西，那么，人就可以通过具体事物的长短、大小、方圆、坚脆等性质和特征，以及盛衰、生死、存亡等运动变化的大量现象去认识和掌握它；只要认识和掌握了“万物之理”，就能进而把握“尽稽万物之理”的“道”。承认客观世界及其规律的可知性，这是韩非的认识论的一个基本观点。他强调必须认识客观规律，按照客观规律办事，人们的行动才能取得成功；反之，如果不照客观规律办事，就必然要失败。他说：“夫缘道理以从事者，无不能成。……夫弃道理而妄举动者，虽上有天子诸侯之势尊，而下有倚顿、陶朱、卜祝之富，犹失其民人而亡其财资也。”（《韩非子·解老》）这里讲的“缘道理以从事”和“弃道理而妄举动”，实为唯物主义和唯心主义两条认识路线、两种知行观的对立和斗争。另外他还说过：“思虑熟则得事理，得事理则必成功，必成功则其行之也不疑。”（《韩非子·解老》）“今众人之所以欲成功而反为败者，生于不知道理，而不肯问知而听能。”（《韩非子·解老》）这些都是把“知道理”“得事理”当作行为取得成功的前提，也就是反复强调认识客观规律的重要性。

综合上述两个方面，就是荀况所说的：“凡以知，人之性也；可以知，物之理也。”（《荀子·解蔽》）不过韩非对荀况的唯物主义可知论又有了很大的发展，尤其他对客观规律性的认识比前人进了一大步，这就大大丰富了荀况的“物理可知论”的内容。

韩非坚持“缘道理”的唯物主义认识路线，认为人要得到认识，就必须接触客观事物，依据客观规律。他曾尖锐地批判一种唯心主义

先验论的“前识”说，指出：“先物行、先理动之谓前识。前识者，无缘而忘（妄）意度也。”（《韩非子·解老》）就是说，在没有接触客观事物、没有发现客观规律之前就有认识，就去行动，叫做“前识”。“前识”这种东西，就是毫无根据的主观妄想和臆测。他举了一个例子：

> 詹何坐，弟子侍，有牛鸣于门外。弟子曰：“是黑牛也而白题（额）。”詹何曰：“然，是黑牛也，而白在其角。”使人视之，果黑牛而以布裹其角。（《韩非子·解老》）

韩非就这件事评论说：象詹何这样的道术家，仍不免以主观臆测去迷乱众人的心，乍看起来似乎很了不起，实际上浮华不实，总是要遭到困殆的。其实，要达到詹何的这种“明察”，只要派一个愚笨的小孩子出门去亲眼看一下，就会立即明白那是一条黑牛而用白布裹着角。所以他说：“故以詹子之察，苦心伤神，而后与五尺之愚童子同功。”（《韩非子·解老》）詹何的这种认识方法，即所谓“前识”，其实是最愚蠢的方法。

韩非强调人的认识要绝对排除主观成见和臆测，使认识的器官保持虚静，才能正确地反映客观世界及其规律。他说：“圣人之道，去智与巧；智巧不去，难以为常。”（《韩非子·扬权》）“喜之则多事，恶之则生怨。故去喜去恶，虚心以为道舍。”（《韩非子·扬权》）“智”“巧”“喜”“恶”都是指妨碍人的正确认识的主观因素，必须排去之。他认为，人的认识就是“因天之道，反形之理，督参鞠之，终则有始，虚以静后，未尝用己”（《韩非子·扬权》），即根据自然界的总规律（“道”），联系具体事物的特殊规律（“理”），从始到终，从终到始，反复进行比较研究，完全客观地去认识和把握它们。这就是他用来和“前识”相对立的“缘道理”的认识方法。“虚以静后，未尝用己”，和荀况“虚壹而静”的养心之术意义相近，都是批

判地继承道家的思想，重新赋予它们以唯物主义认识论的内容。

韩非的知行学说中最有价值的部分，是他提出的检验认识是否合乎实际的“参验”的方法，也是他用来批判唯心主义先验论的有力的认识武器。

在真理标准问题上，韩非也继承了荀况重视实际效验和功用的唯物主义思想，并在巩固封建专制统治、反对旧贵族势力的斗争实践中有重大发展。韩非认为，要巩固封建君主的统治，就必须有一套考察和驾驭臣下的方法。因为“人臣之于其君，非有骨肉之亲也，缚于势而不得不事也”（《韩非子·备内》）。君臣之间的利害矛盾不可调和，臣下总是要想方设法欺骗君主，以谋其私利；因此，君主就必须用种种方法去了解事实的真相，考察臣下的忠奸，以免受欺骗。从这些方法得出的认识论的结论，实际上丰富了关于真理标准的学说。

韩非提出的“参验”的方法，基本内容就是：“循名实以定是非，因参验而审言辞。”（《韩非子·奸劫弑臣》）韩非把“形名参同”（《韩非子·扬权》）、“循名而责实”（《韩非子·定法》）当作君主督察臣下的一种重要的“术”。授予某人一种官职，官职是“名”，做官的人是“实”，也称为“形”。“君操其名，臣效其形。”（《韩非子·扬权》）君主按照这个官职的“名”的要求，来考察任官之臣的工作之“实”，名实相合就有赏，名实不合则加罚。这就是所谓“刑（形）名之术”。从认识论的意义来说就是：正确的认识应当是名和实的统一，名实是否相合，乃是确定认识是非的标准。这就是所谓“循名实以定是非”。

“因参验而审言辞”，就是“偶参伍之验，以责陈言之实”（《韩非子·备内》）。要知道一个人说的话是否合乎实际情况，就要用“参伍之验”的方法。“伍”是排队比较，“参”是互相参照。韩非认为，要确定一种认识、言论是否正确，必须“言会众端”（《韩非子·八经》）、“众端以参观”（《韩非子·备内》）。就是说，光听一面之词、专从一个方面去看不行，而必须把各种说法、各方面的情况

汇合起来，排一排队，加以比较研究，看这个人的“陈言”是否能够得到各方面的证实。能够得到证实就是真实的、正确的，不能得到证实就是虚假的、错误的。对所谓“参伍之验”的方法，他更具体地论述说：“参伍之道，行参以谋多，揆伍以责失。……言会众端，必揆之以地，谋之以天，验之以物，参之以人。四征者符，乃可以观矣。”（《韩非子·八经》）这是说，确定认识正确与否，必须从天、地、物、人四个方面得到证实、符验，这里面包括了自然的和社会的各种因素。韩非如此重视“参伍之道”，主要也是给“明王”提供一种驾驭臣下的方法，以此“审内外之失”，“知朋党之分”，“按法以治众”（《韩非子·备内》）。他认为，君主掌握了“参验”方法的威力就在于：左右之臣知伪诈必不得安，而不敢以虚言惑主；百官之吏知图奸利必遭危殆，亦不敢以贪残渔下。他说这正是“管仲之所以治齐，而商君之所以强秦”（《韩非子·奸劫弑臣》）的方法。

在对“众端”的参照比较中，韩非特别注重以实际功效作为检验认识的标准。知人善任是君主最重要的职责，是他的事业能否取得成功或成功大小的关键之一。怎样才能做到知人善任呢？韩非认为，主要应从“试之官职，课其功伐”“任其身而责其功”的实践效果，来判断一个人的智愚贤不肖，而不能光看表面容服，光听口辩言辞。他说：

> 澹台子羽，君子之容也，仲尼几而取之，与处久而行不称其貌。宰予之辞，雅而文也，仲尼几而取之，与处久而智不充其辩。故孔子曰：“以容取人乎，失之子羽！以言取人乎，失之宰予！”故以仲尼之智，而有失实之声。今之新辩滥乎宰予，而世主之听眩乎仲尼，为悦其言，因任其身，则焉得无失乎？是以魏任孟卯之辩，而有华下之患；赵任马服之辩，而有长平之祸。此二者，任辩之失也。夫视锻锡而察青黄，区冶不能以必剑；水击鹄雁，陆断驹马，则臧获不疑钝利。发齿吻形容，伯乐不能以必马；授

> 车就驾，而观其末涂，则臧获不疑驽良。观容服，听辞言，则仲尼不能以必士；试之官职，课其功伐，则庸人不疑于愚智。故明主之吏，宰相必起于州部，猛将必发于卒伍。(《韩非子·显学》)

从这一段话可以看出，韩非是以“行”之功效作为检验“知”之真伪的标准的。他又举了许多例子，反复论证这个道理。比如说，大家都在闭着眼睛睡觉，你就不知道谁是瞎子；大家都不说话，你就不知道谁是哑巴。但是，如果叫大家都睁开眼来看东西，提出问题叫大家回答，那么谁是瞎子，谁是哑巴，一下子就判别出来了。这个道理，浅显易明。授人官职也是一样：“不听其言也则无术者不知，不任其身也则不肖者不知；听其言而求其当，任其身而责其功，则无术不肖者穷矣。”(《韩非子·六反》) 他又举例说，某人想物色一个大力士，如果光凭自我介绍，那么即使是乌获这样著名的大力士，也无法同一般人区别开来。唯一的办法是交给他们重达千斤的鼎俎，看谁能举起来，那么谁有真本事，谁是吹牛皮，一下子就考验出来了。韩非接着指出：“故官职者，能士之鼎俎也，任之以事而愚智分矣。”(《韩非子·六反》)

“参验”的方法，特别是以实际功效来检验认识真伪的方法，虽然是从新兴地主阶级考核、任用官吏的政治实践中提出来的，但它确实接触到唯物主义认识论的一个重要问题，即在一定意义上承认实践是真理的标准。当然，韩非对行或实践的了解是非常狭隘、片面的，它带有浓厚的地主阶级功利主义的色彩，还远不是科学的社会实践的概念。

韩非也用“参验”的方法来批判其他各家学说。孔丘、墨翟的学说在先秦影响最大，号称“显学”，他们都“明据先王，必定尧舜”，同韩非“不期修古，不法常可”的发展进化历史观相违，所以首先成了批判的对象。他说：

> 孔子墨子俱道尧舜，而取舍不同，皆自谓真尧舜。尧舜不复生，将谁使定儒墨之诚乎？殷周七百余岁，虞夏二千余岁，而不能定儒墨之真，今乃欲审尧舜之道于三千岁之前，意者其不可必乎？无参验而必之者，愚也；弗能必而据之者，诬也。故明据先王、必定尧舜者，非愚则诬也。（《韩非子·显学》）

他对复古主义思想的批判，着重于从认识论上指出，尧舜距今数千年，对他们的认识缺乏可供“参验”的根据，所以对儒墨所鼓吹的“先王之道”不能盲目相信。这种批判在当时来说是很有战斗性的。

韩非不仅以实际功效为检验认识的标准，而且强调以“功用”为认识的目的。他说：“夫言行者，以功用为之的彀者也。”（《韩非子·问辩》）“的彀”就是射箭的靶子。人的言论和行动，都要确定一个目的，然后看它是否能够达到预期的效果。好比射箭，有一个人，拿出一支箭来乱射，未尝不能射中某一小点，但不能说他是一个好射手，因为他所射中的并不是预先确定的目标。现在设一个五寸的靶子（比那一小点大得多），放在十步（八尺为一步）之外，就是羿和逢蒙这样好的射手，也未必箭箭中的。我们不以乱射偶中某一小点为巧，反以射中大得多的靶子为善射，就是因为后者预先确定了目标，才能看出实际效果来。韩非由此得出结论：“今听言观行，不以功用为之的彀，言虽至察，行虽至坚，则妄发之说也。”（《韩非子·问辩》）没有目的性的言论和行动，是不值得提倡的。

以韩非为代表的先秦法家的知行学说，强调“言必责其用”“行必求其功”，其基本倾向是唯物主义的。这种重视实际功用的思想，和新兴地主阶级的政治实践有着密切的联系，是“智术能法之士”用来反对为旧贵族势力效劳的“无用之辩”的锐利武器。只有把那些不合“参验”的“愚诬”之说，不见功效的“恍惚”“微妙”之言，统统清除干净，才能以新兴地主阶级的功利为标准确立一种学说，来统一人们的思想，指导对现实社会的改造，这就是法家的学说。法家

学说在先秦时期的历史进步作用是应该肯定的，但是如果把它夸大为超阶级、超时代的绝对真理，那就荒谬绝伦了。法家的知行学说有其独特的贡献，但是以功用为认识的目的和真理的标准，仍然有着明显的地主阶级的局限性；韩非对实践是认识的来源以及人的认识在实践的基础上发生、发展的过程，基本上是不了解的，他的知行观有着极大的片面性，同时也没有摆脱一般旧唯物主义共有的缺点，即直观性和形而上学性。

小　结

中国古代哲学，最注重社会人生问题的研究，但是决非如某些外国人所说的，根本不探讨宇宙观和认识论问题。就认识论说，在中国哲学发展的第一个重要时期，先秦诸子就对认识的本质、认识的来源、人们求得知识的方法和途径、认识的可能和限度、检验认识真理性的标准等问题，都有所接触，不仅提出了问题，而且进行了初步的探讨和研究，在许多方面分别有所发明和贡献；就是对问题的错误回答，也为人类理论思维的发展提供了有益的教训。中国哲学有自己的认识论，有独具特色的知行观，这是不容否定的。

先秦诸子的知行学说，完全符合哲学发展的一般规律，也划分为唯物主义和唯心主义两大营垒，形成两条认识路线的对立和斗争。儒家的孟轲和道家的《老子》、庄周的知行观，都是唯心主义的，它们是没落奴隶主阶级以及同旧制度旧传统有较多联系的地主阶级保守阶层歪曲和应付现实的工具；儒家的荀况和墨家、法家的知行观，都是唯物主义的，它们是新兴地主阶级以及同这个阶级的利益有密切联系的平民和小生产者阶层认识和改造世界的武器。孔丘的知行观表现出调和唯物与唯心的折衷主义、二元论的特征，但同他保守的政治态度相联系，他的哲学的基本倾向也是唯心主义的。先秦思想史表明，超阶级、超党派的哲学或认识论学说是不存在的。

在中国哲学史上，专门讨论知行先后、知行分合、知行难易、知行轻重等问题，提出各种系统的知行学说，虽然都在宋代以后，但是这些问题在先秦大都已经提出或以萌芽的形式提出来，各派哲学家们对知识的来源等问题作出了不同的回答，在百家争鸣中发展了正确的认识理论。先秦诸子关于知行问题的探讨和分歧，主要在以下几个方面：

一、关于知识的来源。孔丘首先提出这个问题，他的回答包含着自相矛盾，所谓“生而知之”和“学而知之”两种知识起源说，前者是唯心论的先验论，后者则带有唯物主义经验论的倾向。孟轲的“不虑而知”“不学而能”“非由外铄”“我固有之”的“良知良能”说，是彻底的主观唯心主义的知识起源说和先验道德论。《老子》和庄周也排斥感觉和实践，公开鼓吹“不行而知”，他们所谓的“真知”，即心对宇宙本体“道”的神秘直观，是唯心主义先验论的另一种表现形式。墨家和荀况、韩非都主张知识来源于人的感官同外界事物的接触，即“知有所接”，必须“缘天官”“惟以五路知”，这是唯物主义的知识起源论。先秦的唯物主义者在反对唯心主义先验论的斗争中，强调客观世界（“所知”）是不依赖于认识主体（“能知”）而独立存在的，认识是从外到内，感觉是把认识同外部世界联系起来的桥梁。但是他们还不懂得人是在改造世界的实践中去接触外界事物、获得感觉经验的，还没有把人同客观世界的接触本身了解为人的实践活动。因此，他们不懂得实践是认识的真正来源的道理，尚未提出“由行而致知”的命题。有的哲学家已初步认识到行（他们的了解是片面的）是知的基础和准则，不过有“行先知后”思想的萌芽而已。

二、关于人们求得知识的方法和途径。孟轲认为知识是人心固有的，即以反省内求为求知的方法，他提出的所谓“尽心”“知性”“知天”的认识途径，把实践和“耳目之官”的感性认识完全排除在外。道家的方法是既否定感觉经验，又否定理性思维，主张摒弃一切知识和欲望，“涤除玄览”，冥会本根，或者“离形去知，同于大通”

(《庄子·大宗师》)。这是一种神秘主义的直觉法。和这些唯心主义的认识方法相对立，先秦的唯物主义者都主张认识必须反映、符合客观世界及其规律，在怎样做到“知有所合”的问题上，才于方法论上有所歧异。墨翟以“闻之见之”为获得知识的唯一途径，认为只有众人“耳目之实”的感觉经验才是真实可靠的，但是却否定感性认识上升到理性认识的必要性。孔丘已提出“学”“思”并重而以感性认识的“学”为基础的主张。荀况和后期墨家在墨翟的唯物主义经验论的基础上均有所前进，他们克服了狭隘经验论的局限性，既重视感觉经验，又十分重视理性思维的作用，注意“养心之术”，注意思维的形式和规律的研究，比较正确地论述了感性认识和理性认识的关系。先秦的唯物主义者一般还不了解实践是全部认识过程的基础，荀况提出了“行之”高于“知之”的思想，把“行之”包括到认识过程中去，当作认识的最高阶段，这在古代确实是一种卓见。

三、关于真理的标准。先秦时代的唯物主义思想家们就强调言论贵有“参验”，认识必须符合客观实际，要用行为的功效来检验认识的正确与否。他们在这方面的贡献是比较突出的，说明中国古代哲学有着尊重客观实际的深厚的唯物主义思想传统。墨翟最先提出著名的“三表”法，强调以是否“中国家百姓人民之利”为真理的标准，它又必须在历史经验和众人的直接经验中得到证实。后期墨家继承和发挥了这种真理学说，进一步确立了以实践（“为”）为理论的证验的原则。荀况和韩非都主张以有事实符验和行之有效为检验认识真伪的标准，以此反对一切唯心主义的无稽之说和无用之辩。先秦的唯心主义者在真理标准问题上实在没有多少建树。孔孟都以“先王之道”和“仁”“礼”等政治道德原则混同、代替认识论上的真理标准，自然要限制和阻碍人们对客观世界及其规律的正确认识。孔丘的“正名”论，主张以“名”正“实”，以“名”为“实”的准则，也是一种唯心主义的真理论。值得注意的是庄周否定真理标准的相对主义不可知论的论证，他从否定真理标准的主观性走到了极端的主观主义——

根本否定客观真理，也无所谓真理标准。他的结论是极端荒谬的，但是提出来的问题很有意义。既然任何个人的主观意见都不能“正是非”，那么循此继进，到达客观真理论不是并不遥远了吗？正确地总结理论思维的经验教训，可以启发和促进唯物主义认识论的发展。

此外，先秦诸子对认识的目的、认识的本质、认识的可能和限度、知识的分类和言行关系等问题也多所讨论和研究，不过没有上述几个问题深入和集中。先秦诸子的知行学说，是整个中国知行学说史的一个重要环节，对后来哲学思想的发展产生了广泛而深远的影响。

第三章　汉唐时期的知行学说

汉唐时期，中国哲学经历了曲折、复杂的发展路径，从两汉经学到魏晋玄学，再到隋唐佛学，标志着哲学思想宗教化的过程，唯物主义反对唯心主义的斗争突出地表现为无神论反对有神论的斗争。在这个时期，认识论领域两条路线的斗争，也主要是配合无神论和有神论的斗争而展开的。唯心主义的神学家们极力论证，“圣人”具有超乎常人的认识能力，他们的知识是天生的，受到神（天）的启示，是用来表达“天意”的。这就是从认识论上论证少数先知先觉的“圣人”应当成为整个社会的统治者。他们鼓吹，一切认识，包括对神（佛）的认识，都只能到内心去追求；一经有了主观觉悟，“放下屠刀，立地成佛”。这就是欺骗劳动人民忍受现实生活的苦难，而到内心去寻找精神上的快乐，同时为那些屠杀人民的刽子手辩护和解脱。唯心主义成了为反动统治阶级效劳、为宗教世界观作论证的工具。唯物主义哲学家则否定有先知的“圣人”，否定有自足的“佛性”，否定有什么“神”的启示，强调人的一切认识都来源于感觉经验和后天的学习。唯物主义反映论是揭露和批判宗教神学的有力的思想武器。汉唐时期认识论领域的两条路线斗争，仍然是围绕着知识的来源这个中心问题而展开的。在先秦诸子的知行学说的基础上，这个时期关于知行问题的研究又有了若干新的发展，特别是佛教唯心主义的精致理论，十分繁琐而又极端荒谬，但却向唯物主义者尖锐地提出了问题，启发、刺激和促进了唯物主义认识论的发展。佛教唯心主义是宋明理学

和心学的重要思想渊源之一。在本章中，只对这个时期影响较大的几个哲学家和哲学流派的知行学说加以介绍和评论。

一 董仲舒

两汉时期有所谓经今古文之争，这是在“罢黜百家，独尊儒术”之后儒家内部发生的学派之争。争论的实质不在于用今文（汉代的文字——隶书）还是用古文（秦以前六国的文字——篆文）书写经书，更主要的是对古代经书的看法不同、解释不同。今文经学着重发挥儒家经典中的“微言大义”，加以引申比附，并与谶纬迷信结合，直接为当时的封建统治服务，故被列于学官，成为儒家的正统派。古文经学则注重于经籍的文字训诂和历史考释，属于民间的私学，不被当权的统治者所重视。董仲舒就是为汉王朝服务的今文经学派的主要代表，他的唯心主义形而上学的神学理论成为两汉时期封建统治阶级的官方哲学。

董仲舒（公元前179—前104年），广川（今河北省枣强县广川镇）人，曾以贤良对策受到汉武帝的赏识，是西汉时期重要的思想家。他是专治《春秋公羊传》的学者，主要是通过歪曲阴阳五行学说，来发挥《春秋》的“微言大义”，构筑一个“天人感应”目的论的神学唯心主义体系。《春秋繁露》是他的代表作。

董仲舒把“天”说成是宇宙的最高主宰，它有意志、有目的地创造了自然万物和人类社会，并且给人类社会设立了一个君主，来代替自己行使赏罚的至上权威。这就是所谓“王者承天意以从事”（《汉书·董仲舒传》）。他认为天的意志可以通过一些自然事物表现出来，“国家将有失道之败，而天乃出灾害以谴告之；不知自省，又出怪异以警惧之；尚不知变，而伤败乃至”（《汉书·董仲舒传》）。灾异谴告体现了天对人君的爱护；符瑞、祥瑞则是有道明主受命的征兆。这种“天人感应”神学目的论正是两汉时期泛滥成灾的谶纬迷信的理论基础。

“天意”“天志”是董仲舒哲学中最重要的概念，也是把他的宇宙观和认识论联结起来的主要环节。他认为，宇宙万物的产生及其运动变化，都是天的意志的体现。天创造人也是为了贯彻和实现自己的意志。因此，人的认识和行动，都只能以“天意”为准则，而不能违背它，否则就要引起天的震怒，受到天的惩罚。从“天人感应”目的论的宇宙观必然引申出以体察“天意”、实现“天意”为目的的神秘主义的认识论和知行观。他说：“天不言，使人察其意；弗为，使人行其中。”（《春秋繁露·深察名号》）这就是说，天并不说话，而要人领会它的意志；天并不行动，而要人按照它的意志去做。人的认识和行动正确与否，就看是否能与“天意”相符合。

在董仲舒看来，认识的目的就是知“天意”。怎样才能知“天意”呢？他认为对于一般人来说，认识的途径是通过“观物”“察物”以知“天意”，然后“修身审己”，去除物欲，发明人本身具有的那个与天相同的“道”或“本心”，这样就能自觉地根据“天意”去行事了。因为按照他的“天人合一”理论，“天亦有喜怒之气，哀乐之心，与人相付。以类合之，天人一也”（《春秋繁露·阴阳义》）。“天”和“人”有感应的关系。“天”虽然不说话，但可以通过一些自然事物，如日蚀、星陨、山崩、地震等灾异现象和麒麟、凤凰等祥瑞之物，来体现自己喜怒哀乐的感情和赏罚的意志。人“谨按灾异以见天意”（《春秋繁露·必仁且智》），立即有所觉悟，改正错误，就能避免危害。所以说：“故见天意者之于灾异也，畏之而不恶也，以为天欲振吾过，救吾失，故以此报我也。”（《春秋繁露·必仁且智》）这种通过观察自然物象以见“天意”的认识方法，在董仲舒的著作中多所论述，如说：

> 天无所言，而意以物。物不与群物同时而生死者，必深察之，是天所告人也。……当百物大生之时，群物皆生，而此物独死。可食者，告其味之便于人也；其不食者，告杀秽除害之不待

> 秋也。当物之大枯之时，群物皆死，如此物独生。其可食者益食之，天为之利人，独代生之；其不可食益畜之，天愍州华之间，故生宿麦，中岁而熟之。君子察物之异，以求天意，大可见矣。（《春秋繁露·循天之道》）
>
> 天意难见也，其道难理。是故明阴阳入出、实虚之处，所以观天之志；辨五行之本末、顺逆、小大、广狭，所以观天道也。（《春秋繁露·天地阴阳》）

在这里，"察物之异"，"明阴阳入出、实虚之处"，"辨五行之本末、顺逆、小大、广狭"等等，都是为了"见天意""观天志"。我们不能根据董仲舒的著作中也说过一些"观物""察物"之类的话，就断定他主张以自然事物为认识对象；恰恰相反，他是否定自然事物的独立存在，反对把认识止于"物"的，他所谓"观物""察物"不过是认识隐藏在物象背后的"天意"的一种手段、一个步骤，认识"天意"才是目的。他说："能说鸟兽之类者，非圣人所欲说也。……传于众辞，观于众物，说不急之言，而以惑后进者，君子之所甚恶也。"（《春秋繁露·必仁且智》）可见他十分鄙弃对自然事物的认识，认为认识如果止于"观物""说鸟兽之类"，而不进一步去体察"天意"，就会把人们引上迷途，是"圣人""君子"所"不欲"和"甚恶"的。

通过观察物象以见"天意"，固然是取得认识的一种方法，但还不是最好的方法。董仲舒认为最高明的认识是"内视反听"，通过内省直接体认"道"或"本心"。"道莫明省身之天"（《春秋繁露·为人者天》），省身就可以"知天"，认识"本心"也就知"天意"了。这是一般人尚达不到的"上智""圣人"的认识。他说："故聪明圣神，内视反听，言为明圣，内视反听。故独明圣者，知其本心，皆在此耳。"（《春秋繁露·同类相动》）"本心"就是天意、天志在人身上潜在的体现，指天赋知识和道德的本来状态。因为天是按照自己的模

样创造了人类，“人副天数”，“以类合之，天人一也”。人和天具有相同的生理构造、感情意识和道德品质，“身犹天也”，也就是说，天数和人身、天意和人心本来是合而为一的。“故为人主之道，莫明于在身之与天同者而用之，使喜怒必当义乃出，如寒暑之必当其时乃发也。”（《春秋繁露·阴阳义》）要认识“天意”，也没有比反省内求、发明“本心”更直截了当的了。“察身以知天”（《春秋繁露·郊语》），这是一种神秘主义的直觉法。

董仲舒认为，“在身之与天同者”的“道”或“本心”，天赋的知识和“善”的道德本性，并非只有“圣人”才具有。不过只有“圣人”才能直接“察身以知天”，才具有“内视反听，知其本心”的神秘的认识能力。一般的人虽然也有天赋的知识和“善心”，但为物欲所蔽，不能直接认识它或实现它；只有通过“察物”以知“天意”，把“外见于事情”和“内动于心志”结合起来，如见灾异之象，即“省天谴而畏天威”，于是“修身审己，明善心以反道”（《春秋繁露·二端》）。董仲舒说：“推灾异之象于前，然后图安危祸乱于后者，非《春秋》之所甚贵也。”（《春秋繁露·二端》）但是《春秋》仍然把它“举之以为一端”，仍然把它当作一种重要的认识方法，就是因为它还可以启发人们“明善心以反道”，不再去做违反“天意”的事情了。“天意有欲也，有不欲也。所欲所不欲者，人内以自省，宜有惩于心；外以观其事，宜有验于国。”（《春秋繁露·必仁且智》）董仲舒虽然没有完全排除感觉经验在认识中的作用，但却把它神秘化了，把“外以观其事”当作是认识“天意”的一种手段。不管是直接省身知天，实现天人合一，还是间接地通过察物以知天，然后“修身审己”，去除物欲，复明本心，实现天人合一，都是以认识“天意”为目的的神秘主义认识方法（也是一种修养方法）。他认为“知心”“知天”就可以进一步知天下万物，“天地神明之心与人事成败之真”均无所不知了。他说：“弗能察，寂若无；能察之，无物不在。”（《春秋繁露·精华》）这就在认识论上完全陷入了主观唯

心主义。

董仲舒的这种唯心主义、神秘主义认识论的实质就在于，封建统治阶级企图把自己的意志（“本心”）说成是“天”的意志，使之具有神圣不可侵犯的权威性，然后以“天意”作为人们认识和行动的准则。他们主要是企图把一整套封建道德伦理观念，强行灌输到人民的思想中去，并要求付诸实践。这种企图，从董仲舒的“正名”理论也可以十分明显地看出来。

董仲舒继承和发展了孔丘的唯心主义“正名”思想，认为“名”是第一性的，“实”是第二性的，“实”要由“名”来决定。他说：“事各顺于名，名各顺于天。”（《春秋繁露·深察名号》）事物要顺从名称，名称要顺从天意。他认为“名”是圣人代表“天意”给事物起的名称，它不是客观事物本质的反映，而是客观事物赖以存在的根据。它完全是由天意决定的，是表达天意的工具。作为人的认识不可缺少的工具，只要掌握了“名”，就可以了解天意，也就可以精通对天地万物的认识，有了判断事物的是非、逆顺的标准。所以他说：“名者，大理之首章也。录其首章之意，以窥其中之事，则是非可知，逆顺自著，其几通于天地矣。”（《春秋繁露·深察名号》）这是对“名”的作用的论述。

“名”是怎样产生的呢？这又涉及认识的来源问题。董仲舒说：“名生于真，非其真，弗以为名。名者，圣人之所以真物也，名之为言真也。”又说：“《春秋》辨物之理以正其名，名物如其真，不失秋毫之末。”（《春秋繁露·深察名号》）不了解他所谓“真”的含意，很容易把这些话误解为：名是对客观事物真实的反映。其实，他所谓“真”，不是指客观事物，而是指的“天”或“天意名生于真”“名物如其真”，是说事物的名称要真实地表达天意，或者说，天意才是“名”的最真实的内容。这同他所说的“名号异声而同本，皆鸣号而达天意者也”（《春秋繁露·深察名号》）是一个意思。“名者，圣人之所以真物也”也就是“名则圣人所发天意”（《春秋繁露·深察名

号》）的另一种说法。例如："民者，瞑也。"（《春秋繁露·深察名号》）就是说，"民"的真实含义（天意）是"瞑"，所以圣人效法天意取名为"民"。董仲舒发挥说："今万民之性，有其质而未能觉，譬如瞑者待觉，教之然后善。当其未觉，可谓有善质而不可谓善，与目之瞑而觉，一概之比也。静心徐察之，其言可见矣。性而瞑之未觉，天所为也；效天所为，为之起号，故谓之民。民之为言，固犹瞑也，随其名号以入其理，则得之矣。"（《春秋繁露·深察名号》）这就是对"名生于真""名者圣人真物"的最好的注释。搞清楚董仲舒所谓"真"的含意，我们就会明白：名从真，并非名从物，而是名从天。关于名和物的关系，他的观点不是名从物，而是相反，即物从名。他曾明确地说："器从名，地从主人之谓制。"（《春秋繁露·玉英》）就是说，事物从属于它的名称，好似土地归从于它的主人一样。他用"地从主"这个封建主义生产关系的根本原则来规定名和物（器）的关系，可见"物从名"的原则也是不可动摇、不容颠倒的。他的"物从名，名从真"的公式，也就是"事各顺于名，名各顺于天"，这是地地道道的从天（神）到名（概念）再到物（客观物质世界）的唯心主义、神秘主义的认识路线。

董仲舒的"正名"理论，是为巩固封建等级制服务的，它是我国封建社会"名教"思想的理论基础。他说："欲审曲直，莫如引绳；欲审是非，莫如引名。名之审于是非也，犹绳之审于曲直也。"（《春秋繁露·深察名号》）因为名是"圣人所发天意"，所以具有绝对的真理性，神圣不可动摇，它是判断一切是非曲直的标准。董仲舒认为，封建社会中各个等级的人，都要根据圣人代表天意所起的"名"去行事，履行自己的职责，处理相互间的关系。如说：

> 受命之君，天意之所予也。故号为天子者，宜视天如父，事以孝道也。号为诸侯者，宜谨视所侯奉之天子也。号为大夫者，宜厚其忠信，敦其礼义，使善大于匹夫之义，足以化也。士者，

> 事也；民者，瞑也。士不及化，可使守事从上而已。五号自赞，各有分；分中委曲，曲（各）有名。（《春秋繁露·深察名号》）

这里讲的天子、诸侯、大夫、士、民五种人的职责，都是天意规定的，他们的“名”即所以达天意之真，如“天子”之真是视天如父，“诸侯”之真是侯奉天子，“大夫”之真是大于匹夫，“士”之真是事，“民”之真是瞑。这五种人应当各按其“名”所达天意之真去行事，做到尽职尽伦，“不失秋毫之末”，那么，封建等级制度不是固若金汤了吗？这种“正名”理论的阶级本质是一目了然的。在认识论上，它以“名”为“实”的基础，以“知”为“行”的准则，名在先，行在后，是一种知先行后的唯心主义知行观。

关于知行先后问题，董仲舒有明确的论述。他说：

> 凡人欲舍行为，皆以其知先规而后为之。其规是者，其所为得，其所事当，其行遂，其名荣，其身故利而无患，福及子孙，德加万民，汤武是也。其规非者，其所为不得，其事不当，其行不遂，其名辱，害及其身，绝世无复，残类灭宗亡国是也。故曰莫急于智。（《春秋繁露·必仁且智》）

这是明确地主张知先行后，“知先规而后为之”。如果说它多少包含合理因素的话，就是它强调“知”对“行”有指导作用，规是规非对行为的得与不得、遂与不遂有决定意义。但是他讲的“先规”之知，不是来自社会实践，不是客观规律的反映，而是圣人体察“天意”所得的神秘的先知。如说：“何谓之知？先言而后当。……知者见祸福远，其知利害蚤（早），物动而知其化，事兴而知其归，见始而知其终，……如是者谓之知。”（《春秋繁露·必仁且智》）这种所谓“知（智）者”，据说可以前知千岁，后知万世，他们简直成了搞谶纬迷信的宗教预言家。孔丘就被吹捧成了这种神人，说什么孔丘奉“天

命”作《春秋》，并为后来的汉王朝制定了国法。这种“先规”之知，不是从社会实践中来的，而是从天上掉下来的，首先掉到孔丘的头脑中，由他宣布出来。可见，董仲舒说“莫急于智”，就是夸大神秘的先知的作用，强调圣人“发天意”“正名号”的重要性。“正名号”即所谓“先规”之，照着“名”的规定去做就是“后为之”。先知后行，知不依赖于行，知决定行，而不是相反。

同这种唯心论的先验论紧密联系，在人性论上，董仲舒提出了“性三品”说。他把人性分为上、中、下三等，即所谓“圣人之性”“中民之性”和“斗筲之性”。圣人之性“忠信而博爱，敦厚而好礼”（《春秋繁露·深察名号》），不待教而善。斗筲之性贪而不仁，情欲难禁，虽教也很难为善，只能为恶。这两种人性都是不能改变的，即孔丘所谓“唯上智与下愚不移”，因此也可以不叫做性。只有中民之性，是不定型的、可改变的，才叫做性。因为它虽然包含了善质，但不经过教化仍不能为善。“善，教训之所然也，非质朴之所能至也。”（《春秋繁露·实性》）提出改造人性的“教化”的任务，主要是针对这一部分人。“性三品”说的实际意义，就是把封建统治阶级的阶级性说成是“善”，称为“圣人之性”，把教训改造大多数人使之向善说成是统治者的责任。他说：“天生民性，有善质而未能善，于是为之立王以善之，此天意也。民受未能善之性于天，而退受成性之教于王，王承天意以成民之性为任者也。”（《春秋繁露·深察名号》）这就把封建统治者的意志和使命神圣化了。在人性论上神化“王者”和在认识论上神化“圣人”完全是一回事，都是为了树立最高封建统治者的绝对权威。“圣人之道，同诸天地。”“人主立于生杀之位，与天共持变化之势，……天地人主一也。”（《春秋繁露·王道通三》）因此，“圣人之言，亦可畏也”（《春秋繁露·郊语》）。这就从认识论上和人性论上为封建统治者压迫、奴役劳动人民找到了依据。

董仲舒的知行观，总的来说是唯心主义、神秘主义的先知说，即天意决定论，完全否定实践在认识过程中的决定作用，否定人类的感

觉和理性思维。但是，作为论证的工具，在个别论据中，他也不能完全脱离人类生活实践中一些最基本的事实，有时又不自觉地在一定意义上承认了感觉和实践的作用。例如他说：

> 夫目不视弗见，心弗论不得。虽有天下之至味，弗嚼弗知其旨也；虽有圣人之至道，弗论不知其义也。(《春秋繁露·仁义法》)
>
> 《春秋》记天下之得失，而见所以然之故，甚幽而明，无传而著，不可不察也。夫泰山之大，弗察弗见，而况微渺者乎？(《春秋繁露·竹林》)

如果把“目不视弗见”，“夫泰山之大，弗察弗见”，“虽有天下之至味，弗嚼弗知其旨也”等命题孤立起来，抽象出来，它们是包含着生活的真理的，甚至可以说是典型的唯物主义认识论的命题。但是在董仲舒那里，这些命题都不是孤立地、抽象地存在的，而是用“僻违无类”的违反正常逻辑的方法，利用这些正确的命题，作为论证其它一些带根本性的荒谬论断的工具。例如，利用“夫泰山之大，弗察弗见”的感觉经验，论证超感觉的、极其微渺的《春秋》之道的存在。“虽有天下之至味，弗嚼弗知其旨也”，源出自《韩诗外传》：“虽有旨酒嘉殽，不尝不知其旨”，已经包含行先知后、实践出真知的思想，但是却被董仲舒利用来作为论证有所谓“圣人之至道”的根据。唯物主义的个别命题，被唯心主义哲学家歪曲利用，这在哲学史上是常见的现象。如程颐、王守仁等人都曾一再表述过“食味之美恶，必待入口而后知”（《传习录中》）之类的思想，但不妨碍他们在知行问题上的根本观点仍然是主张“知先行后”或“知行合一”，这类思想资料却被歪曲地容纳于他们的唯心主义体系之中。对哲学遗产采取分析的态度，就必须打破体系，救出个别命题的合理内容，恢复唯物主义的本来面目，才谈得上批判地继承。在董仲舒的著作中也出现一些包含合理内容的个别思想资料，是不奇怪的，我们要联系他的整个思想体

系，用马克思主义的分析态度去对待它。

二　王充

以董仲舒为代表的今文经学，到西汉哀、平之际，进一步和谶纬迷信合流，它的神秘主义色彩愈加浓厚了。东汉的统治者也极力利用纬书谶记来为自己统治的合理性作辩护，并把这种神学化的儒学定为官方的统治思想。这时在儒家经学内部逐渐生长了一个新的派别，不但对经籍的解释表现出异端的倾向，而且用唯物主义无神论思想向当时居于“正宗”地位的谶纬神学展开了猛烈的进攻。这一派思想家大都崇尚或注意研究古文经籍，故称为古文经学派。王充本人虽然很难说是一个经学家，但是他的思想倾向和治学方法接近于这一派，所以通常亦把他当作这一派思想家的一个代表人物。王充是两汉时期反对唯心主义神学目的论斗争的一员主将，是我国封建社会杰出的唯物主义思想家。

王充（公元27—97年）字仲任，会稽上虞（今浙江省上虞县）人，出身于“细族孤门”，祖上曾“以农桑为业”“以贾贩为事”。他一生受豪强地主排斥和压抑，“贫无供养，志不愉快”，但“居贫苦而志不倦”（《论衡·自纪》），同当权的统治集团和统治思想进行了毕生不倦的战斗。他写了许多著作，保存下来的只有《论衡》一书，这是一部反对谶纬迷信和当时官方神学体系的不朽的唯物主义哲学文献。

王充在反对唯心主义神学目的论的斗争中，十分注意锻炼和运用唯物主义认识论的武器。《论衡》一书以“疾虚妄”为其战斗宗旨，“冀悟迷惑之心，使知虚实之分”（《论衡·对作》）。他的认识论最重要的特点就是以“实”作为认识的根据和检验认识的标准，不管是自己立论还是批驳别人，都坚持从客观实际出发，故常言“以实考之”“如实论之”“实者”“其实自然”“实则不然”“非其实也”……如

此等等。在一定意义上说，《论衡》一书也可以叫做《实论》。他说："又伤伪书俗文，多不实诚，故为《论衡》之书。"（《论衡 · 自纪》）又说："故作《实论》，其文盛，其辩争，浮华虚伪之语，莫不澄定。"（《论衡 · 自纪》）"考论实虚"，以实事、实诚作为反对浮妄虚伪之语的武器，这在《论衡》全书中是一以贯之的。王充的朴素唯物主义认识论观点，又较集中地反映在其中的《实知》和《知实》两篇重要论文中。"实知"是说只有接触实际事物才能有所认识，"事难空知"，"须任耳目以定情实"；"知实"是说认识还要用客观事实来检验，"事审证验，以实效然"。王充的从实事、实际出发的唯物主义认识论，在反对各种虚妄迷信的斗争中显示了巨大的战斗性。

王充首先批判了当时的儒家唯心主义者鼓吹的"圣人神而先知"的先验论观点，在认识的来源问题上坚持了从物到感觉和思想的唯物主义认识路线。

董仲舒一派儒者认为，圣人可以"前知千岁，后知万世，有独见之明，独听之聪，事来则名，不学自知，不问自晓"，所以说"圣则神矣"（《论衡 · 实知》）。谶纬家们极力神化孔丘，在纬书和谶记上捏造了许多荒诞离奇的故事，企图证明圣人神而先知。他们说：

> 孔子将死，遗谶书曰："不知何一男子，自谓秦始皇，上我之堂，踞我之床，颠倒我衣裳，至沙丘而亡。"其后秦王兼吞天下，号始皇，巡狩至鲁，观孔子宅，乃至沙丘，道病而崩。又曰："董仲舒乱我书。"其后江都相董仲舒，论思《春秋》，造著传记。又书曰："亡秦者胡也。"其后二世胡亥竟亡天下。用三者论之，圣人后知万世之效也。孔子生不知其父，若母匿之，吹律自知殷宋大夫子氏之世也。不案图书，不闻人言，吹律精思，自知其世，圣人前知千岁之验也。（《论衡 · 实知》）

对于这一类无稽之谈，王充一概加以否定，认为"此皆虚也"，然后

依据事理，逐条加以反驳。王充指出，圣人是人，而不是神。“所谓神者，不学而知；所谓圣者，须学以圣。以圣人学，知其非神。”（《论衡·实知》）圣人也不是装神弄鬼的巫妖，而是与贤人“同党”。儒者为了神化圣人，认为“圣人卓越，与贤殊也”（《论衡·实知》）。王充否定有什么卓绝的“超人”，认为圣人和贤人是一类的。他们所知道的东西也是一样的，要获得对于周围世界的认识，都必须经过学习，所不同的只是认识的疾迟、多少的差别。他说：“巫与圣异，则圣不能神矣。不能神，则贤之党也。同党则所知者无以异也。及其有异，以入道也，圣人疾，贤者迟。贤者才多，圣人智多。所知同业，多少异量；所道一途，步骤相当。”（《论衡·实知》）他强调圣、贤在本质上是相同的，所以他们的名号可以互相交换使用；而圣和神在本质上是不同的，所以他们的名号殊不相等，绝不能互相混淆。“夫贤圣者，道德智能之号；神者，渺茫恍惚无形之实。实异，质不得同；实钧，效不得殊。圣神号不等，故谓圣者不神，神者不圣。”（《论衡·知实》）他用种种论证，说明圣人不是神，不能“前知千岁，后知万世”。在《知实》篇中，他一口气列举了十六条证据，来阐明“圣人不能神而先知”“不能独见”的道理。其中有十三条是揭露被汉儒竭力神化的孔丘的言行，把他从“神而先知”的“圣人”宝座上拉下来，还原其为不识时务，周流应聘，空劳辱己，道极命绝的历史人物的真面目，这在当时是极端大胆的“非圣无法”的异端思想。

王充还否定有“生而知之”的人。董仲舒一派儒者辩难说：

> 夫项托年七岁教孔子。案七岁未入小学，而教孔子，性自知也。孔子曰：“生而知之，上也；学而知之，其次也。”夫言生而知之，不言学问，谓若项托之类也。王莽之时，勃海尹方二十一，无所师友，性智开敏，明达六艺。魏都牧淳于仓奏：“方不学，得文能读诵，论义引五经文，文说议事厌合人之心。”帝征方，使射蜚虫，厕射无弗知者，天下谓之圣人。夫无所师友，明

> 达六艺，本不学书，得文能读，此圣人也。不学自能，无师自达，非神如何？（《论衡·实知》）

王充认为，这些都不能作为“生而知之”的证据。人的才智有成熟早的，也有成熟晚的。有的人虽然没有就师学习，但是在家里已经有所问受，已经使弄过笔墨了。人的知识只能来源于闻见学问，任何幼成早就的人都不能例外。他说：“儿始生产，耳目始开，虽有圣性，安能有知？项托七岁，其三四岁时而受纳人言矣。尹方年二十一，其十四五岁时多闻见矣。”（《论衡·实知》）就是说，他们年纪虽小，但已经有所学习，不是一生下来就有知识。王充又指出，把项托、尹方说得神乎其神，还因为“世俗褒称过实”，人们见其幼成早就，不免夸奖得过度了。“云项托七岁，是必十岁；云教孔子，是必孔子问之。”“云尹方年二十一，是亦且三十；云无所师友，有（又）不学书，是亦游学家习。”（《论衡·实知》）总而言之，“天地之间，含血之类，无性（生）知者”（《论衡·实知》）。这个重要的认识论结论，是对于鼓吹“生而知之”的唯心主义先验论者的沉重打击。

王充反对把圣人神化，而且一般地否定有所谓“先知”“生知”即先验的知识。他认为，人要获得知识，必须经过学习，首先必须通过人的耳目等感官同外界事物接触，有所闻见，有所据状，得到对那个事物的初步印象，然后以“心意”诠订于内，进而揭示事物的本质，从过去的经验类推将来的事情。在认识的来源问题上，他是唯物主义的感觉论、经验论者。如说：

> 实者圣贤不能性知，须任耳目以定情实。（《论衡·实知》）
> 如无闻见，则无所状。（《论衡·实知》）
> 不目见口问，不能尽知也。（《论衡·实知》）
> 远不如近，闻不如见。（《论衡·案书》）

王充强调认识来源于感觉经验，正是为了反对“圣人神而先知”和“生而知之”的唯心主义先验论。他指出，即使是“圣人”，不同外界事物接触，不目见耳闻口问，同样不能获得知识。“性敏才茂，独思无所据，不睹兆象，不见类验，却念百世之后，有马生牛，牛生驴，桃生李，李生梅，圣人能知之乎？”（《论衡・实知》）王充承认圣人比一般的人要聪明些，学识要渊博些，但圣人决不能“神而先知”，他们的知识也是从多闻多见得来的。“若孔子之见兽，名之曰‘狌狌’、太史公之见张良似妇人之形矣。案孔子未尝见狌狌，至辄能名之；太史公与张良异世，而目见其形。使众人闻此言，则谓神而先知。然而孔子名狌狌，闻昭人之歌；太史公之见张良，观宣室之画也。阴见默识，用思深秘。众人阔略，寡所意识，见贤圣之名物，则谓之神。”（《论衡・实知》）这段话说明孔丘和司马迁的“先知”归根到底是从闻歌观画得来的。“如无闻见，则无所状”，圣人的认识也离不开感觉经验这个基本来源。王充还举例说：“使一人立于墙东，令之出声，使圣人听之墙西，能知其黑白、短长、乡里、姓字、所自从出乎？沟有流壍，泽有枯骨，发首陋亡，肌肉腐绝，使人询之，能知其农商、老少、若所犯而坐死乎？非圣人无知，其知无以知也；知无以知，非问不能知也。”（《论衡・实知》）不目见耳闻口问，离开了感觉经验，就没有获得认识的基本条件，“其知无以知”，这对于圣人、贤人或者一般的人都是一样的，为“圣贤所共病”。他反对把圣人的认识能力无限夸大和神秘化，坚持了认识来源于感觉经验的唯物主义观点。

王充还指出，人的认识能力是受人的生理条件制约的，不以生理条件为基础的任何超感觉的认识都是不可能的。当时的儒者鼓吹圣人有“达视洞听”的认识能力，即“有独见之明，独听之聪”（《论衡・实知》），眼能见一般人见不到的东西，耳能听一般人听不到的声音。有这样一个传说：“颜渊与孔子俱上鲁太山，孔子东南望吴昌门外有系白马，引颜渊指以示之，曰：‘若见吴昌门乎？’颜渊曰：‘见

之。’孔子曰：‘门外何有？’曰：‘有如系练之状。’孔子抚其目而正之。因与俱下，下而颜渊发白齿落，遂以病死。盖以精神不能若孔子，强力自极，精华竭尽，故早夭死。”（《论衡·书虚》）这是一个极力吹捧、神化孔丘的故事，“世俗闻之，皆以为然”，王充却认为这是根本违背生理常识的，“如实论之，殆虚言也”。他指出：“盖人目之所见，不过十里，过此不见，非所明察，远也。……案鲁去吴，千有余里，使离朱望之终不能见，况使颜渊何能审之？”（《论衡·书虚》）又说：“离娄之明，不能察帷薄之内；师旷之聪，不能闻百里之外。昌门之与太山，非直帷薄之内、百里之外也。”（《论衡·书虚》）人的眼力再好，也不可能站在泰山顶上望见千里之外的吴昌门，更不可能看见吴昌门外的白马。他还根据常识指出：“人目之视也，物大者易察，小者难审。使颜渊处昌门之外，望太山之形，终不能见，况从太山之上察白马之色，色不能见，明矣。非颜渊不能见，孔子亦不能见也。”（《论衡·书虚》）王充承认孔丘的才智超过一般的人，但是否认他有超感觉的“达视远见，洞听潜闻”的认识能力。他说：“孔子见窍睹微，思虑洞达，材智兼倍，强力不倦，超愈伦等，耳目非有达视之明，知人所不知状也。”（《论衡·知实》）孔丘的才智其实也是通过“强力不倦”的学习得来的。王充强调“耳目之用均也”（《论衡·书虚》），人的耳目感官发生效用的范围大体上是相同的，因为有着共同的生理基础，圣人也不例外。“今耳目闻见与人无别，遭事睹物与人无异，差贤一等尔，何以谓神而卓绝？”（《论衡·知实》）圣人的感觉器官和对事物的认识同世人都没有什么两样，只不过比贤人高明一点罢了，怎么能够把圣人吹得神乎其神呢？否定圣人有超感觉的“独见之明，独听之聪”，这是从又一个方面对“圣人神而先知”说的有力批判。

王充否定圣人有“前知千岁，后知万世”的神秘的认识能力，但是并不否认有事实和经验根据的预见。他认为预见和谶纬神学的所谓“前知”是根本相反的，如说：“先知之见，方来之事，无达视洞听

之聪明，皆案兆察迹，推原事类。”（《论衡·实知》）“明福处祸，远图未然，无神怪之知，皆由兆类。”（《论衡·实知》）在一定意义上也可以说：“贤圣之才，皆能先知。”（《论衡·知实》）王充这里说的“先知”，就是“预见”的意思，不同于当时儒者所说的神秘的“先知”。他说：“其先知也，任用术数，或善商而巧意，非圣人空知。神怪与圣贤，殊道异路也。”（《论衡·知实》）王充讲的“先知”或预见，就是根据客观事实，或已有的经验知识，进行推理判断，预知将要发生的事情，即所谓“案兆察迹，推原事类”，“揆端推类，原始见终”，“推原往验以处来事”（《论衡·实知》）。这里面包括了由始见终、由微见较、据已知求未知、据现象求本质的逻辑思维过程，说明王充对理性认识也是相当重视的。他说：“圣人据象兆，原物类，意而得之；其见变名物，博学而识之；巧商而善意，广见而多记，由微见较，若揆之今睹千载，所谓智如渊海。”（《论衡·知实》）圣人比常人高明的地方，就在于巧商善意，类推将来，他也是以广见多记、博学默识为基础的，即离不开大量已有的经验知识。这种“推类以见方来”的认识方法，不是圣人独有的，贤人同样也能掌握和运用。“追观上古，探察来世，……贤圣共之。见兆闻象，图画祸福，贤圣共之。”（《论衡·实知》）甚至一般妇女也能预见未来的事情。他举例说：“鲁侯老，太子弱，次室之女倚柱而啸，由老弱之征见败乱之兆也。妇人之知，尚能推类以见方来，况圣人君子才高智明者乎?”（《论衡·实知》）王充不仅把有征兆、有根据的预见同卓谲怪神的“前知”区别开来，而且否定预见方来是圣人独有的认识能力，他认为一般人只要掌握了正确的思维方法，都能做到“案兆察迹，推原事类”，“明福处祸，远图未然”。但是王充所说的预见或“先知”，还只是根据某些事实经验对事物的发展进行直观的推测和估计，和马克思主义者在实践基础上获得的对事物规律性的认识，并用来指导实践的科学预见是有着原则区别的。

推类预见，已经属于理性认识的范畴，它是“缘前因古，有所据

状”的，即以感觉经验（“兆”“迹”“往验”等等）为基础。王充重视感觉经验，但他认为认识不能停留在感觉经验的阶段，而必须“开心意”，用理性去审察感觉得来的知识，使认识更正确而深刻地反映客观事物。他批评了墨翟的经验论的片面性，写道：

> 夫论不留精澄意，苟以外效立事是非，信闻见于外，不诠订于内，是用耳目论，不以心意议也。夫以耳目论，则以虚象为言；虚象效，则以实事为非。是故是非者，不徒耳目，必开心意。墨议不以心而原物，苟信闻见，则虽效验章明，犹为失实。（《论衡·薄葬》）

墨翟以“百姓耳目之实”的感觉经验为认识的基本来源和认识真理性的标准，但是他不注意“心意”的理性思维工夫，没有把正确反映客观事物的“耳目之实”和虚幻的错觉区别开来，结果由于“苟信闻见”，而“以虚象为言”，“以实事为非”，得出了“失实”的有鬼论的错误结论。王充赞成墨翟薄葬的主张，但是坚决反对有鬼论。他不仅从逻辑上指出了薄葬与有鬼的自相矛盾，“道乖相反违其实”，而且进一步揭露了有鬼论的认识论根源，就是“苟信闻见”、实际上是苟信“虚象”的狭隘经验论。由此，他提出了一个重要的认识论观点，即人的认识，不仅要信闻见于外，而且要“诠订于内”，不仅要用耳目论，而且要“开心意”“以心意议”“以心而原物”，就是说必须把感性认识提高到理性认识的阶段。所谓“开心意”“以心意议”，就是要开动思维的机器，对感觉得到的材料，加以去粗取精（“留精澄意”）、去伪存真（“诠订于内”）的分析研究，“方比物类，为能实之”，这样才不至于被“外效”“虚象”迷惑，正确揭示事物的本质。这里说的“意”就是思考，前面提到过的“据象兆，原物类，意而得之”的“善意”“巧意”，就是善于思考，都是对理性思维的重要作用的肯定。王充讲的“心意”即理性思维的方法，概括起来有：

一、“以心原物”“方比物类”，对感觉材料加以比较、分析、整理，排除虚象，揭示本质；二、“案兆察迹”“由微见较”，从隐微的迹象推求显著的变化；三、“推原事类”“原始见终”，探求事物间一定的因果联系。这些方法还是极为粗略、极不完备的，远不能完全、正确地揭示事物本身固有的客观规律性，还不是科学的理性思维的方法。但是，在当时条件下，为了批驳神秘主义的“先知”说的理论斗争需要，为了总结狭隘经验论为什么不能战胜唯心主义并且终于陷入神秘主义的理论思维教训，王充在肯定认识起源于感觉的同时，强调了理性思维的重要性，并对理性思维的方法进行了初步的探讨，这是难能可贵的，是他在认识论上的一大贡献。王充对感性认识和理性认识无所偏废地予以重视，这一点和荀况十分相似。

王充在各种辩论中经常运用理性思维来诠订感性经验的是非，纠正某些直观的“耳目之论”的谬误。把“考之以心”和“效之以事”结合起来，可以说是他的方法论的一个重要特征。譬如，当时天文学有盖天说和浑天说之争，王充是主张盖天说的，他在否定浑天派的“日出”“日入”之说时指出：

天平正与地无异，然而日出上、日入下者，随天转运，视天若覆盆之状，故视日上下然，似若出入地中矣。然则日之出，近也；其入远，不复见，故谓之入。运见于东方近，故谓之出。何以验之？……人望不过十里，天地合矣；远，非合也。今视日入，非入也，亦远也。当日入西方之时，其下民亦将谓之日中；从日入之下东望今之天下，或时亦天地合。……各于近者为出，远者为入；实者不入，远矣。临大泽之滨，望四边之际与天属；其实不属，远若属矣。日以远为入，泽以远为属，其实一也。泽际有陆，人望而不见。陆在，察之若望（亡）；日亦在，视之若入，皆远之故也。太山之高，参天入云，去之百里，不见埵块。夫去百里不见太山，况日去人以万里数乎？太山之验则既明矣。试使

一人把大炬火，夜行于道，平易无险，去人不一里，火光灭矣；非灭也，远也。今日西转不复见者，非入也。（《论衡·说日》）

这是说人的视觉有一定的限界，超过视力范围的远处的东西，不能说因为人看不见就不存在了。王充洞察到天体运行有一定的规律，他用观察者和被观察的天体相对距离的远近来解释“日入”“日出”的现象，这是建立在感性直观的基础上，又超出了感性直观所达到的理论思维的成果。当然，他的理论思维水平还是很有限的，主要是运用形式逻辑的类比推理的方法，所以得出的结论很难说是科学的、能够深刻揭示事物本质的，他所赞成的盖天说在当时事实上已经是一种比较落后的天体理论。当时的儒者又有所谓“旦暮”和“日中”什么时候太阳距离人近，什么时候距离人远的争论，王充也运用同样的方法，结合几何学和光学的原理进行辩证，克服了单凭感觉经验所造成的认识各持一端的僵局。由于宇宙的极其广大，人的感觉的局限性是很明显的，如果不运用理性思维，对自然界及其运动变化规律的认识几乎是不可能的。例如，对天体运行疾迟的认识，王充认为也不能以人的感觉为准。他说：

天行三百六十五度，积凡七十三万里也，其行甚疾。无以为验，当与陶钧之运、弩矢之流相类似乎！天行已疾，去人高远，视之若迟。盖望远物者，动若不动，行若不行。何以验之？乘船江海之中，顺风而驱，近岸则行疾，远岸则行迟。船行，一实也；或疾或迟，远近之视使之然也。……远则若迟，近则若疾。（《论衡·说日》）

象这一类的例证还不少。值得注意的是，王充的以理性认识和感性效验相结合的方法论，往往和自然科学知识（尽管当时的自然科学还极其幼稚，还有许多非科学的成分）相联结，用来作为反对宗教唯心主

义的“浮妄虚伪之言”的有力思想武器。

总之，关于认识的来源和求知的方法，王充是坚持了“知物由学”的唯物主义认识路线，和董仲舒一派儒者的唯心主义、神秘主义的先验论鲜明地对立起来。他说：“人材有高下，知物由学，学之乃知，不问不识。”（《论衡·实知》）又说：“不学自知，不问自晓，古今行事，未之有也。”（《论衡·实知》）他所说的“学知”，包括目见、耳闻、口问、心意。目见、耳闻是直接获得感觉经验（目见比耳闻又更直接，所谓“闻不如见”）；口问得到的是间接经验，也有直接经验；心意是对感觉经验进行理性的审核诠订和以它为前提进行逻辑推论。他认为这就是人们获得正确知识的途径。王充还不懂得认识对于社会实践的依赖关系，还没有提出由行而致知、认识来源于实践的命题。他基本上是在直观的形式中去把握对象、现实的，他的认识论仍具有唯物主义经验论的性质。不过，由于比较接近下层社会的生活，他已经意识到知和行、认识和实践有密切的联系，注意到任何知识和技能，都必须通过“日见日为”的亲身实践去获得，而不能单凭人的天资敏巧。他说：

> 齐郡世刺绣，恒女无不能；襄邑俗织锦，钝妇无不巧。日见之，日为之，手狎也。使材士未尝见，巧女未尝为，异事诡手，暂为卒睹，显露易为者，犹愦愦焉。方今论事，不谓希更，而曰材不敏；不曰未尝为，而曰知不达，失其实也。（《论衡·程材》）

这是以刺绣织锦为例，说明只要长期从事这项生产实践活动，天资再笨的人，没有不能巧的。而材士巧女，没有任何实践经验，乍见暂为，再简单容易的事情也做不来。他认为“材无不敏”“知（智）无不达”，就看是否尝习尝为，亲自参加实践活动。实践经验愈丰富，知识技能也越高明。他说：“能多种谷，谓之上农；能博学问，谓之上儒。”（《论衡·别通》）这是在一定程度上看到了知识来源于实践，

特别是耕织生产的实践。他也一般地谈到了知识、经验和生活实践的联系，如说“巢居者先知风，穴处者先知雨”（《论衡·实知》），这种“先知”只能是从长期“巢居”“穴处”的生活体验中得来的。但是，王充并没有把上述认识提高和普遍化，提出认识来源于实践的普遍命题，更不可能把他的认识论建立在科学的社会实践的基础上。

王充的认识论基本上是直观的朴素唯物主义的经验论，这从他的真理标准学说也可以看得出来。王充继承和发展了荀况、韩非重视“符验”“参验”的思想，对于各种知识和言论，坚持以“效验”来“订其真伪，辩其虚实”，即以不违反客观事实的实际经验作为判断认识正确与否的标准。他说；

> 事莫明于有效，论莫定于有证。空言虚语，虽得道心，人犹不信。(《论衡·薄葬》)
>
> 凡论事者，违实不引效验，则虽甘意繁说，众不见信。(《论衡·知实》)
>
> 凡天下之事，不可增损。考察前后，效验自列；自列，则是非之实有所定矣。(《论衡·语增》)
>
> 道家论自然，不知引物事以验其言行，故自然之说，未见信也。(《论衡·自然》)
>
> 齐有三邹子之书，瀇洋无涯，其文少验，多惊耳之言。案大才之人，率多侈纵，无实是之验；华虚夸诞，无审察之实。(《论衡·案书》)

强调“有效”“有证”“有验”，就是要求主观认识和客观事实相符合，这样的认识才是真理性的认识，否则就是不可见信的浮妄虚诞之语。他说：“论说之出，犹弓矢之发也；论之应理，犹矢之中的。”（《论衡·超奇》）检验论说好坏，要看是否应合事理，就象是否射中靶子是评价射箭技术好坏的标准一样。王充在反对各种虚妄迷信的斗

争中，坚持真理的客观标准，经常“引物事”“引效验”来破敌立论，“何以效之”“何以验之”是他的著作中最常见的设问之辞，然后引出经验和事实的根据。他亲自做过许多观察、试验，使他的论断在当时具有相当的科学性。如对雷是火而不是“天怒”的论证，就是运用“效验”方法的一个范例。他说：

> 雷者火也。何以验之？以人中雷而死，即询其身，中头则须发烧焦，中身则皮肤灼燌（焚），临其尸上闻火气，一验也。道术之家，以为雷（器）烧石，色赤，投于井中，石焦井寒，激声大鸣，若雷之状，二验也。人伤于寒，寒气入腹，腹中素温，温寒分争，激气雷鸣，三验也。当雷之时，电光时见，大若火之耀，四验也。当雷之击时或燔人室屋，及地草木，五验也。夫论雷之为火有五验，言雷为天怒无一效，然则雷为天怒，虚妄之言。（《论衡·雷虚》）

这种论证，虽不完全符合科学，但是能举出五条有事实根据的证验，破“雷为天怒”之说，立“雷者火也”之论，这对“天人感应”神学目的论是极为有力的打击。他用客观的“效验”摧毁了神学家们的一块又一块理论阵地。

王充的效验标准毕竟不同于马克思主义的实践标准。他要求真理性的认识必须“有效”“有证”“有验”，必须和客观事实相符合。怎样才能证明主观认识和客观事实相符合呢？客观事实本身并不能直接提供这种证明，如果它不和人的实践活动联结起来的话，主客观之间就没有一条由此达彼的桥梁。王充不懂得实践是认识的基本来源，也不懂得只有实践才是检验真理的标准。他所谓“效验”，是一个笼统的概念，有时讲自然观察的事实，有时谈个人生活的经验，有时又引据经史或传闻。它基本上是一个感性经验范畴，不过也要求“考之以心”，用理性认识来诠订其是非真伪，要求是反映“实事”的感觉经

验，而不以虚象为效。他的效验标准，归根到底没有超出主观认识的范围，所谓与客观事实符合、一致，也只是一种直观的认识或经验。由于他不能以历史的社会实践作为驳斥各种唯心主义和神秘主义的武器，而是比较多地强调感觉经验，有时他也把一些假象和不可靠的传说当作事实，论证有所谓“吉验”“祥端”的存在。如说：“凡人禀贵命于天，必有吉验见于地；见于地，故有天命也。验见非一，或以人物，或以祯祥，或以光气。……有殊奇之骨，故有诡异之验；有神灵之命，故有验物之效。”（《论衡·吉验》）他的效验标准，此时竟然成了为神秘主义服务的工具。经验论不能彻底战胜唯心论，并且有可能倒向唯心论，从王充的失足再一次得到了证明。

王充的认识论的基本精神就是“实知”“知实”，即主张认识要从客观事实出发，还要回过头来接受客观事实的检验。他的缺点是不了解只有实践才能把主观认识和客观事实沟通起来。王充强调“学知”，注重“效验”，直观地提出了“知”和“实”即理论和实际统一的原则，尖锐地批判了那些使“知”和“实”脱节的儒生们对社会生活和学术思想造成的危害。他说：“章句之生，不览古今，论事不实。……不能博五径，又不能博众事，守信一学，不好广观，无温故知新之明，而有守愚不览之暗。……夫闭心塞意，不高瞻览者，死人之徒也哉！”（《论衡·别通》）他还痛斥那些不识人间烟火、不能解决任何实际问题的儒生“犹目盲、耳聋、鼻痈者也”，骂他们是“腹为饭坑，肠为酒囊”，与“倮虫”无异的东西（《论衡·别通》）。王充主张“好学勤力，博闻强识”，尤其强调要“博通所能”“学贵能用”（《论衡·超奇》）。他说：“入山见木，长短无所不知；入野见草，大小无所不识。然而不能伐木以作室屋，采草以和方药，此知草木所不能用也。”那些只会诵读诗书而不会实际运用的人，“与彼（知）草木不能伐采一实也”（《论衡·超奇》）。他认为：“凡贵通者，贵其能用之也。即徒诵读，读诗讽术虽千篇以上，鹦鹉能言之类也。”（《论衡·超奇》）他对学用关系的论述，已经包含着知行统一的思想。

王充的知行观，在先秦唯物主义学说的基础上又有了重要的发展，特别是在反对唯心主义、神秘主义先验论的斗争中，坚持了“实知”“知实”的唯物主义认识路线，这是他的突出贡献。由于不了解实践在认识过程中的决定性作用，他的认识论具有直观性的显著缺点。总的来说，他还是偏重于感性经验，不能正确解决感性认识和理性认识的辩证关系问题。他不懂得在历史的社会实践的基础上，人类认识发展的辩证法，把不能“任耳目以定情实”，当前经验尚无法证实的事物，通称为“不可知之事”。他说：“天下事有不可知，犹结有不可解也。儿说善解结，结无有不可解；结有不可解，儿说不能解也。非儿说不能解也，结有不可解，及其解之，用不能也。圣人知事，事无不可知；事有不可知，圣人不能知。非圣人不能知，事有不可知，及其知之，用不知也。故夫难知之事，学问所能及也；不可知之事，问之学之，不能晓也。”（《论衡·实知》）又说：“夫可知之事，惟精思之，虽大无难；不可知之事，厉心学问，虽小无易。”（《论衡·实知》）他说这些话本来是为了反对“圣人神而先知”的先验论。所谓“事有不可知”者，系指孔子遗谶书预言秦始皇将亡于沙丘之类的“前知”，以及孔子吹律自知其父之类的“后知”。这些虚构的神怪故事，是决不可能用“耳目之实”来证实的。但是，他把一些当前尚未认识，而随着社会实践的发展，终究会被认识的事物，也叫做“不可知之事”。如说：“夫可知之事者，思虑所能见也；不可知之事，不学不问，不能知也。”（《论衡·实知》）又如前面曾举例说过的：“沟有流壍，泽有枯骨，发首陋亡，肌肉腐绝，使人询之，能知其农商、老少、若所犯而坐死乎？非圣人无知，其知无以知也；知无以知，非问不能知也。”（《论衡·实知》）把通过学问就可以知道的事情同神怪不可知之事混同起来，通称为“不可知之事”，这不仅是概念的淆乱，也反映出“任耳目”的经验论的局限性。但是，我们不能据此断定王充是一个“不可知论者”，因为他终究承认“知物由学，学之乃知”，这是明确的唯物主义的可知论。

王充的认识论还表现出否定认识随着事物的发展而发展的形而上学性。他说："古之水火，今之水火也。今之声色，后世之声色也。鸟兽草木，人民好恶，以今而见古，以此而知来，千岁之前，万世之后，无以异也。"（《论衡·实知》）缺乏实践的观点，不能把辩证法应用于认识论，是旧唯物主义者的共同缺点，王充也不例外。这些都是他的阶级和时代的局限性的表现。

三　佛教诸宗

取代两汉经学的魏晋玄学，采取哲学思辨的形式，着重探讨了宇宙的本体问题，提出了有无、本末、体用等一系列范畴。魏晋玄学中同样存在着唯物主义和唯心主义两条认识路线的斗争，如当时有所谓"言意之辩"，一派主张"言不尽意"，即认为事物的本质是不能认识的；另一派主张"言尽意"，则肯定人们可以认识和反映客观事物及其规律。就当时的学风而言，总的来说是重知轻行的，玄学家们"口谈浮虚，不遵礼法，尸禄耽宠，仕不事事"（《晋书·裴頠传》），士人争相慕效，风俗为之一变。崇尚虚无的唯心主义流派在当时占统治地位。从唯心主义本体论出发来谈认识问题，亦只能导致知先行后或"生知"说，如王弼就鼓吹圣人"智慧自备"（《老子注》），"神明茂，故能体冲和以通无"（《三国志·魏志·钟会传》注引），就是说，圣人是靠他天生的智慧来体认最高本体"无"的。不过，在魏晋玄学中，关于知行问题的直接辩论不多，我们就不展开论述了。

紧接着魏晋玄学在中国思想史上产生过巨大影响的是佛教哲学的传播和发展。佛教是一种外来的宗教，它所以能在中国生根，并且形成具有中国特点的佛教哲学思想体系，成为中国哲学史不可缺少的一个组成部分，完全是，也仅仅是因为这种意识形态，适合了中国封建统治者的需要，故能与中国社会的具体历史情况相结合，作为中国封

建社会的上层建筑的一部分，积极地为当时的经济基础服务。

佛教在汉代已传入中国，在当时人们的心目中，它不过是一种和黄老、图谶无异的神仙方术而已。魏晋南北朝时期，佛教和中国的玄学唯心主义相结合，得到门阀士族的支持，迅速扩大了它的影响。随着寺院经济的发展，到隋唐以后，中国佛教已走上独立发展的道路，相继形成了许多重要宗派，各有一套佛教哲学体系，并具有强烈的封建宗法的特点，互相排斥和斗争。从东晋到隋唐的几百年间，佛教唯心主义实际上是中国哲学思想发展的主要潮流。

在隋唐时期发展起来和广泛流行的佛教宗派，比较重要的有天台宗、法相宗、华严宗和禅宗。除法相宗较忠实地介绍了印度的佛教思想外，其他诸宗都是地地道道的中国佛学，影响也远比搬运外来学说的法相宗广泛和深刻。

不论佛教的哪一宗哪一派，它们有一共同的宗教立场，就是力图否认客观物质世界的真实性，论证人们脱离物质世界、进入佛教天国的必要和可能。就哲学形态而言，它们都是采取了唯心主义本体论的论证方法，这同魏晋玄学是相通的。中世纪的佛学高僧和玄学家们一样，都力图通过思辨哲学的形式，论证在客观世界的背后有一个永恒不变的本体，它是客观世界存在的根据，一切具体的存在都是它的显现或派生物，因而是虚幻不实的。这个绝对的本体，在魏晋玄学中是“道”或“无”，在隋唐佛学中就是“心”“识”“真如”“佛性”等等。这个绝对的本体，就是马克思所说的“无人身的理性”。马克思在批判蒲鲁东的思辨哲学时指出：“因为无人身的理性在自身之外既没有可以安置自己的地盘，又没有可与自己对置的客体，也没有自己可与之结合的主体，所以它只得把自己颠来倒去：安置自己，把自己跟自己对置起来，自己跟自己结合——安置、对置、结合。”[①] 这里

① 马克思：《哲学的贫困》，《马克思恩格斯全集》第 4 卷，人民出版社 1958 年版，第 140 页。

也揭示了隋唐佛学的一般思辨结构的秘密。只是在绝对本体怎样把自己颠来倒去，怎样“安置、对置、结合”的具体途径上，各派佛学才有了分歧。宗教宣传的目的，就是要人们抛弃虚幻不实的现实世界，最后从精神上皈依无限美妙的佛教天国，这就要通过主体的自我修持和证悟，去达到和绝对本体的冥合。在怎样“成佛”、怎样证悟本体的方法上，隋唐佛教诸宗提出了不同的主张：有的偏重义理的探讨，通过悟理以求证体；有的偏重于宗教实践，通过宗教信仰和宗教感情的培养，求得对佛教真理的觉悟（其中又有顿渐之别）；有的则主张定慧双修，二者相辅而行。这里，佛教哲学以其特殊的方式涉及知行问题：有的重知，有的重行，有的主张知行并进。佛教所说的“知”，不是指人们对客观世界及其规律的认识，而是一种神秘的智慧，指他们用来论证客观世界虚幻不实的一套理论和方法；佛教所说的“行”，也不是指人们改造客观物质世界的活动，而是指戒律、禅定等宗教的修行。在佛教哲学中，本来并不存在一般意义的认识论或知行观问题，他们对人们认识世界和改造世界的活动是极端蔑视的，极力诱骗人们通过宗教的修持和证悟，超脱现实物质世界的生活，到佛教的精神世界中去追求幸福。隋唐佛教诸宗的知行观虽然有各种不同的差异，但都是唯心主义的知行观，都是和人们正常地认识世界和改造世界的活动相脱离的。其中有的曾对宋明理学和心学产生了直接的影响，在中国知行学说发展史上是不可忽略的。下面分别简述各主要宗派的知行观。

甲　天台宗

天台宗兴起于陈隋之际，在唐朝曾广泛流行，并传播海外，它的实际创始人是智𫖮（538—597 年）。止观学说最足以代表天台宗的思想。

南北朝时期，由于南方和北方的社会性质、经济发展状况有很大

差别，与之相适应的宗教、文化等上层建筑亦各有其特点。南朝的佛教和玄学清谈合流，盛行的是般若学和三论（《中论》《百论》《十二门论》）之学；北朝的佛教则不尚名理论辩，盛行的是禅法、净土和戒律。南北学风殊不相同。

东晋以来，大乘空宗的般若学就在南方盛行，当时有所谓“六家七宗”，其实是各种玄学流派在佛教思想中的反映。晋宋间的般若学和涅槃佛性学说都更注意用唯心主义的诡辩来欺骗人民。南方的义学高僧，一般出身于名门望族，有优越的名理教养，他们不过是披着袈裟的玄学家而已，故在当时就有以“七僧”和“竹林七贤”相配比的事情（见《高僧传》）。南方佛学“宏重义门”，注意佛教义理的抽绎和笺注，而不重视禅定的宗教实践。道宣指出：“逮于梁祖，广辟定门。……于时佛化虽隆，多游辩慧，词锋所指，波涌相凌。至于征引，盖无所筹。可谓徒有扬举之名，终亏直心之实了。”（《续高僧传·习禅篇》）这段话反映了南方佛学的一般情况。

北方由于长期战乱，社会生产力遭到破坏，经济、文化比较落后。和南方佛学“宏重义门”相反，北方佛学的传统却是禅法兴盛，义学废替，一般佛教徒皆习坐禅修持，不以明经讲论为意。北方的禅法可以菩提达磨为代表。传说他曾在嵩山少林寺面壁打坐九年。他所修的大乘禅法，叫做“壁观”，意思是要做到心如壁立，坚住不移，不偏不倚，方能与道冥符。他提出入道之途有二：一为“理入”，就是“壁观”；二为“行入”，就是“四行”，即所谓“抱怨行”“随缘行”“无所求行”和“称法行”。他要人们安于现实的命运，“苦乐随缘”，“得失随缘”；对阶级压迫造成的一切苦难和不幸，“甘心受之，都无怨诉”（《续高僧传》卷十九）。这样就可以达到消灭人们的反抗意志的目的。不论是南方的义学，还是北方的禅法，都是积极地为巩固封建统治秩序服务的。

隋唐时期，由于政治统一局面的出现，南北佛学有逐渐交融合流的趋势。隋唐佛教诸宗各有一套哲学理论体系，同时又各有一套禅定

修行方法，即所谓定慧双修、知行并进。当然，并不排斥各派于这两方面或有所偏重。但在此时，谈义理者，不依观法，或修禅法者，不涉义门，已显然不适应时代的潮流了。如唐朝著名的佛教理论大师玄奘，即深感自己的禅定修养工夫不足，要求补上这一课。他在《请入少林寺习禅并翻译佛经》的奏章中说："断伏烦恼，必定慧相资，如车二轮，缺一不可。至如研味经论，慧学也；依林宴坐，定学也。玄奘少来颇得专精教义，唯于四禅九定，未暇安心，今愿托虑禅门，澄心定水，制情猿之逸躁，絷意马之奔驰。"（《大慈恩寺三藏法师传》）这种要求，反映了新的时代特点。南北佛学交融统一的趋势，最突出地反映在天台宗的止观学说中。

在智𫖮之前，慧思（515—577 年）已开始把北方的禅法和南方的般若、三论之学结合起来，主张"定慧双开""因定发慧"，成为智𫖮止观并重理论的先行者。道宣说：

> 自江东佛法，宏重义门，至于禅法，盖蔑如也。而思慨斯南服，定慧双开，昼谈理义，夜便思择。故所发言，无非致远。便验因定发慧，此旨不虚。南北禅宗，罕不承绪。（《续高僧传》卷二十一）

慧思原是北方禅师，他到江南传法，"昼谈理义"，阐扬佛教哲学理论，"夜便思择"，进行宗教的禅定修养。他所开定慧双举的学风，为南北佛教学者所承绪。

智𫖮曾师事慧思，他所受佛学教养，既深通北方的禅法，又广泛接触了南方的义学，故能创立一种融合南北佛学的新的宗教理论体系和实践方法。他以"止""观"二法作为天台宗的最高修养原则，在《修习止观坐禅法要》一书中，曾明确地说："若夫泥洹（涅槃）之法，入乃多途，论其急要，不出止观二法。"宋人元照在该书序言中也指出："台教宗部虽繁，要归不出止观，舍止观不足以明天台道，

不足以议天台教。”可见止观学说在天台宗的理论体系中占有何等重要的地位。

天台宗的思辨哲学，以“心”为绝对本体，然后分别出“名”“色”二法。所谓“名”就是“心”或“心意识”；“色”是和“名”相对立的，包括“四大”（地、水、火、风）、“五根”（眼、耳、鼻、舌、身）、“五尘”（色、声、香、味、触），它们都和感觉相联结，不是独立存在的物质，而是依存于“名”即“心意识”的。智𫖮认为：“一切诸法，皆由心生。”（《修习止观坐禅法要》）“名”“色”二法的对立乃是绝对本体“心”把自己跟自己对置起来，这种对立不过是“假立”。通过禅观的修证，即可达到“名”“色”二边的双遣，彻底否定这一对立的实在性，从而证悟本体，直探“心源”。这一向本体复归的过程，最重要的法门就是“止观”。所谓“止”是扫除妄念，专心一境；所谓“观”是在“止”的基础上发生智慧，辨清事理。智𫖮强调“止”（定）、“观”（慧）二法不可偏废，必须相辅而行，才能达到最高理想的“涅槃”境界。他说：

> 止乃伏结之初门，观是断惑之正要；止是爱养心识之善资，观则策发神解之妙术；止是禅定之胜因，观是智慧之由藉。若人成就定慧二法，斯乃自利利人，法皆具足。故《法华经》云：“佛自住大乘，如其所得法，定慧力庄严，以此度众生。”当知此二法，如车之双轮，鸟之两翼，若偏修习，即堕邪倒。故《经》云：“若偏修禅定福德，不学智慧，名之曰愚；偏学智慧，不修禅定福德，名之曰狂。”狂愚之过，虽小不同，邪见轮转，盖无差别。若不均等，此则行乖圆备，何能疾登极果！故《经》云：“声闻之人定力多故，不见佛性；十住菩萨智慧力多，虽见佛性而不明了；诸佛如来定慧力等，是故了了见于佛性。”（《修习止观坐禅法要》）

这里极言止观并重、定慧力等为修习入道之要，既注重“爱养心识”之禅定，又借助于“策发神解”之智慧，二法具足，互相成就，才能证悟本体，认识佛教的最高真理。

天台宗的止观论对后世知行学说的发展有重要的影响。朱熹的知行相须并进之说，实际上就是把它翻译成了儒学版，甚至把车轮、鸟翼之喻都现成地抄袭过去了。如说：“涵养穷索，二者不可废一，如车两轮，如鸟两翼。”（《朱子语类》卷九）朱熹把宗教的禅定修行变换成封建伦理道德的涵养践行，并不能改变这种知行观的唯心主义实质。

乙 法相宗

法相宗亦名唯识宗。它的创始人是玄奘（600—664 年）及其弟子窥基（632—682 年）。他们主要介绍传播了印度大乘有宗的法相唯识学，译著《成唯识论》可代表这一派的哲学思想。法相宗在唐初曾风靡一时，中唐以后便衰萎下来。它的十分繁琐而又精致的唯心主义理论，在哲学史上留下了一些有价值的思想资料。

法相宗集中分析了世界上一切心和物的现象，分析到最后，不论是客观物质世界的万有（“法”），还是能思的主体自我（“我”），都不过是最高本体“识”所变现出来的。“我”和“法”都不是真实的存在，它们“但由假立，非实有性”（《成唯识论》卷一）。只有最高本体“识”才是永恒不变的真实的存在，所以又叫做“真如”。

为了说明“一切唯识所现”，他们首先虚构出“八识”说。“识”本体是绝对无差别的，“真胜义中，心言绝故”（《成唯识论》卷七）。作为“识”的相状的“心意识八种”却是相对的、有差别的。这是本体把自己跟自己对置起来，即采用了佛学中常用的真俗二谛义的诡辩手法，以“识”本体和“八识”相对立。“八识”的互相依存和流转相续，表现为一定的因果关系，“我”“法”诸相都从这些关系中

缘生变现出来，所以“八识”乃是从“识”本体过渡到现实世界的中间环节。所谓“八识”就是：前五识即眼识、耳识、鼻识、舌识、身识，相当于感觉。第六识即意识，相当于知觉或表象，有时也指思维活动。是为一类，称为“了别境识”，对其所变现的外境有分辨、了别的作用。第二类即第七识，称为“末那识”。它不以外境为对象，而是执着第八识，思量“我”为实相，相当于自我意识。第三类即第八识，称为“阿赖耶识”，又叫“藏识”“根本识”“种子识”。它是八识中最根本的一种识，前七识都以它为依据，它藏有世界上一切事物的种子，包括产生世间诸法、使人陷入生死轮回之苦的有漏种子和产生出世间诸法、使人成佛的无漏种子。法相宗认为，八识都是先分别变现出自己认识的对象，然后才能起认识作用。它们“皆能变似见相二分”（《成唯识论》卷七），其中能认识的部分，叫做“见分”；被认识的相状（对象）的部分，叫做“相分”。“依斯二分，施设我法。”（《成唯识论》卷一）世界上的各种现象，从表面看好象在意识之外（“似外境现”），其实都在意识之中（“相在识内”）。“我”和“法”都是“唯识所现但随妄情而施设，故说之为假”（《成唯识论》卷一）。这种取消主客观的对立、以主观吞并客观的“一切唯识”之说是极端荒谬的，尽管他们用一层一层的繁琐概念、一套一套的诡辩言辞把它装饰起来，貌似艰深，可是却经不起唯物主义者提出的简单经验事实的驳斥，最后只能搬出“梦幻”说之类的虚无主义来否定外境的客观存在。

法相宗对意识活动的分析也是反科学的。他们把意识看成是不依赖于人的生理器官的纯精神活动。第七识、第八识完全是虚构出来的。藏有诸法种子的“阿赖耶识”，实际上就是不死的灵魂的代名词，别的识可以消灭，比如人死了，别的识就不起作用了，而阿赖耶识是永存的。从八识变现出外境，其间又有五十一心所等繁琐的心理分析。他们注意研究人的感情、意志等精神活动，但都是为了说明世界上的现象千差万别，归根到底是意识的产物。

法相宗的知行观集中体现在“转识成智”说中。“智”是智慧，也就是“真如”。由“识”变现出来的现实世界，还必须复归于“识”的本体。人们究竟怎样摆脱现实世界而进入佛的天国呢？这就要通过一系列的宗教修行，破除“我”“法”二执，“悟此真如，便得涅槃”（《成唯识论》卷九）。这就是所谓“转识成智”。为此，他们提出了“三性”“三无性”的学说。所谓“三性”就是：一“遍计所执性”，即执着“我”“法”为实有；二“依他起性”，即一切诸法皆依众缘而生起，虚妄变现，非有似有；三“圆成实性”，即知诸法实性，“我”“法”俱空，从而显现出真如佛性的本体来。所谓“三无性”是指“相无性”“生无性”“胜义无性”。提出“三无性”的目的，是要否定在“三性”上所产生的执着，实际上只是否定了遍计所执的实我实法，对依、圆二性则是“假说无性，非性全无”（《成唯识论》卷一），并非一概否定的。他们认为，阿赖耶识中的有漏种子是遍计所执性的根源，经过不断的修行，善的熏习，可以使有漏种子逐渐消失，无漏种子逐渐增长；只有断尽有漏种子，才能成佛，达到圆成实性，即绝对圆满真实的智慧。法相宗讲的“转识成智”，就是舍染归净，变有漏为无漏，转八识为真如佛性。

在法相宗看来，执“我”“法”为实有，在一般人的观念中是根深蒂固的，所以产生出种种烦恼，不能超脱生死轮回之苦。要破除“我”“法”二执，进入佛的天国，就必须经过一系列宗教修行、证悟的阶段。他们提出了所谓“五位”“十地”，向人们进行宗教说教。《成唯识论》论“悟入唯识”的五阶段说：

> 何谓悟入唯识五位？一资粮位，谓修大乘顺解脱分。二加行位，谓修大乘顺决择分。三通达位，谓诸菩萨所住见道。四修习位，谓诸菩萨所住修道。五究竟位，谓住无上正等菩提。
>
> 云何渐次悟入唯识？谓诸菩萨于识相性资粮位中，能深信解。在加行位，能渐伏除所取能取，引发真见。在通达位，如实

通修。修习位中，如所见理，数数修习，伏断余障。至究竟位，出障圆明，能尽未来，化有情类，复令悟入唯识相性。(《成唯识论》卷一)

以下还有冗赘的解释，大意是说：在第一“资粮位”中，修行者仅对唯识之义能深信解，但还不能破除“我”“法”二执；在第二“加行位”中，修行者对一切诸法有如实的认识，但对“唯识真胜义性”，只是知之，而不能“安住”之；在第三“通达位”中，修行者已“实住”唯识真胜义性，即证真如；在第四“修习位”中，修行者能转染为净，转遍计执、依他起为圆成实性；至第五“究竟位”时，八识都转成了智，都变成了纯善的无漏识，这就完全进入了另一个世界，即佛的天国。

所谓“十地”，是指“欢喜地”“离垢地”“发光地”“焰慧地”“难胜地”“现前地”“远行地”“不动地”“善慧地”“法云地”。和“五位”一样，这些都是毫无意义的宗教虚构的境界，我们就不详细论述了。

佛教要人们超脱现实世界，进入佛的天国，这是骗人的鬼话。人死后能否成佛和如何成佛，完全是虚假的问题。但对于在阶级社会受尽剥削压迫之苦的广大人民来说，要求摆脱现实苦难、向往幸福生活的愿望却是真切的。佛教正是利用了这一点，向人民廉价出售进入天国的入门券。所以，关于成佛的可能和成佛的途径，是佛教各派历来争论最多的一个问题。有人主张成佛要靠累世修行，积累无量功德；有人主张可以逐渐修行，到一定阶段发生飞跃，然后继续修行，就能成佛；还有人主张一经顿悟，当下即可成佛。各派意见纷纭，莫衷一是。玄奘西行印度求法，就是带着这个问题去的，希望解决是在累世修行之后，还是在当世死后“成佛”的问题。他认为在无著、世亲一派的法相唯识学中求得了对这个问题的解决，这就是他回国后大力宣传的“转识成智”说。他认为经过一定的修行阶段，在当世死后就可

以成佛，企图缩短现实世界和佛教天国之间的距离。但是，后来兴起的一些宗派，仍然嫌法相宗把“真”（真如佛性）和“妄”（现实世界）分割得太远，这样会挫伤人们走向天国的积极性。华严宗和禅宗都主张顿悟成佛，他们预售的进入佛教天国的门票，显然比法相宗就更廉价了，其影响也要比法相宗大得多。

丙　华严宗

在中唐盛行的华严宗，以法藏（643—712 年）为最重要的代表人物。他曾参加玄奘主持的译经工作，后因“见识不同而出译场”（《宋高僧传》卷五），另立了一个以阐扬《华严经》为主的新宗派。宋代的程朱理学对华严宗的某些思想有明显的继承关系。

华严宗采取了一系列相对主义的诡辩方法，反复论证客观世界是不真实的，是不能认识也不必去改造它的，世界现象都不过是“心”的幻相而已。他们的宗教哲学接触到个别和一般、部分和整体、同一和差别、发生和消灭、空间和时间、本质和现象等重要范畴，最后得出的结论是“大小相容”、“长短相入”、“一多相摄”、“六相圆融”（六相是：总、别、同、异、成、坏），泯灭了现实世界的一切对立和差别，认为这些对立和差别都是“随心回转”（《华严经义海百门》）。华严宗站在宗教唯心主义的立场上，狡猾地论证了现实的封建统治秩序的“合理性”。它欺骗人们不要去触动现实世界，只要用唯心主义的世界观，在思想上建立一个“圆融无碍”的精神天国，现实的一切对立和差别就都无所谓了，也可以说它们都是“空”的。这种理论十分投合封建统治者的味口，所以法藏极受女皇武则天的宠信，曾赐予他三品大官的爵位，号称“康藏国师”。华严宗也凭借王公贵族们的支持而得到传播和推广。

按照华严宗的神学理论，成佛的途径不在于累世的修行，而在于思想上的“离妄觉真”。他们说：

一切有情皆有本觉真心，无始以来，常住清净，昭昭不昧，了了常知，亦名佛性，亦名如来藏。从无始际，妄相翳之，不自觉知，但认凡质，故耽着结业，受生死苦。大觉愍之，说一切皆空，又开示：灵觉真心清净，全同诸佛。故《华严经》云：佛子，无一众生而不具有如来智慧，但以妄想执着，而不证得，若离妄想，一切智、自然智、无碍智即得现前。（宗密《原人论·直显真源第三》）

法相宗认为只有一部分人有佛无漏种子，因此并非人人都有佛性，人人都能成佛。他们主张成佛要经过一定的修行阶段，只能循序渐进，不能顿悟成佛。华严宗和它相反，采取了南朝竺道生一派的“一切众生皆有佛性”和“顿悟成佛”的说法。他们认为佛性本来就在人性之中，一般人不能觉知常住清净的佛性，只因为被世间的所谓“妄相”所翳；破除这些“妄相”，也就是说，接受“色空”的宗教世界观，具有“一切智”“自然智”“无碍智”的“自性清净圆明体”就立即呈现在眼前。所以，只要有思想上的觉悟，不脱离尘世生活，同样可以成佛。在通向佛教天国的道路上，法相宗重视宗教修行，华严宗则更重视神秘的觉知。

在宗教理论上，华严宗以“四法界”“十玄门”学说打开通向天国的大门。他们虚构的最高本体叫做“一真法界”。“统唯一真法界，谓总该万有，即是一心。”（《注华严法界观门》）如前所述，这个本体又叫“真心”或“净心”，又叫“如来藏”，又叫“佛性”。它不仅存在于所有人的心中，是众生成佛的根据，而且存在于一切事物之中，是一切事物的共同本质。这个“总该万有”的最高本体，实际上就是绝对精神。

从“一真法界”分出四种法界：一“事法界”，二“理法界”，三“理事无碍法界”，四“事事无碍法界”。所谓“事法界”指形形

色色的现象世界，所谓“理法界”指自性清净的本体世界。这两个世界互相包容而无妨碍，叫做“理事无碍法界”。各种事物、现象之间也都互相包容而无妨碍，叫做“事事无碍法界”。

把世界区分为“理”和“事”、本体和现象两个世界，这是佛教哲学惯用的绝对本体把自己颠来倒去、自己和自己对置的手法。华严宗认为，这两个世界不是孤立存在的，现象世界依据本体世界而存在，本体世界即存在于现象世界之中。只有本体世界是真实的，现象世界中的一切事物都是没有“自性”的幻相。法藏在给武则天讲《华严经》时，曾以镇殿的金狮子为喻，通俗地说明华严宗对本体和现象关系的看法。他说，如金狮子，它是工匠用金子做成的。金喻本体，狮子喻现象。狮子相依金体而存在，“金外更无狮子相可得”；金体即存在于狮子相中，狮子相有生有灭，金体无增无减。由此得出结论：“狮子相虚，唯是真金。狮子不有，金体不无，故名色空。”（《华严金师子章》）以现象世界中一切事物为幻相，叫做“色空”，它不同于根本否定事物、现象存在的“断灭空”。如果把狮子当作幻相看，它是存在的（“幻相宛然，即有也”），也可以叫做“幻有”或“似有”。总之，狮子相之幻，并不妨碍金体为真；金体之真，也不妨碍狮子相为幻。这就叫做“理事圆融无碍”。法藏说：“理不碍事，纯恒杂也；事恒全理，杂恒纯也。由理事自在，纯杂无碍也。”（《华严经义海百门》）清净本体为“纯”，纷繁事相为“杂”。“纯恒杂”，“杂恒纯”，正是说明了二者互相包容无碍的关系。

华严宗用“理事无碍观”来沟通现实世界和佛教天国，认为此岸世界和彼岸世界不是互相隔绝的，指出了一条身不离现实世界而从精神上进入佛国的道路。他们指出，本体就存在于现象之中，佛性就存在于一切众生的心中，彼岸世界就在世俗生活之中。只要一旦觉悟（即所谓“成菩提”），自性清净的真如佛性就显现出来了，世俗生活亦不妨碍精神进入佛国。这种觉悟，不是别的，就是要接受华严宗的观点，看待现象世界中的一切事物，本来皆空，“元无有实”，如看金

狮子，“更不待坏，本来寂灭”（《华严金师子章》）。那么，被他们视为“迷者”的人，只要改变一下对现实世界的观点，就可以成佛了。故法藏说：“迷者，谓尘相有所从来，而复生灭，是迷。今了尘相无体，是悟。”（《华严经义海百门》）不了解华严宗的“理事无碍观”的人，企图超脱现实世界，到别的什么地方去寻找佛国乐土。法藏认为这是不必要也不可能的。他说：“众生迷故，谓妄可舍，谓真可入。乃至悟已，妄即是真，更无别真而可入也。”（《修华严奥旨妄尽还源观》）知现实世界为“妄”即已“入真”。此外没有别的什么佛国乐土可入。

所谓“事事无碍”，是通过取消事物间的对立和差别，进一步论证物质世界的虚幻不实。他们说，既然一切事物都是本体显现的幻相，每一现象都包含着本体，因此也就圆满具足地包含着其它一切现象，互相遍应，无碍无尽，构成现象和现象之间的普遍联系。为了说明“事事无碍”即现象间的普遍联系，他们又提出所谓“十玄门”。据法藏《华严经探玄记》所说，“十玄门”是指：一“同时具足相应门”，二“广狭自在无碍门”，三“一多相容不同门”，四“诸法相即自在门”，五“隐密显了俱成门”，六“微细相容安立门”，七“因陀罗网法界门”，八“托事显法生解门”，九“十世隔法异成门”，十“主伴圆明具德门”。这里提到的事物、现象之间的种种关系，都体现了真如佛性的一个方面，它们对构成世界的完整无缺来说，都是必不可少的。“一多相容”“广狭无碍”“隐显俱成”“三世一时”，等等，总之，“一即一切，一切即一”（《华严经义海百门》），同一缘起，周遍圆融，事事无碍。华严宗宣传这一套唯心主义形而上学的诡辩论，是为了调和现实社会中的阶级矛盾，要受剥削、压迫的农民，认识到他们和地主本来“圆融无碍”，虽然身受剥削和压迫，也就不感到痛苦了，因为精神已进入佛国乐土。社会上所有的人，都懂得“事事无碍”的道理，大家相安无事，各自去追求虚无缥缈的彼岸世界，唐王朝的封建统治也就得以巩固了。这种用唯心主义的世界观去毒害人们

灵魂的方法，比刽子手的屠刀实在要凶狠百倍、千倍。

华严宗的知行观表现出来的特点是重知不重行。当然它不是完全不要宗教修行，它也有自己特定的宗教修行的方法，修行到最高境界，即所谓“入涅槃”。《金师子章》说：“见师子与金，二相俱尽，烦恼不生。好丑现前，心如安海。妄想都尽，无诸逼迫，出缠离障，永舍苦源。名入涅槃。”到此境界时，既不知现象世界，亦不知本体世界，这样才完全摆脱了主客观的对立，永远消灭了产生烦恼和痛苦的根源。然而华严宗又不主张“一向住于寂灭”，十分强调要“学佛智慧”，始终把树立宗教唯心主义的世界观放在第一位。到隋唐时期，定慧兼弘，因定发慧，已成为一时的风尚。也有不少《华严》论师是兼重禅法的。五祖宗密更有综合华严宗和禅宗的倾向。佛教以戒、定、慧为“三学”，三者不可分离，各宗各派不过于某一方面有所偏重而已。

丁 禅宗

传统旧说以北朝的菩提达磨为禅宗始祖，但是，禅宗正式形成强大宗派，是从唐中叶的六祖惠能（638—713 年）开始的。惠能是中国禅宗的真正创始人。唐朝以后，禅宗几乎代替了所有其他宗派，成为中国佛教思想发展的主流。

惠能以前的禅学，受印度的禅定方法影响较深。“禅”是“静思”的意思。禅定就是静坐沉思，它要求“远离愦闹，住闲静处，调身调息，跏趺[①]宴默，舌拄上腭，心注一境”（宗密《禅源诸诠集都序》），进入一种如同死人般的境界。菩提达磨创建了一种比较简单的禅定方法，就是所谓“壁观”，要修养得使心如墙壁一样安静和坚定。达磨以后的五代，都继承了这套禅学，重视禅定等修炼工夫，用《楞

① 跏趺，指修禅者的坐法，即双足交叠而坐。

伽经》或《金刚般若经》传教。惠能的同学神秀倡导的北宗，也基本上是推行这套禅学。惠能创建的南宗，在禅学发展史上来了一个大改革。他主张不要累世的修行，不要大量布施财物，不要搞繁琐的宗教仪式，不要拜佛念经，不要研究佛教经典，甚至不要坐禅；只要思想上有所觉悟，领会本性是佛的道理，当下就能成佛。惠能说："一闻言下便悟，顿见真如本性。"（《坛经·般若品》）他们这一派讲的是"顿悟"，和北宗主张"渐修"不同。相传惠能和神秀在争夺法嗣时，曾各作一偈，表述他们的佛教思想。神秀的四句偈是：

> 身是菩提树，心如明镜台，时时勤拂拭，勿使惹尘埃。（《坛经·自序品》）

惠能反对这种逐渐修行的学说，认为神秀还"未见本性，只到门外，未入门内"。他针锋相对地作一偈说：

> 菩提本无树，明镜亦非台，本来无一物，何处惹尘埃？（《坛经·自序品》）

在他看来，自心或佛性是本来清净、本自具足、本不生灭、本无动摇的，"自性真空"，没有什么东西可以玷污它，所以也不必要"时时勤拂拭"，一旦悟识自心，即可成佛。当时，两派斗争是相当激烈的，"顿渐门下，相见如仇雠，南北宗中，相敌如楚汉"（《禅源诸诠集都序》）。由于南宗的教义打击了士族地主的宗教特权，又更加适合封建统治者欺骗人民的需要，所以，到唐朝后期，随着庶族地主势力的扩大，惠能一派的禅学终于取得绝对支配地位，成为禅宗的正统。

禅宗的"顿悟成佛"说，是以彻底的主观唯心主义世界观为理论基础的。他们认为"心"是世界的本源，"心生种种法生，心灭种种法灭"（《古尊宿语录》），宣称一切事物的产生和消灭，都是由人的

主观意识决定的。《坛经》记载了这样一件事情：风吹幡旗飘动，两个和尚争论不休，一个说是“风动”，一个说是“幡动”。惠能走过来说：“不是风动，不是幡动，仁者心动。”他根本否认风吹幡动的客观事实，把客观事物的变化说成是“心”的一种幻觉。除了自心之外，他不承认有任何客观对象存在，日月星宿、山河大地、泉源溪涧、草木丛林等万物色象都包含在自心之中，包括佛法，也只存在于自心之中。如说：“本性是佛，离性无别佛。”“汝今当信，佛知见者，只汝自心，更无别佛。”（《坛经·机缘品》）这种观点很明确，就是“心外无法”“心外无佛”。神会的弟子大照更有“心外无理，理外无心”（《大乘开心显性顿悟真宗论》）的提法。宋明道学中陆王一派“心外无物”“心外无理”的主观唯心主义观点，显然是直接从禅宗的教义中贩运过去的。

既然佛性就在人的本性或自心之中，那么为什么又有佛和众生的区别呢？众生成佛的现实途径是什么呢？惠能认为，佛和众生的区别就在于对自性有“悟”有“迷”。他说：“菩提般若之智，世人本自有之，只缘心迷，不能自悟。须假大善知识，示导见性。”（《坛经·般若品》）又说：“自性若悟，众生是佛；自性若迷，佛是众生。”（《坛经·付嘱品》）因此，实现成佛的途径，就只能到内心去寻求，从“迷”到“悟”就是成佛的过程。“若识自性，一悟即至佛地。”（《坛经·般若品》）他认为“迷”和“悟”只在“一刹那间”，只在人的“一念”。“前念迷即凡夫，后念悟即佛。前念着境即烦恼，后念离境即菩提。”（《坛经·般若品》）这就是所谓“顿悟成佛”或“见性成佛”。只要有了这种内心的神秘觉悟，不论处于什么环境，即是西方极乐世界，“随所住处恒安乐”。所以，惠能主张修佛不一定要披剃出家，住到寺院中去，在家悟道同样可以成佛。一切外在的宗教形式，如持戒、坐禅、拜佛、诵经、布施等等，都是不必要的，无益而有害的，关键是要顿见自心中的真如本性。

惠能一派，虽名为禅宗，但反对坐禅。唐朝有个马祖禅师，起初

在南岳专习坐禅，谁都不理睬，连他的老师来了也不理睬。有一天，老师拿一块砖在庵前磨，马祖照样不理睬。磨了好久，马祖才问："作什么？"老师说："磨作镜。"马祖说："磨砖岂能成镜？"老师说："磨砖既不成镜，坐禅岂能成佛？"又说："汝学坐禅？为学坐佛？若学坐禅，禅非坐卧；若学坐佛，佛非定相。于无住法，不应取舍。汝若坐佛，即是杀佛；若执坐相，非达其理。"马祖因而开悟，不复坐禅。(《景德传灯录》) 这个故事说明，禅宗强调"顿悟"，反对旧的坐禅方式。惠能曾说："住心观净，是病非禅；常坐拘身，于理何益？"又作偈说："生来坐不卧，死去卧不坐。一具臭骨头，何为立功课？"(《坛经·顿渐品》) 表示对心外的一切物质存在包括人的形体的极端蔑视，认为靠坐禅等外在的修炼形式是不能成佛的。

禅宗不但不坐禅，而且也不念经。他们认为佛教的真理是不能用语言、文字来表达的。能用语言、文字表达的只能是个别的、有限的事物，而真如佛性是最完满的、绝对无限的。所以，他们不念经也不研究讲习佛教经论，只求心通成佛的道理，这一点和当时各派如唯识宗、华严宗的繁琐经院哲学是不同的。神会说："唯通其心，若心得通，一切经论义无不通者。"(《南阳和尚顿教解脱禅门直了性坛语》) 诵经背经是没有用的。还有一则材料记载：

> 王常侍一日访师，同师于僧堂前看，乃问："这一堂僧还看经么？"师云："不看经。"侍云："经又不看，禅又不学，毕竟作个什么？"师云："总教伊成佛作祖去。"(《镇州临济慧照禅师语录》)

不坐禅，不念经，并不妨碍成佛。相反，坐禅、念经反而会妨碍领悟佛理。后期禅宗多有破经师的言论，甚至出现呵佛骂祖的事情。后期禅宗还有所谓"机锋""棒喝"，即不用正面语言表达思想，而是用比喻和隐语，如同猜谜似的问答，用打一棒或大喝一声之类的方法，来

暗示启发别人的觉悟，把一切正常的逻辑思维和推理形式都抛弃了。

禅宗不注重宗教的修行，他们所谓“顿悟成佛”，也不是用求知的方法去认识佛教的真理。在他们看来，佛教的真理是不能靠感觉经验，也不能靠理性思维去认识的，而只能靠内心的神秘启示。惠能说，佛的知见，就是什么也不知，什么也不见。“无一物可见，是名正见；无一物可知，是名真知。无有青黄长短，但见本源清净，觉体圆明，即名见性成佛，亦名如来知见。”（《坛经 · 机缘品》）只有彻底否定对客观世界的认识，才能悟见本源清净的真如佛性。

禅宗一方面轻视修行、反对求知，提倡神秘的“顿悟”说，另一方面又宣称这就是他们的修行方法，这种方法就是“以定慧为本”“定慧等学”。两者是否有矛盾呢？他们认为没有矛盾。惠能批评各派佛学或“先定发慧”，或“先慧发定”，都是把“定”和“慧”分割开来，心口不一，知行脱节，定慧不等。他提倡的顿悟成佛义，则是“心口俱善，内外一如，定慧即等”（《坛经 · 定慧品》），是最正确、最圆满的宗教修养方法。他用“体”和“用”的关系来说明“定慧体一不二”的道理，如说：

> 定慧一体，不是二。定是慧体，慧是定用。即慧之时定在慧，即定之时慧在定。若识此义，即是定慧等学。……定慧犹如何等？犹如灯光，有灯即光，无灯即暗。灯是光之体，光是灯之用，名虽有二，体本同一。此定慧法，亦复如是。（《坛经 · 定慧品》）

这种即定即慧、即慧即定的“定慧等学”论，是有意混淆定和慧、行和知的界限，为唯心主义、神秘主义的“顿悟”说提供认识论根据。在一定意义上说，它已开后来王阳明的“知行合一”说之先河。

禅宗在中国流传千年之久，对后期封建社会哲学思想的发展影响极大。明代思想家黄绾曾指出：“宋儒之学，其入门皆由于禅。”（《明道编》卷一）深刻揭露了宋明道学特别是其中陆王一派的“心

学”和禅宗思想的渊源关系。他痛心于“禅说益盛，实理益失”，认为不批判禅学就不足以明“圣人之道”。这一思想批判的任务，他和同时代的唯物主义哲学家们虽然作了不少努力，但是并没有也不可能彻底完成。只有用马克思主义哲学的锐利武器，才能彻底摧毁宗教唯心主义的理论基础，清算其流毒。

小 结

秦汉至隋唐时期的知行学说，可以大体上分为两个阶段：魏晋以前为一个阶段，魏晋以后为另一个阶段。

前一阶段唯物主义和唯心主义两条哲学路线的斗争，以董仲舒和王充为双方的突出代表。他们在知行问题上展开的斗争，还是集中在知识的来源问题上，不过斗争深刻的程度远非先秦可比。董仲舒一派儒者，把孔丘的唯心主义“生知”说和“天人感应”神学目的论直接结合起来，鼓吹“圣人神而先知”的天意决定论。不论是“省身以知天”，还是“察物之异以知天意”，都不是以客观物质世界为认识对象，而是以神秘的“天”或“天意”为认识对象。“天”是宇宙万物（包括人和人类社会）的创造者和主宰者，也是人的认识的基本源泉。“事各顺于名，名各顺于天”，这个公式概括地说明了这条唯心主义认识路线的实质。王充在认识论领域展开的反对唯心主义、神秘主义的斗争，也以最大精力批驳了“圣人神而先知”的种种谬论，坚持以客观实在即以我们身外的物质世界为认识对象，以目见耳闻的感觉经验为认识的起源，强调“知物由学，学之乃知”，“如无闻见，则无所状”，坚决反对把圣人神化，否定有所谓“性知者”存在。但是，和先秦的唯物主义者一样，王充在论述他的“实知”“知实”的唯物主义认识路线时，还没有把行即实践引进认识论，他不了解只有实践才是认识的真正来源。此外，王充在感性认识和理性认识的关系、真理标准等问题上，都循着荀况、韩非的路线继进而有所发展，

特别是大大加强了唯物主义认识论武器的战斗性。这个阶段的知行学说，并没有提出多少新问题，不过无神论和有神论的斗争已深刻介入认识论领域，使唯物主义反映论和唯心主义先验论的斗争表现出更加复杂的形式。

后一阶段的知行学说，主要包容于佛教哲学中。佛教各派为了否定客观世界的真实性，要人们超脱尘世的生活，到佛国净土去寻找幸福和快乐，提出了各种不同的宗教修行方法，即指导人们如何成佛的各种途径。关于这些方法和途径的理论，就是具有特殊形态的知行学说。佛教哲学在中国的传播和发展，使唯心主义知行观得以深化，提出了许多新问题，展开了问题的各个方面；各种意见彼此对立、驳难，或者互相补充、资凭，构成一幅生动、斑驳的图画。这些虽然都是荒谬的宗教问题，可是颇能启发人们的思想，提供了理论思维的经验教训，促使哲学向前发展。宋明以后的各种唯心主义知行学说，除了和儒家传统思想有历史的联系外，几乎都可以从佛教哲学中找到理论渊源。从魏晋以前的比较朴素的知行学说过渡到宋明以后的具有成熟形态的知行学说，隋唐佛学是一个极为重要的中间环节。

佛教哲学中的知行问题，是讲发挥宗教义理和进行宗教实践的关系。二者都是教人如何逃避现实生活，所以都是和社会实践相脱离的。佛教各派知行学说的差异，只不过是唯心主义内部的分歧，就其不同的理论形态而言，主要有以下四种：

一、重知轻行；

二、重行轻知；

三、知行并重；

四、知行合一。

隋唐佛学总的来说有定慧兼弘、知行并重的趋势，但是各宗主张亦有所歧异，各有所侧重。我们介绍的四大宗派，就大体上代表了上述四种知行观，如华严宗偏重宗教义理的领悟，法相宗强调循序渐进的宗教修行，天台宗主张止观并重，通过禅定来发生智慧，证悟本

体，禅宗的“顿悟”说则有定慧即等、知行合一的倾向。不论哪一种知行观，都不是以客观物质世界为认识的对象，以社会实践为认识的来源，以改造自然界和现实社会为认识的目的。所以说，在佛教哲学中并不存在一般意义上的认识论或知行问题，而只有表现为特殊形态的知行学说。

除了佛教哲学之外，唐朝的道教理论家司马承祯提出的“收心”“主静”的修炼之术，也曾对宋明道学的唯心主义认识论和修养论产生过重要影响。司马承祯认为，心为一身之主，“静则生慧，动则成昏”（《坐忘论·收心》）。因此，他教人去动守静，反对人们从事生产斗争和阶级斗争等社会实践活动（“遍行诸事”），主张安坐不动，摒弃见闻，去掉知识，“收心离境”，“不着一物”，心才能和虚无的“道”冥合。这种荒谬理论，一方面继承了先秦道家《老子》、庄周的蒙昧主义知行观，另一方面也明显地受到同时代的佛教宗教哲学的影响。

唐朝的著名思想家韩愈、李翱、柳宗元、刘禹锡等人，都没有以主要精力来探讨认识论问题，于知行学说上没有多少特出的建树。值得一提的是，李翱虽然表面上排斥佛教，可是在他的《复性书》中，却暗中偷运佛教唯心主义的思想。他所谓“视听昭昭，而不起于见闻”，“物至之时，其心昭昭然明辨焉，而不应于物”的致知论，他所追求的“动静皆离，寂然不动”的所谓“至诚”的神秘境界，都是僧侣主义的具体表现。

研究中国知行学说发展史，汉唐时期必须受到应有的重视，特别是隋唐佛学中的知行学说，它的承先启后的作用，以及促使这方面理论深化的历史功绩，都是不可抹煞的。

第四章　宋代程朱学派的知先行后说

宋以后，中国知行学说的发展，进入了一个新的历史阶段。知行关系成为各派哲学家们十分关注和热烈争论的一个重要问题，在思想斗争的历史实践中，相继形成了各种系统的知行学说和理论，在我国思想史上增添了灿烂的篇章。各派哲学家们都清楚地意识到，知行问题不单纯是一个哲学理论问题，而且是关系到国家的兴衰存亡、社会的治乱隆替的大问题。顾炎武在《日知录》中指出：

> 刘石乱华，本于清谈之流祸，人人知之。孰知今日之清谈，有甚于前代者？昔之清谈谈老庄，今之清谈谈孔孟。未得其精而已遗其粗，未究其本而先辞其末。不习六艺之文，不考百王之典，不综当代之务，举夫子论学论政之大端一切不问，而曰“一贯”，曰“无言”。以明心见性之空言，代修己治人之实学。股肱惰而万事荒，爪牙亡而四国乱。神州荡覆，宗社丘墟！昔王衍妙善玄言，自比子贡，及为石勒所杀，将死，顾而言曰：“呜呼！吾曹虽不如古人，向若不祖尚浮虚，戮力以匡天下，犹可不至今日。”今之君子，得不有愧乎其言！（《日知录》卷七）

他所痛斥的“清谈”，就是指宋明以来错误的知行观念，程朱、陆王的唯心主义先验论。在本书的开首，我们还引述过孙中山对“知易行难”说所造成的流弊的痛切感受。错误的知行观念，“不惟能夺吾人

之志，且足以迷亿兆人之心”，它可以造成“神州荡覆，宗社丘墟”的严重后果，对于这样的大问题，难道可以等闲视之吗？各派哲学家都从本阶级的利益出发，依据自己固有的哲学世界观，对这个问题作出了十分严肃的回答。因此，知行问题就成为反映我国中古和近代思想斗争的一个重要侧面。

宋朝的道学家们首先系统地研究了知行问题。他们把古代儒家经典《礼记》中的《大学》《中庸》两篇抽取出来，发挥其中的一些思想，来鼓吹“知先行后”的唯心主义先验论。如《大学》中的“八目”，首先讲格物、致知，接着才讲诚意、正心、修身、齐家、治国、平天下；《中庸》论修养的步骤，也是先讲博学、审问、慎思、明辨，然后继之以笃行。道学家们于是体会发挥说：“知常在先”，“须以知为本”，“能知必能行，不知不能行”。这就是在两宋时期占统治地位的一种知行理论。

这种知行理论，以程颐、朱熹为主要代表。他们创造的哲学形态是客观唯心主义的理学，亦称道学。和程颐同时代而略早的还有邵雍、周敦颐、张载、程颢等几位哲学家，在理学或道学形成过程中都起过重要作用，朱熹在叙述“道统”的《伊洛渊源录》中，把他们合称为“北宋五子”。在知行观方面，邵雍的“以物观物”的“反观”法，周敦颐的“主静”“去欲”学说，他的以“无思”为本、“思通”为用的哲学方法，都是根本排除人的社会实践，以道德修养为基础的神秘主义直觉论。张载的知行学说比较复杂些。他在自然观方面反对佛道宗教唯心主义，反对二程的唯心主义理学，建立了以“元气”为万物之本的朴素唯物主义学说；在认识论方面，他也承认外物是感觉的源泉［“感亦须待有物，有物则有感，无物则何所感？”（《语录》卷上）］，认为人的认识是来源于感官接受外物的刺激，主观和客观相接触［“人谓己有知，由耳目有受也；人之有受，由内外之合也。”（《正蒙·大心》）］。但是，他又把知识分为两种，一种是“见闻之知”，一种是“德性之知”，认为：“见闻之知，乃物交而知，

非德性所知。德性所知，不萌于见闻。”（《正蒙·大心》）他所说的“德性所知”，又叫“天德良知”，是不依赖于感觉经验的先天的知识，可以“穷神知化，与天为一”，主要靠封建道德的修养才能得到［“乃德盛而自致尔”（《正蒙·神化》）］。在这里，他就倒向了唯心主义的先验论。道学唯心主义马上抓住了这一点，程颐、朱熹都区分开“见闻之知”和“德性之知”，极力贬低博物多能的感性认识，宣传封建道德原则是先天固有的唯心主义观点。作为唯物主义者的张载，正是由于在认识论和人性论方面的唯心主义倾向才受到道学家们的重视。程颢是程颐之兄，他们的哲学基本立场是一致的，留下的部分语录已很难分清属于哪一个，我们在论述程颐的知行学说时还会涉及他。和程颐不同的是，他更强调知之源在于心，致知之途只有反求于心，更不可外求，认为“只心便是天，尽之便知性，知性便知天”（《河南程氏遗书》第二上）。他是沿着孟轲的主观唯心主义道路往前走，而程颐则更多地表现出客观唯心主义的倾向。程颢的知行学说较为简略，我们亦不作为论述的重点。

上述几人，作为程朱学派的前驱者，他们的知行学说，曾产生过一定的影响，但在当时和后世影响最大的，还是程颐、朱熹的学说。

以程颐、朱熹为代表的唯心主义理学，是两宋时期官僚大地主阶级的世界观，是中国封建统治者的长期统治经验的理论总结。他们以儒家思想为主，融合佛道唯心主义，创造出一种新的思辨哲学体系，把封建专制主义制度、“三纲五常”等封建道德原则说成是万古长存的“天理”，抬高到宇宙本体的地位，然后象隋唐佛学高僧一样，玩弄那套本体自己安置自己、自己跟自己对置、自己跟自己结合的惯技，于是展开了他们的宇宙生成论、人性论和认识论等方面的学说。他们所谓“知”就是知此理，所谓“行”就是行此理，竭力把封建道德灌输到人民的思想中去，并要求付诸实践。这种知行学说完全是为巩固封建专制主义统治服务的。程朱理学受到元、明、清几朝封建统治者的推崇，成为后期封建社会占统治地位的官方哲学，这决不是

偶然的。

程朱学派的知先行后说，是中国哲学史上唯心主义先验论的一种典型形态，有必要对它的理论体系、诡辩手法和反动哲学实质进行较深入的剖析和批判。

一 程颐

程颐（1033—1107年）字正叔，洛阳人，曾任西京国子监教授、崇政殿说书等官职。他在政治上反对王安石变法，是北宋时期官僚大地主顽固派的头面人物之一。在学术思想上，二程的“洛学”和王安石的“新学”也展开了激烈的斗争，他们攻击“介甫之学”是当时的“大患”，“坏了后生学者”（《河南程氏遗书》第二上），表示同它水火不相容。二程以儒家“道统”的继承人自命，宣称得到了千载不传的绝学，“使圣人之道焕然复明于世”（《宋史·程颢传》）。然而他们讲的新儒学即“道学”，实际上包容了不少佛教和道教的思想，可以说是“三教合一”的产物。

二程的哲学体系，是唯心主义的理一元论，他们的一切荒谬理论都离不开这个本根，都是从这里推衍出来的。程颐的知行学说也不例外。

知吾固有

程颐和张载一样，也把知识分为两种。他说：

> 闻见之知，非德性之知，物交物则知之，非内也，今之所谓博物多能者是也。德性之知，不假闻见。（《河南程氏遗书》第二五）

这里明确断言有一种知识是超感觉、超经验的，即“德性之知”。它指事物的普遍原理和原则，关于性和天道以及“三纲五常”等道德律令的知识。程颐认为，这些知识都不是从和外物的接触中得来的，而是先天固有、主观自生的。另外还有一种知识，即“闻见之知”，相当于感性认识，他认为“非内也”，是从“物交物”即感官和外物的接触中得来的。这里他似乎还承认有一种并非先验的知识。如果真是这样，在知识的来源问题上，程颐就不是彻底的唯心论，而是一个二元论者了。

事实并非如此。在程颐看来，无论德性之知，还是闻见之知，其所以知之能，和所知之理，都是我固有之的。德性之知固然不必外求，闻见之知所要认识的那个道理也早就在我的心里了，不过要通过穷究外物之理来启发心中之理而已。原来“天下只有一个理”（《河南程氏遗书》第十八），它体现在万事万物中，“至如一物一事虽小，皆有是理”（《河南程氏遗书》第十五）；它同时体现在人身上，就是“性”，“在天为命，在义为理，在人为性，主于身为心，其实一也”（《河南程氏遗书》第十八）。性在于心，所以说心就是理，心具众理。懂得了这个“万物一理”“物我一理”的道理，“才明彼，即晓此”（《河南程氏遗书》第十八），穷至外物之理也就认识了我心中本有之理。通过这一套唯心主义的诡辩，程颐就把一切知识，包括德性之知和闻见之知，都说成是“我固有之”的先验的东西了。他说：

> 知者吾之所固有，然不致则不能得之，而致知必有道，故曰致知在格物。（《河南程氏遗书》第二五）
>
> 致知在格物，非由外铄我也，我固有之也。因物有迁，迷而不知，则天理灭矣，故圣人欲格之。（《河南程氏遗书》第二五）

我心中固有的“天理”，就是认识的唯一源泉，也就是德性之知和闻见之知所要认识的对象，不过前者可以通过“反身而诚”直接达到，

而后者必须通过格物致知的曲折途径才能达到。程颢的唯心主义哲学方法，只注重前者，即只要反省内求，就可以认识心中本有之理；程颐也讲反省内求，另外还讲格物致知，把认识过程讲得要复杂些。但是他们共同认为知吾固有，即心中本来具有完备自足、元无少欠的天理。在知识的来源问题上，他们都是彻头彻尾的唯心主义先验论者。

所谓认识，就是认识的主体和认识的对象相结合、符合。这个认识的对象，程颐认为既在心外，又在心内，内外一理。物我一理。如果说理只在心内，随心起灭，那么就不是客观唯心主义了。他认为理是永恒存在的绝对本体，它“不为尧存，不为桀亡”，没有“存亡加减”；它先于万物而存在，人和物“都自这里出去”，所以只能如实地把它看作是一种客观精神。由于“一物须有一理”，“一物之理，即万物之理”，每个人心中之理都体现了理之全。物我一理，内外一理，所以又可以说是“万物皆备于我”，“天下更无性外之物”（《河南程氏遗书》第十八）。人和物“皆完此理”，它们的区别就在于“物不能推，人则能推之”，物不能主动体认所完之理，而人则能主动体认之。这就是说，人有“能推”即所以知之能，以此和物区别开来。但是，人虽有此特殊的能动性，却不能增加或减少所知之理的一丝一毫，作为认识对象的绝对本体是永远不变的。程颐说：

> 万物皆备于我，不独人尔，物皆然，都自这里出去，只是物不能推，人则能推之。虽能推之，几时添得一分？不能推之，几时减得一分？百理俱在，平铺放着。几时道尧尽君道，添得些君道多？舜尽子道，添得些孝道多？元来依旧。（《河南程氏遗书》第二上）
>
> 所谓万物一体者，皆有此理，只为从那里来。生生之谓易，生则一时生，皆完此理。人则能推，物质气昏，推不得，不可道他物不与有也。（《河南程氏遗书》第二上）

明白了“物我一理”的道理和“能推”“不能推”的区别，对程颐所谓认识的本质就看得十分清楚了。他讲的认识的主体和认识的对象相结合，即以所以知之能去体认所知之理的过程，完全可以在心内完成，或最终在心内完成，所以他一再强调“知者吾之所固有”，“致知在格物，非由外铄我也，我固有之也”。这就是他对知识的来源这个认识论的首要问题的毫不含糊的回答。

致知在格物

“格物致知”是程颐的方法论。有人说程颐的方法是通过观察具体事物以获得对一般规律的认识，体现了近代科学的精神。这至少是一种误解，如果不包含别的目的的话。我们认为，程颐的格物致知论是一种地地道道的唯心主义先验论的认识论和道德修养论，它只能起到阻碍人们正确认识客观事物及其规律、碍阻科学发展的反动作用。

程颐认为，人心中本来具有完备的知识，但不致不能得之，它不能直接认识自己，必须通过“格物”的工夫，才能致其知，达到心的自我认识。所以不能直接知之，如前所述，是“因物有迁，迷而不知，则天理灭矣，故圣人欲格之”。只有通过格物，才能认识天理。“格物者适道之始，欲思格物，则固已近道矣。”（《河南程氏遗书》第二五）这哪里是什么通过研究客观事物去认识一般规律呢？

程颐对《大学》所谓“格物”作了新的解释。他训“格”为“至”、为“穷”，训“物”为“理”，所谓“格物”就是即物而穷至其理。他说：

> 格，至也，如祖考来格之格。凡一物上有一理，须是穷致其理。（《河南程氏遗书》第十八）
>
> 格，至也。穷理而至于物，则物理尽。（《河南程氏遗书》第二上）

格犹穷也，物犹理也，犹曰穷理而已也。（《河南程氏遗书》第二五）

程颐是不是要研究客观事物，从他对“物”字的解释可以看得出来。有人问他：“格物是外物，是性分中物?”他说：“不拘。凡眼前无非是物，物物皆有理，如火之所以热，水之所以寒，至于君臣父子间，皆是理。”（《河南程氏遗书》第十九）他又说：“物不必谓事物，然后谓之物也。自一身之中，至万物之理，但理会得多，相次自然豁然有觉处。”（《河南程氏遗书》第十七）他所说的“物”，是指凡是有理体现在其中的一切事物，不拘性内性外，精神现象或物质现象。很明显，这些所谓“物”，没有客观的实在性，它们“皆可以理照”，不过是绝对本体“理”的派生物而已。程颐所谓“格物”也不是要就这些事物本身加以研究，而是要穷至它们所体现的理。

关于格物穷理的途径，程颐指出亦有“多端”，“千蹊万径，皆可适国”，条条道路通向那“推之四海而皆准”的理。他说：“穷理亦多端，或读书讲明义理，或论古今人物别其是非，或应事接物处其当，皆穷理也。”（《河南程氏遗书》第十八）虽然他有时也说“然一草一木皆有理，须是察”，“语其大，至天地之高厚；语其小，至一物之所以然，学者皆当理会”（《河南程氏遗书》第十八），但是他讲格物穷理的途径，主要是指读书讨论、应事接物之类，根本否定人们的社会实践，也不注重对自然事物的研究。他还说：“或多识前言往行，识之多，则理明。”（《河南程氏遗书》第十八）这也属于读书讨论一类，没有超出“知”的范畴，不是以客观事物为研究对象。与此同时，他更加强调内心的道德修养，反省内求的工夫，认为：“格物之理，不若察之于身，其得尤切。”（《河南程氏遗书》第十七）格物不必是外物，性分中物同样有理照，反身而诚，从心性中直接体认天理，他认为是最切实、简捷的途径了。所以说：“学莫贵于自得，得非外也，故曰自得。”“君子之学，将以反躬而已矣。”（《河南程氏遗

书》第二十五）从这里可以看出，程颐讲的格物穷理，主要是一种个人的封建道德修养的方法。

有人问程颐："格物，须物物格之，还只格一物，而万理皆知?"他回答说："怎生便会该通？若只格一物，便通众理，虽颜子亦不敢如此道。须是今日格一件，明日又格一件，积习既多，然后脱然自有贯通处。"（《河南程氏遗书》第十八）他还说过："人要明理，若止一物上明之，亦未济事，须是集众理，然后脱然自有悟处。"（《河南程氏遗书》第十七）这是把格物致知看作一个过程，先是量的积习，然后脱然贯通。这个脱然贯通，是一种神秘的觉悟，可以做到一通百通，"虽亿万亦可通"。但是，他认为"今日格一件，明日又格一件"的积习工夫也是重要的，没有这个积习工夫，就达不到神秘的贯通。颜渊亦只能闻一知十，尚不能一通百通，更不用说一般人了。他所说的积习和贯通的关系，同佛教中"渐修""顿悟"的说法没有什么两样，集众理的过程是渐修，脱然贯通就是顿悟。有一条语录记载：

> 问：释氏有一宿觉，言下觉之说，如何？曰：何必浮图，孟子尝言觉字矣，曰"以先知觉后知，以先觉觉后觉"，知是知此事，觉是觉此理。古人云："共君一夜话，胜读十年书。"若于言下即悟，何啻读十年书？（《河南程氏遗书》第十八）

这里说明儒释的唯心主义思想本来有相通处，不论是孟轲讲的"觉"，还是佛教讲的"悟"，都是一种神秘的境界，而不是指人们正常的认识活动。

程颐一方面说格物不是只格一物，"须是遍求"，须要"积累"；另一方面又说格物也不是要尽格天下之物，尽穷天下之理，"但于一事上穷尽，其他可以类推"（《河南程氏遗书》第十五）。把这两个方面、两种说法统一起来，就是："所务于穷理者，非道须尽穷了天下万物之理，又不道是穷得一理便行，只是要积累，多后自然见去。"

(《河南程氏遗书》第二上）这里还是讲的积习和贯通、渐修和顿悟的关系。需要重复地指出的是，脱然贯通不是对众多事物和现象的科学归纳和总结，找出了其中的规律性，实现了认识过程中从感性到理性的飞跃，而是通过众物之理的启发直达心中之理的神秘的觉悟。在达到这种觉悟之前，有一个集众理的“积习”的过程，这是程颐的方法和邵雍、周敦颐等人的直觉法不同的地方。

程颐把认识的过程讲得比较曲折，为了致吾心中固有之知，还必须下一番“格物”的工夫，还有一个外求物理的过程。那么，就存在着这样一种可能性，对他的方法的实质没有深刻领会的人，往往只顾追求物理，博闻强记，甚至注重闻见之知，详于经验事物的观察和考究，这样就有可能背离他的唯心主义认识论和修养论的道路。这正是他所要极力反对、极力防止的一种倾向。他一再强调，格物致知的任务就在于认识天理和天命，认识“善”的道德本性，加强封建道德伦理修养，切切忌讳博学而不能反约，忘记这个根本任务。他说：“观物理以察己。”（《河南程氏遗书》第十八）“明善在乎格物穷理。”(《河南程氏遗书》第十五）“致知，但知止于至善，为人子止于孝，为人父止于慈之类，不须外面只务观物理。”(《河南程氏遗书》第七）他把只顾追求物理而不以“明善”为归止的做法比喻为“泛然正如游骑无所归也”(《河南程氏遗书》第七)，认为是“不求于本而求于末”，不是圣人的学问。他说：

> 古之学者为己，其终至于成物；今之学者为人，其终至于丧己。学也者，使人求于内也。不求于内而求于外，非圣人之学也；不求于本而求于末，非圣人之学也。何谓不求于本而求于末？考详略、采同异者是也。是二者无益于吾身，君子弗学。(《宋元学案》卷十五)

程颐十分轻视感性认识，贬低闻见之知，以博物多能为大患。他虽然

也强调“知”的作用，但是很注意区别对外物的“知”和内心的“悟”，认为从封建的道德修养来说，后者是更重要的。他说：“大凡学问，闻之，知之，皆不为得，得者须默识心通。”（《河南程氏遗书》第十七）又说：“与叔季明，以知思见闻为患，某甚喜此论，邂逅却正语及至要处，世之学者大敝正在此。”（《河南程氏遗书》第十五）这种态度，二程是完全一致的。程颢也竭力反对学者博物多能，专注意于内心修养。他的学生谢良佐“初以记闻为学，自负赅博，对举史书，成篇不遗一字”，程颢给他四个字的评语，叫作“玩物丧志”（《胡氏传家录》）。他们以明心中之理为认识的目的和结果，反对逐物理而忘其本，反对“考详略、采同异”即对事物进行有分析、有综合的研究，完全是走的一条反对科学研究的道路。

程颐所谓格物致知，最后归结到封建道德的修养。他虽然说过“涵养须用敬，进学则在致知”（《河南程氏遗书》第十八），似把格物致知当作认识问题，和道德修养问题区别开来。实际上他认为二者有密切联系，认识论不过是道德论的附庸。在他看来，“人只有个天理，却不能存得，更做甚人也?”（《河南程氏遗书》第十八）通过格物致知，正是去体认这个天理，“天下之理得，然后可以至于圣人”（《河南程氏遗书》第二五）。而要致其知，又需要有主体的存养即封建道德修养的工夫。他说：

学者不必远求，近取诸身，只明天理，敬而已矣。（《河南程氏遗书》第二）

入道莫如敬，未有能致知而不在敬者。（《河南程氏遗书》第三）

可见格物致知和内心修养的“主敬”有极密切的联系。他还说过：“致知在所养，养知莫过于寡欲二字。”（《河南程氏外书》第二）所谓“敬以直内”，所谓“一者无欲”，都是脱离社会实践的修养方法。

他认为“存此涵养，久之自然天理明”（《河南程氏遗书》第十五），要达到对心中之理的“脱然贯通”，只要搞好内心的修养就行了。

把认识论问题和道德修养问题混淆起来，把认识论问题归结为道德修养问题，是宋明时期道学家们的共同特点，这也决定了他们的认识论的唯心主义倾向。因为他们根本不引导人们去研究客观事物及其规律，而是引导人们脱离客观世界，专门去搞内心的精神修养，按照封建道德原则去行事。由于这个特点，道学家们对知行关系问题是很重视的。他们所说的“知”，如上所述，是心中固有的先验之知；他们所说的“行”，亦有特定含意，就是封建道德伦理的践履、实行。不论道学中的哪一派，都认为知和行有密切的关系，他们的知行观都是为巩固封建统治服务的，并在理论上作了系统的发挥和论证。

知先行后

一切唯心主义哲学家都认为知在先，行在后，认识不是从社会实践中来的，而是天所赋予，或主观自生的，知对行具有决定意义。宋以前的一些哲学家就已自觉或不自觉地表述过“知先行后”的思想，如孔丘说：“盖有不知而作之者，我无是也”（《论语·述而》）；《老子》的作者鼓吹“不行而知”，同时也反对“不知而作”，认为“不知常，妄作，凶”；董仲舒提出“知先规而后为之”，等等。但是，自觉地明确地提出“知先行后”的命题，并以这个命题为中心，形成一种系统的知行学说和理论，则要归于宋朝的道学家。程颐是最重要的代表人物之一。

程颐的格物致知论就是一种知先说。他以知为吾所固有，通过格物以明心中之理的过程，是把行即实践根本排除在外的。就是说，知在先，知不依赖于行。他认为“有诸中必形诸外”，只要“烛理明”，自然“乐循理”，“循理而行”（《河南程氏遗书》第十八）。就是说，有了知，行是自然而然的，行是跟着知（“明理”）而来的。这里已

经有了知先行后、知本行末的思想。

程颐还用十分明确的语言，把这个思想直接表述出来。他说：

> 须以知为本。(《河南程氏遗书》第十五)
>
> 君子以识为本，行次之。(《河南程氏遗书》第二五)
>
> 须是知了方行得。(《河南程氏遗书》第十八)
>
> 须是识在所行之先。譬如行路，须得光照。(《河南程氏遗书》第三)

他认为人做任何事情，都必须有知的指导，以对那件事情的认识、了解为基础，然后才去行动，好比行路需要光照一样。知对于行来说，就是那指路的明灯。他常举例说："譬如人欲往京师，必知是出那门，行那路，然后可往。如不知，虽有欲往之心，其将何之?"（《河南程氏遗书》第十八）有了知的指导，行路才有方向，才有可能达到目的地；没有知的指导，行是不可能的，或者是没有任何意义的"冥行"。可见知在行先，知比行更根本、更重要。程颐从各个方面反复阐明知先行后的道理，认为这个道理是古代圣贤早就说过了的，他进而发明之。如说：

> 君子之学，必先明诸心，知所养，然后力行以求至，所谓明而诚也。(《伊川文集·颜子所好何学论》)
>
> 且如欲为孝，不成只守着一个孝字，须知所以为孝之道，所以侍奉当如何，温凊当如何，然后能尽孝道也。(《二程遗书纂》卷下)
>
> 康仲问：……不知如何持守？先生言：且未说到持守，持守甚事？须先在致知。(《河南程氏遗书》第十五)
>
> 始于致知，智之事也。行所知而至其极，圣之事也。《易》曰"知至至之，知终终之"是也。(《河南程氏遗书》第十八)

> 知至则当至之，知终则当〔遂〕终之，……知至是致知，博学、明辨、审问、慎思，皆致知知至之事，笃行便是终之。如始条理、终条理，因其始条理，故能终条理，犹知至即能终之。(《河南程氏遗书》第十五)

这些都不过是说：须先致知，然后力行。知为始，行为终。知是行之因，行是知之果。这就是程颐对知行关系的完全颠倒的看法。

程颐的知先行后说，除了唯心主义的武断之外，并没有多少理论。为了揭示它的具体内容，我们分几点来剖析：

一，不知不能行。这和“须是知了方行得”是同一个问题的两个方面。程颐认为，知是行的内在根据和原因，不有诸中就不能形诸外，没有原因就不会有结果，所以说不知就不能行。

有人提出：致知甚难，忠信进德之事，能否勉强而行呢？程颐说：“若不知，只是觑却尧，学他行事，无尧许多聪明睿知，怎生得如他动容周旋中礼？有诸中必形诸外，德容安可妄学？……未致知，便欲诚意，是躐等也。学者固当勉强，然不致知，怎生行得？勉强行者，安能持久？”(《河南程氏遗书》第十八）他认为知先行后的秩序是不能颠倒的，《大学》格物、致知、诚意、正心等“八条目”，体现了知先行后的秩序，也是不能颠倒、不可躐等的。不致知便欲诚意，不明理而勉强行进德之事，在他看来，就是颠倒，就是躐等。这种勉强而行，只学到了表皮，而没有领会精神实质，既不自然又不能持久，是不值得提倡的。

在实际生活中，不知而行的事情大量地普遍地存在着，广大人民群众哪里会先去体认道学家们虚构的“天理”，然后才去生活行事呢？程颐也不能否认这一事实，可是这却正好成了他污蔑人民群众是“下愚”的根据。他说：“今人居覆载中，却不知天地在照临之内，却不理会得日月，此冥然而行者也。”(《河南程氏外书》第十）他以知不知、明理不明理来区别圣凡，如说：“盖有不知而作之者。凡人作事

皆不知，惟圣人作事无不知。”（《河南程氏遗书》第二二上）这里所谓“无不知”的圣人，自然是对少数统治者的吹捧。孟轲曾说：“行之而不著焉，习矣而不察焉，终身由之而不知其道者，众也。”（《孟子·尽心上》）程颐对这句话进行了解释和发挥，他说：“此言大道如此，而人由之不知也。行之而不著，谓人行之而不明晓也；习矣而不察，谓人习之而不省察也。”（《河南程氏遗书》第十八）又说：“行之不著，如此人多。若至论，虽孔门中，亦有由而不知者，又更有不知则不能由。”（《河南程氏遗书》第六）他的弟子不解，程颐分辨说：“在众人，习而不察者，只是饥食渴饮之类，由之而不自知也。如孔门弟子，却是闻圣人之化，入于善而不自知也。”（《河南程氏遗书》第十八）他把行而不知又分为两种情况：一种是指人的生理本能，习以为常而不自知，如饥食渴饮之类；另一种是指“化圣入善”，行为不假思索，自然合乎仁、义、礼、智、信等封建道德规范。这种情况虽然也是由之而不自知，但实际上已达到了知和行的统一，是包括了知（善道）在内的行，这是对一些圣门高足的吹捧。程颐否认劳动人民可以通过实践获得知识，行其所不知以致其知，认为他们永远无知，因此永远不能循理而行，而只能是“冥行”。总之，如他所说的：“且凭地说到底，须是知了方行得。”（《河南程氏遗书》第十八）“不知则不能由”，这是他的基本命题，故言“更”者不怪。

二，能知必能行。程颐认为行是依赖于知的，行总是和知联系在一起，他反对离开知来谈行。只要有知，自然见诸于行，知必能行，没有知而不能行的。他说：“人谓要力行，亦只是浅近语。人既有知见，岂有不能行？一切事皆所当为，不必待着意做；才着意做，便是有个私心。”（《河南程氏遗书》第十七）这是说知最重要，只要有知见，没有不能行的，一切事皆所当为，自然而然地做去，不必专门在力行上下工夫。他还说：“知之明，信之笃，行之果。”（《伊川文集·颜子所好何学论》）“知之深，则行之必至，无有知而不能行者。”（《河南程氏遗书》第十五）认识愈明确、愈深刻，行动也愈果

决、愈笃实，愈易于取得成功。譬如，“饥而不食乌喙，人而不蹈水火，只是知”（《河南程氏遗书》第十五）。饥而不食乌喙，是因为深知乌喙有毒；人不蹈水火，是因为深知水火能致人丧命。这种完全自觉、不待勉强的行动，只是来源于明确、深刻的知见。反之，“人为不善，只是不知”（《河南程氏遗书》第十五）。他所谓“善”，当然有鲜明的阶级内容，完全是以封建统治阶级的利益为标准来进行善恶的道德评价。他把人做不善的事情，归结为不知善的缘故。那么，只要加强封建道德教育，使人们知善，就可以防止不利于封建统治阶级的事情发生了。程颐称道孔丘的大弟子颜渊“有不善未尝不知，知之未尝复行”（《伊川文集·颜子所好何学论》）。树立这样一个知善行善的标本，教人仿效，就是想把反抗封建统治的行为消灭在“知”的阶段。

三，知而不能行，只是未真知。不知不能行，能知必能行，表现了知和行的统一。知和行有没有脱节的时候呢？知道了做不到，言行不一致，这在剥削阶级中是常有的事情。程颐怎样解释这种知行脱节的现象呢？他的回答是：

> 人知不善，而犹为不善，是亦未尝真知；若真知，决不为矣。（《河南程氏遗书》第二上）
>
> 守死善道，人非不知，终不肯为者，只是知之浅，信之未笃。（《河南程氏遗书》第二三）
>
> 知而不能行，只是知得浅。（《河南程氏遗书》第十五）

这里他提出了知有深浅、知有至不至、知有“真知”和“常知”的区别的问题，进一步说明所谓“能知必能行”是指的“深知”“真知”。“学者须是真知，才知得是，便泰然行将去也”（《河南程氏遗书》第十八）；而“知之浅”“未真知”“知未至”则是知而不能行的原因。知而不能行，只是未真知，实际上还是把不行的原因归结为

不知，并没有违背他的知行统一的原则。

程颐说："知有多少般数，煞有深浅。"（《河南程氏遗书》第十八）知之深浅和行为的自觉不自觉、至与不至有密切关系。对一般人来说，饥而不食乌喙，人不蹈水火，不为穿窬之事等，这些都是不待勉强的自觉的行动；如果说非礼之事不可为，行动就有些勉强，不如不食乌喙、不蹈水火、不为穿窬那么自觉了。这种区别就是由于知有深浅的缘故。他说："为常人言，才知得非礼不可为，须用勉强，至于知穿窬不可为，则不待勉强。是知亦有深浅也。古人言乐循理之谓君子，若勉强，只是知循理，非是乐也。才到乐时，便是循理为乐，不循理为不乐，何苦而不循理，自不须勉强也。"（《河南程氏遗书》第十八）行为自觉不自觉，勉强不勉强，只是知循理，还是乐循理，完全决定于知之深浅。

程颐讲的"深知"，有时就是指的"真知""实见"。他说：

> 向亲见一人曾为虎所伤，因言及虎，神色便变。傍有数人，见他说虎，非不知虎之猛可畏，然不如他说了有畏惧之色。盖真知虎者也。学者深知亦如此。（《河南程氏遗书》第十八）
>
> 昔若经伤于虎者，他人语虎，则虽三尺童子，皆知虎之可畏，终不似曾经伤者神色慑惧，至诚畏之，是实见得也。……古人有捐躯陨命者，若不实见得，则乌能如此？须是实见得，生不重于义，生不安于死也。故有杀身成仁者，只是成就一个是而已。（《河南程氏遗书》第十五）

区别开深知和浅知、真知和常知、实见和非实见，就可以说明为什么会有知必能行和知而不行、不待勉强和须用勉强、乐循理和知循理的不同了。大家都知道应该为善，但只有真知、深知者才能做到为善。"至如执卷者，莫不知说礼义；又如王公大人，皆能言轩冕外物。及其临利害，则不知就礼义，却就富贵。如此者，只是说得不实见。"

(《河南程氏遗书》第十五) 程颐的用心很明显，他要求人们真知、深知封建道德，自觉地遵守它，从而更有效地加强封建道德的统制力量，为巩固反动的经济基础服务。

程颐所谓“真知”“实见”，就是要对心中固有之理有透彻的认识，表现为行动自不待勉强。他说：“实理者，实见得是，实见得非。凡实理，得之于心自别，若耳闻口道者，心实不见。若见得，必不肯安于所不安。”(《河南程氏遗书》第十五) 但是，值得注意的是，他关于“真知”的具体论述，他列举的一些实例，如果加以正确的解释，就可以否定“知吾固有”的先验论，甚至生动地阐明了一切真知都是来源于直接经验的道理。他常举一田夫曾被虎伤，谈虎色变的例子，认为“真知与常知异”，“真知须如田夫乃是”(《河南程氏遗书》第二上)。他又以饮食为例，说：“且如脍炙，贵公子与野人，皆莫不知其美，然贵人闻着，便有欲嗜脍炙之色，野人则不然。”(《河南程氏遗书》第十八) 公子哥儿有饱嗜脍炙的实际体验，乡野农夫常年以糠菜果腹，从来不知脍炙为何味，他们的感受和反应当然是不一样的。只有亲口吃过的人，才能真知脍炙的味道。从这些实例看，他所谓“真知”和“常知”的区别，实际上就是亲知和闻知、直接经验和间接经验的区别。“真知”只能来自实践，由此应该合乎逻辑地得出“行先知后”的结论。怎样证明某种知识是不是“真知”呢？程颐认为也要看行。能知必能行，行善才能证明真知善；知而不能行，只是未真知，不行善即证明未真知善。另外，从行为的至与不至、勉强不勉强，是否做到了“乐循理”“泰然行将去”，也可以判断是否真知、深知。在真知的来源和检验真知的标准问题上，程颐的论述都多少包含一些合理因素，特别是那些以生活经验为基础的实例，往往可以导致正确的结论。但是，这些实例容纳于他的唯心主义体系中，都是以歪曲过的形式出现的，是为论证反科学的知先行后说服务的，他并没有得出实践出真知和实践是检验真理的标准的正确结论。

综上所述，程颐是从“不知不能行”“能知必能行”“知而不能

行，只是未真知”等相互联系的几个方面来论证知先行后的。他强调在“知为本”的基础上把知行二者统一起来，只要内心有彻底的知，行就自然而然地发诸外。所以黄宗羲说：“伊川先生已有知行合一之言也。”（《宋元学案》卷十五）还有人把程颐的知行学说称为“重知的知行合一说”，并不是一点道理也没有的。

行难知亦难

一千多年以前流行的“知之非艰，行之惟艰”的古老格言，通过作为儒家经典的《尚书》的记录和传播，一直为士人所熟知，并被奉为绝对不可动摇的教条。程颐为了强调“知”的重要作用，提出了行难知亦难的观点，这种勇气在当时还是堪称难得的。他的思想实际上走得更远，整个儿是同《尚书》唱反调，认为知之实难，行是容易的。但是，这个以儒家“道统”的继承人自命的道学先生，终不敢公开反对古代经典的训示，而是采取了行难知亦难的折衷提法，来推销他的重知轻行的唯心主义知行观。程颐提出：

> 故人力行，先须要知，非特行难，知亦难也。《书》曰：“知之非艰，惟行之艰。”此固是也，然知之亦自艰。譬如人欲往京师，必知是出那门，行那路，然后可往。如不知，虽有欲往之心，其将何之？自古非无美材能力行者，然鲜能明道，以此见知之亦难也。(《河南程氏遗书》第十八)
>
> 古之言“知之非艰”者，吾谓知之亦未易也。今有人欲之京师，必知所出之门，所由之道，然后可往。未尝知也，虽有欲往之心，其能进乎？后世非无美材能力行者，然鲜能明道，盖知之者难也。(《二程粹言》卷一)

他提出“行难知亦难”的重点在于说明知难，突出知的作用。为

什么说知难？因为人要力行，先须要知，先须明道。知之即能行，不知不能行，知对行有决定作用，行完全依赖于知。他主要还是用知先行后来论证“知之者难”。另外，程颐还利用孔丘说的“民可使由之，不可使知之”这句话来论证知难。据有关语录记载：

> 子文问“民可使由之，不可使知之”。曰：不可使知之者，非民不足与知也，不能使之知尔。(《河南程氏遗书》第二二上)
>
> 问：“民可使由之，不可使知之”，是圣人不使知之耳，是民自不可知也？曰：圣人非不欲民知之也。盖圣人设教，非不欲家喻户晓，比屋皆可封也。盖圣人但能使天下由之耳，安能使人人尽知之？此是圣人不能，故曰“不可使知之”。（《河南程氏遗书》第十八）

他认为“不可使知之”不是“不欲使民知之”，而是“不能使之知”。也就是说，知之甚难，老百姓的脑瓜太笨，就是圣人也不能“使民知之”。比较而言，行之较知之为易，所以使民由之还是可以做到的。

程颐还说过：“学为易，知之为难；知之非难也，体而得之为难。”（《河南程氏遗书》第二五）这是说知之固难，真知尤难。“体而得之”不是亲身实践、由行得知的意思，而是体认天理、反躬自得的意思。他说：“反躬而诚，只是言得。”（《河南程氏遗书》第二上）“学莫贵于自得，得非外也，故曰自得。”（《河南程氏遗书》第二五）他认为对心中之理有所见、有所得，才是真知、实见。凡实理，耳闻口道易，得之于心难。他最看重的就是这种心得实理的知，认为是最可贵、最难得的。

关于“行难”，程颐除了对“知之非艰，惟行之艰”的古训抽象肯定了一句“此固是也”之外，没有作过任何论证。实际上，知之难易只是相对于行来说的。强调“知难”，就是说知难于行，已经包含“行易”的意思在内；过于突出知的作用，就势必要贬低行。程颐说：

“如眼前诸人，要特立独行，煞不难得，只是要一个知见难。人只被这个知见不通透。人谓要力行，亦只是浅近语。人既能知见，岂有不能行?”（《河南程氏遗书》第十七）如此强调“只被这个知见不通透”，“只是要一个知见难”，而把要力行贬斥为“浅近语”，这不是明确的知难行易、重知轻行的观点又是什么？顺便指出，后来孙中山也讲知难行易，他是鼓励人们力行，和程颐轻视力行的态度是有所不同的。

程颐的全部知行学说，表现出极鲜明的重知的特点。他以知为本，知为先，知为难，知为贵，要人们全力去求知，明心中固有之理，对封建道德有透彻的认识；至于力行，那是“次之”“不难得”的，不必专门下功夫，它是跟着知自然而来的。为了鼓励人们勇于求知，不惮难而止，他又不极言求知明理之难，认为只要终身为之，颠沛造次必于是，学圣人之道亦“非实难然也”。他说：

> 今人之学如登山麓，方其易处，莫不阔步，及到难处便止，人情是如此。山高难登，是有定形，实难登也；圣人之道，不可形象，非实难然也，人弗为耳。颜子言“仰之弥高，钻之弥坚”，此非是言圣人高远实不可及，坚固实不可入也。此只是譬喻，却无事，大意却是在“瞻之在前，忽焉在后”上。（《河南程氏遗书》第十七）
>
> 知之必好之，好之必求之，求之必得之。古人此个学，是终身事，果能颠沛造次必于是，岂有不得道理？（《河南程氏遗书》第十七）

求知甚难，“得之”即已经实现从“难”到“弗难”的转化。他还是承认这个转化的，转化的条件就是要有颜渊学习孔丘的那种精神，努力学习圣人之道，要终身为之，颠沛造次必于是。辩证唯物主义认为，实现从不知到知的转化的条件，主要靠参加社会实践。程颐所谓

“知”的意义根本不同，求知的途径也不一样，他始终把内心的道德修养放在第一位，否定知是从行即实践中来的。

程颐的格物致知论和知先行后说是彻底的唯心论的先验论，与客观真理的追求以及近代科学精神毫无共同之处。它完全排斥了人们参加社会实践的必要性，而是要求人们按照封建道德去进行修养，体认天理，循理而行，以成就所谓“圣之事”。他把格物致知和知行问题都归结为道德修养的方法，就说明并非要去解决正确认识客观世界的问题，倒是完全暴露出了他的一副封建卫道士的嘴脸。他的唯心主义知行理论，后来被朱熹全面继承和发挥，流毒就更加深远了。

二　朱熹

朱熹（1130—1200 年）字元晦，一字仲晦，晚年号晦庵，徽州婺源（今属江西省）人。他在南宋朝内做过几任地方官，但一生主要精力从事于著书讲学，宣传孔孟之道，为理学之集大成者。他是程颐的四传弟子，自称其学接续二程所传之儒家“道统”，说什么“河南程氏两夫子出，而有以接乎孟氏之传，……虽以熹之不敏，亦幸私淑而与有闻焉”（《大学章句序》）。他所著《四书集注》等书，在元、明、清三代，被封建朝廷指定为知识分子必读的教科书；他对“五经”的解释，也被奉为全国通行的科举考试的标准答案，具有不可动摇的权威地位。在我国封建制度已开始走下坡路、各种社会矛盾异常尖锐的情况下，朱熹学说的出现，可以说是为封建统治阶级立了大功，程朱理学遂成为后期封建社会的官方正统哲学。

朱熹继承和发展了程颐的唯心主义思想，同时利用了张载等人的一些思想资料，建立了一个内容庞杂的客观唯心主义哲学体系。这个体系的基石，就是唯心主义的理一元论，或天理论。他以绝对化的封建道德原则，即“形而上之理”为宇宙的本体，一切事物所以然的根据，认为“理在事先”，“未有天地之先，毕竟也只是理，有此理便

有此天地”；“且如万一山河大地都陷了，毕竟理却是在这里”（《朱子语类》卷一）。这个“理”就是绝对观念，就是“上帝”的代名词。他把理的全体叫做“太极”，“总天地万物之理，便是太极”（《朱子语类》卷九四）；并提出“理一分殊”的观点，来说明太极和万理的关系，“人人有一太极，物物有一太极”（《朱子语类》卷九四），每人每物之理都分别完整地体现了理之全，就好比“月映万川”（佛教常用的比喻）一样。“理一”也好，“分殊”的万理也好，都是为封建等级制度的合理性作论证的。如说：“万物皆有此理，理皆同出一源，但所居之位不同，则其理之用不一，如为君须仁，为臣须敬，为子须孝，为父须慈。”（《朱子语类》卷一八）

朱熹的唯心主义认识论、人性论和历史观等，都是建立在上述荒谬理论的基础之上。就认识论来说，他认为格物致知就是通过穷至万物之理来启发心中固有之理，心中之理和万物之理本来同出一源，所谓认识就成了绝对本体自己颠来倒去和自己跟自己结合的概念游戏。朱熹的认识论和知行学说，虽然是“接着”程颐说的，但是比程颐更精致，发挥得更明确、具体，也作了一些重要的补充和修正，更能“持之有故，言之成理”，因而具有更大的典型性。

格物致知

《大学》提出所谓“三纲八目”。“三纲”（指“明明德”“亲民”“止于至善”）和“八目”中“诚意”以下的诸节目都有传，唯独“格物致知”无传。朱熹认为当有阙文，他大胆地杜撰了一段“补传”，其文如下：

> 所谓致知在格物者，言欲致吾之知，在即物而穷其理也。盖人心之灵，莫不有知；而天下之物，莫不有理。惟于理有未穷，故其知有不尽也。是以大学始教，必使学者即凡天下之物，莫不

因其已知之理而益穷之，以求至乎其极。至于用力之久，而一旦豁然贯通焉，则众物之表里精粗无不到，而吾心之全体大用无不明矣。此谓物格，此谓知之至也。(《大学章句》)

这一段彻底贯穿着宋代理学精神的“补传”，后来即被当作经典语言，成为对“格物致知”的权威解释。朱熹的唯心主义先验论的认识论也在这段话中得到了集中概括的表述。

起先，朱熹还是明确地区分开认识的主体和认识的对象。认识的主体是人心之知，所谓“人心之灵，莫不有知”；认识的对象是事物之理，所谓“天下之物，莫不有理”。他说：“知者吾心之知，理者事物之理，以此知彼，自有主宾之辨。”(《朱子文集》卷四四《答江德功》)“宾”即客体、对象。认识必须从“格物”入手，即天下之物而穷其理，也就是“以此知彼”；然后通过神秘的觉悟，认识到原来天下万物之理只在我的心中，实现心与理的合一。如果不了解他所谓认识的主体和认识的对象实际上同出一源，都是一理的不同化身，就很容易被这种“知合内外”的观点所迷惑，甚至要到朱熹的认识论中去找什么“唯物主义的合理因素”。这是徒劳的。朱熹声明说，他的这套理论和方法是“窃取程子之意”而发挥之，完全是程颐的唯心主义格物致知论的继承和发展。

格物说是了解朱熹的认识论的关键。我们先释“物”字。朱熹说：

物，犹事也。(《大学章句》)
物，谓事物也。(《朱子语类》卷十五)
天下之事皆谓之物。(《朱子语类》卷十五)
眼前凡所应接底都是物。(《朱子语类》卷十五)

这里所谓事物，范围极广，既包括一切自然现象和社会现象，也包括

人心中的“仁”“义”“礼”“智”等道德观念。譬如他说：“如今说格物，只晨起开目时，便有四件在这里，不用外寻，仁、义、礼、智是也。如才方开门时，便有四人在门里。”（《朱子语类》卷十五）这和程颐“不拘性内性外，凡眼前无非是物”的观点是一致的。朱熹不仅混淆物质现象和精神现象的界限，而且更主要的是，他认为事物之所以可格，是因为事物“有理存”，事物不过是“理”借以表现自己的外在形式。“物者，理之所在，人所必有而不能无者。”（《朱子语类》卷十五）“虽草木，亦有理存焉。”（《朱子语类》卷一八）这个“理”是先验地安置在事物中的，是先于事物而存在的。“虽未有物，而已有物之理。”（《朱子文集》卷四六《答刘叔文》）。“未有这事，先有这理。如未有君臣已先有君臣之理，未有父子已先有父子之理。不成元无此理，直待有君臣父子，却旋将道理入在里面。”（《朱子语类》卷九五）光说凡眼前应接的无非是物，还不能看清它究竟是第一性的实在，还是第二性的派生物。现在很清楚了，朱熹所谓“物”、所谓“事”，都是依赖于“理”而存在的，并没有客观的实在性。他对哲学基本问题的回答，决定了他的认识论的实质。朱熹所谓“格物”，也不是要就事物本身加以研究，而是要通过接触形而下的事物，去穷究它们所体现的形而上之“理”。他曾大声斥责那些“存心于一草木、一器用之间”，而不去穷究其理的研究者：“此是何学问？如此而望有所得，是炊沙而欲其成饭也！”（《朱子文集》卷三九《答陈齐仲》）另一方面，他也反对离开事物来空讲“穷理”，如佛教讲“明心见性”那样，他说：“《大学》不说穷理，只说个格物，便是要人就事物上理会，如此方见得实体。”（《朱子语类》卷一五）“格物不说穷理，却言格物，盖言理则无可捉摸，物有时而离；言物则理自在，自是离不得。”（《朱子语类》卷一五）他认为物是理的停当处、踏脚石，致知的途径只能是“即物而穷其理”。

明白了朱熹所谓“物”的意义，再看他释“格”为“至”、为“尽”，就是不难理解的了。所谓格物就是要到达一事物之极至，穷尽

该事物本然之“理”。他说：

格物，格犹至也，如舜“格于文祖”之格，是至于文祖处。（《朱子语类》卷一五）

格谓至也，所谓实行到那地头。如南剑人往建宁，须到得那郡厅上，方是至；若只到建阳境上，即不谓之至也。（《朱子语类》卷一五）

他强调格物要“到那地头”，“至乎其极”，方能真见物理。“不至夫物之极，则物之理有未穷，而吾之知亦未尽，故必至其极而后已，此所谓格物而至于物则物理尽者也。”（《朱子文集》卷四四《答江德功》）他还训“格”为“尽”，强调要穷尽事物之理。穷得三两分不行，穷得五分不行，穷得八分也不行，“须是极尽其理，方是可止之地”（《朱子语类》卷一五）。他说：

格物者，格，尽也。须是穷尽事物之理。若是穷得三两分，便未是格物，须是穷尽到十分，方是格物。（《朱子语类》卷一五）

格物是格尽此物。如有一物，凡十瓣，已知五瓣，尚有五瓣未知，是为不尽。如一镜焉，一半明，一半暗，是一半不尽。格尽物理则知尽。（《朱子语类》卷一五）

格物穷理不仅要至乎其极，而且要穷格得尽，“到尽处，便有一个是，一个非，是底便行，非底便不行”（《朱子语类》卷一五）。这就是所谓“知止”，如知“为人君便当止于仁，为人臣便当止于敬”（《朱子语类》卷一五）之类。他讲格物穷理，就是要彻底地认识这一类封建道德原则，并且自觉地践其实。

朱熹的格物说，唯心主义思辨的色彩甚浓，当时就有人反对。有人提出一种朴素的观点，训“格”为“接”，认为格物就是接物，是

人获得认识的先决条件。朱熹对此大为恼怒，他辩驳说：

> 训格物以接物，则于究极之功有所未明。人莫不与物接，但或徒接，而不求其理，或粗求而不究其极，是以虽与物接，而不能知其理之所以然与其所当然也。……且考之他书，格字亦无训接者。以义理言之则不通，以训诂考之则不合，以功用求之则又无可下手之实地，窃意圣人之言，必不如是差殊疏略，以病后世之学者也。(《朱子文集》卷四四《答江德功》)

他认为以格物为接物，不能穷究事物之所以然与其所当然之理，同他训“格”为“至”“尽”之义相违；更可怕的是这种观点有可能导致唯物主义的反映论，以被反映的物为第一性，从而整个儿摧毁他的唯心主义理一元论的理论基础，所以非加以反对不可。

朱熹和程颐一样，也认为格物穷理的途径是多种多样的。任何事物都有其所当然与所以然之理，都要去格。从自然界的一草一木，到人的一念一虑，从人伦日常之用，到关于宇宙本根的哲学道理，无不是穷格的对象。他说：

> 若其用力之方，则或考之事为之著，或察之念虑之微，或求之文字之中，或索之讲论之际，使于身心性情之德，人伦日常之用，以至天地鬼神之变，鸟兽草木之宜，自其一物之中，莫不有以见其所当然而不容已，与其所以然而不可易。(《大学或问》)
>
> 上而无极太极，下而至于一草一木一昆虫之微，亦各有理。一书不读，则阙了一书道理；一事不穷，则阙了一事道理；一物不格，则阙了一物道理。须着逐一件与他理会过。(《朱子语类》卷一五)
>
> 而今只且就事物上格去，如读书便就文字上格，听人说话便就话上格，接物便就接物上格，精粗大小，都要格它，久后会

通，粗底便是精，小底便是大，这便是理之一本处。（《朱子语类》卷一五）

他虽然说一草一木皆有理，一草一木都可以格，但是又强调格物“须有缓急先后之序”，最紧要的莫过于“穷天理，明人伦，讲圣言，通世故”（《朱子文集》卷三九《答陈齐仲》）。所谓“今日格一物，明日格一物”，格来格去不外乎“读书讲明义理”“尚论古人别其是非”“应接事物处其当否”（《朱子文集》卷六四《答赵民表》）之类，即以封建地主阶级的道德修养作为格物的主要内容，而不注重研究客观事物，把生产斗争和科学试验等社会实践更是完全排斥在一边。

朱熹认为，格物的目的是穷理，穷理必须从格物入手。格物是就个别具体事物上去格，穷至该事物之理，这还只是认识的初级阶段。在这个阶段上，穷理不能脱离具体事物，是穷具体事物之理。在他看来，仅有格物的工夫还不够，它至少有两点局限性：第一，尚不能认识理之全，即“总天地万物之理”的太极。只认识部分事物的理，知识就不全面，不能以此推彼，极尽万物之理。这就是他所说的：“惟于理有未穷，故其知有不尽也。”第二，还没有克服主体（人心之知）和客体（事物之理）的对立，达到主体和客体的完全合一。也就是说，仅有对个别事物之理的认识，还不能证悟吾心之本体，认识到吾心本具众理，更不待别求，格物只不过是“因其明而明之”，起一种诱发作用而已。要认识理之全，明吾心之本体，还必须有致知的工夫。他说：

格物只是就一物上穷尽一物之理，致知便只是穷得物理尽后，我之知识亦无不尽处，若推此知识而致之也。（《朱子文集》卷五一《答黄子耕》）

格物是物物上穷其至理，致知是吾心无所不知。格物是零细说，致知是全体说。（《朱子语类》卷一五）

致知和格物的区别，一是全体和部分的关系，二是“格物以理言也，致知以心言也”，或者说，“致知是自我而言，格物是就物而言”（《朱子语类》卷一五）。致知是致吾心之知，这时认识的对象就完全在主体之中了。

朱熹给“致知”下了一个定义，即“因其所已知者推而致之，以及其所未知者而极其至也”（《朱子文集》卷四二《答吴晦叔》）。他认为人心本来具备一切完全自足之知，只因为被物欲所蔽，所以不能自明，必须通过格物“穷得本来自然当然之理”，然后因其已知之理而推之，以至于无所不知，吾心之全体大用无所不明。能推的根据就是“心具万理”。他说：“心之全体，湛然虚明，万理具足。”（《朱子语类》卷五）又说：“一心具万理。”“心包万理，万理具于一心。”（《朱子语类》卷九）所谓“推”或“致”都是在心中玩索，据所已知者推将开去，致吾心之知无不尽。推致的结果不是别为一物，它本来就在我的心中，就是心中元无不足之理。关于“致”字、“推”字的含意，他曾说：

> 物莫不有理，人莫不有知。如孩提之童知爱其亲，及其长也，知敬其兄，以至于饥则知求食，渴则知求饮，是莫不有知也。但所知者止于大略，而不能推致其知以至于极耳。致之之义，如以手推送去之义，凡经传中云致者，其义皆如此。（《朱子语类》卷一五）
>
> 致字如推开去，譬如暗室中见些子明处，便寻从此明处去，忽然出到外面，见得大小光明。人之致知亦如此也。（《朱子语类》卷一五）

朱熹认为致知就是“推致其知以至其极”，也就是要做到“知至”。“知至便是此心透彻”，“知至则心之知识无不尽”（《朱子语类》卷一五）。心中之理全体透明，也就认识了一切天下事物之理。所以又说：

“知至谓天下事物之理，知无不到之谓。”（《朱子语类》卷一五）他常以灯光为喻，认为知至就如“光照一室之内，未尝有一些不到也”（《朱子语类》卷一五），即彻底光明之意。“吾心之全体大用无不明”，亦是此种境界。

在朱熹看来，格物和致知不是截然分割的两个阶段，二者既有区别又有联系。他认为程颐说的“今日格一件，明日又格一件，积习既多，然后脱然自有贯通处”（《河南程氏遗书》第十八）这句话最精到，最好地说明了二者的关系。他说：“程子一日一件者，格物工夫次第也；脱然贯通者，知至效验极致也。”（《朱子文集》卷四六《答黄伯商》）他十分自觉地用“渐”和“顿”的关系来说明二者的区别和联系，如说：“穷理之学，诚不可以顿进，然必穷之以渐；俟其积累之多，而廓然贯通，乃为识大体耳。”（《朱子文集》卷四九《答王子合》）程朱的方法的特点是，十分注重“今日格一件，明日又格一件”的渐修、积习的工夫，认为这是要花费力气的，不可厌烦，不可急迫，欲速则不达。工夫积累多后，自会豁然贯通，“则众物之表里精粗无不到，而吾心之全体大用无不明矣”。这就是顿悟。豁然贯通的得来虽然是自然而然、不假用力的，但它所依赖的正是一日一件、日日增进的渐修、积习的工夫。朱熹认为：“举一而三反，闻一而知十，乃学者用功之深，穷理之熟，然后能融会贯通，以至于此。今先立定限，以为不必尽穷于事事物物之间，而直欲侥幸于三反、知十之效，吾恐其莽卤灭裂，而终不能有所发明也。”（《朱子文集》卷五二《答姜叔权》）他在告诫当时学者的书信中，有大量内容是强调必须先对个别事物分别下细致的格物穷理工夫的。

有人曾经提出：既然天下只是一理，“千蹊万径皆可适国”，那么从任何一事上都可以穷至理之一本处，一理通则万理皆通。这是一种否定渐修、积习的观点。朱熹大不以为然，他说：

理固是一理，然其间曲折甚多，须是把这个做样子，却从这

里推去，始得。（《朱子语类》卷一八）

天下岂有一理通便解万理皆通！须积累将去，如颜子高明，不过闻一知十，亦是大段聪明了。学问却有渐，无急迫之理。有人尝说，学问只用穷究一个大处，则其他皆通。如某正不敢如此说，须是逐旋做将去，不成只用穷究一个，其他更不用管，便都理会得。（《朱子语类》卷一八）

强调一日一件、逐旋做去，正是陆九渊讥为“支离事业”的哲学方法。朱熹是怀着一颗对封建统治秩序的忠心，强调对于封建道德义理，必须从一件一件具体事物上去领会，如事亲要孝、事君要忠等，从许多小道理逐渐通到总的大道理。颜渊也只能做到“闻一知十”，一般人都不如颜渊高明，更不可能做到一理通则万理通。

朱熹的“支离”，也不是要尽格天下之物，尽穷万物之理，而是讲“积累多后，自当脱然有悟处”。他也反对“徒欲泛然观万物之理，恐如大军之游骑，出太远而无所归”（《朱子语类》卷一八），自认为是恰当地处理了“博”和“约”的关系。在他看来：“今日务博者却要尽穷天下之理，务约者又谓反身而诚，则天下之物无不在我者，皆不是。”（《朱子语类》卷一八）“务反求者以博观为外驰，务博观者以内省为狭隘，堕于一偏，此皆学者之大病也。”（《朱子语类》卷九）他主张博观还要能反其约，关于由博反约的方法，曾形象地说明如下：

如一百件事，理会得五六十件了，这三四十件虽未理会，也大概是如此。向来某在某处，有讼田者，契数十本，中间一段作伪，自崇宁政和间，至今不决，将正契及公案藏匿，皆不可考。某只索四畔众契，比验前后，所断情伪更不能逃者。穷理亦只是如此。（《朱子语类》卷一八）

所谓不必尽穷天下之物者，如十事已穷得八九，则其一二虽

未穷得，将来凑会，都自见得；又如四旁已穷得，中央虽未穷得，毕竟是在中间了，将来贯通，自能见得。(《朱子语类》卷一八)

这种贯通，并不是概括了众多事物的本质属性的科学的抽象，而是基于“天下只是一理”的凑会。因为通过格物，人们一次又一次地“撞着”那同一个理，久后自然觉悟：“万物之理皆不出此。”(《朱子语类》卷一一）它所表现出来的从渐修到顿悟的神秘形式，和佛教某些宗派的教义没有什么两样。

从一定意义上说，朱熹以“格物”“致知”为证悟本体的两个阶段，同时他又强调指出，二者是不可分割的，它们实际上是一个过程，是一回事。“但能格物，则知自至，不是别一事也。”(《朱子文集》卷五一《答黄子耕》)“夫格物可以致知，犹食所以为饱也。”(《朱子文集》卷四四《答江德功》）关于这个“致知在格物”的道理，他曾阐释说：

格物致知，彼我相对而言耳。格物所以致知，于这一物上穷得一分之理，即我之知亦知得一分；于物之理穷得二分，即我之知亦得二分；于物之理穷得愈多，则我之知愈广。其实只是一理，才明彼即晓此。所以《大学》说致知在格物，又不说欲致其知者在格其物，盖致知便在格物中，非格之下别有致处也。(《朱子语类》卷一八)

他提出“致知格物只是一个”，“致知格物一胯底事”(《朱子语类》卷一五)，二者的分别只是就理和心、物和我、彼和此的相对而言，“才明彼即晓此”，穷得物之理便致得吾之知，因为“其实只是一理”。

至此，朱熹的格物致知论的唯心主义先验论的实质可谓暴露无遗

了。他在说“即物而穷其理”的时候，还似有主体和客体的区别，“此是以身为主，以物为客”（《朱子语类》卷一八）；到他说“致吾心之知”的时候，主体和客体的对立就被取消了，“要之，理之在物与在吾身，只一般”（《朱子语类》卷一八）。格物致知就完全变成了主体的自我证悟。朱熹常说：“人有两个儿子，一个在家，一个在外去干家事，其父却说道，在家底是自家儿子，在外底不是。”（《朱子语类》卷一五）“心”或“性”就是“理”的在家的儿子，“物”就是在外的儿子。不承认在外的“物”也是“理”自家的儿子，他认为是荒谬的。这个比喻，形象地供出了他玩弄的本体自己“安置、对置、结合”的思辨把戏，制造主体和客体对立的假象，只不过是为了取消这个对立，最后证悟绝对不二的本体。他说：“大凡道理，皆是我自有之物，非从外得。所谓知者，便只是知得我底道理，非是以我之知去知彼道理也。”（《朱子语类》卷一七）关于朱熹的知行学说中所讲的“知”，这里作了明确无疑的结论：它是先验的、并非以客观物质世界为对象的、就其来源说是完全脱离人的社会实践的“吾心自有之知”。

知先行后

朱熹基本上继承了程颐的唯心主义知行学说，不过也作了一些重要的补充和修正。他在知行关系问题上的主要论点是：

> 知行常相须，如目无足不行，足无目不见。论先后，知为先；论轻重，行为重。(《朱子语类》卷九)
>
> 致知力行，用功不可偏，偏过一边，则一边受病。如程子云：“涵养须用敬，进学则在致知。”分明自作两脚说，但只要分先后轻重。论先后，当以致知为先；论轻重，当以力行为重。(《朱子语类》卷九)

这里包括三个论点：一，就知行的先后说，知先于行；二，就知行的轻重说，行重于知；三，知行是互相分立的，又是互相依赖、互相促进的。这比程颐的知行学说更加系统、更加“全面”了。

朱熹所谓的“知”是对自己心中固有的理的认识，他所谓的“行”是行其所知，即以所知之理来指导自己的行动。知是知理，行是行理。前已指出，这个先验的“理”不过是封建统治秩序和道德原则的绝对化，因此，他所谓的“知”就主要是指封建政治道德方面的认识，他所谓的“行”也不是指科学的社会实践，而是指封建政治道德原则的践履、实行。

在朱熹看来，封建时代的所谓“学问”，不外乎两件事，一是致知，二是力行。或者说，一是穷索义理，二是涵养操存。知和行总是联系在一起的，古来的“圣贤”也总是知行并提。他说：

> 大抵学问只有两途，致知力行而已。(《朱子文集》卷四八《答吕子约》)
>
> 只有两件事：理会、践行。(《朱子语类》卷九)
>
> 考圣人之教，固不越乎致知力行之端，患在人不知所用力尔。莫非致知也，日用之间，事之所遇，物之所触，思之所起，以至于读书考古，知所用力，则莫非吾格物之妙也。其为力行也，岂但见于孝弟忠信之所发，形于事而后行乎？自息养瞬存，以至于三千三百之间，皆合内外之实也。(《宋元学案》卷四八《晦翁学案上》)
>
> 圣贤说知便说行。《大学》说“如切如磋”，道学也，便说“如琢如磨”，自修也；《中庸》说“学”、“问”、“思”、“辨”，便说“笃行”；颜子说“博我以文”，谓致知格物，便说“约我以礼”，谓克己复礼。(《朱子语类》卷九)

朱熹虽然处处知行并提，但是要究问知行先后，他总是明确回答：知

在先，行在后，须先知得方行得，知是始学之事，而行以终成之。他认为行是“知之所发而形于事者”，就已有“知先于行”的意思。他说：“如人有此心，去做这事，方成这事。若无此心，如何会成这事？”（《朱子语类》卷十三）人在行动之前必有一个动机，这个动机便是知。至于这个动机是怎样产生的，他早已作了唯心主义先验论的回答，那就是对吾心固有的“天理”的认识、理解，它是“非从外得”，不依赖于人的物质实践活动的。朱熹颠倒知和行的本来关系，以知先于行的明确论述，见于语录中的有：

> 知与行工夫，须着并列。……然又须先知得方行得，所以《大学》先说“致知”，《中庸》说“知”先于“仁”、“勇”，而孔子先说“知及之”。（《朱子语类》卷十四）
>
> 问致知涵养先后。曰：须先致知，而后涵养。（《朱子语类》卷九）
>
> 尧卿问：穷理、集义孰先？曰：穷理为先，然亦不是截然有先后。（《朱子语类》卷九）
>
> 为学先要知得分晓。（《朱子语类》卷九）
>
> 学聚问辨，明善择善，尽心知性，此皆是知，皆始学之功也。（《朱子语类》卷九）
>
> 万事皆在穷理后。经不正，理不明，看如何地持守，也只是空。（《朱子语类》卷九）

另外，见于书信和其他文字中的还有：

> 故圣贤教人，必以穷理为先，而力行以终之。（《朱子文集》卷五四《答郭希吕》）
>
> 但下学处，须是密察。见得后，便泰然行将去。（《朱子文集》卷四二《答石子重》）

穷尽物理，然后好善如好色，恶恶如恶臭。故必知至，而后意诚。(《朱子文集》卷四〇《答何叔京》)

如此等等。朱熹认为知先行后的次第是不能颠倒、不能超躐的。“须物格知至，然后意可诚、心可正耳。”（《朱子文集》卷四四《答吴茂实》）他在白鹿洞书院的《学规》中，大书“博学之，审问之，慎思之，明辨之，笃行之”十五个大字，就是教以知行次序，要学者照着去做。他对颠倒、模糊这个次序的种种言论都加以反对，如在答吴晦叔的信中说：“又来谕所谓端谨以致知，所谓克己私、集众理者，又似有以行为先之意；而所谓在乎兼进者，又若致知力行，初无先后之分也。凡此皆鄙意所深疑，而南轩之论所未备者。”（《朱子文集》卷四二）南轩即张栻，是朱熹同时代的理学家，时人把他和朱熹、吕祖谦合称为“东南三贤”。他也常谈知行问题，和朱熹一样，主要是发挥程颐的唯心主义知先行后说。他说：“知常在先。”“譬如适远，岂可不知路之所从？不然只是冥行而已。”（《南轩集》卷一《寄周子充尚书》）知先行后作为整个程朱学派的基本命题，他们认为是绝对不能动摇、一点也含糊不得的。

朱熹也进一步发挥了程颐所谓“不知不能行”“能知必能行”“知而不能行，只是未真知”等观点。他说：“未能识得，涵养个甚?”（《朱子语类》卷九）“义理不明，如何践履？……如人行路，不见便如何行?”（《朱子语类》卷九）这些都是讲的不知不能行的道理。关于能知必能行，特别是真知、深知无不能行的道理，他也一再反复讲明，如说：

既知则自然行得，不待勉强，却是知字上重。(《朱子语类》卷一八)

若讲得道理明时，自是事亲不得不孝，事兄不得不弟，交朋友不得不信。(《朱子语类》卷九)

> 穷理既明，则理之所在，动必由之。无论高而不可行之理，但世俗以苟且浅近之见谓之不可行耳。如行不由径，固世俗之所谓迂，不行私谒，固世俗之所谓矫，又岂知理之所在，言之虽若甚高，而未尝不可行哉！理之所在，即是中道。惟穷之不深，则无所准则，而有过不及之患，未有穷理既深而反有此患也。（《朱子文集》卷四一《答程允夫》）

能知必能行的根据是“理明”，即心和理合一，真知得理之实体，这种知自然要发见于行，表现为知和行的统一。要求“真知”的重要现实意义在于“自是事亲不得不孝，事兄不得不弟，交朋友不得不信”（《朱子语类》卷九），当然还有“事君不得不忠”等等，如是封建统治秩序才得以维持和延续。

朱熹也把老百姓不行善或为恶的原因归结为不知善。一般人都知道“善好做，恶不好做”，见诸行动却相反。知而不行的原因，他认为就是“未真知”“知未至”“知不切”“知尚浅”“见得不完全，见得不的确”“非卓然真见道体之全，特因闻见揣度而知故耳”等等。关于这个道理的论述颇多，如说：

> 人于道理不能行，只是在我之道理未有尽耳，不当咎其不可行，当反而求尽其道。（《朱子语类》卷一三）
>
> 周震亨问知至诚意云，有知其如此而行又不如此者，是如何？曰：此只是知之未至。（《朱子语类》卷一五）
>
> 论知之与行，曰：方其知之，而行未及之，则知尚浅。（《朱子语类》卷九）
>
> 又论亦有真知而自欺者，此亦未然。只此自欺，便是知得不曾透彻。此间昨晚有尝鼠药而中毒者，几致委顿，只此便是不曾真知砒霜能杀人，更何疑耶？然又不是随众略知之外别有真知，更须别作道理寻求，但只就此略知得处着实体验，须有自然信得

及处，便是真知也。(《朱子文集》卷五九《答赵恭父》)

朱熹讲“真知”和“略知”（程颐叫“常知”）的区别，虽然也说过：“既亲历其域，则知之益明，非前日之意味”（《朱子语类》卷九），但不如程颐论田夫亲受虎伤、贵公子亲嗜脍炙之真切。他说“真知”就是“卓然真见道体之全”（《朱子文集》卷四〇《答何叔京》），是“就此略知得处着实体验，须有自然信得及处”，这同人的亲身实践毫无关系，还是讲要对主体自有的“道”或“理”有着实的认识，并没有超出思想的范围。他的唯心主义真理观比程颐要彻底得多。

程朱的知行学说之所以被有些人称为“重知的知行合一说”，是因为他们也十分重视知和行的密切联系，认为不知不能行，能知必能行，知始终决定行，知是矛盾的主要方面，是二者统一的基础。朱熹说：“只争个知与不知，争个知得切与不切。且如人要做好事，到得见不好事，也似乎可做；方要做好事，又似乎有个做不好事底心，从后面牵转去，这只是知不切。”（《朱子语类》卷九）知不知、知得切与不切是最重要的，不行只是由于不知，行动的犹疑只是由于知得不切。人于道理不能行，不应该从行本身，而应该从“尽道”即知的方面去找原因。从这个意义上可以说“却是知字上重”。

朱熹强调知在行先，必须求知明理而后行，坚决反对离知而言行，不求知明理就去践履的倾向。他说：

其言而不行者固失之，又有一种只说践履，而不务穷理，亦小病。(《朱子文集》卷三八《答詹体仁》)

王子充问：某在湖南见一先生，只教人践履。曰：义理不明，如何践履？曰：他说行得便见得。曰：如人行路，不见便如何行？今人多教人践履，皆是自立标致去教人。自有一般资质好底人，便不须穷理、格物、致知；圣人作个《大学》，便教人齐入于圣贤之域。(《朱子语类》卷九)

有人专要理会躬行，此亦是孤。（《朱子语类》卷九）

才出门便千歧万辙，若不是自家有个主宰，如何得是？（《朱子语类》卷一二）

他多次批评“湘中学者”的这种倾向，是指张栻的一部分门人，他们所谓践履也是在躬行封建道德上下功夫，而不是科学的社会实践。朱熹认为践履躬行必须以求知明理为前提，不务穷理只管践履是成就不了大事业的，即使照着圣贤所为去做也所成窄狭，这种做法不值得提倡。他把不是以知见为指导的行叫做“冥行”“硬做”。不以知见为指导不等于说这种行不依赖于知，它不以正确的知见为指导，实际上就是由“私意”决定；行的结果不仅是“失之于野”“所成窄狭”的问题，甚至会违背“圣贤之成法”即封建统治的根本原则和道理。所以，对于这种不务穷理的“冥行”“硬做”，他是不遗余力地加以反对的。如说：

“穷理之要，不必深求”，此语有大病，殊骇闻听。行得即是，固为至论，然穷理不深，则安知所行之可否哉？……《易》曰：“精义如神，以致用也。”盖惟如此，然后可以应务，未至于此，则凡所作为，皆出于私意之凿，冥行而已，虽使或中，君子不贵也。（《朱子文集》卷四一《答程允夫》）

若不见后，只要硬做，便所成者窄狭。（《朱子语类》卷九）

力行而不学文，则无以考圣贤之成法，识事理之当然，而所行或出于私意，非但失之于野而已。（《论语集注·学而》）

问：力行如何说是浅近语？曰：不明道理，只是硬行。又问：何以为浅近？曰：他只是见圣贤所为，心下爱，硬依他行。这是私意，不是当行。若见得道理时，皆是当凭地行。（《朱子语类》卷九）

这种不务穷理只管践履的做法之所以不值得提倡，除了不利于封建统治之外，还因为它在理论上有可能导致行先知后论。如王子充在湖南见到的那位先生，就认为“行得便见得”，知见是从行即践履中来的。这种观点实际上否定了程朱学派的知先行后说，在知识的来源问题上表现出某种朴素唯物主义的倾向。朱熹不遗余力地和这种倾向作斗争，也是由于他的哲学基本立场所决定的。

朱熹认为，知先行后，从理论上说是不能动摇的。就一件事情的次序来说，知之为先，行之为后，亦无可怀疑。这在前面作了不少论证，包括引证古代“圣贤”的一些说话。但是他又认为，从知行并进的过程（知之由浅入深，行之由小成大）来说，从对不同人的教育来说，也不能把知先行后的次序绝对化，强调一定要“知至而后可行”。他说：“君子随世救世，无必待学至圣人，然后有为之理。”（《朱子文集》卷四四《答蔡季通》）“若曰必俟知至而后可行，则夫事亲从兄，承上接下，乃人生之所不能一日废者，岂可谓吾知未至而暂辍，以俟其至而后行哉？”（《朱子文集》卷四二《答吴晦叔》）如果强调一定要知至然后可行，知未至就可以暂时不行，这不是给破坏封建伦理道德的行为制造了一条理论根据吗？所以，知未至亦当于涵养操存处用力，存养工夫是一日不可或缺的。

中国古代教育分小学和大学。大学以格物致知为先，然后继之以诚意、正心、修身、齐家、治国、平天下。在大学之前有小学，内容不仅包括识字教育，而且有礼、乐、射、御、书、数等科目，洒扫、应对、进退等仪节。朱熹认为，不能说一定要等到大学格物致知后才去涵养操存，而是要从洒扫应对这些平常事情涵养将去，从小孩子不说诳开始，就是在做涵养工夫了。不能把格物致知和涵养操存以先后截然划分开，还必须看到它们的交互作用。他说：

> 古人之学固以致知格物为先，然其始也，必养之于小学，则亦洒扫应对进退之节，礼乐射御书数之习而已，是皆酬酢讲量之

事也，岂以此而害夫持养之功哉？必曰有害，则是判然以动静为两物，而居敬穷理无相发之功矣。（《朱子文集》卷四七《答吕子约》）

古人只从幼子常视无诳以上，洒扫应对进退之间，便是做涵养底工夫了，此岂待先识端倪而后加涵养哉？但从此涵养中，渐渐体出这端倪来，则一一便为己物。又只如平常地涵养将去，自然纯熟。（《朱子文集》卷四三《答林择之》）

今就其一事之中而论之，则先知后行，固各有序矣。诚欲因夫小学之成，以进乎大学之始，则非涵养践履之有素，亦岂能居然以夫杂乱纷纠之心，而格物以致其知哉！……故天学之书，虽以格物致知为用力之始，然非谓初不涵养践履，而直从事于此也，又非谓物未格、知未至，则意可以不诚，心可以不正，身可以不修，家可以不齐也。（《朱子文集》卷四二《答吴晦叔》）

朱熹一面教人循大学之次第，以格物致知为先；而大学之前有小学，故一面又教人虽未知至，亦当于涵养操存处用力。从这个意义上说，知先行后不是绝对的。另外，对于资质不同的人，教以知行先后和用力的重点亦不同，这主要是看他于那一方面欠缺，有的着重教他于致知处用功，有的着重教他于践履处下力，不一定都以致知明理为先务，这就是所谓补偏救弊、因材施教。他说：

大抵学问只有两途，致知力行而已。在人须先依次第，十分著力，节次见效了，向后又看甚处欠阙，即便于此，更加功夫，乃是正理。（《朱子文集》卷四八《答吕子约》）

问：南轩云“致知力行互相发”。曰：未须理会相发。且各项做将去，若知有未至，则就知上理会；行有未至，则就行上理会，少间自是相发。（《朱子语类》卷九）

朱熹对其门人和当时学者，就是因人施教的。大抵偏重知见者，则劝以躬行践履，如在给程正思的信中说：“昨告择之，正为徒能知之、言之而不能行者设耳。”（《朱子文集》卷五〇）

他在答林择之的信中，曾多次劝其于涵养操存处用力，不可只以思虑求知。而对只务践履的学者，则劝以致知明理，如前所述对湘中张栻门人的批评。从对不同人的教育方法来说，知先行后也不是绝对的。

朱熹提出：“夫泛论知行之理，而就一事之中以观之，则知之为先，行之为后，无可疑者。然合夫知之浅深、行之大小而言，则非有以先成乎其小，亦将何以驯致乎其大者哉?”（《朱子文集》卷四二《答吴晦叔》）他注意到知和行都是发展的，二者有互相促进的作用，他格外强调要从践行封建道德的小处、实处做起，所以不能把知先行后绝对化。这是对程颐的知先行后说的重要补充和修正，从维护封建统治的利益来说，这个补充和修正是有其现实意义的。

行重知轻

朱熹比程颐更加注重封建道德的践行。他说：“致知力行，论其先后，固当以致知为先，然论其轻重，则当以力行为重。”（《朱子文集》卷五〇《答程正思》）他一方面说“知为先”，另一方面说“行为重”，显得更无偏颇的弊病，实际上是既坚持了唯心主义的哲学立场，又使自己的学说能更好地为封建统治的现实利益服务。

程颐的知行学说，整个儿来说是重知轻行的，他以知为本，行次之；知在先，行在后；知甚难，行浅近；知为贵，行弗贵，始终强调对封建道德义理的认识是最重要的、第一位的。朱熹继承和发挥了他的知先行后这个唯心主义知行论的基本观点，而在论述时考虑到更多的情况，表现出一定的灵活性，即不能以知先说来妨碍人们不可一日废的封建道德的践行。不仅如此，他还明确地提出了“行为重”的观

点，强调必须把对封建道德义理的认识落实在行动上，只是读书明理，而不一节一节地去践其实，不但知非真知，而且将会给封建统治带来实际危害。从这个意义上说，他认为行比知更急切、更重要。他说：

> 学之之博未若知之之要，知之之要未若行之之实。（《朱子语类》卷十三）
>
> 书不可不读，但比之行，实差缓耳，不然则又何必言“行有余力而后学”邪？（《朱子文集》卷四八《答吕子约》）
>
> 若曰讲习渐明，便当痛下克己功夫，以践其实，使有以真知其意味之必然，不可只如此说过，则其言为无病矣。（《朱子文集》卷三三《答吕伯恭》）

据《论语》记载：“子路有闻，未之能行，唯恐有闻。”（《论语·公冶长》）朱熹注曰：“前所闻者，既未及行，故恐复有所闻而行之不给也。”（《论语集注》）这是赞扬子路忠实于孔丘，对他的每一句话勇于必行的精神，朱熹认为它正好说明了行重知轻的道理，反对一些人对这句话的“歧解”。有人问“子路恐闻”之说，他说：“诸说皆得之，惟谢氏为异。盖其说每以知为重，而行为轻，故反以圣贤力行之意为知道之具，甚亦误矣。”（《论语或问》）谢氏指二程的弟子谢良佐，他坚持程颐重知轻行的观点，竟受到了朱熹的公开批评。

为什么说“行为重”？朱熹认为：第一，行是知的目的。他说：“夫学问岂以他求，不过欲明此理而力行之耳。”（《朱子文集》卷五四《答郭希吕》）“故圣贤教人必以穷理为先，而力行以终之。”（《朱子文集》卷五四《答郭希吕》）第二，行是检验真知的尺度。他说：“欲知知之真不真、意之诚不诚，只看做不做、如何真个如此做底，便是知至、意诚。”（《朱子语类》卷一五）他讲的“真知”，是心与理为一，而不是主观和客观的一致、符合。不过他认为心与理在自身

中的合一，也要通过知和行的统一才能证明，如果知善而不行善，就证明还未真知善，并没有达到心与理的真正合一。他说："善在那里，自家却去行他，行之久则与自家为一，为一则得之在我。未能行，善自善，我自我。"（《朱子语类》卷一三）未能行，心（"我"）与理（"善"）就仍然是分离着的，也就谈不上什么"得之在我"即真知。

朱熹还用"知之非艰，行之惟艰"来证明行重知轻。在知行难易问题上，他仍持知易行难的传统观点，并未苟同程颐的知难行易之说。古人说"知之非艰，行之惟艰"，本来就有重行的意思，朱熹进而发挥说："虽要致知，然不可恃。《书》曰'知之非艰，行之惟艰'，工夫全在行上。"（《朱子语类》卷一三）又说："这个事，说只消两日说了，只是工夫难。"（《朱子语类》卷一三）"若不用躬行，只是说得便了，则七十子之从孔子，只用两日说便尽，何用许多年随着孔子不去？不然则孔门诸子皆是呆无能底人矣！恐不然也。"（《朱子语类》卷一三）他认为如子路"恐闻不行"一样，孔夫子的学问，口说耳闻是不难得到的，只消两日便了，而要把它真正学到手，并付诸实行，就非多年相从不可，只是行的工夫难。他用这件事情证明知为轻、行为重，鼓励人们把工夫用在行上。他还以自己为例说："某此间讲说时少，践履时多。"（《朱子语类》卷一三）一再告诫学者必须把主要精力放在自去践履、自去涵养、自去体察、自去理会上，讲说闻道不过做个"引路底人"。

朱熹鼓吹，实践封建道德义理必须真下工夫，战战兢兢、汲汲皇皇地去做，不能泛泛悠悠、肤皮潦草地应景。他认为"凡日用之间，动止语默皆是行处"，都有义理存，都必须警省下工夫。这是从"行为重"引申出来的实践结论。他说：

古人只是日夜皇皇汲汲去理会这个身心。（《朱子语类》卷一三）

书册中说义理，只说得一面。今人之所谓践履者，只做得个

> 皮草，如居屋室中，只在门户边立地，不曾深入到后面一截。（《朱子语类》卷一三）
>
> 人言匹夫无可行，便是乱说。凡日用之间，动止语默处皆是行，且须于行处警省，须是战战兢兢方可，若悠悠泛泛地过，则是不可。（《朱子语类》卷一三）

朱熹批评一般人轻视行、认为“匹夫无可行”、不肯在行上下工夫的种种认识和做法，把实践封建道德义理说成是一切人的绝对的义务，强调必须诚惶诚恐地去行仁、行义，做封建统治者要求的一切事情。他为巩固封建统治着想的一片忠诚，可以说是无以复加了。

在朱熹看来，“行为重”和“知为先”是不矛盾的，他正是在知先说的基础上建立了重行的理论。讲习既明，然后重在践其实；必以穷理为先，而行以终成之。他所重的行，是行其所知之行，不是泛然而行，更不是“冥行”“硬做”。他说：

> 但为学之功，且要行其所知。（《朱子文集》卷四六《答吕道一》）
>
> 要在力行其所已知，而勉求其所未至，则自近及远，由粗至精，循循有序，而日有可见之效矣。（《朱文公续集》卷六《答卢提斡》）
>
> 先行其言，一云行者不是泛而行，乃行其所知之行也。但先行其言，便是个活底。君子行仁言，则仁自然从之；行义言，则义自然从之，犹形声之于影响也。道理自是如此，非有待而然也，惟恐其不行耳。（《朱子文集》卷二三《答张敬夫》）

“行其所知”就是以知为先，行为后；既知之后，则“惟恐其不行耳”。至于不以知见为指导的“冥行”“硬做”，他认为是不会有什么成效的，“虽使或中，君子不贵也”（《朱子文集》卷四一《答程允

夫》)。他所重的决不是这种行。

在中国哲学史上，有不少唯物主义哲学家是重行的，如王夫之、颜元等。他们认为“行可兼知，知不可兼行”，行是知的基础，知是从行中来。他们的重行是和行先知后的唯物主义学说联系在一起的。朱熹也重行，却是在知先说的基础上讲“行为重”。他所重的行不是我们说的社会实践，不是作为知之来源的行，而是贯彻、实现已知之理的行，是将先验的封建道德原则践其实之行。所以，朱熹的重行仍然是一种唯心主义的学说，是一种典型的唯心主义的实践观。我们不能一看到“以力行为重”、以“践履笃行”为做学问的重要工夫之类的词句，就匆忙断定为唯物主义，认为有合理因素。重要的是看他对哲学基本问题的回答，对知行先后问题的回答，然后才能判断这种“重行”的学说的性质。

知行相须互发

朱熹对程颐的知行学说的另一重要发展是他的知行相须并进的理论。程颐过于重知轻行，故于知行二者的联结和相互作用较少论及，朱熹纠正了程颐“轻行”的倾向，较多地注意到知行二者互相依赖和互相促进的关系，提出了“知行并列”“知行常相须”“知行不相离”“知行不可偏废”“知行互相发”“知行交相为用”和“知行并进”等论点，使唯心主义的知先行后说又增添了一层骗人的伪装，似乎它是最“全面”“正确”的。

前已提到，朱熹的知行相须并进之说实际上直接受到佛教止观论的影响。朱熹所谓“知”和佛教所谓“观”，都是指对神秘本体的证悟；佛教所谓“止”是指宗教的禅定修行，朱熹所谓“行”则是指封建道德的践履笃行，二者都是脱离社会实践的纯粹个人的修身养性的活动。所以，不论是佛教的止观并重、定慧双修之说，还是朱熹的知行相须并进理论，都是和人类科学的认识和实践活动相敌对的唯心

主义知行观。

首先，朱熹指出知和行是互相依赖、不可分离的，二者不可偏废。他借比喻来说明这个道理，如说：

知行常相须，如目无足不行，足无目不见。（《朱子语类》卷九）

涵养穷索，二者不可废一，如车两轮，如鸟两翼。（《朱子语类》卷九）

知与行工夫，须着并列，……二者皆不可偏废。如人两足，相先后行，便会渐渐行得到；若一边软了，便一步也进不得。（《朱子语类》卷一四）

车轮、鸟翼之喻，曾见于天台大师智觊的《修习止观坐禅法要》一书，朱熹是现成地抄来的。以人物的两足喻知行，意义亦略同，不过增加了“相先后行”一层意思，形象地说明了二者既互相依赖又互相促进的关系。以目和足的关系喻知行，是程颐的“譬如行路，须得光照”的思想的引申，从唯心主义知先行后说的立场来看，这个比喻是聪明的，因为目对足的依赖不是说以它为形成见的条件，而是就实现所见说的。

在现实生活中，朱熹强调致知和力行、认识封建道德义理和实践封建道德二者不可偏废。他认为废掉一边，另一边也不能见功效；如果用功偏过一边，另一边受轻忽，同样影响知行并进。他说：

窃谓切问近思，是主于致知，忠信笃敬，则主于力行，知行不可偏废。（《朱子文集》卷六〇《答潘子善》）

致知力行，用功不可偏，偏过一边，则一边受病。如程子云：“涵养须用敬，进学在致知”，分明自作两脚说。（《朱子语类》卷九）

> 且《中庸》言学问思辨，而后继以力行，程子于涵养、进学亦两言之，皆未尝以此包彼，而有所偏废也。（《朱子文集》卷三三《答吕伯恭》）

不可偏废就是不可偏一，不可废一；不能“以此包彼”，即不能以知包行或以行包知，互相包含代替。在朱熹看来，知行虽有密切联系，但还是两回事，两种工夫，“亦当各致其力，不可恃此而责彼也”（《朱子文集》卷四一《答程允夫》）。唯其如此，才谈得上二者互相依赖，不可偏废。如果可以以一包一，一个代替另一个，就不存在互相依赖的问题了。他说：“《中庸》言博学，又言笃行，则学与行自是两事。”（《朱子文集》卷四七《答吕子约》）“分而言之，则学是未知而求知的功夫，习是未能而求能的功夫。……学者既学而知之，又当习以能之，及其时而不忘，然后无间断者，始可得而驯致矣。”（《朱子文集》卷四二《答石子重》）这就是所谓“知与行工夫须着并列”，偏废哪一边都是不行的。

其次，朱熹在说明知行互相依赖、不可分离的基础上，着重指出了二者互相发明、互相促进的关系。他说：

> 学者工夫，唯在居敬、穷理二事，此二事互相发。能穷理则居敬工夫日益进，能居敬则穷理工夫日益密。譬如人之两足，左足行则右足止，右足行则左足止；又如一物悬空中，右抑则左昂，左抑则右昂，其实只是一事。（《朱子语类》卷九）
>
> 知之愈明，则行之愈笃；行之愈笃，则知之益明。（《朱子语类》卷一四）
>
> 行之力，则知愈进；知之深，则行愈达。（《宋元学案》卷四八《晦翁学案上》）
>
> 知至至之，则由行此而又知其所至也，此知之深者也；知终终之，则由知至而又进以终之也，此行之大者也。（《朱子文集》

卷四二《答吴晦叔》）

以两足“相先后行”喻知行并进，是说只有“左足行则右足止，右足行则左足止”的交替迈步，才能渐渐行得到。这个比喻虽然粗浅，但是很能说明朱熹的知行并进论的实质。所谓“其实只是一事”，就是说“主敬、穷理虽二端，其实一本”（《朱子语类》卷九）。知是知理，行是行理，理就是一本处。从一本处看，就很容易理解知行二者互相依赖、互相渗透、互相发明、互相促进的关系了。朱熹说：“涵养中自有穷理工夫，穷其所养之理；穷理中自有涵养工夫，养其所穷之理。两项都不相离，才见成两处便不得。”（《朱子语类》卷九）知和行就是在“穷理”和“养理”的相互作用中愈明愈笃、愈进愈达的。

知和行的这种相互作用，朱熹认为是割断不得的，否则封建的学问就不可得而驯致。他说：“致知以明之，持敬以养之，此学之要也。不致知则难于持敬，不持敬亦无以致知，二者交相为用。”（《朱子文集》卷四一《答程允夫》）“学者若不穷理，又见不得道理；然去穷理，不持敬又不得。不持敬看，道理便都散，不聚在这里。”（《朱子语类》卷九）所以他反复强调，为学一定要知行并进，致知力行工夫皆不可偏废。

朱熹认为，知和行在相须并进的过程中并不是天衣无缝、一点矛盾也没有的，它们到底是两回事，两种工夫，有时不免发生冲突，互相妨碍。他说：“只如居敬、穷理两事便相碍。居敬是个收敛执持底道理，穷理是个推寻究竟底道理，只此二者便是相妨。”（《朱子语类》卷九）又说：“操存涵养则不可不紧，进学致知则不可不宽。”（《朱子语类》卷九）这就是知行工夫的差异和矛盾，特别是“初做工夫时，欲做此一事，又碍彼一事，便没理会处”，矛盾还相当尖锐。但是，朱熹认为，只要于致知力行两方面无所偏废地下工夫，“若到熟时，则自不相碍矣”（《朱子语类》卷九）。也就是说，只要两项工夫都到了家，自

能收到知行互发并进之效。如有人问“致知力行互相发”之义，朱熹说：“未须理会相发，且各项做将去，若知有未至则就知上理会，行有未至则就行上理会，少间自是互相发明。”（《朱子语类》卷九）做到知至行至，心与理完全合一，知和行自然就没有矛盾了。

朱熹的知行互发并进理论，对于培养封建统治阶级所需要的人才，从而对于巩固封建制度，起了相当重要的作用。它要人们从小学洒扫应对开始，到大学格物、致知、诚意、正心、修身、齐家、治国、平天下，始终把认识和实践封建道德作为主要内容，在知行二者相须相发的交互作用中，逐渐由知之浅行之小者，以成其知之深行之大者，最后达到善与我、心与理的完全合一，那么无论知和行、认识和实践就没有不符合封建道德的了。这种理论当然是封建统治阶级最乐于接受的，故被作为官方哲学强行推销，流毒十分深广。

一种理论的提出总是适合了一定时代、一定阶级的需要。程颐的知先行后说，到朱熹的时代有此重大发展，并不是偶然的。南宋时期和朱熹齐名的理学家张栻、吕祖谦等，其学亦本程颐，他们也曾多次论述过知行互发的思想。如张栻说：

> 盖居敬有力则其所穷者益精，穷理寖明则其所居者益有地，二者盖互相发也。（《南轩集》卷二《答陈平甫》）
>
> 知之进则行愈有所施，行之力则知愈有所进，以至于圣人人伦之至。其等级固远，其曲折固多，然亦必由是而循循可至焉耳。盖致知力行，此两者工夫互相发也。寻常与朋友讲论，愚意欲其据所知者而行之，行而思之，庶几所践之实，而思虑之开明；不然，贪高慕远，莫能有之，果何为哉？（《南轩集》卷一《寄周子充尚书》）

他还针对程颐一些门徒的极端重知轻行的倾向发表评论说：

然近岁以来学者又失其旨，曰："吾惟求所谓知而已"，而于躬行则忽焉。故其所知将出于臆度之见，而无以有诸其躬，识者盖忧之，此特未知致知力行互相发之故也。孔子曰："学而不思则罔，思而不学则殆。"历考圣贤之意，盖欲使学者于此二端兼致其力，始则据其所知而行之，行之力则知愈进，知之深则行愈达，是知常在先，而行未尝不随之也。（《南轩集》卷三《论语说序》）

张栻的知行学说在主要方面和朱熹是一致的，他的知先行后和知行相发的观点都十分鲜明，不过在知行难易问题上，他进一步发挥了程颐知难行易的思想，和朱熹有所不同。另外，他反对"知之则无不能行"之说，认为"《语》（指《论语》）所谓'知及之，仁不能守之'，是知而不能行者也"（《南轩集》卷一《寄周子充尚书》），这实际上是对程朱"能知必能行"观点的否定。

吕祖谦也持知行交发说，有关议论很多，如说：

致知力行，本交相发，学者若有实心，则讲贯玩索固为进德之要，亦有一等后生，推求言说工夫常多，点检日用工夫常少，虽略见仿佛，然终非实有诸己也。默而成之，不言而信，存乎德信利诱之际，愿常此意，非谓但使之力行，而以致知为缓，但示之者当有序，夫子亦有可以语上不可以语下之别。（《东莱遗集·与朱侍讲》）

从张、吕等人的议论，均可见程颐重知轻行的思想在两宋曾造成很大影响，后来学者只重求知而轻忽躬行，已经给封建统治造成了实际危害，故朱熹等人于鼓吹知先行后的同时，特别注重封建道德的践履笃行，强调致知力行不可偏废。朱熹、张栻、吕祖谦等人都是从同一方向来补充、修正和发展程颐的知先行后说，证明思想的发展并不是某

个哲学家的自由意志决定的，它总是反映了一定的时代内容和特点。

程朱学派的头足倒置的知行学说，尽管修补得越来越“完善”，具有相当大的欺骗性。但是，只有社会实践才是检验真理的唯一标准。我国后期封建社会，在程朱理学的思想统制下所造成的腐朽学风，就是对其知行学说的最有力的批判。他们所谓求知，不是对客观世界及其规律进行科学的观察研究，而是读书明理，章句浮文，到故纸堆中去讨生活；他们所谓力行，专门在一个“敬”字上下工夫，造就了一大批麻痹不仁、呆滞无用的废物。清初的颜元曾痛切地指出：“千余年来，率天下入故纸中，耗尽身心气力，作弱人、病人、无用人者，皆晦庵为之也。”（《朱子语类评》）封建统治阶级按照程朱的理论所造就的人才，“上不见一扶危济难之功，下不见一可相可将之材”，结果只能“兄于契丹，臣于金元”，不是“两手以二帝畀金，以汴京与豫”，就是“两手以少帝付海，以玉玺与元”（《存学编》卷二）。历史的实践证明程朱学派的知先行后说是极端荒谬、极端有害的。虽然封建统治阶级可以利用国家政权来强行推销它，但是它终究要被新的知行理论所否定和代替，新的知行理论最初的生命力就是通过批判它而显示出来的。

第五章　明代王阳明的知行合一说

在宋明道学中，除了程朱一派理学外，还有以陆象山、王阳明为代表的一派心学。他们在儒家内部展开了一场争夺正宗地位的斗争，同时在哲学思想上也表现出一定的歧异，尽管只是唯心主义内部的“学术异同”。

陆象山（1139—1192 年）是朱熹的同时代人。他提出“心即理”的主观唯心主义命题，开创了宋代的“心学”这一流派。在治学和修养方法上，他反对朱熹的繁琐、支离，主张“发明本心”“先立乎其大者”的易简工夫，用扩充主观精神的方法，来达到封建道德的自我完成。

王阳明（1472—1529 年）名守仁，字伯安，浙江余姚人。他出身于官僚地主家庭，毕生为巩固明王朝的封建统治效劳，曾亲自带兵镇压过农民起义和少数民族的反抗斗争，还平定过统治阶级内部的宁王朱宸濠的叛乱。他在运用武力的同时，十分注意从思想上来消除人民的反抗意念，加强封建道德的控制力量。他曾直言：“我今说个知行合一，正要人晓得一念发动处，便即是行了。发动处有不善，就将这不善的念克倒了，须要彻根彻底，不使那一念不善潜在胸中。此是我立言宗旨。”（《传习录下》）这就是他“破心中贼”的法宝，同他“破山中贼”的屠刀是同时举起、相辅为用的。

在哲学上，王阳明是宋明时期主观唯心主义心学的集大成者。他的“心学”直接承继陆象山。在程朱理学占绝对统治地位的明代，他

曾为象山之学的淹没大抱不平，并以发扬光大象山思想为职志。他说："象山辩义利之分，立大本，求放心，以示后学笃实为己之道，其功亦宁可得而尽诬之！……故仆尝欲冒天下之讥，以为象山一暴其说，虽以此得罪无恨。"（《阳明全书·答徐成之》）王阳明以"心即理"为他的全部学说的理论基石，这点正是对陆象山思想的继承和发挥。

王阳明的知行合一说在中国哲学史上独树一帜，影响深远，占有十分突出的地位。但是，陆象山并没有提出过知行合一的思想，我们就不能把二人的知行学说硬拉在一起，甚至混为一谈。明代思想家黄绾曾经指出："象山常与门人言曰：吾知此理即乾，行此理即坤。知之在先，故曰'乾知大始'；行之在后，故曰'坤作成物'。近日朋友有为象山之言者，以为知即是行，行即是知，以知行为一事而无先后，则失象山宗旨矣！"（《明道编》）这个批评是中肯的，用王阳明的知行合一说来改铸陆象山的思想，并不符合历史的实际。

陆象山论学最重本末次第。他主张先讲明，后践履，知之在先，行之在后，强调这个次第是不能颠倒错乱的，否则就是"躐等"。这显然与王阳明的知行合一之旨不合，倒是沿袭了程朱一派的知先行后的观点。这类言论在象山的著作中所在多有，如他说：

> 学有本末，颜子闻夫子三转语，其纲既明，然后请问其目。夫子对以非礼勿视、勿听、勿言、勿动，颜子于此洞然无疑，故曰："回虽不敏，请事斯语矣！"本末之序盖如此。今世论学者，本末先后，一时颠倒错乱。曾不知详细处，未可遽责于人。如非礼勿视、听、言、动，颜子已知道，夫子乃语之以此。今先以此责人，正是躐等。（《陆九渊集》卷三四《语录上》）
>
> 为学有讲明，有践履。《大学》"致知、格物"，《中庸》"博学、审问、慎思、明辨"，《孟子》"始条理者，智之事"，此讲明也。《大学》"修身、正心"，《中庸》"笃行之"，《孟子》"终

条理者，圣之事”，此践履也。物有本末，事有终始，知所先后，则近道矣。欲修其身者，先正其心；欲正其心者，先诚其意；欲诚其意者，先致其知，致知在格物。自《大学》言之，固先乎讲明矣。自《中庸》言之：学之弗能，问之弗知，思之弗得，辨之弗明，则亦何所行哉？未尝学问思辨，而曰吾唯笃行之而已，是冥行者也。自孟子而言之，则事盖未有无始而有终者。讲明之未至，而徒恃其能力行，是犹射者不习于教法之巧，而徒恃其有力，谓吾能至于百步之外，而不计其未尝中也。故曰：“其至，尔力也；其中，非尔力也。”讲明有所未至，则虽材质之卓异，践行之纯笃，如伊尹之任，伯夷之清，柳下惠之和，不思不勉，从容而然，可以谓之圣矣，而孟子顾有所不愿学，拘儒瞽生又安可以其硁硁之必为，而傲知学之士哉？（《陆九渊集》卷一二《与赵咏道二》）

先生与学者说及智圣、始终条理一章，忽问松云：“智圣是如何？”松曰：“知此之谓智，尽此之谓圣。”先生曰：“智圣有优劣否？”松曰：“无优劣。”……松又曰：“智圣虽无优劣，却有先后。毕竟致知在先，力行在后，故曰始终。”先生曰：“是。”（《陆九渊集》卷三四《语录上》）

乾以易知，坤以简能。先生常言之云：吾知此理，即乾；行此理，即坤。知之在先，故曰“乾知太始”；行之在后，故曰“坤作成物”。（《陆九渊集》卷三四《语录上》）

《中庸》固言力行，而在学、问、思、辨之后。（《陆九渊集》卷四《与刘淳叟二》）

博学、审问、谨思、明辨、笃行。博学在先，力行在后。吾友学未博，焉知所行者是当为，是不当为？（《陆九渊集》卷三五《语录下》）

这些都说明陆象山还是把知行分做两截，明确地主张知先行后的。他

接受了宋儒（即程朱一派儒者）的传统观点，以知为本，行为末；致知格物、学问思辨在先，修身、笃行在后。他一贯地坚持这个“本末次第”，没有二说。正是在这一点上，王阳明不能不对他有所微辞。王阳明说：

> 象山之学，简易直截，孟子之后一人。其学问思辨、致知格物之说，虽亦未免沿袭之累，然其大本大原，断非余子所及也。执事素能深信其学，此亦不可不察。正如求精金者，必务锻炼足色，勿使有纤毫之杂，然后可无亏损变动。盖是非之悬绝，所争毫厘也。(《阳明全书·与席元山》)

又说：

> 致知格物，自来儒者皆相沿如此说，故象山亦遂相沿得来，不复致疑耳。然此毕竟亦是象山见得未精一处，不可掩也。(《阳明全书·答友人问》)

尽管王阳明十分推崇陆象山的学问，把他誉为“孟子之后一人”，但仍指出其学未免于“杂”，尚未“锻炼足色”，这就是指的陆象山关于学问思辨、致知格物在先，修身、笃行在后的见解，乃是相沿儒者旧说，未能见到“精一”处。他认为这是一个不可掩盖、不应回护的缺陷。王阳明是很清楚地看到了他和陆象山的知行学说之间的差异的，把二者混为一谈，他自己首先就不答应。

王阳明的知行合一说，不是来源于陆象山，倒是和程颐有一定的渊源关系。前已指出，程颐的知行观是极端的重知轻行，他以知为本，行次之，反对离开知来谈行，强调能知必能行，不知不能行，“知之深则行之必至，无有知而不能行者”。这实际上已发知行合一之端。王阳明将这一思想加以彻底的发挥，进而把行消融于知中，在人

的“良知”即主观意念中实现了所谓“知行合一”。这种思想渊源关系，王阳明本人亦不隐讳，他说：

> 程子云：“知之而至，则循理为乐，不循理为不乐。”自有不能已者，循理为乐者也，非真能知性者，未易及此。知性则知仁矣。仁，人心也。心体本自弘毅，不弘者蔽之也，不毅者累之也。故烛理明，则私欲自不能蔽累；私欲不能蔽累，则自无不弘毅矣。（《阳明全书·答王虎谷》）

从程朱的知先行后说，到王阳明的知行合一说，中间并没有一条绝对不可逾越的鸿沟，因为它们都是脱离社会实践来谈知，把确认封建道德原则的知看成是第一性的，而把实践这些道德原则的行看成是知的结果，随着知而自然发生的。程朱虽然把知行看做两件事，主张知行分立，但是也在知先说的基础上，十分注意二者的统一，要求知之至必行之力，使其学说有效地为巩固封建统治服务。程朱的一些弟子，在论知行关系时，又自觉或不自觉地在不同程度上缩短了二者之间的距离，表现为更加接近知行合一说的过渡形态。如程颐的弟子杨时提出“知即能行”说，此说更加突出知的重要，认为只要能知，行是当然的事，没有不能行之理；反之，不能行只是由于知之不著明，知之未透彻。他说：

> 世之学者，皆言穷达有命，特信之未笃，某窃谓其知之未至也。知之斯信之矣。今告人曰：“水火不可蹈”，人必信之，以其知之也；告人曰：“富贵在天不可求”，亦必曰然，而未有信而不求者，以其知之不若蹈水火之著明也。（《龟山文集·与杨仲》）

这种学说只问知与不知，认为行是从属于知，不成其为问题的；知即能行，知和行的统一是自明的。这是对程颐的“须以知为本”“无有

知之而不能行者”思想的发挥。又如朱熹的弟子陈淳提出“知行不是两截”说，也缩短了知先行后说和知行合一说之间的距离。他说：

> 知行不是两截事。譬如行路，目视足履，岂能废一？若瞽者不用目视，而专靠足履，寸步决不能行；跛者不用足履，而专靠目视，亦决无可至之处。(《宋元学案》卷六八《北溪学案》)
>
> 致知力行二事，当齐头着力并做，不是截然为二事，先致知然后行，只是一套底事。行之不力，非行之罪，皆知之者不真。须见善真如好好色，见恶真如恶恶臭，然后为知之至，而行之力即便在其中矣。(《宋元学案》卷六八《北溪学案》)

这是对朱熹的知行相须并进之说的进一步发挥，提出“知行不是两截事”，“只是一套底事”，就是对知行“分明自作两脚说”的修正，自然更加接近了“合一”之旨。

以上我们揭明，程朱的知先行后说和王阳明的知行合一说之间并没有一条绝对不可逾越的鸿沟，从前者向后者的转化是有其思想上的必然联结的，是一种唯心主义向另一种唯心主义的转化。这是问题的一个方面。问题的另一方面是，王阳明的知行合一说又是作为程朱的知先行后说的对立物而产生的，它是对于后者的否定。王阳明强调知行本体只是一个，知行工夫不可分离。他尖锐地批评程朱的知先行后说，说：“今人却将知行分作两件去做，以为必先知了然后能行，我如今且去讲习讨论做知的工夫，待知得真了，方去做行的工夫，故遂终身不行，亦遂终身不知。此不是小病痛，其来已非一日矣。某今说个知行合一，正是对病的药。”（《传习录上》）这个批评是击中了要害的。宋明以来，官僚士大夫和一般知识分子都信奉程朱理学，治学偏重格物致知，在科学尚未昌明的时代，这种求知的工夫实际上就只有到读书记诵、章句训诂之学上去发挥，而不注重实事实功，造成“空疏谬妄，支离牵滞”的极端腐朽的社会风气。王阳明批评当时学

者“徒弊精竭力，从册子上钻研，名物上考索，形迹上比拟，知识愈广而人欲愈滋，才力愈多而天理愈蔽”（《传习录上》），就是对这种重知轻行、空知无行的学风表示不满。他提出来的救世药方是“知行合一”，要求人们把对封建道德的认识和实践统一起来，特别强调“真知即所以为行，不行不足谓之知”。他说：“就如称某人知孝，某人知弟，必是其人已曾行孝行弟，不成只是晓得说些孝弟的话，便可称为知孝弟。”（《传习录上》）这是更加符合封建统治的根本利益的，从反对“徒悬空口耳讲说”的程朱理学来说，确实包含着一定的合理因素。但是，通过进一步的具体分析，我们将会看到，王阳明的知行合一说同样是一种脱离社会实践的唯心主义知行观，它不仅不能驳倒程朱的知先行后说，而且也不可能挽救封建社会的危机。

王阳明的主观唯心主义学说，以知行问题为其讨论的中心。他在早年曾信奉程朱理学。十八岁时，他在江西谒见理学家娄谅，“语宋儒格物之学，谓圣人必可学而至，遂深契之”（《王阳明年谱》）。二十一岁时，在北京他父亲的官署，“遍求考亭遗书读之”。有一天，想起朱熹“众物必有表里精粗，一草一木，皆涵至理”的话，便取庭前的竹子试“格之”，想“格”出竹子中的“天理”来，结果“沈思其理不得，遂遇疾”（《王阳明年谱》）。这时他对朱熹把“物理”和“吾心”分开的观点开始产生了怀疑。以后泛滥于词章之学，出入于佛、老之道“久之”，没有固定的学术观点。三十四岁，和主观唯心主义者陈献章的学生湛若水交上朋友。三十七岁，因统治阶级内部矛盾，被谪居贵州龙场时，在艰苦的环境中，日夜端居静坐，“忽中夜大悟格物致知之旨”，“不觉呼跃”。他悟出了“心即理”的道理，认识到“圣人之道，吾性自足”，过去“求理于事物”乃是方向的错误。三十八岁，主讲于贵阳书院，第一次提出“知行合一”说，他的主观唯心主义哲学体系此时已经形成了。经过多年镇压农民起义、维护封建正统统治的反动政治实践，他在五十岁时又提出“致良知”说，自称“圣门正法眼藏”，认为用它可以解决世界上的一切问题。

这是他的主观唯心主义思想的进一步深化，晚年讲学就不离“良知”二字了。

“心即理”是“知行合一”说的理论基础，“致良知”是“知行合一”说的进一步发挥。王阳明一生的学问，不外乎“心即理”“知行合一”和“致良知”三句话，我们再分别作些剖析。

心即理

王阳明在论述他和朱熹的知行学说的根本分歧时说：

> 晦庵谓人之所以为学者，心与理而已。心虽主乎一身，而实管乎天下之理；理虽散在万物，而实不外乎一人之心。是其一分一合之间，而未免已启学者心理为二之弊，此后世所以有专求本心，遂遗物理之患，正由不知心即理耳。夫外心以求物理，是以有闇而不达之处，此告子义外之说，孟子所以谓之不知义也。心一而已，以其全体恻怛而言谓之仁，以其得宜而言谓之义，以其条理而言谓之理。不可外心以求仁，不可外心以求义，独可外心以求理乎？外心以求理，此知行之所以二也；求理于吾心，此圣门知行合一之教。（《传习录中·答顾东桥书》）

他明确提出，知行合一说的理论基础是“心即理”，而朱熹的格物致知之论，首先区分开认识的主体和客体、“人心”和“物理”，虽然“心包万理”，但要启发心中之理，还有一个“外心以求物理”的过程，他认为这就是“知行之所以二”的原因。朱熹和王阳明的分歧在于：一个认为绝对精神“理”是独立于人心而存在的，一个认为理就在人的本心之中。这正是客观唯心主义和主观唯心主义的分歧。

“心即理”的命题，不是王阳明的独创。唐朝的和尚大照（李慧光）就说过：“心是道，心是理，则是心外无理，理外无心。”（《大

乘开心显性顿悟真宗论》）宋朝的道学家们早已接过这个命题，如程颢说："心是理，理是心。"（《河南程氏遗书》第十三）又说："理与心一，而人不能会之为一。"（《河南程氏遗书》第十三）陆象山更加自觉地把自己的哲学体系建立在"心即理"的基础之上，他说：

> 人皆有是心，心皆具是理。心即理也。（《陆九渊集》卷十一《与李宰二》）
>
> 盖心，一心也；理，一理也。至当归一，精义无二，此心此理，实不容有二。……仁，即此心也，此理也。求则得之，得此理也。先知者，知此理也；先觉者，觉此理也。爱其亲者，此理也；敬其兄者，此理也。见孺子将入井，而有怵惕恻隐之心者，此理也。可羞之事则羞之，可恶之事则恶之者，此理也。是知其为是，非知其为非，此理也。宜辞而辞，宜逊而逊者，此理也。敬，此理也；义，亦此理也。内，此理也；外，亦此理也。……此吾之本心也。（《陆九渊集》卷一《与曾宅之》）
>
> 道，未有外乎其心者。自可欲之善，至于大而化之之圣，圣而不可知之神，皆吾心也。（《陆九渊集》卷十九《敬斋记》）
>
> 万物森然于方寸之间，满心而发，充塞宇宙，无非此理。（《陆九渊集》卷三四《语录上》）
>
> 宇宙便是吾心，吾心即是宇宙。千万世之前有圣人出焉，同此心，同此理；千万世之后有圣人出焉，同此心，同此理；东南西北海有圣人出焉，同此心，同此理也。（《陆九渊集》卷二二《杂说》）

陆象山无限夸大人的主观精神"心"的作用，把它看成是统摄"宇宙""万物"的唯一的实体；同时又用一个"理"字来统摄人心，认为不同时代、不同地域、不同阶级的人"皆有是心"，"心皆具是理"。这是极端武断、极端荒谬的。存在决定意识，不同时代、不同阶级的人们有着不同的思想感情、道德意识和是非观念，怎么可能有

这么一个“万世一揆”“至当归一”的“人心之所同然”的“理”呢？陆象山所谓“心即理”的实际意义，就是把封建地主阶级的道德原则说成是宇宙的根本规律、世界的最高本原。他所谓“人心之所同然”的“理”，不是别的，就是指的孟轲认为人人皆先天固有的仁、义、礼、智等“善”心或“善”性。所以他说：“此心此理，我固有之，所谓‘万物皆备于我’。昔之圣贤，先得我心之所同然者耳。”（《陆九渊集》卷一《与侄孙濬书》）又说：“女耳自聪，目自明，事父自能孝，事兄自能弟，本无欠阙，不必他求，在自立而已。”（《陆九渊集》卷三四《语录上》）最高的封建道德律亦即天下万物之理，原来都只在我的心里。为学的方法就是要发明本心，认识本心，保养本心，自存本心。只要保住了至善的本心，“当恻隐时自然恻隐，当羞恶时自然羞恶，当宽裕温柔时自然宽裕温柔，当发强刚毅时自然发强刚毅”（《陆九渊集》卷三五《语录下》）；只要认识了本心自足之理，则“一是即皆是，一明即皆明”（《陆九渊集》卷三四《语录上》），一切认识和行动都是正确的了。这就达到了知和行的最高境界。陆象山认为自己的方法比较简易，而不满意朱熹方法的支离。朱熹要人们按照《大学》的程序，从格物做起，多读圣贤的书，认识事物之理，最后达到对最高本体的神秘顿悟。陆象山却主张“先立乎其大者”，首先要“打叠田地清洁”，站稳地主阶级的立场，否则“亦读书不得；若读书，则是假寇兵，资盗粮”（《陆九渊集》卷三五《语录下》），知识越多越糟糕。在他看来，朱熹学问的“支离”，正是因为不懂得“心即理”的道理；他讥笑朱熹虽然讲“理”学，但是越讲越糊涂，只有他自己讲的才是“天下之正理、实理、常理、公理”（《陆九渊集》卷十五《与陶赞仲二》）

陆象山的“心即理”说，为王阳明所继承和发展。王阳明曾经为李茂元重刊的《象山文集》作序，他说：

> 析心与理为二，而精一之学亡。世儒之支离，外索于刑名器

数之末，以求明其所谓物理者，而不知吾心即物理，初无联于外也。佛老之空虚，遗弃其人伦事物之常，而不知物理即吾心，不可得而遗也。(《阳明全书·文录四》)

这是明确地推崇、肯定陆象山，而阴讽程朱学派的支离和佛老二氏的空虚。他认为“析心与理为二”，不知“吾心即物理”“物理即吾心”的“精一之学”，正是程朱和佛老陷入两极错误的根本原因。

王阳明坚持“心即理”的主观唯心主义观点，认为“天下无心外之事、无心外之理”，用主观精神吞并了客观世界，否认有不依人的意识为转移的客观事物和规律的存在。他把批评的矛头集中指向朱熹的“即物穷理”说，实际上首先是反对唯物主义者肯定客观规律是不依赖于认识的主体和主体意识而独立存在的正确观点。他说：“朱子所谓格物云者，在即物而穷其理也。即物穷理，是就事事物物上求其所谓定理者也，是以吾心而求理于事事物物之中，析心与理为二矣。”（《传习录中·答顾东桥书》）又说：“夫万事万物之理不外于吾心，而必曰穷天下之理，是犹析心与理而为二也。”（《传习录中·答顾东桥书》）事实上，“万事万物之理”是不依赖于“吾心”而客观存在的，“吾心”能够认识、反映“万事万物之理”，但绝对不能说“万事万物之理”即在“吾心”之中，“万事万物之理不外于吾心”。区分开认识的主体（“心”）和客体（“理”），“以吾心而求理于事事物物之中”，如果正确地理解为反映者和被反映者的关系，并且把主体的能动性也考虑进去的话，这无疑是唯物主义认识论的观点。王阳明竭力反对的正是这种观点。他不承认有什么反映和被反映的关系，而是极端武断地说：“夫物理不外吾心，外吾心而求物理，无物理矣。”（《传习录中·答顾东桥书》）否认有离开认识的主体而独立存在的事物的规律。当然，朱熹的“即物穷理”说，在开始时亦区分开认识的主体和客体，“析心与理为二”；最终揭明“心包万理”，外间事物之理和吾心固有之理原来都是一“理”的不同化身，故能通过穷

格物理来启发“吾心之全体大用无不明”。这同王阳明的“心即理”说亦不相合，他也是反对的。在王阳明看来，只要承认“吾心”之外犹有理存，不承认心是最高实体，包含一切，派生一切，唯心主义不彻底，他就有责任来加以匡正。

其实，王阳明断言“心即理”“心外无理”“不可外心以求理”，并没有什么像样的论证。要之，除了武断，就是诡辩。他曾这样提出问题：“忠与孝之理，在君亲身上？在自己心上？若在自己心上，亦只是穷此心之理矣。”（《传习录上》）后来，他又用此例批判朱熹的“即物穷理”说，说：“夫求理于事事物物者，如求孝之理于其亲之谓也。求孝之理于其亲，则孝之理其果在于吾之心邪？抑果在于亲之身邪？假而果在于亲之身，则亲没之后，吾心遂无孝之理与？”（《传习录中》）我们知道，没有封建专制主义的政治制度和家族制度，就不会反映到人们的头脑中形成“忠与孝之理”；只要封建政治制度和家族制度继续存在，作为观念形态的“忠与孝之理”，亦不会因某个“亲没”或“君亡”而消失。用个别人的死亡来否定一种社会关系的存在，从而把“忠与孝之理”说成是无根的东西，是纯粹思维的产物，只能到“吾心”去追求，这是十足的诡辩！王阳明就是用这一类的诡辩来论证“心即理”说，回答别人提出的疑难，既欺骗别人也欺骗自己。如《传习录》记载他和门人徐爱的一段问答：

爱问：“至善只求诸心，恐于天下事理有不能尽？”

先生曰：“心即理也。天下又有心外之事，心外之理乎？”

爱曰：“如事父之孝，事君之忠，交友之信，治民之仁，其间有许多理在，恐亦不可不察？”

先生叹曰：“此说之蔽久矣！岂一语所能悟？今姑就所问者言之。且如事父，不成去父上求个孝的理；事君，不成去君上求个忠的理；交友治民，不成去友上民上求个信与仁的理，都只在

此心。心即理也。此心无私欲之蔽，即是天理，不须外面添一分。以此纯乎天理之心，发之事父便是孝，发之事君便是忠，发之交友治民便是信与仁，只在此心去人欲、存天理上用功便是。”

他认为离开“此心”到事物上去求理是不成的。无论是理，还是天下事物，都不能离心而独存，这点他和朱熹的客观唯心主义不同。朱熹认为：“未有这事，先有这理，如未有君臣已先有君臣之理，未有父子已先有父子之理。”（《朱子语类》卷九五）理在事先，也在心先。心是理与气合的产物，在逻辑上完全可以承认有离心而独存之理，有不依赖于心而体现在事物中之理。王阳明认为这种观点“已启学者心理为二之弊”，它积习已久，影响至深，正是他要不遗余力地破除的。

王阳明竭力证明：宇宙的最高本体是心，而不是理。心即理，无心即无理。他说：“心之体，性也。性即理也。故有孝亲之心，即有孝之理；无孝亲之心，即无孝之理矣。有忠君之心，即有忠之理；无忠君之心，即无忠之理矣。理岂外于吾心邪？”（《传习录中·答顾东桥书》）心之本体是至善的，即纯乎天理之性，它发之于事父事君就是忠与孝之理，发之于交友治民就是信与仁之理，不是离开此心而别有理。有人问他：“程子云‘在物为理’，如何谓心即理？”他说：“‘在物为理’，‘在’字上当添一‘心’字。此心在物则为理，如此心在事父上则为孝，在事君上则为忠之类。”（《传习录下》）这也就是他所说的：“吾心之良知，即所谓天理也。致吾心良知之天理于事事物物，则事事物物皆得其理矣。”（《传习录中·答顾东桥书》）一切事物之理无不备于吾心，无不来自吾心，只要求之于心之本体，一切事物之理均自然可得。这就是所谓“体用一源，不相间隔”，任何“析心与理为二”的观点都是他所不能同意的。如有人问：“晦庵先生曰：‘人之所以为学者，心与理而已。’此语如何？”王阳明回答说：“心即性，性即理。下一‘与’字，恐未免为二，此在学者善观之。”（《传习录上》）又如陆澄问：“延平云：‘当理而无私心。’当

理与无私心，如何分别?”他也明确地回答说：“心即理也。无私心即是当理，未当理便是私心。若析心与理言之，恐亦未善。”（《传习录上》）在所有这些地方，他都十分自觉地坚持“心即理”的主观唯心主义立场，捍卫他的哲学的理论基础。

王阳明倡导“心即理”说，也是有其特定含意和现实目的的。他所谓“理”或“吾心良知之天理”，和陆象山一样，都是指的封建的道德律。王阳明在解释“博文为约礼工夫”时说：“礼字即是理字。理之发见可见者谓之文，文之隐微不可见者谓之理，只是一物。约礼只是要此心纯是一个天理。要此心纯是天理，须就理之发见处用功，如发见于事亲时，就在事亲上学存此天理；发见于事君时，就在事君上学存此天理；发见于处富贵贫贱时，就在处富贵贫贱上学存此天理；发见于处患难夷狄时，就在处患难夷狄上学存此天理，至于作止语默，无处不然。随他发见处，即就那上面学个存天理，这便是博学于文，便是约礼的工夫。”（《传习录上》）把“理”字归结为一个“礼”字，便足以说明“心即理”说的阶级实质，它是把巩固封建统治秩序看成是“天理当然”的。王阳明要人们“只在此心去人欲、存天理上用功”，就是要人们在认识和实践封建道德上下工夫，摈除一切不利于封建统治的所谓“人欲”和“私心”。他说：“诸君要识得我立言宗旨。我如今说个心即理是如何？只为世人分心与理为二，故便有许多病痛。如五伯攘夷狄，尊周室，都是一个私心，便不当理；人却说他做得当理，只心有未纯，往往悦慕其所为，要来外面做得好看，却与心全不相干。分心与理为二，其流至于伯道之伪而不自知，故我说个心即理，要使知心理是一个，便来心上做工夫，不去袭义于外，便是王道之真。此我立言宗旨。”（《传习录下》）析心与理为二，此心就有可能被私心、人欲所牵引和蒙蔽；合心与理为一，从心之本体至善之性上做工夫，发见于事物便自然当理。王阳明明确提出，他倡导“心即理”说就是要立王道之真而反对霸（伯）道，这也反映了他维护封建正统的思想。

这里产生一个问题，既然“心即理”是“知行合一”的理论基础，“外心以求理”乃是“知行之所以二”的原因，那么，为什么陆象山也主张“心即理”说，却在知行问题上强调“本末先后，不可躐等”呢？在王阳明看来，这正是象山学说中的一个不可克服的矛盾。他认为陆氏的主观唯心主义思想还不彻底，仍不免有“析心与理为二”之嫌，还没有真正达到“体用一源，不相间隔”。首先，陆象山虽然论“此心此理，不容有二”，但他所谓东南西北古今圣人之所同然的“理”，实有把主观精神客观化的倾向。他说：“此理在宇宙间，未尝有所隐遁，天地之所以为天地者，顺此理而无私焉；人与天地并立而为三极，安得自私而不顺此理哉？”“此理充塞天地，天地鬼神且不能违异，况于人乎！诚知此理，当无彼己之私，善之在人，犹在己也。”（《陆九渊集》卷十一《与朱济道八》）王阳明的唯我主义要比他突出得多，强调天下之理都在吾心之中，吾心之灵明便是天地鬼神的主宰。“天没有我的灵明，谁去仰他高？地没有我的灵明，谁去俯他深？鬼神没有我的灵明，谁去辩他吉凶灾祥？天地鬼神万物离却我的灵明，便没有天地鬼神万物了。”（《传习录下》）王阳明是彻底的心体一元论者，陆象山则仍有心理二元的迹象。其次，陆象山论心的作用，不象王阳明讲的那样无所不包，无所不能，绝对自由，主宰一切，而是往往也要斟酌考虑外界事物的情形。如所谓“可羞则羞，可恶则恶，宜辞而辞，宜逊而逊”，羞、恶、辞、逊是就自己的本心说；而就外界事物来说，则是应该羞的才羞，应该恶的才恶，应该辞的就辞，应该逊的就逊。“可”字与“宜”字反映这种认识和态度还是受到外界事物的一定制约和影响，并不完全是本心的自由意志。王阳明则强调：“且如事父，不成去父上求个孝的理；事君，不成去君上求个忠的理；交友治民，不成去友上民上求个信与仁的理，都只在此心。”（《传习录上》）他认为只要本心纯乎天理，发之事亲自然会孝，发之事君自然会忠，发之交友自然会信，发之治民自然会仁，完全不必考虑外界事物的情形。王阳明的主张是体用一源，心理

无二；陆象山则体用分明，有“析心与理为二”的倾向。由于有此区别，所以，陆王虽同主“心即理”说，但从主观唯心主义的立场来看，二人还有程度的不同。陆象山论心与理的关系，仍不免有所间隔，故在知行问题上分别先后次第，以读书亲师友为进学之阶，必先讲明道理然后践履，这就和王阳明知行合一之旨相去悬远了。

知行合一

王阳明“学凡三变而始得其门”（《明儒学案·姚江学案》），他悟出“心即理”的道理后，接着提出了“知行合一”的学说。他认为朱熹格物致知之教，“顾物理吾心，终判为二”；承认理在心外，就有一个向外求知的过程，求知以后才能去行，“此知行之所以二也”。而在他看来，心即是理，万事万物之理都在吾心之中，那么就根本不需要一个向外求知的过程。“知是心之本体，心自然会知，见父自然知孝，见兄自然知弟，见孺子入井自然知恻隐，此便是良知，不假外求。”（《传习录上》）这个先天具足的“良知”发用流行，贯彻到事事物物中去，就是“致良知”，就是行。只要心之本体不被私欲隔断，这个过程是自然而然的，知则必行，无有知而不行者。他比喻说：“知犹水也，人心之无不知，犹水之无不就下也，决而行之，无有不就下者。决而行之者，致知之谓也。此吾所谓知行合一者也。”（《阳明全书·书朱守谐卷》）王阳明的知行合一说即建立在“心即理”的基础之上，是他的“心学”的一个组成部分。所以他说：“君子之学，惟求得其心，虽至于位天地，育万物，未有去于吾心之外也。……故博学者，学此者也；审问者，问此者也；慎思者，思此者也；明辨者，辨此者也；笃行者，行此者也。心外无事，心外无理，故心外无学。”（《阳明全书·紫阳书院集序》）所谓知行合一，无非是在“吾心”之中“合一”，心外无知，心外无行。

和程颐、朱熹等人一样，王阳明的知行学说主要讨论的也是人的

道德意识和道德行为的关系问题。他不满意程朱的知先行后说，认为这种学说在理论上失却了“知行本体”，在实践上有可能流入“终身不行，亦遂终身不知”的大病痛，不利于封建地主阶级的统治，也培养不出统治阶级所需要的“圣贤”来。他提出知行合一说，是为了复那知行本体，克服“将知行分作两截用功”的弊病，更有效地为封建统治阶级服务。这个宗旨，他是随处阐发，讲得相当透彻的。如他的学生徐爱说：“古人说知行做两个，亦是要人见个分晓，一行做知的功夫，一行做行的功夫，即功夫始有下落。”这是反映一般常识的观点，反对把知行混为一谈。王阳明认为不对，接着发了下面一大通议论，他说：

> 此却失了古人宗旨也！某尝说知是行的主意，行是知的功夫；知是行之始，行是知之成。若会得时，只说一个知，已自有行在；只说一个行，已自有知在。古人所以既说一个知，又说一个行者，只为世间有一种人懵懵懂懂的任意去做，全不解思惟省察，也只是个冥行妄作，所以必说个知，方才行得是；又有一种人茫茫荡荡悬空去思索，全不肯着实躬行，也只是个揣摸影响，所以必说一个行，方才知得真。此是古人不得已补偏救弊的说话，若见得这个意时，即一言而足。今人却将知行分作两件去做，以为必先知了然后能行，我如今且去讲习讨论做知的工夫，待知得真了，方去做行的工夫，故遂终身不行，亦遂终身不知。此不是小病痛，其来已非一日矣，某今说个知行合一，正是对病的药，又不是某凿空杜撰，知行本体原是如此。今若知得宗旨时，即说两个亦不妨只是一个；若不会宗旨，便说一个，亦济得甚事？只是闲说话。(《传习录上》)

同样意思，他在别处还说：

行之明觉精察处便是知，知之真切笃实处便是行。若行而不能明觉精察，便是冥行，便是“学而不思则罔”，所以必须说个知；知而不能真切笃实，便是妄想，便是“思而不学则殆”，所以必须说个行，元来只是一个工夫。凡古人说知行，皆是就一个工夫上补偏救弊说，不似今人截然分作两件事做。某今说知行合一，虽亦是就今补偏救弊说，然知行体段亦本来如是。(《阳明全书·答友人何》)

知之真切笃实处即是行，行之明觉精察处即是知。知行工夫，本不可离，只为后世学者分作两截用功，失却知行本体，故有合一并进之说。(《传习录中·答顾东桥书》)

这三段话，内容一致，可以互相参照。它们讲了以下几层意思：第一，知行本体只是一个，知行工夫不能分作两截去做，知就是行，行就是知，本来只要说一个就够了。第二，古人既说一个知，又说一个行，完全是补偏救弊的说法，是为了纠正“冥行妄作”和“悬空思索”两种割断知行本体的错误倾向。第三，今人将知行分作两件去做，主要是程朱的知先行后说流行所造成的恶果，它是当今思想上的大敌。第四，王阳明的知行合一说，正是针对程朱的知先行后说而提出来的，虽然也可以说是“补偏救弊”，但主要是复明知行本体，因为“知行本体原来如此”。

王阳明论知和行的“合一并进”关系说：“知是行的主意，行是知的功夫；知是行之始，行是知之成。”“知之真切笃实处即是行，行之明觉精察处即是知。”这些都是强为分说知行，把它们当作观念上的不同层次，其实它们是一体相连、不可分离的，在内容上互相包含，在时间上无先后可分。二者本来就是一回事，“只说一个知，已自有行在；只说一个行，已自有知在”。混淆知和行的概念，抹煞二者质的区别，是王阳明论证“知行合一”的基本手法；而他的真正目的在于合行于知，销行归知，完全否定行的客观性及其在认识过程中

的决定性作用。

什么是“行”？在王阳明看来，“良知”向外发动、表现显露出来就是行，不一定要有主观见之于客观的活动，良知发动时产生的主观意念、感情、动机，都可以叫做“行”。他说：“我今说个知行合一，正要人晓得一念发动处，便即是行了。”（《传习录下》）良知是心之本体，“感应而动者谓之意”，意就是行。他把主观意念也说成是“行”，这就混淆了主观和客观的界限，抹煞了“知”和“行”的差别。王阳明正是以此手法来论证“知行合一”的。他常举的一个例子是：

> 故《大学》指个真知行与人看，说“如好好色，如恶恶臭”。见好色属知，好好色属行。只见那好色时已自好了，不是见了后又立个心去好。闻恶臭属知，恶恶臭属行。只闻那恶臭时已自恶了，不是闻了后别立个心去恶。(《传习录上》)

这是说，“好好色、恶恶臭”乃是人天赋地具有的良知良能，人在见好色时自然地产生爱好的感情或意念，在闻恶臭时自然地产生憎恶的感情或意念，这种感情和意念就已经是行了。“见好色”与“好好色”、“闻恶臭”与“恶恶臭”是同时发生的，所以说知行合一，这就是所谓“知行本体”。我们知道，好、恶的感情和意念，并不是主观自生的，而是客观实践的产物；它们在没有表现为实际行动的时候，仍属于主观认识的范畴，是“知”而不是“行”。王阳明把好、恶的感情和意念都称为“行”，就是以知代行，取消了作为客观实践活动的行。他所谓“知行合一”完全是在主观意识即“心”中实现的。

王阳明还说：“夫人必有欲食之心，然后知食；欲食之心即是意，即是行之始矣。……必有欲行之心，然后知路；欲行之心即是意，即是行之始矣。”（《传习录中·答顾东桥书》）所谓“知是行之始”，也是混知为行、以知代行的一种诡辩。这里看得很清楚，“欲食之心”

“欲行之心”只是行前的打算、念头，还没有变成实际行动。把“欲食之心”“欲行之心”都说成是“行”的开始，这无非还是说：一念发动就是行，“意”就是行，“欲”就是行。这不是有意抹煞主观和客观、知和行的差别又是什么？

“知之真切笃实处便是行。”这是王阳明混淆知行概念、以知代行的又一诡辩手法。他说：“凡谓之行者，只是着实去做这件事。若着实做学、问、思、辨的工夫，则学、问、思、辨亦便是行矣。”（《阳明全书·答友人问》）又说：“笃者，敦实笃厚之意；已行矣而敦笃其行，不息其功之谓尔。盖学之不能以无疑，则有问，问即学也，即行也；又不能无疑则有思，思即学也，即行也；又不能无疑则有辨，辨即学也，即行也。辨既明矣，思既慎矣，问既审矣，学既能矣，又从而不息其功焉，斯之谓笃行，非谓学、问、思、辨之后而始措之于行也。”（《传习录中·答顾东桥书》）这是把“行”说成只是一个敦实笃厚的工夫，着实去做某一件事情的真切态度，而不必一定是指主观见之于客观的实践活动。《大学》所谓“博学、审问、慎思、明辨”，一般说属于“知”的范畴，王阳明认为，真切笃实地去做学、问、思、辨的工夫，“学、问、思、辨便是行”。“知”本来是他所说的知行本体的“明觉精察”的方面，但是，“若知时，其心不能真切笃实，则其知便不能明觉精察”，“知而不能真切笃实，便是妄想”（《阳明全书·答友人问》）。所以，“知”也需要真切笃实的工夫，“知之真切笃实处便是行”。王阳明所谓“真切笃实”，就是要“无一毫人欲之私”，“不使那一念不善潜伏在胸中”。这样，“行”的概念还是被归结为“存天理，去人欲”的主观意念的活动，同主观见之于客观的实践毫不相干。

王阳明一方面把主观意念的活动称为行，混知为行，否认行是主观见之于客观的东西；另一方面又认为不行不足谓之知，混行为知，否认知和行有分离的情形，否认主观见之于客观有一个过程。他说：

> 就如称某人知孝，某人知弟，必是其人已曾行孝行弟，方可称他知孝知弟，不成只是晓得说些孝弟的话，便可称为知孝弟。（《传习录上》）

又说：

> 如言学孝，则必服劳奉养，躬行孝道，然后谓之学，岂徒悬空口耳讲说，而遂可谓之学孝乎？学射，则必张弓挟矢，引满中的；学书，则必伸纸执笔，操觚染翰。尽天下之学，无有不行而可以言学者。（《传习录中·答顾东桥书》）

他这些话，并不是论证行是知的基础，知对于行的依赖关系，而是论证知行不可分离，批驳程朱的知先行后说。因为在他看来，“孝”“弟”等道德观念，是吾心之良知先天固有的，并不待行孝行弟而后有知；行孝行弟是良知之发用流行，强调知孝弟必须行孝弟，不过是为了证明知行“合一并进”而已。

不论是混知为行，还是混行为知，都是抹煞知和行的界限、主观和客观的界限，否认它们之间的差别、矛盾和相互转化。王阳明的结论是：知即行，行即知，即知即行，即行即知。这种所谓“知行合一”，不是矛盾双方的对立统一，而是形而上学的等同或同一。王夫之曾尖锐地批判这种荒谬理论说：“若夫陆子静、杨慈湖、王伯安之为言也，吾知之矣。彼非谓知之可后也，其所谓知者非知，而行者非行也。知者非知，然而犹有其知也，亦惝然若有所见也。行者非行，则确乎其非行，而以其所知为行也；以知为行，则以不行为行，而人之伦，物之理，若或见之，不以身心尝试焉。”（《尚书引义》卷三《说命中二》）他指出王阳明所谓“知”“行”都不同于一般意义，实际上是“非知”“非行”。因为他所谓“知”不是主观对客观的反映，所以说是“非知”；因为他所谓“行”不是主观见之于客观的东西，

所以说是“非行”。说知“非知”，还有那么一个惝然若有所见的先验的“良知”；说行“非行”，就确实没有一点客观实践活动的影子。王阳明以知为行，就是以“不行”为行，他是把一切改造自然和社会的真正的行即实践根本排除在外的。

王夫之的批判，触及了王阳明的知行合一说的唯心主义实质和要害，应该说是相当深刻的。特别是他指出，王阳明所说的“知”和“行”，都不能从一般意义上去了解，这在方法论上十分重要。王阳明所说的“知”就是“良知”，“良知之外，别无知矣”（《阳明全书·答欧阳崇一》）。“夫良知者，即所谓‘是非之心，人皆有之’，不待学而有，不待虑而得者也。”（《阳明全书·书朱守谐卷》）它是指天赋道德观念，具体说就是指“孝”“弟”“忠”“信”等封建道德规范，而不是一般认识论上“知”的概念。王阳明所说的“行”，更不是一般所说的“行”或“实践”，而是所谓“致良知”，即排除人心之私欲间隔，使纯乎天理的良知得以自然发用流行，以实现上述封建道德原则。弄清这两个基本概念，王阳明的一些如同梦呓般的语言便不难理解了，他的一些似是而非的概念和命题也不难揭示其实质了。譬如他以“一念发动”为行，这是违反人们常识的，但从“致良知”的意义来理解，克倒那不善的念，“彻根彻底不使那一念不善潜伏在胸中”，正是他所谓的“行”即道德修养的问题。又如他所说的“真知”这个概念，以及“真知即所以为行，不行不足谓之知”（《传习录中·答顾东桥书》）等命题，很能迷惑一些人，似乎“真知”是依赖于行，并且以行为尺度的。其实，他所谓“真知”就是“良知”，良知自然发用流行，不行即被私欲隔断，良知显露、表现不出来，所以说知非真。不是“真知”依赖于行，而是行依赖于良知；不是“真知”以行为尺度，而是行以良知为尺度。

王阳明的知行合一说，作为一种维护和发扬封建道德的学说，它的内容是十分反动的。如果把这种理论说成是讲认识和实践的对立统一关系，那就根本错了。当然，这种理论也有它一般认识论的意义，

那就是以知为吾心先天固有之本体，以行为知的作用和产物，合行于知的彻底主观唯心主义的先验论。在认识的来源和真理的标准等问题上，它都没有讲出任何道理来，只有极端唯心主义的武断。王阳明似乎激烈反对朱熹的知先行后说，但是他的知行合一说实际上也是一种“知先”说，所谓“知是行之始，行是知之成”，还是把先天固有的“良知”放在前头。一切唯心主义者都否认实践是认识的源泉，都是离行而言知，主张知先行后的，在这一点上不可能有什么原则的分歧。

王阳明的知行合一说中有没有值得肯定的合理因素？就思想体系来说，它整个儿都是荒谬的，应该全部否定。这是毫无疑义的。但是，我们又需看到，王阳明为了论证自己的某些基本观点，特别是为了批驳朱熹的知先行后说，也往往要征引一些属于人们的常识范围内的经验事实作为论据，这些经验事实恰恰是同他的哲学的基本前提互相矛盾的。譬如他说：

> 食味之美恶，必待入口而后知，岂有不待入口而已先知食味之美恶者邪？……路岐之险夷，必待身亲履历而后知，岂有不待身亲履历而已先知路岐之险夷者邪？（《传习录中·答顾东桥书》）
>
> 又如知痛，必已自痛了方知痛；知寒，必已自寒了；知饥，必已自饥了。（《传习录上》）
>
> 哑子吃苦瓜，与你说不得。你要知此苦，还须你自吃。（《传习录上》）

征引这些人所共知的经验事实，本是为了论证知行不可分离，如他所称立言宗旨是：“知行如何分得开？此便是知行的本体，不曾有私意隔断的。圣人教人必要是如此方可谓之知，不然只是不曾知。”（《传习录上》）而事实上，这些材料恰恰证明了“行在知先”，“行”是“知”的源泉这一朴素唯物主义的道理。用这些千百次地被人们的生活实践所证明了的经验事实，去反驳朱熹的“知先行后”说，当然是

很有力的；但是王阳明没有想到，他引据的这些材料，甚至连他自己的天赋道德观念的“良知”说也一起驳倒了。

列宁说：“当一个唯心主义者批判另一个唯心主义者的唯心主义基础时，常常是有利于唯物主义的。”① 不仅亚里士多德对柏拉图的批判、黑格尔对康德的批判是这样，王阳明对朱熹的批判也是这样。王阳明引据“食味之美恶，必待入口而后知”等经验事实，批判朱熹的知先行后说，同时也批判了一般唯心主义先验论的知识起源说，显然是有利于唯物主义的。他指出“以为必先知了然后去行”的流弊是“故遂终身不行，亦遂终身不知”，这也在逻辑上肯定了行为知之因，“终身不行”的结果只能是“终身不知”。

王阳明反对程朱把知行分作两截，强调了知和行的“合一并进”关系，在论述中也不无片断的合理因素。例如，他在《答顾东桥书》中说：“今吾子特举学、问、思、辨以穷天下之理，而不及笃行，是专以学、问、思、辨为知，而谓穷理为无行也已。天下岂有不行而学者邪？岂有不行而遂可谓之穷理者邪？……学至于穷理，至矣，而尚未措之于行，天下宁有是邪？是故知不行之不可以为学，则知不行之不可以为穷理矣；知不行之不可以为穷理，则知知行之合一并进，而不可以分为两节事矣。”这里，他的目的虽然还是论证所谓“知行工夫，本不可离”的知行本体，但是却着重强调了“行”在“学”和“穷理”过程中的作用。和程颐、朱熹的知先行后说比较起来，王阳明的知行合一说总的精神是更加重视“行”。他提出“尽天下之学，无有不行而可以言学者”（《传习录中·答顾东桥书》），“知而不行，只是未知”（《传习录上》）等命题，虽然说得太绝对了，否认知和行、理论和实践有脱节的情形，但是他旗帜鲜明地反对这种脱节，反对重知轻行、空知无行的恶劣学风，猛烈抨击“空疏谬妄、支离牵

① 列宁：《黑格尔〈哲学史讲演录〉一书摘要》，《哲学笔记》，人民出版社 1974 年第 3 版，第 313 页。

滞”的时弊，这在当时还是有一定积极意义的。他主观上是希望人们把关于封建道德的知和行完全统一起来，所以强调行的重要，并且利用“知易行难”的传统观点来作论证，如说：“良知自知原是容易的，只是不能致那良知，便是‘知之匪艰，行之惟艰’。”（《传习录下》）当然，我们也应指出，王阳明的重行，重在一个“真诚恻怛”，重在良知的自然发用流行，“不使那一念不善潜伏在胸中”，重在封建道德的修养和自我完成。这种实践观是唯心主义的。

致良知

王阳明晚年很少讲“知行合一”，而专门发挥“致良知”的学说。这是他经过几十年反动政治实践，在所谓“动心忍性”“忘患难，出生死”之后，认识到关于心和理、知和行等问题的理论探讨其实都是不必要的，只要直接去做“致良知”的功夫，立即将封建道德付诸实行就够了；这样，不论于静处体悟，还是就事上磨练，就无不知行合一，无不符合吾心之良知即封建道德了。这是他的主观唯心主义的“知行合一”说的进一步发展和深化，把这种学说变成了纯粹的道德说教，直接为封建统治阶级的当前利益服务，另一方面又回避了关于知行问题的一般认识论的争论。

《大学》提出：“致知在格物。”王阳明认为，一切知识都不是来自社会实践和对于客观世界的感觉经验，而是人心本来固有的，如孟轲所说：“人之所不学而能者，其良能也；所不虑而知者，其良知也。孩提之童，无不知爱其亲也；及其长也，无不知敬其兄也。”（《孟子·尽心上》）他认为良知就是心的本质，良知之外别无所谓知。王阳明把《大学》说的“致知”和孟轲说的“良知”拉在一起，提出“致良知”的唯心主义先验论的知行观和道德学说，当作“学问大头脑”，自称是得着了“千古圣圣相传的一点真骨血”。他在给邹守益（谦之）的信中写道：

近来信得“致良知”三字，真圣门正法眼藏！往年尚疑未尽，今自多事以来，只此良知，无不具足。譬之操舟得舵，平澜浅濑，无不如意；虽遇颠风逆浪，舵柄在手，可免没溺之患矣。（《王阳明年谱》）

在给杨仕鸣的信中也说：

区区所论“致知”二字，乃是孔门正法眼藏，于此见得真的，真是建诸天地而不悖，质诸鬼神而无疑，考诸三王而不谬，百世以俟圣人而不惑。知此者，方谓之知道；得此者，方谓之有德。异此而学，即谓之异端；离此而说，即谓之邪说；迷此而行，即谓之冥行。虽千魔万怪，眩瞀变幻于前，自当触之而碎，迎之而解，如太阳一出而鬼魅魍魉自无所逃其形矣。（《阳明全书·文录二》）

这个“致良知”说，真是法力无边，无所抵敌。历代圣人以此心心相传，他于沉没数百年后重新发见了此说，自负极有功于圣门。其实他不过是无限夸大了封建道德的作用，把它视为解决一切社会危机的根本方法，最后只能被证明是唯心主义的梦呓而已。

王阳明所说的“良知”是什么？我们知道，它被说成是心之本体，不假外求，人人先天固有的。它的内容又被具体规定为：

吾心之良知，即所谓天理也。（《传习录中·答顾东桥书》）

良知是天理之昭明灵觉处，故良知即是天理。（《阳明全书·答欧阳崇一》）

天理在人心，亘古亘今，无有始终。天理即是良知。（《传习录下》）

“天理”二字，是北宋以来道学家们谈论最多的，它实际上是指“仁”“义”“礼”“智”等封建道德伦理纲常。王阳明认为，“心外无理”，天理即在人的心中。吾心之天理就是良知。所谓“天理”，不是别的，只是一个分别善恶的标准。他说：

> 知善知恶是良知。（《传习录下》）
>
> 孟子云：“是非之心，知也。”“是非之心，人皆有之。”即所谓良知也。（《阳明全书·与陆原静书其二》）
>
> 良知只是个是非之心，是非只是个好恶。（《传习录下》）

这里说的“是非”，也是指道德上的“善恶”，而不是就一般的“知”来说。分别是非善恶，拿什么做标准呢？他认为就是天理，即吾心之良知。“凡所谓善恶之机、真妄之辨者，舍吾心之良知，亦将何所致其体察乎？”（《传习录中·答顾东桥书》）“这些子（指良知）看得透彻，随他千言万语，是非诚伪，到前便明，合得的便是，合不得的便非。”（《传习录下》）这个分善别恶的良知，总起来说叫做天理，推衍开来就是孝、弟、忠、信等百行的规范。如说：

> 见父自然知孝，见兄自然知弟，见孺子入井自然知恻隐，此便是良知。（《传习录上》）
>
> 故致此良知之真诚恻怛以事亲便是孝，致此良知之真诚恻怛以从兄便是弟，致此良知之真诚恻怛以事君便是忠。只是一个良知，一个真诚恻怛。（《阳明全书·答聂文蔚二》）

综上所述，我们不难得出结论：王阳明所说的“良知”，就是人心中的天理，就是天赋道德观念，就是人人生来就有的分别是非善恶的能力，就是不学自知、不教自能的孝、弟、忠、信等封建道德规范。他抹煞封建道德的阶级性和作为社会意识形态的特点，不仅把“良知”

当作整个社会生活的原则，甚至把它说成是自然界包括天地万物存在的基础。如说：“若草木瓦石无人的良知，不可以为草木瓦石矣。岂惟草木瓦石为然，天地无人的良知，亦不可以为天地矣。”（《传习录下》）这种无限夸大人的道德意识的主观唯心主义哲学，到了多么荒谬的地步！

王阳明认为：“良知之在人心，不但圣贤，虽常人亦无不如此。若无有物欲牵蔽，但循着良知发用流行将去，即无不是道。”（《阳明全书·又答陆原静书》）这就是说，良知即封建道德是人人具有的，圣贤和常人没有两样，只要照着本然的良知去做，那么人的行为就没有不符合封建道德的了。这是他所谓无有间隔的知行本体。问题是对于一般人来说，除了良知之外还有私欲，私欲能把良知遮蔽起来，使之不能自然发用流行，于是才有不符合封建道德的行为发生，此知行之所以二也。王阳明所谓“致良知”，即是“去人欲，存天理”，实现知行合一的方法，只是要此心不为私欲障碍，复明那纯是天理的良知本体，使之能够自然发用流行。这个工夫又称为“致知格物”。他说：“若良知之发，更无私意障碍，即所谓‘充其恻隐之心，而仁不可胜用矣’。然在常人，不能无私意障碍，所以须用致知格物之功，胜私复理，即心之良知更无障碍，得以充塞流行，便是致其知，知致则意诚。”（《传习录上》）他又比喻说：“人心是天渊。心之本体，无所不该，原是一个天；只为私欲障碍，则天之本体失了。心之理无穷，原是一个渊；只为私欲窒塞，则渊之本体失了。如今念念致良知，将此障碍窒塞一齐去尽，则本体已复，便是天渊了。”（《传习录下》）这种所谓“致知”，根本不是去寻求对于外界事物的认识，而是要去掉和外物接触所产生的各种昏蔽，回复那本心具足的天理良知。所以他说：“吾辈用功，只求日减，不求日增，减得一分人欲，便是复得一分天理。”（《传习录上》）他把知识、才能都看成是修养成为圣人的障碍，露骨地鼓吹蒙昧主义和封建禁欲主义。

王阳明不满意朱熹对《大学》“致知在格物”所作的解释。他

说："先儒解格物为格天下之物，天下之物如何格得？且谓一草一木亦皆有理，今如何去格？纵格得草木来，如何反来诚得自家意？"（《传习录下》）他从自己亲自"格"竹子失败的教训得出结论："天下之物本无可格者，其格物之功只在身心上做。"（《传习录下》）我们知道，朱熹的格物致知论也是一种唯心主义的先验论，"格天下之物"只不过是为了启发心中固有之理的自我认识。但是，在王阳明看来，这种唯心主义还不彻底，主张格天下之物，就是析心与物、心与理为二。天下之物本来都在我的心中，怎么能离开心去格天下之物呢？而且，一草一木等天下事物是格不尽的，到事物上去下功夫岂不是白费精神吗？他提出"格物之功只在身心上做"，只要认识心之本体，做到此心透明，无有昏蔽，然后才能"无物不照"。他说："学者惟患此心之未能明，不患事变之不能尽。"（《传习录上》）又说："天下事物，如名物度数、草木鸟兽之类，不胜其烦，圣人须是本体明了，亦何缘能尽知得？"（《传习录下》）他要求人们首先认识本心之良知，精通封建的"天理"，而对名物度数、草木鸟兽等具体事物的认识是不重要的，就是圣人也不能尽知。可见他关心的只是如何实现先天的道德原则，而不是要解决一般认识论问题。于是，他把"格物"说变成了"格心"说，对"致知在格物"重新作了一番解释。

首先，他释"物"字为"事"字，认为"意之所在便是物"，坚持"心外无物"的主观唯心主义观点。如说：

> 物者事也，凡意之所发必有其事，意所在之事谓之物。（《阳明全书·大学问》）
>
> 意之所用，必有其物，物即事也。如意用于事亲，即事亲为一物；意用于治民，即治民为一物；意用于读书，即读书为一物；意用于听讼，即听讼为一物。凡意之所用，无有无物者。有是意即有是物，无是意即无是物矣。物非意之用乎？（《传习录中·答顾东桥书》）

> 身之主宰便是心，心之所发便是意，意之本体便是知，意之所在便是物。如意在于事亲，即事亲便是一物；意在于事君，即事君便是一物；意在于仁民爱物，即仁民爱物便是一物；意在于视听言动，即视听言动便是一物。所以某说无心外之理，无心外之物。(《传习录上》)

很明显，王阳明所谓“物”不是指客观存在的事物，而是指事亲事君、读书听讼、仁民爱物、视听言动等“意所在之事”，即受意识支配的人的行为。人的行为是主观见之于客观的活动，和客观对象本身是有区别的。以事为物，就否定了物的客观实在性，荒谬地认为物是不能离开主观意识而独立存在的。他把身、心、意、知、物都说成是一回事，就是露骨地主张“物”是心和主观意识的产物。

其次，他释“格”字为“正”字，反对朱熹等人以“至”字为训。他说：“格者，正也，正其不正以归于正之谓也。正其不正者，去恶之谓也；归于正者，为善之谓也。夫是之谓格。”（《阳明全书·大学问》）他认为“格”字之义，有的可以“至”字为训，如“格于文祖”“有苗来格”之类；有的“如‘格其非心’、‘大臣格君心之非’之类，是则一皆‘正其不正以归于正’之义，不可以‘至’字为训矣”（《传习录中·答顾东桥书》）。至于《大学》格物之义，他认为训“至”讲不通。训“至”必增字，上增“穷”字，下增“理”字，格物即是“穷至物理”，“是其用功之要全在一穷字，用力之地全在一理字也”（《传习录中·答顾东桥书》）。以“穷理”释“格物”，他认为是混淆概念，弊病就更大了。“穷理者，兼格、致、诚、正而为功也，故言穷理，则格、致、诚、正之功皆在其中；言格物，则必兼举致知、诚意、正心而后其功始备而密。今偏举格物而遂谓之穷理，此所以专以穷理属知，而谓格物未尝有行，非惟不得格物之旨，并穷理之义而失之矣。此后世之学，所以析知行为先后两截，日以支离决裂，而圣学益以残晦者，其端始于此。”（《传习录中·答

顾东桥书》）所以，《大学》格物之义，不能以“至”字训，而当作“正”字讲。

现在，我们就不难看清王阳明的“格物”说的实质了。他说：“故格物者，格其心之物也，格其意之物也，格其知之物也。”（《阳明全书·答罗整庵少宰书》）所谓“心之物”“意之物”“知之物”，“物”字当“事”字讲，就是一定思想指导下的人的行为。“格”字训“正”，“格物”就是端正人们的行为，特别要端正人们行为的指导思想。所以他接着又说：“正心者，正其物之心也。”（《阳明全书·答罗整庵少宰书》）所谓“物之心”，就是人们行为的指导思想。指导思想端正了，人的行为自然符合天理即封建道德。怎样端正人们行为的指导思想呢？他认为就是要“正其不正以归于正”，去除恶念，保存善念，不使一念不善潜伏在心中，要象猫捉老鼠那样把心中的恶念捕捉消灭干净，使此心纯是天理良知。王阳明一再强调，致良知并非“影响恍惚而悬空无实之谓”，致良知必须于实处用功，它的“实下手处”就是格物。所谓“格物”，就是“即其意之所在之物，而实有以为之”，具体说来就是：“今于其良知所知之善者，即其意之所在之物而实为之，无有乎不尽；于其良知所知之恶者，即其意之所在之物而实去之，无有乎不尽，然后物无不格，而吾良知之所知者，无有亏缺障蔽，而得以极其至矣。”（《阳明全书·大学问》）格物乃是“致吾心之良知”的工夫和手段，而“其格物之功，只在身心上做”，归根到底，只是一个“去恶为善”“去人欲，存天理”的工夫。这是地地道道的反身自诚的唯心主义的修养方法。

为了和朱熹的格物说划清界限，王阳明说：“若鄙人所谓致知格物者，致吾心之良知于事事物物也。吾心之良知，即所谓天理也。致吾心良知之天理于事事物物，则事事物物皆得其理矣。致吾心之良知者，致知也；事事物物皆得其理者，格物也。是合心与理而为一者也。”（《传习录中·答顾东桥书》）这里所谓“事事物物”，仍是“凡意之所发必有其事，意所在之事谓之物”的意思，指事亲事君、

读书听讼、仁民爱物、视听言动等人的一切行为和活动。“致吾心良知之天理于事事物物”，就是用本心固有的封建道德观念去指导人的一切行为和活动；“事事物物皆得其理”，就是人的一切行为和活动无不符合封建道德。王阳明认为，他的致良知说即体现了心与理、知与行的合一。如说：“孰无是良知乎？但不能致之耳！《易》谓‘知至至之’。知至者，知也；至之者，致知也。此知行之所以一也。近世格物致知之说，只一知字，尚未有下落，若致字工夫，全不曾道着矣。此知行之所以二也。”（《阳明全书·与陆原静二》）后者显然是对朱熹的格物致知说的批评。

自从王阳明发明了“致良知”和“知行合一”说之后，他认为做学问即进行封建道德修养的工夫就变得“明白简易”了。“良知之外更无知，致知之外更无学。”（《阳明全书·与马子莘》）随你去静处体悟也好，随你去事上磨炼也好，只是一个“致良知”，只是一个“去人欲，存天理”，只是一个内心“省察存养”的工夫。他说：“省察是有事时存养，存养是无事时省察。”（《传习录上》）不论有事无事，都要求做到此心良知明白，无有纷杂之念，这样才能随事“致是良知而行”。他把这种道德说教讲得“明白简易”，“虽至愚下品，一提便省觉”（《阳明全书·寄邹谦之三》），这样就具有更大的欺骗人民的反动社会政治作用。王阳明抹煞道德的阶级性，把封建道德说成是人人皆有的“良知”，“愚夫愚妇与圣人同”，原则上肯定人人都能致良知，人人都能做圣人。但是，他又认为人们的气质不同，“气质不美者，渣滓多，障蔽厚，不易开明；质美者，渣滓原少，无多障蔽，略加致知之功，此良知便自然莹澈”（《传习录·又答陆原静书》）。因此，致良知也要各随分限，“如欲孝亲，生知安行者，只是依此良知实落尽孝而已；学知利行者，只是时时省觉，务要依此良知尽孝而已；至于困知勉行者，蔽锢已深，虽要依此良知去孝，又为私欲所阻，是以不能，必须加人一己百、人十己千之功，方能致此良知以尽其孝”（《传习录下》）。这里，他对人们作了严格的等级划分，

所谓“惟圣人能致其良知，而愚夫愚妇不能致，此圣愚之所由分也”（《传习录中·答顾东桥书》），就是露骨地宣传唯心主义的天才论，毫不掩饰他的知行学说的阶级性。王阳明把劳动人民求生存的斗争看作是最大的“人欲”，认为必须痛加洗伐克治，全力破除之。他的“致良知”说首先是针对劳动人民的，是他用以“破心中贼”的反动思想武器。想用这种“简单”的道德说教的方法，去消灭由于极端不合理的社会物质关系所产生的人民的反抗意念，以图挽救封建社会的危机，这当然是徒劳的。

从宋朝的道学家们开始，知行问题被提到相当重要的地位。日趋腐朽的封建统治阶级，并不是把正确地认识客观世界提上了议事日程，而是企图用整饬道德、振作人心的方法，来挽救日益加剧的封建社会的危机。所以，他们从一开始就是着重讨论道德方面的知和行的关系，不论重知还是重行，都是把认识和实践封建道德当作头等大事来看待，根本否定人们参加社会实践的必要性。王阳明的“致良知”和“知行合一”说，更是纯粹的道德说教，是一种排斥实践、在内心进行“省察克治”的唯心主义修养方法，表现出明显的信仰主义、反理性主义的特点。这种理论不仅在当时产生了极其反动的政治作用，而且被后世的反动统治者利用作为毒害人民思想的工具。最突出的例子是，蒋介石的封建法西斯主义的“力行哲学”就是渊源于王阳明的“致良知”说。他鼓吹“良知良能”是“人生本然之性”，要人们“发挥良知良能，决心力行”，“死心塌地，任何牺牲、任何痛苦、任何危险都不顾”，即使杀身，也可以在道德上“成仁”。这种宣扬盲从，要人们顺着反革命头子的意志拼死干的法西斯愚民哲学，并不表示反动派的强大，而是暴露了他们的极端虚弱和反革命的疯狂性。

王阳明的知行合一说和程朱的知先行后说一样，在哲学上都是以唯心主义先验论为理论支柱，都是“以主观和客观相分裂，以认识和

实践相脱离为特征的”[1]。它们是中国哲学史上唯心主义知行观的两种典型形态，从理论上对它们进行揭露和批判，是此后几代唯物主义者长期的战斗任务。它们的唯心主义先验论的流毒以至影响到今天，我们从林彪、“四人帮”的反动思想体系中还可以看到不少“朱学”和“王学”的阴魂。这就告诉我们，要彻底批判唯心论的先验论，也必须和哲学史的清算结合起来。

① 毛泽东：《实践论》，《毛泽东著作选读》（甲种本），中国青年出版社 1964 年版，第 52—53 页。

第六章　清初王夫之、颜元等人的行先知后说

宋元明清时期，在知行观、认识论领域，唯物主义和唯心主义两条路线的斗争也是十分激烈的。程朱、陆王的唯心主义先验论虽然一直是占统治地位的官方哲学，严重地束缚着人们的思想，造成了崇尚空谈和虚静的腐朽的社会风气，但是，唯物主义反对道学唯心主义（包括“理学”和“心学”两个派别）的斗争也一直没有停止过，各个时代都涌现出了一批反道学的唯物主义思想家。例如，在北宋有王安石的新学反对二程理学的斗争，在南宋有陈亮、叶适的功利主义反对朱熹、陆象山的道学唯心主义的斗争，在明代有罗钦顺、王廷相反对唯心主义理学和心学的斗争。到了明清之际，由于受到“天崩地解”的时代的刺激，反道学的思潮更汇成巨流，出现了以黄（宗羲）、顾（炎武）、王（夫之）、颜（元）为代表的一大批著名的启蒙思想家、卓越的唯物主义哲学家。他们从各个方面对宋明理学进行了猛烈的抨击和批判，在知行观方面共同地反对知先行后和以知代行的唯心主义先验论，针锋相对地提出了“行先知后”“力学致知”的唯物主义认识论命题；反对空谈心性、崇尚玄虚的恶劣学风，提倡“经世致用”的所谓“实学”。经过黄、顾、王、颜等人的批判，宋明理学即道学是决定地终结了，在理论上再也没有继续发展、蔚为大观的可能。作为这个时期唯物主义知行观的代表者，我们着重介绍王夫之

和颜元这方面的理论，黄、顾等人的贡献自然也不能抹煞，但只能在适当地方提及之。在前，我们对反道学的先行者陈亮、叶适和王廷相的知行学说也作一简单介绍。

一 反道学的先行者

甲 陈亮、叶适

陈亮、叶适是朱熹和陆象山的同时代人，他们都生活在社会阶级矛盾和民族矛盾异常激烈的南宋时期。形成于北宋而最后完成于南宋的道学，在这一特定时期的历史实践中，已经充分暴露出了它的腐朽性和反动性。宣称“以儒立国”的南宋朝廷，被一群“低头拱手，空谈性命”的经生学士包围着，“论恢复则曰修德待时，论富强则曰节用爱人，论治则曰正心，论事则曰守法。君以从谏务学为美，臣以识心见性为贤。论安言计，动引圣人，举一世谓之正论，而经生学士合为一辞，以摩切陛下者也”（《龙川文集·上孝宗皇帝第二书》）。当权的大地主阶级顽固派推行一条对内镇压人民、对外妥协投降的反动路线，它的思想基础就是所谓道学。陈亮、叶适在当时都是坚决主张抗战、反对求和的，他们从实践中认识到空谈“道德性命”、鼓吹“安坐感动”的道学祸国殃民的反动本质，因而从理论上大力提倡实事实功之学，勇敢地投入了反道学的斗争。

陈亮（1143—1194年）字同甫，浙江永康人。他一生反对同金人议和，力主复仇雪耻，恢复中原。他在十八九岁时便写成一部具有独特风格的《酌古论》，通过总结古人军事斗争中的成功经验和失败教训，归纳出一些对指导当前斗争有益的原则。他在论及写作该书的目的时说：

文武之道一也，后世始歧而为二：文士专铅椠，武夫事剑楯，彼此相笑，求以相胜。天下无事则文士胜，有事则武夫胜。各有所长，时有所用，岂二者卒不可合耶？吾以谓文非铅椠也，必有处事之才；武非剑楯也，必有料敌之智。才智所在，一焉而已，凡后世所谓文武者，特其名也。吾鄙人也，剑楯之事，非其所习；铅椠之业，又非所长；独好伯王大略，兵机利害，颇若有自得于心者，故能于前史间窃窥英雄之所未及，与夫既已及之而前人未能别白者，乃从而论著之，使得失较然，可以观，可以法，可以戒，大则兴王，小则临敌，皆可以酌乎此也。命之曰《酌古论》。(《龙川文集·酌古论序》)

陈亮对文武之道的看法，已经包含着知与行、理论与实践统一的见解。他认为“文”非铅椠之谓，而必须有“处事”的实际才能；“武”非剑楯之谓，而必须以“料敌”的智慧为指导。“文武之道一也”。他特别强调理论要和实际事功相结合，正确的历史理论，必须总结前人“得失”的经验教训，以指导当前的实际，即所谓“可以观，可以法，可以戒，大则兴王，小则临敌”。他所以如此注重实际事功，正是因为抗金斗争的需要，为了完成“中兴”大业，非造就出一大批能文能武、理论和实际相结合的人才不可。陈亮的这部早年著作，已鲜明地标示出他的实事实功之学的特色，它同空谈“性命义理”的唯心主义道学是根本对立的。

后来，陈亮曾多次上书孝宗皇帝，反复申述自己抗金复国的主张，他还亲自到京口、建业等地进行实地考察，指出“罪在于书生之不识形势”，用调查得来的材料有力地驳斥了“江南不易保”的投降理论。值得注意的是，他在“和”“战”两条路线的背后，还深刻地揭露了“动”和“不动”、“用”和“不用”两种宇宙观和认识论的对立：一条是“安坐待时”、不动不用、等着挨敌人的打的路线；一条是在“用”即实践中培养人才，充足兵食，积蓄反攻中原的力量的

积极有为的路线。他说："人才以用而见其能否，安坐而能者不足恃也；兵食以用而见其盈虚，安坐而盈者不足恃也。""东西驰骋，而人才出矣；盈虚相补，而兵食见矣。……云合响应之势，而非可安坐而致也。"（《龙川文集·上孝宗皇帝第一书》）在另一个地方，他还强调"鍊"的作用，如说："人只是这个人，气只是这个气，才只是这个才，譬之金银铜铁，只是金银铜铁，鍊有多少，则器有精粗。"（《龙川文集·与朱元晦秘书》）又说，他自己做学问的态度，"正欲揽金银铜铁镕作一器，要以适用为主耳"（《龙川文集·与朱元晦秘书》）。不论是强调"鍊"，还是强调"用"，都是在一定程度上看到了人的实践的重要作用，安坐不动是不能获得认识的，不"着实而适用"的学问也是没有任何意义的。他正是用这种实践的观点去批判道学家们"安坐不动"的态度。如说：

> 风不动则不入，蛇不动则不行，龙不动则不能变化，今之君子欲安坐感动者，是真腐儒之谈也。（《龙川文集·又癸卯通书》）
>
> 天下大物也，须是自家力气可以干得动，挟得转，则天下之智力无非吾之智力，形同趋而势同利，虽异类可使不约而从也。若只欲安坐感动之，向来诸君子固已失之偏矣。（《龙川文集·壬寅答朱元晦秘书》）

对于那些"举一世安于君父之仇"，"自以为得正心诚意之学者"，陈亮更讥讽为"风痹不知痛痒之人"，骂他们如同"槁木死灰"，于国家民族有百害而无一利。

陈亮中年以后和朱熹相识并有较多的书信往来。当时朱熹的道学已"行而不可遏止，齿牙所致，嘘枯吹生，天下之学士大夫贤不肖，往往系其意之所向背，虽心诚不乐，而亦阳相应和"（《龙川文集·钱叔因墓碣铭》），陈亮却不愿趋附朱熹，反而同朱熹就"王霸义利"问题展开了一场大论战。在此过程中，他对道学唯心主义的危害和反

动本质认识得更清楚了，反道学的战斗也更英勇了。

陈亮坚持“道在物中”的朴素唯物主义观点，进一步发展了他的实事实功之学，用以作为批判脱离实际、大搞繁琐哲学的道学唯心主义的武器。他说：

> 世之学者，玩心于无形之表，以为卓然而有见。事物虽众，此其得之浅者，不过如枯木死灰而止耳；得之深者，纵横妙用，肆而不约，安知所谓文理密察之道？泛乎中流，无所底止，犹自谓其有得，岂不可哀也哉！故格物致知之学，圣人所以惓惓于天下后世，言之而无隐也。夫道之在天下，何物非道？千涂万辙，因事作则。苟能潜心玩省，于所已发处体认，则知“夫子之道，忠恕而已”，非设辞也。(《龙川文集·与应仲实》)

陈亮认为，道是不能脱离具体事物的，道就是依凭于事物的事物的法则。“因事作则”和“玩心于无形之表”，这是两条不同的认识路线。朱熹等人认为道是超越于具体事物，在事物之上和之先的东西，因此认识可以不依赖于具体事物，去追求那些完全脱离实际的抽象的原则。这就是陈亮一再批判、反对的“道德性命之学”。在国家民族生死存亡的关键时刻，正需要大批有为的人才，而这种学说的流行，却造成“烂熟委靡”的社会风气，使南宋王朝濒临灭亡的边缘。陈亮痛切地指出：

> 自道德性命之说一兴，而寻常烂熟无所能解之人，自托于其间，以端悫静深为体，以徐行缓语为用，务为不可穷测，以盖其所无，一艺一能，皆以为不足自通于圣人之道也，于是天下之士，始丧其所有，而不知适从矣。为士者耻言文章行义，而曰尽心知性，居官者耻言政事书判，而曰学道爱人，相蒙相欺，以尽废天下之实，则亦终于百事不理而已。(《龙川文集·送吴允成运幹序》)

在这里，他对空知无行、不务实际的道学唯心主义进行了正面的攻击，揭露道学的信徒们身无一技之长，只会打拱静坐、徐行缓语，用“尽心知性”“学道爱人”一类的漂亮话自欺欺人，以掩盖他们的空疏无能和“尽废天下之实”的严重恶果。陈亮的实事实功之学和这种“道德性命之说”是正相反对的，他提出了“各务其实”的口号，主张“为士者必以文章行义自名，居官者必以政事书判目显”（《龙川文集·送吴允成运斡序》），各人在具体工作中充分发挥自己的能力，讲求工作的实际效用，国家才有兴旺自强抗战胜利之一日。

陈亮做学问的态度是“以适用为主”，所以不喜欢空谈“道德性命”，他为学的目的是要“学为成人”，而不屑于做一个什么“醇儒”。他在答朱熹的信中说：“学者所以学为人也，而岂必其儒哉！”又说：“亮之不屑，于今世儒者，无能为役，其不足论甚矣！然自要做个人。”（《龙川文集·与朱元晦秘书》）他自认和朱熹之辈不是一路人，公开以“成人之道”来对抗朱熹的“醇儒”之道。他说：“研穷义理之精微，辩析古今之同异，原心于秒忽，较礼于分寸，以积累为功，以涵养为正，睟面盎背，则亮于诸儒诚有愧焉。至于堂堂之阵，正正之旗，风雨云雷交发而并至，龙蛇虎豹变见而出没，推倒一世之智勇，开拓万古之心胸，如世俗所谓粗块大商，饱有余而文不足者，自谓差有一日之长。”（《龙川文集·又甲辰答书》）这里看出他“志存经济”的胸怀和识见，决非不知事功为何物的“书生之智”所可比拟。

陈亮重视实事实功的知行观具有明显的朴素唯物主义的倾向，但是他并没有从理论上对“知先行后”的唯心主义先验论进行系统的剖析和批判，他的功利主义学说也没有摆脱狭隘经验论的局限性。

叶适（1150—1223 年）字正则，浙江永嘉人。在“积弱不振”的南宋时期，他也是一个坚决的主战派，并在抗金斗争中建立过实际功劳。在政治哲学思想上，叶适的“永嘉之学”和陈亮的“永康之学”互为同调，均主张“务实而不务虚”的功利主义，和朱熹、陆

象山等人的“性命义理之学”尖锐地对立起来。黄宗羲曾经指出：“永嘉之学，教人就事上理会，步步着实，言之必使可行，足以开物成务。盖亦鉴一种闭眉合眼，蒙瞳精神，自附道学者，于古今事物之变，不知为何等也。”（《宋元学案·艮斋学案》）这也概括地说明了叶适的学术风格和他的理论斗争的党派性。

叶适在认识论方面提出了不少合理的见解。首先，他肯定人类的认识是来源于客观世界，要达到对于客观世界的正确认识，心须采取“克己以尽物”的客观态度，避免“自用则伤物”的主观主义。这就是他的“以物用而不以己用”的唯物主义的“格物”说。这个学说的前提是肯定道在物中。他说：“物之所在，道则在焉。……道虽广大，理备事足，而终归之于物。”（《习学记言》卷四七）因此，对天下一切“道”或“理”的认识，都不能脱离天下的事物。他认为人应该使自己的主观认识适应客观事物，以心应物、尽物、通物，而不是使客观事物来适应自己，强物就我。“专以己为是”的自用态度和“徒恃其力之足以致物”的专横独断都是不足取的。他说：

> 人之所甚患者，以其自为物而远于物。夫物之于我，几若是之相去也，是故古之君子，以物用而不以己用，喜为物喜，怒为物怒，哀为物哀，乐为物乐；其未发为中，其既发为和，一息而物不至，则喜怒哀乐几若是而不自用也。自用则伤物，伤物则己病矣，夫是之谓格物。《中庸》曰：“诚者物之终始，不诚无物。”是故君子不以须臾离物也。夫其若是，则知之至者，皆物格之验也。（《水心别集·进卷·大学》）
>
> 案孔子告颜子：“一日克己复礼，天下归仁焉。”盖己不必是，人不必非，克己以尽物可也。若动容貌而远暴慢，正颜色而近信，出辞气而远鄙倍，则专以己为是，以人为非，而克与未克、归与未归皆不可知，但以己形物而已。（《习学记言》卷一三）

这些都是强调主观依赖于客观，主观必须服从客观，反对私心自用，用主观规范客观，甚至伤害客观。叶适指出："不本诸古人之源流，而以浅心狭志自为窥测，学者之大患也。"（《习学记言》卷一三）他特别批判一些为人君者，自以为掌握了生杀予夺的大权，天下无不听命于我，就是掌握了天下的一切真理。其实，"夫徒恃其力之足以致物，则吾应物之道浅而心之所存者狭矣"。强权并不等于真理，它恰恰是堵塞了通向真理的道路。所以，叶适认为："圣贤之所为过乎人者，不恃其力之足以致物，而忧其心之未能通物。"（《水心别集·进卷·傅说》）圣贤比一般人高明的地方，不在于用强力使众物来就我，而是使自己的心通晓天下的事物，一刻也不脱离客观事物。这就是所谓"物格之验"，就是所谓"知之至。"

其次，关于获得知识的途径，叶适提出了耳目与心官并用的"内外交相成之道"，着重批判了否认感性认识的重要性、"专以心性为宗主"的唯心主义先验论。他说：

> 案《洪范》：耳目之官不思而为聪明，自外入以成其内也；思曰睿，自内出以成其外也。故聪入作哲，明入作谋，睿出作圣，貌言亦自内出而成于外。古人未有不内外交相成而至于圣贤，故尧舜皆备诸德，而以聪明为首。……然后学者，尽废古人入德之条目，而专以心性为宗主，虚意多，实力少，测知广，凝聚狭，而尧舜以来内外交相成之道废矣。（《习学记言》卷一四）

叶适认为耳目之官的感性认识是从外到内，心之官的理性认识是从内到外，二者交互作用才能形成全面的知识。"非知道者不能该物，非知物者不能至道"（《习学记言》卷四七），感性认识和理性认识、耳目之官和心之官的作用不可偏废。他专门批判讲"心之官则思"而贱耳目的孟轲说："夫古人之耳目安得不官而散于物？而思有是非邪正，心有人危道微，后人安能常官而得之？"（《习学记言》卷一四）耳目

之官的感性认识不但是不可废的，而且是一切学问的基础，理性认识也必须依赖于它。如说："心悟神领，不在口耳，岂有是哉?"（《习学记言》卷一三）叶适认为，"古人多识前言往行"，"孔子教人以多闻多见而识之"，还是比较重视感性认识的；"近世以心通性达为学，而见闻几废"（《水心文集》卷二九《题周子实所录》），这是批判朱熹、陆象山等人的道学。朱、陆等人继承和发展了孟轲的唯心主义先验论，完全否定闻见之知，无限夸大心的作用，"谓独自内出，不由外入，往往以为一念之功，圣贤可招而致"（《习学记言》卷一四）。这就背离了孔子和古代圣贤一贯倡导的"内外交相成之道"。叶适指出他们"执心"实为"害心"，如说："然则执心既甚，形质块然，视听废而不行。盖辩士之言心也，其为心之害大矣!"（《习学记言》卷四五）耳目之官废而不用，"专以心性为宗主"，其结果只能是"舍实事而希影象，弃有用而为无益"（《习学记言》卷四七）。近世道学讲的完全是一派空疏虚妄的学问，于实事一无裨益。

叶适进而批判了庄周和佛氏的"顿悟"之说，指出："昔孔子称愤启悱发，举一而反三，而孟子亦言充其四端，至于能保四海，往往近于今之所谓悟者。然仁必有方，道必有等，未有一造而尽获也。一造而尽获，庄周、佛氏之妄也。"（《水心文集》卷一七《陈叔向墓志铭》）他的耳目与心官并重的"内外交相成之道"，是同一切形式的唯心主义先验论尖锐对立的，自然更不能容忍这种"一造而尽获"、专以心臆度的神秘主义的"顿悟"说。

再次，叶适确定了检验认识正确与否的标准，必须详细考察天下的事物，以客观事实为依据。他说："欲折衷天下之义理，必尽考详天下之事物而后不谬。"（《水心文集》卷二九《题姚令威西溪集》）又说："无验于事者，其言不合；无考于器者，其道不化。"（《水心别集·进卷·总义》）应该说，这是唯物主义的真理论。他批评朱、陆等人不用实力去考察天下的事物，专以"虚意"去"测知"，空谈心性的"微言大旨"，必然是经不起客观事实的检验的，因此，他们

所宣称的“道”和“理”都只能是彻底的谬误。叶适认为，正确的认识必须从客观实际出发，就好比射箭必须先立一个靶子，“的必先立，然后挟弓注矢以从之”。思想、言论一定要符合客观实际，而不是要客观实际符合你的主观认识，正如“弓矢从的，而的非从弓矢”（《水心别集》卷一五《终论七》）一样。这种“有的放矢”的主张，正是他自觉地坚持唯物主义认识路线的表现。

清代学者全祖望指出：“乾淳诸老既殁，学术之会总为朱、陆二派，而水心龂龂其间，遂称鼎足。”（《宋元学案·水心学案序录》）这里揭明了南宋时期叶适之学和朱熹的理学、陆象山的心学鼎足为三的形势。叶适进行理论斗争的锋芒，始终是对准以朱、陆为代表的道学正统派的。他曾用很大精力对古代哲学遗产进行了批判的探讨，主旨也在于从“学统”上来动摇道学正统派的理论基础，故把道学家们推崇的儒家思孟学派作为批判的重点。他指出：“古之圣贤，无独指心者。舜言人心道心，不止于治心；孟子始有尽心知性，心官贱耳目之说。”（《习学记言》卷四四）“盖以心为官，出孔子之后；以性为善，自孟子始。”（《习学记言》卷一四）认为思孟学派的唯心主义先验论上挂不到孔子。由于时代的局限，他还是把孔子当作真理的化身，但却打断了正统派遥接孔子的道统传受，否定了他们自封的“正宗”的地位。

和陈亮一样，叶适也把对道学的批判和当时反对大地主顽固派的投降主义路线的政治斗争结合起来，揭露了“性命义理之学”为“和亲”的卖国政策效劳的反动实质。他说：

> 方建炎、绍兴十余年间，天下能愤忾视虏如仇敌，秦桧既坚持之，自此不惟以和亲为性命义理之实，而言复仇雪耻者更为元恶大憝，灭天常，绝人理，其事极大，未知此论何时当回也？（《习学记言》卷四三）

道学们空谈“义理”，反对“计功谋利”，把主张复仇雪耻、收复失地的抗战派攻击为“偏狭”的功利主义。叶适针锋相对地驳斥说：“仁人正谊不谋利，明道不计功，此语初看极好，细看全疏阔。古人以利与人，而不自居其功，故道义光明。后世儒者，行仲舒之论，既无功利，则道义者，乃无用之虚语尔。”（《习学记言》卷二三）他主张把道义和功利统一起来，认为道义不能脱离功利，没有实际功利，道德义理就不过是空话而已。陈亮、叶适所提倡的功利主义，在反对大地主投降派的斗争中是有一定进步意义的，在反对道学唯心主义的斗争中也表现出了一定的唯物主义倾向，应该被看作是那个时代的有价值的哲学遗产。

陈亮、叶适是在南宋道学风靡之时奋起批判道学的唯物主义哲学家，他们的那种“推倒一世之智勇，开拓万古之心胸”的大无畏气概，的确令人佩服。陈、叶哲学的基本精神是主张经世致用，提倡实事实功，极端鄙弃空疏虚妄的“道德性命”之学，表现出一定的实践性和战斗性。这种精神被后来反道学的思想家们继承和发扬，逐渐形成了我国唯物主义哲学的优良学风，在知行学说发展史上，它的意义是不可低估的。

乙　王廷相

王廷相（1474—1544 年）字子衡，号浚川，河南仪封人。他是王阳明的同时代人，明代著名的唯物主义思想家。在知行观、认识论方面，他的唯物主义思想比陈亮、叶适又前进了一步，十分重视“接习”“实历”在认识中的作用，从理论上较深刻地批判了程朱、陆王的唯心主义先验论。

王廷相的唯物主义认识论的战斗宗旨是很明确的。他说：“近世学者之弊有二：一则徒为泛然讲说，一则务为虚静以守其心，皆不于实践处用功，人事上体验。往往遇事之来，徒讲说者，多失时措之

宜，盖事变无穷，讲论不能尽故也；徒守心者，茫无作用之妙，盖虚寂寡实，事机不能熟故也。”（《王氏家藏集》卷二七《与薛君采》）又说：“晚宋以来徒为讲说，近世学者崇好虚静，皆有害于道，此不可发后学矣。”（《王氏家藏集》卷二七《与薛君采》）这里所谓“徒讲说者”，是指程朱一派客观唯心主义者，以泛观博览、读书讲明义理为格物致知之学，晚宋以来势力极大；这里所谓“徒守心者”，是指陆王一派主观唯心主义者，崇好虚静以守其本心，故又称之为“禅”，这一派因王（阳明）学的兴起而在明代中后期风靡一时。王廷相认为这两种唯心主义“皆于道有害”，都是违背真理的；它们的根本错误在于“皆不于实践处用功，人事上体验”，即都是脱离人的实践活动的。他对这两种唯心主义的先验论都进行了尖锐的批判，并在批判战斗中阐明了一些重要的唯物主义认识论原理。

王廷相认为，人有精神即主观认识能力，是为“在内之灵”。人仅有主观认识能力还不能形成认识，还必须依凭“在外之资”，即必须和客观外界事物相接触，对“物理”有所见闻，然后才能产生认识。“夫圣贤之所以为知者，不过思与见闻之会而已”，“此内外相须之自然也”（《雅述》上篇）。这和叶适说的“内外交相成之道”本质上是一致的，都强调外部的客观世界对于人的认识的根源性，强调直接经验即感觉是一切认识的基本来源。王廷相说：

> 心者，栖神之舍；神者，知识之本；思者，神识之妙用也。自圣人以下，必待此而后知。故神者在内之灵，见闻者在外之资。物理不见不闻，虽圣哲亦不能索而知之。使婴儿孩提之时，即闭之幽室，不接物焉，长而出之，则日用之物不能辨矣，而况天地之高远，鬼神之幽冥，天下古今之变，杳无端倪，可得而知之乎？（《雅述》上篇）

又说：

> 夫心固虚灵，而应者必藉视听聪明，会于人事，而后灵能长焉。赤子生而幽闭之，不接习于人间，壮而出之，不辨牛马矣，而况君臣、父子、夫妇、长幼、朋友之节度乎？而况万事万物几微变化，不可以常理执乎？（《雅述·石龙书院学辩》）

他举“幽闭之孩提”的例子，对唯心主义先验论的批判是生动有力的，令人信服地说明“接物”是获得认识的前提，“不接习于人间”“物理不见不闻”是得不到关于自然和社会的任何知识的。

王廷相说：“物理不见不闻，虽圣哲亦不能索而知之。”这是对圣人生知说的否定。他还区分所谓“天性之知”和“人道之知”，认为除了饮食视听等人的生理本能和感觉、知觉的能力之外，包括父母兄弟之亲等道德伦理观念在内的“万物万事之知”，都不是先天固有的，而是通过后天的学习得来的，是“人道之知”而不是“天性之知”。他又以“孩提惟知所养者为亲”为例，有力地驳斥了“孩提之童莫不知爱其亲”的先验论，令人信服地说明道德观念也是后天的环境习染所产生的。他说：

> 婴儿在胞中自能饮食，出胞时便能视听，此天性之知，神化之不容已者。自余因习而知，因悟而知，因过而知，因疑而知，皆人道之知也。父母兄弟之亲，亦积习稔熟然耳。何以故？使父母生之，孩提而乞诸他人养之，长而惟知所养者为亲耳，涂而遇诸父母，视之则常人焉耳，可以侮、可以詈也。此可谓天性之知乎？由父子之亲观之，则诸凡万物万事之知，皆因习、因悟、因过、因疑而然，人也，非天也。（《雅述》上篇）

这就是说，如果说有“天性之知”的话，只有饮食视听才能叫做

“天性之知”，其余一切知识都是后天的“人道之知”即经验之知。这样的讲法，实际上否定了真正意义上的天性之知即先验之知的存在。因为他讲的饮食视听都不是一般意义上的认识，饮食是人的生理本能，不属于认识论的范畴；“目之能视，耳之能听”只是人的感官具有的一种认识能力，它们不和外物接触，还是不能产生认识。一切认识都是“思与见闻之会”，“在内之灵”与“在外之资”相结合的产物，所以都不可能是先天固有的。王廷相对程朱、陆王的先验论进行了深刻有力的批判，但是他并没有彻底摈弃“圣人生知”的传统观念，而是把圣人生知限制在一定范围内，即所谓“惟性善、近道二者而已”（《雅述》上篇）。显然，这是对先验道德论的让步，也是同他自己的上述正确立场相矛盾的。

王廷相提出“因习而知，因悟而知，因过而知，因疑而知，皆人道之知也”的论点，丰富了唯物主义的知识起源论。他认为人们关于万事万物的知识，都是由于经验的积习，由于对事物的领悟，由于错误的教训，或者由于怀疑而去探索得来的，都是后天的“必待学而后知”的经验之知，圣人也不例外。据此，他批判宋儒的所谓“德性之知”说：

> 近世儒者务为好高之论，别出德性之知，以为知之至，而浅博学、审问、慎思、明辨之知为不足，而不知圣人虽生知，惟性善、近道二者而已，其因习、因悟、因过、因疑之知，与人大同，况礼乐名物，古今事变，亦必待学而后知哉？（《雅述》上篇）

又说：

> 世之儒者乃曰思虑见闻为有知，不足为知之至，别出德性之知为无知，以为大知。嗟呼！其禅乎！不思甚矣。殊不知思与见闻必由吾心之神，此内外相须之自然也。德性之知，其不为幽闭

之孩提者几希矣！禅学之惑人每如此。（《雅述》上篇）

在自然观方面，王廷相继承和发展了张载的“太虚即气”的唯物主义元气本体论；在这里，他却纠正了张载的所谓“德性所知，不萌于见闻”的唯心主义先验论的错误。当然，他对所谓“德性之知”的批判，主要是针对程朱、陆王的先验论，包括王阳明的“致良知”说在内，指出它们的虚妄不实，不过是禅学的谬种流传而已。

王廷相批判“德性之知”的一个重要论点就是：一切知识都是来自见闻和思虑，没有什么“别出”的超感觉、超思维的知识。他说：“夫神性虽灵，必藉见闻思虑而知；积知之久，以类贯通，而上天下地，入于至精至细而无不达矣，虽至圣莫不由此。”（《雅述》上篇）见闻、思虑又必须依赖于人的感觉和思维的器官。“耳之能听，目之能视，心之能思，皆耳、目、心之固有者；无耳目，无心，则视听与思尚能存乎？”（《雅述》上篇）所以，超出耳目闻见和心官思虑去讲什么“德性之知”是十分荒谬的。王廷相在某种程度上认识到了“见闻”和“思虑”是统一的认识过程中的两个不同阶段，看到了它们之间的一些区别和联系。从对先验论的无情批判可以看出，他十分重视“见闻”即通过感官接物得到感性认识，认为这是一切认识的基础和起点。他说：“必从格物致知始，则无凭虚泛妄之私；必从洒扫应对始，则无过高躐等之病。”（《慎言·潜心篇》）从感觉经验出发，就没有那些脱离实际的好高虚妄之论存在的余地。同时，王廷相也看到了认识不能仅仅停留在“见闻”的感性阶段，必须在积累丰富的感性经验的基础上，使认识“入于至精至细而无不达”的境地，这就需要思维的器官“心”发挥“能思”的作用。他说：“耳目之闻见，善用之足以广其心，不善用之足以狭其心。”（《慎言·见闻篇》）如果满足于耳目闻见，有时不仅不能增进知识，反而会束缚思维的发展。他认为知识广博固然是好，尤其可贵的是在于精通，做到“思之自得”“习之纯熟”。他说：“广积未必皆当，而思之自得者真；泛讲未

必吻合，而习之纯熟者妙。是故君子之学，博于外而尤贵精于内，讨诸理而尤贵达于事。”（《慎言·潜心篇》）这就是说，亦不可忽略“思虑”在认识中的重要作用。他的基本观点是肯定理性认识高于感性认识，感性认识是理性认识的基础，必须把感性认识和理性认识结合起来。当然，他对这些观点的表述是粗略的，零散的，很不完善的。

王廷相是一位知识渊博的学者，他自己在做学问的时候，是实际地贯彻了上述认识论原则的。一方面，他注重观察、试验以获得直接经验，建立科学认识的可靠的基础。例如，他曾亲自观察过雪花的形状，驳斥了古人所谓“春雪五出”的谬说。他说：“冬雪六出，春雪五出，言自小说家。予每遇春雪，以袖承花观之，并皆六出，不知此说何所凭?”（《雅述》下篇）他认为不在观察、试验的基础上建立的理论是不足凭信的。另一方面，他也注意运用理性思维，根据事实推断过去和预见未来，在科学上提出了一些有价值的见解。譬如他说；“惟迹与理，可以会通矣。山石之欹侧，古地之曾倾坠也；山有壑谷，水道之荡而日下也；地有平旷，水土之漫演也。高峻者日以剥，下平者日以益，江河日趋而下，咸势之不得已也夫！”（《慎言·乾运篇》）他的这些推断遵循了“惟迹与理，可以会通”的原则，并非完全凭空无据的泛妄之论。

王廷相在认识论方面的突出贡献是强调“行”即“履事”“实历”在认识中的重要作用，明确提出“知行兼举”的主张，真正击中了“皆不于实践处用功”的唯心主义先验论的要害。

当时学者，“有为虚静以养心者，终日端坐，块然枯守其形而立，曰学之宁静致远在此矣；有为泛讲以求知者，研究载籍，日从事乎清虚之谈，曰学之物格知至在此矣”（《雅述·石龙书院学辩》）。前者是指陆王一派主观唯心主义者，后者是指程朱一派客观唯心主义者。他们共同的特征是排斥实践，不和客观事物相接触，专凭主观臆想或泛然讲说，所以是得不到关于客观世界的任何真知识的。王廷相并不

否认虚静心志和讲说求知在认识中的作用，但是他坚决反对脱离实践来“养心”和“求知”。他说：“清心志，祛烦扰，学之造端固不可无者，然必有事焉然后可。《中庸》曰：‘致中和，天地位焉，万物育焉。’中和而曰‘致’，岂虚静其心性者可以概之哉？……传经、讨业、致知，固其先务矣，然必体察于事会而后为知之真。《易》曰：‘知至至之，可与几也；知终终之，可与存义也。’然谓之‘至之’、‘终之’，亦非泛然讲说可以尽之矣。”（《雅述·石龙书院学辩》）他认为一切真知识都是从“体察于事会”的直接经验中来的。为了说明这个道理，他又引孟子的话并唯物地解释说：“孟子曰：‘君子深造之以道，欲其自得之也。自得之则居之安，居之安则资之深，资之深则取之左右逢其源。’此万世学道者之筌蹄也。然谓之‘自得’，非契会于身心者不能。谓之‘深造’，岂徒为讲说，虚守其心，而不于事会以求之哉？谓之‘左右逢源’，非实体诸己，恶能有如是妙应？”（《王氏家藏集》卷二七《与薛君采》）总之，所谓“真知深知”，就是要亲自参加实践，“实体诸己”，“契会于身心”。

王廷相用“必亲至越而后知越之故”的例子深刻地阐明了真知必由行而致的唯物主义认识论观点，他说：

> 讲得一事即行一事，行得一事即知一事，所谓真知矣。徒讲而不行，则遇事终有眩惑。如人知越在南，必亲至越而后知越之故，江山、风土、道路、城域可以指掌而说，与不至越而想象以言越者大不侔矣。（《王氏家藏集》卷二七《与薛君采》）

在这里，他实际上批判了程朱的知先行后说，而明确地主张行先于知，真知必从行中来。他在复范师舜的信中也曾表示：“其云以力行之精熟为知之真，尤所相契。”他是赞成这种观点的，对当时儒者重讲说、贱力行的学风深表不满。他说：“孔门博文约礼一时并进，但知行有先后之序尔，非谓博文于数十年之久，义理始明，而后约礼以

行之也。大抵孔门凡言为学，便有习事在内，非如近世儒者惟以讲论为学，而力行居十之一。故其所知皆陈迹定版，而寡因时自得之妙，虽天赋之神灵不齐，亦偏滞于讲说，而不于人事之内以求知之过也。细读《论》《孟》，当见此义。”（《王氏家藏集》卷二七《与范师舜》）读这一段话，他似乎又并不否定知先行后之序，只是反对二者的脱节，主张知行“一时并进”。孔子“博文约礼”的遗教对于他来说是不可动摇的。不过他强调“凡言学者，便有习事在内”，着重批判的是“惟以讲论为学，而力行居十之一”，脱离“人事”以求知的错误倾向，目的还是要把“力行”放到认识论中的重要地位上去。他明确提出“知行兼举”的主张，如说：“学之术二：曰致知，曰履事，兼之者上也。”（《慎言·小宗篇》）又说：“精于仁义之术，优入尧舜之域，必知行兼举者能之矣。”（《慎言·小宗篇》）把“行”解释为“履事”即实际地做事情，引进“学之术”的范畴，这是同根本排斥实践的程朱、陆王的唯心主义先验论直接对立的。

王廷相认为，只有从“履事”“实历”中得到的知识才是真知识，才能正确地指导人们的行动，达到预期的功效；没有实践经验的“徒讲说者”，就象闭户而学操舟之术的人一样，经不起风浪的考验。他说：

> 练事之知，行乃中几；讲论之知，行尚有疑。何也？知，在我者也；几，在事者也。譬久于操舟者，风水之故审矣，焉往而不利涉？彼徒讲于操舟之术者，未涉江湖，而已不胜其恐矣，安有所济之哉？盖风水者，几之会也，非可以讲而预者也。（《慎言·小宗篇》）

在他的名文《石龙书院学辨》中，再一次生动地举了这个例子，来讥讽那些空谈而无实历的唯心主义者。他说：

> 世有闭户而学操舟之术者，何以舵，何以招，何以橹，何以帆，何以引笮，乃罔不讲而预也。及夫出而试诸山溪之滥，大者风水夺其能，次者滩漩汩其智，其不缘而败者几希！何也？风水之险，必熟其机者然后能审而应之，虚讲而臆度不足以擅其功矣。夫山溪且尔，而况江河之澎汹、海洋之渺茫乎？彼徒泛讲而无实历者何以异此？

这里说的“实历”，是指生活中的实际阅历。只有经验丰富的船夫才能真正掌握操舟之术，随机应付各种复杂的情况，闭门谈操舟之术的人，一到实践中就会暴露出他们讲的是假学问，并且要受到实践的惩罚。王廷相虽然不是十分自觉地，但已能初步地运用实践标准去批判“虚讲而臆度”的唯心主义者，这在当时是极富有战斗性的理论。

当然，王廷相所讲的“行”“力行”“履事”“习事”“实历”，以至他提出的“实践”概念，都不是我们今天讲的科学的社会实践的含意，不是指人民群众的生产斗争和阶级斗争，而主要是指个人的日常生活、政治活动和道德修养方面的活动。譬如他说：“深省密察，以审善恶之几也；笃行实践，以守义理之中也；改过徙义，以极道德之实也。三者尽而力行之道得矣。”（《慎言·潜心篇》）这些就主要是从道德修养方面说的。他认为“行”即上述种种实际活动对人的认识有重要影响，但由于不了解人的社会性，所以他也不能科学地了解认识对于社会实践的依赖关系。他把“行”的含意仅限于个人的直接经验，自然地使这种理论带有一般旧唯物主义常见的经验论的色彩。即便如此，它在反对唯心主义先验论的斗争中仍不失为一面光辉的旗帜，用个人的实际经验去批驳先验论的胡说，也比那些不着实际的理论批判强有力得多。

晚宋以来，“崇朱者以讲论为真诠，守陆者以禅定为要轨”（《雅述》上篇），逐渐相沿形成为理学和心学两个唯心主义的学派。理学和心学从一开始就遭到它的对立面——唯物主义的顽强抵抗和反击。

反道学的先行者陈亮、叶适和王廷相分别是朱、陆和王阳明的同时代人，这个事实本身就说明了当时理论斗争的尖锐性。宋明道学（包括理学和心学）一直是后期封建社会占统治地位的意识形态，唯物主义反道学的斗争在这个时期也一直没有停止过。反道学先行者的斗争对明清之际反道学高潮的形成有直接的重要的影响，他们的一些合理的思想也被后继者吸取和发扬光大了。例如，陈、叶志存经济、注重事功的唯物主义倾向，到明清之际发展成为经世致用、实事求是的优良传统；王廷相重“行”的知行观，后来发展成为王夫之、颜元的明确的行先知后说；甚至连王廷相举过的“必亲至越而后知越之故”的例子，也被王夫之重新运用来发挥唯物主义认识论的观点。从陈亮、叶适、王廷相到王夫之、颜元等人的唯物主义知行观的发展，有着明显的思想上的继承性，这是由于他们比较接近的阶级地位和共同的反道学的立场所决定的。

二　王夫之

明清之际，中国社会和思想发展都处于一个剧烈变动的时期。封建社会已经进入晚期，它的各种弊病充分暴露出来，社会阶级矛盾和民族矛盾错综复杂地交织在一起。由于时代的刺激和历史的觉醒而兴起的一代启蒙思潮，反映当时社会经济发展的客观要求，在爱国主义的政治实践中，提出了一系列革新政治和革新思想文化的进步主张，表现为对封建专制主义制度和传统思想的强烈抗争，在以后二百年的思想界中产生过巨大影响。这一新思潮的著名的哲学代表就是王夫之。

王夫之（1619—1692 年）字而农，号姜斋，湖南衡阳人。因晚年隐居石船山，又称船山先生。他早年曾在湖南起兵抗清，后效力于南明永历政权，直到大势已去，才决计“退伏幽栖”，窜身苗瑶山洞，在极艰苦的环境中，写出了大量政治、哲学、史学著作，在另一条战

线上展开了反对封建正宗思想的坚持不懈的斗争。

王夫之和他同时代的黄宗羲、顾炎武等进步思想家，都共同地经历过明亡的痛史，特别深切地感受到统治中国思想界达五百年之久的道学唯心主义，实在是造成社会风气颓废、国家民族败亡的一个重要原因。黄宗羲极不满于“明人讲学，袭语录之糟粕，不以六经为根底，束书而从事游谈”（全祖望《梨洲先生神道碑》）的恶劣学风，顾炎武更痛斥道学家们的清谈误国，以至造成“股肱惰而万事荒，爪牙亡而四国乱，神州荡覆，宗社丘墟”（《日知录》卷七）的严重后果，指出“永嘉之亡，太清之乱”，皆“谈空空覈玄玄者有以致之”（《日知录》卷一）。王夫之在他的许多著作中，不仅表现了同样的义愤，而且以严肃的批判精神，对道学唯心主义进行了“入其垒，袭其辎，暴其恃而见其瑕”（《老子衍·自序》）的深入解剖和批判，在理气、道器、有无、本末、能所、知行、名实、动静、常变等一系列问题上，和程朱、陆王的唯心主义哲学路线鲜明地对立起来。王夫之对道学唯心主义和整个传统哲学的批判是坚决的，毫不留情的，“欲尽废古今虚妙之说，而反之实”（王敔《姜斋公行述》）。但他并不是简单地否定，而是从理论体系和哲学根本问题上予以致命打击，同时善于吸取先行思想资料，加以实质性的改造，来丰富和发展自己的唯物主义哲学，故能出现“六经责我开生面”“推故而别致其新”的局面。可以说，王夫之是我国古代朴素唯物主义哲学的集大成者，他继承了两千多年来唯物主义的优良传统，并通过对宋明道学以及古代的各种唯心主义和神学理论的系统清算和批判，把我们民族特有的唯物主义哲学形态发展得更加完备了。

在知行关系这个传统哲学问题上，王夫之也担当了从理论上系统地清算陆王、程朱的主、客观唯心主义知行学说的任务，并在斗争中建立了“行先知后”“行可兼知”“知行相资以为用”“知行并进而有功”的比较完备的朴素唯物主义的知行学说。为了揭明王夫之的知行学说的唯物主义实质，全面了解他的认识论体系，我们还必须从主观

和客观的关系这一认识论的基本问题谈起。

能与所

王夫之否认人类有主观自生、先天固有的知识。他说："知见之所自生，非固有。"（《思问录内篇》）"形也，神也，物也，三相遇而知觉乃发。"（《张子正蒙注·太和篇》）就是说，作为认识的主观条件的感觉器官和心的精神思维作用，必须和作为认识对象的客观事物相结合，而后才能产生认识。"耳与声合，目与色合，皆心所翕辟之牖也。合，故相知。"（《张子正蒙注·大心篇》）感觉器官是主体接受外界刺激的窗户，所谓"与物交""内外合"，就是主观和客观发生关系，互相结合，这是后天的形成"知"的必要条件。王夫之认为，客观事物是"天下固有"、不依赖于人的主观认识而独立存在的，主观认识只能去反映它，被反映的客观事物是授予者，主观认识是接受者。他说："色、声、味之在天下，天下之故也（自注：故谓已然之迹）。色、声、味之显于天下，耳、目、口之所察也。……若其为五色、五声、五味之固然者，天下诚然而有之，吾心诚然而喻之；天下诚然而授之，吾心诚然而受之。"（《尚书引义·顾命》）主观认识的内容来源于客观世界。这是唯物主义反映论的基本观点。

关于主观和客观、认识主体和认识对象的区别和联系，王夫之还借用佛教哲学中的"能""所"范畴，给以唯物主义的规定，深刻地批判了混淆主观和客观、以主观代替客观、否认客观世界真实存在的佛教唯心主义和陆王一派主观唯心主义者。

荀况说过："所以知之在人者谓之知。"（《荀子·正名》）《墨经》也说："知材：知也者，所以知也。"（《经说上》）中国古代哲学都把主体的认识能力叫做"所以知"，把认识的客观对象叫做"所知"。后来佛教哲学中有"能""所"的范畴，"能"即能知，指认识的主体；"所"即所知，指认识的对象。王夫之认为把认识主体和认

识对象加以区别是对的，问题是佛教唯心主义颠倒了它们的体用关系，以“能”为体，以“所”为用，认为客观世界不能离开主观意识而独立存在，它不过是主观意识变现出来的，即所谓“三界唯心而心即界，万法唯识而识即法”。王夫之也用传统哲学中的“体”“用”范畴来说明能所关系，但是批判了佛教的颠倒理论，重新赋予它以唯物主义的意义。他说：

> 夫能、所之异其名，释氏著之，实非释氏昉之也。其所谓能者，即用也；所谓所者，即体也，汉儒之已言者也。所谓能者，即思也；所谓所者，即位也，《大易》之已言者也。所谓能者，即己也；所谓所者，即物也，《中庸》之已言者也。所谓能者，人之弘道者也；所谓所者，道之非能弘人者也，孔子之已言者也。援实定名而莫之能易矣。（《尚书引义·召诰无逸》）
>
> 能所之分，夫固有之，释氏为分授之名，亦非诬也。乃以俟用者为所，则必实有其体；以用乎俟用而以可有功者为能，则必实有其用。体俟用，则因所以发能；用，用乎体，则能必副其所。体用一依其实，不背其故，而名实各相称矣。（《尚书引义·召诰无逸》）

他根据“援实定名”“名实相称”的原则，对“能”“所”范畴界说如下：“境之俟用者曰所，用之加乎境而有功者曰能。”（《尚书引义·召诰无逸》）就是说，“所”是等待主观认识作用于它的客观对象，“能”是作用于客观对象而发生一定功效的主观认识能力。所是体，能是用，这个关系不能混淆或颠倒。能所之分即主观和客观的分别，是“夫固有之”，本来就有的。所必须“实有其体”，才能接受主体的认识作用；能必须“实有其用”，才能对客观对象有所认识和反映，在作用于对象时产生实际的功效。这同佛教唯心主义否认客观物质世界的真实存在，把主观能动性加以抽象发展的观点是根本对立

的。尤其重要的是，王夫之提出了“因所以发能”“能必副其所”，即客观决定主观、主观必须符合客观的明确的唯物主义反映论原则。他认为，客观对象虽然是“俟用者”，但主观认识作用毕竟是由客观对象引起的；主观认识虽然可以作用于客观对象（“用乎体”），但它必须和客观对象相符合，它不过是客观对象的副本。总之，客观是第一性的，主观是第二性的，主观是被客观决定的，这就在认识论的基本问题上坚持了唯物主义路线。

关于“能”和“所”的区分，王夫之提出了“所不在内”和“能不在外”的原则，肯定认识是主体的活动，认识对象是离开主体而客观独立存在的。他说：“所著于人伦物理之中，能取诸耳目心思之用。所不在内，故心如太虚，有感而皆应；能不在外，故为仁由己，反己而必诚。”（《尚书引义·召诰无逸》）所即认识的对象是在身外的自然现象和社会关系之中，而不在人的主观意识之内；能即主观认识能力则表现为人的感觉和思维活动，它是在内而不在外，“心如太虚”，主观只能反映客观而不能创造客观。有必要指出，王夫之在坚持客观第一性、主观第二性原则的同时，并不否认主观认识的能动作用，而是强调“为仁由己”“人能弘道”，强调主体必须积极地去考察外物，否则外物虽然呈现在面前，“亦物自物而己自己”，还是不能去认识它。这样，他就比较正确地解决了主观和客观的关系问题。

根据对能所关系的上述唯物主义的理解，王夫之深刻地揭露和批判了“消所以入能，而谓能为所”的主观唯心主义，其锋芒是直接针对佛教和陆王心学的。他剖析了佛教“三变而立其说”的具体思维路径，指出：

乃释氏以有为幻，以无为实，惟心惟识之说，抑矛盾自攻而不足以立。于是诡其词曰：“空我执以无能，空法执以无所。”然而以心合道，其有能有所也，则又固然而不容昧，是故其说又不

> 足以立。则抑能其所，所其能，消所以入能，而谓能为所，以立其说，说斯立矣。故释氏凡三变，而以能为所之说成。（《尚书引义·召诰无逸》）

佛教唯心主义理论体系的建立，经过了三个步骤：第一步，把一切存在的东西都说成是虚幻的，但是又说“心”或“识”是真实存在的，这就陷入了自相矛盾；第二步，把“能”和“所”、主观和客观都说成是虚无，都是不真实的假相，但是实际情况却是“有能有所”，不容抹煞，这又是一个矛盾；第三步，干脆“能其所，所其能”，把主观和客观混同起来，“消所以入能，而谓能为所”，把客观消融于主观之中，以主观代替客观。这就是所谓“释氏凡三变，而以能为所之说成”。佛教的“以能为所”之说，是一种把客观归结为主观，又把主观意识设置为认识对象的主观唯心主义学说，它必然导致主观意识生灭天地万物的荒谬结论，即所谓“心生种种法生，心灭种种法灭”。王夫之批判这种谬论说：“惟吾心之能起为天下之所起，惟吾心之能止为天下之所止，即以是凝之为区宇，而守之为依据，三界惟心而心即界，万法惟识而识即法。呜呼！孰谓儒者而有此哉！”（《尚书引义·召诰无逸》）他的批判是打中了要害的，佛教“以能为所”之说的要害就是要否认客观物质世界的真实存在。

在主观和客观的关系问题上，宋明道学中的主观唯心主义一派，和佛教唯心主义没有什么两样。王夫之说：“今曰‘以敬作所’，抑曰‘以无逸作所’，天下固无有所，而惟吾心之能作者为所。吾心之能作者为所，则吾心未作而天下本无有所，是民碞之可畏，小民之所依，耳苟未闻，目苟未见，心苟未虑，皆将捐之，谓天下之固无此乎？”（《尚书引义·召诰无逸》）这是说，唯心主义道学家们同样是“以能为所”，把主观当作客观，主观没有意识到的东西（“耳未闻，目未见，心未虑”），就否认其真实存在。因此，他们将国家的存亡和人民的疾苦置之度外（“皆将捐之”），其认识论的根据就是认为“心

未作”即“无有所”，不去想它就不存在。针对这种主观唯心主义的妄想，王夫之批驳说：“越有山，而我未至越，不可谓越无山，则不可谓我之至越为越之山。”（《尚书引义·召诰无逸》）越有山是客观存在，并不是因为我看见它才存在，也不会因为我没有看见它就不存在。把我未至越说成是越无山，把我之至越说成是越之山，这显然是违背人们的常识的。王阳明鼓吹：“你未看此花时，此花与汝心同归于寂；你来看此花时，则此花颜色一时明白起来。”（《传习录下》）王夫之所批判的正是这种“存在就是被感知”的主观唯心主义的经验论。他强调必须把主观和客观、认识活动和认识的对象区别开来。“所孝者父，不得谓孝为父；所慈者子，不得谓慈为子；所登者山，不得谓登为山；所涉者水，不得谓涉为水。”（《尚书引义·召诰无逸》）主观认识活动不能代替客观的对象，客观对象是不依赖于主观而独立存在的。这对王阳明混淆思维和存在的界限、鼓吹“意之所在即是物”无疑是有力的批判。

程朱一派客观唯心主义者，把事物的规律和封建道德纲常绝对化，虚构出一个超越于具体事物之上的绝对精神——“理”，作为一切具体事物存在的根据和主宰者。这也是夸大精神的作用，把它当作第一性的东西。王夫之批判这种理论和方法说：“有即事以穷理，无立理以限事。”（《续春秋左氏传博议》卷下）就是说，应该到客观事物中去寻找它的规律，而不应该主观虚构出一个规律，用它来限制客观事物。他反对“冏然仅有得于理，因立之以概天下”（《续春秋左氏传博议》卷下），这里也坚持了客观第一、主观第二的唯物主义原则。

任何一种知行理论，都必须首先回答：人类的知识是先天固有的还是后天获得的？知识的内容是主观的还是客观的？认识的对象是在主观意识之中，还是在意识之外客观地独立存在着？王夫之对主观和客观关系的明确的唯物主义回答，奠定了他的知行学说的理论基础，使它从认识论的根本问题上就同一切唯心主义知行观鲜明地对立起

来。往后，在感觉和思维、认识和实践等一系列认识论问题上，他的回答都依据了在这个根本问题上所持的唯物主义立场。

致知之途

人通过耳、目、口、体等感觉器官和思维的器官“心”[①] 去认识客观世界，以实现“内外之合”“能副其所”。这是统一的认识过程中的两个阶段。对于耳目和心官的互相依赖，感觉和思维的区别和联系，王夫之都有明确的论述，可以说他在一定程度上看到了认识过程的辩证法。但他的有些提法也有割裂二者的倾向，特别是肯定“吾心之知，有不从格物而得者”（《读四书大全说》卷一）、德性之知“不因见闻而发”（《张子正蒙注·大心篇》），则明显地倒向了唯心主义。

就人的一般认识过程来说，王夫之认为首先必须通过耳目等感官和外界事物接触，与物交而有感；“感必因乎其类”（《张子正蒙注·乾称篇下》），即“由目辨色，色以五显；由耳审声，声以五殊；由口知味，味以五别”（《尚书引义·顾命》），从而产生关于色、声、味的感觉。他提出必须打开耳目等通向外间世界的窗户，使内外得以相合。“苟非如二氏之愚，欲闭内而灭外，使不得合，则虽圣人不能舍此而生其知觉。”（《张子正蒙注·乾称篇下》）一切人获得知识的途径，都必须通过耳合于声、目合于色的感觉，在这一点上是“圣庸同”的。通过耳、目、口、体等人的外在形体和器官所获得的感性认识，王夫之叫做“天性之知”。他说：“身谓耳目之聪明也。形色莫非天性，故天性之知，由形色而发。”（《张子正蒙注·大心篇》）感觉是进行复杂的理性思维，形成概念、判断、推理的知识体系的基础，不与物交是什么知识也得不到的。他说：“识知者，五常之性所

---

① 王夫之还是沿袭“心之官则思”的旧说，比他晚生一个半世纪的医学家王清任才在科学实验的基础上提出了“灵机记性在脑”的学说。

与天下相通而起用者也。知其物乃知其名，知其名乃知其义；不与物交，则心具此理，而名不能言，事不能成。赤子之无知，精未彻也；愚蒙之无知，物不审也。”（《张子正蒙注·太和篇》）由此可见，在人类知识形成的过程中，王夫之是很重视“由形色而发”的感性认识的，因为它是直接“与物交”而“自外至”的第一次的东西，一切知识的大厦都离不开这个基础。他在解释张载的“客感”这一概念时说：“自外至曰客”（《张子正蒙注·太和篇》），就是明确肯定感觉来源的客观性，说明他是自觉地站在“从物到感觉和思想”这一条唯物主义认识路线上的。

王夫之重视感性认识，但是反对把认识停留在感性阶段上。他认为耳目闻见的感性认识有很大的局限性，还必须充分发挥“心官”的思维作用，由感性认识发展到理性认识，才能真正“合内外之德”，认识客观事物而“得其理”。片面执着感官经验，不但于事物“有所不通”而“失其理”，而且有可能导致“以见闻觉知所不能及为无有”（《张子正蒙注·大心篇》）的主观唯心主义经验论，这正是他所揭露的“以心法起灭天地”的佛教唯心主义的认识根源。他突出地强调了心官的抽象思维作用，肯定人类的认识能力是无限的，给予反理性的宗教唯心主义和不可知论以有力的打击。

首先，王夫之认为，在感觉形成的过程中，就离不开心的指导作用。他说：“耳与声合，目与色合，……合，故相知。乃其所以合之故，则岂耳目声色之力哉！故舆薪过前，群言杂至，而非意所属，则见如不见，闻如不闻，其非耳目之受而即合，明矣。”（《张子正蒙注·大心篇》）又说：“有物于此，过乎吾前，而或见焉，或不见焉。其不见者，非物不来也，己不往也。……劳吾往者不一，皆心先注于目，而后目往交于彼。不然，则锦绮之炫煌，施嫱之冶丽，亦物自物而己自己，未尝不待吾审而遽入吾中者也。故视者，由己由人之相半者也。”（《尚书引义·大禹谟二》）所谓“由己”，就是发挥心意所属的能动作用，耳目听命于心，然后往交于物而有所合。“于心重用其

所以往。”（《尚书引义·仲虺之诰》）如果不发挥“心之往”的能动作用，则物过吾前，见如不见，闻如不闻，物之声色还是不能“遽入吾中”，引起我们的感觉。所以，把耳目感觉和心意思维完全分割开来，其实是不可能的。

其次，王夫之着重论述了耳目感觉的局限性，理性思维优越于感性认识的道理。他指出，耳目感觉作用的范围是有限的，而心的思维作用则是无限的。“星日之明，雷霆之声，为耳目所可听睹，而无能穷其高远。”（《张子正蒙注·大心篇》）“盖耳目止于闻见，唯心之神彻于六合，周于百世。”（《张子正蒙注·太和篇》）理性思维不受人的“小体”的感觉器官的限制，在空间和时间上都可以突破感性认识的局限性，达到耳目感官所不能及的那些领域。他说：“目所不见之有色，耳所不闻之有声，言所不及之有义，小体之小也。至于心而无不得矣，思之所不至而有理，未思焉耳。”（《思问录内篇》）值得注意的是，他认为心之“无不得”主要是“得理”。理性思维之所以优越于感性认识，不仅在于认识范围有限和无限的区别，还在于耳目感觉只能察声辨色，认识事物的表面现象，故容易“为物所蔽”，而理性思维则能“表里具悉”，深入认识事物的内在本质和规律，正确指导人们的行动。他说：“声色之丽耳目，一见闻之而然，虽进求之而亦但然，为物所蔽而蔽尽于物。岂如心之愈思而愈得，物所已有者无不表里之具悉（自注：耳目但得其表），物所未有者可使之形著而明动哉!”（《读四书大全说》卷十）另外，感性认识只能认识事物的局部或片面的东西，理性思维则能把握事物的全体。如说：“耳目见闻皆其所发之一曲，而函其全于心，以为四应之真知。”（《张子正蒙注·大心篇》）这些都说明理性思维是比耳目闻见更高的认识阶段，是达到对事物的真理性认识所必不可少的。所以，他十分重视心的分析和综合能力，由已然而尽其无穷的推理的作用，他说：“天下之物无涯，吾之格之也有涯；吾之所知者有量，而及其致之也不复拘于量。”（《读四书大全说》卷一）这就是说，客观物质世界是无限的，

而人的认识是有限的；“虽知有其不知，而必因此而致之”（《思问录内篇》），只要充分发挥理性思维的能动作用，“所未至者皆其可至者也”（《张子正蒙注·大心篇》），人的认识能力也是不可限量的。

接着，王夫之对片面执着感性经验、否定理性思维作用的经验论者进行了尖锐的批判。他说：“智者引闻见之知以穷理，要归于尽性；愚者限于见闻而不反诸心，据所窥测，恃为真知。”（《张子正蒙注·大心篇》）又说：“徇物丧己者，拘耳目以取声色，唯我私之自累，役于形而不以神用，则物有所不通，而应之失其理。”（《张子正蒙注·神化篇》）这里批评的“愚者”“徇物丧己者”，是指一般“流俗”的看法，即通常所谓狭隘经验论者。他们拘于耳闻目见的直接经验，而不去发挥理性思维的作用（“不反诸心”“不以神用”），因此就不能真正认识客观事物而获得“真知”，行动必然违背客观规律而遭致失败。王夫之除了批评这种流俗的经验论的错误之外，还以更多的篇幅更激烈的言辞，猛烈抨击了“以不见不闻为无”的唯心主义经验论，从认识论根源上揭露和打击了佛教和陆王一派主观唯心主义者。如说：

释氏谓“心生种种法生，心灭种种法灭”，置之不闻不见而即谓之无。天地本无起灭，而以私意起灭之，愚矣哉！（《张子正蒙注·大心篇》）

因耳目不可得而见闻，遂躁言之曰无，从其小体而蔽之也。（《思问录内篇》）

浅则据离明所得施为有，不得施为无，徇目而心不通。（《张子正蒙注·太和篇》）

流俗以逐闻见为用，释老以灭闻见为用，皆以闻见为心故也。（《张子正蒙注·乾称篇下》）

统而论之，流俗之徇欲者，以见闻域其所知也；释氏之邪妄者，据见闻之所穷而遂谓无也。致知之道，惟在远此二愚，大其

心而体物体身而已。（《张子正蒙注·大心篇》）

王夫之对“徇耳目而心不通”的经验论的批判是深刻的，指出它不仅限制了人们对客观世界及其规律的正确认识，而且可以导致“以私意起灭天地”的荒唐的宗教唯心主义，其流毒至为深广，“而近世以无善无恶为良知者，亦惟其浅而成乎妄也”（《张子正蒙注·太和篇》）。王阳明称“天地无人的良知亦不可为天地矣”（《传习录下》），不就是“心生种种法生，心灭种种法灭”的宗教胡说的翻版吗？所以，经验论正是宗教唯心主义所需要的，它是“穷理之学”的大敌。要正确认识客观世界及其规律，就必须克服经验论的局限性，充分发挥思维的能动作用，“大其心而体物体身”，“愈思而愈得”。

王夫之认为，在整个认识过程中，心官思维始终起着重要作用，耳目感官是“资心之用”即服务于心的。但是，心也不能脱离感官孤立地去发生作用，理性认识还必须以感性认识为基础。他说：“一人之身，居要者心也，而心之神明，散寄于五脏，待感于五官。……无目而心不辨色，无耳而心不知声，无手足而心无能指使，一官失用而心之灵已废矣，其能孤扼一心以绌群明，而可效其灵乎？”（《尚书引义·毕命》）这是说心对外物的认识是依赖于耳目等感官的，正常的思维活动甚至离不开五脏的健全的生理机能。他反对拘于耳目闻见，但决不是不要耳目闻见，如说：“累者，累之使御于见闻之小尔，非欲空之而后无累也。”（《张子正蒙注·大心篇》）相反，他仍强调耳目闻见是基础，如说：“多闻而择，多见而识，乃以启发心思而会归于一，又非徒恃存神而置格物穷理之学也。”（《张子正蒙注·大心篇》）脱离格物穷理去“存神”，抽象地发挥思维的能动作用，就会走到唯心主义的邪路上去。他反复说明：

原知见之自生，资于见闻。（《思问录内篇》）

风雷无形而有象，心无象而有觉，故一举念而千里之境事现

于俄顷，速于风雷矣。心之情状虽无形无象，而必依所尝见闻者以为影质，见闻所不习者，心不能现其象。(《张子正蒙注·诚明篇》)

故人于所未见未闻者，不能生其心。(《张子正蒙注·乾称篇下》)

感性认识必须上升到理性认识，理性认识又必须以感性认识为基础。王夫之对二者关系的论述，是包含了不少合理内容的。

他用传统哲学中的“格物”和“致知”、“学”和“思”等范畴来说明感性认识和理性认识的关系，在一定程度上揭示了认识运动的辩证过程。他说：

夫知之方有二，二者相济也，而抑各有所从。博取之象数，远证之古今，以求尽乎理，所谓格物也。虚以生其明，思以穷其隐，所谓致知也。非致知，则物无所裁而玩物以丧志；非格物，则知非所用而荡智以入邪。二者相济，则不容不各致焉。(《尚书引义·说命中二》)

又说：

大抵格物之功，心官与耳目均用，学问为主，而思辨辅之，所思所辨者皆其所学问之事。致知之功，则唯在心官，思辨为主，而学问辅之，所学问者乃以决其思之疑。致知在格物，以耳目资心之用而使有所循也，非耳目全操心之权而心可废也。(《读四书大全说》卷一)

这就是说，在认识运动的感性阶段，以耳目接物的感性活动为主，包括考察自然现象，研究历史过程，探求其中的规律，这里也要有心的思辨作用“辅之”。在认识运动的理性阶段，则是以心官的思维活动

为主，但也不能脱离感性认识，耳目闻见的感性材料是“资心之用而使有所循”的基础，又是“决思辨之疑”的根据。他看到了二者“相辅”“相济”的关系，指出轻忽或排斥那一方面，都会使认识走入歧途。感性认识如果没有理性认识的指导，就会“玩物以丧志”，被纷纭的事物现象所迷溺；理性认识如果不以感性认识为基础，就会“荡智以入邪”，陷入毫无根据的主观空想。他认为有这两种认识上的片面性的人，都不可能驳倒佛老等异端之学，相反会和异学走到同一条错误的道路上去。如说：“今辟异学之非，但奉格物以为实，则中材以下必溺焉，以丧志为异学所非，而不能不为之切。若奉致知以为入德之门，乃所以致其知者，非力行而自喻其惟艰，以求研几而精义，则凭虚以索惝恍之觉悟，虽求异于异学，而逮乎行之龃龉，不相应而适用，则亦与异学均矣。”（《尚书引义·说命中二》）他把批判的锋芒指向了认识论上的经验论和“凭虚以索惝恍之觉悟”的唯心论，指出后者错误的根源在于脱离“力行”，这里他已经把“格物致知”和“力行”联系在一起了。

王夫之还论述了认识过程中“学”和“思”的关系，认为二者也是互相依赖、相辅相成的。他说：

> 致知之途有二，曰学曰思。学则不恃己之聪明，而一唯先觉之是效，思则不徇古人之陈迹，而任吾警悟之灵，乃二者不可偏废，而必相资以为功。学于古而法则具在，乃度之于吾心，其理果尽于言中乎？抑有未尽而可深求者也？则思不容不审也。……尽吾心以测度其理，乃印之于古人，其道果可据为典常乎？抑未可据而俟裁成者也？则学不容不博矣。……学非有碍于思，而学愈博则思愈远；思正有功于学，而思之困则学必勤。（《四书训义》卷六）

根据“博学”和“审思”相结合的原则，他对传统的学术思想遗产，

进行了全面的批判研究，一定要通过思维的审察："其理果尽于言中乎？抑有未尽而可深求者也？"同时，对于自己思维的成果，也一定要参贯经史，从历史事实和先行思想资料中得到印证："其道果可据为典常乎？抑未可据而俟裁成者也？"这种对待历史遗产的批判和继承相结合的方法，使王夫之的学问能够在"学成于聚，新故相资而新其故；思得于永，微显相次而显察于微"（《周易外传》卷五）的"深求"和"裁成"中超迈古人，这同他多少掌握了一些认识运动的辩证法是分不开的。

行先知后

王夫之在认识论方面的贡献，不仅在于对主观和客观、感性认识和理性认识的关系问题作出了比较正确的回答，而且在知行关系问题上，系统地清算了宋明道学的各种唯心主义的歪曲，既批判了程朱学派的客观唯心主义的"知先行后"说，又狠狠打击了王阳明的主观唯心主义的"知行合一"说，指出一切唯心主义知行观"皆先知后行，划然离行以为知者也"（《尚书引义·说命中二》），即都是以知和行、认识和实践相脱离为特征的；他在这一理论斗争中建立的"行先知后""行可兼知""知行相资以为用""知行并进而有功"的唯物主义知行统一学说，也达到了我国古典哲学中的朴素唯物主义知行观的最高峰。

主张知先行后，这是一切唯心主义知行观的共同的理论特征，因为他们所谓的"知"都是先天固有或主观自生的，根本不需要和客观事物接触，根本不依赖于人们的社会实践。王夫之首先对唯心主义知行观的这一根本错误观点进行了批判，破知先行后说，立行先知后说，批判的矛头主要是针对程朱学派的。

"知之非艰，行之惟艰"的古老命题，由于《尚书》作为儒家经典的权威地位而流传下来，不同哲学立场的人们对它作了各种不同的

解释，利用它来发挥不同的甚至根本对立的哲学观点。如朱熹说：“为学就其偏处着工夫。……虽要致知，然不可恃。《书》曰：‘知之非艰，行之惟艰。’工夫全在行上。”（《朱子语类》卷十三）他看出“知之非艰，行之惟艰”是强调行的重要性，他是主张“论先后，知为先；论轻重，行为重”的，故利用这个传统命题来论证“行为重”的观点，强调先知之后，还必须在践行封建道德上狠下工夫，这是他的知行不可偏废理论的一部分。王阳明也利用过这一传统命题。他说：“良知自知原是容易的，只是不能致那良知，便是‘知之非艰，行之惟艰。’”（《传习录下》）又说：“是非之心，知也，人皆有之。子无患其无知，惟患不肯知耳；无患其知之未至，惟患其不致其知耳。故曰：‘知之非艰，行之惟艰。’”（《阳明全书·书朱守谐卷》）他是利用这个命题来论证良知先天固有的唯心主义观点。朱熹和王阳明对“知之非艰，行之惟艰”的解释都是唯心主义的，但他们是从不同角度利用这个命题来说明不同方面的问题。

王夫之以他渊博的学识为根底，也极善于用传注古代经典的形式，来发挥自己独立的哲学见解。他把“知之非艰，行之惟艰”的命题和孔子“先难后获”的思想巧妙地结合起来，得出了“行先知后”的重要的认识论结论，又用它来作为批判道学唯心主义的有力武器。王夫之说：

> 《说命》曰：“知之非艰，行之惟艰。”千圣复起，不易之言也。夫人，近取之而自喻其甘苦者也。子曰：“仁者先难”，明艰者必先也。先其难，而易者从之易矣。先其易，而难者在后，力弱于中衰，情疑于未艾，气骄于已得，矜觉悟以遗后学，其不倒行逆施于修涂者鲜矣。知非先，行非后，行有余力而求知。圣言决矣，而孰与易之乎？（《尚书引义·说命中二》）

又说：

> 故“知之非艰，行之惟艰”，艰者先，先难也；非艰者后，后获也。此非傅说之私言也。禹曰：“后克艰厥后，臣克艰其臣”，行之谓也。皋陶曰：“慎厥身修思永”，行之谓也。伊尹曰：“善无常师，主善为师”，行之谓也。子曰：“知及之，仁不能守之；虽得之，必失之”，行之谓也。颜子“末由”之叹，叹其行也，竭才以行，不但求知其高坚也。孟子“中道”之教，教以行也，能者能从，不但知绳墨彀率而即能从也。千圣合符，终日乾乾夕惕若，乾坤之德业在焉。（《尚书引义·说命中二》）

用知易行难来论证行先知后，虽然不是十分科学的论证，但他从古代“圣贤”的大量言论中，推绎出“知非先，行非后，行有余力而求知”的结论，却是一个创见。这是他的“尽吾心而测度其理，乃印之于古人”的方法的一个实际运用。用道学家们推崇的儒家“圣人”的话，来批驳他们鼓吹的知先行后说，自然是比较有力的。他说：“宋诸先儒欲折陆、杨知行合一、知不先行不后之说，而曰知先行后，立一划然之次序，以困学者于知见之中，且将荡然以失据，则已异于圣人之道矣。”（《尚书引义·说命中二》）即是说，千圣合符的不易之言是“行先知后”，宋儒偏要倡导“知先行后”之说，这不是离经叛圣又是什么？

另外，王夫之还从理论上批判知先行后说是割裂了知和行的统一，在二者之间“立一划然之次序”；不是从行中得来的知是“荡然以失据”、没有根据的知，从本质上说即是“非知”。他提出“知行终始不相离”的命题，认为知和行虽有区别，但是二者互相渗透，互相包含，知中有行，行中有知，“更不可分一事以为知而非行，行而非知”。这些观点是直接批判朱熹的。他说：

先儒分致知格物属知，诚意以下属行，是通将《大学》分作两节。大分段处且如此说，若逐项下手工夫，则致知格物亦有行，诚意以下至平天下亦无不有知。（《读四书大全说》卷一）

知行之分，有从大段分界限者，则如讲求义理为知，应事接物为行是也。乃讲求之中，力其讲求之事，则亦有行矣；应接之际，不废审虑之功，则亦有知矣。是则知行终始不相离，存心亦有知行，致知亦有知行，而更不可分一事以为知而非行，行而非知。（《读四书大全说》卷三）

他肯定知行有大段分界处，但反对截然分作两节，在知先和行后之间“立一划然之次序”。他认为致知格物亦有行，讲求义理亦有行，就是肯定知是从行中来的，行是知的基础和来源，反对离行而言知。他举例说：“格致有行者，如人学弈棋相似，但终日打谱，亦不能尽达杀活之机，必亦与人对弈，而后谱中谱外之理，皆有以悉喻其故。且方其迸著心力去打谱，已早属力行矣。”（《读四书大全说》卷一）这和王廷相批评“闭户而学操舟之术者”、黑格尔批评学游泳不下水的人是同一个道理，终日打谱而不与人对弈，是一辈子也学不会下围棋的，只有在与人对弈的实践中，才能逐渐晓喻“谱中谱外之理”，以“尽达杀活之机”。接着，他得出普遍的结论说：“盖天下之事，固因豫立，而亦无先知完了方才去行之理。”（《读四书大全说》卷一）就是说，天下的事情往往不是先学好了再做，而是做起来再学，在做中学。可见，知先行后说是不能成立的，知是不能脱离行的。至于“行”的范畴，他有时讲得比较宽泛，如说“乃讲求之中，力其讲求之事，则亦有行矣”。这是把用力做某一件事情，凡有所用力，都叫做“行”。这是广义的行。在他那里，行的主要意义还是指一般应事接物的活动。

王夫之用“圣言”来论证行先知后，在理论上是苍白无力的，而且是很不准确的；他一旦用经验事实，那怕是日常生活中最简单的事

实，来说明行先于知，知是从行中来的道理，却有着不可辩驳的说服力。除了学弈棋的例子外，他还常举饮食为例，指出食物的味道只有“饮之食之”才能知晓。他说：“今夫饮食之有味，即在饮食之中也。知其味而后安于饮食，饮之食之，而味乃知。”（《四书训义》卷二）有的人“见人食梅，则涎流不能自禁”（《俟解》），甚至“耳闻梅而涎从口出”（《思问录外篇》）。王夫之认定，只有吃过梅子的人才知道梅子味美，才会产生想吃梅子的欲望；“若从未尝食梅者，涎必不流”（《俟解》），因为梅子的味道对他来说还是未知之物，不知其为酸甜苦辣。这一类人人共知的日常生活中的事例，对于说明行先知后的唯物主义真理，实在是最有权威的。“行而后知有道”（《思问录内篇》），这也是最普通的生活常识，不行怎么知道是否有路可走呢？然而唯心主义者却蔑视实践，专门到主观臆想和言语空谈中去寻找道路。王夫之说：“君子之道，行过一尺方有一尺，行过一丈方有一丈，不似异端向言语道断、心行路绝处索广大也。”（《读四书大全说》卷十）知路是从行路而来的，认识随着实践的发展，也是一步一个脚印，“实体之则实知之矣”（《张子正蒙注·神化篇》），“行焉而皆有得于心，乃可以知其中甘苦之数”（《张子正蒙注·中正篇》），道路的险夷只有旅行者才能真正知道。离开行去求知，不出户而欲知天下，就是“向言语道断、心行路绝处索广大”，那是根本不可能的。

在中国哲学史上，王夫之第一个明确提出和论证了行先知后说，把唯物主义的知识起源论向前推进了重要的一步。他不仅指出，人类知识的形成有待于耳目心思和客观事物的接触，而且认为人们是在行中去接触事物而有所感、有得于心的，行是知的基础和来源。这就在一定程度上克服了旧唯物主义认识论的直观性的缺陷，当然他并不可能懂得“革命的实践”的意义。

行先知后说立，唯心主义的先知之说就失去了存在的根据。王夫之进而追踪批判了先儒提倡的“生知”说，指出：“朱子以尧、舜、孔子为生知，……而夫子之自言曰：‘发愤忘食’，……亦安见夫子之

不学?”（《读四书大全说》卷七）这是揭露矛盾，用孔子自己的话来否定“孔子生知”之说。他还着重从人和动物的区别来说明天下无生知之人，如说：

> 夫人之所以异于禽兽者，以其知觉之有渐，寂然不动，待感而通也。若禽之初出于壳，兽之初坠于胎，其啄龁之能，趋避之智，啁啾求母，呴嚘相呼，及其长而无以过。使有人焉，生而能言，则亦智侔雏麑，而为不祥之尤也。是何也？禽兽有天明而无己明，去天近，而其明较现；人则有天道（命）而抑有人道（性），去天道远，而人道始持权也。耳有聪，目有明，心思有睿知，入天下之声色而研其理者，人之道也。聪必历于声而始辨，明必择于色而始晰，心出思而得之，不思则不得也。岂蓦然有闻，瞥然有见，心不待思，洞洞辉辉，如萤乍曜之得为生知哉！果尔，则天下之生知，无若禽兽。故羔雏之能亲其母，不可谓之孝，唯其天光乍露，而于己无得也。今乃曰生而知之者，不待学而能，是羔雏贤于野人，而野人贤于君子矣。（《读四书大全说》卷七）

这就是说，人和动物的区别在于有知，即“己明”，通过耳目心思和外界事物接触，可以“入天下之声色而研其理”，并于己有所得。这是一个“知觉之有渐”的认识过程，“己明”可以在实践中不断提高和发展。动物只有“天明”而无“己明”。所谓“天明”，是指“啄龁之能，趋避之智”等生理本能，它不过是“天光乍露，而于己无得”，不存在认识、反映客观世界的问题，更不存在反作用即改造世界的问题。动物的本能是与生俱有的，但不能随着生命的延续而发展，“及其长而无以过”。王夫之曾经指出：“物之始生也，形之发知，皆疾于人，而其终也钝。人则具体而储其用，形之发知，视物而不疾也多矣，而其既也敏。”（《思问录内篇》）这是说动物的生理本

能比人成熟早，但以后就没有多大长进，人的耳目心思却在实践中愈用愈灵敏。根据以上所说，王夫之认为，人不可能生而知之。因为人有认识能力（“耳有聪，目有明，心思有睿智”），还不等于就有认识，主体的认识能力必须和客观对象接触（“聪必历于声”“明必择于色”等），然后才能产生感觉和认识。是“待感而通”，而不是无待自通。如果说，可以把“蓦然有闻，瞥然有见，心不待思，洞洞辉辉，如萤乍曜”叫做“生知”的话，那么“天下之生知，无若禽兽”。这是把动物和人的生理本能叫做“生知”，否定人类特有的认识和实践的能动性，因而必然导致动物比人高明的蒙昧主义结论。王夫之认为君子高于野人，野人近于禽兽，则反映了他的剥削阶级的偏见。

王夫之并不否认人有天资禀赋的差别，但断言所有的人都要通过力学以求知，圣人也不例外。经过人的主观努力和实践锻炼，天资的好坏是可以变化的，人的耳目心官都在视听思维的实践中不断得到锻炼和发展。他说：“知量之大小、偏全、深浅、迟速，因乎生质。生而知之者未尝不资乎闻以牖之，而举其端即见其委，触其末即达其本，而知量全矣。学而知之者虽所闻在是，可因义类以有所推广，而究不足以尽所知之理，然苟能自知其不足，则力学以求通，亦可与生知者同功。此圣人所以惓惓于学知之人，而欲其探本原以会通乎众理也。夫能学之而能知之，又能推类以知之，其识量亦不小矣。”（《四书训义》卷九）这里虽然沿用了“生而知之者”“学而知之者”这些儒家的传统语言，但在他看来，二者只有“因乎生质”的“知量”的差别，他们获得知识的途径，都要通过“力学”，都要“资乎闻见”，则是没有区别的。他特别强调，只要充分发挥人的主观能动性，就可以扩大“知量”即提高认识能力，学知者（天资差一点的人）也可以做到和“生知”者（天资好一点的人）“同功”。这对朱熹等人鼓吹的“圣人生知”论是一个有力的打击，实际上否认了有所谓不待学而知的“生而知之者”。

行可兼知

王夫之在反对程朱学派割裂知和行的统一、颠倒知行本来次序的“知先行后”说的同时，还深刻地揭露和批判了王阳明混淆知和行的界限、以知代行的“知行合一”说。王阳明也反对朱熹的知先行后说，但是他“非谓知之可后也”，而是“汲汲于先知以废行也”（《尚书引义·说命中二》）。他同样否认知是经过行而后获得的。王阳明也反对朱熹把知行“分作两截用功”，强调二者不可分离，但他所谓“知行合一”是把二者说成一件，实际上是抹煞行的存在及其在认识中的作用。针对这种更“诡秘”的唯心主义知行学说，王夫之揭露并批驳说：

> 若夫陆子静、杨慈湖、王伯安之为言也，吾知之矣。彼非谓知之可后也，其所谓知者非知，而行者非行也。知者非知，然而犹有其知也，亦惝然若有所见也；行者非行，则确乎其非行，而以其所知为行也。以知为行，则以不行为行，而人之伦、物之理，若或见之，不以身心尝试焉。浮屠之言曰：“知有是事便休。”彼直以惝然之知为息肩之地，而顾诡其辞以疑天下曰：“吾行也，运水搬柴也，行住坐卧也，大用赅乎此矣。”是其销行以归知，终始于知，而杜足于履中蹈和之节文，本汲汲于先知以废行也，而顾诎先知之说，以塞君子之口而疑天下。其诡秘也如是，如之何为其所罔，而曰知先行后，以堕其术中乎？（《尚书引义·说命中二》）

我们曾经指出，把陆象山和王阳明的知行学说等同起来是不对的，王夫之未作细致的区分，只从陆王思想基本一致的学派性上来相提并论，批驳的内容则主要是针对王阳明知行合一说的。这一段在今天看

来也还是相当深刻的哲学批判，有以下几点值得注意：第一，他指出王阳明所说的“知”“行”概念并不是通常意义下的认识和实践。不是从行中得来的知，不反映客观内容的知，纯粹在主观意识中自生的知，如他所说的“惝然若有所见”“恍惚空明之见”“凭虚以索惝恍之觉悟”（《尚书引义·说命中二》）、“于无所可行中立一介然之知，曰悟”（《礼记章句》）、“洞洞焉、晃晃焉若有一澄澈之境”（《大学补传衍》），都只能叫做“非知”。王阳明以知代行，即“以不行为行”，完全排斥“身心尝试”的感性的物质实践活动，所以说他所谓行无“非行”，这是比较容易理解的。第二，他指出王阳明知行合一说的实质是“销行以归知”，完全取消了行，把行“合”到知里面去。它是一个以“知”为起点和终点的、始终不超出主观意识范围的封闭的圆圈，即所谓“终始于知，而杜足于履中蹈和之节文”。第三，他指出王阳明的知行合一说本来也是一种“先知之说”，“本汲汲于先知以废行也，而顾诎先知之说，以塞君子之口而疑天下”，所以说它比朱熹的知先行后说更狡猾，对世人的欺骗迷惘作用也更大。这一揭露是具有重要意义的，使人们更易于看清“先知后行”乃是一切唯心主义知行观的共同本质。

从能所关系到知行关系问题，王夫之在认识论上对陆王一派主观唯心主义的批判是比较坚决和彻底的，也能比较准确地击中它的要害。他曾一再指出这一学派和佛教唯心主义有直接的渊源关系，都是“舍能而孤言知”，“直以惝然之知为息肩之地”，纯粹在虚灵妙悟的主观意识中，泯灭了主观和客观、认识和实践、善和恶等一切对立和差别。王夫之批判说：“圣人以尽伦成物为道，抑非但持其虚灵之悟。故知虽良而能不逮，犹之乎弗知。近世王氏之学，舍能而孤言知，宜其疾入于异端也。”（《张子正蒙注·诚明篇》）又说：“有儒之驳者起焉，……取《大学》之教，疾趋以赴二氏之途，以其恍惚空明之见，名之曰：此明德也，此致知也，此致良知而明明德也。体用一，知行合，善恶泯，介然有觉，颓然任之，而德明于天下矣！天下之畏难苟

安，以希冀不劳，无所忌惮而坐致圣贤者，翕然起而从之。”（《大学补传衍》）就是说，王阳明之流始终把自己困于恍惚空明的知见之中，他们的认识论也是以主观和客观相分裂，以认识和实践相脱离为特征的。“是以为良知之说者，物我相拒，初终相反，心行相戾，否道也。”（《思问录内篇》）

通过对程朱和王阳明的知行学说的具体剖析和批判，王夫之深刻地揭露了一切唯心主义知行观的共同的本质特征，就是“离行以为知”“尊知而贱能”“惮行之艰，利知之易”，于是“乃判然置行于他日”，只在记诵讲解、瞑目据悟上下功夫，而于人伦物理则不肯“身心尝试”之。王夫之指出：

> 离行以为知，其卑者，则训诂之末流，无异于词章之玩物而加陋焉；其高者，瞑目据梧，消心而绝物，得者或得，而失者遂叛道以流于恍惚之中。异学之贼道也，正在于此。而不但异学为然也，浮屠之参悟者此耳；抑不但浮屠为然也，黄冠之炼己沐浴，求透帘幕之光者亦此耳。皆先知后行，划然离行以为知者也。（《尚书引义·说命中二》）

不论是程朱一类流于词章之玩物的“卑者”，还是王阳明一类流于消心而绝物的“高者”；不论是面壁参悟的佛教徒，还是炼己沐浴的道教徒，都是脱离人们的实践活动，而“凭虚以索惝恍之觉悟”，即都是“离行以为知”的。在王夫之看来，“君子之学，仰事天，俯治物，臣以事君，子以事父，内以定好恶之贞淫，外以感民物之应违，而敢恃惝恍之冏光，若有觌焉，奉以周旋而无内疚恶乎?”（《尚书引义·说命中二》）要求得知之精义，非从仰观俯察、格物致知开始不可，这就离不开艰苦力行的工夫。他认为：“而方格致之始，固事在求知，亦终不似俗儒之记诵讲解以为格物，异端之面壁观心以为致知，乃判然置行于他日，而姑少待之也。”（《读四书大全说》卷一）

也就是说，关于行即实践在认识中的作用问题，人的认识是否依赖于实践的问题，乃是唯物主义知行观和唯心主义知行观斗争的焦点。一切唯心主义者都排斥实践，否定行对知的决定作用，用王夫之的话来说，就是“划然离行以为知”“判然置行于他日”。这里用了“划然”“判然”这样肯定语气的形容副词，说明他对唯心主义和人类实践相龃龉这一本质特征是认识得相当深刻的。

“尊知而贱能”，也是一切唯心主义知行观的共同特征。王夫之认为，人有“知”“能”之性。“知”和“能”是人类特有的自觉的能动性的两个方面：“知”的作用是“虚中忘我，以随顺乎万变”（《周易外传》卷五），表现为主观反映客观的认识能力；“能”的作用是“勉其所至，而行乎无疆”（《周易外传》卷五），则表现为主观见之于客观的实践，活动。王夫之说：“夫能有迹，知无迹。故知可诡，能不可诡。”（《周易外传》卷五）这是说，知是主观的东西，无形迹可循，人们看不见摸不着，故可能凭虚而生，诡藏起来而不示诸人；能是主观见之于客观的东西，有物质的形迹表现在外，故不可诡藏，将随时受到客观的检验。属于主观认识范畴的“知”是不是就无法检验了呢？王夫之又说：“知无迹，能者知之迹也。”（《周易外传》卷五）主观认识不能通过主观自身来检验，而必须通过主观见之于客观的有形迹的物质实践活动来检验。“能者知之迹也”，这句话包含着实践是检验认识的尺度的深刻思想。王夫之指出，对于人的“知”“能”之性，即认识和实践两方面的能动性，一切唯心主义者都是“以知为首，尊知而贱能”，其结果只能是“知能并废之”。他说：

> 知能同功而成德业。……异端者于此以知为首，尊知而贱能，则能废。知无迹，能者知之迹也。废其能，则知非其知，而知亦废。于是异端者欲并废之。故老氏曰：“善行无辙迹”，则能废矣；曰：“涤除玄览”，则知废矣。释氏曰：“应无所住而生其心”，则能废矣；曰：“知见立知即无明本”，则知废矣。知能废

则乾坤毁。(《周易外传》卷五)

唯心主义者都把“知”放在首位，极端鄙视“尽伦成物”的实践活动。他们把认识的能动性变成了但凭主观空想的“虚灵之悟”，而不去发挥“能”即实践的能动作用，因此不能把主观的东西变成客观的东西，主观认识也得不到检验。王夫之深刻地指出：“废其能，则知非其知，而知亦废。”“知虽良而能不逮，犹之乎弗知。”唯心主义者“尊知而贱能”的结果，并没有抬高“知”的地位，而是致使“知非其知而知亦废”。

为什么所有的唯心主义者都会走到“离行以为知”“尊知而贱能”的邪路上去呢？王夫之认为，一个重要原因就是他们都“惮行之艰，利知之易，以托足焉”（《尚书引义 · 说命中二》）。他们都害怕下艰苦的“力行”工夫，所以满足于若有所觌的“惝恍之冏光”，凭虚而得的“恍惚空明之见”，称之为“知”。毛泽东同志说过：唯心主义最省力气，因为可以随便瞎说一气。他们所谓的“知”就是瞎说一气。王夫之指出：“若抑其迈往之志气，从事于耳目之浮明，心思之浅慧，以冀一日者，御王良，驾骐骥，驰骋于康庄，正王畿、包显道之以覆辑折轴也。”（《尚书引义 · 说命中二》）“惮行之艰，利知之易”的唯心主义者在实践中没有不失败的。

王夫之抓住唯心主义知行观的本质特征予以批判之后，得出结论说：“君子之学，未尝离行以为知也必矣。”（《尚书引义 · 说命中二》）在行先知后说的基础上，他又提出了“行可兼知，而知不可兼行”的系统理论，丰富和发展了唯物主义的知行学说。他对这一理论的完整表述是：

且夫知也者，固以行为功者也；行也者，不以知为功者也。行焉可以得知之效也，知焉未可以得行之效也。将为格物穷理之学，抑必勉勉孜孜而后择之精、语之详，是知必以行为功也。行

> 于君民、亲友、喜怒、哀乐之间，得而信，失而疑，道乃益明，是行可有知之效也。其力行也，得不以为歆，失不以为恤，志壹动气，惟无审虑却顾而后德可据，是行不以知为功也。冥心而思，观物而辨，时未至，理未协，情未感，力未赡，俟之他日而行乃有功，是知不得有行之效也。行可兼知，而知不可兼行。下学而上达，岂达焉而始学乎？（《尚书引义·说命中二》）

这一理论在逻辑上是严密的，它包含如下基本内容：

“知必以行为功”，是说认识必须依赖于实践，只有通过行才能获得知。他以“格物穷理”的科学认识为例，指出，必须通过“勉勉孜孜”的力行工夫，然后才能“择之精、语之详”，正确认识客观世界及其规律。王夫之说：“盖尝论之，何以谓之德？行焉而得之谓也。何以谓之善？处焉而宜之谓也。不行胡得？不处胡宜？则君子所谓知者，吾心喜怒哀乐之节，万物是非得失之几，诚明于心而不昧之谓也。”（《大学补传衍》）要做到“明于心而不昧”，就必须“行焉而皆有得于心”（《张子正蒙注·中正篇》）。这就是“知必以行为功”的含意。

“行不以知为功”，他的意思是说，一往直前的力行工夫，“惟无审虑却顾”，然后才能取得成功。他举例说：“处如登如崩之势，耳目之微虽冏然不昧于当前，亦且如炉火之不能焕决水，坐视其溃而未如之何矣。是故事先之觉不可恃也……事后之悔无可救也……为功于人而待人之加功者，其惟能乎！为善如登而气凌于千仞，乃登之矣；为恶如崩而力挽其奔车，乃弗崩矣。”（《续春秋左氏传博议》卷上）在取得一件事情成功的关键时刻，需要充分发挥“能”即实践的力量，思想本身是什么也不能实现的。

“行可有知之效”，是说实践可以检验认识的可靠程度，使认识更加明确起来。王夫之说：“行于君民、亲友、喜怒、哀乐之间，得而信，失而疑，道乃益明，是行可有知之效也。”在实践中得到了预期

的结果，就证明认识是正确的、可信的；在实践中得不到预期的结果，这个认识就值得怀疑。认识的真理性只有通过“身心尝试之”的实践才能判定。这个道理，他在一些具体事例中又反复论明，如说：“今以利害言之，其惠迪则吉，从逆则凶，亦岂有难辨者哉？人当平安之日而论利害，谁不曰予能知之而不可惑哉？乃天下利之所趋，即害之所隐，为罟擭焉，为陷阱焉。当其未入罟擭陷阱之时，皆知其不可入焉；及乎利诱而欲动，事激而势成，则莫有驱之者而若或驱之，莫有纳之者而若或纳之，以趋入罟擭陷阱之中，而不知引身以避之，皆即向者曰‘预知’之人也，然则明于前而暗于后，行之不慎而遂成大迷。”（《四书训义》卷二）只有掉进罟擭陷阱之中的实历，才证明声称“预知”的人并不真知利害，这在平安之日是检验不出来的。所以王夫之说：“今夫利害之机，善不善之辨，贵于能知也；而非但知之为贵也，身试其中而后得失判矣。”（《四书训义》卷二）他认为不仅对于“利害”的认识是如此，人们对于一般事物之理的认识也莫不如此。如说：“今夫事事物物之理，此为太过，此为不及，如是而适得其中焉，亦易辨也。学者苟尝致辨于可否之衡，亦皆曰予既知斯道之所在而为知矣。乃心度之而明明有理之可信者，身历之而茫然不得夫理之所安。”（《四书训义》卷二）“致辨于可否之衡”即判断是否把握了事物之理的标准，不在于自称“预知”，也不在于“心度之明”，而在于“身试其中”或“身历”之得失。这些都是说，实践有检验认识的作用，这就是“行可有知之效”的含意。

“知不得有行之效”，是说有知未必能行，知而不行，就不能取得任何实际成果。实践具有直接现实性的优点，只有通过行即具体的感性的物质活动，才能变主观的东西为客观的东西，知即主观认识自身是做不到这一点的。王夫之说：“若夫其与知者而不与能，则终焉始焉，表焉里焉，一若司庾之吏，持筹悉安，而要不获一粟之用也。”（《续春秋左氏传博议》卷上）他又说：“或有知而不能，如尧非不知治水之理，而下手处自不及禹是也。”（《读四书大全说》卷二）这些

都是知不可有行之效的具体例证。另外，再好的思想、理论、计划或方案，付诸实行的主客观条件不具备，就只有“俟之他日而行乃有功”，这也说明“知不得有行之效也”。

综合以上各点，王夫之作出明确论断：“行可兼知，而知不可兼行。”就是说，行可以包括知，而知不包括行。一个人去做某件事，就说明他对这件事必有所知；反之，一个人知道某件事，却不能断定他必能做这件事。所以，王夫之说：“凡知者或未能行，而行者则无不知。且知行二义，有时相为对待，有时不相为对待。如‘明明德’者，行之极也，而其功以格物致知为先焉。是故知有不统行，而行必统知也。”（《读四书大全说》卷六）在知和行的矛盾统一体中，行是矛盾的主要方面，行是二者统一的基础。

关于行优越于知、行为贵、行为“第一不容缓”、“必以践履为主”的思想，王夫之在不同情况下曾反复论述，如说：

> 知所不豫，行且通焉。（《思问录内篇》）
>
> 以人之知行言之，闻见之知，不如心之所喻；心之所喻，不如身之所亲行焉。（《周易内传·系辞上传》）

这是说理性认识优越于感性认识，实践又优越于理性认识。有些认识没有达到的领域的问题，实践却加以解决了。

> 学之弗能，则急须辨；问之弗知，则急须思；思之弗得，则又须学；辨之弗明，仍须问；行之弗笃，则当更以学问思辨养其力。而方学问思辨之时，遇着当行，便一力急于行去，不可曰吾学问思辨之不至而俟之异日。若论五者第一不容缓，则莫如行。（《读四书大全说》卷三）

这是在批判朱熹“以学为急，行为缓”的错误态度时，突出地强调

“行”在“博学、审问、慎思、明辨、笃行”五者中的“第一不容缓”的地位和作用。他认为学、问、思、辨都是不能脱离行的。

> 至于学之必兼笃行，则以效先觉之为，乃学之本义，自非曰“博学”、曰“学文”，必以践履为主，不徒讲习讨论而可云学也。(《读四书大全说》卷四)

这是说“学”本身就包括行，而且应以“践履”“笃行”为“学”的主要内容，不能专以讲习讨论（知）为“学”。他所说的“学”有由行得知的意思。

王夫之在同“尊知而贱能（行）”“离行以为知”的唯心主义知行观作了尖锐斗争之后，建立起来的“行可兼知，而知不可兼行”“行必统知，而知有不统行”的唯物主义知行学说，有自己独特的战斗风格，而且在理论上也是比较严谨和深刻的。他比以往的任何哲学家都更明确地表述了“行高于知”的思想，突出了“行”在整个认识过程中“第一”的地位和作用，从知识的来源、检验真理的标准等各个方面论证了行是知的基础。下面我们将要看到，他的唯物主义知行学说也是较无片面性弊病的，在一定程度上论述了知和行的对立统一关系，在辩证唯物主义的知行统一观产生以前，可以说是达到了最高的水平。

知行相资以为用，并进而有功

王夫之强调行先于知，行是知的基础，但是并不否认知对行的反作用。认识的能动性不仅表现在“以知知物”，即通过耳目心思去反映客观世界，而且更表现在对于改变世界的行即实践有重要的指导作用。“唯于天下之物知之明，而合之、离之、消之、长之，乃成吾用。”（《张子正蒙注·动物篇》）认识天下之物是改造事物使之为我

所用的前提。王夫之首先肯定，对客观事物及其规律的认识，是从“勉勉孜孜”的力行中得来的，“力行而后知之真”（《四书训义》卷十三）；同时他又指出，心对事物之理“知之不昧”，乃是“行之不疑”的指南，“要以所行者听乎知，而其知也愈广大愈精微，则行之合辙者愈高明愈博厚矣”（《读四书大全说》卷四）。对知和行的相互作用作这样的了解，就避免了抹煞认识的能动性的形而上学错误倾向。

王夫之认为，知对行的反作用，主要在于能够把握事物之理，预测事物之变，指导人们正确地进行改造客观世界的活动，趋利避害，达到使事物服务于人类的目的。他说：“察事物所以然之理，察之精而尽其变，此在事变未起之先，见几而决，故行焉而无不利。”（《张子正蒙注·神化篇》）又说：“变者，阴阳顺逆事物得失之数。尽知其有之变而存之于心，则物化无恒而皆豫知其情状而裁之。存四时之温凉生杀，则节宣之裁审矣；存百刻之风雨晦明，则作息之裁定矣。化虽异而不惊，裁因时而不逆。天道且惟其所裁，而况人事乎?”（《张子正蒙注·天道篇》）“存”是指知识经验的积累，“存理必资乎察理”（《读四书大全说》卷三）。尽察事物之变而积存于心，就可以形成规律性的知识，在事变未起之先“皆豫知其情状”，在事变到来之时“虽异不惊”，并因而采取适当的措施以裁成之。豫测事物之变的根据是“知理”，“不知，不豫测其变也”（《思问录内篇》）。这里突出地表现了知即认识的能动性。

就认识的基础和来源说，行是先于知的；就认识的功能和作用说，知可以指导行。所以，“行先知后”并不是绝对的。王夫之说：“夫人知之，而后能行之，行者皆行其所知者也。”（《四书训义》卷二十）从这个意义上也可以说是“知先行后”。他认为知和行既有“先后之序”，又可以“互相为成”，知行先后是可以互相转化的。重要的不是争知行先后，而是要看到二者互相为成、同功并进的关系。他说：“知能同功而成德业。先知而后能，先能而后知，又何足以窥

道阃乎？异端者于此争先后焉，而儒者效之，亦未见其有德也。”（《周易外传》卷五）他在批判异端和朱熹、王阳明一类“儒者”的形而上学观点时进一步展开了知行关系的辩证法。

王夫之反对朱熹在知先和行后之间“立一划然之次序”，他在批判这种形而上学的分立论时提出了“知行终始不相离”的命题。他也反对王阳明混淆知行差别、取消先后之序的“知行合一”说，在批判这种形而上学的同一论时又提出了“知行相资以为用”的命题。把这两个命题结合起来，他对知和行的分合、异同即对立统一关系的认识还是比较全面的，既看到了知行不可分离，又看到二者“功可得而分”，惟其有分，才能相资以互用。他在批判王阳明的“合一”之说时曾深刻指出：

> 知行相资以为用。惟其各有致功，而亦各有其效，故相资以互用；则于其相互，益知其必分矣。同者不相为用，资于异者乃和同而起功，此定理也。不知其各有功效而相资，于是姚江王氏“知行合一”之说，得借口以惑世。（《礼记章句》卷三一）

这里揭露王阳明“惑世”的手法是只讲“合”而不讲“分”，只讲“同”而不讲“异”，用形而上学的无差别的同一来代替事物多样性的统一，包含着不同矛盾方面的对立统一。他指出，只要讲相互作用，就知道必有分别；如果没有分别，就谈不上相互作用了。因为同一的东西不能发生相互作用，相异的东西才能“和同而起功”。王阳明正是由于不承认知行各有功效而相资互用，才得出了知行绝对同一的错误结论。关于“和”与“同”的区别，西周末年的史伯就说过：“和实生物，同则不继。”（《国语·郑语》）春秋时期齐国的晏婴曾举例加以生动说明。他说，“和”好比做羹汤，在水中加上鱼肉和各种作料，再用薪火烹调，使各种味道调和起来，吃起来才觉得味美。又好比音乐，必须“清浊、大小、短长、疾徐、哀乐、刚柔、迟速、高

下、出入、周疏以相济”，听起来才觉得悦耳。“若以水济水，谁能食之？若琴瑟之专一，谁能听之？同之不可也如是。”（《左传》昭公二十年）这就是说，水上加水，做不成味美的羹汤；单一的音调，组成不了动听的乐章。由此可见，“同”即简单重复的同一是不能使事物得到发展的。古代思想家对客观辩证法的朴素观察和理解，在认识史上留下了有价值的思想资料。王夫之继承了这些合理思想，用“同者不相为用，资于异者乃和同而起功”的“定理”，从方法论上有力地批判了王阳明的“知行合一”说。前已揭露其“以知为行”“销行以归知”的唯心主义实质，现在又批判它“不知其各有功效而相资”的形而上学方法，这对于论敌在理论上的打击是沉重的。

王夫之又说：

> 盖云知行者，致知力行之谓也。唯其为致知力行，故功可得而分；功可得而分，则可立先后之序；可立先后之序，而先后之互相为成。则由知而知所行，由行而行则知之，亦可云并进而有功。（《读四书大全说》卷四）

他认为知和行的对立统一表现为一个“由知而知所行，由行而行则知之”的循环往复、无穷发展的过程，这个思想是相当深刻的。王夫之从“功可得而分”“相资以互用”的对立统一中看到了知行“并进而有功”的生动过程。“由行而行则知之”，是说由行而得知；“由知而知所行”，是说由知而进行。由行到知，由知到行，如此循环往复，这个过程永远也不会完结。他说：“智者，知礼者也；礼者，履其知也。履其知而礼皆中节，知礼则精义入神，日进于高明而无穷。”（《思问录内篇》）在知行并进、日进高明的过程中，人类认识和实践的能动性也不断得到锻炼和发展，这就是所谓“知能日新”或“命日新而性富有也”（《思问录内篇》）。

王夫之认为，客观事物是不断向前推移和发展的，人的认识也不

能停滞在某一实践阶段上，而必须随着实践的发展而“进德不已”。他说：“学而行，无滞于行，则已行者化；习而察，则不执所习，而参伍以尽变。故不执一德而裁成万理，德进之盛，殆由此与！”（《张子正蒙注·三十篇》）他强调“不执一德”、防止思想僵化是认识发展的必要条件。王夫之还看到客观世界是无限的，而人的知、能是有限的，所以不能只满足于已有的知识，而是应该抱着“学而后知不足”的谦虚态度，努力去追求客观真理。他说：

> 道之在天下，岂有穷哉！以一人之身藐然孤处于天地万物之中，虽圣人而不能知、不能行者多矣。……君子知此，念道之无穷，而知能之有限，故学而知不足，教而知困，歉然望道而未之见。……故虽至于圣，且不自圣，以求进德于无已，而虚受万物以广其仁爱，斯则谦而有终矣。(《周易内传》卷二)

又说：

> 道艺本有序也，岁月本未有穷也，知亦易知而能亦简能也。乃正唯此易简之理，愈求之而愈见高远之难至，若道艺之迫我以无涯，而岁月之有穷者，诚若有所就而不及者。然以此心而求至焉，学其有得而可以自据乎？乃业已知之，而乱其聪明者又至矣，所能行之，而分其志气者又起矣，如不及而庶几及焉。一日之所得不能守之终身，终身之所图或且丧之一旦，盖如不及焉而犹恐失也，有加勉于无尽已耳。(《四书训义》卷十)

这两段话，都是说明人的认识和实践的相对性。对于在时间和空间上都是无限的客观物质世界来说，人在一定时期的认识总是相对的、有限的，改造世界的能力总是相对的、有限的。对这点有了清醒的认识，为学就切忌“妄于自信”，而是要提倡“学如不及犹恐失之”的

谦虚好学的精神，总觉得自己的知能有所不及，已知已能者唯恐丧于一旦，时刻以竦然警觉的态度，不停止地向着未知未能的领域进军。他认为还要反对“以道为有序而托之从容，以时为可俟而须之异日”（《四书训义》卷十）的懒汉思想，“学如不及犹恐失之”就是有一种求知求能的迫切感。

对于无限的客观物质世界及其发展规律，人的认识是否永远达不到呢？人的实践是否根本无能为力呢？王夫之的回答是否定的。他说：“万物皆有固然之用，万事皆有当然之则，所谓理也。乃此理也，唯人之所可必知、所可必行，非人之所不能知、不能行而别有理也。”（《四书训义》卷八）他原则上肯定万事万物之理是可以被人认识、被人遵循和利用的。人们认识客观真理是一个由近到远、由低到高、由小到大、由微到著的“积渐”的过程，改造客观世界的斗争也是这样。他说：“君子之道，盖譬如行远必自迩，譬如登高必自卑矣。有能为行远不自迩、登高不自卑之言者乎？有能作行远不自迩、登高不自卑之想者乎？理之必然也，势之必然也。盖行无有不积，登无有不渐，迩积而远矣，卑渐而高矣。故积小者渐大也，积微者渐著也。国家天下积人而成大业，治教政刑积事而成大功，其中无可间断之处，其极无可凌越之节。有一念之得即有一事之宜，有一事之功即有一事之效，念念之积渐而善量以充，事事之积渐而德之成以盛，驯至其极而遂以至于高远矣。”（《四书训义》卷三）在这里，王夫之似乎已有无数相对真理的总和构成绝对真理的思想萌芽，当然，这只是天才的猜测，他并不可能科学地解决认识论中的相对和绝对的关系问题。

由于肯定人类认识客观真理和制用、改造客观世界的可能性，王夫之强调要“尽乎人之所以异于禽兽者”（《思问录内篇》），即充分发挥人的“知”和“能”这两方面的自觉能动性。经过人的自觉的活动和努力，对于“天之道”可以“知之尽”，利用天道而有所作为，甚至反天道而为之，即改造自然和变革社会。他说：“夫天与之目力，必竭而后明焉；天与之耳力，必竭而后聪焉；天与之心思，必

竭而后睿焉；天与之正气，必竭而后疆以贞焉。可竭者天也，竭之者人也。人有可竭之成能，故天之所死，犹将生之；天之所愚，犹将哲之；天之所无，犹将有之；天之所乱，犹将治之。”（《续春秋左氏传博议》卷下）所谓“竭之”，就是充分发挥人的自觉的能动性，除了要充分发挥耳目心思的认识作用以外，还要充分发挥“疆以贞”的正气，即“志在胜天”“存于心而推行于物”的实践的力量。他说：“圣人之志在胜天，不容不动也。……圣人贞其大常，存神以御气，则为功于变化屈伸之际，物无不感而天亦不能违之。”（《张子正蒙注·太和篇》）他对实践的重视超过了以往所有的哲学家，比王廷相更明确地提出了“实践”的概念。如说：“知之尽，则实践之而已。实践之，乃心所素知，行焉皆顺，故乐莫大焉。”（《张子正蒙注·至当篇》）实践是“为功于变化屈伸之际”的感性物质活动，“知天之理者，善动以化物”（《读通鉴论》卷二），只有实践的力量才能改造客观物质世界，体现主观对客观的反作用，它是人的自觉的能动性的更重要的一个方面。

王夫之的知行学说，和他的其他方面的哲学理论一样，在很大程度上将自发辩证法和朴素唯物主义结合起来，在中国知行学说史上作出了比前人更突出的贡献。他在批判“离行以为知”的唯心主义知行观的斗争中，着重论述了行对知的决定作用，以及知和行的辩证关系，高度评价了人的自觉的能动性，特别是“实践之”的重要意义。他的知行统一论成为批判那些言行不一的知识分子、坚持民族斗争的政治实践的有力的思想武器。但是，王夫之的知行学说毕竟属于朴素唯物主义的范畴，是有其历史的局限性的；而且由于深受儒家传统的影响，他也有把认识论问题伦理化的倾向，在道德意识的来源问题上，甚至又陷入了唯心主义的先验论。他的知行学说的缺陷，主要表现在以下几个方面：

第一，他认为有些知识不是从行和格物中来的，承认有天赋道德意识，在人的知觉思维之外，追求一种先验的道德之心，即所谓“道

心”“仁义之心”“德性之知”，这就背叛了唯物主义的认识论原则，严重地陷入了唯心主义。

王夫之认为，所谓“致知在格物”者，即一般来说，“物格之而后知可至也”，格物致知是一个由行得知的过程。但是，有些知识不是从格物而得的，“至如吾心一念之非几，但有愧于屋漏，则即与跖为徒；又如酒肉黍稻本以养生，只自家食量大小，过则伤人。此若于物格之，终不能知，而唯求诸己之自喻，则固分明不昧者也”（《读四书大全说》卷一）。这里主要是讲道德意识的来源问题，关于“自家食量大小”的认识，其实还是来自经验，并非出于“纯思”，他的类比是不恰当的。关于道德意识的来源，他确实不能正确解决，在这里陷入了先验论。他又以孝慈观念为例，说：“天下岂有欲为孝子者，而痴痴呆呆，将我与父所以相亲之故去格去致，必待晓得当初本一人之身，而后知所以孝乎？即此一事求之，便知吾心之知，有不从格物而得者，而非即格物即致知审矣。……是故孝者不学而知，不虑而能，慈者不学养子而后嫁，意不因知而知不因物，固矣。”（《读四书大全说》卷一）王夫之作为封建地主阶级的思想家，一接触到道德问题，就表现出反道学的不彻底性。他不了解道德这种社会意识也是社会存在的反映，是一定的经济基础的产物，相反，他在这个问题上没有摆脱程朱学派的影响，否定道德意识对社会实践的依赖关系，宣扬封建道德是天赋的。

王夫之还和宋明道学家一样，区分所谓“道心”和“人心”。他把道心叫做“仁义之心”，指人的道德意识；把人心叫做“知觉运动之心”，指人的一般意识活动。他认为“仁义之心”是天所赋予的，比“知觉运动之心”更根本，人的一般知觉和思维活动是依赖于道德意识的。如说：“然仁义自是性，天事也；思则是心官，人事也。天与人以仁义之心，只在心里面。唯其有仁义之心，是以心有其思之能；不然，则但解知觉运动而已（自注：犬牛有此四心，但不能思）。此仁义为本而生乎思也。……故曰‘天之所与我’，与我以仁义，即

便与我以思也。”（《读四书大全说》卷一）他认为动物也有“肉团之心”即知觉运动之心，人和动物的区别在于有天赋的“仁义之心”，“唯其有仁义之心，是以心有其思之能”，动物则“不思亦不得”。这是地地道道的先验道德论，说明他没有完全摆脱程朱学派的“理得于天而具于心”的唯心主义观点的影响。王夫之还肯定张载所说的“德性之知”，并解释说：“德性之知，循理而及其原，廓然于天地万物大始之理，乃吾所得于天而即所得以自喻者也。……见闻可以证于知已知之后，而知不因见闻而发。德性诚有而自喻，如暗中自指其口鼻，不待镜而悉。”（《张子正蒙注·大心篇》）德性之知就是天所赋予的“道心”或“仁义之心”，它是不依赖于感觉和思维的。王夫之肯定它“诚有”，就比明代的唯物主义者王廷相倒退了一步，严重地表现出唯物主义的不彻底性。总的来说，王夫之对宋明道学中的陆王一派主观唯心主义心学的批判是比较彻底的，而对程朱一派客观唯心主义理学则有很大程度的让步，特别是在认识论领域。

第二，他所说的“行”，主要是“行于君民、亲友、喜怒、哀乐之间”的封建道德行为，是抽象的个人的活动，特别是指理想化了的“圣人”的行为，和我们今天所说的社会实践是有原则区别的。因此，他虽然强调行是知的基础，但是并不了解认识对社会实践的依赖关系，即认识对生产斗争和阶级斗争的依赖关系。

王夫之说：“应事接物为行。”又说：“乃讲求之中，力其讲求之事，则亦有行矣。”（《读四书大全说》卷三）他所谓行，除了泛指一切勉力行为之外，就是指个人应事接物的日常活动，主要是指洒扫应对、进退酬酢之类的涵养工夫，即“行于君民、亲友、喜怒、哀乐之间”的道德伦理行为。他有时也接触到科学实验的内容，重视所谓“质测之学”，如说：“盖格物者，即物以穷理，唯质测为得之。”（《搔首问》）他对“作器”“治器”“利用厚生”的物质生产活动也予以相当的重视，认为人能改造自然为己所用，如说：“有木而后有车，有土而后有器，车器生于木土，为所生者为之始。揉之、新之、

埏之、埴之，车器乃成，而后人乃得之。”（《周易外传》卷一）他所说的“器”，不仅指具体的经过人为加工的自然事物，而且包括政治法律制度在内，认为它们都是人的积极活动的结果，故说：“成器者人也。”“器成则谓之行。”（《周易外传》卷五）但是，他的成器论又和所谓“继善成性”论混杂在一起，把认识的能动性问题和道德伦理问题混杂在一起，他不能真正了解人类的生产活动对认识发展的意义。

王夫之的知行观的一个致命的弱点，就是他不了解人的本质乃是社会关系的总和。在他那里，知和行的主体是孤立的抽象的个人，或者按封建道德标准理想化了的“圣人”。出于剥削阶级“君子”的偏见，他极端鄙视劳动人民的言和行，污蔑“庶民”终日营营的活动和禽兽差不多。他说：“人之所以异于禽兽者，君子存之，则小人去之矣。……学者但取十姓百家之言行而勘之，其异于禽兽者，百不得一也。营营终日，生与死者何事？一人倡之，千百人和之，若将不及者何心？芳春昼永，燕飞莺语，见为佳丽。清秋之夕，蠰啼蛩吟，见为孤清。乃其所以然者，求食、求匹偶、求安居，不则相斗已耳，不则畏死而震慑已耳。庶民之终日营营，有不如此者乎？”（《俟解》）虽然他也说过“圣人之所不能，而匹夫匹妇能之”（《周易外传》卷五）一类的话，但他基本上是站在“圣人君子”的立场，否定劳动人民是生产斗争和阶级斗争的主体，诬蔑他们只有“求食、求匹偶、求安居”之类的本能活动，根本称不上“行”。因此，他也否定劳动人民有可能获得任何知识，认为劳动人民永远受剥削阶级“圣人”“君子”的统治是天然合理的。

第三，王夫之虽然对知行关系的辩证法有一定的理解，而他的知行观也有相当严重的形而上学的缺点。他把“知易行难”绝对化，否认“难”和“易”可以在一定条件下互相转化，这样就不能把知行统一论坚持到底。譬如他说：“言知则但可曰困而知之，不可曰勉强而知之，而行则曰勉强而行之，知行之不同功久矣！”（《读四书大全

说》卷四）他认为可以说“知之为知之，不知为不知”，但不能说“能行则行之，不能行则不行”。鼓励人们勇于行是对的，如果走到极端，甚至鼓励盲目冒险的“勉强而行”，显然就破坏了知和行的统一。关于知行相资并进的辩证法，到了他所理想的“圣人”那里，就完全被窒息和扼杀了。他说：“乃圣人既立之后，其知也非待于致也，豁然贯通之余，全体明而大用行也；其行也非待于力也，其所立者条理不爽而循由之，则因乎事物之至也。故既立之后，诚则明矣。明诚合一，则其知焉者即行矣，行焉者咸知矣。颜子‘欲从末由’者在此，而岂可以知行并进言哉?”（《读四书大全说》卷四）这就是说，“圣人”的知不依赖于学和行，他是生而知之者；“圣人”的行不需要经过努力就能成功，他是安而行之者。在“圣人”那里，知和行的矛盾不复存在，知即行，行即知，二者达到了神秘的“合一”，而无须发展“并进”了。这就完全背离了他的唯物主义知行统一论，竟和他竭力攻击的王阳明的唯心主义形而上学的“知行合一”说有了某种同一性。

宋明以来的道学家们谈论知行问题，总是把这个认识论问题和道德修养问题混淆在一起，王夫之也没有摆脱这种传统的影响。一涉及道德问题，他的阶级局限性就充分暴露出来，使他在知行问题上不能把朴素唯物主义和自发辩证法的理论立场坚持到底，而在反道学的斗争中表现出一定的妥协和不彻底性。当然，在马克思主义产生以前，哲学家们还是离开人的社会性、离开人的历史发展去观察认识问题，要完全科学地解决知和行的关系问题也是不可能的，这是时代的局限性。正如马克思所说：“哲学家们只是用不同的方式解释世界，而问题在于改变世界。”[①] 对于王夫之一类剥削阶级哲学家，提出知行统一或言行一致的要求，只能是抽象的道德说教，即使作为一种修养方

① 马克思：《关于费尔巴哈的提纲》，《马克思恩格斯选集》第 1 卷，人民出版社 1972 年版，第 19 页。

法，要求剥削阶级的“君子”们真正做到也是根本不可能的。他们可以在知行难易问题上争论不休，而决不会把知行统一作为行动的指南。

三　颜元

中国 17 世纪的思想界中，颜李学派是一支突起的异军。颜元这位生长在北方的学者，对于宋明道学的批判，甚至比南方学者黄、顾、王等人更痛快、更彻底。他的实事求是的精神，他的为真理而斗争的勇气，在历史转变时代起了振聋发聩的作用。当时人曾说他敢“开二千年不能开之口，下二千年不敢下之笔”（王崑绳语，见《居业堂文集·与婿梁仙来书》），将秦汉以来的章句训诂之学和宋明以来的心性义理之学一概推倒，这种战斗精神是具有很大进步意义的。

颜元（1635—1704 年）字浑然，号习斋，河北博野人。少年时喜读陆王的书，后来又笃信程朱之学。到三十四岁时，居养祖母丧，一遵“朱子家礼”，哀毁身体，几致丧命。通过亲身体验，觉其有违性情，又校以古礼，才发现朱子任意删改甚多，因而悟出“静坐读书乃程朱陆王为禅学俗学所浸淫，非正务也”，只有“周公之六德、六行、六艺，孔子之四教”才是“正学”（《颜习斋先生年谱》卷上）。自此毅然以明行“周孔之道”为己任，而尽弃宋明诸儒习袭之学。这是他的学术思想的一个根本转折点。颜元的书斋原名“思古斋”，学术思想转变后，体会到“思不如学，而学必以习”，于是改名为“习斋”（三十五岁）。他晚年曾主讲于漳南书院，设文事、武备、经史、艺能诸科，以程朱理学和八股帖括为反面教材。颜元和他的得力弟子李塨（1657—1733 年）都猛烈抨击宋明唯心主义道学，倡导一种注重躬行践履、反对静坐读书的“习动”的新学风，世人称他们为“颜李学派”。

颜元反对唯心主义道学的斗争，可以说集中在知行问题上，是唯

物主义和唯心主义两种知行观的斗争。从总体上说，颜元的唯物主义知行学说不如王夫之的全面、深刻，但是，他对行先知后的论证和发挥，对“习行”的重要作用的具体认识，又比王夫之前进了一步。

颜元倡导的“实学”，即尧舜周孔的“三事”（正德、利用、厚生）、“六府”（水、火、木、金、土、谷）、“三物”（六德——知、仁、圣、义、忠、和；六行——孝、友、睦、姻、任、恤；六艺——礼、乐、射、御、书、数）、“四教”（文、行、忠、信）之学，是同两千年来的训诂笺注、清谈词章、静坐顿悟之学根本“敌对”的，尤其和“集汉晋释道之大成”的宋明道学为“判然两途”。他的学术思想，虽然采取了肯定“尧舜周孔之道”的复古形式，但却是“以历代之消可自今日长，历代之衰可自今日盛，历代之降可自今日升也”（《习斋记余·大学辨业序》），还是着眼于“今日”之变化发展的。他对先秦以后的思想史作了这样的描述：

> 昔者孔子殁而诸子分传，……焚书坑儒，使吾儒经世之法，大学之制，沦胥以亡。两汉起而治尚杂霸，儒者徒拾遗经为训传，而圣学之体用残缺莫振。浸淫于魏晋隋唐，训诂日繁，佛老互扇，清谈词章，哗然四起。祸积而至五季，百氏学术，一归兵燹，尧舜周孔之道，更孰从而问之乎？宋代当举世愦愦，罔所适向之时，而周子突出，以其传于禅僧寿涯、道士陈抟者，杂入儒道，绘图著书，创开一宗。程朱陆王皆奉之，相率静坐顿悟，验喜怒哀乐未发时气象，曰以不观观之，暗中二氏之奸诡，而明明德之实功溷矣。相率读讲注释，合清谈、训诂为一堂，而习行礼乐兵农之功废，所谓亲民者无其具矣，又何止至善可言乎？……试观两宋及今五百年，学人尚行孔颜之实事否？徒空言相续，纸上加纸，而静坐语录中有学，小学大学中无学矣；书卷两庑中有儒，小学大学中无儒矣。（《习斋记余·大学辨业序》）

他的思想史观是非历史主义的，但他所描绘的尧舜周孔之学和两汉经学、魏晋清谈、隋唐佛教、宋明道学的对敌，却体现了唯物主义和唯心主义两种知行观的斗争，前者是“必以事名，必以物名”，不脱离“习行经济”的实事实用之学；后者是“离事离物而为心口悬空之道，纸墨虚华之学”（《习斋记余·寄桐乡钱生晓城书》）。这两种学术是根本对立、不可调和的，用他的话来说就是：“程朱之道不熄，周孔之道不著”，“必破一分程朱，始入一分孔孟”。他操着赞颂“尧舜周孔之道”的复古语言，实际上是希望当今学术走上“文衰而返于实”的道路。他把两千年的思想史描绘成一片漆黑，一方面有早期启蒙学者反封建的人文主义色彩，另一方面又是不尽符合历史实际的。他不了解两千年思想史中也一直贯穿着唯物主义反对唯心主义的斗争。

颜元对两千年学术的批判，重点是反对宋明道学，对“率天下入迷酪”的程朱陆王之学深恶痛绝，攻击之不遗余力。他认为，“宁使杨墨行世，犹利七而害三也”，“宁使汉儒行世，犹虚七而实三也”，到了宋儒的文墨空静世界，“卒致普地庠塾无一可用之人才，九州职位无一济世之政事”（《习斋记余·礼运》），实事实用之学尽废而无存。对于宋学的祸害之烈，他曾痛切地指出：

> 迨于秦火之后，汉儒掇拾遗文，遂误为训诂之学。晋人又诬为清谈，汉唐又流为佛老，至宋人而加甚矣。仆尝有言：训诂、清谈、禅宗、乡愿，有一皆足以惑世诬民，而宋人兼之，乌得不晦圣道、误苍生至此也！仆窃谓其祸甚于杨墨，烈于嬴秦，每一念及，辄为太息流涕，甚则痛哭。(《习斋记余·寄桐乡钱生晓城书》)

这种极其有害的学术，在当时形成了怎样一种势力呢？它对社会风尚造成了何种影响呢？颜元对李塨说过：

> 予未南游时，尚有将就程朱附之圣门支派之意，自一南游，

> 见人人禅子，家家虚文，直与孔门敌对，必破一分程朱，始入一分孔孟，乃定以为孔孟程朱，判然两途，不愿作道统中乡愿矣。（《颜习斋先生年谱》卷下）

颜元南游中州是在辛未五十七岁时，此后他对程朱理学攻击愈力，复周孔本学之志愈切，主持规模宏伟的漳南书院，就是在这之后的事，为的是要冲破程朱理学的桎梏，培养一批能够经世致用、扶危济难的人才，以大有为于天下。

所谓“孔孟程朱，判然两途”，颜元作了极明白的分辨，他生动地描绘说：

> 请画二堂，子观之：一堂上坐孔子，剑佩觽决杂玉革带深衣。七十子侍，或习礼，或鼓琴瑟，或羽籥舞文，干戚舞武，或问仁孝，或商兵农政事，服佩亦如之。壁间置弓矢钺戚箫磬算器马策各礼衣冠之属。一堂上坐程子，峨冠博服，垂目坐如泥塑。如游、杨、朱、陆者侍，或返观打坐，或执书吾伊，或对谈静敬，或搦笔著述。壁上置书籍字卷翰砚梨枣。此二堂同否？（《颜习斋先生年谱》卷上）

又说：

> 入其斋而干戚羽籥在侧，弓矢玦拾在悬，琴瑟笙磬在御，鼓考习肆，不问而知其孔子之徒也。入其斋而诗书盈几，著解讲读盈口，合目静坐者盈座，不问而知其汉宋佛老交杂之学也。（《颜习斋先生言行录·学人第五》）

这是新旧两个世界、两种人格、两种学风的对立，也反映了两种知行观的对立。他揭露了程朱理学脱离实际、违反人性的中世纪经院哲学

的本质，认为它终究要被周孔的三事、六府、三物、四教之学所代替。这个历史的趋势，他主要不是从心性义理的分析，而是从实际事功的效验来认识的。

颜元反对程朱理学的最大理由就是斥其无用。它造就不出建功立业、匡时救难的人才，而只能培养出精神萎惰、白面无用的书生，国家民族的败亡就是在这帮人手里。他无比沉痛而愤懑地写道：

> 吾读《甲申殉难录》，至“愧无半策匡时难，惟余一死报君恩”，未尝不凄然泣下也；至览和靖祭伊川：“不背其师有之，有益于世则未”二语，又不觉废卷浩叹，为生民怆惶久之。（《存学编》卷二）
>
> 秦汉后千余年间，气数乖薄，求如仲弓、子路之辈，不可多得，何独以偏缺微弱兄于契丹、臣于金元之宋？前之居汴也，生三四尧孔，六七禹颜；后之南渡也，又生三四尧孔，六七禹颜。而乃前有数十圣贤，上不见一扶危济难之功，下不见一可相可将之材，两手以二帝畀金，以汴京与豫矣！后有数十圣贤，上不见一扶危济难之功，下不见一可相可将之材，两手以少帝付海，以玉玺与元矣！多圣多贤之世，而乃如此乎？噫！（《存学编》卷二）

两宋亡国的痛史，就是对自负接尧舜周孔之传的宋儒最有力的鞭挞。周、程、朱、陆之辈无不以“圣贤”自命，他们的“扶危济难之功”表现在那里？“愧无半策匡时难，惟余一死报君恩”的愚忠又有什么用？两宋亡于金元的历史实践证明空谈道德义理的宋学确实是祸国殃民的无用之学。

颜元不仅指斥宋学无用，而且认为它为害极大，“内无益于身心，外无益于国家”。他攻击最厉害的，是读书、静坐二事。脱离习行的讲读和敬静工夫，毁坏人的身体，损耗人的神智，把好端端的青年都变成了腐儒和禅子。他说：“朱子教人半日静坐，半日读书，无异于

半日当和尚，半日当汉儒，试问一日十二时辰，那一刻是尧舜周孔？”（《朱子语类评》）又说：“如谓读书便足处天下事，而不必习行，是率天下而汉儒也；如谓一室主静敬，便足明天下理，而不必历练，是率天下而禅也。”（《颜习斋先生言行录·不为第十八》）对于读书、静坐之害，他作了尽情的揭露，用历史的经验，用目击的事实，乃至亲身的经历，痛陈读书静坐病天下祸生民之烈，大声疾呼要人们从文墨空静世界中解脱出来。

读书耗人心血气力，损害身体健康，他以切近事例，言之极为痛切。如说：“吾尝目击而身尝之，知其为害之巨也。吾友张石卿，博极群书，自谓秦汉以降二千年书史，殆无遗览，为诸少年发书义至力竭，偃息床上，喘息久之，复起讲，力竭复偃息，可谓劳之甚矣！不惟有伤于己，卒未见成起一才。……祁阳刁蒙吉，致力于静坐读书之学，昼诵夜思，著书百卷，遗精痰嗽无虚日，将卒之三月前，已出言无声。元氏一士子，勤读丧明。吾与法乾年二三十，又无诸公之博洽，亦病无虚日。……况今天下兀坐书斋，无一人不脆弱，为武士农夫所笑者，此岂男子态乎？”（《存学编》卷三）他还一再指出：“多看诗书，最损精力，更伤目。”（《颜习斋先生年谱》卷下）“好读、好讲、好著之人必腰疼。”（《朱子语类评》）总之，“读讲文字似安逸事，而却耗气竭精、丧志痿体而日病”（《颜习斋先生言行录·刚峰第七》）。颜元认为读书不仅损害人的身体健康，而且也无益于知识的增进，因为靠读书得来的知识并不是真知识。他说：“读书人便愚，多读更愚，但书生必自智，其愚却益深。”（《四书正误》卷二）“读书愈多愈惑，审事愈无识，办经济愈无力。”（《朱子语类评》）他是从经世致用的观点出发，认为书本知识若无益于事功，就不足为真知识。所以，他极端鄙弃几千年来儒者炮制的大量无用的书本知识，认为“书本上所穷之理十之七分舛误不实”（《习斋记余·阅张氏王学质疑评》）。而朱熹等人却认定为真知识，“奉为不易之理”，诱骗人们到书本中去讨生活。颜元愤慨地说：这真是“率古今之文字，食天

下之神智”！（《四书正误》卷四）

读书无用而有害，也为大量的历史事实所证明。他说：

> 古今旋乾转坤，开物成务，由皇帝王霸以至秦汉唐宋明，皆非书生也。读书著书能损人神智气力，不能益人才德，其间或有一二书生济时救难者，是其天资高，若不读书，其事功亦伟，然为书损耗，非受益也。（《颜习斋先生言行录·教及门第十四》）

读书的危害如此之巨，国家生民受祸几千年，他认为是由于朱熹一类儒者的大力提倡，也是由于封建的科举取士制度造成的恶果。他不满意“朱子论学只是论读书”，“将博学之改为博读书”（《存学编》卷四），认为“千余年来，率天下入故纸中，耗尽身心气力，作弱人、病人、无用人者，皆晦庵为之也”（《朱子语类评》）。这是把朱熹当作教天下士子死读书、读死书的罪魁祸首。同时他还指出，八股帖括、科举取士的制度也把学者陷入章句浮文之局，如说：

> 天下之入此帖括局也，自八九岁便咿唔，十余岁便习训诂，套袭构篇，终身不晓习行礼义之事，至老不讲致君泽民之道，且无一人不弱不病，灭儒道，坏人才，阨世运，害殆不可胜言也。（《颜习斋先生言行录·杜生第十五》）

他的结论是：

> 书之病天下久矣！使生民被读书者之祸，读书者自受其祸，而世之名为大儒者，方且要读尽天下书，方且要每篇读三万遍以为天下倡；历代君相，方且以爵禄诱天下于章句浮文之中。此局非得大圣贤、大豪杰不能破矣。（《颜习斋先生言行录·禁令第十》）

颜元自己当然也是以“圣贤”“豪杰”自居的，但是他只能大声疾呼，痛陈读书之害，而没有那么大的力量，来破此章句浮文之局。他也是读书人，有亲身痛切的感受。他用过来人的经验教训去劝戒青年，还是能起很大作用的。他说：

> 仆亦吞砒人也，耗竭心思气力，深受其害，以至六十余岁，终不能入尧舜周孔之道。但于途次闻乡塾群读书声，便叹曰，可惜许多心思；但见场屋出入人群，便叹曰，可惜许多人才。故二十年前，但见聪明有志人，便劝之多读书，近来但见才器，便戒之勿多读书。（《朱子语类评》）

对读书一事攻击得体无完肤，如此祸深，颜元是古今第一人。

颜元既反对徒事读书，更反对枯禅静坐。他指斥宋明儒者都是“内佛老而外儒学”，“皆有与贼通气处”。他说：“阳明近禅处尤多”（《存人编》卷二），而“朱子言禅家弄精魂，磨擦得来精细有光采”（《朱子语类评》）。又说：“程朱亦别样禅宗耳，故皆以达磨之静坐为下手真工夫。”（《朱子语类评》）总之，主静也是宋明道学唯心主义方法论的一个重要特征。颜元早岁亦曾习静坐功，如庚子二十六岁时，“得《性理大全》观之，知周程张朱学旨，屹然以道自任，期于主敬存诚，虽躬稼胼胝，必乘间静坐，人群讥笑之，不恤也”（《颜习斋先生年谱》卷上）。他有亲身体验，深知其境虚妄，故称为“镜花水月”，完全是自欺欺人的假学问。他指出：“静中了悟，乃释氏镜花水月幻学，毫无与于性分之真体，位育之实功也。”（《颜习斋先生年谱》卷下）这种根本否定认识对象真实存在的所谓“认识”，只是一种幻觉，是镜里花，水里月，只能在虚幻世界中玩弄，而不能“指水月以照临，取镜花以折佩”。他从认识论上深刻揭露了这种“空静之理”“空静之功”的虚妄，说：

> 洞照万象，昔人形容其妙，曰镜花水月。宋明儒者所谓悟道，亦大率类此。吾非谓佛学中无此境也，亦非谓学佛者不能致此也，正谓其洞照者无用之水镜，其万象皆无用之花月也。不至于此，徒苦半生，如腐朽之枯禅。不幸而至此，自欺更深，何也？人心如水，但一澄定，不浊以泥沙，不激以风石，不必名山巨海之水能照百态，虽渠沟盆盂之水皆能照也。今使竦起静坐，不扰以事为，不杂以旁念，敏者数十日，钝者三五年，皆能洞照万象，如镜花水月。做功至此，快然自喜，以为得之矣。……予戊申（三十四岁）前，亦尝从宋儒用静坐功，颇尝此味，故身历而知其为妄，不足据也。天地间岂有不流动之水？天地间岂有不著地、不见泥沙、不见风之水？一动一著，仍是一物不照矣。……今玩镜里花、水里月，信足以娱人心目，若去镜水，则花月无有矣；即对镜水一生，徒自欺一生而已。若指水月以照临，取镜花以折佩，此必不可得之数也。故空静之理，愈谈愈惑，空静之功，愈妙愈妄。（《存人编》卷一）

镜花水月之喻，首先是斥静坐无用，其次是指出静坐时所得的幻觉（即所谓“洞照万象”）虚妄不实，这样“悟道”所得的知，其实就是“无知”。他曾举例说：“吾游北京，遇一僧敬轩，不识字，坐禅数月能作诗，既而出关，则仍一无知人也。”（《存学编》卷二）他认为天地间没有不流动的水，人的感觉对于客观世界的反映是日生日新的，而不是如同死镜寂水一般。客观物质世界的运动变化更是无限丰富无限生动的，静坐不动、不去接触对象就什么认识也不可能得到。他把静坐中所得的幻觉称为“镜花水月”，是对宋明道学唯心主义的有力揭露和打击。有时他也喻之为“望梅画饼”，如说：“凡从静坐读书中讨来识见议论，便如望梅画饼，靠之饥食渴饮不得。”（《存学编》卷二）其意义也是一样。

静坐不仅无用，而且大有害焉。一是伤害身体，二是厌事废事，

自然学问空疏，把有用之才都变成了无用的废物。他说：

> 终日兀坐书房中，萎惰人精神，使筋骨皆疲软，以至天下无不弱之书生，无不病之书生，生民之祸，未有甚于此者也。（《朱子语类评》）

又说：

> 为主静空谈之学久，则必至厌事，厌事必至废事，遇事即茫然。圣贤且不免，况常人乎？故误人才，败天下事者，宋人之学也。（《颜习斋先生年谱》卷下）

宋儒讲“主静”，常常和“居敬”联系在一起。颜元揭露他们把居敬工夫和实际事功脱离开来，变成了一个“静”字，实际上还是归于禅学。他说：

> 敬字字面好看，却是隐坏于禅学处。古人教洒扫，即洒扫主敬；教应对进退，即应对进退主敬；教礼乐射御书数，即度数、音律、审固、罄控、点画、乘除莫不主敬。故曰“执事敬”，故曰“敬其事”，故曰“行笃敬”，皆身心一致加功，无往非敬也。若将古人成法皆舍置，专向静坐收摄、徐行缓语处言主敬，乃是以吾儒字面，做释氏实工夫，去道远矣。（《存学编》卷三）

这一段话，不但揭穿了程朱理学“阳儒阴释”的本质，同时也对“敬”字重新作了解释，划清了“居敬”和“静坐”的界限。他讲的“居敬”是不能离开人的实际活动而空言的。

颜元反对读书、静坐，可以说是打中了宋明道学唯心主义先验论

的要害。程朱陆王都是脱离客观事物和人的实践活动，单纯从书本上去认识事物的道理，或者静坐反思、闭门修养，完全陷入主观主义的幻想，即所谓“粗者求之章句，精者求之静敬”（《存人编》卷二）。道学中的朱陆门户之争，颜元一眼看透，认为都是唯心主义的致知方法，一概加以反对。他说：“纸上之性天愈透，而学陆者进支离之讥；非讥也，诚支离也。心头之觉悟愈捷，而宗朱者供近禅之谴；非诮也，诚近禅也。”（《存学编》卷一）即认为朱学“支离”、陆学“近禅”均是事实。读书、静坐这两种方法，在宋明道学那里又是统一的。颜元说：“朱子叹近日学者，高入佛老，卑入管商。愚以为当时设有真佛老，必更叹朱子之讲读训解为耗神粗迹；有真管商，必更叹朱子之静坐主敬为寂守无用。”（《存学编》卷三）即认为朱熹兼汉儒、禅宗之弊，所以才有半日当和尚、半日当书虫之讥。

和宋明道学的唯心主义致知方法根本相反，颜元倡导的“周孔本学”的致知方法，突出一个“习”字，强调实践对认识的重要作用。他在将孔孟之学和周程朱陆之学作了鲜明对比之后说：“惟愿主盟儒坛者，远溯孔孟之功如彼，近察诸儒之效如此，而垂意于‘习’之一字，使为学为教，用力于讲读者一二，加功于习行者八九，则生民幸甚！吾道幸甚!”（《存学编》卷一《总论诸儒讲学》）他的书斋改名“习斋”，并以“习斋”自号，都说明他对习行的重视；不仅重视，并能身体力行，如《年谱》记载他曾习礼、习琴、习射、习书、习拳法、习骑刀式、习数目九九、习医、习农事等等。突出一个“习”字，正表现了颜元的唯物主义认识论的特色。

“习”字的本义是指鸟的反复试练飞行。颜元说：“习者，学之不已，如鸟数飞。”（《四书正误》卷三）又说：“温有三义：习也，暖也，痔也。”所谓“习也”，就是“重习其所学，如鸟数飞以演翅”（《四书正误》卷三）。“习”字引申为反复实行、重复地做和自强不息等义，都和“行”有密切关系，所以颜元经常使用“习行”这个概念，约略相当于我们今天所说的“实践”。另外，“实践”这个概

念已在颜元的著作中屡见不鲜，如“躬习实践”“身习而实践之”等，不过主要是指个人的活动，并且常和道德涵养联系在一起，意义比较狭窄。

关于习行在认识过程中的决定作用，关于行先于知、行高于知、行重于知的道理，颜元比王夫之讲得更透辟、更彻底、更绝对，以至轻忽了知对行的反作用，有否定间接经验和理性思维重要性的狭隘经验论倾向。

首先，他认为行在知先，由行致知，不经过习行，不亲手去做，就不可能获得真正有用的知识。王阳明说“不行只是不知”，颜元认为应当改为“不知只是不行”，这一颠倒表现了唯物主义知行观和唯心主义知行观的对立，如一个认为知是行之因，一个认为行是知之因。

颜元认为，客观事物是人们认识的基础，离开了客观的对象，人的感觉和思维作用就不会显现出来。他说：“知无体，以物为体，犹之目无体，以形色为体也。故人目虽明，非视黑视白，明无由用也；人心虽灵，非玩东玩西，灵无由施也。”（《四书正误》卷一）这是说客观事物（形色、东西）作用于人的感觉和思维器官，才能产生认识，“知”是依赖于“物”的，而“物”却不依赖于认识主体的“知”而客观存在着。这是唯物主义反映论的观点。他还认为，“理”是客观事物本身的规律、条理，必须通过具体事物去认识它的理，而不能离开事物另外去追求所谓理。胡安国说：“岂有见理已明而不能处事者?”朱熹认为“此语好”。颜元驳斥道：“见理已明而不能处事者多矣！有宋诸先生便谓还是见理不明，只教人明理；孔子则只教人习事，迨见理于事，则已彻上彻下矣。此孔子之学与程朱之学所由分也。”（《存学编》卷二）程朱学派认为理在事先，可以离事明理；颜元则认为理不离事，只能“见理于事”，或“习事见理”。这里也反映了唯物主义和唯心主义两条认识路线的对立和斗争。

“习事见理”的观点，已经包含着行先于知、由行致知的思想。

颜元进而明确提出了知识起源于习行的观点。他认为间接经验都不可靠，必须通过亲下手一番的直接经验，才能获得真实可靠、真正有用的知识。这个道理，他常用具体事例来申说，如说：

> 譬如欲知礼，任读几百遍礼书，讲问几十次，思辨几十层，总不算知；直须跪拜周旋，捧玉爵，执币帛，亲下手一番，方知礼是如此，知礼者斯至矣。譬如欲知乐，任读乐谱几百遍，讲问思辨几十层，总不能知，直须搏拊击吹，口歌身舞，亲下手一番，方知乐是如此，知乐者斯至矣。(《四书正误》卷一)

又说：

> 圣人亦未有不学礼乐而能之者。今试予生知圣人一管，断不能吹。(《颜习斋先生言行录·世情第十七》)

必须习礼学乐才能知礼知乐，这是颜元谈论最多的一个内容。另外，他还以人生所必需的衣食为例，说：

> 且如这冠，虽三代圣人，不知何朝之制也；虽从闻见，知为肃慎之冠，亦不知皮之如何暖也，必手取而加诸首，乃知是如此取暖。如此服蔬，虽上智老圃，不知为可食之物也；虽从形色料为可食之物，亦不知味之如何辛也，必箸取而纳之口，乃知如此味辛。(《四书正误》卷一)

人类认识自然界各种事物的性质和用途，都必须经过长期反复的实践。我们的前人如果不亲口去尝一尝各种菜果，分辨出无毒、可口，实践证明有益于人的身体，我们至今大概还不知为可食之物，更不会去栽培种植它们了。

颜元认为，一切知识都是来源于习行、实践，否则就是空疏之论、欺世之谈。他说：“人之为学，心中思想，口中谈论，尽有百千义理，不如身上行一理之为实也。”（《颜习斋先生言行录 · 刁过之第十九》）又说：“心上思过，口上讲过，书上见过，都不得力，临事时依旧是所习者出。”（《存学编》卷一）这是说，不经过习行，光凭心思口读所得的知，并不是真知识。他又谈到自己的亲身体会：“吾尝谈天道性命，若无甚抒格，一着手算九九数辄差。……以此知心中醒，口中说，纸上作，不从身上习过，皆无用也。”（《存学编》卷二）他认为打算盘、做算术是这样，其他任何实际的学问都是这样，如说：“天文、地志、律历、兵机数者，若洞究渊微，皆须日夜讲习之力，数年历验之功，非比理会文字，可坐而获也。”（《存学编》卷三）科学是长期实践经验的总结，决非读书静坐可以致功。他还指出，要领会《周礼》《尚书》《毛诗》等经书的要旨，也必须轻讲读重习行，如说：“今若于经典行一端，即学礼之一端也；若于三事六府行一事，则学书之一端也；若于风雅颂歌一章、舞一节、为一事，即学诗之一端也。不然，即读之熟、讲之悉，何经学之有哉?”（《颜习斋先生言行录 · 禁令第十》）总之，他认为获得知识的途径只有通过“习而行之”“亲下手一番”，坚决反对脱离实践的读书和空谈，所以提出“吾辈只向习行上做工夫，不可向语言文字上着力”（《颜习斋先生言行录 · 王次亭第十二》）的口号，鲜明地体现了他的重视习行的认识论的特点。

程颐说过：“大凡学问，闻之知之，皆不为得，得者须默识心通。”颜元评论这种观点说：“程朱言学，至肯綮处，若特避六艺六府之学者何也? 如此段言‘闻之知之，皆不为得’，可谓透宗语矣，下何不云得者须履中蹈和，躬习实践，深造以六艺之道乃自得之也，乃云‘须默识心通’，不仍是知之乎?”（《存学编》卷四）他认为知识、学问不是得自主观认识自身，而是得自“躬习实践”，这就在知识来源问题上坚持了行先知后、由行得知的唯物主义观点。

颜元对宋明儒者任意曲解的“格物致知”重新作了一番解释，突出地贯穿了重视亲身习行的精神。他说：

> 按格物之格，王门训“正”，朱门训“至”，汉儒训“来”，似皆未稳。……元谓当如史书“手格猛兽”之格，“手格杀之”之格，乃犯手捶打搓弄之义，即孔门六艺之教是也。如欲知礼，凭人悬空思悟，口读耳听，不如跪拜起居，周旋进退，捧玉帛，陈笾豆，所谓致知乎礼者，斯确在乎是矣。如欲知乐，凭人悬空思悟，口读耳听，不如手舞足蹈，搏拊考击，把吹竹，口歌诗，所谓致知乎乐者，斯确在乎是矣。推之万理皆然，似稽文义、质圣学为不谬，而汉儒、朱、陆三家失孔子学宗者，亦从可知矣。(《习斋记余·阅张氏王学质疑评》)

又说：

> 《大学》三纲领八条目，何等大，何等繁，而总归下手处，乃曰在格物。谓之物，则空寂光莹固混不得，即书本经文亦当不得；谓之格，则必犯手抟弄，不惟静敬顿悟等混不得，即读书讲解都当不得。(《颜习斋先生言行录·三代第九》)

他把“格物”解释为“手格其物”“犯手实做其事”(《颜习斋先生言行录·刚峰第七》)，也就是亲身习行的意思。所谓“致知在格物”，就是肯定知从行中来，由行而致知。值得注意的是，颜元解“手格其物”之“格”为“犯手捶打搓弄之义”，这里包含有变革现实的意义，就更加接近了“实践”这一范畴。颜元推倒了朱熹、王阳明等人的种种唯心主义的“格物”说，而赋予它以崭新的唯物主义的内容，这在中国认识论史上是一个创举。

其次，他认为知识不仅来源于实践，而且要到实践中去证验，由

行致知，又由行证知。只有实践证明是符合客观实际的知识，确实可以达到致用目的的知识，才是真知识。他说：

> 读得书来，口会说，笔会做，都不济事，须是身上行出，才算学可。(《习斋记余》卷四)
>
> 学问有诸己与否，须临事方信。人每好以所志认作所能，此大误事，正是后世泡影学问也。(《习斋记余·言卜第四》)

这种“泡影学问”之误事易见，还有一种书生之智更足以害人，他曾举妄人行医的例子来说明：

> 譬之于医，《黄帝》《素问》《金匮》《玉函》，所以明医理也；而疗疾救世，则必诊脉、制药、针灸、摩砭之为力也。今有妄人者，止务览医书千百卷，熟读详说，以为予国手矣，视诊脉、制药、针灸、摩砭以为术家之粗，不足学也。书日博，识日精，一人倡之，举世效之，岐黄盈天下，而天下之人病相枕死相接也，可谓明医乎？愚以为从事方脉、药饵、针灸、摩砭疗疾救世者，所以为医也，读书取以明此也。若读尽医书，而鄙视方脉、药饵、针灸、摩砭，妄人也！不惟非岐黄，并非医也！尚不如习一科、验一方者之为医也。(《存学编》卷一)

他认为读医书是为了疗疾救世，读尽医书而不去从事诊脉、制药、针灸、摩砭的医疗实践，不但不是什么“国手”，甚至不能称做“医生”。反之，只有亲身从事医疗实践，才能证明是否“明医理”。他又说：“读尽天下书而不习行六府六艺，文人也，非儒也，尚不如行一节、精一艺之为儒也。”（《存学编》卷一）这是对理论脱离实践的宋明道学家的尖锐批评。“无事袖手谈心性，临危一死报君王”，就是对他们的无用之学的最无情的讥讽。

实践是检验真理的标准。颜元认为，如果以读书为求得真理的唯一方法，那是相隔千里；如果以为书本即是真理，那就相隔万里了。他以学琴为譬，说明只有实践才能判明何为“学琴”，何为“习琴”，何为“能琴”，只会读琴谱是不能叫做学琴、习琴、能琴的。这是批评宋明道学家以昭明书旨为“斯道之标的”，这种对真理的看法，和实践标准可谓相隔万里。颜元说：

> 但以读经史、订群书为穷理处事，以求道之功，则相隔千里；以读经史、订群书为即穷理处事，曰道在是焉，则相隔万里矣。……譬之学琴然，《诗》《书》犹琴谱也，烂熟琴谱，讲解分明，可谓学琴乎？故曰以讲读为求道之功，相隔千里也。更有一妄人，指琴谱曰：是即琴也，辨音律，协声韵，理性情，通神明，此物此事也。谱果琴乎？故曰以书为道，相隔万里也。千里万里，何言之远也？亦譬之学琴然，歌得其调，抚娴其指，弦求中音，徽求中节，声求协律，是谓之学琴矣，未为习琴也。手随心，音随手，清浊疾徐有常规，鼓有常功，奏有常乐，是之谓习琴矣，未为能琴也。弦器可手制也，音律可耳审也，诗歌惟其所欲也；心与手忘，手与絃忘，私欲不作于心，太和常在于室，感应阴阳，化物达天，于是乎命之曰能琴。今手不弹，心不会，但以讲读琴谱为学琴，是渡河而望江也，故曰千里也；今目不见，耳不闻，但以谱为琴，是指蓟北而谈云南也，故曰万里也。(《存学编》卷三)

对于这种以讲读代替习行，以书本为真理标准的唯心主义真理观，颜元曾不断予以尖锐批判和打击，特别是指出：人人皆满足于读书讲解，不去躬行实践，不但无法证验真理，而且也断止了发展真理的道路。他强调真理在习行中发展，并通过事功来证验，如说：“陈同甫谓人才以用而见其能否，安坐而能者不足恃；兵食以用而见其盈虚，

安坐而盈者不足恃。吾谓德性以用而见其醇驳，口笔之醇者不足恃；学问以用而见其得失，口笔之得者不足恃。”（《颜习斋先生年谱》卷上）他继承和发展了陈亮的事功之学，用来反对宋明儒者徒事口笔和安坐不动的无用之学。

再次，颜元所谓“习”，包含着运动发展和自强不息的意思。他提出“习动”的主张，反对宋明儒者的空寂静坐，即所谓“身习而实践之，易静坐用口耳之习，为手足频拮据之业”（《存学编》卷一）。他认为习行六艺之学可以“健人筋骨，和人血气，调人情性，长人神智”，改变程朱陆王之流造成的使天下人“胥为弱女，胥为病夫”的状况。

在颜元看来，天地间没有不流动之水，自然界的事物现象都是运动变化着的。人的生命就是运动，所以说“养身莫善于习动”。和书生儒士们的好逸恶劳不同，颜元曾“用力农事”，“平生非力不食”，亲自参加过农业生产，他对“习动”的意义要比一般读书人认识深刻得多，故说：

> 常动则筋骨疏，气脉舒，故曰“立于礼”，故曰“制舞而民不肿”。宋元来儒者皆习静，今日正可言习动。（《颜习斋先生言行录·世情第十七》）
>
> 养身莫善于习动，夙兴夜寐，振起精神，寻事去作，行之有常，并不困疲，日益精壮。但说静息好养，便日就惰弱。故曰：君子庄敬日强，安肆日偷。（《颜习斋先生言行录·学人第五》）

他还总结了历史的经验教训：动则强，不动则亡。这对现实是有指导意义的。他说：

> 三皇五帝，三王周孔，皆教人以动之圣人也，皆以动造成世道之圣人也。五霸之假，正假其动也；汉唐袭其动之一二以造其

世也。晋宋之苟安，佛之空，老之无，周程朱邵之静坐，徒事口笔，总之皆不动也。而人才尽矣，圣道亡矣，乾坤降矣。吾尝言：一身动则一身强，一家动则一家强，一国动则一国强，天下动则天下强。益自信其考前圣而不谬矣，俟后圣而不惑矣。(《颜习斋先生言行录·学须第十三》)

他认为：

吾辈若复孔门之学，习礼则周旋跪拜，习乐则文舞武舞，习御则挽缰把辔，活血脉，壮筋骨，利用也，正德也，而实所以厚生矣，岂至举天下事，胥为弱女，胥为病夫哉！(《颜习斋先生言行录·吾辈第八》)

他希望人们认清安坐不动的危害，克服喜静厌事的恶习，恢复周孔教天下以动之“真学”，“振起精神，寻事去作”，则天下国家日强，自己的身体也日壮，就再不会出现两宋亡国时的那种“上不见一扶危济难之功，下不见一可相可将之材”的可悲局面了。

习动不仅可以强身，而且可以“治心”，使心思贯注于所习之事，决没有放逸的可能，“邪妄之念亦自不起”。他说：

人心，动物也，习于事则有所寄而不妄动，故吾儒时习力行，皆所以治心。释氏则寂室静坐、绝事离影以求治心，不惟理有所不可，势亦有所不能。(《颜习斋先生言行录·刚峰第七》)

吾用力农事，不遑食寝，邪妄之念亦自不起。若用十分心力，时时往天理上做，则人欲何自生哉？信乎力行近乎仁也。(《颜习斋先生言行录·理欲第二》)

人之心不可令闲，闲则逸，逸则放。(《颜习斋先生言行录·杜生第十五》)

> 人不作事则暇，暇则逆，逆则惰、则疲。暇逆惰疲，私欲乘之起矣。习学工夫，安可有暇？（《颜习斋先生言行录·禁令第十》）

他认为习事乃是为善去恶、进行道德修养的最有效的方法，“心有事则心存，身有事则身修”。所以他主张“必有事焉”，“身无事寻事去干，心无理思寻理去思；习此身使勤，习此心使存”（《颜习斋先生言行录·鼓琴第十一》）。他称赞勤习劳动的人道德高尚，好逸恶劳的人以习行为苦，其实他们“何知此中之趣”！

总之，颜元强调习行为为学真工夫，知识、学问得自“亲下手一番”的躬习实践，又必须经过“身上习过”才能证明是否有得、是否有用。他认为：“人之岁月精神有限，诵说中度一日，便习行中错一日。”（《存学编》卷一）当务之急是要恢复“孔门习行六艺之学”，人人“身实学之，身实习之”，则国家生民幸甚。他说：“一时习行受一时之福，一日习行受一日之福，一人体之锡福一人，一家体之锡福一家，一国天下皆然。小之却一身之疾，天之措民物之安。”（《颜习斋先生言行录·刁过之第十九》）他对“习之功无已”的赞颂，超过了以往的任何一个哲学家。

颜元提倡的“孔门习行六艺之学”，内容十分广泛，包括一切符合于“正德”“利用”“厚生”原则的实际知识和学问。如他曾说：“博学之则兵、农、钱、谷、水、火、工虞、天文、地理无不学也。”（《四书正误》卷二）他为漳南书院制定的教学计划中，“文事”包括礼、乐、书、数、天文、地理等科；“武备”包括黄帝、太公以及孙吴五子兵法，并攻守营阵、陆水诸战法、射御技击等科；“经史”包括十三经、历代史、诰制、章奏、诗文等科；“艺能”包括水学、火学、工学、象数等科。我们今天所说的自然科学、技术科学、社会科学、军事科学的内容，几乎都包括进去了，当然只是就他那个时代的科学发展水平而言。颜元认为，习行孔门六艺之学所培养出来的人才，都是一些经世致用的通才或专才，而不是如同汉宋以后的那种空

疏无用的文人和书生。他说："周公孔子教人以礼、乐、射、御、书、数，故曰'以三物教万民而宾兴之'，故曰'身通六艺者七十二人'，故性道不可闻，而某长治赋，某长礼乐，某长足民，一如唐虞之廷，某农、某刑、某礼、某乐之旧，未之有爽也。"（《存学编》卷一）在他看来，身通六艺固然是好，如果不能兼习，专精一艺也是值得提倡的。如说：

> 学须一件做成便有用，便是圣贤一流。试观虞廷五臣，只各专一事，终身不改，便是圣；孔门诸贤，各专一事，不必多长，便是贤；汉室三杰，各专一事，未尝兼摄，亦便是豪杰。（《颜习斋先生言行录·学须第十三》）
>
> 人于六艺，但能究心一二端，深之以讨论，重之以体验，使可见之施行，则如禹终身司空，弃终身教稼，皋终身专刑，契终身专教，而已皆成其圣矣；如仲之专治赋，冉之专足民，公西之专礼乐，而已各成其贤矣。不必更读一书、著一说，斯为儒者之真，而泽及苍生矣。（《颜习斋先生言行录·学须第十三》）

不论身通六艺，或者专精一艺的人才，都是在"实文、实行、实体、实用"上下过真工夫的，都以经世致用、泽及苍生为目的。他认为这才是"儒者之真"。宋明儒者空谈道德性命，鄙弃技艺小道而不为，已经完全丧失了"孔门习行六艺之学"的真精神。颜元大力提倡习行实践，就是为了"挽天下之士习，而复孔门之旧"（《存学编》卷一）。

颜元重视习行、实践的思想，丰富和发展了行先知后的唯物主义知行观，在反对宋明道学唯心主义先验论的斗争中发挥了巨大的战斗作用。在程朱理学占统治地位的时代，他的思想被视为"异端邪说"，但是他没有"惧一身之祸而不言"，而是抱着"立言但论是非，不论异同，是则一二人之见不可易也，非则虽千万人所同不随声也"的追求真理的态度，向程朱理学公开宣战，极大地震动了清初的思想界。

作为封建地主阶级的思想家，颜元的知行学说也有较严重的缺点，表现出时代和阶级的局限性。

第一，他在强调习行、实践对认识的决定作用时，没有注意到知对行的反作用，忽略了认识的能动性，不了解“因知以进行”的道理。他反对脱离实际的读书、讲说和著述，并非主张完全废弃书本知识，而是认为“古来诗书，不过习行经济之谱”（《习斋记余》卷三），“读书特致知之一端耳”（《颜习斋先生言行录·法乾第六》）。但是，他对理性认识、书本知识、间接经验的重要性是认识不足的，在痛陈读书之害时往往矫枉过正，如把读书比作“吞砒”，“但见才器，便戒之勿多读书”等，连正确的书本知识、读书有裨于致知的作用都一概否定了。颜元基本上不懂得认识论的辩证法，在这一点上他比王夫之落后了许多。

第二，他的知行观中存在着“知必致用”和“行必尊古”的矛盾。他反对脱离实际的读书静坐、束缚思想的八股时文，主张做学问惟在习行和经世致用，这正是“活的东西要求冲破死的东西”的表现。但是他又泥于隆古，主张恢复“古圣成法”，把尧舜周孔的“三事”“六府”“三物”“四教”都搬了出来，则又表现出“死的东西还束缚着活的东西”。他所谓“习行”注重古礼古乐，用来培养现代人的精神情操，显然是格格不入的。复古的形式限制了他的思想的进步作用。颜元尖锐地批判程朱、陆王，可是却不敢触动他们的老祖宗孔孟，而是用吹捧孔孟的办法来贬抑程朱、陆王，这也暴露了他的思想的局限性。

第三，颜元力斥静坐之非，但是又提倡“习恭”，“习端坐功”，他的修养方法很难和道学家们完全划清界限。如：

> 杜益斋问：习恭即静坐乎？曰：非也。静坐是身心俱不动之谓，空之别名也；习恭是吾儒整修九容工夫，愧不能如尧之允、舜之温、孔之安，故习之。习恭与静坐，天渊之分也。（《颜习斋

先生言行录·王次亭第十二》）

游马生学，教之习端坐功：正冠整衣，挺身直肱，手交当心，目视鼻准，头必直，神必悚，如此则扶起本心之天理，天理作主，则诸妄自退听矣。（《颜习斋先生言行录·学人第五》）

尽管他一再声明习恭、习端坐功不同于宋儒的静敬工夫，而就它们同为脱离实践的德性修养来说，实在没有原则的区别。静坐澄心、体认天理本来是宋儒的唯心主义修养方法，颜元也声称要从习恭、端坐中"扶起本心之天理"，这就背离了"见理于事"的唯物主义观点，承认在事物之外别有天理存在于本心之中。他反对宋儒的静坐澄心之学是不彻底的，如说："试观孔孟曾有静坐澄心、体认天理等语否？然吾亦非谓全屏此功也，若不失周孔六艺之学，即用此功于无事时亦无妨。"（《存学编》卷四）很明显，他没有完全摆脱宋明道学的唯心主义道德修养学说的影响。

颜元一生"高尚不出"，"不交时贵"，他的学术思想通过其弟子李塨的"广交游、勤著述"而明行天下后世。李塨论学的基本精神和颜元是一致的，有些更发展了师说，如对"理在事中""气外无理"的论证比颜元更明确具体了；有些却违背了师说，不仅晚年折入考证一途，重新陷入他们曾极力攻击的文墨世界，而且在知行关系问题上背离了行先知后的唯物主义立场。李塨注意到其师忽视知对行的指导作用之不足，提出了"致知由学""知在行先"的主张。他把"学"和"行"看作两回事，认为"格物"是学，而不是行，"以力行为格物，是行先于知矣，倒矣"（《大学辨业》卷三）。李塨强调知对行的指导作用是对的，但是却否定了其师关于知识来源于习行的正确的唯物主义观点，从另一种形而上学的片面性掉进了唯心主义的泥坑。他只承认知在行先，而不承认知是从行中来的，看不到知行先后可以相互转化，由此更导致了知和行的分离，如说："知固在行先，而亦一时并进，且迭进焉，非列其龠也。然而亦有先后甚远者，如十五入大

学，学而未仕，则自不行治平之事；六十居官，且年老不能亲学，则格物之功自少是也。”（《论学》卷二）这是说少年可以知而不行，老年可以行而少知，它同唯物主义的知行统一说就背离得越来越远了。关于颜李的学术异同，这里不展开来作详细的论述。

李塨说过：“先生之力行为今世第一人，而倡明圣学则秦后第一人。”（《颜习斋先生年谱》卷下）他对颜元的评价如此。颜元的学术勇气的确是值得称颂的，他敢于不附和盲从“百千年同迷之局”，把秦汉以后的学术思想，举凡汉宋朱陆各派，以至后来曾风行于有清一代的训诂考据之学，统统作为批判、打倒的对象；而他所要倡明的“圣学”，突出一个“习”字，强调力行、实践的重要作用，在中国古代知行学说发展史上真可称第一人。

小 结

宋元明清时期，知行问题成为哲学斗争的一个重要问题，各种系统的具有成熟形态的知行学说都在这个时期产生了，并且相互间展开了尖锐的斗争。这是因为，封建社会发展到了后期阶段，各种社会矛盾日益激化和错综复杂地交织在一起。封建统治阶级为了加强对人民的精神统治，必然要乞灵于唯心论的先验论；不满现状要求改革的人们，则把打破旧的精神枷锁、正确地认识世界当作自己的一项急切任务。知行问题受到了普遍的重视，它是为阶级斗争服务的。宋明道学家们都把对封建道德原则的“知”放在第一位，认为“人为不善，只是不知”，因此，除去不善的念即“破心中贼”就成为头等重要的事情。反道学的唯物主义思想家们一方面从政治上揭露了“以理杀人”的残忍行为，另一方面又从认识论上揭露了“离行以为知”“尊知而贱行”的唯心主义知行观的错误实质及其严重危害。他们强调“行”在认识中的作用，特别是把经世致用、利济苍生当作认识的重要目的。在知行问题上的哲学斗争，深刻地反映了后期封建社会的阶

级斗争和各种政治势力之间的斗争。

这个时期在知行问题上的争论有下面几个问题：

一，知行先后问题。这是在知行问题上唯物主义和唯心主义斗争的根本问题。程朱学派明确提出知先行后说，认为须先明理，然后循理而行。“义理不明，如何践履?”他们所谓“明理”即“格物致知”是根本排斥实践的对心中固有之理的自我认识。王阳明表面上反对知先行后说而主张“知行合一”，其实他所谓“知”即不假外求的“良知”，也是不依赖于实践、先于事物而存在的，正如王夫之所指出：他是“本汲汲于先知以废行也，而顾诎先知之说，以塞君子之口而疑天下。”以王夫之、颜元为代表的唯物主义思想家则坚决反对知先行后说，用学棋、学琴、饮食、行路等大量实例阐明了行先知后的道理。他们揭露道学家们离行以为知，“判然置行于他日”，实际上是知行并废之，以读书、静坐为学必然弄到“股肱惰而万事荒”，国家败亡、民族沦丧的地步。知先行后和行先知后的争论，是在知识来源问题上的两种根本对立观点的斗争。王夫之、颜元等人提出行先知后说，比知识来源于感觉经验的唯物主义学说又前进了一步，他们已经注意到行在认识形成过程中的作用，不过对行的了解还有很大的局限性。

二，知行分合问题。这是在知行问题上辩证法和形而上学斗争的一个重要问题。程朱学派“离行以为知”，又在知先和行后之间“立一划然之次序”，即以格物致知属知，诚意以下属行；先博学、审问、慎思、明辨，然后笃行之。他们的知行分立论割裂了知和行的统一，确实有王阳明批评的“终身不行，亦遂终身不知”的弊病。程颐和朱熹在知先说的基础上也论述过知和行的统一，即所谓“不知不能行，能知必能行，知而不能行，只是未真知”之说，这实际上是一种知永远决定行、行绝对依赖于知的形而上学观点。王阳明对程朱的知行分立论的批判是有一定价值的，但是他所谓知行合一，取消了知和行的界限，以知代行，销行归知，是在“终始于知”的封闭圆圈中实现知

和行的“合一”，实际上是一种唯心主义形而上学的同一论。在知行分合问题上，王夫之的观点比较正确，比较符合辩证法。他既反对程朱把知行分做两截的分立论，提出了“知行终始不相离”的观点，又反对王阳明抹煞知行界限的“合一”说，提出了“知行相资以为用”，“惟其相资互用，则益知其必分矣”的观点。他既看到了知和行的差别性，又看到了二者的同一性，并从知和行的相资互用、对立统一中看到了二者“并进而有功”的过程。当然，他的朴素辩证法同辩证唯物主义的知行统一观还是有原则区别的。

三，知行轻重问题。一般说来，唯心主义者都是重知轻行的，唯物主义者或者反过来，主张重行轻知，或者主张知行并重。重知轻行的唯心主义者的典型代表是程颐，他认为“学莫贵于知”，“人谓要力行，亦只是浅近语”，“内不知好恶，外不知是非，虽有尾生之信，曾参之孝，吾弗贵矣”（《河南程氏遗书》第二十五）。重行轻知的唯物主义者的典型代表是颜元，他强调习行的重要作用，但是却轻忽书本知识和理性思维，这种观点有很大的片面性。在知行轻重问题上，王夫之比颜元要正确得多，他也主张行高于知（“行可兼知，知不可兼行”），同时又肯定知对行的指导作用，认为“知之明则行之利”，知也是不可轻忽的。这可以说是一种知行并重的观点。有的唯心主义者也主张行重知轻，如朱熹曾一再说：“论先后，知为先；论轻重，行为重。”他的重行，不是肯定行是知的基础和来源，而是重“行其所知”之行，是强调要把先验的知即封建道德原则贯彻到行动中去。由此可见，并非一切“重行”的学说都是唯物主义的，蒋介石鼓吹法西斯主义的“力行哲学”是另一个突出的例证。

四，知行难易问题。这个时期的哲学家们一般自称儒家信徒，对《尚书》中“知之非艰，行之惟艰”的说法是不敢非议的，他们都利用这个传统命题来论证各自不同的哲学观点，如朱熹用来论证“行为重”，王阳明用来论证“良知自知原是容易的，只是不能致那良知”，王夫之用来论证“行先知后”。就是说，他们都表示赞同知易行难的

观点。程颐是极端重知轻行的，他看出知易行难和自己的论旨不合，于是提出“行难知亦难”的修正说法。他实际上是主张知难行易的，不过不敢明目张胆地同儒家经书唱反调。张栻等人进一步发挥了程颐的观点，并对《尚书》曲意解说，认为傅说“知之非艰，行之惟艰”之说，“此为知之者言也，若高宗未克知之，而告之曰‘知之非艰’，则说为失言矣”（《南轩集》卷五）。这一派人主张知难行易，是和他们重知轻行的态度相联系的。

此外，致知的方法也是这个时期的哲学家们热烈争论的问题。在唯心主义内部有程朱的“格物穷理”和陆王的“求理于吾心”的方法之争，它们都排斥实践和感觉经验。唯物主义者对“格物致知”重新作了解释，颜元训“格物”为“犯手实做其事”，他的方法最重习行、实践；王夫之把“格物”和“致知”当作相辅相济的两种方法，他对感性认识和理性认识的辩证关系已有一定的理解。

总之，在知行先后、分合、轻重、难易以及致知方法等问题上，唯物主义和唯心主义、辩证法和形而上学的斗争交织在一起，呈现出十分复杂的情况。不过我们可以清楚地看到，斗争的焦点还是知行先后问题，各派哲学家们无例外地首先要在这个问题上表明自己的哲学立场，其它问题相对来说都是从属的、次要的。唯物主义和辩证法的知行观在斗争中有很大的发展，作出了许多新贡献，清初王夫之的知行学说已经达到了相当高的水平。程朱和王阳明的唯心主义知行学说也都具有典型性，它们在认识史的发展链条中都是不可缺少的重要环节。

宋元明清时期的知行学说史表明：道学家们竭力把知行问题伦理化，但是并不能掩盖他们的知行学说的唯心主义先验论的实质，也不排除他们对个别问题的论证甚至有可能紧紧地接近了唯物主义；唯物主义思想家们力图从认识论上阐明行先于知、知依赖于行的道理，但是他们对“行”的了解又往往囿于个人的道德修养行为和日常生活行为，有些很优秀的唯物主义哲学家甚至也不能完全摆脱先验道德论的

影响。各种知行学说互相对立又互相渗透的情况是确实存在的，不承认这一点就会把复杂的思想史简单化。

中国独具特点的知行学说，不论是唯物主义的还是唯心主义的，在这个时期都得到了高度的发展。西方哲学注重认识论的研究，创立经验论和唯理论等系统的认识论学说，也不过是近三四百年来的事情。西方的认识论学说同当时的数学和实验科学的研究方法有较密切的联系，中国的知行学说则更多地和德行修养方法联系在一起，这是它们不同的地方；但是，它们共同地都要解决认识的来源、致知的方法和途径、真理的标准等问题，这又是没有区别的。宋元明清时期发展得相当成熟的知行学说有力地驳斥了所谓中国哲学没有认识论的滥调。总结我国历史上唯物主义知行观反对唯心主义知行观、辩证法知行观反对形而上学知行观的斗争经验，对于建立和发展具有中国作风和中国气派的辩证唯物主义认识论学说是必不可少的。

第七章　近代魏源、谭嗣同、章太炎的知行学说

1840年爆发的中英鸦片战争，是中国近代史的开端，从此中国逐渐沦为一个半殖民地半封建的社会。

近代中国的社会矛盾，比封建社会更加复杂，除了原有的农民阶级和地主阶级、城市市民和封建主义的矛盾之外，还有帝国主义和中华民族的矛盾，无产阶级和资产阶级的矛盾，农民及城市小资产阶级和资产阶级的矛盾，反动统治阶级内部的矛盾等等。其中，“帝国主义和中华民族的矛盾，封建主义和人民大众的矛盾，这些就是近代中国社会的主要矛盾”，“而帝国主义和中华民族的矛盾，乃是各种矛盾中的最主要的矛盾”。[①] 一部中国近代史，是帝国主义和封建主义互相勾结，变中国为半殖民地半封建社会的历史，同时也是中国人民不屈不挠地反帝反封建的英勇斗争的历史。

中国的资产阶级旧民主主义革命，是由民族资产阶级来充当领导的。中国民族资本主义的发展，由于受帝国主义和封建主义的双重压迫，先天不足，十分软弱，民族资产阶级从一开始就有革命和妥协的二重性，这就决定了它领导的旧民主主义革命只能以失败而告终。

中国近代的思想斗争，主要是资产阶级的新文化反对封建主义的

---

① 毛泽东：《中国革命和中国共产党》，《毛泽东选集》第2卷，人民出版社1967年版，第594页。

旧文化的斗争。所谓新学和旧学之争，西学和中学之争，其性质都是如此。软弱的中国民族资产阶级的思想代表，没有建立自己独创的资产阶级学说的实践基础、精神勇气和理论准备，不得不向西方国家学习，从那里搬来了机械唯物论、庸俗进化论、天赋人权论等思想武器；他们同时注意从我国古代的唯物主义哲学中吸取营养，一齐用来反对封建统治阶级竭力推销的程朱理学，以及束缚人们思想的种种封建教条和传统迷信观念。可是，他们在向西方学习时，往往同帝国主义的反动哲学划不清界限；在吸取古代哲学营养时，又往往夹杂许多封建余毒在内。这就决定了他们不能彻底战胜封建主义的旧文化，不少人最后都走上了尊孔读经和笃信佛教的道路。中国畸形发展的资产阶级哲学，深刻地反映了近代中国的历史特点和民族资产阶级的两重性格。

知行问题是近代思想斗争的一个重要侧面。孙中山极其重视知行问题的研究，把它当作革命的心理建设的理论基础。在他以前的各派思想家们，也分别给予知行问题以相当的重视，用他们的知行学说作为指导政治实践的方法论。魏源、谭嗣同、章太炎的知行学说，可以分别作为鸦片战争时期的地主阶级改革派、戊戌变法时期的资产阶级改良派和辛亥革命准备时期的资产阶级革命派的代表。他们都受到传统哲学的较深影响，又都表现出一定的时代和阶级的特点，在近代知行学说史上是值得一书的。

一 魏源

鸦片战争前夕，由于社会危机日益加深和外国资本主义势力的侵入，中国封建社会已经表现出明显的“衰世”的特征，一个巨大的社会变动即将来临。在这种形势下，封建统治阶级中分化出一部分比较开明的地主阶级知识分子，开始摆脱占统治地位的程朱理学的羁绊，冲破脱离现实的繁琐考据学的牢笼，大力提倡经世致用之学，正视和

注意研究社会现实问题。他们揭露了封建社会的某些黑暗现象，提出了变法革新的要求，希望中国富强起来，能够抵御外国资本主义的侵略。林则徐、龚自珍和魏源等人就是这个时期地主阶级改革派的主要代表人物。在学术思想上，龚、魏二人虽然对今文经学作过某些研究，但是并非专门去发挥今文经籍的“微言大义”，而是借用今文经学的形式，来抨击乾嘉以来盛行的偏重名物训诂的考据学（即所谓“汉学”），以及空谈道德心性、不关心国计民瘼的程朱理学（即所谓“宋学”）。他们的志趣在于通经致用，研究社会现实问题，故能在当时的思想界起某种“开风气”的作用。魏源的朴素唯物主义知行学说和这种新的社会思潮是有密切联系的。

魏源（1794—1857 年）字默深，湖南邵阳人，出身于官僚地主家庭，曾任知县、知州等职。他亲自参加过抗击英国侵略军的斗争，后来又组织过地主武装反对太平天国农民革命。在鸦片战争的刺激下，魏源主张学习西方资本主义国家的先进科学技术，提出了“师夷长技以制夷”（《海国图志叙》）的口号。他相信，通过这样的学习，“风气日开，智慧日出，方见东海之民，犹西海之民”（《海国图志》卷二），中国一定能迎头赶上西方先进国家。他编辑的《海国图志》一书，对中国人民学习和了解西方国家情况起了启蒙的作用。

在学术文化领域里，魏源继承了明清之际进步思想家们的经世致用的传统，反对汉学和宋学脱离实际的学风。在他看来，研究古代经籍，“止以经文汇观而自足”（《论语孟子类编序》），只要通晓经文的大义就行了，用不着耗费大量精力去做繁琐的考证工作。治经要有助于经世的目的，解决当前的实际问题。不问世事，穷年累月地从事训诂、校勘、辨伪、辑佚等工作，不但于社会毫无裨益，而且败坏人才，扼杀人们的聪明才智。“爪剖釽析”、支离破碎的文字训诂工夫，不过是雕虫小技，算不得真正的学问。他指出当时争登仕途的学者，无非是追求书艺之工敏，声律骈偶之巧丽，“罔知朝章、国故为何物”，“罔知漕、盐、河、兵得失何在”，“举天下人才尽出于无用之

一途”（《魏源集·明代食兵二政录叙》）。这就是厚古薄今、逃避现实的汉学盛行所造成的严重恶果。同样，空谈心性的宋学家们亦“不识兵农礼乐工虞士师为何事”，和汉学家们一样“无用”。当时在文坛上以正宗自居的桐城派，竭力标榜宋学，宣扬程朱理学的唯心主义观点。魏源尖锐地批评他们“口心性，躬礼义，动言万物一体，而民瘼之不求，吏治之不习，国计边防之不问，一旦与人家国，上不足制国用，外不足靖疆圉，下不足苏民困，举平日胞与民物之空谈，至此无一事可效诸民物”（《默觚下·治篇一》）。这种无用的学问要它做什么呢？总之，在他看来，无论汉学还是宋学，都只能“锢天下聪明知慧，使尽出于无用之一途”（《魏源集·武进李申耆先生传》）。他说：

> 工骚墨之士，以农桑为俗务，而不知俗学之病人更甚于俗吏。托玄虚之理，以政事为粗才，而不知腐儒之无用亦同于异端。彼钱谷簿书不可言学问矣，浮藻饾饤可为圣学乎？释老不可治天下国家矣，心性迂谈可治天下乎？（《默觚下·治篇一》）

他把这两种无用的学问称为“俗学”和腐儒之“迂谈”，或讥为“无用之雕虫”和“无益之画饼”（《默觚下·治篇一》），表示对其深恶痛绝。他一再强调，不能给这些腐儒委以重任，“勿以师儒治郡国，勿以方面之材责师儒”（《默觚下·治篇六》），因为他们只知株守章句和清谈玄虚，并没有处理某一方面实际事务的才能，让他们当道只能把天下国家搞得一塌糊涂。在魏源看来，庸儒误天下比庸医杀人更加可恶，故说：“读黄、农之书，用以杀人，谓之庸医；读周、孔之书，用以误天下，得不谓之庸儒乎？”（《默觚下·治篇五》）这对当时那些主张尊孔读经的地主阶级顽固派是十分沉重的打击。

在反对脱离实际的考据学和程朱理学的斗争中，魏源还从认识论上阐发了一些朴素唯物主义的道理，特别是坚持了知识来源于亲身经

历、行而后知、不行不能知的唯物主义原则，对道学家们宣传的“知先行后”和“生而知之”的唯心主义先验论进行了有力的反击。

程朱学派的知先行后说，经过王夫之、颜元等人的批判，在理论上已经站不住脚。然而，清代的程朱信徒们依然顽固地坚持“知先行后”的唯心主义观点。例如，桐城派文人方东树就曾鼓吹：“圣门论学，固知行并进，然知毕竟在先。使非先知之，何以能行之不失也?”(《汉学商兑》卷中之上）有人将“格物”二字“诂为至事，解为实践”，宣称“致知在实践”，他攻击这是歪曲圣贤之教，“乃最拙最不通也”，并反驳说：“《大学》条目，次第分明，若首于知前豫说行，则以后诚、正、修、齐诸行边事转没事，是其目虚设也。若格物所训为至事、为实践者，即在诚、正、修、齐、治、平，则匹夫萧然蓬户，安得有国与天下供其实践、至事？否则终身无由知治平之理，而知终不得而致矣。”（《汉学商兑》卷中之上）他对“以行为主”“行先知后”的唯物主义观点进行了猖狂的反扑，坚持以“穷理”训“格物”，并大力宣传“程朱教人穷理皆先就自家身心及伦物日用之地求之”(《汉学商兑》卷中之上）的唯心主义致知方法和修养方法，成为当时标举宋学旗帜的重要代表人物之一。魏源继承了王夫之、颜元等人的唯物主义认识路线，反对方东树之流重新鼓噪的程朱学派的知先行后说。他明确地说：“及之而后知，履之而后艰，乌有不行而能知者乎?”（《默觚上·学篇二》）只有接触事物才能获得知识，只有亲自实行才能知其艰难，世界上没有“不行而能知”的人。他用大量实例说明了行先知后、知识来源于亲身经历和直接感性经验的道理。如说：

披五岳之图，以为知山，不如樵夫之一足。谈沧溟之广，以为知海，不如估客之一瞥。疏八珍之谱，以为知味，不如庖丁之一啜。(《默觚上·学篇二》)

山居难与论舟行之险，泽居难与论梯陟之艰。(《默觚下·治

篇四》）

读父书者不可与言兵，守陈案者不可与言律，好剿袭者不可与言文。善琴弈者不视谱，善相马者不按图，善治民者不泥法。无他，亲历诸身而已。（《默觚下·治篇五》）

方东树等人认为，须先知之，然后才能行之不失。他们轻视实践，只知背诵儒家经书，这种所谓“知”就是魏源说的“披图知山”“读书言兵”“视谱弈棋”之类，实际上并不是真正的知识。魏源认为“樵夫之一足”“估客之一瞥”“庖丁之一啜”远胜于那些从地图上知山、从传闻中知海、从菜谱里知味的人们，这就肯定了只有实践才是认识的真正来源，并且表现了对从事实际生产活动的人们（“樵夫”“估客”“庖丁”等）的某种尊重态度。这是难能可贵的，是他的唯物主义知行学说中最有价值的部分。关于真知的来源，魏源总结性地指出：“无他，亲历诸身而已。”就是说，只有亲身接触事物，获得直接感性经验，才能叫做真知。他认为知是从行中来的，不行不能知，这同程朱学派“知先行后”的唯心主义先验论是直接对立的。但他所谓“行”或“亲历诸身”，并非变革现实的社会实践，而是指直接经验，所以他的认识论仍具有直观的朴素唯物主义经验论的性质。

魏源否认有先天的、超经验的知识，认为人的知识都是后天的、经过“亲历诸身”而获得的。由此出发，他进一步批判了孔丘、朱熹等人鼓吹的“圣人生知”的唯心主义天才论。道学家们一再宣扬这种谬论，无非是标榜他们自己是天才，吹嘘他们的知识和才能是上天赋予的。魏源大胆地揭穿了“圣人生知”的谎言，他说：“圣其果生知乎？安行乎？孔何以发愤而忘食？姬何以夜坐而待旦？文何以忧患而作《易》？孔何以假年而学《易》乎？”（《默觚上·学篇三》）周文王、周公和孔丘都是儒家尊奉的“圣人”，魏源用他们都不能“生知”的例子来驳斥儒家之徒，自然具有不可辩驳的力量。他指出孔丘之所以成为“圣人”，也是由于“发愤而忘食”地学习，通过后天的

努力而获得的。孔丘“假年学《易》，可无大过”，但是“小过，虽圣人不免焉”（《默觚上·学篇三》）。就是说，“圣人”也和常人一样难免犯错误，“圣人”比常人高明的地方，不过在于能较快地“知过”“改过”而已。这些都说明“圣人”并非“生而知之”者，鼓吹“圣人生知”的道学家们给自己脸上贴金的企图也遭到了无情的奚落。魏源坚持认为人的知识和才能是通过后天的学习和实践而获得的，因此就得承认人的智愚、敏鲁不是绝对不变的，而是可以在一定条件下互相转化，这就直接否定了孔丘的“唯上智与下愚不移”的唯心主义形而上学观点，同时也驳斥了宋明道学家的先天气禀说。他指出，常有这种现象：“敏者与鲁者共学，敏不获而鲁反获之，敏者日鲁，鲁者日敏。”（《默觚上·学篇二》）这就是说，聪明和愚笨可以发生转化，关键在于个人后天的努力。“中人可易为上智，凡夫可以祈天永命，造化自我立焉。”（《默觚上·学篇二》）他把这个道理叫做“天人相易”或“天人之参”。“天”是指人的资质敏鲁的自然差别，“人”是指个人后天的主观努力。他认为“技可进乎道，艺可通乎神”，“人能与造化相通”，充分肯定了“造化自我”“人定胜天”（《默觚上·学篇八》）的主观能动作用。他强调后天的学习和实践对于人们取得知识具有决定性的意义，指出：“绝世之资，必不如专门之夙习也。”（《默觚下·治篇一》）这同他主张知识来源于“亲历诸身”的直接经验的观点是完全一致的。

魏源强调后天的学习，还十分重视“问”。他说：“人有恒言曰‘学问’，未有学而不资于问者也。”（《默觚下·治篇一》）勤学和好问总是联系在一起的。在他看来：“士而欲任天下之重，必自勤访问始。”（《默觚下·治篇一》）调查实际情况是治理好国家的必要条件。他反对“历山川但壮游览而不考其形势，阅井疆但观市肆而不察其风俗”，要了解社会实际情况，必须亲自做深入的调查研究工作。《海国图志》一书，就是他在这种思想的指导下，为了了解世界情况而编成的，其中包括各国地理、历史沿革、宗教、中西纪年、中西历法、中

外关系以及西方的先进科学技术介绍等内容。魏源不仅广泛取材于各种书刊资料，而且还采用了亲审英俘的记录和其他调查材料，这是他实践自己的认识论主张的一个范例。魏源之所以重视“勤访问”，还建立在“众议之参同”比“一己之意见”高明的认识基础之上。他说：“独得之见，必不如众议之参同也。……合四十九人之智，智于尧、禹，岂惟自视欿然哉？道固无尽臧，人固无尽益也。”又说：“以一己之意见质诸众人，其合者十不五六。古今异宜，南北异俗，自非设身处地，乌能随盂水为方圆也？自非众议参同，乌能闭门造车出门合辙也？”（《默觚下·治篇一》）这是说一个人的认识总是有局限性的，集合众人的智慧才有可能使主观认识更好地符合客观实际情况。众人之智“智于尧、禹”的观点，再一次有力地驳斥了“圣人生知”的唯心主义先验论。当然，他所说的“众”，不可能指广大的劳动人民群众，而只是他们一类地主阶级知识分子。

魏源认为真知来源于直接经验，还必须通过“实事”来检验。他说：“以匡居之虚理验诸实事，其效者十不三四。”（《默觚下·治篇一》）闭门造车，坐在屋子里虚构出来的道理，是经不住客观事实的检验的。而“善言心者，必有验于事矣”（《魏源集·皇朝经世文编叙》）。就象秤是权衡事物轻重的，必先有事物，秤才能起权衡轻重的作用一样，人的认识也必须以客观事物的存在为前提，然后才有反映客观事物的认识活动；人的认识正确与否，只有通过客观事物才能检验出来。在真理标准问题上，魏源基本上继承和发挥了韩非、王充等人的朴素唯物主义观点，特别是谈到任用人才时，强调一定要经过实际事功的考验。他说：“临大事然后见才之难。……天下无事，庸人不庸人；天下非多难，豪杰不豪杰。九死之病，可以试医；万乘之变，可以试智。”（《默觚下·治篇七》）在国家承平之时，很难判别谁是庸人，谁是豪杰；只有在危难紧急关头，才能看出谁有临危应变之才，谁是无用的腐儒。事变之来，机不容发，“人踌躇旬日始决者，此一见而立决之；人反复数百言不剖者，此片言立剖之”，敏不敏一

下子就考验出来了。在极其复杂的情况下，“人仅悉其形，此并悉其情；人仅区处目前，此并旁烛未然”，周不周一下子就考验出来了。在惊心动魄的斗争中，人“竭力应之，事应而力已殚”，此“畴则行所无事，沛若有余者”，暇不暇一下子就考验出来了。所谓“才难”表现在那里？就在于“难其敏，难其周，难其暇也”（《默觚下·治篇七》）。这些都只有临大事而后可见，就象危难病情可以考验医术好坏一样，万乘之变最足以考验处事的智慧和才能。

要彻底地贯彻“验于事”的唯物主义原则，就要看到客观事物是不断变化的，人的认识也不能一成不变，凡是不根据实际情况的变化，因循守旧，泥古不化，用一成不变的公式去处理事情的人，必然在行动中遭到失败。他仍以医生治病为例说：“古之庸医杀人，今之庸医不能生人，亦不敢杀人，不问寒、热、虚、实、内伤、外感，概予温补和解之剂，致人于不生不死之间，而病日深日痼。”（《默觚下·治篇十一》）这实际上是指责那些不顾中国情况的变化，用僵死的孔孟之道、程朱理学来治理天下的腐儒，把中国弄到了“不生不死”的地步，内忧外患“日深日痼”，再不进行政治改革就非常危险了。他对读书言兵、泥法治民、按图相马、视谱弈棋的教条主义者的批判，都体现了尊重客观实际情况的变化的精神。

针对当时儒者泥谱拘方、凭虚空谈的恶劣习气，魏源在《海国图志叙》中倡导一种新学风：其一是要祛“寐患”，把人心从蒙昧状态中解救出来；其二是要祛“虚患”，培养出来的人才要革去虚夸习气。他说：

> 去伪，去饰，去畏难，去养痈，去营窟，则人心之寐患祛，其一。以实事程实功，以实功程实事，艾三年而蓄之，网临渊而结之，毋冯河，毋画饼，则人材之虚患祛，其二。寐患去而天日昌，虚患去而风雷行。

这些就是他在编辑《海国图志》一书时所遵循的认识论原则，也是他所以能够比较实事求是地认识中外国情，开阔自己的眼界的原因之一。“以实事程实功，以实功程实事”，体现了他的唯物主义认识论的根本特点，也是他提出的培养人才的方法。他的唯物主义认识论是和培养富国强兵的人才密切联系在一起的，是为他解决社会现实问题的政治改革方案服务的。

鸦片战争时期，在程朱理学占统治地位的思想界，魏源重新提出“行先知后”的朴素唯物主义观点，大力提倡实事实功的经世致用之学，旗帜鲜明地反对“知先行后”和“生而知之”的唯心主义先验论，是有很大进步意义的。从理论上说，他的朴素唯物主义知行观并没有超过王夫之和颜元的水平，他对“行”的了解也还局限于个人的生活经验；另外，他和颜元一样，也有忽视理性思维的经验论的倾向。他的长处是用这种唯物主义认识论学说作为揭露老大天朝因循守旧、苟且偷安、固步自封、愚昧无知的思想武器，同时作为他的社会改革思想的哲学理论基础。魏源的朴素唯物主义认识论是不彻底的，出于地主阶级的偏见，他又公开宣扬孟轲的“先知先觉”说，把人划分为若干等级，认为劳动人民必须等待圣贤的教化。他说：“天之生斯民也，使先觉觉后觉，而觉之小、大、恒、暂分焉。大觉如日，明觉如月，独觉如星，偏觉如燎炬，小觉如灯烛，偶觉如电光，妄觉如磷火。日光，圣也；月，贤也；星，君子也；燎，豪杰也；灯，儒生也；电，常人也；磷，小黠也。星月借日以为光，灯燎假物以为光，电磷乍隐乍见，有光如无光。”（《默觚上·学篇五》）这就是说，圣贤是天生的觉者，劳动人民是天生的昧者，劳动人民只有借圣贤的光辉才能发出一点微弱的光来。这里，他又肯定“圣人”是“生而知之”的天才，陷入了唯心主义的先验论，和他前面的唯物主义见解自相矛盾。他甚至鼓吹：“彻悟心源，万物备我，则为大知大觉。”（《默觚上·学篇五》）把客观世界完全消融于心意识中。魏源的哲学思想的矛盾，是由于他的地主阶级改革派的立场所决定的。他既不满

于当时的社会现状，要求进行某些改革，又力图支撑、修补即将倾覆的封建社会的大厦，这两方面的愿望都只能是幻想，于是陷入严重的思想矛盾之中。他晚年仇视太平天国农民革命，寄居僧舍，潜心佛经，公开倒向了宗教唯心主义。

二　谭嗣同

1898 年的戊戌变法是一次资产阶级改良主义的政治运动。领导这次运动的康有为、梁启超、谭嗣同等人，是中国正在发展中的民族资产阶级和一部分开明地主的政治思想代表。戊戌变法的失败说明改良主义的变法维新道路是走不通的，但是这次运动促使了人们的觉醒，敲响了救亡图存的警钟，在意识形态领域里带有资产阶级的“新学”“西学”反对封建主义的“旧学”“中学”的斗争的意义，形成近代中国第一个思想解放的高潮。

谭嗣同（1865—1898 年）字复生，号壮飞，湖南浏阳人。他是资产阶级改良派中的激进分子，并为变法维新献出了自己的生命。戊戌变法失败后，他拒绝逃亡日本，大义凛然地说：“各国变法，无不从流血而成，今中国未闻有因变法而流血者，此国之所以不昌也；有之，请自嗣同始！”他为主义英勇献身的精神说明他还不同于那一般空知不行的知识分子，而他的悲剧在于他所崇尚的主义本身并不能救中国。由于民族资产阶级的先天软弱和脱离人民群众，使得他们的变法维新事业缺乏广泛而深厚的社会基础；他们深感自己力量的不足，于是在政治上只有依靠“圣君”，在思想上则求助于“心力”，企图凭借“圣君”的几道诏令和维新派君子们的主观愿望来改变中国的面貌。这当然是不可能的。他们的知行观从根本上说是唯心主义的，我们从谭嗣同的哲学思想中可以清楚地看到这一点。

谭嗣同早年接受过张载、王夫之等人的唯物主义学说，并用“道

不离器”，“器既变，道安得独不变”[①] 的观点批判过洋务派“中学为体，西学为用”的谬论。中日甲午战争后，他开始学习西学，从传教士傅兰雅等人那里接触到西方的自然科学，同时接受了这些传教士宣传的宗教唯心主义的影响；后来又结识了既通晓佛教各派理论又通西学的杨文会，使他的学问根基逐渐转移到佛教唯心主义方面来。他认为西学和佛学是相通的，“西学皆源于佛学，亦惟西学，而佛学可复明于世”[②]。谭嗣同的代表作《仁学》一书，思想渊源十分庞杂，虽也吸取了一些西方的自然科学和资产阶级的社会政治学说作为思想资料，但占支配地位的是唯识宗和华严宗的佛教唯心主义思想。他的思想的矛盾性格，深刻地反映了时代的特征。梁启超这样说过：“康有为、梁启超、谭嗣同辈，即生育于此种‘学问饥荒’之环境中，冥思枯索，欲以构成一种‘不中不西、即中即西’之新学派，而已为时代所不容。盖固有之旧思想，既深根固蒂，而外来之新思想，又来源浅觳，汲而易竭，其支绌灭裂，固宜然矣。”[③] 这可以说是对谭嗣同和整个改良派的思想特征的总结性的说明。

谭嗣同的《仁学》一书，以“仁”或“以太”为产生天地万物的根源。他借用西方自然科学中流行的“以太”概念，但并不是用来标志存在于人们意识之外的物质实体，而是认为：“以太者，固唯识之相分。”这和“仁为天地万物之源，故唯心，故唯识”的界说是完全一致的。他还认为，不生不灭的“仁”或“以太”就是灵魂，它是“无形之脑气筋”，能“通天地万物人我为一身”。所以谭嗣同极力称赞墨家不别亲疏的“兼爱”之说，“为能超出体魄之上而独任灵魂”，乃“墨学中之最合以太者也”。这种把世界的统一性归结为人

---

① 谭嗣同《思纬壹壸台短书》，《谭嗣同全集》，中华书局 1981 年版，第 197 页。

② 谭嗣同：《仁学》，《谭嗣同全集》，中华书局 1981 年版，第 317 页。本节以下引文不注出处者，均见此书。

③ 梁启超：《清代学术概论》，《饮冰室合集》第 8 册，中华书局 1936 年版，第 71 页。

们的“心”或“识”，归结为无所不在的“灵魂”的学说，自然只能判定为唯心主义。

从“三界惟心，万法惟识”的主观唯心主义世界观出发，谭嗣同的认识论也明显地属于唯心主义先验论和不可知论的错误路线。他否认客观物质世界的真实存在，就必然要否定人的感觉的可靠性，否定认识来源于感觉和实践。

人的认识是从那里来的？谭嗣同的回答是：“智慧生于仁”，“知则出于以太”，“灵魂者，即其不生不灭之知也”。这就是说，知是“仁”或“以太”固有的。这种以太有知说必然导致万物有知、万物有灵论。谭嗣同说：“同一大圆性海，各得一小分，禀之以为人，为动物，为植物，为金石，为沙砾水土，为屎溺，乃谓惟人有灵魂，物皆无之，此固不然矣。……动物与人，食息不能或异，岂独无灵魂哉？至若植物，似远于人矣，然亦食渊泉雨露，息炭养二气也。……至若金石沙砾水土屎溺之属，竟无食息矣，然而不得谓之无知也。”他的逻辑是：“谓物无灵魂，是物无以太也，可乎哉？”有以太就有灵魂，有灵魂就有不生不灭之知。所以，不独人有知，物亦有知。“人亦一物耳，是物不惟有知，抑竟同于人之知，惟数多寡异耳。”这样，谭嗣同就从根本上否定了人的知识是社会实践的产物，是主观对客观外界事物的反映，而把知识看成是先天固有的，认为人亦一物，亦由以太构成，亦有灵魂即有不生不灭之知。

谭嗣同强调人内心有了主观的“仁”，就能产生一切智慧，产生勇敢和“礼”“义”“信”等道德品质和观念。他说：“知不知之辨，于其仁不仁。”“仁之至，自无不知也。”所谓“仁”的基本含意就是“通”，伤一指而终日不适，就是不能通的缘故，所以说：“血脉贯通者知之，痿痹麻木者不知也。”一个人只要具有“仁”即“通天地万物人我为一身”的品格，也就无所不知了。他还认为，手足之捍头目，子弟之卫父兄，都是“出于固然”，“其事急，其情切，岂有犹豫顾虑而莫敢前者？”这就是所谓“仁者必有勇”。“礼”“义”“信”

等亦是这样：“知痛痒，知捍卫，吾知其非外假也，非待设心而然也，非有欲于外之人也。”就是说，这些道德观念都是产生于内心的“仁”，不是从外而来的，也不是对他人或对外界事物有所追求。

谭嗣同认为人的思维器官大脑固有着一切意识。他说：“其动者，意识也，大脑之用也；为大脑之体者，藏识也。”“吾大脑之所在，藏识之所在也。”这个包藏着一切意识的所谓大脑之体，就是佛教唯识宗所说的“藏识”。“即彼藏识，亦无生灭。”它是前七识所依止的中心，一切识都摄藏于其中，由它生起，直接或间接地依它流转。“此生所造，还入藏识，为来生因。因又成果，颠倒循环，无始沦滔。沦滔不已，乃灼然谓天地万物矣。”现在看得很清楚了，谭嗣同对认识的来源问题的回答，完全是主观唯心主义的先验论，所谓“藏识”即一切认识的神秘泉源，不是别的，就是主观精神“仁”。他贯彻的是一条从内到外、从我到物的主观唯心主义的认识路线，所以说：“天地乎，万物乎，夫孰知其在内而不在外乎?”他用主观精神“仁”吞并了天地万物，更不用说认识的泉源是确乎“在内而不在外”了。

谭嗣同否认人的感觉能够正确反映外间世界。他说：“眼耳鼻舌身所及接者，曰色身香味触五而已。以法界虚空界众生界之无量无边，其间所有，必不止五也明矣。仅凭我所有之五，以妄度无量无边，而臆断其有无，奚可哉!”这是不可知论者常用的诡辩，即从世界的无限性和人的感觉能力的有限性之间的矛盾，得出“以有涯随无涯，殆矣”的庄子式的结论。用谭嗣同的话来说就是：“恃五以接五，犹不足以尽五，况无量无边之不止五!”用人的五官去认识无量无边的世界事物是根本不可能的。他还认为，感觉之“不足恃”，不仅因为事物数量之多无法尽去感知，也不仅由于人的感觉有一定限界，尚有感觉所达不到的领域，如“有远镜显微镜所见，而眼不及见者焉，又有远镜显微镜亦不及见者；有电筒德律风所闻，而耳不及闻者焉，又有电筒德律风亦不及闻者焉”，而且因为外界事物是处在转瞬即逝的运动变化之中，人的感觉永远也把捉不住它们，“夫目能视色，迨

色之至乎前，而色即逝矣；耳能听声，追声之至乎耳，而声即逝矣”。眼睛见到的都不是真实的形象，耳朵听到的都不是真实的声音，鼻子嗅到的，舌头尝到的，身体接触到的，都同样靠不住。这又是如同庄子式的相对主义诡辩，否认事物的绝对运动中有相对静止的状态存在，否认相对的感性认识中包含着绝对真理的颗粒。他企图以此证明人的感觉都是虚幻的，从而否定外间世界存在的真实性。谭嗣同以视觉和听觉为例说：

> 且眼耳所见闻，又非真能见闻也。眼有帘焉，形入而绘其影，由帘达脑而觉为见，则见者见眼帘之影耳，其真形实万古不能见也。岂惟形不得见，影既缘绘而有是，必点点线线而缀之，枝枝节节而累之，惟其甚速，所以不觉其劳倦，迨成为影，彼其形之逝也，亦已久矣。影又待脑而知，则影一已逝之影，并真影不得而见也。故至远之恒星，有毁已千万年，而光始达于地者。推光行之速率，至于密迩，亦何莫不然。耳有鼓焉，声入而肖其响，由鼓传脑而觉为闻，则闻者闻耳鼓之响耳，其真声实万古不能闻也。岂惟声不得闻，响既缘肖而有是，必彼之既终，而此方以为始，惟其甚捷，所以不觉其断续，迨成为响，彼其声之逝也，亦已久矣。响又待脑而知，则响一已逝之响，并真响不得而闻也。故雷炮之远发，山谷之徐应，有逾时而声始往返者。推声浪之速率，至于切近，亦何莫不然。

这一段议论，彻底否定了人类的感觉，认为感觉得到的都是虚幻的假象，事物的真形真声永远不能见不能闻，就连眼帘之真影、耳鼓之真响亦不得见不得闻，眼耳所见闻者不过是已逝之影和已逝之响而已。他把现象和本质割裂开来，又把假象和现象绝对对立起来，认为感觉最多只能把捉住已逝的事物现象之幻影即假象，而不能反映真实的事物现象，那么事物的本质就更加被看成是不可知的。这是从关于事物

运动的相对主义观点引申出来的不可知论的结论。关于感觉之“不足恃”，他还举例说：“悬虱久视，大如车轮；床下蚁动，有如牛斗。”竭力夸大人们一时的错觉，企图以此否定感觉的真实性，从而证明世界也是虚幻的。我们知道，人的感觉固然有种种局限性，它只能认识事物的现象、片面和外部联系，由于主客观条件所蔽，甚至可能产生错觉，但是感觉毕竟是人脑通过感觉器官对客观事物的直接的真实的反映，它是一切知识的来源和基础。任何现象都是本质的表现，假象也是本质的某种歪曲的表现，通过现象去揭示事物本质的过程，正是从感觉上升到理性思维所要完成的任务。谭嗣同绝对否定感觉，还因为他根本不懂得认识过程的辩证法，不懂得只有理性思维才能克服感觉的局限性，进而认识事物的本质、全体和内部联系；理性思维的成果一旦被实践所证明，不可知论也就彻底破产了。

谭嗣同不但否定人类的感觉，而且也否定理性思维。他说：“苟不以眼见，不以耳闻，不以鼻嗅，不以舌尝，不以身触，乃至不以心思，转业识而成智慧，然后‘一多相容’、‘三世一时’之真理乃日见乎前。”这就是他所信奉并加以阐扬的佛教唯心主义的“转识成智”说。他认为认识佛教的“真理”即证悟本体的过程，不必依靠人的肉体感官对外界事物的感觉，也不必依靠“心”的理性思维，而只需要通过“止观”的宗教修行的办法，转业识为智慧，复归“真如”本体，在主观意识中给自己创造一个宗教天国。这个“转识成智”的过程，他认为是凡圣所同、儒佛相合的，所以在《仁学》中竭力用佛学来解释《大学》所谓格物、致知、诚意、正心、修身、齐家、治国、平天下的过程，又用“转识成智”说来解释孔子自述为学的经过，如说：

夫孔子大圣，所谓初发心时，即在正果，本无功夫次第之可言。若乃现身说法，自述历历，亦诚有不可诬者。十五志学也者，亦自意诚入手也；三十而立，意已一而不纷矣，然犹未断

也；四十不惑，意诚转为妙观察智矣；五十知天命，我执断矣，然犹有天命之见存，法执犹未断也；六十耳顺，法执亦断，为平等性智矣；七十从心所欲不逾矩，藏识转为大圆镜智矣。转识成智，盖圣凡之所同也。

他认为儒家的道德修养方法和佛教的宗教修行方法是完全一致的。《大学》所谓“欲正其心，必先诚其意”，就是要破除“我执”，“意之所以不诚，亦以有我也”。在他看来，“欲其无我，必修止观”。止观就是佛教的“定”“慧”二法，用“定”息虑澄心，用“慧”破惑证道，发生智慧。他认为儒家的方法也是一样：“‘君子必慎其独’，孔门之止也；曾子‘十目所视，十手所指，其严乎’，孔门之观也。”这种宗教修行方法，根本排斥人们的社会实践，排斥正常的感性认识和理性认识，而是通过闭目塞听、冥思苦索的神秘悟性，去体会出“一多相容”“三世一时”等佛教的所谓“真理”来。这种所谓“真理”与客观真理毫不相干，只存在于纯粹的主观思维之中。他认为业识转为智慧，就是认识的终极。如说：“识者，无始也，有终也。业识转为智慧，是识之终矣。”这就是指精神进入了佛教的神圣天国。

谭嗣同把华严宗的“一多相容”“三世一时”的相对主义诡辩奉为“天地万物自然而固然之真理”，从而使自己陷入了主观主义、绝对怀疑论和不可知论。他把一切差别和对待都归结为“我”的主观观念的产物，大力宣传“无彼复无此，此即彼，彼即此焉”的破对待之说，最后认为“一多相容”“三世一时”这种破对待之说也是“不必知亦无可知”的。“无明起处，惟佛能知。”他终于把认识的泉源移到神那里去了。

在知行关系问题上，谭嗣同明确提出尊崇灵魂、轻视实践的“贵知不贵行”说。他否认认识是从实践中来的，反而主张：“行之不可及知，又无可如何之势也。”事实正好相反，人的认识一点也离不开实践，不行就不能知，行是知的基础和来源，这才是认识发生和发展

的必然规律。谭嗣同极端轻视实践，认为“行有限而知无限，行有穷而知无穷”，因为“手足之所接，必不及耳目之远；记性之所含，必不及悟性之广；……实事之所丽，必不及空理之精”。他把“知”和“行”绝对割裂开来，认为“知”是属于“灵魂之事”，可以不生不灭，通天地万物人我为一身，所以说“知无限”；“行”则属于“体魄之事”，必然受到人的生死和各种物质条件的限制，所以说“行有限”。其实，无数世代的人们改造自然和社会的实践活动也是永无止境的，在此基础上才可能有认识的无限发展，正是由于行无限才决定了知无限。谭嗣同否认知对行的依赖关系，反而认为行是依赖于知的，不知不能行，能知则必能行。他和程颐一样，是彻底的主知主义者，如说：“僻儒所患能知而不能行者，非真知也，真知则无不能行矣。”他所谓“真知”并不是从行即实践中得来的。

谭嗣同甚至公开鼓吹知和行的分离，认为“教主”的使命就是“以先知觉后知，以先觉觉后觉”，他们是知者而不是行者，并非不能行，而是无暇顾及行这种低贱的体魄之事。他说：

> 教也者，求知之方也。故凡教主教徒，皆以空言垂世，而不克及身行之，且为后世诟詈戮辱而不顾也。耶杀身，其弟子十二人，皆不得其死。孔仅免于一身，其弟子七十二人，达者盖寡。佛与弟子，皆饥困乞食，以苦行终。此其亡躯命，以先知觉后知，以先觉觉后觉，岂暇问其行不行者！惟摩西、穆罕默德，以权力行其教，君主而已矣，何足为教主？然则知之与行，孰为贵而孰为贱也？

资产阶级改良派只相信“教主”和“圣君”，而不相信人民群众，他们自己就是以“代天发言立义”的教主自居，站在人民群众的头上传播福音，大讲变法维新的“空理”，而不丽诸实事，付诸实行，这正是戊戌变法所以失败的认识论方面的原因之一。孙中山曾尖锐地批判

过改良派的这种“贵知不贵行”的知行观，他说：“中国之变法，则非先知而不肯行……夫维新变法，国之大事也，多有不能前知者，必待行之成之而后乃能知之也。……中国之变法，必先求知而后行，而知永不能得，则行永无其期也。”[①] 这实际上是用唯物主义的行先知后说批判唯心主义的知先行后说。资产阶级革命派和改良派的分歧，在认识论上正是立足于这两条根本对立的路线：一个主张“恃革命以开民智”“行其所不知以致其所知”，强调行是解决知与不知的矛盾的关键；一个则认为“行之不能及知”，声称“吾贵知，不贵行也”，把行推到遥远的将来。

谭嗣同“贵知不贵行”的知行观，和他贵灵魂、贱体魄的唯心主义形神观是密切联系在一起的。他认为：“泥于体魄，中国一切诬妄惑溺，殆由是起矣。”例如，风水、星命、五行、壬遁等世俗迷信，事鬼神而不自事其灵魂，“偏妄拟鬼神之体魄，至以土木肖之”，他认为这是“土木盛而灵魂愚矣，灵魂愚而体魄之说横矣”。谭嗣同极端轻蔑体魄之事，幻想科学日益昌明、人种日益进化的将来，“必别生种人，纯用智，不用力，纯有灵魂，不有体魄”，那么，人间一切诬妄陷溺就都没有了，例如，“体魄之事尽，则自无娼妓，不待禁也”。他所以提出这种荒唐的幻想，一方面是由于受了帝国主义传教士宣传的“神灵世界中的自然科学”的影响，认为现代“科学”既然已经出现“能测知人脑气筋，绘其人此时心中所思为何事”[②] 的奇迹，那么，人类“日趋于灵”的结果，必能出现一种没有体魄、纯用灵魂的所谓“灵人”；另一方面这也是他的宗教世界观的必然表现，因为在他看来，“灵魂，智慧之属也；体魄，业识之属也”，转识成智就是要能超出体魄之上而独任灵魂，他最称赞的释迦牟尼、孔子和耶稣就是这种永生的“灵人”即神，到了“一切众生，普遍成佛”之日，就

---

① 《孙中山选集》上卷，人民出版社 1956 年版，第 144 页。

② 谭嗣同：《上欧阳中鹄十》，《谭嗣同全集》，中华书局 1981 年版，第 458 页。

是他所幻想的“纯用智、纯用灵魂之人”的世界。

轻视实践，尊崇灵魂，无限夸大“知”即人的主观精神的作用，是谭嗣同的唯心主义知行观的基本特征。正如马克思所指出的：“结果竟是这样，和唯物主义相反，唯心主义却发展了能动的方面，但只是抽象地发展了，因为唯心主义当然是不知道真正现实的、感性的活动本身的。”[①] 谭嗣同把“行”看成是消极的、卑污的体魄之事，他当然不理解实践作为革命的、能动的活动的意义，而只是对精神的能动作用作了抽象的发展，把“心力”夸大成为宇宙的本源，天地万物的创造者。他说：“以太也，电也，粗浅之具也，借其名以质心力。”在他的“仁学”体系中，“仁”“以太”“灵魂”等等，都是“心力”的别名。客观世界的一切都是不真实的，“惟一心是实”[②]。他论心力“无不可为”的作用说：“人力或做不到，心当无有做不到者。……心之力量，虽天地不能比拟，虽天地之大，可以由心成之、毁之、改造之，无不如意。”[③] 这样夸张“心力”的作用，又竭力宣传佛教的“三界惟心”“一切惟心所造”之说，谭嗣同的“仁学”体系的主观唯心主义性质可谓暴露无遗了。作为一个软弱的资产阶级改良主义者，他害怕人民群众甚于害怕封建统治势力，因此也就不可能依靠人民群众的力量去改造现实社会，于是只有向内求助于“惟此为大”的“心力”。他提出了唯心主义的“以心挽劫”说，认为“缘劫运既由心造，自可以心解之”。他把中国社会的贫穷、落后、政治黑暗以至中国人的体貌委靡，都归结为“心源不洁”“机心太多”的缘故，企图依靠“心力之实体”即佛教的“慈悲”、孔教的“仁”和基督教的“平等”来解救之，此心慈悲“则以感天下而劫运可挽也”。这是地

① 马克思：《关于费尔巴哈的提纲》，《马克思恩格斯选集》第 1 卷，人民出版社 1972 年版，第 16 页。

② 谭嗣同：《上欧阳中鹄十》，《谭嗣同全集》，中华书局 1981 年版，第 460 页。

③ 谭嗣同：《上欧阳中鹄十》，《谭嗣同全集》，中华书局 1981 年版，第 460 页。

地道道的唯心史观。这种“以心挽劫”说，实际上是企图凭借资产阶级改良派的主观愿望来改造中国，他们自命“先知”，脱离群众斗争，使得他们的变法维新事业终于不过是“空言垂世”而已。从某种意义来说，谭嗣同个人的悲剧也是和他的主观唯心主义知行观有关系的，直到临终他才认识到：“有心杀贼，无力回天”，没有现实的物质力量，光凭主观愿望并不能改变中国社会的腐朽和黑暗。他的流血牺牲恰恰证明了“心力说”的彻底失败。

三　章太炎

戊戌变法失败后，紧接着于1900年（庚子）爆发了伟大的义和团反帝爱国运动，沉重打击了国际帝国主义和卖国投降的清王朝。在资产阶级改良主义运动失败的教训下，在以农民为主体的广大人民群众反帝爱国运动的影响下，一批资产阶级中下层和小资产阶级的知识分子迅速走上了革命的道路，掀起了中国资产阶级民主革命运动的高潮。从1901年到1911年这十年间，是反帝反封建的民主革命的酝酿、准备时期。这个时期意识形态方面的斗争，主要是发生于资产阶级革命派和改良派之间的大论战。革命派在论战中宣传了资产阶级民主革命思想，对封建君主专制制度和封建思想文化进行了尖锐的批判，有力地驳斥了改良派反对革命的保皇谬论，直接为辛亥革命作了舆论准备。孙中山“在这一场斗争中是中国革命民主派的旗帜”。作为资产阶级革命派宣传家的章太炎，也在这一场斗争中起过重要的作用。

章太炎（1869—1936年）名炳麟，字枚叔，浙江余杭人。他早年曾赞助康有为、梁启超的改良主义运动，担任过上海《时务报》的撰述。戊戌变法失败后，毅然和改良派决裂，转变到反满革命的立场上来。1902年在日本结识孙中山，次年因给邹容的《革命军》作序

和发表《驳康有为论革命书》，被捕入上海英租界监狱，判处监禁三年。1906 年出狱后，再次东渡日本，担任同盟会机关报《民报》的主编，以“所向披靡，令人神往”的犀利笔锋，和改良派进行论战，宣传民主革命思想，在当时的思想界影响很大。辛亥革命后，他“脱离民众，渐入颓唐”，“退居于宁静的学者，用自己所手造的和别人帮造的墙，和时代隔绝了”。[①]

章太炎的哲学思想，前后期变化很大，就在他鼓吹革命的辛亥革命准备时期，哲学思想也有较大的变化。1903 年入狱前，章太炎哲学思想的基本倾向是唯物主义的，这可以他的早期著作《訄书》[②] 为代表。在狱中三年，他读了《因明入正理论》《瑜伽师地论》和《成唯识论》等佛学著作，思想深受影响。1906 年出狱后，在《民报》上发表的一系列哲学论文，已经明显地站到主观唯心主义的立场上来了。综观章太炎的全部哲学著作，唯心主义无疑是其主要倾向，但是他在当时社会和历史上留下的影响，正如鲁迅所说：“我的知道中国有太炎先生，并非因为他的经学和小学，是为了他驳斥康有为和作邹容的《革命军》序，竟被监禁于上海的西牢……我爱看这《民报》，但并非为了先生的文笔古奥，索解为难，或说佛法，谈‘俱分进化’，是为了他和主张保皇的梁启超斗争。”[③] 清政府逮捕章太炎的罪状也是：“章炳麟作《訄书》并《〈革命军〉序》，又有驳康有为一书，污蔑朝廷，形同悖逆。”即是说，作为革命家的章太炎给中国近代史留下来的东西主要是他前期的革命思想和早期的唯物主义思想，因此，我们论述他的知行观亦以他的早期思想为主。

在反对改良主义的斗争中，章太炎十分注意认识论问题。脍炙人

---

① 鲁迅：《关于太炎先生二三事》，《鲁迅全集》第 6 卷，人民文学出版社 1973 年版，第 442 页。

② 初刻本出版于 1899 年，1902 年进行了修订，1905 年再版。

③ 鲁迅：《关于太炎先生二三事》，《鲁迅全集》第 6 卷，人民文学出版社 1973 年版，第 442—443 页。

口的《驳康有为论革命书》一文，不仅从政治上批判了康有为的“革命恐怖论”，论证了用暴力推翻帝国主义走狗清王朝的必要性和可能性，而且从理论上驳斥了康有为认为中国今日“民智未开”、不可革命的谬论，明确提出了“恃革命开民智”“由竞争出智慧”的唯物主义认识论命题。对待革命实践的不同态度，表现了资产阶级革命派和改良派在认识论上的深刻分歧。

康有为等人为了反对革命，极力宣扬唯心主义的先验论，他们污蔑广大人民群众愚昧无知，“公理未明，旧俗俱在”，所以不能实行革命，而只能请英明的“圣君”开恩，实行君主立宪。章太炎驳斥了这种谬论，他指出：“人心之智慧，自竞争而后发生。今日之民智，不必恃他事以开之，但恃革命以开之。”这就是说，人的智慧不是从天上掉下来的，也不是主观自生的，而是从斗争中得来的。革命实践乃是提高人们觉悟的最有效的途径。启发民智不靠别的，就是要投身到革命斗争中去。他列举大量历史事实，证明往往不是先有革命观念，然后才发生革命的运动，相反，革命观念倒是从实际的革命运动中逐渐产生和发展的。例如，“李自成者，迫于饥寒，揭竿而起，固无革命观念……然自声势稍增，而革命之念起。革命之念起，而剿兵救民、赈饥济困之事兴。岂李自成生而有是志哉？竞争既久，知此事之不可已也”。在这里，他批判了“生而知之”的唯心主义先验论，生动地论述了行先知后、认识来源于实践又反过来指导实践的唯物主义思想。章太炎还以义和团反帝爱国运动为例，指出：“义和团初起时，惟言‘扶清灭洋’，而景廷宾之师，则知‘扫清灭洋’。”1901 年，清政府同帝国主义侵略者签订了屈辱卖国的“辛丑条约”，使广大农民群众对清朝统治者投降卖国的本质有了更清楚的认识，反映在后期义和团的斗争口号上才有此重大变化。这也足以说明人们的认识是随着革命实践的发展而不断发展的。章太炎得出结论说：“人心进化，孟晋（猛进）不已。以名号言，以方略言，经一竞争，必有胜于前者。”他断言参加革命实践必能使人的认识发生突飞猛进的变化，“然

则公理之未明，即以革命明之；旧俗之俱在，即以革命去之”。[①] 康有为以“民智未开”“公理未明，旧俗俱在”作为阻止中国人民革命的理由是不能成立的。

章太炎的“恃革命开民智”“由竞争生智慧”的唯物主义思想，和改良派“贵知不贵行”“必先求知而后行”的唯心主义知行观根本相反，强调了革命实践对于改造人心（认识）和改造社会的重要作用，指出竞争（斗争）是认识产生和发展的推动力量，在一定意义上说，已经超过了封建时代的哲学家们对“行”的狭隘了解。但是，他的“竞争出智慧”说所依据的并不是马克思主义的阶级斗争理论，而是达尔文的生物进化论即用进废退、生存竞争的学说。作为一个资产阶级革命家，他不可能真正了解人民群众的革命实践是获得真知的泉源。

关于“竞争出智慧”的思想，章太炎在《訄书》中也有所论述。他认为人的智力不是先天决定的，而是后天获得的，是在生存竞争中形成和发展起来的。在生存竞争中，动物的器官总是用进废退，“鲸有足而不以厹，羖有角而不以触，马爵有翼而不以飞，三体勿能用，久之则将失其三体”（《訄书·原变》）。人的智力也是这样，经常使用就聪明，“怠用”之就会衰萎，甚至可能倒退为猿猴。他说：“人迫之使入于幽谷，夭阏天明，令其官骸不得用其智力者，亦萎废而为豦蜼。”（《訄书·原变》）这里说明人的认识是后天获得的，必须依赖于其官骸和外物相接触，感觉器官和思维器官不使用都会日益退化，幽闭之人的智力并不比动物高明。这对唯心主义的“生知”说真是一个奚落。章太炎是企图以此唤醒人们，必须开动思维机器，不要“怠用其智力”，否则就会失去做人的资格，落到亡国灭种的下场。但是，生物进化论并不能说明复杂的社会历史现象，也不能科学地说明

---

① 章炳麟：《驳康有为论革命书》，《章太炎政论选集》，中华书局 1977 年版，第 203—204 页。

人类智力的产生和发展。由于历史条件和阶级地位的限制，章太炎不可能认识到劳动在从猿到人的转变过程中的决定性作用，也不可能了解只有社会实践才是人类认识产生和发展的基础。用生存竞争来说明认识论问题，在理论上是错误的。

章太炎早年写的《訄书》，总的来说，在认识论上是反对唯心主义先验论，坚持了唯物主义反映论的。他继承和发挥了荀况“缘天官”和“心有征知”的唯物主义思想，并且运用近代自然科学知识来说明感觉来源于客观物质世界以及感觉和思维的关系等问题。他曾多次引证英国唯物主义哲学家洛克的思想，“谓人之精神如白纸者也”（《訄书·王学》），否定有天赋观念，否定唯心主义的“生知”说。章太炎认为，人们认识世界，首先必须经过人的感觉器官和客观外界事物相接触。他说：

> 黄赤碧涅修广以目异，徵角清商叫啸喁于以耳异，酢甘辛咸苦涩隽永百旨以口异，芳苾腐臭腥蝼膻朽以鼻异，温寒熙湿平棘坚疏枯泽以肌骨异，是以人类为公者也。（《訄书·公言》）

这是说，眼、耳、鼻、舌、身是分别用来辨别事物的颜色、声音、香臭、味道和冷热、干湿、软硬等差异的。人类有相同的感觉器官，凡是感官正常的人，对事物的这些差异所得到的感觉大体是相同的，这叫做“人类为公”，也就是荀况所说的“凡同类同情者，其天官之意物也同”（《荀子·正名》）。章太炎肯定感觉是眼、耳、鼻、舌、身等生理器官的功能，是对客观外界事物的反映，是由客观事物刺激人的感觉器官而引起的。感觉来源于客观物质世界，而客观世界并不依赖于人的感觉。当人们的感觉器官没有和外物相接触，还没有产生某种感觉的时候，决不能说客观事物不存在。如果人的感觉器官生了毛病，不能正确反映客观事物的色、声、味等性质，决不能因此认为客观事物的性质本身是无恒常的。他以视觉为例说：

以黄赤碧涅之异，缘于人之眸子，可也；以目之眚者，视火而有青炎，因是以为火之色不恒，其悖矣。取歧光之璧流离，蔽遮之于白日，而白者为七色。非璧流离之成之，日色固有七，不歧光则不见也。火之有青炎，火者实射之，不眚目则亦不可见也。烛炧钧冶之上，七色而外，有幻火变火，可以熔金铁，而人目不能见。不见其光，而不得谓之无色；见者异其光，而不得谓之无恒之色。虽缘眸子以为艺极，有不缘者矣。(《訄书·公言》)

这是说，眼睛有毛病的人，看到火光为青色，如果因此认为火光的颜色不正常，只有青色而无其它六色，那就错了。火光中本来有青色，眼睛正常的人看不出来，他看到的是各种颜色的混合体，眼睛有毛病的人反而看出来了。不能因为眼睛正常的人看不见青色而否认青色的存在，也不能因为眼睛有毛病的人只看见青色而否认其它六色的存在，火光中固有七色，它们都是不依赖于任何人的感觉而客观存在的。取三棱镜对着日光，就会看见日光里面也有七种颜色。这七种颜色并不是三棱镜产生出来的，而是日光中本来固有的，不过不透过三棱镜的分解，一般人的眼睛看不见七色，而只看见白色罢了。还有一些奇异的颜色，都是由特定光波构成的，超过一定的波长，人的眼睛就看不见了，我们也不能因此就说它们是不存在的。总之，章太炎强调感觉的对象不依赖于感觉或认识的主体而存在，这是唯物主义认识论的基本观点。

章太炎还用人和生物对环境适应的程度，来说明感觉的差异并不能改变客观事物本身的性质。他说：

大鱼始生，卵割于海水，久渍而不知咸。苟以是论咸味之无成极，而坐知咸者以舌臄之妄缘，夫缘非妄也，虽化合亦有其受化者也。且人日茹饮于酸素之内而不知其酢，及其食醯梅，则酢

者觉矣。苟日寝处于醯梅而嚔之，虽醯梅亦不知其酢也，乃酢于醯梅者则知之。是故分剂有细大，而淡咸无乱味，以忘微咸者而欲没咸之达性，固不厌也。(《訄书·公言》)

咸水鱼类长期生活在海里，并不感觉海水是咸的。吃惯酸东西的人，只有吃到更酸的食物，才会产生酸的感觉。咸和酸本来是客观事物所固有的属性，适应了其环境的人和生物却往往感觉不出来。章太炎认为不能以此断言咸和酸的感觉是舌头的“妄缘”，没有其实性，任何感觉（“化合”）都不是凭空产生的，它们都不能离开被感觉的客观对象（“受化者”)。感觉因适应环境程度不同而有一定的差别，客观事物的性质却是一定不变的。章太炎对感觉和感觉的对象即反映者和被反映者之间的关系的分析，坚持了唯物主义反映论的观点，并且运用了近代自然科学的实证材料，超过了古代朴素唯物主义的简单论证。不过，他所谓“各缘天官所合”的感觉，还是对于外物的消极的、被动的、静止的反映，属于机械唯物主义的范畴，和辩证唯物主义的革命的能动的反映论是有重大原则区别的。

在强调感觉来源于客观世界、肯定感觉内容真实性的同时，章太炎也看到了人的感觉具有一定的局限性。如前所述，感觉器官生了毛病就会产生错觉，长期适应了某种环境就可能失去对事物某些方面属性的感觉，这些都是感觉的局限性的表现。另外，人的耳目感官感知外物总有一定的界限，无限广大的客观物质世界，有许多事物现象是人的耳目感官所不能直接感觉到的。章太炎说：

目之察色，不过墨丈寻常之间；耳之察清浊，不过一人之所胜。故制钟大不出钧，重不过石，过是则听乐而震，观美而眩。声一秒之动，下至于十六，高至于三万八千，而听不逮。日赤之余炎，电赤之余炎，光力万然蒸，而视不逮。余尝西登黄鹤山，瞻星汉阳，闪尸乍见，屑屑如有声，是以知河汉以外，有华臧

> 焉，有钧天广乐之九奏万舞焉，体巨而吾耳目勿能以闻见也。以不闻见毅言其灭没，其厌人乎！（《訄书·公言》）

这一段议论基本上是正确的，是符合科学道理的。因为刺激耳鼓的声波超过了一定的震动频率，刺激眼球的光波超过了一定的波长，人的耳目感官就感觉不到了，就会出现“听乐而震，观美而眩”的不适应现象。人的耳目感官所不能直接感知到的东西，并非就是不存在的。根据这种观点，他批判了“以不闻见毅言其灭没”的主观唯心主义的经验论，表明他继续坚持了客观世界不依赖于感觉而存在的唯物主义立场。

章太炎认为，仅仅满足于耳目闻见的感性认识是不够的，还必须提高到在头脑里进行抽象思维的理性认识阶段，才能把握住事物的规律和普遍性。他说：

> 夫物各缘天官所合以为言，则又譬称之以期至于不合，然后为大共名也。虽然，其已可譬称者，其必非无成极，而可恣膺腹以为拟议者也。（《訄书·公言》）

人们通过感觉器官（“天官”）和外界事物相接触（“所合”）而得到感觉，这是认识的感性阶段。然后经过头脑的抽象思维，由判断、推理（“譬称”）上升到普遍概念（“大共名”），这时就和具体事物脱离得远了（“至于不合”）。然而，理性认识、抽象的概念推理同样要有客观的标准（“非无成极”），决不是毫无根据的主观随意“拟议”。在这里，章太炎不但认为感觉来源于客观世界，而且肯定理性认识也要有客观基础，要以客观事物做准则。他没有把抽象的概念推理歪曲成为纯粹主观的东西，这是唯物主义唯理论的观点。他还不能在实践的基础上来阐明感性认识如何向理性认识飞跃，而是把理性认识的发生看做一个逻辑推理的过程，这就有排斥实践，夸大理性思维的作

用、把它和感性认识割裂开来的错误倾向。

这种倾向，在他对颜元哲学的评论中也看得很清楚。章太炎对颜元重视习行践履的唯物主义学说评价很高，认为“自荀卿而后，颜氏则可谓大儒矣”（《訄书·颜学》），同时也指出了颜学的缺点，谓“独恨其学在物，物物习之，而概念抽象之用少”（《訄书·颜学》），即指出颜元重视实际事物而轻忽了抽象思维的作用。颜元曾举琴谱和学琴的例子，讥讽朱熹“以讲读为求道”“以书为道”是相隔千里、万里，反对只重书本知识而排斥实践的唯心主义求知方法。这在当时是有进步意义的。但是，颜元又偏到一边去了，从反对“以讲读为求道”走到一般地反对读书，从反对“以书为道”走到一般地否定书本知识。章太炎认为这是不对的，“以讲读为求道”固然不可，但书也不可不读，问题是读什么书。他说：“非书者不可用，无良书则不可用。今不课其良不良，而课其讲读不讲读，即有良书，当一切废置邪?”（《訄书·颜学》）他认为一般地否定了书本知识，否定了理性思维、概念抽象的作用，人类的认识将“嵬琐于百物之杪枝”“各持一端以为教”，陷在经验主义的死胡同中，学术永远也不能发展和进步。章太炎试图弥补颜元经验论的缺陷，强调了概念抽象的重要意义。他说：

> 夫不见其物器而习符号，符号不可用。然算术之横从者，数也。数具矣，而物器未形，物器之差率亦即无以跳匿。何者？物器丛繁而数抽象也。今夫舍谱以学琴，乃冀其中协音律，亦离于抽象，欲纤息简而数之也。算者、谱者、书者，皆符号也。（《訄书·颜学》）

在这里，他首先肯定了颜元的唯物主义观点，认为脱离物器的符号是不可用的。算术、琴谱、书本知识都是符号，是抽象的理性思维的成果，对于物器来说，符号是第二性的，是从丛繁的物器中抽象出来

的。然而，符号一旦从物器中抽象出来，就可以对人们的实践起重要的作用。譬如，学会算术再去计算，熟悉琴谱再去弹琴，就会事半功倍、容易得多了。决不能轻忽抽象思维的作用，如果离开数学符号，什么东西都要伸出手指头来亲自去数一数，那么就会事倍功半，甚至是不可能有结果的。

章太炎批评颜元“滞于有形，而概念抽象之用少”的经验论倾向，包含着不少合理的因素。但是，他为了强调符号、概念抽象的作用，甚至把现代西方资产阶级的唯心论哲学、玄虚的宋明理学和佛教宗教哲学都看成是有用的。如说：“观今西方之哲学，不齑万物，为当年效用，和以天倪，上酌其言，而民亦沐浴膏泽。虽玄言理学，至于浮屠，未其无云补也，用其不能实事求是而鰓理紊纱者多。”（《訄书·颜学》）这当然是错误的。他不能区分科学的抽象和荒唐的、反科学的抽象，把违反“实事求是”原则的反科学的抽象也当作有用的，于生民有所膏泽，这就暴露了他的唯物主义的不彻底性。他还把科学的预见和毫无根据的宗教预言混为一谈，肯定纬书谶记“始虽假设，卒应于后”“豫言来事，征验实众”（《訄书·通谶》），人们可以利用宗教预言来达到自己的目的。他还认为：“圣人以上知千世，下知千世，则不借于物矣。”（《訄书·订实知》）他本来是企图“订正”王充经验论之不足，但由于过分夸大了理性认识的作用，把它说成是可以不依赖于外物和感觉经验的，这就背离了唯物主义反映论的立场，实际上和王充所批判的“圣人神而先知”的唯心主义先验论走到一起去了。

章太炎早期哲学思想的基本倾向是唯物主义的，他后来转变到主观唯心主义，从认识论方面来说，在早期思想中就存在着转变的契机，这就是在《訄书》中已经表现出来的唯理论倾向。

最后，我们来考察一下章太炎对王阳明的主观唯心主义哲学的态度，这里进一步涉及他对知行关系问题的看法。

在《訄书》中，他对王学是持批判态度的，首先从方法论上指

出，王学的根本错误在于“立义至单”，即从一个最简单的抽象观念（“良知”）出发，来处理纷繁复杂的具体事物，它必然要阻碍科学的发展。章太炎表示赞同古代法家（管仲、韩非）的方法，用《庄子·天下》的话来说就是：“以法为分，以名为表，以参为验，以稽为决，其数一二三四是也。”他认为这种方法是比较符合科学精神的，遗憾的是，“其后废绝，言无分域，则中夏之科学衰”（《訄书·王学》）。章太炎指出，王阳明“立义至单”的先验论正是和这种贵分析、重参验的科学方法相对立的，它是直接继承了佛教禅宗“以单说成义”的唯心主义方法，成为人们认识世界的一大祸害。他还指出，王阳明的学说多来自旧闻，缀辑成篇，缺乏组织条贯，独有“致良知”说可谓自得。就是这个“致良知”说，在逻辑上也是自相矛盾的：“良知不可言致，受致则非良知，……说既违于论理，推究之则愈难通。”（《訄书·王学》）章太炎对王学的上述批判，鲜明地表现了唯物主义的立场。

对于王阳明的“知行合一”说，章太炎亦不无微辞。首先，他否认此说为王阳明所始创，而是“本诸程颐而紊者也，徒宋钘所谓‘语心之容，命之曰心之行’者也”（《訄书·王学》）。他认为程颐所谓“闻虎色变”，就是讲的知行合一的道理；以色变为行，也就是宋钘所谓以“心之容”为“心之行”。王阳明不过衍袭了宋钘、程颐的学说而“其缪滋甚”。其次，章太炎认为知行必有先后之序，反对二者“合流同起”之说。他说：

> ……然程说知行犹有先后。希腊琐格拉底（苏格拉底）倡“知德合一”说，亦谓了解善为何物，自不得不行之，并有先后可序。王氏则竟以知行为一物矣！卒之二者各有兆域，但云不知者必不能行，可也；云知行合流同起，不可也。虽直觉之知，本能之行，亦必知在行先。徒以事至密切，忘其距离，犹叩钟而声发，几若声与叩同起；然烛而暗除，不见暗为烛所消，其实声浪

光浪，亦非不行而至，其间固尚有忽微也。（《訄书·王学》）

对“知行合一”说的这一批判，有合理因素，但没有击中要害，远不如王夫之批判得准确、深刻而有力，并且暴露了他和王阳明的唯心主义知行合一说还没有完全划清界限。第一，他指出知行“各有兆域”，二者不是“一物”，但是并没有指出二者的不同在那里，特别是没有指出行是主观见之于客观的东西，表现为改变世界的感性的物质的活动。他对程颐以“色变”为行、宋钘以“心之容”为“心之行”并不是持否定的态度，对王阳明以“好好色”“恶恶臭”属行也未加批判，而且还把这一类“行”称为“本能之行”，说明他并没有真正划清知和行、主观和客观的界限。第二，他指出知和行在时间上不是“合流同起”，而是有先后之序。就直觉之知和本能之行来说，虽然看起来似乎是同时发生的，其实在时间上亦有忽微的差距。他是从生理学的角度来说明，人的任何行动都要受大脑的指挥和支配，神经传导大脑的意志不可能“不行而至”，从这个意义上可以说是“知在行先”。这对王阳明的“知行合一”说简直不是批判，而是补充和修正。也需指出，它和程朱学派的唯心主义“知先行后”说还是有区别的，因为它不是探讨认识的来源问题。如前所述，章太炎在这个问题上曾经发表过一些明确的唯物主义观点，如赞成洛克的“白板”说，主张感觉来源于客观世界，理性认识也要有客观基础，鼓吹“恃革命开民智”等，都是同唯心主义的先验论相对立的。

章太炎后来接受了佛教唯识宗的哲学，以及休谟、康德的怀疑论和先验论，建立了主观唯心主义的哲学体系，对于王阳明的主观唯心主义学说，自然地就从批判转而为肯定、推崇。他认为王阳明的学说对日本明治维新起了很大的作用，因为它可以激励人们的自尊心和发奋图强的精神。章太炎说：“王学岂有他长，亦曰自尊无畏而已。”（《太炎文录初编·别录》卷二《答铁铮》）他还主张将佛学和王学“铸镕为一”，这种学说“或不免偏于我见，然所谓我见者，是自信

而非利己，犹有厚自尊贵之风”。它的实践意义在于可以“排除生死，旁若无人，布衣麻鞋，径行独往，上无政党猥贱之操，下作懊夫奋矜之气，以此揭橥，庶于中国前途有益”（《太炎文录初编·别录》卷二《答铁铮》）。对待王学的态度，前后判若两人。

章太炎在后期的著作中，对王阳明的“知行合一”说虽不完全赞同，但力图用佛学去解释它。如说：

> 阳明云：知之真切笃实处即是行，行之明觉精察处即是知，故有合一并进之说。真知即所以为行，不行不足谓之知。又云：见好色、闻恶臭属知，好好色、恶恶臭属行，见闻时已自好恶，非见闻后立心去好恶。此即佛家意业之说也。见闻与好恶固同时，若如瑜伽五心之说，亦微有先后，要在瞬息间耳。（《菿汉昌言·经言二》）

他还是认为知行微有先后，但已经用佛家之说证成了“知行合一”之旨。又如他说：“子路有闻，未之能行，唯恐有闻。此其欲行也，如痿人不忘起，久客不忘返，身虽未行，其意已行矣。闻与行并，此所谓知行合一也。”（《菿汉昌言·经言三》）这里他把“欲行之意”也叫做行，和王阳明以知代行的“知行合一”说实际上已经没有什么差别了。

章太炎后期常用佛家术语来讨论知行问题，在有的解说中，也论述了由行而致知的思想，和他早期鼓吹“竞争出智慧”“恃革命开民智”不能说没有一点儿思想上的联系。譬如他说：

> 知行岂无异乎？闻而知之，所谓声量也；思而知之，所谓比量也；行而知之，所谓现量也。真知者唯现量，非比量、声量。（《菿汉昌言·经言二》）

“声量”“比量”“现量”都是佛家的术语，大体上相当于《墨经》所说的“闻知”“说知”和“亲知”。章太炎把“现量”明确解释为“行而知之”，比一般解释为通过亲身感觉而得到的知识又前进了一步，已经接触到行即实践是认识的来源问题。他认为真知不是从传闻和推理得来的，而是从亲身实践中得来的。这是很好的思想。他还说：“不行不足以为知，此切论也。”（《菿汉昌言·连语一》）对于王阳明学说中的一些命题，抽取出来，加以正确的解释，也可以说明行在认识中的作用和行比知更重要的道理。

总之，章太炎的知行学说，早期和后期差别很大。早期的唯物主义思想，是直接为资产阶级民主革命的政治路线服务的，特别是在反对改良主义的斗争中发挥了很大的战斗作用。但由于资产阶级革命派脱离人民群众，章太炎的唯物主义思想也不可能彻底。他后来转到主观唯心主义，企图依靠抽象地发展了的人的能动性，即所谓“厚自尊贵之风”，来达到推翻清朝统治的目的。这就更加暴露了中国资产阶级缺乏变革社会的现实的物质力量，用这样的精神武器，自然不能抵御帝国主义的侵略，也不能推翻封建主义的反动统治。章太炎后来退居为宁静的学者，在他的大量学术工作中，不能说一点可取的东西也没有，但他已失去作为一个资产阶级革命家的战斗姿态和社会影响。他终于被时代所抛弃，和他哲学思想的蜕变恐怕不是毫无关系的。

第八章　孙中山的知难行易说

中国近代资产阶级在认识论领域达到的最高理论成果是孙中山的知难行易学说。这一学说的提出，标志着对中国封建时代传统的知行观念的真正突破，而赋予它以近代民主和科学的崭新内容。在中国哲学史上，知行问题完全摆脱宗教和道德论的纠缠，被当作纯粹的认识论问题来自觉地加以探讨，这确乎是第一次。因此，它的意义可以说是划时代的。

孙中山（1866—1925 年）名文，字逸仙，广东省香山县（今中山县）人。他是我国近代民主革命的先行者，伟大的民主主义革命家和思想家。孙中山的一生是革命的一生，战斗的一生，他全心全意地为了改造中国而耗费了毕生的精力，对中国人民的革命事业作出了不朽的贡献。在四十年漫长而曲折的革命奋斗道路上，孙中山经历过多次失败和痛苦的考验，但他善于总结经验教训，勇于改正错误，以百折不回的革命毅力，愈挫愈奋，再接再厉，始终坚持斗争。在每个重要的历史转折关头，他都能够“适乎世界之潮流，合乎人群之需要”，站在时代潮流的前面，随着历史的步伐前进。这才是孙中山之所以伟大的地方。他在晚年不顾国民党右派的阻挠，毅然接受中国共产党提出的建立革命统一战线的主张，重新解释三民主义，把旧三民主义发展为新三民主义，就是这种不断革命精神的一个具体表现。

多次失败的教训使孙中山认识到正确的革命理论的极端重要性，他对知行问题的自觉探讨，就是从革命斗争的需要出发，并且直接用

来为现实的革命斗争服务的。更确切地说，是一系列失败的教训迫使他去研究这一具有重大实践意义的理论问题，他是为革命而去寻找认识论的武器。知难行易说的创立，也确实为他后期革命理论和实践的伟大发展准备了思想基础。

孙中山提出知难行易说，是在辛亥革命失败后到接受共产党的帮助以前这一段时间。1917 年 7 月 21 日，他在广东全省学界欢迎会上发表题为《国强在于行》的演说，首次提出“行之非艰，知之惟艰”的命题。1918 年冬，他发愤闭门著书，写了一部专门探讨知行问题的哲学著作，详细论证了所谓“知难行易”的道理，这就是著名的《建国方略（之一）：心理建设》，又名《孙文学说》一书。1921 年 12 月 9 日，他在桂林学界欢迎会上发表题为《知难行易》的讲演，再次集中阐发这一学说之义蕴。1918 年前后，积极的革命活动家孙中山，为什么如此热衷于探讨知行关系这样抽象的哲学理论问题呢？这是他在辛亥革命失败后，受到严酷的现实的教训，又经过多年的艰苦奋斗、失败、苦闷和积极思考之后作出的抉择。

辛亥革命推翻了封建帝制，但是并没有在中国建立起资产阶级共和国，革命的果实被大军阀袁世凯篡夺了去，接着是连年的军阀混战，中国人民的灾难愈加深重。正如孙中山所沉痛揭露的：自民国开创以来，“祸乱相寻，江流日下，武人专横，政客捣乱”。辛亥革命“去一满洲之专制，转生出无数强盗之专制，其为毒之烈，较前尤甚，于是而民愈不聊生矣！”[①] 这与孙中山革命之初衷实在是大相径庭，相去悬远。历史为什么这样捉弄人呢？当时，孙中山还不能用正确的阶级和阶级斗争观点去理解这一曲折、复杂的历史进程，看问题还带有极大的表面性。他对武昌起义后大批反革命分子混入革命阵营，打着“共和”的旗号，进行猖狂的复辟活动，缺乏应有的警惕

① 孙中山：《孙文学说》，《孙中山选集》上卷，人民出版社 1956 年版，第 104 页。下引《孙文学说》不注出处者，均出自本书。

和足够的认识；他把在激烈的阶级斗争中革命党人必然的分化现象，一部分人的妥协、退让甚至背叛，又简单地看成是由于一般的“思想错误”所造成的，并且把一切错误思想的根源都归结为“知之非艰，行之惟艰”这一旧的传统观念。于是，知行问题被过分强调地突出出来了，所谓“心理之大敌”被看成是现实革命的最大障碍。

革命党内部的思想斗争是从来就有的。辛亥以后，面临着帝国主义和封建势力猖狂反扑的严重政治局面，革命党人迅速发生分化。右派势力抬头，妥协投降的主张一时占了上风；中间派也徘徊动摇，对革命前途丧失信心。当时有些人对孙中山说，“先生之志，高矣，远矣！先生之策，闳矣，深矣！其奈‘知之非艰，行之惟艰’何?”这给孙中山以极大的刺激。他以平生之抱负和积年之研究所得的民国建设计划，竟被视为“理想太高，不适中国之用”而拒不实行。孙中山被讥笑为不切实际的“理想家”“孙大炮”。这种论调一起，“众口铄金，一时风靡，同志之士亦悉惑焉”。孙中山从这一表面现象，错以为自己的革命建设计划，一一皆败于“知之非艰，行之惟艰”的传统旧说，而看不到它不过是右派分子背叛革命并用来动摇军心的一个借口，因此片面地夸大了它的危害性。他说：

> 呜呼！此说者予生平之最大敌也！其威力当万倍于满清。夫满清之威力，不过只能杀吾人之身耳，而不能夺吾人之志也。乃此敌之威力，则不惟能夺吾人之志，且足以迷亿兆人之心也。是故当满清之世，予之主张革命也，犹能日起有功，进行不已；惟自民国成立之日，则予之主张建设，反致半筹莫展，一败涂地。吾三十年来精诚无间之心，几为之冰消瓦解，百折不回之志，几为之槁木死灰者，此也。可畏哉此敌！可恨哉此敌！(《孙文学说》)

孙中山以痛心疾首的心情，决心对“数千年来深中于中国之人心，已

成牢不可破”的知易行难之说，发动一场总攻击，以图挽救人心，“出国人思想于迷津”，他以为这样就能顺利实现其民国建设计划了。

孙中山认为，知易行难说之害，主要是在一个“难”字上。他从心理上分析说：“人到了怕事，便遇事畏难，不去做艰难的事，只找容易的事去做。好象倒一盆水到地下，总是向没有抵抗力的低下部分去流，是一样的道理。人到了畏难，就不敢轻于尝试，试问文化上怎么能够有进步呢?”[①] 一般人的心理都是避难趋易。以行为难的传统旧说，从心理上给人们积极实行设置了一重障碍，倒是给一些人畏难苟安、空疏怠惰制造了一个借口。孙中山认为，中国之所以积弱衰败，正是由于知易行难说的长期浸淫和毒害，使人们遇事踌躇审顾，不敢轻于尝试，造成了极为深重的暮气。畏难而不敢行，则天下事皆无可为也。他拿“暮气既深”的中国和明治维新以后“朝气方新”的日本作了一个对比：“夫日本何以强？今日中国何以弱？中国为数千年来声名文物之邦，今日何以扫地殆尽？日本乃中国属国也，而能强逾中国，以中国堂堂上国，反不之及，乃一难字害之也。夫日本人办事则不然，不知有一难字，冥行直逐而得今日之成功也。”[②] 知行难易一字之差，竟成了关乎民族心理和性格的形成，乃至国家强弱兴衰的大问题，这显然是过分夸大了思想、意识的能动作用，而轻忽了社会经济基础和阶级斗争对于历史进程的决定性影响。孙中山当时的历史观就是如此。他还通过印度、安南、高丽等国沦为帝国主义殖民地的教训，向人们发出了警告：“深信‘知之非艰，行之惟艰’之说，其流毒之烈，有致亡国灭种者，可不惧哉!”（《孙文学说》）

在孙中山看来，不但“行难”之说危害极大，“知易”之说亦与真理背驰，因为它使人们“把极难知的事，看得太容易，不去深求”[③]。

---

① 孙中山:《知难行易》,《孙中山先生演说集》，民智书局 1926 年版，第 253 页。

② 孙中山:《国强在于行》,《中央周报》1929 年第 59 期。

③ 孙中山:《知难行易》,《孙中山先生演说集》，民智书局 1926 年版，第 253 页。

轻视革命理论和科学知识，同样会给革命事业的发展和人类文明的进步带来危害。所以，知易行难说的错误就在于“以难为易”而“以易为难”，颠倒了知行难易的本来次序，使人们轻知怯行，“畏其所不当畏，而不畏其所当畏”。孙中山说：

> 夫中国近代之积弱不振、奄奄待毙者，实为“知之非艰，行之惟艰”一说误之也。此说深中于学者之心理，由学者而传于群众，则以难为易，以易为难，遂使暮气畏难之中国，畏其所不当畏，而不畏其所当畏，由是易者则避而远之，而难者又趋而近之。始则欲求知而后行，及其知之不可得也，则惟有望洋兴叹，而放去一切而已。间有不屈不挠之士，费尽生平之力以求得一知者，而又以行之为尤难，则虽知之而仍不敢行之。如是不知固不欲行，而知之又不敢行，则天下事无可为者也。（《孙文学说》）

一个国家、一个民族的群众心理，到了“不知固不欲行，而知之又不敢行”的地步，那还有什么繁荣昌盛、独立富强之可言呢？因此，孙中山认为，当务之急就是要破除“知之非艰，行之惟艰”的传统观念，从理论上证成“行之非艰，知之惟艰”的反命题。“倘能证明知非易而行非难也，使中国人无所畏而乐于行，则中国之事大有可为矣。”“盖以此为救中国必由之道也。”（《孙文学说》）

知难行易说是孙中山哲学思想的核心部分，是他经过多年思考，对以往革命奋斗经验所作的认识论的总结，并且作为指导今后革命运动的思想方针而提出来的。孙中山曾自豪地把它称之为“我的学说”，“本大总统发明的学说”，并以自己的名字冠之（“孙文学说”），可见它在孙中山的整个思想体系中占有何等突出的地位。这一学说的总命题是“行之非艰，知之惟艰”。表面看来，它不过是传统旧说“知之非艰，行之惟艰”的反对命题，是对知行难易之序的简单颠倒。实际情况并非如此，它有着相当丰富的内容，包括孙中山对知识的来源、

人类认识发展过程等一系列问题的合理见解，其基本倾向是唯物主义的，具有反对旧的传统观念、反对封建唯心主义的进步意义。同时，我们也应看到，这种学说具有严重的形而上学的缺点，因此不能把唯物主义贯彻到底，它也具有不成熟的中国资产阶级哲学所不可避免的那些局限性。在知难行易的论述中，精华和糟粕互见，这就需要对它的内容作具体分析，以避免评价的武断和片面性。

行易知难十证

为了驳斥“知之非艰，行之惟艰”的传统旧说，激发人们“无所摄而乐于行”的积极有为的精神状态，孙中山竭力证明：知和行比较起来，知是难的，行是容易的。他说：“天下事惟患于不能知耳，倘能由科学之理则，以求得其真知，则行之决无所难。”（《孙文学说》）孙中山全力为之奋斗的革命建设计划，被“同志之士”中的一些人视为理想空言而拒不实行，这曾经使他陷入深深的苦恼和沉思。后来终于“恍然觉悟”，“欣然而喜”，“知中国事向来之不振者，非坐于不能行也，实坐于不能知也；及其既知之而又不行者，则误于以知为易，以行为难也”。他大声疾呼：“民国之建设事业，实不容一刻视为缓图者也。国民！国民！究诚何心？不能乎？不行乎？不知乎？吾知其非不能也，不行也；亦非不行也，不知也。倘能知之，则建设事业，亦不过如反掌折枝耳。”（《孙文学说》）这就是说，能知必能行，求得“真知”是极难的事，既知之后，在知的指导下去行是很容易的。孙中山认为，要取得革命事业的成功，困难的是制定革命的理想、计划、方略，而“行之决无所难”；现在我把困难的工作都做出来了，剩下容易的事情你们不愿去做，以致革命功亏一篑。所以他指责那些革命党人是“不思之甚矣”。

能知必能行，这是孙中山证明知难行易的一个重要论据，主要是说既知之后，行其所知是不困难的。在科学昌明之世，这种事例不胜

枚举。例如，无线电的发明，“当研究之时代，费百十年之工夫，竭无数学者之才智，各贡一知，而后得成全此无线电之知识。及其知识真确，学理充满，而乃本之以制器，则无所难矣。器成而以之施用，则更无难矣”（《孙文学说》）。其他诸如造船、盖屋等等都是如此：“施工建造，并不为难，所难者绘图设计耳。倘计划既定，按图施工，则成效可指日而待矣。”（《孙文学说》）这些都被孙中山视为知难行易之铁证。

我们在前文讲过，宋代的程朱学派，早就提出过“能知必能行”的命题。他们说：“人既有知见，岂有不能行？”“既知得自然行得。”“无有知而不能行者。”程朱学派强调能知必能行，目的在于论证知先行后，说明知对于行有决定作用，而行对于知只有依赖关系。孙中山也说“能知必能行”，其主要目的却在于论证知难行易，而不是论证知先行后。当然，就“能知必能行”这个命题所反映的知行先后之序来说，知是在先、行是在后的，也就是孙中山所说的“知而后行”之阶段。但这并不涉及孙中山对于知识来源问题的看法，也不是他对知行先后问题的全部回答。和程朱学派根本不同，孙中山不仅肯定“能知必能行”，而且主张“不知亦能行”，这就同程朱学派“不知不能行”的唯心主义命题鲜明地对立起来。知之固能行，不知亦能行。就是说，在知行先后问题上，归根到底是行在知先，不知而行是人类一切进步文明的起点。人们在获得科学之知以前，早就在那里摸索实行了，“行之而不知其道者多矣”。不知亦能行，这就更有力地证明：行是容易的，而后起之知则是比较困难的。

为了论证行易知难的道理，孙中山在《孙文学说》一书中，以及在其他的讲演和文章中，“不惮其烦、连篇累牍”地列举了大量实例，其中有著名的“十事”，即饮食、用钱、作文、建屋、造船、筑城、开河、电学、化学、进化等十项例证。它们基本上都是采取了“不知亦能行”的论证方法，即以行先知后证行易知难。所以，我们可以说，行先知后是实际上蕴涵于知难行易说中的一个基本内容，是它的

合理内核。肯定行在先，知在后，行是知的基础和来源，正是唯物主义知行观的本质所在。孙中山的知难行易说即建立在这一唯物主义的基础之上。

例如，饮食是人们日常生活中最普通的、不可一日或缺的事情，“凡一切人类物类皆能行之，婴孩一出母胎则能之，雏鸡一脱蛋壳则能之，无待于教者也”。孙中山以此证明，行是容易的。但是，要懂得饮食的道理，包括身内的营养卫生之道和身外的食货之道，就必须掌握烹调法和生理学、医药学、卫生学、物理学、化学，以至“粮食之生产、粮食之运输、粮食之分配及饥馑之防备”等许多专门的知识和学问。人类经过长期饮食的实践，直到今天，科学家们也不能说已经把关于饮食的道理“穷其究竟”了。由此可见，行是容易的，知是很难的。孙中山用这一最平常的事例，来证明了他所谓“行之非艰，知之实惟艰也”（《孙文学说》）的道理。在这一事例中，“人人行之而终身不知其道”的饮食之事，乃是指本能的行；而所谓“知”，则是指科学的知。他自知这种论证方法尚欠说服力，于是又列举其他“人为之事”证明之。

例如用钱，“非先天之良能，乃后天之习尚”。文明时代的人，衣食住行，样样都离不开用钱，日日行之，习以为常。可是，关于金钱、货币的学问，“非综览人文之进化，详考财货之源流，不能知金钱之为用也；又非研究经济之学，详考工商历史，银行制度，币制沿革，不能知金钱之现状也”（《孙文学说》）。再如作文，中国文字形成已逾数千年，历代文人学士，不知作过多少文章。可是，关于文法和文理（逻辑）之学，却是近代才从外国传进来的。人们不知货币经济之学而会用钱，不知文法文理之学而会作文，这两件事也被孙中山当作了知难行易的铁证。他注意到有系统的科学知识是长期实践经验的概括和总结，它的形成是很不容易的；相对来说，不自觉地去做即不知而行是容易的。容易做到的行总是在先，而知是后起的。在长久的时期内，人们“只能行之，而不能知之”，这个事实最足以证明

“行之非艰，知之实艰”。

以下关于建屋、造船等七事，亦多从行先知后立论，来共同证成行易知难之铁案。孙中山指出：“古人无今人之学问知识，凡兴大工，举大事，多不事筹划，只图进行。为需要所迫，莫之为而为，莫之致而致，其成功多出于不觉。”（《孙文学说》）如秦始皇筑长城，当其时也，没有现代科学技术，竟能成此伟大工程，其道安在？他回答说：“为需要所迫不得不行而已。”“需要者，创造之母也。”“殆亦行之而不知其道也。”（《孙文学说》）这就是肯定行在知先，不知亦能行。需要是不知而行的主要动力。一切知识都是后起的，是在不知而行的探索中逐渐形成的。例如，“人类能造屋宇以安居，不知几何年代，而后始有建筑之学”（《孙文学说》）。这就是说，人类筑巢造屋的实践在先，而建筑科学的理论形成在后。其他科学理论和实践的关系也是这样。事实上，“行之而不知其道，并不知其名，比比皆是也”（《孙文学说》）。大量事实都证明了：行在先，知在后；行容易，知困难。

对于孙中山来说，这个行先知后的原则，是同他对事实和言论、客观和主观关系的唯物主义理解联系在一起的。他说：“宇宙间的道理，都是先有事实，然后才发生言论，并不是先有言论，然后才发生事实。”《孙子兵法》十三篇，“是先有战斗的事实，然后才成那本兵书”；现代陆军的战术学，已经形成有系统的学问，“也是本于古人战斗的事实，逐渐进步起来”。[①] 他明确肯定知识、言论是本于客观存在着的事实，客观事实是先有的第一性的东西，而主观认识不过是后起的对于它的反映。他用这个唯物主义反映论的原则，有力地批判了卢骚的天赋人权论即“民约论”。所谓“民约论”的观点就是：人民的权利是生而自由平等的，各人都有天赋的权利，不过人民后来把天

① 孙中山：《民权主义》第一讲，《孙中山选集》下卷，人民出版社 1956 年版，第 671—672 页。

赋的权利放弃罢了。孙中山指出："就历史上进化的道理说，民权不是天生出来的，是时势和潮流所造就出来的。"[①] 历史上没有造就出民权的时势和潮流，不存在民权的事实本身，那么，关于"民权"的言论就是没有根据的。总之，"我们要研究宇宙间的道理，须先要靠事实，不可专靠学者的言论"[②]。他用"先有事实，后有言论"的唯物主义观点，从认识论上批判了卢骚不据事实立论的唯心主义先验论，应该说是有意义的。孙中山的行先知后说正是建立在对主客观关系的这种唯物主义解决的基础之上。

为了阐明行易知难之理，孙中山除了从"事功"方面，列举大量事例加以证明之外，还企图从"心性"方面寻求证明。他认为行易知难"实为宇宙间之真理"（《孙文学说》），放之四海而皆准，古往今来莫不然。所以，这个真理不独为他所发明，从古先圣贤到外国博士的言论中，都可以找到根据。本来，知难行易说的提出，表现了反封建传统观念的批判精神，然而，孙中山又不能完全摆脱传统的力量，他虽然提出了新学说，但又竭力把它说成是"中国上古圣贤遗传之学说"，似乎这样就能增加它的真理性。他首先找到"大成至圣"那里，把孔丘说的"民可使由之，不可使知之"（他把"可"训解为"能"）当作了知难行易说的原型。另外，孟轲说的"行之而不著焉，习矣而不察焉，终身由之而不知其道者，众也"，商鞅说的"民可与乐终，难于图始"等等，都被说成是古人关于知难行易的遗说。我们看到，上面这些话在强调"知难"的同时，共同地表现了对于劳动人民的"行"的极端轻蔑。孙中山的知难行易说也深深地打上了这种剥削阶级思想的烙印。

---

① 孙中山：《民权主义》第一讲，《孙中山选集》下卷，人民出版社 1956 年版，第 671 页。

② 孙中山：《民权主义》第一讲，《孙中山选集》下卷，人民出版社 1956 年版，第 672 页。

孙中山遗憾地指出，知难行易之旨，“古之圣人亦尝见及，惜其语焉不详，故后人忽之，逐渐入迷途，一往不返”（《孙文学说》）。他认为中国人受“知之非艰，行之惟艰”一说的毒害太深，所以不能进步；外国人的观念恰恰相反，行易知难在欧美之人那里已经成了最普通的常识。他除了引杜威博士的话为证之外，还常讲美国一工人修自来水管的故事：有家住户，自来水管坏了，请一工人去修理，工人稍一动手，水管就修好了。主人便问：“你要多少钱?”工人说：“五十元零四角。”主人说：“你不过举手之劳，为什么要这许多钱？为什么不要五十元或五十一元，而独要五十元零四角呢?”工人回答说：“你看我修好水管很容易，可是，你当初为什么不自己动手去修理呢?那是因为你不晓得怎样修水管的道理，晓得道理一动手就修好了。现在我要五十元零四角，五十元是我的知识的价值，那四角钱才是劳力的价值。”主人听后哑然失笑，只好照价付钱。孙中山用这个故事说明：知是困难的，行是容易的。在文明发达的欧美等国，重视科学知识，凡所造作行为，均按科学知识的指导去做，所以能收事半功倍之效；国人皆以知难行易为普通常识，所以亦无畏难而不敢行的心理。他认为这正是欧美文明进步很快的原因，这个原因被归结到有正当的学术思想，即“知难行易”。

孙中山关于知难行易的种种论证，从事功到心性，从日常生活到革命建设大业，从古代圣贤遗说到普通人的常识，就道理说，不外乎两句话：能知必能行，不知亦能行。这里贯穿一个思想，即在人类文明进化的任何时期，不论是在“能知”还是在“不知”的情况下，“行”都是不可缺少的，不行就什么知识文明、什么发展进步都谈不上了。孙中山认为，在“知而后行”和“不知而行”这两种情况下，行都是容易的。人们懂得了“行易”的道理，就会“无所畏而乐于行”，“不知固行之，而知之更乐行之”（《孙文学说》）。中国人民有了这种精神状态，又何患革命建设计划不能实现、国家不能一跃而登富强之域呢?

孙中山的知难行易说和传统的知易行难说的尖锐对立，不仅在于一个鼓励人们“无所畏而乐于行”，一个使人们“畏难而不敢行”，在社会实践效果上有截然的区别，而且在于它们据以立论的理论基础不同。孙中山的知难行易说是建立在行先知后的唯物主义学说的基础之上，而封建时代的哲学家们赞成知易行难之说，却往往和知先行后的唯心主义先验论联系在一起。他们把“知”看成是先验的东西，是先天存在的“天理”或人心固有的“良知”，如“忠”“孝”等封建道德原则。人们要获得“知”，只要反省内求，旦夕就能“悟道”，所以说是容易的。而要把这些封建道德原则付诸实行，则相对来说要困难得多。孙中山发明知难行易说，并不只是简单地颠倒知行难易的次序，而是具有唯物主义反对唯心主义先验论的重要意义。因为他坚决否认有先验的“知”，明确肯定不知亦能行，行在先，知在后，一切真知都是在行的基础上经过长期艰苦的探索而后获得的。例如，他在讲到自己的建国方略时说：“予之于革命建设也，本世界进化之潮流，循各国已行之先例，鉴其利弊得失，思之稔熟，筹之有素，而后订为革命方略。”（《孙文学说》）这种“知”的获得是付出了极大代价的，是很不容易的，它和王阳明之流鼓吹的“良知自知原是容易的”之“知”自然不能同日而语。

传统的知易行难说在理论上的最大缺陷，是没有说明知是从哪里来的，没有说明知对于行的依赖关系。这一缺陷被宋明时期的道学家们一再地加以利用了，在知的来源问题上塞进了种种唯心主义的私货。孙中山把知行难易之序倒转过来，并且把他的知难行易说建立在行先知后说的基础之上，明确地以行先知后证行易知难，这就在知的来源问题上坚持了唯物主义路线，有力地批驳了在“知易行难”的幌子下所掩盖的种种唯心论的先验论。孙中山“不惮其烦、连篇累牍”地阐明行易知难之理的积极意义主要就在这里。

行其所不知以致其知

行先知后的主张，奠定了孙中山知行学说的唯物主义基础。关于“行”在认识过程中的地位和作用，他是怎样具体论述的呢？

孙中山把人类进化史和认识发展史联系起来进行考察，指出：“世界人类之进化，当分为三时期：第一由草昧进文明，为不知而行之时期；第二由文明再进文明，为行而后知之时期；第三自科学发明而后，为知而后行之时期。”（《孙文学说》）前两个时期合为一大阶段，统称之为“先行后知”时期；后一阶段为“先知后行”时期。他说：“先行而后知，进化之初级也；先知而后行，进化之盛轨也。”[①] 对人类文明进化史作这样简单机械地划分，显然是不科学的。但是，它却表述了孙中山对人类知识的起源和认识发展过程的一些重要观点，那就是断言：人类的知识文明不是从天上掉下来的，也不是一开始就在人的头脑里固有的，而是历史进化的产物。人类经过了漫长的“不知而行”的蒙昧时期，然后才逐渐进入“行而后知”和“知而后行”的文明发展阶段。对于人类进化史的这一总的描述，明确肯定了行在先，知在后，知是从行中产生的。关于人的认识发展过程，孙中山实际上表述了这样一个公式：行—知—行。或者如他所说的：“以行而求知，因知以进行。”（《孙文学说》）应该说，这里包含不少合理的内容，体现了孙中山知行学说的精华。

人类文明进步的根本动力是什么？孙中山认为是行而不是知。他说：“古人进步最大的理由，是在能实行。能实行便能知，到了能知，便能进步。”又说：“二三千年以前，求进步的方法，专靠实行。古人知道宇宙以内的事情，应该去做，便实行去做，所谓见义勇为。到了成功，更再去做，所以更进步。譬如后稷知道人民饥饿，非有适用的

① 孙中山：《国强在于行》，《中央周报》1929 年第 59 期。

农业方法，产生五谷不可，便亲自去教民稼穑。禹见到人民受洪水的痛苦，非用相当的治水方法，泄去高地之水不可，便亲自去疏通九河。其余若燧人氏发明火，试问他不去钻木，怎么能取出火来呢？神农氏发明医药，试问他不去尝百草，怎么能知道药的性质呢？”[①] 这里着重说明了知对于行的依赖关系，能行便能知，不行不能知。孙中山高度重视和肯定行的作用，把它看成是促进人类文明进步的动力，同时也把它看作是获得知的基础。

孙中山把“不知而行”当作人类文明进化的一个重要阶段，而且是不可缺少的一个必要阶段，这种提法虽有缺陷，但是也有它深刻的一面。事实上，在人类历史进化过程中，并不存在这么一个纯属不知而行的时期，因为不论是在蒙昧时期，还是在科学昌明以后，知和行总是具体地历史地统一的。孙中山的这种提法显然有割裂知行统一的形而上学错误倾向。但是，就人们认识世界和改造世界的每个具体过程来说，往往不是先知而后行，而是先行而后知，从行中去获得知，有许多事情甚至是“行之而犹有不知其道者”。这就是说，“不知而行”的情况是确实存在的，如前所列举饮食、用钱、作文、建屋等十事，大都是用不知亦能行来证明行之易，人们在获得科学的知以前的不自觉的行动即被称之为“不知而行”。另外，孙中山还屡屡谈到：

> 夫维新变法，国之大事也，多有不能前知者，必待行之成之而后乃能知之也。（《孙文学说》）
>
> 至于实行革命，大家都是各自为战去干，实在是不知而行，做到后来能够推翻满清，且免去列强瓜分，都是无意中做出来的，预先毫没有料到。[②]

---

① 孙中山：《知难行易》，《孙中山先生演说集》，民智书局1926年版，第250页。

② 孙中山：《欢宴蒙古代表及国民党全国代表的演说》，《孙中山选集》下卷，人民出版社1956年版，第518页。

今之美国，吾人知其为世界最富最强之国也，然其所以致富强者，实业发达也，……其进行则多由冒险试验，而少出于计划统筹。(《孙文学说》)

孙中山正是概括了人类进化史上的大量事实，然后作出重要论断：“故人类之进化，以不知而行者为必要之门径也。”又说：“且人类之进步，皆发轫于不知而行者也，此自然之理则，而不以科学之发明为之变易者也。”(《孙文学说》)

特别值得注意的是，孙中山虽然把“不知而行”放在人类文明进化的第一阶段，但是并不限于这个阶段。他认为“行先知后”“以行求知”是人类认识的普遍原则，不会因为科学昌明而变更。“科学虽明，惟人类之事仍不能悉先知而后行之也，其不知而行之事，仍较于知而后行者为尤多也。”(《孙文学说》) 这就是说，人类从不知到知的认识发展是一个无限的过程，在任何时候（不论是科学未发明前，还是科学昌明以后)，“行”都是求知的必要门径，“不知而行”都是获得知的起点。这就进一步坚持了在知识来源问题上的唯物主义观点，在一定程度上堵塞了机械地划分知行阶段可能给唯心主义先验论留下的某些漏洞。

孙中山认为，从“不知而行”向“行而后知”的发展过渡是自然的，这就是“由行致知”的过程，或者叫做“行其所不知以致其知”。也就是说，解决不知和知的矛盾、从不知转化为知的关键是“行”，只有“行其所不知”，才能“致其知”。“不知而行”在认识过程中的重要作用，在这里充分显示出来。孙中山说：

夫习练也，试验也，探索也，冒险也，之四事者，乃文明之动机也。生徒之习练也，即行其所不知以达其欲能也；科学家之试验也，即行其所不知以致其所知也；探索家之探索也，即行其所不知以求其发见也；伟人杰士之冒险也，即行其所不知以建其

功业也。由是观之，行其所不知者，于人类则促进文明，于国家则图致富强也。(《孙文学说》)

“行其所不知以致其知”是孙中山提出的一个光辉的认识论命题。这个命题的提出，说明他在知识的来源问题上，不仅认识到“先有事实，后有言论”，主观认识和言论是对客观事实的反映，而且认识到主体是通过“行”，即通过自身作用于客体的活动去反映客体的，“行”是联结主体和客体的一座桥梁。没有这座桥梁，客体就不能反映到主体中来，“不知”就不能转化为“知”。这样提出问题，应该说是认识论上的一大进步。

孙中山把生徒之习练、科学家之试验、探索家之探索、伟人杰士之冒险等个人的活动了解为“行”的主要内容。这种实践观虽然有很大的局限性，但是却超过了一切封建时代的知行学说，因为它不再把“行”局限于道德方面的践履笃行，而是包括了广泛的内容。其中主要有两个方面：一是科学的观察和实验，二是资产阶级的革命实践。它们是“行其所不知以致其知”的主要方法和手段。

孙中山不止一次地说过，人们要求得对于客观世界的正确认识，必须通过科学的观察和实验。他说：“科学的知识，不服从迷信，对于一件事，须用观察和实验的方法，过细去研究，研究屡次不错，始认定为知识。”[①] 他又说：近代物质文明都是由于科学昌明而来的，“那种科学就是十七、八世纪以后培根、牛顿那些大学问家，所主张用观察和实验研究万事万物的学问”[②]。“近来大科学家考察万事万物，不是专靠书，他们所出的书，不过是由考察的心得，贡献到人类

① 孙中山：《国民要以人格救国》，《孙中山先生演说集》，民智书局1926年版，第266页。

② 孙中山：《民族主义》第四讲，《孙中山选集》下卷，人民出版社1956年版，第636页。

的记录罢了。”[①] 用观察和实验的方法去求得科学知识，就是前面所说的“科学家之试验也，即行其所不知以致其所知也”。这是孙中山所了解的“行”的一个重要内容，也是求知的一个重要方法。

此外，要求得关于社会历史方面的知识，孙中山强调必须通过革命斗争和其他的社会政治活动，“行其所不知以建其功业”，并因而“致其知”。譬如，他在讲到中国的辛亥革命、日本的明治维新、美国的实业发达时，曾一再指出：人们对于这些历史性活动，“多有不能前知者，必待行之成之而后乃能知之也”；“都是无意中做出来的，预先毫没有料到”；“其进行则多由冒险试验，而少出于计划统筹”。这里所说的“行”，包括“伟人杰士之冒险”，“大家各自为战去干”等等，实际上都是指的资产阶级的革命实践活动。把科学的观察、实验和资产阶级的革命实践当作认识论的基础，这在马克思主义传入中国以前，可以说是达到了中国哲学史上知行学说的最高水平。

孙中山把科学的观察、实验当作“行”的主要内容之一，说明他的知行观仍带有资产阶级经验论的性质。他也常有“知识来源于经验”这样的提法。这里涉及孙中山关于知识来源问题的一段重要讲话，即在《军人精神教育》中所说的：

> 智何自生？有其来源。约言之，厥有三种：（一）由于天生者，（二）由于力学者，（三）由于经验者。中国古时学者，亦有“生而知之，学而知之，困而知之”之说。[②]

不少研究者根据这一段话，断言孙中山的认识论是承认“生而知之”的唯心主义先验论。其实这是误解。孙中山曾明确地说：“夫人不能

---

① 孙中山：《民权主义》第一讲，《孙中山选集》下卷，人民出版社1956年版，第664页。

② 孙中山：《军人精神教育》，《孙中山先生演说集》，民智书局1926年版，第124页。

生而知之，必待学而后知。”[①] 上引一段话中所谓“天生”者，明确是指：“凡人之聪明，惟各因其得天之厚薄不同，稍生差别，得多者为大聪明，得少者为小聪明，其为智则一，此由于天生也。”[②] 这是说人皆具有认识能力，各人天赋的认识能力是有差别的，有人聪明一点，有人愚笨一点，这种差别是客观存在的。承认各人天赋的认识能力“稍生差别”，并不就是先验论。不可忽略的是，孙中山除了承认“天生之智”的差别外，更加强调后天的力学和经验对于认识的决定性作用。他说：“若由学问上致力，则能集合多数人之聪明，以为聪明，不特取法现代，抑且尚友古人，有时较天生之智为胜。例如甲乙二人，甲聪明而不好学，乙聪明虽不如甲，而好学过之，其结果，乙之所得，必多于甲，此则由于力学也。此外亦有不由天生，不由力学，而由经验得来者。谚云：‘不经一事，不长一智。’故所历之事既多，智识遂亦增长，所谓增益其所不能者，此由于经验也。”[③] 显然，他把力学、经验、历事看得更为重要，他引用“不经一事，不长一智”的谚语，就是承认历事是获得“智”的重要来源之一。这里同样表现了他的认识论的唯物主义经验论的倾向。当然，把人的认识能力的天生差别和知识的来源问题混为一谈是不对的，夸大天赋的聪明才智的差别，以至把人分成不可逾越的几个等级，把知行加以割裂，则是更加错误的。孙中山的这些错误，我们在下文还要批判。

总之，上面的一段话虽有缺点，但不能把它当作孙中山鼓吹唯心主义先验论的证据。“行其所不知以致其知”，是孙中山对知识起源问题的明确回答，这无疑是一个唯物主义认识论的命题。

孙中山对“不知而行”在认识过程中的地位和作用作了很高的评

① 孙中山：《上李鸿章书》，《孙中山选集》上卷，人民出版社1956年版，第8页。

② 孙中山：《军人精神教育》，《孙中山先生演说集》，民智书局1926年版，第124页。

③ 孙中山：《军人精神教育》，《孙中山先生演说集》，民智书局1926年版，第124—125页。

价，他说："是故不知而行者，不独为人类所皆能，亦为人类所当行，而尤为人类之欲生存发达者之所必要也。"（《孙文学说》）前者，孙中山竭力证明行之"易"，"为人类所皆能"，现在他又强调行是"文明之动机"，求知的"必要门径"，着重说明"当行""尤为必要"的道理。他的目的均在于要在革命党人和中国人民中造成一种奋发有为、积极猛进、勇于实行的精神状态，使他们认识到通过共同的奋斗（行）去改变中国的落后面貌，不仅是必要的，而且是可能的。所以，孙中山把他的学说归结到一个"行"字。如说："兄弟之新学说，即一味去行之谓。"[①]"道在行之而已。"（《孙文学说》）"有志国家富强者，宜黾勉力行也。"（《孙文学说》）他提倡"一味去行"，不要那么多的"顾虑之念"，"畏难之心"，国家要富强，文明要进步，非要有一点"冒险精神"不可。孙中山认为，我们的祖先所得到的知识，"皆从冒险猛进而来"（《孙文学说》）。其他文明国度进步很快的原因，亦复如此。例如，美国独立以前，不论是政治、经济、文化、资源、人口，都远不如中国，"然其三百万之众，皆具冒险之精神，远大之壮志，奋发有为，积极猛进，故自一千七百七十六年七月四日宣布独立，至今民国八年，为时不过一百四十三年耳，而美国已成为世界第一富强之国矣"（《孙文学说》）。又如，毗邻中国的日本、暹罗（泰国）等国，近数十年来，积极猛进，发奋为雄，亦均能后来而居上。孙中山列举这些事例，是希望中国人民迅速醒悟这个道理：美国、日本、暹罗能之，"则中国更无不能矣"；中国古人尚能之，则今人更无不能矣。

为了在革命党人和中国人民中造成一种重视实行、积极猛进的精神状态，孙中山认为必须批判"知之非艰，行之惟艰"的传统旧说，扫除这种学说在中国人心理上造成的畏难而不敢行的深重暮气，特别是要首先从理论上驳倒所谓"非先知而不能行"的借口。孙中山以中

---

① 孙中山：《国强在于行》，《中央周报》1929 年第 59 期。

国资产阶级改良派的变法为例，从认识论上深刻分析了戊戌变法之所以失败的原因，他说：“中国之变法，则非先知而不肯行，及其既知也，而犹畏难而不敢行，盖误于以行之较知之为尤难故也。夫维新变法，国之大事也，多有不能前知者，必待行之成之而后乃能知之也。是故日本之变法，多赖冒险精神，不先求知而行之，及其成功也，乃名之曰维新而已。中国之变法，必先求知而后行，而知永不能得，则行永无其期也。”（《孙文学说》）他认为日本的明治维新和中国的戊戌变法之所以得到两种不同的结果，主要是指导思想的理论基础不同，认识论的根据不同。日本变法的理论基础是“行先知后”说，不求知而先行之，没有踌躇审顾的心理，它的成功实“多赖冒险精神”。中国变法的理论基础是传统的“知易行难”说，其实质是“知先行后”说，必先求知而后行，结果是“知永不能得，则行永无其期”，“惟有望洋兴叹，而放去一切而已”。孙中山指出，改良派中即使有一两个不屈不挠之士，费尽生平之力求得一知，而又误于“行之惟艰”一说，虽知之而仍不敢行之。总之，“不知固不欲行，而知之又不敢行”，完全取消了行，这种所谓“变法”事业，怎么可能有成功之一日呢？在孙中山看来，坚持“知先行后”“贵知不贵行”的唯心主义认识路线，正是中国资产阶级改良派领导的变法运动必然失败的重要原因之一。

资产阶级民主革命运动兴起后，有的人借口今日已进入科学昌明的时代，“凡有兴作，必先求知而从事于行”，因而主张先普及教育，等全国人民都有了科学知识，然后才能进行革命和建设事业。这是在新的形势下变相地鼓吹“知先行后”说。孙中山正确地指出，“行先知后”“以行求知”的原则，不但适合于科学未发达前，而且适用于科学昌明以后，人类总是不断地通过行去解决不知和知的矛盾，不断地“行其所不知以致其知”，从而使科学文明不断进步的。“如果要等到知了才行，那么，行的时候，便非在几百年之后不可，恐怕没有

定期了。”[①] 古人说：“十年树木，百年树人。”如果非要等普及教育以后才能进行革命建设事业，那不是把革命建设事业推到了百十年之后，甚至永无定期了吗？所以说，这些先生们实际上是鼓吹一种革命建设取消论。

孙中山还深刻论述了普及教育和发展经济的关系，提出了“治为先”的观点，认为必须先发展经济，然后才有普及教育的基础。他发挥《管子》中的话说：“‘衣食足而知礼节，仓廪实而知荣辱。’实业发达，民生畅遂，此时普及教育乃可实行矣。”（《孙文学说》）在当时，孙中山极力主张乘欧战告终之机，“欢迎列国之雄厚资本，博大规模，宿学人才，精练技术，为我筹划，为我组织，为我经营，为我训练”，发展中国的实业，可期十年建设相当规模，十年以后，外债陆续偿还，人才陆续成就，中国的经济就可以走上独立发展的道路了。这是他的幻想，表达了企图改变中国落后面貌的良好愿望。在他看来，“若必俟我教育之普及，知识之完备，而后始行，则河清无日，坐失良机，殊可惜也”（《孙文学说》）。孙中山以发展经济为普及教育的基础，“必也治本为先，救穷宜急”的观点，不但包含着唯物史观的合理因素，而且在认识论上再一次批判了“必先求知而后行”的唯心主义先验论。

孙中山认为，必先求知而后行的主张，实质上是要取消行。因为脱离行去求知，知永不能得，行也永无其期，这就叫做“河清无日”。必先求知而后行的主张不是到近代才有，而是宋明道学家们早已唱烂了的老调。这种唯心主义知行观在中国历史上造成了极为恶劣的影响，特别是对于封建时代的知识分子，使他们脱离实际，单纯到书本中去求知，在古人的文字中扒挽，笺注章句，空谈义理，互相抄袭，毫无新意。孙中山对这种坏学风极为不满，辛辣地讽刺为“炒陈饭”。他说：古人进步最大的理由，是在能实行。可是“到了后来，不是

① 孙中山：《知难行易》，《孙中山先生演说集》，民智书局1926年版，第255页。

‘好读书不求甚解’，便是‘述而不作’、‘坐而论道’，把古人言行的文字，死读死记，另外来解释一次，或把古人的解释，再来解释一次。你一解释过去，我一解释过来，好象炒陈饭一样，怎么能够有进步呢?”① 这是对脱离行而单纯到思想、语言、文字上去求知的唯心主义知行观的尖锐批判，指出它使人们失去获得新知、真知的泉源，思想迂腐、停滞、僵化，严重地阻碍了我国科学文化的发展。孙中山对“知先行后”的唯心主义知行观的批判，从另一个角度强调了行在认识过程中的重要作用，用反面材料同样说明了行是致知的必由之路、脱离行就不能获得知的道理。

最后还需指出，孙中山也初步地认识到行是检验真理的标准，行是认识的目的。他说：“学理有真的有假的，要经过试验才晓得对与不对。好象科学上发明一种学理，究竟是对与不对，一定要做成事实，能够实行，才可以说是真学理。”② “不去行，便无法可以证明所求的学问是对与不对。不去行，于是所求的学问没有用处。到了以为学问没有用处，试问那一个还再情愿去求学呢?”③ 这里一层意思是说，认识的正确与否，只有通过行才能得到证明；再一层意思是说，求学问的目的，还在于对实际的行有用处。这种认识是很可贵的。不过，我们不能把孙中山的真理标准学说估价过高。由于对行的狭隘、直观的了解，他常常是拿事实、经验来作为检验真理的标准，表现出明显的经验论的局限性。而且，上引的话也有含糊之处，难以和实用主义完全划清界限，似乎只要能行，在实践中有用处的就是真理。所以，我们认为孙中山并不真正了解实践是检验真理的标准，不了解认识和实践的全部辩证关系和发展过程。他所提出的“能知必能行”的

① 孙中山：《知难行易》，《孙中山先生演说集》，民智书局1926年版，第250页。

② 孙中山：《民生主义》第二讲，《孙中山选集》下卷，人民出版社1956年版，第792页。

③ 孙中山：《知难行易》，《孙中山先生演说集》，民智书局1926年版，第253页。

命题，有夸大知的作用、贬低行的作用的倾向，似乎凡所知都是正确的，一定能行的，这又否定了通过实践检验真理和发展真理的必要性。在孙中山关于知行问题的全部论述中，“由行致知”的道理讲得较多，“以行证知”的道理讲得很少，这也是不可否认的事实。

因其已知而更进于行

孙中山的知难行易学说，一方面强调行是致知的必由之路，是人类文明进化的根本动力，竭力破除畏难而不敢行的迟暮心理，鼓舞人们黾勉力行的革命朝气；另一方面，它又十分重视知对于行的指导作用，反对那种“重实行而轻理想”的错误倾向，鼓励革命党人努力探求科学知识和革命理论，在正确的革命理论指导下去建立资产阶级共和国。孙中山在一定程度上接触到了知行关系的辩证法，指出人类的认识是在“以行而求知，因知以进行”，“行其所不知以致其知”，“因其已知而更进于行”的过程中不断前进的。

能知必能行，是知难行易学说中的一个基本命题。它的一层意思是说：知是很难的，“凡百事情知了之后，才去行，是很容易的”[①]。“学识的难关一过，则其他之进行，有如反掌矣。”（《孙文学说》）这里讲的“行易”，是指知而后行或行其所知是容易的，“知之则必能行之，知之则更易行之”（《孙文学说》）。这层意思我们在前面已经详细讲过了。能知必能行的另一层意思，则是指出：知或不知乃是行或不行的关键。“所以不行者，非不能也，坐于不知其为必要也。”（《孙文学说》）孙中山用自己领导革命斗争的亲身经历来说明这个道理：以推翻清朝政府为目的的辛亥革命，在革命党人的共同努力下取得了成功，而以建设民主共和新中国为目的的建国方略，却被党人视为理想空言而拒不实行，“夫破坏之革命成功，而建设之革命失败，

---

① 孙中山：《知难行易》，《孙中山先生演说集》，民智书局1926年版，第255页。

其故何也？”他的明确答案就是：“是知与不知之故也。”革命事业的成败与革命党人以及一般人民群众的觉悟程度有着至为密切的关系。孙中山阐明这一问题说：“予之于破坏革命也，曾十起而十败者，以当时大多数之中国人，犹不知彼为满洲之征服，故醉生梦死，而视革命为大逆不道。其后革命风潮渐盛，人多觉悟，知满清之当革，汉族之当复，遂能一举而覆满清，易如反掌。惟对于建设之革命，一般人民固未知之，而革命党亦莫名其妙也。夫革命事业，莫难于破坏，而莫易于建设，今难者既成功，而易者反失败，其故又何也？惟其容易也，故人多不知其必要而忽略之，此其所以败也。”（《孙文学说》）这就是说，孙中山的民国建设计划之所以失败，并不是因为他所悬的“理想太高”，难于实行，而是由于革命党人的“知识太低”，不知继革命破坏之后，革命建设的必要性，不懂得革命的破坏与建设“固相因而至，相辅而行”的道理。归根到底，不行只是由于不知，“天下事惟患于不能知耳”（《孙文学说》）。

孙中山极力强调知的重要作用，特别是在科学昌明的时代，人类进入知而后行之第三时期，一切进步文明都离不开科学知识和革命理论的指导。他说：在科学未发明前，古人求进步的方法，专靠实行；而今天“世界的文明，要有知识才能够进步，有了知识，那个进步才很快”[①]。这就是讲的“因知以进行”“本所知以定进行”或“因已知而更进于行”的道理。其所“因”所“本”之知，并不是先验的知，而是“行其所不知以致其知”之知，它是在过去的行的基础上形成的。我们不能把孙中山所说的“因知以进行”和“以行而求知”割裂开来。

知对行的促进作用或指导作用表现在哪里呢？孙中山说：“当今科学昌明之世，凡造作事物者，必先求知而后乃敢从事于行，所以然者，盖欲免错误而防费时失事，以冀收事半功倍之效也。是故凡能从知识而构成意象，从意象而生出条理，本条理而筹备计划，按计划而

---

① 孙中山：《知难行易》，《孙中山先生演说集》，民智书局1926年版，第249页。

用工夫，则无论其事物如何精妙，工程如何浩大，无不指日可以乐成者也。”（《孙文学说》）例如，现在制造飞机、修筑铁路、开凿运河，等等，都要依据科学之理则，事先绘出蓝图，作好计划，然后按计划而实行之，这样就可以避免错误少走弯路，收到速成优质之效。虽然“不知而行”和“知而后行”都是对于促进人类文明所必不可少的，但二者的效果很不一样，一个事倍功半，一个事半功倍，这是不能不加以注意的。行的效果不同，关键在于知还是不知。孙中山指出：“凡百事情知了之后，才去行，是很容易的。如果不知也要去行，当中必走许多‘之’字路，经过很多的错误，是很艰难的。”① 拿作文来说，“中国向无文法之学，故学作文者非多用功于咿唔呫哔，熟读前人之文章，而尽得其格调，不能下笔为文也。故通者则全通，而不通者，虽十年窗下，仍有不能联词造句以成文，殆无造就深浅之别也。若只教学童日识十字，而悉解其训诂，年识三千余字，而欲其能运用之，而作成浅显之文章者，盖无有也。以无文法之学，故不能率由捷径，以达速成，此犹渡水之无津梁舟楫，必当绕百十倍之道路也”（《孙文学说》）。这里把文法之学比作渡水之津梁，速成之捷径，就是充分肯定和高度评价知对行的指导作用，所以说文法之学是“中国学者求速成图进步不可少者也”（《孙文学说》）。

再拿饮食来说，人人行之，而有终身不知其道者。孙中山认为，中国人的饮食习尚，一般是清茶淡饭，素食为主，这在卫生家看来是最有益于养生的，其实中国人不过是“暗合科学卫生”而已。他指出：“倘能再从科学卫生上再做工夫，以求其知，而改良进步，则中国人种之强，必更驾乎今日矣。”（《孙文学说》）这就是要自觉地运用科学卫生知识来保障中国人民的身体健康，并促进人种的进步改良。在他看来，不知固能行，知之则更有益于行，能更好地促进行。在今日突飞猛进的时代，离开了科学知识，就没有近代文明的进步。

① 孙中山：《知难行易》，《孙中山先生演说集》，民智书局1926年版，第255页。

孙中山指出，在六百年前，欧洲文明还远不如中国，这从意大利人马可波罗的游记中可以看出。但是，近一二百年来，欧洲文明的进步，“其突飞速率，有非我梦想所能及也”。再拿中国的近邻日本来说，明治维新以后，不过五十来年，“其社会之文明，学术之发达，工商之进步，不独超过于彼数千年前之进化，且较之欧洲为尤速”。这些国家飞速进步的原因何在呢？孙中山明确地回答说：“此皆科学为之也。”（《孙文学说》）这里他找到了改变中国的落后面貌、迅速赶上和超过其它国家的关键之一，就是要发展科学文化，提高中国人民的知识程度，其理论根据就是“能知必能行也”。

同样地，孙中山也十分重视革命理论对于革命实践的指导作用。他认为，“革命的基础在高深的学问”。要使中国革命取得胜利，必须有正确的革命理论作为指导，有计划、有步骤地去进行。因此，他根据世界形势和本国的具体情况，参考各国革命的经验，首先制定出革命方略，提出中国革命的具体步骤，“规定革命进行之时期为三：第一，军政时期；第二，训政时期；第三，宪政时期”（《孙文学说》）。不管他提出的具体步骤和方法是否正确，但强调要在革命方略的指导下，有计划、有步骤地去进行革命，避免盲目性，这无疑是正确的，对于革命的成功是绝对必要的，也是他自觉地运用“因知以进行”的原理来指导中国革命的一个具体表现。孙中山还认识到，他的革命方略只有被大多数人了解和接受，才有可能付诸实行，所以他十分重视革命的宣传教育工作，认为首先要使革命党人明白革命的理想、计划和方略，对革命的“主义”树立真确的信仰，然后通过革命党去宣传教育广大人民群众。在他看来，革命要取得成功，主要靠宣传，而不是靠武力，“宣传要用九成，武力只可用一成”①。这是因为，只有让人民群众明白为什么要革命的道理，赞成革命的主义，他们才能心悦

① 孙中山：《革命成功全赖宣传主义》，《孙中山选集》下卷，人民出版社1956年版，第493页。

诚服地为主义去奋斗，牺牲性命亦在所不辞。这个力量是比任何军队的力量都要伟大得多的。他举例说："譬如就武昌起义说，表面上虽然是军事奋斗的成功，但当时在武昌的军队，是清朝训练的，不是本党训练的，因为没有起义之先，他们受了我们的宣传，明白了我们的主义，才为主义去革命。所以这种成功，完全是由于宣传奋斗的成功。"[①] 1923 年，孙中山在改组国民党的时候，提出要"变更奋斗的方法"，反对搞单纯的军事斗争，"要恢复武昌起义以前的革命方法——注重宣传"（《孙文学说》）。这是有重要意义的。"注重宣传"，正是由于相信能知必能行，相信人民群众掌握了革命的道理，就能变成他们自觉的革命行动。孙中山在自己一生的革命活动中，十分重视革命的宣传教育工作，他除了亲自撰写《建国方略》（包括《孙文学说》）、《三民主义》等重要理论著作外，还对革命党人，对军政界、学工界、农商界，以及对国际友好人士发表了大量演说和讲话，不倦地向各阶层人民宣传革命的主义，这对提高中国人民的民主革命觉悟，事实上是起了很大作用的。

在总结以往革命奋斗的经验教训时，孙中山清楚地意识到，在革命队伍中存在的那种以知为易、轻视科学知识和革命理论的错误倾向，对革命事业所造成的严重危害是决不可低估的。它使革命党中的一些人，目光短浅，只顾眼前的实际利益，而看不到革命的远大目标和光明前程，因此常常在暂时的挫折和困难面前动摇，放弃革命建设的责任。孙中山认为，中国革命之所以造成当时那种"有破坏、无建设"的局面，并不是因为他所主张的民国建设计划"理想太高"，而是由于革命党中的一些人"重实行而轻理想"，"所以不能鼓吹舆论、倡导文明，而反足混乱是非、阻碍进化也；是故革命以来，而建设事业不能进行者，此也"（《孙文学说》）。因之他不得不坚决地同这种

---

① 孙中山：《革命成功全赖宣传主义》，《孙中山选集》下卷，人民出版社 1956 年版，第 491 页。

错误的思想倾向作斗争，彻底批判知易行难的“似是而非之说”，以期革命党人“了然于向来之迷误，而翻然改图”，“则建设前途大有希望矣”。

孙中山对“行难”之说的批判，我们在前面已经讲过了。为什么说以知为易也是一种“似是而非”的见解呢？孙中山认为，这是因为他们所说的知，不是真知，不是科学的知。“如中国之习闻，有谓天圆而地方，天动而地静者，此数千年来之思想见识，习为自然，无复有知其非者，然若以科学按之，以考其实，则有大谬不然者也。”“吾国人所谓‘知之非艰’，其所知大都类于天圆地方、天动地静、螟蛉为子之事耳。”（《孙文学说》）这种习闻之知，只看表面现象，而不是用科学的观察和实验方法去认真考察事物现象背后的本质和规律，当然是容易的。孙中山对“知易”之说的批判，实际上是对唯心主义的批判。唯心主义可以瞎说一气，所以说最省力、最容易。孙中山之所以强调“知难”，因为他说的是科学之知，是真知特识。“夫科学者，统系之学也，条理之学也。凡真知特识，必从科学而来也，舍科学而外之所谓知识者，多非真知识也。”（《孙文学说》）孙中山在另一个地方还说过，人们考察万事万物，获得有系统的科学知识的方法，一般有两种：“一种是用观察，即科学；一种是用判断，即哲学。人类进化的道理，都是由此两种学问得来的。”（《民权主义》第一讲）不论是用科学的观察、实验方法，还是用哲学的推理、判断方法，所得到的知识，都是不容易的，它必须是“考察的心得”，是有事实和学理根据的知识，而不是沿袭传闻或者瞎说一气。

孙中山还指出，革命党中一些人以知为易，是因为他们只知道革命的理想和目的，而不知道革命的方法和手段；只知道要革命，而不知道怎样去干革命。这种知当然是容易的，但它不是真知特识，而是浅见。这种知决不可能指导革命取得成功。他说：“从前革命，因为

没有好方法，所以不能大功告成。”[①] 孙中山以自我批评的态度，谈到自己刚开始革命的时候，“没有很详细的方法”，“只问良心要做，便立志去奋斗”，结果遭到多次失败。多次失败的教训使他懂得：“无论做什么事成功，都是在有好方法。方法自何而得呢？是自学问知识而得。先有了学问，便有知识，有了知识便有了方法，有了好方法来革命，一经发动，就马到成功。我们从前受良心上的命令去革命，讲到结果，没有俄国成功那样大而快的原因，就是在没有好学问好方法。”所以他强调：“我们这次革命，是先讲方法，然后才去实行。”（《孙文学说》）既要知道革命的理想和目的，又要知道革命的方法和手段；既要知道应该干革命，又要知道怎样去干革命。这种知当然是不容易的，它不是基于“良心的命令”，而是基于知识和学问，基于对客观事物及其规律的正确认识。在这里，他对“知易”之说的批判，也带有批判唯心论的意义。

孙中山的知难行易学说，总的来说，表现出了比较明显的重知的特点。他虽然承认行对于求知、对于人类文明的进步是必不可少的，但又认为行是容易的，因而是低下的，把广大人民群众叫做林林总总的实行家，专门等待先知先觉者去宣传教育的“不知不觉者”。另一方面，他认为知是艰难的，高深的，只有少数先知先觉者才能够掌握。孙中山很看重科学家、发明家、理想家、计划家等“学者”（知识分子）的作用，他说：“从前中国人说：‘士为四民之首’，可见学者底力量，在社会上是很大的。详细底说，学者是先知先觉，一举一动，是能够转移社会上的风气，……中国的社会是很崇拜的。”[②] 在他看来，“一国之经营建设所难得者，非实行家也，乃理想家、计划家也”（《孙文学说》）。也就是说，知者要比行者重要、高贵。这说

① 孙中山：《欢宴蒙古代表及国民党全国代表的演说》，《孙中山选集》下卷，人民出版社1956年版，第516页。

② 孙中山：《知难行易》，《孙中山先生演说集》，民智书局1926年版，第252页。

明孙中山对革命理论和科学知识非常重视，有其合理的一面；但也突出地反映了他作为资产阶级革命家的局限性，他的致命弱点，就是不能正确认识和对待人民群众。下面我们将会看到，他的知行学说也正是从这个缺口开始滑下去，倒向唯心主义和形而上学的。

至此为止，我们除了阐明孙中山知行学说的两个基本观点——“知难行易”和“行先知后”之外，还评述了他论知行关系的两方面内容——“行其所不知以致其知”和“因其已知而更进于行”。从上述内容来看，我们有理由说，孙中山的知难行易说不仅基本上属于唯物主义，而且包含着一些辩证法的因素。这主要就是，他把人类的认识和实践、知和行都看成是可变的历史发展的过程，二者又不是互相孤立地发展，而是互相联结、相辅相成的。知只有从行中去获得，离开了行就得不到知；知又反过来指导行，促进行，知道了一定能够行。“以行而求知，因知以进行”的交互作用，知行相长的过程，促成了人类文明的不断发展和进步。孙中山比封建时代的哲学家们高明的地方，是能够从总体上去描述人类认识的发展，联系认识史来划分人类进化阶段。他指出这一进化发展就是：“其始则不知而行之，其继则行之而后知之，其终则因已知而更进于行。”（《孙文学说》）这样划分虽不免机械论的缺点，但却大体描述了人类知和行的历史发展是一个互相促进、从低级到高级的发展过程，指出了这一前进运动的总趋向。前已指出他也没有将各个进化阶段绝对化，如肯定在科学昌明之后，不知而行之事“仍较于知而后行者为尤多”，还有许多事仍需要“行其所不知以致其知”，这就把人类的认识看成一个不断通过行去获得新知的无限发展的过程。

对人类认识的无限发展有着坚定的信念，尊重客观事实的发展变化，勇于承认新生事物，不断根据新事物、新经验来修正和发展自己的认识，从而在政治思想上不断进步，可以说是孙中山的认识论的一个重要特点。他指出：“智之范围甚广，宇宙之范围皆为智之范围。”整个宇宙都是人的认识对象，宇宙是无限的，那么人的认识也应该是

无限的。“吾人之在世界，其智识要随事物之增加而同时进步。”[1] 根源于客观物质世界的知，必须随着事物的发展而发展，否则就会“渐趋于老朽颓唐，灵明日锢”[2]，不能去认识那些新的事物了。他认为自然科学的发展最好地说明了这一点。通过观察和实验所得的新事实、新发明的出现，不断推翻那些陈旧的原理和观念，人类对自然界的认识也就因此而不断发展和深化。例如，“前者之化学，有有机体与无机体之分，今则已无界限之可别，因化学之技术，已能使无机体变为有机体矣。又前之所谓元素、所谓元子者，今亦推翻矣。因至镭质发明之后，则知前之所谓元素者，更有元素以成之；元子者，更有元子以成之。从此化学界当另辟一新天地也”（《孙文学说》）。十分可贵的是，孙中山还认识到：“近世科学之发达，非一学之造诣，必同时众学皆有进步，互相资助，彼此乃得以发明。”（《孙文学说》）譬如20世纪初关于镭和电子的发现，不但推翻了原子是不可分割的物质极微的旧观念，而且把化学和电学联结起来了，人们对自然界的认识从此又“另辟一新天地”。他看到近代自然科学的发展趋势是从各门科学的彼此联系来更深刻地揭露自然界的奥秘，这是符合辩证法的见解的。孙中山逝世以后半个多世纪的实践已经证明，近代自然科学确实是越来越向着相互联系、相互渗透的整体化方向发展了。

人们对自然界的认识是不断发展、不断深化的，对历史和现实社会的认识同样如此。孙中山认为，在社会生活中，人们碰到的新事物、新问题、新情况更加繁多而复杂，因此人的认识就更不能固步自封，抱残守缺，而应该随着事物的发展变化，来不断地改变旧观念，适应新情况，发展自己的认识。这种相信人的无限认识能力的积极朝前看的认识论，正是孙中山一生都能坚持革命、坚持进步、随着时代潮流不断前进的思想基础。

---

① 孙中山：《军人精神教育》，《孙中山先生演说集》，民智书局1926年版，第124页。
② 孙中山：《军人精神教育》，《孙中山先生演说集》，民智书局1926年版，第124页。

知行分任

孙中山的知难行易说，继承了我国古代认识论中“行先知后”的唯物主义路线，有力地批判了以“知先行后”为理论前提的“知易行难”和“知行合一”的唯心主义先验论，并以民主革命的实践经验和丰富的近代科学知识，大大充实了我国传统哲学中的知行学说的内容，将它发展到一个新阶段。孙中山突破了封建时代哲学家们把知行问题主要局限于道德修养问题的狭隘眼界，而赋予它以一般认识论的意义，即用资产阶级的观点从广义上去探讨认识和实践的关系问题。他是从革命斗争的需要出发而去研究知行问题，并且把自己的知行学说直接当作了资产阶级民主革命的认识论武器，用以鼓舞斗志，指导实践，这在中国知行学说发展史上是不见先例的。可以说，孙中山的知难行易说是典型的中国资产阶级的哲学认识论，也是马克思主义哲学传入以前中国知行学说发展的最高形态。

孙中山的知行学说，虽然基本上是唯物主义的，并且包含一些辩证法的合理因素，但由于资产阶级世界观的局限性，他没有也不可能科学地解决知和行，即认识和实践的关系问题。孙中山研究知行问题的方法带有明显的形而上学性质，因此不能正确揭明知行二者在行的基础上的具体的历史的统一，而是导致了割裂二者联系的机械论和唯心论。这样，他的知行学说本身就不能不包含着矛盾，不能把在知识来源问题上的唯物主义观点贯彻到底，就是在论证“知难行易”这个基本命题时也常常陷入混乱，难以自圆其说。

在谈到孙中山的知难行易学说的严重缺点和局限性时，我们不能不首先提出他的“知行分任”论和“分知分行”说来加以剖析。

前已指出，孙中山把人类的文明进化史划分为不知而行、行而后知、知而后行三个时期。这种划分是机械的，不科学的，已经表现出了割裂知行统一的错误倾向。在第一阶段即不知而行时期，他完全否

认知的能动作用，甚至把人和动物适应环境求生存的本能活动也叫做“行”，这是很荒谬的。人类的活动具有自觉的能动性，它“是人之所以区别于物的特点”①。劳动创造了人，使人类从动物界中区分出来。人类的活动从一开始就表现为能动地改变自然物，使之适合自己需要的有目的的活动，从那时起就已经存在着知和行、主观和客观在实践基础上的辩证统一。在人类文明史上，根本就不可能划出一个只有行、没有知的纯粹“不知而行”的时期。同样地，纯粹的“知而后行”时期也不存在。孙中山在关于第三阶段的论述中，也把知和行的辩证统一割裂了。他没有从正面回答这个时期的知是从哪里来的，脱离行去谈知，就已经偏离了唯物主义的认识路线。而且，他过分夸大了科学之知的威力，认为只要照着科学知识去做，就一定能够成功。这种知被宣布为绝对真理，再没有一个用行即实践去检验真理和发展真理的问题了。不懂得知和行的具体的历史的统一，用割裂知行的形而上学方法去划分人类文明进化阶段，使孙中山最终陷入了唯心主义，他也不可能正确揭示人类认识发展过程的真实内容及其本质。

和机械地划分人类进化三阶段相联系，孙中山还根据“天赋的聪明才力”的大小，把人分为三大类：“其一先知先觉者，为创造发明；其二后知后觉者，为仿效推行；其三不知不觉者，为竭力乐成。”“其一先知先觉者即发明家也，其二后知后觉者即鼓吹家也，其三不知不觉者即实行家也。”（《孙文学说》）他认为对于社会文明的进步来说，这三种人都是不可少的，世界上的事情，都是这三种人“互相为用，协力进行”做成功的。他说：“有此三系人相需为用，则大禹之九河可疏，秦皇之长城能筑也。”（《孙文学说》）为什么说这三种人可以而且必须“互相为用”呢？那是因为他们在知行中的作用和地位不同的缘故。孙中山举例说，譬如要盖一座大洋楼，必须由工程师来设计方案，通盘计算，绘出蓝图，然后交给工头去看。工头把图样看明白

---

① 毛泽东：《论持久战》，《毛泽东选集》第2卷，人民出版社1967年版，第445页。

了，才能具体组织施工。实际砌砖盖瓦、结垣架栋的都是专门从事体力劳动的建筑工人。“做洋楼的工人，都是不能够看图样的，只有照工头的吩咐，听工头的指挥，或者是某处放一块砖，某处加一片瓦，做那种最简单的事。工头又是不能够通盘计算去绘图的，只有照工程师所绘的图，吩咐工人去砌砖盖瓦。”① 这三种人在社会分工中的地位和作用显然不同，用孙中山的话来说，工程师就是先知先觉的“理想家”“计划家”或“发明家”，他的任务是绘图设计，而不必“躬亲实行其建设之事”；工头是后知后觉的“鼓吹家”，他的任务是向工人鼓吹、宣传工程师的设计方案；工人则是不知不觉的“实行家”，只能照工头的吩咐去做最简单的劳动，“凡事虽有人指教他，他也不能知，只能去行”②。在这里，孙中山完全将知行加以割裂，认为社会上有一部分人可以是纯粹的知而不行者，而另一部分人则是纯粹的行而不知者。他把人们在社会劳动中的分工不同看成是知行的分工，并且把这种分工当作知行可以互相分离的根据，明确地提出了所谓“知行分任”论。他说：

> 上海租界之洋房，其绘图设计者，为外国之工师；而结垣架栋者，为中国之苦力。是知之者为外国工师，而行之者为中国苦力，此知行分任而造成一屋者也。（《孙文学说》）

“知行分任”被说成是科学发达时代的一大特点，一种越来越明显的趋势，它的内容就是：“知者不必自行，行者不必自知。”（《孙文学说》）孙中山在批评王阳明的“知行合一”说时，觉得这样“分”还

---

① 孙中山：《民权主义》第五讲，《孙中山选集》下卷，人民出版社 1956 年版，第 732 页。

② 孙中山：《民权主义》第五讲，《孙中山选集》下卷，人民出版社 1956 年版，第 731 页。

不够，进而提出“分知分行”说，在割裂知行统一的道路上越走越远了。他说：

> 以科学愈明，则一人之知行相去愈远，不独知者不必自行，行者不必自知，即同为一知一行，而以经济学分工专职之理施之，亦有分知分行者也。(《孙文学说》)

他认为王阳明讲知行合一，就“一时代一事业”而言，还能讲得通，如果“合知行于一人之身”，在当今的时代就“殊不通”了。因为科学文明的高度发展，使社会分工越来越细密，知和行也就“愈益分任”，以至在同一知、同一行里面，还有所谓“分知分行”。譬如科学家完成一项发明，还可以把试验制作之行和概括原理之知分开来，把试验制作之行的工夫交给别人去做。知行“愈益分任”的观点，彻底暴露了孙中山的知行学说的形而上学性质，由此必然滑到唯心主义去。

孙中山的“知行分任”论，在理论上恰恰背弃了他自己主张的“行先知后”“以行而求知”的唯物主义认识论原则。本来，“真正亲知的是天下实践着的人”[①]，“在某种意义上说，最聪明、最有才能的，是最有实践经验的战士”[②]。孙中山自己也说过：“能实行便能知。到了能知，便能进步。”[③] 可是，现在他又竭力否认劳动人民的行可以转化为知，否认“林林总总之实行家”能够成为知者，否认作为改造世界的主体的人民群众，同时也是认识世界的主体。人类特有的自觉的能动性，他认为一点也不属于占社会人口绝大多数的劳动人

① 毛泽东：《实践论》，《毛泽东著作选读》(甲种本)，中国青年出版社 1964 年版，第 45 页。

② 《毛泽东视察华北、中南和华东地区时的谈话纪要》，《人民日报》1967 年 10 月 17 日。

③ 孙中山：《知难行易》，《孙中山先生演说集》，民智书局 1926 年版，第 251 页。

民，而只属于少数天才人物。那么，少数“先知先觉者”的“知”又是从哪里来的呢？孙中山虽然没有直接归之于“天命”或“良知”，但是第一，他显然过分夸大了“天赋的聪明才力”的作用；第二，他认为这些人不必“躬亲实行”就能得到知。这两点都通向唯心主义，即在知识的来源问题上表现出向唯心主义先验论的严重动摇和倒退。

孙中山的“知行分任”论，是他的阶级偏见在认识论上的集中反映。作为资产阶级革命家，孙中山不承认人民群众是创造历史的主人，不懂得只有人民群众的革命实践才是认识的真正源泉的道理。他把广大人民群众看成是低贱的“不知不觉者”“行而不知者”“林林总总之实行家”，认为中国“四万万人都是象阿斗”，都是那么愚劣、不堪教化，只能听凭少数“先知先觉者”随意摆布。少数“有绝顶的聪明”的天才人物，则被吹捧为“世界上的创造者”，“人类中的发明家”，他们才是“诸葛亮”。[①] 这是地地道道的历史唯心主义观点。孙中山领导的辛亥革命和多次反对封建军阀的斗争之所以失败，归根到底是由于脱离人民群众，只靠少数革命党人去奋斗。从认识论找原因，就是轻视人民群众的革命实践，过分夸大了少数天才人物的“知”的作用。孙中山在总结革命失败的教训时，并没有认识到这一点，而是继续宣扬“知行分任”论，宣扬英雄创造历史的唯心史观，这正是他的资产阶级世界观的顽强表现，也说明中国资产阶级的思想武器再也没有能力指导中国革命走向胜利之途了。

孙中山知行学说的第二个显明的缺点，就是过分地突出了知行难易这个非本质问题，把“知难行易”绝对化。这里同样反映出了他的知行学说的形而上学性质，由此也必然要导致唯心主义。

本来，知和行之间并不存在一个绝对的孰难孰易的问题。知行关

① 孙中山：《民权主义》第五讲，《孙中山选集》下卷，人民出版社1956年版，第735页。

系的本质问题是：知在行先还是行在知先？二者是统一的还是互相分裂的？二者统一的基础是什么？只有正确地了解认识对于社会实践的依赖关系，才能科学地说明知行二者在行的基础上的辩证统一。中国传统哲学提出了所谓知行难易的问题，如果不在“难”和“易”之间划一条绝对的鸿沟，而把它们看成是相对的、有条件的、可以互相转化的两个范畴的话，那么，它对于人们在认识世界和改造世界的活动中，善于利用有利条件，敢于正视和努力去克服困难条件，不断促成从“难”到“易”的转化，以便更好地实现知和行、认识和实践、改造主观世界和改造客观世界的统一，应该说是有帮助的。孙中山在摸索救国救民的真理的道路上，经历过千辛万苦，他看到人类的实践活动具有广泛的可能性，而求得正确的革命理论和科学真理是很困难的。行的本身容易，知其所以然难。从这个意义上说，“知难行易”的提法有其合理性。特别是他用“能知必能行，不知亦能行”的理论，有力地批判了“不知固不欲行，而知之又不敢行”的中国改良派和革命党中妥协动摇的右派分子，更具有积极的战斗意义。但是，孙中山只注意到了求知过程中的困难，却忽略了由知回到行、把理论付诸实践同样是一个艰难曲折的过程，“因知以进行”也并非一帆风顺，如反掌折枝之易，知行脱节、言行不一的情况是大量存在的。从这个意义上说，传统的“知易行难”说确实也包含着一定的合理因素。应该肯定，“知易行难”和“知难行易”都反映了人类知行并进发展过程中某个方面的客观真实情况，因此都包含着局部的真理。但是，这两个命题都有片面性，如果把它们中的一个用公式固定下来而绝对排斥另一个的话，那就是割裂知行关系的形而上学错误理论。孙中山激烈批评传统的“知易行难”说是与真理背驰的“似是而非”之论，事实上，他自己竭力主张的“知难行易”说，不是也犯了同样的形而上学性质的错误吗？

对知行难易问题的正确解决，最需要的是辩证法。“难”和“易”都不是绝对的，而是在一定条件下的“难”和“易”。“难”

和“易”的对立也不是绝对的，而是相对的可以互相转化的。任何事情都包含着困难条件和有利条件，充分发挥人的主观能动性，克服困难条件，发展有利条件，就可以把“难”转化为“易”；反之，只见有利条件，而看不到困难条件，麻痹松懈或骄傲轻忽，“易”就会转化为“难”，事情就要失败。知行难易问题也是这样。我们不能这样形而上学地提出问题：知行二者，哪一个绝对的难，哪一个绝对的易，把知行难易的次序用一个公式固定下来，并企图由此找到一条避难趋易的道路。对于知和行、认识世界和改造世界过程中的困难，我们都应予以重视，采取知难而进的态度，同时注意发展有利条件，逐渐克服困难，实现从难到易的转化。知行难易的次序不是固定不变的，而是可变的，可以互相转化的，在一定条件下是“知难行易”，在另一种条件下就是“知易行难”。由于知和行是辩证统一的，知和行的困难及其向“易”的转化（即克服困难）也是互相联系的。譬如，孙中山讲求知过程的困难，经历无数艰难困苦，花费万千人的心血，走了许多“之”字路，实际上是讲“以行求知”的困难，也是讲“不知而行”的困难。对于行的困难的克服，反映在人的头脑里，就是实现了从不知到知的转化，即克服了知的困难。有了知的指导，行动避免了盲目性，又有利于克服行的困难。由行到知，又由知到行，这种形式循环往复以至无穷。不断克服知和行的困难的过程，就是人的认识和实践不断从低级向高级发展的无限过程。

孙中山对知行难易问题的看法，显然不是这样。他把“知难行易”绝对化了，否认难和易可以互相转化。在任何条件下，知都是困难的，行都是容易的。这种提法，绝对不利于说明知行二者的辩证统一，而只能加深二者的分裂。孙中山片面地强调知难，认为只有少数先知先觉者才能获得知，夸大了科学知识和革命理论的能动作用；由于忽视科学知识的真理性尚待客观实践来检验，他把科学假设甚至错误的理论也当成了真理，在他的思想学说中就包含了不少唯心主义的

空想的成分。他关于“行易”的论述，虽然有鼓励人们黾勉力行、对革命事业树立必胜信念的积极意义，但是，过分地强调行之易，又有低估行在认识论中的首要地位，贬低劳动人民的革命实践的消极作用。孙中山的知难行易学说，总的来说有重知轻行的倾向，即认为知优于行，知比行更重要，因此，知者也比行者更高贵。当然，他和程颐的极端重知轻行还有区别，因为他到底还承认行是致知的必由之途，行是人类文明进化的动机。

最后，有必要对孙中山所说的“行”这个概念做一些考察，由此可以十分准确地判定他的知行学说的资产阶级性质，弄清楚为什么不能把它和马克思主义的认识论即实践论等同起来的道理。

孙中山所说的“知”这个概念，含意比较明确，主要是指科学知识和革命理论，即用科学观察和哲学判断方法研究得来的有系统的知识学问，所以说是不容易的。他所说的“行”这个概念，内容就比较宽泛，总的来说，它是建立在资产阶级抽象人性论基础上的、超阶级的、脱离社会实践的、单个人的、直观的、偶然的行，同时也包括了生物学上适应环境求生存的本能活动之行，它和马克思主义的科学的社会实践概念有着根本原则的区别。孙中山在讲到“行其所不知”对于人类文明的促进作用时，曾经列举出四种基本类型的“行”，即生徒之习练、科学家之试验、探索家之探索、伟人杰士之冒险。这些都是孤立的人类个体的活动，而不是阶级的集体的社会实践活动；其内容虽然也涉及了人们的生产活动、政治斗争和科学试验，但是都不具有现实的社会历史活动的性质。马克思说：“人的本质并不是单个人所固有的抽象物。在其现实性上，它是一切社会关系的总和。”[①] 而孙中山所说的“生徒”“科学家”“探索家”“伟人杰士”等等，恰恰是抽掉了“社会关系的总和”这个本质属性的所谓“一般人”，也

---

① 马克思：《关于费尔巴哈的提纲》，《马克思恩格斯选集》第 1 卷，人民出版社 1972 年版，第 18 页。

就是说，他们不是生活在现实社会中的属于特定阶级的具体的人。这种“人”的活动，自然也不具有具体的历史的社会实践的意义。孙中山所说的“行”，虽然涉及广泛的内容，但是他并不懂得生产斗争和阶级斗争是人类实践活动的基本内容，这就使他的眼界无法超过一般资产阶级哲学家。正是由于对“行”的狭隘、抽象和直观的理解，使他必然地要离开人的社会性、离开人的历史发展去观察知行问题，因此不能正确说明认识对于社会实践的依赖关系。马克思以前一切旧唯物主义认识论的这个根本缺陷，孙中山亦未能避免，这说明他的知行学说仍属于资产阶级旧唯物论的范畴。

还须指出，孙中山所说的“由行致知”之“行”，不是把生产斗争和阶级斗争这两项基本的实践活动提到首要地位，而是偏重于科学的观察和实验。它没有摆脱一般旧唯物主义反映论的感性直观形式，因此使他的知行学说带有了浓厚的经验论的色彩。孙中山虽然强调科学知识的困难和重要，但是他所说的科学知识，主要是从事实经验得来的，缺乏理论思辨，特别是缺乏真正科学的抽象，因此很难达到对于事物本质的深刻认识。就拿他的知行学说来说，大量事实和例证代替了科学的分析和理论证明，一些片面的或表面的事实现象，往往模糊和掩盖了问题的本质，得出来的结论不是似是而非就是根本错误的。列宁曾经说过：“社会生活现象极端复杂，随时都可以找到任何数量的例子或个别的材料来证实任何一个论点。”[①] 缺乏科学的抽象，用个别事实和片断经验材料来论证问题的经验论方法，使孙中山的哲学思想中包含了不少主观唯心主义的成分。例如，他从一些人利用“知之非艰，行之惟艰”的传统旧说，来为他们背叛革命的可耻行径作辩解的事实，错误地作出了“予之建设计划，一一皆为此说所打消”的判断。这个判断已经夸大了思想、学

① 列宁：《帝国主义是资本主义的最高阶段》，《列宁选集》第2卷，人民出版社1960年第1版，第733页。

说的能动作用，他进而又把“人心之振靡”看成是国家兴衰、政治隆污和革命成败的关键，鼓吹什么：“吾心信其可行，则移山填海之难，终有成功之日；吾心信其不可行，则反掌折枝之易，亦无收效之期也。”最后得出结论：“心之为用大矣哉！夫心也者，万事之本源也。”（《孙文学说》）他认为中国之所以积弱衰败，印度、安南、高丽之所以“亡国灭种”，都是误于“知易行难”之说；“欧美幸而无知易行难之说，……所以得有今日突飞之进步也”（《孙文学说》）。对于社会历史发展动力的这些唯心主义的看法，都被认为是有“事实”根据的。经验论决不能混同于马克思主义的实践论，从孙中山的知行学说再一次得到了证明。

毛泽东同志指出：“象很多站在正面指导时代潮流的伟大历史人物大都有他们的缺点一样，孙先生也有他的缺点方面。这是要从历史条件加以说明，使人理解，不可以苛求于前人的。”[①] 孙中山知行学说的上述缺点和局限性，我们也只能从具体的历史条件来说明。中国的民族资产阶级，一方面具有反帝反封建的革命性，另一方面又具有对帝国主义和封建势力的妥协性和软弱性。他们脱离人民群众，看不到改造中国的伟大的现实物质力量，所以往往夸大主观精神、意识、心知的作用，在哲学上容易导致主观唯心主义。孙中山作为一个资产阶级的革命家和思想家，也很难完全摆脱这一种局限性。他的知行学说过分夸大了知的困难和重要，因此不能正确说明知对于行的依赖关系，必然地要走上分裂知行的错误道路。在精神和物质的关系问题上，他也过分地吹胀了精神的能动作用，强调“物质之力量小，精神之力量大”，例如武昌起义的成功，他认为：“精神能力实居其九，物质能力仅得其一。”[②] 在社会历史的动力问题上，他更是经常地把它归结为人们的思想动机，过分夸张了“思想”“学说”“心理”对历

① 毛泽东：《纪念孙中山先生》，《人民日报》1956年11月12日。

② 孙中山：《军人精神教育》，《孙中山先生演说集》，民智书局1926年版，第119页。

史进程的影响，把它看成是决定性的东西。这些都是孙中山哲学思想中的唯心主义成分，是应该批判的。不过，和康有为、谭嗣同、章太炎等人比较起来，孙中山哲学思想的唯物主义倾向还是要鲜明得多，特别是在认识论方面，这同他把资产阶级革命实践和丰富的近代科学知识引进认识论是分不开的。

孙中山的知难行易学说，特别是它的消极落后方面，后来被蒋介石加以歪曲和利用。蒋介石打着宣传解释孙中山的“知难行易”说的幌子，表面上极端重视“行”，把“行”抬高到创造一切的宇宙主宰的地位，实际上在“行”的背后还隐藏着一个“诚”字，即所谓“诚是行的原动力”，“诚是力行的神髓”。蒋介石的“力行”哲学，完全抛弃了孙中山知行学说的唯物主义精神。它不过是中国知行学说发展史上的一股凶顽的逆流，根本不能和孙中山开创的知行学说的新阶段相提并论。“力行”哲学的出现，说明和帝国主义、封建势力勾结在一起的官僚大资产阶级，已经彻底反动和腐朽，他们不仅仇恨人民群众的革命实践，而且已经成为科学和理性的凶恶敌人。只有新兴的无产阶级才能掌握中国的命运，并且用正确的世界观对传统哲学中的知行问题作出科学的总结。

结束语 《实践论》

——中国哲学史上知行问题的科学总结

知行关系问题，即人类自身的认识和实践这两种能动的活动之间的关系问题，两千多年来，不知耗费了多少哲人的智慧和笔墨，他们提出过各种不同的学说和主张，相互间展开了激烈的论争。这些探索和论争，尽管对于促进人类认识的发展是有意义的，有的还在不同方面、不同程度上对问题作出了接近真理的回答，但是，两千多年来，从孔夫子到孙中山，没有一个哲学家能够对这个传统哲学问题作出完全科学的解决。这一方面是由于生产规模的狭小，限制了哲学家们的眼界，更主要的是由于剥削阶级的偏见，使他们无一例外的都是脱离社会实践、脱离人民群众这个知和行的主体去考察知行问题的，因此不能正确地揭示人类认识的本质及其发展规律，把他们的知行学说建立在科学的社会实践的基础之上。科学地解决这一千古难题的任务，历史地落在了伴随近代大工业而出现的中国无产阶级的肩上。

1937 年，距离孙中山发表《孙文学说》还不到二十年，在延安的窑洞里诞生了一部伟大的马克思列宁主义的哲学文献，这就是毛泽东同志的《实践论》。《实践论》的副题标明为“论认识和实践的关系——知和行的关系”，即表示这部著作和我国传统哲学中的知行问题有着直接的联系，它用辩证唯物论的认识论即“辩证唯物论的知行统一观”对这一问题作出了彻底的科学的解决。

从《孙文学说》的发表到《实践论》的诞生，短暂的二十年间，中国社会经历了天翻地覆的深刻变化。这中间发生的主要大事就是：俄国十月革命一声炮响，给中国人民送来了马克思列宁主义；中国无产阶级的革命政党——中国共产党，在“五四”革命风暴中骄傲地诞生了；中国人民反帝反封建的民主革命运动，从资产阶级领导的旧民主主义革命阶段，发展到了无产阶级领导的新民主主义革命的阶段。正如毛泽东同志所指出的：“社会的发展到了今天的时代，正确地认识世界和改造世界的责任，已经历史地落在无产阶级及其政党的肩上。这种根据科学认识而定下来的改造世界的实践过程，在世界、在中国均已到达了一个历史的时节——自有历史以来未曾有过的重大时节，这就是整个儿地推翻世界和中国的黑暗面，把它们转变过来成为前所未有的光明世界。”① 面临着这样光荣而伟大的历史任务，无产阶级不掌握最先进的认识世界和改造世界的思想武器是不行的。

历史的经验证明，革命阶段的每一次重大转变，总是要把认识论问题突出出来，因为革命的指导者总是首先要解决一个思想路线的问题。从戊戌变法到辛亥革命的转变是如此，从旧民主主义革命到新民主主义革命的转变更是如此。为了指导中国革命走向胜利之途，中国共产党人一开始就十分重视马克思主义哲学——辩证唯物论的学习，力图用这一观察国家和人类命运的伟大认识工具，来解决中国革命的实际问题。但是，正象任何事情的发展都会出现曲折一样，在我党的幼年时期，由于对马克思主义哲学的了解还很不够，党内曾经出现过教条主义和经验主义两种主观主义的错误思想倾向，特别是生吞活剥马克思主义书本中的只言片语，去吓唬人们的教条主义者曾经给中国革命造成了极为严重的损失。毛泽东同志的《实践论》，就是为了清算我们党内的教条主义和经验主义的错误而写的，它在反对这两种错

---

① 毛泽东：《实践论》，《毛泽东著作选读》（甲种本），中国青年出版社 1964 年版，第 53 页。

误思想的斗争中，不仅捍卫了，而且用中国革命的丰富经验，充实和发展了马克思主义的认识论。《实践论》的诞生，标志着我党在哲学上的成熟，辩证唯物论的哲学思潮在中国真正扎下根来，它对全党进行了一次普遍的马克思主义认识论的教育，为中国革命的胜利奠定了可靠的思想基础。

毛泽东同志曾经指出，由于中国社会进化的落后，中国今日发展着的辩证法唯物论的哲学思潮，不是从继承与改造自己哲学的遗产而来的，而是从马克思列宁主义的学习而来的。然而要使辩证法唯物论思潮在中国深入与发展下去，并确定地指导中国革命向着彻底胜利之途，便必须同各种现存的反动哲学作斗争，在全国思想战线上树立批判的旗帜，并因而清算中国古代的哲学遗产，才能达到目的。

《实践论》就是把辩证唯物论的哲学原理和中国革命的具体实践相结合的一个典范。如前所述，它又是在思想战线上树立起批判的旗帜，同各种错误的哲学思潮，同作为党内“左”、右倾机会主义路线的理论基础的唯心论和形而上学作斗争的一个典范。我们还要指出一点，就是《实践论》在清算中国古代哲学遗产方面的不可磨灭的功绩，它用辩证唯物论的认识论，对我国传统哲学中的知行关系问题作出了全面的科学的总结。

下面我们就从几个方面来看《实践论》是怎样清算古代的各种知行学说，丰富和发展马克思主义认识论的。

首先，请读以下两段话：

> 辩证唯物论的认识论把实践提到第一的地位，认为人的认识一点也不能离开实践，排斥一切否认实践重要性、使认识离开实践的错误理论。(《实践论》)
>
> 唯心论和机械唯物论，机会主义和冒险主义，都是以主观和客观相分裂，以认识和实践相脱离为特征的。以科学的社会实践

为特征的马克思列宁主义的认识论，不能不坚决反对这些错误思想。(《实践论》)

这里指出辩证唯物论的认识论和一切旧哲学认识论的根本区别，就在于它是“以科学的社会实践为特征的”，它“把实践提到第一的地位，认为人的认识一点也不能离开实践”，这也就是毛泽东同志概括的辩证唯物论哲学的两个显著特点之一的“实践性”。而一切旧哲学，包括唯心论和机械唯物论，则都是“以主观和客观相分裂，以认识和实践相脱离为特征的”，都是“否认实践重要性、使认识离开实践的错误理论”。毫无疑问，这一重要论断，乃是对全部中外哲学史的科学概括和总结。

毛泽东同志把专门论述认识和实践的关系——知和行的关系的著作叫做《实践论》，鲜明地表现了辩证唯物论的认识论的这一显著特点。“实践的观点是辩证唯物论的认识论之第一的和基本的观点。”[①] 一切旧哲学都毫无例外地把科学的社会实践排斥在认识论之外，马克思主义哲学第一次把实践的观点引到认识论中来，从而科学地解决了知行关系问题和认识论的一系列重要问题，彻底驳倒了一切唯心论和不可知论，同时也克服了旧唯物主义认识论的根本缺陷。

我们说一切旧哲学都把实践排斥在认识论之外，并不是说过去的哲学家们都没有提出过“行”或“实践”的概念，都没有把“行”和“知”联系起来。就中国哲学来说，两千多年来，哲学家们就知行关系问题进行了广泛的探讨，不论是唯物主义者，还是唯心主义者，都承认知和行是有关系的，有的还十分强调行在求知过程中的重要作用。在欧洲哲学史上也不乏重视实践的例证，列宁甚至指出：“费尔

① 毛泽东：《实践论》，《毛泽东著作选读》（甲种本），中国青年出版社 1964 年版，第 42 页。

巴哈把人类实践的总和当作认识论的基础。”[①] 但是，马克思主义以前的哲学家们，没有一个能对“行”或“实践”作出科学的解释，抓住它的本质特征。他们不是作了唯心主义的歪曲，就是离开社会性、离开人的历史发展，把实践规定为抽象的个人的活动，因而都是反科学的或非科学的实践观。毛泽东同志强调马克思主义的认识论是“以科学的社会实践为特征的”，论述了科学的社会实践概念所包含的基本内容和本质特征，这就同一切唯心主义和旧唯物主义的实践观根本区别了开来。

唯心主义者所讲的“行”或“实践”，要么把它说成是根本没有超出主观认识范围的纯粹观念的活动，如王阳明所谓“一念发动处，便即是行了”，“知之真切笃实处便是行”，“欲行之心即是意，即是行之始”；要么把它说成是为了实现某种先验的理性原则或道德原则的活动，如程朱学派常常讲到的“践履笃行”“涵养操存”之类。他们所谓“行”就是要通过脱离现实斗争的个人修身养性的活动，去实现体现了“三纲五常”等封建道德原则的所谓“天理”，“不过欲明此理而力行之耳”。所有的唯心主义者都否认实践是改造世界的客观的物质的活动，否认实践是主观见之于客观的东西，否认实践具有直接现实性的品格。对“行”或“实践”作上述唯心主义的了解，自然和马克思主义的实践观绝无共同之处。

旧唯物主义实践观的根本缺陷是不了解“行”或“实践”的社会性和历史性。这是因为他们不了解进行实践活动的人，总是处在一定的社会关系之中，在阶级社会就是处在一定的阶级关系之中，人的实践不是互相孤立的单个人的抽象活动，而是社会的集体的活动；同时，社会的人的实践活动又是在历史中发展着的，是受一定的社会历史条件所制约的。离开人的社会性，离开人的历史发展，所谓“行”

---

① 列宁：《唯物主义与经验批判主义》，《列宁选集》第2卷，人民出版社1960年第1版，第142页。

或“实践”就成了“单个人所固有的抽象物”[1]，所以，毛泽东同志在《实践论》的一开头就强调指出：“马克思以前的唯物论，离开人的社会性，离开人的历史发展，去观察认识问题，因此不能了解认识对社会实践的依赖关系，即认识对生产和阶级斗争的依赖关系。”马克思说过：“社会生活在本质上是实践的。”[2] 所谓“离开人的社会性，离开人的历史发展”，就是没有实践的观点。离开了社会的实践，就无法说明人的认识是从那里来的，以及认识发展的辩证过程等一系列认识论的重要问题。

毛泽东同志的这个论断，完全符合中外哲学史的实际情况。在中国哲学史上，不论是荀况、王充、王夫之和颜元等封建时代的朴素唯物主义者，还是孙中山这样的带有机械论倾向的资产阶级唯物主义者，他们所了解的“行”或“实践”，都是离开人的社会性和历史性，把它看成是抽象的孤立的人类个体的活动，或者按封建道德标准理想化了的“圣人”“君子”的活动，资产阶级“伟人杰士”的试验、探索和冒险的活动。他们之所以不能对“行”或“实践”作出科学的解释，一个重要的原因，就是由于他们都是站在剥削阶级的立场上，脱离生产劳动，鄙视劳动群众的革命实践，因此必然地要歪曲社会历史的真相。例如，王夫之污蔑“庶民”营营终日的活动，不过是“求食、求匹偶、求安居”之类的本能活动，其实无异于禽兽；孙中山也说四万万中国人民都是不知不觉的“阿斗”，“林林总总之实行家”，认为这些人只能听从先知先觉者的指挥，去做那最简单的事情。他们都不了解千百万人民群众的革命实践的伟大意义。严重的阶级局限性，再加上生产规模的狭小等时代条件的限制，使得旧时代的

① 马克思：《关于费尔巴哈的提纲》，《马克思恩格斯选集》第 1 卷，人民出版社 1972 年版，第 18 页。

② 马克思：《关于费尔巴哈的提纲》，《马克思恩格斯选集》第 1 卷，人民出版社 1972 年版，第 18 页。

唯物论哲学都不能形成科学的社会实践的概念。

毛泽东同志在《实践论》中还科学地阐明了社会实践的基本形式，这也是把马克思主义的实践观和一切旧哲学的实践观区别开来的一个重要标志。马克思主义哲学由于强调实践是客观的物质的活动，是社会的历史的活动，是千百万人民群众能动地改造世界的活动，所以，它认为："人类的生产活动是最基本的实践活动，是决定其他一切活动的东西。"除了生产活动之外，社会实践还包括阶级斗争、政治生活、科学实验和文化艺术活动等多种形式，"其中，以各种形式的阶级斗争，给予人的认识发展以深刻的影响"。

一切旧哲学对实践的了解都是狭隘的片面的。中国封建时代的哲学家们所说的"行"，一般都没有超出个人的道德行为和应事接物的日常生活行为的范围。在杰出的唯物主义思想家王夫之那里，所谓"行"主要是"行于君民、亲友、喜怒、哀乐之间"；颜元最重"习行"，但仍然是把学习古礼古乐当作主要内容。孙中山在一定程度上超出了封建时代哲学家们的狭隘眼界，他所说的"行"，包括了资产阶级的革命实践和科学观察、试验等内容，但是，他同样不懂得解决人们的衣、食、住、行问题的生产活动，是人类最基本的实践活动，不懂得在阶级社会里，各种形式的阶级斗争对于人的认识发展的深刻影响。他对"行"的了解仍然是狭隘的片面的。

科学的实践观的确立，奠定了辩证唯物论的认识论的基础。毛泽东同志准确地把握了马克思主义哲学的这一显著特征，来解决我国传统哲学提出来的知行问题和认识论的一系列重要问题。关于认识对实践的依赖关系，或者说，实践对认识的决定作用，毛泽东同志在《实践论》中作了全面的深刻的论证，指出：实践是认识的来源，实践是认识发展的推动力量，实践是检验认识正确与否的唯一标准，实践是认识的目的和归宿。总之，人的认识一点也不能离开实践，使认识离开实践的一切学说和理论都是错误的，都是马克思主义的认识论所坚决反对的。这里，我们仅就认识的来源和真理的标准两个问题，来看

一看毛泽东同志是怎样批判一切旧的知行学说和认识理论，坚持和发展马克思主义实践论的基本观点的。

认识的来源问题，是古今中外的哲学家们都不能回避的认识论的首要问题。一切唯心主义者都否认认识是主观对客观的反映，否认客观物质世界是认识的唯一泉源。在他们看来，人的认识不是从天上掉下来的（客观唯心主义），就是自己头脑里固有的（主观唯心主义）。关于知和行的关系，他们毫无例外地主张知先行后，“划然离行以为知”，否认认识对实践的依赖关系。在认识的来源问题上，一切唯物主义者都是反映论者，即承认认识是主观对客观的反映，承认客观物质世界对于人的认识的根源性。但是，在主观认识如何正确反映客观物质世界的问题上，马克思以前的旧唯物主义者，由于没有实践的观点，对客观事物、对象只是从直观的形式去理解，因而都是消极的被动的反映论。中国哲学史上虽然有不少唯物主义哲学家提出过行先知后、由行致知的命题，但由于他们所了解的“行”都不是“革命的”“实践批判的”活动①，不是人们改造客观世界的斗争，这种“行”本身即带有消极直观的性质，如以“应事接物”为行，所以仍然不能正确说明人的认识是如何产生的，他们同样不了解认识对于社会实践的依赖关系。

毛泽东同志在《实践论》中，坚决驳斥了认识来源问题上的唯心主义先验论，同时克服了旧唯物主义认识论的直观性的缺点，指出人的正确认识只能从社会实践中来，只有在改造客观世界的斗争中，人的感觉器官才能同外界事物相接触，客观对象才能反映到头脑中来。他说：“无论任何人要认识什么事物，除了同那个事物接触，即生活于（实践于）那个事物的环境中，是没有法子解决的。”又说：“如果要直接地认识某种或某些事物，便只有亲身参加于变革现实、变革

① 马克思：《关于费尔巴哈的提纲》，《马克思恩格斯选集》第1卷，人民出版社1972年版，第18页。

某种或某些事物的实践的斗争中，才能触到那种或那些事物的现象，也只有在亲身参加变革现实的实践的斗争中，才能暴露那种或那些事物的本质而理解它们。”[①] 毛泽东同志对那些否认实践重要性的“知识里手”的批判，对所谓“秀才不出门，全知天下事”的谬论的批判，也有力地批判了在认识来源问题上的种种唯心论的先验论，包括“不学自知，不问自晓”的“神而先知”论和“不出户，知天下”的“不行而知”论等等。毛泽东同志还明确指出：“不能在封建社会就预先认识资本主义社会的规律，因为资本主义还未出现，还无这种实践。……马克思不能在自由资本主义时代就预先具体地认识帝国主义时代的某些特异的规律，因为帝国主义这个资本主义最后阶段还未到来，还无这种实践，只有列宁和斯大林才能担当此项任务。”[②] 这也是对“知先行后”说和朱熹之流鼓吹的“未有君臣已先有君臣之理，未有父子已先有父子之理”的“理在事先”说的尖锐批判。认识只能来源于社会的实践，这是马克思主义的认识论即实践论的一个基本观点。

检验认识真理性的标准问题，和认识的来源问题是密切联系着的。一般说来，以什么东西为认识的基本来源，即以那种东西为检验真理的最后标准。主观唯心主义者认为认识来源于人人先天固有的“良知”，即以“尔那一点良知”为“自家底准则”，“是便知是，非便知非”（如王阳明）；客观唯心主义者认为认识来源于“天意”的启示，即以是否符合“天意”作为认识和行动的准则，或者以“圣人所发天意”之“名”为判断是非曲直的标准（如董仲舒）；古代的朴素唯物主义者认为认识来源于感觉经验，即以“符验”“参验”

---

① 毛泽东：《实践论》，《毛泽东著作选读》（甲种本），中国青年出版社 1964 年版，第 44—45 页。

② 毛泽东：《实践论》，《毛泽东著作选读》（甲种本），中国青年出版社 1964 年版，第 44 页。

“效验”“实事”“耳目之实”等等作为检验真理的标准（如墨翟、荀况、韩非、王充等人）；有的唯物主义哲学家肯定认识是来源于个人日常生活的习行实践，他们在一定程度上也能以“身心尝试之”的习行实践作为检验真理的标准，认为“学问有诸己与否，须临事方信”，“行于君民、亲友、喜怒、哀乐之间，得而信，失而疑，道乃益明，是行可有知之效也”（如王夫之、颜元等人）。只有以科学的社会实践为特征的马克思主义的认识论，才能正确解决认识的来源问题，认为人的认识只能来源于社会的实践，同时指出社会实践也是检验认识真理性的唯一标准。

毛泽东同志在《实践论》中详细地论证了实践是检验真理的标准的原理，他说：“理论的东西之是否符合客观真理性这个问题，在前面说的由感性到理性之认识运动中是没有完全解决的，也不能完全解决的。要完全地解决这个问题，只有把理性的认识再回到社会实践中去，应用理论于实践，看它是否能够达到预想的目的。”[①] 实践之所以能够作为真理的标准，这是由于实践本身的特点所决定的，正如毛泽东同志引证列宁的话所说的：“实践高于（理论的）认识，因为它不但有普遍性的品格，而且还有直接现实性的品格。”[②] 只有实践才能把主观的东西转化为客观的东西，把主客观沟通起来。客观事物的全部特性及其多方面联系，只有在变革世界的实践中才能显现出来，人的认识是否符合客观实际也因此才能得到检验。一切把真理的标准诉诸主观或客观精神的唯心主义者，固然都不承认这一点，就是旧时代的唯物主义者，也不了解实践的这一特点和优点，他们往往把真理的标准诉诸感性的直观。恩格斯说：“单凭观察所得的经验，是决不

① 毛泽东：《实践论》，《毛泽东著作选读》（甲种本），中国青年出版社 1964 年版，第 50 页。

② 毛泽东：《实践论》，《毛泽东著作选读》（甲种本），中国青年出版社 1964 年版，第 42 页。

能充分证明必然性的。……必然性的证明是在人类活动中，在实验中，在劳动中。”[①] 中外哲学史都提供了许多这方面的经验教训。毛泽东同志正是总结了所有这些经验教训，更自觉更明确地突出了实践的观点在辩证唯物论的认识论中之首要的和第一的地位的。

其次，由于把实践的观点引进了认识论，才能正确揭示人的认识的辩证发展过程，即说明人的认识是怎样从实践中发生，又怎样服务于实践的。认识运动的辩证法，生动地体现在认识过程中的两个飞跃，以及感性认识和理性认识在实践基础上的辩证统一等内容上。毛泽东同志在《实践论》中深入阐述了辩证唯物论关于认识发展过程的理论，这种理论也是在科学地总结中外哲学史和全部认识史的基础上才得以确立和发展的。

毛泽东同志指出，人的认识运动是在社会实践中由感性认识到理性认识的推移过程，这样唯物而且辩证地看待认识深化的运动，“在马克思主义以前，是没有一个人这样解决过的”[②]。哲学史上的“唯理论”和“经验论”，各抓住认识运动过程中的一个片断，把它绝对化，夸大为认识的全体，割断感性认识和理性认识的联系，割断这些认识阶段和实践的联系，因而都是否认认识的历史性和辩证性的错误理论。

唯理论和经验论，本来是指欧洲近代哲学史上的两种片面的认识理论，就它们都是割裂感性认识和理性认识的联系，片面地强调一个方面在认识中的地位和作用，而抹煞和贬低另一方面来说，这两种片面的理论都具有典型性，不仅欧洲哲学史上有这样的情况，中国哲学史上也有同样的或类似的情况；不仅在哲学史上有这两种

---

① 恩格斯：《自然辩证法》，《马克思恩格斯选集》第3卷，人民出版社1972年版，第550页。

② 毛泽东：《实践论》，《毛泽东著作选读》（甲种本），中国青年出版社1964年版，第44页。

错误的认识理论，而且在实际工作中也存在着类似这两种错误的思想倾向，教条主义者就是犯了类似“唯理论”的错误，而经验主义者则是犯了类似哲学史上的唯物主义经验论的错误。所以，毛泽东同志对唯理论和经验论的批判是具有普遍意义的，是同样适合于中国哲学史的。

在中国哲学史上，也有过关于认识发展过程的各种片面的和错误的理论。譬如在先秦，孟轲就是一个只承认心官思维的实在性，而不承认耳目感觉的实在性，认为“思”才能得到真知，“耳目之官不思”则不得的唯理论者。荀况曾经批判过一种“善射以好思”的先验论者，对于他们来说，“耳目之欲接，则败其思；蚊虻之声闻，则挫其精”，耳目感觉不但不能成为认识的起点，反而会扰乱和破坏正确的认识，因此必须“辟耳目之欲而远蚊虻之声”。他们强调“静思”是“通”即到达真理的唯一途径。这也近乎孟轲一派唯理论的观点。正如毛泽东同志所批判的：“这一派的错误在于颠倒了事实。理性的东西所以靠得住，正是由于它来源于感性，否则理性的东西就成了无源之水，无本之木，而只是主观自生的靠不住的东西了。”否认人的认识是开始于感觉经验，理性认识必须从感性认识得来，这就是抛弃了认识论的唯物论，而陷入了唯心主义。与孟轲相反，墨翟的认识论则是先秦时期经验论的代表，他只承认感觉经验的可靠性，而不承认理性认识的可靠性，“请或闻之见之，则必以为有，莫闻莫见，则必以为无”。就它肯定人的一切知识都是来源于耳目感官对客观外界事物的直接感觉这一点来说，它是属于唯物主义的经验论。这种理论的错误，也正如毛泽东同志所指出的：“在于不知道感觉材料固然是客观外界某些真实的反映……但它们仅是片面的东西，这种反映是不完全的，是没有反映事物本质的。”“认识的真正任务在于经过感觉而到达于思维，到达于逐步了解客观事物的内部矛盾，了解它的规律性，了解这一过程和那一过程间的内部联系，即到达于

论理的认识。”[1] 否认人的认识是一个由浅入深、从低级阶段到高级阶段的发展过程，否认感性认识有待于上升到理性认识，这就是抛弃了认识论的辩证法，而陷入了形而上一学，这一错误经常被利用来作为通向主观唯心论的桥梁。

在感性认识和理性认识的关系问题上，中国古代也有不少哲学家，如先秦的荀况和后期墨家，秦汉以后的王充、王廷相、王夫之等人，都曾经提出过一些合理的见解，在一定程度上看到了二者之间的区别和联系，强调二者都不可偏废，应该说，这些合理内容都已被批判地吸取和包含在毛泽东同志关于认识发展过程的科学理论之中了。但是，从总体上来说，过去的哲学家们都不能正确地解决人的认识的深化运动的问题，特别是他们都不懂得感性认识和理性认识是在实践的基础上统一起来，不能科学地说明二者之间的辩证关系，他们的学说和理论最多只包含了片面的真理，而在认识论的全体上则都是错误的。

毛泽东同志关于认识发展过程的科学理论，不仅在于正确地说明了从实践到理论的认识这一能动的飞跃，而且强调指出，这还只说到了问题的一半，而且是非十分重要的那一半。“认识从实践始，经过实践得到了理论的认识，还须再回到实践去。认识的能动作用，不但表现于从感性的认识到理性的认识之能动的飞跃，更重要的还须表现于从理性的认识到革命的实践这一个飞跃。”[2] 从理性认识到革命实践的飞跃，是认识过程中的第二次飞跃。“这次飞跃，比起前一次飞跃来，意义更加伟大。”[3] 这主要是由于：（一）认识世界的目的，只

---

① 毛泽东：《实践论》，《毛泽东著作选读》（甲种本），中国青年出版社 1964 年版，第 48、43 页。

② 毛泽东：《实践论》，《毛泽东著作选读》（甲种本），中国青年出版社 1964 年版，第 50 页。

③ 毛泽东：《人的正确思想是从那里来的?》，《毛泽东著作选读》（甲种本），中国青年出版社 1964 年版，第 384 页。

是为了改造世界；（二）认识只有通过实践才能得到检验和发展。强调从认识到实践的飞跃比前一次飞跃具有更加伟大的意义，这正是马克思主义的认识论——能动的革命的反映论的一个基本特征，是马克思主义哲学区别于一切旧哲学的一个重要标志。马克思说："哲学家们只是用不同的方式解释世界，而问题在于改变世界。"① 以往的哲学家们，不论是外国的苏格拉底、亚里士多德、黑格尔或费尔巴哈，还是中国的孔丘、荀况、朱熹或王夫之，都只是这样或那样地去解释世界，企图对世界作出某种自认为是正确的说明，他们都只是停留在抽象的理论活动，把哲学禁锢在书斋里和课堂上，而不同人民群众的实际斗争相结合。只有马克思主义哲学才公开申明自己的阶级性和实践性，强调要把理论和实践结合起来，使哲学成为无产阶级认识世界和改造世界的强大思想武器。毛泽东同志关于认识过程的两次飞跃的理论，不但在中国知行学说发展史上是找不到先例的，而且也是对马克思主义认识论的重大发展。

最后，毛泽东同志还依据马克思主义认识论的基本原理，对人类认识运动的总规律，即知行关系的唯物辩证法作了科学的概括和总结，他指出：

> 通过实践而发现真理，又通过实践而证实真理和发展真理。从感性认识而能动地发展到理性认识，又从理性认识而能动地指导革命实践，改造主观世界和改造客观世界。实践、认识、再实践、再认识，这种形式，循环往复以至无穷，而实践和认识之每一循环的内容，都比较地进到了高一级的程度。这就是辩证唯物论的全部认识论，这就是辩证唯物论的知行统一观。（《实践论》）

---

① 马克思：《关于费尔巴哈的提纲》，《马克思恩格斯选集》第1卷，人民出版社1972年版，第19页。

> 我们的结论是主观和客观、理论和实践、知和行的具体的历史的统一，反对一切离开具体历史的“左”的或右的错误思想。(《实践论》)

这一总的概括，鲜明地体现了实践第一的观点，显示了实践在认识过程中的决定作用，深刻地揭示了知和行、认识和实践的辩证关系，以及基于实践的认识深化运动的道路，并且指出人类能动地认识和改造世界是一个反复循环、永无止境的发展过程。这就使得辩证唯物论的认识论具有了更加完整的体系和科学内容。

我们要强调地指出的是，“实践，认识、再实践、再认识……”这一认识运动的总公式，“主观和客观、理论和实践、知和行的具体的历史的统一”这一辩证唯物论的认识论的结论，正如毛泽东同志所说：“这就是辩证唯物论的知行统一观。”[①] 它是对我国传统哲学中知行关系问题所作的辩证唯物论的科学总结，也是我国几千年来知行学说的发展所得到的最高结论。几千年来，哲学家们争论不休的知行先后、知行分合等问题，都在这一总的公式和结论中得到了科学的解决。它强调实践在先，认识在后，实践是认识的基础和来源，它在整个认识过程中起着决定和主导的作用，正确的认识路线必须遵从“实践、认识、再实践、再认识”的次序，而不能颠倒这个次序。这就是知行关系的唯物论。从实践中形成的认识，又不是完全被动的，而是有着巨大的能动作用，这突出地表现在认识过程的两次飞跃，特别是表现在理性认识能动地指导革命实践的过程中，从这个意义上说，“行先知后”也不是绝对的。这就是知行关系的辩证法。正确的认识必须是来自社会实践的符合于客观实际的认识，它要求主观和客观、理论和实践、知和行的统一，而不是它们之间的分裂；反之，主观和

① 毛泽东：《实践论》，《毛泽东著作选读》（甲种本），中国青年出版社 1964 年版，第 54 页。

客观相分裂、认识和实践相脱离恰恰是一切“左”的或右的错误思想的特征。这就是知行关系的唯物论。主观和客观、理论和实践、知和行的统一又不是无矛盾的直接同一、绝对合一，而是在矛盾发展过程中的具体的历史的统一，是一个由相对接近绝对的过程。一个正确的认识往往不是一次完成的，而是要经过由实践到认识、由认识到实践的多次反复，才能够完成。客观世界和人类的实践都是不断地向前推移、向前发展的，人的认识运动也必须随之不断地向前推移和发展。知和行的具体的历史的统一过程，从形式上看，表现为认识和实践之不断地分离和重合，这种形式，循环往复以至无穷；从内容上看，则表现为实践和认识之每一循环，都比较地进到了高一级的程度。这就是知行关系的辩证法。毛泽东同志对人类的认识运动的这一总的描述，对知行关系的这一科学概括，生动地体现了唯物论和辩证法的统一。读完《实践论》的最后那段话，我们都能具体而深切地体会到，毛泽东同志所阐发的辩证唯物论的知行统一观，确确实实就是“辩证唯物论的全部认识论”。

毛泽东同志在《实践论》中没有形而上学地提出知和行、认识和实践孰重孰轻、孰难孰易的问题，在辩证唯物论的知行统一观看来，离开具体的历史的条件，抽象地提出这类问题是毫无意义的。但是，对于历史上有过长久争论的知行轻重、知行难易等问题，他虽没有正面回答，但也未尝回避，在认识运动的总规律或知行关系的总公式中，实际上也已经完全科学地解决了这些问题。《实践论》一再强调：“实践的观点是辩证唯物论的认识论之第一的和基本的观点”，这是明显地“重行”的理论；同时它又引证列宁的话说：“没有革命的理论，就不会有革命的运动”，十分重视“知”即理论对于革命实践的指导作用。这就是辩证唯物论的认识论对知行轻重问题的看法，它再一次生动地体现了知行关系的唯物论和辩证法的统一。毛泽东同志在《实践论》中批评“左”倾冒险主义的错误，是思想超过客观过程的一定发展阶段，对现阶段的“行”的困难估计不足；而右倾机会主义

的错误则是屈服于现实的困难，思想落后于革命的实际。他还嘲笑那些看轻“知”之困难的“知识里手”，“有了道听途说的一知半解，便自封为‘天下第一’，适足见其不自量而已”，这是指那些教条主义者；而经验主义者又在求知的问题上表现出畏难情绪，不肯用力思索，结果只能做一个“庸俗的事务主义家”。知和行都是有困难的，但是都可以在“实践、认识、再实践、再认识”的过程中不断地克服，不断地将“难”转化为“易”，人的认识和实践也就不断地向着高一级的程度发展。这就是辩证唯物论的认识论对知行难易问题的解决办法。

中国哲学史上关于知行先后、知行分合、知行轻重、知行难易等问题的论争，至此可以说是得到了一个总的解决，即用辩证唯物论的知行统一观，综合了以往的知行学说的一切积极的成果，批判了一切唯心主义和形而上学的错误，使自己能够以真正科学的形态出现。所以我们说，毛泽东同志的《实践论》，不仅是用辩证唯物论的认识论解决中国革命实际问题的一个伟大的成果，而且是运用这一科学武器清算中国古代哲学遗产的一个伟大的成果。它开创了中国知行学说发展史的一个崭新的阶段，即从根本上不同于以往的一切脱离人民群众、脱离社会实践的知行学说，它是无产阶级和革命人民认识世界和改造世界的强大的思想武器。辩证唯物论的知行统一观从本质上说就是群众的哲学，是实践的哲学和战斗的哲学。

毛泽东同志的《实践论》，诞生至今已经四十多年了。四十多年来，中国人民进行的新民主主义革命的伟大实践，以及社会主义革命和社会主义建设的伟大实践，完全证明了《实践论》所揭示的马克思主义认识论的真理，它日益成为广大人民群众手里所掌握的思想武器，在认识世界和改造世界的斗争中发挥出了无比巨大的威力。当然，《实践论》并没有穷尽和结束马克思主义认识论的真理，它不过指出了一条人们在实践中不断认识真理的道路，马克思主义的认识论

也必须随着革命实践的发展而不断发展。“客观现实世界的变化运动永远没有完结，人们在实践中对于真理的认识也就永远没有完结。”①人类的知和行、认识世界和改造世界的全部历史将完全地证明这一点。

① 毛泽东：《实践论》，《毛泽东著作选读》（甲种本），中国青年出版社 1964 年版，第 53 页。